U0516781

劉成國 著

王安石年譜長編

一

中華書局

圖書在版編目(CIP)數據

王安石年譜長編/劉成國著. —北京:中華書局,2018.1
(2024.11重印)
ISBN 978-7-101-12978-6

Ⅰ.王… Ⅱ.劉… Ⅲ.王安石(1021~1086)-年譜
Ⅳ.K827=441

中國版本圖書館 CIP 數據核字(2017)第 300601 號

書　　名	王安石年譜長編(全六册)	
著　　者	劉成國	
責任編輯	胡　珂	
責任印製	管　斌	
出版發行	中華書局	
	(北京市豐臺區太平橋西里 38 號　100073)	
	http://www.zhbc.com.cn	
	E-mail:zhbc@zhbc.com.cn	
印　　刷	三河市鑫金馬印裝有限公司	
版　　次	2018 年 1 月第 1 版	
	2024 年 11 月第 4 次印刷	
規　　格	開本/850×1168 毫米　1/32	
	印張 74½　插頁 13　字數 1665 千字	
印　　數	3201-3700 册	
國際書號	ISBN 978-7-101-12978-6	
定　　價	396.00 元	

目　録

凡　例

一、本《年譜長編》之譜主，文中一概稱“公”。其他古賢今彥，則臨文不諱，直稱其名。

二、本《年譜長編》按年、月、日著錄譜主生平事蹟、作品與交遊。凡月、日無從確考者，則置於本年之末。惟神宗熙寧時期，偶爾參用紀事本末體，以呈現此期重大歷史事件之原委，凸顯譜主之重要作用。

三、本《年譜長編》於著錄譜主事蹟、作品與交遊後，再臚列所據資料，或附歷代相關之評論，繼而酌加按語，考釋異同，辨別真僞。

四、本《年譜長編》以朝代紀年，月、日均用農曆。

五、本《年譜長編》所引譜主作品，以通行之明嘉靖三十九年撫州覆南宋紹興詹大和刊《臨川先生文集》、南宋龍舒本《王文公文集》、朝鮮活字本《王荆文公詩李壁注》爲據。如涉關鍵文字，則校以其他版本，斟酌異同。至於所引譜主著作以外之書籍版本，行文從略，而於脚注、附錄中出之。

六、本《年譜長編》所引譜主作品標準：一者可見譜主之性情、志向、精神；二者可考譜主之行實、交遊；三者爲譜主學術、思想、文學之代表作。視行文所需，或摘引，或全錄。若譜主文集不載之佚文，則全文迻錄。

七、本《年譜長編》於所引前人相關研究成果，以正文加脚注形式標出，不敢掠美。所引作品之編年，凡別無按語、考辨者，則皆出自或同於李德身《王安石詩文繫年》。又重要作品之繫年若大體可定，然無確證，亦於正文中按年暫附，一般不再加注，以避繁冗。

八、本《年譜長編》於譜主交遊人物，通常有所簡介、考述。其生卒年，凡今人工具書已有著録且無異説者，則一概從略。

九、本《年譜長編》於以下頻繁引用之數種著述，概以簡稱：

王安石《臨川先生文集》簡稱《文集》。

王安石著，李壁箋注《王荊文公詩箋注》簡稱《詩注》。

沈欽韓《王荊公詩文沈氏注》簡稱《沈注》。

詹大和《王荊文公年譜》簡稱《詹譜》。

顧棟高《王荊國文公年譜》簡稱《顧譜》。

蔡上翔《王荊公年譜考略》簡稱《蔡譜》。

李德身《王安石詩文繫年》簡稱《繫年》。

王晉光《王安石詩繫年初稿》簡稱《繫年初稿》。

嚴復《侯官嚴氏評點王荊公詩》簡稱《嚴評》。

李燾《續資治通鑑長編》簡稱《長編》。

楊仲良《皇宋通鑑長編紀事本末》簡稱《長編紀事本末》。

黃以周等《續資治通鑑長編拾補》簡稱《長編拾補》。

影印文淵閣《四庫全書》本簡稱四庫本。

卷　一

家族世系

公名安石，字介甫，小字獾郎

《宋史》卷三百二十七《王安石傳》："王安石字介甫。"

王稱《東都事略》卷七十九《王安石傳》："王安石字介甫，撫州臨川人也。"

邵博《邵氏聞見後録》卷三十："傅獻簡云：'王荆公之生也，有獾入其室，俄失所在，故小字獾郎。'"

葉夢得《巖下放言》卷中："世傳公初生，家人見有獾入其産室，有頃生公，故小字'獾郎'。嘗以問蔡元度，曰：'有之。'"

按，傅獻簡，即傅堯俞，字欽之，《宋史》卷三百四十一有傳："王安石素與之善。"《文集》卷九十五《山南東道節度推官贈尚書工部郎中傅公墓誌銘》，墓主傅立，字伯禮，即傅堯俞之父，公之同年。蔡元度即蔡卞，公婿。"獾郎"之名既經蔡卞認可，自非杜撰。蔡絛《鐵圍山叢談》卷四、趙彦衛《雲麓漫鈔》卷四所載大同小異。南宋後，遂多以"獾郎"戲稱或蔑稱公。《劉克莊集箋校》卷四十四《田舍》其二："桀溺長沮振古豪,不能歷聘遂深逃。獾郎一肚皮《周禮》,浪説求田意最高。"姚勉《雪坡舍人集》卷三十四《黄氏好山記》:"獾郎騎驢於鍾山之半,山之好固自若,而又有累其好者矣。"方回《桐江續集》卷九《北珠怨》:"此事有本原,獾郎柄熙寧。力行商君法,詭勒燕然銘。延致衆姦鬼,壞敗先朝廷。"錢大昕《潛研堂詩續集》卷二《韓魏公祠》:"兩朝定策數安陽,晚節黄花獨自香。何事裕陵親政日,翻將國事付獾郎?"

或謂公初字介卿,後改字介甫,恐非。吴曾《能改齋漫録》卷十四:"王荆公初官揚州幕職,曾南豐尚未第,與公甚相好也。嘗作《懷友》一首寄公,公遂作《同學一首》別之,荆公集具有其文……然《懷友》一首,南豐集竟逸去,豈少作刪之耶?其曰介卿者,荆公少字介卿,後易介甫。予偶得其文,今載此云:'……介卿官於揚,予窮居極南,其合之日少,而離別之日多……介卿居今世,行古道,其文章稱其行,今之人蓋希,古之人固未易有也。爲作《懷友》書兩通,一自藏,一納介卿家。'"

吴曾此説,影響深遠,朱熹、吴子良等皆沿襲。黎靖德《朱子語類》卷四十五:"觀曾子固《送黄生序》,以其威儀似介卿,介卿,渠舊字也,故名其序曰'喜似'。"吴子良《林下偶談》卷一"王介甫初字介卿":"王深甫集有《臨河寄介卿》詩,曾南豐集亦有《寄王介卿》詩。《能改齋漫録》載南豐《懷友》篇,蓋集中所遺者。'"①

---

① 又見方以智《通雅》卷二十、王士禎《池北偶談》卷二十五、何焯《義門讀書記》卷四十等。

迄今此説仍有争論，①今略作考辨。

士人改字之風，盛於北宋。如公父王益，"始字損之，年十七，以文干張公詠。張公奇之，改字公舜良。"②士人改字，或因避諱而改；或圖科舉中第、仕途通順而改；或因原字意義不妥，改字明志，寄寓規訓。後者乃士人改字之主流，反映了在科舉社會中，士人們對自己命運的深層關注和焦慮，以及新型的身份意識。即，通過命名表字，來展示個體的志向、理想和價值觀，以此凸現個人獨特的士人身份。③"介卿"與"介甫"兩字，"介"字表德，而"卿"、"甫"皆爲附加美稱，二者意義相同，似無改字之必要。

另，公長兄安仁字常甫，仲兄安道字勤甫，④弟安國字平甫，安禮字和甫，安上字純甫。若僅公以"卿"爲字，似於情理不合。

又考吴曾所舉《懷友一首寄介卿》作於仁宗慶曆三年，同年曾鞏尚有《酬介甫還自舅家書所感》。朱熹所舉"以其威儀似介卿"之句出自《喜似贈黄生序》，作於慶曆七年，同年，曾鞏有《發松門寄介甫》、《江上懷介甫》、《與王介甫第一書》等。⑤如"介卿"爲公初字，按宋人改字之慣例改字之

---

① 張海鷗以"卿"爲"親切稱謂"，王安石不曾改字，見《王介甫又稱介卿、介父》，《陰山學刊》2001年第3期。侯體健以爲公初字"介"，見《王安石字"介"説》，《古典文學知識》2008年第2期。

② 《文集》卷七十一《先大夫述》，第750頁。

③ 關於宋人改字之風，可見拙文《宋代字説考論》，《文學遺産》2013年第6期。

④ 《蔡譜》卷四："安石兄弟七人，長安仁常甫，次安道勤甫。"《王安石年譜三種》，中華書局1994年版，第268頁。

⑤ 李震《曾鞏年譜》卷一，蘇州大學出版社1997年版，第101—110頁。

後,初字往往廢棄,曾鞏不應以初字"介卿"、改字"介甫"混淆相稱。

然則曾鞏緣何以"介卿"稱公?竊謂"介卿"乃"介甫"之昵稱而已。此"卿"字,即《世說新語》所謂"卿自君我,我自卿君","親卿愛卿,是以卿卿;我不卿卿,誰當卿卿"之"卿"。此昵稱僅限於日常交往中極親密友人。慶曆六年,公與王回京師定交,王回作《臨河寄介卿》。① 仁宗至和二年,韓維作《次韻知平甫同介甫當世過飲見招》,謂:"介卿後至語閒暇。"②曾鞏、王回、韓維皆熙寧前公之至交好友,故有此"特權"。以上諸例,均爲日常交往之昵稱録諸書面,而非初字"介卿",以至友人將公之初字、新字混稱也。

自稱"楚老"

郭紹虞《宋詩話輯佚·陳輔之詩話》:"王荆公自稱楚老。"

袁文《甕牖閑評》卷五:"王荆公每自稱楚老,初不見其用處,及觀其作《定林》詩云:'楚老一枝筇,于此傲人群。'又作《公闢枉道過訪》詩云:'舊事齊兒應共識,新篇楚老得先知。'方知此楚老乃荆公自謂耳。"

《文集》卷十七《次韻酬龔深甫二首》:"恩容楚老護松

---

① 吳子良《林下偶談》卷一,叢書集成初編本,第3頁。
② 韓維《南陽集》卷四,四庫本。承劉永翔先生賜示,"介卿"、"介甫"或同爲公之字。待考。

楸，復得一龔從我遊。”①卷三十三《西山》：“西山映水碧潭潭，楚老長謠淚滿衫。”

按，楚老，楚地之老者，因公晚年退居江寧故云爾。又《初學記》卷十七引晉謝萬《八賢楚老頌》：“楚老潛一，寂酖無爲。含真内外，載戢羽儀。”或出此。②

晚年居半山園，人稱“半山老人”、“王半山”

《詩注》卷四《題半山寺壁二首》，李壁注（以下簡稱李注）：“半山報寧禪寺，公故宅也。由東門至蔣山，此爲半道，故以半山爲名。其地亦名白塘，舊以地卑積水爲患，公卜居，乃鑿渠決水，以通城河。元豐七年，公以病聞，神宗遣國醫診視。既愈，乃請以宅爲寺，因賜額爲報寧禪寺。寺西有培塿，乃荆公決渠積土之地。又按《續建康志》：‘半山寺，即公故宅也。公再罷政，以使相判金陵。到任即納節，固辭同平章事，改左僕射。未幾，又懇求宮觀，累表得會靈觀使。築第於白下門外，去城七里，去蔣山亦七里。平日乘一驢，從數僮，游諸寺。欲入城，則乘小舫，泛潮溝以行，蓋未嘗乘馬與肩輿。所居之地，四無人家，其宅僅蔽風雨，又不設垣牆，望之若逆旅之舍。有勸築垣，輒不答。元豐之末，公被疾，奏捨此宅爲寺，有旨賜名報寧。既而疾愈，税城中屋以居，不復造宅。父老曰：“今江寧縣治後廢惠民藥局，其地即公城中所税之宅也。”’”《詩注》卷四十三《書湖陰先生壁二

---

① “楚”，《詩注》作“衰”，上海古籍出版社2010年版，第636頁。
② 此承中國社科院文學研究所張劍兄賜示，謹此致謝！

首》其二:"黃鳥數聲殘午夢,尚疑身在半山園。"李注引《建康志》:"公有《示蔡天啓》詩云'今年鍾山南,隨分作園圃'者是也。又有《次吳氏女子》詩,注云:'南朝九日臺,在孫陵曲街傍,去吾園只數百步。'今報寧禪院即其地。"

黃庭堅《豫章黃先生文集》卷十二《有懷半山老人再次韻二首》:"短世風驚雨過,成功夢迷酒醐。草《玄》不妨準《易》,論《詩》終近《周南》。"

楊萬里《誠齋集》卷九十八《跋半山老人帖》:"半山老人此帖,蓋與劉丞相之子元忠待制也。紙尾云:'外物之來,寬以處之。'此老心法也。佩玉廟堂,而面帶騎驢荒陂之色,觀其字見其人。"

包恢《敝帚稿略》卷五《書徐致遠無絃稿後》:"遠齋徐兄致遠之詩,其當以是觀之歟? 王半山有謂:'看似尋常最奇崛,成如容易却艱辛。'"

或謂公晚年自號"半山居士"。《(乾隆)江南通志》卷一百七十二:"宋王安石字介甫,臨川人。罷相居金陵,自號'半山居士'。後捨宅爲寺,居白下門,卒,葬鍾山。"鄧志謨《古事苑定本》卷九:"宋荆公自號'半山居士',築一室曰'知妄',自爲語録云:'中我爲妄,即妄是真。認妄爲真,雖真亦妄。'"

按,"半山居士"之號,不見公之文集,宋人亦似無此稱者,附此待考。

以排行二十八,人稱"王二十八"

韓維《南陽集》卷四《和吳九王二十八雪詩》。

按，吴九，即吴充，字沖卿。王二十八，即公。《文集》卷五有《和吴沖卿雪》、《和沖卿雪詩並示持國》二詩，即爲唱和韓維之作。陳起《江湖小集》卷十三：“東山楊伯子題仲集云：‘半山絶句，人以王二十八稱。夷仲七言，請以鄧五十六稱。”七言絶句共二十八字，而公排行二十八，故以之稱公絶句。①

以籍貫撫州臨川，人稱“臨川先生”、“王臨川”

《王令集》卷二十四《上王介甫書》：“元城王令謹候臨川先生之起居，以書進於左右。”

陸佃《陶山集》卷十五《傅府君墓誌》：“嘉祐、治平間……是時，明孺尚未冠，予亦年少耳。淮之南，學士大夫宗安定先生之學，予獨疑焉。及得荆公《淮南雜説》與其《洪範傳》，心獨謂然，于是願掃臨川先生之門。”同書卷十二《答李賁書》：“嗟乎，道之不一久矣！而臨川先生起于弊學之後，不向于末僞，不背于本真，度之以道揆，持之以德操，而天下莫能罔，莫能移。故奇言異行無所遁逃，而聖人之道復明于世。”

黎靖德《朱子語類》卷一百三十：“問：‘萬世之下，王臨川當作如何評品？’曰：‘陸象山嘗記之矣，何待它人？’”

《陸九淵集》卷二十二《雜説》：“世固有兩賢相值而不相知者，亦是此處，如老泉之於王臨川，東坡之於伊川先生是也。”

---

① 　鄧子勉《宋人行第考録》，中華書局 2001 年版，第 32 頁。

晚年罷相退居江寧，人又稱"王金陵"、"王江寧"、"金陵丞相"

楊時《龜山先生全集》卷十七《與吳國華別紙》："某嘗謂王金陵力學而不知道，妄以私智曲説，炫瞀學者耳目，天下共守之，非一日也。"

吳曾《能改齋漫録》卷十六："王江寧元豐間嘗得樂章兩闋于夢中，云：'雨打江南樹，一夜花開無數。綠葉漸成陰，下有遊人歸路。　與君相逢處，不道春將暮。把酒祝東風，且莫恁匆匆去。'"①

沈括《夢溪筆談》卷六："予於金陵丞相家，得唐賀懷智《琵琶譜》一册。"

封舒國公、荊國公，人多尊稱"王舒公"、"荊公"、"王荊公"；賜謚"文"，人又尊稱"文公"、"王文公"、"王荊文公"；後追封爲舒王，故人又尊稱"舒王"

《長編》卷三百八元豐三年九月乙酉："觀文殿大學士、集禧觀使、左僕射、舒國公王安石爲特進，改封荊國公。"

《宋史》卷二十一《徽宗本紀三》："（政和三年正月）癸酉，追封王安石爲舒王，子雱爲臨川伯，配饗文宣王廟。"

《宋史》卷三百二十七《王安石傳》："元祐元年，卒……紹聖中，謚曰'文'，配享神宗廟庭。崇寧三年，又配食文宣王廟，列于顏、孟之次，追封舒王。"

---

① 此詞《文集》不載，陳耀文《花草粹編》、沈辰垣《歷代詩餘》等均録爲公作。

楊傑《無爲集》卷四《丞相王舒公贊》：“天子元老，坐而論道。赫赫具瞻，傅巖惟肖。”

孔平仲《清江三孔集》卷二十八《蕭器之小飲誦王舒公藥名詩因效其體》。

黄庭堅《豫章黄先生文集》卷十二《次韻王荆公題西太一宫壁二首》。

《朱熹集》卷八十三《跋王荆公進鄞侯遺事奏稿》：“先君子少喜學荆公書，每訪其蹟……獨愛其紙尾三行，語氣凌厲，筆勢低昂，尚有以見其跨越古今、斡旋宇宙之意。”

《樓鑰集》卷五十二《鄞縣經綸閣記》：“始慶曆七年，荆國王文公宰明之鄞縣。”

張鎡《南湖集》卷二《王荆文公有客至當飲酒篇姜邦傑廣其意賦詩見示有云有客固當飲無客飲更歌有客與無客頹然同一科僕因和答一首》。

李之儀《姑溪居士文集》卷十五《雜題跋》：“王舒王解字云：‘詩字從言從寺。寺者，法度之所在也。’可不信哉！”

以封爵長安郡開國侯，人稱“長安公”

吕南公《灌園集》卷八《王夢錫集序》：“會熙寧天子將以經術作新士類，而丞相長安公父子實始受命成之。夢錫家遠方，獨取所謂《雜説》、《字説》者讀而思之，推見其指，乃解《詩》、《孟子》合四十萬言。書既成，而雱新説亦出，夢錫又取而讀之。”

蘇軾《蘇沈良方》卷七：“治癩方……此丞相長安公家方，醫人無數。若頭面四體風瘡腫痒多汁者，只七八服即瘥。予親試之。"

　　按,《王夢錫集序》曰"《雜説》、《字説》者",乃公之名著
《淮南雜説》、《熙寧字説》,"長安公"必謂公無疑,故下文曰
"書既成,而雱新説亦出"。"雱"者,公之長子王雱。吕南
公等以"長安公"稱公,蓋因熙寧二年二月公自翰林學士除
參知政事,封爵長安郡開國侯。其制書由知制誥李大臨所
草,已佚(詳本譜熙寧二年),然陸心源《皕宋樓藏書志》卷
四十三所著録《黄帝三部鍼灸甲乙經》、《脈經》,卷四十四
所著録《外臺秘要方》等三書之序,載熙寧二年五月二日、熙
寧二年七月十四日,公之結銜爲:朝散大夫、右諫議大夫、參
知政事、護軍、長安郡開國侯、食邑一千一百户、賜紫金魚袋
臣王安石。稍後由"長安郡"改"太原郡"。《文集》卷八十
七《贈司空兼侍中文元賈魏公神道碑》:"初卜葬公汴陽里,
以水故改卜。熙寧元年八月庚申,葬許州陽翟縣三峰鄉支
流村,奉敕改鄉名曰'大儒',村名曰'元老里'。朝散大夫、
右諫議大夫、參知政事、太原郡開國侯、食邑一千一百户、賜
紫金魚袋臣王某謹記。"

　　至熙寧三年十二月,公自右諫議大夫、參知政事除禮部
侍郎、同平章事,所封爵已自長安郡轉爲太原郡,進封開國
公,《宋大詔令集》卷五十六《王安石宰相制熙寧三年十二月丁
卯》:"朝散大夫、右諫議大夫、參知政事、上護軍、太原郡開
國侯、食邑一千一百户、賜紫金魚袋王安石……可特授金紫
光禄大夫、行尚書禮部侍郎、同中書門下平章事、監修國史、
上柱國,進封開國公、食邑一千户、食實封四百户,仍賜推忠
協謀佐理功臣。"公之"長安侯"封爵,僅存於熙寧初任參知

政事期間,故宋人罕有以此稱公者。①

性格倔强,後世或稱爲"拗相公"

馮夢龍《警世通言》卷四《拗相公飲恨半山堂》:"因他性子執拗,主意一定,佛菩薩也勸他不轉,人皆呼爲'拗相公'。"

方文《嵞山集》卷十二《舒王臺志云王介甫玩月于此因得名》:"兹臺千古峙城東,玩月何私拗相公。借問傅巖亭在否,逢迎莫是李師中。師中素與安石忤,及安石爲相,師中爲舒州守,乃建傅巖亭于舒以媚之。舒王臺,恐亦師中所命耶?"

戴文燈《静退齋集》卷六《冬日金陵雜興》:"騎驢來往蔣山東,新法新經拗相公。若使定林終老去,不將悔恨到元豐。"

又或偶稱爲"王將軍"。

日僧成尋《參天台五臺山記》卷八載神宗熙寧六年四月四日發付成尋之賜師號牒:"中書門下牒行關。日本國延曆寺阿闍梨大雲寺主傳燈大法師位賜紫成尋 牒奉 敕,宜特御賜號善惠大師。牒至,准敕。故牒。熙寧六年三月 日 牒 禮部侍郎、參知政事 王 在名[珪] 右諫議大夫、參知[政]事馮在判京 禮部侍郎、平章事王在判安石王將

---

① 朱彧《萍洲可談》卷一:"本朝五等之爵,自公、侯、伯、子、男,皆帶本郡縣開國,至封國公者則稱某國公。"中華書局 2007 年版,第 112 頁。長安,亦王姓郡望之一,見《元和姓纂》卷五,中華書局 1994 年版,第 589 頁。陳希豐《再談宋代爵的等級》:"由開國伯、子、男進封到開國公、侯,受封地將由縣進封至郡,這時受封地既可能運用原封原則,由原爵中縣進封爲元封隸屬之較大區域的郡,也可能另封一新郡。"《文史》2016 年第 3 輯。

軍也。印多多也。"①同書卷八載成尋熙寧六年五月四日參揚州龍興寺:"齋後,即出,參龍興寺……立王將軍安石大碑。"②

其先出太原,後徙居撫州臨川

《文集》卷七十一《先大夫述》:"王氏其先出太原,今爲撫州臨川人,不知始所以徙。"

《曾鞏集》卷四十四《尚書都官員外郎王公墓誌銘》:"王氏其先太原人,世久遷徙,而今家撫州之臨川。"

曾祖德明,贈太師、中書令兼尚書令,追封英國公;曾祖母某氏,追封韓國太夫人

陸佃《陶山集》卷十《中大夫守尚書右丞王安禮曾祖明贈太師中書令兼尚書令可追封英國公制》:"具官某曾祖明,含章在躬,克開厥後。積仁累慶,施及孫曾。後先相望,作我良輔。"同卷有《中大夫守尚書右丞王安禮曾祖母某氏可追封韓國太夫人制》。

按,公之曾祖,《先大夫述》、《尚書都官員外郎王公墓誌

---

① 成尋撰,王麗萍點校《新校參天台五臺山記》卷八,上海古籍出版社 2009 年版,第 661 頁。

② 《新校參天台五臺山記》,第 700 頁。"王將軍"之稱,中土文獻罕睹。日本學者藤善真澄以爲,"王將軍"非成尋自創,而爲宋人因熙寧變法以渾名加諸公。具體討論,可見郭萬平《"王將軍安石"小考》,載平田茂樹、遠藤隆俊編《外交史料から十一—十四世紀を探る》,汲古書院 2013 年版。亓小榮《日本有關王安石的記載與研究》,浙江工商大學 2015 年碩士學位論文,第 8—9 頁。

銘》均未言其名。《文集》卷九十一《王平甫墓誌》："君臨川王氏,諱安國,字平甫。贈太師、中書令諱明之曾孫。"

據此,則公曾祖似名"明"。《三公王氏族譜》有《王氏歷代源流譜傳》:"五十三世:明正,改字永泰。"《臨川三公王氏宗譜總系圖》:"第一世:永泰,隱君子,諱明。"湯江浩考訂:"則以其名爲明,初字明正,後改永泰。"[1]然二〇〇九年南京江寧區將軍山南麓新出土孫侔所撰王益墓誌銘曰:"祖諱德明,贈職方員外郎。"[2]則公之曾祖名"德明",而非"明"。

王德明不仕。蘇頌《蘇魏公文集》卷三十五《新除右諫議大夫參知政事王安石封贈三代·曾祖》:"具官某曾祖某,江右之秀,德器素高;義訓之傳,世風自遠。榮名不顯於當世,慶善乃流於後昆。"《文集》卷七十一《先大夫述》:"其後有隱君子某,生某,以子故贈尚書職方員外郎。職方生衛尉寺丞某,公考也。"

祖用之,拜衛尉寺丞,贈太師、中書令兼尚書令,追封衛國公;祖母謝氏,追封燕國太夫人

《文集》卷九十一《王平甫墓誌》:"君臨川王氏,諱安國,字平甫。贈太師、中書令諱明之曾孫,贈太師、中書令兼

① 湯江浩《北宋臨川王氏家族及文學考論》,人民文學出版社 2005 年版,第 20 頁。

② 馬濤、許志强《將軍山北宋王安石家族葬地及相關問題研究》,《江寧春秋》第 13 輯,南京出版 2013 年版。墓誌拓片及相關資料,承鄭嘉勵兄惠賜,謹此致謝。

尚書令諱用之之孫。"

《文集》卷七十一《先大夫述》:"其後有隱君子某,生某,以子故贈尚書職方員外郎。職方生衞尉寺丞某,公考也。"

《曾鞏集》卷四十四《尚書都官員外郎王公墓誌銘》:"公諱益,字舜良。曾祖諱某,不仕。祖諱某,以子故贈尚書職方員外郎。考諱某,以公故,即其家拜衞尉寺丞。"

《曾鞏集》卷四十五《永安縣君謝氏墓誌》:"宋故衞尉寺丞王公諱用之之夫人,尚書都官員外郎、贈尚書工部郎中諱益之母,姓謝氏,累封永安縣君……其子曰益,曰某,皆已卒。"

陸佃《陶山集》卷十《中大夫守尚書右丞王安禮祖用之贈太師中書令兼尚書令可追封衞國公制》、《中大夫守尚書右丞王安禮祖母某氏可追封燕國太夫人制》。

父益,初字損之,後改字舜良,大中祥符八年進士及第,贈太師、中書令兼尚書令,追封楚國公;母徐氏、吳氏,徐氏追封魯國太夫人,吳氏追封魏國太夫人,通陰陽數術之學

《文集》卷七十一《先大夫述》:"公諱某,始字損之。年十七,以文干張公詠,張公奇之,改字公舜良。"

《曾鞏集》卷四十四《尚書都官員外郎王公墓誌銘》:"王氏其先太原人,世久遷徙,而今家撫州之臨川。公諱益,字舜良。曾祖諱某,不仕。祖諱某,以子故贈尚書職方員外郎。考諱某,以公故,即其家拜衞尉寺丞。公祥符八年舉進士及第，初爲建安主簿……娶徐氏，又娶吳氏，封長壽縣君。"

《曾鞏集》卷四十五《仁壽縣太君吳氏墓誌銘》："仁壽縣太君、撫州金谿吳氏，尚書都官員外郎、贈尚書刑部侍郎、撫州臨川王氏諱益之夫人，衛尉寺丞諱用之之婦……蓋侍郎七子，而少子五人，吳氏出也……夫人之考諱畋，畋之配黃氏，兩人者皆有善行，鄉里稱之。而黃氏兼喜陰陽數術學，故夫人亦通於其説。"

陸游《老學庵筆記》卷六："王荆公父名益，故其所著《字説》無'益'字。"

《詩注》卷二十《憶昨詩示諸外弟》，李注："楚公先娶徐，再娶吳氏……介甫，吳出。"

陸佃《陶山集》卷十載《中大夫守尚書右丞王安禮父益贈太師中書令兼尚書令可追封楚國公制》、《中大夫守尚書右丞王安禮母某氏可追封魯國太夫人制》、《中大夫守尚書右丞王安禮母某氏可追封魏國太夫人制》。《中大夫守尚書右丞王安禮母某氏可追封魏國太夫人制》曰："具官某母某氏，爲婦若母……均仁七子，間有俊傑。爾子安石，嘗以道相朕，贊成政法，布在四方。今更官儀，允釐庶職。維汝安禮，仍在倚毗。"

叔祖貫之，以能吏起家，官至尚書主客郎中，贈官至右諫議大夫；叔祖母張氏

《文集》卷九十六《主客郎中知興元王公墓誌銘》①："公

---

① 《王文公文集》卷八十七題爲《主客郎中叔祖墓誌銘》，上海人民出版社1974年版，第921頁。

王氏,諱某,字某。其先著望太原,而公之曾大考諱某,考諱某,皆葬撫州之臨川縣……享年六十二,官至尚書主客郎中。明年,天聖七年,葬和州之歷陽縣。後若干年,公夫人張氏葬,而公墓塾,乃改卜合葬於真州揚子縣萬寧鄉銅山之原……某,公兄孫也,受命於叔父而爲銘。"

《曾鞏集》卷四十五《永安縣君謝氏墓誌》:"王氏由工部之叔父、尚書主客郎中、贈太常少卿諱觀之始起家,爲能吏,遂追榮其父諱某爲尚書職方員外郎。至於工部父子,遂皆進於朝爲聞人,其世浸大。"

按,"王觀之",應作"王貫之",咸平三年進士登第。《(雍正)江西通志》卷四十九:"咸平三年庚子陳堯咨榜:王貫之,臨川人,尚書主客郎。"《王公墓誌銘》曰:"已而提點刑獄淮南,兼勸農事。公於爲獄,務在寬民,而以課田桑爲急,按渠陂之故,誘民作而修之,利田至萬九十頃。天子賜書獎諭。"事見《長編》卷九十真宗天禧四年五月丁卯:"兩浙、淮南勸農使王貫之等導海州界石闥堰水入漣水軍溉民田,知定遠縣江擇、知江陰軍崔立率部民修廢塘浚石溝以灌高仰之地,詔並獎之。"《宋史》卷九十六《河渠六》載同。公祖用之之名,當取自《論語‧述而第七》:"子謂顏淵曰:'用之則行,舍之則藏,唯我與爾有是夫。'"叔祖貫之之名,當取自《論語‧里仁第四》:"子曰:'參乎,吾道一以貫之。'曾子曰:'唯。'子出門,人問曰:'何謂也?'曾子曰:'夫子之道,忠恕而已矣。'"①

---

① 楊天保以爲王觀之、王貫之爲二人,《從"能吏"到"進士"》,《江西社會科學》2006年第3期。恐非。

又，王貫之爲公家族中第一位進士。其"爲能吏"，歷官"至則以材任劇"；且剛正不屈，孝悌清廉，洵爲北宋臨川王氏家族家風之奠基者。①

叔父孟、師錫等六人

《曾鞏集》卷四十五《永安縣君謝氏墓誌銘》："其子曰益，曰某，皆已卒。曰某，曰某，曰孟，楚州司理參軍，亦已卒。"

《文集》卷九十六《主客郎中知興元王公墓誌銘》："公子六人，於是存者二人：曰某，爲殿中丞；曰某，爲進士。其四人皆已卒：曰某，開封士曹參軍；曰某，楚州寶應縣主簿；曰某、曰某，爲進士。而公以殿中君積贈官至右諫議大夫。"

《文集》卷九十三《叔父臨川王君墓誌銘》："余叔父諱師錫，字某……叔父娶朱氏，子男一人，某，女子一人，皆尚幼。其葬也，以至和四年，祔于真州某縣某鄉銅山之原皇考諫議公之兆。"

按，公之諸叔，傅林輝、湯江浩據《三公王氏族譜》等多有臚列，然僅見族譜，别處無徵，兹不取。②

叔祖貫之二女，適楊公適、周彥先

《文集》卷九十七《朝奉郎守殿中丞前知興元府成固縣

① 湯江浩於此闡發甚明，可見《北宋臨川王氏家族及文學考論》，第15—16頁。

② 傅林輝《王安石世系傳論》，長江文藝出版社2000年版，第23頁。湯江浩《北宋臨川王氏家族及文學考論》，第34—36頁。公之家族世系，傅著、湯著發明甚夥。惟多引族譜處，本譜不取。

楊君墓誌銘》：“君諱某，字公適，幼詳敏，知好文學，故我叔祖興元府君嫁之以其子……夫人王氏，即興元府君、尚書主客郎中諱某之女。五男子：浞、洙、治、滌、浡。浞，宿州符離縣尉，餘皆進士。洙、治前死。四女子，其已嫁者二人，太常少卿呂璹，試將作監主簿孫縱者，君壻也。其一人未嫁而前死。諸子孫以二年十一月四日，葬君江都東興鄉之北原。以某嘗得侍君，而君知之於少時者也，故屬以銘。”

按，此銘撰於英宗治平二年十一月，墓主楊公適，公叔祖王貫之婿。《沈注》謂墓主或爲楊蛻，恐非。楊公適之婿太常少卿呂璹，字季玉，即呂惠卿之父，《宋史》卷四百七十一《呂惠卿傳》：“字吉甫，泉州晉江人。父璹，習吏事。”《詩注》卷六《送潮州呂使君》之呂使君，即呂璹，故詩曰：“同朝叙朋友，異姓接婚姻。恩義乃獨厚，懷哉余所陳。”

周彦先，《文集》卷九十六《右侍禁周君墓誌銘》：“君周氏，諱彦先，字師古。曾大父諱瓛，贈大理評事。大父諱述，秘書丞，贈尚書工部侍郎。考諱嘉正，尚書刑部郎中……君先夫人盛氏，尚書工部侍郎諱京之子。後夫人王氏，尚書主客郎中諱貫之之子，皆有賢行……五子：濤、洵、洧、渥、瀹，皆爲進士。二女子，嫁如皋史堪、德安鄭汾，亦皆爲進士。”

外祖吴畋，外祖母黄氏，撫州金谿大姓

《曾鞏集》卷四十五《仁壽縣太君吴氏墓誌銘》：“仁壽縣太君、撫州金谿吴氏，尚書都官員外郎、贈尚書刑部侍郎、撫州臨川王公諱益之夫人，衛尉寺丞諱用之之婦……夫人之考諱畋，畋之配黄氏，兩人者皆有善行，鄉里稱之。”

《文集》卷九十《外祖母黄夫人墓表》：“外祖夫人黄氏，生二十二年歸吴氏。”

《蔡譜》卷二：“黄夫人，金谿吴畋之配也。畋爲敏之弟。吴氏世居臨川三十里外，地名鳥石岡，所居又有柘岡。”

妻吴氏，吴敏孫、吴芮女，封吴國夫人、越國夫人

《文集》卷一百《河東縣太君曾氏墓誌銘》：“尚書都官員外郎臨川吴君諱某之夫人、河東太君南豐曾氏，尚書吏部郎中、贈右諫議大夫諱某之子……有子四人：芮，秘書丞；黄，亳州録事參軍。其次蕃、蒙，曾出也，皆進士，而蒙爲濠州司户參軍。於是黄、蕃皆已卒，芮、蒙以某年某月某甲子，葬夫人某縣某鄉某所之原。某實夫人之外孫，而夫人歸之以其孫者也。”

魏泰《臨漢隱居詩話》：“荆公妻吴國夫人亦能文，嘗有小詞《約諸親遊西池》句云：‘待得明年重把酒，攜手，那知無雨又無風。’皆脱灑可喜也。”

曾紆《南遊紀舊》：“王介甫以次女適蔡卞，吴國夫人吴氏驟貴，又愛此女，乃以天下樂暈錦爲帳。”

楊仲良《長編紀事本末》卷一百三十：“（元符三年）十一月庚午，賜故贈太傅王安石妻越國夫人吴氏江寧府官産六十間。”

岳父吴芮

《（光緒）撫州府志》卷六十三《人物·孝友》之《吴敏傳》：“吴敏，金谿人。父德筠，尚書屯田員外郎。敏登淳化

三年進士,官尚書員外郎,爲人孝友忠信,鄉里稱長者。弟畋,王安石外祖也。長子芮,天聖二年進士,官秘書丞,安石外舅。次賁,字成之……亳州録事參軍,不阿勢要,恪敦孝友,爲王安石所稱。又次蕃,另有傳;又次蒙,寶元元年進士,官濠州司户參軍。"

按,吳敏爲公外祖吳畋之兄。其妻謝氏、曾氏,其子吳芮,即公岳父。湯江浩考證:"所謂外舅即妻父,即指吳芮爲安石岳父。"①可從。

吳芮另有女嫁孫升。孫升《孫公談圃》卷下:"先妻吳與荆公夫人同母。"然孫升雖係公之姻親,却屬舊党,《宋史》卷三百四十七有傳:"孫升字君孚,高郵人。第進士,簽書泰州判官。哲宗立,爲監察御史。朝廷更法度,逐姦邪,升多所建明……升在元祐初,嘗言:'王安石擅名世之學,爲一代文宗。及進居大位,出其私智,以蓋天下之聰明,遂爲大害。今蘇軾文章學問,中外所服,然德業器識,有所不足。爲翰林學士,已極其任矣;若使輔佐經綸,願以安石爲戒。'世譏其失言。"

岳父吳芮有三弟:賁、蕃、蒙

吳芮有三弟:吳賁、吳蕃、吳蒙。吳賁字成之,《文集》卷九十八《吳録事墓誌》:"君諱賁,字成之,世爲撫州金谿人。曾祖某,不仕。祖德筠,尚書屯田員外郎。父敏,尚書都官員外郎。君以蔭入官,任吉州太和、袁州萍鄉縣主簿,

---

① 《北宋臨川王氏家族及文學考論》,第262—263頁。

尉蘄州石橋茶場,廬州司理,亳、壽州、江寧府録事參軍。
以某年月日卒于家,享年若干……二男子,偉、豪,長有
志行如君。二女子,歸晏脩睦、王令,季有特操如令。豪
養寡姊妹,嫁孤甥,夫婦孳孳,鄉人又以爲難。卜以元豐
八年某月日,葬于唐州桐柏縣淮源鄉,妻李祔。臨川王
某誌。"

吴蕡二子,長子吴偉,次子吴豪。吴偉仕於唐州而亡,
生平未詳。吴豪字特起,《文集》卷七十四《與崔伯易書》:
"逢原遽如此,痛念之無窮,特爲之作銘,因吴特起去奉呈。"
"吴特起"即吴豪。公行新法,欲與之官,而豪力辭。公晚年
又曾與之議王令女兒婚事。① 吴豪有二子:吴元字順圖、吴
兑字悦圖。有一女嫁張某,生張邦基。《墨莊漫録》卷五:
"邦基外祖父吴豪,字特起,世家臨川。其兄仕於唐州而亡,
因家江上,治田於黄、玉二陂,遂以多貲聞。倜儻尚義,潛德
不耀,荆公夫人之同祖兄弟也。荆公更新法,心不喜之,將
授之官,力辭不願。自外祖死,伯舅元順圖持門户。順圖蕭
散風度,雅意翰墨,蓄法書名畫甚富,烹茶焚香,吟詩彈琴而
已,隴畝漫不省也。坐是東皋廢弛,歲不暇給,乃委仲舅兑
悦圖治其隳敗。悦圖孝友修愿,賙貧樂施,有父風。未幾,
多稼復如曩時,歲收數萬斛。公心持己,無絲髮之私,輸載
長兄房,以聽出納。悦圖奉太夫人盡子道,待兄弟得怡怡之
義。四方親舊以貧投者,存恤無厭,臧獲咸無怨言,鄉曲皆
得其歡心。宣和辛丑秋得病,至冬不起,視笥中衣無兩襲,

---

① 《文集》卷七十四《與吴特起書》,第788頁。

未嘗有一物私蓄也。人始服其廉謹。其京師調發科敷，動以萬計，適丁連年旱歉。悦圖憂家成瘁，鬱鬱感病。其死數日，姪茞夢悦圖云：‘吾有詩，爾其志之。’及覺，憶其二句云：‘春風陌上一杯酒，回首家原事若何。’蓋悦圖雖死猶不忘家也，悲夫！”

吳蕡二女，“歸晏脩睦、王令。”晏脩睦，或即晏昭素，晏融之子、晏殊之姪。① 有子晏防，字宗武。晏防幼從公學，娶鄒極之女，有二子、二女。謝逸《溪堂集》卷九《故通仕郎晏宗武墓誌銘》：“大丞相元獻公，宗武叔祖也，歐陽文忠公嘗爲墓碑。宗武太夫人長樂郡君吳氏，荆國王文公夫人之妹也。文公嘗命宗武名，又字而序之。欲知宗武世次遷徙，考文忠所作墓碑可也；欲知宗武行己趨操，考文公所作字序可也。余是以知後世之人，決知宗武無疑也。宗武，撫之臨川人。姓晏，諱防，宗武字也。曾祖諱郜，累贈開府儀同三司、太師、中書令兼尚書令。祖諱融，任殿中丞，贈金紫光禄大夫。考諱昭素，任中散大夫。宗武……幼從文公學，嘗問修心之要，文公笑曰：‘吾子亦能問及此耶？’手書七佛偈以遺之……政和元年十月三日，葬于長樂鄉東陂山。娶鄒氏，朝散郎、尚書度支員外郎諱極之女。有女一人，元功妻也。又一人，尚幼。子友、子及，二男子也。”《文集》卷二《題南康晏使君望雲亭》之晏使君，即晏昭素。

---

① 《晏氏宗譜》載晏殊《右贊善大夫殿中丞贈金紫光禄大夫尚書刑部侍郎墓誌銘》：“長兄諱融，字華叔……子十人：曰從實、招（昭）素、思晦、貽矩、宗願、脩睦、遵式、彦成、垂慶、師直。”則昭素、脩睦爲晏融第二子、六子。轉引自唐衛紅等《二晏年譜長編》，南開大學出版社2016年版，第17—18頁。然此《墓誌銘》恐僞，不足據。

　　吳蕡另一女嫁王令,令卒後守節三十五年,因兄吳偉曾仕唐州,遂移居開曠拓土。有一女嫁錢塘吳師禮,生子吳説。《王令集》附王雲撰《節婦夫人吳氏墓碣銘》:"夫人吳氏,撫州臨川人,廣陵先生元城王公之妻。先生諱令,字逢原,道德文章名一世,年二十八而卒。夫人抱始生之孤,往歸母兄……家始來唐,唐多曠土,熙寧中,詔募民蓄墾,治廢陂……夫人,尚書屯田員外郎德筠之曾孫,尚書都官員外郎敏之孫,江寧府司録參軍蕡之子。婉慧凤成,父異之,嫁不輕諾。廣陵先生妙年英特,聲震江、淮,荊公一見以爲友,勸其舅以夫人歸焉。居無何而寡,遺腹舉一女,長有淑德。荊公高選諸生,以嫁錢塘吳師禮,歷博士、諫官、右司員外郎,爲時名臣……父事兄,母事姊。姊亡感慟,得疾卒,年五十九,實元祐八年十二月二十七日。兄豪,奇士也。夫人既卒二年,以先生葬常州,躬護柩北來,道病亦卒。後十年,乃克合窆于唐州桐柏縣之淮源鄉。"

　　吳氏以開拓荒田、治廢陂,"州聞于朝,優賜米帛"。《宋會要輯稿》禮六一:"(哲宗元祐)七年三月九日,唐州言:'本州泌陽縣故江寧府録事參軍吳蕡女,年二十四歸布衣王令,未一年令卒,獨有一子。其兄欲嫁之,號泣弗許,歸老于家,今三十二年。居于黄池陂,每歲農隙,躬率田夫數千人治陂水灌田,利及一方,邑人服其教令。欲乞特賜旌表。'詔賜絹一十匹,米一十石。"

　　吳蕃字彦弼,屢試不中。《文集》卷九十八《金谿吳君墓誌銘》:"年四十三,四以進士試於有司,而卒困於無所就。其葬也,以皇祐六年某月日,撫州之金谿縣歸德鄉石廩之原,在其舍南五里。當是時,君母夫人既老,而子世隆、世範皆尚幼。三女子,其一卒,其二未嫁云……銘曰:蕃君名,字彥弼,氏吳。其先自姬出,以儒起家,世冕黻。"曾鞏有文祭之。[1]

據公所撰墓誌銘,吳蕃二子爲世隆、世範。疑其中一人,後改名吳頤,字顯道。《文集》卷十四《懷吳顯道》、卷三十一《寄顯道》、卷三十六集句之《送吳顯道五首》、《送吳顯道南歸》,即此人。頤娶彭氏,生子慤,字德毅。吳慤有棐、棵、窠三子,一女適江邃,孫十人(詳本譜熙寧十年)。

吳蒙,寶元元年進士,官濠州司户參軍。仁宗皇祐、至和間,余靖知桂州,吳蒙管勾機宜文字,安撫黎戎遭擒。《孫公談圃》卷下:"瓊崖四州,在海島上,中有黎戎國,其族散處,無酋長,多沉香藥貨。余靖知桂州時,吳蒙爲司户,管勾機宜文字,以卒五百安撫黎戎。蒙謂此不足以立功,即深入其地,反爲掩殺。蒙下馬請降,戎得蒙,待之甚厚,以女妻之。而蒙有子在瓊州,令以銀五十兩造兩餅,贖之。戎得餅,甚喜,遂放蒙還……蒙即荆公夫人之叔父。公先妻吳與荆公夫人同母,親見蒙説如此。"吳蒙另有女嫁李介夫。[2] 孔

---

[1] 《曾鞏集》附録《祭吳彥弼文》,中華書局 1984 年版,第 787 頁。

[2] 孔武仲《故隴西李君墓誌銘》:"李氏世爲江西大家,其貴者列侍從,以至爲卿爲郎,皆有顯聞於其世,外親旁屬累至公相。家藏書萬卷,君兄弟若干人皆進於學……年二十,以疾卒於江州。又期年,而其父幾甫官信州,數與予往來,道君之平生,未嘗不咨嗟嘆息,繼以泣下。"《三孔先生清江文集》卷十九,北京大學圖書館藏清抄本。(此承中國社會科學院文學研究所張劍兄惠示,謹此致謝!)"幾甫"即李介夫,當爲李虛己、李虛舟兄弟之孫。李虛己,《宋史》卷三百有傳:"虛己喜爲詩,數與同年進士曾致堯及其壻晏殊唱和。"中華書局 1985 年版,第 9975 頁。晏殊即《墓誌》所謂"外親旁屬累至公相"者。李虛舟,見《文集》卷八十八《虞部郎中贈衛尉卿李公神道碑》,第 916 頁。

武仲《吳氏夫人墓誌銘》:"夫人姓吳氏,世家於撫州金谿,贈尚書屯田員外郎德筠之曾孫,都官員外郎敏之孫,處州信豐令蒙之女,淮南節度推官知信州上饒縣事李君介夫之繼室也。二十三而歸,五十而卒。卒之明年,當元豐八年九月初五日而葬……夫人之大母曾氏,諫議大夫致堯之女……有子份、佚、仔、傚,份及仔早卒,餘皆應進士舉。女一人,嫁進士葉觀。"①

又吳興宗、孝宗,公妻之遠房堂兄弟。《文集》卷九十四《臨川吳子善墓誌銘》:"臨川吳氏有子興宗,字子善,年二十喪母,而其父以生事付之……某謂其父爲諸舅,甚知其所爲,故於其弟子經孝宗之求誌以葬也,爲道而不辭……父諱偓,亦有行義,用疾弗仕。祖諱表微,尚書屯田員外郎。曾祖諱英,殿中丞。初妻姓王氏,一男良弼,皆前卒。再娶楊氏,生莪、适、柾。莪始九歲,而四女幼者一歲云。"墓主吳興宗,吳孝宗之兄。"某謂其父爲諸舅",則吳興宗、孝宗兄弟亦爲公之外親,②其譜系爲:吳英——吳表微——吳偓——吳興宗、孝宗。湯江浩推測,吳表微與吳敏係遠房同宗,③可從。

吳孝宗字子經,《國朝二百家名賢文粹》卷一百九王霄《答吳子經書》:"某啓:冬寒,伏惟子經舅動止萬福。"文名甚著,神宗熙寧三年葉祖洽榜進士。④　魏泰《東軒筆錄》卷

① 《三孔先生清江文集》卷十九。
② 吳曾《能改齋漫錄》卷十四:"吳子經,名孝宗,臨川人,荆公之舅。"誤。
③ 《北宋臨川王氏家族及文學考論》,第 262 頁。
④ 《(雍正)江西通志》卷四十九,四庫本。

十二："吳孝宗字子經,撫州人。少落拓,不護細行,然文辭俊拔,有大過人者。嘉祐初,始作書謁歐陽文忠公,且贊其所著《法語》十餘篇。文忠讀而駭歎,問之曰:'子之文如此,而我不素知之,且王介甫、曾子固皆子之鄉人,亦未嘗稱子,何也?'孝宗具言少無鄉曲之譽,故不見禮於二公。文忠尤憐之,於其行贈之詩……孝宗至熙寧間,始以進士得第一,命爲主簿,而卒。既嘗忤王荊公,無復薦引之者。家貧,無子。"張邦基《墨莊漫録》卷九:"同時又有臨川吳孝宗子經,嘗著三書,一曰《法語》,二曰《先志》,三曰《巷議》。舊嘗傳於其姪道宗夢協,亦亡於兵火。子經,予母之從叔也。今聞其從孫家尚有本,當復傳之。"《先志》當作於熙寧之前,今《文集》卷七十四《答吳孝宗書》、《答吳孝宗論先志書》,載公與吳孝宗往復討論頗詳。然其人翻覆,公薄之。魏泰《東軒筆録》卷六:"吳孝宗對策,方詆熙寧新法,既而復爲《巷議》十篇,言閭巷之間皆議新法之善,寫以投荊公。荊公薄其翻覆,尤不禮之。"《宋史》卷二百八《藝文七》著録《吳孝宗集》二十卷。

兄安仁常甫、安道勤甫;弟安國平甫、安世、安禮和甫、安上純甫;從弟沆

《曾鞏集》卷四十四《尚書都官員外郎王公墓誌銘》:"子男七人:曰安仁,曰安道,曰安石,曰安國,曰安世,曰安禮,曰安上。女一人嫁張氏,處者二人。"

《曾鞏集》卷四十五《仁壽縣太君吳氏墓誌銘》:"蓋侍郎七子,而少子五人,吳氏出也……七子者,曰安仁、安道、

安石、安國、安世、安禮、安上。"

《曾鞏集》卷四十五《永安縣君謝氏墓誌銘》："其孫曰安仁,宣州司户參軍。曰安道,皆已卒。曰安石,殿中丞,通判舒州。曰沔,荆南府建寧縣令。曰安國,曰安禮。"

《文集》卷九十六《亡兄王常甫墓誌銘》："先君姓王氏,諱益……先生其長子,諱安仁,字常甫。"

《文集》卷九十一《王平甫墓誌》："君臨川王氏,諱安國,字平甫。"

《宋史》卷三百二十七《王安禮傳》："字和甫,安石之弟也。"

《詩注》卷一《夜夢與和甫別如赴北京時和甫作詩覺而有作因寄純甫》,李注:"和甫名安禮,行第三十六。純甫最幼,名安上,行第三十七。"

《兩浙金石志》卷六"宋王廷老等石屋洞題名":"睢陽王廷老伯皱、錢唐吳君平常甫、大名王頤正甫、昭武上官塏彥明、臨川王安上純甫同遊,熙寧癸丑七月己未。"

按,《顧譜》卷上:"長安仁,字常甫;次安道,字勤甫。"《蔡譜》同,然未知何據。《三公王氏族譜》以荆公仲兄爲安義,字仁甫,與曾鞏所撰墓誌不合,不取。[①] 又,荆公弟安世,字亦不詳。傅林輝《王安石世系傳論》引《璜溪王氏三修宗譜》:"安世公,舜良公六子,諱慶甫,生於景祐元年甲戌,歿於嘉祐四年己亥。"待考。

---

① 《北宋臨川王氏家族及文學考論》,第61頁。

妹三人。長名文淑,適張奎,封長安縣君;仲適朱明之;幼適沈季長,封德安縣君

《曾鞏集》卷四十五《仁壽縣太君吳氏墓誌銘》:"女三人:長適尚書虞部員外郎沙縣張奎,次適前衢州西安縣令天長朱明之,次適揚州沈季長。"

《文集》卷九十九《長安縣太君王氏墓誌》:"長安縣太君臨川王氏,尚書都官員外郎、贈太師、中書令兼尚書令、潭國公諱益之女,尚書左丞張公諱若谷之婦,尚書比部郎中諱奎之妻,國子博士硯、開封府雍丘尉覤之母。"

《詩注》卷三十一《和文淑溢浦見寄》,李注:"張氏女弟。"

王安禮《王魏公集》卷八《故朝奉郎權發遣秀州軍州兼管內勸農事輕車都尉借紫沈公墓誌銘》:"公諱季長,字道原……卒于官舍,實元祐二年十月十二日也,享年六十有一……娶王氏,德安縣君。有賢行,不茹葷十年,後公百六十日無疾而終……公之配,予同產姊也,尤審公行治。"

《詩注》卷三《寄朱昌叔》,李注:"楚公有三女,皆公女弟也。次適朱明之,仕至大理少卿。昌叔,其字也。"

按,《長編》卷二百二十六熙寧四年八月己卯,李燾引《林希野史·政府客篇》:"朱明之,介之妹婿,妹卒,又娶其姪,以固姻好。"可知公之仲妹早卒,朱明之再娶公之侄女。湯江浩疑之:"(林希)載明之初娶安石之妹,妹卒又娶其侄,以固姻好，亦甚可疑。王安石兄弟諸文皆不載其次妹早卒。"①然英宗治平二年冬，曾鞏致書公曰："子進弟奄喪已易三時矣，悲苦何可以堪！二姪年可教者，近已隨老親到此。二尤小者，六舍弟尚且留在懷仁，視此痛割，何可以言！承介甫有女弟之悲，亦已屢更時序，竊計哀戚，何以自勝！"②曾鞏所云"女弟"，當即朱明之妻、公之仲妹，治平二年前已卒，林希所載不妄。

子三人。長曰雱字元澤，仲曰旁；另有一子夭於嘉祐二年赴知常州途中

《曾鞏集》卷四十五《仁壽縣太君吳氏墓誌銘》："孫男九人，曰雱、叓、旁、旂、斻、防、斿、旟、放。"

《名臣碑傳琬琰集》下卷十四《王荆公安石傳實錄》："子雱、旁。"

《宋史》卷三百二十七《王安石傳子雱》："雱字元澤。"

《文集》卷七十一《題旁詩》題注："仲子，正字。"

《文集》卷七十四《上歐陽永叔書三》："某以五月去左右，六月至楚州，即七舍弟病，留四十日。至揚州，又與四舍弟俱，失群牧所生一子。"③

按，雱爲公之長子，字元澤，《宋史》卷三百二十七有傳。王稱《東都事略》卷七十九曰："雱字元澤，未冠，著書已數千

①　《北宋臨川王氏家族及文學考論》，第 213 頁。
②　《曾鞏集》卷十六《與王介甫第三書》："鞏啓：八月中，承大夫人大祥，於郵中寓書奉慰。十月，梅厚秀才行，又寓書，不審皆也否？昨日忽被來問。"第 256 頁。公母卒於嘉祐八年八月，書曰"太夫人大祥"，故作於治平二年。
③　"群"，原作"郡"，此據《王文公文集》改。

百言。舉進士，爲旌德尉，作策三十餘篇，極論天下事。又作《老子訓傳》及《佛書義解》，亦數萬言。有以雱書聞者，召見，除太子中允、崇政殿説書。被旨撰《詩》、《書》義，擢天章閣待制。書成，遷龍圖閣直學士。雱病疽已彌年，辭不拜，卒，年三十三，贈左諫議大夫。詔即其家上雱所著《論語》《孟子義》。雱論議刻深，常稱商君以爲豪傑之士，言不誅異議者法不行。嘗勸安石誅不用命大臣，安石曰：'兒誤矣。'政和三年，封臨川伯，從祀文宣王廟。雱無子，以族人之子棣爲後。徽宗時，爲顯謨閣待制。"王雱未冠已著述多種，洵可謂少年天才，可惜病疽而亡，英年早逝。

次子旁，字不詳。因雱、旁字形、讀音相近，各種史料記載、刊刻往往魯魚亥豕，將王旁名字、事蹟混爲王雱。甚者因反熙寧變法，對二人蓄意誣衊，遂致北宋後期有荆公因變法禍國殃民而絕後之傳聞，王旁一枝譜系逐漸湮沒。余嘉錫、王晉光、湯江浩等學者均有考辨，惜所見史料不全，且多爲筆記小説，不足定讞。① 以下據新見南宋晁公遡撰《王少卿墓誌銘》（墓主爲公之曾孫王珏）及《宋會要輯稿》史料，隨文辨正。

---

① 余嘉錫《四庫提要辨證》卷十七，中華書局 1980 年版，第 1062—1068 頁。王晉光《王安石嫁媳事辨證》，載氏著《王安石書目與瑣探》，香港華風書局 1983 年版，第 71—86 頁。《北宋臨川王氏家族及文學考論》，第 226—246 頁。拙文《稀見史料與王安石後裔考——兼辨宋代筆記中相關記載之訛》，《浙江大學學報》（社科版）2017 年第 4 期。余嘉錫考辨王旁而非王雱患心疾，甚是。

女三人。一女夭於知鄞縣任上；一女適吳安持，封蓬萊縣君，生子侔

《文集》卷一百《鄞女墓誌銘》："鄞女者，知鄞縣事臨川王某之女子也。慶曆七年四月壬戌前日出而生，明年六月辛巳後日入而死，壬午日出葬崇法院之西北。"

《曾鞏集》卷四十五《仁壽縣太君吳氏墓誌銘》："孫女九人：長適解州安邑縣主簿徐公翊，次許嫁太廟齋郎吳安持，餘尚幼。"

《詩注》卷一《寄吳氏女子》，李注："介父二女，長適吳安持，寶文閣待制。"

釋惠洪《冷齋夜話》卷五："舒王女，吳安持之妻蓬萊縣君，工詩，多佳句。"

《詩注》卷四十三《贈外孫》："南山新長鳳凰雛，眉目分明畫不如。年小從他愛梨栗，長成須讀五車書。"李注："乃吳侔也。其父安持，充次子，荆公壻。侔得公此詩，何止不克負荷，後乃更坐惡逆誅，累及其親。按《國史》：'舒州人張懷素本百姓，自稱落魄野人，以幻術游公卿間。於元祐六年，説朝散郎吳儲云："公福似姚興，可爲關中一國主。"儲云："儲福弱，豈能及姚興？"懷素云："但説有志，不説福。"紹聖四年，懷素入京，又與儲結約，儲以語侔。崇寧四年，事敗，獄成，懷素、吳儲、吳侔、邵禀並陵遲處斬；楊公輔、魏當、郭秉德並特處死；吳儲父安持貸命，免真決，追毀出身以來文字，除名勒停，送潭州編管；吳侔母王氏係王安石女，特免遠竄，送太平州羈管；侔弟僎道州羈管。'公此詩蓋爲侔作

也。呂惠卿子淵坐曾聞妖言不以告，削籍，竄沙門島；惠卿散官，安置宣州；蔡卞降職，奉外祠；鄧洵武妻吳伴之兄，出知隨州；安惇追貶散官。”

一女適蔡卞，封福國夫人，生子仍

《宋史》卷四百七十二《蔡卞傳》：“卞字元度，與京同年登科，調江陰主簿。王安石妻以女，因從之學。”

《詩注》卷一《示元度》，李注：“蔡卞字元度，興化軍仙游人……公以女妻之。”

周煇《清波雜志》卷三：“蔡卞之妻七夫人，頗知書，能詩詞……煇在金陵見老先生言：‘荆公嘗謂元度爲千載人物，卓有宰輔之器，不因某歸以女憑藉而然。’”

《東都事略》卷一百一《蔡卞傳》：“子脩、仍。”

王明清《揮麈餘話》卷二：“蔡元度娶荆公之女，封福國夫人。止一子，子因仍是也。談天者多言其壽命不永，元度夫婦憂之。一日，盡呼術者之有名如林開之徒集於家，相與決其疑。云當止三十五歲。元度顧其室云：‘吾夫婦老矣，可以放心，豈復見此逆境邪？’其後子因至乾道中，壽八十而終。然其初以恩倖爲徽猷閣學士，靖康初，既蔡氏敗，例遭削奪，恰年三十五，蓋其禄盡之歲。繇是而知五行亦不可不信也。”

張邦基《墨莊漫録》卷六：“蔡仍子因之妻，九院王家女也。”

周必大《文忠集》卷九十九《繳駁蔡仍叙官狀十一月二十一日同金給事》：“具位臣金某、具位臣周某，準中書門下省送到録黄一道，爲前左朝散大夫、賜紫金魚袋蔡仍依赦復元官事……按蔡卞陰賊險巧，遠出京右……今若使其子得以赦原，復正郎位，則宿姦巨蠹之後，皆可復齒仕籍，失政刑矣。"

長子雱娶蕭氏，熙寧九年六月卒，時爲太子中允、天章閣待制，贈左諫議大夫。雱無子，族子棣過繼，有一女，適吕嘉問子吕安中

《長編》卷二百七十六熙寧九年六月己酉："太子中允、天章閣待制王雱卒，年三十三，贈左諫議大夫。"

《宋會要輯稿》禮六一："（政和）三年三月六日，江寧府言：'故諫議大夫、天章閣待制王雱止有一女，三歲而雱卒。及長，適通直郎吕安中，生一女，而安中卒。時王氏年方二十七，持喪如禮。及服除，即歸宗守義，自誓貞潔。或諭以改嫁，王氏獨毅然謝絶。頃居母蕭氏喪，哀毀過制，宗族稱嘆。治閨門有法，不妄笑語，内外整肅。至於追遠奉先，皆可矜式。故夫吕安中雖任通直郎，緣未經大禮而安中卒，王氏遂無封邑。伏望朝廷特賜旌表，加之封號，非特上副聖時崇獎安石父子之意，亦足爲天下節婦之勸。'從之。"

《宋會要輯稿》禮三六："徽宗大觀四年九月十五日，詔：'孔子謂：興滅繼絶，天下之民歸心。王安石子雱不幸無嗣，有族子棣已嘗用安石孫恩例官之。比聞興訟未已，可仍舊以棣爲雱後，以稱朕善善之意也。'（政和）八年四月二十三日，故臨川伯王雱女王氏狀：'伏念父被遇神考，擢寘法從，

不幸早世，未立嗣息。大觀間，特詔以族子棣爲後。於政和
六年，緣其所生父雱身亡，詔令棣歸宗，照管葬事。今已終
葬，欲望特令棣仍舊爲先父雱後。’詔從之。”

曾敏行《獨醒雜志》卷二：“王荆公在相位，子婦之親蕭
氏子至京師，因謁公。”

《長編》卷五百哲宗元符元年七月甲子：“吕安中乃嘉問
之子，王雱之婿，序辰之妻弟。”

按，王雱妻爲蕭泂之女。《（同治）新喻縣志》卷二：
“集雅樓，在縣東清門外。宋王安石之子雱娶蕭氏女，袁州
推官泂之女，嘗館於此，注老子《道德經》。”① 《文集》卷九
十三《袁州軍事推官蕭君墓誌銘》：“袁州軍事推官新喻蕭
君，諱泂，字公美……以治平二年五月十八日卒京師，年四
十五。越四年二月三日，葬新喻鍾山鄉鍾山里。於是夫人
張氏前死而別葬。子男一人鐘，郊社齋郎。女六人，其四
人既爲士妻，其二尚幼……祖諱世則，贈光禄卿。父固，嘗
以尚書刑部郎中、集賢殿修撰守桂州。”《文集》卷九十四
《尚書祠部郎中集賢殿修撰蕭君墓誌銘》，墓主即蕭泂之
父蕭固：“治平三年，年六十五，以九月十七日卒於家。初
娶隴西縣君李氏，再娶彭城縣君劉氏。子男二人：泂，袁州
軍事推官，前死；泂，試秘書省校書郎、知鄂州嘉魚縣事。
女三人，嫁江州湖口縣主簿何正臣、襄州司户參軍歐陽成，
其季尚幼也。孫男女十八人。”另，沈括《夢溪筆談》卷二
十：“渤乃丞相荆公姻家，是時丞相當國。”公與蕭渤年歲

---

① “泂之女”，原作“泂之孫女”。按，據蕭泂與公年歲相若，“孫”字疑衍。
清同治十二年刻本。

相若,《文集》卷一百《壽安縣太君李氏墓誌銘》,墓主即蕭渤母。蕭渤、蕭洵當爲從兄弟。

孫棣字儀仲,賜進士出身;建炎間,以顯謨閣直學士知開德府,率軍民固守澶淵,城陷,死,贈資政殿學士。棣子瑊,女二人

《(至大)金陵新志》卷十三下:"雱子棣字儀仲,顯謨閣學士、右中大夫、開德府路經略安撫使。建炎三年,金人攻澶淵,死於城守,詔贈資政殿大學士。"

《建炎以來繫年要錄》卷十八建炎二年十二月乙未:"金又犯澶淵。顯謨閣學士、知開德府、充本路經略安撫使王棣率軍民固守。金僞爲書,至城下曰:'王顯謨已歸附,汝百姓何敢拒師?'軍民聞之,欲殺棣,棣走至南門,爲軍民所踐而死。城遂陷……事聞,贈棣資政殿學士。"

李正民《大隱集》卷一《王棣贈資政殿學士制》:"具官出自相門,躋于侍從,智勇足以扞難,恩惠足以撫民……睢陽無援,張巡之志不衰;東郡久圍,臧洪之辭靡屈。雖勢窮而力盡,終身殞而名存。特升祕殿之華資,俾視政塗之寵數。用彰死節,加賁泉扃。式慰冥漠之知,聿爲忠義之勸。"

《長編紀事本末》卷一百三十:"宣和四年八月庚子,賜新除太僕少卿王棣進士出身,以安石孫,故旌之。九月戊午,詔:'熙豐政事,悉自安石建明。今其家淪替,理宜褒恤。可賜第一區,孫棣除顯謨閣待制、提舉萬壽宮觀,曾孫璹、瑊

並轉宣義郎。孫女二人，各進封號一等。曾孫女五人，並封
孺人。'"①

按，王璹爲王桐之子（詳下），王珌當爲王棣之子。又
洪邁《夷堅支志》庚卷三："王衍之，荆公四世孫也。寓居
湖州。調建康司理參軍。"王衍之或爲王棣之孫，王珌
之子。

次子旁娶龐氏。因旁有心疾，爲出其妻

《王文公文集》卷四《與耿天騭書》其一："旁婦已別許
人，亦未有可求昏處，此事一切不復關懷。"其二："旁每荷
念恤，然此須渠肯，乃可以謀，一切委之命，不能復計
校也。"

魏泰《東軒筆録》卷七："王荆公之次子名雱，爲太常寺
太祝，素有心疾。娶同郡龐氏女爲妻，逾年生一子，雱以貌
不類己，百計欲殺之，竟以悸死，又與其妻日相鬬鬩。荆公
知其子失心，念其婦無罪，欲離異之，則恐其誤惡聲，遂與擇
壻而嫁之。是時，有工部員外郎侯叔獻者，荆公之門人也，
取魏氏女爲妻。少悍，叔獻死而幃箔不肅，荆公奏逐魏氏婦
歸本家。京師有諺語曰：'王太祝生前嫁婦，侯工部死後
休妻。'"

按，據《與耿天騭書》，王旁之妻確曾另嫁，耿天騭因而
問及王旁續娶等事。魏泰與公父子關係密切，應不至混淆
王雱、王旁，且筆記明言"王荆公之次子"，則通行本《東軒筆

---

① 《宋會要輯稿》選舉九："(宣和)四年八月十四日，賜王棣進士出身。以安
石親孫，故特賜也。"第 5441 頁。"親"字係妄加。

録》(明刻本)之“雱”，必爲刊本傳鈔流傳之訛。孔平仲《孔氏談苑》卷一所載略同，“雱”正作“旁”：“王旁，丞相舒公之子，不惠，有妻未嘗接，其舅姑憐而嫁之，旁自若也。侯叔獻再娶而悍，一旦，獻卒，朝廷慮其虐前夫之子，有旨出之，不得爲侯氏妻。時京師有語云：‘王太祝生前嫁婦，侯兵部死後休妻。’”①

王闢之《澠水燕談録》卷第十、《墨客揮犀》卷三、張師正《倦遊雜録》亦載此事，或作“雱”，或作“滂”，恐均爲版本刊刻之訛；或由作者擅改“旁”爲“雱”，蓄意將王旁事蹟移花接木至王雱，加以誣蠛。洎至明代，諸筆記小説不辨真僞，貿貿然將宋代筆記中“王滂”或“王雱”，逕自轉抄爲“王元澤”。何良俊《何氏語林》卷二十八：“王元澤有心疾，與妻未嘗接，荆公憐而嫁之。”蔣一葵《堯山堂外紀》卷五十：“王元澤有心疾，與妻未嘗接，荆公憐而嫁之”。“元澤”，王雱之字。此後，各筆記小説遞相祖述，抄來抄去。王旁出妻，遂演繹爲王雱心疾而出妻，文本固定，不可移矣。王旁事蹟及子嗣譜系，亦湮没無聞。清代姚範《援鶉堂筆記》卷四十七：“(《臨川晏氏譜序》)又云：‘王荆公子孫，四十年前在金陵，嘗見一二人，今祠下亦有三人耳。’按，荆公自元澤之亡，無他子姓，雱亦無子。”姚氏號稱考證精審，此處明明有疑，却不詳究而遽下斷語，或因公無後之先見，早已橫亘

---

① 　四庫本《談苑》：“王雱，丞相舒公之子。”余嘉錫考辨“雱”當爲“旁”，頗精審。《四庫提要辨證》卷十七，第1062—1068頁。據民國景明寶顏堂秘笈本，則雱本作“旁”，不誤。王晉光《王安石嫁媳事辨證》最先考證王旁出妻，而非王雱。《王安石書目與瑣探》，第71—87頁。

心中作祟。①

子旁爲奉議郎、秘書省正字，卒於哲宗紹聖年間

《長編》卷四百八十五紹聖四年四月戊子："殿中侍御史陳次升言：'臣伏聞翰林承旨蔡京同林希先薦太學博士鄭居中充御史，已聞不召，今又聞有旨令上殿，臣不知所由。未審別欲用居中耶，爲復令充御史耶？謹按居中弟久中，故秘書省正字王雱（應爲旁）之壻也。雱（旁）乃尚書左丞蔡卞妻之親弟也。居中與卞係婚姻之家，又聞與中書侍郎許將、知樞密院曾布之家，亦聯姻親。'"

《長編》卷四百九十一紹聖四年九月："奉議郎、權通判通遠軍李深上書曰：'……天下皆謂，嘉問之子娶王雱之女，蔡卞娶王雱之妹。又嘉問、蔡卞結爲死黨久矣。去年無故出戶部郎何婉者，蔡卞爲嘉問報仇也。臣不知嘉問之驟爲兩制，果出陛下聖意乎……若夫王雱（旁）心疾而爲館職，邵材病忘而出知越州，梁之美提點刑獄，周之道爲刑部侍郎，似此之類，莫非宰相私意，不可以計數，不敢縷述，上瀆聖覽。'王雱（旁）二年十月三日，爲正字。"

按，《文集》卷七十一《題旁詩》題注："仲子，正字。"此注應爲文集編者所加。"正字"，即秘書省正字，宋初寄禄官名。元豐改制後，秘書省自正字以上省官，可稱館職。② 據

---

① 見《稀見史料與王安石後裔考——兼辨宋代筆記中相關記載之訛》。

② 如《長編》卷四百八元祐三年正月庚戌："校書郎王伯虎權知饒州，正字鄧忠臣權通判瀛州。諫官韓川言二人不堪館職之選故也。"中華書局 2004 年版，第 9919 頁。

上引《長編》卷四百九十一載，王旁於哲宗紹聖二年十月三日爲秘書省正字。

然則王旁卒於何年？余嘉錫以爲當於哲宗元符元年前："《曾公遺録》卷七曰：'元符二年五月甲辰，余言王安石家，陛下自紹聖以來恤之甚至。然子雱（旁）昨得館職，不幸早死。又蒙賜第，然安石止有一妻，寓蔡卞家，今已七十五歲，零丁孤老，至親惟一弟吳蹟，安石妻欲其得一在京差遣。'上曰：'與一在京差遣。'遂除編一司救删定官。曾布所言，雱（旁）得館職，即指紹聖初王旁爲正字事，'雱'亦'旁'之誤也。據《宋史·徽宗紀》，賜故相王安石第在元符元年九月。曾布叙賜第于王旁死後，是旁死在元符元年之前矣。"

按，余考證近是，然未確。曾布明言"昨得館職，不幸早死"，蓋謂王旁紹聖二年十月三日甫爲正字，即死矣。上引《長編》卷四百八十五紹聖四年四月戊子："殿中侍御史陳次升言：'臣……謹按，居中弟久中，故秘書省正字王雱（旁）之壻也。"陳次升既稱"故秘書省正字"，則王旁當卒於哲宗紹聖二年十月至紹聖四年四月之間。①

---

① 王旁亦早死。或職此故，北宋後期遂有公無後之傳聞。蔡條《鐵圍山叢談》卷四："昔與小王先生者言：'王舒公介甫何至於無後？'小王先生曰：'介甫，上天之野狐也，又安得有後？'吾默然不平。"中華書局1983年版，第72頁。

子旁生桐，妻鄭氏，爲承事郎、直龍圖閣，累贈特進；又生一女，適鄭居中弟鄭久中；桐子璹、珏，珏子宜之，璹子升之

《宋會要輯稿》職官五四："（宣和）三年二月二十二日，故承事郎、直龍圖閣王桐妻宜人鄭氏奏：'二男璹、珏並幼失所。昨奉御筆，璹差管勾萬壽觀，珏差管勾江寧府崇禧觀。今宮觀並依元豐法先次放罷，竊念妾家貧，二子並幼，遽罷俸禄，見無所歸。伏望特許男璹、珏依舊宮觀。'詔王璹、王珏爲係王安石之孫，特與宮祠，不得援引爲例。承事郎王璹管勾江州太平觀，王珏管勾建州武夷山沖佑觀。"①

《宋會要輯稿》選舉三三："（宣和七年）二月八日，朝奉大夫、直徽猷閣、新差通判鄧州王枋奏：'伏睹御筆：王安石輔相神考，建立法度，弟安國、安禮、安上亦曾被遇先帝。今其家聞頗零替，可特與推恩三房見居長人，與除初等職名。倖樸、梲各係除職名人。續奉聖旨，樸改合入官，梲止依餘人轉一官。伏望特與推恩。'詔王樸、王梲並除直秘閣。"

晁公遡《新刊嵩山居士文集》卷五十四《王少卿墓誌銘》："公諱珏，字德全，姓王氏……嗣子宜之録其行事以告於某，使銘其墓碑。某因得盡觀公平生所爲，而後益知公之於文公，猶蘇氏之有威也，文公之名乃益暴白。嗚呼！可謂孝矣。文公諱安石，守司空、贈太師。大父諱淓，奉議郎、秘書省正字。父諱桐，承事郎、直龍圖閣，累贈特進。公始以

---

① 王璹當爲王桐長子。徽宗政和年間，又另有轉運使名王璹。《宋史》卷一百七十四《食貨上二》："政和三年，轉運使王璹復言官失租賦。"第4213頁。

文公追封舒王恩,授承事郎。紹興二年,起家鹽官縣丞……遷太府少卿。疾不能治事,遂以右中奉大夫、直敷文閣、提舉台州崇德觀……隆興二年閏十一月一日,卒於蘇州寶華山之私第,年五十三。乾道元年五月十二日,葬於湖州烏程縣雪水鄉丘墓村屏風山之下。娶鄭氏,贈令人,先公卒。男一人,宜之;女一人,未嫁。疾革,告宜之與其從子升之以事君行己者……夫使公之生也蚤,而及乎文公之時,文公必曰:'吾家有由也,惡聲其不聞焉?'"

按,晁公遡所撰墓誌,前人從未徵引。據此,不僅王雱、王旁生平判然清晰,且公至王宜之前後五代血緣譜系,亦清楚呈現,即公——王旁——王桐——王珏——王宜之。墓誌"滂"同"雱",皆爲"旁"之訛。蓋如前所述,王旁以秘書省正字卒,而王雱卒時則爲天章閣待制,贈左諫議大夫,官職相去甚遠。此必爲版本刊刻傳抄之訛。王安國之子"王斿",字元龍,宋人亦訛爲"游"。陳師道《後山詩話》:"王游,平甫之子。"曾慥《類說》卷九:"王游元龍云。"殊不知公之家族王旁一代,其名皆從"方",如王雱、王旉、王防、旊等,無從"氵"之理。公之孫輩名皆從"木",如王棣、王桐、王樸、王棁等。

據《王少卿墓誌銘》,可確認王旁官至朝議郎、秘書省正字,其子王桐官至承事郎、直龍圖閣。此與《宋會要輯稿》職官五四所載"故承事郎、直龍圖閣王桐"一致。由此,亦可確認《(至大)金陵新志》卷十三所載公之後裔正確無誤:"安石二子,雱封臨川伯。雱子棣,字儀仲,顯謨閣學士、右中大夫、開德府路經略安撫使。建炎三年,金人攻

澶淵,死於城守。詔贈資政殿大學士。雱弟旁,旁生桐,桐
生璹、珏。"

王桐二子,王璹、王珏。此篇墓誌墓主即王珏,字德全,
官至右中奉大夫、直敷文閣。墓誌謂王珏卒於孝宗隆興二
年閏十一月,享年五十三,則王珏當生於徽宗政和元年,其
父王桐當卒於政和、宣和間。王珏爲杭本《臨川先生文集》
刊刻者。

南渡後公後裔,宋人文集、筆記頗有涉及,今臚列如下,
以俾考證:

《老學庵筆記》卷七:"王荊公所賜玉帶,闊十四掊,號玉
抱肚,真廟朝趙德明所貢。至紹興中,王氏猶藏之,曾孫奉
議郎璹始復進入禁中。"

《范浚集》卷二十一《龍遊王丞過寓居》:"君家丞相世
豪英,字畫文章不朽名。盥手何時披墨妙,烏絲欄上看真
行。王丞欲以其祖荊公墨蹟相示。"

洪邁《夷堅支志》庚卷五:"臨川王宜之文林,德全(王
珏)少卿之子也,居于吳門寶華山。乾道八年六月,其妻陳
氏夢外間傳呼,云李淑人來。肩輿就廳事而下,陳出迎之,
乃方務德侍郎之妻也。延入中堂,坐定,起言曰:'我家與
宅上累世親姻,適有薄幹至此,願假我東邊一小室暫泊,更
數日,當挈囊橐來,幸勿見阻。'陳謝曰:'淑人肯見臨,何
不可之有?'遂辭去,復乘車而出,時陳已懷妊及月矣。未
幾,生男,旋聞李下世。男幼而俊秀,長而好學,有才藝。
兩家往還,到今甚密。李表弟俞正臣說此。"

兄安仁,生二女,一嫁徐公翊

《曾鞏集》卷四十五《仁壽縣太君吳氏墓誌銘》:"孫女九人:長適解州安邑縣主簿徐公翊,次許嫁太廟齋郎吳安持,餘尚幼。"

《文集》卷九十六《亡兄王常甫墓誌銘》:"先生其長子,諱安仁,字常甫,年三十七,生兩女。"

弟安國娶曾氏,生二子:王旃字元均、王斿字元龍;旃子樸,斿子椿

《文集》卷九十一《王平甫墓誌》:"妻曾氏,子旃、斿,女壻葉濤,處者四女。濤有學行,知名。旃、斿亦皆嶷嶷有立。君祉所施,庶在於此。"

陳師道《後山居士文集》卷十八《光禄曾公神道碑》:"公夫人周氏、吳氏、朱氏。公子曄,不仕;鞏,中書舍人;牟,安仁令;宰,湘潭簿;布,龍圖閣直學士;肇,吏部郎中。女嫁承議郎關景暉、南康主簿王無咎、秘閣校理王安國、江寧府教授朱景略、秘書丞李中、承議郎王幾、宣德郎周彭孺,一卒于家,一再適王無咎,凡女九人。"

《(至大)金陵新志》卷十三下:"安國字平甫……二子,旃字元均,任將作少監、知滑州、壽春府,贈朝議大夫。斿字元龍,知滑州、京西路提點刑獄。元符元年,旃、斿言亡父安國冤抑,詔元祐旨揮更不施行。斿差監江寧府糧料院。旃子樸。"

按,"王旃"或作"王斻",因形近而訛,如《宋大詔令

集》卷二百九《奉議郎新監衡州酒稅王旂降通直郎添差監
潤州織羅務制》："爾父以獎激妄人,得罪先朝,爾乃稱冤,
自列于時。元祐訴理之時,奏章其存,罪不可赦。"魏泰
《臨漢隱居詩話》："王旂遊金陵昇元寺僧房……旂不能辨
卷畫,歸示其父王安國。"王旂行第四,能文。[1] 哲宗元祐
元年,王旂、王斿進狀乞雪其父王安國之冤,《長編》卷五
百二元符元年九月壬戌:"又言光州司法參軍、監安上門鄭
俠上言,謗訕朝政,並王安國非毀兄安石等罪名,元祐元年
除雪不當。及王旂、王斿進狀,內言父安國冤抑未除,又云
先臣不幸不得出於此時。詔元祐指揮,更不施行,並令改
正。鄭俠追毀出身已來文字,除名勒停,依舊送英州編管,
永不量移。王旂罷京東路轉運判官,添差監衡州鹽酒稅。
王斿監江寧府糧料院。"

　　王旂、王斿兄弟與蘇軾、秦觀、陳師道等交遊頗密。[2] 王
斿之子王椿,洪邁《夷堅支志》庚卷十:"臨川王椿者,平甫之
孫,待制游("斿")之子。紹興初,爲臨安幕官,能弧矢。"王
旂之子王樸,字敦素,娶晁沖之妹。晁沖之《晁具茨詩集》卷

----

① 《詩注》卷四十二《寄四姪旂二首》,李注:"旂,平父子,行第四……旂早能
　文,故公念之如此。"第1098頁。
② 《蘇軾詩集》卷二十四《和王斿二首》,自注:"斿,平甫子。"中華書局1982
　年版,第1289頁。《蘇軾文集》卷二十七《乞録用鄭俠王斿狀》:"元祐二年
　三月日,翰林學士、朝奉郎、知制誥蘇軾狀奏……臣等嘗識其少子斿,敏而
　篤學,直而好義,頗有安國之風,養成其才,必有可用。欲望聖慈召俠赴闕,
　及考察斿行實,與俠並賜録用。"中華書局1986年版,第794頁。秦觀撰,
　徐培均箋注《淮海集箋注》卷八《送王元龍赴泗州糧料院》,上海古籍出版
　社2004年版,第327頁。陳師道撰,任淵注,冒廣生補箋《後山詩注補箋》
　卷七《送王元均貶衡州兼寄元龍二首》題注:"王安國字平甫,二子:旂字元
　均,斿字元龍。"中華書局1995年版,第279頁。

二《送王敦素樸》：“先君有六女，所托皆高門。季也久擇婿，晚得與子婚。子家望海内，實惟謫仙孫。”謫仙，謂王安國。《蘇軾詩集》卷二十四《和王斿二首》之一“異時長怪謫仙人”句，注引劉辰翁曰：“謂平甫。”①

又有王燁，字子華，爲王安國曾孫，高宗紹興二十四年以右通直郎知鄞縣，重建經綸閣。《（乾道）四明圖經》卷九徐度《經綸閣記》：“紹興二十有四年，公之弟校理府君諱安國之曾孫、右通直郎燁來莅兹邑，自以獲踵其先世故治爲榮，規規焉推前人之心以施於治，不敢少自怠弛……燁字子華，謹飭好學，能守其家法者也。紹興二十五年二月旦日。”

弟安國生五女，婿葉濤、曾紆、張競辰、李宗、劉天保

《文集》卷九十一《王平甫墓誌》：“妻曾氏，子旂、斿，女婿葉濤，處者四女。濤有學行，知名。旂、斿亦皆嶷嶷有立。君祉所施，庶在於此。”

汪藻《浮溪集》卷二十八《右中大夫直寶文閣知衢州曾公（紆）墓誌銘》：“初，文肅公歿，窆于南徐。于是公客信者數年，不克歸葬，而葬其所，以令人王氏祔。令人，秘閣校勘安國之女，先公卒四年。子三人：曰憞，右奉議郎、通判洪州；曰忻，右從事郎、臨安府司法參軍；曰憕，右迪功郎、監潭州南嶽廟。女一人，適右承事郎、主管江州太平觀王銍。”

《長編拾補》卷十四哲宗紹聖四年二月壬戌：“詔罷承議郎張競辰夔州路提舉常平官，以御史蔡蹈言其險巧邪佞，元

---

① 此承四川大學周裕鍇教授賜示，謹此致謝！

祐中諸事呂大防、蘇轍之徒故也。競辰，蜀人，王安國女壻，與曾布有連。”

韓元吉《南澗甲乙稿》卷二十一《太恭人李氏墓誌銘》：“夫人姓李氏，其先蓋上黨人，而家開封。七世祖諱崇矩，爲皇朝開國勳臣，任樞密使，贈太師，封河東王，謚元靖……考諱宗，任奉直大夫、直徽猷閣。妣王氏，封恭人，故集賢校理安國之女……初適符寶郎錢端義，生一女子矣，而寡，爲朝請大夫、秘閣修撰韓公繼室。公名球，字美成。”

魏泰《臨漢隱居詩話》：“近世婦人多能詩，往往有臻古人者……劉天保妻，平甫女也。”

按，《臨漢隱居詩話》作者魏泰，與王安國過從甚密，所言自可信。洪邁《夷堅支志》戊卷十：“臨川王氏支派有散居蕪湖者，生計贍足。其一無嗣而亡，有女，及嫁，而心識不惠，不可外適。訪得族姑嫁劉知縣者，嫠寓鄱陽，子未娶，年時相侔，且故爲中表。其母遣媒幣往來平章之，既成婚，贅劉子於家……病逾月，竟不起。王順伯視其母爲姑，爲區處其後事，且捐俸濟之，僅苟活而已。”所言“劉知縣”，或即劉天保。

弟安禮娶謝氏，生子防字元規、枋字元矩；有女嫁劉安正、方元修

《宋史》卷二百九十五《謝景溫傳》：“景溫平生未嘗仕中朝，王安石與之善，又景溫妹嫁其弟安禮，乃驟擢爲侍御史知雜事。”

《曾鞏集》卷四十五《仁壽縣太君吳氏墓誌銘》：“孫男

九人：曰雱、雺、旁、旒、抗、防、旂、旖、放。孫女九人：長適解州安邑縣主簿徐公翊，次許嫁太廟齋郎吳安持，餘尚幼。"

《長編》卷三百十七元豐四年九月庚申："先是，大理寺鞫王琉與石士端妻王氏姦罪，辭及王珪之子仲端……於是安禮之子防以語亨甫，亨甫以語宣，宣信之以聞。援嘗爲安禮所舉，欲合明之意，故入仲端罪。"

《長編》卷三百四十七元豐七年七月甲寅："尚書左丞王安禮爲端明殿學士、知江寧府。初，侍御史張汝賢言：'吏部以王珪陳乞子仲端勾當京西排岸司，礙選格，而本部留闕，妄作行遣。又王安禮乞子枋勾當九龍廟，見任官二人有溢員，吏部言當使闕。去年，孫固陳乞子野勾當裁造院，礙法，吏部具特旨例申禀，而都省批令具鈔。及安禮陳乞姪游監泗州糧料院，則援野爲例。韓縝之姪宗迪指射尚衣庫，又以游爲例。此乃引用都省批狀，例外起例，陛下之法遂格不用。此弊相襲，實害大政，乞賜施行。六月甲午，汝賢奏。'"

《宋會要輯稿》選舉三三："二月八日，朝奉大夫、直徽猷閣、新差通判鄧州王枋奏：'伏睹御筆：王安石輔相神考，建立法度，弟安國、安禮、安上亦曾被遇先帝。今其家聞頗零替，可特與推恩。'"

李心傳《建炎以來繫年要錄》卷五建炎元年五月己亥："綱次江寧，遂與江南東路轉運判官、權安撫司事李彌遜謀大犒群賊，於轉運司執德與其徒聶旺，皆磔於市。又誅亂黨四十四人，而令提舉常平公事、直徽猷閣王枋統其餘兵千人俱進……彌遜，吳縣人。枋，安石從孫也。"

趙鼎臣《竹隱畸士集》卷十八《故朝奉郎太常丞劉中

行墓誌銘》：“鼎臣昔舉進士，與中行同賜第於廷中，始相識。其後皆娶王氏，中行之妻，則吾姨也，故相知爲最深……諱安正，字中行。曾大父昉，贈尚書刑部侍郎。大父述，當熙寧間任御史，贈金紫光禄大夫。父握，故爲朝請大夫，贈通議大夫……中行初娶吳氏，再娶王氏，尚書左丞安禮之女，皆前卒，追封安人。三子，嶧、嶸、岐，與二女子。”

韓元吉《南澗甲乙稿》卷二十一《方公墓誌銘》：“敷文閣學士、右通議大夫致仕、桐廬縣開國伯、食邑八百户、贈右宣奉大夫方公，諱滋，字務德……考諱元修，任朝請郎，贈特進。妣王氏，尚書左丞安禮之女也，贈夫人于餘杭郡。公生十三歲，遭王夫人憂，已能盡禮。”

按，王防字元規，王枋字元矩。米芾《畫史》：“王防字元規，家二天王，皆是吳之入神畫。”程俱《北山小集》卷二《秋夜寫懷呈常所往來諸公兼寄吳興江仲嘉八首》自注：“屬王元規防。”又卷五《九月七日夜夢王元規詰旦其弟元矩適相訪感而有作詩一首》，“其弟元矩”，即王枋。

弟安禮之孫王榕字德林，曾孫王瑊字寶臣、王琰字剛夫、王瓘字瑩夫；王瑊生子厚之，一女嫁陸九齡[①]

《（萬曆）紹興府志》卷四十人物志六：“王琰字剛夫，其

----

① 傅林輝、湯江浩據撫州王安石紀念館藏民國修《三公王氏族譜》等考證公之世系，與傳世文獻多有扞格，如以王安禮之子爲：王飭字元誥，王眆字元潯，王防字元濟，一女適汪玨。兹不取。可見《北宋臨川王氏家族及文學考論》，第192頁。

先臨川人。父榕,來爲諸暨令,遂家焉。琰敏悟絕人,博洽墳典,由分寧尉累遷知衡州,所至有聲。胡銓嘗薦之,有曰:'治經有行,亞西漢之名儒;恧恧無華,實東都之循吏。'識者以爲確論。兄琙,字寶臣,知通州,行業與琰齊名。琙子厚之,在《儒林傳》。"①

胡銓《胡澹庵先生文集》卷十《再上張丞相書》:"今縣令之政可稱者,有若前廬陵令葉行己,有若天台令王琰……琰,荆公之裔,浙東漕陳輝知之。"

《(寶慶)會稽續志》卷五:"王厚之字順伯,世本臨川人,左丞安禮四世孫也,祖榕始徙居于諸暨。紹興二十六年,厚之以越鄉薦爲舉首,尋入太學,登乾道二年進士第……嘉泰四年卒,年七十四。"

林表民《赤城集》卷十三陳騤《天台臨川橋記》:"臨川王公琰,紹興三十二年春,縮一銅章,以荆國文公濟天下之緒餘濟天台。越隆興元年冬十月甲戌,新作橋於邑西之谿,從民欲也。"

洪邁《夷堅支志》景卷三:"臨川王瓘瑩夫,和甫左丞曾孫也。平生不以仕宦屑意,於文筆甚高。"

陸九淵《象山集》卷二十七《全州教授陸先生行狀》:"先生名九齡……娶王氏,魏公曾孫通州使君琙之長女也。"

《宋元學案》卷五十八:"寶文王復齋先生厚之:王厚之

---

① 王榕字德林,《(道光)東陽縣志》卷二十三曹冠撰《東陽中興寺環翠閣記》:"東陽,婺之壯縣……紹興初,令尹王榕德林名之曰'環翠'。"《中國地方志集成·浙江府縣志輯》第 53 册,江蘇古籍出版社 1993 年版,第 325 頁。

字順伯，其先本臨川人，魏公安禮之後也。梓材案：‘象山先生爲復齋行狀云：娶王魏公曾孫、通州使君珹之長女。先生蓋通州子，行爲魏公玄孫。’”

按，王厚之娶郭氏，有四子：友任、友雍、友沖、友素。①

弟安上娶段氏，生子旂、旟，長女適陶寔；旂子梲

《詩注》卷三十六《送純甫如江南》，李注：“純甫娶段氏，封德安縣君。”

《（至正）金陵新志》卷十三下：“安上字純甫，由太子右贊大夫、三司度支判官召對，有提點刑獄之命。歷知和、湖二州，管勾江寧府崇禧觀，卒。子旂（據下文補）、旟。旂子梲，宣和樸（據上下文補）、梲並除直秘閣。楚國以下，並葬建康。今□州、蕪湖及平江寶華皆有三氏族云。”

《詩注》卷二十二《送陶氏婦兼寄純甫》，李注：“純甫長女，適宣德郎陶寔。此言陶氏婦，公之姪女也。”

《（至正）金陵新志》卷十三下：“王雲起字霖仲，號友山，荊國王文公弟安上八世孫。治《春秋》學，任澧州路儒學教授，嘗爲湖廣行省考試官，士論服其鑒裁。翰林學士草廬吳公澄、石塘胡長孺，皆嘗序其詩文……侄屋今居蔣山墳庵，集王氏家譜甚詳覈云。”②

---

① 《諸暨摩崖碑刻集成·王厚之墓碣》，西泠印社 2017 年版，第 383 頁。此承魏峰兄賜示，謹此致謝。
② 按，《（至大）金陵新志》所載公之後裔譜系甚確，當取於王屋所集王氏家譜。

大妹文淑生二子張覝、張覛，一女不慧，一女適龔原；幼妹生三子沈銖、沈錫、沈鏻，四女适章仲山、錢青箱、熊侔、劉旦

《文集》卷九十九《長安縣太君王氏墓誌》："長安縣太君臨川王氏，尚書都官員外郎、贈太師、中書令兼尚書令、潭國公諱益之女，尚書左丞張公諱若谷之婦，尚書比部郎中諱奎之妻，國子博士覝、開封府雍丘尉覛之母……君二女：長不慧，不可以適人。其季，殿中丞龔原妻也。"

《王魏公集》卷八《故朝奉郎權發遣秀州軍州兼管内勸農事輕車都尉借紫沈公墓誌銘》："公諱季長，字道原……娶王氏，德安縣君。有賢行，不茹葷十年，後公百六十日無疾而終。子三人：銖，和州防禦推官，文學行義皆有可稱；錫，讀書舉進士；鏻亦孝謹，皆假承務郎。女四人：婿朝奉郎、通判宿州事章仲山，奉議郎錢青箱，陳州觀察推官熊侔，承務郎劉旦。孫一人耕郎，孫女一人。以元祐三年九月二十九日葬真州北山之原。公之配，予同産姊也，尤審公行治。"

按，沈銖、沈錫，《宋史》卷三百五十四有傳："沈銖字子平，真州揚子人。父季長，王安石妹壻也。銖少從安石學，進士高第。""錫字子昭，以王安禮任，爲鄂州司户參軍。"

此外，公之姪婿尚有：

毛滂字澤民，號東堂，衢州江山（今浙江江山）人，《宋史翼》卷二十七有傳。王明清《揮麈後録》卷七："毛澤民受知

曾文肅，擢寘館閣。文肅南遷，坐黨與得罪，流落久之。蔡元度鎮潤州，與澤民俱臨川王氏壻。"

黎珣字東美。《(景定)建康志》卷四十八："安石使其姪婿黎東美訪公。"莊綽《雞肋編》卷上："有揚州人黎珣，字東美，崇寧中作郎官監司。"《(嘉靖)贛州府志》卷九："黎珣東美，治平丁未許安世榜。歷官有能名，陞右文殿修撰，贈少師。"

程師孟之子。《文集》卷八十《答程公闢議親書》："伏承賢郎推官蘭砌傳芳，鯉庭稟訓。辱好逑之首逮，見久要之彌敦。鴻儀之復問敢稽，鵲喜之叶占既吉。眷惟姪女，未習婦功。交秦晉之歡，仰從嘉命；望金張之館，俯愧衰宗。榮幸所兼，敷陳疇悉，謹奉狀謝，伏惟照察。"

按，程師孟字公闢，《宋史》卷三百三十一有傳，公之故人，有子十有一人，"賢郎推官"或爲程宏。陸佃《陶山集》卷十五《長樂郡君賀氏墓誌銘》："夫人，蘇州吳縣居士賀倣之子……以歸今正議大夫程公師孟……子十有一人。寬少登科，十年不仕，有大志，明當世之務。上即位，詔求直言，獻書辭數萬，考在第一，未及用，與其弟七人皆早卒，惟三子在。容，開封府陽武縣丞；宏，真州軍事推官，視貴高意氣不少貶，稱其家兒也；純叟，承務郎，尚幼。女二人，長適郊社齋郎郭鈞，次適潁昌府長社縣令陳廓。"

其他王氏壻：

張文剛，公從父之壻。《文集》卷九十七《張常勝墓誌銘》："君湖州烏程縣人，姓張氏，名文剛，字常勝……熙寧五年九月九日卒，以六年二月十日葬于鳳凰山。曾祖任，祖維,贈刑部侍郎。父先,尚書都官郎中致仕。女三人。君妻,予從父妹也,故君從予學。"①

林某。《文集》卷八十一《謝林中舍啓》:"鄉風有年,修問無所。維家伯氏,得婚高門。顧惟幸會之多,曾是趨承之晚。比聞州邸,云改縣章。治所相望,私誠甚喜。"

徐度字敦立。王明清《玉照新志》卷五:"徐敦立守滁陽,有郡博士葛鎮者,欲上書於朝,大詆王荆公,有云:'乞將王安石親黨盡行竄謫,使天下後世以爲邪説之勸。'以副本呈似敦立。敦立笑云:'度之斥謫不足道,然公却有利害。'鎮詢其説,敦立笑云:'度乃王氏壻,倘從公言,折了一紙舉狀矣。'鎮赧然而退。"

沈肇字彦述,②儀真人,徽宗政和八年進士及第,③王旂之壻。周紫芝《竹坡詩話》:"大梁羅叔共爲余言:'頃在建康士人家,見王荆公親寫小詞一紙,其家藏之甚珍。其詞云:"留春不住,費盡鶯兒語。滿地殘紅宮錦污,昨夜南園風雨。小憐初上琵琶,曉來思繞天涯。不肯畫堂朱户,東風自在楊花。"荆公平生不作是語,而有此,何也?'儀真沈彦述爲余言:荆公詩如'濃緑萬枝紅一點,動人春色不須多';'春色惱人眠不得,月移花影上闌干'等篇,皆平甫詩,非公詩也。沈乃元龍家壻,故嘗見之耳。叔共所見,未

---

① 張文剛之父張先,字子野,北宋著名詞人,世謂"張三影"。公與之有唱酬,見《詩注》卷二十五《次韻張子野秋中久雨晚晴》、卷二十九《次韻張子野竹林寺二首》。

② 周紫芝《太倉稊米集》卷四十《沈貴池挽詞》,題注:"沈肇字彦述。"

③ 《(嘉靖)惟揚志》卷十九,《天一閣藏明代方志選刊》,上海古籍書店1963年版。

必非平甫詞也。”

趙鼎臣字承之,號竹隱老人。①《竹隱畸士集》卷十八《故朝奉郎太常丞劉中行墓誌銘》:“鼎臣昔舉進士,與中行同賜第於廷中,始相識。其後皆娶王氏,中行之妻,則吾姨也,故相知爲最深……中行初娶吳氏,再娶王氏,尚書左丞安禮之女,皆前卒,追封安人。三子,嶧、嶸、岐,與二女子。”

又,公之家族,另有一枝,自臨川遷往吉州。楊萬里《誠齋集》卷一百二十九《王舜輔墓誌銘》:“君諱大臨,字舜輔,姓王氏,醉軒其自號也。系出臨川,自高祖徙吉家焉,今爲吉水人。曾祖景,視大丞相荆國文公爲從祖,教授於吉,從者傾一州。龍圖蕭公世京、太傅彭公燮、著作楊公純師,皆從之授業。著書數百卷,號《野民集》。祖端禮,幼以文名。元祐三年,蘇公子瞻、孔公經父、孫公莘老知貢舉,而秦少游、黃魯直、張文潛、晁無咎諸公皆佐春官,第去取,於是策第,仕止賀州富州令。有《易》《論語傳》。父鴻舉,以文行,再薦於鄉,號非老人……晚歲號是是翁,自放於酒。燕處之室名曰醉軒,又號醉軒居士……淳熙己巳冬十二月望屬疾,詔諸子曰:‘明年吾不復此矣。’至正月朔,晝漏未盡一刻而逝,得年七十。娶蕭氏,故御史家也。男子四人:子仁、子俊、子偲、子信。女一人,適歐陽次周。孫男七人:少愚、少魯、少愿、少忠、少愍,餘尚幼。孫女四人。”《(萬曆)吉安府志》卷二十五:“王端禮字懋甫,吉水人,登元祐三年進士。

---

① 關於趙鼎臣生平,可見彭國忠《趙鼎臣傳》,張劍《宋才子傳箋證·北宋後期卷》,遼海出版社 2011 年版,第 469—488 頁。

時黄庭堅爲参詳官,亟稱其試論。初授連州桂陽尉,進富州令,皆行其所學。端禮平雅謹厚,不妄言笑,進退動止,皆有法度。嚮慕濂洛之學,慨然以斯道自任,探索究極,思以身體之,不徒爲言語文字之工。年四十,表求致仕,築别墅於南山,延四方來學之士。所著有《强仕集》、《論語解》、《易解》、《疑獄集》、《茶譜》、《字譜》。"

據此,吉州王氏譜系爲:王景——王端禮——王鴻舉——王大臨。王氏此枝並無顯宦,而《文集》中又略無交往之跡,姑附於此。

宋真宗天禧五年辛酉（1021），一歲

十一月十三日辰時生

《詹譜》：“真宗皇帝天禧五年辛酉，公生於是年。”

《蔡譜》卷一：“宋真宗天禧五年辛酉，公生。”

《顧譜》卷上：“真宗天禧三年己未九月二日，公生。”

按，《顧譜》據《宋史》卷三百二十七《王安石傳》“元祐元年卒，年六十八”，上推公之生年至天禧三年己未，誤甚。“八”當爲“六”之訛。① 王稱《東都事略》卷七十九《王安石傳》：“哲宗即位，拜司空。明年，薨，年六十六，贈太傅。”《名臣碑傳琬琰集》下卷十四《王荆公安石傳實錄》：“哲宗即位，拜司空。明年四月癸巳，薨，年六十六。再輟視朝，贈太傅，推遺表恩七人，詔所在給葬事。”王洋《東牟集》卷十四《祭程伯禹龍圖文》：“眷惟前哲，歐王蘇公。六十六年，咸以令終。公之反真，亦極如此。豈其名儒，先後同軌。”公卒於哲宗元祐元年四月，享年六十六。以此上推，當生於本年。又《文集》卷二十二《酬沖卿見別》：“同官同齒復同科，朋友婚姻分最多。”《文集》卷八十六《祭吳侍中沖卿文》：“公命在西，長我一時。”吳充字沖卿，《宋史》卷三百一十二有傳：“元豐三年三月，輿歸第，罷爲觀文殿大學士、西太一宮使。踰月，卒，年六十。贈司空兼侍中，諡曰正憲。”上推吳充生

---

① 點校本《宋史》卷三百二十七《王安石傳》已徑改，中華書局1985年版，第10550頁。

年，恰爲天禧五年辛酉，與公同年生。

另，李廌《師友談記》："黃任道(莘)見荊公，'有繆忝辛酉，叨竊仲冬'之語，言同歲也。"劉摯《忠肅集》卷十四《朝奉郎致仕黃君墓誌銘》："君諱莘，字任道，姓黃氏。自少奇穎有器識，以文行知名一時。皇祐五年登進士第，爲揚州天長主簿，徙恩州清河令……元豐八年，今上嗣位，遷朝奉郎，以足疾，請致仕。十二月四日卒於州舍，享年六十五。"黃莘卒於神宗元豐八年，享年六十五，與公同歲，由此亦可確證公生於本年辛酉。惟其如此，公之詩文多以晉白雞典代指本命年。朱翌《猗覺寮雜記》卷上："荊公多用晉白雞事。《酬許奉議》云：'後會敢期黃耇日，相看且度白雞年。'《遊齊安院》：'老值白雞能不死，復隨春色破寒來。'《次張唐公韻》：'君騎白鳳今何處？我適新年遇白雞。'蓋公生於辛酉也。"其他如《詩注》卷四十五《生日次韻南郭子二首》："寒逼清枝故有梅，草堂先對白頭開。殘骸已若雞年夢，猶見騷人幾度來。"《詩注》卷二《游土山示蔡天啓秘校》："儻與雞夢協，委蛻亦何恨。"

另，《詩注》卷四十二《馬死》，李注："公熙寧七年六月罷相，知江寧府，時五十六歲。至六十五歲，猶食觀使祿，居鍾山。六十六歲，始薨，則閒居之日，幾十年也。"或以此注上推荊公生於天禧三年，以佐《宋史》、《顧譜》，殊不知此注良不足據。《詩注》卷二十《憶昨詩示諸外弟》，李注："公生天禧五年辛酉，至景祐三年丙子，年十六。"《詩注》卷四十三《入瓜步望揚州》，李注："按：荊公慶曆二年楊寘牓第四名及第，授簽書淮南節度判官廳公事。五年三月，韓忠獻公罷樞

副,以資政殿出鎮維揚。公時尚在簽幕,年二十五,故自云
'最少年'。"可見李壁亦以荆公生於本年,《馬死》詩注以熙
寧九年公再罷相憶爲熙寧七年初罷相時,偶誤爾。①

至於具體生辰,武英殿聚珍本吴曾《能改齋漫録》卷十:
"王介甫,辛酉十一月十三日辰時生。五十八歲,自首廳求
出知江寧府,繼乞致仕,以避午上禄敗之運。安閒養性,又
僅延十年之壽而死。"②

沈濤《銅熨斗齋隨筆》卷六:"《王安石傳》:'元祐元年
卒,年六十八。'錢少詹據王明清《揮麈録》及吴曾《漫録》,
以爲介甫生于天禧五年辛酉,至元祐元年丙寅,實六十六
年,非六十八也。濤案:《漫録》云:'元豐間,儒者郭景初善
論命,謂王介甫辛酉十一月十三日辰時生,五十八歲自首廳
求出知江寧府,繼乞致仕,以避午上禄敗之運。'"

錢保塘《歷代名人生卒録》卷四引《能改齋漫録》:"王
介甫,辛酉十一月十三日辰時生。"

然李伯勉引四庫本《能改齋漫録》卷十:"王介甫,辛酉
十一月十二日辰時生。五十八歲,自首廳求出知江寧府,繼
乞致仕,以避午上禄敗之運。安閒養性,又僅延十年之壽而
死。"遂以公之生辰爲"十一月十二日",③且引《長編》卷二

---

① 鄭騫《宋人生卒考示例》,華世出版社 1977 年版。
② 吴曾《能改齋漫録》,上海古籍出版社 1979 年版,第 287 頁。
③ 李伯勉《王安石生日考》,《文史》第 1 輯,中華書局 1963 年版,第 68 頁。文
　津閣四庫全書本《能改齋漫録》亦作"十二日"。漆俠同,見氏著《王安石變
　法》(增訂本),河北人民出版社 2001 年版,第 67 頁。鄧廣銘據武英殿本
　《能改齋漫録》以公生辰爲十三日,惟無考辨,見氏著《北宋政治改革家王
　安石》,河北教育出版社 2000 年版,第 18 頁。

百二十八熙寧四年十一月癸巳："太子中允、崇政殿説書王雱言：'蒙差押賜父安石生辰禮物。舊例，有書送物，赴閣門繳書，申樞密院取旨，出劄子許收，兼下榜子謝恩。緣父子同財，理無饋遺，取旨謝恩，一皆僞詐。竊恐君臣父子之際，爲理不宜如此。臣欲乞自今應差子孫、弟姪押賜，並不用例。'從之。"①王珪《華陽集》卷二十三《賜參知政事王安石生日禮物詔》："敕：適正仲冬，陽氣孳于，物始乃生。碩輔忠謨，翼於政幾。頒内閣之賜常，助高門之續祉。宜爾昌熾，屬予寵私。"

按，李伯勉以熙寧四年十一月癸巳十二日王雱押賜生日禮物，以佐四庫本《能改齋漫録》"十二日"之説，貌似合理，其實未必，蓋未暇詳考兩宋宰執賜生日禮物之制也。李上交《近事會元》卷一："晉少帝天福六年七月，賜宰臣馮道生辰器幣，道辭以幼失父母，不記生日，堅讓不受。生辰賜物始此也。"葉夢得《石林燕語》卷六："故事，生日賜禮物，惟親王、見任執政官、使相，然亦無外賜者。元豐中，王荆公罷相居金陵，除使相，辭未拜，官止特進。神宗特遣内侍賜之，蓋異恩也。"汪應辰辨曰："使相雖在外亦賜，范蜀公内制有《賜使相判河陽富弼生日禮物口宣》云：'爰兹震夙之旦，故有匪頒之常。'王荆公熙寧七年以觀文殿大學士、吏部尚

---

① 《宋會要輯稿》刑法二："（熙寧）四年十一月十二日，太子中允、充崇政殿説書王雱言：'差押賜父安石生日禮物。勘會自來押賜，例有書送人事，赴閣門繳書，申密院取旨，密院出劄子許收，兼下榜子謝恩。緣父子同財，禮無饋遺，取旨謝恩，一皆僞詐。竊恐君臣、父子之際，爲禮不宜如此。欲乞今後應差子孫弟姪押賜，並不用此例。'從之。"上海古籍出版社2014年版，第8301頁。

書知江寧，詔生日依在外使相例取賜。"劉才邵《檜溪居士集》卷六《賜太傅韓世忠生日詔》，題注："案，周必大《玉堂雜記》：'宰執及親王、使相、太尉生日，天章閣排辦牲餼，預申學士院撰詔，及寫賜目一紙，各請御寶。前一日，差內侍持賜。'又云：'祖宗朝，牲餼外又賜器幣。過江後，惟牲餼耳。米麫本色，羊準價，酒則臨安釀造，臨時加以黃封。'賜韓世忠以下十詔，蓋當時故事也，附識於此。"①

據此，則北宋賜宰相生辰禮物，應於生日"前一日，差內侍持賜"，故《長編》所載，恰證武英殿聚珍本《能改齋漫錄》所載"十三日"爲是。

綜上所述，公生於辛酉十一月十三日辰時，可爲定論。

生於臨江軍清江縣，父益時判臨江軍

《蔡譜》卷一："《臨江府名宦志》曰：'王益字損之，臨川人，荆公父也。宋天禧中，判臨江軍。'《清江縣古跡志》曰：'維崧堂在府治內，宋天禧中，王益爲臨江軍判官，其子安石生於此，後人因名其堂曰維崧。'又《縣志》載王直《科甲題名記》曰：'宋天禧中，王公損之判臨江軍，其子荆國文公生

---

① 按，周必大《玉堂雜記》卷中："宰執及親王、使相、太尉生日，天章閣排辦牲餼，預申學士院撰詔書，及寫賜目一紙，各請御寶。詔用書詔之寶，賜用錫賜之寶。前一日，差內侍持賜。其詔例晝撰進之日，謂如正月旦生，文意必敘歲首，而所晝日則是去臘，殊不相應。某爲直院，奏乞不拘進詔早晚，但實晝生日於後。得旨從之，遂爲定制。祖宗時，牲餼外又錫器幣，往往就差子弟、姻戚持賜，欲其省費也。過江惟牲餼耳。米麫本色，羊準價，皆取之有司。酒則臨安醞造，臨時加以黃封。拜賜訖，與賜者同升廳，播笏展讀，就坐茶湯。書送錢十五千，從人三千。天章閣使臣、庫子、快行，錢酒各有差。"《全宋筆記》第五編第八冊，第291頁。

於此。’”

祝穆《方輿勝覽》卷二十一："臨江軍：國朝以清江縣置臨江軍，隸江南西路，仍以新淦、新喻屬焉。今領縣三，治清江……文公堂：天禧辛酉，王益損之爲軍判官，其子荆公實生於此。"

《明一統志》卷五十五："維崧堂，在府治。宋天禧中，王益爲軍判官，其子安石生于此。後人因名其堂曰‘維崧’，亦名‘文公堂’。"

按，公之出生，後世頗有靈異傳聞，或傳爲野獾、野狐、李煜轉世等。其中既多不經之傳聞，亦不乏蓄意誣衊詆毁。蔡絛《鐵圍山叢談》卷四："昔與小王先生者言：‘王舒公介甫何至於無後？’小王先生曰：‘介甫，上天之野狐也，又安得有後？’吾默然不平，歸白諸魯公，魯公曰：‘有是哉！’吾益駭，魯公始迺爲吾言曰：‘頃有李士寧者，異人也。一旦因上七日入醴泉觀，獨倚殿所之楯柱，視卿大夫絡繹登階拜北神者。適睹一衣冠，亟問之曰："汝非獾兒乎？"衣冠者爲之拜，迺介甫也。士寧謂介甫："汝從此去，踰二紀爲宰相矣，其勉旃。"蓋士寧出入介甫家，識介甫之初誕生，故竟呼小字曰"獾兒"也。介甫見士寧後，果相神廟，而士寧又出入介甫家。適坐宗室世居事，幾死，賴介甫得免，即尸解去矣。’"

葉夢得《巖下放言》卷中："世傳公初生，家人見有獾入其產室，有頃生公，故小字‘獾郎。’嘗以問蔡元度，曰：‘有之。’"

趙彥衛《雲麓漫鈔》卷四："王荆公之生也，有獾出於市。

一道人首常戴花，時人目爲戴花道人，來訪其父，曰：'此文字之祥，是兒當之，他日以文名天下。'因述其出處甚詳，俟至執政，自當見之。荊公父書於冊，自後休證不少差，荊公甚神之。洎拜兩地，戒閣者，有戴花道人來，不問早暮即通。一日，道人果來，荊公見之，述父所記渴見之意。道人曰：'自此益得君，謹無復讐。'荊公扣之，曰：'公前身李王也，戒之。'遂辭去。出《戴花道人傳》。"

兄安仁七歲

《文集》卷九十六《亡兄王常甫墓誌銘》："先生始以進士下科補宣州司戶。至三月，轉運使以監江寧府鹽院。又三月，卒。又七月葬，則卒之明年四月也，實皇祐四年……年三十七。"以此上推安仁生於真宗大中祥符八年。

乾興元年壬戌（1022），二歲

父益判臨江軍，爲治嚴明，諸豪大姓及屬吏憚之；出領新淦縣，縣以治聞

《曾鞏集》卷四十四《尚書都官員外郎王公墓誌銘》："改臨江軍判官。軍多諸豪大姓之家，以財力自肆，而二千石亦有所挾爲不法，吏乘其然，乾没無所忌。公至，以義折正二千石，使不能有所縱，以明憚吏，使不敢動搖。居頃之，部中蕭然。諸豪大吏見公皆側目而視，至以鄙言目公曰：'是不可欺也。'卒不得已，以他計出公。領新淦縣，縣以治聞。"

《文集》卷七十一《先大夫述》：“爲判官臨江軍。守不法，公遇事輒據争之以故事。一政吏爲文書謾其上，至公輒閣。軍有蕭灘，號難度，以腐船度輒返，吏呼公爲‘判官灘’云。豪吏大姓，至相與出錢，求轉運使下吏出公。領新淦縣，縣大治，今三十年，吏民稱説如公在。”

按，《文集》卷九十五《比部員外郎陳君墓誌銘》：“今上即位，恩改殿中丞，是歲，賜緋衣銀魚，知臨江軍。還，得睦州……初，公爲臨江軍，先君爲之佐。其後二十五年，某得主簿於淮南，而兄事之，仍世有好。”墓主陳執古，於仁宗即位之乾興元年知臨江軍，時王益判臨江軍。所謂“以義折正”之不法“二千石”，或爲前任張瓘。[1]

宋仁宗天聖元年癸亥（1023），三歲

父益改大理寺丞，知廬陵縣，縣大治

《曾鞏集》卷四十四《尚書都官員外郎王公墓誌銘》：“去，改大理寺丞，知廬陵縣。”

《文集》卷七十一《先大夫述》：“改大理寺丞，知廬陵縣，又大治。”

《文集》卷八十四《送陳興之序》：“先人爲臨江軍判官，實佐今駕部員外郎陳公。其後二十五年，公之子興之主泰之如皋簿，某爲判官淮南，以事出如皋。遇之，相好也。其

後二年歸京師，興之亦以進士得嘉慶院解，復遇之，相好加焉。"

按，據此序，公與陳興之於仁宗慶曆三年相遇。以此上推二十五年，則王益判臨江軍應爲真宗天禧五年，知廬陵縣應於本年。王益知廬陵，公隨行，《詩注》卷十《韓持國從富并州辟》："羌廬與韶石，少小已嘗蹋。"李注："公嘗侍楚公爲韶州，故云。'羌'字本作'匡'，以本朝諱，避焉。"

天聖二年甲子（1024），四歲

父益知廬陵縣

天聖三年乙丑（1025），五歲

父益移知新繁縣，改殿中丞；懲宿奸數人，其餘以恩信治之，歷歲不笞一人

《文集》卷七十一《先大夫述》："移知新繁縣，改殿中丞。到縣，條宿姦數人上府，流惡處，自餘一以恩信治之，嘗歷歲不笞一人。"

《曾鞏集》卷四十四《尚書都官員外郎王公墓誌銘》："又改殿中丞，知新繁縣。縣有宿奸數人，公既繩以法，其餘一以恩信遇之，嘗逾月不笞一人。還，知韶州。"

大妹文淑生

《文集》卷九十九《長安縣太君王氏墓誌》:“長安縣太君臨川王氏,尚書都官員外郎、贈太師、中書令兼尚書令、潭國公諱益之女,尚書左丞張公諱若谷之婦,尚書比部郎中諱奎之妻,國子博士覲、開封府雍丘尉靦之母。十四而嫁,五十一而老,五十六而卒。其卒在潁州子覲官舍,實元豐三年正月己酉。”

按,據《墓誌》,王文淑五十六歲卒於潁州,時神宗元豐三年正月,以此上推,知其生於本年。

妻吴氏生

曾布《曾公遺録》卷七載元符二年五月甲辰曾布言:“王安石家,陛下自紹聖以來恤之甚至。然子雱(旁)昨得館職,不幸早死。今又賜第。然安石止有一妻,寓蔡卞家,今已七十五歲,零丁孤老。”

按,哲宗元符二年,吴氏七十五歲,寓居婿蔡卞家。以此上推,吴氏當生於本年。

天聖四年丙寅(1026),六歲

父益知新繁縣,以恩信治民

程遇孫《成都文類》卷二十一樊汝霖《新繁縣三賢堂記》:“吾友沈居中爲新繁,以暇日訪繁上故事,則得賢者

三人焉。其一唐宰相李衛公德裕文饒，其一我宋故贈太師
王公益舜良，其一龍圖閣直學士梅公摯公儀。三賢者，李
衛公、王公嘗爲是邑，而梅公則邑人也。居中於是即縣署
之東創爲堂，繪三公像其上，榜之曰'三賢堂'……王公始
字損之，年十七，以文謁張公詠，奇之，改今字。祥符八年
進士，後以殿中丞來爲邑。始至，有犯法者，鄉所素嫉也，
公條其姦上府，流惡處，自後一待以恩信，迄其去不更笞一
人。去而爲韶州，終江寧府通判。位不滿其德，則有子荆
國文公，熙寧間相裕陵，以經術爲天下學者宗師。梅公天
聖五年第進士甲科……居中名卣予，金堂人，建炎二年進
士第三人，時以左奉議郎知縣事。清慎强敏，縣學、縣南門
一新，徵科以時，庭無留訟。逾二歲，人安之，唯恐其
去也。"

天聖五年丁卯（1027），七歲

父益知新繁縣，作《新繁縣東湖瑞蓮歌》，與梅摯屢有唱酬

《成都文類》卷十一王益《新繁縣東湖瑞蓮歌》："火雲
爍盡天幕腥，水光弄碧涼無聲。荷華千柄拂煙際，傑然秀
幹駢雙英。天敕少昊偏滋榮，宵零仙露饒金莖。嫋嫋飄風
起天末，綠華瑤珮來琤琤。觚觴式宴資擊賞，何人掞藻飛
筆精。越國亭亭八百里，木蘭泛詠稱明媚。爭如錦水派繁
江，孤根擢翠葩分膩。紫清合曜流霞暉，楚臺無夢朝雲飛。

韓虢佳人新侍寵，温泉宫裏賜霞衣。赫赫曦陽在東井，珍房萃作皇家慶。流火初晨復毓靈，連璧更疑唐傑盛。眇觀熙政接元和，嘉穀重榮田野歌。高宗昔慶劉仁表，五色卿雲世甚少。我今取喻進德流，優哉祥蓮出池沼。草萊泥淖俱棄捐，致君事業殊商皓。歸作皋夔稷卨臣，同心一德翊華勳。”

《成都文類》卷十九梅摯《和王益新繁縣東湖瑞蓮歌》：“東湖七月湖水平，鱗波暗織簫籟聲。中有植蓮一萬本，紅漪相照摘繁英。地靈氣粹不我測，雙葩倏如同一莖。黃姑織女渡銀漢，蜺旗鳳葆羅空青。又認英皇立湘渚，翠華不返凝怨慕。五十哀弦頓曉聲，駢首低昂泣珠露。是時主人集宴喜，湖光浸筵霞腳膩。朋簪峨峨盡才子，椽筆交輝雲藻麗。酒酣倚欄惜紅暉，煙素徘徊縈不飛。魏宫甄后晝方寢，彷彿有人持玉衣。此邑古來無異政，室家瘡痏何由慶。三年鼠竊例皆然，以薪救火火彌盛。自公柅車政克和，載途鼓腹騰謳歌。歌公用心日皎皎，不獨于今古應少。因感珍芳兩兩開，玉貫珠聯當縣沼。況我與公高適道，芝歌肯迹商山皓。嘉謀嘉猷思大陳，願將此美歸華勳。”

《成都文類》卷五有《新繁縣顯曜院》、《留題重光寺羅漢院贈憲上人》、《留題清凉院》，均梅摯、王益唱和之作。《金蜀藝文志》卷二十一載梅摯《酬贈王益舜良殿丞》其一：“偄儻淵宏未易才，三（疑爲二）年粉社幸遊陪。八吟麗賦憑高得，三咏雕鎸選勝開。玉苑早容收樸樕，蘭池嘗許試虺𤞤。海棠風裏甘棠政，只恐星趨節召回。”其二：“風度幽閒器宇高，暫分明寄握牛刀。賈生學贍思儀漢，李白才多合繼騷。步武即看峨豸角,對揚幾見擲麟毫。琴齋頌罷吟魂遠,時夢鈞天醉碧桃。"

按,《宋史》卷二百九十八《梅摯傳》:"梅摯字公儀,成都新繁人。進士,起家大理評事、知藍田上元縣,徙知昭州,通判蘇州。二浙饑,官貸種食,已而督償頗急,摯言借貸本以行惠,乃重困民,詔緩輸期。慶曆中,擢殿中侍御史。"梅摯後知滑州,公有詩送之。①

天聖六年戊辰(1028),八歲

父益知新繁縣,歲時思親,哭殊悲

《文集》卷七十一《先大夫述》:"宦游常奉親行,獨西川以遠,又法不聽。在新繁未嘗劇飲酒,歲時思慕,哭殊悲。"

叔祖貫之卒於興元府

《文集》卷九十六《主客郎中知興元王公墓誌銘》:"今上即位,移滁州,又移知興元府。自丁謂得罪徙南方,論者皆以公宜復用,而公亦且得疾不起矣。享年六十二,官至尚書主客郎中。明年,天聖七年,葬和州之歷陽縣。"

按,墓誌曰"明年天聖七年,葬和州之歷陽縣",則王貫之卒於本年。

①　《詩注》卷三十六《送梅龍圖》,李注:"名摯,字公儀,成都新繁人,天聖五年進士及第。此詩當是送作滑州時。"第908頁。

天聖七年己巳（1029），九歲

父益知新繁任滿，隨父入京

蔡絛《鐵圍山叢談》卷四：“長安西去蜀道，有梓潼神祠者，素號異甚。士大夫過之得風雨送，必至宰相；進士過之得風雨，則必殿魁，自古傳無一失者。有王提刑者過焉，適大風雨，王心因自負，然獨不驗。時介甫丞相年八九歲矣，侍其父行。後乃知風雨送介甫也。”

李德身《繫年》：“王益由知新繁縣，入京改殿中丞，正在本年。”“案此説近於荒唐，然謂安石八九歲侍父行於梓潼事，與其父王益宦跡相合，蓋是年益知新繁縣滿秩返京也。”

按，公隨父赴新繁，有詩爲證。《詩注》卷十《韓持國從富并州辟》：“西南窮岷嶓，東北盡濟漯。身雖未嘗歷，魂夢已稠沓。”李注：“楚公嘗入蜀爲新繁宰，公幼，侍行。今云‘未嘗歷’者，指山而言。”

隨父過洛陽

《詩注》卷三十五《送西京簽判王著作》：“兒曹曾上洛城頭，尚記清波遶驛流。却想山川常在夢，可憐顏髮已驚秋。辟書今日看君去，著籍長年歎我留。三十六峰應好在，寄身多謝欲來游。”

按，此詩考證，見本譜嘉祐五年。“兒曹曾上洛城頭”，即此行也。“三十六峰”，李注：“謂嵩少也。”

叔祖貫之葬於和州歷陽

《文集》卷九十六《主客郎中知興元王公墓誌銘》:"明年,天聖七年,葬和州之歷陽縣。"

天聖八年庚午(1030),十歲

父益以殿中丞知韶州,束黠吏,制强宗,治績卓著

《(同治)韶州府志》卷三《職官表》:"王益,天聖八年知韶州。"

余靖《武溪集》卷五《韶州新修州衙記》:"皇上即位之八年,以今尚書外郎太原王君守其土。下車之始,綱目咸振,束黠吏以繩墨,制强宗以斧斤,威聲一馳,境內知禁。然後險者傾,瘠者平,痼者愈,魘者醒,仆者起,昧者明。霜清物寒,日和春融,畏愛所交,衣被黔首。於是中詔得比內諸侯,滿三歲後所請也……君以天聖庚午,自殿中丞領銀菟符,期年之間,再增秩至屯田員外郎,則爲郡之才之政,爲萬乘知,可見矣。明道元年十一月日記。"

隨父至韶州

《詩注》卷三十八《送崔左藏之廣東》:"怪石巉巉上沉寥,昔人於此奏簫韶。水清但有嘉魚出,風暖何曾毒草搖。今日淹留君按節,當時嬉戲我垂髫。因尋舊政詢遺老,爲作新詩變俚謠。"

按，詩云："今日淹留君按節，當時嬉戲我垂髫。""君按節"，謂崔左藏之官廣東，其人不詳。韶州屬廣南東路。公因崔左藏之官廣東，故憶及垂髫之事，可證公少時隨父居韶州。

與樂昌神童譚必相識

《（同治）韶州府志》卷三十二："譚必字子思，樂昌人。幼而聰慧，日誦萬言。天聖間，王益守韶州，時必應童子試，厚加獎賞。慶曆六年，登進士。調邕州推官。交趾破邕，没於王事，累贈金紫光禄大夫。"

《（道光）廣東通志》卷二百八十八："熙寧間，荆公秉政，即前守王益之子也。與（譚）必有舊，嘗呼必爲'九兄'，欲擢用之。必連丁艱，既服除，荆公已退居鍾山矣。"

《詩注》卷十六《送子思兄參惠州軍》："沄沄曲江水，天借九秋色……先朝有名臣，卧理訟隨息。稍稍延諸生，談笑與賓客。子來適妙年，謁入交履舄。寂寥九齡後，此獨望一國……我方文葆中，旋逐旌旗蹟。去思今豈忘，耳目熟遺迹。"

按，"子思兄"，《沈注》："黄孝先字子思，浦城人，天聖三年進士。"誤甚。"子思兄"乃譚必，即《（道光）廣東通志》所謂"嘗呼必爲'九兄'"。必幼時聰慧過人，故詩中以唐代韶州神童、名臣張九齡相擬："寂寥九齡後，此獨望一國。"詩曰"先朝有名臣，卧理訟隨息……我方文葆中，旋逐旌旗蹟"，蓋指王益治韶，公隨父居此州。"稍稍延諸生，談笑與賓客。子來適妙年，謁入交履舄"，謂譚必拜謁王益，大受獎賞。此詩作於譚必英宗治平年間赴任惠州時，因惠、邵毗鄰，故而懷舊述及王、譚少時交往。

天聖九年辛未（1031），十一歲

父益知韶州，增秩轉屯田員外郎，移風易俗，事入《政範》

余靖《武溪集》卷五《韶州新修州衙記》：“君以天聖庚午，自殿中丞領銀菟符，期年之間，再增秩至屯田員外郎，則爲郡之才之政，爲萬乘知，可見矣。明道元年十一月日記。”

按，《詩注》卷一《題燕侍郎山水圖》：“往時濯足瀟湘浦，獨上九疑尋二女。蒼梧之野煙漠漠，斷隴連岡散平楚。”考公之仕宦未嘗至瀟湘，或幼年居韶州時曾往遊九嶷山，僅錄此備考。

《文集》卷七十一《先大夫述》：“夷越無男女之別，前守類以爲俗然，即其得可已，皆弗究。公曰：‘同是人也，不可瀆其倫。夫所謂因其俗者，豈謂是邪？’凡有萌蘗，一切摘矜窮治之。時未幾，男女之行于市者，不敢一塗。胡先生瑗爲《政範》，亦掇公此事。”

父益教屬縣翁源捕虎，平屯兵之叛，完營驛倉庫，建坊道

《文集》卷七十一《先大夫述》：“部縣翁源多虎，公教捕

之。民言虎自斃者五，令斷虎頭，輿致州，爲頌以獻。公麾輿者出，以頌還令。其不喜怪，不以其道説之不説也如此。蜀效忠士屯者五百人，代不到，謀叛。詔小州，即有變，無所可枝梧。佐吏始殊恐，公不爲動，獨捕其首五人，即日斷流之，護出之界上。初，佐吏固爭請付獄，既而聞其徒謀，若以首赴獄，當夜劫之以叛。衆乃愈服。公完營驛倉庫，建坊道，隨所施設，有條理。長老言：‘自嶺海服朝廷，爲吾置州守，未有賢公者。’”

弟安國生

《文集》卷九十一《王平甫墓誌》：“官止於大理寺丞，年止於四十七。以熙寧七年八月十七日不起，越元豐三年四月二十七日，葬江寧府鍾山母楚國太夫人墓左百有十六步。”[1]

按，“七年”，當爲“十年”之訛（詳本譜熙寧十年），卒時四十七，以此推溯，王安國生於本年。

明道元年壬申（1032），十二歲

父益知韶州，新修州衙成，請余靖撰文記之

余靖《武溪集》卷五《韶州新修州衙記》：“政成事簡，地居衝要，築室卑陋，人何所瞻？ 不欲視廨舍如前人之視民病

也。緜是因基搆，程用度，壯棟梁，麗榱桷。山有羨材，不賦於民；官有繕工，不興其役……工既畢，民吏趨走扶伏，固請礱石刻文，以紀成績。星飛一介，見辱嘉命……明道元年十一月日記。"

按，余靖字安道，《宋史》卷三百二十有傳："韶州曲江人。少不事羈檢，以文學稱鄉里。舉進士起家，爲贛縣尉，試書判拔萃，改將作監丞、知新建縣，遷秘書丞。"

初識字，從譚昉學，同學者有譚掞

《（同治）韶州府志》卷三十二："譚掞字文初，曲江人。父昉刻苦積學，四上計偕，而親老家貧，無以爲養，不獲已，請補吏外臺。久之，授海豐簿、英州司理、平樂令。天聖中，殿中丞王益守韶州，延至門下教子弟。時益子安石方髫齔，與掞兄弟同學。後安石爲相，而昉爲虞部郎官卒。掞狀其行求銘，安石方行新法，未暇及之，但作挽詩：'同時獻賦久無人，握手悲歡迹已陳。他日白衣霄漢志，暮年朱紱水雲身。虛看劍履今長夜，小隱山林秖舊春。豈惜俚辭追往事，齒衰才盡獨傷神。'"

按，挽詩載《文集》卷三十五、《詩注》卷五十，題爲《致仕虞部曲江譚君挽詞》。《詩注》卷三十有《貴州虞部使君訪及道舊竊有感惻因成小詩》："韶山秀拔江清寫，氣象還能出搢紳。當我垂髫初識字，看君揮翰獨驚人。"虞部使君即譚昉。《（雍正）廣西通志》卷十一載其英宗治平四年，以虞部員外郎知潯州。顧祖禹《讀史方輿紀要》卷五："潯州，漢鬱林郡地，唐貞觀七年置。潯州亦曰潯江郡，領桂平等縣

三，今潯州府。貴州，漢鬱林郡地，武德四年置南尹州。貞
觀九年曰貴州，亦曰懷澤郡，領鬱平等縣八。今潯州府貴縣
即其治。”詩曰“當我垂髫初識字，看君揮翰獨驚人”，即指從
譚昉啓蒙識字。《文集》卷七十七《與祖擇之書》：“某生十
二年而學。”

讀書爲文，過目不忘

《宋史》卷三百二十七《王安石傳》：“安石少好讀書，
一過目，終生不忘。”《（同治）韶州府志》卷二十五：“清淑
堂，在舊九成臺下。宋王安石侍其父益守韶日，讀書
於此。”

明道二年癸酉（1033），十三歲

祖父用之卒，隨父益丁憂歸臨川，居撫州鹽步門

《文集》卷七十一《先大夫述》：“知韶州，改太常博士、
尚書屯田員外郎……丁衛尉府君憂。”

《蔡譜》卷一：“《廣東省名宦志》：‘天聖八年，王益以殿
中丞知韶州，三年以憂去。’”

《詩注》卷三十三《過山即事》：“曲城丘墓心空折，鹽步
庭闈眼欲穿。”李注：“曲城在建康，公松楸所寄。撫州鹽步
門，即公所居。余嘗至其處，今有祠堂。”

吳曾《能改齋漫録》卷九：“鹽步門，乃撫州郡城之水門，
卸鹽之地，公舊居在焉，今爲祠堂。公有詩云：‘曲城丘墓心

空折,鹽步庭幃眼欲穿。'皆紀實也。故烏石岡、柘岡、鹽步門,其名至今猶存。"

王象之《輿地紀勝》卷二十九:"王荆公故宅,在鹽步門,即公所居,今有荆公祠堂。荆公《過山即事》詩:'鹽步庭闈眼欲穿。'"

《蔡譜》卷首二引《撫州府志·書王文公祠記》:"王文公祠在府治東南鹽步嶺。宋崇寧五年,郡守田登因公舊宅創祠,肖公像而祀之。淳熙中,郡守錢象祖修葺,比舊加壯,爲之管鑰,隸於學官,歲時祀焉,事見象山陸文安公記中。元至順初,祠圮,草廬吳先生就養郡庠,過其祠而太息,言於監郡塔不台,重加繕治,虞邵菴爲之記。不知廢自何時,祠宇爲居民侵削,僅有存者。臨川七十九都有上池王氏者,譜諜相沿爲公弟安上後。國初有名孟演者,爲本府教授,遂主公祠。天順、成化間,其孫宗璉兩以遺祠轉典與千户所王表者,并以公及夫人二像附之。公像且數百年,鮮完如故,若有呵護者。每一拜觀,斂容起敬。有城北王某者,忽認安禮之後,嘉靖廿五年,請托千户熊邦傑以力奪之,知縣應雲鷟遂祭於其家。廿六年,府同知陳一貫復以米二石易荆國夫人像,并付之守祠者,猶記歲月,直書其事於祠壁云。"

祖父用之葬靈谷山

《文集》卷八十三《城陂院興造記》:"靈谷者,吾州之名山,衛尉府君之所葬也。山之水東出而北折,以合於城陂。陂上有屋曰城陂院者,僧法沖居之,而王氏諸父子之來視墓者,退輒休於此。”

《（雍正）江西通志》卷一百二十：“城陂院,在金谿縣靈谷山東。唐建,宋慶曆間修,王安石爲記。其祖衛尉墓在馬施田,屬寺僧守之。”

時至金谿吳氏舅家

《文集》卷九十《外祖母黃夫人墓表》：“明道中,過舅家,夫人春秋高矣。”

按,吳曾《能改齋漫錄》卷九：“烏石岡,距臨川三十里,荊公外家吳氏居其間。故《與外氏飲》詩云：‘不知烏石岡邊路,到老相逢得幾回。’又《遊草堂寺》詩云：‘烏石岡邊繚繞山,紫荆細逕水雲間。’又《雜詠》云：‘烏石岡頭躑躅紅,江邊柳色漲春風。’吳氏所居又有柘岡,柘岡故多辛夷,荊公詩云：‘柘岡西路花如雪,回首春風最可憐。’又《寄正之》詩云：‘試問春風何處好? 辛夷如雪柘岡西。’又《贈黃吉父》詩云：‘柘岡西路白雲深,想子東歸得重尋。亦見舊時紅躑躅,爲言春至每傷心。’又《送吳彥玠》詩云：‘柘岡定有辛夷發,亦見東風使我知。’”

景祐元年甲戌（1034）,十四歲

居臨川,弟安世生

湯江浩《北宋臨川王氏家族及文學考論》：“安世生年爲

景祐元年。"①

景祐二年乙亥（1035），十五歲

弟安禮生

《東都事略》卷七十九《王安禮傳》："再知揚州，改永興軍、太原府。卒，年六十二，贈右銀青光禄大夫。"

《宋史》卷三百二十七《王安禮傳》："（紹聖）二年，知太原府。苦風痹，臥帳中決事，下不敢欺。卒，年六十二，贈右銀青光禄大夫。"

《宋會要輯稿》禮四一載王安禮卒年："資政殿學士、充河東路經略安撫使、兼知太原府王安禮，（紹聖）三年九月。"

《宋會要輯稿》儀制一一載王安禮卒後贈官："資政殿學士、太中大夫王安禮，（紹聖）三年九月，贈右光禄大夫。"

按，王安禮卒於紹聖三年九月，享年六十二。以此上推，當生於本年。

居臨川，從學於鄰縣宜黃杜子野

陸心源《宋史翼》卷三十六："杜子野，宜黃人，王安石幼師之。及爲相，子野來見，安石問所欲，但壁間顏真卿所書

---

① 王安世行實，現存《臨川先生文集》、《王文公文集》及王安禮《王魏公集》等均未道及，殊不可解。湯江浩據撫州《三公王氏族譜》等考其生卒年，姑從之。見《北宋臨川王氏家族及文學考論》，第 127—132 頁。傅林輝將王安世生年定於景祐二年，卒於嘉祐四年，見《王安石世系傳論》，長江文藝出版社 2000 年版，第 190 頁。

《東方朔像贊》。安石曰：'墨本何足貴？石在河北德州，可輦致也。'併以金帛致之，不受。"

《（雍正）江西通志》卷二十一："鹿岡書院，在宜黃縣鹿岡，宋嘉祐間杜子野建。王荊公嘗師事子野，受業處名挐雲館。"

李伍漢《墾雲篇文集》卷八："王元澤幼慧而黠，七八歲時，荊公命之屬對，曰：'門前綠水流將去。'元澤對曰：'屋裏青山跳出來。'公拂然。館師杜子野，荊公師也，詰之，元澤曰：'先生不記前日遊絶墾觀乎？道士郭青山跛足出迎，跳出門限，是其事也。'先生大笑，因説與公，亦大笑。"

按，據李伍漢所載，公日後又延杜子野爲館師，惟不可詳考，暫附於此。

與舅家諸外弟頗多交往，少壯自負，弄筆爲文

《詩注》卷二十《憶昨詩示諸外弟》："憶昨此地相逢時，春入窮谷多芳菲。短垣困困冠翠嶺，躑躅萬樹紅相圍。幽花媚草錯雜出，黃蜂白蝶參差飛。此時少壯自負恃，意氣與日爭光輝。乘閒弄筆戲春色，脱落不省旁人譏。坐欲持此博軒冕，肯言孔孟猶寒飢。"

識神童方仲永

《文集》卷七十一《傷仲永》："金谿民方仲永，世隸耕。仲永生五年，未嘗識書具，忽啼求之。父異焉，借旁近與之，即書詩四句，並自爲其名……明道中，從先人還家，於舅家

見之……又七年，還自揚州，復到舅家，問焉，曰：'泯然衆人矣。'"

按，慶曆三年，公自揚州還臨川（詳下）。上推七年，則於本年初見方仲永。危素《危學士全集》卷七《雲林圖記》："雲林山在金谿縣東山……近崖山，有神童峰，方仲永者蚤慧，生其下，荊國王文公所作《傷仲永》是也。"

作《閒居遣興》詩

《詩注》卷三十七《閒居遣興》："慘慘秋陰綠樹昏，荒城高處閉柴門。愁消日月忘身計，靜對溪山憶酒樽。南去干戈何日解？東來駟騎此時奔。誰將天下安危事，一把詩書子細論。"

李注："此必未去臨川時作，公年尚少也。公故居在一城之最高處，與余峨峰書堂相近。""撫當閩、廣衝，時用師南方，故云爾。""此足見公所存，早便規模三代，意非不美。公嘗爲人作誌銘，謂：'蠻夷率服，乃在於難壬人。'"

按，此或爲現存公之最早詩篇。[1] 詩云"南去干戈何日解"，指景祐二年廣南之亂。《長編》卷一百十六景祐二年五月甲午："廣南東、西路並言妖獠寇邊，高、竇、雷、化等州巡檢許政死之。遣左侍禁桑懌會廣、桂二州都監討捕。"歐陽修《桑懌傳》："明道、景祐之交……會交趾獠叛，殺海上巡檢，昭化諸州皆警，往者數輩不能定，因命懌往，盡手

---

[1] 王晉光定此詩爲景祐三年作，恐誤。見氏著《繫年初稿》，德揚公司 1986 年版，第 1 頁。

殺之。"①

景祐三年丙子(1036),十六歲

父益服除,赴京師,隨之

《詩注》卷二十《憶昨詩示諸外弟》:"丙子從親走京國,浮塵坌並緇人衣。"李注:"公生天禧五年辛酉,至景祐三年丙子,年十六。"

《詩注》卷四十《題西太一宮壁二首》:"三十年前此地,父兄持我東西。今日重來白首,欲尋陳迹都迷。"

按,詩曰"三十年前此地,父兄持我東西",即指此行。

景祐四年丁丑(1037),十七歲

四月,父益通判江寧府,得府將倚重。隨父之江寧

《文集》卷七十一《先大夫述》:"丁衛尉府君憂,服除,通判江寧府,閲兩將,一以府倚公辦。"

《詩注》卷二十《憶昨詩示諸外弟》:"明年親作建昌吏,四月挽船江上磯。"

按,《蔡譜》卷一載楊希閔本詩案語:"建昌,'昌'字當作'康'。"卷二:"江寧,舊名建業,亦名建康。今諸刊本皆

① 《歐陽修全集》卷六十六,中華書局 2001 年版,第 970 頁。

云'建昌吏',是相沿承誤否?"可從。

王益通判江寧,時張若谷知江寧府事。《宋史》卷二百九十九《張若谷傳》:"張若谷字德繇,南劍沙縣人。進士及第,爲巴州軍事推官。""歷知澶州、成德軍、揚州、江寧府,入知審官院,糾察在京刑獄。"《(景定)建康志》卷十三:"(景祐三年)二月,樞密直學士、尚書工部侍郎張若谷知府事。(寶元元年)十一月,若谷赴闕,右諫議大夫盛京知府事。

寶元元年戊寅(1038),十八歲

居江寧,感慨自痛,閉户苦學,欲與稷、契相希

《詩注》卷二十《憶昨詩示諸外弟》:"明年親作建昌吏,四月挽船江上磯。端居感慨忽自痛,青天閃爍無停暉。男兒少壯不樹立,挾此窮老將安歸。吟哦圖書謝慶弔,坐室寂寞生伊威。材疏命賤不自揣,欲與稷契遐相希。"

《文集》卷七十七《上張太博書二》:"某愚不識事務之變,而獨古人是信。聞古有堯舜也者,其道大中至正,常行之道也。得其書,閉門而讀之,不知憂樂之存乎己也。穿貫上下,浸淫其中,小之爲無間,大之爲無崖岸,要將一窮之而已矣。"

張端義《貴耳集》卷中:"荆公在鍾山讀書,有一長老曰:'先輩必做宰相,但不可念舊惡,改壞祖宗格法。'荆公云:'一第未就,奚暇問作宰相,并壞祖宗格法? 僧戲言也。'老僧云:'曾坐禪入定,見秦王入寺來,知先輩秦王後

身也。'"

　　按,《貴耳集》所載荒誕不經,故事生成邏輯爲因果報
應:公敗壞祖宗之法,禍國殃民,蓋因其爲秦王趙德芳後
身。另,"欲與稷契遐相希","獨古人是信","要將一窮之
(堯舜之道)而已矣",可見公之"回歸三代"理想,已逐漸
樹立。

大妹文淑十四歲,嫁與知江宁府張若谷之子張奎

　　《文集》卷九十九《長安縣太君王氏墓誌》:"長安縣太
君臨川王氏,尚書都官員外郎、贈太師、中書令兼尚書令、
潭國公諱益之女,尚書左丞張公諱若谷之婦,尚書比部郎
中諱奎之妻,國子博士覢、開封府雍丘尉覵之母,十四
而嫁。"

　　《文集》卷八十五《祭張左丞文若谷》:"嗚呼! 公作昇
州,先君實佐。公爲其子,請昏于我。先君不幸,公覲京師。
訃逮公門,公哭殊悲。弔問賻祭,使來以時。"

　　按,文淑生於天聖三年,本年十四歲,嫁與張若谷子張
奎。奎字拱微,《增修雲林寺志》卷八:"張奎等題名,在靈
隱山:太常寺太祝張奎拱微、太常寺太祝張覲經臣、進士何
文安肅之,康定辛巳口夏十日同遊,謹記。"《詩注》卷七《送
張拱微出都》所送即張奎。

　　又,本年十一月,張若谷赴闕,右諫議大夫盛京知江寧
府。《(景定)建康志》卷十三:"(景祐三年)二月,樞密直學
士、尚書工部侍郎張若谷知府事。(寶元元年)十一月,若谷
赴闕,右諫議大夫盛京知府事。"

寶元二年己卯（1039），十九歲

二月二十三日，父益卒，暫厝江寧；奉母兄居喪，家於江寧

《文集》卷七十一《先大夫述》："寶元二年二月二十三日，以疾棄諸孤官下，享年四十六。"

《曾鞏集》卷四十四《尚書都官員外郎王公墓誌銘》："寶元元年二月二十三日，以疾卒於官，享年四十六。"

《詩注》卷二十《憶昨詩示諸外弟》："旻天一朝畀以禍，先子泯沒予誰依。精神流離肝肺絶，背血被面無時晞。"

按，王益卒年，《先大夫述》謂"寶元二年二月二十三日"，曾鞏所撰墓誌銘稱"寶元元年二月二十三日"，當以前者爲是，湯江浩等考證甚明，可從。①

父益歿後，頗得知江寧府盛京照恤

《文集》卷八十五《祭盛侍郎文》："惟昔先人，捐我諸孤，實在公藩。公泫然哀，襚死賵存。託殯得宫，寓處得廬，一出公恩。公或我臨，不有其尊。我奬我矜，均其子孫。"

按，盛京繼張若谷後知江寧府事。《（景定）建康志》卷十三："（寶元元年）十一月，若谷赴闕，右諫議大夫盛京知府

---

① 可見《北宋臨川王氏家族及文學考論》，第13頁。李裕民《宋人生卒行年考》，中華書局2010年版，第15頁。

事。（康定元年）四月二十七日，京赴闕，給事中郎簡知府
事。"前考盛京之女，嫁公叔祖王貫之婿周彥先，或職此故，
照恤有加。

從兄安仁、安道入學爲諸生；與李不疑爲友，頗受啓迪，知聖人之門庭可策而入，作《太阿》詩貽之

《文集》卷八十六《李通叔哀辭并序》："通叔李不疑，世
爲閩民……初，予既孤，寄金陵家焉，從二兄入學爲諸
生……既而遇通叔於諸生間，望其容而色睟然類君子，即而
與之言，皆君子之言也。其容色在目，其言在耳，則予放心
不求而歸，邪氣不伐而自遁去。求其所爲文，則一本於古，
華虛蕩肆之學，蓋未嘗接於其心，誠有以開予者。予得而友
之，憂懼釋然，作《太阿》詩貽之，道氣類之同而合也。通叔
亦作《雙松》詩，道氣類之同而期之久也以爲報。自予之得
通叔，然後知聖人戶庭可策而入也。是不惟喻於其言而已，
蓋觀其行而得焉者爲多。"

按，仁宗天聖年間以後，北宋復古思潮捲土重來。文曰
"求其所爲文，則一本於古"，"知聖人戶庭可策而入"，可見
公早年所受復古思潮之薰染。

康定元年庚辰（1040），二十歲

居江寧，與馬仲舒共修舉業，以禮法開之

《文集》卷九十六《馬漢臣墓誌銘》："合淝人馬仲舒，字

漢臣，其先茂陵人。父皋爲江東撥發，真其家金陵，漢臣因入學，齒諸生……然漢臣亦疏金錢，急人險艱，不自顧計。於衆中尤慕近予，予亦識其可教，以禮法開之，果大寤，遂自挫刻，務以入禮法。從予學作進士，既數月，其辭章粲然，充其科者也。”

受教於江寧通判田況，與其弟遊

《文集》卷八十《上田正言啓》：“謝去賓廷，歸安子舍，逮今旋月，惟日想風……某早煩教育，晚出薦延。”

《文集》卷九十一《太子太傅致仕田公墓誌銘》：“又對賢良方正策爲第一，遷太常丞、通判江寧府……蓋公自佐江寧以至守蜀，在所輒興學，數親臨之，以進諸生。某少也與公弟游，而公所進以爲可教者也，知公爲審。”

按，《長編》卷一百二十二寶元元年七月壬戌：“況遷太常丞，方平著作佐郎，通判江寧府及睦州。況，信都人。”《宋史》卷二百九十二《田況傳》：“舉賢良方正，改太常丞、通判江寧府。”恐誤。《宋會要輯稿》選舉一〇載景祐五年（寶元元年）：“七月二十七日，帝御崇政殿試賢良方正能直言極諫太子中允田況、秘書省校書郎張方平、茂材異等進士邵亢……況策考入第四等，方平入第四次等，亢不入等。詔況爲太常丞、通判宣州，方平爲著作佐郎、通判睦州。”據此，寶元元年七月田況中制科，通判宣州，寶元二年二月王益卒後，田況遂改判江寧。《墓誌》、《長編》、《宋史》均失載。

郎簡知江寧府，受其撫存教導

《（景定）建康志》卷十三：“（寶元元年）十一月，若谷赴闕，右諫議大夫盛京知府事。（康定元年）四月二十七日，京赴闕，給事中郎簡知府事。”

《文集》卷七十六《上郎侍郎書》其一：“伏念先人爲韶州，明公使按其部，存全挽進，誼固已厚。先人不幸，諸孤困厴，而又遭明公於此時，閔閔煦煦，視猶子姪。”其二：“昔者幸以先人之故，得望步趨，伏蒙撫存教道，如親子姪。”

按，郎簡，《宋史》卷二百九十九有傳：“字叔廉，杭州臨安人。幼孤貧，借書録之，多至成誦。進士及第，補試秘書省校書郎、知寧國縣……累遷尚書度支員外郎、廣南東路轉運使，擢秘書少監、知廣州，捕斬賊馮佐臣。入判大理寺，出知越州，復歸判尚書刑部，出知江寧府。”郎簡於天聖八年至十年任廣南東路轉運使，[①]時王益以殿中丞知韶州，故書曰“先人爲韶州，明公使按其部，存全挽進，誼固已厚”。

與慧禮、高師雄、王介等交遊

《文集》卷八十三《揚州龍興講院記》：“予少時客遊金陵，浮屠慧禮者從予遊。”

《文集》卷八十五《祭高師雄主簿文》：“我始寄此，與君往還。於時康定，慶曆之間。愛我勤我，急我所難。”

《詩注》卷五十《王中甫學士挽辭》：“同學金陵最少年，

---

① 此據李之亮《宋代路分長官通考》，巴蜀書社 2003 年版，第 1047 頁。

奏書曾用牘三千。盛名非復居人後，壯歲如何棄我先。"李
注："王介，衢州人，嘉祐六年與二蘇同中制科。"

於華藏院此君亭詠竹

《詩注》卷三十三《華藏院此君亭》："一逕森然四座涼，
殘陰餘韻興何長。人憐直節生來瘦，自許高材老更剛。曾
與蒿藜同雨露，終隨松柏到冰霜。煩君惜此根株在，乞與伶
倫學鳳凰。"①

李注："按《建康志》：'在斗門橋西街北，僞吳武義二
年建。初爲報先寺，南唐改爲報恩禪院，國朝改今額。晉
王子猷愛竹，嘗曰："不可一日無此君。"意亦取此。'撫州
崇仁縣亦有華藏院。今按《高齋詩話》曰：'荆公題金陵此
君亭詩云："誰憐直節生來瘦，自許高材老更剛。"賓客每
對公誦此句，公輒顰蹙不樂。晚年，與平甫坐亭上，視詩牌
曰："少時作此題榜，一傳不可追改。大抵少年題詩，可以
爲戒。"平甫曰："此揚子雲所以悔其少作也。"'以此考之，
是金陵華藏。"

按，劉攽《彭城集》卷十三《建業華藏院此君亭》題注：
"王介甫先有《此君亭》詩，予因繼後。"②此公少作，姑繫於
此。至明代詩碑已碎，顧起元《客座贅語》卷五："王介甫、平
甫《此君亭竹》詩，在今府學中，石已斷碎。"

---

① 《文集》卷二十二題爲《與舍弟華藏院此君亭詠竹》，《繫年初稿》繫於景祐
　五年，第2頁。
② 《東都事略》卷七十六《劉攽傳》："攽字貢父，少疎俊，與兄敞同學，自刻厲，
　博讀群書，遂偕中進士，調江陰簿。"齊魯書社2000年版，第633頁。攽慶
　曆六年進士及第，其和公詩當於任江陰簿時。

撰《性論》

　　《聖宋文選》卷十《性論》："古之善言性者，莫如仲尼。仲尼，聖之粹者也。仲尼而下，莫如子思。子思，學仲尼者也。其次莫如孟軻。孟軻，學子思者也。仲尼之言，載於《論語》。子思、孟軻之説，著於《中庸》而明於七篇。然而世之學者，見一聖二賢性善之説，終不能一而信之者，何也？豈非惑於《語》所謂'上智下愚'之説與？噫，以一聖二賢之心而求之，則性歸於善而已矣。其所謂愚智不移者，才也，非性也。性者，五常之謂也；才者，愚智昏明之品也。欲其才品，則孔子所謂'上智與下愚不移'之説是也。欲明其性，則孔子所謂'性相近習相遠'、《中庸》所謂'率性之謂道'，孟軻所謂'人無有不善'之説是也。"

　　按，此文《文集》、《王文公文集》未收，僅見《聖宋文選》卷十。文中若干語句，直接沿襲《孟子·告子》，如"夫性猶水也，江河之與畎澮，小大雖異，而其趨於下同也。性猶木也，梗楠之與樗櫟，長短雖異，而其漸於上同也。"同時恪守孟子"性善"説，旨在辨析性、才之别，"性者五常之謂也"，"上智與下愚不移"則屬"才"。此與公日後"性不可以善惡言"、"性有善有惡"、"五常不可以謂之性"等明顯相悖，當爲公早年模擬之作。慶曆四年，曾鞏上書歐陽修薦公："亦書其所爲文一編進左右。"[1]後轉述歐公語："歐公更欲足下少開廓其文，勿用造語及模擬前人……歐云：'孟、韓文雖

---

①　《曾鞏集》卷十五《上歐陽舍人書》，第 237 頁。

高,不必似之也,取其自然耳.'"①此文即爲公早年模擬之作。或以爲此文"醇正發明孟子本旨","真是洞達性體的至論",乃公力圖調和揚、孟後"最後不能不歸到孟子的性善説"之定論,②今不取此説。

　　另,自中唐韓愈《原性》、李翱《復性書》後,"性"即爲唐宋古文家之固有議題,如北宋前期古文家柳開《默書》、趙湘《正性賦》等,已偶爾論及,然非其所重。公之涉足於此,亦受北宋復古思潮之影響所致,而不甘爲韓、李之牛後。③ 故此後又撰《原性》、《性情》、《揚孟》諸篇,以駁韓愈"性三品説"、李翱"性善情惡論",辨析入微,遂引領北宋儒家心性之學,士林風氣爲之巨變。晁公武《郡齋讀書志》卷十二《王氏雜説》解題引蔡卞《王安石傳》曰:"自先王澤竭,國異家殊,源流浸深。宋興,文物盛矣,然不知道德性命之理。安石奮乎百世之下,追堯、舜、三代,通乎晝夜陰陽所不能測而入於神。初著《雜説》數萬言,世謂其言與孟軻相上下。於是天下之士始原道德之意,窺性命之端云。"趙秉文《滏水集》卷一《性道教説》:"自王氏之學興,士大夫非道德性命不談。"侯外廬:"而道德性命之學,爲宋道學家所侈談者,在安石的學術思想裏,開別樹一幟的先河,也是事實。"④鄧廣銘:"王安石在道德性命之理的探索研究方面,也起了由漢到唐的

① 《曾鞏集》卷十六《與王介甫第一書》,第255頁。
② 賀麟《王安石的哲學思想》,《文化與人生》,商務印書館1988年版。
③ 趙秉文《滏水集》卷一《原教》:"自韓子言仁義而不及道德,王氏所以有道德性命之説也。"四部叢刊本。
④ 侯外廬等《中國思想通史》第四卷上册,人民出版社1959年版,第423頁。

諸代之衰……王安石對於這一評價，確實是足以當之無愧的。”“在北宋一代，對於儒家學説中有關道德性命的義藴的闡釋和發揮，前乎王安石者實無人能與之相比。”①以上可謂得之。

---

① 《王安石在北宋儒學學派中的地位》，《鄧廣銘治史叢稿》，北京大學出版社1997年版，第186、189頁。詳細論述，可見拙著《荆公新學研究》第三章第二節，第五章第三節。

卷　二

康定二年、慶曆元年辛巳（1041），二十一歲

春，赴杭州探視長妹文淑，過胥山，謁伍子胥廟

《顧譜》卷上：“過胥山，謁伍子胥廟。”

《蔡譜》卷二：“自寶元二年二月居喪，至是服闋。”

《文集》卷三十八《伍子胥廟銘》：“康定二年，予過所謂胥山者，周行廟庭，嘆吳亡千有餘年，事之興壞廢革者不可勝數，獨子胥之祠不徙不絕，何其盛也！豈獨神之事吳之所興，蓋亦子胥之節有以動後世，而愛尤在於吳也。後九年，樂安蔣公爲杭使，其州人力而新之，余與爲銘也。”

按，康定二年十一月丙寅，改元慶曆。胥山，《沈注》：“顧祖禹《方輿紀要》：‘吳山，在杭州府治西南，亦名胥山。’”《（淳祐）臨安志》卷八：“《祥符圖經》云：‘在城中錢塘縣舊治南六里。’按《史記》，吳人憐伍子胥以忠諫死，爲立祠於江上，因命曰胥山……今山上有忠清廟，祀伍子胥。”

"樂安蔣公"爲蔣堂,慶曆八年知杭州。① 據此,則是年公自江寧赴杭,道過胥山。李德身《繫年》謂:"案胥山有三,此指吳縣西南之胥山,山有伍子胥祠。安石赴京時或枉道遊此。"②然據《伍子胥廟銘》上下文通觀之,則慶曆元年(康定二年)公所過之胥山子胥祠,與九年後知杭州蔣堂所新之祠,實爲一也。李説不取。嘉祐七年八月,杭守沈遘重修此廟,王安國爲撰碑銘,③亦可證公所過之胥山伍子胥廟,即在杭州。王象之《輿地紀勝》卷二:"伍子胥廟在吳山……《史記》云:'吳人憐之,爲立祠於江上,命曰胥山。'祥符中,降詔曰:'杭州吳山廟神寔主洪濤,賜忠清廟額,封英烈王。'王安石爲之銘。"

然則公是年緣何遠赴杭州?當爲探視長妹王文淑。文淑於仁宗寶元元年嫁與知江寧府張若谷之子張奎(字拱微)。康定元年,張若谷自應天府移知杭州:"康定元年九月辛酉,以知應天府、樞密直學士、尚書刑部侍郎張若谷爲龍圖閣直學士、知杭州。慶曆元年五月壬申,徙知鄭州。"④張奎、王文淑隨之游宦於杭,《增修雲林寺志》卷八:"張奎等題

① 此據李之亮《宋兩浙路郡守年表》,巴蜀書社 2001 年版,第 10 頁。

② 《繫年》第 26 頁。

③ 《(咸淳)臨安志》卷七十一王安國《重修胥山廟碑銘》:"嘉祐七年,長興沈公作藩於杭……八年六月廟成,公遂祭享,羣稚嗟歎,咸願刻石以詩顯之,而使人來請辭於臨川王安國。乃作辭曰……闔廬、夫差,力欲圖霸。有臣子胥,材實剛者。報楚入郢,遂棲越君。使國爲雄,我志獲伸。彼何宰嚭,冒貨姦宄。我債於忠,國亦隨毀。武林之墟,胥山之岡,立廟以祀,民思不忘。既歷年久,報事不懈。以迄於今,帝遣祈拜。"《宋元方志叢刊》,第3996 頁。

④ 《(乾道)臨安志》卷三,《宋元方志叢刊》,第 3242 頁。

名，在靈隱山：太常寺太祝張奎拱微、太常寺太祝張覯經臣、進士何文安肅之，康定辛巳□夏十日同游，謹記。正書摩崖。"故公自江寧至杭州探視。

於餘杭法喜院讀書養疾，題詩

程俱《北山小集》卷九《餘杭法喜院荆文公書堂》："鍾山太傅起從龍，鼓動風雷指顧中。未見圖形求傅野，豈知徒步客新豐。青鞚曾訪飡芝老，白首唯餘搗藥童。藏壁故應留斷簡，至今山鬼慟悲風。"詩題自注："文公康定中讀書於此，辛巳。"又"搗藥童"句自注："寺僧言文公多養疾此堂，當時給侍童子，今八十餘歲矣。"

《（咸淳）臨安志》卷八十三："法喜院，在縣郭内溪北，舊名吉祥。光化二年建，大中祥符八年改今額，有王荆公安石讀書堂，繪公像其中……荆公詩：'門前白道自縈迴，門外青莎間綠苔。褵樹繞花鶯引去，疏簷無幕燕歸來。寂寥誰共樽前酒，牢落空留案上杯。我憶故鄉情不淺，可憐鵾鳩重相催。'"

按，張若谷是年五月徙知鄭州。至於公何時離杭，不詳，或於張氏父子稍前。據程詩自注，公曾於餘杭法喜院讀書養疾。所題之詩，載《詩注》卷三十五、《文集》卷二十三，題爲《法喜寺》，爲公早年詩歌中可明確繫年者。

與馬仲舒入京應禮部試

《顧譜》卷上："是年，赴京師就禮部試。"

《蔡譜》卷二："《憶昨詩》曰：'母兄呱呱泣相守，三年厭食鍾山薇。'自寶元二年二月居喪,至是服闋。詩曰:'屬聞下詔取群彥,遂自下國趨王畿。'則入京師應禮部試也。"

《文集》卷八十一《謝及第啟》:"適會詔之興甿,遂負書而應令。鄉老署其行,薦之明朝。"

《文集》卷九十六《馬漢臣墓誌銘》:"合淝人馬仲舒,字漢臣,其先茂陵人……漢臣長予四年,予兄弟視之,漢臣視予,則師弟子如也。嘗助予叔父之喪,若子姓然。慶曆元年,漢臣冠五年矣,從予入京師待進士舉。六月病死,死時予亦病。"①

按,《宋會要輯稿》選舉一:"慶曆元年三月,詔權停貢舉。"然《長編》不載,疑誤。《宋會要輯稿》選舉一五:"慶曆元年四月二十八日,詔:'進士實應兩舉、諸科三舉及曾御試,並特免將來文解。今秋解發進士、諸科元額不及十人之處,權添解五人,十人以上添三人。"《長編》卷一百三十一所載略同。《謝及第啟》曰"適會詔之興甿",或謂此。

抵京,病

《文集》卷九十六《馬漢臣墓誌銘》:"慶曆元年,漢臣冠五年矣,從予入京師待進士舉。六月病死,死時予亦病。"

按,《宋史》卷一百五十五《選舉一》:"初,禮部貢舉,設進士、九經、五經、開元禮、三史、三禮、三傳、學究、明經、明

---

① "元年"原爲"六年"。據《墓誌銘》,馬漢臣長公四年,冠五年時,從公入京師待進士舉。以此推之,則"慶曆六年"當爲"元年"之訛。是年公二十一歲,馬漢臣二十五歲,"冠五年矣"。楊天保、徐規最先指出,《馬漢臣墓誌銘》中"慶曆六年"當爲"元年"之訛,可見《王安石撰寫馬漢臣墓誌銘時間考》,《史學月刊》2006年第4期。

法等科，皆秋取解，冬集禮部，春考試。"公本年六月既已抵京，則非由江寧府或撫州地方秋試解送，或爲補試廣文、太學館監生，由國子監取解。因國子監解額較優，且公屬品官子弟，又未居原籍。《宋會要輯稿》崇儒一："國子監每科場詔下，許品官子弟投保官家狀，量試藝業，給牒充廣文、太學、律學三館學生，多或至千餘人，即隨秋試，召保取解。及科場罷日，則生徒散歸，講官倚席。"同書選舉三："(大中祥符)四年五月二十七日，翰林學士晁迥等言：'准詔詳定禮部貢院條制……文武升朝官以上骨肉願於國學請解者，許陳本貫，校狀試補。"同書職官二八："太宗太平興國九年六月，詔：國子監所解舉人，自今但負勤苦，有父兄居官食禄，不在本貫鄉里居止，監司諳知行止，便可收補發解，不必附監聽讀，即不得收不係食禄之家。"①

與曾鞏定交

《曾鞏集》卷二《寄王介卿》："憶昨走京塵，衡門始相識。疏簾掛秋日，客庖留共食。紛紛説古今，洞不置藩域。"

按，曾鞏本年入太學，此詩即憶及王、曾初識定交。《曾鞏集》卷四十一《王君俞哀辭》："慶曆元年，予入太學，始相識，館余於家。居數月，相與講學，會余歸，遂別。"《顧譜》謂景祐三年曾、王定交，誤。《繫年》："蓋曾鞏'始冠遊太學'(見楊希閔《曾文定公年譜》引《江西通志》)，安石十八正居江寧；景祐三年安石入京時，曾鞏尚在南豐，年十八，亦不得

---

① 關於北宋國子監取解，可見林岩《北宋科舉考試與文學》，上海古籍出版社2006年版，第36—42頁。

謂始冠。二人定交必爲曾鞏第二次游太學時無疑。"李震
《曾鞏年譜》同。可從。又，王、曾本世交，又屬姻婭。公外
祖之繼室，爲曾致堯之女、曾鞏之姑。公視曾致堯如祖父，
《文集》卷九十二《户部郎中贈諫議大夫曾公墓誌銘》："某
視公猶大父也，其少也，則得公之詳，如其孫之云。"《曾鞏
集》卷四十四《尚書都官員外郎王公墓誌銘》，亦曰："先人
嘗從公遊。"

留京師，待禮部試，別李不疑

《文集》卷八十六《李通叔哀辭》："通叔李不疑，世爲閩
民。通叔再從太學進士試，斥不送，自京師歸面其親，道建
溪，溪水暴下，反其舟，溺死，年二十八云……其再斥於太學
而歸也，予待禮部試，留京師，別且言曰：'通叔去而歸，某也
不没而入於愚也其幾矣……'明年，從事淮南。"

按，李不疑斥於太學，而公應已得國子監解，故"待禮部
試，留京師"。

九月，外祖母黄夫人卒，十二月葬

《文集》卷九十《外祖母黄夫人墓表》："外祖夫人黄氏，
生二十二年歸吴氏，歸五十年而卒，卒三月而葬，康定二年
十二月也。"

慶曆二年壬午（1042），二十二歲

正月，謁會靈觀，遇李士寧

《詩注》卷三十八《贈李士寧道人》，李注：“始荆公薦名禮部，與數十人同謁會靈觀。方拜庭下，先生指之曰：‘拜仗到地者登第。’有老僕聞而告公，公往揖之。先生曰：‘子非某官之子乎？’曰：‘然。’先生曰：‘吾嘗與賢丈飲，昆弟列拜于前，我以新荔枝與最長者，得非子邪？’公曰：‘即安石也。’先生曰：‘子今年登第，它日極貴，善自愛。’是年，果中甲科。”

按，“集禧觀，舊曰會靈。真宗大中祥符五年九月，詔修玉清昭應宮使丁謂等就南薰門内奉節、致遠三營地，及填乾池之西偏建觀，以奉五岳帝。又命内侍鄧守恩監修。仍作保康門於朱雀門之東，又作延安、安國二橋，南闕街與觀北門相直。七年九月，詔名觀曰會靈，東西門曰左、右嘉應，後門曰昭福，獻殿曰延真，靈寶天尊殿曰崇元，齋殿曰祝禧。其月十九日，上梁，命宗室、宰臣觀之，許士庶觀看三日……皇祐五年正月，會靈觀火，尋重修。至六月成，詔名曰集禧。”①

司馬光《涑水記聞》卷十六：“李士寧者，蓬州人。自言學道，多詭數，善爲巧發奇中。目不識書，而能口占作詩，頗

---

① 《宋會要輯稿》禮五，第575—576頁。

有才思，而詞理迂誕，有類讖語，專以妖妄惑人。周遊四方及京師，公卿貴人多重之。人未嘗見其經營及有囊橐，而貲用常饒，猝有賓客十數，珍饌立具，皆以爲有歸錢術。王介甫尤信重之。熙寧中，介甫爲相，館士寧於東府且半歲，日與其子弟遊。及介甫將出金陵，乃歸蓬州。”

此事李壁未注出處，不詳傳聞所自，似涉不經。然宋代士人於舉業中祈求神啓，屢見不鮮，不足爲奇。[1] 李士寧本江湖術士，所言偶中，容或有之。且公似嘗親歷此等事，故暫附此。《文集》卷七十《汴説》：“舉天下而籍之，以是自名者，蓋數萬不啻，而汴不與焉。舉汴而籍之，蓋亦以萬計。予嘗視汴之術士，善挾奇而以動人者……久之，補吏淮南，省親江南。有金華山人者，率然相過，自言能逆斥禍福。噫！今之世，子之術奚適而不遇哉？因以《汴説》諗之。”

省試《勳門賜立戟詩》等

司馬光《溫公續詩話》：“科場程試詩，國初以來，難得佳者。天聖中，梓州進士楊諤始以詩著，其天聖八年省試《蒲車詩》云：‘草不驚皇轍，山能護帝輿。’是歲，以策用‘清’、‘問’字下第。景祐元年，省試《宣室受釐》詩云：‘願前明主席，一問洛陽人。’諤是年及第，未幾，卒。慶曆二年，韓欽聖試《勳門賜立戟詩》云：‘凝峰畫旛轉，交鏑彩支繁。’范景仁云：‘曾見真本如此。’傅欽聖作‘迎風畫旛轉，映日彩支

---

[1] 關於宋代士人崇拜神靈以祈求登第之行爲、風氣，可見廖咸惠《祈求神啓——宋代科舉考生的崇拜行爲與民間信仰》，《新史學》第十五卷十四期。

繁'，故兩存之。"

　　按，北宋省試，常於正月下旬或二月初舉行。是年公省
試詩、賦、論題，均不載《文集》，惟於此見之。韓宗彦，韓綱
子，慶曆二年進士及第，①《宋史》卷三百一十五有傳："綱子
宗彦字欽聖，蔭補將作監主簿。舉進士甲科，累遷太常博
士。以大臣薦，召試，爲集賢校理……以尚書兵部員外郎判
三司鹽鐵勾院，卒。"

三月十五日，殿試《應天以實不以文賦》、《吹律聽鳳鳴詩》、《順德者昌論》

　　《宋會要輯稿》選舉七："慶曆二年三月十五日，帝御崇
政殿試部奏名進士，内出《應天以實不以文賦》、《吹律聽鳳
鳴詩》、《順德者昌論》題，得楊寘已下四百三十六人，第爲五
等，并賜及第、出身、同出身。"

　　按，《應天以實不以文賦》，歐陽修擬，②《文集》不載。

三月二十二日，登楊寘榜進士第四名

　　《長編》卷一百三十五慶曆二年三月乙丑："御崇政殿，
賜進士楊寘等二百三十七人及第、一百二十二人出身、七十
三人同出身。寘，察弟。初試國子監、禮部皆第一，及是，帝
臨軒啓封，見姓名，喜動於色，謂輔臣曰：'楊寘也。'公卿相
賀爲得人。"

---

① 厲鶚《宋詩紀事》卷十五："欽聖，慶曆二年進士。"上海古籍出版社 1983 年
版，第 395 頁。

② 《歐陽修全集》卷五十九，第 846 頁。

彭百川《太平治跡統類》卷二十八《祖宗科舉取人·仁宗》：“三月，賜進士楊寔等三百三十七人及第……楊寔、韓絳、王珪、陳洙、王安石、呂公著、蘇頌、傅堯俞、呂夏卿。”

《宋會要輯稿》選舉二：“慶曆二年四月二十三日，詔新及第進士第一人楊寔爲將作監丞，第二人王珪爲大理評事，第三人韓絳爲太子中允，並通判；第四人王安石爲校書郎，第五人曾公定爲奉禮郎，並僉書諸州判官事。”

按，據王銍《默記》卷下載狀元原屬公：“慶曆二年，御試進士，時晏元獻爲樞密使。楊察，晏壻也，時自知制誥避親，勾當三班院。察之弟寔時就試畢，負魁天下望。未放榜間，將先宣示兩府，上十人卷子。寔因以賦求察問晏公己之高下焉。晏公明日入對，見寔之賦已考定第四人，出以語察。察密以報寔。而寔試罷與酒徒飲酒肆，聞之，以手擊案嘆曰：‘不知那個衛子奪吾狀元矣！’不久，唱名，再三考定第一人卷子進御，賦中有‘孺子其朋’之言，不懌曰：‘此語忌，不可魁天下。’即王荆公卷子。第二人卷子即王珪，以故事，有官人不爲狀元；令取第三人，即殿中丞韓絳；遂取第四人卷子進呈，上欣然曰：‘若楊寔可矣。’復以第一人爲第四人。寔方以鄙語罵時，不知自爲第一人也。然荆公平生未常略語曾考中狀元，其氣量高大，視科第爲何等事而增重耶！”

因《文集》失載公殿試詩、賦、論，“孺子其朋”之語無從詳考。蘇象先《丞相魏公譚訓》卷四則以初考狀元爲蘇頌弟蘇袞，以所試賦混聲被黜：“劉原父豪邁超軼，博極群書，文章瑰瑋，唯不喜詞賦。嘗謂祖父曰：‘縱不取高第，亦不能爲州縣之職。’祖父曰：‘審爾，當習賢良。’二叔祖作賦甚工，每笑之。楊寘榜劉下第，叔祖初考狀元，以、疑混聲亦被黜。次賈黯榜試《戎祀國之大事》，劉賦如神助，警句云‘仲尼明三慎之文，惟齋及戰；箕子陳五事之目，在祀與師’，考爲狀元。以執政親嫌，降第二名，衆爲不平。叔父第五甲。乃知科舉非人力也。”

本榜同年，王珪字禹玉、韓絳字子華、呂公著字晦叔、韓縝字玉汝、蘇頌字子容等後皆爲相。葉夢得《避暑録話》卷上：“自後太宗始欲廣致天下之士，以興文治。是歲一百九人，遂得呂文穆公爲舉首，與張僕射齊賢宰相二人。自是取人益廣，得士益多。百餘年間，得六人者一榜，楊寘榜：王岐公、韓康公、王荆公、蘇子容、呂晦叔、韓師朴。得四人者一榜，蘇參政易簡榜：李文正、向文簡、寇萊公、王魏公，而岐公、康公、荆公皆連名。”馬永卿《嬾真子》卷三“：本朝取士之路多矣，得人之盛，無如進士，蓋有一榜有宰相數人者，古無有也……慶曆二年，楊寘下：王珪、韓絳、王安石、呂公著、韓縝、蘇頌。”

同年日後交往可考者，尚有：楊寘字審賢、馬仲甫字子山、王廣淵字才叔、王陶字樂道、韓宗彦字欽聖、孔延之字長源、石牧之字聖咨、呂夏卿字晉叔、李師中字誠之、孫子高、李處厚字載之、沈起字興宗、金君卿字正叔、柳瑾字子玉、陳繹字和叔、陳洙字師道、陳襄字述古、晁仲約字質夫、黃庶字亞父、蕭汝勵、董儃字伯懿、王越石等。

上啓謝及第

《文集》卷八十一《謝及第啓》：“三月二十二日，皇帝御崇政殿放進士，蒙恩賜及第釋褐者。四方之傑，茂對清光；一介之技，猥塵華選。冒榮之辱，撫己而慚。竊以國家攬八寓之廣，具萬官之富，一化所染，人有善行；數路之舉，野無滯材。取士如此之詳，得人於斯爲盛。然猶謙不自足，樂於旁求。比詔郡邑，詳延巖穴。向非蔚有聲采，著在觀聽，何以醻上勤佇，塞人煩言？如某者族敝而賤，材頑且疏，逢世治文，追師鄉道。員冠方屨，有賤儒之名；高文大册，無作者之實。昊乾不弔，先子夙喪，僑家異土，歸掃窮閭。上不能執軒冕以取高，下不能力稼穡而爲養，俛首干進，蘄榮逮親。適會詔之興甿，遂負書而應令。鄉老署其行，薦之明朝；春官訾其材，置以異等。率趨法座，輩試殊庭。僅成欹缺之談，復玷高華之選。夫何抵此，厥有繇然。兹蓋伏遇某官德厚兼容，風華博照，斟酌元氣，洪纖溥被其仁；彫刻衆形，妍惡曲成其彙。乘雲洒潤，秉律嘘枯，使是寒士，階於榮路。敢不審圖大方，惇率常憲，取所承學，著之行事。唯仁之守，唯誼之循。不以邪曲回精忠之操，不以寵利污廉潔之尚。庶期盡齒，無負大賜。易此而他，未知所裁。”

　　按，所謝某官，或爲聶冠卿，本年省試知貢舉。《宋會要輯稿》選舉一：“慶曆元年三月，詔權停貢舉。二年正月十二日，以翰林學士聶冠卿權知貢舉，翰林學士王拱辰、蘇紳，知制誥吳育、天章閣待制高若訥並權同知貢舉。合格奏名進士楊寘已下五百七十七人。”考試官有吳奎等。《宋會要輯稿》選舉一九：“二年正月十二日，以翰林學士聶冠卿等權知貢舉，龍圖閣學士孫祖德、直集賢院田況彌卷首，天章閣侍講楊中和、集賢校理陳經、國子監直講范鎮、李嶠、孫錫、太子中舍盧士宗、大理寺丞寧軻、張宗言、鄒定、吳奎、趙僅、大理評事葛閎充考試官。”

又，《王文公文集》卷二十二《回皇親謝及第啓》：“伏維某官，世綿瓜瓞，才韡棣華，不以富貴而自驕矜，而爲貧賤之所求取。決科異等，有光漢族之文章；進秩重藩，益壯周家之屏翰。非特爲榮於宗室，蓋將有激於士風。某限列諫垣，莫趨宮屛，未能馳謝，乃枉賜言。惟荷眷之至深，非多辭之可喻。”

按，公生平未嘗任諫職，此文曰“某限列諫垣”，恐僞，或代人作。

及第後拜謁晏殊，頗見器重

《默記》卷上：“王荆公於楊寘榜下第四人及第。是時，晏元獻爲樞密使，上令十人往謝。晏公俟衆人退，獨留荆公，再三謂曰：‘廷評乃殊鄉里，久聞德行鄉評之美。況殊備位執政，而鄉人之賢者取高科，實預榮焉。’又曰：‘休沐日相邀一飯。’荆公唯唯。既出，又使直省官相約飯會，其殷勤也，比往時待遇極至。飯罷，又延坐，謂荆公曰：‘鄉人他日名位如殊坐處，爲之有餘矣。’且嘆慕之，又數十百言，最後曰：‘然有二語欲奉聞，不知敢言否？’晏公言至此，語欲出而擬議久之。晏公泛謂荆公曰：‘能容於物，物亦容矣。’荆公但微應之，遂散。公歸至旅舍，嘆曰：‘晏公爲大臣，而教人者以此，何其卑也！’心頗不平。荆公後罷相，其弟和甫知金陵時，説此事，且曰：‘當時我大不以爲然。我在政府，平生交友，人人與之爲敵，不保其終。今日思之，不知晏公何以知之；復不知"能容於物,物亦容焉"二句,有出處,或公自爲之言也.'"

按,北宋舉子於登第後、注官前,尚有謁謝先聖先師、拜黃甲叙同年、赴聞喜宴,以及與朝中官員叙鄉情、結新誼等活動。[1] 公及第後拜見晏殊,容或有之。二人同産江西臨川,且王、晏二家均與金谿顯族吳氏聯姻,晏殊侄晏脩睦(昭素)之妻吳氏即公妻堂妹(詳本譜卷一)。[2]

然《默記》載晏殊泛謂"能容於物,物亦容矣",則近似卜筮之預言,暗指公不能容物也。且公及第,初授秘書省校書郎,亦非"廷評"。

另,《宋史》卷三百二十七《王安石傳》:"友生曾鞏攜以示歐陽修,修爲之延譽。擢進士上第,簽書淮南判官。"謬甚。《蔡譜》卷二、《繫年》駁之甚力,可參見。

四月二十三日,授校書郎,簽書淮南節度判官

《宋會要輯稿》選舉二:"慶曆二年四月二十三日,詔新及第進士第一人楊寘爲將作監丞,第二人王珪爲大理評事,第三人韓絳爲太子中允,並通判;第四人王安石爲校書郎,第五人曾公定爲奉禮郎,並僉書諸州判官事。"

《宋史》卷三百二十七《王安石傳》:"擢進士上第,簽書淮南判官。"

《名臣碑傳琬琰集》下卷十四《王荊公安石傳實録》:"安

① 可見祖慧《宋代科舉唱名賜第與期集儀制》,載《徐規教授九十華誕紀念文集》,浙江大學出版社 2009 年版,第 353—364 頁。

② 晏殊之父晏固"本撫州手力節級",朱熹《五朝名臣言行録》卷六引《温公日録》。母吳氏,或亦出自金谿吳氏家族,待考。

石少有大志，慶曆二年，登進士甲科，簽書淮南節度判官廳
公事。”

　　王稱《東都事略》卷七十九《王安石傳》：“舉進士高第，
僉書淮南節度判官。”

　　《詩注》卷二十《憶昨詩示諸外弟》：“身著青衫手持版，
奔走卒歲官淮沂。”李注：“公慶曆二年楊寘榜進士甲科，授
揚州僉判。”

　　按，或以爲公及第後授試秘書省校書郎。[1] “慶曆五年，
王安石揚州簽判任滿後赴京，迎來他仕宦中重要的轉變：選人
改京官，由試秘書省校書郎改大理評事。”誤甚。校書郎，即秘
書省校書郎，屬京官。試秘書省校書郎，亦稱“秘校”，[2]然屬
選人。公進士第四名，釋褐即授京官，無須改官。[3]

曾鞏下第歸撫州，與之別

　　《曾鞏集》卷二《寄王介卿》：“有司甄棟榦，度量棄樗
櫟。振轡行尚早，分首學墻北。”[4]

赴揚州，有啓上知州宋庠

　　《文集》卷八十一《上宋相公啓》：“比者冒躋官次，榮託

[1]　壽涌《〈梅堯臣集編年校注〉再注八十四則》，《中華文史論叢》2010 年第 3
　　期。

[2]　徐度《却掃編》卷上：“舊制，進士登科人，初官多授試秘書省校書郎，故至
　　今新擢第人，猶稱‘秘校’。”上海古籍出版社 2012 年版，第 123 頁。

[3]　王得臣《麈史》卷上：“今幕職官多因唐藩鎮辟置之名，所謂兩使職官者，節
　　度、觀察使判官是也，然以選人充之。若簽判，則京朝以上，故簽書判官廳
　　公事。”上海古籍出版社 1986 年版，第 6 頁。

[4]　關於公與曾鞏之初識，可見李震《曾鞏年譜》卷一。

使車,躬裁瑣瑣之文,私布惓惓之意。干磨爲齊,震疊于懷。
會走幹之鼎來,辱騰書而寵答,優爲體貌,略去等夷。縶獎
予之大隆,滋回皇之失次……惟江都之舊壤,乃天塹之上
游。地接京師,聊倚諸侯之重;民瞻巖石,方圖師尹之賢。
曾是頑疏,終然庇賴。尚兹嬰薄,未即趨馳。"

　　按,宋庠字公序,初名郊,字伯庠,安州安陸(今湖北安
陸)人。天聖二年進士第一,擢大理評事、通判襄州。寶元
二年,以右諫議大夫參知政事,因與宰相呂夷簡不和,出知
揚州,徙鄆州。《宋史》卷二百八十四有傳。《長編》卷一
百三十二慶曆元年五月辛未:"右諫議大夫、參知政事宋庠
守本官,知揚州。"宋庠與公叔祖王貫之有舊,《文憲集》卷
十二《天禧詔罷寄王貫之》:"裂繻無路學西游,衡木爲扉
戀一丘。阮籍自多回轍淚,虞卿長有著書愁。江邊客素沈
驚鯉,海上機心失故鷗。借問騷人才幾許,莫因鷦鳩枉
悲秋。"

七月,爲宋庠代作賀呂夷簡、章得象、晏殊啓

　　陳鵠《西塘集耆舊續聞》卷四:"慶曆二年,西方用兵,張
安道奏議,乞併樞密院歸中書,因除昭文相呂申公兼判樞密
院事,集賢相章郇公兼樞密使,而加晏元獻同平章事,依舊
樞密使。時宋元憲知維揚,王荆公爲僉判,代作賀啓三首。
內昭文一首,宋公別撰,塗抹殆遍。前輩於禮儀語言間,謹
重如此。宋氏稿副尚存,頃獲觀之,乃具錄焉。"

　　按,《長編》卷一百三十七慶曆二年秋七月戊午:"右僕
射、兼門下侍郎、平章事呂夷簡判樞密院,户部侍郎、平章事

章得象兼樞密使，樞密使晏殊同平章事。”據此，則三啓當撰於本年七月間，公已赴任揚州。今三啓載《文集》卷八十一，題爲《賀昭文相公啓代宋宣獻公》、《賀集賢相公啓》、《賀樞密相公啓》。

於揚州識孫侔。閏九月十一日，撰《送孫正之序》，以孟、韓之道相勉

《文集》卷八十四《送孫正之序》：“予官於揚，得友曰孫正之。正之行古之道，又善爲古文，予知其能以孟、韓之心爲心而不已者也。夫越人之望燕爲絶域也，北轅而首之，苟不已，無不至。孟、韓之道去吾黨，豈若越人之望燕哉！以正之之不已而不至焉，予未之信也。一日得志於吾君，而真儒之效不白於當世，予亦未之信也。正之之兄官於溫，奉其親以行，將從之，先爲言以處予。予欲默，安得而默也？慶曆二年閏九月十一日。”

按，孫侔字少述，初名處，字正之，湖州（今浙江湖州）人。《宋史》卷四百五十八有傳。《宋文鑑》卷一百五十林希《孫少述傳》：“孫侔字少述，世吳興人。父及，仕至尚書都官員外郎、簡州倅，卒。[①] 侔方四歲，從其母胡氏家揚州，母親教之。侔雖幼，已惕然能自傷其孤，悲泣力學。七歲能屬

---

① 原文作“簡州卒”，據四庫本改。中華書局1992年版，第2107頁。又2005年金壇出土孫侔長姊墓誌銘，曰：“祖彦安，贈殿中丞。父及，□□□，章聖聞其才，擢大理評事，歷都官外郎、檢校禮部郎中，贈兵部郎中，爲大州皆有能名。母胡氏，保定縣君……兵部喪於簡州，每哀毀過禮，與其兄弟觀、侔奉母氏，以孝聞於江之東，士人多譽之。”《金壇市茅麓鎮石馬墳北宋墓的發掘》，《東南文化》2006年第6期。

文,既長,讀書精識元解,能得聖人深意,多所論撰。慶曆、皇祐間,與臨川王安石、南豐曾鞏,知名於江淮間。倅初名處,字正之,安石自序'所謂淮之南有賢人焉,曰正之,余得而友之'者也。倅內行峭潔,少許可,不妄戲笑,所居人罕識其面,非其所善,造門弗見,雖鄰不與之通……元豐三年,除通直郎致仕。七年十一月二十六日卒,年六十六。有詩四千篇,雜文三百篇。兄觀,亦有學行,仕至太常博士。"

按,《序》曰:"時然而然,衆人也;己然而然,君子也。己然而然,非私己也,聖人之道在焉爾。夫君子有窮苦顛跌,不肯一失詘己以從時者,不以時勝道也。故其得志於君,則變時而之道,若反手然,彼其術素修而志素定也。"此正可見公一生之精神、懷抱。

而此種精神、懷抱,最初沾丐於中唐古文諸家,故曰"以孟(子)、韓(愈)之心爲心而不已者也"。李翱《李文公集》卷四十七《閔己賦》:"君子從乎道也,不從乎衆也。道之公,余將是之,豈知天下黨然而非之;道之私,余將非之,豈知天下謷然而是之。將是之,豈圖是之之利乎?將非之,豈圖非之之害乎?故大道可存,是非可常也。"與公之此序神似。蓋仁宗天聖以後,復古思潮、古文運動歷經真宗朝之衰退後重振,①公之早年適逢其會,深受此種思潮之影響。入仕後,則寖寖跨越中唐諸子,上溯孔、孟矣。

①　關於北宋前期的尊韓(愈)、復古思潮及古文運動之演進,可見顧永新《北宋前中葉的尊韓思潮》,《北大中文學報》,北京大學出版社1998年版。祝尚書《北宋古文運動發展史》第三章,北京大學出版社2012年版。馮志弘《北宋古文運動的形成》第五、六章,上海古籍出版社2006年版。

十二月，以宋庠移知鄆州，賦詩送別

《詩注》卷二十五《送鄆州知府宋諫議》。

李注：“名庠，字公序，景文之兄，諡元憲。寶元中，以右諫議大夫參知政事，出知揚州。徙鄆州。爲相，再判鄆州。此言諫議，則是作參時也。”

《宋史》卷二百八十四《宋庠傳》：“知揚州，未幾，以資政殿學士徙鄆州。”

按，王珪《華陽集》卷四十八《宋元憲公神道碑銘》：“公得知揚州，踰年，爲資政殿學士、知鄆州。”《文集》卷八十三《揚州新園亭記》：“宋公至自丞相府，化清事省，喟然有意其圖之也，今太常刁君實集其意。會公去鎮鄆，君即而考之，占府乾隅，夷茀而基，因城而垣，並垣而溝……作堂曰‘愛思’，道僚吏之不忘宋公也……始慶曆二年十二月某日，凡若干日卒功云……慶曆三年四月某日，臨川王某記。”

據此，則宋庠慶曆二年十二月移知鄆州。

與淮南節度掌書記丁寶臣遊，得其援挈覆護

《文集》卷八十五《祭丁元珍學士文》：“我初閉門，屈首書詩。一出涉世，茫無所知。援挈覆護，免於阽危。雖培浸灌，使有華滋。微吾元珍，我始弗殖。”

《文集》卷九十一《司封員外郎秘閣校理丁君墓誌銘》：“朝奉郎、尚書司封員外郎、充秘閣校理、新差通判永州軍州兼管內勸農事、上輕車都尉、賜緋魚袋晉陵丁君卒。王某曰：‘噫！吾僚也，方吾少時，輔我以仁義者。’乃發哭弔其

孤,祭焉,而許以銘。越三月,君壻以狀至,乃叙銘赴其葬。
叙曰:'君諱寶臣,字元珍,少與其兄宗臣皆以文行稱鄉里,
號爲二丁。景祐中,皆以進士起家。君爲峽州軍事判官,與
廬陵歐陽公游,相好也。又爲淮南節度掌書記。或誣富人
以博,州將,貴人也,猜而專,吏莫敢議,君獨力爭正其獄。'"

歐陽修《集賢校理丁君墓表》:"君諱寶臣,字元珍,姓丁
氏,常州晉陵人也。景祐元年舉進士及第,爲峽州軍事判
官,淮南節度掌書記,杭州觀察判官,改太子中允、知剡縣,
徙知端州。"①

按,丁寶臣景祐元年進士及第,爲峽州軍事判官,繼爲
淮南節度掌書記。其時公進士及第,簽書淮南節度判官廳
公事,與之同僚,故曰:"一出涉世,茫無所知。援挈覆護,免
於阽危。""吾僚也,方吾少時輔我以仁義者。"

弟平甫從親還臨川,過滕王閣題詩

趙令畤《侯鯖録》卷二:"王平甫年十一過洪州,有《滕
王閣》詩,蓋其少成如此……十四歲再題一首,其序云:'予
始年十一時,從親還里中,道出洪州,泊滕王閣下,俯視山川
之勝,而求士大夫所留之詩,凡百餘篇。自唐杜紫微外,類
皆世俗氣,不足矜愛,乃作一章牓之西楹。'"

---

① 《歐陽修全集》卷二十五,第390頁。

慶曆三年癸未（1043），二十三歲

有詩寄孫侔

《詩注》卷十《寄孫正之》："少時已感韓子詩，東西南北俱欲往。新年尤覺此語悲，恨無羽翼超惚恍。肺肝欲絕形骸外，涕洟自落衣巾上。此憂難與世共知，憶子論心更惆悵。"

至泰州如皋，遇陳世昌，兄事之

《文集》卷八十四《送陳興之序》："先人爲臨江軍判官，實佐今駕部員外郎陳公。其後二十五年，公之子興之主泰之如皋簿，某爲判官淮南，以事出如皋，遇之，相好也。其後二年，歸京師，興之亦以進士得嘉慶院解，復遇之，相好加焉。"

按，陳世昌字興之，陳執古之子。《文集》卷九十五《比部員外郎陳君墓誌銘》："唯男一人世昌，去年爲進士，得嘉慶院解"，"初，公爲臨江軍，先君爲之佐。其後二十五年，安石得主簿於淮南，而兄事之，仍世有好。"《序》稱"其後二年，歸京師"，爲慶曆五年（詳本譜慶曆五年），則序當作於本年。

公至泰州如皋，或奉淮南、江、浙、荆湖制置發運副使徐的之命，相度浚通泰州海安、如皋縣漕河，詳下。

上書漕府求省親

《詩注》卷二十《憶昨詩示諸外弟》："歸心動蕩不可抑，霍若猛吹飜旌旐。騰書漕府私自列，仁者惻隱從其祈。"

三月，自揚州泝江還撫州臨川

《詩注》卷二十《憶昨詩示諸外弟》："歸心動蕩不可抑，霍若猛吹飜旌旐。騰書漕府私自列，仁者惻隱從其祈。暮春三月亂江水，勁櫓健帆如轉機。還家上堂拜祖母，奉手出涕縱橫揮。"

李注："公登第入官後，始以漕檄自維揚泝江至撫州，時公祖母燕國夫人謝氏尚無恙，楚公名用之妻也。"

四月，途中讀鎮南邸報，有《讀鎮南邸報癸未四月作》

《詩注》卷二十五《讀鎮南邸報癸未四月作》："賜詔寬言路，登賢壯陛廉。相期正在治，素定不煩占。衆喜夔龍盛，予虞絳灌憸。太平詎可致，天意慎猜嫌。"

李注："仁宗慶曆三年三月，吕夷簡罷相，上遂欲更天下弊事，增諫官員，以王素、歐陽修、余靖爲之，又除蔡襄知諫院，風采傾天下。四月甲辰，韓琦、范仲淹並自陝西召爲樞密副使。乙巳，罷夏竦，令赴忠武本鎮，以杜衍代之。富、范、韓、杜同居政府。公詩謂癸未歲四月作，即此時也。是月，石介亦作《慶曆聖德頌》。"

按，據此，可見公於慶曆新政頗有期待，亦有隱憂。

撰《揚州新園亭記》

《文集》卷八十三《揚州新園亭記》："始慶曆二年十二月某日，凡若干日卒功云……慶曆三年四月某日，臨川王某記。"

五月還家，掃先人墓，並省候祖母

《文集》卷七十六《上田正言書》："某五月還家，八月抵官。"

《文集》卷七十六《上徐兵部書》："向蒙執事畀之嚴符，開以歸路。暮春三月，登舟而南，浮江絶湖，縣二千里，風波勁悍，雨潦湍猛，窮兩月乃至家。展先人之墓，寧祖母於堂，十年縈鬱，一旦釋去。"

按，書謂"十年縈鬱，一旦釋去"，蓋自明道二年公隨父丁憂歸臨川，至本年再返，恰十年。或謂公慶曆二年登第後曾返臨川，八月抵官，①恐非。如前所考，公慶曆二年七月已抵揚州，爲宋庠代撰賀啓。

還家後，至金谿舅家，與諸外弟相聚

《詩注》卷二十《憶昨詩示諸外弟》："出門信馬向何許，城郭宛然相識稀。永懷前事不自適，却指舅館排山扉。當時髫兒戲我側，于今冠佩何頎頎……留當開樽强自慰，邀子

---

① 可見《顧譜》卷上，第28頁；王晉光《王安石的前半生》，香港文德文化事業有限公司1991年版，第20頁；柳瑩枸《王安石訪臨川時期考》，《中國文哲研究通訊》第六卷第二期。

劇飲毋予違。"

娶妻吳氏

按,吳氏爲公表妹(詳本譜卷一),小五歲。公何時迎娶,不詳。然翌年子雱生,且公自七年前離臨川,未曾再返,以此推之,故附此。

於舅家又見神童方仲永,已泯然衆人

《文集》卷七十一《傷仲永》:"明道中,從先人還家,於舅家見之,十二三矣。令作詩,不能稱前時之聞。又七年,還自揚州,復到舅家,問焉,曰:'泯然衆人矣。'"

按,"又七年,還自揚州",蓋指自景祐四年隨父居江寧至本年之數。或謂"七"乃"十"之訛。①

還自舅家,有詩書所感

《詩注》卷二十四《還自舅家書所感》:"行行過舅居,歸路指親廬。日苦樹無賴,天空雲自如。黃焦下澤稻,綠碎短樊蔬。沮溺非吾意,憫嗟聊駐車。"

按,"沮溺非吾意,憫嗟聊駐車。"可見公用世濟民之志。

謁曾鞏,指疵攻瑕,相聚甚歡,爲鞏道及孫侔;鞏賦詩酬《還自舅家書所感》

《文集》卷七十一《同學一首別子固》:"予在淮南,爲正

① 壽涌《〈臨川先生文集〉年月與階官疑誤十一則》,《古籍整理研究學刊》2009年第3期。

之道子固，正之不予疑也。還江南，爲子固道正之，子固亦
以爲然。"

　　《曾鞏集》卷二《寄王介卿》述此次聚會頗詳："維時南
風薰，木葉晃繁碧。頹雲走石瀨，逆坂上文艒。欣聞被檄
來，窮閭駐鑣軾。促榻叩其言，咸池播純繹。行身抗淵損，
及物窺龍稷。綢繆指疵病，攻砭甚針石。淺沚有停沙，亦可
洗珠璧。論憂或共噸，遇愜每同歂。正值祝融横，金隅未提
職。高樓豁可望，命載屢攀陟。一不羅俗嬉，怡然治紈墨。
露注尚忘疲，更待蟾蜍戻。雅愛張與余，挽之置茵席。群兒
困不酬，吽噸聚譏謫。仁義殊齟齬，昧者尊惡矵。霧草變衰
黄，吟蚩鬧朝夕。君子畏簡書，薄言返行役。商歌孺子別，
失淚染衣襮。"

　　《曾鞏集》卷七《酬介甫還自舅家書所感》："旱氣滿原
野，子行歸舊廬。籲天高未動，望歲了何如。荒土欲生火，
涸溪容過車。民期得霖雨，吾豈灌園蔬。"

　　按，《顧譜》卷上："至南豐謁曾子固。"《繫年》："安石還
家後，復至舅家見諸外弟，至南豐謁曾鞏。"①恐誤。是年曾
鞏僑居撫州，與撫州掾張彦博(字文叔)等游。②《曾鞏集》
卷四十三《劉伯聲墓誌銘》："慶曆之間，余家撫州，州掾張文
叔與其内弟劉伯聲從予遊。余與伯聲皆罕與人接，得頹意
以學問磨礪浸灌爲事。居三年，乃別。"③《曾鞏集》卷十三
《張文叔文集序》："文叔姓張氏，諱彦博，蔡州汝陽人。慶曆

---

① 　《繫年》第 30 頁。
② 　可見李震《曾鞏年譜》卷二。
③ 　慶曆二年至五年，曾鞏僑居臨川，李震考證頗詳，可見《曾鞏年譜》卷一。

三年,爲撫州司法參軍,余爲之銘其父碑。文叔又治其寢,
得嬰兒禿禿之遺骸葬之,余爲之誌其事。是時文叔年未三
十,喜從余問道理,學爲文章,因與之游。至其爲司法代去,
其後又三遇焉,至今二十有六年矣。"

識撫州司法參軍張彦博,日與之接

《文集》卷八十四《張刑部詩序》:"畀予詩而請序者,君
之子彦博也。彦博字文叔,爲撫州司法,還自揚州識之,日
與之接云。"

《曾鞏集》卷二《寄王介卿》:"雅愛張與余,挽之置
茵席。"

《文集》卷九十四《尚書司封員外郎張君墓誌銘》:"君
姓張氏,諱彦博,字文叔,其先家齊州之禹城……父諱保雍,
仕至尚書刑部郎中、兩浙轉運使。君以蔭爲太廟齋郎,調武
昌縣尉,能禁抑淫祠,使盡去境內。再調撫州司法,嘗攝令
臨川,始取強悍者一人痛治以威,而皆喜以畏。"

日者金華山人相過,撰《汴說》以譏之

《文集》卷七十《汴說》:"古者卜筮有常官,所諏有常
事。若考步人生辰星宿所次,眥相人儀狀色理,逆斥人禍
福,考信於聖人無有也,不知從何許人傳。宗其說者,澶漫
四出,抵今爲尤蕃。舉天下而籍之,以是自名者,蓋數萬不
啻,而汴不與焉。舉汴而籍之,蓋亦以萬計……久之,補吏
淮南,省親江南。有金華山人者,率然相過,自言能逆斥禍
福。噫! 今之世,子之術奚適而不遇哉? 因以《汴說》

論之。”

上書淮南、江、浙、荆湖制置發運使徐的

《文集》卷七十六《上徐兵部書》：“向蒙執事畀之嚴符，開以歸路……還職不時，以懼以愬。然去父母之道，古人所爲遲遲也。不識執事謫之貰之，宜將何如？區區之懷，無以自處矣……某此月治行，承序於左右，在旦暮矣。下情無任依歸頌願之至。”

按，“徐兵部”爲徐的，字公準，建州建安人，《宋史》卷三百有傳：“以兵部員外郎爲淮南、江、浙、荆湖制置發運副使。奏通泰州海安、如皋縣漕河，詔未下，的以便宜調兵夫濬治之，出滯鹽三百萬，計得錢八百萬緡，遂爲制置發運使……區希範蒙趐寇衡湘，命的招撫之，既至，再宿，會蠻酋相繼出降。三司以郊祠近，宜召還計事，既還，蠻復叛，除度支副使。”《長編》卷一百四十一慶曆三年六月甲辰：“初，泰州海安、如皋縣漕河久不通，制置發運副使徐的奏請浚治之。詔未下，乃以便宜調兵夫，功畢，出滯鹽三百萬，計得錢一百萬緡。於是以的爲制置發運使。”徐的何時任發運副使不詳，李燾注：“考的爲副使年月，《實録》無之。”公上書時，徐的應已爲制置發運使。①

---

① 吳秘撰《宋故三司度支副使荆湖南北路安撫使朝散□□□□□□□輕車都尉賜紫金魚袋徐公墓誌銘并序》，述徐的履歷甚詳，曰：“遷兵部員外郎，既而，擢充淮南、江、浙、荆湖都大制置發運副使。”王德慶《江蘇江寧東馮村宋徐的墓清理記》，《考古》1959年第6期，第486頁。

有詩思還揚州

《詩注》卷四十七《黃花》：“四月揚州芍藥多，先時爲別苦風波。還家忽忽驚秋色，獨見黃花出短莎。”

李注：“菊也，因見菊而思維揚芍藥。”

八月，撰《張刑部詩序》，抨擊楊億、劉筠以文詞染當世，致學者迷其端原

《文集》卷八十四《張刑部詩序》：“刑部張君詩若干篇，明而不華，喜諷道而不刻切，其唐人善詩者之徒歟！君並楊、劉，楊、劉以其文詞染當世，學者迷其端原，靡靡然窮日力以摹之，粉墨青朱，顛錯叢庬……畀予詩而請序者，君之子彥博也。彥博字文叔，爲撫州司法，還自揚州識之，日與之接云。慶曆三年八月序。”

《曾鞏集》卷四十七《刑部郎中張府君神道碑》：“慶曆三年，彥博爲撫州司法，爲予言……而曰：‘今史館修撰王質銘其德於壙中，校書郎王安石又序其詩。’”

歸淮南，曾鞏送至洪州，黃慶基隨行

《曾鞏集》卷二《寄王介卿》：“霧草變衰黃，吟蛩鬧朝夕。君子畏簡書，薄言返行役。商歌孺子別，失淚染衣襋。”

金刻本《南豐曾子固先生文集》卷二十三《喜似贈黃生序》：“三年時，某送別介卿於洪州。黃生年十四五，在舟中出入吾二人之間，與衆童子無異。其時從介卿於淮南，至者獨言黃生敏且勤，自此黃生之能浸浸聞。至介卿之門者歸，

莫不愛其爲人，而異其業之進。介卿以書抵黃生之親，亦驟稱之……以從介卿於淮南者數人較之，不人人皆然，而黃生獨然，則又知黃生之所自致者亦犖犖絕衆，使堅且久，其所至如何哉？”①

按，由曾鞏《酬介甫還自舅家書所感》、《寄王介卿》等描寫之景，可知此次曾、王相聚適值盛夏，而公返官揚州，時已入秋，故詩曰“吟蛩”、“商歌”。

又，《喜似贈黃生序》，《詹譜》：“慶曆七年，曾子固作《喜似贈黃御史》曰：‘五年時，送別介父於洪州’。”詹大和所見曾鞏文集版本不詳，然“黃御史”必爲曾鞏文集編者所加。此人當爲黃慶基，字吉甫，撫州金谿人，嘉祐六年進士，②公表弟。熙寧間，任信豐縣令。③ 哲宗元祐六年，與董敦逸並除監察御史，《長編》卷四百六十八元祐六年十一月己酉：“左朝請郎、梓州路轉運判官董敦逸，左朝請郎黃慶基並爲監察御史。敦逸，永豐人。慶基未詳邑里。”李燾注：“呂公著《掌記》云：‘黃慶基，袁州通判，王荆公表弟。荆公執政時，深欲引用，以議論不改，沈隱至此。近時通判未有能逮此人者。’又云‘鴻臚丞’，又云‘慶基人多知之。’”元祐八年，以奏彈蘇軾、蘇轍非實，貶爲福建路轉運判官，再責知南康軍。① 陸游《渭南文集》卷第二十七《跋荆公詩》："右荆公手書詩一卷，前六首贈黄慶基，後七首贈鄧鑄，石刻皆在臨川。"今《詩注》卷二《夢黄吉甫》、卷三《我所思寄黄吉甫》、卷三十《寄吉甫》、卷三十二《寄黄吉甫》、卷三十七《奉招吉甫》、《文集》卷二十八《送黄吉甫入京題清涼寺壁》、《文集》卷三十六《示黄吉甫》，即此人。

因曾鞏遺以《懷友一首寄介卿》，以《同學一首別子固》相和

《文集》卷七十一《同學一首別子固》："予在淮南，爲正之道子固，正之不予疑也。還江南，爲子固道正之，子固亦以爲然。予又知所謂賢人者，既相似，又相信不疑也。子固作《懷友》一首遺予，其大略欲相扳以至乎中庸而後已，正之蓋亦常云爾。夫安驅徐行，轥中庸之庭而造於其堂，舍二賢人者而誰哉？予昔非敢自必其有至也，亦願從事於左右焉爾，輔而進之，其可也。噫！官有守，私有繫，會合不可以常也，作《同學一首別子固》，以相警且相慰云。"

吳曾《能改齋漫録》卷十四："王荆公初官揚州幕職，曾南豐尚未第，與公甚相好也。嘗作《懷友一首》寄公，公遂作《同學一首》別之，荆公集具有其文。其中云'子固作

---

① 《長編》卷四百八十四元祐八年五月辛卯："監察御史董敦逸、黄慶基皆罷，敦逸爲荆湖北路轉運判官，慶基爲福建路轉運判官。坐言尚書右丞蘇轍、禮部尚書蘇軾不當也。"第 11495 頁。"丙申，左朝請郎、新荆湖北路轉運判官董敦逸知臨江軍，左朝請郎、新福建路轉運判官黄慶基知南康軍。"第 11504 頁。

《懷友》一首遺予，其大略欲相扳以躋乎中庸而後已’云云。然《懷友一首》，南豐集竟逸去，豈少作删之耶？其曰‘介卿’者，荆公少字介卿，後易介甫。予偶得其文，今載此云：

聖人之於道，非思得之而勉及之，其間於賢大遠矣。然聖人者，不專己以自蔽也。或師焉，或友焉，參相求以廣其道而輔其成。故孔子之師，或老聃、郯子云；其友或子產、晏嬰云。師友之重也，聖人然爾。不及聖人者，不師而傳，不友而居，無悔也希矣。予少而學，不得師友，焦思焉而不中，勉勉焉而不及，抑其望聖人之中庸而未能至者也。嘗欲得行古法度士與之居游，孜孜焉考予之失而切劘之，庶於幾而後已，予亦有以資之也。皇皇四海，求若人而不獲。自得介卿，然後始有周旋激懇，摘予之過而接之以道者。使予幡然其勉者有中，釋然其思者有得矣。望中庸之域，其可以策而及也。使得久相從居與游，予知免於悔矣。而介卿官於揚，予窮居極南，其合之日少，而離別之日多，切劘之效淺，而愚無知易懈，其可懷且憂矣。思而不釋，已而叙之，相慰且相警也。介卿居今世，行古道，其文章稱其行，今之人蓋希，古之人固未易有也。爲作《懷友》書兩通，一自藏，一納介卿家。”

還泊東流，遇許程，知李不疑溺死，撰哀辭

《文集》卷八十六《李通叔哀辭并序》：“明年，從事淮南，將問且召焉，則未也。或以死狀訃，既慟且疑，且幸其不然。會有江南之役，遇閩人，輒問狀。還泊東流，尉許程者，閩人

也,乃知訐者信。又知陳安石者,亦溺死,安石字伯起,亦閩人。予嘗問通叔素友,獨言伯起云。噫!二子豈行殆也,其亦命而已矣。予悲通叔窮以夭也,其道之不及民也,又悲天之不予相也,作哀辭。"

《繫年》:"案江南之役,即指漕檝暫返臨川事。此辭必作於是年八月未抵官時。"可從。

按,東流(今屬安徽東至縣),隸江南東路池州,《宋史》卷八十八《地理志四十一》:"池州……縣六,貴池、青陽、銅陵、建德、石埭、東流。"

八月抵官,上書右正言田況,勉其爲天下昌言

《文集》卷七十六《上田正言書》:"正言執事:某五月還家,八月抵官。每欲介西北之郵布一書,道區區之懷,輒以事廢。揚,東南之吭也,舟輿至自汴者,日十百數,因得問汴事與執事息耗甚詳……今聯諫官,朝夕耳目天子行事,即一切是非無不可言者。欲行其志,宜莫若此時……迺如某之愚,則願執事不矜寵利,不憚誅責,一爲天下昌言,以寤主上。起民之病,治國之疵,蹇蹇一心,如對策時,則人之疑不解自判矣。"

《書》曰"某五月還家,八月抵官",當作於本年八月自臨川還揚州後。詳書意,蓋勉田況恪盡言職,爲天下昌言疵病。考慶曆元年十一月至三年八月,田況爲右正言、知諫院,故書曰:"今聯諫官,朝夕耳目天子行事,即一切是非,無

不可言者。"①直至慶曆三年八月，田況爲陝西宣撫副使，旋權知慶州。②

同年陳洙之父陳商知揚州

李之亮《宋兩淮大郡守臣易替考》："《揚州志》：'陳商。'在蘇紳後一人。"

《宋會要輯稿》職官六四："(慶曆三年)七月三日，翰林學士、禮部郎中、知制誥、史館修撰蘇紳爲龍圖閣學士、知揚州。諫官以紳舉馬端臺官非其才故也。"然蘇紳未赴官。蘇頌《蘇魏公文集》卷五《元祐癸酉秋九月蒙恩補郡維揚十一月到治蒞事之始首閱題名前後帥守莫非一時豪傑固所欽慕矣然於其間九公頗有寅緣感舊思賢嗟嘆不足因作長韻題於齋壁以寄所懷耳》："既非鎮俗才，仍抱終天釁。"自注："先公(蘇紳)嘗領是州，辭不赴。"陳商之子陳洙，字師道，慶曆二年進士，與公有舊。《文集》卷十六《陳師道宰烏程縣》："嘗聞太丘長，德不負公卿。"同卷《得書知二弟附陳師道舟

---

① 《宋史》卷二百九十二《田況傳》："況又言治邊十四事。遷右正言，管勾國子監、判三司理欠憑由司，專供諫職。"第9780頁。《長編》卷一百三十三慶曆元年九月甲戌："太常丞、直集賢院田況爲右正言。"第3185頁。《長編》卷一百三十八慶曆二年十一月丁丑："徙通判雄州、太常博士梁蒨通判德州。初，契丹使蕭偺入境，而接伴未至，蒨遂引至京師，知諫院田況劾其不俟命，故徙之。"第3326頁。《文集》卷九十一《太子太傅致仕田公墓誌銘》不載況知諫院："還爲右正言，判三司理欠憑由司，權修起居注，遂知制誥，判國子監。"第941頁。

② 《長編》卷一百四十二慶曆三年八月丙申："右正言、知制誥田況爲陝西宣撫副使。范仲淹請選近臣同使陝西，每事議而後行，庶無差失，詔以命況。"第3415頁。《長編》卷一百四十三慶曆三年九月戊子："命宣撫副使田況權知慶州。"第3456頁。

上汴》："兒童聞太丘,邂逅兩心投。與汝今爲伴,知吾不復憂。"陳襄《古靈先生文集》卷二十《殿中御史陳君墓誌銘》:"君諱洙,字師道,建州建陽人,贈刑部侍郎商之長子也。少以父蔭推與諸弟,力學自奮,以文行稱於時。舉進士高第,爲壽、亳、杭三州節度推官。"

有文祭盛京

《文集》卷八十五《祭盛侍郎文》:"補官揚州,公得謝歸……會有吏役,盡室而南。戢恨含慼,轉移寒暄。乃今來歸,公喪且期。纔命使人,薄進蘋繁。嗟嗟公恩,死其敢諼。"

按,盛侍郎即盛京,《宋史》卷二百九十二《盛度傳》:"從兄京,有吏能,以尚書工部侍郎致仕,卒。"寶元元年十二月,盛京知江寧府,於公一家體恤備至(見本譜卷一)。盛京約於慶曆二年六月致仕,尋卒。《長編》卷一百三十七慶曆二年六月甲戌:"御史中丞賈昌朝言:'臣僚年七十而筋力衰者並優與改官,令致仕。年雖七十而未衰及別有功狀,朝廷固留任使者,勿拘此令。在京若工部侍郎俞獻卿、少府監畢世長、太常少卿李孝若、駕部郎中李士良,在外若給事中盛京、光禄卿王盤、太常少卿張傲、兵部郎中張億,皆耄昏不任事,請並令致仕。'詔在京者中書體量之,在外者進奏院告示之。"李燾:"獻卿、孝若、京,尋致仕。"徐象梅《兩浙名賢録》卷二十六:"盛京,餘杭人。咸平元年登進士第,歷官諫議大夫,出守江寧,以老乞便郡,詔移海州……仕終工部侍郎。"文謂:"補官揚州,公得謝歸……會有吏役,盡室而南。戢恨

含憖，轉移寒暄。乃今來歸，公喪且期。"當作於本年自臨川
返揚州後。

曾鞏請銘，爲撰《户部郎中贈諫議大夫曾公墓誌銘》

《文集》卷九十二《户部郎中贈諫議大夫曾公墓誌銘》：
"以祥符五年五月丁亥疾不起，年六十六……以其年十一月
歸葬南豐之東園。水漬墓，天聖元年，改葬龍池鄉之源頭。
始，公娶黃氏，生子男三人，易占嘗爲太常博士，以能文稱。
公以博士故，贈至右諫議大夫。公歿八年，而博士子鞏生，
生三十五年，鞏以博士命次公生平事，使來曰：'爲我誌而銘
之。'"墓主曾致堯，曾鞏祖父。

與段縫書，爲曾鞏辨誣

《文集》卷七十五《答段縫書》："惠書，以所聞詆鞏行
無纖完，其居家親友憚畏焉，怪某無文字規鞏，見謂有
黨。果哉，足下之言也？鞏固不然。鞏文學論議，在某交
游中，不見可敵。其心勇於適道，殆不可以刑禍利禄動
也。父在困厄中，左右就養無虧行，家事銖髮以上皆親
之。父亦愛之甚，嘗曰：'吾宗敝，所賴者此兒耳。'此某
之所見也。若足下所聞，非某之所見也……天下愚者衆
而賢者希，愚者固忌賢者，賢者又自守，不與愚者合，愚
者加怨焉。挾忌怨之心，則無之焉而不謗。君子之過於
聽者，又傳而廣之，故賢者常多謗，其困於下者尤甚。勢
不足以動俗，名實未加於民，愚者易以謗，謗易以傳也。凡
道鞏之云云者，固忌固怨固過於聽者也。家兄未嘗親鞏

也，顧亦過於聽耳。足下乃欲引忌者怨者過於聽者之言，
縣斷賢者之是非，甚不然也。孔子曰：'衆好之，必察焉；衆
惡之，必察焉。'孟子曰：'國人皆曰可殺，未可也，見可殺
焉，然後殺之。'匡章，通國以爲不孝，孟子獨禮貌之，以爲
孝。孔孟所以爲孔孟者，爲其善自守，不惑於衆人也。如
惑於衆人，亦衆人耳，烏在其爲孔孟也？足下姑自重，毋輕
議鞏。"

　　按，曾鞏受誣等事，李震有詳考，不贅。① 書曰："但在京
師時，未深接之，還江南，又既往不可咎，未嘗以此規之也。"
"其作《懷友》書兩通，一自藏，一納某家，皇皇焉求相切劘，
以免於悔者略見矣。"當作於還揚州後不久。

　　另，曾鞏所避之兄，應爲曾曅，《曾鞏集》卷四十六《亡兄
墓誌銘》："君姓曾氏，諱曅，字叔茂。"王鳴盛《蛾術編》卷八
十："弟鳴韶云：'《王臨川文集》內有一篇，與友人辨曾子固
在京師與其弟分宅而居，未嘗同處。或疑其疏薄骨肉，臨川
因論子固別有意。子固弟布陰邪反覆，在《姦臣傳》，就此文
觀之，則知布不能累子固。'予案，子固有四弟，不同居者不
知何人。考《宋史·曾鞏傳》、《曾布傳》，並無兄弟不同道
話頭。安石之言，要不足信，布乃安石死黨耳。鶴壽案，《臨川
集·答段縫書》："鞏在京師，避兄而舍。"並非與其弟分宅而居也。《南豐類稿·亡
兄墓誌銘》云'君諱奕，字叔茂'，蓋即其人。鶴溪既誤避兄爲避弟，又屬之弟布，先
生遂從而筆之于書，失考之甚。"

撰文祭揚州通判刁繹

《文集》卷八十六《祭刁博士繹文》：“惟君其先，黻冕之華。君弱而良，遂世其家。越天聖初，上始即位。開延聞人，間不容僞。若古堯虞，稷契親逢。君子其時，奮追群龍。五兩之緡，三鍾之粟。沈才下吏，間關楚蜀。朅來揚州，輔佐元侯……惟君之舊，惟僚及友。徘徊路旁，涕落奠觴。”

《京口耆舊傳》卷一《刁約傳》：“兄繹，擢天聖二年進士第，授太常博士。歷仕楚、蜀，最後通判揚州，卒。王安石時簽書淮南節度判官廳公事，有祭文。”

按，《文集》卷八十三《揚州新園亭記》：“今太常刁君實集其意……作堂曰‘愛思’，道僚吏之不忘宋公也……始慶曆二年十二月某日，凡若干日卒功云……慶曆三年四月某日，臨川王某記。”據此，“刁繹”當卒於本年四月後，暫附於此。

得曾鞏寄詩

《曾鞏集》卷二《寄王介卿》。

按，本年八月，公與曾鞏別於洪州，詩曰：“君子畏簡書，薄言返行役。商歌孺子別，失淚染衣襪。自從促櫂去，會此隆冬逼。”當作於本年冬。

慶曆四年甲申（1044），二十四歲

有詩和王介

《詩注》卷十七《和中甫兄春日有感》。

按，《長編》卷一百四十六慶曆四年二月壬寅："廣西環州隸宜州羈縻，領思恩、都亳二縣。蠻區希範者，思恩人也，狡黠，頗知書，嘗舉進士，試禮部。景祐末，與其叔正辭應募，從官軍討安化州叛蠻。既而希範擊登聞鼓，求錄用，事下宜州，知州馮伸己言其妄，編管全州。正辭亦嘗自言功，不報。二人皆觖望。希範後輒遁歸，與正辭率其族人及白崖山酋蒙趕、荔波洞蠻謀爲亂，將殺伸己……推蒙趕爲帝，正辭爲奉天開基建國柱王，希範神武定國令公、桂州牧，皆北嚮再拜，以爲受天命。又以區丕績爲宰相，餘皆僞立名號，補署四十餘人。正月甲子，率衆五百破環州，劫州印，焚其積聚，以環州爲武成軍；又破帶溪寨，下鎮寧州及普義寨，有衆一千五百。是月癸卯，事聞，詔轉運、鈐轄司亟發兵捕擊之。"馬端臨《文獻通考》卷三百十四："慶曆四年春，淮南旱蝗，京師飛蝗蔽天。"《繫年初稿》綜合上述材料，繫此詩於本年春，可從。詩曰"淮蝗蔽天農久餓，越卒圍城盜少逸。至尊深拱罷簫韶，元老相看進刀筆。"即謂此也。

又，中甫，應爲王介，字中甫，公江寧讀書同學。①《詩注》卷五十《王中甫學士挽詞》：“同學金陵最少年，奏書曾用牘三千。盛名非復居人後，壯歲如何棄我先。”李注：“王介，衢州人，嘉祐六年與二蘇同中制科。”葉夢得《石林詩話》卷下：“王介字中甫，衢州人，博學，善譏謔……與王荆公遊，甚款曲，然未嘗降意少相下。”

四月，撰《首善自京師賦》

《宋文鑑》卷十一載公《首善自京師賦崇勸儒學爲天下始》：“王化下究，人文内崇。緊京師首善之教，自太學親民之功。闉承師論道之基，先�穀下；廣成俗化民之誼，甫暨寰中。古之聖人，君有天下，治遠於近，制衆以寡。不用文，何以修飾政教；非設校，何以崇明儒雅？迺建左學，率先諸夏。在郊立制，繫一人之本焉；養士興仁，形四方之風也。本仁祖義，取材斂賢。講制量于中土，弨聲明於普天。始于邦家，用廣師儒之衆；行乎鄉黨，斯爲庠序之先。是何拳拳諸生，矗矗先覺，所傳者道德仁義，所肄者《詩》、《書》、《禮》、《樂》。以言乎功，則萬世有乂；以言乎化，則八紘匪邈。其流及於三代，率以明倫；此理達於諸侯，誰其廢學！故曰校官者，庶俗之原本；京邑者，群方之表儀。養源於上，

---

① 高克勤以“中甫”爲馬仲甫，公之同年，見氏著《王安石詩文選評》，上海古籍出版社 2002 年版，第 23 頁。恐非。馬仲甫神宗熙寧初方守揚州：“馬仲甫字子山，廬江人，太子少保亮之子也。舉進士，知登封縣……熙寧初，守亳、許、揚三州。”《宋史》卷三百三十一《馬仲甫傳》，第 10647 頁。

則庶俗流被；設表於內，則群方景隨。惟時於變，繫上之為。三王四代惟其師，使人知化；兆姓黎民輯於下，自我興基。向若俗敗隄防，朝墮統紀，教化之宮衰落，禮義之官廢弛，鄉風者無以勸於善，肄業者不能官其始，則撫封之主，毀鄉校者有之；承學之民，在城闕者多矣。必也啟胄子之秘宇，據神邦之奧區，憲先王而講道，風下國以恢儒。邑翼翼以宅中，契商人之詠；士彬彬而蒙化，參漢室之謨。噫！孝武逸王也，而有興置之謀；公孫具臣也，而有將明之論。矧睿明之主紹起，俊乂之僚并建，宜乎隆儒館以視方來，使元元之敦勸。”

按，《詩注》卷四十四《試院五絕》，李注：“公集《首善自京師始賦》，甚精切，有義味，今之陳腐雕刻，何足窺其藩者！然公亦姑同俗耳，而心卒薄之。”然此賦《文集》失載。《長編》卷一百四十八慶曆四年四月壬子：“判國子監王拱辰、田況、王洙、余靖等言：‘首善當自京師，漢太學二百四十房、千八百餘室、生徒三萬人。唐學舍亦一千二百間。今取才養士之法盛矣，而國子監才二百楹，制度狹小，不足以容學者。請以錫慶院為太學，葺講殿，備乘輿臨幸，以潞王宮為錫慶院。’從之。”《首善自京師賦》蓋頌廣太學以養士，自京師至州郡，將上行下效，靡然成風，當作於此時。

五月，曾鞏上書蔡襄力薦

《曾鞏集》卷十五《上蔡學士書》：“慶曆四年五月日，南豐曾鞏謹再拜上書諫院學士執事……鞏之友王安石者，文甚古，行稱其文。雖已得科名，然居今知安石者尚少也。彼

誠自重,不願知於人。然如此人,古今不常有。如今時所
急,雖無常人千萬不害也。顧如安石,此不可失也。執事儻
進於朝廷,其有補於天下。亦書其所爲文一編進左右,庶知
鞏之非妄也。"

曾鞏上書歐陽修相薦,並獻所爲文一編

《曾鞏集》卷十五《上歐陽舍人書》:"今者更貢舉法數
十百年弊,可謂盛矣。書下之日,庀夫懼,怠夫自勵,近世未
有也。然此尚不過强之於耳目而已,未能心化也。不心化,
賞罰一不振焉,必解矣。欲洽之於其心,則顧上與大臣之所
力行如何爾……此數者,近皆爲蔡學士道之,蔡君深信,望
先生共成之……鞏之友王安石,文甚古,行甚稱文。雖已得
科名,居今知安石者尚少也。彼誠自重,不願知於人。嘗與
鞏言,非先生無足知我也。如此人古今不常有。如今時所
急,雖無常人千萬不害也,顧如安石,不可失也。先生儻言
焉,進之於朝廷,其有補於天下。亦書其所爲文一編進左
右,幸觀之,庶知鞏之非妄也。"

按,書曰:"今者更貢舉法數十百年弊,可謂盛矣。"當指
本年三月詔行貢舉新制。① 又曰"此數者,近皆爲蔡學士道
之",當作於《上蔡學士書》稍後。

過浮屠慧禮龍興佛舍,許之撰院記

《文集》卷八十三《揚州龍興講院記》:"予少時客游金

---

① 可見《長編》卷一百四十七慶曆四年三月乙亥詔,第3563頁。

陵,浮屠慧禮者從予遊。予既吏淮南,而慧禮得龍興佛舍,
與其徒日講其師之説。嘗出而過焉,庫屋數十椽,上破而旁
穿。側出而視後,則榛棘出入,不見垣端。指以語予曰:'吾
將除此而宮之。雖然,其成也不以私吾後,必求時之能行吾
道者付之。願記以示後之人,使不得私焉。'當是時,禮方丐
食飲以卒日,視其居枵然。余特戲曰:'姑成之,吾記無
難者。'"

撰《性説》

《文集》卷六十八《性説》:"孔子曰:'性相近也,習相遠
也。'吾是以與孔子也。韓子之言性也,吾不有取焉。然則
孔子所謂'中人以上可以語上,中人以下不可以語上,惟上
智與下愚不移',何説也? 曰:習於善而已矣,所謂上智者;
習於惡而已矣,所謂下愚者;一習於善,一習於惡,所謂中人
者。上智也,下愚也,中人也,其卒也,命之而已矣。有人於
此,未始爲不善也,謂之上智可也;其卒也去而爲不善,然後
謂之中人可也。有人於此,未始爲善也,謂之下愚可也;其
卒也去而爲善,然後謂之中人可也。惟其不移,然後謂之上
智;惟其不移,然後謂之下愚,皆於其卒也命之,夫非生而不
可移也。

且韓子之言弗顧矣,曰:'性之品三,而其所以爲性五。'
夫仁、義、禮、智、信,孰而可謂不善也? 又曰:'上焉者之於
五,主於一而行於四;下焉者之於五,反於一而悖於四。'是
其於性也,不一失焉,而後謂之上焉者;不一得焉,而後謂之
下焉者。是果性善,而不善者習也。"

按，此篇以性爲善，徑引孔子之語予以分疏，且駁韓愈"性三品"說。雖論述未精，運思不深，然與前引之《性論》合觀，可見公早年論性之起點，故附此。

再上書田況

《文集》卷七十六《上田正言書二》："今上接祖宗之成，兵不釋甲者蓋數十年，近世無有也。所當設張之具，猶若闕然。重以羌酋梗邊，主上方覽衆策以濟之，天下舉首戴目屬心執事者，難以一二計。爲執事議者曰：'朝廷藉不吾以宜，且自贊以植顯效，釄天下屬己之意，矧上惓惓然命之乎？此固策大功之會也。'抑聞之：嶢嶢者易缺，皦皦者易汙。執事才名與寵，可謂易汙易缺者。必若策大功，適足宜之而已，可無茂邪？恭惟旦暮輔佐天子秉國事，修所當設張之具，復邊人於安，稱主上所以命之之意，使天下舉首戴目者盈其願而退，則後世之書可勝傳哉？"

按，賈三強《王安石詩文繫年續考》繫於本年，可從。慶曆三年八月，田況以右正言、知制誥出爲陝西宣撫副使，旋權知慶州。本年八月，田況以右正言知成德軍；①九月，遷起居舍人。②書曰"恭惟旦暮輔佐天子秉國事，修所當設張之具，復邊人於安"，當作於本年八九月間。

---

① 《長編》卷一百五十一慶曆四年八月癸卯："右正言、知制誥田況爲龍圖閣直學士、知成德、充眞定府、定州路安撫使。"第3683頁。

② 《長編》卷一百五十二慶曆四年九月辛酉："田況奏保州平。乙丑，龍圖閣直學士、右正言、知成德軍田況爲起居舍人。"第3697頁。

送丁廓歸汝陰

《詩注》卷四十五《送丁廓秀才歸汝陰二首》其二："西州行路日蕭條，執手傷懷不自聊。游子故鄉終念返，豈能無意冶城潮。"

李注："西州路，《丹陽記》云：'揚州廨乃王敦所創，有東、南、西三門，俗謂之西州。'又：'會稽王道子領揚州，第在州東，故時人號爲東府，而號府廨曰西州。'"

《繫年初稿》："安石三年回臨川，五年官滿，故此詩繫於四年。"可從。

十二月，王遘移知揚州，與之相處頗洽

《（淳熙）三山志》卷二十二："慶曆四年十二月，遘（自福州）移知揚州。"

按，《曾鞏集》卷四十二《刑部郎中致仕王公墓誌銘》："君諱遘，字仲達……遷尚書祠部員外郎。坐小法，知虔州、池州、福州、揚州、江南西路轉運按察使，遷尚書刑部員外郎，按知洪州。"

是年，子雱生

《長編》卷二百七十六神宗熙寧九年六月己酉："太子中允、天章閣待制王雱卒，年三十三，贈左諫議大夫。"《宋史》卷三百二十七《王雱傳》："卒時纔三十三。"以此上推，王雱生於本年。另，《文集》卷八十五《祭盛侍郎文》："補官揚州，公得謝歸。曾幾何時，訃者來門。哭泣作書，以弔後昆。

欲酹棺前,縻不可奔。會有吏役,盡室而南。戢恨含憇,轉
移寒暄。乃今來歸,公喪且期。""會有吏役,盡室而南",則
公於慶曆三年返臨川迎娶吴氏,是年生子。

慶曆五年乙酉（1045），二十五歲

於揚州刻苦攻讀，通宵達旦

邵伯溫《邵氏聞見録》卷九：“韓魏公自樞密副使以資政殿學士知揚州，王荆公初及第爲僉判，每讀書至達旦，略假寐，日已高，急上府，多不及盥漱。魏公見荆公少年，疑夜飲放逸。一日從容謂荆公曰：‘君少年，無廢書，不可自棄。’荆公不答，退而言曰：‘韓公非知我者。’魏公後知荆公之賢，欲收之門下，荆公終不屈，如召試館職不就之類是也。故荆公《熙寧日録》中短魏公爲多，每曰：‘韓公但形相好爾。’作《畫虎圖》詩詆之。”

按，是年三月，王遂除江西漕，①韓琦知揚州。② 四月五日，韓琦到任。韓琦《安陽集》卷二十五《揚州謝上表》：“臣某言：伏蒙聖恩，授臣資政殿學士、知揚州事，已於四月五日到任上訖。”

數以古義争公事，議論多與韓琦不合

司馬光《涑水記聞》卷十六：“初，韓魏公知揚州，介甫以新進士僉書判官事。韓公雖重其文學，而不以吏事許之。

① 《長編》卷一百六十慶曆七年四月丁卯，李燾注：“遂以五年三月除江西漕。”第 3872 頁。
② 《長編》卷一百五十五慶曆五年三月辛酉：“琦罷樞密副使，加資政殿學士、知揚州。”第 3759 頁。

介甫數引古義爭公事，其言迂闊，韓公多不從。介甫秩滿去。會有上韓公書者，多用古字，韓公笑而謂僚屬曰：‘惜乎王廷評不在此，其人頗識難字。’介甫聞之，以韓公爲輕己，由是怨之。及介甫知制誥，言事復多爲韓公所沮。會遭母喪，服除，時韓公猶當國，介甫遂留金陵，不朝參。曾魯公知介甫怨忌韓公，乃力薦介甫於上，强起之，其意欲以排韓公耳。蘇兖云。”

魏泰《東軒筆錄》卷六：“韓魏公，慶曆中以資政殿學士知揚州。時王荊公初及第，爲校書郎、簽書判官廳事，議論多與韓公不合。泊嘉祐末，魏公爲相，荊公知制誥，因論蕭注降官詞頭，遂上疏爭舍人院職分，其言頗侵執政，又爲糾察刑獄，駁開封府斷爭鵪鶉公事，而魏公以開封爲直，自是往還文字甚多。及荊公秉政，又與常平議不合。然而荊公每評近代宰相，即曰：‘韓公德量才智，心期高遠，諸公皆莫及也。’及韓公薨，荊公爲輓詞曰：‘心期自與衆人殊，骨相知非淺丈夫。’又曰：‘幕府少年今白髮，傷心無路送靈輀。’”

晁説之《晁氏客語》：“荊公與魏公議事不合，曰：‘如此，則是俗吏所爲。’魏公曰：‘公不相知，某真一俗吏也。使爾多財，吾爲爾宰，共財最是難事。’”

按，上引《邵氏聞見錄》、《涑水記聞》等關於韓、王關係之記載，頗多揣測，不足盡信。蔡上翔、王晉光等已駁之，兹不贅。①

---

① 《蔡譜》卷三，第 244 頁；王晉光《王安石淮南簽判時期與上司關係考辨》，載氏著《王安石論稿》，大安出版社 1993 年版。

是年夏，由校書郎轉大理評事，與韓琦、王珪等共賞揚州芍藥，蔚爲盛事

沈括《夢溪筆談·補筆談》卷三："韓魏公慶曆中以資政殿學士帥淮南。一日，後園中有芍藥一幹分四歧，歧各一花，上下紅，中間黃蕊間之。當時揚州芍藥，未有此一品，今謂之'金纏腰'者是也。公異之，開一會，欲招四客以賞之，以應四花之瑞。時王岐公爲大理寺評事通判，王荆公爲大理評事僉判，皆召之。尚少一客，以州鈐轄諸司使，忘其名，官最長，遂取以充數。明日早衙，鈐轄者申狀，暴泄不至。尚少一客，命取過客歷，求一朝官足之；過客中無朝官，唯有陳秀公時爲大理寺丞，遂命同會。至中筵，剪四花，四客各簪一枝，甚爲盛集。後三十年間，四人皆爲宰相。"

按，此事亦見《墨客揮犀》、陳師道《後山談叢》、蔡絛《鐵圍山叢談》、周煇《清波雜志》、蘇象先《丞相魏公譚訓》、陳正敏《遯齋閑覽》等，所載事蹟略同，惟過客小異。如《鐵圍山叢談》稱過客爲呂公著，非陳升之。《筆談》謂"王荆公爲大理評事僉判"，因此時公已由校書郎轉官大理評事。《涑水記聞》卷十六："介甫秩滿去。會有上韓公書者，多用古字，韓公笑而謂僚屬曰：'惜乎王廷評不在此，其人頗識難字。'"廷評，即大理評事，亦可證公於僉判任上轉官。

另，"頗識難字"，公之字學，或發軔於此。以會意解字，固其時金陵之風俗。陳師道《後山談叢》卷三："金陵人喜解字，習以爲俗，曰'同田爲富'、'分貝爲貧'、'大坐爲奎'。"

遇陳升之，深器之，有序相送

《文集》卷八十四《送陳升之序》：“予在揚州，朝之人過焉者多，堪大臣之事可信而望者，陳升之而已矣。今去官於宿州，予不知復幾何時乃一見之也。予知升之作而任大臣之事，固有時矣。煦煦然仁而已矣，孑孑然義而已矣，非予所以望於升之也。”

王稱《東都事略》卷八十《陳升之傳》：“始爲小吏，與王安石相遇淮南，安石深器之。”《名臣碑傳琬琰集》下卷十五《陳成肅公升之傳》：“升之字暘叔，建陽人。景祐初舉進士，授守秘書省校書郎，知南安軍南康縣。徙知封州，通判宿州，知漢陽軍，爲監察御史，除言事御史。”

是年秋，曾鞏寄詩。答之，爲其受誣鳴不平，並相約會於揚州

《詩注》卷二十《答曾子固南豐道中所寄》：“吾子命世豪，術學窮無間。直意慕聖人，不問閔與顏。彼昏何爲者？誣構來嘽嘽。應逮犯秋陽，動爲人所歎。不恤我躬瘁，乃嗟天澤慳……大江秋正清，島潊相縈彎。四眄浩無主，日暮烟霞斑。水竹密以勁，霜楓衰更殷。賞託亦云健，行矣非間關。相期東北遊，致館淮之灣。無爲襲甯嬴，悠然及溫遠。”

《曾鞏集》卷二《之南豐道上寄介甫》：“應逮冒煩暑，驅馳山水間。泥泉沃渴肺，沙風吹汗顏。疲驂喘沫白，殆僕負肩殷。仰嗟旱雲高，俯愛芳陂潺……跋履雖云倦，桑梓得暫還。林僧授館舍，田客攀鞍鐶。吾心本皎皎，彼詬徒嘽嘽。

方投定鑑照，即使征馬班。相期木蘭檝，蕩漾窮川灣。"

李震《曾鞏年譜》："此詩作是年秋無疑。"①可從。"淮之灣"，揚州也。

秩滿解官，歸江寧；韓琦饋酒，上啓謝之

《文集》卷八十《上揚州韓資政啓》："某受才素卑，趨世尤拙，冒干從事之選，積有敗官之憂。汔由恩臨，得以理去。違離大旆，留止近邦。惟德之依，無時以懈。整僕夫之駕，方爾就途；拜使者於庭，遽然承教。未忘故吏之賤，加賜上樽之餘，望不素然，報將安所？念當遠適，顧獨長懷。行願高明之才，還處機要；坐令衰廢之俗，復觀太平。伏惟爲上自頤，副人所望。"

按，公淮南簽判秩滿後，先歸江寧，江寧與揚州毗鄰，故啓曰："汔由恩臨，得以理去。違離大旆，留止近邦。"

歸臨川，撰外祖母黃夫人墓表

《文集》卷九十《外祖母黃夫人墓表》："外祖夫人黃氏，生二十二年歸吳氏，歸五十年而卒，卒三月而葬，康定二年十二月也……舅藩既誌其葬四年，某還自揚州，復其墓。"

《蔡譜》卷二："公還自揚州實三年，曰四年，不合也。以夫人卒之年數之，則又似作誌實在四年矣，姑錄於此。"②

按，康定二年十一月二十日改元慶曆元年，墓表仍沿舊年號，故"四年"非指慶曆四年，而爲"舅藩既誌其葬"後四

---

① 具體考證，可見《曾鞏年譜》卷一，第88—89頁。
② 《蔡譜》卷二，第240頁。

年，即慶曆五年。如此，方與下文"復其墓，復表曰"銜接，蓋
"復表"乃承"既誌其葬"而來。①

歲末，離臨川赴京

《詩注》卷三十四《次韻十四叔賜詩留別》："窮冬追路
出西津，得侍茫然兩見春。發策久嗟淹國士，起家初命慰鄉
人。行辭北闕樓臺麗，歸佐南州縣邑新。班草數行衣上淚，
何時杖屨却相親。"

按，此詩作於慶曆七年春（詳下）。"窮冬追路出西
津"，蓋追述本年冬自臨川赴京。李注："西津，在撫州之西，
去城五里。"王晉光："安石在慶曆五年秋冬揚州任滿之後，
估計不是立即上汴，而是南下臨川故鄉走走，再回江寧探望
家人，因此頗拖延了一段時日才起程……'違離大斾'指離
開揚州官署；'留止近邦'謂停留江寧，離開揚州不遠。"②然
公家居江寧，毗鄰揚州，又介揚州、撫州之間。公離揚州後，
當先歸江寧，再返臨川，不至於過江寧不入而徑歸臨川。

與叔父會於京師，撰《大中祥符觀新修九曜閣記》

《文集》卷八十三《大中祥符觀新修九曜閣記》："某自
揚州歸，與叔父會京師。叔父曰：'大中祥符觀所謂九曜者，
道士丁用平募民錢爲堂庖廡已，又爲閣，置九曜像其下，從

---

① 柳瑩杓亦持此説："王安石在慶曆四年不會請假的……'四年某還自揚州'
　之'四年'，幾乎沒有可能是'慶曆四年'的縮寫，或者是慶曆元年之第四
　年。"《王安石訪臨川時期考》，《中國文哲研究通訊》第六卷第二期。
② 王晉光《王安石淮南簽判時期與上司關係考辨》，《王安石論稿》第3頁。

吾乞汝文,記其年時,汝爲之。'"①

復遇陳世昌,相好加焉

《文集》卷八十四《送陳興之序》:"其後二十五年,公之子興之主泰之如皋簿,某爲判官淮南,以事出如皋,遇之,相好也。其後二年,歸京師,興之亦以進士得嘉慶院解,復遇之,相好加焉。"

《文集》卷九十五《比部員外郎陳君墓誌銘》:"唯男一人世昌,去年爲進士,得嘉慶院解。"

按,墓主陳執古,陳恕子,陳執中弟。其子陳世昌,字興之。慶曆三年,公於泰州如皋與世昌締交。慶曆五年,陳世昌得嘉慶院解,與公復遇於京師。

是年,上張太博書,呈文十篇。張回賜所作,再上書謝

《文集》卷七十七《上張太博書》其一:"某愚不識事務之變,而獨古人是信。聞古有堯舜也者,其道大中至正,常行之道也。得其書,閉門而讀之,不知憂樂之存乎己也。穿貫上下,浸淫其中,小之爲無間,大之爲無崖岸,要將一窮之而已矣。中不幸而失先人,母老弟弱,衣穿食單,有寒餓之疾,始憮然欲出仕。往即焉,而乃幸得,於今三年矣⋯⋯今也執事延之勤,問之密,而又使獻其所爲文,其又敢自閉匿以重不敏,而虛教命之辱哉?謹書所爲原、說、誌、序、書、詞

---

① 此"叔父"無考。傅林輝、湯江浩據王氏諸族譜等考荆公諸叔父甚夥,本譜不取。

凡十篇獻左右。夫文者，言乎志者也，既將獻，故又書所志以爲之先焉。”

《上張太博書》其二：“伏蒙執事有時之盛名而不以矜愚，有使者之重而不以驕微賤。報之書，授之欲其至於道，加賜所作，使得覘而法之。”

按，書曰“往即焉，而乃幸得，於今三年矣”，自慶曆二年出仕至此，恰三年。

是年，撰曾鞏祖母墓誌銘

《文集》卷九十九《曾公夫人萬年太君黃氏墓誌銘》：“夫人江寧黃氏，兼侍御史、知永安場諱某之子，南豐曾氏贈尚書水部員外郎諱某之婦，贈諫議大夫諱某之妻……以慶曆四年某月日卒於撫州，壽九十有二。明年某月，葬于南豐之某地。”

答陳杞書，論老、莊與聖人之別

《文集》卷七十七《答陳杞書》：“莊生之書，其通性命之分而不以死生禍福累其心，此其近聖人也。自非明智不能及此。明智矣，讀聖人之說，亦足以及此。不足以及此，而陷溺於周之說，則其爲亂大矣。墨翟非亢然詆聖人而立其說於世，蓋學聖人之道而失之耳，雖周亦然。韓氏作《讀墨》，而又謂子夏之後流而爲莊周，則莊墨皆學聖人而失其源者也。老莊之書具在，其說未嘗及神仙，唯葛洪爲二人作傳以爲仙。而足下謂老莊潛心於神仙，疑非老莊之實，故嘗爲足下道此。老莊雖不及神仙，而其說亦不皆合於經，蓋有志於道者。聖人之説博大而閎深,要當不遺餘力以求之,是二書雖欲讀,抑有所不暇。"

按,陳枢,不詳。書曰:"某懦陋淺薄,學未成而仕,其言行往往背戾於聖人之道,擯而後復者,非一事也。"又曰:"是二書雖欲讀,抑有所不暇。"詳其意,當作於入仕之初,姑附此。《文集》卷六十八《莊周》與此書旨意相近,亦以莊子爲學聖人之道而有得有失者。

孫適從學,稱之

《元豐類稿》卷四十四《永州軍事推官孫君墓誌銘》:"有子亦起進士,爲永州推官以卒,卒時年二十有八者,諱適,亦以文學見稱……君年十有四,辭親學問江東,已有聞於人。往從臨川王安石受學,安石稱之。後主越州上虞簿,去,以父恩得永州。父卒,萬里致喪,疾,不忍廢事。既葬,携扶幼老,就食淮南,疾益革,遂卒於池州大安鎮,實至和二年。"

按,孫適慶曆六年進士及第,[①]至和二年卒,時年二十有八。其從學于公,當在進士及第前,姑附此。

弟安國再賦滕王閣詩

吳曾《能改齋漫録》卷十一:"王平甫年十三,登滕王閣,賦詩云:'滕王平昔好追遊,高閣依然枕碧流。勝地幾經興廢事,夕陽偏照古今愁。城中樹密千家市,天際人歸一葉

---

① 《新安志》,《宋元方志叢刊》第 7714 頁。

舟。極目烟波吟不盡,西山重疊亂雲浮。'時郡守張侯見而異之,爲啓宴張樂於其上。其後,建中靖國元年,其女識之于石云。平甫元豐初以交鄭俠,遂廢于家,作詩云:'三見齊王不一言,須知自古致君難。紛紛齊魯誇迂闊,口舌從來易得官。'""郡守張侯"爲張若谷,本年知洪州。①

　　趙令畤《侯鯖録》卷二:"王平甫年十一,過洪州,有《滕王閣》詩,蓋其少成如此……十四歲再題一首,其序云:'予始年十一時,從親還里中,道出洪州,泊滕王閣下,俯視山川之勝,而求士大夫所留之詩,凡百餘篇。自唐杜紫微外,類皆世俗氣,不足矜愛,乃作一章牓之西楹。後三年,客淮上,思其幼時勇於述作,不自意其非也,輒改作一章,以誌當時之事。其舊者往往傳於江西,今故併存之。'"

---

① 李之亮《宋兩江郡守易替考》,第299頁。

慶曆六年丙戌（1046），二十六歲

正月十四日，充點檢試卷官

《宋會要輯稿》選舉十九：“（慶曆六年）正月十四日，以翰林學士孫抃等權知貢舉，侍御史仲簡、三司度支判官周陵封印卷首，王疇、葛閎、邵必、曾公定、王安石、王淑、蔡振、沈康充點檢試卷官。”

與權同知貢舉張方平論事不合

《宋史》卷三百一十八《張方平傳》：“王安石方用事，巋然不小屈，以是望高一時。守宋都日，富弼自亳移汝，過見之，曰：‘人固難知也。’方平曰：‘謂王安石乎？亦豈難知者！方平頃知皇祐貢舉，或稱其文學，辟以考校。既入院，凡院中之事，皆欲紛更。方平惡其人，檄使出，自是未嘗與語也。’弼有愧色。蓋弼素亦善安石云。”

朱弁《曲洧舊聞》卷二：“樂全守陳。富公在亳社，以不奉行新法事爲趙濟所劾，謫知汝州，假道宛丘，與樂全相見。問寒溫外，富公歎曰：‘人果難知。某凡三次薦安石，謂其才可以大用，不意今日乃如此。’樂全曰：‘自是彥國未識此人。方平於某年知舉，辟爲點檢試卷官，每向前來論事，則滿試院無一人可其意者，自是絕之，至今無一字往還。’公不語久之。孫朴元忠時與樂全子弟在照壁後，親聞其言如此。”

按，《張方平傳》所載，史源出《邵氏聞見録》卷九：“張公曰：‘謂王安石乎？亦豈難知者！仁宗皇祐間，某知貢舉院，或薦安石有文學，宜辟以考校，姑從之。安石者既來，凡一院之事皆欲紛更之。某惡其人，檄以出，自此未嘗與之語也。’”

張方平字安道，號樂全居士，應天宋城（今河南商丘）人。景祐元年舉茂材異等，寶元元年又中賢良方正。《邵氏聞見録》謂其“頃知皇祐貢舉”，誤也。考張方平慶曆六年權知貢舉，公充點檢試卷官。《宋會要輯稿》選舉三：“（慶曆）六年正月二十二日，禮部貢院請自今進士並如諸科例，印所出經義題。從之……二月二十八日，權同知貢舉張方平言：“文章之變，蓋與政通；風俗所形，斯爲教本。”王鞏《文定張公樂全先生行狀》曰：“甫受命，即知貢舉。時太學舉人妄變文體，以奇字僻語爲高，以游辭長句爲贍，四方學者承風而靡。公主文考試，有如是者揭而斥之，因上言請行誡勵。上命録公所上奏，大書牓於貢院前，由是士子知循舊格。”①

又，陳善《捫虱新話》卷十：“世傳王荊公嘗問張文定公曰：‘孔子去世百年，生孟子亞聖，後絶無人，何也？’文定公曰：‘豈無？又有過孔子上者。’公曰：‘誰？’文定曰：‘江西馬大師，汾陽無業禪師，雪峰巖頭，丹霞雲門是也。”公暫聞，

---

① 《張方平集》附録，中州古籍出版社1992年版，第791頁。邵博《邵氏聞見後録》卷二十：“神宗嘗問文定識王安石否？曰：‘安石視臣大父行也。臣見其大父日，安石髮未丱，衣短褐布，身瘡疥，役灑埽事，一蒼頭耳。’故荊公亦畏其大，不敢與之爭辨。《日録》中盡詆前輩諸公，獨於文定無譏云。”中華書局1997年版，第155頁。如邵氏不誣，則張方平或與荊公叔祖王貫之有舊，姑存備考。顧宏義以《張方平傳》所載不足爲信，見《〈邵氏聞見録〉有關王安石若干史料辨誤》，《河北大學學報》1998年第3期。

意不甚解,乃問曰:'何謂也?'文定曰:'儒門淡薄,收拾不住,皆歸釋氏耳。'荆公欣然嘆服。"公與張方平討論儒、釋盛衰,頗有可疑;若有,或於此時,姑附此待考。釋志磐《佛祖統紀》卷四十五、何良俊《何氏語林》卷五、《宋稗類鈔》卷二十八等襲之。胡應麟《少室山房筆叢》卷三十二引此,以爲不可信。①

識江樸,善之

晁補之《雞肋集》卷六十六《夔州録事參軍江君墓誌銘》:"江君諱樸,字文叔,世爲衢州開化人。殿中丞房之曾孫,而尚書職方員外郎鎰之子也。少有才氣,好學自立。國家取士以聲律,仁宗時尤盛。有司臨試,其目在禮經名數者,則浮華士以爲病,會萃鈔記,以應一日之用,不能者更睨左右,剽劫爲資。而君最先治經,悼禮學之缺,能言其義,蓋爲書二十卷,專一技者不能通也。丞相王荆公方舉有司,尤善君。嘗再預禮部奏名,中皇祐五年進士第,授翁源尉,用舉者徙餘干令。鄱陽楊驥通《易》,臨川吳孝宗通《春秋》,君皆以書幣致之,率邑子從受業。屋少不能館,至分處浮圖舍,于今江南以爲美談。"

按,江樸皇祐五年再預禮部奏名,登進士第,墓誌謂"丞相王荆公方舉有司",當指本年公充省試點檢試卷官。

例當進所業求試館職,獨不進,特召試,亦固辭

《東都事略》卷七十九《王安石傳》:"舉進士高第,僉書

---

① 顧宏義亦以此屬子虛烏有,見《〈邵氏聞見録〉有關王安石若干史料辨誤》。

淮南節度判官。召試館職，固辭。”

《宋史》卷三百二十七《王安石傳》：“擢進士上第，簽書淮南判官。舊制，秩滿許獻文求試館職，安石獨否。”

《名臣碑傳琬琰集》下卷十四《王荆公安石實錄》：“慶曆二年，登進士甲科，簽書淮南節度判官廳公事。代還，例當進所業試館職，安石獨不進。特召試，亦固辭。”

《長編》卷一百七十皇祐三年五月庚午：“宰臣文彥博等言：‘……殿中丞王安石進士第四人及第，舊制，一任還，進所業求試館職，安石凡數任，並無所陳。朝廷特令召試，亦辭以家貧親老。且館閣之職，士人所欲，而安石恬然自守，未易多得。大理評事韓維嘗預南省高薦，自後五六歲不出仕宦，好古嗜學，安於退靜。並乞特賜甄擢。’詔賜瓔三品服，召安石赴闕，俟試畢，別取旨。維令學士院與試。安石、維並辭不就。”

從弟沆登賈黯榜進士第

《蔡譜》卷一。

《(雍正)江西通志》卷四十九：“慶曆六年丙戌賈黯榜：王沆，臨川人，安石從弟。”

以胡叔才下第歸鄉，作序送之，勉其以道德爲榮

《文集》卷八十四《送胡叔才序》：“叔才純孝人也，悱然感父母所以教己之篤，追四方才賢，學作文章，思顯其身以及其親。不數年，遂能褰然爲材進士，復朋試於有司，不幸復詘於不己知。不予愚而從之遊，嘗謂予言父母之思，而慚

其邑人,不能歸。予曰:'歸也。夫禄與位,庸者所待以爲榮者也。彼賢者道彌於中,而襮之以藝,雖無禄與位,其榮者固在也。子之親矯群庸而置子於聖賢之途,可謂不賢乎?或訾或笑而終不悔,不賢者能之乎?今而舍道德而榮禄與位,殆不其然!然則子之所以榮親而釋慚者,亦多矣。昔之訾者竊笑者,固庸者爾,豈子所宜慚哉!姑持予言以歸,爲父母壽。"

按,此序繫年,詳本譜慶曆七年。

與王回、王向兄弟爲友

《曾鞏集》卷十五《再與歐陽舍人書》:"近復有王回者、王向者,父平爲御史,居京師。安石於京師得而友之,稱之曰'有道君子也',以書來言者三四,猶恨鞏之不即見之也,則寓其文以來。"

按,王回字深甫,王向字子直(詳後)。

與曾鞏書,薦王回兄弟,並寄示其文

《曾鞏集》卷十五《再與歐陽舍人書》:"鞏頃嘗以王安石之文進左右,而以書論之。其略曰:鞏之友有王安石者,文甚古,行稱其文。雖已得科名,然居今知安石者尚少也。彼誠自重,不願知於人。然如此人,古今不常有。如今時所急,雖無常人千萬不害也,顧如安石,此不可失也。書既達,而先生使河北,不復得報,然心未嘗忘也。近復有王回者、王向者,父平爲御史,居京師。安石於京師得而友之,稱之曰'有道君子也',以書來言者三四,猶恨鞏之不即見之也,則寓其文以來。鞏與安石友，相信甚至，自謂無愧負於古之人。覽二子之文，而思安石之所稱，於是知二子者，必魁閎絕特之人。不待見而信之已至，懷不能隱，輒復聞於執事。三子者卓卓如此，樹立自有法度，其心非苟求聞於人也。而鞏汲汲言者，非爲三子者計也，蓋喜得天下之材，而任聖人之道，與世之務。復思若鞏之淺狹滯拙，而先生遇之甚厚。懼己之不稱，則欲得天下之材，盡出於先生之門，以爲報之一端耳。"①

　　按，歐陽修《與曾舍人》："某啓：雖久不相見，而屢辱書及示新文，甚慰瞻企。今歲科場偶滯遲舉，畜德養志，愈期遠到，此鄙劣之望也。某此幸自如山州，少朋友之遊，日逾昏塞。加之老退，於舊學已爲廢失，而韓子所謂終於小人之歸乎。"題注："鞏字子固。慶曆六年。"②是年歐陽修知滁州，③故曰"自如山州"。所謂"屢辱書及示新文"，即曾鞏所寄之文。

五月，京師雨雹地震，有《丙戌五月京師作二首》

　　《詩注》卷十九《丙戌五月京師作二首》："北風閣雨去不下，驚沙蒼茫亂昏曉。傳聞城外八九里，雹大如拳死飛鳥。"

---

① 此書李震繫於本年，可從，《曾鞏年譜》卷一，第 92 頁。
② 《歐陽修全集》卷一百五十，第 2468 頁。
③ 歐陽修慶曆五年八月降知滁州。《長編》卷一百五十七慶曆五年八月甲戌："降河北都轉運按察使、龍圖閣直學士、右正言歐陽修爲知制誥、知滁州。"第 3798 頁。

李注:"慶曆六年五月甲申,雨雹,地震。即此年也。"

《長編》卷一百五十八慶曆六年五月甲申:"京師雨雹,地震。"

以陳世昌之官泉州晉江主簿,作序送之

《文集》卷八十四《送陳興之序》:"其後二年,歸京師,興之亦以進士得嘉慶院解,復遇之,相好加焉。興之試禮部有日,今宰相,其世父也,奏前試罷之,以避嫌。興之當遠官,踰數月,乃得泉之晉江主簿去……吾於興之又世故,故又爲之思所以慰其親,豁其心之介然者,不得其說,而獨以悲大公之道不行焉。"

《文集》卷九十五《比部員外郎陳君墓誌銘》:"唯男一人世昌,去年爲進士,得嘉慶院解。臣兄在中書,奏不得試禮部,今當爲遠官,去臣旁遠甚。"

按,慶曆五年,陳世昌得嘉慶院解。是年,陳赴禮部試,以宰相陳執中親嫌遭罷,赴官泉州晉江主簿,公作序送之,爲其鳴不平。

秋,東出京師,見中州大旱

《文集》卷三十九《讀詔書慶曆七年》:"去秋東出汴河梁,已見中州旱勢強。日射地穿千里赤,風吹沙度滿城黃。"

按,《長編》卷一百五十九慶曆六年七月癸亥:"御崇政殿,策試賢良方正能直言極諫太常博士錢彥遠及武舉人。彥遠策入第四等,擢祠部員外郎、知潤州……彥遠至潤州,上疏曰:'陛下即位以來,內無聲色之娛,外無田漁之樂,而

前歲地震，雄、霸、滄、登，旁及荆湖，幅員數千里，雖往日定襄之異，未甚於此。今復大旱，人心嗷嗷，天其或者以爲陛下備寇之術未至，牧民之吏未良，天下之民未定，故出譴告以示之。”惟不詳公此次緣何出京。

沈兼卒。有文祭之，爲撰墓誌銘

《文集》卷八十六《祭沈中舍文》：“惟公之生，于朝搢紳。夫人嬪之，以作封君。皆以壽終，而世有人。昔我先子，公倫之舊。施于不肖，遂爲世友。不腆之文，既藏于丘。惟是區區，以贊醪羞。”

《文集》卷九十二《太子中舍沈君墓誌銘》：“公諱兼，字子遠，以五舉進士，得同學究出身，再補尉，有能名……卒于家，年七十三，慶曆六年七月也。”

按，墓主沈兼，與公父王益有舊。其子沈起字興宗，公之同年：“子男一人，起，女三人。起好學，通政事，能守節法，爲進士，與某同時得科名者也。公之坐獄，爲判官滁門，立棄官從公，世以爲孝。將以某年某月葬公某處，以夫人柳氏祔，先三月來求銘。”沈括《長興集》卷三十《故天章閣待制沈興宗墓誌銘》：“公之曾祖敬。其子幹，始贈屯田郎中。孫兼，太子中舍，贈刑部侍郎，公之考也。公諱起，字興宗，少篤學，有聞州閭。州舉進士第一人，復以高第調滁州軍事推官，發運使表監真州轉般倉。刑部病，公委官守歸侍，少時以喪免。”

爲浮屠慧禮撰《揚州龍興講院記》，抨擊儒者不能行孔子之道

《文集》卷八十三《揚州龍興講院記》："予既吏淮南，而慧禮得龍興佛舍，與其徒日講其師之説……後四年來，曰：'昔之所欲爲，凡百二十楹，賴州人蔣氏之力，既皆成，盍有述焉？'噫，何其能也……今夫衣冠而學者，必曰自孔氏。孔氏之道易行也，非有苦身窘行，離性禁欲，若彼之難也，而士之行可一鄉，才足一官者常少。而浮屠之寺廟被四海，則彼其所謂材者，寧獨禮耶？"

按，公於慶曆二年淮南判官任上與慧禮遊，"後四年"當爲本年。

陳執古卒，爲撰墓誌銘

《文集》卷九十五《比部員外郎陳君墓誌銘》。墓主陳執古，慶曆五年，其子陳世昌得嘉慶院解，執古上書："今老矣……陛下憐之，幸聽臣分司，改世昌蘇、常間一官，以卒養臣，天地之賜也。""書入，未報，竟卒於江寧，得年若干，時某年月也。"故墓主卒於本年。

與祖無擇書，論治教政令乃聖人之所謂文；並呈書、序、原、説若干篇

《文集》卷七十七《與祖擇之書》："治教政令，聖人之所謂文也。書之策，引而被之天下之民，一也。聖人之於道也，蓋心得之，作而爲治教政令也，則有本末先後，權勢制

義，而一之於極。其書之策也，則道其然而已矣。彼陋者不然，一適焉，一否焉，非流焉則泥，非過焉則不至。甚者置其本，求之末，當後者反先之，無一焉不悖於極。彼其於道也，非心得之也，其書之策也，獨能不誖耶？故書之策而善，引而被之天下之民反不善焉，無矣。二帝三王，引而被之天下之民而善者也；孔子孟子，書之策而善者也。皆聖人也，易地則皆然。

某生十二年而學，學十四年矣。聖人之所謂文者，私有意焉，書之策則未也。間或悱然動於事而出於詞，以警戒其躬，若施於友朋，褊迫陋庫，非敢謂之文也。乃者執事欲收而教之，使獻焉，雖自知明，敢自蓋邪？謹書所爲書、序、原、説若干篇，因叙所聞與所志獻左右，惟賜覽觀焉。”

按，書曰“某生十二年而學，學十四年矣”，當作於是年。祖無擇字擇之，《宋史》卷三百三十一有傳：“進士高第。歷知南康軍、海州，提點淮南廣東刑獄、廣南轉運使，入直集賢院。”[1]《長編》卷一百五十三慶曆四年十二月乙巳：“降知楚州、職方員外郎胡楷通判秦州，提點淮南刑獄、秘書丞祖無擇知黃州。初，王素自淮南徙渭州，移文楷攝轉運按察使事，無擇既不平，因與楷互訟，事雖會赦，猶降之。”則祖無擇

---

[1]　范純仁《宋故中大夫充集賢院學士知信陽軍兼管内勸農使柱國鄴郡開國公食邑三千三百户食實封四百户賜紫金魚袋祖公墓誌銘并序》：“公諱無擇，字擇之……第三人登進士第，授大理評事、通判齊州……知南康軍，遷秘書丞，提點淮南路刑獄公事。”郭茂育、劉繼保編著《宋代墓誌輯釋》，中州古籍出版社 2016 年版，第 301 頁。《宋會要輯稿》選舉二訛“擇”爲“澤”：“五年四月十一日，詔新及進士第一人呂溱爲將作監丞，第二人李絢、第三祖無澤爲大理評事、諸州通判。”第 5268 頁。

於慶曆四年曾提點淮南刑獄,爲公之部長官,故書曰"乃者執事欲收而教之,使獻焉"。今集中《原過》、《原教》、《夔説》、《鯀説》、《性論》、《汴説》等,當即此次所獻"書、序、原、説若干篇"。

上人書,再論治教政令即所謂文

《文集》卷七十七《上人書》曰:"嘗謂文者,禮教治政云爾。其書諸策而傳之人,大體歸然而已。而曰'言之不文,行之不遠'云者,徒謂辭之不可以已也,非聖人作文之本意也……且所謂文者,務爲有補於世而已矣;所謂辭者,猶器之有刻鏤繪畫也。誠使巧且華,不必適用;誠使適用,亦不必巧且華。要之,以適用爲本,以刻鏤繪畫爲之容而已。不適用,非所以爲器也;不爲之容,其亦若是乎? 否也。然容亦未可已也,勿先之,其可也。"

此書所論與上書相近,當稍後作。按,北宋仁宗一朝,古文運動趨於分化。諸家於古文運動核心理念"文道關係"之理解,大致可分三派。一派恪守古文之正統觀念,堅持文道並重。所謂道者,不僅内化爲作者之價值觀念、精神修養,亦可視爲文章之理,如歐陽修、蘇軾等。其二道學家,彼等以"性理"爲"道",主張文以載道,甚者有德者自然有文,文不須作。其三即公,以政論文,將文視爲行政之工具。以上二書,即公論文之代表。其中將"文"界定爲"治教政令",即政策、法令、禮治、教化及其載體。其所謂"心得",亦非創作技巧、人生感悟等,而爲平治天下之道。此乃狹隘功利主義工具論。然以上之文,惟聖人可至,他人之作,皆恐難免"悱然動於事而出於詞"。由此，古文運動中"爲事而作"、"有感而發"之傳統，得以維繫。

孫長倩來訪，有詩相送，別後作書答之

《詩注》卷十三《孫長倩歸輝州》："溪澗得雨潦，奔逸不可航。江湖收百川，浩浩誰能量。溪澗之日短，江海之日長。願生畜道德，江海以自方。"

《文集》卷七十六《答孫長倩書》："古之道廢踣久矣。大賢間起廢踣之中，率常位庳澤狹，萬不救一二，天下日更薄惡。宦學者不謀道，主禄利而已。嘗記一人焉，甚貴且有名，自言少時迷，喜學古文，後乃大寤，棄不學，學治今時文章。夫古文何傷？直與世少合耳，尚不肯學，而謂學者迷。若行古之道於今世，則往往困矣，其又肯行邪？甚貴且有名者云爾，況其下碌碌者邪？反於是，其亦幾何矣。足下何覺之早邪？其亦謀道而不主利禄者邪？語曰：'塗之人皆可以爲禹。'蓋人人有善性，而未必善自充也。若足下者充之不已，不惑以變，其又可量邪？"

按，孫長倩，生平不詳。書曰"比過江寧，家兄道足下雖穉年，有奇意"，則當作於皇祐前（公兄安仁卒於皇祐三年，詳下）。"比過江寧"，謂慶曆五年公離任揚州過江寧也。書又曰"語未究，足下來門，見示以文，見責以教誨"，並論及古文與科舉，則孫長倩或於本年至京赴考，故得相謁。

葛源致書，有啓回謝

《文集》卷八十一《謝葛源郎中啓》："伏念某受材單少，

趨道闊疎。時所謂賢，少焉知慕。矧先君之德友，實當世之名卿。唯門牆之高，未始得望；故竿牘之襃，無容自通。如其仰望之勤，豈有須臾之間。敢圖風誼，親貶書辭。追講前人之懽，坐忘介子之醜。拜嘉已厚，論媿則多。恭以某官，邦之耆明，朝所貴重。聲舊行乎四海，勢猶屈於一州。雖牧養之仁，士民猶賴；而襃升之寵，日月以須。惟茲蠢愚，其卒芘賴。伏惟爲道自愛，副人所瞻。”

按，《繫年》繫於皇祐元年，不確。葛源，字宗聖，真宗大中祥符五年進士。《寶慶四明志》卷十：“大中祥符五年徐奭榜：王周、葛源。”《文集》卷九十六有《郎中葛公墓誌銘》，墓主即葛源：“進士，公所起也。洪州左司理參軍、吉州太和縣主簿，江州德化縣令，監興國茶場，威武軍節度推官、知廣州四會縣，著作佐郎、知開封府雍丘縣，秘書丞、知泉州同安縣，太常博士、通判建州，屯田員外郎、知慶成軍，都官員外郎、知南劍州，司封員外郎、祠部郎中、江浙荆湖福建廣南提點銀銅坑冶鑄錢，度支郎中、荆湖北提點刑獄，此公之所閲官也。”啓曰：“聲舊行乎四海，勢猶屈於一州。”據《墓誌》所載履歷，葛源生平所知州郡，惟有南安軍州，故此啓當作於葛源知南安軍州任上，時爲都官員外郎。“葛源郎中”，當爲《文集》編者所加。《（嘉靖）延平府志》卷四：“葛源，慶曆間知南劍州。屬吏嘗有隙於源，同進者因讒之。源察其旨，不聽，而以爲舉首。人服其明。”據李之亮《宋福建路郡守通考》，葛源於慶曆四年至六年知南劍州。又啓言“雖牧養之仁，士民猶賴；而襃升之寵，日月以須”，則葛源將有新任。故此啓或作於本年。

　　葛源爲王益之"德友"，與真宗朝古文大家穆修頗有交往。其釋褐太和主簿，穆修有詩送之。《河南穆公集》卷一《送葛源之太和主簿》："勿歎從卑位，聊欣適去情。愁風九月急，飛鳥一帆輕。鱠斫江鱗活，杯嘗楚釀清。歡華莫回首，寵辱正堪驚。"其三子葛良肱、良佐、良嗣，均以古文著稱於仁宗朝前期，曾以文贄見王益。《文集》卷九十二《葛興祖墓誌銘》："父諱源，以尚書度支郎中終仁宗時。度支君三子，當天聖、景祐之間，以文有聲，赫然進士中。先人嘗受其贄，閱之終篇，而屢歎葛氏之多子也。"北宋真、仁之際，古文傳衍之不絕如縷，於此亦依稀可見。

慶曆七年丁亥（1047），二十七歲

三月，京師大旱，仁宗下詔責己。作《讀詔書》

《文集》卷三十九《讀詔書》：“去秋東出汴河梁，已見中州旱勢強。日射地穿千里赤，風吹沙度滿城黃。近聞急詔收群策，頗說新年又亢陽。賤術縱工難自獻，心憂天下獨君王。”

按，題注：“慶曆七年。”《長編》卷一百六十慶曆七年三月丁亥：“以旱罷大讌。癸巳，詔曰：‘自冬訖春，旱暵未已，五種弗入，農失作業。朕惟災變之來，應不虛發，殆不敏不明以干上帝之怒，咎自朕致，民實何愆。與其降疾於人，不若移災於朕。自今避正殿，減常膳，中外臣僚指當世切務，實封條上，三事大夫，其協心交儆，稱予震懼之意焉。’上每命學士草詔，未嘗有所增損。至是楊察當筆，既進詔草，以爲未盡罪己之意，令更爲此詔……辛丑，幸西太一宮祈雨，所過神祠，皆遣中使致禱……上之幸西太一宮也，日方炎赫，却蓋不御，及還而雨，是日大浹。”故詩當作於三月詔下後。

有詩刺仁宗校獵

《文集》卷三十八《獵較詩并序》：“獵較，刺時也。昔孔子仕於魯，魯人獵較，孔子亦獵較。或問乎孟軻，曰：‘孔子之仕，非事道歟？’曰：‘事道也。’‘事道奚獵較也？’曰：‘孔子先簿正祭器,不以四方之食供簿正,不獵較,則若無以祭然。蓋孔子所以小同於俗,猶有義也,義固在於可爲之域。而後之人習於隨者,一不權以義之可否,汙身貶道,豫然以和衆自得。甚者傷人倫,敗風俗,至於無號,則委曰'孔子亦嘗獵較矣'。悲夫!作是詩以刺焉:獵較獵較,誰禽我有!國人之憮,君子所醜。獵較獵較,祭占其祥。國人之序,君子何傷。"

按,《長編》卷一百五十七慶曆五年八月丙辰:"真宗封禪之後,不復校獵,廢五坊之職,鷙禽走犬悉放山林。於是,兵部員外郎、直集賢院李柬之言:'祖宗校獵之制,所以順時令而訓戎事也。陛下臨御以來,未嘗講修此禮。願詔有司草儀選日,命殿前、馬步軍司互出兵馬從獵於近郊。'壬戌,詔樞密院討詳先朝校獵制度以聞。"《長編》卷一百六十慶曆七年三月:"上因李柬之建議,再畋近郊。南城之役,衛士不及整而歸以夜,有雉殞於殿中,諫者以爲不祥。是月乙亥,詔將復出,諫者甚衆……是日,有詔罷出獵。"

四月十七日,鄞女生

《文集》卷一百《鄞女墓誌銘》:"鄞女者,知鄞縣事臨川王某之女子也。慶曆七年四月壬戌前日出而生,明年六月辛巳後日入而死。"

離京赴知鄞縣,別十四叔

《詩注》卷三十四《次韻十四叔賜詩留別》:"窮冬追路出西津,得侍茫然兩見春。發策久嗟淹國士,起家初命慰鄉人。行辭北闕樓臺麗,歸佐南州縣邑新。班草數行衣上淚,何時杖屨却相親。"①

李注:"西津,在撫州之西,去城五里。"

按,公於慶曆五年秋歸臨川,旋赴京師與叔父相會。自慶曆六年至七年春居京師,故詩曰"得侍茫然兩見春"。據此詩,知公赴鄞當在春末,或於四月十七日鄞女出生前。十四叔,不詳,按詩意慶曆六年在京應舉。

過徐城,有詩歎此身皇皇

《詩注》卷四十五《過徐城》:"七年五過徐城縣,自笑皇皇此世間。安得身如倉庚氏,一官能到子孫閑。"

李注:"按《九域志》云:'徐城屬泗州。建隆三年省爲鎮,入臨淮縣。'《元和郡國志》云:'本徐子國也。今有徐君墓,在縣北三十五里,季札所掛劍處。'"

《繫年初稿》:"安石慶曆元年冬上京赴考,至七年離京宰鄞,其間多次經過徐城,故將詩繫於七年。"是。詩當作於公赴鄞途中。

過揚州,因韓琦有賜,遂上先狀

《文集》卷八十《先狀上韓太尉魏公》:"昔者幸以鄙身,託於盛府……孰云去離,遂自疏斥。徒以地殊南北,勢隔卑尊,小夫竿牘之勤,不足自效;莫府文書之衆,或以爲煩。方隨傳車,得望步履。固願階緣於疇昔,因得鑽仰於緒餘。敢

---

① 《繫年初稿》繫於慶曆三年,第5頁。

圖高明，先賜勞來……將次郊關，即趨牆屏。其爲感喜，豈易談言。”

按，先狀，“先以狀至之意，臨見面前所致書信。”①時韓琦尚知揚州，公赴知鄞縣，途過揚州謁之。

五月八日，韓琦自揚州徙知鄆州。爲琦代作謝表

《文集》卷六十一《代鄆州韓資政謝表》：“褊夫左右之聯，寄以東南之屏。敗財傷錦，宜有衆多之譏；增秩賜金，本非平素之望。敢圖上聖，復眷孤臣，就徙通班，改司善部。惟汶陽之奧壤，乃魯服之大邦。豈繄薄材，稱是煩使？”

按，《長編》卷一百六十慶曆七年五月壬午：“知揚州、資政殿學士、給事中韓琦爲京西路安撫使、知鄆州。”此表爲公代韓琦撰，“汶陽之奧壤”、“魯服之大邦”，謂鄆州。《聖宋名賢五百家播芳大全文粹》卷四題爲《謝除資政殿大學士表》，不確。

江上有詩抒懷

《詩注》卷二十四《江上二首》其一：“潮連風浩蕩，沙引客淹留。落日更清坐，空江無近舟。共看葭葦宅，聊即稻粱謀。未敢嗟艱食，凶年半九州。”

其二：“書自江邊使，鄉鄰病餓稠。何言萬里客，更作百身憂。補敗今誰恤，趨生我自羞。西南雙病眼，落日倚扁舟。”

---

① 唐玲《E考據時代下的學問與技術》，《華南師範大學學報》（哲社版）2016年第2期。

按,《宋會要輯稿》帝系九:"自去歲冬末,時雪已愆,今春大旱,赤地千里。"此即詩曰"凶年半九州"。"聊即稻粱謀"者,赴知鄞縣也。"補敗今誰恤,趨生我自羞",可見公於大旱之時,自愧無補時政之反省、自責意識。

過蘇州如歸亭,有詩

《詩注》卷十九《如歸亭順風》:"春江窈窈來無地,飛帆浩浩窮天際。朝出吳川夕雪溪,回首喬林吹岸薺。"

按,如歸亭,范成大《(紹定)吳郡志》卷十四:"在吳江,張先子野撤而新之。蔡襄君謨題壁云:'蘇州吳江之瀕,有亭曰如歸者,隘壞不可居。康定元年,知縣事、秘書丞張先始爲大之云。'"

抵鄞,有啓與前任趙中舍

《文集》卷八十一《與交代趙中舍啓》:"嘗請代期,當留聽下。單舟在境,敢無告於候人;善政可師,將有求於令尹。自餘占對,乃盡布陳。"

按,趙中舍,應爲前任鄞縣知縣,其人待考。公之此啓,當屬上任時與趙中舍交接之禮儀。

《宋史》卷三百二十七《王安石傳》:"擢進士及第,簽書淮南判官。舊制,秩滿許獻文求試館職,安石獨否。再調知鄞縣。"

《東都事略》卷七十七《王安石傳》:"召試館職,固辭,乃知鄞縣。"

《名臣碑傳琬琰集》下卷十四《王荆公安石傳實錄》:"安

石少有大志，慶曆二年登進士甲科，簽書淮南節度判官廳公事。代還，例當進所業試館職，安石獨不進。特召試，亦固辭。知明州鄞縣。”

上明州通判啓

《文集》卷八十一《上通判啓》：“忝守官於支邑，將仰芘於公材。”公所知之縣惟鄞，故繫於初上任時。

與兩浙轉運使杜杞飲鄞縣城南

《詩注》卷十七《同杜史君飲城南》：“山公游何處？白馬鳴翩翩。檀欒十畝碧，五月浮寒煙。留客醉其間，風吹江海縣。”

《繫年》：“按杜史君即杜杞，本年爲兩浙轉運使，説見本年文繫年《上杜學士言開河書》。所謂‘江海’，當指姚江、甬江會於鄞而東注入海，並非純粹虛擬之詞。”

據此詩，公五月已抵鄞縣。簽判揚州時，公已識杜杞。《文集》卷八十五《祭杜慶州杞文》：“不肖之身，始佐公揚。公後來東，有賜於明。昔飲同堂，今奠於庭。”“昔飲同堂”或指此。

以定海知縣袁穆致啓通問，有啓答之

《文集》卷八十一《答定海知縣啓》。啓曰：“竊邑海旁，得鄰境上。布私書之未暇，辱重問以相先。”當作於涖鄞之初。定海知縣爲袁穆，《（寶慶）四明志》卷十八“定海縣令題名”：“袁穆，以太常博士知。慶曆七年四月至任，八年十二月致仕。"

有啓回慈溪令林肇

《文集》卷八十一《謝林中舍啓》。

按,林中舍,即林肇,字公權,寶元元年進士。① 慶曆五年,任慈溪縣令,直至皇祐二年仍在任。② 詳啓意,當作於公知鄞初。林肇與公爲姻親,慈溪又與鄞縣接壤,故啓曰"維家伯氏,得婚高門","治所相望,私誠甚喜","先賜撫存之教,曲加獎引之辭"。

上書郎簡

《文集》卷七十六《上郎侍郎書》其一。郎侍郎,即郎簡,字叔廉,杭州臨安人(見本譜卷一)。《宋史》卷二百九十九《郎簡傳》:"出知江寧府,歷右諫議大夫、給事中、知揚州,徙明州。以尚書工部侍郎致仕。"郎簡慶曆二年徙明州,③本年已致仕。啓曰"得邑海上,道當出越","既到職下,拘於法,不得奔走以詷下從者",當作於蒞鄞後。

因孫沔致書,答之

《文集》卷七十七《答孫元規大資書》:"比者得邑海上,

---

① 《(淳熙)三山志》卷二十六:"景祐四年戊寅呂溱榜,是年改寶元元年:林肇,敦復之子,字公權,終屯田郎中。"第8010頁。

② 《(寶慶)四明志》卷十六"縣令":"林肇,慶曆五年。"第5201頁。《明州慈溪縣普濟寺羅漢殿記》:"皇祐二年,縣令林侯肇夜□□□門。"章國慶《寧波歷代碑碣墓誌彙編》,上海古籍出版社2012年版,第97頁。

③ 李之亮《宋兩浙路郡守年表》,第261頁。

而聞左右之別業,實在敝境,猶不敢因是以求聞名於從者。卒然蒙賜教督,讀之茫然,不知其爲媿且恐也。"

按,孫沔字元規,越州會稽人,《宋史》卷二百八十八有傳。書謂"比者得邑海上,而聞左右之別業,實在敝境",當作於甫知鄞縣時。大資,資政殿大學士。《長編》卷一百六十一慶曆七年九月甲戌,李燾注:"沔以是年三月自河東都漕改帥慶州。""凡三知慶州,邊人服其能。遷龍圖閣直學士。"①《(乾道)臨安志》卷三:"至和元年二月壬戌,以樞密副使、給事中孫沔爲資政殿學士、知杭州。嘉祐元年八月戊午,加資政殿大學士、京東東路安撫使、知青州。"據此,書中"大資"二字當係《文集》編者所加。

孫沔先遺書公,繼又遺使,或因在鄞置有別業之故,"左右之別業,實在敝境"。《樓鑰集》卷七十一《跋陳進道所藏杜祁公詩》:"威敏,越人。王荆公在鄞時,《答元規大資書》有云:'比方得邑海上,而聞左右之別業,實在敝境。'豈威敏以別業在此,故有'仁里'之言?又豈威敏得請而正獻贈以此詩,既改徐而不及至郡邪?淺陋姑誦所聞,未必真是。進道好古博雅,更試考之。蔡君謨詩《會亭遇資政孫公赴闕公致仕已七年時召歸將有西鄙之任》有云:'新治甫上居,閒逸安暮齒。'以是知亦嘗居于四明。"

撰《撫州招仙觀記》

《文集》卷八十三《撫州招仙觀記》:"夫宮室、器械、衣

---

① 《宋史》卷二百八十八《孫沔傳》,第9686頁。

服、飲食,凡所以生之具,須人而後具,而人不須吾以足,惟浮屠、道士爲然。而全之爲道士,人須之而不可以去也,其所以養於人也,視其黨可以無媿矣。予爲之書,其亦可以無媿焉。慶曆七年七月,復興之歲月也。"

修西亭,讀書其間

《(延祐)四明志》卷八:"西亭,宋王荆公舊讀書處也,今名王荆公臺。在廉訪分司公宇後圃,今廢。"

《(至正)四明續志》卷十一:"王荆公讀書臺,宋慶曆七年,王安石宰鄞邑時所築,在今廉訪司分司北,僅存遺址,積瓦礫成阜,四向悉隙爲菜圃。"

《東都事略》卷七十九《王安石傳》:"乃知鄞縣。安石好讀書,三日一治縣事。"

修廣德湖堤

《(乾道)四明圖經》卷十載舒亶《水利志》:"或謂是湖(廣德湖)堤塘善穨,每一浚築,則取材調工,於并湖之民亦勞費矣。今誠能即其膏沃,少損爲田,歲積穀以爲繕修之備,亦因利之利也。是不然。自慶曆丁亥,距今元祐癸酉,凡四十七年矣。而湖堤之修,前荆公,中張侯峋,最後段君藻,蓋未始數也。"

按,廣德湖,在鄞縣西十二里,《曾鞏集》卷十九《廣德湖記》:"蓋湖之大五十里,而在鄞之西十二里。其源出於四明山,而引其北爲漕渠,泄其東北入江。凡鄞之鄉十有四,其東七鄉之田,錢湖漑之;其西七鄉之田水注之者,則此湖也。

舟之通越者，皆由此湖，而湖之産有鳧雁魚鱉、茭蒲葭菼、葵蓴蓮茨之饒。其舊名曰鸎脰湖，而今名，大曆八年令儲仙舟之所更也。"

謁城西吳刺史廟，有詩

《(延祐)四明志》卷十五："吳刺史廟，在城西門外九里堰。唐大曆年間，刺史吳謙字德裕，有善政，郡民歃血而祠之。宋王荆公宰鄞，詣祠奉祀，詩云：'山色湖光一樣清，桑麻穀粟荷君情。至今民祀年年在，莫負當年歃血盟。'前朝請大夫王應麟撰記云。"

奉提點刑獄命至餘姚，斷餘姚縣人與季父爭田之訟

《文集》卷三十八《歷山賦并序》："餘姚縣人有與季父爭田，于縣、于州、于轉運使，不直，提點刑獄令余來直之。將歸，閔然望歷山而賦之。歷山在縣西上虞縣界中，或曰舜所耕云。"

按，餘姚，原作"餘杭"，據龍舒本《王文公文集》改。《(嘉慶)大清一統志》卷二百九十四："歷山，在餘姚縣西北六十里。舊經云：'越有歷山，舜丹象田，以舜之餘族封於餘姚，故子孫像舜以名之。'"宋時歷山屬上虞縣，故文曰："歷山在縣西上虞縣界中。"鄞縣、餘姚、上虞三縣同屬浙東路。另，《長編》卷一百六十慶曆七年六月辛酉："詔天下知縣、縣令非鞫獄無得差出外。"公此行正爲鞫獄，於條法無礙。

晤餘姚令謝景初，暢談爲治之道

《文集》卷八十二《餘姚縣海塘記》："自雲柯而南至于某，有隄若干尺截然，令海水之潮汐不得冒其旁田者，知縣事謝君爲之也……謝君者，陽夏人也，字師厚，景初其名也。其先以文學稱天下，而連世爲貴人，至君遂以文學世其家。其爲縣不以材自負，而忽其民之急。方作隄時，歲丁亥十一月也，能親以身當風霜氛霧之毒，以勉民作而除其菑……而異時予嘗以事至餘姚，而君過予，與予從容言天下之事。君曰：'道以閎大隱密，聖人之所獨，鼓萬物以然而皆莫知其所以然者，蓋有所難知也。其治政教令施爲之詳，凡與人共而尤丁寧以急者，其易知較然者也。通塗川，治田桑，爲之隄防溝澮渠川，以禦水旱之災，而興學校，屬其民人相與習禮樂其中，以化服之，此其尤丁寧以急而較然易知者也。今世吏者，其愚也固不知所爲。而其所謂能者，務出奇爲聲威，以驚世震俗，至或盡其力以事刀筆簿書之間而已。而反以謂古所爲尤丁寧以急者，吾不暇以爲，吾曾爲之，而曾不足以爲之。萬有一人爲之，且不足以名於世而見謂材。嘻，其可歎也！夫爲天下國家且百年，而勝殘去殺之效，則猶未也，其不出於當時。'予良以其言爲然。既而聞君之爲其縣，至則爲橋於江，治學者以教養縣人之子弟，既而又有隄之役，於是又信其言之行而不予欺也。已爲之書其隄事，因并書其言終始而存之，以告後之人。慶曆八年七月日記。"

按，謝景初字師厚，謝絳之子。慶曆六年，謝景初進士及第，秋知餘姚，梅堯臣有詩相賀並寄送："君南我赴北，日見陽雁度。茲欲遠寄音，雁行高且鷲。"①范純仁《范仲宣公文集》卷十三《朝散大夫謝公墓誌銘》："中進士甲科，遷大理評事、知越州餘姚縣……餘姚濱海，民喜盜，煮鹽利厚，而法不能禁。公明立約束，刑不加肅而民自戢，鹽課羨於常歲。又爲塘岸以禦潮漲之患，民得安居。"《記》曰"而異時予嘗以事至餘姚，而君過予"，即指本年公赴餘姚斷訟。謝景初築堤始於慶曆七年十一月，乃二人相晤後，故文曰："當時予良以其言爲然，既而……又有隄之役。"所曰"治政教令施爲之詳，凡與人共而尤丁寧以急者"，公平生之所服膺也。

遊餘姚龍泉寺，作《龍泉寺石井二首》

《詩注》卷四十七《龍泉寺石井二首》其一："山腰石有千年潤，海眼泉無一日乾。天下蒼生待霖雨，不知龍向此中蟠。"

李注："在餘姚縣。《建康志》無龍泉寺，而《臨汝志》：'長安鄉有龍泉院。'豈即此寺邪？或在南康也。信州亦有龍泉院，在玉山縣。"庚寅增注："蓋井在越州，見《會稽掇英總集》。熙寧孔延之所編，題云'史館王相'，即此詩也。"

按，《繫年》繫於慶曆三年，必誤。庚寅增注是。《(嘉泰)會稽志》卷八："龍泉寺在(餘姚)縣西二百步，東晉咸康二年建，唐會昌五年廢。大中五年重建，咸通二年改今額。龍泉在寺山，王荆公有絕句，所謂'四海蒼生待霖雨，不知龍向此中蟠'。今有大字刻于泉傍，蓋後人倣公書爲之，非真

① 《梅堯臣集編年校注》卷十六《寄送謝師厚餘姚宰》，上海古籍出版社2006年版，第373頁，同卷《喜謝師厚及第》，第343頁。

筆也。”同書卷十一：“龍泉在靈緒山龍泉寺上，王荆公絶句所謂‘天下蒼生望霖雨，不知龍向此中蟠’也。有大字刻泉旁，蓋後人倣公書，非真筆。”王象之《輿地紀勝》卷第十：‘龍泉，在餘姚靈緒山龍泉寺上，王荆公所謂‘龍向此中蟠’者是也。’《能改齋漫録》卷六：“張文潛有二石龜，晁無咎名其大者爲九江，小者爲千歲。文潛因作《九江千歲龜歌》一首贈無咎，略云：‘老龍洞庭怒，蕩覆堯九州。’謂半山老人也。又云：‘禹咄嗟，水平流。’謂司馬君實也。”

此詩即景生情，直抒胸臆，當爲公早年詩歌代表作。其理想之高遠，抱負之宏偉，一覽無餘。而“天下蒼生待霖雨”，亦或因是年離京赴任時，適逢大旱，而非泛泛而言、爲情造景。

將歸，撰《歷山賦》

《文集》卷三十八《歷山賦并序》：“將歸，閔然望歷山而賦之。歷山在縣西上虞縣界中，或曰舜所耕云。”

八月，所撰古文備受歐陽修青睞，有多篇收入《文林》；歐陽修諭以爲文當取其自然，甚欲一見

《曾鞏集》卷十六《與王介甫第一書》：“鞏至金陵後，自宣化渡江，來滁上見歐陽先生，住且二十日……歐公悉見足下之文，愛嘆誦寫，不勝其勤……又嘗編《文林》者，悉時人之文佳者，此文與足下文多編入矣……歐公甚欲一見足下，能作一來計否……歐公更欲足下少開廓其文，勿用造語及摸擬前人，請相度示及。歐云：‘孟韓文雖高，不必似之也，

取其自然耳。'"

按，《文林》係歐陽修所録後進投卷之作，今佚。吳子良《林下偶談》卷三："歐公凡遇後進投卷可采者，悉録之爲一册，名曰'文林'。公爲一世文宗，於後進片言隻字，乃珍重如此，今人可以鑑矣。"

九月，曾易占卒。有文祭之

《文集》卷八十五《祭曾博士易占文》。

按，曾易占，曾鞏之父，本年九月病卒。[1]《文集》卷九十三《太常博士曾公墓誌銘》："公以端拱己丑生，卒時慶曆丁亥也。"

因曾鞏遭誣，撰文辨之

朱熹《三朝名臣言行録》卷九引《温公日録》："（曾易占）會赦，自出，俾子固訟冤。再劾，復往英州，因死焉。子固時不奔喪，爲鄉議所貶，介甫爲作《辨曾子》以解之。子固及第，鄉人作《感皇恩》道場，以爲去害也。子固好依漕勢以陵州，依州陵縣，依縣陵民。案，曾公父死南都，杜祁公爲治其喪，時惟公在側，今文集有《謝杜公書》可見也。又荆公作墓誌，亦言至南京病卒。此云不奔喪者，温公傳聞之誤也。"

按，公《辨曾子》不見《文集》，或即《詩注》卷十九《贈曾子固》，詩曰："曾子文章衆無有，水之江漢星之斗。挾才乘氣不媚柔，群兒謗傷均一口。吾語群兒勿謗傷，豈有曾子終

---

[1]　李震《曾鞏年譜》卷一，第114頁。

皇皇？借令不幸賤且死，後日猶爲班與揚。"

胡舜元至鄞求銘，爲其父撰墓誌銘

《文集》卷九十六《胡君墓誌銘》："王某之治鄞三月，其故人胡舜元凶服立於門。揖入，問弔故，則喪其父五月。留而館，意獨怪其來之早也。居數月……取吾所素知者，爲之誌而銘之。誌曰：君諱某，池之銅陵人，生於丁丑興國之年也，卒於丁亥，是爲慶曆七年。子七人，某，以十月葬君於谷垂山。"

按，胡舜元字叔才，安徽銅陵人。《（嘉靖）池州府志》卷七："登嘉祐四年進士。先是，王安石讀書銅陵大明寺，舜元與同硯席。後知鄭縣，遇行新法，書詆安石，言其懷利事君，貪得害民，竟乞致仕。後没，安石挽之詩云：'德行文章里閈宗，姓名朝野盡知公。侍親存殁皆全孝，報政初終必竭忠。性直不從花縣樂，分安求逸郁庭空。從今永別人間去，笑入蓬瀛閬苑中。'"《（嘉靖）銅陵縣志》卷七："王安石字介甫，臨川人，熙寧中拜相。微時，與新安汪澥、邑人胡舜元築堂於靈寶泉側講學。""胡舜元，字叔才，幼與王安石讀書大明寺，同硯席。安石顯，有《送叔才下第序》。嘉祐四年，舉進士，歷德興二縣尹，遷著作郎。時新法行，以書詆安石，有懷利事君、貪利害民等語。乞致仕，終于家，安石以詩挽之。祀鄉賢祠。"同書卷一："有靈寶泉，宋王荆公詩：'山腰水有千年潤，石眼泉無一日乾。天下蒼生望霖雨，不知龍向此中蟠。'"

以上地志記載，真偽參半，未可遽信。如所引公詠銅陵靈寶泉詩，實爲詠餘姚縣龍泉寺石井；所引挽詩，亦不見《文集》《詩注》，未必出於公。然《墓誌銘》既曰"故人"，則二人確乎此前已訂交，《文集》卷八十四《送胡叔才序》："不予愚，而從之遊。"

胡舜元下第返鄉，或爲慶曆六年，時公於京師待闕，胡父尚存；七年，父歿，因至鄞求銘。據銘文，胡父十月下葬，則此銘必撰於葬前。吳澄《吳文正公集》卷三十九《故承直郎崇仁縣尹胡侯墓誌銘》："予夙聞侯爲銅陵世家。既閱狀，復稽荆國王文公集所載。侯之七世祖諱舜元，嘉祐四年進士，官至著作佐郎。少從王文公游，公爲誌其父墓。著作之孫諱棣，建炎二年進士，官至朝請大夫、兵部郎官，於侯爲五世祖。兵部之玄孫諱元一，宋末太學進士，皇元贈承務郎，侯之考也。""公爲誌其父墓"即此銘也。

十月十日，上書轉運使杜杞言開河事

《文集》卷七十五《上杜學士言開河書》："十月十日，謹再拜奉書運使學士閣下……某爲縣於此，幸歲大穰，以爲宜乘人之有餘及其暇時，大浚治川渠，使有所瀦，可以無不足水之患。而無老壯稚少，亦皆懲旱之數，而幸今之有餘力，聞之翕然，皆勸趨之，無敢愛力。夫小人可與樂成，難與慮始。誠有大利，猶將強之，況其所願欲哉？竊以爲此亦執事之所欲聞也。"

按，公欲於鄞縣興修水利，須先稟明兩浙轉運或提刑司。《宋會要輯稿》食貨七："（慶曆）五年九月二十八日，兩浙提點刑獄宋純等言：'乞應在官有能擘劃開修水利，並須先具所見利害于畫地圖,申本屬州軍及轉運或提刑司。委是本司于部下選官,親詣地所相度,如實合行開修,經久利濟,詢問鄉耆,審取詣實,差官具保明結罪,申轉運、提刑司體量允當,方下本屬州軍計夫料、餉糧,設法勸誘租利人户情願出備。仍依元敕,于未農作時興役半月,不得非時差擾。候畢,具元擘畫官吏依近詔保明施行。如官吏敢擅開修,不預申本屬,不得理爲勞績,及出給公據保明,仍勘事端施行。'從之。仍照今後委實有功效,並只理爲勞績。"

又,杜學士爲杜杞,字偉長,杜鎬之孫。"(慶曆)六年,徙爲兩浙轉運使,築錢塘堤,自官浦至沙陞,以除海患。"①杜杞慶曆六年徙兩浙轉運使,慶曆七年十月仍在任,《越中金石記》卷二《鑑湖題名》:"轉運使、兵部員外郎、直集賢院杜杞議復鑑湖,畜水溉田,時與司封郎中知州事陳亞、左班殿直勾當檢計余元、太常寺太祝知會稽縣謝景温、權節度推官陳繹同定水則於稽山之下,永爲民利。慶曆七年十月一日題。"杜杞爲官重視水利,且與公素有交往,公欲修水利,於公於私,皆須申稟,故上此書。

十一月七日,出巡鄞縣十四鄉,屬縣民浚渠川,首至萬靈鄉之左界,宿慈福院

十一月八日,升雞山,觀碶工鑿石,入育王山,宿廣利寺

《(至正)四明續志》卷四:"通山碶,在縣東南一百里。

---

① 《歐陽修全集》卷三十《兵部員外郎天章閣待制杜公墓誌銘》,第449頁。

宋慶曆七年，王荆公安石宰鄞時，鑿山爲之。"

十一月十一日，下靈巖，浮石湫之壑，謀作斗門於海濱，宿靈巖之旌教院

十一月十三日，至蘆江，宿瑞巖開善院

十一月十四日，遊天童山，宿景德寺

十一月十六日，與瑞新游；行至東吴，具舟以西

十一月十七日，泊舟堰下，食於大梅山之保福寺莊，過五峰，夜半至小溪

十一月十八日，觀新渠及洪水灣，還食於普寧院；如林村，夜未半，至資壽院

十一月十九日，勸戒桃源、清道二鄉之民浚渠川

十一月二十日，歸縣衙

按，以上行程，詳《文集》卷八十三《鄞縣經遊記》："慶曆七年十一月丁丑，余自縣出，屬民使浚渠川。至萬靈鄉之左界，宿慈福院。戊寅，升雞山，觀碶工鑿石，遂入育王山，宿廣利寺。雨，不克東。辛巳，下靈巖，浮石湫之壑以望海，而謀作斗門于海濱，宿靈巖之旌教院。癸未，至蘆江，臨決

渠之口,轉以入于瑞巖之開善院,遂宿。甲申,遊天童山,宿景德寺。質明,與其長老瑞新上石望玲瓏巖,須猿吟者久之,而還食寺之西堂,遂行至東吳,具舟以西。質明,泊舟堰下,食大梅山之保福寺莊。過五峰,行十里許,復具舟以西,至小溪以夜中。質明,觀新渠及洪水灣,還食普寧院。日下昃,如林村。夜未中,至資壽院。質明,戒桃源、清道二鄉之民以其事。凡東西十有四鄉,鄉之民畢已受事,而余遂歸云。"

兩謁永泰王廟,爲縣民浚川祈晴

《文集》卷八十六《祭鮑君永泰王文》其一:"年月日,官某,敢告于鮑君之神……今兹令又以其暇時,屬之使治渠川,比常歲則農之勞蓋有加焉,神宜哀憐而有以相之也。治之無幾也而雨,雨且止,丁壯老弱相與行水而涸之,猶未也而又雨。非民獨病也,而令亦夙夜以憂。惟神相之以霽,令是役早有卒也。夫令之所以憂,其職民也。惟神之食於民也爲已久,而憂之亦不可在令後也。謹告。"

按,《(寶慶)四明志》卷十一:"靈應廟,即鮑郎祠也,舊曰永泰王廟,北距子城二里半。按《輿地志》云:'鮑郎,名蓋,後漢鄞邑人,爲縣吏。縣嘗俾捧牒入京,留家酣飲,踰月不行。縣方詰責,已而得報章,果上達。既死,葬三十年,忽夢謂妻曰:"吾當更生,盍開吾塚?"妻疑不信,再夢如初,乃發棺,其尸儼然如生,第無氣息耳。冥器完潔,若日用者。棺之四旁,燈然不滅,膏亦不銷。郡人聚觀,咸怪神之,爲立祠宇。'……唐聖曆二年,縣令柳惠古徙祠于縣。會昌中,刺史張次宗記其事。皇朝崇寧二年，尚書豐稷奏：'明州鮑君永泰王廟額犯哲宗皇帝陵名，乞改爲靈應。'敕如請。政和八年，守樓异以雨暘時若，有禱輒應，奏請王爵。加惠濟王。宣和四年，守李友聞因睦寇竊發，驚擾鄰邑，境内安全，繋王之功，奏請加封，於是加'威烈'二字。六年，侍郎路允迪使高麗，蹈海無虞，奏請再加'忠嘉'二字。建炎四年，車駕巡幸，敕加'廣靈'二字。今稱忠嘉威烈惠濟廣靈王。"

林肇來訪，不遇

《文集》卷八十一《謝林肇長官啓》："伏蒙貶損，猥先臨存。方以出行渠川，未嘗得望車騎。"

十一月，上書乞告歸江寧葬父

《曾鞏集》卷四十四《尚書都官員外郎王公墓誌銘》："安石今爲大理評事、知鄞縣，慶曆七年十一月，上書乞告葬公。明年某月，詔曰可。"

按北宋官制，官員不得擅離任所："諸在官無故亡，擅去官守亦同亡法。計日輕者，徒二年，有規避或致廢闕者，加二等；主兵之官，各加一等；緣邊主兵官，又加二等。統轄官司知而聽行者，減犯人一等。"①仁宗天聖七年五月詔："諸知州軍、通判、部署、鈐轄、都監、監押、巡檢、寨主，不俟詔而輒去官者，從監臨擅離場務敕加二等；計日重者，從在官無故亡律，餘官減敕條二等。即有規避及致廢事，加一等。"②故

① 《慶元條法事類》卷九《職制門》，黑龍江人民出版社2002年版，第160頁。
② 《續資治通鑑長編》卷一百八天聖七年五月辛巳，第2514頁。

公返江寧營葬，須先申稟："諸命官在任乞假遷葬祖父母、父母者，本屬勘會，無規避，保明申轉運司。縣令、佐仍申提點刑獄司。"①

夏希道修繁昌縣舍，建縣學。應夏之請，爲撰學記

《文集》卷八十二《繁昌縣學記》："至今天子，始詔天下有州者皆得立學，奠孔子其中，如古之爲。而縣之學士滿二百人者，亦得爲之。而繁昌小邑也，其士少，不能中律，舊雖有孔子廟，而庫下不完，又其門人之像，惟顏子一人而已。今夏君希道太初至，則修而作之，具爲子夏、子路十人像，而治其兩廡，爲生師之居，以待縣之學者。以書屬其故人臨川王某，使記其成之始。"

按，夏希道本年知太平州繁昌縣，至後二十七日營造縣舍、修建縣學，十月二十三日成，遂請公、曾鞏各撰學記、縣舍興造記。《曾鞏集》卷十七《繁昌縣興造記》："今有能令出，因民之所欲爲，悉破去竹障，而垣其故基，爲門以通道往來，而屋以取固。即門之東北，構亭瞰江，以納四方之賓客……夏希道太初，此令之姓名字也。慶曆七年十月二十三日，此成之年月日也。"此爲現存公學記中最早一篇。

歲末，上書杜杞，賀其改使河北

《文集》卷七十六《上杜學士書》："竊聞受命改使河北，伏惟慶慰……今執事按臨東南，無幾何時，浙河東西十有五

---

① 《慶元條法事類》卷十一《職制門》，第212頁。

州之官吏士民,未盡受察,便宜當行而害之可除去者猶未畢
也……故雖某蒙恩德最厚,一日失所依據,而釋然於心,不
敢恨望,唯公義之存而忘所私焉。”

　　按,歐陽修《兵部員外郎天章閣待制杜公墓誌銘》:
“(慶曆)六年,徙爲兩浙轉運使,築錢塘堤,自官浦至沙陘,
以除海患。明年,又徙河北轉運使。”①前引《越中金石記》
卷二《鑑湖題名》,杜杞本年十月仍在兩浙:“轉運使、兵部員
外郎、直集賢院杜杞議復鑑湖,畜水溉田……定水則於稽山
之下,永爲民利。慶曆七年十月一日題。”翌年正月,胡宿遷
兩浙轉運使。《(同治)蘇州府志》卷五十二:“胡宿,慶曆七
年五月,以三司鹽鐵判官、判度支勾院任。八年正月,遷兩
浙轉運使。”然則杜杞應於本年底由兩浙轉運使徙河北路。
《宋史》卷三百《杜杞傳》:“御史梅摯劾杞殺降失信,詔戒諭
之,爲兩浙轉運使。明年,徙河北,拜天章閣待制、環慶路經
略安撫使、知慶州。”

　　繼杜杞後,胡宿除兩浙轉運使,似未赴,繼爲張瓌,疑亦
未赴。《長編》卷一百六十二慶曆八年閏正月丁未:“祠部員
外郎、秘閣校理張瓌爲兩浙轉運使。瓌十年不磨勘遷官,朝
廷獎其退静,故用之。”張瓌字唐公,滁州全椒人,天聖二年
進士。祖父張洎爲太宗朝參知政事,張洎兩子,長子張安
期、次子張方回,瓌、璪即方回子。張瓌與公乃摯交,多有唱
和(詳下)。

①　《歐陽修全集》卷三十,第449頁。

是年，曾鞏屢寄詩篇，並托人奉書。有《寄曾子固二首》答之

《詩注》卷六《寄曾子固二首》其一："嚴嚴中天閣，靄靄層雲樹。爲子望江南，蔽虧無行路。平生湖海士，心迹非無素。老矣不自知，低回如有慕。傷懷西風起，心與河漢注。哀鴻相隨飛，去我終不顧。"

其二："崔嵬天門山，江水遶其下。寒渠已膠舟，欲往豈無馬。時恩繆拘綴，私養難乞假。低回適爲此，含憂何時寫？吾能好諒直，世或非詭詐。安得有一廛，相隨問耕者。"

按，第一首李注："疑此詩公在館中時作也。'嚴嚴中天閣'，爲指秘閣而言。"誤也。"中天閣"非秘閣，實爲餘姚龍泉寺中天閣，其名得自晚唐詩人方干"中天氣爽近是河"。"時恩繆拘綴，私養難乞假"，應指是年十一月，公上書乞歸江寧葬父。

第二首"天門山"即明州東門山。李注："《九域志》：'明州東門山，《漢·地理志》所謂天門山也。'"《詩注》卷三十八《寄石鼓陳伯庸》，李注："四明却有天門山耳，天門山在明州。"《沈注》引《方輿紀要》："天門山，在寧波府奉化縣南六十里……觀此，則公在鄞作此詩。"沈説是。二首皆作於是年冬。

本年，曾鞏所寄詩篇有：《曾鞏集》卷三《一書千萬思》、《發松門寄介甫》、《江上懷介甫》等。《曾鞏集》卷十六《與王介甫第一書》："鞏啓：近託彦弼、黄九各奉書，當致矣。鞏至金陵後，自宣化渡江來滁上，見歐陽先生，住且二十日。"

黄九應爲黄慶基，彦弼或爲吴彦弼。

有詩寄陳伯庸

《詩注》卷三十八《寄石鼓陳伯庸》："鯨海無風白日閑，天門當面險難攀。塵埃掉臂離長陌，琴酒和雲入舊山。仁義未饒軒冕貴，功名誰信鬼神慳。郭東一點英雄氣，時伴君心夜斗間。"

李注："《寰宇記》：'《明州郡國志》云："靈山有石鼓臨澗，若鳴，則野雉翔。"'撫州臨川縣亦有石鼓，但四明却有天門山耳。""天門山，在明州。"

與明州望族陳諒兄弟遊，甚器之

豐稷《宋故奉議郎陳公墓誌銘并蓋》："公諱諒，字深甫。陳氏爲四明望族久矣……鄞人初未勸學，金紫帥先散金購書藏之家，延禮鄉先生、四方之士教諸子弟。時荆國王公治鄞，公昆季從焉，荆公甚器之。"①

---

① 章國慶《寧波歷代碑碣墓誌彙編》，第111頁。

慶曆八年戊子(1048)，二十八歲

閏正月九日，文彥博拜相。上賀啓

《文集》卷八十一《上集賢相公啓》。

按，《宋史》卷二百十一《宰輔表二》："慶曆八年閏正月戊申，文彥博自諫議大夫、參知政事加行禮部侍郎、同平章事、集賢殿大學士。"《繫年》："啓曰：'狂寇毒清河之民，擊義節以請行，先堂兵而制勝。'此乃指是年破貝州、擒王則事，貝州改稱清河。啓又曰：'爲吏南州，抗塵末路。'則此啓當作於是年。"可從。

春，有啓答林肇

《文集》卷八十一《謝林肇長官啓》。

按，慶曆七年十一月，公出巡屬縣，適林肇來訪，未遇，故啓曰"方以出行渠川，未嘗得望車騎"。又曰"三陽肇歲，萬物同春"，當作於本年春。《文集》卷八十一《答林中舍啓》其一曰："幸鄰封畛，叨綴戚婣。"林中舍應即林肇，啓亦作於本年。

再致書郎簡，謝其饋賜蜀牋、兗墨，並寄以詩

《文集》卷七十六《上郎侍郎書》其二："去年得邑海上，塗當出越，而問聽之繆，謂執事在焉。比至越，而後知車馬在杭……輒試陳不敏之罪於左右，顧猶不敢必左右之

察也。不圖執事遽然貶損手教，重之蜀牋兗墨之賜……一官自綴，勢不得去，欲趨而前，其路無由。唯其思報，心尚不怠。”

《詩注》卷三十三《寄郎侍郎》。

按，李注：“公有《上郎侍郎書》。公之先人爲韶州，郎爲部使者，於公世有恩分。”可從。書謂“輒試陳不敏之罪於左右，顧猶不敢必左右之察也”，見慶曆七年《上郎侍郎書》其一。又謂“去年得邑海上”，“不圖執事遽然貶損手教，重之蜀牋兗墨之賜”，故當作於慶曆八年郎簡回書之後。

有詩寄長兄安仁

《詩注》卷四十八《寄伯兄》：“身留海上去何時，只看春鴻北向飛。安得先生同一飯，蕨芽香嫩鱭魚肥。”

李注：“楚公七子，安仁爲長，此詩所指伯兄是也。”詩曰“身留海上”，當作於知鄞時。

四月六日，杜杞知慶州。有啓賀之

《文集》卷八十一《賀慶州杜待制啓》：“伏審拜命宸章，作藩侯閫……吳都按部，聳群吏之廉隅；陝服登車，峻列侯之風采。國家以邊城之寄，戎路所圻，眷內閣之近班，督師臣之重柄。”

按，《長編》卷一百六十四慶曆八年四月甲戌：“河北轉運使、兵部員外郎、直集院杜杞爲天章閣待制、環慶都部署、經略安撫使、兼知慶州。”

五月，新任兩浙轉運使孫甫按部至鄞。謁之，上啓

《文集》卷八十一《上運使孫司諫啓》："近者承顏使宸，獲拜於真賢；恪次海濱，已虔於命署。顧賦材之艱拙，藉容厚之庇存……某官清機昭理，大業鎮浮，以謨明抗論諫垣，以才識典校仙藏。赤裳按部，一新廢置之綱；文石疏恩，即還清切之禁。"

按，孫司諫，即孫甫，《宋史》卷二百九十五有傳："字之翰，許州陽翟人……初舉進士，得同學究出身，爲蔡州汝陽縣主簿。再舉進士及第，爲華州推官……以右司諫出知鄧州，徙安州，歷江東、兩浙轉運使。"《曾鞏集》卷四十七《孫公行狀》："已而奉使契丹，還，遷右司諫、知鄧州，徙安州，又徙江南東路轉運使，又徙兩浙，遷起居舍人、尚書兵部員外郎，改直史館、知陝府。"

慶曆五年春正月，孫甫以右司諫出知鄧州。① 八年正月，孫甫任江南東路轉運使。《張方平集》卷三十三《江寧府重修府署記》："慶曆八年正月癸巳，江寧府署火……命發運副使許元、轉運使孫甫鳩材庀工。"至八年五月，"乙卯，兵部員外郎、知諫院宋禧出爲江南東路轉運使。"②據此，則孫甫自江南東路轉運使徙兩浙，當於慶曆八年正月至五月間。③啓曰"承顏使宸，獲拜於真賢；恪次海濱，已虔於命署"，又曰

① 《長編》卷一百五十四慶曆五年正月甲戌："右正言、秘閣校理孫甫爲右司諫，知鄧州。"第 3735 頁。

② 《長編》卷一百六十四慶曆八年五月乙卯，第 3949 頁。

③ 據李之亮《宋代路分長官通考》，慶曆八年正月，胡宿、張璪先後除兩浙路轉運使，似皆未赴任。巴蜀書社 2003 年版，第 793 頁。

“赤裳按部，一新廢置之綱”，當作於孫甫按巡鄞縣之後。

有啓上新知明州王周

《文集》卷八十一《上明州王司封啓》：“伏審使旌，來臨州部……竊聽海澨之謠，迎貪善政；特憂朝右之計，思得壯猷。曾無幾時，遂去兹土。某竊邑無狀，芘身有歸。”

按，王司封，王周，明州奉化人，真宗大中祥符五年進士。[①] 仁宗寶元二年，以尚書虞部員外郎知無錫。[②] 慶曆八年，以司封郎中知明州。[③] 詳啓意，當上於王周甫知明州時。

代王周撰明州到任謝表

《文集》卷六十一《代人上明州到任表》：“臣某言：奉敕差知明州，已於某月到任訖……自初受命，以至造官，歷年兩周，取道萬里。備更艱阨，職臣之分使然；卒就宴安，賴上之恩抵此。餘年且索，旅力已愆，尚何施爲，可以報稱？於苟利國家之事，靡所不思；及未填溝壑之時，庶幾無愧。”

奉命撰《明州新刻漏銘》

《文集》卷三十八《明州新刻漏銘》：“戊子王公，始治于明。丁亥孟冬，刻漏具成。追謂屬人，嗟汝予銘。”

---

① 《(乾道)四明圖經》卷十二：“祥符五年徐奭牓，王周、葛源。”第4982頁。
② 《(咸淳)毗陵志》卷十，第3037頁。
③ 《(寶慶)四明志》卷十：“王周，鄞人，慶曆中，以司封郎中守。”第5126頁。
《文集》卷三十八《明州新刻漏銘》：“戊子王公，始治于明。”第408頁。

按,《(乾道)四明圖經》:"奉國軍樓中有刻漏,皇朝慶曆年太守王周重修。是時,王文公安石爲鄞宰,嘗銘之。其後歲久差舛,不可信。紹興辛巳,太守韓公仲通訪得吳人祝岷,考古制冶銅爲蓮漏,至今用之,有記刻于石,簽判許克昌文也。"

王周會同年賦詩,和之

《詩注》卷三十三《和王司封會同年》。按,"王司封",即王周。

因林肇修慈溪縣學,貽書杜醇,召其爲諸生師

《文集》卷七十七《請杜醇先生入縣學書》其一:"人之生久矣。父子、夫婦、兄弟、賓客、朋友,其倫也。孰持其倫?禮樂、刑政、文物、數制、事爲,其具也。其具孰持之?爲之君臣,所以持之也。君不得師,則不知所以爲君;臣不得師,則不知所以爲臣。爲之師,所以並持之也。君不知所以爲君,臣不知所以爲臣,人之類其不相賊殺以至於盡者,非幸歟?信乎其爲師之重也。古之君子尊其身,恥在舜下,雖然,有鄙夫問焉而不敢忽,斂然後其身似不及者,有歸之以師之重而不辭,曰:'天之有斯道,固將公之,而我先得之;得之而不推餘於人,使同我所有,非天意,且有所不忍也。'某得縣於此踰年矣,方因孔子廟爲學,以教養縣子弟,願先生留聽而賜臨之,以爲之師,某與有聞焉。"

按,慈溪縣學,《(寶慶)四明志》卷十六:"舊在縣西四十步。皇朝雍熙元年,令李昭文建先聖殿居其中。端拱元

年，令張穎記。慶曆八年，令林肇徙建於縣治之東南一里，鄞縣宰王公安石記之，貽書招邑之宿學杜醇爲諸生師。”同書卷八：“杜醇，慈溪人，經明行修，不求聞達。慶曆中，縣令林肇一新鄉校，請公爲之師，不可。王文公安石再爲林作師説以勉之，至今與楊公適並祠於縣學。”

《（寶慶）四明志》卷八所謂“師説”，應即《請杜醇先生入縣學書》，蓋因所論乃儒家師道也，發揮韓愈《師説》之旨。又公待杜醇頗厚，後雖離鄞，猶數問訊。《詩注》卷十三《傷杜醇》：“杜生四五十，孝友稱鄉里。隱約不外求，耕桑有妻子。藜杖牧雞豚，筠筒釣魴鯉。歲時沽酒歸，亦不乏甘旨。天涯一杯飯，夙昔相逢喜。談辭足詩書，篇詠又清泚。都城問越客，安否常在耳。日月未渠央，如何棄予死。古風久凋零，好學少爲己。悲哉四明山，此事今已矣。”李注：“公爲鄞縣，嘗有書請醇入縣學，及在朝，又數從越人問其安否。公厚醇如此，其退之所稱董邵南之流乎？讀公詩，可想見其人。”

公以一縣之尊，兩次致書禮聘布衣杜醇，尊師重道，溢於言表，流風餘韻，波及後世。《（至正）四明續志》卷十一《余少傅祠堂記》載明州昌國縣韓晝興學，即模仿公：“（韓晝）鋭意作興，聚邑之子弟而教育焉，用鄞大夫聘致杜先生故事，具禮延公，以爲諸生楷式，其淑艾甚衆。於斯之時，宮牆有仙，籩豆有楚，士講習息遊其中，彬彬然有鄒嶧鄉射之遺風。”“鄞大夫”，即公。元人袁桷《清容居士集》卷十八《鄞縣學興造記》：“維鄞自王文公延杜先生，以君師爲端本，故後之繼承，經術淵懿、蹇蹇大節見於史傳者，凡數公。衣

冠日隆,微近功利,而懷忠抱德,盛於乾道、淳熙之際。遺言
正學,傳於今猶未泯。"

爲慈溪縣學撰學記

《文集》卷八十三《慈溪縣學記》:"天下不可一日而無
政教,故學不可一日而亡於天下。古者井天下之田,而黨庠
遂序國學之法立乎其中。鄉射飲酒、春秋合樂、養老勞農、
尊賢使能、考藝選言之政,至于受成、獻馘、訊囚之事,無不
出於學。於此養天下智仁聖義忠和之士,以至一偏一伎、一
曲之學,無所不養。而又取士大夫之材行完潔,而其施設已
嘗試於位而去者,以爲之師。釋奠、釋菜,以教不忘其學之
所自;遷徙、俉逐,以勉其怠而除其惡。則士朝夕所見所聞,
無非所以治天下國家之道。其服習必於仁義,而所學必皆
盡其材。一日取以備公卿大夫百執事之選,則其材行皆已
素定,而士之備選者,其設施亦皆素所見聞而已,不待閱習
而後能者也。古之在上者,事不慮而盡,功不爲而足,其要
如此而已。此二帝三王所以治天下國家而立學之本意也。

後世無井田之法,而學亦或存或廢,大抵所以治天下國
家者,不復皆出於學。而學之士群居族處,爲師弟子之位
者,講章句、課文字而已。至其陵夷之久,則四方之學者廢
而爲廟,以祀孔子於天下,斲木搏土,如浮屠道士法,爲王者
象。州縣吏春秋帥其屬釋奠於其堂,而學士者或不預焉。
蓋廟之作出於學廢,而近世之法然也……後林君肇至……
即因民錢作孔子廟,如今之所云,而治其四旁,爲學舍講堂
其中,帥縣之子弟,起先生杜君醇爲之師而興于學。"

　　按，此篇集中體現公之興學理想。公以興學養士爲政教興衰之本，而不滿科舉取士。熙寧貢舉改革之核心理念，於此篇可略窺一斑。茅坤《唐宋八大家文鈔》卷八十七：“予覽學記，曾、王二公爲最，非深於學，不能記其學如此。”

六月十四日，鄞女夭；十五日，葬崇法院西北

　　《文集》卷一百《鄞女墓誌銘》：“鄞女者，知鄞縣事臨川王某之女子也。慶曆七年四月壬戌前日出而生，明年六月辛巳後日入而死。壬午日出，葬崇法院之西北。吾女生惠異甚，吾固疑其成之難也。”

　　按，《（乾道）四明圖經》卷二：“鄞女墓，在城南崇法院之西北。慶曆中，荆國公王安石爲鄞令，有女曰鄞女，死而葬此。有墓誌并《别鄞女》詩，見於集中。”《（寶慶）四明志》卷十三：“鄞女墓，城南崇法院之西北。王荆公安石宰鄞時生女，周晬而歿，葬於此。將行，别以詩……崇法院，縣南五里，舊號焚化院。皇朝乾德五年建，大中祥符三年賜今額。”明人高宇泰《敬止錄》卷三十載，崇法院“寺前有撒骨净土池”，當爲明州士人之葬地。“王荆公鄞女墓在其側”，“至今有舒王留題墨蹟”。據此，鄞女夭後，當爲火葬，葬於崇法院。

　　直至清初，鄞女墓尚存。全祖望《鮚埼亭集外編》卷三十五《題王半山鄞女志》：“舒王之葬殤女，在吾鄉崇法院旁，謝皋羽過而題句者。相傳院中多舒王與會老往來墨跡，戴曾伯‘驚風急雨’之詩是也。先侍郎少女許嫁屠侍郎子本畯，未笄而卒，附葬於檢討公墓。啓土，得一石，則舒王誌

也,因揜之而稍移於北。嘻!是一塊土者,世爲殤女之壙耶?先侍郎曾有文記之,今失去,乃補之集中。"

與崇法院嗣端遊,爲方外友,有詩題崇法院

《佛祖統紀》卷十二:"法師嗣端,四明人。受業崇法,久親法智,世稱教主。王荆公宰鄞,與師爲方外交。荆公有《崇法留題》云:'小亭臨水間修篁,郁郁餘華席地香。惟願時人觀此境,盡將煩惱作清涼。'集中失收。"

《釋門正統》卷七:"丞相舒王也,初宰鄞……與崇法端教主善,音問不絕。《崇法留題》曰:'小亭臨水間修篁,郁郁余華席地香。惟願時人觀此境,盡將煩惱作清涼。'葬鄞女於崇法。解官,以詩別曰:'今泛扁舟來訣汝,死生從此各西東。'俾净人靈照守之。既相,書與崇法會公,因呼靈照。照至,甚喜,問:'能讀誦書寫否?'皆曰不能,能調味耳。王曰:'膳奴也。'遣歸,書與會曰:'靈照回,與《法華經》一部,觀音菩薩一幀,紙二千幅,筆一百枚。'"

七月,謝景初修筑餘姚縣海塘,爲之撰記

《文集》卷八十二《餘姚縣海塘記》:"已爲之書其隄事,因并書其言終始而存之,以告後之人。慶曆八年七月日記。"

按,范純仁《范仲宣公文集》卷十三《朝散大夫謝公墓誌銘》:"慶曆六年中進士,授大理評事、知餘姚縣……餘姚濱海,民喜盜,煮鹽利厚,而法不能禁。公明立約束,刑不加肅而民自戢,鹽課羨於常歲。又爲塘岸以禦潮漲之患,民得安

居。"《宋文鑑》卷十八載謝景初《餘姚董役海隄有作》："五行交相陵，海水不潤下。處處壞堤防，白浪大於馬。顧予爲其長，恐懼敢暫捨。董衆完築塞，跋履率曠野。使人安於生，茲不羞民社。調和陰與陽，自有任責者。"

重清鄞縣東錢湖界

《（寶慶）四明志》卷十二："東錢湖，縣東二十五里，一名萬金湖，以其爲利重也。在唐曰西湖，蓋鄞縣未徙時，湖在縣治之西也。天寶三年，縣令陸南金開廣之。皇朝屢浚治。周回八十里，受七十二溪之流，四岸凡七堰，曰錢堰，曰大堰，曰莫技堰，曰高湫堰，曰栗木堰，曰平湖堰，曰梅湖堰。水入則蓄，雨不時則啓閘而放之，鄞定海七鄉之田資其灌溉……至本朝天禧中，守臣李夷庚因舊廢址增基堅固。自此七鄉之民雖甚旱，而無凶年憂。慶曆八年，縣令王安石重清湖界。"

有啓上知信州楊察

《文集》卷八十一《上信州知郡大諫啓》。

按，啓曰"某海濱承乏"，當撰於知鄞時。大諫，即諫議大夫。此知郡大諫乃楊察，公同年楊寘之兄，晏殊之婿，《宋史》卷二百九十五有傳："楊察字隱甫……景祐元年，舉進士甲科，除將作監丞、通判宿州……晏殊執政，以妻父嫌，換龍圖閣待制。母憂去職，服除，復爲知制誥，拜翰林學士、權知開封府，擢右諫議大夫、權御史中丞……未幾，三司戶部判官楊儀以請求貶官，察坐前在府失出笞罪，雖去官，猶罷知

信州。徙揚州，復爲翰林侍讀學士……無子，以兄子庶爲
嗣。弟寔，舉進士第一，通判潤州，以母憂不赴，毀瘠而卒。
時人傷之。"因楊察曾"爲知制誥，拜翰林學士，權知開封
府"，故啓有"敢謂玉堂之彥"、"演潤鑾坡，光大訓辭之美"
以及"保釐天邑"等語。

又，《長編》卷一百六十五慶曆八年八月丁丑："右諫議
大夫、權御史中丞楊察，兵部員外郎、兼侍御史知雜事張昇，
祠部員外郎、集賢校理、知許州韓綜，並落職。方平知滁州，
察知信州。"①啓當作於此時。

答韶州張殿丞書，論歷代史傳之不足信

《文集》卷七十三《答韶州張殿丞書》："某啓：伏蒙再賜
書，示及先君韶州之政，爲吏民稱誦，至今不絶。傷今之士
大夫不盡知，又恐史官不能記載，以次前世良吏之後……自
三代之時，國各有史。而當時之史多世其家，往往以身死
職，不負其意。蓋其所傳，皆可考據。後既無諸侯之史，而
近世非尊爵盛位，雖雄奇儁烈，道德滿衍，不幸不爲朝廷所
稱，輒不得見於史。而執筆者又雜出一時之貴人，觀其在廷
論議之時，人人得講其然不，尚或以忠爲邪，以異爲同，誅當
前而不慄，訕在後而不羞，苟以厭其忿好之心而止耳。而況
陰挾翰墨，以裁前人之善惡，疑可以貸褒，似可以附毀，往者
不能訟當否，生者不得論曲直，賞罰謗譽又不施其間。以彼
其私，獨安能無欺於冥昧之間邪？善既不盡傳，而傳者又不

---

① 《苕溪漁隱叢話前集》卷五十三引《隱居詩話》："楊察謫守信州。"第 377
頁。

可盡信如此。"

　　按，張殿丞，不詳，李之亮《宋兩廣大郡守臣易替考》載張元於慶曆三年至五年間知韶州，或爲其人。公慶曆八年托曾鞏撰亡父墓誌銘，此書當在之前，姑附此。《唐宋文醇》卷五十八載李光地評曰："此古今升降一大節目。此篇議論，亦大關係。韓子之不爲史官，意亦如此，而有難顯言者，故以鬼神禍福自説。"

　　又，三代以降史傳不足信，公此後屢屢言及。① 如《詩注》卷十二《揚雄》其二："子雲游天禄，華藻鋭初學。覃思晚有得，晦顯無適莫。寥寥鄒魯後，於此歸先覺。豈嘗知符命，何苦自投閣。長安諸愚儒，操行自爲薄。謗嘲出異己，傳載因疏略。孟子勸伐燕，伊尹干説亳。扣馬觸兵鋒，食牛要禄爵。小知羞不爲，況彼皆卓犖。史官蔽多聞，自古喜穿鑿。"

撰《先大夫述》，遣人求銘於曾鞏

　　《文集》卷七十一《先大大述》："將以某月日葬某處。子某等謹撰次公事如右，以求有道而文者銘焉，以取信於後世。"

　　《曾鞏集》卷四十四《尚書都官員外郎王公墓誌》："其將葬也，使者以安石之述與書來請銘，遂爲之銘。其尤可哀者也。"

　　按，徐師曾《文體明辨》列有"述"體，略同於狀。賀復

---

① 可見拙著《荆公新學研究》，上海古籍出版社 2006 年版，第 230—235 頁。拙文《論王安石的翻案文學》，《浙江社會科學》2014 年第 2 期。

徵《文章辨體彙選》卷六百二十八：“徐師曾曰：‘按字書云，述，撰也，纂撰其人之言行，以俟考也。其文與行狀同，不曰狀而曰述，亦別名也。’復徵曰：‘述之義不一。其一事一物，俱可稱述，而撰述言行其一也。”公此篇即同於“狀”，黃彥平《三餘集》卷四《先大夫述》係模仿公作。《文集》卷六十七《中述》、《行述》二文，則爲闡述之義，可入論體。①

秋，歸江寧葬父

《曾鞏集》卷四十四《尚書都官員外郎王公墓誌》：“安石今爲大理評事、知鄞縣。慶曆七年十一月，上書乞告葬公。明年某月，詔曰可。遂以某月某日，與其昆弟奉公之喪，葬江寧府之某縣某處。”

途經曹娥堰，與知剡縣丁寶臣相會

《詩注》卷二十《復至曹娥堰寄剡縣丁元珍》：“溪水渾渾來自北，千山抱水清相射。山深水急無艇子，欲從故人安可得。故人昔日此水上，釃酒扁舟慰行役。津亭把手坐一笑，我喜滿懷君動色。論新講舊惜未足，落日低回已催客。離心自醉不復飲，秋果寒花空滿席。今年却坐相逢處，怊悵難求別時迹。可憐溪水自南流，安得溪船問消息。”

李注：“曹娥堰在會稽縣東南七十二里，曹娥鄉在東北四十五里。曹娥江路，南來自上虞縣界，經會稽界四十里北

---

① 何寄澎《“述”體的確立與推擴》對“述”體有所探討，載王水照、朱剛主編《中國古代文章學的衍化與異形——中國古代文章學二集》，復旦大學出版社 2014 年版，第 127—141 頁。

入海，可容五百石舟。今詩云‘來自北’，又云‘無艇子’，與《圖經》異。”《沈注》引《方輿紀要》：“剡谿，在紹興府嵊縣治南，即曹娥江之上源也……曹娥堰在府東九十里，水流湍急，兩岸逼江，其地有曹娥渡。此蓋介甫行至越州，作詩寄元珍，故云剡谿來自北，言其出剡縣南，而流入縣北也。李注疑此江非北來，未悉也。”《繫年》：“詩云：‘故人昔日此水上，罇酒扁舟慰行役。’或爲是年歸江寧葬父柩再經越州時作。”

按，以上皆未確。此詩乃皇祐二年公離任鄞縣，再次途經曹娥堰時憶舊之作，故詩曰“故人昔日此水上，樽酒扁舟慰行役”，“今年却坐相逢處，怊悵難求別時跡”。昔日之行役，即本年返江寧葬父。詩曰“離心自醉不復飲，秋果寒花空滿席”，當作於本年秋。丁寶臣與公識於揚州，其時適知剡縣。[①] 公途經曹娥堰，得以相會。

十一月，至蘇州，有啓上知州梅摯

《文集》卷八十一《上梅户部啓》：“某一涯承乏，自晦於塵容；百舍懷賢，坐傾於風美。欽想承流之暇，妙均安節之休。恭惟某官……疇咨心術之具，往貳計侯之司，式是均

① 《文集》卷九十一《司封員外郎秘閣校理丁君墓誌銘》：“景祐中，皆以進士起家。君爲峽州軍事判官，與廬陵歐陽公游，相好也。又爲淮南節度掌書記……又爲杭州觀察判官，用舉者兼州學教授，又用舉者遷太子中允、知越州剡縣。蓋其始至，流大姓一人，而縣遂治。”第945頁。《（嘉泰）會稽志》卷一：“嵊縣學，在縣西一百步……學始創於縣令晉陵丁寶臣，實慶曆八年也。臨川王平甫安國爲記，今不存，獨寶臣所撰碑及興學五言尚在。”第6727頁。《剡錄》卷一載有陸經《送丁中允宰剡》詩。第7201頁。

勞,遂淹補外。朱輔問俗,訪山水之昔遊;文石疏恩,即楓槐而日見。入持政柄,允副民瞻。屬臨懷氣之辰,尚遠隆堂之拜。願臻頤衞,前對寵光。"

按,梅户部即户部副使、知蘇州梅摯,《宋史》卷二百九十八有傳:"進士,起家大理評事、知藍田上元縣,徙知昭州,通判蘇州……帝謂大臣曰:'梅摯言事有體。'以爲户部副使。會宴契丹使紫宸殿,三司副使當坐殿東廡下。同列有謂曲宴例坐殿上,而大宴當止殿門外爾。因不即坐,與劉湜、陳洎趨出。降知海州,徙蘇州,入爲度支副使。"考慶曆六年九月,梅摯爲户部副使。① 慶曆七年正月,梅摯出知海州。② "慶曆八年正月丙戌,自知海州徙蘇。皇祐元年正月己亥,入爲三司度支副使。"③啓曰"訪山水之昔游",指慶曆八年前,梅曾通判蘇州。④ "百舍懷賢",即遙致傾慕之意。何謂"懷氣之辰"?《淮南鴻烈解·本經訓》:"距日冬至四十六日,天含和而未降也,懷氣而未揚。"然則公慶曆八年秋自鄞縣返江寧,約十一月初至蘇州。

梅摯"喜爲詩,多警句",王益知新繁縣時,二人多有唱酬(詳本譜卷一),係公父執,故公途經蘇州上啓。

---

① 《長編》卷一百五十九慶曆六年九月庚寅:"上謂大臣:'梅摯言事有體。'以爲户部副使。"第3846頁。

② 《長編》卷一百六十慶曆七年正月壬午:"户部副使、户部員外郎梅摯知海州。"第3859頁。

③ 《(正德)姑蘇志》卷三,《天一閣藏明代方志選刊續編》,上海書店1990年版。

④ 《(正德)姑蘇志》卷三十九:"摯以慶曆八年正月除,有《五日公燕詩》云:'到官三月始開筵。'"

是年，知杭州蔣堂遷左諫議大夫，上啓賀之

《王文公集》卷二十二《賀杭州蔣密學啓》：“近者伏審拜命徽章，升榮北省，伏維慶慰。竊以上大夫爲内諫，漢擢忠良；府學士統要藩，唐稱優顯。逮宋兼任，非賢不居。”

按，蔣密學，爲蔣堂，時知杭州，①《宋史》卷二百九十八有傳：“徙河中府，又徙杭州、蘇州。”胡宿《文恭集》卷三十九《宋故朝散大夫尚書禮部侍郎致仕上柱國樂安縣開國侯食邑一千三百户賜紫金魚袋贈吏部侍郎蔣公神道碑》：“再知杭州，遷左諫議大夫，復徙知蘇州。明堂泛恩，改給事中。”蔣堂“再知杭州，遷左諫議大夫”，即公啓所謂“竊以上大夫爲内諫”也。

歸江寧，葬父未果

《曾鞏集》卷四十四《尚書都官員外郎王公墓誌》：“安石今爲大理評事、知鄞縣。慶曆七年十一月，上書乞告葬公。明年某月，詔曰可。遂以某月某日，與其昆弟奉公之喪，葬江寧府之某縣某處。”

按，曾鞏墓誌撰於公歸江寧前，所謂“以某月某日，與其昆弟奉公之喪，葬江寧府之某縣某處”。實則本年公雖歸江寧，却不曾葬父，亦未以曾鞏所撰墓誌入石、填諱，而另請孫

---

① 此據李之亮《兩浙路郡守年表》，第 11 頁。慶曆六年十一月，蔣堂尚知河中府，慶曆七年知杭。《山右石刻叢編》卷十三蔣堂《首陽山吳賦并序》：余守蒲中，訪首陽山，見伯夷、叔齊墓存焉。旁有祠宇，皆荒圮不葺。因增而修之，立石篆字，以表其墓……慶曆六年冬十一月三日。”

侔重撰（詳下）。

知鄞縣間，得杜甫遺詩二百餘篇

《文集》卷八十四《老杜詩後集序》："予考古之詩，尤愛杜甫氏作者。其辭所從出，一莫知窮極，而病未能學也。世所傳已多，計尚有遺落，思得其完而觀之。然每一篇出，自然人知非人之所能爲，而爲之者惟其甫也，輒能辨之。予之令鄞，客有授予古之詩世所不傳者二百餘篇，觀之，予知非人之所能爲，而爲之實甫者。"

按，神宗元豐五年，宋誼爲陳浩然《析類杜詩》作序："頃者，處士孫正之得所未傳二百篇，而丞相荊公繼得之，又增多焉。及觀內相王公所校全集，比於二公，互有詳略，皆從而爲之序，故子美之詩，僅爲完備。"[1]孫正之即孫侔，公摯友，詳序意，則授公古詩之客，當爲孫侔。孫曾撰文紀公治鄞之政，或曾至鄞縣探望公，並授之杜詩。公詩學杜，當由此始。

是年，丁寶臣於剡縣建孔子廟堂，弟安國爲之撰記

《剡錄》卷一："舊經載孔子廟堂在縣東南，慶曆八年，縣令丁寶臣所創，臨川王安國平父爲記。今不存。修學碑慶曆八年五月旦太子中允丁寶臣：'天之道運乎上，地之道處乎下，聖人之道行乎其中。一物不生，非天地之道；一民不治，非聖人之道。自堯、舜、禹、湯、文、武、成、康至孔子千餘年，治天下

---

[1] 可見陳尚君《杜詩早期流傳》，載《唐代文學叢考》，中國社會科學出版社1997年版，第312頁。

者同其道也，亂天下者異其道也。剡令沈振初築學舍，未及完而徙他官。寶臣至，則嗣而成之，遷殿於其中，塑孔子像，高弟十人配坐左右。新門嚴嚴，應門阹阹，兩序翼翼，中庭砥平，令與學者春秋釋奠，朔望朝謁。於斯學也，其可廢乎？噫！聖道與天地無窮，天地毀則聖人之道或幾乎熄，學其可廢乎！"

同書卷一載王安國《送聶剡縣兼呈沈越州詩》："剡溪清瀉映檀欒，天姥花飛載酒船。憶我少年來蠟屐，羨君今日去鳴弦。從容人樂漁樵外，瀟灑詩隨簿領邊。太守相逢應見問，爲言多病憶林泉。""憶我少年來蠟屐"，則安國曾遊剡縣，或應丁寶臣之邀，並撰孔子廟堂記。

皇祐元年己丑（1049），二十九歲

正月，旋返官，途經杭州，撰《伍子胥廟銘》

《文集》卷三十八《伍子胥廟銘》："康定二年，予過所謂胥山者，周行廟庭……後九年，樂安蔣公爲杭使，其州人力而新之，余與爲銘也。"

《繫年》將此文繫於皇祐二年，謂公知鄞滿秩，五月至臨川，旋赴錢塘。恐誤。按，蔣堂約於慶曆七年知杭州，皇祐元年正月，已徙蘇州，范仲淹繼知杭州。《（同治）蘇州府志》卷五十二："蔣堂，皇祐元年正月，以樞密直學士、左諫議大夫再任。"《（乾道）臨安志》卷三："皇祐元年正月乙卯，以知鄧州、資政殿學士、給事中、禮部侍郎范仲淹知杭州。"《廟銘》當作於本年，曰"後九年"者，自康定二年此，通計九年也。①《西湖碑碣志》卷二："《吳山清忠廟記》，舊在伍公廟。皇祐元年，王安石撰。"

韋驤以《借箸賦》來謁。大奇之，爲之揄揚

韋驤《錢塘韋先生文集》附錄陳師錫《韋公墓誌銘》："公諱驤，字子駿，姓韋氏……公生而警敏，年十有七，以文謁荆國王文公，見其《借箸賦》，大奇之，曰：'吾行江南，入吳越，見文士唯子與董顧行耳。'由是藉甚。當時每一賦之成，

---

① 或謂"九"爲"七"之訛，見壽涌《〈臨川先生文集〉年月與階官疑誤十一則》，《古籍整理研究學刊》2009 年第 2 輯。

學者爭傳誦之。皇祐五年登進士第……崇寧四年九月二十三日，考終於郡邸，年七十有三。"

按，韋驤字子駿，錢塘（今浙江杭州）人，皇祐五年登進士第。崇寧四年卒，年七十三。有《錢塘集》二十卷、賦二十卷，《宋史》無傳。《四庫全書總目》卷一百五十三《錢塘集》提要："其古體詩亦已不完，而梗概尚具。觀其氣格，大抵不屑屑於規橅唐人，而密詠恬吟，頗有自然之趣。雜文多安雅有法，而四六表啟爲尤工。其精麗流逸，已開南宋一派。雖未能接蹟歐、梅，要亦一時才傑之士也。"韋驤生於仁宗明道二年，本年十七歲，因公過杭，故得謁之。

以范仲淹知杭州，上先狀

《文集》卷八十一《上范資政先狀》："某比者之官敝邑，取道樂郊。引舟將次於近圻，斂板即趨於前屏。瞻望麾戟，下情無任。"

按，《宋史》卷三百一十四《范仲淹傳》："以疾請鄧州，進給事中。徙荊南，鄧人遮使者請留，仲淹亦願留鄧，許之。尋徙杭州，再遷戶部侍郎，徙青州。"《（乾道）臨安志》卷三："皇祐元年正月乙卯，以知鄧州、資政殿學士、給事中、禮部侍郎范仲淹知杭州。"狀曰"比者之官敝邑，取道樂郊"，謂本年公自江寧返鄞途經杭州。范仲淹，大中祥符八年蔡齊榜進士，與公父王益爲同年。

二月二十八日，刻《善救方》於石，樹之鄞縣門外，令民自得

《文集》卷八十四《善救方後序》："孟子曰：'先王有不

忍人之心,斯有不忍人之政。'臣某伏讀《善救方》而竊歎曰:
'此可謂不忍人之政矣。'夫君者,制命者也,推命而致之民
者,臣也。君臣皆不失職,而天下受其治。方今之時,可謂
有君矣。生養之德,通乎四海,至於蠻夷荒忽不救之病,皆
思有以救而存之。而臣等雖賤,實受命治民,不推陛下之恩
澤而致之民,則恐得罪於天下而無所辭誅。謹以刻石,樹之
縣門外左,令觀赴者自得,而不求有司云。皇祐元年二月二
十八日序。"

　　按,《宋史》卷二百七《藝文六》著錄《慶曆善救方》一
卷。《長編》卷一百六十三慶曆八年二月癸酉:"頒《慶曆善
救方》。上始閱福建奏獄,多以蠱毒害人者,福建醫工林士
元能以藥下之,遂詔錄其方,又命太醫集諸方之善治蠱者爲
一編,詔參知政事丁度爲序而頒之。"《宋史》卷一百七十八
《食貨六》:"先是,仁宗在位,哀病者乏方藥,爲頒《慶曆善
救方》。知雲安軍王端請官爲給錢和藥予民,遂行於天下。"

三月二十一日,兄安仁進士及第

　　《文集》卷九十六《亡兄王常甫墓誌》:"而先生始以進
士下科,補宣州司户。至三月,轉運使以監江寧府鹽院,又
三月,卒。又七月,葬,則卒之明年四月也,實皇祐四年。"

　　《(康熙)江西通志》卷四十九:"皇祐元年己丑馮京榜:
王安仁,臨川人,安石兄。"

　　《長編》卷一百六十六皇祐元年三月癸丑:"賜進士馮京
等一百七十四人及第,一百六人出身,二百九人同出身。"

巡行鄞縣，貸穀與民，立息以償，邑人稱便

《宋史》卷三百二十七《王安石傳》："再調知鄞縣，起堤堰，決陂塘，爲水陸之利；貸穀與民，立息以償，俾新陳相易，邑人便之。"

《東都事略》卷七十九《王安石傳》："乃知鄞縣。安石好讀書，三日一治縣事。起堤堰，決陂塘，爲水陸之利。貸穀與民，立息以償，俾新陳相易。興學校，嚴保伍，邑人便之。"

於鄞縣西亭栽花養竹

《詩注》卷四十八《鄞縣西亭》："收功無路去無田，竊食窮城度兩年。更作世間兒女態，亂栽花竹養風烟。"

《繫年》："當爲是年春作，知鄞已過兩年矣。"是。

有詩寄知剡縣丁寶臣

《詩注》卷十四《寄丁中允》："始我與夫子，得官同一州。相逢皆偶然，情義迺綢繆。我於人事疏，而子久已修。磨礲以成我，德大不可醻。乖離今六年，念子未嘗休。豈不道相逢？但得頃刻留。歡喜不滿顏，長年抱離憂。古人有所思，千里駕車牛。如何咫尺間，而不與子遊。顧惜五斗米，無辜自拘囚。念彼磊落者，心顏兩觍羞。剡山碧榛榛，剡水日夜流。山行苦無蠣，水淺亦可舟。使君子所善，來檄自可求。何時有來意，待子南山頭。"

李注："丁寶臣字元珍，晉陵人，嘗以太子中允知剡縣，

今詩題故稱'中允'也。元珍以文行稱,東南多學者,而湖、杭尤盛,多元珍所成就云爾。""介甫爲鄞縣,元珍在剡,故云'咫尺'。"

按,詩當作於皇祐元年。慶曆八年,公返江寧葬父途經曹娥堰,與丁寶臣短暫相會,即詩曰"豈不道相逢?但得頃刻留"。又曰"乖離今六年,念子未嘗休",當指慶曆四年丁寶臣離任淮南節度掌書記,二人別於揚州。《丁君墓誌銘》:"君諱寶臣,字元珍……景祐中,皆以進士起家。君爲峽州軍事判官,與廬陵歐陽公遊相好也。又爲淮南節度掌書記。或誣富人以博,州將,貴人也,猜而專,吏莫敢議,君獨力爭正其獄。又爲杭州觀察判官,用舉者,兼州學教授。又用舉者,遷太子中允、知越州剡縣。"

上書轉運使孫甫,勸止捕鹽,作《收鹽》詩

《文集》卷七十六《上運使孫司諫書》:"伏見閤下令吏民出錢購人捕鹽,竊以爲過矣……今責購而不可得,則其間必有鬻田以應責者……鞭械吏民,使之出錢,以應捕鹽之購,又非所以爲政也。"

《詩注》卷十七《收鹽》:"州家飛符來比櫛,海中收鹽今復密。窮囚破屋正嗟欷,吏兵操舟去復出。海中諸島古不毛,島夷爲生今獨勞。不煎海水餓死耳,誰肯坐守無亡逃?爾來盜賊往往有,劫殺賈客沉其艘。一民之生重天下,君子忍與爭秋毫?"

按,"某爲縣於此兩年",公慶曆七年春赴任鄞縣,至此恰兩年。《上運使孫司諫書》曰:"天下之吏,不由先王之道

而主於利,其所謂利者又非所以爲利也,非一日之積也。公
家日以窘,而民日以窮而怨,常恐天下之勢積而不已,以至
於此,雖力排之,已若無奈何,又從而爲之辭,其與抱薪救火
何異?"此謂理財不得其法,故民日以困窮。《嚴評》:"仁者
之言。"

有詩寄答金山寺僧瑞新

《詩注》卷十三《答瑞新十遠》。

按,此瑞新,即慶曆七年公所與遊之景德寺長老。《文
集》卷八十三《鄞縣經遊記》:"甲申,遊天童山,宿景德寺。
質明,與其長老瑞新上石,望玲瓏巖,須猿吟者久之。"本年,
瑞新移主潤州金山寺。《曾鞏集》卷十七《金山寺水陸堂
記》:"慶曆八年,潤之金山寺成。明年,寺之僧瑞新來治寺
事。"《文集》卷七十一《書瑞新道人壁》:"瑞新道人治其衆
於天童之景德,予知鄞縣,愛其材能,數與之遊。後新主此
山金山寺之四年,予自淮南來視蘇州之積水,卒事訪焉……
皇祐五年六月十五日,臨川王某介甫題。"

捧郡檄至翁山

《(大德)昌國州舟山圖志》卷六:"王安石,往宋皇祐元
年,知明州鄞縣事,嘗捧郡檄至此。《題回峰寺》詩云:'山勢
欲壓海,禪扃向此開。魚龍腥不到,日月影先來。樹色秋擎
出,鐘聲浪答回。何期乘吏役,暫此拂塵埃。'"

按,《題回峰寺》,《文集》、《詩注》不載,或曰王署之作。[①] 翁山,屬明州,即昌國縣。《樓鑰集》卷五十五《昌國縣主簿廳壁記》:"昌國,明之屬邑,實海中一大島也。以山經、地志數家考之,唐開元二十六年七月十三日,析越州鄞縣置州,仍置奉化、慈溪、翁山等縣,大率多析于鄞。明今爲慶元府,鄞復爲鄞,翁山即昌國也。大曆六年三月四日,廢于袁晁之亂,故《唐書・地理志》、《元和郡縣圖志》止列四縣,曰鄞、奉化、慈溪、象山。而《圖志》于鄞縣云:'翁洲入海二百里,即《春秋》所謂甬東,越滅吳,請吳王居之者也。'其洲周環五百里,有良田湖水,多麋鹿……皇朝端拱二年,始爲鹽場。熙寧六年,部使者以蓬萊、安期、富都三鄉與鄞縣隔海,請置一尉,以司鬬訟盜賊事。王文公嘗爲鄞令,創縣,賜以今名。元豐元年,又割定海縣之一鄉隸焉。"昌國縣設於熙寧六年八月,時公當國,賜以"昌國"之名。《長編》卷二百四十七熙寧六年八月:"是月,置明州昌國縣。"

作《禿山》詩

《詩注》卷十九《禿山》:"吏役滄海上,瞻山一停舟。怪此禿誰使?鄉人語其由。一狙山上鳴,一狙從之游。相匹乃生子,子衆孫還稠。山中草木盛,根實始易求。攀挽上極高,屈曲亦窮幽。衆狙各豐肥,山乃盡侵牟。攘爭取一飽,豈暇議藏收?大狙尚自苦,小狙亦已愁。稍稍受咋齧,一毛

---

① 劉昌詩《蘆浦筆記》卷十:"《回峰院留題》……右文康王公所賦。公諱英廟同字,字晦叔,嘗宰定海縣。景祐中,爲執政。開禧丙寅,商逸卿得隸古遺墨,刻於縣治願豐亭。"中華書局 1997 年版,第 73 頁。

不得留。狙雖巧過人，不善操鋤櫌。所嗜在果穀，得之常以
偷。嗟此海中山，四顧無所投。生生未云已，歲晚將安謀？”

　　按，《繫年》：“本詩雖爲寓言詩，但作者無滄海之經歷不
能道此，則當作於知鄞時。”極是。昌國居海中，公奉檄至
此，故詩曰“吏役滄海上，瞻山一停舟”。

　　關於此詩主題，李注：“似言天下生齒日衆，吏爲貪牟，
公家無儲積，而上未盡教養之方也。”《嚴評》：“抵得一篇瑪
律圖户口蕃息論。此等思想，皆非同時諸公所有。”①錢鍾書
《談藝録》：“按荆公雖自言即目直尋，然似意中亦有柳子厚
《憎王孫文》在……柳文以山之‘瘁’歸咎於猿性之‘惡’，王
詩以山之‘秃’歸咎於猿生之繁，所見更卓，稍逗馬爾薩人口
論之説矣。”②以上諸論，極具啓迪。然此詩寓意，尚非生齒
生繁，致山之秃；而在“狙雖巧過人，不善操鋤櫌。所嗜在果
穀，得之常以偷”，即乏生養之術而又苟且偷生。此尤爲公
所惡。《詩注》卷十五《彼狂》：“上古杳默無人聲，日月不忒
山川平。人與鳥獸相隨行，祖孫一死十百生。萬物不給乃
相兵，伏犧畫法作後程。漁蟲獵獸寬群争，勢不得已當經
營，非以示世爲聰明。方分類别物有名，夸賢尚功列恥榮。
蟲僞日巧雕元精，至言一出衆輒驚。上智閉匿不敢成，因時
就俗救刖黥，惜哉彼狂以文鳴，强取色樂要聾盲，震蕩沉濁
終無清。恢詭徒亂聖人氓，豈若泯默死蠶耕。”李注：“言争
起於生育漸衆而不給。”而尤措意於“伏犧畫法”乃“勢不得

———————

① 嚴復《侯官嚴氏評點王荆公詩》，臺灣世和印製企業有限公司1998年版，第
　　236頁。
② 錢鍾書《談藝録》，中華書局1984年版，第393頁。

已當經營"。①《嚴評》："此篇是王氏《天演論》。"

得范仲淹書，有啓謝之

《文集》卷八十一《謝范資政啓》。啓曰"某容跡海濱，被光台照"，當作於知鄞時。范仲淹皇祐元年正月知杭州，公上先狀，此啓當爲公得范仲淹書後所上。范仲淹與王益同年進士，爲公父執，故啓用"童烏"、"立鯉"典："童烏署第，夙荷於揄揚；立鯉聯榮，復深於契眷。"

有書答王開祖

《文集》卷七十七《答王景山書》："書稱歐陽永叔、尹師魯、蔡君謨諸君以見比，此數公，今之所謂賢者，不可以某比。足下又以江南士大夫爲能文者，而李泰伯、曾子固豪士，某與納焉。江南士大夫良多，度足下不徧識，安知無有道與藝閉匿不自見於世者乎？特以二君概之，亦不可也。況如某者，豈足道哉？恐傷足下之信，而又重某之無狀，不敢當而有也……聞將東游，它語須面盡之。"

按，王開祖字景山，號儒志先生，永嘉理學開山祖。《儒志編》附錄《儒志學業傳》："少敏悟，書經目輒成誦……初習制科，以所業上，召試。皇祐五年，中第三甲進士第……景山幡然不調而歸，盡焚舊作，縱觀經史百家之書，考別差殊，與學者共講之，席下常數百人，尊之曰'儒志先生'。未

---

① 蕭公權以此篇爲公之政治起原論，甚是。《中國政治思想史》，商務印書館 2015 年版，第 448 頁。

幾而卒，年三十二⋯⋯⋯當慶曆、皇祐間，宋興來百年，經術道微，伊洛先生未作。景山獨能研精覃思，發明經蘊，倡鳴‘道學’二字著之話言，此永嘉理學開山祖也。”所謂“倡鳴‘道學’二字著之話言”，《儒志編》：“或曰：‘荀、揚之學何如？’曰：‘奚以問歟？自孟子以來，道學不明。我欲述堯舜之道，論文武之治⋯⋯’”王開祖活動於慶曆、皇祐年間，公此書應作於此期。

　　書中提及尹洙，字師魯。據歐陽修《尹師魯墓誌銘》，尹洙卒於慶曆七年四月。[①]“書稱歐陽永叔、尹師魯、蔡君謨諸君以見比。此數公，今之所謂賢者，不可以某比。”可見公致書時，尹洙仍在世或去世不久。書中又有二人相約面晤之語：“聞將東遊，它語須面盡之”。所謂“東遊”，蓋指王開祖入天台縣學。蘇頌《蘇魏公文集》卷五十五《朝議大夫致仕石君墓碣銘》曰：“（石牧之）增廣天台縣學，擇鄉先生居師授之任，以延俊造。縣事間，則親爲講説，遠近向慕。負笈而至者，若王景山、余京、方援、伍原輩，同時出黌下。”石牧之何時增廣天台縣學？陳襄《古靈先生文集》卷十一《天台縣孔子廟記皇祐元年作》曰：“天台縣有孔子廟不修，縣令石牧之始至，歲十月，相縣之城南隅，大作新廟。”“十二月，廟成。明年，春秋釋奠，入而行禮。”石牧之於皇祐元年任天台縣令，並於本年十月增修天台縣學，繼而“擇鄉先生居師授之任，以延俊造。縣事間，則親爲講説。”王開祖應於此時聽聞石牧之增廣縣學，方有意“東遊”。而公尚知鄞縣，直至皇祐

────────

① 《歐陽修全集》卷二十八，第433頁。

二年秩滿離鄞。天台與鄞縣相鄰，故公曰"它語須面盡之"。此書當作於皇祐元年末。

另，書曰："足下又以江南士大夫爲能文者，而李泰伯、曾子固豪士，某與納焉。"似可旁證公與同時鄉賢李覯之交往。①

撰《性情》、《伯夷》等文

《文集》卷六十七《性情》："性情一也。世有論者曰'性善情惡'，是徒識性情之名而不知性情之實也。喜、怒、哀、樂、好、惡、欲，未發於外而存於心，性也；喜、怒、哀、樂、好、惡、欲，發於外而見於行，情也。性者，情之本；情者，性之用。故吾曰：'性情一也。'彼曰性善，無它，是嘗讀孟子之書，而未嘗求孟子之意耳。彼曰情惡，無它，是有見於天下之以此七者而入於惡，而不知七者之出於性耳。故此七者，人生而有之，接於物而後動焉。動而當於理，則聖也，賢也；不當於理，則小人也。彼徒有見於情之發於外者，爲外物之所累而遂入於惡也，因曰：'情，惡也，害性者情也。'是曾不察於情之發於外，而爲外物之所感而遂入於善者乎？蓋君子養性之善，故情亦善；小人養性之惡，故情亦惡。故君子之所以爲君子，莫非情也；小人之所以爲小人，莫非情也。彼論之失者，以其求性於君子，求情於小人耳。自其所謂情者，莫非喜、怒、哀、樂、好、惡、欲也。舜之聖也，象喜亦喜，使舜當喜而不喜，則豈足以爲舜乎？文王之聖也，王赫斯

---

① 公與李覯之交往，爲宋代學術思想史上一重要問題，學界不無分歧。可見拙著《荊公新學研究》第一章，第18—21頁。

怒，當怒而不怒，則豈足以爲文王乎？舉此二者而明之，則其餘可知矣。如其廢情，則性雖善，何以自明哉？誠如今論者之説，無情者善，則是若木石者尚矣。是以知性情之相須，猶弓矢之相待而用。若夫善惡，則猶中與不中也。曰：‘然則性有惡乎？’曰：‘孟子曰：‘養其大體爲大人，養其小體爲小人。’揚子曰：‘人之性，善惡混。’是知性可以爲惡也。’”

按，中唐古文家李翱《復性書》曰：“人之所以爲聖人者，性也。人之所以惑其性者”，情也。”據此，凡聖之别，即性情之分。此篇則以爲“性情一也”。性爲未發，“喜、怒、哀、樂、好、惡、欲，未發於外而存於心”；情是已發，“喜、怒、哀、樂、好、惡、欲，發於外而見於行”。二者乃兩種不同之心理狀態而已。由此，公駁斥自中唐以來流行之“性善情惡”説，反對廢情滅欲，並引古代聖王爲例，力證情不當廢：“舜之聖也，象喜亦喜”，“文王之聖也，王赫斯怒”。“如此，則一般性善情惡的意見已推翻，使人再有勇氣熱情來面對真實人生，此乃荆公在當時思想界一大貢獻。”[1]

《文集》卷六十三《伯夷》。又《文集》卷六十四《子貢》、《文集》卷六十七《勇惠》、《仁智》、《中述》、《行述》等姑附此。

按，由《答王景山書》知，公與王開祖於慶曆、皇祐年間，不乏學術交流。此可爲考察公早年學術思想，提供珍貴線索。考王開祖《儒志編》中諸論題，與《文集》彼此呼應處頗

---

① 錢穆《初期宋學》，《中國學術思想史論叢》卷五，第10頁。

夥,如質疑伯夷、叔齊事:"或曰:'文王爲西伯,太公、伯夷天下之元老,相率而歸之,其心同。文王建一善謀,行一善制,二老相與佐之,其心亦同。思救天下之民也,不啻如出諸水火。武王伐紂,太公爲之將兵,天下已歸周,北面而受封焉。伯夷獨以爲不義,不食周粟而死,其心若不同,何也?'"①公之名作《伯夷》,即正面回應此論:"且武王倡大義於天下,太公相而成之,而獨以爲非,豈伯夷乎⋯⋯嗚呼,使伯夷不死,以及武王之時,其烈豈獨太公哉!"②二人觀點容有不同,然彼此處於相同之學術論域則無疑。王開祖於中唐洎北宋"性善情惡"論之駁斥,及論述士人仕隱之道等,與公之人性思想、出處哲學,頗有相近。③

有書答余京

《文集》卷七十七《答余京書》。

按,書曰"竊食窮縣",當作於知鄞時。余京,越州人,嘉祐二年進士。④ 蘇頌《蘇魏公文集》卷五十五《朝議大夫致

---

① 《儒志編》,四庫本。

② 《文集》卷六十三,第675頁。謝景平、黃庭堅亦同持此論,《豫章黃先生文集》卷十七《伯夷叔齊廟記》:"至於諫武王,不用,去而餓死,則予疑之。陽夏謝景平曰:'二子之事,凡孔子、孟子之所不言,可無信也。其初蓋出莊周,空無事實。其後司馬遷作《史記·列傳》,韓愈作《頌》,事傳三人,而空言成實。若三家之學,皆有罪於聖人者也。徒以文章擅天下,學者又弗深考,故從而信之。'以予觀謝氏之論,可謂篤信好學者矣,然可爲智者道也。"四部叢刊本。

③ 可見拙著《荊公新學研究》第一章,第17頁。

④ 《兩浙金石志》卷十"宋紹興府進士題名碑":"嘉祐二年章衡牓:章蒙,余京。"蘇轍《欒城集》卷八《送余京同年兄通判嵐州》:"矯矯吳越士,遠爲并代行。"中華書局1990年版,第144頁。

仕石君墓碣銘》，墓主石牧之"增廣天台縣學，擇鄉先生居師授之任，以延俊造。縣事間，則親爲講説，遠近鄉慕。負笈而至者，若王景山、余京、方援、伍原輩，同時出黌下，後皆爲聞人。"余京與王景山同入天台縣學，此書當與《與王景山書》先後而作。

蘇舜元提點兩浙路刑獄，與之遊

《兩浙金石志》卷五："皇祐元年己丑九日，提點兩浙刑獄、守尚書度支員外郎蘇舜元立石。"

《詩注》卷五十《蘇才翁挽詞二首》："尚有故人淚，滄江相與翻。"

按，蘇舜元字才翁，蘇舜欽兄，天聖八年賜進士出身。[①]《宋史》卷四百四十二有傳。《蔡襄集》卷三十九《蘇才翁墓誌銘》："出爲荆南路提點刑獄，未行，易福建路……又遷尚書祠部員外郎，移京西，未幾，又移河東。以弟舜欽謫死湖州，求江、吳一郡，得揚州，未至，改兩浙。凡四皆爲提點刑獄，君益謹職……祀明堂，恩度支，除京西轉運使。邕州峒獠鈔二廣，邊用不給，君以所部羨錢二十萬緡助之。充三司度支判官。至和元年五月初二日，終于京師之祖第，年四十九。"《（淳熙）三山志》卷二十五："蘇舜元，太常博士，慶曆六年自湖南提刑除，八年移京西提刑。"公與蘇舜元交遊，當始於本年。

---

① 《宋會輯稿》選舉九："八年五月二日，賜將作監丞夏安期、太祝李徽之、前越州新昌縣主簿蘇舜元並同進士出身。"第5436頁。

歲末，作《省兵》，以爲省兵非所先，重在擇將

《詩注》卷十七《省兵》："有客語省兵，兵省非所先。方今將不擇，獨以兵乘邊。前攻已破散，後距方完堅。以衆亢彼寡，雖危猶幸全。將既非其才，議又不得專。兵少敗孰繼，胡來飲秦川。萬一雖不爾，省兵當何緣？驕惰習已久，去歸豈能田？不田亦不桑，衣食猶兵然。省兵豈無時？施置有後前。王功所由起，古有《七月》篇。百官勤儉慈，勞者已息肩。游民慕草野，歲熟不在天。擇將付以職，省兵果有年。"

《蔡譜》："據《綱目》，皇祐元年八月，文彥博、龐籍建議省兵，公此詩必作於是年。"

按，《長編》卷一百六十七皇祐元年十二月壬戌："詔陝西保捷兵年五十以上及短弱不任役者聽歸農，若無田園可歸者，減爲小分。凡放歸者三萬五千餘人，皆讙呼反其家。在籍者尚五萬餘人，皆悲涕，恨己不得去。陝西緣邊，計一歲費緡錢七十千養一保捷兵，自是歲省緡錢二百四十五萬，陝西之民力稍蘇。初，樞密使龐籍與宰相文彥博以國用不足，建議省兵，衆紛然陳其不可。緣邊諸將爭之尤力，且言兵皆習弓刀，不樂歸農。一旦失衣糧，必散之閭閻，相聚爲盜賊。上亦疑焉。彥博與籍共奏：'今公私困竭，上下皇皇，其故非他，正由養兵太多爾。若不減放，無由蘇息，萬一果聚爲盜賊，二臣請死之。'上意乃決。"《宋史》卷三百一十一《龐籍傳》："元昊既臣，召籍爲樞密副使。籍言：'自陝西用兵，公私俱困，請併省官屬，退近塞之兵就食內地。'從之，於

是頗省邊費。"

奉敕書，訪義夫節婦，欲奏不果

《江鄰幾雜志》："王介甫知鄞縣日，奉行敕書節文，訪義
夫節婦，得三人。其間一人可采，姓童，爲人主典庫，謂之判
子。家中養疏屬數口，奉寡姊承順不違。甥不事家業，屢負
人債，輒爲償之而不以告姊。方欲奏上，而代到不果。"

按，江休復字鄰幾，開封陳留(今河南開封)人，《宋史》
卷四百四十三有傳："舉書判拔萃，改大理寺丞，遷殿中丞。
獻其所著書，召試，爲集賢校理，判尚書刑部。與蘇舜欽游，
坐預進奏院祠神會落職，監蔡州商稅……復集賢校理，判吏
部南曹、登聞鼓院，爲群牧判官，出知同州，提點陝西路刑
獄，入判三司鹽鐵勾院，修起居注，累遷尚書刑部郎中。"嘉
祐五年四月，卒，年五十六。[1]《雜志》曰"方欲奏上，而代到
不果"，則此時公知鄞屆滿。《(延祐)四明志》卷六載王應
麟《八賢贊·童判子》："賢哉若人，儒行塵躅。悌友祥順，展
也實德。我興視世，口舜心跖。居市不市，前言匪激。"童判
子，即公所訪之人。

撰《閔習》，諭鄞民行送死之禮

《文集》卷六十九《閔習》："父母死，則燔而捐之水中，
其不可明也。禁使葬之，其無不可亦明也。然而吏相與非
之乎上，民相與怪之乎下，蓋其習之久也，則至於戕賊父母

---

① 《歐陽修全集》卷三十四《江鄰幾墓誌銘》，第501頁。

而無以爲不可，顧曰禁之不可也。嗚呼！吾是以見先王之道難行也。先王之道不講乎天下，而不勝乎小人之説，非一日之積也。而小人之説，其爲不可，不皆若戕賊父母之易明也。先王之道，不皆若禁使葬之之易行也。嗚呼！吾是以見先王之道難行也。正觀之行其庶矣，惜乎其臣有罪焉。作《閔習》。”

按，明州瀕海，北宋時火葬流行，有違儒家葬禮。寧波新發現《宋故汪君莊氏墓誌銘》曰：“子三人，元吉、元□、元輔。女四人，長適姚祚，三人早世。其後一日，元吉告其子弟曰：‘予以明之爲俗，狃於無教，其親死，則舉而委之於火，故予父母者皆不克葬，此予所以抱無涯之恨也。及王公安石之爲鄞，其民稍稍知送死之禮。予於是有感焉。今母骨殖尚存，不可以無葬。方其圖之，不幸早卒，而不得盡其志。爲人子弟者，其可忽而忘乎？以嘉祐五年八月甲申招先考魂，以母之骨殖合葬於鄞縣清道鄉東安管沿江里。’夫招魂而葬，古雖無有，以其習俗所尚，姑從之。”①墓主爲明州司法吏汪元吉（詳下）之母。據汪所言，則自公治鄞，鄞民始知送死之禮。或公曾禁民火葬投海，而未得推行，遂爲文閔之，歎先王之道難行。

知鄞時，嘗鑿巖起斗門於海濱以便民，未就而去。後人踵成之，民受其利

《（弘治）八閩通志》卷六十四：“葉安節字亨之，浦城

---

① 此墓誌銘承浙江省文物考古研究所鄭嘉勵研究員惠賜，謹此致謝！

人,第進士,調鄞縣簿。縣有海晏、太丘、靈巖三鄉,介山谷間,王安石嘗鑿巖起斗門于海濱,未就而去。安節踵成之,三鄉蒙其利,遂至富饒。”

知鄞時,與樓郁、王致、王該等鄞縣地方士人書啓往還,討論縣政

《文集》卷七十八《與樓郁教授書》、《文集》卷七十七《答王該秘校書》、《文集》卷七十八《答王致先生書》。

按,《(寶慶)四明志》卷八:“王説字應求,鄞人,以其學教授鄉里餘三十年。熙寧九年,以特恩補將仕郎,爲州長史。無田以食,無桑麻以衣,怡然自得。没,門人舒亶銘之。先是,有王致亦州閭所師,至今郡庠以與楊公適、杜公醇、樓公郁並祠,謂之五先生云。説之弟該,字藴之,登慶曆六年進士第。王安石宰鄞時,與之友善,以詩章相唱酬。與兄齊聲,仕不偶。官舍傍有嘉木,葉長可尺許,每得一詩,取葉書之。既没,歸橐蕭然,惟脱葉甚富,遺藁十卷。”

同上:“樓郁字子文,志操高厲,學以窮理爲先。慶曆中,詔郡國立學,其不置教授員者,聽州里推擇。公首應選郡,人翕然師尊之,俞公充、豐公稷、袁公轂、舒公亶皆執經焉。荆國公王安石宰鄞,以書致之曰:‘足下學行篤美,信於士友,某所仰歎。’登皇祐五年進士第,調廬江主簿。丁母憂,自嘆禄不及親,絶仕進意,以大理評事終於家,有遺集三十卷。子常、光,孫异、弁,五世孫鍔、鈜、錀、鏞、鑛,六世孫汶、淮、潋,七世孫采,皆取世科。”

王致、王説、杜醇、樓郁、楊適,謂之“五先生”。明州文

教之盛，或謂肇兹五人，而其中三人與公有舊。王應麟《四明文獻集》卷一《先賢祠堂記》："明自唐爲州，文風寥寥。宋慶曆中，始詔州縣立學，山林特起之士，卓然爲一鄉師表。或授業鄉校，或講道閭塾，本之以孝弟忠信，維之以禮義廉恥，守古訓而不鑿，修天爵而無競。養成英才，純明篤厚，父兄師友，詔教琢磨，百年文獻，益盛以大，五先生之功也。"

知鄞時，治績斐然，獲四賢、三賢之目。孫俟爲文以紀之

《邵氏聞見錄》卷十一："王荊公知明州鄞縣，讀書爲文章，三日一治縣事。起堤堰，決陂塘，爲水陸之利；貸穀與民，立息以償，俾新陳相易；興學校，嚴保伍，邑人便之。故熙寧初爲執政所行之法，皆本於此。"

《宋史》卷三百二十七《王安石傳》："擢進士上第，簽書淮南判官。舊制，秩滿許獻文求試館職，安石獨否。再調知鄞縣，起堤堰，決陂塘，爲水陸之利；貸穀與民，立息以償，俾新陳相易，邑人便之。"

《東都事略》卷七十九《王安石傳》："乃知鄞縣。安石好讀書，三日一治縣事。起隄堰，決陂塘，爲水陸之利。貸穀與民，立息以償，俾新陳相易。興學校，嚴保伍，邑人便之。"

李日華《六硯齋筆記》卷一："王介甫令吾浙之鄞，鄞濱海，其民冬夏乘筏，採捕爲生。有田率在山麓，取灌泉水，潦則泄以達海，旱則瀦以養田。故民得指田爲質，以貸豪右之金，豪右得乘急重息之。介甫特出官錢，輕息以貸，至秋，則田畝之入，安然足償。所謂青苗法也，於鄞實善政。及爲

相,必欲推而遍於天下,則非矣。鄞人至今德之,立祠陀山下,神亦至靈。”

范純仁《范仲宣公文集》卷十三《朝散大夫謝公墓誌銘》:“是時,荆公王介甫宰明之鄞縣,知樞密院韓玉汝宰杭之錢塘,公弟師直宰越之會稽,環吴越之境,皆以此四邑爲法。處士孫侔爲文以紀之。”

蘇頌《蘇魏公文集》卷五十五《朝議大夫致仕石君墓碣銘》:“朝議大夫致仕新昌石君,諱牧之,字聖咨。慶曆二年進士,予同年生也……移台州天台令。自初任已有能名,於時故相王荆公知鄞縣,樞直陳公襄令仙居,號‘江東三賢宰’。”

與陳諒、詵兄弟遊,深器之

《宋故奉議郎致仕陳公墓誌銘并蓋》:“公諱諒,字深甫。陳氏爲四明望族久矣……父柯,贈金紫光禄大夫……鄞人初未勸學,金紫帥先散金購書藏之家學,延禮鄉先生、四方之士教諸子弟。時荆公王公治鄞,公昆季從焉,荆公甚器之。皇祐五年中進士第,釋褐主廬州慎縣簿……金紫生三子,仲即朝散大夫詵,季曰謨。”①

見蕭汝爲題壁,以爲知當世利弊,與之遊

劉弇《龍雲集》卷三十四《蕭孝廉墓表》:“君諱汝爲,字叔展,吉州廬陵人……其題四明奉化之浮屠壁也,至謂‘短

----

① 《寧波歷代碑碣墓誌彙編》第111頁。

綸不釣深,弱弓不中遠,張賦科蒐廊廟材,疏矣。’丞相荆國
王公時爲縣于鄞,一見以爲得當世利疢,意君于詞賦絶人
遠甚。”

按,蕭汝爲,蕭化基之子,《文集》卷九十六《縣主簿蕭君
墓誌銘》:“先人於御史以弟交,君,予丈人行也。二父皆有
子,知名南方,交於予,以故請銘。”詳本譜至和元年。

皇祐二年庚寅（1050），三十歲

三月，秩滿，有啓答繼任張某

《文集》卷八十《答交代張廷評啓》："某受才無它，竊邑於此。更書始下，已傾自附之誠；賜問撫臨，重荷相存之意。維茲地所，邈在海濱，方條教之未孚，得仁賢而復治……分一雷之土，雖屈遠圖；撫千室之弦，坐期美政。趨承在近，企仰居深。"

按，"竊邑"，鄞縣也，故曰"邈在海濱"。"廷評"，即大理評事。張某繼公知鄞，因交代事宜先行致啓，公答之。

公知鄞，應自慶曆七年四、五月份至皇祐二年二、三月份。《詩注》卷四十七《縣舍西亭二首》："山根移竹水邊栽，已覺新篁破嫩苔。可惜主人官便滿，無因長向此徘徊。"李注："鄞縣時作。"詩曰"新篁破嫩苔"，適當初春，官便任滿，可爲佐證。又《文集》卷四十《乞免就試狀》："兼臣罷縣守闕，及今二年有餘，老幼未嘗寧宇，方欲就任，即令赴闕，實於私計有妨。"《繫年》："是年秋正欲就任舒州時作。""二年"，當爲"一年"之訛。

至鄞女墓訣別，托崇法院靈照守墓

《詩注》卷四十八《別鄞女》："行年三十已衰翁，滿眼憂傷只自攻。今夜扁舟來訣汝，死生從此各西東。"

《釋門正統》卷七："丞相舒王也，初宰鄞……與崇法端教主善，音問不絕……葬鄞女於崇法。解官，以詩別曰：'今泛扁舟來訣汝，死生從此各西東。'俾淨人靈照守之。"

上書轉運使孫甫，約於潤州相見，並薦州吏汪元吉

《文集》卷七十六《上浙漕孫司諫薦人書》："某今日遂出城以西，度到潤州，必得復望履舃，故不敢造辭以恩起居。明州司法吏汪元吉者，其爲吏廉平，州人無賢不肖，皆推信其行。喜近文史，而尤明吏事，有《論利害事》一編，今封獻左右，伏惟暇日略賜觀省。其言有可採者，不以某之言爲妄，則儻可以收備從吏役，使有仕進之望乎……今世胥吏，士大夫之論議常恥及之，惟通古今而明者，當不以世之所恥而廢人之爲善爾。"

按，《繫年》："必爲是年離鄞任時作。"可從。

《書》曰："某今日遂出城以西，度到潤州，必得復望履舃。"是年春，公離鄞之際，孫甫亦將召還，故有此約。包拯《請召還孫甫張瓌奏皇祐二年》："臣近蒙聖恩，擢預諫職……臣竊見起居舍人、秘閣校理孫甫，兵部員外郎、秘閣校理張瓌……欲乞特與召還，置之近列，則言路益廣，公議允協。"文曰"近蒙聖恩，擢預諫職"，知爲皇祐二年初包拯以天章閣待制知諫院，命下後未就職時作。①

又，汪元吉，南宋汪大猷之曾祖。《樓鑰集》卷九十一《敷文閣學士宣奉大夫致仕贈特進汪公行狀》："曾祖元吉，不仕；妣何氏。祖洙，皇明州助教，累贈正奉大夫；妣陳氏，

---

① 《包拯集校注》卷三，黃山書社1999年版，第139頁。

累贈太碩人。父思溫，皇左朝議大夫、直顯謨閣致仕，累贈少師；姒王氏，封恭人，累贈越國夫人……公之曾祖處約而有士君子之行，受知范文正公、王荆公。正奉爲鄉先生，文行淳備，沾丐後學。少師紹興初爲太府少卿、兩浙漕使，風誼尤高，搢紳推重。生四子，公其仲也。"

離鄞，有詩書會別亭

《詩注》卷十八《書會別亭》："西城路，居人送客西歸處。年年借問去何時，今日扁舟從此去。春風吹花落高枝，飛來飛去不自知。路上行人亦如此，應有重來此處時。"

《(延祐)四明志》卷八："會別亭，在城西。宋王安石有詩。"[1]

離鄞至菁江，東望賦詩

《詩注》卷四十八《離鄞至菁江東望》："村落蕭條夜氣生，側身東望一傷情。丹樓碧閣無處所，只有谿山相照明。"

舟行阻風，有詩懷兄安仁

《詩注》卷三十二《舟還江南阻風有懷伯兄》："幾時重接汝南評，兩槳留連不計程。白浪黏天無限斷，玄雲垂野少晴明。平皋望望欲何向，薄宦嗟嗟空此行。會有開樽相勸日，脊令隨處共飛鳴。"

《繫年》："按安石是年歸臨川，如錢塘，伯兄安仁已中進

---

[1] 蘇州亦有會別亭，然在城北。《新校參天台五臺山記》："過數里，出州北門，名閶門。河水立門樓，有扉門，內有會別亭。"第217頁。

士第居京，故有此作。"

至曹娥堰，有詩寄丁寶臣

《詩注》卷二十《復至曹娥堰寄剡縣丁元珍》："故人昔日此水上，鱄酒扁舟慰行役。津亭把手坐一笑，我喜滿懷君動色。論新講舊惜未足，落日低回已催客。離心自醉不復飲，秋果寒花空滿席。今年却坐相逢處，怊悵難求別時迹。可憐溪水自南流，安得溪船問消息。"

李注："曹娥堰在會稽縣東南七十二里，曹娥鄉在東北四十五里。曹娥江路，南來自上虞縣界，經會稽界四十里北入海，可容五百石舟。今詩云'來自北'，又云'無艇子'，與《圖經》異。"

《沈注》引《方輿紀要》："剡溪，在紹興府嵊縣治南，即曹娥江之上源也……曹娥堰在府東九十里，水流湍急，兩岸逼江，其地有曹娥渡。此蓋介甫行至越州，作詩寄元珍，故云剡溪來自北，言其出剡縣南，而流入縣北也。李注疑此江非北來，未悉也。"

沈説是。詩曰"故人昔日此水上，扁舟慰行役"，當指慶曆八年秋公歸江寧葬父，途經曹堰，與丁寶臣相會。

至越州，登城樓，賦詩傷懷

《詩注》卷二十《登越州城樓》："越山長青水長白，越人長家山水國。可憐客子無定宅，一夢三年今復北。浮雲縹緲抱城流，東望不見空回頭。人間未有歸耕處，早晚重來此地遊。"

李注：“作鄞邑滿秩而歸。公眷眷於鄞，猶愛桐鄉之意。”是。

公知鄞，自慶曆七年四五月，至本年二三月秩滿離鄞，故曰“一夢三年”。

登越州飛來峰，遊若耶溪，賦詩

《詩注》卷四十四《若耶溪歸興》：“若耶溪上踏莓苔，興罷張帆載酒迴。汀草岸花渾不見，青山無數逐人來。”

《詩注》卷四十八《登飛來峰》：“飛來山上千尋塔，聞説雞鳴見日昇。不畏浮雲遮望眼，自緣身在最高層。”

李注：“興化軍仙遊縣有大飛山，臨安錢塘縣靈隱寺有飛來山。介甫未嘗入閩，若又以靈隱飛來峰，則初無塔，兼所見亦不至甚遠，恐別指一處也。”

按，公所詠爲越州（今浙江紹興市）飛來山，一名怪山、龜山、自來山、寶林山，今名塔山。山上有古塔聳立，名應天塔。《(寶慶)會稽續志》卷三：“龜山，一名飛來……有塔高二十三丈，隨寺額以名‘應天’”。詩曰“飛來山上千尋塔”，謂此也。① 宋人多有詩詠及，如張伯玉《清思堂雪霽望飛來山》：“隱幾高堂上，坐對飛來峰。梵塔倚天半，樓臺出雲中。”②趙抃《觀寶林院塔隅成》：“寶山新塔冠山形，心匠經營不日成。突兀插天三百尺，莊嚴容佛一千名。下臨泉寶

① 蔣益、屈光《王安石登飛來峰詩考辨》，《紹興師專學報(社科版)》1982年第1期。

② 張伯玉，《(嘉泰)會稽志》卷二：“嘉泰八年四月，以度支郎官知。治平元年十二月，移福州。”第6754頁。清思堂，《(寶慶)會稽續志》卷一：“在常衙廳之後，不知作於何時。張伯玉、趙抃皆有詩，今刻石於堂上。”第7098頁。

靈鰻喜,上拂雲端過雁驚。入境行人十余里,指浮圖認越王城。"①《清江三孔集》卷二十一孔平仲《越州飛來山》:"如何崔嵬山,乃解飛青天。琅琊趨會稽,道里固甚懸……浮屠鎮其上,副以屋蟬聯。朝吟諸佛經,莫講西方禪。"所詠之景,與公詩描述略同。

又,是時謝景溫宰會稽,王、謝世交,公父王益與謝景溫之父謝絳爲同年,②或晤之。《(萬曆)紹興府志》卷二十八:"宋山陰令:謝景溫,慶曆中。後任郡守。"慶曆七年,梅堯臣作《送師直之會稽宰》,題注:"其兄在餘姚。"③謂謝景初。

至杭州,作《鐵幢浦》等詩

《詩注》卷四十七《鐵幢浦》:"憶昨初爲海上行,日斜來往看潮生。如今身是西歸客,迴首山川覺有情。"

李注:"未詳何地。"

按,《(咸淳)臨安志》卷三十六"鐵幢浦":"在今便門側。土人相傳云:'吳越王射潮箭所止處,嘗立鐵幢,因以名之。'又有聞諸錢氏子孫者,謂錢王築塘時,高下置鐵幢凡三,以衛水,此則其一也。題詠:王荊公詩:'憶昨初爲海上行'。"

《繫年》:"必爲是年離鄞任過鐵幢浦時作。西歸者,歸

---

① 趙抃,熙寧七年六月知越州,《長編》卷二百五十四熙寧七年六月壬辰:"知成都府、資政殿大學士趙抃知越州。從所乞也。"第6214頁。

② 《文集》卷九十《尚書兵部員外郎知制誥謝公行狀》:"先人與公皆祥符八年進士。"第928頁。

③ 《梅堯臣集編年校注》卷十七,第393頁。

臨川也。”是。

至桐廬，有《題朱郎中白都莊》、《嚴陵祠堂》詩

《詩注》卷二十四《題朱郎中白都莊》、《詩注》卷三十八《嚴陵祠堂》。

五月，作《估玉》

《詩注》卷十四《估玉》：“大梁老估聞不眠，操金喜取走踟躕。深藏牢包三十年，光怪鄰里驚相傳，欲獻天子無由緣。朝廷昨日鐘鼓縣，呼工琢圭實神筵。玉材細瑣不中權，賈孫抱物詔使前。紅羅複疊帕紫氈，發視紺碧光屬聯。詔問與價當幾千，衆工讓口無敢先，嗟我豈識庇與全。”

李注：“按《國史》：‘皇祐二年四月，禮院言：季秋饗昊天上帝及五方帝於明堂，當用四圭有邸，青圭、赤璋、白琥、黝璜、黃琮各一，并薦；饗景靈宮，用四圭有邸一，凡七玉。檢會慶曆七年郊制，昊天上帝，玉用蒼璧。及詳《開寶通禮》：“明堂祀昊天上帝，玉用四圭有邸。”今請如《通禮》，望下三司，令所屬會少府擇嘉玉預行修製。詔禮官詳定禮神玉及燔玉制度以聞。禮院又言：‘若用景表尺，即與黍尺差近，恐真玉難得大者，請以本院先定依聶崇義所説指尺爲度製造。’從之。公此詩當是作於皇祐初，緣詩有‘神筵’之語，爲明堂設也。”可從。

按，《長編》卷一百六十八皇祐二年五月丁亥朔：“禮院上新作明堂禮神玉及燔玉。初，上謂輔臣曰：‘前代禮神，有祭玉、燔玉，今獨有燔玉，無乃於祀典闕乎？’文彥博對曰：

'唐太常卿王起,以當時祀事止有燔玉,因請下有司求良玉
而作禮神玉。於是造琮、璧等九器,祭已則藏之,而燔玉止
用珉。蓋唐以來,禮神之玉,已不復備。'上曰:'朕奉事天
地、祖宗,豈於寶玉有所愛? 其令有司備製之。'時沙州適貢
玉,乃擇其良者,製爲琮、璧等九器,其黝璜尤粹温。祭玉之
備,始於此。"

歸臨川,有《到家》詩

《詩注》卷三十七《到家》:"五年羈旅倦風埃,舊里依然
似夢回。猿鳥不須懷悵望,溪山應亦笑歸來。"

按,慶曆五年冬,公曾返臨川,至此恰五年,故曰"五年
羈旅倦風埃,舊里依然似夢回"。

居臨川,作《鮑公水》

《詩注》卷十九《鮑公水》:"漫郎昔少年,幽居得之
此⋯⋯奈何中棄入長安,十載風塵化舊顏。讙囂滿耳不可
洗,此水泠泠空在山。"

李注:"水在臨川,未詳鮑公何人。""漫郎,公自謂也。"

《繫年》:"按安石於慶曆元年赴京應試,至是年復返臨
川,整十年,詩當作於臨川。"是。"奈何中棄入長安",謂慶
曆元年進京應試。

居臨川,與陳祈兄弟游

《詩注》卷四十六《書陳祈兄弟屋壁》。

李注:"按:公皇祐二年自舒州通判得告歸臨川,訪鄉

人，作此詩。”“予於撫州，得此詩石本，乃新授將仕郎、守惠州河源縣主簿陳祈立石。”

按，公皇祐三年倅舒。此曰“皇祐二年，自舒州通判將告歸臨川”，誤，應爲知鄞滿秩歸臨川。

五月，應鄧表之請，撰《撫州祥符觀三清殿記》

《文集》卷八十三《撫州祥符觀三清殿記》：“卒成此者，曰里之人鄧伶。伶之子表，故嘗與予遊。予之歸，表語其父之事，而乞予文，予不能拒也。夫用其師之説以動人者，道士也。予力顧出道士下，復何云哉？皇祐二年五月二十五日。”

按，《(雍正)江西通志》卷一百十二：“祥符觀，在臨川縣擬峴臺側。隋創，南唐昇元間，甘露降于仙壇松上，因改甘露觀。宋大中祥符重建，更今名。”

杜杞卒，有文祭之

《文集》卷八十五《祭杜慶州杞文》：“嗚呼慶州，一世之英……昔飲同堂，今奠於庭。酒肴則薄，豐者維誠。再拜事公，敢不如生。”

按，杜杞卒於皇祐二年五月。歐陽修《兵部員外郎天章閣待制杜公墓誌銘》：“皇祐二年五月甲子，疾卒於官，享年四十有六。天子震悼，賻恤其家……皇祐六年某月日，其兄駕部員外郎植與其孤葬君於某縣某鄉某原。”[1]

---

[1]　《歐陽修全集》卷三十，第450頁。

秋初,自臨川赴錢塘,陳祈餞送賦詩;途經撫州金峰,有題名

《詩注》卷三十九《初去臨川》。

李注:"撫州金峰有公題字云:'皇祐庚寅,自臨川如錢塘,過宿此。嘉祐戊辰(應爲戊戌),自番陽歸臨川,再宿金峰。'"

《繫年》:"五月至臨川,旋赴錢塘。"恐非。

按,李注《書陳祈兄弟屋壁》:"公又有與陳君一束,併附於此:'安石頓首:還敝廬,幸數對接。發日更承出餞,寵以佳句,尤慚怍不敢當厚意之辱。宿宇下,嘗成一絶,今書奉寄,想一笑而已。秋涼,加愛。安石頓首陳君舅弟足下。九月十二日。'"此束當於離臨川不久而作。

宿葛溪驛,有詩

《詩注》卷三十五《葛溪驛》:"缺月昏昏漏未央,一燈明滅照秋牀。病身最覺風霜早,歸夢不知山水長。坐感歲時歌慷慨,起看天地色淒涼。鳴蟬更亂行人耳,正抱疏桐葉半黃。"

李注:"據信州弋陽縣有葛溪水,源出上饒縣靈山。又有葛玄仙翁冢焉,因名葛溪。"是。

按,顧炎武《天下郡國利病書》:"弋陽葛溪驛,當西南水陸之衝……絡驛而來。"公自臨川赴錢塘,所行路線:臨川——撫州金峰——葛溪驛(弋陽)——信州——錢塘。[1]

---

[1] 可見柳瑩杓《王安石訪臨川時期考》,《中國文哲研究通訊》第六卷第二期,第13頁。

此詩爲公名篇,方回《瀛奎律髓》卷二十九:"半山詩如此慷慨者少,却似江西人詩。"

宿信州回車館,有詩

《詩注》卷四十八《信州回車館中作》其一:"太白山根秋夜静,亂泉深水遶床鳴。病來空館聞風雨,恰似當年枕上聲。"其二:"山木漂摇卧弋陽,因思太白夜淋浪。芭蕉一枕西窗雨,復似當時水遶床。"

李注:"太白山,在剡縣,公之舊游也。""當年,指太白山。""弋陽,去州西一百里,縣名也。"

顧祖禹《讀史方輿紀要》卷八十五:"回車館。在城西南隅。宋皇祐二年晉陵張衡爲郡守,作驛曰饒陽,宅曰回車,後合爲饒陽驛。"

過靈山,有詩

《詩注》卷四十八《靈山》。

李注:"按《圖經》:'在信州上饒縣西北九十五里,亦名靈鷲山,周迴百餘里。舊經云:上有龍池,多珍木奇卉,兼出水晶。'"

按,詩曰:"水玉比來聞長價,市人無數起相儲。"見《估玉》詩注。

晏望驛釋舟,過信州,有詩

《詩注》卷四十七《晏望驛釋舟走信州》。

過玉山縣，有詩題玉光亭

《詩注》卷四十八《題玉光亭》。

李注：“按《信州圖經》：‘玉光亭在玉山縣廳之東，不知所自，章郇公及荆公詩碑在焉。’”

與弟安國於杭州拜謁范仲淹

《文集》卷八十一《上杭州范資政啓》：“某近遊浙壤，久揖孤風。當資斧之無容，幸曳裾之有地。粹玉之彩，開眉宇以照人；縟星之文，借談端而飾物。羈瑣方嗟於中路，逢迎下問於翹材。仍以安石之甥，復見牢之之舅。兹惟雅故，少稔燕閒。”

按，賈三强《王安石繫年考》繫於本年：“此文必作於皇祐二年王安石解知鄞縣事，返歸故鄉臨川，又赴杭州後作。”是也。《（乾道）臨安志》卷三：“皇祐元年正月乙卯，以知鄧州、資政殿學士、給事中、禮部侍郎范仲淹知杭州。二年十一月辛酉，徙京東東路安撫使、知青州。”詳啓意，公本年自臨川如錢塘，因資斧無容，曾謁范仲淹，頗受禮遇。王銍《默記》卷下：“蔣希魯守蘇州，時范文正守杭州，極下士。王荆公兄弟時寄居於杭，平甫尚布衣少年也。一日，過蘇見希魯，以道服見之，平甫内不能平，時時目其衣。希魯覺之，因曰：‘范希文在杭時，着道服以見客。’平甫對曰：‘希文不至如此無禮。’”《文集》卷八十五《祭范潁州文仲淹》：“矧鄙不肖，辱公知尤。”當非泛泛而言。陳師道《後山居士文集》卷十《上蘇公書》：“承諭，人須久而後知，誠如來示。知人固未易，未易之中又有甚難。范文正謂王荊公長於知君子，短於知小人，由今觀之，豈特所短，正以反置之耳。古之所謂腹心之臣者，以其同德也，故武王曰：‘予有亂臣十人，同心同德。’而荊公以巧智之士爲腹心，故王氏之得禍大也……故謂知士當如范公，用士當以王公爲戒也。”據此，則范仲淹於公相知頗深，固不僅一面之緣而已。①

又，公兄弟此次過杭，與范仲淹之子范純仁亦交遊頗密。其時范純仁雖進士及第，然未出仕，侍父游宦。《名臣碑傳琬琰集》上卷十一《范忠宣公純仁世濟忠直之碑》：“皇祐元年，進士起家，歷知常州武進、許州長葛二縣，皆不赴。文正公薨，乃出仕。”范純仁《范仲宣公文集》卷三《和吳君平游蔣山兼呈王安國》其二：“錢塘山色飽相從，復此登臨景物同。舊國池臺餘草碧，夕陽樓閣半山紅。當時言笑如朝夢，今日心顏盡老翁。終愛巖間坐禪客，能將萬事付虛空。”此詩作於英宗治平二年，時范純仁爲江東轉運判官，而王安國丁憂居江寧（詳本譜治平二年）。詩曰“錢塘山色飽相從”，即謂此。

與同年錢塘宰韓縝、杭州觀察判官王陶遊望湖樓，有詩

《詩注》卷四十七《杭州望湖樓回馬上作呈玉汝樂道》：

---

① 高克勤《道宗當世，名重本朝——簡論范仲淹與王安石》探討范、王二人之交往及相同處，以爲：“范仲淹以其非凡的改革實踐影響當時，又以其高尚的人格垂範後世，使後來者受到沾溉，給後來者以深刻的啓示。王安石就是後來者中傑出的一位。他既親受范仲淹的教誨，又與范仲淹有著相同的理想抱負，更有與范仲淹相近的遭際，與范仲淹一樣在歷史上烙下了自己的印跡。”《王安石與北宋文學研究》，復旦大學出版社 2006 年版，第 142 頁。

“水光山氣碧浮浮，落日將歸又少留。從此祇應長入夢，夢中還與故人遊。”

按，此詩當作於皇祐二年客居錢塘時，玉汝即韓縝，時宰錢塘。《名臣碑傳琬琰集》下卷二十《韓太保縝傳》：“縝字玉汝，潁昌人。父億，事仁宗爲參知政事，以父任補將作監主簿。慶曆初，擢進士第，知盧州合肥、杭州錢塘縣，改光祿寺丞、簽書南京留守判官。”韓縝於慶曆七年出宰錢塘，梅堯臣有《韓六玉汝宰錢塘》詩送之。① 韓縝宰錢塘，政績卓著，與公、謝景溫、謝景初有江東四賢之目。《范忠宣公文集》卷十三《謝公墓誌銘》：“是時，荆公王介甫宰明之鄞縣，知樞密院韓玉汝宰杭之錢塘，公弟師直宰越之會稽，環吳越之境，皆以此四邑爲法。處士孫侔爲文以紀之。”

樂道爲王陶，時爲杭州觀察判官。《名臣碑傳琬琰集》中卷二十四《王尚書陶墓誌銘》：“公諱陶，字樂道，其先京兆人。曾祖樵、祖誨，不仕。父應，贈禮部尚書。姓孟氏，追封常山郡太君。公力學博通，慶曆二年舉進士甲科，調岳州軍事判官。丁孟夫人憂，歷杭州觀察、荆南節度二判官，以書判優等升也。”釋文瑩《湘山野録》卷四：“范文正公鎮餘杭，今侍讀王樂道公在幕。”二人皆公同年，故同遊。

過張夏廟，有詩詠之

《詩注》卷四十八《張工部廟》：“使節紛紛下禁中，幾人曾到此城東。獨君遺像今如在，廟食真須德與功。”

---

① 《梅堯臣集編年校注》卷十七，第 405 頁。

李注：“未詳何人。”

按，此乃張夏，字伯起，開封雍丘（今河南杞縣）人。景祐中知泗州，繼以工部郎中爲兩浙轉運使，於杭州築石堤十二里以捍錢塘江潮。慶曆二年，杭民於堤上立祠以祀之。《宋史》卷九十七《河渠七》：“至景祐中，以浙江石塘積久不治，人患墊溺。工部郎中張夏出使，因置捍江兵士五指揮，專採石修塘，隨損隨治，衆賴以安。邦人爲之立祠，朝廷嘉其功，封寧江侯。”《宋史》卷一百五《禮八》：“工部員外郎張夏築錢塘江岸，則以爲人除患者也。”《（咸淳）臨安志》卷七十三：“昭貺廟，在候潮門外，渾水閘東，故司封郎官張夏祠也。《會要》作工部員外郎。夏，雍丘人，景祐中爲兩浙漕使。江潮爲患，故堤率用薪土，潮水衝擊，每繕修，不過三歲輒壞，重勞民力。夏始作石堤，延袤十餘里，人感其功。慶曆二年，立祠堤上。嘉祐六年，褒贈太常少卿。”葉紹翁《四朝聞見錄》甲集“張司封廟”：“廟號昭貺，即景祐中尚書兵部郎張公夏也。或作兵部史。碑又作太常。祠典作工部員外，俗呼司封。夏字伯起，景祐中出爲兩浙轉運使。杭州江岸，率用薪土，潮水衝擊，不過三歲輒壞。夏令作石堤一十二里，以防江潮之害。既成，州人感夏之功。慶曆中立廟于堤上。嘉祐□年十月，贈太常少卿。政和二年八月，封寧江侯，改封安濟公，併賜今額。”[1]

張夏所至，多修水利，澤及生民，與公施政鄞縣略同。

---

[1]　徐濤《王安石詩繫年新證》亦繫於本年，考證略同。

遊杭州聖果寺等，有詩

《詩注》卷二十四《遊杭州聖果寺》："登高見山水，身在水中央。下視樓臺處，空多樹木蒼。浮雲連海氣，落日動湖光。偶坐吹橫笛，殘聲入富陽。"

按，《(咸淳)臨安志》卷七十六："聖果寺，在包家山，舊在鳳凰山之右……中興後，以其地爲殿前司，寺從今處。"

有詩題法喜堂

《詩注》卷二十《杭州修廣師法喜堂》："浮屠之法與世殊，洗滌萬事求空虛。師心以此不掛物，一堂收身自有餘。堂陰置石雙嶙峋，石脚立竹青扶疏。一來已覺心膽豁，況乃宴坐窮朝晡。憶初救時勇自許，壯大看俗尤崎嶇。豐車肥馬載豪傑，少得志願多憂虞。始知進退各一理，造次未可分賢愚。會將築室反耕釣，相與此處吟山湖。"

《嚴評》："此其晚年學佛之意。"

按，修廣，《曾鞏集》卷四十四《寶月大師塔銘》："君名修廣，字叔微，杭州錢塘人，姓王氏。九歲出家學佛，居州之明慶院。十一歲，落髮爲僧。景祐二年，詔賜紫衣。五年，又賜號寶月大師。治平某年，州選爲管內僧正。熙寧元年十月，感疾。癸丑，會門人與常所往來學佛之人，告以將終。其夕沐浴易衣，正坐而卒，享年六十有一。"修廣不知何年建法喜堂。皇祐四年，梅堯臣有詩寄題，[1]其後蔡襄、鄭獬等亦

---

[1] 《梅堯臣集編年校注》，第640頁。

有題詠。釋契嵩《鐔津文集》卷十二《法喜堂詩叙》："好事者刻法喜堂詩將傳，而净源上人預其編次，以其事謂潛子曰：'幸子志之也。'夫法喜堂，乃寶月廣師所居之室也。君子善其以法喜自處，故作詩而稱之也。其詩凡若干篇，乃搢紳先生、鉅公偉人之所爲也，高逸殊絶，不可得而評也。"

識西湖僧清順，稱揚其名

釋惠洪《冷齋夜話》卷六："西湖僧清順，怡然清苦，多佳句。嘗賦《十竹》詩云：'城中寸土如寸金，幽軒種竹只十个。春風慎勿長兒孫，穿我階前緑苔破。'又有《林下》詩曰：'久從林下遊，頗識林下趣。縱渠緑陰繁，不礙清風度。閒來石上眠，落葉不知數。一鳥忽飛來，啼破幽寂處。'荆公遊湖上，愛之，稱揚其名。"

作《推命對》，闡天人之道，釋貴賤賢愚之疑，破術士推命之妄

《文集》卷七十《推命對》："吴里處士有善推命知貴賤禍福者，或俾予問之，予辭焉。他日復以請，予對曰：'夫貴若賤，天所爲也；賢不肖，吾所爲也。吾所爲者，吾能自知之；天所爲者，吾獨憪乎哉！吾賢歟，可以位公卿歟，則萬鍾之禄固有焉；不幸而貧且賤，則時也。吾不賢歟，不可以位公卿歟，則簞食豆羹無歉焉；若幸而富且貴，則咎也。此吾知之無疑，奚率於彼者哉！且禍與福，君子置諸外焉。君子居必仁，行必義，反仁義而福，君子不有也；由仁義而禍，君子不屑也。是故文王拘羑里，孔子畏於匡，彼聖人之智，豈

不能脫禍患哉？蓋道之存焉耳。’

曰：‘子以爲貴若賤，天所爲也。然世賢而賤、不肖而貴者，亦天所爲歟？’曰：‘非也，人不能合於天耳。夫天之生斯人也，使賢者治不賢，故賢者宜貴，不賢者宜賤，天之道也。擇而行之者，人之謂也。天人之道合，則賢者貴，不肖者賤；天人之道悖，則賢者賤，而不肖者貴也。天人之道悖合相半，則賢不肖或貴或賤。堯舜之世，元凱用而四凶殛，是天人之道合也。桀紂之世，飛廉進而三仁退，是天人之道悖也。漢魏而下，賢不肖或貴或賤，是天人之道悖合相半也。蓋天之命一，而人之時不能率合焉，故君子修身以俟命，守道以任時，貴賤禍福之來，不能沮也。子不力於仁義以信其中，而屑屑焉甘意於誕謾虛怪之説，不已溺哉！’”

按，此篇結合天人觀，闡釋士人之出處應居仁行義，與《汴説》論題相近，當爲公早年之作。文曰“吳里處士”，故附於本年公居杭時。

九月，以明堂恩授殿中丞

《顧譜》卷上：“公在京候差遣，授殿中丞。”非也。

按，公是年並未入京，其授殿中丞，蓋因九月明堂恩。《長編》卷一百六十九皇祐二年九月辛亥：“大饗天地於明堂……文武職官及分司、致仕官，並特與轉官。”

離杭東歸，抵蘇州，作《姑胥郭》

《詩注》卷三十八《姑胥郭》：“誤裹雲巾別故山，抵吳由越兩間關。千家漁火秋風市，一葉歸舟暮雨灣。旅病惛惛如困酒，鄉愁脉脉似連環。情知帶眼從前緩，更恐顛毛自此斑。”

按，《繫年》繫此於慶曆八年，謂：“當爲由鄞赴江寧葬父經蘇州作。”恐非。

慶曆八年十一月，公自鄞縣歸江寧葬父，詩曰“千家漁火秋風市”，時令不符，當作於是年秋離杭抵蘇時。王銍《默記》卷下：“蔣希魯守蘇州，時范文正守杭州，極下士。王荊公兄弟時寄居於杭，平甫尚布衣少年也。一日，過蘇見希魯，以道服見之。”據此，則公兄弟於蘇州當謁蔣堂，時堂再知蘇州。《（正德）姑蘇志》卷三：“蔣堂，皇祐元年正月乙卯，自杭州再任。二年十月，改給事中，仍舊任。三年四月丙午，以禮部侍郎致仕。”

過無錫，有詩寄孫侔

《詩注》卷四十八《無錫寄孫正之》：“健席高檣送病身，亂山荒隴障歸津。應須一曲千回首，西去論心更幾人。”

《老學庵筆記》卷七：“孫少述，一字正之，與王荊公交最厚。故荊公《別少述》詩云：‘應須一曲千回首，西去論心有幾人？’又云：‘子今此去來何時，後有不可誰予規？’其相與如此。”

過常州，聞前知州郭維、李餘慶事蹟

《文集》卷九十五《尚書度支員外郎郭公墓誌銘》：“公諱維，字仲逸，少好學，有大志。年二十五，起爲泰州司理……得尚書屯田員外郎、知常州。至州，索宿姦數人流之，州以無事……遷度支以卒，慶曆二年正月也……某嘗羈

游過常,里中民有以褻語相罵者,其長者怒曰:'爾欲忘郭屯
田邪?'蓋公在常以此法其民,時卒已九年矣,猶不忘……
先人與公祥符八年以進士起,而公子且與某遊有好也,銘不
敢讓。"

《文集》卷九十四《朝奉郎守國子博士知常州李公墓誌
銘》:"公李氏,諱餘慶,字昌宗。年四十四,官止國子博士、
知常州以卒……余嘗過常州,州之長老道公卒時,就葬於橫
山,州人填道,瞻送歎息,爲之出淚,又爲之畫像,實之浮屠
以祭之。於是又知公之有惠愛於常人也。已而與公之子處
厚遊,則得公之所爲甚具。"

按,郭維,郭祥正之父,王益同年。郭維卒於慶曆二年,
後九年,即本年,公羈游過常。

至潤州,與張先唱酬

《詩注》卷二十九《次韻張子野竹林寺二首》:"澗水橫
斜石路深,水源窮處有叢林。青鴛幾世開蘭若,黃鶴當年瑞
卯金。敗壁數峰連粉墨,涼煙一穗起檀沉。十年親友半零
落,回首舊游成古今。"

張先字子野,北宋著名詞人,其子張文剛娶公從父妹
(見本譜卷一)。"竹林寺",在潤州。李注:"《寰宇志》:'潤
州。劉裕微時,常游竹林寺,每息於此山,常有黃鶴飛舞。
後改爲鶴林寺,故云瑞卯金。'""十年",公自慶曆二年進士
起家,至此恰十年,時張先服除居潤州。①《詩注》卷二十五

----

① 沈松勤《張先傳》,《宋才子傳箋證·詞人卷》,遼海出版社2011年版,第
35頁。

《次韻張子野秋中久雨晚晴》當同時作。

至揚州，有文祭亡友束向

《文集》卷八十六《祭束向元道文》，文曰："學則同游，仕則同科。出作揚官，君實其鄉。傾心倒肝，迹斥形忘。君於壽食，我飲鄆水。豈無此朋，念不去彼。既來自東，乃臨君喪。"當作於歸自杭州時。

十月二十日，爲知信州張衡撰《信州興造記》

《文集》卷八十二《信州興造記》："晉陵張公治信之明年，皇祐二年也。姦彊帖柔，隱訕發舒，既政大行，民以寧息。夏六月乙亥，大水……十月二十日，臨川王某記。"

按，張公即張衡，皇祐元年知信州。[1] 公是年自臨川赴杭，道過信州，適州遇水災，張衡驅民興役，救災補敗，異於俗吏，公爲文紀之。《（雍正）江西通志》卷二十："廣信府，府署在廣信門内，唐乾元初始建。宋皇祐間，圮於水，知州事張衡修葺，王安石爲文記之。"

十一月，聞范仲淹徙京東東路安撫使、知青州，上啓致意

《文集》卷八十一《上杭州范資政啓》："某近遊浙壤，久捐孤風……兹惟雅故，少稔燕閒。言旋桑梓之邦，驟感神麻之詠。寫吳綾之危思，未盡攀瞻；憑楚乙之孤風，但傷間闊。

---

[1]　《（雍正）江西通志》卷四十六"知信州"："張衡，皇祐間任。"

恢台貫序,虛白調神。禱頌之私,不任下懇。"

　　按,《(乾道)臨安志》卷三:"皇祐元年正月乙卯,以知鄧州、資政殿學士、給事中、禮部侍郎范仲淹知杭州。二年十一月辛酉,徙京東東路安撫使、知青州。"江少虞《事實類苑》卷三十四:"范文正公未免乳,喪其父,隨母嫁淄州長山朱氏。既冠,文行過人,一試爲南宮第一人,遂擢第。仕宦四十年,晚鎮青州,西望故居纔百餘里,以詩寄其鄉人曰:'長白一寒儒,登榮三紀餘。百花春滿路,二麥雨隨車。鼓吹迎前道,烟霞指舊廬。鄉人莫相羨,教子讀詩書。'"啓曰"言旋桑梓之邦,驟感神麻之詠",即謂其徙京東東路安撫使、知青州。

歸江寧。姚闢來訪,別後有書答之,論章句名數之學不足以盡聖人之術

　　《文集》卷七十五《答姚闢書》:"姚君足下:別足下三年於兹,一旦犯大寒,絕不測之江,親屈來門,出所爲文書與謁并入,若見貴者然。始驚以疑,卒觀文書,詞盛氣豪,於理悖焉者希。間而論眾經,有所開發,私獨喜故舊之不予遺,而朋友之足望也。

　　今冠衣而名進士者,用萬千計,蹈道者有焉,蹈利者有焉。蹈利者則否,蹈道者則未免離章絕句,解名釋數,邃然自以聖人之術單此者有焉。夫聖人之術,修其身,治天下國家,在於安危治亂,不在章句名數焉而已。而曰聖人之術單此者,皆守經而不苟世者也。守經而不苟世,其於道也幾,其去蹈利者則緬然矣。觀足下固已幾於道,姑汲汲乎其可

急，於章句名數乎徐徐之，則古之蹈道者將無以出足下上。
足下以爲何如？"

　　按，《（至順）鎮江志》卷十八："姚闢字子張，金壇人，皇
祐元年登進士第。時朝士尚詞章，闢獨究心六經，義有未
安，必求其是。歷陳州項城令，後通判通州，卒。"書曰："今
冠衣而名進士者，用萬千計。蹈道者有焉，蹈利者有焉。"又
曰："足下固已幾於道。"則姚闢似已登第。所謂"別足下三
年於茲"，當指慶曆八年公自鄞縣歸江寧葬父未果。翌年，
姚闢與公兄安仁同登第。

有次韻詩答陳正叔

　　《詩注》卷三十八《次韻答陳正叔二首》其二："田宅荒
涼去復來，詩書顏髮兩塵埃。忘機自許鷗相狎，得禍誰期鶴
見媒。此道未行身有待，古人不見首空回。何當水石他年
住，更把韋編靜處開。"

　　按，《次韻答陳正叔二首》其一曰"青衫憔悴北歸來"，
其二曰"田宅荒涼去復來"，或作于知鄞任滿歸江寧時。陳
正叔，不詳，公屢與唱酬，如《詩注》卷十六《答陳正叔》、卷
三十一《和正叔懷其兄草堂》、卷三十六《和平甫寄陳正
叔》等。

赴高郵

　　《繫年》："授殿中丞，未赴闕，居於高郵……《寄朱氏
妹》云：'嗟予迫時恩，一傳日千里。'李注謂：'據一傳日千
里之句，公時爲江東提刑。'即嘉祐三年事。詩又云'昔來高

郵居,我始得朱子……當時獨張倩,遠在廬山趾。沈君未言昏,名已習吾耳。安知十年來,乖隔非願始'。據此,則知皇祐二年安石曾居高郵,與朱昌叔相識,而其時張奎在潯陽。皇祐二年距嘉祐三年爲九年,言十年,蓋舉其成數也。"可從。

按,《詩注》卷二十《得子固書因寄》亦可證:"始吾居揚日,重問每見及。云將自親側,萬里同講習。子行何舒舒,吾望已汲汲……竭來高郵住,巷屋頗卑濕。蓬蒿稍芟除,茅竹隨補葺。"公赴居高郵,當因其地正處運河之畔,宜於及時赴闕,而二妹婿朱明之又適在高郵,故往。

得曾鞏書,有詩寄之,述寄居高郵情狀頗詳

《詩注》卷二十《得子固書因寄》:"竭來高郵住,巷屋頗卑濕。蓬蒿稍芟除,茅竹隨補葺。苟云禦風氣,尚恐憂雨汁。故人莫在眼,屢獨開巾笈。忠信蓋未見,吾敢誣茲邑。出門誰與語? 念子百憂集。眺聽聊自放,日暮城頭立。徐歸坐當户,使者操書入。時開識子意,如渴得美漕。驪駒日就道,玉手行可執。舊學待鐫磨,新文得删拾。重登城頭望,喜氣滿原隰。"

《繫年》:"此乃知鄞滿秩後居高郵時事,詩正作於是時。"是。

按詩意,曾鞏知公居高郵,欲來相會,故詩謂"驪駒日就道,玉手行可執"。

致書孫侔，請撰亡父碑碣

《文集》卷七十七《與孫侔書》：“先人銘固嘗用子固文，但事有缺略，向時忘與議定。又有一事，須至別作，然不可以書傳。某於子固，亦可以忘形迹矣，而正之云然，則某不敢易矣。雖然，告正之作一碣，立於墓門，使先人之名德不泯，幸矣……銘事，子固不以此罪我兩人者，以事有當然者，且吾兩人與子固，豈當相求於形迹間耶？然能不失形迹，亦大善。唯碣宜速見示也。”

《繫年》：“此書當作於是年赴高郵時。”是。書稱“子固亦近得書，甚安樂，云不復來此”，則知曾鞏有失前約，未至高郵。又曰“先人銘固嘗用子固文，但事有缺略，向時忘與議定。又有一事，須至別作，然不可以書傳”，知公最終未以曾鞏所撰亡父墓誌銘入土，而請孫侔撰碑碣。待葬期定後，遂請孫侔另撰墓誌。

是年，撰《司封郎中張君墓誌銘》

《文集》卷九十三，墓主張式，文曰：“皇祐二年九月六日卒……某月某日，葬君某鄉某里。”當作於是年冬。

丁寶臣知端州，寄詩。次韻答之

《詩注》卷三十六《次韻答端州丁元珍》：“莫嗟荒僻又離群，且喜風謠嶺北聞。銅柱雖然蠻徼接，竹符還是漢家分。春書來逐衡陽鴈，秋騎歸看隴首雲。相見會知南望苦，病骸今似沈休文。”

按,《詩注》卷三十五《元珍以詩送緑石硯所謂玉堂新樣
者》,李注:"元珍即丁寶臣,元珍嘗知端州。"《文集》卷九十
一《司封員外郎秘閣校理丁君墓誌銘》:"再遷爲太常博士,
移知端州。"皇祐二年春,公離鄞至曹娥堰,有詩寄丁寶臣。
二年九月,丁寶臣已移知端州。《粤東金石略》卷八:"副墨
巖深處一段。皇祐庚寅九月廿九日,丁寶臣、閻登、張士宗
同遊,王逢題。"詳詩意,當作於丁初知端州時。

皇祐三年辛卯（1051），三十一歲

居高郵，與朱明之遊

《詩注》卷八《寄朱氏妹》："昔來高郵居，我始得朱子。從容談笑間，已足見奇偉。行尋城陰田，坐釣渠下沚。歸來同食眠，左右皆圖史。入視爾諸幼，歡言亦多祉。"

按，朱明之字昌叔，天長人，公妹婿，曾鞏繼母堂弟。其母高郵戴氏，伯父朱伯卿曾任高郵主簿，卒於任。湯江浩推測，公暫寓高郵結識朱明之，"很可能此亦朱、王訂婚之時"；另一方面，"高郵軍與天長縣爲相鄰地區，高郵治所在運河之畔，爲南北往來重鎮"，公在此可隨時準備入京。①

上淮南轉運使李仲偓啓

《文集》卷八十一《上李仲偓運使啓》："伏念某得邑海瀕，寄身節下。操舟取道，持版過庭。自顧下寮之愚，敢扳先子之雅。坐蒙高義，曲借善顏。載惟恩私，有過分願。去離門守，來造署居。取庇自今，馳情無遠。要之蚤莫，唯是曠官之憂；庶也始終，不爲愛己之負。歲時回薄，氣候沍寒。明賢之姿，休福所嚮。伏惟順節自壽，副人所瞻。"

按，李仲偓字晉卿，大中祥符八年進士，王益同年。故啓謂"自顧下寮之愚，敢扳先子之雅"。胡宿《文恭集》卷三

---

① 公與朱明之交遊，湯江浩考證最詳密，可見《北宋臨川王氏家族及文學考論》，第202—204頁。

十七《故朝散大夫太常少卿致仕李公墓誌銘》:"公諱仲偃,
字晉卿……祥符中再舉貢部高等,八年,得進士丙科,調楚
州寶應尉……入爲三司度支判官,尋除兩浙轉運使,賜紫章
服。居部識大體,總綱目,應書即舉,遇事敢行,不爲細苛,
靡尚皦皦。除工部郎中,代還,判三司度支勾院,假太常少
卿、直昭文館、充契丹國信使。還,除刑部郎中、淮南轉運
使。"慶曆八年八月,李仲偃爲契丹國信使。[①] 其除淮南轉運
使,當於本年自契丹返回後。淮南轉運使治所爲楚州,與高
郵相近。

有旨召試館職。以祖母年老,父益未葬,上狀乞免就試

詳下。

自高郵返江寧,至真州,遊東園

《詩注》卷四十七《真州東園作》:"十年歷遍人間事,却
遶新花認故叢。南北此身知幾日,山川長在淚痕中。"

李注:"歐陽公嘗爲許元作記,即此處。"

按,十年,當指進士起家十年,自慶曆二年至本年恰十
年。真州東園,許元等建,《(嘉慶)大清一統志》卷九十七:
"東園,在儀徵縣治東……施昌言、許元爲發運使,馬遵繼爲
判官,因州監軍廢營地爲之。歐陽修爲記,蔡襄書。後人因
名園興記、書爲三絕。"歐陽修《真州東園記皇祐三年》:"真爲
州,當東南之水會,故爲江淮、兩浙、荆湖發運使之治所。龍

---

① 《長編》卷一百六十五慶曆八年八月庚辰:"工部郎中、判度支勾院李仲偃
爲契丹國母正旦使,左侍禁、閤門祗候孫世京副之。"第3964頁。

圖閣直學士施君正臣、侍御史許君子春之爲使也，得監察御史裏行馬君仲塗爲其判官。三人者樂其相得之懽，而因其暇日，得州之監軍廢營以作東園，而日往遊焉。"①

四月十日，歸江寧，葬父於牛首山

《曾鞏集》卷四十四《尚書都官員外郎王公墓誌銘》："安石今爲大理評事、知鄞縣，慶曆七年十一月，上書乞告葬公。明年某月，詔曰可，遂以某月某日，與其昆弟奉公之喪，葬江寧府之某縣某處。"

《顧譜》卷上："是年(慶曆八年)，得旨歸葬，遂以某月日與昆弟奉都官公之喪，葬江寧府之蔣山。"

《蔡譜》卷一："楚公通判江寧，既卒於官，葬於江寧牛首山，子孫遂家焉。"

《詩注》卷二十二《光宅寺》："今知光宅寺，牛首正當門。"李注："牛首山在建康城南三十里，一名天闕……即此山也。自朱雀門沿御道至山下，宋大明中，嘗立郊壇於此。"

《詩注》卷四十《雜詠四首》："故畦抛汝水，新壟寄鍾山。爲問揚州月，何時照我還？"李注："楚公葬於江寧之牛首山，今言'揚州月'，則公意止在江寧，不復回首故畦矣。"

按，以上述及王益葬時葬地，皆未確。2009 年 10 月，南京將軍山(與牛首山相銜)南麓新出土王益、王安仁墓誌。前者 1 合 2 塊，石質，誌蓋長 103、寬 76、厚 7.5 釐米，蓋銘左讀，共兩行"王公之墓"4 字；誌銘長 103、寬 74、厚 6.5 釐米，

---

① 《歐陽修全集》卷四十，第 581—582 頁。梅堯臣有《依韻和許發運真州東園新成》，《梅堯臣集編年校注》卷十九繫於皇祐元年。

陰刻,楷體,部分誌文風化泐失,録文如下:

……郎]……]……]……]……]□□□□□□丞求爲
銘□□判事贈□□□□□□□□]……安國安世安禮安
上即□公□府□□之曲]……進士爲建安主簿遷臨江
□□□□□□□寺]……屯田員外郎至都官以卒□□□建
安尚少]……不入州以責□公公曰孔目吏尚不入]……門捕
孔目吏歸杖而與之期三□□□□不入]……而州亦憚焉其
爲判官守不法公□□□□]……不得行□□公相與□轉運
使出公□□□]……悉□縣□猾上府流遠方政□以清]……
無男女之別前守類以爲俗不治□公□]……後悉服其化蜀
效忠五百人□州□□]□□□□□捕其首裏立誅之克戰怖
請付獄公不□□□]□□□既□獄期夜劫之以叛□乃□虎
出翁源縣公□捕]□□□虎自斃者五令斷頭以頌以獻公麾
出抵其□還令]□□□□者政聞中州代還□持南一物詔人
至今思之後□]□□□□倚公以治公剛簡自守而仁愛乎民
其爲政機]□□□□孝友溫溫若無能者。十七歲,游尚書張
公詠門,公奇]□□□□曰舜良,其知之早也。既其卒,年四
十六,惜乎其所]□□□一見於世,命矣夫! 祖諱德明,贈職
方員外郎。考諱]□□□尉寺丞。母謝氏,永安縣太君。公
先娶徐氏,卒,今夫]□□□賢而有智,公卒,男女賴其教以
成。七男,長安仁,登進]□□□有學行。三女,適延平張
奎、廣陵朱明之、錢塘沈季]長。其□也用四月十日。安石
以倅友,故來告請倖□。銘曰:]已矣! 公之年孰不修兮,材
不時盡兮,止乎一州德在其地兮]宜歸以休。公去日遠兮,

神焉爾留。民思不忘兮，視如其丘。①

慶曆八年，公自鄞縣歸江寧葬父，然未果；曾鞏所撰墓誌，因事有遺略，亦未入石，而別請孫侔另撰，故墓誌曰“安石以侔友，故來告請侔□。銘曰”。“其□也，用四月十日”，據上下文意，□當爲“葬”。據此，則王益葬於本年四月十日無疑，葬地爲江寧牛首山。

曾鞏有祭文

《曾鞏集》卷三十八《祭王都官文》：“鍾山崢嶸，下惟江水。昔公此臨，委蛇烏履。今子六人，葬公於此。銘鞏之爲，辭貧事趲。千里寄誠，以兹一篚。”

受命通判舒州，遂上書相府，乞一就近差遣

《文集》卷七十四《上相府書》：“伏惟閣下方以古之道施天下，而某之不肖，幸以此時竊官於朝，受命佐州，宜竭罷駑之力，畢思慮治百姓，以副吾君吾相於設官任材休息元元之意，不宜以私懇上，而自近於不敏之誅。抑其勢有可言，則亦閣下之所宜憐者。某少失先人，今大母春秋高，宜就養於家之日久矣。徒以內外數十口，無田園以託一日之命，而取食不腆之禄，以至於今不能也。今去而野處，念自廢於苟賤不廉之地，然後有以共裘葛、具魚菽，而免於事親之憂，則

---

① 此承鄭嘉勵兄惠賜，謹此致謝！馬濤、許志强推測，王益當葬于本年王安仁卒後：“推測在長兄王安仁卒後，王安石才考慮在江寧正式葬父。”《將軍山北宋王安石家族葬地及相關問題的探討》，《江寧春秋》第13輯，第44頁。恐非，王安仁卒於本年十月。

恐內傷先人之明，而外以累君子養完人材之德，濡忍以不去，又義之所不敢出也。故輒上書闕下，願殯先人之丘冢，自託於笇庫，以終犬馬之養焉。”

《蔡譜》卷三繫此書於慶曆七年。《繫年》同，曰：“書云‘幸以此時竊官於朝，受命佐州……故輒上書闕下，願殯先人之丘塚’。按曾鞏《尚書都官員外郎王公墓誌銘》云：‘慶曆七年十一月上書乞告葬公。’”即指此書而言。

按，以上皆誤。慶曆八年，公歸江寧葬父未果。“殯”，《王文公文集》作“濱”，是也。宋刻元明遞修本《臨川先生文集》亦作“濱”，“殯”當爲明人擅改。此書所上乃文彥博。書曰“某受命佐州”，則公此時已奉命通判舒州。又曰“願殯先人之丘塚，自託於笇庫”，當作於甫葬父時，故陳乞一就近差遣。①

五月，以宰臣文彥博之薦，詔赴京試館職，辭不就

《長編》卷一百七十皇祐三年五月庚午：“宰臣文彥博等言：‘……殿中丞王安石進士第四人及第，舊制，一任還，進所業求試館職，安石凡數任，並無所陳。朝廷特令召試，亦辭以家貧親老。且館閣之職，士人所欲，而安石恬然自守，未易多得。大理評事韓維嘗預南省高薦，自後五六歲不出仕宦，好古嗜學，安於退靜，並乞特賜甄擢。’詔賜（張）瓖三品服，召安石赴闕，俟試畢，別取旨。維令學士院與試。安石、維並辭不就。”

---

① 賈三強《王安石文繫年續考》繫於本年夏秋之交，《中國中世文學研究論文集》，上海古籍出版社 2006 年版。

《宋會要輯稿》選舉二七：“皇祐三年五月，宰臣文彦博等薦工部郎中直史館張瓌、殿中丞王安石、大理評事韓維，皆以恬退，乞賜甄擢。詔賜張瓌三品服，召王安石、韓維試于學士院。”

程俱《麟臺故事》卷三：“皇祐三年四月，宰臣文彦博言：‘……伏見工部郎中、直史館張瓌十餘年不磨勘，朝廷獎其退靜，嘗特遷兩浙轉運使。代還，差知穎州，亦未嘗以資序自言。殿中丞王安石進士第四人及第，舊制一任還，進所業求試館職，安石凡數任，並無所陳，朝廷特令召試，而亦辭以家貧親老；且文館之職，士人所欲，而安石恬然自守，未易多得……並乞特賜甄擢。’詔賜張瓌三品服，召王安石赴闕，俟試畢，別取旨；韓維下學士院與試。然二人者卒不就試。”

《邵氏聞見録》卷十一：“皇祐中，文潞公爲宰相，薦安石及張瓌、曾公定、韓維四人恬退，乞朝廷不次進用，以激澆競之風。有旨皆籍記其名。”

按，王質《雪山集》卷三《與虞相書》：“文潞公欲引恬退之士，謀于其客張子平。潞公曰：“宜莫如韓維、張瓌也。”子平曰：‘王安石以静退著名，其可遺乎？’潞公不答。子平曰：‘豈以瓌事相公加勤，而安石無所加乎？’潞公瞿然，乃並薦之。”張子平，疑即張衡，皇祐二年知信州，公爲撰《信州興造記》。

又，文彦博曰“安石凡數任，並無所陳。朝廷特令召試，亦辭以家貧親老”，即公葬父前所上之狀，以祖母老、父未葬爲由辭召試館職。

自江寧赴任舒州，過慎縣，有詩自省

《顧譜》："公以殿中丞通判舒州。"

《蔡譜》："是年通判舒州。"

《詩注》卷十七《發廩》，李注："公以皇祐三年倅舒州，至和元年除館閣。"

《詩注》卷二十五《慎縣修路者》："畚築今三歲，康莊始一修。何言野人意，能助令君憂。勠力非無補，論心豈有求？十年空志食，因汝起予羞。"

李注："言野人之心，豈以利而爲之哉？特以爲助上平治道路，亦分所當然耳。今人有毫髮勞效，即希幸功賞，曾野人之不若也。""慎縣，屬廬州，有浮槎，此爲本出焉。廬州，舒近，必爲往時所作。"

按，詩曰"十年空志食"，自慶曆二年入仕至皇祐三年，恰十年。又，樂史《太平寰宇記》卷一百二十六："廬州慎縣，州東北七十里。"由此篇可推公赴任舒州，應自高郵，過江寧，經廬州，至舒州。"十年空志食，因汝起予羞。"公因見野人勠力修路，轉而反躬自省己之職分，而有自慚之意，殊爲難得。

以有旨令赴闕，再上狀乞免就試，有詩明志

《文集》卷四十《乞免就試狀》："准中書劄子，奉聖旨依前降指揮發來赴闕就試者。伏念臣祖母年老，先臣未葬，二妹當嫁，家貧口衆，難住京師。比嘗以此自陳，乞不就試。慢廢朝命，尚宜有罪，幸蒙寬赦，即賜聽許。不圖遂事之臣，

更以臣爲恬退。今臣無葬嫁奉養之急，而逡巡辭避，不敢當清要之選，雖曰恬退可也。今特以營私家之急，擇利害而行，謂之恬退，非臣本意。兼臣罷縣守闕，及今二年有餘，老幼未嘗寧宇。方欲就任，即令赴闕，實于私計有妨。伏望聖慈察臣本意，止是營私，特寢召試指揮，且令終滿外任，一面發赴本任去訖。"①

《詩注》卷四十七《舒州被召試不赴偶書》："戴盆難與望天兼，自笑虛名亦自嫌。槁壤太牢俱有味，可能蚯蚓獨清廉。"

按，公初辭召試，蓋因"祖母年老，先臣未葬，二妹當嫁，家貧口衆，難住京師"。甫葬父，即上書相府乞一就近差遣，而文彥博以"恬然自守"薦之，即《狀》曰"不圖逡事之臣，更以臣爲恬退"，故中書有劄再召赴闕就試。"兼臣罷縣守闕，及今二年有餘"，"二"或爲"一"之訛，皇祐二年初公離鄞，至此待闕一年有餘。"方欲就任"、"終滿外任"，謂通判舒州也。

次韻答弟安國

《詩注》卷三十六《到舒州次韻答平甫》："夜別江舡曉解驂，秋城氣象亦潭潭。山從樹外青爭出，水向沙邊綠半涵。行問嗇夫多不記，坐論公瑾少能談。秖愁地僻無賓客，舊學從誰得指南。"

李注引《資暇錄》："平甫《歸來》詩：'江田百頃春風種，

---

① 《王文公文集》卷十七題作《乞免就試劄子》，第203頁。

山果千株夜雨涵。坐食何須憂敗類，修門今日不容貪。'詩語太顯，不似公下得'涵'字好。"

到郡後，與諸官同飲

《詩注》卷十八《到郡與同官飲》："瀉碧沄沄横帶郭，浮蒼靄靄遥連閣。草木猶疑夏鬱葱，風雲已見秋蕭索。荒歌野舞同醉醒，水果山肴互酬酢。自嫌多病少歡顏，獨負佳賓此時樂。"

題注："時倅舒州。"

按，詩曰"草木猶疑夏鬱葱，風雲已見秋蕭索"，則公抵舒州時，約本年夏秋之交。

隨家人遊東園

《詩注》卷十八《九日隨家人遊東山遂遊東園》。

詩曰："暑往詎几時？凉歸亦云暫。""采采黄金花，持盂爲君泛。"當作於初至舒州。

與孟逸書

《文集》卷七十八《與孟逸秘校手書》其一："某頓首仲休兄足下。自京師奉別，於今已八九年。事物之役，少休息時，不得馳問，但增勤企。忽得書，乃知尚滯下邑，幸得會合，歡慰固無量。顧忝一日之雅，而以公函見賜，竊愍怍不知所謂也。拜見在近，千萬自愛！他留面陳。"

按，孟逸字仲休，湖北襄陽人。王得臣《麈史》卷中："令狐先生既卒，門人史驤思遠謁太子中允勾諶信道銘其壙，又求屯曹外郎阮逸天隱爲文以表之。天隱與令狐同年。福唐林逸書，襄陽孟逸篆額，史號爲‘三逸碑’。”據此書，孟逸應爲公故人，初識於慶曆二年。公通判舒州，孟爲州縣屬吏，故書謂“知尚滯下邑，幸得會合，歡慰固無量”。

奉詔親勞鄉賢王申

周必大《文忠集》卷七十六《益國夫人墓誌銘》：“亡妻王氏，世爲平江府崑山縣人。曾祖申，以學行推於鄉。王荆公倅舒州，奉詔親勞，至即求見，迄今手刺存焉。”

州大旱，率僚屬祈雨

《文集》卷八十六《祈雨文》：“今千里旱暵，及時不雨，農夫悼心，郡將失色。某遂躬率僚屬，來請于大廟下。惟神全死生之大名，開聰明于一方，霈甘霆以足民食，則前謂人神之靈，於古今無愧焉。尚饗！”

按，舒州處江、淮之間，本年江、淮大旱。《長編》卷一百七十一皇祐三年十一月乙亥：“上謂輔臣曰：‘江、淮連年荒歉，如聞發運轉運司惟務誅剥，以敷額爲能，雖名和糴，實抑配爾……知諫院包拯言……惟江、淮六路，連歲亢旱，民甚艱阻，流亡者比比皆是。”

《宋史》卷十二《仁宗四》：“（皇祐三年）八月丙戌，遣使安撫京東、淮南、兩浙、荆湖、江南饑民。辛卯，詔諸路監司具所部長吏治狀能否以聞。是月，汴河絶流。”

再與孟逸書，商討救旱事宜

《文集》卷七十八《與孟逸秘校手書》其二："某頓首。昨日以旱事奉報，既而且以書抵王公，言今旱者皆貧民，有司必不得已，不若取諸富民之有良田得穀多而售數倍之者，貧民被災，不可不恤也。度治所已接狀矣，然民既爲使者所沮，得無貧懦力不能復自訴者乎？唯念之。屯田必已入城矣，前治宿松事，何其詳也。錦鷄更求兩雌，不欲忤物性耳。秋涼，自愛。"

按，書曰"王公"，謂淮南轉運使王逵。《長編》卷一百六十九皇祐二年十一月庚子："徙知徐州、工部郎中王逵爲淮南轉運使。"《曾鞏集》卷四十二《刑部郎中致仕王公墓誌銘》："知徐州……明年，遷尚書工部郎中、淮南轉運使。歲饑，又多所全活，就加直昭文館，知越州、浙東兵馬鈐轄。"據《(嘉泰)會稽志》卷二："皇祐四年八月，以工部郎中、直昭文館王逵知越州。"然則此書當作於皇祐三年秋。宿松，舒州屬縣，"州西南一百四十里。"[1]

與馬遵書，論理財之道，以爲欲富天下，當資之天地

《文集》卷七十五《與馬運判書》："運判閣下：比奉書，即蒙寵答，以感以作，且承訪以所聞，何閣下逮下之周也。嘗以謂方今之所以窮空，不獨費出之無節，又失所以生財之道故也。富其家者資之國，富其國者資之天下，欲富天下則

---

[1] 王存《元豐九域志》卷五，中華書局 1984 年版，第 203 頁。

資之天地。蓋爲家者不爲其子生財,有父之嚴而子富焉,則何求而不得?今闔門而與其子市,而門之外莫入焉,雖盡得子之財,猶不富也。蓋近世之言利雖善矣,皆有國者資天下之術耳,直相市於門之內而已。此其所以困與?在閣下之明,宜已盡知,當患不得爲耳。不得爲,則尚何賴於不肖者之言耶?今歲東南饑饉如此,汴水又絕,其經畫固勞心。私竊度之,京師兵食宜窘,薪蒭百穀之價亦必踴,以謂宜料畿兵之驕怯者,就食諸郡,可以舒漕輓之急。古人論天下之兵,以爲猶人之血脉,不及則枯,聚則疽,分使就食,亦血脉流通之勢也。儻可上聞行之否?"

《繫年》繫此於慶曆七年,誤。

按,馬運判,即江、淮、荆湖、兩浙制置發運判官馬遵,《宋史》卷三百二有傳:"馬遵者字仲塗,饒州樂平人。嘗以監察御史爲江、淮發運判官,就遷殿中侍御史爲副使。"公初識馬遵於慶曆五六年間。《文集》卷八十五《祭馬龍圖文》:"余託業於進士,熟君名於垂髫。既備官於淮南,習爲縣之風謠。去幕府而西遊,依國門之憔嶢。始逢君之執靮,屢顧我而回鑣。""去幕府而西遊,依國門之憔嶢",謂慶曆五年公揚州簽判任滿赴京候選。二人原屬舊交,又本年公遊真州東園,馬遵或與焉,故遵致信訪以所聞,而公答之。所謂:"方今之所以窮空,不獨費出之無節,又失所以生財之道故也。富其家者資之國,富其國者資之天下,欲富天下則資之天地。"乃公理財思想之精華,於此已具雛形。又《詩注》卷十五《寓言十五首》其四:"父母子所養,子肥父母充。欲富榷其子,惜哉術之窮。霸者擅一方,窘彼足自豐。四海皆吾家,奈何不知農。"二者可互參。

另,書曰:"今歲東南饑饉如此,汴水又絶。"《宋史》卷十二《仁宗四》:"(皇祐三年)八月丙戌,遣使安撫京東、淮南、兩浙、荆湖、江南饑民。辛卯,詔諸路監司具所部長吏治狀能否以聞。是月,汴河絶流。"

弟安國有詩咏九華山,和之

《詩注》卷十七《和平甫舟中望九華山四十韻》:"楚越千萬山,雄奇此山兼。盤根雖巨壯,其末乃修纖。去縣尚百里,側身勇前瞻。蕭條煙嵐上,縹緲浮青尖。徐行稍復逼,所矚亦已添。精神去矗矗,氣象來漸漸。卸席取近岸,移船傍蒼蒹。窺觀坐窮晡,未覺晷刻淹。江空萬物息,四面波瀾恬。峩然九女鬟,爭出一鏡奩。卧送秋月没,起看朝陽暹。游氛蕩無餘,瑣細得盡覘。凌空翠矗直,照影寒鋥銛。冢木立紺髮,崖林張紫髯。變態生倏忽,雖神詎能占。當留老吾身,少駐誰云壓。惜哉秦漢君,黄屋上衡灂。等之事嬉遊,捨此何其廉。我疑二后荒,神物久已厭。埋藏在雲霧,不欲登昏憸。又疑避褒封,蔽匿以爲謙。或是古史書,脱落簡與籤。當時備巡游,今不存緗縑。終南秦之望,太山魯所詹。天王與秩祭,俎豆羅醓鹽。苟能澤下民,維此遠亦沾。方今東南旱,土脉燥不黏。尚無膚寸功,豈免竊食嫌。神莽吾難知,土病吾能砭。文章巧傅會,智術工飛箝。薦寶互珪璧,論材自梗柟。苟以飾婦妾,謬云活蒼黔。豈如幽人樂,兹山謝閭閻。穴石作户牖,垂泉當門簾。尋奇出後徑,覽勝倚前簷。超然往不返,舉世徒呫呫。高興寄日月,千秋伴烏蟾。

遐追商洛翁，秦火不能炎。近慕楚穆生，竟脫楚人鉗。吾意
竊所尚，人謀諒難僉。"

《重和》："誰謂九華遠？吾身未嘗詹。唱篇每起予，予
口安能箝。憶在秋浦北，空江上新蟾。光潔瀉一鏡，迴環兩
隉奩。露坐引衣襋，風行欹帽簷。維舟當此時，巨細得盡
瞻。試嘗論大略，次乃述微纖。此山廣以深，包蓄萬物兼。
噓雲吐霧雨，生育靡不漸。巍然如九皇，德澤四海沾。此山
相後先，各出群峰尖。毅然如九官，羅立在堂廉。挺身百辟
上，附麗無姦憸。此山高且寒，五月不覺炎。草樹凄已綠，
冰霜尚涵淹。頹然如九老，白髮連蒼髯。此山當無雲，秀色
鬱以添。姹然如九女，靚飾出重簾。珮環與巾裾，紺玉青紈
縑。遠之妍西施，近或醜無鹽。變態不可窮，詩者徒呫呫。
我初勇一往，役世難安恬。浪荒不走職，民瘼當誰砭。乖離
今數旬，夢想欲窺覘。自期得所如，何啻釋囚鉗。念昔太白
巔，下視海日暹。竭來天柱游，屐齒尚苔黏。猶之健飲食，
屢饗亦云饜。胡為慕攀踏，已憊且不嫌。豈其仁智心，山水
固所潛。男兒有所學，進退不在占。功名苟不諧，廊廟等閭
閻。況乃掄樣杕，其誰辨梗柟。歸歟巖崖居，料理帶與簽。
得石坐兀兀，逢泉飲厭厭。取舍斷在獨，豈必詢謀僉。子語
實慰我，寧殊邑中黔。玉枝將在山，當倚以葭蒹。詩力我已
屈，鋒鋘子猶銛。扶傷更一戰，語汝其無謙。"

《繫年初稿》繫此詩於至和元年公離任舒州通判後："據
李壁所說，太白巔指鄞縣太白嶺。天柱山甚多，一指霍山，
今安徽霍山縣南五里，在舒州境內，與安石所云'憶在秋浦
北'合；秋浦指池州。然則'乖離今數旬'，係離舒州未久之

作。"未確。

朱自清《宋五家詩鈔·王安石》繫於皇祐三年,可從。①

按,《太平寰宇記》卷一百五:"九華山,在(池州青陽)縣二十里,舊名九子山。李白以有九峰,如蓮花削成,改爲九華山。"詩曰:"念昔太白巓,下視海日遷。朅來天柱游,屐齒尚苔黏。"言知鄞縣後,即通判舒州,"朅來天柱游";"屐齒尚苔黏",以誇張手法,言甫至舒州,而非離任舒州。"乖離今數旬"亦非乖離舒州,而承上文"憶在秋浦北",謂池州也。公於本年夏秋之交通判舒州,過池州,故詩曰"江空萬物息,四面波瀾恬。峨然九女鬢,爭出一鏡奩。卧送秋月没,起看朝陽遷"。又本年江淮大旱,故詩曰"方今東南旱,土脉燥不黏。尚無膚寸功,豈免竊食嫌"。至於《重和》曰"此山高且寒,五月不覺炎。草樹凄已緑,冰霜尚涵淹",乃爲鋪叙、襯托九華山之高寒,非實述時令。

九月十六日,與弟安國等遊山谷寺石牛洞,留詩題寺壁

《詩注》卷十八《題舒州山谷寺石牛洞泉穴—作留題三祖山谷寺石壁》:"水泠泠而北出,山靡靡而旁圍。欲窮源而不得,竟悵望以空歸。"

公自注:"皇祐三年九月十六日,自州之太湖,過懷寧縣山谷乾元寺宿。與道人文鋭、弟安國擁火遊石牛洞,見李翺習之書,聽泉久之。明日,復遊,乃刻習之後。"

李注:"據晁無咎以此篇入《續楚詞》。晁云:'蓋公在

① 《朱自清古典文學專集》之四《宋五家詩鈔》,上海古籍出版社 1981 年版,第 83 頁。

江南時所書野壁辭，凡二十四言。世以謂真六藝群書之遺
味，故與其經學典策之文俱傳焉。'《高齋詩話》云：'舒州三
祖山金牛洞，山水聞于天下。荊公嘗題詩云云。後人鑿山
刊木，浸失山水之勝，非公題詩時比也。'"

　　《苕溪漁隱叢話前集》卷三十四："魯直效公題六言云：
'司命無心播物，祖師有記傳衣。白雲橫而不度，高鳥倦而
猶飛。'識者云：'語雖奇，亦不及荊公之自然也。'"

遊九井，有詩

　　《詩注》卷十八《九井得盈字》。

　　李注："九井，在當塗。"庚寅增注："九井在舒州懷寧縣
西北二十里，有山三峰，一天柱山。天柱即司玄洞府九天司
命真君所主山，高三千七百丈，周回二百五十里。東有激
水，冬夏懸流如瀑布，下有九井。""又《方輿地》云：'皖山東
有激水，冬夏懸流，狀如瀑布。下有九井，井有一石牀，可容
百人。其井莫知深淺，若逢亢旱，殺犬投其中，潔誠祈禱，即
降雷雨，犬亦流出。'"

　　按，詩曰"中官繫龍投玉册，小吏磔狗澆銀甌"，又曰"誰
能保此千秋後，天柱不折泉常傾"，則庚寅注得之。此九井
乃懷寧縣之九井，而非當塗。詩當爲公之舒州太湖途經遊
覽，分韻而作。

之舒州太湖，作《璨公信心銘》、《太湖恬亭》等

　　《詩注》卷三十八《太湖恬亭》："檻臨溪上綠陰圍，溪岸
高低入翠微。日落斷橋人獨立，水涵幽樹鳥相依。清遊始

覺心無累，靜處誰知世有機。更待夜深同徙倚，秋風斜月釣船歸。"

《文集》卷三十八《璨公信心銘》。

歐陽忞《輿地廣記》卷二十一："上太湖縣，本漢皖縣地。宋置太湖縣，隋開皇初改曰晉熙，後復故名，屬熙州。唐屬舒州。"

《繫年》："按此太湖在舒州境，非姑蘇之太湖。"是。

釋道原《景德傳燈錄》卷三："第三十祖僧璨大師者，不知何許人也。初以白衣謁二祖，既受度傳法，隱于舒州之皖公山。屬後周武帝破滅佛法，師往來太湖縣司空山，居無常處，積十餘載，時人無能知者。"

招同官遊東園

《詩注》卷十八《招同官遊東園》："感此歲云晚，欲歡念誰邀。嘉我二三子，爲回東城鑣。幽菊尚可泛，取魚繫榆條。毋爲百年憂，一日以逍遥。"

以知端州丁寶臣寄送綠石研，有詩報之

《詩注》卷三十五《元珍以詩送綠石硯所謂玉堂新樣者》："玉堂新樣世爭傳，況以蠻溪綠石鐫。嗟我長來無異物，愧君持贈有佳篇。久埋瘴霧看猶濕，一取春波洗更鮮。還與故人袍色似，論心於此亦同堅。"

《輿地紀勝》卷第九十七："丁寶臣字元珍，知端州，以詩送綠石硯於荊公，所謂玉堂新樣者，公以詩報之。"

按，李注："元珍即丁寶臣，元珍嘗知端州。"《文集》卷

九十一《司封員外郎秘閣校理丁君墓誌銘》："再遷爲太常博士，移知端州。"皇祐二年春，公離鄞至曹娥堰，有詩寄丁寶臣。二年九月，丁寶臣已移知端州。公本年另有《次韻答端州丁元珍》："莫嗟荒僻又離群，且喜風謠嶺北聞。銅柱雖然蠻徼接，竹符還是漢家分。春書來逐衡陽鴈，秋騎歸看隴首雲。相見會知南望苦，病骸今似沈休文。"①當作於丁甫知端州時。

十月，兄安仁卒，年三十七

《文集》卷九十六《亡兄王常甫墓誌銘》："先生始以進士下科補宣州司户，至三月，轉運使以監江寧府鹽院。又三月，卒。又七月，葬，則卒之明年四月也，實皇祐四年。墓在先君東南五步。先君姓王氏，諱益，官世行治既有銘。先生其長子，諱安仁，字常甫，年三十七。"

賦詩送王周致仕歸江陵

《詩注》卷三十六《送王大卿致仕歸江陵》："九卿初命亞三司，朝吏相傳得老師。南闕便還新印綬，東舟秖載舊書詩。漢庭餞客無佳句，越水歸裝有富貲。回首千年見疏范，共疑今事勝當時。"

李注："言王新除，便致其仕。還，猶上還相印之還。""言王之歸舟但載書，又有諸人送行詩，可謂優於疏廣、范蠡輩矣。"

---

① 《詩注》卷三十六，第917頁。

　　按，李注是。《繫年初稿》繫於本年。皇祐二年，王周自知明州除光禄卿，[①]即致仕，賦詩送行者有六十六人，如杜衍《送王周歸江陵》、司馬光《溫國文正公文集》卷八《送光禄王卿周致仕歸荆南》等。《宋史》卷二百九《藝文八》著録《送王周歸江陵詩》，二卷，杜衍等撰。又，王周之父葬於本年十二月，則其致仕必在此前，姑附於此。《蘇軾文集》卷六十八《書王太尉送行詩後》："杜衍、賈黯、宋敏求、司馬光、王安石、蘇涣……右三十三人。丁度、郭勸、齊廓、馬仲甫……右三十三人。《送行詩》上下二卷，凡六十有六人。慶曆、皇祐間，朝廷號稱多士，故光禄卿、贈太尉王公掛冠歸江陵，作詩紀行者，多一時之傑。嗚呼！唐虞之際，於斯爲盛，非獨以見王公取友之端，亦足以知朝廷得士之美也……元符元年十月初七日。"

十二月，撰王周之父墓誌銘

　　《文集》卷九十五《贈尚書刑部侍郎王公墓誌銘》。墓主王文亮，字昭遠，前明州知州王周之父。誌曰："公之卒，得年七十一，其葬之歲在辛卯，爲皇祐三年十二月甲申。"當作於本年。

---

① 李之亮《宋兩浙路郡守年表》以王周知明州爲慶曆七年，此後爲范思道："《寶慶志》：'范思道，户部郎中、直龍圖閣，慶曆中。'在王周後一人。"誤。范思道實爲范師道之訛，龔明之《中吳紀聞》卷三："范師道字貫之，文正公之姪，登天聖八年甲科……嘉祐八年，以疾請郡，除户部郎中、直龍圖閣、知明州。下車未久，卒，年五十有九。"上海古籍出版社1986年版，第63—64頁。范端字思道，平生未嘗知明州，可見曾鞏《曾鞏集》卷四十三《庫部員外郎知臨江軍范君墓誌銘》。南宋所修《四明志》已將二人相混。

撰孫抗墓碑

《文集》卷八十九《廣西轉運使孫君墓碑》，墓主孫抗字和叔："以天聖五年同學究出身，補滁州來安縣主簿、洪州右司理。再舉進士甲科，遷大理寺丞、知常州晉陵縣……以皇祐三年三月初七日卒治所，年五十四……君之卒也，天子以迪試秘書省校書郎。二女子，一嫁太廟齋郎李簡夫，一嫁進士鄭安平。君以其卒之年十二月二十五日，葬黟縣懷遠鄉上林村。"

是年，與州司理參軍李冕議定刑獄

呂南公《灌園集》卷二十《故袁州李君墓誌銘》："去爲舒州司理參軍。懷寧令上囚，稱一時獲劫盜十三人。君時在告，疑徒中有自首及爲從宜減者，以爲必縣貪賞典而匿其辭，乃請覆訊，果當活三人。是時，臨川王介甫爲州通判，私於君曰：'果爾，而令當抵罪，奈何？'君曰：'活囚而陷令，非我志也，聽懷寧盡易獄辭可矣。'介甫喜曰：'明且仁者也。'"

按，墓主李冕，字君儀，晏殊之甥。

是年，同年陳襄以"才性賢明，篤於古學"，薦於兩浙安撫使陳旭

陳襄《古靈先生文集》卷七《與兩浙安撫陳舍人書》："有殿中丞致仕胡瑗者，博學通經，負文武之道，而適用不迁。向在江、湖間興學養士，凡十餘年，弟子一千七百人，魁傑之才多出門下。今年過六十，而進德未已。有舒州通判

王安石者,才性賢明,篤於古學,文辭政事,已著聞於時。有潁州司法參軍劉彝者,其人長於才而篤於義,其政與學皆通達於體要。有廬州合肥縣主簿孫覺者,材質老成,志於經學,而浸有原本。"

按,陳襄字述古,公同年,《宋史》卷三百二十一有傳。《古靈先生文集》卷末附錄《承奉郎守秘書省著作佐郎知太常寺陳先生行狀》:"公諱襄,字述古……慶曆二年中進士及第,主建州之浦城簿……俄舉台州仙居令,時新有詔舉令,而公褎然爲首。""皇祐三年,改著作佐郎,知孟州河陽縣。"陳襄薦公於兩浙安撫使,當於本年改知河陽縣前。又文曰"殿中丞致仕胡瑗",翌年,胡瑗即落致仕矣。《長編》卷一百七十三皇祐四年十月冬十月甲戌:"殿中丞胡瑗落致仕,爲光禄寺丞、國子監直講,同議大樂。"

陳舍人,當爲起居舍人、同知諫院陳旭(字升之,後以字名,改字暘叔),是年安撫淮南、兩浙。《長編》卷一百七十一皇祐三年八月丙戌:"詔遣使體量安撫諸路。吏部員外郎兼侍御史知雜事李兑京東路,西染院副使王道恭副之;起居舍人、同知諫院陳旭淮南、兩浙路,左藏庫副使李賡副之;侍御史韓贄荆湖南路,內殿承制鄭餘懿副之;戶部判官、太常博士、直集賢院韓絳江南東、西路,內殿崇班翁日新副之。是時,諸路艱食,而長吏多非其人,又轉運司頗肆科率,民不聊生,上因命中書擇使者按之。"

以陸經寄詩,次其韻

《詩注》卷三十五《次韻子履遠寄之作》:"飄然逐客出

都門，士論應悲玉石焚。高位紛紛誰得志，窮塗往往始能文。柴桑今日思元亮，天禄何時召子雲。直使聲名傳後世，窮通何必較功勳。"

李注："子履，陸經也。"

按，陸經，原名陳經，[①]字子履。景祐元年進士及第，知絳州翼城縣。慶曆元年，爲集賢校理，管勾三館秘閣。[②] 慶曆四年十二月十九日，因監察御史劉元瑜彈劾責授袁州別駕。[③] 詩曰"飄然逐客出都門"，即謂此。又曰"柴桑今日思元亮"，因陶淵明(一字元亮)爲江西潯陽人，故以此典代指陸經。《詩注》卷五十《追傷河中使君修撰陸公三首名》其二："皖城初得故人詩，歎息龍媒跅壯時。"則公與陸經唱酬，始於通判舒州時，故附此。[④]

始撰《淮南雜説》

晁公武《郡齋讀書志》卷十二著録爲《王氏雜説》，引蔡

---

① 《長編》卷一百三十四慶曆元年十二月庚寅："太子中允歐陽修，著作佐郎楊儀，大理評事陸經，並爲集賢校理，管勾三館、秘閣。"李燾注："陳經，本姓陸，其母再嫁陳見素，因冒陳姓。見素卒，經服喪既除，乃還本姓。見素，河南人。富弼爲作墓誌，其子釋鉉。見素卒於景祐二年三月。"第3207頁。

② 此據劉德清《陸經詩文酬唱及其對宋代文學的貢獻》，《江西社會科學》2007年第1期。

③ 《長編》卷一百五十三慶曆四年十二月乙巳："監察御史劉元瑜劾奏：'大理寺丞、集賢校理陸經，前責監汝州酒，轉運司差磨勘西京物，杖死爭田寡婦李氏，并貸民錢，又數與僚友燕聚，語言多輕肆。監司繆薦其才，權要主張，遂復館職。請重實於法，勿以赦論。'詔遣太常博士王翼往按其罪，并以經前與進奏院祠神會坐之，責授袁州別駕。"第3726頁。

④ 李注："言得詩未久，陸已亡。"非也。"龍媒跅壯"，謂陸仕途受挫，流落江淮。第1374頁。

京(應爲卞)《王安石傳》曰:"自先王澤竭,國異家殊,由漢迄唐,源流浸深。宋興,文物盛矣,然不知道德性命之理。安石奮乎百世之下,追堯、舜、三代,通乎晝夜陰陽所不能測而入於神。初著《雜說》數萬言,世謂其言與孟軻相上下,於是天下之士始原道德之意,窺性命之端云。""初著"者,具體何時不詳,然既曰"淮南雜說",則應撰於通判舒州任上,舒州屬淮南西路。

皇祐四年壬辰（1052），三十二歲

通判舒州，躬尚儉素，僚屬皆效之

呂南公《灌園集》卷二十《故袁州李君墓誌銘》：“在舒時，王介甫躬尚儉素，僚佐皆强傚之。君獨鮮明被服如常，介甫滋重之，曰：‘不驕僞以失己，所以爲賢也。’”

巡行屬縣

《詩注》卷三十八《次韻春日即事》：“人間尚有薄寒侵，和氣先薰草樹心……病得一官隨太守，班春無助愧周任。”

李注：“《後漢·崔駰》：‘强起班春。’注云：‘郡國嘗以春行縣，勸人農桑，振救乏絕，班布春令也。’”

按，詩曰“病得一官隨太守”，公通判舒州時，知州不詳。

作《感事詩》，哀舒民之多艱，自省慚疚

《詩注》卷十七《感事》：“賤子昔在野，心哀此黔首。豐年不飽食，水旱尚何有？雖無剽盜起，萬一且不久。特愁吏之爲，十室災八九。原田敗粟麥，欲訴嗟無賕。間關幸見省，笞扑隨其後。況是交冬春，老弱就僵仆。州家閉倉庾，縣吏鞭租負。鄉鄰銖兩徵，坐逮空南畝。取貲官一毫，姦桀已云富。彼昏方怡然，自謂民父母。羯來佐荒郡，懍懍常慚疚。昔之心所哀，今也執其咎。乘田聖所勉，況乃余之陋？內訟敢不勤，同憂在僚友。”

按，詩曰“朅來佐荒郡”，當作於通判舒州時。又曰“況是交冬春，老弱就僵仆”，故繫於班春時。

四月，返江寧葬長兄安仁，有《壬辰寒食》、《宣州府君喪過金陵》等詩

《文集》卷九十六《亡兄王常甫墓誌銘》：“又三月，卒。又七月，葬，則卒之明年四月也，實皇祐四年。”

《詩注》卷四十八《宣州府君喪過金陵》：“百年難盡此身悲，眼入春風袛涕洟。”卷四十《離蔣山》：“出谷頻回首，逢人更斷腸。桐鄉豈愛我，我自愛桐鄉。”卷二十三《壬辰寒食》：“客思似楊柳，春風千萬條。更傾寒食淚，欲漲冶城潮。巾髮雪爭出，鏡顏朱早凋。未知軒冕樂，但欲老漁樵。”

朱自清《宋五家詩鈔·王安石》注《壬辰寒食》曰：“皇祐四年壬辰，介甫三十二歲，時通判舒州。惟詩似在金陵作。”是。

2009 年 10 月，南京將軍山（與牛首山相銜）南麓新出土王安仁墓誌。1 合 2 塊，石質，誌蓋長 89、寬 62、厚 5.8 釐米，蓋銘左讀 6 行 26 字“宋故將仕]□試秘書]省校書郎]守宣州司]戶參軍王]府君之墓”；誌銘長 88.5、寬 56 釐米，滿行18 字，共 22 行，陰刻，楷體。①

五月二十日，范仲淹卒。有文祭之

《長編》卷一百七十二皇祐四年五月丁卯：“資政殿學

---

① 《將軍山北宋王安石家族葬地及相關問題的探討》，《江寧春秋》第 13 輯，第 44 頁。

士、户部侍郎范仲淹，以疾求潁州，詔自青州徙，行至徐州，卒。贈兵部尚書，謚曰文正。”

《文集》卷八十五《祭范潁州文》：“嗚呼我公，一世之師。由初迄終，名節無疵……碩人今亡，邦國之憂。矧鄙不肖，辱公知尤。承凶萬里，不往而留。涕哭馳辭，以贊醪羞。”

整理杜甫詩集，撰《老杜詩後集序》

《文集》卷八十四《老杜詩後集序》：“予之令鄞，客有授予古之詩世所不傳者二百餘篇，觀之，予知非人之所能爲，而爲之實甫者，其文與意之著也。然甫之詩其完見於今者，自予得之。世之學者，至乎甫而後爲詩，不能至，要之不知詩焉爾。嗚呼，詩其難惟有甫哉！自《洗兵馬》下序而次之，以示知甫者，且用自發焉。皇祐壬辰五月日臨川王某序。”

按，公知鄞得杜詩二百餘篇，至此整理完畢。

舒州大饑，遂襄助州府日開常平倉賑飢民

吕南公《灌園集》卷二十《故袁州李君墓誌銘》：“舒大饑，日開常平倉，飢民競糶相軋，有老嫗跆死，衆躪其屍脱面皮。州聞之怒，議劾倉官不能約勒。君請見曰：‘按皮生而脱，則既死必攣縮。今嫗皮柔伸引覆無缺然，則嫗飢死而屍仆，衆不知其見躪，非躪而死之也。’介甫曰：‘司理説是。’州怒乃息。”

與孟逸書，督促其發富室之藏，以救饑民

《文集》卷七十八《與孟逸秘校手書》其四："到郡忽忽，欲一詣邑奉見，尚未果，伏惟動止萬福。歲饑如此，幸得賢令君相與爲治，宜不至有失所者。然聞富室之藏，尚有所閉而未發者。竊以謂方今之急，閤下宜勉數日之勞，躬往隱括而發之，裁其價以予民。損有餘以補不足，天之道也。悠悠之議，恐不足恤，在力行之而已。不知鄙見果可行否？幸一報有以見教。幸多及屯田尊候萬福，不及上狀。不知端州何時可以到此？欲及其將至，使人以書迓之，幸一爲致問示及。"

按，端州，屬廣南東路，治所肇慶，此謂知端州丁寶臣。如上所述，丁寶臣皇祐二年九月已知端州，本年五月，儂智高入端州，丁寶臣棄城而去，免一官徙黃州。[1]《文集》卷九十一《司封員外郎秘閣校理丁君墓誌銘》："移知端州。儂智高反，攻至其治所。君出戰，能有所捕斬，然卒不勝，乃與其州人皆去避之。坐免一官，徙黃州。"丁寶臣免官徙黃州，因兄宗臣知舒州太湖縣，途經舒州，故書曰"端州何時可以到此"。此書當作於皇祐四年五月後。

發粟救災，至石陂寺，有詩

《詩注》卷四十七《發粟至石陂寺》："篤水穿山近更賒，

---

[1] 《長編》卷一百七十二皇祐四年五月癸亥："智高入端州，知州、太常博士丁寶臣棄城走。"李燾："歐陽修、王安石作寶臣墓碑，皆稱寶臣嘗出戰，有所斬捕，卒不勝，乃去。蓋飾說也，今不取。"第4146頁。

三更燃火飯僧家。乘田有秩難逃責，從事雖勤敢嘆嗟。”

李注：“介甫時爲鄞縣，發粟救民，故借用乘田事。”《繫年》同。皆誤。

按，發粟，救災也。本年舒州大饑，故公除開常平倉賑飢民外，又督促屬縣發富室之藏，以救饑民。據《(乾隆)潛山縣志》卷二十三：“石陂寺，俗名石壁寺，在玉照鄉，縣東三十里，梁天監創。”

七月十七日，雨，有詩

《詩注》卷三十六《舒州七月十七日雨》：“行看野氣來方勇，卧聽秋聲落竟慳。淅瀝未生羅豆水，蒼茫空失皖公山。火耕又見無遺種，肉食何妨有厚顏。巫祝萬端曾不救，祇疑天賜雨工閑。”

《文集》卷二十四《雨過偶書》：“霈然甘澤洗塵寰，南畝東郊共慰顏。地望歲功還物外，天將生意與人間。霽分星斗風雷静，凉入軒窗枕簟閒。誰似浮雲知進退，纔成霖雨便歸山。”

按，“誰似浮雲知進退，纔成霖雨便歸山。”以浮雲喻士之進退，功成不居，可見公之濟世之志，固不在軒冕。

仲兄安道卒

按，王安道之卒，未見明文記載，《曾鞏集》卷四十五《永安縣君謝氏墓誌銘》：“宋故衛尉寺丞王公諱用之之夫人、尚書都官員外郎、贈尚書工部郎中諱益之母，姓謝氏，累封永安縣君。其卒皇祐五年之六月十四日，其葬於撫州金谿縣某鄉某原,既卒之百有五十一日也。其子曰益、曰某,皆已卒。曰某、曰某、曰孟,楚州司理參軍,亦已卒。其孫曰安仁,宣州司户參軍;曰安道,皆已卒。"可知王安道卒於皇祐五年六月前。《文集》卷七十八《與孟逸秘校手書》其七隱約提及:"某頓首。近別,殊思渴。雨不足遽止,爲之奈何。兩日欲作書往,而私門不幸,再得小功之訃,愁苦豈可以言説邪。元規得南信否?昨日報之,當更重其愛思。然恐其急於得實,又當走人往候之故耳。前日所議云何,欲以公往,可否?然元規方内憂,暇議此否?此決無害事,但己之爲不可耳,更裁之。黄任道書煩送去,無聊上問,不謹,幸憐察。"

湯江浩以爲,書中"再得小功之訃",當指皇祐三年十月長兄安仁去世後,仲兄安道相繼去世,約在本年五、六月間。可從。①《儀禮·喪服》:"小功者,兄弟之服也。""元規"丁寶臣之兄宗臣,字元規,時知舒州太湖縣。胡宿《文恭集》卷三十七《故尚書都官員外郎丁公墓誌銘》:"君諱某,字元規……是年,同登乙科,里門榮之。釋褐甘州軍事判官……三司舉知舒州太湖縣,兼榷茶禁。舊制,歲市茶八十萬,受上賞。前此居邑者淫刑取辦,朘民售進,積苦甚虐,舒人無憀。君即歲減三十萬,或以爲不可,歎曰:'吾寧坐不逮之罰,安能邀朘民之賞乎?'自是無暴征、無滯積,公私兩便,爲諸邑之最。考課,遷太常寺博士,泛恩,除尚書屯田員外郎。"丁寶臣知端州,恰逢儂智高叛亂,故其兄擔憂不已。

有詩寄孫侔

《詩注》卷三十七《寄孫正之》。

按，皖公溪，屬舒州。① 詩曰："千里秋風相望處，皖公溪上正開樽。"當作於公通判舒州時，姑附此。

重陽登東山，有詩寄妹婿朱明之

《詩注》卷三十六《九日登東山寄昌叔》。李注："昌叔，公女弟之婿。"

王晉光《繫年初稿》："東山在今安徽巢縣東三十里，離安慶不遠。安慶即舒州。"

按，王之繫年可取，然此東山未必即巢縣之東山，應近舒城，如《詩注》卷十八《九日隨家人遊東山》。詳詩意，當爲重陽登高之作。

朱明之夫婦至舒州。偕之於灊樓讀書，時講《詩》、《易》

朱明之《次韻介甫懷舒州山水見示之什》："皖上相逢昔少留，登樓隱几聽鳴鳩。山峰游處今何在，溪水流來此有不。就食四方甘不繫，爲生一世信長浮。共知局促京沙裏，回首當時始覺羞。"《因憶灊樓讀書之樂呈介甫》："憶昨灊

---

① 黄庭堅《山谷外集詩注》卷八《庭堅得邑太和六舅按節出同安邂逅於皖公溪口風雨阻留十日對榻夜語因詠誰知風雨夜復此對床眠別後更覺斯言可念列置十字字爲八句寄呈十首》，注："同安郡，舒州也，有皖公山。六舅，謂李常，字公擇也，提淮南西路刑獄，提刑司在舒州。"《山谷詩集注》，上海古籍出版社 2003 年版，第 747 頁。

樓幸久留,乾坤談罷論雎鳩_{自注:時講《詩》、《易》。}它時已恨相
從少,此日能忘共學不。南去溪山隨夢斷,北來身世若雲
浮。行藏願與君同道,祇恐蹉跎我獨羞。"

　　按,以上二詩,沈文倬誤輯爲王令之作,誤。① 《全宋
詩》卷五百一十六後按語:"按《王令集》定以上六首爲王令
作,檢《臨川集》卷二二、二三相應篇目,題均作《次昌叔韻》
或《呈昌叔》,王象之《輿地紀勝》卷九《兩浙西路‧江陰軍》
收《寄王荆公憶江陰》一首,亦定作者爲朱昌叔,可確定爲朱
作無疑。"《詩注》卷三十三《和昌叔懷灊樓讀書之樂》:"看
君別後行藏意,回顧灊樓祇自羞"。《詩注》卷三十四《懷舒
州山水呈昌叔》:"山下飛鳴黄栗留,溪邊飲啄白符鳩。不知
此地從君處,亦有他人繼我不。塵土生涯休盪滌,風波時事
只飄浮。相看髮禿無歸計,一夢東南即自羞。"皆次朱韻。
灊樓,後名舒王臺,公通判舒州時讀書處。《(乾隆)江南通
志》卷三十四:"舒王臺,在潛山縣治南,宋王安石讀書處。
安石後封舒王,因以名臺。"亦即《詩注》卷四十七《別灊閣》
之"灊閣"。祝穆《方輿勝覽》卷四十九:"灊峰閣,在倅廳,
乃王介甫通判日讀書之地。"

十月,沈披兄弟來求銘,爲撰其父沈周墓誌銘

　　《文集》卷九十八《太常少卿分司南京沈公周墓誌銘》。
墓主沈周,皇祐二年知明州,"然公已老,不樂事權,自請得

---

① 《王令集》,上海古籍出版社 2011 年版,第 381 頁。

明州。明年，遂以分司歸第，三月卒”。“皇祐三年十一月庚申，太常少卿、分司南京錢塘沈公卒。明年，子披、子括葬公錢塘龍居里先公尚書之兆，卜十月甲戌吉，與其宗謀銘，則書公官壽行世來以請。”或以爲此乃公與沈括第二次接觸，可從。沈括母爲謝絳母妹，①而王、謝爲世交，公弟安禮娶謝絳女，沈周知明州時，公似尚未離鄞。

有詩寄胡瑗，推崇備至

《詩注》卷二十《寄贈胡先生》：“先生天下豪傑魁，胸臆廣博天所開。文章事業望孔孟，不復睥睨蔡與崔。十年留滯東南州，飽足藜藿安蒿萊。獨鳴道德驚此民，民之聞者源源來。高冠大帶滿門下，奮如百蟄乘春雷。惡人沮伏善者起，昔時盜蹻今騫回。先生不試乃能爾，誠令得志如何哉！吾願聖帝營太平，補葺廊廟支傾頹。披疏發纜廣耳目，照徹山谷多遺材。先收先生作梁柱，以次構架桷與榱。群臣面向帝深拱，仰戴堂陛方崔嵬。”

公自序云：“孔、孟去世遠矣，信其聖且賢者，質諸《詩》、《書》焉爾。翼之先生與予並時，非若孔、孟之遠也。聞薦紳先生所稱述，又詳於書，不待見而後知其人也。歎慕之不足，故作是詩。”

李注：“余嘗見公《題王昭素易論要纂後》云：‘予嘗苦王先生《易論》晦而難讀。徐徽生删取其略，以示予，又取其義可傳及雖不足傳而猶可論者存之。’按：公初於前輩宿儒，

---

① 可見李裕民《沈括的親屬、交遊及佚著》，《宋史新探》，陝西師範大學出版社 1999 年版，第 277 頁。

猶有尊事之意,故如昭素與安定,皆以先生呼之。其後詆排諸老,略不少假,此意無復存矣。"

按,胡先生即胡瑗,字翼之,宋初三先生之一,《宋史》卷四百三十二有傳。《繫年》以詩序"翼之先生與予並時"指二人同在朝中,故繫此詩於嘉祐元年公任群牧判官時。恐誤。詩序明言"不待見而知其人",則公寄詩時二人實未相見也。詩曰"十年留滯東南州,飽足藜藿安蒿萊",當指胡瑗教授湖州州學。歐陽修《胡先生墓表》:"自景祐、明道以來,學者有師,惟先生暨泰山孫明復、石守道三人,而先生之徒最盛。其在湖州之學,弟子去來常數百人,各以其經轉相傳授。其教學之法最備,行之數年,東南之士莫不以仁義禮樂爲學。慶曆四年,天子開天章閣,與大臣講天下事,始慨然詔州縣皆立學。於是建太學於京師,而有司請下湖州,取先生之法以爲太學法,至今爲著令。"①《蔡襄集》卷三十七《太常博士致仕胡君墓誌》:"康定初,元昊寇邊,陝西帥以辟爲丹州推官。後移密州觀察推官。丁父憂,舉其族之亡於遠者九喪歸葬。服除,遷保寧軍節度推官,治湖州州學。"據胡鳴盛《安定先生年譜》,胡瑗慶曆二年服除,主湖州州學。皇祐二年十一月,詔胡瑗赴大樂所同定鐘磬制。② 本年,胡瑗落致仕,爲光禄寺丞、國子監直講,同議大樂。③ 詩曰"先收先生作梁柱,以次構架桷與榱",或謂此也。自慶曆二年至此十二年，"十年"者約成數言之。

歲末，自舒州送朱氏妹至懷寧，宿木瘤僧舍，作《戲長安嶺石》

《詩注》卷四十六《戲長安嶺石》。

庚寅增注："長安嶺，舒州懷寧縣，去縣八十里。嶺下有木瘤寺，上有大石。"

度長安嶺至皖口

《詩注》卷十八《自舒州追送朱氏女弟宿木瘤僧舍明日度長安嶺至皖口》："晨霜踐河梁，落日憩亭皋。念彼千里行，惻惻我心勞。攬轡上層岡，下臨百仞濠。寒流咽欲絕，魚鼈久已逃。暮行苦遭迴，細路隱蓬蒿。驚麏出馬前，鳥駭亡其曹。投僧避夜雨，古檠昏無膏。山木鳴四壁，疑身在波濤。平明長安嶺，飛雪忽滿袍。天低浮雲深，更覺所向高。"

按，《沈注》："《江南通志》：'木榴寺，唐建，在安慶懷寧縣受泉鄉。'""《一統志》：'長安嶺，在懷寧縣西三十里，甚高且長，路通潛山縣。皖口鎮，在懷寧縣西四十五里。皖水入江之口也。'"

是年，與司理參軍李冕議絹值

呂南公《灌園集》卷二十《故袁州李君墓誌銘》："司理院月平物價，君持絹直高於市平，同寮患之。會慶朔，介甫對眾詰君，君曰：'有之。今歲凶，飢民爲盜無數，誠知市賣一絹錢七百，然必高之爲千二百者，以計贓難滿匹，可以緩窮人之死故也。不然，三絹殺一人矣。吾寮有禄俸，欲得絹，則準市平取之，誰敢厚求於官？今何用患吾平乎？'介甫曰：'吾慮不及此。'"

與孟逸書，商討按田、質利

《文集》卷七十八《與孟逸秘校手書》其五："辱書感慰，想按田勞苦，乞自愛。惟下户所得亦不多，又誠可哀。至於豪右，雖所蠲至少，未爲損也，仁明審處之而已。質利甚好，但某亦自質却數十千，恐不免嫌謗也。邑中但痛繩之，豈有不從者乎？按置一二人，自然趨令矣。"

與孟逸相會，孟逸贈鵰

《文集》卷七十八《與孟逸秘校手書》其三："某頓首。數日得奉談笑，殊自慰。別後懷渴殊深，伏惟動止萬福。鵰已領得，感怍，當有元給之直，幸示下。不然，則魯自是不贖人矣。按田良苦，惟寬中自愛。"

皇祐五年癸巳（1053），三十三歲

通判舒州，作《陰漫漫行》

《詩注》卷十二《陰漫漫行》：“愁雲怒風相追逐，青山滅没滄江覆。少留燈火就空床，更聽波濤圍野屋。憶昨踏雪度長安，夜宿木瘤還苦寒。誰云當春便妍暖，十日八九陰漫漫。”

李注：“木瘤，地名，在舒州。”又《詩注》卷十二《相送行》、《一日歸行》，李注：“上三詩，《相送行》，恐謂司馬公及韓持國、吕晦叔輩；《陰漫漫》，恐指吕惠卿輩也；《一日歸行》，恐是元豐末年時作。”

《繫年》：“或爲初罷相作。”

以上皆涉附會。童强繫於皇祐三年至五年。① 按，“憶昨踏雪度長安，夜宿木瘤還苦寒”，指去年歲末送朱氏妹至皖口。詩曰“誰云當春便妍暖”，緊承上句詩意，當作於本年春。

作《發廪》、《兼并》等

《詩注》卷十七《發廪》：“先王有經制，頒賚上所行。後世不復古，貧窮主兼并。非民獨如此，爲國賴以成。築臺尊寡婦，入粟至公卿。我嘗不忍此，願見井地平。大意苦未

---

① 童强《王安石詩歌繫年補正》，《周勛初先生八十壽辰紀念文集》，中華書局2008年版，第360頁。

就,小官苟營營。三年佐荒州,市有棄餓嬰。駕言發富藏,云以救鰥惸。崎嶇山谷間,百室無一盈。鄉豪已云然,罷弱安可生。茲地昔豐實,土沃人良耕。他州或告窾,貧富不難評。《豳》詩出周公,根本詎宜輕? 願書《七月》篇,一寤上聰明。"

《長編》卷一百七十三皇祐四年十月癸未:"詔河北、江南東西、荊湖南北、淮南、兩浙路應災傷州軍,委長吏募人輸米,官爲作糜粥以飯饑民,其能用心救存者,當議甄獎。"

按,詩曰"三年佐荒州",本年爲公通判舒州第三年。公通判舒州,適值饑荒,遂發常平倉賑災,督促富民出粟,即詩中所述。

又《詩注》卷六《兼并》:"三代子百姓,公私無異財。人主擅操柄,如天持斗魁。賦予皆自我,兼并乃姦回。姦回法有誅,勢亦無自來。後世始倒持,黔首遂難裁。秦王不知此,更築懷清臺。禮義日已偷,聖經久埋埃。法尚有存者,欲言時所咍。俗吏不知方,掊克乃爲材。俗儒不知變,兼并可無摧。利孔至百出,小人私闔開。有司與之爭,民愈可憐哉。"

李注:"此公異日引'國服爲息'之證,以行青苗之張本也。"

蘇轍《欒城集·欒城三集》卷八《詩病五事》:"惟州縣之間,隨其大小皆有富民,此理勢之所必至,所謂'物之不齊,物之情也'。然州縣賴之以爲強,國家恃之以爲固,非所當憂,亦非所當去也。能使富民安其富而不橫,貧民安其貧而不匱,貧富相恃,以爲長久,而天下定矣。王介甫,小丈夫也。不忍貧民而深疾富民，志欲破富民以惠貧民，不知其不可也。方其未得志也，爲《兼并》之詩，其詩曰……及其得志，專以此爲事，設青苗法，以奪富民之利。民無貧富，兩税之外，皆重出息十二，吏緣爲奸，至倍息，公私皆病矣。"

按，"俗儒不知變，兼并可無摧。"公力主摧抑兼并，以反對者爲俗儒。然公學術之所重，尤在自擅操柄，賦予皆自人主。相形之下，則摧抑兼并猶爲區區末事。故《詩注》卷十五《寓言十五首》其三："婚喪孰不供？貸錢免爾縈。耕收孰不給？傾粟助之生。物贏我收之，物窘出使營。後世不務此，區區挫兼并。"

李注："《周禮·泉府》：'凡賒者，祭祀無過旬日，喪紀不過三月。凡民之貸者，與其有司辨而授之。'荆公此言，乃後日青苗張本也。平昔所論如此，一旦得位，自宜舉而措之。當時獨公是先生劉貢父素與公善，一書争之，最爲切至。""《周禮·司市》：'以泉府同貨而斂賒。'注云：'同，共也。謂民貨不售，則爲斂而買之。民無貨，則賒貰而予之。孰有婚喪而不能贍者，官當貸之；孰有耕稼而不能贍者，官當助之。'此公所以爲新法。"可謂深明其意。然李注曰："余嘗見楊龜山誌譚勚墓云：'公雅不喜王氏。或問其故，曰："説多而屢變，無不易之論也。世之爲奸者，借其一説，可以自解，伏節死誼之士始鮮矣。"'始余以勚言爲過，今觀此詩，不能無疑。公詩嘗云：'俗儒不知變，兼并可無摧。'而此詩乃復以挫兼并爲非。"①則似未深究詩意，而爲異議者所誤。

_____

① 《蔡譜》卷四亦有詳辨，第270頁。

公摧抑兼并之意，未嘗變也。

六月，因許元之薦，至蘇州相視水利

《文集》卷七十一《書瑞新道人壁》："予知鄞縣，愛其材能，數與之遊。後新主此山之四年，予自淮南來視蘇州之積水，卒事訪焉，則新既死於某月某日矣……皇祐五年六月十五日，臨川王某介甫題。"

龔明之《中吳紀聞》卷二："皇祐中，王荊公以舒倅被旨來相水事。"

與縣吏挐舟遍視蘇州河，親掘試，盡得利害，繪圖以獻

朱長文《（元豐）吳郡圖經續記》卷下："皇祐中，王丞相以舒州通判被旨來相水事。荊公與縣吏挐舟遍視，訊其鄉人，伻圖以獻。至和中，崑山主簿丘與權白郡守呂光祿居簡，以爲作塘有大利，呂公從之。於是調民興役，先設外防，以遏其上流，立橫埭以限之，乃自下流浚而決焉。既成，號曰至和塘。"

《長編》卷二百四十五熙寧六年五月乙丑："安石曰：'臣嘗遍歷蘇州河，親掘試，皆可取土，土如墊，極可用。臣始議至和塘可作，蘇人皆以爲笑，是時朝廷亦不施行。後來修成，約七八十里，高岸在深水之中，何嘗以無土爲患？'"

《吳郡志》卷十九："至和塘，舊名崑山塘，從古爲湖瀼，多風濤……父老相傳，唐至今三百餘年，欲有營作而弗克也。有宋至道二年，陳令公之守蘇，嘗與中貴人按行之。邑人朱玨父子相繼論其事，爲州縣者亦繼經度之，皆以橫絕巨

浸，費用十數萬緡，中議而沮。皇祐中，發運使許公建言：
'蘇之田膏腴而地下，嘗苦水患，乞置官司以畎洩之，請令舒
州通判、殿中丞王安石先相視焉。'朝廷從之。王君既至，從
縣吏挈荒梗，浮傾沮，訊其鄉人，盡得其利害，度長繩短，順
其故道，施之圖繪，疏曰：'請議如許公。'朝廷未之行也。"

　　按，瑞新，死心禪師，公知鄞時與遊。皇祐五年，瑞新卒
於京師，梅堯臣有《弔瑞新和尚》。[1] 發運使許公，即江、淮、
荊湖、兩浙制置發運使許元。

遊崑山慧聚寺，次韻孟郊、張祜詩

　　《詩注》卷十九《崑山慧聚寺次孟郊韻》。李注："寺在
蘇州。"

　　《詩注》卷二十四《慧聚寺次張祜韻》。李注："寺在崑
山。據祜集無慧聚寺，却有《題蘇州思益寺》詩，疑即慧聚。"

　　《吳郡志》卷三十五："崑山縣慧聚寺，在縣西北三里。
崑山，一名馬鞍山，世傳殿基乃梁天監中鬼工所造，半疊石，
半爲虛閣，縹緲如仙府，他山佛宇，未有其比。山上下前後，
皆擇勝爲僧舍，雲窗霧閣，間見層出，不可形容繪畫也。吳
人謂崑山爲真山似假山，最得其實。大略見張祜、孟郊詩，
及蓋嶼所作圖序。皇祐中，王荆公以舒州倅被旨來相水利。
夜至寺，秉炬登山，閲張、孟詩，一夕和之，遂爲山中四
絶……朱明之《惠聚寺詩序》：'離常熟至崑山，泊惠聚寺，而
詩情猶壯，復爲二章，附于五題。蓋山雞自愛其尾，亦欲以

---

[1]　《梅堯臣集編年校注》卷二十三，第688頁。

多爲貴也。'"

蘇州邂逅謝景平,相聚數日而別

《詩注》卷八《別謝師宰》:"閶闔城西地如水,雞鳴黃塵波浪起。窮年一馬望扶桑,東得省門身輒止。簿書期會老紛紛,邂逅論心喜有君。數日未多還捨我,相看愁思亂於雲。"

《繫年》:"此詩當爲是年至蘇州相水遇謝師宰而作。"可從。

按,謝景平字師宰,謝絳之子。《文集》卷九十六《秘書丞謝師宰墓誌銘》:"君姓謝氏,諱景平,字師宰。尚書兵部員外郎、知制誥、陽夏公、贈禮部尚書諱絳之子……初以祖父蔭,試秘書省校書郎、守將作監主簿。既而中進士第,僉書崇信軍節度判官廳公事、監楚州西河轉般倉,累官至秘書丞。"謝師宰本年進士登第,[①]或因返鄉富陽,途經蘇州,與公相遇。

題淮西驛舍

徐度《却掃編》卷下:"汪彥章言頃行淮西一驛舍中,壁間有王荆公題字,曰:'郵亭橋梁不修,非政之善;飾厨傳以稱過使客,又於義有不足,如此足矣。'"

六月十四日,祖母謝氏卒

《曾鞏集》卷四十五《永安縣君謝氏墓誌銘》:"宋故衛

---

① 《(雍正)浙江通志》卷一百二十三,四庫本。

尉寺丞王公諱用之之夫人、尚書員外郎、贈尚書工部郎中諱
益之母，姓謝氏，累封永安縣君。其卒皇祐五年之六月十四
日，其葬於撫州金谿縣某鄉某原，既卒之百有五十一日也。"

自蘇州歸，途經潤州，遊金山寺，書瑞新道人壁，有《金山寺三首》

《文集》卷七十一《書瑞新道人壁》："始瑞新道人治其
衆於天童之景德，予知鄞縣，愛其材能，數與之遊。後新主
此山之四年，予自淮南來視蘇州之積水，卒事訪焉，則新既
死於某月某日矣……皇祐五年六月十五日，臨川王某介
甫題。"

按，瑞新所主之山，即潤州金山寺。《曾鞏集》卷十七
《金山寺水陸堂記》："慶曆八年，潤之金山寺火。明年，寺之
僧瑞新來治寺事。"沈括《長興集》卷二十二《潤州金山二使
君祠堂記》："慶曆中，錢使君因其徒以罪相訟，訴於有司，擊
去其主者，而表以爲禪院，使吳僧瑞新居之。其徒度其勢不
能復得所欲，一夕，火其居。比東方明，一山盡赭。新既至，
因其殘破，一切刮去故跡，隤高培下，穿山大谷，一日皆變化
墮殘。"

《詩注》卷四十七《金山寺三首》其一："北檻南檐泊四
垂，共憐金碧爛參差。孤根萬丈滄波底，除却蛟龍世不知。"

十月，撰《芝閣記》

《文集》卷八十二。文曰："芝一也，或貴於天子，或貴於
士，或辱於凡民，夫豈不以時乎哉！士之有道，固不役志於

貴賤,而卒所以貴賤者,何以異哉? 此予之所以歎也。皇祐
五年十月日記。"

乞曾鞏撰祖母墓誌銘;十一月,祖母謝氏葬於撫州金
谿縣

《曾鞏集》卷四十五《永安縣君謝氏墓誌銘》:"宋故衛
尉寺丞王公諱用之之夫人、尚書都官員外郎、贈尚書工部郎
中諱益之母,姓謝氏,累封永安縣君。其卒皇祐五年之六月
十四日,其葬於撫州金谿縣之某鄉某原,既卒之百有五十一
日也。"

按,公本年是否歸臨川,《文集》不載,周錫𨱎、柳瑩杓皆
以爲是年公應回鄉葬祖母。[①] 然《詩注》卷三十九《初去臨
川》,李注:"撫州金峰有公題字云:'皇祐庚寅,自臨川如錢
塘,過宿此。嘉祐戊辰(應爲戊戌),自番陽歸臨川,再宿金
峰。'詩云:'十年再宿金峰下,身世飄然豈自知。山谷有靈
應笑我,紛紛南北欲何爲。'此詩非庚寅歲作,即戊辰年也。
集中無此詩。"如此,則自皇祐二年歸臨川後,直至嘉祐三年
末公方得再返。

是年,周蘊、周詠請銘,爲撰《都官郎中致仕周公墓誌
銘》

《文集》卷九十七。文曰:"尚書都官郎中南康周公卒之
明年,皇祐五年,葬某所,子蘊、詠使請銘。"

---

① 可見周錫𨱎《王安石詩選》附《王安石年譜》,香港三聯書店 1983 年版;柳瑩
杓《王安石訪臨川時期考》。

欲鑿秋口浦樅陽渠，以避馬當山羅剎石之險，未果

　　晁補之《雞肋集》卷七十七《朝請大夫致仕晁公墓誌銘》："公諱端仁，字堯民，世家開封，後徙鉅野……初通判舒州，上書言馬當山羅剎石之險，請鑿秋口浦樅陽渠以避之，報可而没。公護喪浮江，會王荊公在金陵，遽往請銘，荊公一見而知之。又荊公嘗佐舒，其事蓋昔所欲興而不果者也，爲作銘特詳。"

　　按，墓主晁端仁，其父晁仲參，通判舒州時，鑿秋口浦樅陽渠，以避馬當山羅剎石之險。此本公通判舒州時所欲爲而未果，故撰晁仲參墓誌銘特表而出之。《文集》卷九十六《虞部郎中晁君墓誌銘》："尚書虞部郎中晁君，諱仲參，字孝先，以治平四年五月九日卒於通判舒州事……今天子恩，始正郎位，攝舒……取樅陽河，避羅剎石，析池口征，合于銅陵。官不失算，舟無危行。人幸是爲，曠數十載。趨令驩呼，無有稚艾。孤山馬當，歲漂百航。鑿秋口浦，直走雷江。脱險風濤，幾五百里。章隨驛聞，就付其事。方冬告役，君夏而徂。"

與胡舜元同硯席讀書

　　《（嘉靖）池州府志》卷七："胡舜元，登嘉祐四年進士。先是，王安石讀書銅陵大明寺，舜元與同硯席。後知鄭縣，遇行新法，書詆安石，言其懷利事君，貪得害民，竟乞致仕。後没，安石挽之詩云：'德行文章里閈宗，姓名朝野盡知公。侍親存殁皆全孝，報政初終必竭忠。性直不從花縣樂，分安

求逸郁庭空。從今永別人間去,笑入蓬瀛閬苑中。'"

《詩注》卷十七《有感》:"憶昨與胡子,戲語西城幽。放斥僕與馬,獨身步田疇。牛豎歌我旁,聽之爲久留。一接田父語,歎之勝王侯。追逐恨不恣,暮歸輒懷愁。顧常輕千乘,祇願足一丘。子時怪我少,好此寂寞遊。笙簧不入耳,又不甘醪羞。"

詩中所述,即二人同席讀書之情景。

爲許元撰《許氏世譜序》

《文集》卷七十一《許氏世譜序》:"遜字景山,嘗上書江南李氏……有子五人:恂,黃州録事參軍;恢,尚書虞部員外郎;怡,今爲太子中舍、簽書淮南節度判官廳公事;元,今爲江、淮、荊湖、兩浙制置發運使;平,泰州海陵主簿。五人者咸孝友,如其先人,故士大夫論孝友者歸許氏。元以國子博士發運判官七年,遂爲其使,待制天章閣,自天子大臣莫不以爲材,其勞烈方在史氏記,余故不論,而著其家行云。"

按,許元字子春,《宋史》卷二百九十九有傳。歐陽修《尚書工部郎中充天章閣待制許公墓誌銘》:"公諱元,字子春,姓許氏,宣州宣城人也……是時京師粟少,而江淮歲漕不給,三司使懼,大臣以爲憂,參知政事范仲淹謂公獨可辦,乃以公爲江淮、兩浙、荊湖發運判官。公曰:'以六路七十二州之粟不能足京師者,吾不信也。'至則治千艘,浮江而上,所過州縣留三月食,其餘悉發,而州縣之廩遠近以次相補,由是不數月,京師足食。既而嘆曰:'此可爲於乏時,然歲漕不給者,有司之職廢也。'乃考故事,明約信令,發斂轉徙,至於風波遠近、遲速賞罰，皆有法。凡江湖數千里外，談笑治之，不擾不勞，而用以足。公初以殿中丞爲判官，已而爲副，爲使，每歲終，會計來朝，天子必加恩禮，特賜進士出身，官至工部郎中、天章閣待制，凡在職十有三年。已而曰：‘臣憊矣，願乞臣一州。’天子顧代公者難其人，其請至八九，久之，察其實病且老矣，乃以知揚州。居歲餘，徙知越州。公益病，又徙泰州。至州，未視事，以嘉祐二年四月某日卒於家，享年六十有九……其孤宗旦等以某年某月某日，葬公於真州楊子縣甘露鄉之某原。”①

公之《譜序》曰：“遂爲其使，待制天章閣。”據《長編》卷一百七十三皇祐四年十月戊戌：“淮南、江、浙、荆湖制置發運使、侍御史許元爲刑部員外郎、天章閣待制。”《長編》卷一百七十七至和元年十一月丙寅：“徙淮南江浙荆湖制置發運使、工部郎中、天章閣待制許元知揚州。元在淮南十三年，急於進取，多聚珍奇以賂遺京師權貴，尤爲王堯臣所知。治所在真州，衣冠之求官舟者，日數十輩。元視勢家要族，立推臣艦與之，即小官惸獨，伺候歲月，有不能得。人以是憤怨，而元自謂當然，無所愧憚。”則《譜序》當撰於本年或翌年。《此序》得歐陽修盛贊，《孫公談圃》卷上：“荆公爲許子春作家譜，子春寄歐陽永叔而隱其名。永叔未及觀，後因曝書讀之，稱善。初疑荆公作，既而曰：‘介甫安能爲？必子固也。’”

又《全宋文》卷三百九十二載許元《許氏世次圖序》：

① 《歐陽修全集》卷三十三，第477頁。

"夫遠祖,人所易忘也。我許氏本唐虞泰嶽之裔,下逮周漢,代有封君,顯宦名賢載於經史者,大略可見。然世次遐邈,不可得而詳矣。唐龍朔中,上世宰相府君受詔修族志,始有推原。本宗起於漢郡守公據,歷十四世至府君。於是開郡於高陽,距今又歷十有二世。其間遠祖名諱,多不能記,各房播遷,悉不相聞。今元兄弟共承祖考之澤,或守居故里,或宦寓四方,已不時聚,友于之情,則後之視今,因可知也。乃列本宗自魏郡守公據以下祖宗世次於圖,貽諸子姪,使傳歷千世之久,居隔千里遠,皆知所本而不忘爾。既而又荷友人臨川王安石爲撰譜傳,推究上代封國之所始,頗爲詳悉,因以附於右云。"所謂"譜傳",即公《許氏世譜序》也。

皇祐六年、至和元年
甲午(1054),三十四歲

通判舒州。舅父吳蕃葬,爲撰墓誌銘

《文集》卷九十八《金谿吳君墓誌銘》:"其葬也,以皇祐六年某月日,撫州之金谿縣歸德鄉石廩之原,在其舍南五里。"

按,墓主吳蕃字彥弼,金谿吳敏之子、公舅父。本年三月庚辰改元至和,《墓誌銘》曰"以皇祐六年某月日",故吳當葬於本年三月之前。① 曾鞏有文祭之。②

舒州任滿,賦詩離別

《詩注》卷四十七《別灊皖二山》:"鄉壘新恩借舊朱,欲辭灊皖更躊躇。攢峰列岫應譏我,飽食頻年報禮虛。"《詩注》卷四十七《別灊閣》。

李注:"在舒州。灊山即天柱山,皖山即皖公山。""按公舒倅滿即入館,後四年,方爲常州。此云別灊皖,當考。"

《繫年》:"'鄉壘新恩借舊朱,欲辭灊皖更躊躇',當指知鄞後即來倅舒,今復辭舒而有所留戀也。亦爲別舒時作。"可從。

---

① 關於吳蕃之生平考證,可見湯江浩《北宋臨川王氏家族及文學考論》,第255—256頁。

② 《曾鞏集·輯佚》。

過皖口,有詩別之

《詩注》卷四十七《過皖口》:"皖城西去百重山,陳迹今埋杳靄間。白髮行藏空自感,春風江水照衰顏。"

李注:"皖口,在舒州。""公嘗倅舒州,故言陳迹。"

《詩注》卷四十七《別皖口》:"浮煙漠漠細沙平,飛雨濺濺嫩水生。異日不知來照影,更添華髮幾千莖。"

按,據詩中描述之景,公應於本年春離任舒州。

舟次蕪江,有詩寄懷吳正仲,梅堯臣、馬行之和之

原詩佚,《梅堯臣集編年校注》卷二十四有《依韻和王介甫兄弟舟次蕪江懷寄吳正仲》,繫年於至和元年,時梅堯臣丁母憂居宣城。詩曰:"楚客連檣泊晚風,吳人江畔醉無窮。少陵失意詩偏老,子厚因遷筆更雄。貫口信潮千里至,平沙落日一時紅。知君兄弟才名大,我愧白頭遶水東。"由此知公與弟安國同行。

依韻酬詩寄梅堯臣、馬行之

《詩注》卷三十二《寄吳正仲却蒙馬行之都官梅聖俞太博和寄依韻酬之》:"山水玄暉去後空,騷人還向此間窮。小詩聊與論孤憤,大句安能辱兩雄。秦甲又愁荊劍利,趙兵今窘漢旗紅。背城不敢收餘燼,馬首翩翩只欲東。"

按,《繫年初稿》繫於本年,是。梅堯臣時丁母憂居宣

州，與吳正仲、馬行之多有唱和。①　公兄弟寄詩與吳正仲，梅堯臣見之有和，公遂再酬答之。天聖五年，梅堯臣娶謝絳之妹，王、謝則爲世家之交，而公弟安禮又娶謝絳之女。然直迄此時，公兄弟方與梅堯臣有唱酬。嘉祐元年，梅堯臣作《次韻和王平甫見寄》：“君家兄弟賢，挺拔尤堅完……我久知子名，曾未接子驥。前者和君詩，薄言慚兒肝。”②即指此。

六月六日，撰《通州海門興利記》

《文集》卷八十二。文曰：“以余所聞，吳興沈君興宗海門之政，可謂有志矣。既隄北海七十里以除水患，遂大浚渠川，釃取江南，以灌義寧等數鄉之田……至和元年六月六日，臨川王某記。”

按，沈起，《宋史》卷三百三十四有傳：“字興宗，明州鄞人。進士高第，調滁州判官，與監真州轉般倉……知海門縣。縣負海地卑，間歲海潮至，冒民田舍，民徙以避，棄其業。起爲築隄百里，引江水灌溉其中，田益闢，民相率以歸，至立祠以報。”沈括《長興集》卷三十《故天章閣待制沈興宗墓誌銘》載同。

七月，與弟安國、安上，友人王回等遊褒禪山，撰《遊褒禪山記》

《文集》卷八十三。文曰：“古人之觀於天地、山川、草木、蟲魚、鳥獸，往往有得，以其求思之深而無不在也。夫夷

---

① 可見《梅堯臣集編年校注》卷二十三、二十四。
② 《梅堯臣集編年校注》卷二十六，第833頁。

以近，則遊者衆；險以遠，則至者少，而世之奇偉瑰怪非常之
觀，常在於險遠，而人之所罕至焉。故非有志者，不能至也。
有志矣，不隨以止也，然力不足者，亦不能至也。有志與力，
而又不隨以怠，至於幽暗昏惑而無物以相之，亦不能至也。
然力足以至焉，於人爲可譏，而在己爲有悔，盡吾志也而不
能至者，可以無悔矣，其孰能譏之乎？此予之所得也。余於
仆碑，又以悲夫古書之不存，後世之謬其傳而莫能名者，何
可勝道也哉！此所以學者不可以不深思而慎取之也。四人
者，廬陵蕭君圭君玉、長樂王回深父、余弟安國平父、安上純
父。至和元年七月某日，臨川王某記。”

按，公叔祖王貫之卒後，初葬於和州歷陽，故和州與公
家族關係頗密；且和州地處南北交通要道，[1]爲公自舒州返
江寧之必經地。《輿地紀勝》卷四十八：“褒禪山，在含山縣
北一十五里，山有起雲峰、龍洞、羅漢洞、龍女泉、白龜泉。”
“華陽山，在含山縣北十八里，本名蘭陵山。下有華陽亭，因
名山，有洞曰華陽洞。至和初，王安石遊焉，爲之記。洞有
二，前洞遊者甚衆，後洞則安石所遊也。”

又《繫年》：“按褒禪山在今安徽省含山縣，則知安石辭
集賢校理後，曾於是年七月前離京南遊也。”不取。

游烏江，作《烏江亭》

《詩注》卷四十七《烏江亭》：“百戰疲勞壯士哀，中原一
敗勢難迴。江東子弟今雖在，肯爲君王卷土來！”

---

① 湯江浩《北宋臨川王氏家族及文學考論》，第129—131頁。

李注：“在和州。”

按，《太平寰宇記》卷一百二十四：“烏江縣，東北四十里，舊十五鄉，今四鄉，本秦烏江亭，漢東城縣地。項羽敗于垓下，東走至烏江亭，艤船待羽處也。”《輿地紀勝》卷四十八載和州含山縣、烏江等地古迹，有亞父城、項王亭、西楚霸王廟（在烏江縣東南二里，號西楚霸王祠）。

延張康醫母

《詩注》卷八《贈張康》：“昔在歷陽時，歷陽今和州。得子初江津。手中紫團參，一飲寬吾親。”

有詩詠杜甫畫像

《詩注》卷十三《杜甫畫像》：“吾觀少陵詩，謂與元氣侔。力能排天斡九地，壯顔毅色不可求。浩蕩八極中，生物豈不稠。醜妍巨細千萬殊，竟莫見以何雕鎪。惜哉命之窮，顛倒不見收。青衫老更斥，餓走半九州。瘦妻僵前子仆後，攘攘盜賊森戈矛。吟哦當此時，不廢朝廷憂。常願天子聖，大臣各伊周。寧令吾廬獨破受凍死，不忍四海赤子寒颼飀。傷屯悼屈止一身，嗟時之人我所羞。所以見公像，再拜涕泗流。推公之心古亦少，願起公死從之游。”

李注：“苕溪漁隱曰：‘李、杜畫像，古今詩人題詠多矣。若杜子美，其詩高妙，固不待言，要當知其平生用心處，則半山老人之詩得之矣。’”

按，2012年，日本學者東英壽新發現九十六篇歐陽修佚簡，中有《與王文公》：“修近見耿憲所作《杜子美畫像》詩刻題後之辭,意義高遠,讀之數四。不想見多年,根涉如此,豈非切磨之效耶!修當日會飲於聚星堂,狂醉之間,偶爾信筆,不經思慮,而介甫命意推稱之如是,修所不及也。修頓首。"題注:"汪逨云:'此帖紹聖元年憲録本,刻石在和州'。"①據此佚簡,則公《杜甫畫像》詩恐非隨意題詠,而屬步武歐陽修《堂中畫像探題得杜子美》之什。歐詩作於皇祐二年知潁州時,"當日會飲於聚星堂,狂醉之間,偶爾信筆"。朱弁《風月堂詩話》卷上:"歐公居潁上,申公吕晦叔作太守,聚星堂燕集,賦詩分韻⋯⋯又賦壁間畫像,公得杜甫,申公得李文饒,劉原父得韓退之,魏廣得謝安石,焦千之得諸葛孔明,王回得李白,徐無逸得魏鄭公。詩編成一集,流行於世,當時四方能文之士及館閣諸公,皆以不與此會爲恨。"歐陽修聚星堂燕集賦詩,王回與焉;而公自知鄞縣得老杜佚詩後,董理揣摩,沉潛淬礪。本年七月,公與王回同遊和州褒禪山,或因王回提及,遂仿歐公詠杜甫畫像。

此詩爲宋代詠杜名篇,後刻石於和州。試與歐詩相較,則公之推許杜甫,既重其詩,又得其心,宜乎歐陽修自愧不如。而于杜詩之精研淬磨,亦開啓公前後詩風轉型之契機。

返江寧,有文祭杜杞

《文集》卷八十五《祭杜待制文》:"悲矣予思,我知其久。鍾山北蟠,江落而東。完厚密牢,萬世之宫。其歸孰知?愚與在此。酹公以文,以配銘史。"

---

① 《中華文史論叢》2012 年第 1 期。

按，杜杞卒於皇祐二年五月甲子，葬於皇祐六年："皇祐二年五月甲子疾卒于官，享年四十有六，天子震悼，賻恤其家……皇祐六年某月日，其兄駕部員外郎植與其孤葬君於某縣某鄉某原。"①

墓誌銘未及葬於何處，然據祭文，杞歸葬金陵。時公亦自舒州而返，故得再祭之。

赴闕途經高郵，王令來謁，獻《南山之田》詩

劉發《廣陵先生傳》："是時丞相荊公赴召，道由淮南，先生賦《南山之田》詩往見之。公得先生，大喜，期其材可與共功業於天下。"

《王令集》卷十六《上王介甫書》："今座下入爲天子用，而令適在路隅，因自奮飾以來，希丐教命，且償其素心耳……《南山之田》詩一首，輒敢歸賦從者，輕瀆左右，慙負無已。令再拜。"

沈文倬《王令年譜》以爲此乃王令"求見之詞"，②是。《文集》卷七十五《與王逢原書一》述二人之會："比得足下於客食中，窘窘相造謝，不能取一日之閑，以與足下極所欲語者，而舟即東矣。"《文集》卷九十八有《右領軍衞將軍致仕王君墓誌銘》，墓主王乙字次公，王令叔祖，嘗任淮南東路都巡檢使，時公簽判揚州，爲其僚屬。王乙之子王越石，爲公同年。"君子越石，秦州觀察判官……余嘗爲君僚，而與

---

① 《歐陽修全集》卷三十《兵部員外郎天章閣待制杜公墓誌銘》，第450頁。
② 《王令集》附。

其子越石同年進士也。"且王令此前已熟識公妹婿朱明之,①
二人談詩論文,遂一見如故。

按,《繫年》:"是年三月安石已自舒至京,夏時離京,九
月復至京師。"不取,其所據《文集》卷四十《辭集賢校理狀》
實非本年所上,詳下。

除知建昌軍,不赴

《名臣碑傳琬琰集》下卷十四《王荆公安石傳實錄》:"安
石少有大志,慶曆二年登進士甲科,簽書淮南節度判官廳公
事。代還,例當進所業試館職,安石獨不進,特召試,亦固
辭。知明州鄞縣,通判舒州,除知建昌軍,不赴,召爲群牧
判官。"

據此,公通判舒州任滿,曾除知建昌軍,未赴。他書不
載,姑附於此。

歐陽修嘗薦充諫官,未果

歐陽修《薦王安石呂公著劄子》:"伏見殿中丞王安石,
德行文學,爲衆所推,守道安貧,剛而不屈。司封員外郎呂
公著,是夷簡之子,器識深遠,沉靜寡言,富貴不染其心,利
害不移其守。安石久更吏事,兼有時才,曾召試館職,固辭
不就。公著性樂閒退,淡於世事。然所謂夫人不言,言必有
中者也。往年陛下上遵先帝之制,增置臺諫官四員,已而中

---

① 關於朱明之與王令之交遊,可見湯江浩《北宋臨川王氏家族及文學考論》,
第205—206頁。

廢，復止兩員。今諫官尚有虛位，伏乞用此兩人，補足四員之數，必能規正朝廷之得失，裨益陛下之聰明。”

原注：“乞留中，遂不出。”①

《繫年》：“文稱‘殿中丞王安石’，則安石時猶未就群牧判官也。”是。

按，據胡柯《盧陵歐陽文忠公年譜》，是年五月，歐陽修服除赴闕；七月甲戌，權判吏部流內銓。此劄當上於判流內銓後。

有書答王令

《文集》卷七十五《與王逢原書》其二：“讀所辱書辭，見足下之材浩乎沛然，非某之所能及。問諸邑人，知足下之行，學爲君子，而方不已者也。惜乎某之行亟，不得久留，從足下以遊，及求足下所稱滿君者而見之。”

按，此書當爲初識王令後，所答之書。

至闕，力辭召試館職，乞除在外差遣

《長編》卷一百七十七至和元年九月辛酉：“殿中丞王安石爲群牧判官。安石力辭召試，有詔與在京差遣。”

《邵氏聞見録》卷十一：“至和中，召試館職，固辭不就。”

《東軒筆録》卷九：“至和初，王荆公力辭召試，而有旨與在京差遣，遂除群牧判官。”

《文集》卷四十《辭集賢校理狀》其一：“伏念臣頃者再

---

① 《歐陽修全集》卷一百九，第 1653 頁。

蒙聖恩召試,臣以先臣未葬,二妹當嫁,家貧口衆,難住京師,乞且終滿外任。比蒙矜允,獲畢所圖。而門衰祚薄,祖母、二兄、一嫂相繼喪亡,奉養昏嫁葬送之窘,比於向時爲甚。所以今兹纔至闕下,即乞除一在外差遣,不願就試。"

於鄞縣所撰之文,獲歐陽修盛贊

歐陽修《與曾舍人》:"辱示介甫鄞縣新文,并足下所作《唐論》,讀之飽足人意。盛哉盛哉! 天下文章,久不到此矣。"①

按,曾舍人,即曾鞏,其《唐論》作年不詳。然此簡既曰"介甫鄞縣新文",則當作於公知鄞之後。又,是年八月戊申,詔歐陽修修《唐書》,或緣此曾鞏獻呈《唐論》及公鄞縣新作。

謁歐陽修,繼而上書,乞罷召試

《文集》卷七十四《上歐陽永叔書》:"今日造門,幸得接餘論,以坐有客,不得畢所欲言。某所以不願試職者,向時則有婚嫁葬送之故,勢不能久處京師。所圖甫畢,而二兄一嫂相繼喪亡,於今窘迫之勢,比之向時爲甚。若萬一幸被館閣之選,則於法當留一年。藉令朝廷憐閔,不及一年即與之外任,則人之多言,亦甚可畏。若朝廷必復召試,某亦必以私急固辭,竊度寬政,必蒙矜允。然召旨既下,比及辭而得請,則所求外補,又當遷延矣。親老口衆,寄食於官舟而不

---

① 東英壽《新見九十六篇歐陽修散佚書簡輯存稿》,《中華文史論叢》2012 年第 1 期。

得躬養，於今已數月矣。早得所欲，以紓家之急，此亦仁人宜有以相之也。翰林雖嘗被旨與某試，然某之到京師，非諸公所當知。以今之體，須某自言，或有司以報，乃當施行前命耳。萬一理當施行，遽爲罷之，於公義亦似未有害。某私計爲得，竊計明公當不惜此。區區之意，不可以盡，唯仁明憐察而聽從之。”

《繫年》：“此書語意頗與《辭集賢校理狀》同……此書必爲力辭群牧判官時作，時在是年九月歐陽修爲翰林學士之後。”恐非。

按，《辭集賢校理狀》作於至和二年，詳下。細按此書上下文，絲毫未及群牧判官之任命，而僅乞歐陽修體恤不從召試之用心，蓋因歐陽修“雖嘗被旨與某試”也。

有詩寄題撫州通判林慥所修治之思軒

《詩注》卷三十一《寄題思軒》：“名郎此地昔徘徊，天誘良孫接踵來。萬屋尚歌餘澤在，一軒還向舊堂開。右軍筆墨空殘沼，內史文章祇廢臺。邑子從今誇勝事，豈論王謝世稱才。”

李注：“按《臨川志》，軒在撫州通判廳。至和元年，通判林慥所立。曾子固作詩序，見本集。詩所謂‘名郎’，指慥之祖水部也。水部當太宗時，嘗通判此州。下云‘良孫’，則指慥。”是。

按，林慥字慎之，閩縣人。景祐元年進士，終太常少

卿。① 時通判撫州。《曾鞏集》卷十二《思軒詩序》："今天子
至和之初，尚書屯田員外郎林君愷通判撫州，協于上下，以
修其職。於是時，蝗起京東，轉入江、淮之間，秋又皆旱，撫
獨無害災。故君得以其間，益疏其寢北之池，厚池之北涯，
立屋其上，入而燕焉，名其軒曰思軒。士之能詩者，皆爲君
賦之……君之大父水部君，當太宗時，實通判是州。今六十
餘年，而君來世其官……九月十五日序。"曾序撰於本年九
月，而"士之能詩者，皆爲君賦之"，則公寄題當此稍前。

吳中復出知池州寄詩，和之

《詩注》卷二十四《次韻沖卿過睢陽》、《詩注》卷二十三
《和仲庶夜過新開湖憶沖之仲塗共泛》、《詩注》卷三十《和
吳御史臨淮感事》②

《詩注》卷六《和吳御史汴渠詩》："鄭國欲弊秦，渠成秦
富強。本始意已陋，末流功更長。維汴亦如此，浚源在淫
荒。歸作萬世利，誰能弛其防。夷門築天都，橫帶國之陽。
漕引天下半，豈云獨荊揚。貨入空外府，租輸陳太倉。東南
一百年，寡老無殘糧。自宜富京師，乃亦窘蓋藏。征求過夙
昔，機巧到筳芒。御史閔其然，志欲窮舟航。此言信有激，
此水存何傷。救世詎無術，習傳自先王。念非老經綸，豈易
識其方。我懶不足數，君材宜自強。他日聽施設，無乃棄
篇章。"

李注："《水經》：'大禹塞滎陽澤，開渠以通淮、泗，名莨

---

① 《(淳熙)三山志》卷二十六，第 8010 頁。
② 王晉光據梅堯臣次韻詩，繫此三篇於至和二年。《繫年初稿》，第 32 頁。

莙渠，即汴渠也。漢平帝時，河、汴決壞，後明帝遣使者修治汴渠。至隋大業中，更令開導，名通濟渠。引河水入汴，曰自大梁之東引入泗，連于淮，至江都宮入于海，亦謂之御河。河畔築御道，植柳。煬帝巡幸，乘龍舟而往江都，自揚、益、湘南至交、廣、閩中，公私漕運、商旅軸轤相接。”

按，吳御史爲吳中復，字仲庶。是年六月，與殿中侍御史馬遵、吕景初彈劾宰相梁適，七月，通判虔州；八月，改知池州。《宋史》卷三百二十二有傳：“通判潭州，御史中丞孫抃薦爲監察御史，初不相識也。或問之，抃曰：‘昔人恥爲呈身御史，今豈有識面臺官耶？’遷殿中侍御史。彈宰相梁適，仁宗曰：‘馬遵亦言之矣。’且問中復曰：‘唐自天寶後治亂分，何也？’中復歷引姚、宋、九齡、林甫、國忠用舍以對。適罷，中復亦通判虔州。”《長編》卷一百七十六至和元年六月癸丑：“殿中侍御史裏行吳中復上殿彈宰相梁適姦邪，上曰：‘近馬遵亦有彈疏。’”七月己巳，“殿中侍御史馬遵知宣州，殿中侍御史吕景初通判江寧府，主客員外郎、殿中侍御史裏行吳中復通判虔州。”八月丁未，“徙知宣州、殿中侍御史馬遵爲京東轉運使，通判江寧府、殿中侍御史吕景初知衢州，通判虔州、主客員外郎吳中復知池州。”吳中復八月出知池州，沿汴渠南下，途中與馬遵、吕景初有詩唱和，並寄與公、梅堯臣。《梅堯臣集編年校注》卷二十五有《吳仲庶殿院寄示與吕沖之馬仲塗唱和詩六篇邀余次韻焉》，[①]共六題，分別爲《依韻游陳留禪寺後池》、《次韻被命出城共汎》、《次韻晚

---

① 《梅堯臣集編年校注》繫於至和二年。

泊睢陽》、《汴渠》、《次韻臨淮感事》、《次韻夜過新開湖憶二御共泛》。今《詩注》僅存四題，《次韻被命出城共汎》、《依韻游陳留禪寺後池》兩題失收。又《詩注》卷二十四《次韻沖卿過睢陽》，與梅詩次韻，"沖卿"應爲"仲庶"之訛。

《嚴評》："此詩，今之計臣與談中央集權者不可不讀。"

九月一日，除群牧判官，力辭。以歐陽修諭之，方就職

《長編》卷一百七十七至和元年九月辛酉："殿中丞王安石爲群牧判官。安石力辭召試，有詔與在京差遣。及除群牧判官，安石猶力辭，歐陽修諭之，乃就職。館閣校勘沈康，詣宰相陳執中，自言屢求爲群牧判官而不得，王安石不帶職，又歷任比康爲淺，安石既不肯爲，願得爲之。執中曰：'安石辭讓召試，故朝廷優與差遣，豈復屑屑計校資任。且朝廷設館閣以待天下賢才，亦當爵位相先，而乃爭奪如此，公視安石，顏何厚也？'康憖沮而去。"

《宋史》卷三百二十七《王安石傳》："通判舒州。文彥博爲相，薦安石恬退，乞不次進用，以激奔競之風。尋召試館職，不就。修薦爲諫官，以祖母年高辭。修以其須祿養言於朝，用爲群牧判官。"

《邵氏聞見録》卷十一："至和中，召試館職，固辭不就。乃除群牧判官，又辭，不許，乃就職。"

《東軒筆録》卷九："陳恭公執中爲相，事方嚴少和裕，尤惡士大夫之急進……至和初，王荆公力辭召試，而有旨與在京差遣，遂除群牧判官。時沈康爲館職，詣恭公曰：'某久在館下，屢求爲群牧判官而不得。王安石是不帶職朝官，又歷

任比某爲淺，必望改易。'恭公曰：'王安石辭讓召試，故朝廷優與差遣，豈復屑屑計資任也？朝廷設館閣以待天下之才，未嘗爵位相先，而乃爭奪如此，學士之顏視王君宜厚矣。'康慚沮而去。"

按，公除群牧判官，出自歐陽修之薦。群牧判官，《宋史》卷一百六十四《職官四》："群牧司。制置使一人……判官二人，以京朝官充。掌内外厩牧之事，周知國馬之政，而察其登耗焉。凡受宣詔、文牒，則以時下於院、監。大事則制置使同簽署，小事則專遣其副使，都監多不備置。判官、都監每歲更出諸州巡坊監，點印國馬之蕃息者。又有左右廂提點，隸本司。都勾押官一人，勾押官一人，押司官一人。"

歐陽修《歸田録》卷二："三班院所領使臣，八千餘人莅事于外，其罷而在院者，常數百人。每歲乾元節，醵錢飯僧進香，合以祝聖壽，謂之香錢，判院官常利其餘以爲餐錢。群牧司領内外坊監使副、判官，比他司俸入最優，又歲收糞墼錢頗多，以充公用。故京師爲之語曰：'三班喫香，群牧喫糞'也"。[1] 群牧判官"比他司俸入最優"，沈康乞之，或因此也。

又《長編》卷一百七十一皇祐三年八月戊子："詔判吏部南曹，群牧判官自今以朝臣歷一任知州、館職一任通判爲之，即不得干託保薦及有陳乞。"公自舒州代還爲殿中丞，僅一任通判資序，且辭館職，故執中曰"安石辭讓召試，故朝廷

---

[1] 《歐陽修全集》卷一百二十七，第 1932 頁。

優與差遣，豈復屑屑計校資任。"

　　另，群牧判官二人，以京朝官充，其時公同任爲李壽朋。《（民國）萬泉縣志》卷七載趙瞻撰《大宋河中府萬泉縣移修至聖文宣王廟記》："至和元年夏六月丁巳，守令趙瞻撰并書。群牧判官、尚書祠部員外郎李壽朋篆額。"至和二年，李壽朋出知汝州，繼之者爲吳充。《宋史》卷二百九十一《李壽朋傳》："字延老。慶曆初，與弟復圭同試學士院，賜進士出身，判吏部南曹……遷群牧判官，擊斷敏甚。皇城卒邏其縱遊無度，出知汝州。"《長編》卷一百八十至和二年六月庚寅："群牧判官、祠部員外郎李壽朋知汝州，坐皇城卒報其游從不檢也。""甲午，太常博士、集賢校理吳充爲群牧判官。"

有詩送蘇安世赴任廣西轉運使

　　《詩注》卷三十四《送蘇屯田廣西轉運》。

　　李注："屯田，名安世，字夢得，開封人，嘗白歐公之冤被貶者。爲廣漕，在慶曆末間。"誤。

　　按，《繫年初稿》繫於本年，是。蘇安世字夢得，《文集》卷九十二《廣西轉運使屯田員外郎蘇君墓誌銘》："君以進士起家三十二年，其卒年五十九，爲廣西轉運使，而官止於尚書屯田員外郎者，以君十五年不求磨勘也。"余靖《武溪集》卷三《諸公送蘇屯田詩序》："今天子皇祐紀元之四年，廣源州蠻人寇嶺南……又明年改元至和，詔以田曹副郎蘇君夢得充廣南西路轉運使。轉運職緩於期會，則軍用或窘；急於聚斂，則民力益困，必須周才通人，乃稱其任。初，政府以資叙進擬數人，上懲其苛細，並却之。及見夢得姓名，遽可其

奏。夢得正直自守,上知其名,故自陝右越録見徙,乃知吾
君之愛撫遠民,不獨專於利權也。前相國太師杜公弼諧元
老,叙朝廷任賢恤遠之意,著於篇詠。賓客王公,當世宿儒;
龍圖包公,在朝清德;殿丞王君,後來文傑,並賡其作,以寵
斯行。其年十二月,君下車,出諸公新什爲示,故直叙所聞,
以刊于石。”

可知蘇安世於至和元年出漕廣西,十二月始至,賦詩送
行者有杜衍、包拯、公等。

有詩送王逵知荆南

《詩注》卷三十二《送王龍圖》:“壯志高才偃一藩,更嗟
賢路此時難。長幡欲動何妨屈,老驥能行豈易閑?沙市放
船寒月白,渚宮留御古苔斑。知公未厭還隨詔,歸看功名重
太山。”①

李注:“《文公十年》:‘楚子西沿漢泝江,將入郢。王在
渚宮,下,見之。’……《元和郡國志》:‘渚宮,楚之別宮。梁
元帝即位於楚宮,蓋取渚宮以名宮也。’”

《梅堯臣集編年校注》卷十五有《王龍圖知江陵》,注
曰:“王安石有《送王龍圖》詩,其詩云‘壯志高才偃一藩’,
又用沙市渚宮,當即知荆州之王龍圖,未知爲誰。《宛陵文
集》卷二十九有《送王龍圖源叔之襄陽》……則此王龍圖

---

① 《文集》卷二十一題作《送王龍圖守荆南》,第258頁。

乃王源叔洙也。"壽湧已考證其非,①以王龍圖爲王逵,甚是。②

按,《曾鞏集》卷四十二《刑部郎中致仕王公墓誌銘》:"君諱逵,字仲達,家晉陽。其譜云隋文中子通之後,唐季避亂家濮陽,故今爲濮陽人……天禧三年及進士第,爲廣濟軍司理參軍,母喪去……明年,遷尚書工部郎中、淮南轉運使,歲饑,又多所全活。就加直昭文館,知越州、浙東兵馬鈐轄,遷尚書刑部郎中,判刑部,加直龍圖閣、知荆南府荆湖北路兵馬鈐轄,濬渠爲水利,又開新河通漕,公私便之。"據此,《繫年初稿》考證此王龍圖爲王逵,繫於本年。甚是。

王逵慶曆三年至五年初知揚州,時公簽判揚州;公通判舒州,王逵任淮南轉運使。皇祐四年八月,王逵知越州,五年七月去任。③ 至和元年,王逵"加直龍圖閣、知荆南府",《北宋經撫年表》卷五:"王逵,至和元年至二年守荆南。"嘉祐元年五月,去職。④

王逵"熙寧五年四月癸亥,終于鄆州昭慶坊之私第,享年八十有二。"其知荆南,已年過半百,故公詩曰"老驥能行

----

① 壽湧《〈梅堯臣集編年校注〉再注八十四則》,《中華文史論叢》2010年第3期。

② 壽湧《王安石詩題疑難人名解讀九則》,《江西教育學院學報》2008年第4期。

③ 《(嘉泰)會稽志》卷二:"王逵,皇祐四年八月,以工部郎中、直昭文館知。五年七月,以遷葬去任。"第6754頁。

④ 《長編》卷一百八十二嘉祐元年五月乙巳:"工部侍郎、集賢院學士魏瓘爲龍圖閣直學士、知荆南,代王逵也。徙提舉江南西路刑獄、度支員外郎王綽爲荆湖北路轉運使,領兵馬事,代李肅之也。肅之既與逵交訟,又同守信入峒討蠻弗克,故皆易置焉。"第4408頁。

豈易閑"。又，王逵爲政苛虐，屢遭臺諫奏論，①《墓誌銘》曰："君爲人志意廣博，好智謀奇計，欲以功名自顯，不肯碌碌。所至威令大行，遠近皆震。然當是時，天下久平，世方謹繩墨，蹈規矩，故其材不得盡見於事，而以其故，亦多齟齬，至老益窮。然君在撼頓顛躓之中，志氣彌厲，未嘗有憂戚不堪之色，蓋人有所不能及者也。"故公詩曰："壯志高才偃一藩，更嗟賢路此時難。"

撰蕭化基墓誌銘

《文集》卷九十六《縣主簿蕭君墓誌銘》。墓主蕭化基，字子固，侍御史蕭定基之弟："春秋六十二，至和元年四月癸酉，以官卒。其子汝霖、汝能、汝爲、汝正，護其柩歸，以十一月壬午葬其縣之儒行鄉白沙原。"

按，蕭定基與公先人爲至交，其子與公遊："先人於御史以弟交，君，予丈人行也。二父皆有子，知名南方，交於予，以故請銘。"

撰李餘慶墓誌銘

《文集》卷九十四《朝奉郎守國子博士知常州李公墓誌銘》。文曰："公李氏，諱餘慶，字昌宗。年四十四，官止國子博士、知常州以卒……余嘗過常州，州之長老道公卒時，就葬於橫山，州人填道，瞻送歎息，爲之出淚，又爲之畫像，寔

之浮屠以祭之。於是又知公之有惠愛於常人也。已而與公之子處厚遊，則得公之所爲甚具……男五人：處常，忠武軍節度推官，與誼、誠皆已卒；處厚，大理寺丞，與處道皆進士。既葬之二十三年，至和元年，余銘其墓。”

按，墓主之子李處厚，公之同年，[①]娶謝絳女，[②]而王、謝爲世交姻親。

張鑄致仕，有詩送之

《詩注》卷三十六《送張卿致仕》：“子房籌策漢時功，身退超然慕赤松。餘烈尚能開後世，高材今復繼前蹤。執鞭始負平生願，操几何知此地逢。竊食一官慚未艾，緒言方賴賜從容。”

按，張卿，即張鑄，《輿地紀勝》卷六：“張鑄字希顏，晉陵人。祥符中，登進士甲科，歷四郡守，五任漕憲，嘗帥南陽，王介甫乃其門人也。與姪昷之並以光禄卿致仕，同歸鄉，縉紳榮之。杜祁公贈詩云：‘七十引年遵禮經，君家何事最爲榮。清朝叔姪同辭禄，歸去田園盡列卿。’邦人因以居第爲東、西二卿，享年八十。”

張鑄與其姪昷之並以光禄卿同年致仕，時人榮之。《蔡襄集》卷四十《光禄卿致仕張公墓誌銘》：“公諱昷

---

① 《(淳熙)三山志》卷二十六：“慶曆二年楊寘榜：李處厚，亞荀之侄，字載之，歷屯田員外郎，終朝奉郎，提舉淮南等六路茶税。”第 8011 頁。

② 《歐陽修全集》卷三十六《渤海縣太君高氏墓碣》：“故尚書兵部員外郎、知制誥、知鄧州軍州事陽夏公之夫人，姓高氏，宣州宣城人也……夫人有子曰景初、景温、景平、景回。女一早卒，次適上虞縣令王存，次適大理寺丞李處厚，次若干人，未嫁。”第 536 頁。

之，字景山……大中祥符八年擢進士第，授溫州樂清
尉……祀明堂，恩遷刑部，復待制，知湖州，又移揚州。
公自以直廉，遇天子任使，欲以所有唯上所用，不幸一跌
摧落，不復自振。年且至矣，遂上書乞還官職之事。徙潤
州，申請益堅，除光禄卿致仕，還老常州。以嘉祐七年十
一月二十九日終，年七十八。"皇祐四年九月，張昷之移
知揚州；皇祐五年，自揚州移潤州。① 至和元年，年恰七
十，遂致仕。張氏叔侄並以光禄卿同年致仕，蔡襄爲張昷
之撰致仕制詞，《蔡襄集》卷十二有《張昷之可光禄卿致
仕》；劉敞爲張鑄撰制詞，《公是集》卷三十有《太常少卿張
鑄可光禄卿致仕》。②

又，張氏叔侄致仕，公卿賦詩送別者凡百餘人，洵爲一
時之盛。《（咸淳）重修毗陵志》卷十八："張鑄字希顔，世居
滁之清流，後遷晉陵，登祥符進士甲科，王安石其門人也。
歷官南陽帥，與姪昷之並以光禄卿致仕，縉紳榮之……公卿
賦詩凡百餘人，杜祁公爲之倡，陳述古作序引，時人榮之。"
同書卷二十三載杜衍《餞光禄兩張卿退居》、吕溱《餞光禄兩
張卿退居》。王令有《代人送常州致仕張待制》、《代人送常
州張卿掛冠》，③前者爲張昷之，後者爲張鑄。

①　可見李之亮《宋兩淮大郡守臣易替考》，第 13 頁。
②　劉敞至和元年九月召試知制誥，嘉祐元年出知揚州。《長編》卷一百七十七
　　至和元年九月甲子："起居舍人、直集賢院、同修起居注吴奎爲兵部員外郎，
　　太子中允、直集賢院、同修起居注劉敞，並知制誥，仍以敞爲右正言。"第
　　4379 頁。《長編》卷一百八十二嘉祐元年閏三月辛卯："翰林學士王洙爲翰
　　林侍讀學士、兼侍講學士，知制誥劉敞知揚州。"第 4399 頁。
③　《王令集》卷九，第 161 頁。

至於所謂“張鑄……王介甫乃其門人也”，不知何據。然公詩曰“執鞭始負平生願”，則二人或有舊交。

寄家舟中，舟爲火所燔，家人亦多病，與孫侔書道之

《文集》卷七十七《與孫侔書》其三：“某到京師已數月，求一官以出，既未得所欲，而一舟爲火所燔，爲生之具略盡。所不燔者，人而已。家人又頗病，人之多不適意，豈獨我乎？然足下之親愛我良厚，其亦欲知我所以處此之安否也，故及此耳。知與公蘊居甚適，何時當邂逅，以少釋愁苦之心乎？且頻以書見及。某自度不能數十日，亦當得一官以出，但不知何處耳。”

按，《繫年》置於本年。

本年，識郭祥正，爲其父撰墓誌銘

《文集》卷九十五《尚書度支員外郎郭公墓誌銘》：“子男三人：先正，烏江縣尉；聰正，舉進士；祥正，星子主簿。女六人。以某年月日葬公於某處，公之里也。將葬，先正等以今司封員外郎趙誠書來乞銘。先人與公祥符八年以進士起，而公子且與某遊有好也，銘不敢讓。”

按，墓主郭維，郭祥正之父，王益同年。郭祥正皇祐五年進士及第，本年爲星子主簿，旋棄官。[1] 墓誌當作於本年。文曰“而公子且與某遊有好”，則公本年或已於和州識郭祥正兄弟。《東軒筆錄》卷六：“王荊公當國，郭祥正

---

[1] 可見孔凡禮《郭祥正與王安石》，《孔凡禮古典文學論集》，學苑出版社 1999 年版，第 151 頁。曾明《郭祥正生平考略》，《國學學刊》2013 年第 2 期。

知邵州武岡縣，實封附遞奏書，乞以天下之計專聽王安石
區畫，凡議論有異於安石者，雖大吏亦當屏黜。表辭亦甚
辨暢，上覽而異之。一日，問荊公曰：'卿識郭祥正否？其
才似可用。'荊公曰：'臣頃在江東嘗識之，其爲人才近縱
橫，言近捭闔，而薄於行，不知何人引薦，而聖聰聞
知也。'"

有詩寄張瓌

《詩注》卷三十三《寄張襄州》。

李注："張瓌字唐公，嘗爲襄州。疑此即瓌也。"是也。

按，張瓌於至和元年、二年知襄州，繼任者爲梁蒨。《湖
北通志》卷十："張瓌，至和年知襄州。"《曾鞏集》卷十九《襄
州宜城縣長渠記》："長渠至宋至和二年，久隳不治，而田數
苦旱，川飲者無所取。令孫永曼叔率民田渠下者，理渠之壞
塞，而去其淺隘，遂完故碣，使水還渠中。自二月丙午始作，
至三月癸未而畢。田之受渠水者，皆復其舊。曼叔又與民
爲約束，時其蓄泄，而止其侵爭，民皆以爲宜也……初，曼叔
之復此渠，白其事於知襄州事張瓌唐公，公聽之不疑，沮止
者不用，故曼叔能以有成。則渠之復，自夫二人者也。"《長
編》卷一百八十一至和二年十二月甲辰："侍御史梁蒨以病
乞解言職，改刑部員外郎、直史館、知襄州。"

以楊忱致書，答之，作《進說》以贈

《文集》卷七十七答《楊忱書》："承賜書，屈欲交之。"

《文集》卷六十九《進說》："古之時，士之在下者無求于

上,上之人日汲汲惟恐一士之失也。古者士之進,有以德,有以才,有以言,有以曲藝。今徒不然,自茂才等而下之,至于明法,其進退之皆有法度。古之所謂德者才者,無以爲也。古之所謂言者,又未必應今之法度也。誠有豪傑不世出之士,不自進乎此,上之人弗舉也。誠進乎此而不應今之法度,有司弗取也。夫自進乎此,皆所謂枉己者也。孟子曰:'未有枉己能正人者也。'然而今之士不自進乎此者,未見也,豈皆不如古之士自重以有恥乎?古者井天下之地而授之氓,士之未命也,則授一廛而爲氓,其父母妻子裕如也。自家達國,有塾有序,有庠有學,觀遊止處,師師友友,弦歌堯舜之道自樂也。磨礱鐫切,沉浸灌養,行完而才備,則曰:'上之人其舍我哉?'上之人其亦莫之能舍也。今也地不井,國不學,黨不庠,遂不序,家不塾。士之未命也,則或無以裕,父母妻子無以處。行完而才備,上之人亦莫之舉也,士安得而不自進?嗚呼!使今之士不若古,非人則然,勢也。勢之異,聖賢之所以不得同也。孟子不見王公,而孔子爲季氏吏,夫不以勢乎哉!士之進退,不惟其德與才,而惟今之法度。而有司之好惡,未必今之法度也。是士之進,不惟今之法度,而幾在有司之好惡耳。今之有司,非昔之有司也;後之有司,又非今之有司也。有司之好惡豈常哉?是士之進退,果卒無所必而已矣。噫!以言取人,未免失也,取焉而又不得其所謂言,是失之失也,況又重以有司好惡之不可常哉?古之道,其卒不可以見乎士也。有得已之勢,其得不已乎?得已而不已,未見其爲有道也。

楊叔明之兄弟以父任皆京官,其勢非吾所謂無以處、無以裕父母妻子，而有不得已焉者也。自枉而爲進士，而又枉於有司，而又若不釋然。二君固常自任以道，而且朋友我矣，懼其猶未寤也，爲《進說》與之。”

按，楊忱字明叔，楊偕之子。《文集》卷九十三《大理寺丞楊君墓誌銘》：“字明叔，華陰楊氏子。少卓犖，以文章稱天下，治《春秋》不守先儒傳注，資他經以佐其説。其説超屬踔越，世儒莫能及也。及其爲吏，披姦發伏，振摘利害，大人之以聲名權勢驕士者，常逆爲君自詘。蓋君有以過人如此。然恃其能，奮其氣，不治防畛以取通於世，故終於無所就以窮。初，君以父蔭守將作監主簿，數舉進士不中。數上書言事，其言有衆人所不敢言者。丁文簡公且死，爲君求職，君辭焉。後用大臣薦，召試學士院，又久之不就。積官至朝奉郎、行大理寺丞、通判河中府事、飛騎尉，而坐小法紬監蘄州酒税，未赴，而以嘉祐七年四月辛巳，卒於河南，享年三十九。顧言曰：‘焚吾所爲書，無留也，以柩從先人葬。’八年四月辛卯，從其父葬河南府洛陽縣平樂鄉張封村……父諱偕，翰林侍讀學士，以尚書工部侍郎致仕，特贈尚書兵部侍郎。娶丁氏清河縣君尚書右丞度之女。男兩人，景略，守太常寺太祝，好書學，能自立。景彦，早卒。君有文集十卷，又別爲《春秋正論》十卷，《微言》十卷，《通例》二十卷。”

《涑水記聞》卷十：“大理寺丞楊忱監蘄州酒税，仍令御史臺即日押出城。忱，故翰林侍讀學士偕之子，少與弟愷俱有俊聲。忱治《春秋》，愷治《易》，棄先儒舊説，務爲高奇，以欺駭流俗。其父甚奇之，與人書曰：‘天使忱、愷，力扶周、孔。’忱爲文尤怪僻，人少有能讀其句者。忱常言《春秋》無褒貶，與人談，流蕩無涯岸，要取不可勝而已。性輕易，喜傲忽人，好色嗜利，不修操檢，商販江、淮間，以口舌動搖監司及州縣，得其權力，以侵刻細民，江、淮間甚苦之。”

楊忱“以父蔭守將作監主簿，數舉進士不中”，“自枉而爲進士，而又枉於有司，而又若不釋然”，故公以《進説》與之，勉其以道自任。又，趙善璙《自警編》甲引《魏公別録》：“韓魏公自長安入覲，朝廷欲留之，公陰知時事，遂堅請相州。陛辭日，上謂：‘卿去，誰可屬國者？’公引元老一二人，上默然，問：‘金陵何如？’公曰：‘爲翰林學士則有餘，處此地則不可。’上又不答，公便退。後有問公何以識之，公曰：‘嘗讀金陵《答楊忱》一書，窺其心術，只爲一身，不爲天下，以此知非宰相器。”然詳《答楊忱書》，與國事、政術毫不相及，不知何由此書而窺公心術？或公別有致楊忱書歟？

至和二年乙未（1055），三十五歲

爲群牧判官。正月二十二日，晏殊卒。有詩挽之

《詩注》卷四十九《晏元獻公挽詞三首》。

李注："殊字同叔。"

按，《長編》卷一百七十八至和二年春正月丁亥："觀文殿大學士、兵部尚書晏殊卒。"歐陽修《居士集》卷二十二《觀文殿大學士行兵部尚書西京留守贈司空兼侍中晏公神道碑》："至和元年六月，觀文殿大學士、行兵部尚書、西京留守、臨淄公以疾歸於京師。八月，疾少間，入見。天子曰：'噫！予舊學之臣也。'乃留侍講邇英閣，詔五日一朝前殿。明年正月，疾作，不能朝。敕太醫朝夕往視。有司除道，將幸其家，公歎曰：'吾無狀，乃以疾病憂吾君。'即馳奏曰：'臣疾少間，行愈矣。'乃止。其月丁亥，以公薨聞，天子震悼，亟臨其喪，以不即視公爲恨。贈公司空兼侍中，諡曰元獻。有司請輟視朝一日，詔特輟二日。以其年三月癸酉，葬公於許州陽翟縣麥秀鄉之北原。"

二月，有詩送韓維赴辟并州

《詩注》卷十《韓持國從富并州辟》："韓侯冰玉人，不可塵土雜。官雖衆俊後，名字久匒磕。并州天下望，撫士威愛匝。千金棄不惜，賓客常滿閣。遙聞餘風高，爲子置一榻。親交西門餞，百馬驕雜遝。子材宜用世，談者爲鳴唈。矧今

名主人，氣力足呼欸。推賢爲時輔，勢若朽易拉。會當薦還
朝，立子在閨閣。惜哉秣騏驥，賦以升龠合。咨予栖栖者，
氣象已摧塌。他年佐方州，說將尚不納。況於聲勢尊，豈易
取酬答？有如持寸筳，未足撼鞿輖。顧於山水間，意願多所
合。羌廬與韶石，少小已嘗躐。韶石公嘗侍楚公爲韶州。風游
會稽春，按，指知鄞縣。雪宿天柱臘。天柱在舒州。淮湖江海
上，慣食鰕蟹蛤。西南窮岷嶓，東北盡濟濼。身雖未嘗歷，
魂夢已稠沓。荆溪最所愛，荆溪在常州。映燭多廟塔。溪果
點丹漆，溪花團繡罨。扁舟信所過，行不廢樽榼。一從捨之
去，霜雪行滿頷。思之不能寐，蹙若蚊蚋噆。方將築其濱，
畢景謝嘽嗻。安能孤此意？顚倒就衰颯。惟子予所嚮，嗜
好比鶼鰈。何時歸相過，游屐尚可蠟。”

李注：“韓維字持國，潁昌人。篤志問學，嘗以進士薦禮
部，父億任執政，不就廷試，乃以父任守將作監主簿。丁外
艱，服除，閤門不仕。仁宗患搢紳奔競，諭近臣曰：‘恬退守
道者旌擢，則躁求者自當知恥。’於是宰相文彦博、宋庠等
言：‘維好古嗜學，安於靜退，乞加甄録，以厚風俗。’召試學
士院，不赴，除國子監主簿。富弼安撫河東，辟維管勾機宜
文字。按：持國猶辭館閣，今乃爲富公始起家，至和二年春
也。”是。

按，《長編》卷一百七十八至和二年二月乙巳：“觀文殿
學士、户部侍郎、知河陽富弼爲宣徽南院使、判并州。”韓維
從辟，當於此後。詩曰“荆溪最所愛”，“一從捨之去，霜雪行
滿頷。思之不能寐，蹙若蚊蚋噆。方將築其濱，畢景謝嘽
嗻”，言欲求出知常州也。

作《幽谷引》

《詩注》卷六《幽谷引》：“雲翳翳兮谷之幽……公醉而歸兮人則喜，公好我州兮殆其肯止。公歸不醉兮我之憂，豈其不懌兮將舍吾州？公一朝兮去我，我歲歲兮來游。完公亭兮使勿毀，以慰吾民兮歲歲之愁。”

《沈注》：“《江南通志》：‘豐山在滁州西南五里。《十道志》云：滁州有豐亭山，疑即此山。山北有幽谷，地窪下，四圍皆山，昏旭異態。歐陽修建豐樂亭于上。記所謂其上豐山，下則幽谷也。’”

按，慶曆五年，歐陽修貶知滁州，建豐樂亭，作《幽谷泉》等詩。① 本年春，歐陽修有詩憶滁州幽谷，②韓維和之，《南陽集》卷八《和永叔思滁州幽谷》：“滁陽山水翳荒榛，公爲開治物物新。自作嘉名遍華牓，連題秀句入青岷。泉聲尚記嚴寒夜，花思偏憐谷暖春。絕境坐馳高興動，安能碌碌久風塵。”公此詩，當爲步武歐公之作。詩曰“公一朝兮去我，我歲歲兮來游”，“我”謂滁州民也。

三月二十一日，詔特授集賢校理，固辭不拜

《長編》卷一百七十九至和二年三月丙子：“翰林學士、群牧使楊偉等言：‘判官、殿中丞王安石文行頗高，乞除職名。’中書檢會安石累召試不赴，詔特授集賢校理，安石又固辭不拜。”

---

① 《歐陽修詩編年箋注》卷七，中華書局 2012 年版，第 783 頁。
② 《歐陽修詩編年箋注》卷十一《憶滁州幽谷》，繫於本年春，第 1194 頁。

《宋會要輯稿》選舉三三："（至和）二年三月二十一日，翰林學士、群牧使楊偉等言：'判官、殿中丞王安石文行推高，乞除職名供職。'中書門下檢會王安石累有旨召試，本人不願。詔特充集賢校理，安石固辭不拜。"

按，楊偉字子奇，楊億之弟，《宋史》卷三百五有傳："偉字子奇，幼學于億。天禧元年獻頌，召試學士院，賜進士及第，以試秘書省校書郎知衢州龍游縣……遷刑部郎中，爲翰林學士。祀明堂，遷右司郎中、判太常寺，爲群牧使兼侍讀學士，進中書舍人，卒。贈尚書禮部侍郎。"

三月二十二日，中書差人賷到集賢校理敕牒，上狀固辭不拜

《文集》卷四十《辭集賢校理狀》一："右臣今月二十二日准中書差人賷到敕牒一道，除臣集賢校理。聞命震怖，不知所以。伏念臣頃者再蒙聖恩召試，臣以先臣未葬，二妹當嫁，家貧口衆，難住京師，乞且終滿外任。比蒙矜允，獲畢所圖。而門衰祚薄，祖母、二兄、一嫂相繼喪亡，奉養昏嫁葬送之窘，比於向時爲甚。所以今兹纔至闕下，即乞除一在外差遣，不願就試。以臣疵賤，謬蒙拔擢，至于館閣之選，豈非素願所榮？然而不願就試，正以舊制入館則當供職一年，臣方甚貧，勢不可處。此臣所以不敢避干紊朝廷之罪，而苟欲就其營養之私。不圖朝廷不加考試，有此除授。臣若避犯命之罰，受而不能自列，則是臣前所乞爲以私養要君，而誤陛下以無名加寵也。又聞朝廷特與推恩，不候一年即與在外差遣。且一年供職，乃是朝廷舊制，臣以何名，敢當此恩，而

累朝廷隳廢久行公共之法。又見新制，近臣薦舉官吏，非條詔指揮，不得用例施行。令出已來，未能十日。今臣有此除授，乃因近臣薦舉，不加考試，又非條詔指揮。臣雖不肖，獨何敢冒過分之寵，而以身爲廢法之首乎？伏望聖慈察臣本意，從臣私欲，追還所授，特與除一在外合入差遣，則使公義不虧於上，私行不失於下，臣不任激切祈恩待報之至。所有敕牒，臣不敢受，謹具狀奏聞。”

《蔡譜》卷四繫此狀於至和元年。《繫年》從之，並進而以公辭集賢校理後，離京遊褒禪山：“（至和元年）三月，除集賢校理，不就，上書四辭。七月，遊褒禪山。”誤。賈三强《王安石文繫年考》繫於本年三月，甚是。

本年三月十八日，群牧使楊偉等薦除職名。二十一日，詔特授集賢校理。二十二日，中書差人賫到敕牒。此狀當作於此時。狀曰“然而不願就試，正以舊制入館則當供職一年，臣方甚貧，勢不可處”，謂至和元年辭召試館職也。又曰：“又見新制，近臣薦舉官吏，非條詔指揮，不得用例施行。令出已來，未能十日。”據《長編》卷一百七十八至和二年二月丙午：“宰臣劉沆言：‘面奉德音，凡傳宣內降，其當行者自依法律賞罰外，餘令二府與所屬官司執奏。蓋欲杜請託僥倖之路也。’因陳三弊曰：‘近臣保薦辟請，動踰數十，皆浮薄權豪之人，交相薦舉，有司以之貿易，遂使省府、臺閣華資要職，路分、監司邊防寄任，授非公選，多出私門。又職掌吏人遷補有常，而或減選出官，超資換職，堂除家便，先次差遣之類，乃是近臣保薦官吏之弊一也。審官、吏部銓、三班當入川、廣則求近地，入近地則求在京，并堂除陞陟省府、館職、檢討之類,乃是近臣陳勾親屬之弊二也。其叙錢穀管庫之勞,捕賊雪活之賞,有司雖存常格,已經裁定,尚復有僥倖之請。以法則輕,以例則厚,執政者不能守法,多以例與之。如此之類,乃是叙勞干進之弊三也。願詔中書、樞密,凡三事毋得用例,餘聽如舊。'事既施行,而衆頗不悅,未幾復故。"所謂"又見新制",即謂此也。自二月丙午劉沆陳三弊,至三月丙子楊偉等薦,恰"令出已來,未能十日"。

爲錢公輔之母撰墓誌銘

《文集》卷九十九《永安縣太君蔣氏墓誌銘》。墓主爲錢公輔之母,文曰:"毗陵錢公諫、公謹、公輔、公儀、公佐,以皇祐六年三月戊子,葬其母永安縣太君蔣氏。方是時,太君年七十矣。公謹爲鄭州新鄭尉,公輔爲太常丞、集賢校理。五子者,卜明年之三月壬午,祔于皇考府君屯田員外郎、贈兵部員外郎諱冶之墓,而具書使圖所以昭後世者。"

按,皇祐六年四月改元至和,明年即本年。歐陽修《尚書屯田員外郎贈兵部員外郎錢君墓表》:"君諱冶,字良範,姓錢氏……慶曆三年九月庚申,公諫等葬君于其居之東北原皇里水之北。至和二年三月壬午,以蔣夫人從。"[1]墓主錢冶,即錢公輔之父。

錢公輔欲增損其母墓誌銘,拒之

《文集》卷七十四《答錢公輔學士書》:"比蒙以銘文見

---

① 《歐陽修全集》卷二十五,第383頁。

屬。足下於世爲聞人，力足以得顯者銘父母，以屬於不腆之文，似其意非苟然，故輒爲之而不辭。不圖乃猶未副所欲，欲有所增損。鄙文自有意義，不可改也，宜以見還，而求能如足下意者爲之耳。"

四月五日，中書再差人賫到集賢校理敕牒，遂二上狀辭免

《辭集賢校理狀》其二："右臣三月二十二日准中書差人賫到敕牒一道，除臣集賢校理。臣以分不當得，已具狀陳列，乞追還所授。今月五日，又准中書差人賫到敕牒，令臣受職，不得辭免……如臣卑賤，今所陳列，直以分不當得，非敢以爲讓也。伏望聖慈聽臣所守，特與追還所授。臣區區之誠，期於得請而後敢已。所有敕牒，臣不敢受。"

四月九日，中書再差人賫到集賢校理敕牒，三上狀辭免

《辭集賢校理狀》其三："右臣三月二十二日准中書差人賫到敕牒一道，除臣集賢校理。臣以分不當得，已再具狀奏聞，乞追還所授。今月九日，又准中書差人賫到敕牒，令臣不得辭免，是臣區區之意，終未蒙朝廷省察……伏乞聖慈特賜矜允。"

四月二十四日，中書下劄子不許辭讓集賢校理，四上狀辭免

《辭集賢校理狀》其四："右臣蒙恩除集賢校理，以分不當得，已累曾具狀奏聞，乞追還所授。今月二十四日，准中

書劄子,奉聖旨更不許辭讓……臣誠不肖,然區區之私,具狀四奏者,竊以爲匹夫之志,有近於義,是以仰迫恩威,至於再三,終不敢受。伏望聖慈俯察臣愚,特與追還所授。"

見河北饑民流亡,有詩憫之

《詩注》卷二十一《河北民》:"河北民,生近二邊長苦辛。家家養子學耕織,輸與官家事夷狄。今年大旱千里赤,州縣仍催給河役。老小相携來就南,南人豐年自無食。悲愁白日天地昏,路傍過者無顏色。汝生不及貞觀中,斗粟數錢無兵戎。"

李注:"言官役不以旱而弛也。""河北人過河南逐熟。疑富公在青州時。"[1]

《繫年》繫於慶曆六年:"按《宋史》卷三一三《富弼傳》:'移青州兼京東路安撫使。河朔大水,民流就食。'則乃是大水,非大旱,李説定誤。安石《讀詔書》説:'去秋東出汴河梁,已見中州旱勢强,日射地穿千里赤,風吹沙度滿城黃。'與此詩所云相應,必爲本年秋東出汴河時作。近人林庚、馮沅君主編的《中國歷代詩歌選》下編注此詩説:'詩爲哀憐饑民流亡而作,可能是神宗熙寧七年。'非是。"

按,富弼知青州安撫流民,蓋因大水,而非大旱。《繫年》駁李注甚是,然其繫年亦非。《繫年初稿》繫於本年,可從。詩曰"今年大旱千里赤",《長編》卷一百七十九至和二年四月乙卯:"詔三司出米,京城諸門裁其價以濟流民。""州

---

[1] 徐濤《王安石詩繫年新證》繫於英宗治平四年。

縣仍催給河役”，謂開浚六塔。《宋史》卷九十一《河渠一》：
“皇祐元年三月，河合永濟渠注乾寧軍。二年七月辛酉，河
復決大名府館陶縣之郭固。四年正月乙亥，塞郭固而河勢
猶壅，議者請開六塔以披其勢。至和元年，遣使行度故道，
且詣銅城鎮海口，約古道高下之勢。二年，翰林學士歐陽修
奏疏曰：‘朝廷欲俟秋興大役，塞商胡，開橫隴，回大河於古
道……且如河決商胡，是時執政之臣，不慎計慮，遽謀修塞。
凡科配梢芟一千八百萬，騷動六路一百餘軍州，官吏催驅，
急若星火，民庶愁苦，盈於道塗。或物已輸官，或人方在路，
未及興役，尋已罷修，虛費民財，爲國斂怨。舉事輕脫，爲害
若斯。今又聞復有修河之役，三十萬人之衆，開一千餘里之
長河，計其所用物力，數倍往年。當此天災歲旱、民困國貧
之際，不量人力，不順天時，知其有大不可者五：蓋自去秋至
春半，天下苦旱，京東尤甚，河北次之。國家常務安靜振恤
之，猶恐民起爲盜，況於兩路聚大衆、興大役乎？此其必不
可者一也。’”

次韻吳季野題澄心亭

　　《詩注》卷三十《次韻吳季野題岳上人澄心亭》。

　　李注：“梅聖俞亦有和韻。”

　　按，梅堯臣有《依韻和吳季野題岳上人澄心亭》，[1]押十
蒸韻，作於至和二年。詩曰“空庭五月尚寒生，回首塵沙自
鬱蒸”，故繫此。

---

[1]　《梅堯臣集編年校注》卷二十五，第816頁。

由殿中丞轉太常博士

按,本年三月十八日,楊偉等乞除公職名,稱"判官、殿中丞王安石"。至九月,公撰《桂州新城記》,曰"至和二年九月丙辰,群牧判官、太常博士王某記"。然則公自殿中丞轉太常博士,當於本年三月至九月間。

屢辭館職,人或以爲矯,曾鞏辨之

《曾鞏集》卷十六《答袁陟書》:"鞏頓首世弼足下。辱書説介甫事,或有以爲矯者,而嘆自信獨立之難。因以教鞏,以謂不仕未爲非得計者。非足下愛我之深,處我之重,不至於此。雖親戚之於我,未有過此者。然介甫者,彼其心固有所自得,世以爲矯不矯,彼必不顧之,不足論也。"

按,《輿地紀勝》卷二十六:"雲溪院,在新建縣西二十里。國朝遯翁袁陟嘗與曾南豐、王荆公來遊,樂其山水之勝,後於其旁卜居。""袁陟字世弼,南昌人,抗之子也。少有才名,與王荆公、蘇東坡、曾南豐相善。年十七,作詩爲時所稱。登第,宰當塗,邑人郭祥正能詩,莫知名,陟薦之梅聖俞,自爾有聲。祥正嘗曰:'教載汲引,袁之力也。'"蔡絛《西清詩話》卷中:"袁陟世弼,豫章人,韓魏公、歐陽文忠公、劉原父、王文公皆其知友。丱角時能詩,天才秀穎,有唐人風。嘉祐間,終秘書丞。且死,上建儲議,又自誌其墓,爲哀詞曰:'青靄千峰暝,悲風萬木呼。其誰掛寶劍,應有奠生芻。皓月終宵隕,長松半壑枯。泉聲吾所愛,能到夜臺無。'讀者深悼惜之。王文公嘗手寫陟贈郭祥正詩:'方山憶共泛

金船，屈指于今五子年。風送梨花吹醉面，月和溪水上歸
轎。浮生聚散應難料，末路窮通盡偶然。欲問故人牢落事，
麓裘深入白雲眠。'陟自號遯翁，有集十卷。"

余靖作桂州新城，來啓請撰記。有啓答之

《文集》卷八十《答桂帥余侍郎啓安道》："受才無狀，馳
義有年，刻以先人，是爲雅故。夫何竿牘之問，乃後門闌之
厮。誠以賢否之分殊，而又卑尊之勢隔。恭惟某官以挺生
輔世，以簡僚帥邊，戒猾夏之近憂，興保民之長利。有紀之
政，當謹後世之傳；無能之詞，敢虛遠人之屬。過蒙收引，先
賜拊循。"

按，明道元年，王益知韶州，建州衙，余靖撰記（見本譜
卷一），故啓謂："刻以先人，是爲雅故。"至和元年，蘇安世赴
任廣西轉運使，公有詩送之，余靖《諸公送蘇屯田詩序》曰：
"殿丞王君，後來文傑，並蠻其作，以寵斯行。"余靖至和元年
八月始作桂州新城，本年六月成（詳下），其致書公求記，當
在此後。

與劉攽、吳充、韓維、馮京、沈遘燕集，有詩唱和

《詩注》卷十《和貢父燕集之作》："馮侯天馬壯不羈，韓
侯白鷺下清池。劉侯羽翰秋欲擊，吳侯葩蕚春爭披。沈侯
玉雪照人潔，瀟灑已見江湖姿。唯予貌醜骇公等，自鏡亦正
如蒙倛……高談四座掃炎熱，木末更送涼風吹。此歡不盡
忽分散，明月照屋空參差。平明餘清在心耳，洗我重得劉侯
詩。劉侯未見聞已熟，吾友稱誦多文辭。才高意大方用世，

自有豪俊相攀追。咨予後會恐不數，魂夢久向東南馳。何時扁舟却顧我，還欲迎子游山陂。"

　　按，貢父，即劉攽，劉敞之弟。題注："馮京、韓維、劉攽、吳充、沈遘，皆同席。"①吳充本年六月爲群牧判官。韓維字持國，韓億之子，《宋史》卷三百一十五有傳："以進士奏名禮部，方億輔政，不肯試大廷，受蔭入官。父没後，閉門不仕。宰相薦其好古嗜學，安於靜退，召試學士院，辭不就。富弼辟河東幕府，史館修撰歐陽修薦爲檢討、知太常禮院。"韓維本年春從富弼辟并州，八月，爲史館檢討。② 馮京字當世，《宋史》卷三百一十七有傳。皇祐元年，馮京以進士第一登第，以守將作監丞通判荆南府，遷太常丞、直集賢院、同修起居注。至和元年，馮京落同修起居注。本年二月，詔京候修注有闕牽復。③ 直至嘉祐三年，馮京拜龍圖閣待制、出知揚州。④ 沈遘字文通，《宋史》卷三百三十一有傳。沈遘皇祐元年進士第二，通判江寧府。皇祐五年，除太常丞、集賢校理。⑤ 之後判登聞鼓院、吏部南曹，權三司度支判官。召修

---

① 此據元大德五年刻本《王荆文公詩箋注》。

② 《長編》卷一百八十至和二年八月己亥："大理評事韓維爲史館檢討，從翰林學士承旨孫抃等所請也。"第 4365 頁。

③ 《長編》卷一百七十八至和二年二月庚子："尋有詔，邵必復職，知高郵軍；吳充、鞫真卿、刁約、吕景初、馬遵召還；馮京候修注有闕，吳中復候臺官有闕，並牽復。"第 4311 頁。

④ 《梅堯臣集編年校注》卷二十八《雜言送當世待制知揚州》，注："馮。"第 1015 頁。繫於嘉祐三年。

⑤ 《宋會要輯稿》選舉三一："(皇祐)五年八月七日，學士院秘書郎馮京，賦三上、詩三下，著作佐郎沈遘賦、詩三上，詔並爲太常丞。京直集賢院，遘充集賢校理。"第 5858 頁。

起居注，遂知制誥。直至嘉祐七年八月，出知杭州。[①]　詩曰
"高談四座掃炎熱，木末更送涼風吹"，當作於本年秋初。又
曰"咨予後會恐不數，魂夢久向東南馳"，即本年春送韓維詩
曰欲求知常州也。時劉攽調江陰主簿，[②]故相約於東南"何
時扁舟却顧我，還欲迎子游山陂"。

八月二十二日，秦晉國恭肅賢正夫人林氏卒。代高若訥作祭文

《文集》卷八十六《祭秦國夫人文》，題注："爲高若
訥作。"

《長編》卷一百八十至和二年八月丁未："秦晉國恭肅賢
正夫人林氏卒。上爲成服於苑中，輟視朝三日，宰臣率百官
詣崇政殿門奉慰。夫人保輔聖躬，勤勞無不至，又多知先朝
事，上尤尊遇之。"

八月三十日，高若訥卒。有文祭之

《文集》卷八十五《祭高樞密文》。

按，高樞密，即高若訥，字釋之，《宋史》卷二百八十八有
傳。《長編》卷一百八十至和二年八月乙卯："觀文殿學士、
兼翰林侍讀學士、尚書左丞高若訥卒。車駕臨奠，贈右僕
射，謐文莊，御篆其碑首，曰：'儒賢之碑。'"高若訥爲同群牧

---

① 《（乾道）臨安志》卷三："嘉祐七年八月甲申，以起居舍人、知制誥沈遘爲尚
　　書禮部郎中、知杭州。"第 3244 頁。
② 此據葛付柳博士論文《北宋新喻劉氏家族及其詩歌研究》，陝西師範大學
　　2009 年，未刊，第 129 頁。

制置使，①公上司，故祭文謂"凡我常僚，曷已其思"。

九月，作《河勢》詩

《詩注》卷二十五《河勢》："河勢浩難測，禹功傳所聞。今觀一川破，復以二渠分。國論終將塞，民嗟亦已勤。無災等難必，從衆在吾君。"

李注："仁宗慶曆八年，河自橫隴西徙，趨德、博，決商胡埽。後十餘年，又自商胡西趨恩、冀，河北多被水患。""觀此詩，荆公於回河之議，初無所主。"

按，《長編》卷一百八十一仁宗至和二年九月丁卯："詔：'自商胡之決，大河注金隄，寖爲河北患。其故道又以河北、京東歲飢，未能興役。今勾當河渠司事李仲昌欲約水入六塔河，使歸橫隴舊河，以舒一時之急。其令兩制以上、臺諫官與河渠司同詳定開故道、修六塔利害以聞。'丙子，歐陽修言：'伏見學士院集議修河，未有定論。蓋由賈昌朝欲復故道，李仲昌請開六塔，互執一說，莫知孰是。臣愚見皆謂不然。言故道者未詳利害之原，述六塔者近乎欺罔之謬。"詩曰"從衆"，或謂此。

九月，爲余靖撰《桂州新城記》

《文集》卷八十二。文曰："於是遂推選士大夫所論以爲能者，付之經略，而今尚書户部侍郎余公靖當廣西焉。寇平

---

① 《長編》卷一百七十四皇祐五年五月乙巳："樞密使、户部侍郎高若訥，罷爲尚書左丞、觀文殿學士、兼翰林侍讀學士、同群牧制置使。"第4205頁。

之明年，蠻越接和，乃大城桂州，其方六里。其木甓瓦石之材，以枚數之，至四百萬有奇。用人之力，以工數之，至一十餘萬。凡所以守之具，無一求而有不給者焉。以至和元年八月始作，而以二年之六月成……故其將吏相與謀而來取文，將刻之城隅而以告後之人焉。至和二年九月丙辰，群牧判官、太常博士王某記。」

有詩送朱從道赴辟成都

《詩注》卷三十六《送復之屯田赴成都》。

按，復之，即朱從道，字復之。① 范仲淹《范文正公文集》卷六《南京府學生朱從道名述》：「公又嘉其遷善，以從道而名焉……請字曰復之，庶左右於名矣。」蘇頌《蘇魏公文集》卷七《送朱屯田赴辟成都》係同題之作：「贊條初罷浙江回，辟命還從蜀道來。朱紱聊光新幕府，烏星重照舊行臺。秋登危棧烟霄界，曉望通闤錦繡堆。樂職定應能賦頌，知君堪繼子淵才。」自注：「府公端明嘗鎮餘杭，復之時已在上幕。今再登舊府，實爲盛事。」「端明」即張方平，《（乾道）臨安志》卷三：「張方平，皇祐二年十一月辛酉，以知江寧府張方平知杭州。」《長編》卷一百七十六至和元年七月甲戌：「知滑州、端明殿學士、兼龍圖閣學士、禮部侍郎張方平爲户部侍郎、知益州。」李燾注：「蓋方平以十一月方到也。」張方平至和元年十一月方至成都，其辟舉朱從道當於本年。② 蘇頌詩曰「秋登危棧煙霄界」，故詩當作於本年秋。

---

① 壽涌《王安石詩題疑難人名解讀九則》。
② 以上考證據王晉光《繫年初稿》，第33—34頁。

十月十四日，吕公綽卒。有文祭之

《文集》卷八十五《祭吕侍讀文》。

按，吕侍讀，即吕公綽，字公裕，吕夷簡長子，故祭文曰"發我文靖"、"公實冢嗣"。《宋史》卷三百一十一《吕夷簡傳》："贈太師、中書令，謚文靖……子公綽、公弼、公著、公孺。公著自有傳。公綽字仲裕……祀明堂，遷刑部郎中，召爲龍圖閣學士、權知開封府。歲餘，願罷府事，進翰林侍讀學士、知審刑院兼判太常寺……遷右司郎中，未拜，卒。贈左諫議大夫。公綽通敏有才，父執政時，多涉干請，喜名好進者趨之。嘗漏洩除拜以市恩，時人比之竇申。"王珪《華陽集》卷五一《吕公墓誌銘》："至和二年十月，遷右司郎中，未拜命，疾革，是月十四日以訃聞。"

十月二十五日，高若訥葬於開封府開封縣。有文祭之

《文集》卷八十五《群牧司祭高公文》。文曰"殯引就行，有翩其旐。來陳薄物，以告長違"，當作於高若訥本年十月下葬時。宋祁《景文集》卷六十《高觀文墓誌銘》："至和二年秋八月甲寅，觀文殿學士兼翰林侍讀學士、尚書左丞、同群牧制置使高公薨于京師之第，享年五十有九……太常考行，謚曰文莊。以冬十月己酉，克葬公于開封府開封縣褒親鄉之原。"

有詩送喬執中自太學歸高郵

《詩注》卷十三《送喬秀才歸高郵縣》："長年客塵沙，無

婦助親爨。寒暄慰白首，我弟纔將冠。遭迴歲又晚，想見淮湖漫。古人一日養，不以三公換。田園在戮力，且欲歸鋤灌。行矣子誠然，光陰未宜翫。負米力有餘，能無讀書伴。”

《繫年初稿》繫於本年，是。喬執中字希聖，高郵人，《宋史》卷三百四十七有傳：“入太學，補《五經講書》，五年不謁告。王安石爲群牧判官，見而器之，命子弟與之游……王安石爲政，引執中編修《熙寧條例》。”“五年不謁告”，故詩曰“長年客塵沙，無婦助親爨”。

十二月，與呂公著因歐陽修稱揚，名聞契丹

《三朝名臣言行録》卷八引《呂公著家傳》：“公在潁逾年，而歐陽公修爲守。……其後修入爲翰林學士，薦公文學行誼宜在左右，因數爲朝廷在位者稱公清静寡欲，有古君子之風。及修使北虜，虜問中國德行文章之士，修以公及王荆公安石對。”

按，本年八月，歐陽修命爲契丹國母生辰使；十二月，抵契丹境内松山，受契丹破例招待。[1]《宋史》卷三百三十六《呂公著傳》不載公名：“通判潁州，郡守歐陽修與爲講學之友。後修使契丹，契丹主問中國學行之士，首以公著對。”

是年，以王德用乞罷樞密使，代爲撰表

《文集》卷六十一《代王魯公德用乞罷樞密使表》：“況今犬馬之齒，七十有七，不能者止，宜在此時。顧貪戀聖世，

---

[1]　劉德清《歐陽修年譜》，《宋人年譜叢刊》第二册，第 1118 頁。

未敢乞身田里，長違陛下左右。惟機務之衆，非臣疲曳所能勉強。伏望陛下憫臣無狀，賜罷樞密院職事，毋使久塞賢者之路。"

《繫年》："考《宋史・宰輔志》，王德用至和元年除樞密使，嘉祐元年罷爲景靈公使領忠武軍節度使。《長編》所載同此。則今本《臨川先生文集》誤元年爲九年矣。表曰：'況今犬馬之齒七十有七，不能者止，宜在此時。'按王德用嘉祐元年罷樞密，時七十八歲，表曰七十七歲，則爲至和二年作無疑。"可從。

按，王德用字元輔，《宋史》卷二百七十九有傳。《文集》卷九十《魯國公贈太尉中書令王公行狀》："皇祐二年，除集慶軍節度使，進封冀國公。三年，以年老求致仕，詔以太子太師致仕，大朝會綴中書門下班。公威名，雖老矣尚爲四夷所憚，而天子亦賢公，以爲可屬大事也。四年，復强起公以爲河陽三城節度使、同中書門下平章事、判鄭州。六年，遂以爲樞密使……嘉祐九年，進封魯國公，以年老求去位至六七，天子爲之不得已，猶以爲忠武軍節度使、景靈公使，又以爲同群牧制置使……是歲公年七十八矣，明年二月辛未，公以疾薨。"皇祐三年，王德用致仕，次年即强起判鄭州，皇祐六年又除樞密使。考《宋宰輔編年録》卷五，王德用至和元年三月己巳除樞密使，嘉祐元年十一月辛巳罷，授依前檢校太師、同平章事、充景靈宮使、忠武軍節度使。《行狀》中"九年"當爲"元年"之訛。表曰："況今犬馬之齒七十有七，不能者止，宜在此時。"王德用嘉祐元年罷樞密使，時七十八歲，表曰"七十有七"，則作於至和二年無疑。時王德用以樞密使兼群牧制置使,公之上司,故代爲撰表乞致仕。

是年,撰王回之父墓碣銘

《文集》卷九十八《尚書都官員外郎侍御史王公墓碣銘》。墓主王平,王回之父。文曰:"公諱某,字某……公年六十三,以既卒之三年,葬潁州之某鄉某原……至是,回之友臨川王某追銘墓上,實至和二年也。"

是年,孫適卒,有詩挽之

《詩注》卷五十《孫適挽詞》。

李注:"曾南豐嘗爲適書墓,見本集。"

按,《曾鞏集》卷四十四《永州軍事推官孫君墓誌銘》:"君年十有四,辭親學問江東,已有聞於人。往從臨川王安石受學,安石稱之。後主越州上虞簿,去,以父恩得永州。父卒,萬里致喪,疾,不忍廢事。既葬,携扶幼老,將就食淮南。疾益革,遂卒於池州大安鎮,實至和二年。"墓主孫適,孫抗之子,"卒時年二十有八",曾受學於公。

是年,王令寄詩,以孟子、揚雄相許。有詩答之

《王令集》卷十一《寄介甫時在郡牧》:"已推事業皆歸命,空有文章自滿家。借使牛羊雖有責,豈於鳳鳥獨無嗟。人留孟子皆非道,客議揚雄正自譁。賢哲相望每千古,得逢猶説與時差。"

《詩注》卷十《寄王逢原》:"北風吹雲埋九垓,草木零落空池臺。六龍避逃不敢出,地上獨有寒崔嵬。披衣起行愁

不愜，歸坐把卷闔且開。永懷古人今已矣，感此近世何爲哉！莊韓百家爇天起，孔子大道寒於灰。儒衣紛紛欲滿地，無復氣焰空煤炱。力排異端誰助我？憶見夫子真奇材。梗楠豫章概白日，秖要匠石聊穿裁。我方官拘不得往，子有閑暇宜能來。晤言相與入聖處，一取萬古光芒迴。”

按，王令詩題注：“時在郡牧”。“郡”爲“群”之訛，謂群牧判官，故詩曰“借使牛羊雖有責”。《詹譜》：“至和二年乙未，王逢原寄公詩：‘借使牛羊雖有責，豈于鳳鳥獨無嗟。’是年有酬答等詩。”可從。

王令來詩以孟子、揚雄相許，公答以“莊韓百家爇天起，孔子大道寒於灰。儒衣紛紛欲滿地，無復氣焰空煤炱。力排異端誰助我，憶見夫子真奇材”。詩末又以優入聖域互勉，可見於王令之器重。

求守江陰未得，與朱明之有詩唱酬

《詩注》卷三十四《予求守江陰未得酬昌叔憶江陰見及之作》：“黃田港北水如天，萬里風檣看賈船。海外珠犀常入市，人間魚蟹不論錢。高亭笑語如昨日，末路塵沙非少年。強乞一官終未得，秖君同病肯相憐。”

朱明之《寄王荊公憶江陰》：“城上城隍古鏡中，城邊山色翠屏風。魚蝦接海隨時足，稻米連湖逐歲豐。太伯人民堪教育，春申溝港可疏通。朱輪天使從君欲，異日能忘笑語同。”

李注：“按：江陰本縣，屬常州。僞唐昇元年中建爲軍，宋朝因之。《寰宇志》云：‘本漢曲阿縣之地。’”王闢之《澠水燕談錄》卷九："江陰軍，北距大江，地僻，鮮過客，無將迎之煩。所隸一縣，公事絕少。通州，南阻江，東北濱海，士大夫罕至。居民以魚鹽自給，不爲盜，獄訟事簡。仕宦二州者最爲優逸，故士大夫謂江陰爲'兩浙道院'，通州爲'淮南道院'。"

答王回書，論"大人"之義，當"先自治而後治人"

《文集》卷七十二《答王深甫書》："管仲不能正己者也，然而至於不死子糾而從小白，其去就可謂知天矣。天之意，固嘗甚重其民，故孔子善其去就，曰：'豈若匹夫匹婦之爲諒也，自經於溝瀆而莫之知也。'此乃吾所謂德不如大人，而尚能視天以去就者。

深甫曰：'正己以事君者，其道足以致容而已，不容，則命也，何悅於吾心哉？正己而安社稷者，其道足以致安而已，不安，則命也，何悅於吾心哉？正己以正天下者，其道足以行天下而已，不行，則命也，何窮達於吾心哉？'某則以謂大人之窮達，能無悅戚於吾心，不能毋欲達。孟子曰：'我四十不動心。'又曰：'何爲不豫哉？然而千里而見王，是予所欲也；不遇，故去，豈予所欲哉？王庶幾改之，予日望之。'夫孟子可謂大人矣，而其言如此，然則所謂無窮達於吾心者，殆非也，亦曰無悅戚而已矣。深甫曰：'惟其正己而不期於正物，是以使萬物之正焉。'某以謂期於正己而不期於正物，而使萬物自正焉，是無治人之道也。無治人之道者，是老莊之爲也。所謂大人者，豈老莊之爲哉？正己不期於正物者，非也；正己而期於正物者，亦非也。正己而不期於正物，是無義也;正己而期於正物,是無命也。是謂大人者,豈顧無義命哉?揚子曰:'先自治而後治人,之謂大器。'揚子所謂大器者,蓋孟子之謂大人也。物正焉者,使物取正乎我而後能正,非使之自正也。武王曰:'四方有罪無罪,惟我在,天下曷敢有越厥志。'一人橫行於天下,武王恥之,孟子所謂武王一怒而安天下之民。不期於正物而使物自正,則一人橫行於天下,武王無爲怒也。孟子没,能言大人而不放於老莊者,揚子而已。深甫嘗試以某之言與常君論之,二君猶以爲未也,願以教我。"

按,至和元年七月,公、王回同遊褒禪山。之後,公赴京任群牧判官,屢請外郡不得。嘉祐二年,王回登進士第,而公出知常州。書曰:"某拘於此,鬱鬱不樂,日夜望深甫之來,以豁吾心,而得書乃不知所冀。況自京師去潁良不遠,深甫家事會當有暇時,豈宜愛數日之勞,而不一顧我乎?朋友道喪久矣,此吾於深甫不能無望也。"當作於本年。次年,王回即自潁州赴京應舉。

撰《大人論》

《文集》卷六十六。文曰:"孟子曰:'充實而有光輝之謂大,大而化之之謂聖,聖而不可知之之謂神。'夫此三者,皆聖人之名,而所以稱之之不同者,所指異也。由其道而言謂之神,由其德而言謂之聖,由其事業而言謂之大人。古之聖人,其道未嘗不入於神,而其所稱止乎聖人者,以其道存乎虛無寂寞不可見之間。苟存乎人,則所謂德也。是以人之道雖神,而不得以神自名,名乎其德而已。夫神雖至矣,不聖則不顯，聖雖顯矣，不大則不形，故曰：此三者，皆聖人之名，而所以稱之之不同者，所指異也。《易》曰：‘蓍之德圓而神，卦之德方以智。’夫《易》之爲書，聖人之道於是乎盡矣，而稱卦以智不稱以神者，以其存乎爻也。存乎爻，則道之用見於器，而剛柔有所定之矣。剛柔有所定之，則非其所謂化也。且《易》之道於《乾》爲至，而《乾》之盛莫盛於二五，而二五之辭皆稱‘利見大人’，言二爻之相求也。夫二爻之道，豈不至於神矣乎？而止稱大人者，則所謂見於器而剛柔有所定爾。蓋剛柔有所定，則聖人之事業也。稱其事業以大人，則其道之爲神、德之爲聖，可知也。孔子曰：‘顯諸仁，藏諸用，鼓萬物而不與聖人同憂，盛德大業，至矣哉！’此言神之所爲也。神之所爲雖至，而無所見於天下，仁而後著，用而後功，聖人以此洗心退藏於密。及其仁濟萬物而不窮，用通萬世而不倦也，則所謂聖矣。故神之所爲，當在於盛德大業，德則所謂聖，業則所謂大也。世蓋有自爲之道而未嘗知此者，以爲德業之卑不足以爲道，道之至在於神耳，於是棄德業而不爲。夫爲君子者皆棄德業而不爲，則萬物何以得其生乎？故孔子稱神，而卒之以德業之至，以明其不可棄。蓋神之用在乎德業之間，則德業之至可知矣。故曰：‘神非聖則不顯，聖非大則不形。’此天地之全，古人之大體也。”

按，本文及《答王深甫書》所論之“大人”，即公之理想人格。詳公之意，釋、老二家所自矜之“虛無寂寞”之道，必須見于“盛德”、“大業”，方可謂之“大人”。“棄德業而不爲”，此固釋、老之徒所爲，而非儒家君子之所當爲。精神領域之修養（盛德），與治世濟民之政事（大業），二者當相輔相成；否則，所謂"修心養性"者必將陷於枯槁，而世間秩序亦將淪胥矣。由此，儒家之內聖、外王，"自治"與"治人"，得以縮結。此番議論，已超越北宋三朝復古諸家所言之文章、治道，又與道學家津津樂道之"孔顏樂處"理想境界，迥然有別。故特此拈出，以窺公之理想、抱負，以及學術血脈之所在。

撰《夫子賢於堯舜》

《文集》卷六十七。文曰："宰我曰：'以予觀於夫子，賢於堯舜遠矣。'而世之解者必曰：'是爲門人之私言，而非天下公共之論也。'而孟子亦曰：'生民以來，未有如夫子。'是豈亦門人之私言，而非天下公共之論哉？爲是言者，蓋亦未之思也。夫所謂聖賢之言者，無一辭之苟。其發也必有指焉，其指也學者之所不可不思也。夫聖者，至乎道德之妙，而後世莫之增焉者之稱也。苟有能加焉者，則豈聖也哉！然孟子、宰我之所以爲是説者，蓋亦言其時而已也。昔者道發乎伏羲，而成乎堯、舜，繼而大之於禹、湯、文、武。此數人者，皆居天子之位，而使天下之道寖明寖備者也。而又有在下而繼之者焉，伊尹、伯夷、柳下惠、孔子是也。夫伏羲既發之也，而其法未成，至於堯而後成焉。堯雖能成聖人之法，未若孔子之備也。夫以聖人之盛，用一人之知足以備天下之法，而必待至於孔子者，何哉？蓋聖人之心不求有爲於天下，待天下之變至焉，然後吾因其變而制之法耳。至孔子之時，天下之變備矣，故聖人之法亦自是而後備也。《易》曰：

'通其變，使民不倦。' 此之謂也。故其所以能備者，豈特孔
子一人之力哉？蓋所謂聖人者，莫不預有力也。孟子曰：
'孔子集大成者。' 蓋言集諸聖人之事，而大成萬世之法耳。
此其所以賢於堯、舜也。"

又《文集》卷六十四《三聖人》亦以伯夷、柳下惠爲矯時
之聖，而孔子集諸大成。以上諸篇作年不可詳考，然詳其語
氣，當作於公執國柄之前，故因公與王回論 "大人" 之義，暫
附此。

文中所論，即 "聖者，時也" 之義。孔子之所以賢于堯、
舜，蓋其所遭之時 "天下之變至焉"，故孔子得以 "集諸聖人
之事，而大成萬世之法"。因時之變而制法，此亦公學術之
精髓，而公以之自任。清人沈德潛《歸愚文鈔》卷十九《書王
介甫三聖人論後》曰："總之，矯弊救時之説，介甫常以之自
任，故於論三聖人而發之，遂不覺其多所抵牾。而他日變更
成法之禍，即基於此。" 此除却於新法之偏見，亦可謂得之。

與吳充、韓維遊，有詩唱和

葉夢得《石林燕語》卷十："王荆公性不善緣飾，經歲不
洗沐，衣服雖弊，亦不浣濯。與吳沖卿同爲群牧判官，時韓
持國在館中，三數人尤厚善，無日不過從。因相約：每一兩
月，即相率洗沐定力院，家各更出新衣，爲荆公番，號 '拆洗
王介甫' 云。"

《詩注》卷七《和沖卿雪並示持國》。

按，吳充本年六月甲午爲群牧判官，韓維本年春從富弼
辟并州，八月，爲史館檢討。

撰叔父王師錫墓誌銘

《文集》卷九十三《叔父臨川王君墓誌銘》："余叔父之卒,年三十七,數以進士試於有司,而猶不得禄賜以寬一日之養焉……其葬也,以至和四年祔于真州某縣某鄉銅山之原皇考諫議公之兆。"

按,至和四年,即嘉祐二年。公何以如此紀年,未詳其故。① 或銘文作於至和年間,墓主尚未下葬,而預期卜葬於二年後,因未改元,故曰"至和四年"。

與楊蟠書

《文集》卷七十八《與楊蟠推官書》。

按,楊蟠,慶曆六年進士及第,②《宋史》卷四百四十二有傳:"楊蟠字公濟,章安人也。舉進士,爲密、和二州推官,歐陽修稱其詩。"楊蟠約至和、嘉祐間爲泗州軍事推官,③書或作於本年。

答張幾書

《文集》卷七十七《答張幾書》:"張君足下:某常以今之

---

① 壽涌以爲,此乃荆公撰寫墓誌類文章的習慣作法,"即有時喜歡沿用舊年號來表述年份,這種表達方式往往出乎人們的意料之外,這或許也是王安石爲文求奇求拗的一種表現。"不取。《蔡上翔〈王荆公年譜考略〉詩文繫年正誤》,《人文中國學報》第十七期,上海古籍出版社 2011 年版。
② 《(嘉定)赤城志》卷三十三,第 7530 頁。其生平可見林家驪《楊蟠生平與詩歌考論》,《文學遺產》2006 年第 6 期。
③ 林家驪以爲嘉祐元年,而林暉《宋代詩人楊蟠五題》則以爲至和二年,相差無幾。《台州學院學報》2012 年第 5 期。

仕進爲皆詘道而信身者。顧有不得已焉者，捨爲仕進則無以自生，捨爲仕進而求其所以自生，其詘道有甚焉。此固某之亦不得已焉者。獨嘗爲《進説》，以勸已得之士焉。"

　　按，張幾，不詳。書以"今之仕進爲皆詘道而信身者，顧有不得已焉者"，又曰"獨嘗爲《進説》"，姑附此，以見公之科舉觀。

吕希哲從學

　　吕希哲字原明，吕公著之子，《東都事略》卷八十八有傳："父公著與安石以國事不合，久在外，希哲前後爲管庫者幾十年。元祐初，公著登庸，廣收天下之士，而希哲以公著故不得用。及公著薨，既免喪，除兵部員外郎、崇政殿説書。希哲每勸導人主以修身爲本，修身以正心誠意爲主，心正意誠，天下自化；若身不能修，雖左右之人且不能諭，況天下乎？紹聖初，出知懷州，坐元祐黨分司南京，和州居住。徽宗即位，起知單州，召爲秘書少監。爲曾布所不樂，改光禄少卿，以直秘閣知曹州，尋奪職知相州，徙邢州，罷爲宮祠，卒，年七十八。"李幼武《宋名臣言行録外集》卷六："始從胡安定於太學，後遍從孫復、石介、李覯，又從王安石學。安石以爲凡士未官而事科舉者，爲貧也，有官矣，而復事科舉，是僥倖富貴利達，學者不由也。公聞之，遂棄科舉，一意古學。始與伊川俱事胡瑗，公少程一二歲，察其學問淵源非他人比，首以師禮事之，而明道、横渠、孫覺、李常，皆與公遊，由是知見日益廣大。"

卷　三

至和三年、嘉祐元年丙
申（1056），三十六歲

爲群牧判官，出巡相州、洺州等地馬監

韓國學者柳瑩杓："王安石爲何而訪問洺州與相州
呢？……是因爲北宋主要馬監設在洺州和相州。王安石歷
任的官職中，與馬監關聯的，只有一個，那就是群牧判官。"①
此説可從。群牧判官職責之一，爲每歲巡行諸監，點印馬
駒，第賞牧兵。《宋會要輯稿》兵二四："咸平三年，置群牧
司，總内外馬政。其後歲遣判官一人巡行諸監，取孳生駒二
歲以上者點印之，歲約八千餘匹。"同書職官二三："群牧判
官：景德二年，以著作郎王曙爲之。四年九月，增置一員，以
太子中允田穀充。後每歲更出諸州巡防，監點鞍馬。"《宋
史》卷一百九十八《兵十二》："凡馬之孳生，則大名府、洺衛
相州七監多擇善種，合牝牡爲群，判官歲以十二月巡行坊、
監，閲二歲駒點印，第賞牧兵。"而大名府、洺州、相州爲孳生

_____

① 柳瑩杓《王安石"奉使詩"考辨》，《中國語文論叢》第 29 輯，2005 年 12 月
　版。

監所在，尤爲國馬繁息之重鎮，故公出巡，自屬情理之中。如《長編》卷一百五十九仁宗慶曆六年七月癸卯："又群牧判官呂昌齡自河北牧馬回，上殿亦乞省府差遣。"馬端臨《文獻通考》卷一百六十："凡畜馬處有兩院，曰左、右騏驥；四監，曰左、右天駟第一、第二；二坊，曰左、右天厩，皆在京師。在外有十四監：大名、大名。廣平、洺州。淇水、衞州。並分第一第二，洛陽、河南。原武、鄭州。沙苑、同州。安陽、相州。鎮寧、澶州。安國、邢州。淳澤、中牟。單鎮、許州。又有牧養上下監，以養療京城諸坊、監病馬。其孳生之所，即大名、洺、衞、相州凡七監，多擇善馬爲種，牝牡爲群，歲遣判官一人巡行點印，二歲已上者歲約八千餘匹。"

又，嘉祐五年春，公伴送北使歸國，北上大名府，有詩呈大名府知録柳瑾，《詩注》卷三十四《呈柳子玉同年》："三年不上鄴王臺，鴻雁歸時又北來。"[1]鄴王臺，即銅雀臺，在相州鄴縣（今河北臨漳縣）。自本年至嘉祐五年恰隔三年，故詩曰"三年不上"、"又北來"。[2] 亦可證本年公曾以群牧判官出巡諸馬監。另本年末，宋敏修通判洺州，公有詩送之，詳詩意，亦似曾至洺（詳下）。

自去年冬至本年春，妻兒病不已

《詩注》卷十六《乙未冬婦子病至春未已》："天旋無窮走日月，青髮能禁幾回首。兒呻婦嘆冬復春，强欲笑歌難發

---

[1] 關於此詩詳細考證，見本譜嘉祐五年。

[2] 或以爲《呈柳子玉同年》作於嘉祐八年，公嘉祐八年又出使契丹，誤甚（詳本譜嘉祐五年）。

口。黃卷幽尋非貴嗜，藜牀穩臥雖貧有。二物長乖亦可憐，一生所得猶多苟。”

李注：“乙未爲至和二年，公時爲群牧判官，被使畿内。後二年，卒求常州以出。”

有詩贈張康，自叙困居京城之窘

《詩注》卷八《贈張康》：“昔在歷陽時，歷陽今和州。得子初江津。手中紫團參，一飲寬吾親。捨舟城南居，杖屨日相因。百口代起伏，呻吟聒比鄰。叩門或夜半，屢費藥物珍。欲報恨不得，腸胃盤車輪。今逢又坎坷，令子馳風塵。顛倒車馬間，起先冰雪晨。嗟我十五年，得禄尚辭貧。所讀漫累車，豈能蘇一人？無求愧子義，有施慙子仁。逝將收桑榆，邀子寂寞濱。”

按，詩曰：“嗟我十五年，得禄尚辭貧。”自慶曆二年入仕至本年，恰已十五年。

韓維朝陵，有詩寄之

《詩注》卷四十五《寄韓持國》：“淥水環宮漫漫流，鵝黄小蝶弄春柔。問知公子朝陵去，歸得花時却自愁。”

李注：“朝陵，當是持國爲禮官時。漢制，時節朝陵，見《後漢·禮儀志》。”可從。

按，《宋史》卷三百一十五《韓維傳》：“富弼辟河東幕府，史館修撰歐陽修薦爲檢討、知太常禮院。”《長編》卷一百八十至和二年八月己亥：“大理評事韓維爲史館檢討，從翰林學士承旨孫抃等所請也。”韓維知太常禮院，或稍後於史館檢討。按詩意,當作於本年春。

閏三月,程琳卒。有文祭之

《文集》卷八十六《祭程相公琳文》,題注:“爲高若訥作。”

《長編》卷一百八十二嘉祐元年閏三月辛卯:“鎮安節度使、同平章事程琳既歸本鎮,上書言臣雖老,尚能爲國守邊。未報,得疾遽卒。丁酉,贈中書令,謚文簡。”

按,程琳卒於本年三月,而高若訥卒於至和二年八月,題注恐誤。

有詩送李樞知儀州

《詩注》卷三十五《送李太保知儀州》:“北平上谷當時守,氣略人推李廣優。還見子孫持漢節,欲臨關塞撫羌酋。雲邊鼓吹應先喜,日下旌旗更少留。五字亦君家世事,一吟何以稱來求。”

按,梅堯臣有《送李太保知儀州》,作於嘉祐元年。[1] 蘇頌《蘇魏公文集》卷七有《送儀州李太保丈》:“持節出西閫,腰章入舊秦。家傳虎韜術,朝有象賢人。閣閉關山月,帷褰渭水春。朔塵今向息,正是雅歌辰。”均爲本年春同時送別之什。

《繫年初稿》繫於嘉祐二年,曰:“李太保名樞,字蒲中。”誤。李太保當爲李樞,字仲訥。《蘇魏公文集》卷五十

---

[1] 《梅堯臣集編年校注》卷二十六,第907頁。

三《皇城使李公神道碑銘》："公諱樞，字仲訥。始七歲受父官……廣源蠻儂智高入寇，廣帥仲簡倉卒不知所圖，即以事移公。公實其家曲江，獨與子昌齡間道赴難，在重圍五十六日，出奇制變，賊卒不能勝。事平，自內殿崇班、閤門祗候遷供備庫副使，充廣南西路鈐轄。故太子少保元公時爲轉運使，三奏理公於廣人有大功，一官賞薄，不足以稱其效。於是又遷西京左藏庫副使。滿秩，超拜供備庫使、知儀州。以治行優異，擢知鎮戎軍，就移成都府利州路鈐轄。"至和元年，元絳爲廣南東路轉運使，①奏薦李樞遷西京左藏庫副使，本年滿秩，出知儀州。李樞出身將門，故公詩用李廣、李陵典送之，後又爲其父李興撰神道碑（詳本譜嘉祐六年）。

五月，弟安國入京，有詩示之

《詩注》卷十四《示平甫弟》："汴渠西受崑崙水，五月奔湍射蒿矢。高淮夜入忽倒流，磈岸相看欲生齒。萬檣如山矻不動，嗟我仲子行亦止。自聞留連且一月，每得問訊猶千里。老工取河天上落，伏礫遒沙卷無底。土橋立馬望城東，數日知有相逢喜。牆隅返照媚槐榖，池面過雨蘇筥葦。欣然把酒相與閒，所願此時無一詭。豈無他憂能老我？付與天地從此始。閉門爲謝載酒人，外慕紛紛吾已矣。"

按，本年王安國入京，約與梅堯臣同行，而先入大梁。梅堯臣《吳沖卿學士以王平甫言淮甸會予予久未至沖卿與平甫作詩見寄答之》："昨逢王倩昧平生，一見如舊心相傾。

① 李之亮《宋代路分長官通考》，第 1051 頁。

談經樹下任日炙,酒狂便欲騎長鯨。誰意同行有遲疾,先入大梁凡幾日。大梁故人憐鈍衰,迭爲寄唱辭嚴密。"①朱東潤:"端午以後,堯臣到達汴京,歐陽修到碼頭接他。此後與李復圭、刁約、周延雋、裴煜、馮京、沈遘、謝景初兄弟在開寶塔院相會,極一時之盛。"②

京城大雨不止,有詩記之

《詩注》卷九《久雨》:"煤炱著天無寸空,白沫上岸吹魚龍。羲和推車出不得,河伯欲取山爲宮。城門晝閉眠百賈,飢孫得糟夜餔翁。老人慣事少所怪,看屋箕踞歌南風。"

按,《長編》卷一百八十二嘉祐元年六月:"時京師自五月大雨不止,水冒安上門,門關折,壞官私廬舍數萬區,城中繫栿渡人,命輔臣分行諸門;而諸路亦奏江河決溢,河北尤甚,民多流亡,令所在賑救之……己卯,詔群臣實封言時政闕失。"

范鎮《東齋記事》卷一:"嘉祐元年五月二十四日昏時,二星相繼西流,一出天江,一出天市。劉仲更曰:'出天江者主大水,出天市者主散財。'未幾,都城大水,居民室廬及軍營漂流者不知幾千萬區。天變不虛發也如此。"

七月,歐陽修再薦

歐陽修《論水災狀至和三年》:"七月六日……臣伏睹近

① 《梅堯臣集編年校注》卷二十六,第880頁。嘉祐元年王安國行跡,可見湯江浩《北宋臨川王氏家族及文學考論》,第93頁。
② 《梅堯臣集編年校注》卷二十六,第825頁。

降詔書，以雨水爲災，許中外臣僚上封言事。”《再論水災狀》：“太常博士、群牧判官王安石，學問文章，知名當世，守道不苟，自重其身，論議通明，兼有時才之用，所謂無施不可者……此四臣者，名迹已著，伏乞更廣詢採，亟加進擢，置之左右，必有裨補。”①

與歐陽修、梅堯臣等同和吴充《鴉樹石屏》

《詩注》卷十《和吴沖卿鴉樹石屏》。

李注：“此詩歐公、蘇子美亦同作。”

《繫年》：“按，蘇子美卒於慶曆八年，何能有和作？當誤。考歐集有《吴學士石屏歌》，即和作也。歐集繫於嘉祐元年，安石此詩當同時作。”是。

按，李壁注所引乃蘇舜欽《永叔石月屏圖》詩，而非《鴉樹石屏》詩。歐陽修《居士集》卷六《吴學士石屏歌一作和張生鴉樹屏一無和字》題注：“嘉祐元年。”梅堯臣有《和吴沖卿學士石屏》，繫於本年。②

七月十三日，受命考試鎖廳舉人

《宋會要輯稿》選舉十九：“嘉祐元年七月十三日，命侍御史范師道、直秘閣王疇、集賢校理胡俛、韓宗彦、王權、宋敏求考試開封府舉人，右司諫馬遵、集賢校理沈遘、秘閣校理李縱、史館檢討韓維考試國子監舉人，集賢校理陸詵、群牧判官太常博士王安石考試鎖廳舉人。”

① 《歐陽修全集》卷一百九，第 1658 頁。
② 《梅堯臣集編年校注》卷二十六，第 883 頁。

有詩送周延雋通判湖州

《詩注》卷二十五《送周都官通判湖州》,曰:"淥水烏程地,青山顧渚濱。"

按,周都官爲周延雋,字仲章,周起之子,康定二年賜同進士出身。①《宋史》卷二百八十八《周起傳》:"(子)延雋頗雅厚,官太常少卿。"周仲章於本年初秋通判湖州,梅堯臣有詩相送:"士女夾道看,秋風吹縠羅。言是公侯家,大體儂弗過。問儂底未辨,撑船入芰荷。""荷葉半黃蓮子老,霜苞微綠橘林明。"②

以韓維見訪,有詩述外出求郡之意

《詩注》卷十《韓持國見訪》:"余生非匏瓜,於世不無求。弱力憚耕稼,衣食當周流。起家始二十,南北今白頭。愁傷意已敗,罷病恐難瘳。江湖把一節,屢乞東南州。治民豈吾能,閒僻庶可偷。謬恩當徂冬,黽勉始今秋。豈敢事高騫,茫然乖本謀。撫心私自憐,仰屋竊歎愀。強騎黃飢馬,欲語將誰投。賴此城下宅,數蒙故人留。攬衣坐中庭,仰視白雲浮。白雲御西風,一一向滄洲。安得兩黃鵠,跨之與雲遊。"

按,《繫年》繫此詩於嘉祐四年秋,不取。嘉祐四年六

① 《宋會要輯稿》選舉九:"(康定二年)五月十一日,賜贊善大夫周延雋同進士出身。"第5435頁。
② 《梅堯臣集編年校注》卷二十六《送周仲章都官通判湖州》,第879頁。《重送周都官》,第881頁。

月，公至高郵迎親，已有長居京師之意（詳本譜嘉祐四年），
何至全家甫抵京，旋請外出？詩言：“起家始二十，南北今白
頭。愁傷意已敗，罷病恐難瘳。江湖把一節，屢乞東南州。”
謂公自至和元年九月任群牧判官後，屢屢上疏，乞求東南外
任，以養親糊口。詩又曰：“謬恩當徂冬，黽勉始今秋。”似謂
冬末群牧判官之任即滿，本年秋當再乞出東南一郡。又，公
於常州情有獨鍾，本年秋適逢常州有闕，故求之，然未得。
《長編》卷一百八十四嘉祐元年九月癸卯：“侍御史范師道知
常州，殿中侍御史趙抃知睦州。先是，宰相劉沆進不以道，
深疾言事官，因言：‘自慶曆後，臺諫用事，朝廷命令之出，事
無當否悉論之，必勝而後已。又專務抉人陰私莫辨之事，以
中傷士大夫。執政畏其言，進擢尤速。’遂舉行御史遷次之
格，滿三歲者與知州。而抃等又嘗乞避范鎮，各請補外，沆
遽引格出之。師道及抃蓋嘗攻沆之短。中丞張昇等言沆挾
私出御史，請留抃及師道，不報。”

八月十日，至景德寺考試鎖廳舉人，有詩題壁。沈遘和

《詩注》卷四十六《題景德寺試院壁》：“屋東瓜蔓已扶
疏，小石藍花破蕚初。從此到寒能幾日，風沙還見一年除。”

自注：“至和三年八月十日。”

沈遘《西溪集》卷一《景德寺考試院壁和王介甫所題詩
二首》。

按，神宗治平四年十月，鎖廳試始以嘉慶院充考試院，
之前並占寺院：“治平四年十月四日，三司言：‘國子監等處
解發舉人，並占寺院，穢汙未便。欲乞自今後鎖廳以嘉慶

院,國學以高翰宅充考試院。翰宅倒塌,見在一千八百間,相度只修一百二十五間。'從之。"①

登景德塔,賦詩

《詩注》卷十《登景德塔》:"放身千仞高,北望太行山。邑屋如蟻冢,蔽虧塵霧間。念此屋中人,當復幾人閑?雞鳴起四散,暮夜相與還。物物各自我,誰爲賢與頑?賤氣即易凌,貴氣即難攀。愧予心未齊,俛首一破顔。"

秋日感懷賦詩

《詩注》卷三十四《丙申八月作》:"秋風摧剥利如刀,漠漠昏煙玩日高。眼看南山露崖窾,心隨東水轉波濤。歸期正自憑蓍蔡,生理應須問酒醪。還有詩書能慰我,不多霜雪上顚毛。"

與歐陽修、梅堯臣等同賦車螯

《詩注》卷十四《車螯二首》。

按,歐陽修《初食車螯》,題注:"嘉祐元年作。"②梅堯臣同賦。③ 韓維《南陽集》卷四亦有《又賦京師初食車螯》。可知此次同題賦詩,係歐陽修發起,公、梅堯臣、韓維等和之。

---

① 《宋會要輯稿》選舉一五,第 5554 頁。
② 《歐陽修全集》卷六,第 98 頁。
③ 《梅堯臣集編年校注》卷二十六《永叔請賦車螯》,繫於嘉祐元年,第 902 頁。

送陳諤

《詩注》卷十三《送陳諤》：“有司昔者患不公，翻名謄書今故密。論才相若子獨棄，外物有命真難必。鄉閭孝友莫如子，我願卜鄰非一日。朱明奕奕行多慚，歸矣無爲惡蓬蔂。”

李注：“此詩余在撫州見石本，嘉祐元年作。諤又有兄名祈，公亦嘗贈以詩。”

按，《宋會要輯稿》選舉十九：“嘉祐元年七月十三日，命侍御史范師道、直秘閣王疇、集賢校理胡俛、韓宗彦、王權、宋敏求考試開封府舉人，右司諫馬遵、集賢校理沈遘、秘閣校理李綖、史館檢討韓維考試國子監舉人，集賢校理陸詵、群牧判官太常博士王安石考試鏁廳舉人。”陳諤應未於開封府或國子監取解，遂歸臨川，公送之，故詩曰“論才相若子獨棄，外物有命真難必”。皇祐二年，公歸臨川，與陳祈兄弟遊，有《書陳祈兄弟屋壁》。①

以孫覺知太平縣，有詩別之

《詩注》卷十四《別孫莘老》：“逢原未熟我，已與子相知。自吾得逢原，知子更不疑。把手湖上舟，望子欲歸時。茫然乃分散，獨背東南馳。寥寥西城居，邂逅與子期。雞鳴入省門，朱墨來紛披。含意不自得，强顏聊爾爲。會合常在夜，青燈照書詩。往往並衾語，至明不言疲。忽忽捨我去，

---

① 明州陳輔亦有子陳諤，陳詥之弟，可見《宋故陳輔君并俞氏夫人墓誌銘并序》，《寧波歷代碑碣墓誌彙編》第 78 頁。

使我當從誰？送子不出門，我身方羈縻。我心得自如，今與子相隨。隨子至湖上，逢原所嘗嬉。想見荷葉盡，北風卷寒漪。已懷今日愁，更念昔日悲。相逢亦何有，但有鏡中絲。”

李注：“莘老名覺，高郵人，胡安定之高弟，是王令一輩人，與公素厚……據此，詩之作必在公未變法之前。”“莘老嘗爲宣州太平縣令，疑此是合肥簿滿秩，入都注令時。”“介甫後自群牧出憲江東，莘老時猶在太平。公集有與莘老一書，論朋友切磨及鹽秤子事，亦可見二公情分，始未嘗不同，後卒以論新法故異耳。”

《繫年》：“據此，則李壁訂此詩於皇祐五年安石倅舒時，翌年即爲群牧判官矣。或如李説。”誤。

按，孫覺，皇祐元年進士及第，①《宋史》卷三百四十四有傳：“孫覺字莘老，高郵人。甫冠，從胡瑗受學。瑗之弟子千數，別其老成者爲經社，覺年最少，儼然居其間，衆皆推服。登進士第，調合肥主簿……弟覽。覽字傳師，擢第，知尉氏縣。”《（嘉靖）寧國府志》卷五孫覺《太平縣縣廳記》：“余既令之明年，易視事之堂新之，悉取前任名氏可考者列之屋壁，又爲編次其山川物食財用之可嘉，被服風俗喜好之所尚，後之君子得以覽焉。嘉祐二年丁酉十二月，將仕郎、試秘書省校書郎、守縣令孫覺記。”據此，則孫覺嘉祐元年知太平縣，其入都注令當於此年，而非至和元年。② 詩曰“想見荷葉盡，北風卷寒漪”，當作於此年秋冬之際。

---

① 《（嘉靖）惟揚志》卷十九，《天一閣藏明代方志選刊》，第545頁。
② 孫淑彦《孫莘老先生年譜長編》卷五：“秋月，先生合肥主簿滿秩，改宣州太平縣令。”恐誤。中國文藝出版社2000年版，第62頁。

送鄭叔熊歸閩

《詩注》卷八《送鄭叔熊歸閩》：“鄭子喜論兵，魁然萬人敵……低回向詩書，文字銳鐫刻。科名又齟齬，棄置非人力。黃塵彫鬢裘，逆旅同偪仄。秋風吹殘汗，霰雪已驚客。浩歌隨東舟，別我無慘惻。”

按，鄭叔熊，一作叔雄，名醫。蘇象先《丞相魏公譚訓》卷九：“祖父爲館職時，常病寒不知人，坐幃帳中，覆以□衾，衣重裘，而戰慄不已六七日，幾絕。家人號泣，不知所爲。有鄭叔熊監簿者，泉州人，鄉里號‘神醫’，適來京師，召使診視……數日良已。鄭豪邁如義俠，在中都果以醫顯。”鄭喜論兵，又事科舉，或因本年太學取解失意歸閩，故詩曰“科名又齟齬，棄置非人力。”嘉祐四年，鄭叔熊用王舉正、吳中復薦授校書郎。《長編》卷一百九十嘉祐四年七月甲寅：“先是，太學生鄭叔雄者，善醫，用王舉正及吳中復薦授校書郎。”劉攽《彭城集》卷三十五《故朝散大夫給事中集賢院學士權判南京留司御史臺劉公行狀》：“御史吳中復嘗薦文學鄭叔熊於朝。故事，御史薦士，無特授官者。前數年，觀文殿學士王公舉正嘗薦叔熊，既不行矣，已而執政以中復故，乃更追用舉正前章，除叔熊以官。叔熊實以醫自名，爲中復治嬖妾有功，中復故稱之。”英宗治平元年，王珪薦留京校正醫書，鄭叔熊辭以母老，不願在局。《華陽集》卷八《薦鄭叔熊劄子》：“臣等伏見試將作監主簿鄭叔熊素通方書，其術精密。昨三司使蔡襄奉詔舉至京師，今乃罷去。且世鮮良醫，如叔熊者少見倫比，兼嘗在太學舉進士，其於醫尤有持論。

伏望朝廷且留校正醫書，當有所補。取進止。”《宋會要輯稿》職官二二：“（英宗治平元年）七月五日，詔以國子四門助教、太醫局祗應鄭叔熊改試將作監主簿，不理選限，仍支賜錢五十千，遣令自便。近臣薦其善醫，遂名入太醫局。叔熊辭以母老，不願在局，故恩賜遣之。”

十月二十四日，葛源葬。爲撰墓誌銘，有詩挽之

《詩注》卷五十《葛郎中挽詞二首》。

《文集》卷九十六《度支郎中葛公墓誌銘》：“葛，公姓也。源，名也。宗聖，字也。處州之麗水，公所生也。明州之鄞，後所遷也。貫，曾大考也。遇，大考也。旺，累贈都官郎中，考也。進士，公所起也……至和元年六月乙未，卒之年月日也。潤州之丹徒縣長樂鄉顯陽村，公所葬也。嘉祐元年十月壬申，葬之年月日也。鄉邑孫氏今祔以葬者，公元配也。萬年縣君范陽盧氏，公繼配也。良肱、良佐、良嗣，公子也。妻太常博士黃知良曰金華縣君，公女也。起進士，爲越州餘姚縣尉，主公之喪而請銘以葬者，良嗣也。論次其所得於良嗣，而爲之銘者，臨川王某也。”

按，葛源卒於至和元年六月，葬於本年十月。詩曰“一片幽堂石，公知我不欺”，當作於本年。

蘇舜元葬，有詩挽之

《詩注》卷五十《蘇才翁挽辭二首》。

《繫年》：“蘇才翁，名舜元。《歐陽永叔外集》卷七有《蘇才翁挽詩二首》，繫於嘉祐元年。安石此詩同時作。”

近是。

　　按，《蔡襄集》卷三十九《蘇才翁墓誌銘》："至和元年五月初二日，終於京師之祖第，年四十九……才翁之歿汴，無資產以爲生，諸孤就養江南，居潤州，侍柩以行。某年某月某日，葬於丹陽某鄉，使人請銘。襄與才翁兄弟遊最久，今皆已亡矣，尚忍銘哉！"蘇舜元卒於至和元年，家貧無以爲葬，嘉祐元年十月，方與其弟蘇舜欽同葬於丹陽。歐陽修《湖州長史蘇君墓誌銘》："故湖州長史蘇君……其妻卜以嘉祐元年十月某日，葬君于潤州丹徒縣義里鄉檀山里石門村。"①詩曰"喪車故老迎，悠悠京口外"，當作於本年蘇舜元葬時。又詩曰"尚有故人淚，滄江相與翻"，蓋公知鄞縣時，蘇舜元嘗提點兩浙路刑獄。梅堯臣亦有詩挽之。②

於歐陽修席上送裴煜出宰吳江，賦得"然"字韻詩，又擬"而"、"惟"字韻

　　《詩注》卷十《送裴如晦即席分題三首》。自注："以'黯然銷魂惟別而已'爲韻，擬'而惟'字韻作。"《詩注》卷十《送裴如晦宰吳江》。

　　《詩注》卷三十一《席上賦得然字送裴如晦宰吳江》："青髮朱顏各少年，幅巾談笑兩歡然。柴桑別後餘三徑，天禄歸來盡一廛。邂逅都門誰載酒？蕭條江縣去鳴弦。猶疑甫里英靈在，到日憑君爲艤船。"

---

① 《歐陽修全集》卷三十，第 455 頁。
② 《梅堯臣集編年校注》卷二十六《度支蘇才翁挽詞三首子美同葬》，第 891 頁。

龔頤正《芥隱筆記》:"荆公在歐公座,分韻送裴如晦知吳江,以'黯然銷魂惟別而已'分韻。時客與公八人,荆公、子美、聖俞、平甫、老蘇、姚子張、焦伯强也。時老蘇得'而'字,押'談詩究乎而'。荆公乃又作'而'字二詩:"采鯨抗波濤,風作鱗之而。"蓋用《周禮‧考工記》:'梓人深其爪,出其目,作其鱗之而。'又云:'春風垂虹亭,一杯湖上持。傲兀何賓客,兩忘我與而。'最爲工。君子不欲多上人,王、蘇之憾,未必不稔於此也。"

按,裴如晦,即裴煜,慶曆六年進士。與會八人,除公、王安國、歐陽修、梅堯臣,尚有蘇洵、焦千之(字伯强)、姚闢(字子張)。蘇舜欽(字子美)卒於慶曆八年,不得與會,"子美"或爲"之美"之訛。楊褒字之美,時爲國子監直講,與歐陽修、梅堯臣多有唱和。蘇洵、蘇軾、蘇轍於本年五六月份抵京,館於興國寺。① 歐陽修《送裴如晦之吳江》自注:"席上分得'已'字,聖俞得'黯'字。"②歐詩作於嘉祐元年,公詩亦同。詩曰:"十月潁水濱,問君行何爲?"當作於本年十月。③

裴煜赴知吳江道中寄詩,答之

《詩注》卷十六《答裴煜道中見寄》。

李注:"煜,慶曆六年省元,賈黯榜第二甲第六名。"

---

① 孔凡禮《蘇軾年譜》卷二,中華書局 1998 年版,第 44 頁。
② 《歐陽修全集》卷六,第 99 頁。
③ 《梅堯臣集編年校注》卷二十六《永叔席上分韻送裴如晦得黯字》,第 896 頁。

有詩送宋敏修通判洺州

《詩注》卷十三《送宋中道通判洺州》：“漳水不灌鄴，不知幾何時。後世有史起，乃能爲可爲。余嘗憐洺民，舄鹵半不治。頗覺漳可引，但爲談者嗤。高議不同俗，功成人始思。夫子到官日，勿忘吾此詩。”

李注：“中道，參政綬之季子。”“介甫既相，遣程昉助治漳水，一方大騷，竟無成功。”

按，中道，即宋敏修，宋綬之子，①慶曆三年賜進士出身。② 其通判洺州，應於本年，與裴煜出宰吳江先後。梅堯臣有詩相送，自注曰：“裴如晦時亦宰吳江。”③廣平，也即洺州，屬河北西路。《宋史》卷八十六《地理二》：“洺州，望，廣平郡，建隆元年，升爲防禦。”

又，詩曰：“余嘗憐洺民，舄鹵半不治。頗覺漳可引，但爲談者嗤。”柳瑩杓推測：“王安石作此詩前，曾經到過洺州。”可從。蓋公曾以群牧判官出巡洺州等地馬監。

熊本自江寧寄酒，有詩答之

《詩注》卷三十九《答熊本推官金陵寄酒》：“鬱金香是

---

① 蘇頌《蘇魏公文集》卷五十八《潁州萬壽縣張君墓誌銘》：“少與河東裴煜如晦、常山宋敏修中道友善。”第887頁。
② 《宋會要輯稿》選舉九：“(慶曆三年)五月六日，賜太常寺太祝宋敏修進士出身。敏修，故參知政事綬之子，以遺恩陳乞召試學士院，中格，命之。”第5438頁。
③ 梅堯臣《送宋中道太博倅廣平》，即同時作，《梅堯臣集編年校注》卷二十六，第897頁。

蘭陵酒,枉入詩人賦詠來。庭下北風吹急雪,坐間南客送寒醅。淵明未得歸三徑,叔夜猶同把一杯。吟罷想君醒醉處,鍾山相向白崔嵬。”

李注:“此詩必作於在朝之日,因得金陵酒而懷舊居。”

《繫年》:“李説是。據《宋史》所云:熊本于熙寧初方以縣令遷提舉淮南常平。所謂縣令者,乃指知建德事,其時乃治平三年末(説見治平三年《送熊伯通》繫年);而熊本由建德赴淮南事,當在熙寧二年,是年方制置三司條例,故有提舉常平之説。此詩當爲熊本由建德赴淮南、途經金陵寄酒於安石後所作。柯昌頤《王安石評傳》第二十一章第六節謂熊本‘熙寧末,嘗因言者論其棄八洞爲失謀,奪官徙知杭州,又徙江寧府,時安石猶居相位也。’若謂此詩乃熙寧末熊本知江寧府時所作,則與詩題所云‘熊本推官’之稱不合,蓋‘推官’乃一郡僚佐也。”

按,《繫年》、柯説皆誤。《繫年初稿》繫於本年,是。其引彭汝礪撰《宋故中大夫充龍圖閣待制新知洪州軍州兼管內勸農使江南西路兵馬鈐轄柱國江陵縣開國伯食邑九百户賜紫金魚袋熊公墓誌銘并序》:“公熊氏,諱本,字伯通,其上世豫章人,後徙鄱陽……范文正公守鄱陽,見其文異之。既冠,舉進士,中其科,爲撫州軍事判官……遷楚州團練判官,丁銀青公喪。服除,調建康軍節度推官。守孝肅包公剛嚴,待其屬禮簡,及公至,迎之嘗倒屣。改秘書省著作佐郎、知開封府兵曹參軍。英宗登極,遷秘書丞、知池州建德縣。縣占漁池爲圭田,公悉棄予貧民。知遂州録事參軍,遷太常博士。神宗登極,遷尚書屯田員外郎,賜緋衣銀魚,戍并邊。

使者乞徙公通判州事，遷都官員外郎。熙寧初，置提舉官，
而公領淮南，召赴闕，道丁魯郡太夫人齊氏憂。服除，擢檢
正中書禮房公事。"①《（景定）建康志》卷十三："（嘉祐元
年）九月十八日，傅式赴闕，龍圖閣直學士、刑部郎中包拯知
府事。十二月二十日，拯赴闕，授右司郎中、知開封府。"包
拯嘉祐元年九月至十二月知江寧，時熊本任建康軍節度推
官；詩又曰"庭下北風吹急雪，坐間南客送寒醅"，則詩當作
於本年冬。明年，公已出知常州矣。

過劉放，有作

《詩注》卷十四《過劉貢甫》："去年約子遊山陂，今者仍
爲大梁客。天旋日月不少留，稱意人間寧易得。天明徑欲
相就語，霰雪填城萬家白。冬風吹鬚馬更驕，一出何由問行
迹。能言奇字世已少，終欲追攀豈辭劇。枕中鴻寶舊所傳，
飲我寧辭酒或索。吾願與子同醉醒，顏狀雖殊心不隔。故
知今有可憐人，回首紛紛斗筲窄。"

李注："貢父名攽，敞弟也。""公嘗和貢甫詩云：'何時
扁舟却顧我？還欲與子遊山陂。'"

按，《繫年初稿》繫於本年，可從。詩曰"去年約子遊山
陂，今者仍爲大梁客"，謂至和二年與劉攽、吳充、韓維、馮
京、沈遘燕集，與劉放有約。

十二月十二日，提點開封府界諸縣鎮公事

《長編》卷一百八十四嘉祐元年十二月己未："群牧判

① 陳柏泉《江西出土墓誌選編》，江西教育出版社 1991 年版，第 59 頁。

官、太常博士王安石提點開封府界諸縣鎮公事。”

《名臣碑傳琬琰集》下卷十四《王荆公安石傳實錄》：“召爲群牧判官，差提點府界諸縣鎮公事。”

按，開封府界提點司始置於真宗景德三年三月。《長編》卷六十二真宗景德三年三月：“是月，始命朝臣提點開封府界諸縣鎮公事。其後又增置一員，以閤門祗候充。”《宋史》卷一百六十七《職官七》：“提點開封府界諸縣鎮公事，掌察畿内縣鎮刑獄、盗賊、場務、河渠之事。”公提點開封府界諸縣鎮公事，《宋史》卷三百二十七《王安石傳》、《東都事略》卷七十九《王安石傳》及《顧譜》、《蔡譜》等均失載。

另，公前任蔡挺，本年六月十一日，出知滁州。《宋會要輯稿》職官六五：“（嘉祐元年六月十一日）提點開封府界縣鎮公事、同管勾修河、度支員外郎蔡挺知滁州。”蔡挺之罷，蓋因修六漯河未成。《長編》卷一百八十一仁宗至和二年十二月壬辰：“龍圖閣直學士、給事中施昌言爲都大修河制置使。提點開封府界諸縣鎮公事、度支員外郎蔡挺，都大提舉河渠司勾當公事、太常博士楊偉，並同管勾修河。昌言辭之，不許。”《宋史》卷三百二十八《蔡挺傳》：“爲開封府推官、提點府界公事。部修六漯河，用李仲昌議，塞北流，入于六漯（塔）。一夕復決，兵夫茭楗漂溺不可計。降知滁州。”《東軒筆錄》卷十：“嘉祐初，李仲昌議開六漯河，王荆公時爲館職，頗佑之。既而功不成，仲昌以贓敗，劉敞侍讀以書戲荆公曰：‘要當如宗人夷甫，不與世事可也。’荆公答曰：‘天下之事，所以易壞而難合者，正以諸賢無意，如鄙宗夷甫也。但仁聖在上，故公家元海未敢跋扈耳。”其時公未爲館職，且答劉敞書作於嘉祐三年，與修六塔河無關。惟所謂公"頗佑之"，則容有其事。公得繼蔡挺提點開封府界諸縣鎮公事，或職此也。蓋宰相富弼、文彦博均主開六塔河。《宋史》卷三百十三《文彦博傳》："先是，弼用朝士李仲昌策，自澶州商胡河穿六漯渠，入横壠故道。北京留守賈昌朝素惡弼，陰約内侍武繼隆，令司天官二人俟執政聚時，於殿庭抗言國家不當穿河于北方，致上體不安。彦博知其意有所在，然未有以制之。"《長編》卷一百八十一至和二年九月甲申："翰林學士承旨孫抃等言：'奉詔定黄河利害。其開故道，誠爲經久之利，然功大不能猝就。其六塔河如相度容得大河，使導而東去，可以紓恩、冀、金隄患，即乞許之。'議開故道者賈昌朝也，陳執中主其議。執中既罷，文彦博、富弼乃主李仲昌議，欲修六塔，故抃等答詔如此。"

於吳充席上賦得"昨"字詩

《詩注》卷七《沖卿席上得昨字》："嗟予乏時才，始願乃丘壑。强走十五年，朱顔已非昨。低回大梁下，屢歎風沙惡。所欣同舍郎，誘我文義博。古聲無怊淫，真味有淡泊。追攀風月久，貌簡非心略。君恩忽推徙，所望頗乖錯。尚憐得經過，未比參辰各。留連惜餘景，從子至日落。明燈照親友，環坐傾杯杓。別離寬後悲，笑語盡今樂。論詩知不如，興至亦同作。"

按，《繫年初稿》繫於本年，是。詩曰："强走十五年，朱顔已非昨。"公自慶曆二年入仕至本年，恰十五年。"君恩忽推徙，所望頗乖錯"，謂屢請東南一郡未得，而奉命提點開封府界諸縣鎮公事也。"同舍郎",謂吳充,時與公同爲群牧判官。

上書執政,乞東南一郡

《文集》卷七十四《上執政書》:"某得以此時備使畿內,交遊親戚、知能才識之士,莫不爲某願,此亦區區者思自竭之時也。事顧有不然者。某無適時才用,其始仕也,苟以得祿養親爲事耳。日月推徙,遂非其據。今親闈老矣,日夜惟諸子壯大,未能以有室家,而某之兄嫂尚皆客殯而不葬也,其心有不樂於此。及今愈思自置江湖之上,以便昆弟親戚往還之勢,而成婚姻葬送之謀。故某在廷二年,所求郡以十數,非獨爲食貧而口衆也,亦其所懷如此……竊自恕而求其猶可以冒者,自非哀憐,東南寬閒之區,幽僻之濱,與之一官,使得因吏事之力,少施其所學,以庚祿賜之入,則進無所逃其罪,退無所託其身,不惟親之欲有之而已。"

按,執政,或爲曾公亮,字明仲,泉州晉江人,《宋史》卷三百一十二有傳。《長編》卷一百八十四嘉祐元年十二月壬子:"翰林學士、兼侍讀學士、中書舍人、集賢殿修撰、權知開封府曾公亮爲給事中、參知政事。"《宋宰輔編年錄》卷五:"(嘉祐元年)十二月壬子,劉沆罷相,行工部尚書、充觀文殿大學士、知應天府。""同日,曾公亮參知政事。"

有《退朝》詩,歎求郡之難

《詩注》卷三十一《退朝》:"門外鳴騶送響頻,披衣强起赴雞人。火城夜闇雲藏闕,玉座朝寒雪被宸。邂逅欲成雙白鬢，蕭條難得兩朱輪。猶憐退食親朋在，相與吟哦未厭貧。"

李注："此詩作於嘉祐初，時爲群牧判官、提點府界諸縣鎮公事，以貧，屢乞郡而未得。"是。詩曰"蕭條難得兩朱輪"，即謂求守東南一郡未得也。

有詩送李大臨知邛州

《詩注》卷三十五《送李才元校理知邛州》。

李注："才元名大臨，成都人。慶曆八年，以潞公薦爲校理。旋以親老，請知邛州。"

按，李大臨字才元，《宋史》卷三百三十一有傳："成都華陽人。登進士第，爲絳州推官……文彥博薦爲秘閣校理。考試舉人，誤收失聲韻者，責監滁州稅。未幾，還故職……以親老，請知廣安軍，徙邛州。還，爲群牧判官、開封府推官。"慶曆八年七月，李大臨以宰臣文彥博薦試館職，充秘閣校勘。[1] 其後因親老出知邛州，則爲嘉祐元年，已近十年矣，梅堯臣、蘇頌、蘇洵、劉敞等均有詩送別。[2] 李注曰："旋以親老，請知邛州。"不確。《蘇魏公文集》卷三《即席分韻送李才元學士守臨邛》："君登石渠閣，荏苒十過春。"自慶曆八年至嘉祐元年爲九年，蘇詩蓋舉成數言之。梅詩曰："寒經道路遠，春入山川長。"蘇詩曰："誰言蜀道遠，自喜家山鄰。歲

---

[1] 《宋會要輯稿》選舉三一："（慶曆八年七月）十四日，舍人院試殿中丞李大臨，賦三下，詩三上……詔並充秘閣校勘。大臨以宰臣文彥博、康以判大名府賈昌朝薦，並命試。"第5857頁。

[2] 《梅堯臣集編年校注》卷二十六《送李才元學士知邛州》，繫於嘉祐元年，第887頁。

晏風慘慘,行役心欣欣。"則李大臨出知邛州,當於本年歲末。公詩曰:"獨我尚留真有命,天於人欲本無私。"蓋因屢請東南一郡而未得,故有此憾也。

有詩送陳洙知烏程縣

《詩注》卷二十五《陳師道宰烏程縣》。

按,陳洙字師道,詳本譜嘉祐五年。

王德用屢乞致仕,代爲撰表

《文集》卷六十一《代王魯公乞致仕表》三道。

題注:"德用。"

《繫年》繫於皇祐三年,誤。

按,《長編》卷一百八十四嘉祐元年十一月辛巳:"樞密使、河陽三城節度使、同平章事王德用罷樞密使,爲忠武節度使、同平章事、景靈宮使。先是,御史趙抃累章言德用貪墨無厭,縱其子納賂,差除多涉私徇。加之羸病,拜起艱難,失人臣禮,乞加貶黜。而德用亦自求去位,至五六,乃從之。尋罷景靈宮使,爲同群牧制置使,聽五日一朝會,子若孫一人扶之同。群牧使乃十一月壬辰,今并書。"此表當撰於王德用罷樞密使後。次年二月,王卒。《長編》卷一百八十五嘉祐二年二月壬戌:"忠武節度使、同平章事王德用卒。車駕臨奠,贈太尉、中書令,謚武恭。"

是年,歐陽修贈詩,以韓愈相期許,遂有詩奉酬

歐陽修《贈王介甫》:"翰林風月三千首,吏部文章二百

年。老去自憐心尚在，後來誰與子爭先？朱門歌舞爭新態，綠綺塵埃試拂絃。常恨聞名不相識，相逢尊酒盍留連。”題注：“嘉祐元年。”①

《詩注》卷三十三《奉酬永叔見贈》：“欲傳道義心雖壯，强學文章力已窮。他日若能窺孟子，終身何敢望韓公。摳衣最出諸生後，倒屣常傾廣坐中。祇恐虛名因此得，嘉篇爲貺豈宜蒙。”

《蔡譜》、《繫年》均繫於本年，可從。《繫年初稿》繫於至和元年。

《文集》卷七十四《上歐陽永叔書》其二：“過蒙獎引，追賜詩書……輒勉强所乏，以酬盛德之貺，非敢言詩也。”此書作於嘉祐二年始至常州，所指即此詩。《蔡譜》卷五：“至如與歐第二書曰‘追賜詩書’，謂‘翰林風月’篇也；勉强所乏，以酬盛德之貺，謂‘欲傳道義’詩也。”歐詩曰“常恨聞名不相識，相逢尊酒盍留連”，蓋因上文而述及二人至和元年初識，非必作于彼時也。②

此次唱酬，頗惹爭議。葉夢得《避暑錄話》卷上：“王荊公初未識歐文忠公，曾子固力薦之，公願得遊其門，而荊公終不肯自通。至和初，爲群牧判官，文忠還朝始見知，遂有‘翰林風月三千首，吏部文章二百年’之句。然荊公猶以爲非知己也，故酬之曰：‘他日倘能窺孟子，此身安敢望韓公。’自期以孟子，而處公以爲韓愈，公亦不以爲嫌。”王十朋《梅

① 《歐陽修全集》卷五十七，第 813 頁。
② 劉德清繫此詩於至和元年公與歐陽修初識時，不取。《歐陽修詩編年箋注》卷十，第 1131 頁。詩既曰“倒屣常傾廣坐中”，則必非初見之時。

溪先生文集》卷十九《書歐陽公贈王介甫詩》："此歐公贈介
甫詩也。介甫不肯爲退之，故答歐公詩云：'他日略曾窺孟
子，終身何敢望韓公。'由今日觀之，介甫之所成就，與退之
孰優孰劣，必有能辨之者。予謂歐公此詩，可移贈東坡，贈
者不失言，當者無媿色。"吳曾《能改齋漫錄》卷三："韓子蒼
言，歐陽文忠公寄荆公詩云：'翰林風月三千首，吏部文章二
百年。'吏部，蓋謂《南史》謝朓，於宋明帝朝爲吏部尚書郎，
長五言詩，沈約嘗云：'二百年來無此詩也。'文忠之意，直使
謝朓事，而荆公答之曰：'他日若能窺孟子，終身安敢望韓
公。'則荆公之意，竟指吏部爲退之矣。"①

　　按，《詩注》卷十八《秋懷》："柴關半掩掃鳥迹，獨抱殘
編與神遇。韓公既去豈能追，孟子有來還不拒。"卷四十八
《韓子》："紛紛易盡百年身，舉世何人識道真？力去陳言誇
末俗，可憐無補費精神。"此即"他日若能窺孟子，終身何敢
望韓公"之意也。《蔡譜》卷五："介甫《送孫正之序》，時年
二十二，即云以孟、韓之心爲心。其後介甫刻意經學，因文
證道，視韓子用力猶勤，此亦公論也。大抵賢者論人，有前
後相異而不相妨者，韓子言孟氏距楊、墨，功不在禹下，而他
日讀墨，又曰儒墨相爲用，此必於墨書有所見，而非與孟子
復相出入也。'可憐無補費精神'，當亦是公晚年所學有進，
不欲僅以文章高世，而豈有意於貶韓子哉？"此爲持平之論，
可見公欲跨越中唐古文諸家，直溯孔、孟。

----

① 又見莊綽《雞肋編》卷上、朱翌《猗覺寮雜記》卷上、黃徹《䂬溪詩話》卷
　　五等。

與梅堯臣、蘇洵等賦歐陽修家白兔

《詩注》卷十四《信都公家白兔》："水晶爲宮玉爲田，常娥縞衣洗朱鉛。宮中老兔非日浴，天使潔白宜嬋娟。揚鬚弭足桂樹間，桂花如霜亂後前。赤鴉相望窺不得，空疑兩瞳射日丹。東西跳梁自長久，天畢橫施亦何有。憑光下視置罔繁，衣褐紛紛謾回首。去年驚墮滁山雲，出入墟莽猶無群。奇毛難藏果亦得，千里今以窮歸君。空衢險幽不可返，食君庭除嗟亦窘。令予得爲此兔謀，豐草長林且遊衍。"

李注："歐陽公也。公已位侍從，爵信都縣開國男。"

按，歐陽修《白兔》詩，《居士外集》卷四繫於至和二年。劉德清："實作於嘉祐元年。"①是。歐詩曰："主人邀客醉籠下，京洛風埃不沾席。群詩名貌極豪縱，爾兔有意果誰識。"可知歐陽修得白兔後，曾廣邀眾人賦詩。除公外，梅堯臣作《永叔白兔》、蘇洵作《歐陽永叔白兔》、韓維作《賦永叔家白兔》、劉攽作《古詩詠歐陽永叔家白兔》。至和二年八月十六日，歐陽修奉使契丹，至嘉祐元年二月方返京師，而梅堯臣、蘇洵均於嘉祐元年入京，此次唱和，當於本年。

作《桃源行》

《詩注》卷六："望夷宮中鹿爲馬，秦人半死長城下。避世不獨商山翁，亦有桃源種桃者。此來種桃經幾春，採花食實枝爲薪。兒孫生長與世隔，雖有父子無君臣。漁郎漾舟

① 《歐陽修詩編年箋注》卷十一，第 1291 頁。

迷遠近,花間相見驚相問。世上那知古有秦,山中豈料今爲晉。聞道長安吹戰塵,春風回首一沾巾。重華一去寧復得,天下紛紛經幾秦。"

　　按,此乃公名篇。"聞道長安吹戰塵,春風回首一沾巾。重華一去寧復得,天下紛紛經幾秦。"足見公之高遠政治理想。然《蔡譜》、《沈注》、《繫年》等皆未及作年,今考如下。宋初詩壇以桃花源爲題,僅見梅詢《桃源》及張方平《桃源二客行》,且均以桃花源爲仙境,未脱唐人窠臼。嘉祐元年,梅堯臣作《桃花源》:"鹿爲馬,龍爲蛇,鳳皇避羅麟避罝。天下逃難不知數,入海居岩皆是家。武陵源中深隱人,共將雞犬栽桃花。花開記春不記歲,金椎自劫博浪沙。亦殊商顏采芝草,唯與少長親胡麻。豈意異時漁者入,各各因問人間賒。秦已非秦孰爲漢,奚論魏晉如割瓜。英雄滅盡有石闕,智惠屏去無年華。俗骨思歸一相送,慎勿與世言雲霞。出洞沿溪夢寐覺,物景都失同回槎。心寄草樹欲復往,山幽水亂尋無涯。"[①]此與公詩同題而作,詩意相似,且"鹿爲馬"、"商顏采芝草"、"秦已非秦孰爲漢,奚論魏晉如割瓜"等語句,與公詩"望夷宫中鹿爲馬"、"避世不獨商山翁"、"世上那知古有秦,山中豈料今爲晉"等亦有雷同。梅詩乃嘉祐元年應張顗之請而作,公是年與梅來往密切,多有同席贈别、同題唱和之作。《桃源行》亦當作於本年。

有詩寄題郢州白雪樓

　　《詩注》卷十五《寄題郢州白雪樓》:"折楊黄華笑者多,

① 《梅堯臣集編年校注》卷二十六,第895頁。

陽春白雪和者少。知音四海無幾人，況乃區區郢中小。千載相傳始欲慕，一時獨唱誰能曉？古心以此分冥冥，俚耳至今徒擾擾。朱樓碧瓦何年有，榱桷連空欲驚矯。郢人爛漫醉浮雲，郢女參差躡飛鳥。丘墟餘響難再得，欄檻茲名復誰表？我來欲歌聲更吞，石城寒江暮空繞。”

《苕溪漁隱叢話前集》卷二十八引《隱居詩話》：“介甫爲殿中丞、群牧判官時，作《郢州白雪樓》詩，略云……及作相更新天下之務，而一時沮毀之者蠭起，皆如‘白雪’之句也。”

按，梅堯臣亦有《寄題郢州白雪樓》詩，嘉祐元年作。公此詩當同年。梅詩曰：“今聞太守新梁棟，試選清喉可動塵。”①太守爲李端愿。② 據李之亮《宋兩湖大郡守臣易替考》，嘉祐元年知郢州爲李端愿，《宋史》卷四百六十四有傳。

與歐陽修、梅堯臣等分題賦虎圖，先成，衆服其敏妙

《詩注》卷七《虎圖》：“壯哉非羆亦非貙，目光夾鏡當坐隅。橫行妥尾不畏逐，顧盼欲去仍躊躇。卒然我見心爲動，熟視稍稍摩其鬚。固知畫者巧爲此，此物安肯來庭除？想當槃礴欲畫時，睥睨衆史如庸奴。神閒意定始一掃，功與造化論錙銖。悲風颯颯吹黃蘆，上有寒雀驚相呼。槎牙死樹鳴老烏，向之俛啄如哺雛。山牆野壁黃昏後，馮婦遙看亦下車。”

李注：“或言公作此詩譏韓忠獻，恐無此。”“或言王介

①　《梅堯臣文集編年校注》卷二十六，第903頁。
②　壽涌《王安石詩題疑難人名解讀九則》。

甫、歐陽永叔、梅聖俞與一時聞人，坐上分題賦虎圖。介甫
先成，衆服其敏妙，永叔乃袖手。或曰：此體杜甫《畫鶻行》
耳。大抵前輩多模取古人意，以紓急解紛，此其一也。”

《繫年》：“考聖俞卒於嘉祐五年，安石見永叔乃爲群牧
判官時，嘉祐二年後即知常州、提點江東刑獄。此詩當作於
是年，時永叔、聖俞均在京師。”可從。

按，《苕溪漁隱叢話前集》卷三十四引《漫叟詩話》云：
“荆公嘗在歐公坐上賦《虎圖》，衆客未落筆，而荆公草已就。
歐公亟取讀之，爲之擊節稱歎，坐客閣筆不敢作。”或謂作於
本年歐公座上。《邵氏聞見録》卷九：“故荆公《熙寧日録》
中短魏公爲多。每曰：‘韓公但形相好爾。’作《畫虎圖》詩
詆之。”恐誣，《蔡譜》已辨之。

弟安上赴江南娶妻，有詩送之

《詩注》卷三十六《送純甫如江南》：“青溪看汝始蹒跚，
兄弟追隨各少年。壯爾有行今納婦，老吾無用亦求田。初
來淮北心常折，却望江南眼更穿。此去還知苦相憶，歸時快
馬亦須鞭。”

李注：“純甫娶段氏，封德安縣君。”

王安上字純甫，公幼弟，約生於仁宗景祐二年至寶元二
年間。①

次韻梅堯臣《華亭十詠》

《詩注》卷十九《次韻唐彦猷華亭十詠彦猷名詢》。《顧亭

---

① 《北宋臨川王氏家族及文學考論》，第 185 頁。

林》：“寥寥湖上亭，不見野王居。”

李注：“野王所居也。顧野王，梁大同中爲黄門侍郎，又仕陳爲左將軍，嘗撰《玉篇》者。《梅聖俞集》及《劉貢父集》皆有《華亭十韻》，題云‘和楊令’。此稱唐彦猷，當是林亭主人也。”

按，據李注，則此題當爲公與梅堯臣、劉貢父同題同韻之作，今劉集中無此十詠，而韓維《南陽集》卷四有《和彦猷在華亭賦十題依韻》，所押韻同梅、王，約同時唱和之作。李注或誤。梅堯臣有《依韻和唐彦猷華亭十詠》，作於至和二年。[①]

又，毛滂《寒穴泉銘并叙》：“秀州華亭縣有寒穴泉，邑人知之者鮮，縣令姚君汲以遺余，余始知之……景祐中，相國舒王有《和華亭縣令唐詢彦猷寒穴泉詩》，云：‘神震冽冰霜，高穴與雲平。空山淳千秋，不出嗚咽聲。山風吹更寒，山月相與清。北客不至此，如何洗煩醒？’此泉雖所寄荒寒，宜因相國詩聞於時，然亦復未聞也。余憾前人之論水者既不及知之。”[②]《和華亭縣令唐詢彦猷寒穴泉詩》即《次韻唐彦猷華亭十詠》之《寒穴》詩。“景祐”，當爲“嘉祐”之訛。景祐年間，公隨父居臨川，後赴京師，未至秀州華亭縣。

有啓上郎簡

《文集》卷八十《上郎侍郎啓》。

按，郎侍郎，爲郎簡，《宋史》卷二百九十九《郎簡傳》：

"歷右諫議大夫、給事中、知揚州,徙明州。以尚書工部侍郎致仕。祀明堂,遷刑部。卒,年八十有九,特贈吏部侍郎。簡性和易,喜賓客。即錢塘城北治園廬,自號武林居士。"

公至和二年由殿中丞轉太常博士,啓曰:"席先子之緒業,玷太常之寺名。備位於兹,歷年無狀。"則當作於本年。又,郎簡八十九歲卒。皇祐二年,范仲淹上《乞召杜衍等備明堂老更表》,曰:"臣又覩工部侍郎致仕郎簡執節清素,處心雅尚,優游泉石,樂於吟詠。今八十三歲,精明不衰。"①據此,則郎簡卒於本年。《壇經校釋》附錄其《六祖壇經序》曰"至和三年三月十九日序"。②

懷舒州山水,與朱明之唱酬

《詩注》卷三十四《懷舒州山水呈昌叔》:"山下飛鳴黃栗留,溪邊飲啄白符鳩。不知此地從君處,亦有他人繼我不?塵土生涯休盪滌,風波時事只飄浮。相看髮禿無歸計,一夢東南即自羞。"

朱明之《次韻介甫懷舒州山水見示之什》:"皖上相逢昔少留,登樓隱几聽鳴鳩。山峰游處今何在,溪水流來此有不?就食四方甘不繫,爲生一世信長浮。共知局促京沙裏,回首當時始覺羞。"

《詩注》卷三十三《和昌叔懷灊樓讀書之樂》:"志食長年不得休,一巢無地拙於鳩。聊爲薄宦容身者,能免高人笑

---

① 范仲淹《范文正公文集》卷十七,四部叢刊本。
② 此啓《宋文鑑》卷一百二十一作《上郭侍郎啓》,第 1689 頁。

我不？道德文章吾事落，塵埃波浪此生浮。看君別後行藏意，回顧灈樓秖自羞。”

朱明之《因憶灈樓讀書之樂呈介甫》：“憶昨灈樓幸久留，乾坤談罷論雎鳩。它時已恨相從少，此日能忘共學不？南去溪山隨夢斷，北來身世若雲浮。行藏願與君同道，秖恐蹉跎我獨羞。”

與陸經遊，日者卜後當爲相

蔡絛《西清詩話》卷上：“嘉祐初，王文公、陸子履同在書林，日者王生一日見兩公，言介甫自此十五年，出將入相。顧子履曰：‘陸學士無背，仕宦齟齬多難，且壽不滿六十，官不至侍從。’皆如其言。子履死，家人悉夢云：‘帝命同宋次道修官制，凡吾平生所著職官書，可盡焚之。’未幾，朝廷果修官制焉。文公在金陵，追傷子履詩云：‘主張壽祿無三甲，收拾文章有六丁。’用《管輅傳》。”

按，陸經，見本譜慶曆五年。慶曆四年十二月，爲臺官誣構，責授袁州別駕，淪落江淮十餘年。至和二年，始回京復館職，與歐陽修、梅堯臣等唱酬。趙抃《趙清獻公文集》卷九《奏劄乞牽復陸經舊職》：“臣伏見大理寺丞陸經頃因鄉里借錢并與官員聚會等公事，勘斷止得杖一百罪，又已該赦釋放。當時有勘官王翼於事外上言誣搆，遂貶經袁州。十年江淮，六次恩赦，子母萬里，今始生還。”梅堯臣《陸子履見過》：“劉郎謫去十年歸，長樂鐘聲下太微。屈指故人無曩日，平明騎馬扣吾扉。論情論舊彈冠少，多病多愁飲酒稀。

猶喜醉翁時一見,攀炎附熱莫相譏。"嘉祐元年作。① 嘉祐二年,陸經出倅宿州。②

與呂公著遊,歎堯、舜之道不可復行

《詩注》卷十《寄吳沖卿》"奧美如晦叔"。李注引《晦叔家傳》:"公自單州歸,益研精講學,無進趨之意。嘗與王介甫相對而歎曰:'今天下雖小康,然堯舜之道,知不可復行。'以故求閑局,將以遂其志。""公初列館閣,與安石友善。安石博辯有文,同舍莫敢與之亢,獨公以精識約言服之。安石出守常州,求贈言,公告以四言曰'莊重靖密'。"

按,晦叔,即呂公著。公與呂公著同年進士。③ 皇祐五年,呂公著自單州還京,充崇文院檢討。《長編》卷一百七十五皇祐五年八月壬子:"翰林侍讀學士呂公綽,言弟都官員外郎、知單州公著,頃因先臣致仕恩例乞試,蒙候得替取旨,後經三任十年,未曾有所干請。詔公著充崇文院檢討。"而公至和元年入京任群牧判官,嘉祐二年出守常州。二人交遊,當於此間。

《宋史》卷三百二十七《王安石傳》:"安石本楚士,未知名於中朝,以韓、呂二族爲巨室,欲藉以取重。乃深與韓絳、絳弟維及呂公著友,三人更稱揚之,名始盛。"《宋史》卷三百三十六《呂公著傳》:"始與王安石善,安石兄事之。安石博

---

① 《梅堯臣集編年校注》卷二十六,第 881 頁。卷二十七有《和楚屯田同曾子固陸子履觀予堂前石榴花》、《陸子履示秦篆寶》,繫於嘉祐二年,第 943、960 頁。
② 可見劉德清《陸經詩文酬唱及其對宋代文學的貢獻》。
③ 《宋宰輔編年錄》卷八:"公著又與安石同年進士。"

辯騁辭，人莫敢與亢，公著獨以精識約言服之。”

至和元年、嘉祐元年，歐陽修先後兩次舉薦王安石、吕公著可充諫官，可充“左右顧問之臣”。可見二人同負當世盛名，意氣相投，皆欲追復三代。①《宋史》“藉以取重”之説，洵爲誣枉。②

子雱得秦州卒言洮、河事，欲撫而有之

周煇《清波雜志》卷七：“元澤年十三，得秦州卒言洮、河事，嘆曰：‘此可撫而有也。使夏人得之，則吾敵强而邊受患博矣。’其後王韶開熙河，蓋取諸此。靖康滄海横流之變，萌於熙寧開邊。書生輕鋭談兵，貽天下後世禍患，可勝既哉！”

按，王雱生於慶曆四年，本年十三歲。

於研底鎸羅漢趺坐像

《井研金石志》：“漢子孫磚研。研底鎸羅漢趺坐像一尊，右一行云：‘嘉祐丙申弟子王安石繪。’按，丙申爲嘉祐元年，安石時未舉進士，其崇尚釋典，蓋自壯歲已然。晚年告居金陵，舍宅爲庵，有序載《臨川文集》。人或謂公老始逃

① 晁説之《晁氏客語》：“王荆公著書立言，必以堯、舜、三代爲則。而東坡所言，但較量漢、唐而已。”《全宋筆記》第 1 編第 10 册，大象出版社 2003 年版，第 91 頁。

② 《晁氏客語》載王、吕切磋問學：“荆公謂吕晦叔曰：‘漢元晚節，劉向數上疏切諫，疑犯分也。’晦叔曰：‘有貴戚之卿。’荆公論：‘舜納于大麓，何義？’晦叔曰：‘薦之於天。周室班爵禄，諸侯惡其害己也，而皆去其籍，故司禄之官闕焉。’”第 98 頁。

禪，殆不然矣。”

　　按，“時未舉進士”，誤。然此可見公於佛教之態度，故附。

嘉祐二年丁酉（1057），三十七歲

春，巡行畿縣，王令賦詩送之

王令《送介甫行畿縣》：“厭牧三年厭苦頻，況令持斧似行春。民氓墮窳懷寬政，吏士因循倚近親。被水田疇思貸種，經冬鰥寡待周貧。想今愈有江湖興，亦欲同君一釣綸。”

按，《宋史》卷一百六十七《職官七》：“提點開封府界諸縣鎮公事。掌察畿內縣鎮刑獄、盜賊、場務、河渠之事。”身爲提點，公須周巡畿縣，故王令詩云“況令持斧似行春”、“被水田疇思貸種”。

有詩送吳幾復知鞏縣

《詩注》卷三十《送直講吳殿丞宰鞏縣》：“青嵩碧洛曾游地，墨綬銅章忽在身。擁馬尚多畿甸雪，隨衣無復禁城塵。古來學問須行己，此去風流定慰人。更憶少陵詩上語，知君不負鞏梅春。”

按，吳殿丞爲吳幾復，字辯叔，[①]《（雍正）河南通志》卷六十：“吳幾復字辯叔，汝州人，登進士第。皇祐中，爲太學直講，朝廷知其賢，內試省府，外委以監司郡守之寄，後鎮荊南，歿。子壽寧，孫長吉，俱官至直秘閣。”吳幾復知鞏縣，梅堯臣亦有詩相送：“言爲西邑宰，本是洛陽人。送驛往歸魏，

---

① 吳中復有弟名幾復，非此人也。

迎車來入秦。山川成鞏固，陵廟壯威神。好學河陽政，栽花作縣春。"①詩曰"尚多畿甸雪"、"不負鞏梅春"，應作於本年春。

有詩送李秉守桂陽

《詩注》卷八《送李屯田守桂陽》。

按，李屯田爲李秉。② 廖道南《楚紀》卷五十二："李秉字子正，豐城人。寶元元年進士，與司馬温公、范蜀公俱同榜。初授屯田員外郎，出知桂陽監。"《（雍正）江西通志》卷六十六："李秉字子正，豐城人，琼之子。寶元及第，文學行誼過人，同年司馬光、范鎮雅相引重。累官至都官郎中、宿州刺史，所在以惠政稱。同時過昱純孝，何延世清直，與秉並稱爲三郎中。李亢字君起，秉之從子。以舅晏殊恩，試將作主簿、泉州户曹、臨川丞。"李秉爲江西豐城人。詩曰："泊船香爐峰，始與子相識。寄書邗江上，詒我峰下石。"乃謂慶曆三年公自揚州歸臨川省親，始識李秉於鄱陽湖上，蓋豐城與臨川毗鄰，出入均經鄱陽湖也。又詩曰"夷門忽邂逅"、"雨雪前村更欺客"，因公巡行畿縣，故得邂逅。

和梅堯臣《農具》詩十五首

《詩注》卷十五《和農具詩十五首》。

李注："《梅宛陵集》亦有《農具》詩十五首，《蠶具》詩十

---

① 《梅堯臣集編年校注》卷二十六《送吳辯叔知鞏縣》，第894頁。
② 壽涌《王安石詩題人名解讀九則》，《江西教育學院學報》（社科版）2008年第4期。

五首,題與公所賦正同,但韻不同耳。梅云和孫端叟,意公
必同時作。"是。

　　按,梅堯臣有《農具》詩,作於嘉祐二年初。① 歐陽修
《與梅聖俞》:"農具詩不曾見,恐是忘却將來。"題注:"嘉祐
二年。"②公唱和當於本年。

二月十六日,王德用卒。爲撰行狀

　　《文集》卷九十《魯國公贈太尉中書令王公行狀》:"公
諱德用,字元輔,其先真定人也………嘉祐九年,進封魯國
公,以年老求去位至六七,天子爲之不得已,猶以爲忠武軍
節度使、景靈宮使,又以爲同群牧制置使……是歲,公年七
十八矣。明年二月辛未,公以疾薨……公子卜以五月甲申,
葬管城之先塋,而國夫人祔。"

　　《繫年》:"按嘉祐九年應爲嘉祐元年,因形近而誤;且仁
宗崩於嘉祐八年,翌年即治平元年矣。詳説見至和二年文
繫年。"是。

　　《長編》卷一百八十五嘉祐二年二月壬戌:"忠武節度
使、同平章事王德用卒。車駕臨奠,贈太尉、中書令,謚
武恭。"

有詩懷弟安上

　　《詩注》卷十一《春從沙磧底》:"春從沙磧底,轉上青天
際。靄靄桑柘墟,浮雲變姿媚。游人出暄暖,鳥語辭陰翳。

---

① 《梅堯臣集編年校注》卷二十七,第 912 頁。
② 《歐陽修全集》卷一百四十九,第 2459 頁。

心知歸有日，我亦無愁思。所嗟獨季子，尚客江湖澨。萬里卜鳳凰，飄飄何時至。"

李注："詩意指婚姻事，當是純甫。"

按，此詩屬《古詩二十八首》之一，當作於本年。《詩注》卷十一《兩馬齒俱壯》李注："據此古詩二十八首，雖無歲月可考，然第七首有'邂逅亦專城'之句，當是嘉祐元年、二年之間知常州時作。又第十首有'行觀蔡河上，負土知力弱'之句。按嘉祐三年開京城西葛家岡新河，直城南，疑即指此。又二十三首詠麒麟，按交趾貢獸號麒麟，亦是嘉祐三年事。則公賦此詩二十八篇，嘉祐初年作無疑矣。今《兩馬齒俱壯詩》，一以指方爲時用而自喜欲前者，一以指困於羈束而恨不獲騁力者。是時文、富並相，賈文元時爲樞使，不知意竟屬何人？或別有所謂也。"去年歲末，公上書執政，乞東南一郡，以便奉親。此時應已得請，故詩曰"心知歸有日，我亦無愁思"。又弟安上赴江南娶妻，故詩曰"所嗟獨季子，尚客江湖澨。萬里卜鳳凰，飄飄何時至"。

清明，有詩懷金陵

《詩注》卷三十七《清明輦下懷金陵》："春陰天氣草如煙，時有飛花舞道邊。院落日長人寂寂，池塘風慢鳥翩翩。故園回首三千里，新火傷心六七年。青蓋皂衫無復禁，可能乘興酒家眠。"

按，詩曰："故園回首三千里，新火傷心六七年。"自皇祐三年荆公葬父、皇祐四年葬兄，至此已六、七年。

有詩送呂璹知潮州

《詩注》卷六《送潮州呂使君》。

《繫年初稿》繫於本年，可從。

按，呂使君，即呂璹，字季玉，呂惠卿父，《宋史》卷四百七十一有傳，不載其知潮州："呂惠卿字吉甫，泉州晉江人。父璹習吏事，爲漳浦令……通判宜州，儂智高入寇，轉運使檄璹與兵會，或勸勿行，不聽。將二千人躡賊後以往，得首虜爲多。爲開封府司錄，鞫中人史志聰役衛卒伐木事，吏多爲之地，璹窮治之，志聰以謫去。終光祿卿。"《(嘉靖)潮州府志》卷五："陳嘉謨，至和二年任。呂璹，泉州人；黃本、林積，俱嘉祐間任。"呂璹娶楊公適之女，而公適爲公叔祖王觀之婿，[①]故詩曰："同朝叙朋友，異姓接婚姻。恩義乃獨厚，懷哉余所陳。"

四月，罷提點開封府界諸縣鎮公事，知常州

《長編》卷一百八十五嘉祐二年四月甲戌："太常博士、集賢校理陸詵提舉開封府界諸縣鎮公事。"

按，開封府界提點司置提點一員，以朝官充，後又增置武臣一員，以閤門祗候充。《長編》卷六十二真宗景德三年三月："是月，始命朝臣提點開封府界諸縣鎮公事，其後，又增置一員，以閤門祗候充。"李燾注："初置府界提點，《會

---

① 《文集》卷九十七《朝奉郎守殿中丞前知興元府成固縣楊君墓誌銘》："知好文學，故我叔祖興元府君嫁之以其子……四女子，其已嫁者二人，太常少卿呂璹、試將作監主簿孫綖者，君壻也。"第1005頁。

要》在景德三年,增置在四年十二月,而《實錄》並無之,本志
亦甚略,今且附見,更俟詳考。"陸詵既已提舉開封府界諸縣
鎮公事,則公此時必已罷提點開封府界,得知常州,如願以
償矣。前知常州范師道,已於本月丁巳徙廣南東路轉運使。
《長編》卷一百八十五嘉祐二年四月丁巳:"徙知常州、侍御
史范師道爲廣南東路轉運使。"①

與吳充燕集賦詩

《詩注》卷三十《沖卿席上》:"二年相值喜同聲,並蠻塵
沙眼亦明。新詔各從天上得,殘樽同向月邊傾。已嗟後會
歡難必,更想前官責尚輕。黽勉敢忘君所勖,古人憂樂有
違行。"

按,詩曰:"二年相值喜同聲,並蠻塵沙眼亦明。"二人自
至和二年至嘉祐二年,同爲群牧判官。《長編》卷一百八十
至和二年六月甲午:"太常博士、集賢校理吳充爲群牧判
官。""新詔各從天上得",謂公如願得知常州,吳充亦改任開
封府推官。《宋史》卷三百一十二《吳充傳》:"改知太常禮
院……忤執政意,出知高郵軍。還爲群牧判官、開封府推
官。"《長編》卷一百八十七嘉祐三年秋七月己卯:"内降劄
子:'臣僚上言,開封府推官吳充與權知開封府歐陽修爲親
家,遂除户部判官。近制,推官或改判官,通三年方授三司
判官。充在府始逾年而遷之,頗爲僥倖。'中書請以元奏付
外施行,御批:'已焚毁。'又請上封人姓名,不報。"據此,則

① 《(咸淳)毗陵志》卷十六:"范時道,嘉祐元年九月,以侍御史出守。二年四
月,除廣南東路轉運使。""時道",當作"師道"。第3017頁。

吳充任開封府推官，當與公知常州之命前後不遠。

有詩送章宏落第

《詩注》卷三十二《送章宏》：“道合由來不易謀，豈無和氏識荆璆？一川濁水浮文鷁，千里輕帆落武丘。身退豈嫌吾道進，學成方悟衆人求。西風乞得東南守，杖策還能訪我不？”

《繫年初稿》繫於本年，曰：“詩云‘西風乞得東南守，杖策還能訪我不？’詩人已肯定將守東南，而西風一般指秋天，故估計此詩寫於是年六七月間。”近是。

按，詳詩意，乃送人落第。章宏無考，或本年落第而歸。時公已得知常州，故有東南之約。

與長妹文淑相別，有詩示之，文淑和

《詩注》卷三十《示長安君》：“少年離別意非輕，老去相逢亦愴情。草草杯盤供笑語，昏昏燈火話平生。自憐湖海三年隔，又作塵沙萬里行。欲問後期何日是？寄書應見鴈南征。”

李注：“此詩恐是使北時作。長安君，公妹也。”

《繫年》據李注，置於嘉祐五年：“玩其詩意，當是使北臨行前作於京師汴梁。”

此乃公名篇，李注、《繫年》編年皆非。《繫年初稿》繫於本年，然僅憑“湖海三年隔”之句推測，並無確證。今按，王文淑和詩，《全宋詩》失收，《永樂大典》卷一三三四二四引《蕙畝拾英集》：“文淑《次韻》：昔年送別向都城，邂逅今寬萬里情。壯觀已憐江路隔,高談却待月華生。君隨傳入隋堤去,我駕車從蜀棧行。兩處相逢知有日,新詩何幸慰西征。"①隋堤,即汴河。據王文淑和詩"君隨傳入隋堤去,我駕車從蜀棧行",則此時公即將自京師沿汴河而下,而文淑隨夫入蜀。由此路線,知公與長妹此次唱和,絕非作於嘉祐五年使北時(公使北路線,詳本譜嘉祐五年)。詩又曰:"自憐湖海三年隔,今作塵沙萬里行。"考公自至和元年七八月入京,嘉祐二年春夏之交自京師出守常州,恰爲三年。故此次唱和,當於嘉祐二年春,時公即將出守常州,而王文淑其時隨夫張奎入京待選,赴蜀爲官,旋遭父喪,離蜀丁憂。

又魏泰《臨漢隱居詩話》:"近世婦人多能詩,往往有臻古人者。王荊公家最衆。張奎妻長安縣君,荊公之妹也,佳句最爲多,著者:'草草杯盤供笑語,昏昏燈火話平生。'"湯江浩謂:"若魏泰所記不錯,則公對令妹之佳句亦不肯放過,誠是公然作賊。"②王文淑和詩既存,則魏泰純屬誤記,而湯之指責殊無謂也。

五月,離京赴知常州,歐陽修、梅堯臣等餞行

歐陽修《與梅聖俞又嘉祐二年》:"某啓。大熱,甚於湯火之烈,兩日差涼,粗若有生意。然以家人病,患飲食不能自給,區區煎迫,殊亂情悰。久不承問,不審尊體何似? 二十二日,欲就浴室或定力餞介甫、子固,望聖俞見顧閒話。恐

---

① 此承卞東波兄惠示,見《宋代詩歌總集新考》,《宋代詩話與詩學文獻新考》,中華書局 2013 年版,第 309 頁。
② 《北宋臨川王氏家族及文學考論》,第 196 頁。

別許人請，故先拜聞。”①

梅堯臣《送王介甫知毗陵》：“吳牛常畏熱，吳田常畏枯。有樹不蔭犢，有水不滋穢。孰知事春農，但知急秋租。大守追縣官，堂上怒奮鬣。縣官促里長，堂下鞭扑俱。不體天子仁，不恤黔首逋。借問彼爲政，一一何所殊。今君請郡去，預喜民將蘇。每觀二千石，結束辭國都。絲鞿加錦緣，銀勒以金塗。兵吏擁後隊，劍撾盛前驅。君又不若此，革鞚障泥烏。欵行問風俗，低意騎更駑。下情靡不達，略細舉其麤。曾肯爲衆異，亦罔爲世趨。學《詩》聞已熟，愛棠理豈無。”②

有詩酬吳充見別

《詩注》卷三十三《酬沖卿見別》：“同官同齒復同科，朋友昏姻分最多。兩地塵沙今齟齬，二年風月共婆娑。朝倫孰與君材似？使指將如我病何。升黜會應從此異，願偸閒暇數經過。”

《繫年》：“此必爲安石由群牧判官調知常州時作。按吳充與安石同生於辛酉，同登慶曆二年楊寘榜，安石長女嫁充子吳安持。是年安石與吳充同爲群牧判官二年矣，故有是詩。”

離京時，呂公著贈言“莊重靖密”

《詩注》卷十《寄吳沖卿》，李注引《晦叔家傳》：“公自單

---

① 《歐陽修全集》，第 2458 頁。
② 《梅堯臣集編年校注》卷二十七，第 946 頁。

州歸,益研精講學,無進趨之意。嘗與王介甫相對而歎曰：
'今天下雖小康,然堯舜之道,知不可復行。'以故求閒局,將
以遂其志。公初列館閣,與安石友善。安石博辯有文,同舍
莫敢與之亢,獨公以精識約言服之。安石出守常州,求贈
言,公告以四言曰'莊重靖密'。"

撰楊闃之父墓誌銘

《文集》卷九十四《左班殿直楊君墓誌銘》。墓主楊文
詡,字巨卿,楊闃之父。文曰："束鹿楊闃狀其先人曰:君諱
文詡,字巨卿……以慶曆七年二月二十九日,年七十三而
卒……其長子早卒,次闃,爲大理寺丞;次閎。三女子,皆已
嫁,其長亦早卒。夫人少君十歲,以嘉祐二年五月二十三
日,卒于酸棗,而壽與君皆七十三。六月二日,合葬于陳州
宛丘縣友于鄉彭陵原。"

按,楊闃字叔外,①慶曆六年進士。②

長妹文淑自蜀道寄詩,和之

《詩注》卷四十七《和文淑》："天梯雲棧蜀山岑,下視嘉
陵水萬尋。我得一舟江上去,恐君東望亦傷心。"

自注："張氏女弟。"

---

① 王銍《默記》卷下："當張獄之興,楊闃叔外爲舉人,上書陳相力救之。"第40
頁。
② 劉敞《公是集》卷十三有《送楊闃同年》。

六月，至楚州，留四十日

《文集》卷七十四《上歐陽永叔書》其三：“某以五月去左右，六月至楚州，即七舍弟病，留四十日。”

按，七舍弟，即王安上，字純甫。

過寶應，有進士相送乞詩，贈之

《詩注》卷三十七《寶應二三進士見送乞詩》：“少喜功名盡坦途，那知干世最崎嶇。草廬有客歌梁甫，狗監無人薦子虛。解玩山川消積憤，靜忘歲月賴群書。慚君枉蓋如平昔，不笑謀生萬事疏。”

至揚州，殤群牧判官任上所生子

《文集》卷七十四《上歐陽永叔書》其三：“某以五月去左右，六月至楚州，即七舍弟病，留四十日。至揚州，又與四舍弟俱，失群牧所生一子。”

與知揚州劉敞相聚，作《平山堂詩》

《詩注》卷三十四《平山堂》：“城北橫崗走翠虬，一堂高視兩三州。淮岑日對朱欄出，江岫雲齊碧瓦浮。墟落耕桑公愷悌，杯觴談笑客風流。不知峴首登臨處，壯觀當時有此不。”

李注：“堂在揚州城西北五里大明寺側。慶曆八年二月，歐陽公以起居舍人、知制誥來牧是邦。暇日，將僚屬賓客過大明佛寺，登古城，遂撤廢屋，爲堂於寺庭之坤隅。江南諸山,拱列簷下,若可攀取,因目之曰平山堂。"

葉夢得《避暑録話》卷一:"歐陽文忠公在揚州作平山堂,壯麗爲淮南第一。堂據蜀岡,下臨江南數百里,真、潤、金陵三州,隱隱若可見。"

趙令畤《侯鯖録》卷三:"王介甫詭詐不通,外除自金陵過揚州,劉原父作守,以州郡禮邀之,遂留。方營妓列庭下,介甫作色,不肯就坐。原父辨論久之,遂去營妓,顧介甫曰:'燒車與船。'延之上坐。"

按,歐陽修《與王文公》其二:"近得揚州書,言介甫有《平山》詩,尚未得見,因信幸乞爲示。"劉敞時知揚州。[①] 此詩當爲本年六月途經揚州作。

得歐陽修書,索《平山堂》詩

歐陽修《與王文公》其二:"近得揚州書,言介甫有《平山》詩,尚未得見,因信幸乞爲示。此地在廣陵爲佳處,得諸公録於文字,甚幸也。賢弟平甫秀才不及別書,愚意同此,前亦承惠詩,多感多感。"

至京口,有詩寄曹琰

《詩注》卷三十四《再至京口寄漕使曹郎中》:"漂流曾落此江邊,憶與詩翁賦浩然。鄉國去身猶萬里,驛亭分首已三年。北城紅出高枝靚,南浦青回老樹圓。還似昔時風露

---

① 《歐陽修全集》卷一百四十五,第 2368 頁。張尚英《劉敞年譜》,《宋人年譜叢刊》第 4 册,第 2079 頁。劉敞《公是集》卷二十五有《遊平山堂寄歐陽永叔》。

好，只疑談笑在君前。"

自注："浩然，堂名。"

李注："梅宛陵有《蘇州曹琰虞部浩然堂》詩，蘇子美作《堂記》。"

《(同治)蘇州府志》卷四十五："浩然堂，在閶門之南。慶曆間，虞部郎中曹炎將漕兩浙時所葺，蘇子美撰記。"

按，梅堯臣有《蘇州曹琰虞部浩然堂》，作於至和二年。① 詩曰"漂流曾落此江邊，憶與詩翁賦浩然"，似公至和元年有詩賦浩然亭，而梅堯臣稍後同賦。此後三年，即本年，公出知常州，至京口，再賦詩寄曹琰。

曹琰，字伯玉，②喜滑稽。張師正《倦遊雜録》："曹琰郎中，滑稽之雄者。一日，因食落一牙，戲作詩曰：'昨朝飯裏有粗砂，隱落翁翁一箇牙。爲報妻兒莫惘悵，見存足以養渾家。'"吳處厚《青箱雜記》卷二："郎中曹琰亦滑稽辯捷，嘗有僧以詩卷投獻，琰閱其首篇《登潤州甘露閣》云：'下觀揚子小。'琰曰：'何不道卑吠狗兒肥？'次又閱一篇《送僧》云：'猿啼旅思悽。'琰曰：'何不道犬吠張三嫂？'座中無不大笑。"公與曹琰頗多應酬之什(詳下)，集中亦時有戲謔之作。公所爲集句體、藥名詩、人名詩，均妙絶一世，足見北宋士林俳諧之風影響詩壇之深遠。③

---

① 《梅堯臣集編年校注》卷二十五，第 760 頁。

② 鄭獬《鄖溪集》卷二十七《曹伯玉駕部琰相會於姑孰既别得書及詩因以拙句奉寄》。

③ 關於北宋士林俳諧之風及與文學之關係，可見拙文《宋代俳諧文研究》，《文學遺産》2009 年第 5 期。

有啓上知江寧府王琪

《文集》卷八十一《上江寧府王龍圖啓》。

按，王龍圖爲王琪，《宋史》卷三百一十二有傳：“琪字君玉，兒童時已能爲歌詩。起進士，調江都主簿……久之，以龍圖閣待制知潤州……徙知江寧。先是，府多火災，或託以鬼神，人不敢救。琪召令廂邏，具爲作賞捕之法，未幾，得姦人，誅之，火患遂息。復知制誥，加樞密直學士、知鄆州。”《(景定)建康志》卷十二：“(嘉祐)二年二月二日，尚書工部郎中、龍圖閣待制王琪知府事。三年八月，琪除知制誥，就移知蘇州。”啓曰“蕭辰方肅”，當作於本年秋季赴知常州時。

抵常州，視郡事

《文集》卷七十四《上歐陽永叔書》其三：“某以五月去左右，六月至楚州，即七舍弟病，留四十日。至揚州，又與四舍弟俱，失群牧所生一子。七月四日，視郡事。”

《長編》卷一百八十七嘉祐三年二月丙辰詔沈康知常州，李燾注：“安石知常州，在二年秋。”

按，以公所言行程計算，“七”疑爲“九”之訛。

上謝表

《文集》卷六十一《知常州謝上表》：“伏念臣比在群牧，常求外官，蒙恩朝廷，改職畿縣。未識賢勞之力，已纏悸眩之痾。區區本懷，懇懇自訴。遂蒙優詔，特與便州。”

上中書啓，乞久任

《文集》卷八十《知常州上中書啓》：“尚蒙優詔，猥備方州。自惟缺然，何以稱此……顧今州部，已遠朝廷；田疇多荒，守將數易。教條之約束，人無適從；簿書之因緣，吏有以肆。惟是妄庸之舊，當兹凋瘵之餘。自非上蒙寵靈，少假歲月，則牧羊弗息，彼將何望於少休；晝土復墁，此亦無逃於大譴。更期元造，終賜曲成。”

上監司啓

《文集》卷八十《知常州上監司啓》[①]：“來佐群牧，甫更二年；數求州符，就更畿縣。顧神明之罷耗，當事役之浩穰，懇非其宜，辭得所欲。遂以一身之賤，猥分千里之憂……惟此陋邦，近更數守，吏卒困將迎之密，里閭苦聽斷之煩。自非函容，少賜優假，緩日月之效，使教條之頒，則何以上稱督臨，下寬彫瘵。”

按，啓曰：“惟此陋邦，近更數守，吏卒困將迎之密，里閭苦聽斷之煩。”據《（咸淳）毗陵志》卷八，自皇祐五年至嘉祐二年，郡守歷邵必、胡偕、彭思永、吕憲、沈之柔、范師道等。“監司”，當爲張師中，字吉老，本年秋，出爲兩浙路提點刑獄，歐陽修、梅堯臣、韓維、司馬光等均有詩送行。[②]

---

① 《王文公文集》作《謝提轉啓》，第 272 頁。
② 具體考證，可見《歐陽修詩編年箋注》卷十二，第 1387—1388 頁。

有啓謝兩浙轉運使元絳

《文集》卷八十一《知常州謝運使元學士啓》："叨恩兩觀，備任一州。以無能之賤身，在有道之深庇。依歸之志，已結於東南；訽問之儀，當塵於左右。"

按，元學士，元絳，《宋史》卷三百四十三有傳："字厚之，其先臨川危氏……以功遷工部郎中，歷兩浙、河北轉運使，召拜鹽鐵副使。"王安禮《王魏公集》卷八《資政殿學士太子少保致仕贈太子少師謚章簡元公墓誌銘》："上以爲直集賢院，就充廣南東路轉運使，乘遽至部……用功遷尚書工部郎中、判三司鹽鐵勾院，又除兩浙轉運使。"元絳時爲直集賢院、兩浙轉運使，[1]故啓稱"運使元學士"。

上書歐陽修

《文集》卷七十四《上歐陽永叔書》其二："某以不肖，願趨走於先生長者之門久矣……及此蒙恩出守一州，愈當遠去門牆，不聞議論之餘，私心眷眷，何可以處。道途邅迴，數月始至敝邑，以事之紛擾，未得具啓，以叙區區鄉往之意。過蒙獎引，追賜詩書，言高旨遠，足以爲學者師法。惟褒被過分，非先進大人所宜施於後進之不肖，豈所謂誘之欲其至於是乎？雖然，懼終不能以上副也，輒勉强所乏，以酬盛德之貺，非敢言詩也。惟赦其僭越，幸甚。"[2]

按，書曰"及此蒙恩出守一州"、"數月始至敝邑"，則上

---

① 可見李之亮《宋代路分長官通考》"兩浙路轉運使"，第794頁。
② 《王文公文集》作《與王禹玉書》，誤。第47頁。

于初抵常州時無疑。自“過蒙獎引”以下，似言歐陽修《贈王介甫》“後來誰與子爭先”之語，而已酬以“終身何敢望韓公”。然歐詩題注“嘉祐元年”，或題注訛“二年”爲“元年”歟？或書中云云，爲事後追述之辭，然與上下文脈，不無扞格；又或以二人贈酬，爲至和元年初識時。[1] 因無確證，不敢臆改，姑附於此。

有詩答劉敞

《詩注》卷十三《答揚州劉原甫》：“少食苦不足，一官聊自謀。爲生晚更拙，懷禄尚遲留。黽勉詎有補，强顔包衆羞。謂我古人風，知君以相優。君實高世才，主恩正繆綢。咢矣哀此民，華簪寧易投。”

自注：“來詩有‘因君古人風，更欲投吾簪’之句。”

李注：“原甫知揚州，在嘉祐元年、二年、三年。”

《繫年》：“此詩云‘少食苦不足，一官聊自謀’，則必爲知常州時作，嘉祐二年也。”

致書吕公著

《詩注》卷十《寄吴沖卿》，李注引《晦叔家傳》：“安石出守常州，求贈言，公告以四言曰‘莊重靖密’。安石至郡，寓書於公，曰：‘備官京師二年，疵咎積於心，每不自勝。一詣長者，即廢然而反。夫所謂德人之容，使人咎意已消，吾於晦叔見之矣。’”

---

[1]　劉德清《歐陽修詩編年箋注》卷十即繫此詩於至和元年。

按，書曰“備官京師二年”，謂至和元年九月至嘉祐二年二人同居京師。公任群牧判官，呂公著任崇文院檢討。二人本爲進士同年，①同負士林重望，同得歐陽修薦舉，志趣相投，遂成至交。《全宋文》卷一三七九録入此文，題爲《與吴正憲公書》，注曰：“《歷代詩話》第 373 頁《紫微詩話》。”然檢《歷代詩話》，“正憲”前無“吴”，可知“吴”字實爲《全宋文》編者擅加。“晦叔”，呂公著字；“正獻”，呂公著謚。②“正憲”，吴充之謚。③ 因“憲”“獻”音同，《紫微詩話》中屢次混淆吴充、呂公著二人。

有詩酬裴煜

《詩注》卷三十三《酬裴如晦名煜》：“二年羈旅越人吟，乞得東南病更侵。殤子未安莊氏義，壽親還慰魯侯心。鮮鮮細菊霜前蘂，漠漠疏桐日下陰。濁酒一杯秋滿眼，可憐同意不同斟。”

按，《繫年初稿》繫於本年，是。“二年羈旅”，謂至和二年、嘉祐元年公京師任職。“乞得東南”，謂出守常州也。“殤子”，即群牧任上所生子。詩當作於本年秋常州任上，次年秋，公即移提點江東刑獄矣。裴煜，時宰吴江。

---

① 徐自明撰，王瑞來校補《宋宰輔編年録校補》卷八：“公著與安石爲同年進士。”中華書局 1986 年版，第 476 頁。

② 《宋史》卷三百三十六《呂公著傳》：“呂公著字晦叔，幼嗜學，至忘寢食……贈太師、申國公，謚曰正獻。”第 10776 頁。

③ 《宋史》卷三百十二《吴充傳》：“字沖卿……元豐三年三月，輿歸第，罷爲觀文殿大學士、西太一宮使。踰月，卒，年六十。贈司空兼侍中，謚曰正憲。”第 10240 頁。

得歐陽修書，書中盛贊呂惠卿

歐陽修《與王文公嘉祐三年》其三：“某啓。近託揚州附書，必達。自拜別，無日不瞻企。秋氣稍涼，伏惟尊候萬福。毗陵名郡，下車之始，民其受賜。然及侍親爲道之樂，日益無涯矣。某怏怏於此，素志都違，諸公特以外議爲畏，勉相留。古之君子，去就乃若是也？呂惠卿，學者罕能及，更與切磨之，無所不至也。因其行，謹附此咨起居。”①

按，此簡題注：“嘉祐三年。”誤，當爲嘉祐二年秋，時公甫抵常州。呂惠卿，《宋史》卷四百七十一有傳：“字吉甫，泉州晉江人。父璋習吏事，爲漳浦令……終光祿卿。惠卿起進士，爲真州推官。”《名臣碑傳琬琰集》下卷十四《呂參政惠卿》：“惠卿字吉甫，泉州晉原人。中嘉祐二年進士甲科，調真州推官，永興軍節度掌書記，改秘書省著作佐郎。韓絳辟爲三司檢法官，宰相曾公亮薦爲編校集賢院書籍，遷校勘。”歐書“因其行，謹附此咨起居”，當指呂惠卿赴任真州推官。真州、常州相距頗近，王、呂或於此時已定交。又，呂惠卿之父呂璋，娶楊公適之女，而公適爲公叔祖王貫之婿。

爲撫州知州裴材賦擬峴臺

《詩注》卷三十五《爲裴使君賦擬峴臺》，曰：“君作新臺擬峴山，羊公千載得追攀。”

李注：“按《臨川志》，使君名材，嘉祐間來守臨川。至之

---

① 《歐陽修全集》卷一百四十五，第2368頁。

二年,築臺於城東南隅,名曰'擬峴',以其形擬峴山也,乃臨川山水會處。"

按,《曾鞏集》卷十八《擬峴臺記》:"尚書司門員外郎晉國裴君治撫之二年,因城之東隅作臺以遊,而命之曰擬峴臺,謂其山谿之形擬乎峴山也……故予爲之記。其成之年月日,嘉祐二年之九月九日也。"詩曰"君作新臺擬峴山,羊公千載得躋攀",當作於擬峴臺初建不久。

上書歐陽修

《文集》卷七十四《上歐陽永叔書》其三:"七月四日,視郡事。承守將數易之後,加之水旱,吏事亦尚紛冗,故修啓不早,伏惟幸察。閣下以道德爲天下所望,方今之勢,雖未得遠引以從雅懷之所尚,惟攄所蘊,以救時敝,則出處之間,無適不宜。此自明哲所及者,承餘論及之,因試薦其區區。某到郡侍親,幸且順適。"

按,書曰:"閣下以道德爲天下所望,方今之勢,雖未得遠引以從雅懷之所尚,惟攄所蘊,以救時敝,則出處之間,無適不宜。"此蓋應歐陽修來書"某怏怏於此,素志都違,諸公特以外議爲畏,勉相留。古之君子,去就乃若是耶"而發,當承前書之後。

有書寄呈梅堯臣,詢及梅之《毛詩小傳》,欲治《詩經》,梅有答詩

梅堯臣《得王介甫常州書》:"斜封一幅竹膜紙,上有文字十七行。字如瘦棘攢黑刺,文如温玉爛虹光。別時春風

吹榆莢，及此已變兼葭霜。道途與弟奉親樂，後各失子懷悲傷。到郡紛然因事物，舊守數易承蔽藏。搜姦證謬若治絮，蠹蝕盡去煩爨湯。事成條舉作書尺，不肯勞人魚腹將。魚沈魚浮任所適，偶爾及我爲非常。勤勤問我《詩小傳》，《國風》纔畢《葛屨》章。昔時許我到聖處，且避俗子多形相。未即寄去慎勿怪，他時不惜傾箱囊。知君亦欲此從事，君智自可施廟堂。何故區區守黃卷，蠹魚尚恥親芸香。我今正值鴈南翔，報書與君倒肺腸。直須趁此筋力強，炊粳烹鱸加桂薑。洞庭綠橘包甘漿，舊楚黃橙綿作瓢。東山故游攜舞孃，不飲學舉黃金觴。谿如匹練畫水泱泱，刺船靜入白鷺傍。菱葉已枯鏡面涼，月色飛上白石牀。坐看魚躍散星芒，左右寂寂夜何長。《烏棲》古曲傳吳王，千年萬年歌未央。莫作腐儒針膏肓，莫作健吏繩餓狼。儻如龔遂勸農桑，儻如黃霸致鳳皇。來不來，亦莫愛嘉祥。"①

按，詩曰"我今正值鴈南翔，報書與君倒肺腸"，則梅堯臣寄詩當於本年秋冬之際。

是年秋，開運河，因久雨而罷

《宋史》卷二百九十八《司馬旦傳》："知宜興縣……市貫大溪，賈昌朝所作長橋，壞廢歲久，旦勸民葺復，不勞而成。時王安石守常州，開運河，調夫諸縣。旦言：'役大而亟，民有不勝，則其患非徒不可就而已。請令諸縣歲遞一役，雖緩必成。'安石不聽。秋，大霖雨，民苦之，多自經死，

___

① 《梅堯臣集編年校注》卷二十七繫於本年，第 983 頁。

役竟罷。"

按,司馬旦字伯康,司馬光之兄。[1] 據《(咸淳)重修毗陵志》卷十,嘉祐元年正月,司馬旦以太子中舍知常州宜興縣。《文集》卷七十四《與劉原父書》:"河役之罷,以轉運賦功本狹,與雨淫不止,督役者以病告,故止耳。"即謂此役。

再上書歐陽修

《文集》卷七十四《上歐陽永叔書》其四:"違離未久,感戀殊甚。然以私門多故,未嘗得進一書,以謝左右。伏蒙恩憐,再賜手書,推獎存撫,甚非後進所當得於先生大人之門。以愧以恐,何可以言也。秋冷,伏惟動止萬福,惟爲時自重,以副四方瞻望之意。"

十月,撰蘇安世墓誌銘

《文集》卷九十二《廣西轉運使屯田員外郎蘇君墓誌銘》:"蘇君諱安世,字夢得……君以進士起家三十二年,其卒年五十九,爲廣西轉運使,而官止於尚書屯田員外郎者,以君十五年不求磨勘也……君既卒之三年,嘉祐二年十月庚午,其子葬君揚州之江都東興寧鄉馬坊村,而太常博士、知常州軍州事臨川王某爲銘。"

---

[1] 顧棟高《司馬太師溫國文正公年譜》卷一:"母夫人聶氏,秘閣校理震之女。生二子,長諱旦,字伯康,丙午生,長公十三歲。"《司馬光年譜》,中華書局1990年版,第25頁。

十一月，馬遵卒。有文祭之，並爲撰墓誌銘

《長編》卷一百八十六嘉祐二年十一月丁丑：“禮部員外郎兼侍御史知雜事馬遵爲吏部員外郎、直龍圖閣，以疾自請也。遵尋卒。録其子姪二人。”

《文集》卷八十五《祭馬龍圖文》：“嗚呼！余託業於進士，熟君名於垂髫。既備官於淮南，習爲縣之風謡。去幕府而西遊，依國門之憔嶢。始逢君之執靮，屢顧我而回鑣。逮揚子之既見，方皖城之窮漂。遂有通家之好，終無挾長之驕。君言事以北出，予罷官而南僑。一江亭之邂逅，話宿昔以終宵。以牧官之在列，當御史之還朝。又追隨於暇日，心所好而忘遥。距乖隔之幾何，忽水淺而風飄。畫半塗於萬里，棄餘日於一朝。”

《文集》卷九十五《兵部員外郎馬君墓誌銘》：“馬君諱遵，字仲塗，世家饒州之樂平。舉進士，自禮部至於廷，書其等皆第一……嘉祐二年，君以疾求罷職以出，至五六，乃以爲尚書吏部員外郎、直龍圖閣，猶不許其出。某月某甲子，君卒，年四十七……既葬，夫人與其家人謀，而使持國來以請曰：‘願有紀也，使君爲死而不朽。’乃爲之論次，而繫之以辭。”

《繫年》：“由此可知，馬遵卒於嘉祐二年，而此文作於既葬之後，葬年不能確知，然據《哀賢亭》所云，不得遲於嘉祐三年。”

仲冬，王令至常州修學，有書致舅氏吳蕡，爲令求親

《文集》卷七十四《與吳司録議王逢原姻事書》其一：
"王令秀才，近見文學才智行義皆高過人，見留他來此修學。
雖貧不應舉，爲人亦通，不至大段苦節過當。他恐二舅不欲
與作親，久不得委曲，不審尊意如何？傳聞皆不可信也。某
目見其所爲如此，甚可愛也。"[1]

按，吳司録即吳蕡（詳本譜卷一），《文集》卷九十八《吳
録事墓誌》："君諱蕡，字成之，世爲撫州金谿人……二女子，
歸晏脩睦、王令。"

又，書曰"見留他來此修學"，知王令本年至常州。《文
集》卷七十二《與王深父書》其二："有王逢原者，卓犖可駭，
自常州與之如江南，已見其有過人者。"

十二月，撰沈遵之母墓誌銘

《文集》卷九十九《仙居縣太君魏氏墓誌銘》，墓主爲沈
遵之母。文曰："其後子迴爲進士，子遵爲殿中丞，知連州軍
州。而太君年六十有四，以終于州之正寢，時皇祐二年六月
庚辰也。嘉祐二年十二月庚申，兩子葬太君江陰申港之西
懷仁里。"

是年，於常州精研《周易》，草創《易解》

《墨客揮犀》卷四："舒王性酷嗜書，雖寢食間手不釋卷，

---

[1]　沈文倬《王令年譜》："曾來常州依王安石。"《王令集》，第441頁。

畫或宴居默坐，研究經旨。知常州，對客語，未嘗有笑容。一日，大會賓佐，倡優在庭，公忽大笑，人頗怪之。乃共呼優人厚遺之，曰：‘汝之藝能使太守開顏，真可賞也。’有一人竊疑公笑不由此，因乘間啟公，公曰：‘疇日席上，偶思《咸》、《恒》二卦，豁悟微旨，自喜有得，故不覺發笑耳。’”

楊萬里《誠齋集》卷一百九《答周丞相》：“昔半山老人公讟觀優，未嘗解顏，而一日偶對之，不覺一粲。或以問公，公曰：‘吾久思《咸》、《恒》二卦，不得其義，適得之而喜耳。’”

識張詵

《長編》卷二百二十五熙寧四年七月壬辰條，李燾引《司馬光日記》：“（夔州路）轉運使張詵等發兵討擊，誅殺甚衆。鄧綰上言：‘生蠻所以不能爲蜀患者，以此民爲之藩部，今詵等多殺不辜，以自爲功，異日蠻必爲患。’詵嘗事介甫於常州，善遇之，乃命章惇往體量。”

按，張詵，《宋史》卷三百三十一有傳：“字樞言，建州浦城人。第進士，通判越州。民患苦衙前役，詵科別人戶籍，其當役者，以差人錢爲雇人充，皆以爲便。知襄邑縣，擢夔路轉運判官。錄辟土之功，加直集賢院，改陝西轉運副使。”詵本年知無錫縣，公“善遇之”。①

撰虞肅墓誌銘

《王文公文集》卷三十九《屯田員外郎致仕虞君墓誌

---

① 《（咸淳）毗陵志》卷十：“至和二年，以秘書丞知常州無錫縣。”第3037頁。

銘》，文曰："君子以嘉祐二年某月日葬君常州宜興縣永定鄉某山，而以夫人福昌縣君周氏祔……將葬，君子使來告曰：'宜銘吾先人莫如子。'於是爲銘。"

按，墓主虞肅，字元卿，公先人同年進士，其子爲虞太微、太沖、太初、太蒙、太熙。"祥符八年，真宗第進士於廷，先人與上饒虞君俱在其選。其後慶曆二年、皇祐元年，虞君之諸子相繼以進士起，而先人之孤亦焉，故安石嘗與虞君之諸子游，而諸子稱君之所爲甚悉。"

撰王乙墓誌銘

《文集》卷九十八《右領軍衛將軍致仕王君墓誌銘》："君王氏，諱乙，字次公……皇祐二年，年七十三，以右領軍衛將軍致仕，卒於海州，而以嘉祐二年葬真州揚子縣某鄉某原……余嘗爲君僚，而與其子越石同年進士也。"

按，王乙，王令叔祖，曾任淮南東路都巡檢使，故文曰"余嘗爲君僚，而與其子越石同年進士也"。王越石，字仲寶，王乙長子。[1] 陸心源《宋詩紀事補遺》卷十九："元城人，以父乙蔭入仕，授秦州觀察推官，見《廣陵集》。治平四年，尚書都官員外郎、知瓊州軍州事。"陳振孫《直齋書錄解題》卷十四："《射議》一卷，元城王越石仲寶撰，凡七條。"

---

[1] 《王令集》卷二十《叔祖左領軍衛將軍致仕王公行狀》："子三人：越石，秦州觀察判官；子建、仁傑，皆舉進士。女二人：長嫁進士林度，次嫁項城主簿宋适。孫三人：之翰、彥暉、彥卿。"第357頁。

同年張某卒，爲撰墓誌銘

《文集》卷九十二《秘書丞張君墓誌銘》，墓主乃公同年。文曰：“君諱某，字某……以嘉祐二年十二月某甲子，卒于州寢，是時君年四十七。天子官其一子師軻太廟齋郎……某年某月某甲子，葬君某州之某縣某鄉某所之原。余與君相好，又同年進士也，故與爲銘。”

有詩次韻弟常州官舍應客

《詩注》卷三十二《次韻舍弟常州官舍應客》：“霜雪紛紛上鬢毛，憂時自悔目空蒿……飄然更有乘桴興，萬里寒江正復艖。”

作《少狂喜文章》等古詩

前引《詩注》卷十一《古詩》二十八首之《兩馬齒俱壯》，李注：“據此《古詩》二十八首……則公賦此詩二十八篇，嘉祐初年作無疑矣。”

李説可從。此二十八首未必作於同年，然大致可定於嘉祐初，姑繫於此，以待詳考。其中《少狂喜文章》曰“低回但忘食，邂逅亦專城”；《山田久欲坼》曰“山田久欲坼，秋至尚求雨”；《秋庭午吏散》曰“秋庭午吏散，予亦歸息偃”等，當作於常州。

有詩送僧惠思歸錢塘

《詩注》卷四十八《送僧惠思歸錢塘》：“淥净堂前湖水

緑,歸時正復有荷花。花前亦有餘杭姥,爲道仙人憶酒家。"

　　按,本年同時送別者尚有梅堯臣《送僧惠思》:"慨然擺落還吴都,歸心勁於弦上矢。"[1]司馬光《溫國文正司馬公文集》卷第十一《送惠思歸錢唐》:"孤岫平湖外,禪房老柏陰。倦遊諳濁世,獨往遂初心。夜雨燈熜逈,秋苔屐齒深。勿鋤山徑草,便有俗人尋。"王珪《華陽集》卷二《送僧惠思歸錢塘》:"城邑喧喧非所依,忽生秋思滿巖扉。"

是年,爲釋智福撰《真州長蘆寺經藏記》

　　《文集》卷八十三:"西域有人焉,止而無所繫,觀而無所逐。唯其無所繫,故有所繫者守之;唯其無所逐,故有所逐者從之。從而守之者不可爲量數,則其言而應之議而辨之也,亦不可爲量數。此其書之行乎中國所以至於五千四十八卷,而尚未足以爲多也。真州長蘆寺釋智福者,爲高屋……智福有才略,善治其徒衆,從余求識其成,於是乎書。"

　　按,此記未書所撰年月,然《(嘉慶)揚州府志》卷六十四載:"《真州長蘆寺經藏記》,王安石撰,嘉祐二年十二月,在儀徵。"故附此。

劉成國 著

王安石年譜長編

六

中華書局

卷　七

元豐元年戊午（1078），五十八歲

正月九日，辭使相，以本官領集禧觀使

《長編》卷二百八十七元豐元年正月乙卯：“集禧觀使、鎮南節度使、同平章事王安石爲左僕射、觀文殿大學士、集禧觀使，放朝謝。安石辭使相，乞以本官領宮觀，屢詔不允，而安石辭不已，故有是命。”

《宋史》卷十六《神宗二》：“元豐元年春正月乙卯，以王安石爲尚書左僕射、舒國公、集禧觀使。”

上謝表

《文集》卷五十八《除依前左僕射觀文殿大學士集禧觀使謝表》：“臣某言：伏奉制命除授，依前行尚書左僕射、充觀文殿大學士、集禧觀使者……伏蒙陛下示以優容，屢垂訓獎，赦其逋慢，終賜矜全。猶加秘殿之隆名，俯慰窮閭之衰疾。地崇禄厚，尚非空食之所宜；歲晚力愆，雖欲捐軀而曷報。”

閏正月二十四日，曾公亮卒。有文祭之

《長編》卷二百八十七元豐元年閏正月己亥："太傅兼侍中致仕、魯國公曾公亮卒，年八十。上奠哭之，輟視朝三日，贈太師、中書令，配享英宗廟廷，謚宣靖。及葬，恩禮視韓琦，篆其碑首曰'兩朝顧命定策亞勳之碑。'"

《文集》卷八十五《祭曾魯公文》："肅肅魯公，爲時臣宗……況如安石，辱知最久。西望涕頤，以薦食酒。"

按，《宋史》卷三百一十二《曾公亮傳》："初薦王安石，及同輔政，知上方向之，陰爲子孫計，凡更張庶事，一切聽順，而外若不與之者。嘗遣子孝寬參其謀，至上前略無所異，於是帝益信任安石。安石德其助己，故引擢孝寬至樞密以報之。蘇軾嘗從容責公亮不能救正，公亮曰：'上與介甫如一人，此乃天也。'"

二月二十二日，江東轉運使孫珪至府宣諭撫慰。上謝表

《文集》卷五十七《孫珪傳宣許罷節鉞謝表》："臣某言：二月二十二日，江東轉運使孫珪到府，伏奉聖慈宣諭，以臣誠請甚確，志不可奪，故罷節鉞，春時更宜慎愛者……伏蒙皇帝陛下義惟求舊，仁不棄遐，故雖簪屨之遺，尚蒙簡記；曾是筋骸之束，敢愛廘捐。"

與知江寧府呂嘉問遊八功德水，有詩酬唱

《詩注》卷二《與望之至八功德水》："念方與子違，懍恍

夜不眠。起視明星高，整駕出東阡。聊爲山水遊，以寫我心惕。知子不餔糟，相與酌雲泉。"

李注："鍾山之東有八功德水，在悟真菴後。梅摯記云：'梁天監中，有胡僧寓錫于此。山中乏水，時有厖眉叟相謂曰："予，山龍也，知師渴飲，措之無難。"俄而一沼沸出。後西域僧繼至，云本域八池，已失其一，即此是也。'"

《詩注》卷四十《送呂望之》："池散田田碧，臺敷灼灼紅。年華豈有盡，心賞亦無窮。"

爲子旁乞添差勾當江寧府糧料院，上謝表

《文集》卷六十《添差男旁勾當江寧府糧料院謝表》："臣某言：近輒冒昧，陳乞男旁勾當江寧府糧料院一次，伏蒙特恩添差者。去寄卧家，猶尸厚祿，祈榮及嗣，更荷殊私。伏念臣汗馬之勞，初無可紀；舐犢之愛，乃敢有言。顏雖腆以知慚，心固甘於獲譴。豈謂陛下矜軒輊之舊，錄簪屨之微，示特出於上恩，俾遽叨於世祿。緊曲成之造化，弗以遐遺；徒共誓於糜捐，安能仰稱。"

按，《顧譜》卷下："元豐元年戊午……公以熙寧九年十月去位，以使相判江寧府，十年六月癸巳以使相爲集禧觀使。是罷判府之命，猶帶使相職銜而食其祿，故力求還印，未蒙允納，至是年始得命換集禧爲會靈，罷節鉞，止食祠祿。去年十月至今年六月，是未及期也。旋差男旁勾當江寧糧料，是朝廷初祿微薄，更加恩其子嗣。"《顧譜》曰"是年始得命換集禧爲會靈"，誤也。集禧觀，舊曰會靈（詳本譜卷二），二者本一。《宋史》卷八《真宗三》："（景德）九年春正月丙

辰,置會靈觀使,以丁謂爲之,加刑部尚書。"

病愈,陳升之來省,迎於江上

王銍《默記》卷中:"陳秀公罷相,以鎮江軍節度使判揚州。其先塋在潤州,而鎮江即本鎮也。每歲十月旦、寒食,詔許兩往鎮江展省。兩州送迎,旌旗舳艦,官吏錦繡,相屬於道,今古一時之盛也。是時,王荆公居蔣山,騎驢出入。會荆公病愈,秀公請于朝,許帶人從往省荆公,詔許之。舟楫銜尾,蔽江而下,街告而於舟中喝道不絶,人皆嘆之。荆公聞其來,以二人肩鼠尾轎,迎于江上。秀公鼓旗艦舳正喝道,荆公忽於蘆葦間駐車以俟。秀公令就岸,大船回旋久之,乃能泊而相見。秀公大慚,其歸也令罷舟中喝道。"

按,《長編》卷二百六十三熙寧八年閏四月乙未:"樞密使、禮部尚書、同平章事陳升之罷爲鎮江軍節度使、同平章事、判揚州。《通略》云:'封秀國公。'大敕列銜曹佾下,出入如二府儀。'"熙寧十年十月己丑,"詔判揚州陳升之刺配年小賊人罪,特釋之。"[1]元豐元年,陳升之罷判揚州,繼知者鮮于侁,《宋史》卷三百五十四《鮮于侁傳》:"元豐元年,召對,命知揚州。神宗曰:'廣陵重鎮,久不得人,今朕自選卿往,宜善治之。'"[2]

---

[1] 《長編》卷二百八十五熙寧十年十月己丑,第6977頁。

[2] 《長編》卷二百九十四元豐元年十一月乙酉:"知揚州鮮于侁……罰銅二十斤。"則元豐元年十一月,鮮于侁已在揚州任上。"元"原爲"二",誤。第10938頁。

以此推溯，陳升之當於是年寒食來省公，時尚判揚州，①
而公疾愈。蓋熙寧九年十月，公尚未返江寧；熙寧十年，公
屢因疾請辭使相。而元豐二年，陳升之已罷判揚州且致仕
矣。《長編》卷二百九十七元豐二年四月丁巳條：“鎮江節度
使、同平章事、秀國公陳升之致仕……後二日，升之卒，贈太
保、中書令，輟視朝二日，成服于苑中，謚成肅。”《名臣碑傳
琬琰集》下卷十五《陳成肅公升之傳實錄》：“元豐二年四月
戊午，鎮江軍節度使、同中書門下平章事致仕陳升之薨。”

是年春，有詩示道光及安大師

《文集》卷三十六《示道光及安大師》：“春日載陽，陟彼
高岡。樂彼之園，維水泱泱。維筍及蒲，既生既育。拚飛維
鳥，集于灌木。嚶其鳴矣，亂我心曲。有懷二人，在彼空谷。
既往既來，獨寐寤宿。陟則在巘，或降于阿。瞻望弗及，傷
如之何。”

五月十三日，詔依知大藩府例給添支

《長編》卷二百八十九元豐元年五月丙戌：“觀文殿大學
士、左僕射、集禧觀使王安石，依知大藩府例給添支。”

六月十九日，婿吳安持追一官，免勒停，衝替

《長編》卷二百九十元豐元年六月辛酉：“太常博士吳安

---

① 陳升之當以故相例，過家上塚，因至江寧省公。《宋史》卷三百四十一《王
存傳》：“歲餘，加資政殿學士、知揚州。揚、潤去一水，用故相例，得歲時過
家上塚。”第10873頁。

持追一官,免勒停,衝替。”

是年夏,故人耿憲致書。答之,告以子旁出妻事

《王文公文集》卷四《與耿天騭書一》:“某啓:比得誨示,以無便,不即馳報,然鄉往何可勝言也。歲月如流,日就衰苶。今夏復感眩瞀如去秋,偶復不死,然幾如是而能復久存乎?旁婦已別許人,亦未有可求昏處。此事一切不復關懷。陶淵明所謂‘身如逆旅舍,我爲當去客’,於未去間,凡事緣督應之而已。藿香散并方附去,或別要應病藥,不惜諭及。臺上草木茂密,芙蕖極盛,未知何時可復晤語。千萬自愛。”

按,耿憲字天騭,公故人,詳本譜元豐二年。

九月一日,呂嘉問改知潤州。邀之同遊,有詩相送

《長編》二百九十二元豐元年九月壬申朔:“以知江寧府呂嘉問知潤州。江南東路轉運司言,嘉問違法不公,乞移一郡,所貴易以根究,故有是命。於是嘉問亦言,欲案治都大巡檢楊中庸等罪,而轉運司輒諭令自陳首,乞差不干礙官吏推治,詔並送轉運司。嘉問以熙寧十年十月二十一日知江寧。

丙子,詔江南東路轉運、提點刑獄司同劾江寧府違法官吏以聞,其推官王覺、左司理參軍關達仍先次衝替。先是,止令轉運司按舉,而呂嘉問繼有論列,故令別司兼治之。”

《宋史》卷三百五十五《呂嘉問傳》:“安石罷,以知江寧府。歲餘,轉運使何琬劾嘉問營繕越法,徙潤州,復坐免。”

《(景定)建康志》卷十三:“熙寧十年十二月一日,司封

員外郎、直昭文館呂嘉問知府事。元豐元年九月十六日，嘉問移知潤州。”

《詩注》卷二《邀望之過我廬》，曰：“念子且行矣，邀子過我廬。汲我山下泉，煮我園中蔬。”

《詩注》卷二《聞望之解舟》：“子來我樂只，子去悲如何？謂言少淹留，大舸已凌波。黯黮雖莫測，皇明邁羲娥。修門歸有期，京水非汨羅。”

李注曰：“望之，嘉問也。市易諸法，悉其建明，誤公多矣。而公終厚之不替也。”

按，王雱女嫁呂嘉問之子，詳本譜卷一。

江東轉運判官何琬劾呂嘉問違法，有所涉連。十月一日，奏乞神宗以俞遜事下別路差官重鞫

《長編》卷二百九十三元豐元年十月壬寅朔：“觀文殿大學士、集禧觀使王安石言：‘江東轉運判官何琬奏江寧府禁勘臣所送本家使臣俞遜侵盜錢物事已經年，呂嘉問到任，根治累月，案始具。今深恨俞遜翻異，故加以論訴，不干己罪。如琬所言，則是嘉問爲臣治遜獄事有姦，臣與嘉問親厚交利而已。竊恐陛下哀憐舊臣，不忍暴其汙行，故不別推究，如此則臣與嘉問常負疑謗，不能絕琬等交鬭誣罔，望特指揮以江寧府奏劾俞遜事，下別路差官重鞫。’詔送樞密院下兩浙轉運司鞫之。”

按，熙寧八年底，公遣俞遜歸江寧營治北山垣屋（詳本譜熙寧八年）。熙寧十年，俞遜侵盜錢物事發，付江寧府究治，而知府呂嘉問與江東轉運判官何琬由此互訟不休，其事

有涉公。呂嘉問劾何琬庇受贓吏及受贓，而何琬則劾呂嘉問違法究治，神宗遂詔兩浙轉運司鞫之。《長編》卷二百九十二元豐元年九月己亥："呂嘉問言：'準詔劾臣違法事，聞出於轉運判官何琬舉奏，況琬嘗庇受贓吏及自有贓，緣爲先奏本府違法事，須辯正畢，方敢舉發，而琬乃更以誣臣，豈不倒置。今琬差官劾臣，必選用朋邪害正之人，非獨文致臣罪，亦使平民橫被考掠鍛煉，望下別路差官。'詔：'應琬所奏嘉問等事，令江東轉運、提點刑獄、提舉司同鞫。仍令嘉問具析何從知琬案發事實結罪以聞。'

（庚子）都進奏院言，準傳宣取索自九月以後下江寧府文字，令具名件。詔：'應官司不著事因發過文字，並下逐處供檢，申納中書。內曾有挾帶書簡，亦盡録同申。其臣僚所發私書，委開封府下逐家索副本，或無底，令追省鈔録，申府繳奏。如敢隱匿不盡，許人告，犯人除名，告首賞錢千緡，內有官人不願給錢者，每三百千轉一資。'時呂嘉問、何琬互奏不法事，琬奏才至，而嘉問辯論繼上，琬以爲有從中報嘉問者，故詔索所發私書考實也。"

與呂嘉問唱和應酬等詩，何琬盡録以奏神宗，誣以諷刺

《長編》卷二百九十三元豐元年十月壬寅朔，李燾："陳瓘《尊堯餘言》載瓘上封事言：熙豐大美，今日之所當述，臣下蒙蔽而不言者，有二事焉：其一逐鄧綰；其二知江寧府呂嘉問與江東運判何琬互論公事。王安石在閑居中訟琬而黨嘉問，神考怒嘉問而沮安石，是非明白，天下欣聳，威福在

上，人莫敢干，熙豐大美，此其二也。'及封事別奏云：'臣聞
元豐元年，知江寧府呂嘉問與本路轉運判官何琬互論公事，
王安石閑居中，入劄子救嘉問，神考不以安石爲是也，批送
安石劄子付琬，琬因而奏辯不已。神考於是直琬所奏，而嘉
問奪官謫知臨江軍。安石餞送嘉問，賦詩以贈之，琬又盡錄
其詩而奏之，曰諷刺交作，神考不以何琬爲過也。'"

按，何琬字子溫，處州龍泉人，《（雍正）浙江通志》卷一
百二十三："皇祐五年癸巳鄭獬榜。"《兩浙名賢錄》："字子
溫，龍泉人，皇祐進士，七歷監司。神宗嘗疏其名於屏曰：
'政事何琬，文章葉濤。'後官至龍圖閣學士。"其按發呂嘉問
事，《名臣碑傳琬琰集》下卷十八《蔡忠懷公確傳》："會知江
寧府呂嘉問違法營造，爲使者何琬按發，嘉問之黨在京師摘
語消息。確言當痛繩，以杜交通漏泄之姦。又言諸路常平
司舊以轉運司兼領，擅移用司農錢物，請提舉缺官，止以提
點刑獄官攝事。提舉官稱職有成效者，與遷提點刑獄。上
皆可之。"

《長編》卷三百九十一元祐元年十一月壬申："朝請郎、
行鴻臚寺丞何琬爲江南西路轉運判官。先是，琬自通判秦
州除淮南東路提舉常平，到任未幾，提舉官俱罷，又除開封
府界提點，令待黃實闕，尋改知復州，未赴。御史孫升奏：
'琬立志不阿，當官有守，先帝擢爲江南東路提舉官，再召赴
闕，爲司農寺丞，又除江東路轉運判官。在任日，獨力按發
知江寧府呂嘉問違條修建精義堂姦贓不法等事，忤犯權要，
招結怨讎，嘉問坐是貶責，琬由此爲公論所稱。先帝知之，
就移琬荊湖南路提點刑獄。因丁母憂，服闋，再除梓州路提

點刑獄。且吏部常調,服闋猶與近地,而琬母喪方終,有父垂老,乃得川遠路分。蓋琬曾爲吳充所薦,在江東日,按發呂嘉問不法形迹,轉運使孫珪出巡,奏論前宰相女婿蔡卞朋黨。執政者既深惡吳充而私呂嘉問,孫珪、蔡卞乃其親黨,及琬再三以父年老巡白,宰相遂忻然許諾,令具狀自陳。琬不悟其機,尋以狀訴,即時遂送吏部。夫父母年老,辭免遠官,人子之情。身爲執政大臣,不以至誠語下,而爲欺紿以報私讎,士論薄之。是時,琬之讎人呂嘉問適爲吏部郎中,深快其意,遂不與琬正資序,止授秦州通判。至元豐八年十一月內,就移本路提舉官……'奏入,乃除琬鴻臚寺丞,於是將漕江西,踰月,又改除開封府界提點刑獄。"

十月四日,弟安上受詔不許回避,依前降指揮同鞫呂嘉問事

《長編》卷二百九十三元豐元年十月乙巳:"詔江南東路轉運、提舉司鞫呂嘉問事,其提點刑獄王安上不許回避,令依前降指揮同鞫。"

弟安禮知湖州

《(嘉泰)吳興志》卷十四:"王安禮,太常博士、直集賢院,元豐元年十月到任,至十一月初赴闕。"

十一月三日,弟安上受詔不許回避,勘斷王覺贓濫等罪

《長編》卷二百九十四元豐元年十一月癸酉:"江寧府制院言:'鞫呂嘉問等事恐推拒拖延,乞先斷王覺贓濫并官吏

踰違等罪，其嘉問事別爲一案根治。'詔王安上、朱炎已不許回避，令同繫書以聞。"

十一月十五日，皇八子生，上賀表

《長編》卷二百九十四元豐元年十一月乙酉："皇第八子生，遣嘉王頵告於太廟。"

《文集》卷五十八《賀生皇子表》其一。

太學生鍾世美上書乞神宗再起於山林，用以提舉太學

《長編》卷二百九十四元豐元年十一月乙酉："太學生鍾世美爲試校書郎、睦州軍事推官、太學正。世美以内舍生上書稱旨，下國子監保明在學行義亦飭故也。或刻世美書印賣，上批：'世美所論有經制四夷等事，傳播非便。'令開封府禁之。"

按，鍾世美字公實，①北宋後期新黨中堅，《（光緒）重修安徽通志》卷二百二十六："鍾世美字公實，旌德人。元豐初，遊上庠，獻書萬言，大略論教化未宣，法制未備，守令不擇，舊疆未復。書入，上亟嘉獎，出示大臣，授將仕郎，充學正，累遷至諫議大夫。著有《陵陽集》。子邦直，通判舒州。"其所上之書不傳，然略見於四部叢刊本《山谷外集詩注》卷一《再次韻呈廖明略》"君既不能如鍾世美，甌函上書動天子"注："按《實錄》：'元豐元年十一月乙酉，太學生鍾世美爲試校書郎、睦州軍事推官、太學正，以内舍生上書稱旨故

---

① 《淮海集箋注》卷二十九《代參寥與鍾公實啓》："伏承較藝數奇，獻書遇合。"第798頁。

也。'又按《續通鑑長編》云:'或刻世美書印賣,上批:"世美所論,有經制四夷等事,傳播非便,令開封府禁之。"'又按《九朝通略》云:'元豐二年,先是,太學生宣城鍾世美欲上辟雍圖,會得假歸寧,既還,而新學已成,因再上書論學校云云。又言:"前二府大臣見於政事,其德彌邵,而道義足爲後學之師者,孰若以提舉太學?今乃使之退託於山林無用之地,良爲可惜。"世美所謂大臣,蓋指王安石也。其後擢世美爲中書習學公事。"

元符末年,鍾世美又因日食上書徽宗,乞復熙寧、元豐、紹聖政事,卒後追贈右諫議大夫。"又按《黨事始末》云:'建中靖國元年九月乙未,詔中書省開具元符三年臣僚姓名正上六人,鍾世美爲首。'又云:'庚子,中書省檢會元符三年宣德郎、提舉福建路常平鍾世美應詔上書,言當復熙寧、元豐、紹聖政事,以銷天變,可贈諫議大夫,與一子郊社齋郎。'"《長編紀事本末》卷一百二十三崇寧元年九月庚子:"贈宣德郎鍾世美爲右諫議大夫,錄其子爲郊社齋郎。世美元符末任福建路提舉常平,因日食應詔上書,乞復熙寧、紹聖政事,以銷天變,至是追贈。"《宋大詔令集》卷二百二十二《鍾世美贈右諫議大夫仍與一子郊社齋郎制崇寧元年庚子》:"故奉議郎鍾世美被遇神考,擢自布衣,懷尊君親上之誠,勵特立獨行之操。元符之末,國是未定,政在柄臣,異論沸騰,中外搖動。而爾奮不顧身,上書論辨,發揚二帝之烈,忠憤感激,可爲流涕……朕今亦何愛一官,不以欽叙敢恭之士,以爲群臣勸。宜陟七人之寵,以慰九原之忠。併及爾孤,以示無言不酬之義。尚其不泯,服我休命。下見二陵,風于多方，尚體予意。可。"

十一月二十三日，爲劉定撰《廬山文殊像現瑞記》

《文集》卷八十三《廬山文殊像現瑞記》："番陽劉定嘗登廬山，臨文殊金像所没之谷，睹光明雲瑞，圖示臨川王某，求記其事。某曰：'有有以觀空，空亦幻；空空以觀有，幻亦實。幻實果有辨乎？然則如子所睹，可以記，可以無記。記無記，果亦有辨乎？雖然，子既圖之矣，余不可以無記也。'定以熙寧元年四月十日、十年九月二十七日睹，某以元豐元年十一月二十三日記。"

按，劉定字子先，①饒州番陽（今江西鄱陽）人，皇祐五年進士，新黨中堅。熙寧三年，以秘書丞知歙州婺源縣。②熙寧七年至十年間，累遷太常博士、屯田員外郎，歷提舉河北西路秦鳳路常平、提點永興軍路刑獄、檢正中書孔目房公事。詔遣體量安撫福建災傷，坐稽留朝命責衢州通判。元豐中，提點河北東路、河東刑獄，權判都水監。元祐間，知臨江軍，提點京西南路刑獄，江淮等路坑冶鑄錢，知定、青、廬等州，歷爲集賢校理、集賢殿修撰、寶文閣待制。③

陳繹知廣州道訪。與之雪中遊，有詩唱酬

《長編》卷二百九十一元豐元年八月壬子："起居舍人、

---

① 《續墨客揮犀》卷五："熙寧中，予察訪過延平，是時劉定子先知縣事，同過一佛寺。"第462頁。

② 孫覺《婺源縣建學記》，《（民國）重修婺源縣志》卷六十五。

③ 詳見《長編》卷二百八十四、卷四百一十一、卷四百五十四、卷五百六等。

龍圖閣待制、知廣州曾布知桂州。”《（光緒）廣州府志》卷十七：“陳繹，元豐元年知廣州軍州事。”

《詩注》卷四十二《雪中遊北山呈廣州使君和叔同年》：“南枝歲晚亦花開，有底堪隨驛使來。看取鍾山如許雪，何須持寄嶺頭梅。”

李注：“和叔時赴廣帥，用嶺頭事尤切。”

《詩注》卷四十二《和叔雪中見遇》：“捐書去寄老山林，無復追緣往事心。忽值故人乘雪興，玉堂前話得重尋。”

李注：“真迹與‘南枝歲晚亦花開’同一處贈和叔，當合於此。”

有詩送陳繹赴知廣州

《詩注》卷二十七《送陳和叔》，公自序：“嘉祐末，和叔以集賢校理判登聞鼓院、同知太常禮院，宅皮場街……元豐元年，某食觀使禄，居鍾山南，和叔經略廣東，道舊故悵然。某作此詩，以叙其事：毀車爲屋僅容身，三歲相要薄主人。畫寓墩甗常至夜，冬沿溝彴復尋春。南陔不洎公歸里，蒼墓垂成我喪親。後會縱多無此樂，山林投老一傷神。”

李注：“此詩有石本，在臨川饒蒙家，真跡‘墩’作‘墫’。”

十二月二十二日，弟安上與孫玤、朱炎同鞫吕嘉問事

《長編》卷二百九十五元豐元年十二月壬戌：“中書言：‘江南東路制勘院言，根究吕嘉問等事，候江西提點刑獄李茂直到院結案，然茂直近已丁母憂。’詔止令孫玤、王安上、

朱炎同鞫之。"

　　按，湯江浩以爲，王安上必於元豐元年七月之前，由權發遣江南東路提點刑獄改知滕縣。據此，則湯説誤也。王安上知滕縣，或因神宗落實嘉問案後，遂暫移之知滕縣，當於元豐二年一、二月間。滕縣屬徐州，安上遂得以與蘇軾往來唱酬。元豐二年三月，蘇軾自徐州改知湖州，後烏臺案具，安上因與軾唱酬遭罰金。（詳本譜元豐二年）

是月，孫覺知福州，道過江寧相訪。作書答之，與之從容累夕

　　《文集》卷七十八《答孫莘老書》："某啓：丘園自屏，煩公遠屈，衰疾不獲奉迓。仰惟營從跋涉勞苦，謹遣人馳此奉候。不宣。"

　　《宋史》卷三百四十四《孫覺傳》："以祖母喪求解官，下太常議，不可。詔知潤州，覺已持喪矣。服除，知蘇州，徙福州……連徙亳、揚、徐州……知應天府，入爲太常少卿，易秘書少監。哲宗即位，兼侍講，遷右諫議大夫……覺有德量，爲王安石所逐。安石退居鍾山，覺枉駕道舊，爲從容累夕。迨其死，又作文以誄，談者稱之。"

　　按，本年十二月，孫覺知福州，其道過江寧，或於年末。《（淳熙）三山志》卷二十二："（元豐元年）九月，（曾鞏）召赴闕。十二月，（孫覺）以右司諫、直集賢院知（福州）。（元豐）四年四月，覺移知揚州。是月，（劉瑾）以朝奉郎、天章閣待制知。"《長編》卷三百一元豐二年十二月庚申："知福州

孫覺罰銅二十。"①

遊北山，與安大師同宿，有詩示之及行詳

《詩注》卷四十三《書定林院窗》："竹雞呼我出華胥，起滅籠燈擁燎爐。試問道人何所夢？但言渾忘不言無。"

公自注："與安大師同宿，既曉，問昨夜有何夢，師云：'有數夢，皆忘記。'"

《詩注》卷三《示安大師》、《詩注》卷二十二《宿北山示行詳上人》："都城羈旅日，獨許上人賢。誰爲孤峰下，還來宴坐邊。是身猶夢幻，何物可攀緣。坐對青燈落，松風咽夜泉。"

補注："詳住京師，公爲朝士，與之熟。晚居北山，詳亦在焉，故云'還來宴坐邊'也。"

《繫年》："安石有《祭北山元長老文》曰：'元豐三年九月四日，祭於北山覺海大師之靈。'則逐詳事必在元豐三年之前。而此詩云：'西崦分明見，幽人不可攀。'則又作於逐行詳之前。故暫繫於是年。"可從。

是年，與吳願遊，有詩示之

《詩注》卷四十《臺上示吳願》。

《長編》卷二百九十四元豐元年十一月辛未朔："新知潤州呂嘉問言：'昨案發江寧府簽書判官張偓佺違法事，竊知權簽書判官潘令先夜入右司理院取去見勘偓佺案，及帶偓

佽舊廳公人，并見禁罪人親戚赴右司理院併净牢獄。竊虞
誘脇變亂情實，乞下別路差官。'詔潘令先具析。又言：'何
琬自準朝旨劾臣，追臣所使令殆遍，若臣有違法，理必難逃，
觀琬行遣多不循理法，必是令部内官吏協同鍛煉。乞早賜
移勘，及許臣檢取照用文字，以備辨答。'詔送江南東路監
司、提舉司。又言：'準敕令臣具何以知琬案發事，九月中，
前江寧府通判杜行送人回府稱，行密令白臣昨在東府客次
見衆人談學士妄用公使錢修造，爲監司所案發。及進士吳
愿言，見提舉官朱炎子浚明説，琬言臣爲門僧教化，拆鎮淮
橋，修精義堂，及不造監司商量公事，而數至王安石之門，安
石亦厭其來。又得在京市易務監華申甫書，所報如愿言。
臣皆未敢爲信，尋聞有朝旨下轉運司案劾。臣謂提點刑獄
王安上當知其詳，遂詢其兄安石，安石稱聞琬所言亦相連
及。'上批：'慮有事干涉中書吏人，可實封送御史臺根究公
事所。'"

　　按，吳季述《宋故吳助教墓誌銘》："公諱愿，字公謹，洪
州進賢人。曾祖昉，祖沔，父伋，三世皆不仕，處鄉里爲著姓
善家。公六歲而孤，母徐鞠養。方成童，已有立志。謹身節
用，以事其母，治家幹蠱，咸有規畫，雖里之耆老者，有不能
及之者，以故克紹其家。而久之，田園資產至數倍于先業。
母嘗有疾，寅昏奉侍，未嘗去側，求醫治療，雖遠必能致之，
至盡其術而後已。母喪，哀毁過情，葬祭能竭其力，鄉閭共
稱其孝。有弟興詩，尤加撫恤，延師門下，教以儒業。洎長，
不靳資給，使從四方賢士大夫遊，而其弟問學亦遂有稱于
時。崇寧初，詔郡行三舍法，以教天下士。興每試于學，嘗

爲第一,當時流輩皆以俊造期之,而不幸以死。死之時,已與公析籍,而其子尚幼。親戚有爲管其家者,因循鹵莽,日至隳壞。公爲憂之,乃白于縣官。而縣官固以公爲可托,遂易以委焉。公視其家一毫之微,不啻己物,而必躬親,日加葺治,不數年復至充裕。其子亦既長矣,遂舉而歸之,今亦不失爲富人。則公之于兄弟,其義可爲厚矣。公平生雖不甚力學,然性警悟喜善,所與往來,皆一時文人佳士。間有貧而過我者,亦必有以賙之。歲嘗旱,穀價騰踴。公損其直以售于人,而人之賴其惠者甚衆。公守己未嘗踰分,縣官以王宮助教牒召公應補,求免者數四,不得已從之,然非其所好也。政和七年五月初十日,不幸以疾卒于家,享年四十有七。"①

是年,撰《精義堂記》,命蔡卞書之

《宣和書譜》卷十二:"蔡卞字元度,莆田人也。少與其兄京遊太學,馳聲一時,同年及進士第。王安石見而奇之,妻以女,使從己學。得安石學術議論爲多,自以王氏學擅一時,時流歸之。自少喜學書,初爲顏行,筆勢飄逸,但圓熟未至,故圭角稍露。其後自成一家,亦長於大字,厚重結密,如其爲人。初,安石鎮金陵,作《精義堂記》,令卞書以進,由是神考知其名,自爾進用。"

按,精義堂爲呂嘉問本年所建,遭何琬按發,"爲門僧教化,拆鎮淮橋,修精義堂,及不造監司商量公事"。《長編》卷

---

① 《江西出土墓誌選編》,第94頁。

三百九十一元祐元年十一月壬申："（孫升奏）琬立志不阿，當官有守，先帝擢爲江南東路提舉官，再召赴闕，爲司農丞，又除江東路轉運判官。在任日，獨力按發知江寧府呂嘉問違條修建精義堂姦贓不法等事，忤犯權要，招結怨讎，嘉問坐是貶責，琬由此爲公論所稱。"

《精義堂記》，今文集不存。

是年，曾鞏爲弟安國文集作序

《曾鞏集》卷十二《王平甫文集序》："王平甫既歿，其家集其遺文爲百卷，屬予序。"

是年，何恭撰長詩，極力推尊，以孔孟著述、周公禮樂歸之

李日華《六研齋筆記》卷二："王金陵學術頗僻，《三經義》大不滿人心，而庸流樸學得藉以竊稃媒進，亦有翕然頌之者。其魁傑如三衢何恭欽聖，至作長篇獻東坡，欲其推尊王氏，語甚瑰偉，東坡心不然而貌禮之。其詞曰……我宋修文偃武初，詞林翰苑新扶疏。寶儀、陶穀端何如，峨冠曳履承明廬。草昧功名尚武夫，討論潤色姑徐徐。剪夷五代尊圖書，墨客稍稍躋天衢。中間作者相踵武，請試從頭爲君數。真宗皇帝觀神宇，楊億風流玉堂處。傾金注瓦橫罇俎，大笑哄堂任豪舉。逡巡百尺江南楮，密掃煤煙驟如雨。六一超然又不同，陳言萬紙一洗空。晉宋齊梁不待攻，兩漢直抵元和中。龍驤鳳舉扶桑東，五采射日吞長虹。滿堂玉磬諧金鐘，紛然和者如笙鏞。木鐸可憐聲獨悄，一振鏗然須大

老。伊説數公無處討，蕭曹丙魏規模小。馬遷班固工品藻，
出處行藏何太少。升沉將相侯王了，經天緯地憑誰好。信
知風采古爲多，堯舜文章煥若何。東作西成南已訛，真人更
集滿巒坡。夷夔禮樂俄森羅，黼黻郊廟金盤陀。羽毛率舞
呈天和，高陽才子前賡歌。君哉頓起一俞爾，執簡抽毫無及
矣。周公整頓乾坤已，開闢明堂復如此。從頭製作軒轅始，
海獸山禽咸獻美。袞冕分明圭玉侈，六代光華謁天子。日
月星辰繪九天，蟲魚草木繪山川。群聖文章想亦然，百家妙
理何周旋。離離黍稷春風前，東周一去追無緣。帝德王功
只僅傳，廟堂急管催繁絃。巍哉孔子尊如帝，矯之孟軻天莫
制。斯文未喪今何在？鄒魯邈然安可再。揚雄力寡知無
奈，天祿校書真末計。江海悠悠百川逝，回首相望幾千載。
熙寧天子憫斯文，轉展搜揚到海垠。丞相王公舉趾尊，委蛇
二老西來賓。咀嚼六經如八珍，補茸東魯鋤西秦。天子資
之又日新，八風自轉成天鈞。頃從孟子驅楊墨，他日淫詞又
榛棘。豐鎬荒涼天空碧，庸孟書中幾充塞。金陵爲此深求
直，二十年來人稍識。求之左右逢星極，內聖外王真準的。
古人效學豈文辭，堂陛之間意已移。彝何虎蜼尊何犧，云何
簠簋如靈龜。不然制作知無時，反魯詩書一貫之。明明古
訓識者誰，百家效語如嬰兒。蝌蚪六書藏屋壁，豈比鍾王論
筆蹟。會通意象如作易，不假語言含妙德。尚從對偶音聲
覓，洙泗文章少平昃。解到雕蟲童子識，斯人稍得揚雄力。
熙寧論撰亦何懟，況把先儒衆説參。舉世傳經作指南，辟雍
泮水堆牙籤。或者囂然痛欲殲，安得諸儒口遂鉗。聖主賢
王實用僉，公嘗一語令師嚴。翻思偃蹇熙寧末，苦信古書由

世拙。金陵户外履成列，稱衡一刺終漫滅。彷彿五經無二
説，堂堂萬里星中月。欲論西漢誰優劣，忽然吟蟬風胭咽。
邊韶性嬾讀書頑，病甚相如下筆慳。敢望言如霧豹斑，擔簦
負笈徒間關。沂水春來初解顏，浴沂童子彌春灣。先哲如
龍尚可扳，鼓瑟從之豈浪聞。可憐道德共耕獵，何苦侯門俟
彈鋏。不挾而來聊自愜，栩然夢爾飛蝴蝶。飲中數子劉伶
俠，江外主人張翰攝。短舲下水輕仍捷，落帆解舵吴山脇。

　　此詩鋪舒曲折，可謂費詞，然大意不過謂歐、蘇輩止作
得詞章一路，若孔孟著述、周公禮樂，必歸金陵。自此種議
論流行，後來紹述小人極其緣飾，直令荆舒配食孔廟，真足
發千古一笑耳。然從此遂開偽學一途，動以聖賢自處，興言
立詞，籠駕天下，而清明宇宙竟作魑魅場矣，不可謂非欽聖
輩邪流附和之遺毒也。此詩載周密《浩然齋視聽抄》，偶曝
書録出之。”

　　孔凡禮《蘇軾年譜》卷十七繫此詩於是年，可從。

是年，和蘇軾《芙蓉城并引》，爲俞紫芝誦之

　　《補注東坡編年詩》卷十六蘇軾《芙蓉城》：“世傳王迥
子高與仙人周瑶英遊芙蓉城，元豐元年三月，余始識子高，
問之信然，乃作此詩，極其情而歸之。正亦變風，止乎禮義
之意也。”

　　慎按：“施氏原注：此詩王荆公嘗和之，首云：‘神仙出没
藏杳冥，帝遣萬鬼驅六丁。’嘗爲俞紫芝誦之，紫芝請書於
紙，荆公曰：‘此戲耳，不可以爲訓。’故不傳。此段新刻本删
去，今補録。又按本詩序：‘元豐元年三月作也。’”

按,王迥,字子高,後改名蓬,字子開,嘗從公學。趙彥衛《雲麓漫鈔》卷十:"王迥字子高,族弟子立,爲蘇黃門壻,故兄弟皆從二蘇遊。子高後受學於荆公。舊有周瓊姬事,胡徽之爲作傳,或用其傳作《六么》。東坡復作《芙蓉城》詩,以實其事。迥後改名蓬,字子開,宅在江陰。予曩居江陰,常見其行狀,著受學荆公甚詳。"熙寧初,王迥曾預議農田水利諸法,後歷知秀州、夔州。謝飛、張志忠編著《北宋臨城王氏家族墓誌》載蔣静撰《宋故中奉大夫提擧杭州洞霄宫上柱國臨城縣開國伯食邑九百户賜紫金魚袋王公墓誌銘》:"公王氏,諱蓬,字子開,趙州臨城縣人。初諱迥,字子高,犯外祖名,奏易今諱……熙寧初,朝廷議修役法及農田水利,俾逐路參酌所以便民。京東轉運判官王子淵辟公會議。書成,執政謂公建明爲多,將用之……庚寅閏八月二十二日卒於私第之正寢,享年七十有四。"

是年,韋驤有啓問候

《錢塘韋先生文集》卷十一《問候僕射王相公啓》:"右某啓:斂塵迹之微,累跧淮海;望台光之重,久闊門闌。豈無犬馬之情,第恨雲泥之隔。故尺牘不通於左右,寸誠不達於高明。在朝夕以拳拳,歷歲時而苒苒。恭惟僕射相公材尊命世,功極代天。智變若神,卷舒由道。以稷禹自任於己,非堯舜不陳於君。發聖經之義,而學者知原;贊皇極之猷,而人心歸厚。事可圖而必立,何憚艱難;政可革而必更,孰爲沿襲。獨蓍龜於機務,絶蔕芥於浮言。追還淳古之風,增重熙朝之業。績既成於久大,身遂退於優游。印綬乞還,即舊邦而偃息；節旄懇避，領仙觀之清閒。雖鉅賢進退之心，固安於義；然四海瞻依之素，未足於情。某自省顓蒙，嘗陶教育，悵糜蹤於末宦，阻伏謁於高牙。願聽袞衣之歸，早充興誦之欲。伏望上爲宗社，精調寢興。"

按，啓曰："印綬乞還，即舊邦而偃息；節旄懇避，領仙觀之清閒。"謂本年罷使相，以本官領集禧觀使，故附此。

與俞紫芝遊，手寫其詩於扇

《苕溪漁隱叢話前集》卷三十七引《潘子真詩話》云："俞紫芝字秀老，喜作詩，人未知之。荊公愛焉，手寫其一聯'有時俗事不稱意，無限好山都上心'於所持扇，衆始異焉。弟清老，亦修潔可喜，俱從山谷遊。"

按，黃庭堅《豫章黃先生文集》卷二十六《書王荊公贈俞秀老詩後》："秀老，蓋金華俞紫芝，道意淳熟。然建隆昭慶道人謂秀老百事過人，病在好説俗禪，秀老以爲知言也。秀老作《唱道歌》十篇，欲把手牽一切人同入涅槃場，雖未見策名釋迦之室，然林下水邊、幽人衲子，往往歌之，以遣意於萬物之表，厭而飫之，使自趨之功，亦過半矣。來者未知秀老，觀荊公所贈六詩，可知其人品高下也。初，僧仁擇刻六詩於揚州禪智寺眞覺堂，而秀老弟紫琳清老又欲刻之東陽涵碧亭，嘉其伯仲清尚，故書。"

有詩示俞紫芝

《詩注》卷二十七《示俞秀老》："繚繞山如涌翠波，人家一半在煙蘿。時豐笑語春聲早，地僻追尋野興多。窣堵朱薨開北向，招提素脊隱西阿。暮年要與君携手，處處相煩作好歌。”

陸游《老學庵筆記》卷七：“俞秀老紫芝，物外高人，喜歌謳，醉則浩歌不止。故荊公贈之詩曰：‘魯山眉宇人不見，只有歌辭來向東。借問樓前蹋于蔦，何如雲卧唱松風。’又云：‘暮年要與君攜手，處處相煩作好歌。’不知者以爲賦詩也。”

有詩次韻俞紫芝

《詩注》卷四十一《次俞秀老韻》：“解我蔥珩脱孟勞，暮年甘與子同袍。新詩比舊增奇峭，若許追攀莫太高。”

葉夢得《石林詩話》卷中：“俞紫芝字秀老，揚州人。少有高行，不娶，得浮屠心法，所至翛然，而工於作詩。王荊公居鍾山，秀老數相往來，尤愛重之，每見於詩，所謂‘公詩何以解人愁，初日芙蓉映碧流。未怕元劉争獨步，不妨陶謝與同遊’是也。秀老嘗有‘夜深童子喚不起，猛虎一聲山月高’之句，尤爲荊公所賞，亟和云：‘新詩比舊仍增峭，若許追攀莫太高。’秀老卒於元祐初，惜時無發明之者，不得與林和靖一流，概見於隱逸。”

俞秀老、清老兄弟與公交遊密切，時有唱酬。《豫章黄先生文集》卷二十六《書玄真子漁父贈俞秀老》：“金華俞秀老，物外人也，嘗作《唱道歌》十章，極言萬事如浮雲，世間膏火煎熬可厭。語意高勝，荊公樂之，每使人歌。秀老又有與荊公往反游戲歌曲，皆可傳，長干、白下舟人蘆子，或能記憶也。此漁父，計秀老必喜之，輒因清老遠寄，幸可同作。”

黄庭堅《書王荊公贈俞秀老詩後》所謂“荊公所贈六

詩"，尚見《詩注》卷五《答俞秀老》："諸偶緣安有，實相非相偶。雖神如季咸，終亦失而走。"《詩注》卷四十三《示俞秀老二首》："不見故人天際舟，小亭殘日更回頭。繅成白雪三千丈，細草遊雲一片愁。"其二："君詩何似解人愁，初日紅蕖碧水流。未怕元劉妨獨步，每思陶謝與同遊。"

子旁有詩，俞紫芝見之，稱賞不已

《文集》卷七十《題旁詩仲子正字》："旁近有詩云：'杜家園上好花時，尚有梅花三兩枝。日莫欲歸岩下宿，爲貪香雪故來遲。'俞秀老一見，稱賞不已，云絕似唐人。旁喜作詩，如此詩甚工也。"

有詩諷押綱張殿侍

張邦基《墨莊漫録》卷四："荊公退居鍾山，嘗獨遊山寺，有人擁數卒按膝據牀而坐，驕氣滿容，謾罵，左右爲之辟易。公問爲誰，僧云押綱張殿侍也。公即索筆題一詩於扉云：'口銜天憲手持鈞，已是龍墀第一人。回首三千大世界，此身猶是一微塵。'"

又劉斧《青瑣高議‧後集》卷二："王荊公介甫退處金陵，一日，幅巾杖屨，獨遊山寺，遇數客盛談文史，詞辯紛然。公坐其下，人莫之顧。有一客徐問公曰：'亦知書否？'公唯唯而已。復問公何姓，公拱手答曰：'安石姓王。'衆人惶恐，慚俯而去。"

以上頗近傳聞，然亦可見公之性情襟懷，故附此。

郭祥正寄詩,答之

《詩注》卷四十一《和郭功甫》:"且欲相邀臥看山,扁舟自可送君還。留連城郭今如此,知復何時伴我閑。"

李注:"此詩譏功甫久留城市,不從看山之約。且言苟能過我,豈不辦一舟送君歸乎?"

《青山集》卷二十八《寄王丞相荆公》:"謝公投老宅鍾山,門外江潮去復還。欲買扁舟都載月,一身和影伴公閑。"

自歸江寧,四方種學緝文之士多歸之

蔡絛《西清詩話》卷中:"王文公歸金陵,四方種學緝文之士多歸之,一經題品,號爲雲霄中人。"

元豐二年己未（1079），五十九歲

正月，上表賀正

《文集》卷五十九《賀正表》其一，《王文公集》題注："元豐二年。"

弟安禮赴京。送之至龍安津，有詩並寄吳氏女子

《詩注》卷四十二《送和父至龍安微雨因寄吳氏女子》："荒煙涼雨助人悲，淚染衣襟不自知。除却春風沙際綠，一如看汝過江時。"

《詩注》卷四十四《送和甫至龍安暮歸》："隱隱西南月一鈎，春風落日澹如秋。房櫳半掩無人語，鼓角聲中始欲愁。"

按，《（景定）建康志》卷十六："龍安津，在城西北二十里，與真州宣化鎮相對。今爲靖安渡。"《（嘉泰）吳興志》卷十四："王安禮，太常博士、直集賢院，元豐元年十月到任，至十一月初赴闕。"湯江浩："由王安禮前後仕歷來看，或當作於元豐二年早春。王安禮于元豐元年十一月解知湖州任，很可能新年以後始赴開封府判官之任。"[1]可從。

釋普聞《詩論》曰："荊公《送和甫寄女子》詩云……拂雲毫逸之氣，屏蕩老健之節，其意韻幽遠，清臒雅麗爲

---

① 《北宋臨川王氏家族及文學考論》，第177頁。

得也。"

二月十七日,開封府推官許彥先貶監吉州酒税,道過江寧見訪

《長編》卷二百九十六元豐二年正月丁亥:"降國子博士許彥先監吉州酒税。"

《詩注》卷二十六《送許覺之奉使東川》"三秋不見每惓惓",同卷《次韻覺之》"山林病骨煩三顧",此乃首顧。詳本譜元豐五年六月。

二月十九日,趙抃致仕。有啓賀之

《長編》卷二百九十六元豐二年春正月己丑:"資政殿大學士、右諫議大夫、知杭州趙抃爲太子少保致仕。"

《文集》卷八十五《賀致政趙少保啓》:"資政少保懋昭賢業,寅亮聖時。伯夷之直惟清,仲山之明且哲。""資政少保",即趙抃。

是年春,營建半山園,有詩招蔡卞

《詩注》卷一《示元度營居半山園作》:"今年鍾山南,隨分作園囿。鑿池搆吾廬,碧水寒可漱。溝西雇丁壯,擔土爲培塿。扶疏三百株,蒔棟最高茂。不求鵷鸞實,但取易成就。中空一丈地,斬木令結搆。五楸東都來,斸以遶簷溜。老來厭世語,深卧塞門竇。鱐魚與之游,餒鳥見如舊。獨當邀之子,商略終宇宙。更待春日長,黄鸝哢清晝。"

李注:"蔡卞字元度,興化軍仙游人。熙寧三年進士甲

科，爲常州江陰縣主簿，公以女妻之。參知政事張璪薦其才，由是浸用。"

《繫年》："此詩嘉靖本題下有注云：'營居半山園作。'《蔡譜》定此詩於元豐五年，《顧譜》定此詩於元豐二年。按《續建康志》云：'半山寺，即公故宅也。再罷政，以使相判金陵。到任，即納節，固辭同平章事，改左僕射。未幾，又懇求宮觀。累表，得會靈觀使。築第于白下門外，去城七里，去蔣山亦七里。'安石於元豐元年正月進尚書左僕射、封舒國公、集禧觀使，則築第當在元豐二年。又安石有《與道原遊西庵至草堂寶乘寺二首》，自注云：'元豐四年十月二十四日。'詩云：'園宅在人境'，園宅定指半山園無疑，則園之營建在元豐四年前可知矣。《蔡譜》偶失考，應從《顧譜》。此詩云：'更待春日長，黃鸝哢清晝。'則此詩當作於是年春。或曰，《蔡譜》所云本諸《苕溪漁隱叢話前集》卷三十四引《隱居詩話》曰：'元豐癸亥，公已謝事爲會靈觀使，居金陵白下門外。余謁公，公欣然邀余同遊鍾山，憩法雲寺，偶坐于僧房。'元豐癸亥即元豐六年，然安石爲會靈觀使乃元豐元年事，元豐六年爲會靈觀使，早爲已然之事，必不能爲據；又據魏泰《臨漢詩話》原文作'元豐己未公已謝事爲會靈觀使，居金陵白下門外……'己未乃元豐二年歲次，則《苕溪漁隱叢話》所引文字亦有誤，更不足爲憑。"可從。

平日乘驢出遊，近於無心，真率自如

魏泰《東軒筆錄》卷十二："王荆公再罷政，以使相判金陵，到任，即納節讓同平章事，懇請賜允，改左僕射。未幾，又求宮觀，累表得會靈觀使。築第於南門外七里，去蔣山亦七里。平日乘一驢，從數僮遊諸山寺。欲入城，則乘小舫泛潮溝以行，蓋未嘗乘馬與肩輿也。所居之地，四無人家，其宅僅蔽風雨，又不設垣牆，望之若逆旅之舍。有勸築垣牆，輒不答。”

胡仔《漁隱叢話前集》卷三十七引《冷齋夜話》：“荊公食宮使祿，居蔣山，時時往來白下門西庵草堂法雲，止以一驘挾塞驢。門人乘間諷笱輿宜老者，公曰：‘古之王公至不道，未嘗以人代畜。’”

王鞏《甲申聞見近錄》：“王荊公領觀使歸金陵，居鍾山下，出即乘驢。予嘗謁之，既退，見其乘之而出，一卒牽之而行，問其指使：‘相公何之？’指使曰：‘若牽卒在前，聽牽卒；若牽卒在後，即聽驢矣。’或相公欲止，即止，或坐松石之下，或田野耕鑿之家，或入寺。隨行未嘗無書，或乘而誦之，或憩而誦之。仍以囊盛餅十數枚，相公食罷，即遺牽卒，牽卒之餘，即飼驢矣。或田野間人持飯飲獻者，亦為食之。蓋初無定所，或數步復歸，近於無心者也。”

呂希哲《呂氏雜記》卷下：“荊公熙寧、元豐間既閑居，多騎驢遊肆山水間，賓朋至者，亦給一驢。蘇子瞻詩‘所謂騎驢渺渺入荒陂’是也。後好乘江州車，坐其一箱，其相對一箱不可虛。苟無賓朋，則使村僕坐焉，共載而行。其真率如此。”

邵伯溫《邵氏聞見錄》卷十一：“王荊公辭相位，居鍾山，惟乘驢。或勸其令人肩輿，公正色曰：‘自古王公雖不道，未嘗敢以人代畜也。’”

葉夢得《避暑録話》卷上："王荆公不耐静坐，非卧即行。晚卜居鍾山謝公墩，自山距州城適相半，謂之半山。畜一驢，每食罷，必日一至鍾山。縱步山間，倦則即定林而睡，往往至日昃乃歸，率以爲常。有不及終往，亦必跨驢中道而還，未嘗已也。余見蔡天啓、薛肇明，備能言之。"

陸游《家世舊聞》卷上："王荆公在金陵山中，騎驢往來，亦具衫帽。吾記紹聖、元符間，士大夫猶如此。"

集句填《菩薩蠻》，黄庭堅效之

吳曾《能改齋漫録》卷十七："王荆公築草堂於半山，引八功德水，作小港其上，疊石作橋，爲集句，填《菩薩蠻》云：'數間茅屋閑臨水，窄衫短帽垂楊裏。花似去年紅，吹開一夜風。柳梢新月偃，午醉醒來晚。何物最關情，黄鸝三兩聲。'其後豫章戲效其體云：'半煙半雨谿橋畔，漁翁醉著無人喚。疏懶意何長，春風花草香。江山如有待，此意陶潛解。問我去何之，君行即自知。'"

詞中集句，當自此始。謝章鋌《賭棋山莊詞話》卷十二："填詞有即集詞句者，且有通闋只集一人之句者……第考之《臨川集》，荆公已啓其端……《菩薩蠻》云：'花是去年紅，吹開一夜風。'又云：'何物最關情，黄鸝三兩聲。'可謂滅盡針綫之迹。"

方劼之官武昌，途經江寧拜謁。有詩送之

《詩注》卷四十《別方邵秘校》："迢迢建業水，中有武昌魚。別後應相憶，能忘數寄書。"

《詩注》卷四十一《送方劭秘校》："南浦柔條拂面垂,攀翻聊寄我西悲。武昌官柳年年好,他日春風憶此時。"

按,《繫年初稿》繫於本年:"方劭,婺源人,元豐二年進士……疑方劭赴任途中詣安石也。"可從。《(淳熙)新安志》卷八:"元豐二年時彥榜,方劭,婺源,宣德郎。"此詩當爲方劭進士及第後以之官武昌,途經江寧拜謁,臨別時作。

移種桃花,有詩示俞紫芝

《詩注》卷四《移桃花示俞秀老》:"舍南舍北皆種桃,東風一吹數尺高。枝柯蒨綿花爛漫,美錦千兩敷亭皋。晴溝漲春綠周遭,俯視紅影移漁舠。山前邂近武陵客,水際髣髴秦人逃。攀條弄芳畏晼晚,已見黍雪盤中毛。仙人愛杏令虎守,百年終屬樵蘇手。我衰此果復易朽,蟲來食根那得久。瑤池紺絕誰見有,更值花時且追酒,君能酩酊相隨否。"

蔡肇赴江寧求學,頗器重之

《全宋文》卷二千五百三十蔡肇《故南宮舍人米公墓誌》:"余元豐初,謁荆國王文公於金陵。"

《京口耆舊傳》卷四:"肇,元豐二年進士第,父子皆名冠乙科。初受州戶曹,迓者及門。父淵語之曰:'以汝之才,宜力於學,而早汩没於州縣,吾甚惜之。'肇即却迓吏,從王安石讀書於鍾山。安石見之,殊不悦,但云:'後生何不出仕,却來此寂寞之濱?'居數日,稍與之語,知其通敏過人,頗異之。因問曾閲内典否,曰:'未也。'安石曰:'内典惟《華嚴經》最有理,但部帙浩大,非經年不能究也。'肇即借經寺中,甫半月盡得其旨。一日，安石論及《華嚴》疑義數處，肇應答如響，安石駭嘆。其《土山唱和》詩有云：‘從容與之語，爛漫無不涉。’‘載車必百萬，獨以方寸攝。’蓋嘆其記問之博也。”

據此，則蔡肇是年進士及第，來江寧從學。

見蔡肇調惡馬，壯之，作集句詩以贈

《文集》卷三十六《示蔡天啓三首》其一：“蔡子勇成癖，能騎生馬駒。銛鋒瑩鸊鵜，價重百硨磲。脫身事幽討，禪龕只晏如。劃然變軒昂，慎勿學哥舒。”其二：“蔡子勇成癖，劍可萬人敵。讀書百紙過，穎銳物不隔。開口取將相，志氣方自得。偪仄何偪仄，未見有一獲。蕭條兩翅蓬蒿下，未能生彼升天翼。焉能學堂上燕，絢練新羽翮。”其三：“身着青衫騎惡馬，日馳三百尚嫌遲。心源落落堪爲將，郤是君王未備知。”

葉夢得《石林詩話》卷中：“王荆公在鍾山，有馬甚惡，蹄嚙不可近。一日，兩校牽至庭下告公，請鬻之。蔡天啓時在坐，曰：‘世安有不可調之馬，第久不騎，驕耳！’即起捉其鬐，一躍而上，不用銜勒，馳數十里而還。荆公大壯之，即作集句詩贈天啓，所謂‘蔡子勇成癖，能騎生馬駒’者。後又有‘身着青衫騎惡馬，日行三百尚嫌遲。心源落落堪爲將，却是君王未備知。’士大夫自是盛傳荆公以將帥之材許天啓。紹聖初，章申公當國，首欲進天啓侍從，會執政有不悅者，乃出爲永興軍路提舉常平，因欲稍遷爲帥，會丁内艱，不果。猶是用荆公遺意也。”

按，蔡肇調惡馬，當在元豐四年之前。《詩注》卷二《遊土山示蔡天啓秘校》：“蔡侯雄俊士，心憭形亦謀。異時能飛鞚，快若五陵俠。”即詠此事。而《遊土山詩》作於元豐四年，故附於此。

蔡肇初見公，佚聞頗多，李注：“夏畸道言：蔡天啓初見荆公，荆公坐間偶言及盧仝《月蝕》詩，人難有誦得者。天啓誦之終篇，遂爲荆公所知。”《詩注》卷三《再用前韻寄蔡天啓》：“蔡侯東方來，取友無所挾。翛翛一囊衣，偶以一書笈。定林朝自炊，有七或無籈。時時羹藜藿，鑊大苦難燮。驕須遂敢侮，有甚觀駢脅。澹然山谷中，變色未嘗輒。始見類欺魄，寒暄粗酬接。從容與之語，爛漫無不涉。奇經可治疾，秘呪可解魘。巫醫之所知，瞽史之所業。載車必百兩，獨以方寸攝。微言歸易悟，疾若髭赴鑷。天機信卓越，學等何足躐。縱談及既往，每與唐許協。”

段縫致仕歸江寧，有詩招之

《詩注》卷一《招約之職方並示正甫書記》：“往時江總宅，近在青溪曲。井滅非故桐，臺傾尚餘竹。池塘三四月，菱蔓芙蕖馥。蒲柳亦競時，冥冥一川緑……寄聲與俱來，蔭我臺上穀。”

李注：“約之姓段，亦家金陵，與公居止接近。”“按《建康志》：‘江總宅在青溪大橋北，與孫瑒宅對，夾青溪。’又《金陵故事》：‘南朝鼎族，多夾青溪，江令宅尤占勝地。至國朝，爲段約之宅……’今上元縣丞廳南青溪上，有割青亭舊基尚存。”

按，《施注蘇詩》卷二十一《次韻段縫見贈》，題注：“段縫字約之，居金陵。"《長編》卷二百八十八元豐二年二月甲寅："詔新知單州、都官郎中梁端與宮觀差遣。新權知泰州、屯田郎中段縫別與合入差遣。以知諫院蔡確言，段縫並無才能，乞追還所授新命故也。"

李燾："元祐二年二月辛卯，詔朝散大夫段縫落致仕，與管勾宮觀。縫在熙寧中知興國軍，嘗論免役不便。元豐初，宰相吳充專進熙寧異議之人，乃除縫知泰州。諫官蔡確上言：'計縫資秩當通判，而中書擢知州。縫初無才能，止以嘗詆毀新政，故膺獎任，滋長背公慢令之風，是天子黜陟之柄，臣下可得而回也。'詔與縫合入差遣，乃得通判閬州。縫避遠，求分司，遂以本官致仕。"

又《長編》卷三百九十五元祐二年二月己丑："右司諫王覿言：'臣伏見江寧府朝散大夫致仕段縫，於熙寧中任職方員外郎、知興國軍，以所屬永興縣歲輸免役錢一萬九千餘貫，實支纔千餘貫，縫不忍民力之困，而所取寬剩錢過多，奏乞裁減。先朝下其章司農寺，委本路相度，而提舉司以一路役法錢數已定爲辭，事寢不報。縫繼有論列，言甚激切，神宗特從其請，錢得減半。未幾，召縫赴闕，除知潤州，又易泰州。未到官，言事者反謂縫沮壞新法，不當與名郡，改差通判閬州。縫家貧多病，不能遠適，乃求分司，後遂致仕。縫居閑十數年，安貧守道，爲江東搢紳之望。'"

李燾："縫知泰州在元豐元年二月甲寅。"則其致仕，或於本年。

段縫贈詩,次其韻

《詩注》卷五《次韻約之謝惠詩》:"魚跳桑柳陰,鳥落蒲葦側。已無谿姑祠,何有江令宅? 故人耽田里,老脱尚方舄。開亭捐百金,於此掃塵迹。地偏人罕至,心遠境常寂。我行西州旋,税駕候顔色。相隨望南山,水際因一息。公時指岸木,謂此可尋尺。伐之營中沚,持用自怡懌。懂言俟其成,邀我堂上食。百憂每多違,一諾還自惕。春風榍楹新,坐久膝前席。翛然忘故約,北郭疑有適。長謡舒永懷,佇想對以臆。摘辭甚有理,竊比書石鷁。知公不我欺,把玩果心惻。嘉肴既夙設,麗藻仍虛擲。左車公自迎,右券吾敢責。聞説苨蘦蘦,芬香出鄰壁。婦休機杼事,兒失刀槷職。何膠膠擾擾,而紛紛籍籍。攜持欲一往,繼此方如織。元龍但高卧,司馬勿親滌。幾能孩童舊,握手皆鬢白。有興即扳聯,東阡與南陌。"

朱緒曾《金陵詩徵》卷五載段縫《贈王介甫》原作:"溪橋久廢湮,竹樹半欹側。夢尋六代塵,老構一椽宅。誰知江令門,猶倒山公舄。霸氣消舊朝,歌聲慨陳迹。鼎族昔繁華,荒徑今岑寂。願言闢榛蕪,重與開景色。石疊雲自生,渠鑿流不息。我幸卜公鄰,望衡步咫尺。晨夕愜素心,把臂共悦懌。西崦帶烟樵,南埭釣水食。底事憂怦怦,相將愛惕惕。或築吟詩壇,或設談經席。焉知才不才,聊各適其適。岸幘豁眼界,揮麈吐胸臆。隴晴許扶鳩,水漲可杙鶂。嗒然得喪忘,往事莫凄惻。佳會不可常,歲月豈抛擲。蒙莊賴妻賢,淵明空子責。弱木手自栽,勿徒嗟立壁。滋培待其成,斧削工師職。更爲廣軒亭，左右支圖籍。鍾山挹爽來，烟鳥紛若織。綠菘籬下采，金尊池上潔。此盟更歲寒，一笑星髮白。筋力如未盡，尚能越阡陌。"

按，公與段縫唱酬頗夥，不乏名篇，如《詩注》卷二十六《段氏園亭》："欹眠隨水轉東垣，一點炊煙映水昏。漫漫芙蕖難覓路，翛翛楊柳獨知門。青山呈露新如染，白鳥嬉游靜不煩。朱雀航邊今有此，可能搖蕩武陵源。"其他如《詩注》卷一《奉酬約之見招》、《詩注》卷二《贈約之》、《詩注》卷四十三《戲贈段約之》等，均作於公退居江寧時，姑附於此。

作《半山春晚即事》

《詩注》卷二十二："春風取花去，酬我以清陰。翳翳陂路靜，交交園屋深。床敷每小息，杖屨亦幽尋。惟有北山鳥，經過遺好音。"

五月六日，呂嘉問勒停，過江寧。招之遊東嶺

《詩注》卷二《與呂望之上東嶺》："靖節愛吾廬，猗玗樂吾耳。適野無市喧，吾今亦如此。紛紛舊可厭，俗子今掃軌。使君氣相求，眷顧未云已。追隨上東嶺，俯仰多可喜。何以況清明，朝陽麗秋水。微雲會消散，豈久污塵滓。所懷在分襟，藉草泪如洗。"

李注："方公盛時，俗子紛沓而至，徒使人厭之。今居閑，自無一迹，公更以爲愜也。""據嘉問熙寧十年十月知江寧府，元豐元年秋改知潤州，三年四月罷，旋落職衝替，免勒停。此云'微雲'，後云'黤黮'，必是自京口過金陵見公時

也。次年正月，即起知臨江，意公尚能爲之力耶？是時公雖居閑，而朝廷故多門下士也。”

按，李注甚是。《長編》卷二百九十八元豐二年五月癸酉：“詔知潤州、司封員外郎、直昭文館呂嘉問落職衝替，免勒停。”詩當作此稍後，故曰“微雲會消散，豈久污塵滓”。袁桷《清容居士集》卷第四十六《跋荆公帖》：“呂嘉問以元豐元年自金陵改知潤州，二年四月，落職罷郡。方是時，朝廷積息之弊極矣，公時家居，然猶不悟其非，何哉？昔山谷老人嘗言荆公不甚知人痛痒。余謂此說殊不近理。夫人之厚薄，皆生於情之好惡。方熙寧間，荆公之所惡者多矣，至於晚年，而其所好者又皆背叛構禍，宜其平昔簡牘，漠然若無世俗之情。今觀此帖，勞問勤懇，且憂其乏絕。噫！以嘉問之姦，何得公之深若此。余嘗讀荆公與嘉問詩，末章云‘所懷在分襟，藉草淚如洗。’惜不爲范蜀公、司馬公諸賢發之。”袁桷所跋之帖，《文集》不載，當作於呂嘉問落職後。

六月十六日，陸佃除集賢校理，致謝啓

《長編》卷二百九十八元豐二年六月癸丑：“光禄寺丞陸佃爲集賢校理，西京左藏庫使、内侍押班石得一勾當皇城司，皆上批命之，且稱佃資性明敏，學術贍博也。”

《永樂大典》卷二千四百七十九《除館職謝丞相荆公啓》：“乘槎問漢，敢妄意於英躔；入館登瀛，遽叨名於仙籍。載循謇淺，彌切兢慚。國家乘有赫之炎圖，紹無疆之賓曆。篤生睿主，登用真儒。壯武烈於文謨，賁唐文於皇質。恭以

宮使相公先生，道承三聖，德冠群倫。既流膏澤以下民，更翼《詩》《書》而造士。至言不出，賜也僅聞其文章；大象無形，參乎才見其忠恕。成功弗處，秉義甚高。將集聖人之清，忽辭天下之任。而某曲蒙獎育，最號迂愚。早聞咳唾之音，晚在鑪錘之內。回瞪目乎其後，每望車塵；疏攘臂於其間，更縻廩賜。比登詞館，實出師門。緩三年而爲儒，竊嘗承學；烏九寫而成舃，猥預校文。點礫甚功，銜珠昌報。秋陽以暴，緬懷滌漢之清；春服既成，遐想浴沂之樂。仁欲行義，進思盡忠。庶無負於初心，庸少償於至德。"

吕嘉問妄引爲證。七月十四日，神宗詔潤州制勘院華申甫供詞有涉，不得取問

《長編》卷二百九十九元豐二年七月庚辰："詔潤州制勘院，告示華申甫，如前案招通不實，不用併計，當議編管，内詞涉王安石，不得取問。時吕嘉問已坐報上不實，落職衝替，復乞再勘。朝廷以申甫所傳報與嘉問事狀已明，恐其潛相附會反覆。嘉問又妄引安石爲證，欲以自解，上察見其姦，故有是詔。"

按，此可見神宗維護之意，而王安上之移知徐州滕縣，亦此意。

以神宗遣李舜舉赴江寧賜詔書并藥物，上謝表

《文集》卷五十九《李舜舉賜詔書藥物謝表》："臣某言：輟宮闈親近之臣，臨湖海寬閑之野。授之藥物，撫以訓辭。尸厚祿而無勞，謂當誅絕；捐大恩而不報，彌所兢惕。伏念

臣本出羈單，自甘淪棄，晚由樸學，上誤聖知。智曾昧於保身，忠每懷於許國。讒誣甚巧，切憂解免之難；危拙更安，特荷眷憐之至。況遠迹久孤之地，實邇言易間之時。而離明昭晰於隱微，解澤頻繁於疏逖。此蓋伏遇皇帝陛下，以上仁含垢，以大智容愚，弗使南箕得侈簸揚之狀，更令北戶坐蒙臨照之光。苶然垂盡之病軀，沱若橫流之感涕。惟困窮無理，猶致命於一餐。顧冒昧不貲，敢忘懷於九死。"

按，表曰"臨湖海寬閑之野"，當作於公元豐年間退居江寧時。又曰"況遠迹久孤之地，實邇言易間之時，而離明昭晰於隱微，解澤頻繁於疏逖"，"弗使南箕得侈簸揚之狀"，則似與本年公捲入呂嘉問、何琬互訟事有關。故繫於此。

另，《宋史》卷四百六十七《李舜舉傳》："字公輔，開封人，世爲內侍……熙寧中，歷幹當內東門、御藥院、講筵閣、實錄院……沈括城永樂，遣舜舉計議，被圍急，斷衣襟作奏曰：'臣死無所恨，願朝廷勿輕此賊。'尋以死聞。贈昭信軍節度使，諡曰'忠敏'。"《長編》卷三百二十九元豐五年九月戊戌："是夜，大雨，敵兵四面急攻，士卒饑疲，不復能拒，夜半城遂陷，禧及舜舉俱死。"

七月二十七日，甥婿龔原、沈銖，侄婿葉濤因虞蕃案追官、勒停、衝替等

《長編》卷二百九十九元豐二年七月癸巳："詔殿中丞、國子監直講龔原追一官勒停，展三期敘。國子監直講、和州防禦推官、審官西院主簿沈銖，國子監直講、潤州金壇縣令

葉濤，各罰銅十斤，銖勒停，濤衝替。原坐受生員張育銀綾
及直講王沇之請求，升不合格卷子爲上舍，銖坐受育瓷器竹
簟，濤坐受育茶紙，并非假日受生員謁。沇之，介子。銖，季
長子。濤，處州人也。"

七月二十八日，弟安禮兼直舍人院

《長編》卷二百九十九元豐二年七月甲午："權發遣提舉
三司帳司勾院磨勘司、太常博士、直集賢院王安禮兼直舍人
院，上批命之。"

蘇軾繫獄，群議洶洶，遂發言救之

周紫芝《太倉稊米集》卷四十九《讀詩讞》："翰林蘇公
以元豐二年八月十八日屬吏，十二月二十七日獄成，有旨責
授檢校水部員外郎、充黃州團練副使。公就逮百有餘日，凡
御史追捕訊鞫之辭，率坐詩語譏謗，故當時款牘好事者，往
往爭相傳誦，謂之《詩讞》。予前後所見數本，雖大概相類，
而首尾詳略多不同。今日趙居士攜當塗儲大夫家所藏以示
予，比昔所見加詳，蓋善本也。初，東坡以《湖州謝表》獲罪
於朝，監察御史何正臣、舒亶輩交章力詆，皆以公愚弄朝廷，
妄自尊大，宜大明誅罰，以屬天下，於是始有殺公之意焉。
神宗皇帝以英明果斷之資，回群議于恟恟中，賴以不死。余
頃年嘗見章丞相《論事表》云：'軾十九擢進士第，二十三應
直言極諫科，擢爲第一。仁宗皇帝得軾，以爲一代之寶，今
反置在囹圄，臣恐後世以謂陛下聽諛言而惡訐直也。'舊傳
元豐間，朝廷以群言論公，獨神廟惜其才，不忍殺。丞相王

文公曰:'豈有聖世而殺才士者乎!'當時讞議,以公一言而決。嗚呼!誰謂兩公乃有是言哉?蓋義理人心所同,初豈有異?特論事有不合焉。"

按,既曰"舊傳",則其事之有無尚待細考。① 然於"詩可譎諫"之旨,公確乎思慮深遠,《詩注》卷十二《楊劉》:"人各有是非,犯時爲患害。唯詩以譎諫,言者得無悔。厲王昔監謗,變雅今尚載。末世忌諱繁,此理寧復在。南山詠種豆,議法過四罪。玄都戲桃花,母子受顛沛。疑似已如此,況欲諄諄誨。事變固不同,楊劉可爲戒。"蓋三代以後時移世易,"末世忌諱繁",詩人當以楊惲、劉禹錫爲戒,慎勿犯時。詳詩意,或與烏臺詩案有關,姑附此。

故人耿憲自烏江至江寧相訪,贈竹冠。以詩酬之

《詩注》卷一《己未耿天騭著作自烏江來予逆沈氏妹于白鷺洲遇雪作此詩寄天騭》,自注:"辛酉冬,天騭復來,誦此,遂書于壁,請天騭書所酬于右。"

庚寅增注:"天騭事迹不甚著於世,但其姓名屢見公集。又郭功父有《寄天騭雜言》一首,稱其已懸車,則天騭蓋亦老人也。又公《送天騭》詩有'四十餘年心莫逆'之句,則公之厚騭亦既久矣。然方公盛時,騭略不聞進用,意必澹於榮利,不爲容悅者。觀功父與騭詩,亦可想見其人。今節附於此。"

---

① 內山精也認爲,此事"在周紫芝以前、以後,都完全找不到同類的記錄。周紫芝本人也明記爲'舊傳',即傳聞之言,其可信度未必高。"《東坡烏臺詩案考》,《傳媒與真相》,上海古籍出版社 2005 年版,第 206 頁。

《詩注》卷四十一《和耿天騭以竹冠見贈四首》。

按，此詩宋刻元明遞修本《文集》題作《和耿憲天騭以竹冠見贈四首》，《老學庵筆記》卷五：“王荆公于富貴聲色，略不動心，得耿天騭憲竹根冠，愛詠不已。予雅有道冠、拄杖二癖，每自笑歎，然亦賴古多此賢也。”由此知耿天騭名憲。歐陽修《與王文公》：“修近見耿憲所作《杜子美畫像》詩刻題後之辭，意義高遠，讀之數四。不相見多年，根涉如此，豈非切磨之效耶！”題注：“汪逵云，此帖紹聖元年憲録本，刻石在和州。”①所曰“耿憲”，即天騭也，嘉祐年間進士。《江南通志》卷一百十九：“耿憲，和州人，嘉祐年間進士。”熙寧年間，爲句容縣令，曾以濬川杷、鐵龍爪疏濬汴河。《長編》卷二百五十一熙寧七年三月戊申：“句容縣令耿憲、開封府界提點司勾當公事鄒極各堂除差遣，並以用濬川杷、鐵龍爪疏濬汴河增深推恩也。”晚居蘇州東城，與郭祥正交好，唱酬頗多。郭祥正《青山集》卷三《姑熟乘月泛漁艇至東城訪耿天騭》：“姑熟望東城，長江八十里。”其生平不詳，大體可見《青山集》卷十一《寄題東城耿天騭歸潔堂》：“東城耿天騭，讀書五千卷。有義或未通，至忘寢與膳。潛心唯丘軻，弟子並時彦。晚從進士起，青衫落銓選。捕賊偶註誤，差池困州縣。寧知賈馬才，不上明光殿。功名既無成，禄廩豈足戀。歸來潔其身，舊學進吾善。橫堂剪深竹，江山使對面。秀色覽天鏡，毛髮瑩可見。閑情寄浮雲，零落雨三片。頽然墮支體，隱几自峩弁。有時明月來，朋簪合清醮。狂爲梁甫吟，摧錯

---

① 東英壽《新見九十六篇歐陽修散佚書簡輯存稿》，《中華文史論叢》2012年第1期。

珠玉串。夫人無妬忌,群妾美目眴。大兒富文學,又隨太守薦。百口不憂貧,九品不爲賤。内足外亦足,此樂信無倦。軒冕達士寄,形色聖人踐。他時采高名,猶冠儒林傳。"

與耿憲會話,同遊定林寺,宿清涼廣惠僧舍,有詩示之

《文集》卷二十八《與耿天騭會話》:"邯鄲四十餘年夢,相對黄粱欲熟時。萬事祇如空鳥迹,怪君强記尚能追。"

《詩注》卷五《和耿天騭同遊定林寺》:"道人深閉門,二客來不速。攝衣負朝暄,一笑皆捧腹。逍遥煙中策,放浪塵外躅。晤言或世間,誰謂非絶俗。"

《文集》卷二十八《與天騭宿清涼廣惠僧舍》:"故人不惜馬尵隤,許我年年一度來。野館蕭條無準擬,與君封殖浪山梅。"

《詩注》卷二十二《示耿天騭》:"挾策能傷性,捐書可盡年。弦歌無舊習,香火有新緣。白土長岡路,朱湖小洞天。望公時顧我,於此暢幽悁。"

李注:"公晚師瞿曇,故云'有新緣'。""白土岡在建康城東,高十丈,南至秦淮,北連鍾山,其土白色。""金陵有赤山湖,又名絳岩湖,又名朱湖,在上元、句容兩縣之間。"

十月十五日,妹婿沈季長因太學虞蕃案落職、勒停

《長編》卷三百元豐二年十月戊申:"詔太常丞、集賢校理、兼天章閣侍講、同修起居注、直舍人院、管勾國子監沈季長落職勒停,右正言、知制誥、兼侍講、知諫院、同修國史、詳定郊廟奉祀禮文、宗正寺修玉牒官、提舉官告院、判國子監

黃履免追官，勒停，聽贖銅，除侍講外，差遣並罷，樞密直學
士陳襄罰銅十斤。季長坐受太學生竹簟、陶器，陞補內舍生
不公及聽請求，履坐不察屬官取不合格卷子，及對制不實，
襄坐請求，皆因虞蕃上書，御史臺鞫得其罪也。"

以耿憲歸，送之至渡口，有詩

《詩注》卷四十一《送耿天騭至渡口》："雪雲江上語依
依，不比尋常恨有違。四十餘年心莫逆，故人如我與君稀。"

於白鷺洲逆沈氏妹，遇雪，作詩寄耿憲

《詩注》卷一《己未耿天騭著作自烏江來予逆沈氏妹于
白鷺洲遇雪作此詩寄天騭》："朔風積夜雪，明發洲渚净。開
門望鍾山，松石皓相映。故人過我宿，未盡躋攀興。而我方
渺然，長波一歸艇。款段庶可策，柴荆當未暝。與子出東
岡，墻西掃新徑。"

《(景定)建康志》卷十九："白鷺洲，在城之西，與城相
望，周迴一十五里。"

按，本年十月，沈季長追官勒停歸真州，沈妻遂得返江
寧，故公迎之。

十月二十日，太皇太后崩。上表慰神宗

《文集》卷六十一《慈聖光獻皇后昇遐慰皇帝表》："臣
某言：伏以上天降禍，太皇太后奄棄大養。伏惟皇帝陛下攀
號感慕，聖情難居。臣限以衰疾在遠，不獲奔赴闕廷。臣無
任屏營摧迫之至。"

《長編》卷三百元豐二年冬十月乙卯："太皇太后崩于慶壽宮，百官入班宮庭。"

《宋史》卷十六《神宗二》："（元豐二年冬十月）乙卯，太皇太后崩。"

十一月六日，國子監直講王沇之除名，道過江寧。有詩相送

《詩注》四十《送王彦魯》："北客憐同姓，南流感似人。相分豈相忘，臨路更情親。"

《沈注》："介甫此詩，亦是沇之被廢後作。"是。

《長編》卷三百一元豐二年十一月庚午："詔國子監直講、潁州團練推官王沇之除名，永不收叙。太常丞余中追一官，勒停。監東作坊門、河南左軍巡判官王沔之、秘書丞范峒衝替。沇之坐受太學生章公弼賂，補上舍不以實，罪當徒二年。中坐受太學生陳度賂，罪當杖。峒坐爲封彌官漏字號。沔之，沇之弟，亦坐納賂，囑請於中、沇之等。皆因虞蕃上書，下御史臺案劾，又用御史何正臣之請。獄辭所及，雖蕃所不言，皆得究治。沇之等雖會赦降，猶特責之。沇之始議送湖南安置，既而止除名。然太學一獄，踰年方決，追逮徧四方，蓋舒亶、何正臣爲之。"

按，王沇之字彦魯，衢州常山人。公同年王介之子，嘗從公學，元豐五年進士。[①]《補注東坡編年詩》卷二十四《王中父哀辭》注："沇之字彦魯，少從王介甫學。彦魯之得罪，

因太學生虞蕃上書。"周必大《文忠集》卷十六《跋安福令王
棣所藏王介及其子渙之漢之沇之等帖》:"王公與荆文公同
學,眉山蘇公同科。二公皆弔以詩,其人可知矣。敬觀翰
墨,恨不同時也。彦魯嘗從荆公學,故手筆數字頗有横風疾
雨之勢。"詩曰"北客憐同姓,南流感似人",當是王被逐出京
過江寧時作。

上賀冬表

《文集》卷五十九《賀冬表》其一。

按,《長編》三百九十一哲宗元祐元年十一月乙卯朔:
"故事,冬至百官皆上表賀皇帝。"

十二月六日,婿蔡卞爲國子監直講

《長編》卷三百一元豐二年十二月庚子:"安陽縣主簿虞
蕡、江陰縣主簿蔡卞、光禄寺丞袁默、杭州州學教授梅灝並
爲國子監直講,汝州司户參軍丁執古爲太學正,睦州司户參
軍葉景文爲太學録,並從張璪薦也。"

按,《宣和書譜》卷十二:"初,安石鎮金陵,作《精義堂
記》,令卞書以進,由是神考知其名。"

十二月二十四日,弟安禮提舉三司帳司,與管勾帳官孫
杞互有論奏

《長編》卷三百一元豐二年十二月戊午:"詔御史中丞李
定同御史丁執禮、舒亶、何正臣根治三司及提舉帳司互奏事
實以聞。時提舉帳司王安禮與管勾帳官孫杞互有所奏

故也。"

李注："三年正月二十七日，王安禮罰銅。"

十二月二十六日，蘇軾烏臺獄具，弟安上罰銅二十斤

《長編》卷三百一元豐二年十二月庚申："祠部員外郎、直史館蘇軾責授檢校水部員外郎、黃州團練副使、本州安置，不得簽書公事，令御史臺差人轉押前去。絳州團練使、駙馬都尉王詵追兩官勒停。著作佐郎、簽書應天府判官蘇轍監筠州鹽酒稅務，正字王鞏監賓州鹽酒稅務，令開封府差人押出門，趣赴任。太子少師致仕張方平、知制誥李清臣罰銅三十斤。端明殿學士司馬光、戶部侍郎致仕范鎮、知開封府錢藻、知審官東院陳襄、京東轉運使劉攽、淮南西路提點刑獄李常、知福州孫覺、知亳州曾鞏、知河中府王汾、知宗正丞劉摯、著作佐郎黃庭堅、衛尉寺丞戚秉道、正字吳琯、知考城縣盛僑、知滕縣王安上、樂清縣令周邠、監仁和縣鹽稅杜子方、監澶州酒稅顏復、選人陳珪錢世雄，各罰銅二十斤。"

王安上何時自權發遣江南東路提點刑獄改知滕縣？又緣何涉蘇軾詩案？或以爲："《滕縣公堂記》雖所叙之事乃范純粹所爲，而請蘇軾作文者必定爲王安上，否則不至於范純粹一無所責，而讓王安上代其受過。蘇軾此文作時自署爲元豐元年七月二十二日，這也説明王安上必在此前已由權發遣江南東路提點刑獄，改知滕縣。"[1]

---

[1] 《北宋臨川王氏家族及文學考論》，第184頁。

按，此説不確。《長編》卷二百九十四元豐元十一月辛未朔："新知潤州呂嘉問言……九月中，前江寧府通判杜行送人回府稱，行密令白臣昨在東府客次，見衆人談學士妄用公使錢修造，爲監司所案發。及進士吳愿言，見提舉官朱炎子浚明説，琬言臣爲門僧教化，拆鎮淮橋，修精義堂，及不造監司商量公事，而數至王安石之門，安石亦厭其來。又得在京市易務監華申甫書，所報如愿言。臣皆未敢爲信，尋聞有朝旨下轉運司案劾，臣謂提點刑獄王安上當知其詳，遂詢其兄安石，安石稱聞琬所言亦相連及。上批：慮有事干涉中書吏人，可實封送御史臺根究公事所……詔王安上、朱炎已不許回避，令同繫書以聞。"《長編》卷二百九十五元豐元年十二月壬戌："中書言：'江南東路制勘院言，根究呂嘉問等事，候江西提點刑獄李茂直到院結案，然茂直近已丁母憂。'詔止令孫珪、王安上、朱炎同鞫之。"據此，則王安上改知滕縣，或因神宗已定讞呂嘉問案，故暫移之，以免其遭受牽涉。此當於元豐二年一、二月間。滕縣屬徐州，王安上遂與知徐州蘇軾往來。朋九萬《東坡先生烏臺詩案》："軾知徐州，滕縣贊善大夫范純粹修葺本州廨宇，極齊整。本官替去，軾作《滕縣公堂記》一首與范純粹，交代知縣王安上寺丞，立石在本縣，即不曾寄范純粹，其記多不具載。此記大率譏諷朝廷。"可見王安上捲入烏臺詩案，並非代前任范純粹求撰《滕縣公堂記》，而因奉蘇軾之命，將此記刻碑立石。

是年，以定林路成，屢遊定林院

《詩注》卷四十三《元豐二年僧修定林路成》："獨龍新

路得平岡,始免游人屐齒妨。更有主林身半見,與公隨轉作陰涼。"

是年,逐行詳,作《白鶴吟示覺海元公》

《詩注》卷三《白鶴吟示覺海元公》:"白鶴聲可憐,紅鶴聲可惡。白鶴靜無匹,紅鶴喧無數。白鶴招不來,紅鶴揮不去。長松受穢死,乃以紅鶴故。北山道人曰,美者自美,吾何爲而喜?惡者自惡,吾何爲而怒?去自去耳,吾何關而追?來自來耳,吾何妨而拒?吾豈厭喧而求靜,吾豈好丹而非素。汝謂松死吾無依邪?吾方捨陰而坐露。"

李注:"余於臨川,得公此詩刻本,有跋在後,今附見篇末:'《白鶴吟》,留鍾山覺海之詩也。先是,講僧行詳與公交舊,公延居山中。詳有經論,每以善辯爲名,毁訾禪宗。先師普覺奄化西菴,而覺海孤立,詳益驕傲。師弗之爭,屢求退菴席。公固留不可,窹詳譎妄,遂逐詳而留師,乃作是詩焉。《白鶴》,譬覺海也;紅鶴,行詳也;長松,普覺也。覧是詩者,即知公與二師方外之契,不爲不厚矣。景齊久藏其本,今命工刻石,兼書其所以云。'"

按,王士禎《池北偶談》卷十四:"王介甫《白鶴吟》……云云,當介甫得政變法,爭新法者白鶴也,所謂招不來者是也;呂惠卿之流乃紅鶴也,所謂揮不去者是也。介甫之受穢,豈不以惠卿輩耶?此老好惡顛倒至此,可憐哉!"王士禎謬解詩意,殊無謂也,《蔡譜》卷二十一駁之,甚是。

覺海,詳本譜英宗治平四年。

是年，江寧上元縣主簿莊徽謁見

汪藻《浮溪集》卷二十六《徽猷閣待制致仕贈少師謚僖簡莊公墓誌銘》：“君諱徽，字君猷，世家揚州之江都……中元豐二年進士乙科，解褐，調主江寧之上元簿。王文公居金陵，四方英雋闐門，公一與之交，而非其人，未嘗往，繇是名聲日聞。”

是年，神宗賜馬死。賦詩傷之，爲之設齋。後以驢代步

《詩注》卷四十二《馬死》：“恩寬一老寄松筠，晏臥東窗度幾春。天厩賜駒龍化去，謾容小蹇載閑身。”

李注：“公熙寧七年六月罷相，知江寧，時五十六歲。至六十五歲，猶食觀使禄，居鍾山。六十六歲，始薨，則閑居之日幾十年也。”“公嘗有《謝鞍馬表》云：‘引内厩之名駒，傳之錯綵。’此言向所賜已亡矣。”

《京口耆舊傳》卷三：“陳輔字輔之，丹陽人，其先自九江來居。少負俊才，不屑事科舉。文辭雄偉，不蹈故常，尤工於詩。自號‘南郭子’，人因稱‘南郭先生’。嘗題所居云：‘湖水山雲遶縣斜，茂林修竹野人家。宿醒過午無人問，卧聽東風掃落花。’或誦之於王安石，安石稱詩甚佳，但落花無聲，宜改‘聽’爲‘倩’字。由是出入安石之門，安石厚遇之……一日，安石喪馬，爲之設齋，輔之作詩戲之，末章有‘含識應爲獅子去，却來重載法王身’之句。安石和之，末章云：‘隱几先生未忘物，葛陂猶問化龍身。’其他唱酬甚多，見《南郭集》中，蓋有《臨川集》所不載者。”

是年，作《歲晚》等

《詩注》卷二十二：“月映林塘澹，天涵笑語涼。俯窺憐綠淨，小立佇幽香。攜幼尋新菂，扶衰坐野航。延緣久未已，歲晚惜流光。”

《詩注》卷二《兩山間》：“自予營北渚，數至兩山間。臨路愛山好，出山愁路難。山花如水淨，山鳥與雲閑。我欲拋山去，山仍勸我還。祇應身後塚，便是眼中山。且復依山住，歸鞍未可攀。”

按，《苕溪漁隱叢話》前集卷三十三引《漫叟詩話》：“荆公定林後詩，精深華妙，非少作之比。嘗作《歲晚》詩，自以比謝靈運，議者亦以爲然。”

解《華嚴經》

《蘇軾文集》卷六十六《跋王氏華嚴經解》：“予過濟南龍山鎮，監税宋保國出其所集王荆公《華嚴經解》相示，曰：‘公之於道，可謂至矣。’予問保國：‘《華嚴》有八十卷，今獨解其一，何也？’保國曰：‘公謂我此佛語深妙，其餘皆菩薩語爾。’予曰：‘予於藏經取佛語數句置菩薩語中，復取菩薩語置佛語中，子能識其是非乎？’曰：‘不能也。’‘非獨子不能，荆公亦不能。予昔在岐下，聞汧陽猪肉至美，遣人置之。使者醉，猪夜逸，買他猪以償，吾不知也。而與客皆大詫，以爲非他産所及。已而事敗，客皆大慚。今荆公之猪未敗爾。屠者賣肉，娼者唱歌，或因以悟。若一念清净，牆壁瓦礫皆説無上法，而云佛語深妙，菩薩不及，豈非夢中語乎？’保國曰:"唯唯。'"

按,公《華嚴經解》,諸家書目不著,惟宋保國藏之,其作年不詳。《京口耆舊傳》卷四載蔡肇初謁荊公:"因問曾閱內典否,曰:'未也。'安石曰:'內典惟《華嚴經》最有理,但部帙浩大,非經年不能究也。'肇即借經寺中,甫半月盡得其旨。一日,安石論及《華嚴》疑義數處,肇應答如響,安石駭嘆。"故附此。

是年,韋驤過江寧,呈詩以"文章追孔孟,事業過伊皋"相頌

韋驤《錢塘韋先生文集》卷七《過金陵上僕射王舒公》:"天眷皇圖盛,真儒德性高。文章追孔孟,事業過伊皋。難進輕三幣,功收變一陶。斗樞符斡運,主柄贊持操。萬務縣吾揆,千齡慶所遭。邦財理豐本,民力較秋毫。惠遍農無乏,輸均役不騷。保兵知警守,祿吏絕貪饕。信令朝廷重,伸威塞境牢。深謀壓夷狄,侵地復岷洮。萬里耕桑富,中原氣象豪。河淤開億頃,海貢集千艘。著義尊經典,更科待儁髦。養材從引類,設學派紛袍。試士先三尺,傳師或六韜。進賢輕似汲,去弊勇如薅。化俗遷狙詐,乘時等鳳翱。赤心全皦皦,鄙議過滔滔。表正銷群靡,言深決衆謠。郭崔奢自減,楊墨謬皆逃。勳烈輕銘鼎,光華外奏鷔。臺階迴遠趾,仙觀乞閒曹。異寵藏珍帶,優恩避節旄。鍾山歸舊隱,槐府輟先勞。不宰經綸效,潛忘簡策褒。煙雲供笑咏,風月共遊遨。古寺唯輕屜,秋溪只小舠。羹調梅斂實,旱救雨收膏。寰宇恬安枕,衣冠賦執翿。何時傳入覲,群望慰嗷嗷。"

按，題注曰："己未冬。"《長編》卷三百八元豐三年九月乙酉："觀文殿大學士、集禧觀使、左僕射、舒國公王安石爲特進，改封荆國公。"詩曰"上僕射王舒公"，即謂此。

陸經卒，有詩傷之

《詩注》卷五十《追傷河中使君修撰陸公三首》。

李注："經字子履。"

按，陸經生平，詳本譜皇祐三年、嘉祐元年。陸經卒於本年，[①]故附此。

見蘇軾《表忠觀碑》，贊之不已

潘淳《潘子真詩話》："東坡作《表忠觀碑》，荆公實坐隅，葉致遠、楊德逢二人在坐。公曰：'斯作絶似西漢。'坐客歎譽不已。公笑曰：'西漢誰人可擬？'德逢對曰：'王褒。'蓋易之也。公曰：'不可草草。'德逢復曰：'司馬相如、揚雄之流乎？'公曰：'相如賦《子虚》、《大人》洎《諭蜀文》、《封禪書》耳，雄所著《太玄》、《法言》以準《易》、《論語》，未見其叙事典贍若此也。直須與子長馳騁上下。'坐客又從而贊之。公曰：'畢竟似子長何語？'坐客悚然。公徐曰：'《楚漢以來諸侯王年表》也。'"

邵博《邵氏聞見後録》卷十四："陳叔易言：王荆公得東坡《表忠觀碑》本，顧坐客曰：'似何人之文？'自又曰：'似司馬遷。'自又曰：'似遷何等文？'自又曰：'《三王世家也》。'"

---

① 可見劉德清《陸經詩文酬唱及其對宋代文學的貢獻》。

　　徐度《却掃編》卷下：“東坡初爲趙清獻公作《表忠觀碑》，或持以示王荆公。公讀之，沉吟曰：‘此何語邪？’時客有在傍者，遽指摘而詆訕之。公不答，讀至再三，又攜之而起，行且讀，忽嘆曰：‘此《三王世家》也，可謂奇矣！’客大慙。”

　　按，熙寧十年，蘇軾作《表忠觀碑》。① 《詩話》曰葉濤在坐，濤本年因虞蕃案衝替歸江寧，故附此。

多作集句詩詞，混然天成，如出諸己，後世稱爲“荆公體”

　　周紫芝《竹坡詩話》：“王荆公作集句，得‘江州司馬青衫濕’之句，欲以全句作對，久而未得。一日問蔡天啓：‘“江州司馬青衫濕”，可對甚句？’天啓應聲曰：‘何不對“梨園弟子白髮新”？’公大喜。”② “集句近世往往有之，惟王荆公得此三昧。前人所傳……非不切律，但苦無思耳。”

　　方勺《泊宅編》卷上：“舒王嘗戲作《急足集句》云：‘年去年來來去忙，傍他門户傍他墙。一封朝奏緣何事，斷盡蘇州刺史腸。’”

　　王明清《揮麈餘話》卷二：“明清嘗於王瑩夫瓘處見王荆公手書集句詩一紙云：‘海棠亂發皆臨水，君知此處花何似。凉月白紛紛，香風隔岸聞。囀枝黄鳥近，隔岸聲相應。隨意

---

① 《蘇軾年譜》卷十六，第375頁。
② 《樓鑰集》卷七十《跋郭適之集句梅雪詩》：“集句始於近世，莫盛於半山，而葛公亞卿繼之。後有作者，鮮能及也……昔有刺字至半山之前，自稱集句詩人，坐客駭然。公實之坐末，問曰：‘江州司馬青衫濕，何以爲對？’應聲曰：‘梨園弟子白髮新。’公甚悦。”雖對者不同，然此事容有。

坐莓苔,飄零酒一杯.'今不知在何所。"

沈括《夢溪筆談》卷十四:"荆公始爲集句詩,多者至百韻,皆集合前人之句,語意對偶,往往親切過於本詩。後人稍稍有效而爲者。"

蔡啓《蔡寬夫詩話》:"荆公晚多喜取前人詩句爲集句詩,世皆言此體自公始。"

蔡絛《西清詩話》卷上:"集句自國初有之,未盛也。至石曼卿,人物開敏,以文爲戲,然後大著……至元豐間,王荆公益工於此。人言起自公,非也。"

牟巘《陵陽集》卷十二《厲瑞甫〈唐宋百衲集〉序》:"(集句)實始于半山王公……四明厲君震廷瑞甫,博學工詩,尤喜集句,合異爲同,易故爲新,大抵效半山而自有活法。"

按,因集句創作,公最擅長,"語意對偶,往往親切過於本詩",故世人仿效成風,遂以此濫觴自公,而徑以"荆公"名之。此即"荆公體"也。如北宋後期洪芻《老圃集》卷上"七言古詩"《戲用荆公體呈黄張二君》:"金華牧羊兒,穩坐思悠哉。誰人得似張公子,鞭笞鸞鳳終日相追陪。長夏無所爲,壘麴便築糟丘臺。古今同一體,吾人甘作心似灰。南方瘴癘地,鬱蒸何由開。永日不可暮,渴心歸去生塵埃。人生會合安可常,如何不飲令心哀。張公子,時相見,我能拔爾抑塞磊落之奇才。只願無事常相見,有底忙時不肯來。"此詩題爲"戲用荆公體",純粹堆砌前人詩句而成,有李白《古風五十九首》、《襄陽歌》,杜甫《放船詩》、《課伐木》、《狄明府》、《曲江三章》、《夢李白》、《夏日歎》、《夏夜歎》、《蘇端薛複筵間薛華醉歌》、《短歌行》、《病後過王倚飲贈歌》，公之《贈張軒民贊善》、韓愈《奉酬盧給事雲夫四兄曲江荷花行見寄並呈上錢七兄閣老張十八助教》、盧仝《訪含義上人》等又因集句創作時人多目之爲遊戲、小道，①故洪芻於“荊公體”前添一“戲”字。

宋人又或以公字“介甫”命名集句體。《李綱全集》卷二十一《胡笳十八拍》序：“昔蔡琰作《胡笳十八拍》，後多仿之者。至王介甫集古人詩句爲之，辭尤麗縟淒婉，能道其情致，過于創作。然特此一女子之故耳。靖康之事，可爲萬世悲。暇日效其體集句，聊以寫無窮之哀云。”喻良能《香山集》卷十五《讀韓詩有感用介甫體》：“少陵無人謫仙死（原注：《石鼓歌》），吏部文章日月光（原注：《沿流館詩》）。半世遑遑就選舉（原注：《贈侯喜》），十年蠢蠢隨朝行（原注：《和盧中郎》）。”所謂“效其（介甫）體集句”、“介甫體”，亦即洪芻所“戲用”之“荊公體”。

至於以“荊公體”爲公之五七言絶句，肇始於南宋嚴羽《滄浪詩話》“王荊公體”自注：“公絶句最高，其得意處，高出蘇、黃、陳之上，而與唐人尚隔一關。”此注本爲楊萬里評論公之五七言絶句，《誠齋詩話》：“五七字絶句最少，而最難

---

① 陳師道《後山詩話》：“王荊公暮年喜爲集句，唐人號爲‘四体’，黃魯直謂正堪一笑爾。”《歷代詩話》第306頁。朱弁《風月堂詩話》卷上：“晁美叔秋監以集句示劉貢父，貢父曰：‘君高明之識，輔以家世文學，乃作此等生活，殊非我素所期也。吾嘗謂集古人句，譬如蓬藋之士，適有重客，既無自己庖厨，而器皿肴蔌悉假貸於人，收拾餖飣，盡心盡力，意欲强學豪奢，而寒酸之氣終是不去。若有不速排闥而入，則倉皇敗績矣。非如貴公子供帳不移，水陸之珍咄嗟而辦也。’”第102頁。

工，雖作者亦難得四句全好者。晚唐人與介甫最工於此。”
《誠齋集》卷八《讀唐人及半山詩》：“不分唐人與半山，無端
橫欲割詩壇。半山便遣能參透，猶有唐人是一關。”同書卷
八十四《誠齋荆溪集序》：“予之詩始學江西諸君子，既又學
後山五字律，既又學半山老人七字絶句，晚乃學絶句於唐
人。學之愈力，作之愈寡。”嚴羽代人背書，撮述拈出，置於
“荆公體”下，實已不明“荆公體”之本意，而以舊瓶裝新
酒也。①

另，公作集句，或因李士寧之言而悟。邵博《邵氏聞見
後錄》卷十七：“李士寧，蓬州人，有異術，王荆公所謂‘李生
坦蕩蕩，所見實奇哉’者。熙寧中，宗室世居獄連士寧，呂惠
卿初叛荆公，欲深文之，以侵荆公。神宗覺之，亟復相荆公。
荆公平生好辭官，至是不復辭，自金陵連日夜以來。惠卿罷
去，士寧止從編置。初，士寧贈荆公詩，多全用古人句，荆公
問之，則曰：‘意到即可用，不必皆自己出。’又問：‘古有此律
否？’士寧笑曰：‘《孝經》，孔子作也，每章必引古詩。孔子
豈不能自作詩者？亦所謂意到即可用，不必皆自己出也。’
荆公大然之。至辭位遷觀音院，題薛能、陸龜蒙二詩於壁
云：‘江上悠悠不見人，十年一覺夢中身。慇懃爲解丁香結，
放出枝頭自在春。’‘蠟屐尋苔認舊蹤，隔溪遥見夕陽春。當
年諸葛成何事？只合終身作臥龍。’用士寧體也。後又多集
古句，如《胡笳曲》之類不一。”

---

① 可見拙文《“荆公體”別解》，《文學遺產》2006 年第 4 期。

作集句《胡笳十八拍》，麗縟淒婉，過於創作。世人稱之，後譜入曲

《文集》卷三十七。

黃庭堅《豫章黃先生文集》卷二十六《跋王植中胡笳集句》："溢城王寅植中擬半山老人集句《胡笳十八拍》，其會合宛轉，道文姬中心事甚妙。"

王炎《雙溪類稿》卷二十四《東山集句詩序》："風雅遠矣。自柏梁賡咏以來，詩體不一，最後始有集句。曩時荊國王文公喜爲之，有《胡笳十八拍》最高妙。"

嚴羽《滄浪詩話》："集句惟荊公最長。《胡笳十八拍》渾然天成，絕無痕迹，如蔡文姬肺肝間流出。"

王應麟《玉海》卷一百十："書目協律郎吳良輔集王安石《胡笳十八拍》曲及《元豐行》譜歌六篇，協之音律，附於琴聲，爲《琴譜》一卷。《胡笳十八拍》四卷，漢蔡琰撰。琰幽憤成此曲，入琴中。唐劉商、皇朝王安石、李元白各以集句效琰體，共四家。"

按，公所撰集句《胡笳十八拍》爲文學史名篇，作於退居江寧時。趙與時《賓退録》卷五："王荊公一日訪蔣山元禪師，坐間談論，品藻古今。元曰：'相公口氣逼人，恐著述搜索勞役，心氣不正，何不坐禪，體此大事？'又一日，謂元曰：'坐禪實不虧人。余數年欲作《胡笳十八拍》不成，夜坐間已就。'元大笑。""元禪師"即贊元覺海，翌年坐化（詳下），故附此。

有詩送潘景純

《詩注》卷三十二《送潘景純》:"東都曾以一當千,場屋聲名十五年。晚賜綠衣隨宦牒,始操丹筆事戎旃。明時正欲精蒐選,榮路何當力薦延。賴有史君能好士,方看一鶚在秋天。"

按,潘景純,治平二年進士及第。①　詩曰"場屋聲名十五年",謂自治平二年至此,恰十五年。又熙寧七年,潘景純與米芾同遊伏波巖,《粵西叢載》卷二:"潘景純、米黻,熙寧七年五月晦同遊。"本年,米芾亦有詩相送。《寶晉英光集》卷四《送潘景純》:"五年相遇一行頻,笑佩笭箵望塞雲。曼倩未應徒爲米,仲宣何事樂從軍。開尊共喜身强健,秣馬還驚歲杪分。此別固應尤作惡,天涯老去與誰群。""望塞雲",即公詩"事戎旃"也。

項瞻來謁,有詩送之

《詩注》卷二十六《送項判官》:"斷蘆洲渚落楓橋,渡口沙長過午潮。山鳥自鳴泥滑滑,行人相對馬蕭蕭。十年長自青衿識,千里來非白璧招。握手祝君能强飯,華簪常得從雞翹。"

按,《王文公文集》卷五十八題作《送項瞻判官》。項瞻,鄞縣人,嘉祐六年進士。②　本年,項瞻新授江州軍事判官,至江寧來謁。《(光緒)餘姚縣志》卷十六《宋故□府君

---

① 《(至元)嘉禾志》卷十五,第4518頁。
② 《(寶慶)四明志》卷十:"嘉祐六年王俊民牓:項瞻,晞堂弟。"第5115頁。

墓銘》，題下署：“朝散郎、守秘書省著作佐郎、前監明州鹽稅務朱方撰。將仕郎、試秘書省校書郎、新授江州軍事判官項瞻書。”哲宗元祐七年，項瞻以承議郎任常熟縣令。[①]

郭祥正來謁，與之遊

《青山集》卷二十九《西軒看山懷荊公》：“長憶金陵數往還，誦公佳句伴公閑。如今不復聞公語，獨自西軒臥看山。”

按，元豐元年至三年，郭祥正居當塗，[②]其數過金陵，當於此期間。

與郭祥正登金陵鳳凰臺

魏慶之《詩人玉屑》卷十八：“郭功甫嘗與王荊公登金陵鳳凰臺，追次李太白韻，援筆立成，一座盡傾。白句人能誦之，郭詩罕有記者，今俱紀之……功甫云：‘高臺不見鳳凰游，浩浩長江入海流。舞罷青娥同去國，戰殘白骨尚盈丘。風搖落日吹行棹，潮擁新沙換故洲。結綺臨春無處覓，年年荒草向人愁。’”

龍太初來謁，命賦《沙》詩

《王直方詩話》：“郭功父方與荊公坐，有一人展刺云：‘詩人龍太初。’功父勃然曰：‘相公前敢稱詩人，其不識去就

---

① 《（同治）蘇州府志》卷五十三：“項瞻，元祐七年以承議郎任。”第509頁。
② 孔凡禮《郭祥正與王安石》，《孔凡禮古典文學論集》，學苑出版社1999年版，第156頁。

如此。'荆公曰：'且請來相見。'既坐，功父曰：'賢道能作
詩，能爲我賦乎？'太初曰：'甚好。'功父曰：'只從相公請箇
詩題。'時方有一老兵，以沙擦銅器，荆公曰：'可作沙詩。'太
初不頃刻間誦曰：'茫茫黄出塞，漠漠白鋪汀。鳥過風平篆，
潮回日射星。'功父閣筆，太初緣此名聞東南。余後於喬希
聖家，見太初詩一軸，皆不及前所作。"

吳炯《五總志》所載略同，惟龍太初作"僧義了"，皆似
小説家言，姑附之。

端禪師來謁，作偈頌新法。稱賞之

釋曉瑩《羅湖野録》卷一："湖州西余净端禪師，字表明，
出於湖之歸安丘氏……又嘗往金陵謁王荆公，以其在朝更
新庶物，故作偈曰：'南無觀世音，説出種種法。衆生業海
深，所以難救拔。往往沉没者，聲聲怨菩薩。'吳興劉燾撰端
塔碑。荆公平時見端偈語，稱賞之，曰：'有本者故如是。'然
所獻二公偈，並出禪悦遊戲，使不以方外有道者遇之，其取
詬厲也必矣。此可謂相忘於道術也歟！"

董斯張《吳興藝文補》卷十五載劉燾《端禪師行業
記》："宋故吳山端禪師，諱净端，字明表，俗姓丘氏，吳興
歸安人也。丞相舒王道德之學，出言爲經，局貫九流，尤味
禪悦。常見師偈頌，稱之曰：'有本者如是爾。'觀文吕太
尉留意内典，多所論著，天下緇衲，鮮獲印可。嘗道過吳
山，停舟相訪，一語相契。謫居宣城，屢書招延，館之數月。
丞相章申公神鋒高峻，一世龍門，疏請傳法靈山墳寺，奏賜
命服，曲留累年。師與諸公談道之際，不可少屈，飄如浮

雲，去來惟己，未嘗肯以名位惜詞色也……崇寧二年十二月初五日，忽謂寺衆曰：‘吾緣謝已今日矣。’索湯與浴，留頌辭衆，歌《漁父》數聲，一笑整衣，趺坐而化。即以陶器瘞於歸雲庵下，實明年正月初七日也。俗壽七十四歲，僧臘四十九年。”

故人譚昉卒，其子譚掞來求銘。爲詩挽之

《詩注》卷五十《致仕虞部曲江譚君挽詞》：“同時獻賦久無人，握手悲歡迹已陳。他日白衣霄漢志，暮年朱綬水雲身。虛容劍几今長夜，小隱山林祇舊春。豈惜埋辭追往事，齒衰才盡獨傷神。”

《（同治）韶州府志》卷三十二：“譚掞字文初，曲江人。父昉，刻苦積學，四上計偕，而親老家貧，無以爲養，不獲已，請補吏外臺。久之，授海豐簿、英州司理、平樂令。天聖中，殿中丞王益守韶州，延至門下教子弟，時益子安石方鬌亂，與掞兄弟同學。後安石爲相，而昉爲虞部郎官，卒。掞狀其行求銘，安石方行新法，未暇及之，但作挽詩：‘同時獻賦久無人，握手悲歡迹已陳。他日白衣霄漢志，暮年朱綬水雲身。虛看劍履今長夜，小隱山林祇舊春。豈惜俚辭追往事，齒衰才盡獨傷神。’”

按，“掞狀其行求銘，安石方行新法，未暇及之”，不確。譚昉於熙寧間致仕，卒於元豐年間。《周惇頤集》卷三《贈虞部員外郎譚公昉致仕》：“清時望郎貴，白首故鄉歸。有子紆藍綬，將孫著綵衣。松喬新道院，鶴老舊漁磯。知止自高德，寧爲遁者肥。”《（同治）韶州府志》卷三：“周惇頤，熙寧

四年任提點刑獄,有傳。譚掞,熙寧九年任英州參軍。"元豐
元年,譚掞之妻卒,時譚昉尚在,其卒當於之後。鄭俠《西塘
先生文集》卷四《謝夫人墓表》:"由是亦卧病,以元豐元年
九月十九日終,享年二十九歲。虞曹公於是亦得疾且甚,聞
之大慟,喟然嘆曰:'使我宗族內外終無間,此婦也,何奪之
遽乎?'後五日,吉,遂葬于曲江之豐樂鄉洪義里龍華山之
原。夫人之葬,文初病猶未蘇,而虞曹公疾病倉皇遽迫,故
不及銘其室。"姑附此。

元豐三年庚申（1080），六十歲

正月一日，上表慰神宗

《文集》卷六十一《正旦奉慰表》："臣某言：伏以日晷流
邁，歲歷肇新。太皇太后棄捐宮闈，奄歷時序。"

是日，上表賀正

《王文公文集》卷十五《賀正表》其二，題注："元豐
三年。"

正月十八日，餞送呂嘉問知臨江軍，賦詩別之

《詩注》卷四十《送望之赴臨江》。

按，《長編》卷三百二元豐三年正月壬午："降前知江寧
府、司封員外郎呂嘉問知臨江軍。嘉問前坐監司按修造違
法等事奪職，至是上書自辯，又坐對制不實，會恩止降差遣。
前勘官太常博士范峋、太常丞彭汝礪坐推鞫不盡，雖會恩，
各特奪一官。"

李燾："元豐元年九月壬申朔，嘉問自江寧改潤州。十
二月癸卯，江東提舉司乞罷嘉問潤州。二年四月庚戌，罷潤
州。今乃以前知江寧責，不知何故。"

黃徹《䂬溪詩話》卷一："臨川《送望之守臨江》云……
使能行此言，則虐生類以飽口腹，刻疲民以肥權勢者寡矣。
其詩纔二十字耳，敦仁愛，抑奔競，皆具焉，何以多為！"

正月二十一日,大妹文淑卒於潁州

《文集》卷九十九《長安縣太君王氏墓誌》:"其卒在潁州子覬官舍,實元豐三年正月己酉。"

是月,遊齊安院

《詩注》卷四十三《庚申遊齊安院》:"水南水北重重柳,山後山前處處梅。未即此身隨物化,年年長趁此時來。"

《詩注》卷四十三《庚申正月遊齊安院有詩云水南水北重重柳壬戌正月再遊》,李注:"《建康志》云:'浄妙寺即齊安寺,在城東門外,前臨官路。今徙置高隴,面秦淮。南唐昇元中建,政和中改今額。'"

孔平仲來謁並呈詩

豫章叢書本《清江三孔集·朝散集》卷四孔平仲《呈舒公》:"磻溪莘野亦初閒,去逐功名遂不還。豈有太平辭將相,却來高卧對湖山。冥心真出三千界,注想長虛第一班。踽踽朱門舊時客,冒寒衝雨到郊關。"《造王舒公第馬上作》:"濯濯春容在柳梢,野梅相壓吐香苞。日邊明晦雲無定,雨後寒暄氣欲交。抱蘂懸蟲猶帶繭,銜枝飛鳥已營巢。高懷不愛三公府,白水青山滿近郊。"

《三孔先生清江文集》卷三十七孔平仲《祭介父》:"謹以清酌庶羞之奠,致奠於故丞相荆國公之墓。嗚呼!人之相知,自古難偶。公於不屑,一見加厚。雖未及用,意則至焉。去公山中,俯仰十年。奉命出使,今復來此。音容闃然，松柏拱矣。酒薄食陋，所豐者誠。再拜奠公，敢有死生。尚饗。"①此文作於哲宗元祐三年，文曰："去公山中，俯仰十年。"是年，孔平仲自都水監勾當公事出倅虔州，過江寧，因來謁。②

又，公有藥名詩《和微之藥名勸酒》，平仲效之，《清江三孔集》卷二十八孔平仲《蕭器之小飲誦王舒公藥名詩因效其體》、《再作藥名詩一呈器之》等。

是月，填《漁家傲》詞

《文集》卷三十七《漁家傲二首》其一："燈火已收正月半，山南山北花撩亂。聞說洴亭新水漫，騎款段，穿雲入鳥尋遊伴。却拂僧牀褰素幔，千巖萬壑春風暖。一弄松聲悲急筦，吹夢斷，西看熌日猶嫌短。"

其二："平岸小橋千嶂抱，柔藍一水縈花草。茅屋數間窗窈窕，塵不到，時時自有春風掃。午枕覺來聞語鳥，欹眠似聽朝雞早。忽憶故人今摠老，貪夢好，茫然忘却邯鄲道。"

按，吳聿《觀林詩話》："半山嘗於江上人家壁間，見一絶云：'一江春水碧揉藍，船趁歸潮未上帆。渡口酒家賒不得，問人何處典春衫。'深味其首句，爲躊躇久之而去。已而作小詞，有'平岸小橋千嶂抱，柔藍一水縈花草'之句，蓋追用其語。"

---

① 蘇頌《蘇魏公文集》卷五十九《中書舍人孔公墓誌銘》載孔文仲元祐三年春同知貢舉，時已病，及奏榜歸第而卒，年五十六。《宋史》卷三百四十四《孔平仲傳》："平仲字義甫，登進士第，又應制科……文仲卒，歸葬南康，詔以平仲爲江東轉運判官護葬事。"第 10934 頁。

② 李春梅《三孔事迹編年》，《宋人年譜叢刊》第五冊，第 2886 頁。

黃蘇《蓼園詞選》：“此必荊公退居金陵時所作也，借漁家樂以自寫其恬退。”姑附此。

二月十二日，章惇爲參知政事。有啓賀之，又回其書

《文集》卷七十九《賀章參政啓》：“承聞大號，登用正人，國論所歸，帝舉時當。伏惟參政諫議，素所蘊蓄，實在生民，久於韜潪，乃遇明主。遠大蓋存乎道術，緒餘宜見夫功名。湖海殘生，門闌未契，方士師之未立，可謂曰知；於樂正之有爲，云胡不喜。更荷誨言之無間，但慚慶禮之不先。”

《文集》卷七十八《與章參政書》：“自聞休命，日與賢士大夫同喜。承誨示，重以感愧，又喜動止多福。某外尸榮祿，幸可以小愒，而痰喘稍瘳，即苦督眩。投老殘年，況不復久，唯祝公爲時自愛，勉建功業，稱明主眷遇而已。書不逮意，想蒙恕亮。”

《長編》卷三百二元豐三年二月丙午：“翰林學士、右正言、知審官東院章惇爲右諫議大夫、參知政事。”啓曰：“更荷誨言之無間，但慚慶禮之不先。”當是章惇拜參知政事後先致謝啓，遂回啓賀之。《與章參政書》與啓意同，約同時作。

二月二十日，慈聖光獻皇后發引、啓殯，上表慰神宗

《長編》卷三百二元豐三年二月甲寅：“大行太皇太后發引，上自慶壽殿步導梓宮，且行且哭，至宣德門外立班俟時，號慟不絕聲。王珪等及雍王顥、曹王頵更進開釋，不能止。百官士卒感慟悲咽，高麗使至於出涕。”

《宋會要輯稿》禮三二：“（元豐三年二月）二十日，發

引……是日，上自慶壽殿步導梓宮，且行且哭，至宣德門外，立班俟時，號慟不絶聲。”

《文集》卷六十一《慈聖光獻皇后啓殯及復土返虞慰皇帝表》其一。

三月十五日，慈聖光獻皇后虞主返京，上表慰神宗

《宋會要輯稿》禮三二：“（元豐三年三月）十五日，虞主至自永昭陵，群臣迎于板橋，皇太后迎於瓊林苑。有司行六虞祭，上服靴袍迎於内東門外，奉安于慶壽殿，群臣奉慰。”

《文集》卷六十一《慈聖光獻皇后啓殯及復土返虞慰皇帝表》其二：“臣某言：伏承太皇太后神宮復土，奄及返虞，聖心傷摧，何以勝處。”

三月二十二日，慈聖光獻皇后神主祔於太廟，上表慰神宗

《文集》卷六十一《慈聖光獻皇后神主祔廟慰皇帝表》。

《宋會要輯稿》禮三二：“（元豐三年三月）十六日，七虞祭，群臣奉慰。自是八虞、九虞，皆上親祭。十九日，卒哭祭，群臣皆奉慰。二十一日，上宿于慶壽殿側，輔臣宿于本司，百官宿于朝堂。二十二日，神主祔于太廟。”

《長編》卷三百三元豐三年三月乙酉：“祔慈聖光獻皇后神主於太廟。”

上慈聖光獻皇后挽詞二首

《詩注》卷四十九《太皇太后挽詞二首》。

李注：“慈聖光獻仁宗曹后也。元豐二年庚申十月二十日上仙。明年三月山陵，詔百官各進挽詞二首。公時奉祠里居，進此。”“公意蓋謂可以有其志，不可有其事也。是時，臣僚如吳丞相沖卿、從臣元絳、王存、鄧潤父、何洵直皆進詞，傳於中外。或謂公《關雎》、《卷耳》之句固美矣，然止后妃事而已。此可謂繆論。”

是年春，作集句詩招葉濤同遊，有詩次其韻

《文集》卷三十六《招葉致遠》：“山桃野杏兩三栽，嫩葉商量細細開。最是一年春好處，明朝有意抱琴來。”

《詩注》卷二十六《次韻葉致遠》：“知君聊占水中洲，去即東浮逐聖丘。憂國無時須問舍，得坻有興即乘流。由來要路當先據，誰謂窮鄉可久留？他日五湖尋范蠡，想能重此駐前騶。”

按，葉濤至江寧，一因虞蕃案，故來從學；二因四月其岳父王安國下葬。直至元豐末，葉濤尚在江寧，期間與公唱酬頗夥，今暫附於此，以俟詳考。

《詩注》卷四十二《招葉致遠》、《詩注》卷二十六《次韻致遠木人洲二首》、《詩注》卷四十一《次韻葉致遠置洲田以詩言志四首》等。其一：“吟歎君詩久掉頭，知君興不負滄洲。土山欲爲羊曇賭，且可專心學弈秋。”

龔原至江寧。與之遊,有詩唱酬

《詩注》卷四十三《遊城東示深之德逢二首》:"欲牽淮舸共尋源,且踏青青繞杏園。憶我舊時光宅路,依然桑柳映花繁。"

《詩注》卷二十六《次韻酬龔深甫二首》:"恩容衰老護松楸,復得一龔隨我遊。講肆劇談兼祖謝,舞雩高蹈異求由。北尋五柞故未慭,東挽三楊仍有樛。陟巘降原從此始,但無瑤玉與君舟。"

其二:"握手東崗雪滿簪,後期惆悵老吾鬵。芳晨一笑真難值,暮齒相思豈久堪。他日杜詩傳渭北,幾時周宅對漳南。百年邂逅能多少,且可勤來共草菴。"

李注:"據國史,深甫名原,處州人,嘉祐八年進士。哲廟時、徽廟初,嘗爲兵部、工部侍郎、給事中。原學於王安石,安石改學校法,引原以自助,原亦爲盡力。元祐初,司馬光召原與語,詆王氏,原反覆辯論,終不爲變。光曰:'王氏氣習尚爾耶?'據此,可見原不隨時觀望,背其師法。又原在紹聖、元符間,時有正論,言徽廟當爲哲宗服三年喪,坐此斥。後又坐與陳瓘善得罪。""漢有五柞宮,在盩厔。初疑公何忽用此,後按《輿地志》:'鍾山少林最高峰北,有五願樹,乃柞木也。'然後知公詩所稱'北尋',蓋謂此。"

按,元豐二年七月,龔原因太學獄追官勒停,先至揚州,與鄒浩、秦觀、參寥遊,是年春再至江寧。鄒浩《道鄉先生鄒忠公文集》卷二十八《括蒼先生易傳叙》:"某獲從先生遊,二十餘年矣。始見之廣陵,乃先生廢黜之後也。"《參寥子詩集》卷三《次韻少游學士送龔深之往金陵見王荆公》其一："春風隨意可嬉娛，水有舟航陸有車。應笑楊雄未忘我，閉門猶著解嘲書。"其四："白下長干春霧披，家家桃李粲朝暉。懸知一見毗耶老，心地如灰不更飛。"

王鞏來謁

王鞏《甲申聞見近録》："王荆公領觀使歸金陵，居鍾山下，出即乘驢。予嘗謁之，既退，見其乘之而出。"

按，蘇轍《欒城集》卷四十六《薦王鞏劄子》："昔熙寧之初，宰臣王安石用事，屢欲用鞏。鞏自知守正不合，拒而不從。"然熙寧九年閏四月二十一日，王鞏涉世居案，公爲出之。元豐二年十二月二十六日，又因蘇軾案貶監賓州酒税。本年，王鞏自開封至貶所，過高郵，經池州。① 其過江寧相謁，當在此時。

四月二日，吳充卒。有詩文祭之

《文集》卷八十六《祭吳侍中沖卿文》："嗚呼！公命在酉，長我一時。公先我茁，我後公萎。中間仕宦，有合有離。後我所踐，公輒仍之。出則交轡，處則連榱。坐肘則並，行肩則差。豈願敢及，天實我貽。公之停蓄，及所設施。有誥有諫，亦有銘詩。又將有史，傳所不疑。我既憊眊，何辭能爲？婚姻之故，唯以告悲。"

《長編》卷三百三元豐三年四月乙未："贈司空、兼侍中、

---

① 可見謝佩芬《王鞏年譜》，《宋代文學研究叢刊》第 11 期，第 361 頁。

諡正憲吳充卒，輟視朝二日，幸其第奠之。充臨死，戒妻子勿以私事干朝廷。上聞而悲之，對輔臣言：‘充孤立無與。’”

撰弟安國墓誌。四月二十七日，葬之

《文集》卷九十一《王平甫墓誌》：“越元豐三年四月二十七日，葬江寧府鍾山母楚國太夫人墓左百有十六步。有文集六十卷。妻曾氏，子旀、斿，女婿葉濤，處者四女。濤有學行，知名，旀、斿亦皆巖巖有立。君祉所施，庶在於此。”

八月十六日，應曾鞏請，撰《重建許旌陽祠記》

金桂馨、漆逢源《逍遙山萬壽宮志》卷十五《重建許旌陽祠記》：“自古名德之士，不得行其道以濟斯世，則將效其智以澤當時，非所以內交要譽也，亦曰士而獨善其身，不得以謂之士也。後世之士失其所宗，糜爛於章句訓傳之末，而號爲穎拔者，不過利其藝以干時射利而已，故道日喪而智日卑。於是有不昧其靈者，每厭薄焉；非士之所謂道者名不副其實也，亦以所尚者非道也。嗚呼！其來久矣。

晉有百里之長曰許氏者，嘗爲旌陽令，有惠及於邑之民。其爲術也，不免乎後世方技之習，如植竹水中，令疾病者酌水飲焉，而病者旋愈。此固其精誠之所致也。而藏金於圃，使因者出力而得之，因償負而獲免於桎梏，豈盡出方技之所爲者？以是德於民。暨後斬蛟而免豫章之昏墊，大抵皆其所志足以之；志之所至，智亦及焉。是則公之有功于洪，論者固自其道而觀之矣。夫以世降俗末之日，仕于時者得人焉如公，亦可謂晦冥之日月矣。公有功于洪，而洪人祀之虔且久。祥符中，升其觀爲宮，而公亦進位於侯王之上。於是州吏峻其嚴祀之宮室，與王者等，兹固侈其功而答其賜也。工弗加壯，中焉以圮，今師帥南豐曾君鞏慨然新之。鞏，儒生也，殆非好尚老氏之教者，殆曰能禦大災、能捍大患，則祀之，《禮經》然也。國家既隆其禮於公，則視其陋而加之以麗，所以敬王命而昭令德也。書來，使予記之。予嘗有感於士之不明其道而澤不及物者，得以議吾儒也，故於是舉樂爲之述焉。元豐三年八月既望。"①

按，熙寧八年冬，曾鞏權知洪州軍州事，充江南西路兵馬都鈐轄，任上修建許真君祠，請公撰記，故文中稱以"師帥"。祠記遲至本年方殺青，而曾鞏已去任矣。今《曾鞏集》有《祭西山玉龍觀許真君》："陰功及物，靈德在天。緬惟真馭之升，實以中秋之序。人思餘烈，歲即遺祠。故兹守土之微，敢體愛民之素。俾往陳於薄具，尚永庇於群生。"可爲印證。②

又，公晚年退居金陵，文學重心明顯轉向詩歌，除日常書、啓、章、奏外，記、論、序等體已罕睹。此文與《廬山文殊像現瑞記》，乃公晚年僅見之記體文。

文章以議論振起全篇，敘述簡明，論旨高遠，峭直峻潔。此乃公記體文之一貫風格，爲"記之變體"。文中借表彰道

---

① 《四庫未收書輯刊》第六輯，第十冊，第577頁，北京出版社1997年版。又見《(萬曆)新修南昌府志》，第575—576頁，《日本藏中國罕見地方志叢刊》影印明萬曆十六年刻本，書目文獻出版社1991年版。

② 此爲公晚年大手筆，可見拙文《王安石集外文〈許旌陽祠記〉考析》，《文獻》2004年第1期。

教許遜，探討士人出處之道——士人出處，應以行道濟民爲己任；並批評儒士墮落，導致世衰俗靡：「後世之士失其所業，糜爛於章句訓傳之末，而號爲穎拔者，不過利其藝以干時射利而已，故道日喪而智日卑。」公特地拈出：「士而獨善其身，不得以謂之士也。」縱然不仕，士人亦當運用智力，潤澤當時，此亦行道之一端。

八月二十六日，上劄乞改《三經義》誤字

《文集》卷四十三《乞改〈三經義〉誤字劄子二道》其一：「臣頃奉敕提舉修撰經義，而臣聞識不該，思索不精，校視不審，無以稱陛下發揮道術、啓訓天下後世之意。上孤眷屬，沒有餘責。幸蒙大恩，休息田里，坐竊榮祿，免於事累。因得以疾病之間，考正誤失，謹録如右。伏望清燕之間，垂賜省觀。儻合聖心，謂當刊革，即乞付外施行。」

公自注：「元豐三年八月二十八日，奉聖旨，宜令國子監依所奏照會改正。」

《長編》卷三百七元豐三年八月丙辰：「王安石上改定《詩》、《書》、《周禮義》誤字，詔録送國子監修正。」

再上劄，乞續改《詩義》中字

《文集》卷四十三《乞改〈三經義〉誤字劄子二道》其二：「臣近具劄子，奏乞改正經義。尚有《七月》詩‘剥棗者，剥其皮而進之，養老故也’十三字，謂亦合删去。如合聖心，亦乞付外施行。」

洪邁《容齋續筆》卷十五：「王荊公《詩新經》‘八月剥

棗'解云:'剝者,剝其皮而進之,所以養老也。'毛公本注云:
'剝,擊也。'陸德明音普卜反。公皆不用。後從蔣山郊步至
民家,問其翁安在,曰:'去撲棗。'始悟前非,即具奏乞除去
十三字,故今本無之。"

上表神宗辭召赴京明堂陪位。詔允,繼上謝表

《文集》卷五十九《辭免明堂陪位表》:"臣某言:伏奉詔
書,令發來赴闕明堂陪位者……伏念臣投身荒遠,上負眷
憐……而沉冥浸劇,黽勉實難。心若子牟,雖每存於魏闕;
身如楊僕,乃自外於漢關。"

《文集》卷五十九《詔免明堂陪位謝表》:"臣某言:近具
表爲疾病乞免赴闕明堂陪位,伏蒙聖慈特賜臣詔書許
免者。"

按,自仁宗嘉祐至神宗元豐年間,明堂之祀凡有三。一
爲仁宗嘉祐七年九月七日,[①]一爲神宗熙寧四年九月,[②]一
爲神宗元豐三年九月二十二日。[③] 仁宗嘉祐七年大祀明堂,
公尚爲知制誥,不得陪祀。熙寧四年大祀明堂,公身居相
位。而此表曰"投身荒遠"、"身如楊僕,乃自外於漢關"等,
則當作於元豐三年大祀明堂前。《長編》卷三百三元豐三年
四月丙辰:"詔以季秋擇日有事于明堂。"又《長編》卷三百

① 《宋史》卷十二《仁宗四》:"(嘉祐七年九月)己酉,朝饗景靈宮。庚戌,饗太
廟。辛亥,大饗明堂,奉真宗配。大赦。己未,加恩百官。"第249頁。
② 《宋史》卷十五《神宗二》:"(熙寧四年)九月丙戌,河決鄆州。辛卯,大饗明
堂,以英宗配。赦天下,內外官進秩有差。"第280頁。
③ 《宋史》卷十六《神宗三》:"(元豐三年九月)辛巳,大饗明堂,以英宗配,赦
天下。"第303頁。

八元豐三年九月癸亥："召河東節度使、守司徒、兼侍中、判大名府文彥博陪祠。先是，彥博乞罷使相領宮觀，手詔諭令過明堂聽旨。於是召之，仍遣內侍迎賜茶藥。"神宗召公陪祠，應與召文彥博時相近，故繫於此。

九月四日，有文祭北山覺海贊元

《文集》卷八十六《祭北山元長老文》："元豐三年九月四日，祭于北山長老覺海大師之靈。自我壯強，與公周旋。今皆老矣，公棄而先。逝孰云遠，大方現前。饌陳告違，世禮則然。尚饗。"

按，釋惠洪《禪林僧寶傳》卷二十七《蔣山元禪師南岳十二世》："禪師名贊元，字萬宗，婺州義烏人，雙林傅大士之遠孫也。三歲出家，七歲爲大僧。性重遲，閒靖寡言，視之如鄙樸人……兄事蔣山心禪師。心歿，以元繼其席。舒王初丁太夫人憂，讀經山中，與元遊如昆弟……元豐之初，王罷政府，舟至石頭，夜造山拜墳，士大夫車騎填山谷。王入寺已二鼓，元出迎，一揖而退。王坐東偏，從官賓客滿坐。王環視，問元所在，侍者對曰：'已寢久矣。'王笑之。王結屋定林，往來山中，又十年，稍覺煩動，即造元，相向默坐，終日而去。有詩贈之，其略曰：'不與物違真道廣，每隨緣起自禪深。舌根已淨誰能壞，足跡如空我得尋。'人以爲實錄。元祐之初，曰：'吾欲還東吳'。促辦嚴，俄化。王哭之慟，塔于蔣陵之東，平甫狀其行碑山中。"

按，此傳曰贊元卒於元祐初，殊不足信。據公祭文，則贊元本年已卒；而元祐之初，王安國已卒九年，焉能狀其行？

九月七日，弟安上因與江南東路轉運使孫珪互訟不實，追官勒停

《長編》卷三百八元豐三年九月丙寅："詔江南東路運使、太常少卿孫珪，權發遣提點刑獄、贊善大夫王安上各追兩官勒停。安上、珪交訟不實故也。"

按，元豐二年十二月，王安上因涉蘇軾詩案而罰銅。之後，應又發遣提點江南東路刑獄，與轉運使孫珪互訟，遂致追官勒停，其事不詳。

故人耿覬惠梨。有詩奉酬，並修答書，言及子旁及弟安上事

《詩注》卷四十二《耿天騭惠梨次韻奉酬三首》其一："故人家果獨難忘，秋實初成便得嘗。直使紫花形味勝，豈能終日望咸陽。"

《與耿天騭書二》："某啓：承誨示勤勤，并致美梨，极荷不忘。純甫事失于不忍小忿，又未嘗與人謀，故至此。事已無可奈何，徒能爲之憂煎耳。旁每荷念恤，然此須渠肯，乃可以謀，一切委之命，不能復計校也。藥封上。未審營從何時能如約見過，日以企佇。稍凉自愛，貴眷各吉慶。不宣。某啓上。"

得吳氏女寄詩，次其韻

《詩注》卷四十五《次吳氏女子韻》其二："秋燈一點映籠紗，好讀《楞嚴》莫念家。能了諸緣如夢事，世間唯有妙

蓮花。”

李注：“吳氏女，即蓬萊君，詩云：‘西風不入小窗紗，秋氣應憐我憶家。極目江南千里恨，依然和淚看黃花。’”

釋惠洪《冷齋夜話》卷四：“舒王女，吳安持之妻蓬萊縣君，工詩，多佳句。有詩寄舒王曰：‘西風不入小窗紗，秋氣應憐我憶家。極目江山千里恨，依然和淚看黃花。’舒王以《楞嚴經》新釋付之，有和詩曰：‘青燈一點映窗紗，好讀《楞嚴》莫憶家。能了諸緣如幻夢，世間惟有妙蓮花。’”

按，詳詩意，似爲重陽節作，姑繫於此。

九月二十日，神宗大饗明堂，上賀表

《文集》卷五十八《賀明堂禮畢肆赦表》：“臣某言：伏覩今月二十二日，明堂禮畢，大赦天下者……臣久冒眷憐，方嬰疢疾，奉承籩豆，乃獨後於臣工；蹈舞笙鏞，竊自同於鳥獸。臣無任。”

按，表曰“伏覩今月二十二日，明堂禮畢，大赦天下”，謂是年九月二十二日大祀明堂。《宋史》卷十六《神宗三》：“（元豐三年九月）辛巳，大饗明堂，以英宗配，赦天下。”《長編》卷三百八元豐三年九月辛巳：“大饗於明堂，御紫宸殿，群臣稱賀。御宣德門。大赦，民欠元年以前二稅、免役、常平息錢及在京免行月納百錢以下者，皆除之。”

九月二十六日，拜特進，改封荆國公，加食邑四百户、食實封一百户。上謝表

《文集》卷五十八《封荆國公謝表》：“臣某言：伏奉敕命

授臣特進、荆國公、加食邑四百户、食實封一百户、勳如故者。宫庭嘉享,推惠術以及人;田里空餐,濫宸恩而累國。伏念臣苦窳賤質,卷曲散材,遭值休辰,登備貴器。有未償之厚責,無可録之微勞,敢冀瘝身,尚叨徽數?此蓋皇帝陛下備成熙事,答四表之歡心;董正治官,建一代之明制。因令疲茶,與被光榮。雖自誓於糜捐,顧何醻於賁幬。”

《長編》卷三百八元豐三年九月乙酉:“觀文殿大學士、集禧觀使、左僕射、舒國公王安石爲特進,改封荆國公。”

《宋史》卷十六《神宗三》:“(元豐三年九月乙酉)以王安石爲特進,改封荆國公。”

十一月四日,慈聖光獻皇后期祥除,上表慰神宗

《文集》卷六十一《慈聖光獻皇后期祥除慰皇帝表》。

按,范祖禹《范太史集》卷十三《論喪服儉葬疏》:“今群臣易月,而人主實行喪,故十二日而小祥,期而又小祥;二十四日大祥,再期而又大祥。”慈聖光獻皇后崩於元豐二年冬十月二十日,期祥除當於是年四日。

十一月八日,吴充葬。有詩挽之

《詩注》卷四十九《故相吴正憲公挽詞》。

《名臣碑傳琬琰集》中卷二十七《吴正憲公充墓誌銘》:“明年春,肩輿歸第,遂拜觀文殿大學士、西太乙宫使。四月甲午朔,公薨……享年六十,元豐三年十一月丙申,葬開封府開封縣新里鄉大邊村之原。”

上表賀冬

《王文公文集》卷十五《賀冬表》其三，題注曰："元豐三年。"

十二月二十九日，同年馬仲甫卒。有詩挽之

《詩注》卷五十《崇禧給事馬兄挽詞》其一："慶曆公偕起，元豐我獨傷。"其二："竹西攜手處，潸洒邈山河。"

李注："名中甫，廬江人，晚知通進銀臺司，提舉江寧府崇禧觀，銀臺主封駁，後改爲給事中。""馬與公同年，卒於元豐三年冬。"

按，此詩《文集》卷三十五題作《崇禧給事同年馬兄挽辭二首》。馬仲甫，《宋史》卷三百三十一有傳："字子山，廬江人，太子少保亮之子也。舉進士，知登封縣……熙寧初，守亳、許、揚三州，糾察在京刑獄，知通進銀臺司。復爲揚州，提舉崇禧觀，卒。"《長編》卷三百十元豐三年十二月丁亥："通議大夫、天章閣待制馬仲甫卒。"《(民國)續修江都縣志》卷十五載鍾離景伯《宋故安康郡君楊夫人墓誌銘》："通議大夫、天章閣待制馬公仲甫，先娶夫人族姊，賢德蚤世。通議公追悼閱九年，無娶意。於是夫人年浸長，通議公既舊聞夫人能賢，謂必宜吾家，乃禮聘焉……元豐三年冬，通議公既寢疾，夫人周旋奉侍，忘廢寢食。逾年，以勤致疾，然猶自力不已。通議公既薨背，夫人益摧毀，由是疾日以加亟，後六月而逝，實元豐四年六月一日也。"

馬仲甫爲公之同年，故挽詞曰"慶曆公偕起"。挽詞又

曰:"竹西攜手處,漬洒邈山河。"李注:"馬嘗一再知揚州,公必嘗與相會,故云'竹西'也。杜牧詩:'斜陽竹西路,歌吹是揚州。'"

是年,有書答文彥博

《文集》卷七十八《回文太尉書》,書曰:"某再拜留守太尉儀同臺座。"按《長編》卷三百八元豐三年九月丙戌:"河東節度使、檢校太師、守司徒、兼侍中、判大名府潞國公文彥博守太尉、開府儀同三司、依前河東節度使、判河南府。"故附此。

讀蘇軾《成都聖像藏記》,贊之

釋惠洪《冷齋夜話》卷五:"舒王在鍾山,有客自黃州來。公曰:'東坡近日有何妙語?'客曰:'東坡宿于臨皋亭,醉夢而起,作《成都聖像藏記》千有餘言,點定纔一兩字。有寫本,適留舟中。'公遣人取而至。時月出東南,林影在地,公展讀于風簷,喜見眉鬚,曰:'子瞻,人中龍也,然有一字未穩。'客曰:'願聞之。'公曰:'日勝日貧,不若曰如人善博,日勝日負耳。'東坡聞之,拊手大笑,亦以公爲知言。"

周煇《清波雜志》卷九:"蘇東坡云:'如人善博,日勝日負。'王荆公改作'日勝日貧'。坡之孫符云,元本乃'日勝日貧'。呂正獻尤不喜人博,有'勝則傷仁,敗則傷儉'之語。"

按，蘇軾《勝相院經藏記》撰於本年九月，①故附此。然
《經進東坡文集事略》卷五十四曰："據惠洪之說如此。然公
嘗自書此記後云：'予夜夢寶月索此，既覺已三鼓，引紙信
筆，一揮而成。元豐三年九月十二日四鼓書。'仲虎尚書跋
其後曰：'此先祖文成日所書。如人善博，日勝日貧，貧初不
作負字。可見世所傳荊公事爲妄也。符拜手書。"待考。

以宋保國遣使求序經解，有書回之，酬以詩，勸其勿急於傳世

《詩注》卷四十一《酬宋廷評請序經解》："未曾相識每
相憐，香火靈山或有緣。訓釋雖工君尚少，不應急務世
人傳。"

《文集》卷七十八《答宋保國書》："某啓：使人三至，示
以經解，副之佳句，勤勤如此，豈敢鹵莽，以虛來旨。所示極
好，尚有少疑。想營從非久淹於符離，冀異時肯顧我，可以
究懷。"

李注："廷評名保國，即莒公之姪，景文公之第十一子。"

按，《名臣碑傳琬琰集》上卷七范鎮《宋景文公祁神道
碑》："享年六十四，治平三年五月己酉，祔元憲公葬於潁昌
府陽翟縣三封鄉之先原。娶劉氏，彭城郡君，先公十七年以
亡。子男十五人：定國，進士及第，終太常博士；次不及名；
靖國、彥國，國子博士；惠國，尚書虞部員外郎；輔國、奉國、
祚國，太子右贊善大夫；順國，大理寺丞；祐國，終秘書省正

---

① 《蘇軾年譜》，第486頁。

字;亮國、保國,大理評事;嗣國、俊國、廣國,太常寺太祝,嗣國早亡。"

《蘇軾年譜》卷二十四繫此中於元豐八年十一月,①不取。

解《楞嚴經》

《楞嚴經疏解》,十卷,亦名《楞嚴經王文公介甫解》或《定林疏解》。《郡齋讀書志附志》卷上著録。《楞嚴經指掌懸示》原注云:"文公罷相歸老鍾山之定林,著有《楞嚴經疏解》,略諸師之詳,而詳諸師之略。覺範稱之謂'非智者莫窺也'。"②《楞嚴經疏解》至晚明仍有傳本,今已失傳,宋洪範《楞嚴尊頂法論》中有數處徵引,思坦《楞嚴經集注》徵引約六十餘條,明錢謙益《楞嚴經蒙鈔》中亦列數則。

按,公退居江寧解《楞嚴經》,惟具体年月無考,姑因其《次吳氏女子韻》其二"秋燈一點映籠紗,好讀《楞嚴》莫念家",附於本年。

答蔡肇書,論同生基

《文集》卷七十三《答蔡天啓》:"某啓:近附書,想達。比日安否如何? 何時南來,日以企佇。得書説同生基以色立,誠如是也。所謂猶如野馬熠熠清擾者,日光入隙,所見是也。衆生以識精冰合此而成身,衆生爲想所陰,不依日光則不能見。想陰既盡,心光發宣,則不假日光,了了見此。

---

① 《蘇軾年譜》,第691頁。
② 通理撰《楞嚴經指掌疏懸示》,《續藏經》第一四八册,第82頁。

此即所謂見同生基也。未即會晤，爲道自愛。數以書見及，尊教授想比日安佳，未及爲書。”

按，《京口耆舊傳》卷四：“（蔡）肇即却迃吏，從王安石讀書於鍾山。安石見之，殊不悦，但云：‘後生何不出仕，却來此寂寞之濱？’居數日，稍與之語，知其通敏過人，頗異之。因問曾閲内典否，曰：‘未也。’安石曰：‘内典惟《華嚴經》最有理，但部帙浩大，非經年不能究也。’肇即借經寺中，甫半月盡得其旨。一日，安石論及《華嚴》疑義數處，肇應答如響，安石駭嘆。”據此，則蔡肇潛心内典，當受公之影響。又書中所論同生基，出自《楞嚴經》卷十“見同生基，猶如野馬”，[1]故附公解《楞嚴經》後。

又《豫章黄先生文集》卷二十九《跋王荆公禪簡》：“荆公學佛，所謂吾以爲龍又無角，吾以爲蛇又有足者也。然余嘗熟觀其風度，真視富貴如浮雲，不溺於財利酒色，一世之偉人也。莫年小詩，雅麗精絶，脱去流俗，不可以常理待之也。”黄庭堅所跋禪簡不詳，姑附此。

是年，有疏請僧法秀入主蔣山太平興國寺，繼贊元法席

《王文公文集》卷二十四《請秀長老疏》其一：“伏以性無生滅，不出於如；法有思修，但除其病。故牟尼以無邊闡教，諸祖以直指明宗。雖開方便之多門，同趣涅槃之一路。知言語之道斷，凡爾忘緣；悟文字之性空，熾然常説。至於

---

① 　關於此書之内容，可見方笑一《北宋新學與文學》，第170頁。鄔嫣《王安石書啓繫年補考》繫此於元豐二年，《文獻》2015年第1期。

窮智之所不能到，論言之所不可傳，苟非其人，曷與於此？秀公早種多識，獨悟惟心，或以群言開有學之迷，或以一指應無窮之問。雲門法印，既所親承；正覺道場，誠資演暢。宜從衆志，來嗣一音。”

按，秀長老，即僧法秀。釋惠洪《禪林僧寶傳》卷二十六《法雲圓通秀禪師青原十一世》：“禪師名法秀，秦州隴城人，生辛氏……後住栖賢二十年，秀寔使之也。蔣山元禪師殁，舒王以禮致秀嗣其席。秀至山，王先候謁，而秀方理叢林事，不時見。王以爲慢己，遂不合棄去，住真州長蘆，衆千人。有全椒長老至，登座，衆目笑之，無出問者。於是秀出拜趨，問：‘如何是法秀自己？’全椒笑曰：‘秀鐵面乃不識自己乎？’秀曰：‘當局者迷。’然一衆服其荷法心也。冀國大長公主造法雲寺成，有詔秀爲開山第一祖。開堂之日，神宗皇帝遣中使降香并磨衲，仍傳聖語，表朕親至之禮。皇弟荆王致敬座下，雲門宗風自是興於西北，士大夫日夕問道。時司馬溫公方登庸，以吾法大盛，方經營之。秀曰：‘相公聰明，人類英傑，非因佛法不能爾，遽忘願力乎？’溫公不以介意。元祐五年八月，卧疾，詔翰林醫官視之。醫請候脉，秀仰視曰：‘汝何爲者也？吾有疾當死耳。求治之，是以生爲可戀也。平生生、死、夢，三者無所揀。’揮去之，呼侍者更衣安坐，說偈三句而化。閲世六十有四，坐四十五夏。李公麟伯時工畫馬，不減韓幹，秀呵之曰：‘汝士大夫以畫名，矧又畫馬期人誇，以爲得妙，妙入馬腹中，亦足懼。’伯時繇是絶筆。秀勸畫觀音像，以贖其過。黄庭堅魯直作艷語，人爭傳之，秀呵曰：‘翰墨之妙，甘施於此乎？’魯直笑曰：‘又當置我於馬腹中耶？'秀曰：'汝以艷語動天下人淫心，不止馬腹，正恐生泥犁中耳。'"①

　　黃庭堅《山谷外集詩注》卷九《金陵》"巨浸朝百川"："元注：時秀禪師在鍾山寺。秀乃圓通禪師法秀也。呂汲公銘其塔云：元豐二年，王荆公居金陵，以禮邀師居鍾山之興國寺。興國者，公捐私財以治者也，寺之事一聽於公而後行。師至之日，告於衆曰：'以財營寺，則宜歸王氏；以寺聽命，則宜歸老僧。'一日，公以所著佛書解義示師，師曰：'文章之妙，所不敢議，然不可以智知，殆非義學所能盡也。'公滋不悅，師遂棄去。按，元豐二年歲己未，而山谷此行蓋三年庚申，時秀師正在金陵。"據此，"元注"所引呂大防所撰法秀塔銘"元豐二年"當爲"三年"之訛。

　　《羅湖野録》卷四載蔣之奇《祭圓通法秀禪師文》："方外之友，惟余與師。念昔相見，一語投機。師來長蘆，我漕淮沂。亦復交臂，笑言熙怡。我論《華嚴》，師爲品題。陷虎機緣，脱略徑畦。曷爲捨我，先其往而。蔬奠致誠，庶其歆之。"蔣之奇元豐五年任江淮發運副使，②而法秀亦來主真州長蘆，"師來長蘆，我漕淮沂"是也。元豐六年，張舜民過江寧，見之，贊其"語論精確，持戒嚴整"。《畫墁集》卷七《郴行録》："戊戌，同徐承議遊儀真觀，因過法雲寺、伍子胥廟，俯瞰江山，尤爲爽塏……長蘆崇福院，乃章憲太后爲真宗所營，制度宏麗，甲冠江淮，雖京師諸寺有所不及。常安五百衆，又僮僕數百，日食千人。王僧法秀，秦州人，語論精確，

① 《佛祖歷代通載》卷十九《法雲圓通法秀禪師》略去公禮致法秀事。
② 李之亮《宋代路分長官通考》，第46頁。

持戒嚴整。寺之内外，未始見僧行往還，盡日闃然，如無人者，賓南方尊宿所推尚也。庚戌，發長蘆，始循北岸行五里許，即絶江，至南岸。下漾口，循南岸行數里，入新河口，王介甫時爲江寧所開新河。"至元豐七年，法秀入京主持法雲寺。《蘇軾文集》卷十九《法雲寺鐘銘》："元豐七年十月，有詔大長老圜通禪師法秀住法雲寺。寺成而未有鐘，大檀越駙馬都尉武勝軍節度觀察留後張敦禮，與冀國大長公主唱之，從而和者若干人。元祐元年四月，鐘成，萬斤。東坡居士蘇軾爲之銘。"

有書答曾鞏

《文集》卷七十三《答曾子固書》："某啓：久以疾病不爲問，豈勝鄉往。前書疑子固於讀經有所不暇，故語及之。連得書，疑某所謂經者，佛經也，而教之以佛經之亂俗。某但言讀經，則何以別於中國聖人之經？子固讀吾書每如此，亦某所以疑子固於讀經有所不暇也。然世之不見全經久矣，讀經而已，則不足以知經。故某自百家諸子之書，至於《難經》、《素問》、《本草》諸小説，無所不讀，農夫女工，無所不問，然後於經爲能知其大體而無疑。蓋後世學者與先王之時異矣，不如是，不足以盡聖人故也。揚雄雖爲不好非聖人之書，然於墨、晏、鄒、莊、申、韓，亦何所不讀？彼致其知而後讀，以有所去取，故異學不能亂也。惟其不能亂，故能有所去取者，所以明吾道而已。子固視吾所知，爲尚可以異學亂之者乎？非知我也。方今亂俗不在於佛，乃在於學士大夫沉没利欲，以言相尚，不知自治而已。子固以爲如何？苦寒，比日侍奉萬福，自愛。"

　　此書爲公集中第一等重要文字，然其繫年迄無確考。《蔡譜》卷二十二系於元豐六年，亦屬臆測："王介甫、曾子固定交甚早，相知亦最深，二家往來詩文，見於集中者多矣……介甫有《答子固書》，自道其爲學甚詳，不知作於何年，嚮以其無可附也，而今且附之，因論佛經而并及《老子》一篇，亦以類相從也。史稱安石晚居金陵，作《字説》，多穿鑿傅會，其流入於佛、老。《字説》今不可見，然以此二文觀之，後之學佛與闢佛者，果能不沉没利欲乎？讀《老子》者，有能推及於先王禮、樂、刑、政，而知其所以成萬物者乎？故此二文者，尤爲介甫集中不刊之論也。"

　　今按，公與釋子交遊頗早，然出入儒釋、氾濫百家，似爲晚年退居江寧時，《蘇軾文集》卷三十八《王安石贈太傅制》所謂："少學孔孟，晚師瞿聃。网羅六藝之遺文，斷以己意；糠粃百家之陳迹，作新斯人。"書末"苦寒，比日侍奉萬福，自愛"，爲奉親之語。據李震《曾鞏年譜》卷三，元豐二年曾鞏移守亳州，上狀乞至京師迎侍老母赴任："今臣幸蒙恩詔移守亳州，如臣所請，況亳州去京師不遠，欲乞許臣至京師，迎侍老母赴任。"可知此前曾鞏輾轉外任十二年，不曾侍母。本年，曾鞏移滄州過闕，神宗留之勾當三班院，並賜對延和殿，遂得以奉親於京，直至元豐五年曾母朱氏卒於京。[1] 故暫繫於此。[2]

---

[1]　《曾鞏年譜》卷四，第440頁。

[2]　李震繫於元豐四年，《曾鞏年譜》卷四，第407頁。鄔嬌《王安石書啓繫年補考》繫此於元豐三年或四年冬。

又前引洪邁《容齋續筆》卷十五所載公因民翁撲棗而改《詩經新義》"八月剝棗"注，即"故某自百家諸子之書，至於《難經》、《素問》、《本草》諸小説，無所不讀，農夫女工，無所不問"之旁證也。

晝寢，作長短句

方勺《泊宅編》卷一："介甫嘗晝寢，謂葉濤曰：'適夢三十年前所喜一婦人，作長短句贈之，但記其後段："隔岸桃花紅未半，枝頭已有蜂兒亂。惆悵武陵人不管。清夢斷，亭亭佇立春宵短。"'"

吳曾《能改齋漫録》卷十六："王江寧元豐間嘗得樂章兩闋于夢中，云：'雨打江南樹，一夜花開無數。緑葉漸成陰，下有遊人歸路。與君相逢處，不道春將暮。把酒祝東風，且莫恁匆匆去。'其二云：'春又老，南陌酒香梅小。遍地落花渾不掃，夢回情意悄。紅牋寄與添煩惱，細寫相思多少。醉後幾行書帶草，淚痕都搵了。'"

有詩詠所植松

《詩注》卷四十二《蔣山手種松》："青青石上歲寒枝，一寸巖前手自移。聞道近來高數尺，此身蒲柳故應衰。"

元豐四年辛酉（1081），六十一歲

正月一日，上表賀正

《王文公文集》卷十五《賀正表》其三，題注：“元豐四年。”

是月，有詩懷張瓌

《詩注》卷四十一《次張唐公韻》：“憶昨同追八馬蹄，約公投老此山棲。公乘白鳳今何處？我適新年值白雞。”

李注：“公與唐公在仁宗時皆爲知制誥。”

《繫年》：“詩必爲是年作。時張唐公瓌已卒八年矣，故有‘今何處’之歎，‘值白雞’則謂逢酉年也。”

三月甲辰，弟安禮爲翰林學士

《長編》三百十一元豐四年三月甲辰：“知制誥王安禮爲翰林學士。安禮於訓辭初不經意而典贍豐潤，上數稱之。”

按，李朴《豐清敏公遺事》：“王安禮自潤州召知制誥，公言安禮守潤，所爲不法，及飲宴刁約家，因誘其二婢，辱之淫邪，不可侍從。章累上，不報。已而安禮遂遷翰林學士，公復言：‘安禮罪當譴逐，陛下置而不問。今又躐等超擢，實内結近習，不知悛畏。臣言如不用，願黜臣以勵風憲。’章復上，上命宰相王文恭公宣諭公曰：‘安禮事誠聞有之，然朕以其兄安石有功朝廷，今閑居江寧，昨遣其弟安上爲江東監司,使照恤之,乃與孫珪争論,停廢在家。今若行遣安禮,恐無人照管安石。朕當戒約之,如不悛改,當如卿所奏。'"

按,公再罷相,神宗初以王安上權發遣江南東路刑獄,治於江寧,便其照恤公。然王安上先涉蘇軾詩案罰銅,又因與轉運使孫珪互訟而追官勒停。王安禮得遷翰林學士,亦可見神宗眷顧之意。晁説之《嵩山文集》卷一《元符三年應詔封事》:"安石之退八年,而禮遇日薄;富弼之死,則自製祭文以哀之,天下之人皆歎仰神宗之明聖。"恐誣也。

是年春,作集句詩送吴頤歸臨川

《文集》卷三十六《送吴顯道五首》,其二:"滕王高閣臨江渚,東邊日出西邊雨。十五年前此會同,天際張帷列樽俎。公今此去何時歸? 我今停杯一問之。春風兩岸水楊柳,昔日青青今在否? 偶向東湖更向東,杏花兩株能白紅。落拓舊遊應記得,插花走馬月明中。荏苒荏苒瞻西海,明年花開復誰在? 杏花楊柳年年好,南去北來人自老。少壯幾時奈老何,與君把箸擊盤歌。歌罷仰天歎,六龍忽蹉跎。眼中了了見鄉國,自是不歸歸便得。欲往城南望城北,此心炯炯君應識。"

按,詩曰"滕王高閣臨江渚"、"十五年前此會同",謂英宗治平四年,公赴京任翰林學士前暫歸臨川,與吴頤遊。自治平四年至本年,正十五年。又詩曰"春風兩岸"、"杏花"、"楊柳"等,當作於本年春。

《苕溪漁隱叢話前集》卷三十五引《邇齋閑覽》云:"荆公集句詩,雖累數十韻,皆頃刻而就,詞意相屬,如出諸己,他人極力效之，終不及也。如《老人行》云：‘翻手爲雲覆手雨，當面論心背面笑。’前句老杜《貧交行》，後句老杜《莫相疑行》，合兩句爲一聯，而對偶親切如此。又《送吳顯道》云：‘欲往城南望城北，此心炯炯君應識。’《胡笳十八拍》云：‘欲往城南望城北，三步回頭五步坐。’此皆集老杜句也。”

四月二十八日，張詵知杭州，至京口致書。答之

《王文公文集》卷六《答杭州張龍圖書》：“某啓：阻闊歲久，豈勝鄉往。承誨示，乃知興衛近在京口，動止多福，重增企仰。無緣會晤，惟冀爲時倍自壽重。衰疾，書不宣悉。某啓上知府龍圖。”

按，張龍圖爲張詵，通判越州時改衙前役，《宋史》卷三百三十一《張詵傳》：“第進士，通判越州。民患苦衙前役，詵科別人户，籍其當役者，以差人錢爲雇人充，皆以爲便……元豐初，加龍圖閣直學士、知成都府，徙杭州。將行，復命權經略熙河事，趣使倍道行。時倉卒治戎，有司計産調夫，户至累首，民多流亡。詵中塗訴其狀，乞敕劍外招攜之，不報。會靈武師罷，乃赴杭。”《（乾道）臨安志》卷三：“元豐四年四月乙酉，以龍圖閣直學士、知成都府張詵知杭州。”

范峋赴任江南東路提點刑獄。有書答之，後峋數訪半山園

《文集》卷七十八《答范峋提刑書》其一：“某啓：久阻闊，豈勝鄉往。承誨喻示及，知舟馭已在近關，良喜動止萬福，冀得瞻晤，又重以喜。餘非面叙不悉。”

其二：“某啓：承營從數辱丘園，得聞餘論，多所開釋。”

按，提刑，謂提點江南東路刑獄。據李之亮《兩宋路分長官考》，王安上罷權提點江南東路刑獄後，繼任者爲蘇澄。蘇澄元豐四年離任，而後爲范峋、高復、侯利建、傅燮等。《長編》卷三百二十七元豐五年六月丁巳：“江南東路提點刑獄范峋言：‘體量江南西路州縣違法抑配賣鹽事。’”《長編》卷三百三十一元豐五年十二月壬戌：“詔諸路監司兼提舉都作院，河東以提舉常平等事趙咸，梓州路以轉運判官許彥先，秦鳳等路以提點刑獄吕温卿，京東西路以轉運判官吕孝廉，淮南西路以提點刑獄王瑜，江南東路以提點刑獄高復，江南西路以提點常平等事蹇序辰。”據此，則范峋於元豐四年春夏之際赴江寧，而於元豐五年六月後離任。

五月二十四日，皇八子薨。上表慰神宗

《文集》卷六十一《八皇子薨慰皇帝表》。

《長編》卷三百十二元豐四年五月庚戌：“皇子偶薨。偶，上第八子也，母曰邢賢妃。偶生四年薨。廢朝五日，又不視事三日，追賜名，贈太師、尚書令，封鄆王，謚沖惠。”

李燾：“元年十一月生。”

程師孟致仕歸蘇州，枉道見過，饋以薧廉。與之遊從唱酬，有詩送之

《詩注》卷二十七《公闢枉道見過獲聞新詩因叙歎仰》：“青丘神父能爲政，碧落仙翁好作詩。舊事齊兒應共記，新篇楚老得先知。懷磚大峴如迎日，供帳閶門憶去時。若與

鴟夷鬭百草，錦囊佳麗敵西施。"

李注："公闉自越召入，元豐三年出知青州。踰年告老，年已七十餘。此自青州歸蘇日過公也。"

《詩注》卷二十六《送程公闉得謝還姑蘇》："東歸行路歎賢哉，碧落新除寵上才。白傅林塘傳畫去，吳王花草入詩來。唱酬自有微之在，談笑應容逸少陪。除此兩翁相見外，不知三徑爲誰開。"

李注："公闉自知青州告老，以正議大夫致仕，時元豐四年，公在金陵。正議視六曹侍郎，故用'碧落'字。"

《長編》卷三百十三元豐四年六月辛巳："資政殿學士、正議大夫兼侍讀、提舉中太一宮元絳爲太子少保、資政殿學士致仕。七年六月十二日卒。"故程師孟過往江寧，當於元絳致仕歸蘇州後，或於是年秋。《文集》卷七十八《與程公闉書》："某啓：比承故人遠屈，殊以不獲從容爲恨，更煩專使，貺以好音，豈勝感悵。"

《避暑録話》卷下："程光禄師孟，吳下人，樂易純質，喜爲詩，效白樂天而尤簡直，至老不改吳語。與王荆公有場屋之舊，荆公頗喜之，晚相遇，猶如布衣時。自洪州致仕歸吳，過荆公，蔣山留數日，時已年七十餘。荆公戲之曰：'公尚欲仕乎？'曰：'猶可更作一郡。'荆公大笑，知其無隱情也。"

按，程師孟是年自青州致仕，而非洪州。又，李注："按舊本，公自注云：'少保元絳謝事居姑蘇。又王中甫善歌詞，與相唱酬燕集。'中甫，王介也。逸少、微之，皆取古人以比今之同姓者。"王介卒於熙寧八年，此非公自注。

程師孟歸蘇州後致書索詩。答之,並寄示"平"字韻詩及集古句,問及元絳

《文集》卷七十八《與程公闢書》:"某啓:比承故人遠屈,殊以不獲從容爲恨,更煩專使,貺以好音,豈勝感悵。陰晴不常,寒暄屢變,尤喜跋涉,動止安豫。'平'字韻詩不敢違指,聊供一笑。集古句亦勉副來喻,不足傳示也。尚此阻闊,惓惓可知,千萬自愛,以副情禱也。不宣。厚之康強,必數相見,久欲致書未果,幸因晤語,爲道惓惓也。"

"平字韻詩",即《詩注》卷二十六《輒次公闢韻書公戲語申之以祝助發一笑》:"故人辭禄未忘情,語我猶能作扞城。身不自遭如貢薛,兒應堪教比韋平。老羆豈得長高卧?雛鳳仍聞已間生。把酒祝公公莫拒,緇衣心爲好賢傾。"

李注:"公闢名師孟,公集有《答公闢書》,正及此詩,今附於此……厚之,元絳字。"

所謂"集古句",即《文集》卷三十六《烝然來思并序》:"烝然來思,送程公也。公來以麑麛饋我,我飲餕之,宿西水滸,故作是詩。"

得元絳書,回之,約來春同遊

《文集》卷七十八《回元少保書》:"專使臨門,誨諭稠疊,區區感激,何可具言。承動止康寧,深以爲慰。相望數驛,而衰憊日滋,無緣馳詣,但有鄉往。若春氣暄和,乘興遊衍,得陪几杖,何幸如之!"

按，是年六月二十四，元絳致仕，公托程師孟爲道惓惓。絳或以此致書問候，而公約之同遊。

作前後《元豐行》，頌元豐之政

《詩注》卷一《元豐行示德逢》：“四山磽磽映赤日，田背坼如龜兆出。湖陰先生坐草室，看踏溝車望秋實。雷蟠電掣雲滔滔，夜半載雨輸亭皋。旱禾秀發埋牛尻，豆死更蘇肥莢毛。倒持龍骨掛屋敖，買酒澆客追前勞。三年五穀賤如水，今見西成復如此。元豐聖人與天通，千秋萬歲與此同。先生在野固不窮，擊壤至老歌元豐。”

《詩注》卷一《後元豐行》：“歌元豐，十日五日一雨風。麥行千里不見土，連山没雲皆種黍。水秧綿綿復多稄，龍骨長乾掛梁榦。鰣魚出網蔽洲渚，荻筍肥甘勝牛乳。百錢可得酒斗許，雖非社日長聞鼓。吳兒踏歌女起舞，但道快樂無所苦。老翁塹水西南流，楊柳中間杙小舟。乘興欹眠過白下，逢人歡笑得無愁。”

李注：“德逢姓楊，與公鄰曲。”“介甫熙寧七年罷政，作此歌，正居鍾山時。或謂公欲以徹神考之聽，冀復相。此繆論也。”

《繫年》：“此詩云：‘三年五穀賤如水，今見西成復如此。’所謂‘三年’，蓋指元豐以來之三年；今復豐稔，則當作於元豐四年秋。”

按，楊德逢，即楊驥，詳本譜治平三年。《江南通志》卷三十：“楊德逢宅，在上元縣城東北隅。德逢，號湖陰先生。”晁説之《嵩山文集》卷三《論神廟配享劄子》：“安石在金陵，見元豐官制行，變色自言曰：‘許大事，安石略不得預聞。’安石漸有畏懼上意，則作前後《元豐行》以謟諛求保全也。”①恐誣也。

此詩後入譜。王應麟《玉海》卷第一百十：“書目協律郎吳良輔集王安石《胡笳十八拍曲》及《元豐行》譜歌六篇，協之音律，附於琴聲，爲《琴譜》一卷。”

九月十四日，皇八子葬。上表慰神宗

《文集》卷六十一《八皇子葬慰皇帝表》。

《長編》卷三百二十九元豐五年八月丙辰，李燾：“葬鄆王乃四年九月丁酉。”

九月二十二日，夜夢高郵土山道人，有詩記之

《文集》卷二十九《記夢》：“月入千江體不分，道人非復世間人。鍾山南北安禪地，香火他時共兩身。”

自注：“辛酉九月二十二夜，夢高郵土山道人赴蔣山北集雲峰爲長老，已而坐化，復出山南興國寺，與予同臥一榻。探懷出片竹數寸，上繞生絲，屬予藏之。余棄弗取，作詩與之。”

熊本知廣州過訪，與之遊

《詩注》卷四十三《同熊伯通自定林過悟真二首》。

李注：“《建康續志》云：‘悟真庵，在蔣山八功德水之

---

① 《邵氏聞見後錄》卷二十四亦轉引此説，第190頁。

南,有梅摯悟真院亭。'"

　　按,熊本是年九月二日,自滁州改知廣州,過江寧相訪。《長編》卷二百九十八元豐二年五月己卯,李燾注:"熊本自(元豐)元年正月降官分司西京,三年閏九月提舉太平宫,四年知滁州,九月二日復集賢殿修撰、知廣州。"彭汝礪《宋故中大夫充龍圖閣待制新知洪州軍州兼管内勸農使江南西路兵馬鈐轄柱國江陵縣開國伯食邑九百户賜紫金魚袋熊公墓誌銘并序》:"元豐四年,除滁州。視事之明日,授集賢殿修撰、知廣州。"①

十月二日,婿蔡卞爲崇政殿説書,罷知諫院

　　《長編》卷三百十七元豐四年冬十月乙卯:"通直郎、集賢校理、同知諫院蔡卞爲崇政殿説書,罷知諫院。"

十月七日,侄婿朱明之、侄王防追官勒停

　　《長編》卷三百十七元豐四年十月庚申:"詔:'承事郎、大理寺丞王援,朝奉郎、集賢校理、大理少卿朱明之,承務郎王防各追一官勒停,明之落職;前權漳州軍事判官練亨甫除名勒停,編管均州;知諫院舒亶、大理卿崔台符、少卿楊汲各罰銅二十斤;通直郎、集賢校理蔡京落職。'

　　先是,大理寺鞫王玠與石士端妻王氏姦罪,辭及王珪之子仲端,亶上言玠父子事連仲端甚明,有司以珪故觀望,不敢盡理根治。仲端亦自訴。上命内侍馮宗道監劾,而事

---

①　陳柏泉編《江西出土墓誌選編》,第62頁。

果不實。宗道面奏,乃元告人許貴避罪虛妄,見已結案。上批:'獄丞王援承勘作姦,不可不治。'乃命監察御史裏行朱服、檢正中書刑房公事路昌衡移劾於同文館,仍以宗道監劾。明之妻,翰林學士王安禮之姪也,與集賢校理、知諫院蔡卞連親,知安禮等與珪有隙。明之嘗薦引援,遂諭旨於援,令劾仲端有姦狀,及以證左兩詞互說聞上,退又僞爲上語以語其妻。於是安禮之子防以語亨甫,亨甫以語宣,宣信之以聞。援嘗爲安禮所舉,欲合明之意,故入仲端罪。防傳明之所造上語于亨甫,意欲傳達言事者以聞,根治仲端則事連珪。亨甫以防所傳仲端事語宣,意欲求宣引薦,宣褒稱亨甫,許以言達於上,又漏露所奏及宣諭語。京嘗在朝堂與明之語仲端事,云丞相疑吾輩獄事,切須子細。及赴臺再問,報上不實。台符、汲坐知援等爲姦,俱不按發故也。"

按,朱明之初娶公妹,續娶公女侄,《林希野史》:"朱明之,介之妹婿,妹卒,又娶其侄,以固姻好。"

十月十八日,熊本離江寧。因展親墓,不獲追送,有書答之

《文集》卷七十八《答熊伯通書》:"某啓:幸得會晤,豈勝欣慰。遽復乖闊,實深悵戀。明日當展親墓,不獲追送。瞻徯旌斾,重增愧恐。唯冀爲時自重。度非久北還,餘非面叙,不可宣究也。"

按,公母葬於十月十八日,詳本譜嘉祐八年。

妹婿沈季長至江寧。十月二十四日，與之遊西菴，至草堂寶乘寺，遊八功德水

《詩注》卷二十二《與道原遊西菴遂至草堂寶乘寺二首》。

公自注："元豐四年十月二十四日。"

李注："按《建康志》云：'寶乘寺，本齊草堂寺，周顒隱居之所，在城北十一里。'西菴，疑即白雲菴。"

按，沈季長至江寧，除展墓外，當爲與熊本聯姻事，詳下。《詩注》卷五《同沈道原遊八功德水》、《詩注》卷三《定林示道原》、《詩注》卷四十五《對碁呈道原》均同時作。

因耿憲復來，書元豐二年詩於壁，有詩次其韻

《詩注》卷一《己未耿天騭著作自烏江來予逆沈氏妹于白鷺洲遇雪作此詩寄天騭》，公自注："辛酉冬，天騭復來，誦此，遂書于壁，請天騭書所酬于右。"

《詩注》卷三十四《次韻耿天騭大風》。

與耿憲宿清涼寺

《詩注》卷四十二《與天騭宿清涼寺》："故人不惜馬虺隤，許我年年一度來。野館蕭條無準擬，與君對植浪山梅。"

李注："按《建康志》：寺在石頭城，去城一里，僞吳順義中建，號興教寺。南唐昇元初，改爲石城清涼禪寺。至宋朝太平興國五年，改今額。"

十一月十三日，南郭子陳輔有詩祝壽，次其韻

何溪汶《竹莊詩話》卷十八：“丹陽陳輔字輔之，自號南郭子，以詩名世，能盡其妙。少爲荆公所知，嘗獻公生日詩云云，獻詩中，公獨喜之。‘十月江南已得霜，相君門客小山房。冬深柏子和香掃，準備生辰作好香。’”

《詩注》卷四十五《生日次韻南郭子二首》其一：“救黥醫剕世無方，斷簡陳編付藥房。祝我壽齡君好語，毗耶一夜滿城香。”

李注：“謝安夢白雞，公酉生，屢用此事。”

《蘇軾文集》卷五十五《與章子平書》：“某少事試干聞。京口有陳輔之秀才，學行甚高，詩文皆過人，與王荆公最雅素。荆公用事，他絶不自通。及公退居金陵，日與之唱和，孤介寡合，不娶不仕，近古獨行。然貧甚，薪水不給。竊恐貴郡未有學官，可請此人否？”

吴炯《五總志》：“陳輔之自號南郭先生，少從介甫遊。介甫授以經旨，輔之曰：‘天生相公，輔亦讀書；天不生相公，輔亦讀書，願自見也。’……後與丹陽郡守作詩爭衡，爲守捃摭撻之，廢棄終身。悲夫！”

陸游《渭南文集》卷二十七《跋半山集》：“右《半山集》二卷，皆荆公晚歸金陵後所作詩也。丹陽陳輔之嘗編纂刻本於金陵學舍，今亡矣。淳熙戊申上巳日笠澤陸某書。”

再作書答熊本,提及沈、熊二家姻事

《文集》卷七十八《答熊伯通書》二:"某啓:久欲相送於崇果,適值展墓。今日聞舟師尚次淮濱,猶欲與七弟一往,而疲憊殊甚,惓惓之情,何可具言。重煩誨喻,感激感激!沈氏書即馳送,幸託婚姻之末,豈勝欣慰!"

按,熊本次子熊佀,①娶沈季長之女,故書曰"沈氏書即馳送,幸託婚姻之末"。王安禮《王魏公集》卷七《故朝奉郎權發遣秀州軍州兼管内勸農事輕車都尉借紫沈公墓誌銘》:"女四人,壻朝奉郎、通判宿州事章仲山,奉議郎錢青箱,陳州觀察推官熊佀,承務郎劉旦。"

上表賀冬

《王文公文集》卷十五《賀冬第四表》,題注:"元豐四年。"

歲末,於承慶院送妹婿沈季長歸儀真

《詩注》卷四十一《送道原還儀真作詩要之》:"歲暮青條已見梅,餘花次第想爭開。淮南無此山林勝,作意春風更一來。"

題注:"沈季長也。"

---

① 彭汝礪《宋故中大夫充龍圖閣待制新知洪州軍州兼管内勸農使江南西路兵馬鈐轄柱國江陵縣開國伯食邑九百户賜紫金魚袋熊公墓誌銘并序》:"子男八人:端,早卒;佀,右宣義郎,侗,光州軍事判官,皆有立;傃,右承奉郎,後公三日卒;伋、倩、佊、價,右承務郎。"《江西出土墓誌選編》,第63頁。

按,《文集》卷二十七題作《承慶院送道原還儀真作詩要之》。

是年,與蔡肇遊土山,有詩示之

《詩注》卷二《遊土山示蔡天啓秘校》:"定林瞰土山,近乃在眉睫。誰謂秦淮廣？正可藏一艓。朝予欲獨往,扶憊強登涉。蔡侯聞之喜,喜色見兩頰。呼鞍追我馬,亦以兩黫挾。斂書付衣囊,裹飯隨藥笈。翛翛阿蘭若,土木老山脇。鼓鐘卧空曠,簨簴雕捷業。升堂廓無主,考擊誰敢輒。坡陀謝公冢,藏椁久穿劫。百金置酒地,野老今行饁。紆懷起東山,勝踐此稠疊。於時國累卵,楚夏血常喋。外實備艱梗,中仍費調燮。公能覺如夢,自喻一蝴蝶。桓温適自斃,苻堅方天厭。且可緩九錫,寧當快一捷。彼哉斗筲人,得喪易矜怵。妄言屨齒折,吾欲刊史牒。傷心新城埭,歸意終難愜。漂搖五城舟,尚想浮河檝。千秋隴東月,長照西州堞。豈無華屋處,亦捉蒲葵箑。碎金諒可惜,零落隨秋葉。好事所傳玩,空殘法書帖。清談眇不嗣,陳迹怳如接。東陽故侯孫,少小同鼓篋。一官初嶺海,仰視飛鳶跕。窮歸放款段,高卧停遠蹀。牽襟肘即見,著帽耳纔壓。數椽危敗屋,爲我炊陳浥。雖無膏污鼎,尚有羹濡筴。縱言及平生,相視開笑靨。邯鄲枕上事,且飲且田獵。或昏眠委翳,或妄走超躐。或叫號而寤,或哭泣而魘。幸哉同聖時,田里老安帖。易牛以寶劍,擊壤勝彈鋏。追憐衰晉末,此土方炭業。強偷須臾樂,撫事終愁慄。予雖天戮民,有械無接摺。翁今貧而凈,内熱非復葉。予衰極今歲,儵與鷄夢協。委蜕亦何恨？吾兒已長鬣。翁雖齒長我,未見白可鑷。祝翁尚難老,生理歸善攝。久留畏年少,譏我兩呫囁。東火扶路還,宵明狐兔懾。蔡侯雄俊士,心憭形亦諜。異時能飛鞚,快若五陵俠。胡爲阡陌間,踠足僅相躡。諒能交譬語,呿予不能嗋。"

李注:"土山在上元縣南三十里。按《丹陽記》云:'晉太傅謝安舊隱會稽東山,築此象之,無巖石,故謂土山。有靈木臺觀娛遊之所,安就帝請朝中賢士子姪親屬會土山。'"

按,詩曰:"予衰極今歲,儻與鷄夢協。委蛻亦何恨?吾兒已長鬣。"用白雞典故,故作於是年。"吾兒已長鬣",謂次子王旁也。

常對弈,有詩戲贈葉濤

《詩注》卷三《用前韻戲贈葉致遠直講》:"葉侯越著姓,胄出實楚葉。縉雲雖窮遠,冠蓋傳累葉。心大有所潛,肩高未嘗脇。飄飄凌雲意,强禦莫能懾。辟雍海環流,用汝作舟檝。開胸出妙義,可發矇起魘。詞如太阿鋒,誰敢觸其鋏。聽之心凛然,難者口因嗋。摶飛欲峨峨,鎩墮今跕跕。忘情塞上馬,適志夢中蝶。若金静無求,在冶惟所挾。載醪但彼惑,餽漿非我諜。經綸安所施,有寓聊自愜。碁經看在手,碁訣傳滿篋。坐尋碁勢打,側寫碁圖貼。攜持山林屐,剌擿溝港艓。一枰嘗自副,當熱寧忘箑。反嗤褦襶子,但守一經笈。亡羊等殘生,朽筴何足摺。歡然值手敵,便與對匕筴。縱横子墮局,膈膊聲出堞。樵夫弛遠擔,牧奴停晏饁。旁觀各技癢,竊議兒女囁。所矜在得喪,聞此更心慄。熟視籠兩手,徐思撚長鬣。微吟静愔愔,堅坐高帖帖。未快巖谷叟,斧柯常爛漼。趑邊恥局縮,穿腹愁危業。或撞關以攻,或覷眼而壓。或羸行伺擊,或猛出追躡。垂成忽破壞,中斷俄連接。或外示閒暇,伐事先和燮。或冒突超越,鼓行令震疊。或粗見形勢,驅除令遠蹀。或開拓疆境,欲并包總攝。或僅殘尺寸,如黑子著靨。或橫潰解散,如尸僵血喋。或慼如告亡,或喜如獻捷。陷敵未甘虜,報仇方借俠。諱輸寧斷頭,悔誤乃批頰。終朝已罷精,既夜未交睫。翻然悟且歎,此何宜劫劫。孟軻惡妨行,陶侃懲廢業。揚雄有前言,韋曜存往牒。晉臣抑帝手,捄侯何啻涉。冶城子爭道,拒父乃如輒。爭也實逆德,豈如私鬭怯。藝成況窮苦,此殆天所厭。如今劉與李,倫等安可躡。試令取一毫,亦乏寸金鑷。以此待君子,未與回參協。操具投諸江,道耕而德獵。”

按,再用前韻,謂《再用前韻致蔡天啓》,故繫此年。公喜弈,而技不高,李注引《遯齋閑覽》:“荊公碁品殊下。每與人對局,未嘗致思,隨手疾應。覺其勢將敗,便斂之曰:‘本圖適性忘慮,反苦思勞神,不如且已。’與葉致遠敵手,嘗贈葉詩,有‘垂成中斷’之句,是知公碁不甚高。詩又云‘諱輸悔誤’,是又未能忘情於一時之得喪也。”

又《詩注》卷四十一《碁》:“莫將戲事擾真情,且可隨緣道我贏。戰罷兩奩收黑白,一枰何處有虧成。”

李注:“舒王在鍾山與道士碁,道士曰:‘彼亦不敢先,此亦不敢先。惟其不敢先,是以無所爭,故能入於不死不生。’公笑曰:‘此特碁謎也。’”

《苕溪漁隱叢話前集》卷三十三:“介甫有絕句云:‘莫將戲事擾真情,且可隨緣道我贏。戰罷兩奩收黑白,一枰何處有虧成？'觀此詩，則圖適性忘慮之語，信有證矣。若魯直於棋則不然，如'心似蛛絲遊碧落，身如蜩甲化枯枝'，則苦思忘形，較勝負於一着，與介甫措意異矣。"

精思殫慮，删定《字說》，出入百家

《豫章黃先生文集》卷二十七《書王荊公騎驢圖》："荊公晚年删定《字說》，出入百家，語簡而意深，常自以爲平生精力盡於此書。好學者從之請問，口講手畫，終席或至千餘字。金華俞紫琳清老，嘗冠禿巾，衣掃塔服，抱《字說》追逐荊公之驢，往來法雲、定林，過八功德水，逍遥淯亭之上。龍眠李伯時曰：'此勝事，不可以無傳也。'"

黎靖德《朱子語類》卷一百三十："荊公作《字說》時，只在一禪寺中，禪床前置筆硯，掩一龕燈。人有書翰來者，拆封皮，埋放一邊，就倒禪床睡。少時，又忽然起來寫一兩字，看來都不曾眠。字本來無許多義理，他要箇箇如此做出來，又要照顧，須前後要相貫通。"

曾敏行《獨醒雜志》卷五："王荊公作《字說》，一日躊躇徘徊，若有所思而不得。子婦適侍見，因請其故。公曰：'解飛字未得。'婦曰：'鳥反爪而升也。'公以爲然。"

葉夢得《巖下放言》卷中："王荊公平生不喜坐，非睡即行。居鍾山，每早飯已，必跨驢一至山中。或之西庵，或之定林，或中道捨驢，遍過野人家，亦或未至山復還，然要必須出，未嘗輟也。作《字說》時，用意良苦，嘗置石蓮百許枚几案上咀嚼，以運其思。遇盡未及益，即囓其指，至流血不覺。"

《宋史》卷三百二十七《王安石傳》："晚居金陵，又作

《字説》,多穿鑿附會,其流入於佛、老。"

送黄慶基入京,至清涼寺,有詩題壁

《詩注》卷四十二《送黄吉父入京題清涼寺壁》:"薰風洲渚薺花繁,看上征鞍立寺門。投老難堪與公別,倚崗從此望回轅。"

以《字説》解佛經,示法秀,不合

陸佃《陶山集》卷十一《書王荆公遊鍾山圖後》:"荆公退居金陵,多騎驢遊鍾山,每令一人提經,一僕抱《字説》前導,一人負木虎子隨之。元祐四年六月六日,伯時見訪,坐小室,乘興爲予圖之。其立松下者,進士楊驥、僧法秀也。後此一夕,夢侍荆公如平生。予書'法雲在天,寶月便水'二句,'便'初作'流'字。荆公笑曰:'不若便字之爲愈也。'既覺,悵然自失。念昔横經座隅,語至言極,迨今閲二紀,無以異于昨夕之夢,人之生世何如也!伯時能爲我圖之乎?吴郡陸某農師題。"

蘇籀《欒城遺言》:"王介甫解佛經三昧之語,用《字説》,示關西僧法秀。秀曰:'相公文章,村和尚不會。'介甫悻然,又問如何,秀曰:'梵語三昧,此云正定,相公用華言解之,誤也。'"

按,翌年,法秀主真州長蘆,即因與公談經解不合。吕大防所撰塔銘曰:"一日,公以所著佛書解義示師,師曰:'文章之妙,所不敢議,然不可以智知,殆非義學所能盡也。'公滋不悦,師遂棄去。"

與景齊禪師參《字説》

黃庭堅《山谷別集詩注》卷下《贈法輪齊公》題注《重書法輪古碑跋》：“法輪寺住持禪師景齊來求予刊定，且乞書而刊之。師，金陵蔣山中人，嘗入予方外之師晦堂心公之室，謂我爲同門，蓋嘗參《字説》於王荆公。其人通達辨識，欲有所立，人不能傾也。”①

吴點至江寧從學

汪藻《浮溪集》卷二十六《左中大夫致仕吴公墓誌銘》：“公字聖與……少持重寡言，人未之奇也。總角以文見鄉先生黄履，進退如成人，問皆可觀，履歎賞彌日，曰：‘子必爲令器。’聞王文公修經金陵，負笈從之，繇是學益進。元豐五年，擢進士第，調舒州司理參軍。”吴點元豐五年擢進士第，其從學公當於之前，故附此。其後吴點歷英州真陽令、富陽知縣、簽書常州判官廳公事、通判婺州越州洪州，“提點衡州露仙觀，繼領亳之明道宫、建之冲佑觀、南京之鴻慶宫，奉祠十餘年，卧家不復出……以建炎四年十一月某甲子卒于家，春秋七十有四。官自宣德郎十一遷至中大夫。”

江寧尉陳度從學

《京口耆舊傳》卷六：“度字彥法，年十九，中元豐二年進士第。爲江寧尉，從學於王安石。安石嘉其有志，不倦以告

____

① 《山谷詩集注》，第1124頁。

之。秩滿，調杭州録事參軍。時蒲宗孟、熊本相繼爲守，號剛嚴，帥事有過差，下莫敢辨。度數與争是否，二公更奇其能，薦進之。"

按，蒲宗孟於元豐八年至元祐二年間知杭州。① 陳度中元豐二年進士第，爲江寧尉，秩滿，調杭州録事參軍，與之争是否。以此推之，則陳度約於本年爲江寧尉，故附此。

與吳豪書議嫁王令遺腹女

《文集》卷七十四《與吳特起書》："某啓：適見鍾檢正世美言：上舍吳師禮，浙人也，有文學節行，欲爲逢原壻。彼極多人欲壻之，而慕逢原節義，故欲娶其女。鍾爲人不妄，吳亦有名，故欲作書奉報。乃得來書，更請審擇。特起肯遠相過，甚慰思渴。老年待盡，若復得一相見，豈非幸願！今歲暑雨特甚，多逃於北山。平生未嘗畏暑，年老氣衰，復值此非常氣候，殊爲憊頓。書不及悉，千萬自愛。"

按，吳師禮，王令壻，《宋史》卷三百四十七有傳："字安仲，杭州錢塘人。太學上舍賜第，調涇縣主簿，知天長縣，召太學博士、秘書省正字。"②《王令集》附録王雲撰《節婦夫人吳氏墓碣銘》："夫人，尚書屯田員外郎德筠之曾孫，尚書都官員外郎敏之孫，江寧府司録參軍蕡之子。婉慧夙成，父異之，嫁不輕諾。廣陵先生妙年英特，聲震江淮，荆公一見以爲友，

---

① 李之亮《宋兩浙路郡守年表》，第15頁。

② 吳師禮及子昊説，均長於書法，《清河書畫舫》卷八上《題李龍眠九歌圖》："吳師禮安中，王廣陵之壻。建中靖國間，臨池擅美，恥于自名……傅朋，安中子也。"

勸其舅以夫人歸焉。居無何而寡，遺腹舉一女，長有淑德。荊公高選諸生，以嫁錢塘吳師禮，歷博士、諫官、右司員外郎，爲時名臣。"《(雍正)浙江通志》卷一百二十四："元豐五年壬戌黃裳榜，吳師禮，錢塘人，右司諫。"吳師禮元豐五年上舍賜第，公稱"上舍吳師禮"，則此書當作於吳賜第前。

另，"鍾檢正世美"，即鍾世美(詳本譜元豐元年)，時爲中書檢正官。鍾世美於元豐元年上書稱旨，爲試校書郎、睦州軍事推官、太學正。元豐四年五月，授權江寧府觀法推官、中書戶房習學公事。《長編》卷三百十二元豐四年五月辛丑："新權江寧府觀法推官鍾世美爲承務郎、中書戶房習學公事。"綜上所述，故繫此書於本年。

與王拱辰書

《文集》卷七十八《與王宣徽書三》。

按，書曰："某頓首再拜留守宣徽太尉台座。""留守宣徽太尉"爲王拱辰，字君貺，仁宗天聖八年進士第一，《宋史》卷三百一十八有傳。《長編》卷二百九十三元豐元年十月己未："以宣徽北院使、檢校太傅、中太一宮使王拱辰爲檢校太尉、宣徽南院使、西太一宮使，許居京師。"書曰："北都衙校，偶至北山。""北都"，大名府。元豐三年九月，王拱辰以宣徽南院使判大名府，①元豐六年再任，元豐八年卒。劉摯《忠肅

---

① 《長編》卷三百八元豐三年九月乙酉："宣徽南院使、檢校太尉、西太一宮使王拱辰落開府儀同三司。並以官制行正名故也。詔拱辰判大名府，拱辰辭曰：'臣老矣，不足以任事。'上曰：'北門重地，卿舊治也，勉爲朕行。'"第7486頁。

集》拾遺《王開府行狀》:"(元豐三年)秋,大享明堂,詔入陪祠。既畢事,召對曰:'北門常須舊德,而卿故治也,當再勞臥鎮之。'……六年三月,拜安武軍節度使再任。八年三月,今上即位,拜彰德軍節度使。公再至魏,前後求退,章累上,不許。七月寢疾,詔遣中使挾國醫臨視。二十三日,薨於府第之正寢。"此三書均作於王拱辰判大名府任上,故附此。

與妹婿沈季長書

《王文公文集》卷四《與沈道原書》其一:"某啓:知在長蘆,營造功德,無緣一造,豈勝鄉往!見黃吉父,說四妹甚瘦悴,恐久蔬食而然,切需斟量,勿使成疾。一切如夢,不須深以概懷,但精心祈禱,亦不必常斷肉也。每欲與七弟到長蘆,相要會聚數日,然頭昡多痰,動輒復劇,是以未果。"

按,書曰"長蘆",謂真州長蘆禪院,《文集》卷三十五有《真州長蘆寺經藏記》。真州隸淮南東路,沈季長爲真州揚子人,時勒停居鄉,故得于長蘆營造功德。黃吉父即黃慶基,本年至江寧省公。

作《南浦》、《染雲》等詩,雅麗精絕

《詩注》卷四十《南浦》:"南浦隨花去,迴舟路已迷。暗香無覓處,日落畫橋西。"

《竹莊詩話》卷六:"山谷云:'荆公暮年作小詩,雅麗精絕,脫去流俗,每諷味之,便覺沆瀣生牙頰間。'《漁隱叢話》云:'觀此數詩,真可使人一唱而三嘆也。'"

元豐五年壬戌（1082），六十二歲

正月一日，上表賀正

《王文公文集》卷十五《賀正表》其四，題注："元豐五年。"

徐徽至江寧相訪。正月三十，與之再遊齊安院

《詩注》卷四十三《壬戌正月晦與仲元自淮上復至齊安》。《詩注》卷四十三《庚申正月遊齊安院有詩云水南水北重重柳壬戌正月再遊》："招提詩壁漫黃埃，忽忽籠紗雨過梅。老值白雞能不死，復隨春色破寒來。"

李注："《建康志》云：'淨妙寺即齊安寺，在城東門外，前臨官路。今徙置高隴，面秦淮。南唐昇元中建，政和中改今額。"

按，"老值白雞能不死"，謂已過辛酉年。徐徽字仲元，王象之《輿地紀勝》卷四十二："徐徽字仲元，全椒人。提舉利路常平，抗疏得謝以致仕，居縣之獨山，自號'獨山居士'。曾文昭公爲守相，與爲文字交。徽集唐宋以來文詞之可傳者，合爲一編，以示曾公，曾公哀之，以爲《滁陽慶曆集》。其後，唐恪又編《慶曆後集》。"陳振孫《直齋書錄解題》卷十五："《滁陽慶曆集》十卷，《後集》十卷。朝散郎滁人徐徽仲元集。"《（光緒）重修安徽通志》卷二百二十九："徐徽，全椒人，運判象賢子也，嘉祐進士。"郭祥正《青山集》卷二十五

《送徐長官仲元》:"徐夫子,能談經,不學俗儒事章句,白首役役勞骸形。"

與徐徽自讀書臺過定林寺,次其韻

《詩注》卷三十一《次韻徐仲元詠梅二首》。

《詩注》卷四十《與徐仲元自讀書臺上過定林》。

李注:"按《建康志》,境內讀書臺凡四處:郭文舉書臺在冶城,梁昭明書臺在蔣山定林寺後北高峰上。董永讀書臺在溧水縣西四十里,蔡伯喈讀書臺亦在溧水縣太虛觀東北。以此觀之,則公所遊者,必是昭明書臺,蓋去定林不遠耳。"

《詩注》卷二十六《次韻酬徐仲元》:"投老逍遥屺與堂,天刑真已脫桁楊。緣源靜嘿魚無淰,渡谷深追鳥有鶵。每苦交遊尋五柳,最嫌尸祝擾庚桑。相看不厭唯夫子,風味真如顧建康。"

李注引《石林詩話》云:"嘗有人面稱公,喜'五柳'、'庚桑'之句,以爲的對。公笑曰:'君但知柳對桑爲的,然庚亦自是數。'蓋以十干數之也。"

有詩詠徐徽女孫

《詩注》卷四十三《仲元女孫》:"雙鬟嬉戲我庭除,爭挽新花比繡襦。親結香纓知不久,汝翁那更鑷髭鬚。"

《繫年》:"當是徐仲元帶女孫訪安石時作。《顧譜》謂:'公次子旁,字仲元,有《示仲元女孫》詩。'全未細考,妄以仲元爲旁字,殆由'女孫'附會所致。"甚是。

有書回元絳

《文集》卷七十八《回元少保書》其二："某啟：久闕修問，豈勝企仰，新歲想膺多福，貴眷各吉慶。山川相望拘綴，無緣造晤，冀倍自壽重，以副惓惓也。程公闊想日得從容也。"

三月，上表賀冀國大長公主出降

《文集》卷五十八《賀冀國大長公主出降表》。

《長編》卷三百二十四元豐五年三月丙戌："贈司徒郭崇仁曾孫獻卿爲左領軍衛大將軍，尚冀國大長公主。"

《宋史》卷二百四十八："燕舒國大長公主，帝第十二女也。嘉祐六年，封寶壽。八年，進封順國長公主。治平四年，進冀國大長公主。元豐五年，改魏國，下嫁開州團練使郭獻卿。八年，進楚國。徽宗改吳國，進吳越國，改秦兗國。政和二年，薨，追封燕舒國。謚懿穆，復改懿穆大長帝姬。"

三月，陳繹知江寧，贈大龜。有詩詠之

《詩注》卷一《同王濬賢良賦龜得升字》："世傳一尾龜百齡，此龜逮見隋唐興。雖然天幸免焦灼，想見縮頸愁嚴凝。前年赴海不量力，欲替鼇負三峻嶒。番禺使君邂逅見，知困簸蕩因嗟矜。疾呼豫且設網取，以組繫首齟穿繩。北歸與俱度大庾，兩夫贔屭苦不勝。艤舟秦淮擔送我，云此一可當十朋。昔人寶龜謂神物，奉事枯骨尤競競。殘民滅國

遞爭奪,有此乃敢司靈烝。於時覩甲別貴賤,太卜藏法傳昆仍。豈知元君須見夢,初如歡喜得未曾。自從九江罷納錫,衆漁賤棄秋不登。卜人官廢亦已久,果獵誰復知殊稱。今君寶此世莫識,我亦坐視心瞢瞢。搘床纔堪比瓦礫,當粟豈肯捐斗升?糁頭腥臊何足嗜,曳尾污穢適可憎。盛溲除聾豈必驗,蹈背出險安敢憑。刳腸以占幸無事,卷殼而食病未能。如聞翕息可視效,往乃有墮崖千層。仰窺朝陽俯引氣,亦得難老如岡陵。諒能學此真壽類,世論妄以蟲疑冰。嗟余老矣倦呼吸,起晏光景難瞻承。但知故人所玩惜,每戒異物相侵陵。惟憂盜賊今好卜,夜半劫請無威懲。復恐戅夫負之走,并竊老木爲薪蒸。淺樊荒圃不可保,守視且寄鍾山僧。"

李注:"番禺,廣州也。"

詩曰"番禺使君邂逅見"、"艤舟秦淮擔送我",此"番禺使君"當爲公故人陳繹,字和叔。元豐三年十月,陳繹再知廣州,[①]本年三月十日,知江寧府。《(景定)建康志》卷十三:"元豐五年三月十日,太中大夫、龍圖閣待制陳繹知府事。"

與陳繹遊北山

《詩注》卷四十五《同陳和叔北山遊》:"春風蕩屋雨填溝,東閣翛然擁罽裘。鄰壁黃粱炊未熟,喚回殘夢有鳴騶。"

---

① 《長編》卷三百十元豐三年十一月庚戌:"知廣州、中大夫、集賢院學士陳繹爲龍圖閣待制再任。"第 7515 頁。

與陳繹遊園，次其韻

《詩注》卷三十八《次韻陳學士小園即事》："牆屋雖無好鳥鳴，池塘亦未有蛙聲。樹含宿雨紅初入，草倚朝陽綠更生。萬物天機何得喪？百年心事不將迎。與君杖策聊觀化，搔首東風眼尚明。"

李注："名繹。繹時爲金陵，嘗過公第，又公同年，故厚之也。"

提舉江南西路常平劉誼勒停遊江寧，投啓，勸再起，除新法之不便民者。回啓婉拒之

王銍《四六話》卷上："元豐末，劉誼以論常平不便，罷提舉官勒停。遊金陵，以啓投王荆公，令其再起，稍更新法之不便於民者。荆公答以啓，略曰：'起於不得已，蓋將有行；老而無能爲，云胡不止。'"

按，劉誼字宜父，治平四年進士，歷江陰縣丞、提舉廣西路常平、江南西路常平等。本年三月，因上疏言江西鹽法遭勒停。《長編》卷三百二十四元豐五年三月乙酉："上批：'劉誼職在奉行法度，既有所見，自合公心陳露，輒敢張皇上書，惟舉一二偏僻不齊之事，意欲概壞大法，公肆誕謾，上惑朝廷，外搖衆聽，宜加顯黜，以儆在位。特勒停。"

是春，因朱明之至江寧，與之遊玩唱酬

《詩注》卷二十六《次韻酬朱昌叔五首》其一："點也自殊由與求，既成春服更何憂。拙於人合且天合，静與道謀非

食謀。未愛京師傳谷口，但知鄉里勝壺頭。嗟予老矣無一事，復得此君相與遊。"

其二："去年音問隔淮州，百謫難知亦我憂。前日杯盤共江渚，一歡相屬豈人謀。山蟠直瀆輸淮口，水抱長干轉石頭。乘興舟輿無不可，春風從此與公遊。"

李注："《丹陽記》：'建康有淮，源出華山，流入江，在丹陽、姑熟之界。西北流經建康、秣陵二縣之間，縈紆京邑之內，至於石頭入江，綿亘三百許里。'""長干，秣陵縣東里巷名，有大長干、小長干、東長干，皆地名。"

按，詩曰："去年音問隔淮州，百謫難知亦我憂。"謂元豐四年十月二日朱明之追官勒停。詩又曰"春風從此與公游"、"白下門東春水流"、"穿梅入柳曾莫逆"等，故作於本年春。"已知軒冕真吾累"、"世事但知吹劍首，官身難即問刀頭"等，皆寬慰語也。

四月一日，弟安禮以開封府獄空遷官

《長編》卷三百二十五元豐五年四月壬子朔："知開封府王安禮言三院獄空。詔送史館，安禮遷一官。"

四月二十三日，弟安禮爲太中大夫、守尚書右丞

《長編》卷二百二十五元豐五年四月甲戌："翰林學士、朝奉郎王安禮爲中大夫、守尚書右丞。"

四月二十五，子婿蔡卞爲奉議郎、試起居舍人

《長編》卷三百二十五元豐五年四月丙子："朝奉郎、集

賢殿修撰、知廣州熊本試工部侍郎，朝散郎、史館修撰、判太
常寺曾鞏，朝散郎、集賢校理、同修起居注趙彦若，通直郎、
集賢校理、同修起居注陸佃並試中書舍人……通直郎、集賢
校理、管勾國子監兼崇政殿説書蔡卞爲奉議郎、試起居
舍人。”

陸佃試中書舍人，致謝啓，回之

《陶山集》卷十三《除中書舍人謝丞相荆公啓》：“濡螭
頭而記動，方愧超踰；批鳳尾以代言，更驚塵竊。受恩彌重，
圖稱愈難。恭以特進相公先生氣大至剛，心精惟一。降從
崧嶽之峻，出應崑河之清。遵大道之甚夷，障狂瀾于既倒。
度關而覆雲氣，嘗爲著書；復夜而省夢魂，果諧作弼。進已
見大儒之效，退將爲百世之師。兩得所圖，會歸于極。而某
學初爲己，才不逮人。偶多在于門牆，遂少窺于閫奧。雨而
無蓋，護商也之非；風乎舞雩，嘉點爾之志。具蒙善誘，深被
樂成。是致甄收，不遺蕪陋。魯雞伏卵，知長育之難酬；魏
鵲遶枝，歎依棲之尚遠。惟不慚于仕進，庶無負于師承。”

《文集》卷七十九《回謝舍人啓》：“伏審詔試公府，書命
帝庭，茂對明縟之恩，遂膺顯服之賜。豫遊惟舊，懷慰
良多。”

暑旱，有詩寄楊驥

《詩注》卷二《寄楊德逢》：“山樊老憚暑，獨瘁無所適。
湖陰宛在眼，曠若千里隔。遥聞青秧底，復作龜兆坼。占歲
以知子，將勤而後食。穿溝取西港，此計當未獲。翛翛兩龍

骨,豈得長掛壁? 晤言久不嗣,作苦何時息。炎天不可觸,
悵望新春白。"

雨後再次前韻寄楊驥,約之遊

《詩注》卷二《次前韻寄德逢》:"一雨洗炎蒸,曠然心志
適。如輪浮幢海,滅火十八隔。俯觀風水湧,仰視電雲坏。
知公開霽後,過我言不食。翻愁陂路長,泥淖困臧獲。明明
吾有懷,如日照東壁。暮逢田父歸,倚杖問消息。渠來那得
度? 南蕩今已白。"

作《後元豐行》、《歌元豐》,頌元豐之政

《詩注》卷四十一《歌元豐五首》其一:"水滿陂塘穀滿
簀,漫移蔬果亦多收。神林處處傳簫鼓,共賽元豐第一秋。"

其二:"露積山禾百種收,漁梁亦自富鰕鰌。無羊説夢
非真事,豈見元豐第二秋。"

按,此五首分詠元豐元年至五年,或一時而作。

五月三日,婿蔡卞兼崇政殿説書

《長編》卷三百二十六元豐五年五月癸未:"通直郎、中
書舍人陸佃兼侍講,奉議郎、起居舍人蔡卞兼崇政殿説書。"

五月十一日,婿蔡卞兼權國子司業

《長編》卷三百二十六元豐五年五月辛卯:"起居舍人蔡
卞兼權國子司業。"

五月十七日，婿蔡卞辭試侍御史知雜事，復爲起居舍人

《長編》卷三百二十六元豐五年五月丁酉：“奉議郎、試起居舍人兼崇政殿説書蔡卞試侍御史知雜事。卞力辭之，復爲起居舍人。”

是月，與陳繹遊北山

《詩注》卷四十三《同陳和叔遊齊安院》：“繅成白雪桑重緑，割盡黄雲稻正青。他日玉堂揮翰手，芳時同此賦林坰。”

題注：“壬戌五月。”李注：“和叔，裕陵時再入翰林爲學士。時守江寧，當元豐五年、六年、七年也。”

五月，呂惠卿有啓求和，答之

魏泰《東軒筆録》卷十四：“呂惠卿與王荆公相失。惠卿服除，荆公爲宮使居鍾山，以啓講和，荆公謝之，今具載于此。

呂書曰：‘惠卿啓：合乃相從，疑有殊於天屬；析雖或使，殆不自於人爲。然以情論形，則已析者宜難於復合；以道致命，則自天者詎知其不人？如某叨蒙一臂之交，謬意同心之列。忘懷履坦，失戒同噂。關弓之泣非疏，碾足之辭亦已。而溢言皆達，弟氣並生。既莫知其所終，兹不疑於有敵。而門牆責善，數移兩解之書；殿陛對休，親奉再和之詔。固其願也，方且圖之。重罹苦塊之憂，遂稽簡牘之獻。然以言乎昔，則一朝之過，不足害平生之歡；以言乎

今,則八年之間,亦將隨數化之改。内省凉薄,尚無細故之嫌;仰揆高明,夫何舊惡之念。恭惟觀文特進相公知德之奥,達命之情。親疏冥於所同,愛憎融於不有。冰炭之息豁然,儻示於至思;桑榆之收繼此,請圖於改事。側躬以待,惟命之從。'

荆公答曰:'安石啓:與公同心,以至異意,皆緣國事,豈有他哉?同朝紛紛,公獨助我,則我何憾於公?人或言公,吾無預焉,則公亦何尤於我?趨時便事,吾不知其説焉;考實論情,公亦宜照於此。開諭重悉,覽之悵然。昔之在我,誠無細故之疑;今之在躬,尚何舊惡足念?然公以壯烈,方進爲於聖世;而某薾然衰疾,將待盡於山林。趨舍異事,則相呴以濕,不若相忘之愈也。趨召想在朝夕,唯良食自愛。'荆公巽言自解如此。"

周煇《清波别志》卷中:"王荆公退居鍾山,切切以吕吉甫爲恨。吕除母喪,時公弟和甫執政,吕意切憚之,乃過金陵,以啓與公和……煇五十年前在建康,見荆公門人吴長吉云:'公得此啓,再三披閲,讀至"殿陛對揚,親奉再和之詔",顧客曰:"彼不著詔旨,亦何自復相聞。不爾,此亦不必還答。"又云:"終是會作文字。"'蓋不以所甚惡而掩其所長。荆公醇德如此。"

按,此可爲吕惠卿求和聊備一説。吴悊,公門人,"字長吉,臨川人,後徙建康,早從王荆公學。譚熙、豐間舊事,亹亹不倦。與秦丞相有硯席舊,晁公道居留日,俾鄉人舉其孝廉。孝者,當兵火擾攘之際,供母養無缺;廉者,雖在窮約,人或賙之,有所不受……繼以禮津置,赴行在所,館於太學。

未幾，托疾告歸，初無恩數。爾後八行、孝廉之舉，寂無聞焉。”①

六月，許彥先除梓州路轉運判官，道訪江寧。有詩送之

《詩注》卷二十六《送許覺之奉使東川》：“三秋不見每惓惓，握手山林復悵然。後會敢期黄耇日，相看且度白雞年。畏途石棧王尊馭，榮路金門祖逖鞭。一代官儀新藻拂，得瞻宸宇想留連。”

李注：“白雞見《遊土山》注，謂酉年也。”

按，許彥先字覺之，阮元《（道光）廣東通志》卷二百七：“轉運使、度支郎中金君卿正叔，轉□□□、□子中舍許彥先覺之，管勾文字、殿中丞金材拙翁，門人成度公適，熙寧癸丑中伏，泛舟避暑。”同書卷三百：“許彥先，始興人，深明易學，尤工書法。天聖二年乙丑，與族人致同第進士。彥先累官殿中丞，遷廣東轉運使，素有文名。”

元豐二年，許彥先因許將、蘇頌案，貶監吉州酒税，曾道訪江寧。《長編》卷二百九十六元豐二年正月丁亥：“降國子博士許彥先監吉州酒税。”詩曰“三年不見”，自元豐二年至本年恰三年，許彥先復職，除梓州路判官。《長編》卷三百二十七元豐五年六月丙子：“詔許彥先與除轉運判官，李君卿、蔡洄各依元資序與合入差遣。彥先等先因許將、蘇頌知開封府日坐罪被責，至是，以上批勘會無名，故皆復其職任。彥先自監吉州酒税得梓州路。”

①　周煇撰，劉永翔校注《清波雜志校注》卷三，第112頁。

至於"相看且度白雞年",乃謂已過辛酉本命年。"一代官儀新藻拂",謂本年改官制。《長編》卷三百二十六元豐五年五月壬午:"詔:'先王以道在天下,列而爲事,陳而爲法,人各有分然後安,官各有守然後治。三代以降,累世相仍,寖迷大原,遂亂名實,餘弊斯積,其流及今。朕閔古弗還,因時改造,是正百職,建復六聯,先後重輕,粗獲條次,小大貴賤,迭相維持,差擇群材,分委成憲,佇觀來效,共致丕平。敢有弗欽,將底厥罪。新除省、臺、寺、監官,詳定官制所已著所掌職事,如被選之人不徇循守法,敢有僭紊,其申諭中外:違是令者,執政官委御史臺彈奏,尚書以下聽長官糾劾以聞。'"

李壁注:"元豐三年,初改官制,至五年,始行之。公時奉祠家居,故云'握手山林'。"

再回吕惠卿書

《聖宋名賢五百家播芳大全文粹》卷一百三《與吕參政書》:"承累幅勤勤,爲禮過當,非敢望于故人也。不敢視此以爲報禮,想蒙恕察。承已祥除,伏惟尚有餘慕。知有所諭者,恨未見之。雖賴恩愛,得優游疾憊,棄日茫然,未獲奉并,惟冀愛重。"

按,書曰"承已祥除",據《長編》卷三百四元豐三年五月己丑:"知延州吕惠卿言修成五路條約,乞許赴闕面奏,以稟得失。從之。惠卿尋遭母喪。"

李燾:"朱本於六月五日丙申,特書詔吕惠卿赴闕。按,《惠卿家傳》,惠卿母實卒于京師六月初,惠卿乃聞之,恐召惠卿不在六月。今從墨本。"

　　據此，則吕惠卿當於元豐三年六月丁母憂，本年六月大祥，八月服除。書曰"承累幅勤勤"，知吕惠卿於上一書後，又屢致書。

范峋離任江東刑獄，有書答之

　　《文集》卷七十八《答范峋提刑書》其二："某啓：承營從數辱丘園，得聞餘論，多所開釋。戒行有日，適以服藥疲頓，不獲追路，豈勝愧悵。冒涉方遠，冀良食。"

　　按，范峋於本年六月至十二月間離江寧，詳本譜元豐四年。

修成《字説》，與譚掞、蔡肇同遊齊安院，有詩自哂

　　《詩注》卷四十三《成字説後與曲江譚掞丹陽蔡肇同遊齊安院》："據梧枝策事如毛，久苦諸君共此勞。遥望南山堪散釋，故尋西路一登高。"

　　按，譚掞字文初，①譚昉之子。《（同治）韶州府志》卷三十二："譚掞字文初，曲江人。父昉，刻苦積學，四上計偕，而親老家貧，無以爲養，不獲已，請補吏外臺。久之，授海豐簿、英州司理、平樂令。天聖中，殿中丞王益守韶州，延至門下教子弟，時益子安石方髫齔，與掞兄弟同學。後安石爲相，而昉爲虞部郎官，卒。掞狀其行求銘，安石方行新法，未

────────────

① 《粵西金石略》卷五《伏波巖題名　建中靖國元年三月》："鄱陽程節信叔、曲江譚掞文初、臨川劉蒙資明、全魏董遵守道、廬陵曾振次山自八桂堂過伏波巖，啜茶，遂遊龍隱洞。辛巳清明前二日謹題。"

暇及之,但作挽詩:'同時獻賦久無人,握手悲歡迹已陳。他日白衣霄漢志,暮年朱綬水雲身。虛看劍履今長夜,小隱山林祇舊春。豈惜俚辭追往事,齒衰才盡獨傷神。'昉特善牋表,荊公在金陵稱其一對云:'車斜韻險,競病聲難。'競病二字,曹景宗故事也。安石後爲《字説》,掞入局,爲郎官。掞不苟從,累遷廣文館學士,副廣東西漕,移本路憲,知南恩州。掞從弟昂,亦登進士,能自植立。"

《詩注》卷三《再用前韻寄蔡天啓》:"侯方習篆籀,寸管靜嘗釐。深原道德意,助我耕且獵。"李注:"天啓曾助公檢閱修《字説》者。"

《文集》卷二十七《進字説二首》其一:"正名百物自軒轅,野老何知強討論。但可與人漫醬瓿,豈能令鬼哭黃昏。"

上《字説》二十四卷,有詩

《文集》卷五十六《進〈字説〉表》:"臣某言:竊以書用於世久矣。先王立學以教之,設官以達之,置使以喻之,禁誅亂名,豈苟然哉?凡以同道德之歸,一名法之守而已。道衰以隱,官失學廢,循而發之,實在聖時。豈臣愚憧,敢逮斯事?蓋聞物生而有情,情發而爲聲,聲以類合,皆足相知。人聲爲言,述以爲字。字雖人之所制,本實出於自然。鳳鳥有文,河圖有畫,非人爲也,人則效此。故上下內外,初終前後,中偏左右,自然之位也;衡裹曲直,耦重交拆,反缺倒仄,自然之形也。發斂呼吸,抑揚合散,虛實清濁,自然之聲也。可視而知,可聽而思,自然之義也。以義自然,故仙聖所居,雖殊方域,言音乖離,點畫不同,譯而通之,其義一也。道有升降，文物隨之，時變事異，書名或改，原出要歸，亦無二焉。乃若知之所不能，與思之所不能至，則雖非即此而可證，亦非舍此而能學。蓋惟天下之至神，爲能究此。伏惟皇帝陛下體元用妙，該極象數，稽古創法，紹天覺民，乃惟兹學隕缺弗嗣，因任衆智，微明顯隱，蓋將以祈合乎神恉者，布之海内。衆妙所寄，窮之實難。而臣頃御燕閒，親承訓敕，抱痾負憂，久無所成。雖嘗有獻，大懼冒浼。退復自力，用忘疾憊。咨諏討論，博盡所疑。冀或涓塵，有助深崇。謹勒成《字説》二十四卷，隨表上進以聞。臣某誠惶誠懼，頓首謹言。”

《文集》卷二十七《進字説二首》其二：“鼎湖龍去字書存，開闢神機有聖孫。湖海老臣無四目，謾將糟粕汗修門。”

《玉海》卷四十三：“元豐五年，王安石表上《字説》二十四卷。”《歷代名臣奏議》卷八陳瓘《再論人君稽古之學奏》：“元豐中，王安石《進〈字説〉表》云：‘先王立官以教之者，謂司徒六藝之教也。’又曰‘蓋將以合乎神恉者，布之海内’。神考讀其説而好之，玩味不忘，可謂合乎神恉矣。然不以布之海内者何也？以教化之本不在文字故也。神考之所以教天下者，可謂知本矣。紹聖中，用事之臣必以《字説》頒之海内，違神考之心矣。”

按，神宗亦留心字學，公晚年修訂《字説》，洵非率爾之舉，欲由字學而一道德、同風俗也。《宋史》卷三百二十九《王子韶傳》：“由司農丞提舉兩浙常平，入對，神宗與論字學，留爲資善堂，修定《説文》。”《長編》卷二百八十八元豐元年三月庚辰：“太子中允王子韶知禮院，仍於資善堂置局，修定《説文》。"同書卷三百二十七元豐五年六月己未:"給事中陸佃、禮部員外郎王子韶上《重修説文》,各賜銀絹百,其書不行。"以上可見神宗之意,故《宋史》卷一百五十五《選舉一》:"初,神宗念字學缺廢,詔儒臣探討,而王安石乃進其説,學者習焉。"

又,公之著述等身,惟《字説》最蒙詬病(詳本譜附録《著述考》)。蓋因其專以會意解字,而廢形聲等五法,又旁取佛、老之説。《朱熹集》卷七十《讀兩陳諫議遺墨》:"安石既廢其五法,而專以會意爲言。有所不通,則遂旁取後來書,傳一時偶然之語以爲證。至其甚也,則又遠引佛、老之言,前世中國所未嘗有者而説合之。"然詳公之意,蓋以文字爲"天地之文","本於自然",與八卦同。文字之筆劃、聲音、結構、意義皆非偶然,乃自然秩序、原理之反映。[1] 故公之《字説》,欲借文字意義之解釋,探尋萬事萬物之理,"追求統一性的理解"。[2]《文集》卷八十四《熙寧字説序》:"能知此者,則於道德之意,已十九矣。"《朱子語類》卷一百三十:"字本來無許多義理,他要簡簡如此做出來,又要照顧得前後,要相貫通。"

---

[1] 程顥、程頤亦持此説。《河南程氏遺書》卷一:"凡物之名字,自與音義氣理相通。除其他有體質可以指論而得名者之外,則天之所以爲天,天未名時,本亦無名,只是蒼蒼然也,何以便有此名? 蓋出自然之理,音聲發於其氣,遂有此名此字。如今之聽聲之精者,便知人性,善卜者知人姓名,理由此也。"《二程集》,第 9 頁。

[2] 土田健次郎著,朱剛譯《道學之形成》,上海古籍出版社 2010 年版,第 328 頁。關於《字説》之哲學意義,又可見羅文(Winston W. Lo)著,劉成國、李梅譯《王安石與儒家的内聖理想》,《新宋學》第五輯。

有詩懷闕

《詩注》卷四十四《六年》："六年湖海老侵尋，千里歸來一寸心。西望國門搔短髮，九天宮闕五雲深。"李注"此見公深追神宗之遇，雖已在田里，不忘朝廷也。"

有詩寄吴氏女，並寄蔡氏女

《詩注》卷一《寄吴氏女子一首》："伯姬不見我，乃今始七齡。家書無虛月，豈異常歸寧。汝夫綴卿官，汝兒亦掾挺。兒已受師學，出藍而更青。女復知女功，婉嬺有典刑。自吾捨汝東，中父繼在廷。小父數往來，吉音汝每聆。既嫁可願懷，孰如汝所丁。而吾與汝母，湯熨幸小停。丘園禄一品，吏卒給使令。膏粱以晚食，安步而輜軿。山泉皋壤間，適志多所經。汝何思而憂，書每說涕零。吾廬所封殖，歲久愈華菁。豈特茂松竹，梧楸亦冥冥。芰荷美花實，瀰漫爭溝涇。諸孫肯來游，誰謂川無舲？姑示汝我詩，知嘉此林坰。末有擬寒山，覺汝耳目熒。因之授汝季，季也亦淑靈。"

李注："介父二女，長適吴安持，寶文閣待制。"又注"丘園禄一品"："公以左僕射、大觀文食會靈觀使禄。"

《繫年》："詩云：'伯姬不見我，乃今始七齡。'按安石於熙寧九年罷相返金陵，至是年，已七年。與吴充子吴安持之妻蓬萊縣君，亦即安石長女，不相見。又云：'自吾舍汝東，中父繼在廷。小父數往來，吉音汝每聆。'中父，指和甫；小父指純甫。是年和甫爲尚書右丞，純甫以管勾江寧府集禧觀家居,益可證。顧譜繫於熙寧七年,失考。"可從。

按,《長編》卷三百二十七元豐五年六月丁丑:"通直郎、監察御史豐稷爲著作佐郎。先是,稷言:'聞吳安持除太府少卿。按,安持以宰相子,請囑檢正官劉奉世,庇相州失入馮言死罪公事,坐此追官。今祥禫未除,即有恩命,議者以謂執政家見有勒停衝替子弟,用安持爲例,將以伸己之私。'"吳安持父吳充卒於元豐三年四月二日,豐稷言"今祥禫未除,即有恩命",則吳安持除太府少卿當於是年五月。此詩當作於吳安持服除後,吳氏女或有意攜女至江寧省親,故詩謂"諸孫肯來游,誰謂川無舲? 姑示汝我詩,知嘉此林坰"。

此亦公之名作。朱熹《楚辭後語》卷六:"公又以女妻蔡卞,此其所予之詞也。然其平淡簡遠,翛然有出塵之趣……晁氏録其少作兩賦,而獨遺此,盖不可曉。故今特收采,而并著其本末。"

七月五日,皇九子生。上賀表

《文集》卷五十八《賀生皇子表》其四:"臣某言:伏覩都進奏院狀報七月四日誕生皇子者。慶兆六宮,欣交九服,照臨所曁,鼓舞惟均。竊以莞簟告祥,實帝臨之鼇事;牢祠錫羨,乃神保於昌時。伏惟皇帝陛下追放堯勳,嗣承犧象,鴻名敷播,已協九皇之高;純嘏垂延,方覃千子之衆。維祺有俶,俾熾無疆。臣夙冒恩憐,久尸榮禄,適此驩嘉之會,茶然趨造之難。臣無任。"

《長編》卷三百二十八元豐五年七月甲申:"皇第九子

生,遣江夏郡王宗惠告於太廟。"

八月,再答呂惠卿書

《王文公文集》卷六《再答呂吉甫書》:"承誨示勤勤,豈勝感愧!聞有太原新除,不知果成行否,想遂治裝而西也。示及法觀文字,輒留玩讀,研究義味也。觀身與世,如泡夢幻,若不以洗心,而沈於諸妄,不亦悲乎!相見無期,惟刮磨世習,共進此道,則雖隔闊,常若交臂。雖衰茶薾耗,敢不勉此,猶冀未死間,或得晤語,以究所懷。未爾,良食,爲時自愛。令弟想各安裕,必同時西上也。惠及海物,愧荷不忘。村落無物將意,栗二籠馳獻。某今年雖無大病,然年彌高矣,衰亦滋極,稍似勞動,便不支持。向著《字說》,粗已成就,恨未得致左右。觀古人意,多寓妙道於此,所惜許慎所傳止此,又有僞謬,故於思索難盡耳。"

《長編》卷三百二十九元豐五年八月壬戌:"資政殿學士呂惠卿知太原府,後七日,又加大學士。先是,惠卿知延州將滿三年,有詔除資政殿大學士,再任。方辭免,會以喪去,於是復申前命。"

李燾:"己巳,加大資政殿,今并書。十月癸酉,責單州。"

九月一日,神宗不豫,十三日康復。上表賀之

《文集》卷五十八《賀康復表》:"伏惟皇帝陛下堯仁舜孝,充假彰聞,惠于神民,循道不越。雖勤勞庶慎,衛養小愆,而福履綏將,旋日底豫。平格獲祐,效驗甚明。而臣衰

疾所嬰,久違宸宇。聞傳踊躍,倍百群黎。臣無任。”

《長編》卷三百二十九元豐五年九月己卯朔:“上不豫,罷朝三日,詔中書省事應面奏者,以狀擬進。壬午,再罷朝五日,分命輔臣祈福於天地、宗廟、社稷。

己丑,德音:‘降在京及畿縣死罪囚,徒以下釋之。’上服藥康復故也。

辛卯,詔:‘近服藥有瘳,遣官謝天地、宗廟、社稷、宮觀。’”

按,神宗罷朝近十日,可見染疾頗重。舊党謂神宗因永樂之敗而致,不無蓄意追附。① 蓋永樂城陷於本月二十日,②十月一日神宗方得沈括奏。《長編》卷三百三十元豐五年冬十月戊申朔:“李秬、种諤、沈括奏:‘永樂城陷,漢蕃官二百三十人、兵萬二千三百餘人皆没。’先是,沈括奏:‘敵兵來逼城,見官軍整,故還。’上覽奏憂之,曰:‘括料敵疏矣!彼來未戰,豈肯遽退耶? 必有大兵在後。’已而果然。及聞城陷,涕泣悲憤,爲之不食。早朝,對輔臣慟哭,莫敢仰視。”

陳繹就使衙作會相招,不赴,有詩辭之

《詩注》卷四十二《和叔招不往》:“門前秋水可揚舲,有意西尋白下亭。只欲往來相邂逅,却嫌招唤苦丁寧。”

李注:“案:荆公舊宅在今報寧寺前,臨溝港,故有‘門前秋水’之句。”

《呂氏雜記》卷下:“時陳和叔内翰繹知江寧府,就使衙

---

① 可見方震華《戰爭與政争的糾葛》,《漢學研究》2011 年第 3 期。

② 《長編》卷三百二十九元豐五年九月戊戌:“永樂城陷。”第 7935 頁。

作會召，荆公不喜，辭之以詩云：'只喜往來相邂逅，却嫌招喚苦丁寧。'"

十月十日，皇十一子生。上賀表

《文集》卷五十八《賀生皇子表》其二，曰："臣聞史紀文慶之延，豈惟十子；詩歌姒徽之繼，爰至百男。"

《長編》卷三百三十元豐五年十月丁巳："皇第十一子生。"

按，《長編》卷三百二十九元豐五年九月乙巳："皇第十子甍，母淮陽郡君郭氏生，次日失之，不及賜名、封爵。"

李燾："後賜名偉。《舊紀》書：'甲辰，皇子偉生，乙巳，卒。'"

皇十子偉出生次日即甍，故公所賀實爲神宗第十一子。

十月十三日，婿蔡卞試中書舍人

《長編》卷三百三十元豐五年十月庚申："奉議郎、起居舍人兼崇政殿説書蔡卞試中書舍人，兼侍講。"

十月二十三日，婿吴安持爲駕部郎中

《長編》卷三百三十元豐五年十月庚午："太僕少卿吴安持爲駕部郎中。上以安持舊領群牧判官，校諸牧租并卷馬靡費，已令督趨拘收，而太僕不領外務，故有是命。"

十二月一日，婿蔡卞遷官

《長編》卷三百三十一元豐五年十二月己未："詔：

'朝散大夫、試吏部尚書李清臣,通議大夫、守侍郎蘇頌,奉議郎、試中書舍人蔡卞,通直郎、試起居郎蔡京各遷一官。'"

十二月十二日,賢妃周氏進位德妃,冀國大長公主進封魏國大長公主。上賀表

《文集》卷五十八《賀魏國大長公主并周德妃進封禮成表》。

《長編》卷三百三十一元豐五年十二月丁巳:"賢妃周氏進位德妃,冀國大長公主進封魏國大長公主。"

歲末,有啓答知潤州許遵

《文集》卷七十三《答許朝議書》:"某啓:連得誨示,豈勝感慰。歲暮沍寒,想比日安佳。頃在朝廷,觀公議法,每求所以生之,想今爲州,亦用此意。公壽考康寧,子孫蕃衍,當以此也。咫尺思一相見,情何有已。唯冀良食自愛,永綏福履。不宣。"

按,許朝議,即許遵,字仲塗,《宋史》卷三百三十有傳。《(嘉定)鎮江志》卷十五:"許遵,朝議大夫,元豐壬戌守潤。至之日,歲荒民饑,躬爲之發廩。歲凶,民疫,躬爲之發藥。大抵以仁蒞政,於是人說氣和,雨暘應之。比其次年,麰登於夏,稻登於秋,蠶者衍絲,績者衍麻。《京口集》有元章簡絳《寄潤守許朝議》詩。"

張栻《南軒集》卷三十五《跋王介甫帖》:"後一帖,大理少卿許遵守京口時,丞相與之書,遵刻之石。始遵在登州論

阿云獄事，丞相爲從臣力主之。自後殺人至十惡，亦許案問
自首減死，長惡惠奸，甚逆天理。今此帖乃謂遵‘壽考康寧，
子孫蕃衍’，由其議法求所以生之之故。蓋丞相炫於釋氏報
應之説，故以長惡惠奸爲陰德。”

是年，編《四家詩選》

　　華鎮《題杜工部詩後》：“喜讀杜工部詩，漸老，目力不
逮，大書一部，以便觀覽。舊集雖五言、七言、古詩、近體各
以類聚，然編次隨歲月先後，長篇短闋，參錯不倫。今因韻
數，由少及多以爲叙，亦自便之一端。元豐間，王文公在江
寧，嘗刪工部、翰林、韓文公、歐陽文忠詩，以杜、李、歐、韓相
次，通爲一集，目曰《四選》。此中用丹量其題首者，皆《四
選》之所録。或一詩數章，止取一二，則量其首句，以志王公
之去取。大觀戊子七月八日，會稽華鎮題。”①
　　王銍《甲申聞見近録》：“黄魯直嘗問王荆公：‘世謂《四
家詩選》，丞相以韓、歐高於李太白耶？’荆公曰：‘不然。陳
和叔嘗問四家之詩，乘間簽示和叔，時書史適先持杜集來，
而和叔遂以其所送先後編集，初無高下也。李、杜自昔齊名
者也，何可下之？’魯直歸問和叔，和叔與荆公之説同。今乃
以太白下韓、歐而不可破也。”②
　　按，華鎮字安仁，會稽人。元豐二年進士登第，授高郵
尉。據華所言，《四家詩選》當編於神宗元豐年間。王銍字

---

①　《永樂大典》卷九百五，中華書局1986年版，第378頁。
②　《全宋筆記》第2編第6冊，大象出版社2006年版，第28頁。

定國,王旦之孫、張方平婿。① 鞏與蘇軾兄弟、黃庭堅爲至交好友,所載黃庭堅嘗面詢公《四家詩選》旨趣,應相當可信。元豐七年歲初,黃庭堅自江西太和縣移監德州德平鎮,途經江寧謁公,相得甚歡。② 此爲二公僅有之會。其時,《四家詩選》已行世,而世人不解其編選次序,故黃庭堅乘間相詢。公之所答,即爲《四家詩選》之編選時間及背景。③

又陳和叔,即陳繹。元豐元年冬,陳繹知廣州,道訪江寧,公有詩相送(詳本譜元豐元年)。彼時陳繹匆匆赴任,自無暇請公編選詩集。本年三月,陳繹自廣州移知江寧。翌年八月,王益柔知江寧府事,繹去職(詳下)。在此期間,二人唱酬頻頻。因往還唱酬,詩藝切磋,陳繹乘間以杜、歐、韓、李四家詩相詢。公將四家詩之精品簽而示之,陳繹以所送先後編集,遂成《四家詩選》。

據此,《四家詩選》所選詩人排序,乃偶然爲之,未必含貶抑李白之意。陸游《老學庵筆記》卷六:"世言荆公《四家詩》後李白,以其十首九首説酒及婦人。恐非荆公之言。白詩樂府外,及婦人者亦少,言酒固多,比之陶淵明輩,亦未爲

---

① 王鞏生平事蹟,可見李貴録《宋代王鞏略論》,《貴州大學學報》2003 年第 1 期。

② 鄭永曉《黃庭堅年譜新編》,社會科學文獻出版社 1997 年版,第 145 頁。

③ 羅忼烈推測,歐陽修的詩文集是熙寧七年秋七月由其子歐陽發等編定,而歐陽修於同年閏七月去世,《四家詩選》的成書年代,"大概上限不會超越熙寧五年秋七月。而王安石卒於宋哲宗元祐元年四月,然則成書的下限也不能超越這個時間。進一步推測,王安石在當宰相、推行新法期間,日不暇給,大概没有閒情逸致做這種'廢日力於此'的工夫,可能是從宋神宗熙寧九年十月再次罷相至逝世前的十年間、閒居鍾山時選輯成書的。"羅忼烈《兩小山齋雜著》,中國和平出版社 1994 年版,第 142 頁。

過。此乃讀白詩未熟者，妄立此論耳。《四家詩》未必有次序。使誠不喜白，當自有故。蓋白識度甚淺，觀其詩中，如‘中宵出飲三百杯，明朝歸揖二千石’、‘揄揚九重萬乘主，謔浪赤墀金鎖賢’、‘王公大人借顏色，金章紫綬來相趨’、‘一別蹉跎朝市間，青雲之交不可攀’、‘歸來入咸陽，談笑皆王公’、‘高冠佩雄劍，長揖韓荆州’之類，淺陋有索客之風。集中此等語至多，世俱以其辭豪俊動人，故不深考耳。又如以布衣得一翰林供奉，此何足道，遂云‘當時笑我微賤者，却來請謁爲交親’，宜其終身坎壈也。”

此論頗爲平實中允。而後人就《四家詩》之編選次序，曉曉不休，以爲公按杜甫、韓愈、歐陽修、李白次序編選四家詩，而將李白置於末尾，以示貶抑。恐涉牽強附會也。兹録於下：

李之儀《姑溪居士文集》卷四十《跋吳思道詩》：“論詩如舒王，方可到劇摯之地。編《四家詩》，從而命優劣，兹可見也。”

胡仔《苕溪漁隱叢話前集》卷六引《遯齋閑覽》：“或問王荆公云：‘編《四家詩》，以杜甫爲第一，太白爲第四，豈白之才格詞致不逮甫也？’公曰：‘白之歌詩，豪放飄逸，人固莫及，然其格止於此而已，不知變也。至於甫，則悲歡窮泰、發斂抑揚，疾徐縱橫，無施不可。故其詩有平淡簡易者，有綿麗精確者，有嚴重威武若三軍之帥者，有奮迅馳驟若泛駕之馬者，有淡泊閑靜若山谷隱士者，有風流蘊藉若貴介公子者。蓋其詩緒密而思深，觀者苟不能臻其閫奧，未易識其妙處，夫豈淺近者所能窺哉？此甫所以光掩前人而後來無繼也。元稹以爲兼人所獨專,斯言信矣。'"

釋惠洪《冷齋夜話》卷五:"舒王以李太白、杜少陵、韓退之、歐陽永叔詩,編爲《四家詩集》,而以歐公居太白之上,世莫曉其意。舒王嘗曰:'太白詞語迅快,無疏脱處,然其識汙下,詩詞十句九句言婦人酒耳。'"

《李綱全集》卷一百六十二《書四家詩選後》:"子美之詩非無文也,而質勝文;永叔之詩非無質也,而文勝質;退之之詩質而無文,太白之詩文而無質。介甫選《四家詩》而次第之,其序如此。"

過劉發所居,示以《字説》

《詩注》卷四十三《過劉全美所居》:"西崦晴天得强扶,出林知有故人居。數能過我論奇字,當復令公見異書。"

按,劉發字全美,[①]遂寧人,元豐八年進士。[②] 秦觀有《紀夢答劉全美》,[③]蘇軾和之,《秦少遊夢發殯而葬之者云是劉發之柩是歲發首薦秦以詩賀之劉涇亦作用次韻》曰:"是歲發首薦。"[④]即指劉發本年與秦觀同登進士第。元祐間,嘗爲華亭縣主簿。[⑤] 哲宗紹聖年間,曾校定《字説》。《長編拾補》卷十三紹聖三年十一月丁酉:"近朝廷取太傅王安石所進《字説》付國板,以便學者傳習;又以池州石誄、劉發嘗受安石學,時令校正。"劉發最初從學於王令,今《王令

---

① 《補注東坡編年詩》卷二十四。
② 《(乾隆)遂寧縣志》卷八。
③ 《淮海集箋注》卷二,第 67 頁。
④ 《蘇軾詩集》卷二十四,第 1272 頁。
⑤ 《(至元)嘉禾志》卷十九載哲宗元祐五年劉發所撰《華亭縣學記》。

集》所附《王逢原傳》即出其手，謂："門人劉發謹傳。"或職
此之故，劉發元豐年間入公門下。劉發精於《字説》，是新學
的重要傳人。《老學庵筆記》卷二載其撰有《字説偏旁音
釋》一卷、《字説備檢》一卷、《字會》二十卷。詩曰"奇書"
者，謂《字説》也。

耿憲寄浪山千葉梅，有詩酬之

《文集》卷二十八《耿天騭許浪山千葉梅見寄》："聞有
名花即謾栽，慇懃準擬故人來。故人歲歲相逢晚，知復同看
幾度開。"

有詩擬寒山、拾得

《詩注》卷四《擬寒山拾得二十首》其二："我曾爲牛馬，
見草豆歡喜。又曾爲女人，歡喜見男子。我若真是我，祇合
長如此。若好惡不定，應知爲物使。堂堂大丈夫，莫認物
爲己。"

其四："風吹瓦墮屋，正打破我頭。瓦亦自破碎，豈但我
血流。我終不嗔渠，此瓦不自由。衆生造衆惡，亦有一機
抽。渠不知此機，故自認愆尤。此但可哀憐，勸令真正修。
豈可自迷悶，與渠作冤讎。"

按，是年公有詩《寄吳氏女子》："末有擬寒山，覺汝耳目
熒。因之授汝季，季也亦淑靈。"故附此二十首於本年。公
之所擬，不減原作。釋真可《紫柏老人集》卷八："月在秋水，
春在花枝。若待指點而得者，則非其天矣。吾讀半山老人
《擬寒山詩》，怳若見秋水之月，花枝之春，無煩生心而悦。

果天耶？非天耶？具眼者試爲薦之。"

作《漁家傲》等數闋，使俞澹歌之

《文集》卷三十七《漁家傲二首》。

葉夢得《石林詩話》卷中："（俞紫芝）其弟澹字清老，亦不娶，滑稽善諧謔，洞曉音律，能歌。荆公亦善之。晚年作《漁家傲》等樂府數闋，每山行，即使澹歌之。然澹使酒好罵，不若秀老之恬静。"

作《訴衷情五首》，和俞紫芝鶴詞

《文集》卷三十七《訴衷情五首》，自注："和俞秀老《鶴詞》。"

元豐六年癸亥(1083)，六十三歲

正月，上表賀正

《王文公文集》卷十五《賀正表》其五，題注："元豐六年。"

二月，許彥先三過江寧見訪，有詩和之

《詩注》卷二十六《次韻覺之》："久知乘傳入西州，雞黍從容本不謀。戶外驚塵尺書至，眼中白浪片帆收。山林病骨煩三顧，湖海離腸欲萬周。尚有光華賁岑寂，篋中佳句得長留。"

按，元豐五年六月，許彥先自監吉州酒稅除梓州路轉運判官，道過江寧。十二月，許彥先兼提舉梓州路都作院，①之後，由梓州路轉運判官徙廣南西路。本年正月，奉詔赴樞密院承旨司講議廣西峒丁所用錢糧。《長編》卷三百三十二元豐六年正月壬寅："詔：'廣南西路轉運判官許彥先、提舉常平等事劉何赴樞密承旨司，講議廣西峒丁依開封府界保甲集教團教法所用錢糧，與經略轉運司計置。'"二月二十二日，又奉詔相度邕州外鎮寨用峒丁輪差防守事，《長編》卷三百三十三元豐六年二月戊午："提點廣南西路刑獄彭次雲言：'邕州外鎮寨水土惡弱，乞量留兵更戍，其餘盡用峒丁，

---

① 《長編》卷三百三十一元豐五年十二月壬戌："詔諸路監司兼提舉都作院：河東以提舉常平等事趙咸，梓州路以轉運判官許彥先……"第7987頁。

於管下諸州以季月輪差,給禁軍錢糧。'詔許彥先、劉何相度。"詩當作於此後。元豐五年六月,許彥先除梓州路轉運判官,然甫半年,即徙廣南西路,故公詩曰"久知乘傳入西州,雞黍從容本不謀",未料及許彥先半年内再訪也。

作《南浦》詩

《詩注》卷四十一《南浦》:"南浦東岡二月時,物華撩我有新詩。含風鴨緑鱗鱗起,弄日鵝黄裊裊垂。"

李注:"公每自哦'鴨緑'、'鵝黄'之句,云:'此幾凌轢春物。'"

魏泰《臨漢隱居詩話》:"元豐癸亥春,予謁王荆公於鍾山。因從容問公:'比作詩否?'公曰:'久不作矣,蓋賦詠之言,亦近口業。然近日復不能忍,亦時有之。'予曰:'近詩自何始,可得聞乎?'公笑而口占一絶云:'南圃東崗二月時,物華撩我有新詩。含風鴨緑鱗鱗起,弄日鵝黄嫋嫋垂。'真佳句也。"

曾鞏兄弟持母喪過江寧,往弔之

葉夢得《石林燕語》卷十:"曾子先持母喪過金陵,公往弔之。登舟,顧所服紅帶,適一虞候挾笏在旁,公顧之,即解易其皂帶入弔。既出,復易之而去。"

曾鞏病於江寧,日造其卧内視之

《説郛》卷四十九曾紆《南遊記舊》:"南豐先生病中,介甫日造卧内。因邸報蔡京召試,介甫云:'他如何做得知制誥,一屠沽耳!'又云:'除修注告詞,是子固行當,(當)時便當論繳。'時南豐已病革，頷之而已。"

　　按，曾紆乃曾布之子、曾鞏之侄，所言"南豐先生病中，介甫日造卧内"，當可信。然曰公詆蔡京'一屠沽耳'，則未必然。《長編》卷三百四十元豐六年十月丁丑："起居郎蔡京、起居舍人王震並試中書舍人。"其時曾鞏已卒矣。此當爲曾紆曲筆，蓋曾布父子與蔡京死敵，①故借公言貶之。

三月，因楊驥示以陳輔之作，戲之，有詩相和

　　《詩注》卷四十一《和陳輔秀才金陵書事》："南郭先生比鶺鴒，年年過我未愆期。休論王謝當時事，大抵烏衣祇舊時。"

　　《苕溪漁隱叢話前集》卷五十四引《王直方詩話》云："丹陽陳輔，每歲清明，過金陵上冢，事畢則過蔣山，謁湖陰先生，歲率爲常。元豐辛酉癸亥兩歲，訪之不遇，因題一絶於門云：'北山松粉未飄花，白下風輕麥脚斜。身似舊時王謝燕，一年一度到君家。'湖陰歸，見其詩，吟賞久之，稱於荆公。荆公笑曰：'此正戲君爲尋常百姓耳。'湖陰亦大笑。蓋古詩云：'舊時王謝堂前燕，飛入尋常百姓家。'"

　　《京口耆舊傳》卷三："陳輔字輔之……一日，題安石所居壁間云：'北山松粉又飄花，白下風清麥脚斜。身似舊時王謝燕，一年一度到君家。'安石和之云：'南郭先生比鶺鴒，

①　《宋會要輯稿》選舉三四："(紹興元年)九月二十一日，詔直顯謨閣、江南東路轉運副使曾紆直寶文閣。以紆自言：'崇寧初，蔡京用事，父布首被貶責，父子同入黨籍，紆送永州編管。乞優贈父，以辨是非之實。'紆於是進職。"第5908頁。

年年過我未愆期。休論王謝當時事，大抵烏衣只舊時。'"

按，公晚年退居江寧，與楊驥（字德逢，號湖陰先生，詳見本譜治平三年）過往頻頻，唱酬頗夥。雖具體時日不可確考，然必作於元豐年間無疑。姑附此。《詩注》卷一、《詩注》卷四、《詩注》卷三十四、《詩注》卷四十二《招楊德逢》、《詩注》卷四十三《楊德逢送米與法雲二老作此詩》、《文集》卷三十六《示楊德逢》。

是年春，魏泰來謁。邀其同遊鍾山法雲寺，閑話往昔

《東軒筆錄》卷十二："熙寧庚戌冬，荊公自參知政事拜同中書門下平章事、史館大學士。是日，百官造門奔賀者無慮數百人，荊公以未謝恩，皆不見之，獨與余坐西廡之小閣。荊公語次，忽顰蹙久之，取筆書窗曰：'霜筠雪竹鍾山寺，投老歸歟寄此生。'……元豐癸丑春，余謁公於第。公遽邀余同遊鍾山，憩法雲寺，偶坐於僧房。余因爲公道平昔之事及誦書窗之詩，公憮然曰：'有是乎？'微笑而已。"

按，元豐無癸丑年號，當爲六年癸亥。

又魏泰《臨漢隱居詩話》："元豐己未，公已謝事，爲會靈觀使，居金陵白下門外。余謁公，公欣然邀余同遊鍾山，憩法雲寺，偶坐于僧房。是時，雖無霜雪，而虛窗松竹皆如詩中之景。余因述昔日題窗，並誦此詩，公憮然曰："有是乎？"頷首微笑而已。"然魏慶之《詩人玉屑》卷十七引《臨漢隱居詩話》作"元豐癸亥"，是也。

可見，魏泰訪公確爲本年，而非元豐二年。魏泰爲曾布妻兄，其至江寧或因曾布持母喪適居滯江寧。

與魏泰論詩

《臨漢隱居詩話》："頃年嘗與王荆公評詩，予謂：'凡爲詩，當使挹之而源不窮，咀之而味愈長。至如永叔之詩，才力敏邁，句亦清健，但恨其少餘味爾。'荆公曰：'不然。如"行人仰頭飛鳥驚"之句，亦可謂有味矣。'然余至今思之，不見此句之佳，亦竟莫原荆公之意。信乎所見之殊，不可强同也。"

李復圭知荆南道訪，與之晤於半山園

《文集》卷七十八《與李修撰書》："某啓：比得奉餘論，殊以不從容爲恨。忽復改歲，豈勝思仰。乃煩枉教，慰感何可復言。尤喜動止多福。日冀別膺休命，復得展晤於丘園。未間良食自壽。不宣。"

自注："復圭。"

按，李復圭字審言，慶曆元年賜同進士出身。①《宋史》卷二百九十一有傳："御史謝景溫劾復圭擅興，致士卒死傷，邊民流離。謫保静軍節度副使。歲餘，知光化軍。張商英言：'夏人謀犯塞之日久矣，與破金湯適相值，非復圭生事。'乃召判吏部流内銓，知曹、蔡、滄州，還爲鹽鐵副使，以集賢殿修撰知荆南，卒。復圭臨事敏決，稱健吏，與人交不以利害避，然輕率躁急，無威重，喜以語侵人，獨爲王安石所知，故既廢即起。"

---

① 《宋會要輯稿》選舉九："康定二年正月二十四日，賜太常寺太祝李壽朋、將作監主簿李復圭同進士出身。"第5437頁。

《長編》卷二百九十七元丰二年四月丙寅："鹽鐵副使、工部郎中李復圭爲集賢殿修撰、知滄州,候二年與諫議大夫,尋改知鄧州。"李燾:"改鄧州,《御集》在六月九日。"

李復圭於元豐七年知荆南府,①其道訪公約於本年赴任時。

七月十二日,四后升祔禮成。上賀表

《文集》卷六十一《賀升祔禮成表》："臣某言:伏覩進奏院狀報七月十二日升祔禮成者……臣尚攖衰疾,久隔清光,陪九賓之臚傳,獨無厚幸;偕四方而來賀,徒有微誠。臣無任。"

《長編》卷三百三十七元豐六年七月乙卯："祔孝惠、孝章、淑德、章懷皇后於太祖、太宗、真宗廟室,孝惠、孝明、孝章、淑德、懿德、明德、元德、章懷、章穆、章獻明肅、章懿各以配繼先後爲次。"

《宋史》卷十六《神宗本紀二》:"(元豐六年)七月乙卯,孝惠、孝章、淑德、章懷皇后於廟。"

上表辭免南郊陪位。詔允,再上謝表

《文集》卷五十九《辭免南郊陪位表》:"伏奉詔書,令發來赴闕南郊陪位者。萬國駿奔……而荼然暮景,攖以沉痾,伏畎畝以負茲,於今未已;侍壇垓而踐豆,用此爲妨。臣

---

① 李之亮《宋兩湖大郡守臣易替考》,第17頁。

無任。”

《宋大詔令集》卷一百二十二《賜王安石免陪位詔元豐六年》：“敕：朕獲典天神，三就郊見。而在外元老，乃以疾辭，不能相予之祀。雖懷之憮然，顧不得不聽也。可免赴闕陪位。故茲詔示，想宜知悉。”

《文集》卷五十九《詔免南郊陪位謝表》：“臣某言：近具表，爲疾病乞免赴闕南郊陪位。伏蒙聖慈特賜詔書許免者……伏蒙皇帝陛下特赦尤違，曲垂念聽，蔀昏難望，尚延舜日之華；荒翳易遺，更獲堯雲之潤。臣無任。”

按，《長編》卷三百三十七元豐六年七月丁未：“詔以十一月丙午有事於南郊。”辭、謝表當上於之後。

米芾以詩來謁。摘其佳句，書之便面

米芾《寶晉英光集》卷二《蕭閑堂并序》：“世復有三君子者，觀文殿學士王公詔，字子純；樞密直學士劉公庠，字希道，知僕竟不識其面。選人蔡君肇，字天啓，於相知間語僕若素心腹者，云得僕於王荆公。蓋僕於元豐六年，赴希道金陵從事之辟，會公闕不赴，始識荆公於鍾山。聞公門有數後進，喜爭名而相非，又託以長者之言也。如天啓樂道人善者，一人而已。”

米芾《書史》：“楊凝式字景度，書天真爛熳縱逸，類顏魯公……王安石少嘗學之，人不知也。元豐六年，余始識荆公於鍾山，語及此，公大賞歎曰：‘無人知之。’其後與余書簡皆此等字。”

蔡肇《故南宫舍人米公墓誌銘》：“余元豐初，謁荆國王文公於金陵。公以詩篇贄見,文公於人材少所許可,摘取佳句,書之便面。余由是始識公。"

按,《(景定)建康志》卷十六載劉庠於元豐三年十月初七日知府事,不載其本年知江寧。米芾曰"公闕不赴",可知劉庠本年雖有知江寧之命,然旋改,故不赴。又,本年四月,廣南東路轉運副使孫迥案發江寧知府陳繹前知廣州任上以木觀音像易公使庫檀像等事,神宗遣郭槩赴廣州制勘。① 劉庠知江寧之命,或於此後以代陳繹,故得辟米芾爲金陵從事。然劉庠卒不赴,而米芾亦未就職。② 是年八月,王益柔知江寧府,《(景定)建康志》卷十三:"(六年)八月五日,以龍圖閣直學士、太中大夫王益柔知府事。七年六月,移知應天府。"公與米芾交遊,當於此期間。

米芾爲題昭文齋,有詩紀之

《詩注》卷四十《昭文齋》:"我自中山客,何緣有此名?當緣琴不鼓,人不見虧成。"

自注:"米芾題余定林所居,因作。"

---

① 《長編》卷三百三十六元豐六年閏六月戊戌:"廣南東路轉運副使孫迥言:'準詔遣大理寺丞郭槩赴廣州制勘公事,移文取臣權知廣州斷綱首王遵等案。臣雖未知制勘院所治之詳,然恐事由中出,竊料必有虛誕譖臣者。況朝廷威明,必不使臣屈於誣罔之口,臣欲候將來盡見底裏,方敢奏乞窮治交結造語之人,以破欺罔朋黨之蔽。'上批:'廣州制獄,本以迥案發陳繹等事,久不結絶⋯⋯令迥具析事由中出及交結造語之人以聞。'已而迥奏,以所案陳繹事連及宦官石璘,以璘方在入內內侍省,謂璘誣奏其事,故有是言。然上察璘實不與也。"李燾:"四月丁未,差郭槩。"第8112頁。
② 李之儀《姑溪居士文集》卷三十九《跋元章所收荆公詩》:"荆公得元章詩筆,愛之,而未見其人。後從辟金陵幕下,既到,而所主者去,遂不復就職。"

李注：“蔣山有定林菴，公嘗讀書於此，米元章榜曰‘昭文齋’。李伯時寫公真於壁，楊次公爲之贊。”

按，《宣和畫譜》卷七：“李公麟字伯時，舒城人也，熙寧中，登進士第……官至朝奉郎致仕，卒于家。至今四方士大夫稱之不名，以字行，又自號龍眠居士。王安石取人慎許可，與公麟相從於鍾山，及其去也，作四詩以送之，頗被稱賞。”

八月十八日，弟安禮爲尚書左丞

《長編》卷三百三十八元豐六年八月辛卯：“尚書右丞王安禮爲尚書左丞。”

陸彥回至江寧，有詩酬之

《詩注》卷三十一《次韻酬陸彥回》：“中郎筆墨妙他年，晚與君遊喜象賢。款款故情初未愁，飄飄新句惣堪傳。英才但未遭文舉，明主寧當棄浩然。投贈臨分加組麗，小詩能不强雕鐫。”[1]

自注：“經之子也。”

張舜民《畫墁集》卷七：“（元豐六年八月）丁酉，陸彥回同年如金陵。”汪應辰《文定集》卷十《跋劉忠肅公陸公奏藁》：“左奉議郎、知曹州濟陰縣陸彥回，博問好學，優有文藻，悉心公家，其政敏達，堪充不次升擢清要任使。元祐六年，丞相忠肅劉公守鄆，而洛陽陸公知曹州濟陰縣，忠肅薦

---

[1]　《文集》卷二十題爲《詩呈節判陸君名彥回》。

之朝。後六十餘年,陸公之子庾得其奏藁于忠肅之曾孫芮,而刻石焉。陸公釓以才氣,踔厲傑出,王荊公贈詩有‘英才但未遭文舉,明主寧當棄浩然’之句。及荊公秉政,士自疏遠賤微,以片言一技超取顯美甚衆,而昔所嘆惜以爲未遇者,迺獨不在選中,蓋必有不苟合者矣。至是,忠肅雖薦之,然朝廷亦不果用。未幾,時風丕變,士之經荊公品題與夫不用于元祐者,往往彙進,而陸公隨滌州縣自若也。以彼其才而所守如此,可謂不負知己,益以信忠肅之知人也已。”據汪跋,則此詩當作於公執政前,姑附此待考。

張舜民至江寧,與之遊

《詩注》卷四十二《馬死》,李注:“張浮休《南遷録》:‘癸丑,往蔣山,候王荊公食罷,約同上蔣山,堅欲居後,即鞭馬先之。可里餘,回見荊公跨蹇驢,不施繖扇,行赤日中,遂策馬疾馳趣寺。荊公後別而之他,至暮竟不至,不知所之。’”

周煇《清波雜志》卷四:“芸叟遷流遠適,歷時三,涉水六,過州十有五。自汴抵郴,所至留連。南京孫莘老、揚州孔周翰、泗州蔣穎叔、江寧王介甫、黄州蘇子瞻、衡州劉貢父,皆相遇焉。說詩攬勝,無復行役之勞。”

按,張舜民字芸叟,號浮休居士,《宋史》卷三百四十七有傳:“邠州人,中進士第,爲襄樂令。王安石倡新法,舜民上書言裕民所以窮民,强内所以弱内,辟國所以蹙國,以堂堂之天下而與小民争利,可恥也。時人壯之。元豐中,朝廷討西夏……高遵裕辟掌機宜文字,王師無功,舜民在靈武,詩有‘白骨似沙沙似雪’及官軍斫受降城柳爲薪之句,坐謫

監邕州鹽米倉，又追赴鄜延詔獄，改監郴州酒稅……舜民慷
慨喜論事，善爲文，自號浮休居士。”《詩注》卷四十二《陳俞
二君忽然不見》：“忽去飄然遊冶盤，共疑枝策在梁端。禪心
暫起何妨寂，道骨雖清不畏寒。”疑所詠即公與張舜民遊蔣
山事，同遊者爲俞秀老。①

九月七日，皇十二子生。上賀表

《文集》卷五十八《賀生皇子表》其五：“臣某言：伏覩都
進奏院狀報誕生皇子者……臣久尸多禄，特荷異恩。顧衰
疢之滋多，望清光而獨遠。”

《長編》卷三百三十九元豐六年九月己酉：“皇第十二子
生，遣雍王顥告於太廟。”

鄉人鄧鑄自臨川至江寧省視。留逾月，臨別有詩相送，又録雜詩一卷與之

《詩注》卷二十二《送鄧監簿南歸》：“不見驪塘路，茫然
四十春。長爲異鄉客，每憶故時人。水閱公三世，雲浮我一
身。濠梁送歸處，握手但悲辛。”

李注：“鄧名鑄，公之故人，自臨川至金陵省公，留踰月。
公作此詩送之，又録雜詩一卷與鄧，時元豐六年秋也。”“鄧，
臨川人。驪塘在撫州，鄧家有刻石，‘茫’作‘芒’字。觀‘四
十春’之語，則公去其鄉甚早。”

---

① 此詩《文集》卷二十八題作《俞秀老忽然不見》，似可證與公同遊者除張舜
民外，尚有俞秀老。

九月二十六日，劉攽謫監衡州鹽倉，過江寧道訪。有集句詩送之

《長編》卷三百三十九元豐六年九月戊辰："詔：'前京東路轉運使、朝散大夫、集賢校理、知亳州劉攽，任内不能修舉職事，致經用匱乏，屢煩朝廷應副。今吳居厚經畫財賦約數百萬，不惟本路充足，兼有羨餘應副朝廷。劉攽不職罪狀甚明，可落集賢校理，降授朝請郎、增差監衡州鹽倉。'"

《文集》卷三十六《送劉貢甫謫官衡陽》："劉郎劉郎莫先起，遇酒當歌且歡喜。船頭朝轉暮千里，眼中之人吾老矣。九疑聯緜皆相似，負雪崔嵬插花裏。萬里衡陽鴈，尋常到此迴。行逢二三月，好與鴈同來。鴈來人不來，如何不飲令心哀。莫厭瀟湘少人處，謫官罇俎定常開。"

按，葉夢得《石林詩話》卷上："劉貢父天資滑稽，不能自禁，遇可諧謔，雖公卿不避。與王荆公素厚，荆公後當國，亦屢謔之，雖每爲絶倒，然意終不能平也。元豐末，爲京東轉運使，貶衡州監酒，雖坐他累，議者或謂嘗以時相姓名爲戲惡之也。"

王銍《默記》卷中："劉貢父與王介甫最爲故舊。荆公嘗戲拆貢父名曰：'劉攽不值一分文。'謂其名也。貢父復戲拆荆公名曰：'失女便成宕，無宀真是妬。下交亂真如，上交誤當宁。'荆公大嘆而心銜之。"

以上小説家言，誣之甚也。至於周南《山房集》卷八《雜記》："劉攽因謬舉，王介甫欲竄嶺外，許公與坡共救之，貶衡陽。"亦無稽之談。時公已罷政七年，如何"欲竄嶺外"？

十一月二日，冊仁宗、英宗徽號禮成。上賀表

《長編》卷三百四十一元豐六年冬十一月壬寅朔："上齋
於大慶殿。癸卯，奉仁宗、英宗徽號冊寶於太廟。甲辰，薦
享於景靈宮。乙巳，朝享七室，齋於南郊之青城。丙午，冬
至，祭昊天上帝於圜丘，以太祖配，始罷合祭天地也。還御
宣德門，大赦天下。"

《宋史》卷一百八《禮志》第六十一："（元豐六年）十一
月二日，奉上仁宗徽號曰'體天法道極功全德神文聖武睿哲
明孝皇帝'，又上英宗徽號曰'體乾膺曆隆功聖德憲文肅武
睿神宣孝皇帝'。"

《文集》卷六十一《賀冊仁宗英宗徽號禮成表》："臣某
言：伏覩進奏院狀報冊告仁宗皇帝、英宗皇帝徽號禮成
者……臣備叨殊眷，獲睹上儀，顧久負於沉痾，乃獨妨於旅
進。臣無任。"

十一月五日，南郊禮畢大赦天下。上賀表

《長編》卷三百四十一元豐六年冬十一月壬寅朔："上齋
於大慶殿。癸卯，奉仁宗、英宗徽號冊寶於太廟。甲辰，薦
享於景靈宮。乙巳，朝享七室，齋於南郊之青城。丙午，冬
至，祭昊天上帝於圜丘，以太祖配，始罷合祭天地也。還御
宣德門，大赦天下。"

《文集》卷五十八《賀南郊禮畢肆赦表》其二："臣某言：
伏覩今月初五日，南郊禮畢、大赦天下者……臣夙荷慈憐，
方嬰衰瘵。望九賓之紳笏，獨遠勾傳；狎百獸於山林，猶知

率舞。臣無任。"

十一月十三日，文彥博致仕。有賀啓

《長編》卷三百四十一元豐六年十一月甲寅："河東節度使、守太尉、開府儀同三司、判河南府、潞國公文彥博爲河東永興節度使、守太師、開府儀同三司致仕。於是彥博乞免守太師及兩鎮節度，上批：'許罷兼永興軍，止以河東舊鎮、守太師致仕，仍貼麻行下。'"

《文集》卷七十九《賀致政文太師啓》："伏審明制閔煩，安車歸憩。位在三師之首，名兼兩鎮之崇。誕告敷聞，具瞻胥慶。豈惟末契，竊仰高風。"

上表賀冬

《王文公文集》卷十五《賀冬表》其五，題注："元豐六年。"

十二月二十三日，魯國大長公主薨。上表慰神宗

《長編》卷三百四十一元丰六年十二月癸巳："魯國大長公主卒。上未御晨膳，亟臨奠，哀動左右。輟視朝五日，罷上元燒燈，追封荊國大長公主……明年，啓菆、出殯，皆不視朝，又臨奠之。"

《宋會要輯稿》帝系八："兗國大長公主……熙寧九年十一月，改魯國。十二月，降左領軍衛大將軍曹詩。元豐六年十二月薨，追封荊國，賜謚賢懿。"

《文集》卷六十一《魯國大長公主薨慰表》。

是年，馮山寄詩相頌，望汲引

《安岳集》卷八《寄上金陵王荆公》，題注：“元豐六年。”
詩曰：“聖賢遺陳迹，文章隱至神。北天開盛際，南國起斯
人。兼濟希先覺，公傳襲大醇。卑飛隨世俗，默觀養經綸。
僶俛懷鉛槧，徊翔表縉紳。英聲搖海岳，高步出風塵。去就
遲難進，謀猷久未伸。兩朝雖顧遇，大節每逡巡。四海傾臺
輔，千齡偶聖辰。有爲今道德，無間古君臣。雕琢唐文盛，
更張漢法新。風霆傳信令，束縛解生民。所志惟膏澤，當除
亦斧斤。寸心勞遠御，獨手助洪鈞。鐘鼎無前蹟，江湖自在
身。功名非雅意，出處自天真。鴻雁雲霄勢，芝蘭道路春。
軻、雄平可駕，房、魏淺非倫。江漢無良産，衣冠竊濫巾。才
非當世用，仕爲有時貧。銜策驅馳久，風波出没頻。古心終
少合，老態强難馴。名教誰依託？文書但隱淪。師門常耿
耿，相府舊循循。萬里音容闊，諸生氣義均。絳紗瞻楚澤，
白髮倦漳濱。鄙俚雖能達，精微豈盡陳。青雲如可附，何處
更求仁。”

按，馮山字允南，普州安岳(今四川安岳)人，嘉祐二年
進士及第。熙寧中，爲梓州通判。御史中丞鄧綰薦爲臺官，
召赴闕，上疏乞免。《長編》卷二百七十三熙寧九年三月辛
丑：“通判梓州、秘書丞馮山言：‘聞御史中丞鄧綰舉臣臺官，
蒙召赴闕上殿。臣生長遠方，復久外任，未嘗知朝廷事體，
少識中外人物，素與鄧綰迹疏，今雖公舉，恐不知臣之愚拙。
竊慮到闕，或令充職，有誤任使。臣數任州縣，惟簿書期會
漸已諳曉。梓州節鎮，九縣户口，民事稍多，臣見管勾常平

等事,亦能爲陛下推行詔條,宣布恩惠,乞免赴召。'從之。山,普州人也。"范祖禹《范太史集》卷二十五《薦馮山張舉劄子》稱"山以母老,連任鄉國二十餘年,不到京師。"紹聖元年,卒,年六十四,官終祠部郎中。著《馮太師集》三十卷、《春秋通解》十二卷。

馮山於熙寧、元豐間久歷外任,諳曉新法之弊,能因地制宜推行之,曾上疏議免役法:"莫若詔諸路監司與郡守縣令,因其鄉俗,各自立法,不問異同,但取其便民而已。立以期限,過者有罰。如此則法順於民而易行,民安於法而不煩,則免役之效,庶幾可見。"[1]

是年,大妹文淑葬於江州德化縣,爲撰墓誌銘,弟安上書丹

《文集》卷九十九《長安縣太君王氏墓誌》:"卜六年,葬江州德化縣。兄安石爲誌如此,弟安上書丹。"

是年,江淮發運副使蔣之奇謁見。有詩戲之

《詩注》卷四十三《戲示蔣穎叔》:"扶衰南陌望長楸,燈火如星滿地流。但怪傳呼殺風景,豈知禪客夜相投。"

蔡絛《西清詩話》卷上:"王文公元豐末居金陵,蔣大漕穎叔夜謁公于蔣山,騶從甚都。公取松下喝道語戲之。此是'殺風景'之語,頗著于世。"

李注:"穎叔好參禪,故以禪客戲之。"

---

[1] 《歷代名臣奏議》卷二百五十六《議免役疏》。

按，蔣之奇字穎叔，《宋史》卷三百四十三有傳：“以伯父樞密直學士堂蔭得官，擢進士第，中《春秋三傳》科……擢江、淮、荆、浙發運副使。元豐六年，漕粟至京，比常歲溢六百二十萬石，錫服三品。請鑿䀙山左肘至洪澤爲新河，以避淮險，自是無覆溺之患。詔增二秩，加直龍圖閣、升發運使。”本年，蔣之奇爲江、淮、荆、浙發運副使，①故得謁公。

薛昂來謁。與之夜坐，假以狨坐

洪邁《夷堅志·丙志》卷十九：“王荆公居金陵半山，又建書堂於蔣山道上，多寢處其間。客至必留宿，寒士則假以衾裯，其去也舉以遺之。臨安薛昂秀才來謁，公與之夜坐，遣取被於家。吳夫人厭其不時之須，應曰：‘被盡矣。’公不懌，俄而曰：‘吾自有計。’先有狨坐掛梁間，自持叉取之，以授薛。”

與薛昂弈棋賭梅花詩

《詩注》卷四十二《與薛肇明弈棋賭梅詩輸一首》：“華髮尋春喜見梅，一株臨路雪培堆。鳳城南陌他年憶，杳杳難隨驛使來。”

《詩注》卷四十二《又代薛秀才一首》、《詩注》卷四十二《償薛肇明秀才橙木》。

---

① 《長編》卷三百三十三元豐六年二月辛亥：“既而發運副使蔣之奇言：‘汴綱船歲額千七百餘艘，近準詔減數，止造七百四十八，以所減工料價錢封樁。三司歲運軍儲六百二十萬石，而止用七百餘艘，風水抛失，尚憂不足；兼已有旨許免朝省別司借發，雖有申請，許執奏不與之法。若更分撥與白波輦運司，即本司大計必致妨誤，乞免借撥。’從之。”第8016頁。

李注："肇明，薛昂也，杭州人，没於紹興四年。臣僚嘗言其以腐儒之學，黨附蔡京，致位近弼。當政和、宣和間，朝廷大事，一無建明，專務諂諛，同惡相濟。觀此詩，則昂早從介甫，後爲京所引，有自來矣。"

李注又引吳曾《能改齋漫録》："荆公在鍾山下棋，時薛門下與焉，賭梅花詩一首。薛敗而不善詩，荆公爲代作，今集中所謂薛秀才者是也。薛既宦達，出知金陵，或者嘲以詩曰：'好笑當年薛乞兒，荆公坐上賭梅詩。而今又向江東去，奉勸先生莫下棋。'薛書名似'丐'字，故人有'乞兒'之説。向來多謂此詩韓子蒼作，非也。"

洪邁《夷堅志·丙志》卷十九："明日，又留（薛昂）飯與弈棋，約負者作梅花詩一章。公先輸一絶句，已而薛敗，不能如約，公口占代之云：'野水荒山寂寞濱，芳條弄色最關春。欲將明豔淩霜雪，未怕青腰玉女嗔。'薛後登第貴顯，爲門下侍郎，至祀公於家，言話動作，率以爲法。每著和御製詩，亦用《字説》。"

按，薛昂字肇明，公之高足，娶王令外孫吳説從姊。[1] 《宋史》卷三百五十二有傳："薛昂，杭州人，登元豐八年進士第。崇寧初，歷太學博士……昂主王氏學，嘗在安石坐圍棋賭詩局敗，昂不能作，安石代之，時人以爲笑云。"汪藻《浮溪

---

[1] 《容齋三筆》卷十五："政和中，（蔡京）以太師領三省事，得治事于家。弟卞以開府在經筵，嘗挾所親將仕郎吳説往見……卞方語及吳説曰：'是安中司諫之子，頗能自立，且王逢原外孫，與舒王夫人姻眷。其母老，欲求一見闕省局。'京問：'吳曾踏逐得未？'對曰：'打套局適缺。'又書一紙付出。少頃，下目吳使先退。吳之從姊嫁門下侍郎薛昂，因館其家，才還舍，具以告昂，嘆所見除目之迅速。昂曰：'此三者，已節次書黃矣。'"第603頁。

集》卷二十一《祭薛大資文》：“嗚呼！惟公道學，得之鍾山。如郢堊鼻，揮斤者般。坐振聲譽，雷驚瀑溔。”

薛昂以儒學名世，詩非所長，故時人笑之。《宋宰輔編年録》卷十二徽宗大觀三年四月薛昂除尚書左丞，制曰：“具官薛昂直諒多聞，柔嘉維則。學古聖人之道，爲時儒者之宗。西掖東臺，辟雍泮水，踐揚滋徧，聞譽惟休。”同書卷十二徽宗重和元年九月庚寅薛昂罷門下侍郎制詞：“具官薛昂德粹而行乎，量閎而識遠。學通聖奧，會歸六籍之醇；文掞道華，度越百家之小。駕説早宗於士類，輸忠深簡於朕知。”

薛昂爲北宋後期新學重要傳人，維護新學，不遺餘力。袁説友《東塘集》卷十九：“東坡先生道由廣德，薛昂以郡文學見。昂自以年少氣鋭，與坡論議滋久，遂及新學，推尊其説，累數千言不停口。坡縱其喋喋，無語及之。昂語竟，坡徐曰：‘教授後生，然成敗政不在今日也。’”《長編》卷四百八十五紹聖四年四月乙未：“(陳)瓘爲太學博士，薛昂、林自之徒爲正録，皆蔡卞之黨也，競推尊安石而擠元祐，禁戒士人不得習元祐學術。”曾奏詔編公文集。《長編紀事本末》卷一百三十四徽宗重和元年六月壬申：“門下侍郎薛昂奏：‘承詔編集王安石遺文，乞更不置局，止就臣府編集，差檢閲文字官三員。’從之。”楊時《龜山先生全集》卷三十七《范君墓碣》：“君諱某，字濟美，姓范氏，建州建陽人……初，右丞薛公某，常自負學有師承，爲世儒宗。聞君名，以禮幣延置門下，命諸子從游間，與之辨析疑義。雖逢其族，皆迎刃而解，由是薛公加敬畏焉。自符離罷還，會薛公被旨編集荊公遺文，辟爲檢討官，僅逾月，以疾終于京師甘泉坊，時宣和二年三月二十六日也。"張守《毗陵集》卷十二《朝奉郎陸虞仲墓誌銘》:"公諱韶之,虞仲其字也,世爲錢塘人……甫冠,舉進士,爲榜首。明年擢第,益刻意問學,時譽籍甚……遂授公大晟府按協聲律……兼編集舒王遺文所檢討官。"薛昂元豐八年進士及第,其謁公當於及第稍前,故附此。①

是年,有詩寄米芾

李之儀《姑溪居士文集》卷三十九《跋元章所收荆公詩》:"荆公得元章詩筆,愛之,而未見其人。後從辟金陵幕下,既到,而所主者去,遂不復就職。荆公奇之,總不可留,後親作行筆,録近詩凡二十餘篇寄之。字畫與常所見不同,幾與晉人不辨。頃見此字,乃知荆公未嘗不學書者也。元章懷舊戀知,故過其墳,爲之形容。讀其詩,可見其意也。"

以俞澹欲爲浮屠,爲置祠部牒

葉夢得《石林詩話》卷中:"其弟澹字清老,亦不娶,滑稽善諧謔……然澹使酒好罵,不若秀老之恬靜。一日見公云:'吾欲去爲浮屠,但貧無錢買祠部爾。'公欣然爲置祠部,澹約日祝髮。既過期,寂無耗,公問其然,澹徐曰:'吾思僧亦不易爲,公所贈祠部,已送酒家償舊債矣。'公爲之大笑。黃魯直嘗作三詩贈澹,其一云:'有客夢超俗,去髮脱塵冠。平明視清鏡,正爾良獨難。'蓋述荆公事也。"

按,《詩話》所引出黃庭堅《豫章黃先生文集》卷二《戲

---

① 湯江浩《薛昂奉旨編定〈王安石集〉考》考證薛昂生平頗詳,並繫此於元豐三、四年間。《中國典籍與文化論叢》2006 年第 2 期。

答俞清老道人寒夜三首》。同書卷二十五《書贈俞清老》："清老，金華俞子中也。三十年前，與余共學於淮南。元豐甲子，相見於廣陵，自云荆公欲使之脱逢掖，著僧伽黎，奉香火於半山宅寺，所謂報寧禪院者也。予之僧名曰紫琳，字清老。清老無妻子之累，去作半山道人，不廢入俗，談諧優游以卒歲，似不爲難事。然生龜脱筒，亦難堪忍。後數年見之，儒冠自若也。"同書卷二十六《跋俞秀老清老詩頌》："秀老、清老，皆江湖扁舟，不能受流俗人拘忌束縛者也。往者金陵見與荆公往來詩頌，言皆入微，道人喜傳之。清老往與余共學於漣水，其傲睨萬物滑稽以玩世，白首不衰。荆公之門，蓋晚多佳士云。"

答蔣之奇書，論佛性

《文集》卷七十八《答蔣穎叔書》："阻闊未久，豈勝思渴！承手筆，訪以所疑，因得聞動止，良以爲慰。如某所聞：非神不能變，而變以赴感，特神足耳。所謂性者，若四大是也。所謂無性者，若如來藏是也。雖無性而非斷絶，故曰一性所謂無性；曰一性所謂無性，則其實非有非無。此可以意通，難以言了也。惟無性，故能變；若有性，則火不可以爲水，水不可以爲地，地不可以爲風矣。長來短對，動來靜對，此但令人勿着爾。若了其語意，則雖不著二邊而著中邊，此亦是著。故經曰：'不此岸，不彼岸，不中流。'長爪梵志一切法不變，而佛告之以受與不受亦不受，皆争論也。若知應生無所住心，則但有所著，皆在所訶，雖不涉二邊，亦未出三句。若無此過，即在所可，三十六對無所施也。《妙法蓮華經》說實相法,然其所説,亦行而已。故導師曰'安立行净,行無邊行上行'也。其所以名芬陁利華,取義甚多,非但如今法師所釋也。佛說有性,無非第一義諦。若第一義諦,有即是無,無即是有,以無有像計度言語起而佛不二法。離一切計度言説,謂之不二法,亦是方便説耳。此可冥會,難以言了也。"

按,黄震《黄氏日抄》卷六十四:"《答蒋穎叔書》説佛家無性之義,然不可曉。"①詳書意,當作於蒋之奇任江、淮、荆、浙發運副使時,故附此。

移松皆死,以人名入詩詠之

《詩注》卷四十《移松皆死》:"李白今何在? 桃紅已索然。君看赤松子,猶自不長年。"

按,此乃以文爲戲,公晚年多爲之。《石林詩話》卷上:"王荆公詩有'老景春可惜,無花可留得。莫嫌柳渾青,終恨李太白'之句,以古人姓名藏句中,蓋以文爲戲。或者謂前無此體,自公始見之。余讀權德輿集……則德輿已嘗爲此體。乃知古人文章之變,殆無遺藴。德輿在唐不以詩名,然詞亦雅暢。此篇雖主意在立别體,然亦自不失爲佳製也。"

作《吾心》

《詩注》卷四:"吾心童稚時,不見一物好。意言有妙理,獨恨知不早。初聞守善死,頗復吝肝腦。中稍歷艱危,悟身

---

① 關於此書之闡釋,可見方笑一《北宋新學與文學》,第166頁。

非所保。猶然謂俗學,有指當窮討。晚知童稚心,自足可忘老。"

李注:"詩意若悟萬法本空,形骸肝腦非所吝也。"

按,此詩追溯一生之學術歷程,而歸之於"童稚心"。《詩注》卷四十一《窺園》:"杖策窺園日數巡,攀花弄草興常新。董生只被《公羊》惑,肯信捐書一語真。"意近。詩曰"猶然謂俗學,有指當窮討",或謂《字說》等,故附此。

元豐七年甲子(1084),六十四歲

正月一日,上表賀正

《王文公文集》卷十五《賀正表》,題注:"元豐七年。"

正月十四日,賢妃朱氏進位德妃。上賀表

《長編》卷三百四十二元豐七年正月甲寅:"賢妃朱氏進位德妃。"

《文集》卷五十八《賀貴妃進位表》:"恭惟皇帝陛下放古之憲,刑家以身,乃資婦德之良,俾貳坤儀之政。蓋關雎之求淑女,以無險詖私謁之心;雞鳴之得賢妃,則有警戒相成之道。於以求助,不專爲恩。臣生逢明時,竊觀盛事,祝聖人之多子,輒慕堯封;思令德以式歌,豈慙周雅。臣無任。"

按,朱氏爲哲宗母。王銍《四六話》卷上:"熊伯通任金陵,爲王荆公幕府官,代公作《立貴妃表》云:'有警戒相承之道,無險詖私謁之心。'荆公取而用之。後人因用此一聯,相承不已。"

按,熊本嘉祐年間爲金陵推官,守爲包拯(詳本譜嘉祐五年),此說必誤。謝伋《四六談麈》:"熙寧間,鄧潤甫一作孫洙,作邢妃麻云:'周南之詠卷耳,無險詖私謁之心;齊詩之美雞鳴,有警戒相成之道。'後王荆公退居金陵,屢用之。"

有詩書湖陰先生壁

《詩注》卷四十三《書湖陰先生壁楊德逢也》其一："茅簷長掃静無苔，花木成畦手自栽。一水護田將緑遶，兩山排闥送青來。"

李注引《冷齋夜話》云："山谷嘗見荊公於金陵，因問：'丞相近有何詩？'荊公指壁上所題兩句云：'一水護田云云，此近所作也。'"此爲公晚年得意之作，對偶極工，用典渾然而流暢自如。葉夢得《石林詩話》卷中："荊公詩用法甚嚴，尤精於對偶。嘗云：'用漢人語，止可以漢人語對，若參以異代語，便不相類。如一水護田將緑遶，兩山排闥送青來之類，皆漢人語也。'此惟公用之不覺拘窘卑凡。"《冷齋夜話》卷五："造語之工，至于荊公、東坡、山谷，盡古今之變。"

黄庭堅過江寧來謁。與之談詩論文，相聚甚歡

《蔡譜》卷二十二："舊載熙寧四年，山谷尉葉縣時作《新寨》詩，傳至都下，荊公見之，愛歎稱賞。然未知相見在何年也。至元豐間，始親見公於鍾山，且云：'予嘗熟觀其風度。'然猶唱和闕如，惟公有《跋黄魯直畫》一首曰：'江南黄鶴飛滿野，徐熙畫此何爲者？百年幅紙無所直，公每玩之常在把。'雖屬率爾命筆，亦自大有風致。荊公生前身後，山谷傾服甚至，備見於詩文。"

鄭永曉："本年山谷由吉州太和轉官赴德州，當是沿贛江、長江下金陵，再由金陵途經揚州、泗州而行。考山谷到達泗州時在三月……則其到金陵蓋在一二月間。此爲山谷

與王安石唯一之見面機會……山谷之得見王安石，或由俞氏兄弟引見之功。"①可從。

《苕溪漁隱叢話前集》卷五十九引《雪浪齋日記》云："荆公問山谷云：'作小詞，曾看李後主詞否？'云：'曾看。'荆公云：'何處最好？'山谷以'一江春水向東流'爲對。荆公云：'未若細雨夢回雞塞遠，小樓吹徹玉笙寒。又細雨濕流光最好。'"

《豫章黃先生文集》卷二十六《跋俞秀老清老詩頌》："秀老、清老，皆江湖扁舟，不能受流俗人拘忌束縛者也。往者金陵見與荆公往來詩頌，言皆入微，道人喜傳之。清老往與余共學於漣水，其傲睨萬物滑稽以玩世，白首不衰。荆公之門蓋，晚多佳士云。"

同書卷二十九《跋王荆公禪簡》："荆公學佛，所謂吾以爲龍又無角，吾以爲蛇又有足者也。然余嘗熟觀其風度，真視富貴如浮雲，不溺於財利酒色，一世之偉人也。莫年小詩，雅麗精絶，脱去流俗，不可以常理待之也。"

又《詩注》卷四《跋黃魯直畫》："江南黃鸝飛滿野，徐熙畫此何爲者。百年幅紙無所直，公每玩之常在把。"姑附此。

作《鍾山即事》

《詩注》卷四十四《鍾山即事》："澗水無聲遶竹流，竹西花草弄春柔。茅簷相對坐終日，一鳥不鳴山更幽。"

李注引舊本注："減二字，再成一首：'澗水遶竹流，花草

弄春柔。相對坐終日，鳥鳴山更幽。’荆公嘗語山谷云：‘古稱“鳥鳴山更幽”，我謂不若“不鳴山更幽。”’故今詩如此。沈存中又稱公以‘鳥鳴山更幽’對‘風定花猶落’爲妙……王文海云‘鳥鳴山更幽’，王荆公則云‘茅簷相對坐終日，一鳥不鳴山更幽’。皆反其意而用之，蓋不欲沿襲之耳。”

按，李注曰“反其意而用之，蓋不欲沿襲之耳”，似尚隔一間。方勺《泊宅編》卷一：“公(蘇軾)嘗云，王介甫初行新法，異論者譊譊不已，嘗有詩云：‘山鳥不應知地禁，亦逢春煖即啾啾。’又更古詩‘鳥鳴山更幽’作‘一鳥不鳴山更幽’。”此得之矣。①

以外廚遺火，有詩示江公佐

《詩注》卷二十七《示江公佐外廚遺火》。

《詩注》卷四十三《示公佐》：“殘生傷性老尤書，年少東來復起予。各據槁梧同不寐，偶然聞雨落階除。”

釋惠洪《冷齋夜話》卷三：“山谷云：‘天下清景，初不擇賢愚而與之遇，然吾特疑端爲我輩設。’荆公在鍾山定林，與客夜對，偶作詩曰：‘殘生傷性老尤書，年少東來復起予。夜據槁梧同不寐，偶然聞雨落堦除。’”

按，江公佐，其人無考，姑附此。

有詩寄蔡氏女子

《詩注》卷二《寄蔡氏女子》其一：“建業東郭，望城西

---

① 可見拙文《“一鳥不鳴山更幽”考》，《變革中的文人與文學》，第28—33頁。

堠,千障承宇,百泉遶雷。青遥遥兮纏屬,緑宛宛兮橫逗。積李兮縞夜,崇桃兮炫晝。蘭馥兮衆植,竹娟兮常茂。柳蔦綿兮含姿,松偃蹇兮獻秀。鳥跂兮下上,魚跳兮左右。顧我兮適我,有斑兮伏獸。感時物兮念汝,遲汝歸兮携幼。"其二:"我營兮北渚,有懷兮歸女。石梁兮以苫蓋,緑陰陰兮承宇。仰有桂兮俯有蘭,嗟汝歸兮路豈難。望超然之白雲,臨清流而長歎。"

蔡絛《西清詩話》卷上:"元豐中,王文公在金陵,東坡自黃北遷,日與公遊,盡論古昔文字……以近製示東坡,東坡云:'若積李兮縞夜,崇桃兮炫晝,自屈、宋没世曠千餘年,無復離騷句法,乃今見之。'荆公曰:'非子瞻見諛,自負亦如此,然未嘗與俗子道也。'據東坡推公,與公自許如此,而晁無咎續楚詞,乃獨取公《歷山》、《思歸賦》、《書山石詞》,顧遺此不録,又何也?"

按,本年七月,公與蘇軾會於江寧,此詩作於之前,姑附此。

神宗賜《元豐敕令格式》,上謝表

《長編》卷三百四十四神宗元豐七年三月乙巳:"詔詳定重修編敕所删定官、刑部侍郎崔台符,中書舍人王震各遷一官;前删定官、知制誥熊本,寶文閣待制李承之、李定,賜銀、絹百,以書成也。"

《文集》卷五十六《賜元豐敕令格式表》:"臣某言:伏蒙聖慈,特賜臣《元豐敕令格式》一部,計四十策者……臣進陪國論,退即里居,在昔討論,嘗負曠瘝之責;於今尊閣,更知被受之榮。臣無任。"

風疾暴作,兩日不言。致書蔡卞,又勉葉濤博讀佛書

朱熹《三朝名臣言行録》卷六:"元豐七年春,公有疾,兩日不言。少蘇,與蔡元度書曰:'風疾暴作,心雖明了,口不能言。'語吳國夫人曰:'夫婦之情偶合耳,不須它念,强爲善而已。'執葉濤手曰:'君聰明,宜博讀佛書,慎勿徒勞作世間言語。安石生來多枉費力作閑文字,深自悔責。'吳國勉之曰:'公未宜出此言。'曰:'生死無常,吾恐時至不能發言,故今叙此。時至則行,何用君勸?'公疾瘳,乃自悔曰:'雖識盡天下理,而定力尚淺。或者未死,應尚竭力修爲。'《荆公語録》。"

神宗遣醫診治。上謝劄

《文集》卷四十三《謝宣醫劄子》:"食浮挺災,自取危疾,敢籲天聽,上煩愍惻。不圖聞徹,特冒慈憐,亟遣内臣,挾醫馳降。臣背瘡餘毒,即得仇鼐敷貼平完,尚以風氣冒悶,言語蹇澀,又賴杜壬診療,尋皆痊愈。臣迫於衰暮,自分捐没聖時,朽骸更生,實叨殊賜。戴天荷地,感涕難言。臣瞻望闕庭,不任屏營汎瀾激切之至。"

《顧譜》卷下:"(元祐元年)公以觀文殿大學士爲集禧觀使,居蔣山。公病瘡,有《謝宣醫劄子》。"誤。

按,據此可見公是年所患之疾爲"背瘡"、"風眩"、"言語蹇澀"等。《蘇沈良方》卷七:"丞相王荆公疽發背,醫攻之,皆不效,漸覺昏憒,不省人事。上元縣朝奉郎梁彦章有

藥,自言其效如神。荆公服之,利下惡物一升許,遂瘥。乃
以方獻丞相。予從丞相得之。此藥常人服之,並不疏轉,但
逐膿血耳。"

三月十九日,與妹婿沈季長至景德寺等

《文集》卷二十八《與道原自何氏宅步至景德寺》:"前
時偶見花如夢,紅紫紛披競淺深。今日重來如夢覺,靜無餘
馥可追尋。"

自注:"元豐七年三月十九日。"

《詩注》卷四十《示道原》:"久不在城市,少留心悵然。
幽芳可攬結,佇子飲雲泉。"

四月十七日,作《晝寢》詩

《詩注》卷二十二《晝寢》:"井逕從蕪漫,青藜亦倦扶。
百年惟有且,萬事總無如。棄置蕉中鹿,驅除屋上烏。獨眠
窗日午,往往夢華胥。"

自注:"甲子四月十七日午時作。"

李注:"據甲子爲元豐七年,公是年屬疾,奏乞以宅爲
寺。疾愈,僦居城中。"

按,此詩亦見劉敞《公是集》卷十九,誤甚。劉敞於熙寧
元年已卒。

病中讀《維摩經》有作

《詩注》卷二十七《北窗》:"病與衰期每强扶,雞壅桔梗
亦時須。空花根蒂難尋摘,夢境煙塵費埽除。耆域藥囊真

妄有，軒轅經匱或元無。北窗枕上春風暖，謾讀毗耶數卷書。”

病中作杏花詩

《詩注》卷四十《病中睡起折杏花數枝二首》：“獨臥南牕榻，翛然五六旬。已聞鄰杏好，故挽一枝春。”

以真淨克文來謁，喜甚，留宿定林，與之論《圓覺經》大義

釋惠洪《石門文字禪》卷三十《雲庵真淨和尚行狀》：“師諱克文，黃龍南禪師之的嗣，陝府閿鄉鄭氏子……元豐之末，思爲東吳山水之遊，捨其居，扁舟東下，至鍾山謁丞相舒王。王素知其名，閱謁喜甚，留宿定林庵。時公方病起，樂聞空宗，恨識師之晚。謂師曰：‘諸經皆首標時處，《圓覺經》獨不然，何也？’師曰：‘頓乘所談，直示衆生，日用現前，不屬今古。只今老僧與相公同入大光明藏，游戲三昧，互爲賓主，非關時處。’又曰：‘經云：“一切衆生，皆證圓覺。”而圭峰易“證”爲“具”，謂譯者之訛，其義如何？’師曰：‘《圓覺》如可改，則《維摩》亦可改也。《維摩》豈不曰亦不滅受而取證？夫不滅受蘊而取證，與皆證圓覺之義同。蓋衆生現行無明，即是如來根本大智。圭峰之言非是。’公大悅，因捨第爲寺以延師，爲開山第一祖。”

謝逸《溪堂集》卷七《圓覺經皆證論序》：“荊國王文公常問真淨禪師曰：‘諸經皆首標時處，獨《圓覺經》不然，何也？’真淨曰：‘頓乘所演，直示衆生日用，日用現前，不屬古

今。老僧與公同入光明藏，游戲三昧，互爲賓主，非關時處。'又問：'《圓覺經》云："一切衆生，皆證圓覺。"而圭峰禪師易"證"爲"具"，謂是譯者之訛，其意是否？'真净曰：'《圓覺經》若可易，《維摩》亦可易。《維摩經》豈不滅亦不滅受蘊取證？然則取證與皆證之義，亦何異哉？蓋衆生現行無明，即如來根本大智，圭峰之説非是。'文公大悦，稱賞者久之。自是真净始有意爲《圓覺》著論，雖時時與門弟子辯説大旨，至於落筆，未遑暇也。真净既示寂，而法子惠洪取其師之説，潤色而成書，凡二萬餘言。逸嘗評其文，其理致高妙，造語簡遠，如晉人之工于文，生肇之徒不足多也。"

按，《沈注》引《釋氏稽古圖》："熙寧十年，奏施建康舊第爲禪寺，請克文主持。恐誤。"

神宗遣使賜金。不受，送蔣山修寺祈福，作《偶書》

《詩注》卷四十八《偶書》："穰侯老擅關中事，長恐諸侯客子來。我亦暮年專一壑，每逢車馬便驚猜。"

趙令時《侯鯖録》卷三："元豐末，有以王介甫罷相歸金陵後資用不足達裕陵睿聽者，上即遣使以黄金二百兩就賜之。介甫初喜，意召己，既知賜金，不悦，即不受，舉送蔣山修寺，爲朝廷祈福。裕陵聞之，不喜。即有詩云：'穰侯老擅關中事，嘗恐諸侯客子來。我亦暮年專一壑，每聞車馬便驚猜。'此未能忘情在丘壑者也。"

葉夢得《石林燕語》卷十："王荆公在金陵，神宗嘗遣内侍凌文炳傳宣撫問，因賜金二百。荆公望闕拜跪受已，語文炳曰：'安石閑居無所用。'即庭下發封，顧使臣曰：'送蔣山常住置田，祝延聖壽。’”

晁説之《嵩山文集》卷三《論神廟配享劄子》：“神宗聞安石之貧，命中使甘師顔賜安石金五十兩。安石好爲詭激矯厲之行，即以金施之定林僧舍。師顔因不敢受常例回，具奏之，上諭御藥院牒江寧府，于安石家取甘師顔常例。”[1]

按，神宗賜金，各家所述不同，其事無疑，惟所遣之使及所賜金數，叙述各異，不可詳考，姑附於此。又公詩以“暮年專一壑”擬“穰侯老擅關中事”，蓋爲戲擬，戲謔之語。趙令時解爲公欲復相，誤也。

五月二十二日，婿蔡卞奉詔至江寧傳宣撫問。上謝表

《長編》卷三百四十五元豐七年五月庚申：“詔中書舍人蔡卞給假一月，令往江寧府省視王安石疾病。”

《文集》卷五十九《給蔡卞假傳宣撫問謝表》：“伏蒙聖恩，以臣疾病，特給蔡卞假，將臣女子省侍，令卞傳宣撫問，諭以調養者。”

滕甫知湖州，偕王莘來訪，臨別以“立德、廣量、行惠”贈之

王明清《揮麈後録》卷七：“元豐中，先祖同滕章敏、王荆公於鍾山，臨別贈言云：‘立德、廣量、行惠，非特爲兩公別後之戒，安石亦終身所行之者也。’先祖云：‘以某所見，前二語則相公誠允蹈之。但末後之言，相公在位時，行青苗、免役

---

[1] 《邵氏聞見録後》卷二十四所載同。

之法於天下，未審如何。'公默然不應。"

　　按，"先祖"，即王莘字樂道。"滕章敏"，即滕甫（元發），謚章敏。王莘爲王昭素四世孫，王銍之父、王明清之祖。① 公曾苦讀王昭素《易解》（詳本譜皇祐四年），王莘則嘗從學於公及常秩、王回。王銍《四六話》序："先君子少居汝陰鄉里，而游學四方。學文於歐陽文忠公，而授經於王荆公、王深父、常夷父。既仕，從滕元發、鄭毅夫論作賦與四六，其學皆極先民之淵蘊。"

　　至於滕甫，熙寧初本與公政見相左（詳本譜熙寧二年），然熙寧八年深陷宗室世居案，頗賴公爲之脫免（詳本譜熙寧八年）。之後，滕甫黜知池州，改安州。② 本月，滕甫知湖州。《長編》卷三百四十二元豐七年正月乙巳："正議大夫滕甫知筠州。甫罷安州入朝，手詔'謀逆人李逢乃甫之妻族近親，不宜令處京師，可與東南一小郡'故也。甫上書自辨，尋改知湖州。"李燾注："五月一十二日辛酉，乃知湖州。"王莘"從滕章敏公幕府逾十年……平日代公表啓，世多傳誦"。③《四六話》卷上："滕元發光禄受知神宗，最在諸公之先。以議政與荆公不合，遂出爲帥，又以妻黨李逢事，謫知池、安二州。既罷安州，許朝見，至國門，將復用之，又中飛語，再謫

　　① 　王莘生平，可見張明華《王莘考》，《阜陽師範學院學報》（社科版）2009 年第 3 期。
　　② 　《宋史》卷三百三十二《滕元發傳》："王安石方立新法，天下詾詾然。元發有言，神宗信之也，因事以翰林侍讀學士出知鄆州，徙定州。初入郡，言新法之害……會婦黨李逢爲逆，或因以擠之，黜爲池州。未行，改安州。流落且十歲，猶以前過貶居筠州……神宗覽之惻然，即以爲湖州。"第 10675 頁。
　　③ 　《揮麈後録》卷六，第 120 頁。

知筠州。是時尚艤舟國東普照寺也。先子，實公之客，是時在京師，托撰《陳情表》自辨。先子爲公草之，盡載於此……表入，神宗大悅，以滕公知湖州。湖乃公所乞也。"二人遂過江寧訪公。

六月二十日，上劄乞以所在園屋爲僧寺，並乞賜額。神宗從之，賜額報寧禪寺

《長編》卷三百四十六元豐七年六月戊子："集禧觀使王安石請以所居江寧府上元縣園屋爲僧寺，乞賜名額。從之，以報寧禪院爲額。或云：'安石愛其子雱，雱性險惡，安石在政府，凡所爲不近人情者，雱實使之。既死，安石哀悼，久而不忘。嘗恍惚見雱荷鐵枷如重囚狀，遂請以園屋爲僧寺，蓋爲雱求救於佛也。"

《文集》卷四十三《乞以所居園屋爲僧寺并乞賜額劄子》："臣幸遭興運，超拔等夷，知獎眷憐，逮兼父子。戴天負地，感涕難勝。顧迫衰殘，麋捐何補？不勝螻蟻微願，以臣今所居江寧府上元縣園屋爲僧寺一所，永遠祝延聖壽。如蒙矜許，特賜名額，庶昭希曠，榮與一時。仰憑威神，誓報無已。"

按，表曰"以臣今所居江寧府上元縣園屋爲僧寺一所，永遠祝延聖壽"，則公舍宅爲寺，蓋爲神宗祈壽明矣。然《邵氏見聞録》卷十一："雱死，荆公罷相，哀悼不忘……荆公在鍾山，嘗恍惚見雱荷鐵枷杻如重囚者，荆公遂施所居半山園宅爲寺，以薦其福。"荒誕不經，可謂謬甚，然《長編》、《宋史全文》、《太平治跡統類》等均以之入史。

上表謝賜額

《文集》卷六十《詔以所居園屋爲僧寺及賜寺額謝表》："臣生乏寸長,世叨殊獎。賤息奄先於犬馬,頹齡俯迫於桑榆。獨念親逢,莫有涓埃之補報;永惟宏願,豈忘香火之因緣。伏蒙皇帝陛下俯徇祈誠,特加美稱。所懼封人之祝,終以堯辭;乃塵長者之園,遽如佛許。仰憑護念,誓畢熏修。臣無任。"

税城中屋以居,不復造宅

《詩注》卷四《題半山寺壁二首》,題注:"半山報寧禪寺,公故宅也。由東門至蔣山,此爲半道,故以半山爲名。其地亦名白塘,舊以地卑,積水爲患。公卜居,乃鑿渠決水,以通城河。元豐七年,公以病聞,神宗遣國醫診視。既愈,乃請以宅爲寺,因賜額爲報寧禪寺。寺西有培塿,乃荆公決渠積土之地。又按《續建康志》:半山寺,即公故宅也。再罷政,以使相判金陵,到任即納節,固辭同平章事,改左僕射。未幾,又懇求宫觀,累表得會靈觀使。築第於白下門外,去城七里,去蔣山亦七里。平日乘一驢,從數僮,遊諸寺。欲入城,則乘小舫泛潮溝以行,蓋未嘗乘馬與肩輿。所居之地,四無人家,其宅僅蔽風雨,又不設垣牆,望之若逆旅之舍。有勸築垣,輒不答。元豐之末,公被疾,奏捨此宅爲寺,有旨賜名報寧。既而疾愈,税城中屋以居,不復造宅。父老曰:'今江寧縣治後廢惠民藥局,其地即公城中所税之宅也。'"

周必大《文忠集》卷一百八十三《記金陵登覽》："漕司比廳，乃王介甫宅，既捨作半山寺，遂居城中。府中有三段石，吳孫皓時碑……賞心亭望城外新開河，或云王介甫作守時開，以避爍家磯數十里之險。"

七月，蘇軾抵江寧。與之遊，歎賞不已，示以近作

蔡絛《西清詩話》卷上："元豐中，王文公在金陵，東坡自黃北遷，日與公遊，盡論古昔文字。公歎息謂人曰：'不知更幾百年，方有如此人物。'"

時晤蘇軾，誦詩説佛，勉其重修《三國志》。軾則以發言救弊相勸

《蘇軾文集》卷五十一《與滕達道書》第三十八："某到此，時見荆公，甚喜，時誦詩説佛也。"

王銍《默記》卷中："東坡自海外歸，至南康軍，語劉羲仲壯輿曰：'軾元豐中過金陵，見介甫論《三國志》曰："裴松之之該洽，實出陳壽上，不能別成書而但注《三國志》，此所以陳壽下也。蓋好事多在注中。安石舊有意重修，今老矣，非子瞻，他人下手不得矣。"軾對以："軾於討論非所工。"蓋介甫以此事付託軾，軾今以付壯輿也。'僕聞此於壯輿，盡直記其舊言。"

徐度《却掃編》卷中："劉羲仲字壯輿，道原之子也。道原以史學自名，羲仲世其家學，嘗摘歐陽公《五代史》之訛誤，爲《糾繆》，以示東坡。東坡曰：'往歲歐陽公著此書初成，王荆公謂余曰："歐陽公修《五代史》而不修《三國志》，

非也,子盍爲之乎?"余固辭不敢當。夫爲史者,網羅數十百年之事,以成一書,其間豈能無小得失邪?余所以不敢當荆公之託者,正畏如公之徒掇拾其後耳。'"

邵博《邵氏聞見後錄》卷二十一:"東坡自黃岡移汝墳,舟過金陵,見王荆公於鍾山,留連燕語。荆公曰:'子瞻當重作《三國書》。'東坡辭曰'某老矣,願舉劉道原自代'云。"

《宋史》卷三百三十八《蘇軾傳》:"道過金陵,見王安石,曰:'大兵大獄,漢、唐滅亡之兆,祖宗以仁厚治天下,正欲革此。今西方用兵,連年不解,東南數起大獄,公獨無一言以救之乎?'安石曰:'二事皆惠卿啓之,安石在外,安敢言?'軾曰:'在朝則言,在外則不言,事君之常禮耳。上所以待公者非常禮,公所以待上者,豈可以常禮乎?'安石厲聲曰:'安石須説。'又曰:'出在安石口,入在子瞻耳。'又曰:'人須是知行一不義,殺一不辜,得天下弗爲,乃可。'軾戲曰:'今之君子,爭減半年磨勘,雖殺人亦爲之。'安石笑而不言。"

按,此條源出《邵氏聞見録》卷十二:"王介甫與蘇子瞻初無隙,吕惠卿忌子瞻才高,輒間之。神宗欲以子瞻爲同修起居注,介甫難之;又意子瞻文士,不曉吏事,故用爲開封府推官以困之。子瞻益論事無諱,擬廷試策,獻萬言書,論時政甚切,介甫滋不悦子瞻。子瞻外補官……子瞻自知湖州下御史獄,欲殺之,神宗終不忍,貶散官,黃州安置。移汝州,過金陵,見介甫甚歡。子瞻曰:'大兵大獄……'"

其事容或有之,然不無修飾。《蔡譜》卷二十三:"以兩公名賢,相逢勝地,歌詠篇章,文采風流,照耀千古,即江山亦爲之壯色。而不料《邵氏聞見録》‘大兵大獄’之説，又出其語言狀貌，如‘介甫色動’、‘介甫色定’、‘介甫舉手兩指’、‘介甫厲聲’，殆如村庸搬演雜劇，淨丑登場，醜態畢出。嗚呼！鄙矣，悖矣！”

　　本年江寧之會，宋人筆記多有記述，然或出小説家言，未可全信，姑附此。陳師道《後山談叢》卷六：“蘇公自黄移汝，過金陵，見王荆公。公曰：‘好箇翰林學士！某久以此奉待。’公曰：‘撫州出杖鼓鞚，淮南豪子以厚價購之，而撫人有之，保之已數世矣。不遠千里，登門求售，豪子擊之曰：“無聲。”遂不售。撫人恨怒，至河上，投之水中，吞吐有聲，熟視而歎曰：“你早作聲，我不至此。”’”

　　趙令畤《侯鯖録》卷一：“東坡在黄州日，作《雪詩》云：‘凍合玉樓寒起粟，光摇銀海眩生花。’人不知其使事也。後移汝海，過金陵，見王荆公，論詩及此，云：‘道家以兩肩爲玉樓，以目爲銀海，是使此否？’坡笑之，退謂葉致遠曰：‘學荆公者，豈有此博學哉！’”

　　朱弁《曲洧舊聞》卷五：“東坡自黄徙汝，過金陵，荆公野服乘驢謁於舟次。東坡不冠而迎，揖曰：‘軾今日敢以野服見大丞相。’荆公笑曰：‘禮爲我輩設哉！’東坡曰：‘軾亦自知相公門下用軾不著。’荆公無語，乃相招遊蔣山。在方丈飲茶次，公指案上大硯曰：‘可集古人詩聯句賦此硯。’東坡應聲曰：‘軾請先道一句。’因大唱曰：‘巧匠斲山骨。’荆公沈思良久，無以續之，乃曰：‘且趁此好天色，窮覽蔣山之勝，此非所急也。’田晝承君是日與一二客從後觀之，承君曰：‘荆公尋常好以此困人，而門下士往往多辭以不能，不料東坡不可以此懾伏也。'承君,建中靖國間爲大宗正丞,曾布欲用爲提舉常平,以非其所素學,辭不受,士論美之。"

吴炯《五總志》:"王介甫一夕以'動'、'靜'二字問諸門生,諸生作答皆數百言,公不然之。時東坡維舟秦淮,公曰:'俟蘇軾明日來問之。'既至,果詰前語,東坡應聲曰:'精出於動,神守爲静,動静即精神也。'擊節稱歎。"

施德操《北窗炙輠録》卷上:"荆公論揚雄投閣事:'此史臣之妄耳,豈有揚子雲而投閣者! 又《劇秦美新》亦後人誣子雲耳,子雲豈肯作此文?'他日,見東坡,遂論及此。東坡云:'某亦疑一事。'荆公曰:'疑何事?'東坡曰:'西漢果有揚子雲否?'聞者皆大笑。"

贈蘇軾詩,勸其買宅卜鄰。軾有詩次韻

吕希哲《吕氏雜記》卷下:"東坡自黄州歸,路由金陵,荆公見之大喜,與之出遊,因贈之詩。坡依韻和云:'騎驢渺渺入荒陂,想見先生未病時。勸我試求三畝宅,從公已覺十年遲。'"

胡仔《苕溪漁隱叢話前集》卷三十五引《潘子真詩話》云:"東坡得請宜興,道過鍾山,見荆公。時公病方愈,令坡誦近作,因爲手寫一通以爲贈;復自誦詩,俾坡書以贈己,仍約坡卜居秦淮。故坡和公詩云:'騎驢渺渺入荒陂,想見先生未病時。勸我試求三畝宅,從公已覺十年遲。'"

公贈蘇軾之詩,《補注東坡編年詩》卷二十四附之:"王介甫原作四首,《臨川集》題云《池上看金沙花數枝過酴醾架盛開》:'酴醾一架最先來,夾水金沙次第栽。濃緑扶疏雲乍

起,醉紅撩亂雪爭開。''午陰寬占一方苔,映水前年坐看栽。紅蕤似嫌塵染污,青條飛上別枝開。''北山輸綠漲橫陂,直塹迴塘灩灩時。細數落花因坐久,緩尋芳草得歸遲。''故作酴醿架,金沙衹漫栽。似矜顏色好,飛度雪前開。'"

《蘇軾詩集》卷二十四《次荊公韻四絕》其一:"青李扶疏禽自來,清真逸少手親栽。深紅淺紫從爭發,雪白鵝黃也鬬開。"其二:"斫竹穿花破綠苔,小詩端爲覓橙栽。細看造物初無物,春到江南花自開。"其三:"騎驢渺渺入荒陂,想見先生未病時。勸我試求三畝宅,從公已覺十年遲。"其四:"甲第非真有,閒花亦偶栽。聊爲清净供,却對道人開。公病後,捨宅作寺。"

《蘇軾文集》卷五十《與王荊公》:"某頓首再拜特進大觀文相公執事。近者經由,屢獲請,見存撫教誨,恩意甚厚。別來切計台候萬福。軾始欲買田金陵,庶幾得陪杖屨,老於鍾山之下。既已不遂,今來儀真,又二十餘日,日以求田爲事,然成否未可知也。若幸而成,扁舟往來,見公不難也。"

按,公贈東坡之詩,爲《詩注》卷四十二《池上看金沙花數枝過酴醿架盛開二首》、《詩注》卷四十二《北山》、《詩注》卷四十《池上看金沙花數枝過酴醿架盛開》。

以神宗所賜醫偏頭痛方贈蘇軾

張邦基《墨莊漫録》卷五:"王文公安石爲相日,奏事殿中,忽覺偏頭痛不可忍,遽奏上,請歸治疾。裕陵令且在中書偃卧,已而小黃門持一小金杯藥少許賜之,云:'左痛即灌右鼻，右即反之；左右俱痛，並灌之。’即時痛愈。明日，入謝，上曰：‘禁中自太祖時，有此數十方，不傳人間，此其一也。’因并賜此方。蘇軾自黃州歸，過金陵，安石傳其方，用之如神。但目赤，少時頭痛即愈。法用新羅蔔，取自然汁，入生龍腦少許，調勻，昂頭使人滴入鼻竅。”

七月十七日，弟安禮罷尚書左丞，出知江寧府

《長編》卷三百四十七元豐七年七月甲寅：“尚書左丞王安禮爲端明殿學士、知江寧府。”

《宋會要輯稿》職官七八：“七年七月十七日，中大夫、尚書左丞王安禮罷爲端明殿學士、知江寧府。初，張汝賢彈奏王珪與安禮仍乞子姪差遣事。上以珪子仲端已退所乞差遣，其安禮子枋、姪斿差遣有條許用例奏鈔，汝賢格不下。又疏安禮素行貪污。上既罪汝賢，安禮亦求去，故有是命。”同書職官七：“僉書樞密院事爲端明殿學士自曾孝寬始，執政爲之自安禮始。”

《（乾隆）江南通志》卷一百四十四：“張汝賢字祖禹，真州人。第進士，除監察御史。元豐間，以論尚書左丞王安禮，與俱罷。元祐初，使閩粵，奏弛茶鹽增價，得減十之八，又以赦令蠲民所負官錢米五十餘萬。以左司郎中召還，道卒。”

八月三日，婿蔡卞赴闕

《長編》卷三百四十五元豐七年五月庚申：“詔中書舍人蔡卞給假一月，令往江寧府省視王安石疾病。”

李燾："此據《御集》。八月三日，催赴闕。"

讀蘇軾與王益柔遊蔣山詩，愛之，次其韻

《文集》卷十六《和子瞻同王勝之遊蔣山并序》："子瞻同王勝之遊蔣山，有詩，余愛其'峰多巧障日，江遠欲浮天'之句，因次其韻。"

蔡絛《西清詩話》："東坡渡江至儀真，《和遊蔣山詩》寄金陵守王勝之益柔。公亟取讀，至'峰多巧障日，江遠欲浮天'，乃撫几曰：'老夫平生作詩，無此二句。'"

按，《(景定)建康志》卷十三下載王益柔本年六月，移知應天府。八月十四日，蘇軾離金陵，王益柔同行，①《詩話》云"寄金陵守益柔"，恐誤。

蘇軾離江寧致書

《蘇軾文集》卷五十《與王荊公書》："某啓：某遊門下久矣，然未嘗得如此行，朝夕聞所未聞，慰幸之極。已別經宿，悵仰不可言。伏惟台候康勝，不敢重上謁。伏冀順時，爲國自重。不宣。"②

九月三日，弟安禮知江寧府事

《(景定)建康志》卷十三下："(元豐)七年九月三日，端明殿學士、中大夫王安禮知府事。"

《王魏公集》卷五《江寧府謝上表》："貳政宰司，曾蒇聞

---

① 《蘇軾年譜》卷二十三，第642頁。
② 據《蘇軾年譜》卷二十三，蘇軾約於八月十四日離江寧。第642頁。

於小補;分符鄉國,更曲被於厚恩……賴蒙睿察,許解繁機。既便手足之私,且委民社之政。眷存若此,報稱無從。"

九月五日,蘇軾自真州與簡薦秦觀,欲買田相陪,終老於鍾山之下。回之,謂讀秦詩手不能捨

《蘇軾文集》卷五十《上荆公書》:"某頓首再拜特進大觀文相公執事。近者經由,屢獲請見,存撫教誨,恩意甚厚。別來切計台候萬福。軾始欲買田金陵,庶幾得陪杖屨,老於鍾山之下。既已不遂,今來儀真,又二十餘日,日以求田爲事,然成否未可知也。若幸而成,扁舟往來,見公不難也。向屢言高郵進士秦觀太虛,公亦粗知其人。今得其詩文數十首拜呈。詞格高下,固已無逃於左右。獨其行義修飭,才敏過人,有志於忠義者,其請以身任之。此外博綜史傳,通曉佛書,講集醫藥,明練法律,若此類未易一一數也。才難之歎,古今共之。如觀等輩,實不易得。願公少借齒牙,使增重於世,其他無所望也。秋氣日佳,微疾,想已失去。伏冀順時候,爲國自重。"

《文集》卷七十三《回蘇子瞻簡》:"某啓:承誨喻累幅,知尚盤桓江北,俯仰踰月,豈勝感悵。得秦君詩,手不能捨。葉致遠適見,亦以爲清新嫵麗,與鮑、謝似之。不知公意如何?餘卷正冒眩,尚妨細讀,嘗鼎一臠,旨可知也。公奇秦君,數口之不置,吾又獲詩,手之不捨。然聞秦君嘗學至言妙道,無乃笑我與公嗜好過乎?未相見,跋涉自愛,書不宣悉。"

過半山舊居有作

《詩注》卷二十二《泝棧》：“泝棧開新屋，扶輿邁故園。事遺心獨寄，路翳目空存。野果寒林寂，蠻花午簟溫。難忘舊時處，欲宿愧桑門。”

題注：“一作《過故居》。”

《繫年》：“新屋，指僦居金陵秦淮之小宅也；故園，指半山園。詩又云：‘難忘舊時處，欲宿愧桑門。’桑門，沙門也，即故半山園，今之報寧寺。此詩必作於是年秋冬間。”可從。

有詩示報寧長老

《詩注》卷四十八《示報寧長老》：“白下亭東鳴一牛，山林陂港凈高秋。新營塋域我檀越，曾悟布毛誰比丘。”

李注：“公既捨宅爲寺，故云‘我檀越’。”

黃溍《金華黃先生文集》卷十三《半山報寧寺記》：“報寧禪寺，在今集慶路上元縣之半山。集慶於宋盛時，爲江寧府。丞相荆國王文公之父楚公終於江寧倅，而葬於鍾山，故荆公往來鍾山最久。其園屋在白下門外，康樂坊謝公墩之側者，不設垣墻，依林樾爲屏蔽，密邇通逵，而四無人烟，境尤清曠。鍾山抵城十有五里，至此適當其半，所謂半山也。荆公初由外制出守江寧，及兩去相位，又皆均逸于江寧，視江寧猶鄉郡。因其園屋，大治居第，距捐館前二歲，乃請于朝，施爲僧寺。詔如其請，而錫以今額。元豐七年，荆公親製疏，迎克文禪師來涖法席，是爲開山第一祖。暨第二代寶禪師咸克紹隆宗風，爲世師表，地以人增重，而半山遂齒於大叢林。寺基爲畝八十，環其旁之田園陂池，爲畝二百，其在句容、烏江兩縣者爲莊五，皆瀕於大江，潮汐之所齧蝕，歲入田租無幾。經用所資，惟太平青山莊之田，出於荆公長子雱之婦蕭氏者，爲畝一千。自始有寺，至國朝重紀至元之五年，凡二百六十有六載。”

有書答俞紫芝，約歲末會於報寧寺

《文集》卷七十八《答俞秀老書》：“某啓：比嬰危疾，療治百端，僅乃小愈。竊聞秀老亦久伏枕，近纔康復，不知營從何時如約一至乎？歲盡，當營理報寧庵舍，以佇遊愒。餘非面叙不悉。未相見間自愛。令弟見訪，闊於從容，及聞邀之，已過江矣。聞不久復來，不及別幅也。”

與妹婿沈季長書

《王文公文集》卷一《與沈道原書》。其二：“某啓：承眷恤，重以感慰。衰莫眩昏，幸而獲愈，然槁骸殘息，待盡朝夕，頓伏牀枕，無足言者。十四、念二，并煩存問，感愧感愧！四妹且時時肉食，恐久而成疾也。相去雖近，無緣會晤，良食自愛！”

《繫年》：“是年春安石病，或先後作於病稍愈時。”可從。

時沈季長已起復，簽書淮南節度判官廳公事：“（元豐）六年，官制行，復通直郎，簽書淮南節度判官廳公事。在淮南逾二年，營職不息。"①

十月九日，婿蔡卞試給事中

《長編》卷三百四十九元豐七年十月乙亥："中書舍人兼侍講蔡卞試給事中。"

上賀冬表

《王文公文集》卷十五《賀冬表》其六，原注："元豐七年。"

十一月二十一日，婿吳安持有詔免勒停，增差監曹州稅

《長編》卷三百五十元豐七年十一月丁巳："大理寺上太府少卿吳安持誣奏宰臣蔡確弟碩令幹吏張慶承認賒欠官錢人朱申羅錢未納案。安持應私罪徒二年。蔡確言：'安持本緣臣家事，乞特寬赦。'詔安持免勒停，增差監曹州酒務。"

歲末，有詩酬俞紫芝

《詩注》卷二十八《酬俞秀老》："灑掃東庵置一牀，於君獨覺故情長。有言未必輸摩詰，無法何曾泥飲光。天壤此身知共弊，江湖他日要相忘。猶貪半偈歸思索，却恐提桓妄揣量。"

李注："公集有《答俞秀老書》：'歲盡，當營理報寧菴舍，以佇遊愒。'東菴，即報寧。"

---

① 王安禮《王魏公文集》卷七《故朝奉郎權發遣秀州軍州兼管內勸農事輕車都尉借紫沈公墓誌銘》。

是年，以呂公著知揚州，致之書，約絕江款郡齋

呂祖謙《東萊集》卷七《題伯祖紫微翁與曾信道手簡後》：“先君子嘗誨某曰：吾家全盛時，與江西諸賢特厚。文靖公與晏公戮力王室，正獻公静默自守，名實加於上下，蓋自歐陽公發之。平生交友，如王荆公、劉侍讀、曾舍人，屈指不滿十。雖中間以國論，與荆公異同，元豐末守廣陵，鍾山猶有書來，甚惓惓，且有絕江款郡齋之約，會公召歸乃止。已而自講筵還政路，遂相元祐。二劉、三孔、曾子開、黄魯直諸公，皆公所甄叙也。侍講於荆公乃通家子弟，李泰伯入汴，亦嘗講繹焉。”

趙善璙《自警編》乙：“初，王安石與呂正獻公晦叔善。及秉政，爲人所間，怒公甚，晚稍悔悟。及退居金陵既久，聞公至揚州，數寄聲，欲就見。安石未用時，以兄禮事公甚謹。自熙寧後，間一通慶弔，皆書吏以公函答。至是以親書，復稱兄。然公未久即赴召，竟不果來見。”

是年，撰吴蕡墓誌

《文集》卷九十八《吴録事墓誌》：“吴諱蕡，字成之，世爲撫州金谿人……以某年月日卒于家，享年若干……卜以元豐八年某月日，葬于唐州桐柏縣淮源鄉實李衬。臨川王某誌。”

是年，釋普濟坐化，有詩悼之

《詩注》卷四十一《長干釋普濟坐化》：“投老唯公最故

人，相尋長恨隔城闉。百年俯仰隨薪盡，畫手空傳净戒身。”

　　李注：“公時已僦宅城中居。”

是年，周種遊門下

　　曾敏行《獨醒雜志》卷四：“王荆公退居金陵，一日，與門人山行，少憩松下。公忽回顧周種曰：‘司馬十二，君子人也。’種默不對。公復前行，言之再四，人莫知其意。”

　　按，周種字仁熟，周濤之子，周彦先之孫，公之高足，有中表親。《文集》卷九十六《尚書屯田員外郎周君墓誌銘》：“君周姓，諱濤，字幾道，中慶曆六年進士甲科……父諱彦先，終右侍禁，贈右監門衛將軍。妻曰昭德縣君錢氏，子男五人：種、秩、穆、稊。”周煇《清波雜志》卷五：“曾祖視王荆公爲中表，既干撰上世墓誌數種，託元章書之，凡書三本，擇一以入石，號《周氏世德碑》，實於杭州西湖上，文并書名‘二絶’。”

　　夏荃《退庵筆記》卷六“周種行狀”：“周種字仁熟，與弟秩同登熙寧癸丑榜進士。《府志》載秩《易説》十卷……偶閱宋尤氏《遂初堂集》，本朝雜傳中有《周種行狀》一種，爲諸家書目所無。”

　　凌迪知《萬姓統譜》卷六十一：“周種，泰州人，字仁熟，敬述五世孫。少有遠度，王安石一見奇之。熙寧九年，與弟秩俱擢第，調江寧府右司理，持身謹廉。元祐初，蘇文忠公舉爲鄆州教授，種上疏，乞以王安石配享神宗，朝士愕然。蘇公即自劾舉官不當，議雖不合，然識者猶取其拳拳師表之地。久之，擢著作佐郎、兼崇政殿説書。陳瑩中乃薦于上，權起居舍人。"

　　周穜熙寧九年進士登第，本年爲江寧府右司理參軍。蘇軾過江寧，周穜惠以石銚，軾有詩次韻。[①] 元祐初，蘇軾舉爲鄆州州學教授。然穜實爲新黨。元祐三年，周穜上疏乞以公配享神宗。後十年，又乞將公《日錄》付國史院編纂成書，洵爲王氏功臣。《長編》卷四百十八元祐三年十二月甲午："江寧府司理參軍、鄆州州學教授周穜罷歸吏部，用右正言劉安世、翰林學士蘇軾言也。安世言：'臣伏見周穜上書，乞以故相王安石配享神宗皇帝廟廷，中外喧傳，頗駭群聽……'軾言：'臣先任中書舍人日，敕舉學官，臣曾舉江寧府右司理參軍周穜，蒙朝廷差充鄆州州學教授。近者竊聞穜上疏，言朝廷當以故相王安石配享神宗皇帝。謹按漢律，擅議宗廟者棄市……先帝配享，已定用富弼，天下翕然，以爲至當。穜復何人，敢建此議？意欲以此嘗試朝廷，漸進邪說，陰倡群小，此孔子所謂行險僥倖，居之不疑者也。'"

　　《長編》卷四百九十七元符元年四月癸巳："國史編修官周穜言：'本院昨於王安石家取到安石手記，載熙寧初，君臣遇合，相與論議天下之事。然稱當時臣寮，多只一字以記其姓名，深恐異時難爲曉解。請降付國史院重看詳，編纂成書，庶幾進御，易於觀覽。'從之。"

回李復圭書

　　《文集》卷七十八《與李修撰書》："某啓：比得奉餘論，

---

① 　《蘇軾詩集》卷二十四《次韻周穜惠石銚》，第 1275 頁。

殊以不從容爲恨。忽復改歲，豈勝思仰。乃煩枉教，慰感何可復言。尤喜動止多福。日冀別膺休命，復得展晤於丘園。未間良食自壽。不宣。”

按，詳書意，當爲李復圭至荆南後致書，公回之。

鮑慎由至江寧從學

《宋史》卷四百四十三《鮑慎由傳》：“鮑慎由字欽止，處州龍泉人。舉進士，嘗從王安石學，又親炙蘇軾，故其文汪洋閎肆，詩尤高妙。徽宗召對，除工部員外郎。居無何，以不合去，責監泗州轉般倉。歷河東、福建路常平，廣西、淮南轉運判官，復召爲郎，以言者罷，提點元封觀。起知明州，又知海州，復奉祠，卒，年五十六。嘗注杜甫詩，有文集五十卷。”[1]

按，鮑慎由從公學，當於元豐年間，姑附此。

程顥與吳師禮論新學之弊，願往復論學

《河南程氏遺書》卷一：“伯淳近與吳師禮談介甫之學錯處，謂師禮曰：‘爲我盡達諸介甫，我亦未敢自以爲是。如有説，願往復。此天下公理，無彼我。果能明辨，不有益於介甫，則必有益於我。’”

按，元豐四年，公與吳豪書議以王令遺腹女嫁吳師禮。五年，吳師禮太學上舍賜第，調涇縣主簿，後知天長縣（詳本譜元豐四年）。程顥卒於八年六月，其論新學當於吳師禮赴

---

[1]　《宋史》原文作“鮑由”，蓋避孝宗諱。

知天長縣時。吳娶王令女，與公皆爲金谿吳氏姻親；又程顥爲彭思永婿，思永妻晏氏，亦金谿吳氏姻親；且天長毗鄰江寧，故“盡達諸介甫”之語，相當可信。《河南程氏文集》卷四《故户部侍郎致仕彭公行狀》：“公諱思永，字季長……公娶晏氏，故相元憲公之姪，而刑部侍郎諱容之子也……五女子：長適知鄂州嘉魚縣胡從，次適宜春李伯英，次即顥之室。”

元豐八年乙丑（1085），六十五歲

上表賀正

《王文公文集》卷十五《賀正表》其七，題注："元豐八年。"

二月十七日，貢院大火，婿蔡卞險焚死

《長編》卷三百五十一元豐八年二月辛巳："是夜四鼓，開寶寺寓禮部貢院火，承議郎韓王冀王宮大小教授兼睦親、廣親宅講書翟曼，奉議郎陳之方、宣德郎太學博士馬希孟，皆焚死，吏卒死者四十人。"

蔡絛《鐵圍山叢談》卷三："元豐末，叔父文正知貢舉。時以開寶寺爲試場。方考，一夕寺火大發。魯公以待制爲天府尹，夜率有司趨拯焉。寺屋皆雄壯，而人力有不能施，穴寺廡大牆，而後文正公始得出。試官與執事者多焚而死。"

三月五日，神宗崩。有詩挽之

《長編》卷三百五十三元豐八年三月戊戌："上崩於福寧殿，宰臣王珪讀遺制。哲宗即皇帝位。尊皇太后爲太皇太后，皇后爲皇太后，德妃朱氏爲皇太妃。應軍國事並太皇太后權同處分，依章獻明肅皇后故事。如向來典禮有所闕失，命有司更加討論。"

《詩注》卷四十九《神宗皇帝挽詞》其一：“將聖由天縱，成能與鬼謀。聰明初四達，雋乂盡旁求。一變前無古，三登歲有秋。謳歌歸子啓，欽念禹功修。”

李注：“元豐八年乙丑，神宗升遐。明年，元祐改元，公亦薨。進此詩時，公爲集禧觀使。蓋自熙寧十年至是，里居適九年矣。”“言神考初御極，勵精爲治，欲追三代之時也。公亦以自與。”“此言神考之變法，高出百王也。”“此句啓後來紹述之張本。”

其二：“城闕宮車轉，山林隧路歸。蒼梧雲未遠，姑射露先晞。玉暗蛟龍蟄，金寒鴈鶩飛。老臣他日淚，湖海想遺衣。”

是日，哲宗即位。上賀表

《文集》卷六十一《賀哲宗皇帝登極表》：“臣某言：伏覩敕書，皇帝陛下今月五日登寶位者。郊廟神靈，永有宗依；華夏蠻夷，永有歸賴。恭惟皇帝陛下光御歷服，大承統緒，以聖繼聖，純祐無疆。臣遭遇先朝，久叨榮禄，不獲奔走，瞻望清光。臣無任。”

《宋史》卷十七《哲宗本紀》：“（元豐八年三月）戊戌，神宗崩，太子即皇帝位。”

三月二十七日，以觀文殿大學士、集禧觀使守司空，上表辭謝。弟安禮賜寬衣、金帶、銀、帛

《長編》卷三百五十三元豐八年三月庚申：“觀文殿大學士、集禧觀使、特進、荊國公王安石守司空……知江寧府王

安禮寬衣、金帶、銀、帛有差。"

　　按,孔平仲《孔氏談苑》卷二:"王荊公初拜僕射,握壻蔡
卞手曰:'吾止於此乎? 昔年作舉人時,夢升一廳事,人指其
牓,有"僕射廳"字,曰:"他日君當爲此官。"今夢驗矣。'官
制行,換爲特進。元祐初,加司空,卞幸其夢之不應也。公
讓不拜,半年方報,再讓,又數月,方報。比告下,公薨八日
矣,竟終於特進焉。卞爲予言如此。""元祐初",疑誤。

是月,與弟安禮請克文主持報寧禪院,并以克文道行奏聞。詔賜其號真淨大師

　　《古尊宿語録》卷四十五《請文長老疏觀文殿大學士司空上
柱國荊國公王安石》:"伏以肇置仁祠,永延睿筭,歸誠善導,開
跡勝緣。文公長老獨受正傳,歷排戲論,求心之所祈嚮,發
趣之所歸宗。俯惟慈哀,勉徇勤企。謹疏。元豐八年三
月日。"

　　《古尊宿語録》卷四十五《判府左丞請疏資政殿學士太中
大夫魏郡開國侯王安禮》:"伏以施綠野之林園,蔚然華構;立青
蓮之場地,寵以嘉名。申祝壽祺,推明美報,必資達識,爲覺
迷情。文公長老夙悟真乘,久臨清衆。若心數法,非外假於
虛名;由聞思修,可内觀於實相。舉揚密義,和會勝緣。謹
疏,元豐八年三月日。"

　　釋惠洪《石門文字禪》卷三十《雲庵真淨和尚行狀》:
"公大悦,因捨第爲寺以延師,爲開山第一祖。又以神宗皇
帝問安湯藥之賜崇成之,是謂報寧。歲度僧,買莊土,以供
學者,而自撰請疏,有'獨受正傳,力排戲論'之句者,叙師語

也。又以其名請於朝，賜紫方袍，號真净大師。金陵，江淮大會，學者至如稻麻粟葦，寺以新革，室宇不能容。士大夫經遊無虛日，師未及漱盥，而户外之屨滿矣，殆不堪勞。於是浩然思還高安，即日渡江，丞相留之不可。遂卜老於九峰之下，作投老庵。紹聖之初，御史黄公慶基出守南康，虛歸宗之席以迎師。師曰：'今老病如此，豈宜復刺首迎送？爲我謝黄公，乞死於此。'其徒哀告曰：'山窮食寡，學者益衆，師德臘雖高，而精神康强。康山自總、祐二大士之後，叢林如死灰，願不忘祖宗，赴輿情之望。'不得已，乃行。先是，黄公嘗望見師於丞相廣坐中，師既去，丞相語公曰：'吾閲僧多矣，未有如此老者。'故公盡禮力致之。"

圓極居頂《續傳燈録》卷十五："洪州泐潭真净克文禪師，出於陝府閺鄉鄭氏……東遊三吴，至金陵，時王荆公方退閑居定林。聞師來，出迎，既是喜甚，劇談終日。公問諸經皆首標時處，《圓覺經》獨不然，何也？師曰……荆公大悦，以師道行奏聞，詔賜真净禪師。未幾，厭繁闠，還高安，菴于九峰之下，名曰投老。"

是年春，扶病泛舟秦淮

《詩注》卷四十三《秦淮泛舟》："强扶衰病牽淮舸，尚怯春風泝午潮。花與新吾如有意，山於何處不相招。"

夢黄慶基，有詩寄之

《詩注》卷二《夢黄吉甫》："夢傳失之妄，晝冀見而想。豈伊不可懷，而使我心往。山林老顛眴，數日占黄壤。舟輿來何遲，北望屢懷悁。西城薺花時，落魄隨兩槳。歲晚洲渚淨，水消煙渺莽。躊躇壁上字，期我無乃迂。”

《詩注》卷三《我所思寄黃吉甫》：“我所思兮在彭蠡，一龕寒晶徑千里……黃侯可與談妙理，視棄榮宦猶弊屣。每採紫芝求石髓，我欲從之勒游徙。轂城公孫能若此，五老聞之當啓齒。寄聲五老吾念爾，相見無時老將死。”

四月十一日，書《楞嚴經旨要》

《珊瑚網》卷三：“余歸鍾山，假道原本，手自校正，刻書寺中。時元豐八年四月十一日，臨川王安石稽首敬書。”同書卷三載牟巘《王荆公書楞嚴經要旨跋》：“‘霜筠雪柏鍾山寺，投老歸歟寄此生。’王介甫既賦此詩，元豐八年四月，竟罷政而歸，書《經》乃其時也，繼遂爲元祐矣。假本道原，即劉秘丞恕也。《經》中十二者，欲令法界衆生求男得男。是時雱已卒，介甫之意端有所爲。後舍半山所居爲寺，申其薦拔，可歟也。作字有斜風疾雨之勢，亦其性卞急使然，然不妨得書法。陵陽耄叟牟巘之書。”

按，此跋以“道原即劉秘丞恕”，誤甚。劉恕於元豐元年九月卒，見黃庭堅《劉道原墓誌銘》。此“道原”爲公妹婿沈季長，字道原。

四月二十一日，司馬光上疏抨擊，乞開言路言新法之不便

《長編》卷三百五十六元豐八年五月乙未：“詔新知陳州、資政殿學士、中大夫司馬光過闕，令入見。先是，光又上

疏乞開言路……又於四月二十一日復上言：‘皇帝陛下初即政，於用人賞罰尤不可不當。夫諫諍之臣，人主之耳目也，不可一日無之……頃者王安石秉政，欲蔽先帝聰明，專威福，行私意，由是深疾諫者，過於仇讎，嚴禁誹謗，甚於盜賊。是以天下之人以言爲諱，百姓愁苦無聊，靡所控告，致怨謗之語，上及先帝。臣常痛心泣血，思救其失，是故首乞下詔開言路，以通下情……至如孔子作《春秋》，爲萬世法，王安石秉政，輒黜之，使不得與諸經並列於學官，學者毋得習以爲業。”

四月二十二日，婿吳安持權知滑州

《長編》卷三百五十四元豐八年四月乙酉：“朝奉郎、監曹州酒税吳安持權知滑州。宰臣蔡確言：‘安持向在京寺，嘗奏論臣弟碩事，坐上書不實得罪。先帝用臣奏免勒停，與近郡監當，雖累經宥赦，而差遣未嘗移改，緣安持吏幹實長，乞委之繁難，俾得自效。’故有是命。”

四月二十五日，所定按問自首法，司馬光改除

《長編》卷三百五十五元豐八年四月戊子：“尚書省言：‘諸處獲盜，有已經殺人、强姦及元犯强盜貸命斷配之人，再犯捕獲，有司以事發涉疑，例用知人欲告、或按問自首減免法。且律文知人欲告及按問欲舉自首之類，減等斷遣者，爲其情非巨蠹，有改過自新之心，故行寬貸。今已上情理與餘犯不同，難以一例減等。欲乞請：强盜已殺人，并强姦或元犯强盜貸命，若持仗三人以上，知人欲告、按問欲舉而自首，

及因人首告應減者，並不在減等之例。’從之。”

李燾：“《舊錄》云：先是，熙寧初，王安石引知人欲告減等律無‘巨蠹不減’之文，與司馬光爭議久之，其後卒從安石議，全貸者眾。至是，姦臣欺罔改焉。”

《宋史》卷二百一《刑法三》：“八年，尚書省言：‘諸獲盜，有已經殺人，及元犯強姦、強盜貸命斷配之人，再犯捕獲，有司例用知人欲告、或按問自首減免法。且律文自首減等斷遣者，爲其情非巨蠹，有改過自新之心。至於姦、盜，與餘犯不同，難以例減。請強盜已殺人，并強姦或元犯強盜貸命，若持仗三人以上，知人欲告、按問欲舉而自首，及因人首告應減者，並不在減等例。’初，王安石與司馬光爭議按問自首法，卒從安石議。至是，光爲相，復申前議改焉。乃詔：‘強盜按問欲舉自首者，不用減等。’”

四月二十七日，司馬光再上疏抨擊，乞罷保甲等新法

《長編》卷三百五十五元豐八年四月庚寅：“司馬光上疏曰：臣竊見先帝聰明睿智，勵精求治，思用賢輔，以致太平，委而任之，言行計從，人莫能間。雖周成王之任周公，齊桓公之任管仲，燕昭王之任樂毅，蜀先主之任諸葛亮，殆不能及。斯不世出之英主，曠千載而難逢者也。不幸所委之人，於人情物理多不通曉，不足以仰副聖志。又足己自是，謂古今之人皆莫己如，不知擇祖宗之令典，合天下之嘉謀，以啓迪清衷，佐佑鴻業，而多以己意輕改舊章，謂之新法。其人意所欲爲，人主不能奪，天下莫能移。與之同者援引登青雲，與之異者擯斥沉溝壑，專欲遂其狠心，不顧國家大體。

人之常情，誰不愛富貴而畏刑禍，於是搢紳士大夫望風承流，競獻策畫，務為奇巧，捨是取非，興害除利。名為愛民，其實病民，名為益國，其實傷國……上天降禍，先帝升遐，臣之寸誠，無由披露，鬱抑憤懣，自謂終天。及奔喪至京，乃蒙太皇太后陛下特降中使，訪以得失，是臣積年之志，一朝獲伸，感激悲涕，不知所從。顧天下事務至多，臣思慮未熟，不敢輕有條對，但乞下詔，使吏民皆得實封上言，庶幾民間疾苦，無不聞達。既而聞有旨罷修城役夫，撤調邏之卒，止御前造作，京城之人，已自歡躍。及臣歸西京之後，繼聞斥退近習之無狀者，戒飭有司奉法失當、過為煩擾者，罷物貨等場及民所養戶馬，又寬保馬年限，四方之人，無不鼓舞……夫為政在順民心，苟民之所欲者與之，所惡者去之，如決水於高原之上，以注川谷，無不行者。苟或不然，如逆阪走丸，雖竭力以進之，其復走而下可必也。今新法之弊，天下之人，無貴賤愚智皆知之，是以陛下微有所改，而遠近皆相賀也。然尚有病民傷國有害無益者，如保甲、免役錢、將官三事，皆當今之急務，釐革所宜先者。”

按，三月五日，神宗駕崩，司馬光奔喪至京。太皇太后遣內侍勞之，並問所當先者，司馬光遂上疏。所曰“不幸所委之人，於人情物理多不通曉，不足以仰副聖志。又足己自是，謂古今之人皆莫己如”，即謂公也。

所曰“既而聞有旨罷修城役夫”等，《長編》卷三百五十五元豐八年四月辛未：“詔：‘開封府界、京東西、河北、陝西、河東所養戶馬，近已支價錢撥買，配填河東、鄜延、環慶路闕馬軍分。自今府界并京東路養馬指揮並罷。’

又詔：'京東、京西路保甲養馬法，元定年限極寬，民間易以應辦，而有司不務循守，妄有陳請，期限迫急，遂致騷擾。先帝已嘗降手詔詰責約束，至今猶不能奉行。其兩路保馬，宜令並依元降年限收買，其剩買過數目，並以充次年分之數。'又詔提舉京東路保馬兼保甲楊景芬、提舉京西路保馬兼保甲張修，並令乘傳赴京，於三省稟議改廢。其後詔京東、京西路保馬等級分配諸軍，餘數發赴太僕寺，其格不應支配，即還民戶變易，納所給價錢。

又詔在京并京西及泗州所置物貨等場並罷，在京委監察御史黃降、駕部員外郎賈種民，京西令本路轉運副使沈希顏，泗州令權發遣江淮等路發運副使路昌衡，點磨物數，計會當職官吏交割樁管，條析措置結絕事件以聞。"

五月二十四日，婿蔡卞坐貢院遺火降一官

《長編》卷三百五十六元豐八年五月丙辰："正議大夫、戶部侍郎李定，承議郎、給事中、兼侍講蔡卞，奉議郎、起居舍人朱服，各降一官。坐知貢舉日，開寶貢院遺火。權知開封府蔡京、判官胡及、推官李士良，各罰銅八斤。坐救火延燒寺，延及人口，雖會赦，特責之也。"

五月二十六日，司馬光錄門下侍郎，再上疏抨擊，乞更張新法復祖宗之法

《長編》卷三百五十六元豐八年五月五月戊午："資政殿學士、通議大夫司馬光錄門下侍郎。

既除門下侍郎，光又以劄子辭免，乞對訖赴陳州，並請

更張新法。曰……先帝以睿智之性,切於求治,而王安石不達政體,專用私見,變亂舊章,誤先帝任使,遂致民多失業,閭里怨嗟。陛下深知其弊,即政之初,變其一二,歡呼之聲,已洋溢於四海,則人情所苦所願,灼然可知,陛下何憚而不并其餘悉更張哉……借令皇帝陛下獨攬權綱,猶當早發號令,以解生民之急,救國家之禍,收萬國之歡心,復祖宗之令典,況太皇太后陛下同斷國事,舍非而取是,去害而就利,於體甚順,何爲而不可?於是太皇太后遣中使梁惟簡賜手詔,諭令供職,曰:'嗣君年德未高,吾當同處萬務,所賴方正之士贊佐邦國,竊欲與卿商量政事,卿又何辭?再降詔開言路,須卿供職施行。'光乃受命。"

按,所曰"再降詔開言路",謂本年五月三日及六月二十五日兩次求直言詔。《長編》卷三百五十六元豐八年五月乙未:"詔新知陳州、資政殿學士、中大夫司馬光過闕,令入見。"是日,詔曰:"蓋聞爲治之要,納諫爲先。朕思聞讜言,虛己以聽。凡內外之臣,有能以正論啓沃者,豈特受之而已,固且不愛高爵厚祿,以獎其忠。設其言不當于理,不切于事,雖拂心逆耳,亦將欣然容之,無所拒也。乃若陰有所懷,犯非其分,或扇搖機事之重,或迎合已行之令,上則觀望朝廷之意以徼倖希進,下則衒惑流俗之情以干取虛譽,審出於此而不懲艾,必能亂俗害治。然則黜罰之行,是亦不得已也。顧以即政之初,恐群臣未能往遍曉,凡列位之士,宜悉此心,務自竭盡,朝政闕失,當悉獻所聞,以輔不逮。宜令御史臺出榜朝堂。"六月十四日,司馬光再上劄子,乞刪五月乙未求言詔中"乃若……是亦不得已也"部分,太皇太后從之。

《長編》卷三百五十七元豐八年六月丁亥:"詔曰:'朕紹承燕謀,獲奉宗廟,初攬庶政,鬱於大道,夙夜祗畏,不敢皇寧,懼無以章先帝之休烈而安輯天下之民。永惟古之王者,即政之始,必明目達聰,以防壅蔽,敷求讜言,以輔不逮,然後物情遍以上聞,利澤得以下究。《詩》不云乎,訪予落止。此成王所以求助,而群臣所以進戒,上下交儆,以遂文武之功,朕甚慕焉!應中外臣僚及民庶,並許實封直言朝政闕失,民間疾苦。在京於登聞鼓、檢院投進,在外於所屬州、軍,驛置以聞。朕將親覽,以考求其中而施行之。'司馬光凡三奏乞改前詔,於是始用其言也。"

李燾:"《舊錄》云:'以資政殿學士、通議大夫司馬光有請,時光欲招黨人,協衆議法,以欺簾帷,故降是詔。於是小人乘之,誣詆訕毀紛至矣。'《新錄》辨曰:'上即位之始,下詔開言路,此盛德之事也。今添入司馬光奏疏,乃見事實。'"

是日,弟安禮爲資政殿學士

《長編》卷三百五十六元豐八年五月戊午:"端明殿學士、知江寧府王安禮爲資政殿學士。"

六月二十八日,呂公著上奏抨擊,乞更張新法

《長編》卷三百五十七元豐八年六月庚寅:"呂公著復上奏曰……臣伏思先帝初即位,召臣充翰林學士,當時親見先帝至誠求治,嘗令臣草詔書,以寬民力爲意。自王安石秉政,變易舊法,群臣有論其非者,便指以爲沮壞法度,必加廢

斥。自是青苗、免役之法行而取民之財盡，保甲、保馬之法行而用民之力竭，市易、茶鹽之法行而奪民之利悉，若此之類甚衆。今陛下既已深知其弊，至公獨斷，不爲衆論所惑，則更張之際，當須有術，不在倉卒。且如青苗之法，但罷逐年比較，其官司既不邀功，百姓自免抑勒之患。免役之法，當少取寬剩之數，度其差雇所宜，無令下户虛有輸納，上户取其財，中户取其力，則公私自然均濟。保甲之法，止令就冬月農隙教習，仍只委本路監司提按，既不至妨農害民，則衆庶稍得安業，無轉爲盜賊之患。如此三事，並須別定良法，以爲長久之利。至於保馬之法，先朝已知有司奉行之謬；市易法，先帝尤覺其有害而無利，及福建、江南等路配賣茶、鹽過多，彼方之民，殆不聊生，俱非朝廷本意，恐當一切罷去。而南方鹽法，三路保甲，尤宜先革者也。”

是秋，甚熱，居金陵秦淮小宅，折松枝架欄禦暑，作《秋熱》詩

《詩注》卷五《秋熱》：“火騰爲虐不可摧，屋窄無所逃吾骸。織蘆編竹繼欄宇，架以松櫟之條枚。豈惟賓至得清坐，因有餘地蘇陪臺。愁陽陵秋更暴橫，燉我欲作昆明灰。金流玉熠何足怪，鳥焚魚爛爲可哀。憶我少年亦值此，翛然但以書自埋。老衰奄奄氣易奪，撫卷豈復能低回。西風忽送中夜濕，六合一氣窨新開。簾窗幕户便防冷，且恐霰雪相隨來。”

李注：“余在臨川，得此詩石本，一僧跋云：‘元豐末，公居金陵秦淮小宅，甚熱，中折松枝架欄禦暑，因有此作。’按，

元豐末，公以前宰相奉祠，居處之陋乃至此。今之崇飾第宅者，視此得無愧乎？"

吳處厚知真州，至江寧相謁。有詩送之

《文集》卷十九《送真州吳處厚使君》："江上齋船駐彩橈，鳴箛應滿綠楊橋。久爲漢吏知文法，當使淮人服教條。拱木延陵瞻故國，叢祠瓜步認前朝。登臨莫負山川好，終欲東歸聽楚謠。"

此詩司馬光有同題之作。《溫國文正公文集》卷十《送吳駕部處厚知真州》："曩託屏星駕，同隨丞相車。終朝容懶拙，經歲庇迂疏。共此趨雲闕，旋聞建隼旟。江淮一都會，遊刃必多餘。"向有強《司馬光事蹟詩文繫年》繫此二詩於嘉祐五年。

按，吳處厚字伯固，[1]福建邵武人。仁宗皇祐五年鄭獬榜進士，[2]初授臨汀獄掾，[3]《宋史》卷四百七十一有傳。嘉祐四年，吳處厚爲諸暨縣主簿，[4]尚未脫選海，不應次年驟升

① 《宋史》卷四百七十一《吳處厚傳》，第 13701 頁。陸游《老學庵筆記》卷六："吳處厚字伯固，既上書告蔡新州詩事，自謂且顯擢。"第 76 頁。《詩注》卷三十題爲《送吳仲純守儀真》，《王文公文集》卷五十六同。疑吳處厚或改字。

② 韋驤《錢塘韋先生文集》卷五《戲呈吳伯固同年》。《(嘉靖)邵武府志》卷十三，《天一閣藏明代方志選刊》，第 1074 頁。鄭獬《鄖溪集》卷二十四《答吳伯固》。

③ 吳處厚《青箱雜記》卷二，第 20 頁。

④ 《(嘉泰)會稽志》卷六："五泄龍堂，在三學院側，境接富陽……歲旱，禱雨輒應。嘉祐中，縣主簿吳伯固處厚禱焉，刻石記之。"第 6808 頁。《越中金石志》卷五王夢龍《僧文聳刻白樂天沃洲山記跋》："至嘉祐己亥(四年)，長老宗幼文始鐫之翠琰，邑尉吳處厚特紀詩書碑陰，美好事也。"

朝官,向之繫年必誤。

　　熙寧中,吳處厚居官洛陽,與王安國、邵雍、富弼等交遊,①每每譏刺新法,仕途坎壈。② 元豐初,薛向薦之於新黨王珪。③ 元豐四年,因神宗屢喪皇嗣,吳處厚奏請尋訪程嬰、公孫杵臼墳廟所在,乞加封爵。神宗從之,以吳處厚爲將作監丞。④ 其出知真州,《宋史》本傳不載,王明清《揮麈三録》卷一述其事頗詳,亦未及。司馬光詩曰:"曩託屏星駕,同隨丞相車。"此謂熙寧年間二人同居洛陽,與富弼交遊。又曰:"共此趨雲闕,旋聞建隼旟。"考司馬光自熙寧四年後,均居洛陽,直至元豐八年五月戊午,除門下侍郎入京,此即"趨雲

---

① 《青箱雜記》卷八:"安國俊邁,而貌陋黑肥。熙寧中,與余同官于洛下。"第83頁。卷十:"富文忠公尤達性理。熙寧中,余守官洛下,公時爲亳守,遺余書,托爲訪菏澤諸禪師影像。"第111頁。

② 《邵氏聞見録》卷十九:"熙寧初,王宣徽之子名正甫字茂直,監西京糧料院。一日約康節先公同吳處厚、王平甫會飯,康節辭以疾。明日,茂直來,康節謂曰:'某之辭會有以,姑聽之。吳處厚者好議論,平甫者介甫之弟。介甫方執政行新法,處厚每譏刺之,平甫雖不甚主其兄,若人面罵之,則亦不堪矣,此某所以辭會也。'茂直笑曰:'先生料事之審如此。昨處厚席間毀介甫,平甫作色,欲列其事于府。某解之甚苦,乃已。'"第209頁。王明清《揮麈三録》卷一:"蔡持正既孤居陳州,鄭毅夫冠多士,通判州事,從毅夫作賦。吳處厚與毅夫同年,得汀州司理,來謁毅夫,間與持正遊。明年,持正登科,寖顯於朝矣。處厚辭王荆公薦,去從滕元發。薛師正辟於中山,大忤荆公,抑不得進。"第184頁。

③ 《揮麈三録》卷一:"元豐初,師正薦於王禹玉,甚蒙知遇。已而持正登庸,處厚乞憐頗甚……然持正終無汲引之意。"第184頁。

④ 《長編》卷三百十二元豐四年五月戊申,第7577頁。《宋史》卷四百七十一《吳處厚傳》訛神宗爲仁宗。

闕”也。時吳居厚有啓賀之，極盡諂媚之事。① 其出知真州，當於此後，或得司馬光之助，亦未可知。真州與江寧相近，吳處厚遂至江寧謁公兄弟，②公賦詩相送。吳處厚於此敏感之時，出於新舊兩黨魁首之間，不無投機之嫌。日後肇車蓋亭詩案，良有以也。

九月十一日，婿蔡卞爲太皇太后回謝遼國使

《長編》卷三百五十九元豐八年九月己酉：“承議郎、龍圖閣直學士蔡卞爲太皇太后回謝遼國使。”

十月二十二日，婿蔡卞罷侍講

《長編》卷三百六十元豐八年十月癸未：“龍圖閣待制趙彥若兼侍讀，秘書監傅堯俞兼侍講。先是，侍御史劉摯言：‘……伏見兼侍講給事中陸佃、蔡卞皆新進少年，越次暴起，論德業則未試，語公望則素輕，使在此官，衆謂非宜。伏請罷其兼職，以允公議。’於是佃、卞皆罷，而彥若、堯俞有是命。”

---

① 王銍《四六話》卷下：“司馬溫公還朝作門下侍郎，至大拜，四方賓客賀啓語稍過重者，必以書謝却，而還之者至多。吳處厚爲太常博士，啓賀公曰……”

② 按，元豐六年，王安禮與舒亶相攻，吳處厚左祖王安禮，得罪蔡確。《宋史》卷四百七十一《吳處厚傳》：“王安禮、舒亶相攻，事下大理，處厚知安禮與珪善，論亶用官燭爲自盜。確密遣達意救亶，處厚不從，確怒欲逐之，未果。珪請除處厚館職，確又沮之。”第 13702 頁。

十二月十四日,婿蔡卞爲禮部侍郎

《長編》卷三百六十二元豐八年十二月甲戌:"給事中蔡卞爲禮部侍郎。"

是年,撰《吳録事墓誌》

《文集》卷九十八。墓主吳蕡,字成之,王令岳父,公妻之叔:"君諱蕡,世爲撫州金谿人。曾祖某不仕,祖德筠尚書屯田員外郎。父敏,尚書都官員外郎。君以蔭入官,任吉州太和、袁州萍鄉縣主簿尉,蕲州石橋茶場,廬州司理,亳、壽州、江寧府録事參軍,以某年月日卒于家,享年若干……卜以元豐八年某月日,葬于唐州桐柏縣淮源鄉,妻李袝。臨川王某誌。"

是年,沈括來謁。贈以藥方

《夢溪筆談》卷六:"元稹詩有'琵琶宮調八十一,三調絃中彈不出'。琵琶共有八十四調,蓋十二律各七均,乃成八十四調。稹詩言八十一調,人多不喻所謂。予於金陵丞相家,得唐賀懷智《琵琶譜》一册。"

《蘇沈良方》卷七:"丞相王荆公疽發背,醫攻之,皆不效,漸覺昏憒,不省人事。上元縣朝奉郎梁彥章有藥,自言其效如神,荆公服之,利下惡物一升許,遂瘥,乃以方獻丞相,予從丞相得之。此藥常人服之,並不疏轉,但逐膿血耳。"

按,沈括是年徙秀州團練副使,冬過潤州京口,築室"夢溪”。其謁公，當於此時。①

是年，朱彥來謁，勉其以遊俠之心學佛，論兩漢以下聖人多生佛中

　　釋惠洪《冷齋夜話》卷十：“朱世英言：予昔從文公定林數夕，聞所未聞。嘗曰：‘子曾讀《遊俠傳》否？移此心學無上菩提，孰能禦哉！’又曰：‘成周三代之際，聖人多生儒中；兩漢以下，聖人多生佛中。此不易之論也。’又曰：‘吾止以雪峰一句語作宰相。’世英曰：‘願聞雪峰之語。’公曰：‘這老子嘗爲衆生，自是什麽。’”

　　釋惠洪《石門文字禪》卷二十五《題華嚴十明論》：“顯謨閣待制朱公世英爲余言：頃過金陵，謁王文公於鍾山。公以彥里閈晚生，有志學道，謂曰：‘若讀史，見勾踐、伍員事乎？勾踐保栖會稽，置膽於坐，臥則仰膽，飯食亦嘗膽也。伍員去楚，囊載而去昭關，至蒲伏行，乞於吳市。二子設心止欲雪恥復讎，而焦身苦思二十餘年，而後遂其欲。蓋有志者事竟成也。然移此心以學無上菩提，其何以禦之？’世英囑予記其言。”

　　按，朱彥字世英，釋惠洪《寂音自序》：“顯謨朱彥世英請住臨川北禪二年，退而遊金陵。”曾燠《江西詩徵》卷十：“朱彥字世英，南豐人。京弟，以文章齊名。熙寧九年進士。紹聖中，除江西轉運判官，遷給事中，歷知撫、洪、昇、杭四州。徽宗朝，爲刑部侍郎，以疾丐歸。”釋居簡《北磵文集》卷六

---

① 可見徐規《沈括事蹟編年》、李裕民《沈括的親屬、交遊及佚著》等。

《釋照藏主》:"半山老人讀《遊俠傳》,謂全萬卷云:'將此身心學佛菩提,何難之有。'殆不知學佛菩提之與遊俠,易地皆然。概而言之則可,據實理論,則適越而北轅。"則公此語,聞者不止朱彥而已。

淨相寺主持寶欽歸蜀,有詩送之

《宋代蜀文輯存》卷二十五陳鵬《御書閣記》:"有誦王文公小詩來蜀者,能道其略,不能道其詳。問其目,曰《送欽師歸蜀》,亦不知欽於蜀爲何人也。紹聖三年春,與提舉常平王雍聖欽出按遂州,亦二月甲子,過通泉,同前利州路提點刑獄李曼修孺遊乾州。初出通泉,見西山盤薄,其上檜柏森然。入其門,兩邊之廡繚然以深。至其上方,其大屋嵬然而尤高,是爲御書閣。其下爲堂庭,可容百人,柱皆連抱。三人者相與激賞失聲曰:'偉哉是刹!'於是作而治之,匠與童僕百數,工二之一。董役僧曰寶欽,與之坐,問所從來,曰:'土人也。元豐中遊南方,寓江寧,江寧人招住淨相,故丞相王公功德院也。凡居二年,爲公禮遇獨厚,歸之日有詩贈行。'因自誦其詩云云。於是始得王詩全篇,而悟欽爲寶欽也。夜留宿,復持前轉運判官孫諤元中所丹詩刻以獻。因歎文公以儒宗位宰相,其平生與人賓客,既皆一時之偉人,而晚節退休於山林,其所與遊於物之外者,又皆海內知名之士。若欽,雖其行之有無淺深,固莫得而知,然察其自律以繩衆,建大佛事,一簪不以取人,決知其非庸庸粥飯僧也。"

按,《詩注》卷四十《淨相寺》:"淨相前朝寺,荒涼二十秋。曾遭滅劫壞，今遇勝緣修。”李注：“俗呼爲後籬寺，在江寧縣西南六十里。唐天祐十八年建，國朝崇寧中改今額。”《送欽師歸蜀》，《文集》及《詩注》失收。

是年，黃慶基至江寧探視

釋惠洪《石門文字禪》卷三十《雲庵真净和尚行狀》：“於是浩然思還高安，即日渡江，丞相留之不可，遂卜老於九峰之下，作投老庵。紹聖之初，御史黃公慶基出守南康，虛歸宗之席以迎師。師曰：‘今老病如此，豈宜復刺首迎送？爲我謝黃公，乞死於此。’其徒哀告曰：‘山窮食寡，學者益衆，師德臘雖高，而精神康强。康山自總、祐二大士之後，叢林如死灰，願不忘祖宗，赴輿情之望。’不得已乃行。先是，黃公嘗望見師於丞相廣坐中，師既去，丞相語公曰：‘吾閱僧多矣，未有如此老者。’故公盡禮力致之。”

按，真净克文於元豐七年至江寧，本年主持報寧禪寺。黃慶基“嘗望見師於丞相廣坐中”，故附此。陸游《渭南文集》卷二十七《跋荆公詩》：“右荆公手書詩一卷，前六首贈黃慶基，後七首贈鄧鑄，石刻皆在臨川。淳熙七年七月十七日陸某謹題。”今《詩注》、《文集》有八篇：《夢黃吉甫》、《我所思寄黃吉甫》、《寄吉甫》、《寄黃吉甫》、《道中寄吉父》、《奉招吉甫》、《送黃吉父入京題清涼寺壁》、《送黃吉父將赴南康官歸金谿三首》。

是年，福建路提點刑獄李茂直來謁

王銍《默記》卷中：“先子言，元豐末，王荆公在蔣山野次，跨驢出入。時正盛暑，而提刑李茂直往候見，即於道左遇之。荆公捨塞相就，與茂直坐於路次。荆公以兀子，而茂直坐胡牀也。語甚久，日轉西矣，茂直令張傘，而日光正漏在荆公身上。茂直語左右，令移傘就相公。公曰：‘不須。若使後世做牛，須着與他日裏耕田。’”

按，元豐元年十一月，李茂直爲江南西路提點刑獄，奉詔同劾吕嘉問、何琬互訟事，次月丁憂。① 元豐五年，李茂直服除，爲福建路提點刑獄。《（淳熙）三山志》卷二十五“福建路提點刑獄”：“李茂直，朝奉大夫、元豐五年。喻陟，朝奉郎，元豐八年十二月十九日到任。”《長編》卷三百四十六元豐七年六月癸酉：“福建路提點刑獄李茂直言，槍杖手李杭鬥敵，殺獲軍賊藍載等十八人。”《默記》言“元豐末”，故附此。

李復圭卒。撰文祭之

《文集》卷八十七有《祭李審言文》。

《宋史》卷二百九十一《李復圭傳》：“以集賢殿修撰知荆南，卒。復圭臨事敏決，稱健吏，與人交不以利害避，然輕率躁急，無威重，喜以語侵人，獨爲王安石所知，故既廢即起。”李復圭於元豐七年知荆南，當卒於其任，故附祭文於此。

有詩題半山寺壁

《詩注》卷四《題半山寺壁》其一：“我行天即雨，我止雨

---

① 《長編》卷二百九十五元豐元年十二月壬戌，第7188頁。

還住。雨豈爲我行？邂逅與相遇。"其二："寒時暖處坐，熱時涼處行。衆生不異佛，佛即是衆生。"

作《望江南》

《文集》卷三十七《望江南・歸依三寶贊》。

以幞頭遺人

張邦基《墨莊漫錄》卷一："荆公退居金陵，蔣山學佛者俗姓吳，日供灑掃，山下田家子也。一日，風墮掛壁舊烏巾，吳舉之，復置于壁。公適見之，謂曰：'乞汝歸遺父。'數日，公問幞頭安在？吳曰：'父村老無用，貨於市中，嘗賣得錢三百文供父，感相公之賜也。'公嘆息之，因呼一僕同吳以原價往贖，且戒苟以轉售，即不須訪索，果以弊惡猶存，乃贖以歸。公命取小刀自於巾脚刮磨，燦然黃金也，蓋禁中所賜者，乃復遺吳。吳後潦倒，竟不能祝髮，以竹工居真州。政和丙申年，予嘗令造竹器，親説如此。時已年六十餘，貧窶之甚，亦命也。"

按，此近小説家言，姑附此。

書《金剛經義》贈吳珪

《文集》卷七十一《書金剛經義贈吳珪》："惟佛世尊，具正等覺。於十方刹，見無邊身。於一尋身，説無量義。然旁行之所載，累譯之所通，理窮於不可得，性盡於無所住。金剛般若波羅蜜爲最上乘者，如斯而已矣。"

按，吳珪，不詳。《范浚集》卷十八《吳子琳墓誌銘》：

"君吳姓,諱珪,字子琳,婺之金華人……紹興十有八年六月己未,以疾卒,年七十有三。"未知是此人否,姑附此。

李之儀《姑溪居士文集》卷四十《跋荆公金剛經書》:"骨多肉少則瘦,肉多骨少則肥。惟骨肉相稱,然後爲盡善。或謂荆公知骨而不知肉,今見此經,則知傳者不識荆公書,遽以常所見清勁爲瘦也。"

又,公之書法,後世褒貶不一,《蔡譜·雜録》卷二已有著録,兹再録之。

蘇軾《仇池筆記》卷下:"王荆公書得無法之法,然不可學,學之則無法。僕書作意爲之,頗似蔡君謨,稍得意則似楊風子,更放則似言《法華》。"

黃庭堅《豫章黃先生文集》卷二十五《跋王荆公書陶隱居墓中文》:"熙寧中,金陵、丹陽之間有盜發冢,得隱起甎於冢中。識者買得之,讀其書,蓋山中宰相陶隱居墓也。其文尤高妙,王荆公常誦之,因書於金陵天慶觀齋房壁間,黃冠遂以入石。予常欲摹刻於郟道,有李祥者聞之欣然,礱石來請。斯文既高妙,而王荆公書法奇古,似晉宋間人筆墨,此固多聞廣見者之所欲得也。"同書卷二十九《題王荆公書後》:"王荆公書字得古人法,出於楊虛白。虛白自書詩云:'浮世百年今過半,校它蓬璦十年遲。'荆公此二帖近之。往時李西臺喜學書,題少師大字壁後云:'枯杉倒檜霜天老,松煙麝煤陰雨寒。我亦生來有書癖,一回入寺一回看。'西臺真能賞音。今金陵定林寺壁荆公書數百字,未見賞音者。"

李之儀《姑溪居士文集》卷四十一《跋荆國公書》:"魯直嘗謂學顏魯公者,務期行筆持重,開拓位置,取其似是而已。獨荊公書得其骨，君謨書得其肉。君謨喜書，多學意，嘗規摹，而荊公則固知其未嘗學也。然其運筆如插兩翼，凌轢于霜空鵰鶚之後。此其晚年所作，紙上直欲飛動，信所謂得之心而應之手，左右逢其原者也。”

張邦基《墨莊漫錄》卷一：“王荊公書，清勁峭拔，飄飄不凡，世謂之橫風疾雨。黃魯直謂學王濛，米元章謂學楊凝式，以余觀之，乃天然如此。”

張栻《南軒集》卷三十五《跋王介甫帖》其一：“金陵王丞相書初若不經意，細觀其間，乃有晉、宋間人用筆佳處。但與人書帖，例多忽忽草草，此數紙及予所藏者皆然。丞相平生何有許忙迫時邪？”其二：“予喜藏金陵王丞相字畫。辛卯歲，過雪川，有持此軸來售而得之。丞相於天下事多鑿以己意，顧於字畫獨能行其所無事如此。此又其晚年所書，尤覺精到，予所藏他帖皆不及也。”

《朱熹集》卷八十二《荊公書》：“先君子自少好學荊公書，家藏遺墨數紙，其僞作者率能辨之。先友鄧公志宏嘗論之，以其學道於河洛，學文於元祐，而學書於荊舒，爲不可曉者。今觀此帖，筆勢翩翩，大抵與家藏者不異，恨不使先君見之。因感咽而書於後。”同書卷八十二《題荊公帖》：“某家有先君子手書荊公此數詩。今觀此卷，乃知其爲臨寫本也。恐後數十年，未必有能辨之者，略識於此。”同書卷八十三《再跋王荊公進鄞侯遺事奏藁》：“熹家所藏荊公進《鄞侯家傳》奏草，臨川石刻摹本，丞相益公論之詳矣。然所議上番義勇，當時竟不聞有所施行，而保甲保馬之法，人多不以爲便。蓋鄞侯所謂得時用勢，舍勢用力，利害相遠固如此也。抑公此紙，詞氣激烈，筆勢低昂，高視一時，下陋千古，而版本、文集所載，乃更爲卑順容悦之意，是必自疑其亢厲已甚而抑損之，其慮深矣。然論其實，似不若此紙之云。發於邂逅感觸之初，尤足以見其胸懷本趣之爲快也。夫以荆公之得神祖，可謂千載之一時矣。顧乃低徊若此而猶未免有鬱鬱未盡之懷，君臣之際，功名之會，嗚呼難哉！紹熙甲寅臘月辛巳夜讀有感，因書以識其後。"

楊萬里《誠齋集》卷九十九《跋半山老人帖》："半山老人此帖，蓋與劉丞相之子元忠待制也。紙尾云：'外物之來，寬以處之。'此老心法也。佩玉廟堂，而面帶騎驢荒陂之色，觀其字，見其人。"

曾豐《緣督集》卷十二《跋王荆公帖後》："右荆公手筆，外著顋頷之形，中函嫖姚之氣，頎乎喬松之聳壑，挺乎修竹之欹風，頹乎疏梅之橫水也。態度不同，同歸於清，所謂瘦硬通神，幾是耶！大抵公之字猶其人。蓋嫖姚者，公得志於時；又若顋頷，則公所守固不爲富所淫。雖身享廟廊之奉，日饜棧羊，終猶有飯蔬氣習，在其貌曾未改山澤之臞也歟！"

王惲《秋澗先生大全文集》卷七十一《跋荆公墨蹟》："予嘗觀壽國高公所藏心畫水鏡，知此爲臨川所書無疑。雖風骨遒勁，而筆勢散落，無繩削可據，殆似公當軸時變新法，調夸毗子，青苗助役，無所紀極。噫！一念之差，至於筆墨間尚能髣髴其爲人如此，後之學者，處心擇術，當如何哉！至元壬申重陽前四日書於平陽官舍。"

楊士奇《東里文集》卷十《跋王荆公詩》："王荆公與其弟平甫《此君堂詠竹詩》二首，相傳皆公所書，石刻在今應天府學。公書氣韻飄逸，勢若率然，而未嘗無從容整暇之意，亦自成一家。昔人論公書類忙時所作，此說非也，但學書者不可爲法耳。"

奏薦醫生德餘

李之儀《姑溪居士文集》卷四十一《跋荆公薦醫生德餘奏章》："始余居當塗，蕭然環堵間，人不堪之。一人秀眉明目，持刺字前見，如有位與有聞于時者。逡巡前後，却而不敢進。余亟與之接，則以醫自名。稍即之，蓋有識，能文詞，表表秀出一時之士也。云：'我以君流落至此，邂逅此行，故相過焉。'又云：'我家金陵，世以醫行。先人從王荆公遊，寓于家學，實則雅相師友者。荆公屢勉其進取，而辭焉曰："是亦爲政，奚其爲爲政？醫與仕何擇，能不愧于人，不怍其行，足矣。"荆公曰："子果不凡也。"即以其術上之。其所草奏，則當時親筆，我以是藏之，非謂荆公而有夸也，姑誌一時之事，以見我先人之所不可奪。'余未之信，遂請見其藏而聊識于後。比徙金陵，居久之，而後信其所守爲不妄，相與周旋，日愈親而愈可愛……其名修，字德餘。大觀二年八月十一日書。"

奏乞補成良臣充太醫生

李之儀《姑溪居士文集》卷四十一《跋荆公補成良臣充太醫院生奏草後》："山濤啓事，蓋以一時人物爲己先務，故上自朝廷公相、下至草澤方技，由山所啓者，往往名世。荆公自任以天下之重，固不可以濤比，然其所因與夫因之者，則異也。崇寧三年十月二十四日。"

按，以上兩奏，《文集》不載，姑附此。

遣書致禮邀茅山静一先生劉混康

《句容金石志》卷四蔡卞《沖隱先生墓誌銘》："先生氏
笪，名淨之，金陵人。父得一，少不事事，晚好道術……父携
之遊茅山。時静一先生劉混康結茅積金峰，一見稱之曰：
'是子他日人天師也。'示之以輕舉之法。先生躍而大喜，願
留師事，誓不復歸，父亦欣然許之，服勤左右累年。王安石
閒居金陵，聞静一高行，遣書致禮邀之。先生奉杖屨以從，
試與之語，率皆造理，屢稱善焉。元祐中，臣守宣城，静一遣
先生持書過之，館之後園西室，前有華果林木、疊嶂樓臺
之勝。"

按，劉混康，茅山道士。《句容金石志》卷四《茅山華陽
先生解化之碑》："先生姓劉氏，諱混康，常州晉陵人也。
其上世皆不仕，崇寧中以先生故，始詔贈其父守真宣德郎，
母朱氏蓬萊縣太君。先生少則虛澹不群，仁宗時試經爲道
士。脱略世故，日閱道書，而於《洞經》妙旨，獨心得之。
患世無明師，迺散髮登壇，以天爲宗。已而聞三茅道士毛
奉柔者有道行，名聞一時，遂往依焉。毛一見而奇之，悉授
以大洞經籙。其後迺結菴于山之積金峰……先生緣是刻
意勤行，而於接物利人，日益不懈，遠近宗仰之。哲宗時，
召至京師，賜號洞元通妙大師，而以所居菴爲元符觀……
大觀改元，詔屢趣召，先生固辭，許之。於是有旨，命其傳
籙大弟子守静凝和法師笪淨之入見，喻德意焉。其明年，

先生迺來朝。將行之前一日，菴中平時所養鶴輒飛去，先生聞而歎曰：'鶴去，吾殆不還乎！'已而果卒京師。即其年七月壬申，葬山南疊玉峰，詔特謚靜一，而以其墓之祠宇爲藏真觀。"

是年，王哲過訪

《詩注》卷四十八《謝微之見過》："此身已是一枯株，所記交朋八九無。唯有微之來訪舊，天寒幾夕擁山爐。"

李注："王哲字微之。""公詩累有枯木之語，蓋晚而師瞿曇者也。"

《繫年初稿》："抒發英雄暮年之寂寞心態。安石此時幾近寂滅，故繫詩於此年。"可從。按，《長編》卷三百九十一元祐元年十一月丙子："中散大夫、集賢校理王哲判登聞、諫院，仍赴館供職。"王哲或因赴京，過江寧相訪。姑附此。

與門下弟子評李漢所編韓愈文集，意有在焉

蔡絛《西清詩話》卷下："王文公云：'李漢豈知韓退之？緝其文，不擇美惡，有不可以示子孫者，況垂世乎！'以此語門弟子，意有在焉。而其文迄無善本，蓋鬻書者誇新逐利，牽多亂真。如'春殘葉密花枝少，睡起茶多酒盞疏'，'吾皇英睿超光武，上將威名得隗嚻'，皆元厚之詩也。《金陵獨酌》'西江空浪來天際'，《寄劉原父》'君不見翰林放逐蓬萊殿，'王君玉詩也。'臨津豔豔花千樹'，'天末海門橫北固'，'不知朱户鎖嬋娟'，皆王平甫詩也。此類不勝數，衆所

傳諷者，多非公句，余每嘆惜於斯云。"

退居江寧後所作之詩，精深華妙，尤以絕句超邁絕倫，天下稱之

葉夢得《石林詩話》卷上："王荆公晚年詩律尤精嚴，造語用字，間不容髮。然意與言會，言隨意遣，渾然天成，殆不見有牽率排比處。如'含風鴨綠鱗鱗起，弄日鵝黄裊裊垂'，讀之初不覺有對偶。至'細數落花因坐久，緩尋芳草得歸遲'，但見舒閒容與之態耳。而字字細考之，若經鑢括權衡者，其用意亦深刻矣。"

陳師道《後山詩話》："魯直謂：'荆公之詩，暮年方妙，然格高而體下。'""公平生文體數變，暮年詩益工，用意益苦。"

孫覿《鴻慶居士集》卷十二《與曾端伯書》："公詩至知制誥乃盡善，歸蔣山乃造精微。"

張邦基《墨莊漫録》卷六："七言絕句，唐人之作往往皆妙。頃時王荆公多喜爲之，極爲清婉，無以加焉。"

許顗《彦周詩話》："東坡海内詩，荆公鍾山詩，超然邁倫，能追逐李、杜、陶、謝。"

楊萬里《誠齋詩話》："五七字絕句最少，而最難工，雖作者亦難得四句全好者，唐人與介甫最工於此……如介甫云……不減唐人，然鮮有四句全好者"。

吳开《優古堂詩話》："徐師川自謂：'荆公暮年，金陵絕句之妙傳天下。'"

嚴羽《滄浪詩話》："公絕句最高，其得意處高出蘇、黄、

陳，然與唐人尚隔一關。”

　　釋普聞《詩論》：“老杜之詩，備於衆體，是爲詩史。近世所論，東坡長於古韻，豪逸大度。魯直長於律詩，老健超邁。荆公長於絶句，閒暇清麗。其各一家也。然則荆公之詩，覃深精思，是亦今時之所尚者。”

　　又公晚年諸作，北宋後期曾付刊印，後入《文集》。陸游《渭南文集》卷二十七《跋半山集》：“右《半山集》二卷，皆荆公晚歸金陵後所作詩也。丹陽陳輔之嘗編纂刻本於金陵學舍，今亡矣。淳熙戊申上巳日笠澤陸某書。”《直齋書録解題》卷二十：“《臨川詩選》，一卷。汪藻彦章得《半山別集》，皆罷相後山居時老筆，過江失之，遂於《臨川集》録出。又言有表、啓十餘篇，不存一字。”《宋史》卷二百九《藝文八》又著録公《建康酬唱詩》一卷，亦晚年所作。

宋哲宗元祐元年丙寅（1086）,六十六歲

二月,聞舊黨變役法,愕然

　　朱熹《三朝名臣言行録》卷六引《厄史》:"王荆公在金陵,聞朝廷變其法,夷然不以爲意。及聞罷役法,愕然失聲曰:'亦罷至此乎?'良久曰:'此法終不可罷。安石與先帝議之,二年乃行,無不曲盡。'後果如其言。"

　　《長編》卷三百六十五元祐元年二月乙丑:"先是,司馬光言:'臣竊見免役之法,其害有五……陛下近詔臣民,各上封事,言民間疾苦。所降出者約數千章,無有不言免役錢之害者,足知其爲天下之公患無疑也。以臣愚見,爲今之計,莫若直降敕命,應天下免役錢一切並罷,其諸色役人,並依熙寧元年以前舊法人數,委本縣令、佐親自揭五等丁産簿定差,仍令刑部檢會熙寧元年見行差役條貫,雕印頒下。諸州所差之人,若正身自願充役者,即令充役,不願充役者,任便選雇有行止人自代,其雇錢多少,私下商量。若所雇人逃亡,即勒正身別雇,若將帶却官物,勒正身陪填。如此則諸色公人,盡得有根柢行止之人,少敢作過,官中百事,無不修舉。其見雇役人,候差到役人,各放逐便。數内惟衙前一役,最號重難,向者差役之時,有因重難破家産者,朝廷爲此,始議作助役法。然自後條貫優假衙前,諸公庫設廚酒庫、茶酒司,並差將校勾當;諸上京綱運,召得替官員或差使臣殿侍軍大將管押;其麤色及畸零之物,差將校或節級管

押。衙前若無差遣,不聞更有破產之人。若今日差充衙前,料民間陪備亦少於向日,不至有破家產者。若猶以爲衙前戶力難以獨任,即乞依舊於官戶、僧道、寺觀、單丁、女戶有屋業每月掠錢及十五貫,莊田中年所收斛斗及百石以上者,並令隨貧富、分等第出助役錢。不及此數者,與放免。其餘產業,並約此爲准。所有助役錢,令逐州樁管,據所有多少數目,約本州衙前重難分數,每分合給幾錢,遇衙前合當重難差遣,即行支給。然尚慮天下役人利害,逐處各有不同,欲乞於今來敕内,更指揮行下開封府界及諸路轉運司,謄下諸州縣,委逐縣官看詳。若依今來指揮,別無妨礙,可以施行,即便依此施行。若有妨礙,致施行未得,即仰限敕到五日内具利害擘畫申本州;仰本州類聚諸縣所申,擇其可取者,限敕書到一月内具利害擘畫申轉運司;仰轉運司類聚諸州所申,擇其可取者,限敕書到一季内具利害擘畫奏聞朝廷。候奏到,委執政官再加詳看,各隨宜修改,別作一路一州一縣敕施行,務要所在設法,曲盡其宜。'從之。是日,三省、樞密院同進呈,得旨依奏。初議役法,蔡確言此大事也,當與樞密院共之,故三省、樞密院同進呈。"

按,《上池王氏族譜》存《元豐乙丑七月既望寓金陵官舍介甫與弟純甫書》:"保兒來,備道祠堂成,甚喜! 可謂宗祀有人矣。但予老病篤,皮肉皆消,爲國憂者,新法變更盡矣。然此法與先帝議之二年乃行,天若祚宋,終不可泯,必有能復之者,慎勿與外人道也。今秋會面良難,寫容以布,不悉。"此書殆不可信。一,免役法罷於是年二月六日,而非元豐八年七月;二,"此法與先帝議之二年乃行"、"天若祚宋"

等語,顯爲掊扯宋人筆記而成。孫升《孫公談圃》卷上:"温公大更法令,欽之、子瞻密言:'宜慮後患。'温公起立拱手,厲聲曰:'天若祚宋,必無此事!'二人語塞而去。"《邵氏聞見録》卷十一:"司馬温公自與王荊公論不合,不拜樞密副使,退居西洛,負天下重望十五年矣。故哲宗即位,宣仁太后同聽政,首起公爲宰相,其於政事不容有回忌也,故公取其害民之尤甚者罷之。王荊公嘗有恙,歎曰:'終始謂新法爲不便者,獨司馬君實耳。'蓋知其賢而不敢怨也。或謂公曰:'元豐舊臣如章惇、吕惠卿輩皆小人,它日有以父子之義間上,則朋黨之禍作矣,不可不懼。'公正色曰:'天若祚宋,當無此事。'遂改之不疑。"

又,自元豐八年六月,各項新法陸續廢罷。兹據李埴《皇宋十朝綱要》卷十下、卷十二臚列如下:(元豐八年)七月甲午,罷諸鎮寨市易、抵當。甲寅,罷鄜延團將。八月己巳,罷諸州縣市易、抵當。丁亥,罷府界新創牧馬監并經度制置牧馬司。罷三路提舉保甲錢糧官。九月乙未,罷在京免行錢。罷成都府利州路買馬。戊午,止京東西收買保馬。十月丁丑罷義倉。己卯,散軍器所兵匠。丙戌,罷方田。詔府界諸路耆户長壯丁並募人充,仍等第給雇錢。其保正、甲頭、承帖人並罷。己丑,罷三路提舉保甲官。詔保甲止冬教三月。十一月丙午,罷諸縣巡教保甲官。十二月戊寅,罷增置鑄錢十四監。始復坊正,並募人充給雇錢。元祐元年正月丁巳,詔河北鹽復行舊法通商。二月乙丑,用司馬光言復行差役舊法。

閏二月二日，劉摯上疏抨擊《三經新義》，乞科場禁《字説》。聞之，不平

　　《長編》卷三百六十八元祐元年閏二月庚寅："侍御史劉摯言：'伏見國朝以來，取士設科，循用唐制。進士所試詩、賦、論、策，行之百餘歲，號爲得人。熙寧初，神宗皇帝崇尚儒術，訓發義理，以興人才，謂章句破碎大道，乃罷詩、賦，試以經義，儒士一變，皆至於道。夫取士以經，可謂知本。然古人治經，無慕乎外，故其所自得者，内足以爲己，而外足以爲政。今之治經，以應科舉，則與古異矣。以陰陽性命爲之説，以泛濫荒誕爲之辭，專誦熙寧所頒《新經》、《字説》，而佐以莊、列、佛氏之書，不可究詰之論，爭相夸尚。場屋之間，群輩百千，渾用一律，主司臨之，珉玉朱紫，困於眩惑。其中雖有深知聖人本旨、該通先儒舊説，苟不合於所謂《新經》、《字説》之學者，一切在所棄而已。至於蹈襲他人，剽竊舊作，主司猝然亦莫可辨。蓋其無所統紀，無所隷括，非若詩、賦之有聲律、法度，其是非工拙，一披卷而盡得知也。詩、賦命題，雜出於《六經》、諸子、歷代史記，故重複者寡。經義之題，出於所治一經，一經之中可爲題者，舉子皆能類聚，哀括其數，豫爲義説，左右逢之。才十餘年，數牓之間，所在義題，往往相犯。然則文章之體，貢舉之法，於此其弊極矣。

　　詩賦之與經義，要之其實，皆曰取人以言而已。賢之與不肖，正之與邪，終不在詩賦、經義之異。取於詩賦，不害其爲賢；取於經義，不害其爲邪。自唐以來，至於今日，名臣鉅

人致君安民,功業軒天地者,磊落相望,不可一二數,而皆出於詩賦,則詩賦亦何負於天下哉!或取一詩賦,或取一經義,無異道也。但有司考言之法,有難有易。有難易,故有利害,有利害,故去取或失其實,則所繫者大矣。然則法不可以不改也。臣愚欲乞試法復詩賦,與經義兼用之。進士第一場試經義,第二場試詩賦,第三場試論,第四場試策。經義以觀其學,詩賦以觀其文,論以觀其識,策以觀其材。前二場爲去留,後二場爲名次。其解經義,仍許通用先儒傳注或己之説,而禁不得引用《字解》及釋典,庶可以救文章之弊,而適乎用;革貢舉之弊,而得其人。亦使學者兼通他書,稍至博洽。'"

曾慥《高齋漫録》:"元祐初,温公拜相,更易熙豐政事。荆公在鍾山,親舊恐傷其意,不敢告語。有舉子自京師歸,公問有何新事,對曰:'近有指揮,不得看《字説》。'公曰:'法度可改,文字亦不得作乎?'是夜,聞公繞牀行至達旦,於屏上書'司馬光'三字凡數百,其胸次不平之氣,概可見也。"

陸友仁《研北雜志》卷下:"田承君云:頃爲金陵酒官,有王荆公處老兵時來沽酒,必問公之動止。兵云:'相公每日只在書院讀書,時時以手撫牀而歎,人莫測其意。'"

按,其時抨擊新學者,不止劉摯。《宋史》卷三百三十六《吕公著傳》:"科舉罷詞賦,專用王安石經義,且雜以釋氏之説。凡士子自一語上,非新義不得用,學者至不誦正經,唯竊安石之書以干進,精熟者轉上第,故科舉益弊。公著始令禁主司不得出題《老》、《莊》書,舉子不得以申、韓、佛書爲學，經義參用古今諸儒說，毋得專取王氏。”《蘇軾文集》卷四十九《答張文潛書》：“文字之衰，未有如今日者也，其源實出於王氏。王氏之文，未必不善也，而患在於好使人同己。自孔子不能使人同，顏淵之仁，子路之勇，不能以相移。而王氏欲以其學同天下。地之美者，同於生物，不同於所生。惟荒瘠斥鹵之地，彌望皆黃茅白葦。此則王氏之同也。”

是日，司馬光拜相。聞之悵然，令侄防焚《日錄》

《長編》卷三百六十八元祐元年閏二月庚寅：“正議大夫、守門下侍郎司馬光，依前官守尚書左僕射、兼門下侍郎。光方以病再乞宮觀，未報，而有是命，光固辭，不許。”

《邵氏聞見錄》卷十二：“公既病，和甫以邸吏狀視公，適報司馬溫公拜相，公悵然曰：‘司馬十二作相矣。’公所謂《日錄》者，命防收之。公病甚，令防焚去，防以他書代之。後朝廷用蔡卞請，下江寧府，至防家取《日錄》以進。卞方作史，懼禍，乃假《日錄》減落事實，文致奸偽。”

夢中與桀論治道，作《杖藜》

《詩注》卷四十一《杖藜》：“杖藜隨水轉東岡，興罷還來赴一牀。堯桀是非時入夢，固知餘習未全忘。”

李注引《蔡寬夫詩話》云：“荊公居鍾山，一日晝寢，夢有服古衣冠相過者，貌偉甚，曰：‘我桀也。’與公論治道，反覆百餘語，不相下。公既覺，猶汗流被體，因笑語客曰：‘吾習氣尚若是乎？’乃作小詩識之。”

三月五日，司馬光上疏抨擊新學，欲廢之

《長編》卷三百七十一元祐元年三月壬戌："司馬光言：伏覩朝廷改科場制度……凡取士之道，當以德行爲先，文學爲後。就文學之中，又當以經術爲先，辭采爲後……此乃德化之本源，王者所先務，不可忽也。

熹平中，詔引諸生能文賦者，待制鴻都門下。蔡邕力爭，以爲辭賦小才，無益於治，不如經術。自魏、晉以降，始貴文章而賤經術，以詞人爲英俊，以儒生爲鄙樸。下至隋唐，雖設明經、進士兩科，進士日隆而明經日替矣。所以然者，有司以帖經墨義試明經，專取記誦，不詢義理。其弊至於離經析注，務隱爭難，多方以誤之。是致舉人自幼至老，以夜繼晝，腐唇爛舌，虛勤勞以求應格。詰之以聖人之道，瞢若面墻，或不知句讀，或音字乖訛，乃有司之失，非舉人之罪也。至於以賦詩、論策試進士，及其末流，專用律賦格詩取捨過落，摘其落韻，失平側，偏枯不對，蜂腰鶴膝，以進退天下士，不問其賢不肖。雖頑如跖、蹻，苟程試合格，不廢高第；行如淵、騫，程試不合格，不免黜落，老死衡茅。是致舉人專尚辭華，不根道德，涉獵鈔節，懷挾剿襲，以取科名。詰之以聖人之道，未必皆知。其中或遊處放蕩，容止輕儇，言行醜惡，靡所不至者，不能無之，其爲弊亦極矣！神宗皇帝深鑒其失，於是悉罷詩賦及經學諸科，專以經義、論、策試進士，此乃革歷代之積弊，復先王之令典，百世不易之法也。但王安石不當以一家私學，欲掩蓋先儒，令天下學官講解及科場程試，同己者取，異己者黜。使聖

人坦明之言，轉而陷於奇僻；先王中正之道，流而入於異端。若己論果是，先儒果非，何患學者不棄彼而從此，何必以利害誘脅，如此其急也！又黜《春秋》而進《孟子》，廢六藝而尊百家，加之但考校文學，不勉勵德行，此其失也。”

按，韓維《南陽集》附鮮于綽《韓維行狀》：“初，公與王荆公素相厚善。公侍神宗潛邸，數稱其經行，授太子左庶子及龍圖閣直學士，皆薦以自代。神宗想見其人。至荆公執政，公與議國事，始多異同。每進見上前，必極論其是非。自以東宮舊臣，常以獻納自任，不少隱避。其後執政議欲廢荆公經義，公曰：‘安石經義發明聖人之意，極有高處，不當廢。’議與先儒之説並行，議遂定。”

三月末，疾甚，折花數枝，作絶筆詩

陸游《家世舊聞》卷下：“陳輔之爲先君言：荆公元祐改元三月末間，疾已甚，猶折花數枝，置牀前，作詩曰：‘老年少歡豫，況復病在牀。汲水置新花，取慰此流光。流光只須臾，我亦豈久長。新花與故吾，已矣兩相忘。’自此至没，不復作詩，此篇蓋絶筆也。”

吕希哲《吕氏雜記》卷下：“至元祐元年春，荆公疾篤，作詩云：‘老年無欣豫，況復病在牀。汲水置新花，取慰此流芳。流芳在須臾，吾亦豈久長。新花與故吾，已矣可兩忘。’數日遂薨。”

按，《詩注》卷二載此詩，題爲《新花》。

病革,靈異屢傳

張邦基《墨莊漫録》卷二:"荆公病革甚,吳夫人令蔡元度詣茅山謁劉混康問狀。劉曰:'公之病不可爲已。適見道士數十人往迎公,前二人執旛,旛面有字,若金書然。左曰"中函法性",右曰"外習塵紛"。'元度自言如此。或者又云,荆公臨薨,頗有陰譴怪異之事,與此不同,未知孰是。"

孫升《孫公談圃》卷中:"吳頤云,荆公薨之前一歲,凌晨,閽者見一蓬頭小青衣送白楊木笏,裹以青布。荆公惡甚,棄之牆下,曰:'明年祖龍死。'予因言唐相趙憬將薨,長安諸城門金吾見一小兒,衣豹犢鼻,携五色繩子,覓趙相公。不旬日,憬薨。此相類也。"

同書卷下:"徐君平,金陵人,親見荆公病革時,獨與一醫者對床而寢。荆公驟矍然起云:'適夢與王禹玉露髻不巾,同立一壇上。'已而遂薨。此可怪也。"

王明清《揮麈後録》卷六:"王荆公在金陵,有僧清曉於鍾山道上,見有童子數人,持幡幢羽蓋之屬。僧問之,曰:'往迎王相公。'幡上書云'中含法性,外息塵氛。'到寺未久,聞荆公薨。薛大受叔器云,其婦翁蔡文饒目覩。"

按,徐君平,公之高足,詳本譜治平三年。

四月三日,蘇轍、上官均奏請科場中《三經新義》與諸儒之説並行

《長編》卷三百七十四元祐元年四月庚寅:"右司諫蘇轍言:'臣伏見禮部會議科場欲復詩賦……臣欲乞先降指揮,

明言來年科場一切如舊，但所對經義兼取注疏及諸家議論，或出己見，不專用王氏之學。仍罷律義，令天下舉人知有定論，一意爲學，以待選試，然後徐議元祐五年以後科舉格式，未爲晚也。'從之。

監察御史上官均言：'經術以理爲主，詩賦以文爲工。以理者於言爲實，而所根者本；以文者於言爲華，而所逐者末。先帝去數百年之弊，不爲不艱，而議者不計本末，乃欲襲前日詩賦之弊，未見其爲得也……請令學者各占三經，雜以《論語》、《孟子》，不必專用《新義》。試策以二，一問歷代，一訪時務，禁用釋典，不得專援《莊》、《老》。比於參用詩賦，使學者敝精神於無用之文，得失固相遠矣。'章三上，又爲六説以闢言者。其後詩、賦與經義訖參用云。"

四月四日，弟安禮除知青州

《長編》卷三百七十六元祐元年四月癸丑，李燾："四月四日，安禮除青州。"

四月六日，卒，贈太傅，推遺表恩七人

《長編》卷三百七十四元祐元年四月癸巳："觀文殿大學士、守司空、集禧觀使、荊國公王安石卒。司馬光手書與呂公著曰：'介甫文章節義過人處甚多，但性不曉事而喜遂非，致忠直疏遠，讒佞輻輳，敗壞百度，以至于此。今方矯其失，草其弊，不幸介甫謝世，反覆之徒必詆毀百端。光意以謂朝廷特宜優加厚禮，以振起浮薄之風，苟有所得，轉以上聞，不識晦叔以爲如何？更不煩答以筆札，庶前力主張，則全仗晦

叔也。'詔再輟視朝，贈太傅，推遺表恩七人，命所在應副葬事。"

《蘇軾文集》卷三十八《王安石贈太傅制》："敕：朕式觀古初，灼見天意，將以非常之大事，必生希世之異人。使其名高一時，學貫千載，智足以達其道，辯足以行其言。瑰瑋之文，足以藻飾萬物；卓絶之行，足以風動四方。用能於期歲之間，靡然變天下之俗。故觀文殿大學士、守司空、集禧觀使王安石，少學孔、孟，晚師瞿、聃，罔羅六藝之遺文，斷以己意；糠粃百家之陳迹，作新斯人。屬熙寧之有爲，冠群賢而首用。信任之篤，古今所無。方需功業之成，遽起山林之興。浮雲何有，脱屣如遺。屢爭席於漁樵，不亂群於麋鹿。進退之際，雍容可觀。朕方臨御之初，哀疚罔極；乃眷三朝之老，邈在大江之南。究觀規模，想見風采。豈謂告終之問，在予諒闇之中。胡不百年，爲之一涕。於戲！死生用捨之際，孰能違天？贈賻哀榮之文，豈不在我！寵以師臣之位，蔚爲儒者之光。庶幾有知，服我休命。可特贈守太傅。"

《經進東坡文集事略》卷三十九："此雖褒詞，然其言皆有微意，覽者當自得之。"

按，蘇軾此文，頗惹争議。或謂此乃蘇氏宿憾之言，或不然之。陳善《捫蝨新話》卷六："《辨姦論》、《王司空贈官制》，皆蘇氏宿憾之言也……《贈官制》，當元祐初，方盡廢新法，蘇子由作《神宗御集序》，尚以曹操比之，何有于荆公！以此知王、蘇之憾，固不獨論新法也。然後學至今莫不黨元祐而薄王氏，寧不可笑？"

汪應辰《文定集》卷十一《跋王荆公所書佛偈》："荆公

贈太傅其制云：‘少學孔孟，晚師瞿聃。’世或以爲有所譏。然公自謂：‘余幼習孔子，長聞佛老之風而悦之。’則制詞蓋公志也。”

王銍《四六話》卷下：“王荆公作相，天下士以文字頌其道德勳業者，不可以數計也……然不若子瞻《贈太傅誥》曰：‘浮雲何有，脱屣如遺。’此兩句乃能真道荆公出處妙處也。世人謂中含譏切，恐大不然。”

今細按此制，於公道德、人品、文章，均讚譽備至，謂之宿憾，恐過甚其辭。然公輔相神宗九年，行“一變前無古”之新法，而此制僅以“方需功業之成，遽起山林之興”略過，則蘇氏於公相業之否定，亦可略窺一斑。此制之基調、措辭，亦恪守司馬光與吕公著手書：“介甫文章節義過人處甚多，但性不曉事而喜遂非，致忠直疏遠，讒佞輻輳，敗壞百度，以至於此。”惟褒贈之體制，不宜明斥其“敗壞百度，以至於此”，故略過不言。

王汾上書乞賜惡謚，不果

《長編》卷四百二十四哲宗元祐四年三月：“是月，右正言劉安世言：‘……王安石輔政累年，曾無善狀，殘民蠹國，未見其比。安石之死，人皆稱賀，王汾無言責，而能上書陳述義理，乞賜惡謚，以爲後來之戒。搢紳之論，莫不多汾有憤世嫉邪之意，而常等惡傷王氏，嫉之若讎，及汾除諫議大夫，遂率全臺，肆爲醜詆……臣近日聞常等所以擊汾之由，主於請安石之謚，操心如此，豈復至公？’”

按，《宋史》卷一百二十四《禮二十七》：“王公及職事官三品以上薨,本家錄行狀上尚書省,考功移太常禮院議定,博士撰議,考功審覆,判都省集合省官參議,具上中書門下宰臣判準,始錄奏聞。敕付所司即考功錄牒,以未葬前賜其家。省官有異議者,聽具議聞……直集賢院王皥言:'謚者,行之表也。善行有善謚,惡行有惡謚,蓋聞謚知行,以爲勸戒……近者臣僚薨卒,雖官該擬謚,其家自知父祖別無善政,慮定謚之際,斥其繆戾,皆不請謚。竊惟謚法自周公以來,垂爲不刊之典,蓋以彰善癉惡,激濁揚清,使其身没之後,是非較然,用爲勸懲。今若任其遷避,則爲惡者肆志而不悛。乞自今後不必候其請謚,並令有司舉行。如此,則隱慝無行之人,有所沮勸。若須行狀申乞方行擬謚,考諸方册,別無明證……'詔下有司詳定,如皥請焉。”

徐度《却掃編》卷中:“國朝以來,凡謚者多褒其善而已,未有貶其惡者。惟錢文僖惟演初請謚,博士張瓌議以爲惟演嘗坐黨附外戚及妄議袝廟,爲憲司所糾,左降偏郡,位兼將相而貪慕權要,因合‘敏而好學’、‘貪以敗官’二法,謚曰‘文墨’。”

按公卒時適元祐更化,新法變更殆盡。公弟安禮等審時度勢,恐不曾上行狀請謚。而王汾乞賜公惡謚,則純爲泄一己私憤。汾字彥祖,王禹偁曾孫,皇祐五年進士。[1] 嘗忤公意,後入黨籍。《宋史》卷二百九十三《王禹偁傳》:“曾孫汾,舉進士甲科,仕至工部侍郎,入元祐黨籍。”孔平仲《孔氏談苑》卷二:“王汾作館職,忤王荆公意,判鼓院凡四年。家

---

[1]　王闢之《澠水燕談録》卷二:“皇祐五年,王汾擢進士甲科。”第13頁。

貧俸薄,累乞外任,不許……未幾,荆公果出金陵,吳沖卿當
國。汾又禱,即日得兗州。"

太學録朱朝偉作薦文以悼

周煇《清波雜志》卷七:"自昔名公下世,太學生必相率
至佛宮薦悼。王荆公薨,太學録朱朝偉作薦文,以公好佛,
其間多用佛語。"

太學諸生弔祭,一日三千人

劉弇《龍雲集》卷十七《上蔡元度右丞書》:"視孔、孟爲
無憾,惟故丞相荆國文公實然。且其論著也,霆發幽瞔,日
爍塗目,原性命,該道德,波瀾不生而睹奧冥海,洗章句之霾
蝕,霧剥雲綻而開青天,緒餘陶鑄。況咳唾通、焯,秕糠馬、
鄭,此自儒家不貲賜,非直訓説者之事也。謝世之始,太學
諸生之弔爲位與望而祭者,一日三千人,其愛之綴人,已出
河洛甘棠遠甚,況及身在時邪?"

孫覺作文以誄

《宋史》卷三百四十四《孫覺傳》:"哲宗即位,兼侍講,
遷右諫議大夫……覺有德量,爲王安石所逐。安石退居鍾
山,覺枉駕道舊,爲從容累夕。迨其死,又作文以誄,談者
稱之。"

四月二十六日,弟安禮乞終滿知江寧府任,以營辦葬事

《長編》卷三百七十六元祐元年四月癸丑:"知江寧府王

安禮言：‘蒙恩移知青州，緣兄安石喪亡，見謀葬事，無得力子弟營辦，乞終滿此任。’詔如其請，仍上新差知青州告毀之。”

葬蔣山東三里，與弟安國、子雱諸墳相望

周煇《清波雜志》卷十二：“王荆公墓在建康蔣山東三里，與其子雱分昭穆而葬。紹聖初，復用元豐舊人，起呂吉甫知金陵。時待制孫君孚責知歸州，經從，呂燕待之，禮甚厚。一日，因報謁於清凉寺，問孫：‘曾上荆公墳否？’蓋當時士大夫道金陵，未有不上荆公墳者。五十年前，彼之士子，節序亦有往致奠者，時之風俗如此。曾子開亦有《上荆公墓》詩，見《曲阜集》。”①

葉夢得《建康集》卷二《同惇立遊蔣山謁寶公塔王荆公墓晚過草堂寺周顒故宅也》：“我居在城府，再至俄二年。豈無山水心，可奈簿領纏。今晨偶乘興，適此賓從賢。零雨洗驕陽，谷中聽流泉。憑高快遠覽，正見江浮天。至人本無心，與我常周旋。誰云喚不應，汝意自不虔。余自到鎮，每雨暘，祈寶公塔，未嘗不應。麥隴稍已滋，橫水漲微漣。佳城倚華表，拱木埋貂蟬。暮過草堂寺，借榻聊暫眠。不復聞怨鶴，荒茅但連延。歸路踐落日，群峰鬱相先。回風送遠響，墟里生晚煙。吾廬悵何許，東望良慨然。”

---

① 公之葬地，劉永翔力主周煇之説，並舉葉夢得、周必大等詩文：“堪爲煇説之證。”第 515 頁。可從。另可見鄧廣銘《關於王安石的居里塋墓及其他諸問題》，《北京大學學報》1993 年第 2 期；鄭曉江、吳定安《王安石墓葬考辨》，《江西師範大學學報》(哲社版) 2003 年第 2 期；豐家驊《王安石葬於何處》，《古典文學知識》2003 年第 4 期。

　　周必大《文忠集》卷一百八十三《記金陵登覽》：“東門，即白門也。五里，至報寧寺，本王介甫舊宅，元豐中捨爲寺，賜今額。兵火後，敗屋數間，土人但呼半山寺，言自城去蔣山十里，此適半塗也。迴野之中，鷄犬不聞，介甫居時已如此。介甫入城，必舟循溝而西，若東過蔣山，則跨驢云。頃之，至蔣山精舍，蓋王氏功德院。近年募緣重造，殿基華煥。有修武郎某人，脱尺籍，與其媼燃指苦行，前後化錢帛，助土木，費以萬計。寶公塔在鍾山頂，此山孤立于蔣山之內⋯⋯飯罷，肩輿訪八功德池水，皆山行。中路有支徑，過定林，子柔步往，予負杖以俟。回望方山，甚平闊，亦見大江。既而子柔歸去，定林無足觀，遂至池上。移時，乃下山，復與子柔馳馬穿松林，約四五里，到介甫墳庵，一僧守之，平甫、和甫、元澤諸墳相望也。日斜，歸憩半山，主僧出介甫畫像，屋壁之後，陷小碑，刻介甫《謝公墩》絶句及他詩數篇。自蔣山望幕府覆舟，諸山氣色甚佳⋯⋯漕司比廳，乃王介甫宅，既捨作半山寺，遂居城中⋯⋯賞心亭望城外新開河，或云王介甫作守時開，以避欒家磯數十里之險。”

　　沈德符《萬曆野獲編》卷二十九：“如王荆公清苦，料無厚葬，其墓在金陵。正德四年，南京太監石巖者營治壽穴，苦乏大磚，或獻言云：‘近處古塚，磚奇大。’遂拆以充用。視其碣，乃介甫也。則薄葬亦受禍矣！”

陸佃作文，率諸生供佛以祭

　　《陶山集》卷三《丞相荆公挽歌詞》：“慣識無心有海鷗，行藏須向古人求。皋陶一死隨神禹，孟子平生學聖丘。雕

纂想陪清廟食，玉杯應從裕陵遊。遥瞻舊館知難報，絳帳横
經二十秋。"

《陶山集》卷十三《祭丞相荆公文》："維元祐元年，歲次
丙寅，四月某朔某日某甲子，門生朝奉郎、試尚書吏部侍郎、
充實録修撰陸某，謹以清酌庶羞，致祭于故司空、觀文殿大
學士、贈太傅、荆國王公先生之靈。維公之道，形在言行。
言爲《詩》、《書》，行則孔、孟。孰挽而生？孰推以死？天乎
人乎？抑莫之使。於皇神宗，更張治具。爨一而足，二則仲
父。迨龍之升，奄忽換世。公則從邁，天不憖遺。嗚呼哀
哉！德喪元老，道亡真儒。疇江漢以濯之，而泰山其頹乎！
承學諸生，無問識否。齋戒是修，矧從公久。祝之使肖，成
就長養。聞訃失聲，形留神往。回也昔何敢死？賜也今將
安仰？慟貌象之誰如，怳音塵之可想。嗚呼已矣！病不請
禱，葬不反築。寄哀一觴，百身何贖！尚饗。"

《宋史》卷三百四十三《陸佃傳》："是時更先朝法度，去
安石之黨，士多諱變所從。安石卒，佃率諸生供佛，哭而祭
之，識者嘉其無向背。"

元祐七年陸佃知江寧，又撰文祭公及公之子雱，《陶山
集》卷十三《江寧府到任祭丞相荆公墓文》："維元祐七年，
歲次壬申，某月朔某日某甲子，門生朝奉大夫、充龍圖閣待
制、知江寧軍府事、充江南東路兵馬鈐轄陸某，謹致祭于故
司空、觀文殿大學士、贈太傅、荆國王公先生之墓。嗚呼！
法始乎義，樸散而器。列靈嗣興，文始具備。祖述憲章，約
成六藝。大明西没，群星争麗。派别支分，散作百氏。歷漢
更唐，衆説蠭起。天錫我公，放黜淫詖。發揮微言，貽訓萬

祀。卒相裕陵，真真僞僞。義兼師友，進退鮮儷。荆山鼎成，龍去不回。公從而上，梁壞山頹。某始以諸生，得依門牆。一見如素，許以升堂。春風濯我，暴之秋陽。今也受命，來守是邦。公之所憩，蔽芾甘棠。蕙帳一空，墓柏已行。俯仰陳迹，失涕沾裳。論德叙情，以侑一觴。尚饗。”

《陶山集》卷十三《祭王元澤待制墓文》：“維年月日，具位陸某謹致祭于亡友天章閣待制、贈諫議大夫臨川王公元澤之墓。惟公才豪氣傑，超群絶類。據依六經，馳騁百氏。金版六韜，堅白同異。老聃、瞿曇，外域所記。并包澤蓄，迥無涯涘。形于談辯，雄健俊偉。每令作人，伏首抑氣。譬彼滄溟，萬川俱至。驚瀾怒濤，駕天卷地。又如白日，雲霧斗起。風裂雨驟，雷震霆厲。倏忽斂氣，澄霽斌媚。異態殊狀，率有義味。自云功名，可以力致。何作弗成？何立弗遂？熙寧逢辰，既昌且熾。立談遇主，騰上甚鋭。公亦慨然，任天下事。命也奈何，半途而稅。孰夭孰壽？孰興孰廢？自古皆然，竟亦何爲！念昔此邦，初與公值。曷敢定交，公我所畏。傾蓋相從，期以百歲。今我來思，如復更世。豈無友人，先我而逝。懷舊感今，擲筆掩袂。猶想當年，拍手論議。白下長干，倒屣曳履。遺舟夜壑，求馬唐肆。顧瞻空山，潸焉出涕。尚饗。”

郭祥正有詩以挽

《青山集》卷十九《王丞相荆公挽詞》其一：“間世君臣會，中天日月圓。裕陵龍始蟄，鍾阜鶴隨仙。畜德何人紹，成書闔國傳。回頭盡陳迹，麟石卧孤煙。”其二：“公在神明聚,公亡泰華傾。文章千古重,富貴一毫輕。若聖丘非敢,猶龍耳強名。悲風白門路,啼血送銘旌。"

按,郭祥正又赴江寧奠謁,《青山集》卷二十九《奠謁王荊公墳》其一:"再拜孤墳奠濁醪,春風斜日漫蓬蒿。扶持自出軻雄上,光焰寧論萬丈高。"其二:"大手曾將元鼎調,龍沈鶴去事寥寥。寺樓早晚傳鍾響,墳草春回雪半消。"其三:"平昔偏蒙愛小詩,如今吟就復誰知?篋中不忍開遺卷,矯矯龍虵彼一時。"

張舜民有詩致哀

《畫墁集》卷四《哀王荊公》其一:"門前無爵罷張羅,元酒生芻亦不多。慟哭一聲唯有弟,故時賓客合如何。"其二:"鄉閭匍匐苟相哀,得路青雲更肯來。若使風光解流轉,莫將桃李等閒栽。"其三:"去來夫子本無情,奇字新經志不成。今日江湖從學者,人人諱道是門生。"其四:"江水悠悠去不還,長悲事業典刑間。浮雲却是堅牢物,千古依棲在蔣山。"

王闢之《澠水燕談錄》卷十:"荊國王文公以多聞博學爲世宗師,當世學者得出其門下者,自以爲榮,一被稱與,往往名重天下。公之治經,尤尚解字,末流務多新奇,浸成穿鑿。朝廷患之,詔學者兼用舊傳注,不專治新經,禁援引《字解》。于是學者皆變所學,至有著書以詆公之學者,且諱稱公門人。故芸叟爲挽詞云:'今日江湖從學者,人人諱道是門生。'傳士林。及後詔公配享神廟,贈官并諡,俾學者復治新經,用《字解》。昔從學者,稍稍復稱公門人,有無名子改芸叟詞云:'人人却道是門生。'"

　　按，除以上外，時人撰文以祭者，尚有劉弇《龍雲集》卷三十《代祭王荆公文》其一："噫嗟公乎，何爲其然乎！豈富貴迫而賢有智累乎？將造物者畀付施予，或嗇或膡，而羌不可以力騁乎？抑亦靈芝慶雲，止爲瑞物，而固不免夫翕霍而散，與濯濯而萎者乎？且從古以爲難者，莫甚於掃不振之蠱，起久仆之痿，以與一世，期乎有成。而甚者至使天子快登平之適，遭斯民無睚眦之斗駭，非守能固其初、力足以勍其後者，能之乎？然士或勇於有爲，而昧於知經，求完乎此者不踦則躓。而於斯時也，有能爍傳注之秋燐，探百聖乎虞淵，偉然號爲一家，而使後世於此有考者，方自我作訓，則可不謂睨聖人之閫而直躋者乎？已而擲去事權，一毛九牛，凡此者，人皆難之，而公或以爲易；人皆偏焉，而公可得而兼。若公者，其殆命世乎？其有待而未已者乎？然則我尚何悲乎？夫惟周袞旋待於公歸，商霖更期於説作，天下之有望於公者以此。與夫識公於四十年之契闊，而遇我如旦暮之頃，訪公於千餘里之鍾山，而輒申我以縞紵之好，吾之有得於公者亦以此。而厥望未償，撫惠方爾，一旦歸竁於漠漠之九原，功業之及人者未能幾何，而塊獨遺此平生，則吾尚何可無悲乎？噫嗟公乎！庶其來舉予觴乎！尚饗。"

　　其二："嗚呼！麟鳳儀游，忭舞走飛。傑立一世，有公於兹。江河取東，吞吐源委。滋物洗光，非公而誰？自古在昔，革制實難。睢盱回沕，衆所共患。或拊而跳，或諗而謹。及公有爲，卒底於安。久矣聖經，理鬱弗通。傳注披披，帊覆帟蒙。繇漢迄唐，大陊厥宗。及公有訓，孰敢啍訌。奎輝不揚,蒇我文造。冗長戚促,孰訂孰考。朱藍等姸,鏤句雕藻。及公有作,霾翳一掃。始公熙寧,□□實舟。蕃錫大賚,天子是優。著蔡國經,天子是諏。人謂公進,説商旦周。公熙寧季,以位告去。孰視富貴,擲如遺屨。我徂東阡,甕牖蓬戶。人謂公退,留侯疏傅。嗟嗟我公,今則已矣。來軫孔道,未税先柅。壽則大耇,及中斯止。平生磊砢,尚可僂指。曩予晚遭,公力是藉。方公長往,余弔莫暇。音徽永沫,碎影何謝。長跽薦辭,播哀修夜。尚饗。"①

《三孔先生清江文集》卷三十七孔平仲《祭介父》:"謹以清酌庶羞之奠,致奠於故丞相荆國公之墓。嗚呼,人之相知,自古難偶。公於不屑,一見加厚。雖未及用,意則至焉。去公山中,俯仰十年。奉命出使,今復來此。音容闃然,松柏拱矣。酒薄食陋,所豐者誠。再拜奠公,敢有死生。尚饗。"②

因薨於神宗大祥內,哲宗未舉哀成服

《宋史》卷一百二十四《禮二十七》:"元祐元年,王安石薨,在神宗大祥之內;司馬光薨,亦在諒闇中,皆不舉哀成服。"

《宋會要輯稿》禮四一:"元祐元年五月八日,禮部言:

---

① 文曰:"與夫識公於四十年之契闊,而遇我如旦暮之頃,訪公於千餘里之鍾山,而輒申我以縞紵之好。"所代之人或爲熊本。

② 蘇頌《蘇魏公文集》卷五十九《中書舍人孔公墓誌銘》載孔文仲元祐三年春同知貢舉,時已病,及奏榜歸卒而卒,年五十六。《宋史》卷三百四十四《孔平仲傳》:"平仲字義甫,登進士第,又應制科……文仲卒,歸葬南康,詔以平仲爲江東轉運判官護葬事。"祭文作於元祐三年。

‘王安石薨，在神宗皇帝大祥内，皇帝更不舉哀成服。’
從之。”

蘇軾、黃庭堅有詩緬懷

　　《蘇軾詩集》卷二十七《西太一見王荆公舊詩偶次其韻
二首》其一：“秋早川原净麗，雨餘風日清酣。從此歸耕劍
外，何人送我池南？”其二：“但有樽中若下，何須墓上征西。
聞道烏衣巷口，而今煙草萋迷。”

　　《豫章黃先生文集》卷十二《次韻王荆公題西太一宮壁
二首》其一：“風急啼烏未了，雨來戰蟻方酣。真是真非安
在，人間北看成南。”其二：“晚風池蓮香度，曉日宮槐影西。
白下長干夢到，青門紫曲塵迷。”《有懷半山老人再次韻二
首》其一：“短世風驚雨過，成功夢迷酒酣。草《玄》不妨準
《易》，論《詩》終近《周南》。”其二：“啜羹不如放麑，樂羊終
愧巴西。欲問老翁歸處，帝鄉無路雲迷。”

卷　八

譜　餘

哲宗元祐元年六月十二日,科場禁《字説》

《長編》卷三百七十九元祐元年六月戊戌:"詔自今科場程試,毋得引用《字説》。從殿中侍御史林旦言也。"

《宋會要輯稿》選舉三載同。

或欲以配享神宗廟庭,鮮于侁駁之。元祐元年六月二十二日,詔以富弼配享

《長編》卷三百八十元祐元年六月戊申:"吏部尚書孫永等議:按《商書》'兹予大享于先王,爾祖其從與享之',《周官》凡有功者,名書於王之太常,祭於大烝,司勳詔之。國朝祖宗以來,皆以名臣侑食清廟,歷選勳德,實難其人。恭惟神宗皇帝以上聖之資,恢累聖之業,尊禮故老,共圖大治。輔相之臣,有若司徒、贈太尉、諡文忠富弼,秉心直亮,操術閎遠,歷事三世,計安宗社。熙寧初訪落,眷遇特隆,匪躬正色,進退以道,愛君之志,雖没不忘。以配享神宗皇帝廟庭,實爲宜稱。詔從之。初議或欲以王安石,或欲以

吳充，太常少卿鮮于侁曰：‘勳德第一，惟富弼耳。本朝舊制雖用二人，宜如唐朝止用郭子儀故事，只以弼一人配享。’議遂定。”

按，《宋史》卷三百四十四《鮮于侁傳》：“初，王安石居金陵，有重名，士大夫期以爲相。侁惡其沽激要君，語人曰：‘是人若用，必壞亂天下。’至是，乃上書論時政曰：‘可爲憂患者一，可爲太息者二，其他逆治體而召民怨者，不可概舉。’其意專指安石。安石怒，毀短之，神宗曰：‘侁有文學，可用。’安石曰：‘陛下何以知之？’神宗曰：‘有章奏在。’安石乃不敢言。”秦觀《淮海集箋注》卷三十六《鮮于子駿行狀》：“三省、太常會議神宗配享功臣，或欲用王荊公、吳正憲公者，公曰：‘富文忠公勳德終始，天下具知，宜配食。’議遂定。因上言：‘本朝舊制，配享雖用二人，宜如唐用郭子儀故事，止用富公一人。’詔從之。”

然據蘇頌《蘇魏公文集》卷五十九《中書舍人孔公墓誌銘》，力主富弼配享者尚有孔文仲：“中書舍人新淦孔公，諱文仲，字經父……熙寧三年，詔舉賢良方正之士，龍圖閣學士元公絳、天章閣待制吳公中復以公應詔。召試秘閣，論在第一，對制策入三等上。是時朝廷方大有爲，輔臣建議以謂祖宗法度至此已敝，當悉更改。用事之人，爭言理財、訓兵，以合其說，而言事者不以爲便，繼被譴斥。而公之策亦不以爲便，故執政疑相與表裏，奏黜不收，趣還本任。既歸，值監司旁午商度利事，皆公策言不便者，相持甚久。未幾，公丁內艱去職，遂止。服除，除充國子監直講。時學者方用王荊公經義進取，以公不習是學，換三班院主簿……元祐元年，召公爲秘書省校書郎。近臣薦諫官者八人，以儀曹方講廟朝之制，擢公爲禮部員外郎。神宗廟配享功臣，衆意多在王荆公，公曰：‘精忠貫天地，功利及社稷，贈太師、鄭國公富弼乃其人也。’衆不能奪，卒用鄭公配享。”

鮮于侁、孔文仲皆與公有宿憾。以富弼配享，極爲牽强，可見元祐黨人黨派成見至深。

元祐元年十月，國子司業黃隱肆意排詆新學，劉摯等乞黜之

《長編》卷三百九十元祐元年十月：“（御史中丞劉摯）又言：‘故相王安石訓經旨，視諸儒義説得聖人之意爲多，故先帝以其書立之於學，以啓迪多士。而安石晚年溺於《字説》、釋典，是以近制禁學者毋習此二者而已。至其所頒經義，蓋與先儒之説並行而兼存，未嘗禁也。（黃）隱微見安石政事多已更改，輒爾妄意迎合傅會，因欲廢安石之學，每見生員試卷引用，隱輒排斥其説，此學者所以疑惑而怨之深也。夫安石相業雖有間然，至於經術、學誼，有天下公論所在，豈隱之所能知也？朝廷既立其書，又禁學者之習，此何理哉！伏望速賜罷隱，以允清議，而正風俗。’

殿中侍御史吕陶言：‘臣竊以士之大患，在於隨時俯仰而好惡不公，近則隳喪廉恥，遠則敗壞風俗，此禮義之罪人，治世之所不容也。太學者，教化之淵源，所以風動四方而示之表則，一有不令，何以誨人？臣伏見國子司業黃隱素寡問學，薄於操行，久任言責，殊無獻告，惟附會當時執政，苟安

其位。及遷庠序，則又無以訓導諸生，注措語言，皆逐勢利。且經義之說，蓋無古今新舊，惟貴其當。先儒之傳注既未全是，王氏之解亦未必盡非，善學者審擇而已，何必是古非今，賤彼貴我，務求合於世哉？方安石之用事，其書立於學官，布於天下，則膚淺之士莫不推尊信嚮，以爲介於孔、孟；及去位而死，則遂從而訕毀之，以爲無足可考。蓋未嘗聞道，而燭理不明故也。隱亦能誦記安石《新義》，推尊而信嚮之久矣，一旦聞朝廷欲議科舉，以救學者浮薄不根之弊，則諷諭太學諸生，凡程試文字不可復從王氏新說，或引用者，類多出降，何取舍之不一哉？諸生有聞安石之死而欲設齋致奠，以伸師資之報者，隱輒形忿怒，將繩以率斂之法，此尤可鄙也。'……監察御史上官均又言：'臣昨具疏論奏國子司業黃隱爲人傾側淺陋，取舍升補，不參公論，行誼經術，不足以厭服學者之心，乞罷職任，以協衆議，至今未蒙施行……自隱初除學職，衆論囂囂，已不厭服。及既就官，講學考校之際，不能推考義理，與博士等協心論議，專以區區私見，排訕王安石經義。安石自爲宰輔，更張政事，誠有不善，至於沉酣《六經》，貫通理致，學者歸嚮，固非一日，非假勢位貴顯，然後論說行於天下。其於解經，雖未能盡得聖人之意，然比諸儒注疏之說，淺深有間矣，豈隱膚陋所能通曉，此中外士大夫之所共知也。又朝廷昨來指揮，止禁學者不得援引《字說》，其於《三經新義》，實許與注疏並行。而隱學無所主，任意頗僻，便以爲朝廷盡斥安石之學，肆言排訕，無所顧忌，妄倡私說，取笑學者。'"

元祐三年十二月二十二日，周稷乞以配享神宗廟庭，遭劉安世、蘇軾劾罷

《長編》卷四百十八元祐三年十二月甲午："江寧府司理參軍、鄆州州學教授周稷罷歸吏部，用右正言劉安世、翰林學士蘇軾言也。安世言：'臣伏見周稷上書，乞以故相王安石配享神宗皇帝廟廷，中外喧傳，頗駭群聽……伏望陛下以春秋之法，誅其始意，重行竄殛，以明好惡。'軾言：'臣先任中書舍人日，敕舉學官，臣曾舉江寧府右司理參軍周稷，蒙朝廷差充鄆州州學教授。近者竊聞稷上疏，言朝廷當以故相王安石配享神宗皇帝……今周稷草芥之微，而敢建此議，蓋有以啓之矣……事關消長，憂及治亂，伏望特出宸斷，深詔有司，議臣與稷之罪，不可輕恕。'"

《宋史》卷三百四十二《鄭雍傳》："周稷乞以王安石配享神宗廟，雍言：'安石持國政，不能上副屬任，非先帝神明，遠而弗用，則其所敗壞可勝言哉？今稷以小臣，輒肆橫議，願正其罪。'從之。"

紹聖元年四月十三日，詔配享神宗廟庭

《長編紀事本末》卷一百三十："紹聖元年四月甲寅，詔故觀文殿大學士、集禧觀使、守司空、荊國公、贈太傅王安石配享神宗皇帝廟庭。"

《宋會要輯稿》禮一一："紹聖元年四月十三日，詔故觀文殿大學士、集禧觀使、守司空、荊國公、贈太傅王安石配享神宗皇帝廟庭。三年二月十二日，詔富弼罷配享神宗

廟庭。"

《名臣碑傳琬琰集》下卷十四《王荊公安石傳實錄》："紹聖初，謚文公，配享神宗廟廷。用子旁郊祀恩，贈太師。"

《宋史》卷一百九《禮十二》："《五禮新儀》，配享功臣之位，設於殿庭之次；趙普、曹彬位於橫街之南道西，東向，第一次，薛居正、石熙載、潘美位於第二次，李沆、王旦、李繼隆位於第三次，俱北上；王曾、呂夷簡、曹瑋位於橫街之南道東，西向，第一次，韓琦、曾公亮位於第二次，王安石位於第三次，蔡確位於第四次，俱北上。惟冬享、祫享偏設祭位。"

按，《長編拾補》卷十三紹聖三年二月壬申："詔罷富弼配享神宗廟庭。初，元祐定弼配享，天下以爲宜，至是謂弼得罪先帝，罷之。翌日，曾布對，上即問布：'已罷富弼配饗，何如？'布曰：'臣自元祐中聞之，固已訝其不當。弼最不爲先帝所悅，乃以配食；事亡如事存，義所未安。先帝經營政事，以王安石爲相，君臣相得之際，近世之所未有。舍安石而用弼，豈先帝之心哉？但元祐之人偏執己見，不恤義理之所爲耳。'"

紹聖元年五月九日，曾布請以《日錄》載於《神宗實錄》

《宋史》卷十八《哲宗本紀二》："（紹聖元年五月）己酉，修國史曾布請以王安石《日錄》載之《神宗實錄》。"

《宋九朝編年備要》卷二十四："（紹聖元年五月）翰林承旨、修國史曾布言：'奉詔重行修定《神宗實錄》，請取王安石《日錄》參照編修。"

按，是年四月"戊辰，同修國史蔡卞請重修《神宗實録》”。《宋史》卷四百七十二《蔡卞傳》：“紹聖元年，復爲中書舍人，上疏言：‘先帝盛德大業，卓然出千古之上，發揚休光，正在史策。而《實録》所紀，類多疑似不根，乞驗索審訂，重行刊定，使後世考觀，無所迷惑。’詔從之，以卞兼國史修撰。初，安石且死，悔其所作《日録》，命從子防焚之，防詭以他書代。至是，卞即防家取以上，因芟落事實，文飾姦僞，盡改所修《實録》、正史。”

紹聖元年五月十九日，詔太常官共議諡，諡曰“文”

《長編紀事本末》卷一百三十：“紹聖元年閏四月乙酉，殿中侍御史來之邵言：‘故宰相王安石配享先帝廟庭，請詔有司原考王安石事業，特加諡號，以慰公議。’詔所屬詳定以聞。五月己未，監察御史周秩言：‘近詔太常議故相王安石諡。伏以安石遭遇神宗皇帝，其君臣相與行道，以成一代之文，願特詔兩省、衆禮官等，會禮部議上朝廷，取決於聖裁，而後有司頒焉。’詔不候本家行狀，令太常官共議諡，選博士二員撰議。”

《宋史》卷三百五十五《來之邵傳》：“字祖德，開封咸平人。登進士第，由潞州司理參軍爲刑部詳斷官。元豐中，改大理評事，御史中丞黃履薦爲監察御史……紹聖初，國事丕變，之邵逆探時指，先劾吕大防。惇既相，擢爲侍御史。王安石配食神宗，之邵又請加美諡。疏：‘司馬光等畔道逆理，典刑未正，鬼得而誅。獨劉摯尚存，實天以遺陛下。’其阿恣無忌憚如此。”

按，徐度《却掃編》卷中：“公卿三品以上，既薨，其家録行狀上尚書省請謚。考功移太常禮院議定，博士撰議，考功審覆，刺都省集合省官參議具上，中書、門下宰臣判準，始録奏聞。敕付所司即考功録牒，以未葬前賜其家。省官有異議者，聽具議以聞。然故事，集議日請謚之家例設酒饌，厥費不貲，或者憚此，因不復請。景祐中，宋宣獻公判都省，建言：'考行易名，用申勸沮，而饗其私饋，頗非政體，請自今官給酒食。'從之。然亦有其家不自請，而人爲之請而得謚者……兵興以來，請謚之禮幾廢。"

太常官議謚，未候公本家行狀，公之行狀不傳後世，或職此歟？

另按，博士二員撰議，其一爲孫諤。楊時《龜山先生全集》卷三十四《孫龍圖墓誌銘》："公諱諤，字正臣，邵武人也。崇寧中有旨改名，遂以字行。曾祖諱昌齡……王文公賜謚有定，一博士有欲爲其文，極言推尊，自結於用事者。公當筆，輒推其次，蓋事有近於追逐時好，以取世資，終不屑爲也。紹聖元年，遷秘書省正字。"《郡齋讀書志》卷二："《洪範會傳》一卷，右皇朝孫諤撰……頗攻王氏之失。"

另一"欲爲其文，極言推尊，自結於用事者"，爲許彦，字處中，[1]熙寧三年葉祖洽榜進士。[2]《建炎以來繫年要録》卷七十九："紹興四年八月丙申，詔追王安石舒王告，毀抹。時右朝請大夫、福建路提點刑獄公事吕聰問辭行，上疏曰：'臣聞《書》曰……所有謚議，乃以文爲言，若并王爵稱之，則爲文王，實爲僭越。蓋當時太常博士許彦一意諂事蔡卞，侈大

---

① 范祖禹《范太史集》卷五十五《手記》。

② 《(嘉泰)吳興志》卷十七，第4828頁。

安石,輕蔑祖宗。此來若不追寢謬議,恐無以示天下,曉群聽,鼓群動,立政事。'"

孫升《孫公談圃》卷中:"國朝謚文公者,楊億、王洙二人。歐陽永叔薨,欲以文爲謚,時議者謂韓愈得文已爲僭矣,修豈可得? 於是謚文忠。有曰:'必留與介甫。'紹聖初,荊公果謚文。"

紹聖元年六月十五日,除《字説》之禁

《長編紀事本末》卷一百三十:"(紹聖元年)六月癸未,禮部言:太學博士詹文奏:'恭惟神宗皇帝聖智高妙,該極象數,常念文字之學,世所不知,深詔儒臣,俾共探討,而王安石實進其說。當時未及頒行,而學者亦已見之。其於性命道德之理,則思過半矣。《元祐貢舉敕》乃令進士不得引用《字説》,而與申、韓、釋氏之書同禁。乞除去《字説》之禁。'從之。"

按,詹文,縉雲(今浙江縉雲)人,熙寧六年進士。紹聖初爲太學博士,崇寧三年以朝散郎、直秘閣知越州。[①] 其子詹度,許景衡《横塘集》卷七有《詹度祖母周氏特贈建安郡夫人劉氏特進建康郡夫人制》及《父文贈□府儀同三司制》:"某官父某,詞藝之學,政事之林,更踐中外,茂著風績。未究施設,奄爾殂謝。乃克有子,衘訓嗣事。司吾邊鎮,有守捍之功。叙贈之秩,已躋二品。茲用申命,進同三司。"

---

① 《(嘉泰)會稽志》卷二:"詹文,崇寧三年四月以朝散大夫、直秘閣知。"第6756頁。

紹聖元年十月十九日，龔原奏乞付國子監雕印《字説》

《長編紀事本末》卷一百三十："（紹聖元年）十月丁亥，國子司業龔原奏：'贈太傅王安石在先朝時，嘗進所撰《字説》二十二卷。其書發明至理，欲乞差人就王安石家繕寫定本，降付國子監雕印，以便學者傳習。'詔可。

紹聖二年正月十七日，龔原等奏乞雕印頒行《洪範傳》

《宋會要輯稿》崇儒五："紹聖二年正月十七日，國子司業龔原等言：'故相王安石在先朝嘗進《尚書·洪範傳》，解釋九疇之義，本末詳備。乞雕印頒行，以便學者。'從之。"

紹聖二年三月九日，龔原奏乞雕印頒行子雱所撰《論語》《孟子義》

《宋會要輯稿》崇儒五："（紹聖二年）三月九日，龔原言：'贈太傅王安石在先朝嘗進其子雱所撰《論語》《孟子義》，乞取所進本雕印頒行。'詔令國子監録本進納。"

《長編紀事本末》卷一百三十："（紹聖）二年三月甲辰，國子司業龔原等言：'贈太傅王安石在先朝嘗進其子雱所撰《論語》《孟子義》，乞下本家取所進義定本，下本監雕印頒行。'詔令國子監寫録一本進納。

紹聖二年十一月八日，龔原再奏乞雕印頒行《字説》

《宋會要輯稿》崇儒五："（紹聖二年）十一月八日，龔原請下王安石家取所進《字説》雕印，以便學者傳習。從之。"

《長編紀事本末》卷一百三十：“（紹聖二年）十一月庚子，三省言：‘國子司業龔原奏請乞檢詳前奏，下贈太傅王安石家取所進《字説》副本，下國子監校定雕印，以便學者傳習。’從之。”

《宋史》卷三百五十三《龔原傳》：“爲司業時，請以安石所撰《字説》、《洪範傳》及子雱《論語》《孟子義》刊板傳學者，故一時學校舉子之文，靡然從之，其敝自原始。”

贈太師

《名臣碑傳琬琰集》下卷十四《王荆公安石實録》：“紹聖初，謚文公，配享神宗廟廷。用子旁郊祀恩，贈太師。”

晁公遡《新刊嵩山居士文集》卷五十四《王少卿墓誌銘》：“公諱珏，字德全，姓王氏……嗣子宜之録其行事以告於某，使銘其墓碑。某因得盡觀公平生所爲，而後益知公之於文公，猶蘇氏之有威也，文公之名乃益暴白。嗚呼！可謂孝矣。文公諱安石，守司空、贈太師。”

按，王旁卒於哲宗紹聖二年至四年間。考哲宗一朝郊祀，惟元祐七年、元符元年兩次。《宋史》卷十七《哲宗本紀一》：“（元祐七年）九月戊戌，詔：‘冬至日南郊，宜依故事設皇地祇，禮畢，別議方澤之儀以聞。’”“（十一月）辛卯，朝獻景靈宮。壬辰，饗太廟。癸巳，祀天地于圜丘，赦天下，群臣中外加恩。”《宋史》卷十八《哲宗本紀二》：“（元符元年）十一月壬戌，朝獻景靈宮。癸亥，朝饗太廟。甲子，祀昊天上帝于圜丘，赦天下。”若公以元祐七年王旁郊祀恩贈太師，則紹聖元年配享神宗廟廷時，不應爲“贈太傅”。《宋會要輯稿》禮一一:"紹聖元年四月十三日,詔故觀文殿大學士、集禧觀使、守司空、荆國公、贈太傅王安石配享神宗皇帝廟庭。"至元符元年郊祀,則王旁已卒。故疑"用子旁郊祀恩",或爲哲宗紹聖二年明堂恩之誤。《宋史》卷十八《哲宗本紀二》:"(紹聖二年九月)己酉,朝獻景靈宫。庚戌,朝饗太廟。辛亥,大饗明堂,赦天下。"待詳考。

徽宗崇寧三年六月七日,配享孔子廟廷,位於孟子之次

《長編紀事本末》卷一百三十:"(崇寧)三年六月戊申,詔荆國公王安石配享孔子廟廷。"

馬端臨《文獻通考》卷四十四:"(崇寧三年)六月,詔以王安石配享孔子廟,設位於鄒國公之次,仍令國子監圖其像,頒之天下。"[1]

《宋史》卷一百五《禮志》五十八:"又詔王安石可配享孔子廟,位於鄒國公之次。"[2]

崇寧三年六月十一日,立書學,《字説》盛行

《長編紀事本末》卷一百三十:"崇寧三年六月壬子,都省……又言:'竊以書之用于世久矣,先王爲之立學以教之,設官以達之,置使以諭之。蓋一道德,謹守法,以同天下之習。世衰道微,官失學廢,人自爲學,習尚非一,體畫各異,

---

[1] 《皇宋十朝綱要》卷十六繫此於六月癸卯(二日),《宋史·徽宗本紀》繫於六月癸酉。

[2] 關於公配享孔廟之坐次,可參見程元敏《王安石雱父子享祀廟庭考》;郭畑《道統與政統:王安石與宋代孔廟配享的位次問題》,《河南大學學報》(哲社版)2016年第1期。

殆非所謂書同文之意。今四方承平，未能如古，蓋未有校試勸賞之法焉。今欲倣先王置學設官之制，考選簡拔，使人人自奮，有在今日。所有圖畫之技，朝廷所以圖繪神像，與書一體，今附書學，爲之校試約束。謹成《書畫學敕令格式》一部，冠以崇寧國子監爲名，並乞賜施行。'從之。"

《宋史》卷一百五十七《選舉志》第一百一十："書學：生習篆、隸、草三體，明《說文》、《字說》、《爾雅》、《博雅》、《方言》，兼通《論語》、《孟子》義，願占大經者聽……其三舍補試升降，略同算學法，惟推恩降一等。"

曾慥《高齋漫錄》："崇寧以後，王氏《字說》盛行，學校經義、論、策，悉用《字說》。有胡汝霖者答用武策，其略云：'止戈爲武，周王伐商，一戎衣而天下大定。歸馬放牛，偃武修文，是識武字者也。尊號曰武，不亦宜乎！秦始皇、漢武帝、唐太宗既得天下，而窮兵黷武不已，是不識武字者也。'榜出，遂爲第一，雖用《字說》而有理。"

陸游《老學庵筆記》卷二："《字說》盛行時，有唐博士耜、韓博士兼，皆作《字說解》數十卷，太學諸生作《字說音訓》十卷。又有劉全美者，作《字說偏旁音釋》一卷，《字說備檢》一卷，又以類相從爲《字會》二十卷。"

崇寧三年十一月十七日，行三舍法，自此新學風靡天下

《宋會要輯稿》選舉四："（崇寧三年）十一月十七日，詔曰：'神考嘗議以三舍取士，而罷州郡科舉之令。其法始於畿甸，而未及行於郡國。肆朕纂圖，悉推行之，設辟雍於國郊，以待士之陞貢者。禮文咸舉，制度大備。然今州郡猶以

科舉取士,而學校之法不得以顓行,故士心所嚮未一。其詔天下,將來科場,如故事外,並嚴州郡發解及省試法,其取士並縣學校陞貢。'"

《宋史》卷一百五十五《選舉志》第一:"崇寧三年,遂詔天下取士,悉由學校升貢,其州郡發解及試禮部法並罷。自此歲試上舍,悉差知舉,如禮部試。"

吳曾《能改齋漫録》卷十二:"先是,崇寧以來,專意王氏之學,士非《三經》、《字説》不用。"

朱弁《曲洧舊聞》卷三:"崇寧以來,非王氏經術皆禁止。"

陳善《捫蝨新話》卷十一:"崇、觀三舍,一用王氏之學。及其弊也,文字語言習尚浮虛,千人一律。"

晁説之《嵩山文集》卷一《元符三年應詔封事下》:"臣常謂今之學者,《三經義》外無義理,扇對外無文章,老成者信之……國家之初尚詩賦,而士各精于詩賦,如宋祁、楊寘、范鎮,各擅體制,至于夷狄猶誦之。自嘉祐以來尚論策,而士各力于論策,乃得蘇軾、曾鞏輩,至今識者各仰之。自更經義以來,授以成書,謂之《新經義》,唯善其説者乃中程上第,苟爲參差出入于其間,即不中程式,雖善必黜之。士方爲禄學,無少長賢愚,靡然從之,唯恐不相勝。雖有長才者不得聘,雖有知其牴牾非正者諱之不敢言,塗人耳目,窒人聰明,溺于傅會穿鑿之論,因使人材闒茸,器識卑下,聞見單陋,不復可得前日瓌奇卓絶之士矣。仍之援釋、老誕謾之説以爲高,挾申、韓刻覈之説以爲理,又使斯士浮僞慘薄,不誠不忠厚,其患豈不大哉!"

　　《歷代名臣奏議》卷一百十五韓駒《請勸士博學疏》：
"今世專修夫子之道，夫子既學矣，其師慕者又莫如王安石。
臣聞安石於書無所不讀，故其講解經傳，訓釋文字，雜取百
家諸子之說以發明之。誦其言而不知所讀之書，謂之盡得
安石之學，臣不信也。往者安石初建經義時，獨倡言道德性
命之理，此其意非以文章學問爲不足尚也，以爲文章學問固
儒者之本務，如女子而事組繡，法史而讀律令，自當然爾。
今以爲不足尚而不務也，是乃中人之情，樂於閑佚而爲之
說。臣嘗遊場屋間，見同列者專治一經，其所旁取以爲資
者，《老》、《莊》、《揚》、《列》、《三經義解》、《字說》而已。此
數書不一年可遍閱，又其甚則二三年可成誦也，故士終日袖
手書案之上，無所用心，驟而問之，不必巨魚萍實之難
知也。"

　　陳淵《默堂先生文集》卷十二《十二月上殿劄子》："自
王氏之學達於天下，其徒尊之，與孔子等。動之以卓詭之
行，而矜之以華麗之文，如以錦繡蒙覆陷阱，悦而從之，鮮不
墜者。行之六十餘年，其禍已見。"

　　吕祖謙《東萊集》卷九《故左朝散郎徽猷閣待制提舉江
州太平興國宫江都縣開國子食邑五百户致仕贈左通議大夫
王公行狀》："初，熙寧中，王荆公安石以《新義》惑天下。其
後章、蔡更用事，概以王氏說律天下士，盡名老師宿儒之緒
言餘論爲曲學，學輒擯斥。當是時，内外校官，非《三經義》、
《字說》不登几案。他書雖世通行者，或不能舉其篇秩。"

　　汪應辰《文定集》卷二十二《吏部郎樊茂實墓誌銘》：
"初，臨川王荆公著《三經義》、《字說》以同天下之學，舉世

誦習,如六經然。"

周必大《文忠集》卷四十八《跋韓子蒼與曾公衮錢遜叔諸人唱和詩》:"崇寧、大觀而後,有司取士專用王氏學,甚至欲禁讀史作詩。"

同書卷五十三《孫尚書鴻慶集序》:"公生於元豐辛酉,當大觀、政和間,士惟王氏《三經義》、《字説》是習,而公博學篤志如韓退之,謂禮部所試可無學而能者。第進士,冠詞科,筆勢翩翩,高出流輩。"

《朱熹集》卷七十六《謝監廟文集序》:"是時士方專治王氏學,非《三經》、《字説》、《日録》、老莊之書不讀,而生之業乃如此。"

林表民《赤城集》卷十鄭公鯉《韋溪先生祠堂記》:"三家則蜀學、洛學、朔學也。三家操尚雖殊,守正則一。自紹聖奸臣執政,發其私憤,盡謫三家入元祐黨禁,專尚王氏學,用以取士,謂之新學。士趨私尚,以釣爵位,謂之時官。"

崇寧四年五月二十七日,詔學士院撰贊頒降

《長編紀事本末》卷一百三十:"(崇寧)四年五月癸亥,河東提舉學事言:絳州州學申荊國公王安石未有贊,國子監乞依鄒國公例。詔學士院撰贊頒降。學士張康國、鄧洵仁也。不知撰贊者誰,當考。贊曰:'孔孟云遠,六經中微。斯文載興,自公發揮。推闡道真,啓迪群迷。優入聖域,百世之師。'"

崇寧五年，陳瓘撰《四明尊堯集》

《邵氏聞見後錄》卷二十三載《四明尊堯集序》：“臣聞‘先王所謂道德者，性命之理而已矣’，此安石之精義也。有《三經》焉，有《字說》焉，有《日錄》焉，皆性命之理也。蔡卞、薛序辰、鄧洵武等用心純一，主行其教，所謂大有為者，亦性命之理而已矣；其所謂繼述者，亦性命之理而已矣；其所謂一道德者，亦以性命之理而一之也；其所謂同風俗者，亦以性命之理而同之也。不習性命之理者，謂之曲學；不隨性命之理者，謂之流俗。黜流俗則竄其人，怒曲學則火其書。故自卞等用事以來，其所謂國是者，皆出性命之理，不可得而動搖也。臣昨在諫省所上章疏，嘗以安石比於伊尹。伊尹，聖人也，而臣乃以安石比之者，臣於此時猶蔽於國是故也。又臣所上章疏，謂安石為神考之師。神考，堯舜也，任用安石止於九年而已矣，初用後棄，何嘗終以安石為是乎？臣迺以安石為神考之師者，臣於此時猶蔽於國是故也。臣昨者以言取禍，幾至誅殛，賴陛下委曲保全，賜臣餘命，臣感激流涕，念念循省，得改過之義焉。蓋臣之所當改者，亦性命之理而已矣。孔子曰：‘乾道變化，各正性命。’又曰：‘地道無成，而代有終也。’性命之理，其有以易此乎？臣伏見治平中，安石唱道之言曰：‘道隆而德駿者，雖天子北面而問焉，而與之迭為賓主。’自安石唱此說以來，幾五十年矣，國是淵源，蓋兆於此。臣聞天尊地卑，乾坤定矣，定則不可改也。天子南面，公侯北面，其可改乎？今安石性命之理，迺有天子北面之禮焉。夫天子北面以事其臣，則人臣何面以當其禮？臣於性命之理，安得而不疑也……於是取安石《日録》，編類六十五段，釐爲八門。一曰聖訓，二曰論道，三曰獻替，四曰理財，五曰邊機，六曰論兵，七曰處己，八曰寓言。事爲之論，又於逐門總而説之，凡爲論四十有九篇……臣之所以報國者，敢不勉乎！兼臣年老病多，決知處世難久，與其齎志於歿後，孰若取義於生前。義在殺身，志惟尊主。故以臣所著《日録辯》，名之曰《四明尊堯集》云。”

按，陳瓘字瑩中，《宋史》卷三百四十五有傳：“南劍州沙縣人。少好讀書，不喜爲進取學，父母勉以門户事，乃應，舉一出中甲科，調湖州掌書記，簽書越州判官……瓘嘗著《尊堯集》，謂紹聖史官專據王安石《日録》改修神宗史，變亂是非，不可傳信，深明誣妄，以正君臣之義。張商英爲相，取其書，既上，而商英罷，瓘又徙台州……宣和六年卒，年六十五。瓘謙和，不與物競，閑居矜莊自持，語不苟發。通於《易》數，言國家大事後多驗。靖康初，詔贈諫議大夫，召官正彙。紹興二十六年，高宗謂輔臣曰：‘陳瓘昔爲諫官，甚有讜議。近覽所著《尊堯集》，明君臣之大分，合於《易》天尊地卑及《春秋》尊王之法。王安石號通經術，而其言乃謂道隆德駿者，天子當北面而問焉，其背經悖理甚矣。瓘宜特賜諡，以表之。’諡曰忠肅。”《長編紀事本末》卷一百二十九：“政和元年正月，詔明州取陳瓘《尊堯集》送編修政典局，從張商英建請也。五月，再下通州，取陳瓘《尊堯集》送編修政典局。九月辛巳，詔：‘陳瓘自撰《尊堯集》，語言無緒，並係詆誣，合行毀棄。送與張商英，意要行用，特勒停，送台州羈管，令本州當職官常切覺察，不得放出州城。’”陳振孫《直齋書録解題》卷五：“《四明尊堯集》一卷,司諫延平陳瓘瑩中撰。專辨王安石《日録》之誣僭不孫,與配食坐像之爲不恭。瓘初在諫省,未以安石爲非,合浦所著《尊堯集》猶回隱不直,末乃悔之,復爲此書。以謂蔡卞專用《日録》以修《神宗實録》,薄神考而厚安石,尊私史而壓宗廟,以是編類其語得六十五條,總而論之。坐此羈管台州。”

陳瓘之父陳偁,祖陳世卿①,《宋史》卷三百七有傳。《文集》卷一百《仙游縣太君羅氏墓誌銘》,墓主即陳瓘祖母、陳世卿妻:“仙游縣太君羅氏世家南劍州之沙縣,秘書少監陳君諱某之妻,比部員外郎儼、古田縣尉侃、衛尉寺丞佩、同學究出身偉、殿中丞偁之母。”陳瓘初習新學,頗好《字說》,以之登第。蘇籀《欒城遺言》:“或問公陳瑩中,公曰:‘英俊人也,但喜用《字說》,尚智。”其後則入室操戈,力斥新法新學之非,貶公不遺餘力。《四明尊堯集》卷九:“當是之時,臣以答義應舉,析字談經。患史事之難究,棄而不習;悦莊周之寓言,躋爲聖典。凡安石之身教,王雱之口學,臣皆以爲是也。昔之所是,今覺其非。既知其非,安敢不改。”

《三經新義》風行科場。政和二年,有旨禁印行小字本以防士子挾以作弊,

《宋會要輯稿》選舉四:“(政和二年正月)二十四日,臣僚言:‘輿論以謂,士人溺於元祐挾書之習者尚多有之,蠅頭細字,綴成小册,引試既畢,遺編蠹簡,幾至堆積。兼鬻書者

---

① 《(弘治)八閩通志》卷六十九,第907頁。

以《三經新義》并莊、老、子説等作小册刊印,可置掌握,人競求買,以備場屋檢閲之用。雖其法甚嚴,而前此有司往往愛惜士風,未之舉行,遂致荒唐繆悠之人,公然抵冒,無復忌憚。竊謂義理本以待士,彼或冒法,則非士也,尚何恤乎!伏望聖慈申嚴懷挾之禁,增重巡鋪縱容之責,印行小字《三經義》亦乞嚴降睿旨,禁止施行。'從之。"

政和三年正月十九日,追封舒王;三月,子雱封臨川伯,從祀文宣王廟

《東都事略》卷七十九《王安石傳》:"政和三年封舒王。""(雱)政和三年,封臨川伯,從祀文宣王廟。"

《宋會要輯稿》儀制一二:"政和三年正月十九日,贈太師、荆國公王安石追封舒王。"

陳均《宋九朝編年備要》卷二十八:"政和三年春正月,王安石追封舒王。尋詔封其子雱爲臨川伯,配享文宣王廟。後實從祀。"

《宋大詔令集》卷二百二十二《王安石封舒王御筆手詔政和三年正月二十日》:"昔我神考,憫天下弊於俗學,訓釋經典,作新斯人,追述先王,興起萬事。得王安石相與有爲,咸有一德,格于皇天。朕述而明之,聲名文物,禮樂法度,於是大備。推原所自,迄至有成,其可弭忘。夫有功而未襃,有德而未顯,非所以報功崇德也。昔趙普、潘美王於韓鄭,鄭康成、孔安國從祀孔子,安石被遇先帝,與其子雱修撰經義,功不在數子之下。安石可封王爵,雱可配享文宣王廟廷。"

《王安石封舒王制》:"敕:朕恭惟神考,追述先王,訓釋

群經,以作新于俗學;興起萬世,以垂裕於後昆。蓋得非常之人,輔成不世之烈。肆頒顯號,追賁元臣。故特進、守司空、贈太師、荊國公、食邑五千户、食實封一千七百户王安石,降命應期,自天生德。學術精微,足以窮道奥;器識宏遠,足以用事幾。負命世亞聖之才,有尊主庇民之志。入輔機政,延登宰司,力贊斯文於將興,獨爲多士之先覺。若伊尹佐佑厥辟,咸一德以格天;若周公勤勞王家,用期年而變俗。千載之遇,萬世有辭。朕祇遹貽謀,克篤前烈。名正而朝廷辨治,化行而華夏粹寧。道德一而風俗同,法度彰而禮樂著。原其所自,安可弭忘!想風采以如生,蓋典刑之具在。相攸南土,實既舊封,參考國章,申加王爵。噫!繼志述事,孝莫大于奉先;崇德報功,禮務隆于追遠。尚其精爽,歆此褒崇。可追封舒王,餘如故。”

《禮部尚書强淵明侍郎霍端友員外葛勝仲乞王雱封爵御筆》:“雱同其父安石,訓釋經義,有補教化,然未可班顏回于子夏十哲之列,侑座于殿。可依所奏,封以伯爵,從祀于庭。”

《故朝散大夫天章閣待制贈左諫議大夫王雱封臨川伯制政和二年三月□日》:“化民成俗,蓋法本于尊儒;崇德報功,必恩隆於賜爵。追懷俊傑,宜有褒揚。故任朝散大夫、充天章閣待制、行右正言、兼侍講、南陽縣開國男、食邑三百户、賜紫金魚袋、贈左諫議大夫王雱識造淵微,學通倫類,世濟其美,傳家何止于一經;書立之師,垂範不刊于千載。斥傳注詞章之俗學,闡道德性命之微言。士始見于指歸,功有裨于教化。酬其稽古之力,屬我右文之時。爰命疏封,并加異數。圖形先哲之列，從祀聖師之庭。蔚有光于宗儒，用申勸于多士。庶其知識，亦克欽承。可特封臨川伯。"

《長編紀事本末》卷一百三十："政和元年十一月丙子，臣僚言：'竊見邇英講經，皆并注入點釋，因襲之久，未及是正。欲乞自今只點正經，其音釋意義，並以王安石等所進經義爲準。'從之。三年正月庚午，詔：'昔趙普、潘美、王曾、韓琦、鄭康成、孔安國從祀孔子，王安石被遇先帝，與其子雱修撰經義，功不在數子之下。安石可封王爵，雱可配享文宣王廟廷。'壬申，故特進、守司空、贈太傅、荆國公王安石追封舒王。"

按，據《宋大詔令集》，則徽宗御筆初以王雱配享孔廟，稍後封其爲臨川伯，改爲從祀。陳均《宋九朝編年備要》注曰："尋詔封其子雱爲臨川伯，配享文宣王廟。後實從祀。"是也。[1] 乞王雱封爵者，爲强淵明、霍端友、葛勝仲。孫覿《鴻慶居士集》卷四十二《宋故通議大夫守吏部侍郎致仕贈宣奉大夫霍公（端友）行狀》不載此事。

重和元年六月壬申，薛昂承詔編集遺文

《長編紀事本末》卷一百三十："重和元年六月壬申，門下侍郎薛昂奏：'承詔編集王安石遺文，乞更不置局，止就臣本府編集，差檢閱文字官三員。'從之。"

葉夢得《石林詩話》卷上："蔡天啓云：'荆公每稱老杜"鈎簾宿鷺起，丸藥流鶯囀"之句，以爲用意高妙，五字之模

---

[1] 程元敏《王安石雱父子享祀廟庭考》博引諸書，惟未引《宋大詔令集》，故以王雱配享爲史書誤載。

楷。他日公作詩，得"青山捫虱坐，黃鳥挾書眠"，自謂不減杜語，以爲得意，然不能舉全篇。'余頃嘗以語薛肇明，肇明後被旨編公集，求之，終莫得。或云，公但得此一聯，未嘗成章也。"

宋刻元明遞修本《臨川先生文集》王珏序："曾大父之文，舊所刻行，率多舛誤。政和中門下侍郎薛公、宣和中先伯父大資，皆嘗被旨編定，後罹兵火，是書不傳。"

按，薛昂乞差檢閱文字官三員，其中兩員可考。一爲范濟美，楊時《龜山先生全集》卷三十七《范君墓碣》："君諱某，字濟美，姓范氏，建州建陽人……政和五年登進士第，授將仕郎，調河南府新安縣尉，就除宿州教授。官制行，改迪功郎……初，右丞薛公某常自負學有師承，爲世儒宗，聞君名，以禮幣延置門下，命諸子從遊，間與之辨析疑義，雖逢其族，皆迎刃而解，由是薛公加敬畏焉。自符離罷還，會薛公被旨編集荊公遺文，辟爲檢討官。僅逾月，以疾終于京師甘泉坊。時宣和二年三月二十六日也，享年六十有一。"一爲陸韶之。張守《毗陵集》卷十二《朝奉郎陸虞仲墓誌銘》："公諱韶之，虞仲其字也，世爲錢塘人……久之，除敕令所刪定官，未上，會減員罷，遂授公大晟府按協聲律，公亦無慍色。或賦'簡兮'諷公，公曰：'爲貧而仕，豈曰能賢，奚敢沽激爲高邪？'兼編集舒王遺文所檢討官……宣和七年十一月二十七日卒於京師，年止四十六。"

宣和四年八月十四日,孫棣賜進士出身;九月二日,孫棣除顯謨閣待制、提舉萬壽宮觀

《長編紀事本末》卷一百三十:"宣和四年八月庚子,賜新除太僕少卿王棣進士出身,以安石孫,故旌之。九月戊午,詔熙豐政事悉自安石建明,今其家淪替,理宜褒恤,可賜第一區。孫棣除顯謨閣待制、提舉萬壽宮觀。曾孫璹、珌並轉宣義郎,孫女二人,各進封號一等。曾孫女五人,並封孺人。"

欽宗靖康元年四月二十三日,《字説》再遭禁

《靖康要録》卷五:"(靖康元年四月)二十三日,臣僚上言:'竊以國家治亂在用人,用人在責實。熙寧間,王安石執政,改更祖宗之法,附會經典,號爲新政。以爵禄招誘輕進冒利之人,使爲奧援,挾持新政,期於必行,自比商鞅,天下始被其害矣。以至爲士者非性命之説不談,非莊、老之書不讀。上慕軒、黄,下比堯、舜、三代,以漢、唐爲不足法,流弊至今,爲害日久。晉以王衍溺於莊、老,遂至南渡。今天下之士操筆弄墨,朝誨夕講,升孔子之堂,宗虚無之教,而欲風教不壞,朝廷乂安,其可得乎!朝廷以科舉取卓偉之才,以詩賦待才能之士,以策論試操守之節,或質以吏學,或要以時政。今之策士,盡成虚無不根之言,欲士詳於古今治亂,不可得矣。國家以詩賦爲名臣者,不可勝紀。變更舊章之後,至今五紀,特立不群爲大臣,幾何人哉?國富民康,果及祖宗之時乎?不待辨説可知矣。今國威不彰,由用人不責

其實,救之之術,莫若遵祖宗成憲。王安石解經有不負聖人之旨者,亦許收用,至於老、莊、《字説》,並行禁止。'奉聖旨,送禮部詳議。"

《宋史》卷二十三《欽宗本紀》:"己未,復以詩賦取士,禁用莊、老及王安石《字説》。"

靖康元年五月三日,楊時上疏抨擊,乞追奪王爵、罷配享、斷新學之謬,遂依鄭康成等例從祀孔廟

《靖康要録》卷六:"右諫議大夫楊時言:'伏見蔡京用事二十餘年,蠹國害民,幾危社稷,人所切齒。而論其罪者,曾莫知其所本也。蓋京以紹述神宗爲名,實挾王安石以圖其利,故推尊安石,加以王爵,配享孔子廟廷。而京之所爲,自謂得安石之意,使人毋得而議。其小有異者,則以不忠不孝之名目,而痛加竄黜,人皆結舌,莫敢爲言,而京得以肆意矣。然則致今日之禍者,實安石有以啓之也。臣謹按:安石挾管商之術,飾六藝以文奸言,變亂祖宗法度。當時司馬光已言其爲害之甚,當見於數十年之後。今日之事,若合符契。其著爲邪説以塗學者耳目,敗壞其心術者,不可屢數,姑即其爲今日之害尤甚者一二以明之,則其爲邪説可見矣。昔神宗皇帝嘗稱美漢文惜百金以罷露臺,曰:"朕爲天下守財耳。"此慎乃儉德,惟懷永圖,正宜將順。安石乃言:"陛下能以堯舜之道治天下,雖竭天下以自奉不爲過,守財之言非正理。"曾不知堯舜茅茨土階,未嘗以天下自奉,其稱禹曰克儉于家,則竭天下以自奉者,必非堯舜之道。其後王黼、朱勔借其説,以應奉花石之事,竭天下之力,號爲享上,實安石

竭天下自奉之説有以唱之也……安石獨倡爲此説，以啓人主之侈心。其後蔡京輩輕貨妄用，專以侈靡爲事，蓋祖此説耳。則安石邪説之害，豈不甚哉！臣伏望睿旨斷王安石學術之謬，追奪王爵，詔中外毀去配享之像，使邪説淫辭不爲學者之惑，實天下萬世之幸。'奉聖旨，王安石合依鄭康成等例從祀孔子廟廷，令禮部改正施行。”

《宋史》卷一百五十七《選舉三》：“諫議大夫兼祭酒楊時言：‘王安石著爲邪説，以塗學者耳目，使蔡京之徒，得以輕費妄用，極侈靡以奉上，幾危社稷。乞奪安石配饗，使邪説不能爲學者惑。’御史中丞陳過庭言：‘五經義微，諸家異見，以所是者爲正，所否者爲邪，此一偏之大失也。頃者指蘇軾爲邪學，而加禁甚切；今已弛其禁，許采其長，實爲通論。而祭酒楊時矯枉太過，復詆王氏以爲邪説，此又非也。’諸生習用王學，聞時之言，群起而詆詈之，時引避不出，齋生始散。詔罷時祭酒。”

胡寅《斐然集》卷十四《追廢王安石配饗詔奉旨撰》：“仰惟神祖英睿之資，勵精圖治，將以卓安宇内，威服四夷，甚盛德也。王安石首被眷求，進秉國政，所當致君堯、舜，措俗成、康，以副委屬之重。而乃文飾姦説，附會聖經，名師帝王，實慕非、鞅。以聚斂爲仁術，以法律爲德政，排擯故老，汲引憸人，變亂舊章，戕毀根本，高言大論，詆訾名節。歷事五代者謂之知道，《劇秦美新》者謂之合變。逮其流弊之極，賢人伏處，天地閉塞，禍亂相踵，率獸食人，三綱五常，寖以埋滅。而習俗既久，猶未以爲安石罪，朕甚懼焉。昔者世衰道微，暴行有作，孔子撥亂反正，寓王法于《春秋》，以俟後世。朕臨政願治，表章斯文，將以正人心，息邪説，使不淪胥于異學。荊舒禍本，可不懲乎？安石廢絶《春秋》，實與亂賊造始。今其父子從祀孔廟，禮文失秩，當議黜之。夫安石之學不息，則孔子之道不著。子大夫體朕至意，倡率于下，塞源拔本，無俾世迷。庶幾于抑水膺戎，驅猛詎詖，崇夫子之事，爲聖人之徒，則予一人有辭于永世。惟子大夫之休烈，尚明聽之哉！"

　　按，楊時，程門高弟，《宋史》卷四百二十八有傳："字中立，南劍將樂人。幼穎異，能屬文，稍長，潛心經史。熙寧九年，中進士第。時河南程顥與弟頤講孔孟絶學于熙豐之際，河洛之士翕然師之，時調官不赴，以師禮見顥於潁昌，相得甚懽。其歸也，顥目送之曰：'吾道南矣。'四年而顥死，時聞之，設位哭寢門，而以書赴告同學者，至是又見程頤於洛，時蓋年四十矣。一日見頤，頤偶瞑坐，時與游酢侍立不去，頤既覺，則門外雪深一尺矣。關西張載嘗著《西銘》，二程深推服之，時疑其近於兼愛，與其師頤辨論往復，聞理一分殊之説，始豁然無疑。杜門不仕者十年……又言：'蔡京用事二十餘年，蠹國害民，幾危宗社，人所切齒，而論其罪者，莫知其所本也。蓋京以繼述神宗爲名，實挾王安石以圖身利，故推尊安石，加以王爵，配饗孔子廟庭。今日之禍，實安石有以啓之……'疏上，安石遂降從祀之列。士之習王氏學取科第者，已數十年，不復知其非，忽聞以爲邪説，議論紛然。諫官馮澥力主王氏，上疏詆時。會學官中有紛爭者，有旨學官並罷，時亦罷祭酒……時在東郡，所交皆天下士。先達陳瓘、鄒浩，皆以師禮事時。暨渡江，東南學者推時爲程氏正宗，與胡安國往來講論尤多。時浮沉州縣四十有七年，晚居諫省僅九十日，凡所論列，皆切於世道。而其大者，則闢王氏經學，排靖康和議，使邪説不作。凡紹興初崇尚元祐學術，而朱熹、張栻之學得程氏之正，其源委脉絡，皆出於時。"

胡寅，《宋史》卷四百三十五有傳："字明仲，安國弟之子也……中宣和進士甲科，靖康初，以御史中丞何㮚薦，召除秘書省校書郎。楊時爲祭酒，寅從之受學。"

靖康元年五月十日，馮澥奏乞學校科場既不專主新學，亦不專主元祐之學

《靖康要録》卷六："左諫議大夫馮澥言：'臣聞太學者，道義之所由出，風化之源，賢士之關也。博士講明訓迪於上，子弟切磋琢磨於下，委委蛇蛇，人無異論，此誠太學之盛也。國家自崇、觀以來，行貢試之法，而鄉舉里選，徒蹈虛文。自是士失所守，而太學教養之法，一切不振。士不自重，務爲輕浮。博士先生，狃於黨與，各自爲説，無復至當，煽以成風。附王氏之學則醜詆元祐之文，附元祐之學則譏誚王氏之説，流風至此，頹敝莫回，兹今日之大患也。比者朝廷罷元祐學術之禁，不專王氏之學，陛下固欲中立不倚，六經之旨惟其説通者取之，其謬者舍之，不主於一，此固甚盛之舉也。臣訪聞太學校試去取，於其上者或主一偏之説，守經肄業於其下者或執一偏之見，上下曉曉，甚非陛下開設學校教養多士之意。臣又聞臣僚上言乞罷安石配享，而謂安石之説爲邪説。朝廷從言者請，罷安石配享而列於從祀。此固公議所在，其誰以爲不然？若言者以安石之説爲邪説，

則過矣。安石之釋經，固不能無失也。夫孟子所謂息邪説者，謂楊朱、墨翟之言。若以安石之説便同楊墨之言爲邪説，則復當禁之，此所以起學者之謗而致爲紛紛也。士之擔簦負笈赴於天子之學以就教養者，非特欲以進取爵禄爲心，亦顧其所養所學與操守者何如耳。今科舉在邇，爲士者若引用王氏之説，有司懷私，便爲邪説而黜落之，則其利害所係甚重，臣固不得不論也。臣願陛下明詔有司，訓敕中外，凡學校科舉考校去取，不得專主元祐之學，亦不得專主王氏之學。或傳注，或己説，惟其説之當理而已。倘有司輒敢以私好惡去取者，乞重賜斥責，庶使天下學者曉然無惑，而庠序多士得以安其心矣。’奉聖旨依奏。”

靖康元年五月十三日，馮澥再上疏爲新學辯

《靖康要録》卷七："左諫議大夫馮澥奏：‘臣聞天下有公論，有中道……王安石以名世之學，發明要妙，著爲《新經》，鏤板太學，頒之天下，學者翕然宗仰。然要之公論，亦有穿鑿太過之弊。《新經》令學者擇其善而從之，其不善者而改之則已矣，何必傳注之是而《新經》之非哉？祖宗之治遠矣，臣不及見。熙寧、元豐年間，内外安平，公私充實，法令備具，賦役均平，朝廷無倖位，州縣無横斂，夷狄畏威，盜賊不作。使今日之治得如其時，有何不可？是時學校英秀如林，治經習史，皆有本原，程文具在，可以按考。使今日學者得如其時，亦有何不可？自崇寧以來，蔡京持權二十餘年，紛更變亂，靡有寧止。自熙、豐之法掃地無遺，故其大壞至於如是之極。仁宗皇帝，陛下之高祖也；神宗皇帝，陛下

之祖也。子孫之心，寧有厚薄？王安石、司馬光皆天下之大賢，其優劣等差自有公論。臣願陛下無作好惡，不蔽偏黨，允執厥中，以照臨臣下，則是非自明，紛爭自息矣。'"

按，馮澥，《宋史》卷三百七十一有傳："字長源，普州安岳人。父山，熙寧末爲秘書丞，通判梓州。鄧縮薦爲臺官，不就，退居二十年。范祖禹薦於朝，官終祠部郎中。澥登進士第，歷官入朝，以言事再謫。靖康元年，澥爲左諫議大夫……建炎初，除資政殿學士、知潼川府，言者論澥嘗汙僞命，奪職，已而復官。紹興三年，以資政殿學士致仕，卒。澥爲文師蘇軾，論西事與蔡京忤。郡人張庭堅以言事斥象州死，妻子流離，澥力振其家。及入諫省，奏官其一子。然議論主熙豐、紹聖，而排鄒浩、李綱、楊時，君子少之。"馮澥之父馮山，元豐六年曾呈詩荊公，頌曰："軻、雄平可駕，房、魏淺非倫。"

高宗建炎三年六月三日，趙鼎上疏抨擊，咎以北宋滅亡之罪，遂罷配享神宗廟庭

《建炎以來繫年要錄》卷二十四："（建炎三年六月）己酉，上以久雨不止，慮下有陰謀，或人怨所致，以諭輔臣，於是呂頤浩、張浚皆謝罪求去。上曰：'宰執豈可容易去位？來日可召郎官以上赴都堂言闕政'……司勳員外郎趙鼎言：'自熙寧間王安石用事，肆爲紛更，祖宗之法掃地，而生民始病。至崇寧初，蔡京託名紹述，盡祖安石之政，以致大患。今安石猶配饗廟庭，而京之黨未族。臣謂時政之闕，無大於此，何以收人心而召和氣哉？'上納其言，遂罷安石配享神宗

廟庭。靖康初，廷臣有請罷安石配饗者，爭議紛然，至是始決。"

《宋史》卷一百九《禮十二》："迨建炎初，詔奪蔡確所贈太師、汝南郡王，追貶武泰軍節度副使，更以左僕射贈太師司馬光配享哲宗。既又罷王安石，復以富弼配享神宗。"

按，《宋史》卷三百六十三《趙鼎傳》："字元鎮，解州聞喜人。生四歲而孤，母樊教之，通經史百家之書。登崇寧五年進士第，對策斥章惇誤國，累官爲河南洛陽令……高宗即位，除權戶部員外郎。知樞密院張浚薦之，除司勳郎官。上幸建康，詔條具防秋事宜，鼎言宜以六宮所止爲行宮，車駕所止爲行在，擇精兵以備儀衛，其餘兵將分布江淮，使敵莫測巡幸之定所。上納之。久雨，詔求闕政，鼎言……於是上爲罷安石配享。"

趙鼎所言，即《忠正德文集》卷一《論時政得失》："竊惟祖宗之有天下也，歷五季兵火之餘，險阻艱難，皆目擊而身蹈之，故其建立，足以垂法萬世。以聖繼聖，至於仁宗，四十餘年，號稱極治，子孫守而勿失，復何加焉。厄運所鍾，社稷不幸，乃有王安石者用事於熙寧之間。以一己之私，拂中外之意，巧增緣飾，肆爲紛更，祖宗之法，掃地殆盡，於是天下始多事而生民病矣。假闢國之謀，造作邊患；興理財之政，困窮民力；設虛無之學，敗壞人材；獎小人，抑君子，塞言路，喜姦諛，扇爲刻薄輕浮之俗，日入於亂。賴宣仁垂簾，深鑑其害，首因改元，昭著至意。所行者仁宗之法，所用者仁宗之人，涵養十年，民瘼小愈。夫何治世之日少，亂世之日多。復有蔡京者崛起於崇寧之初，竊堯舜孝悌之説，託紹述熙豐之名,畢力一心,祖述安石。以安石之政敷衍枝蔓,浩然無涯,至於不可限極而後已。兵連禍結,外侮交乘,二聖北轅,朝廷南渡,則安石闚國之謀,而蔡京祖述瀆武之患也……故凡今日之患,始於安石,成於蔡京,自餘童貫、王黼輩,曾何足道!今貫、黼已誅,而安石未貶,猶得配享廟廷;蔡京未族,而子孫飽食安坐。臣謂時政闕失,無大於此者。其欲收人心,召和氣,烏可得哉?"

紹興元年七月,高宗與沈與求言及新法、新學爲靖康禍首

《建炎以來繫年要錄》卷四十六:"(紹興元年八月)庚午,直龍圖閣沈與求試侍御史。上嘗從容言王安石之罪在行新法,與求對曰:'誠如聖訓。然人臣立朝,未論行事之是非,先觀心術之邪正。揚雄名世大儒,乃爲《劇秦美新》之文;馮道左右賣國,得罪萬世。而安石於漢則取雄,於五代則取道,是其心術已不正矣。施之學術,悉爲曲説,以惑亂天下。士俗委靡,節義凋喪,馴致靖康之禍,皆由此也。"

按,《建炎以來繫年要錄》卷四十七:"(紹興元年九月甲寅)既而,右司諫韓璜言:'今日禍首,實自王安石變新法始。'"

紹興三年,楊時撰成《三經義辨》、《日録辨》、《字説辨》

吕祖謙《東萊集》卷九《故左朝散郎徽猷閣待制提舉江州太平興國宮江都縣開國子食邑五百户致仕贈左通議大夫王公(居正)行狀》:"自其少年,已不爲王氏説所傾動,慨然

欲黜其不臧，以覺世迷。於是稽參雋義，鈎索聖緼，摧新學詖淫邪遁之辭，迎筆披靡，雖老於王氏學者，莫能自解。龜山楊先生時與公會毗陵，出所著《三經義辨》示公曰：'吾猶舉其端以告學者而已，欲鬈櫛而毫緝之，未遑也，非子莫成吾志者。'"

　　按，楊時建炎初寓居毗陵，其時已着手撰寫《三經義辨》，至紹興三年方成書。①

紹興四年八月一日，高宗與范沖再論新法、新學之罪

　　《建炎以來繫年要錄》卷七十九："紹興四年八月戊寅朔，宗正少卿兼直史館范沖入見。沖立未定，上云：'以史事召卿。兩朝大典，皆爲姦臣所壞，若此時更不修定，異時何以得本末？'沖因論熙寧創制，元祐復古，紹聖以降，弛張不一，本末先後，各有所因，不可不深究而詳論。讀畢，上顧沖云：'如何？'對曰：'臣聞萬世無弊者，道也；隨時損益者，事也。仁宗皇帝之時，祖宗之法誠有弊處，但當補緝，不可變更。當時大臣如呂夷簡之徒，持之甚堅。范仲淹等初不然之，議論不合，遂攻夷簡，仲淹坐此遷謫。其後夷簡知仲淹之賢，卒擢用之。及仲淹執政，猶欲伸前志，久之，自知其不可行，遂已。王安石自任己見，非毀前人，盡變祖宗法度，上誤神宗皇帝。天下之亂，實兆於安石，此皆非神祖之意。'上曰：'極是，朕最愛元祐。'上又論史事，沖對：'先臣修《神宗實錄》，首尾在院，用功頗多。大意止是盡書王安石過失，以

---

① 此據黃去疾《龜山先生文靖楊公年譜》，《宋人年譜叢刊》第五册，第3410頁。

明非神宗之意。其後安石壻蔡卞怨先臣書其妻父事,遂言哲宗皇帝紹述神宗,其實乃蔡卞紹述王安石。惟是直書安石之罪,則神宗成功盛德,煥然明白。《哲宗皇帝實録》,臣未嘗見,但聞盡出姦臣私意'……上又論王安石之姦曰:'至今猶有説安石是者。近日有人要行安石法度,不知人情何故,直至如此?'沖對:'昔程頤嘗問臣安石爲害於天下者何事,臣對以新法,頤曰:"不然,新法之爲害未爲甚,有一人能改之即已矣。安石心術不正,爲害最大,蓋已壞了天下人心術,將不可變。"臣初未以爲然,其後乃知安石順其利欲之心,使人迷其常性,久而不自知。且如詩人多作《明妃曲》,以失身爲無窮之恨,至於安石爲《明妃曲》,則曰"漢恩自淺胡自深,人生樂在相知心",然則劉豫不是罪過也。今之背君父之恩投拜而爲盜賊者,皆合於安石之意。此所謂壞天下人心術。'上曰:'安石至今猶封王,豈可尚存王爵!'"

紹興四年八月十九日,追舒王告,毀抹

《建炎以來繫年要録》卷七十九:"紹興四年八月丙申,詔追王安石舒王告,毀抹。時右朝請大夫、福建路提點刑獄公事吕聰問辭行,上疏曰:臣聞《書》曰'除惡務本',又曰'政事惟醇'。今國家舉事,未能大有爲者,豈非政事未醇,豈非惡未除本? 安石之不利趙氏,其實迹可見,乃陛下世讎,天下所共知。然其人行僻而堅,言僞而辯,足以深惑群衆,中人以下,鮮有不爲安石壞其心術。陛下若以其嘗被任遇,不欲痛加懲艾,至如傳習安石之學問者,謂宜深加屏遠,過於防寇。蓋彼之邪説易以動人,爲之地者則必曰:'政事

雖有不善,學術過人。'若謂讀書爲文過人,則誠有之,豈有學術善而政事不善,學術不善而政事善之理?但乞陛下因對臣下,訪安石之爲人,有意向稍佐之者,便可見其用心之邪正。仍願陛下赫然發憤,從中下明詔,具言神宗皇帝終棄安石不用,以慰在天之靈。所有謚議,乃以文爲言,若并王爵稱之,則爲文王,實爲僭越。蓋當時太常博士許彦一意詔事蔡卞,侈大安石,輕蔑祖宗。此來若不追寢謚議,恐無以示天下,曉群聽,鼓群動,立政事。況方命重修二史,甚盛舉也。若此論不定,徒令天下後世終得以議。宣聖曰:'舉直錯諸枉,則民服。'今若追奪安石之謚,雖若不急,其實舉直錯枉之要道。"

《名臣碑傳琬琰集》下卷十四《王荆公安石傳實錄》:"紹興四年八月,吏部員外郎呂聰問請奪安石謚,有詔追所贈王爵。"

按,呂聰問,呂公著之孫。汪應辰《文定集》卷三十三《樞密院計議錢君孀夫人呂氏墓誌銘》:"夫人其先東萊人,至高祖文靖公三相仁宗,始賜第京師。曾祖諱公著,以司空平章軍國事。祖諱希純,嘗任中書舍人,追復寶文閣待制。父諱聰問,右朝請大夫,直秘閣。"

紹興五年三月二十七日,王居正獻《辯學》四十三篇以攻新學新法

《建炎以來繫年要錄》卷八十七:"(紹興五年三月庚子)兵部侍郎王居正獻《辯學》四十三篇。居正嘗入見,請以舊所論著王安石父子平昔之言不合於道者爲獻,上許之。

居正乃釐爲七卷,其一曰蔑視君親,虧損恩義,凡所褒貶,悉害名教;其二曰非聖人,滅天道,詆誣孔孟,宗尚佛老;其三曰深懲言者,恐上有聞;其四曰託儒爲姦,以行私意,變亂經旨,厚誣天下;其五曰隨意互説,反復皆違;其六曰排斥先儒,經術自任,務爲新奇,不恤義理;其七曰《三經》、《字説》,自相牴牾。集而成之,謂之《辯學》。詔送秘書省。崇、觀間,王安石學益盛,内外校官,非《三經義》、《字説》不登几案,居正獨非之。至是,因事請對,進言曰:'臣聞陛下深惡安石之學久矣,不識聖心灼見其弊安在?敢請。'上曰:'安石之學雜以伯道,取商鞅富國强兵。今日之禍,人徒知蔡京、王黼之罪,而不知天下之亂生於安石。'居正對曰:'禍亂之源,誠如聖訓,然安石所學得罪於萬世者不止此。'因爲上陳安石訓釋經義無父無君者一二事,上作色曰:'是豈不害名教?孟子所謂邪説者,正謂是矣。'居正退,即序上語,繫於《辯學》書首,上之。"

按,王居正,《宋史》卷三百八十一有傳:"字剛中,揚州人。少嗜學,工文辭。入太學時,習《新經》、《字説》者,主司輒置高選。居正語人曰:'窮達自有時,心之是非可改邪?'流落十餘年……又除兵部侍郎。入對,以所論王安石父子之言不合於道者,裒得四十二篇,名曰《辨學》,上之。"

又吕祖謙《東萊集》卷九《故左朝散郎徽猷閣待制提舉江州太平興國宫江都縣開國子食邑五百户致仕贈左通議大夫王公行狀》:"自其少年,已不爲王氏説所傾動,慨然欲黜其不臧,以覺世迷。於是稽參雋義,鈎索聖緼,摧新學詖淫邪遁之辭,迎筆披靡,雖老於王氏學者,莫能自解。龜山楊先生時與公會毗陵，出所著《三經義辨》示公曰：‘吾猶舉其端以告學者而已，欲鬘櫛而毫緝之，未遑也，非子莫成吾志者。’公愈益感屬，首尾十載，迄以成書，爲《毛詩辨學》二十卷，《尚書辨學》十三卷，《周禮辨學》五卷，《辨學外集》一卷。靖康、建炎以來，朝廷懲創王氏邪説之禍，罷配享，仆坐像，更科舉法，置《春秋》博士弟子員，國論略定。然餘朋遺黨，合力詆沮，所以搖正道者萬端，賴太上皇持之堅，既不得逞，則陰挾故習，候伺間隙，識者懼焉。會故相韓儀公忠彦請謚，公時贊奉常，引儀公熙寧初闕近臣坐講之請以定謚，且謂自是君尊臣卑，猶天地定位，不可改易。雖淫辭曲説，厚誣天下，謂天子有北面之儀，君臣有迭賓之義，天下卒莫之信，實有大功於名教，宜謚曰文禮。盡發王氏之謬，以警在列，讀者皆竦，而韓氏子乃以故事未有以禮義謚者，謁宰相求易。宰相以謂公，公不爲改。其在兵部，以事請對，上因及王安石新學爲士大夫心術之害，公進曰……先時名公卿斥王氏者輩出，猶不能辟，至公上《辨學》，而楊先生《三經義辨》亦列於秘府。二書相經緯，孔孟之本指始明，士皆回心向道，如水赴壑，天下遂不復宗王氏。蓋太上皇帝表章聖學之功，而公與龜山先生諸賢之助也。”

紹興十年，詹大和重刊《臨川文集》

黃次山《臨川文集叙》：“紹興重刊《臨川文集》者，郡人王丞相介父之文，知州事桐廬詹大和甄老所譜而校也。藝祖神武定天下，列聖右文而守之，江西士大夫多秀而文，挾所長與時而奮。王元之、楊大年篤尚音律，而元獻晏公臻其妙。柳仲塗、穆伯長首唱古文,而文忠歐陽公集其成,南豐曾子固、豫章黃魯直亦所謂編之乎《詩》《書》之冊而無媿者也。丞相旦登文忠之門,晚躋元獻之位,子固之所深交,而魯直稱爲不朽。近歲諸賢舊集,其鄉郡皆悉刊行,而丞相之文流布閩、浙,顧此郡獨因循不暇,而詹子所爲奮然成之者也。紙墨既具,久而未出,一日謂客曰:'讀書未破萬卷,不可妄下雌黃。讎正之難,自非劉向、揚雄,莫勝其任。吾今所校本,仍閩、浙之故耳,先後失次,訛舛尚多,念少遲之盡更其失,而慮歲之不我與也。計爲之何?'客曰:'不然,皋、蘇不世出,天下未嘗廢律;劉、揚不世出,天下未嘗廢書。凡吾所爲,將以備臨川之故事也。以小不備而忘其大不備,士夫披閱終無時矣。明牕淨楊,永晝清風,日思誤書,自是一適。若覽而不覺其誤,孫而不能思,思而不能得,雖劉、揚復生,將如彼何哉?'詹子曰:'善。客其爲我志之。'十年五月戊子,豫章黃次山季岑父叙。"[①]

按,汪藻《浮溪集》卷二十八《詹太和墓誌銘》失載詹太和刊刻《臨川文集》事。

詹氏所刻,爲現存《文集》之最早版本。其版明代尚存,故得以廣泛刊刻。傅增湘《藏園群書題記》卷一"紹興本臨川先生文集殘卷跋":"荊公文集今世通行者,以明嘉靖本爲最善,然嘉靖本實源出紹興十一年所刊,即此本是也。其版至明時尚存,後歸入南京國子監,故流傳印行至多。余曾于南中收得全帙,就新刊校勘一過,撰有題記。"傅氏所曰"明

① 關於詹本之刊刻、流傳,可見祝尚書《宋人別集敘錄》卷七,中華書局1999年版,第319頁。

嘉靖本"，謂嘉靖三十九年何遷刻本，四部叢刊本《臨川先生文集》即據以影印。

紹興十四年三月二十二日，高宗與秦檜論新學、程學各有所長

《建炎以來繫年要錄》卷一百五十一紹興十四年三月："癸酉，秦檜進呈講筵闕官，因言：'陛下聖學日躋，寔難其人。'上曰：'朕學問豈敢望士大夫，但性好讀書。'檜曰：'士人讀書固多，但少適用，若不適用，或託以爲姦，則不若不讀之爲愈。'上又曰：'王安石、程頤之學，各有所長，學者當取其所長，不執於一偏，乃爲善學。'檜曰：'陛下聖學淵奧，獨見天地之大全，下視專門陋儒，溺於所聞，真泰山之於丘垤也。'"

按，高宗對新學態度之轉變，蓋因力成紹興和議之秦檜主新學，而程學傳人、洛學官僚等反對和議。[1]

紹興二十一年，曾孫王珏於杭州刻《臨川先生文集》

宋刻元明遞修本《臨川先生文集》序："曾大父之文，舊所刊行，率多舛誤。政和中門下侍郎薛公，宣和中先伯父大資皆嘗被旨編定。後罹兵火，是書不傳。比年臨川、龍舒刊行，尚循舊本。珏家藏不備，復求遺稿於薛公家，是正精確，

---

[1]　關於南宋高宗朝新學、程氏學之消長與和戰之關係，可見高紀春《秦檜與洛學》、《宋高宗朝初年的王安石批判與洛學之興》（《中州學刊》1996 年第 1 期）、近藤一成《關於南宋初期對王安石之評價》，《東洋史研究》1979 年 12 月等。

多以曾大父親筆、石刻爲據，其間參用衆本，取捨尤詳。至於斷缺，則以舊本補校足之。凡百卷，庶廣其傳云。紹興辛未孟秋旦日，右朝散大夫、提舉兩浙路常平鹽茶公事王珏謹題。"①

紹興二十六年六月十五日，詔取士毋拘程頤、王安石一家之説

《宋會要輯稿》選舉四："十五日，秘書省正字葉謙亨言：'向者朝論專尚程頤之學，士有立説稍異者，皆不在選。前日大臣則陰祐王安石，稍涉程學者，至一切擯棄。程、王之學，時有所長，皆有所短。取其合於孔孟者，去其不合於孔孟者，皆可以爲學矣，又何拘乎？願詔有司，精擇而博取，不拘以一家之説，而求至當之論。'上宣諭曰：'趙鼎主程頤，秦檜尚王安石，誠爲偏曲，卿所言極是。'於是可其奏。"

《宋史》卷三十一《高宗本紀》："（紹興二十六年）乙酉，詔取士毋拘程頤、王安石一家之説。"

員興宗對策欲合新學、蜀學、程學三家爲一

《九華集》卷九《蘇氏王氏程氏三家之學是非策》："昔者國家右文之盛，蜀學如蘇氏，洛學如程氏，臨川如王氏，皆以所長，經緯吾道，務鳴其善鳴者也。程師友於康節邵公，蘇師友於參政歐陽公，王同志於南豐曾公，考其淵源，皆有所長，不可廢也。然學者好惡入乎彼，則出乎此，入者附之，

---

① 關於王珏刻本之刊刻、流傳，可見祝尚書《宋人別集敘録》卷七，第319—323頁。

出者汙之，此好惡所以萌其心者。蘇學長於經濟，洛學長於性理，臨川學長於名數，誠能通三而貫一，明性理以辨名數，充爲經濟，則孔氏之道滿門矣，豈不休哉！惟聖天子深知其蔽，是以破學者好惡之心而盡除其禁，使惟是之從，惟道之明，學者之幸也……今蘇、程、王之學，未必盡善，未必盡非。執一而廢一，是以壞易壞。宜合三家之長，以出一道，使歸於大公至正。"

按，陸心源《宋詩紀事補遺》卷四十四："員興宗字顯道，仁壽人。紹興二十七年進士，以薦除教授。"員興宗之伯祖員文饒，熙寧元年曾客公之門下（詳本譜熙寧元年）。

孝宗乾道五年春，魏掞之奏請廢罷公父子孔廟從祀，代以二程

《宋史》卷四百五十九《魏掞之傳》："魏掞之字子實，建州建陽人，初字元履。自幼有大志，師胡憲，與朱熹遊……掞之請廢王安石父子從祀，追爵程顥、程頤，列于祀典。不報。"

張栻《南軒集》卷四十《教授魏元履墓表》："乾道四年十二月，用布衣入見，條當世之務……翼日，詔賜同進士出身，授左迪功郎、守太學録。異時學官多養望自高，不與諸生接，亦不復省學事。元履就職，則日進諸生而誨語之，視其屋有弊壞弗支者，亟請于朝而葺之。其春，釋奠于先聖，職當分獻先賢之從祀者，則先事白宰相：'王安石父子以邪説亂天下，不當祠，而河南程氏兄弟倡明絶學，以訓方來，其功爲大，請論奏屏去王安石父子，而追爵程氏列於從祀爲

允。'它日，又白：'太學之教，豈當專以浮言取人？宜隆德行，尚經術。其次猶當使之通習世務，以備官使。'皆不聽。"

乾道、淳熙間，有學者欲調和新學、程學，張栻辟之

張栻《南軒集》卷十九《與顏主簿》："竊觀左右論程氏、王氏之學，有兼與而混爲一之意，此則非所敢聞也。學者審其是而已。王氏之説，皆出於私意之鑿，而其高談性命，特竊取釋氏之近似者而已。夫竊取釋老之似，而濟之以私意之鑿，故其橫流蠹壞士心，以亂國事。學者當講論明辨，而不屑焉可也。今其於二程子所學，不翅霄壤之異，白黑之分，乃欲比而同之，不亦異乎？願深明義利之判，反求諸心，當有不待愚言之辨者。惟深察焉。"

同書卷十九《寄周子充尚書》："熙寧以來，人才頓衰於前，正以王介甫作壞之故。介甫之學，乃是祖虛無而害實用者。伊洛諸君子，蓋欲深救茲弊也。"

淳熙四年七月十二日，子雱罷孔廟從祀

《宋史》卷三十四《孝宗本紀》："（淳熙四年七月）己酉，罷臨川伯王雱從祀。"

留正《皇宋中興兩朝聖政》卷五十五："（淳熙四年七月）己酉，詔文宣王從祀去王雱畫像。"

李心傳《道命録》卷八："淳熙四年，趙侍郎粹中又奏乞去王雱，而擇本朝名儒列於從祀。詔禮官、學官與給舍議。李文簡（燾）時爲禮部侍郎，上諭以范司馬二文正、歐陽蘇二文忠公從祀，李公以爲可。趙衛公（雄）在西府，尤主之，且

欲置范、歐而升司馬、蘇于堂上，龔（茂良）、李（彥穎）二參政不以爲可，乃不行。其年秋，但去臨川伯雱畫像而已。”

周必大《文忠集》卷六十六《敷文閣學士李文簡公燾神道碑》：“公生政和乙未，天資穎異，博覽經傳，獨不樂王安石。學甫冠，已著《兩漢鑑》……（淳熙四年）八月，真拜侍郎，仍兼工部。徽錄置院久，公薦呂祖謙爲秘書郎兼檢討官，審訂增削數百條，書遂成，特遷一官。或請升降兩學從祀，衆議不同，第去王雱像，用公説也。”

《宋史》卷三百八十八《李燾傳》：“四年，駕幸太學，以執經特轉一官。燾論兩學釋奠，從祀孔子，當升范仲淹、歐陽修、司馬光、蘇軾，黜王安石父子。從祀武成王，當黜李勣。衆議不叶，止黜王雱而已。”

淳熙五年正月，陳亮上孝宗書抨擊

《陳亮集》卷一《上孝宗皇帝第一書》：“王安石以正法度之説，首合聖意。而其實則欲籍天下之兵盡歸於朝廷，別行教閲以爲强也；括郡縣之利盡入於朝廷，別行封椿以爲富也。青苗之政，惟恐富民之不困也；均輸之法，惟恐商賈之不折也。罪無大小，動輒興獄，而士大夫緘口畏事矣。西北兩邊，至使内臣經畫，而豪傑恥於爲役矣。徒使神宗皇帝見兵財之數既多，鋭然南征北伐，卒乖聖意，而天下之勢實未嘗振也。彼蓋不知朝廷立國之勢，正患文爲之太密，事權之太分，郡縣太輕于下而委瑣不足恃，兵財太關於上而重遲不易舉。祖宗惟用前四者以助其勢，而安石竭之不遺餘力。不知立國之本末者，真不足以謀國也。”

淳熙十五年正月,陸九淵撰《荆國王文公祠堂記》

《陸九淵集》卷十九《荆國王文公祠堂記》:"唐虞三代之時,道行乎天下。夏商叔葉,去治未遠,公卿之間,猶有典刑。伊尹適夏,三仁在商,此道之所存也。周歷之季,跡熄澤竭,人私其身,士私其學,横議蜂起。老氏以善成其私,長雄於百家,竊其遺意者猶皆逞於天下。至漢而其術益行,子房之師,實維黄石,曹參避堂,以舍蓋公。高、惠收其成績,波及文、景者,二公之餘也。自夫子之皇皇,沮溺接輿之徒固已竊議其後。孟子言必稱堯舜,聽者爲之藐然。不絶如綫,未足以喻斯道之微也。陵夷數千百載,而卓然復見斯義,顧不偉哉?

裕陵之得公,問唐太宗何如主?公對曰:'陛下每事當以堯舜爲法,太宗所知不遠,所爲未盡合法度。'裕陵曰:'卿可謂責難於君,然朕自視眇然,恐無以副此意,卿宜悉意輔朕,庶同濟此道。'自是君臣議論,未嘗不以堯舜相期。及委之以政,則曰:'有以助朕,勿惜盡言。'又曰:'須督責朕,使大有爲。'又曰:'天生俊明之才,可以覆庇生民,義當與之戮力,若虚捐歲月,是自棄也。'秦漢而下,南面之君亦嘗有知斯義者乎?後之好議論者之聞斯言也,亦嘗隱之於心以揆斯志乎?曾魯公曰:'聖知如此,安石殺身以報亦其宜也。'公曰:'君臣相與,各欲致其義耳。爲君則欲自盡君道,爲臣則欲自盡臣道,非相爲賜也。'秦漢而下,當塗之士亦嘗有知斯義者乎?後之好議論者之聞斯言也,亦嘗隱之於心以揆斯志乎?惜哉!公之學不足以遂斯志,而卒以負斯志;不足以究斯義，而卒以蔽斯義也。

昭陵之日，使還獻書，指陳時事，剖析弊端，枝葉扶疏，往往切當。然覈其綱領，則曰'當今之法度，不合乎先王之法度'。公之不能究斯義，而卒以自蔽者，固見於此矣。其告裕陵，蓋無異旨。勉其君以法堯舜，是也，而謂每事當以爲法，此豈足以法堯舜者乎？謂太宗不足法，可也，而謂其所爲未盡合法度，此豈足以度越太宗者乎？不知言，無以知人也。公疇昔之學問，熙寧之事業，舉不遁乎使還之書。而排公者或謂容悅，或謂迎合，或謂變其所守，或謂乖其所學，是尚得爲知公者乎？氣之相迕而不相悅，則必有相訾之言，此人之私也。公之未用，固有素譽公如張公安道、呂公獻可、蘇公明允者。夫三公者之不悅於公，蓋生於其氣之所迕。公之所蔽，則有之矣，何至如三公之言哉？英特邁往，不屑於流俗，聲色利達之習，介然無毫毛得以入於其心，潔白之操，寒於冰霜，公之質也。掃俗學之凡陋，振弊法之因循，道術必爲孔孟，勳績必爲伊周，公之志也。不蘄人之知，而聲光燁奕，一時鉅公名賢爲之左次，公之得此，豈偶然哉？用逢其時，君不世出，學焉而後臣之，無愧成湯高宗。君或致疑，謝病求去，君爲責躬，始復視事，公之得君，可謂專矣。

新法之議，舉朝譁譁，行之未幾，天下恟恟，公方秉執《周禮》精白言之，自信所學，確乎不疑。君子力爭，繼之以去，小人投機，密贊其決，忠樸屏伏，憸狡得志，曾不爲悟，公之蔽也。典禮爵刑，莫非天理，《洪範》九疇，帝實錫之，古所謂憲章、法度、典則者，皆此理也。公之所謂法度者，豈其然乎？獻納未幾，裕陵出諫院疏與公評之，至簡易之說曰：'今未可爲簡易。修立法度，乃可以爲簡易也。'熙寧之政，粹於是矣。釋此弗論，尚何以費辭於其建置之末哉？爲政在人，取人以身，修身以道，修道以仁。仁，人心也。人者，政之本也；身者，人之本也；心者，身之本也。不造其本而從事其末，國不可得而治矣。《大學》不傳，古道榛塞，其來已久。隨世而就功名者，淵源又類出於老氏。世之君子，天常之厚，師尊載籍，以輔其質者，行於天下，隨其分量，有所補益，然而不究其義，不能大有所爲。其於當世之弊有不能正，則依違其間，稍加潤飾，以幸無禍。公方恥斯世不爲唐虞，其肯安於是乎？蔽於其末而不究其義，世之君子，未始不與公同，而犯害則異者，彼依違其間，而公取必焉故也。熙寧排公者，大抵極詆訾之言，而不折之以至理。大抵極詆訾之言，而不折之以至理，平者未一二，而激者居八九。上不足以取信於裕陵，下不足以解公之蔽，反以固其意，成其事。新法之罪，諸君子固分之矣。

元祐大臣一切更張，豈所謂無偏無黨者哉？所貴乎玉者，瑕瑜不相掩也。古之信史直書其事，是非善惡靡不畢見，勸懲鑑戒，後世所賴。抑揚損益，以附己好惡，用失情實，小人得以藉口而激怒，豈所望於君子哉？紹聖之變，寧得而獨委罪於公乎？熙寧之變，公固逆知己說之行，人所不樂，既指爲流俗，又斥以小人。及諸賢排公已甚之辭，亦復稱是。兩下相激，事愈戾而理益不明。元祐諸公，可易轍矣，又益甚之。六藝之正，可文姦言，小人附託，何所不至？紹聖用事之人如彼其傑，新法不作，豈將遂無所竄其巧以逞其志乎？反復其手，以導崇寧之姦者，實元祐三館之儲。元豐之末，附麗匪人，自爲定策，至造詐以誣首相，則疇昔從容問學，慷慨陳義，而諸君子之所深與者也。格君之學，克知灼見之道，不知自勉，而戞戞於事爲之末，以分異人爲快，使小人得間，順投逆逞，其致一也。近世學者，雷同一律，發言盈庭，豈善學前輩者哉？

公世居臨川，罷政徙于金陵。宣和間，故廬丘墟，鄉貴人屬縣立祠其上。紹興初，常加葺焉。逮今餘四十年，隳圮已甚，過者咨嘆！今怪力之祠，綿綿不絕，而公以蓋世之英，絕俗之操，山川炳靈，殆不世有，其廟貌弗嚴，邦人無所致敬，無乃議論之不公，人心之疑畏，使至是邪？郡侯錢公，期月政成，人用輯和。繕學之既，慨然徹而新之，視舊加壯，爲之管鑰，掌于學官，以時祠焉。余初聞之，竊所敬歎！既又屬記於余，余固悼此學之不講，士心不明，隨聲是非，無所折衷。公爲使時，舍人曾公復書切磋，有曰：'足下於今，最能取於人以爲善，而比聞有相曉者，足下皆不足之，必其理未有以奪足下之見也。'竊不自揆，得從郡侯，敬以所聞薦於祠下，必公之所樂聞也。淳熙十有五年，歲次戊申正月初吉，邦人陸某記。"

按，陸九淵於此文相當自負，謂可斷百年未了之公案。《陸九淵集》卷十五《與陶贊仲二》："《荊公祠堂記》與元晦三書併往，可精觀熟讀。此數文皆明道之文，非止一時辨論之文也。"同書卷九《與林叔虎》："《荊公祠堂記》刻併往，此是斷百餘年未了底大公案，聖人復起，不易吾言矣。"《與錢伯同》："荊公英才蓋世，平日所學，未嘗不以堯舜爲標的。及遭逢神廟，君臣議論，未嘗不以堯舜相期。其學不造本原,而悉精畢力於其末,故至於敗。今去古既遠,雖當世之君子,往往不免安常習故之患,故荆公一切指爲流俗。於是排者蜂起,極詆訾之言,不復折之以至理。既不足以解荆公之蔽,反堅神廟信用之心。故新法之行,當時詆排之人,當與荆公共分其罪。此學不明,至今吠聲者日以益衆,是奚足以病荆公哉!祠宇隳敗,爲日之久,莫有敢一舉手者,亦習俗使然耳。"

宋寧宗慶元五年,朱熹作《讀兩陳諫議遺墨》、《楚辭後語》力辨新學、新法之非

《朱熹集》卷七十《讀兩陳諫議遺墨》:"今亦無論其他,而姑以安石之素行與《日録》之首章言之,則安石行己立朝之大節在當世爲如何,而其始見神宗也,直以漢文帝、唐太宗之不足法者爲言,復以諸葛亮、魏元成之不足爲者自任。此其志識之卓然,又皆秦漢以來諸儒所未聞者,而豈一時諸賢之所及哉?然其爲人,質雖清介而器本偏狹,志雖高遠而學實凡近,其所論説,蓋特見聞億度之近似耳。顧乃挾以爲高,足己自聖,不復知以格物致知、克己復禮爲事,而勉求其所未至,以增益其所不能。是以其於天下之事,每以躁率任意而失之於前,又以狠愎狗私而敗之於後,此其所以爲受病之原,而閑樂未之言也。若其所以遺禍之本,則自其得君之初而已有以中之,使之悦其高,駭其奇,而意斯人之不可無矣。及其任之以事而日聽其言,則又有以信夫斯人之果不可無也。於是爲之力拒群言而一聽其所爲,唯恐其一旦去我而無與成吾事也。及其訏謨既久,漸涵透徹,則遂心融神

會而與之爲一，以至於能掣其柄而自操之，則其運動弛張又已在我，而彼之用舍去留不足爲吾重輕矣。於是安石卒去，而天下之政始盡出於宸，了翁所謂‘萬幾獨運於元豐’，閑樂所謂‘屏棄金陵十年不召’者，蓋皆指此。然了翁知其獨運，而不知其所運者乃安石之機；閑樂見安石之身若不用，而不知其心之未嘗不用也。是以凡安石之所爲，卒之得以附於陵廟之尊，託於謨訓之重，而天下之人愈不敢議，以至於魚爛河決而後已焉。此則安石所以遺禍之本，而閑樂亦未之言也。若閑樂之論祖宗法度但當謹守而不可變，尤爲痛切，是固然矣，然祖宗之所以爲法，蓋亦因事制宜以趨一時之便，而其仰循前代俯徇流俗者尚多有之，未必皆其竭心思、法聖智以遺子孫，而欲其萬世守之者也。是以行之既久而不能無弊，則變而通之是乃後人之責。故慶曆之初，杜、范、韓、富諸公變之不遂，而論者至今以爲恨。況其後此又數十年，其弊固當益甚於前，而當時議者亦多以爲當變。如呂正獻公父子家傳，及河南程氏、眉山蘇氏之書，蓋皆可考。雖閑樂此論若有不同，而不免亦有仁皇之末適當因革之時之説，則是安石之變法固不可謂非其時，而其設心亦未爲失其正也。但以其躁率任意，而不能熟講精思，以爲百全無弊可久之計，是以天下之民不以爲便。而一時元臣故老、賢士大夫群起而力爭之者，乃或未能究其利病之實，至其所以爲説，又多出於安石規模之下。由是安石之心愈益自信，以爲天下之人真莫己若，而陰幸其言之不足爲己病，因遂肆其狠愎，倒行逆施，固不復可望其能勝己私以求利病之實，而充其平日所以自任之本心矣。此新法之禍所以卒至於橫流而不可救,閑樂雖能深斥其非而未察其所以爲非者,乃由於此。此其爲説所以不能使人無所恨者一也。至謂安石遠取三代渺茫不可稽考之事而力行之,此又不知三代之政,布在方册,雖時有先後而道無古今,舉而行之,正不能無望於後之君子。但其名實之辨,本末之序,緩急之宜,則有不可以毫釐差者。苟能於此察焉而無所悖,則其遺法雖若渺茫不可稽考,然神而明之,在我而已,何不可行之有?彼安石之所謂《周禮》,乃姑取其附於己意者,而借其名高以服衆口耳,豈真有意於古者哉?若真有意於古,則格君之本,親賢之務,養民之政,善俗之方,凡古之所謂當先而宜急者,曷爲不少留意,而獨於財利兵刑爲汲汲耶?大本不正,名是實非,先後之宜又皆倒置,以是稽古,徒益亂耳,豈專渺茫不可稽考之罪哉!閑樂不察乎此而斷然自畫,直以三代之法爲不可行,又獨指其渺茫不可稽考者而譏之,此又使人不能無恨者二也。若安石之廢《春秋》,語北面,則亦其志識過高而不能窮理勝私之弊,是以厭三傳凡例條目之煩,惡諸儒臆度附致之巧有太過者,而不思其大倫大法,固有炳如日星而不可誣者也。因前聖尊師重道之意,以推武王、太公之事有太過者,而所以考其禮之文者有未詳也。是其闕於審重而輕爲論説,直廢大典,固爲可罪。然謂其因此而亂君臣之名分,又并與孟子迭爲賓主之説而非之,則亦峻文深詆而矯枉過直矣。此又其使人不能無恨者三也。若夫道德性命之與刑名度數,則其精粗本末,雖若有間,然其相爲表裏,如影隨形,則又不可得而分別也。今謂安石之學獨有得於刑名度數,而道德性命則爲有所不足,是不知其於此既有不足,則於彼也亦將何自而得其正耶？夫以佛老之言爲妙道，而謂禮法事變爲粗迹，此正王氏之深蔽。今欲譏之，而不免反墮其説之中，則已誤矣，又況其於粗迹之謬可指而言者，蓋亦不可勝數，政恐未可輕以有得許之也。今姑舉其一二而言之。若其實有得於刑名度數也，則其所以修於身者，豈至於與僧臥地而顧客褫衣，如錢景諶之所叙乎？所以著於篇者，豈至於分文析字以爲學，而又不能辨乎六書之法如《字説》之書乎？所以施於家者，豈至於使其妻窮奢極侈，斥逐娣姒，而詬叱官吏，如林希、魏泰之所書？豈至於使其子囚首跣足箕踞於前而干預國政，如邵伯温之所記乎？所以施於政者，豈至於乖事理、咈民情而於當世禮樂文章、教化之本或有失其道理者，乃不能一有所正，至其小者如鶉鵒公事、按問條法，亦皆繆戾煩碎而不即於人心乎？以此等而推之，則如閑樂之所云，亦恐其未免於過予，而其所以不能使人無可恨者四也。若其釋經之病，則亦以自處太高，而不能明理勝私之故，故於聖賢之言既不能虚心静慮以求其立言之本意，於諸儒之同異又不能反復詳密以辨其爲説之是非，但以己意穿鑿附麗，極其力之所通而肆爲支蔓浮虚之説。至於天命人心日用事物之所以然，既已不能反求諸身以驗其實，則一切舉而歸之於佛老。及論先王之政，則又騁私意，飾姦言，以爲違衆自用剥民興利斥逐忠賢杜塞公論之地。唯其意有所忽而不以爲事者，則或苟因舊説，而不暇擇其是非也。閑樂於此，乃不責其違本旨棄舊説惑異教文姦言之罪，而徒譏其奥義多出鄭孔意，若反病其不能盡黜先儒之説以自爲一家之言者，則又不能使人無恨者五也。夫安石以其學術之誤，敗國殄民，至於如此，而起自熙豐，訖於宣靖，六十年間，誦説推明，按爲國是，鄙儒俗生，隨風而靡者，既無足道，有識之士，則孰有不寒心者？顧以姦賊蔽蒙，禁網嚴密，是以飲氣吞聲，莫敢指議。獨兩陳公乃能出死力以排之，其於平居書疏還往，講論切磨，唯恐其言之不盡，斯亦可謂賢矣。然其所以爲説者，不過如此，豈其所以爲學者，亦自未得聖賢之門户，所以觀理制事者，猶未免於有蔽而然耶？故嘗歷考一時諸賢之論，以求至當，則唯龜山楊氏指其離内外判心迹，使道常無用於天下而經世之務皆私智之鑿者，最爲近之。其論紹述，而以爲當師其意不當泥其迹者，亦能曲盡其理之當，而無回互之失。雖元城劉公所謂只宗神考者，有所不逮，不但兩陳公而已也。然及其請罷廟學配食之章，則又不能如其平日之言以正其罪，顧乃屑屑焉偏指凫鷖一義以爲實奢汰之原，此爲獲殺人于貨之盜而議其竊鈎之罪，對放飯流歠之客而議其齒決之非，視兩陳公之言，乃反有不能及者。是以至今又幾百年，而其是非之原終未明白。往者雖不足論，而來者之監，亦學者之所不可不知也。故竊并著其説，以俟同志講而擇焉。

己未八月，因爲精舍諸生説。偶記莊生語云：‘其所謂道非道，則所言之韙，不免於非。’此正王氏之謂也。後兩日，有語予曰：‘荊公正坐爲一道德所誤耳。’予謂之曰：‘一道德者，先王之政，非王氏之私説也，子何病焉？若道此語於荊公之前，彼不過相視一笑而言曰：正爲公不識道德耳。吾恐子之將無詞以對也。’兩轉語偶與前説相似，故筆其後云。"

朱熹《楚辭後語》："《寄蔡氏女》者,王文公之所作也。公以文章節行高一世,而尤以道德經濟爲己任。被遇神宗,致位宰相,世方仰其有爲,庶幾復見二帝三王之盛。而公乃汲汲以財利兵革爲先務,引用凶邪,排擯忠直,躁迫强戾,使天下之人囂然喪其樂生之心。卒之群奸嗣虐,流毒四海,至於崇宣之際,而禍亂極矣。"①

朱熹論公前後不一,②而此兩文作於晚年,品騭愈苛,似受陸九淵《荊國王文公祠堂記》之刺激,③有意爲北宋新舊之爭作一定讞。《宋史》卷三百二十七《王安石傳》:"論曰:朱熹嘗論安石'以文章節行高一世,而尤以道德經濟爲己任。被遇神宗,致位宰相,世方仰其有爲,庶幾復見二帝三王之盛。而安石乃汲汲以財利兵革爲先務,引用凶邪,排擯忠直,躁迫强戾,使天下之人囂然喪其樂生之心。卒之群姦嗣虐,流毒四海,至於崇寧、宣和之際,而禍亂極矣。'此天下之公言也。"此以朱熹一家之私見,斷爲天下之公言,於後世影響深遠。

---

① 束景南《朱熹年譜長編》卷下:"按朱熹《楚辭集注序》及《楚辭辨證後序》均未言及《楚辭後語》,則《楚辭後語》當在《楚辭集注》、《楚辭辨證序》定後所作。"華東師範大學出版社2001年版,第1351頁。

② 朱熹論公,可見蔣義斌《宋代儒釋調和論及排佛論之演進》,第182—186頁。拙著《荊公新學研究》,第260—264頁。夏長樸《其所謂"道"非道,則所言之韙不免于非——朱熹論王安石新學》,《中國史研究》2009年第4期。

③ 《朱熹集》卷五十三《答劉公度》:"臨川近説愈肆。《荊舒祠記》曾見之否?此等議論,皆學問偏枯,見識昏昧之故,而私意又從而激之。"

宋寧宗嘉定七年，《王荆文公詩李璧注》刊於眉州，魏了翁撰序

魏了翁《臨川詩注序》："國朝列局修書，至崇、觀、政、宣而後，尤爲詳備。而其書則經、史、圖、樂書、禮制、科條、詔令、記注、故實、道史、內經，臣下之文鮮得列焉。時惟臨川王公遺文獲與編定，薛肇明諸人實董其事。雖曰出於一時之好尚，然其鍛鍊精粹，誠文人之巨擘。以元祐諸賢與公異論者，至其爲文，則未嘗不許之。然肇明諸人所編，卒以靖康多難，散落不存。今世俗傳抄，已非當時善本，故其後先舛差，簡帙間脱，亦有他人之文淆亂其間。雖然，未足多辨者。而公博極群書，蓋自經、子、史以及於百家急就之文，旁行敷落之教，稗官虞初之説，莫不牢籠搜攬，消釋貫融。故其爲文，使人習其讀而不知其所由來，殆詩家所謂秘密藏者。今石林李公曩居臨川，省公之詩，息遊之餘，遇與意會，往往隨筆疏於其下。涉目既久，命史纂輯，固已絫然盈編。會某來守眉山，得與寓目，見其闖奇摘異，抉隱發藏，蓋不可以一二數……石林常參預大政，今以洞霄之禄里居。其門人李西極醇儒，必欲以是書板行，而屬其叙，所以作乃書以授之。"

真德秀《西山文集》卷四十一《故資政殿學士李公神道碑》："晚謫臨川，箋王文公詩爲五十卷，至《懷清臺》、《明妃曲》等篇，則顯讖之不置也。其所自作，知詩者謂不減文公。"李璧於開禧三年至嘉定二年間謫居臨川，其箋注公之

詩歌,當於此期。然遲至嘉定七年,方付梓初刻於眉山。①

理宗淳祐元年正月十五日,罷公從祀孔廟

《宋史》卷四十二《理宗本紀》:"(淳祐元年正月)甲辰詔:朕惟孔子之道,自孟軻後不得其傳,至我朝周惇頤、張載、程顥、程頤,真見實踐,深探聖域,千載絶學,始有指歸。中興以來,又得朱熹精思明辨,表裏渾融,使《大學》、《論》、《孟》、《中庸》之書本末洞徹,孔子之道益以大明於世。朕每觀五臣論著,啓沃良多。今視學有日,其令學官列諸從祀,以示崇獎之意。尋以王安石謂'天命不足畏,祖宗不足法,人言不足恤',爲萬世罪人,豈宜從祀孔子廟庭?黜之。丙午,封周惇頤爲汝南伯,張載郿伯,程顥河南伯,程頤伊陽伯。"

按,至此,宋學内部新學與理學之競争,最終塵埃落定。公之學術、思想,亦被後世視爲儒學史上之異端,横遭湮没。如黄宗羲、全祖望所撰《宋元學案》,即深受理學道統之影響,以理學之興起、發展、裂變爲主線,而將荆公新學列於卷末。

---

① 關於《詩注》的注解與刊刻流傳,可見王友勝《論〈王荆公詩箋注〉的學術價值與局限》,《中國文學研究》2008 年第 2 期。鞏本棟《論〈王荆文公詩李壁注〉》,《文學遺産》2009 年第 1 期。

附　録

一、傳記資料五種

《邵氏聞見録》卷十一

　　王安石字介甫，撫州臨川人。舉進士，有名於時。慶曆二年第五人登科，初簽署揚州判官，後知鄞縣。好讀書，能強記，雖後進投藝及程試文有美者，讀一過輒成誦在口，終身不忘。其屬文動筆如飛，初若不措意，文成，觀者皆服其精妙。友愛諸弟，俸禄入家，數日輒無，爲諸弟所費用，家道屢空，一不問。議論高奇，能以辯博濟其説，人莫能詘。始爲小官，不汲汲於仕進。皇祐中，文潞公爲宰相，薦安石及張瓌、曾公定、韓維四人恬退，乞朝廷不次進用，以激澆競之風，有旨皆籍記其名。至和中，召試館職，固辭不就，乃除群牧判官；又辭，不許，乃就職。少時懇求外補，得知常州，由是名重天下，士大夫恨不識其面。朝廷嘗欲授以美官，惟患其不肯就也。自常州徙提點江南西路刑獄。嘉祐中，除館職、三司度支判官，固辭，不許。未幾，命修起居注，辭以新入，館職中先進甚多，不當超處其右。章十餘上，有旨令閤門吏齎敕就三司授之，安石不受；吏隨而拜之，安石避之於廁。吏置敕於案而去,安石使人追而與之。朝廷卒不能奪。歲餘,復申前命,安石又辭,七、八章乃受。尋除知制誥,自是不復辭官矣。

晁公武《郡齋讀書志》卷十二《王氏雜説》晁氏引蔡卞《王安石傳》

自先王澤竭,國異家殊,源流浸深。宋興,文物盛矣,然不知道德性命之理。安石奮乎百世之下,追堯、舜、三代,通乎晝夜陰陽所不能測而入於神。初著《雜説》數萬言,世謂其言與孟軻相上下。於是天下之士始原道德之意,窺性命之端云。

《東都事略》卷七十九《王安石傳附子雱》

王安石字介甫,撫州臨川人也。父益,都官員外郎。安石蚤有盛名,博聞强記,爲文動筆如飛,觀者服其精妙。舉進士高第,僉書淮南節度判官。召試館職,固辭,乃知鄞縣。安石好讀書,三日一治縣事。起堤堰,決陂塘,爲水陸之利。貸穀于民,立息以償,俾新陳相易。興學校,嚴保伍,邑人便之。通判舒州。

文彥博爲相,薦安石恬退,不次進用,可以激奔競之風。尋再召試,又固辭,乃以爲群牧判官,出知常州。由是名重天下。提點江東刑獄,入爲三司度支判官,獻書萬餘言,極陳當世之務。居頃之,除直集賢院,累辭不獲命,始就職。除同修起居注,固辭不拜,遂除知制誥,自是不復辭官矣。以母憂去,服除,英宗朝累召不起。神宗即位,除知江寧府,召爲翰林學士。

初入對，神宗曰：“方今治當何先？”安石曰：“以擇術爲先。”神宗曰：“唐太宗何如？”安石曰：“陛下當以堯、舜爲法。太宗所知不遠，所爲不盡合先王，但乘隋亂，子孫又皆昏愚，所以獨見稱述。堯、舜所爲，至簡而不煩，至要而不迂，至易而不難，但末世學者不能通知，常以爲高不可及，不知聖人經世立法，以中人爲制也。”神宗曰：“卿所謂責難於君。朕自視眇然，恐無以副卿此意，可悉意輔朕，庶同濟此道。”

一日講席，群臣退，神宗留安石坐，曰：“有欲從容與卿論議者。”因言：“唐太宗必得魏鄭公，劉備必得諸葛亮，然後可以有爲。二子誠不世出之人也。”安石曰：“陛下誠能爲堯、舜，則必有皋、夔、稷、卨；陛下誠能爲高宗，則必有傅説。魏鄭公、諸葛亮皆有道者所羞，何足道哉！以天下之大，人民之衆，百年承平，學者不爲不多，然常患無人可以助治者，以陛下擇術未明，推誠未至，雖有皋、夔、稷、卨、傅説之賢，亦必爲小人所蔽，因卷懷而去耳。自古患朝廷無賢者，以人君不明、好近小人故也。好近小人，則賢人雖欲自達，無由矣。”神宗曰：“自古治世，豈能使朝廷無小人？雖堯、舜之時，不能無四凶。”安石曰：“惟能辨四凶而誅之，此乃所以爲堯、舜也。若使四凶得肆其讒慝，則皋、夔、稷、卨亦安肯苟食其禄以終身乎？”未幾，除右諫議大夫、參知政事。

安石既執政，神宗曰：“人皆不能知卿，以爲卿但知經術，不可以經世務。”安石曰：“經術者，所以經世務也。後世所謂儒者，大抵皆庸人，故世俗皆以經術不可施於世務。”神宗曰："朕察人情，比於卿，有欲造事傾摇者。朕常以吕誨爲忠實，毁卿於時事不通；趙抃、唐介數以言扦塞，惟恐卿進用。卿當立變此風俗，不知卿所施設，以何爲先？"安石曰："變風俗，立法度，最方今所急也。"於是設制置三司條例司，與知樞密院陳升之同領之，而青苗、免役、市易、保甲等法相繼興矣。

常平倉法，以豐歲穀賤傷農，故增價收糶，使蓄積之家無由抑塞農夫，須令賤糴。凶歲穀貴傷民，故減價出糶，使蓄積之家無由邀勒貧民，須令貴糴。物價常平，公私兩利也。安石以常平法爲不善，更將糴本作青苗錢，散與人户，令出息二分，置提舉官以督之。古者，百姓出力以供在上之役，安石以爲百姓惟苦差役破産，不憚增税，乃請據家貲高下，各令出錢，雇人充役。嚮者役人皆上等户得之，其下等、單丁、女户及品官、僧道，本來無役，安石乃使之一概輸錢，於是賦斂愈重。市易之法，聽人賒貸縣官貨財，以田宅或以金帛爲抵當，三人相保則給之，皆出息什分之二。過期不輸，息外每月更加罰錢百分之二。保甲之法，始因戎狄驕傲，侵據漢唐故地，有征伐開拓之志，故置保甲。乃藉鄉村之民，二丁取一，皆授以弓弩，教之戰陣。又令河北、陝西、河東三路皆五日一教閲。每一丁教閲一丁，及諸縣弓手亦皆易以保甲。其保甲習於游惰，不復務農。京東、西兩路保甲養馬，仍各置提舉官，權任比監司。自是四方爭言農田水利，古陂廢堰，悉務興復。又立賒貸之法，又令民封狀增價，以買坊場。又增茶鹽之額，又設措置河北糴便司，廣積糧穀於臨流州縣，以備饋運，而天下騷然矣。

自安石變法以來，御史中丞呂誨首論其過失，安石求去位，神宗爲出誨。御史劉琦、錢顗、劉述又交論安石專肆胸臆，輕易憲度，殿中侍御史孫昌齡亦繼言，皆坐貶。同知諫院范純仁亦論安石欲求近功，忘其舊學，罷諫職。呂公著代呂誨爲中丞，亦力請罷條例司并青苗等法。諫官孫覺、李常、胡宗愈，御史張戩、王子韶、陳襄、程顥，皆論安石變法非是，以次罷去。前宰相韓琦上疏論青苗之害，乞罷諸路提舉官，依常平舊法行之。奏至，安石稱疾，求分司，神宗不許。時翰林學士司馬光當批答，安石指言光有‘士夫沸騰，黎民騷動’之語。神宗諭安石曰：“詔中二語，乃爲文督迫之過，而朕失於詳閲，當令呂惠卿諭旨。”翌日，安石入謝，因爲神宗言中外大臣、從官、臺諫、朝士朋比之情，且曰：“陛下欲以先王之正道勝天下流俗，故與流俗相爲輕重。流俗權重，則天下之人歸流俗；陛下權重，則天下之人歸陛下。權者與物相爲輕重，雖千鈞之物，所加損不過銖兩而移。今姦人欲敗先王之正道，以沮陛下之所爲。是於陛下與流俗之權適爭輕重之時，加銖兩之力，則用力至微，而天下之權已歸於流俗矣。此所以紛紛也。”神宗以爲然，安石乃視事。

熙寧三年，拜禮部侍郎、同中書門下平章事，監修國史。御史中丞楊繪、御史劉摯陳免役之害，坐黜。御史林旦、薛昌朝、范育皆以忤安石罷。知雜御史謝景溫初附安石，亦以不合去。六年，命知制誥呂惠卿修撰經義，以安石提舉，而以子雱兼同修撰。王韶取熙、河、洮、岷、疊、宕等州，安石率群臣入賀，神宗解玉帶賜之，以旌其功。慈聖光獻皇后、宣仁聖烈皇后間見神宗，流涕言新法之不便者，且言王安石亂天下。神宗亦流涕，退命安石裁損之，安石重爲解，乃已。七年，神宗以久旱，益疑新法之不便，安石不悅，求避位，遂拜吏部尚書、觀文殿大學士、知江寧府。明年，復拜同中書門下平章事、昭文館大學士。三經義成，拜尚書左僕射兼門下侍郎。

初，吕惠卿爲安石所知，驟引至執政。安石去位，惠卿遂叛安石。泊安石再相，苟可以中安石，無不爲也。會安石子雱卒，安石力求去。九年，拜鎮南軍節度使、同平章事、判江寧府。安石丐奉祠，以使相爲集禧觀使，封舒國公，又辭使相，乃以左僕射爲觀文殿大學士。元豐三年，封特進，改封荆國公。

安石退居金陵，始悔恨爲吕惠卿所誤，每歎曰：“吾昔交遊，皆以國事相絶。”意甚自愧也。哲宗即位，拜司空。明年薨，年六十六，贈太傅。紹聖初，諡曰“文”，配享神宗廟廷。崇寧二年，配享文宣王廟。政和三年，封舒王。靖康元年，停文宣王配享，列于從祀。後又罷安石配享神宗廟，而奪其王爵。

初，安石提舉修撰經義，訓釋《詩》、《書》、《周官》。既成，攽之學官，天下號曰“新義”。晚歲爲《字說》二十四卷，學者争傳習之。日以經試于有司，必宗其説，少異，輒不中程。先儒傳注既盡廢，士亦無復自得之學，故當時議者謂王氏之患在好使人同己。安石又著《日録》七十卷，如韓琦、富弼、文彦博、司馬光、吕公著、范鎮、吕誨、蘇軾及一時之賢者，重爲毀詆，而安石不恤也。

安石性强忮，遇事無可否，自信所見，執意不回。至議變法，而在廷交執不可，安石傳經義出己意，辨論輒數百言，衆皆不能詘，甚者謂“天變不足畏，祖宗不足法，人言不足恤”。罷黜中外老成人幾盡，多用門下儇慧少年。久之，以旱引去。洎復相，歲餘罷。終神宗世八年，不復召，而恩顧不久衰云。弟安國、安禮，子雱。

安國字平甫，自丱角未嘗從人受學，操筆爲文，語皆驚人。神宗即位，近臣薦其才行，爲武昌軍節度推官、教授西京國子監。召對，神宗曰：“卿學問通古今，以漢之文帝何如主也？”對曰：“賢主也。”神宗曰：“但惜其才不能立法更制爾。”對曰：“文帝自代來，夜入未央宫，定變故於呼吸俄頃之際，恐無才者不及是。然能用賈誼言，待群臣有節，專務以德化民，海内興於禮義，幾至刑措，使一時風俗恥言人過，則文帝加有才一等矣。”神宗曰：“王猛佐苻堅，以蕞爾國而令必行。今朕以天下之大，而不能使人，何也？”對曰：“王猛睚眦之忿必報，專教苻堅以峻刑法殺人爲事。此必小臣刻薄，有以誤陛下者。願專以堯、舜、三代爲法。”又問：“安石秉政，物議如何？”對曰：“但恨聚斂太急，知人不明耳。”神宗默然久之，除崇文院校書，改著作佐郎、秘閣校理。

初，吕惠卿諂事安石，安國惡之。一日，安石與惠卿論新法于其第，安國好吹笛，安石諭之曰：“宜放鄭聲。”安國曰：“亦願兄遠佞人。”惠卿深銜之，乃因鄭俠獄陷安國，見俠傳。安國坐非毁其兄，放歸田里，歲餘而卒，年四十七。有文集六十卷。元祐中，復秘閣校理。子斿。

安禮字和甫。中進士第，召對，神宗欲峻用之，以兄安石當國，乃爲崇文院校書。久之，直集賢院，出知潤州，移湖州,爲開封府判官、同修起居注。故事,左右史記言動,無得輒有所陳,至是,許直前奏事。召試知制誥。彗星見,安禮上疏曰:"和氣致祥,乖氣致沴。意者執政大臣是非好惡不遵諸道,乘權射利者不察上惠養元元之意,用力殫於溝瘠,取利究於園夫,殆有以召星變。臣願陛下省不急之改作,紓不勝之工力,至於祈禳小數,貶損舊章,恐非應天以實者。"進翰林學士、知開封府。事至輒斷,庭無留訟,久繫待辨者一切論決,京師稱治。元豐四年,拜尚書右丞,遷左丞。御史言安禮在湖、潤與倡女共飲,遂罷,以端明殿學士知江寧府,遷資政殿學士、知青州,徙揚、蔡二州。言者論其貪,落職知舒州,復資政殿學士,再知揚州,改永興軍、太原府。卒,年六十二,贈右銀青光禄大夫。安禮姿貌魁偉,有口辨,嘗以經綸自任,而闊略細謹云。

雱字元澤,未冠,著書已數千百言。舉進士,爲旌德尉,作策三十餘篇,極論天下事。又作《老子訓傳》及《佛書義解》,亦數萬言。有以雱書聞者,召見,除太子中允、崇政殿說書。被旨撰《詩》、《書》義,擢天章閣待制。書成,遷龍圖閣直學士。雱病疽已彌年,辭不拜,卒,年三十三,贈左諫議大夫。詔即其家上雱所著《論語》《孟子義》。雱論議刻深,常稱商君以爲豪傑之士,言不誅異議者,法不行。嘗勸安石誅不用命大臣,安石曰:"兒誤矣。"政和三年,封臨川伯,從祀文宣王廟。雱無子,以族人之子棣爲後。徽宗時,爲顯謨閣待制。

臣稱曰:安石之遇神宗,千載一時也,而不能引君當道,乃以富國強兵爲事。擯老成,任新進,黜忠厚,崇浮薄,惡鯁正，樂諛佞，是以廉恥汩喪，風俗敗壞。孟子所謂"作於其心，害於其事，作於其事，害於其政"者，豈不然哉？烏虖！安石之學既行，則姦宄得志，假紹述之説，以脅持上下，立朋黨之論，以禁錮忠良。卒之民愁盜起，夷狄亂華，社稷爲墟，其禍有不可勝言者。悲夫！

《名臣碑傳琬琰集》下卷十四《王荆公安石傳實錄》

元祐元年四月癸巳，觀文殿大學士、守司空、充集禧觀使、荆國公王安石薨。安石字介甫，撫州臨川人。父益，都官員外郎。安石少有大志，慶曆二年，登進士甲科，簽書淮南節度判官廳公事。代還，例當進所業試館職，安石獨不進。特召試，亦固辭。知明州鄞縣，通判舒州，除知建昌軍，不赴。召爲群牧判官，差提點府界諸縣鎮公事。出知常州，提點江南東路刑獄，入爲三司度支判官。獻萬言書，極陳當世之務。居頃之，除直集賢院，累辭不獲，始就職。

嘉祐五年四月，除同修起居注，固辭不拜。十一月，申前命，章又五上，不許，遂除知制誥、糾察在京刑獄，移判三班院，同知嘉祐八年貢舉。丁母憂，服除，英宗朝累召不赴。神宗在藩邸見其文，異之，及即位，就除知江寧府，召爲翰林學士。

初入對，上曰："方今治當何先？"安石曰："以擇術爲先。"上曰："唐太宗何如？"安石曰："陛下當以堯、舜爲法。太宗所知不近，所爲不盡合先王，但乘詐取，子孫又皆昏惡，所以獨見稱述。堯、舜所爲，至簡而不煩，至要而不迂，至易而不難，但末世學者不能通知，常以爲高不可及，不知聖人經世立法，以中人爲制也。"上曰："卿可謂責難於君。朕自視眇然，恐無以副卿此意，可悉意輔朕，同濟此道。"一日講席，群臣退，上留安石坐，曰："有欲從容與卿議論者。"因言："唐太宗必得魏鄭公，劉備必得諸葛亮，然後可以有爲，二子誠不世出之人也。"安石曰："陛下誠能爲堯、舜，則必有皋、夔、稷、契；陛下誠能爲高宗，則必有傅說。魏鄭公、諸葛亮皆有道者所羞，何足道哉！以天下之大，人民之衆，百年承平，學者不爲不多，然常患無人可以助治者，以陛下擇術未明，推誠未至，雖有皋、夔、稷、契之賢，亦必爲小人所蔽，因卷懷而去耳。自古患朝廷無賢者，以人君不明，好近小人故也。好近小人，則賢人雖欲自達，無由矣。"上曰："自古治世，豈能使朝廷無小人？雖堯、舜之時，豈能無四凶？"安石曰："唯能辨四凶而誅之，此乃所以爲堯、舜也。若使四凶得肆其讒慝，則皋、夔、稷、契亦豈能苟食其禄，以終身乎？"

未幾，除諫議大夫、參知政事。安石既執政，上曰："人皆不能知卿，以爲卿但知經術，不可以經世務。"安石曰："經術者，所以經世務也。後世所謂儒者，大抵皆庸人，故世俗皆以爲經術不可施於世務。"上曰："朕察人情，比於卿有欲造事傾搖者。朕嘗以呂誨爲忠實，嘗毀卿於時事不通；趙抃、唐介數以言扞塞，惟恐卿進用。卿當力變此風俗。不知卿所施設，以何爲先？"安石曰："變風俗，立法度，最方今所急也。"於是青苗、市易、坊場、保甲、保馬、導河、免役之政相繼並興。設制置三司條例司，與知樞密院事陳升之同領之。御史中丞呂誨論安石十事，以爲慢上無禮，見利忘義，要君取名，用情罔公，以私報怨，怙勢招權，專政害國，凌轢同位，朋姦害政，商榷財利，以動搖天下。疏奏，安石求去位，上爲出誨。知雜御史劉述、侍御史劉琦、侍御史裹行錢顗又交論安石專肆胸臆，輕易憲度，與陳升之合謀侵奪三司吏柄，願罷免以慰天下。殿中侍御史孫昌齡亦繼言，皆坐貶。同知諫院范純仁既抗疏論辨，又申中書，謂安石欲求近功，忘其舊學，尚法令則稱商鞅，言財利則背孟軻，鄙老成爲因循之人，棄公論爲流俗之語。異己者指爲不肖，合意者即謂才能。且謂宰相曾公亮依隨，參知政事趙抃不能力救，請罷安石機務，留之經筵。詔罷純仁諫職。呂公著代呂誨爲中丞，亦請罷條例司并青苗等法。諫官孫覺、李常、胡宗愈，御史張戩、王子韶、陳襄、程顥皆論列安石變法非是，以次罷去。前宰相韓琦上疏論青苗法，乞罷諸路提舉官，委提點刑獄官依常平舊法行之。奏至，安石稱疾，求分司，上不許。時翰林學士司馬光當批答，安石指言有“士大夫沸騰，黎民騷動”之語。上以手詔諭曰：“詔中二語，乃爲文督迫之過，而朕失於詳閱，當令呂惠卿諭指。”翼日，安石入謝，因爲上言中外大臣、從官、臺諫、朝士朋比之情，且曰：“陛下欲以先王之正道勝天下流俗，故與流俗相爲輕重。流俗權重，則天下之人歸流俗；陛下權重，則天下之人歸陛下。權者與物相爲輕重，雖千鈞之物，所加損不過銖兩而移。今姦人欲敗先王之正道，以沮天下，與流俗之權適爭輕重之時加銖兩之力，則用力至微，而天下之權已歸於流俗矣。此所以紛紛也。”上以爲然，安石乃視事。

熙寧三年十二月，拜禮部侍郎、同中書門下平章事，監修國史。御史中丞楊繪陳免役有難行者五，御史劉摯陳十害,坐黜。御史林旦、薛昌朝、范育皆以言李定忤安石,罷。知雜御史謝景初附安石,亦以不合去。六年三月,命知制誥呂惠卿修撰經義,以安石提舉,而子雱兼同修撰。固辭,弗聽。王韶取熙、河、洮、岷、疊、宕等州,安石率群臣入賀,上解所服玉帶賜安石,遣內侍諭旨曰:"洮河之舉,小大並疑,惟卿啟迪,迄有成功。今解所御帶賜卿,以旌卿功。"安石再拜固辭,不許。

安石益自任,時論卒不與,上疑之。慈聖光獻、宣仁聖烈皇后間見上,流涕言新法之不便者,且曰:"王安石亂天下。"上亦流涕,退命安石議裁損之,安石重為解,乃已。熙寧七年四月,上以久旱,百姓流離,憂形顏色。每輔臣進見,嗟歎懇惻,益疑法之不便。安石不悅,求避位,上固留之,請愈堅,遂拜吏部尚書、觀文殿大學士、知江寧府,仍詔出入如二府儀,大朝會綴中書門下班,依舊提舉修撰經義。明年二月,拜同中書門下平章事、昭文館大學士。六月,《三經義》成,拜尚書左僕射、門下侍郎。

初,呂惠卿為安石所知,驟引至執政。安石去,惠卿遂背之。安石再相,於是起華亭詔獄,而徐禧、王古、蹇周輔三輩按之。惠卿情不得,緣練亨甫、呂嘉問以鄧綰所條惠卿事交鬥其間,復為惠卿所中,語連安石。子雱既病,坐此憤恚而卒。安石憂傷益不堪,祈解機務。九年十月,拜檢校太傅,依前尚書左僕射、鎮南節度、同中書門下平章事、判江寧府。安石懇辭,丐以本官領宮觀。上遣內侍王從政齎詔敦諭,須視事乃還。從政留金陵累月,安石請不已,許以使相為集禧觀使,又累辭使臣,乃以本官為觀文殿大學士,領使如故。元豐三年九月,拜特進,封荆國公。哲宗即位,拜司空。明年四月癸巳,薨,年六十六。再輟視朝,贈太傅,推遺表恩七人,詔所在給葬事。紹聖初,謚文公,配享神宗廟廷。用子旁郊祀恩,贈太師。崇寧二年,詔配祀文宣王廟。政和三年,封舒王。靖康元年,從諫議大夫兼國子祭酒楊時言,停文宣王廟配享,列於從祀。建炎二年夏,以久陰不解,詔百執事赴都堂給札,條具時政闕失,司勳員外郎趙鼎言:"自紹聖以來,學術政事敗壞殘酷,禍貽社稷,其源實出於安石。今安石之患未除,不可以言政。"於是罷安石配享神宗廟廷。靖康初,廷臣有建議乞罷安石配享者,爭議紛然,卒無定論,至是始決。紹興四年八月,吏部員外郎呂聰問請奪安石謚,有詔追所贈王爵。

初,安石提舉修撰經義,訓釋《詩》、《書》、《周官》。既成,頒之學官,天下號曰"新義"。晚歲居金陵,爲《字說》二十四卷,學者爭傳習之。凡以經試於有司,必宗其說,少異,輒不中程。先儒傳注既盡廢,士亦無復自得之學,故當時議者謂王氏之患在好使人同。靖康初,始詔有司取士擇經說優長者,無專主王氏。

安石早有盛名,其學以孟軻自許,荀況、韓愈不道也。性强忮,遇事無可否,信所見,執意不回。司馬光謂其泥古,所爲迂闊。吳奎謂嘗與安石同領群牧,備見其自用護前。嘉祐末,韓琦作相,安石糾察在京刑獄,爭刑名不當。有旨釋罪,安石堅不入謝,意琦抑之,會以憂去職。服除,三召,終琦在相位不至。神宗謂人言安石姦邪則過,但太執不曉事耳。唐介謂安石好學,惟護前。初除安石爲翰林學士,命下數日,琦罷相,安石始造朝。其初執政也,宰相在告,進除目出侍從官,趙抃引故事争,安石辨益强,卒從之。至議變法,上未嘗不疑,在廷臣交執不可,安石傳經義出己意,辨論輒數百言,衆人不能詘,甚者謂"天變不足畏,祖宗不足法"。又以人言是非一歸之流俗,故二年間遍諫官、御史,以安石去者凡二十人,而安石不恤也。久之,上聞兩宫言,意感悟,安石因旱引去。洎復相,歲餘罷,終神宗朝不復召者凡八年云。子雱、旁。

《宋史》卷三百二十七《王安石傳子雱》①

王安石字介甫,撫州臨川人。父益,都官員外郎。安石少好讀書,一過目終身不忘。其屬文動筆如飛,初若不經意,既成,見者皆服其精妙。友生曾鞏携以示歐陽修,修爲之延譽。擢進士上第,簽書淮南判官。舊制,秩滿許獻文求試館職,安石獨否。再調知鄞縣。起堤堰,決陂塘,爲水陸之利;貸穀與民,立息以償,俾新陳相易,邑人便之。通判舒州。文彦博爲相,薦安石恬退,乞不次進用,以激奔競之風。尋召試館職,不就。修薦爲諫官,以祖母年高辭。修以其須禄養言於朝,用爲群牧判官。請知常州,移提點江東刑獄,

---

① 關於《宋史》卷三百二十七《王安石傳》的史源研究成果,可見裴汝誠《論宋、元時期的三個王安石傳》,載氏著《半粟集》,河北大學出版社 2000 年版,第 110—135 頁;顧宏義《朱熹〈三朝名臣言行録·丞相荆國王文公〉徵引文獻探析》,《中國典籍與文化》2009 年第 3 期;顧宏義《〈宋史〉的史源及其相關問題》,《宋史研究論叢》第 16 輯。

入爲度支判官,時嘉祐三年也。①

　　安石議論高奇,能以辨博濟其説,果於自用,慨然有矯世變俗之志。於是上萬言書,以爲:"今天下之財力日以困窮,風俗日以衰壞,患在不知法度,不法先王之政故也。法先王之政者,法其意而已。法其意,則吾所改易更革,不至乎傾駭天下之耳目,囂天下之口,而固已合先王之政矣。因天下之力以生天下之財,取天下之財以供天下之費,自古治世,未嘗以財不足爲公患也,患在治財無其道爾。在位之人才既不足,而間巷草野之間亦少可用之才,社稷之託,封疆之守,陛下其能久以天幸爲常,而無一旦之憂乎?願監苟且因循之弊,明詔大臣爲之以漸,期合於當世之變。臣之所稱,流俗之所不講,而議者以爲迂闊而熟爛者也。"後安石當國,其所注措,大抵皆祖此書。②

　　俄直集賢院。先是,館閣之命屢下,安石屢辭,士大夫謂其無意於世,恨不識其面。朝廷每欲畀以美官,惟患其不就也。明年,同修起居注,辭之累日。閤門吏齎敕就付之,拒不受,吏隨而拜之,則避於廁。吏置敕於案而去,又追還之;上章至八九,乃受。遂知制誥、糾察在京刑獄,自是不復辭官矣。③

　　有少年得鬥鵪,其儕求之不與,恃與之暱,輒持去,少年

------

①　此出自《邵氏聞見録》卷十一、《温公瑣語》,朱熹《三朝名臣言行後録》卷六録之。

②　此出自《容齋四筆》卷四。

③　此出自《邵氏聞見録》卷十一、《温公瑣語》,《三朝名臣言行後録》卷六録之。

追殺之。開封當此人死，安石駁曰："按律，公取、竊取皆爲盜。此不與而彼携以去，是盜也；追而殺之，是捕盜也，雖死，當勿論。"遂劾府司失入。府官不伏，事下審刑、大理，皆以府斷爲是。詔放安石罪，當詣閣門謝。安石言："我無罪。"不肯謝。御史舉奏之，置不問。①

時有詔舍人院無得申請除改文字，安石争之曰："審如是，則舍人不得復行其職，而一聽大臣所爲。自非大臣欲傾側而爲私，則立法不當如此。今大臣之弱者不敢爲陛下守法，而彊者則挾上旨以造令，諫官、御史無敢逆其意者。臣實懼焉。"語皆侵執政，由是益與之忤。② 以母憂去，終英宗世，召不起。

安石本楚士，未知名於中朝。以韓、吕二族爲巨室，欲藉以取重，乃深與韓絳、絳弟維及吕公著交。三人更稱揚之，名始盛。神宗在潁邸，維爲記室，每講説見稱，輒曰："此非維之説，維之友王安石之説也。"及爲太子庶子，又薦自代。帝由是想見其人，甫即位，命知江寧府。數月，召爲翰林學士兼侍講。③

熙寧元年四月，始造朝。入對，帝問爲治所先，對曰："擇術爲先。"帝曰："唐太宗何如？"曰："陛下當法堯、舜，何以太宗爲哉？堯、舜之道，至簡而不煩，至要而不迂，至易而不難。但末世學者不能通知，以爲高不可及爾。"帝曰："卿

① 此出自《温公瑣語》，《三朝名臣言行後録》卷六録之。
② 此出自魏泰《東軒筆録》卷六，《長編》卷一百九十三嘉祐六年六月戊寅條引之。
③ 此出自《邵氏聞見録》卷三，《三朝名臣言行後録》卷六引之。

可謂責難於君，朕自惟眇躬，恐無以副卿此意。可悉意輔朕，庶同濟此道。”

　　一日講席，群臣退，帝留安石坐，曰：“有欲與卿從容論議者。”因言：“唐太宗必得魏徵，劉備必得諸葛亮，然後可以有爲，二子誠不世出之人也。”安石曰：“陛下誠能爲堯、舜，則必有皋、夔、稷、卨；誠能爲高宗，則必有傅説。彼二子皆有道者所羞，何足道哉？以天下之大，人民之衆，百年承平，學者不爲不多，然常患無人可以助治者，以陛下擇術未明，推誠未至，雖有皋、夔、稷、卨、傅説之賢，亦將爲小人所蔽，卷懷而去爾。”帝曰：“何世無小人，雖堯、舜之時，不能無四凶。”安石曰：“惟能辨四凶而誅之，此其所以爲堯、舜也。若使四凶得肆其讒慝，則皋、夔、稷、卨亦安肯苟食其禄以終身乎？”①

　　登州婦人惡其夫寢陋，夜以刃斷之，傷而不死。獄上，朝議皆當之死，安石獨以律辨證之，爲合從謀殺傷，減二等論。帝從安石説，且著爲令。

　　二年二月，拜參知政事。上謂曰：“人皆不能知卿，以爲卿但知經術，不曉世務。”安石對曰：“經術正所以經世務，但後世所謂儒者，大抵皆庸人，故世俗皆以爲經術不可施於世務爾。”上問：“然則卿所施設以何先？”安石曰：“變風俗，立法度，正方今之所急也。”上以爲然。於是設制置三司條例，命與知樞密院事陳升之同領之。安石令其黨吕惠卿預其事。而農田水利、青苗、均輸、保甲、免役、市易、保馬、方田

① 此當出自紹興本《哲宗實録》，《東都事略》、《名臣碑傳琬琰集》皆同。

諸役相繼並興,號爲新法,遣提舉官四十餘輩,頒行天下。

　　青苗法者,以常平糴本作青苗錢,散與人户,令出息二分,春散秋斂。均輸法者,以發運之職改爲均輸,假以錢貨,凡上供之物,皆得徙貴就賤,用近易遠,預知在京倉庫所當辦者,得以便宜蓄買。保甲之法,籍鄉村之民,二丁取一,十家爲保,保丁皆授以弓弩,教之戰陣。免役之法,據家貲高下,各令出錢顧人充役,下至單丁、女户,本來無役者,亦一概輸錢,謂之助役錢。市易之法,聽人賒貸縣官財貨,以田宅或金帛爲抵當,出息十分之二,過期不輸,息外每月更加罰錢百分之二。保馬之法,凡五路義保願養馬者,户一匹,以監牧見馬給之,或官與其直,使自市,歲一閱其肥瘠,死病者補償。方田之法,以東、西、南、北各千步,當四十一頃六十六畝一百六十步爲一方,歲以九月,令、佐分地計量,驗地土肥瘠,定其色號,分爲五等,以地之等,均定稅數。又有免行錢者,約京師百物諸行利入厚薄,皆令納錢,與免行户祗應。自是四方爭言農田水利,古陂廢堰,悉務興復。又令民封狀增價以買坊場,又增茶鹽之額,又設措置河北糴使司,廣積糧穀于臨流州縣,以備饋運。由是賦斂愈重,而天下騷然矣。[1]

　　御史中丞吕誨論安石過失十事,帝爲出誨,安石薦吕公著代之。韓琦諫疏至,帝感悟,欲從之,安石求去。司馬光答詔有"士夫沸騰,黎民騷動"之語,安石怒,抗章自辨,帝爲巽辭謝,令吕惠卿諭旨,韓絳又勸帝留之。安石入謝,因爲

---

[1]　此當出自紹興本《哲宗實録》,《東都事略》、《名臣碑傳琬琰集》皆同。

上言中外大臣、從官、臺諫、朝士朋比之情，且曰："陛下欲以先王之正道勝天下流俗，故與天下流俗相爲重輕。流俗權重，則天下之人歸流俗；陛下權重，則天下之人歸陛下。權者與物相爲重輕，雖千鈞之物，所加損不過銖兩而移。今姦人欲敗先王之正道，以沮陛下之所爲。於是陛下與流俗之權適争輕重之時，加銖兩之力，則用力至微，而天下之權已歸于流俗矣，此所以紛紛也。"上以爲然。安石乃視事，琦説不得行。

安石與光素厚，光援朋友責善之義，三詒書反覆勸之，安石不樂。帝用光副樞密，光辭未拜而安石出，命遂寢。公著雖爲所引，亦以請罷新法出潁州。御史劉述、劉琦、錢顗、孫昌齡、王子韶、程顥、張戩、陳襄、陳薦、謝景温、楊繪、劉摯，諫官范純仁、李常、孫覺、胡宗愈，皆不得其言，相繼去。驟用秀州推官李定爲御史，知制誥宋敏求、李大臨、蘇頌封還詞頭，御史林旦、薛昌朝、范育論定不孝，皆罷逐。翰林學士范鎮三疏言青苗，奪職致仕。惠卿遭喪去，安石未知所託，得曾布，信任之，亞於惠卿。[1]

三年十二月，拜同中書門下平章事。明年春，京東、河北有烈風之異，民大恐。帝批付中書，令省事安静以應天變，放遣兩路募夫，責監司、郡守不以上聞者。安石執不下。

開封民避保甲，有截指斷腕者，知府韓維言之。帝問安石，安石曰："此固未可知，就令有之，亦不足怪。今士大夫睹新政，尚或紛然驚異，況於二十萬户百姓，固有耄愚爲人

---

[1]　此當出自紹興本《哲宗實録》，《東都事略》《名臣碑傳琬琰集》皆同。

所惑動者,豈應爲此遂不敢一有所爲邪?"帝曰:"民言合而聽之則勝,亦不可不畏也。"①

東明民或遮宰相馬訴助役錢,安石白帝曰:"知縣賈蕃乃范仲淹之壻,好附流俗,致民如是。"又曰:"治民當知其情僞利病,不可示姑息。若縱之便妄經省臺,鳴鼓邀駕,恃衆僥倖,則非所以爲政。"其彊辯背理率類此。②

帝用韓維爲中丞,安石憾曩言,指爲善附流俗以非上所建立,因維辭而止。歐陽修乞致仕,馮京請留之,安石曰:"修附麗韓琦,以琦爲社稷臣。如此人,在一郡則壞一郡,在朝廷則壞朝廷,留之安用?"乃聽之。富弼以格青苗解使相,安石謂不足以阻姦,至比之共、鯀。靈臺郎尤瑛言天久陰,星失度,宜退安石,即黥隸英州。唐坰本以安石引薦爲諫官,因請對極論其罪,謫死。文彦博言市易與下爭利,致華嶽山崩。安石曰:"華山之變,殆天意爲小人發。市易之起,自爲細民久困,以抑兼并爾,於官何利焉。"閟其奏,出彦博守魏。於是呂公著、韓維,安石藉以立聲譽者也;歐陽修、文彦博,薦己者也;富弼、韓琦,用爲侍從者也;司馬光、范鎮,交友之善者也,悉排斥不遺力。③

禮官議正太廟太祖東嚮之位,安石獨定議還僖祖於祧廟,議者合争之,弗得。④ 上元夕,從駕乘馬入宣德門,衛士

---

① 此出自公之《日錄》,《長編》卷一百九十三熙寧四年甲午條引之。
② 此出自公之《日錄》,《長編》卷二百二十三熙寧四年五月庚戌條引之。
③ 按,"藉以立聲譽者"、"薦己者"、"用爲侍從者"、"交友之善者也","悉排斥不遺力。"《東都事略》、《名臣碑傳琬琰集》悉無,當爲《宋史》編者所增補,以見公之背恩負義之甚。
④ 此或《宋史》編者所增補,《東都事略》、《名臣碑傳琬琰集》皆無。

訶止之，策其馬。安石怒，上章請逮治。御史蔡確言："宿衛之士，拱扈至尊而已。宰相下馬非其處，所應訶止。"帝卒爲杖衛士，斥内侍，安石猶不平。① 王韶開熙河奏功，帝以安石主議，解所服玉帶賜之。②

七年春，天下久旱，饑民流離，帝憂形於色，對朝嗟嘆，欲盡罷法度之不善者。安石曰："水旱常數，堯、湯所不免，此不足招聖慮，但當修人事以應之。"帝曰："此豈細事，朕所以恐懼者，正爲人事之未修爾。今取免行錢太重，人情咨怨，至出不遜語。自近臣以至后族，無不言其害。兩宮泣下，憂京師亂起，以爲天旱更失人心。"安石曰："近臣不知爲誰，若兩宮有言，乃向經、曹佾所爲爾。"馮京曰："臣亦聞之。"安石曰："士大夫不逞者以京爲歸，故京獨聞此言，臣未之聞也。"監安上門鄭俠上疏，繪所見流民扶老携幼困苦之狀，爲圖以獻，曰："旱由安石所致。去安石，天必雨。"俠又坐竄嶺南。慈聖、宣仁二太后流涕謂帝曰："安石亂天下。"帝亦疑之，遂罷爲觀文殿大學士、知江陵府，自禮部侍郎超九轉爲吏部尚書。③

呂惠卿服闋，安石朝夕汲引之，至是，白爲參知政事，又乞召韓絳代己。二人守其成模不少失，時號絳爲"傳法沙門"，惠卿爲"護法善神"。④ 而惠卿實欲自得政，忌安石復

① 此據陳瓘《尊堯餘言》，《長編》卷二百四十二熙寧六年二月丁丑條引之。

② 此較之《東都事略》、《名臣碑傳琬琰集》所載，甚簡略。

③ 按，"王安石亂天下"之語，亦見《東都事略》、《名臣碑傳琬琰集》，應爲紹興本《哲宗實錄》中語，又比敘公初次罷相更詳。

④ 按，"傳法沙門"、"護法善神"，據吳开《漫堂隨筆》，《長編》卷二百五十二引之。

來,因鄭俠獄陷其弟安國,又起李士寧獄以傾安石。絳覺其
意,密白帝請召之。八年二月,復拜相,安石承命,即倍道
來。《三經義》成,加尚書左僕射兼門下侍郎,以子雱爲龍圖
閣直學士。雱辭,惠卿勸帝允其請,由是嫌隙愈著。惠卿爲
蔡承禧所擊,居家俟命,雱諷御史中丞鄧綰,復彈惠卿與知
華亭縣張若濟爲姦利事,置獄鞫之。惠卿出守陳。①

　　十月,彗出東方,詔求直言,及詢政事之未協於民者。
安石率同列疏言:"晉武帝五年,彗出軫;十年,又有孛。而
其在位二十八年,與《乙巳占》所期不合。蓋天道遠,先王雖
有官占,而所信者人事而已。天文之變無窮,上下傅會,豈
無偶合。周公、召公,豈欺成王哉?其言中宗享國日久,則
曰'嚴恭寅畏,天命自度,治民不敢荒寧'。其言夏、商多歷
年所,亦曰'德'而已。裨竈言火而驗,故禳之,國僑不聽,則
曰'不用吾言,鄭又將火'。僑終不聽,鄭亦不火。有如裨
竈,未免妄誕,況今星工哉?所傳占書,又世所禁,謄寫譌
誤,尤不可知。陛下盛德至善,非特賢於中宗,周、召所言,
則既閱而盡之矣,豈須愚瞽復有所陳。竊聞兩宮以此爲憂,
望以臣等所言,力行開慰。"帝曰:"聞民間殊苦新法。"安石
曰:"祁寒暑雨,民猶怨咨,此無庸恤。"帝曰:"豈若并祁寒暑
雨之怨亦無邪?"安石不悅,退而屬疾卧,帝慰勉起之。其黨
謀曰:"今不取上素所不喜者暴進用之,則權輕,將有窺人間

①　按,以上係雜揉《邵氏聞見録》卷九、《涑水記聞》卷十六、《東軒筆録》卷五
　　等成之。

隙者。"安石是其策。帝喜其出,悉從之。① 時出師安南,諜得其露布,言:"中國作青苗、助役之法,窮困生民。我今出兵,欲相拯濟。"安石怒,自草敕牓詆之。

　華亭獄久不成,雱以屬門下客吕嘉問、練亨甫共議,取鄧綰所列惠卿事,雜他書下制獄,安石不知也。省吏告惠卿于陳,惠卿以狀聞,且訟安石曰:"安石盡棄所學,隆尚縱橫之末數,方命矯令,罔上要君。此數惡力行於年歲之間,雖古之失志倒行而逆施者,殆不如此。"又發安石私書曰"無使上知"者,帝以示安石,安石謝無有。歸以問雱,雱言其情,安石咎之。雱憤恚,疽發背死。安石暴綰罪,云"爲臣子弟求官及薦臣壻蔡卞",遂與亨甫皆得罪。綰始以附安石居言職,及安石與吕惠卿相傾,綰極力助攻惠卿。上頗厭安石所爲,綰懼失勢,屢留之於上,其言無所顧忌;亨甫險薄,諂事雱以進,至是皆斥。②

　安石之再相也,屢謝病求去,及子雱死,尤悲傷不堪,力請解幾務。上益厭之,罷爲鎮南軍節度使、同平章事、判江寧府。明年,改集禧觀使,封舒國公。屢乞還將相印。元豐二年,復拜左僕射、觀文殿大學士。換特進,改封荆。哲宗立,加司空。元祐元年,卒,年六十六,贈太傅。紹聖中,諡曰"文",配享神宗廟庭。崇寧三年,又配食文宣王廟,列于顏、孟之次,追封舒王。欽宗時,楊時以爲言,詔停之。高宗

---

① 　此據《涑水記聞》卷十六,《長編》卷二百四十八、卷二百七十引用之,而《東都事略》、《名臣碑傳琬琰集》不載,當未入實錄、國史,係《宋史》編者自加。

② 　此據《邵氏聞見録》卷九、《涑水記聞》卷十六、《東軒筆録》卷五等。

用趙鼎、呂聰問言，停宗廟配享，削其王封。①

初，安石訓釋《詩》、《書》、《周禮》，既成，頒之學官，天下號曰"新義"。晚居金陵，又作《字說》，多穿鑿傅會，其流入於佛、老。一時學者，無敢不傳習，主司純用以取士，士莫得自名一說，先儒傳注，一切廢不用。黜《春秋》之書，不使列於學官，至戲目爲"斷爛朝報"。②

安石未貴時，名震京師，性不好華腴，自奉至儉，或衣垢不澣，面垢不洗，世多稱其賢。蜀人蘇洵獨曰："是不近人情者，鮮不爲大姦慝。"作《辯姦論》以刺之，謂王衍、盧杞合爲一人。③

安石性強忮，遇事無可否，自信所見，執意不回。至議變法，而在廷交執不可，安石傳經義，出己意，辯論輒數百言，眾不能詘。甚者謂"天變不足畏，祖宗不足法，人言不足恤"。罷黜中外老成人幾盡，多用門下儇慧少年。久之，以旱引去。洎復相，歲餘罷。終神宗世不復召，凡八年。子雱。④

雱字元澤。爲人慓悍陰刻，無所顧忌。性敏甚，未冠，已著書數萬言。年十三，得秦卒言洮、河事，歎曰："此可撫而有也。使西夏得之，則吾敵彊而邊患博矣。"其後王韶開熙河，安石力主其議，蓋兆於此。⑤ 舉進士，調旌德尉。

———————

① 《東都事略》、《名臣碑傳琬琰集》所敘略同。

② 此與《東都事略》、《名臣碑傳琬琰集》所敘略同，惟增添詆《春秋》爲"斷爛朝報"之罪。

③ 《東都事略》、《名臣碑傳琬琰集》無此，乃《宋史》編者所增添。

④ 《東都事略》、《名臣碑傳琬琰集》所敘略同。

⑤ 此出自《清波雜志》卷七。

雱氣豪，睥睨一世，不能作小官。作策三十餘篇，極論天下事。又作《老子訓傳》及《佛書義解》，亦數萬言。時安石執政，所用多少年，雱亦欲預選，乃與父謀曰："執政子雖不可預事，而經筵可處。"安石欲上知而自用，乃以雱所作策及注《道德經》鏤板鬻于市，遂傳達於上。鄧綰、曾布又力薦之，召見，除太子中允、崇政殿說書。神宗數留與語，[①]受詔注《詩》、《書》義，擢天章閣待制兼侍講。書成，遷龍圖閣直學士，以病辭不拜。

安石更張政事，雱實導之。常稱商鞅爲豪傑之士，言不誅異議者法不行。安石與程顥語，雱囚首跣足，攜婦人冠以出，問父所言何事，曰："以新法數爲人所阻，故與程君議。"雱大言曰："梟韓琦、富弼之頭于市，則法行矣。"安石遽曰："兒誤矣。"[②]卒時纔三十三，特贈左諫議大夫。

論曰：朱熹嘗論安石"以文章節行高一世，而尤以道德經濟爲己任。被遇神宗，致位宰相，世方仰其有爲，庶幾復見二帝三王之盛。而安石乃汲汲以財利兵革爲先務，引用凶邪，排擯忠直，躁迫強戾，使天下之人囂然喪其樂生之心。卒之群姦嗣虐，流毒四海，至於崇寧、宣和之際，而禍亂極矣。"[③]此天下之公言也。昔神宗欲命相，問韓琦曰："安石何如？"對曰："安石爲翰林學士則有餘，處輔弼之地則不可。"神宗不聽，遂相安石。嗚呼！此雖宋氏之不幸，亦安石之不幸也。

①　此出自《林希野史》。
②　此出自《邵氏聞見錄》卷十一。
③　此出自朱熹《楚辭後語》。

二、著述考^①附王雱

公生前著述等身，然多未成帙。《長編》卷二百二十九熙寧五年正月戊戌："王安石以試中學官等第進呈，且言黎佢、張諤文字佳，第不合經義。上曰：'經術，今人人乖異，何以一道德？卿有所著，可以班行，令學者定于一。'安石曰：'《詩》已令陸佃、沈季長作義。'上曰：'恐不能發明。'安石曰：'臣每與商量。'""（壬寅）上默然良久，乃曰：'朕欲卿錄文字，且早錄進。'安石曰：'臣所著述，多未成就，止有訓、誥文字，容臣綴緝進御。'"其身後則因黨爭、戰亂，著述散佚過半。兹將公著述之問世、流傳、存佚等，考述如下。至於《臨川先生文集》、《王文公文集》、《王荊文公詩李壁注》三種之刊刻、流傳，相關研究成果豐碩，不煩贅述。

1、《易解》，二十卷，今佚。晁公武《郡齋讀書志》卷一著錄爲《易義》，二十卷。陳振孫《直齋書錄解題》卷一、《宋史》卷二百二《藝文一》皆作《易解》十四卷。尤袤《遂初堂書目》著錄爲《王文公易傳》。此公少作，《郡齋讀書志》曰："介甫《三經義》皆頒學官，獨《易解》自謂少作未善，不專以取士。故紹聖後復有龔原、耿南仲注《易》，三書偕行於場屋。"

按，《易解》草創於嘉祐初年左右，至英宗治平元年已問

<hr>

① 此篇原係拙著《荊公新學研究》第二章第二節，今略作修訂附此。另，關於公之著述，高克勤《王安石著述考》亦有所考，《復旦大學學報》1988年第1期。

世。《文集》卷七十二《答韓求仁書》：“某嘗學《易》矣，讀而思之，自以爲如此，則書之，以待知《易》者質其義。當是時，未可以學《易》也，惟無師友之故，不得其序，以過於進取。乃今而後知昔之爲可悔，而其書往往已爲不知者所傳，追思之未嘗不愧也。”所謂“已爲不知者所傳”之書，即《易解》。公深致不滿之少作，却頗受時人推崇。二程謂：“《易》有百餘家，難爲遍觀。如素未讀，不曉文義，且須看王弼、胡先生、荆公三家。理會得文義，且要熟讀，然後却有用心處。”①《朱子語類》卷七十八載朱熹評曰：“《易》是荆公舊作，却自好。”此書紹聖年間亦行於科場，《河南程氏遺書》、《河南程氏外書》、楊時《龜山先生文集》等偶有徵引。沈起元《周易孔義集説》收其佚文若干條。

《易解》不論互體，文義坦明，於《易》學史上占有一席之地。《直齋書録解題》卷一：“新安王炎晦叔嘗問南軒曰：‘伊川令學者先看王輔嗣、胡翼之、王介甫三家《易》，何也？’南軒曰：‘三家不論互體，故云爾。然雜物撰德，具于中爻，互體未可廢也。’南軒之説雖如此，要之，程氏專治文義，不論象數。三家者，文義皆坦明，象數殆於掃除略盡，非特互體也。”《劉克莊集箋校》卷一百七《方實孫經史説》：“《易》至王荆公，《春秋》至胡文定，《書》至吕成公，其説密矣。”

2、《洪範傳》，一卷。《郡齋讀書志》卷一著録：“安石以劉向、董仲舒、伏生明災異爲蔽，而思别著此《傳》……大意

---

① 《河南程氏遺書》卷十九，《二程集》，第248頁。

言天人不相干，雖有變異，不足畏也。"歸有光評曰："其論精，遠出二劉、二孔之上。"①是書問世於嘉祐、治平間，陸佃《陶山集》卷十五《傅府君墓誌》："嘉祐、治平間……淮之南，學士大夫宗安定先生之學，予獨疑焉。及得荆公《淮南雜説》與其《洪範傳》，心獨謂然，於是願掃臨川先生之門。"熙寧三年十月，公删潤繕寫，進呈神宗（詳本譜熙寧三年）。今存，載《文集》卷六十五。

3、《淮南雜説》，十卷。《郡齋讀書志》卷十二著録爲《王氏雜説》。晁氏引蔡京（應爲卞）《王安石傳》曰："自先王澤竭，國異家殊，由漢迄唐，源流浸深。宋興，文物盛矣，然不知道德性命之理。安石奮乎百世之下，追堯、舜、三代，通乎晝夜陰陽所不能測而入於神。初著《雜説》數萬言，世謂其言與孟軻相上下，於是天下之士，始原道德之意，窺性命之端云。"此書爲公之成名作。《陶山集》卷十五《傅府君墓誌》："嘉祐、治平間……淮之南學士大夫宗安定先生之學，予獨疑焉。及得荆公《淮南雜説》與其《洪範傳》，心獨謂然，於是願掃臨川先生之門。"可見最遲至仁宗嘉祐末，此書已廣泛流傳，至北宋後期，隱然爲士林經典。劉弇《龍雲集》卷二十一《上知府曾内翰》："如歐陽公之《本論》，王文公之《雜説》，閣下《秘閣十序》，皆班班播在人口，雖不言可知，又知而不必言也。"是書今佚，惟北宋二程《河南程氏遺書》、楊時《龜山語録》、陳瓘《四明尊堯録》等往往援引其説，仍可窺一斑。

---

① 歸有光《震川先生集》卷一《洪範》，上海古籍出版社1979年版，第18頁。

　　或疑《文集》卷六十五至七十即《雜說》,①不無卓見。
《文集》此數卷應有部分篇章,如《原性》、《材論》、《命解》、
《性說》、《性情》等出自《淮南雜說》,符合蔡卞所謂"其言與
孟軻相上下"、"道德性命之理"。另,公之《臨川先生文
集》、《王文公文集》均付梓於高宗紹興年間,②其時《淮南雜
說》尚存。據陸佃所言,《淮南雜說》、《洪範傳》均於嘉祐、
治平間以單行本問世,《洪範傳》現載《文集》,則《淮南雜
說》似不應爲《文集》失收。

　　4、《論語解》,十卷,《郡齋讀書志》卷四著録:"紹聖後
皆行於場屋。"今佚。朱熹《四書章句集注·論語》卷九:
"子曰:'道聽而塗說,德之棄也。'王氏曰:'君子多識前言
往行,以畜其德,道聽塗說,則棄之矣。'"王氏,即公。《朱子
語類》卷三十五載其解《論語·泰伯》"民可使由之,不可使
知之"句謂:"王介甫以爲'不可使知',蓋聖人愚民之意。"
同書卷四十五又載其解《論語·衛靈公》"顏淵問爲邦"章:
"因舉《上蔡論語》舉王介甫云:'事衰世之大夫,友薄俗之
士,聽淫樂,視慝禮,曒然不惑于先王之道,難矣哉!'此言甚
好。"又胡廣《四書大全·論語集注大全》卷十一:"閔子騫
曰:'仍舊貫如之何,何必改作?'仍,因也。貫,事也。王氏
(名安石,字介甫,臨川人)曰:'改作勞民傷財,在於得已,則
不如仍舊貫之善。'"同書卷十二:"仲弓問仁,子曰:'出門
如見大賓,使民如承大祭。己所不欲,勿施於人,在邦無怨,

---

① 侯外廬等《中國思想通史》第四卷上冊,人民出版社 1959 年版,第 446 頁。
② 關於《臨川先生文集》、《王文公文集》之編撰、流傳,可見祝尚書《宋人別集
　敘録》,中華書局 2001 年版。

在家無怨。'仲弓曰:'雍雖不敏,請事斯語矣。'王氏曰:'主敬則内有以全其心之德,行恕則外有以推其愛之理。'"同書卷十三:"子曰:'剛毅木訥近仁。'王氏曰:'剛必無欲,毅必能行,木無令色,訥無巧言。'"同書卷十七:"子曰:'道聽而塗説,德之棄也。'王氏曰:'君子多識前言往行,以畜其德。'"

5、《論語通類》,一卷,《宋史》卷二百二《藝文一》著録,今佚。《(至順)鎮江志》卷十一載元代鎮江路學藏《論語通類》一册,或即此書。

6、《孝經解》,一卷。《郡齋讀書志》卷三著録,《郡齋讀書附志》卷上亦著録,題爲《孝經義》:"荆國文公王安石所著也。凡十七章,喪親章闕之。"晁氏對此書頗有微詞:"經云:'當不義,則子不可不諍於父',而孟子猥云父子之間不責善,夫豈然哉! 今介甫因謂當不義則諍之,非責善也。噫! 不爲不義,即善也。阿其所好,以巧慧侮聖人之言至此,君子疾夫!"今佚。

7、《老子注》,二卷。《郡齋讀書志》卷十一著録:"介甫平生最喜《老子》,故解釋最所致意。如'無,名天地之始;有,名萬物之母。常無,欲以觀其妙;常有,欲以觀其徼',皆於'有'、'無'字下斷句,與先儒不同,他皆類此。"後佚。今人容肇祖輯有《王安石老子注輯本》。[1] 蒙文通《道書輯校十種》亦收其佚文若干條,其中有十幾條爲容輯本所未收。此書具體作年不詳,但據劉惟永《道德經集義》、李霖《道德

---

[1] 《王安石老子注輯本》,中華書局1979年版。

經取善集》中所引佚文,有數處注文徵引《雜説》、《字説》、《丞相新説》等,容輯本皆略去,蒙輯本收之。其中如釋“多言數窮,不如守中”句引《丞相新説》曰:“聖人不明,以百姓爲芻狗,浄而不汙,潔而不垢,其祭祀足以隆禮而致恭者”云云①;注“非以其無私耶,故能成其私”句引《字説》曰:“《韓非》曰‘自營爲私,背公爲私’,夫自營者未有能成其私者也,故其字爲自營而不周之形”云云;②注“上義爲之而有以爲”句引《雜説》曰“上德無爲而無以爲,羲皇也”云云。③ 據此,則《老子注》或應成於王安石晚年退居鍾山以後。

8.《孟子解》,十四卷。《郡齋讀書志》卷十著録:“右皇朝王安石介甫素喜《孟子》,自爲之解。其子雱與其門人許允成皆有注釋,崇、觀間,場屋舉子宗之。”此書學者亦稱之,吕南公《灌園集》卷十四《與王夢錫書》謂:“當今善解《孟子》者無如王介甫,學者多稱之。”今佚。《朱熹集》卷七十一《偶讀謾記》載其注《孟子》“知言養氣章”中“必有事焉而勿正心勿忘勿助長”句:“東坡手書煮豬肉法,引孟子曰:‘心勿忘,勿助長。’知前輩讀此,皆依古注‘勿正’爲句絶,非獨程先生也。作‘正心’者,其始于王氏乎? 然文勢亦或有之,未可直以爲非,故予於集注兩存之。”朱熹《四書章句集注·孟子》卷七:“‘父子之間不責善,責善則離,離,則不祥莫大焉。’責善,朋友之道也。王氏曰:‘父有争子,何也? 所謂争者,非責善也,當不義則争之而已矣。父之於子也,如何?

---

① 蒙文通《道書輯校十種》,巴蜀書社 2001 年版,第 682 頁。
② 《道書輯校十種》,第 684 頁。
③ 《道書輯校十種》,第 697 頁。

曰:當不義則亦戒之而已矣。'"

9、《楞嚴經疏解》,十卷,亦名《楞嚴經王文公介甫解》或《定林疏解》。《郡齋讀書志附志》卷上著録。此書作於公罷相之後,釋惠洪《林間録》卷下:"王文公罷相,歸老鍾山,見衲子,必探其道學,尤通《首楞嚴》。嘗自疏其義,其文簡而肆,略諸師之詳,而詳諸師之略,非識妙者莫能窺也。每曰:'今凡看此經者,見其所示性覺妙明,本覺明妙,知根身器界,生起不出我心。竊自疑今鍾山山川一都會耳,而遊於其中無慮千人,豈有千人内心共一外境耶?借如千人之中一人忽死,則此山川何嘗隨滅?人去境留,則經言山河大地生起之理。不然,何以會通,稱佛本意耶?'"。《楞嚴經指掌懸示》原注:"文公罷相歸老鍾山之定林,著有《楞嚴經疏解》,略諸師之詳,而詳諸師之略。覺範稱之,謂'非智者莫窺也'。"①《楞嚴經疏解》至晚明仍有傳本,今已失傳,釋洪範《楞嚴尊頂法論》中有數處徵引,思坦《楞嚴經集注》徵引約六十餘條,明錢謙益《楞嚴經蒙鈔》中亦列數則。張煜自《續藏經》中輯佚百十條,可略窺一斑。②

10、《維摩詰經注》,三卷,《宋史》卷二百五《藝文四》著録。《金剛經注》,卷數不詳。《王文公文集》卷二十《進二經劄子》:"臣蒙恩免於事累,因得以疾病之餘日,覃思内典。切觀《金剛般若》、《維摩詰所説經》,謝靈運、僧肇等注多失其旨,又疑世所傳天親菩薩、鳩摩羅什、慧能等所解,特妄人竊藉其名,輒以己見,爲之訓釋。不圖上徹天聽,許以投進。

---

① 通理撰《〈楞嚴經〉指掌疏懸示》,《續藏經》第一四八册,第82頁。

② 張煜《王安石〈楞嚴經解〉十卷輯佚》,《古典文獻研究》第13輯。

伏維皇帝陛下宿殖聖行，生知妙法，方册所載，象譯所傳，如天昭曠，靡不疇察，豈臣愚淺，所敢冒聞？然方大聖以神道設教，覺悟群生之時，羽毛皮骼之物，尚能助發實相，況臣區區，嘗備顧問，又承制旨，安敢蔽匿？謹繕録上進。干凟天威，臣無任惶愧之至。"以此知公將兩注同時進呈神宗。《郡齋讀書志》卷十六著録《金剛經會解》一卷曰："唐僧宗密、僧知恩、皇朝僧元仁、賈昌朝、王安石五家注。"

11、《字説》，二十四卷。《宋史》卷二百二《藝文一》及《文獻通考》作二十四卷，《郡齋讀書志》卷四著録爲二十卷。《文集》卷五十六《進字説表》："謹勒成《字説》二十四卷，隨表上進。"故當爲二十四卷。《郡齋讀書志》卷四著録曰："蔡卞謂介甫晚年閒居金陵，以天地萬物之理，著於此書，與《易》相表裏。"

按，《字説》初撰於英宗治平年間。《文集》卷四十《進字説劄子》："臣在先帝時，得許慎《説文》古字，妄嘗覃思，究釋其意，冀因自竭，得見崖略。若蒙視天，終以罔然，念非所能，因畫而已。"熙寧年間，《字説》勒成初稿，並於士大夫中廣泛流傳。《桯史》卷二："王荆公在熙寧中作《字説》，行之天下。東坡在館，一日因見而及之，曰……荆公無以答，迄不爲變。"《文集》卷八十四《熙寧字説序》："余讀許慎《説文》，而於書之意時有所悟，因序録其説爲二十卷，以及門人所推經義附之。"可見，《字説》本爲二十卷，晚年修定後方成二十四卷。《郡齋讀書志》所著録應爲《熙寧字説》，即《字説》初稿。《字説》流行之初，頗受士人嘲謔，宋人筆記多有記載。《蘇軾詩集》卷四十五《張竟辰永康所居萬卷堂》：

"兒童拍手笑何事,笑人空腹談經義。未許中郎得異書,且共揚雄説奇字。"何焯曰:"説奇字,嗤《字説》也。"①足以爲證。此或爲公晚年修訂《字説》原因之一。黄庭堅《豫章黄先生文集》卷二十七《書荆公騎驢圖後》:"荆公晚年删定《字説》,出入百家語,言簡而意深,常自以爲平生精力盡於此書,好學者從之請問,口講手畫,終席或至千餘字。"可見公用力之深。《字説》修訂,公之高足蔡肇等與焉,成於元豐五年(詳本譜元豐五年)。書中解釋字義尤重會意,且常援引佛學義理訓釋字義,融合儒釋。《宋史》卷三百二十七《王安石傳》:"晚居金陵,又作《字説》,多穿鑿附會,其流入於佛、老。"陳善《捫虱新話》卷一:"荆公《字説》多用佛家語。初作'空'字云:'工能穴土,則實者空矣,故空從穴從工。'後用佛語改云:'無土以爲穴,則空無相;無工以穴之,則空無作。無相無作,則空名不立。'此語比舊時爲勝。《維摩詰經》曰:'空即無相,無相即無作,無相無作,即心意識。'《法華經》曰:'但念空無作。'《楞嚴經》曰:'但除器方,空體無方。'荆公蓋用此意。"《字説》南宋後期即散佚,張宗祥輯之。②

後世常視此書爲文字學著作,非也。③

12、《禮經要義》,二卷。《郡齋讀書志附志》卷上著録:"右荆國文公王安石介甫所著也。"今佚。

---

① 《蘇軾詩集》卷四十五,第 2452 頁。

② 《王安石字説輯》,福建人民出版社 2005 年版。

③ 羅文著、劉成國、李梅譯《王安石與儒家的内聖理想》,《新宋學》第五輯,復旦大學出版社 2016 年版。

13、《禮記發明》，一卷。焦竑《國史經籍志》卷二："《禮記要義》二卷，王安石。又《發明》一卷。"以上皆未完書。朱景英《畲經堂詩文集》卷二《三禮授受考》："王安石《禮記發明》一卷、《要義》二卷，未爲完書。而方愨《禮記解義》二十卷，馬晞孟《禮記解》七十卷、陳祥道《禮記講義》二十四卷、陸佃《禮記解》四十卷，即鶴山所稱方、馬、陳、陸是也。然其書皆述王氏之説，人頗病之。獨朱子以爲方、馬二解儘有好處，不可以其新學而黜之也。"今佚。潘斌自衛湜《禮記集説》、吴澄《禮記纂言》中輯得佚文65條，彌足可珍。①

14、《莊子解》，四卷。《郡齋讀書志附志》卷上著録，今佚。

15、《揚子解》，一卷。《郡齋讀書志附志》卷上著録，今佚。問永寧自《永樂大典》輯得公《太玄注》佚文5條，疑出自此書。②

16、《群經新説》，十二卷，《論五經疑難新説》三卷，《郡齋讀書附志》卷下著録："右荆國文公王安石之説也。"今佚。

17、《左氏解》，一卷。陳振孫《直齋書録解題》卷三、《宋史》卷二百二《藝文一》皆著録，尤袤《遂初堂書目》著録爲"王文公《左氏辨》"，未知孰是。《直齋書録解題》卷三："專辨左氏爲六國時人，其明驗十有一事。題王安石撰，其實非也。"南渡之後，公詆《春秋》爲"斷爛朝報"之説甚爲流行，陳氏或受此影響，如同書同卷孫覺《春秋經解》解題引周茂振跋曰："先君傳《春秋》於孫先生，嘗言王荆公初欲釋

---

① 潘斌《王安石佚書〈禮記發明〉輯考》，《古代文明》2010年第2期。
② 《王安石〈太玄注〉佚文疏證》，《蘭臺世界》2008年第2期。

《春秋》以行於天下，而莘老之書已出，一見而忌之，自知不復能出其右，遂詆聖經而廢之，曰‘此斷爛朝報’也，不列於學官，不用於貢舉云。"①王應麟《困學紀聞》卷六："王介甫疑左氏爲六國時人者十一事。介甫《左氏解》一卷，其序謂‘爲《春秋》學餘二十年’，《館閣書目》以爲依託。"以所引序揆之，此書殆非公作。蓋公以《三傳》雅不足據，"至於《春秋》，三傳既不足信，故於諸經尤爲難知"。② 且公以治《春秋》，應群經互解，先通五經，再治《春秋》。《文集》卷九十三《大理寺丞楊君墓誌銘》："治《春秋》，不守先儒傳注，資它經以佐其説，超厲踔越，世儒莫能難也。"陸佃《陶山集》卷十二《答崔子方書秀才書》："公曰……學者求經，當自近者始。學得《詩》然後學《書》，學得《書》然後學《禮》，三者備，《春秋》其通矣。"

18、《丞相新説》，卷數不詳。此書各公私書目皆未見著錄，惟劉惟永《道德經集義》、李霖《道德經取善集》所引公《老子注》佚文，曾數次提及。呂南公《灌園集》卷八《王夢錫集序》："會熙寧天子將以經術作新士類，而丞相長安公父子實始受命成之。夢錫家遠，方獨取所謂《雜説》、《字説》者讀而思之，推見其指，乃解《詩》、《孟子》合四十萬言。書既成，而雱《新説》亦出，夢錫取而讀之，頓脚大笑。"然所謂《新説》乃出王雱之手，待考。

19、《華嚴經解》，一卷。此爲公晚年所撰，諸家書目未

---

① "斷爛朝報"之説不足信，蔡上翔已有詳辯，見《蔡譜》卷十一，第388—396頁。
② 《文集》卷七十二《答韓求仁書》，第765頁。

見著録，惟《蘇軾文集》卷六十六《跋王氏華嚴經解》：“予過濟南鎮，監税宋保國出其所集王荆公《華嚴經解》相示，曰：‘公之於道，可謂至矣。’予問保國：‘《華嚴》有八十卷，今獨解其一，何也？’保國曰：‘公謂我此佛語深妙，其餘皆菩薩語爾。’”據《蘇軾年譜》卷二十四，此文作於元豐八年。宋保國，宋祁之子，後入黨籍，《文集》卷七十八有《答宋保國書》。或因公只解《華嚴經》之一卷，故未曾被諸家著録。

　　20、《易説拾遺》，二卷。《厚齋易學》附録二載：“《中興書目》：‘《易説拾遺》二卷，題王安石、尹天民所編。’”然《宋史》卷二百二《藝文志一》：“王安石《易解》十四卷。尹天民《易論要纂》一卷，又《易説拾遺》二卷。”朱睦㮮《授經圖》卷四：“《易説拾遺》二卷，尹天民。”則此書亦非公作。

　　21、《周官新義》，二十二卷。《文集》卷八十四《周禮義序》：“謹列其書爲二十有二卷，凡十餘萬言。”《郡齋讀書志》、《直齋書録解題》等皆著録。《遂初堂書目》著録爲《王文公〈周禮新經〉》。南宋後，此書傳世絶少，《四庫全書總目》卷十九著録爲十六卷：“《周禮新義》本二十二卷，明萬曆中重編内閣書目，尚載其名，故朱彝尊《經義考》不敢著其已佚，但注曰未見。然外間實無傳本，即明以來内閣舊籍，亦實無此書。惟《永樂大典》中所載最夥。”四庫館臣自《永樂大典》中輯出十六卷，附《考工記解》二卷。錢儀吉從宋、明人禮籍中輯補多條，道光間刊於經苑。然錢氏所補，多失收、誤收、譌誤，又不憚直改原文，據許慎《説文解字》辨正公之析字解經，乃至將所補佚文嵌入四庫本中，遂去原貌愈遠。臺灣程元敏另輯有《三經新義輯考彙評·周禮》，共十八卷,附相關考證三篇。①《三經新義》中,惟此乃公親筆所撰。蔡絛《鐵圍山叢談》卷第三詳載其事(見本譜熙寧八年)。

22、《毛詩新義》,二十卷。《郡齋讀書志》、《宋史》卷二百二《藝文一》均著録爲二十卷,《直齋書録解題》、《文獻通考》著録爲三十卷。《宋史》卷二百二《藝文一》另有《舒王詩義外傳》十二卷。此書乃公與子雱及門人同撰。《文集》卷八十四《詩義序》:"《詩》三百二十一篇,其義具存,其辭亡者,六篇而已。上既使臣雱訓其辭,又命臣某等訓其義。"《長編》卷二百六十八熙寧八年九月辛未:"王安石言:'臣子雱奉詔撰進《詩義》,臣以當備聖覽,故一一經臣手乃敢奏御。'""是日,吕惠卿曰⋯⋯自置局以來,先檢討官分定篇目,大抵以講義爲本。其所删潤,具如聖旨。草創既就,臣即略爲論次。初解《大序》及《二南》,凡五卷。每篇數已,即送安石詳定。一句一字如有未安,必加點竄,再令修改如安石意,然後繕寫⋯⋯又修《邶》、《庸》、《衛》以後數卷,安石在此間,或就局已經數覽。泊去江寧,又送詳定⋯⋯自安石到京,令檢討官以續所撰義歷呈安石。其餘,臣於中書與安石面讀,皆有修改去處。"可見此書出自衆手,經公纂定後進呈。南宋後此書佚失,李樗《毛詩集解》、劉瑾《詩傳通釋》等書引有若干條。邱漢生輯有《詩義鈎沉》二十卷,程元敏另輯有《三經新義輯考彙評·詩經》。

---

① 《三經新義輯考彙評》,華東師範大學出版社 2011 年版。

23、《王氏日録》，八十卷。《郡齋讀書志》卷六著録甚詳，曰：“紹聖間，蔡卞合曾布獻於朝，添入《神宗實録》。陳瑩中謂安石既罷相，悔其執政日無善狀，乃撰此書，歸過於上，掠美於己，且歷詆平生所不悦者，欲以欺後世。於是著《尊堯集》及《日録不合神道論》等十數書。此書起熙寧元年四月，終七年三月，再起於八年三月，終於九年六月，安石兩執國柄日也。然無八年九月後至九年四月事，蓋安石攻吕惠卿時。”此書數名，卷帙亦異。《直齋書録解題》卷七録爲《熙寧日録》：“書本有八十卷，今止有其半。”《宋史》卷二百三《藝文二》分別著録《舒王日録》十二卷，《熙寧奏對》七十八卷。《郡齋讀書志》卷九又著録《鍾山日録》二十卷。《遂初堂書目》題爲《王文公日録》。關於此書問世，《邵氏聞見録》卷十二：“公既病，和甫以邸吏狀視公，適報司馬温公拜相，公悵然曰：‘司馬十二作相矣。’公所謂《日録》者，命雱收之。公病甚，令雱焚去，雱以他書代之。後朝廷用蔡卞請，下江寧府，至雱家取《日録》以進。卞方作史，懼禍，乃假《日録》減落事實，文致奸僞。”此書詳載熙寧新法之始末原委，頗受宋人詬病。朱熹《晦菴集》卷七十《讀兩陳諫議遺墨》：“蓋嘗即其書而考之，則凡安石之所以惑亂神祖之聰明，而變移其心術，使不得遂其大有爲之志，而反爲一世禍敗之原者，其隱微深切，皆聚此書。而其詞鋒筆勢，縱橫捭闔，煒燁譎誑，又非安石之口不能言，非安石之手不能書也。以爲蔡卞撰造之言，固無是理。況其見諸行事深切著明者，又以相爲表裏，亦不待晚年黥筆有所增加而後爲可罪也。”今佚。顧宏義自《長編》、《四明尊堯集》等輯出若干條。①

24、《南郊式》一百十卷，《宋史》卷二百四《藝文三》
著録。

25、《熙寧詳定編敕》等二十五卷，《新編續降并叙法條
貫》一卷，《宋史》卷二百四《藝文三》著録曰："編治平、熙寧
詔旨并官吏犯罪叙法條貫等事。"

26、《建康酬唱詩》一卷，《宋史》卷二百九《藝文八》
著録。

27、《唐百家詩選》二十卷，《宋史》卷二百四《藝文三》
著録(詳見本譜嘉祐五年)。

28、《四家詩選》十卷，《宋史》卷二百四《藝文三》著録，
編於元豐五年(詳本譜元豐五年)。南宋時尚存。陳振孫
《直齋書録解題》卷十五："《四家詩選》，十卷。王安石所選
杜、韓、歐、李詩，其置李於末，而歐反在其上，或亦謂有所抑
揚云。"《宋史》卷二百九《藝文志八》："王安石《四家詩選》
十卷。"下迄明正統六年楊士奇等編《文淵閣書目》，已僅著
録王安石《唐百家詩選》，而未及《四家詩選》。羅忼烈據此
以爲此書當亡於明初，似可從。②

因佚失已久，此書之編選體例、宗旨、内容等已無從確
考。據宋人筆記、詩話等零星記載，尚可略窺一二。如所選
篇目，杜詩中不取長韻律詩，韓詩中不取《符讀書城南》、《南
溪始泛》：

子美詩善叙事，故號詩史。其律詩多至百韻，本末貫

---

①　顧宏義、李文《宋代日記叢編》第一册，上海書店出版社 2013 年版。

②　《兩小山齋雜著》，第 143 頁。

穿,如一辭,前此蓋未有。然荆公作《四家詩選》,而長韻律詩皆棄不取,如《虁府書懷一百韻》亦不載。退之詩豪健奔放,自成一家,世特恨其深婉不足。《南溪始泛》三篇,乃末年所作,獨爲閑遠,有淵明風氣,而《詩選》亦無有,皆不可解。公宜自有旨也。①

荆公集李、杜、韓吏部洎本朝歐陽文忠公歌詩,謂之《四選集》。王莘樂道謂予曰:'然不取韓公《符讀書城南》,何也?'予曰:'是詩教子以取富貴,宜荆公之不取也。"有子賢與愚,何其掛懷抱?"淵明獨不免子美之譏,況示以取富貴哉!'樂道以爲然。②

其中所選歐詩篇目,與各家文集不同,或自加潤色:

右雍家園詩,吉、綿、閩本皆入公外集,而王荆公《四家詩選》亦有之,今乃載蘇子美《滄浪集》,後人安得不疑? 或謂公親作《滄浪集序》,不應誤雜己詩,可以無疑,姑附見於此。按,王荆公取公詩凡一百二十五首,内一百三首載《居士集》,二十一首載《外集》,又一篇即此詩。其他或全改一聯,或增減一聯,甚者至增四聯,或移兩聯之類,己注,"一作於逐篇。"豈當時傳本不同,抑荆公自加潤色也?③

凡此種種,因是書久佚,多不可解。

29、《送朱壽昌詩》三卷,《宋史》卷二百四《藝文三》著録(詳見本譜熙寧五年)。

---

① 魏慶之《詩人玉屑》卷十五引《蔡寬夫詩話》,中華書局 2007 年版,第467 頁。
② 王得臣《麈史》卷中,第 45 頁。
③ 歐陽修《居士外集》卷七《和子履遊泗上雍家園》,《歐陽修詩文集校箋》,上海古籍出版社 2009 年版,第 1520 頁。

30、《王荆公奉使集》,一卷,《秘書省續編到四庫闕書目》卷一著録。

31、《佛書褉説》,一卷,《秘書省續編到四庫闕書目》卷二著録。

王雱著述考

1、《元澤先生文集》,三十六卷。《郡齋讀書志附志》別集類三著録,今佚。

2、《新經尚書義》,十三卷。《郡齋讀書志》卷一著録:"右皇朝王雱撰。雱,安石之子也。熙寧六年,命吕惠卿兼修撰國子監經義,王雱兼同修撰,王安石提舉,而雱董是經,頒於學官,用以取士。或少違異,輒不中程,由是獨行於世者六十年,而天下學者喜攻其短。自開黨禁,世人鮮稱焉。"後佚。臺灣程元敏先生輯有《三經新義輯考彙評·尚書義》。

3、《爾雅義》,今佚。

4、《論語》《孟子解》。陸游《渭南文集》卷三十一《跋王元澤論語孟子解》:"元澤之殁,詔求遺書,荆公視篋中,得《論語》《孟子解》,皆細字,書於策之四旁,遂以上之。然非成書也。"今佚。

5、《孟子解》,十四卷。《郡齋讀書志》卷十著録:"右皇朝王安石介甫素喜《孟子》,自爲之解。其子雱與其門人許允成皆有注釋,崇、觀間,場屋舉子宗之。"今佚。按,《宋會要輯稿》崇儒五:"(熙寧九年)八月八日,詔宰臣王安石,令具故男雱所注《孟子》入進。""(紹聖二年)三月九日,龔原言:'贈太傅王安石在先朝嘗進其子雱所撰《論語》《孟子義》,乞取所進本雕印頒行。'詔令國子監録本進納。"據此,《論語孟子解》與《孟子解》或本爲一書。其解《論語》、《孟子》頗受推許,如《朱熹集》卷六十九《學校貢舉私議》曰:"《大學》、《論語》、《中庸》、《孟子》則又皆有集解等書,而蘇軾、王雱、吳棫、胡寅等説亦可采。"王應麟《困學紀聞》卷七:"上蔡《論語解》引元澤王元澤云:"教之化民也深於命,民之效上也捷於令。"上蔡乃謝良佐,程門高足,其亦取王雱之説,足見王雱之解確有可取處。

6、《莊子注》,十卷,《郡齋讀書志》卷十一著録,《四庫全書總目》及《道藏》均題爲《南華真經新傳》二十卷。按,此書後世評價極高,注釋主旨蓋沿襲公之説。如注《莊子・天下篇》謂"彼非不知仁義也,以爲仁義小而不足行己;彼非不知禮樂也,以爲禮樂薄而不足化天下";"莊子豈有意於天下之弊而存聖人之道乎";"伯夷之清,柳下惠之和,皆有矯於天下者也,莊子之用心,亦二聖人之徒矣"[1];"莊子之書,其通性命之分,而不以死生禍福動其心,其近聖人也。自非明智不能及此。"[2]以上論述,與《文集》卷六十八的《莊周》、卷七十七《答陳梔書》等如出一轍。

7、《老子訓傳》,《宋史》卷三百二十七《王雱傳》:"雱氣豪,睥睨一世,不能作小官。作策三十餘篇,極論天下事。又作《老子訓傳》及《佛書義解》,亦數萬言。"此書又名《道德真經注》,見北宋梁逈《道德真經集注》、南宋彭耜《道德

---

[1] 王雱《南華真經新傳・天下篇》,四庫本。

[2] 《南華真經新傳・拾遺》。

真經集注》,今存。

8、《佛書義解》。此與《老子訓傳》同爲王雱登進士第後所作。

9、《論語口義》,十卷。《郡齋讀書志》卷四著録爲《王元澤口義》:"紹聖後皆行於場屋。"

10、《老子注》,二卷。《郡齋讀書志》卷十一著録,應即《老子訓傳》。

11、《孝經議》,一卷,《秘書省續編到四庫闕書目》卷一著録。

12、《褯説》,一卷,《秘書省續編到四庫闕書目》卷二著録爲"王滂","滂"當爲"雱"之訛。

三、參考書目

經部

（宋）王安石、王雱撰，程元敏輯《三經新義輯考彙評》，華東師範大學出版社2011年版

（宋）王應麟《周易鄭康成注》，四庫全書本

（宋）李衡《周易義海撮要》，四庫全書本

（宋）馮椅《厚齋易學》，四庫全書本

（宋）朱震《漢上易傳》，四庫全書本

（清）沈起元《周易孔義集說》，四庫全書本

（宋）衛湜《禮記集說》，四庫全書本

（元）金履祥《論孟集注考證》，四庫全書本

（清）阮元《十三經注疏》，中華書局1980年版

史部

（南朝宋）范曄《後漢書》，中華書局1973年版

（梁）蕭子顯《南齊書》，中華書局1972年版

（後晉）劉昫《舊唐書》，中華書局1975年版

（宋）歐陽修、宋祁《新唐書》，中華書局1975年版

（元）脫脫等《宋史》，中華書局1977年版

（清）徐松輯《宋會要輯稿》，上海古籍出版社2014年版

（宋）李燾《續資治通鑑長編》，中華書局1979年版

（清）黃以周等輯注《續資治通鑑長編拾補》，中華書局

2004 年版

　　（清）畢沅《續資治通鑑》，中華書局 2008 年版

　　（宋）李心傳《建炎以來繫年要錄》，中華書局 2013 年版

　　（宋）汪藻撰，王智勇箋注《靖康要錄箋注》，四川大學出版社 2008 年版

　　（宋）《宋史全文》，中華書局 2016 年版

　　（宋）楊仲良《皇宋通鑑長編紀事本末》，宛委別藏本

　　（明）陳邦瞻《宋史紀事本末》，中華書局 1977 年版

　　（宋）王稱《東都事略》，齊魯書社 2000 年版

　　（清）陸心源《宋史翼》，浙江古籍出版社 2016 年版

　　（宋）彭百川《太平治跡統類》，江蘇廣陵古籍刻印社 1981 年版

　　（宋）留正《皇宋中興兩朝聖政》，文海出版社 1967 年版

　　（宋）李埴撰，燕永成校正《皇宋十朝綱要校正》，中華書局 2013 年版

　　（宋）趙汝愚《宋朝諸臣奏議》，上海古籍出版社 1999 年版

　　（宋）杜大珪《名臣碑傳琬琰集》，宋刻元明遞修本

　　《宋大詔令集》，中華書局 1997 年版

　　（明）楊士奇等《歷代名臣奏議》，上海古籍出版社 2012 年版

　　（宋）徐自明撰，王瑞來校補《宋宰輔編年錄校補》，中華書局 1986 年版

　　（宋）呂中《類編皇朝大事記講義》，上海人民出版社 2014 年版

（宋）李心傳《建炎以來朝野雜記》,中華書局2000年版

（宋）謝深甫《慶元條法事類》,黑龍江人民出版社2002年版

（宋）《名公書判清明集》,中華書局1987年版

（宋）洪遵《翰苑群書》,四庫全書本

（宋）李攸《宋朝事實》,中華書局1955年版

（元）馬端臨《文獻通考》,中華書局2011年版

（清）嵇璜等《續通典》,浙江古籍出版社1988年版

（清）王夫之《宋論》,中華書局1964年版

吳廷燮《北宋經撫年表》,中華書局1984年版

（宋）尤袤《遂初堂書目》,四庫全書本

（宋）晁公武著撰,孫猛校證《郡齋讀書志校證》,上海古籍出版社1990年版

（宋）陳振孫《直齋書録解題》,上海古籍出版社1987年版

（清）黄虞稷《千頃堂書目》,四庫全書本

（清）陸心源《皕宋樓藏書志》,《續修四庫全書》第928、929冊,上海古籍出版社2002年版

（清）紀昀等《四庫全書總目》,中華書局1965年影印本

（宋）李心傳《道命録》,上海古籍出版社2016年版

（宋）朱熹《伊洛淵源録》,叢書集成初編本

（宋）朱熹《三朝名臣言行録》,四部叢刊本

（宋）佚名撰,王勇校證《京口耆舊傳校證》,江蘇大學出版社2016年版

（明）李清馥《閩中理學淵源考》,四庫全書本

（明）毛憲《毗陵人品記》，《續修四庫全書》第 541 册，上海古籍出版社 2002 年版

（明）徐象梅《兩浙名賢録》，《續修四庫全書》第 542 册，上海古籍出版社 2002 年版

（清）黄宗羲撰、（清）全祖望補修《宋元學案》，中華書局 1986 年版

（清）馮雲濠、（清）王梓材《宋元學案補遺》，中華書局 2012 年版

（清）顧棟高等《司馬光年譜》，中華書局 1990 年版

（宋）龔明之《中吴紀聞》，上海古籍出版社 1986 年版

（宋）李俊甫《莆陽比事》，《續修四庫全書》第 734 册，上海古籍出版社 2002 年版

（元）陸友仁《吴中舊事》，四庫全書本

（明）廖道南《楚紀》，《四庫全書存目叢書》第 285 册，齊魯書社 1997 年版

（日）成尋撰，王麗萍點校，《新校參天台五臺山記》，上海古籍出版社 2009 年版

（宋）樂史《宋本太平寰宇記》，中華書局 2000 年版

（宋）王存《元豐九域志》，中華書局 1984 年版

（宋）歐陽忞《輿地廣記》，四川大學出版社 2003 年版

（宋）祝穆《方輿勝覽》，中華書局 2003 年版

（宋）王象之《輿地紀勝》，清影宋鈔本

《明一統志》，四庫全書本

《欽定大清一統志》，四庫全書本

（清）顧炎武《天下郡國利病書》，上海古籍出版社 2012

年版

（清）顧祖禹《讀史方輿紀要》，中華書局 2005 年版

（宋）朱長文《（元豐）吳郡圖經續記》，江蘇古籍出版社 1986 年版

《（乾道）臨安志》，《宋元方志叢刊》，中華書局 1990 年版

《（淳祐）臨安志》，《宋元方志叢刊》，中華書局 1990 年版

《（咸淳）臨安志》，《宋元方志叢刊》，中華書局 1990 年版

《（淳熙）三山志》，《宋元方志叢刊》，中華書局 1990 年版

《吳郡志》，江蘇古籍出版社 1999 年版

《新安志》，《宋元方志叢刊》，中華書局 1990 年版

《（嘉泰）會稽志》，《宋元方志叢刊》，中華書局 1990 年版

《（寶慶）會稽續志》，《宋元方志叢刊》，中華書局 1990 年版

《（乾道）四明圖經》，《宋元方志叢刊》，中華書局 1990 年版

《（寶慶）四明志》，《宋元方志叢刊》，中華書局 1990 年版

《（大德）昌國州圖志》，《宋元方志叢刊》，中華書局 1990 年版

《（延祐）四明志》，《宋元方志叢刊》，中華書局 1990

年版

《(至正)四明續志》,《宋元方志叢刊》,中華書局 1990
年版

《(景定)建康志》,《宋元方志叢刊》,中華書局 1990
年版

《(至大)金陵新志》,《宋元方志叢刊》,中華書局 1990
年版

《(至正)昆山郡志》,《宋元方志叢刊》,中華書局 1990
年版

《(嘉定)鎮江志》,《宋元方志叢刊》,中華書局 1990
年版

《(至順)鎮江志》,《宋元方志叢刊》,中華書局 1990
年版

《(咸淳)毗陵志》,《宋元方志叢刊》,中華書局 1990
年版

《(至元)嘉禾志》,《宋元方志叢刊》,中華書局 1990
年版

《(嘉泰)吳興志》,《宋元方志叢刊》,中華書局 1990
年版

《(嘉定)赤城志》,《宋元方志叢刊》,中華書局 1990
年版

《(弘治)徽州府志》,《天一閣藏明代方志選刊》,上海
古籍書店 1981 年版

《(弘治)撫州府志》,《天一閣藏明代方志選刊續編》,
上海書店 1990 年版

《（隆慶）臨江府志》，《天一閣藏明代方志選刊》，上海古籍書店 1962 年版

《（嘉靖）池州府志》，《天一閣藏明代方志選刊》，上海古籍書店 1981 年版

《（嘉靖）銅陵縣志》，《天一閣藏明代方志選刊》，上海古籍書店 1981 年版

《（嘉靖）惟揚志》，《天一閣藏明代方志選刊》，上海古籍書店 1963 年版

《（正德）姑蘇志》，《天一閣藏明代方志選刊續編》，上海書店 1990 年版

《（正德）袁州府志》，《天一閣藏明代方志選刊》，上海古籍書店 1963 年版

《（嘉靖）臨江府志》，《天一閣藏明代方志選刊續編》，上海書店 1990 年版

《（嘉靖）常德府志》，《天一閣藏明代方志選刊》，上海古籍書店 1964 年版

《（嘉靖）重修如皋縣志》，《天一閣藏明代方志選刊續編》，上海書店 1990 年版

《（嘉靖）建寧府志》，《天一閣藏明代方志選刊》，上海古籍書店 1964 年版

《（正德）大名府志》，《天一閣藏明代方志選刊》，上海古籍書店 1963 年版

《（弘治）八閩通志》，福建人民出版社 2006 年版

《（嘉靖）潮州府志》，《日本藏中國罕見地方志叢刊》，書目文獻出版社 1991 年版

《(萬曆)紹興府志》,《中國方志叢書》,臺灣成文出版社 1983 年版

《(乾隆)贛州府志》,《中國方志叢書》,臺灣成文出版社 1984 年版

《(道光)金谿縣志》,《中國方志叢書》,臺灣成文出版社 1984 年版

《(同治)永豐縣志》,《中國方志叢書》,臺灣成文出版社 1983 年版

《(同治)韶州府志》,《中國方志叢書》,臺灣成文出版社 1966 年版

《(嘉慶)臨桂縣志》,《中國方志叢書》,臺灣成文出版社 1967 年版

《(光緒)廣州府志》,《中國方志叢書》,臺灣成文出版社 1966 年版

《(乾隆)福州府志》,《中國地方志集成·福建府縣志輯》,上海書店出版社 2001 年版

《(乾隆)長沙府志》,《中國地方志集成·湖南府縣志輯》,江蘇古籍出版社 2002 年版

《(道光)東陽縣志》,《中國地方志集成·浙江府縣志輯》,江蘇古籍出版社 1993 年版

《(道光)廣東通志》,《中國地方志集成·廣東省志輯》,鳳凰出版社 2010 年

《(嘉慶)太平縣志》,《中國地方志集成·安徽府縣志輯》,江蘇古籍出版社 1998 年版

《(同治)蘇州府志》,《中國地方志集成·江蘇府縣志

輯》,江蘇古籍出版社 1991 年版

《(光緒)撫州府志》,《中國地方志集成·江西府縣志輯》,江蘇古籍出版社 1996 年版

《(光緒)漳州府志》,《中國地方志集成·福建府縣志輯》,上海書店出版社 2000 年版

《(光緒)重修安徽通志》,《中國地方志集成·安徽省志輯》,鳳凰出版社 2011 年版

《(民國)江都縣續志》,《中國地方志集成·江蘇府縣志輯》,江蘇古籍出版社 1991 年版

《(洪武)無錫縣志》,四庫全書本

《(乾隆)江南通志》,四庫全書本

《(雍正)廣東通志》,四庫全書本

《(雍正)江西通志》,四庫全書本

《(雍正)福建通志》,四庫全書本

《(雍正)河南通志》,四庫全書本

《(雍正)浙江通志》,四庫全書本

《(康熙)揚州府志》,《四庫全書存目叢書》第 609 册,齊魯書社 1997 年版

《(光緒)湖南通志》,《續修四庫全書》第 661—668 册,上海古籍出版社 2002 年版

《(乾隆)潛山縣志》,《故宮珍本叢刊》,海南出版社 2001 年版

(清)厲鶚《增修雲林寺志》,浙江大學出版社 2017 年版

(清)王昶《金石萃編》,《石刻史料新編》第 1 輯第 1 册,臺灣新文豐出版公司 1977 年版

(清)阮元《兩浙金石志》,《石刻史料新編》第 1 輯第 14 册,臺灣新文豐出版公司 1977 年版

(清)趙紹祖《安徽金石略》,《石刻史料新編》第 1 輯第 16 册,臺灣新文豐出版公司 1977 年版

(清)楊守敬《湖北金石志》,《石刻史料新編》第 1 輯第 16 册,臺灣新文豐出版公司 1977 年版

(清)翁方綱《粵東金石略》,《石刻史料新編》第 1 輯第 17 册,臺灣新文豐出版公司 1977 年版

(清)謝啓昆《粵西金石略》,《石刻史料新編》第 1 輯第 17 册,臺灣新文豐出版公司 1977 年版

(清)畢沅《山左金石志》,《石刻史料新編》第 1 輯第 19 册,臺灣新文豐出版公司 1977 年版

(清)杜煦《越中金石志》,《石刻史料新編》第 2 輯第 10 册,臺灣新文豐出版公司 1979 年版

(清)楊世沅《句容金石志》,《石刻史料新編》第 2 輯第 9 册,臺灣新文豐出版公司 1979 年版

(清)莫祥芝《上江金石志》,《石刻史料新編》第 3 輯第 5 册,臺灣新文豐出版公司 1986 年版

子部

(清)王先謙《荀子集解》,中華書局 1988 年版

(漢)劉向撰,向宗魯校證《説苑校證》,中華書局 1987 年版

(漢)劉安《淮南鴻烈解》,四部叢刊本

(宋)王應麟《困學紀聞》,上海古籍出版社 2008 年版

（宋）王開祖《儒志編》，四庫全書本

（宋）劉敞《公是先生弟子記》，華東師範大學出版社2000年版

（宋）范祖禹《帝學》，四庫全書本

（宋）黎靖德編《朱子語類》，中華書局1981年版。

（宋）葉適《習學記言序目》，中華書局1977年點校本

（宋）黃震《黃氏日抄》，四庫全書本

（明）黃道周《榕壇問業》，清乾隆刻本

（清）顧炎武《日知錄集釋》，上海古籍出版社1985年版

（清）錢大昕《十駕齋養新錄》，上海書店出版社2011年版

（清）趙翼《陔餘叢考》，中華書局1963年版

（宋）蘇軾、沈括《蘇沈良方》，四庫全書本

（清）魏之琇《續名醫類案》，四庫全書本

（宋）米芾《書史》，四庫全書本

（宋）董更《書錄》，知不足齋叢書本

（宋）《宣和畫譜》，明津逮秘書本

（宋）《宣和書譜》，明津逮秘書本

（宋）鄧椿《畫繼》，明津逮秘書本

（明）朱存理撰，韓進校證《鐵網珊瑚校證》，廣陵書社2012年版

（明）汪珂玉《珊瑚網》，四庫全書本

（清）倪濤《六藝之一錄》，四庫全書本

（宋）王曾《王文正筆錄》，《全宋筆記》第1編第3冊，大象出版社2003年版

（宋）范鎮《東齋記事》，中華書局 1981 年版

（宋）佚名《墨客揮犀》，中華書局 2002 年版

（宋）釋文瑩《湘山野錄》，中華書局 1984 年版

（宋）釋文瑩《玉壺清話》，中華書局 1984 年版

（宋）王闢之《澠水燕談錄》，中華書局 1981 年版

（宋）王銍《默記》，中華書局 1981 年版

（宋）王楙《野客叢談》，上海古籍出版社 1991 年版

（宋）王得臣《麈史》，上海古籍出版社 1986 年版

（宋）邵伯溫《邵氏聞見錄》，中華書局 1983 年版

（宋）曾敏行《獨醒雜志》，上海古籍出版社 1986 年版

（宋）吕本中《童蒙訓》，四庫全書本

（宋）釋惠洪《冷齋夜話》，中華書局 1988 年版

（宋）司馬光《涑水記聞》，中華書局 1997 年版

（宋）沈括撰，胡道靜校證《夢溪筆談校證》，上海人民
出版社 2011 年版

（宋）王闢之《澠水燕談錄》，中華書局 1981 年版

（宋）魏泰《東軒筆錄》，中華書局 1983 年版

（宋）吴處厚《青箱雜記》，中華書局 1985 年版

（宋）李廌《師友談記》，中華書局 2002 年版

（宋）王鞏《甲申聞見二錄》，《全宋筆記》第 2 編第 6
册，大象出版社 2006 年版

（宋）孔平仲《孔氏談苑》，中華書局 2012 年版

（宋）孔平仲《孔氏談苑》，民國景明寶顏堂秘笈本

（宋）吕希哲《吕氏雜記》，《全宋筆記》第 1 編第 10 册，
大象出版社 2003 年版

（宋）晁說之《晁氏客語》，《全宋筆記》第 1 編第 10 册，大象出版社 2003 年版

（宋）王君玉《國老談苑》，《全宋筆記》第 2 編第 1 册，大象出版社 2006 年版

（宋）孫升口述，（宋）劉延世筆錄《孫公談圃》，中華書局 2012 年版

（宋）趙令畤《侯鯖錄》，中華書局 2002 年版

（宋）范公偁《過庭錄》，中華書局 2002 年版

（宋）曾慥《高齋漫錄》，《全宋筆記》第 4 編第 5 册，大象出版社 2008 年版

（宋）程俱撰，張富祥校證《麟臺故事校證》，中華書局 2000 年版

（宋）張耒《明道雜誌》，《全宋筆記》第 2 編第 7 册，大象出版社 2006 年版

（宋）蔡絛《鐵圍山叢談》，中華書局 1983 年版

（宋）王煇《玉堂嘉話》，叢書集成初編本

（宋）葉夢得《避暑錄話》，《全宋筆記》第 2 編第 10 册，大象出版社 2006 年版

（宋）葉夢得《巖下放言》，《全宋筆記》第 2 編第 9 册，大象出版社 2006 年版

（宋）蘇象先《丞相魏公譚訓》，《全宋筆記》第 3 編第 3 册，大象出版社 2008 年版

（宋）朱弁《曲洧舊聞》，中華書局 2002 年版

（宋）趙彦衛《雲麓漫鈔》，中華書局 1996 年版

（宋）張舜民《畫墁錄》，知不足齋叢書本

（宋）方勺《泊宅編》，中華書局 1983 年版

（宋）邵博《邵氏聞見後錄》，中華書局 1983 年版

（宋）王明清《揮麈錄》，上海書店出版社 2001 年版

（宋）王明清《玉照新志》，上海古籍出版社 1991 年版

（宋）高晦叟《珍席放談》，《全宋筆記》第 3 編第 1 册，大象出版社 2008 年版

（宋）朱翌《猗覺寮雜記》，《全宋筆記》第 3 編第 10 册，大象出版社 2008 年版

（宋）周煇撰，劉永翔校注《清波雜志校注》，中華書局 1994 年版

（宋）蘇籀《欒城遺言》，清粵雅堂叢書本

（宋）龔頤正《芥隱筆記》，《全宋筆記》第 5 編第 2 册，大象出版社 2012 年版

（宋）張邦基《墨莊漫錄》，中華書局 2002 年版

（宋）岳珂《桯史》，中華書局 1981 年版

（宋）陳善《捫蝨新話》，《全宋筆記》第 5 編第 10 册，大象出版社 2012 年版

（宋）姚寬《西溪叢語》，中華書局 1993 年版

（宋）洪邁《容齋隨筆》，中華書局 2005 年版

（宋）洪邁《夷堅志》，中華書局 2006 年版

（宋）施德操《北窗炙輠錄》，《全宋筆記》第 3 編第 8 册，大象出版社 2008 年版

（宋）馬永卿撰，崔文印校釋《嬾真子錄校釋》，中華書局 2016 年版

（宋）馬永卿《元城先生語》，載《諸儒鳴道》，《中華再造

善本》,北京圖書館出版社 2004 年版

　　(宋)葉寘《愛日齋叢鈔》,中華書局 2009 年版

　　(宋)趙善璙《自警編》,《中華再造善本》,北京圖書館出版社 2006 年版

　　(宋)莊綽《雞肋編》,中華書局 1983 年版

　　(宋)吳曾《能改齋漫録》,上海古籍出版社 1979 年版

　　(宋)陸游《老學庵筆記》,中華書局 1979 年版

　　(宋)陸游《家世舊聞》,中華書局 1993 年版

　　(宋)周必大《淳熙玉堂雜記》,《全宋筆記》第 5 編第 8 册,大象出版社 2012 年版

　　(宋)張師正《括異志》,宋鈔本

　　(宋)朱彧《萍洲可談》,中華書局 2007 年版

　　(宋)袁文《甕牖閑評》,《全宋筆記》第 4 編第 7 册,大象出版社 2008 年版

　　(宋)徐度《却掃編》,上海古籍出版社 2012 年版

　　(宋)沈作喆《寓簡》,《全宋筆記》第 4 編第 5 册,大象出版社 2008 年版

　　(宋)葉紹翁《四朝聞見録》,中華書局 1989 年版

　　(宋)陳鵠《西塘集耆舊續聞》,中華書局 2002 年版

　　(宋)劉昌詩《蘆浦筆記》,中華書局 1997 年版

　　(宋)黄伯思《東觀餘論》,《全宋筆記》第 3 編第 4 册,大象出版社 2008 年版

　　(宋)張端義《貴耳集》,《全宋筆記》第 6 編第 10 册,大象出版社 2013 年版

　　(宋)吳炯《五總志》,叢書集成初編本

（宋）吳子良《林下偶談》，叢書集成初編本

（宋）羅大經《鶴林玉露》，中華書局1983年版

（宋）陳鬱《藏一話腴》，四庫全書本

（宋）釋曉瑩《羅湖野錄》，民國景明寶顏堂秘笈本

（宋）劉斧《青瑣高議》，上海古籍出版社1983年版

（宋）江少虞《宋朝事實類苑》，上海古籍出版社1981年版

（宋）李上交《近事會元》，叢書集成初編本

（元）陶宗儀《說郛》，涵芬樓本，中國書店1986年版

（元）陸友仁《研北雜志》，叢書集成初編本

（明）楊慎《丹鉛摘錄》，四庫全書本

（明）沈德符《萬曆野獲編》，中華書局1959年版

（明）何良俊《四友齋叢說》，中華書局1997年版

（明）何良俊《語林》，四庫全書本

（明）李日華《六研齋筆記》，明刻清乾隆修補本

（明）蔣一葵《堯山堂外紀》，明刻本

（明）高宇泰《敬止錄》，《北京圖書館古籍珍本叢刊》，書目文獻出版社1987年版

（明）方以智《通雅》，《方以智全書》第一冊，上海古籍出版社1988年版

（清）何焯《義門讀書記》，中華書局1987年版

（清）王鳴盛《蛾術編》，上海書店出版社2012年版

（清）王士禛《池北偶談》，中華書局1982年版

（清）姚範《援鶉堂筆記》，臺北廣文書局1971年版

（清）夏荃《退庵筆記》，清鈔本

（清）鄧志謨《古事苑定本》，康熙蘭雪堂刻本

（宋）王應麟《玉海》，上海古籍出版社 1992 年版

（宋）章如愚《群書考索》，上海古籍出版社 1992 年版

《永樂大典》，中華書局 2012 年版

《海外新發現永樂大典十七卷》，上海辭書出版社 2003 年版

（明）淩迪知《萬姓統譜》，四庫全書本

（明）彭大翼《山堂肆考》，四庫全書本

（清）張英等《淵鑑類函》，上海古籍出版社 1992 年版

（宋）王安石注，蒙文通輯《老子注》，巴蜀書社 2001 年版

（宋）王雱《南華真經新傳》，四庫全書本

（宋）李霖《道德真經取善集》，道藏本

（宋）褚伯秀《南華真經義海纂微》，道藏本

（宋）彭耜《道德真經集注》，道藏本

（元）劉惟永《道德真經集義》，道藏本

（宋）釋普濟《五燈會元》，中華書局 1988 年版

（宋）釋惠洪《禪林僧寶傳》，四庫全書本

（宋）釋惠洪《林間錄》，四庫全書本

（宋）釋志磐《佛祖統紀校注》，上海古籍出版社 2012 年版

（宋）宗鑑《釋門正統》，《卍續藏》第 130 冊

（清）金桂馨、漆逢源《逍遙山萬壽宮志》，光緒四年江右鐵柱宮刻本，《四庫未收書輯刊》第 6 輯，北京出版社 1997 年版

（宋）釋道原撰，顧宏義譯注《景德傳燈錄譯注》，上海書店出版社 2010 年版

集　部

（唐）韓愈撰，馬其昶注《韓昌黎文集校注》，上海古籍出版社 1987 年版

（宋）孫復《孫明復小集》，四庫全書本

（宋）石介《徂徠石先生文集》，中華書局 1984 年版

（宋）范仲淹《范文正公集》，四部叢刊本

（宋）余靖《武溪集》，明成化九年刻本，《宋集珍本叢刊》第 3 册，綫裝書局 2004 年版

（宋）宋庠《元憲集》，清武英殿聚珍本

（宋）宋祁《景文集》，清武英殿聚珍本

（宋）張方平《張方平集》，中州古籍出版社 1992 年版

（宋）契嵩《鐔津文集》，四部叢刊本

（宋）李覯《李覯集》，中華書局 2011 年版

（宋）包拯撰，楊國宜校注《包拯集校注》，黄山書社 1999 年版

（宋）張載《張載集》，中華書局 1978 年版

（宋）陳襄《古靈先生文集》，宋紹興三十一年刻本，《中華再造善本》，北京圖書館出版社 2005 年版

（宋）蔡襄《蔡襄集》，上海古籍出版社 1996 年版

（宋）周惇頤《周惇頤集》，中華書局 2009 年版

（宋）梅堯臣撰，朱東潤校注《梅堯臣集編年校注》，上

海古籍出版社 2006 年版

（宋）祖無擇《洛陽九老祖龍學文集》，清鈔本，《宋集珍本叢刊》第 7 册，綫裝書局 2004 年版

（宋）胡宿《文恭集》，武英殿聚珍本

（宋）文彦博《文潞公文集》，明嘉靖五年刻本、傅增湘校，《宋集珍本叢刊》第 5 册，綫裝書局 2004 年版

（宋）歐陽修《歐陽修全集》，中華書局 2001 年版

（宋）歐陽修撰，洪本健校箋《歐陽修詩文集校箋》，上海古籍出版社 2009 年版

（宋）歐陽修撰，劉德清等箋注《歐陽修詩編年箋注》，中華書局 2012 年版

（宋）韓琦《安陽集》，明刻本，《宋集珍本叢刊》第 6 册，綫裝書局 2004 年版

（宋）王珪《華陽集》，四庫全書本

（宋）韓維《南陽集》，四庫全書本

（宋）鄭獬《鄖溪集》，清乾隆翰林院鈔本，《宋集珍本叢刊》第 15 册，綫裝書局 2004 年版

（宋）趙抃《趙清獻公文集》，宋景定元年刻元明遞修本，《中華再造善本》，北京圖書館出版社 2003 年版

（宋）王安石《臨川先生文集》，中華書局上海編輯所 1959 年版

（宋）王安石《臨川王先生荆公文集》，日本內閣文庫藏明嘉靖二十五年應刻本

（宋）王安石《臨川先生文集》，宋王珏刻元明遞修本，《宋集珍本叢刊》第 13 册，綫裝書局 2004 年版

（宋）王安石《臨川先生文集》，四部叢刊本

（宋）王安石《王文公文集》，中華書局上海編輯所 1962 年影印本

（宋）王安石《王文公文集》，上海人民出版社 1974 年版

（宋）王安石撰，李壁注《王荆文公詩李壁注》，上海古籍出版社 1998 年影印本

（宋）王安石撰，李壁注《王荆文公詩箋注》，上海古籍出版社 2010 年版

（宋）王安石撰，李壁注《王荆文公詩箋注》，元大德五年王常刻本

（宋）王安石撰，嚴復評《侯官嚴氏評點王荆公詩》，臺灣世和印製企業有限公司 1998 年版

（宋）曾鞏《曾鞏集》，中華書局 1984 年版

（宋）王安禮《王魏公集》，清翰林院鈔本，《宋集珍本叢刊》第 17 冊，綫裝書局 2004 年版

（宋）王安禮《王魏公集》，四庫全書本

（宋）王令《王令集》，中華書局 2011 年版

（宋）金君卿《金氏文集》，清乾隆翰林院鈔本，《宋集珍本叢刊》第 13 冊，綫裝書局 2004 年版

（宋）司馬光《傳家集》，四庫全書本

（宋）司馬光《溫國文正公文集》，四部叢刊本

（宋）劉敞《公是集》，武英殿聚珍本，《宋集珍本叢刊》第 9 冊，綫裝書局 2004 年版

（宋）劉攽《彭城集》，叢書集成新編第 61 冊，臺灣新文豐出版公司 2008 年版

（宋）郭祥正《郭祥正集》，黄山書社1991年版

（宋）郭祥正《青山集》，宋刻本，《宋集珍本叢刊》第23冊，綫裝書局2004年版

（宋）文同《新刻石室先生丹淵集》，明刻本，《宋集珍本叢刊》第9冊，綫裝書局2004年版

（宋）蘇軾《蘇軾文集》，中華書局1986年版

（宋）蘇軾《蘇軾詩集》，中華書局1982年版

（宋）蘇軾撰，張志烈等注《蘇軾全集校注》，河北人民出版社2010年版

（宋）蘇軾撰，郎曄選注《經進東坡文集事略》，文學古籍刊行社1957年版

（宋）蘇軾撰，（清）查慎行補注《補注東坡編年詩》，四庫全書本

（宋）蘇轍《蘇轍集》，中華書局1990年版

（宋）程顥、程頤《二程集》，中華書局1981年版

（宋）陳舜俞《都官集》，清乾隆翰林院鈔本，《宋集珍本叢刊》第13冊，綫裝書局2004年版

（宋）陳舜俞《都官集》，四庫全書本

（宋）黄庭堅《豫章黄先生文集》，四部叢刊本

（宋）黄庭堅撰，任淵、史容、史季温注《山谷詩集注》，上海古籍出版社2003年版

（宋）黄庭堅《黄庭堅全集》，四川大學出版社2001年版

（宋）黄庭堅《山谷老人刀筆》，元刻本，《宋集珍本叢刊》第26冊，綫裝書局2004年版

（宋）韋驤《錢塘韋先生文集》，叢書集成續編，臺灣新

文豐出版公司 1988 年版

（宋）强至《祠部集》，叢書集成新編第 61 册，臺灣新文豐出版公司 2008 年版

（宋）沈遘《西溪集》，四部叢刊本

（宋）沈括《長興集》，四部叢刊本

（宋）沈遼《雲巢編》，四部叢刊本

（宋）劉摯《忠肅集》，中華書局 2002 年版

（宋）曾肇《曾文昭公集》，清康熙六十一年刻本，《宋集珍本叢刊》第 26 册，綫裝書局 2004 年版

（宋）馮山《安岳馮公太師文集》，清鈔本，《宋集珍本叢刊》第 14 册，綫裝書局 2004 年版

（宋）彭汝礪《鄱陽先生文集》，清鈔本，《宋集珍本叢刊》第 24 册，綫裝書局 2004 年版

（宋）范祖禹《范右史集》，四庫全書本

（宋）陸佃《陶山集》，四庫全書本

（宋）吕陶《净德集》，清武英殿聚珍本

（宋）范純仁《范忠宣奏議》，四庫全書本

（宋）范純仁《范忠宣公文集》，元刻明修本，《宋集珍本叢刊》第 15 册，綫裝書局 2004 年版

（宋）范純仁《范忠宣集》，四庫全書本

（宋）晁補之《雞肋集》，四部叢刊本

（宋）秦觀撰，徐培均箋注《淮海集箋注》，上海古籍出版社 1994 年版

（宋）張耒《張耒集》，中華書局 1990 年版

（宋）鄭俠《西塘先生文集》，明萬曆刻本，《宋集珍本叢

刊》第 24 册,綫裝書局 2004 年版

（宋）陳舜俞《都官集》,清乾隆翰林院鈔本,《宋集珍本叢刊》第 13 册,綫裝書局 2004 年版

（宋）蘇頌《蘇魏公文集》,中華書局 1988 年版

（宋）楊傑撰,曹小雲校箋《無爲集校箋》,黄山書社 2014 年版

（宋）晁説之《嵩山文集》,四部叢刊本

（宋）張舜民《畫墁集》,叢書集成新編第 62 册,臺灣新文豐出版公司 2008 年版

（宋）畢仲游《西臺集》,中州古籍出版社 2005 年版

（宋）孔文仲等《三孔先生清江文集》,北京大學圖書館藏四十卷清抄本

（宋）孔文仲等《清江三孔集》,豫章叢書本

（宋）陳師道撰,任淵注,冒廣生補箋《後山詩注補箋》,中華書局 1995 年版

（宋）陳師道《後山居士文集》,上海古籍出版社 1986 年版

（宋）米芾《寶晉英光集》,清初鈔本

（宋）陳瓘《四明尊堯集》,清光緒刻本,《續修四庫全書》第 448 册,上海古籍出版社 2002 年版

（宋）黄裳《演山先生文集》,日本静嘉堂文庫藏影宋鈔本

（宋）華鎮《雲溪居士集》,清翰林院鈔本,《宋集珍本叢刊》第 28 册,綫裝書局 2004 年版

（宋）楊時《龜山先生全集》,明萬曆十九年刻本,《宋集

珍本叢刊》第 29 册,綫裝書局 2004 年版

（宋）劉弇《龍雲集》,四庫全書本

（宋）吕南公《灌園集》,四庫全書本

（宋）毛滂《毛滂集》,浙江古籍出版社 1999 年版

（宋）鄒浩《道鄉先生鄒忠公文集》,明成化六年刻本,《宋集珍本叢刊》第 31 册,綫裝書局 2004 年版

（宋）李之儀《姑溪居士文集》,清鈔本,《宋集珍本叢刊》第 26 册,綫裝書局 2004 年版

（宋）釋道潛《參寥子詩集》,宋刻本,《中華再造善本》,北京圖書館出版社 2003 年版

（宋）釋惠洪《石門文字禪》,四部叢刊本

（宋）朱長文《樂圃餘稿》,四庫全書本

（宋）劉弇《龍雲集》,豫章叢書本

（宋）謝逸《溪堂集》,鮑氏知不足齋鈔本,《宋集珍本叢刊》第 31 册,綫裝書局 2004 年版

（宋）程俱《北山小集》,清鈔本,《宋集珍本叢刊》第 33 册,綫裝書局 2004 年版

（宋）王十朋《王十朋全集》,上海古籍出版社 1998 年版

（宋）李若水《忠愍集》,四庫全書本

（宋）周行己《浮沚集》,四庫全書本

（宋）洪芻《老圃集》,四庫全書本

（宋）許景衡《橫堂集》,清鈔本,《宋集珍本叢刊》第 32 册,綫裝書局 2004 年版

（宋）汪藻《浮溪集》,四部叢刊本

（宋）葉夢得《石林居士建康集》,清宣統三年刻本,《宋

集珍本叢刊》第 32 册,綫裝書局 2004 年版

（宋）慕容彦逢《摛文堂集》,四庫全書本

（宋）周紫芝《太倉稊米集》,四庫全書本

（宋）孫覿《鴻慶居士文集》,四庫全書本

（宋）陳淵《默堂先生文集》,四部叢刊本

（宋）游酢《游定夫先生集》,清同治六年刊本

（宋）李綱《李綱全集》,嶽麓書社 2004 年版

（宋）胡寅《斐然集》,中華書局 1993 年版

（宋）葛勝仲《丹陽集》,清鈔本,《宋集珍本叢刊》第 22 册,綫裝書局 2004 年版

（宋）晁公遡《新刊嵩山居士文集》,宋乾道四年刻本,《中華再造善本》,北京圖書館出版社 2004 年版

（宋）王蘋《王著作集》,四庫全書本

（宋）趙鼎《忠正德文集》,四庫全書本

（宋）范浚《范浚集》,浙江古籍出版社 2014 年版

（宋）李正民《大隱集》,清乾隆翰林院鈔本,《宋集珍本叢刊》第 36 册,綫裝書局 2004 年版

（宋）趙鼎臣《竹隱畸士集》,四庫全書本

（宋）張守《毘陵集》,四庫全書本

（宋）陳傅良《陳傅良先生文集》,浙江大學出版社 1999 年版

（宋）韓元吉《南澗甲乙稿》,四庫全書本

（宋）林希逸《鬳齋續集》,四庫全書本

（宋）樓鑰《樓鑰集》,浙江古籍出版社 2010 年版

（宋）王洋《東牟集》,四庫全書本

（宋）員興宗《九華集》，清劉氏嘉蔭簃鈔本，《宋集珍本叢刊》第 56 冊，綫裝書局 2004 年版

（宋）呂祖謙《東萊呂太史文集》，宋刻元明遞修本，《宋集珍本叢刊》第 62 冊，綫裝書局 2004 年版

（宋）陸九淵《陸九淵集》，中華書局 1980 年版

（宋）朱熹《朱熹集》，四川教育出版社 1996 年版

（宋）陸游《陸游集》，中華書局 1976 年版

（宋）葉適《葉適集》，中華書局 2010 年版

（宋）陳亮《陳亮集》，河北教育出版社 2003 年版

（宋）周必大《文忠集》，四庫全書本

（宋）張栻《南軒集》，四庫全書本

（宋）汪應辰《文定集》，四庫全書本

（宋）張鎡《南湖集》，四庫全書本

（宋）楊萬里撰，辛更儒箋校《楊萬里集箋校》，中華書局 2007 年版

（宋）牟巘《陵陽集》，四庫全書本

（宋）袁說友《東塘集》，四庫全書本

（宋）喻良能《香山集》，四庫全書本

（宋）林之奇《拙齋集》，四庫全書本

（宋）孫夢觀《雪窗集》，四庫全書本

（宋）王質《雪山集》，清孔氏微波榭鈔本，《宋集珍本叢刊》第 61 冊，綫裝書局 2004 年版

（宋）陳起《江湖小集》，四庫全書本

（宋）釋居簡《北磵文集》，傅增湘藏校清鈔本，《宋集珍本叢刊》第 71 冊，綫裝書局 2004 年版

（宋）王炎《雙溪類稿》，清鈔本，《宋集珍本叢刊》第 63 册，綫裝書局 2004 年版

（宋）劉克莊撰，辛更儒箋校，《劉克莊集箋校》，中華書局 2011 年版

（宋）魏了翁《鶴山先生大全文集》，四部叢刊本

（宋）真德秀《西山文集》，四部叢刊本

（宋）曾豐《撙齋先生緣督集》，清鈔本，《宋集珍本叢刊》第 65 册，綫裝書局 2004 年版

（宋）包恢《敝帚稿略》，乾隆翰林院鈔本，《宋集珍本叢刊》第 78 册，綫裝書局 2004 年版

（宋）姚勉《雪坡舍人集》，傅增湘校豫章叢書本，《宋集珍本叢刊》第 86 册，綫裝書局 2004 年版

（金）元好問《遺山先生文集》，四部叢刊本

（金）趙秉文《閑閑老人滏水文集》，四部叢刊本

（元）方回《桐江續集》，四庫全書本

（元）黃溍《金華黃先生文集》，元刻本，《中華再造善本》，北京圖書館出版社 2005 年版

（元）袁桷《袁桷集校注》，中華書局 2012 年版

（元）吳澄《吳文正公集》，《元人文集珍本叢刊》，臺灣新文豐出版公司 1985 年版

（元）王惲《秋澗先生大全文集》，四部叢刊本

（元）危素《危學士全集》卷七，清乾隆二十三年刻本

（明）楊士奇《東里文集》，四庫全書本

（明）程敏政《篁墩文集》，四庫全書本

（明）吳寬《家藏集》，四部叢刊本

（明）歸有光《震川先生集》，上海古籍出版社 1979 年版

（明）吳伯宗《榮進集》，四庫全書本

（明）劉宗周《劉蕺山集》，四庫全書本

（清）張伯行《正誼堂文集》，叢書集成初編本

（清）魏裔介《兼濟堂集》，四庫全書本

（清）錢大昕《潛研堂集》，上海古籍出版社 1989 年版

（清）全祖望撰，朱鑄禹集注《全祖望集彙校集注》，上海古籍出版社 2000 年版

（清）方文《嵞山集》，清康熙二十八年王概刻本，《續修四庫全書》第 1400 册，上海古籍出版社 2002 年版

（清）戴文燈《静退齋集》，清乾隆刻本，《四庫未收書輯刊》第 10 輯，北京出版社 1997 年版

（清）李伍漢《壑雲篇文集》，清康熙懶雲堂刻本

（宋）孔延之《會稽掇英總集》，四庫全書本

（宋）林表民《赤城集》，明弘治十年刻本

（宋）佚名輯《國朝二百家名賢文粹》，宋慶元刻本，《宋集珍本叢刊》第 93 册，綫裝書局 2004 年版

（宋）吕祖謙編《宋文鑑》，中華書局 1992 年版

（宋）王應麟《四明文獻集》，中華書局 2010 年版

（宋）魏齊賢《聖宋名賢五百家播芳大全文粹》，宋鈔本，《宋集珍本叢刊》第 94、95 册，綫裝書局 2004 年版

（明）茅坤《唐宋八大家文鈔》，四庫全書本

（明）董斯張《吴興藝文補》，明崇禎六年刻本

（明）錢穀《吴都文粹續集》，四庫全書本

（清）汪森《粤西叢載注》，四庫全書本

（清）朱緒曾《金陵詩徵》，清光緒刻本

（宋）王銍《四六話》，百川學海本

（宋）祝穆《新編四六寶苑群公妙語》，明鈔本

（宋）謝伋《四六談麈》，百川學海本

（宋）蔡絛《西清詩話》，《中國詩話珍本叢書》第 1 册，北京圖書館出版社 2004 年版

（宋）朱弁《風月堂詩話》，中華書局 1988 年版

（宋）何汶《竹莊詩話》，中華書局 1984 年版

（宋）胡仔《苕溪漁隱叢話》，人民文學出版社 1993 年版

（宋）劉克莊《後村詩話》，中華書局 1983 年版

（宋）魏慶之《詩人玉屑》，中華書局 2007 年版

（宋）黄徹《䂬溪詩話》，人民文學出版社 1986 年版

（宋）吳聿《觀林詩話》，叢書集成初編本

（宋）朋九萬《烏臺詩案》，叢書集成初編本

（元）方回撰，李慶甲集評《瀛奎律髓彙評》，上海古籍出版社 1986 年版

（明）陳耀文《花草稡編》，四庫全書本

（明）馮夢龍《警世通言》，人民文學出版社 1981 年版

（清）沈辰垣等《歷代詩餘》，四庫全書本

（清）趙翼《甌北詩話》，人民文學出版社 1963 年版

（清）厲鶚《宋詩紀事》，上海古籍出版社 1983 年版

（清）陸心源《宋詩紀事補遺》，清光緒刻本

（清）何文焕《歷代詩話》，中華書局 1981 年版

（清）丁紹儀《聽秋聲館詞話》，清同治八年刻本

丁福保《歷代詩話續編》，中華書局 1983 年版

高步瀛《唐宋詩舉要》，上海古籍出版社 1978 年版

著述、編著

傅璇琮等主編《全宋詩》，北京大學出版社 1998 年版

李修生主編《全元文》，鳳凰出版社 2004 年版

傅增湘《宋代蜀文輯存》，北京圖書館出版社 2005 年版

曾棗莊、劉琳主編《全宋文》，上海辭書出版社、安徽教育出版社 2006 年版

王水照主編《歷代文話》，復旦大學出版社 2007 年版

梁啓超《王荆公》，廣智書局 1910 年版

柯昌頤《王安石評傳》，商務印書館 1933 年版

童振福《陳亮年譜》，商務印書館 1936 年版

侯外廬等《中國思想通史》，人民出版社 1959 年版

夏敬觀《王安石詩》，臺灣商務印書館 1967 年版

鄭騫《宋人生卒考示例》，華世出版社 1977 年版

郭紹虞《宋詩話輯佚》，中華書局 1980 年版

余嘉錫《四庫提要辨證》，中華書局 1980 年版

丁傳靖《宋人佚事彙編》，中華書局 1981 年版

朱自清《朱自清古典文學專集》，上海古籍出版社 1981 年版

周錫䪖《王安石詩選》，香港三聯書店 1983 年版

王晉光《王安石書目與瑣探》，香港華風書局 1983 年版

錢鍾書《談藝錄》，中華書局 1984 年版

陶晉生《宋遼關係史》，臺灣聯經出版事業公司 1984

年版

鄭騫《陳後山年譜》,臺灣聯經出版事業公司 1984 年版

錢鍾書《管錐編》,中華書局 1986 年版

王晉光《王安石詩繫年初稿》,香港德揚公司 1986 年版

張白山《王安石》,上海古籍出版社 1986 年版

劉子健《兩宋史研究彙編》,臺灣聯經出版事業公司 1987 版

李德身《王安石詩文繫年》,陝西人民教育出版社 1987 年版

繆鉞等《宋詩鑑賞辭典》,上海辭書出版社 1987 年版

吳小如《讀書叢札》,北京大學出版社 1987 年版

蔣義斌《宋代儒釋調和論及排佛論之演進》,臺灣商務印書館 1988 年版

賀麟《文化與人生》,商務印書館 1988 年版

王晉光《王安石的前半生》,香港文德文化事業有限公司 1991 年版

陳柏泉《江西出土墓誌選編》,江西教育出版社 1991 年版

劉乃昌《王安石詩文編年選釋》,山東教育出版社 1992 年版

鄧廣銘主編《中日宋史研討會中方論文選編》,河北大學出版社 1990 年版

陳植鍔《北宋文化史述論》,中國社會科學出版社 1992 年版

王晉光《王安石論稿》,大安出版社 1993 年版

洪本健《宋文六大家活動編年》,華東師範大學出版社1993年版

嚴傑《歐陽修年譜》,南京出版社1993年版

趙齊平《宋詩臆說》,北京大學出版社1993年版

蔡上翔等《王安石年譜三種》,中華書局1994年版

梁紹輝《周惇頤評傳》,南京大學出版社1994年版

羅忼烈《兩小山齋雜著》,中國和平出版社1994年版

孫光浩《王安石洗冤錄》,臺灣學生書局1996年版

王文楚《古代交通地理叢考》,中華書局1996年版

葉坦《大變法》,三聯書店1996年版

鄧廣銘《鄧廣銘治史叢稿》,北京大學出版社1997年版

陳尚君《唐代文學叢考》,中國社會科學出版社1997年版

鄭永曉《黃庭堅年譜新編》,社會科學文獻出版社1997年版

李震《曾鞏年譜》,蘇州大學出版社1997年版

黃進興《優入聖域:權力、信仰與正當性》,陝西師範大學出版社1998年版

沈松勤《北宋文人與黨爭》,人民出版社1998年版

孔凡禮《蘇軾年譜》,中華書局1998年版

謝佩芬《王鞏年譜》,《宋代文學研究叢刊》第11期

李華瑞《宋夏關係史》,河北人民出版社1998年版

李裕民《宋史新探》,陝西師範大學出版社1999年版

孔凡禮《孔凡禮古典文學論集》,學苑出版社1999年版

祝尚書《宋人別集叙錄》,中華書局1999年版

鄧廣銘《北宋政治改革家王安石》，河北教育出版社2000年版

傅林輝《王安石世系傳論》，長江文藝出版社2000年版

孫光浩《王安石冤屈新論》，臺灣文史哲出版社2000年版

李祥俊《王安石學術思想研究》，北京師範大學出版社2000年版

孫淑彥《孫莘老先生年譜長編》，中國文藝出版社2000年版

束景南《朱熹年譜長編》，華東師範大學出版社2001年版

漆俠《王安石變法》（增訂本），河北人民出版社2001年版

徐文明《出入自在：王安石與佛禪》，河南人民出版社2001年版

鄧子勉《宋人行第考錄》，中華書局2001年版

蒙文通《道書輯校十種》，巴蜀書社2001年版

李之亮《宋代郡守通考》，巴蜀書社2001年版

王昊《〈辨姦論〉真偽考信編》，吉林人民出版社2001年版

錢保塘《歷代名人生卒錄》，北京圖書館出版社2002年版

《新中國出土墓誌·河南貳》，北京文物出版社2002年版

高克勤《王安石詩文選評》，上海古籍出版社2002年版

李之亮《宋代路分長官通考》,巴蜀書社 2003 年版

王嵐《宋人文集編刻流傳叢考》,鳳凰出版社 2003 年版

胡鳴盛《安定先生年譜》,《宋人年譜叢刊》第 2 冊,四川大學出版社 2003 年版

易行廣《余靖年譜簡編》,《宋人年譜叢刊》第 2 冊,四川大學出版社 2003 年版

劉德清《歐陽修年譜》,《宋人年譜叢刊》第 2 冊,四川大學出版社 2003 年版

度正《濂溪先生周公年表》,《宋人年譜叢刊》第 2 冊,四川大學出版社 2003 年版

陳曄《古靈先生年譜》,《宋人年譜叢刊》第 2 冊,四川大學出版社 2003 年版

劉琳《蔡襄年譜》,《宋人年譜叢刊》第 3 冊,四川大學出版社 2003 年版

家誠之《石室先生年譜》,《宋人年譜叢刊》第 3 冊,四川大學出版社 2003 年版

張尚英《劉敞年譜》,《宋人年譜叢刊》第 4 冊,四川大學出版社 2003 年版

顏中其《蘇頌年表》,《宋人年譜叢刊》第 4 冊,四川大學出版社 2003 年版

李春梅《三孔事蹟編年》,《宋人年譜叢刊》第 5 冊,四川大學出版社 2003 年版

黃去疾《龜山先生文靖楊公年譜》,《宋人年譜叢刊》第 5 冊,四川大學出版社 2003 年版

李華瑞《王安石變法研究史》,人民出版社 2004 年版

尹志華《北宋〈老子〉注研究》,巴蜀書社 2004 年版

湯江浩《北宋臨川王氏家族及文學考論》,人民文學出版社 2005 年版

李裕民《四庫提要訂誤》(增訂本),中華書局 2005 年版

内山精也《傳媒與真相》,上海古籍出版社 2005 年版

陳元鋒《北宋館閣翰苑與詩壇研究》,中華書局 2005 年版

劉成國《荆公新學研究》,上海古籍出版社 2006 年版

高克勤《王安石與北宋文學研究》,復旦大學出版社 2006 年版

王晉光《王安石八論》,大安出版社 2006 年版

楊倩描《王安石"易"學研究》,河北大學出版社 2006 年版

張祥浩《王安石評傳》,南京大學出版社 2006 年版

劉德清《歐陽修紀年録》,上海古籍出版社 2006 年版

林岩《北宋科舉考試與文學》,上海古籍出版社 2006 年版

楊天保《金陵王學研究》,上海人民出版社 2008 年版

方笑一《北宋新學與文學》,上海古籍出版社 2008 年版

喬棟等編《洛陽新獲墓誌續編》,北京科學出版社 2008 年版

李裕民《宋人生卒行年考》,中華書局 2010 年版

曾瑞龍《北宋种氏將門之形成》,香港中華書局 2010 年版

劉成國《變革中的文人與文學——王安石的生平與創

作考論》,浙江大學出版社 2011 年版

傅璇琮《宋才子傳箋證》,遼海出版社 2011 年版

唐春生《翰林學士與宋代士人文化》,中國社會科學出版社 2011 年版

章國慶《寧波歷代碑碣墓誌彙編》,上海古籍出版社 2012 年版

顧宏義《宋代日記叢編》,上海書店出版社 2013 年版

卞東波《宋代詩話與詩學文獻研究》,中華書局 2013 年版

姜鵬《北宋經筵與宋學的興起》,上海古籍出版社 2013 年版

周勛初主編《宋人軼事彙編》,上海古籍出版社 2014 年版

《新中國出土墓誌·江蘇·南京》,文物出版社 2014 年版

蕭公權《中國政治思想史》,商務印書館 2015 年版

唐衛紅等《二晏年譜長編》,南開大學出版社 2016 年版

郭茂育、劉繼保編著《宋代墓誌輯釋》,中州古籍出版社 2016 年版

論　文

王德慶《江蘇江寧東馮村宋徐的墓清理記》,《考古》1959 年第 6 期

王曾瑜《王安石變法簡論》,《中國社會科學》1980 年第

3 期

楊渭生《王安石在鄞縣事蹟考略》,《杭州大學學報》(哲社版)1980 年第 1 期

李德身《王安石"使北詩"考》,《南充師院學報》1981 年第 2 期

蔣益、屈光《王安石〈登飛來峰〉詩考辨》,《紹興師專學報》(社科版)1982 年第 1 期

張希清《王安石的賑濟思想與〈上龔舍人書〉的真偽》,《中國史研究》1982 年第 3 期

夏長樸《近人有關李覯與王安石關係之商榷》,《臺大中文學報》第 3 期

周良霄《王安石變法縱探》,《史學集刊》1985 年第 1 期

俞兆鵬《論所謂曾布反對市易法的問題》,《中國史研究》1985 年第 4 期

劉坤太《王安石建設新型官僚隊伍的嘗試》,《史學月刊》1986 年第 5 期

程光裕《王安石知鄞時之治績與佛緣》,《宋史研究集》第 17 輯

李蔚《宋夏橫山之爭述論》,《民族研究》1987 年第 6 期

劉子健《王安石、曾布與北宋晚期官僚的類型》,《兩宋史研究彙編》,聯經出版公司 1987 年版

李涵《從曾布根究市易違法案的紛爭看新黨內部的矛盾和問題》,《宋史研究論文集》,浙江人民出版社 1987 年版

林天蔚《爲王安石辨誣二事》,載氏著《宋代史事質疑》,臺灣商務印書館 1987 年版

夏長樸《司馬光疑孟及其相關問題》,《臺大中文學報》第九期

高克勤《王安石著述考》,《復旦大學學報》(社科版) 1988 年第 1 期

李華瑞《慶州兵變與王安石變法》,《河北大學學報》(哲社版) 1990 年增刊

賈玉英《試論王安石變法時期的倉法》,《河南大學學報》1990 年第 1 期

張雄《王安石開邊湖南"蠻"地論述》,《民族研究》1990 年第 1 期

曹松林《熙寧初年的對夏戰争述評》,鄧廣銘、漆俠主編《中日宋史研討會中方論文選編》,河北大學出版社 1991 年版

李德身《讀〈泊船瓜洲〉的作年、主題和藝術價值》,《文學遺産》1991 年第 3 期

朱明倫《王安石〈泊船瓜洲〉考辨二則》,《遼寧大學學報》1991 年第 6 期

梁太濟《〈續資治通鑑〉王廣淵、王廣廉相混説辨析》,《文獻》1992 年第 3 期

鄧廣銘《關於王安石的居里塋墓及其他諸問題》,《北京大學學報》1993 年第 2 期

宮崎市定《王安石的吏士合一政策》,《日本學者研究中國史論著選譯》第 5 卷,中華書局 1993 年版

黃復山《王安石"三不足"説考辨》,《漢學研究》1993 年第 1 期

高克勤《王安石年譜補正》，《文獻》1993 年第 4 期

馬力《試論王安石開拓荆湖蠻地》，鄧廣銘主編《宋史研究論文集》，河南大學出版社 1993 年版

宋晞《王安石新法中募役法與保甲法的結合》，《宋史研究集》第 22 輯

柳瑩杓《王安石訪臨川時期考》，《中國文哲研究通訊》1996 年第 6 卷第 2 期

高紀春《宋高宗朝初年的王安石批判與洛學之興》，《中州學刊》1996 年第 1 期

高文《試論王安石〈解使事泊棠陰〉二首的有關問題》，《文學遺産》1996 年第 1 期

梁庚堯《市易法述》，載氏著《宋代社會經濟史論集》，臺灣允晨出版公司 1997 年版

高啓明、高文《淺談嘉祐中王安石參與議榷茶問題》，《河南大學學報》(社科版)1997 年第 6 期

江天健《宋夏戰爭中對於橫山之爭奪》，《宋史研究集》第 24 輯

顧宏義《〈邵氏聞見録〉有關王安石若干史料辨誤》，《河北大學學報》(哲社版)1998 年第 3 期

蒙文通《王安石變法論稿》，《蒙文通文集》第五卷《古史甄微》，巴蜀書社 1999 年版

漆俠《王安石的〈明妃曲〉》，《中國文化研究》1999 年春之卷

李裕民《沈括的親屬、交遊及佚著》，載氏著《宋史新探》，陝西師範大學出版社 1999 年版

祖慧《宋代胥吏俸禄制度研究》,《古典文獻與文化論叢》第 2 輯,杭州大學出版社 1999 年版

徐規《沈括事蹟編年》,《仰素集》,杭州大學出版社 1999 年版

柳立言《一條律文各自解讀:宋代"爭鵪案"的爭議》,《中研院歷史語言研究所集刊》第 73 本第 1 分

裴汝誠《曾布三題》,《半粟集》,河北大學出版社 2000 年版

遲景德《宋神宗時期中書檢正官之研究》,《宋史研究集》第 29 輯

趙克《王安石使遼及使遼詩考辨》,《北方論叢》2001 年第 2 期

張海鷗《王介甫又稱介卿、介父》,《陰山學刊》2001 年第 3 期

李華瑞《南宋浙東學派對王安石的批判》,《史學月刊》2001 年第 2 期

王育濟《宋代王安石家族及其姻親》,《東岳論叢》2001 年第 3 期

鄔國義《王安石〈宋贈尚書都官郎中司馬君墓表〉一文》,《華東師範大學學報》(哲社版)2001 年第 1 期

金生楊《王荆公〈易解〉考略》,《古籍整理研究學刊》2001 年第 3 期

李曉《論均輸法》,《山東大學學報》(哲社版)2001 年第 1 期

王文楚《北宋諸路提點刑獄司的治所》,《中華文史論

叢》第 66 輯

陳元鋒《王安石屢辭館職考論》,《文史哲》2002 年第
4 期

王昊《近五十年來〈辨姦論〉真僞問題研究述評》,《社
會科學戰綫》2002 年第 1 期

金生楊《論王安石〈淮南雜説〉中的"異志"思想》,《四
川大學學報》(哲社版)2002 年第 6 期

王宇《王安石"天變不足畏"新論》,《浙江社會科學》
2002 年第 5 期

楊倩描《王安石〈易象論解〉與〈序卦傳〉》,《周易研究》
2003 年第 4 期

楊倩描《從〈易解〉看王安石早期的世界觀和方法論》,
《中國文化研究》2003 年春之卷

吕一燃《吕惠卿與王安石變法》,《史學月刊》2003 年第
2 期

鄭曉江《王安石墓葬考辨》,《江西師範大學學報》(哲
社版)2003 年第 2 期

豐家驊《王安石葬於何處》,《古典文學知識》2003 年第
4 期

湯開建《熙豐時期宋夏横山之爭的三份重要文獻》,《寧
夏社會科學》2003 年第 3 期

李貴録《宋代王鞏略論》,《貴州大學學報》(社科版)
2003 年第 1 期

張其凡、金强《陳瓘年譜》,《暨南史學》第一輯

祖慧《沈括與王安石關係研究》,《學術月刊》2003 年第

10 期

楊新勛《王安石〈春秋〉"斷爛朝報"説辨正》,《中國典籍與文化》2004 年第 2 期

傅允生《制度變遷與經濟發展:王安石青苗法與免役法再評價》,《中國經濟史研究》2004 年第 2 期

金程宇《新發現永樂大典殘卷中的曾鞏佚文》,《學術月刊》2004 年第 9 期

李華瑞《宋代筆記小説中的王安石形象》,《中國社會歷史評論》2004 年第 2 期

楊倩描《〈易〉學對王安石變法思想的理論支撐》,《河北學刊》2004 年第 4 期

金生楊《程朱理學與王安石〈易解〉》,《孔子研究》2004 年第 3 期

張羽《王安石古詩二十八首淺論》,《淮陰師範學院學報》(哲社版)2004 年第 5 期

賈三强《王安石文繫年考》,《中華傳統文化與新世紀國際學術研討會論文集》,三秦出版社 2004 版

廖咸惠《祈求神啓——宋代科舉考生的崇拜行爲與民間信仰》,《新史學》第 15 卷第 4 期

裴汝誠、顧宏義《宋代檢正中書五房公事制度研究》,《宋史研究論叢》第 5 輯

柳瑩杓《王安石"奉使詩"考辨》,《中國語文論叢》第 29 輯,2005 年 12 月

耿紀平《王安石先交世友考述》,《河南大學學報》(社科版)2005 年第 5 期

湯江浩《王安國卒年考》，《長江大學學報》（哲社版）2005 年第 2 期

劉成國《“荆公體”別解》，《文學遺產》2006 年第 4 期

湯江浩《薛昂奉旨編定〈王安石集〉考》，《中國典籍與文化》2006 年第 3 期

諸葛憶兵《北宋宮廷“賞花釣魚之會”與賦詩活動》，《文學遺產》2006 年第 1 期

張滌雲《關於王安石使遼及使遼詩的考辨》，《文學遺產》2006 年第 1 期

楊天保《王安石撰寫〈馬漢臣墓誌銘〉時間考》，《史學月刊》2006 年第 4 期

郭彧《北宋兩劉牧再考》，《周易研究》2006 年第 1 期

林家驪《楊蟠生平與詩歌考論》，《文學遺產》2006 年第 6 期

張焕君《宋代太廟中的始祖之爭》，《中國文化研究》2006 年夏之卷

袁愈雄《北宋開梅山與章惇》，《湖南人文科技學院學報》2006 年第 5 期

楊天保《從“能吏”到“進士”》，《江西社會科學》2006 年第 3 期

賈三强《王安石文繫年續考》，章培恒主編《中國中世文學研究論集》，上海古籍出版社 2006 年版

柳瑩杓《王安石“奉使詩”的争點考》，《中國文學》第 49 輯，2006 年 11 月

張筱兑《論章惇及其對荆湖的經略》，《甘肅聯合大學學

報》(哲社版)2007年第3期

劉德清《陸經詩文酬唱及其對宋代文學的貢獻》,《江西社會科學》2007年第1期

陳振《論保馬法》,載氏著《宋代社會政治論稿》,上海人民出版社2007年版

夏長樸《論〈中庸〉興起與宋代儒學發展的關係》,《中國經學》第二輯,廣西師範大學出版社2007年版

童强《王安石詩歌繫年補正》,《周勛初先生八十壽辰紀念文集》,中華書局2008年版

壽涌《王安石詩題疑難人名解讀》,《文獻》2008年第1期

壽涌《王安石嘉祐四年入京爲度支判官説質疑》,《開封教育學院學報》2008年第1期

侯體健《王安石字"介"説》,《古典文學知識》2008年第2期

王友勝《論〈王荆公詩箋注〉的學術價值與局限》,《中國文學研究》2008年第2期

曾雄生《北宋熙寧七年的天人之際》,《南開學報》(哲社版)2008年第2期

方震華《理想兵制的形塑:唐宋時期的兵農合一論》,《基調與變奏》,《新史學》雜誌社2008年版

何勇强《沈括與王安石的關係新探》,《宋學研究集刊》第一輯,浙江大學出版社2008年版

近藤一成《南宋初期的王安石評價》,《宋代中國科舉社會的研究》,汲古書院2009年版

近藤一成《知鄞縣王安石與明州士人社會》,《宋代中國科舉社會的研究》,汲古書院 2009 年版

近藤一成《張方平〈文安先生墓表〉與〈辨姦論〉》,《宋代中國科舉社會的研究》,汲古書院 2009 年版

近藤一成《王安石所撰墓誌——地域、人脈、黨争》,《宋代中國科舉社會的研究》,汲古書院 2009 年版

近藤一成《王安石的科舉改革》,《宋代中國科舉社會的研究》,汲古書院 2009 年版

梁建國《朝堂内外:北宋東京的士人交遊》,《文史哲》2009 年第 5 期

壽涌《〈臨川先生文集〉年月與階官疑誤十一則》,《古籍整理研究學刊》2009 年第 2 期

顧宏義《〈三朝名臣言行録·丞相荆國王文公〉徵引文獻探析》,《中國典籍與文化》2009 年第 3 期

鞏本棟《論〈王荆文詩李壁注〉》,《文學遺産》2009 年第 1 期

吳國武《北宋經筵講經考論》,《國學學刊》2009 年第 3 期

刁培俊《宋朝"保甲法"四題》,《中國史研究》2009 年第 1 期

汪天順《論薛向經營北宋西北國防》,《寧夏社會科學》2009 年第 4 期

王文楚《北宋東西兩京驛路考》,《中華文史論叢》2008 年第 4 期

夏長樸《"其所謂'道'非道,則所言之韙不免於

非"——朱熹論王安石新學》,《中國史研究》2009 年第 4 期

祖慧《宋代科舉唱名賜第與期集儀制》,載《徐規教授九十華誕紀念文集》,浙江大學出版社 2009 年版

衣川強《"權監察御史裏行"李定》,近藤一成主編《宋元史學的基本問題》,中華書局 2010 年版

朱溢《唐宋時期太廟廟數的變遷》,《中華文史論叢》2010 年第 2 期

壽涌《〈梅堯臣集編年校注〉再注八十四則》,《中華文史論叢》2010 年第 3 期

李國強《北宋熙寧年間的宗室改革》,《江西社會科學》2010 年第 10 期

李國強《北宋熙寧年間政府機構改革述論》,《中華文史論叢》2010 年第 3 期

壽涌《蔡上翔〈王荆公年譜考略〉詩文繫年正誤》,《人文中國學報》第十七期,上海古籍出版社 2011 年版

劉成國《論唐宋間的"尊揚"思潮與古文運動》,《文學遺產》2011 年第 3 期

方震華《戰爭與政爭的糾葛》,《漢學研究》2011 年第 3 期

熊鳴琴《曾布根究市易務違法案再議》,《東華理工大學學報》(社科版)2011 年第 1 期

燕永成《北宋變法派首次分裂問題試探》,《文史哲》2011 年第 2 期

胡孝忠《北宋山東〈敕賜十方靈岩寺碑〉研究》,《北京理工大學學報》(社科版)2011 年第 2 期

陳朝陽《熙寧末年宋交戰争考述》,《中國史研究》2012年第2期

白郊詠《趙抃與熙寧政局》,《齊魯學刊》2012年第4期

袁貝貝《"汝陰處士"常秩事蹟考》,《阜陽師範學院學報》(哲社版)2012年第3期

顧宏義《〈宋史〉的史源及其相關問題》,《唐宋歷史評論》第3輯

查屏球《名家選本的初始化效應——王安石〈唐百家詩選〉在宋代的流傳與接受》,《安徽大學學報》(哲社版)2012年第1期

陶文鵬《春風自緑江南岸》,《文史知識》2012年第7期

陶文鵬《荷花落日紅酣》,《文史知識》2012年第8期

東英壽《新見九十六篇歐陽修散佚書簡輯存稿》,《中華文史論叢》2012年第1期

林暉《宋代詩人楊蟠五題》,《台州學院學報》2012年第5期

劉成國《宋代字説考論》,《文學遺產》2013年第6期

程元敏《〈三經新義〉與〈字説〉科場顯微録》,《三經新義輯考彙評》附,華東師範大學出版社2013年版

程元敏《王安石雱父子享祀廟庭考》,《三經新義輯考彙評》附録

曾明、陳燦平《郭祥正生年生平考略》,《國學學刊》2013年第2期

方震華《從和戎到拓邊——北宋中期對外政策的轉折》,《新史學》第24卷第2期

陳曉珊《北宋保甲法制定與實施過程中的區域差異》，《史學月刊》2013 年第 6 期

崔玉謙《熙寧初年甘谷城墾田爭議考述》，《西夏學》第 9 輯

陳曉珊《王安石變法時期的大規模裁撤州縣現象》，《歷史地理》2013 年第 1 期

張鈺翰《北宋中期士大夫集團的分化》，《宋史研究論叢》第 14 輯

劉成國《論王安石的翻案文學》，《浙江社會科學》2014 年第 2 期

張煜《王安石〈楞嚴經解〉十卷輯佚》，《古典文獻研究》第 13 輯

郭茂育、顧濤《新出土宋代〈張庚墓誌銘〉》，《書法》2014 年第 2 期

李科《北宋二劉牧生平補考及其詩文歸屬考辨》，《新國學》第 10 卷，四川大學出版社 2014 年版

燕永成《流言與王安石變法》，《首都師範大學學報》(社科版)2014 年第 6 期

何冠環《北宋中後期外戚子弟李端懿、李端愿、李端慤事蹟考述》，《中國宋史研究會第 16 屆年會論文集》

朱銘堅《北宋太學蘇嘉案考釋》，《中國文化研究所學報》第 56 期

馬濤、許志強《將軍山北宋王安石家族葬地及相關問題的探討》，《江寧春秋》第 13 輯，南京出版社 2013 年版

王文楚《北宋東京與太原間驛路考》，《中華文史論叢》

2016 年第 1 期

唐玲《“E 考據時代”下的“學問”與“技術”》,《華南師範大學學報》(社科版)2016 年第 6 期

郭畑《道統與政統:王安石與宋代孔廟配享的位向問題》,《河南大學學報》(哲社版)2016 年第 1 期

黃敏捷《北宋熙寧四年東明縣民上訪事件與變法君臣的危機處理》,《史學月刊》2016 年第 7 期

黃純豔《“漢唐舊疆”話語下的宋神宗開邊》,《歷史研究》2016 年第 1 期

古麗巍《變革下的日常:北宋熙寧時期的理政之道》,《文史》2016 年第 3 期

劉成國《宋代“尊揚”思潮的興起與衰歇》,未刊稿

後　記

　　大約在 2011 年底，經過反復的思考和掂量，我決定暫時中止已經持續六年的宋代文體研究，重新回到碩、博連讀時的"老本行"，撰寫王安石的年譜。本來，在我最初的學術設想中，這項純粹的文獻考證工作，是要留待五十歲以後經過幾十年的日積月累，再着手進行的。之所以作出這個研究轉向，主要基於以下兩個原因：一是古籍資料數據庫、電子文檔在短短數年内的迅猛發展，導致了中國古代文史研究至少在文獻的搜集、整理和考證層面，獲得了堪稱革命性的突破。史料的搜尋，變得空前快捷和方便，從而極大提高了學人的工作效率。二是隨着余英時先生《朱熹的歷史世界》出版，近些年來王安石又逐漸成爲海内外學界關注的熱點。比如 2014 年哈佛大學費正清研究中心召開的"9 至 15世紀中國歷史學術研討會"上，二十幾個主題小組中，幾乎每個小組都有一兩篇論文涉及王安石。研究取向也突破了之前以經濟爲重的格局，向政治文化、學術思想、禮儀象徵等多個方面延伸。然而與此同時，學界對王安石生平行實的瞭解，仍然基本停留在清代蔡上翔《王荆公年譜考略》的基礎上。這對於王安石乃至宋代文史研究的進一步深入拓展，無疑是個明顯的不足。有鑑於此，我才決定暫時擱置當時業已準備多時的若干文體學和學術思想史選題，改弦更轍。

　　從 1997 年開始研讀王安石，到本書截稿，已經駸駸二十年了。儘管在撰寫中幾乎用盡了"洪荒之力"，可由於學力不足和知識結構欠缺，書中的若干缺陷還是比較明顯。比如王安石熙寧四年至九年的行實，就只能主要依賴於《續資治通鑑長編》；雖然積累了一些新法在地方上執行的具體細節的史料，可由於經濟史方面所知甚淺，難以作深入的挖掘和闡釋。由於文獻不足，未能對《辨姦論》這一聚訟紛紜的疑案作出定讞，等等。種種不足，若干不滿，不過，作爲一部文獻考證之作，暫時也只能如此了。至於研究過程中種種繁瑣考證的樂趣，由一條新史料、一個小細節出發，層層剝筍，環環辨析，宛如破案般直趨歷史的現場，由此而獲得的知性上的愉悅感，以及自以爲可以廓清迷霧最終却發現仍然與歷史真實若即若離的悵然若失，則甘苦自知，不足道也。

　　感謝我的家人。自參加工作以來，她們擔負起了所有家務，使我有充裕的時間投身於繁忙的教學和科研中。雖然已經畢業多年，我的兩位導師肖瑞峰教授、沈松勤教授，對我的關愛却一如既往。十幾年來，中國社會科學院文學研究所張劍兄對我的鼓勵和支持，意義非比尋常。作爲二校時的外審專家，他在酷熱的暑假中幾乎字斟句酌地認真審讀完畢全部書稿，提出了若干條富有建設性的批評。就在 2016 年本書匆匆草成時，華東師範大學古籍所方笑一兄、顧宏義教授爲我提供了新的工作機遇，並對本書修訂提出許多寶貴意見。杭州南宋史研究中心魏峰兄、宋代文學同仁會各位同仁，還有衆多師友，日常治學中的請益聆教、切磋砥礪，使我獲益匪淺。在浙江工業大學工作期間，人文學院中國古代文學學科爲我的研究和著作出版，提供了充裕的經費支持。浙江大學人文高等研究院爲我提供了寬敞的辦公場所，以及高水平的學術交流平臺。中華書局歷史編輯室的胡珂女士，以其豐厚的學養和嚴謹的工作態度，糾正了本書中很多文字上的訛謬，匡我之不逮多矣。

以上等等，均銘感在心，不敢或忘。

最後，謹以此書獻給我已經去世的父親和遠在家鄉的母親，原諒我多年以來奔波在外，未能盡孝膝下。

2017 年 8 月 9 日於杭州嘉綠青苑

重印後記

　　拙作於 2018 年 1 月出版後，獲得第十屆鄧廣銘學術獎勵基金一等獎，實爲不虞之譽。一年以來，諸多師友、讀者們也陸陸續續地提出了許多寶貴意見。特別是老友中南大學文學院晏選軍教授，和人民文學出版社董岑仕女史。他們認真閱讀了拙作的第一、二兩册，仔細核對了書中的每一處文字，提出了若干條中肯的批評、建議：大至某些文獻史料的重複引用，某些考證的疏忽遺漏；小至每一處引文，每一個人名，每一本書的作者、卷數，每一個標點的使用，等等。此次重印，即根據他們的書面意見，改正了書中的多處文字錯訛。至于所引文獻的重複累贅之處，以及最近所見的一些新史料，限於重印的版式要求，就只等留待以後修訂了。

　　是爲記。

劉成國

2019 年 4 月 15 日於杭州嘉綠青苑

劉成國 著

王安石年譜長編

五

中華書局

熙寧六年癸丑（1073），五十三歲

正月五日，乞以市易務上下界、商稅院等，隸都大提舉諸司庫務

《長編》卷二百四十二熙寧六年春正月己酉："中書言："欲以市易務上、下界，商稅院，翰林圖畫院，雜買務，雜賣場，諸宮觀真儀法從、南郊太廟家事、府司檢校等庫、都亭、懷遠驛、三糧料院、內軍器五庫，隸都大提舉諸司庫務。'上批："內軍器五庫官物，儲積多在宮禁，及收內降物，兼自有提舉、提點官，可不隸提舉諸司庫務。餘從之。'"

請增三司吏祿，神宗從之

《長編》卷二百四十二熙寧六年春正月己酉："王安石請增三司吏祿，上批："增祿費多，所減吏又未可遽減，令安石再相度。'安石言祿不可不增，又言不患乏錢之理。安石以爲："初，市易行倉法，用萬八千緡，以故收市例錢九萬緡，方以次修法，市例所收未有紀極，而團併綱運、減省上供所省衙前酬獎，止京東及成都兩路歲收已一百萬緡，即吏祿不患少可知。'上從其請。安石又言，天下吏人當盡爲之賦祿，上以爲然，曰："但患役法未就，未有錢應副耳。'"

李燾："朱史載此事於三年八月二十八日，失先後之序，今依《日錄》仍見於此。"

正月七日，奉僖祖爲太廟始祖

《長編》卷二百四十二熙寧六年春正月辛亥："詔奉僖祖爲太廟始祖，遷順祖神主藏夾室，孟夏祀感生帝，以僖祖配。始從王安石之議也。"

李燾："中書以五年三月八日戊子建議，四月三日壬子降詔令共議，十一月二十三日戊辰既從中書所議，至六年正月七日辛亥始遷二祖。"

《宋史》卷十五《神宗二》、《宋會要輯稿》禮一五載同。

是日，以曾孝寬、趙子幾爲河北路察訪使、副

《長編》卷二百四十二熙寧六年正月辛亥："龍圖閣待制兼樞密都承旨、同群牧使曾孝寬爲河北路察訪使，權發遣開封府界提點縣鎮公事、太子中舍趙子幾副之。上初欲用李承之副孝寬，王安石請用子幾，上曰：'子幾性率，不如承之詳密。'安石曰：'承之定兩浙役法如何？或言亦有役錢不均處。'上曰：'諸處大抵如此，恐不免小有不均。'安石曰：'遣承之固善，然子幾亦不見性率，如河東所減役錢十餘萬，在府亦無過失。'上曰：'子幾排保甲倉卒，致驚擾。'安石曰：'排保甲，適以陝西事，人或自驚擾，出於意外，豈可歸咎子幾也？'上卒用子幾。"

是日，以文彥博再言市易司遣官監賣果實與民争利，有損國體，辯之

《長編》卷二百四十二熙寧六年正月辛亥："樞密使文彥

博言：'臣近言市易司遣官監賣果實，有損國體，斂民怨，乞
寢罷，至今涉旬，未聞施行。切慮陛下以事小不恤，而臣愚
以所損甚大，決不可爲。且京邑翼翼，四方取則，魏闕之下，
治象所觀，今令官作賈區，公取牙儈之利，古所謂理財正辭
者，豈若是乎？凡衣冠之家罔利於市，搢紳清議尚所不容，
豈有堂堂大國皇皇求利，而不爲物議所非者乎？斯乃龍斷
之事，聚斂小臣希進妄作，侵漁貧下，玷累朝廷，乞賜詳擇。'
於是王安石白上曰：'陛下近歲放百姓貸糧至二百萬，支十
斗全糧給軍，一歲增費亦計數十萬緡，以至添選人俸、增吏
禄、給押綱使臣所費又有百萬緡，天下愚智孰不以共知陛下
不殖貨利？豈有所費如此，而乃於果實收數千緡息以規利
者？直以細民久困於官中須索，又爲兼并所苦，故爲立法
耳。'彦博所言遂寢不報。"

正月十四日，從駕觀燈，乘馬入宣德門。以衛士呵止搧傷馬，大怒

《長編》卷二百四十二熙寧六年二月丁丑："先是，安石
從駕觀燈，乘馬入宣德門，衛士呵止之，搧傷安石馬。安石
大怒，請送衛士於開封府，又請罷勾當御藥院內侍一人，上
皆從之。安石猶不平，（蔡）確奏疏曰：'宿衛之士，拱衛人主
而已，宰相下馬非其處，衛士所應呵也。而開封府觀望宰
相，反用不應爲之法，杖衛士者十人，自是以後，衛士孰敢守
其職哉？'上善確言，然宰相乘馬入宣德門是非，上卒亦弗
究也。

安石自叙其白上語云：'親從官撾擊坐車及旌斿，臣至宣德門，依常例於門內下馬，又爲守門者撾馬及從人。臣疑親從官習見從來事體，於執政未必敢如此，今敢如此，當有陰使令之。都緣臣居常遇事多抗争曲直，臣所以如此者，乃爲義故，豈敢以私事肆爲驕駿不遜？恐姦人欲以此激怒臣，冀臣不勝忿，因中傷臣以爲不遜。臣初所以不敢辨者，疑有條制，從來承例違越，及退檢會，乃無條制；問皇城司吏，亦稱無條制；及問體例，却據勾當皇城司繳到巡檢指揮使畢潜等狀稱，從來合於宣德門外下馬。臣初執政，即未嘗於宣德門外下馬，且宣德門內下馬，非自臣始，臣隨曾公亮從駕，亦如此。'上曰：'朕爲親王時，位在宰相下，亦於門內下馬，不知何故乃如此。'安石曰：'此所以不能無疑，欲具劄子乞勘會，依條例施行。'上許之。安石又言：'檢到嘉祐年後行首司日記，並於門裏下馬。然問馮京，則云忘之，記得亦有在門外下馬時。而文彦博遂揚言云，我從來只於門外下馬。'安石又云：'中書驅使官溫齊古見堂吏看棚者云：守門人自相與言，擊宰相馬，馬驚致傷損，罪豈小？一員僚曰：我豈不解此，但上面逼得緊，將奈何！'齊古以白王珪。然齊古者憚入獄置對，安石問之，乃言不記堂吏姓名，安石亦不復以齊古言告上也。"

李燾："溫齊古事，據《日録》二月二十八日所載，今移入此。"

《宋史》卷四百七十一《蔡確傳》："知神宗已厭安石，因安石乘馬入宣德門與衛士競，即疏其過以賈直。"

正月二十一日，知太平州張瓌致仕，未受命而卒。有詩哭之

《長編》卷二百四十二熙寧六年正月乙丑："翰林侍讀學士、左諫議大夫、知太平州張瓌爲給事中致仕。瓌未受命而卒。"

《宋史》卷三百三十《張瓌傳》："請爲太平州……卒，年七十。"

《詩注》卷五十《哭張唐公》："堂邑山林久寂寥，屬車前日駐雞翹。冥冥獨鳳隨雲霧，南陌空聞引葬簫。"

按，《(景定)建康志》卷四十三："翰林給事張唐公墓，在上元縣長寧鄉，吕惠卿作誌。"

正月二十四日，上劄子論宣德門守門親事官搊擊從人鞍馬

《長編》卷二百四十二熙寧六年二月丁丑，李燾注："陸佃所編安石文字，有三劄子，皆論宣德門事，今並附此。其一曰：'臣今月十四日從駕至宣德門，依逐年例，自西偏門入。有守門親事官閉拒不令臣入，搊擊臣從人鞍馬，從人告訴，而臣竊恐成例有違儀制，所以未敢陳奏。尋取責到行首司王冕等狀稱，自來從駕觀燈，兩府臣僚並於宣德門西偏門內下馬，却於左昇龍門出。兼檢到嘉祐八年、熙寧四年本司日記，體例分明。又會問得皇城司吏手狀稱，宣德門即無兩府臣僚上下馬條貫。尋又令會問自來體例，却據勾當皇城司狀稱：取到在內巡檢指揮使畢潛等狀稱，自來每遇上元

節,兩府臣僚合於宣德門外下馬。切緣臣自備位兩府以來,
上元節從駕,並於宣德門西偏門内下馬,門衛未嘗禁止,獨
今年閉拒不許入,而隨以搊擊。會問到皇城司,又稱:即無
條貫,却只取到在内巡檢指揮使畢潛等狀稱,自來合於宣德
門外下馬。雖據皇城司取到畢潛等狀内所稱如此,即與行
首司王冕等狀内所稱自來體例不同。伏乞聖慈以臣所奏,
付所司勘會條例施行。所有取責會問到文狀,謹具劄子繳
連進呈,取進止。正月二十四日,臣安石劄子。’”

　　按,此劄文集失載。

正月二十五日,進呈涿州牒

　　《長編》卷二百四十二熙寧六年正月己巳:“輔臣同進呈
涿州牒,言雄州不當令容城、歸信縣尉巡歷事。樞密院白
上:‘朝廷已爲北界罷鄉巡弓手,今更如此,意欲占地,轉不
遜,恐須亦以不遜答之。’上曰:‘只如常應報,不用過當。’王
安石曰:‘甚善。北界未必有占地意,緣中國亦常言兩屬地
合屬中國,中國豈有占地意? 我既疑彼占地,彼亦未必不疑
我也。’”

正月二十六日,與神宗論治道。以爲欲興治道,須先變風俗;欲變風俗,須明示好惡,加以賞罰;欲知人情,在於窮理

　　《長編》卷二百四十二熙寧六年正月庚午:“王安石爲上
言:‘欲興起治道,須變得風俗。今誕謾之俗初不改,恐無由
興起治道。’上曰:‘人情千變萬化,苦難知。’安石曰:‘人情

要保其往誠難，若是誕謾已著，不能明示好惡，繼以懲責，風俗如何肯變？上好信則民莫敢不用情，民所以不用情，必是陛下好信不篤故也。'上曰：'前後爲誕謾黜逐亦不少，只是却要審。'安石曰：'此事誠要審，然既審之後，不加誅罰以當其罪，何緣肯變？緣作忠信甚難，作誕謾甚易。作忠信，獨人主所利，於衆人皆不利；若誕謾，即内外更相朋比，人各濟其私欲，是誕謾於衆人爲利，於人主乃不利。以其衆人不利，所以作忠信難，以其衆人所利，所以作誕謾易。不然，忠信是美名，誕謾是惡名，人何故不避惡名而舍忠信爲誕謾？'上曰：'管仲奪伯氏駢邑三百，没齒無怨言。若審處而當罪，小人亦自服。'安石曰：'管仲以當理而人不怨，誠可稱，然管仲豈能勝盤庚、周公？盤庚、周公乃不能使人不怨，豈是不能審處而當罪？蓋有使人無怨之道，然而小人妄怨，不害爲當理，若爲小人妄怨便以爲所處不當理，如此，則盤庚、周公亦爲有失，不足法。'上曰：'鞠真卿素倔强，及案江西事當罪，便不敢倔强。'安石曰：'緣陛下切見真卿罪狀，真卿更無人黨助，所以不敢。真卿在先朝所以倔强者，蓋持大臣短長，故大臣驕之至此。陛下若遇姦人人人能如鞠真卿，即誰敢不服？今陛下察人不能皆如察真卿，故未肯退聽爾。小人情狀，以市井事觀之即可見。市井賣百錢物，只著價二三十錢，必忿怒；若著價三五百錢，亦必妄爲忿怒，邀厚價；若恰與百錢，即必便肯成交易。爲能知其情狀，故服也。今遇小人多不當其情狀，此所以不服，更紛紛也。人情雖難知，然亦有可見之道，在窮理而已。'"

按，《（正德）姑蘇志》卷三十九："鞠真卿字顔叔，慶曆中守將作監主簿、知長洲縣,所至有威名。嘉祐中,知蘇州,政事無他施設,而人自憚之,訟庭寂然。每平明視事,無訟者,真卿即歸休,客至多不及見。治平初,除兩浙提刑。後貶南安軍,道過蘇,郡人相戒,不敢過其泊舟處,五日左右,不聞人聲,其見憚如此。"神宗所謂"案江西事當罪",《長編》卷二百十八熙寧三年十二月甲子:"降知壽州、太常丞鞠真卿爲太子中允,坐前任江西轉運使抑勒百姓,以苗米折納錢,該去官勿論,特責之。"李燾:"去年十二月乙亥責壽州,今又責。"

見常安民文,稱之,命學者視以爲準

《宋史》卷三百四十六《常安民傳》:"字希古,邛州人。年十四,入太學,有俊名。熙寧以經取士,學者翕然宗王氏,安民獨不爲變。春試,考第一,主司啓封,見其年少,欲下之。判監常秩不可,曰:'糊名較藝,豈容輒易?'具以白王安石。安石稱其文,命學者視以爲準,由是名益盛。安石欲見之,不肯往。登六年進士第,神宗愛其策,將使魁多士。執政謂其不熟經學,列之第十。"

二月三日,妹婿朱明之爲館閣校勘

《長編》卷二百四十二熙寧六年二月丁丑:"秘書丞、崇文院校書朱明之爲館閣校勘。"

再上劄子論宣德門守門親事官摑擊從人鞍馬

《長編》卷二百四十二熙寧六年二月丁丑,李燾注:"陸

佃所編安石文字，有三劄子，皆論宣德門事，今並附此。其
一曰……其二曰：‘臣近論奏宣德門西偏門事，聞已送開封
府勘會。臣止爲自來兩府臣僚下馬有常處，而今來皇城司
與中書行首司所稱各異，理須根究，乞付所司定奪，使人有
所遵守。至於禁門中衛之人，既見元無條貫，遂有止約，亦
無深罪，伏乞聖慈詳酌，特加矜恕。干冒天威，臣無任惶懼
之至。取進止。二月日，臣安石劄子。’其三曰：‘臣檢御無
素，乃至私人干犯禁衛，惶懼震擾，不知所圖。方俟得望清
光，昧冒陳叙，伏蒙聖恩曲賜慰諭，臣誠感誠恐，無任激切屏
營之至。’”

《林希野史》：“或云上幸苑中，因問諸巨閹，閹皆伏地叩
頭流淚云：‘今祖宗之法掃地無遺，安石所行，害民虐物。臣
等知言出必取禍，不敢不言，願陛下出安石，臣等亦乞遠流
海外，以示非敢害宰相而爲身謀。’又云：安石上元乘馬從駕
還棘圍中，回駕觀百戲，相公馬至宣德左扉將入，親事官攔
骨朵止之，馬勢不止，大閹張茂則叱止之，遂目親事官執其
馭者而毆之。曰：‘相公馬有何不可！’茂則曰：‘相公亦人
臣，豈可如此，得無爲王莽者乎！’安石訴茂則毆傷其馭，上
使驗問傷狀，安石不樂，遂求去。又云：‘上元，雺於看棚，有
指使輩不伏衛士指約，喧鬧，遂提衛士送開封府，即時四人
各決杖十七。合該降配取旨，上方知，索開封府案閱之，送
府令再勘。’上使使喻鞏彥輔曰：‘不可徇宰相意，盡公勘
之。’彥輔亦寬其過，指使者罰銅，大程官、書表司各決二十。
後遂著令，指定下馬處。”姑附此。

以病謁告，求解機務

《長編》卷二百四十二熙寧六年二月：“先是，王安石以病謁告彌旬，乃求解機務。”

《文集》卷四十四《乞解機務劄子六道》其一：“臣以羈旅之孤，蒙恩收録，待罪東府，於今四年。方陛下有所變更之初，内外小大紛然，臣實任其罪戾，非賴至明辨察，臣宜誅斥久矣。在臣所當圖報，豈敢復有二心？徒以今年以來，疾病浸加，不任勞劇，比嘗粗陳懇款，未蒙陛下矜從，故復黽勉至今，而所苦日甚一日。方陛下勵精衆治，事事皆欲盡理之時，乃以昏疲，久尸宰事。雖聖恩善貸，而罪釁日滋，至於不可復容，則終上累陛下知人之明，非特害臣私義而已，臣所以昧冒有今日之乞也。伏奉宣諭，未賜哀矜，彷徨屏營，不知所措。然臣所乞，固已深慮熟計，而後敢言。與其廢職而至誅，則寧違命而獲譴。且大臣出入，以均勞逸，乃是祖宗成憲。蓋國論所屬，怨惡所歸，自昔以擅其事，鮮有不遭罪黜。然則祖宗所以處大臣，不爲無意也。臣備位亦已久矣，幸蒙全度，偶免譴呵，實望陛下深念祖宗所以處大臣之宜，使臣獲粗安便，異時復賜驅策，臣愚不敢辭。”

按，劄曰：“待罪東府，於今四年。”公熙寧二年二月參知政事，熙寧六年二月乞出，恰四年。又《長編》卷二百四十二熙寧六年二月丁丑：“詔開封府判官梁彦明、推官陳忱各罰銅十斤。去月十四日，宣德門親從官王宣等與宰臣王安石家人從喧競，指揮使李師錫擅傳語開封府官行遣，而彦明、忱不察虛實，親從官阮睿本不與喧競，亦決杖。御史蔡確彈奏開封府官吏曲意迎奉大臣之家，望特加重貶，故罰及之。”公謁告，當於此後。

入對，神宗面還其章。固求罷，以神宗不許，遂乞告將理

《長編》卷二百四十二熙寧六年二月：“且入對，上面還其章，安石固求罷，上不許，曰：‘卿每求罷，朕寢食不安，朕必有待遇卿不至處，且恕朕，豈宣德門事否？’安石曰：‘臣所以辨宣德門事，正恐小人更以臣爲驕僭，事既明白，又復何言？’上曰：‘令子細推究，實無人使。’安石曰：‘臣初豈能無疑？既已推究，復何所疑。’上曰：‘卿如此，必是以朕終不能有成功，久留無補，所以決去。’安石曰：‘陛下聖德日躋，非臣所能仰望。後來賢俊自有足用者，臣久妨賢路，又病，所以求罷，非有它。’上曰：‘朕置卿爲相，事事賴卿以濟。後來可使者何人？孰可以爲相者？卿所見也。’安石曰：‘豈可謂無其人，但陛下未試用爾。’上曰：‘卿頻求出，於四方觀聽不美。’又引古君臣相終始者曉譬安石。安石曰：‘臣前所以求罷，皆以陛下因事有疑心，義不敢不求罷。今求罷真以病故，非有他。且古今事異，久任事，積怨怒衆，一旦有負敗，亦累陛下知人之明。且又病，若昧冒，必致曠敗。’上再三曉譬，安石乃乞告將理。”

《文集》卷四十四《乞解機務劄子》其四：“臣某言：伏奉聖旨，令臣入見赴中書供職者。螻蟻微誠，屢關省覽；天地大德，未賜矜從。臣聞周之士也貴，秦之士也賤；周之士也

肆，秦之士也拘。其縱之爲貴，其拘之爲賤。賤故尚勢利而忘善惡，貴故尊行義而矜廉恥。士知尊行義而矜廉恥，宗廟社稷之安，而天下自治也。伏惟陛下言必稽堯、舜，動必憲文、武，故視遇天下之士，欲其貴不欲其賤，欲其肆不欲其拘。臣以羈孤，旁無依助，一言寤意，特見甄收。適遭欲治之盛時，實預扶衰之大義。事或乖於衆口，而陛下力賜辯明；言有逆於聖心，而陛下常垂聽納。此臣所以履艱虞而不忌，服勤苦而不辭。雖百度搶攘，未就平成之叙；然四年黽勉，非無夙夜之勞。今特以心氣之衰疲，目力之昏耗，哀祈外補，冀幸小休。而乾剛確然，莫可回奪。則是親值周家之忠厚，獨爲秦士之賤拘。事與願違，能無竊歎？理當情恕，豈免上煩？實望聖慈，俯昭愚款，外賜優閒之地，少安疾疢之身。須其有瘳，乃責外效。臣生當捐軀以報德，死當結草以酬恩。"

以神宗召子雱再三問勞，遂復入視事

《長編》卷二百四十二熙寧六年二月："既而上又召安石子雱再三問勞，又令馮京、王珪喻旨，於是安石復入視事。"

祖無擇有詩相誚

《洛陽九老祖龍學文集》卷二《誚王安石乞分司西京避讒而去因以述懷》："割斷攀緣宰相權，憂危争似我身全。試觀竿上抛生體，且擬波中戲釣船。名利不求還獨樂，是非莫辯秖高眠。何當對景幽堂坐，更得閒吟度百年。"

按，熙寧三年七月，祖無擇謫忠正軍節度副使（詳本譜熙寧二年)，"歲餘，朝廷察其無罪，復秘書少監，分司西京。"①

二月二十七日，以沈起知桂州代蕭注

《長編》卷二百四十二熙寧六年二月辛丑："權度支副使、刑部郎中、集賢殿修撰沈起爲天章閣待制、知桂州，代蕭注也。注在桂州，自特磨至田涷州酋長遠近狎至，注問其山川曲折，老幼存亡，甚得其懽心，故李乾德動息必知之。然有獻策平交州者，輒火其書。會起言交州小醜無不可取之理，乃罷注歸。其後起更爲征討計，卒以此敗。初，議用起，馮京言起前爲陝西轉運使，慶州兵亂，起閉長安城不敢出，人疑其怯。上曰：'賊到城下，城中又無人守備，安可不閉城？此非起過也。'王安石曰：'起在陝西誠無大過。去江寧時，臣嘗奏以爲可留，衆論所以攻起尤切者，蓋以起嘗辨正王韶、李師中曲直，故爲人所惡，陛下牽於衆毀，故不欲留起耳。'"

《宋史》卷三百三十四《沈起傳》："自王安石用事，始求邊功。王韶以熙河進，章惇、熊本亦因此求奮。是時，議者言交阯可取，朝廷命蕭注守桂經略之，注蓋造謀者也。至是，復以爲難。起言：'南交小醜，無不可取之理。'乃以起代注，遂一意事攻討。"

是日，指斥孔嗣宗懷奸爲前知雄州張利一遊説

《長編》卷二百四十二熙寧六年二月辛丑："先是，起居

---

① 郭茂育、劉繼保編著《宋代墓誌輯釋》，第301頁。

舍人、直集賢院章衡等使契丹還，言罷河北沿邊鄉巡弓手非便。於是提點刑獄孔嗣宗復以爲言，上曰：‘此失之在初也，今若復置，彼必益兵相臨，遂至生事不能已，不可不謹。’既而，王安石因嗣宗議修滹沱河枉費，且壞塘泊，忤安石意，遂歷指嗣宗懷姦，曰：‘嗣宗前論巡馬過河云：敵驕蹇，須得奮不顧身，以忠許國，敢與敵抗之人，乃能了邊事。此蓋專爲張利一遊説也。昨見同時奉使者言罷鄉巡非便，故嗣宗亦言其非便。陛下試思：近歲使契丹人亦嘗有連狀言邊事者否？如章衡是憂國好言事者否？天下事又豈特此一事可言耶？此陛下當深察人臣情態也。’”

按，孔嗣宗字伯紹，河南人，①後預洛陽九老會。②

是日，留身

《長編》卷二百四十二熙寧六年二月辛丑：“先是，王安石以病謁告彌旬，乃求解機務……於是安石復入視事。留身，上謂安石曰：‘必一成安好。’安石白上：‘猶病昏暗煩憒，後來有可用者，陛下宜早甄擢，臣恐必難久任憂責。’上曰：‘雾説卿意似不專爲病，朕亦爲雾説，必爲在位久，度朕終不足與有爲，故欲去耳。’安石曰：‘陛下至仁聖，臣豈有他，但後世風俗皆以勢利事君，臣久冒權位，不知避賢，即無以異勢利之人。況又病，必恐有曠敗，致累陛下知人之明，所以力求罷也。’”

---

① 《歐陽修全集》卷一百五十《答孔嗣宗》，第 2483 頁。
② 文彥博《文潞公文集》卷六《前朔憲孔嗣宗太博過孟云近於洛下結窮九老會凡職事稍重生事稍豐者不得與焉》。

二月二十八日，韓琦判相州，貽書。有啓回之

《文集》卷七十九《回韓相公啓》："伏審祇服命書，已臨使府。來章得請，尤欣閭里之還；舊俗去思，胥慶旌麾之入。伏惟某官氣凝簡厚，學造本元。忠義著於三朝，功名垂於一代。銅臺坐鎮，居多恬養之休；棠訟日清，久被仁漸之化。未遑馳慶，先辱貽書，惕然汗顏，俯以拜貺。其爲感戢，實倍悃悰。"

《長編》卷二百四十二熙寧六年二月壬寅："判大名府、淮南節度使、守司徒兼侍中韓琦判相州，從所乞也。琦乞解旄鉞，不許。"

三月四日，因王韶克復河州，與輔臣皆賀，神宗褒崇有加

《長編》卷二百四十三熙寧六年三月丁未："熙河路經略司言：'二月丙申，克復河州，斬千餘級，木征遁走，生擒其妻子。是日，守香子城鈐轄奚起言：蕃賊數千犯城，掠輜重糧草，侍禁田瓊部弓箭手七百餘人救援，至牛精谷，及其子永吉皆戰死。丁酉，遣苗授等領騎至香子城，殺退蕃賊，臣等以大軍繼之，進討牛精諸谷，助擊蕃部，焚蕩族帳，獲千餘級，即日回香子城，經度版築。以道路尚阻，又遣景思立、王君萬通路，斬三千級，復得所掠及獲牛羊、糧斛等不可勝數。'於是輔臣皆賀，上謂王安石曰：'非卿主謀於內，無以成此。'"

以侍禁田瓊戰死,請於例外更遷其子官。是日,與文彥博等議田瓊所部兵賞罪

《長編》卷二百四十三熙寧六年三月丁未:"詔贈田瓊禮賓使,妻封縣君,父普、弟祥各遷一官,賜銀絹各三百,録其子孫三人,永吉子一人,仍令厚撫其家。已而,王韶奏,瓊所部兵亦獲三百餘級,然失主將,欲不與賞。蔡挺以爲非親兵,當賞。王安石曰:'明告諭以有功特放罪,更不賞,則足以明法。'又議瓊親兵,文彥博曰:'前後行遣不得,政緣事干衆爾。'挺曰:'李憲欲俱不與賞。'安石曰:'將死事,若左右前後力可以救助之人不能救助而不誅,即今後將官難保首領;兼將官御士卒尚嚴,若將死而左右前後之人可以無誅,即因兵交之際害其主將,主將被賊殺者有矣。以此,須宜懲其左右前後力可以救助而失於救助者。若本不在左右前後而力戰有功,反以失主將不賞,又或加罪,即不爲允。緣兵事左右有局,各司其局,勢不能相及,即無緣任其罪責。雖復殺之,於後何所懲艾?臣以謂須下王韶令推問瓊左右前後兵級,力能救瓊死者,禁奏聽裁,其餘有功者,令依例疾速保明聞奏。'或以爲當密,或以爲動衆,上卒從安石議。安石又論瓊父子死事,一子又傷,宜以瓊所合遷官,於例外更遷其子官。上以爲然。"

是日,議高遵裕、蔡延慶、張守約功過

《長編》卷二百四十三熙寧六年三月丁未:"上既閲河州奏,曰:'聞外間紛紜,以爲王韶全軍覆没,此必高遵裕唱

之。'王安石曰：'造作如此語言者眾，恐非因遵裕唱之也。遵裕但不能料夏國不敢來爾，如王韶即從初便料知夏國不敢來。'上曰：'若不能料，即不敢往河州矣。'

初，河州未聞吉語，蔡延慶牒張守約令留千兵守二堡，以三千赴救王韶，開道路。守約奏：'準催促軍須所牒如前，臣以爲二堡不足守，今韶以精兵萬人尚爲賊所扼，臣以三千人往必恐敗事，臣以此不敢依軍須所牒，盡領五千人往。'蔡挺言：'守約當黜，事與高渙相類，才見賊便逗留避事，不黜無以御將帥。'安石曰：'守約但不從軍須所牒留人，非避事不往。'挺曰：'軍須所牒固不當從，緣與高遵裕商量，高遵裕即合節制守約者。'文彥博曰：'但言與遵裕商量，却無遵裕牒。'挺固言守約當黜，上笑曰：'守約非不行，第要盡將兵去耳。'挺及馮京皆言守約不合多要兵，安石曰：'若如所聞，韶以精兵萬人往而見扼，即守約以三千人爲少，不足怪。'挺又爭曰：'經略使被圍，三百人亦當往，三千人乃不肯往？'安石曰：'軍須所牒，守約恐不當遵稟。'上曰：'固也。'

既而樞密院乞下王韶相度，如經略總管不在本州，合令何人權節制。上曰：'自是蔡延慶不合干預節制，高遵裕當節制分明。'安石曰：'朝廷置官，各有職分，今不當旋問王韶。'挺言：'經略使出，副總管一面指揮兵馬，從來有此例。'安石曰：'只爲近年無經略使出外，副總管在內事，然不妨副總管節制得兵官。'挺又言：'臣巡邊時，副總管亦不敢行文書。'安石曰：'從來副總管不敢干帥府權柄，又經略使雖出，實無事可施行，故不敢行文書耳。若經略使圍閉隔絕，即副總管指揮偏裨會合，孰敢不從？且孰以爲越職？'彥博因言：

'高遵裕懷姦,若通遠軍空虛,致夏國兵來疏虞,即以爲蔡延慶罪。'安石曰:'通遠軍疏虞,則高遵裕亦不容委罪蔡延慶。'上曰:'或是忽遽如此,無它意否,但令高遵裕分析如何不行遣,却令軍須所移牒。'馮京曰:'蔡延慶等得此,疑朝廷責怒,必惶擾。'上曰:'無妨。'蔡挺又言:'恐王韶既往康樂城,高遵裕未知所領職分。'安石曰:'但下指揮問:經略使在河州,副總管自合節制,因何却令軍須所行遣軍事? 令分析聞奏,即遵裕自知職分。'上以爲然。吳充等又言:'恐韶不欲以節制付遵裕,故令相度。'安石曰:'若韶疑遵裕害事,自當奏乞移却,如未移却,當各守職分。'上曰:'除移却即可,若不移却,自合還彼職分。'

已而蔡延慶自劾:'擅指揮軍事,以倉猝故,乞上坐臣罪。'僉謂延慶無可罪,安石曰:'延慶終以爲都總管不在,故無人可指揮軍事,高遵裕亦習見目前事,不謂可以節制諸將。固當分明説與,令知職分。'僉欲立條,安石曰:'不用更立條,但云都總管既出,即副總管自合節制以次官指揮軍事。'僉以爲須事干機速,申稟不及者乃聽如此。吳充曰:'恐鄰路難關牒。'上曰:'若軍須所關牒,鄰路亦自可承稟。'安石曰:'新條鄰路事應出兵不出兵致闕誤,即有責,雖一使臣行文書,若合出兵,即無不肯出兵之理。'蔡挺又曰:'事干機速,若高遵裕要討岷州,王韶不在本司,便用此指揮出兵,如何?'安石曰:'若出兵應機會不致闕誤,即奚傷? 但恐不應出兵而妄舉動,即自不可。'文彥博亦以爲然。乃詔:'諸路都總管,遇出入本司兵馬機速事,申稟不及者,副總管聽專行。'”

李燾：“詔下乃四月十八日辛卯，今并書于此。”

按，《宋史》卷二百八十六《蔡延慶傳》：“王韶進師河州，羌斷其歸路。延慶曰：‘兵事非吾所宜預，然主帥在難，不急援之，恐敗國事。’遂檄兵赴救，羌解去，韶得全師還。轉運判官蔡蒙劾其擅興，朝廷問知狀，易蒙他道。韶入朝，延慶攝熙帥。”

是日，遣張穆之助王韶勾當市易事

《長編》卷二百四十三熙寧六年三月丁未：“詔提點秦鳳等路刑獄張穆之與熙州官吏制置市易條約以聞。初，王安石議遣穆之，上曰：‘蔡延慶已自任責，更遣穆之，恐非延慶所樂。’安石曰：‘市易事，穆之經畫頗有序，欲令穆之往彼助王韶勾當。’上曰：‘第恐韶未暇。’安石曰：‘固爲韶未暇，所以遣穆之。若穆之勾當，即都不妨韶經畫邊事，而市易事亦漸成立。’上曰：‘善。’”

三月七日，與神宗議革學校法

《長編》卷二百四十三熙寧六年三月庚戌：“試特奏名進士。上以特奏名人闒茸，而多與官害治，又言學校法終當革。王安石曰：‘此餘事，恐久遠須立法。’”

是日，因子雱兼同修撰國子監經義，固辭，神宗弗許

《長編》卷二百四十三熙寧六年三月庚戌：“命知制誥呂惠卿兼修撰國子監經義，太子中允、崇政殿説書王雱兼同修撰。先是，上諭執政曰：‘今歲南省所取多知名舉人，士皆趣

義理之學,極爲美事。'王安石曰:'民未知義,則未可用,況
士大夫乎!'上曰:'舉人對策,多欲朝廷早修經義,使義理歸
一。'乃命惠卿及雱,而安石以判國子監沈季長親嫌,固辭雱
命,上弗許。"

三月八日,與神宗等議厚賞王韶克河州

《長編》卷二百四十三熙寧六年三月己未:"上初閱河州
奏,亟令下王韶速具功狀,諭以當厚賞。王安石曰:'但如下
熙州時爲復加厚。'上曰:'熙州已厚。'既而曰:'熙州時許
以厚賞,後乃不如儂智高時,人失望。'安石曰:'諭以比下熙
州時更優加酬獎可也。'上又曰:'河州戰,人已屢勝,自計各
有功,更令復往,恐疲苦,須更代。'僉以爲太宗取河東遂,取
幽州無功,正爲如此。安石曰:'人情或未可知,但合問願往
者且留,願歸者即聽歸,據數于涇原選代可也。'上曰:'善。'
先是,王韶與李憲連奏河州事,于是蔡挺白上:'功狀只下王
韶定,或并下李憲?'上令只下王韶,曰:'韶正立事,必不肯
爲私。'安石曰:'王韶是大帥,自合委韶,何用更委李憲?'上
從之。"

李燾:"此據《日録》係初八日事。"

三月十三日,以四月朔日當食,請降德音。神宗從之

《長編》卷二百四十三熙寧六年三月丙辰:"司天監言,
四月朔,日當食九分。詔:'自十四日,易服,避正殿,減常
膳。仍内出德音,降天下死罪囚,流以下釋之。'先是,三日,
上批:'時雨應祈,稼穡是賴,獲此嘉應,非朕敢任,其赦天

下,與民均福。'王安石曰:'民每欲雨,陛下輒一祈未嘗不輒
應,此陛下至誠感天之效。然今歲日食正陽之月,恐宜以此
降德音。'上從之。"

三月十九日,以常秩罷天章閣侍講及諫院,請神宗崇獎之,以勵風俗

《長編》卷二百四十三熙寧六年三月壬戌:"右正言、直
集賢院兼天章閣侍講、知諫院、管勾國子監常秩罷天章閣侍
講及諫院,從所請也。

秩初免修起居注,未幾,復面乞罷去,上驚曰:'方賴卿
德義,何遽求去也?'於是又以疾求歸,上遣內侍就第諭旨,
秩固稱疾,詔賜告,仍聽免二職。王安石白上曰:'風俗患不
忠信、無廉恥至甚,如秩美行,宜加崇獎,留之在朝,足以表
勵風俗。如諸葛亮以許靖有人望,使爲三公,此已是不情,
非所以率人爲忠信。'上曰:'鄉者,秩人望極甚,曾公亮嘗
言,召出必壞却。'安石曰:'人各有所用,如秩安貧守節,在
朝不爲無用也。'"

擬用張琥知制誥,神宗不許。三月二十日,出琥知蔡州

《長編》卷二百四十三熙寧六年三月癸亥:"太子中允、
集賢校理、同修起居注、直舍人院、知諫院張琥爲集賢殿修
撰、知蔡州。先是,知制誥闕,中書擬用琥,上不許,曰:'琥
脫空,又無能,問時事都不對,乃言它事。'王安石曰:'以人
望言,琥行義豈不及蔡延慶?'上曰:'延慶行義亦有何所
闕?'安石曰:'如此,則難使在職,陛下當明著其反覆罪狀罷

之。'上又以爲罪難明,安石曰:'陛下若以言語前後不復放廢人,即左右前後虛位宜多。陛下固有明見其誕謾,而都不以爲非者。'上曰:'見即更不進用也。'於是琥三上章乞出。上謂安石曰:'前議琥得無漏乎?'安石曰:'雖不漏,琥豈容不覺?'故有是命。"

是日,與神宗議變宿衛法

《長編》卷二百四十三熙寧六年三月癸亥:"是日,上謂王安石曰:'宿衛親事官有擊指揮使傷首者,而主名未立,宿衛法不可不急變革。'安石曰:'臣固嘗論此,此固易變,但要措置有方,使見在人無苦,而來者有以制見在人,則雖變革無患。'"

李燾:"陳瓘論曰:'安石欲變宿衛之法,先於《經義》創立新說,然後造爲神考聖訓,謂當急變其法。蓋託于先訓,則可以必聖主遵行;文以經術,則可以禁士大夫竊議。二者行於前,三衛作于後,漸危根本,忠義寒心。人皆獨罪于卞、京,安知謀發于私史⋯⋯'按王安石欲變宿衛法,二年閏十一月十九日及十二月十三日,自後累嘗致意矣。《經義》創立新說,當考。《兵志》第一卷云:'元豐中,義勇、保甲逐上番以代禁兵,其巡檢、縣尉司所省募兵亦數萬。詔闕額弗補者,會其材費儲之,專以待武備之用。自後民兵數遂踰募兵,而國用亦省。又議欲擇民之材武者,若唐府兵法,番上以備宿衛。事雖未行,然其規模宏遠矣。'要見宿衛法卒不果變,因附注此。"

是日，勸神宗賞功不當倦，不患無財

《長編》卷二百四十三熙寧六年三月己未：“安石又白上曰：‘陛下賞功不當倦。人臣用命甚難，人君出爵祿甚易，陛下出爵祿尚倦，則人臣用命豈能無倦？’又曰：‘凡軍賞不厭厚，初雖費財，及其士勇勝敵，四夷率服，會當櫜鞭而治，豈復患軍賞費財？’”

李燾：“此見《日録》二十日。”

王韶欲棄臨江寨弗救。是日，與神宗議之，以爲甚當，因論慶曆邊事

《長編》卷二百四十三熙寧六年三月丁卯：“先是，朝廷以臨江寨兵止三百人，而蕃賊攻圍者甚衆，詔王韶分兵救應，而韶奏：‘今方修築康樂城，賊欲牽制，故攻圍臨江，若輟兵以往，則賊計得行，不如委臨江與攻弗救，萬一有敗事，俟城康樂畢工，回兵蕩除未晚。’王安石曰：‘韶奏甚當，且以臨江委，賊攻之，未必能破。’文彥博曰：‘此豈可不救？向王韶料河州必不用兵，乃過河殺六七千人，韶所計未必是。’安石曰：‘韶若不領涇原精兵往，爲賊所敗，即是失計。既領精兵八九千自隨，即是防賊旅拒，非乖本謀也。’安石又曰：‘將帥居常未有敢言委城寨與賊攻而不救、以敗事爲不足恤者，王韶獨能如此，亦恃陛下知故也。若非陛下知，則必以疏闊得罪朝廷矣。’上曰：‘自來將帥非盡不能，誠不敢爾。’因論慶曆邊事，安石言：‘大臣以門客、故人之故，開方略之科，因此繆及京師，市井間富人買策求得官者甚衆。方仁宗旰食、邊

人肝腦塗地之時,乃更營不急之私,如此,則其不憂邊計可見,何由勝敵乎?'上曰:'此所以《書》稱難任人,蠻夷率服也。'"

李燾:"已上見二十日。《新》、《舊》錄並稱今月丁亥,蓋誤也。丁亥,二月十三日,今改之。"

三月二十二日,以神宗問王韶修城次序,答之,並請手詔王韶招撫免多殺

《長編》卷二百四十三熙寧六年三月丁卯:"上曰:'然將來修築次序如何?'安石曰:'韶已有奏,必是先修康樂畢,即修香子,最後修河州也。'上曰:'蕃戶既未定,香子如何可守?'安石曰:'蕃人既已屢經討蕩,所存餘衆固已氣索,就令作過圍城,若城中有五百精兵,豈易攻破? 況城外盡是蕃戶,又未須官軍保護,加以去熙州救援止五十里,豈復難守?'安石又白上:'今將校、士卒見殺賊易以得功,則人人且欲以討蕩爲事,恐韶難于逆衆,遂至多殺。今兵威已振,宜施恩德,手詔王韶招撫。'上以爲然。"

三月二十四日,率群臣詣閣門上表請神宗御殿、復膳

《長編》卷二百四十三熙寧六年三月丁卯:"群臣再上表請御殿、復膳,不許。"

《宋會要輯稿》瑞異二:"(熙寧六年三月)二十四日,群臣詣閣門上表曰:'……伏願特紆淵聽,俯徇輿情。法坐垂衣,還正黼扆之位;大庖陳俎,進加玉食之珍。協四海之歡康,副九賓之願望。'批答曰:'朕祗若天戒,憂心靡寧……奏

對所陳,豈亮朕意.'自是再上表,弗許."

是日,提舉修撰國子監經義,設局置官,訓釋《詩》、《書》、《周禮》

《長編》卷二百四十三熙寧六年三月庚戌:"已而又命安石提舉,安石又辭,亦弗許."

李燾:"(熙寧六年三月)丁卯,《舊紀》書詔王安石設局置官,訓釋《詩》、《書》、《周禮》義,即此事也,今不別出."

《宋史》卷十五《神宗二》:"(熙寧六年三月)庚戌,親策進士.置經局,命王安石提舉."

按,據李燾注,公設局置官訓釋三經義,爲本月二十四日,而《神宗本紀》書於七日,不確.

命子雱辟鄭俠爲經義局檢討

鄭俠《西塘先生文集》附《鄭俠傳》:"久之,得監安上門.辭荊公,公曰:'却受監門去.'蓋不能無恚也.未幾,朝廷設修經局,公命子雱辟先生檢討,其姪婿黎東美以告先生,辭曰:'某素無學問,若使備員檢討,猶試法也.'他日,黎生復來,諭公意曰:'凡初官務改京官,始可圖美仕,何得如此固也?'先生曰:'某之來,意在執經丞相門下爾,初不知官資有美惡高下也.不意丞相一旦當軸,發言無非以爵祿爲先,待士之來者如是而已.果欲援某而成就之,區區所獻有利民便物之事,願得一二足矣.他日進某未晚.'"

《宋史》卷三百二十一《鄭俠傳》:"久之,監安上門.安石雖不悦,猶使其子雱來,語以試法.方置修經局,又欲辟爲檢討,更命其客黎東美諭意。俠曰:'讀書無幾,不足以辱檢討。所以來,求執經相君門下耳。而相君發言持論,無非以官爵爲先,所以待士者亦淺矣。果欲援俠而成就之,取其所獻利民便物之事,行其一二,使進而無愧,不亦善乎?'"

按,鄭俠熙寧五年春秩滿入京,至此方得監安上門,辭修經局檢討,約於此時。

三月二十七日,以呂升卿提舉詳定修撰經義所檢討

《長編》卷二百四十三熙寧六年三月庚午:"常州團練推官呂升卿爲館閣校勘、提舉詳定修撰經義所檢討。升卿,惠卿弟也。王安石極稱之,故有是命。"

四月一日,雲陰日不見。二日,賀神宗盛德感天,又賀皇子生;率百官詣閣門上表,乞御正殿復常膳

《長編》卷二百四十四熙寧六年四月甲戌朔:"上不御殿,百司守局,雲陰,日不見。皇第三子生,母曰宋才人。翌日,宰臣王安石等賀曰:'陛下祇畏修省,夙宵靡寧,方日食時,陰晦不見,此陛下聖德所感。'上曰:'朕之菲德,上蒙殊應,亦當勉勵,以答天心。'安石等又賀皇子生,於是率百官詣閣門上表,乞御正殿,復常膳,詔從之。"

按,《長編》卷一百九十三嘉祐六年六月壬子朔:"日有食之。初,司天言當食六分之半。是日未初,從西食四分而雲陰雷電,頃之雨。渾儀所言不爲災……同判尚書禮部司馬光言:'近世以來,每有日食之變,曆官皆先奏月日時刻及

所食之分數，至或爲陰雲所蔽，或食不滿分，公卿百官奉表稱賀。'"

四月二日，有詩和樞密副使蔡挺

《詩注》卷二十八《和蔡樞密孟夏旦日西府書事》："宮闕初晴氣象饒，寶車攢轂會東朝。重輪慶自離明發，內壤陰隨解澤銷。賜篚外廷紛錦繡，燕庖中禁續薪樵。聯翩入賀知君意，咫尺威顏不隔霄。"

李注："蔡挺熙寧五年自滑州召拜樞密副使。熙寧六年，有司言日食。四月朔，上爲徹膳避殿。一夕微雨，明日，不見日食，百官入賀。是日，有皇子之慶。蔡詩云：'昨夜薰風入舜韶，君王未御正衙朝。陽輝已得前星助，陰沴潛隨夜雨消。'介父所和，即此詩。"

按，樞密使文彥博同和，《文潞公文集》卷五《和副樞蔡諫議孟夏旦日右府書事》："杲日無虧彰睿聖，前星有慶耀東朝。皇明燭遠群羌服，火德乘時眾厲消。丹宸焦勞猶損膳，華顛尺素合歸樵。夔牙共奏康哉□，雅詠和聲徹九宵。"

是日，置律學

《宋會要輯稿》崇儒三："律學。掌教刑名之學，隸於國子監。熙寧六年三月二十七日，詔於國子監置律學，差教授四員。四月二日，詔：'律學教授諸般請給、當直人等，並視國子監直講。應命官、舉人，並許入學，內舉人仍召命官二人委保行止。其試中學生，依國子監等第給食。所要屋宇，令將作監相度修擗。其課試條約及應合節次施行事件，並委本監詳定。'"

《長編》卷二百四十四熙寧六年四月乙亥:"以朝集院爲律學,賜錢萬五千緡,於開封府界檢校庫出息,以助給養生員。置教授四員,請給、人從視國子監直講。命官、舉人並許入學,試中,官給食。每月公試一,私試三。公試:習律令生員義三道;習斷案生員一道,刑名五事至七事。私試:義二道,案一道,刑名三事至五事。"

《宋史》卷十五《神宗二》:"夏四月乙亥,置律學。"

《宋史》卷一百五十七《選舉三》、《文獻通考》卷四十二等亦載。

是日,以王韶爲禮部郎中、樞密直學士,請更厚賜韶金錢

《長編》卷二百四十四熙寧六年四月乙亥:"右正言、龍圖閣待制、集賢殿修撰、知熙州王韶爲禮部郎中、樞密直學士,環慶路勾當公事、入內東頭供奉官李憲爲東染院使、遙郡刺史、勾當御藥院,走馬承受、入內東頭供奉官李元凱爲禮賓副使,並寄資。知德順軍、如京副使、兼閤門通事舍人景思立爲東上閤門使、河州刺史。韶等以克復河州,元凱以隨軍奏捷故也。王安石請更厚賜韶以金錢,曰:'遇將帥宜如此。'乃賜韶絹三千匹。"

是日,以呂升卿副鄧潤甫出使察訪京東路常平等事

《長編》卷二百四十四熙寧六年四月乙亥:"太常丞、集賢校理、直舍人院鄧潤甫,常州團練推官、館閣校勘呂升卿

察訪京東路常平等事。王安石知升卿經義非所長，請試以事，乃命副潤甫出使。上疑升卿選人，安石曰：'已帶館職，或與轉一京官。'上曰：'姑遲之。'"

按，呂升卿以選人出使察訪京東路，可見公之器重。

薦晁端仁

晁補之《雞肋集》卷六十七《朝請大夫致仕晁公墓誌銘》："免喪，調壽光縣主簿。帥清獻趙公抃未入境，即以學官薦之，時熙寧四年也。初，遣使察訪諸路，而京東以命鄧潤甫、呂升卿。兩人素非知公，亦首辟之。既見，乃知出荊公意也。然公詳重，論數不合，故已事不遷。"

按，墓主晁端仁，晁仲參長子，嘗請公撰墓銘（詳本譜熙寧元年）。

四月三日，議高遵裕、張穆之二人差遣，徙張穆之永興軍路。奉神宗命致書王韶

《長編》卷二百四十四熙寧六年四月丙子："秦鳳路提點刑獄、職方員外郎張穆之徙永興軍路，永興軍路提點刑獄殿中丞周良孺徙秦鳳路。初，王安石白上，高遵裕及穆之皆以不得與河州之行，怨王韶，書抵薛向，極非毀韶，然考驗皆無實，二人者，恐難使與韶共事，請復用穆之爲三司判官。曰：'穆之，向所喜，使佐向宜也。'上謂穆之反覆，若歸朝，必更造作語言扇惑人。乃詔穆之與良孺兩易其任。又議遵裕差遣，上良久曰：'此須令韶自擇一協心者。'命安石以書問韶，既而遵裕差遣卒如故。"

因蔡朦與其父蔡挺書詆毀王韶，請遣朦歸，神宗從之

《長編》卷二百四十四熙寧六年四月丙子："又詔熙河路止留蔡延慶應副軍須外，餘轉運使副、判官並歸本路。時蔡朦與其父挺書，言王韶修城非要，又殺羌多，無補，并及韶它事。挺頗爲上言之，王安石曰：'朦等皆不樂韶，韶方舉事，恐被衆人窺覦，難以成功。'王珪因言延慶及朦俱留熙河，恐不須爾。安石請遣朦歸，上從之。它日，上謂安石曰：'李憲言熙河妨功害能，舉目皆是。'安石曰：'王韶事賴陛下照察，方粗有成。今將帥待敵，誠非所畏，惟內外之人相表裏爲浸潤，最是將帥所患，將帥畏此乃甚於畏敵。'"

李燾："《蔡延慶傳》云：蔡朦奏蔡延慶不應以軍須司牒擅起兵，故徙它路。蓋不知事實者，今不取。"

是日，以司農寺丞蔡天申代河北路轉運判官張端

《長編》卷二百四十四熙寧六年四月丙子："殿中丞、知司農寺丞蔡天申爲河北路轉運判官，秘書丞、河北路轉運判官張端兼審官東院。先是，上數言端不得力，王安石因言端性憸邪，事事顧望，請以天申代之，而端有是命。上曰：'監司既不得力，罷去，稍抑之，使有所懲，無傷也。'安石曰：'良是。'"

四月五日，請依新知桂州沈起所乞，劄與監司

《長編》卷二百四十四熙寧六年四月戊寅："新知桂州沈起，乞自今本路有邊事，依陝西四路止申經略司專委處置及

具以聞，從之。起又乞差人出外界勾當，上顧王安石曰：'如何指揮？'安石請依所乞，劄與監司，上曰：'可。'安石私記又云：'上令起密經制交阯事，諸公皆不與聞，凡所奏請皆報聽。'"

四月六日，遼賀同天節使耶律寧等請合使、副班爲一，又乞宋廷遣高官使遼。因勸神宗皆許之

《長編》卷二百四十四熙寧六年四月己卯："遼主遣寧州觀察使耶律寧、海州防禦使馬永昌，其母遣彰聖節度使耶律昌、太常少卿乾文閣學士梁穎來賀同天節。於是寧等請合使、副班爲一，如南使在北朝例，乃入見。僉謂不可許，王安石勸上許之，仍遣內侍李舜舉諭旨。寧等大喜，又言南朝近所遣使官多卑，乞如先朝例，差高官。文彥博等謂敵心無厭，不可許，安石又謂許之無傷，上曰：'自今與差學士以上官也。'彥博曰：'遼使歸，必更增飾干賞，自今人人爭來生事矣。'上卒許之。"

四月七日，復張問、陳汝羲職

《長編》卷二百四十四熙寧六年四月庚辰："河北路轉運使、禮部郎中張問復集賢殿修撰、知徐州，刑部郎中陳汝羲復直史館。上始欲復問職，王安石言：'臣等亦屢商量，但非因差除，又非赦令，故不敢進擬。陛下特與復，甚善，然汝羲所坐與問同，俱無大過，恐一例當復。'上從之。"

按，《長編》卷二百十一熙寧四年三月丙午："度支員外郎、知制誥呂大防落職，奪兩官，知臨江軍；禮部郎中、集賢

殿修撰張問落職,知光化軍;刑部郎中、直史館陳汝羲落職,
知南康軍;皇城副使种諤責授汝州團練使,潭州安置。大防
以預辟宣撫司敗事,問、汝羲爲河東轉運使調發勞民,諤以
撫寧堡失守也。"

四月十二日,賞河州立功將卒,勸神宗宜養士氣而勿傷

《長編》卷二百四十四熙寧六年四月乙酉:"熙河路經略
司上河州得功將卒三千五百二十七人,詔每獲首一級,賜絹
五疋。于是王安石白上:'士氣自此益振,要當養之而勿傷
爾。'文彥博曰:'使更勿怠,則南征北伐將無不可矣。'上曰:
'古人謂舉事則才自練,此言是也。'安石曰:'舉事則才者
出,不才者困,此不才者所以不樂舉事也。'"

四月十九日,以郭祥正爲太子中舍,與江東路家便差遣

《長編》卷二百四十四熙寧六年四月壬辰:"權邵州防禦
判官郭祥正爲太子中舍,與江東路家便差遣。章惇言祥正
均給梅山田及根括增稅有勞也。"

李燾引魏泰云:"王荊公當國,有郭祥正知邵州武岡縣,
實封附遞奏書,乞天下之計專聽王安石處畫,凡議論有異於
安石者,雖大吏亦當屏黜。表辭亦甚辨暢,上覽而異之。一
日,問荊公曰:'卿識一郭祥正否? 其才似可用。'荊公曰:
'臣頃在江東嘗識之,其爲人縱橫捭闔而薄行,不知何人引
薦而聖聰聞知也?'上出其章以示荊公,荊公恥爲小人所薦,
因極口陳其不可,遂止。是時祥正方從章惇辟,以軍功遷殿
中丞,及聞荊公上前之語,遂以本官致仕去。"

按，公與郭祥正交遊頗早，魏泰所云恐未必然。①《青山續集》卷一《昨遊寄徐子美學正》：“復入湖外幕，萬里浮扁舟。幾葬江魚腹，迮遭百端愁。到官未三月，間疆預參謀。招降五萬戶，給田使鋤耰。論功輒第一，謗語達冕旒。”傳謗語者，不知何人。

是日，以新賜進士及第余中、朱服、葉杕、邵剛、葉唐懿、練亨甫並充國子監修撰經義所檢討

《長編》卷二百四十四熙寧六年四月壬辰：“新賜進士及第余中爲大理評事，朱服爲淮南節度推官，邵剛爲集慶軍節度推官，葉唐懿爲處州軍士推官，葉杕爲秀州司户參軍，練亨甫爲睦州司法參軍，並充國子監修撰經義所檢討。上初疑杕等未稱職，王安石曰：‘今乏人檢討文字，若修撰即自責成吕惠卿。’上乃許之。”

李燾：“服，烏程；剛，常州；唐懿，南劍州；杕、亨甫皆建州人也。亨甫事，《林希野史》詳載，已附注五年八月戊戌葉適賜第時。”

按，朱服，《宋史》卷三百四十七有傳：“字行中，湖州烏程人。熙寧進士甲科，以淮南節度推官充修撰、經義局檢討，歷國子直講、秘閣校理。”

余中，《（咸淳）毗陵志》卷十七：“字行老，宜興人，幼穎悟。熙寧五年，偕兄貫試禮部，中與選而貫黜，請自黜以薦兄。有司雖不許，士論嘉之。次年魁廷對。紹聖三年，專對

---

① 可見孔凡禮《郭祥正與王安石》，載《孔凡禮古典文學論集》，第149—163頁，學苑出版社1999年版。

虜使還，奏河朔城隍墮圮，乞從密院行下葺治，以戒不虞。宣、靖間，金人長驅，城守多不固，議者始思其言。以雪川守致其仕。”余中爲本年狀元、呂惠卿之婿，《長編》卷二百四十三熙寧六年三月壬戌：“御集英殿，賜正奏名進士、明經諸科余中以下及第、出身、同出身、同學究出身，總五百九十六人，中，常州人也。”朱彧《萍洲可談》卷三：“呂吉甫太尉自言其家不利女婿，不唯碌碌無用。如長倩余中，成婚二十餘年，元祐初觀望朝廷，上疏乞誅呂吉甫謝天下，後竟離婚。”余中元豐年間擢國子監直講，繼因虞蕃案除名。《東軒筆錄》卷六：“熙寧中，吳人余中爲狀元，首乞罷期集，廢宴席探花，以厚風俗，執政從之。既而擢中爲國子監直講，以爲斯人真可以厚風俗矣。未幾，坐受舉人賄賂而升名第事下御史府，至荷校參對。獄具，停廢。”

邵剛，常州人，本年省元。《（咸淳）毗陵志》卷十一：“熙寧六年余中牓：邵剛，省元。”

葉唐懿字中美，[①]延平人。《無爲集》卷十三《故朝散郎致仕朱君墓誌銘》：“女三人：長適鄉貢進士建安張思，次適通直郎延平葉唐懿，次適陽武主簿太原王嵤。”後爲通直郎，贈少傅，其子葉份。李彌遜《筠溪集》卷二十四《龍圖閣直學士右通奉大夫致仕葉公墓誌銘》：“公諱份，成甫其字也。世居金陵，五季之亂，南徙延平。金紫公又遷平江，因家焉。曾祖昭映，贈通議大夫；妣曹氏，清源郡太君。祖棐恭，贈金紫光禄大夫；妣陳氏，廣平郡夫人。父唐懿，通直郎、贈少傅；妣朱氏，越國夫人。熙寧中，以經術造士，少傅公登甲科，名聲卓然，出諸儒上。"

葉枕，無考。練亨甫，詳後。

此外，參預修撰新經義者，尚有：

吳著，《長編》卷二百四十八熙寧六年十二月庚辰："修撰經義所檢討、洪州進士徐禧爲鎮南軍節度推官、中書户房習學公事。禧與吳著、陶臨皆以白衣爲修撰經義所檢討，至是，又以選人入中書習學行檢正事。"

陶臨，《長編》卷二百六十二熙寧八年四月丁卯："詔國子監屏内舍生陶臨出學。初，吕惠卿引臨爲經義所檢討，母病，謁告歸省，聞王安石召爲相，枉道見之。安石還朝以聞，故屏之。既而御史蔡承禧復以爲言，又詔殿三舉。上問安石何故取臨，安石曰：'初不見其過故取，今見其有罪故絀，政當如此耳。'"

徐禧，詳後。

劉涇，《長編》卷二百五十三熙寧七年五月甲辰："吳縣尉曾旼、新成都府户曹參軍劉涇爲提舉修撰經義所檢討……旼，漳州人。涇，孝孫子也。旼，八年八月十六日罷。"《宋史》卷四百四十三有傳："字巨濟，簡州陽安人。舉進士。王安石薦其才，召見，除經義所檢討。久之，爲太學博士，罷，知咸陽縣，常州教授，通判莫州、成都府，除國子監丞，知處、虢、真、坊四州。元符末上書，召對，除職方郎中。卒，年五十八。涇爲文務奇怪語，好進取，多爲人排斥，屢躓不伸。"鄧椿《畫繼》卷三："字巨濟，簡州人。熙寧六年進士中第，王安石薦爲經學所檢討，歷太學博士。因講《詩》爲諸生所服，後罷,諸生乞留,不報,終職方郎中。涇,米元章之書畫友也,善作林石槎竹,筆墨狂逸,體製拔俗。"著有《西漢發揮》十卷、《老子注》二卷、《前溪集》五卷。①

曾旼字彥和,漳州龍溪(今福建漳州)人,本年進士。②《長編》卷二百五十四熙寧七年七月癸卯:"吳縣尉、提舉修撰經義所檢討曾旼並兼充編修刪定官。"公與呂惠卿交惡,頗因曾旼挑撥其間。《長編》卷二百六十五熙寧八年六月丁未:"上因留安石,諭以:'呂惠卿甚怪卿不爲升卿辦事,言卿前爲人所誣,極力爲卿辨,今臣爲人所誣,卿無一言。朕說與,極爲卿兄弟解釋。又疑小人陷害,朕問是誰,乃云在側,似疑練亨甫。深疑練亨甫,何也?'安石曰:'亨甫臣所不保。然惠卿兄弟無故沮抑亨甫,臣勸之勿如此,恐反爲其所害。亨甫陷害惠卿,臣所不知,然亨甫實未見其闕,而惠卿兄弟多方疾惡之,實爲過當。大抵惠卿兄弟好逆料人將爲姦。'上曰:'亨甫實機警。此必有小人交鬬其間,小人須斥去,不然害及國事。'安石曰:'不知誰爲小人?'上曰:'必曾旼也。'安石曰:'陛下何以疑其然?'上曰:'料其必如此,修經義了,即與在外差遣。'"其後,神宗果絀之。《長編》卷二百六十七熙寧八年七月乙巳:"常州團練推官曾旼管勾福建路常平等事。上前此固欲與改外任差遣,蔡承禧劾呂升卿又以旼爲言,故出之。承禧言:'旼科場小生,略無聲實,輕儇陰狡,依倚城社。呂惠卿置在門下,又令編修令敕,職爲檢討,曾無論撰之補,忽侮同列,動有呵叱之辱。謬爲剛狷,陰

① 《郡齋讀書志》卷二下、卷十一、卷十九著錄,第 308、474、1023 頁。
② 《宋詩紀事》卷二十五,第 648 頁。

招權利。臣初至京師，嘗聞其人得爲檢討，慮有異才，及遇與語，其人才乃奴僕之下者。頃嘗登對，陛下之明，已悉其人，別無擢用。臣欲乞下經義所并令敕所檢會曾旼檢討編修有何勞效？若無所備，乞下屏斥。'於是又言：'旼奴隸小物，卑事惠卿左右，依倚爲姦，利口工讒。自及第後，即入條例司，不一二年，即爲提舉。豈曰爲官擇人？提舉之命，雖未爲監司，在京視之則眇然，在外道則可以廢置官吏，利害民庶，動關國家調度，所繫不輕。若以庸下輕浮小人雜厠其間，不惟有害於事，亦使一路吏民無訴。至於轉運、提刑，其勢足以相執，或有恣意妄施喜怒，行遣官吏，難與之校。伏乞送銓院，與合入差遣。提倉之命，乞別選人。'"《長編》卷二百六十九熙寧八年十月壬寅："大赦。新管勾福建路常平等事、常州團練推官曾旼罷爲潭州州學教授。初，旼乞朝辭上殿，閤門以前此無選人入辭上殿例。詔特引對，旼因自言願得閑官，而有是命。其實上惡旼交鬭王安石、呂惠卿，故黜之。"

　　曾旼於經義局中撰有《尚書講義》，《宋史》卷二百二《藝文一》著録："曾旼等《講義》三十卷。"朱熹等頗稱之。王應麟《困學紀聞》卷二十："曾旼字彥和，爲《書解》，朱文公、呂成公皆取之。《館閣書目》：'《書講義》，博士曾肱等解。'蓋誤以'旼'爲'肱'。"《朱熹集》卷五十一《答董叔重》："近見曾彥和論彭蠡……若彥和之於《禹貢》，雖未盡善，亦考索精詳，勝它人也。"

　　劉谷，《長編》卷二百六十四熙寧八年五月丁亥："御史蔡承禧言呂升卿招權慢上，并及呂惠卿。是日進呈二十七日。

上曰：'經義所辟檢討劉谷，谷必通經義。'惠卿言：'其人有學問，有行。'王安石曰：'臣亦聞其有行，但不識之。'上曰：'檢討須有補于修經，不然，雖有行何補？有行之士自別有用處。'時承禧言升卿辟谷與官俸，令教小兒而已。安石與惠卿俱對，上顧安石稱其獨無私，前此亦屢有此言，蓋爲惠卿發也。"

按，毛憲《毗陵人品記》卷三："劉谷字季朴，江陰人，有隱操。熙寧間，嘗召爲修撰，尋復辭去。蔣静自宜興來學，谷一見，許妻以女。及卒，蔣挽以詩云：'行藝已書丞相筆，姓名還結裕陵知。'又云：'他日如尋隱君子，女山深處一孤墳。'"

汪澥字仲容，《宋史》卷三百五十四有傳："宣州旌德人。少從胡瑗學《易》，又學於王安石。著《三經義傳》，澥與其議，又首傳其説。熙寧太學成，分録學政。登進士第。"《（民國）安徽通志稿·金石古物考四》載汪藻撰《宋故宣奉大夫顯謨閣待制贈少保汪公神道碑》："自秦絶學，六經無全書。至漢諸儒，各以顓門相傳授，然泥於訓故，後世疑焉。宋興百餘年，王文公安石以經術輔天子，於時學者滿天下，非王氏不宗。方訓釋之初，公寔與其議，又首傳其説，故命世則爲醇儒，立朝則爲名臣，居官則爲循吏。非師友淵源有所自者，能如是乎？公結髮嗜讀書，當嘉祐、治平士未知經之時，已能專意義學，手筆口誦，晝談夜思。聞吳興胡瑗有大名，提《易》書以往，得其所學。既從王氏遊，遂於諸經無所不通。會初成大學，增弟子員，求人可爲諸生領袖者，獨公與李圖南分録學事……自布衣録天子學事，及爲博士司業，以至任大司成之官,官以儒名者幾三十年。朝廷法度更張,公未嘗不與。每諸儒商榷,公援古義而言,從容折衷,聞者亡不厭服。故紹聖中修學制,則爲編類官;崇寧中置講司議禮局,則爲檢討詳定官。洎爲侍臣,又必兼勸講之職,其言涉規戒者,天子未嘗不改容而聽焉。公亦自謂得聖人指歸,所至喜爲持論,方吏州縣,部使者或受業焉……所著書有《詩書講義》六卷、《孟子句解》十四卷、《詩義釋音》三十篇、《詔誥》三卷、《樂章》一卷、《文集》三十卷,藏於家。紹興九年,公之葬涇縣錢衝之原也,二十四年矣,公之子伯虎以書抵其同宗汪藻。"①

張僎字幾道,顧棠字叔思。龔明之《中吳紀聞》卷四:"皆爲王荊公門下士。荊公修《三經義》,二公與焉。"張僎登治平四年許安世榜進士,"官至著作佐郎",②方子通《挽張幾道》:"吳郡聲名顧與張,龍門當日共升堂。青衫始見登華省,丹旐俄聞入故鄉。含淚孤兒生面垢,斷腸慈母滿頭霜。嗟君十載人間事,不及南柯一夢長。"③顧棠撰《周易義類》三卷,陳振孫《直齋書録解題》卷一著録:"稱顧叔思撰,未詳何人。序言先儒論説甚衆,而其旨未嘗不同;卦爻或有不同,而辭意未嘗不一。各立標目,總而聚之。"

陸佃、沈季長、黎宗孟、葉濤、曾肇等。《長編》卷二百二十九熙寧五年正月戊戌:"王安石以試中學官等第進呈,

①　此承湖州師範學院歷史系周揚波兄惠示,謹此致謝!
②　《吳郡志》卷二十三,江蘇古籍出版社1999年版,第248頁。
③　《中吳紀聞》卷四,第88頁。

且言黎侁、張謂文字佳，第不合經義。上曰：‘經術，今人人乖異，何以一道德？卿有所著可以頒行，令學者定于一。’安石曰：‘《詩》，已令陸佃、沈季長作義。’上曰：‘恐不能發明。’安石曰：‘臣每與商量。’”《宋史》卷三百四十三有傳：“初置五路學，選爲鄆州教授，召補國子監直講。安石以佃不附己，專付之經術，不復咨以政。安石子雱用事，好進者坌集其門，至崇以師禮，佃待之如常。同王子韶修定《説文》。”

《林希野史》：“介大怒，因更制學校事，盡逐諸學官，以（李）定、（常）秩同判監，令選用學官，非執政喜者不預：陸佃、黎宗孟、葉濤、曾肇、沈季長。長，介妹壻；濤，其姪壻；佃，門人；肇，布弟也。佃等夜在介齋授口義，旦至學講之，無一語出己者。”

張濟，《長編》卷二百六十六熙寧八年七月辛未：“詔：修經義檢討官轉一官，選人循兩資。張濟、葉原闕名、劉涇候教授、直講有闕日與差，舉人各賜絹五十匹。王安石初議舉人酬獎，欲與免解。上不許。”

吕惠卿，詳前。

吕升卿，《長編》卷二百四十三熙寧六年三月庚午：“常州團練推官吕升卿爲館閣校勘、提舉詳定修撰經義所檢討。升卿，惠卿弟也，王安石極稱之，故有是命。”①

---

① 關於《三經新義》之修撰人，可見程元敏《三經新義修撰人考》，載氏著《三經新義輯考彙評——詩經》附録，華東師範大學出版社 2011 年版。本譜略作補充。

四月二十一日，命知青州臨朐縣劉温恭等八人分往齊、徐、濠、泗等十二州排定保甲

《長編》卷二百四十四熙寧六年四月甲午：“命知青州臨朐縣劉温恭等八人分往齊、徐、濠、泗等十二州排定保甲。

四月二十二日，以權知瀘州李曼乞招誘甫望个恕以攻討淯井監夷賊，與神宗議之，以爲非計

《長編》卷二百四十四熙寧六年四月乙未：“權知瀘州李曼言招誘甫望个恕攻討淯井監夷賊。詔：‘曼一聽監司指揮，毋得妄處置。仍令利州路提點刑獄范百禄體量曼更張邊事，不與僚佐評議事實以聞。’慶曆二年，烏蠻王子得蓋居姚州，爲刺史。得蓋死，其子竊號羅氏鬼主。鬼主死，子僕夜襲其號。僕夜稍不能令諸蠻，其部有甫望个恕、晏子二酋者爲最强。及官軍與淯井監夷賊戰失利，曼又借助於甫望个恕，議者指曼處置乖方，故有是命。

上謂王安石曰：‘曼欲引外蠻之强者令總制近邊諸小蠻，非計。’安石曰：‘此誠非計。三代蠻夷爵不過子，正爲制其封域令小，則可無侵中國之患故也。’上曰：‘須弱乃可制。’安石曰：‘誠須及弱時乃可制，制定之後，若非中國失政刑，即彼無由能兼并爲强也。’安石又白上：‘曼既令知州，又方有邊事，却令一聽監司指揮，不得妄有措置，恐害事。若已明見曼無狀，便合替却，未明人言虛實，即當責以州事。’上令別降指揮，然訖不改命。安石又白上：‘淯井事不足慮。’上曰：‘但蜀人易搖爾。’安石又言：‘曼招甫望个恕，亦

恐未失。今監司既盡在瀘州，若曼措置非理，亦必不聽，惟恐因事衆共譁噪傾沮李曼，不患人肯撓而從之也。'"

是日，請廢漢户不得典買夷人田土條貫，神宗然之

《長編》卷二百四十五熙寧六年五月辛未："詔自今漢户典買夷人田土者，聽之。先是，王安石論瀘州夷事，因言：'漢户不得典買夷人田土，此條貫合廢。'上曰：'自來有此條貫，何故？'安石曰：'必緣典買相混爭，致開邊隙，故立法禁止。苟能變夷爲漢，則此非所恤也。又淯井兩邊地，若捐數萬緡官錢市得，令漢户住佃，即淯井更無夷事矣。'上以爲然，遂降此詔。"

李燾："此據王安石《日録》四月二十二日所載，《宋史》繫之九月二十八日，非也。聽典買夷田，據《法册》乃五月二十九日指揮。五年九月三日，初許陝西緣邊蕃部土地許典買租賃，九月二十八日，熊本云云。王安石《日録》：六年四月二十二日，呈中丞言李曼事，上曰：'鄧綰頗爲李曼分説，李曼致變，殺却許多人，恐不可無罪。'蔡挺曰：'彼言張荀龍私書，荀龍在遠方，無所告訴，以書與臣，欲得上達，豈是私？今營救李曼，乃却是私。'安石曰：'曼措置邊事，恐須有事。如荀龍言其受邊户財利，因別奏恩澤，即恐是誣罔。據鄧綰奏，即曼前未嘗到瀘州，曼既行義爲衆所稱，不容有此。'陳升之亦曰：'曼治民甚好，人極愛之。'上曰：'綰所言夷事多是。'乃令送熊本相度。安石曰：'漢户不得買夷户田土，條貫便合廢。'上亦以爲然，曰：'自來有此條貫，何故？'安石曰：'必是爲因典買相混賴，致争鬭起邊事，故立此條貫。然

若能變夷爲漢，此事非所恤。又渭井兩邊地，若捐數萬貫官錢買得，令漢戶住佃，即久遠渭井更無夷事。'上曰：'本帶一羅才進隨行，云夷人可以利開說其黨，使爲我用，内相攻擊。果如此，最爲上策。'"

四月二十四日，以陳薦提舉崇福宮

《長編》卷二百四十四熙寧六年四月丁酉："知蔡州、龍圖閣直學士陳薦提舉崇福宮。初，命張琥代薦，欲召薦還朝，上曰：'薦見孫永知開封必不樂，不如就與一郡。'王安石曰：'未有郡。'薦遂以疾勾閑，許之。"

是日，夔州路轉運判官曾阜欲減每歲閱試武藝出衆之保甲租入之半。與神宗議之，以爲不可

《長編》卷二百四十四熙寧六年四月丁酉："夔州路轉運判官曾阜言：'渝州隆化縣新附户已團成保甲，每歲閱試。如武藝出倫，欲與減租入之半。'上曰：'民受田多寡不同，賦租亦異，若例減半，必致不均，此事決不可行。'王安石曰：'今一人藝精，即欲免租，若後衰退，當如何？'密院欲每年旋免之，上曰：'縱如此，亦非法。蓋人户租課多少不等，必致不均，不若止如府界保甲立法行之。'"

是日，與神宗議經制西夏

《長編》卷二百四十四熙寧六年四月丁酉："河東經略司言，有陷蕃卒二人逃歸言：'夏人恐我大兵至，修築於涼州，而涼州守乃我順寧寨供奉王某之子，每言我有家屬於此，如

何不早圖南歸。'詔轉二卒各一資,故配熙河路,并録其語付本路經略司。上因謂執政曰:'向因五路出兵,西人潛築城邑,爲伏藏之所。今涼州去河州不遠,如諸路將帥得人,表裏相應,則西人自此多竄歸者。'上又疑彼首領未可知,王安石曰:'陛下欲詳知,則須用間諜,若其大情則不待間諜而可知。彼區區夏國,果有豪傑之主,盡一國之材,使材大者在上,材小者在下,則立爲不可敵之國。今其主幼,婦人爲政,所任要重皆其親昵,雖有豪傑無由自進,則其大情已可知矣。'上曰:'事欲及時,但患難得將帥與陝西財用闕乏而已。'安石曰:'將帥隨時搜擇,亦不乏人。經制財用備西事,不必專在陝西。今天下財用足,則轉給陝西無難者,但以米穀難於運致,故惟陝西農事欲經制爾。'上又曰:'財用亦須素爲計。'安石曰:'迨天之未陰雨,徹彼桑土,綢繆牖户,事豫則立,亦誠不可出於臨時。'上曰:'作事固自有次第,且當并力經營西事也。'"

四月二十五日,以有詔裁定在京諸司吏請給,力言其非。神宗乃追寢之

《長編》卷二百四十四熙寧六年四月戊戌:"詔裁定在京諸司吏請給。先是,吏禄各有定式,後以兼局,增茶湯、紙筆錢,僥倖相因,略無限制,而樞密院有言,故降是詔。已而王安石白上曰:'如吏人馬驥差往西川、陝西,又往湖南、北兩路溪洞。又如中書檢正吏,皆一人兼兩人文字。若不許兼請,即誰肯任勞責者? 既是官有兩局,若不許兼,正是占吏人愈多而妨其本勾當處,且令日食不足爾。'上曰:'一人兼

五七處如何？'安石曰：'凡兼局吏，非在一員官之下，即亦不可兼。既無一員官兼五六處差遣者，即豈有兼五七局之吏人？'上乃追前詔寢之。"

與文彥博論政屢有異議。四月二十六日，文彥博罷樞密使出判河陽

《長編》卷二百四十四熙寧六年四月己亥："樞密使、劍南西川節度使、守司空兼侍中文彥博罷，授守司徒兼侍中、河南節度使、判河陽，從所乞也，仍詔大祀繫銜曹佾上，出入如二府儀。"

李燾："彥博乞罷，《實錄》、正史殊不詳。二十一日已不入，應是與王安石異議。安石既成熙河之功，彥博因力求去也。十二日乙酉任遠事，更詳之。"

《宋史》卷三百一十三《文彥博傳》："彥博在樞府九年，又以極論市易司監賣果實，損國體，斂民怨，爲安石所惡，力引去。拜司空、河東節度使、判河陽，徙大名府。"

《名臣碑傳琬琰集》下卷十三《文忠烈公彥博傳》："四年，軍亂，召二府對資政殿，輔臣深以用兵爲憂。彥博曰：'朝廷施爲，務合人心，以靜重爲先。凡事當兼采衆論，不宜有所偏聽。陛下即位以來，屬精求治，而人情未安，蓋更張之過也。祖宗法未必皆不可行，但有廢墜不舉之處爾。'王安石曰：'朝廷求去民害，何不可？若萬事隳頹如西晉風，茲益亂也。'安石知爲己發，故力排之。監察御史張商英言樞密吏任遠恣橫，使、副黨庇不案，彥博與吳充、蔡挺家居待罪，遣吏送印中書，不受，詔趣入院。彥博請以其章付有司，

正典刑。商英陰助中書，故彥博等不能平。會王安石亦不直商英，坐貶監荊南商稅，彥博乃起視事。六年，除守司空、河東節度使、判河陽。"

按，文彥博出判河陽，有啓致公，公回之。《文集》卷七十九《回文侍中啓》曰："榮遷官秩，暫解樞衡之密，出分藩輔之憂。"

四月二十六日，王韶奏踏白城捷。以馮京言枉殺太多，與之辯，因與神宗論治軍之方

《長編》卷二百四十四熙寧六年四月己亥："王韶既還熙州，復遣將渡洮，略定南山地，斬首七百級，築康樂城及劉家川、結河二堡，以通餉道，遂自領兵破踏白城，斬首三千級，因城之。又城香子時，羌人謀伏兵南山，伺官軍渡洮，斷我歸路，不則保摩宗城。摩宗天險難近，號'鐵城子'。韶諜知之，引兵徑渡洮，遣別將敗其覆，遂拔之。

是日，奏踏白城捷，馮京曰：'羌人愚，可惜枉殺太多。'上曰：'旅拒如此，豈可不殺？'王安石曰：'昏迷不恭，正王誅所宜加，洮河之兵，所謂一月三捷也。'上曰：'涇原人精勇，故雖王寧庸將亦能克獲。'安石曰：'人無勇怯，在所措置。洮、隴勁兵處，今羌人乃脆弱如此。李抱真所教潞人才二萬，教之非能盡如法，然已能雄視山東。孫武以爲治亂，數也；強弱，形也；勇怯，勢也。治軍旅有方，則數無不可使治，形無不可使強，勢無不可使勇。'上曰：'士但有技藝則勇。'安石曰：'爲勢所激，則雖無技人亦可使勇。然所謂王者之兵，則於兵之義理能全之，能盡之，故無敵于天下。'"

五月十一日，以張諤爲光禄寺丞、權檢正中書户房公事，遣熊本察訪梓州路常平並體量措置瀘州淯井監夷事

《長編》卷二百四十五熙寧六年五月癸丑："岳州司户參軍、崇文殿校書、編修三司敕式張諤爲光禄寺丞、權檢正中書户房公事。命都官員外郎、檢正中書户房公事熊本，察訪梓州路常平等事并體量措置瀘州淯井監夷事。

先是，本及蒲宗孟皆言：'討淯井蠻不當發西川兵，既弱又遠，當發戎州兵而已。'又言：'淯井蠻，不當盛兵討之，蠻急則恃山林，官軍不能入也。然有田以爲生，若以兵擾之，使不得田，即亦自困。今不務擾之使不得田，而盛兵討之，我罷則彼出，我往則彼藏，瀘州糧食難繼，我師必困。'上以爲然，欲即選遣此兩人。王安石曰：'臣欲更與計議，續取旨。'時李曼建議欲以王命撫甫望个恕及晏子，安石又白上：'此兩人皆以爲甫望个恕、晏子不可以王命崇獎，成其氣勢，後不可制。臣愚以謂此二族多不過萬人，夷俗以王命爲重，今寵以爵命，歲時稍加優賜，約以勿相侵擾，彼若懷惠，乃所以絶其兼并之謀。今縱爲生夷，即彼自相兼并，非我所能制，何由禁其彌强？'上謂曼失策，安石曰：'曼奏亦但云各領本部，不得相侵擾而已。撫二酋以王命，恐當如此。'上乃以爲然。既而安石言本子細，必能了事，遂獨遣本，仍令諭本此意。"

按，《宋史》卷三百三十四《熊本傳》："熙寧初，上書言：'陛下師用賢傑，改修法度，得稷、卨、皋、夔之佐。'由是提舉

淮南常平,檢正中書禮房事。六年,瀘川羅、晏夷叛,詔察訪梓、夔,得以便宜治夷事。"《東都事略》卷八十六《熊本傳》:"神宗即位,遷屯田員外郎。熙寧初,置提舉官,本領淮南路。擢檢正中書禮房公事,改户房。六年,瀘川羅晏夷叛,以本察訪梓、夔兩路。"彭汝礪撰《宋故中大夫充龍圖閣待制新知洪州軍州兼管内勸農使江南西路兵馬鈐轄柱國江陵縣開國伯食邑九百户賜紫金魚袋熊公墓誌銘并序》:"神宗登極,遷尚書屯田員外郎,賜緋衣銀魚。戎并邊,使者乞徙公通判州事,遷都官員外郎。熙寧初,置提舉官,而公領淮南。召赴闕,道丁魯郡太夫人齊氏憂。服除,擢檢正中書禮房公事,改户房。六年,瀘州羅晏之夷叛,蜀東西皆警,公出察訪梓、夔兩路,以便宜行事。"熙寧二年閏十一月十九日,熊本以都官員外郎提舉淮南路常平,道丁母憂,本年服除。[1]

王千放火燔白溝驛廟,誣北人以求賞。五月十三日,與神宗議,斬之

《長編》卷二百四十五熙寧六年五月乙卯:"斬兩地供輸人、北界探事百姓王千,家屬送潭州編管。千坐放火燔白溝驛廟,誣北人以求賞也。

先是,雄州牒涿州捕賊,並指柴頭、草稈、蜀黍爲證。王安石言:'柴頭、草稈、蜀黍豈獨北界有之,縱非兵士失火,安知非本地分人與兵士及村耆有隙,故放火以累之乎?'及千事敗,御史蔡確言:'放火罪重,千爲錢三兩千作此,恐非

---

① 陳柏泉《江西出土墓誌選編》,第59頁。

實．'上以語安石，安石曰：'幸於不敗，故雖重法亦不憚。又報探一事實，即今後安撫司倚信，非特三兩千之利而已。昨河東奏一報探人，尚云十數年前報探郭恩事得實，必可倚信。由此觀之，即探報一事實所僥後利，非特三兩千也。'"

是日，勸神宗督責諸帥，教閱兵士

《長編》卷二百四十五熙寧六年五月乙卯："上謂王安石曰：'東軍近亦可使。'安石曰：'自陛下令訓練，至今誠可使，向時即不然。臣未嘗至西北，但見江寧屯駐虎翼、廣勇，教之幾及半年，都不能得成次第。在今日誠已可用，須更督責諸帥，各課其教閱殿最，不用意者與落職、降差遣。不過行遣一兩人，自然各趨詔令，不患兵不精。又此事有數可考，非難知。苟不用心，無可逃罪。今邊陲無事，將帥別無責，若教閱不能精，不知安用。'上以爲然。上又曰：'近雖立教閱使臣賞罰，却未有兵士勸懲。'安石曰：'兵士即不過厚以銀碗、楪子激勸，久教不能成就，即退作廂軍而已。'上曰：'止當如此，若轉資即可惜。'安石曰：'轉資須留之，以賞戰功也。'"

五月十九日，以河北路察訪副使趙子幾乞差監司體量程昉造鎮州中渡浮橋，駁之，謂不須體量

《長編》卷二百四十五熙寧六年五月辛酉："（趙）子幾又言：'程昉造鎮州中渡浮橋不便，乞差監司體量。'安石力主昉，謂不須體量，且曰：'奉使者本欲考察官吏情實，今李承之使兩浙，乃特薦嚴君貺，君貺以不奉新法悦俗者也。趙

子幾使河北，專攻程昉，昉以營職奉公，爲衆人所疾者也。
奉使如此，則衆毀不至而衆譽歸之，然非公家之利。此必由
聖心未能不爲游說所惑動，故人自爲利害之計，輒出此塗，
欲變俗使爲忠實，此豈可長也！’”

按，嚴君貺，慶曆六年進士。[1] 熙寧二年九月，以太常博
士提舉福建路常平廣惠倉兼管勾農田水利差役。[2] 熙寧五
年冬，以通判權管勾蘇州事。[3]

五月二十一日，以李定兼直舍人院

《長編》卷二百四十五熙寧六年五月癸亥：“太子中允、
集賢校理、管勾國子監李定兼直舍人院。先是，上語王安
石：‘李定擢用先鄧潤甫輩，後別不除差遣，如此人盍收獎
之？’安石曰：‘方舉天下言常平爲百姓害，以欺陛下，獨定緣
孫覺所舉至京師，具以道路所聞見直對，遂遭舉朝誣罔。幸
而得雪，後復起獄，其事情陛下必能具察。’上欲令判吏部
銓，安石曰：‘銓司今不闕人，如定吏能誠不過人，文字亦可
取。’上曰：‘何如張琥？’安石以爲勝琥，故有是命。”

議賞權發遣荆湖南路轉運副使蔡燁、提點刑獄孫頎等措置梅山功。是日，有詔各遷一官

《長編》卷二百四十五熙寧六年五月癸亥：“章惇言：

① 《（咸淳）毗陵志》卷十一，第 3046 頁。
② 《宋會要輯稿》職官四三，第 4111 頁。
③ 《（同治）蘇州府志》卷五十二，《中國地方志集成·江蘇府縣志輯》第 8 冊，
　　江蘇古籍出版社 1990 年版，第 488 頁。

'權發遣荆湖南路轉運副使蔡燁元奏梅山利害及措置梅山、武岡猺人，得主客萬四千八百九户，丁七萬九千八十九口，田二十六萬四百三十六畝，起税租及修築武陽、關硤城寨，其提點刑獄孫頎、權發遣提點刑獄朱初平、管勾常平司喬執中、知潭州潘夙並協力同議。'詔各遷一官，蔡燁仍直集賢院。

初，議賞，陳升之請燁轉一官，餘減年，上以爲薄。王安石請燁更升一任，餘轉官。吳充、馮京謂燁首議，賞未稱，上曰：'朝廷已自有成議。'既而曰：'燁要可使，勿升任，即除館職。'已而蔡挺辭燁恩命，安石因白上：'燁沮章惇，以爲不可倉卒，又言梅山不可便取，陛下必能記憶。'上曰：'燁第恐功在章惇耳。'安石曰：'如此人既除館職，則朝夕便望修起居注矣。'上良久曰：'燁與劉瑾不相遠。'僉言燁心巧非瑾比，上曰：'燁差險也。'"

《宋史》卷四百九十四《蠻夷二》："熙寧五年，乃詔知潭州潘夙、湖南轉運副使蔡燁、判官喬執中同經制章惇招納之。惇遣執中知全州，將行，而大田三砦蠻犯境。又飛山之蠻，近在全州之西。執中至全州，大田諸蠻納款，於是遂檄諭開梅山，蠻猺争闢道路以待。得其地，東起寧鄉縣司徒嶺，西抵邵陽白沙砦，北界益陽四里河，南止湘鄉佛子嶺。籍其民，得主、客萬四千八百九户萬，九千八十九丁。田二十六萬四百三十六畝，均定其税，使歲一輸。乃築武陽、開峽二城，詔以山地置新化縣，并二城隸邵州。自是，鼎、澧可以南至邵。"

按,章惇等開梅山,①乃公於朝主之,今撮述相關人物等史料如下,與本譜熙寧五年九月二十八日並參。

《宋史》卷四百七十一《章惇傳》:"熙寧初,王安石秉政,悅其才,用爲編修三司條例官,加集賢校理、中書檢正。時經制南、北江群蠻,命爲湖南、北察訪使。提點刑獄趙鼎言,峽州群蠻苦其酋剝刻,謀內附。辰州布衣張翹亦言南、北江群蠻歸化朝廷。遂以事屬惇。惇募流人李資、張竑等往招之,資、竑淫于夷婦,爲酋所殺,遂致攻討,由是兩江扇動。神宗疑其擾,命安石戒惇勿輕動,惇竟以三路兵平懿、洽、鼎州。以蠻方據潭之梅山,遂乘勢而南。轉運副使蔡燁言是役不可亟成,神宗以爲然,專委於燁。安石主惇,爭之不已。既而燁得蠻地,安石恨燁沮惇,乃薄其賞,進惇修起居注,以是兵久不決。"

劉摯《忠肅集》卷十《直龍圖閣蔡君(燁)墓誌銘》:"潭、邵間所謂上下梅山,其地千里,馬氏以來,猺人據之,號莫猺國,朝有厲禁,制其耕墾出入。然歲久,公然冒法,又稍招萃流浪。君曰:'省地養此,後日爲大患。今變猺爲漢無難也,開其酋以禍福,使爲土民,口授其田,略爲貸助,使業其生;建邑置吏,使知有政,如此而已。'于是面敷其說,及區畫之序,上嘉納其策。會今門下侍郎章公惇察訪本路,即付其事,同君經之。檄入其境,果大歡,從授冠帶,畫田畝,分保

---

① 相關研究,可見張雄《王安石開邊湖南蠻地論述》,《民族研究》1990 年第 1 期;馬力《試論王安石開拓荆湖蠻地》,載鄧廣銘、王雲海等主編《宋史研究論文集》,河南大學出版社 1993 年版,第 371—392 頁;袁愈雄《北宋開梅山與章惇》,《湖南人文科技學院學報》,2006 年第 5 期;張攸兊《論章惇及其對荆湖的經略》,《甘肅聯合大學學報》(哲社版)2007 年第 3 期。等等。

伍，列鄉里，築二邑隸之，籍其田以畝計者二十四萬，增賦數十萬，遂招懷邵之武岡峒蠻三百餘族，戶數萬，歲輸米以萬計，納其所畜兵仗，以其地建二寨。六年五月，上遣使者勞君，賜名邑曰新化、安化，寨曰武陽、關峽，遷君太常丞、直集賢院。敏肅時在政府，辭其命，手詔不許。又撫納邵、徽、誠等州鎮蠻族之歸附者，皆以補吏，因言：‘治新民，法宜有張弛，願假臣便宜。’詔可。長沙諸邑負茶租、田稅，積爲緡錢四萬，請如赦蠲除。議全州不可廢，乞行保甲法以防盜；置錢冶衡州，以權物輕泉重之敝。皆從之。”

毛漸，《宋史》卷三百四十八有傳：“字正仲，衢州江山人。第進士，知寧鄉縣。熙寧經理五溪，漸條利害以上察訪使，使者諉以區畫，遂建新化、安化二縣。漸用是得著作佐郎，知安化縣。”

胡及，蘇頌《蘇魏公文集》卷六十《朝奉大夫提點廣西刑獄公事胡公墓誌銘》：“諱及，字考父……補郊社齋郎，調饒州餘干、泉州晉江二縣尉，遷黃州軍事推官，改大理寺丞。神宗登極，轉太子中舍，知建昌軍南豐縣……事聞于朝，神宗異之。代還，吏部試治煩，令差知潭州長沙縣。熙寧初，常平法行，今丞相章公察訪兩湖，案募役，平徭法，而長沙獨得其要領，奏書爲諸縣之最。又被使檄均徭人禁田，與毛漸、吳居厚分行山崗篁竹間，區處其生熟獠。有獷悍拒命者，面告以王師誅逆拊順之意，無不歡呼服役，不旋日而一方遂定。賞功遷國子博士。”

吳居厚，《宋史》卷三百四十三有傳：“字敦老，洪州人。第嘉祐進士，熙寧初，爲武安節度推官。奉行新法盡力，核

閒田以均給梅山猺，計勞，得大理丞，轉補司農屬。”葛勝仲
《丹陽集》卷十二《樞密吳公墓誌銘》：“嘉祐八年，第進士，
調潭州攸縣主簿，見謂習事。守燕度器之，表置幕府。推行
常平新書，有精識，課最卓異。會開梅山，均給蠻人焉。方
是時，天子修舉先朝政事略盡，大興禮樂學校，以文太平。
公調御將順與有功，禁田招集新附有勞，疊二賞，改大理寺
丞。論者猶以不侔功，遂遷殿中丞，知安州景陵、開封咸平
二縣。”

　　《（乾隆）長沙府志》卷三十九毛漸《開梅山頌并序》：
“宋有天下一百一十三載，梅山之地猶列溪峒。熙寧天子勵
精求治，顧宰相曰：‘重湖之間，蠻猺錯處，非所以一教化、同
風俗，宜開拓而統領之。’議遣中書戶房檢正章惇措置。會
湖南道轉運判官蔡燁以圖來獻，乃以惇察訪湖南、北事，燁
領湖南道轉運副使，合謀經制。壬子冬十月，吏士傳檄招
諭，獠俗俛從。於是籍戶授田，均定租賦，分建二邑。化成
政舉，百姓歡呼，請記功德，被於金石。故爲之頌云：

　　粵惟梅山，千里其疆。形阻壤沃，蠻猺披猖。強弱相
凌，自爲仇敵。志有不逞，騷擾疆場。朝廷患之，環戍以兵。
田禁不墾，以杜其爭。天子神聖，顧謂爾輔：惟此南方，猺俗
雜處。孰往於撫？僉曰惇諧。燁奏自外，伻以圖來。天子
曰俞，汝惇及燁。將命出使，懷柔友變。使臣戾止，宣天子
言。弛禁什罪，均錫土田。貸牛種糧，教之耕犁。以食以
衣，無寒無饑。涵泳休澤，講道勸義。斑白提孩，莫不咸遂。
猺俗於變，皇風大同。易囂以醇，天子時雍。”

　　《（光緒）湖南通志》卷四十四吳致堯《開遠橋記》：“介

於湖湘南北之間，有兩梅山焉。廣谷深淵，高巖峻嶺。繩橋棧道，猿猱上下。自五季棄而夷之，食則燎肉，飲則引藤，衣製斑斕，言語侏離，出操戈戟，居枕鎧弩，刀耕火種，摘山射獵，不能自通於中華。我神考經武聖謨，制自廟幄，乃遣中書檢正章惇經略其地。惇以詔使往大溈山，使劉次莊因浮屠往諭其酋。酋長扶氏解髮稽首曰：‘惟命是聽。’於是啓禁焉。天闢山川，神相桴鼓，斬茅而嘉林秀，徙石而寒泉洌。曠野平林，可鋤可耘；急瀧清漱，可漁可釣。若有所待，以成太平開遠之功也。案，兩山皆爲縣，而下梅山獨據形勝，溪猺憑以爲固。惇辟寧鄉令毛漸往涖之，度巖險控扼處，建寺者五，意以爲猺人畏罪福報應，因俗以教，使之瞻仰而默化。又即溪人祈禱之洞，請建觀焉，賜名‘洞天’。設學校，聯師儒，以作新之。”

是日，與神宗、馮京等議酬奬秦州通判陳紘等

《長編》卷二百四十五熙寧六年五月癸亥：“熙河路經略司言，鈐轄張守約領蕃部兵修築康樂城，秦州通判陳紘應副軍須有備。詔守約遷引進副使，紘遷一官，仍升一任；優等使臣轉三資，第一等兩資，第二等一資，第三等獲首級者一資，餘減磨勘三年。初，王韶乞優與陳紘酬奬，王安石曰：‘紘曩修敕，修敕了日，自合酬奬。緣郭逵與諸屬官沮撓韶事，故臣選紘往佐韶。’吳充言：‘紘內行不可道。’上以問安石，安石對不知，陳升之亦言不知，馮京曰：‘臣聞之，然晻昧難明。’僉議紘轉一官，上令更升一任。安石曰：‘恐止合轉官，俟有省府闕，以人望如紘，亦可進擬。’上曰：‘此自當酬

獎,既專遣往,更與升一任,無傷也。’”

五月二十二日,與神宗論塘泊,因論周世宗

《長編》卷二百四十五熙寧六年五月甲子:“王安石與上論塘泊,上以爲王公設險守國,安石曰:‘誠如此,《周官》亦有掌固之官,但多侵民田,恃以爲國,亦非計也。太祖時未有塘泊,然契丹莫敢侵軼。’上曰:‘與之和。’安石曰:‘彼自求和,非求與之和也。周世宗即不曾與之和,然世宗能拓關南地,彼乃不能侵軼。’上又以爲世宗勝契丹,適遭睡王,安石曰:‘李景非常睡,亦爲世宗取淮南。今契丹主豈必勝李景？其境内盜賊不禁,諸事廢弛,若陛下異時有以勝之,然後乃可以言其無以勝李景爾。天錫聖質甚高,天相助陛下甚至,若陛下力行先王之政,以兼四夷、寧中國爲己任,即强敵無不可制服者。’上又稱世宗善駕馭,安石曰:‘乘天下利勢,豈有不可駕御之人臣、不可制服之强敵？世宗斬樊愛能等,則兵不得不强;選于衆,擧李穀、王朴,則國不得不治。李穀、王朴雖不足方古人,然要之一時之選也。但此二事,足以成大業矣。’馮京言世宗酷暴,上曰:‘聞世宗上僊,人皆慟哭。’安石曰:‘告汝德之説,于罰之行。人悦德乃在于罰行,罰行則誕謾偷墮暴横之人畏戢,公忠趨事之人乃有所赴愬,有所託命,此世宗上僊人所以哭也。’”

皇城司乞增禄行重法。是日,與神宗、馮京議之,以爲不須

《長編》卷二百四十五熙寧六年五月甲子:“皇城司乞增

祿，行重法，馮京欲如内臣所奏，王安石以爲不須爾。上從
安石言，且曰：'此常人見之以爲末事，然能使吏皆不敢受
賕，姦雄以此觀政。'安石曰：'賓至不求有司，前史所以稱仲
尼也。'上曰：'只恐因此有留滯事處。'京曰：'前言三班留
滯事，案驗乃都無一事留滯。'安石曰：'開封以不受賕故，乃
更各要速了，不肯故作枝蔓，獄訟爲之省。'"

五月二十三日，罷郟亶修兩浙水利，與神宗議之

《長編》卷二百四十五熙寧六年五月乙丑："提舉兩浙興
修水利郟亶追司農寺丞，送吏部流内銓，仍罷修兩浙水利。
初，亶言蘇州水利，具書與圖，以爲環湖之地稍低，常多水，
沿海之地稍高，常多旱，故古人治水之迹，縱則有浦，橫則有
塘，又有門、堰、涇、瀝而碁布之，亶能言者總二百六十餘所。
今欲略循古人之法，七里爲一縱浦，十里爲一橫塘，又因出
土以爲隄岸，用二千萬夫，水治高田，旱治下澤，要以三年，
而蘇之田畢治矣。朝廷始得亶言，以爲可行，遂真除司農寺
丞，令提舉興修。然亶徒能言之爾，至蘇興役，民大以爲擾，
論議沸騰。會吕惠卿被召，言其措置乖方，又違先降朝旨，
故有是命。上謂王安石曰：'亶似非妄作者，今乃如此。'又
曰：'吕惠卿極以爲不可修，言無土。'安石曰：'臣嘗遍歷蘇
州河，親掘試，皆可取土，土如塹，極可用。臣始議至和塘可
作，蘇人皆以爲笑，是時朝廷亦不施行。後來修成，約七八
十里，高岸在深水之中，何嘗以無土爲患？'上又以爲圩大不
可成，車水難，安石曰：'今江南大圩至七八十里，不患難車
水，但亶所爲倉卒，又妄違條約爾。'"

按，公曰：“臣嘗遍歷蘇州河，親掘試。”詳本譜皇祐五年。

因神宗欲以王中正代王寧策應熙河，力言不可。五月二十五日，遣王中正經制麟府事

《長編》卷二百四十五熙寧六年五月丁卯：“遣帶御器械王中正括麟府路曠閑侵冒地，募弓箭手及點閱蕃兵。上既令王寧策應熙河，已而追取前詔，欲用中正代寧。王安石曰：‘中正與王韶不咸，不如且用寧。’上曰：‘中正首宣力，今又欲自效，與韶亦無它。’遂改命中正。安石又白上：‘中正不宜往。前中正欲往青唐助韶，數爲臣言之，然聞中正與往熙州者言，乃極搖動韶事。緣中正初與韶協謀，一旦韶皆棄之，事功皆爲李憲所收，其怨韶宜出死力以報，且熙河新造，易以口語動搖，誠不可使中正往。’馮京、王珪又言：‘策應六千人，恐中正不能將。’上曰：‘但爲與韶不咸，若將兵，則中正善撫士卒，非不能也。然中正亦止求邊任，不專要將策應軍。’于是復用寧如故。安石因言：‘麟府事合經制，宜使中正往。’上亟召中正問狀，中正請行，故有是命。”

五月二十八日，以吕嘉問提舉市易務歲收息錢有羨，升爲國子博士

《長編》卷二百四十五熙寧六年五月庚午：“提舉在京市易務、殿中丞吕嘉問爲國子博士，仍升一任；監上界、屯田員外郎劉佐爲都官員外郎，仍減磨勘二年。並以市易務歲收息錢有羨也。初，議嘉問轉一官，王安石以爲宜更升一任，上曰：‘嘉問功誠多。’遂更升一任。”

六月四日，與神宗論用蕃兵之法須先用其豪傑，不可惜費

《長編》卷二百四十五熙寧六年六月丙子：“上謂執政曰：‘昨洮西香子城之戰，聞官軍貪功，有斬巴氈角部蕃兵以效級者，人極嗟憤。此爲害不細，不可不察。蓋李靖陣法，以漢兵爲一隊，蕃兵爲一隊，用人如此，自無紛亂。可令王韶詳度，具條約以聞。’王安石曰：‘武王用庸、蜀、微、盧、彭、濮人，但爲一法，今欲用夏變夷，則宜令蕃兵稍與漢同，與蕃賊異。’王珪言：‘當別給衣爲號。’上疑別給衣費用，安石曰：‘今欲用，必先用其豪傑，所謂蕃敢勇者。既收其用，豈可惜費？計比招軍，其費亦不爲多。蕃敢勇既樂爲用，則其餘漸皆慕嚮，樂爲用矣。’”

《宋史》卷一百九十一《兵五》：“六年，帝謂輔臣曰：‘洮西香子城之戰，官軍貪功，有斬巴氈角部蕃兵以效級者，人極嗟憤。昔李靖分漢蕃兵各爲一隊，無用衆於紛亂。’王安石進曰：‘李靖非素拊循蕃部者也，故其教兵當如此。今熙河蕃部既爲我用，則當稍以漢法治之，使久而與漢兵如一。武王用微、盧、彭、濮人，但爲一法。今宜令蕃兵稍與漢同，與蕃賊異，必先録用其豪傑，漸以化之。此用夏變夷之術也。’帝乃詔王韶議其法。”

六月五日，因三班借職張吉甫辭上界勾當公事，與神宗論朝廷用人

《長編》卷二百四十五熙寧六年六月丁丑：“提舉在京市

易務奏：'三班借職張吉甫爲上界勾當公事，吉甫辭以見爲李璋指使，璋方在降謫，一旦捨去，義所不安。'上歎曰：'十室之邑，必有忠信。吉甫雖小人，陳義甚高，賢於李清臣遠矣，可遂其志。'王安石曰：'如聞吉甫極有幹材，今所陳乃其私義，朝廷取用人，正當用此耳。'初，韓絳宣撫，清臣從辟，會絳無成功被貶，清臣規自全，多毀絳，故上薄之。"

是日，爲神宗言章惇措置猺猲之方，以爲必勝

《長編》卷二百四十五熙寧六年六月丁丑："是日，上諭王安石令惇勿輕易，蓋宗道言惇所修寨不堅固，又點集丁夫，並不從州縣，後無由知存亡數；又言猺猲與懿、洽合，元未歸附，惇但令人告喻而已。安石言：'今告喻每斫蠻一級，即與絹五匹，能誘降亦然。懿、洽必無如此事力購募猺猲，猺猲又見官軍盛，即必不敢爲懿、洽出力。今以重兵臨之，以精兵擊之，以厚利誘降，其人必誘猺猲及歸明人，所誅者元惡數人而已。官軍按據要害，不妄動，即百全無害而坐取勝。'上曰：'若如此，即善。'安石曰：'已與熟議，李浩等意亦以爲宜如此，必無虞也。'"

李燾："此《日錄》六月四日、五日事，今附見。"

六月七日，與神宗議知渭州王廣淵書

《長編》卷二百四十五熙寧六年六月己卯："樞密副使蔡挺以知渭州王廣淵書奏御，言：'本路弓箭手昨還自洮西，人力疲頓，今若復往攻城，恐非所堪。'上曰：'廣淵爲帥臣而有此言，得無動搖人心乎？'王安石等曰：'此止因書及之，至於

宣言動衆，恐亦不敢。'上曰：'廣淵奏辟將佐，多非其人。近辟一使臣，乃濮王宮書吏，此人與時君卿善，是必因其薦也。本路得力官吏不少，置而不取，乃用此輩，一旦誤朝廷事，不亦甚乎！朕已切責之矣，卿等可更因書誡之。'"

六月十六日，以沈括相度兩浙路農田水利、差役等事兼察訪

《長編》卷二百四十五熙寧六年六月戊子："命太子中允、集賢校理、檢正中書刑房公事沈括相度兩浙路農田水利、差役等事兼察訪。"

六月十七日，以勸課栽桑之法奏上神宗

《長編》卷二百四十五熙寧六年六月己丑："中書以勸課栽桑之法奏御，上曰：'農桑衣食之本，宜以勸民。然民不敢自力者，正爲州縣約此以爲貲，升其戶等耳。舊有條禁，可申明之。'"

《宋史》卷一百七十三《食貨上一》："中書議勸民栽桑。帝曰：'農桑，衣食之本。民不敢自力者，正以州縣約以爲貲，升其戶等耳。宜申條禁。'於是司農寺請立法，先行之開封，視可行，頒於天下。民種桑柘毋得增賦。安肅廣信順安軍、保州，令民即其地植桑榆或所宜木，因可限閡戎馬。官計其活茂多寡，得差減在戶租數，活不及數者罰，責之補種……哲宗即位，宣仁太后臨朝，首起司馬光爲門下侍郎，委之以政……初，熙寧六年，立法勸民栽桑，有不趨令，則儌屋粟、里布爲之罰。然長民之吏不能究宣德意，民以爲病。

至是,楚丘民胡昌等言其不便,詔罷之,且蠲所負罰金。"

神宗以知曹州李復圭謝表有怨誹欲再斥絀,因爲之説項。六月二十一日,詔李復圭罰銅十斤

《長編》卷二百四十五熙寧六年六月癸巳:"詔知曹州李復圭罰銅十斤。初,復圭得曹州,上殿有怨懟語,曰:'二十年前已知曹州,今日羞見吏民。'上曰:'慶州納幹之役,枉死者至數千人,卿獨不羞見其妻子,乃羞見曹州吏民乎?'復圭無以對。至是,到官謝表方盛言己無罪橫見劾斥,爲御史盛陶所彈,而有是命。上謂王安石曰:'復圭虛誕,才能無一可用,欲再斥絀之。'安石曰:'復圭前論李克忠等當賞,樞密院令本院吏及宣撫司吏供析,並稱無例,獨陛下明其有例,遂賞克忠等。然則此事非復圭虛誕也。'上曰:'御史言復圭非但此。'安石曰:'其實者悉已經斷遣安置以前事,非安置以前即無一事實。'上曰:'謝表怨誹,如何不行遣?'安石曰:'依法罰銅足矣。'上猶以爲疑,安石曰:'復圭對語驕悖,陛下批出行遣,足示懲戒。若用御史言,復圭加斥絀,乃似未允,緣御史所言皆失實故也。'上乃止。"

六月二十四日,因雄州言北界巡馬五百餘騎入兩屬地,與神宗議河北邊備

《長編》卷二百四十五熙寧六年六月丙申:"雄州言北界巡馬五百餘騎入兩屬地。上曰:'北人漸似生事。今河北一路兵器皆抏敝不可用,加以將卒庸墮,何以待敵?'王安石等曰:'若陛下少飭邊備,顧亦不難。今所籍民兵日加訓練,自

餘經制材用，完繕城壘，選擇將帥，不過此數事而已。'上曰：
'卿等密爲經畫以聞。'上深以壬人爲患，王安石曰：'如太祖
之嚴明，而張延通、陶穀、丁德裕得肆其欺者，其用譖因人事
之形而伺知人主所疑故也。'"

子雱上疏請更制軍器之政，神宗納之。六月二十六日，置軍器監

《長編》卷二百四十五熙寧六年六月己亥："置軍器監，
總內外軍器之政。其所統攝並依將作，仍以呂惠卿、曾孝寬
爲判監，所置官屬，令逐官奏舉。軍器舊領於三司胄案，三
司事叢，判案者又數易，至是，始案唐令置監而廢胄案焉。
先是，上語輔臣：'河北兵械皆不可用。'王安石曰：'兵械非
可以一朝一夕具，須預具。'上乃議置監設官提舉，翌日，遂
有是命。"

李燾："新、舊《紀》並書置軍器監，八月十九日呂惠卿云
云。《兵志》：國朝軍器，舊領于三司胄案，三司事叢，判案者
又數易，僅能謹簿帳而已。先是，王雱嘗言曰：'漢宣帝號稱
中興之賢主，而史之所叙，獨以爲技巧工匠皆精于元、成之
時。然則此雖有司之事，而上繫于朝廷之政，爲政者所宜留
意也。方今外禦兩邊之患，而內虞劇盜之變，征伐擒捕之
策，未嘗不以爲首務，而至于戎器則獨不爲之恤。蓋今天下
歲課弓弩、甲胄之類，入充武庫之積以千萬數，而無堅完輕
利真可爲武備者。臣嘗觀于諸州將作院，至有兵匠乏缺而
拘市人以備役，所作之器，但形質既具，則精窳之實一切無
所問。武庫吏亦惟計多寡之數以藏，而未有責其實用者，故

所積雖多,大抵敝惡不可復舉。夫爲政如此,而猶用抗威決勝,外攝鄰敵之强獷,内沮姦凶之竊發,臣愚未見其可也。倘欲廢弛武備,觀天下以無事,則金木、絲枲、筋角、膠漆、竹羽之材,一出于民力,而無故聚工以毀之,此可惜也。臣私計其便,莫若更制其法度,斂數州之所作而聚以爲一處,若今錢監之比,而每監擇知工事之臣,使專于其職;且募天下之良工,散爲匠師於諸監,而朝廷亦當内置工官以總制其事,然後察其精窳之實,而重爲賞罰,則人人各求勝,不飭而皆精矣。或聞今武庫太祖時所爲弓尚有弓絃如新者,而近世所造往往不可用。審如此,則又有以見法禁之張弛也。昔者,垂爲共工,而歷代資其竹矢,所以爲至治,此其一事也。'上頗採雾説。六年,始案唐令,置軍器監,總内外軍器之政。置判及同判官各一員,其屬有丞,有主簿,有勾當公事,廢三司胄案,以其事來隸。凡産材州,並置都作院。天下知軍器利害者,聽詣監陳述,時吏民獻器械之法式者甚衆。令三帥視實利便者,乃製造;又遣吏以利器詣諸路作院,諭以爲式,第工爲三等,視其器之良窳而黜陟其官吏。"

按,王雾何時上疏,待考。

得王韶書,與神宗議之。七月七日,有詔令王韶詳度事幾,務在持重

《長編》卷二百四十六熙寧六年七月戊申:"詔:'洮、岷州山林深險,糧道難繼,而河州方興兵役,宜令王韶依累詔指揮,詳度事幾,務在持重。仍戒張玉、高遵裕等毋得深入。'先是,王韶奏:'欲於河州未築城以前,招定洮、岷。今

瞎吳叱兵未解，階、成、秦州緣邊皆恐，且兵不得休息，不如及今討蕩，自不妨河州之舉。'僉以爲不可。時詔并與王安石書言之。安石曰：'若深入討蕩，恐難。今洮、岷聚兵久，師已老，吾以見兵加之，必潰散，即階、成、秦一帶皆安帖，且自不妨河州之舉，但當戒詔以詳審也。'上亦以爲然，乃令依詔奏，戒以詳審而已。"

七月九日，以范百禄代張充宗提點梓州路刑獄，以經制湳井夷事

《長編》卷二百四十六熙寧六年七月庚戌："提點梓州路刑獄、司勳員外郎張充宗，提點利州路刑獄、屯田員外郎范百禄兩易其任，百禄仍直集賢院。上言：'百禄體量李曼事得實。人多庇曼者，中丞亦不免，百禄乃能如此，宜賞以館職。'且欲大經制湳井夷事，或請專委百禄。上曰：'百禄能言此，未知能了此否？'王安石曰：'百禄與陳忱無以大相過，忱自此往中書、樞密院，可以詳論經制大意也。'乃止令百禄代充宗。"

范祖禹《范太史集》卷四十四《資政殿學士范公墓誌銘》："瀘夷犯湳井，官軍覆敗，選部使者經畫其事，徙公梓州路，加直集賢院。"

七月十二日，以神宗責怪禁軍擅經章惇投狀乞效用，爲之力辯，因論析章惇經略懿、洽之方略，以爲事無可虞

《長編》卷二百四十六熙寧六年七月癸丑："龍猛軍級，經章惇出頭，乞於懿、洽效用。上怪禁軍不由軍帥，擅經惇

投狀，王安石曰：‘軍士乞效命，雖不由軍帥，恐無條禁止。’
上以爲軍制不宜如此，安石曰：‘不知如此後有何害？’上曰：
‘經章惇乞效用，猶可，恐別有妄作。’安石曰：‘別有妄作，即
自有科禁，若經有所征討官司乞效用，正是募兵所欲，不知
如何加罪？’吳充曰：‘軍當聽於一。今如此，即不一，不如不
差往。’安石曰：‘今乞效用，不知何害？軍聽於一，若令彼經
殿前司投狀，即殿前司必不許，不許，則壯士何所求奮？’蔡
挺曰：‘若別有結連，奈何？’安石曰：‘結連，即自有重法購賞
備具。今經朝廷所差官乞效用，不知如何因此却致得別有
結連？’陳升之曰：‘臣見韓絳宣撫時，兵級亦經絳求效用。’
上乃令勘會進呈。既而上終以爲害事，安石曰：‘士卒固欲
其願戰，請效死反以爲罪，何以奮其志氣？且未嘗有條貫禁
其如此，如何加罪？’上曰：‘禁軍令如此不便，若如臨淄王
事，其漸豈可長？’安石曰：‘經朝廷所差官司，與臨淄王事豈
類？且欲防變，即專固人情，使聽於三帥，不得自伸於餘處，
亦不可無慮。今經修注官投募，與專固人情，一聽於武帥，
孰便？’上曰：‘三帥防禁嚴密。’吳充請今後立法，安石曰：
‘若爲朝廷討賊，乞效死，即無可罪。若不爲朝廷討賊，自相
結連，除是謀反，即法已備具，不須別立約束，終不能加謀反
之律。’上曰：‘如保甲若別司募去，司農亦必有言。’安石曰：
‘保丁固有經章惇者。’上曰：‘司農奏，非經章惇。’安石曰：
‘亦有經章惇者。’陳升之又言有經韓絳乞效用者。上曰：
‘郝質言經絳者，蓋是合往本路軍士。’升之又言非本路，上
終欲治其罪，安石固以爲無罪，上令放罪取戒勵。

上疑懿、洽事恐如清井，王安石曰：‘臣朝夕切磋章惇，

惟令持重，以敢死士擾之，人受其降附，專討元惡。又已厚結蔣波晃，若得其首領，即元惡無所藏。聞元惡計議入猹狑恐被殺取購，必奔蔣波晃，彼同州之人亦多自悔，或通消息，候官軍乃敢收集同志內附，迫於利害，必有如此者。今所遣將吏亦多材士，不與湑井將吏同。縱令一人失計挫衄，可恃者尚衆，必無可憂。'上曰：'命令宜一。聞湖南甚不一，或是石鑑出帖，或是章惇出帖，須出於一乃可。'安石曰：'或章惇在別處，事有機便，隨宜給帖，亦恐無害。如昨以計誘出舒光秀等，不然必爲變。方其趣召，欲及期會，誘以恩澤，或石鑑一面給帖，自不爲過失。又聞石鑑亦不足賴，數與章惇異議。惇以爲旋易人未必便如人意，且復使鑑耳。昨專用李資，誠爲失計，然既懲前事，必更謹重，即無可虞矣。'"

七月十四日，以景思立爲四方館使、河州團練使，賞其策應討踏白、定羌城之功

《長編》卷二百四十六熙寧六年七月乙卯："東上閤門使、河州刺史景思立爲四方館使、河州團練使，禮賓副使兼閤門通事舍人王寧爲引進副使、帶御器械，餘各遷官、減磨勘年有差。累賞三月以來破蕩族帳，策應討踏白、定羌城之功也。初，議賞，僉以爲不可比河州，王安石曰：'河州如破竹之初，然一次，今雖在破竹之後，然四次，功狀難易多少相乘除，宜如河州厚賞。'上曰：'軍士或不須如河州厚賞。'安石曰：'累戰不惰，猶能有所斬獲，不宜令後賞反薄於前，以衰士氣。'乃一用河州賞罰法。上又令官高者與升資任爲實，安石曰：'資任可惜，宜別爲科格，以待賞功。'上又曰：

‘景思立或以爲宜候河州了，今思立官已高，難更加官，當與賜物。’安石曰：‘賜物固當，然亦須與官。今能爲思立之功者少，不可不賞，以勸將吏。’或言祖宗時於將帥惜官職，上曰：‘當時爲諸國未服，若將帥皆滿志，即不爲用。’安石曰：‘今日事誠與祖宗時異，能立功者少，要厚賞以奮起中下之氣。候將帥可用者多，然後可如祖宗時愛惜官職。’蔡挺曰：‘若轉團練使遂增一百貫科錢，可惜。’安石曰：‘一年要增一千二百貫錢，極易，不足惜，若求一能辦事將吏，却恐難得。’上以爲然，曰：‘李端愨尚爲防禦使。’”

七月十六日，議收包順鹽井，因論從中供饋戍邊

《長編》卷二百四十五熙寧六年六月乙未：“初，議收包順鹽井，或以爲不可收，王安石曰：‘若王韶令人自以私意問包順：舊日收十千，今日與十五千撲買，如何？度順與撲買人較計利害之情無異，或當欣然，欣然，即收之無害。今置城寨，不務就本處經度供給，乃從中運致財物爲備，非經久之策。’上曰：‘古戍邊亦須從内供饋。’安石曰：‘須計置已盡，勢不獲已，乃從中供饋。若猶可以就便計置，何緣釋而不計，乃須從中供饋？’上曰：‘如河北即須至從中供饋。’安石曰：‘若唐時河北方鎮，即外抗强敵，旁備鄰道，内抗朝廷，又行賂遺，然百須不外求而足。’吳充曰：‘其時誅求，何可勝言？’安石曰：‘近日除從中供饋外，亦豈免騷擾也？’”

李燾：“王安石論此在七月十六日，今附見。”

七月十八日，王韶乞令景思立管勾涇原兵馬而己爲後繼。善其策，以爲此用兵之至計。既而王韶出兵，果如所料

《長編》卷二百四十五熙寧六年七月己未："熙河經略使王韶言：'奉旨令臣躬將士卒，往視河州修城。臣欲令景思立管勾涇原兵馬，而委臣就本路擇禁卒、蕃兵、弓箭手五千，及秦鳳路先差下策應强壯三千，盡以付臣，爲思立後繼。若有警急，即專留思立修城，臣不妨退軍應接。'上善韶策，遂如所奏行之。王安石曰：'韶策誠善，若聲言應接河州，遂自洮西，由洮、岷不虞之道攻其所不戒，乃用兵之至計。'既而韶果以兵穿露骨山破賊，如安石所料。"

七月二十七日，以神宗言張守約不可用，爲之辯，以爲未有顯狀，須審察

《長編》卷二百四十六熙寧六年七月戊辰："上言：'熙州無將官，張守約不可用。'王安石曰：'守約昨康樂之戰既有功，聞所措置亦甚善，但奏事矜伐，爲無量而已，未見有他罪。'上曰：'昨康樂不肯行，王韶激以若不往當自往，景思立又欲往，乃始肯行，坐上見者甚衆。'安石曰：'此事未嘗案劾，人言安可信？臣觀忠實顧義理人極少，且當據見功可也。若聽浮議，恐未可知。'上曰：'守約所論功，如黃察之類皆是，是豈可信？'安石曰：'若保明功狀，但隨行即須保明，誰不如此，何但守約如此？'上又言：'昨問王韶：守約輕妄，何故用之？韶言：自今更不用。'安石曰：'韶言如此，不知何

意,然守約不可用,實未有顯狀,恐須審察。'"

七月二十九日,以俞允兼權檢正中書刑房公事

《長編》卷二百四十六熙寧六年七月庚午:"太子中允、權發遣都水監丞俞允兼權檢正中書刑房公事。"

是日,立栽桑法

《長編》卷二百四十六熙寧六年七月庚午:"詔:'安肅廣信順安軍、保州人户地内,令自植桑榆或所宜之木,官爲立勸課之法:每三株青活,破官米一升,計每户歲輸官之物,以實估準折,不盡之數,以待次年。如遇災傷,放税及五分以上,即以準折未盡米數等第濟接。仍據逐户内合栽之數,每歲二月終以前點檢,及一分青活,至十年周遍。如不及一分,即量罪罰贖,勒令補種。令佐得替,轉運司差不干礙官點檢,以一任合栽之數,紐爲十分,如及十分者有賞,不及七分者有罰。其所栽植之木,令人户爲主,非時毋得遣人下鄉,以點檢爲名,以致騷擾。委轉運司施行,應昨所差管勾提舉官並罷。'初,以趙子幾及曾孝寬所言下程昉相度,樞密院欲罷昉,以孔嗣宗代之,王安石不可,乃更立此法。"

李燾:"元豐八年十二月,罷栽桑法。"

命蔡天申體量保定軍衆入軍衙乞留軍額事。八月一日,責知軍賈世京

《長編》卷二百四十六熙寧六年八月壬申朔:"詔知保定

軍賈世京罰銅十斤。初，提舉常平等事李宜之請廢保定軍
爲縣，遣官相視，而衆入軍衙，乞留軍額甚譁。宜之以爲官
吏故縱其如此。王安石白上曰：'陛下欲什伍河北民爲用，
若如此不治，後不可用。又咫尺北界，何以觀示外夷？此事
若非官吏啓之，即百姓不敢如此。'又引魏軍人焚領軍張彝
第，以人衆不敢治，大赦以安之，高歡遂散財合衆圖起事。
上曰：'須體量見實乃可行遣。'安石曰：'固當如此。'乃以
命轉運副使蔡天申，於是世京坐不能禁約，故責及之。保定
軍卒不廢。"

八月四日，與神宗議沈括辟官相度兩浙水利

《長編》卷二百四十六熙寧六年八月乙亥："檢正中書刑
房公事沈括辟官相度兩浙水利，上曰：'此事必可行否？'王
安石等曰：'括乃土人，習知其利害，性亦謹密，宜不敢輕
舉。'上曰：'事當審計，無如郟亶妄作，中道而止，爲害不
細也。'"

是日，進呈王韶書，爲之辯

《長編》卷二百四十六熙寧六年八月乙亥："王安石以王
韶書進呈，韶言洮西事云：'但恐臨時制不在我，則無如之
何。'上怪韶有此言，僉以爲韶忌景思立。上曰：'將帥多不
能容偏裨，稍有功，即忌之。韶方欲興事，恐不宜如此。'安
石曰：'韶頃爲高遵裕所害，然能容遵裕。韶似與餘人不類，
不至不能容偏裨，亦恐遠方情有不得自竭，陛下雖深倚仗王
韶，其如中外妨功害能之人甚衆。'上曰：'妨功害能，必有事

實可指。'安石曰:'姦人妨功害能,此最難指,但要精察。'上又言韶固能容遵裕,意謂韶不能不忌思立,安石曰:'王韶才能,必不自謂不及景思立,陛下待遇固不在思立後,韶所興造事功,何至與思立爭高下? 以此推之,不宜忌思立。'上曰:'卿可再與韶書,且包容將帥,將帥一心,乃可立事。'安石曰:'臣恐陛下亦宜更審察物情,未可專責王韶不能包容將帥。若一心,乃能立事,即非但邊鄙如此,朝廷尤宜如此。自古未有令服讒蒐慝,小人與君子參相檢制,而致百姓昭明,黎民於變時雍者。'上曰:'然。'已而安石又白上:'長子帥師,弟子輿尸,凶。軍旅之事,尤宜聽於一。如陛下欲獎包順,亦宜令王韶爲之,使包順爲王韶用,韶爲陛下用,尚復何求? 今使人人得自達於天子,喜懼恩怨不在主帥,即主帥之權分,而軍政有所不行矣。'"

八月七日,上《删定編敕》、《赦書德音》、《附令敕》、《申明敕》、《目録》,有進表

《宋會要輯稿》刑法一:"(熙寧)六年八月七日,提舉編敕宰臣王安石上《删定編敕》、《赦書德音》、《附令敕》、《申明敕》、《目録》共二十六卷,詔編敕所鏤版,自七年正月一日頒行。先是,詔以嘉祐四年已後續降宣敕删定,命大理寺法直官劉贗、左班殿直張寀充檢詳官,刑房堂後官劉袞充對點官,秘書丞胡瑗、太子中舍陳偲、大理寺丞張巨、光禄寺丞虞太寧充删定官,權大理少卿朱温其充編排官,翰林學士曾布、直龍圖閣侍制鄧綰、權知審刑院崔台符充詳定官,安石提舉。至是上之。"

《文集》卷五十六《進熙寧編敕表》:"臣某等言:竊以觀天下之至動而御其時,輔萬物之自然而節其性,匪而不可不爲者事,驫而不可不陳者法。厥惟無弊,乃以不膠。故造象於正月之始和,改禮以五載之巡狩。一代之典,成於緝熙,百世可知,在所加損。方裁成輔相之休運,宜修餚潤色之難能。顧匪其人,與於此選。蓋聞道有升降,政有張弛,緩急詳略,度宜而已。使民不倦,唯聖爲能。伏惟皇帝陛下天德地業,體堯蹈禹,永念憲禁之舊,或失防範之中,選建有官,付之論定。具憗淺學,莫副詳延,屢彌歲年,僅就篇帙。删除煩複,蒐補闕遺。於趣時因民,則粗救抗敝之實;以方古垂後,則或俟新美之才。冒昧大威,姑塞明詔。"

按,此二十六卷敕,係韓琦《嘉祐編敕》後又一新敕,故"詔以嘉祐四年已後續降宣敕删定"。《長編》卷一百九十六嘉祐七年四月:"宰臣韓琦等上所修《嘉祐編敕》,起慶曆四年,盡嘉祐三年,凡十二卷。其元降敕但行約束而不立刑名者,又析爲《續附令帙》,凡五卷。視《慶曆敕》,大辟增六,流減五十,徒增六十有一,杖增七十三,笞增三十有八,配隸增三十,大辟而下奏裁聽旨增四十五云。"

八月八日,進呈河北謀變事

《長編》卷二百四十六熙寧六年八月己卯:"王安石進呈河北謀變事,上以爲河北人愚,東南人即難誘合以此事。立保甲後,此事或少可絕。安石曰:'民所以多僻,以散故也。故曰:上失其道,民散久矣。保甲立,則亦所以使民不散,不散,則姦宄固宜少。'"

八月十四日，進呈保甲條貫。吳充言郭店推行違法事，神宗令諭司農推究

《長編》卷二百四十六熙寧六年八月乙酉：“輔臣進呈保甲條貫，吳充言：‘先臣墓在郭店鎮，有一戶但兩丁，一丁又病目，乃令四十里外教閱，甚苦之。此法當改。’王安石曰：‘郭店事果違法，自當推究。臣每有所聞，輒諭司農，令推究施行，此事亦不可但已也。’上即令安石諭司農推究。”

八月十六日，管勾都水監丞侯叔獻乞開白溝，罷汴渠。力主之

《長編》卷二百四十六熙寧六年八月丁亥：“管勾都水監丞侯叔獻言：‘近準詔從所請開白溝等河。欲白溝爲清汴儲三十六陂及京、索二水爲源，倣真、楚州開平河置牐，四時行舟，因罷汴渠。’上曰：‘叔獻開白溝河功料未易辦，乃欲來年即廢汴渠，宜更遣官覆驗。且汴渠歲運甚廣，河北、陝西資焉，又都畿公私所用良材，皆自汴口而至，何可遽廢？’王安石曰：‘此役若成，蓋無窮之利，當別爲漕河，用黃河一支，乃爲經久耳。’馮京曰：‘若白溝成，與汴、蔡皆通輸，爲利誠大。臣恐汴河終不可廢。’上然之，詔劉璹同叔獻覆視以聞。後璹等言：‘白溝、瀰河簽直至淮八百里，乞分三年興修，其廢汴河行運，候白溝功畢，別相度。’從之。上曰：‘璹詳審，此必璹所議，意謂叔獻大促遽也。’仍詔作三年興修。叔獻尋除河北轉運副使，上欲留叔獻，令與璹了白溝事，乃命叔獻同判都水監。京又言叔獻所開河多浸人墓莊宅，安石以爲

不然，既而上問叔獻，乃言若浸人墳莊，當伏軍令。”

李燾：“此據《日録》十五日事，當考。”

按，《宋會要輯稿》食貨六一亦曰十六日。

是日得王韶書，白神宗

《長編》卷二百四十六熙寧六年八月甲午李燾：“十五日《日録》：上見王韶去常家族，曰：‘韶被將佐煎迫得去。’翌日，余得韶書，將佐乃皆不欲往，韶獨決計，以書白上曰：‘誰以爲韶將佐煎迫？’上曰：‘王珪言此。’珪心只是料其如此，余見珪但隨上語，非珪唱爲此言也。”

八月十八日，同密院進呈程昉言滹沱河事，差李南公同往相度

《長編》卷二百四十六熙寧六年八月己丑：“管勾外都水監丞程昉請於保定軍東舊滹沱河南岸臺山口東南疏一川，行七十里至乾寧界，會于御河，可無塘濼填淤之患。詔李南公與昉及屯田司同詳度置堰限，如無妨礙，即令昉計開河功料，仍令屯田司檢視今塘濼有無泄漲水處以聞。及檢視，竟不行。”

按，李燾注引《日録》：“八月十六日，同密院進呈程昉言滹沱河事。初，密院令孔嗣宗、劉舜卿等相度，奏稱所閉蔡家門口等外皆深淵，若開作堰限，即不可復閉。昉以爲若今不可復閉，即二年前如何閉得，嗣宗等又以爲對敵境非便，昉以爲二年前有數十道堰限，如何敵境不以爲言？昉又言：‘自密院閉此諸堰限，凡浸民田二十村七八十里，然此方無

一人以爲言。'上乃始言嗣宗所奏皆妄,然亦不以爲可罪也。
上令程昉便計度功料,又令計會屯田司相度開堰限,余曰:
'須令先與屯田司相度開堰限,無妨礙乃計功料。'上以爲
然,而密院欲差官同往相度,擬差蔡天申。天申,挺子,余明
言其不可,乃差李南公。"

八月十九日,與神宗論及宜察近習忠邪,又具道知瀘州李曼事本末

《長編》卷二百四十六熙寧六年八月庚寅:"高陽關路走
馬承受克基言:'市易司指使馮崇與北人賣買,不依資次,非
便。'上曰:'崇不忠信,無行,可令亟還。彼自有官司,交易
悉存舊規。'王安石曰:'崇一百姓牙人耳,安足責?陛下左
右前後所親信,孰爲忠信,孰爲有行,竊恐有未察者。'上曰:
'審是非,察忠邪,今若所難,然不忠信之人迹狀著顯者,未
嘗不行法,其未顯者,吾取其潔,不保其往也。如昨知瀘州
李曼,可謂有過矣,而黨庇者至多。范百禄受命體量,獨排
群議而奏其實,此可褒進矣,而近臣亦有言百禄不當得館職
者,此不可不察也。'安石又具道曼事本末,曰:'不知何人庇
曼。'因言:'士大夫君子固有不爲功名爵禄,事陛下徒以致
君臣之義者。陛下似於君子小人未察也。'上曰:'如卿無利
欲、無適莫,非特朕知,人亦俱知之。至於他人,則豈可保
哉?'馮京曰:'君子小人固難知。'安石曰:'人人爲君子之
容,而内或懷小人之情,則君子誠未可知;若小人情狀已露,
則小人決矣,尚復何疑?堯詢事、考言三載,則知舜。今陛
下即位六七載,詢事、考言,於群臣情僞是非宜略可言,乃尚

以君子小人爲難知，恐由小人欺罔，尚未懲創，故令聰明自蔽爾。'上曰：'御史無一人言曼者。'安石曰：'御史不能彈治姦邪，令陛下聰明有所蔽塞，雖流放不足以稱其罪。如李曼事，自須明白，何足道？'上又言李曼事必須究見是非，安石曰：'陛下若不以有浸潤故增損好惡，必令是非之情見于上，即天下平治久矣，政恐未能如此。'後安石又爲上辯，上意終不以爲然也。"

按，李曼，陸心源《宋詩紀事補遺》卷十六："字修儒，四川射洪人，嘉祐進士。皇祐間知果州，熙寧六年，知瀘州。"

是日，因神宗憂慮王韶行軍路徑，慰之；八月二十日，爲神宗言王韶方略

《長編》卷二百四十六熙寧六年八月庚寅："是日，熙河路走馬承受李元凱奏：'王韶自露骨山過，一日至五七下馬步行。'上不知韶路徑所趣，甚憂之。前此，王安石答韶書云：'以萬人爲景思立後繼，甚善，想當以其間攻洮、岷所不戒也。'上再三言：'韶不當如此罷敝兵甲。'安石曰：'韶頗有計慮，舉動必不妄。'退召問習知路徑者，乃言如此出師大善。安石翌日白上，且曰：'韶爲大將，以萬人暴露原野，若收城之功全在思立，即韶下將佐無功，將佐無功，即怨且怠矣。臣恐其思慮或有一不及，故因書微發其思慮，非敢輒然明勸喻之也。軍如奕棋，若一著只應得一著，即無勝理；須一著應三兩著，乃可勝敵。今韶因援河州，略定南山一帶，乃是奕棋一著應三兩著之類也。'"

八月二十五，以王韶入河州，請率百官稱賀

《長編》卷二百四十六熙寧六年八月丙申："中書言：
'王韶、景思立入河州，諸羌皆降。'王安石等請率百官稱賀，
上曰：'河州前已收復，但未城守，此亦廟堂之謀、將帥之功，
於朕何有？'安石等再三陳請，以爲：'熙河之功近時少比，陛
下神算前定，舉無不克，祖宗以來，每下州郡例皆稱慶。'上
猶不允，安石曰：'中外傳河州事多端，稱賀則人情釋然。請
俟修河州城畢入慶。'從之。初，王韶自以兵穿露骨山南入
洮州界，破木征弟巴氈角，盡逐南山諸羌。木征震恐，留其
黨守河州，自將精銳尾官軍伺擊。諸將皆欲直走河州，韶獨
私念：兵抵城下，木征必爲外應，而四山蕃部得氣，且復叢
集，則大事去矣。乃密分兵遣景思立攻河州，而特蹤跡木征
所在，與戰，破走之，然後抵城下。時守者猶以爲木征至，已
而知其非是，乃出降，遂城之。"

八月二十六日，以鄜延路經略司乞自十月以後移漢蕃
弓箭手，與神宗議之

《長編》卷二百四十六熙寧六年八月丁酉："鄜延路經略
司乞自十月以後，無大段邊事城寨，兵有馬者，移半赴鄜延
就食，輸漢蕃弓箭手相兼戍守。詔趙禼體量：漢蕃弓箭手如
將來闕食，即詳度賑貸，或給借助錢穀及募人浚修城塹，給
口食，多方存恤之。禼初有是請，上即欲從之，王安石以爲
禼私憾楊蟠多點檢鄜延不法事，故爲此以困轉運司，白上
曰：'鄜延路糧草已不足，更創添此弓箭手，糧草恐愈不足，

且鄜延如此，即它路援例，如何不從？從之，則轉運司如何
應副糧草？'上曰：'如保甲、義勇，將來豈不費糧草？'安石
曰：'保甲、義勇，乃須計置減募兵，以其糧米供之，如府界罷
四千兵，所供保甲之費，才養兵所費之十三。'上曰：'府界募
兵亦未減得。'安石曰：'既有保甲代其寨坐，即不要此四千
募兵。可指合要兵數，減此四千。今京師募兵，逃死放停一
季，亦須及數千。但勿招填，即是減得。'上又曰：'弓箭手飢
饉，若不如此，恐流散、餓殍。'安石請令依近降指揮，募人修
築城池之類，或借助免息，或賑濟。上乃從安石議。"

八月二十七日，復比閭族黨之法，以河北、陝西、河東路保甲隸以武事

《長編》卷二百四十六熙寧六年八月戊戌："翰林學士曾
布等言：'近司農寺請巡檢置指使，保甲置契，罷巡宿等條
約，奉旨令司農寺、兵部檢正檢詳立法，臣等今修成《義勇》、
《保甲》及《養馬條》三卷。'詔兵部行之。保甲惟開封府界
以都保置木契，左留司農寺，右付其縣，差官閱試、農隙講
習，皆出左契。巡檢司給廂禁軍白直，餘以保丁番上，比舊
兵級三分之一，代更以十日。遇追捕群盜，聽抽上下番，縣
尉留弓手白直外，餘如巡檢法。河北、河東、陝西五路並排
定保甲，勸誘習武藝，聽旨閱試，未得上番。餘路止排定保
甲，免習武藝。其荊湖、川、廣被邊州軍，如當習武藝，委監
司提舉司詳度以聞。"

李燾："《新紀》云：'戊戌，復比閭族黨之法，詔河東北、
陝西保甲隸以武事。'《舊紀》云：'戊戌，上以募兵費大，驕

不可用,追比閭族黨之制,詔河北、陝西、河東路保甲隸以武
事。'《兵志》第二卷《保甲篇》:'自三代比閭族黨之法廢,更
五季以來,竭邦財以養士卒,國以耗蠹,而驕惰悖慢,世常患
之。若寓兵於農,稍習以武事,先於畿甸,次逮河北,不耗於
國,得勝兵數十萬,夷狄望風震恐,驕兵悉有愧色,國勢
以強。'"

行養馬法

《長編》卷二百四十六熙寧六年八月戊戌:"養馬法:凡
五路義保願養馬者,戶一匹,有物力養馬二匹者聽,以監牧
見馬給之,或官與其直使自市,毋或強與。府界毋過三千
匹,五路毋過五千匹。馬除襲逐盜賊外,不得乘越三百里。
在府界者,歲免體量草二百五十束,先給以錢;在五路者,歲
免折變緣納錢。三等已上,十戶爲一保;四等、五等,十戶爲
一社,以待死病補償者。保甲馬斃,即馬主獨償之;社戶馬
斃,半使社人償之。歲一閱其瘠肥,禁苛留者。凡十有四
條,先自府界頒行焉。在五路者,委監司、經略司、州縣更
度之。"①

李燾:"此據《本志》,因八月二十七日曾布上《養馬條》
三卷附見,其日更須考詳。"

《宋史》卷一百九十八《兵十二》:"保甲養馬者,自熙寧
五年始。先是,中書省、樞密院議其事於上前,文彥博、吳充
言:'國馬宜不可闕。今法,馬死者責償,恐非民願。'安石以

①　關於保馬法與養馬法之別,可見陳振《論保馬法》。

爲令下而京畿投牒者已千五百戶，決非出於驅迫，持論益堅。五月，詔開封府界諸縣保甲願牧馬者聽，仍以陝西所市馬選給之。六年，曾布等承詔上其條約……於是保甲養馬行於諸路矣。”

八月二十八日，以樞密副使吳充奏乞嚴禁士大夫投書有位，白神宗不須多立法禁

《長編》卷二百四十六熙寧六年八月己亥：“樞密副使吳充言：‘朝廷開廣言路，微至于庶人皂隸，苟有可言，皆得上聞，此至公之誼也。而比來士大夫輒以書啓或家信投有位，其間排詆營救，增飾事情，嫌愛在心，言無忌憚，因緣聞達，以快私欲。雖朝廷必加審核，至蒙原察，則被誣之人亦已困辱。且排詆者既難於反坐，營救者又陰以爲德，含沙射人，束縕還婦，懷陰害以中良善，託公誼以售私恩，此風寖成，實黷聖政。乞有司申嚴法禁，庶懲薄俗。’詔中書、樞密院自今並遵立條制。既而王安石白上曰：‘堯、舜所以治人，但辨察君子小人明白，使人不敢誕慢，自不須多立法禁。’上曰：‘要審察。’安石曰：‘陛下每如此，即盡善也。’”

是日，以兩浙提點刑獄盧秉書奏上神宗

《長編》卷二百四十六熙寧六年八月己亥：“中書以兩浙提點刑獄盧秉書奏御，言：‘杭州奏巡檢孫日用捕盜賊不如格，乞衝替。日用在職頗有勞，宜蒙矜免。’王安石曰：‘近浙路鹽額大增，然州郡尚有不欲嚴禁者，故巡捕官未敢竭力。且人誰無過，陛下若知其可任，有違犯且少寬之，則能吏奮

矣。'上曰:'太宰以八柄御群臣,謂宜如此,正宰相之任也。州郡但能依法案劾,行否去留在朝廷耳。然少知此體者,卿言甚善。'"

是月,置明州昌國縣。觀明州圖,有詩

《長編》卷二百四十六熙寧六年八月:"是月,置明州昌國縣。"

《(乾道)四明圖經》卷十載蔣安義《東嶽行宮記》:"四明屬邑六,獨昌國居重海大洲中,視他邑最爲僻遠……初邑之未建,隸籍於鄞,度越既險,民之利病休戚有不得告者焉。熙寧間,荆國王公始請建邑,逮今四十載矣,更令佐以十數,然流風善政不可悉舉。"

《(寶慶)四明志》卷二十:"皇朝端拱二年,置爲鹽場,有巡檢同監。熙寧六年,用部使者言蓬萊、安期、富都三鄉,與縣隔海,乃詔置尉以主鬭訟盜賊之事,已而創縣,賜今名。蓋丞相王安石嘗宰鄞,憫其劇,故分之。元豐元年,益以定海縣之金塘鄉爲下縣。"

《詩注》卷四十四《觀明州圖》:"明州城郭畫中傳,尚憶西亭一艤船。投老心情非復昔,當時風月故依然。"

李注:"明州,治鄞縣。"

九月一日,乞將新修編敕送中書、樞密院看詳,及付在京刑法司、律學官吏等各具所見

《長編》卷二百四十七熙寧六年九月辛丑朔:"提舉詳定編敕宰臣王安石等言:'新修編敕,雖已經審刑、刑部、大理

寺、殿前馬步軍司等看詳，尚慮事理未盡，欲更送中書、樞密院再詳看籤貼，及付在京刑法司、律學官吏等各具所見，申中書，送提舉詳定官看詳。如當改正，即改正刊印頒行。'從之。"

是日，乞神宗專委王韶賞賜招撫蕃部，使軍政如一；又論鹽事

《長編》卷二百四十七熙寧六年九月辛丑朔："上批：'賜河州沿邊安撫司錦綵，令招撫蕃部。'王安石白上，宜專委王韶。先是，上論景思立、王韶事，上以爲王韶作緣邊安撫司，事體與景思立不同。至是，安石爲上言：'陛下前用王韶爲沿邊安撫司，以羌事成敗專責王韶。當是時，若陛下即用王韶爲經略使，則洮、河事成疾二三年。惟其用王韶爲沿邊安撫，別置帥，此韓縝所以出違異之言，郭逵所以起矯誣之獄也。今沿邊安撫司非專任洮、河成敗者，與王韶事不類，即每事當令聽王韶。不如此，軍政不一，上下更生釁隙，害國家邊事。'上曰：'武臣自來安敢與帥臣抗？'安石曰：'先朝以來，任帥臣如此，非失計，但置帥臣非其人，乃是失計。'馮京曰：'孟德基止因經朝廷言利便，不由王素，王素移令監教閲，幾欲自殺。'安石曰：'若置帥，即部內利便，人爭自言，何至乃令經朝廷自獻？只緣置帥不善，故有此。'又爲上言：'邊事得失，在幾微之中，不可不察。如房琯、賀蘭進明事，乃致睢陽不守，其本甚微，其末甚大。'安石《自叙》云：'蔡挺方主景思立，害王韶，故以此警上。'

安石又因論鹽事,言兩浙近立廂軍額少,不便,乃至令衙前自雇人送綱。上曰:'祖宗時,廂軍數少。'安石曰:'帳籍既不可知,又祖宗時事不同。'上曰:'祖宗時官少,故占廂軍少。'安石曰:'亦恐不止爲此。臣耳目所接,尚見圓融門內户夫修造及送綱,多令鄉户衙前自雇夫脚。諸夫力糜費,出於民力而不出於兵力者甚衆。自韓琦、富弼執政以來,即稍禁止此事,非但近歲差役法以來禁止也。恐如此之類,亦是占使兵士多,供役不足,然此事實可愛惜得民力。若以公私爲一體,即稍費廂軍,不爲害也。'"

得王韶書言河州殺降事,遂請神宗按劾,又論其當治之狀。九月二日,神宗命内臣梁從政密訪以聞

《長編》卷二百四十七熙寧六年九月壬寅:"知熙州王韶言河州平,有隨軍百姓三十餘人殺降人,略財物,已斬之。詔韶密推究殺降兵級及降人被略殺傷數,并詳度部押使臣人員合與不合勘劾;仍命内臣梁從政密體量以聞。

先是,王韶亦以書抵王安石言殺降事,安石白上:'部轄使臣,將校宜按劾,不如是,無以明紀律,後難復用。'上難之,安石又論其當治之狀,乃有是命。上既難治殺降事,又問:'王韶所言或指涇原人?'安石曰:'韶奏狀并熙、秦亦有。'上乃怪韶不當遽受其降,以爲殺傷涇原人衆矣,而遽受降,故士卒發憤。安石曰:'若不受降,即城未必遽下。'上曰:'奏云掘城,城欲透。'安石曰:'城中尚有二千人,必不肯坐死。即殺傷,又非特二千人而已。今受降極善,豈可復以爲非耶?'"

九月三日，以邵奇知秀州華亭縣

《長編》卷二百四十七熙寧六年九月癸卯："以前權江陰軍判官邵奇爲太子中允、知秀州華亭縣。奇召對稱旨，詔遷合入官，與差知兩浙有水利縣，王安石薦之也。安石初言奇有才略，欲令赴熙河準備差遣。至是，乃言恐奇不肯爲朝廷振舉法令，姑嘗試之，乃命以此。"

九月五日，與神宗議趙卨欲支弓箭手糧草事，以爲非計

《長編》卷二百四十七熙寧六年九月乙巳："詔趙卨詳度權移一將兵及河東秋戌馬軍七指揮，就內郡糧草，以鄜延年穀不登，並邊艱食故也。於是王安石又言：'趙卨欲支弓箭手糧草，誠非計。'上曰：'卨但爲弓箭手，必無他意。楊蟠姦險小人。'安石曰：'陛下付蟠以一路，若蟠姦險有狀，宜劾正其罪，豈可但已？'上又曰：'蟠踰違，考素行必不如趙卨。'安石曰：'楊蟠踰違脚色，已經進呈，非中書蔽覆。然少年踰違，自大臣以下皆所不免，便以此一事斷其君子小人，以爲忠信不如趙卨，竊恐未可。今陛下所尊禮之人，恐亦未免少年有踰違之行，若謂其姦險小人，即臣未見其狀。乞陛下以所知事狀付臣等推究施行。'上又言：'卨所擘劃甚善。'安石曰：'陛下既以爲善，何故不行？臣既備位宰相，不敢不布所懷，若陛下不以臣言爲可，何必用臣言決事？'上又欲令借弓箭手以草料，安石曰：'今諸路已行借助法，何須別借？'上曰：'借助法但支錢米，無草料。'安石曰：'借與錢豈不能自買糴？'上曰：'無可糴買故也。'安石曰：'若私下散行糴買，

尚患其無,即鄜延見草不支數月,卒然兵馬食盡,如何令轉運司買糴,此臣所以不敢不言。若陛下要支與,有何不可,何必黽勉從臣所言也?'"

九月七日,提舉修編敕成,神宗賜銀、絹各五百,降詔獎諭

《長編》卷二百四十七熙寧六年九月丁未:"翰林學士、右正言曾布爲起居舍人,工部郎中、龍圖閣待制鄧綰爲兵部郎中,權知審刑院崔台符、權發遣大理寺少卿朱溫其等九人升任、遷官、循資有差,並以修編敕成故也。賜提舉王安石銀絹各五百,降詔獎諭。"

九月十三日,奏事已,神宗問及子雱病情

《長編》卷二百四十七熙寧六年九月癸丑:"是日,輔臣奏事已,上顧王安石曰:'聞卿子雱久被病,比稍愈否?'安石曰:'雱病足瘍下漏,遍用京師醫不效,近呼泰州瘍醫徐新者治之,少愈。'上曰:'卿子文學過人,昨夕,嘗夢與朕言久之。今得稍安,良慰朕懷也。'"

九月二十一日,爲奉安太一使

《長編》卷二百四十七熙寧六年九月辛酉:"命宰臣王安石爲奉安太一使,樞密使陳升之、參知政事馮京王珪、樞密副使吳充蔡挺爲前導官,龍圖閣直學士孫固管勾鹵簿儀仗,入內都知張茂則都大管勾。初,進呈奉安故事,當差宰臣,上欲止差參知政事,以爲郊始用宰臣爲使。王安石曰:'太

一即天帝。'上乃差宰臣。前導用御容例，即差兩府，上令差兩制。安石言：'恐合依御容例。'上曰：'天神也。'仍差兩府前導。"

九月二十二日，請償瞎吳叱、本令征所獻大麥、牛、羊等價，神宗從之

《長編》卷二百四十七熙寧六年九月壬戌："王韶入岷州，瞎吳叱及本令征來降。詔諭以不討虜無所得食，兩人各獻大麥萬石、牛五百頭、羊二千口并甲五十領。於是王安石請償其價，上疑此犒軍物不須償，安石曰：'攻而取之，服而有之。既有之，則不宜徒受其獻。償其價，乃所以懷慰新附也。'上從之。"

是月，與神宗議及引蔡河水作田

《長編》卷二百四十七熙寧六年九月："是月，上謂王安石曰：'奉先寺進新種稻極佳，賜與一道紫衣。'王安石曰：'陛下每以勸農事爲急，甚善。'初，蔡河既作重閘，有餘水，乃教河側人種旱地爲稻，而奉先率先種稻。上曰：'蔡河雖作重閘而未嘗閉者，水有餘故也。若教人廣引蔡水種稻，則蔡河乃不患水多。'安石曰：'鄧艾得并水東下營田者，以不賴蔡河漕運故也。自來賴蔡河漕運，故欲并水東下，作鄧艾遺跡不可得。今蔡河作重閘，無所用水，則欲并水東下，無所不可。若相旱地爲塘，多引溝洫作水田，則陳、潁數州自足食，餘及京師矣。此須擇一能幹事人方了此。'"

十月二日,改提舉在京市易務爲都提舉市易司。駙馬都尉張敦禮來見,請立《春秋》學官,不許

《長編》卷二百四十七熙寧六年十月辛未:"改提舉在京市易務爲都提舉市易司,應諸州市易務隸焉。光州刺史、駙馬都尉張敦禮乞立《春秋》學官,不許。先是,上以敦禮不識王安石,遣敦禮詣中書見之。敦禮求獨見安石,安石辭以不曾被旨,與衆見之。是日,上問安石見敦禮否,安石對如前,上曰:'卿嘗以《春秋》自魯史亡,其義不可考,故未置學官。敦禮好學不倦,於家亦孝友,第未知此意耳。敦禮但讀《春秋》而不讀《傳》,《春秋》未易可通。'馮京等曰:'漢儒初治《公羊》,後乃治《穀梁》,《左氏》最後出。'上曰:'漢儒亦少有識見者。'"

按,《宋史》卷四百六十五《張敦禮傳》:"熙寧元年選尚英宗女祁國長公主,授左衛將軍、駙馬都尉,遷密州觀察使。元祐初,疏言:'變法易令,始於王安石,成於蔡確。近者退確進司馬光,以臣觀之,所得多矣。'進武勝軍留後。"

章惇平懿、洽州蠻,得其書。十月三日,與神宗議宜制置士氣令勿敗

《長編》卷二百四十七熙寧六年十月辛未:"荆湖南路察訪章惇言,三路進兵討懿、洽州蠻,已平……(壬申)王安石言:'近得章惇書,辰州屢獲首級,新附之民爭先思奮,蓋恐功在人後。'上曰:'近者,諸路士氣甚振。凡兵以氣爲主,惟在朝廷養之耳。'馮京曰:'陛下賞之厚。'上曰:'慶曆日,用

兵賞非不厚，然兵勢沮敗，不能復振，此可爲鑑也。’安石曰：
‘誠如聖旨。若令數敗，即雖厚賞之，何能振其氣？要當制
置令勿敗耳。’上以爲然，因言李牧事，曰：‘古人役不再籍，
糧不三載，蓋養士氣，以一決成功。’安石曰：‘此所謂其節短
也。一鼓作氣，再而衰，三而竭，亦是意也。’”

是日，進呈瀘州事，言羈縻之方。神宗悦

《長編》卷二百四十七熙寧六年十月壬申：“是日，王安
石因進呈瀘州事，言：‘得熊本書，以爲斧望箇恕、晏子可羈
縻。初，本在京師，臣與言當如此，本不以爲然，及今乃知須
合以爵命羈縻。緣斧望箇恕羈旅，能略有生夷自立，必粗有
才略，或是豪傑。若不羈縻，任其并吞，以彼生夷，不難并
制，遂致强大，即爲一方邊患。今乘其未然，以爵命羈縻，旁
近諸夷，各隨所部加以爵命，既各有爵命，並爲内屬部落，即
難相并吞。縱欲如此，即諸部各待王命，彼亦畏中國討伐，
又懷恩命，自然并吞之心息。此所謂爲大於細，圖難於易
也。’上悦曰：‘已令熊本經制，他日可如此。’安石曰：‘本云
且有奏請。’僉議除瀘守，上曰：‘專令熊本經制，却令本自舉
一人知州事。更求人，必未及本。’安石曰：‘此甚善。’”

十月十一日，熙河路走馬承受李元凱詣闕奏捷，以之爲六宅副使寄資

《長編》卷二百四十七熙寧六年十月庚辰：“熙河路走馬
承受、入内東頭供奉官李元凱爲六宅副使寄資。元凱以經
略司捷奏詣闕故也。初，王韶既城河州，獨將兵至馬練川，

降瞎吳叱,進攻宕州,拔之:通洮山路,岷州本令征以城降,
遂入岷州,分兵破青龍族於綽羅川,通熙州路,疊州欽令征、
洮州郭廝敦皆相繼詣軍中,以城聽命,巴氊角亦以其族自
歸。軍行凡五十有四日,涉千八百里,復州五,闢地自臨江
寨至安鄉城,東西千里,斬首三千餘級,獲牛羊馬以數萬計。
是役也,人皆傳詔已全師覆没,及奏捷,上乃大喜。蓋洮、
岷、疊、宕連青唐瑪爾巴山,林木翳薈交道,陋阻不可行,詔
欲爲兵除道,乃先遣人以伐木爲名,令青唐羌爲衞,以大兵
駐谷口鎮之。至是,可連數騎以行,而鹽井平川初既築城,
又據青唐咽喉之地。王安石謂韶謀中機會,故所至克
捷云。"

李燾:"吕惠卿墓誌云:'於是西直黄河,南通巴蜀,北接
皋蘭,幅員踰三千里。'當考……王韶收復五州,皆無端的月
日,據《日録》:'八月二十六日,詔奏洮州降;九月十七日,奏
至馬練川;十八日,奏瞎吳叱等獻岷州。'"

十月十二日,上表賀修復熙、洮等州;神宗賜以所服玉帶。上謝表

《長編》卷二百四十七熙寧六年十月辛巳:"宰臣王安石
等以修復熙州、洮、岷、疊、宕等州,幅員二千餘里,斬獲不順
蕃部萬九千餘人,招撫大小蕃族三十餘萬帳,各已降附,上
表稱賀。上解所服玉帶賜安石,遣内侍李舜舉諭旨曰:'洮
河之舉,小大並疑,惟卿啓迪,迄有成功。今解朕所御帶賜
卿,以旌卿功。'安石再拜固辭曰:'陛下拔王韶於疏遠之中,
恢復一方,臣與二三執政奉承聖旨而已,不敢獨當此賜。'上

又令舜舉論旨曰：'群疑方作，朕亦欲中止，非卿助朕，此功不成。賜卿帶以傳遺子孫，表朕與卿君臣一時相遇之美也。'安石受賜。常日御垂拱殿，是日以受賀故，再御紫宸。"

《文集》卷五十六《百寮賀復熙河路表》："臣某等言：伏覩修復熙、河、洮、泯、疊、宕等州，幅員二千餘里，斬獲不順蕃部一萬九千餘人，招撫大小蕃族三十餘萬，各降附者。奮張天兵，開斥王土，旌旐所指，燕及氏、羌，樓櫓相望，誕彌河、隴。竊以三年鬼方之伐，高宗所以濟時；六月玁狁之征，宣王所以復古。政由人舉，道與世升。伏惟皇帝陛下溫恭而文，睿知以武。講周、唐之百度，拔方、虎於一言。我陵我阿，既飭鷹揚之旅；實堚實墍，遂平鳥竄之戎。用夏變夷，以今準古，是基新命，厥邁往圖。臣等均被明恩，具膺榮祿。接千歲之統，適遭會於斯時。上萬年之觴，敢愆忘於故事。臣無任。"

《文集》卷五十六《賜玉帶謝表》："臣某言：伏蒙聖恩，以收復熙、河、洮、岷、疊、宕等州，特加褒諭，親解玉帶賜臣者。"

《朱熹集》卷六十《答王南卿》："跋尾所論皆精當，卒章辨荊公事，則恐未然。家有荊公與襄敏公手帖數紙，見當時事，若非荊公力主於内，則群議動搖，決難成功。但是後來襄敏見其他政事多出於聚斂掊克之意，故不免有異論耳。若論熙河之事，則二公實同心膂，無異説也。"

祝穆《新編四六寶苑群公妙語》卷一："荊公以收復熙、洮、岷、疊、宕等州，上特加褒諭，親解玉帶以賜。《謝表》曰：'尸臣列侍，方臨極辨之朝；贄御鑪傳，獨拜非常之賜。'又曰：'揚于廣除，委以珍御；瑟彼英瑤之質，煥乎華袞之言。施更重於解衣，報敢忘于結草。'公初作表，甚恨無玉帶事，既上表，有客曰：'何不用虹玉圍腰？'公恨悵良久。"

又，神宗所賜玉帶，公家世代珍藏。至南宋紹興年間，公之曾孫王璹復進入禁中。《老學庵筆記》卷七："王荊公所賜玉帶，闊十四搯，號'玉抱肚'，真廟朝趙德明所貢。至紹興中，王氏猶藏之，曾孫奉議郎璹始復進入禁中。"

是日，議賞王韶，以之爲端明殿學士兼龍圖閣學士、左諫議大夫。十月十三日，又言須嚴明軍紀，並奏天下户口之數

《長編》卷二百四十七熙寧六年十月辛巳："知熙州、樞密直學士、禮部郎中王韶爲端明殿學士兼龍圖閣學士、左諫議大夫，秦鳳路副都總管、捧日天武四廂都指揮使、昭州刺史張玉爲宣州觀察使，知通遠軍、權熙河路總管、西上閤門使、榮州刺史高遵裕爲岷州刺史、知岷州，引進副使張守約知通遠軍。

初，議賞王韶以節鉞，王安石曰：'優與轉官職可也，節鉞宜待後功。'韶奏乞與黄察換武官，令知岷州，上曰：'岷州當付高遵裕，用察非所宜。'王安石曰：'誠當如此。'乃使守約代遵裕。上又欲令遵裕帶沿邊安撫使，曰：'王韶嫌景思立事權重，若復以此命遵裕，則足以抗思立事權。'安石曰：'甚善。'

翌日，又言：'陛下欲經略四夷，則須明軍中紀律。太祖遣兵伐江南，諭曹彬，但能斬次將，即能爲大將，蓋知長

子帥師，弟子輿尸之義故也。今王韶爲大帥，高遵裕則陵慢於東，景思立則陵慢於西。昨與思立分路，乃令思立自擇要去處，其後約與思立會合，思立乃不肯來，即止令苗授以下來，不得已而來，然亦不至所期處而止。臣聞如此，問之李元凱，果然。若將佐乖戾不相承稟如此，則大將威名不立於境内，如何欲加敵國？今韶幸有功，臣謂陛下宜稍別異，令高遵裕、景思立輩知所忌憚，則韶威名宣著邊境。大將威名宣著，即勝之半也。如其不然，恐緩急有大舉動，必誤事耳。'

是日，上論及天下户口之數，王安石等奏：'户口之盛，無如今日。本朝太平百年，生民未嘗見兵革。昨章惇排定湖南保甲，究見户口之衆，數倍前日，蓋天下舉皆類此。'上曰：'累聖以來，咸以愛民爲心，既未嘗有大征役，又無離宫別館繕營之事，生齒蕃息，蓋不足怪。'因言：'三代盛時，諸侯一遵法度，及其衰，法制弛壞，不可復振。爲天下者，正當以大公之心，以正朝廷，使紀綱號令，上下有守，雖更數千百年，安有怠忽之弊？'又論邊將，因言李廣、程不識之爲將，謂廣得士心，不識有節制，已能勝敵之半。"

《宋史》卷三百二十八《王韶傳》："六年三月，取河州，遷樞密直學士。降羌叛，韶回軍擊之。瞎征以其間據河州，韶進破訶諾木藏城，穿露骨山，南入洮州境，道陿隘，釋馬徒行，或日至六七。瞎征留其黨守河州，自將尾官軍，韶力戰破走之，河州復平。連拔宕、岷二州，疊、洮羌酋皆以城附。軍行五十有四日，涉千八百里，得州五，斬首數千級，獲牛、羊、馬以萬計。進左諫議大夫、端明殿學士。"

與蔡挺、王珪、元絳等唱和，賀熙、河大捷

《詩注》卷二十八《和蔡副樞賀平戎慶捷》：“城郭名王據兩垂，軍前一日送降旗。羌兵自此無傳箭，漢甲如今不解纍。幕府上功聯舊伐，朝廷稱慶具新儀。國家道泰西戎喙，還見詩人詠串夷。”

王珪《華陽集》卷二《依韻和蔡樞密岷洮恢復部落迎降》：“河湟形勝厭西陲，忽覺連營列漢旂。天子坐籌星兩兩，將軍歸斾印纍纍。稱觴別殿傳新曲，衛璧名王按舊儀。江漢一篇猶未美，周宣方事伐淮夷。”①

《詩注》卷二十八《次韻元厚之平戎慶捷》：“朝廷今日四夷功，先以招懷後殄戎。胡地馬牛歸隴底，漢人煙火起湟中。投戈更講諸儒藝，免胄爭趨上將風。文武佐時慚吉甫，宣王征伐自膚公。”

自注：“來詩有‘何人更得通天帶，謀合君心只晉公’之語。”

按，《呂氏雜記》卷下：“王韶既取熙河，裕陵親解玉帶賜王荆公，元厚之作詩賀曰：‘誰人更得通天帶，謀合君心只晉公。’”

劉攽有詩賀賜玉帶

劉攽《彭城集》卷十五《賀王丞相賜玉帶》：“捷書吉語報安西，辨色彤廷喜氣齊。蕭相論功非汗馬，晉公成事有通

————————
① 此詩誤入《詩注》卷三十七，題爲《次韻王禹玉平戎慶捷》，第927頁。

犀。尚方製作皆金玉，委佩光華想虹蜺。欲問九環加賜衮，
何如判白授封圭。”

十月十七日，與神宗等議及取西夏之策

《長編》卷二百四十七熙寧六年十月丙戌：“秦鳳路轉運
使蔡延慶言：‘比差三班奉職伊懷寶管押糧草出洮西，而懷
寶以前日部糧草得賞輕，乃求隨軍。如奏功，望毋推恩，以
誡徼倖。’上曰：‘此亦人之常情，管押糧草，何人不可？懷寶
亦勇士，正堪行陣，蓋延慶使之非當耳。’又曰：‘岷、河蕃部
族帳甚多，儻撫御咸得其用，可以坐制西夏，政所謂以蠻夷
攻蠻夷。若於陝西極邊會合閱練，爲用兵之勢以形敵人，彼
必隨而點集以應我。頻年如此，自致困敝，兵法所謂佚能勞
之者也。’王安石曰：‘朝廷但當先爲不可勝，聚糧積財，選兵
而已。新附之羌，厚以爵賞，收其豪傑，賜之堅甲，以激其
氣，使人人皆有趨赴之志，待我體完力充，鼓行而西，將無不
可。’馮京、王珪曰：‘儻如聖策，多方以誤之，彼既疲於點集，
而我無攻取之實，一二年間，必不我應，自爾舉兵，若蹈無人
境矣。’上曰：‘此乃昔人取吳之策也。夫欲經營四夷，宜無
先於此。’”

《宋史》卷一百九十一《兵五》：“帝曰：‘……此正晉人
取吳之策也。夫欲經營四夷，宜無先於此矣。’帝嘗謂：‘蕃
部未嘗用兵，恐以虛名内附，臨事不可使。’安石對曰：‘剛克
柔克，所用有宜。王韶以爲先以恩信結納其人，有強梗不服
者乃以殺伐加之。大抵蕃部之情，視西夏與中國強弱爲向
背。若中國形勢強，附中國爲利，即不假殺伐，自當堅附。

矧蕃部之俗，既宗貴種，又附强國，今用木征貴種等三人，又稍以恩信收蕃部，則中國形勢愈强，恐不假殺伐，而所附蕃部自可制使。'帝以爲然。"

十月二十一日，以兩浙轉運鹽事司乞益兵千人稽察私鹽盜販，力主之，神宗卒從

《長編》卷二百四十七熙寧六年十月庚寅："兩浙轉運鹽事司乞益兵千人。詔發開封府界、京東兵各五百人。時以鹽法未行，盜販者衆故也。"

李燾："《食貨志》：熙寧四年，分遣大理寺丞盧秉、著作佐郎曾默往淮南、兩浙詢究利害。異時竈户煮鹽，與官爲市，鹽場不時償其直，竈户益困。秉先請儲發運司錢及雜錢百萬緡以待買鹽者，而鹽場皆定鹽竈火仗盤數，以絶私煮之弊。自三竈至十竈爲一甲，而煮鹽地什伍其民，以相稽察；及募酒坊户願占課額，取鹽於官賣之，月以錢輸官，毋得越所酤地，而又嚴捕盜販者。於是兩浙鹽事司請益兵千人，詔發開封府界、京東兵各五百人。王安石爲上言曰：'兩浙自去歲及今歲各半年間，所增鹽課四十萬，今又增及二十五萬緡，而本路欲用四萬募兵，增置巡檢，甚便。'樞密院蔡挺以爲不可，皮公弼、馮鼎者希望沮其事，安石曰：'夫以所增鹽課十分之一二，足以多招廂軍，使私煎者絶，則無復犯刑，其利一也。沿海之地，有戍守之兵，可以待不虞，其利二也。鹽課大增，其利三也。且又不販鹽，自須反本，尤爲大利。今杭、蘇鹽課虧，乃私販不禁，故有鹽賊；淮南鹽課增，以私販者絶，故無盜。朝廷若謂鹽禁當弛，曷不盡弛之？若其未

可，即當禁絕私販，然後人不陷於刑殺。今議者知鹽禁不可
弛，而但欲寬其禁，是陷人于刑殺也。'於是卒如兩浙奏。蔡
挺以五年二月十六日自渭州召入爲樞副，不應四年便與王
安石異論。本志稱四年，必誤，合從《實錄》，繫之六年十月
二十一日。今但附注于此。"

是日，議裁併軍營；得章惇書，因與神宗言馬軍之利，及王韶團結蕃部等事

《長編》卷二百四十七熙寧六年十月庚寅："上曰：'裁
併軍營，凡省軍員四千餘人，此十萬軍之資也。若訓練既
精，人得其用，不惟勝敵，兼亦省財。'王安石等曰：'累歲以
來，陛下選用使臣，專令訓練，間御便殿，躬親試閱，賞罰既
明，士卒知勸，觀其技藝之精，一人可敵數夫，此實國家安危
所繫也。'安石又言：'併營練卒，事既有效，凡此皆無害於
人，而不逞者乃妄相扇動。'上曰：'須漸定去。'安石曰：'今
已帖息矣。'

章惇與王安石書，言誅舒光貴得馬軍力，安石爲上言
之，上亦以爲南方宜用馬軍，安石曰：'彼止有步人，我兼馬
步，固宜勝。'上曰：'今馬軍多不精，一營或止有數十匹馬。'
安石曰：'此自當省併。'上曰：'見已省併。'安石曰：'洮、河
異時可以牧馬，若團結訓練，鼓舞蕃部爲用，即不患無精騎
可使。'因言王韶已令汲逢團結蕃部，支散常平及養馬。上
曰：'須武人乃可任此。'安石曰：'要用兵，須武人；平時團
結，即須文吏。今因散常平團結成什伍，就令酋長管轄，使
沾息錢之利，即酋長樂爲用。緩急擇其材勇者，以功受賞，

則衆必爭奮矣。’”

十月二十二日，與神宗議團結洮河蕃族

《長編》卷二百四十七熙寧六年十月辛卯：“又詔河州置武衛、安鄉城置蕃落各一指揮，仍差鄜延、環慶、秦鳳路走馬承受各就本路選募。上曰：‘洮、岷蕃族繁盛，俟召王韶至，令議團結，庶它日可用。’王安石曰：‘羌夷之性雖不可猝化，若撫勸得術，其用之也猶可勝中國之人。’上曰：‘昔商之頑民，本居中國，又以畢公主之，《尚書》既歷三紀，世變風移，況蕃夷乎？但日漸月摩，庶幾有就耳。’”

十月二十五日，與神宗言及黃河之源

《長編》卷二百四十七熙寧六年十月甲午：“上謂輔臣曰：‘梁從政自河州至，言黃河水極清泚，不與中國比。前書所謂黃河之源淺可涉，蓋不誣也。然河之本源未見所出，《禹貢》但言導河積石，至於龍門，不言導河自積石，以此知出積石者特其下流耳。’王安石曰：‘按《西域傳》，河有兩源，合注蒲昌海，其水停居，冬夏不增，皆以潛行地中，南出積石，爲中國河。陛下所考《禹貢》導河不言所自，非臣等所及。’”

交趾劉紀欲歸附。十月二十七日，與神宗等議之

《長編》卷二百四十七熙寧六年十月丙申：“沈起言：‘交趾劉紀欲歸明，不納，必恐如儂智高。’上問執政交趾事，僉以爲未可許劉紀，許劉紀，交趾必爭。王安石曰：‘聞溫杲

已來，乞候溫杲到，商量取旨。'上曰：'交趾可了，但恐沈起了不得。'安石曰：'起自以爲易了，然兵事至難，誠恐起未易了。'馮京曰：'交趾安能一心，但恐其人相與之固，不如羌人爾。'安石曰：'交趾所任，乃多是閩人，必其土人無足倚仗故也。'"

十月二十九日，與神宗論及古中國禦敵之法

《長編》卷二百四十七熙寧六年十月戊戌："畫天下州府軍監縣鎮圖所上《十八路圖》一及副二十卷。上言：'四夷但訓練兵精，不常屯守，有警乃應，今中國反不如。'王安石曰：'比來中國誠不如四夷，今四夷又不如古中國。若盡什伍其人，使隨處有以待敵，乃古中國之法也。'"

十一月一日，以薛向點磨陝西財用闕乏擾民，請罷之

《長編》卷二百四十八熙寧六年十一月庚子朔："王安石言：'薛向取陝西六年錢穀、金銀、匹帛出入細數兩本，擾人至多，請罷之。'上曰：'中書令向根究陝西錢帛出入，必是省中舊文字不齊整，無由見得。'安石曰：'省中舊文字雖不曾磨勘，然大數亦可見。省中法禁嚴密如此，尚不備，即外州何由備。有所勾追，衝替專副，須及七八年以來，凡幾人幾日乃可得了，兼如此無可了之期。昨比較薛向界解鹽一事，尚自騷擾人衆，終不能了，而降朝旨罷之。今此數十倍於解鹽，文字如何得了？'上曰：'如何見得陝西錢帛增虧數？'安石曰：'薛向在陝西時錢帛不闕，後來方闕，若由人措置，失措置，遂致闕少，即薛向但檢尋在省文字，根究自在陝西時

施行事，後來如何變改，遂致闕少。若不因施行有異，遂致闕少，止是年歲豐凶，事宜多少，所以見在錢物豐約不同，即亦大略可見，不須一一點磨出入細數乃可見也。'乃令罷省牒所索文字。"

按，《長編》卷二百四十七熙寧六年十月壬申："權三司使薛向言：'準詔根究陝西財用闕乏因依，乞遣度支判官鄭民憲乘驛點磨秦鳳等路，其永興軍路就委提點刑獄張穆之。'從之。"即此事也。

與神宗議權判將作監范子奇奏乞冬日不閉汴口，以爲然。十一月三日，有詔令造栰截浮凌

《長編》卷二百四十八熙寧六年十一月壬寅："詔今冬不閉汴口，令造栰截浮凌。先是，權判將作監范子奇言：'汴口每歲開閉，勞人費財，不惟民力重困，兼閉口後阻絕漕運。乞每至冬，更勿閉口，以外江綱運直入汴至京，廢罷轉般，其年計必大有所增，操舟兵士自可減省，上下酒稅課利亦當以故增多，公私便利，無越於此。若謂經冬不閉，致湮河道，緣每歲閉口多在冬深，已是霜降水落，迨至斷流，亦有澄沙，却遇春水衝注，別無停積。若後當淘浚修疊，自可約定年限，權行閉塞，比之歲歲興功，煩省異矣。'乃詔汴口官吏相度，卒如子奇議。時高麗遣使入貢，令自汴泝流赴闕。

初，議不閉汴口，上曰：'舊閉口良有所費。'安石曰：'聞有時費至百萬。'上曰：'數年前若言不閉汴口，即人須大駭。'乃令不閉汴口及勘會逐年所費閉口人工物料進呈。上曰：'聞都省有碑言溝洫前通於汴水，不知自何時如此河底

漸高。'安石曰：'今溝首皆深，汴極低。又觀相國寺積沙幾及屋簷，則汴河如此漸高未久。'上曰：'有汴河來已久，何故近如此漸高？'安石曰：'舊不建都，即不如本朝專恃河水，故諸陂澤溝渠清水皆入汴，諸陂澤溝渠清水皆入汴，即沙行而不積。自建都以來，漕運不可一日不通，專恃河水灌汴，諸水不復得入汴，此所以積沙漸高也。'"

按，《宋史》卷二百八十八《范子奇傳》不載此事。《宋史》卷九十三《河渠》："（熙寧六年）十一月，范子奇建議：冬不閉汴口，以外江綱運直入汴至京，廢運般。安石以爲然。詔汴口官吏相視，卒用其説。是後高麗入貢，令泝汴赴闕。"

與神宗議陝西財用，因論勝夷狄之道

《長編》卷二百四十八熙寧六年十一月庚子朔："後數日，上又言：'陝西財用闕乏，若有邊事，何以待之？'安石曰：'有邊事亦不須增費，前此邊事，若朝廷但令所在堅守城寨，勿與敵角，徐練兵擾之，使不得息，彼數次點集，自無復能動，即秉常成禽爾。如此則見兵見糧，足以辦事。不務出此，而隨事紛擾應之，是以費多而事不成。'上曰：'才有事便來乞兵。'安石曰：'太祖時將帥有令兒男乞兵者，乞不得，哭而去，然終無敗事。今將帥乞兵，與不與在陛下。'上曰：'太祖用郭進，今恐難得。'安石曰：'郭進有何難得？舉事則才自出。如王君萬，方其爲指使時，孰謂其可使？因事立功，然後知其可用爾。'

上曰：'今日夷狄誠可如此待之。'安石曰：'中國廣大，人衆財富，加以陛下聰明，憂勤天下，若措置不失，即雖冒頓亦何足畏？漢高祖爲冒頓所困,亦以中國倦兵,人思休息而已。使漢高祖有今日天下,必不復畏冒頓也。'上曰:'天使中國有勝夷狄之道,但後世倒置爾。'安石曰:'誠如此。《詩》以夷狄强、中國弱爲牂羊墳首,明非天地之常理也。'"

按,既曰"後數日",姑附於本月七日前。

十一月七日,與神宗論及殺降

《長編》卷二百四十八熙寧六年十一月丙午:"上因懿、洽捷,報論及首惡,慮走匿不可得。安石曰:'師完威震,外夷無敢保匿者,恐須禽獲。'上曰:'如木征,官軍非不威震,然終敢保匿,何也?'安石曰:'自河州殺降,即安敢保信邊將,故死與木征相保。'上曰:'木征前何以不降?'安石曰:'特未有迫切之害,故未降,今迫切仍不降,恐當以殺降故也。'"

十一月八日,請以濬川杷濬汴水,神宗從之

《長編》卷二百四十八熙寧六年十一月丁未:"王安石言:'以濬川杷濬黄河,自二十八日卯時至二十九日申時,凡增深九寸至一尺八寸,請以杷濬汴。'從之。上曰:'果如此,即大省夫力、物料。聞河北一軍有用夫五千,而本軍丁不過五千,一夫至用錢八貫。歐陽修常以爲開河如放火,不開河如失火。果用夫勞民如此,即不如不開河。'安石曰:'若兩皆爲害,即開河用夫與放火失火無異。若以萬人一歲之力,能除千人百歲之害,即猶放火、失火之比也。今以萬人之力,除十萬人之害,即決須爲之。《易》所謂毒天下而民從之

者，以其雖毒之，終能使之安利。故祁寒暑雨非不毒也，若無祁寒暑雨，亦無以成物也，故亭之毒之，乃爲天道，豈可但亭之而已！'"

李燾："此據王安石《日録》十一月八日事。"

按，《長編》以下詳述以鐵龍爪、濬川杷濬河之方："先是，有選人李公義者建言，請爲鐵龍爪以濬河。其法：用鐵數斤爲爪形，沉之水底，繫絙，以船曳之而行。宦官黄懷信以爲鐵爪太輕，不能沉，更請造濬川杷。其法：以巨木長八尺，齒長二尺，列於木下如杷狀，以石壓之，兩旁繫大絙，兩端矴大船，相距八十步，各用牛車絞之，去來撓蕩泥沙，已又移船而濬之。王安石甚善其法，嘗使懷信濬二股河，懷信用船二十二隻，四時辰浚河深三尺至四尺四寸，水既趨之，因又宣刷，一日之間又增深一尺。懷信請以五百兵，二十日開六里直河，順二股河水勢，用杷濬治，可移大河令快。上許依懷信所擘畫，安石請令懷信因便相度天臺等埽，作直河，用杷疏浚，上亦許之。它日又言：'開直河一道，計省却九百萬物料，三百萬夫功。如懷信所造濬川杷，即處處危急可用。直河所以有不可開者，只爲近水，開數尺即見水，施功不得。今但見水即以杷濬之，無不可使水趨直河去處。即一歲所省凡幾百千萬物料夫功。又汴河、廣濟河諸斗門減水河，自此更不須計工開浚，但製百千枚杷，永無淺澱也。'"

十一月十二日，以神宗賜生日禮物，上謝表

《文集》卷五十九《賜生日禮物謝表五道》其一。

進呈冬至發德音擬合施行之條目。十一月十四日,降德音

《長編》卷二百四十八熙寧六年十一月癸丑:"冬至,奉安中太一神象。德音:'降天下繫囚,雜犯死罪從流,流以下釋之。應諸路災傷民户,本名税物失訴違省限,不該檢放者,監司體量檢放。其闕食之民,安撫、提舉司優加振救,無致流移。除河北路負官物已指揮外,餘路負官物,被災傷放税及五分以上,並權停。'先是,上以久旱,欲因冬至發德音,順承太一之祝,手詔令輔臣相度。王安石等請如詔旨,擬合施行目進呈,上於禁中增入檢放一節,蓋上察於政事恤民如此。"

十一月十九日,弟安國爲著作佐郎、秘閣校理

《長編》卷二百四十八熙寧六年十一月戊午:"權武昌軍節度推官、崇文院校書王安國爲著作佐郎、秘閣校理。故事,崇文院校書二年,乃除館閣校勘,安國以參知政事馮京、王珪薦其學行,故特有是命。"

契丹欲争蔚、應、朔三州地界。是日,與神宗議之,以爲事緩即緩措置,事急即急措置,因及太宗、真宗御將之失

《長編》卷二百四十八熙寧六年十一月戊午:"契丹欲争蔚、應、朔三州地界,事有萌芽,上深以爲憂。王安石白上:'契丹無足憂,彼境内盗賊尚不能禁捕,何敢與中國爲敵?

且彼坐受厚賂，有何急切，乃自取危殆？'上曰：'緣河北亦無
以支吾。'安石曰：'河北人物稠衆，但措置有方，不患無以支
吾。事緩即緩措置，事急即急措置。'上曰：'彼人衆，奈何？'
安石曰：'人衆尤非所患，若人衆而有能率衆之主，分別材、
鄙、勇、怯，各當其分，即可畏。若無能率衆之主，分別材、
鄙、勇、怯，各不當其分，即直易擾敗爾。患在於措置無方，
不能分別人材、鄙、勇、怯，所以率衆非其道爾。不患彼人
衆，彼人衆乃所以易擾敗也。'

　　上曰：'先朝何以有澶淵之事？'安石曰：'先朝用將，如
王超亦嘗召對，真宗與之語，退以其語與大臣謀之。臣讀史
書，見當時論説終無堅決，上下極爲滅裂，如此何由勝敵？
又太宗爲傅潛奏防秋在近，亦未知兵將所在，詔付兩卷文
字，云兵數盡在其中，候賊如此即開某卷，如彼即開某卷。
若御將如此，即惟王超、傅潛乃肯爲將，稍有材略，必不肯於
此時爲將，坐待敗衄也。但任將一事如此，即便無以勝敵。'
上以爲然。上因言：'日力可惜，若遲一日，即失一日事。'安
石曰：'有遲一日，而失一年事者。'上曰：'若排保甲、義勇，
又須待農隙，即是有遲一日，遂失一年事者。'安石曰：'遲一
年事即有遂不及事者。'上又以夏人爲憂，曰：'若有北事，則
兩面俱受敵，奈何？'安石曰：'朝廷未宜有北事，若有北事，
夏人不能勝當時中國，今日中國與夏人，豈止如元昊與當時
中國？以此不足慮也。'"

十一月二十三日，與神宗論蕃部養馬利害

　　《長編》卷二百四十八熙寧六年十一月壬戌："上問養馬

利害,王安石曰:'今坊監以五百餘貫乃養得一馬,若令洮、河蕃部養馬,所費必不至如此之多,兼得好馬。因地宜馬,又蕃部以養馬爲業,極便利,所省錢計不少,而坊監地賦民,所收地利又不少。'上因論三代政事以車馬爲急。安石曰:'今用車即不須用馬,但以人挽之足矣。以人挽車,省芻糧無奔警,未必不勝用馬。辟如古用簡册,今用紙,雖三代聖人復起,必不復用簡册。恐以人挽車亦如此。'上曰:'事但有理即可行,三代以前,聖人但隨時制法,故用馬爾。'上又曰:'天使中國有常勝之道,但後世失其道爾。'"

十一月二十四日,與神宗論熙河糧斛事

《長編》卷二百四十八熙寧六年十一月癸亥:"上論熙河糧斛事,欲以逐路財賦付經略使自管,然卒不行,上以農事爲急。王安石曰:'家可以資國,國可以資天下,天下必資天地。'上曰:'若設法移民使就寬鄉,亦王者所以生財闢土之道也。'"

因神宗深慮契丹欲爭蔚、應、朔三州地界,爲其分析兩國形勢,以爲不足憂

《長編》卷二百四十八熙寧六年十一月戊午:"契丹欲爭蔚、應、朔三州地界,事有萌芽,上深以爲憂……後數日,上又言:'契丹如此旅拒,奈何?'安石曰:'契丹齦齦爭尺寸地界,其略可見,何足憂? 不知陛下憂錢糧不足耶? 憂人衆不足耶? 憂無人材與計事耶?'上曰:'人材既未陶冶成就,錢糧亦誠不足,人衆又未訓練。'安石曰:'事有緩

急,故措置有緩急,若有警急,即急要訓練人衆亦不爲晚。就令契丹便欲絶盟,非年歲未能大舉,臨時應變,足可支吾。若論錢糧,即因警急經度,亦不患少,但今未急,故亦不須汲汲爾。惟人材之少,最是急切之慮。然因事乃見人材,如熙河事,即熙河人材頗有可見者;懿、洮事,即懿洮人材頗有可見者。陛下若明見物情,無所蔽塞,令有能有爲者無顧望之意,無卷懷之患,人人各以赴功趨事爲欲,則人材不患不足任使也。人情上不過爲道義,中不過爲功名,下不過爲爵禄。陛下若能以此三者待天下之士,各不失理分,即無賢不肖,但有寸長,皆爲陛下盡力,即無能之契丹何足慮?'上以爲然。"

按,既曰"後數日",姑附於本月二十五日前。

十一月二十五日,與神宗論兵法

《長編》卷二百四十八熙寧六年十二月戊寅:"上復論司馬、孫、吳及李靖團力之法,王安石曰:'古論兵無如孫武者,以其粗見道故也。如日有長短,月有死生,五聲之變不可勝聽,五色之變不可勝觀,奇正之變不可勝窮。蓋粗能見道,故其言有及於此。'上曰:'能知奇正,乃用兵之要,奇者天道也,正者地道也,地道有常,天道則變而無常。至於能用奇正,以奇爲正,以正爲奇,則妙而神矣。'安石曰:'誠如此。天能天而不能地,地能地而不能天,能天能地,利用出入,則所謂神也。神故能以奇爲正,以正爲奇也。'"

李燾:"王安石對,見《日録》十一月二十五日。"

十一月二十六日，以神宗怪陝西兵少財用不足，爲之解釋

《長編》卷二百四十八熙寧六年十一月乙丑："上怪陝西兵少，財用不足，王安石曰：'此事已委薛向根究，然日下闕乏，須應副，令及時收糴。'上又以爲轉運使非其人，曰：'使此輩理財，舉事未得。'安石曰：'陝西財用不足，亦恐未可歸咎監司，必是自有許多使處。如熙州用兵，數亦不多，而所費錢斛乃如此之多。緣既用兵即所費必如此，至於小大失計，亦或有之，未必便能致財用闕乏也。'上曰：'一事失計，往往便至數十萬貫錢。'"

是月，欲深罪不附新法之吏，神宗不可。固爭之，退而托疾家居，神宗遣使慰勞之，乃出

《長編》卷二百四十八熙寧六年十一月戊辰，李燾："《宋類苑》：十一月，吏有不附新法，介甫欲深罪之，上不可，介甫固爭之，曰：'不然，法不行。'上曰：'聞民間亦頗苦新法。'介甫曰：'祁寒暑雨，民猶有怨咨者，豈足顧也？'上曰：'豈若并祁寒暑雨之怨亦無邪？'"

司馬光《涑水記聞》卷十六："熙寧六年十一月，吏有不附新法者，介甫欲深罪之，上不可。介甫固爭之，曰：'不然，法不行。'上曰：'聞民間亦頗苦新法。'介甫曰：'祁寒暑雨，民猶怨咨者，豈足顧也！'上曰：'豈若并祁寒暑雨之怨亦無耶？'介甫不悅，退而屬疾家居。數日，上遣使慰勞之，乃出。其黨爲之謀曰：'今不取門下士上所素不喜者暴進用之，則

權輕，將有窺人間隙者矣。'介甫從之。既出，即奏擢章惇、趙子幾等。上喜其出，勉强從之，由是權益重。鞠承之云。熙寧八年十一月，介甫以疾居家。上遣中使問疾，自朝至暮十七返，醫官脉狀皆使駈行親事齎奏。既愈，復給假十日將治，又給三日，又命兩府就第議事。伯淳云。"

按，《長編》卷二百七十熙寧八年十一月丙戌："先是，王安石以疾居家，上遣中使勞問，自朝至暮十七反，醫官脉狀，皆使駈行親事齎奏。既愈，復給假十日，將安，又給三日。又命輔臣即其家議事。時有不附新法者，安石欲深罪之，上不可，安石爭之曰：'不然，法不行。'上曰：'聞民間亦頗苦新法。'安石曰：'祁寒暑雨，民猶怨咨，此豈足恤也？'上曰：'豈若并祁寒暑雨之怨亦無邪？'安石不悦，退而屬疾。上遣使慰勉之，乃出。其黨爲安石謀曰：'今不取門下士上素所不喜者暴進用之，則權輕，將有窺人間隙者矣。'安石從之。上亦喜安石之出，凡所進擬皆聽，由是安石權益重。"李燾："此據司馬光《記聞》，云是十一月事。"

據此，則李燾將公兩次屬疾合而爲一，故繫此於熙寧八年。江少虞《宋朝事實類苑》卷五："熙寧六年十一月，吏有不附新法，介甫欲深罪之。上不可，介甫固爭之，曰：'不然，法不行。'上曰：'聞民間亦頗苦新法。'介甫曰：'祁寒暑雨，民猶有怨咨者，豈足顧也！'上曰：'豈若并祁寒暑雨之怨亦無邪？'"亦明確爲熙寧六年十一月。至於《記聞》所載"既出，即奏擢章惇、趙子幾等，上正喜其出，勉强從之，由是權益重"，應指熙寧七年正月二十九日，公與神宗議，公薦章惇、趙子幾爲陝西諸路置帥，詳下。

又《宋史》卷三百二十七《王安石傳》亦沿此誤，尤爲無稽："（熙寧八年）十月，彗出東方，詔求直言，及詢政事之未協於民者。安石率同列疏言：'晉武帝五年，彗出軫；十年，又有孛。而其在位二十八年，與《乙巳占》所期不合。蓋天道遠，先王雖有官占，而所信者人事而已。天文之變無窮，上下傅會，豈無偶合……竊聞兩宮以此爲憂，望以臣等所言，力行開慰。'帝曰：'聞民間殊苦新法。'安石曰：'祁寒暑雨，民猶怨咨，此無庸恤。'帝曰：'豈若并祁寒暑雨之怨亦無邪？'安石不悅，退而屬疾臥，帝慰勉起之。其黨謀曰：'今不取上素所不喜者暴進用之，則權輕，將有窺人間隙者。'安石是其策。帝喜其出，悉從之。"

是月，逢監安上門鄭俠，俠致書痛陳市易免行、市例錢之弊。不報

《西塘先生文集》附《鄭俠傳》："初議專攔食錢，每正稅百文外，收事例錢十文以給之，謂之市利錢。市易司申請時，微文巧弊，稱所收不及十文者，亦收十文。所收指事例十文，其末返重於本，百姓至與專攔死争。監官委曲諭以新法，乃怫然投錢而去。先生覩其害，實封言於丞相，并陳青苗、免役、市易、保甲之弊。一再不報，復因黎生致一書。"

《西塘先生文集》卷六《上王荆公書》：俠惶恐百拜，再啓史館相公先生：仲冬凝寒，伏惟鈞候，動止萬福……且如府、司免行錢，是與免役錢不異。其善如此，在俠之愚，以爲朝廷誠以利民爲心，則宜較其所費之多少，令舊行之最豪大者不過出每歲陪費之半，已見大濟，而令其舊行之貧弱者，一例免放可矣。必不得已而使之出錢，宜亦欣然聞命。今者令細民並相糾告，不以舊曾係行籍、但持一物而賣於市者，莫不出免行錢，至於麻鞋、頭髮、茶坊、小鋪，皆朝夕營營以急升米束柴而不贍者，今無不勒出錢以爲免行，則彼舊非在行，何免之有？何以爲寬民之力哉？又如門司商稅院舉用倉法，取商人舊來行用之半，以給公人食料等錢及公用事。雖至小，其於通利商旅往來爲美利固不細。公人輩既用倉法，不得乞覓，安有不收之稅？俠以爲此法既行，爲上之人便當覺察。諸門及在務苛細，不務寬大底事，尚無有此舉。果使公人輩多方搜索，內外嗟厭，得提舉市易務司劄子，令不得非理解拆客人車仗。三司薛公懲誡其一二，方稍戢斂。四方商旅士民出入者，靡不欣快而歌道之。又擘畫一貫以下稅錢，不以是何名色，盡令在門收稅。五七月間，陡見稅額增羨。豈意前者以增羨獲賞，後者更加嚴峻，日務增一日，月務增一月，人務增一人。至於剝削根究，唯務盡稅，則前日之事無復存，而法又將可厭而壞矣。且如開倉法，立條只爲饒潤客旅耳。法未行時，諸門入務之物，皆役大商，其人自不以些少稅錢冒犯公法。唯小商及火下在門，麤重之物，十或饒其三四，亦有以價輕稅重，不得不饒者，實所以寬夫天民之窮餓，以宣發君相之仁，而使之知君相所以置某等於諸門，如此而已。故倉法未行如此，既行之後亦如此。偶以本門有稅長連紙者，其額每一千，稅錢五十足。攔頭輩以爲務例，每一千收千百五張稅錢。自取條貫遍檢，無此條；取則例檢之，又無。以其無條例，遂不敢行。祗領依條每一千張收錢五十足。不知舊時紙在院稅時，盡於稅院左右貨賣,諸處紙鋪,盡往彼收買。及於諸門收稅,則客人就便盡得貨賣。紙鋪有姓劉者,舊時稅院前賣紙主人也,以不得賣紙,遂以此告本門。不合只將姓丁人紙,每張只稅一張。本院行遣姓丁者及攔頭公人輩,各禁繫五六日科斷。近日有永泰門,以大商火下有些少物在門收稅,薄有饒潤者。自九月二十七日禁繫,至今未經了絕,則諸門並無一文敢擅行饒潤。是見之無不收,收之無不盡,惡在其爲寬恤哉?今試言壞法之處。且如木炭,未行倉法時,每馱稅錢十五文,今收三十五文。香附子每擔收錢十五文,今一擔稅錢四十文。黃藁中褾席一領只賣一百文以下錢,本額稅錢二十文。舊爲其如此,每五領收一領,豈敢復饒?其餘麤重如此之物,不可勝數。又市利,錢舊係務納者,所收不及十文,亦收十文,則是半斤粲只稅四文,却收市利錢八文。他皆類此。天寒氣凜,早晚遇有貧窮者,忽擔得些少如此等物,或時只據在身所有錢數,便與收納。今者盡收,不免勒令脫破衫弊袴,以解典質當於人,以納稅錢。人又有不肯解典之者,往往嗟泣歔欷,誠有所不忍視。"

按,免行錢行於是年六月二十六日,《長編》卷二百四十五熙寧六年六月戊辰:"詳定行户利害條貫所奏:'應開封府委官監分財產,當官議定,或令探分,毋得輒差行人。官司下行買物,如時估所無,不得創立行户。今衆行願出免行錢,乞從本所酌中裁定,均爲逐處吏禄。'從之。"書又謂"仲冬凝寒","今歲蝗旱,深冬無雨雪","自九月二十七日禁繫",故繫於此月。

十二月六日，與神宗論李靖團力之法，並及高宗伐鬼方、周公東征等

《長編》卷二百四十八熙寧六年十二月乙亥：“上謂輔臣曰：‘李靖團力之法，以三人得意者爲隊，已令李浩試之懿、洽二州，疑亦可行。’王安石等曰：‘三代至於漢、魏，皆以五人爲伍，至如三人，若一人戰死，押官執刀在後，即斬二人，恐不可。然此法亦可增損爲用。’上曰：‘唐太宗問李靖兵法之要，靖以謂不出形之，使敵從之，一言而已，此誠簡要。’又曰：‘高宗伐鬼方三年，而周公東征亦三年，何其久也？’安石曰：‘古人欲其師之完，故不急務，又其敵有彊弱，故難克也。如管、蔡乃武王所使以監商人，其任至重，必非常才，於周之盛時，乃能率衆叛，幾危王室，蓋非易克者也。’上曰：‘君子小人各有道，所以能相敵。’安石曰：‘誠如此，以黄帝之聖神，而與蚩尤七十戰而後能勝者，由此故也。’

上曰：‘以武王、周公大聖人，商之餘俗，至歷三紀，然後世變風移，衛文公《螴蛛》之詩乃能止奔，何也？’安石曰：‘商人之俗習於紂惡之日久矣，爲其所化，如怨望周人，不使之如商革夏，有服在庭，以利口亂正，非如止奔之易也。’上曰：‘文王江、漢之域無思犯禮，衛文公亦能止奔，使國人不齒，何以異此。’安石曰：‘衛文公區區一國之君耳，但能正身以御下，得賢才而任之，其地至狹，苟能躬行禮義廉恥，而所置卿大夫同德協心，則彼淫奔之俗，衆人之所惡者，止之固不爲難。非若文王之時，身爲諸侯，而能使江、漢之人無思犯禮也。’”

十二月十一日，以修撰經義所檢討徐禧爲中書户房習學公事

《長編》卷二百四十八熙寧六年十二月庚辰："修撰經義所檢討、洪州進士徐禧爲鎮南軍節度推官、中書户房習學公事。禧與吳著、陶臨皆以白衣爲修撰經義所檢討，至是，又以選人入中書習學行檢正事。初，吕惠卿薦禧所爲《治策》二十四篇，上善之，曰：'禧言朝廷以經術變士人，十已八九變矣，然盜襲人之語而不求心通者，亦十八九。此言是也。觀禧文學，曉政事，宜試之於有用之地。'王安石曰：'中書檢正官如章惇輩，朝廷當即有差除，後更用人，如有不稱，艱於退絀，欲置人爲習學。'上以爲然，於是以禧爲之。中書五房習學公事自此始。"

按，徐禧，《宋史》卷三百三十四有傳："字德占，洪州分寧人。少有志度，博覽周游，以求知古今事變、風俗利疢，不事科舉。熙寧初，王安石行新法，禧作《治策》二十四篇以獻。時吕惠卿領修撰經義局，遂以布衣充檢討。神宗見其所上策，曰：'禧言朝廷用經術變士，十已八九，然竊襲人之語，不求心通者相半。此言是也。宜試於有用之地。'即授鎮安軍節度推官、中書户房習學公事。"

《國朝二百家名賢文粹》卷八十二徐禧《上丞相王荆公書》："昔者聖賢相逢，而其妙用之事業足以善天下、傳後世者，與其德配天地而非其時，不得載之行事，以成位乎其中者，與夫有至誠肯聽之君，而行政之專、在位之久而功烈止於如此者，是皆相公平昔之所明擇而安居，安居而誠樂，誠

樂而兩忘焉，而後以得於今日之天也。某雖讚之，不足以爲知言；某雖詆之，不足以增高論，是皆無可爲相公而有言也。明王之跡既遠，而屢更亂世，所謂千百年絶道之後，而乃有聖君卓然興起於此時。視其勢，且非小小之作。而所謂善天下、傳後世者，固將日計進而月計功，旁羅廣搜，以及昆蟲草木之靈智，皆可以盡其才用而不棄，況於能者之力而智者之知哉……夫與人之此時者，天也。愛日趨功而成就之，或小或大，皆不可委之天，而正人之所爲者也。人之所爲，不勉不至，故某近採所聞而著爲狂妄之説，輒欲干聖主之聽。而身賤言遠，無因自進。以爲當今道德之表、自任以天下之重而急欲聞此者，惟相公其人。謹因舍弟應舉天府，繕寫所云之書，凡兩本四策，而附以獻于相公之左右。政事之隙，試發而讀之。”

十二月十二日，以睦州軍事推官葉適等爲中書習學公事

《長編》卷二百四十八熙寧六年十二月辛巳：“睦州軍事推官葉適、平輿縣令編修三司令式删定官張元方、興平縣尉王震，並爲中書習學公事。適禮房，元方吏房，震刑房。”

十二月十五日，遣職方員外郎林積監疏汴河

《長編》卷二百四十八熙寧六年十二月甲申：“遣職方員外郎林積監疏汴河噎凌。”

十二月十六日，增開封府等處吏禄，以行重法

《長編》卷二百四十八熙寧六年十二月乙酉：“中書言：

'增開封府等處吏禄，以行重法。'上曰：'異時吏不賦禄，而受賕輒被重劾，今朝廷賦禄而責人，可謂忠恕矣。'它日，上又稱禄法忠恕，馮京曰：'天下無事乃可以行此。太宗時嘗宣諭州縣官，有道理少取筭錢，無道理莫取。'上曰：'當是時接五代財用不足。'王安石曰：'縱財用不足，吏亦人，非不衣不食而治公事，既衣食即必有所出，自可以法收斂，以此賦給。'上曰：'當是時亦自未可正法也。'"

十二月二十一日，請且罷白溝，修汴南水利

《長編》卷二百四十九熙寧七年正月乙丑："都水監請權停修白溝河，移夫浚自盟河，從之。初，詔白溝河置牐行運，分三年修，而同判都水監侯叔獻以爲差夫日逼，又見被命提舉汴河隄岸打凌，未可即往白溝。因言自盟河係疏泄汴河以南民田積水，最爲大川，近歲失於浚導，水嘗爲患，乞輟白溝夫修之。故有是詔。"

李燾："先是，王安石白上：'欲且罷白溝，修汴南水利。'上曰：'人多以爲白溝不可爲，而卿獨見可爲，若遂修成，甚善。'安石曰：'果不可爲，況未曾費用功力，罷之誠宜。若可爲，即俟時爲之，何必計校人言也。'安石白上，据《日録》十二月二十一日事，今附此。初治白溝河在六年五月十二日，又八月十六日，又十月十九日，至此罷。"

十二月二十二日，議李靖結隊法，疑之，因論戰陣之事帝王不足道；又論苻堅之敗

《長編》卷二百四十八熙寧六年十二月庚辰："上善李靖

結隊法，召賈逵問之，逵以爲非，詔中書、密院同議之。安石曰：‘今但結三人爲隊，又結五人爲伍，相搏執以觀其孰勝，則其可用與否立見矣。’上乃令郭固與殿前司各爲一法，試其可者。然以爲靖能勝夷狄，又數稱黃帝兵法，必曉古人伍法，其用三人爲隊，或必有意。安石曰：‘後世無知兵者，靖能結三人爲隊，以當衰亂散鬭之敵，宜其每勝，比之韓信則已不及。至於黃帝兵法，必非靖所能知，蓋自黃帝以來即有伍法，豈容歷代聖人智不及靖，而不能結三人爲隊也？’上曰：‘韓信以數十萬當項羽十萬，靖以萬人當頡利一國，靖未必不如信。’安石曰：‘自蚩尤以來，未有如項籍者，頡利乃衰亂之夷狄，李靖率習戰之士，深入敵地而發其機，又乘其不戒，則其勝之固易。’上曰：‘兵固欲措之於易勝。’安石曰：‘措易勝與難勝乃爲奇，措易勝與易勝不足爲奇也。’

馮京曰：‘陛下論兵高遠，非群臣所及。’安石曰：‘天錫陛下聖質高遠，與堯、舜、湯、武固無以異，論兵誠爲高遠，然先王雖曰張皇六師，克詰戎兵，其坐而論道，則未嘗及戰陣之事。蓋以爲三軍五兵之運，德之末，不足道也。孔子亦曰：俎豆之事，則嘗聞之矣；軍旅之事，未之學也。以爲苟知本矣，末不足治也。’上曰：‘事亦有趨時者，如宣王乃以北伐爲先。’安石曰：‘宣王所以北伐，乃以能分別君子小人，用吉甫、張仲故也。若十步之內，君子小人曾無所分別，不知如何能勝玁狁？然則先王所務又有在北伐之先者。陛下修身齊家誠無愧於堯、舜、湯、武，臣若見陛下少有闕失，豈敢顧望不諫？然即位六七年，未能成堯、舜、湯、武功業，必有與堯、舜、武、湯不同處。《詩》曰：思無疆，思馬斯臧，思無邪，思馬斯徂。人君苟出於誠正，則馬可使臧，可使徂，而況於人乎？然則無人爲將率，非陛下所患，況今日四夷類皆非豪傑，無足以累聖慮者。'上以爲然。

上又論兵，以爲能知陰陽五行之理而役使之，則盡矣，要在通理而已。安石曰：'天地乃爲陰陽五行所使，通陰陽五行之理，是所謂精義入神以致用，所爲無不可者，何但兵而已。'上又言符堅以百萬之師爲晉所敗，安石曰：'堅號爲英主，然其實疏暗。王猛、符融苦諫，以爲慕容垂常幸國家之災，腹心之患也。不知慮此而遠勤吳會，此乃自敗，非晉能敗之也。'上曰：'垂必有以中其心。'安石曰：'堅欲平晉，垂勸之平晉然後封禪，此乃堅所欲，故爲垂所惑也。'上曰：'此在人君聽納明與不明耳。符融、王猛以晉爲不可伐，而堅不聽，故敗。晉武帝欲平吳，而一國之人皆以爲不可，獨用張華、羊、杜三數人之言，故勝。然則聽納之際，可不審乎。'"

李燾："以上並見《日錄》十二月二十二日。""亦見二十三日。"

按，本年五月八日，神宗詔諸路經略司結隊並依李靖法。《長編》卷二百四十八熙寧六年十二月丁亥："詔程昉於沿河採車材三千兩，下軍器監定樣製造戰車。上修嚴武備，既采唐李靖三人隊法，欲試行之，且以北邊地平可用車爲營衛，因內出手詔，令三府講求，而有是詔。"

李燾："《兵志》云：'六年五月，詔諸路經略司結隊並依李靖法，三人爲一小隊，九人爲一中隊，賞罰俟成序日取裁。其隊伍及器甲之數，依涇原路牙教法。'按今《日錄》附此事於五月八日庚戌。"

十二月二十三日，聞神宗稱譽真定府路總管向寶，不以爲然，謂向寶並非良將

《長編》卷二百四十八熙寧六年十二月壬辰："帶御器械
鄭德誠乞權差官輪宿直，詔令真定府路總管向寶宿直。舊
制，外任帶御器械過闕朝見，不宿衛，時寶過京師，特命之。
上與王安石言：'向寶善戰，好將也，與薛仁貴何異？' 王安石
曰：'恐不同。'上曰：'仁貴更有機略，如寶已難得。'安石
曰：'向寶但能使馬精熟而已，其於西市一帶山川最其所諳
熟，然西市之戰幾敗事，如此將率要不難得。'安石以爲寶既
貪恣，又西市之戰狼狽，徒以西府賴其沮壞王韶，故稱譽於
上前爾。"

按，向寶，《宋史》卷三百二十三有傳："鎮戎軍人，爲御
前忠佐，換禮賓使，涇原、秦鳳鈐轄。積勞，自皇城使帶御器
械，歷真定、鄜延副總管，遷龍神衛四廂都指揮使、嘉州團練
使，卒。寶善騎射……神宗稱其勇，以比薛仁貴。"

因周士隆上書請爲車以禦象陣，與文彥博辯

《宋史》卷一百九十七《兵十一》："六年，始置軍器監，
總內外軍器之政。置判一人，同判一人。屬有丞，有主簿，
有管當公事……時周士隆上書論廣西、交阯事，請爲車以禦
象陣，文彥博非之。安石以爲自前代至本朝，南方數以象勝
中國，士隆策宜可用，因論自古車戰法甚辯，請以車騎相當
試，以觀其孰利。帝亦謂北邊地平，可用車爲營，乃詔試車

法,令沿河採車材三千兩,軍器監定法式造戰車以進。"

是年,館李士寧於相府,與之遊

司馬光《涑水記聞》卷十六:"李士寧者……王介甫尤信重之。熙寧中,介甫爲相,館士寧於東府且半歲,日與其子弟遊。及介甫將出金陵,乃歸蓬州。"

魏泰《東軒筆錄》卷五:"李士寧者,蜀人,得導氣養生之術,又能言人休咎。王荆公與之有舊,每延於東府,迹甚熟。"

按,公翌年四月出鎮金陵,館李士寧於東府當於本年。

是年,召黃廉至中書問免役法,薦之

黃庭堅《黃文節公全集·別集》卷九《叔父給事行狀(黃廉)》:"公少舉進士,有聲場屋間,登嘉祐六年進士第,授宣州司理參軍……未至,丁母夫人蓬萊縣太君徐氏憂。服除,江淮發運使張頡舉充勾當公事,未行,或薦公於王荆公。荆公召至中書,問免役法,公以但知舊役法牙規對。荆公問甚悉,曰:'能留心舊法,必能辦新法矣。'薦於上,遂爲司農寺勾當公事。召對便殿訪時事,公對曰:'陛下意在惠民,法非不良,而患在奉法之吏多非其人。朝廷立法之意則一,而四方奉法之意紛然不同,所以法行而民病,恐陛下不盡察也。河北郡縣被水,河東、河南、京東西皆旱,淮、浙飛蝗蔽野,江南疫癘,恐陛下不盡知也。'遂命公同司農寺丞程之才體量河北、河東災傷賑濟,道除知司農寺丞。公以荒政十二爲科條,州縣可行者以付守令,其大者或請或遂,務以濟民，不專於黜不職之吏立威而已。歸報使事，又言所見民間不便於改法者數條。”

《宋史》卷三百四十七《黃廉傳》：“黃廉字夷仲，洪州分寧人。第進士，歷州縣。熙寧初，或薦之王安石。安石與之言，問免役事，廉據舊法以對，甚悉。安石曰：‘是必能辦新法。’白神宗，召訪時務，對曰：‘陛下意在便民，法非不良也，而吏非其人。朝廷立法之意則一，而四方推奉，紛然不同，所以法行而民病，陛下不盡察也。河朔被水，河南、齊、晉旱，淮、浙飛蝗，江南疫癘，陛下不盡知也。’”

按，張頡熙寧六年三月權發遣江淮等路發運副使，在官二年。①　其舉黃廉充發運司勾當公事，當於本年。《行狀》所稱“同司農寺丞程之才體量河北、河東災傷賑濟”，則爲熙寧八年五月事（詳本譜熙寧八年五月）。

是年，有《何處難忘酒》，鄭俠聞而有和

《詩注》卷二十四《何處難忘酒二首》其二：“何處難忘酒，君臣會合時。深堂拱堯舜，密席坐皋夔。和氣襲萬物，歡聲連四夷。此時無一盞，真負《鹿鳴》詩。”

自注：“擬白樂天作。”

《西塘先生文集》附《景定建康志·介夫傳》：“公覩其害，言於丞相數矣，至是又具書并陳青苗、免役等弊事，因黎生獻之。未幾，令下，小夫褓販者免充行，舊稅重者十減六

---

① 　《長編》卷二百四十三熙寧六年三月庚午：“職方員外郎張頡權發遣江淮等路發運副使。”《長編》卷二百七十四熙寧九年四月戊子：“中書戶房言：‘張頡前任江、淮等路發運使，在官二年。’”第5926、6702頁。

七,其大者將謂以次施行,已而竟無所聞。時安石有詩曰……公聞而和之曰:'何處難緘口,熙寧政失中。四方三面戰,十室九家空。見佞眸如水,聞忠耳似聾。君門深萬疊,焉得此言通。'"

陳郁《藏一話腴》內編卷上:"後公參大政,俠以疑獄數事爲公謀,公皆如其請。俠爲監門,公行新法,俠極言其非,不報。時荊公有詩曰……俠和云……故宰相之欺,終不能勝監門之直云。"

劉涇撰文以頌

呂希哲《呂氏雜記》卷下:"熙寧時,劉涇爲《太學頌》曰:'有四大儒,越出古今。王氏父子,呂氏兄弟。'荊公聞之,怒曰:'我四分中只得一分。'"

與呂惠卿等研討經義

朱彧《萍洲可談》卷一:"先公嘗言,昔在修撰經義局,與諸子聚首,介甫見舉燭,因言:'佛書有日月燈光明佛,燈光豈足以配日月乎?'吉甫曰:'日煜晝,月煜夜,燈煜晝夜,日月所不及,其用無差別。'介甫大以爲然。吉甫所言中理,歷歷可記類如此。"

按,"先公",即朱服,時爲經義所檢討。

楊畏以所著書來謁,除爲鄆州教授

《宋史》卷三百五十五《楊畏傳》:"楊畏字子安,其先遂寧人,父徙洛陽。畏幼孤好學,事母孝,不事科舉。黨友交勸之，乃擢進士第。調成紀主簿，不之官，刻志經術，以所著書謁王安石、呂惠卿，爲鄆州教授。自是尊安石之學，以爲得聖人之意。除西京國子監教授，舒亶薦爲監察御史裏行。”

《東都事略》卷九十九《楊畏傳》：“字子安，其先遂寧人也，徙居洛陽。幼孤，自立，好學問，事母孝。舉進士，爲成紀簿。以文受知於呂惠卿，除鄆州教授。自是敬王安石之學，以爲得聖人之意。”

見林積，出所録天下之才吏

黃裳《演山先生文集》卷三十三《中散大夫林公墓誌銘》：“中道丁中大夫憂，哀戚之至，如喪同安太君時。釋服赴闕，勾當汴河堤岸。未幾，知齊州，尋移知泗州……公嘗謂裳，自釋中大夫憂至京，一日見王荆公，出其所録天下之才吏，指某之爲某縣有是能，爲某縣有是德，相與甚厚。”

按，林積，詳本譜嘉祐七年。《長編》卷二百四十八熙寧六年十一月甲申：“遣職方員外郎林積監疏汴河噎凌。”則林積釋憂至京，或於本年，故繫此。

又《長編》卷五百十八元符二年十一月庚辰：“上曰：‘安石稱道嘉問過當。’布曰：‘誠如聖諭。安石平生交遊多暌乖，獨與嘉問始終，故稱之太過。作嘉問母祭文云：是生賢子，經德秉哲。此乃商周先王之德，嘉問何足以當之？’上笑曰：‘安石性强。’布曰：‘安石以義理名節忠信自任，不肯爲非，至於性强，自是以此驕人，故時有過舉，豈他人可比。’上曰：‘安石誠近世人所未見。’布曰：‘此非可與章惇、蔡卞

同日而語。其孳孳於國事，寢食不忘，士人有一善可稱，不
問疏遠，識與不識，即日招用，誠近世所無也。'"

由此，可見公於人才之獎勵推挹，不遺餘力。

得彭汝礪《詩義》，善之，留爲國子監直講

《名臣碑傳琬琰集》中卷三十一曾肇《彭待制汝礪墓誌
銘》："公諱汝礪，字器資……治平二年，以進士試禮部，擢第
一。故事，進士第一人無入吏部選者，公釋褐，歷保信軍節
度推官、武安軍節度掌書記。丁外艱，服除，復授潭州軍事
推官。在選十年，人以爲淹，而公處之澹如也。丞相王文公
得公《詩義》，善之，留爲國子監直講，改大理寺丞。"

卷　六

熙寧七年甲寅（1074），五十四歲

春正月七日，以永興、秦鳳路察訪李承之劾轉運判官楊蟠詐妄，庇護楊蟠免它責

《長編》卷二百四十九熙寧七年正月庚戌："永興、秦鳳路察訪李承之言：'中書下楊蟠奏，諸縣並無百姓經察訪司陳訴用稅敷錢不等。臣初入境，見百姓經提點刑獄司陳狀者千八百餘人，即申司農寺。近再過華州，又有鄭縣百姓七百餘人赴本司陳訴，皆蟠詐妄不實。'詔永興軍路安撫司關送推勘院。蟠初以同管勾陝西制置解鹽兼常平等事，擢永興軍等路轉運判官。五年十一月蟠權運判。承之出使，即按蟠不法，詔罷蟠轉運判官，令安撫司鞠其事。蟠數自辯，王安石又主之，竟免它責。蟠被按及罷，不得其詳。"

李燾："承之《本傳》云：'蟠倚勢不法。'所謂勢，則指安石也。六年十二月二十六《日錄》，安石云：'昨楊蟠不待劾而罷。'則其罷運判當在六年冬。今附見。"

按，《宋史》卷三百一十《李承之傳》不載其劾楊蟠，待考。

正月二十六日，進呈韓宗師劾程昉導滹沱河水淤田十六罪，爲程昉力辯

《長編》卷二百四十九熙寧七年正月甲子："先是，提舉河北路常平等事韓宗師劾程昉導滹沱河水淤田，而堤壞水溢，廣害民稼，欺罔十六罪。詔程昉分析。《河渠志》宗師言昉十六罪，在六年十二月。於是進呈，讀至宗師言'昉奏稱百姓乞淤田，臣勘會百姓，元不曾乞淤田。昉分析，據差去檢踏官取到逐縣乞淤田狀，但不曾户户取狀'。上曰：'亦無人户狀?'王安石曰：'淤田得差去官及逐縣官吏狀足矣，何用户户取狀? 程昉奏乞淤田既無狀，即難明虛實，然爲朝廷宣力淤田至四千餘頃，假令奏狀稱人户乞淤田一句不實，亦無可罪之理。陛下於讒慝小人尚能容覆，如何爲國宣力之人，乃不錄其功，惟求其一言半句之差，便以爲罪?'上曰：'若果淤田有實利，即小小差失，豈可加罪? 但不知淤田如何耳。'安石曰：'程昉淤田，既爲韓宗師所奏，故令程昉差一官，又令京東轉運司差一官，同檢量定驗。韓宗師乃不依常法，差一獨員監當官往定驗，決無庇蓋程昉之理。今檢定到出却好田一萬頃，又淤却四千餘頃好田，陛下猶以爲不知淤田如何，臣實不審陛下所謂。'

上言：'昉昨修漳河，聞漳河歲歲決；修滹沱河，又却無下尾。'安石曰：'修漳河出却三縣民田，百姓群至京師，經待漏院出頭，謝朝廷差到程昉開河，除去百姓三二十年災害。本議漳河西岸去山不遠，更不築堤，既不築堤，即水大自須抹岸，勘會累歲抹岸，才侵着五十頃地，其間却有鹵地

因淤更生良田，又假令年年壞却五十頃地，即計三縣所出利害多少，亦不宜謂之有罪而無功。如滹沱河爲事干塘泊，故與密院議，初未嘗言不可興修，既已興功至於放水，乃言滹沱河不合入塘泊。臣以爲滹沱河舊入邊吳淀，亦是塘泊，新入洪城淀，亦是塘泊，若俱是塘泊，即淤却上泊與下泊，不知有何利害之異？譬如作城，缺却南邊與缺却北邊，有何利害之異？此自是密院議論如此，豈是從初失相度，不留下尾？陛下平居納姦人譖訴，故爲陛下盡力者，常求其罪如不及，至於姦人情狀殊未省察。如中書、密院行遣，自來即無中書劄子爲頭，却是密院收接行遣，如程昉事即密院兩次收中書劄子所施行事，一面進呈行遣，計此事不容吏人都不知。自來行遣事體，緣欲宣言陛下甚怒程昉，欲令小人迎合聖意，不留中書劄子，於密院行遣即無以爲驗。群小如此情狀，陛下曾不省察，乃患人情難知，臣恐陛下所爲如此，即人情終無可知之理。如言漳河年年決壞爲有害無利，宜有其人。陛下平居納受其譖，又不考驗，乃常含怒開河之人，惟其無罪而已，即有犯，比餘人必百倍見困，不知如此欲令何人肯與朝廷宣力？'於是請案實開漳河事，上許之。

又逐條讀程昉分析，上曰：'若韓宗師所言果不實，朝廷何惜行遣，令轉運司考按其事。'程昉尋奏：'滄州增修西流河堤，引黃河水淤田種稻，添灌塘泊，并深州開引滹沱河水淤田，及開回胡盧河，并回滹沱河下尾。'"

按，《宋史》卷九十五《河渠五》："（熙寧六年）十二月，河北提舉常平韓宗師論程昉十六罪，盛陶亦言昉。帝以問安石,安石請令昉、宗師及京東轉運司各差官同考實以聞。還奏得良田萬頃,又淤四千餘頃。於是進呈。宗師疏至,言:'昉奏百姓乞淤田,實未嘗乞。'帝曰:'此小失,何罪,但不知淤田如何爾?'安石曰:'今檢到好田萬頃,又淤田四千餘頃,陛下以爲不知,臣實未喻。'帝曰:'昉修漳河,漳河歲決;修滹沱,又無下尾。'安石力爲辨説。"

韓宗師,韓絳之子,《宋史》卷三百十五有傳:"字傳道,以父任歷州縣職。既登第,王安石薦爲度支判官、提舉河北常平。累官至集賢殿修撰、知河中府,卒。初,宗師在神宗朝數賜對,常弗忍去親側,屢辭官不拜,世以孝與之。"

正月二十七日,以曾布、吕惠卿察訪河北東西路

《長編》卷二百四十九熙寧七年正月乙丑:"翰林學士曾布、知制誥吕惠卿爲河北東、西路察訪使,布西路,惠卿東路。"

正月二十九日,與神宗議陝西諸路置帥

《長編》卷二百四十九熙寧七年正月丁卯:"上與王安石議陝西諸路置帥,欲用蔡延慶爲環慶或涇原,安石論其不可,上問孰可者,安石以章惇對,其次趙子幾有大略。上曰:'惇似可,子幾粗疏。'又問李承之何如,安石言:'承之曉吏文,使爲都檢正或可,若作帥即不通物情。'上曰:'承之察訪陝西,亦通物情,但與楊蟠異論爾。'安石曰:'陛下問臣可作帥與否,臣不敢不以實對,不爲其與楊蟠異論也。'"

是月，與吳充、王珪等赴資政殿聽讀《詩》義，有詩唱和

《詩注》卷二十八《次韻吳沖卿聽讀詩義感事韻》：“周南麟趾聖人風，未有騶虞繫召公。雅頌兼陳為四始，笙歌合奏以三終。討論詔使成書上，休澣恩容著籍通。墙面豈能知奧義，延陵聽賞自為聰。”①

公自注：“沖卿詩云：‘雪銷鳷鵲御溝融，燕見殊恩綴上公。畫日乍驚三接寵，正風獲聽《二南》終。解顧共仰天顏喜，墙面裁容聖域通。午漏漸長知禹惜，侍臣何術補堯聰。’時修撰經義所初進《二南》，有旨資政殿進讀。”

王珪同和，《華陽集》卷三《依韻和吳樞密上王相公同召赴資政殿聽讀詩義感事》：“清曉陳經秘殿中，關雎首化屬周公。人穿豹尾班初上，日轉螭頭講未終。述作雖尋前聖遠，討論猶待後賢通。漢廷無更矜他説，自有匡衡發帝聰。”

按，《繫年初稿》繫此詩於熙寧八年，不取。熙寧六年三月庚戌，“命知制誥呂惠卿兼修國子監經義”；熙寧七年四月十九日，公罷相知江寧，攜經義所同行；熙寧八年六月《三經新義》成，鏤板太學(詳下)。詩注云：“時修撰經義所初進《二南》，有旨資政殿讀云。”吳充詩云：“雪銷鳷鵲御溝融”，係開封初春之景。據此，則此唱和或於本年初。《長編》卷二百六十八熙寧八年九月辛未：“呂惠卿曰：‘當初進《二南義》之時，陛下特開便殿，召延兩府，安石與臣對御更讀，以至終篇。陛下褒稱，聖言可記。’”

①　《文集》卷十八題作《次韻吳沖卿召赴資政殿聽讀詩義感事》，下同，第233頁。

二月一日，以王韶爲資政殿學士，兼制置涇原、秦鳳路軍馬糧草

《長編》卷二百五十熙寧七年二月己巳朔：“知熙州、端明殿學士兼龍圖閣學士王韶爲資政殿學士、兼制置涇原、秦鳳路軍馬糧草。先是，韶自熙州入覲，與二府議夏國事於資政殿，韶請一中人在軍中往來奏事。王珪曰：‘中人監軍非善事，若陛下於韶無疑，則不須如此。’韶又請王安禮、蔡天申爲帥府勾當，王安石以爲不可。安禮，安石之弟，而天申乃挺子也。上曰：‘韶此意不過欲執政協力耳。’安石曰：‘臣爲執政大臣，若無子弟在軍中，即於國事不肯協力，此乃姦宄之人。陛下置姦宄之人以爲執政，不早改命而遽圖西夏，恐失先後之序。’上曰：‘韶意不知卿，故如此言。’

韶議築贊納克城，須兵三萬，上令韶兼四路制置糧草。安石曰：‘今未有實事，先張此聲，徒致紛紛，非便。’衆皆以爲然。上終欲韶兼之，曰：‘大臣與之協力，乃令韶敢任事。’安石曰：‘臣非與韶爭爵禄，又非與韶爭功名，若韶能申威四夷，陛下有堯、舜之文，湯、武之武，則臣預有榮焉，何敢不與之協力！但於國計當然爾，欲俟築贊納克城畢乃議之。’上曰：‘贊納克既爲咽喉之地，西人必爭，則須兵力首尾相援，涇原、秦鳳若不令韶兼領，則緩急無以應敵。’王安石等曰：‘前日之議，未欲令韶兼領四路者，恐虛名以形敵而失我實利耳。今既止兼兩路，壤界相接，恐亦無傷。’故有是命。又賜韶崇仁坊第一區、銀絹二千，授其兄振奉禮部，弟大理寺丞夏三司勾當公事，令侍母於京師。”

是日，論天章閣待制、知瀛州李師中詐冒，罷之，薦章惇

《長編》卷二百五十熙寧七年二月己巳朔："右司郎中、知齊州李師中爲天章閣待制、知瀛州，既而王安石論師中詐冒不可用，即罷之。"

《長編》卷二百五十三熙寧七年五月戊戌朔："初，王安石既罷李師中瀛州之命，因薦章惇可用。陳升之亦欲用惇，上曰：'惇，但能作吏文耳。'安石曰：'惇吏文麤疏，然有機略，勝王韶。'時韓縝猶未出使，上欲復令縝還任。安石曰：'惇非縝所及也。'蔡挺言：'縝在瀛州非理慘虐。'安石固請用惇。吳充言：'不知契丹事與南江孰大？'安石曰：'臣知惇可以爲帥，非爲其了南江事未了南江事，臣已知惇可以爲帥。若待試其當得契丹然後用，即韓信何由倔起爲大將當項羽？'上乃許安石候惇回自南江用之。已而用惇帥涇原代王廣淵，命既下，亟寢之。及安石去位，復除惇爲高陽關路安撫使，又寢之。"

是日，以吕惠卿兼判司農寺；與神宗論邊事

《長編》卷二百五十熙寧七年二月己巳朔："知制誥、檢正中書五房公事、判軍器監吕惠卿兼判司農寺。

上與王安石論邊事，曰：'食哉惟時，雖堯、舜以爲先務。'安石曰：'雖然，若不惇德允元，而難任人，誰爲陛下盡力推行食哉惟時之政事？'上憂契丹，安石曰：'豈有萬里而畏人者哉？如不免畏人，必是事尚有可思處。'"

二月三日，因神宗憂契丹，與議措置之方

《長編》卷二百五十熙寧七年二月辛未：“上憂契丹，以爲全未有備，語執政且與協力措置。王安石曰：‘此事非臣所能及，在陛下力行而已。’上曰：‘河東因謫王慶民等，器甲遂大整齊。’安石曰：‘謫王慶民等，後來陛下曾更使人按視否？ 如不曾按視，徒聽傳聞之言，恐未可知。就令目前餘威尚能使人儆戒，不知久遠能不復怠廢否？ 恐須立法，歲遣人遍加存省，即可保無怠廢。如陛下向賜錢與陝西路諸帥回易，教閱士卒，後來便不聞陛下使人點檢公使錢如何支用，教得士卒孰精孰粗。若每事如此，不隨以考察，即多立條貫何爲？ 天下事要亦無多，但少立條貫，精加考察而已。’因問上：‘河北曾令如京師教閱否？’上曰：‘未曾，恐費用多。’安石曰：‘京師費用幾何？’上曰：‘已支萬餘緡。又有能造謗議動人耳目者，曾孝寬云教閱已支過二十四萬緡，問誰言此，云是薛向説三司供支過數。乃是將祗候庫一年諸般支用二十四萬緡，都説作教閱使過，實只萬餘緡爾。’安石曰：‘河北兵幾何？’上曰：‘七萬爾。’安石曰：‘若減萬人，却歲以其糧賜教得見在兵精，即不爲妄費也。’上以爲然。翌日，樞密院具文字同進呈，安石曰：‘須且令樞密院將京師支過錢物計算，仍將河北兵計一分至十分，所支錢物逐分合用錢物幾何。’”

以契丹將遣泛使，二月四日，議之

《長編》卷二百五十熙寧七年二月壬申：“知瀛州、天章

閣待制韓縝同提舉在京諸司庫務，仍詔縝以瀛州事付河北東路都轉運使劉瑾，亟乘驛赴闕。時契丹將遣泛使蕭禧來，召縝館伴故也。上謂王安石曰：'契丹若堅要兩屬地，奈何？'安石曰：'若如此，即不可許。'上曰：'不已奈何？'安石曰：'不已亦未須力爭，但遣使徐以道理與之辯而已。'上曰：'若遽交兵，奈何？'安石曰：'必不至如此。'上曰：'然則奈何？'安石曰：'以人情計之，不宜便至如此，契丹亦人爾。'馮京以爲我理未嘗不直，上曰：'江南李氏何嘗理曲，爲太祖所滅。'安石曰：'今地非不廣，人非不眾，財穀非少，若與柴世宗、太宗同道，即何至爲李氏？若獨與李氏同憂，即必是計議國事猶有未盡爾。不然，即以今日土地、人民、財力，無畏契丹之理。'"

二月五日，奉命答高麗國王書

《長編》卷二百五十熙寧七年二月癸酉："知高麗國王徽以書及土物送中書、樞密院，詔付市易務斥賣，以市綾、羅紗等，令二府各以書答之。"

《文集》卷七十九《答高麗國王啓》。

二月六日，弟安禮爲館閣校勘

《長編》卷二百五十熙寧七年二月甲戌："秘書丞、崇文殿校書王安禮爲館閣校勘。"

二月七日，議以賞罰教閱五路諸軍，及減在京冗占剩員

《長編》卷二百五十熙寧七年二月乙亥："王安石議以賞

罷教閲五路諸軍，上計河北一路八萬九千人，當費錢數萬緡。安石曰：'若减四千人，兵糧即已足用。今教閲得一路皆爲精兵，不知减却數千人便爲有關否。若只如今日不教閲，雖更增一倍，緩急何補。'吳充以爲財用亦可惜。安石曰：'契丹才有泛使，士大夫已洶洶，及至教閲，即惜財用，如此，士卒何由精也？'"

《長編》卷二百四十八熙寧六年十二月乙亥："命提點倉場沈希顏、御史臺推直官穆珣裁定在京冗占剩員。他日，上謂王安石曰：'剩員乃至八萬人，多爲官員冗占，見吕公弼説其父夷簡作某官，當時只有三人當直。'安石曰：'夷簡作官若是稍近上，只三人當直，恐傷國體。人主尊如堂，群臣如陛，上下有等威，乃可臨正庶民，若甚削弱，曾不如富人，不知何以爲堂陛之勢。當時果如此，亦未可爲法。且今日官員所被役兵，皆有常數，未見過當，所患在非其人而已。如吕夷簡爲大臣，納貨賂，廢壞朝廷百事，便與一人當直，亦不消得。'上乃笑。"

李燾："此段見七年二月七日。"

二月八日，諜報契丹欲復求關南地，神宗召對天章閣議之，因言不足深慮。神宗欲用郭逵知定州，固執不可

《長編》卷二百五十熙寧七年二月丙子："是日，上召對輔臣于天章閣，以諜報契丹欲復求關南地也。王安石曰：'此事恐無，縱有之，亦不足深致聖慮。'上曰：'今河北都無備，奈何？'安石曰：'其使來果出此，徐遣使以理應之；若又不已，亦勿深拒，但再遣使議，要須一年以上，足可爲備。'上

議擇河北帥，欲用郭逵爲定州。安石曰：‘陛下當國家間豫
時不修政刑，使逵有所忌憚，緩急乃欲用逵，臣恐非宜。且
逵言木征恐來秦州作過，臣才能短淺，無以措置，伏乞朝廷
相度處分。木征至無足憚，然逵尚敢挾之以侮脅朝廷，若握
重兵外挾契丹，陛下如何可以節制？’上曰：‘逵必不敢旅
拒。’安石曰：‘以木征侮脅朝廷，豈非旅拒？’上曰：‘逵第與
王韶爭。’安石曰：‘王韶是陛下所委，總制外藩，乃起大獄，
使人至江、淮、兩浙散捕無罪之人，造成其無根之罪，外則興
獄，內則侮脅朝廷，如有畏上之心，何敢如此！’上意堅欲用
逵，安石曰：‘陛下圖契丹，此第一事，乃已失計如此，臣何敢
任安危之責。更乞陛下審計，容臣與密院退更審計，明日取
旨。’上曰：‘只此是。’安石固執不可，上猶不已，安石曰：
‘陛下決欲用逵，斷在聖心，然臣不敢不盡臣所見而言。’上
曰：‘若議論不同，逵亦何敢安職？’安石曰：‘逵所爲當理，臣
豈敢沮之？若所爲不當理，臣既初議不以爲可用，但當避形
迹不言爾。’上曰：‘如此豈可？’乃令明日商量。上又曰：
‘必不得已，恐不免棄瑕録用。’”

是日，以吳充乞神宗減省騷擾河北事，駁之

《長編》卷二百五十熙寧七年二月丙子：“吳充白上，乞
且減省騷擾河北事。王安石曰：‘河北修役法，人皆免役數
年，特不科配銀絹，至於其餘百色，無一毫科配，如何反有騷
擾？’上曰：‘當是向來差夫多。’安石曰：‘差夫事，候排定保
甲乃可見事實，大抵七八丁乃著一夫，有何騷擾？初，自河
決遽調夫，不知河至今不塞，河北如何騷擾。調數萬夫塞却

河,致恩、冀數州皆免流亡,得良田耕墾,何名騷擾?塞滹沱河又出田幾萬頃,灌田四千餘頃,縱未經打量,不知萬頃實否,然亦須五六千頃,并淤到鹵地亦自萬頃。又開漳河,出三縣之田皆耕種,百姓至群聚來京師,謝朝廷爲之除害,如何謂之騷擾?'充曰:'民可與樂成,難與慮始。'安石曰:'民既難與慮始,此所以煩朝廷驅使,況亦不聞百姓以此爲怨,但朝廷士大夫自紛紛爾。'"

二月九日,以薛向知定州,因與神宗論養育人才及賞罰郭逵、程昉不公

《長編》卷二百五十熙寧七年二月丁丑:"三司使、龍圖閣學士、右諫議大夫薛向爲給事中、樞密直學士、知定州。王安石既言郭逵不可用,上問孰可,安石請用向,上謂向不忠信,不如趙卨。安石曰:'卨與向亦不相遠,陛下知其不忠信,若以道御之,則狙詐咸足使;如其不然,則中才以下孰不爲誕謾者。'上曰:'人材少,須養育。'安石曰:'陛下不分別君子小人,即人才何由長育?'上意猶欲用逵,安石曰:'今但令修理城郭器械,教訓士卒,如向足矣。或有邊事,須陛下別用人總制。'上曰:'今且用向,逵候緩急別商量。'安石曰:'臣不見逵緩急可用。逵頃節制一路,不知有何斬獲西賊勞績,既無斬獲西賊勞績,不知訓練得士卒精於餘路否。臣又不聞逵訓練士卒精於餘路。如有所譽,其有所試,逵所試之效如此,然則陛下何以知逵緩急了契丹事?逵又罪惡顯著,陛下初不能正其典刑,其心豈復有所忌憚也!'

　　上因擇將帥之難，歎曰：‘薄言采芑，于彼新田。宣王能新美養育人才，遂可以征伐獵狁而蠻荆來威。今朝廷可謂所用非所養，所養非所用。卿等亦宜爲朕養育實才，以當緩急之用。’安石又言：‘今人材乏少，當由陛下是非、好惡、賞罰不明，人人偷惰取容，莫肯自盡故也。如趙子幾在河北未嘗按一人，獨程昉盡力，乃興數獄危之，昉終無一罪可劾，惟以壕寨取受杖罪收坐免勘。安有一年提舉四五處大役，乃以一壕寨取受杖罪收坐之理？子幾宣言陛下極稱其能劾程昉。子幾向在府界，真能不畏强禦，修舉法令，陛下每以衆毀疑之，臣數辯其無罪。及使河北，更專按盡力之吏，以取悅流俗，陛下始極稱之。如此，即人臣何故不務爲偷惰取容？’上曰：‘朝廷獎用程昉如此，安得不盡力。內臣極有願爲昉所爲者，內臣得舉京官，祖宗以來未有。’安石曰：‘昉以職事得舉京官，不知受賂否，若不受賂，但以要人營職故同罪舉官，不知於昉私家有何所利？若人人能爲昉所爲，陛下何不降出姓名代昉職事？’上曰：‘只是修水利，又不似王繼恩平西川。’安石曰：‘人材各有用，民功曰庸，乃先王所甚貴，何必能平西川然後能保惜？陛下長育人材如此，則人材乏少，臣何敢任其罪。’

　　上又歎要一奉使如富弼之辯者亦不可得。安石曰：‘恐不至如此，乃陛下察人材未盡。’上曰：‘不如是，何故遠取韓縝？’安石曰：‘陛下欲用韓縝，此小事，縝自可了，故臣無復論薦。且臣若特薦一人往使，即大臣必隨事浸潤，其所言不當，近習又探報其所行不如法。事既得已，即不如已，非爲無人可以及縝也。’”

是日，以曾布權三司使

《長編》卷二百五十熙寧七年二月丁丑：“翰林學士起居舍人曾布權三司使。”

二月十一日，再議以賞罰教閱五路諸軍，神宗然之

《長編》卷二百五十熙寧七年二月己卯：“先是，王安石請如御前閱試法，支賜五路諸軍閱試高等者，衆皆以爲費用多。安石曰：‘且以河北一路言之，凡九萬人，若依御前閱試法，歲費十萬緡，只消減三四千禁軍衣糧賞賜之費，足以給教閱支賜。九萬人中若要揀退三四千怯弱人，却教得精強，即勝如今分外三四千人都不教。且如去年府界添招三二萬禁軍，不知所費幾何。以臣觀之，若教得見兵精，即去年所招兵不招亦得，若不教，即招得去年許多兵，緩急亦與不添招無異。去年添招許多兵，每歲添費錢物至多，今來教閱支賜所費錢物至少，然議者以教閱支賜爲可惜者，習見添兵，故以爲常，未習見如此教閱，故以爲異，故非之爾。’上以爲然，乃令曾布、呂惠卿議法。”

二月十二日，與神宗論富國强兵及厚風俗，言軍事所急，在於節制將帥

《長編》卷二百五十熙寧七年二月庚辰：“上語及遼國與董氈結姻，於西夏有掎角之勢，曰：‘彼不自修其政事，而託婚數千里之外，所謂舍己之田而耘人之田者也。’王安石曰：‘誠如聖諭。此吳起所以務在富國强兵，破馳説之言縱橫

者。'上曰：'起欲富國强兵，則廢宗室之疏屬與官之無用者，由此言之，欲富國强兵，則冗費不可以不省。'馮京曰：'吳起以刻暴殺身。'上曰：'如此等事，恐雖先王亦當爲之。'安石曰：'陛下之言是也。然吳起所爲，自非君子之道，故亡其軀爾。'

是日，上與輔臣論清野以車自守困契丹事，王安石曰：'事皆可爲，但於無事時務修政刑，令節制信於將帥，臨時不敢乖戾，即事無不可爲者。惟令諸將聽節制不敢違最難，以項羽之威，然不免爲曹咎之徒違節制致敗，然則軍事所急在於節制而已。'

王安石爲上言：'風俗有忠、信、廉、恥，則人知戴上，宗廟社稷長久，故忠、信、廉、恥之士，在所尊獎。後漢至無政事，然其季末，曹操移鼎，事隔人存，皇甫嵩握重兵於外，召之不敢旅拒者，風俗使然故也。'上曰：'後漢亦幸爾，令有强橫敵國及跋扈諸侯，即不足以存矣。'安石曰：'誠然。然先王既修政事，足以强其國，又美風俗，使後嗣至於朝委裘，植遺腹而不亂。若不務以忠、信、廉、恥厚風俗，專以强國爲事，則秦是也。不務修其政事以强國，而專獎節義廉退之人，則後漢是也。是皆得一偏而已。'"

二月十四日，委河北西路監司精加體量轄下守、倅

《長編》卷二百五十熙寧七年二月壬午："又詔河北西路轉運、提刑、提舉司轄下知州、通判，除待制以上官，精加體量，具治狀三等以聞。先是，上令王安石等易守倅之罷繆不職者，安石等既自選定，又乞委之監司，從之。"

二月十五日,薦呂惠卿爲翰林學士

《長編》卷二百五十熙寧七年二月癸未:"知制誥呂惠卿爲翰林學士。曾布既權三司使,惠卿差遣如故,王安石白上:'惠卿居常豈有後布?其大才豈不可爲學士?今學士有闕,乃闕而不補,臣所未喻。陛下處人才宜各當其分。'上曰:'任用惠卿何以異布?但不爲學士爾。'居數日,遂有是命。"

是日,以李承之檢正中書户房公事。與神宗議司農寺事,又請於俵常平稍多之縣專置主簿給納役錢及常平錢

《長編》卷二百五十熙寧七年二月癸未:"太常博士、集賢校理、提舉三司帳司勾院李承之爲集賢殿修撰、檢正中書户房公事。於是王安石欲用承之及熊本爲河北、京西路都轉運使,上既許之,尋批出以承之代呂惠卿,令安石别擇人爲河北都轉運使。詔三司帳司會計熙寧六年天下財用出入數以聞,仍自今每歲如此。

上謂王安石曰:'呂惠卿言司農寺甚善,然尚未了五分事,若司農事了,即天下事大定矣。'安石曰:'誠然。人人盡力於公家,即司農事不憂不集。'上又言:'司農都無所按治亦不少,苟有所聞,未嘗不考察;苟見違法,未嘗不舉劾也。'上又患俵常平官吏多違法,安石曰:'若俵常平稍多縣分,專置一主簿,令早入暮出,納給役錢及常平,度不過置五百員。五百員不過十萬貫,今歲收息至三百萬貫,但費十萬貫置官,不爲冗費也。'上以爲然。"

是日，以權御史中丞鄧綰奏言契丹爭河東地界事，與神宗論禦夷狄之方及李靖、漢文帝及秦制

《長編》卷二百五十熙寧七年二月癸未："權御史中丞鄧綰言：'竊以敵人妄爭河東界，殊無義理，止是姦巧生事，窺測中國……今日外敵慢侮，若姑禦之以堅强，則不失二國之平，平則彼不我疑，而我得以遠慮。若遽先之以畏屈，大爲中國之恥，則彼不我信，而我或將力爭。此臣所謂莫若守二國之平，無增畏屈之恥，庶得淹以歲月，生聚完養，有遠慮之萬全，無忿速之輕舉也。'

上覽奏善之，謂王安石曰：'王赫斯怒，此乃怒出不怒，非若忿速人見侮而怒也。'安石曰：'帝謂文王，無然畔援，無然歆羨，誕先登于岸。見侮而怒，動不思難，非謂誕先登于岸也。'上曰：'爰整其旅，以遏徂莒，以篤周祜。所以能安天下之民者，不輕怒耳，豈與夫好忿者同日而語哉！'安石曰：'陛下所以待夷狄者既盡其理，彼猶驕慢侵陵之不已，則我之人莫不思奮。且我無畔援歆羨，而又置之安平之地，則往無不勝矣。'上因論李靖以爲兵不過致人不致於人一言而已，曰：'敵須致之使來，而殺以勝之。'安石曰：'孫武雖有是言，然又數言投之無所往，深入諸侯之地發其機，未必皆致人也。'上又曰：'漢文帝雖不能立制度以合先王之道，而恭儉愛民，亦一世之人主也。'又曰：'秦雖不道，無惻怛愛民之心，而法制粗得先王之一二。然荀卿觀秦事，所以謂士大夫出於其門，入於公門，出於公門，歸於其家，無有私事。此但爲嚴令所迫，非若羔羊之委蛇正直，出於化之自然也。'"

《東都事略》卷九十八《鄧綰傳》："遼人來爭河東地界,綰論:'敵人懷姦生事,輒肆窺測。去冬聚兵累月,逡巡自罷,其情僞深淺,不爲難見,不過因護疆土,貪惜金帛,爲堅久盟約之計耳。今日戎狄慢侮,若禦之以堅疆,則不失二國之平,平則彼不我疑,而我得以遠慮。若先之以畏屈,則大爲中國之恥,恥則彼不我信,而或將力爭。'神宗謂執政曰:'王赫斯怒,此乃怒出不意,非若忿速之人見侮而怒也。'"

二月二十二日,侄婿葉濤爲州學教授

《長編》卷二百五十熙寧七年二月庚寅:"詔以新鄆州左司理參軍葉濤等二十三人爲諸路教授。國子監言看詳濤等所業堪充教授故也。葉濤,處州人,史逸其事迹。"

按,《宋史》卷三百五十五《葉濤傳》:"葉濤字致遠,處州龍泉人。進士乙科,爲國子直講。虞蕃訟起,濤坐受諸生茶紙免官。濤,王氏壻也,即往從安石於金陵,學爲文詞。哲宗立,上章自理,得太學正,遷博士。紹聖初,爲秘書省正字,編修《神宗史》,進校書郎。曾布薦爲起居舍人,擢中書舍人。司馬光、呂公著、王巖叟追貶,呂大防、劉摯、蘇轍、梁燾、范純仁責官,皆濤爲制詞,文極醜詆。安燾降學士,濤封還命書,云:'燾在元祐時,嘗詆文彥博棄熙河,全先帝萬世之功,不宜加罪。'蔡京劾爲黨,罷知光州。又以訴理有過,爲范鏜所論,連三黜。曾布引爲給事中,居數月而病,以龍圖閣待制提舉崇禧觀,卒。"

崔遹進《詩説》十卷。稱之，擢爲夔州教授

鄒浩《道鄉先生鄒忠公文集》卷三十四《提點刑獄崔君墓誌銘》："元符三年春，天子既嗣位，妙簡畯良，助隆初政，而朝奉郎嘉興崔君遹孝立實由江南西路提點刑獄召爲尚書户部員外郎。道病，十月四日，次常州無錫而卒，享年五十有二……其弟适，太學名士也，以君行狀來求銘，曰：君諱仁授之曾孫，國子監丞諱伸之孫，歙州婺源主簿、贈朝散郎諱敏中之子。初學即崇義理，不務詞章。會神宗以經術取士，遂登乙科，調宣州宣城主簿。朝廷方選教官，委國子監考所業以聞。君進《詩説》十卷，丞相王文公稱之，擢爲夔州教授。夔險遠，難侍親以行，辭不赴。赴宣城，用薦者遷杭州於潛令。"

二月二十三日，論不當遣李憲至王韶軍中，神宗不從

《長編》卷二百五十熙寧七年二月辛卯："是日，上批付王安石：'已差李憲往熙河勾當公事，今軍行豫議，其坐次可依奉使例進呈。'安石曰：'師出以律，否臧凶。則王韶節制於景思立。長子帥師，弟子輿尸，貞凶，則李憲又同三軍之政。如此任將，恐難責成功。'上言韶自要憲，安石曰：'軍中豈樂有此輩？但不得已耳。韶昨知王珪嘗止憲行，方謝珪，今韶意不過防異論，欲憲爲保證也。'上曰：'不然，韶言執政不欲憲在軍中，臣實賴其議事，願陛下勿泄臣言。'安石曰：'河州之行太遽，韶乃言被憲督迫，故舍此倉卒。兼王珪問韶出軍日不佳，韶亦答云憲欲急行，王珪遂具奏其事。'"

安石曰：'詔與臣言憲不如王中正，第憲惡中正，故不復得來。'上曰：'詔何故如此？前爲朕言王中正極疏略，不可與計事。又曰憲極可使令。若遣去，有敗事定歸罪於憲，如此即難遣去。'安石曰：'不遣去甚善。'上曰：'人亦無方類，如王繼恩平蜀，豈可以宦官不用？詔自要憲。'安石曰：'陛下更當察人情實，不知王詔要李憲，若韓信要李左車，問其兵計，止要得陛下一親信人在軍中，以塞讒訴之口而已。'上曰：'高遵裕去武勝軍時，極言不可，及去河州，又言不可，俱有奏狀，然不廢獎用也。'安石曰：'人臣各以所見言上，雖不可用，不可加罪。若違節制，即於法不可貸。'上曰：'遵裕言不去既不罪，即李憲要去有何罪？'安石曰：'先王制政，先時、不及時皆殺無赦，遵裕爲不及時，則李憲亦爲先時，何則？河州之役，兵未集乃遽出，誠爲倉卒也。'上又怪詔進退異言，安石曰：'詔無他，欲李憲在軍中保證其所爲，以抗異論；又畏外庭非其附託宦官，故不欲漏其奏請，而更云不欲憲往爾。大抵人臣罕以實事言上，此所以陛下多不能得事之情也。'然上卒遣憲往熙河……先是，安石與王珪同白上，因李憲往論王詔少留效用人，省浮費，上令作文字與，安石曰：'恐不須作朝廷文字，陛下以聖旨諭之，彼得聖旨亦有辭以拒來者及裁省公費，今一最下士人亦須月費百千以上，而往者無已，窮邊錢難致，如何經久。昨臣已令人致意王詔，今事功略就，人之多言，更在於傷財，不比初舉事，士人憚往。至於供給，皆可裁減，兼效用人徒費官賞，不如以其財專撫養鬭士也。'及是，上又令憲詣安石問復有何事諭詔，安石具爲憲言之。"

李燾：“此據《日錄》乃二十三日事，今附見。”

是日，與神宗論經營西夏之略，神宗然之

《長編》卷二百五十熙寧七年二月辛卯：“王安石又白上：‘今陛下欲討滅夏國，夏國誠爲衰弱，可以蕩除，然如前日資政計議，即恐平夏國未得。王韶乃欲用蔡延慶爲帥，陛下又欲用李承之爲帥，韶既論奏延慶爲帥，退又與臣言欲得張穆之爲帥。韶意苟取可制，不爲異議，殊不思邊面相去闊遠，緩急韶既不能躬親臨履，若令蔡延慶輩出師照應，緩急如何不敗邊事！昨熙河羌人皆無部分，烏合之衆，易以斬獲取功賞，又利於擄掠，故士卒樂奮。此但比舊日沮怯之兵粗爲有氣，若遇堅敵，節制既素不爲人所信，而士卒不見擄掠斬獲取功賞之利，即必渙然離潰，尚安能如取熙、河、洮、岷之易耶？’

上曰：‘若不試之於堅，即兵何時可用？’安石曰：‘須於脆敵試兵，因示之節制，使知所憚，然後可用於堅敵。安有試之脆敵曾不能立節制，乃用於堅敵而勝者？若王韶能正景思立違節制之罪斬之，則士衆自是肅然知法，臣敢保王韶五分可以平夏；若河州城下復能盡斬所獲殺降之卒，臣敢保王韶七分可以平夏。景思立違節制不能治，故士卒無忌憚，而有河州殺降之事。河州殺降之事又不能行法，乃送與思立，思立遂大半放却，思立自是罪人，如何更將罪人送與？爲將如此，臣實憂其士卒不知節制而爲亂，安敢保其平夏！李憲昨盛言河州人攻城兩日無功，故殺降，情可恕，不宜不賞。臣以謂用兵若即恃賞賜望其致死，非所以用兵也。人

利賞賜即惡死，事大敵堅，進即有死，當此時如何能以賞賜使人致死？臣以謂士卒素見畜養，一旦令攻城，若不進而退，即有必死之刑，如此然後人肯致死。若令士卒都無畏節制之心，而但有利賞賜之意，即恐賞賜未能盡得人之死力。今夏國雖衰弱，然緩急豈無宿將蒐擢，勁兵數萬亦豈難得。臣恐素無節制之驕兵，卒然遇之，必誤國事。陛下必欲經營夏國，直須令王韶以計內間其腹心，非深得其要領，未可輕動。假設能破夏國之半，彼以其半國求合契丹，契丹以唇齒之故，豈肯遽已？以契丹之眾加夏國之半，臣不知王韶能辦此否。'上極以爲然。"

是日，因馮京沮成都府置市易務，駁之，且請神宗勿疑，市易務必不能致蜀人爲變

《長編》卷二百四十九熙寧七年正月癸亥："遣三司勾當公事李杞相度成都府置市易務利害。先已遣蒲宗閔、沈逵，今復遣杞。其後上與輔臣論及市易，馮京曰：'曩時西川因榷買物，致王小波之亂，故今頗以市易爲言。臣檢《實錄》，實有此說。'王安石曰：'王小波自以饑民眾，不爲官司所恤，遂相聚爲盜，而史官乃歸咎搬取蜀物上供多而致然。不知搬取孟氏府庫物以上供，於饑民有何利害！'上曰：'李杞行未？'安石曰：'未也。然願陛下勿疑，臣保市易必不能致蜀人爲變也。'"

李燾："馮京云云，見《日錄》二月二十三日，朱史乃附見去年十二月二十四日，誤也。"

二月二十七日，熙河路經略司奏知河州景思立等敗沒。與神宗等於天章閣議之

《長編》卷二百五十熙寧七年二月乙未："是日，上始聞景思立等敗沒，熙河路經略司具奏也。開天章閣延訪輔臣，樞密副使蔡挺自請行，上曰：'此不足煩卿，河朔有警，卿當行矣。'"

三月三日，以劉彝知桂州代沈起

《長編》卷二百五十一熙寧七年三月庚子："知虔州、都官員外郎劉彝直史館、知桂州。知桂州、刑部郎中、天章閣待制、集賢殿修撰沈起令於潭州聽旨。初，廣西轉運使張覲言都巡檢薛舉擅納儂善美於省地而起不之禁，上批：'熙河方用兵未息，而沈起又於南方干賞妄作，引惹蠻事，若不早為平治，則必滋長為中國巨患，實不可忽。宜速議罷起，治其擅招納之罪，以安中外。'於是中書請以孫構或康衛代起。

時構為荆湖北路轉運使，衛知潭州。上批：'章惇不久赴闕，湖北事恐且須孫構照管，康衛不知其為人如何？若熊本可輟以往甚善。'而王安石、陳升之等皆言，本方經畫瀘州夷事，瀘、桂相去絕遠，而廣西即今須人應接；江淮發運副使張頡、知虔州劉彝恐可使代起，而彝便道趨桂尤近。乃詔遣彝，而又令以前日付起約束付之，且使彝體量起納善美事。"

《東都事略》卷八十六："自王安石用事，始求邊功。王韶以熙河進，章惇、熊本亦因此求奮。是時，交趾亦旅拒，廣西經略失於懷輯，數致疑，起妄意朝廷有攻取之議，因遣官

入溪洞,點集土丁爲保伍,授以陳圖,使歲時隸習。繼命指
使因督運鹽之海濱,集舟師寓教水戰,故時交人與州縣貿
易,一切禁止。於是交趾益貳,大集兵丁謀入寇。蘇緘知邕
州,以書抵起,請止保甲,罷水運,通互市。起不聽,劾緘沮
議。起坐邊議罷,以劉彝代之,徙知潭州。"

三月五日,白神宗宜以恩德結熙河諸羌,不應專務多殺。神宗然之,令速諭王韶

《長編》卷二百五十一熙寧七年三月壬寅:"王安石白
上:'將帥利以多殺爲功,熙河諸羌但能存恤,結以恩德,全
惜兵力專事董氊,即諸羌自爲我用;若專務多殺,乃驅之使
附董氊,令敵愈強而自生患,不惟非計,亦非所謂仁義之師
也。'上以爲然,令速諭王韶。

先是,上謂安石曰:'蕃部非痛殺不可服。高遵裕討蕩
谷口,阨中蕃部,承受問遵裕:此無罪!遵裕言:今雖不作
過,若有事宜,必先梗道路。'安石曰:'若如此,宜其擾攘不
定。項羽至強,但以多殺,故人相聚而畔。趙充國言,羌人
所以畔,亦以漢兵不分黑白,故曰撫我則后,虐我則讎。此
古今夷夏之大情。且青唐一族不經誅戮,又陛下厚撫包順,
所以盡力殺賊,乃以恩信結之之故也。'上言:'河北事絕未有
實,然形迹已露。'王安石曰:'彼泛使來,我戒懼而爲備,使
彼聞之,亦何所害?但不當非理怒之耳。且如保甲,不可閉
匿而成就也。'馮京曰:'此等事不宜倉卒。'安石曰:'因循
至今,所以不免倉卒,然亦何嘗倉卒?'上曰:'如造車,車未
成而騰說已紛紛。'安石曰:'既造進車樣,廷試,車非懷握可

藏之物，中外共見，如何免人騰說？且此事雖著，亦何所妨。'上患諸將行軍都無行陣之法，曰：'據理用兵全未得。'安石曰：'誠如聖旨。若要用兵，先須朝廷因古今之宜討論法制，然後擇將帥授之，兵乃可用。今人人以私意妄相搏擊，殊無法制，人命至重，誠宜早計深慮。'"

　　按，《長編》卷二百五十一熙寧七年三月戊申："手詔：'河、洮、岷州爲寇蕃部，多是脅從，若更討蕩，是驅使附賊。本路兵力適足備內患，不復能及外寇。今王韶已到熙州，大兵聚集，蕃部必各懷恐懼，令韶乘此氣勢，招撫蒐擇强壯，濟其糧食，授以方略，責令討賊自效。若有功即厚酬賞，貴全兵力，兼收蕃部爲用。'從王安石之言也。"

是日，以吳充乞棄岷州，駁之

　　《長編》卷二百五十一熙寧七年三月壬寅："吳充建議乞棄岷州，上曰：'自可守，何須棄。'王安石言：'岷州若棄，必有取而爲主者，則階、秦、熙河皆受敵。'上曰：'誠然。是於兩路脅股間，又生一夏國也。'"

　　《宋史》卷三百一十二《吳充傳》："王韶取洮州，蕃酋木征遁去。充請招還故地，縻以爵秩，使自領所部，永爲外臣，無庸列置郡縣，殫財屈力。時方以開拓付韶，充言不用。"

三月六日，以邊奏木征、鬼章大兵轉入岷州，因言熙河當急撫定蕃部，收其豪傑爲用。神宗令速與王韶書言之

　　《長編》卷二百五十一熙寧七年三月壬寅："翌日，邊奏

木征、鬼章大兵轉入岷州。上以爲憂,安石與王珪皆言:'彼師已老,必難涉險遠攻,岷州保亡慮。'馮京獨不謂然。已而奏至,果如安石等所料。

上又憂熙河城寨氣勢未相接,安石曰:'城寨非少,若更增添,即糧饋難給。今此沮敗,止緣景思立輕出,非關城寨,但當急撫定蕃部,收其豪傑爲用耳。不然,則官軍但能備蕃爲變,未有力制秉常、董氈也。又蕃部亡蓄積,失田作,饑窮必聚而爲寇。但隔商旅即河州供饋,自須倍費。以此計之,不早撫定蕃部,賑其乏絕,使饑窮合而爲寇,非得計也。'上令安石速與王韶書言之。"

與王韶書,戒其多殺,當厚撫董氈

《文集》卷七十三《與王子醇書》其三:"某啓:得書,喻以禦寇之方。上固欲公毋涉難冒險,以百全取勝,如所喻甚善、甚善。方今熙河所急,在修守備,嚴戒諸將,勿輕舉動。武人多欲以討殺取功爲事,誠如此而不禁,則一方憂未艾也。竊謂公厚以恩信撫屬羌,察其材者,收之爲用。今多以錢粟養戍卒,乃適足備屬羌爲變,而未有以事秉常、董氈也。誠能使屬羌爲我用,則非特無內患,亦宜賴其力以乘外寇矣。自古以好坑殺人致畔,以能撫養收其用,皆公所覽見。且王師以仁義爲本,豈宜以多殺斂怨耶?喻及青唐,既與諸族作怨,後無復合理,固然也。然則近董氈諸族,事定之後,以兵威臨之而宥其罪,使討賊自贖,隨加厚賞,彼亦宜遂爲我用,無復與賊合矣。與討而驅之,使堅附賊爲我患,利害不侔也。事固有攻彼而取此者,服誠能挫董氈,則諸羌自服,安所事討哉?又聞屬羌經討者,既亡蓄積,又廢耕作,後無以自存,安得不屯聚爲寇,以梗商旅往來?如募之力役,及伐材之類,因以活之,宜有可爲,幸留意念恤。邊事難遥度,想公自有定計,意所及,嘗試言之。春暄,爲國自愛,不宣。"

是日,上表請神宗御正殿,復常膳,詔不允

《文集》卷六十《請皇帝御正殿復常膳表》其一:"臣等言:奉聖旨,以祈雨未應,避正殿減常膳者……然而遐虜來朝,當即法宫之位;誕辰入慶,合陳燕俎之珍。事有所先,禮難偏廢。伏願仰回淵聽,俯徇輿情,鳳御九筵之居,並羞十閣之具。上以全於國體,下以副於臣誠。臣無任。"

《宋大詔令集》卷一百五十四《旱灾避殿損膳宰臣等上表請復不允批答》:"朕德弗格,無以媚於上下神祇,天降之灾,旱虐爲甚。歷日彌久,害及嘉生。故自貶損,冀欲銷去。而精誠不至,報應未蒙,側身以思,深用震悼。而卿等反以敵使之來,誕辰之慶,宜復常膳,何其遽也。"

按,自熙寧六年冬至本年大旱,遍及開封府界及河北、河東、陝西、京東西、淮南諸路,神宗憂心忡忡。[1]《宋會要輯稿》瑞異二:"七年二月十八日,京東、陝西等路久旱,詔轉運司各遣長吏祈雨。三月六日,詔以旱祈雨未應,自六日易服,避正殿,減常膳。同日,群臣詣閤門拜表,以虜使之來、誕辰之慶,宜復常禮。後三上表,猶不許。十三日,以旱,遣

---

[1]　據曾雄生統計,本年大旱共 32 處,居北宋百年旱情之首(《北宋熙寧七年的天人之際》,《南開學報》〔哲社版〕2008 年第 2 期),影響政局至深。

官分祈禱京城并畿内諸祠，其五嶽、四瀆并委長吏致禱祭。
仍令諸路監司檢察巡按所部淹延枝蔓刑獄，審刑、大理未斷
公案，疾速結絕以聞。十九日，詔：‘河北、河東、陝西、京東
西、淮南路轉運司具轄下已得雨州軍以聞。’二十一日，權河
北西路轉運使劉航言：‘自冬以來，頗愆雨雪，乞遣使於曲陽
大茂山真人祠投龍以禱。’從之。二十八日，以久旱詔，中外
許直言闕失。”批答曰“卿等反以敵使之來，誕辰之慶”，即公
表謂“遐虜來朝，當即法宫之位；誕辰入慶，合陳燕俎之珍”
是也。題注：“熙寧七年三月辛亥。”然則公第一表上於是
日，而神宗十三日批答不允。

三月七日，爲神宗解析王韶行軍方略。已而得王韶報書，果如所言

《長編》卷二百五十一熙寧七年三月甲辰：“王韶奏，已
領兵自秦州入熙州。上深怪韶輕易，王安石曰：‘韶此行不
爲輕易，西賊在馬銜山外，木征在洮西寧河寨左右，韶日行
秦、熙境内，若賊入，須有烽火斥堠，安能近韶？若防刺客之
類，即五百人不爲少。況又沿路城寨所收兵五六千人，何所
懼而不進？’因言唐太宗與頡利語事，上曰：‘太宗有兵隨其
後至。’安石曰：‘韶去賊遠，又已集兵通遠，臣竊以爲無可慮
者。韶昨與臣書，已進呈欲阨要害勿與戰，須其人心離潰乃
要而擊之。且欲以修常阿訶諸城致賊，皆不爲失計。兼累
書及累奏，皆言持重，必不肯率易取敗。’上令安石作書戒
韶，安石謂不須如此。先是，上言韶若入熙州堅守爲得計，
安石曰：‘恐韶不得堅守，必擇要害地據而扼之，候其師老人

饑，然後討擊，乃爲得計。'已而詔報安石書，所計悉與安石同。"

三月八日，提舉編修《三司敕式》成，乞修寫付三司等處

《長編》卷二百五十一熙寧七年三月乙巳："王安石言：'提舉編修《三司敕式》成四百卷，乞修寫付三司等處。'從之。"

是日，以神宗患修河北守備而契丹生疑，請明告其使乃緣彼生事

《長編》卷二百五十一熙寧七年三月乙巳："上患修河北守備而北敵疑，以問輔臣。王安石曰：'明告其使，北朝屢違誓書要求，南朝於誓書未嘗小有違也。今北朝又遣使生事，即南朝不免須修守備，修守備，緣不敢保北朝信義故耳。若南朝固不肯違誓書先起事端，如此，則彼亦或當知自反。'上以爲然。"

三月十一日，以李公義爲衛尉寺丞，因其用濬川杷、鐵龍爪疏濬汴河而推恩

《長編》卷二百五十一熙寧七年三月戊申："權許州觀察推官李公義爲衛尉寺丞，右侍禁李希傑不依名次指射差遣，三邊借職王尹樞密院與差遣，句容縣令耿憲、開封府界提點司勾當公事鄒極各堂除差遣。並以用濬川杷、鐵龍爪疏濬汴河增深推恩也。初，王安石請與公義改京官，上難之，第

令轉資,安石固請,乃有是命。"

三月十三日,以神宗批問市易擾民等事,一一答之,又言及役法利害

《長編》卷二百五十一熙寧七年三月庚戌:"又詔:'聞鎮、定州民有拆賣屋木以納免役錢者,令安撫、轉運、提舉司體量具實以聞。'其後逐司奏,體量得諸縣去秋旱災,以故貧下户亦有拆屋賣錢以給己家糧及官中諸費者,非專爲納免役錢也。王安石白上:'百姓賣屋納役錢,臣不能保其無此。緣以今之官吏行今之法,必多輕重不均之處,然論事有權,須考問從前差役賣屋納役錢孰多孰少,即於役法利害灼然可見,在遠或難據見,但問鄭、滑則天下事理可知矣。'

上又批問安石,百姓爲貸市易抵當所錢,多没産及枷錮者。安石對:'自置市易以來,有六户賣抵當納欠錢,然四人以欠三司錢或以他事折欠故賣産。有納户教唆,令衆人並不須納錢,且申展限,故送三司枷錮納錢。若請官錢不立供抵保法,即理不可行,若供抵當,即本備違欠出賣償官;若不許出賣償欠,即亦理不可行。兩年之間,而賣産償欠及枷錮催欠,止於如此,乃無足怪。今天下三年一郊,所放欠至一百餘萬貫,即其賣産償欠及枷錮催理多少可知,然議者何以不言,陛下何以不怪而問之?'上曰:'人言賣産極多枷錮,乃至無人可監守。'安石曰:'人言必知賣産主名及見枷錮人所在,陛下何不宣示言者姓名,付所司推問?若實有之,市易司蔽匿不言,即罪固不可輕斷,若實無此而妄言,不知陛下含容此人於政事何補?'上曰:'言市

易擾人不便者衆，不知何故致令如此？'安石曰：'文彥博
之徒，言朝廷不合言利，此乃爲臣而發。其餘左右近習誣
罔市易，即以呂嘉問首公奉法，與内藏庫、内東門司、都知、
押班、御藥争曲直，其事皆經論奏。又嘉問每事欲盡理，與
三司、開封府屢争職事，雖未嘗不直，然衆怨由此起。向時
有言市易賒物後抵當納欠不足，乃令私下買所賒人物者償
欠。及根究，乃是三司賒糶糯米，如此追逮，直至河北、京
西。若市易但有如此一事，必無不上聞之理。今三司如
此，陛下亦聞之乎？不知陛下何故乃不聞此，而但聞市易
擾人？此無他由，憑附近習與不憑附近習故也。今人臣皆
憑附近習，然後免責，一與近習忤，即吹毛求疵，無所措手
足，臣恐治世無此事。'"

三月十五日，以契丹泛使欲來，議之

《長編》卷二百五十一熙寧七年三月壬子："上問輔臣
曰：'聞泛使來，人甚恐，如何？'王安石曰：'泛使來，不知人
何故恐，但不逞多口之人，因此妄説爾。'上曰：'王陶言：大
旱，又泛使來，人惶擾，必致大亂。'安石曰：'亂亦何難致，若
人主失計，則天下大亂矣。人主苟無失計，徒以旱故遂大
亂，即無此理。'馮京曰：'大旱盜賊起，何爲而不亂？'安石
曰：'君子在位，若旱而不能除盜賊，亦無此理。但恐陛下所
任，未盡君子而已。'"

是日，爲神宗論太宗以來禦契丹之失

《長編》卷二百五十熙寧七年二月辛卯："上論及河北財

用器械，患契丹之强，自太宗以來不能制。王安石曰：‘太祖
經略諸僭僞，未暇及契丹，然契丹亦不敢旅拒。自太宗以來
遂敢旅拒者，非爲我財用少、器械不足故也，止以一事失計
故爾。郭進守西山可謂盡力，以憸人讒説，故困迫至於自
殺。如郭進者既自殺，即憸巧能憑附左右小人者，必得握兵
爲用，雖有犯法，必獲遊説之助以免。如此，則契丹何爲不
旅拒？自太宗以來，其失計皆以此類，非以器械不足、財用
少故也。’上聞此矍然。安石自叙云：‘時景思立憑附李憲干
師律，上不肯治，故爲上言此。’”

李燾：“《日録》繫此事於三月十五日。按此時景思立已
戰敗，不應更言其憑附李憲干師律，或言此在前而《日録》誤
繫于後也。二月二十三日安石諭李憲不當在王韶軍中，因
附見此事。”

按，是日議契丹泛使來，遂論及禦契丹之失，於情理更
諧，姑依《日録》繫此。

三月十六日，再上表請神宗御正殿，復常膳。詔不許

《長編》卷二百五十一熙寧七年三月癸丑：“群臣上表請
御正殿，復常膳，詔不許。表三上，猶不許。”

《文集》卷六十《請皇帝御正殿復常膳表》其二，曰：“七
載于此，繼獲豐穰，一春而來，或罷愆亢”。據《長編》卷二百
五十一熙寧七年三月癸卯：“詔以旱避正殿，減常膳。”神宗
批答不允第二詔，係元絳所草，《宋文鑑》卷三十三《賜宰臣
王安石已下乞御正殿復常膳不允批答元絳》：“垂象之變，咎
在朕躬，内惟菲涼，敢不祗懼？避朝損膳，欽天之渝。神休

震動，銷去大異。而三事庶尹，咸造在庭，願復舊常，至于再請。且星隆晷德，猶賴交修；況天畏棐忱，固當屢省。弭災嚮福，其庶幾焉！"

是日，神宗以天旱民饑欲且休置成都市易務，辯之；又爲其解釋免行錢及士大夫緣何詆毀市易

《長編》卷二百五十一熙寧七年三月癸丑："是日，上謂輔臣曰：'成都且休置市易務，如何？'王安石曰：'已遣李杞相度，竢其還，不置亦無傷。'上曰：'若不置更相度，即蜀人必致驚擾。'安石曰：'不知置市易有何驚擾？況但相度，因何驚擾？'上曰：'天旱民饑，欲且省事。'安石曰：'若因天旱人饑，便廢修政事，恐無此理。臣初固言成都市易必致異論。今市易近在闕門之內，然讒訴日出，若於萬里之外置務，即異論必更多。當此時，陛下便令不相度即已，今既遣使相度，乃憂蜀人驚擾爲變而罷，此豈不爲四方有識所笑，以爲朝廷臨事憂怯如此！'上乃已。

上問安石：'納免行錢如何？或云提湯餅人亦令出錢，有之乎？'安石曰：'若有之，必經中書指揮，中書實無此文字。'馮京曰：'聞後來如此細碎事都罷矣。'安石曰：'馮京同簽書中書文字，皆所親見，如何却言聞？不知先來如何細碎收錢？後來如何都罷？若據臣所見，即從初措置如此，非後來方不收細碎事，不知馮京何所憑據有此奏對？其言提湯餅亦令出錢必有人，陛下何故不宣示，付所司考實？陛下觀《詩》、《書》所載，豈有函容小人誕妄都不考實而能治者？不惟《詩》、《書》如此，律上書詐不實，徒二年，日奏亦是。

所以如此，人主當愛日故也。寸陰可惜，乃以聽小人誕妄之故棄日，臣誠爲陛下惜之！陛下治身比堯、舜實無所愧，臣誠無復可以論諫，至於難任人，疾讒説，即與堯、舜實異。如市易司非呂嘉問，孰敢守法不避左右近習！非臣，孰敢爲嘉問辨明以忤近習！且市易事亦頗爲勞費精神，正以不欲背負所學，爲天下立法故也。若每每忤聖意，而又召致近習讒毁，乃作擾害百姓之事，不知臣欲以此何爲？以爲名則不善，以爲利則無獲。陛下試察臣所以區區爲此者何意？'上曰：'何故士大夫言不便者甚衆？'安石曰：'士大夫或不快朝廷政事，或與近習相爲表裏。今大小之臣，與近習相表裏者極有，陛下不察爾。自古未有令近習如此，而能興起治功者。陛下欲知近習之害政不難，但觀朝廷小大之臣以不敢犯義之故，不避近習者能有幾人？若使異時在廷之臣皆莫敢忤近習，表裏架合，更相庇覆以欺陛下，臣恐致亂不難也。'"

神宗等多以契丹使來必復求關南地。謂必無其事，或僅爲争河東疆界。三月十九日，神宗見蕭禧於崇政殿，及拆書，果然爲争河東疆界而來

《長編》卷二百四十九熙寧七年三月丙辰："遼主遣林牙興復軍節度使蕭禧來致書，見于崇政殿……先是，執政多以爲蕭禧來，必復求關南地。王安石曰：'敵情誠難知。然契丹果如此，非得計，恐不至此。此不過以我用兵於他夷，或漸見輕侮，故生事遣使，示存舊態而已。既示存舊態而已，則必不敢大段非理干求，亦慮激成我怒，別致釁隙也。'禧書未拆，上猶以爲疑，安石謂必無它，或是爭河東疆界耳。及拆書果然，上諭禧曰：‘此細事，疆吏可了，何須遣使？待令一職官往彼計會，北朝一職官對定，如何？’禧曰：‘聖旨如此即不錯。’上問禧復有何事？禧言：‘雄州展托關城，違誓書。’上曰：‘誓書但云不得創築城池，未嘗禁展托，然此亦細事，要令拆去亦可。’禧曰：‘北朝只欲南朝久遠不違誓書。’上曰：‘若北朝能長保盟好，極爲美事。’又問禧復有何事？禧曰：‘無他事也。’”①

三月二十一日，又與神宗辯市易免行錢，保任市易無違法害民事，並抨擊近習擾政

《長編》卷二百五十一熙寧七年三月戊午：“先是，上批問王安石：‘取免行錢太重，人情咨怨，至出不遜之言，卿還聞否？’是日，安石與輔臣皆對，欲留身白上，會進呈取索免行文字，上又具道所聞。安石曰：‘前御史盛陶亦言此。臣曾奏請令陶計會市易司，召免行人户問其情。願，即令出錢；若不願，即令依舊供行。如此則不須更聽浮說。’上言：‘如此問不得，見說匹帛行舊有手下抱緝角人，今亦盡收入行。’安石曰：‘此事臣所未曾勘會，恐未必有也。法固有不及處，須因事修改，乃全無害。若果有害，惟當立法限定錢數，不許更增足矣。’上曰：‘市易，如米麥之類能平價便民，固好；其他細微須害細民，緣市易務既零賣，即民間零賣不

---

① 相關研究，可見陶晉生《宋遼關係史》第六章《王安石的對遼政策》，第144—149頁。鄧廣銘《北宋政治改革家王安石》，第253—260頁。

得。'安石曰:'此事亦不然,細民必資於大姓,大姓取利厚,故細民收利薄。令官收利薄,即細民自得利,豈有害細民之理?'上曰:'近臣以至后族無不言不便,何也?兩宮乃至泣下,憂京師亂起,以爲天旱更失人心如此。'安石曰:'近臣不知誰爲悉力?朝廷有所聞,必考覆事實,欲以開陛下聰明者,但聽諸不逞所説即以上聞耳。且其用意多,端在陛下聰明考察,陛下但明示姓名付中書,令對定虛實,即人自莫敢妄言,陛下所聞皆是實事。如其不然,即日昃坐朝,但爲崇長欺謾,令政事日壞有何補!如后族即向經自來影占行人,因催行免行新法,遂依條收入。經嘗以牒理會,不見聽從。又曹佾賒買人木植不還錢。太后殿内勾當修曹佾宅,内臣却僞作曹佾宅幹當人狀云,被市易强買,已定下木植。及勾到客人,乃云但有曹侍中已賒買過木植不還錢,即無曹侍中已定木植,却賣與市易司。吕嘉問具此牒送開封府勾曹佾幹當人,乃云元不曾過狀。根究得此狀,乃是太皇太后閣臣僞作姓名過狀,誣告市易司官員,開封府但牒市易司照會而已,元不曾行遣此内臣等罪過。陛下試觀此兩事,即后族何緣不結造語言?吕嘉問典領市易司,與開封、三司據法爭職事,三司、開封皆所不悦。又以職事犯忤都知、押班、御藥非一事,陛下試思吕嘉問如此何意?若爲身計即大不便,但顧禮義廉恥,不欲以利疚於回邪故也。果其用心如此,不知何故却欺罔朝廷,專以害人爲事?且既與内外衆人乖違如此,不知如何却作得欺罔事?凡作欺罔,即先須交結陛下左右,外締朋黨,然後能遏塞人論議,不知如吕嘉問所爲,能遏塞人論議否?'馮京曰:'行人初聞人説不投狀有罪,便争投狀,後來見投狀出錢細碎，却多不收。'安石曰：'馮京所言非人情，京師行人盡狡猾者，如何並不計經久利害，但聞人說遂爭投狀乎？'京曰：'人皆如此言。'安石曰：'凡士大夫不逞，以馮京爲歸，故馮京獨聞此言，臣未嘗聞此言也。'上曰：'見說中書亦嘗案問市易事。'安石曰：'案問非一，然終不見市易有違法害民事，所以奏對敢保任其無他。'上曰：'出錢至少者可放。'安石曰：'若一一根究見人情便否，然後陛下特蠲除下户，豈非人所甚願者。'上曰：'善。'衆退，安石獨進曰：'陛下左右前後殊無親臣，不知不顧利害肯爲陛下盡言情實以補陛下聰明者爲誰？'上曰：'如此人誠難得。'安石曰：'如此人誠難得，陛下果好信，即人孰不欲用情爲善；陛下不好信，即雖忠信之人亦且隨時暫易，又況素行淺薄者。'因言：'李憲庇景思立數有大罪，陛下不治；皮公弼交結內臣，開河無狀，得罪甚薄。'又言：'三司、開封府於近習事，輒撓法容之，故不爲近習所譖，免譴怒。然則陛下喜怒賞罰不以聖心爲主，惟左右小人是從，如此何由興起治道？唐二百年危亂相承，豈有他故？但以左右近習擾政而已。臣以衰晚之年，備位於此，若陛下但如此，即臣雖夙夜勤勞，何能有補？臣非私畏陛下左右議論，故出此言，誠以害陛下國家大計故爾。若臣有罪，亦不待此輩敷陳，臣同列必不肯掩覆也。臣自初得見陛下，即論奏以爲小人有言不可信，但當一一考實，若欺罔即加之罪罰，然後天下情實畢陳於前。臣之言，豈欲閉塞陛下聰明令人不敢言，但欲令人不敢妄言爾。'"

三月二十二日，以熊本爲刑部員外郎、集賢殿修撰

《長編》卷二百五十一熙寧七年三月己未：“都官員外郎檢正中書户房公事熊本爲刑部員外郎集賢殿修撰。”

按，熊本因平瀘州淯井監夷而獲遷，《長編》卷二百四十九熙寧七年正月甲子：“梓州路察訪常平等事兼經制夷事熊本言：‘自十一月乙卯，親將屬兵東兵，募土丁凡五千人，入夷界捕殺水路大小四十六村，蕩平其地，納銅鼓、槍牌乞降者，因即撫定之。即於所得地内小溪口、寧遠寨西置二寨，三壕面、荔枝激等處置卓望四堡，平治險隘，開修道路，建置橋閣、里堠，悉已周備。并晏州柯陰縣夷嘗助水路夷抗官軍，亦行討伐，即至軍前設誓，永不犯省地。凡得夷所獻地二百四十里，已募人墾耕，其屬夷悉已聯爲保甲。臣與轉運使陳忱、提點刑獄范百禄於今月辛酉，全所將軍馬次江安縣，見遣兵分屯及差次軍前功狀，續具以聞。’”

《宋史》卷三百三十四《熊本傳》：“六年，瀘川羅、晏夷叛，詔察訪梓、夔，得以便宜治夷事。本嘗通判戎州，習其俗，謂：‘彼能擾邊者，介十二村豪爲鄉導爾。’以計致百餘人，梟之瀘川，其徒股栗，願矢死自贖。本請于朝，寵以刺史、巡檢之秩，明示勸賞，皆踴躍順命，獨柯陰一酋不至。本合晏州十九姓之衆，發黔南義軍强弩，遣大將王宣、賈昌言率以進討。賊悉力旅拒，敗之黄葛下，追奔深入。柯陰窘，乞降，盡籍丁口、土田及其重寶、善馬，歸之公上，受貢職。於是烏蠻羅氏鬼主諸夷皆從風而靡，願世爲漢官奴。遷刑部員外郎、集賢殿修撰。”彭汝礪《宋故中大夫充龍圖閣待制

新知洪州軍州兼管內勸農使江南西路兵馬鈐轄柱國江陵縣
開國伯食邑九百戶賜紫金魚袋熊公墓誌銘并序》亦載。

是日，神宗以久旱欲再赦，勸止之

《長編》卷二百五十一熙寧七年三月己未："先是，上欲
赦以救旱災，僉謂一歲三赦非宜。是日，上復欲赦，王安石
曰：'湯旱以六事自責，首曰政不節歟，若一歲三赦，即是政
不節，非所以弭災也。'乃止。"

是日，進呈市易改免行文字；又以神宗患官冗費多，與之論理財

《長編》卷二百五十一熙寧七年三月己未："王安石進呈
市易改免行文字白上曰：'已令呂嘉問等具析如聖旨所諭
事，仍乞陛下擇可信內臣，令躬親體問行戶。如有不同，即
乞降付中書推見指實。'且曰：'陛下昨宣諭兩宮憂致亂，臣
亦憂致亂，然所憂致亂之由，乃與兩宮所憂適異。《詩》曰：
亂之初生，僭始既涵。臣之所憂乃在於此，陛下試思《詩》
《書》之言，不知可信否？如不可信，即歷代不當尊而寶之，
開設學校以教人，孔子亦不當廟食。如其可信，即亂之生乃
實在此。齊威王三年不治國事，一旦烹阿大夫，即舉國莫敢
不以情實應上，國遂治，兵遂強。僭之生亂弱，信之生治彊
如此，願陛下熟計。'上欲減省行人所納免行錢，安石曰：'下
戶已自減省不少，若更減省，不知卻令何人出錢給吏祿？'上
令除祿吏錢外減省，安石曰：'如此固善，然謂免行錢非人
願、擾人，即非事實。'上曰：'京師人素優幸，分外優饒之亦

不妨。'安石曰:'如此,即是陛下聰明爲左右所蔽,實未知京城百姓疾苦。臣曾雇一洗濯婦人,自言有兒能作餅,緣行例重,無錢賠費,開張不得。未出免行以前,大抵如此,其爲官司困擾百端,陛下乃以爲優幸,今盡爲除去。如此事却賦吏禄,禁以重法,令不得横擾,乃反爲不如未立法以前。蓋陛下爲左右所蔽,故有所不察爾。'

上又患置官多費用,安石曰:'凡創置官,皆須度可以省費興治乃創置,如將作監即但用諸置局處食錢,已足養創置官,而所省諸費固不勝數。如帳司即一歲磨勘出隱陷官物,少亦數倍,其他置官類此,豈得爲冗?'上曰:'即如此,何故財用不足?若言兵多,則今日兵比慶曆中爲極少。'安石曰:'陛下必欲財用足,須理財,若理財,即須斷而不惑,不爲左右小人異論所移,乃可以有爲。'上曰:'古者什一而税足矣,今取財百端,不可爲少。'安石曰:'古非特什一之税而已,市有泉府之官,山林、川澤有虞衡之官,其絘布、總布、質布、廛布之類甚衆。關市有征,而貨有不由關者,舉其貨,罰其人。古之取財,亦豈但什一而已。今之税,亦非重於先王之時,但不均,又兼并爲患耳。'"

三月二十三日,曾布攜魏繼宗來見,具言吕嘉問主市易榷固掊克。聞之,默然

《長編》卷二百五十一熙寧七年三月壬戌:"初,吕嘉問以户部判官提舉市易務,挾王安石勢,陵慢三司使薛向,且數言向沮害市易事,安石信之。其實向於嘉問未嘗敢與之校曲直,凡牙儈市井之人有敢與市易争買賣者,一切循其

意，小則笞責，大則編管。嘉問自知不直，慮間己，故先以沮害加之，使其言不信於安石。市易本隸三司，而嘉問氣燄日盛，三司固多出其下。及曾布代向爲三司使，素知嘉問驕恣，懷不能平，又聞上數以市易苛細詰責中書，意欲有所更張，未得間也。是月丁巳，上夜降手札賜布曰：‘聞市易務日近收買貨物，有違朝廷元初立法本意，頗妨細民經營，衆語諠譁，不以爲便，致有出不遜語者，卿必知之，可詳具奏。’布先受命察訪河北，辟魏繼宗爲察訪司指使，繼宗實監市易務，嘉問自初建議以至其後增損措置，莫不與聞。布因召繼宗問之，繼宗憤惋自陳，以謂市易主者椎固掊克，皆不如初議，都邑之人不勝其怨。布遂攜繼宗見安石，具言曲折，安石責繼宗曰：‘事誠如此，何故未嘗以告安石？’繼宗曰：‘提舉日在相公左右，何敢及此。’提舉，謂嘉問也。安石默然。布謂安石曰：‘布翌日當對，欲悉以此白上。’安石諾之。”

三月二十四日，因曾布於崇政殿具奏市易法不便，遂留身，乞神宗且容推究

《長編》卷二百五十一熙寧七年三月辛酉：“布對于崇政殿，具奏所聞于繼宗者，曰：‘嘉問等務多收息以干賞，凡商旅所有，必賣於市易，或非市肆所無，必買于市易。而本務率皆賤買貴賣，重入輕出，廣收贏餘，誠如繼宗所言，則是挾官府而爲兼并之事也。’上覽之矍然，喜見於色，問布曰：‘王安石知否？’又問：‘安石以爲如何？’布皆對以實，且言：‘事未經覆案，未見虛實。’上曰：‘朕久已聞之，雖未經覆案，思

過半矣。'諭布姑留劄子於榻後。布又言：'所召問行人，往往涕咽，陛下以久旱焦勞，誠垂意於此，足以致雨。'上曰：'必欲考見實狀，非卿莫可。'布曰：'臣雖罷軟，不敢不盡力。'上曰：'如此，則却取劄子付中書。'

布始得對，方待次，安石先奏事，上謂安石曰：'曾布言市易不便，知否？'安石曰：'知之。'上曰：'布言如何？'安石曰：'布今上殿，必自言。'遂留身白上：'市易事，臣每日考察，恐不致如言者，陛下但勿倉卒，容臣一一推究，陛下更加覆驗，自見曲直。若陛下為衆毀所摇，臨事倉卒，即上下協力，承望為欺，恐致忠良受枉。'上曰：'布言此，何故？'安石曰：'布與嘉問不相足，爭互牒事亦可見。'上曰：'布或緣與卿素親厚，故如此。'安石曰：'臣不敢逆料人情，但依實考驗事情，要見曲直而已。'因言：'備位久無補時事，不能令風俗忠厚，幸陛下早改命，臣久如此，必負陛下寄託。'"

是日，以呂嘉問等具析條件併案牘進呈，差孫永、韓維集衆行體問

《長編》卷二百五十一熙寧七年三月辛酉："詔翰林學士承旨韓維、知開封府孫永據詳定行户利害所供行户投行事，追集行人體問，詣實利害以聞。於是王安石以呂嘉問等具析條件并案牘進呈，曰：'此皆百姓情願，不如人言致咨怨也。'上曰：'韓維極言此不便，且云，雖取得案牘看詳亦無補。'安石曰：'維既有此言，欲差孫永同維集衆行體問。'上從之。"

是夜，因神宗批問呂嘉問實欺罔，乃具奏明其不然，令呂惠卿、曾布同根究市易務不便事

《長編》卷二百五十一熙寧七年三月壬戌："布所言既送中書，是夜上批問安石：'恐嘉問實欺罔，非布私忿移怒。'安石具奏，明其不然。於是有詔令布與呂惠卿同根究市易務不便事，詣實以聞。大抵安石意主嘉問，不以布所言爲是，故使惠卿居其間也。

他日，安石又言：'鄉者開封、祥符兩縣人三日擁門，求請常平錢不得，而朝廷之上方爭論抑配不已，陛下亦疑其事，乃即位之初也。今陛下即位已久，言市易事乃復如此，足以觀風俗之如故也。'"①

曾布出牓厚賞募告者。三月二十七日，呂惠卿遣弟溫卿密造，呂嘉問亦切訴。遂欲夜收曾布所張牓，未果

《長編》卷二百五十一熙寧七年三月乙丑："曾布既受詔同呂惠卿根究市易事，或爲布言：'中書每以不便事詰嘉問，嘉問未嘗不巧爲蔽欺，至於案牘往往藏匿改易，如不懲革此

---

① 曾布追究市易務違法及新黨分裂，相關研究，可見劉子健《王安石、曾布與北宋晚期官僚的類型》，《兩宋史研究彙編》，臺灣聯經出版事業公司1987版，第117—142頁；李涵《從曾布根究市易違法案的紛爭看新黨内部的矛盾和問題》，《宋史研究論文集》，浙江人民出版社1987年版。俞兆鵬《論所謂曾布反對市易法的問題》，《中國史研究》1985年第4期；熊鳴琴《曾布根究市易務違法案再議》，《東華理工大學學報》(哲社版)2011年第1期；燕永成《北宋變法派首次分裂問題試探》，《文史哲》2011年第2期；裴汝誠《曾布三題》，載氏著《半粟集》，河北大學出版社2000年版，第194—207頁。

弊,雖根究無以見其實。'布又聞嘉問已呼胥吏持案牘還私家隱藏更改,遂奏乞出牓以厚賞募告者。明日,二十六日。上批:'依奏付三司施行。'布即牓嘉問所居。又明日,惠卿至三司,召魏繼宗及行人問狀,無一有異辭者。惠卿退,以繼宗還官舍,詰布所以辟繼宗爲指使緣由,再三誘脅繼宗,令誣布以增加所言,繼宗不從,反具以告布。惠卿又遣弟溫卿密造王安石言張牓事,且曰:'行人辭如一,不可不急治繼宗,若繼宗對語小差,則事必可變。'而嘉問訴於安石尤切,安石欲夜收張牓,左右白以有御寶批,乃止。

是日,二十八日。惠卿以急速公事求獨對,布亦具繼宗所告曲折以聞,并言:'惠卿所見不同,不可共事,乞別選官根究。'未報。而中書建白,三司承内降當申中書覆奏取旨,乃擅出牓欲按治。詔官吏特釋罪,其元批依奏指揮更不施行,牓仍繳納中書。布論三司奏請御批,例不覆奏,且三司嘗申知中書,慮無罪可放。尋有詔如布請,惠卿等愈側目矣。"

是月,張顥來謁,因天旱言新法不便。聞之,不悦

《全宋文》卷一千二十九《宋故中散大夫致仕上輕車都尉南陽縣開國伯食邑八百户賜紫金魚袋張公墓誌銘》:"公諱顥,字仲孚,其先金陵人……王荆公方登庸,紛更法令。時郡國大旱,京師特甚,公往見之,語及主上精誠禱請之意。荆公曰:'此殆天數也。'公徐語曰:'今天下困於苗、役、市易,民口嗷嗷,又屢起大獄,亢旱之災,當由變法所致。若亟復祖宗舊章,雨立至矣,何專歸之數耶?'公歸,謂子弟曰:

'吾適見丞相，道吾中心平昔所欲言者，丞相有不悦色。然其人好道樂善，若退而審思，萬一見聽，爲民福不細也。'翌日，除三司判官。"

題李勣後裔李祁之名於屏上，欲用之，不果

閻丘天用撰《宋故朝奉郎致仕李公墓誌銘》："公諱祁，字君澤，先曹州離狐人，後徙京兆。自乾德初，皇朝録前代功臣後，而高祖霖實唐英國公李勣之六代孫……及長，從其鄉人受學，以通禮中慶曆二季第，注威勝軍武鄉縣尉……明季，度支郎中毛維瞻爲提刑，素不公識，過公舊治，有百姓以田訟者，皆稱前知縣明官，已斷其事，不可易也。毛公諤然，謂曰：'明官非李祁也耶？得於民者如此，宜其不快於吏矣。'遂具狀以聞。天子覽其奏，頗知無辜，得自雪。是時，正熙寧間，方行新法，每以人才爲難，而介甫相，因維瞻之奏，雅知公爲能吏，將白於朝，恐其遺忘，題姓名於屏上。會出守金陵，不果引用。"①

因神宗以久旱欲盡罷保甲、方田等，乃言水旱常數，但當益修人事以應天災，遂條奏請蠲減賑恤。四月二日，減免在京免行錢、市例錢等

《長編》卷二百五十二熙寧七年四月己巳："中書言：'在京免行錢，欲令元詳定官于貧下行人名下特減萬緡，仍免在京市例錢二十以下者。開封府界并諸路今年旱災約及

---

① 趙金《山東廣饒縣發現的李祁墓誌及相關問題》，《齊魯文化》第十二輯。

五分處, 欠負官物元非侵盜, 並權停催理。災傷州縣未決刑獄, 委監司選官結絕, 杖以下情輕聽贖, 貧乏者釋之。勸誘積蓄之家賒貸錢穀, 雖有利息, 豐熟日官爲受理。其流民所至, 檢計合興工役, 給與錢糧興修, 如老小疾病, 即依乞丐人例。其在京諸門減定稅額, 內小民販易竹木、蘆簾、羊毛之類, 稅錢不滿三十者權免。'從之。先是, 手詔應災傷路分, 編排保甲、方田造簿、淤田及應有見差夫處並權罷, 候農隙豐熟日別奏取旨。上以久旱, 憂見容色, 每輔臣進見, 未嘗不嘆息懇惻, 欲盡罷保甲、方田等事。王安石曰: '水旱常數, 堯、湯所不免。陛下即位以來, 累年豐稔, 今旱暵雖逢, 但當益修人事, 以應天災, 不足貽聖慮耳。'上曰: '此豈細故? 朕今所以恐懼如此者, 正爲人事有所未修也。'于是中書條奏, 請蠲減賑恤。"

四月三日, 置濬川司, 命范子淵領之

《長編》卷二百五十二熙寧七年四月庚午: "詔置疏濬黃河司。差虞部員外郎、提舉大名府界金隄范子淵, 都大提舉疏濬黃河口自衛州至海口。又以衛尉寺丞李公義爲勾當公事。先是, 王安石以濬川杷法下大名府路安撫司, 安撫司令子淵與通判、知縣共試驗之, 皆言其法不可用。安石必使用之, 子淵亦不敢違。會子淵以事至京師, 安石問子淵: '濬川杷法甚善, 何故頃言其不可用?' 子淵即對曰: '此誠善法, 但當時同官議不合耳。'安石大悅, 遂專置濬川司, 命子淵領之, 仍以公義爲屬。"

《宋會要輯稿》職官五載同。

四月四日，以曾肇爲崇文院校書。肇上謝啓

《長編》卷二百五十二熙寧七年四月辛未："獲嘉縣令、崇文院校書兼國子監直講曾肇爲館閣校勘。"

曾肇《曾文昭公集》卷三《謝校勘啓》："此蓋伏遇史館相公秉心愷悌，爲世典刑，樂育人材，獎成士類。顧惟弱質，久玷下陳，徒窺夫子之文章，豈識周公之制作。蚤蒙收引，曲荷并包。致葑菲之弗遺，實陶鎔之有素。敢不紬尋舊學，尊信所聞。不忮不求，肯易終身之守；無適無莫，庶幾惟義之從。非徒成自愛之私，亦以答大公之施。"

按，啓曰"史館相公"，即公也。

四月七日，以京師雨足，四上表請神宗御正殿

《長編》卷二百五十二熙寧七年四月癸酉："是日，雨。甲戌，詔同天節依例上壽。先是，上以久旱避殿，易服，減常膳，群臣屢請不從。至是雨告足，群臣又表請，乃從之。"

是日，因神宗示以鄭俠上疏及圖，乞避位。遷定力寺，上表乞出

《長編》卷二百五十二熙寧七年四月甲戌："先是，監安上門、光州司法參軍鄭俠言：'去年大蝗，秋冬亢旱，以至今春不雨……臣又見南征北伐，皆以其勝捷之勢，山川之形，爲圖而來，料無一人以天下憂苦，質妻賣女，父子不保，遷移逃走，困頓藍縷，拆屋伐桑，爭貨于市，輸官糴米，遑遑不給之狀，爲圖而獻。臣不敢具以聞，謹以安上門逐日所見，繪

爲一圖，百不一及，但經聖明眼目，不必多見，已可咨嗟涕泣，使人傷心，而況于千萬里之外哉？謹隨狀呈奏。如陛下觀臣之圖，行臣之言，自今已往至于十日不雨，乞斬臣于宣德門外，以正欺君慢天之罪。如少有所濟，亦乞正臣越分言事之刑。'

俠，福清人也。于是上出俠疏及圖以示輔臣，問王安石曰：'識俠否？'安石曰：'嘗從臣學。'因乞避位，上不許，乃詔開封府劾俠擅發馬遞之罪。"

按，鄭俠於三月二十六日上疏。《西塘先生文集》卷一《上皇帝論新法進流民圖》附錄《三月二十六日以後所行事目》："三月二十六日狀，於本門勾馬遞于銀臺通進司投下狀云：'奏爲密急事，所有俠擅發馬遞之罪，仍乞奏勘，甘伏重罪不辭。'時韓維判銀臺通進司，特爲奏，仍一面收遞鋪兵士送開封，即時具俠擅發馬遞事取旨。其狀并圖到御前，日已過午，後聞說，上反覆看狀并圖，長嘘者數四，即袖其書并圖……又至三十日晚，令韓維草責躬詔，四日初一日降下，至初四日晚得雨，初五日一日一夜大雨。初六日早朝，上出俠所進狀并圖宣示宰執，責以所奏皆云法度修明，禮樂興行，民物康寧，雖三代堯舜無以過。今來外事乃如此。王安石而下各謝罪。安石當日不入中書，即時遷定力寺乞出。"

《文集》卷四十四《乞退表》其一："臣受材鄙劣，遭運休明，陳愚或會於聖心，承乏遂尸於宰事。謀謨淺拙，謾不見其有成；操行陵夷，又或幾於無恥。久宜辭位，尚苟貪恩。豈圖養拙，以乖方重。以瞀昏而廢務，粗嘗陳列，未獲矜從，黽勉以來，浸淫遂劇。大懼典司之曠，上煩程督之嚴。伏惟陛下詢事考言，循名責實，或輟夜分之寐，常臨日昃之朝。萬方黎獻之多，略皆祗辟；三事大夫之守，豈可瘝官？仰冀高明，俯昭悃愊。念其服勞之久，愍其攖瘵之深，及未干鈇鉞之時，令遂解機衡之任。”

其二：“臣昨具表乞解機政，伏奉手詔未賜俞允者……臣過叨睿獎，備進近司，當循名責實之時，故任怨特多於前輩；兼躐令改制之事，故服勞尤在於一身。雖蒙全度之恩，僅免譴訶之域。其於多故，實以難支。矧疾疢之交攻，且事爲之浸廢。伏望陛下昭其悃愊，假以優游，使得休養於衰疲，以示保全於孤拙。”

其三：“近具表乞解機務，伏奉手詔，未賜俞允者。聖恩所及，有隆天重地之施；私義未安，有深淵薄冰之懼。竊惟成湯高宗之世，有若伊尹傅說之臣。其道則格于帝而無疑，其政則加乎民而有變。后惟時乂，相亦有終。迨乎中世之陵夷，非復古人之髣髴。忠或不足以取信，而事事至於自明；義或不足以勝姦，而人人與之爲敵。以此乘權而久處，孰能持祿以少安？此臣之慮危於居寵之時，而昧死有均勞之乞。況於抱病，浸以瘝官。伏惟陛下道與日躋，德侔乾覆，哀一夫之失所，樂萬物之皆昌。矧夫眷遇之優，既已勤劬之久，宜蒙善貸，使獲曲全。賜其疲賤之身，假以安閑之地，則敝車無用，猶可具於芻薪；棄席未忘，或再施於華幄。”

按，魏泰《東軒筆錄》卷五：“天下之人復思荊公，天子斷意，再召秉政。鄧綰懼不自安，欲弭前迹，遂發張若濟事，反攻惠卿。朝廷俾張諤爲兩浙路察訪，以驗其事。諤猶欲掩覆，而鄧綰復觀望意旨，薦引匪人。於是惠卿自知不安，乃條列荆公兄弟之失數事面奏,意欲上意有貳。上封惠卿所言以示荆公,故荆公表有‘忠不足以取信,故事事欲其自明;義不足以勝姦,故人人與之立敵’。蓋謂是也。”

李燾曰:“魏泰記此事,殊失次序,今但取其合者。‘忠義不足’乃七年乞出第三表,‘立敵’殆指曾布,非呂惠卿也。”據此,則此三表均作於熙寧七年四月時,決非作於熙寧九年辭相時。

呂惠卿等使人日投匭上書相留,神宗令馮宗道賜手詔趣令復位。不從,再上劄求去

《宋史》卷四百七十一《呂惠卿傳》:“安石求去,惠卿使其黨變姓名,日投匭上書留之。”

《文集》卷四十四《乞解機務劄子》其四:“臣今日伏蒙陛下令呂惠卿宣道聖旨,又令馮宗道隨賜手詔,趣令復位。眷顧之厚,非臣殺身所能上報。然臣不才,無補時事,肝鬲狠狠,已具面陳……伏望哀憐匹夫之志有不可奪,早賜處分。”

神宗遣呂惠卿以手劄相諭,欲處以師傅之官留京。不從,堅求去

《長編》卷二百五十二熙寧七年四月丙戌:“上乃遣惠卿,以手詔諭安石:‘欲處以師傅之官,留京師。’而安石堅求去。”

《文集》卷四十四《答手詔留居京師劄子》:“臣伏奉手詔,欲留臣京師,以爲論道官,宜體朕意,速具承命奏來。臣

才能淺薄，誤蒙陛下拔擢，歷職既久，無以報稱。加以精力衰耗，而咎釁日積，是以冒昧，乞解重任。幸蒙聖恩已賜矜允，而繼蒙恩遣呂惠卿傳聖旨，欲臣且留京師，以備顧問。臣竊伏惟念父子荷知遇，誠不忍離左右。既又熟計，論道之官，固非所宜。且以置之閑地，似爲可處。陛下付託，既已得人，推誠委任，足以助成聖治。臣義難以更留京師，以速官謗。若陛下付臣便郡，臣不敢不勉。至於異時，或賜驅策，即臣已嘗面奏，所不敢辭。"

以神宗又賜手詔，上劄謝之，有復相之諾

《長編》卷二百五十二熙寧七年四月丙戌："上乃遣惠卿，以手詔諭安石：'欲處以師傅之官，留京師。'而安石堅求去，又賜手詔曰：'繼得卿奏，以義所難處，欲得便郡休息。朕深體卿意，更不欲再三邀卿之留，已降制命，除卿知江寧，庶安心休息，以適所欲。朕體卿之誠至矣，卿宜有以報之。手劄具存，無或食言，從此浩然長往也。'"

《文集》卷四十四《謝手詔訓諭劄子》："臣以不才，久曠高位。昧冒求解，屢煩聖聽。曲蒙矜允，實荷至恩。繼奏手詔，俯垂訓喻，非臣隕首，所能報稱。伏惟陛下躬堯舜盛德，舉千載一隆之政，以福休斯民，萬邦黎獻，所願致死。況臣疏遠疵賤，首蒙察舉，陛下任之至重而眷之至優，一旦違離，誠非獲已。苟異時陛下未賜棄絕，而臣犬馬之力尚足以效，則豈宜背負恩德，長自絕於聖時哉！臣瞻天荷聖，無任激切之至。"

按，公乞罷相，神宗已允，然賜手劄曰："手劄具在，無或

食言,從此浩然長往也。"而公亦曰"至於異時,或賜驅策,即臣已嘗面奏,所不敢辭";"苟異時陛下未賜棄絕,而臣犬馬之力尚足以效,則豈宜背負恩德,長自絕於聖時哉"。可見翌年公復相,實非偶然。

四月十六日,薦呂惠卿執政,神宗許之

《長編》卷二百五十二熙寧七年四月甲申:"曾布、呂惠卿同根究市易事,凡三五日一對。上初以布言爲是,已而中變,從惠卿請,送魏繼宗于開封府令所屬知在。是日,布復對,上獨指糯米收虛息事曰:'此事極分明。'布因言:'前後所陳事理,無不明白,聖意無不曉然,今獨以此事爲分明,則其他殆未明矣。'上默然,布又言:'臣自立朝以來,每聞德音,未嘗不欲以王道治天下。今市易之爲虐,固已凜凜乎間架、阡陌之事矣。近日嘉問奏稱,熙寧六年收息八十餘萬,乞推賞官吏。其間有貼黃云:近差官往湖南販茶,陝西販鹽,兩浙販紗,皆未敢計息。臣以謂如此政事,書之簡牘,不獨唐、虞、三代所無,歷觀秦、漢以來,衰亂之世,恐未之有也。'上笑而頷之,謂布曰:'惠卿不免共事,不可與之誼爭,于朝廷觀聽爲失體。'退,與惠卿召行人于東府,再詰其所陳,如前不變。而王安石懇求去位,引惠卿執政,上既許之,乙酉,布復與惠卿會,惠卿頗有得色,詬罵行人及胥吏,以語侵布,布不敢校也。"

按,據此,則公薦呂惠卿執政,當在四月十六日,故是日呂惠卿復與曾布相會,頗有得色。

四月十九日，罷相，以吏部尚書、觀文殿大學士知江寧府，薦韓絳代己

《長編》卷二百五十二熙寧七年四月丙戌："禮部侍郎、平章事、監修國史王安石罷爲吏部尚書、觀文殿大學士、知江寧府。仍詔出入如二府儀，大朝會綴中書門下班。觀文殿大學士、吏部侍郎、知大名府韓絳依前官平章事、監修國史，遣勾當御藥院劉有方齎詔召絳赴闕。翰林學士、右正言、兼侍講呂惠卿爲右諫議大夫、參知政事。安石爲執政，凡六年。

先是，上一日侍太后，同岐王顥至太皇太后宮，太皇太后謂上曰：'吾聞民間甚苦青苗、助役錢，盍罷之。'上曰：'此以利民，非苦之也。'太皇太后曰：'王安石誠有才學，然怨之者甚衆，上欲保全，不若暫出之于外，歲餘復召可也。'上曰：'群臣中，惟安石能橫身爲國家當事耳。'顥曰：'太皇太后之言，至言也，陛下不可不思。'上怒曰：'是我敗壞天下耶？汝自爲之！'顥泣曰：'何至是也？'皆不樂而罷。

安石益自任，時論卒不與。他日，太皇太后及皇太后又流涕爲上言新法之不便者，且曰：'王安石變亂天下。'上流涕，退，命安石議裁損之。安石重爲解，乃已……安石薦絳代己，仍以惠卿佐之，于安石所爲，遵守不變也。時號絳爲'傳法沙門'，惠卿爲'護法善神'。"

《宋宰輔編年錄》卷八："（熙寧七年）四月丙戌，王安石罷相。制曰：'入則冠宰路之重，百辟之所儀刑；出則寄制垣之尊，萬邦之所憲法。苟非令德，奚稱異恩？粤予端揆之

臣,久托機衡之任。錫之寵渥,均厥賢勞。具官王安石稟明哲之資,蹈柔嘉之則,學問淵博,爲時儒者之宗;議論堅明,有古直臣之烈。間疇偉望,升冠近司。憂勤百爲,夷險一節。方藉壯猷之助,且觀盛化之流。遽上封章,願還政事。確誠莫奪,茂典載加。正位天官之聯,升華殿幄之侍。仍加賦邑,以重藩維。於戲!納忠告猷,卿所素尚;尊德樂道,朕豈或忘。毋怠乃心,而不予輔。'……安石以常數爲言,上終不以常數爲是,安石乃求去位。上固留之,請益堅,故有江寧之命。上因出手詔諭之。麻既出,呂嘉問、張璪持安石而泣,安石慰之曰:'已薦呂惠卿矣。'"

《宋史》卷三百五十五《呂嘉問傳》:"安石去位,嘉問持之以泣,安石勞之曰:'吾已薦惠卿矣。'"

《名臣碑傳琬琰集》下卷十四《呂參政惠卿傳》:"時王安石以久旱請去位,神宗久不許,令惠卿諭安石。安石堅求去,出知江寧府,惠卿遂以右諫議大夫參知政事。"

《宋史》卷四百七十一《呂惠卿傳》:"安石求去,惠卿使其黨變姓名,日投匭上書留之。安石力薦惠卿爲參知政事。"

《西塘先生文集》卷一《上皇帝論新法進流民圖》附錄《三月二十六日以後所行事目》:"而姦佞之輩,日夜匭函投進文字,乞留王安石,守新法,乞治俠狂妄之罪。已而,本月十一、十二間,因熙河小捷,群姦乘是力詆俠,堅乞守新法,留王安石。至十五日,京師傳說呂惠卿、鄧綰輩泣上前,乞留安石。忽十六日,安石上殿,當晚鎖院。明日,安石出金陵,以韓絳相,呂惠卿參政。"

有啓賀呂惠卿除參知政事

《文集》卷七十九《賀呂參政啓》："竊聞明命，登用大儒。是宜夷夏之交歡，豈特親朋之私慶。某官以君子之器，值聖人之時。直道正言，石投水而必受；淫辭詖行，雪見晛而自消。果膺夢卜之求，式受鈞衡之任。王功方就，庶無一簣之虧；國勢已安，更加九鼎之重。豈徒惠好，過示撝謙。冀同雅操之堅，以稱茂恩之厚。"

按，啓曰"王功方就"、"國勢已安"，當指本月甲申王韶大破西蕃，木征出降，而京師續降大雨，旱情甫解。《長編》卷二百五十二熙寧七年四月甲申："是日，雨雹。王韶大破西蕃，木征降。"

是日，神宗賜手詔，令晤韓絳

《長編》卷二百五十二熙寧七年四月丙戌："又賜手詔曰：'韓絳懇欲得一見卿，意者有所諮議，卿可爲朕詳語以方今人情政事之所宜急者。'安石薦絳代己，仍以惠卿佐之。"

以神宗又賜手詔令致書王韶釋其憂惑，遂作書

《長編》卷二百五十二熙寧七年四月丙戌："他日，上又賜安石手詔曰：'王韶聞卿解機務，頗不安職。繼有姦人詐詔云，朝廷已有命廢熙河，徙帥治秦。韶愈憂惑，朕雖已降手敕開諭，卿可特致書安慰之。'"

《文集》卷七十三《與王子醇書》其四："某啓：久不得來問，思仰可知。木征內附，熙河無復可虞矣，唯當省冗費，理

財穀，爲經久之計而已。上以公功信積著，虛懷委任疆場之事，非復異論所能搖沮。公當展意思，有以報上，餘無可疑者也。某久曠職事，加以疲病，不能自支。幸蒙恩憐，得釋重負，然相去彌遠，不勝惓惓，唯爲國自愛，幸甚。不宣。”

四月二十三日，詔依舊提舉詳定國子監修撰經義，詔子雱爲右正言、天章閣待制，從江寧修撰經義。上謝表

《長編》卷二百五十二熙寧七年四月庚寅：“太子中允、崇政殿説書、兼國子監同修撰經義王雱爲右正言、天章閣待制、兼侍講。雱以疾不能朝。又詔特給俸免朝謝，許從安石之江寧，仍修撰經義。又詔王安石依舊提舉詳定國子監修撰經義，參知政事呂惠卿同提舉。”

《文集》卷五十六《除雱正言待制謝表》：“臣某言：伏奉聖恩，除臣男雱右正言、天章閣待制兼侍講，特降中使宣諭，令便受告敕，不須辭免者……君臣以事道相求，是惟希世；父子以傳經見用，鮮或同時。雖愧皋陶濟美之材，敢忘狐突教忠之義。”

是月，欲除許將知制誥，以手柬問宋敏求

呂希哲《呂氏雜記》卷上：“舊制：自差除知制誥，即賜銀緋。熙寧中，許門下沖元將着緑，除知制誥，未賜銀緋。王介甫手柬問宋次道敏求云：‘知制誥有着緑者否？’宋答云：‘先公除知制誥，賜銀緋。’蓋言宣獻公綬也。許遂賜銀緋。”

按，《長編》卷二百五十三熙寧七年五月辛酉：“判軍器監、知制誥章惇兼直學士院，右正言、集賢校理、直舍人院許

將，太常丞、集賢校理、直舍人院鄧潤甫，並免試爲知制誥。”許
將本年五月方免試爲知制誥，公手柬問宋敏求，當在稍前。

五月六日，乞以經義檢討官余中等往江寧府，神宗從之

《長編》卷二百五十三熙寧七年五月癸卯：“王安石乞以
經義檢討官余中等往江寧府，吏人給食錢外，依例與大將驛
料。從之。”

劉攽有詩送行

《彭城集》卷十七《送王相公》：“白麻詔出鳳凰池，金節
銅符副錫珪。故事周公不之魯，是行山甫亦徂齊。百年禮
樂更檮杌，萬國車書載狄鞮。開闔乾坤容海運，斡回樞極寄
枘攜。故都形勝餘龍虎，開府文章盛璧奎。列坐諸生親絳
帳，縱談禪伯得金篦。四山嵐氣連松梓，二水波濤亂鼓鼙。
里老傍車看畫鹿，江靈低首避燃犀。鴻河帶地長餘潤，蟠木
開花亦有蹊。躍冶空慙折鉤喙，在鈞仍似落巢泥。苦心刻
鵠纔成鶩，卑意函牛祇泊鷄。早晚重開丞相閣，爲公羸馬踏
沙隄。”

祝穆《事文類聚》前集卷五引方勺《泊宅編》：“荊公罷
相出鎮金陵時，飛蝗自北而南，江東諸郡皆有之。百官餞荊
公於城外，劉貢父後至，追之不及，見其行榻上有一書屏，因
書一絶以寄：‘青苗助役兩妨農，天下嗷嗷見相公。惟有
蝗虫偏感德，又隨車旆過江東。’”

岳珂《桯史》卷九：“熙寧七年四月，王荊公罷相鎮金陵。

是秋,江左大蝗,有無名子題詩賞心亭曰:'青苗免役兩妨農,天下嗷嗷怨相公。惟有蝗蟲感恩德,又隨鈞旆過江東。'荊公一日餞客至亭上,覽之不悅,命左右物色,競莫知其爲何人也。"

按,公罷相知江寧,劉攽贈詩推崇備至,以上筆記小説所載,實不足信。

離京,呂和卿送至陳留

《長編》卷二百六十一熙寧八年三月己未:"是日,上謂王安石曰:'小人漸定,卿且可以有爲。'又曰:'自卿去後,小人極紛紜,獨賴呂惠卿主張而已。'因稱呂惠卿兄弟不可得。安石曰:'諸兄弟皆不可得。和卿者,臣初不知其人,昨送臣至陳留,道中與語,極曉時事。'"

夏夜舟中有詩明志

《詩注》卷二十五《夏夜舟中頗涼因有所感》:"扁舟畏朝熱,望夜倚危檣。日共火雲退,風兼水氣涼。未秋輕病骨,微曙浣愁腸。堅我江湖意,滔滔興不忘。"

蔡絛《鐵圍山叢談》卷三:"王舒公介甫被遇神廟,方眷仗至深,忽一旦爲人發其私書者,介甫慚,於是丐罷累表,不待報,徑出東水門,中使宣押不復還矣。神廟大不樂,遂復聽其去,然重其操節,且約再召期。當是時,既出,挈其家且登舟,而元澤爲從者誤破其頮面瓦盆,因復命市之,則亦一瓦盆也。其父子無嗜欲,自奉質素如此,與段文昌金蓮華濯足大異矣。吾得之於魯公。"

　　按，公再次罷相，王雱已歿，故《鐵圍山叢談》所載當爲初罷相時。《繫年初稿》據此繫詩於本年，可從。

五月十九日，妹婿沈季長爲崇政殿説書

　　《長編》卷二百五十三熙寧七年五月丙辰："太子中允、館閣校勘呂升卿，大理寺丞、國子監直講沈季長，並爲崇政殿説書，季長仍改太子中允。

　　先是，上每以外事問王安石，安石曰：'陛下從誰得之？'上曰：'卿何必問所從來？'安石曰：'陛下與他人爲密，而獨隱於臣，豈君臣推心之道乎？'上曰：'得之李評。'安石由是惡評，竟擠而逐之。他日，安石復以密事質於上，上問於誰得之，安石不肯對，上曰：'朕無隱於卿，卿乃隱於朕乎？'安石不得已，曰：'朱明之爲臣言之。'上由是惡明之。明之，安石妹夫也。安石既出，呂惠卿欲引安石親暱置之左右。薦明之爲侍講，上不許，曰：'安石更有妹夫爲誰？'惠卿以季長對。上即召季長與惠卿弟升卿同爲侍講。升卿素無學術，每進講，多捨經而談財穀利害、營繕等事。上時問以經義，升卿不能對，輒目季長從旁代對。上問難甚苦，季長辭屢屈。上問從誰受此義，對曰：'受之王安石。'上笑曰：'然則且爾。'季長雖黨附安石，而常非王雱、王安禮及呂惠卿所爲，以謂必累安石。雱等深惡之，故甚不得進用。"

六月八日，權知開封府孫永欲起僧本立獄相傾。神宗察之，令以法結案，不得牽引。

　　《長編》卷二百五十四熙寧七年五月甲戌："權知開封府

孫永言:'昭化軍節度使、康國公承顯多以金錢與僧本立,請求遷官,乞從別差官推治。'詔開封府依公結絕,如事干承顯,即牒大宗正司會問。本立嘗屬宰臣王安石子雱,永屢上殿及此,上察永意,欲以及安石也。"

按,《宋史》卷三百四十二《孫永傳》、《東都事略》卷八十五《孫永傳》、蘇頌《蘇魏公文集》卷五十三《孫公神道碑》,皆不載此事。

抵潤州,遊藏春塢,有詩與刁約

《詩注》卷三十八《藏春塢詩獻刁十四丈學士》:"蒜山東渡得林丘,邂逅籃輿亦少留。今日更知萊氏隱,暮年長憶武陵游。欲營垣屋隨穿隝,尚歎塵沙隔獻酬。遙約勾吳亭下路,春風深駐五湖舟。"

李注:"刁,謂景純,名約,丹徒人,蘇子美祠神會中客也。天聖初,始來京師應進士舉,與宋公、歐陽永叔、謝希深、富彥國齊名。踐歷館閣,踰四十年,寵利之際,泊如也。於荆公爲前輩,故公呼之以'丈',詩則言'獻'。時刁已致仕矣,故下云'萊氏隱'。""蒜山在潤州丹徒縣西三里,山生澤蒜,因以爲名。"

司馬光《溫國文正公文集》卷十三《寄題刁景純藏春塢》題注:"景純致政歸京口,治其所居,命曰藏春塢。前有一岡皆松林,命曰萬松嶺。"

按,此爲本年罷相過潤州時作,詳見本譜熙寧八年四月。

六月十五日，返江寧上任，上謝表

《文集》卷五十七《觀文殿學士知江寧府謝上表》：“臣某言：伏奉制命，授臣觀文殿學士、吏部尚書、知江寧軍府事。臣已於六月十五日到任訖。久妨賢路，上負聖時，苟逃放殛之刑，更溢褒揚之典。逸其犬馬將盡之力，寵以丘墓所寄之邦。仰荷恩私，皆踰分願。臣操行不足以悅衆，學術不足以趣時，獨知義命之安，敢望功名之會。值遭興運，摠領繁機。惟睿廣之日躋，顧卑凡而坐困。秋水方至，因知海若之難窮；大明既升，豈宜爝火之弗熄？加以精力耗於事爲之衆，罪戾積於歲月之多。雖恃含垢之寬，終懷覆餗之懼。伏蒙陛下志存善貸，爲在曲成，記其事國之微誠，閔其籲天之至懇。撓黜幽之常法，示從欲之至仁。經體贊元，廢任莫追於既往；承流宣化，收功尚冀於方來。臣無任。”

有詩明志

《詩注》卷五《思北山》：“日日思北山，而今北山去。寄語白蓮菴，迎我青松路。”

《詩注》卷四十五《人間》：“人間投老事紛紛，才薄何能强致君。一馬黃塵南陌路，眼中惟見北山雲。”

以上二詩，細玩詩意，似初罷相後知江寧作，姑附此。

六月十九日，皇五子生，上賀表

《文集》卷五十八《賀生皇子表》其五。

《長編》卷二百五十四熙寧七年六月乙酉：“皇第五子

生,遣參知政事呂惠卿告于太廟,名僩。"

按,是月十五日公到任江寧府,故表曰:"臣久玷恩私,外叨屬任。四方來賀,望雙闕以無階。"

是月,弟安國與鄭俠相見,借其奏藁

《西塘先生文集》附《鄭俠傳》:"荆公既失意,懇辭去位,遂出知金陵,惠卿以荆公薦參知政事……無何,先生以擅發馬遞事勒停,嘗謁秘閣校理王安國於定力寺,安國迎勞曰:'賢者可謂獨立不懼。'先生曰:'鄉屢言於丞相不納,某以天旱民流,百物失所,四夷内一二以救生民之急,不意卒無所改,乃出金陵,豈某區區之心耶?'安國曰:'家兄欲新法必行,僕言尚不入,況左右乎? 家兄嘗謂爲人臣者,不當避四海九州之怨,使歸於君。盡心國家,當如是也。'先生曰:'未聞堯舜在上,夔契在下,四海九州有怨也。'安國曰:'然。'因借奏藁,先生辭而退。"

《長編》卷二百五十九熙寧八年正月庚子條李燾注引《鄭俠言行録》:"俠罷門局時,於太廟街行,邂逅秘閣校理王安國。"

按,《長編》卷二百五十四熙寧七年六月乙亥:"詔監安上門、光州司法參軍鄭俠勒停,編管汀州。始,俠上書獻《流民圖》,朝廷以爲狂,笑而不問,第令開封府劾其擅發馬遞入奏之罪。而俠又上書,言:'天旱由王安石所致,若罷安石,天必雨。'安石既罷,呂惠卿執政,俠又言:'安石作新法爲民害,惠卿朋黨姦邪,壅蔽聰明,獨馮京立異,敢與安石校。請黜惠卿,用京爲相。'且言京及元絳、孫永、王介四人者,皆仁義人也。惠卿大怒，遂白之上，重責之。"鄭俠以本月九日勒停，其謁王安國當此稍後。

子雱病，神宗遣張諤至府醫治。上謝表

《文集》卷五十九《差張諤醫男雱謝表》："臣某言：伏蒙聖慈，特差中使，傳宣撫問，并賜臣男雱湯藥，押沖静處士張諤至本府醫治者。蕞爾餘生，備叨眷撫，茶然賤息，更荷哀憐。臣初乏將明之材，適遭開泰之運，父子並蒙寵獎，臣鄰莫與等夷。去闕以來，歷時未久，問勞狎至，憂軫俯加。以察父之鴻私，施具臣之晚節，但懃疲曳，莫副馳驅。冀憑天地之恩，得全駒犢之命，永依鞭策，共誓糜捐。"

按，文曰："去闕以來，歷時未久。"應至江寧不久所上。

致書呂惠卿，言給田募役法不便

《長編》卷二百六十三熙寧八年閏四月癸丑："太子中允、直集賢院、檢正中書户房公事張諤兼直舍人院、檢正中書五房公事。初，議用諤代李承之，韓絳以爲不可，曰：'諤與承之不足。'遂沮其以田募役事。王安石曰：'以田募役不便，臣自江寧以書與呂惠卿言之，不敢深言利害者，以在外，不欲極論朝政得失故也。'"

按，給田募役法立於本年五月二十四日，《長編》卷二百五十三熙寧七年五月辛酉："詔：'諸路公人依緣邊弓箭手例，給田募人，其招弓箭手寨户地不用此令。凡係官、逃、絶、監、牧等田，不許射買請佃，委本縣置籍，估所得租合值價錢，以一年雇錢爲準，仍量加優潤，以役錢據數撥還轉運

司。'"公抵書呂惠卿,當於此後,其書《文集》不載,姑附此。

秋,作《芙蓉堂》詩,子雱和之

《文集》卷二十八《芙蓉堂》其一:"投老歸來一幅巾,尚私榮禄備藩臣。芙蓉堂下疏秋水,且與龜魚作主人。"

呂希哲《呂氏雜記》卷下:"後罷相,作大觀文、知江寧府,作詩云:'投老歸來一幅巾,尚思寵禄被藩臣。芙蓉堂下疏秋水,且與龜魚作主人。'其子元澤待制和云:'直須自到池邊放,今世仍多鄭校人。'蓋指呂吉甫也。"

《東軒筆録》卷六:"王荆公初罷相,知金陵,作詩曰:'投老歸來一幅巾,君恩猶許備藩臣。芙蓉堂下觀秋水,聊與龜魚作主人。'及再罷,乞宮觀,以會靈觀使居鍾山,又作詩曰:'乞得膠膠擾擾身,鍾山松竹絶埃塵。只將鳧鴈同爲客,不與龜魚作主人。'"

李注"芙蓉堂":"按《建康志》:'在舊府治。今行宮猶有舊基。'"

按,公此詩,《詩注》卷四十一題作《答韓持國芙蓉堂》,恐非。此時公與韓維已有隙,且芙蓉堂在江寧府治,與韓無涉。

有詩示王鐸

《詩注》卷四十三《示王鐸主簿》:"君正忙時我正閑,如何同得到鍾山。夷門二十年前事,回首黄塵一夢間。"

按,王鐸字君安,郭祥正《青山集》卷二十七《劉交侍禁書報王君安鐸改官監懷州武德鎮以詩喜之》:"自得劉郎音信通,遂聞增秩喜無窮。江東子弟誰憐我,洛下文章只有公。形影蕭條千里外,交游零落百年中。何當老境重相遇,不話風流話苦空。"郭自注:"韓、滕、鄭、李并予與君安,皆皇祐中京國密友。"

薦韓絳從子韓宗古召對

《長編》卷二百五十四熙寧七年七月壬寅:"光禄寺丞韓宗古爲館閣校勘。宗古,絳從子也,以王安石薦召對,故命之。"

八月四日,婿吳安持罷知開封府兵曹參軍

《長編》卷二百五十五熙寧七年八月己巳:"知開封府兵曹參軍、兼删定司農寺條例吳安持言,昨同吕嘉問詳定《行户條貫》,續差孫永體問利害,供析事狀,不無異同,乞罷知兵曹參軍。從之。"

八月十七日,婿吳安持爲太子中允、兼權發遣同提舉市易司

《長編》卷二百五十五熙寧七年八月壬午:"權户部副使、太常少卿賈昌衡兼都提舉市易司,大理評事、編修司農寺條例删定官吳安持爲太子中允、兼權發遣同提舉市易司。"

晤曾布,誦曾公亮柬,歡愛不已

《長編》卷二百五十五熙寧七年八月八月壬午:"翰林學

士、行起居舍人、權三司使曾布落職,以本官知饒州。"

《東軒筆錄》卷六:"曾魯公公亮識度精審,達練治體,當其在中書,方天下奏報紛紜,雖日月曠久,未嘗有廢忘之者。其爲文章尤長於四六,雖造次束牘,亦屬對精切。曾布爲三司使,論市易事被黜,曾公有束別之,略曰:'塞翁失馬,今未足悲;楚相斷蛇,後必爲福。'曾赴饒州,道過金陵,爲荆公誦之,亦歡愛不已。"

金陵郡齋有作

《詩注》卷四十三《金陵郡齋》:"談經投老拚悠悠,爲吏文書了即休。深炷爐香閉齋閣,卧聽簷雨瀉高秋。"

李注:"公經術晚益深,而云'拚悠悠'者,謙光之談也。此詩作於熙寧七年秋,時惠卿爲政,已極力傾公,雖經義亦多改定云。"

十月二十二日,以神宗差馮宗道依在外使相例賜生日禮物,上謝表

《長編》卷二百五十七熙寧七年十月丙戌:"上批:'王安石生日,可差入内東頭供奉官馮宗道依在外使相例取賜。'蓋特恩也。"

李燾:"熙寧七年,王荆公初罷相,以吏部尚書、觀文殿學士知金陵,薦吕惠卿爲參政而去。既而吕得君怙權,慮荆公復進,因郊禮進荆公爲節度使、平章事。方進見,上察見其情,遽問曰:'王安石去不以罪,何故用赦復官?'惠卿無以對。明年復召荆公秉政,而王、吕益相失矣。此據魏

泰《東軒錄》，因安石依使相例，且附此。泰所聞或未必然，當考。"

《文集》卷五十九《賜生日禮物謝表》其五："臣某言：伏蒙聖慈特差入內內侍省內東頭供奉官馮宗道傳宣撫問，及就府賜臣生日禮物：金花銀器一百兩，衣著一百匹、衣一對、金鍍銀鞍轡一副并繡複馬二匹、湯藥一銀合御封全者。微勞不效，僅逃三典之科；厚禮有加，尚躋九儀之等。臣外叨寄屬，仰誤眷憐，已隳考翼之基，重負母慈之教。迫劬勞於晚節，方不自勝；惟蕃庶之舊恩，終無以稱。伏蒙皇帝陛下更馳膚使，曲喻至懷，駔駿靈珍，琛奇組麗，豈下流之敢及，皆前此之所無。金厄淑旂，多錫誠榮於既往；鈆刀駑馬，強扶難冀於將來。雖天地弗責其謝生，顧臣子敢忘於致死。"

高晦叟《珍席放談》卷上："神宗朝，王荊公帶觀文殿大學士在金陵府。及生日，有旨契勘有無所賜禮物。樞密院具到宰臣、樞密使帶平章事并使相生日支賜則例進呈，特令依在外使相例賜。昔趙忠獻拜太師，西京養疾，國朝故事，非帶同平章事無生辰賜物例。太宗以普故相，特示異數，遣使就賜。是時自當舉此以聞，不知何以遺忘之也。本朝舊相不帶平章事，生日錫之以禮物，唯二公爾。"

按，表曰"外叨寄屬"，當作於本年罷相知江寧府任上。

十一月十一日，呂惠卿起鄭俠獄，弟安國赴對

鄭俠《西塘先生文集》卷一《三月二十六日以後所行事目》："（熙寧七年）十一月初一日，復入文字，極指其事，乞

賜臨問。是月初五日，準敕追毀出身以來文字，送汀州編管。初六日受敕，初七日押出門，初九日行至陳州。且三日，忽見開封府差人到陳州勾迴，莫知所由。至太康，忽見舒亶來搜衣籠文字櫃等，已而到御史獄，方知是初九日呂惠卿於上前進言，上問：‘鄭俠一小官，如青苗、免役等事，容於道路間得聞，至如被甲登殿，禁中君臣對面之言，何聞之速且詳也？’呂惠卿對以‘此皆韓絳、馮京以其事導使之言也’。上曰：‘韓絳、馮京大臣知朝廷有不便之事，却不自言，乃令鄭俠言之，何也？’當日，韓絳遷定力寺，乞出。而馮京十一日早朝留身，事訖，上從容問：‘卿大臣，知朝廷有不便之事，何惜自言，乃委曲令鄭俠入文字？他小官，論列朝廷大事，理自不順，略行貶竄，物論甚不然。’京乃驚奏云：‘臣與鄭俠素不相識。’上且疑之。京退朝，知雜張琥入文字：‘風聞鄭俠所言，盡是馮京諷導本人，使之進言。按京身備輔弼，與國同體，知朝廷事有不便，不自奏陳，乃結交小人，使之肆意謗訕朝政。’京奏：‘臣與鄭俠素不相識，已曾面具奏聞。今來朝臣有言，臣不敢自辨，所有鄭俠雖赴貶所未遠，乞賜追迴對證，庶幾虛實有歸。’故有御史之獄也。

《長編》卷二百五十九熙寧八年正月庚子條李燾注引《鄭俠言行錄》：“奏入，執政大怒，言於上，以爲謗訕。朝廷追毀出身以來文字，送汀州編管。俠既行，呂惠卿入對，上問：‘鄭俠一小官，如青苗、免役等事，容於道路聞之，至如被甲登殿、禁中君臣對面言之，何聞之速且詳？’惠卿對曰：‘俠前後所言，皆馮京手錄禁中事，使王安國持示導之使言也。’

京與惠卿同列，議多矛盾，惠卿諂事荆公，爲安國所疾，屢諷
其兄不寤，故惠卿併中之。京一日早朝，留身奏事，上問：
'卿大臣，知朝廷有不便事，何惜自言？乃委令鄭俠入文字，
緣小官論列朝廷大事，理自不順，略行貶竄，物論甚不然。'
京惶駭對曰：'臣與鄭俠素不相識。'上方疑之，御史知雜張
琥劾京備位輔弼，乃結交小人，使謗訕朝政。京奏鄭俠去貶
所未遠，乞追回對證，使虛實有歸。遂付臺推勘。俠行至太
康，忽見奉禮郎舒亶來搜衣橐，橐中有銀三十兩，乃王度支
克臣所贐；又得諫疏二帙，皆先朝名臣奏藁及韓、范、司馬等
所言新法不便事，題曰楊君所贈。楊君者，名忠信，時爲御
史臺知班，嘗應四月一日詔書言新法不便，俠監門日，忠信
來謁曰：'御史臺職在諫爭，皆緘口不言，足下一監門爾，乃
上書不已，是言責在監門而臺中無人也。'探懷中書授俠曰：
'以此爲正人助。'是時，御史皆惠卿黨，必欲文致京與安國
之罪。京素不識俠，見其數言事，屢對判檢院丁諷稱之。俠
每遣門人吳無至詣檢院投匭，輒咨嗟曰：'當今臺諫不言，鄭
監門乃能屢入文字耶！'且爲無至言馮參政再三稱獎之語，
然實未嘗使安國傳道禁中事，諸所從得，乃内殿崇班楊永芳
語也。先是，永芳與俠鄰居，每言新法不便，且憤大臣誣罔
之語，多爲俠發之。俠罷門局時，於太廟街行，邂近秘閣校
理王安國，安國馬上舉鞭揖俠曰：'賢可謂獨立不懼。'因隨
俠至所居，借前後奏草，俠答以未嘗存留，安國言：'亦見閣
下與家兄書，家兄主張太過，雖安國之言亦不見聽，況閣下
乎？'俠曰：'不意丞相一旦爲小人所誤，以至於此。'安國曰：
'是何爲小人所誤！家兄所見不同，自以爲人臣子，不當避

四海九州之怨,使四海九州之怨盡歸於己,方是臣子盡忠於國家。'俠曰:'未聞堯、舜在上,夔、契在下,而有四海九州之怨。'安國以爲然。至是赴對,安國初猶不承,直至廷辨,俠責安國曰:'凡對制使,不當有隱,口所言者,安得諱之耶?天地神祇、宗廟社稷、日月星辰、五嶽四瀆之靈,皆在左右,學士欲誰欺?'安國乃伏。"

按,據此,王安國雖平素與公政見有異,然其涉鄭俠案,則純屬偶然。惟以宰相之弟而附會鄭俠,亦可見其生性疏蕩不謹,故爲呂惠卿所中。

十一月二十五日,南郊禮畢大赦天下。上賀表,自江寧府上進奉

《文集》卷五十八《賀南郊禮畢肆赦表》其一:"臣某言:伏覩十一月二十五日南郊禮畢,大赦天下者。"

《文集》卷六十一《南郊進奉表江寧》:"臣某言:伏以郊兆宗祈,臣工顯相。慶九畿之藩屏,備萬物之貢輸。前件物掌於邦財,斂自民職。竊覬燎裡之盛,式修幣獻之常。臣無任。"

按,《長編》卷二百五十八熙寧七年十一月己未:"冬至,合祭天地於圜丘,以太祖配,赦天下。"

以南郊恩加食邑,上謝表

《文集》卷五十九《加食邑謝表二道》其二:"解澤旁流,明綸俯被。永惟叨昧,深以兢榮。竊以時郊丘之承,所以尊上帝;疇官邑之賜,所以富善人。盛福靡專,至恩惟稱。臣

久塵要近，上累昭明。方玉輅之親祠，以銅符而外守。逮均休慶，例獲褒嘉。此蓋伏遇皇帝陛下以平施於萬方，無遐遺之一物。矧蒙圖任之舊，特荷獎知之深。祇服訓辭，敢忘報禮。臣無任。"

《繫年》："按表曰：'伏奉誥命加食邑四百戶、實封一百戶者'，與《封荊國公謝表》所言同，當爲同時（元豐三年）事。"恐誤。表曰"竊以時郊丘之承，所以尊上帝"，則非元豐三年九月祀明堂恩也。此表蓋作於熙寧七年公知江寧府任上，時未預南郊，故曰"方玉輅之親祠，以銅符而外守"。熙寧十年南郊時，公已罷知江寧府，不得言"以銅符而外守"。

是年，寄詩張諤招張安國

《詩注》卷三十三《寄張諤招張安國金陵法曹》："我老願爲藏丈人，君今年少未長貧。好須自致青冥上，可且相從寂寞濱。深谷黃鸝嬌引子，曲碕翠碧巧藏身。尋幽觸靜還成興，何必區區九陌塵。"

按，張安國，熙寧三年進士及第，《長編》卷二百十一熙寧三年五月乙巳："詔前永安縣主簿、崇文院校書邢恕，與堂除近地試銜知縣。先是，外人譁言將以新進士爲校書，陸佃嘗從王安石學；張安國，無爲人，安石客也；呂升卿乃惠卿弟，皆外人所指目者。于是知諫院胡宗愈言：'故事，崇文院校書如未歷外官，及不滿任者，不得選舉。昨邢恕以新進士除校書，蓋朝廷未有法制，近聞新進士緣此奔走權要，廣爲道地，乞自今須歷一任乃除。'上曰：'何嘗有此？'乃令罷恕。"張安國熙寧三年進士及第後，授揚州司法參軍，故稱法曹。因揚州、江寧毗鄰，故公以詩招之。復相後，即薦之爲宰屬。①

又，《繫年初稿》繫此詩於熙寧八年復相後，恐誤。詩曰："我老願爲臧丈人，君今年少未長貧。好須自致青冥上，可且相從寂寞濱。"詳詩意，當作於本年罷相知江寧府時。

是年，作《經局感言》

《詩注》卷四十三《經局感言》："自古能全已不才，豈論騏驥與駑駘。放歸自食情雖適，絡首猶存亦可哀。"

自注："罷相出守江寧，仍領經局。"

李注："熙寧七年四月，公罷相知江寧，依舊提舉修撰經義。明年再相，經義成，拜左僕射。九年十月，以與呂惠卿交惡，力乞罷政，判江寧。又力辭請宮觀，乃以使相領集禧。此詩言'放歸自食'，蓋宮觀時作也。時尚帶經局，故云絡首猶存。"

按，李注恐非。熙寧九年十月公再辭相時，已罷經局，詩當作於本年初罷相居江寧，時依舊提舉經義所。

是年，華崟來江寧相謁。稱異之，授以經義

鄒浩《道鄉先生鄒忠公文集》卷四十《故登州防禦推官

---

① 《長編》卷二百六十一熙寧八年三月戊午："又薦嘉問及張安國可爲宰屬，上皆以爲可。"第6366頁。《長編》卷二百六十六熙寧八年七月壬申："前揚州司法參軍張安國爲光祿寺丞，權檢正中書刑房公事。王安石薦之也。"第6524頁。

華君行狀》:"君華氏,諱崃,舊名申甫。元祐初,避高魯王諱改焉,字元翰,世爲常州武進人。君天資豪爽,初就外傅誦書,日記數千言。年十四,課試六論,詞旨如成人。既長,西遊,必與名士爲友。會熙寧初罷制舉,專以經術取士,君不遠數千里謁王文公于金陵。公稱異之,授以經義。退歸,不復茹葷,杜門自飭。如是三年而學成,遂登九年進士第,調高州雷白縣尉。"

按,墓誌曰華崃"如是三年而學成,遂登九年進士第",則其謁公當於熙寧七年。

董必來江寧相謁。諮質諸經疑義,稱許之

《宋史》卷三百五十五《董必傳》:"字子彊,宣州南陵人。嘗謁王安石於金陵,咨質諸經疑義,爲安石稱許。登進士第。紹聖中,提舉湖南常平。時相章惇方寘衆君子於罪。孔平仲在衡州,以倉粟腐惡,乘饑歲,稍損價發之。必即劾戾常平法,置鞫長沙,以承惇意,無辜繫訊多死者。平仲坐徙韶州。惇與蔡卞將大誅流人,遣呂升卿往廣東,必往廣西察訪。哲宗既止不治,然必所至猶以慘刻按脅立威,爲五書歸奏。"

董必登熙寧九年進士第,其從公問學,當於本年。《(嘉靖)寧國府志》卷八:"董必字子彊,宋熙寧九年進士,久從王荆公遊。居官所至有聲,後知荆南府,多建堡塞,以張控扼之勢,溪洞諸蠻由是不敢爲寇。以功再任,卒,贈龍圖閣直學士。"

是年，以上元縣主簿韓宗厚大興水利，上其狀於朝

《金石萃編》卷一百四十二朱光裔《韓宗厚墓誌銘》：
"君以康靖公蔭補太廟齋郎，初任徐州沛縣主簿。秩滿，授
江寧府上元縣主簿。大興水利，溉污萊爲良田者至二千七
百餘頃，創爲堰閘，視時水旱而均節之，民獲其利，歌詠載
涂。丞相王文公爲守，上其狀於朝，以勞應格，特轉光禄寺
丞。文公知其才，事多委於君，以辦治稱……王文公爲世儒
宗，樂教育後進。君嘗執經請益，得其精微之旨。既輔政，
同時預丈席者多被薦擢，屢欲用君，而輒齟齬不諧。通塞之
分，豈人力也哉！"

按，韓宗厚字敦夫，韓緒之子，韓絳之姪。熙寧七年，公
罷相知熙寧，韓宗厚時爲上元縣主簿，以興修水利獲公賞
識，因薦之。

開新河以避欒家磯數十里風水，甚爲行舟之利

張舜民《畫墁集》卷七《郴行録》："庚戌，發長蘆，始循
北岸行五里許，即絶江，至南岸。下漾口，循南岸行數里，入
新河口，王介甫時爲江寧所開……介甫開新河，以避欒家磯
數十里風水，甚爲行舟之利。然夾口土山屢崩，歲勤補葺，
方可經久。"

《(景定)建康志》卷七："欒家磯，在城西北二十五里上
元縣金陵鄉長慶村之西。"

按，《長編》卷二百三十四熙寧五年六月甲子："賜江南
東路轉運副使韓鐸、新權提點刑獄張稚圭銀絹二百，以提舉

開江寧府張公凸上樂家磯、馬鞍山河道故也，仍降詔獎諭。”
公開新河，或與此有關，姑附此。

嫁女與蔡卞

《詩注》卷一《示元度》，李注：“蔡卞字元度，興化軍仙游
人。熙寧三年進士甲科，爲常州江陰縣主簿。公以女妻之。”

《宋史》卷四百七十二《蔡卞傳》：“卞字元度，與京同年
登科，調江陰主簿。王安石妻以女，因從之學。”

曾紆《南遊紀舊》：“王介甫以次女適蔡卞，吳國夫人吳
氏驟貴，又愛此女，乃以天下樂暈錦爲帳。未成禮，而華侈
之聲已聞于外。神宗一日問介甫云：‘卿大儒之家，用錦帳
嫁女？’介甫諤然無以對。歸問之，果然，乃捨之開寶寺福勝
閣下爲佛帳。明日再對，皇懼謝罪而已。”

陳師道《後山談叢》卷五：“王荆公嫁女蔡氏，慈壽宮賜
珠褥，直數十萬。”

按，蔡卞熙寧三年中進士甲科，年方十三，其何時迎娶
公女不詳，姑附此。

熙寧八年乙卯（1075），五十五歲

熙寧八年正月七日，弟安國追毀出身以來文字、放歸田里。神宗降詔慰諭，對使者泣

《宋會要輯稿》職官六五："（熙寧）八年正月十三日，金部郎中、集賢校理、判檢院丁諷落職監無爲軍酒，大理寺丞、集賢校理王安國放歸田里，度支郎中王克臣追一任官，河南軍巡判官鄭俠英州編管。初，俠進《流民圖》，又擅發遞馬奏事，上憐之，放罪。會吕惠卿參政，俠復詆其奸，惠卿怒，請誅俠，諷、安國連累故也。"

《宋史》卷三百二十七《王安國傳》："惠卿銜之。及安石罷相，惠卿遂因鄭俠事陷安國，坐奪官，放歸田里。詔以諭安石，安石對使者泣下。"

《長編》卷二百五十九熙寧八年正月庚子："參知政事、右諫議大夫馮京守本官知亳州，權發遣户部副使王克臣追一官，司封郎中、集賢校理丁諷落職監無爲軍酒税，著作佐郎、秘閣校理王安國追毀出身以來文字、放歸田里，内殿承制楊永方追一官，汀州編管人鄭俠改英州。御史臺吏、前慶州録事參軍楊忠信，檢院吏孔仲卿，撫州進士吳無至，並決杖編管，忠信郴州，仲卿邵州，無至永州，忠信仍除名，永不叙用。俠既竄汀州，人多憐之，或資其行。吕惠卿憾俠不置，且惡馮京異議，欲藉俠以排去京并及王安國，乘間白上曰：'俠書言青苗、免役、流民等事，此衆所共知也；若言禁中

有人被甲登殿詬罵，此禁中事，俠安從知此？蓋俠前後所言，皆京使安國導之。'

　　上亦疑焉，他日，問京曰：'卿識鄭俠乎？'對曰：'臣素不識俠。'侍御史知雜事張琥聞之，陰訪求京與俠交通狀。或語以京嘗從俠借書，遺之錢米，琥即劾奏：'京，大臣，與俠交通有迹，而敢面謾云不識。又俠所言朝廷機密事，非京告教，何得聞此？'上以章示京，京對：'實不識，乞下所司辨。'琥又言：'俠自言京為之主。按京身為輔弼，政事有所未便，自當廷議可否，豈宜懷貳，陰結小人？若京實無此，俠當坐誣大臣之罪。俠雖逐，而京之事狀未明，乞追俠付獄窮治。'詔送御史臺，京乃言：'俠事因琥案劾，則御史官屬不得無嫌，且朝廷不過欲見臣與俠有無往還問遺實迹耳。乞治于他司，或遣官就御史臺根究。'詔知制誥鄧潤甫同推究。琥請遣奉禮郎舒亶乘驛追俠於陳州，索其橐中文字，悉封上之。獄官又掠治俠，令具疏所以交通者，皆捕送獄。僧曉容善相，多出入京家，亟收繫考驗。取京門歷閱視賓客，無俠名。潤甫等深探俠辭，多所連引，獄久不決，臺官皆不得歸家。

　　上以其枝蔓，有詔趣結絕，琥又言：'俠事連京，理須考實，而證左有所畏望，未肯盡情通說。勘司又被旨催迫，無緣窮究。況俠毀斥朝政，姍罵大臣，非有所恃，安敢如此？若不推見事情，明正國典，則小人朋比，何以禁止？乞令盡理根究。'從之。時十二月丙戌也。

　　俠素師事王雱，而議論常與雱異，與安國同非新法，安國親厚之。嘗謂安國曰：'俠前後以書諫丞相，不聽，得無為人所誤？'安國曰：'安國言且不聽，子言彼豈肯信乎？彼作

一事,必得四海九州怨怒,然後行之,何謂爲人所誤.'及俠
上書,安國索其草視之,俠不與,安國曰:'能言之者子也,能
揄揚、流布于人者我也。子必以其草示我.'俠曰:'已焚之
矣.'俠詣登聞檢院上書,諷判檢院,延與坐啜茶,詢其所言,
稱獎之。諷又嘗見京,語及俠,京稱俠文辭甚佳,小臣不易
敢爾。俠監安上門時,克臣爲鹽鐵副使薦之。其逐也,有求
於克臣,克臣命長子公約諭次子駙馬都尉師約饋之,師約
曰:'師約連姻帝室,不敢與外人交,請具白金,大人自遺
之.'克臣從之,遺俠以白金三十兩。俠往辭安國,安國謂
曰:'子可謂獨立不懼矣.'于是,臺司鞫諷、安國及克臣子公
約等,安國初不承,獄吏引俠使證之,俠見安國笑曰:'平甫
居常自負剛直,議論何所不道,今乃更效小人欲爲詆讕邪?'
安國即承。永方、忠信、仲卿、無至皆嘗與俠遊者也。獄既
具,上以京大臣,令推究官取信否狀,并問克臣、京等,皆引
罪。潤甫及中丞鄧綰疏:'俠肆意謗訕朝廷,議罪投之遠方,
此人臣之所共嫉。克臣以戚里受國厚恩,知俠國之所棄,而
資給之。安國以下士擢置文館,而獎激狂妄,非毀其兄。及
永方、忠信等傳言惑衆,尤爲可惡。雖犯在赦前,及元非朝
旨推究之人,據其情狀,不可不懲.'遂罷京政事,俠遠徙,諷
等皆得罪,曉容勒歸本貫。呂惠卿議當俠大辟,上曰:'俠所
言非爲身也,忠誠亦可念,豈宜深罪?'始,惠卿事安石如父
子,安國負氣,惡其憸巧,數面折之,惠卿切齒。及安石罷
相,引惠卿輔政,惠卿遂欲代安石,恐其復來,乃因俠獄陷安
國,亦以沮安石也。安國既貶,上降詔諭安石,安石對使者
泣。及再入相,安國猶在國門,由是安石與惠卿交惡。俠雖

薦京宜爲宰相，然實不識京。俠又稱元絳、孫永、王介凡四人，自言識絳，餘皆未識，而琥等獨斥京，蓋希惠卿風旨也。"

　　按，李燾視鄭俠獄爲呂惠卿借此沮抑公之復相，且爲王、呂交惡之始，"因俠獄陷安國，亦以沮安石也"。竊恐未必。李燾注雖曰"此段用《王安國本傳》、司馬光《記聞》、朱墨兩録，并鄭俠《言行録》删修"，實則頗受邵伯温、魏泰之影響。《邵氏聞見録》卷九："荆公後以觀文殿大學士知金陵，乃薦呂惠卿爲參知政事。惠卿既得位，遂叛荆公……又起鄭俠獄，事連荆公之弟安國，罪至追勒。惠公求害荆公者無所不至，神宗悟，急召荆公。公不辭，自金陵泝流七日至闕，復拜昭文相……嗚呼！荆公非神宗保全則危矣。再相不久，復知金陵，領宮祠，至死不用。"《東軒筆録》卷五："及惠卿入參政，有射羿之意，而一時之士見其得君，謂可以傾奪荆公矣，遂更朋附之。既而鄧綰、鄧潤甫枉狀發王安國，而李逢之獄又挾李士寧以撼荆公……其他夤緣事故非議前宰相者甚衆，而朝廷綱紀幾于煩紊，天下之人復思荆公。""鄭俠監安上門，遂畫《流民圖》，及疏言時政之失，其辭激訐譏訕，往往不實。書奏，俠坐流竄。而中丞鄧綰、知諫院鄧潤甫言王安國嘗借俠奏藁觀之，而有獎成之言，意在非毀其兄。是時平甫以著作佐郎、秘閣校理判官告院，坐此放歸田里。逾年，起爲大理寺丞、監真州糧料院，不赴而卒。平甫，天下之奇才，黜非其罪，而又不壽，世甚歎息。臺官希執政之旨，且將因此以浣荆公也。""臺官希執政之旨，且將因此以浣荆公。"以上即《長編》所本。《邵氏聞見録》凡涉熙寧變法處，幾近謗書；而魏泰則與呂惠卿死敵曾布連襟，故二人所言，未可全信。

《長編》外，《東都事略》、《宋史》等凡涉此案，大都襲邵氏之説。① 竊謂吕惠卿羅織鄭俠獄，固因鄭之攻訐而大怒，更因公罷相後，議事屢與韓絳、馮京不合，②欲借此傾之，其意並不在公。鄭俠《言行録》：“（十一月）初九日，吕惠卿於上前進言，上問：‘鄭俠一小官，如青苗、免役等事，容於道路間得聞，至如被甲登殿，禁中君臣對面之言，何聞之速且詳也？’吕惠卿對以‘此皆韓絳、馮京以其事導使之言也’。上曰：‘韓絳、馮京大臣知朝廷有不便之事，却不自言，乃令鄭俠言之，何也？’當日，韓絳遷定力寺，乞出。”由此可窺吕惠卿之用心。故范純仁《范忠宣公文集》卷十五《司空康國韓公墓誌銘》：“選人鄭俠以上書譏訕下獄，參知政事馮公京故嘗賙俠，同列因指以爲黨，得罪不測。公曰：‘明日京黜，我繼去位矣。’因力爲辯解，言未從，乞罷政事。上雖不許，而京責由此少寬。”《東軒筆録》卷五：“馮京與吕惠卿同爲參知政事，吕每有所爲，馮雖不抑，而心不以爲善，至於議事，亦多矛盾。會鄭俠獄起，言事者以俠嘗遊京之門，推劾百端，馮竟以本官知亳州。”至於王安國

---

① 如《宋史》卷三百二十七《王安石傳》：“吕惠卿服闋，安石朝夕汲引之，至是，白爲參知政事，又乞召韓絳代己。二人守其成模，不少失，時號絳爲‘傳法沙門’，惠卿爲‘護法善神’。而惠卿實欲自得政，忌安石復來，因鄭俠獄陷其弟安國，又起李士寧獄以傾安石。絳覺其意，密白帝請召之。八年二月，復拜相，安石承命，即倍道來。”第 10548 頁。《東都事略》卷八十三《吕惠卿傳》：“王安石因久旱去位，以執政薦惠卿，遂拜右諫議大夫、參知政事。惠卿既執政，恐安石復用，遂起王安國、李士寧之獄，苟可以陷安石者，無所不爲。”第 697 頁。

② “傳法沙門”、“護法善神”之説，殊不足據。自公罷相，韓絳、馮京、吕惠卿齟齬不斷，《宋史》卷三百一十五《韓絳傳》：“七年，代王安石相。既顓處中書，事多稽留不決，且數與吕惠卿爭論，乃密請帝再用安石。”第 10304 頁。

則因與其兄異議，曾諷譏呂惠卿，又確曾索鄭俠奏稿揄揚
之，故陷此獄。

二月二日，弟安上爲右贊善大夫、權發遣度支判官

《長編》卷二百六十熙寧八年二月甲子：“太常寺太祝王
安上爲右贊善大夫、權發遣度支判官。安上，安石幼弟也。”

李燾：“鄧綰劾章惇云：‘惇與呂惠卿商量欲擢用呂和
卿，則先薦王安上爲例。’此當考。”

《宋會要輯稿》食貨五六：“（熙寧）八年二月三日，以太
常寺太祝王安上爲右贊善大夫、權發遣度支判官。用權三
司使章惇之舉也。”

二月十一日，再入相，自觀文殿大學士、吏部尚書、知江寧府除依前官平章事、昭文館大學士

《長編》卷二百六十熙寧八年二月二月癸酉：“觀文殿大
學士、吏部尚書、知江寧府王安石依前官平章事、昭文館大
學士。”

《宋宰輔編年録》卷八：（熙寧八年）二月癸酉，王安石
再入相，自觀文殿大學士、吏部尚書、知江寧府，除依前官同
平章事、昭文館大學士。

《宋大詔令集》卷五十六《王安石拜昭文相制熙寧八年二
月癸酉》：“門下：乾健坤順，二氣合而萬物通；君明臣良，一德
同而百度正。眷予元老，時迺真儒。若礪與舟，世莫先於汝
作；有袞及繡，人久佇於公歸。越升冢席之崇，播告路朝之
聽。推誠保德崇仁翊戴功臣、觀文殿大學士、特進、行吏部

尚書、知江寧府、上柱國、太原郡開國公、食邑四千六百户、食實封一千二百户王安石,信厚而簡重,敦大而高明。潛於神心,馳天人之極摯;尊厥德性,泝道義之深源。延登傑才,裨參魁柄。傳經以謀王體,考古而起治功。訓齊多方,新美萬事。爾則許國,予惟知人。讒波稽天,孰斧斨之敢鈌;忠氣貫日,雖金石而自開。向厭機衡之煩,出宣屏翰之寄。遝周歲歷,殊拂師瞻。置還冠於宰司,以大釐於邦采。兼華上館,衍食本封。載更功號之隆,用侈台符之峻。於戲!制天下之動,爾惟樞柅;通天下之志,爾惟蓍龜。繫國重輕於乃身,毆民仁壽於當代。往服朕命,圖成厥終。可特授依前行吏部尚書、同中書門下平章事、昭文館大學士兼譯經潤文使,加食邑一千户食,實封四百户,改賜推忠協謀同德佐理功臣。"

按,制詞爲元絳撰。王銍《四六話》卷上:"元厚之作王介甫再相麻,世以爲工,然未免偏枯。其云:'忠氣貫日,雖金石而爲開;讒波稽天,孰斧斨之敢闕?'上句忠氣貫日,則可以襯'雖金石而爲開';是以下句'讒波稽天',則於斧斨了無干涉。此四六之病也。"

是日,婿吴安持以詳定行户免行法成升一任

《長編》卷二百六十熙寧八年二月甲子:"虞部員外郎吕嘉問、太子中允吴安持各陞一任,餘官各減一年磨勘,吏人轉資、減年、出職有差,以詳定行户免行法成也。"

二月十二日，神宗遣勾當御藥院劉有方齎詔至江寧相召

《長編》卷二百六十熙寧八年二月二月癸酉："翌日，上遣勾當御藥院劉有方齎詔往江寧召安石。"

兩上表辭免，神宗批答不允

《長編》卷二百六十熙寧八年二月癸酉："觀文殿大學士、吏部尚書、知江寧府王安石依前官平章事、昭文館大學士。始，安石薦韓絳及呂惠卿代己，惠卿既得勢，恐安石復入，遂欲逆閉其途，凡可以害安石者無所不用其智，又數與絳忤，絳乘間白上請復相安石，上從之。惠卿聞命愕然。翌日，上遣勾當御藥院劉有方齎詔往江寧召安石，安石不辭，倍道赴闕。"

按，《長編》曰："安石不辭，倍道赴闕。"不確。《文集》卷五十七《辭免除平章事昭文館大學士表》其一："畬而不菑，雖或許其繼事；灌以既雨，豈不昧於知時？況惟疲曳之餘，過重休明之累。且用人而過矣，固不免於敗材；苟改命而當焉，亦何嫌於反汗？敢期聖哲，俯亮愚忠。"①

其二："臣某言：臣近上表辭免恩命，伏蒙聖慈特降批答不允者……伏望皇帝陛下隨其器能，付以職事，圖惟大任，改命上材。則熒爝末光，不獲干時之咎；榱桷近用，亦參搆廈之功。"

---

① 《王文公文集》作《辭昭文相公表》，第170頁。

又，荆公兩具表辭，遂於三月一日離江寧赴闕（詳下），亦非李燾所云“倍道赴闕”。

上謝表

《文集》卷五十七《除平章事昭文館大學士謝表》：“臣某言：伏奉制命，特授臣同中書門下平章事、昭文館大學士、兼譯經潤文使，加食邑一千戶，實封四百戶，仍改賜推忠協謀同德佐理功臣。尋具表陳免，蒙降批答不允，仍斷來章者。……然以投老之軀，而遭難值之運，苟貪歲月，趣就涓埃。且上之施既光，則下之報宜厚。與之勠力，仰承睿知之臨；罔不同心，俯賴忠良之協。誓殫疏拙，圖稱休明。臣無任。”

按，公之復相，李燾以爲蓋因吕惠卿有射羿之意，此受魏泰、邵伯温影響，故注曰：“安石復相，《實録》不詳，今參取魏泰、邵伯温、吴幵所記修入，更俟考求。”然魏、邵之説實不足信，本譜已辨之。竊謂公之復相，緣自去年罷相後，韓絳、馮京、吕惠卿三人不協，以致中書政務遲滯。《東軒筆録》卷五：“馮京與吕惠卿同爲參知政事，吕每有所爲，馮雖不抑，而心不以爲善，至於議事，亦多矛盾。會鄭俠獄起，言事者以俠嘗遊京之門，推劾百端，馮竟以本官知亳州。”“傳法沙門”、“護法善神”未能協同共濟，反而多有齟齬；且公初罷相時，即有復相之諾，故神宗召之。《宋史》卷三百一十五《韓絳傳》：“七年，代王安石相。既顓處中書，事多稽留不決，且數與吕惠卿爭論，乃密請帝再用安石。”可謂得間。

二月二十九日，弟安禮直集賢院

《長編》卷二百六十熙寧八年二月辛卯："秘書丞、館閣校勘王安禮直集賢院，罷檢正中書孔目房公事，避兄安石也。"

按，司馬光《涑水記聞》卷十六："王安國追出身以來敕誥，放歸田里，曉容勒歸本貫。其餘吏民有與俠交遊及餽送者，皆杖臀二十，遠州編管。仍賜詔介甫慰諭，又以安禮權都檢正，以慰其心。"恐誤。"都檢正"即都檢正中書五房公事。

三月一日，離江寧赴闕

《(景定)建康府志》卷十三："(王安石)三月一日赴闕。"

三月二日，知制誥沈括、同知諫院范百祿赴御史臺推鞫李逢等公事，涉友人李士寧

《長編》卷二百六十一熙寧八年三月甲午："命知制誥沈括、同知諫院范百祿赴御史臺推李逢等公事。寨周輔鞫逢反謀，得右羽林軍大將軍、秀州團練使世居交通狀，故有是命。世居，南陽侯從贊子也。

丙申，中書言：'沂州鞫李逢等反逆，結構有端，而本路提點刑獄王庭筠等先奏逢無大逆謀，告人妄希賞，顯不當。'詔并劾庭筠，先衝替；見鞫李逢等，更切研窮，旋具情節奏知，仍速具告發當酬獎人數以聞。庭筠自縊而死，捕世居及

醫官劉育，繫御史臺獄。詔御史臺差官同中使即世居及育家索圖讖、書簡等。”

《東都事略》卷八十六《徐禧傳》：“沂州劾李逢謀反，連宗室世居，詔中丞鄧綰、知諫院范百祿與禧即御史臺雜治。有李士寧者，挾術出入貴人間，常見世居母康，以仁宗御製詩贈之，又許世居以寶刀，且曰：‘非公不可當此。’世居與其黨皆神之，曰：‘士寧二三百歲人也。’解釋其詩，以爲至貴之祥。及鞫世居，搜得之，逮捕士寧，而宰相王安石故與士寧善。”

按，《長編》卷二百六十一熙寧八年三月戊申：“詔御史臺責醫者治世居疾。又詔緣世居事應逮之人，具年貌下諸路，告獲一人，賞錢三千。”據此，則李士寧入獄最早當於本月三月四日後，其時公已於赴京途中，其復相非緣李士寧明矣。

至瓜步望揚州，有詩憶舊

《詩注》卷四十三《入瓜步望揚州》：“落日平村一水邊，蕪城掩映祗蒼然。白頭追想當年事，幕府青衫最少年。”

李注：“瓜步屬真州，即魏太武入寇駐軍之地也。”“按，荆公慶曆二年楊寘牓第四名及第，授簽書淮南節度判官廳公事。五年三月，韓忠獻公罷樞副，以資政殿出鎮維揚，公時尚在簽幕，年二十五，故自云‘最少年’。又公作忠獻挽辭有云：‘幕府少年今白髮，傷心無路送靈輀。’時荆公召自江寧，再居相位，蓋熙寧八年也。”

行至臨淮，陶臨自泗州來謁

《長編》卷二百六十二熙寧八年三月丁卯，李燾：“《日錄》云：‘自泗州倒行至臨淮謁余。’”

三月十四日，神宗召對資政殿

《長編》卷二百六十一熙寧八年三月丙午：“召輔臣對資政殿。是日，清明節也。”

李燾：“王安石云云。”

按，公復相抵京，具體時間不詳。如李燾所云，江寧至開封共二十二驛，按一般水路行程，十餘日可達。公三月一日離江寧赴闕，是月中旬應已抵京，故得以清明節對於資政殿。①

三月十九日，進呈李靖法陣圖，以爲不可用

《長編》卷二百六十熙寧八年二月戊寅，李燾：“王安石《日錄》：八年三月十九日，上用李靖法作陣圖，隊爲四部，將居中，有親兵而無部。前此吕惠卿極論其不可，安石亦爲上言其非是。是日，又進呈，僉順上意以爲善，獨安石與惠卿

---

① 鄧廣銘《北宋政治改革家王安石》：“恢復王安石宰相職位的詔命，是熙寧八年二月十一日發佈的。江寧與開封相距，依當時交通常例，共爲二十二程。將詔令遞送江寧與王安石應召赴開封所需要之日合計，即使中間無稍遲誤，亦須一個半月。”第257頁。“一個半月”，恐不須。如仁宗景祐三年，歐陽修貶夷陵，五月二十八日發東水門，沿汴絶淮，七月二十日至江寧，共六十一日。其間滯留泗州、楚州、高郵、揚州、真州等共47日，水上行舟計14日。《歐陽修全集》卷一百二十五《于役志》，第1897頁。《歐陽修紀年錄》，第81頁。

共難，而王珪不言。安石曰：'先王伍法恐必不可改，今作四部，即兵以分合爲變，不知四部分，則大將在中何所依附？若附四部中，則一部乃有兩大將；若不附四部中，則大將反無以自衛，如何待敵？'上默然，乃且令試教。"《長編》卷二百六十四熙寧八年五月己巳，李燾引《實錄》所載略同，惟"十九日"一作"十五日"。

三月二十七日，入對，請以吕嘉問復領市易，並薦之爲宰屬

《長編》卷二百六十一熙寧八年三月己未："是日，上謂王安石曰：'小人漸定，卿且可以有爲。'又曰：'自卿去後，小人極紛紜，獨賴吕惠卿主張而已。'因稱吕惠卿兄弟不可得。安石曰：'諸兄弟皆不可得。和卿者，臣初不知其人，昨送臣至陳留，道中與語，極曉時事。'安石又曰：'臣父子蒙陛下知遇，所以向時每事消息盈虛，以待陛下深察，誠欲助成陛下盛德大業而已。小人紛紛，不敢安職。今陛下復召用臣，所以不敢固辭者，誠欲麤有所效，以報陛下知遇。然投老餘年，豈能久事左右？欲及時麤有所效，望陛下察臣用心。'上曰：'固所望於卿。君臣之間，切勿存形迹，形迹最害事。'上問外事，安石具道雖勝往時，然監司未盡稱職，上曰：'人材止如此。'安石曰：'誠是人材少，然亦多觀望不盡力，緣盡力則犯衆怨，犯衆怨則中傷以法，而朝廷或不能察，不能察則反得罪，不如因循偷惰之可以自安。外官固未論，如吕嘉問，内則犯近習、貴戚，外則與三司、開封日夕辦事，以守職事，行法至於置獄推究，姦罔具得，而嘉問乃以不覺察雜買

務賸收入，情願納息錢二貫，降小處知州。若賸收息錢可
罪，監官宜不免，監官以去官獲免，則嘉問是因罪人以致罪，
如何更有罪可科？且自來提轄場務諸省寺之屬，何嘗有坐
轄下場務不覺察杖罪降差遣者？天下皆見盡力爲朝廷守法
立事如嘉問者不容，則孰肯盡力，不爲因循偷惰之行？’上
曰：‘嘉問已與復差遣。’安石曰：‘李直躬之徒作轉運，却令
嘉問提舉便糴，此豈官人之宜。’上曰：‘與移一路轉運。’安
石曰：‘陛下必欲修市易法，則須却令嘉問領市易。’上曰：
‘恐吳安持忌其來，又復失安持心。’安石曰：‘臣以女嫁安
持，固當爲其審處。今市易事重，須嘉問與協力乃可濟，不
然他時有一闕失，必更上煩聖慮。’又薦嘉問及張安國可爲
宰屬，上皆以爲可。”

李燾：“此據《日録》。安石復相，不知果用何日入對，此
乃第一事，今備存之，更竢考詳。”

是月，索得蔡挺南都種山藥法，並有詩相和

《詩注》卷二十八《和蔡樞密南都種山藥法》：“區種抛
來六七年，春風條蔓想宛延。難追老圃莓苔徑，空對珍盤玳
瑁筵。嘉種忽傳河右壤，靈苗更長闕西偏。故畦穿斸知何
日，南望鍾山一慨然。”[1]

公自注：“蔡詩并序云：‘蒙見索南都種山藥法，并以生
頭百十莖送上，因成小詩：青青正是中分天，區種何妨試玉
延。即見引須緣夏木，定知如蹢薦冬筵。（注：俗傳種時以足按

---

[1]　《文集》卷十八題作《次韻奉和蔡樞密南京種山藥法》，第234頁。

之,即如人足。)潤還御水冰霜結,蔭近堯雲雨露偏。自裹自題
還自愧,搹苗應笑宋人然。'"

《華陽集》卷四《依韻和蔡樞密山藥》:"鳳池春晚綠生
烟,曾見高枝蔓正延。中書第一廳,有故相呂文靖手植山藥。常
伴兔絲留我篋,兔絲以山藥爲便,已服十數年,有助尫殘。幾隨竹
葉泛君筵。持正家爲山藥酒最佳,去冬屢享之。誰言御水傳名
久,須信睢園得地偏。纔獲靈根便親植,一番新葉已
森然。"

按,蔡樞密即蔡挺,熙寧八年正月罷樞密副使,判南京
留司御史臺。《長編》卷二百五十九熙寧八年庚子:"樞密
副使、右諫議大夫蔡挺爲資政殿學士、判南京留司御史臺。
挺先以疾賜告,至是從所乞也。"《宋史》卷三百二十八《蔡
挺傳》:"熙寧五年,拜樞密副使……七年冬,奏事殿中,病
作而僕,帝親臨賜藥,罷爲資政殿學士、判南京留司御
史臺。"

《初稿》繫此於熙寧七年春,恐非。此詩題爲"南都",
即南京,則當作於蔡挺罷樞密判南京留司御史臺時。《沈
注》:"此詩之作,蓋在判南京也。"極是。南京應天府,在今
河南商丘,古屬宋地,故蔡詩用宋人搹苗典,而王珪和詩乃
言"睢園得地偏",睢園在商丘東。蔡作、王和皆緊扣南都之
題。公詩曰"春風條蔓想宛延",王珪詩曰"鳳池春晚綠生
煙",則詩當作於是年春夏之交。時公初復相,即有去志也,
故李注曰:"公此詩八句,而六句懷故園,所謂其於仕也,有
去志而無留心者耶?"

韓琦有啓賀復相

强至《祠部集》卷三十二《代魏公賀昭文相公書》："伏審進膺顯册，復秉洪鈞。廊廟登賢，寰區均慶。伏惟某官山河間氣，社稷宗工。挾重計以翊本朝，履正德以儀庶位。措今師古，早攄珍策於可行；尊主澤民，久邑偉謨於已試。向辭幾政之要，洊布教條之寬。顧西土之具瞻，遽歸帥尹；煩東山之强起，實爲蒼生。行宣經濟之元猷，坐格太平之極致。某側聞成命，竊忭丹衷。"

四月初二，論契丹不足懼，不須示弱，不須與地

《長編》卷二百六十二熙寧八年四月癸亥："王安石白上曰：'契丹無足憂者，蕭禧來是何細事，而陛下連開天章、召執政，又括配車牛驢騾，廣糴河北芻糧，擾擾之形見于江、淮之間，即河北、京東可知，契丹何緣不知？臣却恐契丹有以窺我，要求無已。'上曰：'今中國未有以當契丹，須至如此。'安石曰：'惟其未有以當契丹，故不宜如此。凡卑而驕之，能而示之不能者，將以致敵也。今未欲致敵，豈宜卑而驕之，示以不能？且契丹四分五裂之國，豈能大舉以爲我害？方未欲舉動，故且當保和爾。'上曰：'契丹豈可易也？以柴世宗之武，所勝者乃以彼睡王時故也。'安石曰：'陛下非睡王，契丹主非柴世宗，則陛下何爲憂之太過？憂之太過，則沮怯之形見于外，是沮中國而生外敵之氣也。'安石又言：'蕭禧不當滿所欲，滿其欲則歸而受賞，是開契丹之臣以謀中國求賞，非中國之利也。'又言：'外敵强則事之，弱則兼之，敵則

交之。宜交而事之則納侮，納侮而不能堪則爭，爭則啓難，故曰示弱太甚，召兵之道也。'然安石本謀，實主棄地，雖對語云爾，竟弗克行。"

《長編》卷二百六十二熙寧八年三月辛酉晦，李燾："又王安石《日録》：'八年四月二日，上怒劉忱與契丹議地界不分明，余爲上明忱無罪，乃吕大忠作圖不分明有罪也。'"

李燾："邵伯温《見聞録》云：敵爭河東地界，韓琦、富弼、文彦博等答詔，皆主不與之論。會王安石再入相，獨言將欲取之，必固與之，以筆畫地圖，命韓縝悉與之，蓋東西棄地五百餘里。韓縝承安石風旨，視劉忱、吕大忠誠有愧。蘇氏《龍川別志》亦云：'安石謂咫尺地不足爭，朝廷方置河北諸將，後取之不難。'據此，則棄地實安石之謀。今《日録》四月二日對語，乃謂許蕭禧不當滿其欲，與蘇、邵所記特異，疑蔡卞等後來增加，實非當日對語也。今姑存之，仍略著安石本謀，庶後世有考云。《吕惠卿家傳》載惠卿議，亦與安石略同，今附注在五日丙寅蕭禧入辭下，合并考。"

按，主棄地者實神宗，而非公，[1]李燾反據《邵氏聞見録》、《龍川別志》謂公實主棄地，甚失平允。

四月三日，言劉忱相視河東地界無罪，又與神宗論理財及募兵

《長編》卷二百六十二熙寧八年四月甲子："又批：'劉忱等相視地界，畫圖不審，令具析以聞。'上初怒忱甚，王安

---

① 關於熙寧六年至本年公對契丹政策之變化及畫界主張，可見陶晉生《宋遼關係史》，第154—164頁。鄧廣銘《北宋政治改革家王安石》，第261—271頁。

石言：‘畫圖不分明，此乃呂大忠罪，忱無罪也。’

　　上與王安石論理財，安石曰：‘但審計無爲小人所撓，令材士肯爲陛下盡力，則財極有可理。’上道曾孝寬語，以爲使兩人共事，適足相擾，不如專任一人。安石曰：‘若參用小人，則誠擾君子；若皆君子，則共事者雖更多，乃相濟成務。’又論河北事，安石以爲募兵不如民兵，糴米不如興農事。先是，安石在江寧，嘗言兵少，乞募兵。於是，上舉以問，安石曰：‘今廂軍誠少，禁兵亦不多，然須早訓練民兵，民兵成則當減募兵。’上曰：‘禁軍無賴乃投募，非農民比，盡收無賴而厚養之，又重禄尊爵養其渠帥，乃所以弭亂。’安石曰：‘臣在翰林，固嘗論黥兵未可盡廢，但要民兵相制。專恃黥兵，則唐末、五代之禍可見。且黥兵多則養不給，少則用不足，此所以須民兵也。’上言宋守約不可得，安石曰：‘自守約死，軍制已稍寬弛。’上曰：‘只爲賈逵寬弛。’安石曰：‘爲逵者逸樂，爲守約者憂危，謂如守約宜褒勸，如逵者宜督責。’安石又言：‘蕃兵當什伍之，設階級部分，乃可用。今一凶歲，一路至費二十八萬賑貸，而其丁壯老弱，有馬無馬，皆不敢閲實，不知何用此蕃部。或以爲須豐熟乃可閲實，臣以爲賑貸時正好閲實。’吳充以爲坐論則易，行則難。上曰：‘此何難，但邊帥不爲耳。’”

是日，議畫河東地界。以神宗欲與契丹所求之地，力主不與，並論陣法、車戰

　　《長編》卷二百六十二熙寧八年四月丙寅，李燾：“《惠卿家傳》云：是時，北使求地來。已而諜言契丹有渝盟入寇

之謀，上手詔韓絳等議所以守禦之方，呂惠卿曰：'守禦未可
遽爲，待天下事倉卒，政須安詳，今敵亦未必至此。藉令起
事，以中國之大，急則急應，緩則緩應，不患無兵與財。但今
幸其未然，當以漸爲之耳。'……上欲與以所求，惠卿曰：'彼
甚無禮，今須諭以本非我侵，特以通和之久，不欲深辨，與之
而已。尚或不滿所欲，則上下共怒，迫而後動，不得已而後
起，使敵徑出意外，舉兵深入，亦未爲長策，中國亦不患不能
守。'上曰：'景德中，只爲不能守，慶曆西事，亦如此患。'惠
卿曰：'臣觀今日國勢，雖未可征，若比景德、慶曆，則必可以
守矣。今蕭禧以顏色來動吾國，遂取地去，歸必受重賞，則
彼國人誰不願起事以侵侮我！既得河東，又取關南，天下至
大，豈能自立？'上曰：'不與，須至用兵。'惠卿曰：'拒絕亦
不可，遽與亦不可，過猶不及。《春秋》之法，許夷狄者不一
而足。今且遣使許以治平堡鋪，彼亦豈能拒絕，不過再遣往
來須踰年，足以爲備矣。必欲其速了，何耶？'上曰：'忽然生
事如何，誰敢保其無他？'惠卿曰：'未聞以千里畏人者。契
丹雖東有遼，西有夏國，非不欲取，顧不能爾。董氈在夏國
之側，亦不能取。蓋取人國，人亦取其國，敵人豈不慮利害？
澶淵之役，聞定州才有二三萬人，澶州有二萬人，所以敵敢
如此。今有二十萬正兵，又有保甲，恐未敢深入也。'吳充
曰：'周世宗一旅之衆，猶與之抗。'上曰：'五代之國，乃盜賊
之大者，所以不惜。今日興事，須是萬全，豈可不畏？'惠卿
曰：'此誠是。但譬之富者自愛其命，貧者不然。未必小國
便不亡，政須計較利害耳。爲天下不可太怯弱。'上曰：'契
丹亦何足畏？但誰辦得用兵？'惠卿曰：'陛下能使天下之民

以爲契丹可伐,恐必有敢爲陛下用兵者。陛下平日慮事見千百年,人所不能,至於所以待敵人,實移聖度。'王安石曰:'陛下昨日言周世宗以睡王不恤國事,故能勝之。然睡王如此,不過取得三關。陛下今日政事,豈可反比睡王,何至遽畏之?立國必有形勢,若形勢爲人所窺,即不可立矣。就令強蓋堡鋪如治平中,亦未至起兵。'上曰:'此事數與呂惠卿論之,如此則不須畏。'惠卿曰:'始乎陽常卒乎陰,使敵人初無用兵意,譬如兩人相爭,本無鬭意,語言往復,遂至于鬭。'安石曰:'誠如此,但朝廷當修政事而已。'上曰:'《周禮》司馬教戰法,但有坐作、進退、疾徐、疏數之節,而不及陣法,何耶?'惠卿曰:'中春教振旅,辨鼓鐸鐲鐃之用;中夏教茇舍,辨弓矢之用;仲秋教治兵,辨旗物之用。耳識金鼓,目識旌旗,又知號令與坐作、進退、疾徐、疏數之節,恐後世無以復加。若陣法,見于《春秋》則有魚麗、鵝鸛之陣,當是臨時爲之。'上曰:'《周禮》伍、兩、卒、旅、師、軍,只是制軍法。'惠卿曰:'此乃不可易者也。韓信、李靖,後世善用兵者,不過祖孫武,孫武不過祖黃帝、太公,其言全軍爲上,破軍次之;全旅爲上,破旅次之;全卒爲上,破卒次之;全伍爲上,破伍次之。以此明其不可易。今製營陣,且當務合此,不當改此以就營陣也。'安石曰:'軍法成于卒,然用車須一軍乃可。但師御法久廢,若以官募人習學,必有精其事者。'上曰:'古人坐席用俎豆,今人坐椅用椀楪,隨時不同,車未必如騎之便。'安石曰:'馬上弓矢不若車。'惠卿曰:'七十五人之將,三人在車上,非特弓矢,又以居高指麾。今若用軍器監所造戰棚車,甚便。'安石曰:'近曹誦、練定所造軍器極良。'惠卿曰：‘管仲以區區之齊少甲兵，以戟贖罪，甲兵乃足。以今天下之財，造甲兵固不難，但朝廷不督迫乃可辦。’上曰：‘齊之技擊，魏之武卒，秦之銳士，威、文之節制。今天下兼有秦、晉、齊、魏列國之衆，當契丹不甚難。’”

李燾按曰：“‘急則急應，緩則緩應’，與王安石六年十一日戊午對語略同。”可見此乃公、吕惠卿之共同主張，而力主棄地者實爲神宗。

是日，論給田募役有十害。三月四日，檢初議，論其弊

《長編》卷二百六十熙寧八年二月甲申，李燾：“王安石八年四月三日《日録》：安石論有田募役有十餘害，上曰：‘苟如此，初何以有此議？ 議者必有所利。’翌日，檢初議，乃李承之言募弓手宜如弓箭手爲便，遂作此法，餘無所利。安石曰：‘只以田募弓箭手，已不如募弓手之便。弓箭手雖選强壯，然即取足於一家，苟可以爲强壯，則弗却也。弓手乃選强壯于無方，其所募皆得真强壯者。’上乃令廢以田募役法。”

李燾按：“罷以田募役法，在四月十二日。”

四月初六，摒內舍生陶臨出學

《長編》卷二百六十二熙寧八年四月丁卯：“詔國子監屏內舍生陶臨出學。初，吕惠卿引臨爲經義所檢討，母病，謁告歸省，聞王安石召爲相，枉道見之。安石還朝以聞，故屏之。既而御史蔡承禧復以爲言，又詔殿三舉。上問安石何故取臨，安石曰：‘初不見其過故取，今見其有罪故絀，政當

如此耳。’”

四月十二日，罷給田募役

《長編》卷二百六十二熙寧八年四月癸酉：“詔罷給田募人充役，已就募人聽如舊，其走死停替者勿補。先是，王安石爲上言給田募役有十餘害……上乃令廢以田募役法。”

四月十七日，以呂嘉問爲檢正中書户房公事；請展緩江寧府借修農田水利之常科錢，神宗從之

《長編》卷二百六十二熙寧八年四月戊寅：“提舉河北西路糴便糧草、金部員外郎呂嘉問爲檢正中書户房公事。詔江寧府昨借常平錢米修農田水利，如限滿未足，更展一年。從宰相王安石請也。”

是日，言契丹不足畏，論民兵之用；又進呈比撲馬數，擘畫熙河買馬，廢監牧

《長編》卷二百六十二熙寧八年四月戊寅：“王安石爲上言：‘契丹大而無略，則多隙可乘，且并諸國及燕人爲一，四分五裂之國也。’上曰：‘中國兼燕、秦、楚、越萬里之地，古所以勝外敵之國皆有之。能修政刑，則契丹誠不足畏。’安石曰：‘中國如大物，要以大力操而運之爾。’又論民兵，安石曰：‘既以民爲兵，則宜愛惜得其心。如陛下前欲以義勇爲募兵，認定牛驢，即極非所以得民心，事之安危，或兆於此。古人以民爲貴，不可不察。’上矍然曰：‘良是。’

是日，進呈比撲馬數，樞密院欲存牧監，又欲留監牧馬，

準備軍行負馱。中書比撲，歲用三萬貫買監牧所生馬，數足，而歲可省官錢五十三萬貫，地利在民，尚不計數。凡牧監歲收馬二百餘匹，無色額馬盡皆配軍，亦止二百餘匹，而中書擘畫熙河買馬，未及十箇月，比舊已增九十餘匹。上令中書施行，而吳充固爭，以爲：監牧不當廢，若外敵旅拒，馬不可買，中國如何得馬？上曰：‘雖如此，牧馬亦不濟事。祖宗時，牧監但養大馬，後來孳生，是非明白無可疑。’充曰：‘向令認定驢牛，中書便云騷擾。今中書却要臨時買驢以供負馱，豈不騷擾？’安石曰：‘無事時，不問有無驢牛，須令五戶或十戶共認驢牛一頭，不知此牛驢令誰作主？且無驢牛之人，須被配率出錢，此所以爲騷擾。今中書計算，若遇要驢時，用見今第一等價上增一倍買驢，事定後更不收一錢。即每三年一次用兵，比養馬以待用可省七十萬貫。用第一等價上增一倍買驢，假令括買，亦不爲虧損百姓，此所以易于預認。’上曰：‘此利害分明，兼馬皆生梗，豈可負馱也。’”

是日，論放稅，斥馮京；請神宗寬限斬馬刀局匠人之役

《長編》卷二百六十二熙寧八年四月戊寅：“安石又爲上言：‘去年體量放稅，東南倉廩爲之一空，非計也。此乃馮京故爲此，與蘇秦厚葬以明孝同意。’又進呈前借常平物與轉運司修城壍之類，安石曰：‘臣謂宜愛惜常平物，以待非常，不宜遽如此費出。’上以爲然，乃令前降指揮勿行，以度僧牒還司農。”

《長編》卷二百六十三熙寧八年閏四月己酉，李燾：“四月十七日，安石已論放稅，專斥馮京，可參照。”

《長編》卷二百六十二熙寧八年四月己丑："先是，斬馬刀局有殺作頭、監官者，以其役苦，又禁軍節級強被指射就役，非其情願，故不勝忿而作難。王安石常與同列白上，以爲宜稍寬之。至是，僉爲上言其事，上以不可，因此遽輟，亦且了矣。安石曰：'凡使人從事，須其情願，乃可長久。'上曰：'若依市價，即費錢多，那得許錢給與？'安石曰：'餼廩稱事，所以來百工。餼廩稱事，來之則無彊役之理。且以天下之財，給天下之用，苟知所以理之，何憂不足，而於此靳惜！若以京師僱直太重，則如信州等處鐵極好，匠極工，向見所作器極精，而問得僱直至賤，何不下信州置造也。'"

李燾："此據《日錄》四月十七日，今附見。安石前在相位時，亦屢言此，當檢附。六年五月一日，始置斬馬刀局。"

四月十九日，議廣南西路鈐轄石鑑差遣，及遷仲銑官

《長編》卷二百六十二熙寧八年四月丙戌："皇城使、忠州刺史、廣南西路鈐轄石鑑爲衛尉少卿、直昭文館、知宣州。鑑始換武職，至是自列願還文資，上以其有功優遷。鑑先除廣南東路鈐轄，未半歲，改西路。上初欲委鑑團結、教閱諸洞保甲，以爲朝廷差出，劉彝必忌之，就令彝委鑑。既而彝固不欲鑑來，乃言：'鑑，邕人，今鈐轄本路非便，大抵溪洞人喜生事，以動朝廷取賞。'上謂王安石曰：'鑑不至此，然邊人誠好生事。'安石曰：'能生事則亦能弭事，朝廷不知所以御之，則敢生事以取賞；朝廷知所以御之，使其造難則無所逃罪，弭難則有以取賞，何患其好生事也。'於是上復徙鑑東路。鑑未知改命，而有是請，上從之。"

李燾:"上與王安石論鑑事,乃此月十九日,後三日遂有宣州之命。"

《長編》卷二百六十二熙寧八年四月乙亥:"右監門衛大將軍仲銑領雅州刺史,手詔:'仲銑廉静修潔,好學知分,近曾召對,可特遷官故也。'"

李燾:"《日録》:十九日,上言:'與世居謀反者醫人劉育嘗遷岐王奏差,而岐王見其多事,不許。又干嘉王,仲銑言此人多事,不宜在王府,乃已。'上因言銑廉静好學知分,王安石曰:'以此知忠信寡欲之人,有補於世。'上曰:'良是。'今附此。三月四日,世居及育下獄。閏四月二十一日,斷獄。"

四月二十二日,以魏孝先同提舉在京諸司庫務

《長編》卷二百六十二熙寧八年四月癸未:"知徐州、司勳郎中魏孝先同提舉在京諸司庫務。孝先嘗得對,具論馮京撓正之狀,故王安石以爲可用,上亦謂:'孝先不可得,朝廷士大夫用心如此者殊少。'翌日,遂有此命。"

因河東義勇、保甲養馬,與樞密院問難久之。是日,神宗詔河東馬軍且仍舊,俟教義勇、保甲成後再取旨

《長編》卷二百六十二熙寧八年四月癸未:"詔河東義勇、保甲養馬,令轉運司歲計所免折變緣納實費錢,以三司錢撥還;河東馬軍聽依舊支填,候教成義勇、保甲,別取旨。"

李燾:"《兵志》:八年,兵部請河東騎軍五千,義勇、保甲五千,凡萬匹爲額。時河東正軍有九千五百餘匹,請罷給,

以義勇、保甲爲補其闕數，俟他日正軍不及五千匹，然後以官馬給之。奏上，詔中書、樞密院較利害以聞。樞密院以謂：'車騎武備，國之大計，不當爲一時省用而論廢置。且官養一馬歲爲錢二十七千；民養一馬纔免折變緣納錢六千五百，計其折價，當爲錢十四千四百也，餘皆出于民，必非所願。兼慮芻秣失節，或不善調習，緩急無以應用。況減馬軍五千匹，即異時須減就糧馬軍正數九千九百人，其見支分數馬又當減三千九百四十匹，不惟重擾于民，邊防事宜何以取備？'與中書問難久之，王安石曰：'陛下欲訓義勇、保甲令可用，故將以省募卒、寬河東一路也。今又不令養馬，則民兵無騎，民兵無騎則異時何以爲用？且用募兵五千騎之費，可養義勇、保甲萬騎，教成之後，精勇但有過于募兵，無不及焉。且官養一馬，以中價率之，歲爲錢二十二千，募民養馬，可省官芻秣及廩衣糧歲爲錢八萬餘緡。且使入中芻豆之家，無所邀厚利。計熙寧五年、六年，官馬死倍于保甲馬，而保甲有馬則可習騎戰，平時可使襲逐盜賊，公私有利。若欲且存騎軍馬額，即義勇、保甲養馬可令三司出備，候一二年教義勇、保甲精熟，則馬軍別頒旨。'上從之。乃詔河東義、保養馬，所免折變緣納實費錢，以三司錢償之；河東馬軍且仍舊，俟教義勇、保甲成別取旨……《日錄》又曰：'比撲河東義勇、保甲養馬，密院檢詳，故落三司狀，妄作比撲數，要作義勇養馬所省不多。'上曰：'密院兵房比撲得全不是。'然上欲且依舊令兵士養馬，安石曰：'陛下欲訓習義勇、保甲令可用，故將以省募卒、寬河東一路也。今又不令保甲、義勇養馬，即民兵無馬，民兵無馬則異時何以爲用？且用募兵五千騎之費，可養義勇、保甲萬騎；所養義勇、保甲與募兵之費又不同。義勇、保甲教成之後，精勇但有過于募兵，無不及焉。不知如何不令義勇、保甲養馬？若欲且存騎兵馬額，即義勇、保甲養馬所費，可令三司出備，候一二年教得義勇、保甲精熟，即馬軍別取旨。'上曰：'好。'"

四月二十三日，以呂嘉問兼提舉市易司，言市易抑制兼并之效已見

《長編》卷二百六十二熙寧八年四月甲申："金部員外郎、檢正中書户房公事呂嘉問兼提舉市易司。王安石言：'近京師大姓多止開質庫，市易摧兼并之效，似可見方。當更修法制驅之，使就平理。'上曰：'均無貧固善，但此事難爾。'安石曰：'秦能兼六國，然不能制兼并，反爲寡婦清築臺。蓋自秦以來，未嘗有摧制兼并之術，以至今日。臣以爲苟能摧制兼并，理財則合與須與，不患無財。臣嘗論稟餼當稱事政，爲此也。'"

按，《詩注》卷十七《發稟》："先王有經制，頒賚上所行。後世不復古，貧窮主兼并。非民獨如此，爲國賴以成。築臺尊寡婦，入粟至公卿。"即不滿大姓兼并之意也。

四月二十八日，廢監牧

《長編》卷二百六十二熙寧八年四月乙丑："詔沙苑監隸群牧司，餘八監及河南北兩監牧司並廢。以中書、樞密院言：'河南北十二監，自熙寧二年至五年，歲出馬千六百四十匹，可給騎兵者二百六十四，餘止堪給馬鋪。兩監牧

歲費及所占牧地約租錢總五十三萬九千六百三十八緡，計所得馬爲錢三萬六千四百九十六緡而已，得不稱失。'故廢之，以牧地租給市易務茶本錢外，餘寄常平籍出息，以給售馬之直。"

李燾："《兵志》第六卷：六年四月二十五日，群牧制置使文彥博言：'議者欲賦牧地與民而斂租課，散國馬於編户而責孳息，不便。'乃詔元絳、蔡確比校利害上之。於是，中書、樞密院言……於是詔以沙苑監隸群牧司，廢八監，并兩監牧司善馬分隸諸監，餘鬻之，收其租之入，以給市易茶本錢，餘寓常平籍，取子錢以市馬；馬監兵五千，以爲廣固、保忠指揮，修完京城焉。初，欲廢監牧，樞密院文彥博、吳充固争，以爲：'監牧不當廢，若外敵旅拒，馬不可買，則中國如何得馬？恐法不善，但當變法。'王安石曰：'向令劉航變法初，人固知其無後效，非今而後可知也。密院委人立法牧養，諸司不得關預，行之一年，乃費五十三萬緡，得三萬貫。今欲變法，恐復如劉航。且今所校利害，止公家費省而已，民之利害，尚不備言。如馬之害稼，田之廢耕，此乃民之利害也。'上曰：'雖如此，牧馬亦無補。'於是卒廢之。"

《宋史》卷一百九十八《兵十二》："神宗嘗患馬政不善……（熙寧元年）樞密副使邵亢請以牧馬餘田修稼政，以資牧養之利。而群牧司言：'馬監草地四萬八千餘頃，今以五萬馬爲率，一馬占地五十畝，大名、廣平四監餘田無幾，宜且仍舊。而原武、單鎮、洛陽、沙苑、淇水、安陽、東平等監，餘良田萬七千頃，可賦民以收芻粟。'從之……時上方留意牧監地，然諸監牧田皆寬衍，爲人所冒占，故議者争請收其餘資以佐芻粟。言利者乘之,始以增賦入爲務。二年,詔括河南北監牧司總牧地。舊籍六萬八千頃,而今籍五萬五千,餘數皆隱於民。自是,請以牧地賦民者紛然,而諸監尋廢。是歲,天下應在馬凡十五萬三千六百有奇。

初,内外班直、諸軍馬以四月下槽出牧,迄八月上槽,風雨勞逸之不齊,故多病斃。圉人歲被榜罰,吏緣牧事害民,棚井科率無寧歲。四年十月,乃命同修起居注曾孝寬較度其利害。孝寬請罷諸班直、諸軍馬出牧,以田募民出租。詔自來年如所請,仍令三司備當牧五月芻粟。五年,廢太原監。七年,廢東平、原武監,而合淇水兩監爲一。八年,遂廢河南北八監,惟存沙苑一監,而兩監司牧亦罷矣。沙苑先以隸陝西提舉監牧,至是,復屬之群牧司。"

按,晁説之《嵩山文集》卷一《元符三年應詔封事》:"神宗因馬法之弊,爲王珪等言:'朕于是愧見文彦博。'珪言:'當時改舊法,自是王安石主議。'神宗爲之歎息。"若非諉過,則爲捏造也。

是日,進呈諸路體量河北、河東上等户流移不絕狀,請神宗察事實、明黜陟

《長編》卷二百六十二熙寧八年四月甲申:"先是,上批:'聞河北、河東上等户至今流移不絕,或緣與下户同保請常平錢穀,保内人近因乏食,多已逃散,懼將來獨於户下催理,故一例遷避,宜令所在體量以聞。'時七年十一月丁酉也。是日,王安石以諸路體量狀進呈,惟磁、相州言有上户流移,多因災傷闕食,或爲分房減口,初不緣抱下户欠常平錢穀,

餘皆云無之。安石遂白上：'磁、相言上戶有逃移，亦恐未實，緣其奏稱或爲分房減口，豈得謂之逃移？不知當時誰爲陛下言此，何不明示姓名，令彼分析是何處有此事。'上曰：'忘記是誰言此。'安石曰：'彼既言之，必有事實。若有事實，即是州縣監司合根究蔽欺；若無事實，即如此誣妄之人，存之何利！陛下欲明目達聰，則容長此輩，適足自蔽耳。'上曰：'如吳中復，即已施行。'安石曰：'兩制奪一官，何足以懲姦！天下事如煮羹，下一把火，又隨下一杓水，即羹何由有熟時也。'"

　　按，《宋史》卷三百二十三《吳中復傳》："歷成德軍、成都府、永興軍……關內大旱，民多流亡，中復請加賑恤。執政惡之，遣使往視，謂爲不實，削一階，提舉玉隆觀。"神宗所曰"如吳中復，即已施行"，謂此也。

是日，乞令侯叔獻糶淤田麥

　　《長編》卷二百六十三熙寧八年閏四月甲午，李燾："八年四月二十八日，《日錄》云：欲令侯叔獻糶淤田麥，上疑叔獻虛誕，向論訾家口，以爲萬世不易之口也。余曰：'非叔獻虛誕，有自來作姦壞訾家口者。'上令根究。"

是日，婿吳安持辭提舉市易。因乞別選人，神宗不許

　　《長編》卷二百六十二熙寧八年四月甲申："後數日，吳安持辭市易，上不許，安石曰：'臣與嘉問親厚非有他，但與議市易而已。然其被誣，臣以親厚之故已難爲之辨明，況臣女婿，恐有事愈難爲言，乞別選人。'上固不許。"

李燾:"此據《日録》二十八日事。"

請合義勇於司農,神宗不允。閏四月二日,詔五路義勇、保甲每三五州差在京有職事官一員兼提舉

《長編》卷二百六十三熙寧八年閏四月癸巳:"詔:五路義勇、保甲,每三五州差在京有職事官一員兼提舉……中書、樞密院具條約以聞。"初,王安石請合義勇於司農,上曰:'司農事多,如府界俵常平違法尚檢察不及,若兼兵部,則力有所不給,須別置官。'故有是命。"

李燾:"沈括《自誌》云:'朝廷新伍民兵,河北、河東、陝西得勁卒百萬,謂之保甲,河北三十餘萬先集。詔于從官中擇二人分領,擬復周八柱國法,使從官中領,不以屬帥府,歲一出按之。括受命提舉河北西路保甲。'"

閏四月三日,以曾孝寬兼判兵部行義勇、保甲法,沮沈括之命

《長編》卷二百六十三熙寧八年閏四月甲午:"龍圖閣待制、兼樞密都承旨曾孝寬兼判兵部,判兵部顧臨、馬玿並罷。上既不欲令司農兼兵部,王安石言:'人才彼善於此則有之。若判兵部馬玿雖專,必不如張諤,令判司農諤兼兵部可也。'上曰:'馬玿必不堪,須議換易,欲令沈括及孝寬判兵部。'安石言:'沈括壬人,而義勇、保甲獨臣創議,今既判兵部,即中書不預。此兵事,固宜非中書所知,然陛下擇主判須得一敢與密院爭曲直者,即不須令中書預其事。沈括使河北,陰沮壞新法,有所希合事甚衆,若令主判,恐

義勇、保甲法難立。'上曰:'此大事,須中、密同管,罷沈括可也。'安石因言:'沈括壬人,不可親近。《書》畏孔壬,難壬人,以爲難壬人,然後蠻夷率服者,壬人所懷利害與人主所圖利害不同。人主計利害不審,又爲壬人所蔽,則多失計,多失計,此蠻夷所以旅拒也。天下事有疑而難明之處,陛下意有偏而不悟之時,以偏而不悟之意決疑而難明之事,而壬人内懷姦利之心,獎成陛下失計,此危殆之道也。'上以爲然,稱括材能,以爲可惜。安石曰:'如吕誨之徒,必不能熒惑陛下;如括者,乃所謂可畏難者也。陛下試以害政之事,示欲必行,而與括謀之,括必嘗試陛下,若謂必欲如此,括必向陛下所欲爲姦矣。果如此,陛下豈得不畏難乎?'安石又言:'小人所懷利害與陛下所圖利害不同,不可不察。如文彦博,豈是奮不顧身以抗契丹者,而實激怒陛下與契丹争細故,乃欲起事以撓熙河而已。陛下安可與此輩謀事,言國家之利!'上遂不用括,并罷玧及臨,專以兵部委孝寬。"

按,熙寧四年,沈括服除,十一月,任檢正中書刑房公事,之後頗受公器重。熙寧六年八月,沈括相度兩浙水利,即公所薦。《長編》卷二百四十六熙寧六年八月乙亥:"檢正中書刑房公事沈括辟官相度兩浙水利,上曰:'此事必可行否?'王安石等曰:'括乃土人,習知其利害,性亦謹密,宜不敢輕舉。'上曰:'事當審計,無如郟亶妄作,中道而止,爲害不細也。"然僅隔一年,公即以壬人視之,此當因罷相期間,沈括任河北西路察訪使兼提舉河北西路義勇、保甲時,"陰沮壞新法，有所希合事甚衆。"①

是日，請根究軍器監施行次第奏聞，神宗從之

《長編》卷二百六十三熙寧八年閏四月甲午："又詔根究
自置軍器監以來施行措置事，有何實效及有無失計置事，及
熙寧五年後開封府界逐縣保甲呈試武藝酬獎以聞。上言軍
器監事不集，且言：'非偏喜説軍器監，政爲事都不集。'王安
石曰：'陛下雖累宣諭軍器監事不集，然未嘗根究詣實，欲根
究施行次第奏聞。'上乃令根究。"

是日，與神宗議判都水監宋昌言閉輋家口事狀，令其
具析

《長編》卷二百六十三熙寧八年閏四月甲午："又詔判都
水監宋昌言具析妄塞輋家口事。初，御史盛陶言汴河開兩
口非便，命昌言相度，遂塞輋家口。既而水勢不調，屢開屢
塞，最後費六十萬工乃濟漕運，論者歸罪於閉輋家口故也。
先是，王安石欲令侯叔獻糶淤田麥，上疑叔獻虛誕，曰：'叔
獻向論輋家口，以爲萬世不易之口，既而不然。'安石曰：'此
非叔獻虛誕，蓋有作姦壞輋家口者。'上令根究，故昌言有是
命。安石初主不閉汴口之議甚力，馮京獨不以爲然。安石
罷相數月，昌言等請權閉，而侯叔獻請勿閉，其後卒使昌言

---

① 公與沈括關係之曲折，可見李裕民《沈括的親屬、交遊及佚著》，載氏著《宋
史新探》，陝西師範大學出版社 1999 年版。祖慧《沈括與王安石關係研
究》，《學術月刊》2003 年第 10 期。何勇强《沈括與王安石的關係新探》，
《宋學研究集刊》第一輯，浙江大學出版社 2008 年版。

閉之。尋以汴水絕流，更命程昉開撥。時七年十一月己亥也。叔獻素與昌言不協，及安石復相，叔獻因譖昌言附會馮京，變易安石在相府時所行事，安石怒。會汴水復絕流，叔獻屢言由昌言塞甾家口所致，於是遣叔獻復通甾家口。昌言懼，求出，得知陝州。"

　　李燾："閏四月三日《日錄》：前此上言侯叔獻虛誕，以甾家口爲萬世之利，誠可長用，但李立之等作姦閉塞，上令根究。至是，根究宋昌言不合閉口事狀甚明，此乃馮京使其如此，以余嘗奏甾家口可常用故也。盛陶因索水漲，乃云不合汴河開兩口。今檢到水曆，方是時汴水乃減四寸，索水乃添六尺。陶又言嘗溢岸。勘會是歲乃無溢岸。云不合開兩口，乃自來多開兩口。上曰：'宋昌言閉口不當，一歲凡八次開閉汴口，非特枉費人工物料，又汴水不通，阻滯綱運甚衆。'余曰：'陶前奏以淤田故兩日水淺靠閣，損破舟船甚多，京師惶擾，及勘會得並無一船靠損。及此八度開閉口，勞弊公私，舟船皆不通，乃無言，何也？'上曰：'不干盛陶，却是薛向。'余曰：'向奏，臣所不知。盛陶即有劄子降在中書，不知薛向爲近臣，如此誣罔聖聽，合行法否？誣罔如此而不治，不知於義理何所當？'上但笑。"

是日，論邊事。以爲契丹不足畏，不可示弱，如其作難，則當抵敵而已

　　《長編》卷二百六十三熙寧八年閏四月甲午："上謂輔臣曰：'蕭禧才去，便無人論北事，須是大家惻怛憂邊。'王安石曰：'此乃臣朝夕所願望於陛下者。君倡臣和，若陛下不倡，

臣何由自效?'又論及邊糶,以爲得一小官肯惻怛任事者便可委。安石曰:'去年呂嘉問計置河北邊糶,李直躬即有論奏,呂嘉問又有分析,此兩人宜有一人不直,不知陛下後來曾與不曾行法?'韓絳言:'臣不記得如何行遣。'呂惠卿曰:'已進呈訖。'安石曰:'如此等事曲直不分,功罪不明,此大臣所以莫肯惻怛,如何得小臣乃肯惻怛?'又議契丹事,安石曰:'卑而驕之,乃是欲致其來。如傳聞契丹甚畏我討伐,若彼變其常態,卑辭以交我,不知我所以遇之將如何?陛下雖未欲陵之,邊臣必爭獻侵侮之計。今彼不然,故我不敢易彼。由此觀之,我不可示彼以憚事之形,示以憚事之形,乃所以速寇也。'上曰:'彼必不肯已,則如何?'安石曰:'譬如強盜在門,若不顧惜家貲,則當委之而去;若未肯委之而去,則但當抵敵而已,更有何商量?臣料契丹君臣有何智略,無足畏者。臣所畏者,契丹作難,則宜有受陛下委付與之抗者,方其與抗之時,乃有人獻異議於中,陛下不能無惑,因從中撓其機事,則安危成敗深有可憂。何則?千鈞之重,加銖兩而移。兩敵相對,是爭千鈞之重之時,陛下從中著力撓之,則非特加銖兩之力而已,此乃臣所甚畏也。若臨事無此,則自有人爲陛下任此責者。'"

以廣源州劉紀侵邕州,閏四月四日,與神宗議助儂智會以牽制之;又論王猛、周宣王

《長編》卷二百六十三熙寧八年閏四月乙未:"知桂州劉彝言,廣源州劉紀帥鄉兵三千侵略邕州,歸化州儂智會率其子進安逆戰有功。詔給智會俸錢,授進安西頭供奉官,仍令

經略司選差使臣，募峒丁於近便處剳寨，以爲聲援。日給口食，如遇賊，每生擒一人、獲一首級，依見行賞格外，更支絹十匹。初，彝奏曰：'智會能斷絕交趾買夷馬路，爲邕州藩障，劉紀患其隔絕買馬路，故與之戰。'又曰：'智會亦不可保，使其兩相對，互有勝負，皆朝廷之利。'上曰：'彝既言智會能絕交趾買馬之路，爲我藩障，而又以爲勝負皆朝廷之利，何也？且人既歸順，爲賊所攻，而兩任其勝敗，則附我者不爲用，叛我者得志，可謂措置乖方矣。'王安石曰：'誠如聖諭，縱智會向化未純，尤宜因此結納，以堅其內附。且乾德幼弱，若劉紀既破智會，乘勝并交趾，必爲中國之患，宜於此時助智會，以牽制劉紀，使不暇謀交趾，乃中國之利。'上以爲然，故有是命。

是日，上又論王猛曰：'苻堅亦英明，然一舉事遂顛覆如此，何也？'安石曰：'王猛欲殺慕容垂，令以子奔，故見疑而不知，乃所以深托垂於苻堅也。'上曰：'猛可謂忠矣。'安石曰：'如此爲忠，何補時事？人臣要當以道開發其君，使自悟而已。方其未悟，乃欲以計成事，及其不察，豈特辱身，亦以危國，此君子所以不貴。'

上患人莫肯悉心赴功，王安石曰：'陛下能盡見得人情，賞罰當其實，即人自悉心赴功。'上曰：'縱不盡見，但得力亦可。'安石曰：'見得盡，即盡赴功；見得少，即少赴功；見得多，即多赴功；都不見，即無赴功者矣。假令見得盡，若不隨以賞罰，即人亦不肯赴功。'上論宣王時無不自盡以奉其上，呂惠卿曰：'宣王時如此而已，未及文、武也。'安石曰：'宣王盛時乃能如此，及其用心差，則"我友敬矣，讒言其興"。善人君子方念亂不暇,至念彼不蹟,載起載行,則豈復有自盡奉上之事?此一人之事,而前後不同如此,用心當無差故也。'上曰:'宣王猶能終於考牧,後世亦豈易及。'安石曰:'宣王用吉甫征伐,則非張仲在内,吉甫無以成其功。《詩》稱吉甫以能明哲保身,則宣王之德薄於先王,亦可知矣。'"

以契丹欲改沈括出使之名爲"審行商議",與神宗議之,以爲不可,神宗然之。閏四月五日,詔雄州牒涿州不改沈括出使名

《長編》卷二百六十三熙寧八年閏四月丙申:"又詔雄州移牒涿州,沈括回謝,不可以審行商議爲名。先是,契丹欲改括使名爲審行商議,涿州已再牒雄州,又同日牒稱括趁五月二十三日入見。上與輔臣謀之,王安石言:'彼誠有爭心,則必不肯令括過界,候改得審行商議指揮,乃令括過界。今同日牒令過界,即其事非堅可知。設若彼要括商議,但答云:受旨回謝,不合預商議。然南朝本自不欲爭小故,務存大體,所以不較曲直,割地與北朝。今北朝却要審行商議,必是顧信義,不欲無名受地,但請遣泛使盡齎合照證文字來南朝理辨曲直,庶早得了當。緣契丹習見朝廷憚其泛使,故每言難免往復。今明許其來,來有何傷?'上以爲然,詔雄州牒涿州如安石言。"

閏四月八日,進呈雄州牒本,請神宗毋憚契丹泛使

《長編》卷二百六十三熙寧八年閏四月丙申:"既而復令進呈牒本,謂安石:'彼若果遣泛使來當如何?'安石曰':彼

以我爲憚其泛使，今示以無所憚，彼或不遣；示以憚遣，則其來決矣。泛使於我何苦而憚其來也！'上曰：'來此偃蹇不去如何？'安石曰：'鄉者蕭禧來，陛下兩開天章閣議事，又連遣使就商量地界，乃所以長其偃蹇。今若復遣泛使來，待彼説一句即答一句，若不説即勿語，或不肯去，即厚加館餼節次，牒報契丹，彼亦無所發怒，何由使至交兵！然邊探屢云契丹欲傳國與耶律濬，濬好殺不更事，恐爲其國干賞蹈利之臣所誘，或妄生邊隙，不可不戒，宜早爲之備。'上曰：'善。'令只依前牒指揮。安石曰：'前指揮雄州未得發牒，今令依前指揮。緣雄州機事從來不密，傳聞契丹或有以窺我，謂宜少變前指揮，使不測所以，止住前牒之意。'乃改云候沈括過界數日即牒過。"

李燾："《御集》：前日擬回涿州牒本，可且留再議。乃閏四月十日也。是日，安石在病告，八日方進呈。此據《日録》。"

是日，以御史盛陶乞出，議之，出爲簽書隨州判官；因論群臣之欺罔不可容

《長編》卷二百六十三熙寧八年閏四月己亥："御史盛陶乞出，鄧綰奏陶資性端謹，終始如一，乞甄擢。上目王安石及吕惠卿而笑，王珪曰：'惠卿適改云資性頗邪，終始如一。'安石曰：'綰爲國司直，其言事如此，何止尸素而已。'上曰：'鄧綰，兩制猶之可也。如文彦博，任遇更重，乃舉劉庠，屢陳讜論。要治此等事，不可勝治。'安石曰：'陛下欺群臣，臣等須力爭，以爲害天下事故也。群臣欺陛下，陛下

豈宜容忍！'上曰：'無虐煢獨而畏高明，極難事。'安石曰：
'天討有罪，天叙有德。陛下非有私心，奉承天之所爲而
已，何難之有？且任之重，遇之厚，則責之尤宜厚。'韓絳
曰：'房、杜有小過，必朝堂惶恐謝罪。'安石曰：'備位大
臣，若有小過失，或在所容，如其欺罔，即無可容之理。'上
曰：'如蘇軾輩爲朝廷所廢，皆深知其欺，然奉使者回輒稱
薦。'安石曰：'奉使言稱薦此輩，即爲群邪所悅，群邪所悅
則少謗議，少謗議則陛下以爲奉使勝其任。若正言讜論，
即爲群邪所惡，群邪所惡則多譖愬，譖愬多則陛下安能不
疑？又奉使一路，安能無小過失？因其過失上聞，考覈有
實，即無所逃其罪，此所以不敢不爲邪，以免群邪誣陷也。'
陶尋出爲簽書隨州判官。"

神宗欲以張方平爲樞密使，沮之。閏四月十二日，出張方平判永興軍

《長編》卷二百六十三熙寧八年閏四月癸卯："宣徽北院
使、中太一宫使張方平判永興軍。方平乞免宫使，求近郡，
及有是命，仍以疾辭，詔依舊供職。其後，上欲用方平爲樞
密使，既批出，王安石將行文書，呂惠卿留之曰：'當晚集更
議之。'因私於安石曰：'安道入，必爲吾屬不利。'翼日，再進
呈，其事遂寢。"

李燾："司馬光《記聞》云此事在八年五月。今附見方平
辭永興後。按陳升之以閏四月四日罷樞密使，上欲用方平，
或是此時，未必在五月也。"

閏四月十四日，罷有保甲處諸縣戶長、壯丁、耆長，以保丁充甲頭主催租稅等；與神宗議保甲戶均出賞錢捕盜

《長編》卷二百六十三熙寧八年閏四月乙巳："諸縣有保甲處已罷戶長、壯丁，其并耆長罷之。以罷耆、壯錢募承帖人，每一都保二人，隸保正，主承受本保文字。鄉村每主戶十至三十輪保丁一，充甲頭，主催租稅、常平、免役錢，一稅一替。保內被盜，五十日不獲，均備賞錢，竊盜毋過二千，彊盜毋過五千，貧戶免輸，如保內自獲，以役錢代給。凡盜賊、鬥毆、煙火、橋道等事，責都副保正、大保長管勾，都副保正視舊耆長，大保長視舊壯丁。法未有保甲處，編排畢準此。司農言保戶均出賞錢事，上謂王安石曰：'既出錢免役，又出賞錢如何？'安石曰：'賞錢自來不因役出，兼每戶出錢，一火強盜不過六十，竊盜不過三十，貧乏又免，無所苦也，比舊人情必悅。'上曰：'利害加天下，極宜審之。'安石曰：'固應如此。'"

是日，奏中書戶房比較陝西鹽鈔利害及定條約八事，乞增鹽鈔。神宗從之

《長編》卷二百六十三熙寧八年閏四月乙巳："中書言戶房比較陝西鹽鈔利害及定條約八事：'買鈔本錢有限，出鈔過多，買不盡，則鈔價減賤，及高攤糴價，支出實鹽，前日西鹽是也，故出鈔不可不立限，一也；出鈔雖有限，入中商人或欲變轉而官不爲買，即爲兼并所抑，則鈔價亦不免賤。兼邊境緩急，即鈔亦有不得已須至多出，故不可不置場平買，二

也；和糴軍糧出於本路，買鈔錢本出於朝廷，所買鈔若賣盡，即無所費，若賣不盡，毀抹。雖已轉之邊上，乃是朝廷分外資助本路經費。其已毀鈔，當於應副本路錢物內折除，三也；舊鈔因官失買致價賤，已爲商人中糧虧官，即不妨市易司用市價買，四也；若止令市易司減價買，而不置場以實價平之，即一鈔爲鹽一席，所入糧少直其半，即是暗損鹽價。若官減價買盡，固無所害，緣官立買直，商旅輒增之，自難買盡，近日買鈔是也。官買其一，私買其九，則是所折鹽價，商旅十取其九，而官纔收其一也。故不可以低價買鈔之故，輒廢實價買鈔之法，五也；買鈔場既以實價買盡，即他州軍緩急有減價賣，所減亦不多，前日東南鹽是也。市易司雖買以市直，所贏不多，徒長虛擡之弊，故新鈔不須買，六也；舊鈔額酌中歲出百六十六萬緡，今雖計一歲賣鹽二百二十萬緡，熙河自有鹽井，用解鹽絕少，鹽禁雖嚴，必不能頓增五六十萬緡，恐所在積鹽數多，未可便爲民間用鹽實數。昨雖立定三百萬額，緣分定逐路及各有封樁數，止爲熙河費用未定，兼今又有交子，即於實賣鹽數外不須過立數。若所在渴鹽，自可令市易司買鈔場依商人例以鈔請鹽自賣，縱不如此，商人亦必於官場買鈔，即所在不至闕鹽，爲私鹽所侵，七也；西鈔失買，致有虛擡之弊，近官以賤價買，民亦以賤價買，今永興買鈔場若一概收買，乃是費用實錢買民賤價蓄買之鈔，所買新鈔却致闕錢，當令截日收買。兩路實賣鹽二百二十萬，又增熙河一路，若止與百八十萬鈔，即自支費不足，若兼支舊鈔，即與出鈔何異？然以加擡脚費，不如止以當月鈔數立額，却置場賣鈔飛錢爲便，八也。今請永興、秦鳳兩路共立二百二十萬緡爲額，永興路八十一萬五千緡，秦鳳路一百三十八萬五千緡，内熙河路五十三萬七千緡。選官監永興軍買鈔場，歲支轉運司折二銅錢十萬緡買西鹽鈔。錢有餘封樁聽旨，依在京市易務賒請法，募人賒鈔變易。即民間鈔數稍多，所買鈔難變易，大書不用字送解池，對元納遞牒毁抹，於在京當應副逐路錢物數折除。自今年五月十五日後鈔，本場買，十四日以前鈔，聽市易司以市價買。'從之。"

李燾："《食貨志》：八年，中書奏户房較陝西鹽鈔利害及立法八事……詔從其請。"

是日，以程昉修水利有大功，論賞罰之不當

《長編》卷二百六十三熙寧八年閏四月乙巳："上論唐太宗能受人犯顔諫争，王安石曰：'陛下亦能受人臣犯顔諫争，此臣所以敢言，不然，則臣豈敢忘明哲保身之義？唐太宗行義至不修，陛下修身乃與堯、舜無異，然陛下不能使群臣皆忠直敢言者，分曲直、判功罪不如唐太宗故也。如程昉盡力於河北，與萬三十貫修橋，乃用此錢修橋了更修廨宇、營房，即日掠房錢捌百文；又置木植三萬七千貫；所開閉河四處，除漳河、黃河外，尚有溉淤及退出田四萬餘頃，自秦以來水利之功，未有及此。以法論之，十頃合轉一官，即昉雖轉四十餘官可也。乃并數處功與轉一官，又令與韓宗師同放罪。只此一事，淤却田四十頃，出却田二萬餘頃，却以無罪令與韓宗師同放罪。陛下放宗師罪，已是屈法，更抑程昉，此是何政事？臣恐非但今日天下非之，書之簡策，臣恐後世有以議聖德。'吕惠卿曰：'當時早是與程昉轉得一官，只爲盛陶

强彈奏不已。’安石曰：‘程昉有如此合轉四十餘官，只得一官，更枉令放罪；盛陶前後欺罔非一，迹狀分明，乃令與堂除差遣，不知聖心思此事以爲允當否？陛下常以爲欺罔事難得分明，分明即可行法。如陶前後欺罔，竊料聖鑑洞照萬物之情，必亦不以盛陶欺罔爲不分明。’上笑曰：‘臺官只有罪絀，無賞，近日都無人可作。’安石曰：‘正論則懼見猜嫌，邪説又中書須爭曲直，陛下亦未必從，此所以難也。不知唐太宗時，人亦怕作言事官否。’”

閏四月十六日，與神宗論及歐陽修所修《五代史》

《長編》卷二百六十三熙寧八年閏四月丁未：“賜大理寺丞歐陽發進士出身。發，修之子，以三司使章惇薦其有史學，乞特加獎擢，寘之文館，故有是命。上因問修所爲《五代史》如何，王安石曰：‘臣方讀數册，其文辭多不合義理。’上曰：‘責以義，則修止於如此；每卷後論説皆稱嗚呼，是事事皆可嗟嘆也。’”

按，陶宗儀《説郛》卷四十七引趙葵《行營雜録》：“神考嘗問荆公：‘卿曾看歐陽修《五代史》不？’對曰：‘臣不曾仔細看。但見每篇首必曰嗚呼，是豈五代時事事可歎者乎！’”吳炯《五總志》：“王介甫意輕《五代史》。一日，因平甫案間有之，遂問曰：‘此書何如？’平甫曰：‘以明白易曉之言，叙擾攘難盡之事，未易議也。’始誠其言，以爲切當。”黃庭堅《山谷老人刀筆》卷三：“往年歐陽文忠公作《五代史》，或作序記其前，王荆公見之，曰：‘佛頭上豈可着糞？’”

作《讀史》

《詩注》卷三十九《讀史》：“自古功名亦苦辛，行藏終欲付何人？當時黯黮猶承誤，末俗紛紜更亂真。糟粕所傳非粹美，丹青難寫是精神。區區豈盡高賢意，獨守千秋紙上塵。”

按，此爲公之名篇，作年不詳。然庚寅增注：“公嘗謂：‘歐陽永叔作《五代史》，時馮道最佳，有機謀，善避難密，能安主存身，可謂吉士。永叔貶人，甚無謂也。作史難，須博學多聞，又須識足以斷其真僞是非乃可。蓋事在目前，是非尚不定，而況名迹去古人已遠，旋策度之，焉能一一當其實哉！’反覆此段，與詩意略合，且標題不指名，而泛謂之‘讀史’，豈公故欲隱其意，爲永叔諱耶？”與詩意近似，姑附此。

李中師卒。閏四月十七日，請賵之加等

《長編》卷二百六十三熙寧八年閏四月乙巳：“龍圖閣直學士、給事中李師中卒。王安石言師中悉心奉公，畏法勤事，雖見識不高，然近臣如此者至少，謂宜賵之加等，上以爲然。”

李燾：“此據十七日《日録》，不知如何賵師中也。”

按，“師中”，應爲“中師”之訛。李中師，《宋史》卷三百三十一有傳：“字君錫，開封人。舉進士，陳執中薦爲集賢校理、提點開封府界……初，神宗嘗對宰相稱其治狀，富弼曰：‘陛下何從知之？’帝默然。中師銜弼沮己，及再至，弼已老，乃籍其户，令出免役錢與富民等。又希司農指，多取餘，視

他處爲重，洛人怨之。朝廷以中師率先推行，召爲群牧使。乞廢河南、北監牧，省國費，而養馬於民，不報。後竟行其說，民不堪命。權發遣開封府，卒，年六十一。”

《宋史》於李中師頗多貶抑，蓋因其力行新法。然强至《祠部集》卷三十四《龍圖閣直學士朝散大夫給事中充同群牧使兼知審官東院權發遣開封府事上柱國隴西郡開國侯食邑一千二百戶食實封四百戶賜紫金魚袋李公行狀》曰：“公諱中師，字君錫，姓李氏。其先博平人，從徙魏之内黄，又徙京師，今爲京師人……今上即位，遷給事中。京東歉，往安撫一路，使還，留守西京。先是，洛吏恬于慢令，官逋省帳，至有十數歲未追而不發者。公至，即追而立發之，無一敢緩者……適辛亥役法下，公善究立法本意，即推行之，最爲天下先。而天下之行新法者，亦莫不以河南爲準。”

閏四月十八日，進呈韓琦奏倚閣預買紬絹等，以爲國用不繼則不免刻剝百姓，駁之

《長編》卷二百六十三熙寧八年閏四月己酉：“是日，韓琦奏倚閣預買紬絹，賒買、借貸斛斗；倚閣税，今雖或七分熟，須五七年拖帶送納。王安石謂韓絳此不可行，絳曰：‘民納不得，須着寬恤。’及進呈，安石曰：‘近歲以來，方鎮、監司爭以寬恤百姓爲事，以希向朝廷指，倉庫不足，則連乞朝廷應副。如預買紬絹，自祖宗以來，未嘗倚閣，去年李稷乃乞行倚閣，朝廷因亦從之。若言災傷，即祖宗以來，豈是都不曾值災傷？又賒賣銀絹，本因配買傷民，遂令供抵當，情願賒買。韓琦執政十餘年，固嘗值災傷，不知曾倚閣預買否？

不知曾配賣銀絹否？向時配賣，一戶或陪錢數百貫，無災傷
倚閣指揮。今來取人情願賒買，不知如何却須要五七年拖
帶送納。'上欲下監司體量相度，安石曰：'近歲監司惟以媚
民爲事，却不斟酌有無。河北西路監司，乃李稷、吳審禮、韓
宗道，李稷固已擅倚閣預買，吳審禮、韓宗道亦必不肯違俗，
但恐其過爲寬貸以媚民。今方鎮意必不肯以用度不足故急
民也，且寬恤百姓，固是美名好事，人臣優爲之。然如近歲，
上下大小爭以此爲事，無復屯其膏者，恐國用不繼，緩急却
不免刻剝百姓爾。如去年體量放稅，所失至多，但長僥倖，
何名寬恤！昔蘇秦說齊厚葬以明孝，高宮室以明得意，用破
弊齊。今方鎮用心有如此者，陛下豈宜不察。'上曰：'韓琦
用心可知，天時荐饑，乃其所願也。前訪以此事，乃云須改
盡前所爲，契丹自然無事。'安石曰：'琦再經大變，於朝廷可
謂有功。陛下以禮遇之可也，若與之計國事，此所謂啓寵納
侮。'上曰：'初亦不意琦用心如此。琦嘗對使人云：先帝，臣
所立；陛下，先帝兒子，做得好，臣便面闊；做得不好，臣亦負
慚愧。'因稱郭子儀事，代宗以爲忠順。"

范百禄治宗室趙世居獄，欲因李士寧鍛鍊附致以牽引，徐禧拒簽書。與神宗議之，謂其自即位以來，未嘗勘得一獄正當

《長編》卷二百六十四熙寧八年五月丁卯："監察御史裏
行蔡承禧言：'前日世居之獄，徐禧乞不簽書，而鄧綰、范百
禄故在也，朝廷即令二中使就審其誠否。乞自今大獄有疑，
或勘官異同，精擇侍從或録問官以往，事已之後明辨曲直。

又聞禧、百禄爲李士寧刑名封章互上，乞降二人書辨之。'
不報。

詔曾孝寬、張琥看詳監察御史裏行徐禧、同知諫院范百
禄互奏李士寧文字，劾理曲者以聞。先是，百禄與鄧綰、徐
禧雜治世居獄，士寧以術游公卿間，嘗遇居母，以詩遺之，有
'耿、鄧忠勳後，門連坤日榮'之語，初以爲士寧所爲，既而內
出《仁宗御集》，乃賜曹傳挽詞，士寧亦以此自解。百禄詰士
寧贈詩之意，士寧對曰：'彼乃太祖之後，帝子王孫是甚差
事！'百禄謂士寧熒惑居，以致不軌之禍，且疑知居逆謀，推
問不服。居及李逢亦以士寧爲不與謀也。禧語百禄：'豈有
人十七八年前率意作詩，便欲加罪？'百禄以爲不然，禧乃
奏：'士寧贈詩未爲狂悖，彼亂人挾借解釋，何所不至。而百
禄之意以爲士寧嘗在王安石門下，擅增損案牘，必欲鍛鍊附
致妖言死罪，迫勒引諭，屢通屢却。夫挾大臣故舊以枉陛下
之法，與借人死命以增己之疑者，相去幾何？臣皆不忍行
此，乞免簽書，差公平官結勘。'詔不許，卒論士寧徒罪。

於是百禄奏：'士寧詼詭誕謾，惑世亂俗，終身隱匿，一
旦顯敗，此王制之所必誅，而不以聽者也。向士寧未到時，
禧嘗謂臣曰：若士寧罪不至死，禧須奏乞誅之。及見本人，
何遽翻覆如此！臣竊謂禧之所存，固非仁於士寧，其意必欲
承此間隙，收恩掠美，使執政大臣愛己而惡人耳！禧，御史，
而敢昌言於朝，挾詐罔上，此風寖長，陛下將何恃耶？今案
牘分明，囚人尚在，請據禧章，治其虛實。如臣果有迫勒引
諭、屢通屢却、鍛鍊附致之狀，則臣甘從放棄，不齒士論。若
臣實無之，而禧率爾言，則是懷邪黨姦，不憚欺罔，以誤朝

聽,以媚大臣,恐不足以當陛下耳目風憲之任。'乃詔孝寬、琥辨其曲直。

始禧奏乞免簽書,上即令內侍李舜舉、馮宗道推問士寧,謂王安石曰:'百祿意亦無他,兼未結案,禧遽入文字,似有意傾百祿。人心難知,朕雖見禧曉事,然豈保其心?'安石曰:'如此,則百祿素行忠信,必能上體聖意;禧必為邪,有所黨附。'上曰:'士寧便有罪,於卿何損? 況今所坐,並無他。'安石曰:'士寧縱謀反,陛下以為臣罪,臣敢不伏辜! 然內省實無由知,亦無可悔恨。然初聞士寧坐獄,臣實恐懼。自陛下即位以來,未嘗勘得一獄正當,臣言非誣,皆可驗覆也。今士寧坐獄,語言之間稍加增損,臣便有難明之罪。既而自以揣心無他,橫為憸邪誣陷,此亦有命,用此自安。然陛下以為人心難知,亦不至此,若素行君子必不為小人,素行小人豈有復為君子?'上曰:'如曾布,卿亦豈意其如此?'安石曰:'曾布性行,臣所諳知。方臣未薦用時,極非毀時事,臣以其材可使,故收之。及後宣力,臣傾心遇之,冀其遂為君子,非敢保其性行有素也。布且如此,陛下豈可不知其故? 若陛下以一德遇群臣,布知利害所在,必不至此,陛下豈可不思?'他日又言:'臣昨論奏范百祿、徐禧事,不顧上下禮節,犯陛下顏色者,誠以激於事君之義也。子路行行如也,然孔子教之事君,曰勿欺也而犯之。子路雖行行然,至於衛君以正名為迂,於孔子則欲以門人為臣,未免為欺也。然則不欺而犯,人臣之所難,臣所以如此,徒以報陛下故爾。陛下於徐禧等事,何須遽有適莫? 此兩人相訟,自當有曲直。陛下有適莫,小人承望,便於曲直有所撓。曲直有所撓,即害朝廷政事。臣備位執政，政者，正也。今曲直有所撓，即害臣職事，此臣所以不免犯顏論奏。如向時曾布事，臣屢奏力爭，願陛下勿倉卒，倉卒即上下承望，所推事皆失實。陛下不聽，不知後來事果如何？'及孝寬、琥受詔，百祿竟得罪。"

　　按，徐禧、范百祿爲李士寧刑名互上封章，當於世居案斷之前，姑附此。范百祿爲范鎮從子，此次有意借窮治李士寧以牽引公，故公曰："士寧縱謀反，陛下以爲臣罪，臣敢不伏辜？然內省實無由知，亦無可悔恨。然初聞士寧坐獄，臣實恐懼。"范祖禹《范太史集》卷四十四《資政殿學士范公墓誌銘》："公與御史治趙居獄。妖人李士寧嘗以仁宗御製詩贈居母，有后族意，及許與刀飾以龍。方訊鞫，而宰相素與士寧厚善。御史徐禧言公鍛鍊士寧罪，公奏士寧熒惑愚婦狂童，以致不軌，當誅無赦，禧縱出有罪，以媚大臣，不可以任風憲。朝廷以御史知雜、樞密承旨辨曲直，主者直禧，公坐落職，奪一官，監宿州酒稅。"《宋史》卷三百三十四《徐禧傳》："與中丞鄧綰、知諫院范百祿雜治趙世居獄。李士寧者，挾術出入貴人間，嘗見世居母康，以仁宗御製詩贈之。又許世居以寶刀，且曰：'非公不可當此。'世居與其黨皆神之，曰：'士寧，二三百歲人也。'解釋其詩，以爲至寶之祥。及鞫世居得之，逮捕士寧，而宰相王安石故與士寧善，百祿劾士寧以妖妄惑世居，致不軌。禧奏：'士寧遺康詩實仁宗製，今獄官以爲反，臣不敢同。'百祿言：'士寧有可死之狀，禧故出之以媚大臣。'朝廷以御史雜知、樞密承旨參治，而百祿坐報上不實貶，進禧集賢校理、檢正禮房。"

　　如上所述，起世居獄者爲神宗，欲借世居獄牽引公者，爲范百禄。《宋史》卷二百《刑法二》：“李士寧者，挾術出入貴人門，常見世居母康，以仁宗御製詩上之。百禄謂士寧熒惑世居致不軌，且疑知其逆謀，推問不服。禧乃奏：‘士寧贈詩，實仁宗御製，今獄官以爲反因，臣不敢同。’百禄以士寧嘗與王安石善，欲鍛鍊附致妖言死罪，卒論士寧徒罪，而奏禧故出之，以媚大臣。詔詳劾理曲者以聞。百禄坐報上不實，落職。”徐禧爲吕惠卿親信，拒絶簽書。《邵氏聞見録》、《東軒筆録》、《宋史》、《東都事略》等皆以吕惠卿興起世居獄以傾公，或爲舊黨事後追述，或爲蓄意誣衊，並不足據。其説當始自蘇轍。《長編》卷三百七十八哲宗元祐元年五月乙亥：“右司諫蘇轍言……始安石罷相，以執政薦惠卿。既已得位，恐安石復用，遂起王安國、李士寧之獄，以尼其歸。安石覺之，被召即起，迭相攻擊，期致死地。”之後經筆記小説迭相渲染，幾成事實，而《宋史》納焉。《邵氏聞見録》卷九：“惠卿既得位，遂叛荆公……惠卿又起李逢獄，事連李士寧；士寧者，蓬州人，有道術，荆公居喪金陵，與之同處數年，意欲併中荆公也。又起鄭俠獄，事連荆公之弟安國，罪至追勒。惠公求害荆公者無所不至，神宗悟，急召荆公。公不辭，自金陵泝流七日至闕，復拜昭文相，惠卿以本官出知陳州。李逢之獄遂解，其黨數人皆誅死，李士寧止於編配。”王銍《默記》卷上：“王介甫罷相守金陵，吕吉父參知政事，起鄭俠獄，欲害介甫。先罷王平甫，放歸田野，王、吕由是爲深仇。又起李逢獄，以李士寧介甫布衣之舊，以寶刀遺宗室世居事，欲陷介甫。會朝廷再起介甫作相，韓子華爲次相，急令介甫赴召，其事遂緩。故介甫星夜來朝，而得解焉。"①
《宋史》卷三百二十七《王安石傳》："惠卿實欲自得政，忌安
石復來，因鄭俠獄陷其弟安國，又起李士寧獄以傾安石。絳
覺其意，密白帝請召之。八年二月，復拜相，安石承命，即倍
道來。"

　　又《宋史》卷二百《刑法二》："若凌遲、腰斬之法，熙寧
以前未嘗用於元凶巨蠹，而自是以口語狂悖致罪者，麗于極
法矣。蓋詔獄之興，始由柄國之臣藉此以威縉紳，逞其私
憾，朋黨之禍遂起，流毒不已。"爲神宗諱也。

閏四月二十一日，宗室世居案具，悉如所議

　　《長編》卷二百六十三熙寧八年閏四月壬子："賜右羽
林軍大將軍、秀州團練使世居死，翰林祗候劉育陵遲處死，
試將作監主簿張靖腰斬；司天監學生秦彪、百姓李士寧杖
脊，並湖南編管；大理評事王鞏追兩官勒停，知瀛州、祠部
員外郎、天章閣待制劉瑾落職，知明州，前翰林侍讀學士、
禮部侍郎滕甫落職，候服闋與知州。世居子孫貸死、除名、
落屬籍，隸開封府官舍監鏁，給衣食；妻女、子婦、孫女，並
度爲禁寺尼；兄弟並追兩官勒停，伯叔兄弟之子，追一官，
停參。劉育妻子分配廣南，爲軍員奴婢。張靖父母妻，決

---

① 或以爲呂惠卿初欲借世居獄，打擊舊黨滕甫等，可備一説。王銍《默記》卷
上："王介甫初罷相鎮金陵，呂吉父參知政事，獨當國。會李逢與宗室世居
獄作，本以害王文恪陶、滕章敏元發、范忠宣堯夫三人也。王、滕皆李逢親
妹夫，而忠宣李氏之甥，逢之表兄弟。"第14頁。《蘇軾文集》卷十五《故龍
圖閣學士滕公墓誌銘》："而公之妻黨有犯法至大不道者，小人因是出力擠
公，必欲殺之。帝知其無罪，落職，知池州。"第459頁。

杖，廣南編管。大宗正司宗旦等劾罪以聞。世居并子令少、令譽名去‘世’字、‘令’字，孫五歲以上聽所生母若乳母監鏁處鞠養，及五歲以上取旨。差御史臺推直官監世居至普安院，縊殺之，中使馮宗道視瘞埋世居。育、靖並坐與李逢等結謀不軌，彪以《星辰行度圖》與世居，士寧收鈒龍刀及與世居飲，甫、瑾與世居書簡往還，鞏見徐革言涉不順而不告，皆特斷也。

先是，范百禄言徐禧論滕甫事過當。上謂王安石：‘滕甫不合移鄧州，甫元無罪，因禧有言故移。’安石曰：‘甫移鄧州，臣尚未至，不與此議。然甫姦慝小人，陛下若廢棄之於田里，乃是陟降上合帝心。今令安撫一路，而妻弟謀反於部中，豈得無不覺察罪？且因妻弟反獄在其部，移與別路安撫，有何所苦？於公議有何不允？’上曰：‘若明其平生罪狀，廢放可也，不當因此事害之。’安石曰：‘移鄧州安撫，害甫何事？’上又言：‘有言逆於汝心，必求諸道；有言遜於汝志，必求諸非道。’安石曰：‘此固然，但恐以非道爲道，以道爲非道，即錯處置事矣。’翼日，王珪、呂惠卿進呈滕甫乃徐禧未言以前，上令移之。上又言劉瑾與世居往還書簡比甫更多，有不容居内之語。安石曰：‘不容居内是何意？不知謂陛下不能容，或謂執政不能容，或謂簡汰不容，皆不可知，亦未可深罪瑾也。’上曰：‘然，要不可令作帥。聞説瑾甚懼朝廷放棄。’安石曰：‘宗室如此事，近世未有，瑾自宜恐懼。’呂惠卿又言：‘王鞏與韓絳親戚，取下狀三日不奏，王珪點檢方奏，元狀甚疑，韓知情後，勘得乃無罪。若使鞏與臣及王安石親戚，三日取下狀不奏，因王珪點檢方奏，即大涉嫌疑也。’上曰：'鞏情不佳。'安石曰：'鞏情亦無甚可惡。'上曰：'鞏見徐革言世居似太祖，反勸令焚毀文書。'安石曰：'杜甫《贈漢中王瑀》詩云"虯鬚似太宗"，與此何異？令燒毀文書，文書若燒毀，即於法無罪。既與之交遊，勸令避法禁，亦有何罪？罪止是不合入宮邸耳。'上問處置世居事，安石曰：'世居當行法，其妻及男女宜寬貸，除屬籍可也。今此一事，既重責監司，厚購告者，恐開後人誣告干賞，官司避罪，將有橫被禍者。願陛下自此深加省察。方今風俗，不憚枉殺人命，陷人家族以自營者甚衆。'上曰：'事誠不可偏重也。'及是，斷獄如安石議。士寧初議免真決，韓絳力爭之，遂依法。韓絳力爭，據二十一日《日錄》。"

王銍《默記》卷上："李之儀端叔言：'元祐中，爲六曹編修删定官，見斷案：李士寧本死罪，荊公就案上親筆改作徒罪；王鞏本配流，改作勒停；劉瑾、滕甫凡坐此事者，皆從輕比焉。"

閏四月二十二日，與神宗、韓絳等議檢正中書五房公事差除。以張諤兼直舍人院、檢正中書五房公事

《長編》卷二百六十三熙寧八年閏四月癸丑："太子中允、直集賢院、檢正中書戶房公事張諤兼直舍人院、檢正中書五房公事。初，議用諤代李承之，韓絳以爲不可，曰：'諤與承之不足。'遂沮其以田募役事。王安石曰：'以田募役不便，臣自江寧以書與呂惠卿言之，不敢深言利害者，以在外不欲極論朝政得失故也。不任事者既以形迹不敢極言，在職者又以爭之爲罪，即天下事何以得正理。'絳欲用沈括，安

石曰：‘沈括亦自與李承之有隙，如何可用？’上曰：‘盍用呂嘉問？’絳曰：‘嘉問亦資淺。’安石曰：‘嘉問固無不可，然張諤豈可以與李承之不足，遂廢不用。陛下向欲以田募役，臣再論奏，以爲不便，亦嘗與檢正思量，恐更有理，臣見得不盡，承之所知也。承之建議以希合聖意，不顧利害之實，張諤亦知聖旨欲如此而力爭，此正陛下所宜獎用。’上曰：‘此非李承之獨言，曾孝寬深以爲善。’惠卿曰：‘臣初亦以爲善，及行之，乃見其不便。而承之兩月連行遣下州縣，催促施行，又令分析，因而住滯。兩月內方行遣，尚未到，便令分析住滯，臣乃疑其有意。’絳又言諤與承之有隙，承之必以爲諤傾擠。上亦以爲論事或出於好己勝，未必皆忠。安石曰：‘若據理言事，乃疑其好勝，即須違理以從衆，不知於陛下何利？文王陟降庭止，恐陟降如此，非所謂直。’上乃令用諤。安石又請除諤直舍人院，上令且檢例。惠卿又言馮京尤惡諤，安石曰：‘聞京惡諤，以其正曾布罪故也。’絳又言：‘諤無異人，且非端士。’安石曰：‘與李承之爭募役事，又正曾布罪，二事皆違衆從理，即亦見諤非端士？’翼日，絳又言：‘諤既資淺，又無勞效，陛下嘗言用曾布驟，故終反覆。’安石曰：‘用曾布驟，恐非朝廷之失。方以人望，人誠無以易之，又不見其罪，如何不使？及其作姦，自當辨曲直行法而已。自來任用，何可追咎。假令布實有勞能而未有罪，臣等豈可奏論以爲布恐將來爲邪，不可進用？陛下亦豈有以無狀之罪，聽臣等而廢布？惟當案見勞而賞，案見惡而誅耳。如張諤，異時有顯罪，臣與絳等自當奏治，如今無罪，即不可廢斥。’絳又言向宗儒等資深於諤，安石曰：‘修式獨諤了却，陛下亦必

知其吏文精密,其臨職事又肯争議,不避執政,此所以宜進
用在衆人先也。'絳言:'都檢正但不奏事,與執政無異。'惠
卿言:'李承之對臣等極不樂作帥,以此也。兼以臣自都檢
正執政,故人以檢正爲要路。'上曰:'拔擢自繫朝廷。如王
雱自説書作待制,朕自待雱别,他人説書豈可便要作
待制?'"

閏四月二十三日,以張諤、向宗儒編修《内諸司式》,馮宗道管勾商量

《長編》卷二百六十三熙寧八年閏四月甲寅:"命中書檢
正中書五房公事張諤、檢正禮房公事向宗儒編修《内諸司
式》,入内供奉官馮宗道管勾商量。先是,上與王安石言修
式之便,且言合修處尚多,又謂能吏文者極少,安石曰:'陛
下天縱,於吏文自精審,群臣固難以仰望清光,臣亦每懼不
能上副。'上曰:'吏文有條序,皆由卿造始。'安石言欲修
《内諸司式》,宜使中人,上曰:'中人少知吏文者。'安石曰:
'令中人與外官同修可也。'故有是命。"

是日,進呈罷耆户長、壯丁條例,欲令保丁催税。因神宗疑之,遂引《周官》辯解

《長編》卷二百六十三熙寧八年閏四月甲寅:"上批:
'罷耆户長、壯丁條例係何人修定? 契勘進呈。'王安石以爲
此殆李承之譖張諤,故有此問,然上意亦素疑其未便。及進
呈,上曰:'已令出錢免役,又却令保丁催税,失信於百姓。
又保正只合令習兵,不可令貳事。'安石曰:'保丁、户長,皆

出於百姓爲之，今罷差户長充保丁催税，無向時勾追牙集科校之苦，而數年或十年以來方一次催税，催税不過二十餘家，於人無所苦。若謂保丁只可令教閲，即《周官》什伍其民，有軍旅，有田役，至於五溝、五塗、封植，民皆有職焉。若止令習兵，不可貳事，即不知餘事令誰勾當。'上曰：'周公之法，因積至成王之時，非一代之力，今豈可遽如此。'安石曰：'先王作法，爲趨省便，爲趨煩擾？若趨省便，則至周公時極爲省便，然尚不能獨令習兵而無貳事，則今日欲止習兵無貳事，恐不可得。'乃詔司農寺、條例司具應言廢罷耆户長、壯丁利害，編寫成册，納禁中。"

是月，有詩和刁約

《詩注》卷四十七《和景純十四丈三絶》其一："身先諸老幹樞機，再見王門闔左扉。但恨東歸相值晚，豈知臨別更心違。"

其二："幾年相約在林丘，眼見京江更阻遊。遺我珠璣何以報？恨無瑶玉與公舟。"

其三："藏春花木望中迷，水複山長道阻躋。惆悵老來塵世累，無因重到武陵溪。"

李注："景純本末，詳見藏春塢注。""《禮記·玉藻》：'閏月，則闔門左扉，立于其中。'謂再逢閏也。"

按，熙寧七年，公罷相歸江寧，抵潤州時曾游藏春塢，有詩獻刁約，曰："遙約勾吴亭下路，春風深駐五湖舟。"而是年爲相，不得從遊，故詩曰"幾年相約"、"無因重到武陵溪"。

以劉瑾致書欲乞宮觀,回之,勸其不須

《文集》卷七十五《與劉元忠待制書》:"承欲求宮觀,方主上躬親庶政,求才如不及之時,人臣雖有邪心,安能有所軒輊? 謂宜黽勉,以俟休命,不須如所喻也。"

按,劉瑾,因世居案落天章閣待制、知明州,欲求宮觀,故公回書勸其不須。滕甫、劉瑾涉世居案"從輕比焉",公之力也。

五月六日,論救災聚俵粥飯非便,當募饑民興利

《長編》卷二百六十四熙寧八年五月丙寅:"王安石言:'司農欲令定州煮粥散饑民,此非便,向已修條貫。今及未困,募之興利,而諸路多且如舊,不肯推行。'上曰:'河東煮粥,李承之云須至如此,人得米乃食生米。'安石曰:'人食生米未知虛實,不知何故有米乃不能炊煮,假令有此,亦由官司失於措置。若聚人每大口日給一升,小口給半升,即饑民須廢業待給,如此則容有不暇炊煮者。今救饑俵飯凡半年,若以作飯之米計口俵與,令各歸營生,官所費無加,而饑民得實惠,不妨經營衣食,猶勝於聚而俵粥飯,不能救死,徒成疫癘也。'"

五月九日,得神宗詔,令諸路並權住教五軍陣,止教四御陣

《長編》卷二百九十四熙寧八年五月己巳:"是日,詔諸路並權住教五軍陣,止教四御陣。"

李燾：“此據《會要》，乃五月九日詔王安石。”

五月十三日，進呈福建茶事，論及理財及薛向

《長編》卷二百六十四熙寧八年五月癸酉：“是日，因進呈福建茶事，上謂王安石曰：‘財利須因物勢自然，輔之以法，乃可從。若强以法制，即不可久。’安石曰：‘輔萬物之自然而不敢爲，乃聖人所以治天下，非特財利事而已。’上曰：‘薛向多作小鈔賣解鹽，不知久則壅而不泄，亦非通曉解鹽本末者。’安石曰：‘非薛向不知解鹽，乃朝廷不察薛向，故向以此欺朝廷爾。’上曰：‘由此言之，須久任，則如此不得。’安石曰：‘要官有闕，則才者當進遷，豈可以其材更留滯而不使進？’上曰：‘如陳恕堪執政，以其曉財利，令依參政恩例，且主計可也。’安石曰：‘若能分別是非邪正，以大德役小德，則人臣雖在事一日，亦不敢爲欺。若其不能，則雖久任，孰與照姦！’上曰：‘要在上之人曉事。’安石曰：‘若但曉事，而不免有養望持禄之心，則雖見如薛向者，安肯點檢？’上曰：‘以此要知序德，乃能序爵。’”

五月十四日，以侯叔獻爲度支員外郎，陞一任；進呈楊汲功過，請令再任

《長編》卷二百六十四熙寧八年五月甲戌：“同判都水監、屯田員外郎侯叔獻爲度支員外郎，陞一任。以都水監言，汴口自去秋河流退背，取水淺澀，度開濬當役五萬五千人，而叔獻親帥二萬人治之有成功故也。”

李燾：“《吕惠卿日録》：熙寧八年十四日，進呈楊汲功

過,上曰:'功過多少?'安石曰:'莫可以相折除,不須升任,令再任。'余曰:'楊汲即是臣之無服表親,臣舊薦與王安石、韓絳,今來淤田,此人却有守。曾公亮親外生。汲初淤田時,公亮謂汲曰:有多少好差遣,却與他管勾恁地事? 是他堅不從,臣亦佳其有守。'絳曰:'淤田却是汲擘畫。'上曰:'却是李璋擘畫。'余曰:'擘畫不獨李璋。然當時人淤田,只要泛淤,汲隨地形築堤,逐方了當,以此免淯浸之患,遂有成功。'上曰:'昨來已賜田及已有酬賞。'余曰:侯叔獻元是祕書丞,汲是著作,叔獻今爲兵部員外郎。上曰:'叔獻後來多以功遷。'余曰:'多以淤田,然臣所以陳首,恐陛下他日要人使,如汲輩亦可用。'安石進前後再任、不升任例。安石曰:'金君卿元爲廣西了役法不得,君卿去了得,故特與升一任。昨來王庭老必是錯引此例。'余曰:'亦不得用與不用此例。當時進呈,庭老要移別任,陛下以監司得力,寧與轉官或陞任,不欲頻移任,故升一任差遣。'上曰:'此只是就任增秩。'余曰:'此乃增秩賜金之義。'安石曰:'只因升了庭老,孫珪亦緣此升任,李之純又却只落權字。李之純却是錯。王庭老自熙寧三年兩浙,首尾今已六年,昨來朝廷初行新法,差張詢、王醇、林英勾當不得,遂差庭老。創初施行,升一任亦不爲過。'"

按,楊汲,《宋史》卷三百五十五有傳:"字潛古,泉州晉江人。登進士第,調趙州司法參軍……主管開封府界常平,權都水丞,與侯叔獻行汴水淤田法,遂釃汴流漲潦以溉西部,瘠土皆爲良田。神宗嘉之,賜以所淤田千畝。"

五月十五日，與神宗議差內臣較按軍器監事，駁王韶

《長編》卷二百六十四熙寧八年五月丁丑："王韶言：
'陛下如此，恐內外相傾成俗。向來軍器監點檢內臣折剝弓
弩，自此成隙。今却以內臣比較，按軍器監，則內外相傾無
已。'上曰：'比屢説軍器監事，若不比較見事實，即中外更以
爲聽小臣譖愬。今比較見事實行法，乃以明曲直。'王安石
曰：'誠要如此，若每事分曲直，明信誕，使功罪不蔽，則天下
治久矣。'上曰：'如程昉敢向前勾當，亦爲中書察知，故敢盡
力。如昨來衞端之該減降，只合科杖罪放，特追兩官。內小
臣有罪，行之必不肯少貸。'安石曰：'外臣若如衞端之壞却
許多官物，亦未嘗有科杖罪放却者。如程昉亦恃陛下以公
道主張，故敢盡力。然比苟簡偷惰之衆人，則其危殆亦已甚
矣。凡如昉者，衆之所疾，有十件罪發，未抵別人一件。緣
別人更相容庇，如昉則衆共攻之，若非人主保庸，即何由自
立！不知大臣、執政於內外庶官有何適莫？但內臣即要深
行，非內臣即便末減，如此用心，必是姦人內懷愛惡利害，欺
罔人主。不知如此人，陛下何故使之執政？'上曰：'如卿有
道，豈肯如此，然他人豈免如此！'"

李燾："已上見《日録》五月十五日。"

《宋史》卷一百九十七《兵十一》："（熙寧八年）帝慮置
監未有實效，而虛用材役，詔中書、樞密院覈實其事，令條畫
以聞。軍器監奏，置監以來，增造兵器若干，爲工若干，視前
器增而工省。帝復詰之，且令與御前工作所較工孰省，驗器
孰良。王韶謂：'如此，恐內外相傾成俗。且往年軍器監檢

察内臣折剥弓弩,隙由此生。今令内臣較按軍器監,又如曩日相傾無已。'帝曰:'比累累說軍器監事,若不較見事實,即中外便以爲聽小臣譖愬。今令得實行法,所以明曲直也。'安石曰:'誠當如此。若每事分別曲直,明其信誕,使功罪不蔽,則天下之治久矣。'王韶曰:'軍器監事不須比較。'帝曰:'事不比較,無由見枉直。'安石曰:'朝廷治事,唯欲直而已。'其後,安石卒以辯口解帝之疑,而軍器監獲免欺冒之罪。"

按,據此,公力主覈實軍器監,王韶則以爲不須比較。而《宋史》反謂"安石卒以辯口解帝之疑,而軍器監獲免欺冒之罪"。洵爲誣也。

五月十六日,與韓絳争劉佐差遣

《長編》卷二百六十四熙寧八年五月丙子:"提舉市易司舉劉佐。佐前在市易司坐法衝替事理重,代佐者不知買賣次第,比較所收息,大不及佐。王安石欲許之,韓絳固争,以爲佐未合與差遣。安石曰:'市易務自來舉官不拘條制,且七八萬貫場務須付之能者。'絳固争,以爲如此則廢法。上曰:'且令勾當,候合受差遣,方許理任,如何?'絳猶以爲不可,再拜乞辭位,曰:'如此,則宰相不可爲。'上愕然曰:'兹小事,何必爾!'絳曰:'小事尚弗能争,況大事乎?'安石曰:'劉佐之罪只爲拆換却官文字,然無避事之罪,此何足深責!如杜純者,陛下親選擇令勘王韶事。韶受陛下一方邊寄,爲郭逵所誣,若不獲辨雪,則壞陛下事不細。純既受命,密院即擢以爲檢詳,特遷一官。臣問密院,與杜純轉官用何條

貫？曰無條貫。用何例？曰無例。有何意義？但曰奉聖旨
而已。臣當是時固疑純必不直。及見詔無罪,乃云文籍證
據皆不分明,不可勘;反奏劾王韶討殺蕃部不當,中書將前
後奏報畫一條析,有文籍證據可以勘得事狀行下。蔡確所
以不能易情節,而王韶獲雪。如杜純欺罔如此,亦是衝替事
理重,韓絳亦不候合受差遣,便奏差在會計司。此與差劉佐
亦何異？若比劉佐,則純爲罪重,情理難恕。'絳曰:'只候局
了却,令入審官授差遣。'安石曰:'例須有酬獎,如何並不推
恩,却直送審官？恐如此施行不得。'絳曰:'劉佐違條貫甚
多,不合奏舉。又呂嘉問到中書專欲捃舊事,改更前來聖
政,臣所以住不得。臣若不去,又是一馮京。'安石曰:'韓絳
用心必與馮京不同,但此一事所見與臣異爾。呂嘉問若非
理捃舊事,自可條列進呈,陛下必有處分。'絳曰:'如何更一
一條列?'安石曰:'嘉問只是言朱溫其恩澤事,乃是臣令作
文字,言檢正官不合奏薦,臣亦以既往止之,嘉問遂自入奏。
然此事嘉問亦不爲無理。'

　　絳又固求去位,安石曰:'絳若能以去就之義守職,臣亦
何敢忘義,屈而從絳！且須論道理,未須言去就。'因爲上言
路适不職,佐前有績效,方今理財不可緩。絳曰:'臣嘗領三
司,亦何嘗闕乏！'安石曰:'鄭州枷栲百姓,令賤賣產以給軍
賞,大臣、近臣乃或賤買民產,此韓絳所見。'絳曰:'其時誠
是闕乏,然小人喻於利,不可用。'安石曰:'市易務若不喻於
利,如何勾當？且今不喻於義,又不喻於利,然尚居位自如;
況喻於利,如何可廢！'"

五月十七日，論黜賞呂嘉問、程昉不當

《長編》卷二百六十四熙寧八年五月丙子："翼日，安石又爲上論：'呂嘉問、程昉盡力，然爲衆所攻，陛下不察而問之，則天下事孰肯爲陛下盡力？'上曰：'如程昉非不勾當得事，但不循理。'安石曰：'程昉舉呂公孺誠爲不識理分，然於國事有何所損？如文彦博去位，舉劉庠；陳升之去位，舉林旦，乃可責，陛下待遇此兩人如何？此兩人有何功利及國，而所舉人如此？此放誕無忌憚之甚！陛下不務責此，而乃責昉，恐非所急。昉亦何可如此責備？但以其有功盡力，在陛下所保而已。'上曰：'如文彦博等纔舉人，不當便責。'安石曰：'如彦博等雖未可厚責，亦未足尊寵。'上曰：'彼皆先帝時爵祿已尊貴。'安石曰：'如此，則嗣君於先王之臣不復行法，恐無此理。舊人既如此，近日新進又不肯爲用，陛下豈可不察？'上曰：'何爲其然？'安石曰：'職事廢曠，但以孤危訴於陛下，則必見保於陛下，大臣以形迹之嫌，亦安肯復究治？其盡力如呂嘉問、程昉，則必爲衆邪所攻，不肯安職，不知人臣何爲而盡力？'上曰：'如程昉數年間致位至此，昉亦足矣。'安石曰：'昉功狀比衆人合轉數官，即才轉一官，若一有疑罪即數處置獄，豈得謂足？且陛下前日宣諭程昉恃中書知察，方能盡力。臣比見昉數處置獄被劾，但能令人嘆息而已！昉乃爲臣言：不須爲昉深辨，但令昉得罪，追一兩官，或被停廢，蔡諫議自然息怒。不然，即紛紛未有了時。昉但得爲朝廷了公事，利澤及民足矣。若因此停廢，昉亦能營生，必不寒饑，相公不須過憂。其言如此，乃非恃中書營

救,故敢自肆也。今忠邪功罪未盡照明,則事功何由興起?如臣者若欲尸祿保位可也,若欲行義以達其道,未見其可也。'"

五月十八日,遣曾伉、程之才體量措置河北救災

《長編》卷二百六十四熙寧八年五月戊寅:"上批:'河東一路間於外敵,其民風俗,素號忠厚,加之力稽勤儉,習尚材武,朝廷若稍加獎勵,緩急足以自扞一方。比來災旱相繼,民力憔悴,殆無生理。即今饑民不少,自四月後,官罷糶米、散粥,人情皇皇,日就死所。若不多方賑濟,豈惟數十萬民命可惜,緣此一路戶口必致離析蕩散,將來何計可得完復? 其速議所以措置條目進呈。'迺遣太子中允、檢正中書禮房公事曾伉,秘書丞、知司農寺丞程之才體量措置,仍出內藏庫銀絹各二十萬,易司農粟賑給之,并以賑河北西路饑民。"

按,黃庭堅《黃文節公全集·別集》卷九《叔父給事行狀(黃廉)》:"遂命公同司農寺丞程之才體量河北、河東災傷賑濟,道除知司農寺丞。公以荒政十二爲科條,州縣可行者以付守令,其大者或請或遂,務以濟民,不專於黜不職之吏立威而已。歸報使事,又言所見民間不便於改法者數條。"據此,則所遣尚有黃廉。

請罷劉佐以勉慰韓絳,神宗從之

《長編》卷二百六十四熙寧八年五月戊寅:"是日,韓絳請去位,稱疾不出。王安石白上宜罷劉佐,勉慰絳就位。上

難改佐事，安石曰：‘後有大於此，則不可容。此監當小臣若固爭，致絳去位，臣所不敢安也。’上乃聽罷佐，遣使持手札諭絳令就位。絳復起。”

按，《宋史》卷三百一十五《韓絳傳》：“（熙寧）七年，復代王安石相。既頻處中書，事多稽留不決，且數與呂惠卿爭論，乃密請帝再用安石。安石至，頗與絳異。有劉佐者，坐法免，安石欲扠拭用佐，絳不可。議帝前未決，即再拜求去。帝驚曰：‘此小事，何必爾？’對曰：‘小事尚不伸，況大事乎！’帝爲逐佐。未幾，絳亦出知許州。”

范純仁《范忠宣公文集》卷十五《司空康國韓公墓誌銘》：“明年，復以本官同中書門下平章事、監修國史。是時，公繼王荊公之後，請置局中書，考計用度，以制國用，而薦司馬文正。數與同列爭論，言不盡用，乃嘆曰：‘吾知無補於時矣。’於是一歲之間，三請去位……同列欲有所用，公固爭上前，未能得，公曰：‘請從此辭去。’即再拜出。上曰：‘此小事爾。’公曰：‘小且不申，況大者乎？’俄遣使諭公曰：‘已罷之矣。’公乃就職。”

五月二十一日，以練亨甫爲中書習學公事，兼修中書條例

《長編》卷二百六十四熙寧八年五月辛巳：“太原府司法參軍、崇文院校書范鎧，睦州司法參軍、崇文院校書練亨甫並爲中書習學公事，兼修條例，《熙寧政録》。”

《（嘉靖）建寧府志》卷二十一：“練亨甫字葆光，浦城人。始生之夕，其父夢遊大澤，得員石，上有字云：‘一七聰，

二七悟，三七聲名滿天下。'覺而亨甫生，果聰悟。"

五月二十二日，進呈曾布案，又進呈馬玠、范純粹所爭。韓絳非之

《長編》卷二百六十四熙寧八年五月壬午："王安石進呈曾布案，言：'布合追四官，據案甚明，而法官但追兩官。尚有兩事，各合追兩官，而勘官不坐月日，不知事發先後，若事發更爲，即又合各追兩官。呂嘉問乃無一罪可書。'韓絳言：'此勘不盡。'安石曰：'若勘不盡，如何却勘不合書罪之事，又妄引刑名斷罪？聞韓絳看此案，問難甚悉。絳非滅裂此獄，但衆姦協比，絳不察見爾。'又進呈馬玠、范純粹所爭，絳爲純粹釋解，上不聽，令送御史臺取劾。"

按，玠、純粹所爭，不知何事。《宋史》卷三百一十四《范純粹傳》："字德孺，以蔭遷至贊善大夫、檢正中書刑房。與同列有爭，出知滕縣，遷提舉成都諸路茶場。"與爭之同列，疑即馬玠。《長編》卷二百六十六熙寧八年七月辛巳："詔右贊善大夫、檢正中書刑房公事范純粹，太子中允、檢正孔目房公事馬玠，各罰銅六斤。純粹送審官東院，坐在告追開封府吏治事。玠坐不承受文字也。純粹初與玠爭，韓絳頗爲純粹解釋，上不聽，令送御史臺取勘。及是，絳又不以純粹所坐爲然，且言純粹有才，欲別與差遣。王安石言：'豈可因罪更升差遣？'上從安石言，遂送審官，絳力爭，弗聽，乃曰：'陛下所見如此，則無可奈何。'即自劾。"

李燾："韓絳先乞罷相，上謂王安石曰：'絳恐爲范純粹，不特爲劉佐也。'事見《日録》五月十八日。范純粹所坐竟未

詳,當求純粹事迹考究。"

五月二十六日,以沈括、李承之提舉詳定一司敕,以范子奇爲河東轉運使

《長編》卷二百六十四熙寧八年五月丙戌:"命知制誥沈括、寶文閣待制李承之詳定一司敕。初,議差王安石提舉,安石辭以無暇,請用括及承之,上曰:'善。'司勳員外郎范子奇爲河東轉運使。王安石前擬,不可,至是乃依所擬。"

五月二十七日,與吕惠卿俱對,進呈御史蔡承禧言吕升卿狀

《長編》卷二百六十四熙寧八年五月丁亥:"御史蔡承禧言吕升卿招權慢上,并及吕惠卿,是日進呈。上曰:'經義所辟檢討劉谷,谷必通經義,惠卿言其人有學問,有行。'王安石曰:'臣亦聞其有行,但不識之。'上曰:'檢討須有補于修經,不然,雖有行何補? 有行之士自别有用處。'時承禧言升卿辟谷,與官俸,令教小兒而已。安石與惠卿俱對,上顧安石,稱其獨無私,前此亦屢有此言,蓋爲惠卿發也。"

按,蔡承禧字景繁,蘇頌《蘇魏公文集》卷五十七《承議郎集賢校理蔡公墓誌銘》:"臨川蔡景繁,諱承禧,吾亡友瀋沖諱元導之子……父子同中嘉祐二年進士第。瀋沖終南劍州軍事推官。景繁由太平州司理、河南府軍巡判官,改大理寺丞、知虔州雩都縣。熙寧七年,召對便殿,訪以時事,極陳用人立法之弊,擢太子中允、監察御史裏行。滿二歲,加集賢校理、提點開封府縣鎮公事,入爲開封府推官,改判官、管

勾使院公事,兼提舉三司帳句磨勘司,累遷太常博士。官制換承議郎,出爲淮南計度、轉運副使,以疾卒于泗州之行司,元豐七年十二月某日也……及爲御史,論大臣之任事怙權者,拔用親黨,遍布要路,非國家之福。章言廷諍,前後十數,神宗悟,爲之罷免其黨輩者數人。”

蔡承禧劾呂惠卿兄弟,或以其希公之旨,其後蔡詳辯之。《長編》卷二百八十熙寧十年二月己酉:“給事中、知陳州呂惠卿爲資政殿學士、知延州。御史蔡承禧言:‘臣自熙寧八年四月茊職,是時已聞參知政事呂惠卿兄弟布滿朝廷,崇立私黨……臣嘗論呂惠卿恣橫不法,前疏固已詳矣。風聞或以爲臣希王安石之旨,而彈擊惠卿。且臣熙寧八年四月蒙恩充御史,五月六月以後,即論其兄弟,臣固不知惠卿兄弟何時失於安石邪,計陛下必嘗知之。然臣之與安石議論不同者,故自不一,若沈起、李定、沈季長、徐禧之類,皆陛下知臣之不與安石同也。假使臣悦於躁進,如惠卿之心,臣亦不至於希王安石之旨。”

是日,固辭提舉國子監。五月二十八日,又固辭,神宗遂寢其命

《長編》卷二百六十四熙寧八年五月丁亥:“命王安石提舉國子監。翊日,詔罷之。上曰:‘立學校,變貢舉法,將以造士。今判國子監,亦自相乖異,士人不務爲忠厚,則他時風俗復何所望?’顧王安石曰:‘卿與提舉,則士人自然化服。’安石固辭,上固令爲之。翊日,又固辭,乃寢其命。”

五月二十八日,獨奏事,因呂惠卿求去,力爲其兄弟辯解;固留韓絳爲相

《長編》卷二百六十四熙寧八年五月丁亥:"明日,惠卿求去,韓絳、王珪不入,安石獨奏事。上曰:'卿任事無助,極不易。韓絳須令去,不然,扇動小人,若無已,大害政事。'安石固留絳,請待其復旅拒,黜之未晚。上又以爲:'惠卿不濟事,非助卿者也。'安石曰:'不知惠卿有何事不可于意?'上曰:'忌能、好勝、不公。如沈括、李承之雖皆非佳士,如卿則不廢其所長,惠卿即每事必言其非,如括言分水嶺事,乃極怒括。'安石曰:'惠卿於括恐非忌能。如括反覆,人人所知,真是壬人,陛下當畏而遠之,雖有能,然不可親近。惠卿屢爲陛下言之,非不忠,陛下宜察此。'上曰:'大抵兄弟總好勝、忌能,前留身極毀練亨甫。亨甫頗機警曉事,觀惠卿兄弟,但才能過己便忌嫉。'安石曰:'升卿等亦屢爲臣言練亨甫,臣亦屢勸彼,令勿如此逆欲廢人,但見彼作姦明白,則正論自不容。若於未有事時,但疑其將爲惡,遽廢棄,恐無此理。'因爲上稱呂和卿溫良曉事,又爲上言:'承禧言升卿乃相忿惡,在升卿亦無他,但不免輕肆,往往閑論議及承禧,故致其如此。不然,則承禧所彈何至如此深切,乃言履霜之戒,可謂寒心。其言深切如此,必生於忿惡也。'又爲上言:'人材如惠卿,陛下不宜以纖介見於辭色,使其不安。'上曰:'何事?'安石曰:'如對惠卿數稱臣獨無適莫,獨無私,則惠卿何敢安位?國家所賴,恐不宜如此遇之。'上因令安石敦勉惠卿就位。安石曰:'此在陛下。陛下不加恩禮,臣雖敦

勉，何補也?'"

五月二十九日，進呈呂升卿分析，又爲之辯解

《長編》卷二百六十四熙寧八年五月丁亥:"又明日進呈升卿分析，上曰:'升卿材能難得。'安石曰:'據分析事實，亦無他。'上曰:'聞承禧嘗往見升卿，升卿拒不見。'安石曰:'升卿致人怨誹，但如此類，餘亦無他。'上因言:'欲令升卿作方面，如何?'安石曰:'升卿材能何所不可，然都未曾作官，且更委以事，令其練習乃佳。'他日，上又謂安石:'承禧言:升卿言令惠卿堅臥十日，朝廷自逐臺官，果否?'安石曰:'果如此，承禧何自知之? 此必妄說耳。'七月二十三日，升卿乃罷國子。十月一日，升卿始出。"

《長編》卷二百六十五熙寧八年六月癸丑:"蔡承禧言太山有祖宗御製碑，升卿勒名其上，故令案實……先是，王安石亦爲升卿言:'昨將碑本來，石文多殘闕，當是古碑。'上曰:'升卿無他，然古碑又何用鐫勒! 大抵後生不更事耳。'"

《東軒筆錄》卷七:"熙寧八年，呂惠卿爲參知政事，權傾天下。時元參政絳爲翰林學士、判郡牧，嘗問三命僧化成曰:'呂參政早晚爲相?'化成曰:'呂給事爲參政，譬如草屋上置鴟吻耳。'元曰:'然則其不安乎?'成曰:'其黜免可立而待也。'是時春方半，元曰:'事應在何時?'成又有消息曰:'在今年五月十七日。'元憮然不測，亦潛記之。既而呂權日盛，臺諫噤口，無敢指議之者。會五月十七日，元退朝，因語府界提舉蔡確曰:'化成言呂參政禍在今日，真漫浪之語也。'二公相視而笑，遂同還郡牧，促召成而誚之。成曰:'言

必無失，姑且俟之。'二公愈笑其術之非。既而化成告去，蔡亦上馬。是時，曾待制孝寬同判群牧，薄晚來過廳，方即坐，元因訪今日有何事，曾曰：'但聞御史蔡承禧入劄子，不知言何等事也。'語未已，内探報今日蔡察院言吕參政兄弟。元聞之，大駭，乃以化成之言告曾公。既而吕罷政事，實始此日也。"

王韶言軍器監事不須比較。六月三日，駁之，以爲若不考校，無以知曲直

《長編》卷二百六十四熙寧八年五月丁丑："王韶又言軍器監事不須比較。上以爲事不比較，無由見枉直。安石曰：'誠然。庭者，直也。朝廷治事，惟欲直而已。若不考校，何由知其枉直。若爲其有勞，且欲含容，亦須待考校見曲直，然後計其勞與罪孰多，加恩末減可也。不然，則無罪之人或蒙讒謗，乃誤受含容之恩，而實遭誣汙之累矣。'"

李燾："已上見六月三日。"

六月十二日，神宗欲以役錢代保甲捕盜賞錢。請如聖旨施行，然不可厚賞

《長編》卷二百六十三熙寧八年閏四月乙巳："他日，上又欲以役錢代賞，且言：'二百五十家同任責非是，當令二十五家均出，寧厚無傷，亦所以懲之。'安石請如聖旨施行，然不可厚也。"

李燾："此據《日錄》，乃六月十二日事。"

六月十五日，以韓縝奏乞面陳與契丹商量地界利害，與神宗議之

《長編》卷二百六十五熙寧八年六月乙巳："韓縝奏乞面陳利害，上謂王安石曰：'縝但要入京耳，必無甚利害。'安石曰：'恐有親見利害，須面陳。'上曰：'縝前因北使來，便云敵必生事，後有何事？縝善張皇妄説耳。'"

六月十六日，與神宗、王珪議黜判都水監李立之等

《長編》卷二百六十五熙寧八年六月丙午："詔判都水監李立之、丞王令圖，主簿李翺、勾當公事陳祐甫各罰銅二十斤，立之出知陝州；前判監、衛尉少卿、知陝州宋昌言，汴口官、都官郎中王琠，都官員外郎顏處恭，西京左藏庫副使劉文應各降一官，改昌言知丹州。並坐閉䂬家口不當也。王安石初議，汴口官及昌言爲一等，當奪一官，立之等罪止贖銅。上欲罷立之都水，與郡。王珪又言昌言專受指相度，罰宜更重。安石曰：'琠言昌言明與人言執政意必欲閉，琠屢爭弗得。'上曰：'既如此，不奏乃依違，何名守官？'安石曰：'此所以與昌言同罰。然昌言誠宜更重。'乃奪昌言陝州，而使立之代之。"

《長編》卷二百六十三熙寧八年閏四月甲午，李燾："六月十六《日録》：進呈閉䂬家口官，余請以汴口及宋昌言爲一等，奪一官；李立之等爲一等，贖銅。上曰：'却是劉琠説此事。'余曰：'誠如此，兼琠前開䂬家口有功，欲以功免此一罰。'上曰：'好。'更令余勘會侯叔獻勞績取旨。叔獻乃與琠

同救得訾家口者也。”

因呂升卿輒刪改《詩義》，與子雱皆不悦。六月十七日，呂升卿乞更不刪改《尚書義》

《長編》卷二百六十五熙寧八年六月丁未：“同修經義呂升卿言：‘《周禮》、《詩義》已奏，《尚書》有王雱所進義，乞更不刪改。’從之。時升卿輒刪改安石、雱《詩義》，安石、雱皆不悦，故升卿有是言，然亦不能解也。”

是日，得疾。神宗遣醫視，並諭以呂惠卿有怨怪之言

《長編》卷二百六十五熙寧八年六月丁未：“王安石得疾，上遣醫視之，不令受事例。安石因白上，乞令受。上曰：‘朕已支賜，不須爾。’安石固請，上曰：‘少與之，勿多也。’上因留安石，諭以：‘吕惠卿甚怪卿不爲升卿辨事，言卿前爲人所誣，極力爲卿辨，今已爲人所誣，卿無一言。朕説與，極爲卿兄弟解釋。又疑小人陷害。朕問是誰，乃云在側，似疑練亨甫。深疑練亨甫何也？’安石曰：‘亨甫，臣所不保。然惠卿兄弟無故沮抑亨甫，臣勸之勿如此，恐反爲其所害。亨甫陷害惠卿，臣所不知。然亨甫實未見其闕，而惠卿兄弟多方疾惡之，實爲過當。大抵惠卿兄弟好逆料人將爲姦。’上曰：‘亨甫實機警。此必有小人交鬭其間，小人須斥去，不然害及國事。’安石曰：‘不知誰爲小人？’上曰：‘必曾旼也。’安石曰：‘陛下何以疑其然？’上曰：‘料其必如此，修經義了，即與在外差遣。’安石曰：‘曾旼材能，以人望亦可以作檢正。臣向説與惠卿，未欲如此過疑者，恐衆惡所集，必累及惠卿

耳。'上又曰：'惠卿自許太過，言望卿來戮力時事，却屢稱病不治事，積事以委臣，臣恐將來致傾敗，臣預其責。又言：練亨甫以臣兄弟少貧賤更事，識小人情狀，故尤忌嫉臣兄弟。言卿不能知小人情偽，故亨甫利卿在位。'"

六月十八日，乞罷往澶州、北京運米，行市易俵糴。神宗從之，呂惠卿以為不便

《長編》卷二百六十五熙寧八年六月戊申："中書言：'近詔運米百萬石往澶州、北京，計道路糜費不少，請歲給米鹽錢鈔、在京粳米總六十萬貫石，付都提舉市易司貿易。度民田入多寡，豫給錢物，至收成時，令於澶州、北京及緣邊州軍入米粟麥封樁，候有備。遇物價貴，聽糴便司權住入中借兌支用，須歲豐補還。其市易司所糴，如價高，令以漸計置。'從之。先是，上令中書勘會運米費錢若干，中書進呈約三十七萬貫。上怪其多，曰：'向曾比較，那得費如許？'王安石曰：'此乃約數，然亦必不少，俟更比較實數進呈。'安石因言俵糴事，以為非特歲漕百萬石，比今法可省六七十萬貫錢，又可榷河北入中價。河北大河無事，諸河又已循道，所出地及淤田至多，即歲增出斛斗不少。既遇斛斗貴，住糴即百姓米無所糴，自然價減。是雖有住糴之名，而實須有物可糴。府界淤田歲須增出數百萬石，民食有限，物價須歲加賤俵糴轉之。河北非惟實邊，亦免傷農。上以為然。"

李燾："《呂惠卿日錄》："八年九月十六日，進呈罷運米、令市易俵放文字，余曰：'元初只見在京八十價糴了米，

司農寺以一百價賒糴了米，又東南八十價折斛，即是不得八十價米，又以二十文致到河北，不過一百文糴一斗六七分粟米，不爲貴。然本欲以外來物去河北，令官中有備，則和糴價可減，不爲商賈所操。安石欲以粟米易之，固甚善，然綱船兵梢也不易，許多時安排得成次第，且待糴得粟米後，換粳米也不妨，是他須要直罷了，亦不奈何。然因換得粟米後，便説道轉變得息錢一百萬，總是亂道。除以粟米易粳爲異外，等是從外處搬物，由黄河到河北，其餘百般變轉得利，只是市易司買賣，干他運米甚事！才與商量便惡發。安石去後，是他所立底法，爲愛護如此，只是恐他來不得。聞朝班中有曹號呼臣爲護法善神，是他到來措置過，事須要改盡。只如市易事，吴安持怎盡會得？只見韓絳、馮京要壞此事。臣計算到約有一百三十萬貫息，故每起請，須要他看過行得，方教入遂貼地，没人語言。自吕嘉問到來，説並措置得不是，道是無他不得。臣見安石來便不能管得，而今也又有一百一十餘萬息錢，其餘措置若無本末，臣怎敢做？臣亦量臣力，尋常事開陳得官家，一時會盡，方始奉行。見得安石奏事，陛下有沉吟，中間安石便自道了：‘你既如此，須是無心始得。’然其他不曾見別有事，只是臣面上如此許多年相知，厮共做了許多事，下梢却恁地？按：此事即八年九月二十六日，惠卿云安石欲罷河東運米，而行市易俵放之法，惠卿以爲非便者也。初令運米河北，乃六月十八日事，不知安石罷此，却行市易俵放之法，的係何時？今附注此，更徐考之。”

是日，遣劉佐、杜常往漢州體量積滯茶利害；與神宗議校閱、揀兵等事

　　《長編》卷二百六十五熙寧八年六月戊申：“都提舉市易司言：‘漢州積滯茶至千五百七十七馱，不如雇步乘，乞選官體量。’詔遣都官郎中劉佐、維州團練推官、都水監勾當公事杜常往究利害以聞。王安石初欲遣佐，以韓絳所惡，乃乞用常。既而上令佐與常同往。

　　詔緣北邊寨鋪使臣所管界至退縮，并故縱人出入者劾罪，不以去官赦降原減；界至退縮者，并統轄官以聞。上謂王安石曰：‘河北邊事，自蕭禧去後便緩。’安石曰：‘事要當，不在急。若措置雖急，却不當，但害事，何補邊計！’上曰：‘分將事乃日朘月削，人見如此，即更懈怠。’又言將下教閱事。安石曰：‘向時立教閱法，若能推行，信賞必罰，即雖兵不在將下，何緣不精？’上曰：‘責人須令可以免責。如要揀兵員老弱，却不由鈐轄、都監，鈐轄、都監空被責，何補？’安石曰：‘自來揀兵員，須是監司、知州及兵官，若不如法，自監司以下嚴責降，即孰敢滅裂？且責降既嚴，即上下自須力爭，豈肯苟順監司、知州而已？今專令將官自揀，將官亦只是自來知州之類爲之。不知爲知州則苟簡，爲將官則懇惻，是何理也？若爲將官責重，則自可移於知州。且人材一般，若令三四人連職，則容有一人奉法。若人材未可知，而專任一人，其或苟簡，誰復明其修舉者？’安石因言：‘前歲所修教閱賞罰，至今尚未施行，何故？’上言：‘修未了，故未施行。’上又言：‘民兵亦未了。’安石曰：‘邊路

民兵易教，不同府界，略教尚已可用。即邊路不愁教習不成，緩則緩教，急則急教，不愁不爲用也。'上又言：'近歲費用橫多，誠爲不易，將來但恐難爲供億。'安石曰：'誠如此。'"

六月十九日，送《三經義》副本至國子監鏤板頒行

《長編》卷二百六十五熙寧八年六月己酉："中書言，《詩》、《書》、《周禮》義，欲以副本送國子監鏤板頒行。從之。"

是日，以李承之乞止支河東路教閲保甲巡檢監當請受，與神宗議之，請合與添支

《長編》卷二百六十五熙寧八年六月己酉："李承之言：'河東路奏舉教閲保甲，巡檢若係監當，止乞支與監當請受。'王安石曰：'恐合與添支。'上曰：'善。然陳恕惜起支定例亦良是。數雖少，積之乃衆。近歲或已有請受，又攀例求驛券，如高居簡已請皇城司添支，及出，又攀例求驛券，竟不曾與。如吴珪在外久，然亦不曾與驛券。'安石曰：'凡奏舉官勾當事須藉材，而勾當出入須至陪費盤纏，不如安居守本職事。若使材者勞苦在外，而費用反不如不才者安逸而無費，則孰肯就奏舉？今如高居簡皇城司厚俸，不支驛券可也。然其在外勞苦，比只在皇城司安坐之人則有差，雖與驛券不爲過。如吴珪俸薄，又自近歲内小臣出入，人人畏謹奉法，無敢受賂遺者，若勞而不恤，亦恐非聖政之善。又如河東巡檢，既是選舉，又有教閲保甲之責，又在陸行枯橋路分，

若更不依諸路請得添支，即孰肯就奏舉者？且用財省費，當大計乘除。今以民兵代兵士、弓手，所省已多，即於巡檢請受至少，不足愛惜也。'"

六月二十一日，進呈軍器監比較文字

《長編》卷二百六十四熙寧八年五月丁丑："他日，又進呈軍器監比較文字，上曰：'如御前生活所改變橋瓦省功，豈是有指揮令軍器監不如此改變？'安石曰：'自祖宗以來，只是用全木爲橋瓦，今御前改爲木合成，即未經外庭試驗經久牢固比舊如何。假令比較與舊牢固一般，又省費，即御前生活所可獎。軍器監官員未爲有罪，以所造橋瓦是祖宗以來承用法式故也。如昨來三司有人言造三竈，留滯言事，令二年甚困苦，而不爲之定奪。及中書差官試驗，果有利如此，乃可以責三司，然朝廷亦不責三司也。今橋瓦事又未嘗有人言此利便於軍器監，而監官沮抑不行，若比三司，尤不可責也。'"

李燾："已上見《日録》六月二十一日。"

是日，以修《三經義》成加左僕射，兼門下侍郎；入見，辭所遷官，神宗不許，慰勉有加；子雱加龍圖閣直學士，辭所遷職

《長編》卷二百六十五熙寧八年六月辛亥："吏部尚書、平章事、昭文館大學士王安石加左僕射、兼門下侍郎，右諫議大夫、參知政事呂惠卿加給事中，右正言、天章閣待制王雱加龍圖閣直學士，太子中允、館閣校勘呂升卿直集賢院，

並以修《詩》、《書》、《周禮》義解畢,推恩也。安石辭曰:'雱前以進書,自太子中允、崇政殿説書除右正言、天章閣待制,既病,不復預經局事,今更有此授,極爲無名。'上曰:'特除雱待制,誠以詢事考言,雱宜在侍從,不爲修書也。今所除,乃録其修經義之勞,褒賢賞功,事各有施,不須辭也。'惠卿亦辭給事中,上曰:'卿於經義必多起發,兼修書改官,自有舊例。'

是日,中使促安石等令後殿告謝,云上坐候,乃入見,辭所遷官。上謂安石曰:'卿修經義與修他書不類,又非特以卿修經義有勞也,乃欲以卿道德倡導天下士大夫,故有此拜,不足辭也。'後雱又辭所遷職,上欲終命之,惠卿以爲雱引疾避寵,宜聽,故從之。由是王、吕之怨益深。"

三上劄子請辭左僕射,神宗不允

《文集》卷四十四《辭僕射劄子》其一:"臣伏奉制恩,以提舉修撰經義了畢,特授臣尚書左僕射兼門下侍郎,加食邑實封。承命惶怖,已曾面辭。宣喻稠疊,未垂聽允……伏望陛下俯昭悃愊,特賜哀憐,追還誤恩,以保危拙。謹具劄子,陳免以聞。"

其三曰:"臣近累具劄子,辭免恩命,伏蒙聖慈特降詔書不允者……伏望聖慈俯照誠悃,以其終難昧冒,早賜追寢誤恩。謹三具劄子,陳免以聞。"

上表辭免左僕射

《文集》卷五十七《辭左僕射表》其一:"臣某言:近累具

劄子，辭免恩命，伏蒙聖慈，特賜詔書不允者……奉揚成命，
蠡力困於負山；敷釋微言，蠡智窮於測海。方譴何之爲畏，
豈寵獎之敢圖？"

其二："臣某言：近具表辭免恩命，伏蒙聖慈特降批答不
允者。"

按，《顧譜》繫此三表於元豐三年，誤。表曰"近累具劄
子，辭免恩命"，即指此前所上《辭僕射劄子》；"敷釋微言"，
即指訓釋三經義。

致啓王珪，請其代辭左僕射

《文集》卷七十九《上執政辭僕射啓》："竊以中臺揆路
之要，左省侍班之崇，以疇茂勳，乃稱公論。某誤尸宰事，久
曠天工，方懫莫副於具瞻，豈意更叨於殊獎？比陳愚款，未
賜俞音。伏惟某官，仁在曲成，義惟兼善，特借末辭之助，庶
逃虛授之尤。"

按，此時公爲首相，王珪、吕惠卿爲參知政事，而惠卿亦
因修經加給事中，公應無請惠卿代辭之理，此執政當爲
王珪。

辭免左僕射不允，上謝表

《文集》卷五十七《除左僕射謝表》："竊以經術造士，實
始盛王之時；僞説誣民，是爲衰世之俗。蓋上無躬教立道之
明辟，則下有私學亂治之姦氓。然孔氏以羈臣而興未喪之
文，孟子以游士而承既没之聖，異端雖作，精義尚存。逮更
煨燼之災，遂失源流之正。章句之文勝質，傳注之博溺心。

此淫辭詖行之所由昌,而妙道至言之所爲隱。"

按,此爲公之四六名篇。公批評漢唐章句注疏之學"文勝質"、"博溺心",遂致儒道湮没。進而稱頌神宗稽古右文,召集師儒,訓釋三經,以經術造士。

上劄子堅辭子雱龍圖閣直學士

《文集》卷四十三《辭男雱授龍圖劄子三道》其一:"臣伏承聖恩,以修撰經義罷局,除臣男雱龍圖閣直學士。臣雖已懇辭,未蒙昭察。"

其三:"臣近累具劄子,辭免臣男雱恩命,伏蒙聖慈特降詔書不允者……伏望聖慈察臣懇款,早賜追還成命,使臣父子皆荷陛下全度之至恩,所以上報。生當隕首,死當結草而已。謹三具劄子陳免以聞。"

翰林學士元絳有詩頌賀

《吕氏雜記》卷下:"王荆公以經義成,自吏部尚書、平章事遷左僕射、門下侍郎。其子元澤雱以預修撰,亦自天章閣待制遷龍圖閣學士。元少保厚之絳時參知政事,作賀詩曰:'詔書朝下未央宫,上相新兼左相雄。一代元勳金石上,三經高義日星中。陳前興服加桓傅,拜後金珠有魯公。東閣故人心倍喜,白頭扶病詠丞崧。'然元澤堅辭,竟不拜命,依前待制。時荆公知江寧府故也。"

《東軒筆録》卷十:"熙寧中,詔王荆公及子雱同修經義,經成,加荆公左僕射兼門下侍郎,雱龍圖閣直學士,同日授命。故元參政絳賀詩曰:'陳前興馬同桓傅,拜後金珠有魯公。’”

按，“元少保厚之絳時參知政事”，誤也，元絳熙寧八年十二月方除參知政事。《長編》卷二百七十一熙寧八年十二月壬寅：“以翰林學士、兼侍讀學士、判太常寺、兼群牧使、工部侍郎元絳參知政事。”

上劄子議嫡孫承重，以爲不宜純用周禮。六月二十二日，詔從之

《長編》卷二百六十五熙寧八年六月壬子：“詔《五服年月敕》嫡孫爲祖注，增入嫡子死，無衆子，然後嫡孫承重，即嫡孫傳襲封爵者，雖有衆子，猶承重。

先是，同知太常禮院李清臣言：‘《五服年月敕》嫡孫爲祖注，謂承重者。爲曾祖、高祖後者，亦如之。又祖爲嫡孫注云：有嫡子則無嫡孫。又《封爵令》：公、侯、伯、子、男皆子孫承嫡者傳襲。若無嫡子及有罪疾立嫡孫，無嫡孫以次立嫡子同母弟，無母弟立庶子，無庶子立嫡孫同母弟，無母弟立庶孫。曾孫以下準此。究尋禮令之意，明是嫡子先死，而祖亡以嫡孫承重，則禮先庶叔，不繫諸叔存亡，其嫡孫自當服三年之服，而衆子亦服爲父之服。若無嫡孫爲祖承重，則須依《封爵令》嫡孫遠近以次推之。且傳爵、承重，義當一體，禮令明白，固無所疑。而《五服年月敕》不立庶孫承重本條，故四方士民尚疑爲祖承重之服或不及上稟朝廷，多致差誤。欲乞祖亡無嫡孫承重者，依《封爵令》傳襲條，餘子孫各服本服。如此則明示天下人知禮制，祖得繼傳，統緒不絕，聖王之澤也。’下禮院，請如清臣議。既

而中書言：‘古者封建國邑而立宗子，故周禮適子死，雖有諸子，猶令適孫傳重，所以一本統、明尊卑之義也。至於商禮則適子死，立衆子，無衆子，然後立孫。今既不立宗子，又不常封建國邑，則嫡孫喪祖，不宜純用《周禮》。’故有是詔。”

按，李清臣所言，《名臣碑傳琬琰集》中卷四十九《李黄門清臣行狀》、《宋史》卷三百二十八《李清臣傳》、《東都事略》卷九十六《李清臣傳》本傳等俱失載。《宋會要輯稿》禮三六：“熙寧八年閏四月，集賢校理、同知太常禮院李清臣言：‘檢會《五服年月敕》……不絕聖主之澤也。’事下太常禮院詳定。”

據此，知李清臣於是年閏四月奏乞。《宋史》卷一百二十五《禮二十八》：“熙寧八年，禮院請爲祖承重者，依《封爵令》立嫡孫，以次立嫡子同母弟，無母弟立庶子，無庶子立嫡孫同母弟；如又無之，即立庶長孫，行斬衰服。於是禮房詳定……時知廬州孫覺以嫡孫解官持祖母服，覺叔父在，有司以新令，乃改知潤州。”

所謂“禮房詳定”，即中書禮房也，亦即《長編》所謂“既而中書言”，實乃公之意。《文集》卷四十二《議服劄子》：“先王制服也，順性命之理而爲之節。恩之深淺，義之遠近，禮之所與奪，刑之所生殺，皆於此乎權之。《傳》曰：三年之喪，未有知其所從來者也。蓋期年及緦麻，緣是以爲衰，而其輕重遲速之制，非得與時變易。唯貴之於賤，或降或絕或否。蓋在先王之時，諸侯大夫各君其父兄，欲尊尊之義有所伸，則宜親親之恩有所屈，此其所以降絕之意也。自封建之法廢，諸侯大夫降絕之禮無所復施，士大夫無宗，其適孫傳重之屬，不可純用周制。臣愚以謂方今惟諸侯大夫降絕之禮可廢，而適子死，非傳爵者，無衆子，乃可於適孫承重。自餘喪服，當用周制而已。何則？先王制服，三年之喪以爲差，非得與時變易故也。然自秦漢以來，言禮者或失經旨，而歷代承用，傳守至今，與夫近世改制，亦皆有説，非以義折衷則不明，故臣於所欲定，則爲議以辯之。末學寡陋，獨用己見，決千歲以來之所惑，恐不能盡。伏乞以付學士大夫博議，令臣得與反復。”

是日，與神宗議沈括使契丹事

《長編》卷二百六十五熙寧八年六月壬子：“上謂王安石曰：‘沈括奏契丹地界事，似已説得了當，不知實如此否？彼或更不遣泛使來。’安石曰：‘契丹固宜無他，既見朝廷許再遣泛使無所憚，則必不再遣也。’”

李燾：“此據《日録》二十二日事。”

六月二十三日，議修經義檢討官酬獎，欲與舉人免解。神宗不許

《長編》卷二百六十六熙寧八年七月辛未：“詔：‘修經義檢討官轉一官，選人循兩資。張濟、葉原闕名、劉涇候教授、直講有闕日與差，舉人各賜絹五十匹。’王安石初議舉人酬獎，欲與免解，上不許。”

李燾：“不許免解，據六月二十三日《日録》。”

撰《詩義序》，以神宗比文王。及進呈，神宗令删，遂改
撰。六月二十四日，上《三經義序》及《改撰詩義序劄
子》，詔付國子監

　　《長編》卷二百六十五熙寧八年六月甲寅：“王安石上
《詩》、《書》、《周禮義序》，詔付國子監，置之《三經義解》之
首。先是，安石撰《詩序》，稱頌上德，以文王爲比，而上批：
‘得卿所上《三經義序》，其發明聖人作經大旨，豈復有加！
然望於朕者，何其過歟！責難之義，在卿固所宜者，傳於四
方，貽之後世，使夫有識考朕所學所知，及乎行事之實，重不
德之甚，豈勝道哉！恐非爲上爲德之義也。其過情之言，可
速删去，重爲修定，庶付有司早得以時頒行。’及進呈，上曰：
‘以朕比文王，恐爲天下後世笑。卿言當爲人法，恐如此非
是。’安石言：‘稱頌上德，以爲比於文王，誠無所媿。’上曰：
‘《關雎》，文王之詩，皆文王盛德。周世世修德，莫如文王，
朕如何可比！兼如陟降庭止之類，朕豈不自知其不能耶？
須當改之，但言解經之意足矣。’安石曰：‘陛下誠或未能事
事如是，然陛下於陟降，豈有愛惡之私心乎？是乃所以爲直
也。’已而安石奏：‘臣伏奉手詔，以臣所進《三經義序》有過
情之言，宜速删去。臣雖嘗敷奏，以爲文字所宜，又奉聖訓
再三，但令序述解經之意，不須過有稱道。伏惟陛下盛德至
善，孚於四海，非臣筆墨所能加損。然因事宜著，人臣之職
也。誠以言之不足爲懼，不以近於媚諛爲嫌。而上聖所懷，
深存謙損，臣敢不奉承詔旨，庶以仰稱堯、禹不争不伐之
心。’遂改撰以進，上乃頒行之。”

按，"已而安石奏"即《文集》卷四十三《改撰詩義序劄子》，曰："所解撰到《詩義》并前進《書》、《周禮》義序，謹隨劄子投進。昧冒天明，臣無任。"可知此劄子與《三經義序》同時呈進。改撰《詩義序》當在此稍前。

晁説之《嵩山文集》卷三《論神廟配享劄子》："先是，安石作《詩義序》，極于詔諛。上却之，令別撰，今所施行者是也。"

按，《三經義序》爲公晚年大手筆，今附《文集》卷八十四《周禮義序》："士弊於俗學久矣。聖上閔焉，以經術造之，乃集儒臣，訓釋厥旨，將播之校學，而臣某實董《周官》。惟道之在政事，其貴賤有位，其後先有序，其多寡有數，其遲數有時。制而用之存乎法，推而行之存乎人。其人足以任官，其官足以行法，莫盛乎成周之時。其法可施於後世，其文有見於載籍，莫具乎《周官》之書。蓋其因習以崇之，庚續以終之，至於後世，無以復加，則豈特文、武、周公之力哉？猶四時之運，陰陽積而成寒暑，非一日也。自周之衰以至于今，歷歲千數百矣，太平之遺迹，掃蕩幾盡。學者所見，無復全經。於是時也，乃欲訓而發之，臣誠不自揆，然知其難也。以訓而發之之爲難，則又以知夫立政造事、追而復之之爲難。然竊觀聖上致法就功，取成於心，訓迪在位，有馮有翼，亹亹乎鄉六服承德之世矣。以所觀乎今，考所學乎古，所謂見而知之者，臣誠不自揆，妄以爲庶幾焉。故遂昧冒自竭，而忘其材之弗及也。謹列其書爲二十有二卷，凡十餘萬言，上之御府，副在有司，以待制詔頒焉。謹序。"

陳善《捫蝨新話》卷六："唐文章三變，本朝文章亦三變矣。荆公以經術，東坡以議論，程氏以性理。三者要各自立門户，不相蹈襲。"此文即公"以經術爲文"之名作。《唐宋文舉要》甲編卷七引方苞評曰："三經義序，指意雖未能盡應於義理，而辭氣芳潔，風味邈然，于歐、曾、蘇氏諸家外，别開户牖。"

是日，與神宗論及官員不肅事

《長編》卷二百六十五熙寧八年六月甲寅："上與王安石論及官員不肅事，安石曰：'震驚百里，乃能不喪匕鬯。'上曰：'造言法令不便者，官員耳。朝廷但見官員紛紛，而百姓便於新法之情無由上達。'安石曰：'誠如此。此所以要耳目得人。'"

李燾曰："此據《日録》二十四日事。"

是日，又議比較軍器監事。六月二十五日，進呈比較文字，神宗悟

《長編》卷二百六十四熙寧八年五月丁丑："上曰：'周道如砥，其直如矢。匹夫亦須令自盡，況勾當生活所使臣？'安石曰：'御前生活所使臣何緣不獲自盡？中書既比較了便，送與看詳，彼自不肯看詳，不知令比較官如何措置？陛下若尚疑未盡，即容臣等檢尋文字，子細進呈。'上疑比較不盡，蓋比較官向宗儒與生活所宋用臣有隙故也。上曰：'如生活所支食錢，只令依實比較，然却言緣生活所支食錢，乞朝廷詳酌指揮，便取工匠狀。若支食錢，亦乞依得生活所便憑虚比較。'安石曰：'若謂御前生活所使臣皆陛下近習，當

依違之，則誠如聖旨。陛下於宮中、國中，宜爲一體，陟罰臧否，不宜異同。即有司如此比較，不爲過當。且軍器監自然支得食錢，即亦造得如何，抑亦辭以爲造不得？若依所乞，支與食錢，待彼造不得，然後重罰，彼亦何辭？若未見其造不得，即令用其説比較，兼已依實比較，然後別更作一節聲説。如此比較，非不平直也。'翌日，進呈比較文字，照驗甚明，上乃大悟。"

李燾："已上見《日録》六月二十四日，今并書。比較軍器監事，其張本在閏四月初三日，今取《御集》五月十七日，并《日録》五月十五日，又六月三日，又二十三日，又二十四日，前後所書，並加穿聯、刪削，附見五月十七日。"

六月二十八日，韓琦薨。進呈其贈官，請特贈尚書令

《長編》卷二百六十五熙寧八年六月戊午："司徒、兼侍中、判相州韓琦薨，年六十八。前一夕，大星隕州治，櫪馬皆驚。上聞訃，輟視朝三日，發哀於後苑，遣勾當御藥院李舜舉特賜其家銀絹各二千五百兩匹，又特遣入內都知張茂則管勾葬事，又就差知安陽縣呂景陽、相州觀察判官陳安民專管勾葬事，許即墳造酒，以備支用，聽數外留占吏卒，命同知禮院李清臣即其喪祭奠，顧恤其家甚厚。上自爲碑文，載琦大節，又篆其首曰'兩朝顧命定策元勳之碑'，謚忠獻，贈尚書令，配饗英宗廟廷。初，執政進呈琦贈官，王珪言呂夷簡贈太師、中書令。王安石曰：'琦受遺立先帝，非夷簡比。'謂宜特贈，乃贈尚書令。琦合加恩禮，上即日批出，無一闕者。"

六月二十九日，進呈軍數，神宗以併軍營事慰勉有加

《長編》卷二百六十五熙寧八年六月己未：“執政進呈軍數，上謂王安石曰：‘併營事非斷而行之，亦不能了當，人盡咎卿，鄭俠上書亦云爾。’”

七月五日，以江寧府上元縣主簿韓宗厚爲光禄寺丞

《長編》卷二百六十六熙寧八年七月乙丑：“上元縣主簿韓宗厚爲光禄寺丞。以宗厚興水利溉田二千七百餘頃，賞之。”

《金石萃編》卷一百四十二朱光裔《韓宗厚墓誌銘》：“君以康靖公蔭補太廟齋郎，初任徐州沛縣主簿。秩滿，授江寧府上元縣主簿。大興水利，溉污萊爲良田者至二千七百餘頃，創爲堰閘，視時水旱而均節之，民獲其利，歌詠載涂。丞相王文公爲守，上其狀於朝，以勞應格，特轉光禄寺丞。文公知其才，事多委於君，以辦治稱。”

七月十二日，以張安國爲權檢正中書刑房公事

《長編》卷二百六十六熙寧八年七月壬申：“前揚州司法參軍張安國爲光禄寺丞、權檢正中書刑房公事。王安石薦之也。”

七月十三日，詔以《三經新義》賜宗室、太學及諸州學

《長編》卷二百六十六熙寧八年七月癸酉：“詔以新修《經義》賜宗室、太學及諸州府學。”

七月十六日，議分劃河東地界事，又乞自今依例應報中書兵數，神宗從之

《長編》卷二百六十六熙寧八年七月丙子："韓縝等圖上河東緣邊山川、地形、堡鋪分書利害。詔：'雙井水峪、瓦窖塢分書地開壕立堠，增置鋪屋控扼處，並依奏。石門子鋪如在三小鋪外，更不拆移。其見安新鋪以東，接胡谷寨地元非分畫處，若北人言及，即以此拒之。如固爭執，奏取朝旨。其白草鋪，西接古長城，先從北與之議，毋得過分畫地界。其古長城以北弓箭手地，聽割移。'上與王安石日論契丹地界曰：'度未能爭，雖更非理，亦未免應副。'安石曰：'誠以力未能爭，尤難每事應副，國不競亦陵故也。若長彼謀臣猛將之氣，則中國將有不可忍之事矣。'

上批：'檢取熙寧初始定兵額文字進入。'王安石言：'中書每取兵數，料兵食，蓋常事。前此蔡挺乃令人傳語云：不敢公然送去，容密寫納。緣樞密院嘗得指，若中書取兵數，即具奏故也。'安石因請自今乞依例應報，上從之。於是安石又爲上言：'臣不知兵數須密，有何義理也。'"

李燾："此據王安石《日錄》八年七月十七日事，今刪附取熙寧兵額後。"

七月十九日，薦楊萬可了南川獠事

《長編》卷二百六十六熙寧八年七月壬申："河北十九將、內藏庫副使楊萬等充夔州路體量安撫司，聽候差使。王安石言萬可了南川獠事也。"

李燾："王安石薦萬，乃《日録》七月十九日。"

改《三經新義》鏤板條貫。七月二十一日，付杭州、成都府路轉運司鏤板

《長編》卷二百六十六熙寧八年七月辛巳："詔以新修《經義》付杭州、成都府路轉運司鏤板，所入錢封椿庫半年一上中書。禁私印及鬻之者，杖一百，許人告，賞錢二百千。從中書禮房請也。初，進呈條貫，監司失覺察私印及鬻之者，當行朝典。上嫌其太重，命王安石改之，安石謝：'誠如聖旨，乃臣鹵莽，不細看所奏之罪也。'"

是日，檢正中書刑房公事范純粹罰銅。因韓絳欲別與差遣，駁之，神宗從之

《長編》卷二百六十六熙寧八年七月辛巳："詔右贊善大夫、檢正中書刑房公事范純粹，太子中允、檢正孔目房公事馬玞，各罰銅六斤。純粹送審官東院，坐在告追開封府吏治事。玞坐不承受文字也。純粹初與玞爭，韓絳頗爲純粹解釋，上不聽，令送御史臺取勘。及是，絳又不以純粹所坐爲然，且言純粹有才，欲別與差遣。王安石言：'豈可因罪更升差遣？'上從安石言，遂送審官，絳力爭，弗聽，乃曰：'陛下所見如此，則無可奈何。'即自劾。"

李燾："韓絳先乞罷相，上謂王安石曰：'絳恐爲范純粹，不特爲劉佐也。'""御史蔡承禧言：'伏聞檢正官范純粹於親情家押貼子，勾開封吏人理會中書所送文字，馬玞封送中書文字與范純粹，今見下御史臺勘鞫。緣中書政本，文字動

干軍國機要，與群司不同，若使一有漏洩，其損不細。臣伏詳朝廷置檢正官之意，蓋須經術文雅，足謀國體，多識前言往行，以助宰臣有所不知，得以諮訪。至於點檢文字、推行吏文，猶爲下等。近年薦者，不擇人材，祇爲進人階漸，是致輕墮忽事之人得佐公府……'承禧所言純粹、馬玕事，與《實錄》異，今附注此，當考。"

按，《范忠宣集》補編之《宋朝散大夫戶部侍郎龍圖閣直學士鄜延路經略安撫使贈宣奉大夫德孺公傳》："公諱純粹，字德孺，文正公第四子也。以文正公蔭遷至贊善大夫，檢正中書刑房。與同列有爭，出知滕縣。"可謂平實之語。李清臣爲范純粹生母所撰《宋故馮翊郡張氏墓誌銘》則曰："熙寧中，寶文公爲中書檢正官，以正論忤柄臣，且以罪去。"①

因呂惠卿謁告，親詣之，又同王珪往諭。惠卿以復相後二人之不協，具白神宗

《長編》卷二百六十六熙寧八年七月七月癸未："初，宰執同進呈承禧劾升卿事，呂惠卿曰：'承禧言升卿事連臣。'上曰：'同進呈，無害。'惠卿乞下升卿分析。惠卿乃謁告，上遣馮宗道撫問，召赴中書。安石又親詣惠卿，道上意。惠卿於是上表求補外者三，上皆遣中使封還；又入劄子，上復令安石同王珪諭惠卿。惠卿再求對，有旨毋復請入見。上曰：'無事而數求去，何也？'惠卿曰：'陳力就列，不能者止。臣自度不能，所以求止，無他，願遂臣請。'上曰：'卿爲參知政

---

① 郭茂育、劉繼保編著《宋代墓誌輯釋》，第333頁。

事,天下事責不在卿一人,何必爾!'惠卿曰:'頃安石之去,一時乏人,所以受命不辭。安石復來,理當決去。但蒙陛下宣諭再三,所以盤礴至今。'上曰:'卿豈以承禧故邪?承禧言卿弟,無與於卿。'惠卿曰:'縱使承禧言臣,臣爲參知政事,苟自度無過,豈至爲之求去? 況臣弟分析事又如此乎?'上曰:'豈以安石議用人不合? 安石欲用新進,卿不欲之。卿欲用曾旼,而安石不欲耶?'惠卿曰:'此亦不繫臣去就,況安石未嘗言不用曾旼。'上曰:'豈以安石前日敷陳承禧事滅裂耶?'惠卿曰:'安石避嫌不得不如此,臣何訝之有?'上曰:'然則安石之來,正宜協力,何以求去耶?'惠卿曰:'安石之來,一切託疾不事事,與昔日異。前此安石爲陛下建立庶政,千里復來,乃反如此,不知欲以遺之何人?'上曰:'安石何以至此?'惠卿曰:'陛下所聽既不一,爭又不勝,百官紛紛,莫可調御。臣頃嘗略爲陛下陳之至此,亦誠難。'上曰:'安石必須見天下有可爲之理,乃肯復來。'惠卿曰:'然必是至此有不如所見,故不安其位。蓋亦緣臣在此,陛下意與安石協力者多,其聽不一,故不安。朝廷事可以無臣,而不可無安石,此臣所以求去也。'上曰:'安石必不忌卿。'惠卿曰:'安石於臣何忌! 但陛下初用安石,以其勢孤助之,故每事易。今日陛下以謂安石之助多節之,故每事難就。則臣之在朝廷所補者少,而所害者多,不若遂臣之去,陛下一聽安石,天下之治可成也。今使大臣有所不得盡,非國家之福。蓋爲朝廷分別賢不肖、是非,極是難事,斂天下之怨在於一身,以及其子孫,人主若不察,即不免苟且滅裂而已。'上曰:'有官守者,不得其守則去。安石必不肯苟且滅裂。'惠卿曰：‘惟其欲去，所以苟且滅裂。王忱不艱，允協於先王成德，惟説不言，有厥咎。苟爲不然，固未能責其不盡也。陛下但致一以聽安石，殫其學術，則臣雖去猶在朝也。’上曰：‘安石學術莫了得天下事否？’惠卿曰：‘然。’上曰：‘卿但參貳，責不盡在卿。’惠卿曰：‘此臣所以可去也。臣之所陳皆國家事，而在臣之私，又有往來其間者，不去恐爲天下笑。’上曰：‘終不令卿去，且但至中書。’惠卿頓首曰：‘臣不敢奉詔。’既退，上復遣中使諭旨，惠卿辭謝，再入劄子，上亦封還，且詔銀臺司毋接文字。後數日入見，上曰：‘累遣人趣卿就職，未見禀承。’惠卿曰：‘臣數違旨，不勝死罪。但臣在朝，有損無補。陛下厚恩雖不許避，臣之自度終恐難勝。’上曰：‘無他事，何須求去如此之堅！’惠卿曰：‘臣去，則陛下一聽安石。’上曰：‘卿無過慮，且可就職。’惠卿曰：‘陛下數宣諭臣以參貳安石，不識何也？參知政事，莫是參知陛下之政事否？’上曰：‘安石政事，即朕之政事也。’惠卿因言：‘承禧所以言臣弟者，意乃在臣。’上曰：‘已曉，無過慮。’惠卿乃復就職。”

按，以上具體時日不詳，李燾附於本月二十三日呂升卿罷管勾國子監前，並注曰：“此已上並據蔣静所作惠卿《家傳》修入。”姑附此。

七月二十七日，進呈緣邊弓箭手願養馬

《長編》卷二百六十六熙寧八年七月丁亥：“先是，上批：‘契勘近降指揮，令永興、秦鳳等路安撫司，委官遍往諸城寨，取問緣邊弓箭手有情願請官馬，著脚乘騎，自管草料，準備出入使唤者，類聚聞奏，即不得抑勒。其河東路河裏、河

外亦有弓箭手人數不少，即不曾核及，可速依陝西逐路降指揮，令經略司委官子細取問，疾速聞奏。'是日，進呈弓箭手願養馬，上曰：'固知其願如此。'因令具府界保甲養馬數及所免物數進呈。"

李燾："上批乃七月二日，見《御集》。進呈願養馬，乃《日録》七月二十七日事，今附見。"

七月二十八日，以吕升卿乞將辨析劄付御史蔡承禧分析，因言不宜如此

《長編》卷二百六十六熙寧八年七月癸未："崇政殿説書、同管勾國子監吕升卿權發遣太常寺，兼修一司敕。升卿乞罷管勾國子監，從其請，而有是命。蔡承禧劾升卿，升卿既自辨析，且乞劄付承禧。王安石白上：'恐不宜如此。若承禧紛紛，則煩陛下處置。'上乃已。"

李燾："升卿欲劄已分析付承禧，《日録》乃此月二十八日及八月一日事，今并書之。"

與吕惠卿益不協

《長編》卷二百六十八熙寧八年九月辛未："吕惠卿緣升卿事乞罷政，既復就職，與安石益不協。於是留身白上曰：'臣意安石在江寧時，心有所疑，故速來如此。既至，必是陛下宣諭及嘗借臣《奏對日録》觀之，後頗開解。忽兩日前，余中、葉唐懿來爲臣言，安石怒臣改其《詩義》。中等昔與臣同進呈，安石以爲忘之，當時只進呈《詩序》，今但用舊義爾。臣意以爲未審，遣升卿往訊之，果然。升卿曰：'家兄與相公

同改定進呈。'安石怒曰：'安石爲文豈如此？賢兄亦不至如此。此曾旼所爲，訓詁亦不識。'臣甚怪之，而未諭其怒之意。此必爲人所間爾。臣之弟兄於安石，陛下所諒。臣所以事臣親者，移之以事陛下外，必所欽服者，安石一人而已。臣爲之官屬，安石亦尊禮臣，不與他等。至與之極口争事，未嘗怒也。近議市易俵糴事，臣意以謂常平法行之方漸安帖，又爲此法，呂嘉問必不能辦，所以往復與之問難，以遲其事。及將上，陛下果以爲問，臣不敢不言。然安石未必怒此，只是爲人所間爾。市易俵糴事在閏四月十九日。上曰：'練亨甫耶？'惠卿曰：'此亦其一，固有爲之致力者。'上曰：'張諤耶？'惠卿曰：'非也，嘉問、諤不至如此。'上曰：'亨甫何以至是？'惠卿曰：'亨甫數欲陛下召見，臣以其爲人好進太速，嘗與鄧綰書言：若使亨甫得見，即唐、虞、三代之治不難致。不知何爲遽能致此？故臣不敢言之朝。其後，綰薦之。臣進呈，但言其欲望見清光而已。臣平日薦人於陛下，常淺言之。陛下以聲身爲律度，輕重不繫人言，豈敢溢辭薦人？亨甫聞之，怒臣不褒稱也，而臣弟在講筵，陛下亦嘗問及亨甫，臣弟言不知其爲人。大抵承禧所言，皆亨甫教令之。臣雖不肖，麤知性命之理，安石雖不察臣，臣終不與之較；文章聲名，臣尤不以爲意。且經義雖聖人有不能盡，無不可以增損處。昨以安石既去，據理修定，不敢少改。不意其怒如此。陛下或有四方事，臣願備使令。'上復留惠卿曰：'卿且寬心。'然議益不合，惠卿益不自安，後月餘乃具剳子至上前進讀曰……"

按，呂惠卿復出就職，當於八月初。李燾繫此於九月十二日吕惠卿於神宗前進讀之前,係追溯之語,曰"後月餘乃具",故附此。①

八月十三日,進呈皮公弼乞錢收糴,與吕惠卿争廢交子事

《長編》卷二百七十二熙寧九年正月甲申,李燾引《吕惠卿日録》:"熙寧八年八月十三日,進呈皮公弼乞錢收糴事,上曰:'皮公弼奏言交子事,莫却言得是?'余曰:'莫是如此,交子合散於諸州軍則是,却是趙瞻要如此。'石曰:'到了妨鹽鈔。'上曰:'交子自是錢對,鹽鈔自以鹽對,兩者自不相妨。'石曰:'怎得許多做本?'上曰:'但出納盡,使民間信之,自不消本。'僉曰:'始初須要本,俟信後,然後帶得行。'余曰:'自可依西川法,令民間自納錢請交子。即是會子,自家有錢便得會子,動無錢,誰肯將錢來取會子?'石曰:'終是妨鹽鈔。緣鹽每歲凶豐不常,又督察捕鹽有緩急,即用鹽多少不定,若太多出鈔即得,若少出即暗失了賣鹽課利,可惜。許以此須多出些鈔印,置場平賣。'余曰:'不然,歲雖有凶豐,用鹽多少不争多。此不比酒,乃是民間常用之物,縱饒酌中立法,自豐歲所添亦不多。若覺民間渴鹽少鈔之時,即旋出鈔不難,自然鈔常重矣。鈔常重,即糴價不虛攛矣。故不如少出鈔,即以交子行使爲便。'石曰:'陝西有銅錢,有折二錢,弊太多,又做交子。'余曰:'昨來爲消了私錢多,交子不虛出,留下錢却出交子。'"

---

① 公與吕惠卿之睽疚,漆俠以爲蓋因二人政見、人事之分歧,以及吕惠卿個人之野心,甚是。可見《王安石變法》(增訂本),第201—204頁。

八月十五日，於中書言曾布之惡

《長編》卷二百七十一熙寧八年十二月庚寅，李燾：“呂惠卿八年九月十六日《日錄》云：‘只有箇曾布，安石未曾喚來内裏。八月十五日，中書聚聽，言他數件大惡。’臣曾説與王珪云：‘相公曾説曾布事來呵。’”

自復相後，與韓絳論政頗異。八月二十一日，韓絳罷相出知許州

《長編》卷二百六十七熙寧八年八月庚戌：“吏部侍郎、平章事、監修國史韓絳罷爲禮部尚書、觀文殿大學士、知許州，仍詔出入如二府儀，大朝會綴中書門下班。絳居相位，數與呂惠卿異議，王安石復入，論政愈駮，數稱疾，固求罷，而有是命。”

《宋史》卷三百一十五《韓絳傳》：“安石至，頗與絳異。有劉佐者坐法免，安石欲拉拭用佐，絳不可，議帝前未決，即再拜求去。帝驚曰：‘此小事，何必爾？’對曰：‘小事尚不伸，況大事乎？’帝爲逐佐。未幾，絳亦出知許州。”

按，熙寧七年公罷相，韓絳代之，於市易務頗有整頓。本年公復相，首用呂嘉問，又欲用劉佐，以復市易之舊，故與絳異。《名臣碑傳琬琰集》上卷十《韓獻肅公絳忠弼之碑》：“明年，復拜同中書門下平章事、監修國史。既在任，請置局中書，鈎考財用，以制出入之節。已而與同列弗合。時三司使發市易官罪，而同列佑之，欲弗責。方創賈人免行錢，孫尚書永議有異，而同列欲論永罔上故不實。上書人鄭俠絞

切下獄,而執政馮公京嘗睭俠,同列欲以黨俠爲重坐。公辨帝前,謂不得直數罷。上爲逐市易官,稍寬二臣者。而他相至,欲復留故賈人劉佐任市易,公固言不可,論上前未決,公再拜曰:'臣言不用,辱相位,請從此辭。'上愕曰:'兹小事,何爾耶?'公奏曰:'小事弗伸,況大事乎?'上爲罷佐,遣使持手扎諭公,使就位。公乃起。後數月,固稱疾,乃拜觀文殿大學士、禮部尚書、知許州。"

"他相",即公也。《邵氏聞見錄》卷九:"韓公絳論助役,與荊公同。復拜史館相,亦爲吕惠卿所不容,出知定州。"可備一説。

八月二十二日,與吕惠卿議王庭老、張靚劾王子韶、王子京兄弟事,不合

《長編》卷二百六十六熙寧八年八月乙酉,李燾引吕惠卿《日録》:"前日(八月二十二日)見王安石,安石果言:'張靚等言安石與臣同在條例司,嫌子韶,所以如此。'不知在條例時嫌子韶則甚? 嫌子韶,自是批出來,外持守正之名,内懷朋姦之實。罷臺官,干他別人甚事! 大凡心有可疑,即不得其正。臣因問王安石,昨來子韶爲不葬父,被張商英言,遂罷湖南運判,知高郵縣,不知希阿誰指? 如此,張靚亦是曉事底人,豈肯説與人,道我希執政? 如此不足信。'"

按,王庭老、張靚時爲兩浙轉運使,爲吕惠卿黨。《宋史翼》卷五《王古傳》:"先是,華亭縣邵奇訴張若濟修河冒賞,受吕惠卿、鄭膚請,强奪民田。命古究治,劾惠卿黨轉運使王庭老、張靚不公失職,皆罷之。"

八月二十三日，以孫諤編定《省府寺監公使例册條貫》，又命之監制敕庫

《長編》卷二百六十七熙寧八年八月壬子：“命池州司法參軍孫諤編定《省府寺監公使例册條貫》，又命諤監制敕庫。諤，邵武人，既舉進士，試法中第一，故以此命之。制敕庫用士人自諤始。”

按，楊時《龜山先生全集》卷三十四《孫龍圖墓誌銘》：“公諱諤，字正臣，邵武人也。崇寧中有旨改名，遂以字行……既冠，登進士第，授池州司法參軍。通議以公素謹厚靜默，寡言笑，恐其不更事，而司法民命所屬，不可忽，故令就學律。明年，試大法，中第一。是時舒王用事，中書置五房檢正，遴柬天下賢才以濟。公方筮仕，而以材名在選中，除監制敕庫制。敕庫用士人，自公始。未幾，除吏房習學公事，同編修中書條例，同列皆極一時之選，其後列侍從、居要津者相屬也……王文公賜謚有定，一博士有欲爲其文，極言推尊，自結於用事者。公當筆，輒推其次。蓋事有近於追逐時好以取世資，終不屑爲也。”

八月二十四日，與吕惠卿、王珪進呈兩浙轉運司體量王子京兄弟不當事

《長編》卷二百六十八熙寧八年九月乙酉，李燾注引吕惠卿《日録》：“八月二十四日，進呈刑房具到兩浙轉運司體量王子京、子韶不當事，上曰：‘如此，即是轉運司不合體量。’余曰：‘臣前日因節出案内事節，可見子京、子韶無可恕

之情，運司無可怒之理。王子韶，元初子京出頭子差人買板，豈可只於子韶處取覆？一家買板葬父，無不知。又自熙寧六年正月初九日下縣買板，板主不在，只於看守人處取來，直至七年八月板主回歸來，說道此板直三四十貫錢，行人方經縣論訴，乞定奪。本縣差兩番行人，並作三十貫，令本縣行人甘認填還。至十一月，縣中行人經州陳狀，却是先行遣柳行人下縣買板，知州理斷，稱此板只直十五貫文。余曰：'直至推院方勘稱本縣行人爲嫌。州中下縣收買，所以大估價錢，即當時此事喧鬧可知。元條既許體訪，即訪聞無不可知之理。前日（八月二十二日）見王安石……'上曰：'恐無是事。'安石曰：'子韶之言，固不足信，前見呂惠卿要衝替王子京。'余曰：'固不曾要衝替王子京，只是言不當勘轉運司。'上曰：'子韶誠可罪，子京不知，運司不合不取案看。'石又言：'運司不合體量子韶崑山縣事，乞衝替不當。'余曰：'誠有過當之辭，但子韶爲知縣，却差手下廳子充青苗庫子，誠不得。'石曰：'無條不得差廳子。'余曰：'廳子自是三貫文雇，手力自是四貫文雇，自然不合差。假如差鄉書手充青苗庫子，豈須一一有條不得差，方是違條？'上曰：'庫子是優饒差遣，到了不合差廳子。然買板事却是子京不知。'王珪曰：'且令分析。'上曰：'好。'余曰：'本房稱王子韶合取旨。'上曰：'子韶此事誠是不得。'石曰：'已該赦。'"

按，《宋史》卷三百二十九《王子韶傳》：王安石引入條例司，擢監察御史裏行，出按明州苗振獄……中丞呂公著等論新法，一臺盡罷。子韶出知上元縣，遷湖南轉運判官。御史張商英劾其不葬父母，貶知高郵縣。"未言王子京、子韶兄弟買板葬父事。

欲與呂惠卿解嫌，子雱勸止

高晦叟《珍席放談》卷下：“荆公深知呂吉甫，力薦於上，遽位要津。不數年，同在政府，勢焰相軋，遂致嫌隙。呂並不安，謂人曰：‘惠卿讀儒書，只知仲尼之可尊。看外典，只知佛之可貴。今之世，只知介甫之可師。不意爲人讒，失平日之歡，且容惠卿善去。’人有達其言於公者，公聞之，語其子元澤曰：‘呂六却如此，使人不忍。’其子答云：‘公雖不忍，人將忍公矣。’公默然。”

九月初一，兼監修國史

《長編》卷二百六十八熙寧八年九月庚申朔：“命王安石兼監修國史。”

九月十二日，上劄子乞《詩義》依舊本頒行，神宗令删定呂升卿所解《詩義序》。復上劄言不妥

《長編》卷二百六十八熙寧八年九月辛未：“王安石言：‘臣子雱奉詔撰進《詩義》，臣以當備聖覽，故一一經臣手，乃敢奏御。及設官置局有所改定，臣以文辭義理當與人共，故不敢專守己見爲是，既承詔頒行，學者頗謂有所未安。竊惟陛下欲以經術造成人才，而臣職董其事，苟在臣所見小有未盡，義難依違。所有經局改定諸篇，謹録新舊本進呈。内雖舊本，今亦小有删改，并於新本略論所以當删復之意，如合聖旨，乞降指揮，其《詩序》用呂升卿所解，《詩義》依舊頒

行。"詔安石并删定升卿所解《詩序》以聞。

安石又言：'伏奉手詔，依違之罪，臣愚所不敢逃。然陛下既推恩惠卿等，而除其所解，臣愚不敢安此。若以其説有乖誤者，責臣更加删定，臣敢不祗承聖訓！'"

李燾："此據安石奏劄增入，惠卿云'臣亦當奪官'，蓋辨此也。推恩在六月二十一日，改定序解在十二月二十四日。"

按，《文集》卷四十三收此二劄，題爲《論改詩義劄子》、《答手詔言改經義事劄子》。題注："九月十一日。"疑爲"十二日"之訛。

吕惠卿見《論改詩義劄子》，乃具劄至神宗前進讀，辨改經義事

《長編》卷二百六十八熙寧八年九月辛未："惠卿益不自安，後月餘，乃具劄子至上前進讀曰：'臣伏見王安石劄子，奏乞《詩序》用吕升卿所解，《詩義》依舊本頒行。其小有删改，即依先得指揮。奉聖旨令安石并所解《詩序》删定進呈。安石稱……

臣於其説，皆所未諭。臣惟朝廷初置經局，令臣與雱修撰，而安石提舉詳定，皆自陛下發之，非因建請也。苟以爲舊義不刊，則不知設官置局，欲令何爲？宜有增損也，則草創討論，修飾潤色，自有次第。而《詩義》，臣等初奉德音，以謂舊文頗約，新學不知，今之修定，宜稍加詳。至其進論多涉規諫，非學者所務，宜稍削去，仍解其《序》。即不曾令誰訓其辭，誰訓其義也。故自置局以來，先檢討官分定篇目，

大抵以講義爲本，其所刪潤，具如聖旨。草創既就，臣即略爲論次，初解《大序》及《二南》，凡五卷，每數篇已，即送安石詳定。一句一字如有未安，必加點竄，再令修改如安石意，然後繕寫，安石親書臣名上進。則雩所進《義》，雖一一經安石之手，不知何以加此？又修《邶》、《鄘》、《衛》以後數卷，安石在此間，或就局已數經覽。洎去江寧，又送詳定，簽貼鏨畫，其處非一。自此以後，臣以安石去局，而《義》又加詳，更不欲輒改舊文，只令解《序》。自安石到京，令檢討官以續所撰《義》歷呈安石，其餘，臣於中書與安石面讀，皆有修改去處，經局草卷，宜尚有存，檢討官僚今多在此，皆可驗問。臣自少以來與安石遊，凡有議論，更相是正，未嘗有嫌。矧於是時承詔論撰，欲傳久遠，如能修改使成全書，豈有彼此？而安石又以相臣董其事，意有未安，留加筆削，不爲稽緩。而修寫進呈，得旨刊布，幾及千本。刊印《經義》在六月十九日。忽見余中、葉唐懿來謂臣，安石怒經義局改其《二南》舊義，止令勿賣，須得削去。臣意中等聽之謬也，再令審之，復如前説。又令升卿往問，輒復大怒，其言如中等所聞。當初進《二南義》之時，陛下特開便殿，召延兩府，安石與臣對御更讀，以至終篇，陛下褒稱，聖言可記。安石未耄，何至廢忘，而其言如此，誰不駭聞。然臣猶以謂安石特發於一時之不思也。今安石乃乞用舊本頒行，若以謂小有未盡，當如先降指揮刪改，有誰不欲，致使依違？若以謂皆不可取也，則以安石之才，於置局之日，《國風》以前看詳修改，有至於數過者。苟其文至於皆不可取，則曷爲不見，而今日獨賴何人發明而後見之也？

臣於安石之學素所諳識，凡讀文字，臣以爲是，安石是之；不然，安石所否。安石學雖日益，去春今秋不應頓異，而以爲陛下欲以經術造成人才，不得不爾，則前日之所是，今日爲未定；今日之所是，他日豈可定哉？安石當國，以經術自任，意欲去取，誰敢爭之！然臣反覆求其所以然之故，而莫之喻也。'

上曰：'安石無他意，經義只爲三二十處訓詁未安，今更不動。《序》只用舊義，亦無害。'惠卿曰：'安石欲并《序》删定。置局修撰非一日，今既皆不可用，而轉官受賜，於理何安？臣亦當奪官。'上曰：'豈有此理！'惠卿曰：'然縱朝廷不奪臣官，臣何面目。安石必言垂示萬世，恐誤學者。《洪範義》凡有數本，《易義》亦然，後有與臣商量改者三二十篇，今市肆所賣新改本者是也。制置條例司前後奏請均輸、農田、常平等敕，無不經臣手者，何至今日遽不可用，反以送練亨甫？臣雖不肖，豈至不如亨甫？'上曰：'卿不須去位。'惠卿曰：'臣豈可以居此！'"

李燾："已上並據《惠卿家傳》增入。蔡承禧劾升卿奏可考。惠卿別有《日錄》載此段尤詳，要不異《家傳》所載，更不別出。"

九月十六日，呂惠卿出二人議論不合事目，詆以聽讒納譖

《長編》卷二百六十八熙寧八年九月乙酉："初，惠卿既進劄子與安石辨改經義事，乞去位，因出前後與安石議論不合者。如兩浙提舉官王子京與其弟知蘇州吳縣事子韶，於

秀州買板葬父虧價，轉運使王庭老、張靚奏劾之。法寺斷子
詔杖六十私罪，刑房稱庭老、靚奏劾違法。安石令子詔依
斷，而除落子京不覺察罪，將上乞取勘庭老、靚。惠卿以謂
子詔依斷太輕，子京以兄弟同謀葬父，豈得不坐不覺察？轉
運司當奏劾，無可取勘之理。安石欲添鹽鈔而廢交子，罷河
北運米而行市易俵放之法，惠卿皆以爲非便。且曰：‘陛下
置兩府大臣，今吳充雖與之小異，特自固之計耳。王珪絶好
人，王韶又如此，臣若不與校，則天下事誰當辨之？檢正、堂
後官作文字，皆不與臣議。臣嘗召張安國來，諭之以人主以
天下事付中書，中書以付五房，人主豈能盡看文字？罪無輕
重，但憑中書而已。如王子京事，改換情節，豈得爲便？若
將上，上必罪檢正官，不欲與相公失歡，故未敢爾。安石居
常實不如此，惟自復來議論不合，又多不直臣，不以告。恐
涉朋黨，故略陳其愚，可以知臣不敢苟於陛下之職事，而臣
於其官蓋有不得其守者也。’上又曰：‘經義事必無他，卿不
須去位。’惠卿曰：‘臣本無涉世之意，遭遇陛下聖明，欲立功
業，誠欲自竭，俟法度齊整。而陛下一日赫然有四方之志，
使安石居中，而臣在外，粗能有成，乃乞就閑。今此已矣，可
小事，不可大事。願陛下毋用兵。安石常言用兵須嚴名分，
使雖有志者不敢出諸口，則事歸一。安石之意不徒爲軍，爲
國亦欲如此。天下即是敵人，雖能禁近者言，其如天下何？
至於謝景溫不肯作發運使，而與在京差遣；盧秉負罪至多，
而除發運使；王子京有罪未斷，而除淮南提舉官；郟亶言水
利無狀，臣力乞罷去，而今復召之；義倉不可置而欲置，常平
法不可改而欲改；太學上舍生方通，安石固嘗稱其文字，而

顧襄又出其門下，至上前乃始問臣與通何親，而恩例至今不行；選人除常平官者，例皆改官爲提舉，惟曾旼獨存管勾之名，又不改官，正以臣故爾。'上曰：'聞升卿求安石進用，以謂有復相之功。'惠卿曰：'升卿剛介自守，理必無之，可質諸神明。且陛下擢在經筵，尚可進用，縱使好利，豈至如此！'上曰：'此乃他人言之，非安石也。'惠卿曰：'安石每與陛下說開闔通塞，以爲執狐疑之心者，來讒賊之口；持不斷之慮者，開群枉之門。安石却會不得此事，致來人語言。自古只有人主堂陛隔絕，人情難通，即聽讒納，安石尚聽讒納譖，每日只被呂嘉問、練亨甫幾個圍合了。練亨甫東面一向守却王雱，呂嘉問才不去，便守却安石。其餘人更下語言不得。昨安石初到，臣請去位，陛下以爲安石莫疑否，臣猶以爲不然。及臣再求去位，陛下云：'安石莫不忘卿否？'臣再三以爲無此。今觀安石如此，方知聖意無所不通，却是臣弟兄純不思至此也。前後見陛下，十分須留一二分不盡，臣數以爲言，必是陛下別有見得處。'遂乞在告，上曰：'卿實有病否？'惠卿曰：'實有病。'上令以狀送中書。惠卿既在告，繼下鄧綰章。"

按，呂惠卿進呈前後與公所爭事目，李燾注引呂惠卿《日錄》："《日錄》九月十六日，進呈前後與安石所爭事目。"據此，除改經義事外，公欲添鹽鈔而廢交子，欲罷河北運米而行市易俵放之法，欲取勘王庭老、張靚奏劾王子韶兄弟於秀州買板葬父虧價，以及謝景溫、盧秉、郟亶、曾旼等除授，呂惠卿均有異議。

九月二十二日，子雱諭御史中丞鄧綰，借前秀州通判張若濟贓罪以攻呂惠卿

《長編》卷二百六十八熙寧八年九月辛巳：“命司農寺主
簿王古鞫前秀州通判張若濟贓罪以聞。御史中丞鄧綰言：
‘若濟先知華亭縣，參知政事呂惠卿及其諸弟與之密熟，託
若濟使縣吏王利用借富民朱庠等六家錢四千餘緡，於部內
置田，利用管勾催收租課等事，乞施行。故有是命。始，若
濟去華亭，大理寺丞上官汲爲代。若濟受民吳湘等銀九百
餘兩，後以兩浙轉運副使王庭老等薦，通判秀州。若濟疑汲
在華亭發其姦，收付獄。汲止坐違法差人衝替，汲妻高氏詣
登聞以訴。會提點刑獄盧秉亦按若濟贓。試將作監主簿鄭
膚者，惠卿舅也。若濟資膚錢五萬入京請求，又陰使人竊舊
案牘焚之，匿其枉法罪，止坐受所監臨，追三官勒停，送衡州
編管。’汲訟不已，於是綰受其言，因劾惠卿與若濟交結狀。
綰借若濟事以攻惠卿，蓋王雱意也。”

《東都事略》卷九十八《鄧綰傳》：“王安石復相，綰乃言
呂惠卿借富民錢買田產，故惠卿出知陳州。又言章惇穢行，
而惇亦罷知湖州。遷翰林學士，仍爲中丞。初，綰以附王安
石居言職，及安石罷，復附呂惠卿。至是，安石與惠卿相仇，
綰復主安石，凡惠卿之黨極力奏劾之。”

《宋史》卷三百二十七《王安石傳》：“八年二月，復拜
相……惠卿爲蔡承禧所擊，居家俟命。雱風御史中丞鄧綰，
復彈惠卿與知華亭縣張若濟爲姦利事，置獄鞫之，惠卿出
守陳。”

遣堂吏齎鄧綰彈劾呂惠卿章示之，惠卿乞賜看詳。詔徐禧、馮宗道同王古根究惠卿貪濁之事

《長編》卷二百六十八熙寧八年九月乙酉："呂惠卿言：'臣以謁告家居，宰臣王安石遣堂吏齎御史中丞鄧綰章示臣，言臣丁憂日與張若濟交結貪濁事，已得旨送王古根究，詣實聞奏。臣今具綰條列所言事，乞賜看詳。事在外者，令所差官依已得指揮根究；在內者，令中書下所司，各依臣所奏具因依，開排月日進呈，免使臣久遭誣罔。及乞下綰令具所借錢年月及交結密熟因依，仍案臣在兩浙州縣年月一處照會，即誣罔自見。'詔徐禧、馮宗道同王古根究以聞。"

是月，曾鞏致啓，勸退小人、除弊事

《海外新發現〈永樂大典〉十七卷》載曾鞏《洪州與時相別紙啓》："某皇恐頓首再拜：某辱知最舊，故敢有一言之獻。竊以宰相之任，今日之計，不退小人、不除弊事，則人望去矣。不在於紛紛，而但在知其要。要者，進正人而已。進者正人，則所得者正論。正人眾則小人消，正論行則弊事去，此必然之理也。則宰相之任，夫何爲哉。不言而諭，不勞而成，不疾而速，不行而至者，知此而已矣。今所謂正人者，皆已章章在人耳目，但在聚之於朝，擇其言而用之耳。其於用舍，不可不審，一有不當，則人望必損。治亂安危之幾，實在於此，故敢以獻於左右不審明公以爲如何，幸詳察焉。"

按，是年八月曾鞏知洪州，啓曰“竊以宰相之任，今日之計，不退小人、不除敝事，則人望去矣。”小人者，當指呂惠卿及其黨羽，故附於呂罷參知政事前。

十月二日，呂惠卿罷參知政事知陳州。遂與之絕

《長編》卷二百六十九熙寧八年十月庚寅：“是日，手詔給事中、參知政事呂惠卿：‘朕不次拔擢，俾預政機，而乃不能以公滅私，爲國司直，阿蔽所與，屈撓典刑，言者交攻，深駭朕聽。可守本官知陳州。’”

神宗以手劄問可否召回曾布。訖不召

《長編》卷二百七十一熙寧八年十二月庚寅：“起居舍人、知饒州曾布知荆南。呂惠卿既罷，上以手札問王安石，曰：‘或言卿欲擬奏召曾布赴闕，復任以事，未知信否？可密具奏。’然安石訖不召布也。布未赴荆南，改知潭州，以光禄卿、直史館張靖知荆南。”

李燾：“上問安石，據《御集》一百五十一卷，不知安石如何具奏。布訖不召，當是布子紓所云‘陛下無以其刀筆小才，忘其滔天大惡’，……曾紓，紹興初爲言官韓璜所擊，爲其父作《釋誣》云：‘……熙寧末，神宗復用先公爲北門學士，王荆公奏云：陛下無以其刀筆小才，而忘其滔天大惡。蓋以論市易事不同而去，其惡之深如此也。璜不知前人出處本末一至於此。’按安石此語，必因答手札問召布信否，故云云。紓所載或不實，但紓記其父累歷殊不詳審。神宗手札問安石，當在呂惠卿去後，又非熙寧末。”

十月九日，婿吴安持以提舉市易務轉官升任

《長編》卷二百六十九熙寧八年十月丁酉："太常少卿賈昌衡爲右諫議大夫，太子中允吴安持轉一官，升一任，及金部員外郎吕嘉問各賜錢三百緡。以三司言昌衡等提舉市易司，自去年四月至今，收息錢、市例錢百萬二千六百七十餘緡，故賞之。"

十月十日，因神宗以彗星出軫手詔群臣言朝政闕失，遂上劄言天文之變無窮，人事之變無已，雖有偶合，不足以信

《長編》卷二百六十九熙寧八年十月丁酉："是日，太史初以彗聞。彗出以七日乙未，越二日丁酉，太史乃奏也。戊戌，手詔王安石等曰：'朕以寡薄，猥承先帝末命，獲奉宗廟，顧德弗類，不足仰當天心。比年以來，災異數見，山崩地震，旱暵相仍。今彗出東方，變尤大者。内惟淺昧，敢不懼焉！其自今月己亥，不御前殿，減常膳，如故事。卿等宜率在廷之臣，直言朕躬過失，改修政事之未協於民者以聞。'遂詔中外臣僚直言朝政闕失。

王安石言：'臣等伏觀晉武帝五年，彗實出軫；十年，軫又出孛，而其在位二十八年，與《乙巳占》所期不合。蓋天道遠，先王雖有官占，而所信者人事而已。天文之變無窮，人事之變無已，上下傅會，或遠或近，豈無偶合？此其所以不足信也。周公、召公豈欺成王哉？其言中宗所以享國日久，則曰"嚴恭寅畏天命，自度，治民不敢荒寧"。其言夏、商所

以多歷年所，則亦曰德而已。裨竈言火而驗，及欲禳之，國僑不聽，則曰不用吾言，鄭又將火。僑終不聽，鄭亦不火。有如裨竈未免妄誕，況今星工豈足道哉！所傳占書，又世所禁，謄寫譌誤，尤不可知。伏惟陛下盛德至善，非特賢於中宗，周、召所言，則既閱而盡之矣。豈須愚瞽，復有所陳？然竊聞兩宮以此為憂，臣等所以徬徨不能自己。伏望陛下以臣等所陳開慰太皇太后、皇太后，臣等無任兢惶懇激之至。’”

李燾：“安石劄子，據陸佃所編增入，劄子稱十月而無其日。”

十月十七日，以神宗避正殿，減常膳，上表待罪。詔答不允

《長編》卷二百六十九熙寧八年十月乙巳：“王安石等以上避正殿，減常膳，上表待罪。詔答不允，仍斷來章。”

十月二十一日，三上表乞神宗御正殿，復常膳

《長編》卷二百六十九熙寧八年十月己酉：“王安石等上表乞御正殿，復常膳，不許，表三上乃許之。”

《王文公文集》卷十六《乞皇帝御正殿復常膳表》其一：“臣某等言：伏覩手詔，彗出東方，自今月十一日，更不御正殿，減常膳如故事者……伏願趨傳清蹕，肆陳路寢之儀；復御珍羞，中飭內饔之職。冀垂淵聽，俯徇輿情。臣等無任祈天俟命、激切屏營之至。”

《宋大詔令集》卷一百五十四《彗星見□□□膳宰臣王

安石等上第二表乞御正殿復常膳不允批答熙寧八年》："敕云云：垂象之變，咎在朕躬，内惟菲涼，敢不祗懼。避朝損膳，欽天之威。神休震動，銷去大異。而三事庶尹，咸造在庭，願復舊常，至于再請。且星降咎德，猶賴交修，況天畏棐忱，固當屢省。弭災嚮福，其庶幾焉。所請宜不允。"

十月二十二日，罷編修中書條例司、編修司農寺條例司

《長編》卷二百六十九熙寧八年十月庚戌："詔中書有置局取索文字，煩擾官司，無補事實者，宜並罷之。於是編修中書條例司、編修司農寺條例司皆罷。"

十月二十三日，罷手實法

《長編》卷二百六十九熙寧八年十月辛亥："詔：'聞東南推行手實簿法，公私煩擾，其速令權罷聽旨，委司農寺再詳定以聞。'呂惠卿參知政事始創立手實簿法……惠卿貶既兩旬，乃降是詔。"

十一月二日，韓琦葬。撰挽詞

《詩注》卷四十九《韓忠獻挽詞二首琦字稚圭》："心期自與眾人殊，骨相知非淺丈夫。獨斡斗杓環帝座，親扶日轂上天衢。鋤耰萬里山無盜，袞繡三朝國有儒。爽氣忽隨秋露盡，謾憑陳迹在龜趺。"其二："兩朝身與國安危，典策哀榮此一時。木稼曾聞達官怕，山頹果見哲人萎。英姿爽氣歸圖畫，茂德元勳在鼎彝。幕府少年今白髮，傷心無路送靈輀。"

神宗《兩朝顧命定策元勳之碑》：“熙寧八年六月甲寅，定策元勳之臣、永興軍節度使、守司徒兼侍中、魏國公判相州韓琦薨。訃來京師，朕盡然追慟若不勝，詔輟視朝三日，贈尚書令，配享英宗廟庭。七月癸酉，成服于苑之……其年十一月庚申，發兩河卒，以一品鹵簿葬公相州安陽縣農安村之原，享年六十八歲。”

按，韓琦葬於是年十一月庚申，詩曰“爽氣忽隨秋露盡”，當作於葬時。又《東軒筆録》卷六：“及荆公秉政，又與常平議不合。然而荆公每評近代宰相，即曰：‘韓公德量才智，心期高遠，諸公皆莫及也。’及魏公薨，荆公爲挽詞曰：‘心期自與衆人殊，骨相知非淺丈夫。’又曰：‘幕府少年今白髮，傷心無路送靈輀。’”

《邵氏聞見録》卷九：“魏公後知荆公之賢，欲收之門下，荆公終不屈，如召試館職不就之類是也。故荆公《熙寧日録》中短魏公爲多，每曰：‘韓公但形相好爾。’作《畫虎圖》詩詆之……魏公薨，帝震悼，親製墓碑，恩意甚厚。荆公有挽詩云：‘幕府少年今白髮，傷心無路送靈輀。’猶不忘魏公少年之語也。”

邵氏以挽詩爲公怨悱之語，殊謬，《蔡譜》已辨之，不贅。

十一月六日，致書沈季長，道東歸之思

《文集》卷七十五《與沈道原舍人書》：“某啓：辱手筆，感慰。又復冬至，投老觸緒多感，但日有東歸之思爾。上聰明日隮，然流俗險膚，未有已時，亦安能久自困苦於此？北山松柏，聞修雅説已極茂長。一兩日令俞遜往北山，因欲漸

治垣屋矣。於道原欲略布所懷。"

題注:"季長。"

十一月十二日,以神宗賜生日禮物,上謝表

《文集》卷五十九《賜生日禮物謝表五道》其二。

是月,以疾居家,神宗遣中使勞問。既愈,復給假十日將治,又給三日

《長編》卷二百七十熙寧八年十二月丙戌:"先是,王安石以疾居家,上遣中使勞問,自朝至暮十七反,醫官脉狀,皆使駊行親事齎奏。既愈,復給假十日,將安,又給三日。又命輔臣即其家議事。時有不附新法者,安石欲深罪之,上不可,安石爭之曰:'不然,法不行。'上曰:'聞民間亦頗苦新法。'安石曰:'祁寒暑雨,民猶怨咨,此豈足恤也!'上曰:'豈若并祁寒暑雨之怨亦無邪?'安石不悦,退而屬疾。上遣使慰勉之,乃出。其黨爲安石謀曰:'今不取門下士上素所不喜者暴進用之,則權輕,將有窺人間隙者矣。'安石從之。上亦喜安石之出,凡所進擬皆聽,由是安石權益重。"

李燾:"此據司馬光《記聞》,云是十一月事。"是也。《涑水記聞》卷十六:"熙寧八年十一月,介甫以疾居家。上遣中使問疾,自朝至暮十七返,醫官狀皆使駊行親事齎奏。既愈,復給假十日將治,又給三日。又命兩府就第議事。伯淳云。"然自"時有不附新法者"至"安石權益重",則李燾誤將熙寧六年十一月公屬疾與本年十一月合而爲一,誤

也。詳見本譜熙寧六年十一月。

十二月二日，弟安禮出知潤州

《長編》卷二百七十一熙寧八年十二月己丑："命輔臣祈雪。秘書丞、直集賢院、同提舉三司勾院、磨勘司王安禮知潤州。先是，呂惠卿言安禮任館職，狎遊無度。於是安禮乞出，即從之。王安石猶以惠卿昔居憂在潤州，欲使安禮求其過失故也。"

李燾："此據司馬《記聞》。"

按，《涑水記聞》卷十六："吉甫言王安禮任館職，狎遊無度，安禮由是乞出，一章即許之，除知潤州。介甫猶以吉甫先居憂在潤州，欲使安禮采其過失故也。"

是日，疾愈，醫官秦迪得賜紫章服

《長編》卷二百七十一熙寧八年十二月己丑："翰林醫官秦迪賜紫章服，治王安石疾有勞也。"

十二月十五日，曾孝寬爲樞密直學士、同簽書樞密事，致謝啓。回之

《長編》卷二百七十一熙寧八年十二月壬寅："以翰林學士兼侍讀學士、判太常寺、兼群牧使、工部侍郎元絳參知政事，龍圖閣直學士、起居舍人、兼樞密都承旨、同群牧使曾孝寬爲樞密直學士、同簽書樞密院事。"

《文集》卷七十九《回曾簽書免啓》："伏審顯膺優詔，進貳中樞，伏惟歡慰。某官鍾才宏遠，逢運休明，风柬注於宸

心,克將明於王政。乃寔民瞻之地,寔資世濟之才。明命誕敷,師言咸允。而剡章上奏,辭寵更堅。惟祗若於王休,庶共鹽於邦采。"

按,《宋史》卷三百一十二《曾公亮傳》:"初薦王安石,及同輔政,知上方向之,陰爲子孫計,凡更張庶事,一切聽順,而外若不與之者。嘗遣子孝寬參其謀,至上前略無所異,於是帝益信任安石。安石德其助己,故引擢孝寬至樞密以報之。"

十二月二十四日,薦趙禼爲安南道行營馬步軍都總管

《長編》卷二百七十一熙寧八年十二月辛亥:"命知延州、天章閣待制、吏部員外郎趙禼爲安南道行營馬步軍都總管、經略招討使、兼廣南西路安撫使,昭宣使、嘉州防禦使、入内押班李憲副之,龍神衛四廂都指揮使、忠州刺史燕達爲副都總管,光祿寺丞溫杲管勾機宜文字。"

按,《神宗史·交趾傳》云:"王安石薦趙禼爲主帥。"以安南入寇也。《長編》卷二百七十熙寧八年十一月甲申:"廣南西路經略司言:'安南靜海軍牒欽、廉二州,新有艱阻,不與通和博買,及未敢發人上京貢奉。'詔劉彝毋得止絶。時安南已入寇矣。"李燾:"據《神宗史·交趾傳》:'實録云:是冬安南入寇。'按此月二十日已陷欽州,後三日陷廉州,今改之。"

是日,上再撰《詩·關雎義解》

《長編》卷二百七十一熙寧八年十二月辛亥:"王安石上

再撰《詩·關雎義解》。詔并前改定諸《詩序解》付國子監鏤板施行。”

十二月二十六日，撰討安南詔

《長編》卷二百七十一熙寧八年十二月癸丑：“詔曰：‘眷惟安南，世受王爵，撫納之後，實自先朝，函容厥愆，以至今日。而乃攻犯城邑，殺傷吏民，干國之紀，刑兹無赦，致天之討，師則有名。已差趙卨充安南道行營馬步軍都總管、經略招討使、兼廣南西路安撫使，李憲充副使，燕達充馬步軍副都總管，須時興師，水陸兼進。天示助順，既兆布新之祥；人知侮亡，咸懷敵愾之氣。然王師所至，弗迓克奔，咨爾士庶，久淪塗炭。如能諭王内附，率衆自歸，執俘獻功，拔身效順，爵禄賞賜，當倍常科，舊惡宿負，一皆原滌。乾德幼稚，政非己出，造廷之日，待遇如初。朕言不渝，衆聽毋惑。比聞編户，極困誅求，已戒使人，具宣恩旨。暴征横賦，到即蠲除。冀我一方，永爲樂土。’王安石之辭也。

時交趾所破城邑，即爲露布揭之衢路，言所部之民亡叛入中國者，官吏容受庇匿，我遣使訴於桂管，不報；又遣使泛海訴於廣州，亦不報，故我帥兵追捕亡叛者。又言桂管點閲峒丁，明言欲見討伐。又言中國作青苗、助役之法，窮困生民，我今出兵欲相拯濟。安石怒，故自草此詔。安石最不信《洪範》災變之説，於彗星乃推之交趾云。”

是年，真靖大師陳景元歸廬山，有詩送之

《詩注》卷四十《代陳景初一作元書於太一宫道院壁》：

“官身有吏責，觸事遇嫌猜。野性豈堪此？廬山歸去來。”

李注：“景初，黃冠師也。據《楊無爲集》云：‘碧虛子陳景元泰初，入道爲右街録，賜號真靖，主中太一宮。屢請歸廬山，朝廷不從。大丞相舒公因真靖自言而題之云……無爲子楊傑，蓋碧虛子之友也，聞而歎曰：“昔靖節先生賦《歸去來》以歸廬山之陽，且八百年矣。其辭未忘，罕有繼其聲者。今大丞相因子之言而及之，愛子之深也。夫靖節遠害於污俗，真靖引分於治朝，雖其去不同，而所歸則一。迺追靖節韻，而歌《歸去來》以貽之。”’”

按，《文集》卷二十六即作“景元”，是。《沈注》：“案醫者爲陳景初，道士爲景元。”陳景元，號真靖大師，《長編》卷二百四十四熙寧六年四月庚寅：“中太一宮成，以右街都監、真靖大師陳景元爲宮主，景靈宮抱一大師蓋善言副之，餘知職、散衆道士，令景元博選有行業精潔之人，毋過二十人，歲披戴恩依東太一宮例。”

《宣和書譜》卷六：“道士陳景元，字太虛，師號真靖，自稱碧虛子，建昌南城縣人。師高郵道士韓知止，已而別其師遊天台山，遇鴻濛先生張無夢，授秘術。自幼喜讀書，至老不倦，凡道書皆親手自校寫，積日窮年，爲之佝僂。每著書什，襲藏之，有佳客至，必發函具鉛槧出客前，以求點定，其樂善不已復如此。然不泛交，未嘗與俗子將迎，惟相善法雲寺釋法秀，人比之廬山陸修静交惠遠也。初遊京師，居醴泉觀，衆請開講。神考聞其名，詔即其地設普天大醮，命撰青詞以進。既奏，稱善，得旨賜對天章閣，遂得今師名，又改章服，累遷至右街副道籙。已卯，乞歸廬山，復以葬親爲請，詔

賜白金助之。既歸，行李無他物，百擔皆經史也。所居以
道、儒、醫書各爲齋館而區別之，四方學者來從其遊，則隨所
類齋館，相與校讐，於是人人得盡其學，而所藏號爲完書。
所役二奴，一曰黃精，二曰枸杞，馴而不狡，真有道者之役
也。一時大臣如王安石、王珪喜與之遊。初歸廬山，與安石
作別，安石問其乞歸之意，景元云：‘本野人，而今爲官身，有
吏責，觸事遇嫌猜，不若歸廬山爲佳耳。’安石韻其語，書靜
几間，曰：‘官身有吏責，觸事遇嫌猜。野性難堪此，廬山歸
去來。’復書其詩後云：‘真靖自言如此。’蓋喜其不素諂也。”

　　《繫年初稿》繫於本年：“‘己卯’疑‘乙卯’之誤。”可從。
《朱熹集》卷八十三《跋道士陳景元詩》：“碧虛子，道士陳景
元也。頗讀書，能詩文，一時名勝多與之遊。予嘗見其所注
《莊子》及所書《相鶴經》，書頗醇古可觀，計於其輩流中亦
當小異。然元祐間，王仲至嘗薦使校中秘道書，范醇夫在
闈，極論其不可，且引王韶、章厚開邊時以僧自隨，因有經略
察訪大師之誚，今日豈可復使館閣有編校大師耶？今觀此
卷，見其詩句字畫，皆清婉可喜，而荊公筆語尤高勝。偶憶
范公語，聊書卷尾，以發觀者之一笑云。”

是年，妹婿張奎卒

　　《文集》卷九十九《長安縣太君王氏墓誌》：“長安縣太
君臨川王氏，尚書都官員外郎、贈太師中書令、兼尚書令、潭
國公諱益之女，尚書左丞張公諱若谷之婦，尚書比部郎中諱
奎之妻，國子博士硯、開封府雍丘尉覼之母。十四而嫁，五
十一而老，五十六而卒。其卒在潁州子硯官舍，實元豐三年

正月己酉。”

按,《沈注》:“舅沒則姑老,志其夫父也。”故張奎卒於是年。

有詩寄長妹文淑

《詩注》卷三十四《寄張氏女弟》:“十年江海別常輕,豈料今隨寡嫂行。心折向誰論宿昔,魂來空復夢平生。音容想像猶如昨,歲月蕭條忽已更。知汝此悲還似我,欲爲西望涕先橫。”

李注:“楚公二女,長適工部侍郎張奎。奎時已亡,詩中多悼張之詞。”

按,此詩當寄於張奎卒後。“十年江海別常輕”,嘉祐八年,公歸江寧服母喪,王文淑亦歸,至此已過十年。惟李注“詩中多悼張之詞”,不詳所指。

是年,有道人自江寧來謁,賦詩懷歸

《詩注》卷十一《道人北山來》:“道人北山來,問松我東崗。舉手指屋脊,云今如此長。開田故歲收,種果今年嘗。告叟去復來,耘粗尚康强。死狐正首丘,游子思故鄉。嗟我行老矣,墳墓安可忘。”

是年,遣俞遜往江寧治垣屋,作歸歟之計

《文集》卷七十五《與沈道原舍人書》:“又復冬至,投老觸緒多感,但日有東歸之思爾。上聰明日隮,然流俗險膚,未有已時,亦安能久自困苦於此? 北山松柏,聞修雅説已極

茂長。一兩日令俞遜往北山，因欲漸治垣屋矣。於道原欲略布所懷。"

按，俞遜，公家使臣，後侵盜錢物。《長編》卷二百九十三元豐元年十月壬寅朔："觀文殿大學士、集禧觀使王安石言：'江東轉運判官何琬奏江寧府禁勘臣所送本家使臣俞遜侵盜錢物事已經年，呂嘉問到任，根治累月，案始具。今深恨俞遜翻異，故加以論訴，不干己罪。如琬所言，則是嘉問爲臣治遜獄事有姦，臣與嘉問親厚交利而已。竊恐陛下哀憐舊臣，不忍暴其汙行，故不別推究。如此，則臣與嘉問常負疑謗，不能絕琬等交鬬誣罔。望特指揮，以江寧府奏劾俞遜事，下別路差官重鞫。"

作《世故》，懷歸

《詩注》卷四十四《世故》："世故紛紛謾白頭，欲尋歸路更遲留。鍾山北遶無窮水，散髮何時一釣舟？"

李注："李白詩：'散髮弄扁舟。'此詩當作於未去相位時。"

作《老樹》

《詩注》卷十四《老樹》："去年北風吹瓦裂，牆頭老樹凍欲折。蒼葉蔽屋忽扶疏，野禽從此相與居。禽鳴無時不可數，雌雄各自應律呂。我床撥書當午眠，能驚我眠聒我語。古詩鳥鳴山更幽，我念不若鳴聲收。但憂此物一朝去，狂風還來欺老樹。"

李注："此詩託意甚深，當是更張後作。"

《繫年》:"安石以老樹自況,以北風喻反對派,以野禽喻變法運動之投機者。此詩當作於是年春復相後。"可從。

是年,弟安國有詩招道光法師,和之

《詩注》卷三十《和平甫招道光法師》:"鍊師投老演真乘,像劫空王爪與肱。於揔持門通一路,以光明藏續千燈。從容發口酬摩詰,邂逅持心契慧能。新句得公還有賴,古人詩字恥無僧。"

按,《詩注》卷二十六《道光泉》,李注:"《建康志》:'道光泉在蔣山之西,梁靈曜寺之前。熙寧八年,僧道光披榛莽得之。其深五尺,穴竹引注寺中。由嶺至寺,凡三百步,有舒王手植二松於其傍。其後,道光又得二泉,合爲一派,主寺者作屋覆其上,名曰蒙亭。以此泉得之道光,故名道光泉。王平甫作記。"又《詩注》卷三《白鶴吟示覺海元公》,李注:"余於臨川得公此詩刻本,有跋在後,今附見篇末:'《白鶴吟》,留鍾山覺海之詩也。先是,講僧行詳與公交舊,公延居山中。'"據此,僧道光或於熙寧七年爲公自齊州碧岩寺延至江寧。是年,王安國追官居江寧,遂與之遊。

弟安國有詩寄道光法師,和之

《詩注》卷四十八《寄道光大師》:"秋雨漫漫夜復朝,可嗟蔀屋望重霄。遙知宴坐無餘念,萬事都從劫火燒。"

《詩注》卷四十八《寄北山詳大師》:"欲見道人非一朝,杖藜無路到青霄。千巖萬壑排風雨,想對銅爐柏子燒。"

按，詳大師，即道光。此二詩，爲前後唱和之什。疑前首爲王安國原作，次首乃公所和。《文集》卷三十一正作《和平甫寄道光禪師》，甚是。

有詩詠蒙亭

《詩注》卷十五《蒙亭》：“隱者安所逢，在物無不足。山林與城市，語道歸一轂。詩人論巨細，此指尚局束。頗知區區者，自屏忍所欲。孰識古之人，超然遺耳目。豈於喧與靜，趣舍有偏獨。命亭今何爲？似乃畏驚俗。至意不標揭，閣名聊自屬。夏風簀橧寒，冬雪窗户燠。春樊亂梅柳，秋徑深松菊。壺觴日笑傲，裙屐相追逐。此樂已難言，持琴作新曲。”

自注：“取《易·蒙卦》義。”

《詩注》卷二十六《道光泉》，李注：“《建康志》：‘道光泉在蔣山之西，梁靈曜寺之前。熙寧八年，僧道光披榛莽得之。其深五尺，穴竹引注寺中。由嶺至寺，凡三百步，有舒王手植二松於其傍。其後，道光又得二泉，合爲一派，主寺者作屋覆其上，名曰蒙亭。以此泉得之道光，故名道光泉。王平甫作記。”[1]

是年，品騭可繼執國柄者，子雱、婿蔡卞與焉

周煇《清波雜志》卷三：“蔡卞之妻七夫人，頗知書，能詩

---

[1]　梅堯臣有《觀王介夫蒙亭記因記題蒙亭》：“吾年將五十，尚未暇讀《易》。一聞蒙亭説，乃見適所適。”《梅堯臣集編年箋注》卷二十，第 533 頁。梅堯臣卒於嘉祐五年，此王介夫爲泌陽人，絶非公也。宋祁《景文集》卷二十《泌陽王介夫》：“上笏蘭臺彦，能文江漢靈。貪持御史劾，不顧大夫醒。”

詞。蔡每有國事,先謀之於床笫,然後宣之於廟堂。時執政相語曰:'吾輩每日奉行者,皆其咳唾之餘也。'蔡拜右相,家宴張樂,伶人揚言曰:'右丞今日大拜,都是夫人裙帶!'譏其官職自妻而致,中外傳以爲笑。煇在金陵,見老先生言,荆公嘗謂:'元度爲千載人物,卓有宰輔之器,不因某歸以女憑藉而然。'其後蔡唯知報婦翁之知,不知掩婦翁之失,致使得罪天下後世,其於報也何有!"

蔡絛《鐵圍山叢談》卷三:"王舒公介甫熙寧末復坐政事堂,每語叔父文正公曰:'天不生才且奈何? 是孰可繼吾執國柄者乎?'乃舉手作屈指狀,數之曰:'獨兒子也。'蓋謂元澤。因下一指,又曰:'次賢也。'又下一指,即又曰:'賢兄如何?'謂魯公。則又下一指,沈吟者久之,始再曰:'吉甫如何? 且作一人。'遂更下一指,則曰:'無矣。'當是時,元澤未病,吉甫則已隙云。"

評蘇軾《醉白堂記》乃韓、白優劣論

黄庭堅《豫章黄先生文集》卷二十六《書王元之竹樓記後》:"或傳王荆公稱《竹樓記》勝歐陽公《醉翁亭記》。或曰:'此非荆公之言也。'某以謂荆公出此言,未失也。荆公評文章,常先體制而後文之工拙。蓋嘗觀蘇子瞻《醉白堂記》,戲曰:'文詞雖極工,然不是醉白堂記,乃是韓白優劣論耳。'以此考之,優《竹樓記》而劣《醉翁亭記》,是荆公之言不疑也。"

按,蘇軾《醉白堂記》撰於本年末,故附此。[1] 又公曾與
人書論劉敞晚年之文非蘇軾所及,黃庭堅《豫章黃先生文
集》卷二十六《跋王介甫帖》:“余嘗評東坡文字,言語歷劫,
贊揚有不能盡,所謂竭世樞機,似一滴投于巨壑者也。而此
帖論劉敞侍讀晚年文字,非東坡所及。蛆蛆甘帶,鴟鴉嗜
鼠,端不虛語。”

擢周之道知開封府司録參軍

汪藻《浮溪集》卷二十六《尚書刑部侍郎贈通議大夫周
公墓誌銘》:“公諱之道,字覺民……擢皇祐五年進士第,調
主杭州錢塘簿……移歙州祁門令,有政蹟,改著作佐郎、知
江寧府江寧縣。縣素劇,更數令不能治。公际訟牒如流,庭
無留事。守知其敏,雖府事亦以委公。于是田苦下潦與江
通,公築圩數千丈,民賴其獲,至今以公名其圩。秩滿,知遂
州録事參軍,改通判戎州。初,王文公安石奉使江東,祁門
其屬邑也,熟知公治狀。已而寓居金陵,得公尤詳。居無
何,文公當國,絳亦預政,皆言公可用。召對,擢知開封府司
録參軍。”

---

[1]　《蘇軾全集校注》卷十一,河北人民出版社 2010 年版,第 1073 頁。

熙寧九年丙辰（1076），五十六歲

歲初，謁曾公亮，賦詩爲壽

《詩注》卷二十八《謁曾魯公》：“翊戴三朝冕有蟬，歸榮今作地行仙。且開京洛蕭何第，未泛江湖范蠡船。老景已鄰周吕尚，慶門方似漢韋賢。一觴豈足爲公壽，願賦長鯨吸百川。”

李注：“曾公亮。嘉祐元年冬，自翰苑拜參知政事，又更英宗、神宗兩朝爲相，故詩云‘翊戴三朝’。又，熙寧三年加侍中，故云‘冕有蟬’。曾既致仕，上遣使存問無虚月。每歲首，執政就第，置酒賦詩，以爲故事。此詩云即席賦，必就第置酒時也。曾之子孝寬已爲簽樞，故用韋賢事。曾時年八十，故云‘鄰吕尚’。方公得政，曾實陰爲之助，上以此益尊任公，故公深德曾，特推尊之，而沮抑韓公等。”

《繫年》：“按李説近是，惟末謂‘故公深德曾’云云，乃不知安石者也，《蔡譜》辨之甚詳，不贅。考曾公亮於熙寧三年致仕，曾孝寬於熙寧八年十二月簽書樞密院事，元豐元年正月罷，曾公亮亦於元豐元年卒，則此詩必作於熙寧九年十月再罷相之前，當爲是年歲首時。時曾公亮年七十八，李説時年八十，差近之。”

按，李説是。[1]《東都事略》卷六十九《曾公亮傳》：“公

---

[1]　童強《王安石詩歌繫年補正》繫於熙寧四年，不取。

亮初薦王安石可大用。神宗以安石參知政事，公亮乃陰助安石。安石置條例司，更張衆事，公亮一切聽之，於是神宗益專信任，而安石以其助己，深德之。御史至中書爭論青苗事，公亮俛首不言，安石屬聲與之往反，由是言者亦以安石爲專，公亮不與也。蘇軾嘗從容責公亮不能救正朝廷，公亮曰：‘上與安石如一人，此乃天也。’以病拜司空、河陽三城節度使兼侍中、集禧觀使，起知永興軍。召還，復爲集禧觀使，請老，以太傅、侍中致仕。未幾，子孝寬僉書樞密院事，迎公亮就養西府。薨，年八十，贈太師、中書令，配享英宗廟廷。”此詩當作於本年初，《名臣碑傳琬琰集》中卷五十二曾肇《曾太師公亮行狀》：“公既家居，日與賓客族人置酒弈碁爲樂，或使諸孫誦讀文章。間乘籃輿，惟興所適。每歲首，執政大臣連騎過公，飲酒賦詩，以爲故事。”

正月十四日，從神宗觀燈，有詩次其韻

《長編》卷二百七十二熙寧九年正月辛未：“幸集禧觀、中太一宮，燕從臣，幸大相國寺，御宣德門召從臣觀燈。是日，上雖遊幸，猶御便坐宣輔臣奏事。”

《詩注》卷二十八《次韻陪駕觀燈》。

按，《宋史》卷一百一十三《禮十六》：“三元觀燈，本起於方外之説。自唐以後，常於正月望夜，開坊市門然燈。宋因之，上元前後各一日，城中張燈，大內正門結綵爲山樓影燈，起露臺，教坊陳百戲。天子先幸寺觀行香，遂御樓，或御東華門及東西角樓，飲從臣。四夷蕃客各依本國歌舞，列於樓下。東華、左右掖門、東西角樓、城門大道、大宮觀寺院，

悉起山棚,張樂陳燈,皇城雉堞亦徧設之。其夕,開舊城門達旦,縱士民觀。後增至十七、十八夜。”

《宋會要輯稿》帝系一〇:“國朝之制,每歲正月十一日,車駕詣寺觀祖宗神御殿朝謁,十四日始幸諸寺觀焚香。是夕,還御正陽門樓觀燈。應從駕官俟皇帝登樓座,通事舍人引宰臣已下分班橫行,奏聖躬萬福,再拜稱萬歲,就座,進酒如常儀。酒三行,皇帝降座,臨軒觀燈,宰臣以下分班侍座。觀燈罷,再拜,退,皇帝降座,還內。”

正月二十二日,以徐禧權發遣荊湖北路轉運副使

《長編》卷二百七十二熙寧九年正月己卯:“察訪廣南路常平等事、檢正中書禮房公事、太子中允、集賢校理徐禧權發遣荊湖北路轉運副使。禧與王古、馮宗道至華亭鞫獄,方具,即有此除。”

正月二十七日,廢陝西交子

《長編》卷二百七十二熙寧九年正月甲申:“又詔:‘陝西交子法更不行,官吏並罷。已支交子,委買鹽官納換。’先是,措置熙河財利孫迴言:‘緣邊交子價賤,商人自永興軍載錢赴秦州以來買販,多贏官錢。又永興軍、秦州相去不遠,商人貪販交子,少肯買鈔,故鈔價更減。今以秦州腳户載錢及百姓買賣交鈔文字較量,官支交子比般錢每千折錢二分以上,比未行交子以前鹽鈔每席減價一千以上。若出交子不已,則官折錢無窮。而朝廷初立法意,本以運錢費多,及向來錢賤,故用交子行錢,兼助鈔法。今此運錢既有折耗,

又深害鈔價，秖足以資兼并商販之人。況熙河路將來年計未辦，固宜愛惜見錢。'故有是詔。"

　　李燾："七年六月二十六日推行交子，至此罷。《呂惠卿日録》有論交子法三段，今附注此：熙寧八年八月十三日，進呈皮公弼乞錢收糴事……八年九月五日，余曰：'王安石欲廢交子，已令檢正官做了文字將上，臣且留不看，已做得一文字，待送與安石看，且説交子如文字上所説。'上曰：'交子與鹽利自不相妨，豈須廢了？今若又廢，將來更行不得。'余曰：'此交子與向來不同，向來明於敕上言，候三二年邊事平定却依舊，却令人户納錢換交子，如此怎行得？此回只爲趙瞻，只於永興軍置場不便，皮公弼不便與本，又受趙瞻爲客人扇惑，人稱官無本錢買交子，曉示告捉，却不肯簽，似此所在未信，須得一曉事底人，分付此法，與行信後，即可減却虛鹽鈔，合與鹽相對。'上曰：'九折博直是可廢，但用見錢與交子糴買，却將客人所收，似衙前重難一般打抹支給。'余曰：'如此極好，須是行得交子信始得，但恐此輩見朝廷議論不同，却有觀望，又理會不得，不能如法意推行。'上曰：'須是考校，若是行不如法，未可廢法，直須行盡法始得。'余曰：'候與安石商定進呈。'上曰：'好。'八年九月十六日進呈：'添鹽鈔、廢交子事，只如鹽鈔，他初來便要添作三百萬文字，説得煞過當，臣更與節下方將上，陛下果是不然其説，臣却別與做一副當文字，且就他只作二百二十萬。然其實舊鈔尚多，終是不便。元初交子只因人起説，陛下説及，適會韓絳亦曾行此事，便商議要行，阿誰又須主張他來？若是宰相道不便，怎行得？却不如罷了。然陛下既見得此段，豈得苟隨他？昨來皮公弼、趙瞻極有理會，待報文字得旨，令立法。檢正官却做狀稱無錢行不急之法，是甚玩人言語？臣即時條折分送安石，又送檢正做文字，到今未見。此法陛下已盡見，更不須多説。'又按，惠卿於八年九月二十六日云安石欲添鹽鈔而廢交子，惠卿以爲不便。即此三段是也。"

是月，因交趾陷邕州，與神宗、王韶等議於東府

《長編》卷二百七十三熙寧九年二月辛丑："交趾之圍邕州也，王安石言於上曰：'邕州城堅，必不可破。'上以爲然。既而城陷，上欲召兩府會議於天章閣，安石曰：'如此，則聞愈彰，不若止就東府。'上從之。安石憂沮，形於辭色，王韶曰：'公居此尚爾，況居邊徼者乎！願少安重以鎮物情。'安石曰：'使公往，能辦之乎？'韶曰：'若朝廷應副，何爲不能辦？'安石由是與韶始有隙。"

李燾："此據司馬《記聞》。"

按，邕州陷於本年正月二十三日，《長編》卷二百七十二庚辰："是日，交賊陷邕州，蘇緘死之。"神宗欲開天章閣，當於二十三日後，或月底。公問王韶能辦之乎，當與趙禼、李憲交惡有關（詳本譜是年二月）。至所云"安石由是與韶始有隙"，恐未必然也。《長編》卷二百八十熙寧九年二月己亥："樞密副使、禮部侍郎王韶爲户部侍郎、觀文殿學士、知洪州。韶時以母老勻外，因抗疏言：'臣前日面論決里、廣源州之事，以爲大臣圖國事，不當貪虚名而忘實禍，捨遠業而先小數。執政乃疑臣有所譏刺，此臣之私意所以鬱而未伸也。方安南舉事之初，臣力争極論，欲寬民力而省財用者多

矣。但執政莫肯聽用，每聞臣言，則必以熙河事折臣。然本欲不費於朝廷而可以至伊吾廬甘，初不欲遽令熙、河作路，河、岷作州，廣費以自累也。臣昨屢與王安石爭熙河劾獄，今重以決里事與執政異論，臣若不自求退，他日必致不容。'又言：'李憲欲聚兵六萬人爲攻討計，臣以爲用衆不如用寡。兵多則與糧競，兵少則與敵競，願悔安南之舉，懲艾於河西。'詔鑿空開邊，以軍功至執政，乃專以勤兵費財歸曲於朝廷，上不悅，故出之。"魏泰《東軒雜録》卷六："熙寧十年，京師旱，上焦勞甚。樞密副使王韶言：'昔桑弘羊爲漢武帝籠天下之利，是時卜式乞烹弘羊以致雨。今市易務衰剝民利，十倍弘羊，而比來官吏失於奉行者，多至黜免。今之大旱，皆由吕嘉問作法害人，以致和氣不至。臣乞烹嘉問以謝天下，宜甘澤之可致也。'"李燾注引此，曰："此事當考。京師旱乃七年事，詔言烹吕嘉問乃雨，當考。""十"或爲"七"之訛。

據此，則公與王韶有隙，蓋緣自王韶非議市易，及屢爭熙河劾獄等。

二月二日，罷李憲，以郭逵爲安南道行營馬步軍都總管，改趙卨爲副使

《長編》卷二百七十三熙寧九年二月戊子："宣徽南院使、雄武軍留後、判太原府郭逵爲安南道行營馬步軍都總管、招討使，兼荆湖廣南路宣撫使，改趙卨爲副使，仍罷李憲。

先是，趙卨上言：'朝廷置招討使副，其於軍事並須共

議；至於節制號令，即乞歸一。'於是李憲銜之，已而語禼，令邊事止奏稟御前指揮，更不經中書、樞密院。禼對以朝廷興舉大事，若不經二府，恐類墨敕，於事未便。憲又言：'將來若至軍中，御前有指揮，事當何如？'禼曰：'事若未便，軍中不聞天子詔，當從便宜爾。'二人由是交惡，屢紛辨於上前。王安石白上：'中人監軍，唐叔世弊事，不可踵。'上因問禼：'若憲不行，誰可代憲？'禼言：'逵老邊事。'上曰：'卿統帥，令副之，奈何！'禼曰：'爲國集事，安問正副，臣願爲裨贊。'上諾之。始，吳充與安石争伐交趾利害，安石言必可取，充謂得之無益。上竟用安石言，罷憲而遣逵及禼。安石雅不喜逵，及有是命，亦充所薦也。"

李燾："《神宗史·交趾傳》云：王安石薦趙禼爲主帥，吳充因禼之奏罷李憲也，以郭逵嘗害熙河事，爲安石所黜，故薦逵代禼。安石乃去位，充果相。逵逗遛駐兵不進，禼欲早出師，逵不從。《哲宗實録·郭逵舊傳》云：王安石與吳充争伐交趾事，安石以爲可取，充曰得之無益。及逵行，充以書抵逵曰：經久省便爲佳。逵由是玩兵不進。按二書皆私意，非公言也。其實充不欲伐交趾，而逵所以得用，雖因禼薦，或充實主之。今参取修入。罷憲出安石，此據《哲宗實録·憲舊傳》，而《新傳》乃删去。按，神宗以安石言罷憲，司馬光亦記此事，《新傳》删去頗無謂，今復存之。其實禼不願與憲俱行，安石因請罷憲，故神宗從之。若止是禼言，憲亦未必罷也。"

李燾所曰"司馬光亦記此事"，見《涑水記聞》卷十六："内侍李憲既怨介甫罷其南征，乃言青苗錢爲民害，上以内批罷之，介甫固執不可而止。先是，州縣所斂青苗錢，使者督之，須散盡乃已，官無餘蓄。至是，敕留五分，皆憲發之也。蘇充云。"然此條記事舛訛，殊不足信。《長編》卷二百五十六熙寧七年九月卒酉："上批：'諸路常平錢穀，近年雖用陝西青苗法蓄息數不少，然七分以上，散在民間，若遇水旱須救濟，及緩急朝廷移用，則卒難斂索。今諸路各災傷，來年歲計極可慮，若不速處置，深恐州縣不計已倚閣過數，接續不住給散，致令闕乏。宜速指揮諸路州縣，據所管已支見在錢穀通數常留一半外，方得給散，其見有倚閣戶，毋更給。'"李憲不得南征，蓋因與主帥趙卨不合。《宋史》卷四百六十六《李憲傳》："安南叛，副趙卨招討，未行，卨建言：'朝廷置招討副使，軍事須共議，至節制號令即宜歸一。'憲銜之。由是屢紛辨，遂罷憲而令乘驛計議秦鳳、熙河邊事，諸將皆聽節度。"

李燾："司馬光《記聞》：'蘇充云：內侍李憲既怨介甫罷其南征，乃言青苗錢爲民害……'青苗止散一半，乃七年九月二十六日指揮，與《御集》、《實錄》同，《記聞》所記或誤。當是李憲怒介甫沮其往熙州，故言此。介甫時去位，上因行憲言，蘇充誤以爲罷南征也。南征乃介甫再入時事。"是也。

據此，則公與王韶有隙，蓋緣自王韶非議市易，及屢爭熙河劾獄等事。

固辭機務，神宗不允。二月七日，神宗詔管勾東府使臣不得令家屬行李出府

《長編》卷二百七十三熙寧九年二月癸巳："是日，詔管

勾東府使臣,不得令王安石家屬行李出府。以安石固辭機務也。"

《文集》卷四十四《乞解機務劄子》其六,曰:"伏念臣孤遠疵賤,衆之所棄,陛下收召拔擢,排天下異議而付之以事,八年於此矣。"

按,公自熙寧二年除參知政事至此,恰八年。又曰:"臣乞且於東府聽候朝旨,伏望陛下垂恩,早賜裁處。"即因神宗詔管勾東府使臣,不得令家屬行李出府。

《文集》卷六十《乞出表二道》:"臣叨被鴻私,誤尸榮祿。堯仁天覆,幸荒穢之兼包;湯聖日躋,顧卑凡而自絕。尚惟許國,姑誓忘軀。豈意眩昏,甫新年而寖劇;更知駑蹇,難重任之久堪。伏惟皇帝陛下明燭隱微,惠綏羈拙,閔其積疢,收還上宰之印章;賜以餘年,歸展先臣之丘壟。"

按,公辭政,凡新年之初有兩次,一爲熙寧六年春二月,一爲熙寧九年春二月。此謂"此還上宰之印章",謂辭昭文相也,故繫於是年。又表云:"豈意眩昏,甫新年而寖劇。"熙寧八年十一月,公以疾居家;神宗遣中使勞問,既愈,復給假十日,將安,又給三日。竊以公此次辭相,或因以郭逵爲安南都總管,而已與逵素不睦也。

二月十二日,乞賜對,神宗不允,遂不復請

《長編》卷二百七十三熙寧九年二月戊戌:"是日社。先是,王安石等以南方事宜恐有急速處分,乞賜對。上批:'別無處分事,如有奏陳,可請對。'已而安石等亦不復請。"

上劄乞罷二月十三日春宴,神宗從之

《長編》卷二百七十三熙寧九年二月己亥:"詔罷春燕。以出師南方故也。"

《文集》卷四十一《論罷春燕劄子》:"臣竊以邊夷外畔,士卒內潰,吏民騷動,死傷接踵,恐非燕而用樂之時。且此月休假已多,又加兩日,即恐急奏,或致留滯。臣愚謂宜罷燕,以副聖心仁惻,且又不妨應接機速公事。如蒙省察,乞賜中旨施行。"

是月,弟安禮離京赴知潤州,有詩送別

《詩注》卷四十六《別和父赴南徐》:"都城落日馬蕭蕭,雨壓春風暗柳條。天際歸艎那可望,只將心寄海門潮。"

按,《繫年初稿》繫於本年,是。南徐,即潤州。王安禮熙寧八年十二月己丑知潤州,是年春方離京赴任。

三月二十八日,都水監丞侯叔獻卒,有詩挽之

《長編》卷二百七十三熙寧九年三月癸未:"都水監言故工部郎中侯叔獻道死。"

《(弘治)撫州府志》卷三十一:"侯叔獻字景仁,宜黃人,有志節,慶曆六年進士……卒年五十四。朝廷賻恤其家,官其子。荊公有'兩全忠孝古人風'之語以挽之。"

以侯叔獻妻悍,奏逐之

《東軒筆錄》卷七:"王荊公之次子名雱(原爲雯,誤),

爲太常寺太祝,素有心疾,娶同郡龐氏女爲妻。逾年生一
子,旁以貌不類己,百計欲殺之,竟以悸死,又與其妻日相鬭
鬨。荆公知其子失心,念其婦無罪,欲離異之,則恐其誤被
惡聲,遂與擇壻而嫁之。是時有工部員外郎侯叔獻者,荆公
之門人也,取魏氏女爲妻,少悍,叔獻死而帷箔不肅,荆公奏
逐魏氏婦歸本家。京師有諺語曰:'王太祝生前嫁婦,侯工
部死後休妻。'"

是年春,有詩挽王介

《詩注》卷五十《王中甫學士挽詞》:"同學金陵最少年,
奏書曾用牘三千。盛名非復居人後,壯歲如何棄我先。種
橘園林無舊業,採蘋洲渚有新篇。蒜山東路春風綠,埋没誰
知太守阡。"

李注:"王介,衢州人,嘉祐六年與二蘇同中制科。""據
諸公多言介心疾,故公前詩戲以'白蘋洲渚正滄波'之句,今
又及蘋洲事……據此,則介之心疾似有之矣。"

按,《蘇軾詩集》卷二十四《王中甫哀辭》:"仁宗朝以制
策登科者十五人,軾忝冒時,尚有富彦國、張安道、錢子飛、
吳長文、夏公酉、陳令舉、錢醇老,并王中甫與家弟轍,九人
存焉。其後十有五年,哭中甫於密州,作詩弔之,則子飛、長
文、令舉殁矣。又八年,軾自黃州量移汝海,與中甫之子沇
之相遇於京口,相持而泣,則十五人者,獨三人存耳,蓋安道
及軾與家弟而已。嗚乎悲夫!乃復次前韻,以遺沇之,時沇
之亦以罪謫家於錢塘云。"蘇軾自黃州量移汝海爲神宗元豐
七年,前此十五年哭王介於密州,則王介卒於熙寧八、九年

間。公詩曰"蒜山東路春風緑，埋没誰知太守阡"，故繫於本年春。

五月二日，遣蹇周輔乘驛同蔡確鞫熙河路結糴違法官吏

《長編》卷二百七十五熙寧九年五月丁巳："遣權發遣淮西東路轉運副使蹇周輔，乘驛同蔡確鞫熙河路結糴違法官吏。後遣周輔鞫華亭獄，改差淮南西路轉運判官汪輔之代之。"

五月十二日，因神宗言外方按吏多用私，請召至中書取狀按問

《長編》卷二百七十五熙寧九年五月戊辰："上言外方按吏多用私，内臣李友誼買泗州塔下物，計贓數亦已招伏，乃因王古弟王愷買物不得，言與沈括按之，泗州通判買物至多，反不問。王安石曰：'陛下既聞此，豈可不治？'曰：'不欲因内臣言。'安石曰：'人主以天下爲體，何内臣之辨？但言有理則行，言無實則治之可也。欲召至中書取狀按問，使其言信，則足懲外姦；使其言妄，則治其妄言，足懲左右之誕。'上許令取狀，遂召問，即具伏罪，通判者雖常買物，無違法，上亦批出問得友誼，如此不須更按治。"

五月十四日，因神宗諭令勉留王韶，遂言與韶之分歧

《長編》卷二百七十五熙寧九年五月己巳："是日，上謂王安石曰：'王韶疑卿迫之，力求去，恐復如吕惠卿。韶幸無

他，冀後尚有可任使，卿宜勉留之。'又言：'韶論事時不燭理，然不忌能，平直。'安石曰：'韶緩急足用，誠亦豪傑之士。'王珪言：'昨緣馬瑊、高遵裕事，必不悅。'安石曰：'高遵裕害馬瑊，既不見聽，遂乞自引避。瑊以爲非我莫能守熙河，朝廷竟移瑊江西，若監司才守法，便爲方鎮傾害，則國家紀綱敗壞矣。此臣所以不敢阿韶所奏。臣與韶無他，陛下所知。又熙河事臣始與聞開拓之議，今所以治遵裕等，正欲成就本議，不貽國家後患而已。'他日，韶又言于上，以爲熙河宜且靜候年歲，不然有疏失，臣豈免責！上曰：'治作過官吏，使來者不敢復然，省浮費，實邊備，乃所以使熙河無疏失也。'安石曰：'今按作過官吏及浮浪之人，於熙河安危何所繫？若擾蕃部不撫結使嚮漢，則熙河危；若使犯法官吏知恐懼，浮浪人不敢往，乃所以靜熙河。且人常言省靜，省乃能靜，煩而能靜，難矣。'"

李燾："此據《日錄》五月十四日并二十三日所書，略删取之。"

按，可見公與王韶之隙，在於是否追咎高遵裕等熙河官吏違法事，以靜熙河。《宋史》卷三百二十八《王韶傳》："未幾，召爲樞密副使。熙河雖名一路，而實無租入，軍食皆仰給他道。轉運判官馬瑊捃官吏細故，韶欲罷瑊，王安石右瑊，韶始沮，於是與安石異。"

五月十八日，與神宗論生民之道，又論及范仲淹

《長編》卷二百七十五熙寧九年五月癸酉："是日，上謂執政曰：'以耒耜養生，以弧矢防患，生民之道如此而已。'王

安石曰：'天子敕諸侯稼穡匪懈，如何新畬；群臣戒天子張皇六師，無壞我高祖寡命，克詰戎兵，以陟禹之迹。則生民所務，誠如陛下所言而已。然非明於道術，則不能役群衆，孰與成此功者！'

上又論范仲淹欲修學校貢舉法，乃教人以唐人賦體《動靜交相養賦》爲法，假使作得《動靜交相養賦》，不知何用？且法既不善，即不獲施行，復何所憾！仲淹無學術，故措置止如此而已。安石曰：'仲淹天資明爽，但多暇日，故出人不遠。其好廣名譽，結遊士，以爲黨助，甚壞風俗。'上曰：'所以好名譽，止爲識見無以勝流俗爾。如唐太宗亦英主也，乃學庾信爲文，此亦識見無以勝俗故也。無以勝俗則反畏俗，俗共稱一事爲是，而己無以揆知其爲非，則自然須從衆。若有以揆其爲非，則衆不能奪其所見矣。'安石曰：'不易乎世，大人之事，故於《乾卦》言之。'上又論：'道必有法，有妙道斯有妙法，如釋氏所談妙道也，則禪者其妙法也。妙道不可以智知，不可以識識，然尚有法可以銓之，則道之粗者固宜有法也。'安石曰：'陛下該極道術文章，然未嘗以文辭奬人，誠知華辭無補於治故也。風俗雖未丕變，然事於華辭者亦已衰矣，此於治道風俗不爲小補。'上因言讀經者須知所以緯之，則爲有用，不然則不免爲腐儒也。'"

按，神宗曰："道必有法，有妙道斯有妙法。"法者，即刑名法度之謂也。神宗與公論范仲淹，一者可見其欲超越慶曆革新之姿態；二者亦因慶曆時范仲淹迫于官僚群體之反對，各項革新舉措半途而廢，此之謂"識見無以勝流俗"。

是日,議蔡延慶措置茂州邊事不力,降爲天章閣待制

《長編》卷二百七十五熙寧九年五月戊寅:“詔新知渭州、龍圖閣直學士蔡延慶降授天章閣待制,以不能措置茂州邊事也。先是,上謂王安石曰:‘昨以御前劄子寬慰延慶,彼無兵固宜敗衄,且善撫存百姓,勿令驚擾,持重以待秦兵至乃攻賊。’安石曰:‘陛下慰安延慶,甚善。延慶怯,既敗軍,又畏朝廷譴責,必惶擾失度,得陛下寬慰,乃始有精神處事。如延慶最知嚮上,不敢有他,其才不足,無奈何,雖責之何補! 人主最欲識人臣嚮與不嚮也。’”

李燾:“此據《日錄》十八日事。”

五月二十四日,與神宗議伐交趾及茂州邊事

《長編》卷二百七十五五月己卯:“上言真宗時交趾可取,乃失機會。王安石曰:‘儂善美内附,交趾不敢堅索,當是時乾德初立,中外未附,國人皆懼中國來討。’又言:‘有略賣在交趾者,因隨賊至邕州得脱,召問,昨入寇六萬人衆内,多婦女老弱略賣得脱者,其主人一家六口,五口來隨軍,一口不能動,故留。前日蘇子元亦言一家八口,七人來,一人病不能行,故留。然則交趾舉國入寇,其國乃空無人也,失此機會,誠可惜。’安石又論茂州事,既與蕃部打誓,乃欲討之,失信。上以爲然,令説與軍前,恐自今後失信外蕃,無以復與之要約,但令因兵勢措置軍前事。安石曰:‘甚善。乘兵勢措置經久,可以控扼制服蠻夷事,則勝於討殺。若拒我措置,則討之不爲失信。如其不敢拒,自不須討。’時蔡延慶

已奏靜州下首領董珍巴等來降故也。"

是日，上劄乞宣諭蘇子元

《文集》卷四十四《宣諭蘇子元劄子》："臣適已見蘇子元，具宣聖旨。然兵事貴速，憂在失時，恐子元往不如期。郵行之疾，亦恐子元道路偶或有故稽留，則無及事。臣愚謂宜遞中賜郭逵等劄子，更録付子元，令申喻曲折。"

《沈注》："此蓋命郭逵爲宣撫使討安南時。"是。劄謂"臣適已見蘇子元，具宣聖旨"，或即二十四日對神宗所言"前日蘇子元"云云。

六月三日，請以温杲參制曲珍團結訓練右江丁壯，神宗不許

《長編》卷二百七十六熙寧九年六月丁亥："安南宣撫司言：'已差桂州都監儂宗旦等同點集右江丁壯，討捕劉紀，又差左第二副將曲珍都大提轄團結訓練。'詔：'儂宗旦雖乞自效，頗見忠勇，然有諸子見歸劉紀，恐或懷去就，可更選有謀略使臣一員與宗旦等同將領，仍令曲珍提轄。軍行日給糧錢千，或慮路費不足，若作軍人日給口食不便，即比類軍人給錢米，務令充足。其峒將首領至時有懷貳，不伏點集，及丁壯點集之後故有違犯，即以軍法施行。'王安石言：'曲珍西人，恐未諳溪峒情僞，乞用温杲參制之。'不許。"

是日，以探報夏國欲取熙河，與神宗議之

《長編》卷二百七十六熙寧九年六月丁亥："是日，上爲

王安石言：'熙河探報，夏國欲用十二萬人取熙河，六萬拒漢兵來路，六萬攻取。果如此，奈何？'安石曰：'熙河城必非一日可拔，夏國縱無後顧，不知十二萬人守熙河幾日？自來夏國大舉，罕能及二十日，熙河雖乏糧，亦皆有半年以來枝梧，恐無足憂者。且夏國非急迫，安肯出此？出此則絶歲賜，致諸路攻擾，有何所利？'"

是日，以神宗欲斬謝季成，爲之解説甚辯

《長編》卷二百七十八熙寧九年十月甲午："詔：福建、江南東西、廣南東路速捕賊仵小八，其廣南東路仍選官督捕，令謝季成乘驛往福建路募軍兵槍手一百人專捕，候獲日與復路分差遣。

初，季成與馬昌同受命分路募兵赴廣西。既而季成獨不能募，上以爲怯，欲令宣撫司斬之。王安石言：'季成勇於戰鬬，非怯也。今與宣撫司不相得，則其不能募兵，誠無足怪，陛下所宜察。'已而季成不待報，徑赴浙西新任，詔詰責之。時八月己卯也，於是復遣季成募兵福建，討捕仵小八。"

李燾："上欲斬謝季成，見《日録》六月三日并八日，王安石爲季成解説甚辯，不知季成果何如人也。"

按，《萬姓統譜》卷一百五："謝季成字子立，晉江人。父微，職方郎中。季成以蔭歷大理寺評事、衛尉丞，熙寧中，累遷內藏庫使，知宜、廉、融、邕四州、廣西鈐轄。峒蠻侵叛，悉討平之。合浦築城，浚隍備禦之具，爲一路最。邕筦外寨戍兵歲物故常千餘，以峒丁代戍而教之，不失備，且可救死亡，民以爲便。元祐中，卒于官。邕人廟祀之，號清戎將軍。"

六月四日，以侯叔獻公忠盡力，與其長子循一資

《長編》卷二百七十六熙寧九年六月戊子：“詔：‘比部員外郎、權同判都水監劉瑗減磨勘三年，故工部郎中、都水監侯叔獻長子上高縣尉時中與循一資，以聞丁字河功畢也。’然河成而舟不可行，尋復廢之。於是王安石爲上推言叔獻公忠盡力，不忌能，可倚仗以事，俟淮南運河打量退出田，即具前後功狀，乞贈官。上曰：‘贈官殊無實利，不如更推恩其家也。’”

六月六日，辨溫杲之罪，議征交趾方略

《長編》卷二百七十六熙寧九年六月丁亥：“他日，上謂安石曰：‘宣撫司言兩江溪峒不可令其附賊，大是，溫杲之言大非。’安石曰：‘方官軍未到，雖不令附賊，安能禁其附賊？既不能禁其附賊，因喻之使不反側堅心附賊，又或爲内應，此不爲失策。’上曰：‘既附賊，便爲賊質，其老弱反爲賊用。’安石曰：‘賊力能如此，我雖不指揮，安能禁其如此？’上曰：‘不指揮即却不敢全附賊。’安石曰：‘彼力能制兩江，我又不能救，則兩江何爲不附賊？’上曰：‘不如團結。’安石曰：‘固已令團結。’上曰：‘宣撫司自要團結，溫杲乃以爲非。曲珍向是西人，却便入得兩江，溫杲與溪峒十親九眷，却不敢入。’安石曰：‘溫杲事初便要去團結兩江，深入攻交趾。’上曰：‘何不去？’安石曰：‘後來邕州破，去未得。杲初去時，自云若邕州已破，即去未得。’上曰：‘杲何故云團結不得？’安石曰：‘杲云人方耕作，又無食，所以難團結。後來朝廷令厚

給强壯,又賑贍老弱,如此而温杲尚有言以爲不可,乃有罪。初不如此,而言難團結,杲有何罪?'上曰:'宣撫司要支與錢米。'安石曰:'温杲來説難團結時,未見説支錢米。'

王韶言:'昨遣种諤時,欲及春末夏初且攻擾交趾,取其側近州峒,至冬,宣撫司往乃易爲力。'上曰:'兵何由到得?'安石曰:'臣初以爲賊尚攻邕州未下,其國空,可輕行襲滅,則入寇之兵不攻自破。後來邕州已破,則襲滅之事更不可言。然當交趾乾德初立,州峒各欲内附,此事不過募二萬精兵,擇五六中材之將,必了得交趾。竊恐當時料有今日之不軌,則亦不惜一舉。四夷事若不圖大於細,爲難於易,則勞師費財,固其所也。'上曰:'前代興王欲有爲,須先練兵而後動。'安石曰:'舉事則材自練,若不舉事亦難練兵,但日夜教之坐作挽射,不知遇敵氣果如何? 但舉事使嘗之而有功,則人材不材自見,材者見賞拔,則不材者亦奮矣。'上曰:'舉事亦須自家兵馬可用,若宣王征玁狁,其飭治車馬如何也! 又須度力所可能勝。'安石曰:'譬如乾德初立時,用二萬精兵足了,以中國之衆,募二萬人精兵,豈患無之? 擇五七中材將帥,亦豈患無之? 一舉滅交趾,則威立矣。以嘗勝之衆布之陝西,則陝西之兵人人有勝氣,以其氣臨夏國,不足吞也。吞夏國,則中國之氣孰敢干撓。'"

按,李燾:"此《日録》六月六日事。"

六月七日,進呈吕惠卿乞罷蹇周輔之奏,以李竦同推鞫

《長編》卷二百七十六熙寧九年六月辛卯:"給事中、知陳州吕惠卿奏:'往者鄧綰言,臣丁憂日託張若濟貸部内錢。

聞推究所窮究首尾，七月乃畢。今朝廷復差蹇周輔推鞫，其
初遣使之指，事本緣臣，臣事既明，更爲何人置勘？周輔乃
縉鄉人，嘗爲御史推直官，不惟有嫌，於法亦礙，乞別選官置
院。’詔屯田郎中、新權發遣秦鳳路提點刑獄李竦與蹇周輔
同推鞫。初，以惠卿奏進呈，王安石曰：‘徐禧本惠卿所薦，
自布衣不旋踵爲美官，尹政亦惠卿與章惇所獎擢，因何不言
恐人疑其不盡，今乃言周輔不可用，不知周輔有何嫌？’上
曰：‘惠卿言縉已是罪人，難更用其言。’安石曰：‘縉爲言事
官，縱不實，無罪。’上曰：‘縉言借錢事亦已有不實。’安石
曰：‘縉以根究爲未實，即未見其爲罪。況言事官許風聞，言
者自有主名，安可遽以罪縉？’上曰：‘惠卿必緣罷却溫卿故
云爾。’上又曰：‘惠卿言觀宰臣氣燄，必欲致臣於死。’於是
安石因請改差人，上難之，安石請添差一人，上許之，遂以
命竦。”

六月八日，神宗批令罷折二錢；再以進呈，争辯不得，遂移疾不出。神宗使人諭之，乃出

　　《長編》卷二百七十六熙寧九年六月壬辰：“三司言：
‘奉詔折二錢可且未得支用，別聽指揮。前已詔諸路通行，
今未審止禁在京或令諸路並罷。’上批：‘都下錢法，自祖宗
以來未嘗有改，其新行折二錢，不須取索比較利害，宜直指
揮京師并畿内並罷。’
　　先是，薛向鑄折二錢於陝西，其後許彥先又鑄於廣南，
及廣南以償銅價。既而有言折二錢民或不肯折用，又諸路
繼有如此者，故始詔令府界不用。後章惇乞并府界用之，上

曰：'府界既用，即當令京師亦用之。'至是，有言民以用折二錢不售，訴於開封而被杖決者，又言有訴於三司者，以故上批欲罷之。及中書訪問開封、三司，皆言無是事，乃再以進呈。上又云：'但恐經久富民藏小錢莫出爾。'王安石曰：'大錢亦無多，富民豈肯藏小錢不出，藏小錢不出，於富民亦有何利？'上又曰：'恐四夷聞中國行兩等錢，以爲貧窘，乃傷國體，如何？'安石曰：'錢有二品，自周已然，何繫貧富？且自古興王如唐太宗、周太宗時極貧，然何足爲恥。臣初不欲鑄折二錢，今乃極論者，蓋朝廷舉動爲四方所瞻，稍有釁隙，即爲姦人窺伺愚弄，將不能立國，是又何能安天下國家也！'上乃令復行之，然兩宮訖不欲用折二錢，故折二錢未嘗進入禁中，安石爭不能得，退遂移疾不出，上使人諭之曰：'朕無間於卿，天日可鑑，何遽如此！'安石乃出。"

李燾："'先是'至'復行之'，據朱本。安石移疾，據司馬光《記聞》。"《涑水記聞》卷十六："介甫請并京師行陝西所鑄折二錢，既而宗室及諸軍不樂，有怨言。上聞之，以問介甫，欲罷之。介甫怒曰：'朝廷每舉一事，定爲浮言所移，如此何事可爲？'退，遂移疾，臥不出。上使人諭之，曰：'朕無間於卿，天日可鑑，何遽如此？'乃起。蘇兗云。"

是日，與神宗議招降楊光僭等

《長編》卷二百七十六熙寧九年六月壬辰："先是，詔安南招討司招降楊光僭等，於是招討司言：'蔡燁申楊光僭等必以死拒命，恐未易招降，頓兵挫銳，妨討交趾，兼無故貪其地，非義，不如候招討司回兵討定。'王安石曰：'燁前遣趙楊諭光僭等內附，又與蒲宗孟言，燁不去一兩月須了。今以大兵脅之，乃云必以死拒，又以取其地爲不義，却候回軍討定，何其前後反覆也？'上曰：'燁在任自不能了，今恐功在他人，故如此。其爲人險薄，大似其父。'安石曰：'迨天之未陰雨，綢繆牖户，不及今脅取，恐南師既行，彼見中國無如我何，因交趾未服間，連結撫水，更爲湘潭之患。兼恐南師歸日，軍人有功者自欲就賞，其歸而無功者意氣已索，難更舉事。'上曰：'不知招討司會蔡燁意否？'安石曰：'郭逵對臣自云回軍日相度，臣曾奏此事。'上曰：'今討定與回軍利害等耳，彼見我軍勝，呼之必至，如韓信令燕，從風而靡，光僭必不能過燕。'安石曰：'燕無并吞天下之意，則宜有所附，非附楚則漢爾，漢勝而招之宜必往，況如韓信者，燕若不附必不但已。今兵銳而無事之時，乃不敢呵問光僭，及軍回之日，思歸之士不可久留，光僭老賊，諳識事機，知南師思歸，將帥又無堅忍之意，逗留不肯遽出，則南師自當捨之而歸。且燕勢必有所附，光僭志自擅而不出，則與韓信燕事不同。'上又曰：'事定後，蔡燁自可行遣。'安石曰：'便且令分析前後反覆意狀，亦足以儆姦，朝廷不宜數爲憸人所愚弄也。'"

李燾："此《日錄》六月八日事。按《實錄》三月二十二日，專委朱初平招撫楊光僭等，至十月二十一，初平言諸楊出降。蓋未嘗借招討同兵力，不知《日錄》何以有此，或當時曾降指揮，緣蔡燁申請遂罷，亦不見蔡燁有無行遣，今仍附見本日，更俟考詳。十六日辛丑詔付郭逵云云，則是王安石所言訖不效也。"

按，劉摯《忠肅集》卷十二《直龍圖閣蔡君（燁）墓誌

銘》：“（熙寧）八年，再任。十二月，交趾入寇，徙廣南西路
轉運副使，權桂州經略安撫司事。時賊已陷欽、廉、邕三州，
内地城皆晝闔，吏民多逃散。君至，開門，日會賓僚棊酒，鎮
以暇豫，人恃以安，去者來歸。簡料丁壯，戒期自將擊賊，賊
聞，不敢内窺，引去。乃請蠲復三州，完其傷痍，老弱皆有所
養，更軍制之不便者，除械峙糧，以待王師問罪，遂城邕州。”

子雱與練亨甫、吕嘉問取鄧綰等所條吕惠卿事雜他書下制獄，吕惠卿上疏攻訐，神宗以示。歸而問雱，咎之

《長編》卷二百七十六熙寧九年六月辛卯：“安石既與惠
卿交惡，令徐禧、王古等按華亭獄，不得惠卿罪，更使周輔按
之。安石子雱猶恐弗得，切責練亨甫、吕嘉問，亨甫、嘉問共
議取鄧綰等所條惠卿事，雜他書下制獄，安石初不知也。

惠卿素結堂吏，吏遽告惠卿於陳，惠卿即自訴，且訟綰
及安石，前後凡數十紙，其略曰：‘綰等入奏，中書出敕，如出
一口。’又曰：‘夕出於有勢之口，朝書於言者之奏。’又曰：
‘安石盡棄素學而隆尚縱横之末數，以爲奇術，以至譖愬脅
持，蔽賢黨姦，移怒行狠，犯命矯令，罔上要君。凡此數惡，
力行於年歲之間，莫不備具，雖古之失志倒行而逆施者，殆
不如此。平日聞望，一旦掃地，不知安石何苦而爲此也。謀
身如此，以之謀國，必無遠圖。而陛下既以不可少而安之，
臣固未易言也。雖然，安石忌臣之心有甚而無已，故其所爲
無所顧藉。’又曰：‘今中書乃用罪人綰等之誣辭，出降敕
命。’又曰：‘匿其忮心，託情小事，以脱誤詔令之出，此皆姦
賊之臣得以擅命作威於闇世者也，奈何安石今日之所爲乃

與之同事耶？'又曰：'安石矯誣救命，以令勘官。'又曰：'前
之矯誣，必當彰敗。'又曰：'陛下既令安石任政，若至於此而
不稍裁抑，猶恐非長久之道。'又曰：'安石必不敢以此爲名
而求去，若以此求去，是敢以不義要陛下也，其可從乎？'又
曰：'陛下平日以如何人遇安石，安石平日以何等人自任，不
意窘迫乃至於此。'又曰：'君臣防閑，豈可爲安石廢也？'又
曰：'臣之所論，皆中其肺肝之隱。'

　　上既以惠卿所訴事示安石，安石謝無有，歸而問雱，雱
乃言其情，安石始咎雱。"

　　《涑水記聞》卷十六："介甫使徐禧、王古按秀獄，求惠卿
罪不得；又使蹇周輔按之，亦無狀迹。王雱危之，以讓練亨
甫、呂嘉問，亨甫等請以鄧綰所言惠卿事雜他書下秀獄，不
令丞相知也。惠卿素加恩結堂吏，吏遽報惠卿於陳州，惠卿
列言其狀，上以示介甫，介甫對'無之'。歸以問雱，乃知其
狀。介甫以咎雱，雱時已寢疾，憤怒，遂絕。介甫以是慼於
上，遂堅求退。蘇兗云。"

　　按，以上具體時日不詳，然必於呂嘉問、張安國責降前，
故附此。

六月九日，馮正符賜同進士出身。厚待之

　　《長編》卷二百七十六熙寧九年六月癸巳："賜布衣馮正
符同進士出身，與試衔大郡判司或縣主簿、尉。正符，遂寧
人，以御史中丞鄧綰奏舉舍人院試中等也。"

　　《宋會要輯稿》選舉三一所載同。

　　黃宗羲《宋元學案》卷二："馮正符字信道，遂寧人。其

父堯民，字希元，蜀中老儒也。先生從何羣學，三上禮部，不第，以經學教授梓、遂間，閉戶十年，于諸經多解說，而最著名者《春秋得法忘例》三十卷。熙寧中，太守何郯上之，久而不報，意以爲荆公不喜《春秋》故見紬。已而中丞鄧綰薦之，得召試舍人院，賜同進士出身。荆公亦待之厚，授晉原主簿。先生《春秋》，務通經旨，不事浮辭，其辯杜氏三體五例、何氏三科九旨之穿鑿怪妄，最爲詳悉。鄧綰責守虢……先生與練亨甫皆坐附會罷。"

按，馮正符附會鄧綰，鄧奏黜，而馮亦遣歸本貫。《長編》卷二百七十八熙寧九年十月己酉："（權御史丞鄧潤甫）又言：'近黜御史中丞鄧綰，又逐中書習學公事練亨甫。亨甫身備宰屬，而與綰交通。然臣聞二人所以能關通者，有馮正符爲之往來，傳導語言，綰信其說而幸其利，故正符以布衣直入臺謁綰交私，論議無所忌憚，遠近聞之，莫不驚駭，以爲置憲府以來未嘗有也。綰之所以懷挾回邪傷辱國體者，正符有力焉。此姦人之尤，不可不治。'詔奪馮正符所授出身以來文字，令開封府發遣歸本貫。"

六月十三日，以呂嘉問、張安國等降罰有差，遂上疏求去

《長編》卷二百七十六熙寧九年六月丁酉："權檢正中書五房公事呂嘉問、檢正刑房公事張安國、提點五房公事劉袞、刑房堂後官張奕各展磨勘二年，主事黃九皋以下各降罰有差。以呂惠卿言推究弟溫卿劄子誤帶出御史中丞等疏內因依，下兩浙制勘院故也。"

李燾："朱本取《王雱傳》所書附此云：'時方下兩浙制獄鞫呂惠卿，未具，而嘉問等乃以鄧綰乞責降其弟和卿疏雜他書行下，執政初不知。堂吏遽告惠卿于陳，惠卿以聞，特旨罰之。'"

《長編》卷二百七十六熙寧九年六月辛卯："安石既與惠卿交惡……雱先病疽，忿恚增劇，而嘉問等相繼得罪。安石由是魄，上疏求去，上待安石自是意亦稍衰矣。"

《文集》卷六十《乞出表》其二："臣某言：今月十一日輒輸情素，仰丏恩憐，實以抱疚之深，難於竊位之久。過蒙敦獎，未賜矜從。事有迫於懇誠，理必祈於哀惻。臣信書自守，與俗多違，審容膝之易安，因忘擇地；知戴盆之難望，遂廢占天。豈圖憂患之餘，更值清明之始。寒之之日長，而暴之之日短；植之之人寡，而拔之之人多。尚誤聖知，驟妨賢路。摩頂放踵，雖願效於微勞；以蚊負山，顧難勝於重任。矧復瞀昏而曠事，若猶冒昧以尸官，是乃明憲之所不容，豈特煩言之爲可畏？伏惟皇帝陛下天地覆載，日月照臨，賜以曲成，容其少愒。區區旅力，或未愆於餘年；斷斷小能，冀尚施於異日。臣無任。"

六月二十二日，以子雱病，神宗給假，在家撫視

《長編》卷二百七十六熙寧九年六月丙午："詔以王雱病，特給王安石假，令在家撫視。"

命道士作醮爲子雱祈安，弟平甫有啓勸止

朱弁《曲洧舊聞》卷六："王平甫該洽善議論。與其兄介

甫論新政，多援據，介甫不能聽。姪雱病亟，介甫命道士作
醮，大陳楮泉。平甫啓曰：'兄在相位，要須令天下後世人取
法。雱雖疾，丘之禱久矣，爲此奚益？且兄嘗以倉法繩吏
奸，今乃以楮泉徼福，安知三清門下獨不行倉法耶？'介甫
大怒。"

按，何良俊《語林》卷十九、蔣一葵《堯山堂外紀》卷五
十、《宋稗類鈔》卷二十三等所録同。

六月二十五日，子雱卒

《長編》卷二百七十六熙寧九年六月己酉："太子中允、
天章閣待制王雱卒，年三十三，贈左諫議大夫。手詔即其家
上雱所撰《論語》《孟子義》。雱性刻深喜殺，常稱商君，以
爲豪傑之士，每勸安石誅不用命大臣，而安石不從也。安石
輔政時，罷逐中外老成人幾盡，多用門下儇慧少年。諸生一
切以王氏經爲師，講官策試諸生，論及時政，皆罷逐。及與
惠卿交惡，使人告發呂氏姦利事，皆自雱發之。"

釋文瑩《玉壺清話》卷五："長沙北禪經室中懸觀音印像
一軸，下有文，乃故待制王元澤撰。鏤板者，乃郡倅關蔚
宗……元澤病中，友人魏道輔泰謁於寢，對榻一巨屏，大書
曰：'宋故王先生墓誌：先生名雱字元澤，登第於治平四年，
釋褐授旌子尉。起身事熙寧天子，裁六年，拜天章閣待制，
以病廢於家'云。後尚有數十言，掛衣於屏角，覆之不能盡
見。此亦得謂之達歟？"[1]

---

[1] 王雱病情，余嘉錫考之甚詳，見氏著《四庫提要辨證》卷十七，中華書局
1985年版，第1062—1068頁。

陸游《渭南文集》卷三十二《跋王元澤論語孟子解》：“元澤之歿，詔求遺書，荊公視篋中，得《論語》《孟子解》，皆細字，書於策之四旁，遂以上之。然非成書也。”

按，王雱才氣橫溢，其詩詞亦頗可觀。劉克莊《後村詩話續集》卷四：“王元澤詩不滿百，《度關山篇》云：‘萬馬度關山，關山三尺雪。馬盡雪亦乾，沙飛石更裂。歸來三五騎，旌旗映雪滅。不見去時人，空流磧中血。’古樂府無以加。《春懷》云：‘朝日上屋角，百鳥鳴不休。豈復辨名字，但聞鬧鈎輈。亂我讀書語，驚我夢寐游。彎弓彈使去，暫去還啾啾。彈十不得一，窮時來愈稠。投弓坐榻上，咄咄空自尤。時節使汝鳴，我何爲汝讐。’《絕句》云：‘一雙燕子語簾前，病客無憀盡日眠。開遍杏花人不到，滿庭輕雨綠如烟。’‘霏微細雨不成泥，料峭輕寒透夾衣。處處園林皆有主，欲尋何地看春歸。’殊有乃翁思致。”

曾肇有文祭子雱

《祭王元澤文》：“自周爲秦，六藝散亡。泯泯紛紛，更漢終唐。詖行淫辭，詩離經常。天生相君，典領斯文。篤生我公，達觀博聞。左右元后，遂迪天民。皇帝曰咨！汝實大器。方見相君，汝嗣講求。輔訓厥遺，以悟後覺。三年書成，賜在太學。皇帝曰俞，道廢千年。乃昭于今，亦推汝賢。汝登龍圖，以對文功。公孫不居，道則彌沖。昔者孔孟，子實克嗣。韶向被鑿，自爲問異。問時述作，惟我公是。道德之澤，遂及後然。嗚呼公才，其得自天。不自彫鐫，其中塞淵。湛然清明，毀文言不驚。出沒縱橫，淵默雷聲。我意彼天，以繼有爲。命難諶哉，而不耆之。己酉訃聞，皇帝曰吁！天與汝能，聖女衡樞。今其亡矣，人孰助予！吾豈能忘，贈諫大夫。相君白首，隕涕悲創。歸公朝夕，曰予天喪。某等備數膠庠，辱賜則深。聞問惻然，疾首薰心。循祭以辭，其或來歸。”

按，此載《曾子固集》卷三十四。然文曰“某等備數膠庠，辱賜則深”，與曾鞏熙寧間仕歷不合，當爲曾鞏弟曾肇所作，羼入曾鞏集中。《長編》卷二百三十一熙寧五年三月丙申：“黄岩縣主簿曾肇爲崇文院校書兼國子監直講。肇，布弟也，試學官入等，上稱其文，故有是命。”二年後，曾肇爲館閣校勘。《長編》卷二百五十二熙寧七年四月辛未：“獲嘉縣令、崇文院校書兼國子監直講曾肇爲館閣校勘。”

又，《涑水記聞》卷十六：“及王雱死，有習學檢正張安國者，被髮藉草，哭於柩前，曰：‘公不幸，未有子，今郡君方妊娠，安國願死，托生爲公嗣。’京師爲之語曰：‘程師孟生求速死，張安國死願托生。’蘇充云。”

七月八日，神宗詔候子雱終七後供職，令弟安上護雱喪歸葬江寧

《長編》卷二百七十七熙寧九年七月壬戌：“詔宰臣王安石候王雱終七供職，仍令太子右贊善大夫王安上護雱喪歸葬江寧。”

致書王珪，乞於神宗前曲爲開諭，許解機務

《文集》卷七十三《與參政王禹玉書》："某久尸宰事，每念無以塞責，而比者憂患之餘，衰疹浸加，自惟身事，慢不省察，持此謀國，其能無所曠廢，以稱主上任用之意乎？況自春以來，求解職事至於四五，今則疾病日甚，必無復任事之理。仰恃契眷，謂宜少敦僚友之義，曲爲開陳，使得早遂所欲，而不宜迪上見留，以重某逋慢之罪也。"

二："某羈孤無助，遭值大聖，獨排衆毁，付以宰事。苟利於國，豈辭糜殞？顧自念行不足以悦衆，而怨怒實積於親貴之尤；智不足以知人，而險詖常出於交遊之厚。且據勢重而任事久，有盈滿之憂；意氣衰而精力弊，有曠失之懼。歷觀前世大臣，如此而不知自弛，乃能終不累國者，蓋未有也。此某所以不敢逃逋慢之誅，欲及罪戾未積，得優游里閭，爲聖時知止不殆之臣。庶幾天下後世，於上拔擢任使，無所譏議。伏惟明公方佐祐大政，上爲朝廷公論，下及僚友私計，謂宜少垂念慮，特賜敷陳。某既不獲通章表，所恃在明公一言而已。"

按，書曰："比者憂患之餘，衰疹浸加，自惟身事，慢不省察。"當作於王雱卒後，乞解機務不允，而神宗又斷其章表，故致書王珪，請其代陳。

《蔡譜》卷十九："公於八年二月再相，九年春即辭至四五。久之，既不得請，復乞同僚以助之，是神宗之於安石可謂恩誼至渥矣。而史書乃曰：'及子雱死，請解機務，上益厭之，罷知江寧府。'何其妄耶！"

七月二十五日，弟安國復爲大理寺丞、江寧府監當

《長編》卷二百七十七熙寧九年七月己卯："復放歸田里人王安國爲大理寺丞、江寧府監當。命下而安國病死矣。"

按，熙寧八年正月，王安國追奪出身以來文字，放歸田里。本年，陳襄於經筵薦之："前秘書省著作佐郎王安國材器磊落，文亦豪邁，可充詞翰之職。向居罪廢間，不忘進學，亦奇偉之才也。"①至此復官。劉攽《彭城集》卷十五《寄王安國時復官大理寺丞監江寧糧料》："招隱長吟叢桂詩，賜環歡奉璽書歸。東郊瘦馬驊騮在，南海明珠薏苡非。賓客重尋廷尉寺，官曹不遠故山薇。須還長孺銀青綬，聊看翁思博士衣。"《淮海集箋注》卷二十六《代王承事乞回授一官表》："竊以近事言之，王安國自著作佐郎放歸田里，比踰期年，起丞大理。"

八月八日，神宗詔上子雱所撰《論語》《孟子義》

《長編》卷二百七十六熙寧九年六月己酉："太子中允、天章閣待制王雱卒，年三十三，贈左諫議大夫。手詔即其家上雱所撰《論語》《孟子義》。"

《宋會要輯稿》崇儒五："（熙寧八年）八月八日，詔宰臣王安石，令具故男雱所注《孟子》入進。"

---

① 陳襄《古靈先生文集》卷一《熙寧經筵論薦司馬光等三十三人章槀》。陳襄熙寧八年冬召還，知通進銀臺司；本年，兼侍講。陳曄《古靈先生年譜》，《宋人年譜叢刊》第 3 册，第 1606 頁。

自子雱卒後，疾病憂傷相尋，不接人事

《宋會要輯稿》職官六五："（熙寧九年）九月中，宰臣王安石上言：'臣久以疾病憂傷，不接人事，以故衆人所傳論議，多所不知。'"

九月十八日，婿吳安持以市易務收息、市利錢遷一官，升一任

《長編》卷二百七十七熙寧九年九月辛未："中書言，市易務收息錢、市利錢總百三十三萬二千餘緡，法應酬獎。詔提舉官金部員外郎呂嘉問、太子中允吳安持各遷一官，陞一任，賜錢三百千，嘉問更減一年磨勘，餘監官以下等第推恩，仍自今三年一比較。從之。"

是月，聞權御史中丞鄧綰求神宗賜己宅，並爲子弟營官，遂奏乞黜之

《宋會要輯稿》職官六五："先是，九月中，宰臣王安石上言：'臣久以疾病憂傷，不接人事，以故衆人所傳論議，多所不知。昨日方聞御史中丞鄧綰嘗爲臣子弟營官，及薦臣子婿可用，又爲臣求賜第宅。綰爲國司直，職當糾察奸邪，使知分守，不相干越，乃與宰臣乞恩，極爲傷辱國體。兼綰近舉御史二人，尋却乞不施行，必須別有緣故。臣但聞一人彭汝礪者，嘗與練亨甫相失，綰聽亨甫遊説，故乞別舉官。亨甫身在中書學習公事，兼臣屢嘗説與須避嫌疑，勿與言事子弟交通。今審如所聞，即綰豈可令執法在論思之地，亨甫亦

不當留備宰屬。乞以臣所奏付外，處以典刑。'故縉先行貶責，至是乃亨甫焉。"

《長編》卷二百七十八熙寧九年十月戊子："上批：'翰林學士、權御史中丞鄧縉操心頗僻，賦性姦回，論事薦人，不循分守，可落學士、中丞，以兵部郎中知虢州。'"

《長編》卷二百七十八熙寧九年十月壬辰："詔橫海軍節度推官、崇文院校書、兼中書户房習學公事練亨甫身備宰屬，與言事官交通，罷爲漳州軍事判官。先是，王安石言：'臣久以疾病憂傷，不接人事……乞以臣所奏付外，處以典刑。'故有是命。初，縉以附會安石居言職，及安石與吕惠卿之黨相傾，縉皆極力奏劾之。上益厭安石所爲，縉懼安石去而失勢，屢留之於上，其言無所顧忌。上怒，欲絀縉，安石亦懼，乃奏斥之。亨甫行險薄，諸事安石、雱以進，至是乃斥。"

《東軒筆録》卷六："熙寧八年，王荆公再秉政，既逐吕惠卿，而門下之人復爲諛媚以自安，而荆公求告去尤切。有練亨甫者，謂中丞鄧縉曰：'公何不言於上，以殊禮待宰相，則庶幾可留也。所謂殊禮者，以丞相之子雱爲樞密使，諸弟皆爲兩制，壻姪皆館職，京師賜第宅田邸，則爲禮備矣。'縉一一如所戒而言。上察知其阿黨，亦頷之而已。一日，荆公復於上前求去，曰：'卿勉爲朕留，朕當一一如卿所欲，但未有一穩便第宅耳。'荆公駭曰：'臣有何欲，而何爲賜第？'上笑而不答。翌日，荆公懇請其由，上出縉所上章，荆公即乞推劾。先是，縉欲用其黨方揚爲臺官，懼不厭人望，乃并彭汝礪而薦之，其意實在揚也。無何，上黜彭汝礪，縉遽表言：'臣素不知汝礪之爲人，昨所舉鹵莽，乞不行前狀。'即此二事，上察見其姦，遂落縉中丞，以本官知虢州。亨甫奪校書，為漳州推官。縉制曰：‘操心頗僻，賦性姦回。論士薦人，不循分守。’又曰：‘朕之待汝者，義形於色；汝之事朕者，志在於邪。’蓋謂是也。”

《名臣碑傳琬琰集》中卷三十曾肇《彭待制汝礪墓誌銘》：“御史中丞鄧縉欲舉公御史，召公，不往。後雖薦之，而為小人所訹，復自陳失舉，且薦他官代之。神宗察其姦，怒甚。王文公亦以為言，即日黜縉，除公太子中允、監察御史裏行。時熙寧九年冬也。”

《宋史》卷三百二十九《鄧縉傳》：“縉慮安石去失勢，乃上言宜錄安石子及壻，仍賜第京師。帝以語安石，安石曰：‘縉爲國司直，而爲宰臣乞恩澤，極傷國體，當黜。’又薦彭汝礪爲御史，安石不悅，遽自劾失舉。帝謂縉操心頗僻，賦性姦回，論事薦人，不循分守，斥知虢州。”

《歷代名臣奏議》卷一百八十一任伯雨《劾蔡卞奏》：“昔熙寧末，王安石辭位，御史中丞鄧縉上章乞留安石，其說有三：一曰請賜第，二曰擢其壻蔡卞經筵，三曰除其子雱館職。以謂行此三事，則安石必留矣。神考曰：‘有是哉？安石之意，卿何以知之？’縉曰：‘安石門人爲臣言。’神考曰：‘門人謂誰？’縉初不言其姓名，神考再三詰之，縉乃以實告曰：‘練亨甫。’明日，兩府奏事退，神考留宰相吳充，具言其事，且謂充曰：‘只作卿意，使安石知之。’充見安石，如上旨，安石大駭，即上奏，其略曰：‘伏聞御史中丞鄧縉爲臣求賜第，及爲臣子雱及臣壻蔡卞營差除事。若審如此，則是臣臥病於家，而使縉爲臣遊說也。’神考批其奏曰：‘鄧縉操心頗僻,賦性姦回,論事薦人,不循分守,可落御史中丞,差知虢州。練亨甫罷爲漳州軍事判官。’”

按,此時王雱已卒,所謂“除其子雱館職”,“雱”當爲“旁”之訛。

有詩懷江寧

《詩注》卷四十三《懷金陵三首》其三:“追思塵迹故難忘,翠木蒼藤水一方。聞説精廬今更好,好隨殘汴理歸艎。”

十月十八日,妹婿朱明之權知秀州

《長編》卷二百七十八熙寧九年十月辛丑:“太常博士、館閣校勘、權判刑部朱明之權知秀州。”

李燾:“此必與王安石有相干處。”

十月二十三日,罷相,爲鎮南軍節度使、同平章事、判江寧府

《長編》卷二百七十八熙寧九年十月丙午:“左僕射、兼門下侍郎、平章事、昭文館大學士、監修國史王安石罷爲鎮南軍節度使、同平章事、判江寧府。安石之再入也,多謝病求去,子雱死,尤悲傷不堪,力請解機務,上亦滋厭安石所爲,故有是命。仍詔安石大敕繫銜在陳升之上,出入内廷,並依中書、樞密院臣僚例。禮部侍郎、參知政事王珪依前官平章事、集賢殿大學士。資政殿學士、右諫議大夫、知成都府馮京爲給事中、知樞密院事。

先是,吕惠卿悉出安石前後私書、手筆奏之,其一云:

'勿令齊年知。'齊年者,謂京也,與安石同歲,在中書多異議,故云。又其一云:'勿令上知。'由是上以安石爲欺,故復用京,仍詔京撫定蕃部訖,乃赴闕。"

《宋宰輔編年錄》卷八:"(熙寧九年)十月丙午,王安石罷左相,受檢校太傅、依前尚書左僕射、平章事、鎮南軍節度使、判江寧府。"

《宋會要輯稿》儀制三:"九年十月二十五日,詔新除鎮南軍節度使、尚書左僕射、同中書門下平章事、判江寧府王安石大敕繫銜在陳升之上。"

李燾:"呂本中《雜說》:王安石再相,上意頗厭之,事多不從,安石對所厚歎曰:'只從得五分時也得也。'安石嘗進呈陳襄除龍圖閣直學士,呂嘉問集賢院學士、河北路都轉運使,上曰:'陳襄甚好,呂嘉問更候少時。'居半月,再以前議,上回頭久之,却顧安石曰:'聞相公欲去多時。'安石倉皇對曰:'欲去久矣,陛下堅留,所以不敢遽去。'既下殿,即還家乞去。其壻吳安持往見之,安石問:'今日有何新事?'安持曰:'適聞有旨,未得閉汴口。'安石曰:'是欲我去也。'數日遂罷。王安石既去,嘉問因對,上問:'曾得安石書否?'嘉問因言:'近亦得安石書,聞陛下不許安石久去,亦不敢作安居計。'上曰:'是則爲呂惠卿所賣,有何面目復見朕耶?'"

李燾:"朱史籤貼云:'繳書事,已奉朝旨下逐官取會,並無照據,刪去。'今本《實錄》仍復存之。《陸佃集》有《實錄院乞降出呂惠卿元繳進王安石私書劄子》云:'臣等勘會昨來御史彈奏呂惠卿章疏內稱,惠卿繳奏故相王安石私書,有'毋使上知、毋使齊年知'之語。齊年,謂參知政事馮京。且稱安石由是罷政。大臣出處之由，史當具載，欲乞聖慈特賜指揮，降出惠卿元繳安石之書，付實錄院照用，所貴筆削詳實。'貼黃：'臺諫自來許風聞言事，所以未敢便行依據。'《佃集》又自注劄子下云：'黃庭堅欲以御史所言入史，佃固論其不可，庭堅恚曰：如侍郎言，是佞史也。佃答曰：如魯直意，即是謗書。連數日，議不決，遂上此奏。後降出安石書，果無此語，止是屬惠卿言練亨甫可用，故惠卿奏之。庭堅乃止。'按：《佃集》爲安石辨如此，蓋佃嘗從安石學故也。佃稱庭堅乃止，然《元祐實錄》雖不於安石罷相時載繳書事，仍於馮京參政時載之。佃稱庭堅乃止，誠耄昏矣。兼疑此劄子實不曾上，佃所稱'降出安石書果無此語，止是屬練亨甫可用'，若誠如此，則紹聖史官何以不明著其事乎？且安石與惠卿私書，何但如此，但其一耳。《佃集》要不可信，姑存之，庶後世有考焉。"

按，《長編》卷三百七十八哲宗元祐元年五月乙亥："右司諫蘇轍言……安石之于惠卿，有卵翼之恩，有父師之義。方其求進，則膠固爲一，更相汲引，以欺朝廷。及其權位既均，勢力相軋，反眼相噬，化爲讎敵。始，安石罷相，以執政薦惠卿，既以得位，恐安石復用，遂起王安國、李士寧之獄，以尼其歸。安石覺之，被召即起，迭相攻擊，期致死地。安石之黨，言惠卿使華亭知縣張若濟借豪民朱華等錢置田產，使舅鄭膺請奪民田，使僧文捷請奪天竺僧舍。朝廷遣蹇周輔推鞫其事，獄將具，而安石罷去，故事不復究，案在御史，可覆視也。惠卿言安石相與爲姦，發其私書，其一曰'無使齊年知。'齊年者，馮京也。京、安石皆生于辛酉，故謂之齊年。先帝猶薄其罪，惠卿復發其一曰'無使上知'，安石由是得罪。"此即陸佃所謂"臺諫之風聞"也。李燾寧信臺諫之風聞，而疑陸佃之劄未上，可見其偏。

又《宋大詔令集》卷六十九《王安石罷相拜太傅鎮南軍節度同中書門下平章事判江寧府制熙寧九年十月丙午》："門下：入居丞弼，用表儀於百官；出總翰藩，將師帥於九牧。地雖中外之異，體亦重輕之均。推忠協謀同德佐理功臣、特進尚書左僕射、兼門下侍郎、同中書門下平章事、昭文館大學士、監修國史、兼譯經潤文使、上柱國、太原郡開國公、食邑六千六百户、食實封二千户王安石，得古人之風，蘊真儒之學。眷方深於台甫，志彌戀於政經。挈持綱維，糾正法度。俄屬伯魚之逝，遽興王導之悲。引疾自陳，勾閑斯確。宜仍宰路之秩，載加袞鉞之榮。於戲！大官大邑以庇身，建節雖臨于鄉郡；嘉謀嘉猷而告居，乃心猶在於朝廷。約忠不忘，懷德甚邁。可特授檢校太傅、依前尚書左僕射、同中書門下平章事、使持節都督洪州諸軍事、行洪州刺史、鎮南軍節度、洪州管内觀察處置等使、判江寧府、兼管内勸農使、充河南東路兵馬鈐轄、加食邑一千户、食實封四百户、改賜推誠保德崇仁翊戴功臣。"

制詞爲楊繪撰，通篇無一貶語，惟云"俄屬伯魚之逝，遽興王導之悲"，此即公之所以堅辭相位也。[1]

又何良俊《四友齋叢說》卷三十一："元豐中，王荆公乞罷政，神宗未許。公喚老僧化成卜一課，更欲看命，化成曰：

---

[1]　《詩注》卷二十二《題霧祠堂》，李注："元澤卒，公辭相位，歸金陵。楊元素爲翰苑，當制，亦云：'俄屬伯魚之逝，遽興王導之悲。'"第516頁。

'三十年前與公看命,今仕至宰相,復何問?'公曰:'但力求去,上未許,且看旦夕便去得否。'化成曰:'相公得意濃時正好休,要去在相公,不在上,不疑何卜?'公悵然歎服,去意遂決。"則純爲小説家言,姑附此。

兩上表辭使相

《文集》卷五十七《辭免使相判江寧府表》其一:"臣某言:伏奉制命,特授檢校太傅、依前尚書左僕射、同中書門下平章事、使持節都督洪州諸軍事,充鎮南節度管内觀察處置使、判江寧府,加食邑一千户,食實封四百户,仍改賜推誠保德崇仁翊戴功臣者……伏望皇帝陛下追還涣號,俯徇愚衷,許守本官,退依先壟。儻憐積歲參大議於廣朝,或賜誤恩食舊勞於外觀。尚緊眷獎,非敢干祈。"

其二:"臣某言:近具表辭免恩命,伏蒙聖慈批答不允者……伏望皇帝陛下俯垂念聽,特賜矜從,使盛世無虚授之嫌,孤臣有少安之幸。"

寓居定力院,題薛能詩於壁

《詩注》卷四十八《出定力院作》:"江上悠悠不見人,十年塵垢夢中身。殷勤未解丁香結,放出枝間自在春。"

《詩注》卷四十三《中書即事》,李注:"觀公拜相日,題西廡小閣牕間云:'霜筠雪竹鍾南寺,投老歸來寄此身。'既得請金陵,出東府,寓定力院,又題壁云:'溪北溪南水暗通,隔溪遥見夕陽春。當時諸葛成何事,只合終身作卧龍。'時熙寧九年十月,大抵皆此詩之意。"

《邵氏聞見後録》卷十七："至辭位，遷觀音院，題薛能、陸龜蒙二詩於壁云：'江上悠悠不見人，十年一覺夢中身。慇懃爲解丁香結，放出枝頭自在春。''蠟屐尋苔認舊蹤，隔溪遥見夕陽春。當年諸葛成何事？只合終身作卧龍。'用土寧體也。"

江少虞《宋朝事實類苑》卷第三十五引《倦遊雜録》："王丞相初得請於金陵，出東府，寓定力院，自題於僧壁云：'溪北溪南水暗通，隔溪開得夕陽東。當時諸葛成何事？只合終身作卧龍。'"

《詩話總龜》卷十九引《王直方詩話》："李希聲云：舒王罷政事時，居州東劉相宅，於東院小廳題'當時諸葛成何事，只合終身作卧龍'者數十處，至今尚有三兩處在。希聲，劉氏壻，故知其詳云。曾見數廳屏，亦只寫此兩句。"

按，辭相時所寓居處，記載不一，當以定力院爲準。

離京時神宗賜對，乞至江寧後除宮觀差遣

《文集》卷四十四《乞宮觀劄子》："臣某頃被召還，復汙宰司。行以亢滿易隤，事以衰疾多廢。幸蒙恩釋重寄，尚兼將相之官……故因賜對，輒預奏陳。俟到江寧，須至上煩聖慮，乞以本官外除一宮觀差遣，於江寧養疾。過蒙眷奬，喻以毋然，非臣糜殞，所能仰稱。"

十月二十八日，壻吴安持爲群牧判官

《長編》卷二百七十八熙寧九年十月辛亥："權同都提舉市易司吴安持以父在中書，乞罷領市易。都提舉吕嘉問言：

‘百司無非中書統攝，況今法度已成，別無更張議論。安持宣力已久，備諳利害，或朝廷如其所請，即臣孤危，必難辦集，乞留安持在職。’詔以安持爲群牧判官。”

返江寧途經高沙，與孫侔相聚共飯談經學

陸游《老學庵筆記》卷七：“孫少述，一字正之，與王荆公交最厚，故荆公《別少述》詩云：‘應須一曲千回首，西去論心有幾人！’又云：‘子今此去來何時，後有不可誰予規？’其相與如此。及荆公當國，數年不復相聞，人謂二公之交遂睽。故東坡詩云：‘蔣濟謂能來阮籍，薛宣真欲吏朱雲。’劉舍人貢父詩云：‘不負興公遂初賦，更傳中散絶交書。’然少述初不以爲意也。及荆公再罷相歸，過高沙，少述適在焉。亟往造之，少述出見，惟相勞苦及弔元澤之喪，兩公皆自忘其窮達。遂留荆公置酒共飯，劇談經學，抵暮乃散。荆公曰：‘退即解舟，無由再見。’少述曰：‘如此更不去奉謝矣。’然惘惘各有惜別之色。人然後知兩公之未易測也。”

按，高沙，即高郵軍。

過京口，與寶覺宿龍華院，作三絶句

《詩注》卷四十二《與寶覺宿龍華院三絶》其一：“老於陳迹倦追攀，但見幽人數往還。憶我小詩成悵望，金山衹隔數重山。”其二：“世間投老斷攀緣，忽憶東遊已十年。但有當時京口月，與公隨我故依然。”其三：“與公京口水雲間，問月何時照我還？邂逅我還還問月，何時照我宿金山。”

自注：“某舊有詩：‘京口瓜洲一水間，鍾山只隔數重山。

春風自綠江南岸，明月何時照我還。'"

李注引《鎮江志》："孫權自吳徙丹徒，謂之京城，亦曰京口。晉桓溫以京口兵勁，不欲都憎居北府，故有'京口酒可飲，兵可用'之言，即指此也。今尚有京口鎮，去城最近，與瓜洲相對，土人但呼爲'江口鎮'云。"

《繫年》："按安石於熙寧元年曾於寶覺會宿金山寺，此詩必爲熙寧九年罷知江寧府路過京口金山龍華院所作。所謂十年，蓋舉其成數。其一所云'憶我小詩成悵望，鍾山只隔數重山'，安石有自注……這首舊有的'小詩'即爲《泊船瓜洲》，乃熙寧元年由江寧赴京師越次入對時所作，至此已近十年矣。"是也。

至江寧，有啓回謝文彦博

《文集》卷七十九《罷相出鎮回謝啓》："比奉制恩，許還宰柄。妨賢廢事，但淹歷於歲時；辭劇就安，更叨逾於寵數。受方國蕃宣之寄，兼將相威儀之多，在於無功，是謂叨寵。此蓋留守太師忠能與善，美務成人。顧惟疲曳之餘，每賴推揚之助。得紆符紱，歸賁丘園。仰玷寵光之私，實踰分願之素。"

按，此啓作於再罷相時，繫銜仍爲同平章事，故謂"受方國蕃宣之寄，兼將相威儀之多"。留守太師，應爲河東節度使、檢校太師、守司徒、兼侍中、判大名府文彦博。

十一月十三日，神宗差婿蔡卞押送生日禮物，上謝表

《王文公文集》卷十九《謝賜生日表》："臣某言：伏蒙聖

慈,特差臣女婿前守常州江陰縣主簿蔡卞,沿路押賜生日禮物,衣一對、衣著一百匹、金花銀器一百兩、馬二匹、金鍍銀鞍轡一副者。"

按,表曰:"犬馬之力已殫,訖無補報;螻蟻之誠自列,竊幸退藏。尚兼將相之崇,且受藩維之托,叨逾已極,賜與更蕃。"指以左僕射、兼門下侍郎、平章事、昭文館大學士爲鎮南軍節度使、同平章事、判江寧府。翌年六月,公罷判江寧,故此表當上于本年。

葉夢得《石林燕語》卷六:"故事,生日賜禮物,惟親王、見任執政官、使相,然亦無外賜者。元豐中,王荆公罷相居金陵,除使相,辭未拜,官止特進。神宗特遣內侍賜之,蓋異恩也。"汪應辰辨曰:"使相雖在外,亦賜。范蜀公《內制》有《賜使相判河陽富弼生日禮物口宣》,云:'爰兹震夙之旦,故有匪頒之常。'王荆公熙寧七年以觀文殿大學士、吏部尚書知江寧,詔生日依在外使相例取賜。此云'使相無外賜者',又云'元豐中',又云'居金陵',又云'除使相,辭未拜,官止特進'皆非。"

十二月四日,奏乞施田與蔣山太平興國寺充常住,爲父母及子雱營辦功德

《長編》卷二百七十九熙寧九年十二月丙戌:"判江寧府王安石奏乞施田與蔣山太平興國寺,充常住,爲其父母及子雱營辦功德。從之。"

《文集》卷四十三《乞將田割入蔣山常住劄子》:"臣父子遭值聖恩,所謂千載一時。臣榮禄既不及於養親,雱又不

幸嗣息未立，奄先朝露。臣相次用所得禄賜及蒙恩賜霧銀，置到江寧府上元縣荒熟田，元契共納苗三百四十二石七斗七升八合，簽一萬七千七百七十二領，小麥三十三石五斗二升，柴三百二十束，鈔二十四貫一百六十二文，省見託蔣山太平興國寺收歲課，爲臣父母及霧營辦功德。欲望聖慈特許施充本寺常住，令永遠追薦。"

十二月七日，皇六子生，上賀表

《文集》卷五十八《賀生皇子表》其六。

《長編》卷二百七十九熙寧九年十二月己丑："以皇第六子生，遣魏國公宗謂告于太廟，又遣官告天地、社稷、諸陵，以太牢報祀高禖。"

按，表曰"臣久叨眷遇，適阻進趨"，時公已還江寧，故云。

上表賀魯國大長公主出降

《文集》卷五十八《賀魯國大長公主出降表》："臣某言：伏覩進奏院報魯國大長公主出降者。"

《宋史》卷二百四十八《公主》："兗國大長公主，帝第十一女也。嘉祐六年，封永壽，進榮國長公主。治平四年，進邠國大長公主。熙寧九年，改魯國，下嫁左領軍衛大將軍曹詩。主性儉節，於池臺苑囿一無所增飾。十年夏，旱，曹族以主生日，將盛具爲壽。主曰：'上方損膳徹樂，吾何心能安？'悉屏之。元豐六年薨，年二十四。追封荆國，謚賢懿。遷其二子曄、旼皆領團練使。"

《宋會要輯稿》帝系八："兗國大長公主,嘉祐六年三月封永壽。八年五月,進封榮國長公主。治平四年正月,進封邠國大長公主。熙寧九年十一月,改魯國。十二月,降左領軍衛大將軍曹詩。元豐六年十二月,薨,追封荆國,賜諡賢懿。元符二年,追封秦國。元符三年二月,追封兗國。政和四年六月,特追封賢懿恭穆大長帝姬。"

上表謝神宗依所乞私田充蔣山太平興國常住

《文集》卷六十《依所乞私田充蔣山太平興國寺常住謝表》："臣某言:緣恩昧冒,方虞恩上之誅;加意界矜,遂竊終天之幸。伏念臣少嘗陻阨,晚俱襃崇。榮祿雖多,不逮養親之日;餘年向盡,更爲哭子之人。追營香火之緣,仰賴金繒之賜。尚復祈恩而不已,乃將徼福於無窮。伏蒙陛下眷遇一於初終,愛恤兼夫存没,特撓常法,俯成私求。雖老矣無能,莫稱漏泉之施;若死而未泯,豈忘結草之酬。臣無任。"

劉攽有賀啓

《永樂大典》卷一萬五百四十《賀江寧相公啓》:"近審寵分瑞節,出鎮南邦。帝睠憂賢,賜履所以均逸;海隅傒志,於蕃猶之具瞻。惟涓日而布和,固殿邦而多福。吉祥止止,啓處休休。恭以某官業茂敕天,道隆稽古。民懷師保之德,朝倚股肱之良。惟九功之可歌,實萬世之永賴。申伯於謝,喜浹周邦;姬公在東,歡興信處。行復袞衣之賜,用正泰階之符。勉祈節宣,下副言願。"

沈括除翰林學士,上謝啓

沈括《長興集》卷十七《謝江寧府王相公啓》:"右某啓:
蒙恩授前件職及差遣者。内命叨榮,邦會申秩。地兼要重,
匪惟薄技之素殫;任非賢勞,實懼誤恩之虛委。顧無可致之
善,以蒙不次之知。所以養育教載,使之成人,提携假借,至
于此日。一出鼓舞之至造,豈復形容之可言。淪在心誠,皦
如天日。此蓋伏遇判府僕射相公包荒忘己,樂善無方,濟天
下於太平,遂萬物而不宰。罄大夫學士之所論,無小材片善
之或遺。蓋取博則不能無庬,任大則戒於有累。致兹屢瑣,
誤玷甄揚。雖然齒髮之向衰,尚期忠義之可奮。誓堅螻蟻
之志,仰酬陶冶之恩。"

沈括是年十二月或稍後除翰林學士,[①]而公翌年六月罷
判江寧府,此啓稱"判府僕射相公",故附此。

有詩懷吳頤,寄之

《詩注》卷二十二《懷吳顯道》、《詩注》卷四十五《寄顯
道》。

按,吳頤字顯道,詳下。

---

① 沈括於本年十二月或稍後除翰林學士,見徐規《沈括事蹟編年》,載氏著
《仰素集》,杭州大學出版社1999年版,第273頁。

熙寧十年丁巳（1077），五十七歲

正月一日，修《相鶴經》

《文集》卷七十《相鶴經》，曰："熙寧十年正月一日臨川王某筆。"①

按，《相鶴經》非公所撰，而誤著集中。諸家書目通常著録爲"浮丘公撰"。黃伯思《東觀餘論》卷下《跋慎漢公所藏〈相鶴經〉後》："案，《隋·經籍志》、《唐·藝文志》，《相鶴經》皆一卷，今完書逸矣，特馬總《意林》及李善注鮑照《舞鶴賦》鈔出大略。今真靖陳尊師所書即此也，而流俗誤録，著故相國舒王集中，且多舛午。今此本既精善，又筆勢婉雅，有昔賢風概，殊可珍也。政和六年秋，於山陽從慎漢公借覽，并觀漢公題後，行閒茂密，勁古可喜。此經蓋真靖頃遺漢公者，是時漢公甫八歲耳。真靖已稱其喜學鍾、王遺法，以神童目之，因贈此，以結忘年友，宜其書之工如此。漢公學行，高士林間，又博貫藝經壺史，多與方外士遊，不特其書可賞云。九月十六日，雲林子黃某長睿父書。"

又《詩注》卷三十四《邢太保有鶴折翼以詩傷之客有記翎經冥三韻而忘其詩者因作四韻》，李注："《相鶴經》，古仙人浮丘公所撰……公集有熙寧中所修《相鶴經》。"

---

① 按，"筆"應氏本、宋刻元明遞修本作"降"。

正月十三日，皇七子生，上賀表

《文集》卷五十八《賀生皇子表》其一："臣某言：都進奏院狀報誕生皇子者……臣託備蕃維，叨承睿獎。不顯亦世，家實與於榮懷；於萬斯年，心敢忘於慶賴。"

《長編》卷二百八十熙寧十年正月十三日："甲子，皇第七子生，遣岐王顥告于太廟。"

按，時公以使相判江寧府，故表曰："臣託備蕃維，叨承睿獎。"

上表、劄，乞罷使相，求宮觀

《文集》卷六十《乞宮觀表》其一："伏念臣……苟免大訶之責，乃叨異數之加。授以戎旃，班之宰席。松楸舊國，實使鎮臨，蒲柳殘年，足爲榮耀。顧在宣化承流之地，方當循名責實之時。疲曳難支，顛隮可畏。仰祈睿眷，俯徇愚衷，并解將相之官，外除宮觀之任。"

《文集》卷四十四《乞宮觀劄子》其一："臣某頃被召還，復汙宰司。行以亢滿易隮，事以衰疾多廢。幸蒙恩釋重寄，尚兼將相之官。自惟憂傷病疢之餘，復當辭劇就閒之日，過叨榮祿，非分所宜，黽勉方州，亦將不逮。故因賜對，輒預奏陳。俟到江寧，須至上煩聖慮，乞以本官外除一宮觀差遣，於江寧養疾。過蒙眷獎，喻以毋然，非臣糜殞，所能仰稱。而臣自離闕庭，所苦日侵，目眩頭昏，背寒膈壅，加之喘逆，稍勞輒劇，若非蒙恩，許免藩任，且令休養，即恐瘳復無期。輒敢昧冒天威，具陳前日悃愊。伏望陛下特垂睿聽，俯亮愚誠。早賜矜從，使得寧濟。即異時稍堪驅策，誓復罄竭疲駑。”

神宗遣中使馮宗道賫敕宣諭不允。遂再上表、劄，乞以本官除宮觀差遣

《文集》卷四十四《乞宮觀劄子》其二：“臣某近輸悃愊，仰丐恩憐，干忤天威，方懷憂畏。伏蒙聖慈特遣使人賫賜訓敕，諭以至意。撫存顧念，逮及存没。負荷恩德，無以勝任。瞻望闕庭，唯知感涕。然臣之懇懇，實有可言……伏望陛下俯垂燭察，早賜矜從。”

《文集》卷六十《乞宮觀表》其二：“臣某言：近具表乞以本官外除一宮觀差遣，伏蒙聖慈特降中使賜臣詔書不允者。”

二月二十八日，常秩卒。爲撰墓表

《長編》卷二百八十熙寧十年二月己酉：“右正言、寶文閣待制、權判西京留司御史臺常秩卒。詔：‘秩久以懿行，見稱鄉里。朝廷特起，置之侍從，而恬静自居，不替素守。宜優賻贈，以勵廉隅。’贈右諫議大夫，賻絹三百匹。”

《文集》卷九十《寶文閣待制常公墓表》：“右正言、寶文閣待制、特贈右諫議大夫汝陰常公，以熙寧十年二月己酉卒，以五月壬申葬，臨川王某誌其墓。”

按，常秩之卒，《墓表》曰：“既病而歸，死也。”張師正《倦遊雜録》、林希《野史》、魏泰《東軒筆録》、邵博《邵氏聞見後録》皆以秩失心自刎。然王得臣《麈史》卷三：“張師正

《倦遊録》説潁上常夷甫處士自經而卒。王莘樂道奉議，潁人也，從學於常，具道處士得病而卒。"王莘字樂道，與常秩關係密切，"少居汝陰鄉里，而游學四方。學文於歐陽文忠公，而授經於王荆公、王深父、常夷父。"①所言更可信。

以神宗遣李友詢扶護棺柩至府，並撫問賜藥，上謝表

《文集》卷五十九《李友詢傳宣撫問及賜湯藥謝表》："臣某言：伏奉聖慈，特差李友詢扶護亡男雱棺柩到府並撫問者……伏念臣釁積自躬，凶流及嗣。因仍積歲，藏厝不時。敢謂私憂，上貽聖慮。伏蒙皇帝陛下飭遣親使，護致旅棺，使亡子之魂即安於窀穸，天性之愛得盡於莫年。申之訓辭，撫以藥物，眷被終始，施兼存亡。銘骨不足以叙欲報之心，瀝肝不足以繼感泣之血。獨恨既愆之力，莫知自效之方。"

按，表曰"至府"，當作於以使相判江寧府任上，是年六月即罷判江寧府。王雱卒於熙寧九年六月，至此返葬江寧，故表曰"因仍積歲，藏厝不時"。

有詩題子雱祠堂

《詩注》卷二十二《題雱祠堂》："斯文實有寄，天豈偶生才？一日鳳鳥去，千秋梁木摧。煙留衰草恨，風造暮林哀。豈謂登臨處，飄然獨往來。"

自注："在寶公塔院。"

---

① 王銍《四六話·序》。

李注："臨川李子經謂此詩屬王逢原，恐非。按公父子皆以經術進，當時頌美者多以爲周、孔，或曰孔、孟。范鎧爲太學正，獻詩云：'文章雙孔子，術業兩周公。'公大喜曰：'此人知我父子。'元澤卒，公辭相位歸金陵，楊元素爲翰苑，當制，亦云：'俄屬伯魚之逝，遽興王導之悲。'觀此所述，公既處之不疑，以鳳鳥、梁木擬元澤，無怪也。又雱嘗作公真贊云：'列聖垂教，參差不齊。集厥大成，光于仲尼。'"

按，此詩頗惹非議。邵博《邵氏聞見後録》卷二十："王荆公之子雱作荆公《畫像贊》曰：'列聖垂教，參差不齊。集厥大成，光於仲尼。'是聖其父過於孔子也。雱死，荆公以詩哭之曰：'一日鳳鳥去，千年梁木摧。'是以兒子比孔子也。父子相聖，可謂無忌憚者矣。"

《涑水記聞》卷十六："興化縣尉胡滋，其妻宗室女也，自言夢人衣金紫，自稱王待制來爲夫人兒，妻尋産子。介甫聞之，自京師至金陵，與夫人常坐於船門簾下，見船過輒問：'得非胡尉船乎？'既而得之，舉家悲喜，亟往撫視，涕泣，遺之金帛不可勝數，邀與俱還金陵。滋言有捕盜功，應詣銓求賞，介甫使人爲營致，除京官，留金陵且半年，欲勾其兒，其母不可，乃遣之。蘇兖云。"姑附此。

又《詩注》卷二十六《北山三詠》之《寶公塔》："道林真骨葬青霄，窣堵千秋未寂寥。寶勢旁連大江起，尊形獨受衆山朝。雲泉別寺分三徑，香火幽人秖一瓢。我亦鷲峰同聽法，歲時歌唄豈辭遙。"

李注："寶公名寶誌，《南史》有傳。按《建康志》，塔在蔣山。梁武帝天監十三年，以定林寺前岡獨龍阜葬誌公，永

定公主以湯沐之資，造浮圖五級於其上。十四年，即塔前建
開善寺，今寺乃其地也。紹興間，賜塔名感順。”詩當作於本
年，姑附此。

三月二日，以提舉江南路常平朱炎傳聖旨令便視府事，上謝表

《文集》卷五十八《朱炎傳聖旨令視府事謝表》：“臣某
言：三月二日，提舉江南路、太常丞朱炎傳聖旨，令臣便視府
事者……伏蒙陛下仁惟求舊，義不忘遐，乃因乘輪將命之
臣，更喻推轂授方之意。跼履無用，誠弗忍於棄捐；朽株匪
材，尚冀勝於器使。永惟獎勵，徒誓糜捐。”

再上表、劄，乞宮觀

《文集》卷六十《乞宮觀表》其三：“臣某言：輪傳俯臨，
璽書狎至。仰荷眷存之厚，第懷感悸之深。任有不勝，勉非
所及。輒輸危懇，再冒天威。伏念臣久誤至恩，難圖報稱，
過尸榮祿，易取災危。力憊矣而弗支，氣喘焉而將蹶。窮閭
掃軌，斯爲待盡之時；莫府建旄，豈曰養痾之地？所懼曠瘝
之責，敢辭逋慢之誅。伏望陛下照以末光，遂其微請。使壇
陸之鳥，無眩視之悲；濠梁之魚，有從容之樂。庶蒙瘳復，更
誓糜捐。”

《文集》卷四十四《乞宮觀劄子》其三：“臣某比因馮宗
道還闕，已具輸區區螻蟻之情。繼蒙撫存，曲賜訓諭。臣誠
惶誠感，已具表稱謝以聞。竊惟天慈終始眷憐，故欲賦以厚
祿，示以優禮。不然一州之守，豈憂付屬乏人？臣憂患餘

生,加之疾病,喘焉朝夕,難冀久存。陛下所以愛臣,何啻天地父母?令臣多尸廩賜,重貽尤滿之殃,豈若賜以安閑,使有寧瘳之福?伏望深垂簡照,早賜矜從。他日旅力復可驅馳,敢不致死以圖報效。"

以神宗遣梁從政齎詔留金陵累月敦諭視事,懇請宮觀不已

《長編》卷二百八十三熙寧十年六月壬辰:"始,安石罷政,除江寧,懇辭使相,請宮觀。上遣梁從政齎詔敦諭,須其視事乃還。從政留金陵累月,安石請不已。"

《文集》卷四十四《乞宮觀劄子》其四:"臣某備位七年,初無分毫績效,以病自列,獲解繁機。而誤恩曲加,寵祿並過,豈臣庸朽,所可堪任?況自涉春以來,眾病並作,氣滿力憊,殆不可支。其勢如此,以尸厚祿,則有食浮之憂;以任州事,則有官曠之責。計臣之分,無一可為。故願乞其不肖之身,休養歲月。而璽書繼至,訓敕加嚴。雖陛下示眷獎之意始終不逾,而臣竊自度量,終難黽勉,以稱萬一。徬徨蹢躅,不知所言。輒復干冒天威,期於得請而後已。伏望陛下深垂簡照,早賜矜從。他日若獲寧瘳,顧雖晚節末路,尚知補報,惟所驅策,豈敢辭免?除已具表,謹具劄子陳乞。"

《文集》卷六十《乞宮觀表》其四。

神宗特降詔書不允所乞,仍斷來章。再上劄

《文集》卷四十四《乞宮觀劄子》其五:"臣某近四上表,

乞以本官外除一宮觀差遣。伏蒙聖慈，特降詔書，不允所
乞，仍斷來章……但以病勢日增，雖外視形色若無甚苦，而
神耗於中，力憊於外，一有動作，即不可支。思慮恍然，事多
遺忘。以此居官，豈能塞責？且一方之任，非獨簿書獄訟，
在所省察，至於儆戒盜賊，輯安兵民，責在守臣，事實至重。
此豈精神衰耗、體力疲憊之人，所可堪任？伏望陛下加惠留
聽，察其所請，出於誠然，早賜開允，則非獨於臣私分得以自
安，亦於陛下任使之際，無曠官廢事之悔。"

是年春，故人宋玘自撫州來訪，與之唱酬

《詩注》卷三十三《次韻酬宋玘六首》其一："洗雨吹風
一月春，山紅漫漫綠紛紛。褰裳遠野誰從我，散策空陂忽見
君。青眼坐傾新歲酒，白頭追誦少年文。因嗟涉世終無補，
久使高材壅上聞。"

其五："無能私願只求田，財物安能學計然？鑿井未成
歌擊壤，射熊猶得夢鈞天。遙思故國歸來日，留滯新恩已去
年。携手與君遊最樂，春風波上水濺濺。"

李注："曾景建言，宋玘是金谿人，公少所厚。後篇言
'故交重跰'，當是宋自撫來，訪公金陵。"然《(隆慶)臨江府
志》卷十二："宋玘字子美，新淦人。少以鄉薦至京師，嘗寓
客舍，夜夢一僧與語曰：'公才高，當擢第，惜壽不永。若速
還，可延。'翌旦，悟，即翻然南歸，不復進取。與王安石唱
和，三孔皆從之遊。"

又，詩曰"留滯新恩已去年"，謂熙寧九年雖罷相，猶以
使相判江寧府。故李注曰："公自言歸志未就，猶在朝耳。"

又詩曰"洗雨吹風一月春",則當作於本年春。至六月,則罷判江寧。

有詩寄行詳

《文集》卷十四《自府中歸寄西庵行詳》:"意衰難自力,扶路便思還。强逐蕭騷水,遥看惨淡山。行尋香草遍,歸漾晚雲間。西崦分明見,幽人不可攀。

六月十四日,罷判江寧府,以使相領集禧觀使

《長編》卷二百八十三熙寧十年六月壬辰:"以鎮南軍節度使、同平章事、判江寧府王安石爲集禧觀使,居金陵,從其請也。始,安石罷政,除江寧,懇辭使相,請宮觀。上遣梁從政齎詔敦諭,須其視事乃還。從政留金陵累月,安石請不已,至是,許以使相領宮使。"

《宋會要輯稿》職官五四:"熙寧十年六月十四日,鎮南軍節度使、同平章事、判江寧府王安石爲集禧觀使,居金陵,從其請也。"

按,《宋會要輯稿》職官五四:"(熙寧四年)十一月十六日,詔:'應提舉、管勾内外諸宮觀及嶽廟官,常留一員在彼,餘聽如分司、致仕例,任使居止。'"故公以集禧觀使居江寧。

徐度《却掃編》卷上:"輔臣既罷,領宮觀使,其後惟以使相、節度、宣徽使爲之,無所職掌,奉朝請而已。熙寧間,又有以使居外者。王荆公以使相領集禧觀使居金陵,張文定公以宣徽南院使領西太一宮使居睢陽之類,皆優禮也。"

又朱彧《萍洲可談》卷三:"王荆公妻越國吳夫人,性好

潔成疾，公任真率，每不相合。自江寧乞骸歸私第，有官藤床，吳假用未還，吏來索，左右莫敢言。公一旦跣而登牀，偃仰良久，吳望見，即命送還。"此乃初罷判江寧時事。

上謝表，並上劄乞以本官領宮觀

《文集》卷四十四《已除觀使乞免使相劄子》其一："伏奉敕命，就除觀使，俯從燕安之願，欲猶假非分之名器……今若以衰殘向盡之年，貪非所據，豈不自隳素守，而仰累陛下知人之明？伏望聖慈察臣累奏，許以本官充使，於江寧府居。住冀蒙瘳，復終誓糜捐。所有敕命，臣未敢祗受。除已具表，謹復具陳乞以聞。"

按，"非分之名器"，謂使相也。劄曰"除已具表，謹復具陳乞以聞。"所上表《文集》失收。

神宗不允所請。再上劄，乞免使相以本官領宮觀

《文集》卷四十四《已除觀使乞免使相劄子》其二："臣某伏奉詔書，不允所乞……臣以疾病，不勝從事之勞，而欲自休養，退歸田里，乃分之宜。尚恃眷憐，私竊自恕，而求以本官食宮觀之祿于外，於臣之義，媿負已多。而陛下乃欲使之兼將相之重而處於此，雖仰戴恩德爲至厚矣，而臣歷選前代，近至本朝，所以寵待勳舊之臣，無有斯比。況臣久尸重任，績效不昭，豈可度越前人，有此叨據？"

神宗不允，特降中使，賫賜詔書，仍斷來章。遂三上劄

《文集》卷四十四《已除觀使乞免使相劄子》其三："臣

某近以懇誠，上干天聽。伏蒙聖慈，特降中使，賚賜詔書，仍斷來章……今臣既以疲痍，退歸閭里，尚恃陛下眷存，謂其嘗預政事，有夙夜之微勤，故敢求以本官食宮觀之祿于外。已於理分爲所非宜，而陛下乃疏誤恩，使兼將相之重。臣愚不肖，病不任事。顧於陛下勵精求治之時，不能自力，以裨補萬一，而坐尸名器，如此其厚，人臣之出力赴功方任隆責重而有勳勞者，陛下將復何以處之？此臣所以不敢也。"

程師孟知越州，過江寧見訪。有詩送之

《詩注》卷二十六《次韵送程給事知越州》："旌節東方占上頭，如何誤到北山遊？清明若覿蘭亭月，暖熱因忘蕙帳秋。投老更知歡可惜，通宵先以別爲憂。歸來若有詩千首，想肯重來賁一丘。"

按，程給事爲程師孟，字公闢。李注："公闢，熙寧十年五月守越。"恐誤。是年六月，程公辟尚判都水監。《長編》卷二百八十三熙寧十年六月壬辰："權判都水監程師孟減磨勘一年。"《（嘉泰）會稽志》卷二："趙抃，熙寧八年四月，以資政殿學士、右諫議大夫知。十年六月，移杭州。程師孟，熙寧十年十月，以給事中、充集賢殿修撰知。元豐二年十二月替。"《（嘉泰）會稽志》所載乃程師孟蒞越之時，其離京當爲是年秋，士大夫送行者有六十餘人，賦詩七十多篇，洵爲一時之盛。張師顏《送程給事知越州》："才臣新命輳卿聯，漕挽於今委重官……行舟使節威聲遠，祖帳都門暑氣殘。"可見程師孟于秋初離京，至江寧應已八月。

八月十一日，再上表乞以本官充集禧觀使。神宗詔答不允，遣弟安上賷詔往賜

《長編》卷二百八十四熙寧十年八月戊子：“鎮南軍節度使、同平章事王安石再上表，請以本官充集禧觀使。詔答不允，仍遣安石弟權發遣度支判官安上賷詔往賜之。”

《文集》卷五十七《除集禧觀使乞免使相表》：“臣某言：近具表，乞以本官充使，伏蒙聖慈，特降詔書不允者……將相之爲重寄，朝野之所具瞻。若免於事任之勞，而尸此名器之寵，在昔之茂勳明德，尚莫敢居；如臣之綿力薄材，豈宜非據？伏望皇帝陛下俯矜危懇，追寢誤恩。”

再上劄，乞以本官充集禧觀使

《文集》卷四十四《已除觀使乞免使相劄子》其四：“臣某近再以懇誠，上干睿聽，逋慢明訓，方虞譴謫。伏蒙天慈特差臣弟某賷賜詔書，不允所乞……雖陛下申加獎勵，恩德有隆，而愚臣竊自揣稱，終無可以叨昧之理。伏望陛下俯垂閔察，早賜開允，則非獨臣爲幸甚。除已具表，謹復具劄子陳乞以聞。”

八月十七日，弟安國卒

《文集》卷九十一《王平甫墓誌》：“官止於大理寺丞，年止於四十七，以熙寧七年八月十七日不起，越元豐三年四月二十七日，葬江寧府鍾山母楚國太夫人墓左百有十六步。”

《長編》卷二百七十七熙寧九年八月己卯：“復放歸田里

人王安國爲大理寺丞、江寧府監當。命下而安國病死矣。”

按，據《王平甫墓誌》，王安國卒於熙寧七年八月十七日。然據《長編》，則王安國應卒於熙寧九年七月之後。對此，湯江浩旁徵博引魏泰《東軒筆錄》、劉攽《彭城集》卷十五《寄王安國時復官大理寺丞監江寧糧料》等，力辨“熙寧七年八月十七日”之訛，推斷王安國當卒於熙寧九年末，①考辨甚精。然“熙寧七年八月十七日”，出於公親撰墓誌，誠爲最原始之記載。湯文推測《王平甫墓誌》文本或有殘闕，未能盡釋疑團。而“熙寧九年末”之結論，亦可再加斟酌。

今按，二〇〇七年洛陽新出土王安國撰《尚書屯田員外郎張君墓誌銘》，墓主張庚，卒於仁宗皇祐元年六月十七日，“旅殯於和州”。此後，其子張雲卿“歸居西京，實能學問，以節行不苟合，留守數薦其賢於朝廷。熙寧八年四月乙酉，葬君於河南府河南縣杜澤原，而雲卿謀所以顯親於不泯者，乃來京師乞余銘。”②安國熙寧元年七月賜進士及第，除武昌軍節度推官，教授西京國子監，直至熙寧四年十月壬申，爲崇文院校書。此間，與張雲卿同教授西京國子監，誼屬同僚，故張熙寧八年葬父時，至開封求銘。其時，王安國因鄭俠之獄，已於熙寧八年正月七日追奪出身以來文字，暫滯京師，未返江寧，故墓誌撰者題爲“臨川王安國”，未署官銜。此篇墓誌，足以確證《王平甫墓誌》“以熙寧七年八月十七日不起”必誤。

究竟王安國卒於何時？魏泰《東軒筆錄》卷六：“王安國

熙寧六年冬直宿崇文院……後四年，平甫病卒。"熙寧六年冬之後四年，即熙寧十年。《曾鞏集》卷三十八《祭王平甫文》題注曰："熙寧十年十月二十一日。"而祭文曰："何堂堂而山立，忽泯泯而飈馳。訃皎皎而猶疑，淚汍汍而莫制。"顯然撰於王安國卒後未久。以此推斷，《王平甫墓誌》中"以熙寧七年八月十七日不起"，"七年"當爲"十年"之訛，即王安國卒於熙寧十年八月十七日。① "十"、"七"之訛，古籍刊刻中自屢見不鮮。

然則"熙寧七年"之訛肇自何時？以現存公之文集版本，南宋紹興年間龍舒本《王文公文集》卷八十八《平甫墓誌》已作"以熙寧七年八月十七日不起。"②南宋紹興二十一年，公曾孫王珏鑑於之前文集各本"舊所刊行，率多舛誤"，於杭州重刻《臨川先生文集》，於此前各本多有刊正。③ 現《宋集珍本叢刊》所收王珏刻、元明遞修本《臨川先生文集》卷九十一《王平甫墓誌》，已無"熙寧七年"四字，僅曰："官止於大理寺丞，年止於四十七。以八月十七日不起，越元豐三年四月二十七日，葬江寧府鍾山母楚國太夫人墓左百有十六步。"④王珏應已察覺"熙寧七年"之誤，刊去此四字，然墓誌此段文字，上下文脉遂不通矣：墓誌撰於元豐三年，而

---

① 壽涌推測，"七"爲"九"之訛，無其他佐證，亦未注意公之《中使傳宣撫問并賜湯藥及撫慰安國弟亡謝表》。《〈臨川先生文集〉年月與階官疑誤十一則》，《古籍整理研究學刊》2009 年第 3 期。章培恒亦推測"七"爲"十"之訛，見氏著《辨姦論非邵伯溫僞作》，《獻疑集》，嶽麓書社 1993 年版。

② 《王文公文集》卷八十八《平甫墓誌》，中華書局上海編輯所 1962 年影印。

③ 可見王嵐《宋人文集編刻流傳叢考》，鳳凰出版社 2003 年版，第 156—158 頁。

④ 應刻本同。

所謂"年止於四十七。以八月十七日不起"豈不突兀？

以神宗遣中使撫問並賜湯藥，上謝表

《文集》卷五十九《中使傳宣撫問并賜湯藥及撫慰安國弟亡謝表》："臣某言：便蕃曲澤，雖遠不忘；晼晚餘年，懼終莫報。伏念臣辭恩機要，藏疾里閭，既疲瘵之未夷，顧憂傷之重至。仰煩眷獎，特示閔憐。中飭使輶，備宣恩厚，寵頒藥物，深念衰殘。"

按，熙寧九年六月，王雱病卒；十月，公辭相。本年六月，公罷判江寧府，以使相領集禧觀使。故表曰："辭恩機要，藏疾里閭，既疲瘵之未夷，顧憂傷之重至。"

妻弟吳頤至江寧省視，江寧府吏持牒至府追問。神宗聞之，罷知府元積中等

《東軒筆錄》卷五："王荊公再爲相……於是慨然復求罷去，遂以使相再鎮金陵。未幾，納節，求閑地，久之，得會靈觀使，居於金陵。一日，豫國夫人之弟吳生者，來省荊公，寓止於佛寺行香廳。會同天節建道場，府僚當會於行香廳，太守葉均使人白遣吳生，吳生不肯遷。洎行香畢，大會于其廳，而吳生於屏後嫚罵不止。葉均俛首不聽，而轉運使毛抗、判官李琮大不平之，牒州令取問。州遣二皂持牒追吳生，吳生奔荊公家以自匿，荊公初不知其事也。有頃，二皂至門下，云捕人，而喧忿于庭，荊公偶出見之，猶紛紜不已。公叱二皂去。葉均聞之，遂杖二皂，而與毛抗、李琮皆詣荊公謝，以公皂生疏，失於戒束。荊公唯唯不答，而豫國夫人

於屏後叱均、抗等曰：'相公罷政，門下之人解體者十七八，然亦無敢捕吾親屬于庭者。汝等乃敢爾耶？'均等趨出。會中使撫問適至，而聞爭廳事。中使回日，首以此奏聞。於是葉均、毛抗、李琮皆罷，而以呂嘉問爲守。又除王安上提點江東刑獄，俾遷治所於金陵。"

李燾："魏泰紀此事或不妄然，必非同天節。若同天節，則王安石猶判江寧。安上除憲時，知江寧者乃元積中，非葉均。按，是年十月六日，陳忱自梓漕徙江東，何琬自司農丞除判官，當是代毛抗、李琮。十一日，王安上除憲。二十一日，呂嘉問知江寧。恐端爲安石，故一時頓有此除改。江東憲本治饒州。"

按，李燾所云甚是，由此可見神宗於公眷顧之深。《（景定）建康志》："（熙寧）八年三月一日，安石赴闕，拜同中書門下平章事、昭文館大學士。六月，以祠部郎中、直史館葉均知府事。九年十月，均赴闕。以左僕射、門下侍郎、平章事、昭文館大學士王安石罷政，判府事。"據此，則葉均實無預此事。[1]　是年六月壬辰，公罷判江寧府，元積中繼知府事。《（景定）建康志》："（熙寧）十年十月四日，尚書司封員外郎、直龍圖閣元積中知府事。十一月六日，積中移知洪州。"

吳生，即吳頤，字顯道，公妻弟。《長編》卷三百六十九元祐元年閏二月監察御史孫升劾章惇："惇爲士人時，不檢

---

① 葉均字公秉，葉清臣之子。嘉祐二年五月，賜同進士出身。《宋會要輯稿》選舉九："嘉祐二年五月二日，賜衛尉寺丞葉均同進士出身。均，故翰林學士清臣之子，上家集，召試學士院中等，命之。"第5439頁。熙寧三年五月，知蘇州。《（同治）蘇州府志》卷五十二："公秉，熙寧三年五月任。"第488頁。

無行，天下所共知。其爲小官，苟悦王安石以進身，則賂遺及於王安石之妻母，而主於安石之妻弟吳頤。頤負安石之勢，浪跡都城，狎習非類，士人指爲汙辱，惇乃以先生處之。惇之辱已無恥，豈徒主麗疽瘍環而已！”頤，或作𩑶，形訛。陸心源《宋詩紀事補遺》卷八十六：“吳𩑶，案《撫州府志》作吳顯道。”《詩注》卷二十二《懷吳顯道》，李注：“公之妻兄。”恐誤。

吳頤後官㫋德簿，哲宗紹聖間攝山陰令。慕容彦逢《摛文堂集》卷十二《送吳顯道序》：“熙寧、元豐間，某爲兒童時，聞顯道名。至會稽，始幸交焉。其後，紹聖某年，山陰令闕，顯道攝邑事，士大夫往觀焉。時婚田務開，牒訴盈庭，吏抱案牘，列廡闃溢。顯道隨事剖決，筆不停綴，吏唱判辭燥吻，續以他吏，辰漏未盡，盤錯一空，頃刻間聲譽沸騰。顯道先領從事，至是猶兼之，往來兩間，綽有餘裕……於乎！顯道以學問文章，爲荆公門人高弟。當先帝盛際，物望輝赫，視青雲與平地等耳，而自珍太甚，不少降意。世變互更，晦迹不耀，春秋高矣，屈佐百里，涵蓄深厚，未嘗發泄。治山陰數月，政績可驚，使之得志，功烈宜何如哉！人知顯道學問文章，而弗知從政之才，故論次爲送行序云。”吳頤能文，有《金谿先生文集》文集二十卷，黃虞稷《千頃堂書目》卷二十九：“吳頤，《金谿先生文集》二十卷。元符間人，官㫋德簿。”汪應辰《文定集》卷十一《題金谿吳頤顯道文》：“人所見不同，謂元祐改更法度爲非，猶或可也。而《平戎賦》乃云：‘因于宦尹，以擅廢置，非特法度，公卿而已。’此獨二蔡、二惇敢爲是言，其他雖紹聖、元符用事者亦不敢云爾也。險陂以幸遇合，爲子孫者所宜撝惡，乃反刻之板卷之卷首，若恐人之不知也，是獨何哉！"

吳頤三子，中子吳愬，孫覿《鴻慶居士集》卷三十四《宋故右承議郎吳公墓誌銘》："王荆公自丞相府得請歸鍾陵，獨喜爲詩，又出新意，集古人句，以資一時朋酒燕笑之適，而以屬吳顯道者，凡十餘辭。余生晚，不及識顯道矣。味其言，則魁壘辨博，蓋世之豪。而官不踐卿相之位，名氏不列于太史之書，此何故？及是左奉議郎、知興國軍陳君最爲書，以右承議郎吳公官世行治來請銘，而顯道蓋其父也。顯道江右知名士，早從歐陽文忠公遊，與其弟子經俱以文學稱天下，與荆公、曾魯公有連。二公相繼當國，族姻之賢，皆不得與寒畯齒。當是時，太學陳于等疏言：'吳某學成行尊，願得爲國子師，俾學者有所矜式。'荆公終以親嫌，寢其書不報。于是江淮間又爭欲以爲師，不遠千里執經帳下，率常數十百人。所至輒以《詩》、《書》、《禮》、《易》開悟後學，磨礱成就，以爲士君子之器甚衆，而仕不充其志以没。顯道生三子，而公爲中子，諱愬，字德穀。少詳敏，已能讀父書而傳其學。屬文辨麗俊雅，有家法，屢試于有司，輒不售。荆公越國夫人，公諸姑也，荆公薨，越國以遺奏任公，調巴州軍事推官。歲滿，監秀州糴納倉，以最遷黄州黄岡縣令，不赴。監潭州南嶽廟，遂請老，以右宣教郎致仕，實紹興十二年也……吳氏世家鄱陽，五季兵亂，徙撫州之金谿，以儒名家，凡五世，爲望姓。曾大父敏，故尚書都官員外郎；大父藩，故不仕。父頤，即顯道也，詳定一書司敕令所删定官，贈通直郎。元豐中，從荆公于金陵，遂家焉，今又爲金陵人。"

十月十一日，弟安上權發遣江南東路提點刑獄，特詔治江寧

《長編》卷二百八十五熙寧十年十月戊子："權發遣度支判官、右贊善大夫王安上權發遣江南東路提點刑獄。舊治饒州，上以安上兄安石方居閒，特詔安上治江寧。"

上謝表

《文集》卷五十七《差弟安上傳旨令授敕命不須辭免謝表》："臣某言：伏蒙聖恩，差弟安上提點江南東路刑獄，以臣衰疾，就令照管，仍傳聖旨，令臣便授敕命，更不須辭免者。江海衰殘，雲天悠遠，恩言狎至，感涕交流……追千載之遭逢，殆無前比；顧百身之糜殞，安可仰酬。"

十月二十一日，呂嘉問知江寧府。有詩招之同遊

《長編》卷二百八十五熙寧十年十月戊戌："司勳員外郎、都提舉市易司呂嘉問爲司封員外郎、直昭文館、知江寧府，賜錢三百千。以嘉問領市易，自熙寧九年十年，凡收息錢百四十萬餘緡故也。"

李燾："呂嘉問自都提舉市易司出知江寧，必以王安石故也。魏泰所記當得之，已具注是月十一日王安上除憲時。"

《詩注》卷二十七《招呂望之使君》："潮溝直上兩牛鳴，十畝漣漪一草亭。委質山林如許國，寄懷魚鳥欲忘形。紛紛易變浮雲白，落落誰鍾老柏青。尚有使君同好惡，想隨秋

水肯揚舲。"

十一月二十七日，以南郊禮畢大赦天下，上賀表

《長編》卷二百八十五熙寧十年十一月甲戌："冬至，合祭天地于南郊，以太祖配，大赦天下。"

《王文公文集》卷十五《賀南郊禮畢表》："臣某言：伏睹今月二十七日南郊禮畢者⋯⋯凡在觀瞻，孰不呼舞。臣夙叨睿獎，親值休辰，雖進趨無預於相儀，而欣幸實同于賴慶。"

封舒國公，上謝表

《文集》卷五十八《封舒國公謝表》："臣某言：伏奉制命，特授開府儀同三司，封舒國公者⋯⋯此蓋皇帝陛下道冒群才，彌天之所覆；恩涵庶品，並物之所包。以釐事備於郊宮，而惠澤均於海宇。故雖幽屏，弗以遐遺。顧冒昧之不貲，豈糜捐之可報？"

按，《宋史》卷三百二十七《王安石傳》："及子雱死，尤悲傷不堪，力請解幾務。上益厭之，罷爲鎮南軍節度使、同平章事、判江寧府。明年，改集禧觀使，封舒國公。屢乞還將相印。"表曰"以釐事備於郊宮，而惠澤均於海宇"，則封舒國公蓋因是年南郊恩。

以南郊恩加食四百户、實封一百户，上謝表

《文集》卷五十九《加食邑謝表二道》："臣某言：伏奉誥命，加食邑四百户、實封一百户者。顯相郊宮，固宜寵獎；曠

居田里,乃濫褒嘉……方國明禋,庶工祇載,奉璋執豆,旅幣獻琛。具輸奔走之勞,獨抱滯留之歎。豈圖疏逖,亦冒龍光。"

《繫年》:"按表曰:'伏奉誥命,加食邑四百戶、實封一百戶者。'與《封荆國公謝表》所言同,當爲同時(元豐三年)事。"恐誤。表曰:"顯相郊宮,固宜寵獎;曠居田里,乃濫褒嘉。"當作於是年南郊後,時已罷判江寧領集禧觀使。表既曰"顯相郊宮",則非元豐三年九月祀明堂恩也。

有《封舒國公三首》

《詩注》卷四十二《封舒國公三首》其一:"陳迹難尋天柱源,疏封投老誤明恩。國人欲識公歸處,楊柳蕭蕭白下門。"其三:"開國桐鄉已白頭,國人誰復記前遊?故情但有吳塘水,轉入東江向我流。"

李注:"介甫嘗通判舒州,故云陳迹。舒州懷寧縣西北二十里潛山,其山有三峰:一天柱山,一潛山,一皖山。"又:"《寰宇志》:'舒州有吳塘陂,在縣西二十里,皖水所注。'"

十二月十二日,爲僧善端撰《萬宗泉記》

《詩注》卷五《酬王濬賢良松泉二詩》,李注:"此即萬宗泉也。公嘗作記云:'僧道光得泉之三年,直歲善端治屋龍井之西北,發土,得洑泉二,萬宗命溝井而合焉。東爲二池,池各有溝,注于南池,而東南其餘水以溉山麓之田。既甃,善端請名,余爲名其泉曰萬宗云。熙寧十年十二月十二日,臨川王某記。'時公以會靈觀使家居。”

按，李注曰“時公以會靈觀使家居”，誤，當爲集禧觀使。

《詩注》卷二十六《道光泉》：“籜龍將雨遶山行，注遠投深静有聲。雲涌浴槽朝自暖，虹垂齋鑊午還晴。銅缾各滿幽人意，玉甃因高正士名。神力可嗟妙智巧，桔槔零落便苔生。”

李注：“《建康志》：‘道光泉在蔣山之西，梁靈曜寺之前。熙寧八年，僧道光披榛莽得之，其深五尺，穴竹引注寺中，由嶺至寺凡三百步，有舒王手植二松於其傍。其後，道光又得二泉，合爲一派，主寺者作屋覆其上，名曰蒙亭。以此泉得之道光，故名道光泉。王平甫作記。”

移松萬宗泉，有詩酬王瀹

《詩注》卷五《酬王瀹賢良松泉二詩》之《松》：“世傳壽可三松倒，此語難爲常人道。人能百歲自古稀，松得千年未爲老。我移兩松苦不早，豈望見渠身合抱。但憐衆木摠漂摇，顏色青青終自保。兔絲茯苓會常有，邂逅食之能壽考。不知篝火定何人，且看森垂覆荒草。君詩愛我亦古意，秀眉昔比南山栲。復謂留侯不及我，人或笑君無白皁。求僊辟穀彼誠誤，未見赤松饑已槁。豈如强飯適志遊，封殖蒼官蔭華皓。赤松復自無特操，上下隨煙何慅慅。蒼官受命與舜同，真可從之忘髮縞。詩雖祝我以再黑，積雪已多安可掃。試問蒼官值歲寒，戴白孰與蒼然好。”

《泉》：“宋興古刹今長干，靈躍臺殿荒檀欒。二泉相望棄不渫，西泉尚累三石槃。其流散漫爲沮洳，稍集小礫生微瀾。東泉土梗久蔽塞，穿治乃見甃甍完。道人慈哀波汲遠，溝蕩取土合兩山。山前灌輸各自足，轆轤罷轉井口閑。取遙比甘見近美，與舊爭洌知新寒。燼燼夏秋百源乾，抱甕復道愁蹣跚。疾傾橫逗勢未足，嗟此善利何時殫。慮長易脆有大檀，伐堅光爐窟屏顏。金多匠手肯出巧，風水千里焉知難。沒羽之虎行林間，孽龍失職因藏跧。循除静投悲瑟瑟，映瓦微見清潺潺。三年營之一日就，有口共以成爲懂。論功信可侈後觀，何似當年萬竹蟠。”

李注：“此即萬宗泉也。”

按，詩曰“三年營之一日就”，當於《萬宗泉記》同時前後作。韋居安《梅磵詩話》卷上：“荆公手種松在定林菴前，高標挺然，上侵霄漢。南豐曾景建詩云：‘彙進群姦卒召戎，萌芽培養自熙豐。當時手植留遺愛，只有巖前十八公。’此亦誅心之論。”

是年，得陶弘景文，常誦之，因書於金陵天慶觀齋房壁間

黃庭堅《豫章黃先生文集》卷二十五《跋王荆公書陶隱居墓中文》：“熙寧中，金陵、丹陽之間，有盜發冢得隱，起甎於冢中。識者買得之，讀其書，蓋山中宰相陶隱居墓也。其文尤高妙，王荆公常誦之，因書於金陵天慶觀齋房壁間，黃冠遂以入石。予常欲摹刻於梜道，有李祥者，聞之欣然，礱石來請。斯文既高妙，而王荆公書法奇古，似晉宋間人筆墨。此固多聞廣見者之所欲得也。”

是年，刁約卒，有文祭之

《文集》卷八十五《祭刁景純學士文》。

按，刁約，《京口耆舊傳》卷一：“字景純，少有盛名。擢天聖八年進士第，爲諸王宮教授。時南班之制未立，宗子非遇殊恩，無遷官法。景祐中，宗室欲緣大禮推恩，命約草表。丞相王公曾愛其文詞，遂得旨，有南班之授。宗室以千縑謝，辭不受。寶元中，入爲館閣校勘。慶曆初，與歐陽公修同知太常禮院。其冬，又與修等並爲集賢校理，管當三館秘閣。四年，坐蘇舜欽進奏院祠神飲酒事，出通判海州。奉親以行，作戲綵亭，邦人榮之……皇祐中，仍以校理權吏部南曹，尋爲開封府推官。至和中，溫成皇后上仙，約以厚葬爲非，未奏，疏爲内臣所白，出提點京西刑獄。時知太常禮院校理吳充、鞠真卿，皆以議溫成事黜，時論然之。太常丞、直集賢院馮京上言三人者不當去，亦坐落同修起居注。嘉祐初還朝，判度支院，假太常少卿、直史館使敵。歸塗，戲用契丹疋裂、貔貍等爲詩，雖一時諧謔，亦爲當世傳誦。還，判度支院。四年，出爲兩浙轉運使，還，判三司鹽鐵院，出提點梓州路刑獄。八年，再判鹽鐵院，遷户部。治平中，出知揚州，移宣州。熙寧初，判太常寺。議講讀官當賜坐，與吕公著等合。後雖不行，識者是之。

約性殷勤篤至，急人之急，甚於己私。在京師，賓客無貴賤少長，有謁必報，日不足，繼之以夜，故館中頗有走馬多羅之誚，而約實未嘗一登權要之門。故同時輩流躐進驟遷，而約獨四十年周旋館學，天下士無問識不識，皆稱之曰刁學士。而一世名德相望，前後如范公仲淹、歐陽公修、司馬公光、王公安石、王公存、蘇公軾皆愛敬之。其告老而歸，存以詩送之曰：‘平生胸懷篤風義，往還不論賤與貴。騎馬都城四十年，未嘗一毫爲身計。’比其死也，軾哭之以詩，曰：‘平生爲人耳，自爲薄如縞。’安石祭之以文，亦曰：‘坦然制行之平，裕然與人之周。既貴賤以同觀，亦始終以相侔。’蓋《實錄》云。

約家世簪纓，故所居頗有園池之勝。至約，更葺園曰‘藏春塢’。塢西臨流爲屋，曰‘逸老堂’。又西有山阜，植松其上，曰‘萬松岡’。凡當世名能文者，皆有詩，故‘藏春塢’之名聞天下。約從容里閈，年八十餘，元豐五、六年間卒。”

此叙刁約生平頗詳，然謂其卒於元豐五、六年間，則誤。孔凡禮考證刁約卒於本年：“《施注蘇詩》謂約‘重義輕施，有古人之風，壽八十四。’《東坡集》卷三十五《祭刁景純墓文一首》：‘嗟我少君，四十二歲。君不我少，謂我昆弟。’”可從。刁約卒時，王安禮知潤洲，並主其喪。《長編》卷三百四十七元豐七年七月甲寅：“然安禮惡不可揜，罪不可解。知潤州日，部內致仕官刁約，館閣故老，安石以丈人行事之，而安禮數飲約家，輒私其侍婢。約死，乃以主喪爲名，誘略其婢王氏、謝氏二人以歸。今二婢在家，王氏仍已有子。閨門之內，數致忿爭，至或挾持私事，欲以告官，而安禮多方以捍之。”王安禮自熙寧八年十二月至元豐元年九月間知潤州，①可證刁約確卒於本年。

是年，作《芙蓉堂》明志

　　《文集》卷二十七《芙蓉堂》其二：“乞得膠膠擾擾身，五湖煙水替風塵。秖將鳬鴈同爲侶，不與龜魚作主人。”

　　《東軒筆録》卷六：“王荆公初罷相，知金陵，作詩曰：‘投老歸來一幅巾，君恩猶許備藩臣。芙蓉堂上觀秋水，聊與龜魚作主人。’及再罷，乞宫觀，以會靈觀使居鍾山，又作詩曰：‘乞得膠膠擾擾身，鍾山松竹絶埃塵。只將鳬鴈同爲客，不與龜魚作主人。’”

　　吕希哲《吕氏雜記》卷下：“其後荆公再入相，吉甫自參知政事以本官知陳州。荆公爲相既久，時吴正憲沖卿充爲樞密使……不久，吴遂代荆公作相。荆公既罷相，辭使相、判江寧府，復以大觀文領集禧觀使，仍居金陵。作詩云：‘乞得膠膠擾擾身，五湖煙雨替風塵。只將鳬雁同爲侶，不與龜魚作主人。’”

是年，作《謝公墩》詩相謔

　　吕希哲《吕氏雜記》卷下：“不久，吴遂代荆公作相。荆公既罷相，辭使相判江寧府，復以大觀文領集禧觀使，仍居金陵……又作《謝公墩》詩云：‘我名公字偶相同，我屋公墩在眼中。公去我來墩屬我，不應墩姓尚隨公。’”

---

① 　湯江浩《北宋臨川王氏家族及文學考論》，第 160 頁。

有詩贈僧

《詩注》卷四十八《贈僧》:"紛紛擾擾十年間,世事何嘗不强顏。亦欲心如秋水静,應須身似嶺雲閑。"

按,詩曰"紛紛擾擾十年間",謂自熙寧元年至本年恰十年。

有詩贈蔡卞

《詩注》卷四十三《江寧府園示元度》:"畫船南北水遥通,日暮幅巾筐竹中。行過月臺逢翠碧,背人飛過子城東。"

按,詩曰"江寧府園"、"子城",則尚判江寧時作。

有詩寄題晏昭素南康望雲亭

《文集》卷二《題南康晏使君望雲亭》:"南康父老傳使君,疾呼急索初不聞。未曾遣汲谷簾水,三載衹望香爐雲。雲徐無心澹無滓,使君恬静亦如此。歘然一去掃遺陰,便覺煩歊漲千里。歸田負載子與妻,圃蔬園果西山西。出門亭皋百頃緑,望雲纔喜雨一犁。我知新亭望雲好,欲斸比鄰成二老。莫嫌鷄黍數往來,爲報襄陽德公嫂。"

李注:"谷簾在康王谷,有水簾飛泉被岩而下者二三十派,其深不可計,其廣七十餘尺。陸鴻漸《茶經》第其水爲天下第一。《廬山記》:'香爐峰,山南山北皆有之,其形圓聳,常出雲氣,故名香爐。'"

按,晏使君,當爲晏昭素,其妻吳氏爲公妻女弟(詳本譜卷一),時知南康軍。《(雍正)江西通志》卷四十六載其於熙寧年間魯有開後、元豐年間徐師回之前知南康軍。魯有開，《宋史》卷四百二十六有傳："字元翰，參知政事宗道從子也。好《禮》學，通《左氏春秋》，用宗道蔭，知韋城縣……知南康軍，代還。熙寧行新法，王安石問江南如何，曰：'法新行，未見其患，當在異日也。'以所對乖異，出通判杭州。知衛州，水災，人乏食，擅貸常平錢粟與之，且奏乞蠲其息。"魯有開當于熙寧五年知南康軍，前任周惇頤於熙寧四年八月移知南康軍，四年冬，解南康印分司南京。① 熙寧七年九月，魯有開已通判杭州，②後任晏昭素當於熙寧七年知南康軍。公詩曰"未曾遣汲谷簾水，三載祇望香爐雲"，則作於本年。

有詩送吳頤南歸

《文集》卷三十六《送吳顯道南歸》，爲集句體，姑附此。

有詩寄吳氏女

《詩注》卷四十二《寄吳氏女子》："夢想平生在一丘，暮年方得此優游。江湖相望真魚樂，怪汝長謠特地愁。"

李注："吳充子安持之妻。"

按，詳詩意，當作於公退居江寧初，姑附此。

---

① 梁紹輝《周惇頤評傳》附《周惇頤年譜》，南京大學出版社 1994 年版。
② 《(咸淳)臨安志》卷八十《靈鷲題名》："楊繪元素、魯有開元翰、陳舜俞令舉、蘇軾子瞻同遊。熙寧七年九月二十日。"第 4092 頁。熙寧六年，魯有開曾寄谷簾水一器及新詩與蘇軾，可見其時尚在南康。《蘇軾詩集》卷十《元翰少卿寵惠谷簾水一器龍團二枚仍以新詩爲貺嘆味不已次韻奉和》，第 511 頁。

解《金剛經》、《維摩詰經》，上呈神宗

《王文公文集》卷二十《進二經劄子》："臣蒙恩免於事累，因得以疾病之餘日，覃思内典。切觀《金剛般若》、《維摩詰所説經》，謝靈運、僧肇等注多失其旨，又疑世所傳天親菩薩、鳩摩羅什、慧能等所解，特妄人竊藉其名，輒以己見，爲之訓釋。不圖上徹天聽，許以投進。伏維皇帝陛下宿殖聖行，生知妙法，方册所載，象譯所傳，如天昭曠，靡不幬察，豈臣愚淺，所敢冒聞？然方大聖以神道設教，覺悟群生之時，羽毛皮骼之物，尚能助發實相，況臣區區，嘗備顧問，又承制旨，安敢蔽匿？謹繕録上進。干浼天威，臣無任惶愧之至！"

晁公武《郡齋讀書志》卷十六："《金剛經會解》一卷，右後秦僧鳩摩羅什譯。唐僧宗密、僧知恩、皇朝僧元仁、賈昌朝、王安石五家注。"

《宋史》卷二百五《藝文四》："王安石注《維摩詰經》三卷。"

按，劄曰："臣蒙恩免於事累，因得以疾病之餘日。"似本年罷判江寧時作，姑附此。

借予李伯牖官屋居

黃庭堅《豫章黃先生文集》卷二十五《跋王荆公惠李伯牖錢帖》："此帖是唐輔文初捐館時也。荆公不甚知人疾痛苛癢，於伯牖有此賻恤，非常之賜也。及伯牖以疾棄官歸金陵，又借官屋居之，問其飢寒。以釋氏論之，似是宿債也。"

按，此帖《文集》不載，而李伯牖生平亦未詳，然既曰"借

官屋"，則公或仍判江寧。姑附此，待考。

讀蘇軾《眉山集》，次韻其詠雪詩

《詩注》卷二十七《讀眉山集次韻雪詩五首》其一："若木昏昏末有鴉，凍雷深閉阿香車。搏雲忽散簁爲屑，剪水如分綴作花。擁篲尚憐南北巷，持盃能喜兩三家。戲按亂捫輸兒女，羔袖龍鍾手獨叉。"

《詩注》卷二十八《讀眉山集愛其雪詩能用韻復次韻一首》："靚粧嚴飾曜金鴉，比興難工漫百車。水種所傳清有骨，天機能織皽非花。嬋娟一色明千里，綽約無心熟萬家。長此賞懷甘獨臥，袁安交戟豈須叉。"

按，蘇軾《眉山集》問世，約熙寧末，[①]故附此。

子旁與妻龐氏不睦，爲擇壻而嫁之

魏泰《東軒筆録》卷七："王荆公之次子名旁，爲太常寺太祝，素有心疾，娶同郡龐氏女爲妻。逾年生一子，旁以貌不類己，百計欲殺之，竟以悸死，又與其妻日相鬪鬩。荆公知其子失心，念其婦無罪，欲離異之，則恐其誤惡聲，遂與擇壻而嫁之。是時有工部員外郎侯叔獻者，荆公之門人也，取魏氏女爲妻，少悍，叔獻死而帷箔不肅，荆公奏逐魏氏婦歸本家。京師有諺語曰：'王太祝生前嫁婦，侯工部死後休妻。'"

王闢之《澠水燕談録》卷十："丞相王公之夫人鄭氏奉佛

至謹,臨終囑其夫曰:'即死,願得落髮爲尼。'及死,公奏乞賜法名師號,斂以紫方袍。王荆公之子旁,少得心疾,逐其妻,荆公爲備禮嫁之。好事者戲之曰:'王太祝生前嫁婦,鄭夫人死後出家。'人以爲異。又工部郎中侯叔獻妻悍戾,叔獻既殂,兒女不勝其酷,詔離之。故好事者又曰:'侯工部死後休妻。'"

按,王曾光以爲,王旁出妻當於元豐二年,似稍晚。[1] 據魏泰所言,王旁出妻,與公奏逐侯叔獻之妻,大約同時,而侯叔獻卒於熙寧九年。故附此。

---

[1] 王曾光《王安石嫁媳事辨證》。

劉成國 著

王安石年譜長編

四

中華書局

卷 五

熙寧四年辛亥(1071)，五十一歲

正月六日，鬻天下廣惠倉田爲三路及京東常平倉本

《長編》卷二百十九熙寧四年正月壬辰："詔鬻天下廣惠倉田爲三路及京東常平本。其當賑濟，即以廣惠、常平等倉所貯粟麥給之。初，王安石言：'廣惠田可鬻，以實三路常平。'曾公亮曰：'佃户或百年承佃，有如己業，今鬻之則至失職，非便。'上曰：'還令佃户買之，則無不可者。'安石曰：'公亮所言蓋官莊也。若廣惠倉田乃本是户絕，法自當鬻，但因近置廣惠所積不多，何能賑饑？今已修常平法，則凶年固不患無所賑濟。'公亮終以爲不可，曰：'利不百，不變法。'上曰：'但義理可行則行之，自無不利。'安石曰：'利者義之和，義固所爲利也。'公亮曰：'亦有利於公家不利百姓者，不可謂之義。'安石曰：'若然，亦非人主所謂利也。'於是卒從安石議，而有是詔。"

《宋史》卷十五《神宗二》："(熙寧四年正月)壬辰，王安石請鬻天下廣惠倉田爲三路及京東常平倉本，從之。"

《宋史》卷一百七十六《食貨上四》："嘉祐二年，詔天

下置廣惠倉。初,天下没入户絶田,官自鬻之。樞密使韓琦請留勿鬻,募人耕,收其租别爲倉貯之,以給州縣郭内之老幼貧疾不能自存者,領以提點刑獄,歲終具出内之數上之三司。户不滿萬,留田租千石,萬户倍之,户二萬留三千石,三萬留四千石,四萬留五千石,五萬留六千石,七萬留八千石,十萬留萬石。田有餘,則鬻如舊。四年,詔改隷司農寺,州選官二人主出納,歲十月遣官驗視,應受米者書名于籍。自十一月始,三日一給,人米一升,幼者半之,次年二月止。有餘乃及諸縣,量大小均給之。其大略如此。"

《宋會要輯稿》食貨六二亦載。

正月九日,以謝景温直史館兼侍讀,以鄧縮兼侍御史知雜事

《長編》卷二百十九熙寧四年正月乙未:"工部郎中兼侍御史知雜事謝景温直史館兼侍讀。景温辭,乃罷侍讀知鄧州。王安石任事,景温初附之,故攻蘇軾等。其後言薛向非才,不當超除待制,及言王韶邊事誣罔,寖失安石意,故不得在言職,仍補外。職方員外郎、集賢校理鄧縮爲兵部員外郎兼侍御史知雜事。"

《宋史》卷二百九十五《謝景温傳》:"蘇頌等論李定不持母服,景温察安石指,爲辨於前。已而事下臺,景温難違衆議,始云定當追服。又言薛向不當得侍從,王韶邊奏誣罔,寖失安石意,然猶以嘗助己,但改直史館兼侍讀。"

正月十五，從駕至集禧觀，有詩次韻吳充

《詩注》卷二十八《上元從駕至集禧觀次沖卿韻》。

李注："介甫仁宗時以工部郎中知制誥，嘉祐七年也。次年，仁宗升遐。作此詩，已拜相，沖卿時爲樞密使。"

按，詩曰："昭陵持橐從遊人，更見熙寧第四春。"當作於本年，時吳充爲樞密副使。文彥博亦同和，《文潞公文集》卷五《和副樞吳諫議上元夜從駕至集禧觀》。

林旦、薛昌朝因李定追服事，上疏攻擊。正月二十一日，乃並與二人知縣差遣

《長編》卷二百十九熙寧四年正月丁未："降太子中允、權監察御史裏行林旦爲著作佐郎、知黃縣，薛昌朝爲大理寺丞、知宿遷縣。先是，旦、昌朝言李定當爲所生母追服，不報。旦劾定……又言：'宰相王安石以定素出其門，力爲薦引，雖舊惡暴露，猶曲折蔽護，言事者敷陳義理，一不省顧……臣至中書，安石謂臣言：此事自出上意。臣聞古之事君者，善則稱君。今衆人知仇氏爲定母，安石獨以爲非；衆人知定爲不孝，安石獨以爲可。'而昌朝亦言：'仇氏死於定家，定已三十七歲，無有不知之理。人皆以定爲不孝，而安石獨以爲賢；定身負大惡，而安石置之勸講之地。蓋定素遊其門，安石不顧是非，專欲取勝言者，故定合追服事理雖明，而猶再下淮南會問。淮南轉運司既憚安石之勢，又見中允恩命已行，遂不考實，作爲疑辭。安石不復質諸事理，便以上惑聖聽，使朝廷之上、經筵之間實一不孝之人，何以刑示

天下？'且六疏，昌朝七疏，故有是命。"

正月二十二日，以鄧綰判司農寺

《長編》卷二百十九熙寧四年正月戊申："兵部員外郎兼侍御史知雜事鄧綰判司農寺。"

正月二十五日，妹婿朱明之爲崇文院校書

《長編》卷二百十九熙寧四年正月辛亥："著作佐郎朱明之爲崇文院校書。明之，安石妹婿也。"

是日，以程昉爲都大提舉黃、御等河，同簽書外都水監

《長編》卷二百十九熙寧四年正月辛亥："宮苑使、帶御器械程昉爲都大提舉黃、御等河，同簽書外都水監丞。內侍簽書職事，非故事也。"

薦王欽臣召對，論新法不合，遣歸。愛其詩，題於扇

《長編》卷二百二十六熙寧四年八月己卯引《林希野史》："會絳奏黜陝西提刑高賦，安石言：'朱明之嘗爲臣言，賦爲吏嚴明，未必如絳所奏。'上問：'明之如何人？'安石退曰：'臣妹婿，請問京。'京進曰：'臣在河東日，明之爲屬縣，有學行可取。'上令召對。辛亥二月，與王欽臣同對，明之即除崇文校書、删修編敕。十餘日，又授太子中允、集賢校理、崇政殿説書、同管勾國子監。欽臣則遣歸本任而已。"

《宋會要輯稿》選舉九："（熙寧）三年七月五日，賜大理

寺丞王欽臣進士及第。先是，參知政事趙槩薦欽臣文藝，有旨候任滿與試。至是學士院召試，中優等，命之。"

方勺《泊宅編》卷上："王欽臣自西京一縣令召入，議法與舒王不合，令學士院試賦一篇，但賜出身，却歸本任。獻舒王二首頗爲婉雅，其一：'蜀國相如最好詞，武皇深恨不同時。凌雲賦罷渾無用，寂寞文園意可知。'其二：'古木陰森白玉堂，老年來此試文章。宮簷日永揮毫罷，閑拂塵埃看畫墙。'"

吳曾《能改齋漫錄》卷十一："熙寧中，王欽臣仲至自河北被召用。荊公薦對，神宗問所與遊從，公奏宋敏求，帝默然，遣還任。公因留一詩，書長老院中云……然荊公愛其詩，自題于所執扇。"

據此，王欽臣因趙槩薦召對學士院，中優等，熙寧三年七月賜進士及第。又因公薦召對，不合神宗意，故遣歸本任。

因庇護李定，遭范育論奏。二十八日，罷育之權監察御史裏行，授爲崇文院校書

《長編》卷二百十九熙寧四年正月甲寅："太子中允、權監察御史裏行范育落御史裏行，爲崇文院校書。育前後七奏李定不服母喪，及奉使河東，又面論之，且乞罷免臺職。其言曰：'……今王安石不信定之誠信，而獨信其妄疑；不爲質其母，而直爲辨其非母；不正其惡，而反謂之善。上誣天心，下塞公議。朝廷雖可惑，李定之心安可欺？臣言雖可抑，而天下之心焉可誣？'"

《東都事略》卷七十九《王安石傳》：“御史林旦、薛昌朝、范育皆以忤安石罷。”

《宋史》卷三百三《范育傳》：“字巽之，舉進士，爲涇陽令。以養親謁歸，從張載學。有薦之者，召見，授崇文校書、監察御史裏行……坐劾李定親喪匿服，罷御史，檢正中書戶房，固辭，乃知韓城縣。”

《宋史》卷三百四十三《林旦傳》：“旦第進士，熙寧中，由著作佐郎主管淮南常平，擢太子中允、監察御史裏行。居臺五月，以論李定事罷守故官。”

是月，得蕭注之評鑑，目以敢當天下大事

《宋史》卷三百三十四《蕭注傳》：“字巖夫，臨江新喻人。磊落有大志，尤喜言兵……注有膽氣，嗜殺，而能相人。自陝西還，帝問注：‘韓絳爲安撫使，施設何如？’對曰：‘廟算深遠，臣不能窺。然知絳當位極將相。’帝喜曰：‘果如卿言，絳必成功。’問王安石，曰：‘安石牛目虎顧，視物如射，意行直前，敢當天下大事。然不如絳得和氣爲多。惟氣和能養萬物爾。’”

是月，以蕭注代潘夙知桂州

《長編》卷二百十七熙寧三年十一月乙卯：“翰林學士承旨王珪言……既而，上以珪所進文字付參知政事王安石。”李燾注曰：“珪集自注云：‘熙寧三年冬。’是年十二月丁卯，珪知參政。”“又潘夙以元年十一月知桂州，四年三月徙河北漕，安石此奏欲易夙，則三年冬夙必在桂州，故四年正月即

以蕭注代夙。”

　　按，潘夙熙寧元年知桂州，①三年仍在任。《宋史》卷三百三十三《潘夙傳》：“召對，訪交、廣事稱旨，還司封郎中、直昭文館，復知桂州。交人敗於占城，僞表稱賀，以爲大捷。神宗詔之曰：‘智高之難方二十年，中人之情，燕安忽事，直謂山僻蠻獠，無可慮之理，殊不思禍生於所忽。唐六詔爲中國患，此前事之師也。卿本將家子，寄要蕃，宜體朕意，悉心經度。’夙遂上書陳交阯可取狀，且將發兵。未報，而徙河北轉運使。”然《長編》卷二百十六熙寧三年十月甲戌：“知桂州潘夙言：‘主管邕州溪洞文字蔣舜俞近到任，即建白欲取交阯，恐致生事，乞改授舜俞廣南東路差遣。’從之。”二者似有抵牾。至於溫杲，《長編》卷二百三十七熙寧五年八月甲辰：“罷諸路轉運司勾當公事官，內廣西經略司勾當公事二員，檢會差置月日取旨。時樞密院已罷諸路經略安撫勾當公事官，而溫杲在廣西，實上所命，且方有意圖交州，故不即罷也。”李燾注曰：“溫杲廣西經略司勾當公事，乃四年四月差。”

　　以蕭注代潘夙知桂州，差溫杲爲廣西經略司勾當公事，可見神宗欲取交阯之意，而公奉行。② 李燾曰：“珪集自注云：‘熙寧三年冬。’是年十二月丁卯，珪知參政。”亦或別有

---

①　《宋會要輯稿》選舉三三：“（熙寧元年）十一月二十五日，廣南東路轉運使、司勳郎中王靖爲太常少卿、直昭文館、知廣州，皇城使、端州刺史、知冀州潘夙改司封郎中、直昭文館、知桂州。”第5885頁。

②　黃純豔《“漢唐舊疆”話語下的宋神宗開邊》分析蕭注代潘夙知桂州之原因甚明瞭，《歷史研究》2016年第1期。又可見陳朝陽《熙寧末年宋交戰爭考述》，《中國史研究》2012年第2期。

意歟？

又《宋史》卷三百三十四《蕭注傳》："居邕數年，陰以利啗廣源群蠻，密繕兵甲，乃上疏曰：'交阯雖奏朝貢，實包禍心，常以蠶食王土爲事。往天聖中，鄭天益爲轉運使，嘗責其擅賦雲河洞。今雲河乃落蠻數百里，蓋年侵歲吞，馴致於是。臣已盡得其要領，周知其要害，今不取，異日必爲中國憂。願馳至京師，面陳方略。'未報……（熙寧三年）時有言'交人挫於占城，衆不滿萬，可取也'。遂以注知桂州。入覲，神宗問攻取之策，對曰：'昔者臣有是言，是時溪洞之兵，一可當十，器甲堅利，親信之人皆可指呼而使。今兩者不如昔，交人生聚教訓十五年矣，謂之'兵不滿萬'，妄也。'既至桂，種酋皆來謁。注延訪山川曲折，老幼安否，均得其驩心，故李乾德動息必知之。然有獻征南策者，輒不聽。會沈起以平蠻自任，帝使代注而罷。注歸，卒于道，年六十一。"

以上均可見神宗欲取交趾之意。

歐陽修有啓賀拜相

歐陽修《賀王相公安石拜相啓》："伏審榮膺帝制，顯正台司，伏惟慶慰。伏以史館相公誠明稟粹，精搜窮微，高步儒林，著三朝甚重之望；晚登文陛，當萬乘非常之知。論道黃扉，沃心黼扆，果被往諧之命，遂膺爰立之求。左右謀謨，方切倚衡之任；搢紳中外，益崇巖石之瞻。竊顧病衰，恪居官守，莫陪班謁，徒用馳誠。春序布和，政機惟密，伏惟上爲

邦國,精調寢興,欣抃之誠,叙陳罔既。"題注:"熙寧四
年春。"①

二月一日,上《乞改科條劄子》

《長編》卷二百二十熙寧四年二月丁巳朔:"中書言:
'古之取士皆本於學校,故道德一於上,習俗成於下,其人材
皆足以有爲於世。自先王之澤竭,教養之法無所本,士雖有
美材而無學校師友以成就之,此議者之所患也。今欲追復
古制以革其弊,則患於無漸。宜先除去聲病偶對之文,使學
者得以專意經義,以俟朝廷興建學校,然後講求三代所以教
育選舉之法,施於天下,則庶幾可復古矣。明經及諸科欲行
廢罷,取元解明經人數增解進士,及更俟一次科場,不許諸
科新人應舉,漸令改習進士。仍於京東、陝西、河東、河北、
京西五路先置學官,使之教導。其禮部所增進士奏名,止取
五路進士充數,所貴合格者多,可以誘諸科嚮習進士。今定
貢舉新制:進士罷詩賦、帖經、墨義,各占治《詩》、《書》、
《易》、《周禮》、《禮記》一經,兼以《論語》、《孟子》。每試四
場,初本經,次兼經並大義十道,務通義理,不須盡用注疏。
次論一首,次時務策三道,禮部五道。中書撰大義式頒行。
量取諸科解名增解進士,以熙寧二年解明經數爲率。如舉
人數多於熙寧二年,即每十人更取諸科額一人,諸科額不及
三人者聽依舊。不解明經處,每增二十人,如十人法。禮部
奏名,於諸科解額取十分之三增進士額。京東、陝西、河北、

---

① 《歐陽修全集》卷九十六,第 1474 頁。"春",據四部叢刊本《歐陽文忠公
集》。

河東、京西進士，開封府、國子監、諸路嘗應諸科改應進士者，別作一項考校。其諸科内取到分數，並充進士奏名，將來科場，諸科宜令依舊應舉，候經一次科場，除舊人外不得應諸科舉。五路先置學官，中書選擇逐路各三五人，雖未仕，有經術行誼者，亦許權教授，給下縣主簿、尉俸。願應舉者亦聽，候滿三年，有五人奏舉，堂除本州判、司、主簿、尉，仍再兼教授。即經術行誼卓然，爲士人所推服者，除官充教授。其餘州軍並令兩制、兩省、館閣、臺諫臣寮薦舉見任京朝官、選人有學行可爲人師者，中書體量，堂除逐路官，令兼本州教授。諸州進士不及二百人處，令轉運司併隣近三兩州考試，仍各用本州解額。殿試策一道，限千字以上。分五等：第一等、二等賜及第；第三等出身；第四等同出身；第五等同學究出身。'從之。"

《宋會要輯稿》選舉三所載略同。此劄見《文集》卷四十二。

按，公雖進士高第，然於科舉詩賦取士，素來極爲不滿。一者，科舉取士之進士科重詩賦，導致士人"但以章句聲病，苟尚文辭，類皆小能者爲之"；諸科則"徒以記問爲能，不責大義，類皆蒙鄙者能之"。[①] 士人爲官，所學非所用，行政知識與能力嚴重欠缺。二者，科舉制度將士之進用，繫於有司之好惡，導致士人進身之初，即不免枉己從人："誠有豪傑不世出之士，不自進乎此，上之人弗舉也。誠進乎此而不應今之法度，有司弗取也。夫自進乎此，皆所謂枉己者也。孟子

---

① 《文集》卷六十九《取材》。

曰：‘未有枉己能正人者也。’”①由此，科舉制度導致士人道
德修養、知識結構均嚴重欠缺，士風惡化。學校養士，可解
決此困境。此種觀點，於仁宗朝之士大夫群體間日趨流行，
固非公之僅有。惟公獲得君行道之良機，可將此理念付諸
實施。然為之須有漸，不可一蹴而就，故先改詩賦取士之
制，廢除諸科、明經等。

　　又劄曰“五路先置學官”，稍後即得施行。《宋會要輯
稿》崇儒二：“熙寧四年三月五日，詔諸路轉運司應朝廷選差
學官州軍，發田十頃充學糧，元有田不及者益之，多者聽如
故。凡在學有職事，於學糧內優定請給。六月，詔中書門下
五路舉人最多州軍，除河南府、青州見有舉辟學官，餘并增
選為逐州教授。六年三月，詔諸路學并委中書門下選差京
朝官、選人或舉人充。”

神宗欲用朱明之檢正中書禮房公事。以親嫌辭，而薦劉摯

　　《長編》卷二百二十熙寧四年二月辛酉：“著作佐郎、館
閣校勘劉摯權檢正吏房公事。上初欲用朱明之，王安石以
親辭，上曰：‘摯未可知。’安石曰：‘試其可否，則罷之無傷，
兼摯自有禮院差遣也。’故命摯權。”

　　《宋史》卷三百四十《劉摯傳》：“摯與信都令李沖、清河
令黃莘皆以治行聞，人稱為‘河朔三令’。徙江陵觀察推官，
用韓琦薦，得館閣校勘。王安石一見器異之，擢檢正中書禮

---

① 《文集》卷六十九《進說》。

房……及入見，神宗面賜褒諭，因問：'卿從學王安石邪？安石極稱卿器識。'對曰：'臣東北人，少孤獨學，不識安石也。'"

趙善璙《自警編》卷五："王荊公安石初秉政，拔擇人才，任以不次。元公絳數以劉摯爲言，荊公一見，遂器重焉，擢爲中書檢正。"

按，"權檢正吏房公事"，《宋史》作"檢正中書禮房"，《名臣碑傳琬琰集》下卷十二《劉右丞摯傳》同，是，故公曰"兼摯自有禮院差遣也"。又《宋史》卷一百六十一《職官一》："檢正官，五房各一人，掌糾正省務。熙寧三年置，以京朝官充，選人即爲習學公事。官制行，罷之，而其職歸左右司。"熙寧三年九月，李清臣首除檢正中書吏房公事。《長編》卷二百十五熙寧三年九月壬子："陝西宣撫判官、度支員外郎、直舍人院呂大防兼檢正中書五房公事，太子中允、集賢校理曾布，宣撫司書寫機密文字、秘書郎、集賢校理李清臣，大理寺丞李承之並充檢正公事。布户房，清臣吏房，承之刑房。"本年四月，李定檢正中書吏房公事（詳下）。

是日，老人星見，乞罷故事上賀表

《長編》卷二百二十熙寧四年二月辛酉："司天奏老人星見，故事當送史館。上曰：'此甚無謂，可罷。'王安石稱善，并言：'故事許上賀表，亦宜罷。'詔罷之。"

按，老人星，即壽星。《宋會要輯稿》瑞異一："開寶二年七月乙亥，壽星出，見于丙。薦人君之壽，既稽《元命》之圖，表天下之安。""（熙寧）四年二月五日，詔中書門下罷上表

賀老人星見。此星常以春秋見於南方，所占略同，而宰臣例
賀，至是罷之。"

是日，行新致仕法，以王素帶職致仕

《長編》卷二百二十熙寧四年二月辛酉："端明殿學士、
尚書左丞王素爲工部尚書、端明殿學士致仕，上亟從之。王
安石言：'宜且降詔不允。'上曰：'素今在此，實知其病，便令
致仕，何傷？'安石曰：'無傷也。'故事，致仕者例不帶職，王
安石以爲致仕者致其職事於君，無落職之理。故皆以本職
致仕自王素始。"

《宋史》卷三百二十《王素傳》："轉工部尚書，仍故職致
仕。故事，雖三公致仕，亦不帶職。朝廷方新法制，素首以
學士就第。"

王珪《華陽集》卷五十七《王懿敏公素墓誌銘》："遂加
工部尚書致仕，職如故。故事，致仕雖三公無帶職者。朝廷
方施用新法，公首以學士就第，時人榮之。"

司馬光上章抨擊

《長編》卷二百二十熙寧四年二月辛酉："知永興軍、端
明殿學士兼翰林侍讀學士司馬光知許州。光在永興，宣撫
司請增修城壁，雖內郡不被邊，亦增修如邊郡。光奏罷
之……光知言不用，遂乞判西京留司御史臺，不報，又上章
曰：'臣之不才，最出群臣之下。先見不如呂誨，公直不如范
純仁、程顥，敢言不如蘇軾、孔文仲，勇決不如范鎮……今陛
下惟安石之言是信，安石以爲賢則賢，以爲愚則愚，以爲是

則是，以爲非則非，諂附安石者謂之忠良，攻難安石者謂之
讒慝。臣之才識固安石之所愚，臣之議論固安石之所非，今
日所言，陛下之所謂讒慝者也！伏望陛下聖恩裁處其罪。'
詔光移知許州，令過闕上殿。或曰：'陛下不能用光言，光必
不來。'上曰：'未論用其言與否，如光者常在左右，人主自可
無過矣。'光訖辭許州，固請留臺。久之，乃從其請，光自是
遂絶口不復論新法。"

**以舍人院除授制辭繁瑣，乞撰定誥辭以備檢用。神宗
從之**

《長編》卷二百二十熙寧四年二月辛酉："編修中書條
例所言：'舍人院除官皆有定格，除官之人，無日不有。而
外制臣僚皆兼領他事，既出倉卒，褒貶重輕或未得中。乞
自今文臣兩制、武臣閣門使已上，及朝廷陞擢、特旨改官，
并責降、特選告辭外，其餘除授並撰定檢用。'從之。先是，
上言陳繹制辭不工，欲用曾布，疑布所領事已多。王安石
曰：'布兼之亦不困。'遂以布直舍人院。安石因言：'制辭
太繁，如磨勘轉常參官之類，何須作誥稱譽其美，非王言之
體，兼令在官者以從事華辭費日力。'上曰：'常參官多不
識，每轉官，盛稱其材行，皆非實，誠無謂。'安石曰：'臣愚
以爲但可撰定誥辭，云朕録爾勞，序進厥位，往率職事，服
朕命，欽哉！他放此撰定，則甚省得詞臣心力，却使專思慮
於實事，亦於王言之體爲當。'馮京以爲不可，上卒從安
石言。"

按，《長編》卷二百八十三熙寧十年六月丙申："知制誥

孫洙言：'熙寧四年中，建言者患制誥過爲溢美，以爲磨勘遷官非有績效，不當專爲訓詞。又謂典誥之臣皆有兼官，殫費文辭，慮妨其他職事，遂著令磨勘皆爲一定之辭。文臣待制、武臣閤門使以上，方特命草制，其餘悉用四句定辭，遂至群臣雖前後遷官各異，而同是一辭，典誥者雖列著名氏各殊，而共用一制。一門之内，除官者或數人，文武雖別，而并爲一體。至於致仕贈官，薦舉叙復，宗室賜名，宗婦封邑，齋文疏語之類，雖名體散殊，而格以一律，歲歲遵用。雖曰苟趨簡易，然而示陋，非所以訓百官詔後世也。前世典章，本朝故事，未嘗有此。陛下天縱神聖，言成典謨，博鑑古今，循責名實。每聞天語訓敕臣下，手札宣示二府，皆言有法義，曲盡事情，天下傳誦，史官紀述，而典誥之臣乃苟簡如此，豈稱明詔所以垂立一代制度之意哉！伏望皆令隨事撰述，但不得過爲溢美，以失事實。'"孫洙所言即謂此。

二月六日，以韓絳乞用韓鐸權河東轉運使，與神宗、文彦博等議之

《長編》卷二百二十熙寧四年二月壬戌："韓絳乞用陝西路提點刑獄韓鐸權河東轉運使。上曰：'鐸暴刻，恐河東新經瘡痍之後，未可用。'文彦博曰：'韓絳要鐸了邊事，今不用鐸用他人，恐敗事。'馮京曰：'鐸好希向時事。'王安石亦言鐸反覆。上曰：'如肯希向時事，雖小過當擾人，猶勝陳汝羲、張問故意壞事。'安石曰：'故意壞事與希向擾人，皆不可也。'因言：'鐸初助行常平法，後聞臣將罷政事，遂一切沮壞，如此人恐難任以邊事。'上曰：'當察之。'安石曰：'恐察

得時已害事。'上曰:'別未有人,張問等必難留在任,且用鐸如何?'安石曰:'善。'遂從絳請。"

是日,與神宗論河東轉運司故意沮修河東城寨,欲窮究之

《長編》卷二百二十熙寧四年二月壬戌:"上又與安石論河東城寨非不可修,轉運司不應故意沮壞乃專欲罷修。安石曰:'臣在翰林,陛下問裴度,臣時奏對,非度討蔡州,以爲未能治朝廷,乃用兵於方鎮,雖幸有功,不足多。其後陛下問宣王即位,何以便攘戎夷,臣時奏對,以爲宣王内修政事,然後外攘外國,陛下深以臣言爲然。陛下擢臣在此位,一夫失所,臣任其責。自聞河東騷擾,臣寢食不安,豈敢於陛下不盡所懷? 河東經略司、轉運司已令分析及體量,要治其沮壞之罪,須其辭服乃可行罰。'上曰:'只將宣撫司、經略轉運司前後文字參較,便見事實。'安石曰:'未可見,但令各具分析,若實無理,無緣妄説得行。陛下非是不曉吏文,此事不難見曲直。'上曰:'須以意窮究。'安石曰:'但當令各盡其所言,則曲直自見。若有意則有適莫,猶當自竭所懷,恐他人觀望陛下意所在,即便失事實。'馮京言:'范育回自見。'范育體量河東在正月十三日。安石曰:'范育回恐亦未得事實。'上曰:'范育誠未足信,須更令人體量。若張問輩果用意沮壞,則不可容。'安石曰:'用意沮壞固不可容,就令失錯,所害至大,亦非可施輕典。今失入死罪三人,已是除名編管。今困一路生靈,只自縊殺者已不啻三人,何可恕? 但其辭未盡,未可輕用典刑,須窮究到底,令其無辭,則法行而人服。'

及范育奏轉運司科擾事，安石請如育奏，乃令育詳具轉運司
乖方事狀，并令轉運司分析。上猶疑問等用意壞事，安石
曰：'不問用意與不用意，皆可罪。或是自爲計太過慮，緣乏
軍興得罪，故顛錯至此耳！'上以爲然。"

二月八日，以曾布檢正中書五房公事。御史中丞楊繪上章劾擅權

《長編》卷二百二十熙寧四年二月甲子："太子中允、集
賢校理、直舍人院、檢正中書戶房公事曾布檢正五房公事。
布每事白王安石即行之，或謂布當白兩參政，指馮京及王珪
也，布曰：'丞相已議定，何問彼爲！俟敕出令押字耳。'御史
中丞楊繪言：'近者進奏院班下四方及流內銓牓示條貫，其
首但云據某房檢正官申具，其末又云進呈奉聖旨依檢正官
所定，首末並以檢正官爲文，若不曾經中書、門下，殊失朝廷
號令之體。'又言：'……臣又聞諸房檢正官每有定奪文字，
未申上聞，並只獨就宰臣王安石一處商量稟覆，即便徑作文
字申上，其馮京等只是據已做成申上者文字簽押施行。臣
竊謂國家並建輔弼，不惟凡事欲集長以詳處其當，亦欲防權
柄專歸於一門也。今檢正官等皆朝廷選用之人，不識體如
此，是致外議譁然，咸謂雖塗注亦有只是宰臣王安石與都檢
正官曾布商議，而參知政事馮京、王珪或有不先預聞者。臣
亦料此說非實然，安得家至戶到而曉之乎？伏乞陛下特賜
誡勵檢正官等，每有定奪文字，須是徧行稟覆，并指揮馮京、
王珪等令各振其職，無苟且焉。'"

二月十一日，妹婿朱明之爲太子中允、集賢校理、崇政殿説書兼管國子監

《長編》卷二百二十熙寧四年二月甲子丁卯："著作佐郎、崇文院校書朱明之爲太子中允、集賢校理、崇政殿説書兼管國子監。明之固辭，復爲故官。"

李燾："明之辭新官復故官，乃二月二十二日，今并書。"

以鄧潤甫權檢正中書户房公事

《長編》卷二百二十熙寧四年二月丁卯："館閣校勘、同判登聞鼓蒲宗孟權檢正中書孔目房公事，編修中書條例鄧潤甫權檢正中書户房公事。"

《宋史》卷三百四十三《鄧潤甫傳》："第進士，爲上饒尉、武昌令。舉賢良方正，召試不應。熙寧中，王安石以潤甫爲編修中書條例、檢正中書户房事。"

二月十二日，與神宗、文彦博、吳充等議茶法

《長編》卷二百二十熙寧四年二月戊辰："是日，上對輔臣言向來茶法之弊。文彦博曰：'非茶法弊，蓋昔年用兵西北，調邊食急，用茶償之，其數既多，茶不售則所在委積，故虛錢多而壞法也。'王安石曰：'榷茶所獲利無多。'吳充曰：'仁宗朝茶法極弊時，歲猶得九十餘萬緡，亦不爲少，茶法因用兵而壞，彦博所言是矣。然立法之初，許商人入芻粟邊郡，執交鈔至京師，或使錢、銀、紬、絹，或香藥、象牙惟所欲，商人便之，故法大行。至祥符初，限以三税之法，定立分數，

不許從便，客旅拘制，又茶官多買茶之下者，苟足課額，商人得之，往往折閱，又法數變，而民不信，此其所以大壞。如邊鄙無事，法令不爲小利輕變易，自無不行之法。'王安石曰：'茶法本亦不善，須挾見錢、香藥等乃能售，蓋見錢、香藥等已足辦邊糴，而茶乃更爲賈人之累，以此小賈不能入中，惟大賈能之；惟大賈始能，則邊糴之權制於大賈，此所以糴價常高，而官重費也。'"

《宋史》卷一百八十四《食貨下六》："熙寧四年，神宗與大臣論昔茶法之弊，文彥博、吳充、王安石各論其故，然於茶法未有所變。"

按，公曰："茶法本亦不善。"蓋仁宗嘉祐四年榷茶之廢，公有力焉。

二月十四日，探報契丹陰發兵三十萬往西界，與神宗、馮京議之；又與神宗論理財

《長編》卷二百二十熙寧四年二月庚午："（神宗）又手詔付樞密院曰：'昨李復圭擅易詔命，出師侵敵，遂致西鄙用兵。廣南守臣亦以強爲招納，引惹蠻寇。夔、峽夷户本止羈縻，近者用衆討除，元惡尚未授首。前日又據河東邊吏奏，北敵聚兵，雖未測虛實，恐邊臣有以啓之者。況今朝廷政事之弊，方議修理，國財民力，窮乏可知。平時無事，尚虞天災流行無以待之，若四方有警，何以支梧？恐邊臣未悉朝廷之計，宜密戒諭之。'先是，宣撫使奏夏人點集不起，或云往讎賽西蕃。上曰：'此何意也？'王安石曰：'彼或先并力討西蕃，彈壓已定，乃來與中國爭。緣今便與中國爭，亦未見其

利。'上曰：'能如此，乃是有謀。'安石曰：'前見梁氏委計於
諸首領，或恐諸首領計慮及此。'馮京又言：'或聞就契丹借
兵。'上疑契丹不肯，安石曰：'夏賊若果借兵於契丹，即不爲
得計，恐其不至如此。'及是，探報契丹陰發腹裏兵三十萬往
西界，不令中國知。上曰：'果有此否？'安石曰：'雖有此不
足怪。陛下即位，即經營綏州，又取銀州，破其脣齒之勢。
彼以爲中國若已服夏國，當覦幽燕；若乘中國有事之時，能
撓我權，則其庸多矣。夏國主幼，婦人用事，忿而無謀，或請
師於契丹，則爲契丹計，雖許之，何爲不可？可以撓中國，而
無損於我，契丹優爲之，但恐其無遠略，不能出此。'上曰：
'果及此，則奈何？'安石曰：'陛下誠以靜重待之，雖加一契
丹，於邊事亦不至狼狽。若欲進取，非臣所知。且我堅壁清
野，積聚芻糧以待敵，則敵未能深爲我患。而彼兩國集於境
上，其芻糧何以持久？我所患者，在於芻糧難繼而已！愛惜
芻糧，無傷民力，而以靜重待敵之弊，則外患非所恤也！'馮
京曰：'恐其如慶曆時事。'安石曰：'慶曆自是朝廷失節，以
致嫚侮。'京曰：'去告彼，令説與夏國，彼便承當，以爲此極
小事。'上曰：'契丹前後極有機會可乘，朝廷自失之。如真
宗末年，欲託後嗣，朝廷却宜與承當。'安石曰：'此亦何補？
若其後嗣强桀，豈以此故肯屈服；若孱懦，雖無此亦何難屈
服。且勝夷狄，只在閒暇時修吾政刑，使將吏稱職，財穀富，
兵彊而已。虛辭僞事，不足爲也。'上患陝西財用不足，安石
曰：'今所以未舉事者，凡以財不足，故臣以理財爲方今先
急。未暇理財而先舉事，則事難濟。臣固嘗論天下事如奕
棋，以下子先後當否爲勝負，又論理財以農事爲急，農以去

其疾苦，抑兼并，便趣農爲急。此臣所以汲汲於差役之
法也。'"

二月十五日，減中書堂後官魏默二年磨勘

《長編》卷二百二十熙寧四年二月辛未："詔：自今丞郎
給諫分司致仕，遺表恩比見任第降一等，其武臣令樞密院施
行。堂後官魏默言：'前此誤依見任例與京官，故改之。'上
曰：'默可賞！'王安石曰：'且與上簿。'上曰：'自合上簿，宜
特與賞。'安石曰：'與減二年磨勘。'上曰：'善。'安石曰：
'陛下及此甚善。人主於衆事，安能盡察，付之衆人耳目心
力，而以賞罰馭之，使各自盡，即無遺策，何事不成？'"

請神宗明降庚午詔書處分

《長編》卷二百二十熙寧四年二月辛未："（神宗）又曰：
'方今國財民力皆困匱，紀綱政事正宜修理，卿等更勉圖其
宜。'王安石曰：'昔魏徵有言：中國既安，遠人自服。此實至
理。自古未有政事修而財用不足、遠人不服者。'吳充曰：
'《詩》有之：惠此中國，以綏四方。蓋先於治內爾。'馮京
曰：'手敕處分，切中機會，天下聞之，固當鼓舞聖德。'安石
請明降詔書處分。上曰：'但欲邊臣知此意，若宣布之，亦或
緣而生姦。'乃已。"

按，《長編》卷二百二十熙寧四年二月庚午："（神宗）又
手詔付樞密院曰：'昨李復圭擅易詔命，出師侵敵，遂致西鄙
用兵。廣南守臣，亦以強爲招納，引惹蠻寇。夔峽夷戶，本
止羈縻，近者用衆討除，元惡尚未授首。前日又據河東邊吏

奏北敵聚兵,雖未測虛實,恐邊臣有以啓之者。況今朝廷政事之弊,方議修理,國財民力,窮乏可知。平時無事,尚虞天災流行,無以待之,若四方有警,何以支梧?恐邊臣未悉朝廷之計,宜密戒諭之。"此即公所請明降之詔書。此蓋因聞契丹發兵,而有此舉措。

勸神宗不可減皇弟恩,神宗從之

《長編》卷二百二十熙寧四年二月壬申:"山南西道節度使、檢校太尉、同平章事、高密郡王頵爲保信、保靜等軍節度使,進封嘉王。仍詔大敕繫銜文彥博上。上初疑頵少,未可加兩鎮。王安石曰:'皇弟恩不可殺也。'從之。"

二月十六日,與神宗、文彥博等議遣使按視囉兀城

《長編》卷二百二十熙寧四年二月壬申:"遣戶部副使、司勳郎中張景憲,樞密都承旨、東上閤門使李評按視囉兀城、撫寧城。趙卨及李憲屢言其不可守也。先是,王安石請用親信內臣與一朝士大夫俱往。上不可,曰:'用宰相宣撫,令內臣審覆,於體不便。'欲用曾布,皆逡巡莫答。上曰:'布宰屬,其可也。'吳充請用謝景溫,安石謂景溫恐不能識利害。文彥博請用景憲,馮京曰:'韓絳曾舉景憲,且與絳親。'上良久曰:'亦無傷。'又欲令評俱往,僉以爲善……景憲受命,即奏曰:'二城不可守,臣固不待到而後知。'行未半道,撫寧已陷。至鄜延上言,囉兀城距綏德百餘里,邈然孤城,鑿井無水,無可守之理。且條奏道路所見百姓憔悴,師旅咨嗟之狀,願罷徒勞之役,廢無用之城,嚴敕諸將大爲守備而

已。种諤首誤國，乞正典刑。又言：'邊郡誘生戶，小者與之金帛，大者授之官，恐黠羌多詐，緩急爲内應，宜亟止之。'評使還，亦言入鄜延界詢求囉兀城利害，無一人言便者，乞速毀廢，以解一路之患。"

《宋會要輯稿》職官一："（熙寧）四年，知慶州趙卨、經制使李憲屢言囉兀城，上欲遣人相度。王安石曰：'請用親信内臣與一朝士大夫往。'上曰：'用宰相制事，而令内臣審覆，於體非便。'於是用張景憲、李評俱往。"

《宋史》卷三百三十《張景憲傳》："字正國，河南人……熙寧初，爲户部副使。韓絳築撫寧、囉兀兩城，帝命景憲往視。始受詔，即言城不可守，固不待到而後知也。未幾，撫寧陷。至延安，又言：'囉兀邈然孤城，鑿井無水，將何以守？臣在道，所見師勞民困之狀非一，願罷徒勞之役，廢無用之城，嚴飭邊將爲守計。今邊郡召生羌，與之金帛官爵，恐黠羌多詐，緩急或爲内應，宜亟止之。'"

按，張景憲爲尹洙之婿。韓琦《安陽集》卷四十七《故崇信軍節度副使檢校尚書工部員外郎尹公墓表》："女五人：長適虞部員外郎張景憲，次繼適張氏，次適太常丞太祝謝景平，次二人未嫁。"范純仁《范仲宣公文集》卷十六《大中大夫充集英殿修撰張公行狀》："未幾，奉使北敵，還，復使西陲，按視囉兀、府寧二城。公受命，即奏曰：'二城不可守，臣固不待到而後知。'既而，行未半道，而府寧果已失守。及還朝，更陳囉兀不可守之狀，且曰：'邊防本無事，皆王人生事邀功，罔惑朝聽，以至於罪。非嚴行懲戒，則疆場無由安静'……龍圖尹公師魯負天下重名，愛公之才，兩以女配之。"

又《長編》卷二百二十熙寧四年二月甲戌："是日，西賊攻撫寧堡，陷之……（時二月未望）後五日，撫寧陷，囉兀城尋亦棄不守。上嘗問宣徽南院使郭逵曰：'种諤取囉兀、撫寧二寨，或聞夏人復欲取之，當何如？'逵曰：'願速備撫寧，則囉兀城無患。'上曰：'何也？'逵曰：'昔夏人取靈武，先擊清遠，然後靈州失守。今撫寧地平而城小，戍兵不多，萬一用前策，則必先取撫寧。撫寧破，囉兀城隨之矣。'上深以爲然，未及往備，而撫寧已陷，遂棄囉兀城。"

二月十七日，因神宗欲責降河東轉運使，以爲宜詳審

《長編》卷二百二十熙寧四年二月癸酉："先是，御史范育言：'河東民夫送材木至麟州，留月餘不使之納。'上曰：'河東兩轉運使恐須早責降，因其措置乖方，一路爲之勞擾，人不能堪，至自賊殺者甚眾。若論法，不過不應爲。'王安石曰：'此在陛下特斷，豈係法官。兼自來斷命官罪，皆以特旨，非以法，雖赦亦有所不用。陛下前謂失入一人死罪，得罪不輕，今此壞一路，豈有輕赦之理。'上曰：'據理，雖使人償死可也。'安石曰：'已令窮核其事，候見事實，固當深責之。朝廷既欲重行，尤宜詳審。'"

以集賢校理趙彥若管勾畫天下州、府、軍、監、縣、鎮地圖

《長編》卷二百二十熙寧四年二月甲戌："召監單州酒稅、太常丞、集賢校理趙彥若歸館，管勾畫天下州、府、軍、

監、縣、鎮地圖。先是，中書差圖畫院待詔繪畫，上批：恐須差有記問朝臣一人稽考圖籍，庶不失真。故命彥若領之。”

二十一日，以文彥博言修漳河空勞民無所利，駁之

《長編》卷二百二十熙寧四年二月丁丑：“詔增開修漳河役兵及萬人，併力於四月以前畢功。上患財用不足。文彥博曰：‘要豐財，安百姓，須省事。如漳河累年不開何所妨？漳河不在東邊即在西邊，其利害一也。今盛發夫開河，只移得東邊河，却掘西邊民田，空勞民，何所利？’王安石曰：‘若使漳河不由地中行，則或東或西，爲害一也；若治使行地中，則有利而無害。若或東或西，利害一也，則禹何須浚川，盡力溝洫？勞民誠不可輕，然以佚道使民，雖勞不可不勉。’上笑。”

李燾：“《日錄》載此於二十一日，今附見增兵開漳河後。”

是日，與神宗論前秦丞相王猛

《長編》卷二百二十熙寧四年二月丁丑：“上論王猛，王安石曰：‘猛宰政公平，流放尸素，拔幽滯，顯賢能，無罪而不刑，無才而不任，兵強國富，垂及升平。猛至微淺，然不如是，亦不能濟此功。’上曰：‘流放尸素，誠爲先急。’安石曰：‘但尸素尚宜以流放爲先急，況又沮壞時事，固所不容。臣觀王猛臨終與苻堅所言，尤知猛有智慮。苻堅志大而不見幾，好功而不忍，內有慕容垂之徒不誅，而外欲伐晉，此其所以亡也。猛知堅不能除垂之徒，故勸以勿伐晉。不然，以秦

之强,而欲取晉,何難之有?'上曰:'先知害,乃可言利。今內困於財用,則不可以有事北狄,亦猶內有慕容垂之徒未誅,則不可以有事於晉也。'馮京曰:'臣常言天下事不可急。'安石曰:'有一日行之而立見效者,亦不可不急,若流放尸素之類是也。如用兵於强敵,乃當待時而爲之不可過。'"

李燾:"《日錄》載此於二十一日,今從之。"

二月二十二日,論韓琦再任判大名府當加恩

《長編》卷二百二十熙寧四年二月戊寅:"淮南節度使、守司徒兼侍中韓琦改永興軍節度使,再任判大名府。初,王安石論琦再任當加恩。上曰:'恐琦不肯受。'安石曰:'大名,近制不當加恩,然琦兩朝顧命大臣,若欲留之,再任不可不加恩。'琦卒辭永興軍節度使不拜。"

是月,撰《王補之墓誌銘》

《文集》卷九十一《王補之墓誌銘》:"君之死,年四十有六,實熙寧二年閏十一月丁巳。至四年二月壬申,妻曾氏,子緔、緼,始克葬君南城縣禮教鄉長義里。"

三月二日,遣章惇出使夔州

《長編》卷二百二十一熙寧四年三月丁亥:"夔州路轉運司孫構、張詵言:'杜安行等奏討平夷賊,斥地七百里,獲鎧甲器仗三百,糧六百餘石,見安集夷戶佃蒔,起輸租賦。'詔遣著作佐郎章惇乘驛同轉運司制置以聞……中書欲支惇見任料錢、添支并給驛券。上批:'惇已請添支,又請驛券,恐

礙條貫，檢嘉祐以來至近歲例呈。'馮京言：'近方有此例。'
王安石曰：'嘉祐、治平已有例，且陛下患人材難得，今無能
之人享祿賜而安逸，有能者乃見選用，奔走勞費，而與無能
者所享同，則人孰肯勸而爲能？如惇以才選，令遠使極邊，
豈可惜一驛券？縱有條貫，中書如臣者，亦當以道揆事，佐
陛下以予奪馭群臣，不當守法，況有近例。'上曰：'有例須支
與，兼其所得不過數百錢，不爲多也。'先是，李承之薦惇於
安石，安石曰：'聞惇極無行。'承之曰：'某所薦者才也，顧惇
才可用耳，素行何累焉？公試與語，自當愛之。'安石見惇，
惇素辯，又善迎合，安石大喜，恨得之晚。"

按，《宋史》卷四百七十一《章惇傳》："熙寧初，王安石
秉政，悅其才，用爲編修三司條例官，加集賢校理、中書檢
正。"未言惇出使夔州，或因本年四月罷行。李燾："四月二
日丁亥，罷惇行。"

三月三日，對資政殿。因慶州軍亂，文彥博極言更張之不便，駁之；勸神宗宜先修內政，邊事姑務靜重

《長編》卷二百二十一熙寧四年三月戊子："上巳假。上
召二府對資政殿，出陝西轉運使奏慶州軍亂示之，上深以用
兵爲憂。文彥博曰：'朝廷施爲，務合人心，以靜重爲先。凡
事當兼采眾論，不宜有所偏聽。陛下即位以來，勵精求治，
而人情未安，蓋更張之過也。祖宗以來法制，未必皆不可
行，但有廢墜不舉之處耳。'上曰：'三代聖王之法，固亦有
弊，國家承平百年，安得不小有更張？'王安石曰：'朝廷但求
民害者去之，有何不可？萬事頹墮如西晉之風，茲益亂也。'

吳充曰：'朝廷舉事，每欲便民，而州縣奉行之吏多不能體陛下意，或成勞擾。至於救敝，亦宜以漸。'上頷之。

彥博又言行交子不便。上曰：'行交子誠非得已，若素有法制，財用既足，則自不須此。今未能然，是以急難不能無有不得已之事。'馮京曰：'府界既淤田，又修差役，作保甲，人極勞敝。'上曰：'淤田於百姓有何患苦？比令內臣拔麥苗，觀其如何，乃取得淤田土，視之如細麫然。見一寺僧言舊有田不可種，去歲以淤田故遂得麥。兼詢訪鄰近百姓，亦皆以免役爲喜。蓋雖令出錢，而復其身役，無追呼刑責之虞，人自情願故也。'彥博曰：'保甲用五家爲保，猶之可也。今乃五百家爲一大保，則其勞擾可知。'上曰：'百姓豈能知事之曲折，知計身事而已。但有實害及之則怨，有實利及之則喜。雖五百人爲大保，於百姓有何實害而以爲勞擾乎？'安石曰：'交子事誠如陛下言，行之非得已。然陛下宜深思，財用不足，人材未有足賴者，於邊事姑務靜重而已。若能靜重以待邊事，則夷狄未能爲患，於是可以修內政；內政已成，人材足用，財力富強，則爲之無不可者。'

彥博又言：'祖宗法制具在，不須更張以失人心。'上曰：'更張法制，於士大夫誠多不悅，然於百姓何所不便？'彥博曰：'爲與士大夫治天下，非與百姓治天下也。'上曰：'士大夫豈盡以更張爲非，亦自有以爲當更張者。'安石曰：'法制具在，則財用宜足，中國宜彊。今皆不然，未可謂之法制具在也。'彥博曰：'務要人推行爾。'安石曰：'若務要人推行，則須搜舉材者，而糾罷軟偷惰，不奉法令之人除去之。如此，則人心豈能無不悅？如趙子幾在府界，案一王愷有濫有

贓，而近臣乃或以子幾案愷爲刻薄小人，不當奬用。上下相
扇爲苟且，不欲奉法，類多如此，則誰肯推行法制者？陳留
一縣因趙子幾往彼修保甲，發舉强劫不申官者十二次，以數
十里之地而强劫不申官者如此其多，則人之被擾可知矣。
條保甲乃所以除此等事，而議者乃更以爲擾，臣所未喻也。
然更張事誠非得已，但更張而去害則爲之，更張而更害人則
不可爲。又有事誠可爲，而時勢之宜未可以爲者。如討夷
狄，拓邊境，於今時事之宜是未可爲者也。且《禮記》以爲事
前定則不跲，今天下事要須前定，不可臨時爲人論議所
移也。'

　　是日，安石又爲上論吕大防不能了延州。上曰：'大防
不如趙卨。'又曰：'郭逵可用，但韓琦惡逵耳。'又論种諤曰：
'是所謂事成而卿，不成而烹者也。陛下計利害與諤異。'彦
博因毁諤，安石曰：'諤若委以兵三二千，令出入境上擾擊蕃
部，即似可用，顧不可純倚仗也。'上曰：'用諤如馬隆，即
無傷。'"①

三月四日，神宗問囉兀城存棄，答之，因與論制夷狄之道

　　《長編》卷二百二十一熙寧四年三月癸卯："先是，上問

---

① 關於慶州兵變，相關研究可見：李蔚《宋夏橫山之爭論述》，《民族研究》
1987年第6期。李華瑞《慶州兵變與王安石變法》，《甘肅社會科學》1989
年第5期。曹松林《熙寧初年的對夏戰爭述評》，載鄧廣銘、漆俠主編《中日
宋史研討會中方論文選編》，河北大學出版社1991年版，第287—299頁。
湯開建《熙豐時期宋夏橫山之爭的三份重要文獻》，《寧夏社會科學》2003
年第3期。

執政以囉兀城存棄，王安石以爲當俟李評等相度至議之。上曰：‘李評等若以爲可守，何如？’安石曰：‘儻不須築堡運糧，則存而守之無害。’上曰：‘如欲守之，固當築堡。’安石曰：‘築堡則致寇。今撫寧新陷之後，士氣沮怯，乃於敵界中作堡，又必致寇。以沮怯之眾，當力争之寇，則其生變必矣。況又陝西人力疲困，難於供饋乎？’上曰：‘如此，當不復計惜已費財力，棄之而已。然以見兵三千人在彼爲可慮，及積糧草多爲可惜。’安石曰：‘今評等相度急遞聞奏，俟其奏至，棄之未晚。’上曰：‘囉兀城非不可營，但舉事倉猝爲非。’安石曰：‘三代之事固未及論，但如李牧猶弗肯速争小利。蓋善用兵者，其節短，役不再籍，糧不三載。若誠出此，則囉兀城小利自不當營，非特失於舉事倉猝也。《易》稱君子藏器於身，待時而動。是以動而不括。今動無成算，又非其時，宜其結括也。先王惟知時，故文王事昆夷。方夷狄未可以兼之時，尚或事之，此乃所以爲文王也，豈害其爲聖乎！今人材未練，財用未足，風俗未變，政令未行，出一令尚患州縣不肯服從，則其未能兼制戎狄固宜。宣王當周衰之後，風俗壞，人材少，《詩》曰：德輶如毛，維仲山甫舉之，愛莫助之。當是時惟一仲山甫能好德，群臣無助之者。宣王能與仲山甫協力，以養育成就天下之材，人材既足，然後征伐，故宣王征伐之時，首曰：薄言采芑，于彼新田，于此菑畝。言宣王先成就天下之材，采而用之，所以能征伐也。今欲使戰守，則患將帥非其人，欲使之轉糧餉，運材物，則患轉運使非其人。又國財民力困匱如此，則征伐之事固未可議也。’上以乏材爲患，安石曰：‘文吏高者不過能爲詩賦，及其已仕，則所學非所用，政事不免決於胥吏。武吏或出行伍，或出子弟，但厚設飲食稱過使客，則名譽官爵隨之。此風今固未能盡變，則乏材固無足怪者。但陛下力行不已，搜舉能士，責以功實，風俗漸變，政令漸行，則人材終當不可勝用矣。'上悦。"

李燾："正月二日戊子，初城囉兀城。上與安石論説，《日録》並繫三月四日，朱本附此，今從之。"

又，三月十八日，神宗下詔棄囉兀城。《長編》卷二百二十一熙寧四年三月癸卯："詔羅兀城宜令趙卨相度，如不可守，令棄毀訖奏。河東所報探西賊水軍恐於石州渡河，令吕公弼遍爲之備。撫寧失陷人，令經略司實具數聞奏。羅兀城、濱草堡，令轉運司更不得運糧草前去。"《宋會要輯稿》方域二十載此詔爲"三年三月十八日"，誤。[1]

韓絳欲棄荒堆寨，吕大防不肯。三月五日，乞神宗戒大防凡事當申明宣撫司聽韓絳指揮，且言民力困敝實可憂

《長編》卷二百二十一熙寧四年三月庚寅："麟府路承受蕭汝賢等言：'宣撫判官吕大防相度存新修堡寨，留三千人防托，有軍士數百人誼訴於大防帳前，不能禁，斬一人而後定。今所修寨實無益，望早處分。'詔河東經略司并王慶民

關於囉兀城之戰，最新研究可見韋兵《李宗師墓誌銘與宋夏囉兀城之戰》，墓主李宗師即囉兀城守將，中國宋史研究會第17屆年會論文。《宋故内園使李公墓銘》曰："虜知城不可拔，因請和，忽有暴風自南來，塵埃蔽天虜疑有援兵至，引衆遁去。同時築者七城，皆不能守，獨囉兀賴君以完。"

依所受宣撫司指揮,運第一寨糧草、樓櫓等於神堂寨,移兵馬近裏駐劄。先是,韓絳奏河外所修荒堆寨,久遠不可守,已令廢拆,且抽兵回,而大防獨不肯,絳因使大防以便宜往相視,大防又遷延麟州不即往。大風雨,役人暴露,終夜叫號,河外官皆以爲言。王安石白上曰:'朝廷便宜只付韓絳,豈可轉付大防? 欲戒大防,凡事當申宣撫司,毋得徑行。荒堆寨乞令毀拆,如宣撫使指揮。'上疑大防方往相視。安石曰:'若不決然可棄,絳豈肯如此? 不須竢大防報也!'上既手札諭大防,乃降是詔。上謂安石曰:'綏、麟通路在理可爲,但种諤倉猝,故不能終其事爾。'安石曰:'西夏未寧,不害聖政,民力困敝實可憂。今陛下即位數年,閱天下義理日多,求治之心日篤,邪説蔽欺日益照察,如此何憂不治? 朝廷既治,遠人自賓,如尚倔彊沙漠,但當蓄財養力,考擇人材,一舉破之,豈但綏、麟通路而已。'"

三月六日,遣屯田員外郎周之純察訪廣南東路均納丁米並體量奉行新法不職者以聞

《長編》卷二百二十一熙寧四年三月辛卯:"遣屯田員外郎周之純相度廣南東路均納丁米,所過州縣,有奉行新法不職者,體量以聞。馮京曰:'數遣使不便,不如即與一監司名目。'王安石曰:'數遣使極無害,可以試人材,今未試而與監司,則可惜。'上以爲然。"

《宋史》卷一百七十四《食貨上二》:"神宗留意農賦,湖、廣之民舊歲輸丁米,大中祥符以後屢裁損,猶不均。熙寧四年,乃遣屯田員外郎周之純往廣東相度均之。"

三月九日，以神宗御批體量保甲擾人事，論募兵之法當變革

《長編》卷二百二十一熙寧四年三月甲午："上批：樞密院言保甲擾人事，令王安石體量虛實。安石以爲問得頗有之，爲姦人扇惑，恐刺爲義軍故也。欲令提點司人分頭撫諭，馮京言：'不須以五百人爲一保，管仲內政寄軍令亦只是五人爲一保。'上欲且罷都保正，安石曰：'不須罷都保正，保正非所以致人不安也。'上言：'久遠須至什伍百姓爲用，募兵不可恃。'安石曰：'欲公私財用不匱，爲宗廟社稷久長計，募兵之法誠當變革，不可獨恃。'上曰：'密院以爲必有建中之變。'安石曰：'陛下躬行德義，憂勤政事，上下不蔽，必無此理。'上問建中所以致變，安石曰：'德宗用盧杞之徒而疏陸贄，其不亡者幸也。'"

李燾："據《日錄》於三月九日載此事，合附見，更竢考詳……陳瓘論曰：'安石云：非什伍其民而用，不可以致治強。'蓋安石欲變募兵宿衛之法，故其言如此。"

三月十日，乞留王廣淵知慶州、趙卨權發遣延州，神宗從之

《長編》卷二百十一熙寧四年三月乙未："降工部郎中、寶文閣待制王廣淵爲度支員外郎，依舊職知慶州；右司諫、直龍圖閣趙卨復權發遣延州。上既罷廣淵，用郭逵判永興，而宣撫司亦先命陝西轉運使毋沆權延州，促趙卨往延州，令廣淵須卨到交割訖，於乾州聽旨。會廣淵奏叛兵隨定，上稱

廣淵所奏允當，亟詔廣淵、禼未得依宣撫司指揮，又欲徙逵延州，別選重臣鎮永興。王安石曰：‘請降廣淵官或職，留治慶，禼治延，逵治永興，皆勿徙。’且言：‘今兩州帥臣皆客寄，上下不相保信非便，宜速定，使上下相安，無苟且意。’上從之。故廣淵止坐賊發所部奪兩官，行至奉天復還。初，命逵兼四路安撫使，安石以爲不便，寢之。”

是日，與神宗論用兵之道

《長編》卷二百二十一熙寧四年三月乙未：“上論慶曆中財用未乏，而西事不振。王安石曰：‘財用足，然後可以用兵，然財用特用兵一事。孫武論用兵所以勝負，言主孰有道，將孰有能，天地孰得，法令孰行，不及財用足否也。方今之事，且搜舉人材，理財用，務富安百姓，則寇敵不足論。’上曰：‘兵須有名，如何？’僉以爲無名則不可用兵。上曰：‘恐但顧力如何，不計有名無名。’安石曰：‘苟可以用兵，不患無名。兵非兼弱攻昧，則取亂侮亡。欲加兵於弱昧亂亡之國，豈患無名？但患德與力不足爾！’或以爲不尚力。安石曰：‘武王稱同力度德，同德度義，力同然後度德，德同然後度義。苟力不足，雖有德如文王，尚不免事昆夷。但有德者，終能强大勝夷狄，文王是也。先王於夷狄，力不足則事之，力同則交之，力有餘則制之。同力同德我交之，而彼拒我，則我義而彼不義，則我勝矣。’”

三月十一日，神宗御批緩修漳河，進呈不行

《長編》卷二百二十一熙寧四年三月丙申：“上批：‘聞

京東自濮州至河北緣邊，二月辛巳，風變異常，百姓驚恐不安，惟當省事安靜，以應天災。河北、京東役夫可速放散。漳河役輓實妨農事，可速指揮，若來歲漸開修亦不爲晚。其災變州郡監司皆不以聞，可令分析。'上雖有此詔，執政進呈不行。"

三月十三日，以知太原府吕公弼乞解寄任，請手敕撫諭，神宗然之

《長編》卷二百二十一熙寧四年三月戊戌："吕公弼言：'韓絳奏臣本路處置事率多紛亂，外以應副爲名，其實欲壞邊事。兼自諸路出兵牽制以來，彼賊無重兵救應，困乏極甚。竊料今春點集不行，向去修此堡寨，有何不可？臣本路昨倉猝出兵應接，比他路最爲深入，偶不敗覆，以至修第一寨，賊馬首來爭奪，殺退及數萬人，義勇、强壯運糧修寨皆平安歸業，即無外以應副爲名，其實欲壞邊事之理。今延州界賊馬十餘萬人攻破撫寧城，以此知絳所奏西賊點集不行之説未得其實。若使臣本路有撫寧之敗，則絳之説得行，臣亦何以塞朝廷之責。臣已累表乞解寄任，惟陛下幸許。'詔不允。王安石曰：'公弼無罪，動見詰問，既付一路，而使其心每懷嫌疑，恐懼不敢自竭，於邊計不便。今邊事皆如公弼言，謂宜手敕撫諭，因令有事一一奏陳。'上以爲然。"

是日，神宗御批陳留縣保甲搔擾，令速止，僅團保覺察賊盜。進呈不行

《長編》卷二百十一熙寧四年三月戊戌："上批：'陳留

縣見行保甲,每十人一小保,中三人或五人須要弓箭,縣吏督責,無者有刑。百姓買弓一張至千五百,箭十隻六七百。當此青黃不接之際,窮下客丁,如何出辦?又每一小保,用民力築射垛,又令自辦錢糧,起鋪屋三兩區,每保置鼓,遇賊聲擊。鄉村之人居處遠近不一,假如甲家遭賊,鼓在乙家,則無緣聲擊。如此,須人置一鼓,又費錢不少。以上事皆被差保頭所説,非虛妄,及元非朝廷本意令如此騷擾。可速指揮令止如元議,團保覺察賊盜,餘無得妄施行。鄉民既憂無錢買弓箭,加之傳惑恐徙戍邊,是以有父子聚首號泣者非虛也。'王安石進呈不行。"

李燾:"四年三月十三日,上批陳留保甲騷擾,執政進呈不行,此墨本所書,與御集手札同,而《日録》乃絶無此事。"

三月十四日,請厚賞蕃部都巡檢趙餘慶、趙餘德,神宗然之

《長編》卷二百二十一熙寧四年三月己亥:"莊宅副使、蕃部都巡檢趙餘慶爲西京左藏庫使,右騏驥副使、蕃部都巡檢趙餘德爲文思使,各賜金帶、錦袍;三班借職、都總管司指使戴嗣良,三班差使、殿侍、押隊康瞻各遷三官,仍賜銀絹,以環慶路經略司上餘慶等力戰斬捕慶州叛卒功也。其後,王安石言慶卒之變,微餘德、餘慶討定柔遠,則應者必衆,其功宜蒙厚賞以勸後。上亦以前賞爲薄,欲俟走馬歸厚賜之。文彥博、馮京皆以爲蕃官不宜過厚。安石曰:'唐太宗所用黑齒常之之類,皆蕃將也。立賢無方,苟有功於朝廷,恐不應分異蕃漢,且慶州以此兩人爲扞蔽,厚賜之錢物,使足以

役其將吏諜知敵人情狀，非特賞功而已。'上以爲然。"

三月十六日，與神宗論財用枯竭之故

《長編》卷二百二十一熙寧四年三月辛丑："上論財用屈竭，以爲皆緣置官多。王安石曰：'以臣所見，似不由官多。'上曰：'置廂軍五十餘萬，皆以當直迎送官人占使。'安石曰：'廂軍不專爲官人占使。官人所以治人，既治人，須用人當直。'上患其占人太多，以爲呂公弼言先朝待制只破兩人剩員。安石曰：'待制，朝廷近官，職任已高，入則論議朝廷政事，出則鎮撫一路，只破兩人剩員當直，恐非先朝善政。且今士大夫已或不自貴重，朝廷更賤薄之，則愈自賤薄，恐非國體。臣愚以爲陛下但當患待制非其人，不能勝陛下任使，壞朝廷事，不患待制當直人多。苟不可任使，壞朝廷事，只兩人亦不可借與。苟可任使，則陛下不患無人，用度何憂不足？苟能爲陛下足用度，則雖比今日更多與人當直，未爲過當。'"

三月十九日，以韓絳奏請令趙卨安存折繼世、种諤等，與神宗議之；又論西夏請和及李靖兵法

《長編》卷二百二十一熙寧四年三月甲辰："韓絳言：'昨种諤領兵入西界攻討，修築城寨，所用官軍數少力薄，惟藉蕃官折繼世、趙懷順等統率屬羌以立戰效，并降人八千餘口，亦多繼世、懷順等招到。蕃性獷戾，常須撫御。察其意必自爲拓土有功，今見廢棄囉兀城，竊恐疑懼不安，或至生事，如向者延州馬志誠結架之獄。上因种諤被囚，綏德未

賞,繼世反側,乘酒有言,遂致群小伺間成謀。緣种諤深得
屬羌之情,又有膽略,西賊所畏,若一旦摧辱,恐無以得其死
力。臣非敢庇諤,蓋爲朝廷預爲過慮。望密指揮趙卨令安
存折繼世、趙懷順、种諤,無使遂成睽間,以致疑懼,及新招
人口亦須慰安。所貴用兵之際不至生事,兼緩急應敵全倚
此輩,共爲肘腋。'又言:'前者綏德之舉,事涉擅興,存棄之
議,不繫重輕。今棄囉兀城,與前不同,忽令廢罷,衆情必
駭,各懷反側,竊恐因而生事。'詔趙卨常務安存折繼世、趙
懷順,勿令疑懼,仍常伺察之。

　　初,絳奏至,王安石曰:'待繼世不過分,則無緣更致反
側,恐待之過乃更生驕悖,今者更當密伺察其姦萌。'上以爲
然,故有是詔。

　　上又論西人請和事,安石以爲當明示欲和,以怠其志,
徐與之議以堅其約,此攻敵人心之道也。是日,上論李靖説
軍法奇正事,以爲兵非通乎道,不能盡其數。安石曰:'不通
乎道,無自而可,苟通乎道,無自而不可也。'"

以樞密院言因置保甲有截指斷腕者,訪察之。是日,稟神宗

　　《長編》卷二百十一熙寧四年三月甲午:"時樞密院言因
置保甲有截指斷腕者。安石初以爲然,既旬日更白上曰:
'臣召問開封差役、公人,以爲保甲皆人情願,無不便者,實
不如樞密院言。又得趙子幾奏:推究截指者兩人,其一人遍
問無有,一人蓋因斫桑誤傷,有三人爲之證。臣所問乃初倡
言者也。'"

李燾：“此據《日錄》十九日所書，安石持之不堅，則此時保甲必罷矣。欲見事實，故具載于此。”

按，《宋史》卷三百二十七《王安石傳》：“開封民避保甲，有截指斷腕者，知府韓維言之，帝問安石，安石曰：‘此固未可知，就令有之，亦不足怪。今士大夫睹新政，尚或紛然驚異，況於二十萬戶百姓，固有惷愚爲人所惑動者，豈應爲此遂不敢一有所爲邪？’帝曰：‘民言合而聽之則勝，亦不可不畏也。’”

《宋史》卷一百九十二《兵六》：“權知開封府韓維等言：‘諸縣團結保甲，鄉民驚擾，祥符等縣已畢，其餘縣乞候農閑排定。’時府界諸縣鄉民，或自殘傷以避團結，安石辨説甚力……一日，帝謂安石曰：‘曾孝寬言，民有斬指訴保甲者。’安石曰：‘此事得於蔡騊，趙子幾使騊驗問，乃民因斸木誤斬指，參證者數人。大抵保甲法，上自執政大臣，中則兩制，下則盜賊及停藏之人，皆所不欲。然臣召鄉人問之，皆以爲便。則雖有斬指以避丁者，不皆然也。況保甲非特除盜，固可漸習爲兵。既人皆能射，又爲旗鼓變其耳目，且約以免税上番代巡檢兵；又自正、長而上，能捕賊者獎之以官，則人競勸。然後使與募兵相參，則可以銷募兵驕志，且省財費，此宗社長久之計。’”

與神宗議吕大防等罪，並上表待罪。神宗下詔釋之

《長編》卷二百二十一熙寧四年三月丙午：“度支員外郎、知制誥吕大防落職，奪兩官，知臨江軍；禮部郎中、集賢殿修撰張問落職，知光化軍；刑部郎中、直史館陳汝羲落職，

知南康軍；皇城副使种諤責授汝州團練使，潭州安置。大防以預辟宣撫司敗事，問、汝羲爲河東轉運使調發勞民，諤以撫寧堡失守也。

初，上議大防等罪，王安石曰：'大防所謂色取仁而行違者，專務詭隨，以害國事。如荒堆斬人，其不致變者特幸爾！'上亦言大防幾致變，王中正至以氊自裹以避衆軍喧悖。安石曰：'大防豈不知寨不可立，其意殆欲使衆人棄之，然後言棄之者非我，我欲留之，留之則爲利，以蓋其初計之失。'上又論諤以爲與李復圭同罪，安石曰：'復圭罪薄，西事之興，自綏德始，亦諤之罪也。且綏德不畫界，則西人自然未肯休兵，況已屢奏夏人點集之後，慶州乃始違詔旨侵入其地，則致寇非復圭也。'上又言諤罪亦使之者過也。文彥博曰：'諤非能用兵，懷寧之戰，其勝者亦幸爾。'上曰：'諤能勝西人，自是其善戰，人共服之，非幸。但任之過分，所以至此。'安石曰：'諤前後詭妄，致誤韓絳，其敗壞兩路，皆諤之由，諤實罪首，恐不可但言使之者過也。'彥博曰：'人好功名必爲害，孰不好功名，又當體國。'上曰：'好功名人自不可得。'安石曰：'好功名，固先王所不廢，然先王獎人以義爲主，苟違義而好名則反爲害。'上曰：'誠如此。'王安石等以德音引咎上表待罪，詔釋之。"

《文集》卷六十《兩府待罪表》："臣某等伏覩內降德音，以陝西、河東兩路外勤師旅，內耗黎元，引咎推恩者。罪己以興，方懋日新之德；經邦弗效，敢辭天討之刑。臣等昔以凡材，過叨重任。內不能定國家之論，以協士民；外不能成疆埸之謀，以綏夷狄。用開邊隙，亟使人勞。至深惻於聖懷，實大惌於榮祿。瘝官若此，即罪爲宜。唯並實於嚴科，乃大符於公論。臣等無任。”

《繫年》：“當爲是年熙寧七年春所上。”誤。

按，《長編》卷二百二十一熙寧四年三月癸卯：“德音降陝西、河東，死罪囚……其德音曰：‘朕德不明，聽任失當，外勤師旅，內耗黎元。秦、晉之郊，並罹困擾。使人至此，咎在朕躬。其推恤隱之恩，以昭悔過之義。’又曰：‘勞民搆患，非朝廷之本謀；克己施仁，冀方隅之少息。’”表曰：“以陝西、河東兩路，外勤師旅，內耗黎元。”即德音所云。

又《宋史》卷三百四十《呂大防傳》：“韓絳宣撫陝西，命爲判官，又兼河東宣撫判官，除知制誥。四年，知延州。大防昉欲城河外荒堆砦，衆謂不可守，大防留戍兵修堡障，有不從者斬以徇。會環慶兵亂，絳坐黜，大防亦落知制誥，以太常博士知臨江軍。”

三月二十二日，論保甲法之利，神宗大悅

《長編》卷二百二十一熙寧四年三月丁未：“上與王安石論保甲事，以爲誠有斬指者，中官歷十三縣探麥苗問得如此，然百姓亦多會得見。習射九斗，去帖子常甚遠者亦相勸，以爲若捉得賊，官必有酬獎。又曰：‘得大戶作都副保正，自言管轄景迹人，若便廢罷，即却被景迹人讎害。此極是好法，要當緩爲之。’諸縣官吏多不能稱人意，上以爲當以漸，只委知縣爲之。安石以爲知縣多非其人，不可委，上曰：‘如此，則罪知縣可也。’安石曰：‘令選人爲之，尚不免違失法意致驚擾，若委知縣爲之，其致驚擾但有甚于選人。及其

驚擾已甚,乃始罪之,恐已無及。且奉行法令不能稱人意,便加之罪,此陛下之所未能行于朝廷也,如何遽責趙子幾輩行之於州縣?'安石又爲上論保甲:'致人斬指,亦未可知。就令有之,亦不足怪。以朝廷所選士大夫甚少,陛下一有所爲,紛然驚怪,況於二十萬戶百姓,固有愚悫爲人所感動者,豈可以此故遂不敢一有所爲?《説命》曰:若藥不瞑眩,厥疾弗瘳。苟欲瘳疾,豈能避瞑眩? 今保甲所以驚者,畏爲義勇、保捷而已。就令盡刺爲義勇、保捷,陝西、河東固嘗如此。'上曰:'如此則恐不便,須致變。'安石曰:'陝西、河東未嘗致變,則人情可知,豈有怕爲義勇即造反之理?'上曰:'民合而言之則聖,亦不可不畏。自上制法以使之,雖拂其情,然亦當便於民乃可。'安石曰:'今保甲固疑有斷指以避丁者。然臣召八鄉人問保甲事,皆以爲便。則合衆赤論之,固知其便。設有斬指者,非衆情皆然也。今所以爲保甲,足以除盜,然非特除盜也,固可漸習其爲兵。既人人能射,又爲旗鼓變其耳目,漸與約免税,上番代巡檢下兵士,又令都副保正能捕賊者獎之,或使爲官,則人競勸,然後使與募兵相參,則可以消募兵驕志,省養兵財費,事漸可以復古。此宗廟長久計,非小事也。但要明斷,不爲浮議所奪而已。趙子幾能得府界民情,可久任,付以此事必有成。今保户已願免體量草,養馬事固已有緒。'上大説,曰:'此極好事,然且緩而密。'安石曰:'日力可惜。'上曰:'然亦不可遽,恐却沮事。'安石曰:'此事自不敢不密,今日獨王珪在此,必不漏此言,所以敢具陳。'"

三月二十六日，以發運司舉官多非其人，乞特旨罷章俞

《長編》卷二百二十一熙寧四年三月壬子：“王安石白上曰：‘陛下頃令發運司舉官，一切應副，所舉官多非其人。’上曰：‘此必薛向所爲，向性質不如羅拯。’安石曰：‘或恐如此。近舉一章俞知漣水軍之類，欲以酬宣力於發運司者。今舉俞殊爲無理。’上曰：‘莫罷却。’安石曰：‘臣非敢養交，但方賴向協濟三司，令改更事。若陛下元許一切應副，輒抑其所奏，則内懷蒂芥；若陛下特旨罷之，則向必畏服，庶幾懲創。緣陛下方賴薛向爲用，須至委以舉人，若不稍加提撕，即恐害事。’上曰：‘朕爲不識章俞。’安石曰：‘俞已七十，素無人稱引，亦可知。臣亦不識俞，陛下更試博問。’上曰：‘極好。’俞，惇父也。”

三月二十七日，與神宗議召人免税充弓箭手事

《長編》卷二百二十一熙寧四年三月癸丑：“上論農兵事，欲行宋道召人免税充弓箭手事。文彥博以爲決不可行。王安石曰：‘恐可行，但亦不須如此，誠以利害驅民習兵，則何必用宋道之策。臣愚以爲如差役法自内修之，法成則可舉而措之天下。’上曰：‘差役則如此可也，兵事恐須自有區處。始則人不駭，而事易就。’安石曰：‘誠可如此，但恐邊臣未能舉此法以副聖意者。’因略爲上言民可以利驅使趨爲兵。上欲擇人判兵部如司農，安石曰：‘京中諸司，固所以提天下之綱要，非特兵部也。’上曰：‘兵部最所急故也。’安石

曰：'誠如此。'"

擢韓絳之侄韓宗道爲成都府路轉運判官，兼管勾常平農田水利差役事

《金石萃編》卷一百四十二《宋故通議大夫充寶文閣待制上柱國南陽郡開國侯食邑一千三百户致仕韓公墓誌銘》："諱宗道，字持正……嘉祐四年，鑷其廳，中進士第，知越州餘姚縣……熙寧初，知巴州。時天子進用二三大臣鼎新政事，公以名家子有聞於時，近侍多薦公宜在臺閣，大臣亦雅知公。會公叔康國公去相位，即擢公成都府路轉運判官，兼管勾常平、農田水利差役事。講議法制，必究利病，因革損益，視理如何，不務紛更，不膠舊貫。繇是一時同事者，初雖異意，卒皆絀己從公，復其平正，而凡有改爲，蜀人不知其擾。"

按，"公叔康國公"，即韓絳。《長編》卷二百十一熙寧四年三月丁未："吏部侍郎、平章事、昭文館大學士韓絳罷相，以本官知鄧州。制詞責絳云：聽用匪人，違戾初詔。統制亡狀，綏懷寡謀。暴興征師，深入荒域。卒伍駭擾，橫罹轉戰之傷；丁黄馳驅，重疲齎餉之役。邊書旁午，朝聽震驚。翰林學士元絳辭也。"

四月二日，罷章惇相度夔州路差役，爲惇開釋

《長編》卷二百二十二熙寧四年四月丁巳："罷章惇相度夔州路差役。以惇言經制渝州夷賊疆土，難遍歷諸州，欲止以渝州役事立定條約，推行於一路。上批諸州役事不同，難

止用一法，故罷之。上怪惇避事，王安石爲惇解釋，且言惇材極高，但爲流俗人所毀耳。上曰：‘必不如呂惠卿。’安石曰：‘誠如此。然如惇亦自爲少及，但輕肆爾。’”

四月五日，韓絳乞召蔡挺赴闕。奏寢不報

《長編》卷二百二十二熙寧四年四月庚申：“韓絳言：‘臣昨至渭州，與本路經略使蔡挺議及邊計，大抵言秦、慶二路兵寡弱，宜各與增三五千人，別調東兵二萬於同耀州、河中鳳翔府，就糧草分屯。挺願自將於邠、寧州爲四路行營駐軍之所，更不領逐路公事，止兼提舉城守之備，并出戰兵馬專爲應援，候知賊界點集及來犯一路，即領所將二萬或更於鄰路追兵往彼，與本路出戰漢、蕃兵會合，分守要害，令諸城寨爲清野堅壁之計，乘賊疲惰即往襲擊。如此則比慶曆以前陝西增兵其數至少，所費易辦。臣察挺實有才謀，處置一路邊事，訓練撫遏，恩威並行，觀其策畫，顯盡忠力，望召挺赴闕。’王安石以爲專委挺，則挺必爲本路計太多，恐不便於諸路，奏寢不報。”

四月七日，以范育檢正中書户房公事，育辭

《長編》卷二百二十二熙寧四年四月壬戌：“太子中允、崇文院校書范育檢正中書户房公事。育言：‘中書法度政令，矯枉過直，從權失正，立本不一，故三年於兹而事益紛錯。’力辭新命，許之。”

李燾：“許免檢正在十八日，今并書。”

是日，以神宗令特與環慶都鈐轄亓贇公使犒設并支散銀楪子，遂與樞密院反覆論之，以爲犒設、支散須令本州、諸州軍士一體。神宗卒從

《長編》卷二百二十二熙寧四年四月壬戌："環慶路都鈐轄亓贇、秦鳳路鈐轄劉舜卿、永興軍路鈐轄劉斌專管勾訓練陝西權駐泊軍馬，贇駐邠州，供備庫副使郭需副之；舜卿駐涇州，西京左藏庫副使白玉副之；斌駐河中，內殿承制郝旻副之。時環慶新經兵變，且西夏未庭，故遣贇等訓兵萬五千人分屯要郡。上令：特與贇等公使犒設，并支散銀楪子教閱。王安石以爲犒設，令本州一體可也，支散銀楪子，仍須令諸州軍士一體。今特支散萬五千人，未足得此萬五千人心，而諸軍不得者皆將觖望，不必致變，但使其臨戰莫肯盡死，則害事大矣。凡兩日與樞密院反覆論之，上卒從安石言。"

四月八日，以蒲宗孟檢正中書孔目房公事，鄧潤甫檢正中書戶房公事

《長編》卷二百二十二熙寧四年四月癸亥："著作佐郎、館閣校勘蒲宗孟檢正中書孔目房公事，編修中書條例鄧潤甫檢正中書戶房公事，並遷太子中允。"

《宋史》卷三百四十三《鄧潤甫傳》："熙寧中，王安石以潤甫爲編修中書戶房事。"

《宋史》卷三百二十八《蒲宗孟傳》："字傳正，閬州新井人。第進士，調夔州觀察推官。治平中，水災地震，宗孟上

書，斥大臣及宮禁、宦寺。熙寧元年，改著作佐郎。神宗見其名，曰：‘是嘗言水災地震者耶！’召試學士院，以爲館閣校勘、檢正中書户房兼修條例。”

言士卒極困窘，請稍寬牽拘將帥之法。神宗詔付趙卨體量

《長編》卷二百二十二熙寧四年四月癸亥：“詔付趙卨：聞鄜延路諸軍數出，至鬻衣裝以自給，可密體量，如合濟接，止作帥指揮借與一季衣，以漸剋約納，仍常切照管，務令勞佚均齊，無致失所。

先是，王安石言于上曰：‘今士卒極窘，或云有衣紙而擐甲者，此最爲方今大憂。自來將帥不敢言賑恤士卒，賑恤士卒，即衆以爲姑息致兵驕。臣愚以爲親士卒如愛子，故可與之俱死，愛而不能令，譬如驕子不可用也，兵驕在於愛之之過。前見陛下言郭進事，臣案進傳，言進知人疾苦，所至人爲立碑紀德政，惟士卒小有違令輒殺。又太祖盡以所收租税付之，具牛酒犒士卒。進所殺必皆違令者，至於犒賞士卒，知其疾苦，必已備盡人情。惟其能如此，然後能殺違令者而令無怨。不然，則進何以能用其士卒每戰必克？今將帥於撫士卒，未嘗敢妄用一錢，視士卒窮困如此，然無一言聞上，蓋習見近俗。臣恐士卒疾困則難用，且或復有慶州之變。謂宜稍寬牽拘將帥之法，使得用封樁錢物隨宜賑恤士卒，然後可以責將帥得士卒死力也。’又言：‘諸帥已是選擇，雖未足倚辦，然亦皆粗識事機。若朝廷遠處指揮，不若責令就近制置。’上使安石作文字指揮諸路，既而樞密院遲留不

決,於是安石間白上,上曰:'已有手詔與趙卨矣。'然諸路未有也。"

四月十日,同天節道場觀戲者,賦詩

《詩注》卷十四《相國寺啓同天道場行香院觀戲者》:"侏優戲場中,一貴復一賤。心知本自同,所以無忻怨。"

李注:"范忠宣嘗言:'人將官職,只好作奉使借官看。'人之處世,亦何異戲者哉?只作侏優看,又何忻怨之有?"

按,《繫年初稿》繫於熙寧二年,恐非。釋惠洪《林間錄》卷下:"王文公方大拜,賀客塞門,公默坐甚久,忽題於壁間曰:'霜筠雪竹鍾山寺,投老歸歟寄此生。'又元宵賜宴於相國寺,觀俳優坐,客懼甚,公獨作偈曰:'諸優戲場中,一貴復一賤。心知本自同,所以無欣怨。'予嘗謂同學曰:'此老人通身是眼,瞞渠一點也不得。'"

據詩題,則當作於是年同天節相國寺道場,而非元宵賜宴,時公已拜相。又《詩注》卷四《擬寒山拾得二十首》其十一:"傀儡祇一機,種種沒根栽。被我入棚中,昨日親看來。方知棚外人,擾擾一場獃。終日受伊謾,更被索錢財。"亦詠戲者,雖立意不同,皆公勘破之語,故能視富貴如浮雲。又釋惠洪《冷齋夜話》卷十:"文公謂秀老曰:'士欲任大事,閱富貴如群兒作息,乃可耳。'"

四月十八日,因神宗欲以韓維爲御史中丞,沮之,薦楊繪

《長編》卷二百二十二熙寧四年四月癸酉:"翰林學士、

勾當三班院楊繪權御史中丞，翰林學士韓維兼翰林侍讀學士。自馮京罷，御史臺闕中丞，陳薦、孫固皆權領臺事，於是上欲用維。王安石言：‘維必同俗，非上所建立，更令異論益熾，不如用繪。’上從之。”

按，楊繪字元素，《東都事略》卷九十二有傳：“漢州綿竹人也。舉進士，爲大理評事，通判荆南。神宗時，爲修起居注、知諫院，建言宗室以服屬裁蔭子之數，立出官之法，神宗嘉納。”《宋朝諸臣奏議》卷三十二載其熙寧二年所上《乞酌古今之宜限服紀之禮奏》：“欲乞陛下酌古今之宜，限服紀之禮，廣采衆議，裁其蔭子之數，立其出官之制，設大宗小宗之法，以正其統。其餘支庶之服紀盡者，並許出居於外，以合於帝堯親睦九族之道。”

以兩浙路水利、差役事皆不舉，責降林英、張峋、王醇等

《長編》卷二百二十二熙寧四年四月癸酉：“詔：兩浙路提舉常平等事、職方員外郎林英，太常博士張峋，管勾常平等事、著作佐郎王醇並衝替。先是，中書以兩浙路水利、差役事皆不舉，已差殿中丞張靚代醇，又下提點刑獄王庭老體量，廷老言英等自置提舉司以來，未嘗出巡，惟峋嘗至明、越二州而已，故三人俱責。”

《長編》卷二百十八熙寧三年十二月丁巳朔：“管勾兩浙路常平等事、著作佐郎王醇，令審官東院就移合入差遣，以殿中丞、審官西院主簿張靚代之，醇在任不推行新法故也。”

按，張峋，邵雍弟子。《邵氏聞見録》卷二十：“張峋字子

堅,康節先公於門弟子中謂可與語道者。赴調京師,康節先公愀然色變曰:'吾老矣,吾老矣,不復相見也。'"

再責种諤

《長編》卷二百二十二熙寧四年四月癸酉:"檢校水部員外郎、汝州團練使潭州安置种諤爲賀州別駕。初,王安石論諤當深責,以慰謝關輔人心,請置之廣南。上曰:'須諤離陝西。'於是再責。"

欲見權知開封府劉庠,使人諭意,庠拒

《長編》卷二百二十二熙寧四年四月癸酉:"河東都轉運使、天章閣待制劉庠權知開封府,代韓維也。"

《宋史》卷三百二十二《劉庠傳》:"又爲河東都轉運使,召知開封府。庠不肯屈事王安石。安石欲見之,戒典謁者曰:'今日客至勿納,惟劉尹來,即告我。'有語庠者曰:'王公意如此,盍一往見?'庠謂:'見之,何所言?自彼執政,未嘗一事合人情,脫問青苗、免役,將何辭以對?'竟不往。奏論新法,神宗諭之曰:'奈何不與大臣協心濟治乎?'庠曰:'臣子於君父各伸其志。臣知事陛下,不敢附安石。'會與蔡確爭廷參禮,遂以爲龍圖閣直學士、知太原府。"

四月十九日,與神宗議王慶民、張景憲等賞罰

《長編》卷二百二十一熙寧四年三月丁酉:"降殿前都虞候、邕州觀察使、邠寧環慶副都總管竇舜卿爲康州防禦使。廣銳兵叛,舜卿失覺察故也。知太原府呂公弼言:'請復王

慶民前坐所部城不完奪官。'上閱奏曰：'慶民首言河外荒堆等處城堡非便，果勞民無功。凡前言婁城、荒堆等不可城，城之無利者，宜悉具名以聞。朝廷常患邊吏不忠信，苟先事有言如慶民者，亦可嘉也。'王安石曰：'漢高祖以鄂千秋一言明蕭何功，則封關內侯，自平城歸，諸言匈奴可擊者斬。賞罰明如此，故能不勞而盡群策。'上言：'李清臣等可責。'安石曰：'張景憲言杜詡保明婁城道路寬廣，亦不可以無責。'上以爲然。詡初以殿中丞致仕，改授忠武節度推官、書寫宣撫司機密文字，從韓絳所請也。"

李燾："據《日錄》，王安石所言在四月十九日，依朱本附見於此，當考如何賞慶民等。"

力薦常秩，命潁州送之入京，除右正言、直集賢院、管勾國子監

《長編》卷二百二十二熙寧四年四月甲戌："試將作監主簿常秩爲右正言、直集賢院、管勾國子監。初，秩不肯仕宦，世以爲必退者也。及王安石更定法令，士大夫沸騰，以爲不便。秩在閭閻，見所下詔書，獨以爲是。被召，遂起。"

《宋史》卷三百二十九《常秩傳》："神宗即位，三使往聘，辭。熙寧三年，詔郡'以禮敦遣，毋聽秩辭'。明年，始詣闕……帝悅，徐問之：'今何道免民於凍餒？'對曰：'法制不立，庶民食侯食，服侯服，此今日大患。臣才不適用，願得辭歸。'帝曰：'既來，安得不少留？異日不能用卿，乃當去耳。'即拜右正言、直集賢院、管幹國子監。"

《林希野史》："今上即位，公著密薦於上，及除御史中

丞，又薦秩自代。庚戌歲，公著黜守潁，修亦赴青州，道過潁，秩時已有仕意。二公與秩談及時政，皆主以爲是，修隨折之。安石乃敕本郡以人船送秩赴闕。辛亥五月至京師，館於太學。召對，上問秩所以久不起之意，秩對：'先帝召臣以官，故臣不敢至。陛下不以官召臣，臣所以起。'上大悦。又問安石、修、公著優劣及時事是非。秩對青苗等事皆合古義，安石知經知道，公著不知經不知道，修於浮文爲長耳。明日，除官右正言、直集賢院、判國子監，面賜緋魚。"

王明清《揮麈餘話》卷一："熙寧初，王荆公力薦常夷父，乞以种放之禮召之。上云：'放輩詩酒自娛而已，豈有經世之才？如常秩肯來，朕當以非常之禮待之。'故制詞云：'幡然斯來，副朕虛佇。'蓋宣德音也。"

按，常秩負重名，故公與吕公著等皆薦之。陳瓘《四明尊堯集》卷九："上曰：'張戩言王安石負儒學，並未能爲陛下做得事。朕問他如何做得事，戩言："當築招賢館，如常秩者德行爲衆人所推，必大過人。致之館中，令執政時往訪問政事，陛下亦屈己師之。"'"《宋會要輯稿》選舉三四："神宗熙寧元年正月二十一日，詔潁州敦遣試將作監主簿常秩赴闕，毋得受秩辭避章表。初，歐陽修等言："秩好學不倦，尤精《春秋》。退處窮年，事親盡禮，不肯碌碌，苟合衆人。經明行修，可助教化。宜召至闕下，試觀其能。苟有可采，特降一官。"而秩累召不至，故有是命。"

其所言"法制不立，庶民食侯食，服侯服，此今日大患也"，即公變法立制、摧抑兼并之意也。

是日，勉神宗力行保甲法

《長編》卷二百二十二熙寧四年四月甲戌："是日，王安石白上：'保甲習武藝新法如何？'上曰：'候秋冬閑，差役事了當頒行。'又謂安石曰：'人不能無過失，卿見朕有過失，但極口相救正，勿存形迹。'安石謝曰：'當盡死力，不敢存形迹。'上慮難濟，安石曰：'此在陛下，不可以他求。觀今年人情，聽上所爲，不敢侮慢，孰與去年？'又曰：'陛下聖德日躋，風俗會丕變，何憂難濟！'"

李燾："此據《日録》。新法之行否，端在此際，而《實録》、朱墨本及新本皆闕不書，今特書之。"

四月二十一日，以王廣廉權發遣河北路轉運副使，錢昌武與堂除知州；以許將檢正中書禮房公事，李定檢正中書吏房公事

《長編》卷二百二十二熙寧四年四月丙子："權發遣提點河北刑獄、都官員外郎王廣廉權發遣本路轉運副使、兼都大提舉糴便糧草催遣黄、御河綱運。王安石言其可用也。通判大名府、職方郎中錢昌武與堂除知州。廣廉言昌武散青苗錢有勞也……太常丞、集賢校理、同知禮院許將檢正中書禮房公事，太子中允、崇政殿説書李定辭説書，除集賢校理、檢正中書吏房公事。"

四月二十五日，提舉修編敕。與神宗論西夏必不深入

《長編》卷二百二十二熙寧四年四月庚辰："命王安石提舉修編敕……上憂西人深入，王安石論其必不然，曰：'以韓絳之果，种諤之狂，然兵行百十里，已自行極危，彼獨安能深入而不虞後患？就其敢爾，非我所憂也。'"

二十六日，請以曾公亮鎮永興，除其子曾孝寬爲陝西轉運副使

《長編》卷二百二十熙寧四年四月辛巳：“河陽三城節度使、司空兼侍中、集禧觀使曾公亮判永興軍，宣徽南院使、雄武軍留後、判永興郭逵判秦州。先是，吕大防罷延州，上曰欲使郭逵往，問王安石曰：‘永興宜得一重人，卿以爲孰可？’安石曰：‘曾公亮精審善鎮撫，宜使之往。’上疑公亮憚行，安石曰：‘就除其子孝寬爲陝西轉運副使，以慰其意，彼必樂行。且公亮已老，得孝寬在彼助之最便。’既而復用趙卨，遂中輟。於是韓縝殘虐事聞，僉欲徙之，故以逵代縝，而公亮治永興如初議。”

四月二十七日，定進士考轉官條制

《宋史》卷十五《神宗二》：“（熙寧四年四月）壬午，定進士考轉官。”

《長編》卷二百二十熙寧四年四月壬午：“中書言：‘選人磨勘并酬獎、致仕、改官，前後條例不一。請自今節度、觀察判官六考，進士太常丞，餘太子中舍；不及六考，進士太子中允，餘著作佐郎。支使、掌書記、防禦團練判官六考，進士太子中允，餘著作佐郎；不及六考，進士著作佐郎，餘大理寺丞……判、司、主簿、尉七考，進士大理寺丞，餘衛尉寺丞；不及七考，進士光禄寺丞，餘大理評事；不及五考，進士大理評事，餘奉禮郎；不及三考，進士奉禮郎，餘將作監主簿。’從之。”

是日，留身與神宗論助役事

《長編》卷二百二十二熙寧四年四月壬午："是日，王安石留身論助役事。先是，兩浙路提點刑獄王庭老、提舉常平張靚率民助役錢多至七十萬。薛向爲上言之，上亦疑焉，故以手詔問安石。安石既對，他日又問，安石曰：'提舉官據合出錢數科定，朝廷以恩惠科減，於體爲順。'"①

范祖禹《范太史集》卷三十九《天章閣待制楊公墓誌銘》："時方行免役法……兩浙提點刑獄王庭老、提舉常平張靚多率役錢至七十萬。"

五月七日，以范育爲光禄寺丞、知韓城縣；乞神宗手敕戒諭王廣淵善撫士卒

《長編》卷二百二十三熙寧四年五月辛卯："太子中允、崇文殿校書范育復爲光禄寺丞、知韓城縣。育自光禄寺丞爲御史，故遷中允，以言李定罷御史爲校書，既而又請與林旦、薛昌朝同貶。先是，育言：'心術者，爲治之本也。今不務此而專欲以刑賞驅民，此天下所以未孚也。'上謂王安石曰：'人主不用心術，何由致治？'安石曰：'有爲固由心術，但術有廣狹遠近，功業大小，亦從此分。'上曰：'育盛稱張載、程顥兄弟，以爲有道君子，乞詔還，此何也？'安石曰：'育前辭檢正，高論不遜。及至中書，乃云未得劄子，故未能就職。'馮京曰：'育畏繳敕得罪耳。'安石曰：'觀育所論，彼豈

---

① 關於免役法之推行，可見本譜本年十月一日。

畏繳敕得罪乎？'遂從所請而有是命。

王安石又言：'王廣淵兵變之後恐姑息，宜手敕戒諭，當安其反側，誅其驕慢犯令者。'上曰：'如此固善，第廣淵智不及此，戒諭何補？'安石曰：'廣淵亦不至全不曉事，陛下丁寧戒敕，或尚能思慮。'因論兵法：'愛而不能令，譬如驕子不可用。'上曰：'治國亦若是也。'"

《宋史》卷三百三《范育傳》："坐劾李定親喪匿服，罷御史。檢正中書戶房，固辭，乃知韓城縣。"

五月九日，與神宗論租庸調法及府兵、義勇，欲變募兵宿衛法

《長編》卷二百二十三熙寧四年五月癸巳："上與王安石論租庸調法，善之。安石曰：'此法近於井田，後世立事粗得先王遺意，則無不善。今亦無不可爲者，顧難以速成爾。'上問其故，安石對曰：'今百姓占田，或連阡陌，顧不可奪之，使如租庸調法，授田有限。然世主誠能知天下利害，以其所謂害者制法，而加於兼并之人，則人自不敢保過限之田；以其所謂利者制法，而加於力耕之人，則人自勸於耕，而授田不敢過限。然此須漸乃能成法。夫人主誠能知利害之權，因以好惡加之，則所好何患人之不從，所惡何患人之不避？然利害之情難識，非學問不足以盡之。流俗之人罕能學問，故多不識利害之情，而於君子立法之意有所不思而好爲異論。若人主無道以揆之，則必爲異議衆多所奪，雖有善法，何由而立哉？'

上曰：'府兵與租庸調法相須。'安石對曰：'今義勇、土

軍上番供役，既有廩給，則無貧富皆可以入衛出成，雖未有租庸調法，亦可爲。第義勇以良民爲之，當以禮義獎養。今皆倒置，涅其手背，人不樂一也；教閱靡費，人不樂二也；又使之運糧，人不樂三也。近更驅之就敵，橫被殺戮，尤使人憚爲之。'

馮京曰：'義勇近亦有以挽强得試推恩者。'安石曰：'挽强以力有分限，苟力不足，則自絶於進取矣。是朝廷有推恩之濫，而初非勸獎使人趨武事也。今措置義勇，皆當及此，使害在於不爲義勇，而利在於爲義勇，人以得籍名於義勇爲幸。至於以武藝推恩，隨人材之高下，使咸有幸得之心，則俗可變而衆技可成也。臣願擇其鄉閭豪傑爲之將校，稍加獎拔，則人自悦服。矧今募兵爲宿衛，有積官至刺史以上者。移此與彼，固無不可，況此不至如此費官禄，已足使人樂爲之。陛下誠能審擇近臣皆有政事之材，異時可使分將此等軍。今募兵出於無賴之人，尚可爲軍廂主，則近臣以上豈不足此輩？此乃先王成法、社稷之長計也。'上極以爲然。"

《宋史》卷一百九十二《兵六》亦載。

按，自中晚唐後，恢復"兵農合一"，以銷募兵之弊，漸成士人之理想兵制；而修復府兵之法呼聲高漲，至北宋匯聚爲一代潮流。[1] 公之力推保甲，其意即在用保甲參募兵，以根除冗兵、驕兵之患，故反復陳説，視爲"社稷之長計"。

---

[1]　可見方震華《理想兵制的形塑：唐宋時期的兵農合一論》，《基調與變奏：七至二十世紀的中國》，《新史學》雜誌社 2008 年版，第 85—106 頁。

是日，請各與諸軍錢勸獎習藝，爲立條例，使諸路一體。
與文彥博辯

《長編》卷二百二十二熙寧四年四月壬戌："他日，安石又以爲諸軍宜各與錢作銀楪子之類勸獎習藝，然宜爲立條例，使諸路一體，不然，則諸路各務爲厚以相傾，而無藝極。文彥博曰：'付與州郡公使，當聽其自使。向時，曾令公使置例册，端午，知州送粽子若干个，亦上例册，人以其削弱爲笑。'安石曰：'周公制禮，籩豆貴賤皆有數。籩豆之實，菹醢果蔬，皆有常物，周公當太平之時，財物最多，豈可制禮務爲削弱可笑。蓋用財多少，人心難一，故須王者事爲之制，則財用得以均節，而厚薄當於人心也。'"

李燾："此段《日錄》在五月九日。"

五月十日，呂誨卒。得司馬光所撰墓誌拓本掛壁間，譽
爲西漢之文

《長編》卷二百二十三熙寧四年五月丙戌："右諫議大夫、提舉崇福宮呂誨致仕……誨病，亟手書屬司馬光爲墓銘。光往省之，至則目且瞑，光呼曰：'更有以見屬乎？'誨張目强視曰：'天下事尚可爲，君實勉之！'遂卒。"

李燾："誨卒在十日甲午，今并書。"

《邵氏聞見錄》卷十："獻可尋請宮祠歸洛，溫公、康節日相往來。獻可病，自草章乞致仕……一日手書託溫公以墓銘，溫公亟省之，已瞑目矣。溫公呼之曰：'更有以見屬乎？'獻可復張目曰：'天下事尚可爲，君實勉之。'故溫公誌其墓……誌未成，河南監牧使劉航仲通自請書石，既見其文，仲通復遲回不敢書，時安石在相位也。仲通之子安世曰：‘成吾父之美，可乎？’代書之。仲通又陰祝獻可諸子勿摹本，恐非三家之福。時用小人蔡天申爲京西察訪，置司西都。天申厚賂鐫工，得本以獻安石。天申初欲中溫公，安石得之，掛壁間，謂其門下士曰：‘君實之文，西漢之文也。’”

按，司馬光《溫國文正公文集》卷七十七《右諫議大夫呂府君墓誌銘》：“是時有侍臣棄官家居者，朝野稱其材，以爲古今少倫。天子引參大政，衆皆喜於得人，獻可獨以爲不然，衆莫不怪。居無何，新爲政者恃其材，棄衆任己，厭常爲奇，多變更祖宗法，專汲汲斂民財。所愛信引拔，時或非其人，天下大失望。獻可屢爭不能得，乃抗章悉條其過失，且曰：‘誤天下蒼生必此人，如久居廟堂，必無安靜之理。’又曰：‘天下本無事，但庸人擾之。’”公掛此墓誌於壁間譽之，適見壘落之胸襟。

又，《右諫議大夫呂府君墓誌銘》曰：“六女，長適羅山令鞠承之，次適光禄寺丞吳安詩。”吳安詩爲吳充次子，公婿吳安持之弟。

五月十一日，以劉摯、楊繪乞罷程昉開修漳河，爲昉辨說甚力，皆寢不報；又駁樞密院言府界淤田等事

《長編》卷二百二十三熙寧四年五月乙未：“御史劉摯言：‘臣伏見内臣程昉、大理寺丞李宜之於河北開修漳河，功力浩大，凡九萬夫……伏乞明布昉等罪狀，重行貶竄，以慰一方殘敝之民，使天下皆知此役之害非朝廷意，且以懲徼幸

希賞罔上殘民之人。'御史中丞楊繪亦再具奏乞罷此役,王安石爲昉辨説甚力,皆寢不報。

安石又白上:'前此樞密院言淤田役兵多走死,至一指揮但有軍員五人歸營者。又言府界營婦舉營訴於提點刑獄,乞放淤田兵士。密院遂劄付提點司密切體量。安石取簿歷根究,得淤田兵士走死多處不及三釐,用法走死及八釐,尚合得第一等酬奬。又問密院何以言但有軍員五人歸營,云得之曾孝寬,孝寬得之李琮。於是,趙子幾以牒問李琮,令具軍分役處。琮得申狀,乃云:曾與孝寬言未淤田前一年,滎澤斗門役兵兩處,各前後逃走,每起走却三十餘人。又聞得有兩營婦經提點司訴都水監見役修造未放,乞依淤田所例放歸。營婦所以訴,乃以淤田所放早故也。'上曰:'曾孝寬何故如此?'安石曰:'孝寬及琮皆不可知,或止是誤聽,亦不可知。'馮京曰:'人言所聞何害?'上曰:'小人好如此,恐宣力者解體。密院前言淤田如餅薄,朕令取一方土,如麵厚尺餘,問得極有深處。'京曰:'固有薄處。'上曰:'要不皆如餅薄。'安石曰:'薄處若水可到,但當令次年更淤,有何所害?'上曰:'陳薦前日上殿,言且喜朝廷覺察,罷却淤田。問薦何謂,薦言人號訴以爲不便。'安石曰:'陛下用陳薦輩爲股肱耳目,爲股肱當爲身捍患,爲耳目當聽察廣遠。今薦權發遣開封府,府界内淤田其罷與不罷及利害初不曾知,不知陛下耳目何所賴!周公戒成王:當職其所不享,唯不役志於享,惟事其爽侮。乃惟孺子,頒朕不暇。今人臣各懷利害愛憎之心,敢誣罔人主,無所忌憚,其爲不享甚矣。陛下固容有所未察,雖復察見,亦無所懲,即與不察見無以異。如此，則事實何由不爽？小人安能無侮？雖以周公爲相，臣恐徒紛紛不暇，無緣致平治也。'琼，江寧人，時知陽武縣。"

按，《東都事略》卷八十五《陳薦傳》："權知御史臺，言：'李定不持所生喪，豈可以爲御史？'數日罷臺事。以太常議襲封，中書以爲不當，坐降一官，見《秦王世家》。改群牧使，知開封府，出知蔡州。"李之亮《北宋京師及東西路大郡守臣考》引《開封府題名記》載陳薦熙寧四年四月至八月，以龍圖閣直學士、權發遣。

五月十四日，阻錢公輔入朝，以馬仲甫代之判都水監

《長編》卷二百二十三熙寧四年五月戊戌："天章閣待制、知揚州馬仲甫判都水監，知制誥、知江寧府錢公輔知揚州。初，沈起罷陝西都轉運使，召爲度支副使，改鹽鐵副使，尋命知江寧府，代公輔，令公輔歸朝。王安石欲留起知審官西院，上曰：'朕方欲論起在陝西亦無罪。'吳充言：'屢改易非便。'上曰：'宜少待之。'安石曰：'公輔專助小人爲異議，使在內必無補聖政。'因請以代仲甫，曰：'使仲甫在內無傷也。'上從之。"

按，馬仲甫，《宋史》卷三百三十一有傳："字子山，廬江人，太子少保亮之子也。舉進士，知登封縣……熙寧初，守亳、許、揚三州，糾察在京刑獄，知通進銀臺司，復爲揚州，提舉崇禧觀，卒。"馬仲甫爲公同年，《詩注》卷五十《崇禧給事馬兄挽詞二首》，《文集》卷三十五題作《崇禧給事同年馬兄挽辭二首》。李注："名中甫，廬江人，晚知通進銀臺司，提舉

江寧府崇禧觀，銀臺主封駁，後改爲給事中。""馬與公同年，卒於元豐三年冬。"

是日，因東明縣民數百家以科助役錢不當相率遮攔，説諭令退，遂白神宗乞根究

《長編》卷二百二十三熙寧四年五月戊戌："是日，戊戌十四日。東明縣民以縣科助役錢不當，相率遮宰相自言，凡數百家。王安石既説諭令退，遂白上曰：'知東明縣賈蕃者，范仲淹女壻，好附流俗，非上所建立。近樞密院選差勾當進奏院。去年，進奏院妄以朝廷事報四方，令四方疑懈於奉行法令。今使勾當，宜得平實者，如蕃殆不可用。'上以爲然，因令究東明事。蕃，管城人，琰曾孫也。"

按，賈蕃字仲通，畢仲游《西臺集》卷十三《朝議大夫賈公墓誌銘原注：代范忠宣作》："今資政殿大學士韓公維知開封府，薦公東明縣。會行役法初下，民有以令爲弗便而自訴于朝者，或曰止之，不止得罪，公曰：'吾非能使民訴，亦弗止也。'行法者果怒，諷監司微察公罪過，既不得，遂中公以他法，謫監順安軍酒稅。改虞部郎中、通判江州，判南京國子監……始娶范氏，封崇德縣君，資政殿學士、尚書户部侍郎文正公之女。"

據此，則賈蕃先知縣民訴役錢事而不止之。①

①　漆俠以爲此事爲變法反對派之陰謀，《王安石變法研究》，第181頁。另可見黄敏捷《北宋熙寧四年東明縣民上訪事件與變法君臣的危機處理》，《史學月刊》2016年第7期。

神宗以東明縣民訴役錢事，連日以手敕相問，遂爲反復解釋

《長編》卷二百十三熙寧四年五月庚子："司農寺及開封府界提舉常平司奏：'有畿内百姓，未知新法之意，見逐鄉大户言等第出助役錢多，願依舊充役。'詔司農寺令諸縣曉諭，如有不願納錢之人，除從來不當役年月，令依條認本等役，候年月至則赴官充役，更不令納役錢。又奏：'乞差府界提點司官分詣諸縣，同造五等簿，陞降民户。如敢將四等以下户升於三等，致人披訴，其當職官吏並從違制論，不以赦降原免。'從之。

先是，王安石建議，恐有扇惑百姓以爲役錢數剩，但訴免必可減；若果訴免，則責令依舊充役，如今司農寺及提舉司所奏。上既知東明事，連日再以手敕問安石：其一，從安石本議降是詔；其一，問酸棗有升下户入上户者，如是，則徒有免第四等役錢之名，而無其實。安石對上：'以取開封、祥符兩縣新舊簿閲視，其減等者至多，升等者至少，蓋諸縣造簿等第不同，皆係官吏緩急。如開封，乃有七百户第一等，此不可不減。酸棗、東明，乃各數百户三等已上，餘皆四等已下，至有三等以上役本等闕人差，又盡取於四等以上，此乃是四等中自有合爲三等以上之人，而造簿不正，緣吏人受賕實之下等，及至上等無人則又不免糾取，糾取之時又可取賕，若不升降使各從其實，則徒使吏人長姦，百姓僥倖，又有偏受困苦者，非政事也。且逐等物産，皆有籍在，籍第四等以下，較其物産乃與三等同，則何可不升？升之，百姓亦自

無憾。乞如司農寺所奏約束。'上從之。

安石又言曰：'治百姓，當知其情偽利害，不可示以姑息。若驕之使紛紛妄經中書、御史臺，或打鼓截駕，恃衆爲僥倖，則亦非所以爲政。天下事大計已定，其餘責之有司，事不當則罪有司而已。今每一小事，陛下輒再三手敕質問，臣恐此體傷於叢脞，則股肱倚辦於上，不得不墮也。且王公之職，論道而已。若道術不明，雖勞適足自困，無由致治；若道術明，君子小人各當其位，則無爲而天下治，不須過自勞苦紛紛也。'上曰：'問得人役錢事，誠是人情便。'安石曰：'陛下以道揆事，則不窺牖見天道，不出戶知天下；若不能以道揆事，但問人言，淺近之人，何足以知天下大計，其言適足沮亂人意而已。'上又言：'或以爲役錢事，必致建中之亂。'安石曰：'人言所以致此，由陛下憂畏太過，故姦人窺見聖心敢爲誑脅也。'

上初疑官户取助役錢少，安石因是白上曰：'官户、坊郭取役錢誠不多，然度時之宜，止可如此，故紛紛者少。不然，則在官者須作意壞法，造爲論議；坊郭等第户，須糾合衆人，打鼓截駕遮執政，恐陛下未能不爲之動心。若陛下誠能熟計利害而深見情偽，明示好惡賞罰，使人人知政刑足畏，則姦言浮説自不敢起，詭妄之計自不敢施，豪猾吏民自當帖息。如此，雖多取於兼并豪强以寬濟貧弱，又何所傷也！'上又言：'曹司都不與禄，反責其受賕廢事，甚無謂。'安石曰：'本收助役錢有剩者，將以禄此輩。'上曰：'以見役錢便可早定法制使知。凡今致紛紛，亦多是此輩扇惑。'安石曰：'早定誠是，然畏此輩扇惑非也，當令此輩不敢扇惑而已。若使此輩無忌憚，敢爲扇惑，而專望以祿利弭息，恐非所以爲政也。人主若不能盡天下，則不能勝天下，反爲天下役，反爲天下役則亂矣。漢高祖甫定天下，令婁敬持一節，發齊諸田，楚昭、屈、景諸大族數萬口居關中。此數族者，平時皆能首難合從以逆關中者也。如諸田乃至兄弟二人更爲王，敢與項羽爲敵，一旦使之棄墳墓田宅而徙，曾不憂其爲變者，氣與略有以勝之故也。'"

按，《朝議大夫賈公墓誌銘》曰："其在東明，吏循用雍熙丁口之籍爲奸，顧常寬之上戶。公更之，因得羨丁幾萬，力役均焉。"

東明吏爲奸之術，必因受賂而置三等以上戶爲四等以下，以避差役，"寬之上戶"。《墓誌》言賈蕃更之，以均力役，雖爲頌揚之詞，然恰可印證公之分析甚是："酸棗、東明，乃各數百戶三等已上，餘皆四等已下，至有三等以上役本等闕人差，又盡取於四等以上，此乃是四等中自有合爲三等以上之人，而造簿不正，緣吏人受賂實之下等，及至上等無人則又不免糾取，糾取之時又可取賂。"

五月十八日，因東明訴役錢事稱疾臥家。神宗遣中使趣入見

《長編》卷二百二十三熙寧四年五月壬寅："王安石因東明訴役錢事稱疾臥家，是日，上遣中使趣安石入見。"

李燾："此事他書並無據，王安石《日錄》十八日上遣中使趣入見，則此安石嘗托病在告也，更當考詳。"

五月十九日，入見

《長編》卷二百二十三熙寧四年五月癸卯："安石入見，爲上言：'東明宜受狀曉諭百姓，乃不受狀，遣令入京，餘縣即無之，此意可見。'上因問：'賈蕃與密院官孰善？'安石曰：'臣不知也。'遂白上：'今大臣、近臣孰爲助成聖政之人，臺諫官孰爲不附流俗者，陛下又於忠邪眞僞之際，未始判然明白，示以政刑，小人何所忌憚？小人無忌憚，敢爲紛紛，而陛下恃耳目聰明欲以勝之，臣恐陛下雖勞，終不能成治也。'"

是日，因御史中丞楊繪言司農寺超升東明縣等户等第以多出役錢，爲神宗指陳繪言不然，神宗諾之

《長編》卷二百二十三熙寧四年五月癸卯："楊繪言：'東明等縣百姓千百人詣開封府，訴超升等第出助役錢事，本府不受。百姓既無所訴，遂突入王安石私第，安石諭云：此事相府不知，當與指揮不令升等。仍問：汝等來，知縣知否？皆言不知。又詣御史臺，臣以本臺無例收接訴狀，諭令散去。退而訪問，乃司農寺不依諸縣元定户等，却以見管户口量等第均定助役錢數付諸縣，各令管認，升降户等，別造簿籍，前農務而畢。臣竊謂凡等第升降，蓋視人家産高下，須憑本縣，本縣須憑户長、里正，户長、里正須憑鄰里，自下而上，乃得其實。今乃自司農寺先畫數，令本縣依數定簿，豈得民心甘服哉？譬夫所以爲帶者爲腰也，所以爲履者爲足也，帶之長短須隨腰之豐瘦，履之闊狹須準足之大小。今若帶長而有餘則增腰以滿之，履狹而不足則削足以就之，可

乎？超升等第以就多出錢，何以異此？京畿者，天下之根本，不可不關聖慮。若人民紛擾，辭訴不已，雖欲脅以止之，竊恐川壅而潰，其傷必多。措置民事，必自州及縣，豈有文移下縣，州府不知之理。此乃司農寺自知所行於理未安，故不報府，直下諸縣，欲其畏威不敢異議；若關京尹，或致爭執，所以不顧事體如此。又今已是農月，如何於農務前畢，欲隨夏稅起催乎？臣又聞中書遣孫迪、張景溫體量不願出錢之民，竊恐不願出錢者欲困以重役，如此威脅，誰敢不從？畿內之民，平日驕養如赤子，今團保之法行之猝暴，惶駭未已，若更凌虐，恐所憂不細。今判司農寺乃鄧綰、曾布，一爲知雜，一爲都檢正，非臣言之，誰敢言者！’王安石指陳繪言爲不然，上諾之。”

李燾：“安石《日錄》云：‘余爲上別白言事實，上固洞見本末矣。’”

是日，除光祿卿史炤知邢州，以示勸獎

《長編》卷二百二十三熙寧四年五月癸卯：“光祿卿史炤知邢州。上謂執政曰：‘炤在襄州，於水利甚宣力，宜優獎以勸衆。’王安石曰：‘便除邢州，亦足示勸。其詳須勘會具備，乃可推恩，不然恐濫，有異論則無事狀可質也。’

《宋會要輯稿》食貨七十：“（熙寧）四年十月六日，前知襄州、光祿卿史炤言：‘昨任內勸誘六縣民自備人夫、物料，開修堙廢渠堰共二十一處，澆漑水田一千八百餘頃，農民獲利。”

五月二十日，爲神宗論御臣之道

《長編》卷二百二十三熙寧四年五月甲辰："上患邊臣觀望朝廷意度爲緩急，不肯竭情了事。王安石曰：'此在陛下。陛下誠能御群臣以道，使各盡力濟務，莫敢爲欺，則陛下可不勞而天下治；若不能如此，徒役兩耳目聰明，夙夜憂勤於上，而臣爲陛下盡瘁於下，恐終不能致治。邊事且勿論，試論近事。近者慶州兵變，陛下不能不旰食，大臣宜以此時共憂所以消弭。然方共乘陛下洶懼，合爲異論。至於淤田、保甲與慶州兵變事不相關，此眾人所知，非待至明而後察也，然眾論盡然，陛下雖知其非，能使其有所忌憚否？大臣在前，尚無忌憚如此，則邊鄙疏遠，何可禁其不爲欺罔？臣恐以區區之身爲陛下獨勞，亦不能濟平治也。臣愚以謂大畏眾志，使無實者不敢肆其説，而忠力者不爲小人所沮，則陛下不須憂勞而治道自成。'上曰：'良是。'"

李燾："朱史以此段載三月三日慶州兵叛後，不知安石言此乃因東明訴役錢事，假借以堅上意。今乃依《日録》，特書於五月二十日。"

五月二十二日，以孫洙力求補外，從其請

《長編》卷二百二十三熙寧四年五月丙午："太常博士、集賢校理、同知諫院、直舍人院孫洙知海州，從其請也。"

《宋史》卷三百二十一《孫洙傳》："字巨源，廣陵人。羈丱能文，未冠，擢進士。包拯、歐陽修、吳奎舉應制科，進策五十篇，指陳政體，明白剴切。韓琦讀之，太息曰：'慟哭流

涕，極論天下事，今之賈誼也。'……王安石主新法，多逐諫官御史，洙知不可，而鬱鬱不能有所言，但力求補外，得知海州。"

按，孫洙之父孫錫，公爲撰墓誌銘(詳本譜熙寧元年九月)。

與神宗、文彥博等議降責張玉。是日，降之爲陵州團練使

《長編》卷二百二十三熙寧四年五月丙午："降龍神衛四廂都指揮使、昭州防禦使、涇原路副總管張玉爲總管、陵州團練使、落軍職。玉以兵追討慶州叛軍，而吳達等勢窮降邠、寧部將任懷政，懷政送玉，玉盡殺之於邠州朝天驛。上以玉妄殺失朝廷信，故有是命。初，欲但降玉一官，王安石曰：'朝廷既知其妄殺，則降一官非所以示天下重人命存信之道。'上乃令降兩官，又降總管，又議落軍職。文彥博以爲刺史不可爲都虞候，安石曰：'都虞候須以防禦使爲之，止是故事初無義理，臣固嘗論奏，以爲但緣官闕遂例遷，或無功而以選超授，皆無義理，不足以勸。'彥博以爲故事要難改，乃止降一官，落軍職。仍未補人。吳充曰：'竇舜卿失於覺察撫御，亦止降一官，玉罰太重。'安石曰：'慶州之變，非舜卿所致，舜卿雖知人情恟恟，欲令舜卿若爲處置？'充又言玉可惜。安石曰：'暫責，遇赦即牽復，姑以明法存信慰衆心，於玉何損？朝廷但令玉且在邊，自得其用，豈計官職資任乎？'"

《宋史》卷二百九十《張玉傳》："字寶臣，保定人。以六

班散直隸狄青麾下……熙寧中,慶州卒叛,玉襲逐于石門,卒窮蹙請降,玉斬二百人,坐奪職,降爲陵州團練使。"

是日,呈役錢文字,因與神宗論抑兼并

《長編》卷二百二十三熙寧四年五月丙午:"是日,王安石呈役錢文字。上以爲民供稅斂已重,坊郭及官户等不須減,稅户升等事更與少裁之無害。安石曰:'今取於稅户固已不使過多,更過當減,但爲厭人言即無當於義理。若方可取之時取之,待其凶年闕食,量彼力不足而我所收役錢有餘,則特與放一料,此乃是於粒米狼戾時多取之,於食不足時則賙之,合於先王不忍人之政。朝廷制法,當内自斷以義,而要久遠便民而已,豈須規規恤淺近之人議論?陛下以爲稅斂甚重,以臣所見,今稅斂不爲重,但兼并侵牟爾,此荀悦所謂公家之惠,優於三代;豪强之暴,酷于亡秦。'上曰:'此兼并所以宜摧。'安石曰:'摧兼并,惟古大有爲之君能之。所謂兼并者,皆豪傑有力之人,其論議足以動士大夫者也。今制法,但一切因人情所便,未足操制兼并也。然論議紛紛,陛下已不能不爲之動,即欲操制兼并,則恐陛下未能勝衆人紛紛也。如兩浙助役事,未能大困兼并也,然陛下已不能無惑矣。'上曰:'如常平法,亦所以制兼并。'安石曰:'此於治道極爲毫末,豈能遽均天下之財,使百姓無貧?'"

五月二十五日,權陝西都轉運使謝景温乞易延州、慶州等四路守帥。以爲非便,宜静以待之

《長編》卷二百二十三熙寧四年五月己酉:"權陝西都轉

運使謝景溫言：'鄜延最當寇衝，守禦繫於主帥……伏望易置四帥，以消未然之患。'王安石曰：'郭逵宜使爲延州，乃以恥見吏民力辭。逵復被朝廷任用，得故處有何恥？彼但緣延州經擾壞難治，不肯往耳。陛下不察其情而許之，頗失事機。今已赴秦州，乃欲改更，非便。'上曰：'蔡挺移慶，恐轉加姑息。'安石曰：'慶卒尚反側，若遽易帥，或未至間疑而爲變，盍靜以待之。'景溫奏寢不行。"

五月二十六日，既對，留身請去。神宗慰留

《長編》卷二百二十三熙寧四年五月庚戌："是日，王安石既對，留身請去，上固留之，曰：'風俗久壞，不可猝正，事有萬緒，卿如何却要去？且體念朕意，不須恤流俗紛紛。'安石曰：'臣材薄，恐誤陛下屬意。陛下試觀前代興王，亦有爲政數年而風俗不變紀綱不立如今者乎？'上曰：'前代或因衰亂方生，人情迫急，爲之解患釋難所以易。今穨壞之俗已久，萬事收斂，使就法度，則不得不難，其紛紛亦固宜，但力行不變自當改。如富弼事，向時豈有按劾，今乃案治，如此等事行之已多，人情恐漸變。'安石曰：'以臣所見，似小人未肯革面。臣愚以謂陛下誠能洞見群臣情僞，操利害以馭之，則人孰敢爲邪？但朝廷之人莫敢爲邪，即風俗立變，何憂紀綱不立？如唐太宗時，裴矩尚肯爲正諫，況其素不爲邪者乎？'上追咎西邊事，以爲唐太宗時固無此。安石曰：'臣自接侍清光以來，陛下固未嘗許韓絳以智略，一旦舉一方之事屬之，則邊事自宜如此。'上曰：'朝廷固未嘗令其如此。絳失本指，皆出於意外。'安石曰：'陛下許其便宜節制諸路，則

其如此固其理也。邊事已往，固無所及。臣愚以謂陛下憂勤衆事，可謂至矣。然事兼於德，德兼於道。陛下誠能明道以御衆，則不待憂勞而事自治；如其不能，則雖復憂勞，未能使事事皆治也。陛下誠能討論帝王之道，垂拱無爲，觀群臣之情僞，以道揆而應之，則孰敢爲欺？人莫敢爲欺，則天下已治矣！臣敢不且黽勉從事？若但如今日，恐無補聖治也。'"

六月一日，爲明堂大禮使。言御史中丞楊繪沮壞新法，不宜在言職

《長編》卷二百二十四熙寧四年六月甲寅朔："宰臣王安石爲明堂大禮使，樞密使文彦博爲禮儀使，參知政事馮京爲儀仗使，樞密副使吳充爲鹵簿使，參知政事王珪爲橋道頓遞使。是日，王安石爲上言楊繪不宜在言職，且曰：'臣事陛下即有罪，大臣、近臣理無肯蔽覆者，不必得一楊繪乃察臣所爲。但如繪者使在言路，四方宣力奉法之臣，更疑畏沮壞，政令何由成？古人爲國皆約七年五年必爲政於天下，其施行有次第可必故也。今朝廷事爲之數年，行之未幾，輒復被沮壞，欲望成效，恐不可得也。'"

按，《長編》卷二百二十三熙寧四年五月辛亥："詔以季秋擇日，有事於明堂。"

又《宋史》卷九十八《禮一》："五代以來，宰相爲大禮使，太常卿爲禮儀使，御史中丞爲儀仗使，兵部尚書爲鹵簿使，京府尹爲橋道頓遞使。至是大禮使或用親王，禮儀使專命翰林學士，儀仗、鹵簿使亦或以他官。太平興國九年，始

鑄五使印。太宗將封泰山，以儀仗使兼判橋道頓遞事。大中祥符後，凡有大禮，以中書、樞密分爲五使，仍特鑄印。"

六月四日，神宗批令治賈蕃不奉法之罪，他罪勿劾。辯之，納御批不行

《長編》卷二百二十四熙寧四年六月丁巳："上批：'賈蕃可令治其不奉法之罪，其他罪勿劾。昭示四方，使知朝廷用刑公正。'王安石曰：'臣亦嘗責趙子幾但案蕃違法壞助役事，勿治他事，子幾乃云已得其罪狀不敢貸。若法當治，治之固不害朝廷用刑公正也。臣於蕃輩，未嘗與之計校，緣臣所爲盡是國事，蕃輩附下罔上，壞得陛下國事，臣有何喜慍？且小人衆多，安可一一與計校？孟子謂政不足間，人不足適，一正君而國定。臣所以但欲開導聖心，庶幾感悟，若聖心感悟，不爲邪辭詖行所惑，則天下自定，小人自當革面順從，豈須臣區區每與計校？若聖心未能無惑，而臣一一與小人計校，亦何能勝其衆多！'又言：'朝廷立法，惠在弱遠不知所以然之人，怨在强近能造作讒謗者，此陛下所當察。'"

李燾："按，《林希野史》載王安石納上批不行，今附注在十三日丙寅録繫囚後。"

按，《長編》卷二百二十四熙寧四年六月丙寅，李燾引《林希野史》曰："趙子幾以司農旨諭諸縣陞降等第，以就助役。東明民二百詣丞相訴，又訴御史。上聞之驚，安石亦惶恐。上手批付中書：'民之不願出錢者，仍舊供役。'內外歡然，以此解訴者。中丞繪、諫官洙猶以爲非便，而助役之議直可罷也。而布、綰言於安石曰：'助役爲衆所搖，不可成

矣。'安石悔，又納御批而不行，疑東明令賈蕃誘民來訴。蕃
已移官，乃遣子幾至邑詢其陞降民户，因捃蕃嘗以同天節宴
取外界，猶如此者數事。子幾奏之，安石大喜，置獄劾之。
言者以爲訴而發其事，非體當然。又蕃已去官，上亦寢。又
批付中書：'但案其陞降不當，餘皆勿問。'中外聞之，慶上之
仁聖。安石不悦，又懷於上前納之。"又《長編》卷二百二十
五熙寧四年七月十四日御史劉摯奏："東明知縣以不能禁民
有訴而被劾也，陛下聖旨止令劾擅升户等之事，二者皆獨斷
之善政，而中書皆格而不下，此則陛下之號令不行也。"

六月五日，因御史劉摯上疏論人材，與神宗論助役事，辯説甚力

《長編》卷二百二十四熙寧四年六月戊午："劉摯言：
'臣竊以爲爲治之道，惟知人爲難。蓋善惡者，君子小人之
分，其實義利而已……是故今天下有二人之論，有安常習故
樂於無事之論，有變古更法喜於敢爲之論。二論各立，一彼
一此，時以此爲進退，則人以此爲去就。臣嘗求二者之意，
蓋皆有所是，亦皆有所非。樂無事者以謂守祖宗成法，獨可
以因其所利，據舊而補其偏，以致於治，此其所得也；至昧者
則苟簡怠惰，便私膠習，而不知變通之權，此其所失也。喜
有爲者以謂法爛道窮，不大變化則不足以通物而成務，此其
所是也；至鑿者則作爲聰明，棄理任智，輕肆獨用，强民以從
事，此其所非也。彼以此爲亂常，此以彼爲流俗。畏義者以
並進爲可恥，嗜利者以守道爲無能。二勢如此，事無歸趨。
臣謂此風不可浸長，東漢黨錮、有唐朋黨之事，蓋始於

斯……'

　　摯嘗面對，上問：'從學王安石邪？安石稱卿器識。'摯曰：'臣東北人，少孤獨學，不識安石也。'上因摯言，與安石論助役事，安石辯數甚力。上曰：'無輕民事惟艱。'安石曰：'陛下固知有是説，然又審民事不可緩。'上曰：'修水土誠不可緩。'安石曰：'去徭役害農亦民事也，豈特修水土乃爲民事？如修水土非陛下能勝異論，則誰肯爲陛下盡力？且議助役事已一年，須令轉運使、提點刑獄、州縣體問百姓，然後立法，法成又當曉諭百姓，無一人有異論，然後著爲令，則其於民事可謂不輕矣。'"

六月七日，上表請上尊號，神宗不允

　　《長編》卷二百二十四熙寧四年六月庚申："群臣上尊號曰'紹天法古文武仁孝'，詔曰：'夫道以常無常名爲尊，乾以不言所利爲大，朕所憲焉；至於崇飾徽號以臨四方，非朕所先務也。方命有司議合宮之配，以昭嚴父之孝矣。乃當前受寶册，自爲光榮哉！無使大禹之不矜不伐，漢光武之禁人言聖，獨見稱於前世也。'自是三上表，終不允。"

　　《宋會要輯稿》禮四九："(熙寧)四年六月九日，宰臣王安石等上表，請上尊號曰'紹天法古文武仁孝'。表三上，詔答不允。"

六月八日，以王克臣兼同知審官西院

　　《長編》卷二百二十四熙寧四年六月辛酉："同提舉在京諸司庫務、度支郎中王克臣兼同知審官西院。上謂王安石：

'樞密院不留意西審官，欲差克臣同知。'安石以爲當然，故有是命。"

歐陽修數上章乞致仕。詆其壞州事、附流俗，因許之

《長編》卷二百二十四熙寧四年六月甲子："觀文殿學士、兵部尚書、知蔡州歐陽修爲太子少師、觀文殿學士致仕。修以老病數上章乞骸骨，馮京固請留之，上不許。王安石曰：'修附麗韓琦，以琦爲社稷臣，尤惡綱紀立、風俗變。'上曰：'修爲言事官，獨能言事。'安石曰：'以其後日所爲，考其前日用心，則恐與近日言事官用心未有異。'王珪曰：'修若去位，衆必藉以爲説。'上曰：'罔違道以干百姓之譽，衆説何足恤？修頃知青州殊不佳。'安石曰：'如此人，與一州則壞一州，留在朝廷則附流俗，壞朝廷，必令留之何所用？'上以爲然。

楊繪言：'今舊臣告歸或屏於外者，悉未老，范鎮年六十三，吕誨五十八，歐陽修六十五而致仕，富弼六十八被劾引疾，司馬光、王陶皆五十而求閒散，陛下可不思其故耶？'又言：'兩制多闕員，堂陛相承，不可少。'衆皆以繪言爲然。王安石曰：'誠如此。然要須基能承礎，礎能承梁，梁能承棟，乃成室。以糞壤爲基，爛石爲礎，朽木爲柱與梁，則室壞矣！'上笑。"

六月十二日，以蔡燁爲荆湖南路轉運判官兼提舉常平等，神宗欲留之京師。因與神宗論奬成人材及察君子、小人之道

《長編》卷二百二十四熙寧四年六月乙丑："審官東院主

簿、大理評事蔡燁爲太子中允、荆湖南路轉運判官，兼提舉常平等。上謂王安石曰：‘燁可留。’安石曰：‘已令爲監司，且試其實。如此人他時自當爲朝廷用。’燁，挺子也。上曰：‘人材絕少，宜務搜拔。’安石曰：‘人材須獎成，若趣赴朝廷法令，欲立事功，輒爲人所攻沮。附同流俗，雖有過惡，群邪共相推薦容護，則中材已下孰敢正論直行，此人材所以壞而可使者少也。若不能改此，恐無由得人材衆。爲天下，要以定取舍、變風俗爲先務，若不如此，而乃區區勞心於細故，適足以疲耗聰明爲亂而已。且以近事驗之，邊事之興，陛下一日至十數批降指揮，城寨糧草多少，使臣、將校能否，群臣所不能知，陛下無所不察。然邊事更大壞，不若未經營時，此乃陛下於一切小事勞心，於一切大事獨誤。今日國事，亦猶前日邊事，陛下不可不察。今日之患，正爲君子道不長，小人道不消，所以然者，由陛下察君子、小人情狀不盡，若陛下能明道以御衆，如日之在天，則小人如雨雪之自消。《詩》曰：雨雪浮浮，見晛曰流。此之謂也。若不然，則小人道長，無義何所不至！宗廟社稷之計，臣誠爲陛下憂之。《詩》曰：如蠻如髦，我是用憂。此之謂也。’上以爲極然。”

按，“燁，挺子也。”“燁”，《長編》他處或作“曅”、“煜”，均避康熙諱而改。蔡燁爲蔡挺之子，慶曆六年進士，[1]過繼蔡抗。《張方平集》卷四十《宋故樞密直學士朝散大夫尚書兵部郎中秦鳳路駐泊馬步軍都總管經略安撫使兼知秦州軍

---

[1] 《(至順)鎮江志》卷十八，第 2849 頁。四庫底本《長編》卷二百三十七避諱作“曅”，卷二百三十八、二百四十四避諱作“燁”，卷二百四十五避諱作“煜”。中華書局 2017 年影印版。

州事本路勸農使上騎都尉南陽縣開國男食邑三百户賜紫金
魚袋贈尚書禮部侍郎蔡公墓誌銘》:“公諱抗,字子直……先
娶彭城劉氏,繼室張氏,天章閣待制皐之之女,封會昌縣君,
亦先公卒。三子:爆登進士第,大理評事;潛、欽並秘書省正
字。五女:適滁州來安縣令江懋簡、大理評事曾孝序,餘未
笄。熙寧二年,歲在己酉,四月十三日,葬於宋城縣仁孝曲
從先塋,禮也。”①

《張方平集》卷四十《宋故推誠保德功臣資政殿學士正
奉大夫行右諫議大夫判南京留司御史臺上護軍南陽郡開國
侯食邑一千八百户食實封二百户賜紫金魚袋贈工部尚書蔡
公墓誌銘》:“公諱某,字子正,宋人。少而敏于學,未冠,登
進士第……七子:昕,湖州歸安縣主簿;朦,太子右贊善大
夫;天申,殿中丞;爆,太子中允;堪,太常寺太祝;穀,將作監
主簿;修尚幼。昕、天申早世。五女:長早卒,次適秘書丞李
閲、著作佐郎趙磐、潤州司理參軍王紳,幼在室。”②

劉摯《忠肅集》卷十《直龍圖閣蔡君墓誌銘》:“君諱奕,
字如晦,蔡氏,宋人也。曾大父陟,仕爲國子博士,贈太子太
保。大父希言,軍事推官,贈太師。父挺,由樞密副使拜資
政殿學士、判南京留司御史臺,贈工部尚書,諡敏肅。母王
氏,追封汝南郡夫人。君幼端重,與常兒異,世父故吏部侍
郎抗心奇之,以之爲子,補太廟齋郎。進士及第,除常州無

---

① 此據清翰林院鈔本,《宋集珍本叢刊》第6册,第244頁。“爆”字,四庫本避
　諱作“煜”。
② 此據清翰林院鈔本,《宋集珍本叢刊》第6册,第255頁。“爆”字,四庫本避
　諱作“煜”。

錫縣主簿,以侍親嶺外,不赴。丁母張氏夫人憂,服除,守將作監主簿,罷,簽書成德軍判官,侍親知秦州。上即位,遷大理評事、通判乾州。服侍郎喪,終制,勾當在京步軍糧料院。熙寧三年,詔置審官院主簿,君以薦補。東院、西院吏列房曰關陞,曰磨勘,曰差遣,一官考擬,房相參互,而案牘首尾離異,稽留墜散,至緣爲奸。君乃各析爲三房,隨官品分屬之,人大便。建言門蔭初調試詩,不若試經若律義爲有補于政;諸路薦舉,宜裁限員數、資序,所謂親民者必歷知縣。議皆施行。四年,青苗、助役法出,選建諸路使者推行之,曰提舉常平倉兼農田水利差役事,君得湖南。既對語,當上指,遷太子中允,改轉運判官領其事。”

按,“君諱奕”之“奕(奕)”,當爲“燁(燁)”之諱字。《曾鞏集》卷四十六《亡兄墓誌銘》:“君姓曾氏,諱曅,字叔茂。”王鳴盛《蛾術編》卷八十:“弟鳴韶云:‘《王臨川文集》內有一篇,與友人辨曾子固在京師與其弟分宅而居,未嘗同處。或疑其疏薄骨肉,臨川因論子固別有意。子固弟布陰邪反覆,在《姦臣傳》,就此文觀之,則知布不能累子固。’予案,子固有四弟,不同居者不知何人。考《宋史·曾鞏傳》、《曾布傳》,並無兄弟不同道話頭。安石之言,要不足信,布乃安石死黨耳。鶴壽案,《臨川集·答段縫書》:“鞏在京師,避兄而舍,並非與其弟分宅而居也。《南豐類稿·亡兄墓誌銘》云‘君諱奕,字叔茂’,蓋即其人。鶴溪既誤避兄爲避弟,又屬之弟布,先生遂從而筆之于書,失考之甚。”“曅”,四庫本《曾鞏集》避諱減筆作“曄”,此處作“奕”,可爲旁證。

李壽朋卒。有文祭之

《文集》卷八十五《祭李省副文壽朋》。

按，李壽朋，《宋史》卷二百九十一有傳：“字延老。慶曆初，與弟復圭同試學士院，賜進士出身，判吏部南曹……司馬光出使，薦其能，加直史館，入直舍人院、同修起居注，進戶部、鹽鐵副使。性疏雋任俠，奉祠西太一宮，飲酒食肉如常時，暴得疾卒。詔中使撫其孥，賜白金三百兩。”《長編》卷二百二十四熙寧四年六月甲子：“鹽鐵副使、工部郎中、直史館李壽朋疏俊任俠，不憚繁劇，祠西太乙，飲酒茹葷，暴中風，卒。上遣中使撫其家，賜銀三百兩。”故祭文曰：“惟君別我，往祠太一。笑言從容，愈於平日。既至即事，升降孔秩。歸鞍在塗，不返其室。”

六月十六日，因王韶召對，言不當無罪責其官；又論府界保甲

《長編》卷二百二十四熙寧四年六月己巳：“保平軍節度推官、同提舉秦州西路蕃部及市易司王韶言：‘昨經略司令韶招納近邊生戶入居漢界，今韶已奉詔赴闕，恐離任後來生戶或與夏國連結，別爲邊患。其生戶入居漢界見給糧者，非韶所招，如養飼充飽，或連結夏國度爲寇害，實非招納所致，乞賜詳察。’韶先坐妄指閒田責官，及再打量，乃云實有田四千餘頃，於是召對。王安石白上曰：‘王韶爲陛下盡力，臣不知陛下尚奪其官何意。’因言石顯事。上曰：‘元帝不能誅有罪。’安石曰：‘顯有何罪？不過害劉向之徒而已。今之爲姦者，特才不如顯爾，其罪非與顯有異也。石顯尚須因忠良有釁，然後敢攻，今之害忠良則未嘗伺其有釁，此乃過於石顯，陛下何嘗能誅？’馮京曰：‘李師中降官，故韶須降官。’安石

曰：‘師中附下罔上，壞陛下所欲爲，陛下不得不責降，然內
批特與舒州，寵以善地。詔無罪乃亦降官，好惡賞罰如此，
君子何所恃賴，小人何所畏懼！’京曰：‘今日人已震懾，如此
足矣，尚欲如何？’安石曰：‘臣所論者陛下威福，非臣私
計也。’

　　上論民兵，因稱府界保甲未善。安石曰：‘保甲事多沮
壞，安得善？陛下欲爲民兵誠善，然敺民爲兵，豈皆盡願？
使吏措置，豈能盡當人心？陛下爲保甲，一爲人言，即紛紛
自沮撓其事，則欲爲民兵，未易就也。大抵修立法度以便
民，於大利中不能無小害。若欲人人皆悅，但有利無害，雖
聖人不能如此；非特聖人，天地亦不能如此。以時雨之於
民，豈可以無，然不能不妨市井販賣及道塗行役，亦不能使
牆屋無浸漏之患也。’”

六月二十一日，富弼落使相判汝州。詆之

　　《長編》卷二百二十四熙寧四年六月甲戌：“武寧軍節度
使、左僕射、同平章事富弼落使相，以左僕射判汝州。通判
亳州、職方郎中唐諲，簽書判官、都官員外郎蕭傅，屯田員外
郎徐公袞，支使石夷庚，永城等七縣令佐等十八人皆衝替，
坐不行新法，置獄劾治，而有是命。弼，先許給假就西京養
疾。於是，弼辭汝州，乞依先詔養疾西京，上不許，弼乃赴汝
州，仍以老病昏塞，凡新法文字乞免簽書，止令通判以下施
行。他日，王安石爲上言：‘弼雖責降，猶不失富貴之利，何
由沮姦？’又言：‘行弼事，要未盡法。鯀以方命殛，共工以象
恭流，弼兼此二罪，止奪使相。弼生平自以寬恤百姓爲事，

今所以不放稅,其情可見也。'上曰:'常平事,莊家所爲,吏獨不能爲,是不能爲吏也。不能爲吏,雖廢爲民未爲過。'安石曰:'誠如此。民所能而吏不能,雖廢爲民不爲過。凡命有德,討有罪,皆天也。人主奉若天道,患所討不當而已。'"

六月二十二日,因劉摯上疏論助役十害,且劾趙子幾違敕案治賈蕃,駁之

《長編》卷二百二十四熙寧四年六月乙亥:"劉摯言:'五月間,東明縣百姓就宰臣私第,或隨馬披告助役法不便并升超戶等,及詣御史臺披訴,臣等尋具狀及上殿劄子論列,陛下令府界提點司體量升降等第因依。今竊見趙子幾別舉發知縣賈蕃在任日貸借官錢與手力,因同天節沽市村酒,創買部夫席屋等事,朝廷以其狀下本司取勘者,臣竊以爲過矣……如子幾領按察之任已久,當平日不聞舉摘蕃事,乃於今挾情違戾敕禁,原心考察,可見險薄,伏請付吏施行。'

王安石既爲子幾辨説,且曰:'朝廷置言事官,正當爲陛下彈劾如蕃輩。縱蕃非承望大臣風旨故壞法,又無贓私,但其措置不才如此,亦不當選差。今既不才如此,又犯法,大臣乃選擇以爲可用,此乃御史所當言也。摯初不言此,乃彈擊奉法之子幾,以爲諂刻。子幾劾王愷,所忤皆一時權要,其不諂可知。今營職奉公,即謂之諂刻;欺罔不端,即以爲忠純,何以正朝廷?'富弼之責也,楊繪草辭云:'弼天付忠純。'安石大恨之,因子幾事具以白上。"

按，王愷，韓琦姪韓公彥之婿，時監襄邑倉，①故公曰：
“子幾劾王愷，所忤皆一時權要，其不諧可知”。

是日，趙卨以措置邊防事具奏。與之書

《長編》卷二百二十四熙寧四年六月乙亥：“樞密院奏約
束諸路機宜官文字有‘遊宴媟狎，無所不至’之語，上曰：‘趙
卨嘗爲機宜，今帥鄜延，恐傷其意，可改去此數字。’時卨以
措置邊防事具奏，上出示王安石，安石曰：‘卨奏甚善。其間
豫定計策，則恐非所以應變。’上曰：‘朝廷難指揮，卿可因書
諭之。’”

李燾：“安石與卨書，今集有之。”

《文集》卷七十三《與趙卨書》：“某啟：議者多言遽欲開
納西人，則示之以弱，彼更倔强。以事情料之，殆不如此。
以我衆大，當彼寡小，我尚疲弊厭兵，即彼偷欲得和可知。
我深閉固距，使彼不得安息，則彼上下忿懼，并力一心，致死
於我，此彼所以能倔强也。我明示開納，則彼孰敢違衆首議
欲爲倔强者？就令有敢如此，則彼舉國皆將德我而怨彼，孰
肯爲之致死？此所以怒我而怠寇也。老子曰：‘抗兵相加，
哀者勝矣。’此之謂也。至於開納之後，與之約和，乃不可
遽，遽則彼將驕而易我。蓋明示開納，所以怠其衆而紓吾
患；徐與之議，所以示之難而堅其約。聖上恐龍圖未喻此
指，故令以書具道前降指揮。如西人有文字詞理恭順，即與

①　韓琦《安陽集》卷四十六《故仁壽縣君張氏墓誌銘》：“余第二姪殿中丞公彥
妻張氏，職方郎中文昌之女……五女：長適鎮潼軍觀察推官孫扶；次二女俱
早亡；次適新州新興尉、監襄邑倉王愷。”

收接聞奏，宜即明示界上，使我吏民與彼舉國皆知朝廷之意。”

與神宗、文彥博力辯王韶無罪及古渭置市易司事。二十三日，王韶復爲著作佐郎

《長編》卷二百二十四熙寧四年六月丙子：“保平軍節度推官、提舉秦州西路蕃部及市易司王韶復爲著作佐郎。王安石自叙其本末云：‘初，王韶言沿渭地，李師中先與韶合，既而爲大臣所諷，遂極力沮韶，奏以爲全無荒地。朝廷下李若愚等體量，令竇舜卿打量，乃云止有一頃有餘。於是，文彥博、馮京等合臺諫官極力攻韶，以爲欺罔生事，而向竇等素疾韶，又與師中言韶引惹托碩族連生羌擾邊。及問知擾邊事，乃略不由王韶。韶與高遵裕但有撫結生羌之功，而生羌與托碩爲變，乃由秦州遇托碩失理所致。事既無效，而師中、竇前後奏事誣罔不一，朝廷又令沈起往案問，并根究韶田事。起奏，具得師中、竇欺罔事，惟田事欲須後日進呈。’

彥博爲師中言：‘邊帥收閣詔令不行，乃是常事。’安石曰：‘朝廷詔令若不可行，當奏請；收閣不行，安得無罪？假令無情，亦不可恕，況所閣詔令，其情乃在於害邊事。且又奏事誣罔不遜，如何可恕？’彥博曰：‘既任邊帥，當責成。今令王韶攪之，實難。’安石曰：‘王韶雖是特旨差爲機宜，已而師中力奏韶王佐之材，乞令管勾蕃部事，故朝廷從其奏。然事亦皆師中相度施行，韶何嘗能攪之？’彥博曰：‘王韶之勢，赫赫於關中，孰敢違者？’

及議罰，吳充請向竇、王韶皆降官，安石曰：‘向竇即有

上書不實罪,詔有何罪?'彥博曰:'沈起善顧望,豈肯究王韶罪狀?'於是,上疑韶田不實,亦合追一官,曰:'韶不能指言,必是無地也。'安石曰:'今京東人冒占大澤泊,爲人論告,積年不決,其後告者坐不實被徒,既而王廣淵根究,乃始知曾冒占。且内地有契帳分明尚如此,況與邊夷交雜,無契帳可考。經略使不肯根究,官吏承望風旨,雖有官地,但令生熟户各占認,則韶亦何由可指也!'上既疑不決,安石以不勝衆論,遂止不復爭。

尋有旨復下韓縝打量。縝言:'緣渭果有荒田四千餘頃。'上曰:'邊臣誕妄誠害事,緣理可知,而事不可知,要邊臣奏報誠實乃決事。如竇舜卿言王韶所奏地只有一頃,當時朝廷以爲必無此地。今韓縝打量,乃有四千餘頃,舜卿尚言今打量地必非王韶所指處!'文彥博、馮京亦皆以縝所言非實。彥博曰:'事患在巧言亂實。'上曰:'患不明,不患巧言。若見理明,巧言亦何能亂?'安石曰:'巧言,雖堯、舜亦畏之,然以見理明,故共工不能亂堯、舜之治也。漢元帝詔曰:朕不明於理,故靡瞻不眩,靡聽不惑,政令多還,民心未得,公卿大臣,緣姦作邪。惟不明於理,故靡瞻不眩,靡聽不惑;惟眩惑,故一有政令,輒爲浮議所奪而多還;惟政令多還,故民心未得;上所操持如此,此公卿大臣所以敢作姦邪,其本乃在人主不明於理故也。如王韶,非邊臣妄誕能亂事實,乃是陛下考覆未盡。沈起自奏以爲恐引惹邊事,未可打量田地,陛下即行遣王韶。考覆未盡而遽行法,此自朝廷之失,非邊臣能亂事實。賞罰在一人之身爲輕,在朝廷勸沮忠邪則爲利害甚大,不可不謹也。'上曰:'邊臣各自用己愛惡,利害非有所忌憚。韓縝所以打量出地者，以與竇舜卿不相能故也，其他事即不肯如此盡力。'安石曰：'陛下明察，見此盡之矣。'彥博、京皆言：'此是欲招弓箭手地爾。'安石曰：'詔所奏但云荒田不耕，何啻萬頃，即不言除欲招弓箭手地外有此。'彥博曰：'如此則須罪竇舜卿也。'安石曰：'舜卿打量時明言除出欲招弓箭手地，即於文未見欺罔。'彥博又言：'臣在秦州，沿渭豈有此地，此必欺罔。'上曰：'是沿渭地。'安石即指圖所載，且言：'韓縝專沮壞王韶，於奏報中陛下自可見，無緣於此荒田乃肯與韶比而爲欺罔。陛下嘗記御史所以攻韶否？乃是陳升之、馮京諭謝景溫言沈起將甘谷城地妄作沿渭地，欲蓋王韶罪。景溫至中書，臣面詰以起案卷具在，無將甘谷城地作王韶所奏者，何故妄言如此？景溫對臣與馮京言：是集賢相公與參政、諫議說如是。'

上以韶爲無罪，令與復官。彥博等又曰：'韶言耕田尚未有效，如何？'安石曰：'本所以奪官，非爲耕田未有效也，爲其以無田爲有而已。'京曰：'不止爲此，兼韶言市易事亦不便。'彥博因助之。上曰：'市易無不便。'彥博曰：'官中更爲販賣事，誠不便。'安石曰：'且不論古事，止以今事論，公使皆販賣，人無以爲不便，何也？'彥博曰：'近日事多，費更不足，如置古渭以來，秦州愈不足。'安石曰：'今日古渭，文彥博亦不知其不可廢，所以費不足，正由不理財故也。既拓地，則須理財以足其費，此乃市易之所以不可無也。'彥博又言：'韶市易司馬入中不良，群牧司以是官物入中，故且令受之。'安石曰：'韶但建議提舉，至於買馬，即自有使臣。本法但令依百姓交易，若不良，自是群牧司不合納耳。今私販亦有退馬，則市易有退馬，亦未害市易司爲可置也。'彥博又言：'市易司召元瓘指使，乃是還俗僧，甚無行，三司已劾罪，令更不得赴市易司矣。'安石曰：'市易司募指使，何由盡得篤行君子，苟有無行之人，亦未害市易司可置，亦未足爲瓘罪。向者，衆誣瓘引惹不效，又誣侵盜，根究亦已無之。'彥博曰：'上下相蒙，三數年後，陛下自見矣。'安石曰：'韓縝無庇蓋王韶之理，只今事情，陛下自見，不待三數年後也。'上曰：'韶招納未有效。'安石曰：'只今招出，即是其效。爲用與否，即在朝廷與將帥爾。'彥博又言：'招納無補。'安石曰：'不煩兵，不費財，能撫結生戶，不爲西人所收以爲邊患，焉得爲無補？'上乃令復韶官。"

《宋史》卷三百二十八《王韶傳》："經略使李師中言：'韶乃欲指占極邊弓箭手地耳，又將移市易司於古渭，恐秦州自此益多事，所得不補所亡。'王安石主韶議，爲罷師中，以竇舜卿代，且遣李若愚按實。若愚至，問田所在，韶不能對。舜卿檢索，僅得地一頃，既地主有訟，又歸之矣。若愚奏其欺，安石又爲罷舜卿而命韓縝。縝遂附會實其事，師中、舜卿皆坐謫，而韶爲太子中允、秘閣校理。"

《宋史》卷三百三十二《李師中傳》："韶又請置市易，募人耕緣邊曠土，師中奏阻其謀。王安石方主韶，坐以奏報反覆罪，削職知舒州。"

按，以上《宋史》所言恐非，王韶所言沿渭之地確有閑田。[1]

---

[1]　相關研究，可見崔玉謙《熙寧初年甘谷城墾田爭議考述》，《西夏學》第9輯。

六月二十四日,以盧秉權檢正中書吏房公事

《長編》卷二百二十四熙寧四年六月丁丑:"大理寺丞盧秉權檢正中書吏房公事。"

李燾:"盧秉,初置條例司時已見。秉此以寺丞權吏檢,七月六日,又以殿丞除吏檢,今不別出。五年二月十八日,除浙憲,專提監。"

按,《宋史》卷三百三十一《盧秉傳》:"王安石得其壁間詩,識其靜退,方置條例司,預選中。奉使淮、浙治鹽法,與薛向究索利病,出本錢業鬻海之民,戒不得私鬻,還奏,遂爲定制。檢正吏房公事,提點兩浙、淮東刑獄,顓提舉鹽事。"

《墨客揮犀》卷十:"盧秉侍郎嘗爲江南小郡司戶參軍,於傳舍中題詩云:'青衫白髮病參軍,旋糶黃粱換酒罇。但得有錢留客醉,也勝騎馬傍人門。'王荊公過而見之,尤極稱賞。俄薦於朝,數年間遂超顯仕。"

六月二十五日,因李元瑜卒,甚惜之;爲神宗言其功狀,特令與其一子官

《長編》卷二百二十四熙寧四年六月戊寅:"前權發遣提點成都府路刑獄、兼常平等事李元瑜特與一子官。元瑜死,王安石甚惜之,言於上曰:'元瑜在成都,以一身抗范純仁、謝景初、李杲卿及部內承望監司風旨之人,純仁等皆莫能屈,而其黨與多爲元瑜奏其沮壞新法之罪被按劾;又相度役事,所至百姓輒數百或數千人爲群,乞依元瑜相度施行;仍

乞免官司羅織不令陳述利便之罪，然純仁、景初等終羅織狀首，及元瑜奏其事，狀首乃得釋。今死矣，恩顧不及其子。'上曰：'元瑜盡力，宜與一子官。'馮京曰：'元瑜權發遣，於近制不當推恩。'上特令與之，又令中使護其喪歸葬，又賜絹三百疋。"

　　按，李元瑜，熙寧二年九月以太常博士充成都府路提舉常平廣惠倉，兼管勾農田水利差役事。① 所謂"元瑜在成都，以一身抗范純仁"，《長編》卷二百十八熙寧三年十二月甲子："御史薛昌朝言：'成都府路自監司以下，飲宴過多，無復忌憚。'詔提點刑獄薛繗、李元瑜密體量以聞。"范純仁《范忠宣公文集》卷十九《范忠宣公行狀》："未幾，移成都府路轉運使。安石憾不能釋。而謂新法行之，民間多不便，公蓋盡論，仍戒州縣不得遽行以待報。安石愈怒，命其客李元瑜爲提舉常平官，且伺察公，將遂害之。鉤索捃摭，無所不盡，卒亦無所得。公竟坐謝景初、李杲卿游宴事爲失覺察，降知和州。"李元瑜奉行新法甚力，故公頗惜其卒，而反新法者則抨擊不遺餘力。呂陶《净德集》卷二十二《中大夫致仕石公(洵直)墓誌銘》："在成州時，寬恤民力之詔下，部使遣官行郡。有楊士元者，持檄而至，作氣勢，事求索，重爲民病，公以狀白轉運使，即召之還。李元瑜者，天資憸刻人也，知彭州永昌縣，爲公屬吏。忽就領常平事，輒依法逞其私，傲上凌下，無愧恥，銳意戕剝。公以理解譬，使之馴伏，卒無所施，一郡不被其毒。"

① 《宋會輯稿》職官四三，第4111頁。

是月，御史中丞楊繪奏言《淮南雜説》有異志

《宋朝諸臣奏議》卷八十三《上神宗論王安石之文有異志》："臣竊見人君獨享天下之奉，其勢至隆也；以一人而塊居深宮之中，其身至孤也。以其勢之至隆，固不可不先絕乎覬覦也；以其身之至孤，固不可不深防乎危禍也……王安石《雜説》曰：'魯之郊也，可乎？曰：有伊尹之志，則放其君可也；有湯之仁，則絀其君可也；有周公之功，則用郊不亦可乎？'王安石《雜説》曰：'周公用天子禮樂，可乎？周公之功，人臣所不能爲；天子禮樂，人臣所不得用。有人臣所不能爲之功，而報之以人臣所不得用之禮樂，此之謂稱。'王安石《雜説》曰：'有伊尹之志而放君可也，有周公之功而伐兄可也，有周之后妃之賢而求賢審官可也。夫以后妃之賢而佐王以有天下，其功豈小補哉？與夫婦人女子從夫子者可同日語乎？'臣竊謂孟子勸齊王無毀明堂者，蓋當時天下無定主，故敢爾。若言之于一統之世，則孟子豈不爲罪人？今王安石於君尊臣卑重熙累盛之朝，而顯然再三丁寧於伊尹放君、周公用天子禮樂之事，臣願陛下詳其文而防其志。臣言必死，罪不敢辭。"注曰："熙寧四年上，時爲御史中丞。"姑附於是月。

按，《周易·革卦》象曰："天地革而四時成。湯武革命，順乎天而應乎人。革之時，大矣哉！"《孟子·梁惠王章句下》："賊仁者謂之賊，賊義者謂之殘。殘賊之人，謂之一夫。聞誅一夫紂矣，未聞弑君也。"公之《雜説》曰："有伊尹之志，則放其君可也；有湯之仁，則絀其君可也。"此即發揮《周

易》、《孟子》之“革命”思想，而尤重聖賢之“志”與“仁”。楊繪以此爲“異志”，而忽略此種“革命”，乃以紂之殘暴、伊尹之志、湯之仁爲前提，斷章取義，剝離語境，可謂居心叵測。

七月六日，以章惇檢正中書户房公事

《長編》卷二百二十五熙寧四年七月戊子：“秘書丞章惇檢正中書户房公事。王安石言：‘惇相度渝州夷事，多與轉運司不同，可見其不肯詭隨，宜擢用。’上令與外任差遣，安石乞用爲檢正，從之。馮京欲須惇到取旨，上曰：‘便與之，不須惇到也。’尋又加集賢校理。”

使張琥爲文詰楊繪、劉摯論助役法。琥辭，曾布爲之

《長編》卷二百二十五熙寧四年七月丁酉：“上初欲用張琥及襄、繹、益柔（知制誥），王安石言琥不如布，上曰：‘布誠宣力多。’遂用布，更以琥修起居注。楊繪、劉摯之論助役也，安石使琥爲文詰繪、摯，琥辭不爲，布自請爲之，琥由是忤安石意，故不得知制誥。”

《宋史》卷三百二十八《張璪傳》：“楊繪、劉摯論助役，安石使璪爲文詰之，辭，曾布請爲之，由是忤安石意。神宗欲命璪知制誥，安石薦用布，以璪同修起居注。”

韋驤《錢塘韋先生文集》卷一六《故資政殿大學士右光禄大夫知揚州軍州事兼管内勸農使充淮南東路兵馬鈐轄上柱國馮翊郡開國公食邑三千六百户食實封九百户贈右金紫光禄大夫張公行狀》：“熙寧三年，改著作佐郎。是時神宗方勵精政治，招延儁人，大臣薦公於朝，便殿召對，敷納稱旨，

即留中書編修條例。未幾除集賢校理。公行誼端潔,文學淵粹,簡在清衷,亟將巨用故遷擢不次。四年正月,加太子中允,仍前職知諫院,兼管勾國子監公事。二月,兼直舍人院。五月,兼同知審官西院。七月,兼同修起居注。"

《邵氏聞見錄》卷十三:"楊元素爲中丞,與劉摯言助役有十害。王荆公使張琥作十難以詰之,琥辭不爲。曾布曰:'請爲之。'仍詰二人向背好惡之情果何所在……于是元素出知鄭州,摯謫監衡州鹽倉。琥亦由此忤荆公意,坐事落修注。"

是日,以曾布所言進呈,且剳與楊繪、劉摯令分析

《長編》卷二百二十五熙寧四年七月戊子:"檢正中書五房公事、同判司農寺曾布言:'臣伏見言事官屢以近日所議差役新法不便,論議紛紜,上煩聖聽。臣承司農之乏,而又備官屬於中書,凡御史之言,臣所預見,考其所陳,皆失利害之實,非今日所以更張之意。雖陛下睿智聰明,洞照其說,然流聞四方,使任事者選懦觀望,不敢營職,而懷貳沮善之人將因此洶洶,轉相倡和,以疑天下之人矣。在臣之職,固不敢畏避彊禦俛默而不言也……願陛下以臣所言宣示中外,使有識之士參考其是非。令臣言有涉誣罔,則誅夷竄逐,臣所甘心,陛下之法亦不可貸;如言不妄,則陛下亦當察其情僞,而以大公至正之道處之,則天下之幸也!'

王安石以布所言進呈,上問如何?安石曰:'欲剳與繪、摯,令繪、摯分析。'馮京、王珪以爲不當使分析。京又言繪、摯近日別無文字。上曰:'令分析方是朝廷行遣。'京、珪曰:

'恐復紛紛不安。'上曰：'待分析到更相度。'因言繪作富弼辭，乃更稱譽弼，殊不體朝廷意。安石曰：'《姤》，后以施命告四方，上下相遇，以命而已。見大哉王言，乃所以知一哉王心。今天下所以未肯一心趨上所爲者，以好惡是非不著於天下故也。爲天下，要知事本。孔子曰：名不正則言不順，言不順則事不成，事不成則禮樂不興，禮樂不興則刑罰不中，刑罰不中則民無所措手足。然則民無所措手足，其本在於名不正。孟子曰：楊、墨之道不息，孔子之道不著。邪説誣民，充塞仁義，仁義充塞，則率獸食人，人將相食。然則人將相食，其本在楊、墨之道不息。今朝廷異論，類皆懷姦，其實豈止於楊、墨之道不息而已，以邪爲正，以正爲邪，其爲名不正甚矣，則其患至於人無所措手足、人相食無足怪也。如晉之亂，戎狄據中國，自生民已來未有如此，其亂本乃在王衍之徒，託清浄無爲之説，以濟其苟簡貪慢之私而已。'遂以布所言劄與繪、摯，令分析以聞。

　　按，公所謂"如晉之亂，戎狄據中國，自生民已來未有如此，其亂本乃在王衍之徒，託清浄無爲之説，以濟其苟簡貪慢之私而已"，此意亦發之於詩。《詩注》卷四十六《謝安》："謝公才業自超群，誤長清談助世紛。秦晉區區等亡國，可能王衍勝商君？"

七月八日，罷孫固知審刑院，以崔台符權知審刑院，許遵權判大理寺

　　《長編》卷二百二十五熙寧四年七月辛卯："天章閣待制孫固兼侍讀，罷知審刑院。王安石言：'固留滯審刑文案，乞

罷之,授以他職。'司勳員外郎、權判大理寺崔台符權知審刑院,太常少卿、知壽州許遵權判大理寺。"

以蔡確爲三班院主簿

《長編》卷二百二十五熙寧四年七月壬辰:"知開封府劉庠乞罷勾當右廂公事官,不許。初,韓維奏著作佐郎蔡確爲勾當右廂公事。及庠代維,以故事責確廷參。確謂藩鎮辟召掾屬,乃有廷參禮,今輦轂下比肩事主,雖故事不可用。庠不能屈,因奏:'京師多豪右,廂官體輕人不畏,或緣而寬縱有罪,且政出多門,非所以肅清浩穰之術。昔趙廣漢嘗患三輔難治,欲兼之,況廂事之末乎? 請罷確等。'確方主王安石,故上意不直庠,尋改確爲三班院主簿,庠相繼補外。確,晉江人,嘗爲邠州司理參軍,轉運使始至,按其贓罪,及見確姿狀秀偉,召與語,奇之,更加延譽。韓絳宣撫陝西,確爲人造樂語,絳喜其文,又薦於朝。維所以辟確,亦由絳薦也。"

《宋史》卷四百七十一《蔡確傳》:"韓絳宣撫陝西,見所製樂語,以爲材,薦於弟開封尹維,辟管幹右廂公事,維去而確至。舊制,當庭參,確不肯,後尹劉庠責之,確曰:'唐藩鎮自置掾屬,故有是禮。今輦轂下比肩事主,雖故事不可用。'遂乞解職。王安石薦確,徙爲三班主簿。用鄧綰薦,爲監察御史裏行。"

呂陶《浄德集》卷二十一《樞密劉公(庠)墓誌銘》:"凡三閲月,乃召還,知開封府。前此議者置廂官分治府事,凡輕罪聽決遣。公謂京師多豪右,廂官體輕,人不畏,或緣而寬縱有罪,且政出多門,非所以肅清浩穰之術。昔趙廣漢嘗患二輔亂其治，猶欲兼之，況庙事之末乎？請罷蔡確、沈振，願殫力公事，以報萬一。是時宰相王安石用事，與公異論，確主於安石，見公不庭參。公謂：'朝廷之儀，安可以私廢？'上疏辨之，由是上失宰相意。神宗亦嘗論之曰：'卿奈何不與一二大臣協心濟治乎？'公對曰：'臣子於君父，各伸其志。臣知事陛下，不知附王安石。'不數月，除龍圖閣學士、知太原府，充河東路經略安撫使。"

七月十四日，神宗以陳襄知制誥。沮之

《長編》卷二百二十五熙寧四年七月丁酉："兵部郎中、集賢校理、直舍人院王益柔，刑部郎中、秘閣校理、同修起居注陳襄，兵部員外郎、集賢校理、直舍人院、同修起居注陳繹，太子中允、集賢校理、直舍人院曾布並知制誥……安石又言：'襄憸邪，必不能助宣德化，不宜使在內，且已嘗辭知制誥，今復辭則虧人臣體。'上曰：'何以處之？'安石請除待制、都轉運使，上曰：'知制誥亦不妨作都轉運使也。'尋以韓維在告，又詔襄及益柔並直學士院。"

《宋史》卷三百二十一《陳襄傳》："安石欲以為陝西轉運使，帝惜其去，留修起居注。襄懇辭，手詔諭之，乃就職。踰年，為知制誥，安石又欲出之，帝不許。尋直學士院。"

是日，以楊繪、劉摯上疏自辨，與神宗論黜之

《長編》卷二百二十五熙寧四年七月丁酉："御史中丞楊繪具論前後論助役法四奏以自辨，且曰：'臣之情狀，已具四奏，惟曾布稱言者深論司農寺，未嘗以一言及開封；又云自

非内懷邪詖之情，有所向背，則不當若此；又云誕謾欺罔，曾不畏忌。此數言者，臣不可不辨……'

御史劉摯又言：'臣近曾上言論助役之法其害有十，今奉聖旨批送曾布劄子條件詰難，令臣分析者。竊以助役斂錢之法，有大臣主之於中書，有大臣之親中書之屬官及御史知雜者講畫於司農寺，有大臣所選擇所謂能者爲監司、提舉官行之於諸路，上下布置，其勢若此，可謂易行矣。然曠日彌年，未有定論可以爲法者，其故何也？不順乎民心而已矣……'

奏至，王安石曰：'繪所奏前後反覆，今並不分析布所言子幾與蕃事。又摯所云臣所向者公，所背者私，不知子幾何以爲私，蕃何以爲公。且繪云當忠以報國，雖爲臣引用，不敢以私害公。凡人之情，爲人所知，縱不能私，宜以平遇之。如繪所言，專爲不平，此必有所懷也。繪知開封府元同議，後來不受百姓訴狀違法，何故不論開封之罪？此其不平可見。'上曰：'張琥以爲繪罪輕於摯，摯言尤無狀。'安石曰：'摯妄作，愚而易見；繪狡詐難知，如言爲臣所引用，然不敢以私害公，此所謂壬人，雖堯、舜所當畏難，陛下不可不察。臣向論繪燭理不明，不可爲中丞，此言必漏，臣度繪當緣此爲憾。邪人交鬬，但能壞朝廷事，於臣私計亦何所預？臣若計身私利害，即雖不才，豈不能合流俗以自固？若以義爲事，則有去就而已。小人消長，非臣所敢知也。'上曰：'如何措置？'安石曰：'此在陛下。'上曰：'令繪出，翰林又少人。降一官令歸院，如何？'安石曰：'欲令出，即差官直院可也。'於是詔繪落翰林學士、御史中丞，爲翰林侍讀學士；摯落館閣校勘、監察御史裏行，監衡州鹽倉。後兩日，以繪知鄭州。"

　　李燾："《神宗史·食貨志》云：'初，繪除中丞，安石以爲繪不燭理，不可爲中丞，然卒除繪。已而執政馮京漏安石語以激怒繪，緣此爲憾，故毀役法以自立異，非詳究法之利害本末也。'志蓋因安石《日録》，今不取。"

　　《宋會要輯稿》職官六五："(熙寧四年七月)十四日，翰林學士、度支員外郎、權御史中丞楊繪落翰林學士，充翰林侍讀學士，知鄭州。太子中允、館閣校勘兼觀察御史裏行劉摯落職，監衡州鹽倉。坐論役法不當也。"

　　《宋史》卷三百二十二《楊繪傳》："神宗立，召修起居注、知制誥、知諫院……擢翰林學士，爲御史中丞。時安石用事，賢士多謝去……免役法行，繪陳十害，安石使曾布疏其説。詔繪分析，固執前議，遂罷爲侍讀學士、知亳州。"

　　《名臣碑傳琬琰集》中卷二十五范祖禹《楊待制繪墓誌銘》："時王安石執政，舉青苗法，在廷諸臣皆以疾辭去，公獨上言……公又言安石不知人，提舉常平使者暴橫。公論免役有十害，請罷之。曾布疏其説，詔付繪分析，公執前議，遂罷。"

　　《宋史》卷三百四十《劉摯傳》："又論率錢助役、官自雇人有十害，其略曰……會御史中丞楊繪亦言其非，安石使張琥作十難以詰之，琥辭不爲，司農曾布請爲之。既作十難，且劾摯、繪欺誕懷向背。詔問狀，繪懼謝罪。摯奮曰：'爲人臣豈可壓於權勢，使天子不知利害之實！'即條對所難，以伸其説……疏奏，安石欲竄之嶺外，神宗不聽，但謫監衡州鹽

倉。繪出知鄭州,琥亦落職。摯乞詣鄆遷葬,然後奔赴貶
所,許之。"

按,言免役有十害者爲劉摯,而非楊繪。

七月十八日,以唐淑問知復州

《長編》卷二百二十五熙寧四年七月辛丑:"殿中丞、監
察御史裏行唐淑問權知真州,又改知復州。淑問前坐擊滕
甫出通判復州,遭父喪,既除服,王安石欲與監司,上曰:'淑
問意見何如,肯盡力否?且令知府界縣。'安石曰:'淑問帶
臺職,難與縣。'上曰:'淑問才通判資序,與縣何傷?'安石請
試以劇郡,上從之。尋命淑問權發遣提點荊湖北路刑獄。"

按,唐淑問,唐介之子,《宋史》卷三百十六有傳:"字士
憲。第進士,至殿中丞。神宗以其家世,擢監察御史裏
行……滕甫爲中丞,淑問力數其短,帝以爲邀名,乃詔避其
父三司使,出通判復州。久之,知真州,提點湖北刑獄。"《蘇
軾文集》卷十五《故龍圖閣學士滕公墓誌銘》:"上聞之大
喜,因公奏事殿中,歎曰:'朕欲擢卿執政,卿逾月不對,而大
臣力薦用唐介矣。'公曰:'臣恨未有死所報陛下知遇,豈愛
官職者。'唐淑問、孫覺言公短,上不信,悉以其言示公,所以
慰勞公者甚厚。"

七月二十四日,以章惇兼詳定編修三司令式及諸司庫
務歲計條例,與神宗議之

《長編》卷二百二十五熙寧四年七月丁未:"天章閣待制
孫固提舉在京諸司庫務,檢正中書戶房公事章惇與固兼詳

定編修三司令式，及諸司庫務歲計條例。王安石言薛向不樂修令式，上曰：'向先進呈明堂賞給，云恐諸軍以修令式疑有裁減，所以先進呈，欲宣布令諸軍知。'安石曰：'此意可見其不樂也。'上曰：'向所爲亦不免姑息。'"

七月二十五日，以吳審禮權發遣開封府界諸縣鎮公事

《長編》卷二百二十五熙寧四年七月戊申："屯田員外郎、權發遣鹽鐵判官吳審禮權發遣開封府界諸縣鎮公事。上欲別用人，王安石言：'趙子幾勁銳，審禮寬和，可以相濟也。'馮京曰：'審禮安得寬和？'上從安石言。"

李燾："吳審禮，興國軍人。哲宗《舊録》元祐四年八月有傳，新録削去。審禮爲荆湖南路提舉常平。先是，朝廷推行青苗、免役以爲民利，而將命者轉與郡縣造作浮議，以務沮抑。其奉使也，宣布詔令如所素行者，人亦不待寧，而遠近皆知上之德意志慮。移之他郡，推其所爲如初，故民皆安堵毋擾。俄遷三司鹽鐵判官、提點開封府界諸縣鎮兼常平事。畿内牧地久爲民患，乃以地予，得租十萬緡有奇，賞太僕芻秣。又詔詳定河南北監牧，請惟留沙苑，餘悉罷去，地亦予民，得租百萬緡，可市西北善馬數萬匹。常言：'帝畿千里，有終日行不見桑柘處，民不知蠶，非所以美俗。請教以樹藝，責縣勸率之。'不一年，所租以億萬計。上可其奏，後下其法諸部。熙寧中，置諸路保甲、治平義勇之法，不一年，上御崇政殿觀閱射御，精練不減禁旅，審禮與執事官俱立庭下，上顧召，責以始終成就。河北薦饑，群小嘯聚至數千輩，詔往綏輯，乃除權發遣河北西路轉運副使，至則諭郡縣振廩

以慰窮乏，凡五百萬，誅首惡數十人而已。置衛州黎陽錢監，歲鑄三十萬，訖罷使，河北經用饒裕。河北爲一路，復除轉運副使，已而爲江、淮、荆、浙等路制置鹽礬兼發運副使。入見獲疾，得請提點洪州玉隆觀。此《舊錄》審禮傳，可見審禮之爲人也。新錄削去，亦無辨誣，蓋審禮以朝請大夫知南康軍卒，自不應立傳也。《傳》在元祐四年八月二十六日。”

七月二十七日，遣章惇往邠州制勘知州張靖

《長編》卷二百二十五熙寧四年七月辛亥：“詔檢正中書户房公事章惇往邠州制勘知州張靖，本州觀察推官、權管勾經略司機宜文字王攄等。又詔惇體量所過陝西州縣推行雇役新法及民間利害以聞。初，宣撫司押送刺配慶州叛軍家屬，而攄輒增入宣撫司劄子内字，誤刺配十五人，爲靖所奏，故遣惇劾之。其後案至，不悉如靖奏。詔靖與別路知州差遣，攄等該赦釋之。”

李燾：“《司馬光日記》云：‘慶卒之變，密劄下經略司，應捉、殺到叛卒妻子，並配諸州爲奴婢。經略司謄下邠州牒，漏捉、殺到三字。知邠州張靖以爲招降者妻子，豈可亦從孥戮，再申經略司。經略司令主者陳首下州改正，靖因奏其狀而不言已改正。介甫以鹽法事惡靖，以爲傾險，欲直除水部員外，分司當事，請先案實，乃命章惇制勘。謝景溫以文書證明，靖由是得免。趙仝云。’”

按，所謂“介甫以鹽法事惡靖”，《宋史》卷一百八十一《食貨下三》：“熙寧初，詔淮南轉運使張靖究陝西鹽馬得失，靖指（薛）向欺隱狀。王安石右向，靖竟得罪，擢向爲江、淮

等路發運使。諫官范純仁言賞罰失當，因數向五罪，向任如初。"《宋史》卷三百二十八《薛向傳》："張靖使陝西還，陳向制置鹽、馬之失。詔向詣闕與辯，靖辭窮，即罪之。神宗知向材，以爲江、浙、荆、淮發運使。"

是月，省冗兵

《長編》卷二百二十五熙寧四年七月："是月，手詔：'揀諸路兵半分年四十五以下勝甲者，并爲大分，五十以上願爲民者聽之。'舊制，兵至六十一始免，猶不即許也。至是免爲民者甚衆。"

《宋史》卷一百九十四《兵八》："七月，手詔：'揀諸路小分年四十五以下勝甲者，升以爲大分，五十已上願爲民者聽。'舊制，兵至六十一始免，猶不即許。至是免爲民者甚衆，冗兵由是大省。"

八月六日，崔公度上《熙寧稽古一法百利論》。見之，大喜

《宋會要輯稿》選舉三三："（熙寧四年八月）六日，光禄寺丞、知開封府陽武縣崔公度上《熙寧稽古一法百利論》，賜對，命爲崇文院校書、編修三司令式删定官。"

《宋史》卷三百五十三《崔公度傳》："王安石當國，獻《熙寧稽古一法百利論》，安石解衣握手，延與語。召對延和殿，進光禄丞，知陽武縣。"

按，崔公度與王令友善，係公舊交，《文集》卷三十一有《和崔公度家風琴八首》、文集卷七十四有《與崔伯易書》。

孫升《孫公談圃》卷上："崔公度伯易，自號曲轅先生，作《太行山賦》，以太行近時忌，改作《感山賦》。裴煜得之，獻魏公，未及品藻，示永叔。永叔題其後曰：'司馬子長之流也。'魏公因薦其文，英廟欲擢以館職，魏公言：'未見其人之賢否，召與語，未爲晚也。'後數日，伯易與友人會話，坐上忽齎告身至，乃授伯易潁川防禦推官、國子監直講。荊公嘗云：'《感山賦》不若明珠賦。'"

八月九日，論各路職司任免之法。神宗欲以曾孝寬爲中書五房檢正，言其不可

《長編》卷二百二十六熙寧四年八月辛酉："權發遣戶部判官、司門郎中張覲權發遣荊湖南路轉運副使，虞部員外郎、權發遣荊湖南路轉運副使范子奇權發遣戶部判官。上謂王安石曰：'數易職司不便，范子奇才到又替。'安石曰：'子奇與潭州之提點刑獄交爭不已，勢須移立，且先儒言射禮，以爲始取苟能有功，終用成法。今天下職司多未能得人，所用者皆取苟能而已。方且課其功狀，其稱職者乃可久任。若見其不稱職已明而久留之，適足隳敗一路，如何不早移免？久任誠善，然在於用成法之時，今則未可也。即如陳知儉在京西，則可以留久任矣。'因請具可用者姓名，召對試令作提舉官，果可用，乃以爲監司。上曰：'馬玠可黜。'安石曰：'臣不敢爲已甚。'上曰：'不才罷去，非已甚。'安石唯唯退，乃言：'上於貴近殊寬，中書安得獨急！'玠先以河西縣令編修中書條例，安石所薦也。上又以曾布司農寺事多，欲用曾孝寬爲五房檢正，安石言其不可，遂寢之。"

按，陳知儉，頗有吏能，於京西路奉行新法得力，故公譽之。《長編》卷二百十二熙寧三年六月壬申："提舉京西路常平等事陳知儉言奉詔案唐州近年招誘民戶開荒田增賦事，前趙尚寬任內，兄弟父子重複詭名者四百餘戶，及簽判張恂偽加水田頃畝，并開修黃、王池二陂不實事狀。詔轉運判官李南公具尚寬、恂不實事，及元保明官以聞。"《長編》卷二百二十二熙寧四年四月戊午："京西提舉常平等事陳知儉請先罷許州衙前管勾公使庫，以軍員主之，月給食錢三千，從之。初，諸州差衙前管勾公使，多所賠費，有至破壞家產者，及是遂更用軍員代之。其後遍及諸路，悉用此法，人以爲便。"然范祖禹爲其所撰墓誌銘於此等事略而不提，僅言其固辭修三司條例、善治獄，及呂公著、司馬光嘗薦其才。意涉曲筆，或不無改纂歟？《范太史集》卷三十八《朝奉郎陳君墓誌銘》："君諱知儉，字公廣……祖諱堯佐，以太子太師致仕，是爲文惠公……王荊公執政，欲引以修三司條例，固辭。擢提舉京西常平廣惠倉，未幾，除權發遣轉運判官。行部過汝，葉令不治，繫囚以百數，君取案牘決遣，斯須而盡，無不當者。改權發遣轉運副使，轉虞部員外郎……今樞密副使呂公、端明殿學士司馬公皆嘗薦其才。"

以王韶管勾秦鳳路緣邊安撫司、兼營田市易，並遣僧智緣隨軍襄助韶

《長編》卷二百二十六熙寧四年八月辛酉："著作佐郎、同提舉秦州西路蕃部及市易王韶爲太子中允、秘閣校理、兼管勾秦鳳路緣邊安撫司、兼營田市易。西京左藏庫副使、兼

閤門通事舍人高遵裕權秦鳳路鈐轄、同管勾安撫司、兼營田市易。録效用人黃察爲成州司户參軍、管勾秦鳳路緣邊安撫司機宜等事。秦州衙前王維新，弓箭手指揮使楊英，並爲下班殿侍、緣邊安撫司準備差使。遣僧智緣乘驛隨王韶驅使，仍賜銀三百兩。置洮河安撫司，自古渭寨接青唐武勝軍應招納蕃部、市易、募人營田等事，並令韶主之。調發軍馬及計置糧草，即令秦鳳經略司應副。韶以董氊、木征多與僧親善，而僧結吳叱臘主部帳甚衆，故請與智緣俱至邊。

初，韶言：'措置洮河事，止用回易息錢給招降羌人，未嘗輒費官本。'文彦博曰：'工師造屋，初必小計，冀人易於動功。及既興作，知不可已，乃方增多。'上曰：'屋壞，豈可不修？'王安石曰：'主者善計，則自有忖度，豈至爲工師所欺？'上曰：'郭逵亦不肯爲此事。'彦博曰：'西蕃脆弱，不足收。'安石曰：'星羅結等作過，秦州乃不能捕，況有豪傑能作文法，連結黨與者哉！亦豈得言其脆弱也？'彦博曰：'西人不能立文法。'安石曰：'喡廝囉、魚角蟬乃能立文法，此已然之效也。非徒如此，若爲夏人所收，則爲患大矣！'彦博曰：'西蕃不願歸夏國。'安石曰：'裕勒藏哈木見歸夏國。若不願歸，則向寶之往，宜即倒戈，今乃不肯內附，何也？'彦博曰：'縱能使之內附，亦何所補？'安石曰：'以哈木歸夏國，故哈木地便爲生地，向寶不能深入，以擾夏人。然則西蕃屬我，與屬夏人，不得言無利害也。'彦博曰：'既收爲內屬，彼有警急，恐須中國救援。'安石曰：'彼今不能合爲一，尚能自守，不爲西人所并。今既連結，則自可相救援，不必待官兵矣。若能爲屏捍，則雖以官兵援之，亦所不計，況又無此理！'上曰：'班超不用中國兵，而自發蠻夷相救。今詔所謀正如此。'彥博曰：'如曩時西事，初不謂勞費如此，後乃旋生。'上曰：'西事本不令如此，後違本指，所以煩費。'安石曰：'如起兵事，則誠難保其無後患。若但和附戎狄，豈有勞費在後之理？'馮京、吳充皆曰：'此事未經延州相度。'上曰：'延州必不樂如此，不須行下。今當如何措置？'安石曰：'恐須別爲一路，如麟府軍馬司。'上曰：'須如此令得專達。'安石曰：'仍當捐十萬緡錢委之市易，令兵馬事則取經略司節制，撫納蕃部及市易司則一面施行。'上曰：'恐不須分定事任，但令專達足矣。'安石曰：'譬如州縣，杖以下委縣，徒以上送州。既有成法，乃可遵守。'上曰：'善。'令差詔及遵裕，充問：'孰爲長？'安石曰：'王韶文官。'上曰：'當以文官爲長。'安石又奏：'宜與韶職名，韶材亦宜稱。今招納到生羌雖未爲用，然亦不爲無利。西人不能交通生羌，又如康蒙等皆不煩官兵捕獲，結吳叱臘已報可擒之計，此皆招納之效。若此三叛不獲，秦州豈得無虞？如其連結不已，則其爲患大小，又未可知。但如目前固已有利，況盡如韶本謀哉！'上令與錢如安石言。安石曰：'此錢必無陷失。就令收息不多，亦必可足生羌廩給、犒賞之費。'上曰：'且當極力主張，待其成效。異時朝廷作事未見成效，一有人言，輒爲之沮廢。堯之用鯀亦須九年，績用不成，然後加罪。若未見成效，輒以浮言沮廢，則人何由自竭？'安石曰：'誠如聖諭。'

智緣者，善醫察脈，知人貴賤、禍福、休咎，言輒驗。京師士大夫爭造之，或診父之脈而知其子禍福，所言若神。安石尤信之，王珪疑古無此，安石曰：'昔秦醫和診晉侯之脈，而知其良臣將死。夫良臣之命乃見於晉侯之脉，則診父知子，又何足怪哉！'上初欲與智緣僧職，安石以爲不須與，且言：'嘗諭智緣，以爲今事未效，遽蒙恩澤，恐致人言，智緣亦以爲然。第令市易司優給，俟有功與官可也。'上用安石言，更加白金之賜。"

《長編》卷四百六十五哲宗元祐六年閏八月甲申："昔熙寧中王韶開拓熙河，王安石使其門僧智緣隨韶誘説木征，時人號爲'安撫大師'。"

《宋史》卷四百六十二《智緣傳》："隨州人，善醫。嘉祐末，召至京師，舍于相國寺。每察脉，知人貴賤、禍福、休咎，診父之脉而能道其子吉凶，所言若神，士大夫争造之……熙寧中，王韶謀取青唐，上言蕃族重僧，而僧結吳叱臘主部帳甚衆，請智緣與俱至邊。神宗召見，賜白金，遣乘傳而西，遂稱'經略大師'。智緣有辯口，徑入蕃中，説結吳叱臘歸化，而他族俞龍珂、禹藏訥令支等皆因以書款。韶頗忌惡之，言其撓邊事，召還，以爲右街首坐，卒。"

按，嘉祐八年，智緣在京醫仁宗疾，[1]公應已與相識，至此用之。《邵氏聞見録》卷十二："錢朝請者，名景諶，忠懿王孫……錢丈與王荆公善，後荆公用事，論新法不合，遂相絶，終身爲外官。其家集有《答兖守趙度支書》，自序甚詳。云彼者，指荆公也，足以見錢丈之賢矣。其書曰……及僕調滎

---

[1] 《長編》卷一百九十九仁宗嘉祐八年閏八月："是月，司馬光言：'伏見醫官宋安道等四人，昨以侍先帝醫藥無狀，降授諸州散官……僧智緣本不曉醫，但以妖妄惑衆於江、淮間，自云診脉能知災福。今亦出入禁庭，叨忝章服。察其療疾，實無所益。伏乞奪去紫衣，放歸本州。"第4826頁。

陽澤令，繼丁家難，聞其參大政，天下之人無不懽喜鼓舞，謂
其必能復三代之風，一致太平。是時僕自許昌以私事來京
師，因見之于私第。方盛夏，與僧智緣者並臥於地，又其與
最親者一人袒露而坐於傍，顧僕脫帽褫服，初不及其他。”

八月十五日，擢李琮權利州路轉運判官

《長編》卷二百二十六熙寧四年八月丁卯：“屯田員外
郎、知陽武縣李琮權利州路轉運判官。役法初下，琮處之有
理，畿內斂錢獨輕。鄰縣撾登聞鼓，願視陽武爲比，故召對
擢用焉。”

李燾：“《御集》一百五十一卷賜王安石手札有云：‘府
界鄉村稅戶出役錢至少，又雖本身依舊做役，更給得錢倍於
所出之數，在百姓之情，宜各欣願。今日又聞陽武縣村人五
百餘人訴免，必有因依，未知所謂，卿可具奏。’……林希《野
史》云：‘李琮知陽武縣，素爲王安石所知，人意其首當進用。
琮自以爲赤心神贊，嘗諷其改作不當，安石大怒，同類盡用
而不與語。三年，琮爲推行青苗、助役法爲畿邑之最，始召
對，除梓路運判。’”

按，李琮，《宋史》卷三百三十三有傳：“字獻甫，江寧人。
登進士第，調寧國軍推官……呂公著尹開封，薦知陽武縣。
役法初行，琮處畫盡理，旁近民相率撾登聞鼓，願視以爲則。
神宗召對，擢利州路、江東轉運判官。”[1]

---

[1]　“神宗”，《宋史》原作“徽宗”，誤。

八月十七日，以蔡確、唐坰權監察御史裏行

《長編》卷二百二十六熙寧四年八月己巳："著作佐郎蔡確、大理評事唐坰，並爲太子中允、權監察御史裏行。從知雜御史鄧綰所舉也。"

李燾："林希云：坰賜出身，知錢塘，安石固留之爲校書，修令式。又使綰薦爲御史。"

《宋史》卷三百二十七《唐坰傳》："上薄其人，除知錢塘縣。安石欲留之，乃令鄧綰薦爲御史，遂除太子中允。"

八月二十七日，子雱爲太子中允、崇政殿説書。辭不獲，上謝表

《長編》卷二百二十六熙寧四年八月己卯："前旌德縣尉王雱爲太子中允、崇政殿説書。雱，安石子也，爲人剽悍，無所顧忌。安石與弟安國白首窮經，夙夜講誦琢磨，雱從旁剽聞習熟，而下筆貫穿，未冠已著書數十萬言。年十三時，得秦州卒言洮河事，歎曰：'此可撫而有也。使夏人得之，則吾敵強，而邊受患博矣。'故安石力主王韶議。治平四年，雱舉進士，授旌德尉，不赴，作策三十餘篇，極論天下事，皆安石輔政所施行者。又作《老子訓傳》及《佛書義釋》亦數萬言。有以雱書聞者，於是安石方奉祠，上遽召見，而有是命。安石亦喜雱得親近，能助己，因不復辭。"

李燾："司馬光《日記》云：'前宣州旌德尉王雱上殿，除太子中允、崇政殿説書。雱，介甫之子也，進士及第，好高論。父常與之議大政，時人謂之小聖人。張仲成曰：當世薦

霁有經濟之方，今抱疾，陛下宜速召對與論天下事。故有是命。’”

《文集》卷四十三《辭男霁說書劄子》：“臣今日伏奉聖旨，除男霁太子中允、崇政殿說書。臣雖已奏論非宜，尚未蒙恩開允。事有關於國體，豈敢冒昧不言……伏乞聖慈察臣懇款，追還成命，以合衆論之公。”

《文集》卷五十六《除霁中允崇正殿說書謝表》。

是月奉祠

《長編》卷二百二十六熙寧四年八月己卯：“於是安石方奉祠，上遽召見而有是命。安石亦喜霁得親近，能助己，因不復辭。”

九月六日，以崔公度爲崇文院校書

《長編》卷二百二十六熙寧四年九月丁亥：“光禄寺丞崔公度爲崇文院校書。公度再除彰德軍節度推官，充國子監直講，辭不赴，作《一法百利論》萬餘言，論久任衆職之事以進。召對，擢光禄寺丞、知陽武縣。故事，京官令初謁尹，拜庭下。公度上疏抗議，謂：‘京官，天子省侍官屬，豈宜北面拜伏，如見君之禮？’自是罷。上嘉其節，復召對，命以館職。”

李燾引《林希野史》：“直講崔公度舊爲琦所薦。母服除，安石不喜其來，公度曲致誠意，復召爲直講，乃上《熙寧稽古一法百利論》。安石大喜，引與握手，解衣燕語，即除光禄丞、知陽武縣。公度謁尹元絳，絳方與府僚聚議，俟畢，即獨引閤中見之。府吏告以故事，見尹當廷參，公度疑絳辱己，託疾上馬而去。絳驚使追問，上藥以治之。公度徑詣安石訴之。安石使張琥留公度居監，又使綰薦爲御史，乃召對。上以新擢爲邑，必使往。然絳實無意辱之，而畏安石不敢問也。既而又以爲崇文校書、編修令式，代唐坰。公度乃倡言京官廷謁尹事非宜。下其事於編敕所，引故事以爲宜。於是安石使檢正官建議，從公度所請。日夜造安石，或踞厠以對，公度亦不慚。一日，從安石後而執帶尾，安石愕然，公度笑曰：'相公帶有垢，謹以袍拭去之。'客皆見。按今《實錄·公度傳》載公度本末甚美，希云云當考。"

《宋史》卷三百五十三《崔公度傳》："京官謁尹，故事當拜庭下，公度疑尹辱己，徑詣安石訴之。安石使鄧綰薦爲御史。未幾，爲崇文校書、删定三司令式，於是誦言京官庭謁尹非宜，安石爲下編敕所更其制。加集賢校理，知太常禮院。"

按，林希所載，詆誣之甚，試問踞厠之事，希何以知之？姑附此。

預明堂禮

《長編》卷二百二十六熙寧四年九月："戊子，齋於文德殿。己丑，薦享景靈宮，齋於太廟。庚寅，朝饗八室，齋於文德殿。辛卯，大饗明堂，以英宗配。御宣德門，大赦天下。"

九月十五日,摘知制誥、直學士院陳襄書詔之失,出之陳州

《長編》卷二百二十六熙寧四年九月丙申:"知制誥、直學士院陳襄知陳州。襄既忤王安石,嘗草河北詔,言水不潤下,中書改之;又明堂赦書,有奉祠紫宮,語犯俗嫌,故出。"

《宋史》卷三百二十一《陳襄傳》:"踰年,爲知制誥。安石又欲出之,帝不許,尋直學士院。安石益忌之,摘其書詔小失,出知陳州。"

九月十六日,以明堂赦書加恩授光禄大夫

《長編》卷二百二十六熙寧四年九月:"戊子,齋於文德殿。己丑,薦享景靈宮,齋於太廟。庚寅,朝鄉八室,齋於文德殿。辛卯,大饗明堂,以英宗配。御宣德門,大赦天下。"

《長編》卷二百二十六熙寧四年九月丁酉:"内外官並以明堂赦書加恩。"

韓維《南陽集》卷十五《除王安石制》:"門下:朕考大駕親祠之制,蓋爲歲必三;稽路寢嚴配之文,其成禮者再。肆追盛典,肅舉精禋。賴上下之靈,克成熙事;酬左右之助,首及元臣。具官王安石德蹈中和,器函方大。高議足以謀王體,純誠足以享帝心。惟民式瞻,實朕攸倚。刺六經而考制,允協厥中;總衆職以奉詞,不愆於素。仗其忠力,成我考名。峻階品所以明等威,崇表號所以識功實。陪敦多賦,流衍真封。併茂褒恩,式昭眷禮。於戲!薦四時之和氣,已賴爕諧;得萬國之歡心,更期勵翼。茂綏吉禄,永弼丕基。可

特授光禄大夫、依前行尚書禮部侍郎、同中書門下平章事、監修國史、加食邑一千户、實封四百户,仍賜推忠協謀同德佐理功臣,勳封如故,主者施行。”

按,“稽路寢嚴配”,即“大饗明堂,以英宗配”。熙寧三年十二月十一日,公拜相制曰:“可特授金紫光禄大夫、行尚書禮部侍郎、同中書門下平章事、監修國史、上柱國、進封開國公、食邑一千户、實封四百户,仍賜推忠協謀佐理功臣。”

九月二十二日,乞增選人俸,神宗從之

《長編》卷二百二十六熙寧四年九月癸卯:“中書言:‘天下選人,俸既薄,而又多寡不一,恐不足以勸廉吏。今欲月增縣令、録事參軍俸錢至十五千、米麥四石,司理司法司户參軍、主簿、縣尉、防團軍事推官、軍監判官錢十二千、米麥三石,每月通增俸錢一萬二千餘緡、米麥二千八十餘石。其三班使臣短使并押綱運,並糜費不易,欲令三司勘會,開畫以聞。’從之。先是,選人廩給下者,至請錢七千、米麥兩石而已。貧不足以自養,則往往陷於苟賤不廉之地。上閔之,故更此法。其後三班使臣卒不及增。”

九月二十六日,新建東府成,神宗親臨

《長編》卷二百二十六熙寧四年九月丁未:“先是,詔建東西二府各四位,東府第一位凡一百五十六間,餘各一百五十三間。東府命宰臣、參知政事居之;西府命樞密使、副使居之。府成,上以是日臨幸。”

李燾:“丁未二十六日。”

十月一日，立選人及任子試出官法

《長編》卷二百二十七熙寧四年十月壬子朔：“中書言：‘選人每因恩赦例與放選，以至奏補初仕之人年二十五以上試詩一首，方許注官，猶爲無取。其間有才能者，須俟及年，頗爲淹滯。中才以下亦未嘗試其所能，使之釐務，往往廢職，及銓曹合注官人，例須試判三道，因循積弊，遂成虛文。今欲應得替合守選人，歲限二月八日以前流內銓投狀，試斷案二道，或律令大義五道，或議三道，差官同銓曹主判官撰式同考試，第爲三等，申中書。上等免選注官，入優等者依判超例升資，無出身者賜出身。如試不中，或不能就試者，及三年與注官，即不得入縣令、司理、司法。其録事參軍、司理、司法仍自今更不試判，亦不免選，即歷任有舉京官、職官、縣令五人者，與免試注官，內得替合敘官人，亦許依得替人例收試。奏補京朝官選人，初出官罷試詩，年二十以上，許投乞試。如所試依得放選等第，即與差遣，優等賜出身。試不中，或不能就試，如年及三十者，即與差遣。其授官年已三十，即更三年聽出官。京朝官展三年，監當如歷任於合用舉主外，更有二人即免展年。其今年以前奏授，見年十五以上，不能就試者依舊條，京朝官依上條展年。’從之。初，審官院、流內銓出官法試律及詩，而奏補人多不能爲之，人爲代作，至寫紙毬賣之。試者用此得出官，其弊頗多。至是，乃更此法。”

是日,頒募役法

《長編》卷二百二十七熙寧四年十月壬子朔:“是日,頒募役法。”①

募役法之實施,鄧廣銘、漆俠等已有詳實考述,兹據其成果及《宋會要輯稿》等,縷述如下。

《宋會要輯稿》食貨六五:“治平四年六月二十五日,詔曰:‘農,天下之本也。祖宗以來,務加惠養,每勤勞勉,屢下實恤之令,數頒蠲復之恩。然而歷年于兹,未及富盛,間因水旱,頗致流離。深惟其故,殆州郡差徭之法甚煩,使吾民無敢力田積穀,求致厚產,以別其擾。至有遺親背義,自謀安全者,多矣。不幸策其異政,骨肉或不相保,愁怨亡聊之聲,豈不悖人理,動天道歟!害農若此,爲弊最深。上下偷安,苟務因循,重於改作。故農者益以匱乏,而末遊者安其富逸焉。生生之路,至繆戾也,朕甚悼焉。惟出令之謹,故訪中外群議,宜有嘉謀宏策,貢于予聞。朕將親覽,擇善而從,順天興益,誠安敢怠!命非徒下,欽哉無忽。其令中外臣庶,限詔下一月,並許條陳差役利害,實封以聞,無有所隱。’

先是,三司使韓絳言:‘臣歷官京西,奉使江南、河北,守藩于陝西劍南,周訪害農之弊,無甚於差役之法。重者衙前,多致破產,次則州役,亦須厚費。夫田產人恃以爲生,今

---

① 關於免役法之實施過程,可見漆俠《王安石變法》(增訂本),第128—137頁,第265—268頁。又見鄧廣銘《北宋政治改革家王安石》,第184—204頁;王曾瑜《王安石變法簡論》等。

竭力營爲，稍致豐足，而役已及之。欲望農人之加多，曠土之加闢，豈可得乎？向聞京東民有父子二丁，將爲衙前役者，其父告其子云：吾當求死，使汝曹免凍餒也。遂自經死。又聞江南有嫁其祖母，及老母析居，以避役者。此大逆，人理所不忍聞。又鬻田産於官戶者，田歸不發之家，而役并增於本等戶。其餘戕賊農民，未易遽數。望以臣所陳哀痛之詔，令中外臣庶，悉具差役利害以聞，委侍從、臺省官集議，考驗古制，裁定其當，使力役無偏重之害，則農民知爲生之利，有樂業之心矣。'役法之議始於此。"

范純仁《范忠宣集》卷十五《司空康國韓公墓誌銘》："神宗嘗問天下遺利，而公獨請盡地力，因奏言差役之弊，害農業傷民財爲多，願詔中外極陳利害，更定其法。上嘉納之，詔學士草詔訪問利害，而所述不能盡上意。上自具草示公，使損益以進。"

按，據此，神宗朝役法之議，肇於韓絳。而絳所謂"臣歷官京西，奉使江南、河北，守藩于陝西劍南，周訪害農之弊，無甚於差役之法"，亦非妄語。張太寧《宋故李隱君墓誌銘》："平居慨然有致君澤民之意。嘗謂天下農民困與徭役之不均，有田連阡陌而不知役者，有地粗容足而不免役者，有黔婁之貧而與猗頓齊費者，有顔淵之賢而與芻牧齊役者。遂著《平徭芻錄》數千言，其法以量民之産隨賦均取，還以祿願仕於公之人，以代農役。書成，上府尹韓康公。康公大稱之，曰：'某幸若執政，必當行之。'饋酒以謝隱君。隱君復以詩謝之，其末章云：'願公麴糵成新釀，徧設通衢處處樽。'又嘗自爲《苦熱》詩，有'細思搖扇手，堪歎負薪肩'之句。聞此詩者,咸知其有兼濟之意焉。其後韓康公嘗謂人曰:'以布衣有憂天下之心者,惟西蜀李誠而已。'"①韓絳嘉祐、治平間守成都②,得墓主李誠所上之《平猺芻錄》,及神宗即位,絳遂肇役法之議。

《宋會要輯稿》食貨六五:"(治平四年)七月十三日,命龍圖閣直學士趙抃、天章閣待制陳薦同詳定中外臣庶所言差役利害。十月十六日,權御史中丞滕甫、知制誥陳薦,同詳定中外臣庶所言差役利害。熙寧元年五月九日,同知諫院吳充言:'當今鄉役之中,衙前為重。上等民戶,披差之日,官吏臨門籍記,凡杯桿匙筋,皆計貲産,定爲分數,以應須求,勢同漏卮,不盡不止。至有家貲已竭而逋負未除,子孫既没而鄰保猶逮。是以民間規避重役,土地不敢多耕而避户等,骨肉不敢義聚而憚人丁。甚者嫁母離親,以求兄弟異籍。風俗日壞,殊可憫傷。昨聞請求鄉役利害,許中外臣上言,仍差近臣詳定,逮今一年,未見有所蠲除。而東南弓手,復增數倍。聞點差之際,人心甚不安,云西北用兵,五路入界,待此起發,更相動揺,閭里皇皇,道路相目。良由州縣官吏,不能明白曉諭,亦以朝廷命令,多所改更,使民疑惑。又近年以來,上戶浸少,中下戶浸多,役使頻仍,農人不得不困,地力不得不遺。養生之資有所不足,則不已而爲工商,又不得已而爲盜賊。國家之患,常兆于此。今陛下留意勸農,望敕中書,擇臣庶所言鄉役利害,以時施行。'詔令送中書。十八日,知制誥錢公輔同詳定差役利害。(神宗熙寧二

---

① 此墓誌拓片承鄭州大學文學院何新所兄惠賜,謹此致謝!
② 李之亮《宋川陝大郡守臣易替考》,第15頁。

年)三月十一日，上曰：'近閱內藏庫奏，外州有遣牙前一人
專納金七錢者。'因言牙前傷農，令制置三司條例司請求利
害立法。"

《宋會要輯稿》食貨六五："(熙寧二年)四月二十一日，
命權荊湖北路轉連判官劉彝、通判府州謝卿材、河北轉連司
勾當公事王廣廉、知安遏縣侯叔獻、著作郎程顥、知開封府
倉曹參軍盧秉、許州司理參軍王汝翼、權興化軍判官監建州
買納茶場曾伉八人，於諸路相度農田水利、稅賦科率、徭役
利害。從制置條例司請也。六月七日，制置三司條例司言：
'陛下臨御以來，深詔四方，博求農田利害。其間雖有應令，
大抵皆毛舉細故，未見有條具本末、灼然可致實效者。盡徭
役之事，所在異宜，不可通以一法，非按視省訪，則不足以知
其詳。乞下諸路轉運司，令各具本路農田徭役利害聞奏，降
付本司看詳施行。'從之。"

《長編》卷二百二十七熙寧四年十月壬子朔李燾注：
"《食貨志》：(熙寧)二年十二月，條例司上言：'考眾所論，
獨其言使民出錢雇役者，人以爲便，合於先王使民出財，以
祿在官庶人之意。應昔於鄉戶差役者，悉計產賦錢，募民代
役，以所賦錢祿之。願選官分行天下，付以條目，博盡眾
懂。'奏可。於是條諭諸路曰：'衙前既用重難分數，凡買撲
酒稅、坊場等舊以酬衙前者，官自賣之，以其錢同役錢隨分
數給之。其廂鎮場務之類，舊酬獎衙前、不可令民買占者，
即用舊定分數爲投明衙前酬獎。凡衙前部水陸運，舊或官
以微物占分數，及領倉驛、場務、公使庫，并送迎往來及治他
事尚多擾者，今當省使毋費；及承符、散從官等諸重役遠接

送之類，舊苦煩費償欠，今當改法除弊，使無困。既減衙前妄費，即重難益少，投名人可省。承符、散從官之類，舊占數多，而不盡實役也，今當省其額。凡坊郭户及未成丁、單丁、女户、寺觀、品官之家有産業物力者，舊無役，今當使出錢以助募人應役。凡此所爲條目也，皆委管勾官與監司、州縣論定。'"①

"久之（熙寧三年五月十七日至九月一日間），司農寺言：'昨降詔訪差役利害，繼命輔臣制置條目，付管勾官與監司、州縣體度利害，至今未報。竊以方今州縣差役，尤爲民事之難，而今之條約務在除去宿弊，使民樂從。然所寬優者，村鄉朴愗不能自達之窮氓；所裁取者，乃仕宦并兼能致人語之豪户。若經制一定，即衙前縣吏又皆無以施誅求巧舞之姦，故新法之行，尤所不便。逐司自降朝旨，只是泛下州縣，令人具所見。官吏既不能盡知法意，抑又惑於言者之多，築室道謀，難以成就。欲自司農申明所降條約，牒諸司相度，先自一兩州爲始，候其成就，即令諸州軍倣視施行。其成法實便百姓者，獎之。'從之。"

"（熙寧三年十二月八日以後）於是，提點府界公事趙子幾以所行條目奏上。"

---

① 按，"考衆所論，獨其言使民出錢雇役者，人以爲便，合於先王使民出財，以禄在官庶人之意。"此确有其事，非泛泛而言。《宋故李隱君墓誌銘》："神宗即位，患差役久弊，下詔中外，訪求利害。隱君上《平徭書》及《指掌書》萬餘言以應詔。明年，詣闕，又上《均安辯議》，其言蓋稽孔子所謂'均無貧，安無傾'，以爲之法，假立問答凡五十有五，終始條例，曲盡均役之利。又上《大道一致書》、《大中致用書》及奏議一十四篇，亦數萬言，大率以安民富國爲本……及朝廷行免役新政，詔命有司參議立法。其士大夫得隱君緒餘，緣飾以獻，由是進擢者不可勝計。"

"(熙寧四年正月二十二日以後)上下其法司農寺，詔判寺鄧綰、曾布等更議之。綰、布上言：'畿內鄉戶計產業若家貲之貧富，上戶分甲乙五等，中戶上中下三等，下戶二等，坊郭十等，歲分夏秋隨等輸錢。鄉戶自四等，坊郭自六等以下，勿輸。產業兩縣有者，上等各隨縣，中等併爲一縣輸。析居者，隨所析。若官戶、女戶、寺觀、未成丁減半，募三等以上稅戶代役，隨役重輕制禄，禄有計日、有計月、有計事而給者。開封縣戶二萬二千六百有奇，歲輸錢萬二千九百緡，以萬二百爲禄，贏其二千七百以備凶荒欠格，他縣倣此。'"

"又言曰：'差役之弊，衙前最重，役三歲一代，代滿，五年已復差。每役費至千緡，他役不減，三二年一差，費亦不下數百千。吏得臨時高下，强者終身苟免，弱者頻年在公。以鋤耰之人，身在城市不得安生，因成游惰，失古使民不見異物而遷之意。子弟雖欲興學，外役所迫，不免笞杖，坐廢終身。不肖子弟因緣妄費，至於蕩析。今輸錢之法，極戶十年輸緡錢二百五十，其次八九十而已。比昔減過半，得免橫費，無笞責之憂，且終身不事官府，以趨南畝。'奏可。"

《宋史》卷三百二十九《鄧綰傳》："明年，遷侍御史知雜事，判司農寺。時常平、水利、免役、保甲之政皆出司農，故安石籍綰以威衆。綰請先行免役於府界，次及諸道。"

范祖禹《范太史集》卷四十四《資政殿學士范公墓誌銘》："丁昌國憂，終喪，知開封府咸平縣，御史中丞鄧綰舉公御史……司馬温公議復差役法，公謂温公曰：'熙寧初，某爲咸平縣，役法之行，罷開封牙前數百人，而民甚悦。'"按，鄧綰請先行免役於府界，范百禄知咸平縣推行之，故鄧舉爲御史。

《長編》卷二百十八熙寧三年十二月乙丑："權知開封府韓維言:'本府衙司投名及鄉户衙前等,人數差遣不均,良民頗受其害。蓋由條例繁雜,猾吏緣以舞弄。今相度減罷本府鄉户衙前八百三十五人,摠減重難十八萬一千餘緡。其諸處勾當,或召税户及諸色人,或就差見充押録,或衱差三司軍將,或更不差人。'從之。事既行,時以爲便,乃降詔獎諭。"

李燾注(承上):"然輸錢計等高下,而户等著籍,昔緣巧避失寔。又詔責郡縣,坊郭三年,鄉村五年,農隙集衆,稽其物產,考其貧富,察其詐僞,爲之升降,用意高下者以違制論。衙前主帑藏,出納姦盜,故多負債。歲滿,計所歷輕重,酬以榷酤酒場,使自售,收其贏。能者收或倍稱,民被誅刻;不能者失利,不償所費,爭訟日煩,乃收酒場,官自募人增直賣之,取其價以給衙前。議者又爲役煩人衆則出錢重,凡舊冗占、苦科配賠償之類,悉加裁禁。倉驛、場庫、水陸運漕,多代以軍校。吏之官、罷任,送迎者疲於道路,乃官給路費,免其身行,使出錢輕而人易就募法;三人相任,衙前仍供抵擬,弓手試武藝,典吏試書計,以三年或二年乃更。爲法備具,揭示一月,民無異辭,著爲令。令下,募者執役,被差者歡呼散去。開封一府罷衙前八百三十人,畿縣放鄉役數千。"

"(熙寧四年十月一日)于是頒其法天下。天下土俗不同,役重輕不一,民貧富不等。縣大民庶而富,輸錢少,易募;僻而貧,輸多,難招。然大縣事衆役煩,募直故多;縣僻,事簡役少，募直亦寡。以一州一縣之力供一州一縣之費，以一路之力供一路之費，諸路從所便爲法。"

十月三日，宴集英殿

《長編》卷二百二十七熙寧四年十月甲寅："大燕集英殿。"

十月五日，妹婿朱明之爲檢詳樞密院文字

《長編》卷二百二十七熙寧四年十月丙辰："樞密院編修《經武要略》，秘書丞、館閣校勘王存，著作佐郎、館閣校勘陳侗，大理寺丞劉奉世，前秀州崇德縣令蘇液，並檢詳樞密院諸房文字……既而存以母老辭，改差秘書丞朱明之。"

按，王存字正仲，《宋史》卷三百四十一有傳。《名臣碑傳琬琰集》中卷三十曾肇《王學士存墓誌銘》："治平中，呂正獻公判國子監，薦爲直講。又用趙康靖公薦召試，擢秘書省著作佐郎、館閣校勘，校集賢院書籍，入樞密院，編修《經武要略》兼刪定諸房條例，就除檢詳兵房文字，力辭不就。以母憂去，還，判鼓院，歷集賢校理、史館檢討、知太常禮院兼丞事。公故爲王文公所厚，是時文公執政，數引公論事不合，即謝不往。嘗召見便殿，其言無所附麗。累上書陳時事，因及大臣，皆人所難言者。"

十月六日，神宗賜宴東府。七日，遷入，上謝表

《長編》卷二百二十六熙寧四年九月丁未："先是，詔建東西二府各四位，東府第一位，凡一百五十六間，餘各一百

五十三間。東府命宰臣、參知政事居之;西府命樞密使、副使居之。府成,上以是日臨幸。丁未二十六日。後十日,十月丁巳。賜宴於王安石位。始遷也,三司副使、知雜御史以上皆預。"

《文集》卷五十七《遷入東府賜御筵謝表》:"伏奉差中使傳宣,今月七日辰時三刻遷入新府,并借宮軍就賜御筵者。"

張掞有詩相賀。和之

《詩注》卷二十八《張侍郎示東府新居詩因而和酬二首》:"得賢方慕北山萊,赤白中天二府開。功謝蕭規慙漢第,恩從隗始詫燕臺。曾留上主經過迹,更費高人賦詠才。自古落成須善頌,掃除東閣待公來。"其二:"榮觀流傳動草萊,中官賜設上尊開。鼓歌訇篠聽疑夢,肴果聯翩餽有臺。斧藻故應宜舊德,棟樑非復稱凡材。虛堂欲踵曹參事,試問齊人或肯來。"

李注:"熙寧中,創建尚書省於內城之西,特爲宏壯,合屋三千一百餘間,團練使宋用臣董役。初議建省,有司具圖,數不用,神宗自爲圖授之。既成,臨幸,詔輒易一窗一戶者,坐違制之罪。又建東、西府,以居宰執,與右掖門相對,每府四位,俗號八位。初成,術者言有天子氣,神宗駕幸以厭之。""國朝未建東、西府前,執政皆僦宅以居,有功并眷厚者,皆賜官宅。熙寧中,因一日急速文字不時進入,詰之,乃以執政居第散處四隅,轉達稽留。神宗始有意建東、西府,遣中官度闕前舊八作司地爲之。既成,車駕因過周視,命刻擇官選時日，宣執政遷入，借官車輦，仍賜御筵。致仕張侍郎掞有《賀兩府入東西府》詩曰：‘五仙同日集蓬萊，玉宇珠簾次第開。乍向壺中窺日月，猶疑海上見樓臺。光生金鉉調元地，榮極璿樞命世才。共荷聖賢天地寵，定知霖雨及時來。’掞亦公所厚，故和其詩。東、西府凡八位，其制度高下、大小、間架皆一。其後所居，或東或西，先拜者先占，不分官序也。初入，借官車般，遂爲定制，下府司差。自建二府，終神廟朝，執政無賜第者。”

又李注引《西清詩話》：“熙寧初，張掞以二府初成，作詩賀荆公。公和之，以示陸農師，曰：‘蕭規曹隨，高帝論功，皆摭故實，而請從隗始，初無恩字。’荆公笑曰：‘子善問也。韓退之《鬬雞聯句》：感恩從隗始。若無據，豈當對功字也？’”

按，張掞字文裕，《宋史》卷三百三十三有傳：“累官戶部侍郎致仕。熙寧七年，卒，年八十。”《長編》卷二百十四熙寧三年八月庚午：“龍圖閣直學士、工部郎中張掞爲戶部侍郎致仕。”掞之詩，參知政事王珪、樞密使文彥博同和，即《華陽集》卷三《依韻和張文裕龍圖賀執政入東西府詩》、《文潞公文集》卷五《和致政侍郎張文裕二府詩》。

吳充有詩相賀。和之

《詩注》卷二十八《和吳相公東府偶成》：“承華往歲幸躊躇，風月清談接緒餘。並轡趁朝今已老，連墻得屋喜如初。誅茅我夢江皋地，澆薤公思洛水渠。斂退故應容拙者，先營環堵祭牢蔬。”

李注：“吳時爲樞密使。”

按：'東'應爲'西'之訛。二府新成，樞密使、副居西。
王珪《華陽集》卷三《依韻和吳樞密上史館王相公西府偶成
沖卿昔與介甫同領郡牧》："潭潭相對府中居，見説論交二紀餘。
喜賜御花新燕後，憶乘天馬並遊初。公期異日還伊水，我合
窮年老石渠。早晚相從掛雙綬，午橋春雨看園蔬。"《宋宰輔
編年録》卷七："（熙寧）十二月丁卯，韓絳、王安石並拜相。
絳自吏部侍郎、參知政事除同平章事、昭文館大學士，安石
自右諫議大夫、參知政事除禮部侍郎、同平章事、監修國
史。"故王珪詩稱"史館王相公"。

十月十二日，罷王益柔兼直學士院

《長編》卷二百二十七熙寧四年十月癸亥："知制誥王益
柔罷兼直學士院，以草高麗國答詔非工也。知制誥曾布兼
直學士院。"

李燾引司馬光《日記》曰："才元、子容得外官，勝之以故
事餞之，和叔、曾布皆不赴。明日，中書送舍人院吏於京府
杖之，曰：'何爲擅用官錢餞外官？'中書熟狀，董氈以明堂恩
加光禄大夫，食邑二千户。學士院奏董氈舊階特進，食邑二
千五百户。上以讓中書曰：'非學士院覺舉，幾爲外國笑！
其檢正官皆上簿，堂吏皆責降。'由是諸檢正皆怒責勝之，以
不申堂而直奏，罷直院。"

《宋史》卷二百八十六《王益柔傳》："直舍人院、知制誥
兼直學士院。董氈遇明堂恩，中書熟狀加光禄大夫，而舊階
已特進，益柔以聞。帝謂中書曰：'非翰林，幾何不爲羌夷所
笑。'宰相怒其不申堂，用他事罷其兼直。"

十月十七日，立太學生内外上舍法

《長編》卷二百二十七熙寧四年十月戊辰："中書言：'近制增廣太學，益置生員，除主判官外，直講以十員爲額，每二員共講一經，委中書選差，或主判官奏舉。其生員分三等：以初入學生員爲外舍，不限員；自外舍升内舍，内舍升上舍。上舍以百員，内舍以二百員爲限。生員各治一經，從所隸官講授，主判官、直講月考試，優等畢業上中書。學正、學録、學諭於上舍人内逐經選二員。如學行卓然尤異者，委主判及直講保明，中書考察取旨除官。其有職事者，受官訖，仍舊管勾，候直講、教授有闕，次第選充。其主判官、直講、職事生員，並第增給食錢。'從之。"

十月二十日，弟安國爲崇文院校書。上謝表

《長編》卷二百二十七熙寧四年十月壬申："前武昌軍節度推官王安國爲崇文院校書。安國常非其兄安石所爲，爲西京國子監教授，溺於聲色。安石在相位，以書戒之曰：'宜放鄭聲。'安國復書曰：'安國亦願兄遠佞人也。'官滿至京師，上以安石故召對，謂安國曰：'卿學問通古今，漢文帝何如主也？'對曰：'三代以後，賢主未有如文帝者。'上曰：'但惜其才不能立法更制爾。'對曰：'文帝自代來，夜入未央宮，定變故於呼吸俄頃之際，諸將故武夫皆脅息待命，恐無才者不及是。然能用賈誼言，待群臣有節，專務以德化民，海内興於禮義，幾致刑措，使一時風俗恥言人過，則文帝加有才一等矣。'上曰：'王猛佐苻堅，以蕞爾國而令必行。今朕以

天下之大，而不能使人，何也？’對曰‘：王猛睚眦之忿必報，
專教苻堅以峻刑法殺人爲事，此必小臣刻薄有以誤陛下者。
願專以堯、舜、三代爲法，理順而勢利，則下豈有不從者乎！’
又問：‘安石秉政，外論謂何？’對曰：‘但恨聚斂太急，知人不
明耳。’上默然不悦。安國初召對，人以爲必得經筵，由是別
無恩命，久之乃得館職。

安國嘗力諫安石，以天下洶洶不樂新法，皆歸咎於兄，
恐爲家禍。安石不聽，安國哭於影堂，曰：‘吾家滅門矣！’又
嘗責曾布以誤惑丞相更變法令。布曰：‘足下，人之子弟，朝
廷變法，何預足下事？’安國勃然怒曰：‘丞相，吾兄也。丞相
之父，即吾父也。丞相由汝之故，殺身破家，僇及先人，發掘
丘壟，豈得不預我事邪？’”

《文集》卷五十六《除弟安國館職謝表》：“臣某言：伏蒙
聖恩，以臣弟安國充崇文院校書者。”

按，“放鄭聲”、“遠佞人”，《宋史》卷三百二十七《王安
國傳》所載略同，皆出自司馬光《涑水記聞》卷十六：“王安
國字平甫，介甫之弟也，常非其兄所爲。爲西京國子監教
授，溺於聲色。介甫在相位，以書戒之曰：‘宜放鄭聲。’安國
復書曰：‘安國亦願兄遠佞人也。’”《邵氏聞見録》卷十一：
“一日，荆公與吕惠卿論新法，平甫吹笛於内，荆公遣人諭
曰：‘請學士放鄭聲。’平甫即應曰：‘願相公遠佞人。’惠卿
深銜之。”魏泰《東軒筆録》卷五：“王安國性亮直，嫉惡太
甚。王荆公初爲參知政事，閒日因閲讀晏元獻公小詞而笑
曰：‘爲宰相而作小詞，可乎？’平甫曰：‘彼亦偶然自喜而爲
爾，顧其事業豈止如是耶！’時吕惠卿爲館職，亦在坐，遂曰：

'爲政必先放鄭聲，況自爲之乎！'平甫正色曰：'放鄭聲，不若遠佞人也。'呂大以爲議己，自是尤與平甫相失也。"

湯江浩以爲，以上三説，以魏泰所載較近情理，①可從。

十月二十六日，以呂嘉問權發遣户部判官

《長編》卷二百二十七熙寧四年十月丁丑："提舉諸司庫務勾當公事、右贊善大夫呂嘉問權發遣户部判官，編修删定南郊式詳定庫務利害。"

十月二十九日，擢應舜臣權發遣鹽鐵判官

《長編》卷二百二十七熙寧四年十月庚辰："樞密院請降宣下汴口，踏逐年來開汴口處。上批：'近差楊永釗、周良孺同勾當汴口使臣踏逐，就用舊處，中書已施行，此宣更不須降，仍自今責令都水監遵守。'祖宗以來，汴口每歲隨河勢向背，改易不常，其處於春首發數州夫治之。河陰同提舉催促輦運、都官郎中應舜臣上言：'汴口得便利處，可歲歲常用，何必屢易，公私勞費？蓋汴口官吏欲歲興夫役，以爲己利耳。今訾家口在孤柏嶺下最當河流之衝，水必不至乏絶。自今請常用之，勿復更易。或水小，則爲輔渠於下流以益之；大，則開諸斗門以泄之。'王安石善其議，擢舜臣權發遣鹽鐵判官，於是汴口即用舊處。"

按，《（雍正）江西通志》卷八十五："應舜臣字仁伯，貴溪人。少卓犖不羈，及長，篤志向學，登慶曆進士。累官太

---

① 《北宋臨川王氏家族及文學考論》，第86頁。

常少卿,判三司。極言新法不便,忤王安石,出知洪州。藏書數萬卷,公餘披誦,日夜忘疲。與文潞公、曾南豐相友善。卒。贈金紫光禄大夫、禮部侍郎。"

十一月五日,以沈括檢正中書刑房公事

《長編》卷二百二十八熙寧四年十一月丙戌:"大理寺丞、館閣校勘沈括檢正中書刑房公事。"

十一月十二日,子雱蒙差押賜生辰禮物。上謝表

《長編》卷二百二十八熙寧四年十一月癸巳:"太子中允、崇政殿説書王雱言:'蒙差押賜父安石生辰禮物。舊例,有書送物,赴閤門繳書,申樞密院取旨,出劄子許收,兼下榜子謝恩。緣父子同財,理無饋遺,取旨謝恩,一皆僞詐。竊恐君臣、父子之際,爲理不宜如此。臣欲乞自今應差子孫、弟姪押賜,並不用例。'從之。"

《文集》卷五十九《賜生日禮物謝表五道》其四:"臣某言:伏蒙聖慈特差臣男太子中允雱押賜臣生日禮物:衣一對、衣著一百匹、金花銀器一百兩、馬二匹、金鍍銀鞍轡一副者。"

《宋會要輯稿》禮六二:"凡親王、宰相、使相生辰,並賜衣五事,錦綵百匹,金花銀器百兩,馬二匹,金塗銀鞍勒。凡宰相、樞密使、參知政事、樞密副使、宣徽使、簽書樞密院事初拜加恩,中謝日並賜衣五事、金帶一,塗金銀鞍勒馬一。三司使、學士、御史中丞初拜,中謝日賜衣五事,荔枝金帶一,金塗銀鞍勒馬一。"

周煇《清波雜志》卷七：“王荆公當國，值生日，差其子雱押送禮物。雱言：‘例有書送物，閤門繳，申樞密院取旨，出劄子乃許收，乃下牓子謝恩。緣父子同財，理無餽遺，取旨謝恩，一皆作僞。竊恐君臣父子之際，爲禮不宜如此。乞自今應差子孫弟姪押賜，並不用此例。’從之。至當之論，後皆遵行。頃見老先生言：此出荆公意，奏檢亦公筆，特假雱名爾。雱字元澤。大觀元年詔：‘賜使相以上生日器幣，故事止差親戚，殊失寵遇大臣之意。自今取旨差官。”

按，李上交《近事會元》卷一：“晉少帝天福六年七月，賜宰臣馮道生辰器幣。道辭以幼失父母，不記生日，堅讓不受。生辰賜物始此也。”葉夢得《石林燕語》卷六：“故事，生日賜禮物，惟親王、見任執政官、使相，然亦無外賜者。元豐中，王荆公罷相居金陵，除使相，辭未拜，官止特進。神宗特遣内侍賜之，蓋異恩也。”汪應辰辨曰：“使相雖在外，亦賜。范蜀公《内制》有《賜使相判河陽富弼生日禮物口宣》，云：‘爰兹震夙之旦，故有匪頒之常。’王荆公熙寧七年以觀文殿大學士、吏部尚書知江寧，詔生日依在外使相例取賜。”

周必大《淳熙玉堂雜記》卷中：“宰執及親王、使相、太尉生日，天章閣排辦牲餼，預申學士院撰詔書及寫賜目一紙，各請御寶，詔用書詔之寶，賜用錫賜之寶。前一日，差内侍持賜。其詔例畫撰進之日，謂如正月旦生，文意必叙歲首，而所畫日則是去臘，殊不相應。某爲直院，奏乞不拘進詔早晚，但實畫生日於後。得旨從之，遂爲定制。祖宗時，牲餼外又錫器幣，往往就差子弟、姻戚持賜，欲其省費也。過江，惟牲餼耳。米麪本色，羊準價，皆取之有司。酒則臨安醞造，臨時加以黃封。拜賜訖，與賜者同升廳，揖笏展讀，就坐茶湯。書送錢十五千，從人三千。天章閣使臣、庫子、快行，錢酒各有差。”

另，公之生辰，頗有朝臣獻佞。《東軒筆錄》卷十：“光禄卿鞏申，佞而好進，老爲省判，趨附不已。王荊公爲相，每生日，朝士獻詩頌，僧道獻功德疏以爲壽，輿皂走卒皆籠雀鴿，就宅放之，謂之放生。申既不閑詩什，又不能誦經，於是以大籠貯雀，詣客次，揖笏開籠，且祝曰：‘願相公一百二十歲。’”申字周翰，文及撰《宋故太中大夫致仕上護軍山陽郡開國公食邑二千一百户鞏公墓誌銘并序》：“景祐元年，一上中進士第……官自縣主簿十二遷，而以太中大夫致仕……元祐三年五月十三日以疾終，享年八十三。”姑附此。[1]

十一月十五日，以胡宗師爲審官西院主簿

《長編》卷二百二十八熙寧四年十一月丙申：“著作佐郎胡宗師爲審官西院主簿，代太常博士閻灝、將作監主簿沈遼。以同知院、度支郎中王克臣奏灝等不職，故並罷之，仍自今止置一員。”

李燾引《司馬光日記》：“席汝明曰：‘沈遼素爲介甫所厚，嘗對人竊議新制是非，介甫聞之，立衝替。’”

《宋史》卷三百三十一《沈遼傳》：“熙寧初，分審官建西院，以爲主簿，時方重此官，出則奉使持節。遼故受知於王安石，安石嘗與詩，有‘風流謝安石，瀟洒陶淵明’之稱。至

---

① 喬棟等編《洛陽新獲墓誌續編》，北京科學出版社2008年版，第288頁。

是當國，更張法令，遼與之議論，寖咈意，日益見疏。於是坐與其長不相能，罷去。"

十一月二十七日，逐顏復等太學學官，用陸佃、龔原等爲國子直講

《長編》卷二百二十八熙寧四年十一月戊申："管勾國子監常秩等言：'準朝旨，取索直講前後所出策論義題及所考試卷，看詳優劣，申中書。今定焦千之、王汝翼爲上等，梁師孟、顏復、盧侗爲下等。'詔千之等五人，並罷職，與堂除合入差遣。學生蘇嘉因試對策，論時政之失，講官考爲上等，直講蘇液以白執政，皆罷之，而獨留液，更用陸佃、龔原等爲國子直講。嘉，頌子；原，遂昌人，與佃皆師事王安石云。"

《林希野史》云："蘇頌子嘉在太學，顏復嘗策問王莽、後周改法事，嘉極論爲非，在優等。蘇液密寫以示曾布曰：'此輩唱和，非毀時政。'布大怒，責張琥曰：'君爲諫官、判監，豈容學官、生員非毀時政而不彈劾？'遂以示介。介大怒，因更制學校事，盡逐諸學官，以李定、常秩同判監，令選用學官，非執政喜者不預。陸佃、黎宗孟、葉濤、曾肇、沈季長。長，介妹壻；濤，其姪壻；佃，門人；肇，布弟也。佃等夜在介齋授口義，旦至學講之，無一語出己者。其設三舍皆欲引用其黨耳。"

《京口耆舊傳》卷四："嘉字景謨，弱冠游上庠，以靜默自守。方餘子群嘲聚議，嘉至，輒肅然改容。熙寧中，公試對策，力言時政之弊。直講焦千之、顏復皆一時名人，得之喜，擢在首選。直講蘇液方事附會，袖卷以白執政，執政怒，千

之等同列五人皆罪去，嘉亦由是罷舉。”

《丞相魏公譚訓》卷一：“大人熙寧初太學對策，頗言新法不便。第二十二叔亦偕試，大人考第一，叔父第五。策既傳流，執政以爲橫議，將究治其言，久之而寢。獨罷考官直講焦千之、顔復數人而已。”

《宋史》卷三百四十七《顔復傳》：“字長道，魯人，顔子四十八世孫也。父太初……熙寧中，爲國子直講。王安石更學法，取士率以己意，使常秩等校諸直講所出題及所考卷，定其優劣，復等五人皆罷。元祐初，召爲太常博士。”

梁師孟，劉摯《忠肅集》卷十三《朝奉大夫致仕梁公墓誌銘》：“君諱師孟，字醇之，蒲川人……君方童時，吳文肅公一見奇其秀穎，使爲詩，頃刻輒成，大異之。年十八冠鄉舉，名聲籍甚，諸老先生喜爲推引。嘉祐二年擢進士第，調沂州費縣主簿，遷邢州龍岡縣令。丁母憂，起爲相州湯陰令。文肅薦其才，擢國子監直講。熙寧二年，改秘書省著作佐郎。太學策諸生，有對語病新法在高第者，大臣怒，盡出學官補外，君簽書淮南節度判官事，轉秘書丞、太常博士。”

按，以上學官，均得歐陽修、吕公著、韓琦、吳奎等提攜，於新法多持異議，故遭驅逐。公遂乘此整頓太學。[1]

沈季長，《（嘉靖）惟揚志》卷十九載其英宗治平二年進士及第。王安禮《王魏公集》卷七《故朝奉郎權發遣秀州軍州兼管内勸農事輕車都尉借紫沈公墓誌銘》：“公諱季長，字道原……中進士甲科，補越州司法參軍。丁母夫人憂，服

---

[1] 關於此案，可見朱銘堅《北宋太學蘇嘉案考釋》，《中國文化研究所學報》第56期。此文對焦千之等學官之政治人脈、履歷，考述頗詳。

除，爲南京國子監教授……歲滿，改萊州掖縣丞。未行，天子召見問勞，命進所著書，因謂公曰：‘朝廷方新學校，朕將用卿典教，姑爲朕悉心焉。’除國子監直講。”

十二月八日，立諸路提點刑獄奏舉選人限額

《宋會要輯稿》選舉二八：“十二月八日，中書門下言：‘提點廣東刑獄周之純言，新制提點刑獄並除“同”字，所有舊條分同、正，舉官多少不同。今欲自京東、京西、河東、淮南路京官七人、職官三人、縣令五人，兩浙路京官六人、職官三人、縣令四人，成都府、梓州、江南東西路京官五人、職官三人、縣令四人，福建、利州、荊湖南北、廣南東西路京官四人、職官三人、縣令二人，夔州路京官三人、職官二人、縣令二人。’從之。”

十二月十一日，以許將直舍人院

《長編》卷二百二十八熙寧四年十二月：“右正言、集賢校理、檢正中書禮房公事許將直舍人院，罷檢正中書禮房公事。”

曾敏行《獨醒雜志》卷一：“故事，進士第一人，初命官以將作監丞，遷著作郎，次遷右正言。熙寧中，許沖元將以磨勘當遷。王荊公爲相，欲抑甲科三名前恩例，擬令轉太常博士。太常博士與右正言同爲一等，然祖宗分品流品，以太常博士爲有出身人遷轉，非以待第一人也。荊公方下筆作‘太’字時，堂吏以手約筆，具陳祖宗之制。荊公乃改‘太’字右筆作口字，沖元遂遷右正言。”

　　按，許將，《宋史》卷三百四十三有傳："字沖元，福州閩人。舉進士第一。歐陽修讀其賦，謂曰：'君辭氣似沂公，未可量也。'簽書昭慶軍判官，代還，當試館職，辭曰：'起家爲官，本代耕爾，願以守選餘日，讀所未見書。'宰相善其志，以通判明州。神宗召對，除集賢校理、同知禮院，編修中書條例。自太常丞當轉博士，超改右正言；明日，直舍人院；又明日，判流內銓，皆神宗特命，舉朝榮之。"

十二月十八日，與樞密院同進呈王韶奏俞龍珂及旺奇巴等舉族內屬

　　《長編》卷二百二十八熙寧四年十二月戊辰："中書、樞密院同進呈：'王韶奏俞龍珂及旺奇巴等舉種內屬，乞依已得朝旨，除俞龍珂殿直、蕃巡檢，又分其本族大首領四人爲族下巡檢，既分爲四頭項，自此可令不復合爲一，免點集作過。又乞除旺奇巴殿侍、秫邦一帶巡檢。'上曰：'如何便言舉種內屬？'王安石曰：'不知如何不謂之舉種內屬？'上曰：'須點集得，方爲內屬。'安石曰：'不知今欲如何點集？'上曰：'亦須便點閱見戶口人數。'安石曰：'羈縻須有漸，如何便令王韶點閱得彼戶口人數！'文彥博曰：'若與料錢，又使不得，可知是不易。'安石曰：'如此誠易。然便要點閱，恐却未有此理。'彥博曰：'在此見不得，到秦州乃見，極微秒，不足慮。'安石曰：'昨托碩只引一蕃僧來秦州，便奈何不得。今幅員數千里疆族，設若有一豪傑自彊，外立文法，迤邐內侵，則角蠆之事不可謂無之，非特如托碩事而已。只如董氈、木征自是凡才，若稍桀黠，兼并生羌，日迫內地，即是復

生一夏國，豈得以爲微眇不足慮？老子以爲其脆易破，其微
易散，其未兆易謀。就今生羌微眇，正是當施謀計之時。若
待其黨衆架合，則欲經營，已無所及。'上曰：'然要須點集
得，方爲實利。'安石曰：'誠如此。然今朝廷十萬緡錢付王
韶等蕃息，收其息以爲内屬人禄賜，非有傷財勞民之事。就
令三五年間未可點集，亦終爲我羈縻，免更有創立文法爲邊
陲之患，亦自有利無害。若如王韶本謀，即終當爲吾民，不
患不可點集也。韶本謀欲以官致首領，以蕃勇敢招其疆人。
其疆人服於下，首領附於上，則餘人不患不爲我用。然此事
恐須少待歲月，乃見成效耳！'彦博曰：'分却俞龍珂族下人
作四頭項，恐俞龍珂不肯。'又言：'未須與殿直與軍主，恐見
得力蕃官觖望生事。'安石曰：'分爲四頭項，既責任王韶，韶
必有斟酌，朝廷何由遥度？不知蕃官如何便敢觖望？'彦博
曰：'俞龍珂等並不爲用却與官，既爲用者如何不觖望？'上
曰：'事體有大小，如木征作刺史，董氈作節度使，何嘗爲用？
蕃官亦豈可觖望？'安石曰：'秦州蕃官如令修己見作殿直，
不知有多少族帳？朝廷除與俞龍珂、旺奇巴官，於令修己何
事，便敢觖望？'彦博曰：'如韓絳厚蕃兵，便致漢兵作過。'上
曰：'此事不類。'令悉依王韶所乞。上又曰：'諒祚不得全以
爲狂妄，見韓縝説嫁女與裕勒藏喀木，所資送物極厚，此所
以能得裕勒藏喀木也。撫結羌人須厚。'安石曰：'厚薄要當
理分，則能服人。若應接不中事幾，施恩不當理分，則雖過
厚，適足生驕，此所以當擇人付之，使度事幾應接而已。'樞
密院退，安石論彦博語曰：'人主御將帥，當有方略，漢高祖
拔用亡虜，置之舊將之上，固未嘗待其功績著見，何嘗畏舊

人怨望！若令修己輩亦彈壓不定，即何以制海内！'"

李燾："此據《日録》今年十二月十八日。"

章惇薦張商英。十二月二十五日，以之權檢正中書禮房公事

《長編》卷二百二十八熙寧四年十二月乙亥："武寧軍節度推官、前知南川縣張商英爲光禄寺丞、權檢正中書禮房公事。商英，唐英弟也。初爲通川縣主簿，轉運使張詵等討渝州叛夷，梁光秀、李光吉既滅，獨王袞未降，商英言於詵曰：'夷亦人也，諭以禍福宜聽。'詵檄商英往説袞，遂歸命，因辟知南川縣。時章惇經制夷事，官吏多爲所狎侮，獨商英與抗論，不少屈。惇奇之，乃薦商英於王安石，於是召對擢用。"

《宋史》卷三百五十一《張商英傳》："字天覺，蜀州新津人。長身偉然，姿采如峭玉，負氣倜儻，豪視一世。調通川主簿。渝州蠻叛，説降其酋，辟知南川縣。章惇經制夔夷，狎侮郡縣，吏無敢與共語。部使者念獨商英足抗之，檄至夔。惇詢人才，使者以商英告，即呼入同食。商英著道士服，長揖就坐。惇肆意大言，商英隨機折之，落落出其上。惇大喜，延爲上客。歸，薦諸王安石，因召對，以檢正中書禮房擢監察御史。"

是日，以司馬光乞别選郭氏子孫奉周祀，駁之

《長編》卷二百二十八熙寧四年十二月乙亥："權判西京留司御史臺司馬光言：'比部員外郎、崇義公、分司西京柴詠管勾周陵，祭祀不遵依式，無肅恭之心。周本郭姓，世宗以

后姪爲郭氏後，在位之日，父守禮但以元舅處之。及太祖受禪，其周朝祭享，皆命周宗正少卿郭玘行禮。國家若欲存周後，恐宜封郭氏子孫。若以郭氏絕後，須取於柴氏，雖不得如微子之賢，竊謂其宜擇人爲之。而詠本出班行，不知典故，性識庸猥，加之老病，侮慢憲章，簡忽祭祀，豈可承周後，作賓皇家？欲乞朝廷考詳典禮，別選人封崇義公，以奉周祀。’上閱奏，問當何如。王安石曰：‘宋受天下於世宗，柴氏也。’上曰：‘爲人後者爲之子。’安石曰：‘爲人後於異姓，非禮也。雖受天下於郭氏，然豈可以天下之故易其姓氏所出？’上以爲然，乃詔留守司劾詠罪以聞。後遂除詠致仕，以其子西頭供奉官若訥爲衛尉寺丞，襲封崇義公，簽書河南府判官公事。”

是年，次韻弟安禮詠雪

《詩注》卷三十一《次韻和甫詠雪》：“奔走風雲四面來，坐看山隴玉崔嵬。平治險穢非無德，潤澤焦枯是有才。勢合便疑包地盡，功成終欲放春回。寒鄉不念豐年瑞，只憶青天萬里開。”

釋惠洪《冷齋夜話》卷四：“王荆公欲革歷世因循之弊，以新王化，作雪詩，其略曰：‘勢合便疑包地盡，功成終欲放春回。農家不驗豐年瑞，秪欲青天萬里開。’”

岳珂《桯史》卷第十一：“王荆公相熙寧，神祖虛心以聽，荆公自以爲遭遇不世出之主，展盡底蘊，欲成致君之業，顧謂君不堯舜，世不三代，不止也。然非常之元，諸老力爭，紛紜之議，殆遍天下，久之不能堪。又幸其事之集，始盡廢老成,務汲引新進,大更弊法,而時事斬然一新……余嘗侍樓宣獻及此,宣獻誦荊公是時嘗因天雪有絶句曰:'勢合便疑埋地盡,功成直欲放春回。農夫不解豐年意,衹欲青天萬里開。'其志蓋有在。余應曰:'不然,舊聞京師隆冬,嘗有官檢凍死秀才,腰間繫片紙,啓視之,乃喜雪詩四十韻。使來年果豐,已無救溝中之瘠矣。況小人合勢,如章、曾、蔡、吕輩,未知竟許放春否?'宣獻忻然是其説。及今觀之,發冢之議,同文之獄,以若人而居位,豈不如所臆度?荊公初心,於是孤矣。"

按,《長編》卷二百三十六熙寧五年閏七月辛酉:"上與王安石議行河東保甲……安石曰:'陛下正當爲天之所爲,知天之所爲,然後能爲天之所爲。爲天之所爲者,樂天也,樂天然後能保天下。不知天之所爲,則不能爲天之所爲,不能爲天之所爲,則當畏天。畏天者,不足以保天下,故戰戰兢兢,如臨深淵,如履薄冰者,爲諸侯之孝而已。所謂天之所爲者,如河決是也。天地之大德曰生,然河決以壞民産而天不恤者,任理而無情故也。故祁寒暑雨,人以爲怨,而天不爲之變,以爲非祁寒暑雨不能成歲功故也。'"

"任理而無情"、"非祁寒暑雨不能成歲功",此乃以天道爲據,爲新法辯護,亦即《詠雪》之意也。而此種思路,固非公特有。公之同年金君卿賦長韻頌范仲淹,亦曰:"救弊一變期期年,國僑首議立謗政。習俗未久非所便,祁寒暑雨輔天令。嗟爾小人猶怨焉，甚哉仁義豈迂闊。"①

《石林詩話》卷中："王荆公少以意氣自許，故詩語惟其所向，不復更爲涵蓄，如'天下蒼生待霖雨，不知龍向此中蟠'，又'濃緑萬枝紅一點，動人春色不須多'，'平治險穢非無力，潤澤焦枯是有才'之類，皆直道其胸中事。後爲群牧判官，從宋次道盡假唐人詩集，博觀而約取，晚年始盡深婉不迫之趣。"

葉夢得以此詩爲公早年之作，不取。

是年，欲以新法屬虞太熙，問兩廣土兵之法

《全宋文》卷一千五百一十七王存《宋故揚王荆王府侍講朝散郎虞公墓誌銘》："公諱太熙，字元叟。上世自會稽徙江南，爲李氏將兵上饒，因爲上饒人。祖諱□，贈殿中丞。父諱蕭，以尚書屯田員外郎致仕，卜居於陽羨之荆溪，累贈太中大夫……皇祐中第進士，調應天府柘城縣尉，改潤州丹徒縣主簿、宣州旌德縣令，所至有能名。用薦者改著作佐郎、知廣州番禺縣事……召還，改秘書丞、魏王宮教授。宰相王安石知其材，將屬以新法，公謝不能。安石問二廣土兵之法，對曰：'民有常產，教之兵可以衛上。今使者旁午，掊克斂怨，民失其業，教以戰陣，適足以資寇，未見可爲用也。'它日又召公論事，因極陳新法不便於民，安石仰視屋梁曰：'君有新詩，可遺我數章。'由是益不合。鄧綰爲御史中丞，

欲薦以御史，邀公相見，公笑曰：'呈身御史，古人恥之，乃欲我爲之耶？'"

　　按，虞太微之父虞蕭，王益同年，公爲撰《屯田員外郎致仕虞君墓誌銘》（詳本譜嘉祐二年），曰："祥符八年，真宗第進士於廷，先人與上饒虞君俱在其選。其後慶曆二年、皇祐元年，虞君之諸子相繼以進士起，而先人之孤亦在焉，故安石嘗與虞君之諸子遊。"又，鄧綰翌年二月權御史中丞，《長編》卷二百三十熙寧五年二月癸丑："工部郎中、侍御史知雜事鄧綰爲龍圖閣待制、權御史中丞。"公召問虞太熙，當於此前，故附本年。

李浩來謁。薦之

　　《宋史》卷三百五十《李浩傳》："字直夫，家本綏州，徙西河。浩務學，通兵法，以父定蔭，從軍破儂智高。韓絳城囉兀，領兵戰賞堡嶺川，殺大首領訛革多移，斬首千三百餘級。積官供備庫副使、廣西都監。哀西北疆事著《安邊策》，謁王安石。安石言之神宗，召對，改管幹麟府兵馬。未行，又從章惇於南江。"

是年，薦孔平仲爲密州州學教授，平仲上書謝

　　《三孔先生清江文集》卷三十五《上王相公書》："昨蒙恩授密州教授，已於某月日到任訖。惟朝廷更張萬事之統，興起學校，以補太平，爲之設官，倡率義理。士大夫得預是選者，莫不以爲榮，而不由論薦出於初除者，又以爲甚榮。某顓蔽之性，本喜讀書，向在場屋，則困於聲病對偶破

碎之文；比竊禄食，又苦於簿書期會奔走之役。雖嘗妄意
經術，而尤不專，年日益長，智日亦奪，大懼泯滅不自振於
今也。乃得脱去其餘，備員庠序，以講論道義爲職，遂將由
此而進一二，不肖之所以爲大幸也。重惟去聖已遠，家異
習，人異論。自相公之言出，而六經之趣明，天下之竟息，
學者宗仰如見孔子。某遊門下之日雖至淺，而誦相公之學
爲最篤。今此被命，但當竭盡鄙識，申暢微旨，以告諸生，
必使有立，庶幾塞新語之意，而報門下之厚遇。過此已往，
則非所知。”

　　按，孔平仲，孔延之子，孔文仲弟，《宋史》卷三百四十四
有傳。本年十一月，孔平仲赴密州教授任，有書上公。[1] 熙
寧七年，孔平仲有詩頌新法。《三孔先生清江文集》卷二十
四《熙寧口號》其一：“日坐明堂講太平，時聞深詔下青冥。
數重遣使詢新法，四面興師弞不庭。”其二：“萬户康寧五穀
豐，江淮相接至山東。須知錫福由京邑，天子新成太一宮。”
其三：“祇因銅落久紛紛，砥礪廉隅自聖君。能使普天無賄
賂，此風曠古未嘗聞。”其四：“近聞寇盜理戈殳，太府輸金入
大爐。百鍊剛刀斫西夏，萬鈞强弩射單于。”其五：“百姓命
懸三尺法，千秋誰恤兩端情。近聞崇尚刑名學，陛下之心乃
好生。”

以吳天常上書言蜀中役法，召其議於司農寺

　　《張耒集》卷六十《吳天常墓誌銘》：“公諱天常，字希

① 李春梅《三孔事蹟編年》，《宋人年譜叢刊》第五册，第2876頁。

全,河南府洛陽人……知彭州永昌縣,轉運使范公純仁深知公。是時,方變差科爲免役錢,公原究蜀役法利害,講之至精。後以書見王荆公,荆公召公議于司農寺。時欲舉江西役法行于蜀,公曰:'蜀不足于地,江西不足于民,利害異宜,恐不可行。'主者是公議。久之,公所陳浸忤,遂罷歸審官院,調簽書鎮南軍節度判官。"

除錢勰爲三司鹽鐵判官

《李綱全集》卷一百六十七《宋故追復龍圖閣直學士贈少師錢公墓誌銘》:"公諱勰,字穆父……熙寧二年,始召試,以第二人過閣。及廷對,制策極論新法,忤執政意,與孔文仲俱被黜,還任,自是遂罷制科,然名望益崇,有識者趨之。明年秩滿,赴選部……除知開封府尉氏縣。治聲流聞,擢流内銓主簿。官長陳襄以公所造班簿進呈,神宗稱之,襄曰:'非臣所能也,主簿錢某爲之耳。'……宰相王安石遣其弟安禮謂之曰:'能一冠豸乎?'公謝曰:'家貧母老,不能遠行。'安石知不附己,猶除三司鹽鐵判官、提點四園苑、提舉帳司、點檢南郊一行事務。"

《宋史》卷三百十七《錢勰傳》:"熙寧三年試應,既中秘閣選,廷對入等矣。會王安石惡孔文仲策,遷怒罷其科,遂不得第。以蔭知尉氏縣,授流内銓主簿。判銓陳襄嘗登進班簿,神宗稱之,襄曰:'此非臣所能,主簿錢勰爲之耳。'明日,召對,將任以清要官。安石使弟安禮來見,許用爲御史。勰謝曰:'家貧母老,不能爲萬里行。'安石知不附己,命權鹽鐵判官。"所載略同,惟"三司鹽鐵判官"爲

"權鹽鐵判官"。又陳襄於熙寧三年、四年判流内詮，本年八月出知陳州，①故附此事於本年。

又《墓誌銘》、《錢勰傳》皆以公遷怒孔文仲而罷制科，殊謬。制科罷於熙寧七年五月，時公已罷相，而神宗、吕惠卿主之。《長編》卷二百五十三熙寧七年五月辛亥："中書門下言：'策試制舉，並以經術時務。今進士已罷辭賦，所試事業，即與制舉無異。至於時政闕失，即士庶各許上封言事。其賢良方正等科目，欲乞並行停罷。'從之。先是，中書條例所乞罷制舉，馮京曰：'漢、唐以來，豪傑多自此出，行之已久，不須停廢。'上曰：'天下事可罷而未及如此者甚衆，此恐未遑改革。'吕惠卿曰：'制科止於記誦，非義理之學。一應此科，或爲終身爲學之累。朝廷事有可更者更之，則積小治可至大治，不須更有所待。'至是乃罷。"《宋史》卷一百五十六《選舉二》："神宗以進士試策，與制科無異，遂詔罷之……紹聖初，哲宗謂：'制科試策，對時政得失，進士策亦可言。'因詔罷制科。"

是年，得黄庭堅《新寨》詩，擊節稱歎

《垂虹詩話》："山谷尉葉縣日，作《新寨》詩，有'俗學近知回首晚，病身全覺折腰難'之句，傳至都下。半山老人見

---

①　陳襄《古靈先生文集》附葉祖洽所撰《行狀》："熙寧初召還，以刑部郎中修起居注，尋知諫院，管勾國子監……俄兼判吏部流内詮，賜金紫。詮中士人被舉者常積二百餘員，累年方得召，執政苦官之冗，欲難其進，以爲澄吏良法。公曰：'不清其源而澄其末，何益？'遂白執政，請得併伸引對。自是被舉者無滯淹之患。"《長編》卷二百二十六熙寧四年九月丙申："知制誥、直學士院陳襄知陳州。"第5513頁。

之,擊節稱歎,謂黃某清才,非奔走俗吏,遂除北都教授,即爲文潞公所知。"①

---

① 鄭永曉《黃庭堅年譜新編》,社會科學文獻出版社 1997 年版,第 41 頁。

熙寧五年壬子（1072），五十二歲

正月十二日，婿吳安持置局管勾息錢支納

《宋會要輯稿》職官二七：“（熙寧）五年正月十二日，詔差吳安持與本府戶曹孫迪專一置局，管勾息錢支納。”

正月十七日，鄜延路經略使趙卨乞牒宥州催打量綏德城地界。請勿催，神宗從之

《長編》卷二百二十九熙寧五年正月丁酉：“趙卨言：‘西賊數至綏德城鈔掠、牧放，既奉朝旨通和，不敢追襲。乞牒宥州詰問夏國，令止絕。’詔卨依慶曆七年正月指揮，遇有人馬殺逐出界，仍牒報宥州。卨又乞牒宥州催打量綏德城地界，王安石請勿催。上曰：‘今不催，即邊事未解嚴，又恐彼謂可便得歲賜故不急。’安石曰：‘彼必有定計，催之不能使移易定計，徒示汲汲，生其驕易，且歲賜須降誓詔，降誓詔須待地界了當，彼自當汲汲。’上曰：‘彼既云依命，或不須計會，便令人往打量，如何？’安石曰：‘彼若誠肯退二十里地界，則理須計會彼首領分擘界至。彼若尚首鼠，詎聽我打量？’上乃從安石言。”

范育、呂大忠辭至緣邊封土掘壕。是日，與神宗議之，罷遣二人

《長編》卷二百二十八熙寧四年十二月十二月甲寅：

"詔鄜延路經略司立定綏德城界,至又遣官往諸路緣邊封土掘壕,各認地分;知澄城縣范育鄜延路;權發遣鹽鐵判官張穆之環慶路;涇州通判鄭遵度涇原路;陝西轉運司勾當公事呂大忠秦鳳路;麟州通判張宗諤麟府路。育與大忠皆辭行,育言……王安石不以育、大忠等所言爲然,白上曰:'臣謂育,朝廷但遣育於延州立封溝,非遣育於夏州立封溝,於《周禮》有何違異? 又育言《周禮》但立中國封溝,與夷狄接境,即無之。臣謂育,中國是腹裏,却立封溝;與夷狄接境,乃不立封溝,此何理? 大忠言,但當擇帥,不當立封溝。臣謂大忠,朝廷但遣大忠立封溝,即不責大忠擇帥。育與大忠恐不可遣,不若但委本路使臣。'上令別擇官,換兩人。"

李燾:"此據《日録》在五年正月十七日,今并書之。"

按,呂大忠字進伯,《宋史》卷三百四十有傳:"登第,爲華陰尉、晉城令。韓絳宣撫陝西,以大忠提舉永興路義勇。改秘書丞,檢詳樞密院史、兵房文字……熙寧中,王安石議遣使諸道,立緣邊封溝,大忠與范育被命,俱辭行。大忠陳五不可,以爲懷撫外國,恩信不洽,必致生患。罷不遣。"

是日,與神宗議内侍李若愚乞解押班事

《長編》卷二百二十九熙寧五年正月丁酉:"侍御史知雜事鄧綰言:'内侍押班李若愚以勞績求官其子,違祖宗舊制,且内臣僥求亂法,不可長。'從之。若愚尋言於樞密院,乞解押班。文彦博云:'若愚恐有人欲傾奪其位者,故求

罷。'王安石白上：'前密院與若愚子轉官，臣不見條貫，不許，故進呈劄與密院。密院若已刪去此條，即合劄與中書云：本院已刪去此條。即中書亦不管密院所刪當否，更但須理會，却云：特依皇城司條貫，所有不許回授恩澤條貫令今後遵守施行。若愚既非勾當皇城司，如何用皇城司條貫？既是已刪條貫，如何却令今後遵守施行？緣事有違法，非但臣所不敢遵行，雖檢正官亦皆以爲不允。臣苟不言，是違法，阿近習，義所不能爲，非於若愚有利害與奪，不知若愚辭差遣何意？'上曰：'若愚言，爲廢前省奏人，故乞罷。'安石曰：'前省不奏人，干若愚何事？聞密院説恐有傾奪其位者。'上曰：'若愚爲與程昉不相得。'安石曰：'此非臣所知也。'"

正月十八日，以試中學官等第進呈。神宗令頒行所著，以一道德

《長編》卷二百二十九熙寧五年正月戊戌："王安石以試中學官等第進呈，且言黎侁、張諤文字佳，第不合經義。上曰：'經術，今人人乖異，何以一道德？卿有所著可以頒行，令學者定於一。'安石曰：'《詩》已令陸佃、沈季長作義。'上曰：'恐不能發明。'安石曰：'臣每與商量。'"

李燾："季長，錢塘人，安石妹壻也。黎侁，未詳邑里。二月十八日戊辰，前衡州推官黎侁爲光禄寺丞、崇文院校書。七年五月，卒。張諤，武昌人，沈括《筆談》詳之。司馬光熙寧五年正月《日記》，有旨令曾布撰詔書付直史館進從來所解經義，委太學編次以教後生。"

正月十九日，留身，乞用王韶帥秦鳳路。議除呂公弼代郭逵

《長編》卷二百二十九熙寧五年正月己亥："是日，王安石留身白上以'郭逵激智緣使攻王韶，又謝景溫亦害韶事。今秉常方弱，正合經營，夷狄之功，雖不足貪，然陛下欲大有爲，則方夷狄可以兼制之時，不可失，不宜爲人所壞。'上曰：'夷狄功非所貪，然須圖難易，以弭患難。'因問安石何以處此。安石請即用韶帥秦，徙逵他處。上曰：'韶輕易，如蘭山族纔來請料錢，便言舉屬內附。'安石曰：'韶但急於見知，故不爲高遠。若肯就招納，即言內屬，亦不爲過。考其前後計事，乃無遺策。於衆人窺伺傾側之中能立事，不可謂無氣略，比趙卨尤勝。'上曰：'且更待其有功。'欲用呂公弼代逵，曰：'公弼易驅策，委以韶事必盡心。'安石亦稱公弼可用，上曰：'與何官？'安石曰：'向來罷樞密使，亦無顯狀，又經受遺詔，當與節度使或宣徽使乃可。'上曰：'與宣徽使。'安石又白上：'陛下向欲移王廣淵，如何？'上曰：'馮宗道體問得慶卒尚危疑，未可易帥也。'"

《長編》卷二百三十熙寧五年二月丙寅，李燾注："議除公弼代逵，在正月十九日。"

正月二十一日，以司天監亢瑛以天變乞罷宰相，遂詣告；翌日，乃出

《長編》卷二百二十九熙寧五年正月辛丑："司天監靈臺郎亢瑛言天久陰，星失度，宜罷免王安石，於西北召拜宰相。

斥安石姓名，署字，引童謠證安石且爲變。仍乞宣問西、南京留臺張方平、司馬光，并都知、押班、御藥看詳。所奏及稟太皇太后。上以瑛狀付中書，安石遂謁告。馮京等進呈送英州編管，上批令刺配英州牢城。安石翼日乃出。”

《林希野史》：“亢瑛上書，論五緯失度，建月久陰，政失民心，强臣專國，行有大變。王安石大怒，送英州編管，既行，又追而大黥其面，隸牢城，枷頃而遣之。”

王明清《揮塵餘話》卷一：“熙寧初，司天監亢瑛奏：‘後三十年，西南有亂出於同姓。’是時方議皇族補外官，於是詔宗室不得注授川峽差遣。至建中靖國初，趙諗叛於渝州，相距果三十年，其言遁驗。繼而瑛又言：‘丙午、丁未，汴都不守，乘輿有播遷之厄。不可輕改祖宗之法，恐致召亂。’王荆公大怒，啓裕陵竄瑛英州。”

正月二十二日，與神宗解釋中書畫旨施行止用申狀，並論遣程昉勘河決事及帝王大略。神宗又令録進所著文字，上謝表

《長編》卷二百二十九熙寧五年正月壬寅：“上批：‘近中書畫旨施行事，止用申狀，或檢正官取索到文字，此事體不便，可檢會熙寧三年條約遵守。’先是，三年有詔，須急速公事方得用申狀施行也。王安石白上：‘近緣河上事急速，所以只用申狀行。且用申狀施行，亦必得旨乃如此，即於事體未有所傷，理分不爲專輒。但要事務早集而已，非過也。臣竊觀陛下所以未能調一天下，兼制夷狄，止爲不明於帝王大略，非謂如此小事有所不察也。’上曰：‘天下事只要賞罰

當功罪而已。若賞罰或以新近之故，與疏遠所施不同，則人不服。'安石曰：'臣自備位以來，每自省念，惟斷法官罪與在外官失出入人罪不同，蓋以謂不如此，即法官不可爲，非敢私之也。他即不省覺，乞宣諭，令臣得以思慮。'上曰：'法官即當如此。'安石曰：'法官之外，不知陛下所見聞何事？'上曰：'朝廷固無阿私，但外方亦未免有用意不均事，如勘河決事，乃獨遣程昉。'安石曰：'陛下已令分析，但恐有説。緣昉開漳河，後來又在京師提舉淤田，當以此故不勘。兼程昉要作第五埽堤被，外監丞不肯，所以致河決，昉恐不當勘。'上曰：'如此亦合聲説。'安石曰：'若不當勘，又何須聲説？縱失聲説，亦有何利害？未得爲阿私傷政體。'上曰：'程昉性行輕易，昨上殿説：中書每有河事必問臣，臣説了方會得。聞張茂則亦被昉迫脅云已得中書意旨，令如此作文字。外官被昉迫脅可想見。然才幹却可使，但要駕馭爾。'安石曰：'中書所以用程昉者，爲河事無人諳曉，又無人肯擔當故也。塞河是朝廷事，非臣私利。陛下試思中書所以委任程昉，不知有何情故曾蓋庇却程昉何等罪惡？不知陛下聞得程昉復有何負犯？'上曰：'聞昉所舉買草官，悉是内臣攬作文字人。'安石曰：'陛下所聞，臣恐亦未必實，豈有許多人悉是攬作内臣文字人？就令如此，中書亦無由知。但轉運司買梢草不得，須至委昉，委昉即須許之舉官。臣愚以謂先王使人用馮河，馮河之人不擇險阻，輕於進取，然其用之，乃不害國，如昉是也。若是妨功害能、膚受浸潤之人，雖能便辟，伺候人主眉睫間，最能敗壞國事。恐如此人乃合覺察。今陛下於此輩人，乃似未能點檢。陛下修身齊家，雖堯、舜、文、武亦無以過，至於精察簿書刀筆之事，群臣固未有能承望清光。然帝王大略，似當更討論。今在位之臣有事韓琦、富弼如僕妾者，然陛下不能使之革面。契丹非有政事也，然夏國事之極爲恭順，未嘗得稱國主。今秉常又幼，國人饑饉困弱已甚，然陛下不能使之即叙，陛下不可不思其所以。此非不察於小事也，乃不明於帝王大略故也。陛下以今日所爲，不知終能調一天下兼制夷狄否，臣愚竊恐終不能也。陛下若謂方今人才不足，臣又以爲不然。臣蒙陛下所知，拔擢在群臣之右，臣但敢言不欺陛下。若言臣爲陛下自竭，即實未敢。緣臣每事度可而後言，然尚或未見省察。臣若自竭，陛下豈能察臣用意，此臣所以不敢自竭。臣尚不敢自竭，即知餘人未見自竭者。忠良既不敢自竭，而小人乃敢爲誕謾。自古未有如此而能調一天下兼制夷狄者。如臣者又疾病，屢與馮京、王珪言，雖荷聖恩，然疾病衰憊，耗心力於簿書期會之故，已覺不逮，但目前未敢告勞。然恐終不能上副陛下責任之意。'上默然良久，乃曰：'朕欲卿録文字，且早録進。'安石曰：'臣所著述多未成就，止有訓詁文字，容臣綴緝進御。'"

李燾："上批見《御集》正月二十三日，《日録》録此段，亦在正月二十三日。"

《文集》卷五十六《詔進所著文字謝表》："臣聞百王之道雖殊，其要不過於稽古；六藝之文蓋缺，所傳猶足以範民。唯其測之而彌深，故或習矣而不察。紹明精義，允屬昌時。伏惟皇帝陛下……欲推闡先王之大道，以新美天下之英材，宜得醇儒，使陪休運。臣初非秀穎，衆謂迂愚，徒以弱齡，粗知强學。服膺前載,但傳糟粕之餘;追首大方,豈逮室家之好。過叨睿獎,使緝舊聞。永惟少作可棄之浮辭,豈能上副旁搜之至意?伏望皇帝陛下矜其聞道之晚,假以歷時之淹,使更討論,粗如成就。然後上塵於聰覽,且復取決於聖裁,庶收寸長,稍副時用。"

正月二十三日,又爲神宗言程昉未謬舉買草官,乞神宗明察妨功害能者

《長編》卷二百二十九熙寧五年正月壬寅:"明日,安石又白上:'程昉七月八日自淤田所離京赴河上,第四、第五埽乃七月八日決,兼昉自從提舉修漳河,即不曾管勾第四、第五埽,所以不曾取勘。'上以爲然。安石又具言昉所舉買草官五人者姓名,且曰:'陛下昨謂攬作内官文字者,必高晦也。晦嘗以所爲詩來見臣,與語亦惺惺,幹得麄事。今既許昉舉官,止要能買草耳,高節上士豈肯就昉求舉?但能買草,即昉非謬舉。若所舉人曾攬作内臣文字,恐未合罪昉。或作過敗事,然後罪昉可也。中書所以用昉,止爲河事,不然,交結昉將欲何爲?'上曰:'程昉何用交結!'安石曰:'今議河事,如李立之輩計料八百萬工,朝廷必不能應副。即立之輩自不肯任後患,而張茂則與程昉獨肯任此,比之懷奸自營之人,宜見念察。如李若愚言,恐程昉讒害,乞罷押班。臣與王珪並曾問昉,皆言與若愚無隙。若其有隙,不知是何時有隙,如何今日乃始乞罷押班以避昉?'上曰:'若愚不爲程昉乞罷押班。'安石曰:'臣但見密院如此說。'上曰:'密院只是料其如此,昉不曾有此言。'安石曰:

'不然，陛下何以知昉與若愚有隙？'上曰：'爲淤田司事異同，有文字。'安石曰：'陛下自令若愚體量李師中、王韶，中書見其不實，乃具前後情狀，乞別差官。不然，則朝廷賞罰爲姦人所移，安用彼相？既沈起體量王韶果無一罪，文彦博反謂沈起附會，又謂王韶之勢赫赫於關中，陛下以此不能無疑，故奪韶一官。當是時，韶實無一罪，後因韓縝打量韶所言荒地，始明白。然陛下未嘗究問從初體量不實之人。昨王韶奏生羌舉種內屬，陛下便以爲不合如此。況蕃户既受官職請料錢，不肯屬夏國，即是舉種內屬，縱似矜功，未爲誣罔，陛下即已非其如此。至於妨功害能、罔上不實，即一切不問。如此，即人孰肯爲陛下盡力？盡力有何所利？'上曰：'王韶非不拔擢。'安石曰：'妨功害能，沮害國事，而陛下任用，名位過於王韶者，何可勝數？則王韶受拔擢未爲優過，亦未足以勸人爲忠。'"

正月二十四日，神宗賜敕書獎諭權提點江南西路刑獄、提舉常平倉金君卿。君卿有詩寄呈

《長編》卷二百二十九熙寧五年正月甲辰："詔權提點江南西路刑獄、提舉常平倉金君卿落權字，仍賜敕書獎諭。先是，君卿奏：'昨王直溫、蘇澥同議科定役錢，召募人押錢帛綱入京，每一萬貫匹支陪綱錢五百貫足。本司詢問曾押綱鄉户衙前之家，皆不願行，遂用熙寧三年十二月并四年六月中書指揮，選得替官員、使臣人員管押施行，仍以向者王直溫等陪綱錢數太多，相度每紬絹萬匹止支錢一百緡足，錢萬緡支錢七十緡足，募到官五十餘員管押及差人船上京交納，

並不差鄉戶衙前,乞自今依此。'故有是詔。於是王安石白上曰:'此事諸路皆可行,但令監司稍加意,許令指占好舟,差壯力兵士,及時遣行,則替罷官人人爭應募之不暇。苟或不然,則雖詳立法度,亦無益於事也。'"

《宋史》卷一百七十七《食貨上五》:"權江西提刑提舉金君卿首募受代官部錢帛綱趨京,不差鄉戶衙前,而費減十五六。賜詔獎諭,仍落權爲真。"

金君卿《金氏文集》卷上《蒙詔書獎諭寄呈王介甫相公》:"鳳口銜書出九重,帝王親賜紫泥封。神光下燭將飛劍,真賞重鳴既啞鐘。砥礪若爲酬睿睠,驅馳何敢嘆塵蹤。仙翁更借提攜力,竹杖由來解化龍。"

按,金君卿字正叔,慶曆二年進士甲科第六人。①《金氏文集・序》曰:"神宗更立法度,以底於治,故公受命出使,皆兼數職,奉行制詔,綽有條理。熙寧中,降敕書獎諭。"

是日,以种古言不當聽降羌歸國,與神宗、文彥博議,以爲不如遣歸

《長編》卷二百二十九熙寧五年正月己丑:"詔鄜延路經略使趙卨詢問降羌如有願歸夏國者,先以名聞。諸路準此。仍牒宥州令于逐路界首交割。初,上論西人內附者,或以脅迫,非其誠心,欲令願歸者從之,不願者隨便措置,可以省糧食,免檢察,且足以示廣大推恩。乃下諸路詳議,已而有是

---

① 《江西通志》卷四十九:"慶曆二年壬午楊寘榜:金君卿,浮梁人,太常博士。"曾慥《高齋漫錄》:"仁宗時,度支金郎中君卿年十九時……後四年,第六人及第。"《全宋筆記》第4編第5冊,第69頁。

詔。其後,知原州种古言:'招降蕃部可用爲鄉導,不當問其願歸。蓋漢官多惡蕃部,恐迫脅令歸,即反害恩信。'上曰:'如王廣淵計,但欲遣歸,蓋廣淵與韓絳不相能。'安石曰:'今絳已被斥。留得蕃户,陛下亦必不以此爲功,縱遣去,亦不復加絳罪。不知廣淵爲此何意。'上曰:'欲表見絳所爲皆非。'安石曰:'陛下但當論利害,不當探人未必然之私意。臣固嘗論留得此輩無所利,但恐爲患。臣近見張守約言古渭一帶屬户多餓死者,今邊障極虛,中國久來熟户尚不暇救恤,乃更欲招夏國老弱收養,豈爲得計?'上曰:'中國人固多,誠不賴夏人。然言者謂收納夏國人,使彼人少,即于彼有害。'安石曰:'陛下欲弱彼,則先須强此;欲害彼,即先須利此。令陛下所御將帥一心奉陛下所欲爲,然後可任以整緝邊事。邊事各有條理,然後可以撓夏國。今熟户餓死,將帥不能救恤,陛下尚不得聞知,如何乃能困夏國!臣愚以謂方今所急,在知將帥之情,以道御之,使不敢偷惰欺謾,然後邊可治,邊可治,則如秉常者雖欲掃除,極不爲難。若未能如此,即無困夏國之理。人主計事,當先校利害。若利害果合如此,恐不須妄疑。其人心有所挾如此,則人人各懷形迹,孰敢復爲人主盡力!如西事之初,陛下謂臣及韓絳皆欲以西事爲己功,故有此言。臣以此於西事不能不存形迹,然事至不得已,亦不敢嘿嘿。蓋人臣之義,量而後入,故不能先事極爭,先事極爭,則無後事之驗,臣終身受妨功害能之嫌,臣以爲如此害於臣智,故不敢。然懷不能已,固嘗論奏。非特臣所懷如此,前日執政大臣例皆如此。今日計事,陛下尚疑有傾韓絳者,則誰復敢不避形迹爲陛下計事!'

上曰：‘王廣淵每事輒言宣撫司過失。如趙卨多奪韓絳所與酬獎人官職，然至降羌事，則以爲但當善遇之，必得其用。廣淵則專欲遣歸。’安石曰：‘陛下不當怪廣淵屢奏宣撫司過失。方慶州兵未變，廣淵數爲韓絳言如此役使兵士非便，絳屢詆毀廣淵，以爲不忠，陛下亦疑廣淵，後果如廣淵所奏。廣淵反降兩官，廣淵豈能内無不平之心？内無不平，則其言自然如此。陛下以种古爲曉蕃情，今令問蕃人願歸者聽歸，豈有蕃人不曉蕃情者？若蕃人曉蕃情，即無緣有歸而盡被殺戮之理。’上曰：‘恐邊吏欲其歸，不免多方迫脅。’安石曰：‘若遣歸果被殺戮，則豈憚内徙？除内徙外，何事可迫脅？兼此事關衆，有何急切，乃非理迫脅，不畏爲人所言？’上曰：‘問之無傷，要須別遣人問，僉欲令計會地界人往。’上曰：‘如張宗諤即欲遣歸。’文彦博曰：‘王文郁乃欲存留，安石令計會地界人與邊吏聚問，必不敢非理迫脅。’

上又言：‘王慶民前奏，招到人袒膊殺賊甚力，後乃言不可存留，止爲人情反復難信。’安石曰：‘彼若誠心内附，已受官職、禄賜，即爲我袒膊殺賊，固本分事，如王慶民所言者是也。彼若父母、妻子皆在彼，乃爲人虜掠而來，欲望其盡心殺賊，即無有此理，如前日結勝是也。此非但不可望其殺賊，亦恐更爲内患。种古但云可爲鄉導，即不知如此人乃能爲賊鄉導。今若推恩，問願留者留，去者去，即留者皆爲我用，去者亦必懷惠，異時討伐固宜有爲内應報德，如食秦繆駿馬、盜袁盎侍兒之類，則我雖遣去，未爲不得其用也。’”

李燾：“自‘其後知原州种古云’至‘不得其用也’，皆《日録》正月二十四日事。”

正月二十六日，延州言夏人集兵界上，與神宗議之

《長編》卷二百二十九熙寧五年正月丙午："延州言，夏人集兵界上，恐以地界延袤爲説。先是立堡寨，樞密院言，若於二十里内作堡寨，須止約。王安石曰：'未降誓詔，不須止約。彼必已有定計，方欲通和，決不肯爾。或猶倔彊，非止約可禁。兼約二十二日會議，今已二十六日，降指揮亦無所及，但當委自延州應接。'上從之。"

正月二十七日，與神宗、文彦博議延州所上夏人牒，乞令延州牒宥州須差官重修兩國地界

《長編》卷二百二十九熙寧五年正月丁未："延州以夏人牒來上，牒稱：'除綏州外，各有自來封堠濠塹更無整定。'上批：'差官照認地界文字，且令未要發去。'文彦博、吳充因言：'諸路不須打量，況自來爭競亦不因地界，多緣邊吏侵彼。'王安石曰：'侵爭之端，常因地界不明。欲約束邊吏侵彼，亦須先明地界。彼所以有此言者，惟欲速了耳。陛下當察人情緩急而應。彼既自急，即我當以緩應之。我以緩應彼，彼自當急而就我。'上以爲然，又曰：'恐不須問彼，便可自立界至。'安石曰：'如此即不可。彼牒稱免見頻損要盟，有傷大體。今及未降誓詔以前，不與先定界至。降誓詔後，若彼却有爭占，不可便與絶好。便與絶好，則傷國體。不與絶好，則彼已得歲賜，於應報未肯汲汲。宜令延州牒宥州云：今來界至雖不全要整定，然自來亦有封堠，濠塹不分明，及全無封堠濠塹處，須合差官重別修立。若不計會，夏國首

領又慮邊臣或以侵占久遠，却起爭端。'上從之。"

是日，因有軍士深詆朝廷，請委皇城司察謗議時政者；因與神宗論募兵之弊

《長編》卷二百二十九熙寧五年正月丁未："先是，曾孝寬為王安石言：'有軍士深詆朝廷，尤以移併營房為不便，至云今連陰如此，正是造反時，或手持文書，似欲邀車駕陳訴者。'於是安石具以白上，文彥博曰：'近日朝廷多更張，人情洶洶非一。'安石曰：'朝廷事合更張，豈可因循？如併營事，亦合如此。此輩乃敢紛紛公肆詆毀，誠無忌憚。至言欲造反，恐須深察，又恐搖動士衆為患。'吳充曰：'併營事已久，人習熟，何緣有此？近來惟保甲事，人情不安。昨張琥亦言軍士一日兩教，未嘗得賞賜，而保丁纔射，即得銀楪，又免般糧草夫力，軍人不如也。'安石曰：'禁兵皆厚得衣糧，未嘗在行陣，頃陛下與十分支糧，非不加恤也。今朝廷教誘保丁，於軍士有何所負而遽敢怨望者？以軍士怨望，遂一不敢有所為，乃是衆卒為政，非所以制衆卒也。'上曰：'如此，即與唐莊宗無異矣。'充曰：'如慶州事，令屬戶在前，募兵在後，當矢石者屬戶也，於募兵無所苦，而反，何也？'安石曰：'募兵與屬戶同出戰，其勞費等。至遇賊取功賞，則惟屬戶專之，募兵皆不預，至令貧窘無以自活，則其為亂，固其所也。豈與教誘保丁事類？'上曰：'宣撫司所以致軍人怨怒，非一事；如奪騎士馬，使屬戶乘之；又一降羌除供奉官，即差禁軍十人當直，與之控馬。軍人以此尤不平。'安石曰：'如此事，恐未為失。蓋朝廷既令為供奉官，即應得禁軍控馬，如何輒

敢不平？如漢高祖得陳平，令爲護軍，諸將不服，復令盡護諸將，諸將乃不敢言。小人亦要以氣勝之，使其悖慢之氣銷。但當深察其情，不令有失理分而已。’上言：‘太祖善御兵。’又言斬川班事，安石曰：‘五代兵驕，太祖若所見與常人同，則因循姑息，終不能成大業。惟能勇，故能帖服此輩，大有所爲。然恃募兵以爲國，終非所以安宗廟、社稷。今五代之弊根實未能除。’上曰：‘如慶卒柔遠之變，賴屬户乃能定。慶卒所以不敢復偃蹇者，懲柔遠之事恐屬户乘之故也。然則募兵豈可專恃？’上欲得詆毀軍士主名，樞密院請責殿前、馬、步三帥，安石請委皇城司。上曰：‘不如付之開封府。’乃令安石召元絳至安石第諭意。”

《林希野史》：“初，司馬光貽書王安石，闕下爭傳之。安石患之，凡傳其書者，往往陰中以禍。民間又僞爲光一書，詆安石尤甚，而其辭鄙俚。上聞之，謂左右曰：‘此決非光所爲。’安石盛怒曰：‘此由光好傳私書以買名，故致流俗亦效之，使新法沮格，異論紛然，皆光倡之。’即付獄窮治其所從得者，乃皇城使沈惟恭客孫杞所爲。惟恭居常告杞時事，又語常涉乘輿，戲令杞爲此書，以資笑謔。獄具，法官坐惟恭等指斥乘輿流海島，杞棄市，以深禁民間私議己者。其後，探伺者分布都下。又明年，曾孝寬以修起居注侍上，因言民間往往有怨語，不可不禁。安石乃使皇城司遣人密伺於道，有語言戲笑及時事者，皆付獄。上度其本非邪謀，多寬釋之。保甲民有爲匿名書揭於木杪，言今不聊生，當速求自全之計，期訴於朝。安石大怒，乃出錢五百千，以捕爲書者。既而村民有偶語者曰：‘農事方興，而驅我閱武，非斬王相公

輩不得休息。'邏者得之付獄,安石以爲匿名書者必此人也,
使鍛鍊成獄。民不勝榜掠,而終不服。法官以詬罵大臣,坐
徒三年。上笑曰:'村民無知。'止令臀杖十七而已。開封推
官葉溫叟在府不及一歲,凡治竊議時事及詬罵安石者三十
餘獄。"

蔣之奇來書言助役之便。是日,具以白神宗

《長編》卷二百三十六熙寧五年閏七月戊申朔:"權淮南
轉運判官、金部員外郎蔣之奇權發遣轉運副使。之奇嘗與
王安石言:'百姓列狀乞早行助役新法,曰上推不貲之惠,下
受罔極之恩。'安石具以白上,曰:'百姓如此,或稱人情不安
者,妄也。'"

李燾:"安石以之奇書白上,乃五年正月二十七日事,見
《實錄》。"

正月二十八日,以謝景溫害王韶事,罷其陝西都轉運使,代以楚建中

《長編》卷二百二十九熙寧五年正月戊申:"度支副使、
兵部郎中楚建中爲天章閣待制、陝西都轉運使。王安石以
謝景溫害王韶事,欲罷之,上問:'誰可代景溫者?'王珪言:
'建中可用。'上許之。安石因請與建中轉職,又言:'建中強
幹,與蘇寀、榮諲不類。'故有是命。尋命景溫知襄州,又改
曹州。"

按,《宋史》卷二百九十五《謝景溫傳》:"又言薛向不當
得侍從,王韶邊奏誣罔,寖失安石意。然猶以嘗助己,但改

直史館兼侍讀。不敢拜，出知鄧州。踰年，進陝西都轉運使。以不奉司農約束，改知鄧、襄、澶三州。”

楚建中，《宋史》卷三百三十一有傳：“字正叔，洛陽人。第進士，知滎河縣……神宗用事西鄙，以建中嘗爲邊臣所薦，召欲用之，言不合旨，出知滄州。久之，爲天章閣待制、陝西都轉運使。”楚建中後預洛陽耆英會。①

正月二十九日，弟安禮爲著作佐郎、崇文院校書

《長編》卷二百二十九熙寧五年正月己酉：“試校書郎王安禮爲著作佐郎、崇文院校書。安禮先掌河東機宜，呂公弼薦於朝，謂材堪大用。代還，召對稱意，欲遂加峻擢，兄安石辭之，乃有是命。”

《宋史》卷三百二十七《王安禮傳》：“公弼遽辭，遂薦安禮于朝。神宗召對，欲驟用之。安石當國，辭以爲著作佐郎、崇文院校書。”

是日，與神宗論邊事及流品限人

《長編》卷二百二十九熙寧五年正月己酉：“王安石白上：‘西事稍定，宜經制邊防，須先定大計，以次推行，不可臨時采衆人議論，如此必無成。’上曰：‘當先部分百姓，令習兵。’安石曰：‘誠當如此。仍減屯戍之卒，積財穀，嚴紀律。’上曰：‘邊頭屯戍，近已大減。’馮京曰：‘惟蔡挺奏減。’上曰：‘郭逵殊不肯減。’安石曰：‘太祖時，將帥或令兒男乞增

---

① 《溫國文正司馬公文集》卷六十五《洛陽耆英會序》。

兵,不許,至哭泣出國門。若縱將帥自便,則朝廷無定計。'上曰:'太祖時,將帥亦豈盡過人?但能以道御之而已。'

上又言:'王韶事當應副,足可經制。張守約言若欲取橫山,當令所備處重,則橫山輕而易舉。今蘭州界近涼州,即取橫山爲易。'安石曰:'此蓋王韶本謀。'上言:'古渭建軍及城武勝爲便。'又曰:'韶亦須更得人助之。如欲招舊勇敢作新勇敢,殊未安。'安石具論其不然,且曰:'此樞密院與郭逵妄奏惑上也。'

上又論:'流品限人,非是。聞舊爲吏人,雖作諸司使副,見舊所服事官,不與同坐,此何理?'馮京曰:'此條貫。'安石曰:'此但是弊法,非有義理。王命之則成矣,豈復當計其初賤?'京曰:'此輩或經笞撻。'安石曰:'今或名位顯,所爲合服重刑者豈少?如此,人自爲可賤。若以地勢卑賤,小過爲人笞辱,但爲不幸,非義當不齒之人。'上意亦以爲然。安石曰:'古人立賢無方。如陛下自醫工技温杲爲職官,職官雖多,然如温杲者自少。自木工技楊琰爲殿直,殿直雖多,然如琰者自少。'上曰:'風俗既成,人各不自知理分,如琰自不敢與内臣同坐飲食,自以爲本賤故也。'"

是月,鄭俠入都謁見。欲重用之,勉俠試刑法,俠固辭

《西塘先生文集》附《鄭俠傳》:"熙寧五年春,秩滿入都,見公。公謂先生明習法律,又年少精敏,欲屬用之。是時,初行試法之令,選人中者改京官,公遂勉先生以試法。固辭不能。他日復見,先生懷新法不便朝野謹警,方欲爲公言之,屬公訪以所聞,先生言及一二,公色不懌,左右遽請

退,自此不復進謁矣。"

《宋史》卷三百二十一《鄭俠傳》:"秩滿,徑入都。時初行試法之令,選人中式者超京官,安石欲使以是進,俠以未嘗習法辭。三往見之,問以所聞,對曰:'青苗、免役、保甲、市易數事,與邊鄙用兵,在俠心不能無區區也。'安石不答。俠退不復見,但數以書言法之爲民害者。"

按,"初行試法之令",謂熙寧四年十月一日所立選人及任子出官試法。"應得替合守選人,歲限二月八日以前流内銓投狀,試斷案二道,或律令大義五道,或議三道,差官同銓曹主判官撰式同考試,第爲三等,申中書。上等免選注官,入優等者依判起例升資。"故公勸鄭俠就試。

二月一日,大寺正丞李德芻獄成,爲之説項

《長編》卷二百三十熙寧五年二月辛亥朔:"御史知雜事鄧綰言:'近朝廷以大宗正丞李德芻罪惡彰明,差王陟臣背公向私,掩覆其事,乞别命官根治。'詔送御史臺劾問。綰又言:'元因本臺官彈奏,顯屬妨礙。'乃差權判刑部沈衡置司推鞫。其後獄成,法寺當德芻贓罪笞。詔贖銅四斤,衝替。王安石爲上言:'德芻於職事殊不苟,但好陵人,故宗室怨之。'上曰:'德芻兄弟皆驕,好陵人,亦其天性也。'"

二月三日,以鄧綰權御史中丞

《長編》卷二百三十熙寧五年二月辛亥癸丑:"工部郎中、侍御史知雜事鄧綰爲龍圖閣待制、權御史中丞。上謂綰不忌能,又資在衆人前,初欲超除綰諫議大夫、權中丞。王

安石謂於近條有礙，乃令即本官待制龍圖閣。以待制權中丞自縮始。”

《宋史》卷三百二十九《鄧綰傳》：“五年春，擢御史中丞。國朝故事，未有臺雜爲中丞者，帝特命之。又加龍圖閣待制。”

是日，張琥坐言事不實解職。乞窮究之

《長編》卷二百三十熙寧五年二月癸丑：“詔太子中允、集賢校理、同修起居注、直舍人院、同知諫院張琥落修起居注，罷直舍人院、諫院。先是，著作佐郎陳大順謁集賢校理李定、同大理寺丞沈邁，語陝西轉運使張詵上殿稱旨，賜紫章服，上令處置慶陽叛兵，許以詵爲本路經略使。定翌日見琥，語及之，又詵壻檢詳樞密院兵房文字蘇液亦對琥言此。琥遂疏於上前，以制旨未下，傳言漏露，恐非所宜，且言詵輕脫不可用。上疑其言，王安石亦謂：‘此事宜窮究，恐讒人專造此，欲沮詵作帥，姦不可長。’乃令樞密院召訊定等，其言不盡如琥章，琥坐奏事不實故責。上曰：‘琥併奪三職，不太重乎？’安石固以爲當然，又請窮究定及大順等。而定復自言事有證佐，與樞密院所訊異狀，安石右定，不直樞密院，乞付御史臺劾，上從之。”

李燾：“《司馬光日記》云：上密諭陝漕張詵便除所招慶卒。詵既去，諫官張琥言：‘既赦而復誅之，何以信後？’上怒，詰琥從何得此語，琥云風聞，又云得之李定，又云得之大理丞沈邁、著作陳大順，又云得之蘇液。液，詵壻也。上怒其語異同，故奪三職，且使鞫問。詵密以語之介甫，欲爲三

人之地,建言:‘若加窮覈,密語必布,使降卒反側,非宜。’乃令陳大順所言爲虛語以誑定云。”

　　按,《宋史》卷三百二十八《張璪傳》:“神宗欲命璪知制誥,安石薦用布,以璪同修起居注。自縣令至是,才歲餘。坐奏事不實,解三職,已而復之。”韋驤《錢塘韋先生文集》卷十六《贈右金紫光禄大夫張公行狀》所撰張璪行狀不載此事。沈遘《西溪文集》卷十《長壽縣太君魏氏墓誌銘》,墓主爲魏羽女、張沔妻:“夫人三子:諷,國子博士;詵,尚書都官員外郎;誨,杭州觀察推官。孫男十四人:長元忠,揚州廣陵主簿;次元方,試將作監主簿。女十二人:長嫁進士沈遼,次嫁湖州司户參軍蘇液。”

　　張詵,《宋史》卷三百三十一有傳:“字樞言,建州浦城人。第進士,通判越州。民患苦衙前役,詵科别人户。籍其當役者,以差人錢爲雇人充,皆以爲便。知襄邑縣,擢夔路轉運判官。録辟土之功,加直集賢院,改陝西轉運副使。召對,帝曰:‘朕未識卿,每閲章奏,獨卿與蔡挺有所論請,使人了然,尋當以帥事相屬。’及入辭,賜服金紫。明年,直龍圖閣、知秦州。”

二月四日,以馮京言保甲恐生民變,駁之

　　《長編》卷二百三十熙寧五年二月甲寅:“是日,馮京爲上言:‘張角以有部分故能爲變,今保甲亦恐豪傑有乘之者。’王安石曰:‘民散則多事,什伍之則無事,故曰上失其道,民散久矣。古事不論,但以今日言之,自府界立保甲,賊盜十減七分。’京曰:‘歲有凶豐不同,今歲豐故也,歲凶即未

可知。'安石曰：'馮京謂張角能爲變，乃以桓、靈無政，大臣非其人，故州郡不職，張角三十六萬同日而起，州郡無一處能發覺於未起之前。如梁太祖，其事至微淺，然青州使人反其城，無一城不發覺，蓋太祖苟非能守一城之人，不妄付以一城故也。'先是，上言趙子幾恐孟浪，至是，安石又爲上言：'子幾有智略，可任用。'且言：'三代禁防百姓嚴密之意，能什伍其民，維持之以法制，則天下定；不能維持以法制，則其不亂者幸也。'"

二月五日，以神宗諭宜嚴立舉官法制，因與其論帝王之道首在精神之運，心術之化，使人自然遷善遠罪

《長編》卷二百三十熙寧五年二月乙卯："度支副使沈起同看詳編配罪人情理輕重。權同提點開封府界諸縣鎮公事趙子幾言：'考城知縣鄭民瞻擅置義倉，令諸鄉保甲數千户等第出斛斗，意在沽譽賑給，始則頭會箕斂，終則責以備償，本末皆爲煩擾，非百姓所心欲。'詔鄭民瞻先衝替。上謂王安石曰：'舉官多苟且不用心，宜嚴立法制。'安石曰：'舉官法制，今已略備，不知更欲如何？'上又曰：'如舉監場務官，增剩則舉者當預其賞，虧欠則當與其罰。'安石曰：'場務增虧，或不繫監官才否，若以賞罰舉主，恐不免僭濫也。'上又言三司判官當督察，安石曰：'三司判官才否亦可見，不待督察。如吕嘉問最爲稱職，餘亦多備員而已。'上令更考察，安石曰：'中書於諸司非不考察，陛下既詳閱吏文，臣亦性於簿書期會事不欲鹵莽。然天下事須自陛下倡率，若陛下於忠邪情僞勤怠之際，每示含容，但令如臣者督察，緣臣道不可

過君，過君則於理分有害。且刑名法制非治之本，是爲吏事，非主道也。國有六職，坐而論道謂之三公。所謂主道者，非吏事而已。蓋精神之運，心術之化，使人自然遷善遠罪者，主道也。今於群臣忠邪情僞勤怠，未能明示好惡使知所勸懼，而每事專仰法制，固有所不及也。今日朝廷所謂，臣愚以爲可以僅存而已。若欲調一天下，兼制夷狄，臣愚以爲非明於帝王大略，使爲欺者不敢放肆，爲忠者無所顧憚，風俗丕變，人有自竭之志，則區區法制未足恃以收功。陛下於群臣非有適莫，用賞刑非有私意於其間，所以緩急先後之施或未足以變移群臣心志者，臣愚以謂當更講論帝王之道術而已；若不務此，而但欲多立法制以馭群臣，臣恐不濟事。’”

二月八日，罷監察御史裏行李實

《長編》卷二百三十熙寧五年二月戊午：“詔監察御史裏行、太常博士李實罷御史裏行，勾當西京磨勘、修内、司農，判勾院。實嘗言諫官御史不可不容其妄言，王安石白上曰：‘若然，則執政大臣，上所體貌，亦不可不容，然則可以妄言者衆矣。’”

按，《宋會要輯稿》禮一五作“三月八日”，誤，三月無戊午。李實字景真，司馬光摯友，熙寧四年四月甲戌與劉摯並爲監察御史裏行。[1]《國朝二百家名賢文粹》卷一百九十六

---

[1] 《長編》卷二百二十二熙寧四年四月甲戌：“太常博士、簽書河東節度判官李實，太子中允、館閣校勘、檢正中書禮房公事劉摯，並爲監察御史裏行。”第5408頁。

邵博《書司馬文正公與李御史書後》：“右，司馬文正公與李御史書三紙，一紙公休大諫代作。御史名實，字景真，天資之深默，若不能言。其師於道德者皆躬履之，故洛之君子許以有顏氏子之學，雖吾大父康節亦不以爲過。後歐陽文忠公稱其文似孟子，洛之君子猶不從，曰似顏子也。故禮部薦名，居天下第一，尚不以爲重云。熙寧初，起爲監察御史裹行，論王丞相亂藝祖舊章，大不敬。上不主其言，免官去。時文正先以疏王丞相罪，辭樞近，爲留司御史，故其書曰‘某愚，得古之益者’，洛之君子愈自信其賢御史不誣矣。始，王丞相亂朝廷，御史之言行，則海島之夷不能亂天下也。”

二月十二日，奏乞罷戍，西夏必不犯邊

《長編》卷二百三十熙寧五年二月壬戌：“涇原經略使蔡挺言：‘西事定，宜罷三將訓練萬五千軍馬。’王安石奏西人必無奔衝，糧草可惜，罷戍爲便。上欲議和了徐罷之，文彥博亦以爲然，安石謂西人必不能犯邊，且和議不計戍兵多少，上乃令罷兩將，留河中一將。”

二月十三日，與神宗議王韶妄用市易錢

《長編》卷二百三十熙寧五年二月癸亥：“王安石白上：‘聞有旨，令秦鳳緣邊安撫使撞市易錢，將來比較賞罰，別支錢招納蕃部，此何故也？’上曰：‘人言市易司並無利息，但虛立蕃部姓名支破，恐久遠如蕭注事連蠻夷，不可根究，不如明以數萬緡給之。’安石曰：‘中才商賈得二十萬緡本錢，便能致息，王韶豈不能幹運？不知誰爲陛下言此，此必無之

理。市易有高遵裕同領，陛下又欲差張守約，其管勾使臣非一人，財物非王韶獨專，韶何緣作得姦欺？若作得姦欺事，亦何難根究？如蕭注事，自是當時施行不盡正理，今若王韶實有姦欺，則事雖連蕃部，自可根究。如支錢一百緡與結吳叱臘，從上下爲姦欺，結吳叱臘固可問。然王韶粗有行止，何遽至此？’上曰：‘朝廷初不疑韶，欲令分曉，免人謗議耳。’安石曰：‘人謗議何可免，陛下苟知其無他，即謗議何傷？今疑問如此，即何由責其自竭？臣愚以謂任人當有大略，如漢高祖用陳平，自言不受金無以爲資，然漢高祖委金四萬斤，恣所出入不問，故能濟大事，況王韶未至如陳平無行。今陛下別賜韶錢三五萬緡，若陛下有術以檢御群臣，即韶自不能爲姦；如其無術，韶更別取賜錢虛支破，却撞充市易司息錢，陛下亦何由辨察？如臣愚見，以爲假令韶妄用市易錢，苟能濟一方大事，亦在所容忍；況又無此，不須預有猜疑。臣見王韶誠非盜竊財物之人，然其爲名高節廉則似不足，陛下遇之未爲盡，而區區務欲興事造功，非士大夫之操也。此自於王韶私義爲不足，於朝廷何負？韶內則爲大臣所沮，外則爲將帥所壞，雖無罪，尚懍懍不自保，何況有罪？此陛下所當深察也。’

安石又言：‘智緣今與王韶亦不足，蓋智緣爲郭逵所厚故也。’又奏智緣宜優賜與班行料錢，上許之，又令與智緣一僧職。王安石曰：‘蠻夷見王靈所加則鄉服，鄉服則易附。’”

二月十四日，因郭逵奏木征遣告王韶違誓，與神宗議

《長編》卷二百三十熙寧五年二月癸亥：“明日，又呈郭

逵奏言:'木征遣人來告:王韶元與我咒誓,約不取渭源城一帶地及青唐鹽井,今乃潛以官職誘我人,謀奪我地,我力不能校,即往投董氈,結連蕃部來巡邊。若木征果來巡邊,拒之則違王韶咒誓,縱之則前所招納蕃部必爲木征奪去。臣智議昏愚,無能裁處,乞朝廷詳酌指揮。'安石曰:'木征爲河州刺史,郭逵爲宣徽使、秦鳳路經略安撫使,統押彈制木征乃逵職事。木征有一語來,便稱錯愚無能裁處,若知無能,何不早辭?'文彥博曰:'朝廷專任郭逵,方可以責此。'安石曰:'何嘗不專任? 逵作經略安撫使,王韶招納蕃部,於逵職事有何所害?'上曰:'又不知木征果有此言否,亦安知非逵導之使言?'王安石曰:'此事誠不可知,就非導之使言,只觀逵前後論奏反覆事狀甚明。前謂西蕃皆脆弱不足收,招納枉費錢,至木征一言,便稱昏愚無能裁處,若如此則木征乃是彊梁可畏,可畏則前不當言脆弱,脆弱則今何故便以爲不可裁處?'彥博曰:'事任不專,難責辦於郭逵。'上曰:'制禦木征,正是郭逵事任,如何不可責辦?'吳充曰:'逵與王韶矛楯,只此可知王韶必獨當秦州事未得,郭逵又必不肯協同。'王安石曰:'朝廷興事,若爲郭逵不肯協同,便自沮壞,恐無理。'文彥博曰:'若木征果來,須與力爭,力爭則須興兵。'安石曰:'以天下之大,若果合興兵,亦有所不得已。'上曰:'開元號無事,然年年用兵。有天下國家,即用兵亦是常事,但久不用兵,故聞用兵即怪駭。如前日用兵,乃坐韓絳措置乖方,非兵不可用也。'安石曰:'誠如此。豈可謂韓絳一舉事不當,便終身不復言兵? 自堯、舜、文、武時,何嘗以兵爲諱,但顧方略何如耳。'彥博曰:'兵出無名,事乃不成。古人用

兵須有名。’安石曰：‘今所以難於用兵，自爲紀綱未立，基本
未安，非爲兵出無名。如木征是河州刺史，朝廷自招納生羌，
又不侵彼疆境，却稱我告董氊去，我結連蕃部去，此豈河
州刺史所當言？’吳充言：‘木征端爲侵彼疆界故云爾。’上
曰：‘王韶所招納並非木征疆界。’充曰：‘恐漸次侵及之。’
彦博曰：‘自古用兵非得已，今若能服契丹、夏國乃善，至於
木征，不足校計。’王安石曰：‘今所以招納生羌者，正欲以臨
夏國，使首尾顧憚，然後折服耳。’上曰：‘此所謂圖大於細，
爲難於易。’王安石曰：‘仁宗仁恩在群臣可謂深厚，夏國陵
侮仁宗最甚，群臣欲報仁宗，當以夏國爲事，使夏國推屈，乃
所以刷仁宗之恥也。’上因言要當詰問，不可但令移徙，又
曰：‘郭逵不當使盈，盈故如此。’王安石曰：‘人主操予奪之
柄，盈者可以使虛；惟不能制虛盈使在我，故盈者自以爲雖
人主不能使我虛。如逵者，陛下遇之誠有失於含容，逵本小
人，其志在争勝負取一資半級耳，官雖尊，其本趣操豈改？
陛下遇之，當察其趣操。且招納生羌，自是朝廷本分事，若
逵肯以此爲己任，則朝廷何必倚王韶？’”

是日，以僧智緣及結吳叱臘乞置戒院，與神宗議，勸神宗專任王韶，勿爲人沮

《長編》卷二百三十熙寧五年二月甲子：“僧智緣及結吳
叱臘乞置戒院及關茶綵。上欲許之，謂王安石曰：‘聞智緣
極有方略，但被制御，不得自由。’王安石曰：‘劉希奭言王韶
忌智緣，此事必無，智緣乃王韶薦引，今招得結吳叱臘，自是
韶功，何緣反忌？至於智緣所以有此議論者，由智緣招到結

吳叱臘，便自以爲大功，過作張皇，詔須主裁以理分。疾詔者因激怒智緣，以爲詔忌前因以明致結吳叱臘非詔之功，實智緣力也。'上曰：'聞結吳叱臘极有力量，過俞龍珂遠甚。'安石曰：'前此未嘗有一人言結吳叱臘力量過俞龍珂者，今一旦遽有此言，此欲推崇結吳叱臘過分，以成智緣之氣，使與王詔齟齬而已。'上曰：'待遣一人往視古渭事，人或謂詔所言皆誕妄耳。'安石曰：'其誕妄謂何?'上曰：'聞詔第招蕃部，與物便去，初不爲我用也。'安石曰：'蕃部才歸附，即當給與料錢，亦安得遽爲我用? 此事要屬之王詔，使馴致成熟。'上曰：'郭逵却欲領此事，以爲使臣管勾，雖木征可掃除。'安石曰：'逵既知木征可掃除，何故奏狀乃如此張大木征，以爲無能裁處? 招納今已見功緒，人皆可了當，豈但逵!'上曰：'逵非王詔措置事，與其意不同。'安石曰：'詔措置未見有失，但朝廷接應不失事機，不爲姦人沮壞從中牽制，則事無不成之理。去年以前，未有一人言合如此招納者，今逵欲領此事，亦無一人復言不合如此招納者，即事有功緒，昭然可見。如木征者，要與不要掃除，在陛下而已，何必逵乃能辦此! 木征所有部落，不過一二萬人，又多點集不起，若以精兵數千或萬人臨之，但取木征一人，其餘首領部族不得侵犯一人，又誘以爵賞，則禽木征如舉秋毫爾。然此事陛下若明見事機，不爲姦罔所惑，則無事不成；若不然，則雖此小事，亦未易辦。'上言：'逵言無能裁處事，但爲詔曾許木征以不要地及鹽井耳。'安石曰：'不要地及鹽井，固非欺木征，今來招納，何嘗要彼鹽井及地?'因言：'陛下許智緣關茶綵及置戒院，須委在沿邊安撫司相度，如智緣得專取予，即事亂難以調一。’上從之，止給智緣料錢，不降關茶綵指揮，戒院合置與否，令安撫司具奏。

安石又曰：‘郭逵有智計，若搖扇沮壞王韶，即其事必難推究，恐非但韶事不成，緣此更開邊隙。陛下若欲委郭逵，則不如罷王韶，專任郭逵；如以王韶未可廢，即須王韶勢力足以自濟，不爲中外牽制沮壞乃可。’上曰：‘須專委王韶。’上又欲差人往體量事，安石曰：‘蕃户有無力量，即雖韶久在彼，尚不得知，若暫往之人，何由知其實？’安石又言：‘今生羌久與中國隔絕，其有力量與無力量，皆非中國所知，但來附屬，即須與職名、料錢。若彼未來附屬之人自爭彊弱，非安撫司所得知。若附我者雖弱，不可不助；未附者雖彊，不可不摧。如此，然後恩威立。欲立恩威，則古渭兵力不可不增。’上曰：‘建軍須增兵。’安石曰：‘王韶乃陛下自於選人中拔擢，非有左右之力。今所爲漸有功緒，此陛下知人善任使之效。爲山，未成一簣，止，吾止也；掘井九仞不及泉，猶爲廢井。願陛下終成此事，毋爲衆人沮壞於垂成。’上曰：‘久任專責固善，聞韶止於一年後求罷。’安石曰：‘此必讒間之言。比欲除王韶作檢正官，韶願自效於邊，方此時，事未有端倪，韶顧肯自效；今事有緒，何故一年後遽求罷？’上曰：‘聞高遵裕亦欲如此。’安石曰：‘就令一年後求罷，一年亦須盡力。’彦博曰：‘若但滅裂不務功實，即難以持久，故或有苟且歲月求罷。’安石曰：‘作一年便罷，不知待事成不待事成。若事已成，何須求罷？若不待事成，則於遵裕有何所利？遵裕非是懵然不曉利害，必無此語也。’時經略司磨勘市易錢，凡爲王韶幹事者多所追逮，韶輒留不遣，且言恐人情擾動，乞改就三司磨勘。'安石以韶奏白上曰:'王韶非貪墨之人,臣敢保任。假令王韶欲爲侵欺,如高遵裕之徒,皆窺其職任者也,苟有過,豈肯庇覆?以此不須疑。兼韶所關借錢纔二千餘緡,便都侵欺了,於委任邊臣之體,亦不足校。'上曰:'緣經略司取索文歷,俱不得,必又有詞,今更勿委經略司驅磨,候三年取旨別官磨勘。'"

上劄乞移郭逵,專委王韶招納。神宗從之

《長編》卷二百三十熙寧五年二月甲子:"安石又具劄子言:'臣伏見秦鳳沿邊安撫司招納事,乃以兼制羌夷,朝廷所當并力以就,其事獨出於聖算而又專委王韶。獨出于聖算,則執政以已不任其咎而幸無所成,以復其前言;專委王韶,則將帥以權有所分而多方沮壞,以快其私志,此皆陛下所自照察也。比來中外交奏,謂韶姦罔,屢經按驗,韶實無他,故得遷延至今,所營稍見功緒,而郭逵又復與韶矛楯,論奏紛紜。逵之捃拾不遺餘力,然其所詆亦未見韶顯然罪狀,而逵前後反覆,辭指不遜,具在聖覽,非臣敢誣。今日陛下宣諭逵欲以招納爲己任,又言逵以爲韶之措置多所乖方,逵又以爲木征極易掃除。如逵所奏,韶事初未見有乖方,若言木征易爲掃除,則奏狀何故張皇木征事勢如此?方陛下委逵以招納之事,逵固不以爲然,不知今日何故却欲以爲己任?其所言不可憑信如此,而又嫚侮驕盈,陛下都無所懲,何以復馭將帥?招納一事,方賴中外協力之時,在廷既莫肯助陛下成就此功,郭逵又百端傾壞。逵既權勢盛大,其材又足爲姦,若扇動傾搖於晻昧之中,恐陛

下終不能推情狀，如此則豈但不能集事，亦恐因此更開邊隙。《書》曰：兢兢業業，一日二日萬幾。今日便有處置，已非古之先見，然猶愈於迷而不復也。伏惟陛下早賜詳酌，徙達所任，稍假王韶歲月，寬其銜轡，使讒誣者無所用其心，則臣敢以爲事無不成之理。《要錄》云：‘至是，始用安石言，而有是命。’臣於郭達、王韶何所適莫，但蒙陛下知遇異于衆人，義當自竭以補時事，故輒忘進越犯分之罪，而冒昧陳愚，伏惟陛下裁赦。’”

　　按，《宋史》卷二百九十《郭逵傳》不載其判渭州。《東都事略》卷六十二《郭逵傳》：“慶州兵亂，關中騷然，乃命逵知永興軍。至則徹守備，而人情乃安，徙知秦州。王韶開熙河，逵按其不法，遂徙知渭州。朝廷遣蔡確鞫之，謂逵誣罔，落宣徽使，知潞州。未幾，知太原府，復宣徽使。”范祖禹《范太史集》卷四十《檢校司空左武衛上將軍郭公墓誌銘》：“王韶將開熙河，依宰相勢多爲不法。公案其罪，韶引邊事以自解，且乞他官覆案。朝廷遣大理丞杜純來治，先移公判渭州。純案韶事皆實，宰相怒，並坐純，更遣御史蔡確來，公由是得罪，落宣徽南院使，知潞州。未幾，充河東路經略安撫使、馬步軍都總管，知太原府。”

二月十六日，以吕公弼判秦州代郭逵

　　《長編》卷二百三十熙寧五年二月丙寅：“觀文殿學士、吏部侍郎、知鄭州吕公弼爲宣徽南院使、判秦州。宣徽南院使、判秦州郭逵判渭州。始用王安石之言也。上諭中書曰：‘公弼在河東，當五路出師倉猝，綏御有方，故使代逵，恐王詔生事,則委之鎮撫。'朝廷初疑公弼辭避,使内侍李憲齎敕告往賜,詔便道之官。公弼聞命即戒行,上喜,復召對,面加慰勞而遣之。"

二月十八日,以盧秉權發遣兩浙提點刑獄,專提舉鹽事

《長編》卷二百三十熙寧五年二月戊辰:"檢正中書吏房公事、殿中丞盧秉權發遣兩浙提點刑獄,仍專提舉鹽事。秉前與著作佐郎曾點行淮南、兩浙,詢究利害。異時竈户煮鹽,與官爲市,鹽場不時償其直,竈户益困。秉先請儲發運司錢及雜錢百萬緡以待賣鹽者。而鹽場皆定鹽竈火灰盤數,以絶私煮之弊,自三竈至十竈爲一甲,而煮鹽地什伍其民,以相譏察;及募酒坊户願占課額,取鹽於官賣之,月以錢輸官,毋得越所沽地;而又嚴捕盜販者,凡私煎、盜販及私置煮器罪不至配者,雖杖罪皆同妻子遷五百里,擅還者編隸。"

《宋史》卷三百三十一《盧秉傳》:"奉使淮、浙治鹽法,與薛向究索利病,出本錢業鬻海之民,戒不得私鬻。還奏,遂爲定制。檢正吏房公事,提點兩浙、淮東刑獄,顓提舉鹽事。"

二月二十七日,與神宗、文彦博、馮京等議郭逵奏聞王韶招俞龍珂事,詔逵分析

《長編》卷二百三十熙寧五年二月丁丑:"郭逵奏聞王韶招俞龍珂,甚屈辱。上謂執政曰:'韶所奏,乃與逵不同。'王安石曰:'宜令逵具屈辱實狀以聞。'韶又言:'逵公言不當招

納俞龍珂，乃私使人誘俞龍珂來秦州，欲招納之功歸己，陰沮壞邊事。'文彥博曰：'臣嘗議此兩人難並立，今既徙郭逵矣。'安石曰：'朝廷置緣邊安撫司招納生羌，于經略司何所妨害？何難立之有？'彥博曰：'人各有所見。'安石曰：'所見有是非，若己所見非是，朝廷不以爲可，則當聽朝廷指揮。'馮京曰：'此亦詔偏辭耳。'安石曰：'誠然，此事當推究。'乃詔逵分析。時經略司已逮捕元瓘送秦州獄，鞫詔擅用市易錢贓狀未竟也。"

二月二十九日，與神宗、馮京議秦鳳緣邊安撫司與經略司事

《長編》卷二百三十熙寧五年二月己卯："上謂執政曰：'秦鳳緣邊安撫司與經略司事，宜與分別處置，不知吕公弼到又何如？'安石曰：'此在陛下。陛下專以此事委之，必盡力。此大事，陛下宜留意，他時兼制夏國，恢復漢唐舊境，此乃基本，且不勞民費財。'上曰：'誠如此，但恐公弼復與詔矛楯。'安石曰：'陛下以誠意諭公弼，宜不敢。'馮京曰：'緣邊安撫司與經略司事有相窒礙處，當措置。'安石曰：'事本無相窒礙處，但各公心濟務，又何勞措置？'"

是月，以吕公弼召入朝，有狀奉迎

《文集》卷八十《遠迎宣徽太尉狀》："伏審某官遠驅台旆，甫次國都，朝論具依，上心虛佇。某阻於官制，莫遂郊迎，冀趨命之弗遲，副瞻風而已久。謹奉狀攀迎。"

按，"宣徽太尉"當爲呂公弼。① 熙寧三年七月，呂公弼因與韓絳不協，罷樞密使，出知太原（詳本譜熙寧三年）。"在河東，當五路出師倉猝，綏御有方"，故公請以之代郭逵，以免逵沮壞王韶。王安禮《王魏公集》卷七《宋故推誠保德崇仁翊戴功臣宣徽南院使光禄大夫檢校太尉充太乙宮使東平郡開國公食邑六千户實封一千四百户上柱國呂公行狀》："會臨洮用兵，帥守之臣往往撓謀沮計，傾毀任事。上以公忠精，乃拜宣徽南院使、檢校太傅，充秦鳳路經略安撫使、知秦州。使者諭旨召入朝，面加慰勞。公始至，凡所處畫，條目鉅細，皆躬自臨督，從宜制變，悉中機會。其後王韶收復熙河，以公有勞，就加檢校太尉，固讓不從，而公且得疾矣。""帥守之臣"，謂郭逵等。王安禮自河東召入除著作佐郎、崇文院校書，即得呂公弼力薦，謂"材堪大用"。

三月二日，以許安世檢正中書吏房公事

《長編》卷二百三十一熙寧五年三月壬午："權鄆州觀察推官許安世爲著作佐郎、集賢校理、檢正中書吏房公事。"

按，許安世字少張，治平四年進士第一，元豐六年卒。②

---

① 《長編》卷二百四十一熙寧五年十二月丁亥："判秦州、宣徽南院使、檢校太尉呂公弼判河陽。王韶取熙河，公弼以本路帥遷檢校太尉。公弼自言無功不敢受，不聽。會疾作，求内徙，故有是命。尋改爲西太一宫使。"李燾："西太一使，在明年二月。"第5878頁。《長編》卷二百四十三熙寧六年三月丙辰："宣徽南院使、檢校太尉、西太一宫使、贈太尉、謚惠穆呂公弼卒。"第5918頁。

② 《陶山集》卷十四《許侯墓誌銘》。

三月四日，因楚建中言陝西用兵費用，與神宗論措置兵事

《長編》卷二百三十一熙寧五年三月甲申："上謂王安石曰：'楚建中言昨陝西用兵，凡費緡錢七百餘萬，有是否？'安石曰：'臣亦疑之。然建中稽考沈起簿書，數果如是，錢、糧、銀、紬、絹共千二百萬貫匹。一路半年有奇，所費已如是之多，何由供億？'因爲上言：'西事稍弭，邊計正當措置。天下困敝，惟兵爲患，若措置得兵，即中國可以富彊，餘皆不足議也。'上曰：'但當悉行府界保甲，要亦未遽爲用。'安石曰：'陛下能駕馭將帥，使悉奉朝廷法令，則因人利害敺百姓使習武事，一二年間便見效，不爲遲。今但要分別利害，使趨令者盡得利，不趨令者盡受害，則人皆趨令矣。'上又恐義勇未能猝及募兵，安石曰：'今東兵全不可用，惟土兵可用。陛下誠能駕馭督責將帥奉法令，即義勇要如土兵亦不難，要勝東軍即不足言也。'上曰：'見蔡挺言義勇已勝東軍，但不及土兵爾。'安石曰：'要勝土兵亦何難？陛下且督責諸路，令教義勇，至歲終遣使巡按，各具所試武藝帳奏，即諸路誘勸勤怠精粗可見。'上曰：'有何難見？'安石曰：'天地雖大，以有形數故可度，況人事？陛下以無方之術遇有形數之事物，即何索而不知，何欲而不成？'"

是日，張琥案上，李定當坐。不悅，乞別推；與神宗、吳充論郭逵欺誕侮慢

《長編》卷二百三十一熙寧五年三月甲申："命太常少

卿、同糾察在京刑獄祝諮直院劾李定、陳大順等所言張詵
事。始，定實與沈邁同聞大順言，對樞密院輒諱匿之。張琥
既坐責，章惇雅善琥，欲明琥非妄奏，乃教定引邁爲證，且謂
邁必不敢諱匿。邁與定俱赴御史獄，皆以誤聽爲辭，謂大順
初無此言。及案上，定當坐罪報不以實，王安石不悦，指其
案不圓處乞別推。吳充曰：‘獄官姑欲從寬耳。’安石曰：‘今
務得實，安可從寬？’上曰：‘本疑造此者欲傾害張詵，今既無
此，姑已可也。’安石曰：‘若奏報果不以實，豈容但已？’乃下
其案法寺，法寺亦疏其不圓，命沈衡并鞫之，衡辭以親嫌，故
改命諮。

　　吳充言王韶事，謂郭逵與之異，立遭徙逐。上曰：‘逵何
嘗因此徙逐？今但未究見逵沮壞事實，若見事實，要當行
法。’王安石言：‘韶罪有無，自是一事。如逵欺誕侮慢，事已
非一。每奏輒張皇木征，又却令承受奏木征易制，若此類非
一。方朝廷無事時爲將帥，彼木征又何足道，每輒引以恐
懼？朝廷若多虞有如朱泚、史思明輩，望其恭順承朝廷命令
必難。自古興王，容將帥貪贓或有之，若容其欺誕侮慢，即
將帥不復可駕御；將帥不復可駕御，則何由濟事？’”

三月八日，上劄子奏乞付兩制議僖祖不當祧遷

　　《長編》卷二百三十二熙寧五年四月壬子：“先是，中書
言：‘準治平四年閏三月敕，遷僖祖廟主藏之夾室。臣等聞
萬物本乎天，人本乎祖，故先王廟祀之制，有疏而無絶，有遠
而無遺。商、周之王，斷自契、稷；自稷以下者非絶嚳以上而
遺之，以其自有本統承之故也。若夫尊卑之位，先後之序，

則子孫雖齊聖有功，不得以加其祖考，天下萬世之通道也。竊以本朝自僖祖以上世次不可得而知，則僖祖有廟，與契、稷疑無以異。今毀其廟而藏其主夾室，替祖考之尊而下附。于子孫，殆非所以順祖宗孝心、事亡如存之義。求之前載雖或有，然考合于經乃無成憲，因情制禮，實在聖時。伏惟皇帝陛下仁孝聰明，紹天稽古，動容周旋，惟道之從，宗祐重事所宜博考。乞以所奏付之兩制詳議，而擇取其當。'詔答曰：'廟祧之序，蓋有典彝，所以上承先王、下法後世。朕嗣宅大統，獲奉宗祀，而世次遷毀，禮或未安。討論經常，屬我哲輔，于以佐朕不逮，而仰稱祖宗追孝之心。朕覽之矍然，敢不祗服，宜依所請施行。'"

李燾："中書以三月八日戊子奏，詔以四月三日壬子答，今并附壬子日。"

按，中書所言，即《文集》卷四十二《廟議劄子》。[1]

三月十六日，以曾肇爲崇文院校書兼國子監直講

《長編》卷二百三十一熙寧五年三月丙申："黃岩縣主簿曾肇爲崇文院校書、兼國子監直講。肇，布弟也，試學官入等，上稱其文，故有是命。"

曾肇《曾文昭公集》卷四附楊時撰《神道碑》："治平四年，進士及第，調台州黃岩縣主簿。邵安簡公亢守鄭州，薦其賢，請爲州教授，四方之士聞風而至者，踵門受經無虛席。時上方嚮儒，王荆公安石言公經行，宜居首善之地。有旨召

---

[1]　相關研究，可見朱溢《唐宋時期太廟廟數的變遷》，《中華文史論叢》第98期。張煥君《宋代太廟中的始祖之爭》，《中國文化研究》2006年夏之卷。

對延和殿,除崇文院校書兼國子監直講、館閣校勘。"

是日,以郭逵奏王韶欺弊,與神宗等議,乞根究情實;又爲神宗論可勝夏國之理

《長編》卷二百三十一熙寧五年三月丙申:"郭逵奏:'王韶初乞經略司磨勘市易錢,今又乞別差官磨勘,蓋有欺弊。見本司點檢,乞止令本司磨勘。'上曰:'韶力爭如此,或未必有姦。'王安石曰:'有姦無姦,非朝廷所能知,但差官磨勘,自見情實。'吳充曰:'待之無適莫,則情實自見。'上曰:'人雖欲庇韶,其形迹亦可見,緣錢物事當有歸著。'安石曰:'此事固無可庇之理,逵與秦州官吏非不能自達於朝廷者,兼無人於此事有適莫者。'上再三疑怪韶有此,安石曰:'以理料之,則韶爲衆人所窺伺,不宜有此。然人事固不可意料者,但根究即見情實。'文彥博曰:'恐韶倚賴朝廷假借,所以如此。'安石曰:'韶頃無罪,尚降一官,朝廷未嘗假借韶。至餘事,但有一毫所言,未嘗不詰問是非,何嘗假借?'充曰:'若無欺弊,因何自乞磨勘又奏乞罷磨勘?'安石曰:'此事未可便疑其有姦。自乞磨勘者,似是無欺弊,後爲經略司捃摭盡追補勾當人,恐搖動人情,所以乞別差官根究,亦未曾乞不磨勘也。'充曰:'諺云停囚長智,合早施行。'安石曰:'已便令分析入急遞聞奏,固不容其停留。'上曰:'此事有無根究自見,雖遲亦無害。'

又論夏國事勢,樞密院但以爲邊面闊,彼能聚兵,我不能,所以無如之何。安石曰:'勝負不在此。今以陛下聰明齊聖當一稚子,是一勝也。朝廷所用人不擇親疏遠近,惟材

是擇，然至謀國事，議邊計，總領一方，尚患乏人；今彼所用以謀國者，非梁氏叔伯即兄弟，豈能皆勝其任之人？是二勝也。彼雖傾國以十萬衆犯邊，而老幼疲憊不能者皆在其間，我若有一二萬精卒則足以勝彼。但我將帥今亦非其人，率苟且，兵雖衆而不訓練，朝廷舉動往往不合事機，此所以不能勝彼，非彼無可勝之理也。'"

三月十八日，立文武換官法

《長編》卷二百三十一熙寧五年三月戊戌："中書言：'禮房修換官法。自今秘書監換防禦使。大卿、監換團練使。秘書少監，太常、光禄少卿換刺史。衛尉以下少卿、監換皇城使、遥郡刺史。前行郎中換宮苑使，中行郎中換内藏庫使，後行郎中換莊宅使，並帶遥郡刺史。前行員外郎換洛苑使，中行員外郎換西作坊使，後行員外郎換供備庫使。已上如正郎帶職，即換閤門使，仍帶遥郡刺史，員外郎帶職即換遥郡刺史。太常博士換内藏庫副使，國子博士換左藏庫副使。已上如帶職換閤門副使。太常丞換莊宅副使。秘書丞換六宅副使。殿中丞、著作郎換文思副使。太子中允換禮賓副使。贊善大夫、太子中舍換供備庫副使。秘書郎、著作佐郎換内殿丞制。大理寺丞換内殿崇班。諸寺監丞，節、察判官，並換東頭供奉官。大理評事、支使、掌書記，並換西頭供奉官。太祝、奉禮並換左侍禁。正字，秘校，監、簿，兩使職官，防、團判官，令、録並換右侍禁。初等職官，知令、録，並換左班殿直。初等職官，知令、録未及三考，換右班殿直。判、司、主簿、尉成三考已上換三班奉職，未及三考并試衙齋郎各換三班借職。内如帶職,各陞一資。起居郎、起居舍人、左右司諫、正言、侍御史、殿中侍御史、監察御史已上,各比類官序,依帶職人例。如籍人材或曾有過犯,並臨時取旨,特與陞降官資。其右職換文資並依此。内奉職已下並換堂除主簿、尉。三班差使、殿侍換郊社齋郎。'從之。"

三月十九日,趙禼欲乘夏人不意占據生地築堡寨。非之,令禼具析利害以聞

《長編》卷二百三十二熙寧五年四月丙寅:"先是,禼欲乘夏人不意,占據生地築堡寨,上問執政如何,僉以爲禼不肯妄作,宜從所乞。王安石曰:'今若要與夏人絶,即明絶之;要與和,即須守信誓。既約彼商量地界,遽出不意占據生地,非計也。兼我所以待夷狄不在數里地,此數里地不計有無。'上曰:'朕亦疑此計未善。'因令禼具析利害以聞。"

李燾:"此據三月十九《日録》。"

三月二十一日,以鄧德誠爲内侍右班副都知

《長編》卷二百三十一熙寧五年三月辛丑:"如京使、内侍押班鄧德誠爲内侍右班副都知。王安石自著德誠事,云舊制押班五年即遷副都知,德誠押班已七年。又條,入内内侍省有定員,内侍省無定員。中書既遷德誠,樞密院進呈入内内侍省條曰:'此無條合遷,又有四員之限。'安石曰:'限四月乃入内内侍省條,内侍省初無定員也。'文彦博又言,初無用年限轉都知條。上曰:'與德誠轉,便可立爲條。'安石謂久例合如此,不須別立條,上從之。安石以爲彦博在樞密

院,進擬內臣官職,多違條妄與,及同中書進呈,則必妄引條欲沮抑,事非一端,其情蓋欲陰激怒近習,使歸怨於中書。然議者不以安石之言爲然也。"

與樞密院爭議定后族推恩條

《長編》卷二百三十一熙寧五年三月辛丑:"先是,上以宗室或減入官恩例,令定后族推恩條,勿令過宗室,於是中書立三宮緦麻以上親女夫,遇三宮生日及聖節等第與推恩,該說不盡,比類施行。既而太皇太后大功女之子令與官,密院以爲於中書條所不該得。王安石謂吳充曰:'於條令比類緦麻女夫推恩,何以爲不該也?'及吳充再進呈,復不與,於是中書論奏申明,而密院乃更立法:緦麻以上女夫若子,子謂所生。安石曰:'若緦麻女子,即可言子謂所生,以其非所生,即其恩不過於夫,不可比類夫故也。若小功以上女之子,雖非所生,若比緦麻女之夫,即其恩有過而無不及。如周親女之子,雖非所生,乃有與太皇太后有服紀者,豈可不及緦麻女夫反得推恩耶?'文彥博、吳充皆以爲展轉推恩無已,恐過於皇親。安石曰:'皇親女至祖免猶與夫官,今兩宮止於緦麻即已降一等,有重於緦麻女夫者乃當推恩,則不至展轉無已。'上曰:'若子、子謂所生,止是比類中一事爾。'又曰:'夫雖服重,孫雖服輕,以緦麻女夫對周親女孫、周親女孫未爲輕於緦麻女夫也。譬如考試舉人,第一等下須勝第四等上也。'

初,馮京與中書同奏議申明,至是乃附密院而爭以爲中書所論非是,密院固爭,必欲留'夫若子''子謂所生'之文,又存比類推恩指揮，安石請送編敕所詳定。至是，詳定如安石所言，而密院論奏猶以爲不然，乞下兩制、禮官、經筵定議。已而中書詳著周親至緦麻令比類服屬，與密院詳議，皆以爲可，乃進呈。至上前，密院又爭言緦麻女所生子乃推恩，緦麻男之子反無例推恩非是，安石曰：'緦麻女所以推恩其子，以其女故也，女不可以與官，故官其子，此正與緦麻男女爲對。若夫得與官，所生子反不得官，即所生不輕於夫，於輕重亦未爲允也。'上曰：'宗室推恩至何服紀？'安石曰：'宗室至袒免女。'充曰：'袒免女之子即不推恩矣。'安石曰：'宗室至袒免女，后族至緦麻女，乃是降一等。然宗室不拘人數，夫並與官，后族須因聖節、生日方推恩。今若宗室袒免女之子並與官，即人數無限，不可施行，而比后族聖節、生日推恩事體不類矣。'上曰：'從來無節限，但太后所欲與即與之。今立法止爲不可過宗室，已是降一等，其比類推恩又須取太后旨方與，於事體止宜如此也。'上又曰：'縱比類推恩亦止如此。'充曰：'降一等，若無等可降如何？'安石曰：'從來無等可降即不降，條例非一也。'上曰：'太皇太后、皇太后已有定數，自與宗室不同，不須限服屬如何。'安石曰：'欲云別奉太皇太后特旨，即不用此條。'上疑特旨，安石曰：'如向者太后用此恩例與本殿使臣轉官，即是特旨，言特旨則所該者備矣。'從之。"

三月二十二日，以向宗旦爲江南東路轉運判官

《長編》卷二百三十一熙寧五年三月壬寅："屯田員外郎向宗旦爲江南東路轉運判官。王安石言宗旦奏陳職事，詳

審有理,可與監司,乞先召見。上曰:'若奏請有理便除與,不須召見也。'"

三月二十四日,進呈郭逵分析王韶招俞龍珂事

《長編》卷二百三十熙寧五年二月丁丑:"其後,安石進呈逵分析韶招俞龍珂事,上曰:'乃無屈辱,須差官勘韶,并此事令勘。'"

李燾:"《日錄》:'三月二十四日。'"

三月二十六日,立市易法

《長編》卷二百三十一熙寧五年三月丙午:"詔曰:'天下商旅物貨至京,多爲兼并之家所困,往往折閱失業。至於行鋪、稗販,亦爲取利,致多窮窘。宜出内藏庫錢帛,選官於京師置市易務,具條約委三司本司詳定以聞。'

先是,有魏繼宗者自稱草澤,上言:'京師百貨所居,市無常價,貴賤相傾,或倍本數,富人大姓皆得乘伺緩急,擅開闔斂散之權,當其商旅並至而物來於非時,則明抑其價,使極賤而後爭出私蓄以收之;及舟車不繼而京師物少,民有所必取,則往往閉塞蓄藏,待其價昂貴而後售,至取數倍之息。以此,外之商旅無所牟利,而不願行於途;内之小民日愈朘削,而不聊生。其財既偏聚而不洩,則國家之用亦嘗患其窘迫矣。古人有言曰:富能奪,貧能與,乃可以爲天下。則當此之時,豈可無術以均之也! 況今榷貨務自近歲以來,錢貨實多餘積,而典領之官但拘常制,不務以變易平均爲事。宜假所積錢別置常平市易司,擇通財之官以任其責,仍求良賈

爲之輔,使審知市物之貴賤,賤則少增價取之,令不至傷商;貴則少損價出之,令不至害民。出入不失其平,因得取餘息以給公上,則市物不至於騰踊,而開闔斂散之權不移於富民,商旅以通,黎民以遂,國用以足矣。'

於是,中書奏:'古者通有無、權貴賤以平物價,所以抑兼并也。去古既遠,上無法以制之,而富商大室得以乘時射利,出納斂散之權一切不歸公上,今若不革,其弊將深。欲在京置市易務,監官二,提舉官一,勾當公事官一。許召在京諸行鋪牙人充本務行人,牙人,内行人令供通已所有或借他人產業金銀充抵當。五人以上充一保。遇有客人物貨出賣不行願賣入官者,許至務中投賣,勾行、牙人與客人平其價,據行人所要物數先支官錢買之,如願折博官物者亦聽,以抵當物力多少許令均分賒請,相度立一限或兩限送納價錢,若半年納即出息一分,一年納即出息二分。已上並不得抑勒。若非行人見要物而實可以收蓄變轉,亦委官司折博收買,隨時估出賣,不得過取利息。其三司諸司庫務年計物若比在外科買,省官私煩費,即亦一就收買。'故降是詔。"

《宋史》卷一百八十六《食貨下八》:"市易之設,本漢平準,將以制物之低昂而均通之。其弊也,以官府作貿區,公取牙儈之利,而民不勝其煩矣。熙寧三年,保平軍節度推官王韶倡爲緣邊市易之說,丐假官錢爲本。詔秦鳳路經略司以川交子易物貨給之,因命韶爲本路帥司幹當兼領市易事。時欲移司於古渭城,李若愚等以爲多聚貨以啓戎心,又妨秦州小馬、大馬私貿易,不可。文彦博、曾公亮、馮京皆齟之,韓絳亦以去秦州爲非。惟王安石曰:'古渭置市易利害,臣雖不敢斷，然如若愚奏，必無可慮。'七月，詔轉運司詳度，復問陳升之。升之謂古渭極邊，恐啓群羌闚覦心。安石乃言：'今蕃户富者，往往蓄緡錢二三十萬，彼尚不畏劫奪，豈朝廷威靈，乃至衰弱如此？今欲連生羌，則形勢欲張，應接欲近。古渭邊砦便於應接，商旅並集，居者愈多，因建爲軍，增兵馬，擇人守之，則形勢張矣。且蕃部得與官市，邊民無復逋負，足以懷來其心，因收其贏以助軍費，更闢荒土，異日可以聚兵。'時王安石爲政，汲汲焉以財利兵革爲先，其市易之説，已見於熙寧二年建議立均輸平準法之時。故王韶首迎合其意，而安石力主之，雖以李若愚、陳升之、韓絳諸人之議，而卒不可回。五年，遂詔出内帑錢帛，置市易務于京師。

先是，有魏繼宗者，自稱草澤，上言……於是中書奏在京置市易務官。凡貨之可市及滯於民而不售者，平其價市之，願以易官物者聽。若欲市於官，則度其抵而貸之錢，責期使償，半歲輸息十一，及歲倍之。凡諸司配率，並仰給焉。以吕嘉問爲提舉，賜内庫錢百萬緡、京東路錢八十七萬緡爲本。三司請立市易條，有'兼并之家，較固取利，有害新法，本務覺察，三司按治'之文，帝削去之。"

三月二十七日，以吕嘉問提舉市易務

《長編》卷二百三十一熙寧五年三月戊申："贊善大夫、户部判官吕嘉問提舉在京市易務，仍賜内藏庫錢一百萬緡爲市易本錢，其餘合用交鈔及折博物，令三司應副。"

《宋史》卷三百五十五《吕嘉問傳》："熙寧初，條例司引以爲屬，權户部判官，筦諸司庫務。行連竈法於酒坊，歲省薪錢十六萬緡。王安石用魏繼宗議,即京城置市易務,命嘉問提舉。上建置十三事,其一欲於律外禁兼并之家輒取利,神宗去之,安石執不可。"

《宋會要輯稿》食貨三七載同。①

四月三日,出紬絹百萬付陝西四路經略司變易以備邊用

《長編》卷二百三十二熙寧五年四月壬子:"詔三司出紬絹百萬付陝西四路經略司變易以備邊用。上謂王安石曰:'欲專用此借助熟户弓箭手。'安石曰:'如此甚善。'馮京曰:'熟户貧,多與恐凶年難償。'安石曰:'此事在人措置耳。今五歲即收息一倍,以其息專賑濟凶年,凶年可使熟户常保其土田,不爲大姓兼并,又懷服朝廷恩德,此極無害而有利。'上以爲然。"

是日,神宗欲嚴禁鹽酒之法。因與之論調一天下兼制夷狄大計

《長編》卷二百三十二熙寧五年四月壬子:"又詔環慶路勾當公事、度支判官張穆之根究陝西去歲糴買糧草比三司元支撥數少錢二百七十二萬餘緡因依,及鹽池去年虧價錢五十五萬餘緡,令轉運司及制置解鹽司具析以聞。上曰:

---

① 關於市易法相關研究,可見漆俠《王安石變法》(增訂本),第 150—155 頁,第 269—271 頁。鄧廣銘《北宋政治改革家王安石》,第 204—212 頁。梁庚堯《市易法述》,載氏著《宋代社會經濟史論集》,允晨出版公司 1997 年版,第 104—261 頁。王曾瑜《王安石變法簡論》。等等。

'鹽酒之法既未可弛，即須嚴禁。'王安石曰：'陛下雖致治如唐、虞時，鹽酒法亦不須弛。若欲推利與民，政須厚農而已。末作不禁，更能害農，非堯、舜之政也。'

王安石又爲上言：'邊事尋當帖息，正宜討論大計，如疆場尺寸之地，不足校計，要當有以兼制夷狄，乃稱天所以畀付陛下之意。今中國地廣民衆，無纖芥之患，四夷皆衰弱。陛下聰明齊聖，憂勤恭儉，欲調一天下兼制夷狄，極不難，要討論大計而已。'上曰：'誠如此。夷狄非難兼制，但朝廷事未成次第，今欲收功于夷狄，即糧不足，兵亦不足，又無將帥。'安石曰：'此皆非方今之患也。陛下誠思柴世宗及太祖時，邊鄙兵孰多于今，糧孰多于今？今糧不足，但以未急故耳；若急須糧，多轉錢帛厚價收糴，何患糧不足。募兵既多，百姓又極衆，如何却患兵少？自古興王，皆起于窮困寡弱之中而能爲富彊衆大，若待富彊衆大然後可以有爲，即古無興王矣。方今之患，非兵糧少，亦非無將帥也。若陛下能考覈事情，使君子甘自竭力，小人革面不敢爲欺，即陛下無爲而不成，調一天下兼制夷狄，何難之有！'上大悅。"

四月十七日，爲神宗論兼制夏國在得將帥、分是非

《長編》卷二百三十二熙寧五年四月丙寅："詔趙卨于綏德城界相度，要便有水泉處修置堡寨……卨請築堡寨于界內，乃降是詔。安石又曰：'今陝西一路即户口可敵一夏國，以四夏國之衆當一夏國，又以天下財力助之，其勢欲掃除亦宜甚易，然終不能使夏國畏服，以其君臣彊武。今其君幼

弱,其臣不過親暱闒冗之人,然而終不能兼制彼者,必有以也。將帥未肯出智力爲陛下任事,雖欲出智力任事,亦恐未敢得志。'上曰:'有智力人誠少。'安石曰:'有智力人豈在多?但人人竭心以奉朝廷號令。所與議出號令者,亦豈在多人?但要好惡是非分曉耳。'"

是日,李定坐報上不實罰銅五斤放罪,力爲定辨

《長編》卷二百三十二熙寧五年四月丙寅:"詔著作佐郎、新陝西轉運勾當公事陳大順罰銅六斤,衝替,坐被鞫報上不實遇降故也。祝諮再劾大順等,具得其語言曲折。李定亦坐報上不實罰銅五斤,放罪。王安石力爲定辨,數謂定初對樞密院時,固云證佐具在,而樞密誣之,定不當坐,乃詔免定罰。"

四月二十二日,言程昉修河、淤田之功,勸神宗以道揆事

《長編》卷二百三十二熙寧五年四月辛未:"都大提舉修塞北京第五埽決河、入內副都知張茂則等言:'已塞第五埽,令河入新開二股河。'詔賜茂則已下御筵于大名府,仍命右諫議大夫、集賢院學士宋敏求就決河致祭。

王安石白上曰:'程昉舉官最不敢妄舉,如霍舜與王鑑,此兩人皆了事,其他所舉亦皆是了事人。昉若不如此,即壞所幹河事。然讒者以爲昉所舉有私。昉了河事,內則執政大臣,外則方鎮大臣,表裏攻毀非一端,以爲人食生米,又以爲無地可安置物料。黨助內外大臣之人,又交口謗毀,伺其

過失。轉運使即不肯應副買梢草，又以爲無地安置物料，都水監李立之又多端沮其所須物料，差兵士，前後申請至于六七，僅能差得。觀衆人窺伺陷害如此，如昉有罪，豈爲衆人所容？讒者乃謂昉倚賴臣聽信故橫。陛下以爲人所以攻昉者何也？乃多以臣故。今臣有罪，固不能自蔽，況如昉者乎？陛下每事欲平施，臣觀近日差遣，極有用干請舉非其人者，臣每所切歎，然誰爲陛下言其情者？作爲姦私之人，即陛下初未嘗知；忠力寡助之人，反爲人百端攻沮。陛下但見忠力之人爲人所譖毀，即欲案其罪，如此誰肯爲忠力者？臣竊謂苟爲忠力，雖有罪當見寬恕，況又無罪，陛下恐須深察。’上以爲然，且曰：‘近日革面者亦已多。’安石曰：‘陛下能以道揆事，則豈患人不革面？若陛下未能以道揆事，即未革面之人日夕窺伺聖心，乘隙罅爲姦私，臣不能保其不亂政也。陛下於刑名、度數、簿書叢脞之事，可謂悉矣，然人主所務在于明道術，以應人情無方之變，刑名、度數、簿書之間，不足以了此。’上曰：‘任人固宜責成。’

他日，安石又爲上言：‘昉前在府界提轄淤田，救護孔固灣斗門實有勞。下至濠寨，後皆蒙恩賜，惟昉略無賜予。陛下方更問第五埽河決，何故不收坐昉？此事中書所知，不須更下河北，緣小人方以爲中書庇護昉，故更下河北勘會，朝廷施行政事如此，但恐人未肯趨赴功實。’上笑曰：‘程昉誠得氣力，然作事過當，宜少沮抑。近李若愚病，却奏舉内臣陳舜臣替李若愚管勾塘泊。’安石曰：‘如此事誠爲僭越，非是蔽欺陛下聰明，于國事有何所害？至于挾姦爲邪，内外交結，蔽欺陛下聰明，陛下不寤者，乃當深懲。

漢元帝、唐文宗所以危社稷、宗廟，端在此輩也。陛下不能懲此輩，專欲沮昉，未爲得計。如昉有罪，自不爲衆所容，陛下亦不須深察。'上曰：'昉爲韓琦所惡，人惡昉亦多，政自作過不得。'"

是日，知慶州王廣淵乞令鮮于師中相度已買與浪幹、臧崐之地。與神宗、文彥博等議

《長編》卷二百三十二熙寧五年四月辛未："知慶州王廣淵言：'乞移浪幹、臧崐等于近裏漢界熟戶部內買地住坐耕種，應遷徙者作三等給修造價錢，仍委經略司計口貸糧，常加存附。'從之。廣淵又言：'浪幹、臧崐地雖見今耕牧，緣前牒報夏國不曾耕牧，將來必爭。'王安石曰：'夏國奏狀云依見耕牧爲界，即理不合爭。'上以爲必爭，安石曰：'彼國主幼，用事者防將來歸責，必且爭執，至于甚不得已衆皆欲割棄，然後敢許我，所以紓將來之責。若敢旅拒，即恐無之。朝廷當知此意，即不須汲汲應之。'既而廣淵又言：'浪幹、臧崐官已買與地，初不曾侵耕西界，惟是宣撫司指揮，後有七十餘戶侵耕生地百餘頃，乞令鮮于師中相度。'文彥博曰：'廣淵作帥，豈可却推師中相度？'安石曰：'廣淵但恐朝廷不信，故欲朝廷質師中，亦不爲避事。'又謂吳充曰：'朝廷亦不須計惜此尺寸地。'充曰：'只恐違却元降指揮。'安石曰：'若指揮外求索則難，若指揮內自有所裁損，何爲不可？'文彥博、馮京及充問蔡挺，挺言：'地已盡耕，向時所買地皆不可種，有名而已。'上曰：'何如？'彥博曰：'必已盡耕，西人地不止百餘頃。'上曰：'蔡挺必知子細。'挺曰：'臣去慶州

後，方招到浪幹等，聞官所買地不堪耕，後來盡耕却蕃人
地。'安石曰：'挺亦止傳聞，此事可案驗，令鮮于師中案驗盡
耕與不盡耕及所耕頃畝，皆可見詣實。'上曰：'若專要退地，
即如何措置臧嵬等？'安石曰：'向來只用二千貫買地，一頃
才十貫餘，宜其不好。今若以臧嵬等歸附，務在優撫，即捐
數萬貫買地給與，必不至失所。'僉以爲無地可買。上曰：
'又恐買却地，熟户無以安存。'安石曰：'熟户亦須自有買賣
田地者，官以善價買其地，賣地者不患失所，亦不患無地可
買。'上曰：'只恐羌夷性貪，示以弱即轉無厭。'安石曰：'羌
夷誠不可狃，然亦計度事勢，若强弱適相當，即狃之更來侵
陵無已；若彼方困弱，困弱而示彊，即我稍假借以利，更易爲
柔服。且邊鄙事須計大勢，即此尺寸地未有所計，彼豈以尺
寸地便絕和好？雖固争不與，彼亦不過聲言點集爲迫脅之
計，終未敢便深入也。然此小利恐不須争。'挺曰：'若相度
買地，須候商量界至事定。未定間若彼知買地，即難商量。'
上曰：'相度地事，須令經略司密之。'安石曰：'此事不須密，
若彼知我買地，必更緩以待我，我若有地可買，自可退地與
彼。我若無地可買，可必要彼地，則彼亦知我取之非得已，
正恐他路亦有侵地，因此更難商量。'挺以爲諸路地與此不
同，此地爲有數山寨，界至分明，故必争。安石曰：'陛下初
議界至，亦料此處難商量，即知他處與此處不同。'上曰：'廣
淵作帥，須專委廣淵計置此事。'安石曰：'按驗地即不須鮮
于師中。'上乃從安石言，令廣淵相度以聞。于是，退地與夏
國，改徙臧嵬等，廣淵言慶卒尚反側，未可用，不宜有疆事
故也。"

四月二十五日,神宗批問開封府違法將左藏庫所支本錢七萬貫按逐色行人等第配率,答無此事

《長編》卷二百三十二熙寧五年四月甲戌:"先是,權發遣開封府推官晁端彦言:'雜供庫歲約支九千餘貫,已裁減三分之一。乞下左藏庫借錢爲本,依古公廨錢及今檢校庫召人借貸出息,却候償剩撥還。'詔左藏庫支本錢七萬貫,差同勾當司録司檢校庫吳安持與本府户曹孫迪專一置局管勾息錢支給。是日,上批問中書:'昨支左藏庫錢七萬貫與開封府,召人情願借貸,依常平出息,充捕賊賞錢。訪聞本府違法,並不召人情願請領,却將逐色行人等第配率。'王安石白上:'此臣女壻所領,必無此事,自可令馮京取索文字推究,事極分明,未嘗配率也。'"

四月二十六日,與神宗論馭將帥;御史張商英言薛向罪,爲之辯

《長編》卷二百三十二熙寧五年四月乙亥:"上與王安石言患將帥不一,安石曰:'陛下用心一,則朝廷一;朝廷一,乃能一將帥。'上曰:'西事定後,當如何經略?'安石曰:'不過什伍百姓,訓練兵甲,儲積財穀。然大抵要馭將帥,令奉行朝廷政令。'上又言將帥多不奉行朝廷意指,安石曰:'陛下能察忠信、誕謾,不爲人蔽欺,即不敢不奉行朝廷意指。今對面爲姦罔無所懲,即背面爲姦罔復何所忌?于有形狀可尋爲讒愬無所忌,即于無形狀可尋爲讒愬何所不至?姦罔、讒愬不禁如此,而欲治道起、風俗變,無此理。陛下非不憂

勤,非不明察,然事之機要處,知略尚有所不及,此所以大業尚難濟也。陛下欲安民,當以知人爲先,知人乃能馭臣,則姦慝自當化爲忠良,左右前後多忠良,則陛下何求不得,何欲不成? 陛下所宜憂者,左右前後忠良知略之臣少,能開悟陛下聰明者殆未見其人也。'上曰:'求智略過人,誠難得忠良。'安石曰:'欲人臣忠良,在陛下聽察分明而已。'

先是,御史張商英言薛向罪,王安石白上曰:'臣于衙前押綱事,每事訪聞,極感向照管無稍留滯,及因商英論奏,向齎文字説辨,乃知所聞非謬。向爲三司使,所任已重,又于此事盡力,反見侵辱如此,何由得其心? 陛下見商英宜略戒敕。'上曰:'商英意亦無他。'安石曰:'商英雖無他,然如何令薛向堪? 臣以爲陛下若見薛向,亦宜稍慰藉,令知陛下知其盡力無過。'上以爲然。"

御史劉孝孫請約束市易務。四月二十七日,駁之

《長編》卷二百三十二熙寧五年四月丙子:"先是,三司起請市易十三條,其一云:'兼并之家,較固取利,有害新法,令市易務覺察申三司,按置以法。'御批:'減去此條,餘悉可之。'御史劉孝孫言:'于此見陛下寬仁愛民之至。'因言宜約束市易務。王安石曰:'孝孫稱頌此事,以爲聖政。臣愚竊謂此乃是聖政之闕。天付陛下九州四海,固將使陛下抑豪彊、伸貧弱,使貧富均受其利,非當有所畏忌不敢也。較固法,是有律已來行用,今但申明所以爲均,均無貧,蓋孔子之言,于聖政有何害? 陛下不欲行此,此兼并有以窺見陛下于權制豪强有所不敢,故内連近習,外惑言事官,使之騰口

也。'上笑曰:'已有律,自可施行,故不須立條。'安石曰:
'雖有律未嘗行,又未嘗委官司振舉,須先申明,使兼并知所
避。'上曰:'若但設法傾之,即兼并自不能爲害。'安石曰:
'若不敢明立法令,但設法相傾,即是紙鋪孫家所爲。孫乃
百姓,制百姓不得,止當如此,豈有天下主亦爲孫家所爲
也?'上又言:'新法行,故油貴。'安石曰:'以理論之,必無
此。當是市人未喻耳。'安石退,取市估及油店户私簿閱視,
明日,亟白上曰:'油未嘗增價也。'又言:'茶籠行人狀稱新
法便民。牙人有誘人經三司陳訴嘗試官司如何者,不可不
斥逐。茶籠行人乃曉此,朝廷豈不可喻此事?'"

五月一日,召石鑑赴闕,將議經制南北江

《長編》卷二百三十三熙寧五年五月庚辰朔:"召東作坊
使、廣南西路安撫、都監兼知欽州石鑑赴闕,將議經制南、北
江也。"

五月二日,以王韶兼知通遠軍

《長編》卷二百三十三熙寧五年五月辛巳:"詔以古渭寨
爲通遠軍,以王韶兼知軍。古渭,唐渭州也,自至德中陷於
吐蕃,至皇祐中始得其地,因建爲寨。上將恢復河隴,故命
建軍,爲開拓之漸。先是,上嘗言古渭可建軍,王安石曰:
'蕃人但見貴種,則已悦慕附從,若説以中國威靈,而懷之以
道,何憂不集? 近羌夷盡來古渭決曲直,既盡來則易成臨長
之勢,臨長勢成則化爲内地不難矣。'上乃遣劉宗傑往與韶
及高遵裕議之,而降是詔。"

五月二日，與樞密院同進呈保甲養馬事，與文彥博、吳充辯

《長編》卷二百三十三熙寧五年五月丙戌：“先是，中書與樞密院同進呈保甲養馬事，文彥博曰：‘此事須經群牧司相度。’上曰：‘此何與群牧司事？韓維又新到，只朝廷相度。群牧司官識見必不能及遠。’彥博又言：‘三代有邱乘出馬，又有國馬，國馬不可少。’王安石曰：‘三代用國馬多以用車故，又有田馬以備田事。今既無田事，即又無用田馬。’吳充曰：‘今法欲令馬死即民間賠備元馬，恐不便。’安石曰：‘今法若不願別買馬，却但償價錢，別召人買。’充曰：‘亦恐民間少錢。’安石曰：‘此法已令諸縣曉諭，百姓多以爲便，有千五百户投狀。’充曰：‘大抵言情願者皆官吏驅迫。’安石曰：‘若官吏驅迫，即是諸縣等第均敷，今但有千五百户投狀，必非驅迫。’彥博曰：‘如體量和買草，河東和買亦名爲和買，俱不免驅迫。’上曰：‘此即是均敷，均敷即自來驅迫，若非均敷，則非驅迫可知。’彥博曰：‘緣官吏或冀望升擢差遣，故上下相蒙，以强抑爲情願，不可不察也。’安石曰：‘必無此事。近事但有沮壞朝廷法令，即爲衆人所助，朝廷曲示含容，至於奉行朝廷法令，即自爲衆人所窺伺攻沮，朝廷有所聞，亦未嘗少假貸。如兩浙西路，但聞遏抑訴災傷百姓催迫常平物，初未及究見所聞虛實，便專遣使案察。李瑜、周約議助役事，亦未及推問，便罷其差遣。如此則但有觀望，不敢應副朝廷。行法之人，無緣敢抑勒百姓以趨赴朝廷所欲興作，若抑勒百姓，即百姓何緣不經待漏出頭、打鼓進狀？經待漏

出頭,即陛下理無不知;打鼓進狀,即陛下理無不見。陛下既知見,理無寬貸。官吏不知何苦須要抑勒百姓,爲蒙蔽之事?'彦博曰:'李瑜、周約尋即牽復。'安石曰:'瑜、約自爲推究得無罪,自不當絀責。'充等又言恐揀却好馬,兵士怨望。安石亦以爲無害。上曰:'此是令保甲養馬,又是揀好馬與保甲,於兵士有何可怨?'"

李燾曰:"此月二日,又二十二日,并七月五日可考。"

五月四日,增京師吏禄;與神宗議謀取木征

《長編》卷二百三十三熙寧五年五月癸未:"又詔增中書審官東、西、三班院,吏部流内銓、南曹,開封府吏禄。其受賕者以倉法論。上曰:'中書吏俸已厚,恐堂後官已不受賕矣。'王安石曰:'中書下等吏人亦多是近上吏人子弟,恐未免受賕也。今欲清諸司,即宜自中書始。今所添錢,除用坊場稅錢外,合支三司錢二萬六千緡,然坊場錢方增未已,亦恐所支不盡三司此數。若行此法,即自中書至諸司皆不受賕,亦足觀示四方聖政之美也。前人稱孔子爲政,亦以賓至不求有司爲善。'上曰:'然。'

上問王安石:'見秦州衙前分析木征事否?'安石曰:'已見了。初,秦州遣人往董氊所,木征坐之庭下。又緣路多打撲財物,過洮、河東即一如漢界,不敢復打撲阻留,此王韶招納之效也。'上言:'要招納,須用威乃能成就。'安石曰:'如木征極易取,但令邊將先陰厚撫結木征下首領,使其心内鄉,又善撫初附,令彼首領見而慕羨,則木征孤特,若取之則取一夫而已,何難之有? 木征既取,則董氊、夏國皆知懼,如

董氈亦非難取也。'上曰：'邊將誰能辦此，王韶能否？'安石曰：'此事非王韶、高遵裕不能辦也。'"

五月七日，行保馬法

《長編》卷二百三十三熙寧五年五月丙戌："詔開封府界諸縣保甲願養馬者聽，仍令提點司於陝西所買馬除良馬外，選驍騎以上馬給之，歲毋過三千匹。"[1]

董氈與秉常締婚。五月八日，與神宗議之

《長編》卷二百三十三熙寧五年五月丁亥："上出西邊探報，云：'董氈子與秉常妹爲婚。'王安石曰：'洮、河一帶内附，董氈不能不憚，與秉常結婚，理或有之。'上憂其合，安石以爲在我而已，此不足慮。上又言木征驕蹇，安石以爲可令王韶等以計取之，若得木征，即洮、河一帶皆當爲朝廷致死，無所不可。緣羌惟畏大種，木征既禽，即威申於諸羌。馮京以爲木征不犯中國，何須如此。上曰：'中國遣使臣去，却坐之堂下，又言語悖慢，豈得爲不犯？'京曰：'漢文帝於匈奴，但來則禦之而已，未常與校。'上曰：'漢文帝與馮唐言寢食未嘗忘李牧，豈是不欲與匈奴校？要安疆場，須威足以制，乃能無事。'安石曰：'漢文帝固不如文王是伐是肆，是絶是忽，故能四方以無拂，然後民始附，可以有臺沼之樂。先王

---

① 關於保馬法，可見陳振《論保馬法》，載氏著《宋代社會政治論稿》，上海人民出版社 2007 年版，第 236—352 頁。漆俠《王安石變法》（增訂本），第 274—275 頁。

以《天保》以上治内,《采薇》以下治外,未嘗不始於憂勤,然後終於逸樂。今木征,河州刺史也,以區區萬人之聚,乃敢陵侮如此,我以天下之大,四夷不敢伐,不敢忽,非文王之事也。且元后作民父母,使疆埸之民爲夷狄所陵,豈爲得已?然此事要以謀,不可以力,當居萬全之地以制夷狄之命而已。'"

五月十一日,以范子儀代張穆之爲鄜延路定立界至官

《長編》卷二百三十三熙寧五年五月庚寅:"詔延州通判范子儀爲鄜延路定立界至官,替張穆之。初,穆之被詔與夏人於界首議事,穆之擅令保安軍北巡檢張藻招夏人就本軍會議。經略使趙卨以聞,文彥博等謂穆之生事邀功,違元降指揮。上曰:'只委趙卨自可,何用穆之?'王安石曰:'臣初但欲委諸路經略使,陛下必欲差官,然差亦無傷於委任將帥。昨所差官但令與本路商量耳,兼將帥實有欺罔不可信者,得朝廷所差官去,則奏報不敢爲欺。'上曰:'如此即無傷。穆之乃不肯與本路商量妄作。'安石曰:'此自是穆之違元降指揮,非指揮失當也。'故令子儀替穆之。"

按,范子儀係韓絳所舉。范純仁《范忠宣集》卷十六《范大夫墓表》:"丞相韓公宣撫陝西,雅知其才,就舉通判州事。塞下華戎錯居,歲月浸久,多冒耕者。經略使上聞,委君提舉,根括得二萬餘頃,以增募弓箭手、步騎萬有六千,邊兵益强,考課爲天下第一。"

神宗欲重賞俞龍珂，乞令王韶斟酌相度後，申奏朝廷應副

《長編》卷二百三十三熙寧五年五月庚寅：“青唐大首領俞龍珂爲西頭供奉官。初，議俞龍珂官賞，上欲與内殿崇班，厚賜之，曰：‘必足以鼓動其餘生羌。’安石曰：‘此事當令王韶、高遵裕斟酌，申奏朝廷應副。若朝廷直除與内殿崇班，即俞龍珂自以朝廷獎擢，不由緣邊安撫司，驕抗不肯聽服，却令安撫司更無可驅誘，此一不便也。又恐其餘首領互相比較，合要恩獎，一有不得，却生怨望，二不便也。天下之勢，如心使身，身使臂，臂使指，乃得安利。今朝廷自要驅誘俞龍珂輩，即是以身心使指，全不由臂，事勢非便。莫若令王韶輩委之以事，隨事大小與官賞，則輕重緩急不失事機，又必得俞龍珂輩爲實用。’上悦曰：‘第恐王韶不敢更乞與俞龍珂官。’安石曰：‘陛下因中人諭指可也。’上曰：‘中人傳諭事，意多不盡。’安石曰：‘陛下以手敕諭之亦可。’上曰：‘只卿將書説與。’安石曰：‘近爲韶有公事，得韶書都不曾敢報答。’上曰：‘與書何害？’上又欲便除俞龍珂蕃部刺史，安石曰：‘恐未須如此，但令韶相度最便。’文彦博曰：‘近者悦，遠者來，俞龍珂官賞若過厚，則舊蕃部或不樂。’上曰：‘事勢大小自不同。’安石曰：‘誠如此。令修己事力豈俞龍珂之比？’上曰：‘令修己止四百户，俞龍珂號爲十萬衆，縱甚少亦必數萬。’乃從安石議，下安撫司而有是命。仍寵以階勳，賜姓包名順。”

五月十二日，進呈王韶書言拓地招附之功

《長編》卷二百三十三熙寧五年五月辛卯："王安石以王韶書進呈，韶言：'已拓地千二百里，招附三十餘萬口，然此特衆人以爲異效。韶所欲爲朝廷施爲，此尚未髣髴，料相公亦不止期韶以此，恐勾當人各欲保守見功，無復奮勵向前之意。'安石白上：'韶如此誠善。今三十萬衆若能漸以文法調馭，非久遂成漢人，緣此本皆漢人故也。韶言募到勇敢九百餘人，耕田百頃，酒坊三十餘處。蕃部既得爲漢人，蕃部賤土貴貨，漢人得與蕃部交易，即漢得土，蕃部得貨，兩各得所欲，而田疇墾、貨殖通。蕃漢爲一，自然易以調馭。因令韶如諸路，以錢助役收息，又捐百餘萬緡養馬於蕃部，且什伍其人，獎勸以武藝，使其人民富足，士馬精彊，因奮而使之，則無所不可。今蕃部初附，如洪荒之人，惟我所措置而已。'上曰：'木征須早剪除。'安石曰：'豈但木征，董氈、夏國皆在我所措置而已。諸路自可高拱無事。'上曰：'今雖已招納得，却用不得。'安石曰：'韶本謀至今一一不愆於素，今已見端緒，自此以往，日見成效，不憂用不得，但要陛下明察，毋令異議擾之而已。韶獄事了，若召來喻以此旨，必能濟集。'上曰：'高遵裕已來，便可以此指喻之。'"

《宋史》卷一百九十一《兵五》亦載。

五月十三日，進呈趙尚寬、高賦、張恂等治狀，乞推賞；因與神宗論爲政之道

《長編》卷二百三十三熙寧五年五月壬辰："知梓州、少

府監趙尚寬爲司農卿、直龍圖閣，提舉河東路刑獄、光禄少卿高賦爲秘書監、直龍圖閣，知滄州通判、殿中丞張恂提舉京西路常平等事。先是，王安石爲上言：'高賦興水利，事功甚多。賦在唐州，縱無此功，亦合爲提點刑獄。向以人言放罷，初未沾恩，欲再勘會推賞。'上曰：'善。'於是，并尚寬、恂等進呈，上諭執政曰：'尚寬等在唐州闢田疏水，招輯人户，殆無曠土，已有成效，宜宣布治狀，並與加職，以勸天下。愚民可與樂成，難與慮始，朝廷興作如實知其利，假令彊率以就功緒，當亦無害，但不可不實耳。'

上又論人有才不可置之閑處，因言漢武帝亦能用人材。王安石曰：'武帝所見下，故所用將帥即止衛、霍輩，至天下户口減半，然亦不能滅匈奴。'上曰：'武帝自爲多欲耳。'上諭執政曰：'人主舉動不當有欲以害政。'安石曰：'欲亦不能害政，如齊桓公亦多欲矣，而注厝方略，不失爲霸於天下，能用人故也。'上曰：'漢武至不仁，以一馬之欲勞師萬里，侯者七十餘人，視人命若草芥，所以户口減半也。人命至重，天地之大德曰生，豈可如此！'安石曰：'不仁如此，非特人禍，陰陽之報亦豈可逃也！'上曰：'有政事則豈特人得其所，鳥獸魚鱉亦咸若，如數罟不入污池，即魚鱉亦得遂其生長矣。'安石曰：'誠然。先王所以澤及鳥獸草木，非特政事而已，其德義之至，乃能至天地協應，故興雨祁祁，有渰淒淒者，周人盛時之詩；及其衰也，饑饉札瘥，應其政事，變雅所刺是也。蓋人和則天地之和應，人不和則天地之和不應，自然之理也。'上曰：'堯、舜時鳳凰來儀，固不足怪。'"

《宋史》卷四百二十六《趙尚寬傳》："尚寬去唐數歲，田日加闢，户日益衆。朝廷推功，自少府監以直龍圖閣知梓州，積官至司農卿。"

《宋史》卷四百二十六《高賦傳》："璽書褒諭，宣布治狀，以勸天下。兩州爲生立祠。擢提點河東刑獄，又加直龍圖閣、知滄州。"

按，公曰："欲亦不能害政，如齊桓公亦多欲矣，而注厝方略，不失爲霸於天下，能用人故也。"公之此意，亦寓於詩，如《詩注》卷四十八《宰嚭》："謀臣本自繫安危，賤妾何能作禍基。但願君王誅宰嚭，不愁宮裏有西施。"另晚唐羅隱《西施》："家國興亡自有時，吳人何苦怨西施。西施若解傾吳國，越國亡來又是誰？"以上二詩均翻女色亡國之陳詞，然翻案基調迥異：羅將家國興亡付之於時勢，此乃晚唐士人所持之時運觀，所謂"時來天地皆同力，運去英雄不自由"。而公之翻案，則以士人出處爲國家興亡之樞機，更爲警省。又公以爲人主能用人，則多欲不足以害政。此固修辭所需，以凸顯士之重要。然流弊所至，亦易授人以柄。① 又《詩注》卷四十七《漢武》："壯士悲歌出塞頻，中原蕭瑟半無人。君王不負長陵約，直欲功成賞漢臣。"即公所曰："武帝所見下，故

---

① 羅大經《鶴林玉露》乙編卷四："荆公詩云：'謀臣本自繫安危，賤妾何能作禍基。但願君王誅宰嚭，不愁宮裏有西施。'夫妲己者，飛廉、惡來之所寄也。褒姒者，虢子、膳夫之所寄也。太真者，林甫、國忠之所寄也。女寵蠱君心，而後憸壬階之以進，依之以安。大臣格君之事，必以遠聲色爲第一義。而謂'不愁宮裏有西施'，何哉？范蠡霸越之後，脱屣富貴，扁舟五湖，可謂一塵不染矣。然猶挾西施以行，蠡非悦其色也，蓋懼其復以蠱吳者而蠱越，則越不可保矣。於是挾之以行，以絕越之禍基，是蠡雖去越，未嘗忘越也。曾謂荆公之見而不及蠡乎？惟管仲之告齊桓公，以竪刁、易牙、開方爲不可用，而謂聲色爲不害霸，與荆公之論略同。"第186頁。

所用將帥即止衛、霍輩，至天下户口減半，然亦不能滅匈奴。”故附此。

劾樞密都承旨李評擅作威福

《長編》卷二百三十三熙寧五年五月壬辰：“東上閤門使、樞密都承旨李評喜論事，往往施行。然天資刻薄，在閤門及樞密院招權不忌，多布耳目，采聽外事自效以爲忠，僥倖大用，中外側目。又嘗極言助役法以爲不可，王安石尤惡之。初，紫宸上壽，舊儀但言樞密、宣徽、三司副使不坐，而故事親王、皇親並坐，惟集英大宴乃有親王、駙馬都尉不坐之儀。時評定新儀，初無改易，而遽劾閤門吏不當令親王、皇親、駙馬於紫宸預坐，以爲不遵新制，賈佑、馬仲良皆坐免官。王安石具奏評所定自不明，而輒妄加他人以非罪。上亦言儀制錯亂不可用，詔評論列不當，與閤門官吏俱放罪。已而評訴上前，自謂所論列非不當，上批付中書，令再進呈放罪指揮。安石執奏：‘閤門官吏無罪，評所論列誠不當，賈佑、馬仲良差遣不應罷。又王昭序與佑、仲良俱被劾，及罷佑、仲良，乃遣昭序代兩人者，陛下未嘗作好惡，豈可令評作好惡？凡作威作福，固陛下之任，然臣職任輔導陛下以義，如此與奪，不可謂義。一人橫行於天下，武王以爲恥，近在殿陛左右，使橫被摧迫，有内懷不平之人，何以爲天下主作民父母？陛下若自作好惡，雖有過當，尚令人畏；陛下若令他人作好惡，即恐威福爲人所竊。臣豈與評爭校枉直，但義當如此。’上終以評所定儀制於舊儀制固未嘗增損，非新儀制不明。閤門吏既見相傳坐圖與儀制坐圖差互不同，自合申請,乃一面用相傳坐圖貼定,評劾之不爲不當。詔閤門吏特放罪。安石又執前奏,上曰:'若新儀制果不明,亦非獨評罪。'安石曰:'中書但言新儀制不明,固未嘗專罪李評。所定儀制既如此不明,乃妄劾閤門官吏,此則評之罪也。'上曰:'評固有罪,然亦未可姑罪評也。'"

按,李評字持正,李端愿之子,①《宋史》卷四百六十四有傳:"由東頭供奉官八遷皇城使。以父告老,授西上閤門使,爲樞密都承旨。出使陝西、河東,還,言鄜延之人皆謂城囉兀非便,乞速毀撤,解一路之患。師出安南,調兵及河東,又言王師南征,而取卒於西北,使蠻聞之,得以窺我。所論事頗多,或見施行。然天資刻薄,招權不忌,多布耳目,采聽外事自效以爲忠。僥倖進用,中外仄目。"

五月十五日,與神宗再論一道德及科舉新制

《長編》卷二百三十三熙寧五年五月甲午:"上謂王安石等曰:'蔡確論太學,試極草草。'馮京曰:'聞舉人多盜王安石父子文字,試官惡其如此,故抑之。'上曰:'要一道德。若當如此説,則安可臆説?《詩》《書》法言相同者,乃不可改。'安石曰:'柔遠能邇,《詩》《書》皆有是言,別作言語不得。臣觀佛書,乃與經合,蓋理如此,則雖相去遠,其合猶符節也。'上曰:'佛西域人,言語即異,道理何緣異?'安石曰:'臣愚以爲苟合於理,雖鬼神異趣,要無以易。'上曰:'誠如此。'

---

① 關於李氏家族研究,可見何冠環《北宋中後期外戚子弟李端懿、李端愿、李端愨事蹟考述》,《中國宋史研究會第16屆年會論文集》,第40—72頁。

馮京言：‘西北闕人教授。’王安石曰：‘教授必可以爲人模範者，非其人不若令習近人著述文字。’上曰：‘西北人誠是茫然未有歸著。’安石曰：‘西北人舊爲學究，所習無義理，今改爲進士，所習有義理。以學究爲進士，於士人不爲不悦；去無義理就有義理，於所習不爲不善。其舊合放解額並還本路，東南士人不能侵奪，於士人乃無所損。既無所損，而令士人去無義理就有義理，脱學究名爲進士，此亦新法於西北士人可謂無負矣。’京曰：‘西北人魯難變。’安石曰：‘舊科人雖不盡變，十須變三四，後生即往往盡變。凡革舊爲新，亦須期成效在十年之後也。’”

是日，留身，乞東南一郡，神宗不允

《長編》卷二百三十三熙寧五年五月甲午：“是日，王安石留身，乞東南一郡，言：‘久勞乏，近又疾病，恐職事有隳敗，累陛下知人之明。’上甚怪安石如此，曰：‘卿豈所懷有不盡，當爲朕盡言之，朕何嘗違卿，或是爲李評否？’安石曰：‘臣非爲此也。自二月已來，即欲自言，若得一二年在外休息，陛下不以臣爲無用，臣亦不敢告勞。’上曰：‘卿有何病，必有所謂，但爲朕盡言。天下事方有緒，卿若去，如何了？卿所以爲朕用者，非爲爵禄，但以懷道術可以澤民，不當自埋没，使人不被其澤而已。朕所以用卿，亦豈有他？天生聰明，所以乂民，相與盡其道以乂民而已，非以爲功名也。自古君臣如卿與朕相知極少，豈與近世君臣相類？如馮京、文彦博，自習近世大臣事體，或以均勞逸爲言，卿豈宜如此？朕頑鄙，初未有知，自卿在翰林，始得聞道德之説，心稍開悟,卿,朕師臣也,斷不許卿出外。且休著文字,徒使四方聞之,或生觀望,疑朕與卿君臣間有隙。朕於卿豈他人能間!卿有不盡,但爲朕言。'安石曰:'臣荷陛下知遇,固當竭死節,然誠以疾病衰耗,恐不能稱副陛下任使之意,極不敢造次及此言,但久自計度,須至上煩聖聽。臣亦見馮京、文彥博近皆乞去不得,臣極恐陛下未聽臣去,不欲爲此紛紛,然熟計須至如此,乞陛下詳察。'安石退,上留之,戒以勿入文字,如是者再,安石曰:'臣領聖旨,未敢入文字,候一二日再乞對。'上曰:'勿如此,終不許卿去。外人顧望,恐害事。'"

按,神宗以公爲"師臣",曰:"卿所以爲朕用者,非爲爵禄,但以懷道術可以澤民,不當自埋没,使人不被其澤而已。朕所以用卿,亦豈有他? 天生聰明,所以乂民,相與盡其道以乂民而已,非以爲功名也。自古君臣如卿與朕相知極少,豈與近世君臣相類?"此可見變法初期,公與神宗君臣以道義相合,以行道濟民相互期許之理想。"非爲爵禄,但以懷道術可以澤民",此道出公之出處根本。而公不時寄之於詩,以古寓今。《詩注》卷四十六《賈生》:"一時謀議略施行,誰道君王薄賈生? 爵位自高言盡廢,古來何啻萬公卿。"士之遇與不遇,不在爵位高下,而在於己之謀略,是否爲君主採用,可以濟世救民。

五月十七日,乞神宗黜劉希奭;又因秦鳳路緣邊安撫司言通遠軍宜建學,爲神宗論御將之道

《長編》卷二百三十三熙寧五年五月丙申:"王安石白上:'劉希奭向爲郭逵遊説,言頗涉欺罔,陛下記憶否? 恐如

此人不宜尚寄以耳目。'上曰：'當時言何事？'安石曰：'言俞龍珂欲來經略司出頭及助智緣，幾誤陛下邊計。'上曰：'希奭言某事，某事却是實。'安石曰：'若每皆不實，乃是疏愚，豈能蔽陛下聰明？惟言實事雜以欺罔，使陛下不疑爲姦，蔽陛下聰明，此堯、舜所憂畏而難之者也。且遠方事，陛下既不能親近，惟寄耳目於使人，爲欺罔最不可容。'上悅。

秦鳳路緣邊安撫司言：'洮河蕃部近知官有借助錢，不住出漢請領，緣初得朝旨令自三月終住支，竊慮以故阻節蕃情。'詔自今更不限時月支借，如經略司錢不足，以市易司錢續支。又言通遠軍宜建學，亦許之。王安石曰：'种世衡在環州建學，令蕃官子弟入學，監司疑其事，遣官體量。世衡以爲非欲得蕃官子弟爲門人，但欲與之親狎，又平居無事時，家家如有質子在州。'上曰：'世衡事事輒有計謀，其建學非苟然也。'王安石又白上：'凡欲成大功立大事，必須能見衆人所不見，乃能成立。如韓信用兵，趙人笑之，諸將陽應曰諾。及其已勝，諸將尚不知其所以勝也。今邊奏至，即衆人共議以爲可，始從之，衆人亦安能見衆人所不見，此恐雖有韓信，亦未肯爲朝廷用也。'上悅。安石又曰：'雖韓信亦不能不敗。用將之道，苟知其才，雖一敗宜寬貸。'上曰：'如燕達雖即大敗，已赦其罪矣。'上又曰：'今誠是未可用兵之時，事事未有可用。'又言：'雖夏國用兵，亦似勝我。'安石曰：'夏國主昏亂微弱，然庸人習見慶曆以來元昊時事，自有憚彼之心；彼亦習見舊事，又見我邊將尚畏避之如故，亦不深自知其微弱也。'馮京言：'夏人舉國來，我常以一路當之，所以不抗。'上曰：'只一路若有好將帥，豈不足以當夏國。'"

五月二十二日，因神宗批付中書保甲中浮浪無家之人不得令習武藝，與之詳解保甲法措置

《長編》卷二百三十三熙寧五年五月丙戌：“他日，上批付中書：‘保甲浮浪無家之人，不得令習武藝。’安石曰：‘武藝絶倫又累作凶慝，若不與收拾，恐生屬階。’上曰：‘可收拾作龍猛之類。’安石曰：‘須隨材等第與收拾。’上終慮浮浪人習學武藝爲害，以保甲法不如禁軍法嚴密。安石曰：‘保甲須漸令嚴密，縱使其間有浮浪凶惡人，不勝良民之衆，即不能爲害。臣近口奏，但未條上，欲令保甲代巡檢兵級上番，日除破飲食外，所餘錢糧各令以武藝等第較取。又分武藝爲三等，災傷已上五分即賑以斛斗，自十五石至五石。若有武藝高彊慮其爲患之人，即才五分災傷已受十五石斛斗，若較取錢糧之餘，一歲又可得五七千；冬閲免體量草夫役，又可得草數千；若更有盜賊追捕，即又得賞錢至厚。如此即有武藝之人，豈肯捨此厚利却欲作過？即衆不勝寡，不能爲患。至其無藝之人，但當恤其貧困，不憂其能爲彊梗也。若作賊盜，即但爲保衆取賞之資而已，可無慮者。’上慮歲久錢糧不給，安石曰：‘巡檢下六千人，每千人歲約三千貫，是一歲費十八萬貫。今若罷招此六千人，却以保甲代之，計所用錢糧費十八萬貫尚剩十萬貫。以十萬餘人替六千人，又歲剩錢十萬貫，何至憂不給也。教閲至一二年，便令保正募征行者，六千人必可得，況但要守衛京師而已。若歲歲閲教保丁，又封樁所剩錢十萬貫，則非特畿内守衛日彊，兼亦財有餘積。宗廟社稷之憂，最在於募兵皆天下落魄無賴之人，尚

可與之守社稷封疆，況於良民衣食豐足者衆，復何所虞？然此事非陛下躬親庶政，上下無壅，亦行不得。養馬事，向時民間以官馬爲有尾禍崇，豈敢請官馬？今民間爭養馬，亦足見朝廷政事粗爲百姓所信，知其後無擾害故也。《易》曰：觀民也。但觀民如此，即我所生可知也。'"

　　李燾曰："又二十二日，并七月五日可考。"

是日，弟安禮奉命專一編修《三路義勇條貫》

　　《長編》卷二百三十三熙寧五年五月辛丑："命崇文院校書王安禮專一編修《三路義勇條貫》。"

五月二十三日，割秦州寧遠等四寨屬通遠軍

　　《長編》卷二百三十三熙寧五年五月壬寅："詔割秦州寧遠等四寨屬通遠軍，仍於青唐、武勝軍并新招降馬禄族三處地分各建一堡寨，從秦鳳緣邊安撫司請也。初，呂公弼奏不肯割四寨屬通遠，而文彦博亦言：'文盈關乃險阨處，不可外屬。'王安石進曰：'欲彈壓羌夷使其率服，當令通遠氣勢增盛。'上曰：'欲盛則增兵可也。'安石曰：'多割寨則守兵自多，若更增兵，乃所以爲煩費也。'"

與神宗議王韶被制獄訊問事

　　《長編》卷二百三十三熙寧五年五月乙巳："詔秦州制勘院，見劾王韶市易司公事，其命官使臣候案成除贓罪外，餘並還舊任。時朝廷將舉武勝之役，慮隨軍闕官故也。後又詔轉運使張詵，專在通遠軍計置修堡寨什物錢糧。先是，高

遵裕以春季當詣闕奏事,詔趣之。詔言:'臣近被制獄訊問,今自通遠軍抵秦州,以便供答,乞留遵裕在任,并由經略司別遣官代遵裕行。'上謂安石曰:'詔別無事,又遵裕已來,安撫司殊闕人,宜令詔速歸本司。如制獄有所問訊,即實封文字應報。'又令催杜純結絕曰:'恐人情疑懼,不敢向前。'安石曰:'今詔不過以二三分心力經營邊事,卻以七八分精神照管防備人沮害,此邊事所以難集;非特詔如此,凡爲詔用者,又皆前卻不敢以三四分力向前勾當,即事尤難集。'上曰:'政爲與詔勾當人如此也。'上又曰:'呂公弼言董氈與夏國結親事,其意又似惡緣邊安撫司。若不招納蕃部,亦豈能止董氈與夏國結親也?'安石曰:'董氈與夏國結親,於邊事都無所計。但我能親附蕃漢人,使樂爲用,即董氈雖與夏國深相結,亦不敢違背朝廷恩信,況但結爲婚姻,豈不顧利害以國徇兒女親家?'上以爲然。"

五月二十六日,與神宗議新法捕鹽,並論及倉法,以爲吏祿足則政事舉

《長編》卷二百三十三熙寧五年五月乙巳:"發運司奏杭、越、湖三州不肯行新法捕鹽,課利更虧,乞根勘。上從之。王安石曰:'議者皆謂捕鹽即陷刑者衆,今淮南捕鹽急,遂無陷刑者,如杭、越、湖不依新法捕鹽,即犯禁者不絕。'上曰:'王者之法如江河,使人易避難犯。如倉法行,去年止斷綱稍二百人,比以前已減五百人矣;且米又盡不雜,軍人不須行賕,此實良法也。'安石曰:'今新法關防猶未盡,故雖無夾雜,尚有少欠。若他日關防不令少欠,即此所斷人數,尚

可更減也。'安石又曰：'倉人尤無賴，所以不免時有犯法，然隨輒被告。至於銓、審等處，即更無復敢受賕。'上曰：'不知開封何如，恐未能遽絕耳。'安石曰：'聞開封府吏自言向時遇事，且思如何可以取錢，又思如何可以欺罔官員，實無心推究人枉直。自今誠恐有暇及此。然經久天下吏禄恐須當盡增，令優足。'上曰：'如此豈不善，但患闕錢耳。'安石曰：'此極多不過費百萬緡，然吏禄足則政事舉，政事舉則所收放散之利亦必不少，且今人吏衣食固亦出於齊民，但不令以法賦之而已。咋雖十餘萬緡，然九萬緡出於酒坊稅錢，若將來諸路收酒坊剩錢，必然可足吏禄有餘也。'上又曰：'吏受賕亦不免出於官錢耳。'安石曰：'如綱運於庫務行錢，復以酒坊償之是也。今公賦禄與之，即不爲餘人侵牟，而又不至枉法害事以取賂矣。'"

六月一日，廢考課院

《長編》卷二百三十四熙寧五年六月己酉朔："中書門下言：'檢會外官發運、轉運使，提點刑獄，提舉司，經略、安撫、總管、鈐轄、監牧司，府界提點司、知大州府，並已中書置簿記録，合要考察逐司功過事外，其常調知州，又各有逐路職司考定優劣。自來考課院只是據逐路區別到等第聞奏。其考校職司課績殿最，即只開坐逐人區別到部下官吏等第。其採訪行實，但稱採訪到逐官行實合爲中等，全無實狀，無補于事。其考課院顯見虛設，欲乞廢罷。'從之。"

《宋史》卷一百六十《選舉六》："神宗即位，凡職皆有課，凡課皆責實。監司所上守臣課不占等者，展年降資；而治狀優異者，增秩賜金帛，以璽書獎勸之。若監司以上，則命御史中丞、侍御史考校。凡縣令之課，以斷獄平允、賦入不擾、均役屏盜、勸課農桑、振恤饑窮、導修水利、戶籍增衍、整治簿書爲最，而德義清謹、公平勤恪爲善，參考治行，分定上、中、下等。至其能否尤殊絕者，別立優劣二等，歲上其狀，以詔賞罰。其入優劣者，賞罰尤峻。繼又令：一路長吏，無甚臧否，不須別爲優劣二等，止因上、中、下三等區別以聞。是時，內外官職，各從所隸司以考覈，而中書皆置之籍。每歲竟，或有除授，則稽差殿最，取其尤甚者而進退之。熙寧五年，遂罷考課院。間遣使察訪，所至州縣，條其吏課。凡知州、通判上中書，縣令上司農，各注籍以相參考。惟侍從出守郡，聽不以考法，朝廷察其治焉。"

六月四日，差官就成都置勘謝景初任成都府路監司逾濫

《長編》卷二百十三四熙寧五年六月壬子："司封郎中謝景初追兩官，都官郎中李杲卿一官，勒停，並坐前任成都府路監司逾濫故也。杲卿先服罪，景初未服，詔利州選差官就成都置勘。馮京曰：'景初嘗提點刑獄，在一路吏民之上，今令萬里往舊治所就獄，恐有辭便乞伏罪。賈誼言：當養人臣以廉恥。宜止就鄰路近處。'上曰：'景初自無廉恥，如此更困辱之，亦無傷。所謂刑不上大夫者，既刑，即不可使復爲大夫。賈誼所言恐非是。兼景初在本路桀驁不奉朝廷法令，其自爲乃如此，何足恤！'王安石曰：'若悉力公家，奉行詔令，即私行有缺，尚有可矜。今既犯令陵政，又所爲自無

恥,且就獄辯對虚實,于景初固無可恥。若鄰路勘,使無罪證見之人受弊,却不便也。'"

按,謝景初逾濫事,《長編》卷二百二十熙寧四年二月丁丑:"兵部郎中陳經爲成都府路轉運使,新知果州、度支員外郎、秘閣校理雍子方提點成都府路刑獄兼常平等事,仍令經等密體量監司范純仁、謝景初、李杲卿、薛繗燕飲逾違事以聞。先是,權發遣同提點刑獄李元瑜言純仁等更相會飲,用妓至夜深,至有擲塼石者,不敢根究,而景初、杲卿尤無儀檢,嘗有逾違事故也。"所謂"景初在本路桀驁不奉朝廷法令"、"犯令陵政",蓋指謝景初於成都府路奉行新法不力。范純仁《范忠宣公文集》卷十三《朝散大夫謝公墓誌銘》:"熙寧初,河北大水,公上疏言災異之所致,且緩郊禮,大忤建議者。蜀以遠方,凡大獄之疑者,皆鈐轄司專決。公數上言:'此當奏讞於朝,非臣下可專。'朝廷遂以立爲天下法……初行苗役之法,且擢屬邑宰爲之使而專其事,公上言:'遠人樂安静,願罷使勿遣。'及使至,公諳其爲人,因裁抑其過當。使者遂怨公,誣公燕飲事,上之執政,乃公向所忤者,因入其言,將置詔獄。公恥於對吏,乃自引咎。及坐免,公逍遥里中,杜門讀書,未嘗以譴謫爲戚。"

六月五日,與神宗論慶曆年間禦西夏事

《長編》卷二百三十四熙寧五年六月癸丑:"上論河北兵不可用,王安石曰:'忘戰必危,好戰必亡。當無事之時作士氣,令不衰惰,乃所謂不忘戰也。人心排下進上,若鼓旂明麗、器械精善、壯勇有技者在衆上,即士氣雖當無事之時,

亦不衰惰也。'上悅,因言:'人謂今日朝廷邊事勝慶曆中,
此甚不然,秉常豈諒祚比也?'安石曰:'誠如此。然慶曆
中,范仲淹非有過人智略,粗知訓練持守,元昊已不能侵
犯。'上曰:'方仲淹爲帥時,元昊已困。'安石曰:'雖然,當
是時惟仲淹爲見稱述,即仲淹亦粗勝一時人。仲淹爲帥,
元昊所以不能犯者,爲主客勢異,仲淹務自守故也。'上又
論水洛城事,言歐陽修議狀極無理趣。安石曰:'尹洙主此
議,洙實不曉事,妄作向背而有時名,爲人所傾向,如此等
人最害世事。'上曰:'韓琦亦非水洛事。'安石曰:'琦尤嚴
重洙。'王珪言:'狄青亦尊洙。'安石曰:'青但以洙有時
名,能毀譽人,可因以致名譽,取利祿,故推尊洙,非實以洙
爲可宗師也。青所以獲譽于世又多得爵祿者,洙亦有力
也。'上以爲然。"

六月六日,請弛邊備

《長編》卷二百三十四熙寧五年六月甲寅:"王安石白
上:'西人雖未降誓詔,然邊備便可弛如已降誓詔。今西人
所甚惜者綏州二十里,彼今已與我,我所甚欲者環慶地,我
今既已與彼,即餘處更無所爭,何緣更肯與興兵?'前一日論
西事,僉以爲未降誓詔則防秋不可緩,安石謂彼不能犯境。
上曰:'彼群臣但憂秉常長大,追究其罪,誰肯爲戎首者!'安
石曰:'新送李崇貴、韓道喜來中國,已屢許其和。彼群臣豈
不自計爲戎首或不免如韓、李被執送以解急難?'上曰:'又
恐彼不思算,妄舉動。'安石曰:'如此即取亂侮亡,何所不
可。我所懼者,彼有謀而已,無謀而妄動非所懼也。'"

六月七日，與神宗論治軍之道

《長編》卷二百三十四熙寧五年六月乙卯："遣入内供奉官李憲環慶路勾當公事，賜蕃官軍主以下絹米有差。上問治軍，王安石曰：'御將帥以道，使皆向上，然後訓練募兵，什伍三邊百姓，鼓舞以好惡利害，便皆精彊。陛下難遽令三邊盡如此，即先試之河東。河東之民受困敝最多，人尤勁悍好武，除其困弊而布其便利，誘以所好，其勢甚易，但將帥不向上則爲此難。'"

六月十一日，再劾李評；請下閤門今後紫宸殿上壽，親王、宗室、駙馬都尉並依故事赴坐

《長編》卷二百三十四熙寧五年六月己未："中書言：'欲下閤門，今後紫宸殿上壽，親王、宗室、駙馬都尉欲並依故事赴坐。'從之。以李評論列閤門儀制，欲改此法故也。

王安石初言評所定儀制不可行，上心主評議，安石既力爭，而上終右評，安石因言評爲欺害政事。評先坐擅改易樞密副使蔡挺文字，上令取評戒屬。評復訴于上前，以爲吏未嘗明言已經樞密副使更定，故輒用己意改易數十字，實有鹵莽之罪。上謂評本心實無他，但于職事不敢苟且，理宜矜假，遂批付樞密院免評罪。于是，安石指此事證評爲欺，上曰：'評自言不知。'安石曰：'奏章有樞密院使副押字，豈得言不知？人盡以爲吏畏評，不敢證評。'上曰：'就令改，亦何妨？若有差失，評有罪。'安石曰：'名分有上下，如臣爲參知政事，衆以爲過當。然曾公亮所批判，臣但有不著字，與公

亮反覆論可否,豈敢改公亮文字? 臣若改公亮文字,即左右攻臣者必衆,陛下必極以爲臣不可。臣職任于公亮乃是等夷,如李評乃是密院吏人,若爲事關李評便可改抹,即貼房亦可改樞密使文字,如此即豈有上下? 陛下若爲李評可倚仗,不如便以李評爲樞密使。且評所改文字,非特蔡挺文字,從前所改至多,評乃以爲不知,此其爲欺甚矣。陛下要推問,是非不難見,但恐承前密院被改文字不能正心爲恥,更共蔽覆,即不可知。如評非忠良,恐陛下誤。'上曰:'豈以評爲忠良? 但人難求備。如評肯盡力亦少。'安石曰:'既非忠良,上慢下暴,而陰與近習相爲朋比,欺陛下耳目,豈可略不檢察?'又言評造揭貼簿無補,又不見剩員數,即以爲無。上曰:'朱明之乃以造揭貼簿爲非。見用此差撥兵士,豈可言無用? 以不見剩員數爲無,即不可知,但恐是外處不申到耳。'

它日,安石又言:'評所修儀制大率乖繆,難以責閤門一一申明。今不申明尚有罪,元修儀制乖繆豈可得無罪? 評修儀制既乖繆,乃奏閤門才失提掇,便致失事,漸成弊壞,其姦罔一至此,陛下見其點檢事便以爲盡力,臣竊謂誣其同類以自爲功,乃是姦罔小人,不當謂之盡力。'上曰:'此小事,已降指揮。'安石曰:'此小事,然陛下三降手詔,當是疑臣于此事不直,有所左右。臣備位大臣,當爲陛下分別枉直,若親爲陛下左右小人所欺,不能自直,即難以安職。若陛下謂爲欺,使去此位,固無所復議;若未許臣去位,即當容臣辨正,以中書所奏下閤門,令中外知事枉直。'上乃從安石議而降是詔。"

六月十五日，厚賞通遠軍監王存等，因與神宗論欲得將帥，須知人，御制不失禮

　　《長編》卷二百三十四熙寧五年六月癸亥："詔權通遠軍都監王存等五人各減磨勘三年。初，奄東熟戶久不順命，招呼不至，王韶遣存等破蕩，而秦鳳路經略司以聞，故賞及之。初，議賞，王安石曰：'方欲創事，宜加厚。'文彥博曰：'打族帳與軍賞格不同，難用軍賞。'上曰：'惟賞無常，輕重視功。'蔡挺曰：'比捉賊賞未爲厚，以此比捉賊，則其勞績豈不過于捉賊乎？'上曰：'王中正言，洮河以西未有朝廷明降指揮許招納。'蔡挺曰：'乘今機會，破竹之勢，正可厚以金帛、官職招納，然王韶新經摧沮，不敢開闊擘畫，須朝廷諭意。'乃令中書、密院諭意。王安石言：'將帥事事指教關防不得，必得有智略自肯建功人，乃可使爲將帥。'上曰：'如何得如此人？'安石曰：'豈患無人，但患知人未盡。若陛下盡知人之道，御制不失禮，則人才自出。如王韶被朝廷三度疑其爲盜，若尚氣節，自免去久矣，安肯復黽勉到今？功名如夢幻，氣節之士豈肯摧氣節以就功名？朝廷遇人如此，即未有以致豪傑之士。'上曰：'既被人誣罔，須與辨明。'安石曰：'被人誣罔須與辨，誠是，然陛下前出手詔尚委密院指揮，令市易司息錢別封樁蓄戶料錢以省錢支。陛下以爲人言市易司全無息錢，言此事者必有其人，陛下後來既知言此者非實，即未見陛下行法。若爲陛下建立事功之人爲衆人沮害忌疾，及其爲人言即推究其罪，有罪陛下固不容，無罪即誣罔之人未嘗詰問。建功盡力者寡，爲邪者衆，寡已不勝衆，而

陛下又不惡其爲邪,則人何爲不苟比周以養交黨,乃欲出死力犯衆人所忌惡,爲陛下立事?'上曰:'郭逵便行遣。'安石曰:'郭逵若但膚受浸潤,雖百年無害,今所以不免行遣,乃是逵自作孽至于不可復容故也。臣以謂人主用威福,所以操制姦罔,不必待其自猖獗不可復容,然後行法也。陛下所以優容此輩,不過欲廣耳目。若其言盡實,即可廣耳目;若敢爲欺罔,乃是自蔽塞聰明,何利之有?陛下必欲開廣耳目,但忠信則賞之,欺罔則刑之,不患蔽塞也。'"

以夏人送還荔原堡逃去熟户,與神宗等議,以爲宜體問其失所之狀而撫存之

《長編》卷二百三十四熙寧五年六月癸亥:"環慶路經略司言夏人送還荔原堡逃去熟户嵬逋等七十八人。先是,夏人未嘗以逃户來歸,至是,欲請和故也。其兩户乃新招到,曾體問不願歸者,其十五户蓋治平間所招不經體問者。王安石言:'訪得王廣淵,既退還西界礌石、闇訛堡地,給田與熟户數少故逃去。'馮京曰:'西人或有謀,當是怨彼背叛,故送來令我殺之。'安石曰:'西人不候理索,送來乃得計。'上問所以措置,文彥博曰:'兩户新經體問,自合依法。十五户除頭首外,可矜貸配近裏。'安石曰:'兩户誠合依法,然法皆斬,謂宜貸其女弱。若彊壯要走,女弱何緣不隨?徒行誅戮,有損仁政。餘十五户必廣淵措置乖方,給地不足,致其逃叛。此事但可責廣淵,恐十五户不須行法。'上曰:'若釋之,今後逃叛何可復禁?'安石曰:'但顧我恩信方略如何,不在誅戮此數十口,然後能使人不逃叛。'上曰:'西人將銀綵

來招去，亦未必是廣淵措置乖方。'安石曰：'此事難根問，然付以一路，若能檢御，何緣致得人走投外界？但根問必見詣實。'上曰：'已令李憲體問，且指揮未得斷遣，候李憲體問到商量。'安石曰：'十五戶必然措置失所故叛，並合責廣淵。若體問見失所之狀，因而撫存此蕃戶，給足田土，只令在邊居住，彼既爲西人執送，必無復叛之理，既自謂必死，蒙恩更生，則必有如報秦穆公食駿馬之志。兼其餘蕃戶見朝廷待之如此，豈不感悅？不然，徒誅戮此輩，有傷仁政，于邊防大計實無所補。'上悅。"

六月十七日，請用羅拯權發遣鹽鐵副使代陳經，而神宗乃用王克臣

《長編》卷二百三十四熙寧五年六月乙丑："權鹽鐵副使、兵部郎中陳經知潤州，度支郎中、同知審官西院王克臣權發遣鹽鐵副使。經以病求出，王安石請用羅拯代之，上欲且留拯爲發運使，曰：'克臣可代經也。'安石曰：'善。'"

按，王克臣字子難，王審琦孫，《宋史》卷二百五十九有傳，嘗劾劉述。《宋史》卷三百二十一《劉述傳》："述兼判刑部，安石爭謀殺刑名，述不以爲是。及敕下，述封還中書，奏執不已。安石白帝，詔開封府推官王克臣劾述罪。"

是日，進呈環慶路奏臧鬼等給田圖，請以倍價買邊地予內附降羌。神宗從之

《長編》卷二百三十四熙寧五年六月乙丑："詔環慶荔原堡、大順城降羌每口給地五十畝，首領加倍，不足，以裹外官

職田及逃絕田充,又不足即官買地給之。王安石以環慶奏臧嵬等給田圖進呈,曰:'雖見圖,然無由知臧嵬等所得地足與未足。據所給價錢,即是非良田,恐未足存濟。今臧嵬等自拔內附,若令失所,即恩信不孚,于邊事所損不細。臣以謂倍以錢買蕃戶地,多給與頃畝,須管優足;未買得地,即且振以糧食,令無失所。況見在人只數百口,不及千口,就以千口計之,每口除見地外歲給兩石物,一歲所給才二千石;倍價買地,不過費數百緡。'或疑無地可買,安石曰:'若以倍價買,必可買,料邊人亦必有典賣地者,今以倍價招之,何患無地?'上以為然,曰:'須明說與王廣淵,彼不知朝廷意如此,即不敢如此擘畫。'"

是日,因知雄州張利一乞先事爲備以防遼人,與神宗議

《長編》卷二百三十四熙寧五年六月乙丑:"知雄州張利一言:'遼人修城隍,點閱甲兵,必有奸謀,宜先事爲備。'上曰:'彼或爲自防之計。'王安石曰:'誠如此。無事而使人疑之,殆也。若因此更示以繕完點閱之形,則彼以我爲真有謀彼之心,更生其計。惟靜以待之,彼將自定也。'"

六月十九日,乞神宗推鞫李評誕謾欺罔

《長編》卷二百三十四熙寧五年六月丁卯:"王安石惡李評,必欲去之,既辨其上壽新儀不可用,謂閣門吏不當劾,而閣門吏因言評所修新儀率不可用,遇不可即擅改非一。于是,中書取新儀看詳,其間如改元會殿前三帥起居等皆非是。及三帥論其不可,評乃擅令用舊儀而不奏,至中書責

問，仍迫取吏人狀云‘使副已令申擧’，然至今不曾申擧，吏
又云‘實未嘗見使副指揮’。又沈衡判刑部，評已令告謝，及
杜紘判刑部，評乃止之，中書詰其故，輒抵云‘儀制在中書，
無所檢用，方欲申稟’，然中書先所取儀制乃其副也。安石
具以白上，曰：‘評誕謾大抵類此。前改蔡挺文字，猥云吏人
不言，臣聞評擅改使副文字多矣。陛下以爲不可，即歸咎吏
人不言。’上曰：‘評所改，皆非使、副簽署者。昨改蔡挺文
字，則吏人狀謂評果不知。’安石曰：‘吏人狀安可爲據？大
臣尚畏評中傷，不敢與校，何況吏人，豈敢證評不直？’上曰：
‘人中傷評者却多，如御史言評與吳充結親，評與充乃不成
親。’安石曰：‘御史言事誠疏略，又非特此一事。然漢元帝
以劉向、京房疏，略遂信石顯爲忠。今評欺罔狀明甚，陛下
但推鞫，即評雖巧說，亦必不能自蔽。’上曰：‘第恐評有說。’
安石曰：‘陛下若偏聽，則評必有說，若推鞫即明見欺罔之
狀。’上曰：‘元會事已多時。’安石曰：‘事固多時，中書久未
進呈者，政爲無因耳。而評乃因杜紘事反誣中書久留儀制，
故不得不以聞。評欺罔如此，又安可縱！’上曰：‘此誠有罪，
令送宣徽院取勘。’已而上批：‘閤門失點檢三事，尋召問評
等，更無他辭，並各引罪，縱加推鞫，不過如此。其狄諮、張
誠一止是偶失點檢，罪可矜恕，皆由評故，致此滋蔓，若不罷
去，事必愈多，煩費推求，何日窮已？可令評更不管勾閤門
事，餘悉放罪。’”

　　李燾：“《要錄》云：安石曰：‘評所定閤門儀制不可行。’
上心主評議，安石力爭，上終右評。評擅改樞密副使蔡挺文
字，安石指此證評爲欺，上曰：‘豈以評爲忠良，但人難求備，

如評肯盡力亦少。'安石曰：'既非忠良，蔽欺陛下耳目，豈可不略檢察，必破去之？'至是，上乃令評更不得管勾閤門。"

六月二十一日，謁告，請解機務。神宗封還表劄，趣入見

《長編》卷二百三十四熙寧五年六月己巳："王安石謁告，上令馮宗道撫問，安石因附表劄請解機務，上復令宗道齎手詔封還表劄，趣安石入見。"

六月二十二日，又上劄乞退

《文集》卷四十四《求退劄子》："臣伏奉手詔，令臣二十三日入見。臣明日當入見，然臣之懇款，具如前奏所陳。匹夫之志，有不可奪，實望聖慈，必賜矜從。"

六月二十三日，入見乞退，神宗固留。日旰遂出，復具劄乞免

《長編》卷二百三十四熙寧五年六月辛未："是日，王安石入見，上怪安石求去，安石曰：'疲疾不任勞劇，兼任事久，積中外怨惡多。又人情容有壅塞，暫令臣辭位，既少紓中外怨惡，又上下或有壅塞，陛下可以察知。若察知臣不爲邪，異時復驅策，臣所不敢辭也。'上曰：'卿從來豈畏人怨惡者？人情有何壅塞？卿心別有所懷，何不道？'安石曰：'臣所懷具此。'上曰：'得非爲李評事？評自言閤門事偶失提掇，便致失事，今既有失檢點事，固合勘。'安石曰：'臣所懷具如奏狀所陳，非有他也。'上曰：'卿無乃謂朕有疑心？朕自知制

誥知卿，屬以天下事，如呂誨比卿少正卯、盧杞，朕固知卿，不爲誨所惑，豈更有人能惑朕者？朕于卿斷無疑心，即不須如此。’安石曰：‘臣平生操行本不爲人所疑，在仁宗朝知制誥，只一次上殿，與大臣又無黨。及蒙陛下拔擢，曾未及一兩月，初未曾有施爲，呂誨乃便以方盧杞，就令臣所存如杞，亦須有所施爲，其罪狀明白，乃可比杞。今既未有一事，便以比杞，此不待陛下聰明然後可知其妄。若任事久，疑似之迹多，而讒誣之人，材或過于呂誨，即臣未敢保陛下無疑也。’上曰：‘呂公著與卿交遊至相善，然言韓琦必以兵討君側惡人，朕亦不爲公著所惑。’安石曰：‘公著此言，亦非特陛下聰明然後可辨，明明在上，豈有如此之理！’上曰：‘卿知性命之理，非有心于功名爵祿。然君臣之義，卿必不廢。朕于卿未有失，卿又實無病，何緣便有去就？’安石曰：‘臣非敢言去就，但乞均勞逸而已。’上曰：‘卿之所存，雖朋友未必知。至于衆人見朕于卿相知如此，亦皆不知其所以。朕與卿相知，近世以來所未有，所以爲君臣者形而已，形固不足累卿；然君臣之義，固重于朋友，若朋友與卿要約，勤勤如此，卿亦宜爲之少屈。朕既與卿爲君臣，安得不爲朕少屈？’安石曰：‘臣荷陛下知遇，固當以死報陛下，誠以疾病。又古今異宜，大臣久擅事未有無釁者，及其有釁然後求去，則害陛下知人之明，又傷臣私義，此臣所以不免違忤陛下。’上曰：‘周公爲成王所疑，故逃居東，及成王不疑則歸周。縱朕于卿有疑，今既相見無疑，卿亦可止。’又曰：‘如亢瑛至微賤，尚敢言卿，上下何由壅塞？卿不須慮此。’安石固乞退，上固留之，比三四退，上又固留，約令入中書不復乞。安石曰：‘日旰不敢久勞聖體，容別具奏至中書。'遂出，復具劄子乞罷。"

《文集》卷四十四《乞解機務劄子》其二："臣今日奏對，近於日旰，不敢久留，以勤聖體，所以依違遂退，即非敢食其言。以道事君，誠爲臣之素守。苟可强勉而免違忤之罪，臣亦何敢必其初心。實以疾病浸加，恐隳陛下所付職事，上累陛下知人之哲，下違臣不能則止之義。此所以彷徨迫切而不能自止也。且臣所乞，特冀暫均勞逸，非敢遂即田里之安。竊謂聖恩，不難賜許。謹具劄子陳乞，伏望聖慈特垂開允。"

以神宗令馮宗道手詔封還劄子，乃復具奏

《長編》卷二百三十四熙寧五年六月辛未："上令馮宗道齎手詔封還劄子，曰：'卿已許朕，何故又入？以卿素守，豈可食言也？'安石復具奏，而閤門等處皆有旨不許收接安石文字。"

《文集》卷四十四《乞解機務劄子》其五："臣伏蒙聖恩，特降中使傳宣，封還所上表，不允所乞。臣誠惶誠感，不知所措。竊念臣蒙陛下恩德，至深至厚。方陛下旰食焦思之時，豈宜自求安佚？實以疾疢所嬰，曠廢職事。若不早避賢路，必且仰誤任使。懇懇所懇，具如前奏。"

六月二十四日，神宗令李舜舉召入見。二十五日，自齋表入見，固請退，神宗弗許

《長編》卷二百三十四熙寧五年六月壬申："上又令勾當御藥院李舜舉召安石入見。安石欲附舜舉表劄，舜舉不可

乃已。癸酉，安石自齎表入見，上不肯視，復以授安石，敦譬令就職，曰：‘朕自得卿文字，累日惶惑，卿且念朕如此。’安石固請，弗許，是日早出。”

六月二十六日，入見，乞神宗半年後許出外；與神宗論帝王之道及杜純奏王韶討奄東事

《長編》卷二百三十四熙寧五年六月甲戌：“是日，王安石見上，曰：‘陛下不許臣去，臣不敢固違聖旨，然臣實病，若更黽勉半年不可强，即須至再煩聖聽。’上曰：‘卿許朕就職甚善，如何却半年後又乞出？且勿如此。’先是，上曰：‘卿所謂小人，朕亦何嘗暱之？’安石曰：‘臣私計于小人無所憚，陛下遇臣如此，縱有小人浸潤，臣不過去位而已。然所以不願陛下近小人者，但以虧損聖德，無以觀示四方而已。’上曰：‘知卿不欲朕近小人者是爲朕計也。’安石又曰：‘陛下所以眷眷留臣者，欲臣助成天下之務。臣愚以謂成天下之務，在陛下不在臣。欲成天下之務，在通天下之志，若不能通天下之志，即不能運動天下變移風俗，則何由成天下之務？’上曰：‘朕不明，誠是有所不見，每事須賴卿扶持。’安石曰：‘陛下至明，非臣所能仰望，然于事機亦時有不見。臣愚以謂自古聖賢之君，亦賴股肱耳目，所以慮無遺策。陛下左右前後，誠爲乏人，陛下憐其愚無他而容之者多矣，能啓迪陛下聰明者殆無其人。然則陛下不可不深考前王所以維御天下大略，自爲龜鑑。陛下好察細務，誠由聰明有餘，然恐不能不于大略却有所遺。臣願觀古興王所以運動天下，變移風俗如何，即見陛下今日得失，事固難一一盡言，臣請試言郭

逮、王韶事。陛下以郭逵誕謾，故許其辭秦州，既而逵微譖王韶，陛下又不寤而從之。逵知陛下可欺，然後使劉希奭入奏，因而遊說，窺伺陛下意向，陛下又爲其所惑，故逵敢放肆爲王韶之獄。今杜純奏王韶討奄東事，陛下以爲何如？'上曰：'又不合如此。'安石曰：'純爲勘官，于奄東事了不相關，又輒如此誣罔妄奏。小人敢無忌憚者，陛下當求其所以然，此不在他人，在陛下而已。陛下誠能照姦而斷以義，則無人敢如此。'上曰：'只爲事難得分明者。'安石曰：'事何嘗不分明，但是陛下不窮究到底。前後小人爲欺，豈是盡無形迹，但以陛下含糊不窮究，若窮究到底，豈有不分明之理？'先是，杜純勘王韶市易司事，奏韶出納官錢不明，韶答勘院，置辭率抵讕驕慢，有云'委不曾依諸場務出納，致有差互。韶私家物却上公使歷，乞根問是與不是韶發意侵盜？'又韶先奏：'元瓘稱臣見欠瓘錢二百六十貫未歸著，若勘得是侵盜，只乞以功贖過，貸臣死。'其它多類此，故純奏韶欺狡事難究治，乞依韶元奏候滿三年磨勘。又因韶不發遣王君萬對獄，遂及韶討殺奄東蕃部，謂韶生事邀功。王安石見純奏大怒，自爲畫一，問純何以證韶于官錢不明，令韶具析。上曰：'文歷差互，韶或不免。初疑韶爲侵盜耳，韶亦必不至侵盜九十餘貫錢。'安石又言：'韶討殺蕃部，于純所勘事初無與，純本樞密院屬官，久知密院惡韶，觀望利害，輒敢誣奏，其情意可見，今當別遣人推鞫。'上以爲然。時純已丁父憂去官，朝廷權純大理寺丞、檢詳樞密院吏房文字命未下也。"

按，杜純初亦公薦引，《宋史》卷三百三十《杜純傳》："熙寧初，以河西令上書言政，王安石異之，引實條例司。數

與論事，薦于朝，充審刑詳議官……秦帥郭逵與其屬王韶成
訟，純受詔推鞫，得韶罪。安石主韶，變其獄，免純官。韓絳
爲相，以檢詳三司會計。安石再來，乃請監池州酒。久之，
爲大理正。”晁補之《雞肋集》卷六十二《朝散郎充集賢修撰
提舉西京嵩山崇福宮杜公行狀》：“熙寧初，自外上書言
事，宰相王荊公異之，即日召爲制置三司條例司檢詳文字，
尋爲大理寺詳斷官，删定編敕。荊公既奇其才，數與論天
下事，謂可顯任，亟薦于上，擢光祿寺丞、充審刑詳議官、樞
密院檢討官兼管勾樞密院宣敕等庫。或議肉刑難悉復，而
姑欲以刖代死刑之輕者，公言：‘今盜抵死萬室，歲或至五
十人，以死懼民，民常不畏死。若但刖，民知不死，犯益衆，
是名輕而實重也。’事乃寝……時秦鳳路經略使郭逵、管勾
秦鳳沿邊安撫司公事王韶互訟不公，執政遣公往訊。韶實
違法用官錢，而朝廷方倚韶以熙河事，不欲竟其詞，即授公
大理寺丞、檢詳樞密院吏房文字而未下也，而公遽以其欺
狀聞。文潞公、富韓公見其奏，歎賞而心危之。會遭特進
喪，以監察御史裏行蔡確代公，而韶無罪，公免官，於是始
忤當路矣。”

六月二十七日，詔置武學，因勸神宗當留意收攬四方有逸材之人

《長編》卷二百三十四熙寧五年六月乙亥：“樞密院言，
仁宗時嘗建武學，既而中輟，乞復之。詔于武成王廟置武
學，選文武官知兵者爲教授。凡使臣未參班并門蔭、草澤
人，許召京朝官保任試驗人材弓馬，應試武舉合格者方許入

學,給常膳,習諸家兵法。教授官纂次歷代用兵成敗,及前世忠義之節足以訓者講釋之。願試陣隊者,量給兵伍隸習。在學及三年,則具藝業保明考試,等第推恩,未及格者逾年再試。凡試中三班使臣,與三路巡檢、監押寨主;白身與經略司教押軍隊,準備差使,三年無遺闕與親民或巡檢。如至大使臣,有大兩省或本路鈐轄以上三人保舉堪將領者,並與兼諸衛將軍,外任回,歸環衛班。仍遣兵部郎中韓縝判學,內藏庫副使郭固同判。賜食本錢萬緡。

　　初,密院修武舉條令,不能答策者止答兵書墨義。王安石曰:'今三路武藝人等、義勇第三等以上,皆已有旨錄用。陛下又欲推府界保甲法于三路,即須每歲解發合試人赴闕錄用,如此則錄用武力之人已多,又廣開武舉一路,恐入官太冗。兼近方以學究但知誦書,反更愚魯不曉事,廢之;今又置武舉墨義一科,其所習墨義又少于學究,所取武藝又不難及,則向時爲學究者乃更應武舉,若收得如此人作武官,亦何補于事?先王收國之勇力之士皆令屬于車右者,蓋亦不使此輩委棄于民伍,且以備禦侮之用也。既所取在于勇力禦侮而已,則令誦書答墨義復何爲也?'上曰:'朕亦語密院以墨義不可用。'至是,再進呈武舉條制,乃悉從中書所定。安石因言:'四方有逸材之人,朝廷當留意收拾。'上曰:'止軍校中甚有部轄勝總管、鈐轄者,此輩止是官大耳,亦何嘗有智?'安石曰:'臣在外州軍,見每處軍校必有三兩人得力者,今一切以階級遷轉,更無分別。宜如選人,于軍校中薦舉有才略者,則不惟拔出可使之材,亦足勸將校競修職業也。'上曰:'如此誠好。止是今將帥兵官不過取有利口及能

爲幹私事者薦之，此所以難行也。'上謂王安石曰：'早欲了
西事，別措置邊事。'安石曰：'西事了與未了，何妨措置邊
事？自古人君興造功業，皆以有事之時，惟有事乃可興造功
業。昨者西事自是陛下失在不詳慮熟計也，若陛下詳慮熟
計，即無可悔之事，仍有因事措置之功。'"

六月二十八日，又辭位，神宗不允

《長編》卷二百三十四熙寧五年六月丙子："王安石又辭
位，上引劉備託後于諸葛亮事，曰：'卿所存豈愧諸葛亮？朕
于卿君臣之分，寧有纖毫疑貳乎？'"

《文集》卷四十四《乞解機務劄子》其三："臣今日得望
陛下清光，伏蒙敦喻獎激，可謂備厚矣。臣雖愚戀，豈敢忘
陛下至恩盛德？然臣之懇款，亦已具陳，實望陛下照察哀
憐，使臣得休養其疲昏，以免曠職之負，而不累陛下知人之
明也。"

按，"今日得望陛下清光"，謂二十六日入見。神宗以諸
葛亮比況，公日後題薛能詩於壁："當時諸葛成何事，只合終
身作臥龍。"[1]

與神宗議北界巡馬事，以爲須靜以待之，不爭小故。神宗從之

《長編》卷二百三十四熙寧五年六月丙子："詔知雄州張
利一等措置北界巡馬事，令依累降約束，以理約欄出界及移

---

[1]　胡仔《苕溪漁隱叢話前集》卷三十四，第239頁。

文詰問,未宜輕出人馬以開邊隙。先是,利一等奏北界差兵過拒馬河巡,欲候其來即遣官引兵驅逐,示之以强,彼乃帖服。王安石曰:'恐不宜如此。'上曰:'彼兵直過河,距雄州城下數里,不驅逐非便。'安石曰:'雄州亦自創添弓手過北界巡,即彼兵來未爲大過。今戎主非有倔强,但疆吏生事,正須靜以待之,若爭小故,恐害大計。就令彼巡兵到雄州城下,必未敢攻圍雄州。若我都不計較,而彼輒有鹵掠侵犯,即曲在彼,我有何所害?'上乃令戒利一等無得妄出兵。文彥博因言李牧急入收保事,上笑曰:'惟李牧乃可。如雄州官,才出城便舉家哭,又安可比李牧也。'"①

七月二日,以韓縝爲天章閣待制、河北都轉運使

《長編》卷二百三十五熙寧五年七月己卯:"兵部郎中韓縝爲天章閣待制、河北都轉運使。初,議用縝,王安石請與修撰,上曰:'縝亦無大罪,今復待制如何?'安石曰:'縝虐殺一命官,豈得無大罪?姑俟赦乃復,亦不爲晚。'上曰:'秦州因循弛慢,縝獨盡力。'安石曰:'惟辟作福,若陛下爲其不因循特與之,則惟陛下命,但恐不免致人言耳。'上曰:'致人言奈何?'安石曰:'陛下既爲其不因循特與之,則不可因人言却改易。'上曰:'善。'"

按,韓縝復天章閣待制、河北都轉運使,《宋史》卷三百一十五《韓縝傳》失載。《名臣碑傳琬琰集》下卷二十《韓太

---

① 相關研究,可見陶晉生《宋遼關係史》第六章《王安石的對遼政策》,聯經出版事業公司 1984 年版,第 137—143 頁。鄧廣銘《北宋政治改革家王安石》,第 251—253 頁。

保緝傳》：“復天章閣待制、河北都轉運使，徙知瀛州。”

七月五日，神宗令改保甲上番法，力辯不宜

《長編》卷二百三十五熙寧五年七月壬午：“樞密院傳上旨，令中書改保甲上番法，十日爲一番。王安石言：‘保甲十日一番，須一年餘八月乃當一番，若令一月一番，即番愈疏。又昨百姓投狀，或乞半月，或十日一番。既指揮十日一番，今才上番，便降指揮令一月一番，即恐百姓爲人扇惑，以爲初令十日一番，今才上番，便令一月一番，相次又當令長上番，相次又令刺手而爲兵，即恐有群聚訴免，且乞十日一番。當此時，不從則背約失信，從之則上令不行。謂宜令十日一番，候其習熟，然後徐與商量。緣將來弓手亦可罷，以保甲上番代之，一弓手之給，可給兩人上番。又四城外巡檢尚有四千人，候保甲漸成就，亦可以保甲代之。至時乃與議增上番日數，亦恐須分閑要月分，閑月即令上番二十日或一月，農要之月即令只上番十日。’上曰：‘只恐上番日少，教閱難精熟。’安石曰：‘今保甲法大閱藝事八等，有等第免夫、體量草及免役錢；指揮上番，又以事藝較取錢物；凶年又以事藝得斛斗賙給，人自競勸，私習事藝，不必上番然後就學。今設科取學究，學究用功至多，然不煩驅就官學，人自競勸者，設利以誘之而已。臣愚以謂保甲數年，非特其藝勝義勇，必勝正兵，緣正兵雖拘之教閱，然挽彊不及等，即自絕於進取，其教閱但應官法而已，非有勸心也。今保甲人人有勸心，此所以終能勝正兵也。’上悅。”

以高遵裕欲招納木征，與神宗議之，因論諒祚

《長編》卷二百三十五熙寧五年七月壬午："王安石白上：'高遵裕欲以團練、正刺史招木征，可惜。如此，木征自以素倔彊，又已是刺史，縱就招納，必索姑息難驅策。不如厚以官職、財利招轄藥、都克占等歸漢，即木征坐可禽取。如此，威申於夷狄，而轄藥、都克占輩以恩澤易駕馭驅策。然此事但可以意喻韶等，令相度隨機經畫。'上令召遵裕商量，然後指揮。上曰：'諒祚亦非常人，本待用大兵脅屬西羌，城武勝軍，適會其死。'安石曰：'諒祚誠亦豪傑，誅鄂特彭，非有威斷豈能辦此？又收納中國人，與之出入，起居親厚，多致中國物以娛其意，此非庸人所及。'文彥博曰：'諒祚所收，不過中國之棄人，如景詢，何足道？'上曰：'與諒祚謀城武勝者，景詢也。秦州自來常是前兩府或兩制作帥，何嘗能謀如此事。'文彥博又曰：'如鄂特彭事，亦非好事。失人心，上下乖離，然後有此事。'上曰：'鄂特彭之彊，非諒祚所致也。'"

是日，議併省考功文字

《長編》卷二百三十五熙寧五年七月："初，議併省考功文字，上問考辭何用，安石曰：'唐以來，州縣申牒中書及諸司奏事、判事，皆有詞，國初猶然。'上曰：'此誠無謂。'安石曰：'天下無道，辭有枝葉，從事虛華乃至此。此誠衰世之俗也。'上以爲然。"

李燾："此據《日録》五年七月五日事。"

七月十一日，遣蔡確劾秦鳳路經略司、緣邊安撫司互訴事

《長編》卷二百三十五熙寧五年七月戊子：“遣御史蔡確劾秦鳳路經略司、緣邊安撫司互訴事于秦州。”

李燾：“朱史云：以前勘官杜純丁父憂，故再遣確。按：王安石欲變純所劾，故再遣確，純雖不丁父憂，固亦當罷去。朱史似爲安石諱也，今不取。”

按，《宋史》卷四百七十一《蔡確傳》：“王韶開熙河，多貸公錢，秦帥郭逵劾其罪，詔使杜純鞠治得實。安石却其牘，更遣確，確希意直韶，逵、純獲譴。”

力主罷雄州鄉巡弓手，神宗從之

《長編》卷二百三十五熙寧五年七月戊子：“詔：‘雄州歸信、容城縣弓級，自今無故不得鄉巡，免致騷擾人戶。遇探報有北界巡馬過拒馬河，即委縣官相度人數，部押弓手以理約攔。’從經略使孫永請也。時北人涉春月創遣巡馬越拒馬河，而永奏以爲北人苦鄉巡弓手，故增巡馬，若罷鄉巡則巡馬勢自當止，朝廷從之。先是，王安石謂鄉巡弓手實無所濟，但有騷擾，若都罷，邊界自静。上曰：‘前約彼無過河即罷，彼未肯報。’安石曰：‘我約彼巡馬不來即減罷弓手，彼約我減罷弓手即巡馬不來，兩相持，所以不決。今我不須問彼來與不來，但一切罷鄉巡弓手。彼若引兵過拒馬河，亦不須呵問；彼若鈔劫兩屬人戶，自須徑移歸，徐理會未晚。料彼非病風狂，豈可非理自騷擾抄掠兩屬人戶？若不抄掠兩屬

人户，又必不敢攻取雄州，任其自來自去都不省問，復何所
爭校？'馮京曰：'如此，即彼須占却兩屬人户。'安石曰：'必
無此理。然兩屬人户才四千餘，若朝廷有大略，即棄此四千
餘户，亦未有損。'上曰：'要是吞服得彼，即棄四千户何傷。'
安石曰：'陛下富有天下，若以道御之，即何患吞服契丹不
得？若陛下處心自以爲契丹不可吞服，西夏又不可吞服，只
與彼日夕計校邊上百十騎人馬往來、三二十里地界相侵，恐
徒煩勞聖慮，未足以安中國也。自古四夷，如今日可謂皆
弱。於四夷皆弱之時，小有齟齬，未嘗不爲之惶擾，若有一
豪傑生於四夷，不知何以待之！'上曰：'今契丹主雖庸，然所
馮藉基業大。'安石曰：'若無操略，國大適足以爲之累，緣大
物大材不能運故也。彼國大，非吾所當畏。'已而雄州又言：
'有兩逃軍報北界，云南朝欲以九月十日發兵二十萬取燕
京，契丹見聚兵二十萬防托。'僉曰：'契丹倉卒點集二十萬
亦難，必無此理。'安石曰：'契丹已聚兵二十萬，未必然；然
疑我侵取其地，因蒐閱點集，恐或有之。蓋聞朝廷經略即不
能無疑，又爲逃軍所誤，則宜其儆備也。'上以爲然。安石又
曰：'今河北將帥，未有可以待警急，即恐未能勝景德時。自
古論彊弱，以將帥爲急，今河北將帥，孰爲勝王超、傅潛輩？'
上曰：'王超當時持重不出，不爲失計；若出戰不勝，即契丹
更無後顧矣。'安石曰：'河北既如此，若使契丹疑我有侵取
之謀，因儆備蒐閱，訓練兵馬，既奮之後，又使人諜知河北空
虛，稍肆陵侮，即未易枝梧，雖上憑聖算，期於不能爲大患，
然亦不得不以爲念。'馮京曰：'契丹屢弱，安能舉事？'安石
曰：'契丹主自即位以來，雖未見其材略如何，然能保守成

業，不失人心。若使其徹備蒐閲訓練，要非中國之利。'上
曰：'然。'安石曰：'既知彼如此非我利，即於小事不宜與爭，
以生其疑隙。如鄉巡弓手，便合與罷。昨見雄州奏分人户
差役，中國所占户多，北人所占户少，臣以既是兩屬户，若要
分，宜與平分，分外占得十數百户，於中國有何利？徒使其
有不平之心。又中國每見契丹，好生事爭彊之狀。又如爭
鄉巡弓手，朝廷但見邊吏奏北界差巡馬過來生事，北界亦必
但見邊吏奏南朝添差鄉巡弓手生事。'馮京固爭，以爲徒罷
鄉巡不便。上從安石言，令樞密院降指揮罷之，文彥博等乃
議相度約欄如前詔。詔出，上復令追還，同中書別進呈。會
孫永奏至，與安石議略同，安石力主之，上令盡罷鄉巡弓手。
安石曰：'甚善。兩地供輸人户爲弓手所擾，極困敝，以内地
料之，若差弓手在村，必不自備糧食，決至騷擾村民，料彼巡
兵更甚，如此即人户困弊可知。'彥博等與京皆以爲如此盡
罷，恐兩屬户爲北人所占，若向時放税，便爲北人所收，不可
復取。安石曰：'時異事殊，即應之不可一揆。今觀北人惟
欲無事，非敢倔彊也。如占差役人，則我占人數比契丹所占
甚多，然契丹乃欲依見在所占人分定。如巡馬來，輒言南朝
若罷鄉巡弓手，則巡馬更不過河。既前此無之，近乃增差，
則生事之端在我邊吏，非關契丹敢爲非理。今但罷鄉巡弓
手、更鋪，北人必不差巡馬過河。假令已罷鄉巡弓手，北人
尚差巡馬過河，我都不與計校，於事體有何所傷？欲令縣官
部轄弓手約欄，臣愚以爲亦不須如此，任彼巡兵過河，我都
不問，彼必不敢寇掠人户，即彼巡兵雖來，有何所利？'彥博
等與京僉以爲恐彼遂占兩屬人户，安石曰：'今兩屬人户供

兩界差役,若彼要盡占人户供差役,令我更不得差役,即方占得兩屬人户,料彼未肯。如此即全無理,雖用兵與爭,亦所不免;若不如此,即如何占得兩屬人户?俟彼待我罷却鄉巡數月之後,彼巡兵尚來不止,即兩縣人户亦皆德我而怨彼,以彼爲曲,以我爲直,然後因其使來,語之以此,料契丹主亦必不容邊吏如此非理生事也。'彦博等固以爲不可不約欄。上從之。"

按,孫永乞罷鄉雄州鄉巡弓手,《宋史》卷三百四十二《孫永傳》、《東都事略》卷八十五《孫永傳》、蘇頌《蘇魏公文集》卷五十八《孫公神道碑銘》等均不載,《宋史》卷三百四十二《孫永傳》:"白溝巡檢趙用以遼人漁界河,擅引兵北度,蕩其族帳。遼持此兆釁,數暴邊上。神宗遣使問故,永請正用罪以謝,未報。遼屯兵連營亘四十里,永好諭之曰:'疆吏冒禁,已寘之獄矣,今何爲者?'敵意解,但求醳糗犒師而旋。進樞密直學士、知開封府。"《長編》卷二百三十六閏七月知雄州張利一奏:"雄州與北界商量,減鄉巡弓手,令彼罷巡馬。事方有涯,忽奉朝旨依孫永所奏,令抽罷鄉巡弓手。"

是日,因王韶欲討蕃部蒙羅角,與神宗、文彦博等議之

《長編》卷二百三十五熙寧五年七月戊子:"王韶言討蕃部蒙羅角,以其搶奪西域般擦,又不肯内附故也。文彦博曰:'追究前事,恐新附蕃户驚疑。'王安石曰:'以其不内附,故討其搶奪;若内附,必不追究前事。'上曰:'結吴叱臘是也。'蔡挺曰:'新附不宜數有誅討,必致驚疑。'上默然。樞院退,王安石曰:'上討不附,乃所以結固附我者,恐王韶必

知出此。'上以爲然。"

七月十三日，與神宗、文彥博議改禁軍逃亡敕令

《長編》卷二百三十五熙寧五年七月庚寅："編敕所奏諸禁軍逃走捉獲斬，在七日內者減一等，刺配廣南牢城；首身者杖一百。從之。舊法五百料錢禁軍，逃者滿三日處死，初改爲十日，上疑其寬，曰：'祖宗立法恐有意，蓋收拾天下無賴，教之武藝，若不重法繩之，即生亂故也。'王安石曰：'所以重法繩之，懼生亂也。今所懼者，相結逃亡爲亂而已。緣二者又已有重法，若不相結逃亡，又非逃亡爲亂，而逃者雖貸其死，必不能生亂，況又滿十日即不免死耶？且禁軍所以逃走，欲免爲軍也，其心必不欲止逃十日而已。然則，雖加七日然後死，軍人必不肯以此競逃走；而臣愚以謂無生亂長姦之實，且足以寬可矜之人。'文彥博曰：'祖宗時，才逃走一日即斬，仁宗放改作三日，當時議者已恐壞軍法。'安石曰：'仁宗改法以來，全人命甚衆，然於軍人走比舊不聞加多也。'上曰：'祖宗時用兵，故須嚴立法。仁宗時天下無事，自當改之。在真宗時，已當如仁宗時立法矣。'安石曰：'誠如此。國初接五代，四方皆畔渙之國，山澤多亡命不從招喚之人，則逃亡禁軍易以投匪。今逃亡亦自易爲捉獲，即立法不當如國初時也。'彥博固言：'軍法臣等所當總領，不宜輕改，恐如前代消兵或能致變。'安石曰：'蕭俛時天下兵至多，民力不給，不得不議消減；但當時措置失當，又幽州送朱克融等，乞各與一州，勿令歸幽州扇衆爲亂，而朝廷乃令克融等漂泊京師，久之不調復遣歸，此克融所以復亂河北也，亦何

預消兵事?'上乃令減爲滿七日,故有是詔。"

《宋史》卷一百九十三《兵七》:"逃亡之法,國初以來各有增損。熙寧五年,詔禁軍奉錢至五百而亡滿七日者,斬。舊制,三日者死。初,執政議更法,請滿十日。帝曰:'臨陣而亡,過十日而首,得不長姦乎?'安石曰:'臨陣而亡,法不計日,即入斬刑。今當立在軍興所亡滿三日,論如對寇賊律。'樞密使蔡挺請沿邊而亡滿三日者斬。安石曰:'沿邊有非軍興之所,不可一概坐以重刑。本立重法,以禁避寇賊及軍興而已。'帝曰:'然。'文彦博固言:'軍法臣等所當總領,不宜輕改,如前代銷兵乃生變。'安石曰:'前代如杜元穎等銷兵,乃其措置失當,非兵不可銷也。且當蕭俛時,天下兵至多,民力不給,安得不減?方幽州以朱克融等送京師,請毋遣克融還幽州煽衆爲亂,而朝廷乃令克融等飄泊京師,久之不調,復遣歸北。克融所以復亂,亦何預銷兵事?'彦博曰:'國初,禁軍逃亡滿一日者斬,仁宗改滿三日,當時議者已慮壞軍法。'安石曰:'仁宗改法以來,活人命至多,然於軍人逃亡,比舊不聞加多,仁宗改法不爲不善。'帝乃詔增爲七日。"

李燾:"墨本無此,據晁補之作《杜純行狀》,此議乃出於杜純,純先爲編敕所删定官故也。"

按,晁補之《雞肋集》卷六十二《朝散郎充集賢殿修撰提舉西京崇福宮杜公行狀》:"又論禁軍亡,律疏敕密。律從軍征討而亡十五日,絞;敕上禁軍逃三日,斬。若三路沿邊征戍及它征戍,與化外接者,皆以敕從事,而平居亡伍稍附律,疏其期歲,可活壯夫命數千,因收其用。後敕期滿七日斬,自公啓之也。"

與神宗議賞王韶、高遵裕

《長編》卷二百三十五熙寧五年七月庚寅:"太子中允、秘閣校理、管勾秦鳳緣邊安撫司王韶爲右正言、直集賢院,權秦鳳路鈐轄、閤門通事舍人高遵裕爲引進副使,落權字,進士王夏爲江寧府法曹參軍。韶等並以招納蕃部特推恩,而夏者,韶母弟也。始議推韶恩,官其子,而上欲慰其母心,故先及其弟。始欲轉韶兩官,以太常博士直昭文館,王安石曰:'韶功大,恐博士未稱,宜與司諫、正言。'上從之。上又言:'高遵裕欲得一職名。'安石問上:'不知何等職名?'上曰:'欲得御帶。'文彥博曰:'御帶須帶總管方除。'蔡挺曰:'此是要爲將來總管資基,兼自總管便作管軍。'安石曰:'元贇昨來亦得御帶,與總管不相須。若除管軍,自繫朝廷拔擢,不作御帶亦不妨管軍。'彥博曰:'元贇是諸司使,若要除却合令作諸司使。'上曰:'曹佾亦是橫行帶御器械。'密院猶遲疑不決,上令與御帶。"

以是日,神宗問及義勇事,爲之詳述施行事宜

《長編》卷二百三十五熙寧五年七月庚寅:"上問王安石義勇事如何,安石曰:'奉旨令臣弟安禮選舉相度,觀臣弟必不能選舉,恐合自朝廷差,仍須候趙子幾京西回,令與張京溫同去乃濟事。'上曰:'如何只趙子幾偏了得?'安石曰:'宜先了河東一路。河東舊制,每年教一月,今令上番巡檢下半月或十日,人情無不悦;又以東兵萬人所費錢糧,且取

一半或三分之二,依保甲養恤其人,即人理無不忻賴者。若更減得舊來諸軍恩澤及程試武藝,又減武舉所推恩例,併令人趨赴此,即一路豪傑無不樂從。此法凡欲用衆,若法不合於衆心,即難經久,若衆心以此法爲便,即此法自然經久。既行之久,人雖破壞,衆必不以爲允,如此乃爲良法。又今義勇須三丁以上,今當如府界兩丁以上盡收,三丁即出戍,出戍即以厚利誘之,兩丁就於巡檢下上番,上番如府界法,大略不過如此。但要遣人與經略、轉運使及諸路長吏商量,令知朝廷立法之意,及要見本路民情所苦、所欲,因以寓法。'上曰:'鼓舞三路人皆成就,人豈少!'安石曰:'此極天下一大事,若成就即宗廟社稷安,夷狄無足畏者。'因論及宿衛盡是四方亡命姦猾,非宗社長計。上曰:'祖宗厚以財帛、官職撫此輩,固爲此。'安石言:'五代之變,皆緣此輩。'上曰:'今百年舊俗未革。'安石曰:'觀仁宗服藥時事,即此輩亦似未能全然革心也。'馮京曰:'義勇雖云三丁以上,今亦有已死一丁,止存兩丁不曾差替者。'安石曰:'既有兩丁不差替,必有三丁不差上者。近聞義州義勇,兩縣戶同,其一縣得兩指揮,一縣只一指揮,即收刺有不盡處。今若用府界保甲法,即無收刺不盡,必然更增見在人數。'安石又言:'義勇、保甲爲正長,須選物力高强即素爲其鄉閭所服、又不肯乞取侵牟人戶,若貧戶即須乞取侵牟,又或與富强有宿怨,倚法陵暴以報其宿怨也。'"

《宋史》卷一百九十一《兵五》:"五年七月,命崇文院校書王安禮專一編修三路義勇條貫。是月,帝問王安石義勇事如何,安石曰:'宜先了河東一路。河東舊制,每年教一月，今令上番巡檢下半月或十日，人情無不悅。又以東兵萬人所費錢糧，且收一半或三分之二，依保甲養恤其人，即人情無不忻願者。"

因王廣廉卒，請厚賜之

《長編》卷二百三十五熙寧五年七月辛卯："詔賜故河北轉運副使王廣廉家眷二百緡，錄其壻姚大忠爲郊社齋郎，以判大名韓琦言'廣廉營職憂悴以致殞身，而身後別無子孫'故也。初，廣廉死，王安石白上曰：'廣廉雖有不至，然亦宣力。'上曰：'此是首推行朝廷法令之人，賜之宜厚。'故有是詔。"

七月十四日，勸神宗深察人情，毋爲不嚮之人所欺

《長編》卷二百三十五熙寧五年七月辛卯："王安石白上：'陛下每有所建立，未嘗不致紛紛，所以然者，陛下不深察人情故也。人情有嚮有不嚮，陛下有所不察，故人嚮者至少而事多爽悔。如經制洮、河事，但差去將帥輒與王韶爲異，豈盡與韶爭氣，亦其利害必致於此。臣請以事明之。如向寶在秦州取錢，騷擾蕃部，陛下亦曾宣諭，臣所以敢言。然向寶爲前後帥臣所稱，以至朝廷人共稱之者，以能背戾朝廷所爲故也，陛下以衆人所稱之故，亦屢稱向寶。如王君萬協同王韶所爲，即必爲帥臣所案，朝廷人所毀。向寶罪狀明白，陛下必無今日寵待，亦必不免斥廢。如王君萬但於將官地種菜，罪至輕，然以協同王韶爲朝廷幹事便被廢，縱後以特恩免罪，然其危懼已多，如此則人孰肯趨赴陛下所爲而不

附下？臣料太祖時，人臣必不敢如此，太祖必不容其如此，乃所以濟大業也。今陛下於不嚮之人每務含容，天下之人豈以爲陛下含容，但以爲陛下不能照察，爲姦人所侮耳。《老子》曰其下畏之侮之。爲天下王，至爲人所侮，何以濟大業，成天下之務？今不嚮之人豈盡不曉事，好爲異見，直緣敢侮而已。'上笑。"

七月十七日，以河東經略司言契丹大點集，與神宗議，以爲須靜以待之

《長編》卷二百三十五熙寧五年七月甲午："河東經略司言：'契丹大點集，云防托漢界，至召女真、渤海首領，自來點集未嘗如此。'上曰：'如何？'王安石曰：'此事惟須靜以待之，內自修補，次及於邊。'王珪、馮京皆謂必無慮，安石曰：'無恃其不來，恃吾有以待之。吾今未有以待彼，彼亦不可忽也。'上曰：'卿昨言但使彼知戒懼，即非所宜，良是也。'"

爲神宗言推行保甲等事。七月十九日，遣殿中丞劉珵等分行滑、鄭等州，依開封府界條例排定保甲

《長編》卷二百三十五熙寧五年七月丙申："詔殿中丞劉珵、著作佐郎李繡、大理寺丞潘監、奉禮郎汲光、前縉雲尉郭逢原、東明縣尉張元方分行滑、鄭、許、曹、陳、亳等州，與當職官排定保甲，其條約並依開封府界例施行，如官吏不職，委司農寺及本路監司按劾。逢原，開封府人也。又詔司農寺增置丞、主簿四員，仍自今輪出入案察逐州保甲。先是，

王安石白上曰：‘臣前欲以近畿郡爲畿輔，因推行保甲者，利在使趙子幾等按察官吏差易耳。若付之諸路，即恐諸路推行滅裂，無以使四方觀法。’上曰：‘不如令屬兵部，置屬官，令出入點檢。’又曰：‘馮京欲且遲留，候役事了，如何？’安石曰：‘此事既不擾人，又聖人愛日，亦須及時修營，庶早見成效。’上曰：‘曹州人喜爲盜，若習兵得無不便乎？’安石曰：‘前時以匿賊爲利，今若用府界條約，即人以捕賊爲利。爲其喜爲盜，乃所以當用保法也。’既而安石又言：‘令兵部管保甲，恐百姓心疑將刺以爲兵，不如令司農領之，仍便差官編近畿數州保甲，且增置丞、主簿，令更迭出入案察保甲，即農田、水利、常平、差役皆可使案察也。’上皆從之。”

是日，與神宗、文彥博議雄州修館驛作箭窗、女墻、敵樓等事

《長編》卷二百三十五熙寧五年七月丙申：“樞密院奏，代州牒，北界言邊吏侵暴事。又北界牒言雄州修館驛作箭窗、女墻、敵樓生事。王安石曰：‘此誠生事。’上言非敵樓、箭窗，安石曰：‘縱非敵樓、箭窗，不知館驛創立四角砌臺，又作女墻及墻窗何用？若依自來修蓋，有何所關？’上令依前降指揮拆毀，文彥博曰：‘前來誠不合修，今來若拆毀，便須占地。’安石曰：‘事但循常，彼猶生事，若彼別有規圖，即與小小爭校，尤無所補。若但以細故互相猜疑，即我每事循常，彼無猜疑之理。今邊隙數起，正爲我與彼所見略同故也。我以爲若少寬假，彼將別生事陵我，故每事稍異於尋常，即須爭校；彼亦以爲若少寬假我，我將別生事陵彼，故每

事稍異於尋常，即須爭校。故我蓋館驛稍異於常，即疑我改作鎮添築寨，而爭之不已。彼若見得事情，從我館驛內作敵樓、箭窗，有何所妨？我若見得事情，於彼事亦不須每與爭校。'上曰：'雄州生事，亦不可縱，須行遣。'安石以爲誠如此，然上亦不深罪張利一，安石以爲文彥博、吳充陰主利一，爲之游説蔽蓋也。"

七月二十一日，出東上閤門使、樞密都承旨李評知保州

《長編》卷二百三十五熙寧五年七月戊戌："東上閤門使、樞密都承旨李評知保州，仍領榮州刺史，用罷都承旨恩例也。先是，評坐同天節不令殿前、馬、步軍司赴垂拱殿起居，及判刑部杜紘不告謝兼失申舉，爲中書劾奏，罷管勾閤門，送宣徽院取勘，及案具，罰銅六斤，評遂乞免閤門供職，上不許。王安石曰：'此乃評避中書點檢，承前詔意，恐中書推求其罪。緣臣董正百官，見左右近習有罪，豈得不案？陛下方尊寵倚信李評，臣當避位。'上曰：'朕未嘗尊寵倚信評也，但閤門、樞密藉評點檢簿書而已。'安石曰：'臣備位大臣，案治小臣誕謾罪狀明白，小臣任事如故，臣反受詰責，誠難以安職，惟罷臣則評自可不免閤門勾當。'上曰：'詰責那有是。'安石曰：'陛下前詔云煩費推求，何日窮已，臣豈不上體聖意？如臣議上壽事但據理評議，亦屢蒙陛下督過。'上曰：'上壽事或恐理有未盡處。'安石曰：'此極細事，然陛下乃不及待，且令中書改正。以臣所奏，實不見評有理，評敢爲誣罔蔽欺不但此，此豈可復在人主左右？臣聞樞密院，評作姦宄尤多，顧臣不詳知本末，不敢論奏。中外之人，其孰

以陛下親信李評爲可者？'上曰：'評固非忠良，又無遠識，今當與換何等差遣？'安石曰：'陛下雖知評非忠良，無遠識，臣雖知陛下聖質高明，然四方之人豈復知此？但見陛下親厚評如此，罪狀明白，猶待之不衰，則天下姦邪安肯革面而退聽？'王珪請與冀州，上曰：'評父老，與宮觀何如？'既而曰：'如此則又不離閤門。'珪曰：'罷都承旨，例亦合遷官。'上良久曰：'評以罪去官，豈當復遷？'乃令與保州，珪曰：'評若思過，更年歲間却收用可也。'安石曰：'變詐小人若復親近，但有虧損聖德。若陛下果能覺悟，又安可復親近？然此事須陛下熟慮，若以臣故彊勉斥逐，則臣更有放橫之嫌矣。'因言程昉及李若愚事，曰：'臣前論李若愚姦罔，陛下待之彌親，後論李評欺誣，陛下遇之彌厚，不知陛下用臣以何爲職業？臣蒙陛下信聽，當以臣素行無他，然願陛下每事考察，臣若有一違負陛下，則罪宜大於餘人，以臣最獲親近故也。'初，程昉以塞河工加帶御器械，用故例入侍，評不欲昉親近，因立法：都知、押班、帶御器械，差遣在京者乃聽供職，他則否。時押班惟李若愚，帶御器械惟昉，昉疑評抑己，遂訟評，故安石以爲言。若愚先治塘泊有勞，不自言，及王臨奏《塘泊圖》，上乃知之，深嘉若愚不伐。安石謂：'若愚大猾，故爲此以中聖意。緣大臣與若愚交私，若愚雖不自言，必有爲若愚言者，陛下安可因此一事遽信之？若愚前體量秦州事，盛稱李師中，誣罔王韶，今陛下豈不察此也！'上又問都承旨解職恩例。及進呈，有除大將軍、刺史者，上曰：'刺史太優。'詔評領榮州刺史，又曰：'評在閤門、密院，多與人爭，觸怨怒，何所利？'安石曰：'或以守道違衆觸怨怒，或以招權竊威

福，托公直以自結人主觸怨怒。其觸怨怒同，其情則異。如
裴延齡欺罔，德宗獨信之者，以其能變詐故也。陛下憐評，
恐近類此。'上又言：'張琥論李評不合上殿，此殊無理。'安
石曰：'陛下耳目之官識見皆不足賴，但采聽浮言，不皆中
理，此臣所以尤願陛下詳擇熟慮是非枉直也。若陛下耳目
之官能爲陛下別白忠邪，即當爲陛下論先王之道，奉行中書
故事而已，何至紛紛與小人校辨？'"

《林希野史》云："李評久侍上左右，雖以戚里進，然頗知
書，習典故，多智數，鮮有及者。爲閤門使，又令樞密都承旨
不用次補直以外官進，自評始。其幸於上，中外無可比者。
與同列奏事，必留身，間雖不奏事，上必獨與語踰刻，上色未
嘗不懌也。評所聞外事，大小悉以聞，然而遭評讒毀者不少
矣。閤門、密院吏苦評苛察，雖執政亦不敢少斥其非，往往
陰贊其美，結以自固，諫官、御史未嘗有一言及評。上朝夕
欲除簽書樞密，雖他人莫不度其將然。自府界置保甲妨擾，
民情不樂，畿內人得以私習武備，評亦極論其不可。他日，
上語安石保甲事，李評甚危言之，安石始怒評敢輕議己，日
摭其過，然評之怙寵未易動也。熙寧五年以來，評愈不平安
石擅權專國，上不得有所爲，屢攻其短，上又時以其語對執
政道之，安石益怒。會閤門誤排軍員等坐位，安石請劾評
等，評愬於上，以爲：'此小事，非閤門罪，安石欲沮辱臣爾，
陛下每有所黜，即安石多方黨蔽，黜者反進擢。安石有所
怒，陛下雖明知其無過，安石必欲加罪，如臣是也。'上爲之
動，但命劾閤門胥吏，貸評等不問。安石固請之，於是御史
紛然交攻評矣。上猶未聽，安石乃不入朝，乞解政事，章凡

數上，上遣中人宣押入中書，即時劾評，安石乃留。月餘，劾狀已上，猶命特放，安石勃然曰：‘陛下始許臣以逐評，臣乃留，今放評罪何也！臣願復去。’上不得已，黜評知保州。評父端愿爲評乞在京閑慢差遣，又乞侍養，不許，上亦惜其遠去，改知潁州。評既斥，又除曾孝寬爲都承旨，不用武臣，自此密院官屬亦安石黨人矣。嗚呼，其慮遠哉！”

李燾曰：“希所云評誤排軍員等坐位，必誤，事具六月壬辰。”

司馬光《涑水記聞》卷十六：“上以外事問介甫，介甫曰：‘陛下從誰得之？’上曰：‘卿何以問所從來？’介甫曰：‘陛下與他人爲密，而獨隱於臣，豈君臣推心之道乎？’上曰：‘得之李評。’介甫由是惡評，竟擠而逐之。”聊備一說。

七月二十二日，因有投匿名文字扇惑，神宗欲緩差編排鄭、滑等州保甲，爲之力爭

《長編》卷二百三十五熙寧五年七月己亥：“詔獲投匿名文字扇惑保甲者，給賞錢五百千，以司農寺言‘近有人於封丘縣北門以匿名牓扇搖保丁，使不得安，已檄諸縣密行擒捕給賞，更乞朝廷嚴約束。’故有是詔。已而上批：‘近差編排鄭、滑等州保甲事，觀今日匿名事，府界人户尚有驚疑，若更推之鄭、滑，恐人情未能安貼，成就更緩。可且再差人體測府界人情，然後徐議此事。’王安石白上：‘府界保甲，昨日人人取狀願上番，然後降指揮，即人情無復驚疑。’上曰：‘恐止取得保正、保長狀爾。’安石曰：‘聞知陳留縣章篯云：陳留縣止有兩户不肯供狀，然亦未嘗彊之。觀此則非但取正、長

狀，若但取正、長狀，或復有人戶成群自訴，則官吏何以免責？兼臣每出郊祠，召鄉巡耆壯體問，臣家亦有外縣公人，每每問其縣人情狀，何嘗有驚疑。所以有貼匿名文字者，必是自來居藏盜賊之人，不便新法爾。陛下但觀長社一縣，捕得府界爲保甲迫逐出外行劫之人至二三十人，此等人既不容於京畿，又見捕於輔郡，其計無聊，即專務扇搖他人而已。今陛下聰明睿知，曠世特出，然一爲姦人熒惑，輒爲之動。今以十數萬愚民而欲扇惑之者非特一人而已，如何欲其一皆安帖？昨日聞已捕獲扇惑糾集人頭首根勘，然至京者亦止有二十餘人而已，以十七縣十數萬家而被扇惑驚疑者才二十許人，不可謂多。自古作事，未有不以大勢驅率衆人而能令上下如一者。今連十數萬人爲保甲，又使之上番，乃人人取狀，召其情願，此乃以陛下每事過謹，故須如此。陛下誠思前代創府兵，乃令討高麗、党項，豈是所願，但以勢驅之，人不得已，久之自聽服，習以爲常爾。天下之事，皆成於勢，故老子曰：物形之，勢成之。’上曰：‘討高麗是隋煬帝，此所以致叛。’安石曰：‘討高麗乃唐太宗事，彼府兵亦豈所得已？如今日令保甲巡檢下捕賊，若任其自來，則誰肯向前用命？若以法驅之，則又非人情願。若止欲任情願，即何必立君而爲之張官置吏也。且湯、武革命，名爲應天順人，然湯衆皆以謂湯不恤我衆，而湯告以必往，誓之以孥戮。湯所以爲順人者，亦不須待人人情願然後使之也。今鄭、滑事，欲但令差去官先曉諭人情，俟其通知，然後編排爾。’上以爲然。安石又白上府界勾當保甲官，即未見不忠信可疑者。上曰：‘昨聞人戶斬指事，惟曾孝寬言有之，趙子幾乃不言，何也？'安石曰：'斬指事乃蔡騊所説，又子幾委蔡騊根問，乃是因砍木誤斬指，有數人參證甚明。子幾令蔡騊就鄉村排保甲，騊乃集人至縣郭外，留滯三日，其所以然，蓋有所希。向騊任襄邑尉十月，有强盜二十四人，竊盜一十人不獲，子幾每欲案治，但以其扇搖保甲人户故自嫌不行遣。曾公亮爲永興，乃辟令掌機宜。今保甲法，上自執政大臣，中則兩制，下則盜賊及停藏之人，皆所不欲，然人情安帖如此，則措置可謂盡矣。'"

七月二十七日，薦呂惠卿修起居注

《長編》卷二百三十八熙寧五年九月丁未："先是，上謂王安石曰：'直舍人院文字如許將殊不佳。'安石曰：'將非但文字不過人，判銓亦多生疏不曉事，爲選人傳笑。臣怪陛下拔令直舍人院，不知何意。'上曰：'止爲將狀元及第。'安石曰：'陛下初未嘗以科名用人，何獨於將如此？'安石又曰：'制誥誠難其人，然於政事亦非急切。'上曰：'説事理不明，不快人意，要當審擇。'又問：'起居注見闕，何人可修？'安石曰：'呂惠卿喪欲除。'上曰：'惠卿最先宣力。'安石曰：'非爲其宣力，如此人自當擢用。'上曰：'惠卿勝曾布。'"

李燾："此段見《日錄》七月二十七日，今附見。"

再與王珪、文彥博等議賞王韶。七月二十九日，以王韶爲集賢殿修撰

《長編》卷二百三十五熙寧五年七月丙午："右正言、直

集賢院、管勾秦鳳路緣邊安撫司王韶爲集賢殿修撰。先是，
上謂王安石曰：‘高遵裕非首謀，近又退縮避事，官賞乃已過
韶。’安石曰：‘遵裕誠非首謀，能與韶不爲異而已，亦未至退
縮避事。然韶功誠大，賞薄。’上令再議韶賞，王珪請與直龍
圖閣，文彥博曰：‘如此，則邊上便呼龍圖。’珪曰：‘趙卨尚作
龍圖。’上曰：‘龍圖與直集賢院何所校？’欲與修撰，且曰：
‘沈起亦作修撰。’彥博曰：‘邊人不知職名高下，但見呼龍圖
即以爲尊。如唐時藩鎮言軍中只知尚書轉僕射。’上曰：‘修
撰要是勝直龍圖閣。’安石欲與史館，而故事史館不帶出，乃
除集賢殿修撰，仍差入内供奉官、秦鳳路緣邊安撫司勾當公
事李憲就賚誥敕往賜。時朝廷命修瑪勒寨，遵裕乞緩興工，
故上以爲退縮避事也。”

七月二十九日，以宋敏求知審官東院

《長編》卷二百三十五熙寧五年七月丙午：“右諫議大
夫、集賢院學士、判秘閣宋敏求兼知審官東院。上初欲用鄧
綰，曰：‘司農無用綰也。’王安石曰：‘司農有廨宇，又綰無曠
事，忽罷之不便。’乃用敏求。”

是月，以許將等請併吏部南曹，力主之。神宗從之

《長編》卷二百三十五熙寧五年七月：“是月，併吏部南
曹入流内銓，從判銓許將等請也。馮京言：‘本設南曹，爲關
防銓司闕誤。’王安石曰：‘唐以來銓曹法制與今日選法都不
同，乃雜用唐制，不全刪去，故選人留礙百端，吏人枉費紙
筆。近已刪去舊條，極簡便，銓司自易點檢，誠無用南曹虛

作留礙煩擾。如考功，考較事已除，即考功自無復可存之理。如格式司，但批選人料錢等，今既增俸，即格式自無復可存之理。'上曰：'或謂舊料須以戶口多少差注，今添料錢爲一等，亦未便。'安石曰：'所用戶口乃省帳戶口，非今實數，兼戶口多處未必煩劇，戶口少處未必安逸，若僻靜處戶口雖多自少事而逸，要鬧處戶口雖少自多事而勞，又有帶前任料錢者，即俸厚薄自不計戶口多少。'上曰：'所省吏俸應不多。'安石曰：'若實合存，即計惜吏俸不得。今實宜廢，併所省吏俸歲六千餘緡亦不爲少，且省出官人。'於是，上從安石議，廢南曹歸銓。"

按，《宋史》卷三百四十三《許將傳》："初，選人調擬，先南曹，次考功。綜核無法，吏得緣文爲姦，選者又不得訴長吏。將奏罷南曹，闢公舍以待來訴者，士無留難。"

是月，郭逢原上疏相頌，乞神宗待以師臣之禮

《長編》卷二百三十五熙寧五年七月："前處州縉雲縣尉、編修三司敕并諸司庫務歲計及條例刪定官郭逢原上疏曰：'臣竊觀自周文、武以還，盛德有爲之主固無如陛下，而懷道之士由孔、孟而後如王安石者，亦未之有。然臣尚有疑者，殆恐顧遇師臣之禮，未有隆焉。古者，天子尊師之禮有隆而無替，君臣之分有時而不行。臣嘗聞陛下固以師臣待安石矣，而使之自五鼓趨朝僕僕然，北面而亟拜，奔走庭陛，侍立左右，躬奏章牘，一切與冗僚胥史無別，古者待師臣之禮，未聞有是。陛下興治補弊，跨越百王，而遇師臣之禮，未極優異，尚守君臣之常分，此臣之所未喻也。臣願陛

下考前聖尊德樂道之義，不習近迹，特設殊禮，事無纖悉，必咨而後行，則湯暨伊尹咸有一德，豈獨擅其美於前世哉？'又上疏曰：'臣聞能自得師者王。古聖人未嘗無師，孟子稱堯所以待舜之禮可謂至矣，以齒則堯長，以爵則舜賤，以德則舜固無以加於堯者，而堯尚尊禮之如此。今陛下卓然獨奮於百王之後，四方拭目以觀堯、舜之治，而區區之末禮於安石尚如有惜，不明示於天下，此臣之所未喻也。夫宰相代天理物，無所不統，未聞特設事局、補除官吏而宰相不預者也，今之樞府是已。臣愚以謂當廢去樞府，併歸中書，除補武臣悉出宰相，軍旅之事各責其帥，合文武於一道，歸將相於一職，復兵農於一民，此堯、舜之舉也。今王安石居宰輔之重，朝廷有所建置於天下，特牽於樞府而不預，則臣恐陛下任安石者蓋不專矣。自李評罷去，天下有志之士咸相欣慶，願陛下以古語爲朝夕警戒，早因此時推崇尊德樂道之義。'疏奏，上甚不悦。他日，謂安石曰：'逢原必輕俊。'安石曰：'陛下何以知之？'上曰：'見所上書，欲併樞密院，廢募兵。'安石曰：'人才難得，如逢原亦且曉事，可試用也。'

李燾："逢原輕俊，見閏七月十四日《日録》，今附此。"

按，黃裳《演山先生文集》卷三十三《朝散郭公墓誌銘》："郭逢原字公域……既冠，登進士第，主泰州成紀縣簿。以遠于親，乃求侍養。後二年，調處州縉雲尉。丁其母李氏憂，致哀如禮。熙寧初，從王文公遊。文公器之，累辟掌法書局，修三司敕、諸司庫務歲計、司農寺條例、《李衛公兵法》、《元豐敕令格式》。神宗皇帝由是知名，召對便殿，詰其所修要目，條對明白。"然未載上疏事。

是月，東府庭下作盆池，有詩偶題

《詩注》卷四十四《壬子偶題》："黃塵投老倦匆匆，故遶盆池種水紅。落日欹眠何所憶？江湖秋夢櫓聲中。"

自注："熙寧五年，東府庭下作盆池，故作。"

有詩懷江寧府園

《詩注》卷四十二《懷府園》："槐陰過雨盡新秋，盆底看雲映水流。忽憶小金山下路，綠蘋稀處看游鯈。"

李注："小金山，在江寧之府園。蘇魏公頌有《金陵府舍重建金山亭》詩，見本集中。"

閏七月一日，以蔣之奇權發遣淮南路轉運副使

《長編》卷二百三十六熙寧五年閏七月戊申朔："權淮南轉運判官、金部員外郎蔣之奇權發遣轉運副使。之奇嘗與王安石言：'百姓列狀乞早行助役新法曰：上推不貲之惠，下受罔極之恩。'安石具以白上曰：'百姓如此，或稱人情不安者，妄也。'"

按，公於蔣之奇本頗爲不齒(詳本譜熙寧三年二月二十三日)，至此重用之。《宋史》卷三百四十三《蔣之奇傳》："新法行，爲福建轉運判官。時諸道免役推行失平，之奇約僦庸費，隨算錢高下均取之，民以爲便。遷淮東轉運副使。"《東都事略》卷九十七《蔣之奇傳》："之奇游歐陽修之門，修主濮議，之奇盛稱之。及是以浮語彈修，考驗無實，出監道

州稅,改宣州,而之奇遂爲清議所非。新法行,爲福建路轉運判官,遷淮東路轉運副使。"

契丹巡馬又過拒馬河南。是日,與神宗議之,以爲不須編欄襲逐

《長編》卷二百三十六熙寧五年閏七月戊申朔:"雄州言北界巡馬又過拒馬河南,已差官編欄襲逐出界訖。王安石曰:'何須編欄襲逐?'上曰:'既罷却弓手,彼又過來,若不編欄襲逐,彼將移口鋪入裏也。'安石曰:'彼若欲内侮,即非特移口鋪而已。若未欲内侮,即雖不編欄襲逐,何故更移口鋪向裏。若待彼移口鋪向裏,乃可與公牒往來理會。昨罷鄉巡弓手,安撫司止令權罷,臣愚以爲既欲以柔靜待之,即宜分明示以不爭,假令便移口鋪,不與爭亦未妨大略。'上曰:'若終有以勝之,即雖移口鋪不爭可也。'安石曰:'終有以勝之,豈可以它求,求之聖心而已,聖心思所以終勝則終勝矣。陛下夙夜憂鄰敵,然所以待鄰敵者,不過如爭巡馬過來之類,規模止於如此,即誠終無以勝敵。大抵能放得廣大即操得廣大,陛下每事未敢放,安能有所操?累世以來,夷狄人衆地大未有如今契丹,陛下若不務廣規模,則包制契丹不得。'又曰:'欲大有爲,當論定計策以次推行。'因論周世宗移御床就箭力所及曰:'天錫人主智略,使颺除禍亂,若勇不足以奮士服衆,何能成務?'馮京曰:'世宗止能爲宋颺除。'上曰:'世宗誠創業造功英主也。'"

閏七月三日，遣章惇察訪荊湖北路農田、水利、常平等事，欲經制南、北江

《長編》卷二百三十六熙寧五年閏七月庚戌：“遣秘書丞、集賢校理、檢正中書戶房公事章惇察訪荊湖北路農田、水利、常平等事。始議經制南、北江，故徙夔及構，又使惇往密圖之。王安石請先以察訪常平等事爲名，竢見端緒，乃委監司計度。文彥博曰：‘若名爲察訪，則監司執不從。前李承之出，震動東南。’安石曰：‘銜命出使，自監司以下皆得按舉，固宜爲人所畏也。’

南江，本唐叙州，五代失守，群蠻擅其地，虛立州名十六，國朝並隸辰州，許令貢奉，則給以驛券。其後有硤州舒光秀者爲之統領，提點刑獄趙鼎言硤州峒酋刻剝無度，蠻衆願內屬。時熙寧三年也。明年，辰州布衣張翹上書，論：‘南江蠻雖有十六州，惟富、峽、叙州僅有千户，餘各户不滿百，土廣無兵，加以薦飢。近向永梧與繡、鶴、叙諸州蠻自相讎殺，衆苦之，咸思歸化，願先招撫富、峽二州，俾納土，則餘州自歸。’又言：‘北江下溪州刺史彭師晏屠懦，衆不畏服，爭鬪讎殺不已，皆有內向心。近師晏嘗於辰州自陳，願以石馬鎮一帶疆土歸化，乞乘機招納，建城寨，定稅賦。’詔以翹書并鼎所陳下知辰州劉策詢度。於是，請如翹言領兵壓境，密行招諭，直下溪州修築一城，置五堡寨，仍遣其子圖上方略。上曰：‘策言兩江事，所規畫甚善，非貪其土地，但欲弭患耳。’王安石曰：‘苟如所聞，則非但弭患，使兩江生靈得比內地，不相殘殺，誠至仁之政。’安石又曰：‘策不欲令安撫、轉

運司預此。'上曰:'誠然。'安石曰:'須朝廷審擇數人與同。此事可否未可知,既有此機會,須當經度。若經度,則諸溪洞負罪逃亡人不少,須先募桀黠用事者數人,厚以利啗之,令誘説逃亡人,許以赦宥,且令各獲便利,乃可集事。蓋蠻人素不與中國通,若此輩不利自屬,則必譸張扇動或驚騷;若此輩利自歸,則誘導蠻人,使鄉化甚易也。'上曰:'河東劉繼元降,太宗問其久不降之故,云爲降人所持,即此類也。'未幾,策卒,更以東作坊使石鑑爲荆湖北路鈐轄兼知辰州,使惇經制。明年,詔除翹縣主簿或尉以賞之。"

《宋會要輯稿》蕃夷五:"(熙寧五年)七月,遣中書檢正官、秘書丞、集賢校理章惇往荆湖南路察訪,始經制蠻事也。""閏七月二十一日,以東作坊使石鑑充荆湖北路鈐轄兼知辰州。因辰州布衣張翹上書言,南、北江蠻衰弱,可郡縣之。朝廷以廣西兵馬鈐轄劉策知辰州,即圖之,策如翹請,遣其子圖上方略。未幾,策卒,乃遣鑑,始用事於南、北江也。"

閏七月四日,因神宗欲罷塞河,爲論塞河之利

《長編》卷二百三十六熙寧五年閏七月辛亥:"上謂執政曰:'京東調修河夫甚不易,有壞産者,聞河北調急夫亦多。若河復決,即更無力可塞。河決不過占得一河之地,或西決,或東決,若利害無所校,隨其所趨,不塞如何?'王安石曰:'昨北流若不塞,即計夫功物料,修立隄埽,不減於修二股。而北流所占地至多,又水散漫,非久必復澱塞,自今年未閉第五埽時,已覺下流澱塞,即復有決處,此所以不可不

修塞也。昨修二股河，所用夫功物料比北流所費不多，又出公私田土爲北流所占者極衆，向時瀉鹵，今皆肥壤，河北自此必豐富如京東，其功利非細也。今年所發急夫，比去年數目極少，若更茸理隄防，漸成次第，即河北逐年所調夫必大減省。’王珪因白上：‘漳、洺河人戶數十人，經待漏謝朝廷與開河出美田三四百里。’安石曰：‘漳河一淤凡數千頃。’又言：‘程昉作浮梁于洺州之五橋已了當。’上悅。”

閏七月五日，與神宗議王韶討南市費用

《長編》卷二百三十七熙寧五年八月丁丑朔：“先是，吳充言：‘張詵書云詔討南市，一日費六百石糧，四百貫錢。’王安石曰：‘呂公弼書亦云費多，臣本憂政在犒勞士卒不至，若犒勞士卒周足，使樂爲用，即不憂不勝。今呂公弼、張詵皆言費多，即必犒勞周足矣。’上欲更與錢物。安石謂：‘前與陝西轉運使錢物已多，今不須也。’”

李燾：“閏七月五日安石云。”

閏七月六日，以王韶言築乞神平堡，新附羌人來助防托，與神宗議賞

《長編》卷二百三十六熙寧五年閏七月壬子：“王韶言築乞神平堡，新附羌人七千騎來助防托。王安石曰：‘此宜優與支賜。’上曰：‘緣邊安撫司無以給此。’安石曰：‘此不可吝惜也。’上曰：‘防托豈不費糧食？若既內附爲用，失於應接必解體，首領宜與支賜，但緣邊安撫司無以給耳。’三司使薛向言：‘欲與支賜銀、絹，三司亦有備。’”

閏七月七日，與神宗議懲責知雄州張利一，以寧息邊事

《長編》卷二百三十六熙寧五年閏七月甲寅："王安石曰：'張利一生事，致北界騷動，宜懲責。'上以爲然。安石曰：'种診擅與西人文牒，尚降一官。'上曰：'環州不曾以文牒與西人往來，种診乃擅如此。'安石曰：'利一添差弓手，亦不依舊，嘗修驛，又致北界騷動。且與利一轉官再任，非藉其經略契丹，但要安帖無事。今致驚擾如此，其罪豈特种診之比？'王珪、馮京欲候此事帖息乃行遣，上曰：'亦不須。'京、珪以爲恐北界聞之，安石曰：'正欲北界聞知非我縱其如此，乃所以帖息邊事也。'"

閏七月八日，以張諤爲崇文院校書

《長編》卷二百三十六熙寧五年閏七月乙卯："岳州司户參軍張諤爲崇文校書。諤前舉官入高等，王安石言其可用也。"

與神宗議以呂公著入京判閑局。閏七月九日，以公著判太常寺

《長編》卷二百三十六熙寧五年閏七月丙辰："知棣州、翰林侍讀學士、寶文閣學士呂公著判太常寺。先是，侍御史劉孝孫劾公著在潁州多飲宴，子弟以公庫器皿於豪民家質錢，由是部吏無所畏憚，多縱逸踰矩。詔轉運副使陳知儉按覆，皆不實，惟幕官程嗣先等踰法事，乃在熙寧三年十月赦前，時公著尚在御史府，前守嘗以公庫銀鍋質錢於祝氏供宴

飲費，既去，公著爲贖之，非公著子弟所爲也。上謂王安石等曰：'固知公著必無是事，今果然。'安石曰：'公著實病，郡或不治，宜與依新法置通判。'上曰：'置通判公著安肯聽？'安石曰：'公著但寬弛，非强愎也。'上不欲令公著治郡，安石曰：'令入京主判閑局亦無害。'故以太常寺處之。"

　　按，吕公著入京判太常寺，《宋史》、《東都事略》失載，或吕公著以病辭故也，詳下。

閏七月九日，因神宗詔諸路被災有蝗者亟以聞，以爲安撫司不須奏。並勸神宗當愛惜日力，深思熟講御天下之大略，不必勞弊精神於捕蝗等事

　　《長編》卷二百三十六熙寧五年閏七月丙辰："御史張商英言：'判刑部王庭筠立法，應蝗蝻爲害，須捕盡乃得聞奏。今大名府，祁、保、邢、莫州，順安、保定軍所奏凡四十九狀，而三十九狀除捕未盡，進奏院以不應法不敢通奏。且蝗蝻幾遍河朔，而邸吏拘文封還奏牘，若俟其撲除盡净方許以聞，則陛下欲於此時恐懼修省，以上答天戒而下恤民隱，亦晚矣，惟陛下裁省。'御批：'近亦據瀛州安撫司奏：本司近據轄下諸州縣申到飛蝗蝻蟲，遂具奏，並準進奏院遞回，稱近制安撫司不得奏灾傷。必是緣此條約之故，可速除去。仍令進奏院遍指揮諸路安撫、轉運司并轄下州府軍監縣，今後應有灾傷，並仰所在即時聞奏，以稱朝廷寅畏天威、遇災恐懼之意。'中書檢會應蝗蝻生本州及轉運司施行乞奏又一法：耆申縣，縣申州，州申轉運、提點刑獄司，集人夫捕盡，奏是蝗蝻生與捕盡俱奏。二法相爲終始，乃進奏院誤會條貫，

詔申明行下。王安石曰：'條貫已令本州、提點刑獄、轉運司申奏，安撫司自不須奏。'上曰：'安撫司奏何害？'王安石曰：'朝廷令本州及轉運司奏，已是兩處奏，亦足矣，更令提點刑獄司奏，誠太多。又恐逐司或有弛慢，故新法約束，若逐司不職，更覺察聞奏，不知何用更令安撫司吏人枉費紙筆、遞鋪虛負腳力？又一處有蝗蟲，陛下閱六七紙奏狀，如此勞弊精神翻故紙，何益？何如惜取日力，深思熟講御天下大略？只如經略、安撫司有何限合經制事，却須要管勾奏災傷狀作甚？'上笑。"

是日，以知雄州張利一奏罷鄉巡弓手後契丹巡馬愈多，與神宗再議罷鄉巡弓手及處置利一事。因論當以柔靜應契丹，待內政修舉後再圖謀制

《長編》卷二百三十六熙寧五年閏七月丙辰："是日，張利一奏：'雄州與北界商量減鄉巡弓手，令彼罷巡馬，事方有涯，忽奉朝旨依孫永所奏，令抽罷鄉巡弓手。北人既見怯弱，即自侵陵，自抽罷後，巡馬過河人比前後人數最多，恐漸須移口鋪占兩屬地。及聞要刺兩屬人户手背，兩屬人户見朝廷不主張，更不敢來投訴，兩屬人户必爲彼所占。'王安石曰：'從初自合直罷鄉巡弓手，利一乃令權罷，權罷與直罷有何所校？但直罷即分劃明，所以待敵國當如此。'上曰：'前權罷，探報言彼亦權住巡馬過河爲相應，未幾，又復過河，此事疑利一陰有以致之。'安石曰：'但罷鄉巡弓手，從彼巡馬過河，有何所損哉？我既遇之以靜，彼自紛擾，久亦當止。'上曰：'若遂移口鋪來占地，則如之何？'安石曰：'我所以待

之已盡,彼有強橫非理,即我有辭矣,自可與之必争。'上曰:
'争之不從奈何?'安石曰:'彼若未肯渝盟,即我有辭,彼無
不服之理;彼若有意渝盟,不知用鄉巡弓手能止其渝盟否?'
馮京曰:'且示以争占,即息其窺覦之心,緣契丹自來窺覦兩
屬人户,要占爲己田地。'安石曰:'契丹若有大略,即以如此
大國乃窺覦叢爾屬户,果何爲也? 陛下以爲契丹所以争校
者,爲陵蔑中國耶,爲中國陵蔑之也?'上曰:'自來契丹要陵
蔑中國。'安石曰:'不然。陛下即位以來,未有失德,雖未能
彊中國,修政事,如先王之時,然亦未至便可陵蔑。所以契
丹修城、畜穀爲守備之計,乃是恐中國陵蔑之故也。若陛下
計契丹之情如此,即所以應契丹者當以柔静而已。天下人
情,一人之情是也。陛下誠自反,則契丹之情可見。以夏國
土地人民,非可以比中國之衆大,又以陛下聰明臨秉常小
童,至於朝廷紀律雖未盡張,猶百倍勝夏國也,然朝廷終不
能兼夏國。送百餘逃人來,即中國人情皆有憐夏國之心,武
怒之氣爲之衰沮。以我之遇夏國尚如此,即契丹之遇我可
知。不知我以柔静待契丹,何故乃反欲爲吞噬侵凌之計?
契丹主即位已二十年,其性情可見,固非全不顧義理,務爲
強梁者也。然則,陛下以柔静待契丹,乃所以服之也。'文彥
博與京又言兩屬地從來如此互相争占,安石曰:'爲中國邊
吏與契丹邊吏所見略相同故也。若中國邊吏變舊態以應
之,則彼所以應我亦當不同,不知契丹所以紛紛如此者爲何
事?'上曰:'爲趙用入界。'吳充曰:'已栅勘趙用,然契丹猶
不止。'安石曰:'已栅勘趙用,故契丹但以巡馬過河,應我添
鄉巡弓手。若不然,即契丹何憚而不以兵馬過河報趙用放

火殺人也?'上曰:'張利一與孫永已相矛盾,難共事。'安石曰:'利一本生事,致契丹紛紛如此。今朝廷既毀拆利一所修館驛,又罷鄉巡弓手,利一與孫永所爭皆不用,即利一必不肯了邊事,留之雄州不便。'彥博以爲利一豈肯如此,上曰:'利一如此有何利?'安石曰:'自今邊事不了,即利一歸咎於朝廷用孫永之言。利一從來爭議,乃不見其不當,若自今邊事了,則是利一所爭議皆不當,永所奏皆當,此即利一利害。利一言議罷巡兵事方有涯,不知陛下見得奏報事果有涯否?'彥博曰:'張利一豈敢如此?'安石曰:'人臣敢如此者甚衆,緣陛下威靈未能使姦邪有畏憚,即人人皆敢縱其忿欲之私,非但利一敢如此也。'上曰:'利一生事,又不能彈壓趙用,皆有罪。'問誰可以代之,或言劉永年,或言王光祖,上曰:'用王道恭。'安石曰:'臣但識道恭,道恭至尋常。前日見文彥博説馮行己,臣不識,不知行己如何?'上曰:'更不如道恭。'安石曰:'如此即竢與密院別商量取旨。'安石又言:'既不能强,又不能弱,非所以保天下。文王事昆夷者,能弱也。今以金帛遺契丹,固有事昆夷之形。既度時事未欲用兵,即當能弱以息邊警;既不能弱,又憚用兵,誠非計也。陛下以爲移口鋪即須爭,如臣過計,雖移口鋪亦不足爭,要當使我終有以勝彼,即移口鋪何足與校?'上曰:'所以畏彼者,以我内虛故也。内實即何畏彼哉?雖移口鋪不足校也。内虛者,但是兵制不修。'安石曰:'所以不可校者,非特爲兵制不修而已。齊景公曰:君不君,臣不臣,雖有粟,吾得而食諸?若君不君,臣不臣,即雖精兵,孰能收其用?君道在知人,知人乃能駕御豪傑使爲我用;臣道在事君以忠,事君以忠然後政令行。'安石又白上：'兵無不可用之時，在人主知人情僞，駕御如何而已。太祖時兵非多於今，然所以能東征西討無不服者，知人情僞，善駕御而已。'"

以神宗批付令指揮市易務只依魏繼宗元犖畫施行，是日留身，力辯

《長編》卷二百三十六熙寧五年閏七月丙辰："先是，上批付王安石：'聞市易買賣極苛細，市人籍籍怨謗，以爲官司浸淫盡收天下之貨自作經營。可指揮，令只依魏繼宗元犖畫施行。'於是，安石留身，白上曰：'陛下所聞必有事實，乞宣示。'上曰：'聞榷貨賣冰，致民賣雪都不售。'安石曰：'賣冰乃四園苑，非市易務。'上曰：'又聞買梳朴即梳朴貴，買脂麻即脂麻貴。'安石曰：'今年西京及南京等處水脂麻不熟，自當貴，豈可責市易司？若買即致物貴，即諸物當盡貴，何故脂麻獨貴？賣梳朴者，爲兼并所抑，久留京師，乃至經待漏乞指揮，臣諭令自經市易務。此事非中所管。尋問呂嘉問，才買梳朴，兼并即欲依新法占買，嘉問乃悉俵與近下梳鋪，此所以通利商賈，抑兼并，榷估市井。元立法意政爲此，不知更有何事？'上曰：'或云呂嘉問少年不練事，所置勾當人盡姦猾，嘉問不能檢察。'安石曰：'在京師官司，若寤寐飲食不忘職事，又能曉達事情如呂嘉問，即朝廷可以無事，所置勾當人如沈可道、孫用勤，若不收置務中，即必首爲兼并害法。今置之務中，所謂御得其道，狙詐咸作使也。今兼并把持條貫，伺市易之隙者甚衆，若違法抑勒百姓，豈肯已？'上曰：'又聞立賞錢捉人不來市易司買賣。'安石曰：'此事尤

可知其妄。呂嘉問連日或數日輒一至臣處爲事。初，臣要見施行次第，若有牓如此，臣無容不知，若不出牓，如何脅得商賈？果有此事，則是臣欲以聚斂誤陛下，相與爲蔽欺。陛下當知臣素行不至此污下，若臣不如此，即無緣有此事。'上曰：'卿固不如此，但恐所使令未體朝廷意，更須審察。'安石曰：'此事皆有迹，容臣根究勘會，別具聞奏。呂嘉問見今買賣，亦輒問客旅、牙行人，自來買賣與今來市易務買賣利害何如，各令供狀，即見行新法利害。既有文狀，即事皆可覆案。陛下未能昭然，即不妨覆案。今爲天下立法，固有不便之者。陛下初欲更法度，先措置宗室條貫，非但宗室所不便，前後兩省内臣以至大宗正司管勾所公人并官媒之類皆失職。既而修倉法，即自來說綱行賕之人又皆失職。既而修左藏、內藏庫法，即說綱行賕之人又皆失職，在掖門外僦舍幾爲之空，以自來說綱行賕人力不能復據要便處僦舍故也。既而又修三班、審官東西院、流內銓法，即自來書鋪計會差遣行賕之人又皆失職。今修市易法，即兼并之家，以至自來開店停客之人并牙人，又皆失職。兼并之家，如茶一行，自來有十餘戶，若客人將茶到京，即先饋獻燕設，乞爲定價，比十餘戶所買茶更不敢取利，但得爲定高價，即於下戶倍取利以償其費。今立市易法，即此十餘戶與下戶買賣均一，此十餘戶所以不便新法造謗議也。臣昨但見取得茶行人狀如此，餘行戶蓋皆如此。然問茶稅，兩月以來倍增，即商旅獲利可知。不知爲天下立法，要均天下之利，立朝廷政事；要使兼并游惰姦人、侵牟食力之人以自利如故？若均天下之利，立朝廷政事，即凡因新法失職者皆不足恤也。又如保甲,誠足以除盜賊,便良民。前日曾進呈襄邑一縣未立保甲以前八月之間,彊、竊盜各二三十火,强、竊盜其侵害驚恐良民,可謂甚矣。假令保甲未能無擾,當未如頻遇盜竊之苦,然此法行,即自來爲盜及藏盜皆所不便,不便即架造扇搖,無所不至。天錫陛下聰明曠絶,如拔王韶於選人以治邊,韶材果可以治邊;拔程昉於近習以治河,昉果可以治河,乃天錫陛下聰明曠絶也。然韶屢見疑沮,幾爲讒誣所廢;昉盡力公事,而陛下乃用讒説,謂其所舉人有私。此則陛下雖有曠絶之聰明,而每爲小人所蔽,不能稱天所以錫陛下之資。'上笑。安石又曰:'陛下好惡不明,容長小人大過,若欺誣有狀終不治,此人所以敢爲欺誣,無所畏憚也。陛下欲廣聰明,故博延人言,臣不知陛下以謂博延欺誣即能廣聰明,博延忠信然後能廣聰明?'上曰:'固欲其忠信也。'安石曰:'今忠信者極少,欺誣者極多,此事不可責人,陛下正當自反。欺誣既衆,而陛下不忍有所懲;忠信既少,而陛下每惑於欺誣而深求其失,則人臣自非本性篤於仁義,孰肯不相朋比爲欺誣而欲獨爲忠信?凡今欺誣衆而忠信少,乃是陛下致其如此,不可以責人臣也。'"

閏七月十三日,以李綬知代州,馮行己知雄州,代張利一

《長編》卷二百三十六熙寧五年閏七月庚申:"皇城使、端州團練使、樞密副都承旨李綬爲西上閤門使、知代州,客省使、文州防禦使馮行己知雄州。詔緣界河巡檢趙用追一官勒停,刀魚巡檢王浩、潘肇,喜塢等寨巡防高興宗、孟牧各

追一官衝替。初，北人漁於界河，因劫界河司虎頭船，用等擅縱兵過河追捕交射，越北界十餘里，至焚其廬舍，拆取魚梁網罟，奪其魚船，北人以爲言，命提點刑獄孔嗣初劾之，而有是責。於是，知霸州馬用之、知信安軍孟辯各降一官，知雄州張利一罰銅二十斤，安撫副使王光祖三十斤，并差替，坐不覺察用等故也。

先是，朝廷再令利一及光祖體量趙用越界事，皆言無之，後付高陽經略司，乃得實，光祖當追一官，王安石曰：‘利一與光祖同罪。’上曰：‘光祖得出入，利一不得出入，但承光祖牒報言，利一無罪。’安石曰：‘如此則是光祖知有而言無，豈可但追一官令在位！’僉以爲不見光祖知與不知，安石曰：‘若云不知則失覺察，失覺察即與利一同罪。爲邊帥，朝廷令體量事，但承牒言具奏，略不究實，豈得無罪？若云不得出入便不可知，則高陽何以得實？’上曰：‘高陽遣人往。’安石曰：‘高陽可以遣人，利一何故不遣人？’乃與光祖得差替，罰銅有差。上疑利一去，來者不肯任責了事，文彥博亦以爲然。安石曰：‘留利一，利一何憚而肯了事？前日委利一了事，事久不了，故朝廷用孫永之言應敵，利一乃更歸咎朝廷。即前來事不了，利一豈肯任責？’上又問誰可代利一者，安石言李綬可使，僉謂綬曉事。上不以爲可，吳充曰：‘綬曾與安石同官。’安石曰：‘與臣及蔡挺同官，雖多顧惜人情，然武臣中如綬者亦少。’上曰：‘要不如利一。’安石曰：‘利一誠惶惶，然今雄州但要省事，則綬亦可使也。’乃以綬知代州，代馮行己，用行己知雄州。”

按，《宋史》卷三百五十《王光祖傳》：“熙寧中，同提點河北刑獄，改沿邊安撫都監，進副使。界河巡檢趙用擾北邊，契丹以兵數萬壓境，造浮橋，如欲度者。光祖在舟中，對其衆盡徹戶牖。或謂：'契丹方陣，而以單舟臨之，如不測何？'光祖曰：'彼所顧者，信誓也；其來，欲得趙用耳。避之則勢張，吾死不足塞責。'已而契丹欲相與言，光祖即命子襄往。兵刃四合，然語唯在用，襄隨機折塞之。其將蕭禧遽揮兵去，且邀襄食，付所戴青羅泥金笠以爲信，即上之。時已有詔罷光祖矣。吳充曰：'向非光祖以身對壘，又使子冒白刃取從約，則事未可知。宜賞而黜，何以示懲勸？'"

李綬，熙寧三年九月一日，公薦之爲樞密院副都承旨。所曰"與臣及蔡挺同官"者，或謂嘉祐元年公以太常博士提點開封府界諸縣鎮公事，曾與蔡挺前後任，李綬或爲勾押官（詳本譜嘉祐元年）。

閏七月十四日，與神宗議行河東保甲；勉神宗法天之所爲，任理而無情

《長編》卷二百三十六熙寧五年閏七月辛酉："上與王安石議行河東保甲，曰：'兩丁或不易，只取三丁以上如何？'安石曰：'兩丁止就本州巡檢上番，一歲不過一月半月，又支與糧食，及以武藝較得錢物，何不易之有？若不如此，則三丁番役乃頻。又三丁事力未必便勝兩丁，恐勞佚苦樂不均。'上曰：'聞開封近勘到府界百姓但有作襖，已典買弓箭，因致怨讟，慮亦有不易者。'先是，皇城司察保丁以教閱不時及買弓箭、衣著勞費，往往訕嘖，詔開封府鞫其事，故上語及之。安石曰：'若論不易，則三丁、兩丁各有不易者，然府界已累

約束毋得抑勒買弓箭。向者冬閱及巡檢下上番，惟就用官弓箭，不知百姓何故至於典作襖？'又云：'六月使人教閱，條貫亦初無此，不知何故云爾，恐皇城探報與開封所劾情實未可知。蓋陛下於所聞易知之事，尚多非實，則探報口語難辨之事，豈可必信？然自生民以來，兵農為一，男子生則以桑弧蓬矢射四方，明弓矢者男子之所有事。蓋耒耜以養生，弓矢以免死，此凡民所宜，自古未有造耒耜、弓矢以給百姓者也。然則雖驅百姓使置弓矢未為過，但陛下憂恤百姓至甚，故今立法一聽民便爾。且府界多盜，攻劫殺掠，一歲之間至二百火，逐火皆出賞錢，出賞之人即今保丁也。方其出賞之時，豈無賣易作襖以納官賞者？然人皆以謂賞錢宜出於百姓。夫出賞錢之多不足以止盜，而保甲之能止盜，其效已見於今日，則雖令民出少錢以置器械，未有損也。'上曰：'賞錢人所習慣。'安石曰：'以習慣故安之，以不習慣故不安者，百姓也。陛下為人主，當以理制事，豈宜不習慣，故亦以為不安？'上曰：'民習慣則安之如自然，不習慣則不能無怨。如河決壞民產，民不怨決河，若人壞之則怨矣。'安石曰：'陛下正當為天之所為，知天之所為，然後能為天之所為。為天之所為者，樂天也，樂天然後能保天下。不知天之所為，則不能為天之所為，不能為天之所為，則當畏天。畏天者，不足以保天下，故戰戰兢兢，如臨深淵，如履薄冰者，為諸侯之孝而已。所謂天之所為者，如河決是也。天地之大德曰生，然河決以壞民產而天不恤者，任理而無情故也。故祁寒暑雨，人以為怨，而天不為之變，以為非祁寒暑雨不能成歲功故也。孔子曰：惟天為大，惟堯則之。堯使鯀治水，鯀汨陳其五行九載。以陛下憂恤百姓之心，宜其寢食不甘，而堯能待如此之久，此乃能爲天之所爲，任理而無情故也。'"

閏七月十五日，進呈河東保甲事。以樞密院但欲爲義勇、强壯而不別名保甲，力爭，神宗卒從

《長編》卷二百三十六熙寧五年閏七月壬戌："執政同進呈河東保甲事，樞密院但欲爲義勇、强壯，不別名保甲。王安石曰：'此非王安禮初議也。'上曰：'今以三丁爲義勇，兩丁爲强壯。三丁遠戍，兩丁本州縣巡檢上番。此即王安禮所奏，但易保丁爲强壯，人習强壯久，恐別名或致不安也。'安石曰：'義勇非單丁不替，强壯則皆第五等户爲之，又自置弓弩及箭寄官庫，須上教乃給。今以府界保甲法推之河東，蓋寬利之，非苦之也。請更遣官相度，不必如聖旨爲定。'上曰：'河東義勇、强壯，已成次第，今欲遣官修義勇、强壯法，又別令人團集保甲，如何？'安石曰：'義勇要見丁數，即須隱括。因團集保甲，即一動而兩業就。今既差官隱括義勇，又別差官團集保甲，即一事分爲兩事，恐民不能無擾。'上曰：'保甲要亦未可便替正軍上番。'安石曰：'王安禮所奏，固云俟其習熟乃令上番。然義勇與東軍武藝亦不相較。臣在江寧，見廣勇、虎翼何嘗有武藝，但使人詣逐路閱試東軍及義勇，比較武藝生熟具奏，即可坐知勝負。今募兵大抵皆偷惰頑猾不能自振之人，爲農者皆朴力一心聽令之人，以此較之，則緩急莫如民兵可用。'馮京曰：'太祖征伐天下，豈嘗用農兵？'安石曰：'太祖時，接五代，百姓困極，公侯多自軍中起，故豪傑以從軍爲利。今百姓安業樂生，易以存濟，軍士

無復有如向時拔起爲公侯者，豪傑不復在軍，而應募者大抵皆不能自振之人而已。'上曰：'軍强弱在人，五代軍弱，至世宗乃强。'安石曰：'世宗所收多天下亡命强梁之人，此其所以强也。'文彥博曰：'以道佐人主者，不以兵强天下。'安石曰：'以兵强天下，非有道也，然有道者，固能柔能剛，能弱能强，方其能强則兵必不弱。張皇六師，固先王之所務也，但不當專務强兵爾。'上卒從安石議，令盡依王安禮所奏。彥博請令安石就中書一面施行此事，安石曰：'本爲保甲，故中書預議，若止欲作義勇、强壯，即合令樞密院取旨施行。'上曰：'此大事，須共議乃可。'"

李燾："'彥博請令'至'共議乃可'，《兵志》所無，今以《日錄》增入。十八日，遂遣曾、趙察訪前。王安石曰：'臣聞天造草昧。天之所造，其初尚草而不齊，昧而不明，及其成功，然後可觀。如保甲事，初已見效如此，矧及其成功？今縱小可未如人意，猶宜遲之待其成就。計天下事，當於未成之時，逆見其必成之理，乃可以制事；不然，須其已成然後悦懌，即事於未成之時，已爲人所破壞矣。'此《日錄》十五日所載。上曰：'保甲、義勇，有芻糧之費，當爲之計。'安石曰：'當減募兵，取其費供之。所供保甲之費，纔養兵十之一二。'上曰：'畿內募兵之數已減於舊，强本之勢未可悉減。'安石曰：'既有保甲代其役，即不須募兵。今京師募兵，逃死停放，一季乃及數千，但勿招填，即爲可減。然今廂軍既少，禁兵亦不多，臣願早訓練民兵，民兵盛則募兵當減矣。'又爲上言：'今河北義勇雖十八萬，然所可獎慰者不過酋豪百數十人而已。此數百十人歆豔，則十八萬之衆皆順聽矣，此府兵之遺意也。'上以爲然，令議其法。此據《兵志》第一卷，與卒從安石議相接。今附注此。"

《宋史》卷一百九十一《兵五》："閏七月，執政同進呈河東保甲事，樞密院但欲爲義勇、强壯，不別名保甲。王安石曰：'此非王安禮初議也。'帝曰：'今以三丁爲義勇，兩丁爲强壯，三丁遠戍，兩丁本州縣巡檢上番，此即王安禮所奏，但易保丁爲强壯。人習强壯久，恐別名或致不安也。'安石曰：'義勇非單丁不替，强壯則皆第五等户爲之，又自置弓弩及箭寄官庫，須上教乃給。今以府界保甲法推之河東，蓋寬利之，非苦之也。'帝曰：'河東義勇、强壯，已成次第。今欲遣官修義勇强壯法，又別令人團集保甲，如何？'安石曰：'義勇要見丁數，即須隱括，因團集保甲，即一動而兩業就。今既差官隱括義勇，又別差官團集保甲，即一事分爲兩事，恐民不能無擾。'帝卒從安石議。彦博請令安石就中書一面施行此事。安石曰：'本爲保甲，故中書預議。若止欲作義勇、强壯，即合令樞密院取旨施行。'帝曰：'此大事，須共議乃可。'"

閏七月十七日，再與神宗、文彦博議罷雄州鄉巡弓手及契丹巡馬過河事

《長編》卷二百三十六熙寧五年閏七月甲子："張利一言：'北界回牒關報賊事，稱備有本界人馬巡歷，無煩行遣。'利一因言罷鄉巡弓手故致此。王安石曰：'公文前固有此。'上曰：'未嘗言備有本界人馬巡歷也，恐遂來占兩屬地。'安石曰：'兩屬地北界既得差役，又得收税，占與不占有何利

害?'上曰:'便移口鋪來雄州北,即北門外便不可出。'安石曰:'待如此,然後與爭未晚。然契丹修城淘濠,是爲自守之計,但畏我往侵彼,非敢來侵我也,恐未敢便占雄州已南地。'上曰:'銀城七十里便移口鋪占,今無如之何。'安石曰:'當是時,關南地尚來索,亦無如之何,何但銀城而已。索關南地,雖不與,然與三十萬銀絹乃得已。苟非無以待強敵,即彼要移口鋪,必非鄉巡弓手所能抗禦;苟未敢如此,即亦未須與較。'文彥博等皆以爲宜即添鄉巡弓手以應之,安石曰:'却添弓手,即是從前體面。從前如此行之,固未能致彼渝盟,然欲以此望其不以巡馬過河,即恐亦未能也。巡馬過河與不過,既無利害,姑待張利一去後如何?'上曰:'姑待之。'先是,上議巡馬事,曰:'彼見我修驛,亦便爭巡馬過河,我不當縱之,致彼狃習。'安石曰:'我修驛,彼若曉達事情,自不須爭彼巡馬過河,我若曉達事情,亦不須爭也。'"

閏七月十八日,遣曾孝寬、趙子幾往河東路察訪義勇利害及體量官吏措置常平等不如法事,因論神宗知人、用人之疏,易爲人所蔽

《長編》卷二百三十六熙寧五年閏七月乙丑:"遣起居舍人、史館修撰兼樞密都承旨曾孝寬,太子中允、權發遣提點開封府界諸縣鎮公事趙子幾,往河東路察訪義勇利害及體量官吏措置常平等不如法事。上既用王安石議,命子幾使河東相度保甲,安石曰:'徒法不能以自行,必藉帥府同力。事出於執政,則劉庠必觀望沮毀,謂宜手詔專責庠了此事。須聖意不疑乃可以議法,若猶未能曠然無疑,則無庸倉卒。'

上曰：'此事復何疑？'安石曰：'陛下今雖不疑，然法行之後，異論方興，又河東官吏豈能推行盡本法？陛下見推行小有妨擾，必復疑悔，如此則不如且熟計定，徐指揮未晚。'上曰：'立法令善，官吏違法即與停替，復疑欲更差一人同子幾往。'安石曰：'陛下欲用何人？'上曰：'孝寬何如？'安石曰：'善。子幾果敢，孝寬詳謹，可以相濟也。'既而上又欲令子幾先往相度，却令孝寬覆驗推排，安石以爲兩人或異論，則於事體非便。上曰：'孝寬似不欲與子幾同往。'又曰：'子幾孟浪，前日排府界保甲，初令試排兩縣，子幾遂盡排諸縣。'安石曰：'此事復何所損？子幾極有遠用，如修衙前法，無人不以爲便。'上又疑：'子幾性强，或與孝寬忿争，用曾布代孝寬如何？'安石言：'布今所領事，不可一日令它人爲之。相度保甲易耳。'故卒遣兩人，仍命安石曉譬子幾，令與孝寬協和。安石又白上曰：'陛下天資聰明，群臣上殿，陛下考察其才，十得八九，此非特群臣所不可及，載籍以來殆少及陛下。然陛下知人情僞，或不及常人，蓋常人不爲人所蔽，陛下多爲人所蔽故也。陛下昨爲臣言林廣拜官，追思先帝，對使人涕泣，陛下即稱其忠。竊以爲陛下既不親見廣，但使人論奏耳，虛實固未可知；縱其有實，若疏簡使人，使人未必爲之論奏。陛下專信使人論奏，即人臣但當諂附使人，若不諂附使人，雖盡力公家，陛下何由知察？若諂附使人，即從容游説，必得簡在聖心，陛下當無事時，爲此輩游説浸潤；及至遇事，即以所懷蓄決事，懷以爲善即雖有罪加以恕心，懷以爲不善，即雖無罪而加以忿心，陛下處人功罪每或輕重不當者，臣誠見陛下未免有此蔽故也。'上曰：'此在所使人如何而已。'安石曰:'太祖敢於誅殺,然猶爲史珪、丁德裕之徒所欺而濫及無辜,不知陛下於欺罔之人,能有所誅殺否?非特不能有所誅殺,能有所黜責否?非特不能黜責,能有所詰問否?陛下於欺罔尚不忍有所詰問,而望所使人不欺,臣竊以爲難。無欲而好仁,無畏而惡不仁,天下一人而已。陛下左右如此人不知有幾,爲欺罔而麤疏,陛下尚或能察;爲欺罔而精密,陛下多已不能察矣。'"

以同知禮院趙彥若疑非始即位而復已祧之主不當,駁之

《長編》卷二百三十六熙寧五年閏七月乙丑:"集賢校理、同知禮院趙彥若言:'太廟止有八室,欲乞候有司議定祧,復依唐制,增爲九室之廟,奉僖祖神還居舊室。'是時,議復僖祖,彥若謂歷代非初即位而復已祧之主者,獨有開元故事,因以爲言。不報。乞免同知禮院,從之。"

李燾:"王安石《日錄》云:初,禮官以非始即位而祧爲疑,安石曰:'此但改正僖祖,順祖當祧與否,於禮無嫌。'上曰:'寧拘忌諱乎!此固無嫌。'安石所指禮官,蓋彥若也。今附此。"

按,趙彥若,《東都事略》卷六十有傳:"彥若字元考,以父任爲將作監主簿。博覽善記,事父孝。年十八,舉賢良方正,召試中選,射策不入等。知千乘縣,用大臣薦爲秘閣校勘,遷集賢校理、通判淄州……坐謫監單州酒税。踰年還館,稍遷知宗正丞。"

閏七月二十一日，因王韶欲討南市、經略木征，與神宗議

《長編》卷二百三十六熙寧五年閏七月戊辰："王安石言王韶欲討南市、經略木征事，上以韶爲是，既而曰：'韶能了此否？'安石曰：'觀韶所奏，甚合事機，然兵有利鈍，則未可知。若此舉未勝，必須再舉，勝而後已。凡經略邊夷，當從事於易。木征最爲易者，或不能決勝，即士氣沮壞，敵情輕我，難復言經略矣。'上曰：'西人敢來助否？'安石曰：'元昊、諒祚或敢來，今決不敢也。'"

知太原府劉庠言契丹欲用兵力移口鋪於距馬河南。閏七月二十五日，與神宗、馮京等議，以爲契丹必不敢南牧；欲經略西夏則當善遇契丹，勿使其有疑

《長編》卷二百三十六熙寧五年閏七月："初，知太原府劉庠言，探報北界欲用兵力移口鋪於距馬河南十五里安置，詔送中書、樞密院。樞密院關中書云，已令雄州緣邊安撫司審聽具奏。壬申，王安石白上曰：'此事不足煩聖慮。契丹主即位幾二十年，所爲詳審，必不肯無故生事。昨趙用過河燒屋，朝廷即枷勘趙用，停替張利一，修館驛過當，即行拆毀，鄉巡弓手亦爲之罷，如此而猶欲移置口鋪侵陵中國，非大狂妄，不肯如此。就令其失計如此，陛下不用遽與之爭，徐因使人譬曉，彼亦當悔悟。若不悔悟，即是全不曉道理，不識利害，又何足憚？契丹苟務卑辭厚禮以安我而兼并夏國，陛下乃當憂懼，爲其有深謀故也。今夏人國弱主幼，無

紀律,可兼并之時彼尚無意兼并,如何乃敢南牧? 臣竊觀方
今四夷,南方事不足計議,惟西方宜悉意經略,方其國弱主
幼,又無紀律,時不可失。經略西方則當善遇北方,勿使其
有疑心,緣四夷中强大未易兼制者,惟北方而已。臣願陛下
於薄物細故,勿與之校,務厚加恩禮,謹守誓約而已。'上曰:
'若能兼制夏國,則契丹必自震恐,豈非大願!'安石曰:'夏
國非難經略,顧陛下策畫安出爾。'馮京曰:'夏國與契丹唇
齒之國,必相連結救援。'安石曰:'孫武以爲善用兵者,役不
再籍,糧不三載;又以爲舉秋豪不爲多力。蓋經略敵國,必
制勝於無形之中如舉秋豪,故不再籍,不三載而已舉矣。若
不能如此,致其相結相援而後圖之,非善計也。'上曰:'今經
略夏國,止患糧不足。'安石曰:'糧不足,非所恤也,要在陛
下。陛下內不知群臣情僞,故將帥莫肯一心趨赴陛下所欲
爲,而敵國情僞亦爲異論所蔽,如此則雖糧多,豈能勝敵?'
上悅。"

閏七月二十六日,以開封鞠保甲怨詈事白神宗

《長編》卷二百三十六五年閏七月癸酉:"王安石白上
曰:'開封鞠保甲怨詈事,驗問皆無有。疑近習架造此獄,以
疑陛下。前封丘匿名牓,但言保甲至八月別有事,又言邊庭
事將來更不可說,蓋未嘗以教閱、上番、置弓箭爲言者,明其
無害,不可用此扇搖故也。今皇城司報探乃云爾,陛下宜稍
留意省察。'"

閏七月二十七日，以趙抃知成都府

《長編》卷二百三十六熙寧五年閏七月甲戌："知青州、資政殿學士趙抃爲資政殿大學士、知成都府。抃在青州踰年，於是上欲移抃知成都。或言前執政舊不差知成都，成都今又少有人欲去者。上曰：'今人少欲去，但爲職田不多耳。抃清苦，必不爲職田。蜀人素愛抃，抃必肯去。'王安石曰：'陛下特命之，即無不可。'"

八月一日，因張利一奏乞牒契丹理會巡馬過河，與神宗、文彥博、吳充等議，以爲不須。神宗不從

《長編》卷二百三十七熙寧五年八月丁丑朔："張利一奏：'乞牒北界理會巡馬過河事。'王安石曰：'欲候馮行己到，令相度。'樞密院以爲當契丹理會，如銀城坊地，至今猶理會。安石曰：'銀城坊地爲北界所取，却至今空費文字往來，不知如此終能勝契丹否？'吳充曰：'不如此，恐如諸路奏報，必移口鋪過河來，復如銀城坊時事。'安石曰：'銀城坊是幾年占却？'文彥博曰：'慶曆中。'安石曰：'今日與慶曆中異，恐必不敢來占地。'彥博曰：'何以異？'安石曰：'慶曆中，要關南十縣，與三十萬然後止。今恐未敢來求地，度陛下亦未肯與三十萬物，以此知與慶曆中事異。'上曰：'牒去必不濟事，然且令邊吏理會亦無妨。'安石以爲不須，上固以爲無妨，乃改定牒本，婉順理會。"

八月三日，以呂公著提舉崇福宮

《長編》卷二百三十七熙寧五年八月己卯：“翰林侍讀學士、判太常寺呂公著提舉崇福宮，從所請也。上始欲令公著歸朝，公著以病辭。王安石因言：‘公著既誣韓琦欲舉晉陽之甲，乃自諱匿云未嘗言。’其意恐公著復用，故力排之。”

按，《名臣碑傳琬琰集》下卷十《呂正獻公公著傳》：“（熙寧）五年，復寶文閣學士，召還經筵，辭疾，提舉嵩山崇福宮。”

與吳充等議廢鄭州、滑州爲縣，神宗然之。八月五日，詔廢二州

《長編》卷二百一十七熙寧五年八月辛巳：“廢鄭州，以管城、新鄭二縣隸開封府。省原武縣爲鎮，入陽武；滎陽、滎澤二縣爲鎮，入管城。廢滑州，以白馬、韋城、胙城三縣並隸開封府。

先是，判司農寺曾布奉使過鄭，以吏民乞廢州狀奏聞，乃下京西相度。轉運使吳幾復等奏：‘廢鄭爲縣，罷諸徭役支費，實寬民力，兼審問民吏，實皆樂從。’而滑州亦以狀言：‘本州自天禧河決後，市肆寂寥，地土沙薄，河上差科頻數，民力凋敝，願隸府界，與鄭俱爲畿邑爲便，且庶幾王畿四至，地里形勢相等。’已而，上又問執政曰：‘聞鄭人不以廢州爲便，然否？’王安石進曰：‘此乃鄭民吏自乞，又屬王畿，則諸事優便，所省錢一歲幾十萬緡，省州官十餘員，鄭州州役省四百餘人，諸縣復不在是。此兩州止公使庫逐年破壞人産

自不可勝言，不知何緣廢州乃於鄭人不便。又此兩州出役錢比天下爲最重，若廢即出錢如府界，比天下爲最輕。惟是士大夫有置產在鄭州者，或不欲爾。'安石所稱置產，蓋指曾公亮。吳充曰：'爲團練州時甚熙熙，因爲節鎮故勞敝。'安石曰：'爲節鎮所添職官一員，公人十餘人而已，此言非是。'蔡挺曰：'人畏保甲上番，故畏屬畿縣爾。'安石曰：'保甲上番以來，鄭人投狀欲屬府界者不絶，滑州乞屬又在鄭人之後。'上皆以爲然，乃曰：'言欲恃鄭、滑爲吭扼，非也。'故卒廢之。"

夏國進表不依舊式。八月六日，與神宗、樞密院議之

《長編》卷二百三十七熙寧五年八月壬午："夏國進表不依舊式，但謝恩而不設誓，又不言諸路商量地界事。樞密院共以爲疑，上問如何，王安石曰：'中國與夷狄要以宗祀殄滅爲誓非得已，今彼如此，但降答詔甚善。'文彥博曰：'如此，即今年防秋如何？'上曰：'便得誓表，如何便保彼不爲變？'安石曰：'誠如此。'彥博曰：'盟誓自古所有，要之天地神祇尚恐其變，若更無此，如何可保？'安石曰：'若盟誓可賴，即夏國引前誓足矣，臣恐誓與不誓皆不可保。然彼既得歲賜，必不便敢抗拒。'彥博又以爲：'羌人狡猾，包藏不可知，如何便敢撤備？'安石曰：'其勢可見，即其情可知，恐不足過慮，撤備無妨。'彥博又言：'有盟誓，則彼違盟誓我有辭。'安石曰：'若力足以制夏國，豈患無辭！'馮京曰：'太祖得蜀人與河東蠟書，曰：我伐蜀有辭矣。'安石曰：'太祖偶然有此語，若蜀可伐，恐雖無蠟書，太祖不患無辭。如太祖伐江南，豈

有蠟書？但我欲行王政，爾乃擅命一方，便爲可伐之罪。如夏國既稱臣，未嘗入覲，以此伐之，亦便有辭。臣以爲不患無辭，患無力制之而已。'上以爲然，又論地界，安石曰：'臣本欲議地界者，爲環慶占夏國地，若不與降誓前約定，即誓後必復紛紜，今既以環慶地與之，則餘路更無足議，不須復問。'乃降答詔。"

是日，又與文彥博爭論雄州繳進涿州牒事；因與神宗論欲勝夷狄，須先强中國，强中國在於得人

《長編》卷二百三十七熙寧五年八月壬午："王安石白上曰：'雄州繳進涿州牒，牒語甚激切，皆由張利一牒涿州所言非理，故致彼如此。又利一非理侵侮北界事極多。'文彥博曰：'北人稱將禮物來白溝驛送納，元書內云交割，今輒云送納，邊臣自當理會。'安石曰：'當時但爲爭獻納字，今送納與交割亦何校？'王珪曰：'元書有納字。'安石曰：'既有納字，今送字又是平語，何理會之有？'彥博曰：'如此不理會，則必來移口鋪矣。'安石曰：'待彼移口鋪，別理會。'彥博曰：'當先事理會。'

彥博等退，安石又曰：'交割與送納無所校，陛下不須令邊臣爭此。臣保契丹無它。若出上策，即契丹移口鋪，陛下亦不須問。若出中策，即待移口鋪，然後與計校未晚。若縱邊臣生事，臣恐以爭桑之小釁，成交戰之大患。臣與張利一風馬牛不相及，所以屢言利一者，但欲陛下知事之是非、人之情僞；陛下不知事之是非、人之情僞，所以決事有不當。陛下欲知事之是非、人之情僞，即當先知所與計事者爲忠爲

邪。若所與計事者爲邪，即不肯以天下治亂安危爲己責，更
或幸天下有事，因以濟其姦。陛下聖質高遠，然自以涉事未
久，故畏謹過當，未能堪事。只契丹移口鋪，陛下便須爲之
惶擾，即聽惑，聽惑即姦人過計或誤而見聽，姦人過計或誤
而見聽，即宗廟社稷安危未可知。陛下既未能堪事，即未宜
使邊鄙有事。陛下欲勝夷狄，即須先强中國。《詩》曰：無競
惟人，四方其訓之。然則强中國，在於得人而已。汲黯在漢
朝，淮南爲之寢謀。汲黯非有智略足憚，但爲人主計，能諒
直不爲姦欺而已。惟其如此，故淮南憚之而不敢反。若公
孫弘之徒，即非淮南所憚也。今陛下左右前後似少如汲黯
者，此所以未能强中國也。’上矍然良久，曰：‘契丹慶曆中亦
爲西事故來求關南。’安石曰：‘慶曆中，爲仁宗計事者，皆全
軀保妻子、妨功害能之臣，如公孫弘之徒衆而如汲黯者寡，
此中國所以不强而契丹敢侮也。’”

八月八日，因樞密院欲令雄州牒涿州理會送納字，與文彦博等辯，以爲不足理會

《長編》卷二百三十七熙寧五年八月甲申：“樞密院欲令
雄州牒涿州理會送納字。王安石曰：‘恐不足理會。’文彦博
曰：‘見無禮於君，人臣所當憤疾，此安可但已？’吳充曰：‘恐
自今公牒一向稱送納，即難理會。’安石曰：‘天命陛下爲四
海神民主，當使四夷即叙。今乃稱契丹母爲叔祖母，稱契丹
爲叔父，更歲與數十萬錢帛，此乃臣之所恥。然陛下所以屈
己如此者，量時故也。今許其大如此，乃欲與彼疆場之吏爭
其細，臣恐契丹豪傑未免竊笑中國。且我欲往，當先計其如

何報我。今計涿州不過不報，即於我未爲得伸，若更稱引中國許物書有納字，即我未有以難彼，更爲挫屈，又引得彼言辭不遜，不知朝廷如何處置。'彥博等固争，蔡挺曰：'此必是契丹朝廷意指，涿州何敢如此？'上曰：'契丹朝廷如此，欲何爲？'安石曰：'此皆張利一生事，激其忿怒故耳。陛下但觀涿州牒内所坐利一牒語，及涿州所引雄州侵陵北人事，即其曲不在彼。陛下欲治强敵，當先自治臣屬，使直在我，然後責敵國之曲。'上因問孫永奏張利一事何如。先是，永奏利一不當牒北界，妄要占兩屬地爲南朝地，致其回牒不遜。又利一已有指揮差替，乞暫令人權領事，仍催馮行己到任。安石曰：'孫永所奏皆是兩屬地，彼元不曾占據，却妄牒北界稱是南朝地，所以致其占據稱是北朝地。'彥博曰：'孫永不知本末，從來公牒争辨如此，非但今日，如斫柳樁亦來争辨，此豈是張利一？'安石曰：'斫柳樁乃李中吉引惹，不可罪張利一。創館驛不依常式，添團弓手，決百姓，爲不合與北界巡兵飲食，又行公牒要占兩屬地界，此即是利一引惹。今既差替，却令在任候替人，孫永以爲不便，誠是。'彥博曰：'利一人臣，豈不欲事了？事不了，利一自當任責。'安石固執前說，上曰：'姑令雄州作牒本進呈。'"

是日，乞將各路役剩錢用常平法蕃息，賦州縣吏禄

《長編》卷二百三十七熙寧五年八月甲申："先是，河北提舉常平倉司言：'趙州鄉户衙前年滿，所役重難，分數未足，每分當錢五千，乞減錢一千，以三年分三限償官。'從之。於是有詔，候免役法行免納。時河北未行役法也。王安石

因白上：'今利州路役錢剩十萬緡，餘路倣此。比已令用常平法蓄息，賦州縣吏，州縣吏若得祿，又有新降贖法。又近令察訪官搜舉吏有才行者，自此善士或肯為吏，善士肯為吏，則吏士可復如古，合而為一。吏與士、兵與農合為一，此王政之先務也。'上曰：'諸司重法，吏誠不敢受賕。然聞密院言，猶有留滯文字處，如何？'安石曰：'如西審官、三班，屬密院，臣所不知；如東審官、流內銓，即文字上下點檢，吏爭欲上籍以為勞矣。'上曰：'如此，則選人極是長利也。'"

是日，歐陽修卒。有文祭之

《長編》卷二百三十七熙寧五年八月甲申："潁州言觀文殿學士、太子少師致仕歐陽修卒。贈太子太師。太常初諡曰'文'，常秩曰：'修有定策之功，請加以忠。'乃諡文忠。修喜薦士，一時名卿賢士出修門下者甚眾，而薦秩與連庶尤力。秩晚仕於朝，君子非之，修自以為失。庶終不出，修自以為得也。"

《文集》卷八十六《祭歐陽文忠公文》："夫事有人力之可致，猶不可期，況乎天理之溟漠，又安可得而推？惟公生有聞于當時，死有傳於後世。苟能如此足矣，而亦又何悲？如公器質之深厚，智識之高遠，而輔學術之精微，故充於文章，見於議論，豪健俊偉，怪巧瑰琦。其積於中者，浩如江河之停蓄；其發於外者，爛如日星之光輝。其清音幽韻，淒如飄風急雨之驟至；其雄辭閎辯，快如輕車駿馬之奔馳。世之學者，無問乎識與不識，而讀其文，則其人可知。嗚呼！自公仕宦四十年，上下往復，感世路之崎嶇。雖屯邅困躓，竄斥流離,而終不可掩者,以其公議之是非。既壓復起,遂顯於世,果敢之氣,剛正之節,至晚而不衰。方仁宗皇帝臨朝之末年,顧念後事,謂如公者,可寄以社稷之安危。及夫發謀決策,從容指顧,立定大計,謂千載而一時。功名成就,不居而去,其出處進退,又庶乎英魄靈氣,不隨異物腐散,而長在乎箕山之側與潁水之湄。然天下之無賢不肖,且猶爲涕泣而獻欷。而況朝士大夫,平昔游從,又予心之所嚮慕而瞻依?嗚呼!盛衰興廢之理,自古如此。而臨風想望,不能忘情者,念公之不可復見,而其誰與歸?"

八月十一日,上太皇太后等比類推恩蔭補條制,神宗從之

《長編》卷二百三十七熙寧五年八月丁亥:"中書門下言:'太皇太后自今南郊、聖節、生辰,逐次並録親屬四人恩澤,皇后二人,本服期親並奉禮郎,大功守監簿,小功初等幕職官,緦麻知令録,異姓準此。内幕職官、知令録並與監當。有服女之夫,本服大功以上女夫與之録令,小功判、司、主簿或尉,緦麻試監簿,周親之女子與知令録,孫及大功女之子判、司、主簿或尉,曾孫及大功女之孫、小功女之子並試監簿,應非所生子,非所生子之子孫各降一等推恩。緦麻女之所生子試監簿,年小初等職官、知令録並除試大理評事,判、司、主簿、尉試監簿,年及二十五依所得恩例與堂除,餘依此。諸妃、大長公主、長公主、公主每遇南郊,許奏有服親及有服親之夫二人,妃期親寺監簿,餘判、司、主簿或尉,異姓試監簿;大長公主及公主奏夫之期親判、司、主簿或尉,餘試

監簿。婉容以上，每遇南郊許奏有服親一人，才人以上奏小功已上親一人，並試監簿。已上願就右職，依新定換官法，幕職官左班殿直，知令録右班殿直，判、司、主簿、尉奉職，試監簿借職，如已有官親屬，文臣中行郎中已下，武臣宮苑使已下，並轉一官，選人循一資。本條恩例高者自依本條，即以轉官恩澤，換外任者聽，仍不許以兩人恩澤合併奏一人。內諸妃已下即依熙寧四年九月文武臣僚奏有官親屬條貫，遇奏薦仍並令逐位使臣審問，依條貫保明。太皇太后、皇太后親雖不該推恩而奉特旨者，不用此條。'詔：'除公主、親王外孫等條別具詳定外，餘並從之。'先是，中書、樞密院爭議太皇太后以服紀比類推恩事，上令用特旨者不用條，至是乃并條前所立條制上之。"

李燾："始上欲裁蔭補恩幸，安石謂自貴始，於是太皇太后、皇太后推恩稍爲限數。樞密院投隙以間，安石率屬爭之，安石曰：'此常數也，至奉特旨則不在此，固無傷於恩也。'上卒用安石議。至是乃并修所立上之。"

王韶復武勝軍。是日，與神宗議犒勞、賞賜等事，神宗令速與詔書

《長編》卷二百三十七熙寧五年八月丁亥："蔡挺言王韶經制洮河，宜止殺招降。上曰：'彊獷若不討蕩，即無緣帖服。'又言招弓箭手事。王安石曰：'地遠難遥制，王韶必有經畫。薛向説邊事不畏賊，但畏京遞到不合事機耳。'上曰：'郢城科等並領衆防托。'安石曰：'王韶固欲朝廷知初附諸羌爲用。然初附之衆，不宜令久暴露無恩澤，若徧加勞賜，

即難給。謂宜令韶、科等放散其衆，獨留精兵防托，厚加犒勞、賞賜，以慰悦衆心。人少則不多費財，衆心慰悦則樂爲用。'上令安石速與韶書言此并及弓箭手事。"

八月十四日，有詩送王介出守湖州

《長編》卷二百三十六熙寧五年閏七月乙丑："秘閣校理王介上議曰……"

李燾："《會要》載此於兩制及孫固議下，附十一月二十三日，今移見趙彦若免禮院差遣後。介先以職方員外郎、秘閣校理權發遣户部勾院，八月十四日出知湖州。"

《文集》卷三十一《王中甫學士知湖州》："吴興太守美如何？柳惲詩才未足多。遥想郡人迎下檐，白蘋洲渚正滄波。"

《東軒筆録》卷七："王介性輕率，語言無倫，時人以爲心風。與王荆公舊交，熙寧中自省判出守湖州，荆公作詩送之曰……其意以水值風即起波也。介諭其意，遂和十篇，盛氣而誦於荆公。其一曰：'吴興太守美如何？太守從來惡祝鮀。正直聰明神鬼畏，死時應合作閻羅。'荆公笑曰：'閻羅見闕，可速赴任也。'"

《（嘉泰）吴興志》卷十四："王介，職方員外郎、充秘閣校理。熙寧六年四月到任，至十二月初赴闕。"

八月十五日，李憲乞令王韶暫住武勝軍，與神宗議之

《長編》卷二百三十七熙寧五年八月辛卯："入内供奉官李憲言：'方築武勝軍，乞令本路經略、轉運司應副守城戰具

等。'詔：'王韶速修築，如闕防城器用，令秦鳳路經略司於近裏城寨應副，仍差義勇輦運，與免今年教閱。'憲又言：'聞韶欲歸通遠備夏國，及遣馬忠蕩除抹邦山南不順蕃部。乞令韶且住武勝。'王安石曰：'韶來通遠，必是聲言備夏國，實襲不順蕃部，乃所以保武勝也。'上曰：'抹邦山去武勝遠，然豈可令韶只在一處，須聽韶往來經略。'"

八月十六日，與神宗議賜復武勝軍賞，勉其汲汲經略夏國

《長編》卷二百三十七熙寧五年八月壬辰："賜武勝軍征役在軍者袍二萬領，改武勝軍爲鎮洮軍，以引進副使、帶御器械高遵裕兼知鎮洮軍，依舊秦鳳路鈐轄、同管勾緣邊安撫司，所有本軍合置官，聽自奏舉。上曰：'聞洮西人至浮渡洮河乞內附。'

先是，遵裕以慶平堡兵夜行，晨至野人關，羌人旅拒，引親兵一鼓破之，進營武勝城下，羌衆渡洮馳去，遂據其城。王安石曰：'洮西必爲內地，武勝更移市易，即必爲都會。洮河據夏國上游，足以制其死命。'上令擘畫，更與武勝錢物，曰：'昨韓絳費六百萬貫都無所成，令武勝雖更有所費，且非妄費。'安石曰：'誠如此。陛下必欲經略夏國，及秉常稚之時，正宜汲汲。古人進德修業欲及時，緣天下事機，變動無窮，及可爲之時不可失也。'上曰：'時與機誠不可失。'安石又白上：'武勝攻討殺傷，在人心誠不能無惻怛。然觀其每歲遞相讎殺，一爲屬戶，便無此事，則一時攻討殺傷有不得已也。'"

八月十七日，令權發遣河北提點刑獄張穆之與權發遣陝西提點刑獄李南公易任

《長編》卷二百三十七熙寧五年八月己巳：“司勳員外郎崔台符爲遼國主生辰使，皇城副使田諲副之……詔：‘職方員外郎、權發遣河北提點刑獄張穆之徙陝西路，權發遣陝西提點刑獄、太常博士李南公徙河北路，仍令穆之督視鎮洮、通遠軍修築城堡，與張詵協力應副。’王安石言：‘南公曉事，但顧望前却，故令與穆之易任。’先是，穆之以權發遣度支判官奉使陝西，就除河北提點刑獄未旬日也。”

按，“己巳”，當爲“癸巳”之訛。《宋史》卷十五《神宗二》：“（熙寧五年八月）癸巳，遣崔台符等賀遼主生辰正旦。”

是日，遣李舜舉往雄州體量張利一事

《長編》卷二百三十七熙寧五年八月己巳：“詔入內供奉官、勾當御藥院李舜舉往雄州體量。先是，孫永、閻士良等體量張利一事，所奏或不同。上曰：‘須利一離任，別遣人。’於是令舜舉往。王安石白上曰：‘聞利一近奏巡馬百餘人過河亦非實，邊人語謂之賣險，使人撰造報探，恐動朝廷，欲朝廷留再任故也。’”

八月十八日，與神宗議減蜀中東軍

《長編》卷二百三十六熙寧五年閏七月甲戌：“上又欲令吳中復知永興，既而曰：‘姑竢中復離成都，東軍在蜀，連三

次有謀變者。'安石曰：'聞中復頗弛緩。'上曰：'蜀中東軍不須多，可減。'安石曰：'向所以置東軍，非特彈壓蜀人，亦備蠻寇。'上曰：'今蠻皆衰弱無足慮，即東軍自可減也。'"

李燾："此據《日錄》八月十八日事。"

八月二十一日，奏事，陳興修水利事

《長編》卷二百三十七熙寧五年八月丁酉："王安石奏事，因陳天下水利極有興治處，民間已獲其利。上曰：'灌溉之利，農事大本，但陝西、河東民素不習此。今既享其利，後必有繼爲之者。然三白渠爲利尤大，兼有舊迹，自可極力興修。大凡疏積水，須自下流開導，則畎澮易治，《書》所謂濬畎澮距川者是也。'"

以雄州言契丹巡馬又過河，與神宗、樞密院議之；請且委令已改易官吏應接待，再徐理會

《長編》卷二百三十七熙寧五年八月丁酉："雄州言契丹巡馬又過河。樞密院以爲必將添置口鋪，上疑之，僉言當與理會。蔡挺謂：'宜先辨彼舊不應置鋪，必須北使來説諭。'王安石曰：'既改易官吏，且委令應接，待彼依前講張或移口鋪，即徐理會未晚。'挺曰：'彼謀深。'安石曰：'若契丹有謀，不應如此紛紜。以契丹之大，乃區區爭雄州一口鋪地，是何計策？縱我不與之爭，乞與一口鋪地，於彼有何所利？於我繫何強弱？我修館驛，彼邊臣即以爲南朝必是相次要占據兩屬地，於此作城鎮，須理會。彼契丹邊臣如此者，以爲若理會後南朝爲我拆去，即是我有功，因此獲官寵。契丹

不察邊臣情狀，所以如此紛紜，今我邊臣亦與彼情狀無異。陛下若能照察，即邊事自然寧息。今日所以紛紜，盡緣是張利一生事。'馮京以爲不因利一故如此。上曰：'昨涿州牒廣信軍，亦但指雄州過失，其意只恐利一。'上又言：'張利一累次摧沮涿州來使。'安石曰：'如妄答責邊民致寇，民怨恨，即須撰造事端，疑誤北界人，令生事以搖動所差官吏。今李舜舉去，陛下恐須説與馮行己等，每事務在平靜，不宜生事，以文牒侵陵北界，自然無事。'上意終未能不虞契丹置口鋪。安石曰：'能有所縱，然後能有所操；所縱廣，然後所操廣。契丹大情可見，必未肯渝盟。陛下欲經略四夷，即須討論所施先後。臣比見王韶奏議邊事，以爲朝廷自來言攻則攻，於此而已，言守則守，於此而已。臣以爲今日之病，政在於此。陛下憂契丹移口鋪，即只一向於口鋪上計議。臣以爲政如王韶所奏。陛下若能經略夏國，即不須與契丹爭口鋪，契丹必不敢移口鋪；若不能如此，雖力爭口鋪，恐未能免其陵傲。'上曰：'若能討蕩夏國，契丹可知不敢。'安石曰：'以中國之大，陛下憂勤政事，未嘗有失德，若能討論所以勝敵國之道，區區夏國何難討蕩之有？不務討論此，乃日日商量契丹移口鋪事，臣恐古人惜日，不肯如此。'"

八月二十二日，以蔡挺請發成、隴等州義勇助修鎮洮城，非之。乞委王韶以財物結納喀木，神宗從之

《長編》卷二百三十七熙寧五年八月戊戌："詔：'鎮洮軍修城，令於未凍以前畢工，如役人少，速以官錢募人，仍多方招撫未歸順蕃部，早令安帖。'於是蔡挺請發成、隴等州義

勇助修鎮洮城。王安石曰：‘西事甫定，人初得休息，聞鎮洮之役，固已憂疑，恐不免調發。今發戍、隴義勇，非十日文字不到，又十日乃始可行，又二十日乃始到鎮洮，即已不及事。恐只合令就近和雇人，雖蕃部亦不可雇，寧棄十數萬貫錢，不可令百姓勞擾。’上以爲然。安石又白上：‘義勇今止兩丁者甚多，若要戍邊，即須減却兩丁人。’上曰：‘兩丁或有稚老。’安石曰：‘稚或絕幼，老或已衰，又或都無稚老，若令一丁遠戍，即人情難以久堪。立法要須人情欣賴，不可使其怨咨也。’諸路屢探西人點集，欲襲鎮洮乞神平。王安石曰：‘此多是探人反爲西人所誤，此所謂因間也。度西人必不敢來襲。’上以爲然。又言：‘王韶得裕勒藏喀木蕃字，知西人無他，必得實。’因白上：‘王韶獨能因喀木以間西人動靜，絕勝諸路，令人探事，謂宜委韶，令因喀木輩厚結納西人要近爲間。’上曰：‘喀木亦必要財物，待令王韶與之，仍須與韶財物，委之結納。’安石曰：‘雄州有官庫，專給用間。今通遠如雄州置庫，委韶以財物，必能辦此。此經略夏國之要務。且夷狄嗜利不知義。’引漢高祖啗秦將及陳豨將事。上以爲然。”

八月二十四日，與神宗論太祖、太宗用兵之得失

《長編》卷二百三十七熙寧五年八月庚子：“上論太宗時用兵，多作大小卷付將帥，御其進退，不如太祖。王安石曰：‘太祖知將帥情狀，故能得其心力，如言郭進反，乃以其人送郭進，此知郭進非反也，故如此。此所以如進者，皆得自竭也。此與唐德宗送言李錡反者與錡異矣。其後，郭進乃爲

姦人所摧,至自殺;楊業亦爲姦人所陷,不得其死。將帥盡
力者乃如此,則誰肯爲朝廷盡力? 此王師所以不復振,非特
中御之失而已。'上曰:'祖宗時,從中御將帥,蓋以五代時士
卒或外附而叛,故懲其事而從中御。'安石曰:'人君所以爲
士卒所侮者,必先爲貴近所侮而不悟,以至於此。孟子曰:
能治其國家者,誰能侮之! 苟爲貴近所侮而不悟,即士卒敢
侮,安能使方鎮、夷狄不侮? 太祖能使人不敢侮,故人爲用,
人爲用,故雖不中御而將帥奉令承教無違者,此所以征則
强、守則固也。'"

八月二十五日,神宗欲放却浙西第五等户役錢,以爲不須

《長編》卷二百三十七熙寧五年八月辛丑:"上謂安石
曰:'浙西役錢上等有一户出六百貫者,然如此數十户皆兼
并,多取之無妨,惟第五等户錢不多,放却如何?'安石曰:
'出六百貫者或非情願,然所以摧兼并當如此,其中亦有情
願者。緣出六百貫之家,是有四百貫稅錢,所憚者非出錢,
憚刑責而已。如蘇州曹家兩人子弟,盡因差充衙前被徒刑,
如此人家,雖出六百貫而免令子弟充役受刑,亦所願也。第
五等出錢雖不多,如兩浙一路已除却第五等下,不令出錢
外,尚收四萬貫。若遇本路州軍有凶年,以募人興修水利,
即既足以振救食力之農,又可以興陂塘溝港之廢。陛下但
不以此錢供苑囿陂池侈服之費,多取之不爲虐也。今於其
樂輸之時,放而不取,及其凶年,乃更脇誘百姓使出錢救
饑。'上曰:'今亦不免勸誘人出錢救饑。'安石曰:'役法未

行，未有役錢故也。雖然，出錢救饑，若非逼脅難出之人，亦不爲害。兼并積蓄富厚，皆蠶食細民所得，若因凶年令隨等第薄有所出，以救饑人，苟均取而不偏，人自樂輸而不怨。'"

八月二十六日，以同知諫院唐坰越班請對肆行攻詆，乞辭位，神宗不允。二十八日，貶唐坰爲大理評事、監廣州軍資庫

《長編》卷二百三十七熙寧五年八月癸卯："貶太子中允、同知諫院、權同判吏部流内銓唐坰爲潮州別駕。坰初以王安石薦得召見，驟用爲諫官，數論事不聽，遂因百官起居越班叩陛請對，上諭止之，坰堅請上殿讀疏，論王安石用人變法非是。上怒其詭激，故貶。坰疏留中，其略云：'安石用曾布爲腹心，張琥、李定爲爪牙，劉孝孫、張商英爲鷹犬，元絳、陳繹爲廝役。逆意者久不召還，附同者雖不肖爲賢。又作姦令章惇變李定獄事。又擅議宗廟事，有輕神祖之心。保甲以農爲兵，凶年必至怨叛。免役損下補上，人人怨咨，而令監司壓塞州縣，事不上聞。又保甲事，曾布蔽塞人情，欺誣人主，以爲情願。又置市易司，都人有致餓死者。以安石比李林甫、盧杞，自文彦博以下皆畏安石。'又言'王珪奴事安石，猶懼不可'。

上問安石曰：'坰何故如此？'安石曰：'臣待罪執政歲久，無所補助，數致人言，比已嘗乞避位，未蒙許可，若臣不獲辭，縈煩聖聽，未有窮已。'上曰：'此皆朕不能調一天下，辨察小人，故致此，卿何足以此介意！朕以卿爲無欲，專以生民爲意，故委任卿。坰小人，何故如此，此必有説。'安石

曰：‘國朝大臣亦更出互入，不如是，即無以壓人言。’上曰：
‘朕用卿豈與祖宗朝宰相同？卿不須爾！’又言：‘坰嘗言章
辟光二十餘次到卿，終不與一差遣。坰謂辟光曾言事，望卿
優擢。坰又言引趙抃用拒陳升之，用呂公弼、楚建中爲與韓
絳不足，故用絳所惡人，人亦安能照管得許事？又言安石僞
請疏決罪人，爲張琥地。’上曰：‘朕批出爲不雨故疏決。’安
石曰：‘李定事，陛下未能了然無疑。李定事有本末，陛下但
取案卷，子細詳前後情理，即事自見。此事自有人爲姦罔，
而陛下不寤。’上又曰：‘卿曾言坰別無用處，或緣此言泄漏
否？’馮京曰：‘臣素曾奏唐坰輕脱，不可用。’安石曰：‘仁義
何常之有？蹈之則爲君子，違之則爲小人。方其正論，豈當
逆疑其爲邪而廢也！’

安石退，而京奏事，上令京諭安石：‘自今進用人，或不
可於意，但極論。’王珪謝上曰：‘臣等不能調一内外，故致小
人詆宰相。’上曰：‘誠然。’御史中丞鄧綰上疏救坰遠徙，仍
自劾妄舉之罪。上令放罪。翊日，執政進呈，安石言坰素
狂，不足深責，乃改授大理評事、監廣州軍資庫。”

李燾：“朱本云：‘坰數論事非理，不見聽。或紿以執政
懷怒，欲罷其職者。坰素性急，乃越次請對。’朱本蓋爲王安
石諱也，新本削去，今附注此。又《中書時政紀》：‘八月，閣
門言，今月二十六日百官起居退，有知諫院、太子中允唐坰
越班叩陛，輒有奏陳。竊謂臣子莅職，蓋有著位。今唐坰直
敢邀君請對，瀆亂無儀，傳之中外，有虧國體。乞賜聖斷，以
肅朝風。詔曰：朕置諫爭之臣，以左右交儆，懼明有所未燭，
智有所未周，何嘗不虛心聽受，擇是而從？至於獻納之臣，

固有清問之燕，況乎咸造勿褻百辟。今坰越次以前，率爾求對，妄肆誣詆，鄰於狷狂，殆必設奇詭以沽直，矯經常而駭俗，非所以稱朕獎擢責任之意，可責授評事、監廣州軍資庫。其論宰臣王安石疏留中。'《時政記》稍與《實錄》不同，今附注，此月十二日安石云云可考。

《林希野史》云：唐坰少年輕狷無行，以秘書正字監北京倉草場，數上書言事。安石患諸臣不唱和新法，坰請誅敢有異議者，安石喜之，力薦於上，得召對。上薄其爲人，但試出身，除知錢塘縣。安石固留之，以爲校書，修令式，遂使鄧綰薦爲御史，除太子中允。數月，欲用爲諫官，則疑其輕脫，暴得位，將背己立名，時不除職，但以本官同知諫院，故事未嘗有也。坰氣脫，果怒安石易己，見綰等碌碌如庸奴，心薄之，思自立名字，自壬子三月入院，至秋，凡奏二十餘疏，論時事。上已怪之，疏皆留中不出。八月二十六日，垂拱殿起居，百官方退，兩府猶侍立未奏事，坰忽扣殿陛請對，事不素請，殿中皆驚，上愕然，遣閤門使諭坰他日請對，坰不肯，又令詣後殿，坰曰：“臣所言者，請與大臣面辨。”又再三喻旨，坰伏不起，乃召陞殿，坰至御座前，徐徐於袖中出一大軸，將進讀，上曰：“疏留此，卿姑退。”坰曰：“臣所言皆大臣不法，請對陛下一一陳之。”乃擂笏展疏，目安石曰：“王安石近御座前聽劄子。”安石初猶遲遲不肯前，坰呵曰：“陛下前猶敢如此倨慢，在外可知。”安石悚然，爲進數步。坰大聲宣讀，凡六十餘條，大略以安石專作禍福，布等表裏擅權，傾震中外，引用親黨，以及阿諛無行小人，布在要地，爲己耳目，天下但知憚安石威權，不知有陛下。新法煩苛，刻剝萬端，天下困苦,即將危亡。今大臣外則韓琦,内則文彥博、馮京等,明知如此,憚安石不敢言。陛下深居九重,無由得知。王珪備位政府,曲事安石,無異廝僕。且讀且目珪,珪慚懼,俛首退縮。元絳、薛向典領省府,安石頤指氣使,無異家奴。臺官張商英等彈奏,未嘗言及安石黨,此乃安石鷹犬,非陛下耳目也。每讀一事畢,即指安石曰:"請陛下宣諭安石,臣所言虛耶,實耶?"上屢止之,坰慷慨自若,略不退懾。侍臣、衛士相顧失色。讀畢,又指御座曰:"陛下即不聽臣言,不得久居此座。"降殿,再拜而出,至殿廬,揖縮曰:"某蒙公薦引,不敢負德。"乃乘馬直出東門永寧院待罪。上顧左右,問坰何乃敢爾。安石曰:"此小兒風狂,又爲小人所使,不足怪也。"初議貶潮州別駕,韶州安置。明日,以大理評事監廣州軍資庫。上意雖瘁,亦不深怒。安石初用坰時,京以其輕佻無行,不可處彌縫顧納之任,屢爭之不聽。至是貶,京力救之。薛向奏事,上曰:"昨日唐坰所言,卿知之否?"向曰:"臣不知其詳。"上曰:"昨日前殿是何火色!"坰將奏疏時,意謂誅竄。公亮,坰從母夫也,從之貸錢三百千。公亮鄙吝,以坰在諫省,故與之。坰晨入朝,留書訣妻子:"且死,即以是爲生。"坰既逐,留城外,公亮大悔,使人督索甚急,盡得而後已,且以自解於安石。縚上書論救坰云:"臣初但見坰文雅,推薦之,今朝廷將遠行竄謫,乃臣薦舉之罪,不足深責。坰清貧累重,乞聖慈寬矜之,置近地,治臣薦舉不當之罪,以示中外。"傳者無不笑之。按希載坰事頗詳,國史皆略之,今特附注此。韓駒云:唐坰熙寧初詆時政,神宗欲黜之,王安石曰:"黜諫官非美事。"止令還故官。故事,臺諫罪黜皆有叙法,

若還故官即永不叙。其後，有送吏部之法，始於此。坰初以
監倉召，今還爲監庫，駒云似得之。當更考詳明著其事。"

　　按，《宋史》卷三百二十七《唐坰傳》即納《林希野史》所
述，而不取《中書時政記》、公《日録》。

八月二十八日，頒《方田均税條約并式》

　　《長編》卷二百三十七熙寧五年八月癸卯："詔司農寺以
《方田均税條約并式》頒天下。方田之法，以東西南北各千
步，當四十一頃六十六畝一百六十步爲一方。歲以九月，縣
委令、佐分地計量，據其方莊帳籍驗地土色號，別其陂原、平
澤、赤淤、黑壚之類凡幾色。方量畢，計其肥瘠，定其色號，
分爲五等，以地之等均定税數。至明年三月畢，揭以示民，
仍再期一季以盡其詞，乃書户帖，連莊帳付之，以爲地符。

　　均税法，以縣租額税數，毋以舊收蹙零數均攤，於元額
外輒增數者，禁之。若絲綿紬絹之類，不以桑柘有無，止以
田畝爲定。仍豫以示民，毋胥動以浮言，輒有斬伐。荒地以
見佃爲主，勿究冒佃之因。若瘠鹵不毛聽占佃，衆得樵採不
爲家業之數，衆户殖利山林、陂塘、道路、溝河、墳墓荒地皆
不許税，詭名挾佃，皆合併改正。凡田方之角有峰植以野之
所宜木。有方帳，有莊帳，有甲帖，有户帖，其分煙析生、典
賣割移，官給契，縣置簿，皆以今所方之田爲正。令既具，乃
以濟州鉅野尉王曼爲指教官，先自京東路行之，諸路倣焉。"[1]

---

[1]　相關研究，可見漆俠《王安石變法》(增訂本)，第138—140頁，第271—272
頁。鄧廣銘《北宋政治改革家王安石》，第213—216頁。

《宋史》卷一百七十四《食貨上二》："神宗患田賦不均，熙寧五年，重修定方田法，詔司農以《均稅條約并式》頒之天下。以東西南北各千步，當四十一頃六十六畝一百六十步，爲一方，歲以九月，縣委令、佐分地計量，隨陂原平澤而定其地，因赤淤黑壚而辨其色；方量畢，以地及色參定肥瘠而分五等，以定稅則；至明年三月畢，揭以示民，一季無訟，即書戶帖，連莊帳付之，以爲地符。

均稅之法，縣各以其租額稅數爲限，舊嘗收蹙奇零，如米不及十合而收爲升，絹不滿十分而收爲寸之類，今不得用其數均攤增展，致溢舊額，凡越額增數皆禁。若瘠鹵不毛，及衆所食利山林、陂塘、溝路、墳墓，皆不立稅。

凡田方之角，立土爲埄，植其野之所宜木以封表之。有方帳，有莊帳，有甲帖，有戶帖；其分煙析産、典賣割移，官給契，縣置簿，皆以今所方之田爲正。令既具，乃以濟州鉅野尉王曼爲指教官，先自京東路行之，諸路傚焉。六年，詔土色分五等，疑未盡，下郡縣物其土宜，多爲等以期均當，勿拘以五。七年，京東十七州選官四員，各主其方，分行郡縣，以三年爲任。每方差大甲頭二人、小甲頭三人，同集方戶，令各認步畝，方田官驗地色，更勒甲頭、方戶同定。諸路及開封府界秋田災傷三分以上縣權罷，餘候農隙。河北西路提舉司乞通一縣災傷不及一分勿罷。

元豐五年，開封府言：'方田法，取稅之最不均縣先行，即一州而定五縣，歲不過兩縣。今府界十九縣，准此行之，十年乃定。請歲方五縣。'從之。其後歲稔農隙乃行，而縣多山林者或行或否。八年，帝知官吏擾民，詔罷之。天下之田已方而見於籍者，至是二百四十八萬四千三百四十有九頃云。”

　　陳均《宋九朝編年備要》卷十九：“八月，頒方田均税法……初，天下之税，割移逃死，多或不均。京西相度差役官蔡天申言：‘請委提舉司均税而頒於司農，先行於河北、陝西、河東、京東。’詔用其議。於是司農寺始立方田均税法，至是頒之天下，先自年豐及平土州縣行之。”

　　按，方田均税法源自郭諮。《宋史》卷三百二十六《郭諮傳》：“郭諮字仲謀，趙州平棘人。八歲始能言，聰明過人。舉進士，歷通利軍司理參軍、中牟縣主簿，改大理寺丞、知濟陰縣……監通利軍税。洺州肥鄉縣田賦不平，歲久莫治，轉運使楊偕遣諮攝令以往。既至，閉閣數日，以千步方田法四出量括，遂得其數，除無地之租者四百家，正無租之地者百家，收逋賦八十萬，流民乃復。偕奏其才，遷殿中丞、知館陶縣。康定西征，諮上戰略……會三司議均税法，知諫院歐陽修言，惟諮方田法簡而易行，詔諮與孫琳均蔡州上蔡縣税。以母憂免官……時三司議均田租，召遷，諮陳均括之法四十條。”《長編》卷一百四十四慶曆三年十月丁未：“初，洺州肥鄉縣田賦不平，久莫能治，轉運使楊偕患之。大理寺丞郭諮曰：‘是無難者，得一往，可立決也。’偕即以諮攝令，并遣秘書丞孫琳與共事。諮等用千步方田法，四出量括，得其數，除無地之租者四百家，正無租之地者百家，收逋賦八十萬，流民乃復。及王素爲諫官，建均天下田賦，歐陽修即言諮與琳方田法簡而易行，願召二人者。三司亦以爲然，且請於亳、壽、汝、蔡四州，擇尤不均者均之。於是遣諮與琳先往蔡州,首括上蔡一縣,得田二萬六千九百三十餘頃,均其賦於民。既而,諸言州縣多逃田,未可盡括。朝廷亦重勞人,遂罷。"諮所陳"均括之法四十條",當已納入方田均稅法中。

九月一日,以雄州言契丹欲以兵來立口鋪,與神宗、樞密院等議之。以爲應口鋪事當寬柔徐緩,修中國守備當急切;又與神宗議什伍河北百姓爲保甲,急修河北守備

《長編》卷二百三十八熙寧五年九月丙午朔:"雄州言北界欲以兵來立口鋪。文彥博、蔡挺等欲候其來,必爭令拆却。上曰:'拆却若不休,即須用兵,如何?'挺曰:'不得已須用兵。'上以爲難,曰:'彼如此,何意也?'王安石曰:'或是因邊吏語言細故,忿激而爲此;或是恐中國以彼爲不競,故示彊形;或是見陛下即位已來經略邊事,以爲更數十年之後,中國安彊,有窺幽燕之計,即契丹無以枝梧,不如及未彊之時先擾中國,以爲絶遲則禍大,絶速則禍小,故欲絶中國,外連夏人以擾我。'上恐其計不及此,安石曰:'敵國事豈易知,苟有一人計議如此,而其主以爲然,則遂有此事矣。'上曰:'何以應之?'安石曰:'今河北未有以應,契丹未宜輕絶和好。若彼忿激及示彊而動,即我但以寬柔徐緩應之,責以累世盟誓信義,彼雖至頑,當少沮;少沮,即侵陵之計當少緩;因其少緩,我得以修備。大抵應口鋪事當寬柔徐緩,修中國守備當急切。以臣所見,口鋪事不足計,惟修守備爲急切。苟能修攻守之備,可以待契丹,即雖并雄州不問,未爲失計。若不務急修攻守之備,乃汲汲爭口鋪,是爲失計。'吳

充言：‘當愛惜財用，閑處不要使却，緩急兵食最急。’安石曰：‘兵食固不可乏，然非最急。今河北連歲豐熟，民間非無蓄積，緩急要兵食，即民間蓄積便是兵食。雖有兵食，以何人爲兵；雖有兵，以何人爲將；緩急有事，陛下如何應接，一事應接失機，便繫中國安危。當擾攘之時，陛下自度應接能昭然無所疑誤否？此所以難輕用兵也！’

　　樞密院退，安石白上，宜修河北守備。上曰：‘除什伍百姓。’安石曰：‘獨此可以爲守備。’上曰：‘誰可使？’安石曰：‘不得已須令曾布去。’上乃欲韓縝爲帥，令了此，然亦不果。安石又白上：‘天下事有緩急，如置口鋪是生事，人所罕見，故陛下亦以爲憂。如河北都無以待契丹是熟事，人所習見，故陛下亦不以爲慮。臣以謂人所罕見者乃不足慮，人所習見者乃足憂，足憂宜急，不足慮宜緩。’上以爲什伍百姓如保甲，悠悠難成，不如便團結成指揮，以使臣管轄。安石曰：‘陛下誠能果斷，不恤人言駭擾，縱有斬指、斷臂何患，譬如有契丹之患而不能勝，即不止有斬指、斷臂之苦而已。即便團結指揮亦無所妨，然指揮是虛名，伍百人爲一保，緩急便可喚集，雖不名爲指揮，與指揮使無異，乃是實事，幸不至火急，即免令人駭擾，而事集爲上策。’又白上曰：‘秦、漢以來，中國人衆，地墾闢未有如今日。四夷皆衰弱，數百年來，未有如今日。天其或者以中國久爲夷狄所侮，方授陛下以兼制遐荒，安疆中國之事。天錫陛下聰明非不過人，但陛下用之於叢脞，而不用之於帝王大略，此所以未能濟大功業也。開國承家，小人勿用，小人所知淺近必不能，濟國家須君子，臣以謂陛下待君子當使之無所嫌疑，得自竭盡，乃能濟國事。'上以爲兵須久訓練乃彊。安石曰:'齊威王三年醋飲不省事,一旦烹阿大夫,出兵收侵地,遂霸諸侯。人主誠能分別君子、小人情狀,濟以果斷,即兵可使一日而彊。'"

九月二日,以樞密院欲牒涿州拆毀口鋪,與文彦博辯,並論制契丹、西夏之方略。神宗從之

《長編》卷二百三十八熙寧五年九月丁未:"馮行己體量雄州事,以爲添差弓手騷擾百姓,百姓怨咨,故引北人巡馬過河。上曰:'弓手果騷擾。'文彦博曰:'行己不曉邊事,我界内添差弓手,如何乃云創生?'安石曰:'舊無今有,即創生也。'

先是,雄州差北界口鋪人户借車般銀絹,涿州不聽。樞密院欲牒涿州,稱誓書内明言屬南朝口鋪,慶曆間,北界不合修,請詳累牒毀拆。僉以爲如此,示以必爭。舊口鋪猶欲拆毀,即必不敢更立新口鋪也。王安石曰:'契丹欲移口鋪,其事有無未可知。若果有之,緣張利一生事,故如此。今罷却利一,差馮行己,行己到後,正是北人觀其舉措之時。若有依前妄占兩屬地,稱是南界所管,又令拆慶曆五口鋪,即與張利一生事無異,何由使契丹帖息?'彦博固爭,以爲自來須如此,國不競亦陵。安石曰:'若要用壯亦柔之,俟其不可柔服然後用壯,即曲在彼,彼或自反,若便用壯,恐不能止其爭氣。'上以爲馮行己初至,正是愛惜人情之時,又恐更生契丹疑惑,遂至交兵。彦博曰:'交兵何妨?'安石曰:'河北未有備,如何交兵無妨?'彦博曰:'自養兵修備到今日,如何却無備?'上曰:'朕實見兵未可用,與契丹交兵未

得。'彥博曰：'契丹若移口鋪，侵陵我，如何不爭？'安石曰：'朝廷若有遠謀，即契丹占却雄州，亦未須爭，要我終有以勝之而已。'彥博曰：'彼占吾地，如何不爭？占雄州亦不爭，相次占瀛州又不爭，四郊多壘，卿大夫之辱！'安石曰：'太顛、閎夭之徒爲文王卿大夫，文王事昆夷不以爲辱，以爲昆夷強，非由我不素修政刑以致如此故也，要之吾終有以勝昆夷而已。自古大有爲之君，其歙張取與必有大過人者，非特中國，雖四夷之雄亦必如此。冒頓鄰國請其所愛閼氏，乃曰與人鄰國奈何愛一女子！至請棄地，乃發兵遂滅鄰國。其操縱如此，此所以能當漢高也。若但一口鋪尺寸之地而必爭，恐非大有爲之略。'吳充曰：'冒頓至請棄地即必爭。'安石曰：'臣所論者，以爲當如冒頓知歙張取與，非以爲如冒頓爭地也。'

彥博曰：'須先自治，不可略近勤遠。'安石曰：'文彥博言須先自治固當，若能自治，即七十里、百里可以王天下。孟子曰：未有千里而畏人者也。今以萬里之天下而畏人，只爲自來未嘗自治故也。'上曰：'呼契丹爲叔，契丹鄰敵乃呼爲皇帝，豈是不畏彼？歲賜與金帛數千萬已六七十年，六七十年畏契丹，非但今日。'彥博曰：'吾何畏彼？但交兵須有名。如太祖取河東亦須有蠟書之事。'上曰：'患無力，豈患無名！'因言太祖答江南使人事。安石曰：'苟非無力，便取幽燕，不爲無名。陛下以堯、舜、文、武有天下，肯終令契丹據有幽燕否？'彥博曰：'要服契丹，即先自治，當令人臣不爲朋黨。'安石曰：'小人乃爲朋黨，君子何須爲朋黨？言天事則有命，言人事則有義，義、命而已，何須爲朋黨？'彥博曰：

'言有義、命者,未必知義、命。'安石曰:'君子、小人情狀亦易考。但誕謾無義理,前言不復於後,後言不掩於前,即是小人。忠信有義理,言可復,即是君子。若果是君子,即須同心。蓋國所以固,以有人,故曰無競維人。人所以强,以同心,故紂有億兆夷人,離心離德,即爲武王所勝;武王有亂臣三千,惟一心,即能勝紂,三千人一心,非爲朋黨也。高宗誠傅説:惟暨乃僚,罔不同心,以正乃辟。高宗非教傅説爲朋黨。但同心爲義,即是武王所稱、高宗所誠;同心爲不義,即是朋黨。若共國不務同心,即國事何由成?'彥博曰:'人所見豈可盡同?'上曰:'天下義理豈有二也?'上卒從安石言,改定牒本。

王安石又言:'既立結吴延征,即須處分王韶招捉木征,然後蕃部無向背,專附延征。'文彥博曰:'如此指揮,即須計究竟如何,若木征不受代,須加討伐,恐用兵未已。'安石曰:'木征以羈旅無助蕃人投夏國,即環慶羌人,夏國尚不敢納,豈敢納木征? 必須執送無疑。若歸董氈,即素有嫌隙,以窮歸之,必不得所。其勢,招之必降,不降亦何能爲。洮東自來無主,如闌遺物,木征尚不能取,今我已占認,彼何能復取? 計木征窘,即衆不敢附,寬即衆未敢叛。'彥博曰:'略近勤遠非義,且今已深入險阻,費饋運,不可不計究竟如何。'安石曰:'秦、漢已後,事不足論。如《詩》稱高宗奮伐荆楚,深入其阻,如火烈烈,則莫我敢遏。非是不入險阻;如火烈烈,其師必衆,師衆必用糧食,非是不費饋運。如鎮洮更自是中國地,久爲夷狄所據,今來經營,亦自不至勞費。'上以安石言爲然。"

九月三日，請詔秦鳳路緣邊安撫司曉諭木征，限一月降；如不從，即多方擒討。神宗從之

《長編》卷二百三十八熙寧五年九月戊申：“詔秦鳳路緣邊安撫司曉諭木征，限一月降放罪，仍優與官爵；不從，即多設方略禽討，并以內殿崇班及賞錢五千緡募人捕送。用王安石之言也。”

是日，以程昉爲西作坊使

《長編》卷二百三十八熙寧五年九月戊申：“崇儀使、同管勾外都水監丞程昉爲西作坊使，大理寺丞李宜之爲右贊善大夫，駕部員外郎、知洺州黃秉與堂除差遣，論修漳河之勞也。”

擢陳知和知歙州

晁補之《雞肋集》卷六十四《朝請大夫致仕陳君墓誌銘》：“神宗即位，遷尚書虞部員外郎，賜五品服。還朝，用薦監左藏庫，不就，通判趙州事，遷比部員外郎。曾孝寬察訪河北，奏君偕行。朝廷方議省郡縣、寬力役，吏希旨爭言可省，而乾寧、保定、順安三軍在議中，俾君往視。還，言沿邊城犬牙相制，以利守禦而便轉輸，此祖宗深意，不可改。朝廷然之，爲不廢三軍。中人程昉建言徙漳河，洺州使者以君權知洺州，董其事。漳河役大，昉欺朝廷以易集，務減人徒，人徒以故怨之，百餘人燒民廬爲暴。君盡捕得，誅其始謀者八人。事且畢，會新守至，君還趙州。昉以君爲暴其短，乃

歸功新守,而君亦不辯也。丞相王公安石雅知君可用,使人諭君:'歙故難治,而朝廷方行法,欲以倚君,君不得辭。'擢知歙州事,遷駕部員外郎。自以不能當執政意,至則求閑局,差管勾嵩山崇福宮。"

按,墓主陳知和,陳師古之子,陳堯叟之孫。其權知洺州時,董修漳河有功。程昉歸功他人,而公知之,故擢其知歙州。

九月四日,欲除程昉押班,而神宗不許,力爭

《長編》卷二百三十八熙寧五年九月己酉:"王安石欲除程昉押班,上不可,曰:'昉固盡力,然性氣不中,又好把持人。'安石曰:'陛下聰明,有此一蔽,惟象、共善柔,能窺伺陛下眉睫之間爲欺者,陛下乃以爲忠良;臣以爲害陛下政事乃在此輩人,若剛強孟浪之人必不能害政。今昉功狀如此,與一押班固當;若疑不可親近,第專令在外勾當可也。'上曰:'侍中珥貂,取其溫柔。'安石曰:'《書》以爲僕臣正,僕臣要正,亦不專取溫柔。況陛下所謂溫柔,又或象、共誕謾,非實溫柔。'上終不許。"

是日,與神宗、馮京議修河北弓箭社

《長編》卷二百三十八熙寧五年九月己酉:"上欲修河北弓箭社,曰:'須得人人欣賴乃可爲。'王安石曰:'但令豪傑欣賴,即能毆率衆人。若要人人欣賴,恐無許多官職財物應副。若豪傑欣賴,毆率衆人,衆人成俗,則法立而不可廢。今召人飲食尚有倦而不赴者,況欲什伍之,使從我進退,豈

有人人欣賴之理？如畿內事，以近故爲異論所搖，陛下以爲疑。如金君卿在江西作保甲，以遠故異論不到陛下左右，陛下又何嘗疑其擾事？須以道揆，不須聽無稽之異論。'馮京曰：'河北義勇十八萬自足，何須做弓箭社？'安石曰：'河北義勇收人戶不盡，河北有許多地，有許多人，何故只令十八萬人習兵爲義勇，而不可令盡習兵？'馮京曰：'須是丁多方可令習兵。'安石曰：'弓箭手不知用丁多少。'京曰：'亦須丁多乃入社。'安石曰：'今義勇尚只用兩丁，如何弓箭社却要丁多！臣以爲用兩丁爲義勇，更令遠出上番，却於民不便，然見今如此施行。'京曰：'臣在太原日，若糺得兩丁即令替。'安石曰：'臣讀義勇敕，初刺時已或奏稱兩丁，並已刺盡。見今條貫須單丁乃許替，不知太原何故兩丁却許糺替。'

　　上令討論修弓箭社法，安石曰：'弓箭社部分不如府界保法，當如今府界保法修定。'京曰：'義勇已有指揮使，指揮使即是鄉豪，如又作保甲，令何人爲大保長？'安石曰：'古者民居則爲比，比有比長，及用兵即五人爲伍，伍有伍司馬，二十五家爲閭，閭有閭胥，二十五人爲兩，兩有兩司馬，兩司馬即是閭胥，伍司馬即是比長，但隨事異名而已。今令三丁即爲義勇，與兩丁之家同籍爲保甲，居則爲大小保長，征戍則爲義勇節級、指揮使，此乃三代六鄉六軍之遺法。此法見於書，自夏以來至於周不改。秦雖決裂阡陌，然什伍之法尚如古，此所以兵衆而强也。近代惟府兵爲近之，唐亦以府兵兼制夷狄，安强中國，監于先王成憲，其永無愆。今舍已然之成憲，而守五代亂亡之遺法，其不足以致安强無疑。然人皆恬然不以因循爲可憂者，所見淺近故也。爲天下決非所見淺近之人能致安强也。'上以爲然。"

李燾："《兵志》云：'上遂欲變三路義勇如府畿保甲。'馮京云云，據《日錄》乃是討論弓箭社法，今從《日錄》。"

九月十二日，與神宗、馮京等議夏國或發兵助木征

《長編》卷二百三十八熙寧五年九月丁巳："夏國宥州牒延州言：'王韶築城堡，侵奪舊屬夏國蕃部。'上曰：'西人何敢如此？'令作牒報之，及樞密院呈牒本，上令稍回互數字。王安石曰：'甚善。然夏國一婦人，一兒子，一困敝小國，乃敢先自違越，加不直於我，所以報之不當遜屈。'上曰：'彼或來作過。'安石曰：'若作過，即全無計算，何足慮？'馮京曰：'恐助木征以兵，必不敢公然入寇。'安石曰：'方事未集之時，不能早助木征，今木征已敗散，洮西人爭附我，乃始助木征，其無謀可知。'上曰：'彼不能舉國來，若舉國來，即鎮洮未易當。'安石曰：'舉國來亦不妨，彼新納誓，國人皆喜於息肩，我自於西蕃築城堡，無預夏國事。若舉國來，則國人必不自直，且不樂行，此苻堅所以不能取勝也。縱彼能破我通遠，我亦未足爲憂。況如通遠未易可破，彼舉國來欲何求？若我自開邊，無預夏國事，而夏國輒來按據，我便畏之，即何以保守中國疆界乎？'"

九月十五日，以張利一擅起邊釁，降爲衛州鈐轄

《長編》卷二百三十八熙寧五年九月庚申："先是，李舜舉言：'探得契丹無移口鋪意，鄉巡弓手擾害百姓，百姓恐，

故間牒北界有巡馬事，今已罷鄉巡。又雄州屢移牒北界，令約束巡兵乞覓飲食，巡兵亦不敢擾邊民，邊民甚安。'又言：'張利一妄以每歲民牽牛入城爲避賊，又因責兩屬百姓指說北界巡兵盜豬，百姓恐巡兵挾恨報復，遂移居，利一因以爲巡兵驚動百姓。'又言：'容城令、尉以兩屬戶不即申巡馬過河，一決二十人；問一僧見巡馬否，僧云不見，又決之。凡如此妄決非一人。'上曰：'鄉巡果如此擾害生事耶？'王安石曰：'固然。'上又曰：'令、尉何敢妄決人？此必利一使之。'舜舉乃言：'不當便罷鄉巡弓手。須與北界商量，亦令罷巡兵，又恐邊民姦猾，復教北人移口鋪，欲呼北界官吏諭之。'安石固以爲：'不用如此，若召而不至，至而不聽，則於體非宜。'蔡挺曰：'向趙用事，彼理直故肯來，今我理直，彼未必肯來共議也。'上曰：'此皆張利一生事。'安石曰：'利一罪狀明甚，觀令、尉所爲如此，若利一奉法循理，令、尉何敢！然令、尉如此妄決人，不點檢，顧點檢北界巡兵乞覓飲食。巡兵乞覓飲食，百姓自怨北界，預我何事！爲湯、武毆民者桀、紂，彼專爲暴，我專爲德，是北界毆民歸我也。今乃縱我人爲暴，助彼人爲德，非邊吏善計也。'上曰：'聞利一欲殺巡兵，賴其早替，幾至生事。'於是降利一爲皇城使、達州刺史、衛州鈐轄，仍以失察趙用擅越界河，折傷兵級坐之。"

按，張利一，《宋史》卷二百九十有傳，敘貶降事甚略："利一字和叔……徙知保州、雄州，累遷西上閤門使、嘉州團練使。遼人刺兩屬民爲兵，民不堪其辱，利一綏徠之。有大姓舉族南徙，慕而來者至二萬。利一發廩振恤，且移詰涿州，自是不敢復刺。巡檢趙用有罪，坐不察舉，改衛州鈐轄。"

九月十八日，觀稻於宮中後苑，爲神宗指陳經略夏國之方

《長編》卷二百三十八熙寧五年九月癸亥："詔輔臣觀稻於後苑。上謂王安石曰：'聞王韶有書與呂公弼，患諸人行遣不一，此必李憲、王中正與韶異同。'安石曰：'不知三軍之權，而同三軍之任，則軍疑，軍事最惡如此。'上曰：'憲已召還，中正須修城了亦召還。'安石曰：'甚善。'因言：'今不取夏國，則四夷旅拒如今日，非所以寧息中國。然常人不可與慮始，此乃陛下所宜留意。'遂指陳經略之方曰：'破秉常與木征無異也。'上曰：'王韶能辦此否?'安石曰：'陛下若能任人，則何獨王韶? 韶亦自能辦此。'又白上：'宜密使人厚撫夏國所執送韓道喜、李崇貴等，異時可用也。'上以爲然。"

以神宗欲專委荆湖南路轉運副使蔡燁經制梅山，勸止。九月二十二日，詔令潘夙、蔡燁與章惇協力處議

《長編》卷二百三十八熙寧五年九月丁卯："詔：'比差章惇經制梅山蠻事，今令知潭州潘夙、荆湖南路轉運副使蔡燁與惇協力處議，毋致誤失。'

梅山蠻素凶獷，數出抄掠漢界。嘉祐末，鼎州人張頡知益陽縣，收捕其桀黠者付三等，遂經營開拓，安撫使吳中復以聞，其議中格。及户部判官范子奇權荆湖南路轉運副使，復奏蠻恃險爲邊患，宜臣屬而郡縣之。子奇尋召還，又述前議。會遣惇察訪南、北江，遂以命惇。既而，更委夙、燁。燁

初奏梅山事不可倉卒急成。上批章惇可先往辰州，候所經制有叙，乃往潭州。又批梅山事可專委蔡燁經制，必能了當。王安石曰：‘陛下經制邊事，既已授成算，令人勾當，繼而爲人游説，即別有指揮，人見事有釁隙，即生沮害。’上曰：‘前此爲無人，故令章惇了當。今蔡燁自可了當，不須專委章惇，或疏於蔡燁也。’馮京曰：‘燁誠仔細。’安石曰：‘吳王歲時存問茂才，賞賜閭巷，及用兵，惟一周丘乃不得將兵，以其不足賴故也。然吳王所使將皆不如周丘。人才各有能有不能，未易遽論其疏。’馮京曰：‘安石必已授惇經制次第。’安石曰：‘陛下易於出命，故陛下微情人臣無所不見，人臣見陛下微情，知可游説摇動，故因事有釁隙，輒爲欺侮。如郭逵言木征必來作過，臣智慮淺短，無能裁處，張利一言因罷鄉巡弓手，百姓驚恐入城之類是也。人臣左右顧望，難於言事，故人臣微情陛下有所不知，不知人臣微情，故指揮事於事情有不盡。’上曰：‘蔡燁本路監司，委之了當似便。’安石曰：‘蔡燁初到，便言章惇必倉卒敗事。臣諭章惇令委事於蔡燁。大抵人臣計事，多先爲身，少肯爲國計利害。今梅山事須乘機了當，若遷延，即生姦猾要利之計，兼梅山事未了，便要了辰州事不得，梅山不難了，既了梅山，然後到辰州，即先聲足以振動兩江，兩江亦易了也。’上曰：‘蔡燁蓋欲自專其事，若章惇肯與共功，必無他。’因降是詔。”

劉摯《忠肅集》卷十《直龍圖閣蔡君墓誌銘》：“君諱奕（燁），字如晦……上即位，遷大理評事，通判乾州……四年，青苗、助役法出，選建諸路使者推行之，曰提舉常平倉兼農田水利差役事，君得湖南。既對語，當上指，遷太子中允，改

轉運判官領其事。是時，所置遣多不深惟法意，奉宣或繆
盩。君能親行州縣，視其人物地宜，度出而賦之入，公私曰
便。明年，賷其書來朝，上滋喜，使議司農，無以易君者，遷
轉運副使，賜五品服，頗采其議可通行者下他路。潭、邵間
所謂上下梅山，其地千里，馬氏以來，猺人據之，號莫猺國，
朝有厲禁，制其耕墾出入。然歲久，公然冒法，又稍招萃流
浪。君曰：'省地養此，後日為大患。今變猺為漢無難也，開
其酋以禍福，使為土民，口授其田，略為貸助，使業其生；建
邑置吏，使知有政，如此而已。'于是面敷其說，及區畫之序，
上嘉納其策。會今門下侍郎章公惇察訪本路，即付其事，同
君經之。"

按，開拓梅山，肇自仁宗嘉祐期間，然張頡等上其事，不
報，至此方刻意經營。《宋史》卷四百九十四《蠻夷二》："梅
山峒蠻，舊不與中國通，其地東接潭，南接邵，其西則辰，其
北則鼎、澧，而梅山居其中。開寶八年，嘗寇邵之武岡、潭之
長沙。太平興國二年，左甲首領苞漢陽、右甲首領頓漢凌寇
掠邊界，朝廷累遣使招諭，不聽，令客省使翟守素調潭州兵
討平之。自是，禁不得與漢民交通，其地不得耕牧。後有蘇
方者居之，數侵奪舒、向二族。嘉祐末，知益陽縣張頡收捕
其桀黠符三等，遂經營開拓。安撫使吳中復以聞，其議中
格。湖南轉運副使范子奇復奏，蠻恃險為邊患，宜臣屬而郡
縣之。子奇尋召還，又述前議。熙寧五年，乃詔知潭州潘
夙、湖南轉運副使蔡燁、判官喬執中同經制章惇招納之。"

《宋史》卷三百三十一《張頡傳》："字仲舉，其先金陵
人，徙鼎州桃源。第進士，調江陵推官。歲旱饑，朝廷遣使

安撫，頡條獻十事，活數萬人。知益陽縣，縣接梅山溪峒，多蠻獠出没，頡按禁地約束，召徭人耕墾，上其事，不報……章惇疾其説，欲分功啗之，乃言曰：'頡昔令益陽，首建梅山之議，今日成功，權輿於頡。'詔賜絹三百匹。"

《宋史》卷二百八十八《范子奇傳》："爲湖南轉運副使。建言：'梅山蠻恃險爲邊患，宜拓取之。'後章惇開五溪，議由此起。"

沈括《長興集》卷十七《故朝散大夫右諫議大夫知應天府兼南京留守司公事畿内勸農使上護軍清河縣開國男食邑三百户賜紫金魚袋張公墓誌銘》："公諱蒭，字聖民……未幾，同知太常禮院。是時，太常方議温成后園寢，公論不合，奪職監潭州酒務。潭州西接五溪諸猺，屬縣益陽、梅山久爲猺人所據，招合亡命，時出爲盜，湘中吏不能禁。是時，天章閣待制劉元瑜安撫湖北，公依其幕下。始議欲通梅山，以説於元瑜，使士人楊謂即其廬，告之以逆順禍福，得其豪，與俱出見元瑜，坐之堂下，飲勞終日，皆呼蹈曰：'使君幸貰我罪，使得伍民籍，願保邊奉約束。'自是湖湘之間盜亦方稀。朝廷安平無事，不務邊略，以楊謂補州縣官，餘一切不報。至熙寧中，梅山竟復爲縣，而公未嘗以言也。"

《宋史》卷三百三十三《潘夙傳》："章惇察訪荆湖，討南北江蠻猺，陳夙憂邊狀，以知潭州。再遷光禄卿，知荆南、鄂州，卒。"

《宋史》卷三百四十七《喬執中傳》："王安石爲政，引執中編修《熙寧條例》，選提舉湖南常平。章惇討五溪，檄執中取大田、離子二峒。峒路險絶，期迫，執中但走一校諭其酋，即相率歸命。録功當遷秩,辭以及父母。"

是日,因新知雄州馮行己乞移牒約束北界巡馬,與神宗議之

《長編》卷二百三十八熙寧五年九月丁卯:"是日,馮行己言:'北界巡馬猶未止絶,乞移牒約欄。'上從之。王安石曰:'牒固無害,然巡馬過河亦無害。'上曰:'只爲自來無此故也。'"

李燾:"據《日録》乃九月二十二日事,朱史繫之七月十一日,非也,今附見本日。行己新、舊傳並云:'沿邊舊有鄉巡弓手,後悉廢罷,而北界巡馬如故,數漁界河,剽取舟船。行己請復置鄉巡弓手,以杜侵争之端。神宗手詔嘉之。'按《日録》,六年四月一日猶載行己不欲復鄉巡弓手,與本傳特異,當是《日録》不可信也,更細考之。"

按,馮行己,《宋史》卷二百八十五有傳,不載其請復置鄉巡弓手。

與神宗議厚賞趙卨。九月二十七日,以卨爲吏部員外郎

《長編》卷二百三十八熙寧五年九月壬申:"權發遣延州、起居舍人、直龍圖閣趙卨爲吏部員外郎,賜銀、絹二百,以卨奏根括地萬五千九百一十四頃,招漢、蕃弓箭手四千九百八十四人騎,團作八指揮故也……初,上以卨根括等事乃其本職,欲止降詔獎諭。王安石進曰:'今居此職而不能辦此事者皆是,如卨宜蒙厚賞,以勸來者。'故有是命。於是,

上稱髙招弓箭手，省募兵之費，甚善。安石曰：'凡我境内百姓皆可使，何特弓箭手而已。'上因稱种世衡。安石曰：'陛下以朝廷利勢爲世衡所爲，豈特功必倍之也？'"

九月二十九日，以知成都府趙抃言保甲、教兵必驚擾失蜀人心，駁之

《長編》卷二百三十八熙寧五年九月甲戌："趙抃言：'累入蜀，深知蜀人情狀，聞欲作保甲、教兵，必驚擾失人心。'上曰：'初無教兵指揮。'王安石曰：'無此，然教兵亦何妨？諸葛亮以蜀人脆而堅用之，亮尤爲得蜀人心，何嘗驚擾？'上曰：'諸葛亮舍蜀人即無人可用。'安石曰：'漢高祖伐楚，用巴渝板楯蠻。武王伐商，用庸、蜀、彭、濮人，豈有蜀人不可教以干戈之理！'"

十月三日，以吕惠卿服除，與神宗議其差遣

《長編》卷二百三十九熙寧五年十月戊寅："太子中允、集賢校理吕惠卿爲天章閣侍講、同修起居注、管勾國子監。上初欲召見乃除差遣，王安石請先除差遣。上曰：'惠卿有吏材，恐不須令在經筵。'安石曰：'惠卿經術明，前已爲説書，今不當罷，亦自不妨別主判，欲令勾當國子監，或令同檢正五房。'上曰：'且令專管勾國子監。'"

十月六日，以王子韶知高郵縣

《長編》卷二百三十九熙寧五年十月辛巳："荆湖南路轉運判官、太子中允王子韶知高郵縣。御史張商英言其資性

憸佞,巧於自媒,及不葬父母。王安石曰:'子韶固不爲端
良,但比其他憸人尚有尺寸之能。又頑然爲姦不變者尚多,
故亦且用之。今罷去,却當與一合入差遣。'遂有此命。"

按,《宋史》卷三百二十九《王子韶傳》:"呂公著等論新
法,一臺盡罷。子韶出知上元縣,遷湖南轉運判官。御史張
商英劾其不葬父母,貶知高郵縣。"王子韶精於字學及《孟
子》。《宣和書譜》卷六:"王子韶字聖美,浙右人,官至秘書
少監。宿學醇儒,知古今,以師資爲己任。方王安石以字書
行於天下,而子韶亦作《字解》二十卷,大抵與王安石之書相
違背,故其解藏於家而不傳。尤長於《孟子》,而學者師
其説。"

十月八日,與神宗等議姚原古勘李定服喪事;因言神宗遇君子小人不分明,宜加明察

《長編》卷二百三十九熙寧五年十月癸未:"王安石白上
曰:'姚原古勘李定等,故變易情狀,其意有所附會而然也。'
上曰:'勘見有情弊否?'安石曰:'情弊如何勘見,但事理分
明如此,而故變易情狀。又教道所推勘人作款,若無情弊,
何故如此?'上曰:'當得何罪?'僉曰:'杖一百,該去官。'上
曰:'與衝替情理輕。'安石曰:'詐欺如此,似不宜作輕。'上
曰:'於法已是無罪。'乃已。安石又白上曰:'陛下遇君子小
人不分明。爲天下須用君子,若用小人必亂。然則陛下於
君子當厚,雖有不及,尚且寬假,況其無罪。若於小人,即恐
不當寬假。陛下於小人每事寬假,於君子乃不能無疑。君
子以禮義廉恥事陛下,非爲利祿也。若爲利,即舍禮義廉

恥,何往而不獲利？以禮義廉恥事陛下而不免於疑,不知君子何須爲陛下致身竭力。君子小人誠難知,然忠信即君子,誕謾即小人。誕謾明白,方更寬假,不肯致法；未嘗見其誕謾,乃更懷疑,所以小人未肯革面,君子難爲自竭。陛下但有所疑,即子細窮究；若究其誕謾,便可致法；若未見其誕謾,即須以君子之道遇之,不可遇君子以待小人之道。如姚原古事,陛下已是不能究窮作姦之本,於作姦之末又務寬假,此極爲好惡不明。然陛下好惡不分明非特此一事,臣以謂陛下於君子小人宜加明察。'"

十月十一日,以神宗批問進奏院退回州縣盜賊奏狀,乃以中書所定新條答之

《長編》卷二百三十九熙寧五年十月丙戌:"上批:'樞密院言:四方賊盜,朝廷近多不知。問進奏院,乃稱:中書條約須十人已上,又須強惡者,乃許申提點刑獄司録奏,故非十人及州縣奏者並退回。昨有德州通封奏狀,本院却收接進呈。與樞密院所言不同,何故？'王安石曰:'舊例,賊五人以上即取旨降劄收捉。中書乞自今奏到十人以上,或雖不及十人,情理凶惡,乃降劄收捉。其餘依條合奏外,仍付提點刑獄司類聚,半年一奏,中書點檢最多路分,取旨施行。'上曰:'如此,則法更密於舊。進奏院如此,必作姦。'馮京曰:'當是誤認新條。'上曰:'密院又言,爲行役法後所以多盜賊,故中書不令奏,言京東多賊盜,然京東元未行役法。'安石曰:'適會豐年,故少賊盜。若賊盜多,臣亦未敢任責。不知陛下推行得如何政事,便要百姓皆不爲盜賊也。'"

十月十二日,以文彥博稱市易司不當差官自賣果實,致華州山崩,力辯;又欲令諸司庫務係市易務

《長編》卷二百三十九熙寧五年十月丁亥:"上謂王安石曰:'文彥博稱市易司不當差官自賣果實,致華州山崩。'安石以爲官未嘗自賣果實也,且曰:'華州山崩,臣不知天意謂何,若有意,必爲小人發,不爲君子。漢元時日食,史高、恭、顯之徒,即歸咎蕭望之等,望之等即歸咎恭、顯之徒。臣謂天意不可知,如望之等所爲,亦不必合天意。然天若有意,必當恕望之等,怒恭、顯之徒。'上因歎人臣多不忠信。安石曰:'陛下勿怪人臣不忠信也。有臣三千惟一心。又曰:予有亂臣十人,同心同德。此周武王時也。非特武王時,如堯、舜、禹、湯、文、武之時皆如此。望之與恭、顯更相譖愬,乃元帝時。趙憬、裴延齡之徒傾害陸贄,乃唐德宗時。楊嗣復、陳夷行之徒交相非毀忿争,乃唐文宗時。陛下能爲堯、舜、禹、湯、文、武所爲,即群臣自當同心同德,若與漢元帝、唐德宗同道,即不須怪人臣多乖戾不忠信也。此事陛下但當自反而已。'安石又欲令諸司庫務係市易務,行人買納上供物處,令提舉市易司管轄。上曰:'如此,必致人言,以爲所買物不良。'安石曰:'不如此,則庫務公人利於諸路科納,必非理邀索揀退,行人無由肯攬。'上曰:'今行人撲買上供物亦易爾。前宋用臣修陵寺,令行人攬買漆,比官買減半價,不知市易司何故乃致人紛紛如此,豈市易司所使多市井小人耶?'安石曰:'市易司無小人,一有違法,便加案治,雖有小人,亦不敢爲小人之事。如陛下所稱,乃是小人緣陛下

於誕謾之人曲示含容，所以小人之志得行。'安石又白上：'凡有奏中書者，乞一一宣喻考核，若架造事端，動搖人情使怨怒，即臣所無奈何。如唐坰乃爲人詆，以臣已商量送審官，與合入差遣，此坰所以妄發。如唐坰固不足惜，如薛向即朝廷方收其用，屢爲人詆，以臣商量差向出外，向既不能無利心，即不能無忿怒，或因忿怒妄發，即朝廷復失一薛向，於國計乃爲可惜。'上曰：'何故如此？'安石曰：'陛下御人臣之道，未有以禁其如此。'上曰：'但要利害明耳。'安石所云詆坰及向者，指馮京也。"

按，《長編》卷二百三十八熙寧五年九月丙寅："少華山崩。"文彥博《文潞公文集》卷二十《言市易》："臣近因赴相國寺行香，見市易於御街東廊置義子數十間，前後積累果實，逐日差官，就彼監賣，分取牙利。且果瓜之微，錐刀是競，竭澤專利，所得無幾，徒損大國之體，祇斂小民之怨。遺秉滯穗，寡婦何資？況密邇都亭，北使所館，豈無覘國之使，將爲外夷所輕？伏乞嚴敕有司，趣令停罷，使毫末餘利，均及下民，惠澤分沾，必召秀氣。取進止。"

十月十七日，乞改正李若愚提舉慶基殿差遣，因論近習之害

《長編》卷二百三十九熙寧五年十月壬辰："詔提舉在京宮觀寺院，自今武臣橫行使及兩省押班以上爲提舉，餘爲提點。

先是，李若愚解內侍押班，樞密院特令提舉慶基殿，添支二十千。王安石以爲慶基殿舊無提舉官，雖石全彬有軍

功，又以都知罷帶留後，亦但爲提點，添支十千耳。若愚朋
比外廷爲姦，妄沮王韶事者也。且内臣不宜崇長之，恐須改
正。上曰：'竢即令密院改正。'安石曰：'若愚姦邪尤難知，
其病去，是天祐陛下聰明，不然熒惑多端，恐陛下未易察。
近日大臣以陛下聽信近習之故，多撓法阿媚近習，此事極非
所以觀示天下。'於是創立此條。

它日，安石白上曰：'學士舊多提舉宫觀，陛下指揮罷
差。都知、押班自祖宗以來只提點宫觀，今却改爲提舉，月
添支十千至二十千。學士雖容有非其人，然以道德事陛下，
以論思爲職事，比都知、押班不宜輕。今學士即一概罷差宫
觀，都知、押班却更每月與增十千至二十千，臣不知都知、押
班禄賜爲薄爲厚，若禄賜已厚，何須如此！'上曰：'近習自祖
宗以來如此，如霞帔之類，學士不得，都知、押班乃得之。'
安石曰：'祖宗以來雖若此，陛下欲躋聖德及堯、舜之道，即
不知此事在所消在所長？祖宗時崇長此輩，已是不當，然
只令提點宫觀，陛下更改令提舉，增與添支，臣恐不須如
此。假如學士有以病退者，陛下必不肯令提舉宫觀。今若
愚以病廢，只令提點慶基殿，已是過優，又令提舉，實爲非
理。'上曰：'此事乃密院誤。'安石曰：'陛下以爲誤，中外
觀聽孰不以爲誤。陛下必欲好惡是非出己，必不欲爲近習
所移。然陛下有所好惡，近習能因事疑陛下心，故令好惡
不明。陛下有所是非，近習能因事疑陛下心，故令是非不
果。陛下以近習故，好惡不明，是非不果。此大臣不知義
命以利害事陛下者，所以不能不阿媚此輩也。'上曰：'事
有因時宜，如穆王命太僕，亦非不重。'安石曰：'太僕官固

不輕，穆王所以命之者，使之懷忠良，使之正而已，非假借
名位禮數令躐等也。'上曰：'此輩豈盡小人？亦必有忠
良。近日裁制已不少，添支微末，亦無分外，親近左右使令
之人，不可使懷怨望。'安石曰：'此輩固有忠良，假令非忠
良，若陛下御之以道，即雖小人，自當革面而爲君子；若陛
下不能御之以道，即今天下所望以爲君子者，變爲小人多
矣，況此輩豈可保信？若愚等差遣事，陛下似未能御之以
道，臣所以未敢保此輩忠良。近日法制雖裁制此輩徼幸事
不少，然此輩比外廷臣亦未爲失所。苟不以理分裁之，則
是後義先利，不奪不厭；苟以理分裁之，則此輩未宜怨望。
如大臣最宜避其怨望，要處之有義不使失所而已。今一人
以義事陛下，以義裁制近習，一人以利事陛下，以利崇奬近
習，此所以激怒近習，令生怨望，陛下豈可不察！陛下謂此
輩亦有忠良，臣亦謂如此。然陛下當以道揆其言，則所謂
忠良者，果非邪慝；若不能以道揆，即臣恐陛下所謂忠良
者，未必非邪慝也。盤庚無敢伏小人之攸箴，小人之言不
可忽。況此輩選擇親近，所寄亦不輕，非爲小人也，則其言
豈可忽。然古人以言爲箴者，爲其由正道以治病故也。若
不由正道治病，乃妄刺要害，即箴亦能有殺人之理。陛下
受小人攸箴，亦恐不可不審。'

　　初，程昉之再遷官也，安石言昉功多賞不厚，欲升昉資
序。上令與昉都鈐轄請受，王珪乞且與鈐轄。上曰：'昉自
合入鈐轄，既云酬奬，當與都鈐轄。'珪曰：'密院言內臣無作
都鈐轄者，昉亦止欲得鈐轄耳。'安石曰：'昉未嘗以資序爲
言也。宋昌言往修河時，稱昉資序深，但爲中書使昉故，密

院不與勘會理資序。'上既批出與昉都鈐轄,明日又令再進呈取旨,及再呈,上曰:'聞密院言路分都監無條例以資考平入鈐轄、都鈐轄,數任有功乃特遷,今當何以處昉?'珪又乞與昉鈐轄,安石曰:'昉資序自合入,無以賞其買草之功,欲且與鈐轄,候三年除都鈐轄。'上曰:'善。'上又言:'路分都監、鈐轄,於條都無著定資序。'安石曰:'雖無條,然自有熟例,如宮觀提舉、提點,密院亦未嘗有條。'上曰:'李若愚提舉,已令改正矣。'"

十月十七日,留身,與神宗議何以處陳升之,因勉神宗聞道以察君子、小人

《長編》卷二百三十九熙寧五年十月壬辰:"是日,安石留身,上問安石何以處陳升之,安石曰:'升之故相,位本在臣上,陛下當自決,非臣所敢預。'上固問之,安石固辭。上曰:'朕與卿計此,卿勿辭。'安石曰:'陛下欲如何?'上曰:'中書必不可容,與郡可乎?'安石曰:'升之以人望亦可驅使,顧陛下御之如何爾,恐不當與郡。'因白上:'李憲論功轉一官,減磨勘三年足矣。密院乃擬定,依諸司副使例更超轉一資,前此未嘗有如此例也。此於李憲所繫利害亦不多,密院所以如此者,陛下知其說否? 此乃密院與中書同進呈,臣既論其不可,方改定。蓋藉此爲質驗,激怒李憲,以爲密院欲厚賞其功而中書不肯也。以陛下崇信此輩,故欲借其力沮害正論。諸如此類甚衆,陛下當審察,不可使姦臣得計。'上曰:'近習亦有忠信者,不皆爲欺,不可以謂皆如恭、顯。'安石曰:'臣固以謂如此,若爲恭、顯小人,便謂近習之言都

不可聽，即爲盧杞、李林甫小人，便謂大臣都不可信，可乎？
蓋先王於君子、小人之言無所不聽，亦無所偏聽，雖堯於舜
亦詢事考言，決其是非，然事有難知，此浸潤所以得行，故先
王難壬人，畏巧言令色孔壬。'上曰：'小人不過以邪諂合人
主，人主有好邪諂，即爲其所中。'安石曰：'人主要聞道，若
不聞道，雖不好邪諂、好正直，即有人如劉栖楚叩頭出血諫
争，却陰爲姦私邪慝，而無術以揆之，亦不免亂亡。自古惟
大無道之君，乃以恣睢致亂亡。如漢元帝非不孜孜爲善，但
不聞道，故於君子、小人情狀無以揆之，而爲小人所蔽。陛
下試讀《石顯傳》，天下後世皆知其爲姦邪，能害當時政事，
然求其顯然罪狀即不可得，自非人主聞道即不能見微，不能
見微即爲此輩所蔽，至於衰亂而不悟。陛下不邇聲色，憂勤
政事，可謂有至仁之資，然要揆君子、小人情狀，決天下大
計，須聞道；苟能聞道，即聲色玩好不能累其心，不必强勉而
後能勝也；君子、小人之情狀來接於我，即有以應之，不必勞
耳目思慮而後能察也。三公以論道爲職者，必以爲治天下
國家，不可以不聞道故也。'"

以中書誤放行李端愿、李柬之叙封，乞改正。神宗從之

《長編》卷二百三十九熙寧五年十月癸巳："詔兩省以上
致仕官，毋得因大禮用子升朝叙封遷官。先是，王安石言：
'中書失檢舊例，誤放行李端愿、李柬之叙封，當改正。'上
曰：'如此，則獨不被恩。'安石曰：'叙封初無義理，今既未能
遽革，豈可更承誤遂爲例，如三公、三師官，乃因郊恩子孫叙
授，尤非宜。'上從之。"

十月二十一日，因御史言向經宅太侈，與神宗議之

《長編》卷二百三十九熙寧五年十月丙申："上謂王安石曰：'御史言向經宅太侈，軍士以爲一次拜郊錢物止修得一區皇后父宅。'安石曰：'向經外戚，至尊貴，但賜一宅，以臣所見，甚不爲侈。若軍士輒有言，小人陵上乃至此，此風豈可長？臣以爲外戚使奉法順理，不敢爲非，足矣。若加恩賜宅如經，有何不可！'上曰：'御史有此言耳，未必軍士便有此言也。'"

議克復洮、岷功賞。請除王韶待制，與高遵裕兼權總管，以便經制邊事。神宗然之

《長編》卷二百三十九熙寧五年十月戊戌："改鎮洮軍爲熙州，以鎮洮爲節度軍額，分熙河洮岷州、通遠軍爲一路，置馬步軍都總管、經略安撫使，所應制置事，令經略安撫使司詳具以聞。熙河、秦鳳路德音到日，罪人除常赦不原情輕奏裁外，餘各降一等，杖以下釋之。熙河路應唐以來勳賢之後，世系照證分明，量加甄録。知通遠軍、右正言、集賢殿修撰王韶爲龍圖閣待制、熙河路都總管、經略安撫使兼知熙州。

初，議克復洮、岷功賞，上曰：'王韶當與何官？'王安石曰：'韶更遲一二年亦當除待制，不如早除，令其勢重易使人，於經制邊事尤便。'上曰：'待制豈可知軍？'安石曰：'此事在朝廷措置，如韶功除待制不過前後，除待制要如此人即難得。'上曰：'固也，但要措置穩當耳。'已而，韶欲自知鎮

洮，令高遵裕知通遠。安石白上：'鎮洮便可建爲州，通遠鎮洮、河州或併割階州爲一路。'僉以階州爲遠。安石曰：'未要階州亦可。'上曰：'王韶意未欲便并河州，恐動人情。'安石曰：'是或一說。然如臣計，便明下詔割河州屬鎮洮路，示河州人以必取，即人心自折，不復首鼠，木征無由結合姦黨。'上以爲然，故有是詔。

西上閤門使、榮州刺史高遵裕知通遠軍兼權熙河路總管。先是，上謂執政曰：'王韶初經制鎮洮，異議紛更之際，獨高遵裕能協力，欲與一都鈐轄名目，如何？'王安石曰：'縱與權總管亦無害。'蔡挺曰：'若如此，即當罷知通遠軍，蓋自來無總管離帥府而知軍州者。'上曰：'有事宜即出駐劄，使知軍亦何妨。'安石曰：'總管知軍與鈐轄何異，亦不須論舊例有無也。'遂以命之。"

十月二十五日，御史劉孝孫奏乞成都府路可依舊例便宜斬、配百姓。不允

《長編》卷二百三十九熙寧五年十月庚子："御史劉孝孫言：'臣聞二蜀去朝廷絕遠，而成都府路又爲劇繁，俗習柔良，小事輒駭，故平日守帥嘗許便宜以應緩急之變，蓋以消伏彊禦，鎮静一方。而近歲守臣任或非人，資以爲暴。如王素、張燾輩，多非理黥流，欲立名譽。緣此，詔令軍機、邊防方許便宜從事。然臣以爲因噎廢食，古人深戒。儻朝廷妙選循良，付以事權，託之何害？且況兵鬥民訟，變故不常，或有急難，理當懲艾。近聞趙抃嘗有所請，未即允俞。然遠方之事，勢難中覆。臣愚欲乞成都一路，且依舊例施行，使得

隨事弛張,應機彈壓,以消未萌之患。'不報。

先是,議諸路經略、鈴轄不得便宜斬、配百姓。趙抃時在中書,乃言當獨許成都四路,王安石執不可,曰:'成都與諸路遠處何異?'會安石齋祠,中書、樞密院同立法,許之。其後,謝景初奏:'成都從來妄以便宜從事,所釋誅多不當,乃至有年十五已下、犯法至輕,皆先刺配,候其長之配所。'於是,中書復删定敕文,惟軍人犯罪及邊防并機速許特斷。已而知太原府劉庠言:'弓箭手在極邊守望,有犯乃不敢特斷,奏乞改法。'安石曰:'極邊即是邊防明甚,庠不應妄奏。'及抃移成都,又請重立法。編敕官曾布言:'止當申明云:事合從權爲機,事出倉卒爲速。'於是,孝孫奏繼至。安石曰:'孝孫既稱蜀人柔良,則以常法治之足矣,何故反欲彈壓?又言事在倉卒,倉卒即是速,何用改法爲也!'"

《宋史》卷一百九十九《刑法一》:"先是,諸路經略、鈴轄不得便宜斬、配百姓。趙抃嘗知成都,乃言當獨許成都四路。王安石執不可,而中書、樞密院同立法許之。其後,謝景初奏:'成都妄以便宜誅釋,多不當。'於是中書復删定敕文,惟軍士犯罪及邊防機速,許特斷。及抃移成都,又請立法,御史劉季孫亦爲之請依舊便宜從事,安石寢其奏。"

十一月八日,因郟亶以水利、役法、鹽、銅、酒五利獻諸朝,除爲司農寺丞、兩浙路提舉興修水利

《長編》卷二百四十熙寧五年十一月癸丑:"睦州團練推官、知於潛縣郟亶爲司農寺丞、兩浙路提舉興修水利。"

龔明之《中吳紀聞》卷三:"郟亶字正夫,太倉人。起於

農家，自幼知讀書，識度不類凡子。年甫冠，登嘉祐二年進士第。崑山自國朝以來，無登第者，正夫獨破天荒。後住金陵，遣其子僑就學於王荊公，嘗有贄見詩。公初授睦州團練推官、知杭州於潛縣，未赴，以水利、役法、鹽、銅、酒五利獻諸朝。丞相王文公安石奇之，除司農寺丞，旋出提舉兩浙水利。議者以其說非便，遂罷免。”

十一月十二日，以神宗欲罷市易賣果實，又欲除放行人息錢，乃引《周官》泉府之法力辯；並勸神宗爲政當重大體，不須計較市易務等瑣事

《長編》卷二百四十神宗熙寧五年十一月丁巳：“上謂王安石曰：‘市易賣果實，審有之，即太繁細，令罷之如何？’安石曰：‘市易司但以細民上爲官司科買所困，下爲兼并取息所苦，自投狀乞借官錢出息，行倉法供納官果實。自立法以來，販者比舊皆即得見錢，行人比舊官司兼并所費十減八九，官中又得好果實供應，此皆逐人所供狀及案驗事實如此。每年行人爲供官不給，輒走却數家，每糾一人入行，輒訴訟不已。今自立法數月以來，乃有情願投行人，則是官司利便可知。止是此等皆貧民無抵當，故本務差人逐日收受合納官錢，初未嘗官賣果實也。陛下謂其繁細，有傷國體臣，愚切謂不然。今設官監酒，一升亦賣，設官監商稅，一錢亦稅，豈非細碎？人不以爲非者，習見故也。臣以爲酒稅法如此，不爲非義。何則？自三代之法固已如此。《周官》固已征商，然不云須幾錢以上乃征之。泉府之法，物貨之不售，貨之滯於民用者，以其價買之，以待買者，亦不言幾錢以

上乃買。又珍異有滯者，斂而入于膳府，供王膳，乃取市物之滯者。周公制法如此，不以煩碎爲恥者，細大並舉，乃爲政體，但尊者任其大，卑者務其細，此先王之法，乃天地自然之理。如人一身，視、聽、食、息，皆在元首，至欲搔癢，則須爪甲。體有小大，所任不同，然各不可闕。天地生萬物，一草之細，亦皆有理。今爲政但當論所立法有害於人物與否，不當以其細而廢也。市易務勾當官乃取賈人爲之，固爲其所事煩細故也，豈可責市易務勾當官不爲大人之事？臣以謂不當任煩細者，乃大人之事。如陛下朝夕檢察市易務事，乃似煩細，非帝王大體，此乃《書》所謂元首叢脞也。陛下修身，雖堯、舜無以加，然未能運天下者，似於大體未察，或代有司職，未免叢脞。《書》稱庶績咸熙，又曰庶績其凝。帝王收功，當如陽之熙，如陰之凝。陛下於政事尚未能熙，固未能凝。譬如天方春時，陽氣將熙，乃吹以涼風，摧以霜雹，即萬物豈能敷長？物尚不能敷長，即何由致成實？'上笑，且曰：'買得果實，誠比舊極佳，行人亦極便，但行人皆貧弊，宜與除放息錢。'安石曰：'行人比舊已各蘇息，可以存活，何須除放息錢？若行人已蘇息，比舊侵刻之苦已十去八九，更須除放息錢，即見今商稅所取，不擇貧富，固有至貧之人尚爲稅務所困，亦合爲之蠲除。既未能蠲除彼，何獨蠲除此？今諸司吏祿極有不足，乃令乞覓爲生，不乞覓即不能自存，乞覓又犯刑法。若除放息錢，何如以所收息錢增此輩祿。'安石又曰：'陛下不殖貨利，臣等不計有無，此足風化天下，使不爲利。至於爲國之體，摧兼并，收其贏餘，以興功利，以救艱阨，乃先王政事，不名爲好利也。'"

按，公之爲市易務辯解，可謂滔滔不絕，今撮述之：一，此乃三代先王之法，見之《周禮》，不爲無據。二，天地萬物，不論大小，皆有其理。爲政但當論其有害與否，不當論其大小。大人當任政事之大者，小人當任其小者。故市易務以賈人販賣果實，自屬其當爲之事，而神宗以一國之君，朝夕檢察市易務瑣事，此非帝王大體。三，市易務果實，亦屬抑制兼并，以收其贏餘，以興功利。

十一月十三日，進呈內東門及諸殿吏人名數，欲以行人歲入市易務息錢增入內內侍省、大宗正司等吏禄；又録廛人、泉府事白神宗

《長編》卷二百四十神宗熙寧五年十一月丁巳：“明日，進呈內東門及諸殿吏人名數，白上曰：‘從來諸司皆取略於果子行人，今行人歲入市易務息錢，幾至萬緡，欲與此輩增禄。’上曰：‘諸殿無事，惟東門司事繁，當與增禄。’安石曰：‘如入內內侍省吏人亦當與增禄，蓋自修宗室條制，所減貨賂甚多故也。’上又曰：‘大宗正司吏人亦宜與定禄法，免困擾宗室。宗室漸有官卑及不得官者，不宜更令吏人乞取困擾之。先帝每遷官，此輩所乞取須數十千。’安石曰：‘宗正吏止十二三人，更與量增禄，即可行重法。’

安石又言：‘市易務如果子行人事，才立得七行法，如此類甚眾，但以陛下檢察太苛，故使臣畏縮不敢經制。臣以謂陛下不當擾之使怠惰因循，令細民受弊也。王省惟歲，歲、月、日、時無易，乂用明，俊民用章。今陛下未見叢脞，乃責市易務煩細，此乃所謂歲月日時既易。士之有能、有爲者畏

縮不敢有爲,俊民與怠墮無能之人同,即微而不章矣.'

又録廛人、泉府事白上曰:'此周公所爲也.'上曰:'周公事未能行者豈少?'安石曰:'固有未能行者.若行之而便於公私,不知有何不可,而乃變易以從流俗所見?'上因言重禄法,曰:'聞吏舊日受賕多於今禄所得.'安石曰:'所得雖多,然須姦猾敢犯法者乃多得,而懦善畏法者所得未必多於今也.左藏自來號爲脂膏,然招人常不足,自賦重禄以來,所招人乃不闕.'上曰:'賦禄立重法,兼可召得顧惜行止人,兼爲免刺面,所以人樂應募也.'"

是日,以環慶路副都總管竇舜卿請換文資,議之.言兼并之家侵牟編户、坐收厚息,宜以政令摧抑之

《長編》卷二百四十神宗熙寧五年十一月戊午:"殿前都虞候、邕州觀察使、環慶路副都總管竇舜卿爲刑部侍郎、提舉西京崇福宫.先是,舜卿罷環慶,夜行失道,墮澗中幾死,以疾自請換文資故也.王安石白上曰:'舜卿曾爲朝廷了荆湖蠻事,以身親矢石,定一方之難,又在西方領兵亦有勞.今以病去職,爲觀察使,月請料錢二百千,故不敢當,乞換文資.雖世俗所見,亦以爲舜卿須換文資,不可坐受重禄.如舜卿以身徇國,亦粗有勞,更請觀察使料錢,閒坐二十年,亦不過數萬貫,然人情皆以爲厚禄非安坐所當享.今一州一縣便須有兼并之家,一歲坐收息至數萬貫者,此輩除侵牟編户齊民爲奢侈外,於國有何功而享以厚奉?然人情未嘗以爲此輩不當享此厚奉者,習所見故也.天命陛下爲神明主,畮天下士民使守封疆,衛社稷,士民以死徇陛下不敢辭者,

何也？以陛下能爲之主，以政令均有無，使富不得侵貧，彊不得凌弱故也。今富者兼并百姓，乃至過於王公，貧者或不免轉死溝壑，陛下無乃於人主職事有所闕？何以報天下士民爲陛下致死！'"

　　按，《宋史》卷三百四十九《竇舜卿傳》："湖北蠻猺彭仕羲叛，徙爲鈐轄，兼知辰州。建請築州城，不擾而辦。帥師取富州，蠻將萬年州據石狗崖。舜卿選壯卒奮擊，蠻矢石交下，卒蒙盾直前，發强弩射。萬年州斃于崖下，遂拔之……引兵入北江，仕羲降……熙寧中，十上章求退，且丐易文階。改刑部侍郎，提舉嵩山崇福宮。"

十一月十七日，與神宗、文彥博、馮京等議慶、渭等州易帥

　　《長編》卷二百四十熙寧五年十一月壬戌："龍圖閣直學士吳中復知永興軍，天章閣待制、知永興軍李肅之知青州，知慶州、龍圖閣直學士王廣淵知渭州，陝西都轉運使、天章閣待制楚建中知慶州。

　　時方議責郭逵，欲用張詵帥慶，移廣淵帥渭，僉謂前有處置叛卒之語，用詵恐慶卒驚疑。安石曰：'慶、渭有何異？若詵可帥慶，何不可帥渭？'上以爲渭非詵所任，僉以爲如上旨，乃議用劉庠、李肅之、孫永、張景憲及建中。上以李肅之非其任，安石曰：'此數人者，永差勝。'上曰：'永前帥秦，極不善。'安石曰：'差勝庠及肅之耳。'又曰：'慶與渭皆帥府，詵可帥慶，即可帥渭。'文彥博曰：'美錦不可使學者製，必須經諳乃可用。建中頗嘗歷西事，詵在秦州，亦熟秦州事。若

秦帥有闕,用詵爲允。'上曰:'詵應副熙河事亦穩審,呂公弼
見乞罷,令詵帥秦甚善。高才則無所不宜,若中才即經諳乃
可用。'安石曰:'人苟非才,家事亦不曉,苟才,則所至能辦
事。張詵在夔路了蠻事,豈詵素習? 應副熙河穩審,又非素
到熙河。今諸路同對一夏國,平時但以奉行朝廷政令,訓練
士卒爲職業。職業一耳,苟可帥一路,即餘路皆可。'上終欲
留詵帥秦,乃曰:'廣淵亦欲移,令廣淵帥渭,建中帥慶。'安
石曰:'建中帥慶,恐不及詵。建中雖見任待制,置帥不應論
官職大小。'上曰:'詵固勝建中也。'又曰:'人多非廣淵,及
帥慶,乃能了叛卒事。'馮京曰:'廣淵非端良,故人多毀之。'
安石曰:'廣淵在慶州奏事皆實,殊無詐妄。論其才,即素不
謂如建中也。'彥博曰:'人必須經諳事,如李石被逐於太原,
李絳被殺於興元,總爲不經諳彼處軍情耳。'安石曰:'此兩
人無可悔恨,自是朝廷無紀綱,不能制馭小人,小人放恣,所
以被逐、被殺,豈得云絳不經諳事故被殺? 若朝廷所爲如
此,絳雖經諳事,將如彼何?'"

是日,差楊蟠提舉興修白渠

《長編》卷二百四十熙寧五年十一月壬戌:"權發遣都水
監丞周良孺言:'奉詔相度陝西提舉常平楊蟠所議洪口水
利,今與涇陽知縣侯可等相度,欲就石門創口,引水入侯可
所議鑿小鄭泉新渠,與涇水合而爲一,引水並高隨古鄭渠南
岸。今自石門以北,已開鑿二丈四尺,此處用約起涇水入新
渠行,可溉田二萬餘頃。若開渠直至三限口合入白渠,則其
利愈多,然慮功大難成。若且依可等所陳,迴洪口至駱駞項

合白渠，行十餘里，雖溉兩旁高阜不及，然用功不多，既鑿石爲洪口，則經久無遷徙之弊。若更開渠至臨涇鎮城東，就高入白渠，則水行二十五里，灌溉益多。或不以功大爲難成，遂開渠直至三限口五十餘里，下接耀州雲陽界，則所溉田可及三萬餘頃，雖用功稍多，然獲利亦遠。'詔用良孺議，自石門創口至三限口，合入白渠興修，差蟠提舉。又令入內供奉官黃懷信乘驛相度功料。

先是，上閱《鄭渠利害》，王安石曰：'此事正與唐州邵渠事相類，從高瀉水，決無可慮。陛下若捐常平息錢助民興作，何善如之！'上曰：'縱用內藏錢，亦何惜也。'"

《宋史》卷九十五《河渠五》："十一月，陝西提舉常平楊蟠議修鄭、白渠，詔都水丞周良孺相視。乃自石門堰涇水開新渠，至三限口以合白渠。王安石請捐常平息錢，助民興作，帝曰：'縱用內帑錢，亦何惜也。'"

按，此役卒不成。程顥《河南程氏文集》卷四《華陰侯先生墓誌銘》："先生姓侯氏，名可，字無可……韓忠獻公鎮長安，薦知涇陽縣。至則鑿小鄭泉以廣灌溉，議復鄭白舊利。未幾，召至闕下，得對便殿。始命計工興役，旋復專總其事。邀功害能之人，疾其不自己出，渠功有緒而讒毀交至，以微文細故爲先生罪，遂罷其役。"《宋史》卷四百四十二《楊蟠傳》失載。

十一月十八日，與神宗等議滕甫差遣

《長編》卷二百四十熙寧五年十一月癸亥："翰林侍讀、給事中、知定州滕甫爲禮部侍郎。先是，上批：'甫十二月滿二年,令取旨。'於是執政進呈,上曰:'誰可代甫者?或且令再任。'蔡挺曰:'河北諸鎮與陝西不同,二年爲一任,推恩太優,恐合三年爲任。'或謂陝西若無事,當與河北同,以三年一任爲允。王安石請自今以三年爲一任,甫仍乞依舊例推恩。上從之。"

以郭逵劾王韶盜貸官錢奏案上,庇韶責逵

《長編》卷二百四十熙寧五年十一月癸亥:"詔宣徽南院使、雄武軍留後、判渭州郭逵落宣徽南院使,知潞州;通判秦州、太常少卿馮潔己,管勾機宜文字、殿中丞蕭敦善,河南府鞏縣主簿張績、司理參軍張續,勘官光禄寺丞杜純並衝替;前知通遠軍王韶罰銅八斤。

初,商人元瓘與韶以利交,後投韶效用。時有中書劄子,元瓘不得於市易司勾當。去年正月,韶託以瓘諳習商販,令管勾機宜黃察因幹事入京投狀待漏院,乞瓘依舊勾當。未報,而韶赴闕,改瓘名仲通,令在本司變轉茶綵及僱女奴,與川交子五千緡并度牒置公用。仲通剋留六百餘千,逵知仲通違朝旨勾當,即捕仲通,令敦善、續訊鞫,得韶贓狀;又點檢官鈔歷不同,奏韶侵貸官錢,送仲通司理院,潔己監勘。仲通稱韶借智緣銀二百兩,并逮黃察治券馬錢,事連部將王君萬。韶申有緊切事,已遣君萬入蕃勾當,候回日發遣。純奏韶託以邊事,侮玩制問,不肯發遣。會純遭父喪,改御史蔡確就劾,盡變其獄。至是,奏案上,逵反坐憑仲通虛詞指定韶罪,潔己、續禁無罪命官,察、敦善、續不申長吏取判,枷考罪人,純奏韶處置邊事,輕舉無謀,雖會赦或去

官，猶責及之。上初欲候純喪除，別與差遣，王安石曰：‘純奏韶出入不明，不可根勘，乞更不治中書條析問難，及奏至，乃略無不明之事，若非純挾姦，何故如此？且被旨令勘事，乃言不可勘，至討奄東事，非職事所預，又在勘院，初不知事端，乃反奏韶不合誅殺，不知此是何意。’上乃令純依衝替例。”

范祖禹《范太史集》卷四十《郭公墓誌銘》：“王韶將開熙河，依宰相勢多爲不法。公案其罪，韶引邊事以自解，且乞他官覆案。朝廷遣大理丞杜純來治，先移公判渭州。純案韶事皆實，宰相怒，并坐純，更遣御史蔡確來，公由是得罪，落宣徽南院使，知潞州。”

《宋史》卷三百三十《杜純傳》：“秦帥郭逵與其屬王韶成訟，純受詔推鞫，得韶罪。安石主韶，變其獄，免純官。”

晁補之《雞肋集》卷六十二《朝散郎充集賢修撰提舉西京嵩山崇福宮杜公行狀》：“時秦鳳路經略使郭逵、管勾秦鳳沿邊安撫司公事王韶互訟不公，執政遣公往訊。韶實違法用官錢，而朝廷方倚韶以熙河事，不欲竟其詞，即授公大理寺丞、檢詳樞密院吏房文字而未下也，而公遽以其欺狀聞。文潞公、富韓公見其奏，歎賞而心危之。會遭特進喪，以監察御史裏行蔡確代公，而韶無罪，公免官，於是始忤當路矣。”

以張商英言樞密院黨庇博州親戚失入死罪與縱吏等，與神宗議之。十一月二十二日，貶張商英監荆南税

《長編》卷二百四十熙寧五年十一月丁卯：“貶太子中

允、權監察御史裏行張商英爲光禄寺丞、監荆南税。先是，商英言：'博州官吏失入贓不滿軍賊二人死罪，樞密院檢詳官劉奉世黨庇親戚，令法官引用贓滿五貫絞刑斷例，稱博州官吏不見斷例，失奏裁，止從杖罪取勘。又院吏任遠恣横私徇凡十二事，而樞密院黨庇不案治，外人莫不聞知。'於是樞密使副文彦博、吴充、蔡挺因此不入院，遣吏送印於中書，中書不受。上問之，遣使促彦博等入院，彦博等言：'臺官言臣等黨庇吏人，與之相知，漏泄上語，乞以其章付有司明辨黑白，然後正臣等違命之罪。'商英又言：'乞以臣所言博州失入刑名下有司定奪，并以任遠事送開封府根治。若臣言不當，甘伏斧鉞。'於是王安石曰：'博州事，官吏本無罪，密院尚不合令科應奏不奏之罪。'上曰：'博州事分曉，任遠事如何?'安石曰：'若言取受甚多，令有司如何推究? 又恐新法已前，於法不得受理。'上曰：'此在新法前。'安石曰：'如此，則無可推究者。'上曰：'商英當如何行遣?'安石曰：'密院方治御史李則事，商英乃隨攻博州事以報之。李則事，御史所治誠不當，不自咎，更挾忿攻人，豈所謂懷忠良以事君者?'故有是命。

先是，臺勘劫盗李則死罪失出，奉世駁之，詔糾察刑獄司劾治，商英遂上章歷詆執政，言：'此出大臣私忿，願陛下收還主柄，自持威福，使臺諫爲陛下耳目，無使爲近臣脅遷。'上爲停詔獄。商英坐是與安石忤，及言博州事，彦博又疑商英陰附中書，故不能平。商英既坐出，上謂安石曰：'御史言事不實，亦常事。彦博等别有意，乃以爲御史欲併樞密院歸中書，不知御史初無此議論也。'安石曰：'中書欲併密院，果何利？若謂臣與彥博等多異論，故併密院，臣顧與彥博合議政事。姑以利害言之，臣何苦欲併密院。'"

《宋史》卷三百五十一《張商英傳》："臺獄失出劫盜，樞密檢詳官劉奉世駁之，詔糾察司劾治。商英奏：'此出大臣私忿，願收還主柄，使耳目之官無爲近臣所脅。'神宗爲置不治。商英遂言奉世庇博州失入囚，因擿院吏徇私十二事，語侵樞臣，於是文彥博等上印求去。詔責商英監荆南稅。"

《名臣碑傳琬琰集》下卷十六《張少保商英傳》："熙寧五年，加太子中允、監察御史裏行。時神宗勵精政事，商英言：'陛下即位以來，更張數十百事，而最大者有三：曰免役，曰保甲，曰市易。三者得其人緩之即爲利，非其人急之即爲害。陛下與大臣宜安静休息，擇人而行之，則太平可以立致。'會臺勘劫盜李則從輕典，有詔糾察司鞫治，商英言：'此出大臣私忿，願陛下收還主柄，自持威福，使臺諫爲陛下耳目，無使爲近臣脅遷，則天下幸甚。'神宗爲停其獄。商英乃言樞密使文彥博、副使吳充、蔡挺黨庇博州親戚失入死罪與縱吏等事，彥博等以商英意附王安石排己，俱求去。神宗難之，降授光禄丞、監荆南鹽麯商稅。"

《宋史》卷三百一十三《文彥博傳》："御史張商英欲附安石，擿樞密使他事，以摇彥博，坐不實貶。"

《名臣碑傳琬琰集》下卷十三《文忠烈公彥博傳》："監察御史張商英言樞密吏任遠恣横使副黨庇不案，彥博與吳充、蔡挺家居待罪，遣吏送印中書，不受，詔趣入院，彥博請以其章付有司正典刑。商英陰助中書，故彥博等不能平。會王安石亦不直商英，坐貶監荆南商稅，彥博乃起視事。"

《文潞公文集》卷二十一《論臺官言西府事》："臣等以臺官上言黨庇密院吏人任遠，及稱樞密使副與任遠相知，又引姚崇只爲庇一吏人罷相，今已面奏。臣等以材薄體輕，頻致御史論奏，更難以冒處樞要，乞便歸西府，杜門待罪。今蒙聖慈特降中使傳宣，各令便歸院供職。臣等内訟，實難便赴密院，伏望聖慈盡賜罷免。"

十一月二十三日，御史中丞鄧綰奏乞還張商英言職。不從

《長編》卷二百四十熙寧五年十一月戊辰："御史中丞鄧綰言：'臺諫官爲朝廷耳目，若小有過差，不少加優容，使皆以言爲戒，非所以廣聞見也。望還商英言職。'不從。上謂王安石曰：'商英被劾，綰乃至出涕言，前此未有此事。'安石曰：'若以被劾爲恥，自當平時講習文法。既不能講習，致有失誤，安可免劾？'"

是日，論不可恃皇城司伺察細瑣事，有損治體。神宗然之

《長編》卷二百四十熙寧五年十一月戊辰："馮京言：'皇城司近差探事人多，人情頗不安。'上曰：'人數止如舊，探事亦不多。藍元震又小心，緣都不敢乞取，故諸司不安。'僉言：'外間以爲若十日不探到事即決杖，故多捃摭細碎。'上曰：'初無此處分。此輩本令專探軍中事，若軍中但事嚴告捕之法，亦可以防變。'安石曰：'專令探軍中事即無妨，若恃此輩伺察外事，恐不免作過。孫權、曹操用法至嚴，動輒

誅殺，然用趙達、呂壹之徒，皆能作姦亂政。陛下寬仁，不忍誅罰，焉能保此輩不作姦？三代聖王且不論，如漢高祖、唐太宗已不肯爲孫權、曹操所爲，但明示好惡賞罰，使人臣皆忠信，不敢誕謾，天下事安有蔽匿不聞者？細碎事縱不聞，何損於治體？欲聞細碎事，却致此輩作姦，即所損治體不細。'上以爲然。"

是日，奏請奉僖祖神主爲太廟始祖，遷順祖神主藏之夾室，孟夏祀感生帝以僖祖配

《長編》卷二百四十熙寧五年十一月戊辰："中書奏：'太常禮院言：奉旨詳定僖祖神主祧遷，而判院章衡等請以僖祖爲始祖，張師顏等請奉僖祖爲別廟，同知禮院蘇棁請以僖祖祔景靈宮者。竊以聖王用禮，固有因循，至於逆順之大倫，非敢違天而變古。今或以夾室在右，謂於宗祐爲尊；或以本統所承，措之別宮爲當。類皆離經背理，臣等所不敢知。伏請奉僖祖神主爲太廟始祖，遷順祖神主藏之夾室，依禮不諱，孟夏祀感生帝，以僖祖配。'詔恭依。

先是，壬子詔書，令學士院集兩制議。已而兩制乞與待制、臺諫、禮官共議之。上曰：'人本乎初，豈復議功？當時合便施行，不須根議。'王安石曰：'宗廟重事，令兩制議之足矣。'上曰：'兩制誰欲如此？'王珪曰：'聞韓維欲如此。'上曰：'維意謂何？'安石曰：'聞維意未以爲然，然不知維意欲如何，恐付之禮官即更紛紛。若維特有所見，不妨異論，何勞博引議者爲助？欲止令兩制議，議定，送禮官草儀注而已。'上曰：'善。'

　　於是翰林學士元絳、知制誥王益柔、陳繹、曾布，直舍人院許將、張琥上議曰：‘自古受命之王，既以功德饗有天下，皆推其本統，以尊事其祖……臣等考之經傳，質之人情，謂宜以僖祖之廟爲始祖之廟，則合於先王之禮意，無所悖戾。’

　　翰林學士韓維別議曰：‘臣伏以親親之序，以三爲五，以五爲九，上殺、下殺、旁殺而親畢矣。聖人制事，存送終之禮，皆以是爲限，是衆人之所同也。若其所不與衆人同者，則又因事之宜，斷之以義，而爲之節文也。昔先王既有天下，迹其基業之所由起，奉以爲太祖，所以推功美、重本始也……伏惟太祖皇帝孝友仁聖，睿智神武，兵不血刃，坐清大亂，子孫遵業，萬世蒙澤，功德卓然，爲宋太祖，無可議者。僖祖雖於太祖高祖也，然仰迹功業，未見其有所因，上尋世系，又不知其所以始。若以所事契、稷奉之，竊恐於古無考，而於今亦有所未安也。臣以爲均之論議未有以相奪，仍舊爲便。’……天章閣待制孫固上議曰：‘臣聞先王之禮，本之人情，而爲之節文者也。故不慕古而違當世之宜，不因文而失治情之實，親有疏戚，世有同異，此禮文所以損益變正之不一也。伏惟太祖皇帝受天命，一四海，創業垂統，爲宋立萬世無窮之基，其爲宋始祖而配天受饗，理在不疑。今聞迺欲以僖祖爲始封之祖，復其祧主。夫既以僖祖爲始祖，則遂當受饗配天，此臣竊所未安也……’

　　安石等先呈兩制所議，上曰：‘韓維昨言文、武之功起於后稷，以起爲因，故推后稷配天。’安石曰：‘《經》稱文、武之功，非稱后稷之功；稱尊祖，非稱尊有功。言起於后稷者，謂非文、武之功不能有天下，則不得行祭天之禮。文、武非后

稷焉出，故行祭天之禮，則以后稷配天，此乃所謂尊祖也。'
上曰：'維又引王不待大，以爲亦有待小國而王者。'安石曰：
'孟子論湯、文王不待大國然後有天下。前代固有不待有國
而王天下者，禹是也，故楊雄以爲禹以舜作土。'上曰：'鯀治
水，或有封國亦未可知。'安石曰：'若據書傳，即封于有夏，
氏曰有㜪者，禹也，無與鯀事。'上曰：'尊祖不計有功無功，
此理無疑。'安石曰：'維言夾室在右，自爲尊處，此尤無理。
若子孫據正室，使父祖在偏廂，乃以偏廂爲尊處，豈不悖理？
又言遇禘、祫即令僖祖東向，如此，何以遷其主、毀其廟？況
古無所謂遷廟主東向之理。又古者言遷主，皆升合食，今乃
降合食，古亦無此理。'上曰：'此兩事不可，明甚，但疑郊配
當如何耳。'安石曰：'前代郊配亦不一，如商則祖契而郊冥，
與周祖文王而郊后稷不同。然以理言之，若尊僖祖爲始祖，
即推以配天，於理爲當。先王之制禮，事亡如存，事死如生。
推太祖之孝心，因欲推宣祖，自宣祖以上，其心與太祖宜無
以異，即推僖祖配天，必當祖宗神靈之意。'上曰：'宗祀明堂
如何？'安石曰：'以古言之，太祖當宗祀。今太祖與太宗共
一世，若迭配明堂，亦於事體爲當。'上曰：'今明堂乃配先
帝，如何？'安石曰：'此乃誤引嚴父之説，故以考配天。《孝
經》所謂嚴父者，以文王爲周公之父，周公能述父事，成父
業，得四海懽心，各以職來助明堂宗祀，得嚴父之道故也。
若言宗祀，則自前代已有此禮。'上曰：'周公宗祀，乃在成王
之世，成王以文王爲祖，則明堂非以考配，明矣。'馮京請令
禮官議之，安石曰：'禮官皆無定議，惟王存與韓維意同。維
本欲御史、諫官集議，朝廷既不從，乃獨議此。初欲別爲僖

祖立廟,元絳等皆笑之,故復有西夾室爲尊之説。'上曰:'韓維意欲求衆爲助耳!然姑令禮官議之,更盡衆説。'安石乃已。

又呈孫固議,上復疑配天事,安石曰:'萬物本乎天,人本乎祖,故王者以太祖配天。以祖,非以有功。若以有功,即鯀以無功殛死,豈得謂之有功?然夏后氏郊鯀,其非有功可知也。'上又疑禹因鯀功,安石曰:'鯀障水,禹道之,是革也,非因也。'上又疑僖祖非始祖,安石曰:'僖祖非始祖,誠是也。然僖祖與稷、禹事既不盡同,即郊與不郊,裁之聖心,無所不可,緣於逆順之理無害故也。若藏其主夾室,下附子孫,即逆尊卑之叙,不可不改。'上以爲然,乃不從固議,令禮官并郊配別議之。安石又言:'固謂姜嫄別廟,亦欲爲僖祖立別廟,此與韓維意同。自古無爲祖立別廟之禮,姜嫄所以有別廟者,蓋姜嫄,禖神也,以先妣,故盛其禮歌舞,皆序於先祖之上。不然,則周不立嚳廟而立嫄廟,何也?'遂詔以維等二狀及固議下太常禮院,同郊配一處詳定以聞……上既閱禮官議狀,謂執政曰:'士大夫好以禮文爲己任,故但議宗廟事,即務爲紛紛。'馮京曰:'士大夫皆以太祖不得東向爲恨。'安石曰:'野人曰:父母何算焉?都邑之士則知尊禰矣,學士、大夫則知尊祖矣。詩人稱奉璋峨峨,髦士攸宜,蓋奉宗廟,供祭祀,當擇學士大夫之髦俊者與之從事,豈可以合野人爲當?'上乃從元絳等初議。絳等初議,安石所主也。上又曰:'初不令議配天,諸議者何故及此?'安石具以白上,且言:'本朝配天之禮,亦皆不合經、禮,但此事未害逆順大倫,欲釐正之,有所未暇耳。'上曰:'今茲當從誰議?'安石曰：‘宣祖見配感生帝，欲改以僖祖配’。上曰：‘善。’安石本議以僖祖配天，上頗難之，故更以配感生帝。以僖祖配感生帝，以章衡及周孟陽、宋充國、楊傑所議，亦與安石合故也。安石又白上，此事當中書具奏，降詔施行，上皆從之。”

十一月二十五日，以京西轉運使吳幾復奏乞於郢、唐等州置監鑄錢以紓錢重之弊，沮之，以爲不可行

《長編》卷二百四十熙寧五年十一月庚午：“京西轉運使吳幾復言，郢、唐、均、房、金五州易得林木，而淮南鉛銅積多，若由襄、郢轉致鉛銅至郢、唐等州，置監鑄錢，可以紓錢重之弊，其利且博。而中書户房以爲鉛銅於法當由水漕，今淮南轉致，非獨道路迂遠，其間必須陸運，則其費不償所得。上批：‘内庫昨以兩經優賞及頻年應副，邊用闕乏，若朝廷非次別有支遣，必更無可應副。苟如幾復言，就山林可鼓鑄，即且令歲鑄五十萬緡，於内庫封樁。’既而罷之。王安石言：‘幾復謂置監鑄錢，開闢山林，可得地耕種，此言不可用。今岑水聚浮浪至十餘萬，所收銅已患無本錢可買，若京西又置監，不惟無本錢可買，又餘無用鉛銅，兼更誘引耕民奔赴坑冶，失本業，趨末利，人衆既聚，即難驅逐使散。京西平地尚乏人耕種，縱開闢山林，豈有人治田？但恐山林無人耕種，而平地之農更棄而爲坑冶，即廢京西農事。’上以爲然。”

《宋史》卷一百八十《食貨》：“京西轉運使吳幾復建議：郢、唐、均、房、金五州多林木，而銅鉛積於淮南，若由襄、郢轉致郢、唐等州置監鑄錢，可以紓錢重之弊。神宗是之，而

王安石沮之，其議遂寢。後乃詔京西、淮南、兩浙、江西、荆湖五路各置鑄錢監，江西、湖南十五萬緡，餘路十萬緡爲額，仍申熟錢斤重之限。”

辨李克忠功罪

《長編》卷二百四十一熙寧五年十二月己丑：“先是，復圭酬獎將官李克忠金湯戰功，樞密院言：‘金湯之役，復圭盡取趙餘慶所得首級繫之克忠，其自洛河川歸慶州，克忠兵又中道爲敵衝斷，有當時轉運使孫坦體量狀及知延州郭逵奏具在。’上怒復圭詐妄，王安石獨明其不然，曰：‘復圭雖得罪，克忠等功自當賞。’上曰：‘餘人已賞之矣，克忠乃別坐罪。’安石曰：‘案復圭劄子論一行將官等，不爲克忠一人，就令克忠一人有罪，罪自論罪，功自論功。陛下斷克忠罪太重，克忠不合取蕃部甲，原情固與取玉帛子女入己不同。克忠所以獲罪太重者，正坐平時人浸潤復圭，以爲阿黨克忠，克忠無能，又作過壞邊事，故常含怒以待之。適會事發，故特被重斷。且陛下爲人浸潤游説所誤，非但此一事，如王廣淵慶州兵變，廣淵撫定有功，乃降兩官；如种諤得朝旨令通消息與西人議和，惟不合擅牒韋州，原情有何深罪，乃追一官，又追奪候二年與閣門副使指揮。始時，衆議紛然，深咎种諤，以爲當令分析者，疑此事出于廣淵故也。及分析到，略不干廣淵事。陛下以人言衆，遂行遣种諤如此。論者謂种諤緣貪功故累國體，臣愚以爲妨功慢命，即不可容，若趣赴政令，務成事功，縱有過失，豈可深罪？’上曰：‘當時方欲與西人議和，种諤遽牒去，恐西人因此更旅拒。’安石曰：‘臣

愚以爲若中國自修政事，西人和與不和非所議，縱度時宜欲
與之和，何患西人旅拒？陛下斷王廣淵、种診罪如此，杜純
親被旨勘王韶事，陛下無故與轉一官，固已非理，及其奏報
欺謾，皆杜純奏狀内自見，非因人媒孽糺摘，然陛下遲疑，令
候服闋日行遣，臣力辨論，然止于衝替而已。不知陛下謂种
診之罪與杜純孰重，原兩人之情，孰爲欲沮壞政事？'上曰：
'种診但欲了事耳，有何罪？'安石曰：'如郭逵之罪固不可與
王廣淵同日而論，王廣淵降兩官，郭逵乃止降一官。'上曰：
'爲宣徽使重故也。'安石曰：'宣徽使非郭逵所有，乃陛下所
與。兹爲天官，天官重則報禮亦宜重。今逵乃敢如此，而陛
下譴之止於如此，何足以馭群臣？人固有恥其君不如堯、舜
若撻于市者，如此等人豈有肯爲不義，煩陛下威怒？如逵
者，乃曾盜官肉決杖，豈可以待有道君子之道待之？惟知畏
懼，乃可驅使。陛下以爲逵材亦可用，故愛惜之，不欲深責，
臣恐但長逵驕陵，不復爲用。'安石言此，大抵專爲復圭道
地也。"

李燾："安石辨李克忠功罪，《日録》在十二月初。"

十二月四日，編修三司令敕所乞罷周室、温成皇后等忌日齋祭。與神宗議之

《長編》卷二百四十一熙寧五年十二月戊寅："編修三司
令敕所言：'伏見齋醮式有温成皇后、張皇后、秦晉國夫人、
周太祖、世宗、梁王、宣懿皇后、柴太后等忌日齋祭。朝廷
已爲周立後，奉祭享不絶，而温成皇后於禮不當有忌，乞並
廢罷。'上曰：'温成皇后，仁宗朝所行，日月未遠，朕所不

忍。'王安石等對曰:'嘉祐中,諫官楊畋以久雨陰沴,言宗廟之禮恐有未順。且言:城南立溫成廟,四時諏日祭奠,以待制、舍人攝事,牲幣、祼獻、登歌、設樂並同太廟之禮。蓋當時有司失於講求,略無典據。昔商宗遭變,飭己思咎,祖已訓以典祀無豐于昵。況以嬖寵列於秩祀,非所以享天心、奉祖宗之意也。遂改溫成廟爲祠殿,歲時遣宮臣行事,薦以常饌。其忌日齋祭,在典禮無聞,宜如令敕所陳罷去。'從之。"

十二月五日,以曾孝寬等體量河東團保甲散馬事白神宗

《長編》卷二百四十一熙寧五年十二月己卯:"王安石白上:'曾孝寬等體量河東團保甲散馬至忻州,適會教義勇千五百人作三番召見,諭以朝廷所立法,無一人不忻然乞如此施行。'又言:'河東人至以團保甲散馬謳歌。古人以謳歌察民情所在而鼓舞之,樂所爲作也。'上曰:'人情好兵。'安石曰:'人情大抵好勝。先王能養其勝氣,故可以使之征伐。'上曰:'河東人惜財物,不憚征役,可使。'安石曰:'義可以使君子,利可以使小人。陛下誠操義利之權,而施之不失其當,賢若孔子,不肖如盜跖皆可使,豈但河東人也?'安石又嘗爲上言:'吳審禮巡按保甲上番還,言上番人多願留,其較藝獲賞厚,人極歆豔,習武技至忘寢食。'上悅曰:'制法當使人樂趨而競奮。太祖因諸營戰勝有功,乃令各營升俸廩,此人所以樂戰也。今虎翼定俸錢五百,人何所勸?'安石曰:'迺者非但兵也,至于士大夫亦各自計資級。資級所當得,

不以爲恩,若稍稽留,便生觖望。及陛下稍分別才否陟黜,不復盡用資序,士大夫乃粗知有勸。'"

十二月八日,乞省麟府兵

《長編》卷二百四十一熙寧五年十二月壬午:"王安石言:'麟府兵可省,今内地人習兵足恃,極邊又有堅城,即雖兵少,西人無敢犯之理。'上恐兵少,西人侵寇,民不安居。安石曰:'與弱國通和,厚與之財物,乃更不免其侵寇,又不徹備,即與和何補?但有侵寇,即急切與之理會,彼自不敢。兵法以爲無所不備,即無所不寡,能有所不備者,知敵之情故也。今不料敵情,即豈免無所不備?今日之事,麟府不須厚爲兵備,于無事時省兵以紓民憂,惜財穀以實邊,乃所以待有事也。臣愚以爲西事但應接不失計,即雖元昊復生,尚無能爲,何況如今秉常孱弱?'上曰:'慶曆中,麟府不過萬人,今乃二萬人,誠可省。但得城寨堅完,即可無虞。'安石曰:'要城寨堅完,此豈難事,但令沿邊將吏知朝廷詔令,常惕懼不敢苟且,即城寨自然堅完。'"

十二月十三日,以蔡延慶爲天章閣待制、秦鳳等路都轉運使

《長編》卷二百四十一熙寧五年十二月丁亥:"司封員外郎、直史館蔡延慶爲天章閣待制、秦鳳等路都轉運使。馮京初欲用劉瑾,王安石曰:'百司方賴瑾提舉,未宜差出。'王珪言延慶可用,安石亦稱之,且曰:'延慶嘗修注,宜與待制。'上從之。"

《宋史》卷二百八十六《蔡延慶傳》："明年,同修起居注,直舍人院、判流内銓,拜天章閣待制、秦鳳等路都轉運使,以應辦熙河軍須功,進龍圖閣直學士。"

夏國與董氈結親。十二月十三日,與神宗議之,以爲但令中國安强,外夷合縱非所憂

《長編》卷二百四十一熙寧五年十二月丁亥:"知太原府劉庠言夏國與董氈結親。上曰:'夷狄合從亦可慮。'王安石曰:'但當修政刑,令中國安强,夷狄合從非所憂。'上曰:'孟子言:小固不可以敵大,合從則大,大則難制。'安石曰:'孟子所謂小固不可以敵大者,謂地醜德齊者言之,故齊以一服八則不能。若克修其政刑,則王不待大,故曰以齊王猶反手也。湯以七十里,文王以百里,豈復計小大?'又爲上言:'唐回紇合從犯中國,郭子儀以一言伐其交。陛下能用郭子儀之徒爲將帥,則夷狄之交固可伐而離之也。'上曰:'郭子儀豈易得?'安石曰:'有天下之大,所患者非子儀之徒難得也,要分別君子小人而已。'又爲上言:'曹操與袁紹相抗,紹地大兵衆,操寡弱,自不敢保勝紹。然荀彧逆知操必勝紹者,以操明勝紹、機勝紹、決勝紹故也。'"

十二月十五日,以神宗問及武勝軍軍備,與之論夏國用兵

《長編》卷二百四十一熙寧五年十二月己丑:"上問王安石曰:'蔡挺得景思立書,言入武勝軍,非因糧即大狼狽,不知今有備否?'安石曰:'王韶約至來秋乃舉事,今蕃部既接

續內附，木征無復能爲，縱少遲，亦無可虞之變。'上曰：'河州與蘭州相鄰，此可虞也。'安石曰：'秉常必無能爲，但不侵迫彼國，必不敢妄作。'上因言夏人善戰，安石曰：'夏國安能用兵？但中國未修紀律故爾。如昨者慶州即可見，老弱至多，都無部分。'上曰：'此非其精兵，如魏太武驅老弱當敵，非其所惜。'安石曰：'秉常豈魏太武之比，夏國來寇，恃衆而已。若能潰其老弱，精兵豈能獨留？'上曰：'夏國屢敗契丹。'安石曰：'契丹雖大而無能，以當元昊，宜其敗。'上曰：'諒祚亦能敗契丹。諒祚爲國主，能以身先士衆，犯矢石，所以能率其衆勝契丹。'上又曰：'中國亦未嘗能勝契丹。'安石曰：'勝契丹當有素定計略。如陛下今日但憂契丹移口鋪，與之計校巡馬，恐終無以勝契丹也。'"

十二月十八日，以呂惠卿同檢正中書五房公事。神宗欲罷曾布，固留之。二十一日，以曾布爲翰林學士，又請留之編修中書條例，神宗不許

《長編》卷二百四十一熙寧五年十二月壬辰："太子中允、集賢校理、同修起居注呂惠卿同檢正中書五房公事。乙未，知制誥陳繹、曾布並爲翰林學士。初，呂惠卿既除都檢正，欲布罷職，王安石固請留布，曰：'得兩人協濟，則臣愚短庶幾寡過。'上許之。及是，又欲留布，上曰：'學士職任高，不可爲宰屬。'安石又請留布修中書條例，上曰：'惠卿吏文尤精密，不須留布也。'安石乃已。"

《名臣碑傳琬琰集》下卷十四《呂參政惠卿傳》："父喪，服除，爲天章閣侍講，修起居注，管勾國子監，校正中書五房

公事，兼看詳編修中書條例。”

十二月二十二日，以儀鸞司中傷呂嘉問，欲送付開封府勘斷，神宗從之。因頌神宗節儉盛德

《長編》卷二百四十一熙寧五年十二月丙申：“王安石爲上言：‘三司節略呂嘉問起請，儀鸞司供内中綵帛文字却奏云爲礙呂嘉問起請，乞指揮。其意蓋以内東門索綵帛作禁中上元，而嘉問起請，致妨闕，欲中傷嘉問，且歸咎於中書立法，此事不可不察也。’上笑曰：‘副使、判官爲誰？’曰：‘王克臣、晏知止。’上曰：‘如何行遣？’安石曰：‘欲送吏人開封府勘斷，副使、判官具與上簿。’上從之。安石曰：‘如此等事，非陛下恭儉節用，人臣豈敢如此立法？臣見陛下於殿上蓋韂，尚御批減省，以此知不肯用上等匹帛縻費於結絡。’上曰：‘本朝祖宗皆愛惜天物，不肯横費，如此縻費欲何爲？漢文帝曰：朕爲天下守財爾！’安石曰：‘人主若能以堯、舜之政澤天下之民，雖竭天下之力以奉乘輿，不爲過當。守財之言，非天下正理。然陛下聖心高遠，如紛華盛麗無可累心，故安于節儉，自是盛德，足以率勵風俗，此臣所以不敢不上體聖心也。’”

十二月二十三日，勉神宗以道揆事，明辨君子小人情狀，專委王韶熙河事

《長編》卷二百四十一熙寧五年十二月丁酉：“上問王安石曰：‘見王中正否？’安石曰：‘見之。’問何言，安石曰：‘中正言熙河人情甚喜，蕃酋女子至連袂圍繞漢官踏歌，言自今

後無讎殺，有買賣，快樂作得活計，不被木征來奪人口牛馬也。'上曰：'邊事須委付，不可擾之。王韶等不怕西邊事宜，却怕東邊事宜。每得朝命，或不應事機，即人情疑沮。'安石曰：'熙州事陛下一一應副無違，不知更有何事，致人情疑沮？昨者韶亦無説，方克武勝，人人望功賞，乃有朝中人書報韶將以城還木征，人情大段疑沮。'王珪曰：'此必是聞吳充奏乞以城還木征事。'上曰：'由此觀之，事皆在廟堂。'安石曰：'事不在廟堂，乃皆在聖心。聖心辨君子小人情狀分明，不爲邪説所蔽，即無事不成。天授陛下利勢，自秦以來，未有如今日，人民蕃庶，内外無事，天下四鄰一皆庸愚疲弱無可做之敵；且又天錫陛下聰明，亦自秦、漢以來鮮及。若每以道揆事，了無不可爲者。《尚書》歷代所寶，以爲大訓，其言乃孔子、孟子所取以證事。言服四鄰，必先曰：食哉惟時，惇德允元而難任人。言兼弱攻昧，必先曰：祐賢輔德，顯忠遂良。聖心誠能祐賢輔德，顯忠遂良，惇德允元而難任人，雖有如冒頓之夷狄，亦非所恤也。'安石又白上：'廟堂以文書往擾邊事，未若置人朝夕與之共事以沮害之，此最所宜察。原付人以一方事，必使之能制衆，以義制衆，則必有不獲逞者。人懷不獲逞之心，而内有沮害之臣爲之應，内外相合，以沮害其事，則忠力之臣雖欲有爲必不敢，有爲必不成矣。'"

十二月二十五日，請令王韶相度事機諭董氈絶婚西夏，神宗然之

《長編》卷二百四十一熙寧五年十二月丁亥："既而安石

又白上:'王中正言:郢城嘉卜力足敵董氈,董氈與夏人結婚,欲以兵援送,借道于嘉卜界内。嘉卜以爲夏、董交婚,即我孤立于兩間,素與董氈爲讎,必被攻襲,明告夏人,如此我必歸漢,亦遣人至王韶處,王韶未敢許納。臣以爲宜令韶相度事機,以利害諭董氈令絶婚,宜聽,因可以施德于嘉卜,收異時之用。'上以爲然。文彦博請召王中正問狀乃行下,許之。"

李燾:"《日録》載此事于十二月二十五日。"

與楊蟠帖

《陳傅良先生文集》卷四十二《跋朱宰元成所藏宋宣獻公王荆公帖》:"荆公熙寧五年帖。運判中允者,楊蟠公濟也。公濟以是年十一月自光禄丞改太子中允,權發遣永興等路轉運判官。明年,司農言:近詔天下出錢免役,而永興、秦鳳比它路民貧役重。於是始立二分寬饒之法。以此帖考之,當是荆公嘗有悔意,故農寺敢白上耳。"

是年,上劄子言免役、保甲、市易等法,得其人緩而謀之,則爲大利;非其人急而成之,則爲大害。

《文集》卷四十一《上五事劄子》:"陛下即位五年,更張改造者數千百事,而爲書具,爲法立,而爲利者何其多也。就其多而求其法最大、其效最晚、其議論最多者,五事也。一曰和戎,二曰青苗,三曰免役,四曰保甲,五曰市易。今青唐、洮河幅員三千餘里,舉戎羌之衆二十萬獻其地,因爲熟户,則和戎之策已效矣。昔之貧者,舉息之於豪民;今之貧者，舉息之於官，官薄其息，而民救其乏，則青苗之令已行矣。惟免役也，保甲也，市易也，此三者有大利害焉。得其人而行之，則爲大利；非其人而行之，則爲大害。緩而圖之，則爲大利；急而成之，則爲大害。《傳》曰：'事不師古，以克永世，匪說攸聞。'若三法者，可謂師古矣。然而知古之道，然後能行古之法，此臣所謂大利害者也。蓋免役之法，出於《周官》所謂府史胥徒、《王制》所謂庶人在官者也。然而九州之民，貧富不均，風俗不齊，版籍之高下不足據，今一旦變之，則使之家至戶到，均平如一，舉天下之役，人人用募，釋天下之農，歸於畎畝，苟不得其人而行，則五等必不平，而募役必不均矣。保甲之法，起於三代丘甲，管仲用之齊，子產用之鄭，商君用之秦，仲長統言之漢，而非今日之立異也。然而天下之人，鳧居鴈聚，散而之四方而無禁也者，數千百年矣。今一旦變之，使行什伍相維，鄰里相屬，察姦而顯諸仁，宿兵而藏諸用，苟不得其人而行之，則搔之以追呼，駭之以調發，而民心搖矣。市易之法，起於周之司市、漢之平準。今以百萬緡之錢，權物價之輕重，以通商而貰之，令民以歲入數萬緡息，然甚知天下之貨賄未甚行，竊恐希功幸賞之人，速求成效於年歲之間，則吾法隳矣。臣故曰：三法者，得其人緩而謀之，則爲大利；非其人急而成之，則爲大害。故免役之法成，則農時不奪而民力均矣；保甲之法成，則寇亂息而威勢彊矣；市易之法成，則貨賄通流而國用饒矣。"

是年，作《西帥》

《詩注》卷三十七《西帥》："吾君英睿超光武，良將西征

捍魄囂。誓斬郅支聊出塞，生禽頡利始歸朝。一丸豈慮封
函谷，千騎無由飲渭橋。好立功名標竹素，莫教空説霍
嫖姚。"

李注："此詩恐謂王韶，可見公意切於開邊也。'豈慮'
者，言帥之威略，必不使如王元之徒，欲以'一丸泥封函谷
關'也。"可從。是年王韶拓邊有成，故公作此詩。

是年，以弟安國所得之花蕊夫人詩，在中書語與王珪、馮京等

《全宋文》卷一千五百八十七《花蕊夫人詩序》："熙寧
五年，臣安國奉詔定蜀民所獻書可入三館者，得花蕊夫人
詩，乃出於花蕊手，而詞甚奇，與王建宮詞無異。建自唐至
今，誦者不絕口，而此獨遺棄不見收，甚爲可惜也。臣謹繕
寫入三館而歸，口誦數篇於丞相安石。明日，與中書語及
之，而王珪、馮京願傳其本，因盛行於時。花蕊者，僞蜀孟昶
侍人，事在國史。安國題。"

釋文瑩《續湘山野録》："王平甫安國奉詔定蜀民、楚民、
秦民三家所獻書可入三館者，令令史李希顔料理之。其書
多剝脱，而二詩弊紙所書花蕊夫人詩，筆書乃花蕊手寫，而
其辭甚奇，與王建宮詞無異。建之辭，自唐至今，誦者不絕
口，而此獨遺棄不見取。受詔定三家書者，又斥去之，甚爲
可惜也。遂令令史郭祥繕寫入三館。既歸，口誦數篇與荆
公，荆公明日在中書語及之，而禹玉相公、當世參政願傳其
本，於是盛行於時。文瑩親於平甫處得副本，凡三十二章，
因録於此。"

是年，《南郊式》成

《宋史》卷二百四《藝文三》：“王安石《南郊式》一百十卷。”

《文集》卷五十六《進修〈南郊敕式〉表》：“郊丘事重，筆削才難，猥以微能，叨承遴選。臣某等誠惶誠恐，頓首頓首。蓋聞孝以配天爲大，聖以饗帝爲能。越我百年之休明，因時五代之流弊。前期戒具，人輒爲之騷然；臨祭視成，事或幾乎率爾。蓋已行之品式，曾莫紀於官司。故國家講燎禋之上儀，而臣等承撰次之明詔。迨兹彌歲，僅乃終篇。猶因用於故常，特删除其紛冗。恭惟皇帝陛下體聖神之質，志文武之功，嘉與俊髦，靈承穹昊。物方罔茂，以薦信而無慝；人且昭明，知因陋之爲恥。固將制禮作樂，以復周、唐之舊；豈終循誦習傳，而守秦、漢之餘。則斯書也譬大輅之椎輪，與明堂之營窟，推本知變，實有考於將來；隨時施宜，亦不爲乎無補。臣無任。”

此篇亦見沈括《長興集》。據胡道靜考證，此文應屬沈括。[1]

按，編《南郊式》始於熙寧二年十二月三日（詳見本譜熙寧二年），由公領修，參預者有劉瑾、趙咸、楊蟠、李定等，其後由沈括實董其事。《宋史》卷三百三十一《沈括傳》：“故事，三歲郊丘之制，有司按籍而行，藏其副，吏沿以干利。壇下張幔，距城數里爲園囿，植采木、刻鳥獸綿絡其間。將事

---

[1]　沈括撰，胡道靜校證《夢溪筆談校證》卷一，第44頁。

之夕，法駕臨觀，御端門、陳仗衛以閱嚴警，游幸登賞，類非齋祠所宜。乘輿一器，而百工侍役者六七十輩。括考禮沿革，爲書曰《南郊式》。即詔令點檢事務，執新式從事，所省萬計。"《長編》卷三百三十八元豐六年八月庚子："詔《南郊式》有皇帝稱臣遣使所遣官不稱臣，自今依舊稱臣。舊儀，皇帝稱臣，遣官亦稱臣。以爲被遣官亦稱臣，不應禮。改之，至是復舊。"李燾："熙寧五年，沈括上《南郊式》。"

《字説》初成，撰序，進呈神宗

《文集》卷八十四《熙寧字説序》："文者，奇偶剛柔，雜比以相承，如天地之文，故謂之文。字者，始於一二，而生生至於無窮，如母之字子，故謂之字。其聲之抑揚開塞，合散出入，其形之衡從曲直，邪正上下，內外左右，皆有義，皆本於自然，非人私智所能爲也。與夫伏羲八卦，文王六十四，異用而同制，相待而成易。先王以爲不可忽，而患天下後世失其法，故三歲一同。同之者，一道德也。秦燒《詩》、《書》，殺學士，而於是時始變古而爲隸。蓋天之喪斯文也，不然，則秦何力之能爲？余讀許慎《説文》，而於書之意時有所悟，因序録其説爲二十卷，以與門人所推經義附之。惜乎先王之文缺已久，慎所記不具，又多舛，而以余之淺陋考之，且有所不合。雖然，庸詎非天之將興斯文也，而以余贊其始？故其教學必自此始。能知此者，則於道德之意，已十九矣。"

《文集》卷四十三《進字説劄子》："臣在先帝時，得許慎《説文》古字，妄嘗覃思，究釋其意，冀因自竭，得見崖略，若矇視天，終以罔然。念非所能，因畫而止。頃蒙聖問俯及，退復黽勉討論，賴恩寬養，外假歲月，而桑榆儳昳，久不見功。甘師顏至，奉被訓敕，許錄臣愚妄謂然者，繕寫投進。伏惟大明旁燭無疆，豈臣熒爝所敢炫冒？承命遑迫，置觖無所。如蒙垂收，得御宴閑，千百有一，儻符神恉，愚所逮及，繼今復上，干汙宸扆。”

　　按，《長編》卷二百二十九熙寧五年正月戊戌：“王安石以試中學官等第進呈，且言黎侁、張諤文字佳，第不合經義。上曰：‘經術今人人乖異，何以一道德？卿有所著，可以班行，令學者定于一。’”劄曰“頃蒙聖問俯及”，或謂此也。《字說》撰於熙寧年間，雖未定稿，已廣爲人知，岳珂《桯史》卷二：“王荆公在熙寧中作《字說》，行之天下。東坡在館，一日因見而及之……荆公無以答，迄不爲變。”

除舒亶爲審官西院主簿

　　《宋史》卷三百二十九《舒亶傳》：“字信道，明州慈溪人。試禮部第一，調臨海尉。民使酒罵逐後母，至亶前，命執之，不服，即自起斬之，投劾去。王安石當國，聞而異之。御史張商英亦稱其材，用爲審官院主簿。使熙河括田，有績，遷奉禮郎。”

　　《（乾道）四明圖經》卷五：“字信道，慈溪縣人也。生而雋異，魁梧特達，垂髫時爲《四皓頌》，言偉志大，老師宿儒知其有遠識。博學强記，爲文不立藁，尤長於聲律。程文太學，詞翰秀發，爲天下第一。有《舜琴歌》、《南風賦》，膾炙人口，流輩服之。登治平二年進士第，授台州臨海縣尉。縣負山瀕海，其民慓悍，盜奪成俗。有使酒逐其叔之妻至亶前者，命執之，不服，即斬其首，以令投檄而去。亶有詩題尉廳壁云：'一鋒不斷姦凶首，千古焉知將相才。'丞相王安石聞而異之。召除審官西院主簿，充熙河路分畫蕃漢疆界。"

按，本年十一月，張商英以言樞密院吏任遠事，貶監荆南稅，①其薦舒亶而公召用，當於之前，姑附於此。至熙寧七年三月，舒亶往熙河路。《長編》卷二百五十一熙寧七年三月乙巳："新提點秦鳳等路刑獄鄭民憲言：'奉詔同熙河路經略司相度借助應募弓箭手、買種糧、牛具、造屋及今夏耕種。乞帶審官西院主簿舒亶往。'從之。亶，慈溪人也，前爲臨海縣尉，負山瀕海，民剽悍成俗，有使酒逐其叔父之妻至前者，亶命執之，不服，即斷其首，投檄去。王安石聞而異之，欲召用，會丁父憂，服闋，乃除審官西院主簿。"

石景衡來謁

慕容彦逢《摛文堂集》卷十《朝奉大夫致仕驍騎尉賜緋魚袋石公墓誌銘》："公諱景衡，字叔平，新昌人也。曾祖渥，隱居不仕。祖仕舉，秘書丞，累贈朝散大夫。父衍之，大理寺丞，累贈中大夫。公幼有俊譽，長益邃於學，儀狀端穆，進趨翼如也。神宗皇帝初以經術造士，公試太學，數中優等。嘗詣丞相王文公，特見器重，謂中大夫曰：'石氏名家，信不乏人。'中熙寧六年進士第，調台州天台尉。"

按，石衍之，公同年。《兩浙金石志》卷十："慶曆二年楊

---

① 《長編》卷二百四十熙寧五年十一月丁卯："貶太子中允、權監察御史裏行張商英爲光禄寺丞、監荆南稅。"第5834頁。

真牓。"石景衡中熙寧六年進士第，其試太學、謁公，當於
本年。

薦胡靜才武可當一面之敵

《三孔先生清江文集》卷三十八《胡應侯墓誌銘》："君
諱靜，字應侯，其先金陵人也……君倜儻奇偉，少有大志，常
應進士舉，不得，遂讀兵書，思以功名自顯。熙寧初，獻策數
十萬言。种諤被密詔復綏州之城，破懷寧之賊，而有司劾以
擅興。君以布衣守闕，訟諤得不死，由是知名。以薦者應
舉，試秘閣爲第一，補三班借職，出從西師，以名入膚骨修囉
兀城，破賊於賞通嶺，勇冠三軍，宣撫使上其功。君作綏銀
記，並圖其地形勢奏之，爲開封府界雍丘縣巡檢，兼教保田。
上嘉其所教嚴整，遷三班奉職。獻書五篇，曰《玉笥》、《兵
言》。丞相王荊公言君才武可當一面之敵，以隸荆湖北路察
訪司，隨破叙州，遷左班殿直……其爲文章，類其爲人，明白
壯浪，不事細巧，王丞相以爲有六國之風焉。"

按，《長編》卷二百五十熙寧七年二月辛巳："蕩懿、洊州
蠻賊將官供備庫副使李實、殿直胡靜等各遷兩官，減磨勘一
年，餘推恩有差。"

是年，王巖叟上書神宗抨擊

《宋朝諸臣奏議》卷一百六十王巖叟《上神宗論王安
石》："吾君以鼎盛之春秋，臨無事之天下，乃能不快心於畋
遊，不悦意於聲色，不玩情於浮華，賞不以喜，刑不以怒，憂
勤恭儉，唯以治道未舉於堯舜三代之隆爲急，此可謂盛德

矣。然而有人焉,有逆常理蠹壞萬事以蠹陛下盛德,而使四海内外不得覩日新之光輝,而同登於堯、舜、三代之域,此忠臣義士之所以拊膺而切齒也。臣謹按王安石性非忠良,心不造道,徒能著空文而欺世,談高致以要君,可謂借鳳羽翰以文梟音者矣。人以為鳳,臣以為梟。天下皆知陛下所存則是求治之心,而安石所為乃召亂之本;陛下以腹心委安石,而安石不以腹心事陛下……三四年來,天下不知有朝廷,而只知有安石。福隨其喜,禍逐其怒,四方之人,如瘖如啞,不敢吐氣,以至青天白日,舞姦攘權,以斵王室而曾不畏人,此臣所以不能徐行緩聲而告也……而今也塗巷之人朝遊私門,則暮紆金朱矣,取名器於萬乘之旁而曾不少顧,安石可謂陵王室矣;王室之所以尊者,以老成在側,忠鯁在庭也,而今也離間老成,棄逐忠鯁,獨為陛下引頑童、進柔佞,安石可為卑王室矣;王室之所以彊者,以綱紀振、法度修、賞罰正也,而今也綱紀則亂之,法度則毀之,賞罰則倒之,安石可謂弱王室矣;王室之所以安者,以能使百姓有餘力而樂其生也,而今也斂於民者煩,督於民者急,奪於民者盡,而人人救死恐不暇,安石可謂危王室矣;夫王室之所以明者,以人情不壅於上聞而萬里兼聽也,而今也朋邪壅之,或近在輦轂之下,國門之外,而君父不知赤子嗷嗷,控告無路,安石可謂翳王室矣。"原注:"熙寧五年上,時管幹北京國子監。"

按,王巖叟,韓琦辟管勾北京國子監,《宋史》卷三百四十二有傳,不載其上書神宗:"字彦霖,大名清平人。幼時,語未正已知文字。仁宗患詞賦致經術不明,初置明經科,巖叟年十八,鄉舉、省試、廷對皆第一。調欒城簿、涇州推官,甫兩月，聞弟喪，棄官歸養。熙寧中，韓琦留守北京，以爲賢，辟管勾國子監，又辟管勾安撫司機宜文字，監晉州折博、煉鹽務。”

以錢景諶調官來京師，先遣弟安國見之，欲處以館職；又欲委以峽路役書、戎瀘蠻事，錢皆拒之。大怒

《邵氏聞見録》卷十二：“錢朝請者，名景諶，忠懿王孫……錢丈與王荊公善，後荊公用事，論新法不合，遂相絶，終身爲外官。其家集有《答兗守趙度支書》，自序甚詳。云彼者，指荊公也，足以見錢丈之賢矣。其書曰：‘景諶再拜督府度支器之八兄執事……又二三年，僕以調官來京師，當其作相當國，又往見之。彼喜僕之來，令先見其弟平甫。平甫固故人知我者，亦喜曰：“相君欲以館閣處君，而任以事。”僕戲與平甫相誚，以謂百事皆可，所不知者，新書役法耳。平甫雖以僕爲太方，然擊節賞歎，以僕爲知言。及見彼，首言欲僕治峽路役書，又以戎瀘蠻事見委。僕以不知峽路民情，而戎瀘用兵繫朝廷舉動，一路生靈休戚，願擇知兵愛人者。彼大怒。是時，坐客數十人，無不爲僕寒心者。’”

薦成倬

《（同治）韶州府志》卷三十四：“成倬，翁源人。年二十餘始知讀書，妻父母待諸婿不以少長，惟力學與薦者上坐。倬恥之，發憤辭家，遠方就學，不數年，通經術，尤深《易》數。熙寧間，王安石用事，以其通經術寘門下。懇歸，安石惜其志未遂，特薦得右選。嘗爲閤門祗候，終西京左藏庫使。祀

鄉賢。"

孫沖遊於門下

龔明之《中吳紀聞》卷三:"孫沖,字子和,登熙寧六年進士第。少負才名,爲荆公之客。嘗著《鄉黨》、《傳説》二論,荆公甚奇之。後宰和之含山,號爲循吏,律己甚正,一毫無妄取。"

劉成國 著

王安石年譜長編

三

中華書局

熙寧二年己酉（1069），四十九歲

正月初一，作《元日》詩

《詩注》卷四十一《元日》："爆竹聲中一歲除，春風送暖入屠蘇。千門萬戶曈曈日，總把新桃換舊符。"

按，此詩借咏元日，見除舊立新之氣象，劉乃昌《王安石詩文選釋》繫於變法初，暫附此。

正月十五日，有詩戲贈劉攽

《詩注》卷三十三《上元戲呈劉貢父》："車馬紛紛白晝同，萬家燈火暖春風。別開閶闔壺天外，特起蓬萊陸海中。盡取繁華供俠少，秖分牢落與衰翁。不知太一遊何處，定把青藜獨照公。"

李注："劉攽字貢父。""王子年《拾遺記》：'劉向於成帝之末，校書天禄閣，專精覃思。夜有老人著黑衣，植青藜杖，扣閣而進。見向閣中獨坐誦書，老人乃吹杖端，赫然火出，因以照向。共說開闢以前事，向因受五行《洪範》之文，辭說繁廣。向乃裂裳及紳，以記其言。至曉而去，請問姓名，云："我太一之精，聞卯金之姓有博覽者，今我下而教焉。"於是出懷中竹牒以授向。子歆。復從向受此術。'"

按，《詩注》卷三十六《送劉貢父赴秦州清水》，李注："貢父名攽，嘉祐末召爲國子直講。治平末，趙槩薦攽可充文館。"本年,劉攽爲館閣校勘,①故詩用劉向校書天禄閣典。

正月二十五日,景靈宮英德殿奉安英宗御容,撰祝文

《文集》卷四十六《景靈宮英德殿奉安英宗皇帝御容祝文》。

《宋會要輯稿》禮五一:"熙寧二年正月二十五日,景靈宮英德殿奉安英宗聖容。每歲下元日朝謁,如奉真殿儀。"

富弼還朝,草詔賜茶藥

《文集》卷四十七《賜富弼赴闕并茶藥詔》:"敕富弼:適自州藩,來還朝位。眷馳驅之良苦,懼衛養之或愆。當有寵頒,以昭勤佇。"

范純仁《范忠宣公文集》卷十七《富鄭公行狀》:"明年正月,召還京師。二月,除司空,兼侍中、昭文館大學士,賜甲第一區,皆懇辭不受,復拜左僕射、門下侍郎、同平章事。"

編修《英宗實錄》,作《御柳》、《禁中春寒》等詩

《詩注》卷四十四《御柳》:"御柳新黄已进條,宮溝薄凍未全消。不知人世春多少,先向天邊問斗杓。"

李注:"公爲翰林時,熙寧元年,四十七歲。""或言介甫作此詩已,未幾,參大政,類詩讖云。"

按,呂希哲《呂氏雜記》卷下:"王荆公在翰林兼修《實

錄》，一日，以詩題實錄院壁云：‘御柳新黃染舊條，宮溝薄凍未全消。不知人世春多少，先看天邊北斗杓。’不數日，遂參知政事。”

另，《詩注》卷四十四《祥雲》、《禁直》、《詩注》卷四十五《夜直》、《禁中春寒》等，亦作於此期。《夜直》：“金爐香盡漏聲殘，剪剪輕風陣陣寒。春色惱人眠不得，月移花影上闌干。”①

是月，撰諸宗室墓誌銘

《文集》卷九十八《贈右屯衛大將軍世仍墓誌銘》：“以熙寧元年八月二十三日卒，於是官至右千牛衛將軍，制以右屯衛大將軍告其第，用二年二月十九日葬于河南府永安縣。”《文集》卷九十九《右武衛大將軍黎州刺史世岳故妻安喜縣君李氏墓誌銘》：“治平四年，年二十五，以十一月二十四日感疾死。至二年二月十七日，葬河南府永安縣。”《文集》卷一百《右千牛衛將軍仲焉故妻永嘉縣君武氏墓誌銘》：“以熙寧元年十二月十四日棄世，以明年二月十七日，葬河南永安縣。”《文集》卷一百《右監門衛大將軍世耀故妻仁壽縣君康氏墓誌銘》：“以熙寧元年六月九日疾病死，享年二十有六……二年二月十七日，葬河南永安。”《文集》卷九十八《宋贈保寧軍節度觀察留後追封東陽郡公宗辯墓誌銘》：“以熙寧元年七月己卯，終于睦親北宅，享年四十六……二年二

---

① 或謂此詩王安國作。周紫芝《竹坡詩話》：“大梁羅叔共爲余言：‘頃在建康士人家，見王荊公親寫小詞一紙，其家藏之甚珍。其詞云……荊公平生不作是語，而有此，何也？’儀真沈彥述爲余言：‘荊公詩如“濃綠萬枝紅一點，動人春色不須多”；“春色惱人眠不得，月移花影上闌干”等篇，皆平甫詩，非荊公詩也。’沈乃元龍家婿，故嘗見之耳。”《歷代詩話》第 343 頁。

月十七日,葬河南永安縣。"《文集》卷九十八《贈虔州觀察使追封南康侯仲行墓誌銘》:"以治平四年八月二十九日卒,贈虔州觀察使,追封南康侯……以熙寧二年二月十七日葬河南府永安縣。"《文集》卷九十八《贈華州觀察使追封華陰侯仲龐墓誌銘》:"熙寧元年,年二十四,以三月三日卒……以熙寧二年二月十七日葬河南府永安縣"。《文集》卷九十八《贈奉寧軍節度使追封祁國公宗述墓誌銘》:"熙寧元年正月十八日,以不起聞……越明年二月十七日,葬河南永安縣。"《文集》卷九十八《右千牛衛將軍仲夔墓誌銘》:"熙寧元年,年二十二,以五月二十五日卒,至某年某月某日葬河南府永安縣。"

按,《楊文公談苑》:"學士之職,所草文辭,名目浸廣。拜免公王將相妃主曰制,賜恩宥曰赦書、曰德音,處分公事曰敕,榜文號令曰御劄,賜五品已上曰詔,六品已下曰敕書,批群臣表奏曰批答,賜外國曰蕃書,道醮曰青詞,釋門曰齊文,教坊宴會曰白語,土木興建曰上梁文,宣勞錫賜曰口宣。此外更有祝文、祭文、諸王布政、牓號、簿隊、名讚、佛文、疏語,復有別受詔旨,作銘、碑、墓誌、樂章、奏議之屬。此外文表歌頌應制之作。舊説,唐朝官中常于學士取眠兒歌,僞蜀學士作桃符,孟昶學士辛寅遜題桃符云'新年納餘慶,佳節號長春'是也。"以上宗室墓誌,當爲公奉詔所撰。

二月三日,自翰林學士、工部侍郎兼侍講,除右諫議大夫、參知政事

《宋史》卷十四《神宗一》:"(熙寧二年)二月己亥,以富

弼同中書門下平章事。庚子，以王安石參知政事。"

《長編紀事本末》卷六十四："熙寧二年二月庚子，王安石爲右諫議大夫、參知政事。"

《宋宰輔編年錄》卷七："庚子，王安石參知政事。自翰林學士、工部侍郎兼侍講，遷右諫議大夫除……二月，安石除右諫議大夫、參知政事，知制誥李大臨草制，有曰：'與其明察爲公，莫若嚴重而有制；與其將順爲美，莫若規正而有守。循紀綱，本教化，以輯寧之久，其在兹乎！'無甚褒異優借之辭。"

按，《諸儒鳴道》卷四十九馬永卿《元城先生語》卷上："先生(劉安世)與僕論變法之初，僕曰：'神廟必欲變法，何也？'先生曰：'蓋有説矣。天下之法，未有無敝者。祖宗以來，以忠厚仁慈治天下，至於嘉祐末年，天下之事似乎舒緩，委靡不振。當時士大夫，亦自厭之，多有文字論列，然其實於天下根本牢固。至神廟即位，富於春秋，天資絶人，讀書一見，便解大旨。是時，見兩蕃不服，及朝廷州縣多舒緩，不及漢唐全盛時，每與大臣論議，有怫然不悦之色。當時執政、從官中，有識者以謂：方今天下，正如大富家，上下和睦，田園開闢，屋舍牢壯，財用充足，但屋宇少設飾，器用少精巧，僕妾樸魯遲鈍，不敢作過。但有鄰舍來相凌侮，不免歲時以物贈之，其來已久，非自家做得如此。遂不敢承當上意，改革法度。獨金陵揣知上意，以身當之，以激切奮怒之言，以動上意，遂以仁廟爲不治之朝。神廟一旦得之，以爲千載會遇。改法之初，以天下公論謂之流俗，內則太后，外則顧命大臣等，尚不能回，何況臺諫、侍從、州縣乎？衹增其勢爾。雖天下之人群起而攻之，而金陵不可動者，蓋此八個字,吾友宜記之。'僕曰:'何等八字?'先生曰:'虛名實行,强辯堅志。當時天下之論,以金陵不作執政爲屈,此虛名也。平生行止,無一點浼,論者雖欲誣之,人主信乎?此實行也。論議人主之前,貫穿經史,今古不可窮詰,故曰强辯。前世大臣,欲任意行一事,或可以生死禍福恐之得回,此老實不可以此動,故曰堅志。因此八字,此法所以必行也。'"

劉安世屬舊黨,所見自不無偏頗,然從中亦可窺公除參政之緣由。此亦公、神宗與温公之根本分歧所在。另,李大臨所草之制,已佚。公除參知政事後,至翌年十二月拜相前,其結銜爲:朝參大夫、右諫議大夫、參知政事、護軍、長安郡開國侯、食邑一千一百户、賜紫金魚袋。(詳本譜卷一)

上表辭免參知政事

《文集》卷五十七《辭免參知政事表》:"臣某言:伏奉制命,特授臣右諫議大夫、參知政事,餘如故者⋯⋯伏望皇帝陛下考慎所與,燭知不能,許還謬恩,以允公議。庶少安於鄙分,無甚累於聖時。臣無任。"

上兩府啓辭免參知政事

《文集》卷七十九《免參政上兩府啓》:"雖已陳情而懇避,猶疑涣汗之難迴,敢竭吝衷,更煩公議。伏惟某官望隆熙世,謀協睿聰。儻矜一介之誠,願借半辭之助,使安常分,無忝盛時。亦所以正選用之繆恩,不獨荷保全之私惠。"

上謝表

《文集》卷五十七《除參知政事謝表》：“承弼之任，賢智所難，顧惟缺然，何以堪此！仰膺成命，弗獲固辭。竊以古先哲王，考慎厥輔，皆有一德，用成衆功。伏惟皇帝陛下含獨見之明，踐久安之運。甫終諒闇，將大施爲，宜得偉人，與圖庶政。如臣者徒以承學，粗知義方，本無它長，可備官使。退安私室，自絶榮塗。既負采薪之憂，因逃竊位之責。大明繼燭，正路宏開，付以蕃宣，還之侍從。清閒之宴，或賜開延；淺陋所聞，每蒙知獎。以爲奉令承教，庶幾無尤；至於當軸處中，良非所稱。寵光曲被，震媿交懷。此蓋伏遇皇帝陛下德懋旁求，志存遠舉。隆寬盡下，故忠良有以輸心；公聽並觀，故讒慝不能肆志。矧睿謀之天縱，方聖治之日躋。思稱所蒙，敢忘自竭。遠猷經國，雖或媿於前修；直道事君，期不隳於素守。臣無任。”

按，《謝表》曰：“公聽並觀，故讒慝不能肆志。”“讒慝”，謂呂誨、趙抃、唐介、孫固等。陳均《宋九朝編年備要》卷十八：“王安石參知政事，上召對，曰：‘富弼、曾公亮與卿協力，弼聞卿肯任事，亦大喜，然須勿爲嫌疑。朕初亦欲從容除拜，覺近日人情，於卿極有欲造事傾搖者，故急欲卿就職。朕常以呂誨爲忠直，近亦毀卿。趙抃、唐介皆以言扞塞卿進用。朕問曾公亮，亦云：誠有此……’初，上問孫固曰：‘安石可相否？’固曰：‘安石文行甚高，侍從獻納其選也。宰相自有度，安石爲人少容，恐不可。’”

《宋史》卷三百一十二《唐介傳》：“帝欲用王安石，公亮因薦之,介言其難大任。帝曰:'文學不可任耶?吏事不可任耶?經術不可任耶?'對曰:'安石好學而泥古,故論議迂闊,若使爲政,必多所變更。'退謂公亮曰:'安石果用,天下必困擾,諸公當自知之。'"

《宋史》卷三百四十一《孫固傳》:"神宗問:'王安石可相否?'對曰:'安石文行甚高,處侍從獻納之職,可矣。宰相自有其度,安石狷狹少容,必欲求賢相,呂公著、司馬光、韓維其人也。'凡四問,皆以此對。及安石當國,更法度,固數議事不合。"

《名臣碑傳琬琰集》中集卷二十四《右諫議大夫呂府君(誨)墓誌銘》:"是時有侍臣棄官家居者,朝野稱其材,以爲古今少倫。天子引參大政,衆皆喜於得人,獻可獨以爲不然,衆莫不怪之。"

《宋史》卷二百八十六《王益柔傳》:"熙寧元年,入判度支審院。詔百官轉對,益柔言:'人君之難,莫大於辨邪正;邪正之辨,莫大於置相。相之忠邪,百官之賢否也。若唐高宗之李義府,明皇之李林甫,德宗之盧杞,憲宗之皇甫鎛,帝王之鑑也。高宗、德宗之昏蒙,固無足論;明皇、憲宗之聰明,乃蔽於二人如此。以二人之庸,猶足以致禍,況誦六藝、挾才智以文致其姦説者哉!'意蓋指王安石也。"

有啓謝諸執政、宗室

《文集》卷七十九《除參知政事謝執政啓》、《參知政事回宗室賀啓》。

神宗召對，問所施設以何爲先，答以"變風俗、立法度，最方今所急"，"經術者，正所以經世務也"

《宋史》卷三百二十七《王安石傳》："二年二月，拜參知政事。上謂曰：'人皆不能知卿，以爲卿但知經術，不曉世務。'安石對曰：'經術正所以經世務，但後世所謂儒者，大抵皆庸人，故世俗皆以爲經術不可施於世務爾。'上問：'然則卿所施設以何先？'安石曰：'變風俗，立法度，正方今之所急也。'上以爲然。於是設制置三司條例司。"《東都事略》卷七十九《王安石傳》載略同。

《長編紀事本末》卷五十九："熙寧二年二月庚子，王安石爲右諫議大夫、參知政事。先是，安石見上論天下事，上曰：'此非卿不能爲朕推行，朕須以政事煩卿。料卿學問如此，亦欲施設，必不固辭也。'安石對曰：'臣所以來事陛下，固願助陛下有所爲。然天下風俗法度，一切頹壞，在廷少善□人□下，庸人則安常習故而無所知，奸人則惡直醜正而有所忌。有所忌者唱之於前，而無所知者和之於從，雖有昭然獨見，恐未及效功，而爲異論所勝。陛下誠欲用臣，恐不宜遽，謂宜先講學，使於臣所學本末不疑，然後用之，庶幾能粗有所成。'上曰：'朕知卿久，非適今日也。人皆不能知卿，以爲卿但知經術，不可以經世務。'安石對曰：'經術者，所以經世務也。果不足以經世務，則經術何賴焉？'上曰：'朕仰慕卿道德甚至，有以助朕，勿惜言。不知卿所施設，以何爲先？'安石曰：'變風俗，立法度，方今所急也。凡欲美風俗，在長君子，消小人，以禮義廉恥由君子出故也。《易》以泰者通而治也,否者閉而亂也。閉而亂者,以小人道長;通而治者,以小人道消。小人道消,則禮義廉恥之俗成,而中人以下變爲君子者多矣。禮義廉恥之俗壞,則中人以下變爲小人者亦多矣。'上以爲然。"

封贈三代

蘇頌《蘇魏公文集》卷三十五《新除右諫議大夫參知政事王安石封贈三代》,《曾祖》:"惟其令孫,作我良輔。方屬登臺之始,用推本祖之恩。以儲宮保輔之崇,爲宗祏追崇之美。"《祖》:"具官某祖某,服道秉誼,含章葆和。實彼周行,未登貴仕之列;施於孫子,蓋有陰德之憑。用裕厥宗,再世而大。王室其乂,祖構是承。惟東儲二品之班,視前世三孤之秩。錫此明命,賁於私庭。"《母》:"具官某母某氏,備有言容,能循法度。從夫而仕,則內助之德修;有子而賢,則陰德之施顯。屬茲圖任之始,固切慈顏之懷。用加號於小君,且進封於大郡。"

按,《宋史》卷一百七十《職官十》:"封贈之典,舊制有三代、二代、一代之等,因其官之高下而次第焉。凡初除及每遇大禮封贈三代者,太師、太傅、太保、左右丞相、少師、少傅、少保、樞密使、開府儀同三司、知樞密院事、參知政事、同知樞密院事、樞密副使、簽書樞密院事。凡遇大禮封贈三代者,節度使……初贈,曾祖,太子少保;祖,太子少傅;父,太子少師。封贈曾祖母、祖母、母、妻國夫人。執政官、簽書樞密院事,郡夫人。"

有詔"自今謀殺已死自首及按問欲舉，並奏取敕裁"，遂再上奏議謀殺刑名按問自舉，與唐介等數爭議神宗前；十七日，有詔"自今謀殺人自首及按欲舉，並以去年七月詔書從事"

《宋史》卷二百一《刑法三》："熙寧元年七月，詔：'謀殺已傷，按問欲舉，自首，從謀殺減二等論。'初，登州奏有婦阿云……光議是刑部，安石議是遵，詔從安石所議。而御史中丞滕甫猶請再選官定議，御史錢顗請罷遵大理，詔送翰林學士呂公著韓維、知制誥錢公輔重定。公著等議如安石，制曰'可'。於是法官齊恢、王師元、蔡冠卿等皆論奏公著等所議爲不當。又詔安石與法官集議，反覆論難。明年二月庚子，詔：'今後謀殺人自首，並奏聽敕裁。'是月，除安石參知政事，於是奏以爲：'律意，因犯殺傷而自首，得免所因之罪，仍從故殺傷法；若已殺，從故殺法，則爲首者必死，不須奏裁；爲從者自有編敕奏裁之文，不須復立新制。'與唐介等數爭議帝前，卒從安石議。復詔：'自今並以去年七月詔書從事。'"

《文獻通考》卷一百七十："神宗熙寧元年，詔：'謀殺已傷，按問欲舉，自首，從謀殺減二等論'……明年二月庚子，詔：'自今謀殺人已死，自首及按問欲舉，並奏取敕裁。'而判部劉述、丁諷奏庚子詔書未盡，封還中書。於是安石奏以爲：'律意，因犯殺傷而自首，得免所因之罪，仍從故殺傷法；若已殺，從故殺法，則爲首者必死，不須奏裁，爲從者，自有編敕奏裁之文，不須復立新制。'與唐介等數爭議於帝前，卒從安石議。是月甲寅,詔:'自今謀殺人自首及按欲舉,並以去年七月詔書從事。其謀殺人已死,爲從者雖當首減,依《嘉祐敕》:凶惡之人,情理巨蠹,及謀殺人傷與不傷,奏裁。'收還庚子詔書。"

韓維《南陽集》卷二十六《乞更議謀殺自首刑名劄子》:"臣伏覩近降敕命:'今後謀殺人已死,自首及按問欲舉,並奏聽敕裁。'臣伏思頃來朝廷議論,多是失於不能盡下,常致事行之後方有異同。律法者,有司朝夕所用以生殺人也,尤宜講明,使了然不疑。今但開以奏裁,是於律法之意尚未明辨。朝廷猶且如此,欲以示四方而一民聽,恐未可也。伏望聖慈且以今來指揮作權宜施行,更下所疑刑名,令群臣博議,待其理道極盡,然後以制旨裁決。取進止。"

按,熙寧元年阿云之獄,公、呂公著、韓維等侍從與司馬光、諸御史、法官分歧甚明。神宗是年二月庚子頒詔"今後謀殺人自首,並奏聽敕裁",不無調停之意。然事與願違,庚子詔愈引紛紜爭議。判部劉述、丁諷奏庚子詔書未盡,封還中書。韓維亦以"但開以奏裁,是於律法之意尚未明辨",乞"下所疑刑名,令群臣博議"。公再上奏議,並數與唐介爭議,神宗遂頒甲寅之詔,收還庚子詔書。

奏請中書處分宜止令中書出牒,唐介沮之

《宋史》卷三百十六《唐介傳》:"安石既執政,奏言:'中書處分劄子,皆稱聖旨,不中理者十八九,宜止令中書出牒。'帝愕然。介曰:'昔寇準用劄子遷馮拯官不當,拯訴之,太宗謂:"前代中書用堂牒,乃權臣假此爲威福。太祖時以

堂帖重於敕命，遂削去之。今復用劄子，何異堂牒？"張洎因言："廢劄子，則中書行事，別無公式。"太宗曰："大事則降敕，其當用劄子，亦須奏裁。"此所以稱聖旨也。如安石言，則是政不自天子出，使輔臣皆忠賢，猶爲擅命，苟非其人，豈不害國？' 帝以爲然，乃止。介自是數與安石爭論。安石強辯，而帝主其說。介不勝憤，疽發于背，薨，年六十。"

數與唐介爭論

《長編紀事本末》卷五十九："及安石議謀殺人傷者許首，(唐)介數與安石爭論于上前。介曰：'此法天下皆以爲不可首，獨曾公亮、王安石以爲可首。'安石曰：'以爲不可首者，皆朋黨耳。'安石強辯，上主其語，介不勝憤悶，居頃之，疽發背而卒。"

《東軒筆録》卷九："王荆公與唐質肅公介同爲參知政事，議論未嘗少合。荆公雅愛馮道，嘗謂其能屈身以安人，如諸佛菩薩之行。一日於上前語及此事，介曰：'道爲宰相，使天下易四姓，身事十主，此得爲純臣乎？' 荆公曰：'伊尹五就湯、五就桀者，正在安人而已，豈可亦謂之非純臣也？' 質肅公曰：'有伊尹之志則可。' 荆公爲之變色。其議論不合，多至相侵，率此類也。"

勸神宗修天下開闔斂散之法，使利出於一孔；二月二十七日，創置三司條例司，議行新法

《宋史》卷十四《神宗一》："(熙寧二年二月)甲子，陳升之、王安石創置三司條例，議行新法。"

《宋會要輯稿》職官五："神宗熙寧二年二月二十七日，以尚書左丞知樞密院事陳升之、參知政事王安石同制置三司條例。"

《宋史》卷一百六十一《職官一》："制置三司條例司。掌經畫邦計，議變舊法以通天下之利。熙寧二年置，以知樞密院陳升之、參知政事王安石爲之，而蘇轍、程顥等亦皆爲屬官。"

《長編紀事本末》卷六十六："熙寧二年二月甲子，命知樞密院陳升之、參知政事王安石取索三司應於條例文字看詳，具合行事件聞奏，別爲司，名曰'同制置三司條例'。先是，上問：'何以得陝西錢重，可積邊穀？'安石對：'欲錢重，當修天下開闔斂散之法。'因言：'泉府一官，先王所以摧折兼并，均濟貧弱，變通天下之財，而使利出於一孔者，以此也。'上曰：'誠如此，今但知有此理者已少，況欲推行？'安石曰：'人才難得，亦難知。今使能者理財，則十人之中容有一二人敗事，況所擇而使者非一人，豈能無此失？'上曰：'自來有一人敗事，則遂廢所圖，此所以少成事也。'故置條理司，以講求理財之術焉。"

按，《名臣碑傳琬琰集》下卷十四《陳成肅公升之傳》："王安石用事，務變更舊制，患同執政者間不從奏，設三司條例司，引升之共事。凡所欲爲，條例司直奏行之，無復齟齬。"《長編紀事本末》卷六十六："（熙寧二年）十一月乙丑……安石曰：'今分爲一司，則事易商議，早見事功。若歸中書，則待四人無異議，然後草具文字，文字成，須遍歷四人看詳，然後出於白事之人，亦須待四人皆許，則事積而難集。'"此即創制置三司條例司之意也。

薦呂惠卿爲制置三司條例司檢詳文字，多與之謀，時以"孔顔"並稱

《宋史》卷四百七十一《呂惠卿傳》："熙寧初，安石爲政，惠卿方編校集賢書籍。安石言於帝曰：'惠卿之賢，豈特今人，雖前世儒者未易比也。學先王之道而能用者，獨惠卿而已。'及設制置三司條例司，以爲檢詳文字，事無大小必謀之，凡所建請章奏皆其筆。"

《宋九朝編年備要》卷十八："創制置三司條例司，議行新法，命陳升之、王安石領其事……尋以呂惠卿、蘇轍爲條例司檢詳文字。安石多與惠卿謀，人號安石爲孔子，惠卿爲顔子。"

《長編紀事本末》卷六十六："故置條理司，以講求理財之術焉。安石因請以呂惠卿爲制置司檢詳文字，從之。"

欲引劉恕修制置三司條例，恕辭

司馬光《溫國文正公文集》卷六十五《劉道原十國紀年序》："王介甫與道原有舊，深愛其才。熙寧中，介甫參大政，欲引道原修三司條例。道原固辭以不習金穀之事，因言天子方屬公以政事，宜恢張堯舜之道，以佐明主，不應以財用爲先。介甫雖不能用，亦未之怒。"

按，劉恕，《宋史》卷四百四十四有傳："字道原，筠州人。父渙，字凝之……司馬光編次《資治通鑑》，英宗命自擇館閣英才共修之。光對曰：'館閣文學之士誠多，至於專精史學，

臣得而知者,唯劉恕耳.'即召爲局僚,遇史事紛錯難治者,輒以諉恕。恕於魏、晉以後事,考證差繆,最爲精詳。王安石與之有舊,欲引置三司條例,恕以不習金穀爲辭。"

欲引陳知儉修制置三司條例,知儉辭

范祖禹《范太史集》卷三十八《朝奉郎陳君墓誌銘》:"君諱知儉,字公廙。陳氏,其先闐州人,曾祖諱省華,真宗朝爲諫議大夫,始居開封之管城,贈太師、尚書令兼中書令,封秦國公。祖諱堯佐,以太子太師致仕,是爲文惠公,贈太師、中書令兼尚書令,封鄭國公。父諱博古,大理評事、館閣校勘,贈比部郎中……王荆公執政,欲引以修三司條例,固辭,擢提舉京西常平廣惠倉。未幾,除權發遣轉運判官。"

素惡蘇軾議論異己,軾還朝後,乃命軾判官告院

《宋史》卷三百三十八《蘇軾傳》:"熙寧二年還朝。王安石執政,素惡其議論異己,以判官告院。"

孔凡禮《蘇軾年譜》卷八:"(熙寧二年)二月中,以殿中丞、直史館授官告院,兼判尚書祠部。"

三月一日,王拱辰乞依例立班在下

《宋會要輯稿》儀制三:"二年三月一日,宣徽北院使王拱辰言:'准閤門告報,立班在參知政事王安石之上。緣近例,序班皆在執政臣僚之下,乞依近例。'從之。"

三月九日，論科場之弊，以爲古之取士，俱本於學，請興建學校以復古。神宗下詔詳議

《宋會要輯稿》選舉三：“神宗熙寧二年三月九日，詔貢院依例貢舉。上因問輔臣間歲與三年開貢舉利害，或對曰：‘遠方應舉，往來甚勞，人以爲不便，故改間歲爲三年。’上曰：‘彼自應舉，非有驅迫也，亦何不便之有？’又論科場之弊，以進士第一人例與館職爲非，及西北人材多廢，以爲貢舉法當議而改，迺下詔詳議。”

《文獻通考》卷三十一：“神宗熙寧二年，議更貢舉法，罷詩賦、明經、諸科，以經義、論、策試進士。初，王安石以爲古之取士，俱本於學，請興建學校以復古。其明經、諸科，欲行廢罷，取元解明經人數，增進士額。詔兩制、兩省、待制以上，御史、三司、三館議之。韓維請罷詩賦，各習大經，問大義十道，以文解釋，不必全記注疏，通七以上爲合格。諸科以大義爲先，黜其不通者。蘇頌欲先士行而後文藝，去封彌、謄録之法。”

三月十八日，與陳升之奏乞詔三司判官、諸路監司及内外官有知財用利害者，詳具事狀聞奏

《長編紀事本末》卷六十六：“（熙寧二年）三月戊寅，上曰：‘近閲内藏庫奏，外州有遣衙前一人，專納金七錢者。’因言衙前傷農，令制置三司條例司講求利害立法。乙酉，陳升之、王安石等言：‘除弊興利，非合衆智，則不能盡天下之理。乞詔三司判官、諸路監司及内外官有知財用利害者，詳具事

狀聞奏,諸色人聽於本司陳述。'於是,詔令三司判官及發運轉運使、副、判官,及提舉輦運、使羅、市舶、榷場、提點鑄錢、制置解鹽等臣僚,限受詔後兩月,各具所知本職及職外財用利害聞奏。詔曰:'朕以理財之臣,失於因循,法遂至大壞。內外臣僚有能知財用利害者,詳具事狀聞奏;其諸色人亦具事理,於制置三司條例司陳狀,在外者即隨所屬州軍投狀繳申條例司。'"

《宋會要輯稿》職官五:"神宗熙寧二年二月二十七日,以尚書左丞知樞密院事陳升之、參知政事王安石同制置三司條例。三月十一日,上曰:'近閱內藏庫奏,外州有遣牙前一人專納金七錢者。'因言牙前傷農,令制置三司條例司講求利害立法。十八日,詔曰:'朕以為欲致治於天下者,必富之而後可。今縣官之費不給,而民財大屈,雖焦勞乎昃日之間,其將何所施哉!特詔輔臣置司於內,以革其大弊,而使美利之源通流而不竭,則庶乎孔子適衛之言,朕有所冀焉。夫事顯於所習,則能明乎得失之源。今將權天下之財,而資之於有司,能習知其事者,則其所得必精,所言必通。聚而求之,固足以成吾富民之術。若夫苛刻之論,務欲朘削於下而斂怨於上者,斯亦朕之不取。宜令三司判官、發運、轉運使副、判官及提舉輦運、便羅、市舶、榷場、提點鑄錢、制置解鹽等臣僚,限受詔後兩月,各具所知本職及職外財用利害聞奏,仍三司舉催,糾其不以時上者。'又詔曰:'朕惟理財之臣失於因循,其法遂至於大壞,而天下之貨留積而不通。故特詔輔臣,俾之置司,講求利病,將救宿弊而更張之。上以裨於國,下以足於民。而或者不察,以為專務苛碎刻削,以趨

公家之急，茲豈朕之意哉！然而商天下之利者，必致天下之
衆智而集成之，則理盡而不悖，事行而不跲，於是利源通而
富庶之俗成矣。內外臣僚有能知財用利害者，詳具事狀聞
奏。其諸色人亦具事理，於制置三司條例司陳狀，在外者即
隨所屬州軍投狀，繳申條例司。夫有言不酬，不足以勸；事
如可行，何吝於賞。如所言財利有可采録施行者，當量其事
之大小而甄賞之。'從陳升之、王安石奏請也。"

按，《宋會要輯稿》帝系九繫"朕惟理財"之詔於本年四
月二日，文字略同。

三月十九日，與神宗議及河北榷鹽，論理財須以義

《宋會要輯稿》食貨二四："（熙寧二年）二年三月十九
日，上問：'著作佐郎張端言榷河北鹽事，如何？'王安石對
曰：'恐亦可爲，但未詳見本末耳。'上曰：'理財節用，自足以
富，如此事雖不爲可也。'

《龜山先生全集》卷六《神宗日録辨》："上問張端河北
鹽議，對曰：'亦恐未可爲。'上言韓琦亦有文字，曰：'此事恐
須少待，今且當以變通財利爲先。'上曰：'但理財節用，亦足
以富，如此事不爲可也。'曰：'今諸路皆用刑辟榷鹽，河北雖
榷，似未有妨。'因言理財誠方今所先，然人主當以禮義成廉
恥之俗爲急。凡利者，陰也，陰當隱伏。義者，陽也，陽當宣
著。此天地之道，陰陽之理也。若宣著爲利之實，而禮義廉
恥之俗壞，則天下不勝其弊，恐陛下不能得終於逸樂無爲而
治也。"

《長編》卷四百八十八哲宗紹聖四年五月："（是月）監

察御史、權殿中侍御史蔡蹈言：'臣伏覩近降敕旨，施行宣德郎竇訥奏乞河北路官賣鹽者。臣竊以河北諸州鹽法，自五代以及本朝，嘗禁榷矣，不旋踵仍舊通行。熙寧中，先帝嘗問王安石曰：'著作佐郎張端言榷河北鹽事，如何？'安石對：'恐亦可爲，但未詳見本末爾。'先帝曰：'理財節用，自足致富，如此等事，雖不爲可也。'先帝隆眷安石，言聽計從，而於此獨斷以不疑，非灼見利害，不至於是。其後雖有計議之臣，請稍更法，隨即寢罷。由此觀之，河北鹽法，若官可自賣，何俟今日？然則先帝之深思長慮，至仁廣惠，固可見矣。'"

按，公雖服膺孟子，然於義利之辨，則以陰陽關係喻之，以爲皆政事之一體兩面，迥異于孟子嚴辨義利。故曰："利者，陰也，陰當隱伏。義者，陽也，陽當宣著。"理財，固爲政之所先，而聖人如周公等亦不諱言。《文集》卷八十二《度支副使廳壁題名記》："夫合天下之衆者財，理天下之財者法，守天下之法者吏也。吏不良則有法而莫守，法不善則有財而莫理，有財而莫理，則阡陌閭巷之賤人，皆能私取予之勢，擅萬物之利，以與人主爭黔首，而放其無窮之欲，非必貴强桀大而後能如是。而天子猶爲不失其民者，蓋特號而已耳。"《文集》卷七十《乞制置三司條例》："聚天下之人不可以無財，理天下之財不可以無義。"《文集》卷七十三《答曾公立書》："孟子所言利者，爲利吾國、利吾身耳。至狗彘食人食則檢之，野有餓莩則發之，是所謂政事。政事所以理財，理財乃所謂義也。一部《周禮》理財居其半，周公豈爲利哉？"

三月二十一日奏事，神宗問制置條例如何，答以欲理財須使能任賢、國體有先後緩急

《長編紀事本末》卷六十六："（熙寧二年三月）戊子，兩府同奏事，上即問王安石制置條例如何，安石曰：'已檢討文字，略無倫緒，亦有待人而後可舉者。然今欲理財，則須使能，天下但見朝廷以使能爲先，而不以任賢爲急；但見朝廷以理財爲務，而於理義教化之際有所未及，恐風俗壞，不勝其弊。陛下當深念國體有先後緩急。'上頷之。"

三月二十五日，與富弼、曾公亮等議措置宗室事，以謂宗室襲封轉官無理；神宗從之，詔令宗室襲封勿轉

《宋會要輯稿》帝系四："（熙寧二年）三月壬辰，上問措置宗室事。富弼曰：'此事誠當出於陛下，外人謀之，則爲疏間親。'公亮曰：'此亦當自外裁定。'弼曰：'爲之當以漸，恐致紛紜。'安石曰：'此事但欲於恩義間無傷，使彼可安而已，不論漸不漸也。今欲裁減恩澤，何能免其紛紜？但陛下不爲恤，則事可爲也。'上又問裁定親疏之宜，公亮以爲當從上身爲親疏，上曰：'當以祖宗爲限斷。'安石曰：'以陛下身即是以祖宗爲限斷也。'""三月二十五日，三省進呈宗室世清乞襲封事，王安石曰：'宗室襲封轉官，此法無理。'詔令自今襲封勿轉。"

《長編紀事本末》卷六十七所載略同。

是日，因神宗問及選人試判故事，欲止與循資，不與改京官

《長編紀事本末》卷六十七："（熙寧）三年三月戊辰朔，命翰林學士呂公著、知制誥蘇頌與流內銓，主判官試驗選人自言書判。初，議差公著等，上問執政試判故事，因曰：'此何足以見人材？'對曰：'誠然，先朝有與京官者，實可惜。'上以爲然。又因論近日改京官者多，對曰：'真宗以前，引見選人，或與循資，出于臨時。'上曰：'如此，則是有幸不幸，須別更講求立法。今入仕之路多，如科場亦宜裁節人數，既已多取之，而扼其進用，令人困窮，亦不爲有理。今欲裁減京官，當併科舉議之。'""《日録》載此事于三月二十五日，且云：'安石止欲與試判人循資，曾公亮言先朝與京官，富弼言今改先朝故事甚多，此亦不必用先朝例。上以爲然。'《元祐實録》載此事于三月一日事，與《實録》略同，但無富弼所言。竊疑富弼亦未必有此言也。弼以初十日方入見，初一日安得已言事上前？《實録》既繫之初一日，宜加删削。朱本亦從墨本也。"

《宋會要輯稿》選舉十："（熙寧）三年三月八日，以翰林學士呂公著、知制誥蘇頌與判流內銓官試驗選人身言書判。初議差公著等，上問試判故事，因曰：'此何足以見人材。'輔臣或對先朝有與京官者，或以爲京官可惜，上以爲然。"

按，富弼以本月初十日方入見，故從《日録》繫於是日。

神宗銷併軍營，贊之力行

《長編紀事本末》卷六十六："（熙寧）二年三月壬辰朔……是月，詔併龍猛八指揮爲六。舊三百五十八爲額，自康定、慶曆以來，諸軍間有併廢。至熙寧初，大整軍額，有就而合者，如龍衛三十九指揮併爲二十；有以全部付隸者，宣威併入威猛、廣捷而宣威廢罷，契丹直撥入神騎而契丹直廢罷；有併營而增額，如宣武二十指揮四百人額併爲十二指揮五百人爲額；有就而易名者，如驍猛四指揮，以第四一指揮改充驍雄存三指揮。自是部伍整肅，無有名存而實闕者。"

《宋史》卷一百九十四《兵八》："至若省併之法，凡軍各有營，營各有額。皇祐間，馬軍以四百、步軍以五百人爲一營。承平既久，額存而兵闕，馬一營或止數十騎，兵一營或不滿一二百。而將校猥多，賜予廩給十倍士卒，遞遷如額不少損。帝患之，熙寧二年，始議併廢。陝西馬步軍營三百二十七，併爲二百七十，馬軍額以三百人，步軍以四百人。其後凡撥併者，馬步軍營五百四十五併爲三百五十五，而京師、府界、諸路及廂軍皆會總畸零，各足其常額。凡併營，先爲繕新其居室，給遷徙費。軍校員溢，則以補他軍闕，或隨所併兵入各指揮，依職次高下同領。帝嘗謂輔臣曰：'天下財用，朝廷稍加意，則所省不可勝計。迺者銷併軍營，計減軍校、十將以下三千餘人，除二節賜予及傔從廩給外，計一歲所省，爲錢四十五萬緡，米四十萬石，紬絹二十萬匹，布三萬端，馬藁二百萬。庶事若此，邦財其可勝用哉！'初議併營，大臣皆以兵驕已久，遽併之必召亂，不可。帝不聽，獨王安石贊決之。時蘇軾言曰：‘近者併軍蒐卒之令猝然輕發，甚於前日矣。雖陛下不恤人言，持之益堅，而勢窮事礙，終亦必變。他日雖有良法美政，陛下能復自信乎？’樞密使文彥博曰：‘近多更張，人情洶洶非一。’安石曰：‘事合更張，豈憚此輩紛紛邪？’帝用安石言，卒併營之。自熙寧以至元豐，歲有併廢。”

《長編》卷二百四十七熙寧六年九月庚寅：“上曰：‘裁併軍營，凡省軍員四千餘人，此十萬軍之資也。若訓練既精，人得其用，不惟勝敵，兼亦省財。’王安石等曰：‘累歲以來，陛下選用使臣，專令訓練，間御便殿，躬親試閱。賞罰既明，士卒知勸，觀其技藝之精，一人可敵數夫，此實國家安危所繫也。’安石又言：‘併營練卒事既有效，凡此皆無害於人，而不逞者乃妄相扇動。’上曰：‘須漸定去。’安石曰：‘今已帖息矣。’”

李燾：“《兵志》第五卷《併營篇》：熙寧二年，始併廢營。陝西馬步軍營三百二十七，併爲二百七十。馬軍額以三百人，步軍以四百人。其後總兵之撥併者，馬步軍五百四十五營，併爲三百五十五。而京師之兵，類皆撥併畿甸諸路及廂軍，皆會總奇零，各定以常額。凡併營，先爲繕新其居室，給遷徙費。軍校溢員者，以補他軍之闕，或隨所併兵入逐指揮，依職次高下同領。上嘗謂輔臣曰：‘天下財用，朝廷稍加意，則所省不可勝計。迺者銷併軍營，計減軍校十將以下三千餘，除二節賜予及僕從廩給外，計一歲所省爲錢四十五萬緡，米四十萬石，紬絹二十萬匹，布三萬端，馬藁二百萬束。庶事若此，邦財其可勝用哉！’《志》所載上謂輔臣云云，別見七年六月十九日。”

《文獻通考》卷一百五十三所載略同。①

寄新茶與弟安國、安禮

《詩注》卷四十六《寄茶與和甫》：“綵絳縫囊海上舟，月團蒼潤紫煙浮。集英殿裏春風晚，分到并門想麥秋。”

《詩注》卷四十六《寄茶與平父》：“碧月團團墮九天，封題寄與洛中仙。石城試水宜頻啜，金谷看花莫漫煎。”

李注：“和甫紹聖二年以資殿自雍移并，介父亡久矣。此詩所寄，亦其在幕府時。”

《沈注》：“案公詩，蓋爲翰林學士得新茶之賜。”

按，二詩當作於本年春末。時王安禮尚在并州，而王安國已於熙寧元年得賜進士及第，教授西京國子監。《文集》卷九十七《王平甫墓誌銘》：“賜進士及第，除武昌軍節度推官，教授西京國子。”詩曰“封題寄與洛中仙”，並用“金谷”典，代指洛陽。

是月，以書抵秦鳳路經略安撫使、知秦州孫永，言王韶之才

蘇頌《蘇魏公文集》卷五十三《資政殿學士通議大夫孫公（永）神道碑銘》：“熙寧元年秋，遷龍圖閣直學士，充秦鳳路經略安撫使、知秦州。時有布衣上書言邊事稱旨，擢爲判司、書寫秦鳳路經略司機宜文字。執政亦以書抵公，言其才。至府首談恢復熙河之畫，公謂之曰：‘番漢方靜，若無故

---

① 相關研究，可見漆俠《王安石變法》(增訂本)，河北人民出版社 2001 年版，第 108—110 頁。

搔動,恐變生不測,非敢聞命也。'遂密疏其非便。"

按,《碑銘》所言"執政",必公無疑。《宋會要輯稿》職官六五:"(熙寧二年四月二十二日)龍圖閣直學士、工部郎中、知秦州孫永降天章閣待制、知和州。"故附此於本月。

四月一日,與富弼、曾公亮等議神宗應受尊號否

《宋史》卷十四《神宗一》:"(熙寧二年)四月丁酉朔,群臣再上尊號,不許。"《宋會要輯稿》禮四九載同。

《長編紀事本末》卷八十一:"(熙寧)二年四月丁酉朔,群臣拜表上尊號曰'奉元憲道文武仁孝'。詔答不允,曰:'今災變屢出,可亟罷此議,雖加虛名,實以(按,原文無,據《長編拾補》補)浼余。'先是,上謂執政曰:'尊號於朕無益加損,縱有百字,亦何益? 然受與否,於人情孰安?'曾公亮曰:'人情固願陛下受之。'富弼曰:'陸贄勸德宗不受尊號,顧其時與今異。'上曰:'其時在播遷之中。'安石曰:'陛下受尊號,人固以爲宜,即緣變異多謙屈而不受,亦自爲美。然受與不受,於理皆可也。陛下能深見受與不受無加損之理,則此事在陛下裁度。'上曰:'三尺童子,亦知無加損也。'遂降此詔。"

按,蘇頌《蘇魏公文集》卷三十六《上尊號第一表》:"三年無改於先帝之道,一日不廢乎兩宮之朝。封爵以厚乎藝祖之昭,收族以正乎宗室之叙。雖大舜之孝,有若是乎?""臣等不勝大願,謹昧死請上尊號曰'奉元憲道文武仁孝皇帝'。"此即群臣所上表。《宋大詔令集》卷四《宰相等表上尊號不允批答》,題注:"熙寧二年四月丁酉。"

惡滕甫，四月二日，排出之

《長編紀事本末》卷五十八："熙寧二年四月戊戌，權知開封府滕甫知瀛州，甫以父諱辭，改知鄆州。知瀛州李肅之爲天章閣待制、知開封府。先是，知定州孫長卿歲滿，上欲令甫與長卿易任，富弼、曾公亮未對，王安石獨以爲宜，弼請徐議之。既退，安石謂弼、公亮曰：'甫奸人，宜在外。'他日進見，上又欲令肅之代長卿，弼極稱其才，公亮曰：'肅之不如長卿。'安石曰：'長卿細密，然兩人者皆可試府事也。'於是命肅之代甫，而長卿再任知定州。甫性疏達，在上前論事如家人父子，言無文飾，洞見肝膈。上待甫甚厚，時遣小黃門持短封御札問事，甫往往誇示於人。或見御札用字有誤者，因讒甫以爲揚上之短，上由是疏焉。安石嘗與甫同考試，語言不相能，深惡甫，故極力排出之。甫入辭，言於上曰：'臣知事陛下而已，不能事黨人，願陛下少回當日之眷，無使臣爲黨人所快，則天下知事君爲得，而事黨人爲無益矣。'上爲改容。"

《宋史》卷三百三十二《滕元發傳》："元發在神宗前論事，如家人父子，言無文飾，洞見肝鬲。神宗知其誠藎，事無巨細，人無親疏，輒皆問之。元發隨事解答，不少嫌隱。王安石方立新法，天下詾詾，恐元發有言，神宗信之也，因事，以翰林侍讀學士出知鄆州。徙定州。"《宋史》卷三百二十一《錢公輔傳》："王安石雅與之善，既得志，排異己者，出滕甫鄆州，公輔數於帝前言甫不當去。"

按，滕甫出外，似僅非"安石嘗與甫同考試，語言不相能"之故,亦緣"方立新法,天下詾詾,恐元發有言,神宗信之也"。①《東都事略》卷九十一《滕甫傳》:"元發性疏達,自信不疑,在上前論事,如家人父子,言無文飾,洞見肝鬲。神宗知其誠藎,事無巨細,人無親疏,輒問元發,元發隨事解答,不自嫌外也。王安石方立新法,天下詾詾,恐元發有言而上信之也,因以事出之于外。"所因之事,亦涉謀殺刑名之議,滕甫與公立異。《宋史》卷三百三十《許遵傳》:"詔司馬光、王安石議。光以爲不可,安石主遵,御史中丞滕甫、侍御史錢顗皆言遵所爭戾法意,自是廷論紛然。安石既執政,悉罪異己者,遂從遵議。"《宋史》卷二百一《刑法三》:"時遵方召判大理,御史臺劾遵,而遵不伏,請下兩制議。乃令翰林學士司馬光、王安石同議,二人議不同,遂各爲奏。光議是刑部,安石議是遵,詔從安石所議。而御史中丞滕甫猶請再選官定議,御史錢顗請罷遵大理,詔送翰林學士呂公著韓維、知制誥錢公輔重定。"

四月八日,奏請選豪傑之士編修中書條例,以省中書猥并之事

《宋會要輯稿》職官五:"神宗熙寧二年四月八日同天節,太常禮院請如治平四年群臣詣閣門賀。上曰:'治平四年乃先帝靈駕在殯之日,今兩宮太后萬壽,不可令禮官引用居喪之例,蓋朕於人子之情不忍聞也。可止令云同天節日,宰臣文武百僚並當赴東上閤門拜表。'王安石因言:'此誠中

---

① 《蘇軾文集》卷十五《故龍圖閣學士滕公墓誌銘》,第459頁。

書失於省閱。中書事猥并，若不早置屬，以衆事歸之有司，則無可爲之理。'上謂富弼曰：'今欲治，當自中書省。中書置屬，宜精選小官。'曾公亮曰：'丞相府宜用敦樸人，故本朝不用進士，但用學究。'安石曰：'當選在下豪傑之士，令編修條例，點檢文字。'"

　　按，神宗即位伊始，即有詔清理中書細務，歸之有司。[①]《宋史全文》卷十："（治平四年六月）乙亥，御史張紀言：'近歲以來，百司庶務多稟決於中書。臣謂政府不當侵有司之職，有司亦不當以細務汩政府。'詔中書、樞密院，應細務合歸有司者條析以聞。後中書具三十一事，樞密院具六十二事，皆歸之有司。"

四月十日，與百官詣紫宸殿爲神宗上壽

　　《宋史》卷一百十二《禮十五》："神宗以熙寧元年四月十日爲同天節，以宅憂罷上壽，惟拜表稱賀。明年，親王、樞密使、管軍、駙馬、諸司使副詣垂拱殿，宰臣、百官、大國使詣紫宸殿上壽，命坐，賜酒三行，不舉樂。"

四月十三日，與神宗、富弼等言及濮議，以臺諫言濮王事非盡理

　　《長編紀事本末》卷五十五："（熙寧）二年四月十三日，富弼言：'先朝稍逐言事者，人遂罕敢言事。'上曰：'如臺諫

①　相關研究，可見古麗巍《變革下的日常：北宋熙寧時期的理政之道》，《文史》2016年第3期。李國強《北宋熙寧年間政府機構改革述論》，《中華文史論叢》第98期。

言濮王事,全無理。'王安石曰:'言濮王事雖非盡理,然當時言者以爲當更追崇未已,及罷稱皇,亦以爲言有力。當時言者雖未盡理,於時事亦不爲無庸。'"

按,熙寧元年七月,歐陽修於亳州撰進《濮議》四卷,神宗必已詳覽,而以臺諫爲非。又楊時《龜山先生全集》卷六《日錄辨》:"濮王不稱皇,乃御史之力。上曰:'稱皇使不得耶?'余曰:'無臣而爲有臣,孔子以爲欺天。濮王以人臣終而稱皇,是無臣而爲有臣之類。且孝子慈孫事死如事生,事亡如事存,推濮王之心,豈敢當褒崇?然則如此褒崇,非事死亡如生存之道也。'"

又李燾注曰:"按:安石初對上所言則如此,不一年,即深詆臺諫。謂安石不奸邪,可乎?因掇取注此。"非也。公未以濮議中臺諫全是,亦未全非,詳下。

勸神宗喪除聽樂

陳瓘《四明尊堯集》卷四引《日錄》:"上曰:'朕疑喪除未聽樂而徹有嫌。'余極論其當如此。上又疑北使在廷,余曰:'此苟合於禮義,乃所以示夷狄也。臣度陛下聖質如此,必不以行此爲難。'上曰:'此有何難?但恐此小節不足爲。'余曰:'動容周旋中禮,所以爲盛德之至,但恐內無其實而外爲小節以示人,乃非所以應天。'"[①]

《宋會要輯稿》禮三十五:"神宗熙寧二年四月一日,宰臣富弼等上言曰:'三年之喪,既變除於祥禫;六樂之奏,將

---

① 《宋史》卷三百三十七《范祖禹傳》:"故事,服除當開樂置宴。"第10795頁。

底協於人神……然自攀號軒鼎，久纏龍去之悲；遏密舜簫，
曠絕鳳儀之瑞。茲實朝廷之政，不勝臣子之情。望抑厭孝
思，講求古制，敕后夔而庀職，詔神瞽以孝聲。凡在有生，罔
不同樂。'詔答曰：'三年之喪，先王稱情而立制。雖粗衰之
服以時而除，而愴慕之懷豈能遽已！至於鳴管磬，振羽萬，
所以持平而飾喜者，雖欲強勉，蓋未能也。'繼五上表，乃從
之。五月六日，宴紫宸殿，始作樂。"

《宋朝諸臣奏議》卷九十二載富弼《上神宗論誕日罷燕
雨澤之應》："臣於今月十四日，因具劄子奏，欲上表請陛下
聽樂、復膳、還御正寢，因進愚慮，乞陛下無以今日感應為
喜，而當以累年災變為懼，益修聖德，以答天意。十五日晚
夜漏上後，伏蒙陛下特賜內降一封，親灑宸翰，密布淵旨。
捧讀之次，驚喜交極。其略曰：'置之枕席，銘諸肺腑，終老
是戒。'夫狂瞽之，見何足當聖意如此之厚。"末注："熙寧二
年四月上。"

四月十四日，於都亭驛設宴餞別大遼國使耶律勔等

《宋會要輯稿》禮四五："（熙寧）二年四月十四日，大遼
國使耶律勔等辭于崇政殿，命坐賜茶，命參知政事王安石賜
餞宴于都亭驛。先是，詔以河決、地震，方夏大旱，不御前
殿，減常膳，罷同天節上壽，仍徹樂，故止賜茶。"

四月十七日，同知諫院范純仁乞詔侍從陳朝廷闕失，然
之；二十一日，撰詔求言

《太平治跡統類》卷十二："（熙寧二年四月）癸丑，先

是,同知諫院范純仁言:'今兩府之下,則有侍從官,實九卿之職也。是宜朝夕論思,同國休戚。今則只將主判司局,便使爲己之職事,寵亞四輔,報周庶僚。願降詔督責,朝廷闕失並須論列。其所上章疏,付政府銓定,量行賞罰。'上與執政議之,王安石亦以爲當然。丙辰,詔曰:'今在此位者,視朕過失與朝廷政事之闕,默而不言,乃或私議竊嘆,若以其責不在己。宜令侍從官,自今視朕過失與朝廷政事之闕,無有巨細,各具章,極言無隱。噫!言善而不用,朕有厥咎;遺之而勿言,爾爲不恭。將用此考察在位所以事君之實,而明黜陟之典。'王安石之詞也。"

《宋會要輯稿》帝系九全載此詔:"(熙寧二年四月)二十一日,詔曰:'傳曰"近臣盡規",以其榮恥休戚與上同也。今在此位者,視朕過失與朝廷政事之闕,默而不言,乃或私議竊嘆,若以其責不在己。夫豈皆習見成俗,以爲當然,其亦有含章懷寶,待唱而發者也。今百度墮弛,風俗偷墮薄惡,災異譴告不一,此誠忠賢助朕憂惕,以創制改法,救弊除患之時。宜令侍從官自今視朕過失與朝廷政事之闕,無有巨細,各具封章,極言無隱。噫!言善而不用,朕有厥咎;遺之而弗言,爾爲不恭。朕將用此考察在位所以事君之實,而明黜陟焉。諮爾有官,勿違朕旨。"

范純仁《范仲宣奏議》卷上《奏乞詔侍從陳朝廷闕失》,題注:"神宗熙寧二年,公時爲起居舍人、同知諫院。"文曰:"本朝自兩府之下,亦設侍從之官,自待制、諫議以上,學士、舍人,皆是古來九卿之職。朝廷待之恩禮既異,士民瞻仰位貌亦崇,是宜朝夕論思,同國休戚。今乃忘本徇末,擇易舍

難，只將主判司局，便爲己之職事……伏望陛下明降詔旨，
督責近侍，凡是朝廷闕失，並須論列奏陳。所上封章，並付
政府。其盡心論奏而言多中理者，稍加褒進；其持祿不言或
言而無取者，量行黜責。如此則朋龜效靈，庶職修舉。朝廷
獲多士之助，近臣免尸素之譏。”

四月二十一日，遣侯叔獻、程顥等八人分行天下，相度諸路農田水利稅賦科率徭役利害

《宋會要輯稿》食貨五五：“（熙寧二年）四月二十一日，
命權荊湖北路轉運判官劉彝、通判府州謝卿材、河北轉運司
勾當公事王廣廉、知安遠縣侯叔獻、著作郎程顥、知開封府
倉曹參軍盧秉、許州司理參軍王汝翼、權興化軍判官監建州
買納茶場曾伉八人，於諸路相度農田水利、稅賦科率、徭役
利害，從制置條例司請也。”

《東都事略》卷九十三《蘇轍傳》：“服除，時神宗立二年
矣。轍以書言事，屬王安石初用，以執政領三司，神宗以轍
爲屬……安石召用謝卿材、侯叔獻等八人，欲遣之四方訪遺
利，中外知其必迎合生事，然莫敢言。轍以書抵安石，力陳
其不可。”

按，據《宋會要輯稿》，所遣八位使者爲：劉彝、謝卿材、
王廣廉、侯叔獻、程顥、盧秉、王汝翼、曾伉。陳均《宋九朝編
年備要》卷十八所載同。蘇轍《潁濱遺老傳》上所載略異：
“（王安石）既召謝卿材、侯叔獻、陳知儉、王廣廉、王子韶、程
顥、盧秉、王汝翼等八人，欲遣之四方，搜訪遺利。”

以上所遣，劉彝，見本譜熙寧元年，《文集》卷四十一有

《舉屯田員外郎劉彝狀》。

謝卿材字仲適，①《江西通志》卷十五：“宋嘉祐四年，謝卿材以殿中丞知臨川，修築千金等九陂。熙寧中，知縣事謝洞又修之。”同書卷六十二：“謝卿材，嘉祐四年知臨川，築湖修陂，民賴其利。王荆公薦之於朝。”後歷知福州、河北河東京東等路轉運使、江淮荆浙等路發運使等。《文集》卷四十一有《舉謝卿材充升擢任使狀》。

王廣廉，王師顏之子、王廣淵之弟。② 以兄廣淵上曾祖家集得官。③ 嘉祐中，爲祁州深澤縣令，“修其職事，而舉者衆多”。④ 治平二年，充諸科考試官。⑤ 本年九月，以太常博士提舉河北路常平倉，後兼權發遣河北路同提點刑獄、權發遣河北路轉運副使等，熙寧五年卒。⑥

盧秉字仲甫，盧革之子，《宋史》卷三百三十一有傳：“未冠，有雋譽……中進士甲科，調吉州推官、青州掌書記、知開封府倉曹參軍，浮湛州縣二十年，人無知者。王安石得其壁間詩，識其靜退。方置條例司，預選中。奉使淮、浙治鹽法，

---

① 《金石萃編》卷一百三十八：“朝散大夫臨淄謝卿材仲適，元豐癸亥被詔，自歷下移守馮翊，三月二十六日過饒益寺題。”

② 鄭獬《鄖溪集》卷十九《右侍禁贈工部侍郎王公墓誌銘》：“既卒之三十二年，其子廣淵爲兵部員外郎、直龍圖閣、京東轉運使，廣臨爲左騏驥使、河北沿邊安撫副使，廣爲太常博士、河北都轉運司勾當公事，連名贈君至工部侍郎……其葬在熙寧二年八月某日。”《續資治通鑑》等將王廣淵、王廣廉兄弟事蹟相混，梁太濟考辨甚明，可見《〈續資治通鑑〉王廣淵、王廣廉相混説辨析》，《文獻》1992年第2期。

③ 《宋史》卷三百二十九《王廣淵傳》，第10608頁。

④ 《文集》卷五十一《奏舉人前祁州深澤縣令王廣廉著作佐郎制》，第544頁。

⑤ 《宋會要輯稿》選舉一九，第5628頁。

⑥ 可見《長編》卷二百十四、二百二十二、二百三十五。

與薛向究索利病，出本錢業鬻海之民，戒不得私鬻，還奏，遂為定制。檢正吏房公事，提點兩浙、淮東刑獄，顓提舉鹽事。"①

侯叔獻，《(弘治)撫州府志》卷三十一："字景仁，宜黃人，有志節。慶曆六年進士，授雍丘尉。令出遊宴，夜半未歸，叔獻鑰其門，令至折鍵而入。叔獻曰：'獄有重囚，逸一人，必累捕盜者。'在職屢獲盜，格當遷，叔獻曰：'捕盜職也。殺人求賞，非所欲。'遷知桐廬縣。籍邑民無賴者，諭之曰：'屬□恃資，強恃力，狡恃能，官恃蔭，將盡去之。能改過者，除其籍。'衆皆服。獄有死罪囚，泣告曰：'有父母死，願得一見，死無恨。'叔獻曰：'此天理□。'與之期而遣之，囚如言而至。郡有兄弟，訟久不決，曉以天倫，皆感泣。督租賦則揭於門曰：'某人某日當至。'無違令者。攝楚州倅。丁艱，以孝聞，朝廷賜以粟帛。後為兩浙常平使者。他日，建議請因畿內樊水之淤溉成良田，遂置提舉淤田司，命叔獻兼都水監，相地利引樊山之水溉其地，不數年，成田四十萬頃。上嘉其功，賜淤田十頃。又請開白溝河，儲三十六阪及京、索二水，遷河北東路轉運、判都水監。治水尤得其性，賜詔獎諭，曰：'古人所謂克勤於邦，盡力溝洫者，卿無愧矣。'"

侯叔獻、程顥為陳升之所薦。《宋會要輯稿》選舉二八："先是，知樞密院陳升之薦侯叔獻等，上閱其奏，曰：'輔臣薦

---

① 《墨客揮犀》卷十："盧秉侍郎嘗為江南小郡司户參軍，於傳舍中題詩云：'青衫白髮病參軍，旋糴黃粱換酒鐏。但得有錢留客醉，也勝騎馬傍人門。'王荆公過而見之，尤極稱賞。俄薦於朝，數年間遂超顯仕。"第397頁。又，1972年新昌出土盧秉之孫墓誌，敘其世系頗詳。可見《浙江新昌南宋墓發掘簡報》，《南方文物》1994年第4期。

士,不考材實,即陞一任,此何理也?'然而久例行之。至是降詔。"《文獻通考》卷三十八:"熙寧二年,陳升之拜相,循例薦侯叔獻、程顥皆與堂除,又陞一任。帝曰:'薦士不考才實,以輔臣故,例得進秩升任,此何爲也?'於是罷兩府初入舉官之制。"程顥出使一事,其弟程頤所撰《明道先生行狀》不載,蓋諱之也。《朱熹集》卷三十五《答劉子澄》:"明道嘗爲條例司官,不以爲浼,而伊川所作《行狀》,乃獨不載其事。明道猶謂青苗可且放過,而伊川乃於西監一狀,較計如此。此可謂不同矣。"

又張耒《明道雜誌》:"嘉祐中,韓魏公當國,遣使出諸道,以寬恤民力爲名。使既行,魏公大悔之,每見外來賓客,必問寬恤使者不擾郡縣否,意恐詔使搔擾民,重不安也。無幾,皆罷之。王荊公行新法,每遣使,其大者曰察訪,小至於興水利、種稻田,皆遣使,使者項背相望於道。荊公嘗言,讀大、小雅,言周文、武故事,而小雅第二篇便言皇皇者華,君遣使臣,故遣使爲先務。二公所見如是。"聊附此,以見公"經術者,所以經世致用"之意。

四月二十六日,攝司徒,與呂公弼同持節冊命皇后

《文集》卷四十五《皇后冊文》:"維熙寧二年歲次己酉,四月丁酉朔二十六日壬戌,皇帝若曰:自昔有天下,必擇建厥配,以承宗廟,以御家邦。肆朕受命,奉循前烈,考慎典冊,以祈協于神民。咨爾向氏,懿柔淑恭,舊有顯聞,肇功惟祖,弼亮帝室。流德之澤,覃延後嗣,是產碩媛,比賢姜任。越朕初載,來嬪藩邸。盥饋在中,率禮無違。以至嗣服,祗

承内事，齋明夙夜，罔有曠失。宜崇位號，表正宮庭。今遣攝太尉、推忠協謀同德佐理功臣、樞密使、光祿大夫、檢校太傅、行尚書刑部侍郎、上柱國、東平郡開國公、食邑五千戶食實封一千戶呂公弼，攝司徒、朝散大夫、右諫議大夫、參知政事、護軍、太原郡開國侯、食邑一千一百戶、賜紫金魚袋王珪，持節册命爾為皇后。夫惟興王，鼇厥士女，咸自内始，達于四海。朕克勤，人用弗怠；朕克儉，人用弗奢；朕克正，人用無敢側頗僻。爾勵朕相，乃濟登茲。於戲！匪初惟艱，惟慎厥終。爾忱念茲，朕以永享天祿，爾亦豫有無疆之福，豈不韙哉！”

《沈注》：“按《神宗紀》：‘治平四年二月乙酉，初御紫宸殿，立向氏為皇后。’不應越三年而始發册，其牴牾者一。荆公以熙寧二年二月參知政事，則不應猶居翰林撰册，其牴牾者二。王珪以三年十二月參政，而荆公已大拜，此時何得有參知政事王珪持節册命之事？其牴牾者三。詳玩其故，大約治平未命后，尚在諒闇，至免喪服，始行册禮。其文或公自撰，兼持節副使，而刻本誤作王珪也。”

按，《沈注》以“刻本誤作王珪”，是。《宋大詔令集》卷十九載《册向皇后文》，題注“熙寧二年四月壬戌”，正作“今遣攝太尉具官呂公弼、攝司徒王安石持節册命爾為皇后”。

另，《宋會要輯稿》禮五三：“熙寧二年正月十四日，命參知政事王安石撰册文并書。四月二十六日，上御文德殿，遣攝太尉、樞密使呂公弼，攝司徒、參知政事唐介持節册命皇后。册文曰：‘皇帝若曰……今遣攝太尉、樞密使、檢校太傅、行尚書刑部侍郎呂公弼，攝司徒、右諫議大夫、參知政事王安石,持節册命爾爲皇后。'"

此處所載,亦自相牴牾。一,本年正月十四日,公尚爲翰林學士,未除參知政事。"正月",當爲"四月"之訛。二,《宋會要輯稿》既曰:"四月二十六日,上御文德殿,遣攝太尉、樞密使吕公弼,攝司徒、參知政事唐介持節册命皇后。"然册文明謂:"今遣攝太尉、樞密使、檢校太傅、行尚書刑部侍郎吕公弼,攝司徒、右諫議大夫、參知政事王安石,持節册命爾爲皇后。"所云"參知政事唐介"者,必誤。唐介前數日已卒,①如何"持節册命皇后"?

王罕出知明州,有詩送之

《詩注》卷三十八《送明州王大卿》,曰:"屬城舊吏須疲懶,尚可揮毫敵李舟。"

李注:"《九域志》:'唐明州刺史王密德政碑,李舟文,顔真卿書。'介父嘗爲鄞縣,故云'屬城舊吏。'"

按,王大卿爲王罕,字師言,《宋史》卷三百一十二有傳:"徙知明州,以光禄卿卒,年八十。"②《(寶慶)四明志》卷一:"王罕,衛尉卿。熙寧三年,以歲饑多盜,乞降度牒修城。王安石當國,以非急務,不許。"王罕知明州當爲本年,其前任

① 王珪《華陽集》卷五十七《推忠佐理功臣正奉大夫行給事中參知政事上護軍魯國郡開國公食邑二千三百户食實封四百户賜紫金魚袋贈禮部尚書謚質肅唐公墓誌銘》:"熙寧元年正月,制以權三司使、給事中唐公爲參知政事。明年三月,遽寢疾不朝,上遣太醫日夜視公疾。四月乙未,幸其第臨問,公寢劇不能言,上泫然出涕曰:'能復爲朕起乎?'明日,公薨。"

② 壽涌以"王大卿"爲王周,誤也。《王安石詩題疑難人名解讀》,《文獻》2008年第1期。

陳襄，自明州召入除修起居注。《宋史》卷三百二十一《陳襄傳》："神宗立，奉使契丹，以設席小異於常，不即坐。契丹移檄疆吏，坐出知明州。明年，同修起居注，知諫院，改侍御史知雜事。"《宋朝諸臣奏議》卷二載陳襄《上神宗論人君在知道得賢務修法度》，題注："熙寧二年四月上，時知明州被召，除修起居注。"

二府合議謀殺刑名，與陳升之、韓絳議略同，與富弼、曾公亮、文彥博等異

《宋史》卷二百一《刑法三》："（熙寧二年）二月庚子，詔：'今後謀殺人自首，並奏聽敕裁。'是月，除安石參知政事，於是奏以爲：'律意，因犯殺傷而自首，得免所因之罪，仍從故殺傷法；若已殺，從故殺法，則爲首者必死，不須奏裁；爲從者自有編敕奏裁之文，不須復立新制。'與唐介等數爭議帝前，卒從安石議。復詔：'自今並以去年七月詔書從事。'判刑部劉述等又請中書、樞密院合議，中丞呂誨、御史劉琦錢顗皆請如述奏，下之二府。帝以爲律文甚明，不須合議。而曾公亮等皆以博盡同異、厭塞言者爲無傷，乃以衆議付樞密院。文彥博以爲：'殺傷者，欲殺而傷也，即已殺者不可首。'呂公弼以爲：'殺傷於律不可首。請自今已殺傷依律，其從而加功自首，即奏裁。'陳升之、韓絳議與安石略同。會富弼入相，帝令弼議，而以疾病，久之弗議。至是乃決，而弼在告，不預也……初，曾公亮以中書論正刑名爲非，安石曰：'有司用刑不當，則審刑、大理當論正；審刑、大理用刑不當，即差官定議；議既不當，即中書自宜論奏，取決人主。此

所謂國體。豈有中書不可論正刑名之理。'"

《文獻通考》卷一百七十:"(熙寧二年)二月庚子,詔:'自今謀殺人已死自首及按問欲舉,並奏取敕裁。'而判部劉述、丁諷奏庚子詔書未盡,封還中書。於是安石奏以爲:'律意,因犯殺傷而自首,得免所因之罪,仍從故殺傷法;若已殺,從故殺法,則爲首者必死,不須奏裁,爲從者,自有編敕奏裁之文,不須復立新制。'與唐介等數爭議於帝前,卒從安石議。是月甲寅,詔:'自今謀殺人自首及按欲舉,並以去年七月詔書從事。其謀殺人已死,爲從者雖當首減,依《嘉祐敕》:兇惡之人,情理巨蠹,及謀殺人傷與不傷,奏裁。'收還庚子詔書。劉述等又奏,以爲不當以敕頒御史臺、大理寺、審刑院及開封府,而不頒之諸路,入誤引刑一司敕,請中書、樞密院合議。中丞呂誨、御史劉琦、錢顗皆請如述等奏,下之二府。帝以爲律文甚明,不須合議,而曾公亮等皆以博盡同異厭塞言者爲無傷,乃以衆議付樞密院。文彥博以爲:'殺傷者,欲殺而傷也,即已殺者不可首。'呂公弼以爲:'殺傷於律不可首,請自今已後殺傷依律,其從而加功自首,即奏裁。'陳升之、韓絳議與安石略同。時富弼入相,帝令弼與安石議,弼謂安石:'以謀與殺分爲二事,以破析律文,盍從衆議?'安石不可,弼乃辭以病。"

是月,與神宗、趙抃議修二股河

《宋史》卷九十一《河渠一》:"(熙寧二年)四月,光與張鞏、李立之、宋昌言、張問、呂大防、程昉行視上約及方鋸牙,濟河,集議於下約。光等奏:'二股河上約並在灘上,不礙河行。但所進方鋸牙已深，致北流河門稍狹，乞減折二十步，令近後，仍作蛾眉埽裹護。其滄、德界有古遥堤，當加葺治。所修二股，本欲疏導河水東去，生堤本欲捍禦河水西來，相爲表裹，未可偏廢。'帝因謂二府曰：'韓琦頗疑修二股。'趙抃曰：'人多以六塔爲戒。'

王安石曰：'異議者，皆不考事實故也。'帝又問：'程昉、宋昌言同修二股如何？'安石以爲可治。帝曰：'欲作籤河甚善。'安石曰：'誠然。若及時作之，使決河可東，北流可閉。'因言：'李立之所築生堤，去河遠者至八九十里，本計以禦漫水，而不可禦河南之向著，臣恐漫水亦不可禦也。'帝以爲然。"

爲神宗釋《中庸》"誠明"之義

《龜山先生全集》卷六《日録辨》："上因問：'誠則明矣，明則誠矣，何謂也？'余曰：'能不以外物累其心者，誠也。誠則於物無所蔽，於物無所蔽則明矣。能學先王之道，以解其心之蔽者，明也。明則外物不能累其心，外物不能累其心，則誠矣。人之所以不明者，以其有利欲以昏之，如能不爲利欲所昏，則未有不明也。明者，性之所有也。"

按，《中庸》在北宋特爲帝王所重。真宗景德四年八月，"帝宴餞侍講學士邢昺於龍圖閣，上挂《禮記·中庸》篇圖。昺指'爲天下國家有九經'之語，因講述大義，序修身尊賢之理，皆有倫貫。坐者聳聽，帝甚嘉納之。"[1]仁宗天聖五年三

---

① 范祖禹《帝學》卷三，四庫本。又見《長編》卷六十六景德四年八月壬子條，第 1483 頁。

月，"辛卯，賜新及第人聞喜燕於瓊林苑，遣中使賜御詩及
《中庸》篇一軸。上先命中書録《中庸》篇，令張知白進讀，
至修身治人之道，必使反覆陳之。"①神宗拈出"誠則明矣，
明則誠矣"相詢，非泛泛而言也，蓋承真、仁之緒，以《中庸》
篇爲治國大法，帝王心術所在也。《宋朝諸臣奏議》卷五載
陳襄《上神宗論誠明之學》："臣竊以帝王之德，莫大於務學，
學莫大於根誠明之性而蹈乎中庸之德也。生而不動之謂
誠，知而有爲之謂明，正而不邪之謂中。故誠者立善之本
也，明者致道之用也，中庸者常德之守也。三者立，天下之
能事畢矣。聖人者，先得乎誠者也，因誠而後明，必資乎學。
全静以居之，神固以行之，酬酢萬物而無失於曲當，此之謂
誠則明矣，賢人者，思誠也，因明而後誠也者，必擇乎善。所
謂善者，可欲之謂也，性也，正而公者也。所謂惡者，有所不
可爲之謂也，情也，邪而私者也。存其所謂正而公者，而去
其所謂邪而私者，此之謂擇善矣。精一以守之，中正以養
之，持循戒懼於不聞不覩之際，此之謂謹獨而固執之矣。久
而不息則形，形而不息則明，明而不息則動，動而不息則化，
化而不已則神，高明博厚而配乎天地，此之謂明則誠矣……
誠之者篤，則其爲之者至。是以其政不肅而行，其教不言而
諭，其事不勞而成。舉而措之，天下之民無不從服而不知爲
之者。故曰：凡爲天下國家有九經，所以行之者一，此之謂
也。是之謂誠明之學，伏望留神省覽。"注曰："熙寧二年四
月上，時知明州，被召，除修起居注。"神宗或睹襄文，故以誠

---

① 《長編》卷一百五，第2439頁。

明之義問公，姑附此。①

薛向自河東還，饋以紫團參，却之不受

《夢溪筆談》卷九：“王荊公病喘，藥用紫團山人參，不可得。時薛師政自河東還，適有之，贈公數兩，不受。人有勸公曰：‘公之疾，非此藥不可治。疾可憂，藥不足辭。’公曰：‘平生無紫團參，亦活到今日。’竟不受。”

不以張靖所言薛向制置陝西鹽馬之失爲然，力排群議，右向，抵靖於法

《宋史》卷一百八十一《食貨下三》：“熙寧初，詔淮南轉運使張靖究陝西鹽、馬得失。靖指（薛）向欺隱狀，王安石右向，靖竟得罪，擢向爲江、淮等路發運使。諫官范純仁言賞罰失當，因數向五罪，向任如初。”

按，薛向字師正，公素重之（見本譜嘉祐五年），《宋史》卷三百二十八有傳。② 治平三年，薛向以陝西轉運使上疏陳御邊五利。《長編紀事本末》卷八十三：“薛向上疏陳御邊五利……疏奏，英宗稱善，嘗置左右，上（神宗）見而奇之。”四年，薛向於與种諤首起橫山之謀，遭貶。本年詣闕，與張靖辯鹽法之失：“夏將嵬名山以綏州來歸，青澗城主种諤將往

---

① 夏長樸指出，北宋儒者對《中庸》之詮釋，自注重外在事功逐漸轉向内在心性，甚是。氏著《論〈中庸〉興起與宋代儒學發展的關係》，《中國經學》第二輯，廣西師範大學出版社 2007 年版。

② 關於薛向生平研究，可見于士倬《薛向與“均輸法”研究》，華東師範大學2010 年碩士畢業論文。汪天順《論薛向經營北宋西北國防》，《寧夏社會科學》2009 年第 4 期。

迎,詔向與議。諤不俟命,亟率所部出塞,遂城之。廷議劾諤擅興,將致法,向言:'諤今者之舉,蓋忘身以徇國,有如不稱,臣請坐之。'諤既貶,向亦罷知絳州,再貶信州,移潞州。張靖使陝西還,陳向制置鹽馬之失,詔向詣闕與辯。靖辭窮,即罪之。神宗知向材,以爲江、浙、荆、淮發運使。"《宋史紀事本末》卷二十七:"(范)祥卒,以向繼領其事,向請兼以鹽易馬。王安石時令群牧,主其説,請久任向。會淮南轉運使張靖言向壞鹽法,且有欺隱,帝召向與靖對。錢公輔、范純仁皆言向罪,安石排群議,抵靖於法。"

范純仁《范忠宣奏議》卷上《奏論責君子太重奬小人太深熙寧二年七月》:"臣累言張靖不合責降,薛向不合仍加獎用,不蒙聽納……薛向在陝西壞法已七八年,張靖一旦往彼體量,不能盡見根柢,詢訪之際,容有不詳。朝廷忘其元初,被旨使與罪人對詞,一有不詳,先被黜辱。此則因違忤以沮其志也。"

薛向召還與張靖辯制置陝西鹽馬之失,應於本年初,神宗詔委近臣同三司考究。范祖禹《范太史集》卷四十二《左中散大夫守少府監呂公墓誌銘》:"公諱希道,字景純……陝西轉運使張靖言薛向鹽法非是,詔委近臣同三司考究,漫生鹽歲約增二十餘萬緡。靖以爲非實,移公案驗,公曰:'漫生鹽歲實,若以爲鈔,即溢鈔分布諸路。害鹽法如此,雖無漫生可也。'議者以公言爲然。"

所委近臣及三司官員,有呂公著、司馬光、錢公輔、吳充等,吳充亦以薛向爲是。《宋會要輯稿》食貨二四:"(熙寧二年)八月一日,御史中丞呂公著言:'昨奉詔與司馬光等監

張靖、薛向對論陝西鹽法，及根磨糧草虧增。其鹽法利害已
定奪申奏，所有糧草虧增，緣公著已除御史中丞，未審合與
不合管勾。'"《名臣碑傳琬琰集》中卷二十七《吳正憲公充
墓誌銘》："《實錄》成，遷右司郎中、權三司使公事。邠州守
訟解池鹽法非是，詔詳決利害。公區別條奏，法得不廢。"①

五月二日，與神宗、富弼等議謀殺自首，因議及復肉刑

　　《長編紀事本末》卷七十五："熙寧二年五月丁卯，上論
謀殺自首事，王安石因具論其故，又論律非中才一人之所能
具，然亦不盡理。死刑之次，即是流刑，但居作而不杖。此
自唐以來，即守此律不得，如此類亦甚多。上曰：'漢文帝廢
肉刑是否？'富弼曰：'極是。'安石曰：'當時雖廢肉刑，而人
多笞死，即如折人兩支，或瞎人兩目，今乃流三千里而已，此
何足以報其罪！又强盜五貫即死，若有肉刑，此但可刖而
已。'弼曰：'此非通論。刑者不可復寧，雖欲自新，其路無
由，除肉刑乃所以開人自新耳。'上曰：'然入肉刑者，皆有已
甚之罪故也。'"

　　始議復肉刑者爲韓絳，神宗亦有意復之，蓋因其時重辟
數多之故也。②《宋朝諸臣奏議》卷九十九載呂公弼《上神
宗論肉刑》："臣伏見韓絳嘗奏乞用肉刑，今日陛下亦以爲
然。絳又言：'假如折一支、去一指，有何不可？況堯、舜尚
用之。'此徒信古之論，不適時變……臣願陛下上法堯、舜，

---

① "邠州守"即張靖，見《長編》卷二百十二熙寧四年四月癸亥，第5402頁。
② 《宋朝諸臣奏議》卷九十九呂誨《上神宗論重辟數多》，注："熙寧二年上，時爲御史中丞。"第1065頁。

下體漢文，無取迂儒好古之論。陛下病今之犯刑者衆，臣願審擇守臣，宣布惠愛，使民各得其所，則民不犯上矣。今不究其本，而徒更其刑辟，臣恐民心一駭而動，後雖欲全撫之，未易安也。"注曰："熙寧二年五月上，時爲樞密使。"至於公於肉刑之態度，詳見本譜熙寧三年八月二十一日。

又，《詩注》卷十二《漢文帝》："輕刑死人衆，喪短生者偷。仁孝自此薄，哀哉不能謀。露臺惜百金，灞陵無高丘。淺恩施一時，長患被九州。"詩以漢文帝廢肉刑爲"淺恩"，《繫年初稿》繫於本年。

五月六日，自當筆除鄭獬知杭州、錢公輔知江寧府，吕誨上奏攻訐

《長編紀事本末》卷五十八：（熙寧二年）五月癸未，鄭獬知杭州，王拱辰判應天府，錢公輔知江寧府。獬與滕甫相善，王安石素惡之，目爲'滕屠鄭沽'。嘗言於上曰：'獬極險，不宜使在內。'故事，兩制差除，必宰相當筆。時富弼在告，曾公亮出使西京，王安石遽自當筆，議者皆疑安石行其私意。御史中丞吕誨即奏曰：'侍臣者，蓋近於尊，寔陛廉隆峻之級也。進之以禮，退之以禮，乃君臣之分，邦國之禮也。宣徽使王拱辰，陛下即政之初，還其舊官，委寄北都，召入供職，不聞有過，遷謫在外。臣不知陛下用何人薦論而召之，因何人訾毀而黜之？翰林學士鄭獬在三班院，皆稱公當，權府亦甚平允，不聞瘝曠，遽然補外。傳聞見禁罪人喻興與妻阿牛，謀殺婦人阿李公事，獬不肯用新法理斷，將欲論列，故有是逐。雖轉官得郡，寔奪其權也。知制誥錢公輔先因營

救滕甫，遂罷諫院，今又被逐。蓋甫與王安石素所不足，今無罪被黜，甚傷公議。龍圖閣直學士韓贄代還未及兩月，亟除知江寧，復又何名？臣不惜四人之去，所惜者朝廷之體，無俾權臣盜弄其柄。以臣言是，乞追還四敕；以臣言非，願并臣屏逐。'又奏曰：'近除陸詵知成都府，就移吳中復知成德軍，數日之間，差除特異。況宰相不書敕，本朝故事，未之聞也。傳云御批付出，臣竊疑焉。陛下進退近臣，必有常理，不應有加膝墜淵之意。如從執政進擬，則是自外制中，尤非聖哲馭下之體也。'上出誨奏示執政曰：'王拱辰等出，外間紛紜，知否？'趙抃、王安石皆曰：'不知。'上曰：'除拱宸宣徽使，自爲再任，豈是拔擢？'又謂安石曰：'誨爲人所使，殊不知卿用心。'安石曰：'此三人者出，臣但媿不能盡理論情，暴其罪狀，使小人知有所憚，不意言者乃如此。'"

《宋史》卷三百二十一《鄭獬傳》："朝廷議納橫山，獬曰：'兵禍必起於此。'已而种諤取綏州，獬言：'臣竊見手詔，深戒邊臣無得生事。今乃特尊用變詐之士，務爲掩襲，如戰國暴君之所尚，豈帝王大略哉！諤擅興，當誅。'又請因諒祚告哀，遣使立其嗣子，識者韙之。權發遣開封府。民喻興與妻謀殺一婦人，獬不肯用按問新法，爲王安石所惡，出爲侍讀學士、知杭州。御史中丞呂誨乞還之，不聽。"

《東都事略》卷七十六《鄭獬傳》："神宗即位，除翰林學士，知開封府。王安石參知政事，不悅獬，宰相富弼在告，遂除獬翰林侍讀學士、知杭州。"

《宋史》卷三百二十一《錢公輔傳》："王安石雅與之善，既得志，排異己者，出滕甫鄆州。公輔數於帝前言甫不當

去。薛向更鹽法，安石主其議，而公輔謂向當黜，遂拂安石
意，罷諫職，旋出知江寧府。"

《太平治跡統類》卷十四："知制誥錢公輔罷知諫院。時
上委任政府，責以太平。一日，執政召臺諫官至都堂諭之：
'上求治如飢渴，正賴同心，以濟所願。'公輔對曰：'所爲是
耶，天下誰敢不同？非耶，公輔雖同之不得已。'公輔素與王
安石善，之入翰林爲學士也，首薦公輔忠信篤實，富於文學，
置之禁林，必有補助。而安石盛主薛向，欲進用，而公輔方
請黜向。安石素惡甫，將廢逐，而公輔反譽解之。安石以是
怨公輔，言於上曰：'臣昨以公輔在先朝言事，似非希世顧望
者，故舉以自代，誠不意今挾邪乃爾至是。'上聞安石有公輔
挾邪之語，乃問安石：'以前册事罷之，何如？'安石曰：'比日
安日亦宜罷，蓋其理合罷，則非以一事罷之，人自以爲宜。
陛下以進退群臣，當如天道生殺自然可也。'乃罷公輔
諫院。"

按，鄭獬之出，《宋史》頗得其實，即獬不肯用按問新法，
且與滕甫善。① 又獬屢以取綏州、啓戰端爲非，②亦戾神宗
意。鄭獬有詩刺公，《老學庵筆記》卷七："王荆公素不樂滕
元發、鄭毅夫，目爲'滕屠'、'鄭酤'。然二公資豪邁，殊不
病其言。毅夫爲内相，一日送客出郊，過朱亥冢，俗謂之屠
兒原者，作詩云：'高論唐虞儒者事，賣交負國豈勝言。憑君

---

① 《長編》卷二百二十六熙寧四年九月乙酉條，李燾引《司馬光日記》云："鄭
毅夫提舉鴻慶。初，介甫惡滕元發，以毅夫爲元發之黨。"第 5511 頁。

② 鄭獬《上神宗論种諤擅入西界》，《宋朝諸臣奏議》卷一百三十六，第 1530—
1531 頁。《歷代名臣奏議》卷三百四十四《論西夏事宜狀》。

莫笑金槌陋，却是屠酤解報恩。'"

至於王拱辰出判應天府，《宋史》卷三百十八《王拱辰傳》曰："神宗登極恩，當轉僕射，歐陽修以爲此宰相官，不應序進，但遷太子少保。熙寧元年，復以北院使召還。王安石參知政事，惡其異己，乘二相有故，出爲應天府。"然《名臣碑傳琬琰集》下卷二十《王懿恪公拱辰傳》載："神宗即位，還朝，見上曰：'臣欲納忠，未知陛下意所向。'又言：'牛李黨事方作，不可不戒。'上以語執政，王安石曰：'此未足以爲姦邪，以未知陛下意所向也。'曾公亮因言拱辰在仁宗時，已知其不正，不復任用。安石曰：'拱辰交結温成皇后家，人皆知之。'於是遂出守南京。"據此，其出守應天府，並非公"惡其異己"，亦非"乘二相有故"。《宋代墓誌輯釋》收安燾《宋彰德軍節度使北京留守贈開府儀同三司諡懿恪王公墓誌銘》："（熙寧元年）十二月，公還朝。方神宗皇帝勵精政事，興滯起廢，以繼述祖宗，惠安元元，而有司急於奉行，或失法意，公獨論列，無所回隱。大臣或陰諷公曰：'儻少默，宜將見用。'公謝曰：'用捨蓋有命爾，亦顧義何如，豈復枉志可求邪？'論益不已，遂出留守南都。"墓誌撰於元豐八年十二月司馬光等盡廢新法時，故有此語。實則本年王拱辰出守南京，各項新法尚未遑展開，何來"有司急於奉行，或失法意"？《名臣碑傳琬琰集》所言庶幾得之，即"拱辰在仁宗時，已知其不正"，"拱辰交結温成皇后家"。

五月九日，迎奉仁宗、英宗御容赴文德殿，撰祝文

《宋會要輯稿》禮五："熙寧二年五月九日，迎奉仁宗、英

宗御容赴文德殿。十三日,上親行酌獻之禮,乃赴西京。二十二日奉安。右奉太祖、太宗、真宗、仁宗、英宗神御。"

《文集》卷四十六《文德殿告遷御容祝文》。

五月十一日,上《進戒疏》

《文集》卷三十九《進戒疏》:"熙寧二年五月十一日,朝散大夫、右諫議大夫、參知政事、護軍、賜紫金魚袋臣某昧死再拜上疏皇帝陛下:臣竊以爲陛下既終亮陰,考之於經,則群臣進戒之時。而臣待罪近司,職當先事有言者也。竊聞孔子論爲邦,先'放鄭聲',而後曰'遠佞人'。仲虺稱湯之德,先'不邇聲色,不殖貨利',而後曰'用人惟己'。蓋以謂不淫耳目於聲色玩好之物,然後能精於用志;能精於用志,然後能明於見理;能明於見理,然後能知人;能知人,然後佞人可得而遠。忠臣良士與有道之君子,類進於時,有以自竭,則法度之行,風俗之成,甚易也。"

按,《宋朝諸臣奏議》卷一百九著録,題爲《上神宗乞戒耳目之欲而自強以赴功》,題注:"熙寧二年五月,王安石爲參知政事,欲行新法,故爲此奏,以堅上意。"《宋會要輯稿》禮三五:"神宗熙寧二年四月一日,宰臣富弼等上言曰……繼五上表,乃從之。五月六日,宴紫宸殿始作樂。"

以章辟光請岐王遷居外邸,與神宗議之,以爲不宜逐去辟光

按,章辟光上疏言岐王事,吕誨《上神宗論王安石姦詐十事》列爲公罪狀之一,而《宋史》、《長編》、《宋會要輯稿》

等均語焉不詳。惟陳瓅《四明尊堯集》卷九摘録《王安石日録》，述此甚詳："余曰：'章辟光何以合聖旨？'上曰：'章辟光者，相公言其爲人，果然所言但爲身計而已，以爲人多排弊臣者。'余曰：'此人本亦無文學，不知何以能上書合聖旨，疑有所假手。'上曰：'所上書文辭亦甚好。'余曰：'外人但見陛下數説章辟光者，則於聖德不能無疑。'"

"余曰：'陛下比見章辟光，在廷之士極怪駭。人主誤見一小人，亦豈遽有傷？但陛下未傳見士大夫，而所特見乃衆人共知其姦險者，則在廷怪駭固宜。輔臣皆得侍陛下清光，見陛下分別邪正是非詳盡，至於外人，但見陛下數説如章辟光者，則於聖德不能無疑。聖聞所以不早布於天下，誠以時有此等事故也。'"

"上欲加辟光罪，余曰：'辟光疏有何險語？今以訪聞，便加之罪，恐刑罰不中。'御批：近以章辟光入奏言事，内一事防微，言當謹宿衛出入，又言當令岐王建外邸，訪聞乃自傳播云'言岐邸事稱旨，故召對'。觀其意，乃懷姦間吾骨肉，以要利置君於惡，理不可容。朕誤見此人，曉夕思之，甚爲慚愧。可將此上來取旨。及呈吕誨言其傳播，上曰：'如何處置？欲加之罪，皆逡巡莫言。'余曰：'辟光疏有何險語？'上曰：'無險語，只言當防微杜漸而已。''奏對云何？'上曰：'亦不過如此。'余曰：'辟光誠小人，然陛下訪聞之語，恐未必實。且辟光既作傾險事，亦何肯自傳播？或恐奏疏時疏爲人所見；或恐奏疏後語從中泄。今以訪聞便加之罪，恐刑罰不中。兼朝廷施行賞罰，欲後無弊。且言建外邸事在召對之前，陛下不以爲非，今因傳播而罪之，是陛下納其言而惡其播,恐累陛下至德。'皆曰:'亦須急與一差遣,令出去。'上曰:'莫如此亦好?'余曰:'陛下召見此人,都無獎擢,即是不納用,其人可知。今與差遣逐去,則議者必謂陛下納其言惡其傳播而已,恐非所已聞也。'上曰:'善。只納下文字休。'"

范純仁《范忠宣奏議》卷上《奏乞將章辟光所奏宣示臺官》曰:"臣竊聞臺官上言:著作佐郎章辟光不合妄進文字,語干岐王。臣以不見辟光所陳,但聞外議喧騰,未能知其實否。伏緣國朝親王外居,自有故事,豈容小臣輒生間言?伏望聖慈將章辟光所奏宣示臺官,如別無過當之言,則可以安中外之心。如其言涉輕妄,則乞依臺官所奏,早行責降,以戒憸佞。若只但示含容,足使外議傳播,及岐王聞之,不能自安,於陛下友愛之間,所損不細。防微杜漸,不可不察。"

司馬光《涑水記聞》卷十五:"介甫初參大政,章辟光上言:'岐王、嘉王不宜居禁中,請使出居於外。'太后怒,與上言:'辟光離間兄弟,宜加誅竄。'辟光揚言:'王參政、呂惠卿來教我上此書,今朝廷若深罪我,我終不置此二人。'惠卿懼,以告介甫。上欲竄辟光於嶺南,介甫力營救,止降監當而已。呂獻可攻介甫,引辟光之言以聞於上,獻可坐罷中丞、知鄧州。蘇子容當草制,曾魯公召諭之曰:'辟光治平四年上書,當是時,介甫猶在金陵,惠卿監杭州酒,安得而教之?'故其制詞云:'當小人交搆之言,肆罔上無根之語。'制出,士大夫頗以子容制詞爲非,子容以魯公之言告,乃知治平四年辟光所上言他事,非言岐、嘉者也。子容深悔之,嘗謂人曰:'介甫雖黜逐我,我怨之不若魯公之深也。'"

魏泰《東軒筆錄》卷五："神宗即位，岐王、嘉王猶在禁中，秘書丞章辟光獻言乞遷於外，而朝論以爲疏遠小臣，妄論離間，於義當誅。有旨送中書，王荊公以爲其言非過，依違不行。會中丞呂誨極言其不可，而兼及荊公，遂奪辟光官，降衡州監稅。"

據此，則章辟光疏中有乞岐王外出、以防微杜漸等語，亦合神宗之意，故神宗"不以爲非"，繼而召對。不意章辟光妄自傳播，"云言岐邸事稱旨故召對"，遂致物議喧騰，太后大怒。神宗頗陷被動，欲逐出章辟光，公則以謂"今與差遣逐去，則議者必謂陛下納其言惡其傳播而已，恐非所已聞也"，神宗納之。

五月二十一日，以呂誨上疏肆詆，乞辭位。神宗封還其奏，令視事如故

《宋史》卷三百二十一《呂誨傳》："召爲鹽鐵副使，擢天章閣待制，復知諫院，拜御史中丞……王安石執政，時多謂得人。誨言其不通時事，大用之，則非所宜。著作佐郎章辟光上言，岐王顥宜遷居外邸。皇太后怒，帝令治其離間之罪。安石謂無罪。誨請下辟光吏，不從，遂上疏劾安石曰：'大姦似忠，大佞似信。安石外示朴野，中藏巧詐，陛下悦其才辨而委任之。安石初無遠略，惟務改作立異，罔上欺下，文言飾非，誤天下蒼生，必斯人也。如久居廟堂，必無安静之理。辟光之謀，本安石及呂惠卿所導。辟光揚言："朝廷若深罪我，我終不置此二人。"故力加營救。願察於隱伏，質之士論，然後知臣言之當否。'"

《長編紀事本末》卷五十八:"(熙寧二年五月)丙戌,以呂誨劾章乞辭位,神宗封還其奏,令視事如故。"

據此,則呂誨此次上疏攻公,與章辟光事頗有關涉。《宋朝諸臣奏議》卷一百九載劉琦等《上神宗論王安石專權謀利及引薛向領均輸非便》:"小人章辟光妄獻岐邸遷外之議,疏間陛下友愛之德,罪不容誅。御史中丞呂誨及臣等連章奏乞加竄逐,以絕疑萌。陛下雖屢許其請,獨安石百端沮格,且熒惑聖聽。而陛下以爲愛己,遂隱忍而不行。是以呂誨指陳安石黨庇小人之迹,而誨復降黜,中外之議,喧然不平。及呂公著一言辟光之罪,即時貶責。"

《宋朝諸臣奏議》卷一百九載呂誨《上神宗論王安石姦詐十事》,注曰:"熙寧二年六月上,時爲右諫議大夫兼御史中丞……誨上此奏,上得誨疏,即批送誨,仍遣内侍李舜舉諭意。"《長編紀事本末》將此疏繫於是年六月丁巳呂誨罷御史中丞下,不妥。《長編拾補》卷二移於五月丙戌日,可從。呂誨所言十事,爲:"安石向在嘉祐中,判糾察刑獄司,因開封府爭鵪鶉公事,舉駁不當,御史臺累移文催促,謝恩倨傲不恭;安石服滿,託疾堅臥,累詔不起。終英宗朝不臣。就如有疾,陛下即位,亦合赴闕一見,稍存人臣之禮。及就除知江寧府,於私計安便,然後從命。慢上無禮,其事一也;安石任小官,每一遷轉,遜避不已。自知江寧府,除翰林學士,不聞固辭。先帝臨朝,則有山林獨往之思;陛下即位,乃有金鑾侍從之樂。何慢於前而恭於後?見利忘義,豈其心乎?好名欲進,其事二也;人主延對經術之士,講解先王之道,設侍講侍讀常一員。執經在前,乃進説,非傳道也。安石居是

職，遂請坐而講說，將屈萬乘之重，自取師氏之尊。真不識
上下之儀，君臣之分，況明道德以輔益聰明者乎？但要君取
名而已，其事三也。安石自居政府，事無大小，與同列異議，
或因奏對，留身進說，多乞御批，自中而下，以塞同列，阻公
論。是則掠美於己，非則斂怨於君。用情罔公，其事四也。
安石自糾察司舉駁多不中理，與法官爭論刑名不一，常懷忿
隙。昨許遵誤斷謀殺公事，力爲主張。妻謀殺夫，按欲舉減
等科罪。挾情壞法，外報私怨。兩制定奪，但聞朋附；二府
看詳，亦皆畏避。徇私報怨，其事五也。安石初入翰林，未
聞進一士之善，首率同列稱弟安國之才。朝廷與狀元恩例，
猶謂之薄。主試者定文卷不優，其人遂罹中傷。小惠必報，
纖仇必復。及居政府，纔及半年，賣弄威福，無所不至。自
是畏之者勉意俯從，附之者自鬻希進。奔走門下，惟恐其
後。背公死黨，今已盛矣。怙勢招權，其事六也。宰相不視
事旬日，差除自專，逐近臣補外，皆不附己者。妄言盡出聖
衷，若然不應是安石報怨之人。丞相不書敕，本朝故事未之
聞也。意示作威，聳動朝著。然今政府同列依違，宰相避
忌，遂專恣而何施不可？專威害政，其事七也；凡奏對黼座
之前，惟肆強辯。向與唐介爭論謀殺刑名，遂致喧譁，眾非
安石而是介。介忠勁之人，務守大體，不能以口舌勝，不幸
憤懣發疽而死。自是同列尤甚畏憚，雖丞相亦退縮不敢較。
其是非任性，陵轢同列，其事八也。陛下方稽法唐堯，敦睦
九族，奉親愛弟以風天下。而小人章辟光獻言，俾岐王遷居
於外。離間之罪，固不容誅。上尋有旨送中書，欲正其罪。
安石堅拒不從，仍進危言，以惑聖聰。意在離間，遂成其事。

朋姦之跡甚明，其事九也。今邦國經費，要會在於三司。安石居政府，與知樞密者同制置三司條例，兵與財兼領之，其掌握重輕可知矣。又舉三人者管當，八人者巡行，諸路雖名之曰商榷重利，其實動搖於天下也。臣未見其利，先見其害，其事十也。"①

呂誨以十大罪狀攻擊公，反對新法者如司馬光，以爲頗具先見之明。邵博《邵氏聞見後録》卷二十三："司馬文正公曰：'呂獻可之先見，吾不及也。'予慮後世得其言不得其事，惑也。有公門下士諫大夫劉安世器之《書范景仁傳後》，語可信，故書於下方：熙寧中，王介甫初參大政，神考方屬精圖治。一日，紫宸早朝，二府奏事畢，日刻既晏，例隔言事官於中廡，須上入更衣復出，以次贊引。時呂獻可爲御史中丞，司馬文正公爲翰林學士，侍讀邇英閣，將趨經筵，相遇於庭中。文正公密問曰：'今日請見言何事邪？'獻可舉手曰：'袖中彈文，乃新參政。'文正公愕然曰：'以王介甫之文學行藝，命下之日，衆皆喜於得人，奈何遽言之？'獻可正色曰：'安石雖有時名，上意所向，然好執邪見，不通物情，輕信難回，喜人佞己，聽其言則美，施於用則疏。若在侍從，猶或可容，置之宰輔，天下必受其禍。'文正公曰：'與公素爲心交，苟有所懷，不敢不盡。今日之論，未見有不善之迹，似傷恩遽。或別有章疏，願先進呈，姑留是事，更加籌慮，可乎？'獻可曰：'上新嗣位，富於春秋，朝夕所與謀議者，二三執政而已。苟非其人，將敗國事，此乃心腹之疾，治之惟恐不及，顧可緩

---

① 《蔡譜》卷十一已駁之，可參見，第432—436頁。

邪?’語未竟，閤門吏抗聲追班，遂趨而出。文正公退自講
筵，默坐玉堂，終日思之，不得其説。既而縉紳間浸有傳其
章疏者，往往偶語竊議，譏其太過。未幾，聞中書置三司條
例司，平日介甫之門諂諛躁進之士，悉辟召爲屬吏，朝夕相
與謀議，以經綸天下爲己任，務變更祖宗法，斂民財以足國
用，妄引用古書，蔽其誅剥之實。輔弼大臣異議不可回，臺
諫從官力争不能奪，郡縣監司奉行微忤其意，則譴詘隨之，
於是百姓騷然矣。然後前日之議者始愧仰嘆服，以爲不可
及，而獻可終緣兹事，出知鄧州。嗚呼！行僻而堅，言僞而
辨，記醜而博，順非而澤，唯孔子乃能識之，雖子貢之智有所
不知也。方介甫自小官以至禁從，其學行名聲暴著於天下，
士大夫識與不識，皆謂介甫不用則已，用之則必能興起太
平。獻可獨不以爲然。已而考其行事，卒如所料。非明智
不惑，出於世俗之表，何以臻此?《易》曰：‘知幾，其神矣
乎?’幾者，動之微，吉之先見者也。獻可有焉。文正公退居
洛陽，每論當世人物，必曰：‘吕獻可之先見，范景仁之勇決，
皆予所不及也。’”

　　以上蓋爲舊黨偏見，不足爲據。其時新法未行，吕誨之
攻擊非緣新政。除章辟光事外，據公自言，亦屬治平年間濮
議風波之延續。《長編紀事本末》卷五十五：“熙寧三年三
月，因言青苗法。上曰：‘人言何至如此?’趙抃曰：‘苟人情
不允，即大臣主之，亦不免人言，如濮王事也。’王安石曰：
‘先帝詔書，明言濮安懿王之子，不稱濮安懿王爲考，此是何
理? 人有所生父母、所養父母，皆稱父母，雖閭巷亦不以爲
礙，而兩制、臺諫乃欲令先帝稱濮安懿王爲皇伯，歐陽修笑

其無理,故衆怒而攻之。此豈是正論?司馬光爲奏議,乃言仁宗令陛下被衮服冕,世世子孫南面有天下,豈得復顧其私親哉!如此言,則是以得天下之故,可以背棄其父母,悖理傷教,孰甚於此!且《禮》爲人後者爲之子,雖士大夫亦如此,豈是以得天下之故爲之子也?司馬光嘗問臣,臣以此告之,并諭以上曾問及此事,臣具如此對。呂誨所以怒臣者,尤以此事也。'"公於濮議之糾紛,蓋以稱濮王曰"皇"爲非,而稱"考"則是。此與歐陽修合,故呂誨視之若仇。

五月二十二日,上謝表,神宗令中使撫諭趣入;以呂誨再上疏,遂再稱病乞告,神宗再令中使趣入

《長編紀事本末》卷五十八:"(熙寧二年五月)丁亥,安石具表謝,上又令中使撫諭趣入。安石亦稱病乞告,上又再令中使趣入。"

按,"安石亦稱病乞告"之語,與前文語意不符,"具表謝"與"亦稱病乞告"之間,必有他因。據《東都事略》卷七十八《呂誨傳》:"神宗遣使諭解,誨執之愈堅,且曰:'天下本無事,但庸人擾之。安石進説,願少加澄省。'乃罷中丞,出知鄧州。"《宋朝諸臣奏議》卷一百九載呂誨《上神宗論王安石姦詐十事》,注曰:"誨上此奏,上得誨疏,即批送誨,仍遣內侍李舜舉諭意。"然呂誨"執之愈堅",又上《論王安石姦詐十事第二狀》,曰:"臣伏蒙宸慈差內臣李舜舉宣諭,爲言王安石事,敢不上體聖意,震恐無地。況臣世受國恩,家有忠範,惟知死節,以圖報效……天下本無事,但庸人擾之。"以此,公再稱病乞告,而神宗再令中使趣入。

五月二十九日，入見，薦呂公著

　　《長編紀事本末》卷五十八："（熙寧二年五月）甲午，安石乃入見，上謂安石曰：'誨殊不曉事，詰問又都無可説。'上又謂安石曰：'呂誨言卿每事好爲異，多作横議，或要内批以自質證，又詐妄希會朕意。此必是中書有人與如此説。朕與卿相知，如高宗、傅説，亦豈須他人爲助？'安石曰：'高宗用傅説，起於匹夫版築之中，所以能成務者，以旁招俊乂列於庶位故也。'上曰：'近臣中只有呂公著，又與呂公弼相妨。'安石曰：'富弼在密院時，婦翁晏殊爲相，此亦近例。如呂公著行義，陛下所知，豈兄弟爲比周以負陛下？今富弼、曾公亮大抵欲不逆流俗，不更弊法，恐如此難持以久安，難望以致治。'上亦患之。"

是月，因蘇軾上《議學校貢舉狀》論不宜輕改貢舉法，駁之

　　《文獻通考》卷三十一："神宗熙寧二年，議更貢舉法，罷詩賦、明經、諸科，以經義、論、策試進士……直史館蘇軾上議……上讀軾疏，曰：'吾固疑此，今得軾議，釋然矣。'他日，以問王安石，安石曰：'不然，今人材乏少，且其學術不一，一人一義，十人十義，朝廷欲有所爲，異論紛然，莫肯承聽。此蓋朝廷不能一道德故也。欲一道德，則修學校；欲修學校，則貢舉法不可不變。'趙抃是軾言，安石曰：'若謂此科嘗多得人，自緣仕進別無他路，其間不容無賢。若謂科法已善，則未也。今以少壯時正當講求天下正理，乃閉門學作詩賦。

及其入官，世事皆所不習，此乃科法敗壞人才，致不如古。'
於是卒如安石議。"

因神宗欲以蘇軾編修中書條例，言與軾所學不同，恐故爲異論，不宜輕用

《長編紀事本末》卷六十二："熙寧二年五月，群臣準詔
議學校貢舉，力欲變改舊法，獨殿中丞、直史館、判官告院蘇
軾奏云云。上得軾議，喜曰：'吾固疑此，得蘇軾議釋然矣。'
即召見，問：'何以助朕？'軾對曰：'陛下求治太急，聽言太
廣，進人太銳，願陛下安静，以待物之來，然後應之。'上悚然
聽受，曰：'卿三言，朕當詳思之。'它日，上問王安石以軾爲
人何如，安石知軾素與己異，疑上亟用之也，因問上曰：'陛
下何以召見軾？'上曰：'見軾議學校貢舉異于諸人，故召見
之。'且道：'軾對語曰陛下何以召見臣，朕爲言見卿議事，有
所未喻，故召問卿。軾曰陛下如此則錯矣，人臣以得召見爲
榮，今陛下實未知臣何如，但以臣言即召見，恐人争爲利以
進。又謂朕與人官太速，後或無狀，不能始終，此說何如？'
安石曰：'陛下與人官，患在不考寔，雖與官速不害。'上曰：
'軾又言兵先動者爲客，後動者爲主，主常勝客，客常不勝。
治天下亦然，人主不欲先動，當用静以應之於後，乃能勝天
下之事。此說何如？'安石曰：'軾言亦是，然此道之經也，非
所謂道之變。聖人之於天下，感而後應，則軾之言有合于此
理。然事變無常，固有舉世不知出此而聖人爲之倡發者。
譬之用兵，豈盡須後動然後能勝敵？顧其時與勢之所宜而
已。'上曰：'卿言如此極精。'又言：'軾宜以小事試之，如

何?'安石曰：'臣已屢奏，試人當以事，此言誠是也。'安石因極稱呂惠卿。其後，上復謂曾公亮曰：'蘇軾奏對明敏，可試也。'公亮曰：'京師無可試者。'王安石曰：'軾亦非久當作府推。'上曰：'欲用軾修中書條例。'安石曰：'軾與臣所學及議論皆異，別試以事可也。'又曰：'陛下欲修中書條例，大臣所不欲，小臣又不欲。今軾非肯違衆以濟此事者也，恐却故爲異論，沮壞此事。兼陛下用人，須是再三考察，寔可用乃用之。今陛下但見軾之言，其言又未見可用，恐不宜輕用也。'"

按，《蘇軾文集》卷二十五《議學校貢舉狀》，作"熙寧四年正月具議狀"，誤。《長編拾補》卷四、《蘇軾年譜》卷八有詳辨，甚是。

六月十四日，與神宗議編修中書條例事。勸神宗欲修條例，宜先博見士大夫躬擇之

《宋會要輯稿》職官五："（熙寧二年）六月十四日，上謂王安石曰：'中書置屬修例，最是急事。'安石曰：'此乃事之本也。凡修例者，要知王體、識國論，不爲流俗所蔽者乃可爲之。若流俗之士，所見不能出流俗，即所議何能勝舊？今陛下欲修條例，宜先博見士大夫。以陛下聰明睿智，躬擇賢士大夫，必得其人。若得五六人以付中書，令修條例，每數日輒一具事目進呈，是非決於陛下，則法度成立有期。若但令中書擇人，即恐所用不無流俗之人。流俗之人，何可與議變流俗之事？且今日條例，皆仁宗末年以來大臣所建置，人情豈肯一旦盡改其所建置以從人？恐須陛下獨斷，乃能有

爲。'上曰：'待朕自選得人，但恐遲。'安石曰：'此事誠不可遲，然亦不可疾。若不知王體、識國論可與變流俗之人，則與不修條例無異，此所以不可疾也。然今非無人材，要須陛下留意考擇，恐亦不可遲也。'"

按，《宋會要輯稿》刑法一："（熙寧二年）二年五月十七日，中書門下言：'勘會《嘉祐編敕》斷自三年以前，後來續降條貫已多，理須刪定。自來先置局，然後許衆人建言，而刪定須待衆人議論，然後可以加功，故常置局多年，乃能成就。宜令內外官及諸色人言見行條貫有不便及約束未盡事件，其諸色人若在外，即許經所屬州府軍監等處投狀繳申中書。俟將來類聚已多，即置局刪定編修，則置局不須多年，而編敕可成。仍曉示諸色人，所言如將來有可采錄施行，則量事酬賞，或隨材錄用。'從之。"

以宗室世清累上書訟襲封不當，勸神宗欲裁制宗室，須黜世清。神宗從之

《宋會要輯稿》帝系四："（熙寧二年六月）十六日，降茂州防禦使、申國公世清爲左武衛大將軍、鄆州防禦使。初，世清累上書訟襲封不當，帝摘其言襲封處，曰：'恐世清以爲襲越王後。'王安石復摘其言，有自言襲冀王處，帝曰：'此則反覆明矣。'安石曰：'陛下方欲裁制宗室，此事當必行。'帝曰：'雖群臣有如此者，皆不可容，蓋難見罪狀明白若是也。'故有是命。"

《長編》卷二百十三熙寧三年七月癸丑："左武衛大將軍、鄆州防禦使申國公世清爲越國公。"李燾："世清，趙國公

守巽長子，已見熙寧二年六月辛亥。初坐爭襲封不當，自茂防降左武衛大將軍、鄆州防禦使。"

蘇頌《蘇魏公文集》卷三十四《皇兄茂州防禦使申國公世清可特降依前左武衛大將軍鄆州防禦使申國公》："敕：國家並建戚藩，所以惇叙於九族；優加命數，所以表異於諸王。惟繼世之既殊，固推恩而必異，豈容僭冒，以躐寵榮？以爾具官某胄出皇支，系承公國。間膺嗣爵之貴，靡念亢宗之艱。而乃屢上奏章，自言統嫡。有司定議，當從别祖之封；季春詔書，已格泛遷之典。弗思悛止，重有敷陳，意在徼榮，益彰矯妄。宜從貶秩之責，仍罷奉朝之趨。尚追省於過尤，勉欽承於彝訓。可。"

呂誨出知鄧州，薦呂公著代之

《宋史》卷三百二十七《王安石傳》："御史中丞呂誨論安石過失十事，帝爲出誨，安石薦呂公著代之。"

《宋史》卷十四《神宗一》："(熙寧二年)六月丁巳，右諫議大夫、御史中丞呂誨以論王安石罷知鄧州，以翰林學士呂公著爲御史中丞。"

《宋會要輯稿》職官六五："(熙寧二年)六月二十二日，右諫議大夫、權御史中丞呂誨罷中丞，知鄧州。以誨論參知政事王安石見利忘義、朋奸害政、商榷財利、動搖天下等十事。安石求去位，上命出誨故也。七月二十七日，著作佐郎、新知衡州衡陽縣章辟光降湖南路監當。初，御史中丞呂公著言辟光不當干議岐王建外邸事，及素行貪猥，所至狼籍。上諭以言事不可加罪，然以辟光誠貪猥，乃止其素行絀之。”

《宋史》卷三百二十一《吕誨傳》：“著作佐郎章辟光上言，岐王顥宜遷居外邸。皇太后怒，帝令治其離間之罪。安石謂無罪。誨請下辟光吏，不從，遂上疏劾安石……帝方注倚安石，還其章。誨求去，帝謂曾公亮曰：‘若出誨，恐安石不自安。’安石曰：‘臣以身許國，陛下處之有義，臣何敢以形跡自嫌，苟爲去就。’乃出誨知鄧州。蘇頌當制，公亮謂之曰：‘辟光治平四年上書時，安石在金陵，惠卿監杭州酒稅，安得而教之?’故制詞云：‘黨小人交譖之言，肆罔上無根之語。’制出，帝以咎頌，以公亮之言告，乃知辟光治平時自言他事，非此也。”

蘇頌《蘇魏公文集》卷三十一《右諫議大夫權御史中丞吕誨可落御史中丞依前官知鄧州》“敕：御史之職，所以表正朝位，分判忠邪，舉錯或違，綱領疇寄。以爾具官某分卿華胄，文學清流，踐履閨臺，休有風力，伏蒲抗論，稔聞獻替之嘉；冠豸在庭，方竚猷爲之補。而屢陳奏牘，訾毀輔臣，黨小人交構之言，肆罔上無根。説比令辨析，遽服過差。朕雖務于含容，爾奚安于要近。姑仍正諫之秩，出擁南陽之麾。噫！正色立朝，固忠賢之所守；言事失實，在典憲之當行。既觀過之則然，亦原情而非甚。尚從薄責，俾就外遷。勉勵省循，究理自訟。可。”

《宋朝諸臣奏議》卷一百九劉琦等《上神宗論王安石專權謀利及引薛向領均輸非便》：“吕誨指陳安石黨庇小人之迹，而誨復降黜，中外之議，喧然不平。及吕公著一言辟光之罪，即時貶責。誨與公著均中丞也，何誨言之而獲戾，公著言之而遽行？非公著與安石生平相知，表裏相應，亦恐言之未必從也。豈非威福之柄，不出於陛下，而盡由於安石乎？且如近用呂公著爲御史中丞，與兄公弼職任相妨，臣等亦曾論列，陛下不以爲聽也。切聞陛下始欲用司馬光爲中執法，安石力薦公著，而欲罷公弼樞府之任。公著以人言不協，又於兄弟之義難安也，遂亦辭免。陛下乃聽安石之言，遂兩用之，此得爲允當乎？”

按，公與呂公著自嘉祐以來相知莫逆，彼此期許甚高。《宋宰輔編年錄》卷八：“安石始期公著甚遠，嘗字公著曰：‘晦叔作相，吾輩可以言仕矣。’又曰：‘呂十六不作相，天下不太平。’故安石薦公著爲御史中丞，時其辭以謂有八元、八凱之賢，冀公著之能爲己助也。”《長編》卷四百八十五紹聖四年夏四月乙未：“徐又曰：‘王荆公，(章)惇自來只知是王介甫，如今亦只見他是王介甫，却不曾喚他作真人、至人、聖人。’(曾)布曰：‘誰以王荆公爲真人、至人、聖人？’惇曰：‘呂公著等皆嘗有此語，後又非之。’”然《宋史》卷三百三十八《呂公著傳》諱言之。

呂陶作《三黜詩》以諷

呂陶《淨德集》卷二十九《三黜詩》，原注：“己酉歲，送呂公出守南陽也，有序。”序曰：“某今年寓闕下，一日，聞除書宣猷王公守南都，翰林鄭公餘杭，紫微錢公金陵。又聞法有殊議，度歲未能決。又聞狂人上書，語及宗黨，群論匈匈，咸以爲非是，獨公懇到爲上言，疏至八九，條剖十失。既而，出治鄧，士大夫相顧失色，深惜其去。公三黜也，視古人何愧耶？某用是爲詩，以述公出。"

因劉恕面諷，大怒，與之絶

司馬光《溫國文正公文集》卷六十五《劉道原十國紀年序》："王介甫與道原有舊，深愛其才……及吕獻可得罪知鄧州，道原往見介甫曰：'公所以致人言，蓋亦有所未思。'因爲條陳所更法令不合衆心者，宜復其舊，則議論自息。介甫大怒，遂與之絶……方介甫用事，呼吸成禍福，凡有施置，舉天下莫能奪。高論之士，始異而終附之，面譽而背毁之，口是而心非之者，比肩是也。道原獨奮厲不顧，直指其事，是曰是，非曰非。或面刺介甫，至變色如鐵；或稠人廣坐，介甫之人滿側，道原公議其得失，無所隱。惡之者側目，愛之者寒心，至掩耳起避之，而道原曾不以爲意。"

范祖禹《范太史集》卷三十八《秘書丞劉君墓碣》："熙寧中，執政有與之故舊者，欲引修三司條例，道原不肯附之，且非其所爲。執政者寖不悅。當是時，其權震天下，人不敢忤，而道原憤憤欲與之校，面語侵之，至變色勃怒，而道原不少屈。稠人廣坐，抗言其失，聞者縮頸，而道原意氣自若。"所曰"執政有與之故舊者"，即公也。蘇軾《送劉道原歸覲南康》："孔融不肯下曹操，汲黯本自輕張湯。雖無尺箠與寸刃，口吻排擊含風霜。"[1]即謂此。

是月，以薛向爲江淮等路發運使

《東都事略》卷八十三《薛向傳》："王安石執政，以向爲

---

① 《蘇軾詩集》卷六，第 257 頁。

江、淮等路發運使，領均輸之職。"

《長編》卷二百十三熙寧三年七月辛丑："遣發運司管勾運鹽、屯田郎中劉忱同陝西轉運司相度本路興置鑄錢監利害以聞，以發運使薛向等請出上供錢帛二十萬貫匹買岑水場銅鉛四百餘萬斤，運至陝西增鑄錢百萬緡，以備邊計也。"李燾："向二年六月乃除發運。"

神宗欲復義倉，勸止之

《宋史》卷一百七十六《食貨上四》："常平、義倉，漢隋利民之良法，常平以平穀價，義倉以備凶災。周顯德中，又置惠民倉，以雜配錢分數折粟貯之，歲歉，減價出以惠民。宋兼存其法焉。太祖承五季之亂，海內多事，義倉寖廢……明道二年，詔議復義倉，不果。景祐中，集賢校理王琪請復置：'令五等已上戶，隨夏秋二稅，二斗別輸一升，水旱減稅則免輸。州縣擇便地置倉貯之，領於轉運使。計以一中郡正稅歲入十萬石，則義倉可得五千石，推而廣之，則利博矣。明道中，饑歉，國家欲盡貸饑民則軍食不足，故民有流轉之患。是時，兼并之家出粟數千石則補吏，是豈以官爵爲輕歟？特愛民濟物，不獲已爲之爾。且兼并之家占田常廣，則義倉所入常多；中下之家占田常狹，則義倉所入常少。及水旱振濟，則兼并之家未必待此而濟，中下之民實先受其賜矣。'事下有司會議，議者異同而止。慶曆初，琪復上其議，仁宗納之，命天下立義倉，詔上三等戶輸粟，已而復罷。

其後賈黯又言……然當時牽於衆論，終不果行。嘉祐二年,詔天下置廣惠倉。初,天下没入户絶田,官自鬻之。樞密使韓琦請留勿鬻,募人耕,收其租别爲倉貯之,以給州縣郭内之老幼貧疾不能自存者,領以提點刑獄,歲終具出内之數上之三司。户不滿萬,留田租千石,萬户倍之,户二萬留三千石,三萬留四千石,四萬留五千石,五萬留六千石,七萬留八千石,十萬留萬石。田有餘,則鬻如舊。四年,詔改隸司農寺,州選官二人主出納,歲十月遣官驗視,應受米者書名于籍。自十一月始,三日一給,人米一升,幼者半之,次年二月止。有餘乃及諸縣,量大小均給之。其大略如此……(熙寧二年)安石自此逾月不言青苗。會河北轉運司幹當公事王廣廉召議事,廣廉嘗奏乞度僧牒數千道爲本錢,於陝西轉運司私行青苗法,春散秋斂,與安石意合。至是,請施行之河北,於是安石決意行之,而常平、廣惠倉之法遂變而爲青苗矣。"

《玉海》卷一百八十四:"(慶曆)二年正月戊午,詔天下新立義倉,止令上三等户輸之。五年,詔罷義倉。熙寧初,神宗欲復之,會王安石主青苗,因言:'人有餘粟,乃使之輸官,非良法也。'乃止。二年七月己巳也。是歲,同州趙尚寬等條奏置義倉事,會知陳留縣蘇洎爲天下倡,乃就陳留行之。"

《宋會要輯稿》食貨五三:"神宗熙寧二年七月二日,御史錢顗言:'陳汝羲任京東轉運使日,以羨餘貢奉爲名,官吏希望風旨,尚行暴斂。如去年勸誘糧斛入官,以備河北流民,而多不支散;齊州科配義倉,取數太多;曹、濟州諸縣又令耆長代納,民何以堪? 乞下京東路,除二稅外,權倚閣諸逋欠,以候豐年。'詔廢義倉,已納者并給還之。"

言舉御史法太密，難於得人。神宗以爲然，改之

《宋史》卷一百六十《選舉六》："初，神宗罷薦舉，惟舉御史法不廢。熙寧二年，王安石言：'舉御史法太密，故難於得人。'帝曰：'豈執政者惡言官得人耶？'於是中書悉具舊法以奏。安石曰：'舊法，凡執政所薦，即不得爲御史。執政取其平日所畏者薦之，則其人不復得言事矣，蓋法之弊如此。'帝乃令悉除舊法，一委中丞舉之，而稍略其資格。趙抃曰：'用京官恐非體，又不委知雜，專任中丞，亦非舊制。'帝曰：'唐以布衣馬周爲之，用京官何爲不可？知雜，屬也，委長爲是。'侍御史劉述奏曰：'舊制，舉御史必官升京朝，資入通判。衆學士、本臺丞、知雜更互論薦，每一闕上二人而擇用一人。今專委中丞，則愛憎由己，公道廢於私恩；或受權臣之託，引所親厚，擅竊人主威福，此大不便。'弗聽。既改法，著作佐郎程顥、王子韶、謝景福方爲條例司屬官，中丞呂公著薦之，遂以太子中允權監察御史裏行。"

《宋史》卷十四《神宗一》："(熙寧二年七月)庚午，詔御史中丞舉推直官及可兼權御史者。"

《宋史》卷三百二十一《劉述傳》："王安石參知政事，帝下詔專令中丞舉御史，不限官高卑。趙抃爭之，弗得。述言：'舊制，舉御史官，須中行員外郎至太常博士，資任須實歷通判，又必翰林衆學士與本臺丞雜互舉。蓋衆議僉舉，則各務盡心，不容有偏蔽私愛之患。今專委中丞，則愛憎在於一己。若一一得人，猶不至生事；萬一非其人，將受權臣屬託，自立黨援，不附己者得以中傷，媒孽誣陷，其蔽不一。夫

變更法度,其事不輕,而止是參知政事二人,同書劄子。且
宰相富弼暫謁告,曾公亮已入朝,臺官今不闕人,何至急疾
如此!願收還前旨,俟弼出,與公亮同議,然後行之。'
弗聽。"

《宋諸臣奏議》卷一百九劉琦等《上神宗論王安石專權
謀利及引薛向領均輸非便》:"且如近用呂公著爲御史中丞,
與兄公弼職任相妨,臣等亦曾論列,陛下不以爲聽也。切聞
陛下始欲用司馬光爲中執法,安石力薦公著,而欲罷公弼樞
府之任。公著以人言不協,又於兄弟之義難安也,遂亦辭
免。陛下乃聽安石之言,遂兩用之,此得爲允當乎?近又覩
中書劄子,今後御史中丞獨舉臺官,不拘官職高下,此亦安
石之謀也。不過欲引用門下之人,置在臺中,爲己之助耳。
己之有過,彼則不言,此得爲朝廷之福乎?況祖宗以來,未
嘗有兄在樞府而弟爲中丞者,亦未嘗有舉臺官不拘官職高
下,而知雜御史不同議也。亦未嘗有不與學士院輪舉也。
先朝所立制度,乃陛下家法,自宜世世子孫守而勿失,今一
旦信安石之言,乃欲事事更張,廢而不用,良可惜也。如上
所條之事,豈非安石之專權,而陛下之偏聽乎?"

按,七月庚午詔,即劉琦等疏中所謂:"又覩中書劄子,
今後御史中丞獨舉臺官,不拘官職高下,此亦安石之謀也。
不過欲引用門下之人,置在臺中,爲己之助耳。己之有過,
彼則不言。"又:"及呂公著一言辟光之罪,即時貶責。誨與
公著均中丞也,何誨言之而獲戾,公著言之而遽行?非公著
與安石生平相知,表裏相應,亦恐言之未必從也。"當指本月
二十七日,章辟光貶降湖南路監當。

又，劉琦所謂“安石力薦公著”，“今後御史中丞獨舉臺官，不拘官職高下，此亦安石之謀也”，固可如是觀；然治平四年閏三月，呂公著爲翰林學士時，已奏請舉臺官不必校資序。①

數爲神宗言均輸法。七月十七日，立淮、浙、江、湖六路均輸法，以薛向領之

《宋會要輯稿》職官四二：“熙寧二年七月十二日，詔江淮等路發運使薛向赴制置三司條例司議事。十七日，制置三司條例司言：‘竊觀先王之法，自王畿之内，賦入精粗以百里爲之差，而畿外邦國各以其所有爲貢，及爲通財移用之法……’從之。先是，王安石數爲上言均輸法，於是即令薛向領之。上曰：‘須入銜否？’安石曰：‘但委之以此事，又何須入銜也。’”②

《長編》卷二百十二熙寧三年六月丁丑條李燾：“（熙寧）二年七月十七日，置均輸，即許辟官屬。”

《宋史》卷一百八十六《食貨下八》：“均輸之法，所以通天下之貨，制爲輕重斂散之術，使輸者既便，而有無得以懋遷焉。熙寧二年，制置三司條例司言：‘天下財用無餘，典領之官拘於弊法，内外不相知，盈虚不相補……’詔本司具條

---

① 《宋朝諸臣奏議》卷五十二《上神宗論舉臺官不必校資序》，第570頁。

② 關於均輸法，相關研究可見鄧廣銘《北宋政治改革家王安石》，第169—173頁。漆俠《王安石變法》（增訂本），河北人民出版社2001年版，第147—150頁，第260—261頁。李曉《論均輸法》，《山東大學學報》（哲社版）2001年第1期。此文分析均輸法與桑弘羊法之别甚明，對《宋史·食貨志》“均輸後迄不能成”、《文獻通考》卷二十“然均輸卒不能成”等觀點予以反駁。

例以聞,而以發運使薛向領均輸平準事,賜內藏錢五百萬
緡,上供米三百萬石。時議慮其爲擾,多以爲非。向既董其
事,乃請設置官屬,神宗使自擇之。向於是辟劉忱、衛琪、孫
珪、張穆之、陳倩爲屬,又請有司具六路歲當上供數、中都歲
用及見儲度可支歲月,凡當計置幾何,皆預降有司。從
之……然均輸後迄不能成。"①

按,《文集》卷七十《乞制置三司條例》:"竊觀先王之
法,自畿之內,賦入精麤,以百里爲之差,而畿外邦國,各以
所有爲貢,又爲經用通財之法以懋遷之。其治市之貨財,則
亡者使有,害者使除;市之不售,貨之滯於民用,則吏爲斂
之,以待不時而買者。凡此非專利也。蓋聚天下之人,不可
以無財;理天下之財,不可以無義。夫以義理天下之財,則
轉輸之勞逸不可以不均,用度之多寡不可以不通,貨賄之有
無不可以不制,而輕重斂散之權不可以無術。

今天下財用窘急無餘,典領之官拘於弊法,內外不以相
知,盈虛不以相補。諸路上供,歲有定額,豐年便道,可以多
致,而不敢不贏;年儉物貴,難於供備,而不敢不足。遠方有
倍蓰之輸,中都有半價之鬻。三司、發運使按簿書促期會而
已,無所可否增損於其間。至遇軍國郊祀之大費,則遣使剗

---

① 張穆之,字子和,因种諤城綏德而與薛向同貶。呂大防《宋故朝奉郎尚書都
官員外郎輕車都尉賜緋魚袋張君墓誌銘并序》:"种諤始營復綏銀,而陳橫
山可取之狀,因薛向以聞命。君持書以造明,天子特賜對便殿,君悉言其
利。上出御府金賜之,於是遂城綏德……天子不得已下諤吏,而有司論以
擅興當死。天子憐之,徙諤於漢東,君以從坐,降監鄧州稅。未赴,通判吉
州,又改秦州。向爲淮南發運使,初總六路,均輸以給中都之費,辟君勾當
公事。朝廷嘉其績,擢提點陝西刑獄。"《宋代墓誌輯釋》,第 295 頁。

刷，殆無餘藏。諸司則用事往往爲伏匿，不敢實言，以備緩
急。又憂年計之不足，則多爲支移折變，以取之民，納租稅
數，至或倍其本數。而朝廷所用之物，多求於不產，責於非
時，富商大賈因時乘公私之急，以擅輕重斂散之權。

　　臣等以謂發運使總六路之賦入，而其職以制置茶、鹽、
礬、稅爲事，軍儲國用，多所仰給。宜假以錢貨，繼其用之不
給，使周知六路財賦之有無，而移用之。凡糴買稅斂上供之
物，皆得徙貴就賤，用近易遠，令在京庫藏年支見在之定數
所當供辦者，得以從便變賣，以待上令。稍收輕重斂散之
權，歸之公上，而制其有無，以便轉輸。省勞費，去重斂，寬
農民，庶幾國用可足，民財不匱矣。所有本司合置官屬，許
令辟舉，及有合行事件，令依條例以聞奏，下制置司參議
施行。”

　　然此文所論，僅及均輸法，《宋會要輯稿》、《宋史》卷一
百六十七《職官七》、《宋史》卷一百八十六《食貨下八》繫於
均輸法初頒時，而非本年二月制置三司條例，甚是。“乞制
置三司條例”之題當係《文集》編者誤加。或謂乃呂惠卿所
作，然其核心思想“蓋聚天下之人，不可以無財；理天下之
財，不可以無義。夫以義理天下之財，則轉輸之勞逸不可以
不均，用度之多寡不可以不通，貨賄之有無不可以不制，而
輕重斂散之權不可以無術”，出自公也。

御史乞罷堂選知州，然之；以爲中書所總已多，不能精擇，宜歸有司

　　《宋會要輯稿》職官一：“（熙寧）二年，宰臣曾公亮欲知

州皆選於中書。上曰：‘中書數人，所總事已多矣，知州材否何暇盡詳？且中書三公，職事在於論道經邦。’公亮曰：‘今中書乃六卿冢宰之職，非三公也。’上曰：‘冢宰固有冢宰之職，唐陸贄言宰相當擇百官之長知審官，是也。今不擇知審官人，而但堂選知州，所選人不精，徒令中書事更煩冗，非國體也。’王安石對曰：‘誠如陛下所諭。’”

《文獻通考》卷三十八：“熙寧二年，御史乞罷堂選知州，曾公亮執不可。帝曰：‘精擇判審官人付之，何爲不可？’王安石曰：‘中書所總已多，通判亦有該堂選者，徒留滯不能精擇，歸之有司，宜也。’”

按，《宋會要輯稿》、《文獻通考》僅曰“熙寧二年”，《續通典》卷十八：“熙寧二年，罷初入兩府舉官之制。故事，二府初入，得舉所知者三人。時陳升之拜相，循例爲侯叔獻、程顥皆與堂除，又升一任。帝以不考材實，罷其制。時御史又乞罷堂選，曾公亮執不可，王安石謂：‘中書所總已多，不能精擇，宜歸有司。’自此輕重失倫，無進賢退不肖之實矣。”所謂“帝以不考材實，罷其制”，《宋會要輯稿》選舉二八：“（熙寧二年）二年七月十七日，詔：‘兩府臣僚初入，准例舉官三員，今後更不施行。’先是，知樞密院陳升之薦侯叔獻等，上閱其奏，曰：‘輔臣薦士，不考材實，即陞一任，此何理也？’然而久例行之，至是降詔。”

因知諫院范純仁屢論薛向“急進希功，貪狡刻薄”，並乞罷均輸法，不樂

《范忠宣奏議》卷上有《奏論薛向》、《再論薛向》、《又論

薛向》、《奏乞罷均輸》，題注：“熙寧二年七月。”《宋九朝編年備要》卷十八：“純仁雅與安石厚善，至是數言事，多忤安石。最後言薛向不可爲發運使，安石滋不樂。”

《范忠宣奏議》卷上《奏乞罷均輸》：“臣伏覩近降敕命，委江淮發運司行均輸之法。此蓋制置條例之臣不務遠圖，欲希近效，略取《周禮》賒斂之制，理市之法，而謂可以平均百物，抑奪兼并，以求陛下之信。其實用桑羊商賈之術，將籠諸路雜貨，買賤賣貴，漁奪商人毫末之利，以開人主侈大之心，甚非堯、舜、三代務本養民之意也……伏望陛下思聖人之訓，黜霸者之術，以農桑爲衣食之本，以殖貨爲敗俗之端，特降詔旨，追改前敕。”

按，同修起居注、知諫院陳襄亦奏乞罷均輸法，反對興利及取輕重斂散之權歸於公上。陳襄《古靈先生文集》卷十八《論三司條例乞行均輸法劄子》：“臣伏覩中書劄子，制置三司條例司狀奏乞行均輸之法，朝廷遂除司勳郎中薛向充江淮制置發運使以領其事，又出內帑之錢數百萬貫，使之籠貨取息，以助縣官之經費。臣竊以爲興利之道，非當今之所宜行。陛下聖德文明，超越前古，即位天下之初，天下皆謂二帝、三王之政必行於今日，豈宜先利以示四方……又何必取輕重斂散歸之公上，與民爭錐刀之利而失王政之體乎？”

因范純仁上劄子論奏新法不便，抨擊甚峻，又詣中書質責，遂以“經術正以理財爲先”答之

《王安石日錄》：“上曰：‘范純仁又有文字，意甚忿，言臣始見陛下用富弼、王安石，臣竊慶抃，以爲必以堯、舜之道致太平。今富弼家居不出,王安石乃以富國强兵霸者之事佐陛下。'余曰:'范純仁至中書亦責臣:本以經術佐人主,今乃以理財爲先。臣答以正爲經術以理財爲先,故爲之。若不合經術,必不出此。'"

《范忠宣奏議》卷上《論新法乞責降》、《第二狀》,題注:"熙寧二年七月。"《第二狀》曰:"臣昨日上殿劄子,蒙恩令送中書。臣恐執政遂非,不以臣言爲是,進呈之際,不蒙施行。伏緣臣自到諫垣,方見陛下進用富弼、王安石,臣與士大夫私相慶抃,以爲儒者得用,必贊陛下行堯、舜、三代之政,以修已安人爲務,敦舉直錯枉之風,先道德而後事爲,先教化而後法度,變俗易於偃草,施仁速於置郵,是將拱手垂衣而天下晏然矣。今則富弼移疾居家,堅不就職,安石乃以五霸富國强兵之術啓迪上心,去其舊聞,以希速效,甚異孔子不言軍旅、孟軻恥道威文之意也。又復任用小人,專興財利,將使上玷聖德,侵刻生民。臣雖屢有奏陳,不蒙聽納,而執政之意,持之益堅。故臣太息失望,不能自已。觀其爲事倉卒,知人不明,必恐別生事端,上負陛下注倚。"

是月,籌畫青苗法,召呂惠卿、蘇轍等議之。因轍異議,暫置。又與轍議鹽法、鑄錢利害

蘇轍《欒城後集》卷十二《潁濱遺老傳上》:"時王介甫新得幸,以執政領三司條例。上以轍爲之屬,不敢辭。介甫急於財利而不知本,呂惠卿爲之謀主,轍議事多牾。一日,介甫出一卷書曰:'此青苗法也,諸君熟議之,有不便以告,勿疑。'他日,轍告之曰:'以錢貸民,使出息二分,本以救民之困，非爲利也。然出納之際，吏緣爲姦，雖有法不能禁。錢入民手，雖良民不免非理費用，及其納錢，雖富民不免違限。如此則鞭笞必用，州縣事不勝煩矣。唐劉晏掌國計，未嘗有所假貸，有尤之者，晏曰："使民僥倖得錢，非國之福；使吏倚法督責，非民之便。吾雖未嘗假貸，而四方豐凶貴賤，知之未嘗逾時，有賤必糴，有貴必糶，以此四方無甚貴甚賤之病，安用貸爲？"晏之所言，則漢常平法耳。今此法見在，而患不修，公誠有意於民，舉而行之，劉晏之功可立竢也。'介甫曰：'君言有理，當徐議行之，後有異論，幸勿相外也。'自此逾月不言青苗。

《龍川略志》卷三《與王介甫論青苗鹽法鑄錢利害》："熙寧元年，予自蜀至京師，上書言事，神宗皇帝即日召見延和殿，授制置三司條例司檢詳文字。時參政王介甫、副樞陳暘叔同管條例事，二公皆未嘗知予者。久之，介甫召予與呂惠卿、張端會食私第，出一卷書曰：'此青苗法也，君三人閱之，有疑以告，得詳議之，無爲他人所稱也。'予知此書惠卿所爲，其言多害事者，即疏其尤甚，以示惠卿。惠卿面頸皆赤，歸即改之。予間謁介甫，介甫問予可否，予曰：'以錢貸民，使出息二分，本以援救民之困，非爲利也。然出納之際，吏緣爲姦，雖重法不可禁。錢入民手，雖良民不免非理之費；及其納錢，雖富家不免違限，如此則鞭笞必用，自此恐州縣事不勝繁矣'……介甫曰：'君言甚長，當徐議而行之，此後有異論，幸相告，勿相外也。'自此逾月不言青苗法。會河北轉運判官王廣廉召議事，予閱條例司所撰諸法，皆知其難行，而廣廉常上言乞出度牒數十道鬻，而依關中漕司行青苗事,春散秋斂以侔利,與惠卿所造略相似,即請之,以出施河北,而青苗法遂行於四方。"

"予在條例司,王介甫問南鹽利害,對曰:'舊説有三而已:其一,立鹽綱賞格,使官鹽少拌和,則私鹽難行;其二,減官價,使私販少利;其三,增沿江巡檢,使私販知所畏。若三説並用,則鹽利宜稍增。然利之所在,欲絶私販,恐理難也。'介甫曰:'不然,但法不峻耳。'對曰:'今私鹽法至死,非不峻也,而終不可止,將何法以加之?'介甫曰:'不然,一村百家俱販私鹽,而敗者止一二,其餘必曰此不善販,安有敗? 此所以販不止也。若五家敗,則其餘少懼矣;十家敗,則其餘必戢矣;若二十家至三十家敗,則不敢販矣。人知必敗,何故不止? 此古人所謂鑠金百鎰,盜跖不掇也。'對曰:'如此誠不販矣,但恐二三十家坐鹽而敗,則起爲他變矣。'

一日,復問鑄錢,對曰:'唐開通錢最善,今難及矣。天禧、天聖以前錢猶好,非今日之比,故盜鑄難行。然是時,官鑄大率無利,蓋錢法本以均通有無,而不爲利也。舊一日鑄八九百耳,今歲務多以求利,今一日千三四百矣。熙寧初止此,聞後又增僅二千矣。錢日濫惡,故盜鑄日多,今但稍復舊法,漸止矣。'介甫曰:'何必鑄錢? 古人以銅爲器皿,精而能久,善於瓷漆。今河東銅器,其價極高,若官勿鑄錢而鑄器,其利比錢甚厚。'對曰:'自古所以禁鑄銅爲器皿者,爲害錢法也。今若不禁銅器,則人爭壞錢爲器矣。'介甫曰:'鑄錢不如鑄器之利,又安以錢爲!'對曰:'人私鑄銅器,則官銅器亦將不售。'介甫曰:'是不難,勒工名可也。'不對而退。其後銅器行而錢法壞。"

薦王無咎補國子直講

《文集》卷九十一《王補之墓誌銘》："會予召至京師，因留教授。上方興學校，以經術造士，予言君可教國子，命且下，而君死……君之死，年四十有六，實熙寧二年閏十一月丁巳。"

《宋朝諸臣奏議》卷一百九劉琦等《上神宗論王安石專權謀利及引薛向領均輸非便》："又安石舉親情王無咎充國子監直講。無咎昨自亳州衛真主簿，移台州天台縣令，係次遠不赴任尋醫，却於常州掌學二年後，復授南康軍南康縣主簿。避見遠官，又乞尋醫，遂來京師，以聚徒教學爲名，出入權門，營求直講。御史孫昌齡迎合安石之意，奏無咎不候尋醫年滿，先次差充直講。況流内銓尋醫人未嘗有預先舉授差遣體例，兼無咎尋醫後，自係違礙選人，即合入元初次遠路分。今有此優命，若非安石力加薦引，曲爲主張，豈能冒寵僥倖，異於衆人乎？如此之事，皆安石欺罔不公之罪也。"

按，王無咎兩娶曾鞏之妹，係公連襟，又恪守其學，洵爲北宋後期新學學派之重要學者。陳師道《後山談叢》卷一："王無咎、黎宗孟皆爲王氏學。世謂黎爲模畫手，一點畫，不出前人。王爲轉般倉，致無贏餘，但有所欠。以其因人成能，無自得也。"呂南公《灌園集》卷十二《復傅濟道書》："今日解經人極多，大概不出于介甫之書，與皇祐以來題府、韻類無異也。先時，王補之解《論語》，衆甚欽仰，俄而皆曰：'是得之介甫云耳。'然則爲補之者，孰若靜坐熟眠，而聽介甫自説乎？介甫未嘗不開説也，則天下之士苟已心服介甫，何必區區各鳴喉吭哉！”陳振孫《直齋書録解題》卷十七著録其《王直講集》十五卷,惜不傳。

又《永樂大典》卷二二五三六汪應辰《跋王直講集》："南城王補之,世指其爲王荆公之學者也。其鄉人傅次道又掇取補之之言所以與荆公異者,表而出之,以明其和而不同。余謂荆公所學者仁義,所尊者孔孟,而文章議論又足以潤飾而發揚之。貧富貴賤,不以動其心;進退取舍,必欲行其志。天下之士其慕望愛説之者,豈特補之哉？及其得志行政,急功利,崇管、商、咈人心,愎公論,於是其素所厚善如吕晦叔、韓持國、孫莘老、李公擇,相繼不合,或以得罪。其所慕而友之,以爲同學,如曾子固、孫正之,雖不聞顯有所忤,然亦不用也。補之没於熙寧二年,使其少須暇之,盡見荆公之所爲,未必相與如初也。補之孫植,持其《家集》之僅存者以示余。即其書以推其心,蓋切切然以聖人爲準,以謀道爲務,忘其位之卑、身之窮也。則其於荆公,豈苟然者哉？隆興二年五月日,玉山汪書。”此爲王無咎從學公而開脱,適見汪之臆測也。

堅守謀殺刑名之議,神宗卒從之,八月一日詔“謀殺人自首及案問欲舉,並依今年二月十七日敕施行”。因侍御史知雜事、兼判刑部劉述封還詔書,遂白神宗,詔開封府推官王克臣劾述罪

《長編紀事本末》卷七十五："(熙寧)二年八月乙未朔,詔:‘謀殺人自首及案問欲舉,並依今年二月十七日敕施行。’先是,吕公著等定按問欲舉,如王安石議,詔依所定。

於是審刑、大理寺官齊恢、王元師、蔡冠卿等皆以公著等所議不當，中丞呂誨與諸御史亦皆論謀殺不當用首法。文彥博以爲殺傷者，欲殺而傷者，而已殺者不可首。呂公弼以爲殺傷於律不可首。會富弼入相，上令弼議，而又以疾病，久之弗議。至是乃決，而弼在告不與也。”

《宋史》卷二百一《刑法三》：“（熙寧二年）會富弼入相，帝令弼議，而以疾病，久之弗議。至是乃決，而弼在告，不預也。蘇州民張朝之從兄以槍戳死朝父，逃去，朝執而殺之。審刑、大理當朝十惡不睦，罪死。案既上，參知政事王安石言：‘朝父爲從兄所殺，而朝報殺之，罪止加役流，會赦，應原。’帝從安石議，特釋朝不問。更命呂公著等定議刑名，議不稱安石意，乃自具奏。初，曾公亮以中書論正刑名爲非，安石曰：‘有司用刑不當，則審刑、大理當論正；審刑、大理用刑不當，即差官定議；議既不當，即中書自宜論奏，取決人主。此所謂國體，豈有中書不可論正刑名之理。’”

《文獻通考》卷一百七十：“（熙寧二年二月）時富弼入相，帝令弼與安石議，弼謂安石：‘以謀與殺分爲二事，以破析律文，盍從衆議？’安石不可，弼乃辭以病。八月，遂詔：‘謀殺人自首及按問欲舉，並依今年二月甲寅敕施行。’詔開封府推官王堯臣劾劉述、丁諷、王師元以聞。述等皆貶。”

八月四日，以兩朝《實録》成，赴宴垂拱殿

《宋會要輯稿》禮四五：“熙寧二年八月四日，以《兩朝實録》成，宴近臣于垂拱殿。修撰、檢討官預。”

八月五日，因與司馬光議事屢不合，止其相度二股河利害，獨遣張茂則

《宋史》卷九十一《河渠一》："（熙寧二年）六月戊申，命司馬光都大提舉與修二股工役。呂公著言：'朝廷遣光相視董役，非所以褒崇近職、待遇儒臣也。'乃罷光行。七月，二股河通快，北流稍自閉……乃復詔光、茂則及都水監官、河北轉運使同相度閉塞北流利害，有所不同，各以議上。八月己亥，光入辭……王安石曰：'光議事屢不合，今令視河，後必不從其議，是重使不安職也。'庚子，乃獨遣茂則。茂則奏：'二股河東傾已及八分，北流止二分。'張鞏等亦奏：'丙午，大河東徙，北流淺小。戊申，北流閉。'詔獎諭司馬光等，仍賜衣、帶、馬。"

《宋會要輯稿》方域一四："（熙寧二年）八月六日，詔張茂則、張鞏與轉運司再同相度二股河下流堤岸利害及計工以聞。先命司馬光，其罷之。上初遣光，既而王安石恐與建議者不合，乃罷其行。"

劉琦、錢顗、劉述等上疏攻擊。九日，貶琦、顗監處州、衢州鹽務

《宋朝諸臣奏議》卷一百九載劉述、劉琦《論王安石專權謀利及引薛向領均輸非便奏》："去年用許遵，文過飾非，妄議謀殺自首按問之法，朝廷遂差王安石與司馬光定奪。二人者所見不同，司馬光則持至公之論，請依舊法，不可以謀爲因。王安石則任一偏之見，改舊法而立新議，以害天下之

大公。臣等抗章論辯，指安石之議爲非。復差吕公著、韓
維、錢公輔再定，而皆附從其説，不思法制之難行，但務人情
之苟合。後來言者不已，又令密院同議可否。文彦博等所
定既協公道，陛下即以衆人所議文字委富弼看詳。弼在病
告，不俟其出，朝廷又却行安石所定首減指揮。良由同列畏
其强愎，陛下惑其浮辯，乃至此爾。”

　　張守《毗陵集》卷十《跋劉孝述司馬温公帖》：“熙寧己
酉春二月，王荆公始參大政，首定謀殺聽首之律。吴興劉公
孝述以御史知雜判刑部，率同僚丁諷等封敕還中書，至于
再，時論浩然歸重。先司馬温公嘗辨論幾數萬言，廷臣以爲
非者亦十七八。於是御史中丞吕獻可并其屬請如刑部議，
卒莫能奪，其故謀殺人而聽首，天下至今疑之。秋八月，公
又率侍御史劉琦、錢顗極論安石專肆胸臆，輕易憲度，驚駭
物聽，動搖人心，以至曾公亮畏避固寵，趙抃囊括依違，反覆
數千言。又獨論中執法舉屬不拘秩任，非祖宗法，兼與治平
手詔之意異。故貶琦、顗監當，而劾公與諷等不奉詔之罪。
士大夫冤之，上章救公，如孫昌齡罷御史，范堯夫罷修注。
温公疏入，不報，諷等於是誣伏。而公獨謂朝廷不當劾言事
官，卒不承，乃貶知江州。”

　　《宋史》卷三百二十一《劉述傳》：“述兼判刑部，安石争
謀殺刑名，述不以爲是。及敕下，述封還中書，奏執不已。
安石白帝，詔開封府推官王克臣劾述罪。於是述率御史劉
琦、錢顗共上疏曰……疏上，安石奏先貶琦、顗監處、衢州鹽
務。公亮疑太重，安石曰：‘蔣之奇亦降監當。’從之。”

　　《宋史》卷三百二十一《錢顗傳》：“治平末，以金部員外

郎爲殿中侍御史裏行。許遵議謀殺案問刑名,未定而入判大理,顥以爲:'一人偏詞,不可以汨天下之法,遵所見迂執,不可以當刑法之任。'不從。二年而貶,將出臺,於衆中責同列孫昌齡曰:'平日士大夫未嘗知君名,徒以昔官金陵,媚事王安石,宛轉薦君,得爲御史。亦當少思報國,奈何專欲附會以求美官?顥今當遠竄,君自謂得策邪?我視君犬彘之不如也。'即拂衣上馬去。後自衢徙秀州。"

《宋史》卷十四《神宗上》:"(熙寧二年)八月癸卯,侍御史劉琦貶監處州鹽酒務,御史裏行錢顥貶監衢州鹽稅,亦以論安石故。乙巳,殿中侍御史孫昌齡以論新法,貶通判蘄州。"

范純仁再上狀抨擊

范純仁《范忠宣奏議》卷上《論劉琦等不當責降》,題注:"熙寧二年八月。"文曰:"臣今日忽聞詔令,以臺官劉琦等言多失實,事輒近名,擅去官曹,動喧朝聽等罪,各落御史,降充監當者。聞命之際,中外震驚……近以陛下切於求治,安石不度己才,欲求近功,忘其舊學。舍堯、舜知人安民之道,講五霸富國強兵之術。尚法令則稱商鞅,言財利則背孟軻。鄙老成爲因循之人,棄公論爲流俗之語。異己者指爲不肖,合意者即謂賢能。所以薦薛向爲通才,指呂誨爲無用。致陛下無從諫之美,使時政有揠苗之憂……伏望陛下平氣虛懷,深爲國計,將琦等責降告敕,速賜追還。安石不可久在中書,必恐任性生事,宜速解其機務,或且置之經筵,足以答中外之心,弭未然之患。"

素厚范純仁，欲除其知制誥，而純仁屢上疏攻擊新法，言辭激切，且錄所上狀申中書；見之大怒，乞加重貶

《宋史》卷三百一十四《范純仁傳》："拜兵部員外郎，兼起居舍人、同知諫院。奏言：'王安石變祖宗法度，掊克財利，民心不寧……'又論呂誨不當罷御史中丞，李師中不可守邊。及薛向任發運使，行均輸法於六路，純仁言：'臣嘗親奉德音，欲修先王補助之政。今乃效桑羊均輸之法，而使小人為之，掊克生靈，斂怨基禍。安石以富國强兵之術，啓迪上心，欲求近功，忘其舊學。尚法令則稱商鞅，言財利則背孟軻，鄙老成為因循，棄公論為流俗，異己者為不肖，合意者為賢人。劉琦、錢顗等一言，便蒙降黜。在廷之臣，方大半趨附，陛下又從而驅之，其將何所不至。道遠者理當馴致，事大者不可速成，人材不可急求，積弊不可頓革。儻欲事功亟就，必為憸佞所乘，宜速還言者而退安石，答中外之望。'不聽。遂求罷諫職，改判國子監，去意愈確。執政使諭之曰：'毋輕去，已議除知制誥矣。'純仁曰：'此言何為至於我哉，言不用，萬鍾非所顧也。'其所上章疏，語多激切。神宗悉不付外，純仁盡錄申中書。安石大怒，乞加重貶。神宗曰：'彼無罪，姑與一善地。'命知河中府，徙成都路轉運使。"

曾肇《曾文昭公集》卷三《范忠宣墓誌銘》："及為諫官，前後為上言者，以休兵省事、節用富民、進君子退小人、愛人材申公論為急，崇聚斂、事苛刻、親讒佞、任偏聽為戒……既而，劉琦、錢顗、孫昌齡同時罷御史，公又言：'琦等一言柄臣，遽以罪絀，今在廷阿附者衆，奈何陛下更以法驅之？'益

指切荊公，并及他大臣，詞氣甚厲。上察其忠，留章弗下，而公請去不已。至闔門不出，乃罷諫院，留修起居注。公固辭，執政或遣所親諭公速起，且除知制誥矣。公曰：‘是以利誘我也，言不用，萬鍾於我何加焉？’錄所上章納中書門下，執政見之怒，出知河中府、徙成都府路轉運使。”

《宋史》卷十四《神宗一》：“（熙寧二年八月）丙午，同修起居注范純仁以言事多忤安石，罷同知諫院。已酉，范純仁知河中府。”

《宋會要輯稿》職官六五：“（熙寧二年八月）十五日，兵部員外郎兼起居舍人、直集賢院、同修起居注、同知諫院范純仁罷起居舍人、同修起居注，知河中府。坐嘗歷詆大臣及與御史擅去官曹也。”①

陳均《宋九朝編年備要》卷十八：“純仁雅與安石厚善，至是數言事多忤安石，最後言薛向不可爲發運使，安石滋不樂。劉琦罷，純仁又言琦不當罷，請速解安石機務。留章不下，純仁力求去，不許。未幾，罷諫院，爲起居舍人，純仁固辭，安石遣所親諭純仁曰：‘已議除知制誥矣。’純仁曰：‘是以利怵我也，言不用，萬鍾何加焉。’遂錄所上章申中書省……安石見之怒，携以白上，上曰：‘宜與一善地。’故有河中之命。”

作《商鞅》

《詩注》卷四十六《商鞅》：“自古驅民在信誠，一言爲重

---

① 原文置於熙寧三年，誤。

百金輕。今人未可非商鞅,商鞅能令政必行。」

《嚴評》:「此是不朽語,今日又大可見也。」

按,呂希哲《呂氏雜記》卷下:「王荆公在翰林兼修《實錄》……不數日,遂參知政事。既參政,作《商鞅》詩。」范純仁等數以商鞅目之,故公有激而發。至蘇軾《商鞅論》,則指桑罵槐,殊非公論:「自漢以來,學者恥言商鞅、弘羊,而世主獨甘心焉,皆陽諱其名而陰用其實,甚者則名實皆宗之,庶幾其成功……秦之所以富强者,孝公敦本力穡之效,非鞅流血刻骨之功也。而秦之所以見疾於民如豺虎毒藥,一夫作難而子孫無遺種,則鞅實使之。至於桑弘羊斗筲之才,穿窬之智,無足言者,而遷之言曰:'不加賦而上用足。'善乎!司馬光之言也,曰:'天下安有此理!天地所生財貨百物,止有此數,不在民,則在官。'譬如雨澤夏潦則秋旱,不加賦而上用足,不過設法侵奪民利,其害甚於加賦也。二子之名在天下者,如蛆蠅糞穢也,言之則汙口舌,書之則汙簡牘。二子之術用於世者,滅國殘民,覆族亡軀者相踵也。而世主獨甘心焉,何哉?樂其言之便己。」[①]

八月十四日,見蘇軾爲國子監舉人所發策問,不悅

《長編紀事本末》卷六十二:「初,軾爲國子監考試官,時二年八月也。安石既得政,每贊上以獨斷,上專信任之。軾發策云:'晉武平吴以獨斷而克,符堅伐晉以獨斷而亡;齊威專任管仲而霸,燕噲專任子之而滅。事同功異,何也?'安石

---

① 《經進東坡文集事略》卷十四注:「此論亦爲荆公發也。」文學古籍刊行社1957年版,第206頁。

見之，不悅。上數欲用軾，安石必沮毀之。”

《宋會要輯稿》選舉一九：“熙寧二年八月十四日，以秘閣校理同修起居注陳襄、集賢校理王權、秘閣校理王介、安燾、李常、館閣校勘劉攽考試開封府舉人，虞部郎中陳儔監門；監察御史裏行張戩、直史館蘇軾、集賢校理王汾、胡宗愈、館閣校勘顧臨考試國子監舉人，比部郎中張吉監門；集賢校理王益柔、秘閣校理錢藻考試鏁廳舉人，都官員外郎許懋監門。”

《蘇軾文集》卷七《國學秋試策問二首》其一：“問：所貴乎學士大夫者，以其通古今而考成敗也。昔之人嘗有以是成者，我必襲之；嘗有以是敗者，我必反之。如是其可乎？昔之爲人君者，患不能勤，然而或勤以治，亦或以亂。文王之日昃，漢宣之屬精，始皇之程書，隋文之傳餐，其爲勤一也。昔之爲人君者，患不能斷，然而或斷以興，亦或以衰。晉武之平吳，憲宗之征蔡，苻堅之南伐，宋文之北侵，其爲斷一也。昔之爲人君者，患不信其臣，然而或信以安，亦或以危。秦穆之於孟明，漢昭之於霍光，燕噲之於子之，德宗之於盧杞，其爲信一也。此三者，皆人君之所難，有志之士所嘗咨嗟慕望，曠世而不獲者也。然考此數君者，治亂興衰安危之效，相反如此，豈可不求其故歟？”

按，《東都事略》卷六十九《曾公亮傳》：“公亮初薦王安石可大用，神宗以安石參知政事，公亮乃陰助安石……蘇軾嘗從容責公亮不能救正朝廷，公亮曰：‘上與安石如一人，此乃天也。’”可見熙寧初神宗於公信任之篤。蘇軾試策，端爲此發也。《三朝名臣言行錄》卷九引《溫公日錄》：“介甫初

爲政，每贊上以獨斷，上專信任之。軾爲開封府試官，策問
進士，以晉武平吳以獨斷而克，符堅伐晉以獨斷而亡；齊桓
專任管仲而霸，燕噲專任子之而敗。事同而功異，何也？介
甫見之不悦。"

　　又熙寧二年，程顥爲監察御史裏行，上神宗劄子亦云：
"或謂人君舉動，不可不慎；易於更張，則爲害大矣。臣獨以
爲不然。所謂更張者，顧理所當耳。其動皆稽古質義而行，
則爲慎莫大焉，豈若因循苟簡，卒致敗亂者哉？自古以來，
何嘗有師聖人之言，法先王之治，將大有爲，而返成禍患者
乎？願陛下奮天錫之勇智，體乾剛而獨斷，霈然不疑，則萬
世幸甚！"①

召河北轉運司勾當公事王廣廉議事，知其嘗奏請行春散秋斂之法，與青苗法意合，遂決意推行之

　　《宋會要輯稿》食貨四："先是，蘇轍自大名府推官上書
召對，除條例司檢詳文字。安石出青苗法示之，轍曰：'以錢
貸民，使出息二分，本非爲利……'安石自此逾月不言青苗。
會河北轉運司勾當公事王廣廉召議事，廣廉嘗奏乞度僧道
牒數千道爲本錢，行陝西漕司私行青苗法，春散秋斂以便
民，無抑配，與安石合意，即請而施之河北。"

　　《宋史》卷三百三十九《蘇轍傳》："安石曰：'君言誠有
理，當徐思之。'自此逾月不言青苗。會河北轉運判官王廣
廉奏乞度僧牒數千爲本錢，於陝西漕司私行青苗法，春散秋

---

① 《二程集》卷一《論王霸劄子》，第451—452頁。

斂，與安石意合，於是青苗法遂行。”

《宋史》卷一百七十六《食貨上四》：“安石自此逾月不言青苗。會河北轉運司幹當公事王廣廉召議事，廣廉嘗奏乞度僧牒數千道爲本錢，於陝西轉運司私行青苗法，春散秋斂，與安石意合。至是，請施行之河北，於是安石決意行之，而常平、廣惠倉之法遂變而爲青苗矣。”①

是日，與神宗論三司吏人取賂，以爲當厚禄吏人而去其冗，然後方可有爲

《長編》卷二百十四熙寧三年八月癸未：“初，上言：‘三司副使不才，如何更擇人？’王安石以爲材難，須務考績。上曰：‘劉晏在江、淮，所任多年少俊鋭之人，今如榮諲輩頹墮不曉事，何所用之？’曾公亮曰：‘令吳充奏更用人可也。’已而遂罷榮諲、張芻等，皆令補外。上又論判官多不才者，兼三司多侵奪有司職事，事非其事。安石曰：‘三司所治，多是生事，以取賂養吏人，不然，則三司何至事多如此？止如綱運抵京，必令申三司然後庫務敢納，此不過吏乞千數百錢，然因此留滯綱運，而送綱者所費不但千數百錢而已。又三司所治事，近則太詳，遠則太略，所以詳近者，凡以爲吏人便於取賂而已。若欲省此等事，則當先措置吏人，使廩賜厚而員不冗，然後可爲也。人主理財，當以公私爲一體，今惜厚禄不與吏人，而必令取賂，亦出於天下財物。既令資天下財物爲用，不如以法與之，則於官司皆利。’”

---

① “於陝西轉運司私行青苗法”中之“於”，當爲“行”或“放”之訛。可見梁太濟《〈續資治通鑑〉王廣淵、王廣廉相混説辨析》，《文獻》1992 年第 2 期。

李燾：“此以上見《日録》二年八月十四日，今依朱本附此。”

八月十六日，因制置三司條例司詳檢文字蘇轍抵書論諸新法不便，大怒，詆轍飛箝捭闔，欲加之罪

《長編紀事本末》卷六十二：“（熙寧二年）八月庚戌，制置三司條例司檢詳文字蘇轍言：‘每於本司商量公事，動皆不合。臣已有狀申本司，具述所議不同事，乞除一合入差遣。’詔依所乞。上閱轍狀，問：‘轍與軾如何？觀其學問頗相類。’王安石曰：‘臣已嘗論奏，軾兄弟大抵以飛箝捭闔爲事。’上曰：‘如此則宜合時事，何以反爲異論？’”

《太平治跡統類》卷十四：“上閱轍狀，問：‘轍與軾如何？觀其學問頗相讓。’王安石曰：‘臣已嘗論奏，軾兄弟大抵以飛箝捭闔爲事。’上曰：‘如此宜合時事，（何）以爲異論？’安石曰：‘大抵小人捭闔，非必盡如人主意然後爲利。’”

《宋史》卷三百三十九《蘇轍傳》：“轍上書言事，召對延和殿。時王安石以執政與陳升之領三司條例，命轍爲之屬……安石因遣八使之四方，訪求遺利。中外知其必迎合生事，皆莫敢言。轍往見陳升之曰：‘昔嘉祐末，遣使寬恤諸路，各務生事，還奏多不可行，爲天下笑。今何以異此？’又以書抵安石，力陳其不可。安石怒，將加以罪，升之止之，以爲河南推官。”

《欒城後集》卷十二《潁濱遺老傳上》：“轍知力不能救，以書抵介甫、暘叔，指陳其決不可者，且請補外。介甫大怒，將見加以罪，暘叔止之，奏除河南推官。”

按，《宋會要輯稿》食貨四：“會河北轉運司勾當公事王
廣廉召議事……即請而施之河北……於是蘇轍言：‘每於本
司商量公事不合，乞除一合入差遣。’詔依所乞，與堂除。”王
廣廉召對議事後，蘇轍乞免，必是已知青苗法等勢在必行，
無力挽回，故上狀辭免制置三司條例司檢詳文字。王廣廉，
或作王廣淵，誤。本年正月於河北行義倉者爲王廣淵，欲行
青苗放散取息者爲王廣廉。① 蘇轍“已有狀申本司”之狀，
即“抵陳升之、王安石”之書，載《欒城集》卷三十五《制置三
司條例司論事狀奏乞外任狀附》，狀中縷述制置三司條例司
遣使八人分行諸路、雇役法、青苗法、均輸法等不當，狀末
曰：“凡此數事，皆議者之所詳論，明公之所深究，而轍以才
性扑拙，學問空疏，用意不同，動成違忤。雖欲勉勵自效，其
勢無由。苟明公見寬，諒其不逮，特賜敷奏，使轍得外任一
官，苟免罪戾，而明公選賢舉能，以備僚佐，兩獲所欲，幸孰
厚焉。”神宗所閲之狀，即《條例司乞外任奏狀》，附此狀後，
曰：“右臣近蒙聖恩，召對便殿，面賜差使，仍奉德音，不許辭
避。伏自受命於今五月，雖日夜勉强，而才性朴拙，議論迂
疏。每於本司商量公事，動皆不合。伏惟陛下創置此局，將
以講求財利，循致太平，宜得同心協力之人，以備官屬。而
臣獨以愚鄙，固執偏見，雖欲自效，其勢無由。臣已有狀申
本司，具述所論不同事件。苟陛下閔臣孤危，未賜誅譴，伏
乞除臣一合入差遣，使得展力州郡。敢不策勵駑鈍，以酬
恩私。”

---

① 可見梁太濟《〈續資治通鑑〉王廣淵、王廣廉相混説辨析》。

欲以孫立節代蘇轍檢詳制置三司條例司文字，立節辭免

　　《蘇軾文集》卷十《剛説》："若孫君介夫諱立節者，真可謂剛者也。始吾弟子由爲條例司屬官，以議不合引去。王荊公謂君曰：'吾條例司當得開敏如子者。'君笑曰：'公言過矣，當求勝我者。若我輩人，則亦不肯爲條例司矣。'公不答，徑起入户，君亦趨出。君爲鎮江軍書記，吾時通守錢塘，往來常、潤間，見君京口。方新法之初，監司皆新進少年，馭吏如束濕，不復以禮遇士大夫，而獨敬憚君，曰：'是抗丞相不肯爲條例司者。'"

　　《（嘉靖）贛州府志》卷十："孫立節介夫，長孺孫，事李太伯，友曾子固，學問淹貫。孫復嘗著《春秋發微》，見立節所作，撫卷嘆曰：'吾力所未及者，盡發之。'擢皇祐五年進士。時行新法，蘇轍議不合去，王安石語立節曰：'吾條例司當得明敏如子者。'立節笑曰：'公過矣。若我輩人，亦不肯爲條例司矣。'立節趨出，後爲鎮江軍書記，監司獨敬憚之。謝麟經制溪洞事，宜州守王奇與蠻戰死，立節判桂州，被旨鞫吏士有罪者。麟因收大小使臣付立節併按，且欲盡斬之。立節不可，麟侵以語，立節曰：'獄當論情，吏當守法，逗撓不進，諸將罪也，餘人可盡戮乎？若必欲以非法斬人，則經制司自爲之，我何與焉？'麟奏立節拒抗，立節亦奏麟侵獄事，刑部竟如立節議，十二人得不死。蘇軾爲作《剛説》，朱熹爲跋其事，陳白沙獻章稱其人如青天白日，其立朝也如千仞之壁，可望不可即。立節著有文集、《三傳例論》、《五服要律

圖》、《臨川刀筆》。"

八月十八日，請以三司副使蘇寀爲集賢殿修撰，神宗從之

《宋會要輯稿》食貨五六："（熙寧二年）八月十八日，三司度支副使、兵部郎中蘇寀爲太常少卿、集賢殿修撰、知梓州。曾公亮初欲除寀諫議大夫，上弗許，公亮曰：'若除待制即更優。'上曰：'只與轉一官。'公亮及趙抃固爭，上曰：'吳充除三司使，已不轉官。'公亮及抃又固爭，以爲三司副使劇任，如此即無以勸人。上曰：'勸者，將勸其任職，寀果任職否？'公亮又曰：'省副但可擇人，不可減其恩例。'王安石請以寀爲修撰，上許之。三司副使罷不除待制，自此始。"

欲置劉述於獄，司馬光爭之；欲貶述爲通判，神宗不許。二十八日，貶劉述知江州，丁諷通判復州，王師元監安州税

《宋史》卷三百二十一《劉述傳》："疏上，安石奏先貶琦、顗監處、衢州鹽務。公亮疑太重，安石曰：'蔣之奇亦降監當。'從之。司馬光乃上疏曰……不報。開封獄具，述三問不承，安石欲置之獄，光又與范純仁爭之，乃議貶爲通判。帝不許，以知江州。踰歲，提舉崇禧觀，卒。"

《宋史》卷十四《神宗一》："（熙寧二年八月）壬戌，侍御史知雜事劉述、同判刑部丁諷坐受刑名敕不即下，述貶知江州，諷貶通判復州。審刑院詳議官王師元坐言許遵所議刑名不當，貶監安州税。"

《宋會要輯稿》職官六五：“（熙寧二年八月）二十八日，工部郎中、侍御史知雜、判刑部劉述知江州，金部郎中、集賢校理、權判刑部丁諷通判復州，審刑院詳議官、都官員外郎王師元監安州稅。述、諷坐不依程限錄降謀殺刑名敕，及誤引編敕奏聽朝旨；師元以論列謀殺刑名事，不聽繳納差敕，擅不赴職故也。”

按，八月一日詔下，司馬光上《體要疏》，批評神宗有失“帝王之道”，兩府大臣“悉取三司條例別置一局”，“所改更者未必勝於其舊，而徒紛亂祖宗成法”；疏末再論阿云之獄：“近者登州婦人阿云，謀殺其夫，重傷垂死，情無可愍，在理甚明。已傷不首，於法無疑，中材之吏，皆能立斷。事已經審刑院、大理寺、刑部斷爲死罪，而前知登州許遵文過飾非，妄爲巧説。朝廷命兩制定奪者再，命兩府定奪者，再敕出而復收者一，收而復出者一，爭論縱橫，至今未定。夫以田舍一婦人有罪，在於四海之廣，萬幾之衆，其事之細，何啻秋毫之末？朝廷欲斷其獄，委一法吏足矣。今乃紛紜至此，設更有可疑之事大於此者，將何以決之？夫執條據例者，有司之職也；原情制義者，君相之事也。分爭辨訟，非禮不決，禮之所去，刑之所取也。阿云之事，陛下試以禮觀之，豈難決之獄哉？彼謀殺爲一事，爲二事，謀爲所因，不爲所因，此苛察繳繞之論，乃文法俗吏之所爭，豈明君賢相所當留意邪？今議論歲餘而後成法，終於棄百代之常典，悖三綱之大義，使良善無告，姦凶得志，豈非徇其枝葉而忘其本根之所致邪？若此之類，臣竊恐似未得其要也。”直至本月二十八日，侍御史知雜事劉述、同判刑部丁諷坐受刑名敕不即下，述貶知江州,諷貶通判復州,審刑院詳議官王師元坐言許遵所議刑名不當貶監安州税,謀殺刑名之爭方告終結。

是月,撰滿涇妻楊氏墓誌銘

《文集》卷九十九《揚州進士滿夫人楊氏墓誌銘》,文曰:"揚州進士滿涇之夫人楊氏者,著作元賓之女也。年六十有一,以治平四年十月庚戌卒,而以熙寧二年八月庚申葬。"

勉神宗不恤浮議,勇於救弊

楊時《龜山先生文集》卷六《日録辨》:"王氏云:陛下誠能慎察義理,而左右不循理之人敢爲妄言,以沮亂政事,誠宜示之以好惡。經或言知、仁、勇,或言仁、智、勇,未有先言勇者,獨稱湯曰:'天乃錫王勇、知者,何也?'《書》曰:'肇我邦于有夏,若苗之有莠,若粟之有秕。小大戰戰,罔不懼于非辜。矧予之德言足聽聞。'湯以七十里起於衰亂之中,其初爲流俗小人不悦,艱難如此,若非勇、知,何能自濟?所以能自濟,尤在於勇。陛下救今日之弊,誠患不可以不勇。今朝廷異議紛紛,小有才而不便於朝廷任事之人者,不過數人,亦不必人人有意。但如今朝士不識理者衆,合爲異論,則舉朝爲所惑。"

九月二日,遣御史王子韶使兩浙按察前知明州苗振贓汙事

《東軒筆録》卷十二:"苗振以列卿知明州,熙寧中致仕,

歸鄆州，多置田產，又自明州市材爲堂，舟載歸鄆。時王逵亦致仕，作詩嘲振曰：'田從汶上天生出，堂自明州地架來。'此句傳至京師，王荊公大怒，即出御史王子韶使兩浙廉訪其事。子韶又言知杭州祖無擇亦有姦科之迹，於是明州、秀州各起獄鞫治，振與無擇敗斥。熙寧已後，數以謠言起獄，然自逵詩爲始也。"

《宋會要輯稿》職官五二："神宗熙寧二年九月二日，詔遣太子中允、權監察御史裏行王子韶往明州，體量前知州苗振在任違越事狀、前知睦州朱越治狀，仍採訪所過州軍官吏善惡、民間弊病，回日以聞。"

《宋史》卷三百二十九《王子韶傳》："王子韶字聖美，太原人。中進士第，以年未冠守選，復游太學，久之乃得調。王安石引入條例司，擢監察御史裏行，出按明州苗振獄。"

九月四日，行青苗法

《宋會要輯稿》食貨四："青苗法。(熙寧二年)九月四日，制置三司條例司言：'累有臣寮上言糶常平、廣惠倉及賑貸事。今詳比年灾傷，賑貸多出省倉，竊以爲省倉以待廩賜，尚苦不足，而又資以賑貸，此朝廷所以難於施惠，而凶年百姓或不被上之德澤也。今諸路常平、廣惠倉略計千五百萬以上貫石，斂散之法未得其宜，故愛人之利未溥，以致更出省倉賑貸。今欲以常平、廣惠倉見在斛斗，遇貴量減市價糶，遇賤量增市價糶，其可以計會轉運司用苗稅及錢斛就便轉易者，亦許兌換，仍以見錢。依陝西青苗錢例，取民情願

預給,令隨稅納斛斗。内有願給本色,或納時價貴,願納錢
者,皆許從便;如遇災傷,亦許於次料收熟日納錢。非惟足
以待凶荒之患,又民既受貸,則於田作之時不患闕食,因可
選官勸誘,令興水土之利,則四方田事自加修益。人之困
乏,常在新陳不接之際,兼并之家乘其急以邀倍息,而貸者
常苦於不得。常平、廣惠之物,收藏積滯,必待年歉物貴然
後出糶,而所及者大抵城市游手之人而已。今通一路之有
無,貴發賤斂,以廣蓄積,平物價,使農人有以赴時趨事,而
兼并不得乘其急。凡此皆以爲民,而公家無所利其入,亦先
王散惠興利以爲耕斂補助,哀多補寡而抑民豪奪之意也。
舊制,常平、廣惠倉隸提刑司。緣今來創立新法,合有兌換
錢斛,藉轉運司應副,乃克濟辦。乞委轉運司提舉,仍令提
點刑獄司依舊管轄,不得別以支用。兼事初措置非一,欲量
諸路錢穀多寡,分遣官提舉,仍先行於河北、京東、淮南三
路,俟成次第,即推之諸路。其制置條約,別具以聞。'又言:
'且乞令河北、京東、淮南路轉運司,施行常平、廣惠倉轉移
出納及預散之法。欲委轉運司及提舉官,每州於通判、幕職
官中選差一員主管,令知、通點檢在州及諸縣錢穀。其廣惠
倉除量留給老幼貧窮人外,餘並用常平倉轉移法。其給常
平、廣惠倉錢,依陝西青苗錢法,於夏秋未熟已前,約逐處收
成時酌中約價,比定預支每斗價,召民願請。仍常以半爲夏
料,半爲秋料。'詔:'常平、廣惠倉等見錢,依陝西出俵青苗
錢例,取當年以前十年内逐色斛斗一年豐熟時最低實直價
例,立定預支,召人戶情願請領。五戶以上爲一保,約錢數
多少,量人戶物力,令、佐躬親勒耆戶長識認,每戶須俵及一

貫以上。不願請者，不得抑配。其願請斛斗者，即以時價估
作錢數支給，即不得虧損官本，却依見錢例紐斛斗送納。客
户願請，即與主户合保，量所保主户物力多少支借。如支與
鄉村人户有剩，即亦准上法支俵與坊郭有抵當人户。'"《宋
史》卷一百七十六《食貨上四》、《長編紀事本末》卷六十六
等亦載。①

以程顥言不可賣祠部度牒作常平本錢，九月五日，駁其不知王道之權

《宋史全文》卷十一："（熙寧二年九月）戊辰，初開經
筵。王安石獨奏事，上問曰：'程顥言不可賣祠部度牒作常
平本錢，如何？'安石曰：'顥所言自以爲王道之正，臣以爲顥
所言未達王道之權。今度牒所得，可置粟凡四十五萬石，若
凶年人貸三石，則可全十五萬人性命。賣祠部所剃者三千
人頭，而所可救活者十五萬人性命，若以爲不可，是不知
權也。'"

---

① 關於青苗法，相關研究可見鄧廣銘《北宋政治改革家王安石》，第173—183
頁。漆俠《王安石變法》（增訂本），第122—127頁，第261—263頁。王曾
瑜《王安石變法簡論》，《中國社會科學》1980年第3期。方志遠《關於青苗
法的推行及其社會效果》，《南開大學學報》1988年第6期。顧全芳《青苗
法研究》，《西南師範大學學報》（社科版）1990年第3期。等等。又，關於
青苗法等熙寧各項新法之淵源，可見漆俠《王安石變法》（增訂本），第63—
67頁。他指出："熙寧新法是從以前個別、局部的改革實施發展來的……
在變法醞釀的過程中，士大夫的改革要求給後來的變法在思想上做了準
備，而個別、局部的改革的實施就給變法的實際推行打下了基礎……但並
不是說，熙寧新法僅是由前此個別、局部改革措施拼湊成功而無任何的變
化，以王安石爲首的改革派所推行的新法，有着更爲豐富的内容和新的特
點。"《王安石變法》（增訂本），第67頁。

楊時《龜山先生全集》卷六《日録辨》、章如愚《山堂考索》後集卷六十三所載有"男女授受不親,禮也;嫂溺,援之以手,權也。嫂溺不援,是豺狼也"等句。

另,章如愚《山堂考索》後集卷六十三:"神宗熙寧元年七月戊戌,知諫院錢公輔言:'祠部遇歲飢河決,鬻度牒以佐一時之急。若于無事時立爲陳乞恩例,則亦可惜。欲乞自今宮禁遇聖節恩賜度牒並裁損,或減半爲紫衣,稍去剃度之冗。'從之。賣度牒蓋始此年。"

引律奏駁審刑院、大理寺斷蘇州民張朝獄。九月七日,神宗詔依

《宋會要輯稿》刑法四:"神宗熙寧二年九月七日,詔審刑院、大理寺元簽書檢斷蘇州百姓張朝法官,並命御史臺取勘奏聞。以張朝因堂兄張念六以槍殺朝父死,後走却,被朝遇見,打死張念六。審刑院、大理寺用法斷朝犯十惡不睦當死奏案,而參知政事王安石引律奏,朝父爲房兄所殺,則於法不得與之私和,則無緣責其不睦,合依條得加役流罪,會赦合原。上得是奏,乃詔依安石所議施行,其審刑院等法官以用法不當,故有劾也。"

《宋史》卷二百一《刑法三》:"蘇州民張朝之從兄以槍戳死朝父,逃去,朝執而殺之。審刑、大理當朝十惡不睦,罪死。案既上,參知政事王安石言:'朝父爲從兄所殺,而朝報殺之,罪止加役流,會赦,應原。'帝從安石議,特釋朝不問。"

九月八日，以李常等爲制置三司條例司檢詳文字官，李承之爲相度利害官

《長編紀事本末》卷六十六："（熙寧二年九月）辛未，條例司請以太常博士、秘閣校理李常，前許州司理參軍、國子監直講王汝翼爲檢詳定官。殿中丞、知冤句縣張復禮，前明州司法參軍李承之爲相度利害官。"

《宋史》卷三百四十四《李常傳》："熙寧初，爲秘閣校理。王安石與之善，以爲三司條例檢詳官，改右正言、知諫院。安石立新法，常預議，不欲青苗收息。"

蘇頌《蘇魏公文集》卷五十五《龍圖閣直學士知成都府李公墓誌銘》："王荆公輔政，大議改更法令，與公素厚，引爲制置三司條例司檢詳官，兼看詳中書條例，並辭不拜。"誤，此蓋曲飾也。

《宋史》卷三百十《李承之傳》："承之字奉世，性嚴重，有忠節。從兄柬之將仕以官，辭不受，而中進士第，調明州司法參軍……嘗建免役議，王安石見而稱之。熙寧初，以爲條例司檢詳文字，得召見。"

九月十二日，因神宗問如何節用，與陳升之均言應省兵及裁宗室之費

《宋會要輯稿》帝系四："（熙寧二年）九月，上謂陳升之、王安石曰：'今賦入非不多，只是用度無節，如何節用？'升之、安石皆言兵及宗室之費。"

《長編紀事本末》卷六十六："（熙寧二年）九月乙亥，上

謂陳升之、王安石曰：‘今賦入非不多，只是用度無節，如何節用？’升之、安石皆言兵及宗室之費。上曰：‘朕嘗問王存以兵費，乃言臣不曾講兵書。’因問安石：‘如何省兵？’安石曰：‘陛下今欲省兵，當擇邊州人付以一州，令各自精練，仍鼓舞其州民使各習，則兵可省。前日陛下所召种古等數人，臣略與語，似亦皆可付一州。臣因與古言：今邊州有兵五千處，若止揀留三千，仍以二千人衣糧之費，令以鼓舞所留兵及州民使習兵戰，則可以戰守否？古乃言：若果然，止得二千人兵亦可矣。’上言太祖付邊將事，安石曰：‘今有可勝太祖時。並邊民戶口蕃息，所恃不盡在募兵而已；若募兵令邊將得自揀擇訓練如太祖時，則尤易以待敵。’上言：‘五代時方鎮皆豪傑，所以能自守一方，不須朝廷之助。’安石曰：‘五代時方鎮豈皆豪傑？如羅洪信，乃是眾人求主不得，大呼於眾誰能為節度使者，洪信出應募，遂立以為帥。然亦能獨保一鎮者，以其任事得自專故也。今朝廷待邊將，拘制之法令將此等軍。今募兵出於無賴之人，尚可為軍廂主，則近臣以上，豈可不及此輩？此乃先王成法，社稷之長計也。’上極以為然。”

按，《長編紀事本末》卷六十七：“熙寧元年九月丁酉，詔三司裁定宗室月料、嫁娶、生日、郊禮給賜。時京師百官月俸四萬餘緡，諸軍十一萬緡，而宗室七萬餘緡。其生日、婚嫁、喪葬及歲時補洗雜賜與四季衣，不在焉。”

九月十六日，薦呂惠卿、李常編修中書條例

《宋會要輯稿》職官五：“（熙寧二年）九月十六日，條例

司檢詳官李常、呂惠卿看詳中書編修條例。先是，王安石數爲上言：‘今中書乃政事之原，欲治法度，宜莫如中書最急，必先擇人，令編修條例。’因極稱惠卿及常，遂並用之。二十一日，制置三司條例司言：‘本司檢詳官呂惠卿近奉敕，差看詳編修中書條例。且惠卿自置局以來，檢詳文字，詳熟事條本末次第，欲乞相兼本司職事。’從之。”

《長編紀事本末》卷六十一：“（熙寧二年）九月己卯，條例司檢詳官李常、呂惠卿看詳中書編修條例。先是，王安石數爲上言：‘今中書乃政事之原，欲治法度，宜莫如中書最急。必先擇人，令編修條例。’上曰：‘見在館職，無足與修法度者，唯呂惠卿材高。朕嘗問呂公著，何不舉呂惠卿作御史？公著言惠卿材雖高，然奸邪不可用。朕見惠卿論事極有本末，召置講筵，公著説書，似不能到惠卿所到處。’安石曰：‘惠卿學術，豈特今人少比，似前世儒者未易擬議。能學先王之道而能用者，臣獨見惠卿而已。其材他日必爲陛下用。人所以言其奸邪者，以爲阿附臣。惠卿自爲舉人，即與臣相從，非臣執政而後從臣也。惠卿既有所附，誠于人少降屈，雖與臣，亦未嘗降屈，以此爲人毁。’上曰：‘惠卿負其材以取人怒，亦似其所短。’安石曰：‘惠卿非以其材敢有所矜傲，但於上無所附麗，在下無所結納而已。’上曰：‘如此即善。’又曰：‘小臣上殿應對倉徨，惠卿極從容，蓋其中有所蓄。問之不窮，亦不懾。’安石曰：‘有道術之士，視外物固輕，亦何至有所攝？臣嘗以謂奸邪者，大抵皆内無所負之人。若内有所負，亦何肯爲奸邪？今有資財之人，尚不肯妄與人相毆搏，況於有道術之人，豈不自愛？’曾公亮亦稱惠卿有行義，上乃許用惠卿，又欲擇人，僉言李常。上曰：'未見常，僉稱其有行義。'上曰：'亦須是有材識，但行義之人，未必能修條例。'安石稱常難比惠卿，然亦聰明，遂並用之。"

《宋九朝編年備要》卷十八所載略同，惟於神宗、曾公亮譽呂惠卿之語有所刪節，或蓄意爲之。

是日，乞以薛向兼都大提舉江淮、兩浙、荆湖、福建、廣南等路銀銅鉛錫坑冶、市舶等，神宗從之

《長編紀事本末》卷六十六："（熙寧二年九月）丙子，條例司言：'常平、廣惠倉條約已行於京東、淮南、河北三路，訪聞諸路民間多願官中支貸，乞令司農寺遍下諸路轉運司，如有便欲施行，即具以聞，當議遷置提舉官。'詔可。條例司言：'銀銅坑冶、市舶之物皆上供，而費出諸路，故轉運司莫肯爲，課入滋失。今既假發運司以錢貨，聽移用六路之財，則東西南經費皆當責辦。請令發運使、副兼提舉九路銀銅鉛錫坑冶、市舶之事，條具利害以聞。乞詔發運使薛向、副使羅極兼都大提舉江淮、兩浙、荆湖、福建、廣南等路銀銅鉛錫坑冶、市舶等。'從之。"

九月二十九日，薦呂惠卿爲崇政殿説書

《宋史》卷四百七十一《呂惠卿傳》："熙寧初，安石爲政，惠卿方編校集賢書籍，安石言於帝曰：'惠卿之賢，豈特今人，雖前世儒者未易比也。學先王之道而能用者，獨惠卿而已。'及設制置三司條例司，以爲檢詳文字，事無大小必謀之，凡所建請章奏皆其筆。擢太子中允、崇政殿説書、集賢

校理，判司農寺。"

《宋史紀事本末》卷八："（熙寧二年）九月壬辰，王安石薦呂惠卿爲崇政殿説書。"

《温公日録》："（熙寧二年十月甲午朔）呂惠卿遷太子中允、崇政殿説書。"

呂惠卿欲罷兼條例司，以爲兼之無妨

《四明尊堯集》卷九引公《日録》："上言：'難得知經善講者，吴申不能講，韓維亦不知經義。今差呂惠卿説書，退而曾言師臣不可復兼條例司。'余以爲無害，乃已。"

與富弼不協；弼上疏，出判亳州

《長編紀事本末》卷六十三："（熙寧二年）十月丙申，開封府儀同三司、行左僕射、門下侍郎平章事富弼罷爲武寧軍節度使、同平章事、判亳州。"

《宋史》卷三百十三《富弼傳》："王安石用事，雅不與弼合。弼度不能争，多稱疾求退，章數十上。神宗將許之，問曰：'卿即去，誰可代卿者？'弼薦文彦博，神宗默然，良久曰：'王安石何如？'弼亦默然。拜武寧節度使、同中書門下平章事、判河南，改亳州。"

《揮塵餘話》卷一："富文忠公熙寧二年再相，王荆公爲參知政事，始用事，與文忠不協。文忠力丐去，以使相判河南府，上章自劾，繼改亳州，今録於此：

清時竊禄，難逃素食之譏；白首佐朝，遂起蔽賢之謗。幸聖明之洞照，舉毫髮以無遺。顧此薄材，尚容具位。切念

臣業非經遠，識寡通方，少因章句之科，得偕群俊；長脱簿書
之秩，獲事三朝。仁宗之顧遇匪輕，英廟之丁寧尤甚。旋屬
大人繼照，飛龍在天。思肯搆於先基，忽遄遺於萬物。澗蘋
何美，雜圭璧以薦羞；槽駇已疲，復驊騮之共駕。殫力雖勞
於負岳，小心更甚於履冰。果不克堪，遂貽彈劾。如安石者
學强辯勝，年壯氣豪，論議方鄙於古人，措置肯諧於僚黨。
至使山林末學，草澤後生，放自得之良心，樂人傳之異説。
蘋蘋者子，譊譊其書，足以干名，足以取貴。拖紳朝序者，非
安石之黨則指爲俗吏；圜冠校學者，異安石之學則笑爲迂
儒。嘆古人之不生，恨斯文之將喪。臣切觀安石平居之間，
則口筆丘旦；有爲之際，則身心管商。至乃忽故事於祖宗，
肆巧譏於中外，喜怒惟我，進退其人。待聖主爲可欺，視同
僚爲不物。臺諫官以兹切齒，謂社稷付在何人；士大夫罔不
動心，以朝廷安用彼相。爲臣及此，事主若何！臣非不能秉
筆華袞之前而正其非，覆身青蒲之上而排其失。重念陛下
方當淵默堯舜，中和禹湯，同天德之尚□，待人臣之有體。
徒高唇吻，莫補聰明。且區區晉都，尚有相先之下佐；況赫
赫昭代，豈有不和之大臣？愚念及斯，衆言陋此。伏乞陛下
特申雄斷，大決群疑，正安石過舉之謬，以幸保家邦；白臣等
後言之罪，而俾歸田里。如其尚矜微朽，處以便藩，不唯有
遂於物情，亦以不妨於賢路。如是則始終事聖，史傳不附於
姦朋；去就爲臣，物議庶歸於直道。”

　　按，富弼“素喜王荆公”，①《宋九朝編年備要》卷十八：

―――――――――

① 《邵氏聞見録》卷九，第93頁。

"王安石參知政事，上召對，曰：'富弼、曾公亮與卿協力，弼
聞卿肯任事，亦大喜。'"至此乃睽。《揮塵餘話》所引富弼
自劾章，上於范純仁《論劉琦等不當責降》之後。范狀曰：
"陛下述事繼明，思紹先烈，而因二三執政，不能以道事君，
教化或失其後先，刑賞或乖於輕重。中書藏其本末，但致外
議喧騰，凡居言責之臣，敢不即時論奏……加以曾公亮年高
不退，廉節已虧，且欲安石見容，惟務雷同苟且。舊則好拘
文法，今則一切依隨。趙抃心知其非，而詞辨不及，安石凡
事不能力救，徒聞退有後言。此皆陛下大臣所為，安得政令
無失？"《宋朝諸臣奏議》卷一百九錄范狀，注曰："曾公亮、
趙抃得純仁疏，即上章自劾曰：'臣等伏念，清時備位，難逃
尸祿之譏；白首佐朝，遂起蔽奸之謗……'"文字略異，如
"臣"作"臣等"。①

　　魏泰《東軒筆錄》卷九："熙寧初，富鄭公弼、曾魯公公亮
為相，唐質肅公介、趙少師抃、王荊公安石為參知政事。是
時，荊公方得君，銳意新美天下之政，自宰執同列無一人議
論稍合，而臺諫章疏攻擊者無虛日。呂誨、范純仁、錢顗、錢
顥之倫，尤極詆訾，天下之人皆目為生事。是時鄭公以病
足，魯公以年老，皆引例去，唐質肅屢爭於上前，不能勝，未
幾，疽發于背而死。趙少師力不勝，但終日歎息，遇一事更
改，即聲苦者數十。故當時謂中書有生、老、病、死、苦，言介
甫生，明仲老，彥國病，子方死，悅道苦也。"

① 《宋朝諸臣奏議》卷一百九，第1190頁。

勸神宗先用陳升之爲相

《宋宰輔編年録》卷七："（富弼罷相）同日，曾公亮拜昭文相，陳升之拜集賢相，自尚書左丞、知樞密院事，除行禮部尚書、同平章事、集賢殿大學士……上既許富弼辭位，問弼曰：'卿即去，誰當代卿者？'弼薦文彥博，上默然良久，曰：'王安石何如？'弼默然。升之資歷高於安石，而素與安石相表裏，故安石勸上先用之。"

《長編紀事本末》卷六十六："升之深狡多數，善傅會以取富貴。爲小官時，與安石相遇淮南，安石深器之。安石時爲揚州簽判，有《送升之序》。及安石用事，務變更舊制，患同執政者間不從奏，設制置條例司，引升之共事，凡所欲爲，自條例司直奏行之，無復齟齬。升之心知其不可而竭力贊助，或時爲小異，陽若不與安石皆同者。安石不覺其詐，深德之，故安石推升之，使先爲相。"

十月五日，陳升之拜集賢相。因神宗特詔文彥博立班陳上，遂言其非是

《宋史》卷三百十三《文彥博傳》："熙寧二年，相陳升之，詔：'彥博朝廷宗臣，其令升之位彥博下，以稱遇賢之意。'彥博曰：'國朝樞密使，無位宰相上者，獨曹利用嘗在王曾、張知白上。臣忝知禮義，不敢效利用所爲，以紊朝著。'固辭乃止。"

徐度《却掃編》卷下："熙寧初，陳秀公升之拜相，時文潞公以司空、節度使兼侍中爲樞密使。神宗以潞公三朝舊老，

欲優禮之，故特詔班秀公上。潞公引曹利用事力辭，且言：
'臣忝文臣，粗知義理，不敢亂朝廷尊卑之序。'會王荊公亦
言非是，曰：'宰相之上，豈容有他官？霍光功烈權勢雖盛，
然猶序宰相下。'上於是從潞公之請。"

按，文彥博《文潞公文集》卷三十五《答詔劄子》："臣累
具奏，乞追寢十月三日詔命，及乞依儀制立班在宰臣陳升之
下，至今未蒙俞旨。臣欲伺候陳升之正謝畢，再具陳乞。又
檢詳儀制，使相在親王之下，宰臣在親王之上。將來合班，
尤所不便。伏望聖慈詳臣累奏，班在升之下，正朝廷素定之
儀，安愚臣所守之分。區區之誠，必期從可。候敕旨。"

十月五日，與神宗議徙衛兵年四十以上稍不中程者之淮南

《長編紀事本末》卷六十六："(熙寧二年)十月戊戌，上
問節財如何，王安石對以減兵最急。上曰：'比慶曆數已甚
減矣，惟別有措置乃可耳。'安石曰：'精訓練募兵，而鼓舞三
路百姓習兵，則兵可省。'先是，陳升之建議衛兵年四十以上
稍不中程者，量減請受，徙之淮南。呂公弼上言，以爲既使
之去本土，又減其常廩，於人情未安。且事體甚大，難遂行
也。於是，上問升之：'退軍事，當時曾與密院衆商量否？今
却皆爭論以爲難，此乃是合退作剩員，優假之，故別立等，有
何所傷？'公弼言：'臣不比它人立事取名，恐誤陛下事。若
二十萬衆皆變，爲之奈何？'升之具論祖宗舊法。曾公亮曰：
'爲之當有漸。'王安石亦云。上曰：'但執政協心，不扇動人
情，自無事。'安石曰：'公弼來陛下處言，止是臨事而懼，固

無所害。若退以語衆，乃爲扇搖人情。'上曰：'柴世宗如何得兵精？'安石曰：'亦只是簡汰。然柴世宗精神之運，威令之加，有在事外者，乃能濟事而無侮敗。'龍圖閣直學士陳薦言：'大臣建退軍之議，損禁兵月廩，使就食江淮。禁兵在京師，祖宗之制，所以重內輕外，其來已久。人情既安習，一旦輦徙，去國客食，卒伍衆多，非所以安之也。宜如舊。'上從之，卒罷退軍議。"

《宋史》卷一百九十二《兵六》："帝又言節財用，安石對以減兵最急。帝曰：'比慶曆數已甚減矣。'因舉河北、陝西兵數，慮募兵太少，又訓擇不精，緩急或闕事。安石則曰：'精訓練募兵而鼓舞三路之民習兵，則兵可省。臣屢言，河北舊爲武人割據，內抗朝廷，外敵四鄰，亦有禦奚、契丹者，兵儲不外求而足。今河北戶口蕃息，又舉天下財物奉之，常若不足。以當一面之敵，其施設乃不如武人割據時。則三路事有當講畫者，在專用其民而已。'"

十月六日，司馬光與神宗論諸大臣，以"不曉事"、"執拗"等語相評

《太平治跡統類》卷十二："（熙寧二年十月）己亥，翰林學士司馬光對延和殿。上問：'近相陳升之，外議云何？'光對曰：'今已降麻，誕告中外，臣雖言何益？'上曰：'試言之。'光曰：'閩人狡險，楚人輕易，今二相皆閩人，二參政皆楚人，必將援引鄉黨之士，充塞朝廷。天下風俗，何以得更淳厚？'上曰：'升之有才智，曉民政邊事，他人莫及。'光曰：'升之才智誠如聖旨，但恐不能臨大節而不可奪爾。昔漢高

祖論相，以爲王陵少戇，陳平可以輔之。平智有餘，然難獨任。真宗用丁謂、王欽若，亦以馬知節參之。凡才智之人，必得忠直之人從旁置之，此明主用人之法也。’光曰：‘富弼老成，有人望，其去可惜。’上曰：‘朕之所以留之至矣，彼堅欲去。’光曰：‘彼所以欲去者，蓋以所言不用，與同列不合也。’上曰：‘王安石何如？’光曰：‘人言安石奸邪，則毀太過，但不曉事又執拗耳。’上曰：‘韓琦敢當事，賢於富弼，但木强耳。’光曰：‘琦實有忠於國家之心，但好遂非，此其所短也。’上因歷問群臣，至于呂惠卿，光曰：‘惠卿險巧，非佳士，使王安石負謗於中外者，皆惠卿所爲也。近日不次進用，但不合衆心。’上曰：‘惠卿應對明敏，亦似美才。’光曰：‘江充、李訓若無才，何以動人主？’因論臺諫天子耳目，當自擇其人。上曰：‘諫官難得，卿更爲擇其人。’光退而舉學士陳薦、史館蘇軾、集賢校理趙彥若、職方員外郎王元規。”

　　按，“不曉事”、“執拗”，此爲司馬光一貫之評騭。《長編》卷三百七十四哲宗元祐元年四月癸巳：“觀文殿大學士、守司空、集禧觀使、荆國公王安石卒。司馬光手書與呂公著曰：‘介甫文章節義過人處甚多，但性不曉事而喜遂非，致忠直疏遠，讒佞輻輳，敗壞百度，以至于此。’”然《名臣碑傳琬琰集》下卷十四《王荆公安石實錄》：“神宗謂人言安石姦邪則過，但太執，不曉事耳。”或有意借神宗之口出之。

十月十一日，以神宗内批宋守約簽書樞密院事，執不可，奏罷之

　　《太平治跡統類》卷十二：“（熙寧二年十月）甲辰，内

批：‘宋守約可本官簽書樞密院事。’時守約以威武軍留後爲步軍都指揮使。王安石見之，謂曾公亮曰：‘此豈可奉詔？’公亮默然。又顧陳升之曰：‘此於理何如？物議果允否？’升之曰：‘亦恐不允。’安石曰：‘亦須爲上論此。’後兩日，遂罷守約簽書之命。守約管軍凡十餘年，專以嚴明，所居肅然，無人聲。蟬上庭木，亦擊去之。人或譏其過。”

按，宋守約，《宋史》卷三百四十九有傳：“開封酸棗人。以父任爲左班殿直，至河北緣邊安撫副使，選知恩州……神宗以禁旅驕惰，爲簡練之法，屯營可併者併之。守約率先推行，約束嚴峻，士始怨終服。或言其持軍太急，帝密戒之，對曰：‘臣爲陛下明紀律，不忍使恩出於臣，而怨歸陛下。’帝善之，欲擢眞樞府，宰相難之，乃止。”

十月二十六日，夏國使者來謝封册。因言既册之，宜堅明約束，勿令邊將生事

《長編紀事本末》卷八十三：“（熙寧二年十月）己未，夏國使者罔育訛來謝封册，王安石曰：‘今既封册秉常，宜堅明約束，勿令邊將生事，妄立城堡，爭小利害，自作不直。’上以爲然。”

以神宗欲復宗諤官，勸其待裁處宗室事定迺復

《宋會要輯稿》帝系四：“（熙寧二年十一月）二十五日，制以集慶軍節度使、檢校尚書、左僕射、虢國公宗諤復爲同中書門下平章事。初，帝欲復宗諤官，王安石曰：‘陛下姑遣使存問，諭以恩意，俟裁處宗室事定迺復。’帝曰：‘善。’”

是月，撰傅立墓誌銘

《文集》卷九十五《山南東道節度推官贈尚書工部郎中傅公墓誌銘》。墓主傅立，慶曆二年得同三禮出身：“公姓傅氏，諱立，字伯禮。其先大名内黄人，今鄆須城人也。慶曆二年，以五舉進士，得同三禮出身……嘉祐四年七月六日，卒於官舍，享年六十六……公子亦皆爲進士，曰堯俞，尚書兵部員外郎；曰舜俞，郊社齋郎；曰君俞，未仕……以熙寧二年十月某日，葬公于孟州濟源縣清廉鄉美化里。”

是月，撰張彦博墓誌銘

《文集》卷九十四《尚書司封員外郎張君墓誌銘》，墓主張彦博：“君姓張氏，諱彦博，字文叔……以治平四年十月六日卒于官，享年四十九……故其葬也，從劉氏於蘄之安仁鄉芙蓉山，蓋熙寧二年十月六日也。”

因陳升之請免簽書條例司事，與之辯，並薦韓絳同制置

《長編紀事本末》卷六十六：“（熙寧二年）十一月乙丑，命樞密副使韓絳同制置三司條例。初，陳升之既拜相，遂言制置三司條例司難以簽書，欲令孫覺、吕惠卿領局，而升之與王安石提舉。安石曰：‘臣熟思此事，但可如故，無可改者。’升之曰：‘臣待罪宰相，所無不統，所領職事，豈可稱司？’安石曰：‘於文反后爲司。后者，君道也；司者，臣道也，臣固宜稱司。’升之曰：‘今之有司、曹司，皆一職之名，非執政之所宜稱。’安石曰：‘古之六卿，即今執政，有司馬、司徒、

司空,各名一職,何害於理?'曾公亮曰:'今之執政,乃古三公,古之六卿,即今之六尚書也。'安石曰:'三公無官,惟以六卿爲官,如周公即以三公爲冢宰,蓋其它三公,或爲司馬,或爲司徒,或爲司空。古之三公,猶今三司;古之六卿,猶今兩府也。宰相雖無所不統,然亦不過如古冢宰而已。冢宰惟掌邦治,至於邦教、邦政、邦禮、邦刑、邦事,則雖冢宰亦有所分掌矣。'升之曰:'若制置百司條例則可,今但制置三司一官條例,則不可。'安石曰:'今中書支百錢以上物及補三司吏人,皆奏得旨乃施行,至於制置三司條例司,何故乃以爲不可?'上曰:'乃者陳升之在樞密院,今俱在中書,并歸中書何如?'安石曰:'先王制事,各因事勢所宜。唐、虞兵刑,皆在士官,以皋陶一人領之。後世兵事,愈多而重,則分爲司馬、司寇兩官。非欲苟變先王之法,以時勢不同故也。今天下財用困急,尤當先理財,《易》曰理財正辭。先理財,然後正辭;先正辭,然後禁民爲非,事之序也。孔子曰:既庶矣富之,既富矣教之。孟子亦曰:喪使無憾,王道之始也。此陛下之所理財而制置一司,使升之與臣領之之意也。特置一司,於時事宜,恐不須併。'升之以爲併之無傷,安石曰:'今分爲一司,則事易商議,早見事功。若歸中書,則待四人無異議,然後草具文字,文字成,須遍歷四人看詳,然後出於白事之人,亦須待四人皆許,則事積而難集。陛下既使升之與臣執政,必不疑升之與臣專事而爲姦。況制置司所奏請,皆關中書審覆,然後施行,自不須併入。'爭於上前,日高不決,乃皆退。他日又對,升之固以爲不可置司,上欲使安石獨領,安石以爲非便,曰:'陛下本置此司,令中書、樞密各差

一人，今若與韓絳同事，甚便。'上曰：'善。'"《太平治跡統
類》卷十三、《宋史全文》卷十一等所載略同。

　　按，十月，御史中丞呂公著亦上劄乞罷制置三司條例
司，見《宋諸臣奏議》卷一百十《上神宗乞罷制置三司條例
司》，注："熙寧二年十月上，時爲御史中丞。"

因神宗欲用蘇軾修起居注，以所學不同而力沮之

　　《長編紀事本末》卷六十二："(熙寧二年)十一月己巳
(六日)，司封員外郎、直史館蔡延慶，右正言、直集賢院孫覺
並同修起居注。上初欲用蘇軾及孫覺，王安石曰：'軾豈是
可獎之人？'上曰：'軾有文學，朕見似爲人平静，司馬光、韓
維、王存俱稱之。'安石曰：'邪險之人，臣非苟言之，皆有事
狀。作《賈誼論》，言優游浸漬，深交絳灌，以取天下之權。
欲麗附歐陽修，修作《正統論》，章望之非之，乃作論排章望
之，其論都無理。非但如此，遭父喪，韓琦等送金帛不受，却
販數船蘇木入川，此事人所共知。司馬光言呂惠卿受錢，反
言蘇軾平静，斯爲厚誣。陛下欲變風俗、息邪説，驟用此人，
則士何由知陛下好惡所在？此人非無才智，以人望□誠不
可廢，若省府推、判官有闕，亦宜用。但方是通判資序，豈可
使令修注？'上乃罷軾不用。"《太平治跡統類》卷十三、《宋
史全文》卷十一等所載略同。

爲神宗具道措置宗室之法。十一月十一日，有詔裁宗室授官法

　　《東都事略》卷八《神宗本紀》："(熙寧二年十一月)甲

戌,詔:裁宗室授官法,唯宣祖、太祖、太宗之子,擇其後一人爲公,世世不絕。其餘元孫之子,將軍以下聽出外官。祖免之子,更不賜名、授官,許令應舉。"

《宋會要輯稿》帝系四:"(熙寧二年十一月)甲戌,中書、樞密院言:'伏以祖宗受命百年,皇族日加蕃衍,而親疏之施,未有等衰,甄序其才,未能如古。臣等今議定方今可行之制:宣祖、太祖、太宗之子,皆擇其後一人爲宗,令世世封公……'於是詔曰:'自我祖宗惇叙邦族,大則疏封於爵土,次則通籍於闈臺,並留京師,參奉朝請。然而世叙寢遠,皇枝益蕃。屬有親疏,則恩有隆殺;才有賢否,則祿有重輕。今而一貫於周行,是亦奚分於流品?雖敦睦之道誠廣,而德施之義未周。故廷臣數言,宰司繼請,謂宜裁定,限以等夷。朕惟親戚之間,經史有訓;漢唐之世,典故具存。或以九族辨尊卑,或以五宗紀遠近;或聽推恩而分子弟,或許自試而效才能;或宗子之賢得從科舉,或諸王之女自主婚姻。盡前世之所行,顧當今之未備。況我朝制作,動法先王,豈宗室等衰,乃無定著?因俾群公之合議,將爲一代之通規。載覽奏封,具陳條目。以謂祖宗昭穆,是宜世世之封;王公子孫,抑有親親之殺。若乃服屬之既竭,洎于才藝之並優,在隨器以甄揚,使當官而勉懋。至於任子之令,通婚之儀,凡曰有司之常,一用外官之法。僉言既允,朕意何疑?告於將來,用頒明命。宜依中書、樞密所奏施行。'

呂夷簡在仁宗時,改宗室補環衛官,驟增廩給,其後費大而不可止。至韓琦爲相,嘗議更之而不果。及上即位,遂欲改法,於是王安石爲上具道措置之方。上曰:'祖宗之後,

擇一人爲宗,或者曰,若立嫡則人不服。朝廷法制,苟當於
禮,豈患不服?'曾公亮、陳升之曰:'立子可也,不必分嫡
庶。'安石曰:'今庶長得傳封爵,則嫡母私其子以害庶長者
多矣。母害其子,法之所難加,而政之所難及。若嫡子得傳
爵位,則庶長無禍。蓋於今立嫡,非但正統,亦所以安庶長
也。'上曰:'善。'"①

裁損宗室恩數。宗子相率馬首陳狀,不聽

陸游《老學庵筆記》卷二:"王荆公作相,裁損宗室恩數,
於是宗子相率馬首陳狀訴云:'均是宗廟子孫,且告相公看
祖宗面。'荆公厲聲曰:'祖宗親盡,亦須祧遷,何況賢輩!'於
是皆散去。"

曾鞏撰《公族議》以諷

《曾鞏集》卷九《公族議》:"至於宗廟之數,天子七,諸
侯五。而祭法,虞、夏、商、周禘郊祖宗,遠或至於數十世之
上,亦皆未嘗以服爲斷也。其推而上之,報本於祖宗,至不
可爲數,推而下之,廣骨肉之恩,至於無窮。蓋其積厚者其
流澤遠,有天下之功者受天下之報,其理勢次序固然也,是
豈可以拘於常見,議於錙銖之內乎?故服盡而戚單者,所以
節人之常情,而爲大宗小宗之數,安可以論帝者之功德,而

---

① 相關研究,可見李國強《論北宋熙寧年間的宗室改革》,《江西社會科學》
2010 年第 10 期。賈志揚著,趙冬梅譯《天潢貴胄——宋代宗室史》,江蘇
人民出版社 2005 年版,第 65—94 頁。

爲廣親親之法乎？昔武王克商，未及下車而封黃帝、唐虞之後，下車而封夏、商之後，其在異代，尚特顯之，其急如此。況受重於祖宗，推原功德之所自出，其可以天下之大，而儉於骨肉之恩，以不滿足海內之望乎？孟子曰：‘仁人之於兄弟也，親愛之而已矣。’親之欲其貴也，愛之欲其富也。先王推是心以及於同姓之間，故有土分之，有民分之，有寶玉分之，有寶器分之……後世公族無封國采地之制，而有列於朝，有賜於府，是亦親而貴之、愛而富之之意也。其名書於宗籍者，繁衍盛大，實國家之慶。有司雖費，非多於天下之國七十有一，而姬姓獨居者五十三人也。其亦求中以節之而已矣。顧令袒免以外母與官，衣食嫁娶使之自謀，是亦不考於古矣，何其野於禮也。以世莫能辨，故作《公族議》，使好學者得詳焉。”

按，曾鞏此文，明確反對公裁損宗室恩數。何焯《義門讀書記》卷二：“此爲荊公裁減宗室恩例而作。其推言親愛之心，可謂至矣。然公族之人，要當教之有法，使其材皆可用，而後與之祿。”

十一月十二日，神宗賜生日禮物

王珪《華陽集》卷二十三《賜參知政事王安石生日禮物詔》：“敕：適正仲冬，陽氣孳于物始；乃生碩輔，忠謨翼於政幾。頒內閣之賜常，助高門之續祉。宜爾昌熾，屬予寵私。”

乞移巴蜀物就與陝西封樁，以省蜀人輸送，免自京師支撥之費。神宗從之

《長編》卷二百十七熙寧三年十一月己酉：“先是，王安石白上移巴蜀物就與陝西封樁，非獨省蜀人輸送，且可以免自京師支撥之費，故有是詔。”李注：“二年十一月五日，撥十萬貫。”

《宋會要輯稿》食貨二四：“（熙寧三年）十一月二十二日，詔陝西轉運司，以西川四路物帛內變轉見錢二十萬緡，充制置解鹽司鈔場本錢。又詔陝西轉運選官，與成都府路轉運司剗刷年計外，見在錢貨物帛并餘物盡數發至陝西轉運司，變轉充西鹽鈔場本錢外，封樁以備邊費。’先是，王安石言：‘乞移巴蜀物就與陝西封樁，非獨省蜀人輸送，且可以免自京師支撥之費。’故有是詔。”

十一月十三日，行農田水利法

《宋會要輯稿》食貨一：“（熙寧二年）十一月十三日，制置三司條例司言：‘乞降農田利害條約付諸路，應官吏、諸色人有能知土地所宜、種植之法，及可以完復陂湖河港，或不可興復，只可召人耕佃；或元無陂塘、圩埠、堤堰、溝洫，而即今可以創修；或水利可及眾，而為之占擅；或田土去眾用河港不遠，為人地界所隔，可以相度均濟疏通者：但干農田水利事件，並許經管勾官或所屬州縣陳述。管勾官與本路提刑或轉運商量，或委官按視，如是利便，即付州縣施行；有礙條貫，及計工浩大，或事關數州，即奏取旨。其言事人並籍

定姓名、事件,候施行訖,隨功利大小酬獎;其興利至大者,
當議量材録用。内有意在利賞人不希恩澤者,聽從其便。

應逐縣各令具本管内有若干荒廢田土,仍須體問荒廢
所因,約度逐段頃畝數目,指説著望去處,仍具今來合如何
擘畫立法,可以糾合興修,召募墾闢,各述所見,具爲圖籍,
申送本州。本州看詳,如有不盡事理,即别委官覆檢,各具
利害開説,牒送管勾官。

應逐縣並令具管内大川溝瀆行流所歸,有無淺塞合要
濬導,及所管陂塘堰埭之類可以取水灌溉者,有無廢壞合要
興修,及有無可以增廣創興之處。如有,即計度所用工料多
少,合如何出辦。或係衆户,即官中作何條約與糾率;衆户
不足,即如何擘畫假貸,助其闕乏。所有大川流水阻節去
處,接連别州縣地界,即如何節次尋究施行。各述所見,具
爲圖籍,申送本州。本州看詳,如有不盡事理,即别委官覆
檢,各具利害牒送主管官。

應逐縣田土邊迫大川,數經水害,或地勢汙下,所積聚
雨潦,須合修築圩埠堤防之數以障水患;或開導溝洫,歸之
大川,通泄積水。並計度闊狹、高厚、深淺各若干工料,立定
期限,令逐年官爲提舉,人户量力修築開濬,上下相接。已
上亦先具圖籍,申送本州。本州看詳,如有不盡事,即别委
官覆檢,各具利害,牒送管勾官。所有州縣攢寫都大圖籍合
用書筆,或添雇人書,許于不係省頭子錢内支給。諸色公人
如敢緣此起動人户,乞覓錢物,並從違制科罪;其贓重者,自
從重法。

應據州縣具到圖籍并所陳事狀,並委管勾官與提刑或

轉運商量，差官覆檢。若事體稍大，即管勾官躬親相度，如
委寔便民，仍相度其知縣、縣令寔有才能，可使辦集，即付與
施行。若一縣不能獨了，即委本州差官，或別選往彼協力了
當。若計工浩大，或事關數州，即奏取旨。其有合與水利及
墾廢田用工至多縣分，若知縣、縣令不能施行，即許申奏對
換，或別舉官，或替下官，仍別與合入差遣。若本縣事務煩
劇，兼所興功利浩大，合添丞佐去處，即依今年二月中所降
添員指揮，別具開奏。

應有開墾廢田、興修水利、建立堤防、修貼圩埠之類，工
役浩大、民力不能給者，許受利人户于常平廣惠倉係官錢斛
内連狀借貸支用，仍依青苗錢例作兩限或三限送納。如是
係官錢斛支借不足，亦許州縣勸諭物力人出錢借貸，依例出
息，官爲置簿及催理。諸色人能出財力糾率衆户，創修興復
農田水利，經久便民，當議隨功利多酬獎。其出財頗多興利
至大者，即量才録用。

應逐縣計度管下合開溝洫工料及興修陂塘、圩埠、堤
堰、斗門之類，事關衆户，却有人户不依元限開修及出備名
下人工物料有違約束者，並官爲催理外，仍許量事理大小，
科罰錢斛。其錢斛官爲置簿拘管，收充本鄉衆户工役支用。
所科罰等第，令管勾官與逐路提刑司以逐處衆户見行科罰
條約同共參酌，奏請施行。

應知縣、縣令能用新法興修本縣農田水利，已見次第，
令管勾官及提刑或轉運使、本州長吏保明聞奏，乞朝廷量功
績大小，與轉官或升任、減年磨勘、循資，或賜金帛，令再任，
或選差知自來陂塘圩埠、堤堰溝洫、田土堙廢最多縣分，或

充知州、通判,令提舉部內興修農田水利,資淺者且令權入。其非本縣令佐,爲本路監司、管勾官差委擘畫興修,如能了當,亦量功利大小比類酬獎。'詔並從之。"

按,《宋會要輯稿》食貨七:"神宗熙寧元年六月十一日,中書言:'諸州縣古迹陂塘,異時皆蓄水溉田,民利數倍。近歲所在堙廢,致無以防救旱災。及瀕江圩埠,毀壞者衆,坐視沃土,民不得耕。'詔:'諸路監司訪尋轄下州縣可興復水利之處,如能設法勸誘興修塘堰圩埠,功利有實,即具所增田稅地利保明以聞,當議旌寵。'"至此乃行農田水利法。①

《宋史》卷一百七十三《食貨上一》:"興修水利田,起熙寧三年至九年,府界及諸路凡一萬七百九十三處,爲田三十六萬一千一百七十八頃有奇。"

閏十一月八日,遣沈衡等鞫祖無擇、苗振獄

《宋會要輯稿》刑法三:"神宗熙寧二年閏十一月八日,遣提舉司勾當公事沈衡鞫前知杭州、龍圖閣學士祖無擇於秀州,遣內侍管押無擇乘驛騎就對獄。又遣權御史臺推直官張景直鞫前知明州、光禄卿苗振於越州。皆以御史王子韶得其不法事故也。景直以親嫌辭,命職方員外郎徐九思代之。"

《宋史》卷三百三十一《祖無擇傳》:"初,詞臣作誥命,許受潤筆物。王安石與無擇同知制誥,安石辭一家所饋不獲,義不欲取,置諸院梁上。安石憂去,無擇用爲公費,安石

① 相關研究,可見鄧廣銘《北宋政治改革家王安石》,第154—162頁。漆俠《王安石變法》(增訂本),第141—145頁,第271—272頁。

聞而惡之。熙寧初，安石得政，乃諷監司求無擇罪。知明州苗振以貪聞，御史王子韶使兩浙，廉其狀，事連無擇。子韶，小人也，請遣內侍自京師逮赴秀州獄。蘇頌言無擇列侍從，不當與故吏對曲直，御史張戩亦救之，皆不聽。及獄成，無貪狀，但得其貸官錢、接部民坐及乘船過制而已，遂謫忠正軍節度副使。安石猶爲帝言：‘陛下遣一御史出，即得無擇罪，乃知朝廷於事但不爲，未有爲之而無效者。’”

陳襄《古靈先生文集》卷十六《乞疏放秀越二獄干繫人狀》：“臣伏見中書劄子，差屯田郎中沈衡、著作佐郎張載，往秀、越二州，置司推勘祖無擇、苗振公事。”

《宋史》卷三百二十九《王子韶傳》：“王安石引入條例司，擢監察御史裏行，出按明州苗振獄。安石惡祖無擇，子韶迎其意，發無擇在杭州時事，自京師逮對，而以振獄付張載，無擇遂廢。”

《長編》卷四百五十三哲宗元祐五年十二月丁未：“御史中丞蘇轍言……王安石初用事，遣子韶出按淮、浙。子韶妻父沈扶閑居杭州，方謀造宅舍，每於本州干借捍行役兵。知州祖無擇守法不與，子韶挾此私恨，誣謗百端，遂起大獄，然卒無事實。無擇緣此得罪，至今天下冤之。”

按，《歷代名臣奏議》卷二百八十六載鄭獬《救祖無擇疏》：“無擇之所犯，大者止以娼人薛希濤及屯田員外郎中任浩等請鑄鐘事。臣熟究希濤事，皆云無之，證左甚明。就使有此，朝廷不容，不過重削官而已。請託鑄鐘事，無擇亦不知任浩等受賂。其餘請射屋地、給賣祠部及酒歷、予富民錢出息以助公帑、造介亭等事，此皆前後知杭州者常爲之……

至於稱曾祐受賂至萬餘緡,臣見轉運司牓通衢募人告祐事,卒無告者,惟造書廚,不還十數緡而已,不聞納賂者至萬餘緡。無擇所犯蓋如此。"翌年七月二十五日,祖無擇責授忠正軍節度副使,苗振責授復州團練副使,①"自是詔獄屢興。"②又,沈衡字公持,蘇頌《蘇魏公文集》卷五十五《職方郎中沈君墓表》:"中景祐元年進士甲科。知台州臨海、明州之鄞、杭州之錢塘三縣事,通判泉州,坐法降監衢州清酒務。以歲課有羨,得便近官,復通判濰、淄、婺三州……君出白屋,無當世資藉,結髮從士子遊,以文學起家。禄仕四十年,官五品,歷臺省,刺藩部,追貴其先君。有子第進士,女皆從士人,亦儒者之榮遇也。又能勤刻自仕,始終一致,不爲炎涼易操。人或譏其深峭少恩,而君自信深篤,豈所謂强立不懼者歟!"

至於范純仁撰《宋故中大夫充集賢院學士知信陽軍兼管內勸農使柱國鄞郡開國公食邑三千三百戶食實封四百戶賜紫金魚袋祖公墓誌銘并序》曰:"今上即位,遷右諫議大夫、知杭州。秩滿,會御史過境,用怨者之言,以隱昧事奏公。朝廷乃置獄明辨,而公卒無他事,猶從謫爲忠正軍節度副使。"③則曲諱之也。

---

① 《宋會要輯稿》職官六五:"(熙寧三年)七月二十五日,前知杭州、龍圖閣學士右諫議大夫祖無擇責授忠正軍節度副使,不僉書州事……八月四日,光禄卿苗振責授復州團練副使,前明州司理參軍韋肅特勒停。坐前知明州不法及故入裴士堯罪,肅以阿隨振故也。"第4816頁。

② 《宋史》卷一百五十三《刑法二》,第4998頁。

③ 郭茂育、劉繼保編著《宋代墓誌輯釋》,第301頁。

閏十一月九日,以張載爲崇文院校書。見之,問以新政,不合

《太平治跡統類》卷十二:"閏十一月壬寅,張載爲崇文院校書。先是,呂公著薦載召對,問以治道,載曰:'爲政不以三代爲法者,終苟道也。'上謂載才勝邢恕,王安石亦以爲然,遂命之。"

《宋史》卷四百二十七《張載傳》:"熙寧初,御史中丞呂公著言其有古學,神宗方一新百度,思得才哲士謀之,召見問治道,對曰:'爲政不法三代者,終苟道也。'帝悅,以爲崇文院校書。他日見王安石,安石問以新政,載曰:'公與人爲善,則人以善歸公;如教玉人琢玉,則宜有不受命者矣。'"

《張載集》附錄《横渠先生行狀》:"他日見執政,執政嘗語曰:'新政之更,懼不能任事,求助於子何如?'先生對曰:'朝廷將大有爲,天下之士願與下風。若與人爲善,則孰敢不盡!如教玉人追琢,則人亦故有不能。'執政默然,所語多不合,寖不悅。既命校書崇文,先生辭,未得謝,復命案獄浙東。"

按,張載、邢恕均呂公著所薦。《宋會要輯稿》職官三三:"(熙寧二年)九月十一日,御史中丞呂公著言:'伏見秘書省著作佐郎張載,爲學得修身事君之大要,久在陝西,一方士人以爲師表。前河南府永安縣主簿邢恕剛毅不撓,勇於爲善,學術操守,實賈誼、馬周之流。伏望特賜裁擇,或召對以觀其才,或置之館閣,以待任使。'詔令閤門引對。既對,並特命爲崇文院校書。"

閏十一月十六日，差曾布看詳衙前條例

《長編》卷二百二十五熙寧四年七月壬辰：“勘會曾布熙寧二年九月二十一日，自海州懷仁縣令轉著作佐郎；閏十一月十六日，差看詳衙司條例。”

閏十一月十九日，與神宗、文彥博、呂公弼等議兵制，欲消募兵，以義勇上番

《日錄》：“熙寧二年閏十一月十九日，上曰：‘侯叔獻有言義勇上番文字，必是見制置司商量來。’余曰：‘此事似可爲，恐須待年歲間議之。’賜叔曰：‘今募兵未消，又養上番義勇，則調度尤不易。’余因爲上言募兵之害，終不可經久，僉以爲如此。余曰：‘今養兵雖多，及用則患少，以民與兵爲兩故也。又五代禍亂之虞，終未能去，以此等皆本無賴姦猾之人故也。’上因問府兵之制，曰：‘何處言府兵最備？’余曰：‘《李鄴侯傳》言之詳備。’上曰：‘府兵與租庸調法相須否？’余曰：‘今上番供役，則以衣糧給之，則無貧富皆可以入衛出戍，雖未有租庸調法，亦可爲也。但義勇不須刺手背，刺手背何補於制御之實？今既以良民爲之，當以禮義獎養，刺手背但使其不樂，而實無補也。又擇其鄉閭豪傑，爲之將校，量加獎拔，則人自悅服。今募兵爲宿衛，乃有積官至刺史、防、團者，移此與彼，固無不可，況不至如此費官祿，已足使人樂爲之。陛下審擇近臣，使皆有政事之材，則他時可令分將此等軍。今募兵出於無賴之人，尚可爲軍庙主，則近臣以上，豈不可及此輩？此乃先王成法，社稷之大計也。’上良以爲然。”

《長編紀事本末》卷六十六：“（熙寧二年）閏十一月，上問府兵之制，曰：‘府兵與租庸調法相須。’安石曰：‘今上番者即以衣糧給之，則無貧富皆可入衛出戍，雖未有租庸調法，亦可爲也……且祖宗朝北鄙無警，即便罷兵，今既講和，而屯兵至多，徒耗錢帛。’文彥博曰：‘自古皆募營兵，遇事息即罷。漢文帝以恭儉，故至武帝時府庫充實，然因用兵，卒致公私匱乏。’上曰：‘文、景恭儉，豈是庶事不爲以致富盛？蓋能立制度，所以有成效也。如仁宗朝，何嘗橫有費用，止緣衆人妄耗物力，府庫遂空。’韓絳曰：‘朝廷須修法度，愛惜財帛，乃能休息生靈。一人獨儉，未足成化。’陳升之曰：‘已議暗消本路特兵於京東，招補亦將有序，不數年，可見效矣。’呂公弼曰：‘緣邊之兵不可多減，若遇大閲，人數全少，北人觀之非便。’彥博曰：‘自有遣戍兵，不至闕事也。’上曰：‘卿等可詳議以聞。’”

是日，薦制置三司條例司檢詳文字李承之召見

《宋史》卷三百十《李承之傳》：“熙寧初，以爲條例司檢詳文字，得召見。神宗語執政曰：‘承之言制置司事甚詳，非他人所及也。’改京官。他日，謂之曰：‘朕即位以來，不輕與人改秩，今以命汝，異恩也。’檢正中書刑房，察訪淮、浙常平、農田水利差役事。”

《宋會要輯稿》職官五：“（熙寧二年）閏十一月十九日，沂州防禦推官、制置三司條例司檢詳文字李承之爲大理寺丞。王安石薦承之，召見，對本司事甚悉，因有是命。”

是日，差官充逐路提舉常平、廣惠倉，兼管勾農田水利差役

《宋會要輯稿》職官四三：“提舉常平倉農田水利差役。神宗熙寧二年九月九日，制置三司條例司言：‘近詔置京東等路常平廣惠倉，欲量逐路錢物多少，選官分詣提舉。’詔差官充逐路提舉常平廣惠倉，兼管勾農田水利差役事。於是屯田郎中皮公弼、太常博士王廣廉河北路，駕部員外郎蘇涓、太子中舍劉瑄陝西路，太常博士胡朝宗、殿中丞張復禮京東路，太常博士李南公、殿中丞陳知儉京西路，都官員外郎熊本、殿中丞徐儆淮南路，太常博士張峋、秘書丞侯叔獻兩浙路，都官員外郎林英開封府界，都官員外郎許懋、太常博士曾誼江南東路，太子中舍張次山江南西路，職方員外郎梁端、比部員外郎謝卿材河東路，太常博士吳審禮、喬叙荆湖南路，都官員外郎田君平荆湖北路，太常博士李元瑜成都府路，都官員外郎姜師孟、秘書丞田祐梓州路，虞部郎中王直溫、都官員外郎張吉甫利州路，虞部員外郎韓彥、殿中丞張授夔州路，屯田員外郎游烈廣南東路，太子中允關杞廣南西路，太常博士嚴君貺福建路。又差同管勾：大理寺丞朱紋京西路，著作佐郎曾亢淮南路，前益州司理參軍王醇兩浙路，大理寺丞王子淵京東路，著作佐郎張杲之陝西路，台州天台令蘇澥江南西路，前睦州桐盧縣令曾點福建路，著作佐郎范世京荆湖北路，謝仲規成都府路，楊汲廣南東路，俞充廣南西路，就差楊汲提舉開封府界。”

《宋史》卷十四《神宗一》：“（熙寧二年閏十一月）是月，

差官提舉諸路常平、廣惠倉，兼管勾農田水利差役事。"

《長編紀事本末》卷六十八："(熙寧二年)閏十一月，條例司奏：'差官提舉諸路常平、廣惠倉，兼管勾農田水利差役事。河東、湖南、梓州、利州、夔州各二員，江西、湖北、成都府、廣東、廣西、福建各一員，又差官同管勾陝西、江西、湖北、成都府、廣東、廣西、福建各一員，並令閤門引上殿。'從之。時天下常平錢穀見在一千四百萬貫石，諸路各置提舉二員，以朝官爲之，管勾一員，京官爲之，或共置二員，開封府界一員，凡四十一人。"

閏十一月二十二日，遣張載劾苗振

《宋會要輯稿》刑法三："(神宗熙寧二年閏十一月)二十二日，命崇文院校書張載劾苗振事。初遣徐九思，未行，而王子韶乞別選人，故改命載。於是呂公著與程顥等皆言：'載賢者，不當使鞫獄。'上曰：'鞫獄，豈賢者不可爲之事邪？'弗許。"

《張載集》附錄《橫渠先生行狀》："復命案獄浙東。或有爲之言曰：'張載以道德進，不能使之治獄。'執政曰：'淑問如皋陶，猶且獻囚，此庸何傷！'"

是月，李定謁見，言南方之民皆便青苗法。喜甚

《長編紀事本末》卷六十一："定素與王安石善，孫覺歸自淮南，極口薦定，因召至京師。定初至，謁李常，常問：'南方之民，以青苗爲如何？'定言：'皆便之，無不善。'常謂曰：'今朝廷方爭此，君見人，切勿爲此言也。'定即日詣安石，白

其事,曰:'定惟知據實而言,不知京師不得言青苗之便也。'安石喜,遂奏以定編《三司歲計》及南郊式,且密薦于上,乞召對。"

是月,爲呂惠卿力辯諸人之詆毀

《長編紀事本末》卷六十一:"(熙寧二年)閏十一月。先是,御史張戩言呂惠卿奸邪,不可在左右。王安石曰:'戩所言惠卿奸邪,有何狀?'上曰:'戩言嘗排司馬光令去。'上又論毀惠卿者甚衆。安石曰:'陛下於群臣當有所含垢,而臣之義亦當包荒,故於此亦有所難言,然在陛下,不可不察也。'數日,安石又獨對,力陳惠卿所以被譖及譖者之情,并諸奸利事。上然之。"

十二月三日,乞差官置局編修《三司歲計》、《南郊式》、《三司簿曆》,神宗從之;奏以李定等編定

《長編》卷二百十熙寧三年四月己卯:"安石喜甚,遂奏以定編《三司歲計》及《南郊式》,且密薦於上乞召對。"李燾:"編式乃二年十二月三日。"

《宋會要輯稿》職官五:"(熙寧二年)十二月三日,(條例司)又言:'三司歲計及南郊之貲,皆可編爲定式。乞差官置局,與使、副等編修。仍令本司提舉太常博士、集賢校理劉瑾、大理寺丞趙咸、保安軍判官楊蟠、秀州判官李定編定《三司歲計》及《南郊式》,屯田郎中金君卿、大理寺丞呂嘉問、鄆州須城主簿、三司推勘公事喬執中編定《三司簿曆》。'從之。"

　　章如愚《山堂考索》後集卷六十三引《四朝國史志》：
"國家自天聖以後，用度浸廣，故於會計録加詳。神宗嗣位，
用王安石參預樞要，尤以理財爲先務。熙寧三年，條例司始
議取三司簿籍，考觀本末，與使、副同商度經久廢置之宜，一
歲用度及郊祀大費，皆編著定式。詔用其議。以劉瑾等編
《三司歲計》及《南郊式》，金君卿等編《三司籍簿》，條例司
總領焉。"

　　《南郊式》由公領修，《宋史》卷二百四《藝文三》："王安
石《南郊式》一百十卷。"（詳見本譜熙寧五年）參預者除李
定爲公之高足外，尚有劉瑾、趙咸、楊蟠。劉瑾字元忠，劉沆
之子。呂惠卿撰《宋故朝奉大夫充天章閣待制真定府路安
撫使兼馬步軍都總管兼知成德軍府事兼管內勸農使護軍彭
城縣開國伯食邑七百户賜紫金魚袋劉公墓誌銘》："舉皇祐
五年進士，中其第。用薦者召試充館閣校勘，權判尚書司
勳……英宗在殯，禮官議宗室婚姻不一，連坐奪一官。通判
睦州，復官同判登聞鼓院，移同判尚書吏部南曹，充删定編
敕官。"楊蟠，詳本譜至和二年。

　　其後沈括服除，實董其事。《宋史》卷三百三十一《沈括
傳》："故事，三歲郊丘之制，有司按籍而行，藏其副，吏沿以
干利。壇下張幔，距城數里爲園囿，植采木、刻鳥獸綿絡其
間。將事之夕，法駕臨觀，御端門、陳仗衛以閱嚴警，游幸登
賞，類非齋祠所宜。乘輿一器，而百工侍役者六七十輩。括
考禮沿革，爲書曰《南郊式》。即詔令點檢事務，執新式從
事，所省萬計。"

　　《三司簿曆》由金君卿、呂嘉問、喬執中編修。《宋史》

卷三百四十六《喬執中傳》：“王安石爲政，引執中編修《熙寧條例》。”即謂此也。呂嘉問，《宋史》卷三百五十五有傳：“字望之，以蔭入官。熙寧初，條例司引以爲屬。”金君卿，公之同年，詳本譜治平四年。

十二月四日，上《論館職劄子二》，議建三館祗候

《文集》卷四十，文曰：“臣伏見今館職一除，乃至十人，此本所以儲公卿之材也。然陛下試求以爲講官，則必不知其誰可；試求以爲諫官，則必不知其誰可；試求以爲監司，則必不知其誰可。此患在於不親考試以實故也。孟子曰：‘國人皆曰賢，然後察之，見賢焉，然後用之。’今所除館職，特一二大臣以爲賢而已，非國人皆曰賢。國人皆曰賢，尚未可信用，必躬察見其可賢而後用，況於一二大臣以爲賢而已，何可遽信而用也？臣願陛下察舉衆人所謂材良而行美可以爲公卿者，召令三館祗候，雖已帶館職，亦可令兼祗候。事有當論議者，召至中書，或召至禁中，令具條奏是非利害及所當施設之方，及察其才可以備任使者，有四方之事，則令往相視問察，而又或令參覆其所言是非利害。其所言是非利害，雖不盡中義理可施用，然其於相視問察能詳盡而不爲蔽欺者，即皆可以備任使之才也。其有經術者，又令講説。如此至於數四，則材否略見，然後罷其否者而召其材者，更親訪問以事。訪問以事，非一事而後可以知其人之實也，必至於期年所訪一二十事，則其人之賢不肖審矣，然後隨其材之所宜任使。其尤材良行美可與謀者，雖嘗令備訪問可也……蓋人主之患在不窮理，不窮理則不足以知言，不知言

則不足以知人，不知人則不能官人，不能官人則治道何從而興乎……臣愚才薄，然蒙拔擢，使豫聞天下之事。聖旨宣諭富弼等，欲於講筵召對輔臣，討論時事。顧如臣者，材薄不足以望陛下之清光，然陛下及此言也，實天下幸甚！自備位政府，每得進見，所論皆有司叢脞之事。至於大體，粗有所及，則迫於日暮，已復旅退。而方今之事，非博論詳說，令所改更施設本末、先後小大詳略之方已熟於聖心，然後以次奉行，則治道終無由興起。然則如臣者，非蒙陛下賜之從容，則所懷何能自竭？蓋自古大有爲之君，未有不始於憂勤而終於逸樂。今陛下仁聖之質，秦、漢以來人主未有企及者也，於天下事又非不憂勤，然所操或非其要，所施或未得其方，則恐未能終於逸樂無爲而治也，則於博論詳說豈宜緩？然陛下欲賜之從容，使兩府並進，則論議者衆而不一，有所懷者或不得自竭。謂宜使中書、密院迭進，則人各得盡其所懷，而陛下聽覽亦不至於煩。陛下即以臣言爲可，乞明喻大臣，使各舉所知，無限人數，皆實封以聞。然後陛下推擇召置，以爲三館祗候。其不足取者，旋即罷去，則所置雖多，亦無所害也。”

《長編》卷二百十一熙寧三年五月壬寅條注：“安石議建三館祗候，見二年十二月丙寅，至四年六月罷。”

十二月十三日，與神宗、陳升之、文彥博、呂公弼等議兵制，以爲“募兵之法不變，乃實有可憂”；議以義勇入衛，勉神宗詳立法制，變數百年募兵之弊

《長編紀事本末》卷六十六：“（熙寧二年）十二月乙亥，上論及邊兵已不足以守，雖費衣糧，然又不可減。王安石曰：'今若更減，即誠無以待緩急；不減，則費用無有已時。若不能治兵，稍復古制，則中國決無富强之理。'上因言義勇可使，分爲四蕃出戍。吕公弼曰：'須先省得募兵，乃可議此。'安石曰：'計每歲募兵所死亡之數，乃以義勇補之可也。'上問：'唐都關中，府兵多在關中，則爲强本。今都關東而府兵盛，則京師更不足待外方。'安石曰：'府兵處處可爲，又可令入衛。'公弼與韓絳皆以入衛爲難，文彦博曰：'曹、濮人專爲盜賊，豈宜使入衛！'安石曰：'曹、濮人豈可應募諸班諸軍者！應募皆暴猾無賴之人，尚不以爲虞，義勇皆良民，又以有物力户爲將校，豈可却以爲虞？'陳升之欲令義勇以漸戍近州，安石曰：'藥不瞑眩疾不瘳，陛下若欲變數百年募兵之弊，則宜果斷，詳立法制，令本末備具，不然無補也。'上以爲須像立定條法，不要宣布，以漸推行可也。樞密退，安石白上曰：'陛下以爲柴世宗能闢土疆、服天下者，何也？'上曰：'莫是能果斷否？'安石曰：'柴世宗能使兵威復振，非但高平之戰能斬樊愛能而已。天下盜賊、殺人、亡命日募以爲禁軍，史臣以爲當時孤子寡婦，見讎仇而不敢校，後悔之莫有貸者。臣謂史官不足以知世宗，世宗非悔也。方中國兵弱，以爲非募此等人，不足以勝諸僭僞之國。及所募已足，則法不可久弛，故不復貸其死，此乃定計數於前，必事成功於後，豈以爲失策而更悔也？世宗募盜賊、殺人、亡命者以爲禁衛，不以爲虞者，誠有帝王威略故也。今當平世，發義勇入衛，有爵賞之勸，禄賜之利，而乃更憂其爲變，恐非篤論。蓋今人習見募兵，而不見民兵之事久，故一聞此議，則不能無駁。然募兵之法不變，乃實有可憂。'此據《日録》，乃二年十二月十三日。”

《宋史》卷一百九十一《兵五》：“十二月，帝言：‘義勇可使分爲四番出戍。’呂公弼曰：‘須先省得募兵，乃可議此。’安石曰：‘計每歲募兵死亡之數，乃以義勇補之可也。’陳升之欲令義勇以漸戍近州，安石曰：‘陛下若欲變數百年募兵之弊，則宜果斷，詳立法制。不然，無補也。’帝以爲然，曰：‘須豫立定條法，不要宣布，以漸推行可也。’兩府議上番，或以爲一月，或以爲一季，且令近戍，文彦博等又言難使遠戍，安石辯之甚力。”

《宋史全文》卷十一：“（熙寧二年）十二月乙亥，上問王安石以真宗時邊事。安石曰：‘臣按《實録》，當時君臣議論，未嘗説到底，上下相與，皆滅裂而已，則何以待夷狄。’”

《太平治跡統類》卷十三、陳瓘《四明尊堯集》卷四所載略同。

十二月二十一日，以呂公著上疏論呂惠卿，爲惠卿辯解

《長編紀事本末》卷六十一：“（熙寧二年）十二月癸未，上謂王安石、韓絳曰：‘呂公著言條例司近轉疏脱，所舉官皆是奴事呂惠卿得之，並非韓絳、王安石所識。’安石曰：‘自外舉者，誠非臣等所識，然取於衆議。若謂奴事呂惠卿，則惠卿在條例司用事已來，幾日在外，人如何奴事得？’上又曰：‘孫覺近日議論全別，稱張載學問不在呂惠卿下，覺專附呂公著。’安石曰：‘令載鞫獄，自是陛下意，中書本不差。’上曰：‘本置校書，政欲如此差也。’”

十二月二十三日，差侯叔獻、楊汲於夾河引汴水以溉民田

《宋會要輯稿》食貨七："（熙寧二年）閏十一月十五日，提舉兩浙常平等事、秘書丞侯叔獻徙開封界，都官員外郎、提舉開封府界常平等事林英徙兩浙路。以叔獻言：'汴河歲漕東南六百萬斛，浮江泝淮，更數千里，計其所費，率數石而致一碩。雖中都之粟用饒，而六路之民實受其弊。夫千里饋糧，軍志所忌，矧京師帝居，天下輻湊，人物之富、兵甲之饒，不知幾百里數。夫以數百萬之衆，而仰給於東南千里之外，此未爲策之得也。臣伏思之：沿河兩岸，沃壤千里，而夾河之間，多有牧馬地及公私廢田，略計二萬餘頃。計馬而牧，不過用地之半，則是萬有餘頃，常爲不耕之地。此遺利之最大者也。觀其地勢，利於行水，最宜稻田。欲望於汴河南岸稍置斗門，泄其餘水，分爲支渠，及引京、索河并二十六陂水以灌之，則環畿甸間，歲可以得穀數百萬，以給兵食。此減漕省卒、富國強兵之術也。'故叔獻代英，仍令計會所屬相度，具經久利害以聞。十二月二十三日，條例司乞差秘書省著作佐郎、同管勾廣南東路常平等事楊汲同提舉開封府界常平等事，同秘書丞侯叔獻於夾河引汴水以溉民田。從之。"

十二月二十四日，增三京留司御史臺、國子監及宮觀官，以處卿監、監司知州之老者

《宋史》卷十四《神宗一》："（熙寧二年十二月）丙戌，增

三京留司御史臺、國子監及宮觀官，以處卿監、監司、知州之老者。”

《長編》卷二百十一熙寧三年五月癸卯：“時以諸臣歷監司、知州，有衰老不任職者，令與閑局，王安石亦欲以處異議者，故增宮觀員。”

按，神宗勵精圖治，留心吏治，本年正月，已委御史臺詢察審核衰老疾病疲癃之官員。增置宮觀官，固僅非“欲以處異議”者。《宋會要輯稿》職官五五：“熙寧二年正月二十三日，權監察御史裏行王子韶言：‘朝廷以職事官年七十以上及疾病疲癃者付御史臺體量可否，此宜委宜有司，豈可每煩朝廷？又況內外職任頗有事繁務劇之處，其不能勝任者豈獨老病？至於孱懦庸闒之人，亦能曠官敗事者也。今必待朝廷指揮然後體量，則所察者少，而所遺者衆，恐未足以澄清簪笏也。竊見得替、赴任官並有赴臺、參辭之制，自來只於朝堂與丞、雜、御史拜揖而已，徒襲舊儀，殊無義理。欲乞今後臺參辭並須詣御史臺，本臺每日令御史一人接見，詳加詢察，遇有老病昏懦之人，即白丞、雜再同審覈。若委實不堪鳌務者，並許彈奏。’從之。”

《宋史》卷一百七十《職官十》：“宋制，設祠祿之官，以佚老優賢。先時員數絕少，熙寧以後乃增置焉。在京宮觀，舊制以宰相、執政充使，或丞、郎、學士以上充副使，兩省或五品以上為判官，內侍官或諸司使、副為都監，又有提舉、提點、主管。其戚里、近屬及前宰執留京師者，多除宮觀，以示優禮。時朝廷方經理時政，患疲老不任事者廢職，欲悉罷之，乃使任宮觀，以食其祿。王安石亦欲以此處異議者，遂詔：'宮觀毋限員，並差知州資序人，以三十月爲任。'又詔：
'杭州洞霄宮、亳州明道宮、華州雲臺觀、建州武夷觀、台州
崇道觀、成都玉局觀、建昌軍仙都觀、江州太平觀、洪州玉隆
觀、五嶽廟自今並依嵩山崇福宮、舒州靈仙觀置管幹或提
舉、提點官。''奉給，大兩省、卿、監及職司資序人視小郡知
州，知州資序人視小郡通判，武臣倣此。'四年，詔：'宮觀、嶽
廟留官一員，餘聽如分司、致仕例，從便居住。'六年，詔：
'卿、監、職司以上提舉，餘官管幹。'又有以京官爲幹當者。
又詔：'年六十以上者乃聽差，毋過兩任。'又詔：'兼用執政
恩例者，通不得過三任。'"

是月，以蘇軾上《諫買浙燈狀》及上萬言書極論新法不便，深惡之

《長編紀事本末》卷六十二："（熙寧二年）十二月，有中
旨下開封府，減價買浙燈四千餘枝。權推官、殿中丞、直史
館蘇軾言：'陛下游心經術，動法堯舜，窮天下之嗜欲，不足
以易其樂；盡天下之玩好，不足以解其憂，而豈以燈爲悦哉？
此不過以奉二宮之歡耳。且賣燈皆細民，安可賤酬其直？
願亟罷之。'上納其言。軾因奏書獻上，言曰：'願陛下結人
心，厚風俗，存紀綱。'書凡七千餘言。軾素不爲王安石所
喜，使權開封府推官，欲以多事困之也。而軾決斷精敏，聲
問益遠，論事益不休。"

按，蘇軾"凡七千餘言"之書，即其《上神宗皇帝書》。
畢沅《續資治通鑑》卷六十七："中旨下開封府減價買浙燈四
十餘枝，直史館、權開封府推官蘇軾言……即詔罷之。軾因

上書，極論時政，凡七千餘言⋯⋯王安石見而深惡之。”

　　孔凡禮《蘇軾年譜》卷八：“書謂：‘臣之所欲言者，三言而已。願陛下結人心，厚風俗，存紀綱。’又言：‘國家之所以存亡者，在道德之淺深，不在乎強與弱；歷數之所以長短者，在風俗之厚薄，不在乎富與貧。’反對言利，不滿旨在生天下之財之新法，如青苗、方田均稅、均輸法等。又言：‘臣非敢歷詆新政，苟爲異論，如近日裁減皇族恩例、刊定任子條式、修葺器械、閱習鼓旗，皆陛下神算之至明，乾剛之必斷，物議既允，臣敢有詞。’”

是年，看詳《雜議》，具條奏陳

　　《文集》卷六十二《看詳雜議》：“臣今月二日至中書，曾公亮傳聖旨，以《雜議》一卷付臣看詳。臣謹具條奏如後。

　　議曰：官有定員，則進趣雖多，不能爲濫。宜定臺、省、監、寺之員，須有闕然後用。

　　臣某曰：今之臺、省、監、寺之官，雖名曰職事官，而實非前代之所謂職事官，而與前代刺史等所帶檢校官無以異。前代檢校官之類，亦不能定員，待有闕然後擬。前代所謂職事官，即今所謂差遣是也。今之差遣，固已有定員，須有闕然後用人矣。若欲令今所謂職事官亦有定員，則今職事官以差遣員數校之，幾至兩倍，而有功有考當陞者，又未有以禦之。欲有定員，所謂可言而不可行者也。

　　議曰：內外之官，正其名稱，出則正刺史、縣令之名，入則還臺、省之名。

　　臣某曰：前代有勳官，有散官，有檢校官，有職事官。勳官、散官，當其有罪，則皆得議請減，而應免官則又可以當官，而檢校官與今行、守之官無異。故朝廷與奪，皆足以爲人榮辱利害。今散官、勳官、檢校官既不足以爲人榮辱利害，爲人榮辱利害者，唯有職事官與差遣而已。今若令内外官正其名稱，出則正刺史、縣令之名，入則還臺、省之名，則是丞、郎知州謂之刺史，京朝官知州亦謂之刺史，不知職事官之貴賤何以別乎？又其禄秩位次，不知當復如何？若同之，則理不可行；若不同，則與未名之時又何以異？臣以爲今州郡長吏謂之知州，非不正名，所領職事官，乃與前代刺史等帶檢校官無異，何傷於正名而欲改之乎？且漢以丞相史刺察州郡，謂之刺史，今欲名州郡長吏爲刺史，則何得謂之正名？

議曰：罷官而止俸。

臣某曰：文王治岐，仕者世禄；武王克商，庶士倍禄。蓋人主於士大夫能饒之以財，然後可責之以廉恥。方今士大夫所以鮮廉寡恥，其原亦多出於禄賜不足，又以官多員少之故，大抵罷官數年，而後復得一官。若罷官而止俸，恐士大夫愈困窮而無廉恥。士大夫無廉恥，最人主所當憂。且邦財費省之大原，乃不在此。議者但知引據唐事，乃不知唐時官人俸厚，故罷爲前資，未至困乏。今官人俸薄，則與唐時事不得同。且不吝於與人以官，而欲吝於與官以禄，非計之得也。

議曰：以釐務實日併爲三年，以叙磨勘之法，以符考績之義。

臣某曰：今欲以釐務實日併爲三年，以叙磨勘之法。竊以爲不釐務者，非人情之所欲也；釐務者，非人情之所苦也。今等之無功，而釐務則計日得遷；等之無罪，而不釐務則不得計日而遷，恐未足以符考績之義，而適足以致不均之怨也。且黜陟之法，務在沮勸罪功，不知立法如此，有何沮勸？

議曰：置兵部審官院。

臣某曰：崇班以上置兵部審官院，此恐可議而行。然崇班以上差遣盡付之兵部，則不可行。當約文字之法，相度所任輕重緩急，有付之審官者，有屬之樞密者。至於磨勘，則官視卿、監以下，皆付之兵部審官可也。

議曰：置兵部流內銓，以代三班，及置南曹。

臣某曰：三班院無以異於兵部流內銓，何必以代三班乎？今三班自無闕事，而又增置南曹，則非省官之意。

議曰：廢江淮荊浙發運使。

臣某曰：江淮荊浙發運使嘗廢矣，未幾復置者，以不可廢故也。蓋發運使廢，則其本司職事，必令淮南轉運使領之。淮南轉運所總州軍已多，地里已遠，而發運使據六路之會以應接轉輸，及他制置事亦不少。但以淮南轉運使領發運，則發運一司事多壅廢，此蓋其所以廢而復置也。臣比見許元爲發運使時，諸路有歲歉米貴，則令輸錢，以當年額，而爲之就米賤路分糴之，以足年額。諸路年額易辦，而發運司所收錢米常以有餘，或以其餘借助諸路闕乏。其所制置利便，多如此類。要在揀擇能吏以爲發運而已，廢之不爲便也。

議曰：廢都水監。

臣某曰：都水監亦恐不可廢。今議者以謂比三司判官

主領之時,事日煩,費日廣,舉天下之役,其半在於河渠隄
埽,故欲廢之。此臣之所未喻也。朝廷以爲天下水利領於
三司,則三司事叢,不得專意。而河渠隄埽之類,有當經治
而力不暇給,故別置都水監。此所謂修廢官也。官修則事
舉,事舉則雖煩何傷? 財費則利興,利興則雖費何害? 且所
謂舉天下之役半在於河渠隄埽者,以爲不當役而役之乎?
以爲當役而役之乎? 以爲不當役而役之,則但當察官吏之
不才,而不當廢監;以爲當役而役之,則役雖多,是乃因置
監,故吏得修其職而無廢事也,何可以廢監乎? 且今水土之
利,患在置官不多,而不患其冗也。

議曰:合三部勾院。

臣某曰:三部勾院,臣未知其詳,然恐由近歲三司帳籍
鈎考之法大壞而不舉,故三司勾院有事簡處。若不然,則此
三部勾院理不可合。

議曰:提舉百司不當用內制,但用如張師顔者。

臣某曰:提舉百司多用內制,而今患其與三司並行指揮,
庫務異同難稟。臣以爲唯權均體敵,乃可以相檢制。事有異
同,則理有枉直。近在闕門之外,則非理皆得上聞。庫務官
司,亦何嫌於難稟? 今若只用如張師顔者一人,與三司表裏綱
紀細務,則恐與三司權不均、體不敵,雖足以綱紀細務,而三司
措置,百司失理,莫能與之抗議。今使內制一人總其權以敵三
司,又使如張師顔者一人躬親點檢細事,小既足以究察諸司姦
弊,大又足以檢制三司。如此處置,未爲失也。若以爲費而當
省,則提舉百司於內制但爲兼職,廢之何所省乎?

議曰:廢宮觀使、副、都監。

臣某曰：宮觀置使、提舉、都監，誠爲冗散。然今所置，但爲兼職，其有特置，則朝廷禮當尊寵，而不以職事責之者也。廢與置，其爲利害亦不多。若議冗費，則宮觀之類，自有可議，非但置使、提舉、都監爲可省也。

議曰：外則并郡縣。

臣某曰：中國受命至今百餘年，無大兵革，生齒之衆，蓋自秦、漢以來莫及。臣所見東南州縣，大抵患在户口衆而官少，不足以治之。臣嘗奉使河北，疑其所置州縣太多，如雄、莫二州，相去纔二十餘里。聞如此者甚衆，其民徭役固多，財力彫弊，恐亦因此。然臣不深知其利害，不敢有言。

議曰：詔執事之臣下逮有司，俾行審官銓選之職，稍稍寬假，使時有簡拔。

臣某曰：今朝廷使監司、守倅及知雜以上，各以所知，同罪薦舉人材，然尚患其所舉不如舉狀。今若令有司行審官銓選之職，時有簡拔，臣恐以一二人之耳目，不足以盡天下之材，而所簡拔，不足以塞士大夫之非議。又其所任或不免交私，則於時政徒有所損而已。

議曰：擇判、司、簿、尉三考四考有兩紙三紙舉狀者引對，給筆札，條爲治目，不拘文辭，咸以事對，命官考驗，有理趣者除縣令。三考績效有聞，委提刑、轉運上其實狀，除京官，再入兩任知縣。如政績顯白，與減一任通判，便除知州。

臣某曰：議者以爲近世縣令最卑，有出身三考，無出身四考，不問其人材如何，但非贓犯，則以次而授焉，甚非重民安本之誼。臣以爲今有出身三考，無出身四考，皆有三人舉主，乃得爲縣令，非不問其人材如何而特以次授也。蓋近歲朝廷舉令之法最善，故近歲縣令亦稍勝於往時。但朝廷誘養之道未純，督察之方未盡。大抵人才難得，非特縣令乏人。今議者欲擇判、司、簿、尉三考四考有兩紙三紙舉狀者引對，欲除以爲令，則與舉令之法無甚異也。若欲以筆札條對求治民之材，臣恐不必得治材之實，但得能文辭談説者爾。又以爲績效有聞，則提刑、轉運上其實狀，即除京官。若令提刑、轉運舉者至於五人，而後與轉京官，則得轉京官者少。若但要提刑、轉運舉狀不必五人而後轉，則如此選擇之人，何以知其賢於舉令，而遽優異之如此？又以爲兩任知縣政績顯白，與減一任通判，便除知州。不知政績如何而可以謂之顯白？若有殊尤可賞，則朝廷自當選擇，及有升任指揮；若不足以致選擇及升任指揮，則其政績不爲甚異。政績無甚異，而更不用關陞之法，便減一任通判，與除知州，臣恐入知州者愈冗，而所除又未必賢。

右臣所聞淺陋，不足以知治體，謹具條奏并元降《雜議》封上。取進止。”

按，“議曰：提舉百司不當用内制，但用如張師顏者。”張師顏，張去華之子。[1] 英宗治平二年六月二十六日，同提舉在京諸司庫務。[2] 至熙寧三年五月，已離任。[3] 此文當撰於

---

[1] 《宋史》卷三百六《張去華傳》，第 10110 頁。

[2] 《長編》卷二百五治平二年六月甲寅：“刑部郎中張師顏同提舉在京諸司庫務。”第 4971 頁。

[3] 《宋會要輯稿》職官二七：“熙寧二年十一月，新差知定州李肅之言：‘臣近提舉諸司庫務，所管七十三處，官物浩瀚，出納繁擁。自張師顏同提舉，方稍畏懼。緣師顏獨力，無暇頻到逐處點檢。’”第 3735 頁。《宋會要輯稿》選舉三三：“(熙寧)三年五月十七日，兵部郎中張師顏充集賢殿修撰、河北轉運使。”第 5886 頁。

之前,故附此。由此可見,公於正内外官名稱等事不以爲
然。晁説之《嵩山文集》卷三《論神廟配享劄子》:"安石在
金陵,見元豐官制行,變色自言曰:'許大事,安石略不得預
聞。'"此固晁説之蓄意詆毁公與神宗之關係,然二人於官制
變革之理念不同,亦可見一斑。

是年,撰《兵論》,不傳

徐度《却掃編》卷中:"劉貢甫舊與王荆公遊,甚款。荆
公在從班,貢甫以館職居京師,每相過,必終日。其後荆公
爲參知政事,一日貢甫訪之,值其方飯,使吏延入書室中,見
有藁草一幅在硯下,取視之,則論兵之文也。貢甫性强記,
一過目輒不忘。既讀,復眞故處,獨念吾以庶僚謁執政,徑
入其便坐,非是,因復趨出,待於廡下。荆公飯畢而出,始復
邀入坐。語久之,問貢甫近頗爲文乎?貢甫曰:'近作《兵
論》一篇,草創未就。'荆公問所論大概如何,則以所見藁草
爲己意以對。荆公不悟其嘗見己之作也,默然良久,徐取硯
下藁草裂之。蓋荆公平日論議,必欲出人意之表,苟有能同
之者,則以爲流俗之見也。"

按,此條記載頗類小説家言,不足全信,然謂公撰《兵
論》則容或有之。

是年,題《賜也》詩於中書南廳壁間

《詩注》卷四十四《賜也》:"賜也能言未識眞,誤將心許
漢陰人。桔橰俯仰妨何事?抱甕區區老此身。"

《石林詩話》卷中:"舊中書南廳壁間,有晏元獻題《詠

上竿伎》一詩云：'百尺竿頭裊裊身，足騰跟挂駭傍人。漢陰有叟君知否？抱甕區區亦未貧。'當時固必有謂。文潞公在樞府，嘗一日過中書，與荆公行至題下，特遲留誦詩久之，亦不能無意也。荆公他日復題一篇於詩後。"

按，賜也，即孔子弟子子貢。詩中所詠之事出《莊子·天地》："子貢南遊於楚，反於晉，過漢陰。見一丈人方將爲圃畦，鑿隧而入井，抱甕而出灌，搰搰然用力甚多而見功寡。子貢曰：'有械於此，一日浸百畦，用力甚寡而見功多，夫子不欲乎？'爲圃者仰而視之曰：'奈何？'曰：'鑿木爲機，後重前輕，挈水若抽，數如泆湯，其名爲橰。'爲圃者忿然作色而笑曰：'吾聞之吾師：有機械者必有機事，有機事者必有機心。機心存於胸中，則純白不備；純白不備，則神生不定。神生不定者，道之所不載也。吾非不知，羞而不爲也。'子貢瞞然慚，俯而不對。"此篇原借漢陰老叟之口，反對勞心用智，利用機械有所作爲；而此事遂於後世凝固成無爲而治之典。晏元獻即晏殊，仁宗朝宰相，施政風格趨於清浄保守。其題詩發揮《莊子》原意，借漢陰老叟之無欲無心，諷刺上竿伎以奇巧淫技取悦傍人。文潞公即文彦博，時任樞密使，於新法變更多有異議。其行至晏詩前"留誦詩久之"，無非欲借此詩諷喻公，毋輕易變更法度。公之題詩，則力反陳言，以漢陰老叟未能利用器械，遂"區區老此身"。據此，公詩之翻案亦屬有的放矢，暗諷因循苟且之政，爲變法更制張目。"桔橰"，隱喻各項新法。庚寅增注云："詩意以桔橰何妨於

事，以抱甕爲空老此身，正與元獻晏公相反，殆有深意。"①蔡
正孫《詩林廣記》後集卷九："熊勿軒云：'元獻之詩意謂露
巧不如守拙，荊公之詩謂經濟有術，固不必拘泥也。'可謂
得之。

是年，歐陽修致書，盛讚《杜子美畫像》詩

歐陽修《與王文公》："修近見耿憲所作《杜子美畫像》
詩刻題後之辭，意義高遠，讀之數四。不相見多年，根涉如
此，豈非切磨之效耶！修當日會飲於聚星堂，狂醉之間，偶
爾信筆，不經思慮，而介甫命意推稱之若是，修所不及也。
修頓首。"題注："汪逵云，此帖紹聖元年憲録本，刻石在
和州。"②

按，自至和元年相識，至嘉祐八年八月公丁憂歸江寧，
王、歐同時任職京師，惟嘉祐二年至嘉祐三年末公出知常
州、提點江東刑期間稍有睽隔，不得言"不相見多年"。熙寧
元年，公返京任翰林學士。其時，歐陽修已於治平四年三月
罷參知政事，出知亳州，後改知青州。③熙寧三年三月，歐陽
修上疏言青苗法不便。七月，改知蔡州，移書責公。《長編》
卷二百十三熙寧三年七月辛卯："詔新判太原府歐陽修罷宣
徽南院使，復爲觀文殿學士、知蔡州。先是，修病辭宣徽使
至五六，因論青苗法，又移書責王安石。安石不答，而奏從

①　《王荊文公詩箋注》卷十四，第1186頁。
②　東英壽《新見九十六篇歐陽修散佚書簡輯存稿》，《中華文史論叢》2012年
　　第1期。
③　《長編》卷二百九治平四年三月壬申："尚書左丞、參知政事歐陽修爲觀文
　　殿學士、刑部郎中、知亳州。"第5082頁。

其請。"以此推之,此書當作於熙寧三年歐陽修上疏論青苗法不便之前,故附此。其時二人不相見已七年矣。

鄉人周袞來書言新法之非

王質《雪山集》卷十一《周德昭墓誌銘》:"曰翰、曰袞、曰擇,其曾王父、王父若考也。曰昱、曰景、曰三俊、曰三省、曰三益、曰佃、曰僖、曰僎,其子若孫也。某氏、某氏、張氏,其曾祖王母、王母若妣也。黃氏,其婦也。初,王父擢嘉祐八年進士異等,後六年鄉人王介甫得政,意下士可華膴動之,乃陳介甫所建爲非是,又騰書以切磋之,遂不合,晚爲藤州以死。"

吳伯宗《榮進集》卷四《周氏會拜記》:"金谿多蕃衍之族,其盛者往往歷數百年,合數千指,以《詩》《書》相講習,以禮義相敦睦,久而不替。猗歟,盛哉!莊上周之族一也……有諱延休者,以兵部員外郎爲江西觀察判官,自金陵來遷豫章。子宏道爲撫州倉曹參軍,卒葬金谿之莊上,因家焉。觀察七世孫宋贈朝請翰,肇創隆興寺,即法堂之東立祠堂,以奉先世祀。其從子太常博士諶爲之記,則今之所行會拜之處也。朝請之子藤州太守袞,與荆國王文公同學,當熙寧以書貽荆公議新法不便。元翰林學士虞文靖公嘗讀之,歎其委曲忠厚,謂宜刻貞珉,以表孤忠於萬世。"

《(弘治)撫州府志》卷三十一:"周袞字彥弼,金谿人,嘉祐八年進士。公奇其才,新法行,以袞鄉人,必附己,欲引用之。議不合,以員外郎出知藤州。有惠政,秩滿而歸。"

按,《(道光)金谿縣志》卷五十八載周袞《執政王安石

書》："袞作隨班常調，自慚疏遠下僚，乃辱鈞慈，以布衣鄉舊
亟拜喚召，俯屈威嚴。繼蒙尚書翰林沈公過譽於左右，謂可
以備指顧。袞聞之，竦恐累日，非不知勢分有霄壤，賢愚甚
懸絕，而區區愚衷已嘗少露於顏色間者，所恃三十年契舊，
而閣下每加矜憐耳，故復敢獻一得之愚，雖退老山林，所甘
心焉。袞聞天生聖賢，以爲民也，幼學壯行，乃士君子之大
節。閣下視軒冕直如浮雲，必欲以聖賢德業，啓一世之聾瞽
而濯新之，俾海內疲氓，再覩三代之風，而躋渾厚之域，是誠
大儒之明效偉烈歟。休哉！豈漢唐而下所可擬倫，而悠悠
風塵循常道故者所可測而知也！然時有古今，道有污隆。
揖讓不可施於權謀，俎豆不可施於軍旅。雖周、孔復生於今
日，宜如何以設施也？今三司條例曰青苗者，是官爲民之主
債也；曰助役者，是民爲官而出財也。民豈願取債於官，官
豈可出財於民？此交征之異名耳，可乎？不可乎？夫人民
之阜繁，物産之孳畜，非至仁湛恩無以生全之。今曰爾謹而
保聚，毋使縱逸，不者罰，則貪官悍吏由此而並緣多事矣。
民之憔悴於此，固其理然也。閣下自視以爲不愧胸中，不背
周、孔，不欺天地，不負朝廷，於浮言，夫何恤？政恐希意舞
文者不無其人，非長久治安之本也。況祖宗良法行之已久，
未見其弊，奈何一旦盡棄之乎？當今大儒，舍閣下其誰者？
幸反覆籌之。傳曰：'執古之道，無變今之俗。'非欲閣下同
流合污而已。袞昔與閣下同學，在諸生中志氣相期甚大。
今日閣下幸勿以人微而忽之。袞老得一官，嶔崎歷落，正自
可笑，非有私於吾故人，實天下之公是也。望燮理之暇，少
垂聽納。袞得以退老巖穴爲太平一草木，其幸大矣。書不

盡言,不宣。衮再拜。"書曰"翰林沈公",當爲沈遘,①然遘
治平四年已卒。此書恐僞,其事容有。

是年,書陳琪姓名於便坐,使相度百司利害

陳師道《後山居士文集》卷第十九《先君行狀》:"先君
諱某(琪),字寶之,徐州彭城人……慶曆元年,以外舅潁公
任爲太廟齋郎,歷徐州之沛、開封府之雍丘主簿……治平二
年,遷大理寺丞、知隴州汧陽縣。神宗即位,加太子中舍,以
殿中丞通判金州,以國子博士通判絳州,待次于雍丘。熙寧
九年四月戊申卒,年六十。故事,選人用薦者五人爲京官。
先君罷雍丘,舉者十有七人,仁宗怪其多也。於是潁公爲樞
密使,仁宗務伸寒士,抑勢家,乃報罷。其後罷忠武幕府,舉
者亦十餘人,其上吏部如法,餘不以聞也。將見,而舉者免,
乃謝冀州支使;吏部奏帖,而舉者還故官。英宗即位,始改
京官,君子以爲有命。先君罷汧陽,人有薦君於丞相荊公,
荊公書其姓名於便坐,既至,使相度百司利害。久之,罷歸
吏部。"

按,陳琪爲陳師道之父,其罷知汧陽縣當於熙寧元年。
本年公除參知政事,人或薦之,故附此。②

---

① 英宗治平、神宗熙寧年間,沈姓翰林學士惟有沈遘。可見唐春生《翰林學士
與宋代士人文化》所附《翰林學士年表》,中國社會科學出版社 2011 年版,
第 364—441 頁。
② 鄭騫《陳後山年譜》繫此於熙寧三年,臺灣聯經出版事業公司 1984 年版,第
39 頁。

是年，江樸自象山令代還。以其舊交，欲用之，而論事不合

晁補之《雞肋集》卷六十六《夔州録事參軍江君墓誌銘》："丞相王荆公方舉有司，尤善君。嘗再預禮部奏名，中皇祐五年進士第，授翁源尉，用舉者徙餘干令。鄱陽楊驥通《易》，臨川吳孝宗通《春秋》，君皆以書幣致之，率邑子從受業，屋少不能館，至分處浮圖舍，于今江南以爲美談。浮梁俗好訟，令王越石懦，繫者滿獄，訴庭下者日百數。越石懼，移病去。州遣君攝之，鋤其姦彊，而冤滯者得平反……職方君監江州酒，得疾，君聞，遽棄官走省，逾月而後返。守怒，且加罪，而監司以爲愛親可庇，然竟以親喪去。再調象山令，代還。王荆公當國，擢士不次，以君平生舊，勞問歎息，坐客謂君旦夕用矣。復見，以書論事，不合，即仰棟坐，不交一語，君亦自絶去。"

按，墓主江樸，皇祐五年進士及第，治平四年爲象山縣令，本年代還。《（寶慶）四明志》卷二十一"象山縣令"："江樸，治平四年；黄顔，熙寧三年。"

是年，與程顥論道

《河南程氏遺書》卷一："先生嘗語王介甫曰：'公之談道，正如説十三級塔上相輪，對望而談曰，相輪者如此如此，極是分明。如某則戇直，不能如此，直入塔中，上尋相輪，辛勤登攀，邐迤而上。直至十三級時，雖猶未見相輪，能如公之言，然某却實在塔中，去相輪漸近。要之，須可以至也。

至相輪中坐時,依舊見公對塔談説此相輪如此如此。'介甫
只是説道,云我知有箇道,如此如此。只佗説道時,已與道
離。佗不知道,只説道時,便不是道也。有道者亦自分明,
只作尋常本分事説了。孟子言堯、舜性之,舜由仁義行,豈
不是尋常説話?至於《易》,只道箇'立人之道曰仁與義',
則和'性'字、'由'字,也不消道,自己分明。陰陽、剛柔、仁
義,只是此一箇道理。"

《河南程氏遺書》卷十九:"荆公嘗與明道論事不合,因
謂明道曰:'公之學如上壁。'言難行也。明道曰:'參政之學
如捉風。"

按,程顥之語,蓋諷公未能以身體道,少德性踐履之功。
公則譏程顥之學難行。

得神宗稱譽,而程顥非之

《河南程氏遺書》卷二上:"昔見上稱介甫之學,對曰:
'王安石之學不是。'上愕然問曰:'何故?'對曰:'臣不敢遠
引,止以近事明之。臣嘗讀《詩》,言周公之德云:"公孫碩
膚,赤舄几几。"周公盛德,形容如是之盛。如王安石,其身
猶不能自治,何足以及此!'"

《朱子語類》卷第一百三十:"神宗嘗問明道云:'王安
石是聖人否?'明道曰:'公孫碩膚,赤舄几几。聖人氣象如
此,王安石一身尚不能治,何聖人爲?'先生曰:'此言最説得
荆公著。"

按,《辨姦論》曰:"夫面垢不忘洗,衣垢不忘澣,此人之
至情也。今也不然,衣臣虜之衣,食犬彘之食,囚首喪面而

談詩書。"此即所謂"其身猶不能自治"，惟變本加勵、惡意詆毀爾。蓋公一生自奉甚儉，不修威儀，"甘淡薄如頭陀"，故致此譏(詳本譜嘉祐六年)。

沈遼服除入京來謁。譽之似陶淵明、謝安，子雱亦貽以詩

《宋史》卷三百三十一《沈遼傳》："遼字睿達，幼挺拔不群，長而好學尚友，傲睨一世。讀左氏、班固書，小摹倣之，輒近似，迺鉏植縱舍，自成一家。趣操高爽，縹縹然有物外意，絶不喜進取。用兄任監壽州酒稅。吳充使三司，薦監內藏庫。熙寧初，分審官建西院，以爲主簿，時方重此官，出則奉使持節。遼故受知於王安石，安石嘗與詩，有'風流謝安石，瀟灑陶淵明'之稱。至是當國，更張法令，遼與之議論，寖咈意，日益見疏。於是坐與其長不相能，罷去。"

沈遼《雲巢編》附錄《沈睿達墓誌銘》："睿達諱遼，姓沈氏，世爲錢唐人。贈吏部尚書諱英之曾孫，太常少卿、贈開府儀同三司諱同之孫，金部郎中、贈光禄卿諱扶之子，翰林學士、右諫議大夫諱遘之弟也。睿達少儁拔不群，自爲兒時，已莊重寡語。及長，汎覽經史，尤好左丘明、班固書，下筆摸擬，輒近似之，詞致雅麗，未冠家居，已有文章聲名，藉然傳京師。趣操高爽，常超然有物外意，謾不喜進取。迫於親命，出應有司，再不中，乃次翰林公任爲將作監主簿，監壽之酒稅。未就官，丁母夫人憂，哀毀幾不勝。喪卒，還闕。吳丞相充爲三司使，薦監內藏庫……睿達姿軒闊秀發，工爲

詞章,灑落豪放,無世俗氣,而尤長於爲詩。自除母夫人喪,至都下,諸公交口譽之。王荆公贈以詩云:'風流謝安石,瀟洒陶淵明。'其子元澤見其文,亦貽之詩云:'前日覽佳作,淵明知不如。'其爲王氏父子見器如此。是時,荆公自參知政事爲宰相,當國秉政,更新法度,而睿達議論寖不合,以是見疏。亦會以審官主簿罷去,遂擯不用。"

按,沈遼之母翟氏,卒於治平三年九月十日,[①]其"喪卒,還闕,吳丞相充爲三司使,薦監内藏庫",當於本年七月吳充權三司使公事後。《直齋書録解題》卷四:"《英宗實録》三十卷。學士壽春吕公著晦叔、長社韓維持國、知制誥浦城吳充沖卿撰。熙寧元年正月奉詔,二年七月宰臣提舉曾公亮上之。"本年七月,《英宗實録》成,吳充遷右司郎中,權三司使公事,遂薦沈遼。沈遼兄沈遘,嘉祐、治平間除翰林學士及知開封府,曾再舉吳充自代。[②]

另,王明清《揮麈餘話》卷一:"沈睿達遼,文通之同胞,長於歌詩,尤工翰墨。王荆公、曾文肅學其筆法,荆公得其清勁,而文肅傳其真楷。"

撰賈昌朝神道碑

《文集》卷八十七《贈司空兼侍中文元賈魏公神道碑》。文曰:"初卜葬公汴陽里,以水故改卜。熙寧元年八月庚申,

---

① 《文集》卷一百《樂安郡君翟氏墓誌銘并序》:"尚書主客員外郎錢塘沈君名扶之夫人翟氏者……乃以治平三年九月十日卒於京師,享年五十七。"第1030頁。

② 可見沈遘《西溪文集》卷七《舉吳充自代狀》、《再舉吳充自代狀》。

葬許州陽翟縣三峰鄉支流村，奉敕改鄉名曰‘大儒’，村名曰
‘元老里’。朝散大夫、右諫議大夫、參知政事、太原郡開國
侯、食邑一千一百户、賜紫金魚袋臣王某謹記。”

按，公之結銜爲“右諫議大夫、參知政事、太原郡開國
侯”，故繫此。“太原郡”，當由“長安郡”而改封（詳本譜卷
一）。

又朱弁《曲洧舊聞》卷二：“本朝談經術，始於王軫大卿，
著《五朝春秋》行於世。其經術傳賈文元，文元其家婿也。
荆公作神道碑，略去此一事。介甫經術，實文元發之，而世
莫有知者。”①

朱氏以公之經術出自賈昌朝，不知何據。然細味“荆公
作神道碑，略去此一事。介甫經術，實文元發之，而世罕有
知者”等語，似以公蓄意略去經術傳承之淵源，則近於誣也。
《神道碑》曰：“元配王氏，尚書兵部郎中、集賢殿修撰軫之
女，追封莒國夫人。”此與王珪所撰墓誌銘同，非有意諱言。
《華陽集》卷五十六《賈昌朝墓誌銘》：“公初娶王氏，尚書兵
部郎中、集賢殿修撰軫之女，封莒國夫人。”惟《神道碑》曰：
“景祐元年，積官至尚書都官員外郎，乃始置崇政殿説書，而
以公爲之。公於傳注訓詁，不爲曲釋，至先王治心守身經理
天下之意，指物譬事，析毫解縷，言則感心。自仁宗即位，大
臣或操法令斷天下事，稽古不至秦、漢以上，以儒術爲疏闊。

---

① 沈作喆《寓簡》卷二：“國朝六經之學，蓋自賈文元倡之，而劉原父兄弟經
爲最高。王介甫之説立於學官，舉天下之學者惟己之從，而學者無所自
發明。”雖貶斥新學，然未如朱弁之涉誣。《全宋筆記》第4編第5册，第
20頁。

然上常獨意鄉堯、舜、三代，得公以經開説，則慨然皆以爲善，而公由此顯矣。"此爲墓誌銘所闕，特公蓄意揄揚之，由此可見公"經術者，所以經世致用也"之懷抱。

熙寧三年庚戌（1070），五十歲

李常、孫覺、范鎮等奏論諸路抑配青苗錢。正月二十二日，下詔禁止強俵，乃以"仍戒沮遏願請者"加入詔中

《宋會要輯稿》食貨四："（熙寧）三年正月二十二日，詔：'諸路常平、廣惠倉給散青苗錢，本爲惠恤貧乏，並取民情願。今慮官吏不體此意，追呼均配抑勒，翻成搔擾。其令諸路提點刑獄官體訪覺察，違者禁止，並以名聞。敢沮抑願請者，按罰亦如之。'先是，翰林學士范鎮言：'青苗者，唐衰亂之世所爲。青苗在田，賤估其值，收斂未畢而必其償，是盜跖之法也。今以盜跖之法，而變唐虞不易之政，此人情所以不安，而中外驚疑也。迺者天雨土，地生毛，天鳴地震，皆民勞之象。惟陛下觀天地之變，罷青苗之舉，歸農田水利於州縣，追還使者，以安民心，而解中外之疑。'右正言李常、孫覺亦言：'河北提舉常平王廣廉近至京師，倡言取三分之息，又聞制置條例司欲行其法於天下。乞明詔有司，勿以強民，仍且試之河北、陝西數路。'故有是詔。"

《長編紀事本末》卷六十八："（熙寧三年）正月乙卯，既下詔約束強以錢俵散人户，仍戒沮遏願請者，蓋王安石意也。"

正月二十三日，告假，曾公亮、陳升之削去二十二日詔書中"沮遏願請"等語別行之

《長編紀事本末》卷六十八："（熙寧三年）正月乙卯……蓋王安石意也。及是，王安石在告，曾公亮、陳升之因取前詔削去'沮遏願請'等語別行之。後安石出，果以爲忤云。"

按，《宋朝諸臣奏議》卷一百十一范鎮《上神宗論新法》："臣伏覩近降中書劄子四十道，散下諸路，約束分俵青苗錢，不得抑配人户，並召情願者。"

正月二十六日，以神宗欲除張方平宣徽使留京師，阻之

《長編紀事本末》卷六十三："（熙寧）三年正月戊午，知河南府、觀文殿學士、户部尚書張方平判尚書省兼提舉集禧觀。先是，方平被詔，舉堪任諫官者二員，即以李大臨、蘇軾應詔。方平既入見，上欲除宣徽使留京師，王安石曰：'此大除拜，四方觀望，不可無義。不知陛下以此旌其功善，爲但閲其資歷？'上曰：'但閲其資歷。'安石曰：'閲其資歷，是何義理？方平已致人言，若如此，必更致人言。'又曰'方平姦邪，人孰不知，恐如此除拜，無補聖政'云云。方平亦堅乞南京留臺，遂命知陳州。方平言'民心戎事，國之大本'云云，上謂方平曰：'能復少留乎？'方平曰：'退即行矣。'"《太平治跡統類》卷十四所載略同。

王鞏《文定張公樂全先生行狀》："安石預政，與公志趣不同，又聞中司之議沮，乘公執喪之間，衆口交爍。服竟，乃

除觀文殿學士、知西京留府，遣使齎敕、誥、帶、馬，即家以賜。旬餘，中批令赴闕朝見。公既入對，懇請南京留司御史臺，上慰問移晷，且諭公可以宣徽使留供職。公堅辭，惟南臺是請。翼日，乃除判尚書都省、領集禧觀。公復請對，免不受敕，上曰：'朕留卿，卿堅辭，卿所請，朕所難從，且若之何？藩鎮惟卿所擇。'歷問公太原、雍、河陽、許、青、鄆孰便，公曰：'不得已，願爲潁州。'上曰：'潁支郡。'公曰：'潁實佳郡，自舊相皆領之。'曰：'孰與陳？'公曰：'向經新行。'經，國重戚也。上曰：'經之移徙易爾。'遂領淮陽。公因面言：'臣被恩特深，當微有以展報也。'上曰：'甚善。'因探懷出單奏，具言：'近聞朝廷置條例司，開端創意，且大爲改作。若一司一務有所釐革，縱有過差，後皆可復，而國之大事在兵與民，不可易議也。師旅興發，患必在後，民心危動，安之實難。夫兵爲凶器，戰爲危事，不可玩。夫民愚而不可欺，弱而不可勝，不可忽。故兵猶火也，可以焚物，亦以自焚；民猶水也，可以載舟，亦以覆舟。願陛下謹守祖宗之法，以保泰山之安。'時熙寧三年正月，條例之議始行，故公因對及之。退而謂親友曰：'吾此得見，亦不爲虛至矣。'奏辭，上問：'且少留否？'公曰：'今出都門行矣。'既下殿，不復至私第，乘馬即戒路，聞後有賜亦不及也。"[1]

正月二十八日，以提點開封府界縣事呂景拒散青苗錢，令條例司召提舉官戒諭之

《長編紀事本末》卷六十八："（熙寧三年正月）庚申，提

---

[1] 《張方平集》附，第805頁。

點開封府界縣事呂景言：'府界人户見倚閣貸糧二十餘萬石，今又散青苗錢十五萬貫，恐民力不能堪。'詔送條例司，召提舉官戒諭之。先是，侯叔獻屢督景散青苗錢，景以畿甸諸縣各有屯兵，每歲課利錢僅能借諸軍請給，無有贏餘。條例司又別以買陝西鹽抄錢五十萬爲青苗錢，而景復有是奏。上初欲令中書戒諭提舉官，王安石曰：'若召提舉官至中書，諸路聞此必顧望，不敢推行新法，只令條例司指揮可也。'從之。"

陳襄《古靈先生文集》卷十三《論青苗錢第三狀》："呂景以畿縣之民，逋負官物，尚有五十餘萬，不宜更與預支，實虧陷官本，而却令取勘。夫擅行抑配者，既無罪黜，則掊克之吏，無所不至。不忍爲騷擾者，反蒙按劾。"

按，呂景，治平年間爲御史。① 治平四年四月，因過毀大臣遭罰銅，繼而通判濠州，司馬光上劄留之。《長編紀事本末》卷五十七："（治平四年四月）庚午，上批付中書：'御史中丞王陶、侍御史吳申、呂景過毀大臣。王陶除樞密直學士、知陳州，吳申、呂景各罰銅二十斤。吳奎位在執政，而彈劾中丞，以手詔爲内批，三日不下，除資政殿大學士、知青州。翰林學士、右諫議大夫兼侍讀司馬光權御史中丞。'""（五月）戊子，龍圖閣直學士韓維知潁州……侍御史呂景通判濠州。"《溫國文正公文集》卷三十六《留韓呂劄子治平四

---

① 《長編》卷二百八治平三年四月戊申："（英宗）乃遽用（郭）逵，知諫院邵亢、御史吳申、呂景交章論：'祖宗朝樞府參用武臣，如曹彬父子、馬知節、王德用、狄青，勳勞爲天下所稱則可，逵黠佞小才，豈堪大用？'不報。"第5052頁。

年五月十二日上》："臣竊聞已有指揮，龍圖閣直學士韓維差知潁州，侍御史呂景與堂除通判，未知信否……呂景渾厚剛直，於今日言事之臣，亦爲難得。其人身爲臺官，坐言事罰銅，誠使羞辱，難以立朝，不若得貶竄之爲快也。然二人者，皆陛下腹心耳目之良臣，一旦俱從外補，二人甚爲私便，臣竊爲陛下惜之。"熙寧元年八月，司馬光又舉呂誨、呂景爲諫官。《溫國文正公文集》卷三十九《舉諫官狀熙寧元年八月十一日上》："臣今日面奉聖旨，令臣采訪可爲諫官者，密具姓名聞奏……伏見三司鹽鐵副使呂誨累居言職，不畏強禦，再經謫降，執節不回。侍御史呂景外貌和厚，內守堅正，見得知恥，臨義不疑。於臣所知之中，此兩人似堪其選。"

是月，監察御史裏行程顥、右正言李常論奏京東轉運使王廣淵和買抑配取息。因言王廣淵盡力事功，不當罪之

《宋朝諸臣奏議》卷一百十一李常《上神宗論王廣淵和買抑配取息》："臣近聞京東轉運使王廣淵，以陳汝義所進羨餘錢五十萬貫，隨和買絹錢俵散，今却令每貫納見錢一貫五百，於常稅折科放買之外，又取此二十五萬貫。大凡挾轉運使之勢臨郡縣，以鞭笞強百姓出息錢，雖倍稱猶可。雖然，此而不懲，臣恐姦利小人，交以掊克爲事，不思窮閭敗室，日益困窮，陛下德政不復下浹，而禍亂起矣。今中下之户，有田不過二頃，二頃之收，不過百斛。數口之家，一歲之食過半，而輸租、糞田、吉凶、疾病之費，悉資於穀粟，今又強之使出錢。錢非農夫所常有者，不以粟易，則賣田土而得之，或奪其食，或廢其生生之業，如此而望民俗安堵，寇賊不作，難矣！竊聞御史程顥已嘗言，乞付有司施行。”

注曰：“熙寧三年正月上，時爲右正言。先是，二年六月，京東轉運司言：‘方春農事興而民困匱，兼并乘具急而貸與之以要利。昨有旨，以本路錢帛一百萬賜河北，宜留半以貸貧民，歲終可得息二十五萬。中書以謂先時歲貸民錢一千，收絹一匹，今宜不收絹，止收其直，得利當半直。下轉運司施行。’上批：‘不須歲定，所得息錢數，或遇絲蠶不熟，必致強民認數管納。可詔轉運司，民願輸納絹者亦聽，隨稅輸納，不得抑配。’至是，監察御史裏行程顥言：‘聞京東轉運使王廣淵去歲因和買紬絹，多拋數目，於人戶上配散，每錢一千，買紬一匹。後來却令買絹并稅絹每匹令輸錢一千五百文，又配上等户俵粟豆錢。廣淵妄迎合朝廷意，故致此。’語轉運司分析以聞，廣淵言：‘散粟豆錢本以濟民乏，皆取民願，和買依舊，比無抑配者。’王安石爲上言廣淵在京東功狀，且曰：‘廣淵爲人，誠不可知，然見陛下欲責功實，乃能趨赴，以向聖意所在。古者設官，諭主意所好惡，使民辟行之，恐不當罪其迎合也。’遂置廣淵不問，降詔曰：‘已行常平新法，其粟豆錢自今勿給，紬絹本錢撥隸北京封樁，息錢納內藏庫。’”

《宋會要輯稿》食貨三八：“（熙寧）三年正月二十三日，御史程顥言：‘聞京東轉運司去歲因和買紬絹，多拋數目於人戶上配散，每錢一千買絹一匹。後來却令買絹并稅絹，每匹令輸錢一千五百文，又配上等户俵粟豆錢。’詔具折以聞。京東轉運司具析到所散粟豆錢，只是要濟民乏，兼只召人戶情願，即不是等第一例配俵。詔：‘已行常平倉新法，今後更不得支俵粟豆錢。其支散内藏庫別額紬絹錢五十萬貫，納到本錢，即撥充北京對樁，所收息錢於内藏庫送納。’”

《宋史》卷三百二十九《王廣淵傳》：“廣淵以方春農事興而民苦之，兼并之家得以乘急要利，乞留本道錢帛五十萬，貸之貧民，歲可獲息二十五萬，從之……程顥、李常又論其抑配搕克，迎朝廷旨意以困百姓。會河北轉運使劉庠不散青苗錢奏適至，安石曰：‘廣淵力主新法而遭劾，劉庠故壞新法而不問，舉事如此，安得人無向背？’故顥與常言不行。”

《宋史》卷一百七十五《食貨三》亦載。

是月，答曾伉書，解釋青苗法二分之息

《文集》卷七十三《答曾公立書》：“某啓：示及青苗事。治道之興，邪人不利，一興異論，群聾和之，意不在於法也。孟子所言利者，爲利吾國，如曲防遏糴，利吾身耳。至狗彘食人食則檢之，野有餓莩則發之，是所謂政事。政事所以理財，理財乃所謂義也。一部《周禮》，理財居其半，周公豈爲利哉？姦人者因名實之近而欲亂之，以眩上下，其如民心之願何？始以爲不請，而請者不可遏；終以爲不納，而納者不可却。蓋因民之所利而利之，不得不然也。然二分不及一分，一分不及不利而貸之，貸之不若與之。然不與之而必至於二分者，何也？爲其來日之不可繼也。不可繼，則是惠而不知爲政，非惠而不費之道也，故必貸。然而有官吏之俸，輦運之費，水旱之遭，鼠雀之耗，而必欲廣之，以待其飢不足而直與之也，則無二分之息，可乎？則二分者，亦常平之中正也，豈可易哉！公立更與深於道者論之，則某之所論，無

一字不合於法，而世之譊譊者，不足言也。因書示及，以爲如何？”

按，“公立”，或作“公亮”，①必誤。曾公亮時爲宰相，且年長於公，此信語氣，決非致書公亮也。曾伉字公立，皇祐五年進士，《（淳熙）三山志》卷二十六：“曾伉字公立，候官人。終朝散郎、左司員外郎。”神宗元豐七年卒。②曾伉積極參預新法。熙寧二年四月，條例司遣使八人行諸路相度農田、水利、稅賦、科率、徭役利害，曾預其一。

是月，門人陸佃入京來謁，首問新政。因佃云青苗擾民，遣李承之使淮南質究

《宋史》卷三百四十三《陸佃傳》：“熙寧三年，應舉入京。適安石當國，首問新政，佃曰：‘法非不善，但推行不能如初意，還爲擾民，如青苗是也。’安石驚曰：‘何爲乃爾？吾與呂惠卿議之，又訪外議。’佃曰：‘公樂聞善，古所未有，然外間頗以爲拒諫。’安石笑曰：‘吾豈拒諫者？但邪説營營，顧無足聽。’佃曰：‘是乃所以致人言也。’明日，安石召謂之曰：‘惠卿云：“私家取債，亦須一雞半豚。”已遣李承之使淮南質究矣。’既而承之還，詭言于民無不便，佃説不行。”

按，《東都事略》卷九十七《陸佃傳》失載。

---

① 劉敞《彭城集》卷二十七《與王介甫書》：“見所與曾公亮書，論青苗錢大意。”
② 見《長編》卷三百四十三元豐七年二月壬申，第8236頁。

二月一日，韓琦奏請罷青苗法。二日，於神宗前力辯；三日，稱疾不出

《長編紀事本末》卷六十八："（熙寧三年二月）壬戌朔，韓琦言：'準轉運及提舉常平、廣惠倉司牒，給青苗錢，須十戶以上爲一保，第三等以上人爲甲頭，每户支錢。第五等及客户毋得過千五百，第四等三千，第三等六千，第二等十千，第一等十五千。餘錢委本縣量度，增給三等以上户，更許增數。坊郭户有物業抵當願請錢者，五家爲一保，依青苗例支借。諸縣不得避出内之煩，致諸人扇搖人户，却稱不願請領。如不願請領，即具結罪狀，入馬遞申以憑，選官曉諭。如却願請，本縣干繋人別作行遣，事理稍重，具事申奏。如夏秋收成物價稍貴願納錢者，當議減市價錢數，比元請錢，十分不得過三分。假令一户請錢一千，納錢不得過千三百。臣竊以國之頒號令，立法制，必信其言而使民受實惠，則四方觀聽，孰不欣服。詳熙寧二年詔書，務在憂民，不使兼并乘其急以邀倍息，皆以爲民，公家無所利其入，謂先王散惠興利抑民豪奪之意也。今乃鄉村自第一等而下皆立借錢貫陌，三等以上更許增數，坊郭户有物業抵當者，依青苗例支借。且鄉村三等并坊郭有物業户，乃從來兼并之家也，今皆多得借錢。每借一千，令納一千三百，則是官放息錢，與初抑兼并濟困乏之意，絕相違戾，欲民信服，不可得也。又鄉村每保須有物力人爲甲頭，雖云不得抑勒，而上户既有物力，必不願請。官吏防保内人下户不能送納，豈免差充甲頭，以備代陪？復峻責諸縣，人不願請，即令結罪申報，選官

曉諭。却有願請者，則干繫人別作施行，或具申奏。官吏懼提舉司勢可升黜，又防選官曉諭之時，豈無貧下浮浪願請之人，茍免捃拾，須行散配。且下戶見官中散錢，誰不願請從？本戶夏秋各有稅賦，又有預買及轉運司和買兩色紬絹，積年倚閣借貸麥種錢之類，名目甚多。今更增納此一重出利青苗錢，愚民一時借請則甚易，納則甚難。故自制下以來，一路官吏，上下惶惑，皆謂若不抑散，則上戶必不願請，近下等第與無業客戶雖或願請，必難催納，將來必有行刑督索，及勒干繫書手、典押、耆戶長、同保人等均陪之患。大凡兼并放息錢，雖取利稍厚，緣有逋欠，官中不許受事，往往舊債未償其半，早已續得貸錢，兼并者既有資本，故能使相因歲月，漸而取之。今官貸青苗錢則不然，須夏秋隨稅送納，災傷及五分以上，方許次科催還；若連兩科災傷，則必官無本錢接續支給，官本因而寖有失陷，其害明白如此。更有緣此煩費虛擾之事，不敢具述。本歲河朔豐熟，常平糴米斛錢不過七十五至八十五，以來若乘時收斂，遇貴出糶，不惟合于古制而免有失陷之弊，兼民實被惠，亦足以收其羨贏。今諸倉方有糴入，而提舉司亟令住止，蓋盡要散充青苗錢，指望三分之利，收爲己功。縣邑小官，敢不奉行，豈暇更恤貽民久遠之患哉？諸路所行，必料大率如此。朝廷若謂陝西嘗放青苗錢，官有所得而民以爲便，此乃轉運因軍循儲有闕失，自冬涉春，雪及時，麥苗滋盛，決見成熟，行于一時則可也。今乃差官置司，爲每歲春夏常行之法，而取利三分，豈陝西權宜之比哉？兼初詔具于京東、淮南、河北三路先行此法，俟成次第，即令諸路施行。今此三路方憂不能奉行，而遽於諸路遍差提舉官，以至四川、廣南亦皆置使。恭惟陛下自臨御以來，夙夜憂勞，厲精求治，況承祖宗百年仁政之後，民浸德澤，惟知寬恤，未嘗過擾。若但躬行節儉，以先天下，常節浮費，漸汰冗食，自然國用不乏，何必使興利之言，紛紛四出，以致遠邇之疑哉？欲望聖明更賜博訪，若臣言不安，乞盡罷諸路提舉官，只委提點刑獄官依常平舊法施行。'

癸亥，上親袖出琦奏，示執政曰：'琦真忠臣，雖在外，不忘王室。朕始謂可以利民，不意乃害民如此，出令不可不審。且坊郭安得青苗，而使者亦強與之乎？'王安石勃然進曰：'苟從其所欲，雖坊郭何害？'因難琦奏曰：'陛下修常平法，所以助民，至於收息，亦周公遺法也。'曾公亮、陳升之皆言坊郭不當俵錢，安石曰：'坊郊所以俵錢者，以常平本錢多，農田所須已定而有餘，則因以振市人乏絕，又以廣常平儲蓄。'升之曰：'但恐州縣避難索之，故抑配上戶耳。'安石曰：'抑配誠恐有之，然俟其行此，嚴行黜責一二人，則此弊自絕。'

先是，御史程顥言：'成都不可置常平，民多米少故也。'安石曰：'民多米少，則尤不可以無常平，米少則易以踴貴，以常平抑之，兼并乃不能使米踴貴。'上曰：'顥以為蜀人豐年乃得米食，平時但食豆芋等，今豐年乃奪而糴之，是貧人終身不得米食也。'安石曰：'今常平不奪而糴之，則兼并亦奪而糴之，至于急時，取息必倍。'上曰：'俵青苗錢而納米，方貴如何令納？'安石曰：'貴則民自納錢。'上曰：'納錢則倉但有錢，凶年何以振貸？'安石曰：'常平米既出盡，則常平但有錢，非但今法如此，雖舊法亦不免如此。'上終以韓琦所説爲疑。安石曰:‘臣以爲此事至小,利害亦易明,直使州郡抑配上户俵十五貫錢,又必令出二分息,則一户所陪止三貫錢。因以廣常平儲蓄,以待百姓凶荒,則比之前代科百姓出米爲義倉,亦未爲不善。況又不令抑配,有何所害?而上煩聖心過慮。臣論此事已及十數萬言,然陛下尚不能無疑,如此事尚爲異論所惑,則天下何事可爲?’上曰:‘須要盡人言。料文彦博、吕公弼亦以此爲不可,但腹誹耳。韓琦獨肯來説,真忠臣也。’上又曰:‘常平取息,姦雄或可指以爲説動百姓。’安石曰:‘今榷鹽、酒,皆用重刑以禁。民買紬絹,或强支配以監。姦雄不以此爲説動百姓,常平新法乃賑貧乏,抑兼并,廣儲蓄,以備百姓凶荒,不知於民有何所苦?民别而言之則愚,合而言之則聖,不至如此易動。大抵民害加其身,自當知。且又無情,其言必應事實。惟士大夫或有情,則其言必不應事實也。’翌日,安石遂稱疾不出。”《宋史全文》卷十一、《太平治跡統類》卷二十二亦載。

《宋會要輯稿》食貨四:“(熙寧三年)二月一日,判大名府韓琦言……奏至,王安石白上曰:‘陛下修常平法,所以助民,至於收息,亦周公遺法也。且如桑弘羊籠天下貨財以奉人主私欲,遊幸郡國,賞賜至數百萬,皆出均輸,此乃所謂興利之臣也。今陛下廣常平儲蓄,抑兼并,振貧弱,置官爲天下理財,非以佐私欲,則安可謂之興利之臣乎!’上曰:‘善。然坊郭俵錢如何?’曾公亮、陳升之皆以爲不當俵也。安石曰:‘坊郭所以俵錢者,以常平本多,農田所須已足而有餘,則因以振市人乏絶,又以廣常平儲蓄也。廣常平儲蓄,所以待百姓之凶荒,不知於義有何所害?’公亮曰:‘坊郭上等户則無所用之，下等戶則難於輸納。'安石曰：'既取情願，則無所用者自不俵；既有保甲，則難於納者自不能請矣。'升之曰：'但恐州縣避難之故，抑配上戶爾。'安石曰：'抑配誠恐有之，然俟其有此，嚴行紬責一二人，則此弊自絕。如河北路則恐不可抑配，聞韓琦自諷諭諸縣，言百姓皆不願投狀，內一縣切以爲不便，而爲司錄陳紘者説譬曰："若朝廷更遣人體問百姓，反稱情願，則奈何？"於是乃不敢投狀。儻河北一路有一人不願，則韓琦必受其狀以聞。今琦自入奏乃無此，則百姓不以爲不便，舉提舉官不敢抑勒，可知矣。'"

《宋史》卷一百七十六《食貨上四》亦載。

按，公曰："陛下修常平法，所以助民，至於收息，亦周公遺法也。且如桑弘羊籠天下貨財，以奉人主私欲，游幸郡國，賞賜至數百萬，皆出均輸，此乃所謂興利之臣也。今陛下廣常平儲蓄，抑兼并，振貧弱，置官爲天下理財，非以佐私欲，則安可謂之興利之臣乎？"此可見公行青苗法之全部意圖：助民、取息、抑兼并、助國用。

二月三日，稱疾家居。因司馬光所批答語抗章自辨，神宗手詔撫諭。四日入見，請罷政事，神宗獎慰，又乞罷

《長編紀事本末》卷六十八："參知政事王安石既稱疾家居，翰林學士司馬光再爲批答曰：'朕以卿材高古人，名重當世，召自岩穴，置諸廟堂；推忠委誠，言聽既用，人莫能間，衆所共知。今士大夫沸騰，黎民騷動，乃欲委還事任，退取便安。卿之私謀，固爲無憾；朕之所望，將以委誰？'安石得之大怒，即抗章自辨，上封還其章，手劄諭安石曰：'詔中二語，

乃爲文督迫之過,而朕失於詳閲,今覽之甚愧。'又明日,安石乃入見,固請罷,上固留之,獎慰良久,安石退,又具奏乞罷。"

《宋史》卷三百二十七《王安石傳》:"韓琦諫疏至,帝感悟,欲從之,安石求去。司馬光答詔,有'士夫沸騰,黎民騷動'之語,安石怒,抗章自辨,帝爲巽辭謝,令吕惠卿諭旨,韓絳又勸帝留之。安石入謝,因爲上言中外大臣、從官、臺諫、朝士朋比之情,且曰:'陛下欲以先王之正道勝天下流俗,故與天下流俗相爲重輕。流俗權重,則天下之人歸流俗;陛下權重,則天下之人歸陛下。權者與物相爲重輕,雖千鈞之物,所加損不過銖兩而移。今姦人欲敗先王之正道,以沮陛下之所爲。於是陛下與流俗之權適争輕重之時,加銖兩之力,則用力至微,而天下之權已歸于流俗矣,此所以紛紛也。'上以爲然。安石乃視事,琦説不得行。"

《文集》卷四十四《答手詔封還乞罷政事表劄子》:"臣今日具表,乞罷政事,方屏營俟命,而吕惠卿至臣第傳聖旨趣臣視事。續又奉手詔,還臣所奏,喻以天下之事盡力固可成就,以卿所學,不宜中輟。俛聽伏讀,不勝螻蟻區區感慨惻怛之至。臣蒙拔擢,備數大臣,陛下所以視遇,不爲不厚矣,豈敢輕爲去就?誠以陛下初訪臣以事,臣即以變風俗、立法度爲先。今待罪期年,而法度未能一有所立,風俗未能一有所變。朝廷内外,訛行邪説,乃更多於鄉時。此臣不能啓迪聖心以信所言之明效也。雖無疾疢,尚當自劾,以避賢路,況又昏眩,難以看讀文字,即於職事,當有廢失。雖貪陛下仁聖卓然之資,冀憑日月末光,粗有所成,而自計如此,豈

容偷假名位，坐棄時日，以負所學，上孤陛下責任之意？伏
望陛下哀憐矜察，許臣所乞。毋令臣得要君之嫌，重爲流俗
小人所毀。臣不勝祈天俟聖激切之至。取進止。”

二月五日，以張稚圭知大宗正丞事

《宋會要輯稿》帝系四：“（熙寧）三年二月丙寅，詔大宗
正司置丞二員，以都官員外郎張稚圭知大宗正丞事。詔於
宗正丞於芳林園置治所，給實俸、添支錢。”

《宋史》卷一百六十四《職官四》：“自熙寧中置丞，始以
都官員外郎張稚圭爲之。神宗疑用異姓，王安石言：‘前代
宗正，固有用庶姓者。’乃錄春秋時公侯大夫事。神宗曰：
‘此雖無前代故事，行之何害。’安石曰：‘聖人創法，不必皆
循前代所已行者。’於是召稚圭對而命之。”

二月十日，乞分司。王子韶、程顥、李常登殿乞神宗挽留

《宋會要輯稿》食貨四：“（熙寧三年二月）十日，參知政
事王安石乞分司，不許。”

《長編紀事本末》卷六十八：“安石之求分司也，御史王
子韶、程顥、諫官李常皆稱有急奏，乞登殿，言不當聽安石去
位，意甚懼。及安石復視事，子韶等乃私相賀。”

《長編》卷二百一熙寧三年四月甲申：“上曰：‘李常非
佳士。屬者安石家居，常求對，極稱其賢，以爲朝廷不可一
日無也。以臣異議青苗之故，寧可逐臣，不可罷安石也。既
退，使人具以此言告安石以賣恩。’”

按,《類編皇朝大事記講義》卷十七:"熙寧三年,安石求去甚切。御史王子韶、程顥、諫官李常請對,言不當聽安石去位,蓋猶望安石出而改之也。人不知顥者意,以爲安石之黨。初,呂公著爲安石厚,顥與子韶皆公著所厚者,雖司馬光亦以顥等爲安石黨也。李常素與安石善,安石薦之,及公著言罷條例司,安石遂不悅。安石既出,而持新法益堅,人言不能入矣。於是爭新法始急。"

《文集》卷六十《乞罷政事表》其一:"陛下所以遇臣者,可謂厚矣;臣之所以報國者,終於缺然。豈理勢之獨難,抑才能之素薄。方懼過尤之積,乃罷疲疾之加。比欲外乞州藩,冀以就營醫藥。重念采薪之弗給,尚何守土之敢謀?輒緣不能者止之言,庶免貪以敗官之悔。伏望皇帝陛下曲垂仁惻,俯記愚忠,賜以分司一官,許於江寧居止。"又其三曰:"伏念臣自蒙任使,已歷歲時。"公熙寧二年二月除參知政事,至此一歲。

以神宗欲用司馬光,沮之,復謁告。十一日,詔以司馬光爲樞密副使

《長編紀事本末》卷六十三:"(熙寧三年)壬申,上又面諭之,彥博乃復視事如故。翰林學士兼侍講學士、右諫議大夫、史館修撰司馬光爲樞密副使。先是,王安石奏言:'有人於此,外托劘上之名,內懷附下之實,所言者盡害政之事,所與者盡善政之人。彼得高位,則懷陛下眷遇,將革心易慮助陛下所爲乎?將因陛下權寵,搆合交黨,以濟忿欲之私而沮陛下所爲乎?臣以既然之事觀之,其沮陛下所爲必矣。'於

是安石復謁告，而光有是命。”

《宋史》卷三百三十六《司馬光傳》：“帝欲用光，訪之安石，安石曰：‘光外託劘上之名，内懷附下之實。所言盡害政之事，所與盡害政之人，而欲實之左右，使與國論，此消長之大機也。光才豈能害政，但在高位，則異論之人倚以爲重。韓信立漢赤幟，趙卒氣奪，今用光，是與異論者立赤幟也。’安石以韓琦上疏，卧家求退。帝乃拜光樞密副使。”

二月十一日，以王韶提舉蕃部兼營田、市易

《長編》二百十二熙寧三年五月丙寅：“殿前都虞候、邕州觀察使、秦鳳路副總管竇舜卿知秦州，李師中於永興軍聽旨。王韶之議開邊也，師中贊成之，及韶改提舉蕃部兼營田、市易。”李燾曰：“二月十一日。”

《宋史》卷三百二十八《王韶傳》：“韶又言：‘渭源至秦州，良田不耕者萬頃，願置市易司，頗籠商賈之利，取其贏以治田。’帝從其言，改著作佐郎，仍命韶提舉。”

《宋會要輯稿》食貨一：“(熙寧)三年二月，管勾秦鳳路經略司機宜文字王韶言：‘渭源城下至秦川，沿河五六百里，良田不耕者何啻萬頃，但自來無錢作本，故不能致利。欲每歲常于秦州和糴場預借錢三五萬貫作本價，擇田之膏腴者，量地一頃約用錢三十千，歲收不下三百碩。千頃之田三萬貫，收三十萬碩，以十萬爲人、牛糧用外，歲尚完二十一萬碩。’詔：秦鳳路經略司借支封樁錢三萬貫，委王韶募人耕種，仍預行標撥荒閑地土，不得侵擾蕃部。如封樁錢已係轉運司支借收糴斛斗，亦仰先次撥還。”

二月十八日，上劄子謝手詔撫慰

《文集》卷四十四《謝手詔慰撫劄子》："臣昨日伏奉手詔，所以慰撫備厚，非臣疵賤之所宜蒙，伏讀不任感激屏營之至。今日吕惠卿至臣第，具宣聖旨，臣雖糜軀隕首，豈能上酬獎遇？臣自江南召還，獲侍清光，竊觀天錫陛下聰明睿智，誠不難興堯舜之治，故不量才力之分，時事之宜，敢以不肖之身，任天下怨誹，欲以奉承聖志。自與聞政事以來，遂及期年，未能有所施爲，而内外交搆，合爲沮議，專欲誣民，以惑聖聽。流俗波蕩，一至如此，陛下又若不能無惑，恐臣區區，終不足以勝。而久妨衆邪之路，則或誣罔出於不意，有甚於今日，以累陛下知人任使之明。故因疢疾，輒求自放。陛下不以臣狂獧，賜之罪戾，而屈至尊之意，反復誨喻。臣豈敢尚有固志，以煩督責？只候開假，即入謝。區區所懷，冀得面奏。臣無任感天荷聖激切屏營之至！謹具劄子奏知。"

按，是年二月十八日爲清明節。

在告中，神宗諭宰執罷青苗法，而曾公亮、趙抃等連日不決。二月二十一日，始出視事

《宋會要輯稿》食貨四："安石之在告也，上諭執政罷青苗法，曾公亮、陳升之欲即奉詔，趙抃獨欲俟安石出，令自罷之。連日不決，上更以爲疑。"

《長編紀事本末》卷六十八："王安石既入見，又累奏辭位，上諭韓絳令絳遣其子趣安石視事。壬午，安石始出視

事。安石之在告也，上諭執政罷青苗法，曾公亮、陳升之欲即奉詔，趙抃獨欲俟安石出，令自罷之。連日不決，上更以爲疑。安石入謝，上勞問曰：‘青苗法朕誠爲衆論所惑。寒食假中，靜思此事，一無所害，極不過失陷少錢物爾，何足恤！’安石曰：‘但力行之，勿令小人故意壞法，必無失陷錢物之理。豫買綢絹，行之已久，亦何嘗失陷錢物？’安石既視事，持之益堅，人言不能入矣。安石之求分司也，御史王子韶、程顥、諫官李常皆稱有急奏，乞登殿，言不當聽安石去位，意甚懼。及安石復視事，子韶等乃私相賀。

先是，詔諸路提點刑獄體量覺察提舉常平官抑配人户青苗錢并州縣抑遏不散者，及王安石在告，曾公亮、陳升之等舉行前詔，乃删去毋得抑遏不散之語。安石復視事，志氣愈悍，面責公亮等曰：‘爲宰相當有職守，何得妄降劄子？今體量抑配青苗，又輒去當日詔語。’公亮等不敢抗。”

按，《宋朝諸臣奏議》卷一百一十一載孫覺《上神宗論罷司馬光樞密范鎮封駁司不當》亦謂神宗欲罷青苗法：“臣前日延和面奉聖旨，議改青苗法，復常平舊制。又患諸路提舉非其人，有意更易。臣切喜嘆，以爲中外之論正欲如此，而聖諭及之，真臣等之所望、四方之所幸也。翹足企首，以俟德音。昨日（二十八日）又聞罷司馬光樞密副使，罷范鎮通進封駁司。”

朱弁《曲洧舊聞》卷八：“熙寧初，議新法，中外惶駭。韓魏公有文字到朝廷，裕陵之意稍疑。介甫怒，在告不出。曾魯公以魏公文字問執政諸公曰：‘此事如何？’清獻趙公曰：‘莫須待介甫參告否？’魯公默然，是夜遣其子孝寬報介甫：

'且速出參政,若不出,則事未可知。是參政雖在朝,終做一事不得也。'介甫明日入對,辯論不已,魏公之奏不行。其後魯公致政,孝寬遂驟用。前輩知熙、豐事本末者,嘗爲予言,當此時人心倚魏公爲重,而介甫亦以此去就,微魯公之助,則必去無疑。既久,則羽翼已成,裕陵雖亦悔,而新法恪不能改,以用新法進而爲之游説者衆也。東坡曾與子由論清獻,子由曰:'清獻異同之迹,必不肯與介甫爲地。孝寬之進,他人之子弟不與,可以明其不助。'東坡曰:'當時阿誰教汝鬼擘口?'子由無語。"

二月二十三日,以李常言青苗法之弊,與曾公亮、陳升之、趙抃辯,以爲"理財用者,乃所謂政事"。令李常分析以聞

《宋會要輯稿》食貨四:"(熙寧三年二月)二十三日……詔以韓琦論青苗奏付制置三司條例司。同日,右正言李常言:'獻議之臣措置失當,設法遣使,布滿天下。臣深察物情,博訪民俗,皆謂此法雖一切取民之願,然不免使人易於得財,侈於妄費,不計後日輸官之難,而臨時迫促。況今官吏務爲希合,百端罔民,其尤甚者,使善良備給納之費,虛認貫百,以輸二分之息。臣考之三代,下至近古,未聞欲求平治,輔養元元,而爲法如此之弊者,願一切寢罷。'詔李常分析何處州縣使善良備給納之費、虛認貫百以輸二分之息以聞。初,上閱常奏,顧曾公亮、陳升之曰:'常平事皆經中書行遣,今人言紛紛如此,乃因執政議論不一故也。'公亮曰:'臣本以爲不可,陛下欲力行之,賴臣力爭,分作兩料。'

升之曰：‘臣本不欲如此，今已書奏，更不敢言。’上曰：‘若以爲不可，當極論之，何以書奏？既書奏，何以至今乃論議不一？且此法有何不便？’公亮曰：‘陛下不須問其不便，陳升之乃元創法之人，李常亦同議論，今尚皆以爲言，則其不便可知。’王安石曰：‘臺諫詾詾如此，陳升之自然當變。臣愚，誠不見其不便，不敢妄同流俗。’升之曰：‘此但財利事，雖不同，何所害？臣在政府，日夕紛紛校計財利，臣實恥之。’安石曰：‘理財用者，乃所謂政事，真宰相之職也，何可以爲恥？若爲大臣畏流俗，不敢爲人主守法者，臣亦恥之。’公亮因請罷提舉官，收新法，付提刑行之。上曰：‘如此，則是新法善，但提舉官非其人耳。提舉官容有非人，提點刑獄豈得皆善乎？’公亮曰：‘若陛下并新法悉廢之，尤善。’上曰：‘新法有何不善？若推行有害，但絀責官吏，則害自除矣。’趙抃請且俟今年一料，權止之，俟無害乃行。安石曰：‘不可，如此則人必有故爲沮壞失陷，罰百姓以破新法者。’於是上問李常疏如何處置。安石曰：‘常言善良又不納錢只認二分之息者，可令常分析是何州縣如此？’公亮、升之皆曰：‘諫官許風聞言事，豈可令分析？’”

《長編紀事本末》卷六十八：“（熙寧三年）甲申，以韓琦論青苗奏付條例司。右正言李常言：‘其尤甚者，至使善良備給納之費，虛認貫陌，以輸二分之息。’上閱常奏，曰：‘常平皆經中書行遣，今人言紛紛如此，乃因執政議論不一故也。’公亮曰：‘臣本以爲不可。’升之曰：‘臣本不欲如此，今已書奏，更不敢言。’上曰：‘若以爲不可，當極論之，何以書奏？既書奏，何以至今乃議論不一？’上問：‘李常疏如何處

置?'安石曰:'可令分析,是何州縣如此.'公亮、升之皆曰:
'諫官許風聞言事,豈可分析?'公亮曰:'王安石但欲己議論
勝耳.'上正色曰:'豈有此耶?'公亮曰:'此言若誣,天實臨
之.'安石曰:'始與升之議此法,升之以爲難,臣即不强升
之.既而以呂惠卿、程顥亦責升之畏流俗,升之遂肯同簽
書.當時若升之不同,臣亦豈敢强?升之爲此奏天下可行
之事至衆,但議論未合,即無强行之理.及至朝廷已推行,
則非復是臣私議,乃朝廷詔令也.大臣爲朝廷奉詔令,自當
以身徇之.臣非好臣議論勝,乃欲朝廷法令尊,爲人所信,
不爲浮議妄改而已.'上乃卒令常分析.常乃王安石所引用
者,既除諫官,言青苗取息非便,安石見之,大怒,遂曰:'上
使明出二分息.'呂惠卿謂常曰:'君何得負介甫? 我能使君
終身不如人.'及安石分司,常雖言安石不當去,又言青苗不
當取二分息,乞罷之.安石既出,而責常曰:'君本出條例
司,亦嘗與青苗議,今反見攻,何以異於蔣之奇也?'"《太平
治跡統類》卷二十二亦載.

二月二十七日,與神宗、陳升之議河北都轉運使劉庠擅止給散青苗錢,力主與放罪

《宋會要輯稿》食貨四:"(熙寧三年)二十七日,條例司
言:'河北轉運司奏:"坊郭多有浮浪無業之人,深慮假託名
目請出青苗錢,却致失陷.已牒州事未得給散,別聽朝旨."
本司看元降敕意,指定支與鄉村人户,如有羨餘,方及坊郭
有抵當户.乞遍下諸路遵守.'從之,仍詔河北,其轉運司劉
庠擅住不給散,更不問罪.時劉庠奏至,王安石曰:'近東京

王廣淵一面施行鐵冶事，事皆便利，朝廷從之。然以不候朝
旨，不免被劾，而陛下特旨放罪。今河北既擅行止俵，又事
不可從，何可但已？'陳升之曰：'如此，則愈於新法非便。'安
石曰：'不如此，乃於新法非便。王廣淵等力行新法，故事雖
可從而被劾；劉庠等力沮新法，故事雖不可從而不問。如
此，則人必為大臣風旨，以為於此有所好惡，安能無嚮背之
心？蓋朝廷法令，務在均一，不可有所偏黨。'上令依廣淵例
放罪，而升之等固爭，以為不當如此。上固令降指揮。趙抃
曰：'臣在河北，亦嘗如此奏事，朝廷亦不之問。'上曰：'自是
當時失問。'升之曰：'河北轉運司言亦有理，不可罪。'安石
曰：'法令：有餘則聽坊郭之願請者，十人以上為保，及有物
業過抵當之半者，乃給。如何恐有浮浪之人，遂不給散？'升
之曰：'議令有罪，乃商鞅法。'安石曰：'議令者死，管子已如
此言。然此非議令，乃違令也。不知三代以來，違令者亦有
罪乎！'升之等猶固爭，以為朝廷如此，則人自今不敢為轉運
司矣。安石因為上言：'薛向但奏一寨主罪，乞行重責。中
書欲掂向罪，乃至檢條數日。條既當奏，猶未肯已。今庠明
有違敕之愆，朝廷但令放罪，而大臣乃皆以為不可，此其意
何也？中書用法輕重如此，則人情何由不嚮背，議論何由不
謫謫！'上曰：'韓琦專四路事，然論奏此事，亦不敢一面止住
俵給。'乃因令放罪，而有是詔。"

　　按，劉庠擅止給散青苗錢與坊郭戶事，《宋史》及《東都
事略》失載，惟呂陶《淨德集》卷二十一《樞密劉公墓誌銘》
曰："俄遷起居舍人，除天章閣待制，改河北都轉運使……青
苗令始下，公謂不可行，奏願罷之。"

二月二十七日，司馬光移書請罷條例司及常平使者，有書答之

《溫國文正司馬公文集》卷六十《與王介甫書》："（熙寧三年）二月二十七日，翰林學士兼侍讀學士、右諫議大夫司馬光，惶恐再拜介甫參政諫議閣下……曩者與介甫議論朝廷事，數相違，未知介甫之察不察，然於光嚮慕之心，未始變移也。竊見介甫獨負天下大名三十餘年，才高而學富，難進而易退。遠近之士，識與不識，咸謂介甫不起則已，起則太平可立致，生民咸被其澤矣。天子用此起介甫於不可起之中，引參大政，豈非欲望眾人之所望於介甫邪？今介甫從政始期年，而士大夫在朝廷及自四方來者，莫不非議介甫，如出一口。下至閭閻細民，小吏走卒，亦竊竊怨歎，人人歸咎於介甫，不知介甫亦嘗聞其言而知其故乎……今天下之人惡介甫之甚者，其詆毀無所不至，光獨知其不然。介甫固大賢，其失在於用心太過，自信太厚而已。何以言之？自古聖賢所以治國者，不過使百官各稱其職，委任而責成功也。其所以養民者，不過輕租稅、薄賦斂、已逋責也。介甫以爲此皆腐儒之常談不足爲，思得古人所未嘗爲者而爲之。於是財利不以委三司而自治之，更立制置三司條例司，聚文章之士及曉財利之人，使之講利。孔子曰：'君子喻於義，小人喻於利。'樊須請學稼，孔子猶鄙之，以爲不如禮義信，況講商賈之末利乎？使彼誠君子邪，則固不能言利；彼誠小人邪，則固民是盡，以飫上之欲，又可從乎？是知條例一司，已不當置而置之。又於其中不次用人，往往暴得美官，於是言利

之人皆攘臂圜視，銜鬻爭進，各鬥智巧，以變更祖宗舊法。
大抵所利不能補其所傷，所得不能償其所亡，徒欲別出新
意，以自爲功名耳。此其爲害已甚矣。又置提舉勾當常平
廣惠倉使者四十餘人，使行新法於四方。先散青苗錢，次欲
使比户出助役錢，次又欲更搜求農田水利而行之。所遣者
雖皆選擇才俊，然其中亦有輕佻狂躁之人，陵轢州縣，騷擾
百姓者。於是士大夫不服，農商喪業，故謗議沸騰，怨嗟盈
路。迹其本原，咸以此也。《書》曰：'民不静，亦惟在王宫邦
君室。'伊尹爲阿衡，有一夫不獲其所，若己推而内之溝中。
孔子曰：'君子求諸己。'介甫亦當自思所以致其然者，不可
專罪天下之人也。夫侵官，亂政也，介甫更以爲治術而先施
之；貸息錢，鄙事也，介甫更以爲王政而力行之；徭役自古皆
從民出，介甫更欲斂民錢顧市備而使之。此三者，常人皆知
其不可，而介甫獨以爲可。非介甫之智不及常人也，直欲求
非常之功，而忽常人之所知耳。夫皇極之道，施之於天地
人，皆不可須臾離。故孔子曰：'道之不明也，我知之矣，知
者過之，愚者不及也。道之不行也，我知之矣，賢者過之，不
肖者不及也。'介甫之智與賢皆過人，及其失也，乃與不及之
患均。此光所謂用心太過者也……

　　介甫素剛直，每議事於人主前，如與朋友爭辨於私室，
不少降辭氣，視斧鉞鼎鑊無如也。及賓客僚屬謁見論事，則
唯希意迎合、曲從如流者親而禮之。或所見小異，微言新令
之不便者，介甫輒艴然加怒，或詬罵以辱之，或言於上而逐
之，不待其辭之畢也。明主寬容如此，而介甫拒諫乃爾，無
乃不足於恕乎……光昔者從介甫遊，介甫於諸書無不觀，而

特好《孟子》與《老子》之言。今得君得位而行其道，是宜先其所美，必不先其所不美也……今介甫爲政，盡變更祖宗舊法，先者後之，上者下之，右者左之，成者毀之，矻矻焉窮日力，繼之以夜，而不得息。使上自朝廷，下及田野，内起京師，外周四海，士、吏、兵、農、工、商、僧、道，無一人得襲故而守常者，紛紛擾擾，莫安其居，此豈老氏之志乎？何介甫總角讀書，白頭秉政，乃盡棄其所學而從今世淺丈夫之謀乎……近者藩鎮大臣有言散青苗錢不便者，天子出其議以示執政，而介甫遽悻悻然不樂，引疾臥家。光被旨爲批答，見士民方不安如此，而介甫乃欲辭位而去，殆非明主所以拔擢委任之意，故直叙其事，以義責介甫，意欲介甫早出視事，更新令之不便於民者，以福天下。其辭雖樸拙，然無一字不得其實者。竊聞介甫不相識察，頗督過之，上書自辯，至使天子自爲手詔以遜謝。又使吕學士再三諭意，然後乃出視事。出視事誠是也，然當速改前令之非者，以慰安士民，報天子之盛德。今則不然，更加忿怒，行之愈急。李正言言青苗錢不便，詰責使之分析。吕司封傳語祥符知縣未散青苗錢，劾奏乞行取勘。觀介甫之意，必欲力戰天下之人，與之一決勝負，不復顧義理之是非，生民之憂樂，國家之安危。光竊爲介甫不取也。

光近蒙聖恩過聽，欲使之副貳樞府。光竊惟居高位者，不可以無功；受大恩者，不可以不報。故輒敢申明去歲之論，進當今之急務，乞罷制置三司條例司，及追還諸路提舉常平廣惠倉使者……然光與介甫趣嚮雖殊，大歸則同。介甫方欲得位以行其道，澤天下之民；光方欲辭位以行其志，救天下之民。此所謂和而不同者也。故敢一陳其志,以自達於介甫……彼諂諛之人,欲依附介甫,因緣改法,以爲進身之資。一旦罷局,譬如魚之失水。此所以挽引介甫,使不得由直道行者也……彼忠信之士,於介甫當路之時,或齟齬可憎;及失勢之後,必徐得其力。諂諛之士,於介甫當路之時,誠有順適之快;一旦失勢,必有賣介甫以自售者矣。"

按,是日,司馬光六辭樞密副使。《溫國文正公文集》卷四十二《辭樞密副使第六劄子》,《傳家集》有題注:"熙寧三年二月二十七日上,尋得旨聽許。"公有書答之,文集失載。

是月,以程顥面諫,頗感其誠;與張戩辯於政事堂

《河南程氏遺書》卷二上:"新政之改,亦是吾黨争之有太過,成就今日之事,塗炭天下,亦須兩分其罪可也。當時天下岌岌乎殆哉,介父欲去數矣。其時介父直以數事上前卜去就,若青苗之議不行,則決其去。伯淳於上前與孫莘老同得上意,要了當此事。大抵上意不欲抑介父,要得人擔當了,而介父之意尚亦無必。伯淳嘗言:'管仲猶能言"出令當如流水,以順人心",今參政須要做不順人心事,何故?'介父之意,只恐始爲人所沮,其後行不得,伯淳却道:'但做順人心事,人誰不願從也?'介父道:'此則感賢誠意。'却爲天祺其日於中書大悖,緣是介父大怒,遂以死力争於上前,上爲之一以聽用,從此黨分矣。"同書卷十九:"張戩嘗於政事堂與介甫争辨事,因舉經語引證。介甫乃曰:'安石却不會讀書,賢却會讀書。'戩不能答。"

按,張戩字天祺,張載之弟,《宋史》卷四百二十七有傳:

"熙寧初,爲監察御史裏行,累章論王安石亂法,乞罷條例司及追還常平使者。"

見傅堯俞,冀其助行新法,而傅辭謝;遂以之同判流內銓

《長編紀事本末》卷六十八:"兵部員外郎傅堯俞直昭文館、同判流內銓。堯俞始除喪,至京師,王安石素善堯俞,未即見也。安石數召之,既見,語及新法,安石謂堯俞曰:'方今紛紛,遲君來久矣,將以寶文閣待制、同知諫院還君。'堯俞謝曰:'新法世不以爲便,誠然當力論之,平生未嘗欺,敢以實告。'安石不悦,遂有此命。"

《宋史》卷三百四十一《傅堯俞傳》:"熙寧三年,至京師。王安石素與之善,方行新法,謂之曰:'舉朝紛紛,俟君來久矣,將以待制、諫院處君。'堯俞曰:'新法世以爲不便,誠如是,當極論之。平生未嘗好欺,敢以爲告。'安石慍之,但授直昭文館、權鹽鐵副使。"

按,傅堯俞之父傅立爲公之同年,公爲撰墓誌銘,詳本譜熙寧二年。

三月一日,曾公亮、陳升之與争青苗錢不勝,稱疾告假

《長編紀事本末》卷六十八:"(熙寧三年)三月壬辰朔,曾公亮、陳升之皆稱疾在告,與王安石争青苗錢不勝故也。"

《東都事略》卷六十九《曾公亮傳》:"公亮初薦王安石可大用,神宗以安石參知政事,公亮乃陰助安石。安石置條例司,更張衆事,公亮一切聽之,於是神宗益專信任,而安石

以其助己，深德之。御史至中書争論青苗事，公亮俛首不言，安石厲聲與之往反，由是言者亦以安石爲專，公亮不與也。蘇軾嘗從容責公亮不能救正朝廷，公亮曰：'上與安石如一人，此乃天也。'"

三月三日，因司馬光再移書，作書答之

《温國文正公文集》卷六十《與王介甫第二書》，《傳家集》有題注："熙寧三年三月三日作。"曰："光以荷眷之久，誠不忍視天下之議論恟恟，是敢輒獻盡言於左右。意謂縱未棄絶，其取詬辱必矣。不謂介甫乃更賜之誨筆，存慰温厚，雖未肯信用其言，亦不辱而絶之，足見君子寬大之德，過人遠甚也。光雖未甚曉《孟子》，至於義利之説，殊爲明白。介甫或更有他解，亦恐似用心太過也。《傳》曰：'作法於涼，其弊猶貪；作法於貪，弊將若何？'今四方豐稔，縣官復散錢與之，安有父子不相見、兄弟離散之事？光所言者，乃在數年之後。常平法既壞，内藏庫又空，百姓家家於常賦之外，更增息錢、役錢。又言利者見前人以聚斂得好官，後來者必競生新意，以朘民之膏澤，日甚一日。民産既竭，小值水旱，則光所言者，介甫且親見之，知其不爲過論也。當是之時，願毋罪歲而已。感發而言，重有喋喋，負罪益深。"

《文集》卷七十三《答司馬諫議書》："某啓：昨日蒙教。竊以爲與君實遊處相好之日久，而議事每不合，所操之術多異故也。雖欲强聒，終必不蒙見察，故略上報，不復一一自辨。重念蒙君實視遇厚，於反覆不宜鹵莽，故今具道所以，冀君實或見恕也。蓋儒者所争，尤在於名實，名實已明，而

天下之理得矣。今君實所以見教者，以爲侵官、生事、征利、拒諫，以致天下怨謗也。某則以謂受命於人主，議法度而修之於朝廷，以授之於有司，不爲侵官。舉先王之政，以興利除害，不爲生事。爲天下理財，不爲征利。闢邪説，難壬人，不爲拒諫。至於怨誹之多，則固前知其如此也。人習於苟且非一日，士大夫多以不恤國事、同俗自媚於衆爲善。上乃欲變此，而某不量敵之衆寡，欲出力助上以抗之，則衆何爲而不洶洶？然盤庚之遷，胥怨者民也，非特朝廷士大夫而已。盤庚不爲怨者故改其度，度義而後動，是而不見可悔故也。如君實責我以在位久，未能助上大有爲，以膏澤斯民，則某知罪矣。如曰今日當一切不事事，守前所爲而已，則非某之所敢知。無由會晤，不任區區向往之至。”

《温國文正公文集》卷六十《與王介甫第三書》，《傳家集》有題注：“同日。”曰：“光惶恐再拜。重辱示諭，益知不見棄外，收而教之，不勝感悚，不勝感悚！夫議法度以授有司，此誠執政事也，然當舉其大而略其細，存其善而革其弊，不當無大無小，盡變舊法以爲新奇也。且人存則政舉，介甫誠能擇良有司而任之，弊法自去；苟有司非其人，雖日授以善法，終無益也。介甫所謂先王之政者，豈非泉府賒貸之事乎？竊觀其意，似與今日散青苗錢之意異也。且先王之善政多矣，顧以此獨爲先務乎？今之散青苗錢者，無問民之貧富，願與不願，强抑與之，歲收其什四之息，謂之不征利，光不信也。至於闢邪説、難壬人，果能如是，乃國家生民之福也；但恐介甫之座，日相與變法而講利者，邪説壬人爲不少矣。彼頌德贊功希意迎合者皆是也，介甫偶未之察耳。盤庚曰：‘今我民用蕩析離居。’又曰：‘予豈汝威，用奉畜汝衆。’又曰：‘無或敢伏小人之攸箴。’又曰：‘非廢厥謀，弔由靈。’蓋盤庚遇水災而遷都，臣民有從者，有違者，盤庚不忍脅以威刑，故勤勞曉解，其卒也皆化而從之，非謂廢棄天下人之言而獨行己志也。光豈勸介甫不恤國事而同俗自媚哉？蓋謂天下異同之議，亦當少垂意采察而已。幸恕其狂愚，不宣。光惶恐再拜。”

《長編紀事本末》卷六十八：“（熙寧三年二月）甲午，司馬光移書王安石，請罷條例司及常平使者。安石得書，大慚，欲怒，則不敢答書，但言道不同而已。書凡三返，文多不載。”

按，公得司馬光第一書後，實有答書，故司馬光第二書曰“不謂介甫乃更賜之誨筆，存慰溫厚，雖未肯信用其言，亦不辱而絕之”，惟《文集》失載。

作《詠月三首》

《詩注》卷四十五，其二：“江海清明上下兼，碧天遥見一毫纖。此時只欲浮雲盡，窟穴何妨有兔蟾。”其三：“一片清光萬里兼，幾回圓極又纖纖。君看出没非無意，豈爲辛勤養玉蟾。”

李注：“此見公包容小人之意，不知卒爲己害。”“兔蟾”者，隱喻也。

馬永卿《元城先生語》卷上：“老先生嘗謂金陵曰：‘介甫行新法，乃引用一副當小人，或在清要，或爲監司，何也？’介甫曰：‘方法行之初，舊時人不肯向前，因用一切有才力者。候法行已成，即逐之，却用老成者守之。所謂智者行之,仁者守之。'老先生曰:'介甫誤矣。君子難進易退,小人反是。若小人得路,豈可去也?若欲去,必成讎敵,他日將悔之。'介甫默然。"

按,司馬光三致書後,二人遂絕,故《元城先生語》所載,當在此前。姑繫於此。

三月四日,條例司乞畫一申明青苗法意,令逐路提舉官等覺察州縣官吏因緣爲姦、沮壞青苗法。與神宗議陳升之乞罷相

《長編紀事本末》卷六十八:"(熙寧三年三月)乙未,制置三司條例司言:'群臣數言常平新法不便,今畫一申明,使知法意。今或以錢斛抑配與人;或利在易爲催納,專貸與物力高強戶或留滯百姓,不爲及時給納,故縱公吏乞取,致百姓枉有糜費;或不量民物力,給與錢斛太多,致難催納;或不能關防辨察,令浮浪之人爲一保,冒請官物,致難催納;或拖延不爲及時催納,却非理科校公人百姓之類。自是州縣官吏弛慢,因緣爲姦,不可歸咎於法。乞令逐路安撫、轉運、提點刑獄、提舉官覺察,依條施行,命官具案取旨,重行黜罰。安撫、轉運、提刑、提舉官失於覺察,致朝廷察訪得實,亦當量罪,第行朝典。'從之……是日,陳升之以母老乞罷,上固留之。升之退,上諭安石曰:'若聽升之罷去,人言必又紛紛。'安石曰:'升之意有何言?'上曰:'意似鬱鬱不樂,但不言耳。'安石曰:'臣與曾公亮、陳升之議事多有不同,臣固不敢曲從。自來參知政事多宰相所引,惟宰相得議事,參知政事唯喏喏而已。歐陽修當時有所異同,然終不能奪韓琦所爲。

臣備位中書，吏人皆怪駭，以爲不當如此。曾公亮、陳升之固習近事，不能平。臣亦屢與人言，臣於上前論議，雖上有所指揮不當，亦未嘗敢阿順，豈容阿同列？察臣所以事上，即同列亦可以恕臣本心矣。'上曰：'卿既任事，豈苟順人情也？'"

引《周禮》"國服爲息"之說，自爲疏駁韓琦所言青苗法不當，並乞申敕諸路及指揮進奏院，以中書曉諭劄子頒行天下。因韓琦又上言，再與神宗議

《長編紀事本末》卷六十八："條例司奏轉疏駁韓琦所言，皆王安石自爲之。既而，琦又言：'今蒙制置司以臣所言皆爲不當，看詳疏駁事件，多刪去臣元奏要切之語，曲爲沮難，及引《周禮》國服爲息之說，文其謬妄，將使無復敢言其非者。須再辨列，欲望親覽後，付中書、密院看詳，及送御史臺集百臣定議。如臣言不當，甘從竄殛；若制置司處置乖方，天下必受其弊，即乞依臣奏施行。'上閱琦奏，引《周禮》'喪紀無過三月'等語，安石駁'此乃賒買官物，非稱貸也'。上曰：'此必强至所爲，至與曾公亮姻連。'安石曰：'至亦趙抃親家也。'至，錢塘人，時爲大名府路機宜，故上疑至爲之。群臣言常平章疏，上悉以付安石，安石復言於上曰：'章疏惟韓琦有可辨，餘人絕不近理，不可辨也。'上然之。"

《宋會要輯稿》食貨四："（熙寧三年）三月一日，曾公亮、陳升之皆稱疾在告，與王安石爭青苗事不勝故也。四日，制置三司條例司言：'群臣數言常平新法不便，今畫一申明，乞敕諸路安撫、轉運、提點刑獄、提舉官曉諭所屬官吏，使知法意。

一、言者謂元敕云公家無所利其入，今河北提舉官乃令出息三分，失信於百姓。本司今按，《周禮》泉府之官，民之貸者，取息有至二十而五，而曰"國事之財用取具焉"。今常平新法預給青苗錢，但約熟時酌中物價，熟時物貴，即許量減市價納錢。既言量減市價納錢，即是未定納實數，故河北約束州縣納錢，不得過三分；京西、陝西等路，大抵不過二分而已。凡此蓋爲量減時價指擇未有約定實數，恐納時倍貴，州縣量減錢不多，致虧損百姓，即非法外擅爲侵剗也。就諸路所約，唯河北最多，然云不過三分，即非定取三分之息。若物價低平，即有當納本色，不收其息，或止收一二分之時。多少相補，比《周禮》貸民取息，立定分數，已不爲多。近又令預給價錢，若遇物價極貴，亦不得過二分，即比《周禮》所取猶少，於元條欲廣儲蓄、量降時價指揮不相違戾，固無失信之理。又《周禮》，國事財用，取具於泉府之官，賒貸之息。今常平不領於三司，專以振民乏絕，此周公之法，乃不以取具國事之財用，故云公家無所利其入。

一、言者謂上三等户及城郭有物力户，即從來兼并之家，今乃立定貫伯，許之貸借，非抑兼并之意。又河北每保須上三等户一人，上等户必不願請，官吏既防貧户不能送納，豈免差充甲頭，以備代陪？又提舉官峻責州縣，如民不願請，即結罪申報；若選官曉諭却願請，即當別作行遣。州縣官吏攬提舉官曉諭，苟免捃拾，豈無貧下浮浪願請之人，或須散配。本司今按，鄉村上三等、城郭有物業户，亦有闕乏之時，從人舉債，豈皆是兼并之家？今貸貧民有餘，則以給此等户，免令就私家取一倍之息，乃是元敕抑兼并之意。河北每保須上三等户一人者，蓋以檢防浮浪之人。若上户肯與同保，即非浮浪之人；若無上户肯與同保，即自不許支給，何須更行散配？若謂上三等户必不願請，須差作甲頭，自是抑勒違法。況今年開封諸縣甚有上三等户願請，即非抑勒。以近驗遠，事理可知。至於提舉司約束官吏，止是關防因循避事壞法之人，即非迫脅須令抑配。若提舉官或急於功利，諷州縣抑配，即諸路各有安撫、轉運、提點刑獄，其爲朝廷委任，皆在提舉官之上。若有州縣官員故欲隨壞新法，或曲徇提舉官意指抑勒百姓，自當糾舉，依法施行，及具事狀聞奏。豈宜以官吏違法之故，遂欲廢法？

一、言者謂百姓各有本户稅賦及預買紬絹，又生此一重預給青苗錢，則人户不易。本司今按，百姓賦稅之外，逐路承例科斂，名目誠多。然當缺乏之時，不免私家舉債，出息常至一倍，此所以貧者愈困也。今貸與常平本錢，迺濟其艱急，又止令約熟時中價納斛斗，時物價貴，然後令納見錢，比元本不得過二分，即是免於兼并之家舉一倍之息，民户有何不易？

一、言者謂但躬行節儉，常節浮費，自然國用不乏，何必使興利之臣四出，以致遠近之疑。本司今按，先王之政，未嘗不以食貨爲始，張官置吏，大抵多爲農事也。近世以來，農人尤爲困苦，朝廷但有徭役加之，初無歲時補助之法。近自京畿陂防溝洫，多有不治，乃至都城側近，往往綿地數百里棄爲污萊，父子夫婦流離失業，四方遐僻，不問可知。一方水旱，則餓死者相枕籍，而流移者填道路。如前歲河北一飢,則不免漕江淮之米以救之,然於人之流亡餓殍,未有補也。至有非泛用度,或不免就上等戶强借錢物,百姓典賣田產物業以供暴令,此亦可謂國用乏矣。至於差役困苦農民,使之失職,則士大夫之所共見,不待論說而後可知。故陛下即位,詔書丁寧,以務農理財、免人役爲政事之急,誠知方今之憂爲在此也。今置提舉常平、廣惠倉官兼主管農田水利差役事者,凡以爲此而已,固非使之朘削百姓,以佐人主私費,亦豈得謂之興利之臣,而致遠近之疑?

一、言者謂今常平千餘萬緡,散作青苗錢,民所欠負,財力既盡,加以水旱之災,不得不爲之倚閣,因郊赦除之,十年之後,千餘萬緡散而不返矣。常平舊法,自古立制,而無失陷之弊,不當變改。本司今按,常平新法預給價錢,並令公人識認;又須十戶以上爲一保,如河北又須保內有上三等戶一人。自來預買紬絹及給青苗鹽鹽,其關防法未能備具如此,乃不聞有拖欠除放,則常平新法自非官吏故欲沮壞,不容獨致失陷官物。今新法之中兼存舊法,但以舊法廣儲蓄、抑兼并、賑貧弱之方尚爲未備,又無專領官司,所以諸路例多糶價貴糴斗,至有經數十年出糶不行,無補賑救。又糶糴之時,官吏奸弊百端,故須約《周禮》賒貸,增修新法,專置一司提舉覺察,非廢舊法、違古制也。

一、言者謂新法不當示之條約,明言利息。本司今按,《周官》貸民,明言以國服爲息。蓋聖人立法,推至信於天下,取之以道,非爲己私,於理何嫌,而不可明示條約!

一、言者謂坊郭戶既無青苗,不可貸借。本司今按,常平舊法亦糶與坊郭之人,今若給散農民有餘,仍不許坊郭之人貸借，是令常平有滯積餘藏，而坊郭之人獨不被朝廷賑救乏絕之惠也。《周禮》貸民之法，無都邑都野之限。今新法乃約《周禮》太平已試之法，非專用陝西預散青苗條貫也。今新法方行，若官吏不能體朝廷立法之意，不肯公共推行；或以錢斛抑配與人，或利在易爲催納，專貸於物力高疆戶；或留滯百姓，不爲及時給納，故縱公吏乞取，致百姓枉有麋費；或不量民物力，給與錢斛太多，致難催納；或不能關防辨察，令浮浪之人自爲一保，冒請官物，致難催納；或拖延不爲及時催納，却非理科校公人百姓之類，自是州縣官吏弛慢，因緣爲奸，不可歸咎於法。乞令逐路安撫、轉運、提點刑獄、提舉官常切覺察，依條施行。命官具案取旨，重行紬罰。安撫、轉運、提點刑獄、提舉官失於覺察，致朝廷察訪得實，亦當量罪，第行朝典。'從之。

先是，翰林學士司馬光、范鎮、御史中丞呂公著，及諫官御史孫覺、李常、張戩、程顥等皆言常平新法不便，而韓琦相繼論奏，詔以琦等章付制置三司條例司，故上此奏。

其後，韓琦又言：'臣近以河北路差官置司，春夏於青苗錢明取三分之利，有傷國體，上下皆知不便，而以制置條例司是大臣主領，但人人腹非，不敢公言。臣被顧三朝，又職當安撫，實不忍雷同默默，遂詳陳利害本末，乞加博訪。所冀陛下灑然開悟，亟賜更改，使天下鼓舞聖明，不爲盛德之累。老臣獻忠之心，豈有他也！今蒙制置司以臣所言皆爲不當，條件疏駁，乞申敕諸路及直指揮進奏院，以中書曉諭劄子頒行天下。臣詳制置司疏駁事件，多刪去臣元奏要切之語，唯舉大概，用偏辭曲爲沮難，及引《周禮》"國服爲息"

之説文其謬妄，上以欺罔聖德，下以愚弄天下之人，將使無復敢言其非者。臣不勝痛憤，須至再有辯列，欲望親覽，然後降付中書、樞密院看詳，送御史臺集百官定議。如臣言不當，甘當竄殛；若制置司處置乖方，天下必受其弊，即乞依臣前奏，盡罷諸路提舉官，只委提點刑獄司依常平舊法施行，以慰衆心。

一、制置司云：《周禮》泉府之官，民之貸者，承息有至二十而五，而國之財用取具焉。今常平新法比《周禮》貸民取息立定分數以不爲多，遇物價極貴，亦不得過二分，即比《周禮》所取猶少。臣切以周公定太平之法，必無剝民取利之理，但漢儒以去聖之遠，解釋或有異同。按《周禮》："泉府掌市之征布，斂市之不售、貨之滯於民者，以其價買之，物揭而書之，以待不時買者，買者各從其抵。"臣謂周制，民有貨在市而無人買，或有積滯而妨民用者，則官以時價買之，書其物價以示民，若有急求者，則以官元買價與之。此所謂王道也。經又云："凡賒者，祭祀無過旬日，喪紀無過三月。"鄭衆釋云："賒，貰也，以祭祀喪紀，故從官貰買物。"賈公彥疏云："賒與民，不取利也。"經又曰："凡民之貸，與其有司辨之，以國服爲之息。"鄭衆釋云："貸者，爲從官借本貰也，故有息；使民弗利，以其所貰之國所出爲息也。假令其國出絲絮，則以絲絮償；其國出絺葛，則以絺葛償。"臣謂周制有從官借本貰者，亦不以求民之利，但令變所貸錢，使輸國服，即以爲息也。此所謂王道也。而鄭康成釋云："以其於國服事之稅爲息也。於國事受園廛之田而貸萬泉者，則期出息五百。"臣謂《周禮》園廛二十而稅一，近郊十一，遠郊二十而三，甸、稍、縣，都皆無過十二，唯有漆林之征二十而五。漆林，自然所生，非人力所作，故稅重。康成乃約此法，謂從官貸錢。若受園廛之地，貸萬錢者出息五百。公彥因而疏解，謂近郊十一者，萬錢期出息一千；遠郊二十而三者，萬錢期出息一千五百。甸、稍、縣、都之民萬錢，期出息二千。臣謂如此則須漆林之民取貸萬錢，出息二千五百也。然當時未必如此。今放青苗錢，凡春貸十千，半年之內便令納利二千；秋再放十千，至歲終又令納利二千。則是貸萬錢者，不問遠近之地，歲令出息四千也。《周禮》至遠之地，止出息二千，今青苗取息尚過《周禮》一倍，則制置司言比《周禮》取息已不爲多，亦是欺罔聖聽，且謂天下之人皆不能辨也。且古今異制，貴於便時，《周禮》所載有不可施於今者，其事非一。若謂泉府一職今可施行，則如上所言，以官錢買在市不售及民間積滯之貸，候民急求，則以元買價與之。民有祭祀喪紀，就官中借物，限旬日、三月還官，而不取其利。制置司何不將此周公太平已試之法盡申明而行之，豈可獨舉注疏貸錢取息之一事，以詆天下之公言哉！鄭康成又注云：“王莽時，貸以治產業者但計贏，所受息無過歲什一。”公彥疏解云：“莽時雖計本多少爲定，及其催科，唯所贏多少。假令萬泉歲贏萬泉，催一千；贏五千，催五百，餘皆據利催什一。”臣謂王莽時官貸本萬錢，歲終贏得萬錢，止令納一千；若贏錢更少，則納息更薄，比今於青苗錢取利，猶爲寬少。而王莽之後，上自兩漢，下及有唐，更不聞有貸錢取利之法。今制置司遇堯舜之主，不以二帝三王之道上裨聖政，而貸錢取利更過王莽之時，此天下不得不指以爲非，而老臣不可以不辯也。況今天下田稅已重，固非《周禮》什一之法，則又隨畝更有農具、牛皮、鹽錢、麴錢、鞋錢之類，凡十餘名件，謂之雜錢。每夏秋起納，官中更以紬絹斛斗低估價直，令民以此雜錢折納。又每歲散官鹽與民，謂之蠶鹽，折納絹帛，更有預買、和買紬絹，如此之類，不可悉舉，皆《周禮》田稅什一之外加斂之物。取利已厚，傷農已深，奈何更引《周禮》"國服爲息"之說，謂放青苗錢取利乃周公太平已試之法？此則誣污聖典，蔽惑睿明，老臣得不太息而慟哭也。又制置司云：提舉官約束州縣，納錢不得過三分、二分，蓋恐納時斛斗倍貴，州縣量減錢數不多。若物價低平，即有合納本色，不收其息。臣亦謂此論不實也。緣小麥最爲不耐停蓄之物，自來常平倉不糴，蓋恐積留損壞。今歲雨雪及時，麥價必賤，提舉官必不肯令民納本色。蓋納下本色，則無由變轉；若於轉運司兌換價錢，則諸處軍糧支小麥絕少，必難兌換。既難兌換，則占壓本錢，下次無錢散與民戶。臣以此知制置司與提舉官本無令民納斛斗之意，故開此許納見錢一門，將來止令言民願納錢息，不容納本色，則民須至糴麥納錢，豈不殄害百姓？唯陛下早悟臣言。

一、制置司云：鄉村上三等及城郭有物業戶亦有缺乏之時，從人舉債，豈是兼并之家？臣切以鄉村上三等及城郭有物業戶，非臣獨知是從來兼并之家，此天下之人共知也。今制置司以爲非兼并之家者，止欲多散青苗錢與之，而得利亦多也。其如敕意本務拯濟困乏、却以錢放與此等戶，則天下明知朝廷專以取利爲意，實傷國體。制置司若謂《周官》有貸民之法，取之於道，於理無嫌，則今兼并之家例開質庫、課場，若恐取民倍息以傷貧細，則所在皆可官自開置，以抑兼并。然自前世以來，惡其太近衰削，不忍爲之。今青苗錢一事，無乃近於此乎？又云：每保須上三等戶一人者，蓋以檢防浮浪之人。此則抑勒之勢，不假臣言而自明矣。又云：若謂上三等戶必不肯請，須至差作甲頭，即自是抑勒違法。此又殊不察事勢人情，有不得已而爲之者。且青苗之法，內有大臣力主，事在必行；外有專差之官，唯以散錢數多爲職辦，州縣官吏往往變抑勒而爲情願者，蓋事勢不得不懼，而人情不得不從也。監司之官，其於事勢人情，亦何異此？九重高遠，豈得盡知，惟陛下早賜辨察。

一、制置司云：先王之政，未嘗不以食貨爲始，張官置吏，大抵多爲農事也。近世以來，農人尤爲困苦，朝廷非泛用度，或不免就上等戶强借錢物，百姓典賣田産物業以供暴令。今置提舉常平廣惠倉官，兼主管農田水利差役事者，凡以爲此，固非使之朘削百姓，以佐人主私費，亦豈得謂之興利之臣，而致遠近之疑！臣詳制置司明舉貸錢取利之法，謂取之以道，於理無嫌，則非興利而何？至於東南所差均輸之官，亦皆興利之臣也。且西川四路，鄉村民多大姓，一姓所有客戶，動是三五百家，自來衣食貸借，仰以爲生。今若差官置司，更以青苗錢與之，則客於主戶處從來借貸既不免，又須出此一重官中利息，其它大姓固不願請青苗錢。又廣南土曠人稀，水鄉之俗，粗足生計，今亦置官司貸錢取利，故於遠民尤爲不便，豈得不致遠近之疑？國家幅員至廣，一方水旱，時所不免，然朝廷未嘗不假貸糧種，盡救荒之政以濟恤之，故得飢饉復蘇，流庸者復安，自祖宗以來，可謂仁政充洽矣,而未嘗就上等户強借錢物。唯是英宗及陛下即位之初,天下各有優賞,朝廷自京師應副未及間,故有三兩路州軍嘗借於坊郭富民,然亦即時輦還。今制置司指爲暴令,以頒布天下,是唯知主張青苗之法,而不顧毁讟之甚,誠可駭也!

一、制置司云:常平舊法,亦糶與坊郭之人,《周禮》貸民,無都邑、鄙野之限。今新法乃約《周禮》太平已試之法,即非專用陝西青苗條貫也。臣詳制置司此説,尤爲不實。蓋自來常平倉遇歲不稔,物價高,合減元價出糶之時,鄉村則下諸縣取逐鄉近下等户姓名印給關子,令執赴倉,每户糶與三石或兩石,坊郭則每日糶與浮居户每口五升或一斗,故民受實惠,甚濟飢乏,即未嘗見坊郭百姓有物力户乃來零糶常平倉斛斗者。此蓋制置司以青苗爲名,欲多借錢與坊郭有業之人,以望得利之多,假稱《周禮》太平已試之法,以謂無都邑、鄙野之限,以文其曲説,唯陛下深詳其妄。

一、臣近以内藏庫支絹二十萬匹爲河北常平本錢,轉運、常平倉司遂申制置司募請人依青苗錢法。制置司劄子依所申施行,坊郭户願請者亦聽。真定府當請絹三萬匹,未及般取,常平倉司差殿侍康承丙詣屬縣催促,真定府以爲張皇搔擾,戒承丙毋下縣,牒常平倉司追還,牒臣本司照會。臣遂録奏,庶朝廷見其爲害之深。却准中書札子,康成丙本係皮公弼等乞差充使幹當,兼累令提點刑獄司覺察,所散青苗錢不得抑勒,或有抑配,便令止絶,具當職官姓名奏,劄與臣知。臣勘會轉運司昨配賣縜與坊郭,每匹估錢一千五百三十至一千六百,限半年納錢,下等户猶有破賣家産方能貼納者。今提舉官以絹二十萬匹，每匹上等作一千三百五十，每千取利二分，每匹已是一千六百一十；下等作一千三百，并利亦是一千五百六十，並隨稅納，止是百餘日納足，與轉運司賣價全不相遠，即於農民豈不爲害？更差使臣督迫給散，縣邑小官苟免過咎，以抑配爲情願，何可辨明？且制置司雖大臣主領，然終是定奪之所，今直指揮，許散絹與鄉村户，依青苗法納錢，及令坊郭户願請者亦聽，則自來未見有定奪之司，事不關中書、樞密院，不奉聖旨，直可施行者。如此，則是中書之外，又有一中書也。中書行事亦須進呈，或候畫可，未嘗直處分，唯陛下察其專也。如此，則知在外守職臣僚誰敢不從。願早賜辨察，使事歸政府，庶於國體爲便。'

其後二十五日，樞密使文彥博數言青苗不便。上曰：'吾令中使二人親問民間，皆云甚便。'彥博對曰：'韓琦三朝宰相不信，而信二閹乎？'王安石每有中使宣召及賜予，所贈之物必倍舊例，陰結入内副都知張若水、押班藍元震，因能固上之寵。上使二人潛察府界俵錢事，還言民皆情願，無抑配者，故上行其法益堅。"

《太平治跡統類》卷十四："（熙寧三年三月）乙未，條例司奏尊疏駁韓琦所言，皆王安石自爲之。既而，琦又言：'蒙制置司以臣所言皆爲不當。臣詳觀疏駁事件，多删去臣元奏切直之語，曲爲沮難。欲望親覽後，付中書、密院看詳，及送御史臺集百官議。如臣言不當，甘從竄殛；若制置司處置乖方，天下必受其弊，即乞依臣奏施行。'上閲琦奏請《周禮》'喪記無過三月'等語，安石駁此乃賒貸官物，非稱貸也。范

鎮言:'自古以來,未有天子開貨場者。'王安石曰:'鎮所言,
陛下若非略見《周禮》有此,則豈得不爲愧恥?'"

按,文彥博言青苗法不便,見《宋朝諸臣奏議》卷一百十
四《上神宗論青苗》。《文潞公文集》卷二十題爲《言青苗
錢》。

三月五日,李常、程顥、孫覺上疏乞罷制置三司條例司及青苗法。進呈,於神宗前引濮議事力駁之

《長編紀事本末》卷六十八:"(熙寧三年三月)丙申,右
正言孫覺言:'竊見制置三司條例司畫一文字,頒行天下,曉
諭官吏,其凡有七。至于論斂散出入之弊,將來陷失,人所
能知者,皆置不論,乃援引經義,以傅會先王之法,與防微杜
漸,將以召怨賈禍者。臣得極陳之,其條有三。'右正言李常
言:'王安石以文學名世,行義得君,乃不本仁以出號令,考
義以理財賦,而乃佐陛下爲此病民斂怨之術。曾公亮、陳升
之、趙抃皆位冠百僚,身輔大政,首鼠厥議,曾無執守。諫官
或以執事隔絕,或陰竊符同,四海萬里,蒙毒莫訴。臣於安
石雖有故舊之義,苟懷私而不言,誰復爲朝廷言者!中丞呂
公著極論其不可,乞檢會臣累奏施行。'張戩言:'天下之論,
難掩至公,在於聖明,動必循理,無適無莫,義之與比。比者
建議謂便而試行之,今已知有害而改罷之,是順天下之心,
成天下之務也。昔非今是,何憚改爲?'監察御史裏行程顥
言:'明者見於未形,智者防於未亂。況今日事理顯白易知,
若不因機急法,持之愈堅,必貽後悔。悔而後改,爲害已多。
近日條例司疏駁大臣之舉,奏劾不奉行之官,盡沮公議,先

失眾心，權其重輕，未見其可。乞檢會臣前所言，早賜
施行。'

　　於是進呈孫覺疏，王安石謂：'覺所言無禮，讀不及終而
止。'上曰：'人言何止如此？'安石曰：'自大臣以至臺諫，臣
有異，則人言紛紛如此，何足怪！'趙抃曰：'苟人情不允，即
大臣主之，亦不免人言，如濮王事是也。'安石曰：'先帝詔
書，明言濮安懿王之子，不稱濮安懿王為考，此是何理？'上
曰：'宗室事何以不紛紛？'安石曰：'以兩府大臣共議，故大
臣無搖動者。又陛下不疑，故異論無從起。'上曰：'均輸事
何以無人言？'安石曰：'人言豈少？呂公著因江西事遂攻薛
向，而言薛向體量江西文字乃先至，其言不效，故其意沮折，
而不復敢為誣妄。常平事，大臣固不悅，但陛下初即位以為
善政，不敢異論。然自初施行，陰欲沮壞，至於百端。其後
陛下每見提舉官上殿，輒問新法便否，人人知陛下意疑，所
以內外交結，共為誣妄也。'陳升之曰：'豈可使上不訪問群
臣？此皆提舉官所在張大妄作，故致人言耳。'安石曰：'提
舉官到任不過數處，若妄作，即須有事實；全無事實可說，即
其言豈可聽信？'上又語及程顥疏，安石曰：'顥至中書，略諭
以方鎮沮毀朝廷法令，朝廷申明，使知法意，不得謂之疏駁
大臣章奏。顥乃言大臣論列事，當包含。此為害理，若不申
明法意，使中外具知，則是縱使邪說誣民，而令詔令本意更
不明于天下，如此則異議何由貼息？'上因論及臺諫官，言不
可失人心，安石曰：'所謂得人心者，以有理義。理義者，乃
人心之所悅，非獨人心，至於天地鬼神亦然。先王能使山川
鬼神亦莫不寧者，以行事有理義故也。苟有理義，即周公致

四國皆叛,不爲失人心;苟無理義,即王莽有數十萬人詣闕頌功德,不爲得人心也。'它日,安石與韓絳請上更曉諭臺諫,無使紛紛,上曰:'安得如許口煩與説?'上又諭安石令稍修改常平法,以合衆論,安石曰:'陛下方以道勝流俗,與戰無異,今少自却,即坐爲流俗所勝矣。'"《太平治跡統類》卷十一亦載。

楊時《龜山先生全集》卷六《日録辨》:"呈程顥奏:王廣淵不當妄意迎合俵糶,乞俵絲錢及折税絹作納錢。云云。呈孫覺劄子,至'周公時天下已無兼并,又公私富實,故爲此法陰相之,不專用此爲治',余曰:'無兼并,又公私富實,尚須此相民。兼并多,民之絶者衆,則此法豈可少?且覺言周公不專用此爲治,今豈全廢餘事,專行此法?'又讀至'周公所以取息者,欲民勤生節用,不妄稱貸故也',余曰:'覺言今法則以爲掊利,言周公之法則以爲欲民勤生節用,不妄稱貸。若説今法之意如説周法,則今法何由致人異論?'又至'象箸玉杯'及'作俑'之説,以爲今法雖未有害,及至後世,必有剥膚椎髓者,余曰:'此周公所不以爲慮,而孫覺慮後世乃過於周公,此可謂私憂過計也。覺所言無理至多,讀不至終而止。'"

按,孫覺劄子,詳見《宋朝諸臣奏議》卷一百十二《上神宗論條例司畫一申明青苗事》。

作《衆人》詩

《詩注》卷二十一:"衆人紛紛何足競,是非吾喜非吾病。頌聲交作莽豈賢?四國流言旦猶聖。唯聖人能輕重人,不能銖兩爲千鈞。乃知輕重不在彼，要知美惡由吾身。"

　　李注："反復此詩意，必是舉朝争新法時所作。"是也。此詩尤可見公之自信、執著。

三月八日，撰殿試制策，問禮部奏名進士何施可臻聖人之治

　　《宋會要輯稿》選舉七："神宗熙寧三年三月八日，上御集英殿試禮部奏名進士，内出制策曰：'朕德不類，托于士民之上，所與待天下之治者，惟萬方黎獻之求。詳延于庭，諏以世務。豈特考子大夫之所學，且以博朕之所聞。蓋聖人之王天下也，百官得其職，萬事得其序，有所不爲，爲之而無不成；有所不革，革之而無不服。田疇闢，溝洫治，草木茷茂，鳥獸魚鱉無所不得其性者。其富足以備禮，其和足以廣樂，其治足以致刑。子大夫以謂何施而可以臻此？方今之弊，可謂衆矣。捄之之道，必有本末，所施之宜，必有先後，此子大夫所宜知也。生民以來，所謂至治，必曰唐虞成周之時，《詩》《書》所稱，其迹可見。以至後世賢明之君，忠智之臣，相與優勤，以營一代之業，雖未盡善，要其所以成就，亦必有可言者。其詳著之，朕將親覽焉。'舊制，殿試進士以詩、賦、論，特奏名進士一論。至是進士就席，有司猶給《禮部韻》，及試題出，乃策問也。上顧執政曰：'對策亦何足以實盡人材，然愈於以詩賦取人爾。'得葉祖洽以下三百五十五人，第爲五等，賜及第、出身、同出身。"

　　《宋史全文》卷十一："(熙寧三年三月)己亥，御集英殿策試禮部奏名進士，有曰：'聖人之王天下也，百官得其職，

萬事得其序，有所不爲，爲之而無不成；有所不革，革之而無不服。田疇闢，溝洫治，富足以備禮，和足以廣樂，治足以致刑。方今之政，救之之道，必有本末，所施之宜，必有先後。'王安石之辭也。"

按，陸佃《陶山集》卷九所載策問略同。

以呂公著屢奏乞罷各路提舉官，三月十三日，於神宗前駁之

《長編紀事本末》卷六十三："呂公著累奏乞罷提舉官，王安石讀至'取大臣章奏疏駁，巧爲辨説，敷告天下'，上曰：'如此，則韓琦安得不動心乎？'安石曰：'朝廷作有理之法，今藩鎮逐條疏駁，而執法乃不以爲非；方鎮作無理章奏，朝廷諄諄曉諭，而執法乃謂之巧爲辨説，即非理之正。言事官當逐條辨論其非，以開悟陛下之聰明可也。今但爲巧言辨説，而不見辨説之不當，則其情可見矣。'上怪上下紛紛何至此，安石曰：'陛下作法，宰相揺之於上，御史中丞揺之於下，方鎮揺之於外，而初無人與陛下爲先後奔走禦侮之臣，則人情何爲而不至此耶？'又讀至止'令提點刑獄或轉運使管勾'，安石曰：'比曾公亮亦有此奏。陛下試思，府界若無提舉官，止有呂景，則此法已不得行；京西無提舉官，止有提點刑獄，則已言人皆不願請，以此驗之，則不設提舉官，付之它司，事必不舉矣。'上患官吏慢法而不奉行，安石曰：'提舉官雖卑，然以朝廷之命出使，尚未敢按舉州縣不法，即已紛紛然以爲陵轢州縣。言事官本當爲朝廷守法，乃更朋比流俗如此，豈是正理？'上以爲然。"

按，《長編拾補》繫於是月十三日，可從。《宋朝諸臣奏議》卷一百十二載呂公著此劄，題爲《上神宗乞罷提舉常平倉官吏》，注曰：“熙寧三年三月上，時爲御史中丞。”

三月十六日，獨對，以爲神宗御臣無術，致衆議紛紜，

《長編》卷二百十熙寧三年四月辛巳：“先是，安石獨對，問上曰：‘陛下知今日所以紛紛否？’上曰：‘此由朕置臺諫非其人。’安石曰：‘陛下遇群臣無術，數失事機，別置臺諫官，恐但如今日措置，亦不能免其紛紛也。’”李燾：“此安石三月十六日對上語。”

三月十七日，罷范鎮知通進銀臺司

《宋會要輯稿》食貨五：“（熙寧三年三月）十七日，范鎮罷知通進銀臺司。初，鎮言：‘伏奉行下韓琦論青苗事，送制置三司條例司，及令李常分析甚處州縣使良善虛認貫百輸二分之息。竊以陛下詔令，四方所宜奉行，而河北常平倉官不依稟如此，固當竄黜，以戒擅命之臣，而略不詰問。李常諫爭之官，欲陛下去利就義，與民除害，反令分析所以。琦奏中書自當施行，不須下條例司，亦不當令常分析。’封還詔書。聖旨諭鎮，使行下常分析文字，至數四，猶不肯。會詔聽司馬光罷樞密副使，鎮又封還，而不繇封駁司行下。鎮乃自請解封駁事，故有是命。”

《東都事略》卷七十七《范鎮傳》：“王安石爲政，變更法令，改常平爲青苗法，鎮上疏曰……疏三上，不報。會韓琦上疏極論新法之害，安石使送條例司疏駁之。諫官李常乞

罷青苗錢，安石令常分析。鎮皆封還其詔，詔五下，鎮執如初。司馬光除樞密副使，光以所言不行不敢就職，詔許辭免。鎮再封還之。神宗知其不可奪，以詔直付光。"

《宋史》卷三百三十七《范鎮傳》所載略同。

三月二十一日，見蘇軾所撰《擬進士御試策》，請黜之

《長編紀事本末》卷六十二："（熙寧三年）三月壬子，上御集英，賜進士第。葉祖洽以阿時置第一，軾奏欲別定等第，上不許。又作《擬進士對御試策》，上以軾所對策示王安石，安石曰：'軾材亦高，但所學不正，今又以不得逞之故，其言遂佚蕩至此，請黜之。'曾公亮曰：'軾但異論耳，無可罪者。'它日，安石又白上曰：'陛下何以不黜軾？豈爲其材可惜乎？譬如調惡馬，須減芻秣，加箠朴，使其貼服乃可用。如軾者，不困之使自悔而紲其不逞之心，安肯爲陛下用？且如軾輩，其才爲世用甚少，爲世患甚大，陛下不可不察也。'"
《太平治跡統類》卷十三亦載。

按，蘇軾所擬對策，於新法一一駁斥，宜乎公反感至此。《擬進士對御試策》："聖策曰：'聖王之御天下也，百官得其職，萬事得其序。'臣以爲陛下未知此也，是以所爲顛倒失序如此……今陛下使兩府大臣侵三司財利之權，常平使者亂職司守令之治，刑獄舊法不以付有司而取決於執政之意，邊鄙大慮不責帥臣而聽計於小吏之口，百官可謂失其職矣。王者之所宜先者德也，所宜後者刑也；所宜先者義也，所宜後者利也。而陛下易之，可謂萬事失其序矣。然此猶其小者。若其大者，則中書失其政也。宰相之職，古者所以論道

經邦，今陛下但使奉行條例司文書而已……今政事堂忿争相詬，流傳都邑，以爲口實，使天下何觀焉？故臣願陛下首還中書之政，則百官之職，萬事之序，以次得矣。聖策曰：'有所不爲，爲之而無不成；有所不革，革之而無不服。'陛下及此言，是天下之福也。今日之患，正在於未成而爲之，未服而革之耳……今天下以爲利，陛下以爲義；天下以爲貪，陛下以爲廉。不勝其紛紜也，則使二三臣者，極其巧辨，以解答千萬人之口，附會經典，造爲文書，以曉告四方之人。豈如嬰兒鳥獸，可以美言小數眩惑之哉……横山之功，是邊臣欲速而壞之也。近者青苗之政、助役之法、均輸之策、併軍蒐卒之令，率然輕發，又甚於前日矣……聖策曰：'生民以來，稱至治者必曰唐虞成周之世，《詩》《書》所稱，其迹可見。以至後世，賢明之君，忠智之臣，相與憂勤，以榮一代之業。雖未盡善，然要其所以成就，亦必有可言者。其詳言之。'臣以爲此不可勝言也。其施設之方，各因其時而不可知，其所可知者，必畏天、必從衆、必法祖宗……《詩》、《書》所稱，大略如此，未嘗言天命不足畏，衆言不足從，祖宗之法不足用也。"[1]

因曾公亮等言畿縣散常平錢有追呼抑配之擾，請遣孫覺行視虛實；覺既受命，復奏疏辭行。三月二十五日，降孫覺知廣德軍

《長編紀事本末》卷六十三："（熙寧三年）丙辰，右正

① 《蘇軾文集》卷九，第303—306頁。

言、直集賢院、同修起居注孫覺降知廣德軍。初，曾公亮、陳升之、趙抃等皆以爲開封府界散常平錢實有抑配，上遣覺出案其事，覺喜奉行，遂詔覺同開封府界提點、提舉官體量有無抑配以聞。既而張戩言不當遣覺，覺亦奏疏辭行，上批：‘覺上殿，稱敢不虔奉詔命，即日治行，今乃反覆如此，付中書劾問。’已而，王安石獨對，言：‘直可降責，不須劾問。’初欲落修起居注，令歸館供職，安石謂：‘不如與一小州或軍。’上曰：‘留覺在此，必更鼓動流俗。’遂有廣德之命，而體量官亦罷遣。”

《宋會要輯稿》食貨五所載略同。《宋朝諸臣奏議》卷一百十三載孫覺《上神宗辭免體量府界青苗錢》，注曰：“熙寧三年三月上。”曰：“以此見府界之民狃習恩貸，其給甚易，而其斂則難也。今聖旨指揮乃令體量人戶情願請領或追呼抑配，則臣前所引開封三縣，其情可見矣。況臣前後論列，皆謂法不精，所請使者非其人，故屢引作俑之説，以明將來之害。今聖旨乃使臣遍行諸縣，又與提點提舉等官連書聞奏。諫官備耳目之任，凡所聞見，得以開陳，必欲按實罪狀，正所謂干礙之官。臣聞古者設官，有言之者，有行之者，故言者不責其必行，行者不責其能言。臣備員諫省，以言語爲官矣，其又能一二以行之乎？伏望聖慈察臣區區之志，臣之所言是邪，則願陛下采而行之；所言非耶，固不逃於誅譴。所有體量青苗指揮，望賜寢罷，謹具狀辭免以聞。”

按，孫覺與公素善，觀其熙寧元年所上神宗諸奏，言“弊政固不可不革”等，置之《文集》中莫辨也。二人之所以始合終睽，《宋史》卷三百四十四《孫覺傳》言之甚詳：“神宗將大

革積弊，覺言：'弊政固不可不革，革而當，其悔乃亡。'神宗
稱其知理……熙寧二年，詔知諫院，同修起居注，知審官院。
王安石早與覺善，驟引用之，將援以爲助。時呂惠卿用事，
神宗詢於覺，對曰：'惠卿即辯而有才，過於人數等，特以爲
利之故，屈身於安石，安石不悟，臣竊以爲憂。'神宗曰：'朕
亦疑之。'其後王、呂果交惡。青苗法行，首議者謂：'《周
官》泉府，民之貸者，至輸息二十而五，國事之財用取具焉。'
覺奏條其妄，曰：'成周賒貸，特以備民之緩急，不可徒與也，
故以國服爲之息。然國服之息，説者不明……聖世宜講求
先王之法，不當取疑文虛説以圖治。今老臣疏外而不見聽，
輔臣遷延而不就職，門下執正而不行，諫官請罪而求去。臣
誠恐姦邪之人，結黨連伍，乘衆情之洶洶，動搖朝廷，釣直干
譽，非國家之福也。'安石覽之，怒。覺適以事詣中書，安石
以語動之曰：'不意學士亦如此！'始有逐覺意。會曾公亮言
畿縣散常平錢，有追呼抑配之擾，安石因請遣覺行視虛實。
覺既受命，復奏疏辭行，且言：'如陳留一縣，前後曉示，情願
請錢，卒無一人至者，故陳留不散一錢。以此見民實不願與
官中相交。所有體量，望賜寢罷。'遂以覺爲反覆，出知廣
德軍。"

"國服之息，説者不明"，出自孫覺三月五日《上神宗論
條例司畫一申明青苗事》，《宋朝諸臣奏議》卷一百十二載
録。此前二月，孫覺自貢院出，即上疏論罷青苗法，謂："今
日之新法雖有善意，然而人不親也，不答也，則亦宜自反而

已矣。"①三月十一日，又面諫神宗，言條例司不當鏤板行下駁韓琦疏。後又奏論罷司馬光樞密、范鎮封駁司不當，辭行視畿縣散常平錢，故逐知廣德軍。

三月二十五日，立試刑法及詳刑官法

《宋會要輯稿》選舉一三："（熙寧）三年三月二十五日，詔：'京朝官、選人歷官二年以上，無贓罪，許試刑名。委兩制、刑法寺主判官、諸路監司奏舉，歷任有舉主二人，亦聽就試。日試斷獄一道，刑名十事至十五事爲一場，五場止。又問《刑統》大義五道，斷獄通八分已上，不失重罪，合格。分三等，第一等選人改京朝官，京朝官進一官，並補審刑、大理、刑部官；第二等選人免循一資，京朝官減二年磨勘；第三等選人免選，京朝官減一年磨勘。法官闕，亦聽補。考試關防，如試諸科法。'"

《宋史》卷十五《神宗二》："（熙寧三年）丙辰，立試刑法及詳刑官（法）。"

三月二十八日，與神宗議"三不足說"

《長編紀事本末》卷五十九："（熙寧三年）三月己未，上諭安石曰：'聞有三不足之說否？'王安石曰：'不聞。'上曰：'陳薦言：外人云今朝廷以爲天變不足懼，人言不足恤，祖宗之法不足守。昨學士院進試館職策，專指此三事。此是何理？朝廷亦何嘗有此，已別作策問矣。'安石曰：'陛下躬親

---

① 《宋朝諸臣奏議》卷一百十二《上神宗論青苗》。

庶政，無流連之樂，荒亡之行，每事惟恐傷民，此即是懼天
變。陛下詢納人言，無小大，唯言之從，豈是不恤人言？然
人言固有不足恤者，苟當於義理，則人言何足恤！故《傳》稱
禮義不愆，何恤于人言。鄭莊公以人之多言，亦足畏矣，故
小不忍致大亂，乃《詩》所刺，則以人言爲不足恤，未過也。
至於祖宗之法不足守，則固當如此。且仁宗在位四十年，凡
數次修救，若法一定，子孫當世世守之，則祖宗何故屢自變
改？今議者以爲祖宗之法皆可守，然祖宗用人皆不以次，今
陛下試如此，則彼異論者必更紛紛。"《宋史全文》卷十一
亦載。

　　按，陳薦字彥升，《東都事略》卷八十五有傳："舉進士，
調華陽尉。韓琦帥定武，舉爲屬，又用琦薦，爲秘閣校
理……范純仁、胡宗愈、劉琦、錢顗相繼罷言職，薦言御史天
子耳目之官，今以言而逐之，是自蔽其耳目也。權知御史
臺，言李定不持所生喪，豈可以爲御史？數日罷臺事……韓
琦常謂人曰：'廉於進而勇於退，嫌疑間毫髮不處，與人交久
而不變，如彥升者，蓋無幾。'而司馬光亦服薦之質直云。"
"陳薦言外人云"，應指本月蘇軾所撰《擬進士對御試策》：
"聖策曰：'生民以來，稱至治者必曰唐虞成周之世，《詩》、
《書》所稱其迹可見。以至後世，賢明之君，忠智之臣，相與
憂勤，以營一代之業。雖未盡善，然要其所成就，亦必有可
言者，其詳著之。'臣以爲此不可勝言也。其施設之方，各隨
其時而不可知，其所可知者，必畏天，必從衆，必法祖宗，故
其言曰：'戒之戒之，天惟顯思，命不易哉！'又曰：'稽于衆，
舍己從人。'又曰：'丕顯哉，文王謨！丕承哉，武王烈！'

《詩》、《書》所稱，大略如此，未嘗言天命不足畏，衆言不足從，祖宗之法不足用也。苻堅用王猛，而樊世仇騰席寶不悦；魏鄭公勸太宗以仁義，而封倫不信。凡今之人，欲陛下違衆而自用者，必以此藉口。"①

至於"昨學士院進館試策"，係司馬光所擬，見《溫國文正公文集》卷七十二《學士院試李清臣等策目》："問：先王之治盛矣。其遺文餘事可見於今者，《詩》、《書》而已矣。《詩》曰：'文王陟降，在帝左右。'《書》曰：'面稽天若。'蓋言王者造次動静，未嘗不考察天心而嚴畏之也。《詩》曰：'毋念爾祖，聿修厥德。'《書》曰：'有典有則，貽厥子孫。'蓋言三代嗣王，未有不遵禹、湯、文、武之法，而能爲政者也。《詩》曰：'先民有言，詢於芻蕘。'《書》曰：'有廢有興，出入自爾師虞，庶言同則繹。'蓋言與衆同欲，則令無不行，功無不成也。今之論者或曰：'天地與人了不相關，薄食震摇，皆有常數，不足畏忌。祖宗之法，未必盡善，可革則革，不足循守。庸人之情，喜因循而憚改爲，可與樂成，難與慮始。紛紜之議，不足聽采。'意者古今異宜，《詩》、《書》陳迹，不可盡信邪？將聖人之言，深微高遠，非常人所能知，先儒之解，或未得其旨邪？願聞所以辨之。"題注："熙寧三年三月二十八日。時王介甫言於上，以爲'天命不足畏，祖宗不足法，流俗不足恤'，故因策目，以此三事質於所試者。范景仁後至，曰：'流俗不足恤一事，我已爲策目矣。'遂刊之。明日，禁中以紙帖其上，別出策目試清臣等。"

又，黃復山以此策問爲本年八月制科策問，李清臣時爲

---

① 《蘇軾文集》卷九，第307頁。

考官，並謂題注出自光子司馬康，誤矣。此策問實爲本年四月"試館職策"。《宋會要輯稿》選舉三一："（熙寧）三年四月二十三日，學士院試虞部員外郎蘇梲、秘書丞陳睦、秘書郎李清臣、江寧府推官劉摯，策、論優。詔梲、睦、清臣並充集賢校理，摯充秘閣校勘。梲等皆先朝得旨召試故也。"

　　另，"三不足"説之淵源流變，鄧廣銘、黄復山、林天蔚等考之甚詳，①可參見。今按，"三不足"説之辭句，流傳各異，未必盡合公之文字議論，然所差亦無幾，誠可謂"王安石變法革新的精神支柱"。公《本朝百年無事劄子》曰："然本朝累世因循末俗之弊，而無親友群臣之議；人君朝夕與處，不過宦官女子，出而視事，又不過有司之細故，未嘗如古大有爲之君，與學士大夫討論先王之法，以措之天下也。一切因任自然之理勢，而精神之運有所不加，名實之間，有所不察。"此即祖宗之不足法也。吕中曰："安石三不足之説，已露于讀吳申奏疏之時，然三者亦有次第。蓋其始也不快于前朝之政事，則祖宗爲不足法也；其中也不快于賢人君子之議論，則以人言爲不足恤；其後變形于上，則又以爲天變不足懼。""未幾，讀吳申《謹奏成憲之疏》，於是謂：'成憲不足道，人言不足聽，勞民非所恤，嚴刑非所緩。人主當示人以好惡，當與人以不測。'"②

---

① 　可見鄧廣銘《北宋政治改革家王安石》，第 115 頁。黄復山《王安石"三不足"説考辨》，《漢學研究》1993 年第 1 期。林天蔚《爲王安石辨誣二事》，載氏著《宋代史事質疑》第二章，臺灣商務印書館 1987 年版。王宇《王安石"天變不足畏"新論》，《浙江社會科學》2002 年第 5 期。

② 　《類編皇朝大事記講義》卷十五，上海人民出版社 2014 年版，第 291、285 頁。

是月,與神宗、韓絳議淤田

《長編》卷二百十四熙寧三年八月己未條李燾引《河渠志》第三卷:"三年三月,上謂王安石、韓絳曰:'淤田不協力者,卿知其故乎?'安石曰:'不知。'上曰:'都水所以沮壞者,以侵其職事爾。'安石曰:'若都水無意沮事,則固不當侵其職也。必欲任屬,當以楊汲爲都水監。然汲未經試用,陛下能使臺諫無議論否?'上曰:'用新法權理資序,有何不可?汲豈不愈於王荀龍?'安石曰:'若用汲,使爲之屬,亦不能獨濟。蓋每事稟於沈立、張鞏,汲何能辦集?別爲一司,則畏其沮壞。'"

張戩上疏乞改新法之不便,又至中書力爭。笑之

《宋朝諸臣奏議》卷一百十三張戩《上神宗論新法》:"臣竊以天下之論難掩至公,在於聖明,動必循理,無適無莫,義之與比。昔建議謂便而試行之,今已知有害而改罷之,是順天下之心而成天下之務也。昔非今是,何憚改爲?故曰:毋意毋必,毋固毋我。又曰:時行則行,時止則止。《大易》之義,貴於隨時,陛下何利之求?惟義而已。今則衆意乖戾,天下騷然,而王安石尤欲飾非,所持甚隘,信惑憸人,力排正論,此臣所以在於必諍,雖死輒爲,義或難從,勢無兩立也。"注曰:"熙寧三年三月上,時爲監察御史裏行。"

《宋九朝編年備要》卷十八:"(熙寧三年四月,呂公著、張戩等罷)戩既上疏,詣中書力爭,辭氣甚厲。公亮俛首不答,安石以扇掩面而笑,戩怒曰:'參政笑戩,戩亦笑參

政。參政所爲，豈但戲笑，天下誰不笑之？'陳升之解之曰：
'察院不須如此。'戲顧曰：'只相公得爲無過耶？'遂並
出之。"

《伊洛淵源錄》卷六呂大臨《張御史行狀》："君諱戩，字
天祺……熙寧二年，超爲監察御史裏行。明年，以言事出知
江陵府公安縣，改陝州夏縣……熙寧初，上初即位，登用大
臣，將大有爲，以御史召。君喜以爲千載之遇，間見進對，未
嘗不以堯、舜、三代之事進于上前，惻怛之愛，無所遷避。其
大要，啓君心，進有德，謂反經正本當自朝廷始，不先諸此而
治其末，未見其可也。事有不關興衰者，人雖以爲可言，皆
闊略不辨。既而，見新政所更，寖異初議，左右邇臣，不以德
進。君爭之不可，乃告諸執政，執政笑而不答。君曰：'戩之
狂易，宜其爲公所笑，然天下之士笑公爲不少矣。'章十數
上，卒不納，乃歎曰：'茲未可已乎？'遂謝病不朝，居家待罪，
卒罷言職。既去位，未嘗以諫草示人。"

劉攽來書，論青苗法聚斂

劉攽《彭城集》卷二十七《與王介甫書》："見所與曾公
亮書，論青苗錢大意，不覺悵惋。仲尼云：'聽訟，吾猶人也，
必也使無訟乎！'聽訟而能判曲直，豈不爲美？然而聖人之
意以無訟爲先者，貴息爭於未形也。今百姓所以取青苗錢
於官者，豈其人富贍飽足樂輸有餘於公以爲名哉？公私債
負逼迫，取於已無所有，故稱貸出息，以濟其用。介父爲政，
不能使民家給人足，無稱貸之患，而特開設稱貸之法，以爲
有益於民，不亦可羞哉？甚非聖人之意也。自三代以來，更

歷秦漢，治道駁雜，代益澆薄，其取於民者萬頭千緒。周公
之書有之而今無者，非實無之也，推類言之，名號不同而已
矣。若又取周公所言以爲未行而行之，吾恐不但重複，將有
四五倍蓰者矣。一部《周禮》，治財者過半，其非治財者，未
聞建行一語，獨此一端守之，堅如金石，將非識其小者近者
歟？今郡縣之吏，率以青苗錢爲殿最，又青苗錢未足，未得
催二税。郡縣吏懼其黜免，思自救解，其材者猶能小爲方略
以强民，其下者直以威力刑罰督迫之。如此，民安得不請，
安得不納？而謂其願而不可止者，吾誰欺？欺天乎？凡人
臣之納説於時君，勸其恭儉小心，所謂道也，豈不逆耳難從？
及至勸其爲利，取財於民，廣肆志意，不待辭之畢而喜矣。
故姦臣争以言財利求用，不復取往古事言之。在唐之時，皇
甫鎛、裴延齡用此術致位公相。雖然，二人者猶不敢避其聚
斂之名，不如介甫直以周公聖人爲證，上則使人主無疑，下
則使廷臣莫敢非。若是乎周公之爲桀跖，嚆矢桁楊接槢也。
商鞅爲秦變法，其後夷滅；張湯爲漢變法，後亦自殺。爲法
逆於人心，未有保終吉者也。且朝廷青苗之息，專爲備百姓
不足，至其盈溢，能以代貧下賦役乎？府庫既滿，我且見其
不復爲民矣。外之則尚武功，開斥境土；内之則廣游觀，崇
益宮室。鄙語曰：‘富不學奢而奢自至。’自然之勢也。介甫
一舉事，其弊至此，可無念哉！可無念哉！”

陳敏登進士第。嘉其才，薦堪大用

《（洪武）無錫縣志》卷四：“宋陳敏字伯修，無錫人。髫
卯喪父，廬墓哀毀，有芝生冢上。長從安定先生胡瑗學，與

同郡袁默、凌浩、姑蘇孫載皆爲英特，時目爲'安定四俊友'。熙寧三年，舉進士。王荊公嘉其才，薦敏堪大用，除太學正，從蘇軾游甚厚。嘗守台州，會朝廷命郡國立元祐黨籍碑，敏拒守以爲不可。監司促之急，敏曰：'誣司馬公爲姦臣，是誣天也。'其倅卒立之，敏碎其石。或咎敏，敏曰：'我死且不辭，何劾之畏？'竟掛冠而去，自號'濯纓居士'。大觀中，以八行搜天下士。殿撰李夔，丞相綱之父也，時奉祠居梁溪，以敏行能薦於上。守令親爲勸駕，敏嘆曰：'昔歸今往，何出處之戾也？'弗就，年八十一終。德行之美，時所欽慕。"

因新法異議者紛紜，有詩諷之

《詩注》卷四十五《崇政殿後春晴即事》："悠悠獨夢水西軒，百舌枝頭語更繁。山鳥不應知地禁，亦逢春暖即啾喧。"

庚寅增注引方勻《泊宅編》云："元祐中，東坡帥杭，予獲遊公門。公嘗言王介甫初行新法，異論者曉曉不已，嘗有詩云：'山鳥不應知地禁，亦逢春暖即啾喧。'"山鳥，喻異議者。

勉神宗取法周公、柴世宗勿恤流俗，振救衰弊，興起功業

楊時《龜山先生全集》卷六《日錄辨》："凡興事造業，振救衰弊，誠須臨事而懼。若顧恤流俗人情，畏其不安，即不能爲周公所爲。商人與三監畔，征之三年，若畏人情不安，則必大赦以安之。及事平，乃更遷其世族庶士，居之洛邑，彰善癉惡，以教訓之，初無畏衆之意。此所以能制禮樂而成

周之太平也。柴世宗一日斬大將樊愛能以下二十七人,以
能者代之,當時人情豈得帖然無不安者? 古之有爲者,上如
周公,下如柴世宗,皆不苟畏人情而但務因循,所以能各隨
其材分,興起功業。"

饒餗下第,有詩投贄。贖之

釋文瑩《湘山野錄》卷下:"撫人饒餗者,馳辨逞才,素捭
闔於都下。熙寧初,免解到闕,因又失意。當朝廷始立青
苗,方沮議交上,大丞相閉門不視事之際,生將出關,以詩投
相閣曰:'又還垂翅下煙霄,歸指臨川去路遥。二畝荒田須
賣却,要錢準備納青苗。'丞相亦以十金贖之。"

四月五日,以曾布、王庭筠、宋温其、杜純等爲編敕刪定官

《長編》卷二百十熙寧三年四月乙丑:"命知制誥宋敏
求,看詳減省銀臺司文字、都官員外郎王庭筠,太常博士、集
賢校理劉瑾,殿中丞朱温其,著作佐郎錢長卿、曾布,前河西
縣令杜純,並爲編敕刪定官。庭筠嘗奏疏稱頌王安石所定
謀殺刑名,而温其素爲王安石檢法,贊成其事者也。"

按,杜純,《宋史》卷三百三十有傳:"熙寧初,以河西令
上書言政,王安石異之,引寘條例司。"晁補之《雞肋集》卷六
十二《朝散郎充集賢修撰提舉西京嵩山崇福宮杜公行狀》:
"熙寧初,自外上書言事,宰相王荆公異之,即日召爲制置三
司條例司檢詳文字,尋爲大理寺詳斷官,刪定編敕。荆公既
奇其才,數與論天下事,謂可顯任,亟薦于上,擢光禄寺丞、

充審刑詳議官、樞密院檢討官兼管勾樞密院宣敕等庫。"

朱溫其，本年六月，權發遣大理少卿，《長編》卷二百一十二熙寧三年六月戊寅："審刑院詳議官、殿中丞朱溫其權發遣大理少卿，理合入資序。於是御史中丞馮京言：'溫其自北京法曹參軍，舉刑部詳覆官五年，理爲兩任。今歲五月，方舉授審刑院差遣，資序尚淺，便令權發遣少卿，超越倫輩。'"

四月八日，御史中丞呂公著罷知潁州。與神宗皆以爲責官誥詞應明言其罪

《長編》卷二百十熙寧三年四月戊辰："詔：'御史中丞呂公著，比大臣之抗章，因便坐之與對，乃誣方鎮有除惡之謀，深駭予聞，乖事理之實，可翰林侍讀學士、知潁州；權知開封府、翰林學士兼侍讀韓維權御史中丞；知太原府、端明殿學士兼翰林侍讀學士馮京爲翰林學士兼端明殿學士、知開封府。'公著在言職，累奏乞罷制置三司條例司及提舉常平官……皆不聽，迺求罷職，家居俟命。是月乙丑，詔復除公著舊職、同提舉諸司庫務，韓絳爲中丞，李中師權知開封府。命且下，復留之。至是乃黜公著，且以馮京代中師。

王安石著《時政記》，曰：公著數言事失實，又求見，言朝廷申明常平法意，失天下心。若韓琦因人心如趙鞅舉甲，以除君側惡人，不知陛下何以待之？因涕泣論奏，以爲此社稷宗廟安危存亡所繫，又屢求罷言職。上察其爲姦，故黜。初，上欲明言公著罪狀，令曾公亮等以旨諭當制舍人。公亮諭宋敏求草制但言引義未安而已，安石曰：'聖旨令明言罪

狀，若但言引義未安，非旨也。'敏求草制如公亮所教，翌日
再取旨，公亮、陳升之、趙抃等皆爭，以爲不可。上曰：'公著
有遠近虛名，不明言罪狀，則人安知其所以黜？必復紛紛
矣。'公亮等以爲，如此則四方傳聞大臣有欲舉甲者，非便；
且於韓琦不安。上曰：'既黜公著，明其言妄，則韓琦無不安
之理。雖傳聞於四方，亦何所不便？'公亮等猶力爭，至日
旰，上終弗許，而面令升之改定制辭行之。安石所記如此。"

"司馬光記所聞於趙抃曰：上諭執政，以呂公著自貢院
出，上殿言朝廷推沮韓琦太甚，將興晉陽之甲以除君側之
惡。王安石怨公著叛己，因此用爲公著罪。及中書呈公著
責官誥詞，宋敏求但云'敷陳失實，援據非宜'。安石怒，請
明著罪狀，陳升之不可，曰：'如此，使琦何以自安？'安石曰：
'公著誣琦，於琦何損也？如向日諫官言升之媚內臣以求兩
府，朝廷豈以此遂廢升之？'皆俛首不敢對。上既從安石所
改，且曰：'不爾，則青苗細事豈足以逐中丞？'光又云：'公著
素謹，初無此對，或謂孫覺嘗爲上言，今藩鎮大臣如此論列
而遭挫辱，若唐末、五代之際，必有興晉陽之甲以除君側之
惡者矣。'上誤記，以爲公著也。"

按，《呂公著家傳》則以"將興晉陽之甲以除君側之
惡"，歸之孫覺。《東都事略》卷八十八《呂公著傳》並以公
改呂公著降官制詞："宋敏求草公著詞云：'敷陳失實，援據
非宜。'安石不快，欲明著其語，陳升之以爲不可，安石乃自
易之曰：'厚誣藩鎮，興除惡之名；深駭予聞，乖事理之實。'
公著素謹密，實無此言，蓋孫覺嘗爲神宗言：'今藩鎮大臣如
此論列，而遭挫折，若當唐末五代之際，必有興晉陽之甲以

除君側之惡者矣。'神宗因誤以爲公著也。"兹不取。《長編》卷四百二十二元祐四年二月甲辰："司空同平章軍國事呂公著卒。"李燾："《舊録·公著傳》：神宗相王安石爲政，而公著與光輩率爲異論，謂制置三司條例爲名分不正，常平青苗法本非惠民，宜罷去。帝以其未喻也，猶不之斥，乃面奏：'若韓琦因人心不忍，如趙鞅舉甲除君側之惡，不知陛下何以待之？'帝始謫之。宋敏求草詞，止言'敷陳失實，援據非宜'，帝以爲不正名其罪，令陳升之易之曰：'厚誣藩鎮，興除惡之謀，深駭予聞，乖事理之實。'遂以翰林侍讀學士知潁州。"

另，《東軒筆録》卷六："熙寧初，朝廷初置條例司，諸路各置提舉常平司，及俵常平錢，收二分之息。時魏公鎮北都，上章論其事，乞罷諸路提舉官，常平法依舊，不收二分之息。魏公精於章表，其說從容詳悉，無所傷忤。有皇城使沈惟恭者，輒令其門客孫棐詐作魏公之表云：'欲興晉陽之甲，以除君側之惡。'表成，惟恭以示閤門使李評，評奪其藁以聞。上大駭，下惟恭、孫棐於大理，而御史中丞呂公著因便坐奏事，猶以棐言爲實。上出魏公章送條例司，惟恭流海上，孫棐杖殺於市，罷公著中丞，出知潁州。制曰：'比大臣之抗章，因便坐而與對，乃厚誣方鎮有除惡之謀，深駭予聞，乖事理之實。'蓋因此耳。"待考。

呂公著之貶降，蓋因其爲御史中丞數論新法不便，遂與公齟齬，由至交而幾爲陌路。《名臣碑傳琬琰集》下卷十《呂正獻公公著傳》："初入館，與王安石善。後安石秉政，公著爲中丞，安石冀其助己，已而公著論其過，不爲少屈也。"《邵氏聞見録》卷十二：“介甫平生待晦叔甚恭……故介甫作相，薦晦叔爲中丞。晦叔迫於天下公議，反言新法不便，介甫始不悅，謂晦叔有驩兜、共工之姦矣。”“王荆公與吕申公素相厚，荆公嘗曰：‘吕十六不作相，天下不太平。’又曰：‘晦叔作相，吾輩可以言仕矣。’其重之如此。議按舉時，其論尚同。荆公薦申公爲中丞，欲其爲助，故申公初多舉條例司人作臺官。既而天下苦條例司爲民害，申公乃言新法不便。荆公怒其叛己，始有逐申公意矣。方其薦申公爲中丞，其辭以謂有八元、八凱之賢。未半年，所論不同，復謂有驩兜、共工之姦。荆公之喜怒如此。初亦未有以罪申公也，會神宗語執政：‘吕公著嘗言韓琦乞罷青苗錢，數爲執事者所沮，將興晉陽之甲，以除君側之惡。’荆公因用此爲申公罪，除侍讀學士、知潁州。”

《邵氏聞見録》叙二人交惡甚詳。嘉祐間，公、吕公著、司馬光、韓維有“嘉祐四友”之目。熙寧元年四月，二人同乞講官坐講。熙寧七月，公與司馬光議謀殺刑名不同，詔從公所議，御史中丞滕甫猶請再選官定議，詔送翰林學士吕公著等重定，公著等議如公。熙寧二年七月，吕誨罷御史中丞，公力薦吕公著繼之，吕所薦之臺官，如王子韶、程顥、侯叔獻等，均爲條例司中人，故劉琦等論奏曰：“及吕公著一言辟光之罪，即時貶責。誨與公著均中丞也，何誨言之而獲戾，公著言之而遽行？非公著與安石生平相知，表裹相應，亦恐言之未必從也。豈非威福之柄，不出於陛下，而盡由於安石乎？且如近用吕公著爲御史中丞，與兄公弼職任相妨，臣等亦曾論列，陛下不以爲聽也。切聞陛下始欲用司馬光爲中執法，安石力薦公著，而欲罷公弼樞府之任。公著以人言不協，又於兄弟之義難安也，遂亦辭免。陛下乃聽安石之言，遂兩用之，此得爲允當乎？近又覿中書劄子，今後御史中丞獨舉臺官，不拘官職高下。此亦安石之謀也，不過欲引用門下之人置在臺中，爲己之助耳。己之有過，彼則不言，此得爲朝廷之福乎？況祖宗以來，未嘗有兄在樞府而弟爲中丞者，亦未嘗有舉臺官不拘官職高下，而知雜御史不同議也，亦未嘗有不與學士院輪舉也。先朝所立制度，乃陛下家法，自宜世世子孫守而勿失。今一旦信安石之言，乃欲事事更張廢而不用，良可惜也。"《長編》卷二百十熙寧三年四月甲辰："（司馬）光曰：'公著誠有罪，不在今日。向者朝廷委公著專舉臺官，公著乃盡舉條例司之人，與條例司互相表裏，便熾張如此。逼於公議，始言其非，所謂有罪也。'"

由此可見，熙寧初，呂公著實爲公之同盟。二人之隙，當肇始於熙寧二年十月以後，呂公著連上疏乞罷條例司及青苗法，二人始睽。《宋朝諸臣奏議》共錄八篇：《上神宗乞罷制置三司條例司呂公著》、《上神宗乞罷制置三司條例司》、《神宗乞罷提舉官吏及住散青苗錢呂公著》、《上神宗再論青苗錢》、《上神宗乞罷提舉常平倉官吏》、《上神宗論青苗呂公著》、《上神宗論江西重折苗錢呂公著》、《上神宗論不宜輕失人心》。《呂公著家傳》："公自二年十月，即奏乞罷制置條例司。三年二月，公自貢院遂論青苗錢法，前後章十數上，不見從。即上奏乞解憲職，再上章待罪。然神宗待公素厚，初無譴怒意，顧公言愈切，乃諭執政，聽解言職。四月五日，除翰林學士兼侍講學士、寶文閣學士。"

九日，宴瓊林苑，有詩

《詩注》卷四十四《九日賜宴瓊林苑作》："金明池道柳參天，投老重來聽管弦。飽食太官還惜日，夕陽臨水意茫然。"

按，《長編》卷二百十熙寧三年夏四月癸亥："幸金明池，觀水嬉，燕射瓊林苑。"

李注："此豈志富貴者？"

以神宗欲用歐陽修爲樞密使，議之，以爲宜先召對與論時事，察其有補與否

《長編》卷二百十熙寧三年四月壬申："知青州、觀文殿學士、兵部尚書歐陽修爲宣徽南院使、判太原府。宣徽使自皇祐三年著令毋過二員，後富弼以宣徽使判并州，於時已有二員，詔以邊任故，權增一員。至是，郭逵、王拱辰已爲宣徽使，并修爲三，用弼例也。太原闕守，上初欲用滕甫，議不合，遂用修。上初疑修以病不肯往，王安石曰：'試敦諭，并稍加恩禮，必肯往也。'因授宣徽使，修卒辭之。"

《長編》卷二百十一熙寧三年五月庚戌："先是，上復欲用修執政，問王安石以修何如邵亢，安石曰：'修非亢比也。'又問何如趙抃，安石以爲勝抃。它日，又問何如呂公弼，其意欲以代公弼也。安石謂勝公弼。又問何如司馬光，安石亦謂勝光。上遂欲用之。安石曰：'陛下宜且召對，與論時事，更審察其在政府有補與否。'乃遣內侍馮宗道賜以太原告敕，諭令赴闕朝見訖之任。安石又曰：'修性行雖善，然見

事多乖理，陛下用修，修既不盡燭理，有能惑其視聽者，陛下宜務去此輩。'上問：'誰與修親厚？'良久曰：'修好有文華人。'安石蓋指蘇軾輩，而上已默諭。明日，安石又白上曰：'陛下欲用修，修所見多乖理，恐誤陛下所欲爲。'上患無人可用，安石曰：'寧用尋常人不爲梗者。'上曰：'亦須用肯作事者。'安石曰：'肯作事固佳，若所欲作與理背，即誤陛下所欲爲。又陛下每事未免牽于衆論，或爲所牽，即失事幾，此臣所以不能不豫慮也。'時已除修宣徽南院使、判太原府上曰：'待修到，更徐議之。'"

陳瓘《四明尊堯集》卷八引《熙寧日錄》："余曰：'臣修《實錄》，見趙禼《日錄》一冊，乃知趙禼非長者也。'上問歐陽修，余稱其性質甚好。問：'何如邵亢？'余曰：'非亢比也。'又問：'何如趙抃？'余以爲勝抃。上曰：'人言先帝服藥時，修見太皇太后決事，喜曰："官家病妨甚，自有聖明天子。"'余曰：'語非士大夫之語，必非修出。若太皇太后決事，有稱歎之言，容或有之，亦是人之常情。但如陛下所聞，必非修語。'上曰：'語出於趙禼。'余曰：'臣修《實錄》，見趙禼所進《日錄》一冊，如韓琦言語即無一句，豈是韓琦都不語？如歐陽修言語，於傳布爲不便者，所錄甚多，漏中書語人，以此怨歐陽修，但謂其淳直，不能匿事。及見禼所進《日錄》，乃知禼非長者也。'"

四月十七日，薦韓維代呂公著，維力辭；曾公亮等議召吳中復，沮之

《長編》卷二百十熙寧三年四月丁丑："韓維權知開封

府,馮京權御史中丞。王安石既引韓絳同制置三司條例,又
薦維以代呂公著,欲其兄弟助己也。曾公亮等皆以爲如此
必致人言,絳亦言臣弟必不敢當……卒與京易任。初,命李
中師權知開封,既而以中師不允人望,罷之。曾公亮等始建
議欲召吳中復爲中丞,王安石曰:'中復鞫李參事,人皆以爲
附文彥博,恐非正人,陛下宜自察之。'乃不果召,及罷中師,
又欲召中復尹京。王安石曰:'臣昨奏中復附文彥博事,無
可考,恐難信。如前日不放提舉官所差指使下縣,若不以
聞,當申條例司,此於韓琦有何關預?中復乃申琦,其枉道
媚韓琦如此,亦足以知其爲人也。'卒罷之。"

按,《名臣碑傳琬琰集》下卷十四《吳給事中復傳》:"移
成德軍。青苗法初行,使者至,將遍行諸邑。中復謂斂散固
自有期,移牒止之,且關河北安撫司,韓琦適論青苗非是,錄
其語以聞。"此即所謂"枉道媚韓琦",故公沮之。《宋史》卷
三百二十二、《東都事略》卷七十五《吳中復傳》載同。

四月十八日,罷向寶兼提舉蕃部等,恐其沮王韶事

《長編》二百十二熙寧三年五月丙寅:"殿前都虞候、邕
州觀察使、秦鳳路副總管寶舜卿知秦州,李師中於永興軍聽
旨。王韶之議開邊也,師中贊成之,及韶改提舉蕃部兼營
田、市易,二月十一日。師中始言其不便。向寶言:'蕃部不可
以酒食甘言結也,必須恩威並行,且蕃部可合而不可用。'議
與韶異。朝廷更命寶兼提舉,王安石恐沮韶事,亟罷之。"李
燾曰:"四月十八日。"

屢與參知政事趙抃爭論新法，議論不協。四月十九日，趙抃出知杭州

《宋會要輯稿》職官七八：“（熙寧）三年四月十九日，右諫議大夫、參知政事趙抃罷授資政殿學士、知杭州。先是，王安石用事，議論不協，臺諫、侍從多以言求去。抃上疏言：‘非宗廟社稷之福，臣恐天下自此不安矣。’章九上求去，故有是命。”

《長編》卷二百十熙寧三年四月己卯：“右諫議大夫、參知政事趙抃爲資政殿學士、知杭州。王安石更張政事，抃屢言其不便，及安石家居求去，上諭執政罷青苗法，抃獨欲俟安石參假，由是新法不罷。抃大悔，復上言……安石彊辯自用，動輒忿爭，以天下之公論，爲流俗之浮議，順非文過，違衆罔民……因累章乞罷，遂命出守杭州。”

《東都事略》卷七十三《趙抃傳》：“會王安石用事，下視廟堂如無人，因爭新法，怒目同列曰：‘公輩坐不讀書耳。’抃折之曰：‘君言失矣。如皋、夔、稷、契之時，有何書可讀邪？’安石默然。”

薦李定召對，以爲太子中允、權監察御史裏行

《長編》卷二百十熙寧三年四月己卯：“前秀州軍事判官李定爲太子中允、權監察御史裏行。定素與王安石善，孫覺歸自淮南，薦定極口，因召至京師。定初至，謁李常，常問：‘南方之民，以青苗爲何如？’定言皆便之，無不善者，常謂曰：‘今朝廷方爭此，君見人切勿爲此言也。’定即日詣安石，

白其事曰：'定惟知據實而言，不知京師不得言青苗之便也。'安石喜甚，遂奏以定編《三司歲計》及《南郊式》。且密薦於上，乞召對，謂定曰：'君上殿，當具爲上道此。'及見，上果問常平新法，定對如安石所教，上悅，批付中書，欲用定知諫院，曾公亮、陳升之以爲前無此例，固爭之，乃改命焉。"《宋史》卷三百二十九《李定傳》亦載。

《宋會要輯稿》食貨五："（熙寧三年四月）十九日，前秀州軍事判官李定爲太子中允、權監察御史裏行。定素與王安石善，孫覺歸自淮南，薦定極口，因召至京師。定初至，謁李常，常問：'南方之民以青苗爲如何？'定言：'皆便之，無不善者。'常謂曰：'今朝廷方爭此，君見人，切勿爲此言也。'定即日詣安石白其事，曰：'定惟知據實而言，不知京師不得言青苗之便也。'安石喜甚，遂奏以定編三司歲計及南郊式，且密薦于上，乞召對。謂定曰：'君上殿，當且爲上道此。'及見上，果問常平新法，定對如安石所教。上悅，批付中書，欲用定知諫院。曾公亮、陳升之以爲前無此例，乃改命焉。"

四月二十一日，以謝景溫爲工部郎中兼侍御史知雜事

《長編》卷二百十熙寧三年四月辛巳："淮南轉運使、屯田郎中謝景溫爲工部郎中兼侍御史知雜事。景溫雅善安石，又與安石弟安國通姻。呂公著之爲中丞也，人謂景溫必先舉御史，及公著罷，乃有此除。"

《宋史》卷二百九十五《謝景溫傳》："字師直，中進士第……景溫平生未嘗仕中朝，王安石與之善，又景溫妹嫁其弟安禮，乃驟擢爲侍御史知雜事。"

按，《長編》謂謝景溫與王安國通姻，誤，謝乃王安禮之妻兄，王安國妻爲曾氏，見本譜卷一。謝景溫頗有治績，《宋史》卷一百七十三《食貨上一》："神宗熙寧元年……權京西轉運使謝景溫言：'在法，請田戶五年内科役皆免貶。汝州四縣客户，不一二年便爲舊户糾抉，與之同役，因此即又逃竄，田土荒萊。欲乞置墾田務，差官專領，籍四縣荒田，召人請射。更不以其人隸屬諸縣版籍，須五年乃撥附，則五年内自無差科。如招及千户以上者，優獎。'詔不置務，餘從所請。"

罷張次山權發遣廣濟河都大輦運司公事，以向宗道代之

《長編》卷二百十熙寧三年四月辛巳："知遂州、職方郎中向宗道都大催遣廣濟河輦運。初，張次山力詆新法，辭提舉常平倉弗就。會廣濟遣運闕官，曾公亮在病告，安石攝禘祭致齋，次山與陳升之有連，升之亟言次山可用。命既下，而中旨謂次山資淺，改付宗道。其實安石惡次山異己，言於上而罷之。"

按，張次山字希元，《施注蘇詩》卷四《越州張中舍壽樂堂》："熙寧五年，簽書公事、太子中舍張次山字希元創建。張，建康人，號能吏。"本月十七日，張次山權發遣廣濟河都大輦運司公事。① 熙寧二年十一月，差官充逐路提舉常平、

---

① 《宋會要輯稿》食貨四五："（熙寧）三年四月十七日，命僉書鎮東軍節度判官廳公事張次山權發遣廣濟河都大輦運司公事，尋以職方郎中向宗道代之。初，除次山提舉常平倉，弗就，至是，提舉輦運闕，宰相曾公亮等言次山可用。翌日，詔次山資叙過淺，可再取旨，故有是詔。"第7010頁。

廣惠倉兼管勾農田水利差役事,張次山以太子中舍充江南
西路提舉(見本譜熙寧二年),尋請辭,^①故公以爲異己。

以知制誥宋敏求封還李定除監察御史裏行詞頭並乞罷知制誥,遂摭其前過;四月二十二日,與神宗、曾公亮議其罷知制誥制詞

《長編》卷二百十熙寧三年四月辛巳:"右諫議大夫、知
制誥宋敏求言:'中書送李定除權監察御史裏行詞頭,伏以
御史之官,舊制須太常博士經兩任通判方許奏舉。景祐初,
以資任相當者少,始許舉通判未滿任者。去歲驟用京官,今
又幕職官便陞朝著,處糾繩之地,臣恐弗循官制之舊,未厭
群議,其詞頭未敢具草。'且以疾辭知制誥。壬午,宋敏求罷
知制誥,以上批敏求'文字荒疏,曠其職業,不能者止,於義
可從也'。於是王安石曰:'敏求草呂公著制,臣諭聖旨,令
明著罪狀,反用曾公亮語,止云援據匪宜而已,此自是違聖
旨,已幸朝廷不問,乃更辭職。'上乃令從敏求請罷職。及呈
敏求誥詞,上又令因著其前者失職之罪。曾公亮以爲無罪
可著。上曰:'令作公著誥辭,初不依旨,明言罪狀,乃宣言
於外,以謂朝廷改誥詞須當乞免知制誥。改誥詞亦常事,何
至如此?此乃挾姦,見朝廷前者不加罪,故今敢如此爾。'安
石曰:'敏求作公著誥詞,曾公亮雖云但言援據失宜,而臣即

① 趙抃《趙清獻公文集》卷十《奏劄乞罷制置條例司及諸路提舉官熙寧三年三
月》:"臣近以制置條例司遣使四十餘人,馳傳天下,人情驚駭,物論誼
譁……近制置司所差官,如張次山、吳師孟、范世京等七八人懇辭勇退,唯
恐不得所請。"

諭聖旨，令明著罪狀。敏求不用臣所諭旨，而從公亮之言，此豈得無罪？'公亮曰：'舍人是中書屬官，止合聽宰相處分。'安石曰：'舍人乃行聖旨，豈是行宰相處分？'上曰：'若止一人說與則可，緣王安石又說聖旨，既所傳不同，即合覆奏，如何即草制？'公亮不肯從，上曰：'但止說文字荒蕪，失其職守，罷之可也。'公亮曰：'若失守，即是臣致其如此。'時已日旰，安石曰：'改作曠其職業亦可。'上從之，公亮因請罪，上曰：'不須爾。'公亮曰：'不敢。更上章。'拜謝，於上前而退。"

《宋史》卷二百九十一《宋敏求傳》："王安石惡呂公著，誣其言韓琦欲因人心，如趙鞅興晉陽之甲，以逐君側之惡，出之潁州。敏求當草制，安石諭旨使明著罪狀，敏求但言敷陳失實。安石怒白於帝，命陳升之改其語，敏求請解職，未聽。會李定自秀州判官除御史，敏求封還詞頭，遂以本官右諫議大夫奉朝請。"

四月二十二日，以李常上疏抨擊新法，出之通判滑州

《長編》卷二百十熙寧三年四月壬午："右正言、秘閣校理李常落職爲太常博士、通判滑州。常言：'散常平錢流毒四海，又州縣有錢未嘗出而徒使民入息者。'上令具州縣官吏姓名至五六，終不肯具，而求罷職，故黜。前此，上謂執政曰：'李常終不肯分析，朕再三諭以此止是欲行遣違法官吏，常堅云體不合分析。'曾公亮曰：'臺諫官自前許風聞言事，難令分析也。'上曰：'欲令說是何人言，或以所言不實罪諫官，即壅塞言路。今令說違法官吏是何人，因何卻不肯？'王

安石曰：'許風聞言事者，不問其言所從來，又不責言之必實。若他人言不實，即得誣告及上書詐不實之罪，諫官、御史則雖失實亦不加罪，此是許風聞言事。今所令分析，止欲行遣官吏，何妨風聞？'及是，上令改常正言爲博士，仍明著常罪曰：'言事反覆，專爲詆欺。'是日，又呈常疏，有云：'陛下一宮殿之費百餘萬，一宴遊之費十餘萬，乃令大臣剝膚椎髓，搭斂百姓。'上笑曰：'近聞人謗如此，乃是常疏中語。'安石曰：'陛下即位，未嘗營繕及事外遊宴，惟修太皇太后、皇太后兩宮爾，而常敢於誣上如此！'"

《宋朝諸臣奏議》卷一百十四李常《上神宗論王安石》："臣伏見陛下即位未幾，起王安石於江湖之上，曾未數對，遂參機務。方是之時，中外相慶，以爲三代之隆可以立俟也。安石乃首建制置三司條例，天下之人始議其身任大政而專有司之事，然善士猶或恕之，謂其先公家之所不足，將佐陛下以仁義理財賦，節儉先天下，交物以道，奉養以禮，重損浮費，圖實廩庾，凡教化之事，猶有待也。已而立均輸之議，造青苗之法，天下之人固已大駭，而善士猶未之深議，謂其志在便民，均一有無，遠希先王，補耕助斂，以爲於理無嫌。及降詔取利，牽合經旨，謂周公資用於國服之息，利害已白，而持之不改，雖善士不復以爲是，直謂其誑惑朝廷、愚瞽海內。所以議論交起不可抑止者，其故何也？義與利之爲道異也。始稱倣古以行義，故君子猶或恕之；終則不顧以嗜利，雖衆人莫之與也。及發七難以拒言者，其辭迂，其理僻，天下之人益知其所存盡於此，不復有義理之實，徒欲文過求勝，豈以生靈存亡之命、社稷安危之機爲計哉……今朝廷患財用之不足，未聞陛下以節儉先天下，而一宮殿之費或以百萬計，一宴遊之費或以數萬計，而欲錙銖取於困窮之民，偏聽獨任，非順適心意之言不取，又將悉誅而去之，是欲上下雷同，小大阿黨而無一言異者。”

《宋史》卷三百四十四《李常傳》：“熙寧初，爲秘閣校理。王安石與之善，以爲三司條例檢詳官，改右正言、知諫院。安石立新法，常預議，不欲青苗收息。至是，疏言：‘條例司始建，已致中外之議。至於均輸、青苗，斂散取息，傅會經義，人且大駭，何異王莽猥析《周官》片言，以流毒天下！’安石見之，遣所親密諭意，常不爲止。又言：‘州縣散常平錢，實不出本，勒民出息。’神宗詰安石，安石請令常具官吏主名，常以非諫官體，落校理，通判滑州。”

《長編紀事本末》卷六十八：“（熙寧二年二月）甲申，以韓琦論青苗奏付條例司。右正言李常言其尤甚者，至使善良備給納之費，虛認貫陌，以輸二分之息。上閱常奏曰：‘常平皆經中書行遣，今人言紛紛如此，乃因執政議論不一故也。’公亮曰：‘臣本以爲不可。’升之曰：‘臣本不欲如此，今已書奏，更不敢言。’上曰：‘若以爲不可，當極論之，何以書奏？既書奏，何以至今乃議論不一？’上問李常疏如何處置，安石曰：‘可令分析，是何州縣如此。’公亮、升之皆曰：‘諫官許風聞言事，豈可分析？’公亮曰：‘王安石但欲己議論勝耳。’上正色曰：‘豈有此耶？’公亮曰：‘此言若誣，天實臨之。’安石曰：‘始與升之議此法，升之以爲難，臣即不強升之。既而以呂惠卿、程顥亦責升之畏流俗，升之遂肯同簽書。當時若升之不同，臣亦豈敢強升之爲此奏？天下

可行之事至衆，但議論未合，即無强行之理。及至朝廷已
推行，則非復是臣私議，乃朝廷詔令也。大臣爲朝廷奉詔
令，自當以身徇之。臣非好議論勝，乃欲朝廷法令尊，爲人
所信，不爲浮議妄改而已。'上乃卒令常分析。常乃王安石
所引用者，既除諫官，言青苗取息非便，安石見之大怒，遂
白上，使明出二分息。吕惠卿謂常曰：'君何得負介甫？我
能使君終身不如人。'及安石分司，常雖言安石不當去，又
言青苗不當取二分息，乞罷之。安石既出，而責常曰：'君
本出條例司，亦嘗與青苗議，今反見攻，何以異於蔣之
奇也？'"

按，公與李常素善。熙寧二年九月八日，以李常爲制置
三司條例司檢詳文字官；九月十六日，公力薦李常與吕惠卿
編修中書條例，足見倚重之深。然李常於青苗取息二分頗
有異議。熙寧二年閏十一月甲寅，李常除右正言、知諫院，[1]
遂言青苗法取息不便。公見之怒，吕惠卿亦責之。本年二
月十日，公因韓琦乞罷青苗法而家居求分司，"常求對，極稱
其賢，以爲朝廷不可一日無也，以臣異議青苗之故，寧可逐
臣，不可罷安石也。既退，使人具以此言告安石以賣恩。"[2]
可見此時李常尚冀公復出，自改其法。二月二十三日，李常
再上疏言有州縣使善良避請納之費，虛認貫百，以輸二分之
息。公見此疏，乃以蔣之奇目之，"安石既出而責常曰：'君
本出條例司，亦嘗與青苗議，今反見攻，何以異於蔣之奇
也？'"且令常分析，二人始絕。故李常此後所上疏，即明斥

---

① 《温公日録》，顧宏義《宋代日記叢編》，上海書店2013年版，第44頁。
② 《長編紀事本末》卷六十八。

公矣，而神宗亦以李常前後反覆，以爲"常非佳士"。

　　至於秦觀所撰李常行狀，則爲曲筆，不無溢美、隱諱："神宗即位，詔大臣舉館職，曾宣公以公應詔，召試學士院，除秘閣校理，編校史館書籍，兼太常博士，兼史館檢討，置三司條例司檢詳官，看詳中書條例，權判尚書考功，改右正言、同管勾國子監公事。是時，王荊公輔政，始作新法，諫官御史論不合者，輒斥去。公上疏力詆其非，以爲始建三司條例司，雖致天下之議，而善士猶或與之；至於均輸之論興，青苗之法立，公然取息，傅會經旨以爲無嫌，則天下固已大駭，而善士亦不復與矣。時荊公之子雱與溫陵吕惠卿，皆與聞國論。凡朝廷之事，三人者參，然後得行。公言：'陛下與大臣議某事，安石不可，則移而不行。安石造膝議某事，安石承詔頒焉，吕惠卿獻疑，則反之。詔用某人，安石、惠卿之所可，雱不説，則又罷之。孔子曰"禄去公室"，"政在大夫"，"陪臣執國命"，今皆不似之耶？'而其論青苗尤爲激切，至十餘上不已。於是落職，通判滑州……初善王荊公，荊公當國，冀其爲助，而詆之乃力於他人。荊公嘗遣雱喻意曰：'所争者國事，少存朋友之義。'公曰：'大義滅親，況朋友乎！'自存益確，士論以此歸之。"[1]

是日，黜張戩、王子韶爲知縣

　　《長編》卷二百十熙寧三年四月壬午："上批：'監察御史裏行張戩侵侮柄臣，誣罔事實；王子韶外要守正之名，內

---

[1]　《淮海後集》卷六《故龍圖閣直學士中大夫知成都軍府李公行狀》，《淮海集箋注》，第1549頁。

懷朋姦之實，所入章疏，與面奏事前後反覆不一。'並落職知縣：戩，江陵府公安；子韶，江寧府上元。戩屢言青苗不便，最後上疏曰：'近乞罷制置司及諸路使者，并言散錢取利爲害；及安石處事乖謬，專爲聚斂，好勝遂非，很愎日甚；呂惠卿險薄姦凶，尚留君側；而曾公亮、陳升之、趙抃等，心知其非，依違不斷，觀望畏避，顛危莫扶，及識昧知幾，言乖誤主，均爲有罪，乞正嚴誅等事，並未施行。今大惡未去，橫斂未除，不正之司尚存，無名之使方擾，臣自今更不敢赴臺供職，居家待罪。'又言：'韓絳代陳升之領條例司，左右徇從安石，與爲死黨，遂參政柄。李定邪諂，自幕官擢臺職。陛下惟安石是信，今輔以絳之詭隨，臺臣又得李定之比，繼繼其來，牙蘖漸盛，臣豈敢愛死而不言哉？'子韶嘗乞追孫覺、呂公著謫命，及言臺諫方論青苗，乞罷兄子淵管勾京東常平差遣。先是，上謂執政曰：'王子韶言青苗法實不便，但臣先與此議，不敢論列。小人首鼠兩端，當黜之。'知雜陳襄亦奏子韶回邪反覆，陰薦子淵爲常平使者，請罷其言職故也。

初，戩、子韶皆以知縣資序爲御史，至是曾公亮請皆以爲通判，王安石不可，上從安石議。戩既上疏，又詣中書力爭，辭氣甚厲。公亮俛首不答，安石以扇掩面而笑。戩怒曰：'參政笑戩，戩亦笑參政所爲，豈但戩笑，天下誰不笑者？'陳升之解之曰：'察院不須如此。'戩顧曰：'只相公得爲無過耶？'退即家居待罪，其日遂與王子韶同黜。"

《宋史》卷四百二十七《張戩傳》："熙寧初，爲監察御史裏行。累章論王安石亂法，乞罷條例司及追還常平使者。劾曾公亮、陳升之、趙抃依違不能救正，韓絳左右徇從，與爲

死黨，李定以邪諂竊臺諫。且安石擅國，輔以絳之詭隨，臺
臣又用定輩，繼續而來，芽蘗漸盛。呂惠卿刻薄辯給，假經
術以文姦言，豈宜勸講君側。書數十上，又詣中書争之，安
石舉扇掩面而笑。戩曰：'戩之狂直宜爲公笑，然天下之笑
公者不少矣。'趙抃從旁解之，戩曰：'公亦不得爲無罪。'抃
有愧色。遂稱病待罪。"

《宋史》卷三百二十九《王子韶傳》："中丞呂公著等論
新法，一臺盡罷。子韶出知上元縣，遷湖南轉運判官。"

陳襄《古靈先生文集》卷六《彈秀州軍事判官李定狀》：
"監察御史王子韶回邪反覆，難與議事，及定阿諛不正，並望
別與外任合入差遣，庶絕佞人僥倖之路，而不誤陛下任使之
明也。"

蘇轍《欒城集》卷四十六《論冬温無冰劄子》："王子韶
昔在三司條例司，諂事王安石，創立青苗、助役之法，臣時與
之共事，實所親見。及呂公著爲御史中丞，舉爲臺官。公著
以言新政罷去，而子韶隱忍不言，先帝覺其姦妄，親批聖語，
指其罪狀。"

**是日，因陳襄累奏乞罷青苗法，罷其侍御史知雜事，欲
用爲陝西轉運使。神宗不從**

《長編》卷二百十熙寧三年四月壬午："刑部郎中、侍御
史知雜事陳襄同修起居注，罷知雜事。襄累奏乞罷青苗法，
其第三奏曰：'……自陛下臨政以來，事無過舉，惟用安石，
然後有更事之暴，而致興利之非。聖人施爲，自有法度，不
合於道者去之。任天下之群才，收天下之公議，堯、舜、三王

之治,可以指期而至,又何必徇一士之曲議,以貽黎元之患哉!所有制置條例司如有可行事件,欲乞只歸三司相度施行。青苗之法,早賜停寢,則天下幸甚。'

襄又奏:'臣觀制置司元降指揮,莫非引經以爲言,而其實貸民以取利,事體削弱,爲天下譏笑。是特爲管仲、商君之術,非陛下之所宜行。'

又奏:'……天下之人皆知誤陛下者王安石也,誤安石者呂惠卿也。以陛下之聰明,觀天下之論議,其法制利害固已灼然可知。奈何安石恃彊辯以熒惑於前,惠卿畫詭謀以陰助於後,加以反覆比周之小人隨時觀望,平日公論,則舉知其法之非,一撓於利,則又言其法之是。此雖陛下之至聖,不能無惑;雖臣等之至忠,亦不免指爲朋黨也。'

既而有旨,召襄試知制誥於中書,襄以言不行,辭不就試,乞補外。王安石請用爲集賢殿修撰、陝西轉運使。命未下,上批別進呈,而改是命。於是上謂安石曰:'經筵殊少人。'安石曰:'何用多?'上曰:'吳申全不能講,欲候襄受職,留之經筵,朕見襄每引經亦粗可故也。'"

《宋史》卷三百二十一《陳襄傳》:"明年,同修起居注,知諫院,改侍御史知雜事,論青苗法不便……皆不聽。"

程顥罷權監察御史裏行,懇辭京西提點刑獄。是日,斥其黨附呂公著,責降簽書鎮寧節度判官事

《長編》卷二百十熙寧三年四月己卯:"太子中允、權監察御史裏行程顥權發遣京西路提點刑獄。顥先上疏言:'臣聞天下之理,本諸簡易,而行之以順道,則事無不成。故曰

智者如禹之行水，行其所無事也。捨而之於險阻，則不足以言智矣。蓋自古興治，雖有專任獨決能事功者，未聞輔弼大臣人各有心，睽戾不一，致國政異出，名分不正，中外人情交謂不可，而能有爲者也。況於措置沮廢公議，一二小臣實與大計，用賤陵貴，以邪妨正者乎！凡此皆天下之理不宜有成，而智者之所不行也。設令由此徼幸事小有成，而興利之臣日進，尚德之風寖衰，尤非朝廷之福。矧復天時未順，地震連年，四方人心，日益搖動，此皆陛下所當仰測天意，俯察人事者也。臣奉職不肖，論議無補，望允前奏，早賜降責。'故罷。"

《宋會要輯稿》食貨五："（熙寧三年四月己卯）同日，權監察御史裏行程顥權發遣京西路同提點刑獄，以顥數言常平新法，乞責降，故有是命。"

《長編》卷二百十熙寧三年四月壬午："太子中允、同提點京西刑獄程顥簽書鎮寧節度判官事。顥既罷御史，懇辭京西故也。上謂王安石曰：'人情如此紛紛，奈何？'安石曰：'堯御衆以寬，然流共工，放驩兜。驩兜止是阿黨，共工止是靜言庸違，象共滔天。如呂公著真所謂靜言庸違，象共滔天。陛下察見其如此非一事，又非一日，然都無行遣，直待公著所爲熟爛，自不肯安職，復除三學士，令在經筵，又不肯留，乃始除侍讀、知潁州。誥詞又初極稱其材行，中乃用數字言其罪，後乃令帶侍讀學士。以此示天下，天下皆知朝廷無綱紀，小人何緣退聽？陳襄、程顥專黨呂公著，都無助陛下爲治之實。今天下事不如理至多，人臣爲姦罔至衆，襄與顥曾有一言及之否？專助呂公著言常平法，此即是驩兜之徒。而陛下於邪説紛紛之時，張戩之徒皆未出，即獎用襄知制誥、顥提點刑獄，又稱其平實。此輩小人若附吕公著，得行其志，則天下之利皆歸之；既不得志，又不失陛下獎用，何爲肯退聽而不爲姦？臣愚竊恐陛下非不知陳襄輩情狀，但患斥逐人多，故以言假借涵容，且使安職。此大不然，彼不謂陛下涵容，乃謂陛下尚可欺罔，故紛紛不止也。’”

四月二十五日，以劉攽求外任，因出之

《長編》卷二百十熙寧三年四月乙酉：“詔館閣校勘劉攽與外任。攽初考試開封，與王介爭言，爲臺諫所劾，既贖銅，又罷考功及鼓院。至是求外任，王安石因之并逐攽。”

《宋史》卷三百一十九《劉攽傳》：“方更學校貢舉法，攽曰：‘本朝選士之制，行之百年，累代將相名卿，皆由此出，而以爲未嘗得人，不亦誣哉！願因舊貫，毋輕議改法。夫士修於家，足以成德，亦何待於學官程課督趣之哉！’王安石在經筵，乞講者坐。攽曰：‘侍臣講論於前，不可安坐，避席立語，乃古今常禮。君使之坐，所以示人主尊德樂道也；若不命而請，則異矣。’禮官皆同其議，至今仍之。考試開封舉人，與同院王介爭置，爲監察御史所劾，罷禮院。廷試始用策，初，考官吕惠卿列阿時者在高等，訐直者反居下。攽覆考，悉反之。又嘗詒安石書，論新法不便。安石怒，摭前過，斥通判泰州。”

按，《宋史》以劉攽出外，歸咎於公，恐誤。李燾注：“汪應辰云：‘恐只是御史劾攽。’”近是。御史，謂吕公著、陳襄。《宋會要輯稿》職官六五：“同日（二年十月二十二），集賢校

理王介、館閣校勘劉攽罷判鼓院、同知太常禮院，並令歸館供職。先是，介、攽充進士考試官，議事不和，御史張戩言：‘介、攽天資薄惡，污辱書館，肆爲喧鬥，慢侮多士。’命監試御史知雜陳襄具析因依。襄具相詬詈之語以聞，詔各特罰銅八斤。既而御史中丞呂公著言：‘攽素行猥薄，言多褻慢，一時流輩，比之俳優。介稟性躁妄，喜於爭鬧，所至州軍，目爲狂疾。昨試院中放恣益甚，語言傳播，中外鄙笑。乞削職與外處差遣。’故有是命。”魏泰《東軒筆錄》卷九：“劉攽、王介同爲開封府試官，舉人有用‘畜’字者，介謂音犯主上嫌名，攽謂禮部先未嘗定此名爲諱，不可用以黜落，因紛爭不已。而介以惡語侵攽，攽不校。既而，御史張戩、程顥並彈之，遂皆贖金。御史中丞呂公著又以爲議罪太輕，遂奪其主判，其實中丞不樂攽也。謝表略曰：‘彊弩射市，薄命難逃；飄瓦在前，忮心不校。’又曰：‘在矢人之術，惟恐不傷；而田主之牛，奪之已甚。’蓋謂是也。”劉攽《彭城集》卷二十七《與青州歐陽尚書別紙》自述：“某愚戇孤寒，前在試院，不幸與小人共事，論議之間，爲所詬辱。既素知其心病狂易，都與包含隱忍，未嘗酬對。遭橫逆而自反，犯而不校，此實古人所貴。況在鄙淺，實亦不易堪任，以爲如此可以免咎。不意臺憲風聞，不辨曲直，大相排詆。朝廷知其無他，置而不問。然而章疏相繼，詞語百車。掎摭咎惡，甚於驩兜共鯀；處正罪罰，急於貪贓背叛。上恩寬博，裁令贖金。中憲呂公以爲朝廷綱紀，在此一奏，風俗惇厚，在此一舉，不放逐邪佞，不足以正邦，毅然奮筆，有仲山甫不吐之風。知雜陳御史身在試院，目見始末，上牽下掣，不得自由，傅致文字，使之相稱。朝廷憐其無辜，又不欲小挫臺憲之氣，遂但奪差遣，使歸館供職。餘論洶洶，又復數章，然後得已。"

劉攽因御史彈劾求外任，公因而出之，蓋於攽亦有所不滿。《宋會要輯稿》食貨四："初，上有旨用光，王安石曰：'如光者，異論之人倚以爲重，今擢在高位，則異端之人氣勢日倍。光雖不能合黨，然朝夕所以切磋琢磨者，乃劉攽、劉恕、蘇軾、蘇轍之徒而已。觀近臣以其所主者如此，則其人可知也。'"

因李師中與王韶齟齬，勸神宗遣使戒諭

《長編》二百十二熙寧三年五月丙寅："殿前都虞候、邕州觀察使、秦鳳路副總管竇舜卿知秦州，李師中於永興軍聽旨……朝廷更命（向）竇兼提舉，王安石恐沮韶事，亟罷之。四月十八日。韶及高遵裕並爲提舉，四月二十三日。兩人共排竇，數有違言。時竇方爲師中所信任，安石雅不喜師中，嘗白上曰：'師中前後論奏多侮慢，今於韶事又專務齟齬，陛下若欲保全，宜加訓敕，使知忌憚。當云：付卿一路，宜爲朕調一將佐，使知朝廷威福。今用一王韶，於向竇有何虧損，遂欲怨望不肯盡命？若果如此，朝廷豈無刑戮以待之？卿爲主帥，亦豈免責？韶所建立，卿皆與議，事之成敗，朝廷誅賞，必以卿爲首，不專在韶。'上遣使諭師中，如安石所陳。"李燾曰："此據《日錄》四月二十六日事。"

四月二十七日，以薛昌朝爲太子中允、權監察御史裏行

《長編》卷二百十熙寧三年四月丁亥："大理寺丞、鄜延

經略司勾當公事薛昌朝爲太子中允、權監察御史裏行，王安石言昌朝可用也。”

李燾：“安石欲用昌朝，此據《日録》。”

按，薛昌朝，薛儀之子，司馬光爲撰《殿中丞薛府君墓誌銘》：“君諱儀，字式之……生二男，長曰昌朝，繇太子中允、監察御史裏行坐正論不阿，黜爲大理寺丞……昔者先子嘗獲知於太尉公，從兄里佐府君於鄜州幕，光亦嘗拜府君於兄舍，以是頗知府君之爲人。”[1]

韓琦乞徐州養疾。四月二十八日，與神宗、曾公亮議之

《長編》卷二百十熙寧三年四月戊子：“韓琦乞徐州養疾，上曰：‘琦必緣吕公著事也。’曾公亮曰：‘琦嘗乞相州，今乃乞徐州，意或在此。’上曰：‘何故？’公亮曰：‘相州實屯重兵處。’王安石曰：‘琦意未必然。’上曰：‘須開諭，令無自疑。’安石曰：‘彼初無此意，何用開諭？但如常批答可也。候琦以人言爲辭，開諭未晚。’上從之。琦章四上，上卒遣内侍李舜舉開諭，琦乃止。”

是月，以皇城使沈惟恭使人詐爲司馬光章疏肆意詆毀，怒甚，付獄窮治

《長編》卷二百熙寧三年四月甲申：“上曰：‘有詐爲謗書，動揺軍衆，且曰：天不祐陛下，致聖嗣不育。或云卿所上書。’光曰：‘臣所上書，陛下皆見之，且臣未嘗以奏草示人

也。'上曰：'卿所言，外人無知者。臺諫所言，朕未知，外人已遍知矣。'上曰：'今天下洶洶者，孫叔敖所謂國之有是，眾之所惡也。'光曰：'然陛下當察其是非，然後守之。今條制司所爲，獨安石、韓絳、呂惠卿以爲是，天下皆以爲非也。'"

《宋會要輯稿》職官六五："（熙寧三年五月）二十一日，皇城使、開州團練使沈惟恭除名，瓊州安置，進士孫棐處死。棐爲惟恭門下客，惟恭以干求恩澤不如所欲怨朝廷，假他人指斥乘輿之言以語棐，因僞撰近臣章疏，巧爲謗讟，詞極切害故也。"

《長編》卷二百十一熙寧三年五月丁未："皇城使、開州團練使沈惟恭除名，瓊州安置，進士孫棐處死。惟恭，貴妃沈氏之弟，故宰相倫之孫。棐，開封人，惟恭門下客也。惟恭以干請恩澤不得，志觖望，嘗爲棐言：'皇子生必不久。'語涉咒詛，又假他人指斥乘輿之言，以語棐。棐希惟恭意，每見輒詆時事，亦嘗指斥乘輿。後又詐爲司馬光陳五事章疏，以示惟恭，詞極不遜。惟恭轉以示人，四方館歸司官張澤得之，以示閤門使李評，評奏之，故敗。棐既伏誅，餘傳寫人皆釋罪。"

林希《野史》曰："初，司馬光貽書王安石，闕下爭傳之。安石患之，凡傳其書者，往往陰中以禍。民間又僞爲光一書，詆安石尤甚，而其辭鄙俚。上聞之，謂左右曰：'此決非光所爲。'安石盛怒曰：'此由光好傳私書以買名，故致流俗亦效之，使新法沮格，異論紛然，皆光倡之。'即付獄窮治其所從得者，乃皇城使沈惟恭客孫杞所爲。惟恭居常告杞時事，又語嘗涉乘輿，戲令杞爲此書，以資笑謔。獄具，法官坐惟恭等指斥乘輿，流海島，杞棄市，以深禁民間私議己者。其後探伺者分布都下。"①

按，《宋會要輯稿》刑法二："（熙寧二年）閏十一月二十五日，監察御史裏行張戩言：'竊聞近日有奸妄小人肆毀時政，搖動衆情，傳惑天下，至有矯撰敕文，印賣都市。乞下開封府嚴行根捉造意雕賣之人行遣。'從之。"可見其時流言之紛紛。

五月一日，知明州王罕乞降度僧牒修完州城。以爲此非急務，止令轉運司應副

《長編》卷二百十一熙寧三年五月庚寅朔："知明州、衛尉卿王罕言：'州濱大海，外接蕃夷，城堡頹圮。比歲鄰郡荐饑多盜，而戍卒不滿二百。乞降度僧牒以完州城。'詔止以役兵修築。先是，上謂執政曰：'諸處奏罪人多逾城走逸，城亦不可不修。'王安石對曰：'南方修城恐非急，過費財用亦可惜，止令轉運司漸應副可也。'故有是詔。"

五月二日，以陳襄直舍人院，襄辭

《長編》卷二百十一熙寧三年五月辛卯："秘閣校理、同修起居注陳襄兼直舍人院、判吏部流內銓兼天章閣侍講。先是，上患無知制誥，執政以祖宗故事有直舍人院，欲令襄爲之。王安石曰：'如此除人，則可不輕與人資序，而官易得人。'故襄有是命。襄辭直院及侍講，手詔諭襄曰……襄終

---

① 相關研究，可見燕永成《流言與王安石變法》，《首都師範大學學報》（社科版）2014 年第 6 期。

辭,許之。"

李燾注:"許襄辭直院及侍講,乃十六日乙巳,今并書之。襄辭召試,已附四月癸未。九月五日,安石論襄辭召試,乃云今春,豈召試實在春時乎?"

按,《古靈先生文集》所附葉祖洽撰陳襄《行狀》曰:"旋罷言責,除直舍人院兼天章閣侍講,復兼修起居注,皆固辭,仍乞補外。上深器之,遂賜手詔。"《宋史》、《東都事略》失載。

與神宗論魏徵

《長編》卷二百十一熙寧三年五月辛卯:"是日,上論魏鄭公但以太宗所爲多過差,能直諫而已,亦不見其有經綸天下之才。王安石曰:'鄭公所見,雖非高遠,然于事理卑近之間,甚識利害。如與溫彥博論事,雖爲彥博强辯所奪,然其利害,終如鄭公所爭。'上言:'此乃處置蕃部事也。'安石又言魏鄭公不欲以賓客待蠻荒,以爲篤論。上曰:'鄭公諫太宗封禪事,云:四裔雖服,無以勝其求。此言是也。'"

五月三日,因唐坰上書言事,薦爲館職

《長編》卷二百十三熙寧三年七月癸巳:"賜大理寺丞王欽臣進士及第,秘書省正字唐坰出身。欽臣以文彥博奏舉,坰上書言事召對,至是並試學士院,而有是命。欽臣,洙子;坰,詢子也。初,坰爲北京監當官,上書言'青苗不行,宜斬大臣異議者一二人。'王安石謂坰宜在館閣,故得召對。坰有才辨,韓琦甚愛之,既去,乃聞其言。"

李燾："召坰乃五月一日，此據《日記》。坰宜在館閣，據五月三日《實錄》。林希《野史》云：'上薄坰爲人，但賜出身，除知錢塘。王安石固留之，以爲校書修令式，又使鄧綰薦爲御史。'坰爲御史，在四年八月己巳。"

《宋史》卷三百二十七《唐坰傳》："唐坰者，以父任得官。熙寧初，上書云：'秦二世制於趙高，乃失之弱，非失之彊。'神宗悦其言。又云：'青苗法不行，宜斬大臣異議如韓琦者數人。'安石尤喜之，薦使對，賜進士出身，爲崇文校書。"

五月五日，與神宗論沿邊青苗指揮

《長編》卷二百十一熙寧三年五月丁酉："詔雄州北兩屬户遇災傷，即以貸糧接續分給，仍作科次輸納。從河北沿邊安撫使張利一請也。"

李燾引《日録》："四月五日，張利一奏：'兩屬户不得青苗，甚不足。'上曰：'如此是明青苗非抑配。'僉議沿邊更不俵，已日晚，余不及議而退，當俟別奏。五月五日，又論沿邊青苗指揮，上曰：'兩屬户不欲令異内地百姓，如何指揮無妨。'余乃從上旨，勿争也。"

五月六日，以王益柔、蔡延慶直舍人院，以孫固兼權管勾御史臺，代陳薦

《長編》卷二百十一熙寧三年五月乙未："司封員外郎、直史館、同修起居注蔡延慶，兵部郎中、集賢校理王益柔直舍人院。王安石謂益柔舊人，且行義修飭，不廢學問，故與

延慶並命。直舍人院自太平興國以後不復除，時安石建議，欲令直舍人院者草李定詞已，乃除知制誥，因舉祖宗舊例。初以命陳襄，襄辭不爲，遂并授兩人。天章閣待制孫固兼權管勾御史臺、知通進銀臺司，代陳薦也。王安石謂薦必封駁李定除命，韓絳又疑薦不放定入臺，故言於上，罷薦而用固。"

五月九日，與神宗議併制置三司條例司入中書

《長編》卷二百十一熙寧三年五月戊戌："是日，上問王安石：'條例司可併入中書否?'安石曰：'待修中書條例有端及已置屬，則自可併爲一，今尚有合與韓絳請間奏事，恐未可。'上曰：'豈防曾公亮異議乎?'又問：'陳升之何如?'安石曰：'升之猶可與共事，公亮多用機巧，又專欲守其故態。自呂公著齟齬以來，及得升之協助，益難與議事。'上曰：'公亮老，亦且去矣。'此据《日録》在五月六日，今附見。"

五月十一日，以李承之、俞充編修中書條例

《長編》卷二百十一熙寧三年五月庚子："著作佐郎俞充、大理寺丞李承之編修中書條例。充，鄞人也。"

《溫公日録》："編中書條例。天聖中，宰相始編例爲五百策，後又三次編，計二千策。又有九年未編，故介甫、呂惠卿等删去重複及不用者，並起請煩文。後又使五人各編一房，惠卿都提舉，十留其一，例百留二。承之云。"

按，《宋史》卷三百一十《李承之傳》："嘗建免役議，王安石見而稱之。熙寧初，以爲條例司檢詳文字，得召見。"

俞充字公達，《宋史》卷三百三十三有傳。《(寶慶)四明志》卷八："鄞人，登嘉祐四年進士第。熙寧三年五月，以著作郎編修中書條例。"①

以知制誥蘇頌、李大臨封還李定除監察御史裏行詞頭，因進呈舉御史新條駁之。五月十四日，蘇、李落知制誥

《長編》卷二百十一熙寧三年五月癸卯："上批：'近以秀州軍事判官李定爲太子中允、權監察御史裏行。知制誥李大臨、蘇頌累格詔命不下，乃妄引詔中丞薦舉條，絕無義理。而頌于中書面乞明降特旨方敢命辭，洎朝廷行下，反又封還，輕侮詔命，翻覆若此，國法豈容！大臨、頌可並以本官歸班。'大臨及頌時皆爲工部郎中。

先是，宋敏求封還定辭頭，詔送別官，而頌當命辭。頌言：'本朝舊制，進補臺官皆詔中丞、知雜與翰林學士，于太常博士以上、中行員外郎以下，互舉曾任通判者，其未歷通判者，即須特旨，方許薦爲裏行。……雖朝廷急于用才，度越常格，然隳紊法制，必致人言。其除官制，未敢具草。'詔再送舍人院，次至大臨，大臨亦封還。迺詔頌依前降指揮撰辭。頌又言……上曰：'裏行本不計官資，故令于御史裏行，欲令止以判官出敕爲之。'衆以爲不可。安石曰：'已令改官，于義有何不可，而乃封還辭頭？若遂從之，即陛下威福爲私議所奪，失人君之道矣。'既而安石進呈舉御史新條，并錄初立條時奏對語白上曰：'胡宗愈以此爲臣私意，蓋不知

---

① 俞充家世，可見王珪《華陽集》卷五十七《辛氏墓誌銘》(充母)。

陛下立此法時德音故也。'上曰：'李定誥須令草之。'安石
曰：'陛下特旨，雖妨前條亦當施行也。'曾公亮曰：'特旨固
不當以條限，但不知定何如人，恐非常人，乃當不用常法
爾。'于是上批：'檢會去年七月六日詔，今後臺官有闕，委御
史中丞奏舉，不拘官職高下令兼權，如所舉非其人，令言事
官覺察聞奏。自後別無續降條貫。'……復詔頌依前降指揮
撰辭，頌執奏如初，而又于中書白執政言：'雖云特旨，而頌
輩無以爲據，草制即必致人言。乞批降云特旨所除，不礙條
貫，方敢草制。'又詔所除李定是特旨，不礙近制，令頌疾速
撰辭。頌又言……上即欲黜頌，別除知制誥令草制。安石
乞且降旨令草，若更執奏乃施行。于是曾公亮乞批付大臨
等同草。韓絳曰：'止是頌建白，難付大臨等。'公亮曰：'頌
意欲如此。'安石曰：'恐大臨不肯草，即便稽留聖旨。'乃直
付頌。而頌復辭以不當日，遂再送大臨，大臨又繳還，故有
是責。大臨及頌之未責也，詔趣直舍人院蔡延慶等就職，及
責大臨等，延慶遂草定制，既進草，又上奏乞罷之。知通進
銀臺司孫固再封駁，卒行下。"

《宋史》卷三百三十一《李大臨傳》："神宗雅知其名，擢
修起居注，進知制誥、糾察在京刑獄。言青苗法有害無益，
王安石怒。會李定除御史，宋敏求、蘇頌相繼封還詞命，次
至大臨，大臨亦還之……頌、大臨故爭不已，乃以累格詔命，
皆歸班，大臨以工部郎中出知汝州……大臨清整有守，論議
識大體，因爭李定，後名益重，世并宋敏求、蘇頌稱爲'熙寧
三舍人'云。"

《宋史》卷三百四十《蘇頌傳》："又言：'提舉青苗官不

能體朝廷之意，邀功爭利，務爲煩擾。且與諸司不相臨統，文移同異，州縣莫知適從。乞與常平、衆役一切付之監司，改提舉爲之屬，則事有統一，而於更張之政無所損也。'不從。大臣薦秀州判官李定，召見，擢太子中允，除監察御史裏行。宋敏求知制誥，封還詞頭。復下，頌當制……執奏不已，於是並落知制誥，歸工部郎中班。天下謂頌及敏求、大臨爲三舍人。"①

五月十四日，增宮觀員，以宮觀處異議者及諸臣歷監司、知州衰老不任職者

《長編》卷二百十一熙寧三年五月癸卯："詔杭州洞霄宮、永康軍丈人觀、亳州明道宮、華州雲臺觀、建州武夷觀、台州崇道觀、成都玉局觀、建昌軍仙都觀、江州太平觀、洪州玉隆觀、五嶽廟、太原府興安王廟，自今並依嵩山崇福宮、舒州靈仙觀置管勾或提舉官。時以諸臣歷監司、知州，有衰老不任職者，令與閑局，王安石亦欲以處異議者，故增宮觀員。"

五月十五日，制置三司條例司罷歸中書，神宗諭以手劄

《長編》二百卷十一熙寧三年五月甲辰："詔近設制置三司條例司，本以均通天下財利，今大端已舉，惟在悉力應接，以趣成效，其罷歸中書。先是，文彥博等皆請罷制置條例

① 相關研究，可見衣川强《"權監察御史裏行"李定》，近藤一成主編《宋元史學的基本問題》，中華書局 2010 年版，第 51—72 頁。

司,上謂彥博曰:'俟群言稍息,當罷之。'不欲亟罷,恐傷王
安石意故也。既罷,又以手札諭安石。有司結絕所施行事
久之,乃罷。吏人屬中書爲額外堂後官,樞密院者爲副承
旨,三司勾覆官並除供奉官。"

《宋會要輯稿》職官五:"(熙寧三年)五月十五日,詔:
'近設制置三司條例司,本以約通天下財利。今大端已舉,
惟在悉力應接,以趣成效,其罷歸中書。'十七日,條例司言:
'常平新法宜付司農寺選官主判,兼領田役水利事。'從之。"

五月十六日,罷邢恕崇文院校書,出知延陵縣

《長編》卷二百十一熙寧三年五月乙巳:"詔前永安縣主
簿、崇文院校書邢恕,與堂除近地試銜知縣。先是,外人譁
言將以新進士爲校書,陸佃嘗從王安石學;張安國,無爲人,
安石客也;呂升卿乃惠卿弟,皆外人所指目者。于是知諫院
胡宗愈言:'故事,崇文院校書如未歷外官,及不滿任者,不
得選舉。昨邢恕以新進士除校書,蓋朝廷未有法制,近聞新
進士緣此奔走權要,廣爲道地,乞自今須歷一任乃除。'上
曰:'何嘗有此?'乃令罷恕。恕本呂公著所引用,安石方惡
公著,故因宗愈言而有是命。"

按,《宋史》卷四百七十一《邢恕傳》:"字和叔,鄭州陽
武人。博貫經籍,能文章,喜功名,論古今成敗事,有戰國縱
橫氣習。從程顥學,因出入司馬光、呂公著門。登進士第,
補永安主簿。公著薦于朝,得崇文院校書。王安石亦愛之,
因賓客諭意,使養晦以待用。恕不能從,而對其子霧語新法
不便,安石怒。諫官亦言新進士未歷官而即處館閣,開奔競

路，出知延陵縣。"

五月十七日，常平新法等付司農寺，以呂惠卿同判，胡宗愈兼判；以王直溫權江南西路提點刑獄，兼提舉常平

《長編》卷二百十一熙寧三年五月丙午："條例司言，常平新法宜副司農寺，乞選官主判，兼領農田差役水利事。遂命太子中允、集賢校理呂惠卿同判司農寺，秘書丞、集賢校理、同判寺胡宗愈改兼判，仍候有兩制可差，即改差一員。比部郎中、提舉江南西路常平等事王直溫權本路提點刑獄，兼提舉常平如故。提點刑獄兼提舉常平自直溫始。"

按，胡宗愈，胡宿從子，《宋史》卷三百十八有傳，丁寶臣婿（詳本譜治平四年）。熙寧元年，公奏請講官坐講，宗愈然之。

五月二十一日，引張琥編修中書條例

《長編》卷二百十一熙寧三年五月庚戌："著作佐郎張琥編修中書條例。琥，洎孫也。"

《宋史》卷三百二十八《張璪傳》："初名琥，字邃明，滁州全椒人，洎之孫也。早孤，鞠於兄環，欲任以官，辭不就。未冠登第，歷鳳翔法曹、縉雲令。王安石與環善，既得政，將用之，而環已老，乃引璪同編修中書條例，授集賢校理、知諫院、直舍人院。楊繪、劉摯論助役，安石使璪為文詰之，辭。曾布請為之，由是忤安石意。神宗欲命璪知制誥，安石薦用布，以璪同修起居注。自縣令至是，才歲餘。坐奏事不實，解三職，已而復之。"

因歐陽修在青州擅止青苗錢，論其不識藩鎮體，特放罪

《長編》卷二百十一熙寧三年五月庚戌："詔歐陽修不合不奏聽朝廷指揮，擅止散青苗錢，特放罪。修在青州嘗奏疏，曰：'伏見朝廷新制俵散青苗錢以來，中外之議，皆稱不便，多乞寢罷，至今未蒙省察……'中書言修擅止給青苗錢，欲特不問罪。王安石論修殊不識藩鎮體，乃降是詔……于是安石知修決不附己，益毀之曰：'臣固嘗論修在政府必無補時事，但使爲異論者附之，轉更紛紛耳。'它日上論文章，以爲華辭無用，不如吏材有益。安石曰：'華辭誠無用，有吏材則能治人，人受其利。若從事于放辭而不知道，適足以亂俗害理。如歐陽修文章於今誠爲卓越，然不知經，不識義理，非《周禮》，毀《繫辭》，中間學士爲其所誤，幾至大壞。'時修方力辭新命，上未許也。"

按，據歐陽修《辭宣徽使判太原府劄子》，[①]歐陽修先後於本年四月二十九日、五月一日、二十二日、六月十五日六辭判太原府。它日，或爲五月二十二日。

薦程博文，委其裁處牛羊司利害，裁省冗費凡十之四

《長編》卷二百十一熙寧三年五月庚戌："制置條例司言：'諸路科買上供羊，民間供備幾倍。而河北榷場博買契丹羊歲數萬，路遠抵京，則皆瘦惡耗死，屢更法不能止，公私

---

① 《歐陽修全集》卷九十四，第1406—1410頁。

歲費錢四十餘萬緡。近委著作佐郎程博文訪利害，博文募
屠户，以産業抵當，召人保任，官豫給錢，以時日限口數斤重
供羊，人多樂從，得以充足歲計。除供御膳及祠祭羊依舊別
圈養棧外，仍更棧養羊常滿三千爲額，以備非常支用。'從
之。博文所裁省冗費凡十之四，人甚以爲便。先是進呈條
例，上批曰：'屠户情願本家宰殺亦聽一節，可删去。'恐以死
肉充故也。羊事條目極多，而上一閱遂見此，人莫不稱歎。
蓋上於天下所奏報利害，摘其精要類如此。"

　　按，程博文字敏叔，①皇祐五年鄭獬榜進士登第。②
《（雍正）江西通志》卷八十七："程博文，樂平人，舉進士。
王安石當國，問趙抃江南人物，抃以博文對。自開封户曹擢
爲條例司，首上豢羊事，歲減費十八萬緡。出知南劍州，州
有灘甚險，博文請以度牒募僧鑿治。妖氛起龍門，博文縱
囚，使擊賊自效，賊平，囚亦如期還。積官至司農少卿、湖南
運判。"華鎮《雲溪居士集》卷二十七《代湖南諸監司奏乞故
知兖州程博文致仕恩澤表》："臣等伏見故朝請郎、新差知兖
州程博文，志力精敏，篤於公家，知無不爲，至有成績。在熙
寧間，先帝修明法度，王安石薦其才，首當條例司選任，裁處
牛羊司利害，經畫綱紀，革絕冗費。先帝知其可用，後因開
封府闕推官，遂擢任之。"

---

①　《（光緒）湖南通志》卷二百七十二"宋程博文朝陽巖題名"："元祐壬申季秋
　　庚子日，同臨川劉蒙資明、原武邢恕和叔來遊朝陽洞。鄱陽程博文敏叔
　　書。"《續修四庫全書》第668册，第223頁。
②　《（雍正）江西通志》卷四十九。

五月二十八日，除王廣淵河東轉運使

《長編》卷二百十一熙寧三年五月丁巳："京東轉運使、工部郎中、直龍圖閣王廣淵爲河東轉運使。曾公亮初欲差權，王安石以爲廣淵在京東宣力，當正除，且曰：'廣淵與周孟陽俱侍讀，孟陽已得修撰，廣淵不應但權轉運使。'上從安石言，遂正除。廣淵爲京東漕，在二年十二月八日。"

是日，置審官西院，專領閤門祗候以上至諸司使磨勘、常程差遣

《長編》卷二百十一熙寧三年五月丁巳："詔：'國家以西樞內輔，贊翊本兵，任爲重矣，而狃於舊制，自右職升朝以上，必兼擇而除之。是以三公府而親有司之爲，非所以遇朕股肱之意也。今使臣增員至衆，非張官置吏以總其事，則不足以一文武之法，而礪中外之才。宜以審官院爲審官東院，別置審官西院，差知院官兩員，專領閤門祗候以上至諸司使磨勘、常程差遣。命右諫議大夫、天章閣待制齊恢爲知院，兵部郎中韓縝同知，仍以太常禮院治所爲審官西院，其禮院歸太常寺置局。'先是，上論及大使臣磨勘及常程差遣，欲付之三班。王安石與韓絳以爲不如置西院付之，上即令置，然未嘗與樞密院議也。及文彥博等對，乃言其不便，曰：'屢與大使臣因差遣相見，尚患不知其人，付之審官，則愈不知，緩急難爲選擇矣。'上曰：'欲知之，不在數見。'又曰：'如王慶民事，密院乃當知，大使臣常程差遣何足預？'王安石曰：'省細務乃可論大體。'絳曰：'此事於樞密吏人即不便。'彥博

曰：'果合如此，亦不論吏人便與不便。'彥博退，上語及西院事，安石曰：'樞密院亦止是五代分置。'曾公亮曰：'欲分宰相權爾。'上曰：'前代亂，豈緣不分樞密院乎？'安石曰：'綱紀修，視聽不蔽，則人主權自然歸一。不然，則樞密亦能專權，如史洪肇之徒是也。五代用武，故政出樞密，宰相備位而已，非治法也。'故降是詔。議者謂絳及安石協謀，欲沮彥博，且奪其權，因建此議。然先時大使臣差遣皆屬樞密院，無先後名次，時人亦頗患其不平也。"

《宋會要輯稿》職官一一："是月，詔以太常禮院爲審官西院，從參政王安石、韓絳之言也。省樞密院六十有二事歸之，并禮院歸本寺。本院吏人依東院例抽差，本院公使錢及知院官請給、當直人等並准東院例。"

范純仁《范忠宣公文集》卷十五《司空康國韓公墓誌銘》："尋拜樞密副使……舊制，升朝武臣皆選樞密院，注受無格，吏因爲姦。公請置審官西院，如文臣格。"

以沈遼爲審官西院主簿，而議論漸不合

沈遼《雲巢編》附錄《沈睿達墓誌銘》："熙寧初，朝廷析審官爲東、西二院，以其故爲東院，而增置西院，以典領武臣崇班以上，又置主簿員以佐其長，以君爲審官西院主簿。當是時，丞若簿皆朝廷之所慎選，出則爲監司矣。論者以君方且縣此進擢，乃坐與其長不合罷……是時，荊公自參知政事爲宰相，當國秉政，更新法度，而睿達議論寖不合，以是見疏。亦會以審官主簿罷去，遂擯不用。"

《宋會要輯稿》職官一一："(熙寧三年)十一月十五日，

著作佐郎胡宗師爲審官西院主簿,代太常博士閻灝、將作監主簿沈遼。以同知院、尚書度支郎中王克臣奏灝等不職,故并罷之,仍自今止置一員。"

是日,與神宗、呂公弼議差官案治王慶民

《長編》卷二百十一熙寧三年五月丁巳:"是日,上曰:'韓縝言,王慶民部内城壁不葺,軍械不修,弓箭手多是疲小虛名,數任之間,累爲帥府所薦,朝廷遴擇不一,豈可不案治?'欲差官往案治。王安石曰:'韓縝是本路轉運使,自當案治,只可召縝諭旨令舉劾。'呂公弼曰:'見韓縝言數處器甲、城壁不整齊,其使臣却幹事可惜,所以重於案劾。'安石曰:'朝廷要立法,即惜人材不得。'上曰:'諸葛亮尚能斬馬謖,非不惜謖材,蓋不斬謖則法不立故也。'安石曰:'前代有白衣領職者,若有罪當黜罰,而其材足藉,尚可策勵,即以權領舊職無妨。如此,則法立而材不廢。'上卒從安石言。"

六月七日,上《言尊號劄子》

《文集》卷四十一,題注:"庚戌六月七日。"

以竇舜卿知秦州,罷李師中

《長編》二百十二熙寧三年六月丙寅:"殿前都虞候、邕州觀察使、秦鳳路副總管竇舜卿知秦州,李師中於永興軍聽旨。王韶之議開邊也,師中贊成之,及韶改提舉蕃部兼營田、市易,師中始言其不便。向竇言:'蕃部不可以酒食甘言

結也，必須恩威並行，且蕃部可合而不可用。'議與詔異。朝廷更命寶兼提舉，王安石恐沮詔事，亟罷之。詔及高遵裕並爲提舉。兩人共排寶，數有違言。時寶方爲師中所信任，安石雅不喜師中，嘗白上曰：'師中前後論奏多侮慢，今於詔事又專務齟齬。陛下若欲保全，宜加訓敕，使知忌憚。當云：付卿一路，宜爲朕調一將佐，使知朝廷威福。今用一王詔，於向寶有何虧損，遂欲怨望不肯盡命？若果如此，朝廷豈無刑戮以待之？卿爲主帥，亦豈免責？詔所建立，卿皆與議，事之成敗，朝廷誅賞，必以卿爲首，不專在詔。'上遣使諭師中，如安石所陳。於是師中亦奏：'寶在邊無由得安，乞罷寶，專委詔及遵裕。'會托碩、隆博二族相仇，董裕以兵助托碩。遵裕乃言于師中，乞使寶還討之。師中復奏：'蕃部非寶不能制，臣已令將兵討托碩族，乞依舊留寶，仍敕詔等令協和。'曾公亮擬從其請，樞密院又請責詔等戒勵狀。安石曰：'詔等豈可但責戒勵，當究見情狀虛實、道理曲直行法。'及進呈，上怪師中奏事前後反覆，欲遣使體量如安石議。文彥博曰：'詔、遵裕得專奏事，不由主帥，主帥反奉詔等。'上曰：'詔所措置事皆關白主帥。'安石曰：'若詔措置有害，師中自合論奏。師中素無忌憚，專侮慢朝廷，何至奉詔等？'因請罷師中，上欲移郭逵代之。曾公亮言：'延州不可闕人。'上又欲復移蔡挺，衆謂不可，安石曰：'若用挺，不如用逵。'文彥博曰：'王安石不知陝西事，延州乃重於秦州，逵不可移。'安石曰：'臣固不知陝西事，然今秦州蕃部旅拒，夏國又時小犯邊城，或遂相連結，則秦州事豈不甚重？且陝西諸路皆與夏國對境，苟一處有隙，夏國來窺，則來窺處即是緊切要人處。遠若不可移，盍使竇舜卿攝領?'韓絳亦謂舜卿可使，上以爲然，故有是命。"

是日，以黃好謙編修中書條例

《長編》卷二百十二熙寧三年六月丙寅："著作佐郎黃好謙登對，上謂王安石曰:'好謙守本分。'安石曰:'上殿兩劄子，言亦不悖理。'上曰:'然。'乃命好謙編修中書條例。"

《宋會要輯稿》職官五:"（熙寧二年）九月十六日，條例司檢詳官李常、呂惠卿看詳中書編修條例。先是，王安石數爲上言:'今中書乃政事之原，欲治法度，宜莫如中書最急。必先擇人，令編修條例。'因極稱惠卿及常，遂并用之……十月，詔以太常博士、充秘閣校理、兼充史館檢討李常差看詳中書編修條例。自是益增置編修官，著作佐郎俞充、黃好謙、鄧潤甫、張琥、曾布、大理寺丞李承之、河西縣令馬琬皆預其選。"

按，黃好謙，《（弘治）八閩通志》卷六十四:"字幾道，孝先子。幼孤，事母孝。登進士第，調新蔡令……遷著佐郎。熙寧初召對，除中書編修條例官，用薦爲監察御史裏行。"

六月十一日，除何郯尚書右丞致仕

《長編》卷二百十一熙寧三年五月乙巳："龍圖閣直學士、兵部侍郎、集賢殿修撰何郯提舉成都府玉局觀，病故也。郯遂請老，以尚書右丞致仕。初，文彥博論置宮觀差遣非是，且如何郯兩制，乃令提舉玉局觀，郯雖無恥，然朝廷不當如此。安石曰:'如郯者，既衰病不能治事，遂肯分司致仕，夫豈不善？若未肯而朝廷彊使之去，則于人情或以視遇群臣爲薄。即使領州郡，則又廢事務、害百姓，故廣置宮觀，使食其俸給而不害事也。且提舉在外宮觀，亦無甚異，何足爲恥。自增置宮觀，昏病闒茸之人就者已多，少清州郡之選，不爲無補也。'郟爲御史，論事鯁切無所避，爲仁宗所知，晚節稍回畏，不及其初。及在梓州，乃因地震，言陰盛臣彊，譏切韓琦。又乞召還王陶，以中上意。既老被病，猶冀復用，上屢薄之，初欲但令以本官致仕，王安石曰'除右丞已不厚'，乃除右丞。"

李燾："郟以右丞致仕，在六月十一日，今從《舊録》并書之。"

按，《宋史》卷三百三十二《何郟傳》："治平末，再知梓州。居三年，老而病，猶乞進用。神宗薄之，詔提舉成都玉局觀。從臣外祠自此始。遂以尚書右丞致仕。"

六月十八日，貶蔡冠卿等

《長編》卷二百十一熙寧三年六月丁丑："詔大理寺詳斷官李達、胡澤充替，權少卿蔡冠卿降小處差遣，權判事許遵、審刑院詳議官朱大簡韓晉卿趙文昌馮安之並移差遣，坐失入秦州民曹政死罪未決也。曾公亮引銀砂案失入例會赦，王安石曰：'銀砂已是失引，定例宜有特旨。'故有是詔。晉卿，安邱人也。"

按，"權少卿蔡冠卿降小處差遣"，謂出知饒州，可見本年八月十三日。蔡冠卿字元輔，《明一統志》卷五十三："蔡冠卿，南城人。父充，天聖間進士，累官群牧判官。冠卿慶曆中進士，爲原武主簿，遷下邽令，歷知鄢陵縣，所至有惠愛。遷大理少卿，出知饒州。後以河東饑，又敵爭地，出爲晉守，民賴以安。"蘇軾《送蔡冠卿知饒州》曰："憐君獨守廷尉法，晚歲却理鄱陽杝。"則以蔡之被貶，歸之於其議阿云之獄與公不合："冠卿與安石議刑名不合，遂補外得饒州，公送行詩，意蓋在此。"①然許遵亦移差遣，軾言恐非。

六月二十二日，以江、淮等路發運使薛向爲天章閣待制。馮京、謝景溫論向不可備侍從，遂爲神宗具言向在東南措置之方

《長編》卷二百十二熙寧三年六月辛巳："江、淮等路發運使、司勳郎中薛向爲天章閣待制，副使、太常少卿羅拯爲使。於是御史中丞馮京言：'向人物風采，天下共知，不可以備侍從。俟向績效顯著，酬勞未晚。'不報。復上疏曰……知雜事謝景溫亦言……上閱景溫疏曰：'審有之乎？'王安石具言向在東南措置之方，因曰：'用蘇宷、張詵、榮諲爲待制，必無異論矣。'上又曰：'馮京不爲人惑時亦可用，此疏極疏謬，朕與逐條詰難，京即服其非，拜謝而去。'於是皆寢其奏。手詔賜向曰：'政事之先，理財爲急。故朕託卿以東南賦入，皆得消息盈虚，翕張斂散之。而卿忠識內固，能倡舉職業，導揚朕意，底于成績，朕甚嘉之。前覽奏，且慮流言致惑，朕心匪石，豈易轉也。卿其濟之以強，終之不倦，以稱朕意。'"

---

① 《蘇軾詩集》卷六，第252—253頁。

《宋史》卷三百二十八《薛向傳》：“向幹局絕人，尤善商財，計算無遺策，用心至到，然甚者不能無病民，所上課間失實。時方尚功利，王安石從中主之，御史數有言，不聽也。向以是益得展奮其材業。”

上劄答神宗問馮京處置事宜

《長編》卷二百十三熙寧三年七月壬辰：“及京奏疏論薛向，上以手札諭安石曰：‘試觀馮京奏疏，恐不宜使久處言職，慮群邪益譸張爲患，當如何處置？’安石言：‘臣伏奉手詔示以馮京奏疏，使得參預處置之宜。顧臣區區，才智淺薄，不能宣暢聖問，使群愚早服，尚何以塞明旨、裨大慮乎？然臣初固疑京必出於此，蓋京所恃以爲心腹腎腸者，陳襄、劉攽而已，重爲衆姦所誤，何爲而不出於此？《書》曰“惟辟作威”，又曰“去邪勿疑”。陛下赫然獨斷，發中詔暴其所奏，明其不知邪正是非，必撓國政，而罷黜之，則內外自知服矣。即疑未有可代，使知雜御史攝事，乃是先朝典故，徐擇可用，固未爲晚。若示人以疑，取決於外，必有遷延其事以待衆姦之合，而衆姦知陛下於邪正是非之辨未能果也，必復合而譸張，以亂聖德而疑海內，如陛下所料無疑也。若陛下未欲卒然行此，則且委曲訓諭，以邪正是非所在，觀其意若可開悟則大善，若度其不可開悟，臣以謂除事之害，莫如早也。近陛下累宣諭胡宗愈事，既已盡其情狀，涵而不決，令久在耳目之地，亦非難壬人、勝流俗之道也。願陛下并慮及此。若陛下以謂如此者衆，不可勝誅，則臣恐邪說紛紛，無有已時，何以定國事乎？且以堯、舜之明而憂驩兜、畏共工，奈何陛下獨欲無所難也！朝廷去邪與疆場除寇無以異也，寇衆而彊，盤亘歲久，則扞之以勇，持之以不倦，所討多而後聽服，固其理也。臣既預聞大政，又陛下待臣不疑如此，不敢避形迹有所不盡，伏惟陛下赦其狂愚而察其忠，幸甚。所有馮京疏，謹隨劄子進納。’”

按，此劄《文集》不載，李燾：“此據陸佃所編文字。安石論京如此，而京卒得改，足明神宗於安石未始專任之也，今附御札後。上稱京似平穩，又欲用爲樞副，安石稱亦可，《日錄》並在六月十五日。按安石答詔所問，毀京如此，而神宗卒不聽，恐安石稱京亦可爲樞副，未必是實，今姑取之。神宗示安石以京奏疏，當即是六月十九日論薛向者，或論別事，更詳之。”

是日，以崔台符權判大理寺

《長編》卷二百十二熙寧三年六月辛巳：“司勳員外郎、權河北監牧使崔台符權判大理寺。初，王安石定按問欲舉法，台符聞之，舉手加額曰：‘數百年來誤用刑名，今乃得。’王安石嘉其附己，故有此授。”

《宋史》卷三百五十五《崔台符傳》：“字平叔，蒲陰人。中明法科，爲大理詳斷官，校試殿帷，仁宗賜以‘盡美’二字。熙寧中，文彥博薦爲群牧判官，除河北監牧使，入判大理寺。初，王安石定按問欲舉法，舉朝以爲非，台符獨舉手加額曰：‘數百年誤用刑名，今乃得正。’安石喜其附己，故用之。”

六月二十三日，進呈梁端自劾求罷職狀，與神宗、韓絳議

《長編》卷二百十二熙寧三年六月壬午：“上批：新差權發遣河東提點刑獄、職方員外郎梁端，令審官院與合入差遣。端提舉本路常平等事，嘗論青苗錢不須設官置局，川、陝、二廣六路宜罷給，不報。又言爲提點刑獄韓鐸所沮，而不能顯言鐸沮己事狀，乃用論新法自劾，求罷職，以提舉司事屬之提點刑獄、轉運使。及進呈端狀，韓絳言：‘端實公直有幹材，恐陛下以此一事遂廢之，爲可惜也。’上曰：‘如皮公弼尚不廢。’王安石曰：‘端必有幹材，況是絳所舉。今言役事，乃絳本議，必其所見如此，非爲邪也。然今朝廷要當如此施行，陛下必不以此終身廢其可用之材。’故有是命。端，鼇屋人，嘗爲吕誨所薦，授御史臺推直官。”

按，梁端字誠之，張舜民《宋故左朝議大夫致仕上柱國保定縣開國子食邑伍佰戶賜紫金魚袋梁公墓誌銘》：“公諱端，字誠之，其先江南人，仕李氏……慶曆六年，中進士甲科……神宗登極，遷都官員外郎、貝州通判……熙寧二年，轉職方員外郎。吕誨爲御史中丞，首薦公以爲臺推直。未幾，提舉常平廣惠、農田差役。上殿，神宗勞遣之，且言：‘韓絳、吕誨皆薦。’三月，因訪得民間疾苦新法未便事上之。其□以謂□□三等以下人戶，差役歲十不一與，今例使之出錢。舊法以土著大戶掌倉庫，今公以雇□手，名爲□役裕民，其實多取寬剩。提、轉、知、通皆勸農官，常平廣惠復歸

之提刑司……疏上，不報。"①

六月二十五日，呈李師中分析秦州事，力爲王韶辯解

《長編》卷二百十二熙寧三年六月丁亥："上既罷李師中，後十日，批付中書、樞密院曰：'隆博、托碩相讎殺，王韶、高遵裕並不前知，今向寶已領兵破蕩，高遵裕亦同去，王韶令於秦州聽旨，候王克臣體量到別議之。'王克臣體量在此月七日丁卯。上怪韶奏報一日兩説，初云蕃部潰散，又云董裕助兵萬人，相去纔二十里，乃如此不審。文彥博因言王韶不知邊事。王安石極力解釋，以爲'韶但憑探事人所報耳。蕃部旅拒，即二十里内自不通往來，或僞退而復進，或既散而復聚，何由得知？此未足罪韶。然臣亦疑韶智有所短。朝廷用韶提舉蕃部時，向寶、高遵裕尚爲管勾，韶即受而不辭，臣疑韶智有所短，特此事耳。'又曰：'韶孤立，才領職，威信未能使人，不可遽責以不能前知蕃部動作。若亟令於秦州聽旨，恐沮韶意氣，後體量到或無罪，復令幹事，心更局縮。'上曰：'亦慮韶緣此有希意媒孽者，然方倚向寶用兵，韶在古渭，似與寶相妨。'安石曰：'韶孤立，爲李師中所忌，衆兵官所惡，安能沮向寶？朝廷但憂王韶爲衆排陷，不得申其志，不憂韶沮向寶事也。請促韶分析，未須令往秦州聽旨。'上從之。

後數日，又呈李師中分析秦州事，師中乞推究請罷向寶者，特賜處分。安石蓋先以師中分析白上，曰：'樞密院初用

① 《新中國出土墓誌‧河南貳》下册，北京文物出版社 2002 年版，第 333—335 頁。

王韶提舉蕃部，略不措置，向寶自以爲王韶部轄，與韶不和。既不和，更令寶與韶共事，寶專欲用兵，韶專欲招撫，其勢必相沮壞。故臣欲罷向寶，但用王韶。韶欲招撫，故令提舉蕃部；寶欲用兵，故令依舊作都鈐轄。若可和，則委韶和之；若不可和，則令向寶與戰。此朝廷委李師中作帥本意也。向寶雖罷提舉蕃部，仍帶御器械，即朝廷於向寶非有負。寶雖不管勾蕃部，猶在秦州作鈐轄，固未嘗奪師中所倚賴之人，如何便致蕃部作過？又師中以韶不能前知董裕作過，便爲韶罪。韶與董裕非深相要結，又其恩威使人，勢不及師中，師中既不能知董裕作過，王韶亦何由獨能前知？'上以爲然。及是，上與曾公亮等曰：'用向寶要戰，用王韶要和，用師中要節制此兩人。朝廷於向寶何所虧損，而師中言乃如此？'公亮又爲師中解釋，上曰：'姑候體量到別議之。'"

李燾："據《日錄》，十七日，令王韶往秦州聽旨。二十五日，呈李師中分析，今并書在六月末。不書此，則無以見王安石力主張王韶，其僞辨乃如此也。"

按，《宋史》卷三百三十二《李師中傳》："熙寧初，拜天章閣待制、河東都轉運使。西人入寇，以師中知秦州，詔賜以《班超傳》。師中亦以持重總大體自處。前此多屯重兵於境，寇至則戰，嬰其銳鋒，而內無以遏其入。師中簡善守者列塞上，而使善戰者中居，令諸城曰：'即寇至，堅壁固守；須其去，出戰士尾襲之。'約束既熟，常以取勝。王韶築渭、涇上下兩城，屯兵以脇武勝軍，撫納洮、河諸部。下師中議，遂言：'今修築必廣發兵，大張聲勢，及令蕃部納士，招弓箭手，恐西蕃及洮、河、武勝軍部族生疑。今不若先招撫青唐、武勝及洮、河諸族,則西蕃族必乞修城砦,因其所欲,量發兵築城堡,以示斷絕夏人鈔略之患,部人必歸心。唐於西域,每得地則建爲州,其後皆陷失,以清水爲界。大抵根本之計未實,腹心之患未除,而勤遠略,貪土地者,未有不如此者。'詔師中罷帥事。詔又請置市易,募人耕緣邊曠土,師中奏阻其謀。王安石方主詔,坐以奏報反覆罪,削職知舒州。"

《邵氏聞見錄》卷十三:"熙寧間,上書者言,秦州閒田萬餘頃,賦民耕之,歲可得穀三萬石,因籍所賦者爲弓箭手。並邊有積年滯鈔不用,用之以遷蜀貨而鬻於邊州,官於古渭砦置市易務,因之可以開河湟,復故土,斷匈奴右臂。宰相力行其議。知秦州事李師中極言其不可,乃命開封府推官王堯臣同内侍押班李若愚按其實。堯臣還奏曰:'臣按所謂閒田者皆無之。且興貨以積境上,實啓戎心,開邊隙,爲後害甚大,臣竊以謂不可也。'聞者以其言爲難。堯臣後爲賢從官,其墓誌所載如此。伯溫曰:上書者,王韶也;宰相力行者,王介甫也;知秦州李師中者,鄆州名臣李誠之待制也。介甫主韶之説,爲熙河之役,天下之士無敢言其不可者,王公獨能言之,難哉!"

請神宗御批明著知諫院胡宗愈姦狀。六月二十七日,貶之通判真州

《長編》卷二百十二熙寧三年六月丙戌:"貶秘書丞、集賢校理、知諫院胡宗愈通判真州,仍落館職。前此,上謂執政曰:'胡宗愈至沮敗朝廷政事,又論不當置西審官分樞密院權,非所以體貌大臣;且令大臣有所施恩,有害於政。此

言乃傾中書，以爲排沮樞密院。蓋樞密院論議已是如此。又言張若水者，其意蓋欲傾韓絳耳。朕嘗面責以方鎮監司事可言者衆，略不爲朕作耳目，專沮敗朝廷所欲爲。宗愈甚愧怍，云：陛下許臣，臣乃敢言。明日即言李復圭事。'曾公亮曰：'宗愈止是書戆，不曉朝廷事耳。'上曰：'宗愈似戆，然察事情甚精。所言皆有含蓄，務在中傷，非戆也。'公亮又言：'數逐臺諫非是。'上曰：'此非所謂諫爭，乃讒慝爾。'絳白上姑務包容。王安石曰：'大臣當以國爲體，不可以形迹之嫌苟容此輩。'絳曰：'爲諫官，乃受陛下旨言事，此最不佳。'安石曰：'聖旨果是，諫官將順，亦不爲非，不可以此爲宗愈罪。惟懷邪沮事，乃不可容。'上令檢出前後章疏行遣，安石請御批著其姦狀，於是上批付中書曰：'宗愈氣燄姦慝，自領言職，未嘗存心裨補朝廷治道；凡進對論事，必潛伏姦意，含其事情，旁爲邪説，以私託公，專在破壞正理，中傷善良。所爲如此，而置之左右前後，豈非所以自蔽聰明？故貶。'仍限一月，令兩制各舉陞朝官二人，補諫官員闕。宗愈爲諫官，遇事必言，然不肯出姓名，辭多微婉，故御批有'潛伏中傷'等語。或曰御批乃呂惠卿筆也。初欲與知縣，曾公亮不可，始除通判。"

《宋會要輯稿》職官六五："（熙寧三年）六月二十七日，秘書丞、集賢校理、同知諫院胡宗愈落職，通判真州。手詔：'宗愈氣焰奸慝，自領言職，未嘗存心裨補朝廷治道，凡進對論事，必潛伏奸意，含其事情，旁爲邪説，以私託公，專在破壞正理，中傷善良。所爲如此，而置之左右前後，豈非所以自蔽聰明！可落職與外處差遣。'"

《宋史》卷三百一十八《胡宗愈傳》：“神宗立，以爲集賢校理。久之，兼史館檢討，遂同知諫院……王安石用李定爲御史，宗愈言：‘御史當用學士及丞、雜論薦，又須官博士、員外郎。今定以幕職不因薦得之，是殆一出執政意，即大臣不法，誰復言之？’蘇頌、李大臨不草制，坐絀；宗愈又爭之，安石怒，出通判真州。”《東都事略》卷七十一《胡宗愈傳》載同。

按，胡宗愈之貶，神宗明言因其論不當置西審官分樞密院權及欲傾韓絳，而《宋史》乃僅書因言李定事。

歐陽修屢辭宣徽南院使、判太原，又移書。不答，而奏從其請

《長編》卷二百十三熙寧三年秋七月辛卯：“詔新判太原府歐陽修罷宣徽南院使，復爲觀文殿學士、知蔡州。先是，修病，辭宣徽使至五六，因論青苗法，又移書責王安石，安石不答，而奏從其請。”

《宋會要輯稿》食貨五：“（熙寧三年）七月三日，新判太原府歐陽修罷宣徽南院事，復爲觀文殿學士、知蔡州。先是，修辭宣徽使，遂論青苗法，又爲書責王安石。安石不答，而奏從其請。”

按，歐陽修“因論青苗法，又移書責王安石”，此書不載於修文集。《歐陽修全集》卷一百四十六有《與執政》，辭判太原，題注：“熙寧三年。”或即所移之書，然並無詰責語也。

呂公弼數言宜務安靜，又與韓絳不協，神宗命其知太原。因請明著其罪，神宗未允

《長編》卷二百十三熙寧三年秋七月壬辰：“樞密使、刑部侍郎呂公弼罷爲吏部侍郎、觀文殿學士、知太原府。王安石變法，公弼數言宜務安靜，又與韓絳不協。從孫嘉問竊公弼論事奏草，以示安石，安石輒先白上，上始不樂公弼。及胡宗愈攻絳，上疑公弼使之，於是謂執政曰：‘公弼屢反覆，朕以其務沮李復圭邊事嘗戒之，而公弼乘間乃云復圭但忌陳升之、韓絳耳。此乃以樞密院事賣中書也。今并州闕人，宜即使公弼往。’安石請明著其罪，上曰：‘太原重地，不欲顯斥之。’曾公亮請自內批出，又言公弼先朝兩府，欲與轉兩官，上曰：‘陳升之出時，乃不曾轉官。’然卒從公亮言，又以手札諭文彥博曰：‘太原重地，須諳知邊事之人乃可寄委。早來已指揮中書差呂公弼，見是樞臣，故不及與卿議，要卿知耳。’”

《宋會要輯稿》職官七八：“（熙寧三年）七月四日，行尚書刑部侍郎、充樞密院使呂公弼罷爲吏部侍郎、觀文殿學士、知太原府。公弼在樞密六年。先是，王安石變法，公弼數言宜務安靜，又與韓絳議論不協，孫嘉問竊公弼論事奏草以示安石，故命罷之。”

《宋史》卷三百一十一《呂公弼傳》：“王安石知政事，嗛公弼不附己，白用其弟公著爲御史中丞以偪之。公弼不自安，立上章避位，不許。陳升之建議，衛兵年四十以上稍不中程者，減其牢廩，徙之淮南。公弼以爲非人情，帝曰：‘是

當退爲剩員者，今故爲優假，何所害？'對曰：'臣不敢生事邀名，正恐誤國耳。既使去本土，又削其廩，儻二十萬衆皆反側，爲之奈何？'韓絳議復肉刑，公弼力陳不可，帝皆爲之止。安石立新法，公弼數言宜務安靜，又將疏論之。從孫嘉問竊其稿示安石，安石先白之，帝不樂，遂罷爲觀文殿學士、知太原府。"

王安禮《王魏公集》卷七《宋故推誠保德崇仁翊戴功臣宣徽南院使光禄大夫檢校太尉充太乙宮使東平郡開國公食邑六千户實封一千四百户上柱國吕公行狀》："明年，拜觀文殿學士、尚書吏部侍郎、河東路經略安撫使，知并州。"《名臣碑傳琬琰集》上卷二十六范鎮《吕惠穆公公弼神道碑》："明年，爲觀文殿學士、吏部侍郎、河東路經略安撫使、知太原府。"諱之也。

因神宗欲以司馬光代吕公弼爲樞密副使，沮之，以爲異論相攪則治道無由成

《長編》卷二百十三熙寧三年七月壬辰："於是，吕公弼將去位，上議所以代之者，曾公亮、韓絳極稱司馬光，上遲疑未決。始欲用京，又欲用蔡挺，既而欲并用京及光。安石曰：'司馬光固佳，今風俗未定，異議尚紛紛，用光即異論有宗主。今但欲興農事，而諸路官司觀望，莫肯向前，若便使異論有宗主，即事無可爲者。'絳徐以安石所言爲然，公亮言：'不當以此廢光。'固請用之，上弗許，乃獨用京。明日，又謂執政曰：'京弱，并用光如何？'公亮以爲當，安石曰：'比京誠差強，然流俗以爲宗主，愈不可勝，且樞密院事光果曉

否？'上曰：'不曉。'安石曰：'不曉，則雖强，於密院何補？
但令流俗更有助爾。'上曰：'寇準何所能，及有變，則能立大
節。'又論金日磾都無所知，然可託以幼主。安石曰：'金日
磾與霍光不爲異，乃可以濟；寇準非能平心忠於爲國，但有
才氣，比當時大臣爲勝而已。'公亮曰：'真宗用寇準，人或問
真宗，真宗曰：且要異論相攪，即各不敢爲非。'安石曰：'若
朝廷人人異論相攪，即治道何由成？臣愚以爲朝廷任事之
臣，非同心同德、協于克一，即天下事無可爲者。'上曰：'要
令異論相攪，即不可。'公亮又論光可用，安石曰：'光言未嘗
見從，若用光，光復如前日不就職，欲陛下行其言，則朝廷何
以處之？'上遂不用光。

他日，安石獨對，又爲上言：'君子不肯與小人厮攪，所
以與小人雜居者，特待人主覺悟有所判而已。若終令君子
與小人厮攪，則君子但有卷懷而已。君子之仕，欲行其道，
若以白首餘年，只與小人厮攪，不知有何所望。'上以爲然。"

與神宗議用馮京，神宗欲除之爲樞密使，以爲可

《長編》卷二百十三熙寧三年七月壬辰："翰林學士、端
明殿學士、禮部郎中、權御史中丞馮京爲右諫議大夫、樞密
副使。上嘗謂王安石曰：'京似平穩。'安石曰：'京燭理不
明，若鼓以流俗，即不能自守。'上曰：'作中丞恐失職。'安石
曰：'京作中丞，充位耳，非能啓迪陛下聰明。陛下當於幾微
之際警策之，勿令迷錯。'上曰：'令作樞密副使，何如？'安石
曰：'亦可也。'"

《名臣碑傳琬琰集》下卷十六《馮文簡公京傳》："神宗

手詔京具方略，多聽用，召爲學士，擢知開封府，改御史中丞。疏六事，累數千百言，神宗以示王安石，曰：‘京疏極謬，朕歷與詰難，遽服其非。若不爲人所惑，亦可用。’他日，神宗復曰：‘京何如？似平穩。’安石曰：‘京似平穩，然燭理不明，若鼓以流俗，即不能自守。’神宗曰：‘作中丞恐失職。’安石曰：‘京在中丞，充位耳，非能啓迪陛下聰明。陛下當於機微之際警策之，勿令迷錯。’神宗曰：‘令作樞密副使，如何？’安石曰：‘欲用之，何不可？’遂拜右諫議大夫、樞密副使。”

按，《宋史》卷三百一十七《馮京傳》則謂公欲黜馮京，而神宗主之，殊非實情：“神宗立，復爲翰林學士，改御史中丞。王安石爲政，京論其更張失當，累數千百言，安石指爲邪説，請黜之。帝以爲可用，擢樞密副使。”

七月七日，因權御史臺推直官孫奕辭召對，勸神宗當躬親庶事，察知上下之情

《長編》卷二百十三熙寧三年七月乙未：“詔權御史臺推直官、屯田員外郎孫奕更不上殿，以馮京舉奕可任御史，召對而奕辭不願故也。先是，執政進呈奕狀云：‘今陛下數見小臣，以其所言悦人，乃以爲辯給善希上旨。如臣，豈能當聖意？’上曰：‘此豈足以眩俗？《書》曰用人惟己，朕欲用人，如何不得召見？’王安石曰：‘陛下博召見人臣，乃所以廣耳目、知事情、見人材。向時人主所以不得博見人臣者，特是大臣蔽主之私計耳。’安石因言人主不躬親庶事，察知上下之情，則風俗苟簡，政令不平。上欲明奕論議無取黜之，

安石曰：‘但不令上殿足矣。’故有是命。”

李燾：“孫奕未詳。”按，《（淳熙）三山志》卷二十六：“孫奕字景山，閩縣人。歷知南陵、海陵、吳縣。呂誨知開封，薦知封丘縣。誨拜御史中丞，薦爲臺推，遷監察御史。論新法，爲鄧綰劾奏，出監陳州酒。陳襄知杭州，辟爲簽判，移監泗州轉般倉。元祐初，除本路轉運使，卒。”

七月八日，進呈蔡挺乞以義勇爲五番教閱事，因與神宗論兵事

《長編》卷二百十三熙寧三年七月丙申：“王安石進呈蔡挺乞以義勇爲五番教閱事，上令論及民兵，安石曰：‘募兵未可全罷，民兵可漸復，雖府界亦可爲。至于廣南，尤不可緩。今中國募禁軍往戍多死，此害于仁政。陛下誠罷軍職，所得官十二三，鼓舞百姓豪傑，使趨爲民兵，則事甚易成。’上患密院不肯措置義勇事，安石曰：‘陛下誠欲行，則孰能禦？此在陛下也。’因爲上言國之大政在兵農。上曰：‘先措置得兵乃及農。緣治農事須財，兵不省即財無由足。’安石曰：‘農亦不可以爲在兵事之後，前代興王知不廢農事，乃能并天下。興農事自不費國財，但因民所利而利之，則亦因民財力而用也。’

涇、渭、儀、原四州義勇萬五千人，舊止戍守，經略使蔡挺始令遇上番依諸軍結陣隊，分隸諸將，選藝精者遷補，給官馬，月廩、時帛、郊賞，與正兵同，遂與正兵相參戰守。土兵有闕，案府兵遺法俾之番戍，無補所闕土兵。詔復問以措置久遠分番之法，挺即條上以四州義勇分五番，番三千人，

防秋以八月十五日上，十月罷。防春以正月十五日上，三月
罷。周而復始，比之募土兵，歲減糧八萬石，料錢六千餘緡、
春冬衣萬五千匹、綿三萬七千兩。詔從之。行之諸路。”

　　李燾：“此據《蔡挺傳》，因王安石《日錄》三月八日進呈
義勇五番教閱事附見。十月十八日韓絳云云可考。”

　　《宋史》卷一百九十一《兵五》：“三年七月，王安石進呈
蔡挺乞以義勇爲五番教閱事，帝患密院不肯措置。安石曰：
‘陛下誠欲行，則孰能禦？此在陛下也。’涇、渭、儀、原四州
義勇萬五千人，舊止戍守，經略使蔡挺始令遇上番依諸軍結
隊，分隸諸將。選藝精者遷補，給官馬，月廩、時帛、郊賞與
正兵同，遂與正兵相參戰守。時土兵有闕，召募三千人。挺
奏以義勇點刺累年，雖訓肄以時，而未施於征防，意可以案
府兵遺法，俾之番戍，以補土兵闕。詔復問以措置遠近番之
法。挺即條上，以四州義勇分五番，番三千人，防秋以八月
十五日上，十月罷；防春以正月十五日上，三月罷，周而復
始。詔從之，行之諸路。”

　　《張方平集》卷四十《宋故推誠保德功臣資政殿學士正
奉大夫行右諫議大夫判南京留司御史臺上護軍南陽郡開國
侯食邑一千八百戶食實封二百戶賜紫金魚袋贈工部尚書蔡
公墓誌銘》：“所統四州義勇萬五千人，舊止用戍守而不習
戰。公分隸諸將，結爲隊伍，定廩給之式，立遷補之令，皆如
軍制，時送使迭休，人忘其勞，後遂與禁旅相參戰守。屬土
兵闕，被旨招益三千人，公奏義勇可備征防，往覆問以措置
之宜。公條上番戍之法，具省費之利。上嘉納其册，復布告

諸路以爲法。"①

七月九日，議宗室袒免壻轉官可並依緦麻法，神宗是之

《長編》卷二百十三熙寧三年七月丁酉："詔：'宗室袒免壻與三班奉職，已有官者轉官、循資、堂除免選及聽就文資并鎖廳舉進士者，悉如治平二年十月五日詔書。'先是，大宗正司奏：'緦麻壻有官者，京朝官與轉一官，職官與循資。袒免壻止云與奉職，乃無有官循資指揮。'王安石議可並依緦麻法行之，曾公亮曰：'轉官宜有降殺。'安石曰：'與循資不可殺，則轉官亦不可殺。且白身得一官，有官者轉一官不爲過。此所以勸有官者肯與宗室爲婚，而亦省入官之一道也。'上是安石議，故有是詔。"《宋會要輯稿》帝系四載同。

七月十一日，與神宗議於古渭置市易司之利弊

《長編》卷二百十三熙寧三年七月己亥："詔陝西轉運司詳度移市易司于古渭寨利害以聞。又令王韶具析本所欲耕地千頃所在。先是，李師中與韶異議，遣李若愚、王克臣同行視，六月八日丁卯初命克臣等體量。而若愚奏與李師中協，上疑不實，故復下轉運司。

初，若愚等至秦，問韶所欲耕地安在，韶不能對，但言衆共沮我，我已奏乞歸田。竇舜卿使人檢量，僅得地一頃六十畝。既而地主自訟，復以歸之。若愚等奏韶欺罔，又言古渭寨置市易司爲不便。又言韶以官錢假親舊，使之他方販易，

---

① 漆俠以爲，此即將兵法之雛形，見氏著《王安石變法》(增訂本)，第111頁。

放散甚多。王安石恐詔獲罪，乃言：'若愚在廣西素與師中善，所奏不能實。'時已除沈起爲都轉運使，乃令起往別行體究，韓絳及安石皆言起可使故也。若愚等以爲古渭寨不可置市易司，聚三十萬貨物必啓戎心，又妨秦州小馬、大馬家私交易，且私交易多賒貸，今官市易乃不然，兼市易就古渭，則秦州酒税課利必虧。曾公亮、文彦博、馮京皆以若愚等所言爲是。韓絳亦以市易不在秦州爲非。王安石曰：'若西人能得古渭，則非特三十萬貫錢之利也。若不敢置三十萬貫錢于古渭，恐西人爭奪，則尚何須議招致洮、河、武勝生羌？西人敢與我爭致此羌，則其爲利豈特三十萬貫錢而已。以此言之，則若愚以爲聚貨起戎心非是也。又言官市易不許賒貸，百姓不便。今官市亦非禁民間私相賒貸也，於百姓有何不便？則若愚言于百姓不便非是也。又言虧秦州酒税。今秦州尚運致錢物就古渭，若秦州酒税減，即古渭增收，錢在古渭在秦州一也，則若愚以謂虧秦州酒税爲不便非是也。'韓絳曰：'韓琦曾令增古渭地税，恐秦州人往古渭居。'安石曰：'以此驗之，尤見人情以就古渭交易爲便。不然，何須增税以困就居之人？今王韶欲就古渭置市易利害，臣所不敢斷，然若愚所奏，即臣未見有害。'上乃令轉運司詳度。

既而上復問陳升之以古渭市易利害，升之以爲秦州則應接蕃户太遠，古渭則極邊，誠恐郡羌闚覬之心。其言與若愚等意協。安石更白上曰：'今蕃户富者，往往有三二十萬緡錢。彼尚不畏劫奪，豈朝廷威靈乃至衰弱如此？臣愚以爲今欲連生羌，則形勢欲張，應接欲近。就古渭置市易，則應接近。古渭商旅並集居者愈多，因建以爲軍，增兵馬，擇人守之，則形勢張矣。今議者患秦州因此商旅更少，則非也。秦州但患戰兵少而已，豈欲冗食之人多乎？'"

《宋會要輯稿》食貨五五："市易務在太平坊，隸都提舉司。召人抵當借錢、出息，乘時貿易，以通貨財。監官三員，文、武使臣充。神宗熙寧三年二月十一日，同管勾秦鳳路經略使機宜文字王韶言：'沿邊州郡，惟秦鳳一路與西蕃諸國連接，蕃中物貨四流，而歸於我者，歲不知幾百千萬，而商旅之利盡歸民間。欲於本路置市易司，借官錢爲本，稍籠商賈之利，即一歲之入，亦不下一二十萬貫。'詔令將本司見管西川交子差人往彼轉易物貨，赴沿邊置場，與西蕃市易。如合選差官與王韶同共管勾，及應有經畫事件，仰轉運司從長相度施行，仍件析以聞。七月十一，詔陝西轉運司詳度移市易司於古渭寨利害以聞。先是，王韶召對，言邊事，請於古渭寨置市易司，許之。已而，李師中與韶異義，遣內侍押班李若愚與三司判官王克臣同行視，與師中協。上疑不寔，故復下轉運司。"

七月十二日，子雱撰成《老子注》

王雱《老子注·序》："昔老子當道術之變，故著書九九篇，以明生生之理。而末世爲學，蔽於前世之緒餘，亂於諸子之異論，智不足以明真僞，乃或以聖人之經與楊、墨之書比，雖有讀者，而燭理不深。乃復高言矯世，去理彌遠。今世傳注釋，王弼、張說兩家，經文殊舛，互有得失，害於理意者不一。今輒參對，定於至當，而以所聞，句爲之解。聖人之言，既爲難盡，而又知之所及，辭有不勝。覽者以意逆志，則吾之所發，亦過半矣。書成於熙寧三年七月十二日。"①

七月十五日，與神宗議禦西夏事宜

《長編》卷二百十四熙寧三年八月戊午朔："上批：'涇
原等路諜報西賊結集，舉國人馬七十以下、十五以上，取八
月半入寇綏州及分兵犯甘谷城。已差韓縝爲本路經略使，
可免謝辭，令上殿訖速赴本任。王安石嘗言陝西諸帥，稍探
得西人欲作過，即勾下番兵馬，宜約束勿使然。慶曆中，西
事所陷没不過十萬人許，天下一歲饑饉疾疫，所死何翅十萬
人，於天下未覺有損也。天下以西事故大困窮者，緣妄費糧
餉耳，此最方今所當戒。'於是，安石奏曰：'西人豈無鄰敵，
如何七十以下、十五以上盡來，而不憂鄰敵窺奪其國？若果
耳，則是西人無謀，亦不足畏。苻堅舉國南伐，故爲東晉所
敗。東晉非能敗苻堅，以苻堅歐率舉國之人，既不樂行，則
自潰而敗故也。以臣料之，此或是西人張虛聲，使我邊帥聚
兵費糧草，糧草費則陝西困，陝西困則無以待西賊，而使我
受其實弊也。'上又論及西事，以爲城寨或爲西人大兵所破
則不便，所以邊臣不免聚兵，安石曰：'未有事聚兵坐困糧
食，則有事無以待敵。且陝西所以困者，以輕費糧草故也。
今不聚兵，則省糧草。假令西賊以大兵犯城寨，我堅壁以待
之，彼悉力攻小城寨，小城寨被破，於彼未爲得利，而於我苟
能大省糧草，則猶不爲失計，而况城寨又未必破壞乎？《兵
法》以爲愛民可煩，精潔可辱。今惜破小城寨，則是可辱也；

---

① 此書久佚，尹志華自明《正統道藏》中輯出，見氏著《北宋老子注研究》，巴
蜀書社 2004 版，第 257 頁。

惜一小城寨而常聚兵費糧草，坐困陝西，則是可煩也。'
上悅。"

李燾："此段乃七月十五日所錄，朱本並附此，今從之。"

七月十七日，超用都官員外郎王庭筠同判刑部

《長編》卷二百十三熙寧三年七月乙巳："太常少卿祝
諮、都官員外郎刪定編敕王庭筠並判刑部。庭筠資序至淺，
王安石超用之，衆心不服。"

李燾："祝諮未詳邑里，王庭筠事據《日記》。"按，祝諮，
滑州韋城（今河南滑縣東南）人，兩舉進士，嘉祐年間通判益
州。① 葛勝仲《丹陽集》卷十三《左朝議大夫致仕祝公墓誌
銘》："公諱康，字道濟……祝氏著籍單州成武，今爲滑州韋
城人。公之父曰諮，兩第進士，積官至太常少卿、糾察在京
刑獄，贈金紫光禄大夫……初，金紫公屢更中外法理之選，
小大之獄申理枉橈甚衆。"

是日，於神宗前力辯李定持服事

《長編》卷二百十三熙寧三年七月丁酉："詔流內銓取問
前權秀州軍事判官李定先任涇縣主簿日，所生母亡，曾與不
曾執喪以聞。初，陳薦言陳薦四月二十一日權管御史臺，五月七日
罷，論李定匿服見五月九日。蓋薦入臺即論，不在五月九日，其行出乃五
月九日也。定匿所生母喪弗服，而爲定辨者以爲定不自知所

---

① 宋祁《景文集》卷五十七《成都府新建漢文公祠堂碑》："嘉祐二年，余知益
州，往款公祠……明年，乃占學官之西正位鳩工，弗亟弗遲，作堂三楹……
贊輔之勤，自通判軍州事祝諮以降六人。"

生，以爲乳母，及卒，或以語定，定請于父，父固以爲非所生。定心疑之，乃解官侍養，以喪自居，而不敢明言。及下江東、淮南體量，而兩路奏定實解官侍養，即不言曾乞持所生母心喪。上曰：'所以不持心喪者，避解官也。定既解官，何所避而不明言心喪？'然曾公亮等皆力争，以爲定不可除御史，故又令定分析。

既而王安石白上曰：'陛下初除李定作諫官，定誠非高才，必不能爲陛下濟天下務，然近歲諫官，誰賢于李定？而宰相不肯用定者，正以定私論平直，不肯阿其朋黨，故沮抑之。陛下聽其説，改命爲御史，已是一失。此陛下予奪之權所以分，而正論之士所以不敢恃陛下爲主也。胡宗愈、蘇頌輩又言用定不合法制，人主制法者，乃欲以法制拘，不得以特旨指揮。天下事固無此理，況近制又無京官方得爲御史，選人即不得擢爲御史指揮，此是其妄也。若言須用中丞舉，則先朝御史雖有奏舉法，然常有特旨用人，況近日薛昌朝亦然，宗愈輩何以不論，此又其妄也。又蘇頌輩攻李定終不敢言其不服母喪，獨陳薦言者，薦亦知李定無罪，但恃權中丞得風聞言事故也。事已明白不可誣，曾公亮乃疑合追服。定父稱仇氏非定所生，定又無近上尊屬可問，此定所以不敢明乞解官持喪，又疑鄉人所言或是，所以不敢之官。今定所生所養父母皆死，又不曾別訪得近上親屬。昨淮南所問鄰人，乃是定母死後方來僦居，不知令定何據，而今日始追服，此一不當追服也。又定初以仇氏爲乳母，又仇氏生定兄察，即是庶母，庶母、乳母皆服緦，即定已嘗服緦矣。若定今日方知是母，即庶子爲後，不過服緦，如何令定爲母兩次服緦？

若言未嘗持心喪，則定乞解官，正爲疑仇氏爲己所生，即是已用心喪自處，如何今日又令定追服心喪？此定不當追服二也。假令定今可驗是母已明，從來未嘗服總，即小功尚不追服，總麻固不合追，此定不可追服三也。此事惟陛下明察特斷而已。’上曰：‘李定處此事甚善，兼仇氏爲定母亦未知實否也。’”

李燾：“王安石云云，《日録》在此月十七日，朱本先附。”

七月十八日，有詔中書置簿記内外官功過。答神宗所問諸細目

《長編》卷二百十三熙寧三年七月丙午：“詔中書考察内外官司，置簿記功過，俟歲終及因非次除擢，檢録比較進呈，擇其尤甚者進黜之。它日，上取記功過簿，讀至被旨體量不實，曰：‘非被旨者如何？’王安石曰：‘奏論事不實，足以包之。’又曰：‘學士院有何事？’安石曰：‘身所論奏，非關主判處及告命差失之類。’上曰：‘此中不言告命差失，何也？’安石曰：‘該説不盡，比類抄上是也。’又問：‘附宿直處抄上，何也？’安石曰：‘如待制、直學士，元無官司，止寄宿於三館。’上稱所定以爲善。内一節‘隨事將上取旨’，安石請除‘將上’字，上曰：‘取旨亦可除，但令至歲終具功過呈，如《周禮》冢宰歲終詔王廢置。’”

七月二十一日，與樞密院進呈慶州得首級官員，神宗差定其賞

《長編》卷二百十四熙寧三年八月戊午朔，李燾：“王安

石《日録》：'七月二十一日，與密院進呈慶州得首級官員，上差定其賞，甚精悉。又言林廣先設計謀，故優與遷轉。'"

七月二十五日，以神宗問及范育，因言及井田之制不可行

《長編》卷二百十三熙寧三年七月癸丑："前陝縣令范育爲光禄寺丞、崇文院校書。育，祥子，嘗得召對，進《復田役書》。上又以轉對章疏三十付育看詳，育條奏稱旨故也。先是，上問執政：'范育如何？'王安石曰：'育言地制事，亦不全爲迂闊。'上曰：'育言凡於一事措置，一事即不得。此言是也。又言須先治田制，其學與張戩同。'安石曰：'臣見程顥云須限民田，令如古井田。'上曰：'如此即致亂之道。'安石因言王莽名田爲王田事，上曰：'但設法以利害毆民，使知所趨避，則可。若奪人已有之田爲制限，則不可。'安石曰：'今朝廷治農事未有法，又非古備建農官大防圩埠之類，播種收穫，補助不足，待兼并有力之人而後全具者甚衆，如何可遽奪其田以賦貧民？此其勢固不可行，縱可行，亦未爲利。'已而上稱：'育所看詳轉對文字甚有識見，今館職少，乃令除校書。'曾公亮欲令學士院試策論，安石以爲：'人有或不能爲此而能言世務有實用之材者，今正要變此尚虛文舊俗，若陛下疑其假授或采問得之，即召給筆札，令内臣監試，更以數卷轉對令看詳，甚易見也。'上曰：'此必非假授。若能問，即是能擇義理是非，亦自是有識見可取也。'即有是命。後數日，又除太子中允、權監察御史裏行。"

按，公曰："待兼并有力之人而後全具者甚衆，如何可遽

奪其田，以賦貧民？"此非爲兼并者辯護。蓋因朝廷之法未行，須兼并者爲之補助："朝廷治農事未有法，又非古備建農官大防圩埠之類，播種收穫，補助不足。"若利出一孔，人主擅操柄，則兼并可摧矣。《詩注》卷六《兼并》："三代子百姓，公私無異財。人主擅操柄，如天持斗魁。賦予皆自我，兼并乃姦回。姦回法有誅，勢亦無自來。後世始倒持，黔首遂難裁。秦王不知此，更築懷清臺。禮義日已偷，聖經久埋埃。法尚有存者，欲言時所咍。俗吏不知方，掊克乃爲材。俗儒不知變，兼并可無摧。利孔至百出，小人私闌開。有司與之爭，民愈可憐哉。"

李注："蘇文定公云：'能使富民安其富而不橫，貧民安其貧而不匱，貧富相恃，以爲長久，而天下定矣。王介甫，小丈夫也，不忍貧民而深疾富民，以惠貧民，不知其不可也。方其未得志也，爲《兼并》之詩。及其得志，專以此爲事。設青苗法以奪富民之利，民無貧富，兩稅之外，皆出重息，公私皆病矣。呂惠卿繼之，作手實之法，私家一毫以上皆籍於官。民知其有奪取之心，至於賣田殺牛以避其禍。朝廷覺其不可，中止不行，僅乃免於亂。然其徒世守其學，刻下媚上，謂之饗上。有一不饗上，皆廢不用，至於今日，民遂大病。源其禍，出於此詩。蓋昔之詩病，未有若此酷者也。'""此公異日引'國服爲息'之證，以行青苗之張本也。"

然公早年亦欲復井田，《詩注》卷十七《發廩》："先王有經制，頒賚上所行。後世不復古，貧窮主兼并。非民獨如此，爲國賴以成。築臺尊寡婦，入粟至公卿。我嘗不忍此，願見井地平。"李注："公意欲復井田，使貧富均，而無位以行也。按：井地之制，張子、程氏兄弟皆有意復古。公後得志，乃都不及此。"①

議宗室襲封，以禮官所定爲非。神宗是之，黜罰禮官

《長編》卷二百十三熙寧三年七月癸丑："寧武軍留後、遂國公宗立爲魏國公。宗立，允言第二子。左武衛大將軍、鄆州防禦使、申國公世清爲越國公。世清，趙國公守巽長子，已見熙寧二年六月辛亥。初，坐爭襲封不當，自茂防降左武衛大將軍、鄆州防禦使。初，宗室克繼、克繼，廷美曾孫，德恭孫，承慶第三子。承選承選，廷美孫，德文第三子。言封秦王後嫡庶不當，詔兩制詳定。翰林學士承旨王珪、范鎮、司馬光等言：'竊詳聖人制禮之意，必使嫡長世世承襲者，所以重正統而絶爭端也⋯⋯自唐末以來，王公以下不復承襲。本朝故事當封本宮最長者一人爲國公，陛下以爲非古，故詔宣祖、太祖、太宗之子，皆擇其後一人爲宗，令世世封公。又詔祖宗之子并濮國公，並令傳嫡襲封。臣等詳觀詔旨，皆欲復古禮而重正統也。

今禮院定越王德昭曾孫世程、魯王元份孫宗肅、韓王元偓孫宗績、吳王元儼孫宗絳傳襲，已如禮令。今昭成太子元僖、陳王元傑、蔡王元偁皆無後，宗保、仲郀、宗達以旁支繼襲，乃是特恩爲之立後，紹封其國，自應禮典。秦王廷美之後，陳薦等欲立其庶曾孫克繼，韓忠彥等欲立其庶長孫承亮；楚王德芳之後，陳薦等欲立其庶曾孫世逸，韓忠彥等欲立其庶長孫從式；魏王元佐之後，衆禮官皆欲立其庶孫宗

惠。臣等看詳，三王自有正統，而承亮、從式、宗惠皆旁支，若此三人襲封，則子子孫孫常居環衛，世襲爵禄，與國無窮。其正統子孫袒免以外，更不賜名授官，數世之後，遂爲布衣。如此，旁支何幸而封，正統何罪而絶？不惟與禮令之意乖違，亦非聖詔所謂爲宗傳嫡者也。所以然者，蓋緣禮令，據初薨之時，定爲嗣之人。今日於數世之後，議當爲後者，專執令文，不原禮意，所以齟齬難合，異議紛紜……今欲使合於古而適于今，則莫若推自國初以來，於其人薨没之時，以令文定當爲嗣者，以至今日，則於禮令不失而亦不離正統矣。

案秦王廷美以雍熙元年薨，於時適長子德恭當立；德恭以景德三年卒，嫡長子承慶當立；承慶以寶元二年卒，無嫡子，有庶子六人，長曰克晤，先卒，無子，次曰克繼，當立。楚王德芳以興國六年薨，嫡長子惟叙當立；惟叙以大中祥符四年卒，嫡子從煦當立；從煦以慶曆五年卒，無嫡子，有庶子之後世逸一人，當立。魏王元佐以天聖五年薨，無嫡子，有庶子三人，長曰允升，當立；允升以景祐元年卒，嫡子宗禮當立；宗禮以治平二年卒，嫡長子仲翹先卒，無子，次母弟仲髦亦先卒，次母弟仲蒼當立。仲蒼，宗禮第三子。以此考之，其當爲後者，豈不明白？秦王、楚王後，宜如薦議。魏王後，宜以仲蒼嗣。'

下其奏中書，中書言：'越王德昭無嫡子、嫡孫，無嫡子同母弟，無庶子，宜以庶長孫宗立嗣。世程、宗惠不應封。餘如六月詔書。'於是，元議官判太常寺陳薦、李及之、章衡、周孟陽，知禮院文同、張公裕各降一官。陳睦、韓忠彦各罰

銅三十斤,而忠彥與蘇頌皆以去官免。再議官王珪、范鎮、
司馬光、韓維、吳充、王益柔、蔡延慶、呂大防各罰銅三十斤。
薦時亦已去官,審刑院當勿論,上批:'法雖去官,薦實議首,
不可原。'故及之。

初,上出克繼等狀,論及世程爲庶長曾孫。上曰:'世程
非長也。'王安石因論禮官議魏王無嫡子,乃以庶子之嫡子
爲嫡孫。上笑曰:'無嫡子,安得有嫡孫耶?'及是,上令黜罰
禮官,而陳睦、韓忠彥以嘗議正承亮等事,故令止以贖論,而
忠彥又以去官免。上曰:'欲施行盡理,中書亦有失點檢。'
衆以爲俟行下,即當自劾。已而宰相曾公亮以下上表待罪,
詔釋之。"

按,范純仁《范仲宣公文集》卷十四《承議郎充秘閣校理
張君墓誌銘》:"君諱公裕,字益孺……丁母憂,服除,同知太
常禮院。會議親王襲封,公與翰林司馬公君實、范公景仁協
其議,忤執政,二公罰金,而公坐免一官,改判吏部南曹。有
選人與吏同爲欺以應格者,公察知其罪,置于理,而執政有
右選人者,遂罷公南曹,復知禮院。中書建議尊僖廟爲始
祖,公獨請尊藝祖,據經折理,而爲之議,凡萬餘言。上不之
從,公亦不敢安其職矣。時文潞公掌樞密,欲辟公爲掾屬,
公辭曰:'親老矣,願求鄉官以就養。'潞公嘉之。因丏便郡,
得請知嘉州。"

范百祿《宋故尚書司封員外郎充秘閣校理新知湖州文
公墓誌銘》:"(文同)丁仁壽憂,服除,熙寧三年知太常禮
院,兼編修《大宗正司條貫》。時執政欲興事功,多所更厘改
造,附麗者衆,根排異論,公獨遠之。及與陳薦等議宗室襲

封事，執據典禮，坐非是奪一官。再請鄉郡，以太常博士知陵州。"①

張公裕、文同所忤之執政，即公也。

另，《名臣碑傳琬琰集》中卷五十畢仲游《韓儀公丞相忠彥行狀》："神宗皇帝即位，遷秘書丞。魏公辭位去國，以故事召試，除秘閣校理、同知太常禮院。宗室秦、楚王後無嫡子、嫡孫、同母弟，又無庶子，傳至庶孫，疑所襲。議者欲舍庶孫而使曾孫襲封，公奏言：'甲令所載與古異。嫡長孫之外，皆爲庶孫。既在庶孫之列，則雖非見襲之子期服兄弟，亦皆庶孫矣。今庶孫在也而舍之，使曾孫襲封，若有大功庶孫而無曾孫，則將誰使襲乎？抑遂除其國乎？今秦、楚之後，無嫡子、嫡孫、同母弟，又無庶子，則凡在庶孫之列而長者，當襲之人也。'詔用公議。"

張公裕，張中理之子，後以論太祖東向忤公，出知嘉州。《周益國集佚文》載周必大《眉州太守贈金紫光禄大夫張公墓誌銘》："公諱璘，字廷玉，姓張氏，崇慶府江原人。嘉祐中，以逸民召不至，即其家命以官，後贈太常博士諱中理者，曾祖也；登治平四年進士第、贈左正議大夫諱公權者，祖也。太常生七子，長諱公裕，常以秘閣校理同知禮院。初，英宗命二府薦館職一十人，親擇劉忠肅公以下十人用之，後皆至公卿，而校理在焉。一時名德如呂汲公、范忠宣公、忠文公、門下侍郎韓持國、龍圖閣直學士宋次道，皆與之善。坐議太祖東向忤時相王文公，出知嘉州。"

---

① 《新刻石室先生丹淵集》附錄，明刻本，《宋集珍本叢刊》第9册，第104頁。

七月二十五日,與神宗論兵

《長編》卷二百十四熙寧三年八月戊午朔:"上又言:'今兵無紀律,有紀律則足以勝敵矣。'安石曰:'紀律所以自治,算數所以勝敵,故《兵法》曰多算勝,少算不勝,況於無算乎? 今非但無紀律,尤患無算數。'於是,上稱鄜延走馬歐育曉事,言:'欲西人和,則不須先自屈。比者作過,即先於問西人。牒中説必是緣邊首領所爲,如此語當待西人自言。'安石曰:'誠當如此,然今朝廷事未能初終皆舉,若稍示西人以彊,而西人未肯退聽,則朝廷何以待之? 若交兵,則今日勢所未能;若不交兵,則如何可已? 先示彊而後更摧屈,則尤爲非便。度時事之宜,故姑務柔之,柔之未爲失計也。'上論攻守之計,衆以爲兵須委將帥,難從中制。安石曰:'兵雖不可中御,然邊事大計,亦須朝廷先自定也。'"

李燾:"此段乃七月二十五日所録。"故移入此日。

七月二十七日,與神宗議厚立購賞,捕捉蕃僧結吳叱臘及康藏星羅結,招安餘衆

《長編》卷二百十三熙寧三年七月丙辰:"鹽鐵副使、兵部郎中韓縝爲天章閣待制、知秦州。先是,蕃僧結吳叱臘及康藏星羅結兩人者潛迎董裕,詣武勝軍,立文法,謀姻夏國,有并吞諸羌意。竇舜卿言:'王韶招誘董裕下人不當,所以致結吳叱臘作過。'又言:'宜喻董氊,令約束董裕。'上曰:'董氊自奈何董裕不得。'王安石曰:'舜卿與李若愚等合黨,欲傾王韶,所奏托碩作過,因甚滅裂,却專以爲董裕下人作

過，其意可見。又朝廷無奈董裕何，反控告董氈，此徒取輕
於董氈，而使董氈更驕，於制馭董裕則殊非計。今但當以兵
威迫脇，厚立購賞，捕星羅結并結吳叱臘，招安其餘衆。'文
彥博曰：'星羅結即須捕，結吳叱臘是生戶，宜勿問。'安石
曰：'生戶侵犯漢界，如何縱舍？'彥博又言購賞無益，元昊時
亦嘗立購賞。馮京以彥博所言爲然。安石曰：'結吳叱臘非
元昊比也，其族類非君臣素定，聞自有敢輕侮之者，以兵威
迫脇，重賞購捕，必可得。'上曰：'元昊威行國中，人孰敢犯，
購捕誠不可得。今結吳叱臘事乃不類。'安石曰：'若君臣分
定，中外協附，雖無元昊威略，亦不可購捕。今秉常亦非可
以購捕得也。'上令如安石議，安石曰：'今欲購獲，須邊帥肯
盡力行朝廷意。不然，雖張榜購捕而示無推行之意，雖出兵
迫脇而不示以必攻之形，不據其要害之地，則雖有迫脇購賞
之名，而事必無成。'上欲令沈起專責王韶及高遵裕了此事，
安石曰：'欲出兵迫脇，非此兩人能任。'又言：'竇舜卿不宜
置在秦州。朝廷付舜卿以事，奏報乃爾乖方，雖黜責可也。'
上欲用韓縝代舜卿，安石以爲縝兄絳在此方用兵，恐中書論
議多形迹，難決當否。彥博亦以爲宜用縝，安石曰：'陛下欲
棄形迹嫌疑，則用縝亦奚傷？'於是用縝。縝自河東轉運使
入知審官西院，兩月中凡五換差遣及遷職云。初，議購結吳
叱臘，彥博曰：'待其復作過，乃議蕩除。'安石曰：'今尚蕩除
不得，若今不討，則氣勢愈張，以爲犯漢不敢校，則合黨愈
衆；狃前事復來犯漢，則雖欲討除，更費力。古人爲大於其
細，圖難於其易。今正細易之時，爲之圖之，不可以不
早也。'"

李燾:"此並據王安石七月二十七《日録》删修。兩人皆蕃僧,據王韶本傳。文彦博云結吴叱臘是生户,即星羅結亦生户也。"

是月,見劉攽館中題詩,改之

《苕溪漁隱叢話前集》卷五十五引《王直方詩話》:"'璧門金闕倚天開,五見宫花落古槐。明日扁舟滄海去,却將雲氣望蓬萊。'此劉貢甫詩也,自館中出知曹州時作。舊云'雲裏',荆公改作'雲氣',又云:'五見宫花落古槐,此詩法也。'"

按,劉攽約於本年夏秋之交,通判海州,蘇軾有詩送之:"君不見阮嗣宗,臧否不挂口。莫誇舌在齒牙牢,是中惟可飲醇酒。讀書不用多,作詩不須工。海邊無事日日醉,夢魂不到蓬萊宫。秋風昨夜入庭樹,蕈絲未老君先去。"①《(崇禎)泰州志》卷十載李清臣《送劉貢父倅海陵》:"君直秘書閣,日趨黄金闌。忽思雲水行,飄然誰能遏。朝出都門東,襟胸迥披豁。放舟下淮楚,天地頓空闊。莫苦道路難,暑令悅已末。"

是月,朱壽昌赴闕。以其自請,付審官院,折資通判河中府。又賦詩送之

《長編》卷二百十二熙寧三年六月壬戌:"駕部郎中朱壽昌,巽之子也,其母劉氏。壽昌生二歲,巽守長安,出劉氏嫁

---

① 《蘇軾詩集》卷六《送劉攽倅海陵》,第242頁。

民間，母子不相知者五十年。壽昌行四方，訪求不獲，飲食
罕御酒肉，與人言輒流涕。以浮屠法灼臂燒頂，刺血寫佛
書，冀遂其志。又棄官入秦，與家人訣，誓不見母不復還。
行次同州，得之，劉氏時年七十餘矣。知永興錢明逸表其孝
節，且言：'壽昌稱疾尋醫棄官，而尋醫法須二年乃赴御史臺
看驗。乞不俟尋醫限滿，復其差遣。'癸亥，詔壽昌赴闕朝
見。先是，言者共攻李定不服母喪，王安石力主定，因忌壽
昌，及壽昌至，但付審官院。壽昌前已再典郡，於是折資通
判河中府，迎其同母弟妹以歸。居數歲，母卒，泣涕幾喪明。
白烏集墓上，拊其弟妹益篤，爲買田居之。其於宗族尤盡恩
意，嫁兄弟之孤女二人，葬其不能葬者十餘喪。蓋其天性如
此。言者謂陳薦也，事見五月八日。"

　　《詩注》卷四十五《送河中通判朱郎中迎母東歸》："綵
衣東笑上歸船，萊氏歡娛在晚年。嗟我白頭生意盡，看君今
日更悽然。"

　　李注："目見壽昌得母，而自歎有弗洎之悲。"

　　按，朱壽昌，《宋史》卷四百五十六有傳："字康叔，揚州
天長人。以父巽蔭守將作監主簿……熙寧初，與家人辭訣，
棄官入秦，曰：'不見母，吾不反矣。'遂得之於同州。劉時年
七十餘矣，嫁黨氏，有數子，悉迎以歸。京兆錢明逸以其事
聞，詔還就官，由是以孝聞天下。自王安石、蘇頌、蘇軾以
下，士大夫爭爲詩美之。壽昌以養母故，求通判河中府。數
歲母卒，壽昌居喪幾喪明。"

　　本年六月四日，詔朱壽昌赴闕朝見。秋，朱壽昌方侍母
入京。文同《新刻石室先生丹淵集》卷二十六《送朱郎中詩

序》:"熙寧三年庚戌三月癸丑,同自蜀還臺,宿臨潼華清道
館,朱康叔引名見訪。康叔昔守閬中,以治稱,同未嘗識之,
而嘗相通書也,遇於此尤自喜,問其所以西行之因。康叔欲
然謂同曰:'不肖不幸,少與母氏相失,及今五十年矣……是
時同亦新免削杖,聞之摧咽不自勝,起撫康叔曰:'君尚有母
求緊,我無之奈何。'相與欷歔久之,夜分散去,同輾轉至曉
不得寐,因口占百字詩送康叔,謂其精愿如此,不獲之,神理
昧矣。明朝上馬,授之而別。至京未幾,聞長安大尹錢公明
逸表康叔于朝曰:'朱某暴棄官,本縣尋其母,今既得之馮翊
矣,宜還之舊秩,且褒寵之,以勸激天下。'當時士大夫相逢
遇,讙然駭異稱嘆,謂非世之所有,在昔亦無幾矣。其秋,康
叔侍太夫人入都,都人逐板輿前後擁觀,至所居閭巷談説,
抃蹈嗟咨,至有感慨墮淚而不能自語者,如是閱月而後已。
上嘉賞,特召見復其官,又封賜其母長安縣太君。康叔請愿
且倅河中,庶近母前所在慰之,詔許。於是好事者争賦詩以
贈行,凡若干篇。"

　　據此,朱壽昌折資通判河中府,乃其自請,《長編》云"王
安石力主定,因忌壽昌",洵不足信。司馬光《溫國文正公文
集》卷十二《贈河中通判朱郎中》題注亦曰:"壽昌,揚州人,
以其母子孫俱在同州,故折資通判河中。"

　　除公、司馬光外,同時尚有蘇頌、蘇軾等賦詩送別數百
篇,並結集三卷。《夢溪筆談》卷十:"丞相荊公而下,皆有朱
孝子詩數百篇。"《宋史》卷二百九《藝文九》:"王安石《送朱
壽昌詩》三卷。"

與神宗等議判延州郭逵移鎮再任，曾公亮欲授逵節度使，非之

《長編》卷二百十四熙寧三年八月戊午朔："宣徽南院使、靜難軍留後、判延州郭逵加檢校太尉、雄武軍留後，令再任。先是，夏人以親軍夾河壯騎侵順安、綏平、黑水等寨，諸將請擊之，逵曰：'賊遠來，利在速戰，其鋒未可當。'令毋得輕出。諜告曰：'賊糧欲盡矣。'逵稍出兵應之。已而綏德城告急曰：'賊益兵大至定仙山，煙火皆滿。'逵曰：'賊師其遁。'諸將皆疑，逵曰：'鷙鳥之擊，必匿其形。兵果來，豈示人以衆？此張虛聲，惟庸將乃疑耳。'終不大出兵。賊侵漢地，築城鄜，暴掠尤甚。逵曰：'可矣。'乃使李安、李顧出綏德，彭逵出順安，燕達出綏平，賈翊出安塞，檄宥州及使人諭賊曰：'夏國違誓詔，侵城漢地，其罪甚大。若能悔過，悉聽汝還。或不從，誅無噍類。'既而賊棄順安走，縱之；拒官軍者，諸將合攻之，斬首數百，餘皆棄城遁去。

於是上與執政議，欲令逵再任，王安石曰：'但當移鎮。'曾公亮曰：'移鎮必不樂，不如且已。'上曰：'蔡挺已嘗轉官，逵如何且已？'公亮言程戡例，安石曰：'節度使豈可輕授？人知陛下吝惜名器，逵亦必絕望，程戡例固難用於今日。'上曰：'節度使誠可惜。'既又與樞密院議之，文彥博議與曾公亮同，彥博曰：'唐時藩鎮從尚書轉，《唐書》云：軍中但聞尚書轉僕射。武臣與文臣不同，文臣不計官職，但知報國，武臣不免計較官職。'安石曰：'唐時藩鎮與今日事勢不同。太

祖使將帥平江南，尚只錫錢。今遽何功，便敢望節鉞？'彦博曰：'太祖時事與今日又不同。'上曰：'郭逵不至如此。若果如此，尤當節限，不可妄與官職。唐藩鎮與今日事勢不同，令移鎮再任，厚加錫賜可也。'"

八月一日，因傅堯俞不附己，密啓神宗，以資序抑之爲權發遣鹽鐵副使

《長編》卷二百十四熙寧三年八月戊午朔："兵部員外郎、直昭文館傅堯俞權發遣鹽鐵副使。先是，三司副使闕，執政擬用堯俞，上曰：'堯俞苟且。'比上殿，乃言：'諸路轉運使太急，州縣不得自如，宜稍令寬。'曾公亮曰：'比多舉此人作言事官者。'王安石曰：'堯俞正是合流俗養譽之人，不可令作言事官。但今資序可爲省副者更無人，所以姑用之。'公亮謂堯俞當正除，安石欲令權僉，以爲不當正除。是日，韓縝超除待制，安石因不果爭，退乃密啓上，謂堯俞但當權發遣，亦不當權。上從安石奏，令權發遣。公亮固爭，上乃令權。既而批付中書曰：'昨嘗諭卿等，以堯俞性緩，趨向因循，宜別擇人。後以中外難得人材，遂不克改。今再詳堯俞資序甚淺，先朝自知諫院擢爲御史知雜，實不曾受命，尋出補外官。丁憂服除，到闕未久。今兹超越倫輩，擢置要職，恐無以鼓動務切實之流，而因循者得以僥倖。今既命之，慮難以奪，可止權發遣。'安石惡堯俞不附己，故專以資序抑之。時敕已付閣門，復亟改命。"

八月二日，以侯叔獻、楊汲並兼都水監丞，專提舉沿汴淤漑民田

《長編》卷二百十四熙寧三年八月己未："京西同巡轄斗門、太常博士侯叔獻，著作佐郎楊汲，並權都水監丞，專提舉沿汴淤漑民田。先是，或言祥符、中牟之民以淤田故大被水患，上問王安石，安石謂初不聞此。上乃遣內侍往視，還言民甚便淤田，而水患蓋無有，且言汲等皆盡力。上復以語安石，安石曰：'今歲功緒未就，都水不協心故也。'且言來歲興作之方，因命汲等並兼都水。"

李燾引《河渠志》第三卷："(熙寧)三年三月，上謂王安石、韓絳曰：'淤田不協力者，卿知其故乎？'安石曰：'不知。'上曰：'都水所以沮壞者，以侵其職事爾。'安石曰：'若都水無意沮事，則固不當侵其職也。必欲任屬，當以楊汲爲都水監。然汲未經試用，陛下能使臺諫無議論否？'上曰：'用新法權理資序，有何不可？汲豈不愈於王荀龍？'安石曰：'若用汲，使爲之屬，亦不能獨濟。蓋每事稟於沈立、張鞏，汲何能辦集？別爲一司，則畏其沮壞。'七月，上曰：'有言淤田侵民田稼、屋宇甚多。'安石曰：'不聞有此，有即宜聞之。'上乃令馮宗道往視。明日，上稱宗道所奏，以爲説者妄也。八月，以侯叔獻、楊汲並權都水監丞，提舉沒回汴淤田。"

按，《宋史》卷三百五十五《楊汲傳》："楊汲字潛古，泉州晉江人。登進士第，調趙州司法參軍……主管開封府界常平，權都水丞，與侯叔獻行汴水淤田法，遂醖汴流漲潦以

溉西部,瘠土皆爲良田。神宗嘉之,賜以所淤田千畝。"

八月五日,以謝景溫劾蘇軾丁憂歸蜀賣私鹽等事奏上神宗,有詔體量

《長編》卷二百十四熙寧三年八月癸亥:"詔江淮發運、湖北運司體量殿中丞、直史館蘇軾居喪服除往復貿販,及令天章閣待制李師中供析照驗見軾妄冒差借兵卒事實以聞,侍御史知雜事謝景溫劾奏故也。景溫與王安石連姻,安石實使之。窮治,卒無所得。軾不敢自明,久之,乞補外。上批出與知州差遣,中書不可,擬令通判潁州,上又批出改通判杭州。

按,《長編》卷二百十三熙寧三年七月丁酉,李燾引林希《野史》:"王安石恨怒蘇軾,欲害之,未有以發。會詔近侍舉諫官,謝景溫建言:'凡被舉官移臺考劾,所舉非其人,即坐舉者。'人固疑其意有所在也。范鎮薦軾,景溫即劾軾向丁父憂歸蜀,往還多乘舟載物貨、賣私鹽等事。安石大喜,以三年八月五日奏上。六日,事下八路,案問水行及陸行所歷州縣,令具所差借兵夫及柂工,詢問賣鹽,卒無其實……士論無不薄景溫云。"

《宋史》卷二百九十五《謝景溫傳》:"王安石與之善,又景溫妹嫁其弟安禮,乃驟擢爲侍御史知雜事。安石方惡蘇軾,景溫劾軾向丁憂歸蜀,乘舟商販。朝廷下六路捕逮篙工、水師窮其事,訖無一實。"

八月八日，司馬光於神宗前抨擊

《長編》卷二百十四熙寧三年八月乙丑："司馬光對垂拱殿，乞知許州或西京留司御史臺、國子監。上曰：'卿何得出外，朕欲申卿前命，卿且受之。'光曰：'臣舊職且不能供，況當進用？'上曰：'何故？'光曰：'臣必不敢留。'上沉吟久之，曰：'王安石素與卿善，何自疑？'光曰：'臣素與安石善，但自其執政，違迕甚多。今迕安石者如蘇軾輩，皆毀其素履，中以危法。臣不敢避削黜，但欲苟全素履。臣善安石，豈如呂公著。安石初舉公著云何，後毀之云何，彼一人之身，何前是而後非？必有不信者矣。'上曰：'安石與公著如膠漆，及其有罪不敢隱，乃安石之至公也。'上又曰：'青苗已有顯效。'光曰：'茲事天下知其非，獨安石之黨以爲是爾。'上又曰：'蘇軾非佳士，卿誤知之。鮮于侁在遠，軾以奏藁傳之，韓琦贈銀三百兩而不受，乃販鹽及蘇木、瓷器。'光曰：'凡責人，當察其情。軾販鬻之利，豈能及所贈之銀乎？安石素惡軾，陛下豈不知？以姻家謝景溫爲鷹犬，使攻之，臣豈能自保，不可不去也。且軾雖不佳，豈不賢於李定？不服母喪，禽獸之不如，安石喜之，乃欲用爲臺官。'"

八月十三日，與神宗論王韶於古渭置市易事。十五日，神宗令作書諭王韶

《長編》卷二百十四熙寧三年八月辛未："先是，上與王安石稱王韶不可得，有建功名之意。安石爲上言：'韶誠不可得，欲結連一帶生羌，又能輕身入俞龍珂帳中，可謂有智

勇。今其所擘畫，決知無後害，惟須及早應副。'上曰：'今相
度得事已審。'安石曰：'朝廷措置事誠要審，然亦要敏速，乃
不失事機。如王韶所擘畫，本路早從之，則無托碩、董裕之
變。及有變，若早募獲首惡，亦必已定疊。兩事皆失于不敏
速，遂至今未了。'又言：'韶欲於古渭置市易，非特一利而
已。使蕃部得與官司交關，不患邊人逋欠，既足以懷來蕃
部，又可收其贏以佐軍費。古渭固宜聚兵，但患財穀不足，
若收市易之贏，更墾闢荒土，即將來古渭可以聚兵決矣。'上
曰：'市易、耕田與招納，乃是一事爾。'安石曰：'誠如此。臣
聞亓贊說，并滔河一帶爲夏國所有，則絕買馬之路，此又不
可不招懷也。'上曰：'誠有此。'安石曰：'秦州常患地闊遠
難管攝，若得古渭蕃盛，因建軍令救應側近城寨，分秦州憂
責，接引滔河一帶蕃部，極爲長利。如王韶者，令領古渭軍
事，亦無害也。臣聞亓贊說青唐族有七八萬人，就令不及七
八萬人，固當有三四萬人。朝廷取綏州，所費極多，然所利
無幾。今若得青唐，建以爲軍，其首領便與一諸司使副名
目，令爲軍使，亦未爲過。何則？秦州若得青唐要領，建以
爲軍，使漢官輔之，又建古渭以爲軍，即秦州形勢遂長足以
抗西賊，一諸司使副何人不爲而乃惜之乎？此事非陛下特
達主張，則邊帥度朝廷自來不能如此行事，必不敢議及。若
使樞密院同議，亦必以未曾有此體例沮詰，惟陛下特達主
張，然後此事可必成無疑也。向王韶奏狀言一歲不過費二
三千貫錢者，此是欲朝廷肯聽從，所以不敢大作擘畫。陛下
須恢張此輩意氣，令盡理經畫，勿拘守自來體例。漢高祖封
沛令，使乘輪馳騁，由此諸城皆向風慕利而降。今厚撫初

附，則諸羌欣慕，爭來投漢，然後可以收其酋領，明示約束，使異日爲用。不然，則徒費料錢，不免與西人交通，臨時不爲用，實無補也。'

於是，上令安石作書諭詔，且曰：'事當申經略司者，但令奏來。'安石因言：'韓縝雖粗有材氣，然非欲建立功名者，陛下與一待制已滿愜。内迫大臣論議，外又困於衆人語言，又本無立功名志氣，兼見縝所辟人已草草，要恐未能副陛下任使，陛下常須驅策令向前乃可。今陛下主張王韶，議者必以爲因此更令人轉嫉韶，適所以害之，此大不然。漢祖令陳平護軍，平無行受金，諸將不服，高祖令盡護諸將，乃不敢言。人主須彈壓得衆定，乃可立事。陛下用手詔戒飭縝董，然不如痛行遣李師中使知警懼，則陛下不言，人自奔走以承聖旨；如其不能，即雖手詔亦未免壞廢也。譬如天以陽氣興起萬物，不須物物澆灌，但以一氣運之而已。陛下剛健之德長，則天下不命而自隨；若陛下不能長剛德，則流俗群黨日强，陛下權勢日削。以日削之權勢，欲勝日强之群黨，必不能也。'"

李燾："此段見十五日《日録》，今因之，附十四日辛未後。"

與王韶書

《文集》卷七十三《與王子醇書》其一："某啓：得書，承動止萬福，良以爲慰。洮河東西，蕃漢集附，即武勝必爲帥府。今日築城，恐不當小。若以目前功多難成，城大難守，且爲一切之計，亦宜勿隳舊城，審處地勢，以待異時增廣。

城成之後，想當分置市易務，爲蕃巡檢，大作廨宇，募蕃漢有力人，假以官本，置坊列肆，使蕃漢官私兩利，則其守必易，其集附必速矣。因書希詳喻經畫次第。秋涼自愛，不宣。"

八月十五日，獨對，論謝景溫、吳充及兩府除授

《長編》卷二百十四熙寧三年八月壬申："王安石獨對，上謂安石曰：'司馬光甚怨卿。'安石曰：'何故？'上曰：'光前日上殿乞出，言謝景溫言蘇軾，必及舉主，若朝廷責范鎮，臣亦住不得；蘇軾剛正，謝景溫全是卿羽翼。'安石曰：'臣每稱景溫平直者，但見韓琦用事朝廷，士大夫號爲有名者亦皆屈意交琦妻弟崔公孺，公孺至常人而爭爲延譽。韓琦見有名者皆爲公孺延譽，便謂公孺有識可信，而士大夫因此憑託公孺進取，獨景溫不肯爲公孺少屈，臣以此稱之。及吳充爲京西轉運使，遇公孺如常人，不加禮。'上因問：'吳充可爲兩府否？'安石曰：'充乃臣親家。'上曰：'不須避此。'安石曰：'若以人望言，即吳充亦合爲兩府。今兩制如孫永、韓維，最爲可者，然其志未嘗欲助興至理也。'上曰：'充比維輩却曉吏事。'又曰：'兩府闕人多，須更得數人。'安石曰：'陛下曾説蔡挺亦必可用。惟有材之人敢作姦，即最難測，陛下但深考道理，明用典刑，則人雖有材而欲爲姦者，亦不敢萌姦心，如司馬光輩，又安能惑陛下也！'"

八月十六日，議權三司使吳充之奏，乞以委發運司每歲於東南六路變易所得輕貨二百萬緡用於常平新法，神宗從之

《長編》卷二百十四熙寧三年八月癸酉："權三司使吳充言：'三路屯聚士馬，費用不貲。河北緣邊，歲於權貨務給緡三二百萬，以共便糴，非次應副不在其數；陝西近年出左藏庫及內帑錢、銀、紬、絹數百萬計；河東歲支上京鈔不少。當無事之時，常苦不足。乞自明年歲減江、淮漕米二百萬石，委發運司於東南六路變易輕貨二百萬緡。五年外，漕米如舊，所得無慮緡錢千萬，轉致三路封樁，寬爲期限，與民變轉見錢，兼令商人入粟，優給物貨，委提點刑獄司主管，仍以三司封樁平糴備邊錢斛爲目。三司歲遣官三兩員，點檢催促。'詔三司度可否，三司請如充議，從之。仍詔止撥往河東、陝西更便州軍樁管，依常平新法，量穀貴賤糴糶。

先是，充奏至，王安石以爲錢當付之常平，常平新法本所以權邊糴，待緩急也。曾公亮以爲不然。上令付常平如安石議，公亮曰：'二百萬石恐太多，不如止百萬石可也。'安石曰：'今必欲變二百萬石米，則米必陡賤；必欲置二百萬貫輕貨，則貨必陡貴矣。'上曰：'止令客舟運米抵京師，即京師糴錢爲便。'安石曰：'臣本議亦及此，然京師一歲欲糴二百萬石米，即恐米復賤。兼數太多，即難糴。恐亦須令發運司度諸路有米貴處折錢或變爲輕貨乃便也。'"

《宋史》卷一百七十五《食貨上三》："熙寧二年，薛向爲江、淮等路發運使，始募客舟與官舟分運，互相檢察，舊弊乃

去。歲漕常數既足,募商舟運至京師者又二十六萬餘石而未已,請充明年歲計之數。三司使吳充言:'宜自明年減江、淮漕米二百萬石,令發運司易輕貨二百萬緡,計五年所得,無慮緡錢千萬,轉儲三路平糴備邊。'王安石謂:'驟變米二百萬石,米必陡賤;驟致輕貨二百萬貫,貨必陡貴。當令發運司度米貴州郡,折錢變爲輕貨,儲之河東、陝西要便州軍,用常平法糶糴爲便。'詔如安石議。"

八月十七日,遣王廣廉相度漳河等水利

《長編》卷二百十四熙寧三年八月甲戌:"詔莊宅副使程昉以修御河有勞遷一官,餘第賞之。仍命同提點河北刑獄王廣廉相度漳河等水利以聞。"

是日,與神宗論及撤併河北州縣

《長編》卷二百十四熙寧三年八月甲戌:"權河北監牧使周革言:'本朝建黎陽爲通利軍,調度賦役與古不殊,而户口比古纔十分之一,民困於力役爲甚。乞廢軍爲縣,還屬衛州。'從之。於是,上謂執政曰:'河北大抵立州縣太多。'王安石因論秦用小邑并大城,卒以致彊,及唐築三受降城事,且曰:'今市人、公人不願併合,併合即多進狀,朝廷又多從之,已併復析者非一。小人狃見如此,所以每併一縣,輒言不便;凡言不便,多是近縣廨有資產豪宗及公人而已。朝廷若能察此,則河北州縣可併處甚多也。'上問唐河北州縣,安石曰:'唐時或是藩鎮欲張虚名,縱唐州縣亦不足問,但計方今利害何如爾。'"

八月十九日，以提舉陝西常平蘇涓等言陝西緣邊糧草可漕運，因白神宗促寧麟等相度

《長編》卷二百十四熙寧三年八月丙子："提舉陝西常平等事蘇涓等言：'鄜延、秦鳳、涇原、環慶等四路並邊州軍常闕軍食，不免支移內地民賦，百姓苦於陸運。今欲自河、洛運入鄜延路至延州，自渭運入秦鳳路至秦州，自涇運入涇原、環慶路至渭、慶州。又四路中綏德城尤遠，亦可自河入無定河運至綏德城。'詔前知華陰縣寧麟、前鳳翔府普潤縣令梁仲堪乘驛行視以聞。

先是，上問陝西糧草何以爲計，王安石曰：'陝西陸地無可漕，惟厚與價，使民競入中以供軍糧爾。'上因問相度河、涇及無定河漕如何，王安石言：'未見奏至。'上曰：'亦恐或可爲也。'安石曰：'向寧麟言見衢州山溪行舟，恐陝西或有類此者。臣言瞿唐峽習水者或可用於陝西。令麟相度，或欲得衢州及峽路習水者，即具以聞。'上言：'黃河無石磧，與山水不同，如何？'安石曰：'瞿唐峽方暴漲時，非復有石磧之患，但水湍急，難上下，須習彼水者乃能行。恐黃河上流及無定河亦如此。'因白上促麟等相度。其後，仲堪等奏至，中書戶房言：'本處山河峻急，石磧險惡，恐難以通漕，乞罷前議。'從之。"

是日，論治東南水土不可緩

《長編》卷二百十四熙寧三年八月丙子："是日，上又問東南民力如何，安石言其窘急，上以爲生齒多故也。又問東

南地荒闢如何,安石言:'荆湖、淮南固有地不闢,兼陂塘失
修治,或修治不完固,或溝洫圩埠廢壞,州縣吏失提轄,此地
利所以未盡也。養民在六府,六府以水土爲終始,治水土誠
不可緩也。'"

是日,以曾公亮欲令禮官定奪李定追服事,以爲不妥,乃送御史臺定奪

《長編》卷二百十四熙寧三年八月丙子:"詔御史臺定奪
李定合與不合追服所生母喪。定既分析,上遂欲除定官如
何,曾公亮:'不可,定未嘗追服,當令禮官定奪。'王安石曰:
'禮官陳薦今爲長,豈可使禮官定奪?'乃送御史臺。"

按,《宋史》卷三百二十二《陳薦傳》:"判流内銓、太常
寺……權主管御史臺。言李定匿所生母喪,不宜爲御史,罷
臺事。"

八月二十一日,上刑名未安者五條

《長編》卷二百十四熙寧三年八月戊寅:"中書上刑名未
安者五條:其一曰,歲斷死刑幾二千人,比前代殊多。自古
殺人者死,以殺止殺也,不當曲減定法,以啓凶人僥倖之心。
自來奏請貸死之例,頗有未盡理者,致失天下之平。至如强
劫盜,並有死法,其間情狀輕重有絕相遠者,使一例抵死,良
亦可哀。若據爲從情輕之人,特議貸命,別立刑等,如前代
斬右趾之比,足以止惡而除害。自餘凶盜,殺之無赦。禁軍
非在邊防屯戍而逃者,亦可更寬首限,以活壯夫之命,收其
勇力之效。

二,徒、流折杖之法,禁網加密。良民偶有抵冒,便致杖
脊,衆所醜棄,爲終身之辱;愚頑之民雖坐此刑,其創不過累
旬而平,則已忘其痛楚,又且無愧恥之心,是不足以懲其惡
也。若令徒、流罪情理非巨蠹者,復古居作之法,如遇赦降,
止可第減月日,使良民則免毀傷肌膚,但苦使之,歲滿得爲
全人,則可以回心自新;頑民則囚之徒官,經歷年歲,不能侵
擾善良。如此則俗有恥格之期,官有給使之利。

三,刺配之法,大抵二百餘件,愚民罕能知畏。使其骨
肉離散,而道路死亡者甚多,防送之卒勞費尤苦。其間情理
輕者,亦可復古徒流之坐移鄉之法,俟其再犯,然後決刺充
軍。諸配軍並減就本處,或與近地。凶頑之徒,自從舊法。
編管之人亦迭送他所,量立役作時限,不得黥鉗。

四,令州縣考察士民,有能孝悌力田爲衆所知者,委鄉
里耆老與令佐保明,州給付身帖,如遇有過犯杖已下情輕可
恕者,特議贖罰,如再犯,復行科決。

五,奏聽敕裁,條目繁多,致淹留刑禁,亦合刪定。

詔付編敕所,詳議立法。"

按,此奏疑出公,而《文集》失載。《宋史》卷二百一《刑
法三》:"蘇州民張朝之從兄以槍戳死朝父……帝從安石議,
特釋朝不問。更命呂公著等定議刑名,議不稱安石意,乃自
具奏……三年,中書上刑名未安者五……詔付編敕所詳議
立法。"

是日,與神宗議肉刑,以爲行之亦無害,但務斟酌

《長編》卷二百十四熙寧三年八月戊寅:"初,刪定編管

官曾布上《肉刑議》,曰:'臣聞先王之制刑罰,未嘗不本於仁。然而有斷支體、刻肌膚以至於殺戮,非得已也。蓋人之有罪,金贖不足以懲者,故不得已而加之墨;墨之所不可懲,故至於爲劓、爲刖、爲宮,乃至乎爲大辟。猶以爲未盡也,則有被之鞭扑爲已輕,宥之五刑爲已重,於是乎有流宥之法。此先王所以制刑之叙也。自唐、虞、三代歷數百千年,其治亂盛衰而世重世輕則有之矣,然而未之有改也。戰國及秦,務爲慘覈,然後有參夷之誅、烹鑿之酷。漢興,與民休息,約法三章,而傷人諸刑猶莫之廢;至文帝,遂除肉刑而定笞箠之令,外有輕刑之名,而死者蓋愈多矣。後世因之,定爲律令,大辟之次遂處以流刑,以代墨、劓、刖、宮之法。此不惟非先王流宥之意,而又失重輕之差……世之議者,必以謂肉刑之廢,其由來久矣。今教化未行,風俗未成,而欲復古之刑,仁者之所不爲也。此殆不然。夫刑期于無刑,辟以止辟,古之所以制世者無以易此。又況乎推先王之法,順當時之變,明刑罰之叙,而以生易死,以重即輕,其爲仁也孰甚焉!至乎教化行,風俗成,而人猶有犯禮義、奸文網者,則刑之將不止于此矣。臣以謂宜於死刑下增刖、宮二刑,以代死罪之情輕者。裁定刺配之法,以倣古人劓、墨;其次乃處流罪,於理爲當。'於是,上問執政曰:'布所言肉刑,可即行否?'安石曰:'理誠如此,即行亦無害,但務斟酌。所當施肉刑者,如禁軍逃走未曾結構爲非,又非在征戰處,諸合斬者,刖足可矣。'馮京以爲壞軍法,安石曰:'前代軍法但行於征伐時,若罷兵,即解約束。律在軍所與平時法自不同也。'上曰:'如盜賊可用肉刑更無疑,斬趾亦是近世法。'京言唐太宗亦終不用，安石曰：'太宗雖用加役流代斬趾，然流終亦不可獨行，故唐已有決杖配流之法。蓋當時自有別敕施行，不專用律。若專用律，則死罪外即用流法，無以禁姦，決不可行也。'"

李燾："《元祐實錄》四年二月五日庚申有此，朱史削去。王安石《日錄》四年二月五日，乃有上問曾布所論肉刑可行否，朱史却附見三年八月二十一日戊寅，不知孰是，當考。今姑從朱史，并布《肉刑論》就此書之，仍附駁律錯謬事。"

按，蘇頌《蘇魏公文集》卷五十三《資政殿學士通議大夫孫公神道碑銘》："（熙寧）三年四月，以提舉詳定熙寧編敕兼知審官東院召還，又命爲契丹國信使。屬執政建議復肉刑，事下編敕所，公辭日面奏曰：'刻人肌膚，深害仁政，漢文有所不忍，陛下乃欲行之，何也？'上曰：'事固未決，需卿北歸乃定。'""孫公"爲孫永，是日，以"天章閣待制爲遼母生辰使，供備庫使楊宗禮副之。"據此，則公與神宗議復肉刑，李燾從朱史就此書之，可從，時馮京爲樞密副使。

又，因議復肉刑，公頗受後世之詆毀，乃至殃及子息。方勺《泊宅編》卷中："舒王一日與葉濤坐蔣山本府，一牙校來參，公問來意，其人乞屏左右言：'昨夕夢至陰府，見待制帶鐵枷良苦，令某白相公，意望有所薦拔。某恐相公不信，遲疑間，待制云：但說某時某處所議之事，今坐此備受慘毒。'公悟其事，不覺大慟。公既薨，有武弁死而復甦言：'王氏父子皆鐵枷，竊問何罪，曰緣曾議復肉刑致此。'"

然揆之史實，此誣枉殊甚。一者，復肉刑之議，蓋緣其

時重辟數多死者衆，欲以此寬減之也。①《宋史》卷二百一
《刑法三》："（熙寧）三年，中書上刑名未安者五：其一，歲斷
死刑幾二千人，比前代殊多。如強劫盜並有死法，其間情狀
輕重，有絕相遠者，使皆抵死，良亦可哀。若爲從情輕之人
別立刑，如前代斬右趾之比，足以止惡而除害。"其議實肇自
韓絳，公與神宗、王珪等均然之，《宋會要輯稿》刑法四：
"（元豐）五年七月三日，上因論刑，曰：'先王之制，肉刑蓋
不可廢。夫人受形於天，以法壞之，故謂之肉刑。揚子曰：
"肉刑之刑，刑也。"周穆王訓刑，大則五刑，次則五宥，又次
則贖，凡十五等，輕重有倫。至漢文帝罷之。若革秦之弊，
欲休養生民，則可矣；如格以先王之法，則不得爲無失。三
代之時，民有疆井，分別圻域，彰善癉惡，人重遷徙，故以流
爲重。後世之民，遷徙不常，而流不足治也，故用加役流；又
未足懲也，故有刺配；猶未足以待，故又有遠近之別。蓋先
王教化明，習俗成，則肉刑不爲過也。'"《宋史》卷三百一十
一《呂公弼傳》："韓絳議復肉刑，公弼力陳不可，帝皆爲之
止。"《宋朝諸臣奏議》卷九十九載呂公弼《上神宗論肉刑熙
寧二年五月上時爲樞密使》："臣伏見韓絳嘗奏乞用肉刑，今日陛
下亦以爲然。絳又言，假如折一支，去一指，有何不可？況
堯、舜尚用之。此徒信古之論，不適時變。自漢文感一婦人
之言，罷肉刑而天下歸仁，逮今千餘年。一旦暴行之，駭四
海觀聽。況古雖有肉刑之法，在堯、舜之世，亦未嘗行
之……臣願陛下上法堯、舜，下體漢文，無取迂儒好古之論。

---

① 蘇頌《蘇魏公文集》卷十八《請重議加役流法》："臣聞曩歲嘗有議者欲復肉
刑，將以寬減重辟。"

陛下病今之犯刑者衆，臣願審擇守臣，宣布惠愛，使民各得其所，則民不犯上矣。今不究其本而徒更其刑辟，臣恐民心一駭而動，後雖欲全撫之，未易安也。"《三朝名臣言行録》卷八："上初即位，韓絳即建議復肉刑，至是復詔執政議。公以爲：'後世禮教未備而刑獄繁，肉辟不可復，將有踴貴屨賤之譏。'吳充議復置圜土，衆以爲難行。王珪欲取開封死罪囚，試以劓剕，公曰：'剕而不死，則肉刑遂行矣。'議竟得寢。"

　　二者，時人頗有視肉刑爲先王盛世之典，與井田、封建、學校等並列，欲追而復之。惟時移世異，故不可得爾。陳舜俞《都官集》卷六《説義》："漢除秦苛法，而一切寬簡，遂除肉刑，是謂愛而不知義。文、景躬自菲約，而天下縱侈，由不著經制，是謂儉而不知義。"呂陶《淨德集》卷二十《究治下》："三代君天下，耕以井田，税以什一，教以學校，罰以肉刑，所以援斯人而納之仁壽也，然後有至治之名。然則名者，豈在好而求之哉！"《范浚集》卷八《封建》："且先王良法，歷久而時不便、俗不安，莫能復行於後世者，固亦多矣。彼肉刑、井田、冠婚、喪祭、射鄉、食饗，皆上世盛典，今其與存者幾何？顧獨於封建，必泥古以爲可行，亦過矣。"是以南宋陳亮縷述百年間論治道治法諸家，以欲復井田、封建、肉刑爲其中之一脈："其一曰：'道揆、法守，本一理也，仁心、仁聞不達諸政，則有體而無用，本末舛而天人之道闕矣。井田、封建、肉刑、學校，三代聖人所以達其精神心術之用也。旁搜博考，以求復先王之舊，非若後世之役役於事爲之末矣。'此其説皆漢、唐之所無，推之三代，宜有合也。而世之曲儒末學，後生小子，竊聞其説而誦習之，訕侮前輩以爲不足法，蔑視一世才智之士，以爲醉生夢死而不自覺。"①

與曾公亮、韓絳草川、廣等路遠官就差文字，八月二十一日具爲令

《長編》卷二百十四熙寧三年八月戊寅："中書又言：'奉手詔，以天下戍兵迎送役苦，欲開遠官就移之法。勘會川、廣等路，遠官往還動涉年歲，道路艱難，行李糜費，以此赴任稽遲，或多方規免，致在任者過期不得代，或久闕正官，差注不行，兼遠方兵民迎送勞敝，欲應川峽、廣南、福建七路除堂除、堂選知州外，委本路轉運司置逐等差遣員闕簿，錄逐官到任月日，成資替者到任及三年，三十月替者及一年，三年替者及一年半，收爲闕次，依審官東院、流內銓例，逐月上旬檢舉員闕，牒所部州軍闕報本處官。如見任官去替期半年以下，或已得替人，並許依本資序指射員闕，內京朝官監當合入親民、合闕陞差遣，選人合入職官、令錄及循資並聽依。今任滿日合入資序指射差遣，限檢舉後一年滿日轉運司定合差注人姓名，申審官東院、流內銓，保明申奏，降敕告差移。如舊任未滿，或替人未到，仍聽在舊任待闕。如新任非次闕官，即令赴新任。如闕有兩人以上指射，差先得替人；縣令即先差係奏舉人，如俱係奏舉，亦差先得替人。應本州官願再授本州差遣、本貫川峽四路人願再授本路差遣者，並聽。其所使闕如一年內無人指射，即申審官東院、流內銓差官，如未差官却有本路官指射，亦聽申奏施行。如已

---

① 《陳亮集》卷十五《論古今治道治法》，河北教育出版社 2003 年版，第132 頁。

差，即限十日牒知。如將來因此致審官東院、流內銓合入七路人難得員闕，許權差入次遠及近地。應合詳具條約，令審官東院、流內銓及逐路條奏，其逐路職由，仍令三司約定聞奏。審官西院、三班院使臣令樞密院依此具制置條件以聞。’從之。仍詔七路轉運司各舉一官員管勾文字。

初，上督執政指揮川、廣等路遠官就差文字，曾公亮欲且令提點刑獄、轉運使同舉，王安石曰：‘如此，則得再任者少矣。’及具草，安石欲云除堂除、堂選知州外，盡許就差。公亮、韓絳以爲知州當自朝廷除之。至是，上改定如安石所草，又讀至見在審官、銓合入遠人令權入近地，上曰：‘當增云次遠及近地。’其後馮京言：‘川峽差本土人知州不便。’上問其故，京曰：‘今仕宦一任遠，一任近，而四路人許連任就四路，則是常得家便，實爲大幸。’安石曰：‘所以分遠近者，均勞佚甘苦。今內地人不樂入四路，四路人樂就家便，用新法即兩得所欲，何須苦之使兩失優便？且此非特便於士人，省吏卒迎送勞費，尤爲善法也。’”

《宋史》卷十五《神宗二》：“（熙寧三年八月）戊寅，詔川峽、福建、廣南七路官，令轉運司立格就注，具爲令。”

是日，與神宗論及邊事及爲君之道，神宗皆以爲然

《長編》卷二百十四熙寧三年八月戊寅：“上因論及西事，王安石曰：‘邊事極易了，止是朝廷綱紀未立，人趣向未一，未可論邊事。若論邊事，不須遠引先王，且令柴世宗有如此晏安之中國，當西夏數州之地、數歲之孤兒，不知還能掃除得否？’安石因論當獎用功實，變移風俗。又言：‘乾，君

道也。非剛健純粹，不足以爲乾。'曾公亮言：'當兼用道德。'上曰：'今一輩人所謂道德者，非道德也。'安石曰：'鄉原似道德而非道德也。'上曰：'其間亦有是智不能及者。'安石曰：'事事苟合流俗，以是爲非者，亦豈盡是不能也?'安石又言：'治天下譬如醫用藥，當知虛實寒熱。方虛寒時，純用烏頭、附子，不患過熱。'又言：'京師畿內劫賊多，今減降不當貸劫賊。'上皆以爲然。"

答神宗除授李評不須問故事。八月二十二日，李評爲樞密都承旨

《長編》卷二百十四熙寧三年八月己卯："樞密都承旨、左監門衛將軍元仁政爲左藏庫使、榮州團練使，除宮觀差遣；東上閤門使李評爲樞密都承旨。都承旨舊用閤門使以上或大將軍，其後專用樞密院吏，而更用士人復自評始。初，上欲除評，問故事如何，王安石曰：'事果可，不須問故事。爲物所制者，臣道也；制物者，君道也。陛下若問故事有無，是爲物所制。'上以爲然，故有是命。"

李復圭斬李信，爲復圭辯

《長編》卷二百十四熙寧三年八月己卯："斬環慶路鈐轄李信、慶州東路都巡檢劉甫。初，夏人以兵十萬築壘于其境內，李復圭出陣圖方略授信、甫及監押种詠，使自荔原堡約時日襲擊。信等如其教，未至賊營，賊兵大至，信等衆纔三千，與戰不利，多所失亡，退走荔原堡。復圭急收前所付陣圖方略，執信等付寧州，命州官李昭用劾以違節制，詠以瘐

死。獄成，信等伏誅，荔原堡都監郭貴坐不策應除名，免刺面，決配廣南牢城。於是，王安石白上言：'復圭斬李信事甚當。'上曰：'文彥博、馮京皆不以爲然。朕謂彥博等：卿且置官職，試以人命觀之，信所陷至八百人，如何反不死乎？'其實夏人初不犯漢地，復圭徼倖邊功，致信等敗戮，人皆冤之。"

李燾："《實錄》云夏人犯大順城，復圭命信等出戰。按，信等敗處乃荔原堡北，非大順城也。荔原堡北事在五月，犯大順城在八月。方敵犯大順城時，信等久已下獄，且將誅矣。朱本以王安石故，多爲復圭諱，輒改墨本，云信等違復圭教令取敗。其附傳又云信等逗留違師期，皆非事實。范鎮銘復圭墓亦云信以違節度斬，蓋緣飾也。"

按，燾曰"信等敗處乃荔原堡北，非大順城也"，是。《宋史》卷二百九十一《李復圭傳》："熙寧初，進直龍圖閣、知慶州。夏人築壘于其境，不犯漢地。復圭貪邊功，遣大將李信帥兵三千，授以陣圖，使自荔原堡夜出襲擊，敗還，復圭斬信自解。又欲澡前恥，遣別將破其金湯、白豹、西和市，斬首數千級。後七日，秉常舉國入寇。"

《宋史》卷四百八十六《夏國下》："（熙寧）三年五月，夏人號十萬，築鬧訛堡，知慶州李復圭合蕃、漢兵纔三千，偪遣偏將李信、劉甫、种詠等出戰。信等訴以衆寡不敵，復圭威以節制，親畫陣圖方略授之，兵進，遂大敗。復圭懼，欲自解，即執信等，而取其圖略，命州官李昭用劾以故違節制，詠瘐死獄中，斬信、甫，配流郭貴。復出兵邛州堡，夜入欄浪、和市，掠老幼數百；又襲金湯，而夏人已去，惟殺其老幼一二百人,以功告捷,而邊怨大起矣。八月,夏人遂大舉入環慶,攻大順城、柔遠砦、荔原堡、淮安鎮、東谷西谷二砦、業樂鎮,兵多者號二十萬,少者不下一二萬,屯榆林,距慶州四十里,游騎至城下,九日乃退。鈐轄郭慶、高敏、魏慶宗、秦勃等死之。"

又《宋史》卷三百一十三《文彥博傳》:"夏人犯大順,慶帥李復圭以陳圖方略授鈐轄李信等,趣使出戰。及敗,乃妄奏信罪。彥博暴其非,宰相王安石曲誅信等,秦人冤之。"

此以李信之誅歸咎於公,不實,其史源當爲《名臣碑傳琬琰集》下卷十三《文忠烈公彥博傳》:"(熙寧)三年,夏人犯大順城,至慶州。李復圭以陣圖方略授鈐轄李信、都巡檢劉甫、監押种詠,輒使出戰。信等如教失利,退走。復圭亟收所授方略,執信等繫獄,奏從軍法。彥博力言其非,宰相王安石白上以復圭事爲當,信等伏誅,人皆冤之。"

八月二十三日,以曾布編修中書條例

《長編》卷二百十四熙寧三年八月庚辰:"著作佐郎、删定編敕曾布編修中書條例。"

八月二十四日,除王廣淵直龍圖閣、知慶州

《長編》卷二百十四熙寧三年八月辛巳:"河東轉運使、工部郎中、直龍圖閣王廣淵爲寶文閣待制,知慶州。知雜御史謝景溫劾李復圭擅興致寇,故以廣淵代之。初,欲除廣淵修撰,王安石曰:'韓縝知秦州,已得待制,兼廣淵數年前嘗爲侍讀,當與待制。'上曰:'如廣淵,亦須察,恐飽則颺去。'

然卒從安石言。"

八月二十七日，立倉法

　　《長編》卷二百十四熙寧三年八月癸未："上批：'聞在京諸班直并諸軍所請月糧，例皆斗數不足，内出軍家口虧減尤多。請領之際，倉界斗級、守門人等過有乞取侵尅，甚非朕所以愛養將士之意，宜自今每石實支十斗。其倉界破耗及支散日限、斗級人等禄賜、告捕關防、乞取條令，三司速詳定以聞。'先是，諸倉吏卒給軍食，欺盜劫取十常三四。上知其然，故下詔，且命三司條具。於是，三司言：'主典役人，歲增禄爲錢一萬四千餘緡。亏取一錢以上，以違制論，仍以錢五十千賞告者，會赦不原。'中書謂：'乞取有少多，致罪當有輕重。今一錢以上，論以一法，恐未善。又增禄不厚，不可責其廉謹，宜歲增至一萬八千九百緡。在京應干倉界人如因倉事取受糧綱及請人錢物，并諸司公人取受應干倉界并糧綱錢物并計贓錢不滿一百徒一年，每一百錢加一等；一千流二千里，每一千加一等，罪止流三千里。其過致并與者，減首罪二等。徒罪皆配五百里外牢城，流罪皆配千里外。滿十千即受贓爲首者配沙門島。若許贓未受，其取與過致人，各減本罪一等。爲首者依上條内合配沙門島者，配廣南牢城。仍許人陳告，犯人該徒給賞錢百千，流二百千，配沙門島三百千。若係公人，給賞外更轉一資。已上人，仍亦許陳首免罪、給賞。'從之。李燾："《會要》：提舉三司帳司曾布云熙寧三年九月二十五日河倉條貫。按此乃是八月二十七日立倉法。《舊紀》書：'癸未，詔：諸倉給受概量者，臨時多寡，並緣爲姦，刻軍食十常三四。

其增諸倉役人祿，立勾取重法。由是歲減運糧卒坐法者五百餘人，姦盜以故得不縱。後推以及內外吏，吏始重仍法。'《新紀》削去。削去其諛辭可也，如立倉法，安可不書？"

初，上言：'三司副使不才，如何更擇人？'王安石以爲材難，須務考績。上曰：'劉晏在江、淮，所任多年少俊鋭之人，今如榮諲輩頹墮不曉事，何所用之？'曾公亮曰：'令吳充奏更用人可也。'已而遂罷榮諲、張芻等，皆令補外。上又論判官多不才者，兼三司多侵奪有司職事，事非其事。安石曰：'三司所治，多是生事以取賂養吏人，不然，則三司何至事多如此？止如綱運抵京，必令申三司然後庫務敢納，此不過吏乞千數百錢，然因此留滯綱運，而送綱者所費不但千數百錢而已。又三司所治事，近則太詳，遠則太略，所以詳近者，凡以爲吏人便於取賂而已。若欲省此等事，則當先措置吏人，使廩賜厚而員不冗，然後可爲也。人主理財，當以公私爲一體，今惜厚祿不與吏人，而必令取賂，亦出於天下財物。既令資天下財物爲用，不如以法與之，則於官私皆利。'

繼而上又謂執政曰：'吏人及場務、倉庫官，當人人賦祿。今不賦祿令受賕，既不免衣食公私之物，而因其受賕，生事壞法，費財者甚衆。若賦祿，則亦不過斂取公私之物還以衣食之而已。'故有是詔。"

李燾："此與五年五月二十六日詔相似，然有不同處，仍合留存。本志全因《日錄》聯此作一段。《刑法志》因日錄聯書作一段，略云：'中書請更定約束十條，行之。其後，內則政府，外則監司，多倣此法。倉法之設，內外歲增吏祿至百餘萬緡，皆取足於坊場、河渡、市例、免行役、利息錢，既不耗縣官，亦不加賦於民，而吏禄以給云云。'又《食貨志》云：'京師歲增吏禄四十一萬三千四百餘緡，監司、諸州六十八萬九千八百餘緡，然皆取足於坊場、河渡、市例、免行役、利息錢等，而縣官歲入財用初無損少焉。'當考。"①

《宋史》卷一百七十九《食貨下一》："帝又以倉吏給軍食，多侵盜，詔足其概量，嚴立《諸倉虧取法》。中書因請增諸倉主典、役人禄至一萬八千九百緡，且盡增選人之禄，均其多寡。令、錄增至十五千，司理至簿、尉，防團軍監推、判官增至十二千。"

《宋史》卷一百九十九《刑法一》："凡在京班直諸軍請糧，斗斛不足，出戍之家尤甚。倉吏自以在官無禄，恣爲侵漁。神宗謂非所以愛養將士之意，於是詔三司，始立《諸倉虧取法》。而中書請主典役人歲增禄至一萬八千九百餘緡。凡虧取不滿百錢，徒一年，每百錢則加一等。千錢流二千里，每千錢則加一等，罪止流三千里。其行貨及過致者，減首罪二等。徒者皆配五百里，其賞百千；流者皆配千里，賞二百千；滿十千，爲首者配沙門島，賞三百千，自首則除其罪。凡更定約束十條行之。其後內則政府，外則監司，多倣此法。內外歲增吏禄至百餘萬緡，皆取諸坊場、河渡、市利、免行、役剩息錢。"

---

① 關於倉法，相關研究可見宮崎市定《王安石的吏士合一政策》，載劉俊文主編《日本學者研究中國史論著選譯》第五卷，中華書局 1993 年版，第 451—490 頁。賈玉英《試論王安石變法時期的倉法》，《河南大學學報》1990 年第 1 期。祖慧《宋代胥吏俸禄制度研究》，《古典文獻與文化論叢》第 2 輯，杭州大學出版社 1999 年版，第 253—282 頁。

以中書事冗,諭中書編修條例官具合減省歸有司名件進呈。八月二十七日,看詳編修中書條例所呈上二十二事

《長編》卷一百十四熙寧三年八月甲申:"看詳編修中書條所言,看詳合歸有司二十二事:乞臣僚舉選人轉官循資狀令銀臺司直送銓收;使官員身亡,令止申審官院等;內外辟舉官并兩制及亡没臣僚之家陳乞親戚差遣,乞止中書批送所屬施行;及乞今後差除官員合有支賜,即劄下三司依式,其宗室支賜亦依此;見任少卿監以上并分司致仕少卿監、宗室小將軍以上身亡孝贈,並劄下入內內侍省支賜,乞在京委三司,在外委所在州軍支給,并乞罷進選人授差遣家狀;新授京官三代表、品官之家陳乞服內成親,乞令立條;封王并節度使初除及移鎮等,合行管內布政,止令學士院檢舉。並從之;令臣僚支賜及孝贈,候修成式關送入內內侍省,依舊取賜。先是,上怪中書事多稽滯,王安石言:'臣屢奏中書事多,宜減省歸有司,欲諭編修例官先具合減省名件逐旋進呈。'上許之。"

和韓絳《齋居晚興》

《詩注》卷二十八《和東廳韓子華侍郎齋居晚興》:"齋禁雖嚴異太常,蕭然高詠意何長。煙含欲暝宮庭紫,日映新秋省闥黃。壯節易摧行踽踽,華年相背去堂堂。追攀坐歎風塵隔,空聽鈞天夢帝鄉。"

按,韓子華,即韓絳。詩當作於本年秋,時韓絳爲吏部侍郎、參知政事，與公同居東府。《宋宰輔編年錄》卷七：
"（治平四年）九月辛丑，韓琦罷相。同日，韓絳、邵亢並樞密
副使，絳自三司使、吏部侍郎除。""（熙寧三年）四月己卯，
趙抃罷參知政事。同日，韓絳參知政事。"九月，韓絳爲陝西
宣撫使西征，《長編》卷二百十五熙寧三年九月乙未："工部
侍郎、參知政事韓絳爲陝西路宣撫使。""是日（十七日甲辰，
此據《御集》）詔執政官同詣韓絳第別絳，絳以翌日西
征也。"

九月一日，置中書檢正官

《長編》卷二百十五熙寧三年九月戊子朔："中書言：
'中書統治百官以佐天子政事，而所置吏屬尚仍舊制，謂宜
高選士人，稍依先王設官置輔之意。請置檢正中書五房公
事一員，每房各置檢正公事二員，並以朝官充，見宰相、參知
政事如常朝官禮。檢正五房公事官位提點上，諸房檢正與
提點序官位堂後官上。主書以下不許接坐。非親屬、寺觀、
職事相干，不許出謁。'從之。

初，上詔中書議創置士人名目、接遇禮數，并裁省中書
吏員，存者增其俸。於是中書復請減不習事守當官五人、主
事二人、錄事三人，與出職，更不補額；見留錄事以下第增祿
廩，重其乞取之法；又置簿，書其功過而比之以爲陞降；遇堂
後官闕，如本院有廉謹曉吏事者，更不簡試選人。皆從之。
上初議令執政不與坐，以爲今欲除一諫官，且不能得人，計
中書置屬必不能得第一等人才，不殺其禮，即恐分權害事。
王安石曰：'中書屬官，須精擇可以備諫官、侍從者。若殺其

禮,則自愛重者不肯爲,非自愛重者乃可憂其招權害事。宰屬用士人,自古堯、舜以來如此,前代聖人豈不熟計利害?然至屏遠士人而專用曹史,則止自姚元崇、常衮始,而二人後皆爲曹史所累。此即前事之鑑也。'"①

與韓絳並薦李綬爲樞密院副都承旨

《長編》卷二百十六熙寧三年冬十月辛酉條,李燾:"《日録》九月一日,王安石、韓絳並薦李綬,除副承旨,當考綬邑里。"

《長編》卷二百十五熙寧三年九月乙未:"皇城使、端州團練使、知恩州李綬爲樞密副都承旨,用士人自綬始。"

九月二日,駁司馬光之攻擊,勉神宗力行峻法,剛健有爲

《長編》卷二百十五熙寧三年九月己丑:"上謂王安石曰:'司馬光言方今是非淆亂,因曰是非難明,誠亦爲患。'安石曰:'以先王法言考之,以事實驗之,則是非亦不可誣。且如司馬光言不當令薛向徙貴就賤,用近易遠,以先王法言考之,則懋遷有無化居,有何不可? 又言薛向必失陷官物,以事實驗之,向果失陷,即光言爲是,向果無失陷而于官物更能蓄息,即光言爲非。他皆倣此。'上曰:'司馬光云:如李定

---

① 相關研究,可見遲景德《宋神宗時期中書檢正官之研究》,《宋史研究集》第29輯,第213—273頁。裴汝誠、顧宏義《宋代檢正中書五房公事制度研究》,《宋史研究論叢》第五輯,河北大學出版社 2003 年版,第85—106頁。熊本崇《中書檢正官》,《東洋史研究》第47輯,第54—81頁。

不孝，王安石乃欲庇護；如蘇軾雖販鹽，亦輕于李定不孝。然定豈得爲不孝乎？'安石曰：'且勿論李定孝與不孝，陳薦言李定，謝景溫言蘇軾，均是令監司體量指實，不知有何偏異？'於是安石又言：'近世執政務進朋黨，蔽塞人主，排抑才士不可駕御者，故今侍從有實材可用者極少，而其相阿黨不修職事趣功實者則如一焉。'上患異論者不悛，曰：'或引黨錮時事以況今，如何？'安石曰：'人主昏亂，宦官姦利暴橫，士大夫汙穢朝廷，故成黨錮之事。今日何緣乃如黨錮時事？陛下明智，度越前世人主，但剛健不足，未能一道德以變風俗，故異論紛紛不止。若能力行不倦，每事斷以義理，則人情久自當變矣。陛下觀今秋人情已與春時不類，即可以知其漸變甚明。'上又言：'或以爲西事恐大臣不爲用。'安石曰：'法行，則人人爲用。以天下人了天下事，何至以無可用之人爲患？'因引《孟子》瞽瞍殺人事曰：'先王制法，雖天子之父犯法，不得貸也。此孟子所言，堯、舜所行，非申、韓之言也。'上曰：'武后能駕馭豪傑，以法行而已。'安石曰：'今士大夫孰能如姚元崇、宋璟、狄仁傑者？如此輩人尚可駕馭盡力，況下此者乎？'"

李注："此段並見九月二日《日錄》，朱本附八月六日，非是，今仍見九月二日。"

刪潤繕寫《洪範傳》進呈，神宗手詔以答之

《文集》卷五十六《進洪範表》："臣某言：臣聞天下之物，小大有彝，後先有倫。敘者，天之道；敘之者，人之道。天命聖人以敘之，而聖人必考古成己，然後以所嘗學措之事

業爲天下利。苟非其時，道不虛行。伏惟皇帝陛下德義之高，術智之明，足以黜天下之嵬瑣，而興其豪傑，以圖堯禹太平之治。而朝廷未化，海内未服，綱紀憲令，尚或紛如。意者殆當考箕子之所述，以深發獨智趣時應物故也。臣嘗以蕪廢腐餘之學，得備論思勸講之官。擢與大政，又彌寒暑，勳績不效，俯仰甚慚。謹取舊所著《洪範傳》，刪潤繕寫，輒以草芥之微，求裕天地。"

《長編》卷二百十六熙寧三年十月甲戌："安石嘗進所著《洪範傳》，上手詔答之，及奏事罷，因留身謝。上曰：'曾公亮年老且去，朕方以天下事倚卿，卿不得謂朕不知卿。'"

李燾："九月十三日，公亮已罷。"故公進呈《洪範傳》，當在之前。

韓絳欲用韓鐸爲河東轉運使，不可；因與神宗論當嚴明黜陟

《長編》卷二百十六熙寧三年十月甲戌："提點陝西路刑獄高賦徙河東路，罷轉運判官李師錫，令赴闕。提點河東路刑獄、屯田郎中韓鐸，京西路轉運判官、太常博士李南公，並徙陝西路。先是，絳欲就用鐸爲河東轉運使，王安石不可。既而上亦欲用之，曰：'鐸點檢城壁器械事甚仔細。'安石曰：'朝廷遣鐸往點檢，仔細乃其職分。鐸處置常平事極乖，見方被劾，豈可復遷擢？'上曰：'須以諸軍通計，豈可專爲常平一事黜陟人？'安石曰：'臣但見鐸處置常平事乖方可黜，即未見鐸措置他事可陟，陛下似未察臣用意。臣豈以議立常

平法,遂欲嵩以常平事黜陟人……'安石復爲上言鐸事曰：
'今內外同爲苟且,慢法玩令,其治之不可不急。若方以慢
法玩令被劾即遷擢,人何所忌憚！爲天下如醫方,若寒時雖
純服烏頭、附子、硫黃,不爲過熱；熱時雖純服大黃、朴硝不
爲過寒。陛下當察時病所在而勸沮,其緩急不可以不應病
也。'上乃不用鐸。于是絳出使陝西,因請徙鐸,上既從絳
請,又以手札促鐸赴任。"

　　李燾："促鐸赴任,按《御集》在三年十一月十二日。鐸
初以權知曹州除河東憲,在二年八月初八日,今并書。"

　　按,韓絳欲以韓鐸爲河東轉運使,應在出使陝西前；出
使陝西後,又請徙鐸。又據《宋會要輯稿》選舉三三："(熙
寧三年)九月四日,禮部郎中、權三司副使張間充集賢殿修
撰、河東轉運使。"則所謂"先是",或在九月四日前。

九月三日,薦唐坰爲崇文院校書

　　《長編》卷二百十五熙寧三年九月庚寅："秘書省正字唐
坰爲崇文院校書。初,坰上疏論秦二世制于趙高,乃失之
弱,非失之强也。上然其言,因問坰行如何,欲留之京師。
王安石對以不聞坰有闕行,遂命之。"

　　《宋史》卷三百二十七《唐坰傳》："安石尤喜之,薦使
對,賜進士出身,爲崇文校書。"

神宗欲以陳襄知制誥。九月五日,上劄沮之

　　《長編》卷二百十五熙寧三年九月辛卯："先是,王安石
言：'臣伏見陛下宣諭中書,以知制誥闕,令勘會蔡延慶、陳

襄等資歷。竊以陛下擇人置之高位，縱不能得忠良智能之士助興政理，猶當得其無損。如陳襄邪慝，附下罔上，陰合姦黨，興訛造訕，以亂時事，陛下必已明知。陛下每欲崇獎，臣誠不知所謂。今違道合衆、妨功害能之臣，不爲不多矣，陛下又進如襄者助之，不知于時事爲無損邪？有損邪？今春陛下除襄侍講，又召試知制誥。襄辭命之語，以爲古之仕者，不得志則可以之齊，之楚，之宋，今天下一君，不可以他之，惟辭尊居卑爲可，故欲辭侍講、知制誥，而且在記注之官。陛下以謂記注之官，可比抱關擊柝之賤乎？人臣辭官之禮，可以出此言乎？且襄止是附離富弼、曾公亮苟求官職之人。今日陛下德義，朝廷政事，何至使如襄者以任高位爲辱也！其不識禮義，敢爲鶩誕以疑惑聖聽、取悦姦人如此，若陛下徒以左右游談之助多而擢用，此乃流俗之所以勝而襄之計中也。襄今春既有辭尊居卑之奏，今秋必不敢遽復就職，不逡巡而後受，則偃蹇而終辭。高位者，人主所以榮天下之材，陛下乃强以與亂時事之憸人，而爲其所拒，以廣其流俗之妄譽，而自令爵命爲世所賤，臣竊爲陛下恥之。臣已嘗略論襄之邪慝，不宜重有所陳，顧在廷之臣，孰肯違流俗以助陛下消小人之道者乎？是以復冒昧言之，伏惟陛下詳酌。'

是日，安石留身，上諭安石曰：'見所論陳襄文字，甚善。襄、延慶直院皆未久，所以且總未除外制。'安石曰：'良是。宣力于外者，或未被獎擢，此皆無勞能，若令度越，即何以勸？此天官也，陛下代天叙官，豈宜姑以予人？'"

李燾："安石論襄，據陸佃所編安石文字，末稱九月五日參知政事王安石劄子，蓋三年九月也。安石《日録》：‘九月五日，安石留身，上曰：見所論陳襄文字。’即此劄子也。明年七月，襄乃除知制誥。”此劄文集未收。

因呂惠卿以父喪去，遂以曾布爲腹心。九月六日，以布入侍經筵

《長編》卷二百十五熙寧三年九月癸巳：“著作佐郎、編修中書條例曾布爲太子中允、崇政殿説書。王安石常欲置其黨一二人於經筵，以防察奏對者。呂惠卿既遭父喪，安石未知腹心所託，布巧黠善迎合，安石悦之，故以布代惠卿入侍經筵。布資序甚淺，人尤不服，而布亦固辭，卒罷之。”

李燾：“此段據司馬光《日記》。罷説書在十四日。四月六日編敕，八月二十五日編例，九月八日同判司農。”

按，本月一日，呂惠卿以父喪去位。《長編》卷二百十五熙寧三年九月戊子朔：“惠卿是日以父喪去位。”李燾：“《實録》於八月十七日書光禄卿呂璹卒，而司馬光《日記》乃於九月一日記惠卿遭父喪。蓋璹卒或在他處，惠卿九月一日始聞之也。”

陝西用兵，以未嘗歷邊請出使，而神宗卒遣韓絳

《長編》卷二百十五熙寧三年九月乙未：“工部侍郎、參知政事韓絳爲陝西路宣撫使，度支員外郎、直舍人院吕大防爲宣撫判官。先是，絳奏以夏人寇慶州，陝西用兵，請出使。王安石曰：‘臣於邊事未嘗更歷，宜往。’上亦欲用安石，乃曰：‘王安石未嘗行邊，今可出使也。’絳以爲朝廷方賴安石，

不宜往。安石曰：'朝廷所賴獨韓絳爾。'上因論修民兵，安石曰：'今有邊事，乃可修之時。況西賊亦不足憚，以順討逆，以衆攻寡，以大敵小，以陛下明審當十歲孤兒，則勝負之形已決。又今彼舉動無算，其可勝必矣。然應之在勿擾而已。臨事惶擾，所措置不中事機，即爲邊將所窺。又大計已定，小有摧敗，亦不足挂聖慮。'上乃言憲宗論高霞寓敗時事，又言：'絳與安石宜無適莫，内外相成，其爲朝廷所賴一也。若絳去，有不及事可同議之。'絳言：'有未盡事，當以私書抵安石。宜令安石在中書爲表裏。'安石言：'臣不習邊事，每謀議不敢果。如慶州事，若臣知誠不可破，則不須令諸路紛然奔走也。恐陳升之或在告，則中書應接宜得習事之人，謂宜留絳遣臣。'然上卒遣絳，仍賜絳詔：'如有機事不可待奏報，聽便宜施行。'"

是日，以曾布同判司農寺

《長編》卷二百十五熙寧三年九月乙未："太子中允、監察御史裏行林旦判司農寺，太子中允、崇政殿説書曾布同判司農寺。布尋奏改助役爲免役，吕惠卿大恨之。"

九月十三日，有詩送僧行詳主持靈岩寺

《詩注》卷三十三《送道光法師住持靈岩》："靈岩開闢自何年？草木神奇鳥獸仙。一路紫苔通阶竂，千崖青靄落潺湲。山祇嘯聚荒禪室，象衆低摧想法筵。雪足莫辭重跰往，東人香火有因緣。"

按，道光法師，即行詳，①本月主持齊州靈岩寺。《敕賜十方靈岩寺碑》："牒奉敕]：'行詳依奏宜差充齊州靈岩寺主，仍在寺徒弟並]不得差作知事勾當，所乞度行者不行。牒至准]敕，故牒。熙寧三年八月日牒]右諫議大夫、參知政事王安石，吏部侍郎、參知政事韓，假　禮部尚書、平章事陳，假　左僕射兼門下侍郎、平章事。'"②除公外，送別者尚有張掞、俞充、蔡冠卿、蔡延慶等。畢沅《山左金石志》卷十六："宋朝賢贈行詩，額三行，字徑三寸。詩《送靈岩法師》安石：'靈岩開闢自何年？草木神奇鳥獸仙。一路紫苔通窅窱，千崖青靄落潺湲。山祇嘯聚荒禪室，象眾低摧想法筵。雲足莫辭重跰往，東人香火有因緣。'

張掞送靈岩寺僧詩刻。

熙寧三年九月刻，正書，石高一尺七寸，廣三尺六寸，在長清縣靈岩寺石壁。

詩《送新靈岩寺主義公上人》……熙寧三年白虎直歲，九月十三日。

九月十四日，因神宗欲以吳充參知政事，遂言與充有親嫌；神宗遂用馮京，而以充代京舊職

《長編》卷二百十五熙寧三年九月辛丑："樞密副使、左諫議大夫馮京參知政事，翰林學士、右司郎中、權三司使吳

---

① 《詩注》卷四十八《寄北山詳大師》，《文集》卷三十一作《和平父寄道光禪師》，亦證道光即行詳，第 347 頁。

② 據胡孝忠《北宋山東敕賜十方靈岩寺碑研究》著錄，《北京理工大學學報》(社科版)2011 年第 2 期。

充爲右諫議大夫、樞密副使。上初欲用充參知政事，王安石曰：‘充與臣有親嫌。’上以爲無害，安石曰：‘充豈能忘形迹。若論議之間顧形迹，則害國事。’乃徙京而命充代之。”

九月十七日，論宣頭告牒事

《長編》卷二百十五熙寧三年九月甲辰：“出空名敕牒三十、宣徽院頭子各一百賜宣撫司。于是王安石論宣頭、告牒事，以爲當先定計，有地有材，然後可議招懷內附，昨綏州倉卒之變，可爲戒也。文彥博引慶曆中故事云：‘或潛輸誠款，亦可受之。’安石曰：‘潛輸誠款，則何以驗其真僞？又若無實利及之，則彼犯族滅之禍而輸誠款何爲也？若以實利加之而彼非實情，是則墮賊計中矣！’彥博曰：‘與宣頭、告身而已。’安石曰：‘彼得宣頭、告身而無實利，若彼國主通知，即我爲無算；不知，則彼受宣頭、告身者且憂族滅。有族滅之憂而無實，不知彼何故肯出此？’彥博曰：‘慶曆中亦只如此。’安石曰：‘若如慶曆中故事，則其效不過如彼時而已。’陳升之又論鹽州可取，安石以爲須有定計，一舉取之而寇不能復取，則不害清野堅壁之本謀，不然即兵連未有已時也。彥博言：‘昆夷、玁狁，自古有之。’安石曰：‘古之治世，守在四夷。文王當商末，故有昆夷；宣王當周之衰，故有玁狁。’彥博曰：‘堯、舜亦有蠻夷猾夏。’安石曰：‘堯、舜時蠻夷猾夏，則使士師治之爾。’”

是日詣韓絳第送別

《長編》卷二百十五熙寧三年九月甲辰：“是日，詔執政官同詣韓絳第別絳，絳以翌日西征也。"

九月二十一日，遣殿中丞陳世修經度陳、潁州八丈溝故迹

《長編》卷二百十五熙寧三年九月戊申："遣殿中丞陳世
修乘驛同京西、淮南農田水利司官經度陳、潁州八丈溝故迹
以聞。初，世修言：'陳州項城縣界蔡河東岸有八丈溝故迹，
或斷或續，迤邐東去，由潁及壽，綿亘三百五十餘里。乞因
其故道量加濬治，完復大江、次河、射虎、流龍、百尺等處陂
塘，導水行溝中，棋布灌溉，俾數百里地復爲稻田，則其利百
倍。'乃畫圖來上。于是，上諭世修言：'陳、許間地勢正合作
水田，甚善。'又令早應副世修事。王安石曰：'世修言引水
事即可試，但言八丈溝新河事宜，俟一精于水事人同相度可
也。向時八丈溝，止爲鄧艾當時不賴蔡河漕運，得并水東
下，故能大興水田。其後蔡河分其水漕運，水不可并，故溝
未可議。今蔡河新修閘，無所用水，即水可并而溝可復古迹
矣。'故有是命。"

《宋會要輯稿》食貨七、《宋史》卷九十五《河渠五》載
略同。

是日，薦楚建中爲河北轉運使

《長編》卷二百十五熙寧三年九月己丑："兵部郎中楚建
中知滄州。建中先爲京西轉運使，時方用兵西方，邊臣多薦
建中者，召對不稱旨，故有是命。其後，中書又擬建中爲河
北轉運使，上難之，王安石曰：'河北提點刑獄及轉運使三任

者已皆嚴急,建中平審,參用爲善。'上從之。"

李燾:"此據《本傳》及王安石《日録》。除河北漕在九月戊申,今并書。"

《宋會要輯稿》食貨七:"(熙寧三年九月)九月二十一日,以知密州尚書兵部郎中集賢殿修撰張芻、知滄州兵部郎中楚建中爲河北轉運使。"

九月二十四日,讀孔文仲制科對策,大惡之,密啓神宗御批黜之

《長編》卷二百十五熙寧三年九月壬子:"詔賢良方正等科太常博士、通判蜀州吕陶陞一任,與堂除;太廟齋郎張繪堂除判、司、主簿或尉。前台州司户參軍孔文仲,令流内銓告示發赴單州團練推官本任。陶等皆中選,而文仲策初在第三等。手詔:'制科調字號卷,詳觀其條對,大抵意尚流俗而後是非,又毁薄時政,援正先王之經而輒失義理。朝廷比設直言極諫之科,以開擴聰明來天下賢智之士者,豈非謂能以天下之情告上者謂之直言,人君有污德惡政而能忘其卑高之勢以道争之謂之極諫者乎?以此人之學識,恐不足收録,以惑天下之觀聽,可再進呈。'而調字號乃文仲試卷也。于是,上讀文仲試卷,至專任德,上曰:'德、刑不可偏,然救世亦有時而偏用,乂用三德是也。'王安石遂言《周禮》三典及伐管、蔡并商人群飲事。上又讀至'亨而後革',安石曰:'革,巳日乃孚,革然後亨。若既亨,則安用革耶?'安石因言今文章之士不難得,有才智實識道理者至少。上以爲識道理者殆未見其人。安石又論文仲,以爲如范百禄以非濮王

事合考官取高等爾。于是馮京意助文仲，上不聽，故有是命。

是歲，舉制科者五人，文仲所對策指陳時病，語最切直。初考，宋敏求、蒲宗孟置第三等，上覆考，王珪、陳睦置第四等，詳定韓維從初考。陶語亦稍直，繪記誦該博，錢勰文稍工，皆入第四等。侯溥稱災異皆天數，又用王安石《洪範説》云：‘肅時雨若非時雨順之也，德如時雨耳。’衆皆惡其阿諛而黜之。維又奏勰文平緩，亦黜之。安石見文仲策，大惡之，密啓于上，御批黜文仲。知通進銀臺司齊恢、孫固屢封還御批，維及陳薦、孫永皆求對，力言文仲不當黜，維章凡五上，略曰：‘陛下無謂文仲一賤士耳，黜之何傷。臣恐賢俊由此解體，忠良結舌，阿諛苟合之人將窺隙而進，爲禍不細，願改賜處分。’卒不聽。”

《宋會要輯稿》選舉一一：“三年八月二十三日，命翰林學士司馬光、直舍人院吕大防、集賢校理孫洙、李清臣，就秘閣考試制科。光等上吕陶、錢勰、孔文仲、張繪論各六首。九月二十四日，上御崇政殿試賢良方正直言極諫太常博士吕陶、殿中丞錢勰、台州司户參軍孔文仲、太廟齋郎張繪……既而詔流内詮告示文仲，發赴本任。陶升一任，堂除差遣；繪堂除判司簿尉，勰不入等。”

按，孔文仲之父孔延之，慶曆二年進士，公之同年。蘇頌《蘇魏公文集》卷五十九《中書舍人孔公墓誌銘》：“中書舍人新淦孔公，諱文仲，字經父……尚書兵部郎中、贈正議大夫諱延之，公之父也……初，正議公出白屋，起江表，登慶曆二年乙第，至是公又以文名振場屋……熙寧三年，詔舉賢良方正之士,龍圖閣學士元公絳、天章閣待制吳公中復,以公應詔。召試秘閣,論在第一,對制策入三等上。是時朝廷方大有爲,輔臣建議以謂祖宗法度至此已敝,當悉更改。用事之人,爭言理財、訓兵以合其說,而言事者不以爲便,繼被譴斥。而公之策亦不以爲便,故執政疑相與表裏,奏黜不收,趣還本任。"

　　錢勰字穆父,《宋史》卷三百十七有傳:"生五歲,日誦千言。十三歲,制舉之業成。熙寧三年試應,既中秘閣選,廷對入等矣。會王安石惡孔文仲策,遷怒罷其科,遂不得第。"《李綱全集》卷一百六十七《宋故追復龍圖閣直學士贈少師錢公墓誌銘》:"治平三年,(沈)文通又以公應詔。熙寧二年始召試,以第二人過閣,及廷對制策,極論新法,忤執政意,與孔文仲俱被黜還任。"然錢勰因策文平緩,爲韓維所黜,非言新法而公"遷怒罷其科",《墓誌銘》蓋粉飾之語。

讀呂陶制科論對,不悅,以之通判蜀州

　　《宋史》卷三百四十六《呂陶傳》:"呂陶字元鈞,成都人……中進士第,調銅梁令……以(唐)介薦,應熙寧制科。時王安石從政,用新法,陶對策枚數其過,大略謂:'賢良之旨,貴犯不貴隱。臣愚,敢忘斯義。陛下初即位,願不惑理財之說,不問老成之謀,不興疆場之事。陛下措意立法,自謂庶幾堯、舜,顧陛下之心如此,天下之論如彼,獨不反而思之乎?'及奏第,神宗顧安石取卷讀,讀未半,神色頗沮。神宗覺之,使馮京竟讀,謂其言有理。司馬光、范鎮見陶,皆

曰：‘自安石用事，吾輩言不復效，不意君及此。平生聞望，在茲一舉矣。’安石既怒孔文仲，科亦隨罷，陶雖入等，纔通判蜀州。”

《東都事略》卷九十四《呂陶傳》：“復舉制科，試秘閣。會王安石新用事，陶對策有‘願陛下不惑理財之説，以慰生民；不間老成之謀，以結公卿；不興疆場之事，以懷夷狄’之語。策入四等，安石頗不悦，乃以爲通判蜀州。”

按，熙寧二年六月，呂陶因呂誨罷御史中丞出知鄧州而作《三黜詩》，已可見其政治向背（詳本譜熙寧二年）。其應制科，係唐介所薦，《净德集》卷十一有《謝薦舉啓》、《答諸官謝薦舉啓》等。又《净德集》卷十《應制舉上諸公書》：“陶聞之：聖人之所謂道者，以簡易爲宗，以該天下之理；以仁義爲用，以成天下之務，非幽遠而難明，闊疏而難施，汗漫而不可考信。自微言既息，章句之學隨流而興，百家異騖，衆説殊騁，各習其師，忘失統要。故爲《易》者不窮天地之本始，變化之至神，以推迹於人事，而務言上下無二經之異，《繫辭》非仲尼之作。爲《詩》者不究風俗之代變，王道之初終，以參驗於治體，而好議《商》、《魯》二頌之不同，毛、鄭兩解之小異。爲《春秋》者不考刑賞之大原，權制善否，一歸皇極，而爭辨日月之爲例，五始七等之成文。爲《書》者不取君臣上下都俞告戒之義，號令施設之體要，而競論武、成之不可盡信，秦、費二誓之不當作。有釋數字之文，至數十萬言，而是非無所處正，求以援世率民，又天下國家之大略，蓋闕如也。”此書論其時經學新風之弊，與司馬光觀點頗近，不無附會之跡，則其制科對策攻擊新法，固不足奇也。《温國文正公文集》卷四十五《論風俗劄子》："竊見近歲公卿大夫好爲高奇之論,喜誦老莊之言,流及科場,亦相習尚。新進後生,未知臧否,口傳耳剽,翕然成風。至有讀《易》未識卦爻,已謂《十翼》非孔子之言;讀《禮》未知篇數,已謂《周官》爲戰國之書;讀《詩》未盡《周南》、《召南》,已謂毛、鄭爲章句之學。讀《春秋》未知十二公,已謂三傳可束之高閣。循守注疏者謂之腐儒,穿鑿臆説者謂之精義。且性者,子貢之所不及;命者,孔子之所罕言。今之舉人,發言秉筆,先論性命,乃至流蕩忘返,遂入老莊。縱虛無之談,騁荒唐之辭,以此欺惑考官,獵取名第。禄利所在,衆心所趨,如水赴壑,不可禁遏。彼老莊棄仁義而絶禮學,非堯舜而薄周孔,死生不以爲憂,存亡不以爲患,乃匹夫獨行之私言,非國家教人之正術也。魏之何晏,晉之王衍,相與祖述其道,宅心事外。選舉者以此爲賢,仕宦者以此爲業,遂使紀綱大壞,胡夷並興,生民塗炭,神州陸沈。今若於選士之際用此爲術,臣懼向去任官之士,皆何晏、王衍之徒,則政事安得不隳,風俗安得不壞?正始、永嘉之弊,將復見於今矣。伏望朝廷特下詔書,以此戒厲内外公卿大夫,仍指揮禮部貢院,豫先曉示進士。將來程試,若有僻經妄説,其言涉老莊者,雖復文辭高妙,亦行黜落,庶幾不至疑誤後學,敗亂風俗。取進止。"題注:"元豐八年二月二十三日,發書籠,於廢紙中得此劄子,有審官院印,蓋熙寧二年所爲也。不記當時曾上與不上,然觀今日之風俗,其言似誤中,故存之。"

奉祠。因韓維等爭言孔文仲不當黜，神宗以手詔相問，答之

《長編》卷二百十五熙寧三年九月壬子："始，維等爭言文仲不當黜，時會安石奉祠，上以手詔問之，安石答詔曰：'陛下患韓維輩出死力爭文仲事，臣固疑其如此。文仲誣上不直，以迎合考官不逞之意，若不如聖詔施行而用考官等第獎擢，則天下有識者必竊笑朝廷聽察之不明，而疏遠無知者謂陛下所爲誠如文仲所言，而比周不逞之人更自以爲得計，此臣不敢不奉行聖詔也。今韓維欲出死力爭之，若陛下姑息從之，則人主之權坐爲群邪所奪，流俗更相扇動，後將無復可以施爲。今流俗之人，務在朋黨因循，而陛下每欲考功責實，考功責實，最害于朋黨因循，則其欲撓陛下之權，固宜如此。陛下誠能深思熟計，以靜重持之，俟其太甚，然後御之以典刑，則小人知畏而俗亦當漸變矣。其詳，乞俟臣祠事罷入見奏論。'文仲竟坐黜。'"《文集》不載。

《宋史》卷三百四十四《孔文仲傳》："字經父，臨江新喻人……熙寧初，翰林學士范鎭以制舉薦，對策九千餘言，力論王安石所建理財、訓兵之法爲非是。宋敏求第爲異等。安石怒，啓神宗，御批罷歸故官。齊恢、孫固封還御批，韓維、陳薦、孫永皆力言文仲不當黜，五上章，不聽。范鎭又言：'文仲草茅疏遠，不識忌諱。且以直言求之，而又罪之，恐爲聖明之累。'亦不聽。蘇頌歎曰：'方朝廷求賢如飢渴，有如此人而不見錄，豈其論太高而難合邪，言太激而取怨邪？'"

蘇頌《蘇魏公文集》卷五十九《中書舍人孔公墓誌銘》："熙寧三年,詔舉賢良方正之士,龍圖閣學士元公絳、天章閣待制吳公中復,以公應詔。召試秘閣,論在第一,對制策入三等上。是時朝廷方大有為,輔臣建議以謂祖宗法度至此已敝,當悉更改,用事之人,爭言理財、訓兵以合其説,而言事者不以為便,繼被譴斥。而公之策亦不以為便,故執政疑相與表裏,奏黜不收,趣還本任。"

又按,因公黜孔文仲,陳舜俞作詩以諷。《都官集》卷十二《贈孔經甫賢良兼簡許少張狀元》："晚泊姑孰浦,忽逢瀟湘人。口稱丹丘客,面帶湘江雲。此客骨不凡,九天之麒麟。新上紫烟頂,以頭觸天門。赤龍怒當路,夭矯驚百神。麒麟顧何力,牙爪勇踞蹲。既欲掎其角,又或批其鱗。此身甘萬死,韲粉不逡巡。帝曰汝無罪,濯濯良不群。輟吾黃金鋪,縱之赤城塵。收頭縮下土,別待風雷春。龍怒逐之去,四海波濤翻。""赤龍",喻公也。《張耒集》卷三《九江千歲龜歌贈無咎》："靈龜千年口不食,以背負蚨飲其息。吾家兩龜豈徒不食亦不息,壽與萬古無終極。濟南晁君博物天地通,夜窺牛斗頗似晉司空。指我兩龜有名字,大龜為九江,小龜號千歲。老龍洞庭怒,蕩覆堯九州。""老龍",原注:"謂半山老人。"

以趙卨檢正中書禮房公事

《長編》卷二百十五熙寧三年九月丙辰:"太常博士、集賢校理趙卨檢正中書禮房公事。尋詔中書,以韓絳辭日欲委卨經營邊事,令便押赴闕,恐乏人任使,且留告敕,候宣撫使回乃發付。"

寧州通判鄧綰與書及頌，見之大喜，使乘驛詣闕。十月六日，以綰爲爲集賢校理、檢正中書孔目房公事

《長編》卷二百十六熙寧三年十月癸亥："職方員外郎鄧綰爲集賢校理、檢正中書孔目房公事。綰故名維清，雙流人，舉進士高第，累遷寧州通判，上書言：'陛下得伊、呂之佐，作青苗、免役錢等法，百姓無不歌舞聖澤。臣以所見寧州觀之，知一路；一路觀之，見天下皆然。此誠不世之良法，願陛下堅守行之，勿移于浮議也。'又與王安石書及頌，安石大喜，白于上，使乘馹詣闕，又累詔趣之。比至，上使數人迎于中牟、八角、順天門詗候之。抵暮，入門就舍。詗候者夜飛奏，于右掖門窈中進入。詰旦，召對。時慶州方有夏寇，綰進呈邊事。上問：'識王安石否？'曰：'不識。'上曰：'今之古人也。'又問：'識呂惠卿否？'曰：'不識。'上曰：'今之賢人也。'綰退，見安石，欣然如舊交。安石問：'家屬俱來乎？'綰曰：'承急召，未知所使，不敢俱來。'安石曰：'何不俱來，君不歸故官矣。'後數日，值安石致齋，陳升之與馮京以綰知邊事，奏除知寧州。綰聞大恨，公語朝士曰：'急召我來，乃使我還知寧州也？我已語介甫。'甚不平。朝士問曰：'君今當作何官？'綰曰：'我不失作館職。'或問：'君得無爲諫官乎？'綰曰：'正自可以爲之。'明日，果有此命。綰自至京師，不敢與鄉人相見，鄉人皆笑罵，綰曰：'笑罵從汝笑罵，好官我須爲之。'尋又命綰兼編修中書戶房條例。"

《宋會要輯稿》選舉三三："（熙寧三年）十月六日，職方

員外郎、通判寧州鄧綰上書陳利便,賜對,命充集賢校理、檢正中書孔目房公事。"《宋史》卷三百二十九《鄧綰傳》載同。

李師中知舒州,爲建傅巖亭以諛

魏泰《東軒筆錄》卷六:"李師中平日議論多與荆公違戾。及荆公權盛,李欲合之,乃於舒州作傅巖亭,蓋以公嘗倅舒,而始封又在舒也。"

《(光緒)重修安徽通志》卷四十四:"傅巖亭,在潛山縣,宋李師中爲王介甫築。"

按,《長編》卷二百十六熙寧三年十月己卯:"前知秦州、右司郎中、天章閣待制李師中落天章閣待制,降授度支郎中、知舒州。"《長編》卷二百二十七熙寧三年十月己巳:"江南西路提點刑獄陳倩、轉運判官金君卿等言:'體量知洪州、秘書監、集賢殿修撰榮諲老病,文書皆不簽押。'詔徙知舒州,以右司郎中李師中知洪州,仍令劾諲不職事狀以聞。"李建傅巖亭當於此期間,姑附此。

以范鎮屢上疏乞致仕並有微詞相諷,大怒,命直舍人院蔡延慶、王益柔草其致仕制,又自竄改其辭

《長編》卷二百十六熙寧三年十月己卯:"詔翰林學士、户部侍郎兼侍讀、集賢殿修撰范鎮落翰林學士,依前户部侍郎致仕。先是,鎮奏乞致仕……最後奏曰:'臣請致仕,已四上章,歷日彌旬,未聞可報。緣臣所懷,有可去者二:臣言青苗不見聽,一可去;薦蘇軾、孔文仲不見用,二可去。負二可去,重之以多病早衰,其可以已乎!今有人言,獻忠與獻佞

孰是？必曰獻忠是。納諫與拒諫孰是？必曰納諫是。蘇軾、孔文仲可謂獻忠矣，陛下拒而不納，是必有獻佞以誤陛下者，不可不察也。若李定避持服，遂不認母，是壞人倫、逆天理也，而欲以爲御史。御史臺爲之罷陳薦，舍人院爲之罷宋敏求、李大臨、蘇頌，諫院罷胡宗愈。王韶上書肆意欺罔，以興造邊事，敗則置而不問，反爲之罪帥臣李師中。及御史一言蘇軾，下七路捃摭其過，孔文仲則遣之歸任。以此二人況彼二人，以此事理觀彼事理，孰是孰非，孰得孰失，陛下聰明之主，其可以逃聖鑑乎？惟審思而熟計之。朝廷所恃者賞罰，而賞罰如此，如天下何！如宗廟社稷何！至于言青苗，則曰有見效者，豈非歲得緡錢數十百萬？緡錢數十百萬，非出于天，非出于地，非出于建議者之家，一出于民。民猶魚也，財猶水也，水深則魚活，財足則民有生意。養民而盡其財，譬猶養魚而欲竭其水也。今之官但能多散青苗，急其期會者，則有自知縣擢爲轉運判官、提點刑獄，急進僥倖之人，豈復顧陛下百姓乎？陛下有納諫之資，大臣進拒諫之計；陛下有愛民之性，大臣用殘民之術。臣職獻替，而無一言，則負陛下多矣！臣知言入觸大臣之怒，罪在不測。然臣嘗以忠事仁祖，仁祖不賜之死，才聽解言職而已；以禮事英宗，英宗不加之罪，才令補畿郡而已。所不以事仁祖、英宗之心而事陛下，是臣自于於此世也。臣爲此章，欲上而中止者數矣，既而自謂曰：今而後歸伏田間，雖有忠言嘉謀，不復得聞朝廷矣。惟陛下裁赦，早除臣致仕。’

王安石見之，大怒，持其書至手戰。馮京謂安石曰：‘何必爾。’安石命直舍人院蔡延慶草制，不稱意，更命王益柔，而安石又自竄改其辭曰:'鎮頃居諫省,以朋比見攻;晚寔翰林,以阿諛受斥。而每託論議之公,欲濟傾邪之惡。乃至厚誣先帝,以蓋其附下罔上之醜;力引小人,而狃于敗常亂俗之姦。稽用典刑,誠宜竄殛;宥之田里,姑示寬容。'凡所應得恩例,悉不之與。聞者皆爲鎮懼,鎮上表謝,其略曰:'雖曰乞身而去,敢忘憂國之心!'又曰:'望陛下集群議爲耳目,以除壅蔽之姦;任老成爲腹心,以養和平之福。'"

《宋史》卷三百三十七《范鎮傳》:"王安石改常平爲青苗,鎮言……韓琦極論新法之害,送條例司疏駁,李常乞罷青苗錢,詔命分析,鎮皆封還。詔五下,鎮執如初。司馬光辭樞密副使,詔許之,鎮再封還。帝以詔直付光,不由門下。鎮奏曰:'由臣不才,使陛下廢法,有司失職,乞解銀臺司。'舉蘇軾諫官,御史謝景溫奏罷之;舉孔文仲制科,文仲對策論新法不便,罷歸故官。鎮皆力爭之,不報,即上疏曰……疏入,安石大怒,持其疏至手顫,自草制極詆之。以户部侍郎致仕,凡所得恩典,悉不與。鎮表謝,略曰:'願陛下集群議爲耳目,以除壅蔽之姦;任老成爲腹心,以養和平之福。'"

《蘇軾文集》卷十四《范景仁墓誌銘》:"韓琦上疏,極論新法之害,安石使送條例司疏駁之。諫官李常乞罷青苗錢,安石令常分析,公皆封還其詔。詔五下,公執如初。司馬光除樞密副使。光以所言不行,不敢就職。詔許辭免,公再封還之。上知公不可奪,以詔直付光,不由門下。公奏:'由臣不才,使陛下廢法,有司失職,乞解銀臺司。'許之。會有詔舉諫官,公以軾應詔,而御史知雜謝景溫彈奏軾罪。公又舉孔文仲爲賢良,文仲對策極論新法之害。安石怒,罷文仲歸故官。公上疏爭之，不報。時年六十三，即上言：‘臣言不行，無顏復立於朝，請致仕。’疏五上，最後指言安石以喜怒賞罰事曰：‘陛下有納諫之資，大臣進拒諫之計；陛下有愛民之性，大臣用殘民之術。’安石大怒，自草制極口詆公，落翰林學士，以本官致仕。聞者皆爲公懼。公上表謝，其略曰：‘雖曰乞身而去，敢忘憂國之心。’又曰：‘望陛下集羣議爲耳目，以除壅蔽之姦；任老成爲腹心，以養和平之福。’天下聞而壯之。安石雖詆之深，人更以爲榮焉。”

十一月十七日，立中書吏試補及功過陞降法

《長編》卷二百十七熙寧三年十一月甲辰：“編修中書條例曾布等言：‘奉詔定中書吏保引、補試、賞罰事：中書守當官闕，舊差兩省官考試，近歲不用試法，而堂後官以恩陳乞保引，以故濫進者衆。今定堂後官一經南郊，主事再，錄事、主書、守當官三，聽引親屬一人爲私名，習學二年聽就試，三試不中勒出守闕。守當官闕，舊雖有試法，而但取筆札人材，今既習以公事，則當以所習公事試之。各籍其功過，有功者隨輕重陞名，降亦如之，功過聽相折除。主事以上至提點五房公事，皆取其能，不以次補。提點五房三年罷，堂除知州軍，堂後官堂除通判，十年，亦除知州軍，其餘名以次第，永爲定制，凡三十九條。舊條例悉罷。’上批：‘依所定。’”

十一月二十五日，以鄧潤甫編修中書條例

《長編》卷二百十七熙寧三年十一月壬子：“監在京鑄鎬

務鄧潤甫編修中書條例。潤甫,建昌人也。著作佐郎、編修
中書條例張琥爲集賢校理。"

《宋史》卷三百四十三《鄧潤甫傳》:"字溫伯,建昌
人……熙寧中,王安石以潤甫爲編修中書條例、檢正中書戶
房事。"

梓州路轉運使韓璹首建併綱減役之制。十一月二十八日,奏乞神宗特加獎諭,並下諸路依此速具合裁定事件聞奏,神宗從之

《長編》卷二百十七熙寧三年十一月乙卯:"參知政事王
安石等言:據梓州路轉運司奏:'本路多以小小官物爲名,起
發綱運,枉破衙前重難分數。如戎州近年起發牛筋、角三
綱,載送官員至荆南,共載牛筋四十有五斤,角九十對,差兵
稍五十有五人,借過紬、絹、布一百餘疋,綿三百餘兩,大錢
二十四貫有奇,糧米一百四十八石有奇。瀘州發牛筋、角八
綱,所載物及借請錢、糧等,其數多少,大略與戎州相去無
幾。而又所差兵士,借請錢、糧、綿、絹,動經一年以上或一
年半不還。緣路請過錢、糧,尚不在此數。所差衙前,押牛
皮綱又最爲第一等重難。今來已將昌、普等七州軍所納筋、
角綱,止附搭成都府下水綱船至荆南。及梓、遂等七州軍,
貯以樓籠,差遞鋪兵擔至鳳州交割,更不別差船綱,見今亦
無積壓未發數目。及團併陸路綱運,共減一百三十六綱,并
減定本路諸州軍監遠近接送知州、通判、簽判衙前,及減罷
押綱隨送得替官員衙前,共二百八十三人;及省諸州軍監縣
差役公人共五百一人。兼點檢梓州等處,自來公使廚庫衙

前陪費錢物，最爲侵刻。內遂州每年綱運重難三千一百餘分，公使廚庫乃占二千七百分；梓州有在州酒場，兩鹽井，第一等優輕，皆以理折勾當公使廚庫重難分數，而差以次場務充管勾綱運；及果、榮、戎、瀘等州，衙前苦於公廚之類陪費，若不更改，即今後投名衙前，各不願充役。乞行裁減，及差官重定諸州衙規事。'

檢會近累詔諸路監司提舉官，相度差役利害，各未見條上。其前項事並是久來於公私爲害，而監司或以因循背公養譽爲事，不肯悉心營職，除去宿弊。今梓州路轉運司獨能上體陛下憂恤百姓之意，率先諸路奉承詔旨，講求上件利害，公忠之實，宜被旌賞。乞特加獎諭；其所減衙前及綱運，并差官重定衙規事，仍乞依所奏施行。所有公使廚庫陪備冗費合行裁節約束事件，并據本司狀稱：'見不住催促諸州軍相度農田水利、差役條件，如綱運及州縣役人更有可以團併、裁減，兼省併鄉邑，合行減放役人，別具聞奏。'並乞下本路速相度畫一條上，內減省州縣役人，更下本司相度保明，經久有無妨闕。其減省役人、團併綱運及裁減公使廚庫非理陪費，仍下諸路並依此及詳朝廷累降指揮，速具合裁定事件聞奏。

於是詔曰：'夫天下之役，常困吾民，至使罷饑寒而不能以自存，豈朕爲父母之意哉！吾詔書數下，欲寬其役，而事未興，是吏奉吾詔不勤而察民未深也。今梓州路獨能興民之利而去其害，欲加之賞，朕何愛焉。觀執政之用心，於朕豈有異乎？其轉運使韓璹等，已降敕書獎諭，仍賜帛二百，餘並依所奏施行。'"

《宋會要輯稿》食貨六五所載略同。《宋史》卷三百三十《韓璹傳》：“字君玉，衛州汲人。登進士第，知定州安喜縣。爲政彊力，能使吏不賄，守韓琦稱其才。爲開封司録。嘉祐寬恤諸道，分遣使者，璹曰：‘京師，諸夏本，顧獨不蒙惠乎？’乃具徭役利害上之，詔司馬光、陳洙詳定條式，遂革大姓漁并之弊。提點利州路、河北刑獄，以開封府判官迎契丹使。使問：‘南朝不聞打圍，何也？’璹曰：‘我后仁及昆蟲，非時不爲耳。’熙寧初，爲梓州路轉運使。朝廷命諸道議更役法，璹首建併綱減役之制。綱以數計者百二十有八，衙前以人計者二百八十有三，省役人五百。又請裁定諸州衙簿，於是王安石言：‘璹所言皆久爲公私病，監司背公養譽，莫之或恤，而獨能體上意，宜加賞。’乃下褒詔，且賜帛二百。”

是月，神宗付以翰林學士承旨王珪所録進杜杞所奏交趾事，遂上剳經畫

《長編》卷二百十七熙寧三年十一月乙卯：“翰林學士承旨王珪言：‘臣近聞經制交趾事宜。臣頃於廣西轉運使杜杞得所奏交趾事，其言自盜據以來世次與夫山川道路兵民之類爲最詳，其末又言存取之計，頗可采。如聞樞密院文字比多散失，輒用録進，以備聖覽。’既而上以珪所進文字付參知政事王安石，安石言：‘伏奉手詔，賜示王珪所進文字，且論及交趾事。竊承聖志以豐財靖民爲事，此生民之福也。然萬里之外，計議於初，不容不審，温杲等以欽、廉等州爲憂，是也。至於戒敕邊臣，撫慰交趾，即恐不須如

此，既傷陛下之信，或更致交趾之疑，蓋朝廷未嘗有此，而今有此，則彼安能不思其所以然乎？昔者秦有故，厚遺義渠戎王，更爲義渠所覺，反見侵伐。臣恐用呆之策，即萬一交趾更覺而自備，且或爲難於邊，則是秦與義渠之事也。其餘所建明數事，并易潘夙、陶弼，候開假取旨。臣聞先王智足以審是非於前，勇足以斷利害於後，仁足以宥善，義足以誅姦，闕廷之內，莫敢違上犯令，以肆其邪心，則蠻夷可以不誅而自服；即有所誅，則何憂而不克哉！中世以來，人君之舉事也，初常果敢而不畏其難，後常爲妨功害能之臣所共沮壞，至於無成而終不寤。忠計者更得罪，正論者更見疑，故大姦敢結私黨、託公議以沮事，大忠知事之有敗而難於自竭。如此則雖唱而孰敢和，雖行而孰敢從？彼姦人取悅於內而誕謾於外，愚人冒利徼幸於前而不圖患之在後，又皆不足任此。如此而以舉事，則事未發而智者前知其無成矣。蓋天下之憂，不在於疆場，而在於朝廷；不在於朝廷，而在於人君方寸之地。故先王詳於論道而略於議事，急於養心而緩於治人。臣愚不足以計事，然竊恐今日之天下，尚宜取法於先王，而以中世人君爲戒也。臣於衆人中，最蒙陛下眷遇，宜先衆人敢及於此。伏惟陛下省察，則天下幸甚！’”

按，此劄《文集》不載。李燾注：“珪集自注云熙寧三年冬。是年十二月丁卯，珪知參政。”“三年二月十八日清明，十一月二日冬至，安石云候假開取旨，必冬至也。安石奏乃陸佃所紀者，不得其時，今因王珪劄子，附十一月。”

十二月四日，出趙瞻知鄧州

《長編》卷二百十八熙寧三年十二月庚申："開封府判官、祠部郎中趙瞻知鄧州。瞻因出使得奏事，上問曰：'卿爲監司久，乃當知青苗法便也。'瞻對曰：'青苗法，唐行之於季世擾攘中，掊民財誠便，今陛下欲爲長久計，愛百姓誠不便。'王安石陰使其黨俞充誘瞻曰：'當以知雜御史奉待。'瞻不應，由是不得留京師。瞻時出使未還也。"

《宋史》卷三百四十一《趙瞻傳》："熙寧三年，爲開封府判官。神宗問：'卿知青苗法便乎？'對曰：'青苗法，唐行之於季世擾攘中，掊民財誠便。今欲爲長久計，愛養百姓，誠不便。'初，王安石欲瞻助己，使其黨餌以知雜御史。瞻不應，由是不得留京師，出爲陝西轉運副使。"范祖禹《范太史集》卷四十一《同知樞密院趙公神道碑銘》略同。

十二月九日，行畿縣保甲法，因與神宗論寓兵於農

《長編》卷二百十八熙寧三年十二月乙丑："中書言，司農寺定《畿縣保甲條制》：凡十家爲一保，選主户有材幹、心力者一人爲保長；五十家爲一大保，選主户最有心力及物産最高者一人爲大保長；十大保爲一都保，仍選主户有行止、材勇爲衆所伏者二人爲都、副保正。凡選一家兩丁以上，通主客爲之，謂之保丁，但推以上皆充。單丁、老幼、疾患、女户等，並令就近附保；兩丁以上，更有餘人身力少壯者，亦令附保，内材勇爲衆所伏，及物産最高者，充逐保保丁。除禁兵器外，其餘弓箭等許從便自置，習學武藝。每一大保逐夜

輪差五人，於保分內往來巡警，遇有賊盜，畫時聲鼓，報大保
長以下，同保人戶即時救應追捕；如賊入別保，遞相擊鼓，應
接襲逐。每獲賊，除編敕賞格外，如告獲竊盜，徒以上每名
賞錢三千，杖以上一千。同保內有犯彊竊盜、殺人、謀殺、放
火、彊姦、略人、傳習妖教、造畜蠱毒，知而不告，論如伍保
律。其餘事不干己，除敕律許人陳告外，皆毋得論告。知情
不知情，並與免罪。其編敕內鄰保合坐者，並依舊條。及居
停彊盜三人以上，經三日，同保內鄰人雖不知情，亦科不覺
察之罪。保內如有人戶逃移死絕，並令申縣。如同保不及
五戶，聽併入別保。其有外來人戶入保居止者，亦申縣收入
保甲。本保內戶數足，且令附保，候及十戶，即別爲一保。
若本保內有外來行止不明之人，並須覺察，收捕送官。逐保
各置牌，拘管人戶及保丁姓名。如有申報本縣文字，並令保
長輪差保丁齎送。仍乞選官行於開封、祥符兩縣，團成保
甲，候成次緒，以漸及他縣。從之。

　　他日，上謂王安石曰：‘用募兵與民兵亦無異，若役之過
苦，則亦變矣。’安石曰：‘役之過苦則變，誠然。募兵多浮浪
不顧死亡之人，則其喜禍亂非良農之比。然臣已嘗論奏，募
兵不可全無。《周官》，國之勇力之士，屬於司右，有事則可
使爲選鋒，又令壯士有所羈屬，亦所以弭難也。’上論變義勇
爲民兵，當先悅利其豪傑，則衆可敺而聽。因言漢高祖封趙
子弟事。安石曰：‘何獨漢高祖，先王爲天下亦然。蓋周得
天下之父二人，則天下從之矣。有天下之父，有一國之父，
有一鄉之父。能得一鄉之父，則足以收一鄉；能得一國之
父，則足以收一國；能得天下之父，則足以收天下。’上曰：

'民兵雖善，止是妨農事，如何？'安石曰：'先王以農爲兵，因鄉遂寓軍旅。方其在田，什伍已定，須有事乃發之以戰守，其妨農之時少。今邊陲農人則無什伍，不知戰守之法，又別募民爲戍兵。盡邊人耕織不足以給衣糧，乃至官司轉輸勞費，尚患不足，遇有警急，則募兵反不足以應敵；無事，則百姓耕種不足以給之，豈得爲良法也！'上曰：'止是民兵未可恃以戰守，奈何？'安石曰：'唐以前未有騶兵，然可以戰守。臣以謂募兵與民兵無異，顧所用將帥如何爾。將帥非難求，但人主能察見群臣情僞，善駕御之，則人材出而爲用，而不患無將帥。有將帥，則不患民兵不爲用矣。'"

《宋會要輯稿》兵二："先是，同管勾開封府界常平廣惠倉兼農田水利差役事趙子幾言：'昨任開封府曹官日，因勾當公事，往來畿內諸縣鄉村。嘗體問疾苦，皆以近歲以來寇盜充斥劫掠公行爲患。中間雖有地分耆壯、鄰里諸人，大率勢力怯弱，與賊不敵。縱有捕捉赴官，即其餘徒黨同惡相濟，輒行讐報，肆極慘毒，不可勝言。因詰其所以稔盜之由，皆言自來鄉村人戶，各以遠近團爲保甲，當時官司指揮，專於覺察姦僞，止絕寇盜。歲月浸久，此法廢弛，兼元初創制保甲，所在縣道，事無苟簡，別無經久從長約束，是致兇惡亡命容于其間，聚徒結黨，乘間伺隙，公爲民患，以此鄉村無由寧息。今相度，欲乞因舊來保甲重行隱括，將逐縣見管鄉民的寔戶口都數，除病患、老幼、單丁、女戶別爲附保係籍保管外，將其餘主客戶兩丁以上，自近及遠，結爲大小諸保，各立首領，使相部勒管轄。如此，則富者不虞寇劫，恃貧者相保以爲存；貧者有所周給，恃富者相保以爲生。使富貧交親以

樂業,謂無如使之相保之法也。所有置保及捕賊賞格、寅夜
于保分内巡邏更宿,應係諸般約束,次第條例。願陛下赦其
狂愚,假以詰盜之權,使因職事遍行畿縣,得奏差勾當得事
選人一兩員,及得選委簿尉,與當職官員吏參校舊籍置法。
編户之氓,不獨生聚寧居,桴鼓不驚,若遂行之,綿以歲時,
不爲常情狃習所廢,規模施設推及于天下,將爲萬世長安之
術,生靈幸甚。'及下司農寺詳定,至是增損成條,中書進呈,
特從其請。"

　　《宋史》卷一百九十二《兵六》:"保甲。熙寧初,王安石
變募兵而行保甲,帝從其議。三年,始聯比其民以相保任。
乃詔畿内之民,十家爲一保,選主户有幹力者一人爲保長;
五十家爲一大保,選一人爲大保長;十大保爲一都保,選爲
衆所服者爲都保正……既行之畿甸,遂推之五路,以達于天
下。時則以捕盜賊相保任,而未肄以武事也。"①

十二月十一日,爲禮部侍郎、平章事、監修國史

　　《長編》卷二百十八熙寧三年十二月丁卯:"右諫議大
夫、參知政事王安石爲禮部侍郎、平章事、監修國史。翰林
學士承旨、端明殿學士、翰林侍讀學士、禮部侍郎王珪守本
官,參知政事。"

---

①　關於保甲法的相關研究,可見鄧廣銘《北宋政治改革家王安石》,第 217—
236 頁。漆俠《王安石變法》(增訂本),第 108—121 頁,第 272 頁。王曾瑜
《王安石變法簡論》,《中國社會科學》1980 年第 3 期。宋晞《王安石新法中
募役法與保甲法的結合》,《宋史研究集》第 22 輯。刁培俊《宋朝"保甲法"
四題》,《中國史研究》2009 年第 1 期。陳曉珊《北宋保甲法制定與實施過
程中的區域差異》,《史學月刊》2013 年第 6 期。

王珪《華陽集》卷三十七《王安石授金紫光禄大夫禮部侍郎同中書門下平章事監修國史進封開國公加封邑功臣制》:"門下:夫天地至神也,非統氣運物,則功不足見於時;聖賢一道也,非經世裕民,則名不足見於後。故士莫不待辰而欲奮,志莫如得位而遂行。矧夫居三公之官,而有臨四海之勢,豈不能究利澤,躬義榮,以事施於一時,而譽動於後世者哉! 具官某良心不外,德性攸尊,至學窮於聖人,貴名薄於天下。不以榮辱是非易其介,不以安危利害辭其難。方予訪落之初,勞於用賢之務,昭發猷念,預裁政幾。衆訾所傷,曾靡捐身之憚;孤忠自許,唯知報國之圖。朕與其知道者深,倚以爲相者久,兹合至公之首,肆敷大命之休。若作室,用汝爲垣墉;若濟川,用汝爲舟檝。予有違而汝弼,汝有爲而予從。於時大亨,蓋出絶會;於戲! 自成湯至於帝乙,靡不懷畏相之心;若孟子學於仲尼,其唯達事君之道。尚祈交救,卒俾蒙成。可。"

是日,百官造門奔賀,書"霜筠雪竹鍾山寺,投老歸歟寄此生"明志

魏泰《東軒筆録》卷十二:"熙寧庚戌冬,荆公自參知政事拜同中書門下平章事、史館大學士。是日,百官造門奔賀者無慮數百人,荆公以未謝恩,皆不見之,獨與余坐西廡之小閣。荆公語次,忽顰蹙久之,取筆書窗曰:'霜筠雪竹鍾山寺,投老歸歟寄此生。'放筆揖余而入。"

羅大經《鶴林玉露》丙編卷五:"士豈能長守山林,長親蓑笠? 但居市朝軒冕時,要使山林蓑笠之念不忘,乃爲勝

耳。陶淵明《赴鎮軍參軍》詩曰：‘望雲慚高鳥，臨水愧游魚。真想初在襟，誰謂形迹拘。’似此胸襟，豈爲外榮所點染哉！荊公拜相之日，題詩壁間曰：‘霜松雪竹鍾山寺，投老歸歟寄此生。’只爲他見趣高，故合則留，不合則拂袖便去，更無拘絆。山谷云：‘佩玉而心若槁木，立朝而意在東山。’亦此意也。”

按，羅大經《鶴林玉露》於公頗多詆毁，[1]然此條抉出公之精神，真能視富貴如浮雲。

上表辭免，神宗批答不允

《文集》卷五十七《辭免平章事監修國史表二》，《王文公文集》作《辭史館相公表》。

上謝表

《文集》卷五十七《除平章事監修國史謝表》。《文集》卷六十一《謝宰相筍記》。

上兩府大王啓

《文集》卷七十九《除宰相上兩府大王免啓二》。

回王珪啓

《文集》卷七十九《回謝王參政啓》，《回王參政免啓》。

---

① 《鶴林玉露》甲編卷三：“國家一統之業，其合而遂裂者，王安石之罪也。其裂而不復合者，秦檜之罪也。渡江以前，王安石之説浸漬士大夫之肺腸，不可得而洗滌。渡江以後，秦檜之説淪浹士大夫之骨髓，不可得而針砭。”第49頁。

啓曰"方勵同寅之志"、"方當上同扶世之猷"、"遂協謀而許國",則王參政乃王珪。珪與公同年,又同日除參知政事,故云。

有詩題中書壁

《詩注》卷四十四《題中書壁》:"夜開金鑰詔詞臣,對御抽毫草帝綸。須信朝家重儒術,一時同榜用三人。"

李注:"熙寧三年,公與韓子華同拜相,王岐公爲翰林學士,被召草麻。既聞旨,神宗因出手札示之曰:'已除卿參知政事矣。'故此詩云:'一時同榜用三人。'公楊寘榜及第,岐公第二,子華第三,公第四。"

陳祥道、熊伯通等上賀啓

王銍《四六話》卷下:"先子嘗言:王荆公作相,天下士以文字頌其道德勳業者,不可以數計也。如祥道啓曰:'六經之書,得孔子而備;六經之理,得先生而明。'王禹玉作除相麻詞曰:'至學窮於聖原,貴名薄於天下。'熊伯通賀啓曰:'燭照數計,洞九變之本原;玉振金聲,破千齡之堙鬱。'又曰:'永惟卓偉之烈,絕出古今之時。'鄧溫伯作白麻曰:'道德合符乎古人,學問爲法於海内。越升冢宰,大熙衆功。力行所學,而朝以不疑;謀合至神,而人莫爲間。'若此者劇多,然不若子瞻《贈太傅誥》曰:'浮雲何有,脫屣如遺。'此兩句乃能真道荆公出處妙處也。"

　　按，陳祥道字用之，一作祐之，閩清人，宋英宗治平四年
進士。① 《宋史》卷四百三十三有傳："字用之，元祐中爲太
常博士，終秘書省正字。所著《禮書》一百五十卷，與暘《樂
書》並行于世。"《(弘治)八閩通志》卷六十二："嘗著《禮書》
一百五十卷，近臣以聞，詔尚書給筆札以進。除國子監直
講，遷館閣校勘，兼太常博士，終秘書省正字。又有《論語句
解》與《禮書》並行於世。"《郡齋讀書志》卷四著録其《論語
解》："王安石介甫撰，并其子雱《口義》，其徒陳用之《解》，
紹聖後皆行於場屋。"全祖望《鮚埼亭集外編》卷二十三《陳
用之論語解序》："荆公六藝之學，各有傳者。考之諸家著録
中，耿南仲、龔原之《易》，陸佃之《尚書》、《爾雅》，蔡卞之
《詩》，王昭禹、鄭宗顔之《周禮》，馬希孟、方愨、陸佃之《禮
記》，許允成之《孟子》，其淵源具在。而陳祥道之《論語》，
鮮有知者，但見於昭德晁氏《讀書志》而已。荆公嘗自解《論
語》，其子雱又衍之，而成於祥道。長樂陳氏兄弟深於《禮》、
《樂》，至今推之，乃其得荆公之傳，則獨在《論語》。昭德謂
紹聖以後，場屋皆遵此書，則固嘗頒之學官矣。或曰：是書
本出於道鄉鄒公，而託於祥道。予謂道鄉偉人也，豈肯襲阮
逸輩之所爲哉？諸家爲荆公之學者，多牽於《字説》，祥道疵
纇獨寡，爲可喜也。況荆公父子之《論語》不傳，而是書獨
存，亦已幸矣。予鈔是書，蓋於天一閣范氏。前此崑山徐尚
書開雕宋儒諸箋詁，其得之天一閣最富，而是書不預焉。殆
以其闕文誤字之多，故置之。予家居細爲校讐，稍復可通，

──────────

① 《(淳熙)三山志》卷二十六，第8014頁。

欲覓窮經家之有力者,取荊公《周禮新義》、王昭禹《周禮解》、鄭宗顏《考工記注》、陸佃《爾雅新義》曁是書合梓之,以見熙、豐之學之概,無使蔡卞之《詩》獨行,而未能也。”

十二月十三日,撰《提轉考課敕詞》

《文集》卷四十七《提轉考課敕詞》:“先王考績之次序,雖見於經,而其詳不傳於後世。朕若稽古,以修衆功,而諸路刺舉之官,未有以考其賢否。比敕有司,詳議厥制,條奏來上,詢謀悉同。其使布宣,以勵能者,而擇左右可信之良使典治之。古人有言:‘徒善不足以爲政,徒法不能以自行。’今朕有念功樂善之志焉,而又繼之黜陟幽明之法,以待天下之大吏矣。然非夫任事之臣躬率以正,而考慎其實,與士大夫宣力於外者皆安於禮義,而不以便文徼幸爲姦,則朕之志豈能獨信於天下,而法亦何恃以行哉!咨爾在位,其各悉力一心,務祇新書,以稱朕至誠惻怛之意。”

《長編》卷二百一十八熙寧三年十二月己巳:“侍御史知雜事謝景溫兼考校諸路轉運使、提點刑獄課績。”

《宋史》卷一百六十《選舉六》:“神宗即位,凡職皆有課,凡課皆責實。監司所上守臣課不占等者,展年降資;而治狀優異者,增秩賜金帛,以璽書獎勵之。若監司以上,則命御史中丞、侍御史考校。”

十二月十九日,作《與妙應大師説》

《文集》卷七十一《與妙應大師説》:“妙應大師智緣,診父之脉,而知子之禍福,翰林王承旨疑其古之無有。緣曰:

'昔秦醫和診晉侯之脉，而知良臣必死，良臣之死乃見於晉侯之脉，診父而知子，又何足怪哉！' 熙寧庚戌十二月十九日，某書。"①

十二月二十四日，提舉編修《三司令式》并《敕》及《諸司庫務歲計條例》

《長編》卷二百十八熙寧三年十二月庚辰："命王安石提舉編修《三司令式》并《敕》及《諸司庫務歲計條例》。翰林學士元絳、權三司使李肅之、權發遣鹽鐵副使傅堯俞、權戶部副使張景憲、度支副使王靖、同修起居注李壽朋、集賢校理陳繹，並同詳定。太子右贊善大夫呂嘉問、光禄寺丞楊蟠、崇文院校書唐坰、權許州觀察推官王覿、三司推勘公事喬執中、檢法官李深、勾當公事張端、著作佐郎趙蘊周直孺、均州軍事判官孫寔，並爲删定官。"

十二月末，陳舜俞翻悔昔年不行青苗法，馮京欲用之，不可

《長編》卷二百十二熙寧三年六月丙子："降屯田員外郎、知山陰縣陳舜俞監南康軍鹽酒税，坐違詔旨，不散常平錢自劾也。舜俞先有旨召試學士院，亦詔寢之。舜俞爲人矯激不情，仕宦頗齟齬，中間嘗躁忿棄官，居嘉禾白牛村，自稱白牛居士。已而不能忍，復出仕進。既謫南康，其後乃上書稱青苗法實便，初迷不知爾。時參知政事馮京欲緣此復

① 或謂此非公作，詳本譜卷三治平三年。劉永翔駁之："許宦所云，反爲臆説。"《清波雜志校注》卷十一，第463—464頁。

用之,宰相王安石曰:'爲人反復,如何可用也。'方是時,畿内初置保甲,且觀其端,而知宿州元積中遽乞布之四方,故京師爲之語曰:'元積中逆承保甲,陳舜俞翻悔青苗。'聞者以爲笑。"

李燾:"馮京參政在九月十四日,立保甲法在十二月九日,王安石拜相在十二月十一日,舜俞翻悔當附十二月末。"

按,陳舜俞,《宋史》卷三百三十一有傳:"字令舉,湖州烏程人。博學强記。舉進士,又舉制科第一。熙寧三年,以屯田員外郎知山陰縣,詔俟代還試館職。舜俞辭曰:'爵禄名器,砥礪多士,宜示以至神,烏可要期如付劑契?'繳中書帖上之。青苗法行,舜俞不奉令,上疏自劾……奏上,責監南康軍鹽酒税,五年而卒。舜俞始嘗棄官歸,居秀之白牛村,自號白牛居士。已而復出,遂貶死。"是年五月,陳舜俞以難以奉行青苗法上狀自劾,《都官集》卷五《奉行青苗新法自劾奏狀》:"熙寧三年五月,具位臣陳某準州牒前後録降敕命,及轉運司牒、提舉常平廣惠倉司牒榜等,近准敕條:將常平、廣惠倉錢斛依陝西青苗錢例,每於夏秋以前,約逐處收成時酬價,立定額支每斗價例,曉示召人情願請領,隨税送納斛斗。或納時價貴願納見錢者,並許從便。雖時價極貴,比之元數,取利不過二分,即不得障遏民户,不令請領。及有不願請者,亦不得一例抑配者……則是使吾民一取青苗錢,終身以及世世一歲常兩輸息錢,無有窮已。萬一如此,則是別爲一賦以敝生民,非朝廷王道之舉也。臣雖愚闇,嘗深世務,官於縣道,職在愛民。今不敢苟免按問,雷同官吏,誘陷小民,日入困敝。在犬馬之心,亦深惜輕誤聖朝,別生

此賦。所有青苗新法難以奉行，謹具狀自劾以聞。”六月，陳
舜俞責監南康軍鹽酒稅，上謝表，《（寶慶）會稽續志》卷七：
“按，舜俞有《南康軍到任謝表》，其間有云：‘伏自陛下大明
繼照，百度惟新。臣忝預搢紳，粗知鼓舞。逮奉青苗之法，
目爲大政之先。衆人以謀始之難，駭其近利；愚者雖成事而
闇，尚欲有言。若乃懷異議而奉行，張空文而布告，諷止民
利，欺罔朝廷，人或有然，臣則不敢。’”

薦元絳爲知制誥，神宗召爲翰林學士

《宋史》卷三百四十三《元絳傳》：“徙廣、越、荆南，爲翰
林學士、知開封府。”

葉夢得《石林燕語》卷九：“元厚之少以文字自許，屢以
贊歐陽文忠，卒不見録。故在嘉祐初、治平間，雖爲從官，但
多歷監司帥守。熙寧初，荆公當國，獨知之，始薦以爲知制
誥，神宗猶未以爲然。會廣西儂智高後，復傳溪峒有警，選
可以經略者，乃自南京遷知廣州。既至，邊事乃誤傳，其《謝
上表》云：‘横水明光之甲，得自虛傳；雲中赤白之囊，唱爲危
事。’蓋用澤潞李文饒及《邠吉傳》中事。神宗覽之，大稱善，
後遂自荆南召爲翰林學士。”

汪應辰辨曰：“元厚之嘉祐七年始除待制，非嘉祐初也。
自河北都轉運使、知廣州，非自南京遷也。”

按，蘇頌《蘇魏公文集》卷五十二《太子少保元章簡公神
道碑》：“凡五歲中，連徙越、荆、鄆三州，皆兼一路使職。未
至鄆，召入翰林爲學士……明年，知開封府。”《長編》卷二百
二十五熙寧四年七月甲辰：“新知鄭州、翰林侍讀學士楊繪

知亳州，翰林學士元絳權知開封府，天章閣待制、權知開封府劉庠爲龍圖閣直學士、知太原府。"元絳熙寧四年知開封府，其召爲翰林學士當爲本年，《長編》卷二百十八熙寧三年十二月庚辰："命王安石提舉編修三司令式并敕，及諸司庫務歲計條例。翰林學士元絳權三司使。"故附此。

是年，進呈朱越乞知建州疏，因與神宗論君臣信任之道

楊時《龜山先生全集》卷六《日録辨》："呈朱越乞小郡。上問朱越，余取實對，又問越何處人，因甚人説他。余曰：'朱越是江寧人，臣久居江寧，與之相識。言者或以爲臣欲差此人知建州。建州地遠事繁，無職田，無錫賜，無酬奬。朱越素廉潔有行，居官無敗事，又是大卿，比鞏申、王秉彝輩只有過之，即無不及，理須與一郡如建州者。'上曰：'聞亦廉介，可惜年老。'余言其不老，上曰：'若在京，好一見之。'余曰：'雖在京，陛下亦何須見？建州知州，自來只是中書差，何足掛聖念？如臣者忠信誕謾之實，陛下乃當審察。若臣誕謾不足信任，便改命忠信之人，付之政事。以天下之大，豈無忠信可任以差除建州知州者？'上曰：'非爲如此，只是人言欲考實。'余曰：'陛下每事欲考實，甚善。然所當考實，乃有急於建州者。'又曰：'人主防人臣爲姦，當博見人，窮理道，考事實。窮理道，考事實，則雖見姦人無害。博見人，則人臣不能爲朋黨蔽欺。人臣爲姦，尤惡人主博見人，故李逢吉之黨相與謀，以爲人主即位，當深防次對官。'上説。"

按，《福建通志》卷二十五："宋知建州軍州事：江寬、韓奕、朱越、元暕、李正臣、許當。以上俱熙寧間任。"《宋會要

輯稿》職官五二:"神宗熙寧二年九月二日,詔遣太子中允、權監察御史裏行王子韶往明州,體量前知州苗振在任違越事狀、前知睦州朱越治狀,仍採訪所過州軍官吏善惡、民間弊病,回日以聞。"姑附此。

是年,劉攽來書,論出母繼母嫁服

《彭城集》卷三十三《論出母繼母嫁服與王介甫》。按,書中所論,或與是年臺諫抨擊李定持服有關,姑附此。

是年,有詩寄碧岩寺道光

《詩注》卷四十五《寄碧岩道光法師》:"去馬來車擾擾塵,自難長寄水雲身。碧岩後主今爲客,何況開山説法人。"

李注:"言車馬塵中,非高人所可久寓。"

是年,象山令江樸代還。勞問之,而論事不合

《(寶慶)四明志》卷二十一"象山縣令":"江樸,治平四年。黄顔,熙寧三年。"

按,晁補之《雞肋集》卷六十六《夔州録事參軍江君墓誌銘》:"江君諱樸,字文叔,世爲衢州開化人……再調象山令,代還。王荆公當國,擢士不次,以君平生舊,勞問歎息,坐客謂君旦夕用矣。復見,以書論事不合,即仰棟坐不交一語,君亦自絶去。"

見胡及,問州縣得失,優待甚至

蘇頌《蘇魏公文集》卷六十《朝奉大夫提點廣西刑獄公

事胡公墓誌銘》：“大夫諱及，字考父，初名克儉，避嫌更
之……神宗登極，轉太子中舍，知建昌軍南豐縣……逮將滿
也，邑民千餘輩，列疏其政事之尤著者十數條，叩軍守，邀監
司，願留借再任。事聞于朝，神宗異之。代還，吏部試治煩，
令差知潭州長沙縣。熙寧初，常平法行，今丞相章公察訪兩
湖，案募役，平徭法，而長沙獨得其要領，奏書爲諸縣之
最……王荆公初執政，聞其南豐之譽，數詢廣坐曰：‘識此人
否？’暨見之，問曰：‘久于縣道，知民疾苦，宜莫如君之詳也。
有可以補于時，幸一二疏示。’因具近歲州縣得失十數事上
之，荆公雖不盡用其言，然獎待甚至。自熙河歸過洛，見司
馬溫公，公勞苦之曰：‘西垂舉事，得志者數百人，君獨不意
而歸，其有以乎？’後溫公得政，未嘗通訊問，名聲以此不相
聞，終亦齟齬。”

按，《長編》卷二百三十六熙寧五年閏七月庚戌：“遣秘
書丞、集賢校理、檢正中書户房公事章惇察訪荆湖北路農田
水利常平等事。始議經制南北江，故徙夙及桷，又使惇往密
圖之。王安石請先以察訪常平等事爲名，竢見端緒，乃委監
司計度。”熙寧五年，章惇察訪荆湖北路農田水利常平，胡及
自南豐代還，當稍前，姑附此。

是年，有詩寄知鄂州張顗

《詩注》卷十三《寄鄂州張使君》。

按，張使君爲張顗，字仲孚。[1]《全宋文》卷一千二十九

---

[1] 壽涌《王安石詩題疑難人名解讀九則》，《江西教育學院學報》2008 年第
4 期。

張問《宋故中散大夫致仕上輕車都尉南陽縣開國伯食邑八百户賜紫金魚袋張公墓誌銘》："公諱顓，字仲孚，其先金陵人。七世祖遭楊行密亂，避地荆湖，故今爲武陵人……既事國子，一上，中景祐元年乙科……神宗登極，轉太常少卿，加南陽縣開國男、食邑三百户，移知鄂州……公以母永嘉郡太君高年，懇求便郡，詔徙知鼎州。"張顓於本年九月知鄂州，次年九月，已移守鼎州。《長編》卷二百十五熙寧三年九月辛丑："湖南轉運使張顓知鄂州，權發遣户部判官范子奇權湖南轉運副使，湖北轉運副使孔延之權開封府推官，權發遣開封府推官孫珪爲湖北轉運使。上批：'聞顓母老，罕出巡，性亦好静。延之精力緩慢，恐非監司之宜。'故以珪、子奇易之。"《長編》卷二百十六熙寧四年九月戊戌："通判滑州、太常博士李常知鄂州，仍復集賢校理。"故附此詩於本年末。

詠吐綬雞

《詩注》卷四十七《吐綬雞》："樊籠寄食老低摧，組麗深藏肯自媒。天日清明聊一吐，兒童初見互驚猜。"

李注："柳子厚《答韋中立書》：'僕往聞庸蜀之南恒少日，日出則犬吠。'此詩意亦類柳。疑公自況，終以議變法者爲非。"姑附此。

撰《老子》

《文集》卷六十八《老子》："道有本有末。本者，萬物之所以生也；末者，萬物之所以成也。本者出之自然，故不假乎人之力而萬物以生也；末者涉乎形器，故待人力而後萬物以成也。夫其不假人之力而萬物以生，則是聖人可以無言也，無爲也；至乎有待於人力而萬物以成，則是聖人之所以不能無言也，無爲也。故昔聖人之在上而以萬物爲己任者，必制四術焉。四術者，禮、樂、刑、政是也，所以成萬物者也。故聖人唯務修其成萬物者，不言其生萬物者，蓋生者尸之於自然，非人力之所得與矣。

老子者獨不然，以爲涉乎形器者皆不足言也，不足爲也，故抵去禮、樂、刑、政，而唯道之稱焉。是不察於理而務高之過矣。夫道之自然者，又何預乎？唯其涉乎形器，是以必待於人之言也，人之爲也。其書曰：'三十輻共一轂，當其無，有車之用。'夫轂、輻之用，固在於車之無用，然工之琢削，未嘗及於無者。蓋無出於自然之力，可以無與也。今之治車者，知治其轂輻，而未嘗及於無也。然而車以成者，蓋轂輻具，則無必爲用矣；如其知無爲用而不治轂輻，則爲車之術固已疏矣。今知無之爲車用，無之爲天下用，然不知所以爲用也。故無之所以爲車用者，以有轂輻也；無之所以爲天下用者，以有禮、樂、刑、政也。如其廢轂輻於車，廢禮、樂、刑、政於天下，而坐求其無之爲用也，則亦近於愚矣。"

按，此篇爲公之最重要文字之一，由此可見公欲以天道縮合法度之思想取向，以及欲超越漢唐天人感應論及天人二分説之學術建構。蓋自中唐以來，柳宗元所持之天人相分説，即頗爲流行。北宋前期學者，亦多有沿襲者。彼等以爲天自天、人自人，天道、人道二者毫無關涉。公雖屢屢駁斥天人感應論之荒謬，然並未截然割裂天道與人道之關聯。而以爲天道無爲，人道則須有爲，二者相輔相承，始能生成

萬物，形成秩序——萬物待天而生，其成則仰仗人之積極有
爲。而禮、樂、刑、政，即有爲之具也，不可須臾或缺。由此，
創法立制之變革，實可與天地參。此種理路，與趨於內傾而
於南宋後漸成思想主流之道學，頗爲不同，可視爲一種“大
有爲”政治的合法性論證。

　　另，此篇《蔡譜》附於元豐六年，未加考證。按，是年二
月，司馬光與公書曰：“光昔從介甫游，於諸書無不觀，而特
好孟子與老子之言。今得君得位而行其道，是宜先其所美，
必不先其所不美也……老子曰：‘天下神器，不可爲也。爲
者敗之，執者失之。’又曰：‘我無爲而民自化，我好静而民自
正，我無事而民自富，我無欲而民自樸。’又曰：‘治大國若烹
小鮮。’今介甫爲政，盡變更祖宗舊法，生者後之，上者下之，
右者左之，成者毁之，棄者取之，矻矻焉窮日力，繼之以夜，
而不得息。使上自朝廷，下及田野，内起京師，外周四海，
士、吏、兵、農、工、商、僧、道，無一人得襲故而守常者，紛紛
擾擾，莫安其居，此豈老氏之志乎？何介甫總角讀書，白頭
秉政，乃盡棄其所學，而從今世淺丈夫之謀乎？”[1]據此，疑是
文或與公之辨駁有關，姑附此，俟詳考。

撰《九變而賞罰可言》

　　《文集》卷六十七《九變而賞罰可言》：“萬物待是而後
存者，天也；莫不由是而之焉者，道也；道之在我者，德也；以
德愛者，仁也；愛而宜者，義也。仁有先後，義有上下，謂之

---

①　可見《溫國文正公文集》卷六十《與王介甫書》。

分;先不擅後,下不侵上,謂之守。形者,物此者也;名者,命此者也。所謂物此者,何也?貴賤親疏所以表飾之,其物不同者是也。所謂命此者,何也?貴賤親疏所以稱號之,其命不同者是也。物此者,貴賤各有容矣;命此者,親疏各有號矣。因親疏貴賤任之以其所宜爲,此之謂因任。因任之以其所宜爲矣,放而不察乎,則又將大弛,必原其情,必省其事,此之謂原省。原省明而後可以辨是非,是非明而後可以施賞罰,故莊周曰:'先明天而道德次之,道德已明而仁義次之,仁義已明而分守次之,分守已明而形名次之,形名已明而因任次之,因任已明而原省次之,原省已明而是非次之,是非已明而賞罰次之。'是說雖微莊周,古之人孰不然?古之言道德所自出而不屬之天者,①未之有也。堯者,聖人之盛也,孔子稱之曰:'惟天惟大,惟堯則之。'此之謂明天;'聰明文思安安',此之謂明道德;'允恭克讓',此之謂明仁義;'次九族,列百姓,序萬邦',此之謂明分守;'修五禮,同律度量衡,以一天下',此之謂明形名;'棄后稷,契司徒,皋陶士,垂共工',此之謂明因任;'三載考績,五載一巡狩',此之謂明原省;命舜曰'乃言底可績',謂禹曰'萬世永賴,時乃功蠢,茲有苗昏迷不恭',此之謂明是非;'皋陶方祇,厥叙方施,象刑惟明',此之謂明賞罰。

至後世則不然。仰而視之曰:'彼蒼蒼而大者何也?其去吾不知其幾千萬里,是豈能知我何哉?吾爲吾之所爲而已,安取彼?'於是遂棄道德,離仁義,略分守,慢形名,忽因

---

① "不",據《王文公文集》補,第325頁。

任，而忘原省。直信吾之是非，而加人以其賞罰，於是天下
始大亂，而寡弱者號無告。聖人不作，諸子者伺其間而出，
於是言道德者至於窈冥而不可考，以至世之有爲者皆不足
以爲。言形名者守物誦數，罷苦以至於老，而疑道德。彼皆
忘其智力之不贍，魁然自以爲聖人者此矣。悲夫！莊周曰：
'五變而形名可舉，九變而賞罰可言。語道而非其序，安取
道？'善乎，其言之也！莊周，古之荒唐人也，其於道也蕩而
不盡善。聖人者與之遇，必有以約之，約之而不能聽，殆將
擯四海之外而不使之疑中國。雖然，其言之若此者，聖人亦
不能廢。"

　　按，公於莊子，早年有取其"通性命之分而不以死生禍
福累其心，此其近聖人也"。"墨翟非亢然詆聖人而立其説
於世，蓋學聖人之道而失之耳，雖周亦然。"①《文集》卷六十
八《莊周》："然則莊子豈非有意於天下之弊而存聖人之道
乎……然而莊子之言不得不爲邪説比者，蓋其矯之過矣。"
至此，乃取《莊子》"九變而賞罰可言"，以天道綰合法制，欲
爲禮、樂、刑、政等治術尋求一更高天道依據，重建儒家政治
憲綱。所謂"仰而視之"者，力主天人相分，以爲天自天，人
自人，人事不關天道。其弊在於直信己是，任意賞罰。"言
道德者至於窈冥而不可考"者，摒棄人事，以道德爲虛無，而
無用於世。此皆公所不取。

---

① 《文集》卷七十七《答陳栧書》，第816頁。

劉成國 著

王安石年譜長編

二

中華書局

嘉祐三年戊戌（1058），三十八歲

知常州。歲初再致書吳薲，議王令婚事

《文集》卷七十四《與吳司錄議王逢原姻事書》其二：
"王令秀才見在江陰聚學，文學、智識與其性行，誠是豪傑之士。或傳其所爲過當，皆不足信。某此深察其所爲，大抵只是守節安貧耳。近日人從之學者甚衆，亦不至絶貧乏，況其家口寡，亦易爲贍足。雖然不應舉，以某計之，今應舉者未必及第，未必不困窮，更請斟酌。此人但恐久遠非終困窮者也。雖終困窮，其畜妻子當亦不至失所也。渠却望二舅有信來決知親事終如何，幸一賜報也。尚寒，伏乞善保尊重。"

邵必示以《復鑑湖記》。有書答之，論近世文弊在於堆積故實，雕繪語句，然乏濟世之用

《文集》卷七十五《上邵學士書》："仲詳足下：數日前辱示樂安公詩石本，及足下所撰《復鑑湖記》……某嘗患近世之文，辭弗顧於理，理弗顧於事，以襞積故實爲有學，以雕繪語句爲精新。譬之擷奇花之英，積而玩之，雖光華馨采，鮮縟可愛，求其根柢濟用，則蔑如也……今樂安公懿文茂行，起越朝右，復得足下以宏識清議，相須光潤，苟力而不已，使後之議者必曰：'樂安公，聖宋之儒宗也，猶唐之昌黎而勳業過之。'又曰：'邵公，樂安公之壻也，猶昌黎之李漢，而器略過之。'則韓李、蔣邵之名各齊驅並驟，與此金石之刻不朽

矣,所以且欣且慶者,在於茲焉。郡庠拘率,偶足下有西笑
之謀,未獲親交談議,聊因手書,以道欽謝之意,且賀樂安公
之得人也。"

　　按,樂安公,謂蔣堂,①《宋史》卷二百九十八有傳。"邵
公,樂安公之壻也",謂邵必。胡宿《文恭集》卷三十九《宋
故朝散大夫尚書禮部侍郎致仕上柱國樂安縣開國侯食邑一
千三百户賜紫金魚袋贈吏部侍郎蔣公神道碑》:"宋有大雅
全德之老尚書禮部侍郎致仕蔣公,以皇祐六年三月辛酉考
終于吳郡靈芝坊私第,以至和元年九月乙酉葬于吳縣堯峰
之魯塢,門人邵必誌其壙……公諱堂,字希魯,常州宜興
人……祥符五年登進士甲科,授楚州團練推官……坐部吏
犯法,按舉失實,移知越州。漢太守馬臻所治鑑湖在焉,無
慮溉田八千頃,至是,越人奪湖水以名己田,故水日堙,湖田
日廣,貧民失水利,豪姓擅地産。公條奏利病,詔復爲
湖……女四人:長適刑部郎中、知制誥邵必,次適都官員外
郎王景芬,次早卒,次適處州青田縣尉宋寬。"《宋史》卷三百
十七《邵必傳》:"必字不疑。舉進士,爲上元主簿……出知
常州,召爲開封府推官。坐在常州日杖人至死,責監邵武
稅,然杖者實不死。久之,知高郵軍,提點淮南刑獄,爲京西
轉運使……入修起居注,知制誥。"

　　邵必字不疑,此曰"仲祥",或曾改字。景祐三年十二
月,蔣堂以吏部員外郎知越州,復鑑湖,邵必爲撰《復鑑湖
記》。此書曰"郡庠拘率,偶足下有西笑之謀",則當作於公

①　《(嘉泰)會稽志》卷一:"府西園之新,蓋自樂安公蔣堂。初,景祐三年冬,
公實始來,數月政成,郡以無事,迺闢金山神祠作正俗亭。"第6734頁。

知郡時。考熙寧之前，公曾兩度知郡，一爲本年知常州，一爲英宗治平四年知江寧。然知江寧時，邵必已入京數年，歷修起居注，知制誥①，不得謂“足下有西笑之謀”也。故此書當作于本年公知常州任上，②時邵必提點淮南刑獄，繼爲京西轉運使。③

妹婿張奎甫至劍州，以親憂罷。有詩寄之

《詩注》卷三十五《張劍州至劍一日以親憂罷》：“客舍飛塵尚滿韉，却尋東路想茫然。白頭反哺秦烏側，流血思歸蜀鳥前。今日相逢知悵望，幾時能到與留連。行看萬里雲西去，倚馬春風不忍鞭。”

李注：“劍州，即公女弟之夫。前已有寄張詩，與此意大略多同，此當在前。”“今日相逢，蓋預期會面也。知悵望者，謂張尤望相見，但不知何時得到而留連之耳。”

爲楊蟠母吳氏撰墓誌銘

《文集》卷九十九《太常博士楊君夫人金華縣君吳氏墓誌銘》，文曰：“錢塘楊蟠將合葬其母，縗絰以走晉陵，而問銘於其守臨川王某……夫人後君十六年以卒，卒時嘉祐二年，

---

① 可見《長編》卷二百一治平元年四月丁未、《長編》卷二百六治平二年十月乙巳、《長編》卷二百八治平三年四月庚戌、《長編》卷二百九治平四年二月丙辰。神宗熙寧二年，邵必出知成都府，卒於道。《宋會要輯稿》選舉三二：“（熙寧二年）二年五月一日，詔遣內臣一員，乘驛往三泉縣，護新知成都府邵必喪，及照管本家骨肉。”第5871頁。
② 賈三強《王安石文繫年續考》繫於治平二年至四年，不取。
③ 李之亮《宋代路分長官通考》，第296頁。

年七十三,而以明年二月二十日祔于楊君之墓……夫人生男女十人,卒時,子輔國、子端與其女子七人皆已卒,而蟠獨在,爲泗州軍事推官。"

撰周嘉正、周彦先、周茂先等墓誌銘

《文集》卷九十六《尚書刑部郎中周公墓誌銘》:"公諱嘉正,字榦之,少與其舅弟俱以進士甲科起家,爲通州軍事推官……明道元年,以恩遷刑部。二年,年六十四以卒……嘉祐三年三月壬申,公子與孫葬公皇考秘書丞、贈尚書工部侍郎之兆東。"

《文集》卷九十六《右侍禁周君墓誌銘》:"君周氏,諱彦先,字師古……君先夫人盛氏,尚書工部侍郎諱京之子。後夫人王氏,尚書主客郎中諱貫之之子,皆有賢行。五子:濤、洄、洧、渥、瀨,皆爲進士。二女子,嫁如皋史堪、德安鄭汾,亦皆爲進士。而濤今爲著作佐郎、知汝州梁縣,以嘉祐三年三月壬申,葬君皇考郎中之兆次,而以先夫人祔。"

《文集》卷九十六《泰州司法參軍周君墓誌銘》:"君周氏,諱茂先,字去華……明道二年五月,刑部君終于第,君思慕哭泣,至其年十月亦卒,於是君年三十二。夫人南陽張氏,守其孤不嫁。其後孤涣以進士起家洪州南昌縣主簿,二女子,嫁池州貴池縣尉宣城查墊、進士建安吳觀,而以嘉祐三年三月壬申,葬君北原之兆。"

按,周彦先娶公叔祖王貫之女,爲公姑丈,其妹又嫁公某兄:"先夫人盛氏,尚書工部侍郎諱京之子。後夫人王氏,尚書主客郎中諱貫之之子。""君弟吾嫂,夫人吾姑。"倪濤

《六藝之一録》卷一百十："《周氏世德記》，朝奉大夫、太常博士、知常州王安石撰。舊在滿覺壠，見《(成化)杭州府志》。"

二月十五日，自知常州移提點江南東路刑獄

《長編》卷一百八十七嘉祐三年二月丙辰："詔新提點江南東路刑獄沈康知常州，知常州王安石提點江南東路刑獄。以諫官陳旭言康才品凡下，又素無廉白之稱，故易之。"

李燾注："安石知常州在二年秋。康以是年二月丙午，自度外、集校除江東憲，才旬日改命。"

《名臣碑傳琬琰集》下卷十四《王荆公安石傳實録》："安石少有大志，慶曆二年，登進士甲科，簽書淮南節度判官廳公事。代還，例當進所業試館職，安石獨不進，特召試，亦固辭。知明州鄞縣，通判舒州，除知建昌軍，不赴。召爲群牧判官，差提點府界諸縣鎮公事。出知常州，提點江南東路刑獄，入爲三司度支判官。"

《東都事略》卷七十九《王安石傳》："通判舒州。文彦博爲相，薦安石恬退，不次進用，可以激奔競之風。尋再召試，又固辭，乃以爲群牧判官，出知常州，由是名重天下。提點江東刑獄。"

《宋史》卷三百二十七《王安石傳》："通判舒州。文彦博爲相，薦安石恬退，乞不次進用，以激奔競之風。尋召試館職，不就。修薦爲諫官，以祖母年高辭。修以其須禄養言於朝，用爲群牧判官，請知常州。移提點江東刑獄，入爲度支判官。時嘉祐三年也。"

《(咸淳)重修毗陵志》卷八“秩官”：“王安石嘉祐二年，太常博士。三年二月，除江南路提點刑獄。沈康：嘉祐三年二月，尚書度支員外郎、集賢校理、新江南東路提點刑獄改知軍州。四年，五月權管勾南京留司御史臺。”

《詹譜》：“嘉祐五年庚子，改江東提刑。”

《顧譜》卷上：“嘉祐五年庚子，公年四十二歲。公提點江東刑獄。”

《蔡譜》卷五：“嘉祐二年丁酉，年三十七。知常州，移提點江東刑獄。”

按，公自知常州移提點江東刑獄，《長編》記載甚明，以上諸譜因未見《長編》，皆誤。或以公本年曾提點江西刑獄，亦非。如《邵氏聞見錄》卷十一：“得知常州，由是名重天下，士大夫恨不識其面。朝廷嘗欲授以美官，惟患其不肯就也。自常州徙提點江南西路刑獄。”《詩注》卷八《解使事泊棠陰時三弟皆在京師二首》，李注：“介父嘉祐三年二月自常州移提點江東刑獄。”《沈注》：“公時爲提點江東西路刑獄。”

《繫年》：“按：據《長編》所云，安石與沈康對調官職，則安石自知常州提點江南東路刑獄，應無疑義；參照安石《與劉原父書》云‘前月補使江東’，又《與王逢原書四》云‘某被使江東，按刑獄事’，又安石有詩曰《江東召歸》，均可作《長編》所云之佐證。然而，《邵氏聞見錄》所引司馬光語，謂爲‘提點江南西路刑獄’，似與《長編》所云大相徑庭，而參照安石是年所作詩文多在江南西路之饒州、浮梁、臨川等地，且安石解使事時正泊舟於撫州之棠陰，則是年兼爲提點江南西路刑獄，亦當可信。《孫公談圃》卷上謂‘公爲江西漕'，《施注蘇詩》亦稱其爲'江西刑獄'，高步瀛《唐宋詩舉要》卷三歐陽修《明妃曲和王介甫作》題注亦云'介甫卅九歲，提點江西刑獄'，高氏所云除年齡有小誤外，與其他各説一致，言之鑿鑿稱其爲'江西刑獄'。統觀之，沈詩注所云當近是。據《長編》熙寧十年載：'十月戊子，安石弟安上提點江東刑獄，舊治饒州，以其兄居閑，特詔治江寧。'則知提點江東刑獄治所在饒州，其時江西正在其管轄範圍内。"

按，《繫年》欲折衷江東、江西兩説，遂取《沈注》"公時爲提點江東西路刑獄"，誤也。其一，北宋饒州本屬江南東路，提點江東刑獄治所所在。《宋史》卷八十八《地理四》："江南東路。府一：江寧。州七：宣、徽、江、池、饒、信、太平。軍二：南康、廣德。縣四十三。"《輿地紀勝》卷二十三："（江南東路）提刑司，舊置司在建康府，後移治饒州。"下轄浮梁等六縣，《元豐九域志》卷六："望，浮梁，州東北二百五十里，七鄉。"如何反謂"其時江西正在其管轄範圍内"？其二，《詩注》卷八《解使事泊棠陰時三弟皆在京師二首》之棠陰，並非撫州之棠陰，詳下。其三，公本年詩歌有涉及江南西路之臨川處，蓋因本年曾返撫州臨川故也。

長妹文淑與張奎自蜀歸。有詩寄之

《詩注》卷三十五《寄張劍州並示女弟》："劍閣天梯萬里寒，春風此日白衣冠。烏辭反哺顛毛黑，鳥引思歸口血丹。行路想君今瘠瘦，相逢添我老悲酸。浮雲渺渺吹西去，每到原頭勒馬看。"

自注："時張以太夫人喪，自劍州歸。"

葛立方《韻語陽秋》卷十:"張劍州以太夫人喪,劍州歸,荆公予之詩,並示女弟云:'烏辭反哺顛毛黑,鳥引思歸口舌丹。'又有《張劍州至劍一日以親憂罷》詩云:'白頭反哺秦烏側,流血思歸蜀鳥前。'所賦皆一時之事,而語意重複如此,何耶?"

按,此詩或承《張劍州至劍一日以親憂罷》而作,時張奎夫婦已在歸途,故語意有重複。

被命即行,致書王令。欲於揚州宿留,另乞差遣,約令於丹陽相候

《文集》卷七十五《與王逢原書》其四:"被命使江東按刑獄事,明日遂行,欲至揚州宿留,別乞一差遣。切欲一見逢原,幸枉駕見追,只於丹陽奉候,切勿以事爲解也。"

按,時王令於江陰暨陽聚徒講學,距常州頗近,然公以遽被命按使江東刑獄,行役匆匆,不及約令會於常州,故擇丹陽相候,丹陽,自常赴揚之必經地。公之所以約見王令,湯江浩以爲:"一者,王安石突然被命提點江東刑獄,安石不願任此職,希望能聽聽王令的意見;二者,王安石於此年正月及上年仲冬兩次修書與舅父吳爲王令説親,安石亦需與之交換意見。"①可從。

三月,復書劉敞,論知常州時罷河役事

《文集》卷七十四《與劉原父書》:"河役之罷,以轉運賦

---

① 《北宋臨川王氏家族及文學考論》,第103頁。

功本狹，與雨淫不止，督役者以病告，故止耳。昔梁王墮馬，賈生悲哀；泔魚傷人，曾子涕泣。今勞人費財於前，而利不遂於後，此某所以愧恨無窮也。若夫事求遂，功求成，而不量天時人力之可否，此某所不能，則論某者之紛紛，豈敢怨哉！閣下乃以初不能無意爲有憾，此非某之所敢聞也。方今萬事所以難合而易壞，常以諸賢無意耳。如鄙宗夷甫輩，稍稍鶩於世矣。仁聖在上，故公家元海未敢跋扈耳。閣下論爲世師，此雖戲言，願勿廣也。前月被使江東，朝夕當走左右。自餘須面請。"

《繫年》："安石此書論知常州時罷河役事，末云：'前月被使江東，朝夕當走左右。'則爲是年三月作明矣。"是。

按，書曰"朝夕當走左右"，則劉敞尚知揚州，而公欲宿留揚州別乞差遣，故謂也。至本年四月，劉敞移知鄆州。[1]"閣下論爲世師，此雖戲言"之戲言，乃劉敞來書中語。《東軒筆錄》卷十："嘉祐初，李仲昌議開六漯河，王荆公時爲館職，頗佑之。既而功不成，仲昌以贓敗，劉敞侍讀以書戲荆公曰：'要當如宗人夷甫，不與世事可也。'荆公答曰：'天下之事，所以易壞而難合者，正以諸賢無意，如鄙宗夷甫也。但仁聖在上，故公家元海未敢跋扈耳。"然魏泰以此書爲李仲昌開六塔河所作，則誤。《蔡譜》卷五駁曰："且議河事在至和二年，荆公亦未爲館職也。其後閱《司馬旦傳》，乃知其有所自來。道輔爲熙豐間人，何謬誤至此。"

---

[1]　劉攽《彭城集》卷三十五《劉公行狀》："四月，遷起居舍人、知鄆州，兼京東西路安撫使……居鄆五月，召還朝，糾察在京刑獄，充宗正司修玉牒官。四年正月，同權知貢舉。"

於丹陽會王令

《文集》卷七十五《與王逢原書》其五："自別逢原，一得書，遂不知行李所在，伏計已達暨陽。"據此，知二人確曾於丹陽相會，之後王令歸江陰暨陽。[①]

過潤州，會葛閎，有詩別之

《詩注》卷三十二《別葛使君》："邑屋爲儒知善政，市門多粟見豐年。追攀更覺相逢晚，談笑難忘欲別前。客幀雅游皆置榻，令堂清坐亦鳴弦。輕舟後夜滄江北，回首春城空黯然。"

按，葛使君，壽涌以爲葛閎，甚是。[②] 然以此詩作於皇祐五年六月公自淮南出視蘇州積水，時葛閎知江陰軍，則誤矣。蓋詩曰"回首春城"，則時令爲春季無疑。

葛閎，《蘇魏公文集》卷五十七《光禄卿葛公墓誌銘》："公諱閎，字子容，少年以名家子挾藝文，一上擢天聖五年甲科……以治最選知潤州……遷太常少卿、光禄卿，連知漳、台二州……公享年七十，以熙寧四年某月還政，以五年三月甲子捐館舍。以六年八月甲子葬於郡西建昌山之某原，與繼夫人某縣君胡氏同塋。"葛閎嘉祐六年知漳州，[③]之前"以

---

① 本年公之行止及與王令書啓往還，沈文倬、湯江浩考證甚精，本書多有汲取。可見《王令年譜》，《王令集》第442—446頁。《北宋臨川王氏家族及文學考論》，第102—104頁。

② 壽涌《王安石詩題人名解讀九則》。

③ 《(光緒)漳州府志》卷九："葛閎，(嘉祐)六年以職方郎中任。"《中國地方志集成·福建府縣志輯》第29冊，上海書店出版社2000年版，第161頁。

治最選知潤州”，應於嘉祐三年至五年間。詩曰“客幎雅游
皆置榻，令堂清坐亦鳴弦”，李注：“言俗皆興於儒也。”“置
榻用陳蕃事”。謂葛潤州任上振興文教，尊禮士人。《光禄
卿葛公墓誌銘》：“其爲郡，亦崇尚儒學之士。在丹陽，尊禮
章望之，江陰劉泊，新定倪天隱，或親聽其講解，或表薦其履
行，學者以此翕然稱譽之。”

　　丹陽，屬潤州，王令居焉，曾上書葛閎。① 又慶曆二年，
公進士高第，葛閎時爲點檢試卷官。《光禄卿葛公墓誌銘》：
“慶曆二年，先公知貢舉，與諸同僚奏辟公爲點檢試卷官。
時故參知政事吳正肅公亦在貢部，知公尤深。”

　　公之此行，由常州過丹陽，至潤州，再北上抵揚州。故
詩注曰：“輕舟後夜滄江北，回首春城空黯然。”

作《臨吳亭》

　　《詩注》卷四十七《臨吳亭》：“補穿葺漏僅區區，志義殊
嗟士大夫。欲致太平非一日，謾勞使者報新書。”

　　李注：“‘臨’恐是‘勾’字。”“漢氏以來，群儒區區修補，
百孔千瘡。詩意似言不能曠然丕變，但補葺支拄而已。皆
不滿於時之意。”

　　按，李注甚是。臨吳亭，應爲勾吳亭，或避高宗諱改。
又作向吳亭、句吳亭。② 亭在潤州。《文集》卷二十五《藏春

---

① 《王令集》卷十七《上葛閎都官》，第 303 頁。
② 周密《齊東野語》卷四：“本朝高宗諱構，避嫌名者，仍其字更其音者，勾濤
　是也；加金字，鈎光祖是也；加絲字，絢紡是也；加草頭者，苟諶是也；改爲句
　字者，句思是也；增勾龍者，如淵是也；勾龍去上一字者，大淵是也。已上，
　皆臣下避君諱也。”中華書局 1983 年版，第 57 頁。

塢詩獻刁十四丈學士》:"遙約勾吳亭下路,春風深駐五湖
舟。"宋王珏刻本、應刻本《臨川先生文集》均作"向吳亭"。
李注:"《史記·吳世家》:'太伯之奔荊蠻,自號勾吳。'小杜
《潤州》詩:'勾吳亭東千里秋,放歌曾作昔年遊。'則勾吳亭
之名舊矣。"胡震亨《唐音癸籤》卷十六:"向吳亭在潤州官
舍。杜牧之《潤州》詩:'向吳亭東千里秋。'陸龜蒙詩:'秋
來懶上向吳亭。'今刻牧之集者,改爲句吳亭。"詩曰"使者報
新書",謂新得提點江東刑獄之命。

作《江上》

《詩注》卷三十八《江上》:"村落家家有濁醪,青旗招客
解祇裯。春風似補林塘破,野水遙連草樹高。寄食舟車隨
處弊,行歌天地此身勞。遲迴自負平生意,豈是明時惜
一毛。"

按,李注:"公意謂身自不能遠引,以遂宿心,非朝廷之
有惜也。"或作於提點江東刑獄前。

四月,抵揚州,上書曾公亮辭提點江東刑獄,不獲

《文集》卷七十四《上曾參政》:"某材不足以任劇,而又
多病,不敢自蔽,而數以聞執事矣。而閣下必欲使之察一道
之吏,而寄之以刑獄之事,非所謂因其材力之所宜也。某親
老矣,有上氣之疾日久,比年加之風眩,勢不可以去左右。
閣下必欲使之奔走跋涉,不常乎親之側,非所謂因其形勢之
所安也。"

按,曾參政爲曾公亮,《長編》卷一百八十四嘉祐元年十

二月壬子：“翰林學士、兼侍讀學士、中書舍人、集賢殿修撰、權知開封府曾公亮爲給事中、參知政事。”

赴任提點江東刑獄。與王令書，約遊鄱陽

《文集》卷七十五《與王逢原書》其五：“自別逢原，一得書，遂不知行李所在，伏計已達暨陽。今此介往，幸喻動止之詳，以慰思渴也。居江陰果可以徙否？某之勢恐未能自脫於此矣。罪纍日積，而缺然無友朋之救，此寤寐所以怵惕而不知所爲者也。逢原不知可以遊番乎？番亦多士，可以優游卒歲，試思之也。人還一報，餘自愛重。”

按，王存《元豐九域志》卷六：“饒州，鄱陽郡，軍事。治鄱陽縣。”公辭免提點江東刑獄不獲，故赴任，遂約王令至鄱陽。

與諸弟妹等會於江寧，別後有詩寄朱氏妹

《詩注》卷八《寄朱氏妹朱明之也》：“昔來高郵居，我始得朱子。從容談笑間，已足見奇偉。行尋城陰田，坐釣渠下沚。歸來同食眠，左右皆圖史。入視爾諸幼，歡言亦多祉。當時獨張倩，張奎也。遠在廬山趾。沈君未言昏，沈君季長也。名已習吾耳。安知十年來，乖隔非願始。相逢輒念遠，悲吒多於喜。今兹豈人力，所念皆聚此。諸甥昔未有，滿眼秀而美。低回吾親側，亦足慰勞止。嗟予迫時恩，一傳日千里。爾舟亦已戒，五兩翻然起。蕭蕭東南縣，望爾何時已。空知夢爲魚，逆上西江水。”

李注：“據‘一傳日千里’之句，公時爲江東提刑。”

《繫年》："必作於是年。據此詩所云'今茲豈人力,所念皆聚此'等句,則知是年安石之三妹及三位妹婿均聚于江寧。詩又云:'昔來高郵居,我始得朱子……當時獨張倩,遠在廬山趾。沈君未言昏,名已習吾耳。安知十年來,乖隔非願始。'則知皇祐二年安石曾居高郵,始與朱昌叔相識,而其時張奎在廬山。皇祐二年距此年爲九年,言十年,蓋舉其成數。"

湯江浩:"此年(王家)無疑有一次大的聚會,其相聚的時間大約在王安石赴鄱陽任之前。此後各赴所任,分散四方。相聚的地點,可能在江寧、揚州、真州三地。""王安石母親吳氏六十大壽,故兒女相聚一堂,爲母祝壽。"①可從。此詩當作於與諸妹別後未久。

過彭蠡,有詩詠之

《詩注》卷八《彭蠡》:"茫茫彭蠡春無地,白浪春風濕天際。東西捵拖萬舟回,千載老蛟時出戲。少年輕事鎮南來,水怒如山帆正開。中流蜿蜒見脊尾,觀者膽墮余方咍。衣冠今日龍山路,廟下沽酒山前住。老矣安能學伕飛,買田欲棄江湖去。"

李注:"觀此詩,公必嘗見彭蠡龍。"

《孫公談圃》卷上:"荊公爲江西漕,夢小龍呼'相公',求夾注《維摩經》十卷,久而忘之。後至友人家,見佛堂中有是經,因錄而送廟。及在相府,夢小龍來謝。"

---

① 《北宋臨川王氏家族及文學考論》,第210—211頁。

按，公未嘗爲江西漕。此事涉不經，以訛傳訛，實不足辨，種種附會，皆緣自詩中“中流蜿蜒見脊尾”句，輾轉附會。

遊落星寺，有詩

《詩注》卷三十五《落星寺》：“峯雲臺殿起崔嵬，萬里長江一酒盃。坐見山川吞日月，杳無車馬送塵埃。鴈飛雲路聲低過，客近天門夢易回。勝概唯詩可收拾，不才羞作等閑來。”

李注：“《王直方詩話》云：落星寺，在彭蠡湖中，劉咸臨嘗親見寺僧言，幼時目覩閩中章傳道作此詩，其前六句皆同，其末云‘勝概詩人盡收拾，可憐蘇石不曾來’。蘇、石，謂子美、曼卿也。後人愛其詩者，改末句作荆公詩傳之，遂使一篇之意不完，其體與荆公所作詩亦不類。苕溪漁隱曰：‘直方所言非也。此詩句語體格，真是荆公所作，餘人豈能道此？識者必能辯之。’”

按，周必大《文忠集》卷一百六十九《泛舟遊山録》：“（落星）寺去軍城僅五里，水乾則路通，今歲尚深丈餘。按圖經石高五丈，周回百五十步。《九江記》云：尋陽湖内隕星化石，上連彭蠡，下接尋陽，其石圓潔，不生草木，峭然孤峙，獨出波際。興於唐景福，天祐二年賜額福星龍安院，本朝祥符二年例改法安。南唐戊辰歲，即本朝開寶間。宣義郎湯淨撰記云：保大中寺僧修葺，元宗嘗臨幸。僧齊己、范文正公、章郇公、王介甫、平甫、程公闢、蔣穎叔、黃魯直父子、郭功甫、洪駒父皆嘗留詩。又龍圖閣學士吳仲庶中復酷愛西軒，更名曰‘嵐漪’。魯直詩云‘龍閣老人來賦詩’，謂仲庶也。山色滿眼，湖光千里，真世間之絶景。"

泝九江，上廬山，識王韶

《文集》卷九十《太常博士鄭君墓表》："蓋余嘗奉使江東，泝九江，上廬山，愛其山川。"

何汶《竹莊詩話》卷十七："《復齋謾録》云：王公韶少日，讀書于廬山東林裕老庵，庵前有老松，因賦詩云云。王荆公爲憲江東，過而見之，大加稱賞，遂爲知己。"《宋詩紀事》卷二十一載王韶《詠裕老菴前老松》："綠皮皴剥玉嶙峋，高節分明似古人。解與乾坤生氣概，幾因風雨長精神。裝添景物年年别，揵闔窮愁日日新。惟有碧霄雲裏月，共君孤影最相親。"今《詩注》卷三十五《古松》與韶詩意境相類："森森直幹百餘尋，高入青冥不附林。萬壑風生成夜響，千山月照掛秋陰。豈因糞壤栽培力，自得乾坤造化心。廊廟乏材應見取，世無良匠勿相侵。"

於饒州識劉季孫，有詩答之

《詩注》卷三十六《答劉季孫》："偶着儒冠敢陋今，自憐多負少時心。輕軒已任人前後，揭厲安知世淺深。挾策有思悲慷慨，負薪無力病侵淫。愧君綠綺虚投贈，更覺貧家乏報金。"

李注："季孫字景文，世家開封。父平，任環慶將。趙元昊寇延州，以孤軍來援，遂力戰，罵賊而死。景文以恤典得官，少篤學，能詩文。東坡先生守錢塘，景文爲左藏庫副使、兩浙兵馬都監。先生喜其人，上章薦其練達武經，講習邊政,除知隰州。"

《繫年初稿》繫於本年,是。葉夢得《石林詩話》卷下:
"劉季孫初以左班殿直監饒州酒,王荊公爲江東提刑,巡歷
至饒,按酒務。始至廳事,見屏間有題小詩曰:'呢喃燕子語
梁間,底事來驚夢裏閑?說與傍人應不解,杖藜攜酒看芝
山。'大稱賞之。問專知官誰所作,以季孫言。即召與之語,
嘉歎升車而去,不復問務事。既至傳舍,適郡學生持狀立庭
下,請差官攝州學事,公判監酒殿直,一郡大驚,遂知名云。"

周煇《清波雜志》卷八:"劉季孫初以左班殿直監饒州
酒,題小詩於治所壁間:'呢喃燕子語梁間,底事驚迴夢裏
閑?說與旁人應不解,杖藜攜酒看芝山。'時王荊公任本路
憲,按行見之,大加稱賞,遂檄權本州教授。後葉石林特著
於詩話中。芝山乃饒州近城僧寺,後池陽刻本乃改'芝山'
爲'前山',一字不審,乃失全篇之意。抑見自昔右列,亦可
承師儒之乏。"

與浮梁縣王太丞唱酬

《詩注》卷三十九《王浮梁太丞之聽訟軒有水禽三巢於
竹林之上恬而自得邑人作詩以美之因次元韻》、《詩注》卷三
十九《每見王太丞邑事甚冗而剸劇之暇猶能過訪山館兼出
佳篇爲贈仰歎才力因成小詩》。

自注:"見王太丞詩。"

李注:"《九域志》:'浮梁縣,屬饒州。'"

《繫年》:"此詩必爲提點江東刑獄至浮梁時作。"

有詩寄張氏妹、朱氏妹

《詩注》卷二十《寄虔州江陰二妹》："貢水日夜下,下與章水期。我行二水間,無日不爾思。飄若越鳥北,心常在南枝。又如岐首蛇,南北兩欲馳。逝者日已遠,百憂詎能追。生存苦乖隔,邂逅亦何時? 女子歸有道,善懷見於詩。庶云留汝車,慰我堂上慈。"

得陸經寄詩,次其韻

《詩注》卷三十五《次韻子履遠寄之作》："飄然逐客出都門,士論應悲玉石焚。高位紛紛誰得志,窮塗往往始能文。柴桑今日思元亮,天禄何時召子雲? 直使聲名傳後世,窮通何必較功勳。"

李注:"子履,陸經也。""陶潛字淵明,一字元亮,潯陽柴桑人。"

按,嘉祐初,公曾與陸經交遊,詳本譜嘉祐元年。公提點江東刑獄,陸經寄詩,公次其韻。柴桑(潯陽)屬江南東路,故詩用陶淵明典"柴桑今日思元亮",喻陸經之恬淡;時陸經已復館職,故詩用揚雄校書天禄閣典"天禄何時召子雲"。

六月二十八日,交趾貢異獸。有詩以諷

《詩注》卷十一《悲哉孔子没》："悲哉孔子没,千歲無麒麟。蚩蚩盡鉏商,此物誰能珍。漢武得一角,燔烹誣鬼神。更以黃金鑄,傳誇後世人。"

李注："嘉祐三年，交趾貢異獸二，其國自稱爲麒麟。或疑爲非麟，或疑爲山犀，或疑爲豹牛。及回詔，但稱得異獸。今詩未知指此事否，味公之意，疑其因以託興，謂世之識真者鮮耳。"

按，《長編》卷一百八十七嘉祐三年六月丁卯："交趾貢異獸二。初，本國稱貢麟，狀如水牛，身被肉甲，鼻端有角，食生芻果瓜，必先以杖擊，然後食。既至，而樞密使田況言……乃詔止稱異獸云。"[1]范鎮《東齋記事》卷一："嘉祐中，交趾貢麒麟二，予嘗於殿廷中與觀。狀如水牛，身披肉甲，鼻端一角，食生芻、果瓜。每飼之，必先以杖擊其角，然後食之。是時，中外言非麟者衆。田元均況爲樞密使，言非麟，又歷引諸書所載形狀，皆無此獸，恐爲遠人所欺，卒以爲異獸，詔答之。予嘗見陳公弼言榮州楊氏家水牛生子類此。蓋牛入水而蛟龍感之以生也。"

與王令鄱陽暫聚

沈文倬《王令年譜》："四月，至蘄州蘄春郡娶婦。六月，至鄱陽安石處停留。至八月初到蘄口。"

按，是年王令行蹤：嘉祐三年四月，王令由江陰起程，六月至鄱陽王安石處停留，十一月歸江陰，十二月遷常州。沈文倬、湯江浩等考證甚詳。

---

[1] 《宋會要輯稿》崇儒七："嘉祐三年八月二十五日，御崇政殿，召輔臣、兩制學士、待制、臺諫、館閣、三司、開封府推判官，觀交州進異獸，賜食于殿門。"第 2908 頁。

有詩寄題孫覺所建衆樂亭

《詩注》卷十八《寄題衆樂亭》："陵陽遊觀吾所好,恨不即過衆樂亭……令知道義士林服,遺愛豈用吾詩評。"

按,《王令集》卷五《寄題宣州太平縣衆樂亭爲孫莘老作》,當與公同時題寄。《(嘉慶)大清一統志》卷一百十五："太平縣有陵陽山,在縣西六十里,與池州府石埭縣接界。有三峰矗立,屬縣者一,西屬石埭者二。"孫莘老,即孫覺,嘉祐元年至嘉祐四年知宣州太平縣,本年修衆樂亭。《(嘉慶)太平縣志》卷九《衆樂亭記》："余令太平之年,得縣之東山溪之會處以作亭焉,而至者樂之,因名之曰衆樂,又列其所以樂者,爲之記以自覽。嘉祐三年六月,守縣令孫覺記。"①

以王令至蘄春娶婦,與之書

《王令集》附錄《與王逢原書五》："辱書,感慰。舟但乘至蘄陽,當無人呵問,兼是吳舅法所當,亦何嫌不自駕之,以往還就載官物可也。旅居僧舍,良亦無聊,千萬自愛,時以書見教。"

按,據《王令年譜》,王令七月初九日上吳賫《定吳夫人書》,並納聘幣,赴蘄州吳賫任所聚親,時吳任蘄州石橋茶場尉。

七月,自饒州返江寧

《詩注》卷三十一《寄沈鄱陽》,詩曰："離家當日尚炎

---

① 童强《王安石詩歌繫年補正》繫於皇祐四年,不取。

風,叱馭歸時九月窮。"

自注:"時爲江東提刑。"

過彭澤,有詩詠狄仁傑、陶淵明廟

《詩注》卷三十一《狄梁公陶淵明俱爲彭澤令至今有廟在焉刁景純作詩見示繼以一篇》:"梁公壯節就虁魖,陶令清身託酒徒。政在房陵成底事,年稱甲子亦何須。江山彭澤空遺像,歲月柴桑失故區。末俗此風猶不競,詩翁歎息未應無。"

自注:"嘉祐中,江東提刑時作。"

一路頗有案舉,謗議紛然。致書曾鞏,鞏答之

《曾鞏集》卷十六《與王介甫第二書》:"比辱書,以謂時時小有案舉,而謗議已紛然矣。足下無怪其如此也。夫我之得行其志而有爲於世,則必先之以教化,而待之以久,然後乃可以爲治,此不易之道也……顧反不然,不先之以教化,而遽欲責善於人;不待之以久,而遽欲人之功罪善惡之必見。故按致操切之法用,而怨忿違倍之情生;偏聽摘抉之勢行,而譖訴告訐之害集。己之用力也愈煩,而人之違己也愈甚。況今之士非有素屬之行,而爲吏者又非素擇之材也。一日卒然除去,遂欲齊之以法,豈非左右者之誤而不爲無害也哉?則謗怒之來,誠有以召之……足下於今最能取於人以爲善,而比聞有相曉者,足下皆不受之,必其理未有以奪足下之見也。鞏比懶作書,既離南康,相見尚遠,故因書及此。"

過池州，與知州王晳之秋浦，望齊山，有詩唱和

《詩注》卷三十《和王微之秋浦望齊山感李太白杜牧之》：“齊山置酒菊花開，秋浦聞猿江上哀。此地流傳空筆墨，昔人埋没已蒿萊。平生志業無高論，末世篇章有逸才。尚得使君驅五馬，與尋陳迹久裴回。”

《詩注》卷三十五《和微之林亭》：“爲有檀欒占雒陽，憶歸杖策此徜徉。觀魚得意還知樂，入鳥忘機肯亂行。未敢許君輕去國，不應如我漫爲郎。中園日涉非無趣，保此千鍾慰北堂。”

李注：“齊山在池州貴池縣南五里，王晳《齊山記》云：‘山有十餘峰，其高正等，故曰齊山。或謂齊刺史齊映有善政，好此山，因名焉。’”

按，王晳（一作晢，形訛）字微之。[1] 皇祐元年，以著作佐郎知耀州富平縣。[2] 嘉祐二年秋知池州，梅堯臣有詩相送。[3]《曾鞏集》卷十八《思政堂記》：“尚書祠部員外郎、集賢校理太原王君爲池州之明年，治其後堂北嚮，而命之曰思政之堂……嘉祐三年冬至日南豐曾鞏記。”池州隸屬江南東路，此詩當爲本年秋公巡檄至池州時，與王晳唱和之作。周必大《文忠集》卷一百六十九《泛舟遊山録》：“嘉祐中，因太

---

① 劉摰《劉忠肅集》卷十九《九月十日趙韓王園同舍餞送王微之晳出守汝州即席次春韻》。王晉光繫於本年，未考證微之爲王晳。《繫年初稿》第 56 頁。

② 《金石萃編》卷一百三十三《唐李太尉祠堂記》。

③ 《梅堯臣集編年校注》卷二十七《送王微之學士知池州》、《依韻和池守王微之訪別》，曰：“秋江渺然生寒潮，北風吹帆上青霄……郭西猛虎夜莫入，太守號令如怒颷。”第 972、978 頁。

守王皙易名集仙洞，與王介甫唱酬甚多，即撰《齊山記》者。"
又詩曰"不應如我漫爲郎"，則此時公已自太常博士改祠部
員外郎。

又"平生志業無高論，末世篇章有逸才"，李注曰："介父
平生以三代自詭，下視漢唐，宜謂二公無高論，特以逸才許
之耳。"

次青陽，有詩

《詩注》卷四十《次青陽》："十載九華邊，歸期尚眇然。
秋風一乘傳，更覺負林泉。"

《繫年初稿》："青陽今安徽青陽縣，宋時屬池州。王安
石在皇祐三年通判舒州，該地近池州，皇祐三年至此已八
年，十載言成數而已。"可從。

遊繁昌縣靈山寺

《詩注》卷二十一《靈山寺》："靈山名誰自，波濤截孤
峰……吾舟維其側，落日生秋風。瞰崖聊寄目，萬物極纖
穠。震蕩江海思，洗滌堙鬱中。胡爲嬉遊人，過此無留蹤。
景豈龍遊殊，盛衰浩無窮。吾聞世所好，樓殿浮青紅。那知
山水樂，豈在豪華宮。世好萬變爾，感激難爲工。"

李注："張芸叟《南征錄》：'靈山在太平州繁昌縣東二
十里。寺踞山頂，殿閣重複，土俗云靈山寺。'又杜牧之有
《題靈山寺行堅師院》詩。""公詩意謂靈山之景，不讓金山，
而彼特盛如此，且言世人但知樓觀之勝，而不知山水之趣。"

遊繁昌縣鳳凰山

《詩注》卷八《鳳凰山二首》其二："歡樂欲與少年期，人生百年常苦遲。白頭富貴何所用，氣力但爲憂勤衰。願爲五陵輕薄兒，生在正觀開元時。鬭雞走犬過一生，天地安危兩不知。"

按，王象之《輿地紀勝》卷第十八："鳳凰山，在繁昌縣西南二十里，有延禧觀。郭祥正有《寄鳳凰山張居士》詩。"

至當塗，遊白紵山

《詩注》卷十八《白紵山》，詩曰："歌舞不可求，桓公井空在。"

李注："《寰宇志》：'白紵山在當塗縣東五里，本名楚山。桓温領妓游山奏樂，好爲白紵歌，因改爲白紵山。'""宋武亦嘗會群臣此山，歌白紵。"

遊九井，賦詩得盈字

《詩注》卷十八《九井得盈字》："我來立久無所得，空數石上菖蒲生。中官繫龍投玉册，小吏磔狗澆銀觥。地形偶爾藏險怪，天意未必司陰晴。山川在理有崩竭，丘壑自古相虛盈。誰能保此千秋後，天柱不折泉常傾。"

李注："九井，在當塗。殷仲文詩有《桓公南州九井》。"

《輿地紀勝》卷第十八："九井山，在當塗縣。《文選》有殷仲文《南州九井作》，即此山也……或謂桓公鑿九井，因名，郭功甫詩有'環營鑿九井'之句。"

遊牛渚

《詩注》卷八《牛渚》：“歷陽之南有牛渚，一風微吹萬舟阻。華戎蠻蜀支百川，合爲大江神所廛。山盤水怒不得泄，到此乃有無窮淵。朱衣乘車作官府，操制生殺非無權。陰靈秘怪不欲露，燋犀得禍却偶然。”

李注：“宣城舊志：‘牛渚山突出江中，世謂之牛渚沂，古津渡處也。’”

《輿地紀勝》卷第十八：“牛渚磯，《寰宇記》云：‘在當塗縣北三十餘里，古津渡也。水勢湍駛險要，備禦之地，又名采石。’”

八月，歸江寧。曾鞏、常秩來訪，同觀王令《論語義》

《文集》卷七十八《答王逢原書》：“不見已兩月，雖塵勞汩汩，企望盛德，何日忘之。忽辱惠書，承以《論語義》見教，言微旨奧，直造孔庭，非極高明，孰能爲之？仰羨仰羨！近蒙子固、夷甫過我，因與二公同觀，尤所歎服。何時得至金陵，以盡遠懷。不宣。”①

遊賞心亭，有詩寄長妹文淑

《詩注》卷二十四《遊賞心亭寄虔州女弟》：“秀發千山霽，清涵萬里秋。滄江天上落，明月鏡中流。眼與魂俱斷，身依影獨留。爲憐幽興極，不見爾來遊。”

---

① 《文集》卷七十二題作《答王深甫書三》，誤。第 769 頁。《王令集》附錄公與令書十二首，此爲第九首。

送沈康知常州

《詩注》卷三十六《送沈康知常州》："作客蘭陵跡已陳，爲傳謠俗記州民。溝塍半廢田疇薄，廚傳相仍市井貧。常恐勞人輕白屋，忽逢佳士得朱輪。慇懃話此還惆悵，最憶荆溪兩岸春。"

按，《繫年初稿》繫於本年，是。沈康字景休。《長編》卷一百八十七嘉祐三年二月丙辰："詔新提點江南東路刑獄沈康知常州，知常州王安石提點江南東路刑獄。以諫官陳旭言康才品凡下，又素無廉白之稱，故易之。"然沈康遲至本年秋方離京赴任，歐陽修、韓維、蘇頌、劉敞等均有詩送別。如韓維《南陽集》卷七《送沈學士知常州》："去去國門誰不羨，畫舡煙浪入清秋。"歐陽修《居士集》卷十四《送沈學士知常州康》："舊館芸香鎖寂寥，齋舲東下入秋濤。"蘇頌《蘇魏公文集》卷七《送沈學士守毗陵》："高閣和鉛人暫去，秋郊驅弩吏趨迎。"可證。又劉敞《公是集》卷二十四《沈康學士知常州》，題注："沈自博士除郡，某少時居客此州甚久。"《宋會要輯稿》職官六五："（嘉祐三年二月）十五日，新提點江南東路公事沈康降知常州。以知諫院陳升之言康才品下人而素無廉白之譽故也。"據此，沈康當於本年秋以太常博士、集賢校理知常州。

致書曾鞏，問以獄事，鞏有答啓

《永樂大典》十七卷曾鞏《太平州與提刑別紙啓》："某以屬吏，理當隔絕，不敢輒進私書，以冒煩視聽。而拜別門下，未及旬日，再蒙寵睨手教，眷愛之至，非復常情。其爲重賜，何以當之。其爲感辛，豈敢忘也。所謂孫小九，情宜正其重辟而聽于鈐轄司，固如尊旨。至於妻子從坐，若不上請，則尚有可疑。"

金程宇："本書當作於嘉祐三年於太平州任司法參軍之時，提刑當爲王安石……本年二月，王安石移提點江南東路刑獄，太平州屬江南東路，故曾鞏自稱'屬吏'。本年曾鞏與常秩（字夷甫）往金陵拜訪王安石，此後不久又得到王安石的來信，故書中有'拜別門下，未及旬日，再蒙寵睨手教'之語，本書即爲回信。"①可從。

答王回書，抨擊流俗因循，官吏苟簡

《文集》卷七十二《答王深父書》其二："某學未成而仕，仕又不能俛仰以赴時事之會。居非其好，任非其事，又不能遠引以避小人之謗讒，此其所以爲不肖而得罪於君子者，而足下之所知也。往者，足下遂不棄絕，手書勤勤，尚告以其所不及，幸甚，幸甚！顧私心尚有欲言，未知可否，試嘗言之。某嘗以謂古者至治之世，然後備禮而致刑。不備禮之世，非無禮也，有所不備耳；不致刑之世，非無刑也，有所不致耳。故某於江東，得吏之大罪有所不治，而治其小罪。不知者以謂好伺人之小過以爲明，知者又以爲不果於除惡，而使惡者反資此以爲言。某乃異於此，以爲方今之理勢，未可以致刑。致刑則刑重矣，而所治者少；不致刑則刑輕矣，而

---

① 金程宇《新發現〈永樂大典〉殘卷中的曾鞏佚文》，《學術月刊》2004 年第 9 期。

所治者多，理勢固然也。一路數千里之間，吏方苟簡自然，狃於養交取容之俗，而吾之治者五人，小者罰金，大者纔絀一官，而豈足以爲多乎？工尹商陽非嗜殺人者，猶殺三人而止，以爲不如是，不足以反命。某之事，不幸而類此。若夫爲此紛紛，而無與於道之廢興，則既亦知之矣。抑所謂‘君子之仕行其義者’，竊有意焉，足下以爲如何？

自江東日得毀於流俗之士，顧吾心未嘗爲之變，則吾之所存，固無以媚斯世，而不能合乎流俗也。及吾朋友亦以爲言，然後怵然自疑，且有自悔之心。徐自反念：古者一道德以同天下之俗，士之有爲於世也，人無異論。今家異道，人殊德，又以愛憎喜怒變事實而傳之，則吾友庸詎非得於人之異論、變事實之傳，而後疑我之言乎？況足下知我深，愛我厚，吾之所以日夜向往而不忘者，安得不嘗試言吾之所自爲，以冀足下之察我乎？使吾自爲如此，而可以無罪，固夫善。即足下尚有以告我，使釋然知其所以爲罪，雖吾往者已不及，尚可以爲來者之戒。幸留意以報我，無忽。”

按，此書當作於曾鞏《與王介甫第二書》後，“及吾朋友亦以爲言”，謂曾鞏也。公按巡一路，小者罰金，大者絀官，與官場因循苟簡之風頗多違戾，故惹怨怒。《王令集》卷十九《答王介甫書》：“道路時聞流議，固俗人常態耳。”“近聞江東在位，往往怨怒，此皆令所親見。”雖密友曾鞏、王回，亦不無質疑，故公於此書辯解，惟王令爲之聲援。同書卷十八《寄孫莘老書》：“所喻介甫甚悉，於此疑者固多，亦略類此，是亦何所疑哉？彼教之不改而後誅之，固善也。以今之世，上下代易，如朝暮之客耳，乃欲以古之成法責之，恐非知變

者之論也。夫聖人之於刑，豈樂輕用耶？惟過與不知者宥
之耳。至於後世，民之饑寒而刑其爲盜，不教而責其孝悌，
故曾子謂'如得其情，則哀矜而勿喜'者，此耳。論者以謂吏
之以賄敗者，是過邪？不知邪？以禄食民而爲此，尚亦哀矜
之耶？法令之著天下甚矣，此屬豈不盡曉耶？於此教之而
不斥，於他尚有斥之者乎？必有斥之者，於此争先後耳。於
他無斥者，是留以禍天下也。"

九月，按巡廣德軍，與陳闉、錢材翁等遊

《詩注》卷三十二《同陳伯通錢材翁遊山二君有詩因依
元韻》："秋來閑興每登臨，因叩精藍望碧岑。強策羸驂尋水
石，忽驚幽鳥下煙林。經時覽物悲歡異，自古忘名趣向深。
安得湖山歸我手，静看雲意學無心。"

按，《元豐九域志》卷六："同下州，廣德軍。治廣德
縣。"趙與泌《寶祐仙溪志》卷四："陳闉字伯通，皇祐元年登
進士第。歷汀州武平縣令……知廣德縣。縣舊多滯訟，公
與民面議，可否立决。"詩當作於本年，時公自金陵歸鄱陽，
過廣德軍。

修書欲寄與丁元珍，未果

《文集》卷七十五《與丁元珍書》："過廣，曾欲作書，遣
人奉詗動止，以有故亟歸，是以雖作書而不果遣。"

與孫覺相會，論及信州獄事

《文集》卷七十六《與孫莘老書》："某昨日相見，殊忽

忽,所示及信獄事,深思如此難處,足下試思其方,因書
示及。"①

度麾嶺,有詩寄孫覺,並致書請孫疏示鹽秤子搔擾事

《詩注》卷三十一《度麾嶺寄莘老》:"區區隨傳換冬春,
夜半懸崖託此身。豈慕王尊能許國,直緣毛義欲私親。施
爲已壞平生學,夢想猶歸寂寞濱。風月一歌勞者事,能明吾
意可無人。"

《文集》卷七十六《與孫莘老書》:"某昨日相見,殊忽
忽,所示及信獄事,深思如此難處,足下試思其方,因書示
及……鹽秤子搔擾事,幸疏示其詳,不敢作足下文字施行,
要約束今後耳。足下既受人民社稷於上官,勢亦不得有所
避,避太過,則其事將不直,而職事亦何由理也。如鹽秤子
事,悉望疏示。自足下職事,然某不敢漏露也。至麾嶺鄉
詩,奉寄一覽也。秋冷自愛。"

《詩注》卷三十一《寄沈鄱陽》,李注:"信州弋陽縣有葛
溪。按:江東地志無藤溪,豈誤以葛爲藤乎? 麾嶺,在徽州
績溪縣西北十里,《圖經》'麾'作'徽',太平州寧國縣亦有
徽嶺,未知孰是。"

《詩注》卷十四《別孫莘老》,李注:"介甫後自群牧出憲
江東,莘老時猶在太平。公集有與莘老一書,論朋友切磨及
鹽秤子事,亦可見二公情分,始未嘗不同,後卒以論新法故
異耳。"

---

① "信",龍舒本作"訊"。信,當爲信州,屬江南東路。

《繫年》："此書中提及鹽秤子事，據李雁湖乃以此爲是年安石提刑江東時事，從之。"

按，孫覺嘉祐元年爲宣州太平縣令（詳本譜嘉祐元年）。宣州屬江南東路，公按部至此，與孫覺相會。

過歙州，識周之道，熟知其治狀

汪藻《浮溪集》卷二十六《尚書刑部侍郎贈通議大夫周公墓誌銘》："年十三，以文謁安定先生胡瑗，瑗奇之，因留受業。擢皇祐五年進士第，調主杭州錢塘簿……移歙州祁門令，有政蹟……初，王文公安石奉使江東，祁門其屬邑也，熟知公治狀。"

按，墓主周之道，字覺民，皇祐五年進士，累官至尚書刑部侍郎，元符三年卒。

欲上書請郡。曾鞏、王回、丁寶臣等致書勸止

《王令集》卷十九《答王介甫書》："此職安可以久居？所請雖煩，要有得而後止耳。辭既遜順，雖煩亦何所害？承見示諸君之論，以謂不宜自求便安，數瀆朝廷，此似不量爲使與請郡輕重者也。使要之不可爲，則請郡雖煩，有不避也。世之與官爵有所徼求，與自以爲冤而求直者，書有數十上矣。若以義論之，則使之不可爲決矣；不以義論之，則雖煩，與彼何異耶？何爲而遽止以憚煩耶？近聞江東在位，往往怨怒，此皆令所親見。介甫所待遇，未有以失之也，然而人之如此者，以其所爲異耳。持公心，不阿黨，以遊茲世，難矣！恐久而不免人禍也。古之人，非其時，有魚鹽賈販自活

者多矣,然未有爲貧而爲公卿大夫者。非惟不可,亦勢不便耳。今既參差其間,要得郡後止耳。不審何如。”

按,據令書,公欲請郡辭免江東提刑,“諸君之論,以謂不宜自求便安,數瀆朝廷”。“諸君”,謂曾鞏、丁寶臣等。

有詩寄沈起

《詩注》卷三十一《寄沈鄱陽》:“離家當日尚炎風,叱馭歸時九月窮。朝渡藤溪霜落後,夜過麾嶺月明中。山川道路良多阻,風俗謠言苦未通。惟有鄱君人共愛,流傳名譽滿江東。”

公自注:“時爲江東提刑。”

《繫年》:“當作於是年九月末。”是。

按,《繫年初稿》謂沈鄱陽爲沈康,誤。沈康自嘉祐三年秋出知常州,次年權管勾南京留司御史臺。① 此人爲沈起,時知鄱陽縣。至和元年六月,公曾爲撰《通州海門興利記》。沈括《長興集》卷三十《故天章閣待制沈興宗墓誌銘》:“公諱起,字興宗,少篤學,有聞州閭。州舉進士第一人,復以高第,調滁州軍事推官……乃特遷大理寺丞、知通州海門縣……秩滿,遷殿中丞、知饒州鄱陽縣。饒劇郡,鄱陽,州所治,令少稱職者,公特於此得譽。”詩曰“離家當日尚炎風,叱馭歸時九月窮”,“離家”,饒州治所,荊公家室所在;歸時,謂自金陵返饒州。

---

① 《長編》卷一百八十九嘉祐四年五月庚子:“知常州、度支員外郎、集賢校理沈康權管勾南京留司御史臺。時言者以康爲不才,康遂自請營葬里中,因許之。”第4565頁。

與王令書，詢配兵事，並約冬末至金陵聚

《文集》卷七十五《與王逢原書》其六：“得手教，承尚在江州，思企何可勝言。安石昨到金陵，匆匆遂歸番陽，冬末須一到金陵，不知逢原此行，以何時到江陰？今必與吳親同舟而濟，但到金陵，莫須求客舟以往否？近制，船難爲謀。自金陵至潤只一兩程，到潤則求舫，至江陰亦易矣。某處此遂未有去理。如孫少述、丁元珍、曾子固尚以書見止，不宜自求便安，數凟朝廷，它人復有可望其見察者乎？罪釁日積，而不知所以自脫，足下安以爲我謀哉？配兵不習水事，甚善，但計今之勢，如此等事皆不可與論説，不知足下意以爲當如何施行？幸試疏示，更有所聞，悉望見教。所至幸望留意，訪以所不逮也。至冬末到金陵，欲望逢原一至金陵見訪，不知可否。私心極有事，欲面謁，切試思之，幸能一來，爲惠大矣。”

按，湯江浩：“據書中所言可知此時逢原娶親已在歸程之江州，安石則始至金陵。以行程推之，此作書時當在是年九月初。安石已擬冬末再到金陵，並約王令到時相會。”[1] 書曰：“安石昨到金陵，匆匆遂歸番陽，冬末須一到金陵。”然則公作此書時，已自金陵歸鄱陽，其時當於九月末。

寄書丁元珍，約冬末重會於廣德

《文集》卷七十五《與丁元珍書》：“過廣，曾欲作書，遣

人奉詗動止,以有故亟歸,是以雖作書而不果遣……求郡固
且止,其荷見教。然某之所請,不爲無辭。若執政不察,直
以爲罪,則某何敢解免?如欲盡其辭而然後加之罪,則某事
固有本末,非今日苟然欲避煩勞而求佚也。古者一道德以
同俗,故士有揆古人之所爲以自守,則人無異論。今家異
道,人殊德,士之欲自守者,又牽於末俗之勢,不得事事如
古,則人之異論,可悉弭乎?要當擇其近於禮義而無大譴者
取之耳。不審足下終將何以爲僕謀哉?秋冷,自愛重之。
望冬間復到廣州,冀或一邀從者,爲境上之會,不審可求檄
來否耳。”

丁元珍即丁寶臣,此書作於《與王逢原書》其六後,故曰
“求郡固且止,其荷見教”。書曰:“過廣,曾欲作書,遣人奉
詗動止,以有故亟歸,是以雖作書而不果遣……秋冷,自愛
重之。望冬間復到廣州,冀或一邀從者,爲境上之會,不審
可求檄來否耳。”據此,則公於本年九月間,曾至廣州。然廣
州屬廣南東路,與江南東路並不接壤,公身爲一路監司,緣
何擅離職守遠至廣州?丁寶臣又於廣南東路任何職?此皆
不可解。

按,宋刻元明遞修本《臨川先生文集》卷七十五《與丁元
珍書》:“秋冷,自愛重之。望冬間復到廣,冀或一邀從者,爲
境上之會,不審可求檄來否耳。”由此,知何氏本《臨川先生
文集》“廣州”之“州”爲衍文,[1]“州”涉下文“冀”之“北”旁
而衍。“過廣”之“廣”,非廣州,乃爲廣德軍。廣德軍屬江

---

[1] 應氏本亦衍。

南東路，治廣德縣，與兩浙路湖州毗鄰。其時，丁寶臣貶監湖州酒稅，歐陽修《舉丁寶臣狀》："右臣竊見太常丞、湖州監酒務丁寶臣，前任知端州日，因遭儂智高事停官，叙理監當。"題注："嘉祐四年。"①故公之書末謂："望冬間復到廣，冀或一邀從者，爲境上之會，不審可求檄來否耳。"

綜上所考，公自金陵返鄱陽，先至廣德軍，欲致書丁寶臣，未果；途中得丁來書薦曹振，且諭以不可再求郡數涸朝廷。甫歸鄱陽，即作此書與丁，因冬末欲再回金陵，約丁會於廣德軍。曹振，常州人，《（咸淳）重修毗陵志》卷十一："皇祐五年鄭獬榜進士。"

弟安禮自鄱陽取道隨州入京應試

《王令集》拾遺《答王和甫書》："自鄱取隨以抵取京師，愈加迂緩，車馬冒寒，能無苦乎！令既至家後，復謀遷常……不知行李以何時至京，與平甫誰爲先後……冬寒比劇，遠客尤望加愛。"

按，《王令集》卷十九《與王介甫書》："舟行濡滯，以十一月到家，十二月遷常，久不得行李所在，殊竊怪之。"故《答王和甫書》當作於本年十一月，時王安禮正於入京途中。歐陽修《送王平甫安國下第》，題注："嘉祐四年。"②則此次王安國兄弟赴京，爲應來年科考。

---

① 《歐陽修全集》卷一百一十二，第1696頁。
② 《歐陽修全集》卷十三，第221頁。

十月，王令至真州，來書論及請郡及配兵上綱等事。有書回之，約來年春會於江寧。

《王令集》卷十九《答王介甫書》："令已至真，東歸不過三五日耳……道路時聞流議，固俗人常態耳。求之於義，未見有失也。此職安可以久居？所請雖頻，要有得而後止耳……近聞江東在位，往往怨怒，此皆令所親見。介甫所待遇，未有以失之也，然而人之如此者，以其所爲異耳……今既參差其間，要得郡後止耳。不審何如？

配兵不習水事，竊以爲上論無害，今居其職，安得無所言耶？若乞河北、山東、關西、河東等路應犯配人，量道里遠近，各配重役。或無江河處，但非邊江，雖在江南，似亦可。若江、池、太平等州，或上江更有邊江州郡，似此類者。必闕兵士應役。或於旁郡，不發綱運州郡，如舒、蘄、信、歙等州，抽填應用。如江東轉運司於江寧別作小營，聚十州兵士，祇備上綱之類。如已配在江、池等州，北人不會水者，並乞改配。不邊江腹內州軍，不審亦可否？或聞亦有條不許差北人上綱，信否？仍問知。兵士既上綱爲重役法，當二年一替。今既上綱，即四五年不替，多爲用財者所侵。聞兵士既滿限，飢寒不能自存，多逃竄以求脫，雖十將節級皆然，其下可知也。但不知提刑司亦治此否？道路其他無聞。其所施置，所買炭、定磁器價之類。民間甚以爲便，乞知之。冬寒，伏乞保愛，令再拜。"

《文集》卷七十五《與王逢原書》其七："方欲作書，而得所賜書，尤感慰……方力求所欲，但未知何時得耳。及冬春之交未得脫此，冀相遇於江寧，不審肯顧否？承教許如此，當可如約也。但不謀潤居，何也？江陰豈不可留乎？若在潤，則相遇尤易耳。配卒事須面叙乃悉，餘更有所聞，悉望見教……冬寒自愛。”

王令歸江陰致書。答之，再約會於江寧

《王令集》附録《與王逢原書》其四：“承跋涉到江陰，與賢閤萬福，良以爲慰。安石居此，鬱鬱殊無聊，念非見君子，誰與論此？不久來江寧，冀逢原一來，不審可否？倘可與子明同來乎？不知脚氣近日如何？切自慎愛，千萬，千萬！近見莘老，其不肯豫人事，固知其如此久矣。而書來過相稱譽，似以俗人見遇，不知其故何也。既已任此職事矣，彼以此遇我，殆其宜也。冬寒，自愛。”

王靖奉使江東訪茶法利害，有詩相寄。酬之，述東南茶法之害

《詩注》卷六《酬王詹叔奉使江東訪茶法利害見寄_{嘉祐三}年九月》：“余聞古之人，措法貽厥後。命官惟賢材，職事又習狃。止能權輕重，王府則多有。豈嘗榷其子，而爲民父母。當時所經營，今十已毁九。其一雖幸在，漂摇亦將朽。公卿患才難，州縣固多苟。詔令雖數下，紛紛誰與守？官居甚傳舍，位以聲勢受。既不責施爲，安能辨賢不。區區欲救弊，萬謗不容口。天下大安危，誰當執其咎。勞心適有罪，養譽終天醜。豈惟祖子孫，教戒及朋友。貴者大其領，詩人歌四牡。至尊空獨憂，不敢樂飲酒。哿矣富阡陌，哀哉此無糗。

鄉閭人所懷，今或棄而走。豈無濟時術，使爾安畎畝。故今
二三公，戮力思矯揉。永惟東南害，茶法蓋其首。私藏與竊
販，奸獄常紛糾。輸將一不足，往往死鞭杻。敗陳被雜惡，
強賣曾非誘。已云困關市，且復搔林藪。將更百年弊，謂民
知可否。出節付群材，詢謀欲經久。朝廷每如此，自可躋仁
壽。因知從今始，漸欲人財阜。吾宗恢奇士，選使自朝右。
聰明諒多得，爲上歸析剖。王程雖薄遽，邦法難鹵莽。願君
博諮諏，無擇壯與耇。余知茶山民，不必生皆厚。獨當征求
任，尚恐難措手。孔稱均無貧，此語今可取。譬如輕萬鈞，
當令衆人負。強言豈宜當，聊用報瓊玖。”

李注：“嘉祐四年二月，三司言……請遣官詢察利害以
聞。詔遣司封員外郎王靖等分行六路，及還，皆言如三司議
便。”“按公集有《議茶法》一篇，與詩意同。”

《蔡譜》卷七、《繫年》皆從之，誤。《繫年初稿》：“此詩
作於嘉祐三年冬或四年春。”

按，《宋史》卷一百八十四《食貨下六》：“至嘉祐中，著
作佐郎何鬲、三班奉職王嘉麟又皆上書請罷給茶本錢，縱園
戶貿易，而官收租錢與所在征算，歸榷貨務以償邊糴之費，
可以疏利源而寬民力。嘉麟爲《登平致頌書》十卷、《隆衍視
成策》二卷上之，淮南轉運副使沈立亦集《茶法利害》爲十
卷，陳通商之利。時富弼、韓琦、曾公亮執政，決意嚮之，力
言於帝。三年九月，命韓絳、陳升之、呂景初即三司置局議
之。十月，三司言：‘茶課緡錢歲當入二百二十四萬八千，嘉
祐二年纔及一百二十八萬，又募人入錢，皆有虛數，實爲八
十六萬，而三十九萬有奇是爲本錢，纔得子錢四十六萬九

千，而輦運糜耗喪失，與官吏、兵夫廩給雜費，又不與焉。至於園戶輸納，侵擾日甚，小民趨利犯法，刑辟益繁，獲利至少，為弊甚大。宜約至和以後一歲之數，以所得息錢均賦茶民，恣其買賣，所在收算，請遣官詢察利害以聞。’詔遣官分行六路，還言如三司使議便。”

《長編》卷一百八十八嘉祐三年九月辛未：“初，官既榷茶，民私蓄販皆有禁，臘茶之禁，尤嚴於他茶，犯者其罰倍，凡告捕私茶皆有賞。然約束愈密，而冒禁愈蕃，歲報刑辟，不可勝數。園戶困於征取，官司旁緣侵擾，因而陷于罪戾，以至破產逃匿者，歲比有之。又茶法屢變，歲課日削，至和中，歲市茶淮南纔四百二十二萬餘斤，江南三百七十五萬餘斤，兩浙二十三萬餘斤，荊湖二百六萬餘斤，唯福建天聖末增至五十萬斤，詔特損五萬，至是增至七十九萬餘斤，歲售錢并本息計之，纔百六十七萬二千餘緡。官茶所在陳積，縣官獲利無幾，論者皆謂宜弛禁便。

先是，天聖中，有上書者言茶鹽課虧，帝謂執政曰：‘茶鹽民所食，而強設法以禁之，致犯者衆；顧贍養兵師經費尚廣，未能弛禁爾。’景祐中葉清臣嘗上疏乞弛禁，下三司議，皆以為不可行。至是，著作郎何鬲、三班奉職王嘉麟又皆上書請罷給茶本錢，縱園戶貿易，而官收稅租錢與所在征算歸權貨務，以償邊糴之費，可以疏利源而寬民力。嘉麟為《登平致頌書》十卷、《隆衍視成策》二卷上之。淮南轉運副使沈立亦集《茶法利害》為十卷，陳通商之利。宰相富弼、韓琦、曾公亮等決意嚮之，力言于帝。癸酉，命絳、旭及知雜御史呂景初，即三司置局議之。”

又，《長編》卷一百八十九嘉祐四年二月戊辰：“始，命韓絳、陳旭、呂景初即三司置局議弛茶禁，其十月，三司言：‘茶課緡錢歲當二百四十四萬八千，嘉祐二年才及一百二十八萬，又募人入錢，皆有虛數，實爲八十六萬，而三十九萬有奇是爲本錢，才得子錢四十六萬九千而已，其輦運之費喪失與官吏、兵夫廩給雜費又不與焉。至於園户輸納，侵擾日甚，小民趨利犯法，刑辟益蕃，獲利至小，爲弊甚大。宜約至和之後一歲之數，以所得息錢均賦茶民，恣其買賣，所在收算。請遣官詢察利害以聞。’詔遣司封員外郎王靖等分行六路，及還，皆言如三司議便。”李燾注：“三司奏茶課歲入數，及遣使察六路利害，本志在去年十月，而《實録》不云，今附見于此。”《宋朝諸臣奏議》卷一百八載張方平《上仁宗乞弛茶禁》：“（嘉祐三年）八月，命翰林學士韓絳、知諫院御史知雜呂景初，即三司置局，議弛茶禁。十月，方平爲三司使，上此奏，遂遣司封員外郎王靖等分行六路。及還，皆言如三司議便。四年二月，下詔。”

可見，王靖等分行六路訪茶法利害，爲本年十月；其與公唱酬，亦於此月。公極言榷茶“永惟東南害，茶法蓋其首”，與當軸之富弼、韓琦、曾公亮等意合，“故今二三公，戮力思矯揉”。此詩或上達三司、宰執，“願君博諮諏，無擇壯與耇”。公旋除三司度支判官，應與其反對榷茶之立場有關。此後，公又撰《議茶法》、《茶商十二説》，力駁榷茶之法（詳下）。

另，王靖字詹叔，王旦之孫，《宋史》卷三百二十有傳：“蚤孤，自力於學，好講切天下利害。以祖蔭歷通判閬州，知滁州……擢利州路轉運判官，提點陝西刑獄。"

《嚴評》："抵得萬言書讀。欲不必征榷而王府自有，於是均輸青苗之法遂行。荆公胸中社會主義甚富。孔之均無貧，均得而各富也。荆之意乃欲均取而以富國。吾不謂此老爲無誤，然有經世力慮，則唐以來一人而已。使公而生於今，移其所信於古以信於今，加以詢謀，中國尚有豸乎！"

十月二十七日，除三司度支判官，作《江東召歸》

《長編》卷一百八十八嘉祐三年十月甲子："提點江南東路刑獄、祠部員外郎王安石爲度支判官。安石獻書萬言，極陳當世之務。"

《詩注》卷四十五《江東召歸》："昨日君恩誤賜環，歸腸一夜繞鍾山。雖然眷戀明時禄，羞見琅琊有邴丹。"題注："自江東提刑召入，時嘉祐三年十月也。"

《宋史》卷三百二十七《王安石傳》："請知常州。移提點江東刑獄，入爲度支判官，時嘉祐三年也。"

《名臣碑傳琬琰集》下卷十四《王荆公安石傳實錄》："出知常州，提點江南東路刑獄，入爲三司度支判官。獻萬言書，極陳當世之務。"

《宋史》卷十二《仁宗四》："(嘉祐五年五月)己酉，王安石召入爲三司度支判官。"

《顧譜》卷上："(嘉祐五年五月)己酉，公召入爲三司度支判官。"

《蔡譜》卷八："嘉祐五年庚子，年四十。五月，王安石召入爲三司度支判官。"

按，《顧譜》、《蔡譜》皆以嘉祐五年公入爲三司度支判官，蓋沿《仁宗本紀》。公提點江東一路，謗議喧嘩，而治績卓然，磨勘優等；又力主罷榷茶，與宰執意合，故有此優除。《長編》卷一百三十五慶曆二年正月癸亥："詔磨勘院：'自今提點刑獄朝臣代還，列功過三等以聞。上等除省府判官、轉運使副，中等除大藩一任，然後升陟；下等降知州。"公自太常博士轉祠部員外郎，當於本年提點江東刑獄任上。

《宋史》卷一百六十二《職官二》："（三司使）掌邦國財用之大計，總鹽鐵、度支、戶部之事，以經天下財賦而均其出入焉。鹽鐵，掌天下山澤之貨，關市、河渠、軍器之事，以資邦國之用。度支，掌天下財賦之數，每歲均其有無，制其出入，以計邦國之用。戶部，掌天下戶口、稅賦之籍，榷酒、工作、衣儲之事，以供邦國之用。副使，以員外郎以上歷三路轉運及六路發運使充。判官，以朝官以上曾歷諸路轉運使、提點刑獄充。三部副使，各一人，通簽逐部之事。三部判官，各三人，分掌逐案之事。三部各有孔目官一人，都勾押官一人，勾覆官四人……度支分掌八案：一曰賞給案，掌諸給賜、賻贈例物、口食、內外春冬衣、時服、綾、羅、紗、縠、綿、布、鞋、席、紙、染料，市舶、榷物務、三府公吏。二曰錢帛案，掌軍中春冬衣、百官奉祿、左藏錢帛、香藥榷易。三曰糧料案，掌三軍糧料、諸州芻粟給受、諸軍校口食、御河漕運、商人飛錢。四曰常平案，掌諸州平糴。大中祥符七年，置主吏七人。五曰發運案，掌汴河廣濟蔡河漕運、橋梁、折斛、三稅。六曰騎案，掌諸坊監院務飼養牛羊、馬畜及市馬等。七曰斛斗案，掌兩京倉廩廥積，計度東京糧料、百官祿粟厨料。八曰百官案。掌京朝幕職官奉料、祠祭禮物、諸州驛料。"

與王令書，擬寓和州俟命，並往真州迎親，約王令會於真州

《文集》卷七十五《與王逢原書》其三："唯逢原見教，正得鄙心之所欲。方欲請，而已被旨還都，遂得脫此，亦可喜也。但今茲所除，復非不肖所宜居，不免又干凟朝廷，此更增不知者之毀。然吾自計當如此，豈能顧流俗之紛紛乎？不久到真州，冀逢原一來見就，不知有暇否，幸因書見報。某止寓和州耳，來真唯迎親老，來視女弟，既而歸和俟命也。冬寒自愛。"

上書富弼，以不習錢糧之事辭度支判官，求一閑郡

《文集》卷七十四《上富相公書》："某竊自度，守一州尚不足以勝任，任有大於一州者，固知其不勝也。自被使江東，夙夜震恐，思得脫去，非獨爲私計，凡以此也。三司判官，尤朝廷所選擇，出則被使漕運，而金穀之事，某生平所不習，此所以蒙恩反側而不敢冒也……誠望閣下哀其忠誠，載賜一州，處幽閒之區，寂寞之濱。其治民非敢謂能也，庶幾地閒事少，夙夜悉心力，易以塞責而免於官謗也。若夫私養之勢不便於京師，固嘗屢以聞朝廷，而熟於左右者之聽矣。"

按，富相公爲富弼，至和二年六月拜相。《長編》卷一百八十至和二年六月戊戌："忠武節度使、知永興軍文彥博爲吏部尚書、平章事、昭文館大學士。宣徽南院使、判并州富弼爲户部侍郎、平章事、集賢殿大學士。"《宋宰輔編年

録》卷五：“（至和二年）六月戊戌，陳執中罷相。授檢校太
尉、同平章事、充鎮海軍節度使、判亳州。同日，文彥博、富弼並
相。”“嘉祐六年三月己亥，富弼罷相，以母喪去位。弼自至
和二年六月拜相，是年三月丁母憂，入相踰五年。”

吳季野寄詩，以賈誼相比，酬之

《詩注》卷三十六《酬吳季野見寄》：“漫披陳蠧學經綸，
捧檄生平秖爲親。聞道不先從事早，課功無狀取官頻。豈
堪置足青冥上，終欲回身寂寞濱。俯仰謬恩方自歉，懃君將
比洛陽人。”

自注：“時被召，來詩以賈誼見方。”即詩曰“懃君將比洛
陽人”。“捧檄”，出使。故當作於本年自江東提刑被召入京
時。公另有詩，即以賈誼自喻。《詩注》卷二十四《賈生》：
“漢有洛陽子，少年明是非。所論多感慨，自信肯依違。死
者若可作，今人誰與歸？應須蹈東海，不若涕沾衣。”李注：
“言仲連蹈東海，不若誼仕漢切于救時。”高步瀛評曰：“寄託
遙深，此荊公自喻也。”①

卸任提點江東刑獄，泊棠陰

《詩注》卷八《解使事泊棠陰時三弟皆在京師二首》：
“始吾泊棠陰，三子不在舟。今當捨之去，三子還遠遊。茫
然千里水，今見荻花洲。俛仰換春冬，紛紛空百憂。懷哉山
川異，往矣霰雪稠。登高一涕泗，寄此寒江流。”

①　《唐宋詩舉要》，上海古籍出版社 1978 年版，第 523 頁。

李注："介甫嘉祐三年二月自常州移提點江東刑獄。此言'換春冬'，去官時當是明年。自是入爲三司判官，獻萬言書，深言當世之故。所謂'百憂'，皆書中所論者。"

《沈注》："《一統志》：'棠陰市，在撫州府宜黃縣東二十里；又饒州府鄱陽縣西七十五里立德鄉，有棠陰鎮。'玩此二詩，似在撫州者也。"

《繫年》從之。

按，以上皆不確。"解使事"，謂解除提點江東刑獄之差遣。"換春冬"，蓋言是年二月自知常州移提點江南東路刑獄，至十月又自提點江南東路刑獄爲三司度支判官。《詩注》卷三十一《度庾嶺寄莘老》："區區隨傳換冬春，夜半懸崖託此身。"即此之謂也。《沈注》以棠陰爲撫州之棠陰，亦誤。此棠陰當爲鄱陽縣西之棠陰鎮，鄱陽爲饒州治所，而饒州則爲江東提刑治所，故詩曰"始吾泊棠陰，三子不在舟"，蓋謂是年初赴鄱陽與離任鄱陽，皆泊棠陰。[①] 又，弟安國、安禮已於本年先自鄱陽取道隨州赴京師，故詩題曰"時三弟皆在京師"。

歸臨川，再宿金峰，題詩

《詩注》卷三十九《初去臨川》，李注："撫州金峰有公題字云：'皇祐庚寅，自臨川如錢塘，過宿此。嘉祐戊辰，自番陽歸臨川，再宿金峰。'詩云：'十年再宿金峰下，身世飄然豈自知。山谷有靈應笑我，紛紛南北欲何爲。'此詩非庚寅歲

---

① 可見高文《試論王安石〈解使事泊棠陰〉二首的有關問題》，《文學遺產》1996年第1期。

作,即戊辰年也。集中無此詩。"

《繫年》:"按李壁謂'嘉祐戊辰'云云,當爲'嘉祐戊戌'之誤,緣嘉祐無戊辰;又由庚寅至戊戌爲九年,言'十年'者,蓋舉其成數也。"是也。

與臨川邑人詩酒盤桓,至歲末

《詩注》卷十《和王勝之雪霽借馬入省》:"前年臘歸三見白,霽色嶺上班班留。杖藜此時將邑子,登眺置酒身優游。豈如都城今日事,秪恐一蹶爲親憂。因知田里駕欵段,昔人豈即非良謀。"

按,此詩作於嘉祐五年歲末(詳下)。詩歌鋪陳京都之酷寒,繼而憶及前年(即本年)臘歸之時與邑子登眺置酒優遊之樂,引起歸田之思。

是年,撰《城陂院興造記》

《文集》卷八十三《城陂院興造記》:"當慶曆之甲申,法沖始傳其毀而有之。至嘉祐之戊戌,而自門至于寢,浮屠之所宜有者,新作之皆具……於是其徒相與礱石於庭,而使來以請。"

是年,有詩寄題張師錫靜居院

《詩注》卷十九《張氏靜居院》:"張侯始出仕,所至多名譽。老矣歸偃休,買地斸荒蕪。屋成爲令名,名實與時俱。……褒稱有樂石,丞相爲之書。而我不自量,聞風亦歌呼。"

　　按，梅堯臣本年有《寄題西洛致仕張比部静居院四堂》，
朱東潤注："疑是張師錫。"①此詩與梅詩同押七虞韻，當爲
同時題寄。

　　又，張師錫，張去華之子，《宋史》卷三百六《張去華
傳》："子師古至國子博士，師錫殿中丞，師顔國子博士。"宋
庠《元憲集》卷二十四有《前尚書比部員外郎張師錫服闋可
舊官制》。吴處厚《青箱雜記》卷五："唐路德延有《孩兒詩》
五十韻，盛傳於世。近代洛中致政侍郎張公師錫追次其韻，
和成《老兒詩》，亦五十韻……師錫年八十餘卒，又有《喜子
及第》詩。"歐陽修有《寄題洛陽張少卿静居堂》，題注："嘉
祐六年。"②

　　至於詩曰"褒稱有樂石，丞相爲之書。而我不自量，聞
風亦歌呼"之丞相，應指韓琦，本年六月拜集賢相。③《安陽
集》卷二《寄題西京致政張郎中静居院》："休官得宴閑，理
固居處静。中或不自達，觸物撓天性。遂令優游心，反致寂
寞病。"

是年，邵飾卒。有詩挽之

　　《文集》卷三十五《致仕邵少卿挽辭二首》其一："謝朓
城中守，梁鴻墓下歸。素車馳吉路，丹旒卷寒輝。撫几虚容
在，瞻圖實貌非。無因置一爵，空此嘆長違。"其二："杯酒邛

①　《梅堯臣集編年校注》卷二十八，第 1013 頁。
②　《歐陽修全集》卷九，第 137 頁。
③　《長編》卷一百八十七嘉祐三年六月丙午："户部侍郎、平章事、集賢殿大學
　　士富弼加禮部尚書、昭文館大學士。樞密使、工部尚書韓琦依前官平章事、
　　集賢殿大學士。"第 4512 頁。

溝上,紛紛已十年。音容常想見,風跡每流傳。老去元卿位,新開太守阡。慶門當更大,子弟固多賢。"

按,《南齊書》卷四十七《謝朓傳》:"少好學,有美名,文章清麗……除秘書丞,未拜,仍轉中書郎,出爲宣城太守。"詩曰"謝朓城中守",知邵少卿曾知宣州。考仁宗、英宗、神宗三朝邵姓知宣州者,惟邵飾一人,曾於皇祐四年九月以金部郎中知宣州。① 又《後漢書》卷八十三《梁鴻傳》:"遂至吳,依大家皋伯通……疾且困,告主人曰:'昔延陵季子葬子於嬴博之間,不歸鄉里,慎勿令我子持喪歸去。'及卒,伯通等爲求葬地於吳要離冢傍,咸曰:'要離烈士,而伯鸞清高,可令相近。'"注曰:"要離,刺吳王僚子慶忌者。冢在今蘇州吳縣西,伯鸞墓在其北。"《京口耆舊傳》卷三:"邵飾字去華,丹陽人。大中祥符元年,以進士擢第,賜同學究出身……居無何,除江、淮都大發運使。會有言其年高,改知潭州。未行,改宣州。到任未一歲,改蘇州,居三月,又改明州,引年致仕。嘉祐三年卒,年七十有三,葬彭泉村。陳洙作墓誌。"詩曰"梁鴻墓下歸",蓋邵飾至和元年曾知蘇州,至和二年改知明州,②即引年致仕。翌年,梅堯臣亦有詩挽之,曰:"位至九卿亞,年過七十春。""買得吳門宅,歸來自種花。春風未歌徹,東岱已魂賒。"③

是年，作《日出堂上飲》

《詩注》卷十一《日出堂上飲》："日出堂上飲，日西未云休。主人笑而歌，客子歎以愀。指此堂上柱，始生在巖幽。雨露飽所滋，凌雲亦千秋。所託願永久，何言值君收。乃令卑濕地，百蟻上窮鏤。丹青空外好，鎮壓已堪憂。爲君重去之，不使一蟻留。蟻力雖云小，能生萬蚍蜉。又能高其礎，不爾繼者稠。語客且勿然，百年等浮漚。爲客當酌酒，何豫主人謀。"

李注："此詩意有所比喻，而其詞甚微。此詩主以喻君，客以喻臣；堂以喻君，柱以喻臣。堂上主人居安而忘危，爲客者視其蠹壞已甚，將有鎮壓之憂，爲主人圖所以弭患。此臣不忘君卷卷之義，更張之念，疑始於此。公弟平甫有詩亦云：'堂上有遺羶，堂下無聚螘。但知嗜欲求，不必風雨至。浸淫蚍蜉生，穴柱從此始。莊生亦知言，信矣常棄智。'"

按，此詩以寓言形式，托諷時政。疑公以柱上蟻，隱喻貪惰之吏。所謂"爲客當酌酒，何豫主人謀"者，或有激於本年提點江東刑獄，頗有按舉，而致謗議紛然，故作負氣語也。

作《偶成二首》

《詩注》卷三十一《偶成二首》其一："漸老偏諳世上情，已知吾事獨難行。脫身負米將求志，戮力求田豈爲名。高論頗隨衰俗廢，壯懷難值故人傾。相逢始欲寬愁病，搔首還添白髮生。"

其二："懷抱難開醉易醒，曉歌悲壯動秋城。年光斷送

朱顔老,世事栽培白髮生。三畝未成幽處宅,一身還逐衆人
行。可憐蝸角能多少,獨與區區觸事争。"

　　按,公知常州,修河未成,頗致怨言。按行一路,又得毀
流俗,雖至交曾鞏、王回亦疑之。故公以詩抒懷,所謂"高論
頗隨衰俗廢,壯懷難值故人傾"是也。

嘉祐四年己亥（1059），三十九歲

正月十四日，呂公著薦以自代

《長編》卷一百八十九嘉祐四年春正月己酉："祠部郎中、崇文院檢討官呂公著爲天章閣侍講。公著以疾辭，乞改命直秘閣司馬光、度支判官王安石，不報。"

居臨川，過外弟家飲

《詩注》卷四十四《過外弟飲》："一日君家把酒杯，六年波浪與塵埃。不知烏石崗邊路，至老相尋得幾回？"

李注："《爾雅·釋親》釋曰：'外族，母黨之屬也。'吳氏，公母家也，居烏石岡，距臨川三十里。"《冷齋夜話》卷一："舒王作《與故人》詩云：'一日君家把酒盃，六年波浪與塵埃。不知烏石岡邊路，到老相逢得幾回。'……凡此之類，皆奪胎法也，學者不可不知。"

按，嘉祐五年春，公伴送契丹使歸，作《春風》（《詩注》卷二十九，詳下）："一馬春風北首燕，却疑身得舊山川。陽浮樹外滄江水，塵漲原頭野火煙。日借嫩黄初著柳，雨催新綠稍歸田。回頭不見辛夷樹，始覺看花是去年。"李注："辛夷，已見上注，意北方無辛夷，因憶去年之看花。"以此知公本年初尚在臨川。蓋正如柳螢杓所云："'辛夷'跟烏塘、烏石岡、柘岡等文字一樣，都是在王安石詩篇中代表外家金谿的象徵物，而這些文字在歌詠或回憶外家時，是常出現的。

該詩裏'去年'就指嘉祐四年,換言之,嘉祐五年春王安石伴送北使的路上,回憶了嘉祐四年他在金谿看過的'辛夷'花。"①

"辛夷",即玉蘭花,其花最早,開於冬末春初,又名望春花。《詩注》卷四十四《烏塘》李注:"《本草》:辛夷初開如筆,人呼爲木筆。其花最早,江南地暖,正月開,南人呼爲迎春。北地寒,二月開。樹高數仞,葉似柿葉而狹長,花似著毛小桃,色白而帶紫。花落後,至夏初復開花。"考公詩中除《春風》外,詠及"辛夷"凡五處,皆言外家。如《詩注》卷三十《送彦珍》"柘崗定有辛夷發,亦見東風使我知",李注:"吳彦珍所居在柘岡,屬臨川。"《詩注》卷三十六《寄吳成之》"辛夷屋角搏香雪,躑躅岡頭挽醉紅",李注:"介父母家。"《詩注》卷四十四《烏塘》"試問春風何處好,辛夷如雪柘岡西",李注:"公母家吳氏,居臨川三十里外,地名烏石岡,吳氏所居。又有柘岡,即詩所指。"其他如《詩注》卷三十《寄吉甫》"解鞍烏石崗邊路,携手辛夷樹下行";《文集》卷十九《永濟道中寄諸舅弟》"辛夷樹下烏塘尾,把手何時得汝曹"等,亦然。

又,詩曰"六年波浪",自皇祐五年公返臨川,至此六年。《詩注》卷二十三《烏塘》"未應悲寂寞,六載一經過",應同時作。

離臨川，舟行將次鎮南，有詩

《詩注》卷四十八《將次鎮南》：“豫章江面朔風驚，浩蕩帆船破浪行。目送家山無幾許，千年空想蟪蛄聲。”

李注“蟪蛄聲”曰：“《莊子·逍遥遊》：‘朝菌不知晦朔，蟪蛄不知春秋，此小年也。’”不確。

按，《説苑》卷七：“孔子見季康子，康子未説，孔子又見之。宰予曰：‘吾聞之夫子曰：“王公不聘不動。”今吾子之見司寇也，少數矣！’孔子曰：‘魯國以衆相陵，以兵相暴之日久矣，而有司不治，聘我者孰大乎於是。’魯人聞之曰：‘聖人將治，可以不先自爲刑罰乎！’自是之後，國無爭者。孔子謂弟子曰：‘違山十里，蟪蛄之聲，猶尚存耳。政事無如膺之矣。’……案《詩緯含神霧》：‘孔子歌曰：“違山十里，蟪蛄之聲尚猶在耳。”政尚静而惡譁也。’”據此，公用蟪蛄典，取其“聖人將治，可以不先自爲刑罰乎”及“政尚静而惡譁”之義。李注不確。蓋公昨年於提點江東刑獄任上，稍有按舉，已謗議紛然；而好友曾鞏、王回等，亦不以公舉措爲然，以致公頗爲抑鬱憤激，《詩注》卷六《酬王詹叔奉使江東訪茶法利害見寄嘉祐三年九月》：“區區欲救弊，萬謗不容口。天下大安危，誰當執其咎。”“千年空想蟪蛄聲”，蓋引孔子爲治先自爲刑以自辯也。

此詩當作於本年春，時荊公離臨川赴和州，因家室在焉，而母居真州依沈氏妹。《詩注》卷四十《將母》：“將母邗溝上，留家白紵陰。月明聞杜宇，南北總關心。”李注：“邗溝在山陽縣，已見上注。白紵山在太平州，桓温領妓游山，好爲白紵歌，故以名。"白紵山位於江南東路太平州當塗縣，與和州一江之隔。《將母》詩或作於公自臨川赴和州途中。

弟安國落第離京

《歐陽修全集》卷十三《送王平甫安國下第》："歸袂搖搖心浩然，曉船鳴鼓轉風灘。朝廷失士有司恥，貧賤不憂君子難。執手聊須爲醉別，還家何以慰親歡。自慚知子不能薦，白首胡爲侍從官。"

題注："嘉祐四年。"

《文集》卷九十一《王平甫墓誌》："蓋於書無所不該，於詞無所不工，然數舉進士不售。"

得王令書

《王令集》卷十九《與王介甫書》："令啓：舟行濡滯，以十一月到家，十二月遷常，久不得行李所在，殊竊怪之。自辱賜書，定來淮南，遇人之北來者，輒問之，竟不得所審，以至今。不知比近起居如何，伏惟萬福。所請後復如何……若在淮南，異時或幸一見。間時乞賜問。春末日熱，①伏惟愛護。"

按，書曰"自辱賜書，定來淮南"，即嘉祐三年之《與王逢原書》其三："方欲請，而已被旨還都，遂得脫此，亦可喜也。但今兹所除，復非不肖所宜居，不免又干溷朝廷……不久到真州，冀逢原一來見就，不知有暇否？幸因書見報。某止寓

① "春末"，另本作"春來"，以時推之，較妥。《王令集》卷十九，第329頁。

和州耳，來真唯迎親老，來視女弟，既而歸和俟命也。"之後，公自鄱陽歸臨川，而家室寓和州，未暇與王令書，故令曰："自辱賜書，定來淮南，遇人之北來者，輒問之，竟不得所審，以至今。"

至和州，會家室，見王令，旋別；遂携家赴京，抵宿州，與王令書

《王令集》附録《與王逢原書》其八："比辱足下來見顧存，而人事紛紛，殊不得從容盡所欲言，而遂爾遠違，區區鄉往之情，豈可以書言哉？到天長，乃知行李已到毗陵，脚氣已漸平復，殊以爲慰……已到宿州，薄晚遂行，更數日即到京師，別上狀……二舅處有書來否？苦熱，自愛！安石寓家船中，數日來熱不可勝任。"

按，公何時入京任度支判官，説法不一。或謂嘉祐三年底，或謂嘉祐四年春夏之交，或謂嘉祐五年。《詩注》卷四十五《江東召歸》李注："自江東提刑召入，時嘉祐三年十月也。"然李注《解使事泊棠陰時三弟皆在京師二首》曰："介父嘉祐三年二月自常州移提點江東刑獄。此言換春冬，去官時當是四年，自是入爲三司判官。"兩説已相矛盾。《繫年》："二説皆是。蓋安石於是年十月除三司判官，翌年方就任。安石《度麾嶺寄莘老》詩云'區區隨傳換冬春'，與李注所引詩意相同，皆言召還闕廷時已在嘉祐四年。而《宋史·安石本傳》謂安石於嘉祐三年入爲三司判官，《宋史·仁宗紀》則又云嘉祐五年五月己酉王安石入爲三司判官，自相矛盾極矣。朱熹《資治通鑑綱目》謂安石於嘉祐五年五月爲三司判

官,《宋史》或本此,吳乘權《綱鑑易知録》等明、清著作亦不暇細考,因襲此説,均誤。"

據《解使事泊棠陰時三弟皆在京師二首》、《初去臨川》李注引公題金峰詩、《和王勝之雪霽借馬入省》、《將次鎮南》等詩作,則公嘉祐三年十月解使事後,先歸臨川,盤桓至歲末初春,然後赴和州會家室,見王令(或於金陵見之)。至春末,攜家室取道天長、宿州,約四月抵京。①

上仁宗萬言書,極陳當世之務

《宋史》卷三百二十七《王安石傳》:"請知常州。移提點江東刑獄,入爲度支判官,時嘉祐三年也。安石議論高奇,能以辨博濟其説,果於自用,慨然有矯世變俗之志,於是上《萬言書》。"

《名臣碑傳琬琰集》下卷十四《王公安石傳實録》:"出知常州,提點江南東路刑獄。入爲三司度支判官,獻《萬言書》,極陳當世之務。居頃之,除直集賢院,累辭不獲,始就職。"

《文集》卷三十九《上仁宗皇帝言事書》:"臣愚不肖,蒙恩備使一路,今又蒙恩召還闕廷,有所任屬,而當以使事歸報陛下。不自知其無以稱職,而敢緣使事之所及,冒言天下之事,伏惟陛下詳思而擇其中,幸甚。"

---

① 持此説者,除《繫年》外,尚有夏敬觀、鄧廣銘、柳璧杓、王晉光等。高文、壽涌認爲,嘉祐三年末公已入京師,見《試論王安石〈解使事泊棠陰二首〉的有關問題》;《王安石嘉祐四年入京爲度支判官説質疑》,《開封教育學院學報》2008年第1期。劉乃昌以爲公於本年初入京,見氏著《王安石詩文編年選釋》,山東教育出版社1992年版,第315頁。

　　洪邁《容齋隨筆・四筆》卷四：“王荊公議論高奇，果於自用。嘉祐初，爲度支判官，上《萬言書》，以爲：‘今天下財力日以困窮，風俗日以衰壞，患在不知法度，不法先王之政故也。法先王之政者，法其意而已。法其意，則吾所改易更革，不至乎傾駭天下之耳目，而固已合矣。因天下之力以生天下之財，取天下之財以供天下之費，自古治世，未嘗以不足爲公患也，患在治財無其道爾。在位之人才既不足，而間巷草野之間，亦少可用之材。社稷之託，封疆之守，陛下其能久以天幸爲常，而無一旦之憂乎？願監苟且因循之敝，明詔大臣，爲之以漸，期爲合於當世之變。臣之所稱，流俗之所不講，而議者以爲迂闊而熟爛者也。’當時富、韓二公在相位，讀之不樂，知其得志必生事。後安石當國，其所注措，大抵皆祖此書。”

　　按，公嘉祐三年末仍在臨川，至本年初至京。《萬言書》當上於抵京後。《文集》卷六十九《取材》、《興賢》、《委任》、《知人》、《風俗》諸篇，與《言事書》之觀點相關，並附於此。《取材》：“取人之道，世之急務也。自古守文之君，孰不有意於是哉？然其間得人者有之，失士者不能無焉；稱職者有之，謬舉者不能無焉。必欲得人稱職，不失士，不謬舉，宜如漢左雄所議諸生試家法、文吏課牋奏爲得矣。所謂文吏者，不徒苟尚文辭而已，必也通古今，習禮法，天文人事，政教更張，然後施之職事，則以詳平政體，有大議論，使以古今參之是也。所謂諸生者，不獨取訓習句讀而已，必也習典禮，明制度，臣主威儀，時政沿襲，然後施之職事，則以緣飾治道，有大議論，則以經術斷之是也。

以今準古，今之進士，古之文吏也；今之經學，古之儒生也。然其策進士，則但以章句聲病，苟尚文辭，類皆小能者爲之。策經學者，徒以記問爲能，不責大義，類皆蒙鄙者能之……必若差別類能，宜少依漢之賤奏家法之義。策進士者，若曰邦家之大計何先，治人之要務何急，政教之利害何大，安邊之計策何出，使之以時務之所宜言之，不直以章句聲病累其心。策經學者，宜曰禮樂之損益何宜，天地之變化何如，禮器之制度何尚，各傅經義以對，不獨以記問傳寫爲能，然後署之甲乙以升黜之，庶其取舍之鑑，灼於目前。是豈惡有用而事無用，辭逸而就勞哉！故學者不習無用之言，則業專而修矣；一心治道，則習貫而入矣。若此之類，施之朝廷，用之牧民，何嚮而不利哉！其他限年之議，亦無取矣。”

《委任》：“故人主以狗彘畜人者，人亦狗彘其行；以國士待人者，人亦國士自奮。故曰：常人之性，有能有不能，有忠有不忠，顧人君待之之意何如耳。”

《風俗》：“聖人上承天之意，下爲民之主，其要在安利之。而安利之要，不在於它，在乎正風俗而已。故風俗之變，遷染民志，關之盛衰，不可不慎也。”

有詩挽陳動之

《詩注》卷五十《陳動之秘丞挽詞二首》，其一曰：“年高漢賈誼，官過楚荀卿……空復文章在，流傳世上名。”其二：“人間三十六，追逐孔鸞飛……空復平生友，西華豈易依。”

李注：“三十六，謂動之所得之年，以前篇‘年高漢賈誼’

之句考之，即可見。”

　　按，陳動之，陳絳子，陳説之兄，天聖八年進士。鄭岳《莆陽文獻列傳》：“陳侗，其先潁川人。遠祖邁，唐武德初令莆田，始家刺桐巷。曾祖正則，從陳洪進入朝，以詩爲太宗稱賞。祖絳，咸平二年進士甲科，累遷工部郎中、知河陽府，移福州。先是，夏竦與絳同試制科舉賢良，有憾於絳。及竦執政，絳展轉外任，卒。絳子動之、説之，同登天聖八年進士，官並至秘書丞。侗與弟睦俱動之子也。侗，嘉祐二年進士。英宗朝，韓琦、文彦博諸名公交薦侗宜在館閣。富弼守汝州，辟侗爲從事。會弼歸執政，即召試，除館閣校勘，出知陝州。蘇軾嘗送以詩。繼知潮州，劉摰亦送以詩，皆極推重之。睦，嘉祐六年進士第二，累遷史館修撰，判尚書刑部。”陳動之有子侗、睦。《永樂大典》卷三千一百四十五載劉攽《故朝奉大夫權知陝州軍府事陳君墓誌銘》，墓主陳侗：“君諱侗，字成伯，姓陳氏。其先興化軍莆田縣人。曾祖某，贈兵部郎中。祖某，官至工部郎中。父某，贈銀青光禄大夫。君生十三歲而孤，從其母方夫人鞠於外家，居蘇州……三十餘，始以進士舉登第，調河南府福昌縣主簿……君在陝且二年，朝廷既除代，會君疾，(元祐)三年四月某甲子終，享年六十五。”

　　陳侗卒於元祐三年，享年六十五；年十三時(景祐三年)父動之卒，年三十六。李注：“三十六，謂動之所得之年，以前篇‘年高漢賈誼’之句，考之即可見。”陳動之三十六歲卒，故荆公詩以賈誼方之。公寫此挽詩時，陳動之已去世多年。《歐陽修全集》卷七《同年秘書丞陳動之挽詞二首》，列於本年詩後,《歐陽修詩編年箋注》卷十三繫於本年春,可從。歐詩曰"場屋當年氣最雄"、"凋零三十年朋舊",自天聖八年陳動之及第至本年恰三十年。本年,陳動之始葬,或改葬,故公、歐公挽之。

有詩送陳靖歸武陵

《詩注》卷四十五《送陳靖中舍歸武陵》。

庚寅增注引《續桃花源記》:"陳靖字唐臣,鉅野人,少倜儻有氣節。通《詩》、《易》,嘗從范諷、石延年、劉潛游。景祐五年,以進士特奏名,得三《禮》出身。薦為邑佐,皆有能聲,稍遷孝感令。以公事忤太守,遂致所事而去,僦舟東下,隱於華山。未幾,詔下,以太子中允致仕。值歲荒,徙家京師,賣藥自給。朝之公卿與故人踵門者輒避去。或遺金帛,即散道上丏者,未嘗有所畜。與其妻孔氏皆學辟穀,往往經歲而不食。嘉祐酉年,思武陵山水之佳,盡室往遊。王介甫高其行,以詩送之,有'知君欲上武陵溪,水自東流人自西'之句。既至武陵,結庵於桃源高梧市。"

《繫年初稿》繫於嘉祐二年,恐非。按,殘宋本《詩注》"酉年"作"四年",可從。北宋另有一陳靖,字道卿,《宋史》卷四百一十三有傳。

五月十九日,詔直集賢院,累辭

《長編》卷一百八十九嘉祐四年五月壬子:"度支判官、祠部員外郎王安石累除館職,並辭不受,中書門下具以聞,詔令直集賢院,安石猶累辭乃拜。"

《宋會要輯稿》選舉三三：“（嘉祐）四年五月十九日，中書門下言：‘三司度支判官、祠部員外郎王安石累除館職，並辭未受，今取旨。’詔與直集賢院。”

以梅堯臣爲狄仁傑後裔作詩，邀同作，遂和之

《詩注》卷十五《聖俞爲狄梁公孫作詩要予同作》，曰：“空使苗裔孫，稱揚得詩翁。一讀亦使我，慨然想餘風。”李注“詩翁”曰：“謂聖俞。”

按，狄梁公，即唐代名臣狄仁傑。《新唐書》卷一百十五《狄仁傑傳》：“狄仁傑字懷英，并州太原人……中宗即位，追贈司空，睿宗又封梁國公。”梅堯臣有《贈狄梁公十二代孫國賓》，作於本年。[1] 劉敞亦同和，《公是集》卷六有《同介甫和聖俞贈狄梁公裔孫》。

六月二日，王令卒。痛悼之，特爲之作銘，托吳特起攜至常州

《文集》卷九十七《王逢原墓誌銘》：“余友字逢原，諱令，姓王氏，廣陵人也……五歲而孤，二十八而卒，卒之九十三日，嘉祐四年九月丙申，葬于常州武進縣南鄉薛村之原。”

《文集》卷七十四《與崔伯易書》：“逢原遽如此，痛念之無窮，特爲之作銘，因吳特起去奉呈。”

按，《墓誌銘》曰：“嗚呼！道之不明邪，豈特教之不至也，士亦有罪焉。嗚呼！道之不行也，豈特化之不至也，士

---

[1] 《梅堯臣集編年校注》卷二十九，第 1129 頁。

亦有罪焉。蓋無常産而有常心者，古之所謂士也。士誠有
常心以操聖人之說而力行之，則道雖不明乎天下，必明於
己；道雖不行於天下，必行於妻子。内有以明於己，外有以
行於妻子，則其言行必不孤立於天下矣。此孔子、孟子、伯
夷、柳下惠、揚雄之徒所以有功於世也。"此篇乃墓誌之變
調。蓋因王令英年早逝，無甚功烈可紀，故公以議論振起全
篇，闡述"士志於道"之出處原則，並以此評價王令一生。

次韻歐陽修《石枕蘄竹簟》

《詩注》卷七《次韻歐陽永叔端溪石枕蘄竹簟》，[①]曰：
"端溪琢枕綠玉色，蘄水織簟黃金紋。翰林所寶此兩物，笑
視金玉如浮雲。都城六月招客語，地上赤日流黃塵……公
材卓犖人所驚，久矣四海流聲名。天方選取欲扶世，豈特使
以文章鳴。深探力取常不寐，思以正議排縱橫。奈何甘心
一榻上，欲卧潁尾為潔清。賢愚勞佚非一軌，顧我病昏惟未
死。心於萬事久蕭然，身寄一官真偶爾。便當買宅歸偃休，
白髮青山如願始。看公戮力就太平，却上青天跨箕尾。"

按，《歐陽修全集》卷八《有贈余以端溪綠石枕與蘄州竹
簟皆佳物也余既喜睡而此二者不勝其樂奉呈原父舍人聖俞
直講》，繫於本年。王詩曰"都城六月招客語，地上赤日流黃
塵"，當作於六月酷暑。梅堯臣《次韻和永叔石枕與笛竹簟》
亦曰："京師貴豪空有力，六月耐此炎蒸劇。"[②]

---

① 《文集》卷五題作《次韻信都公石枕蘄簟》，第 117 頁。
② 《梅堯臣集編年校注》卷二十九，第 1106 頁。

就職集賢院。致書王回，冀得一見，並痛悼王令之卒

《文集》卷七十二《與王深父書》其二："某頓首。近已奉狀，不知到否，竟不得脱省中，而今日就職。聞足下當入都下，幸能早來，冀得一見。若足下來差池，則某此月乞去至淮南迎親矣。出不過三四十日，則還至都下。幸足下且留，以待某還，事欲講於左右者甚衆，切勿遽去。若今不得一見，又不知何時奉見，切勿亟歸也。有王逢原者，卓犖可駭，自常州與之如江南，已見其有過人者。及歸而見之，所學所守，愈超然，殆不可及。忽得報死矣。天於善人君子如此，可歎可歎！如逢原者，求之於時，殆未見比，不知常君方之孰賢耳。可痛可痛！恨足下不得見之耳。"

按，公累辭直集賢院，至是乃拜。"今日就職"，謂受館職之命，入直集賢院。《繫年》以爲至此方任度支判官，誤。

劉敞有詩，賀直集賢院

劉敞《公是集》卷九《賀王介甫初就職秘閣》："鳳凰信高遠，矰繳安得羈。非君九韶奏，詎肯一來儀。王子美無度，孤飛絶雲霓。常恐濁一世，斯人莫見之。天子蹈軒虞，公卿聚皋夔。執言阿閣下，定有朝陽詩。願得調律吕，聆音辨雄雌。毋空著圖象，但取夸童兒。"

按，宋沿唐制，以昭文館、史館、集賢院爲三館。太宗太平興國三年，建三館書院，賜名崇文院。端拱元年，就崇文院中堂建秘閣。"就職秘閣"，謂公就職之處所。至紹聖二年四月，始改直集賢院爲直秘閣。

赴淮南迎親，至楚州，與淮南提刑邵必唱酬

《文集》卷七十二《與王深父書》其二："竟不得脫省中，而今日就職。聞足下當入都下，幸能蚤來，冀得一見。若足下來差池，某此月乞去至淮南迎親矣。出不過三四十日，則還至都下。"

《詩注》卷三十四《酬淮南提刑邵不疑學士》："曾詠常州送主人，豈知身得兩朱輪。田疇汎濫川方壅，廚傳蕭條市亦貧。以我薄材思拊俌，賴君餘教得因循。詢求故有風謠在，不獨鑱詩尚未泯。"

李注："言常作送人赴常州詩，自亦為此郡。"

自注："來詩及予《送沈常州》之詩，而卒有'西壁鑱詩尚未泯'之句。"

《繫年》："必為是年提點江東刑獄時作。"不確。

按，《宋史》卷三百一十七《邵必傳》："舉進士，為上元主簿……出知常州，召為開封府推官。坐在常州日杖人至死，責監邵武稅，然杖者實不死。久之，知高郵軍，提點淮南刑獄，為京西轉運使……入修起居注，知制誥。"邵必皇祐年間曾知常州，①為公前任，故詩曰"曾詠常州送主人"、"賴君餘教"。皇祐五年，邵必落知常州，至和二年復知高郵軍。②

---

① 《(咸淳)毗陵志》卷八："邵必，宜興縣天申宮有張公洞三大字，石刻云：'太守丹陽不疑所書，皇祐壬辰。'不疑，公字；壬辰，係四年。"第3017頁。

② 《長編》卷一百七十五皇祐五年八月乙丑："前知常州、祠部員外郎、集賢校理邵必落職監邵武軍酒。"第4231頁。《長編》卷一百七十八至和二年二月庚子："尋有詔，邵必復職，知高郵軍；吳充、鞠真卿、刁約、呂景初、馬遵召還。"第4311頁。

其提點淮南刑獄，約嘉祐二年至四年間。[1] 荊公自注曰"來詩及予送沈常州之詩"，沈常州即沈康，嘉祐三年秋知常州，本年五月，分司南京。[2] 故詩當作於嘉祐三年秋後。淮南提點刑獄治所爲楚州，[3]考公嘉祐三年秋後行跡，未曾至楚。以此而推，王、邵唱和，當於本年公赴淮迎親時。

至高郵遇親，遂挽舟北還

《文集》卷七十四《與崔伯易書》："伯易足下：得書於京師，所以開我者不敢忘，而人事紛紛，不得修報，以爲到高郵即奉見，得道所欲言者。去軍城止三十里，而遇親舟，遂挽以北。念還軍中，則重煩親友，然遂不得一見足下而西，殊悒悒也……莘老必朝夕見之於京師，不別致書，爲致意。"

薦孫覺編校昭文館書籍

趙善璙《自警編》丁："韓魏公琦之在相位也，所汲引多正直有名，或忠厚可鎮風俗，列侍從，備臺諫，以公議用之，多有未嘗識者，人亦不知出何人門下。人或可詢，聞所稱薦，用之不疑。嘗訪於王安石，安石曰：'文行則孫覺，吏事則張頡，皆可用也。'時二人皆常調小官，公乃處覺於館閣，

---

① 李之亮推測邵必嘉祐二年、三年提點淮南路刑獄。《宋代路分長官通考》，第1541頁。

② 《長編》卷一百八十九嘉祐四年五月庚子："知常州、度支員外郎、集賢校理沈康權管勾南京留司御史臺。時言者以康爲不才，康遂自請營葬里中，故許之。"第4565頁。

③ 可見王文楚《北宋諸路提點刑獄司的治所》，《中華文史論叢》第61輯。

任頡於省府,他皆此類也。"

《宋史》卷三百四十四《孫覺傳》:"嘉祐中,擇名士編校昭文書籍,覺首預選,進館閣校勘。"

《長編》卷一百八十九嘉祐四年二月丁丑:"置館閣編定書籍官,以秘閣校理蔡抗陳襄、集賢校理蘇頌、館閣校勘陳繹,分昭文、史館、集賢院、秘閣書而編定之……初,右正言、秘閣校理吳及言:'祖宗更五代之弊,設文館以待四方之士,而卿相率由此進,故號令風采,不減漢、唐。近年用内臣監館閣書庫,借出書籍,亡失已多。又簡編脱略,書吏補寫不精,非國家崇尚儒學之意。請選館職三兩人,分館閣人吏編寫書籍。其私借出與借之者,並以法坐之。仍請求訪所遺之書。'乃命抗等仍不兼他局,二年一代,别用黄紙印寫正本,以防蠹敗。熙寧八年二月四日,編校四館書畢。"

《長編》卷一百八十九嘉祐四年六月己巳:"太子中允王陶、大理評事趙彦若、國子博學傅卞、於潛縣令孫洙並爲館閣編校書籍官。館閣編校書籍自此始。三館秘閣凡八員,詔及二年者,選人、京官除館閣校勘,朝官除校理。陶,萬年人;卞,莒人;洙,廣陵人也。"李燾注:"彦若已見應制,時每館各二員,此據《會要》。《會要》有太常博士陳洙姓名,而《實録》無之。按本志云:又選京朝官、州縣官四人編校,所稱四人,蓋王、趙、傅、孫也。今依《實録》,不書陳洙。《會要》傅卞除編校在八月十八日。"

按,孫覺嘉祐元年知太平縣,是年秩滿,入京赴選。

八月，有詩送陳舜俞東歸

《詩注》卷三十三《送陳舜俞制科東歸》。

補注："嘉祐四年八月十二日，上御崇政殿，試制策舉人。十八日，以入等人明州觀察推官陳舜俞爲著作佐郎、簽書壽州判官事……此詩當送陳之壽州時也。"

《長編》卷一百九十嘉祐四年八月乙亥："御崇政殿，策試應才識兼茂明於體用科明州觀察推官陳舜俞、賢良方正直言極諫旌德縣尉錢藻汪輔之。舜俞、藻所對策並入第四等，授舜俞著作佐郎、簽書忠正軍節度判官事。"

此詩即爲送別陳舜俞。《梅堯臣集編年校注》卷二十九《送陳賢良忠正軍簽判》、韓維《南陽集》卷五《送陳著作舜俞之官壽州》，司馬光《溫國文正公文集》卷十四《送賢良陳著作舜俞簽書壽州判官事》等，均爲同時之作。壽州，忠正軍節度使治所。

九月四日，王令葬常州武進縣。有詩挽之

《詩注》卷五十《王逢原挽詞》："蒿里竟何在？死生從此分。謾傳仙掌籍，誰見鬼修文。蔡琰能傳業，侯芭爲起墳。傷心北風路，吹淚濕江雲。"

李注："言逢原無子，僅有女。""令葬常州武進縣。"

《文集》卷九十七《王逢原墓誌銘》："五歲而孤，二十八而卒，卒之九十三日，嘉祐四年九月丙申，葬于常州武進縣南鄉薛村之原。"

九月十四日，有詔武臣供奉官以下遇喪仍舊制，願行服者聽。撰《對疑》釋其意，以爲當務之急乃仿先王之政，贍天下之財，使百官禄賜足以事親養家

《文集》卷六十四《對疑》："己亥敕書：'自今内殿崇班以上，大喪致其事，供奉官以下，則勿致，如其故。'於是有疑者，以爲供奉官以下亦士大夫也，而朝廷獨遇之如此。顧而問曰：'今子以謂何如？'嘗竊原朝廷之意以對曰：

先王之制喪禮，不飲酒，不食肉，不御於内，以致其哀戚者，所謂禮之實，而其行之在我者也。不論其人之貴賤，不視其世之可否，而使之同者也。然而有疾，則雖賤者亦使之飲酒而食肉，此所謂以權制者也。或不言而事行，或言而後事行，或身執事而後行者，所謂禮之文而其行之在物者也。論其人之貴賤，視其世之可否，而爲之節者也。視其世之可否而爲之節，故金革之事，則雖貴者亦有時乎而無辟，此所謂以權制者也。

今欲使三班趨走給使之吏，大喪則皆無以身執事，而從古者卿士大夫之禮，此固盛世之所宜急，而先王以孝理天下之意。然而事又有先於此者。古之時，卿大夫之喪所以聽身不執事者，爲其可以不身執事也。其可以不身執事者，何也？古之人君，於其卿士大夫之喪，所以存問養恤者，蓋不詘於其在事之時。其有大喪而得不以身執事者，以其臣屬足使，而禄賜足以事養故也。今三班趨走給使之吏，其素所以富養之非備厚也，一日使去位而治喪，則朝廷視遇與庶人之在野無以異。庶人之在野者，所以葬祭其

先人、畜養其妻子，有常產矣。三班趨走給使之吏，去位而治喪，則其使令非有臣屬，事養非有祿賜，一日無常產，則其窮乃有欲比於庶人而不得者。若用事者不爲之憂此，而曰汝必無以身執事，則亦有餓而死者耳。然而世之議者方曰：今之小吏去位而治喪者眾矣，吾未見有餓而死者。夫今之去位而治喪者，自非多積餘藏有以活身，則孰能無以身執事者乎？今欲使之去位而治喪，故欲使其致喪之實而無以身執事也。苟不能使之無以身執事，而徒使之去位，則豈盛世之所急，而先王以孝理天下之意也？愚故曰：事又有先於此者，謂所以存問恤養士大夫如古之時者，今之所先也。

夫明吾政以贍天下之財，而存問恤養士大夫如古之時，此吾之所易爲也。仰無以葬祭其先人，俯無以畜養其妻子，然且去位而治喪，無以身執事，以致古者士大夫之禮，此人所難行也。捨吾之所易爲而忽不謀，曰是皆先王之事，非吾今日之所能爲也；操人之所難行而誅之不釋，曰古之士大夫皆然爾，奚事而不爲？朝廷或者以爲此非先王以權制喪、內恕及人之道，故止而不爲。雖然，愚亦有疑焉。欲內恕以及人，而不爲吾之所易爲者，何也？”

《長編》卷一百九十嘉祐四年九月丙午：“詔：‘帶閤門祗候使臣、內殿崇班以上，太子率府率及正刺史以上，遭父母喪及嫡子孫承重者，並聽解官行服；其元係軍班出職及見管軍若路分部署、鈐轄、都監，極邊知州軍縣、城寨主、都監、同巡檢，並給假百日，追起之；供奉官以下仍舊制，願行服者聽。宗室解官給全俸。’先是，判三班院韓縝言，今武臣遭父

母喪不得解官行服,非天下之通制。下臺諫官詳定,而具
爲令。"

范鎮《東齋記事》卷二:"故事,武臣不持喪。韓玉汝奏
請持喪,下兩制、臺諫官議。唐子方介爲諫官,其屬皆不欲
令持喪。是時,會議於玉堂後廊,子方曰:'今日不可高論
也。'歐陽永叔勃然曰:'父母死而令持服,安得爲高!'孫夢
得扑坐予傍,不覺歎曰:'俊人也! 率然一言,亦中於禮。'兩
制與臺諫官,竟爲兩議以上。遂詔閣門祗候、内殿崇班已上
持服,供奉官以下不持。是則官高者得爲父母服,官卑者則
不爲服,無官者將何以處之乎?"

按,本年議武官解官行服,士大夫中有以全體武臣皆應
持服者,朝廷詔書則命供奉官以下仍舊制,願行服者聽。或
有疑,公釋之,以爲此乃先王以權制喪、内恕及人之道。然
公亦曰,終究之道尤在"明吾政以贍天下之財,而存問恤養
士大夫如古之時"。

十一月,有詩挽吴育

《詩注》卷四十九《吴正肅公挽詞三首》。

李注:"名育。公嘗舉賢良,終河南守,葬鄭。介甫舉進
士時,公知舉。"

按,《繫年初稿》繫於本年,是。吴育字春卿,《宋史》卷
二百九十一有傳。慶曆二年,公舉進士,吴育權同知貢舉。①

---

① 《宋會要輯稿》選舉一,第5252頁。

嘉祐三年，吳育卒，①葬於本年十一月。② 詩曰："里門無舊客，鄉國有新丘。""悠悠國西路，空得葬車回。"當作於葬時。③

與吳充唱酬

《詩注》卷十六《酬沖卿月晦夜有感》，曰："巷哭復有人，鄰風送幽咽。"

李注："羊祜卒，南州人聞祜喪，罷市巷，哭者聲相接。"吳充兄育葬於本年，李注或謂此。

撰堂姑周彥先夫人墓誌銘

《文集》卷一百《王夫人墓誌銘》："右侍禁、知循州興寧縣事海陵周君諱彥先之夫人王氏，我叔祖尚書主客郎中、贈右諫議大夫諱貫之之子。年二十三嫁周氏，嫁六年，生一子瀚，而周君卒。後十八年，子濤爲秘書省著作佐郎、知汝州梁縣事，而夫人年四十八，以疾棄世於梁縣。子濤等護其喪歸，以嘉祐四年十一月二十九日庚申，葬海陵城北之兆。"

---

① 《長編》卷一百八十七嘉祐三年四月甲子："河南府言資政殿大學士、尚書左丞吳育卒，贈吏部尚書，謚正肅。"第4508頁。

② 《歐陽修全集》卷三十三《資政殿大學士尚書左丞贈吏部尚書正肅吳公墓誌銘》："嘉祐四年十一月丁未，資政殿大學士、金紫光禄大夫、尚書左丞、知河南府兼西京留守司、上柱國、渤海郡開國公、食邑二千八百户、食實封八百户、贈吏部尚書、謚曰正肅吳公，葬於鄭州新鄭縣崇義鄉朝村之原。"第486頁。

③ 《梅堯臣集編年校注》卷二十九《吳資政挽詞二首》，繫於本年，第1118頁。

按，墓主王氏，公叔祖王貫之之女，嫁周彥先，生子瀙。

有詩懷王令

《詩注》卷十《思王逢原》：“自吾失逢原，觸事輒愁思。豈獨爲故人，撫心良自悲。我善孰相我，孰知我瑕疵。我思誰能謀，我語聽者誰。朝出一馬驅，暮歸一馬馳。馳驅不自得，談笑強追隨。仰屋臥太息，起行涕淋漓。念子冢上土，草茅已紛披。婉婉婦且少，煢煢一兄嫠。高義動閭里，尚聞致財資。嗟我衣冠朝，略能具饘麋。葬祭無所助，衰顔亦何施。聞婦欲北返，跂予常望之。寒汴已閉口，此行又參差。又說當產子，產子知何時。賢者宜有後，固當夢熊羆。天方不可恃，我願適在茲。我疲學更誤，與世不相宜。宿昔心已許，同岡結茅茨。此事今已矣，已矣尚誰知。渺渺江與潭，茫茫山與陂。安能久竊食，終負故人期。”

李注：“諱令，廣陵人，卒時年二十八。”

按，王令卒於嘉祐四年六月，九月葬。《王逢原墓誌銘》曰：“夫人吳氏，亦有賢行，於是方娠也，未知其子之男女。”詩曰“又說當產子，產子知何時”，“寒汴已閉口”，當作於本年底。

李注：“據公作《逢原誌》：‘夫人方娠也，未知其子之男女。’然逢原之後，卒亦無聞焉，天其真不可恃乎！”王令遺腹女，嫁吳師禮，生子吳說。《王令集》附錄《節婦夫人吳氏墓碣銘》：“夫人吳氏，撫州臨川人，廣陵先生元城王公之妻。先生諱令，字逢原，道德文章名一世，年二十八而卒。夫人抱始生之孤，往歸母兄。喪除，議所適，雪涕自誓。屏居別墅,僅蔽風雨,惡衣糲食,人所不能堪。三十有五年,以終厥身。凜然古之節婦,天下稱之。家始來唐,唐多曠土,熙寧中,詔募民蓄墾,治廢陂,復召信臣、杜詩之迹。衆憚其役之大,懵於方略,睨莫敢舉。夫人因見其兄占田陂旁,慨然謂衆曰:'我非徒自謀,陂興,實一州之利。當如是作,如是成。'乃闢污萊,均灌溉,身任其勞,築環堤以瀦水,疏斗門以洩水。壞化膏腴,民飫秔稻,而其家貲亦累鉅萬。夫人一毫不私,服用之儉猶昔也……夫人,尚書屯田員外郎德筠之曾孫,尚書都官員外郎敏之孫,江寧府司錄參軍賁之子。婉慧夙成,父異之,嫁不輕諾。廣陵先生妙年英特,聲震江淮,荆公一見以爲友,勸其舅以夫人歸焉。居無何而寡,遺腹舉一女,長有淑德。荆公高選諸生,以嫁錢塘吳師禮,歷博士、諫官、右司員外郎,爲時名臣。夫人天才超然,辭翰之工,不假師授。喜讀孟軻氏書,論議宿儒所不及,謂非婦能,皆秘弗耀。父事兄,母事姊。姊亡感慟,得疾卒,年五十九,實元祐八年十二月二十七日。兄豪,奇士也,夫人既卒二年,以先生葬常州,躬護柩北來,道病亦卒。後十年,乃克合窆于唐州桐柏縣之淮源鄉。又十四年,外孫說擢官大農,出佐雍州,以其母朝夕之念,不遠數千里,力請易襄,過唐上冢,顧墓碑未刻,乃使來請。雲曰'……荆公,世之師,而每稱重如此,可以知其賢矣。斯文垂世,炳如日星,孰敢措一辭於其後哉!雖然,前誌,誌常州之葬爾。今合葬于唐,而無辭以紀,則百世之下,安所考信?族子誠不肖,爲是悼懼,敢以伯母夫人之德烈,碣于墓上,爲唐人無窮之傳。'"

屢辭官。劉敞撰文以諷

劉敞《公是集》卷三十三《論讓官疏》："臣伏見故事,諸讓官者或一讓,或再讓,或三讓,皆有品秩。非不欲人人讓也,讓之迹近名,近名則容偽,而爲禮者惡煩,煩近于褻,故設中制,有所止之也。昔舜命九官,夔龍不讓,其他伯益之徒,一讓而止,此則治世之法也。竊見頃來士大夫每有除命,不問高下,例輒累讓。雖有出其至誠,恬于勢利,然亦已逾典制,過夔、益矣。若習俗遂巧,流風稍澆,必且挾偽采名,要上迷衆,更以爲進取之捷徑,奔競之秘策,甚可惡也,豈獨煩于禮哉!"

劉攽《彭城集》卷三十五《劉公行狀》："是時,士大夫稍矜虛名,每得官輒讓,衆亦予其恬退之稱,讓不失始利,而得名益高,讓端無窮,或四五讓至七八讓,天子嘗優容之。下至布衣福州陳烈等初除吏亦讓,賜之粟帛亦讓。公以爲此皆挾偽求名,要上迷衆,其漸不可長。乃建言諸讓官,或一讓,或再讓,或不得讓,宜一以故事舊典爲準,以防未亂。"

《長編》卷一百九十嘉祐四年十二月丁亥:"知制誥劉敞言:'臣伏見故事,諸讓官者,或一讓,或再讓,或三讓,皆有品秩,非不欲人人讓也。'"

是年,作《明妃曲二首》,歐陽修、曾鞏、司馬光、梅堯臣等相繼唱和,蔚爲詩壇之盛

《詩注》卷六《明妃曲二首》其一:"明妃初出漢宮時,淚

濕春風鬢腳垂。低徊顧影無顏色，尚得君王不自持。歸來却怪丹青手，入眼平生未曾有。意態由來畫不成，當時枉殺毛延壽。一去心知更不歸，可憐着盡漢宫衣。寄聲欲問塞南事，祇有年年鴻鴈飛。家人萬里傳消息，好在氈城莫相憶。君不見咫尺長門閉阿嬌，人生失意無南北。"

其二："明妃初嫁與胡兒，氈車百兩皆胡姬。含情欲説獨無處，傳與琵琶心自知。黃金捍撥春風手，彈看飛鴻勸胡酒。漢宫侍女暗垂淚，沙上行人却回首。漢恩自淺胡自深，人生樂在相知心。可憐青塚已蕪没，尚有哀弦留至今。"

按，公《明妃曲》，和者有歐陽修、梅堯臣、曾鞏、司馬光、劉敞等，[1]洵爲嘉祐詩壇一時之盛。《歐陽修全集》卷八《明妃曲和王介甫作》，題注："嘉祐四年。"本年公上萬言書，不報，而摯友王令遽卒，詩曰"人生失意無南北"、"人生樂在相知心"，或與之有關。[2] 稍前，梅堯臣、劉敞、韓維、江休復已就王昭君進行次韻唱和。由劉敞首倡，梅、韓、江等依韻和之，劉敞再和。彼數人皆公前輩、摯友，屢有詩歌唱酬。本

---

[1] 《梅堯臣集編年校注》卷三十《和介甫明妃曲》，劉敞《公是集》卷十八《同永叔和介甫昭君曲》，司馬光《溫國文正公文集》卷三《和王介甫明妃曲》、《曾鞏集》卷四《明妃曲二首》等。

[2] 可見筆者《〈明妃曲〉考論》，《變革中的文人與文學》，浙江大學出版社 2011年版，第 11—28 頁。或以爲《明妃曲》作於嘉祐五年荆公使北歸來，見漆俠《王安石的〈明妃曲〉》，《中國文化研究》1999 年春之卷；内山精也《王安石〈明妃曲〉考》，載《傳媒與真相》，上海古籍出版社 2005 年版。内山以爲："王安石《明妃曲》是嘉祐五年一月至二月中旬之間，在伴送契丹使者之行的實際體驗的基礎上創作的。"其説頗雄辯，兹兩存之。

年公返京,《明妃曲》或步武劉、梅而作。①

　　此詩問世後,紛紜聚訟,猶過梅堯臣《碧雲騢》、蘇洵《辨姦論》。黃庭堅盛讚之,以爲"詞意深盡,無遺恨也。"李注:"山谷跋公此詩云:'荆公作此篇,可與李翰林、王右丞並驅爭先矣。往歲道出潁陰,得見王深父先生,最承教愛,因語及荆公此詩。庭堅以爲詞意深盡,無遺恨矣,深父獨曰:"不然,孔子曰:'夷狄之有君,不如諸夏之亡也。'人生失意無南北,非是。"庭堅曰:"先生發此德言,可謂極忠孝矣。然孔子欲居九夷,曰:'君子居之,何陋之有?'恐王先生未爲失也。"明日,深父見舅氏李公擇曰:"黃生宜擇明師畏友與居,年甚少,而持論知古血脉,未可量也。"'"

　　又,李注:"范沖對高宗嘗云:'臣嘗於言語文字之間,得安石之心,然不敢與人言。且如詩人多作《明妃曲》,以失身胡虜爲無窮之恨,讀之者至於悲愴感傷。安石爲《明妃曲》,則曰"漢恩自淺胡自深,人生樂在相知心"。然則劉豫不是罪過,漢恩淺而虜恩深也。今之背君父之恩,投拜而爲盜賊者,皆合於安石之意,此所謂壞天下人心術。孟子曰:"無父無君,是禽獸也。"以胡虜有恩而遂忘君父,非禽獸而何?'公語意固非,然詩人務一時爲新奇,求出前人所未道,而不知其言之失也。然范公傅致亦深矣。"

　　朱弁《風月堂詩話》卷下:"太學生雖以治經答義爲能,其間甚有可與言詩者。一日,同舍生誦介甫《明妃曲》,至

---

① 劉敞《公是集》卷七《王昭君》、《重一首同聖俞鄰幾持國作用前韻》,《梅堯臣集編年校注》卷二十八《依韻和原甫昭君辭》、《再依韻》,韓維《南陽集》卷四《和王昭君》。江休復和作不存。

'漢恩自淺胡自深，人生樂在相知心。君不見咫尺長門閉阿
嬌，人生失意無南北。'詠其語稱工。有木抱一者，艴然不悦
曰：'詩可以興，可以怨。雖以諷刺爲主，然不失其正者，乃
可貴也。若如此詩用意，則李陵偷生異域不爲犯名教，漢武
誅其家爲濫刑矣。當介甫賦詩時，溫國文正公見而惡之，爲
別賦二篇，其詞嚴，其義正，蓋矯其失也。諸君曷不取而讀
之乎？'衆雖心服其論，而莫敢有和之者。"

　　羅大經《鶴林玉露·乙編》卷之四："其詠昭君曰：'漢
恩自淺胡自深，人生樂在相知心。'推此言也，苟心不相知，
臣可以叛其君，妻可以棄其夫乎？其視白樂天'黄金何日贖
娥眉'之句，真天淵懸絶也。其論馮道曰：'屈己利人，有諸
佛菩薩之行。'唐質肅折之曰：'道事十主，更四姓，安得謂之
純臣？'荆公乃曰：'伊尹五就湯，五就桀，亦可謂之非純臣
乎？'其強辨如此。又曰：'有伊尹之志，則放其君可也。有
周公之志，則誅其兄可也。有周后妃之志，則求賢審官可
也。'似此議論，豈特執拗而已，真悖理傷道也。"

　　趙翼《甌北詩話》卷十一："荆公專好與人立異，其性然
也……詠明妃句'漢恩自淺胡自深，人生樂在相知心'，則更
悖理之甚。推此類也，不見用於本朝，便可遠投外國。曾自
命爲大臣者，而出此語乎！"

　　以上諸家評論，其實質乃兩種君臣觀、氣節觀之衝突。
《明妃曲》中，隱含公"從道不從君"之思想，而朱弁、范沖、
羅大經等指摘，即"從君即從道"之反映。再兼以詩涉夷夏
關係，更易授人以柄。

是年,致書知太平州張伯玉,薦曾鞏

吕本中《紫微詩話》:"曾子固舍人爲太平州司户時,張伯玉璪作守,歐公、王荆公諸人,皆與伯玉書,以子固屬之,伯玉殊不爲禮。一日,就設廳召子固,作大排,唯賓主二人,亦不交一談也。既而召子固於書室,謂子固曰:'人謂公爲曾夫子,必無所不學也。'子固辭避而退。一日,請子固作《六經閣記》,子固屢作,終不可其意,乃謂子固曰:'吾試爲之。'即令子固書曰:'六經閣者,諸子百家皆在焉,不書,尊經也。'其下文不能具載。又令子固問書傳中隱晦事,其應答如流,子固大服,始有意廣讀異書矣。"

按,張伯玉字公達。《宋史》卷二百八著録其《蓬萊詩》二卷。此謂"張伯玉璪",誤也。本年,張伯玉以侍御史出知太平州,趙紹祖《安徽金石略》卷五:"宋《太平州守續題名記》,乾道四年,吴芾撰。記略云:郡廨舊闕題名。紹興二十二年,韓公直閣來守是邦,始命立石,僅記建炎以後守臣名氏,登載未詳。余以乾道三年至此,更加采訪,得紹聖以來自吕希哲、黄庭堅以下之接於沈思者,凡十有八,惟張伯玉嘉祐四年以侍御史來,見於所刻《祭翰林文》,其餘以圖籍不存,莫可概見。惜其無傳,因刻諸副石之首。"時曾鞏爲太平州司法參軍,[①]故公等與書張伯玉薦之。六經閣,始建於嘉祐四年六月二十三日,成於八月二十二日,閣成,張伯玉應知蘇州富嚴之請撰記。《宋文鑑》卷七十九《吴郡州學六經

---

① 李震《曾鞏年譜》卷二,第191頁。

閣記》："六經閣，諸子百家皆在焉，不書，尊經也。吳郡州學始由高平范公經緝之，至今尚書富郎中，十年更八政，學始大成，而成年六經閣又建……起夏六月乙酉，止秋八月甲申，凡旬有七浹。"

是年，有詩寄題哀賢亭

《詩注》卷二十一《哀賢亭》，詩曰："馬侯東南秀，鞭策要路馳"。李注："馬遵也，死時四十八。遵，饒州樂平人。景祐元年及第，嘗漕福建，知開封，以御史爲江淮六路發運判官。後還臺，彈奏宰相梁適，出知宣州，復召爲司諫，旋卒。"

按，梅堯臣本年作《寄題哀賢亭》，題注："馬仲塗龍圖墳前所創立也。"[1]荊公詩曰"墓門閉空原，白日無履綦"，"終欲往一慟，詠言慰孤嫠"，當與梅作同時寄題，未至墳前也。

是年，有詩酬王伯虎，答其書，論聖人、君子之行

《詩注》卷六《酬王伯虎》："吾聞人之初，好惡尚無朕。帝與鑿耳目，賢愚遂殊品。爾來百千年，轉化薄愈甚。父翁相販賣，浮詐誰能審。睢盱猴纓冠，狼藉鼠穴寢。滄海恐值到，誰念魚鼇淰。鴉聲雖云惡，革去在食甚。嗟誰職教化，獨使此風稔。恬觀不知救，坐費太官廩。予生少而戇，好古乃天稟。念此俗衰壞，何嘗敢安枕。有時不能平，悲吒失食

---

[1] 《梅堯臣集編年校注》卷二十九，第1224頁。

飲。唯子同我病,亦或涕沾衿。謂予可告語,密以詩來諗。
爛然辭滿紙,秋水濯新錦。窮觀何拳拳,靜念復凛凛。賤貧
欲救世,無寧猶拾瀋。説窮且版築,尹屈唯烹飪。逢時豈遽
廢,避俗聊須噤。徂年幸未暮,此意可勤恁。"

李注:"按公集有《答王伯虎書》,論聖人君子之行,即此
人也。"

《文集》卷七十五《答王伯虎書》:"辱書問以所疑。如
某者何足以語?然聖人君子之行,則嘗聞於先生長者矣:蓋
曰不辱己、不害人而已。不辱己,所以爲有義;不害人,所以
爲有仁。若夫操至治之成法,責備於叔世以自絶,與以仁施
其身以及其親,則皆聖人君子之所不爲。不知足下謂當如
此否?因出見過,得復從容爲左右道之。"

按,《繫年初稿》繫於本年,可從。王伯虎字炳之,本年
進士登第。《(淳熙)三山志》卷二十六:"四年己亥劉煇榜:
王伯虎字炳之,福清人。終朝請郎、樞密院檢詳。"朱存理
《趙氏鐵網珊瑚》卷二《賜王伯虎敕》:"敕賜進士及第王伯
虎:士平居時談仁義、履忠信,以待舉也。雖然,不試之職,
不任之事,亦無以觀其所效焉。今兹初命爾,所以行己之
時,維是勉懋,見於事業。尚有好爵,爲爾寵休。可特授將
仕郎、守建州右司理參軍,替張仲縮。來年三月成資闕,候
見任官成資日,方得赴任。嘉祐四年六月日。"吳寬《家藏
集》卷五十三《跋宋王伯虎受官敕四道》:"右宋王伯虎初登
進士第授建州司理參軍時所受敕也。按,許文定公將志公
墓:'公爲司理,州有疑獄久不決,乃命撤械休于庭,帷其廳,
而潛听之,囚互相咎質其是非。明日訊之,衆相顧而驚以

服，出其濫死者三四人。'然則公可謂能其官，不負於敕詞
矣。公字炳之，閩之福清人，仕至戶部郎中。從子(當爲
'兄')伯起，後家吳中，是生著作先生信伯，爲河南程氏門
人。"《(正德)姑蘇志》卷五十四："王蘋字信伯，其先福清
人。唐水部郎榮，時號'人瑞'，有《麟角集》。八世孫伯虎，
字炳之，嘉祐進士，爲潛江令，築隄去水害。歷太子中允、太
常博士、尚書戶部員外郎，與蘇、黃倡和，有《進册》三卷，及
《過庭集》、《松陵集》、《西府錄》。從弟仲舉，字聖俞，剛介
屬學，不徇時好。徙家吳之震澤，卒，贈奉議郎。生蘋，出爲
世父伯起後。伯起字聖時，受經王安石，游曾宣靖公亮父子
間，學文於子固。題所居曰'酉室'，有詩曰《唱道野集》，卒
贈右宣教郎。"

是年，次韻張璪

《詩注》卷三十三《次韻張唐公馬上》："竭節初悲力不
任，賜環終愧繆恩臨。病來氣弱歸宜早，偷取官多責恐深。
膏澤未施空謗怒，瘡痍猶在豈謳吟。黃昏信馬江城路，欲訪
何人話此心。"

李注："此詩恐是神廟初自知江寧召還時作。'謗怒'，
必指爲郡時事，宜新法之紛紛也。或是再入相時。"誤甚。
詩曰"竭節"、"賜環"，當作於本年自提點江東刑獄還京。
"膏澤未施空謗怒"，謂提點江東有所按察，致一路誹議紛
然也。

外姻朱介之來請銘，爲其岳父鄭詒撰墓表

《文集》卷九十《太常博士鄭君墓表》："德安鄭湜書其父太常博士諱詒字正臣之行治、伐閲、世次，因其妹婿廣陵朱介之以來請……以嘉祐三年三月二十四日卒，年六十……今既以某年某月某日葬君德安之永泰鄉谷步里，而未有以碣諸墓也，敢因介之以告。介之於余爲外姻，而其妻能道君之實，將懼泯没而無聞，數涕泣屬其夫，求得余之一言，以表之墓上。"

是年，陸長倩來求銘，爲其父撰墓誌銘

《文集》卷九十二《京東提點刑獄陸君墓誌銘》。墓主陸廣，字彦博。文曰："以天聖二年進士起家，至皇祐四年某月，以使赴齊州。某甲子，卒於鄆之平陰。君子長倩等以嘉祐四年某月某甲子，葬君杭州之錢塘某所之原，而書君繫世、官職、行能、勞烈、卒葬之地與時，以來求誌墓。"①

是年，有詩詠殘菊

《詩注》卷四十八《殘菊》："黄昏風雨打園林，殘菊飄零滿地金。折得一枝還好在，可憐公子惜花心。"

李注："歐陽文忠公嘉祐中見荆公此詩，笑曰：'百花盡落，獨菊枝上枯耳。'因戲曰：'秋英不比春花落，爲報詩人仔

① "與時"，原作"一時"，據《王文公文集》改。

細看。'世傳誤謂王君玉有此句，蓋詩意有相類耳。文公聞之，曰：'是定不知《楚辭》云："殄秋菊之落英。"歐陽公不學之過也。'據'落英'乃是'桑之未落'，'華落色衰'之落，非必言花委於地也。歐、王二巨公豈不曉此？切疑小説皆謬，不可信。蔡絛《西清詩話》又云：'落，始也。'"

陳鵠《西塘集耆舊續聞》卷一："荆公亦有强辨處。嘗有詩云：'黃昏風雨滿園林，殘菊飄零滿地金。'歐公見而戲之，曰：'秋英不比春花落，傳語詩人仔細吟。'荆公聞之，曰：'永叔獨不見《楚詞》"夕餐秋菊之落英"耶？'殊不知《楚詞》雖有'落英'之語，特寓意'朝夕'二字，言吞陰陽之精蘂，動以香静自潤澤爾。所謂落英者，非飄零滿地之謂也。夫百卉皆彫落，獨菊花枝上枯，雖童孺莫不知之。荆公作事，動輒引經爲證，故新法之行，亦取合於《周官》之書，其大概類此爾。"

此事又見《藏海詩話》、《西清詩話》等，然近似小説家言。《苕溪漁隱叢話前集》卷三十四："苕溪漁隱曰：'秋英不比春花落，爲報詩人子細看。'此是兩句詩，余於六一居士《全集》及東坡《前後集》，遍尋並無之，不知《西清》、《高齋》何從得此二句詩，互有譏議，亦疑其不審也。"

撫州通判施邈建見山閣，致書請記。數辭不得，爲撰《撫州通判廳見山閣記》

《文集》卷八十三《撫州通判廳見山閣記》："通判撫州、太常博士施侯爲閣於其舍之西偏，既成，與客升以飲，而爲之名曰見山……施侯以客爲知言，而以書抵予曰：'吾所以

爲閣而名之者如此,子其爲我記之。'數辭不得止,則又因吾
叔父之命以取焉,遂爲之記,以示後之賢者,使知夫施侯之
所以爲閣而名之者,其言如此。"

《繫年》繫於慶曆五年,誤。

按,施侯名邈,《(雍正)江西通志》卷四十:"見山閣,
《臨川集》:'通判撫州、太常博士施侯邈爲閣於其舍之西偏,
曰見山。'"《金石萃編》卷一百二十八《華陰縣嶽廟題名》:
"翰林侍讀學士、尚書户部郎中、知永興軍府事、本路安撫
使、兵馬都部署、吳興郡侯葉清臣,慶曆丁亥秋赴官,便道恭
款神祠。明年四月,蒙恩召還,再經宇下。於時通判永興軍
府劉紀、駐泊都監王仲平、管勾機宜韓鐸、知涇陽縣施邈、同
州觀察推官李孚祐從行。"據此,則慶曆八年施邈僅爲涇陽
知縣,似無可能慶曆五年通判撫州。《(同治)臨川縣志》卷
八載林岊《重修見山閣記》:"郡城之中有五峰……其西之特
出者,於今見山閣見之,爲宜閣。嘉祐中,通守施侯建之。"
姑繫於此。

有詩送張頡知奉新

《詩注》卷三十五《送張頡仲舉知奉新》,曰:"方揮玉麈
日邊坐,又結銅章天外行。"

李注:"頡,金陵人,公所厚,位至從官,《傳》稱其所至以
嚴治,深文狡獪,亦天性云。本傳但言其嘗令廣東及漳之益
陽,不載知奉新。"

按,《宋史》卷三百三十一《張頡傳》:"字仲舉,其先金
陵人,徙鼎州桃源。第進士,調江陵推官。歲旱饑,朝廷遣

使安撫，頡條獻十事，活數萬人。知益陽縣，縣接梅山溪峒，多蠻獠出没，頡按禁地約束，召徭人耕墾，上其事，不報。累遷開封府判官、提點江西刑獄、廣東轉運使。"張頡皇祐元年進士及第，[①]嘉祐七年末，將赴官益陽。[②]其知奉新，當於此前，暫附於此。

以夏噩來訪，有啓謝之

《文集》卷八十《謝夏噩察推啓》："伏審某官策足盛時，收名異等，以材自稱，爲議所歸。時惟私幸之多，代有同升之義。惟當造請，勢未暇遑。敢圖高明，不自重貴，親存敝館，申貺華牋。窺觀以思，懼恐且愧。"

按，夏噩字公酉，越州人，初爲明州觀察推官。[③]《長編》一百八十六嘉祐二年八月癸亥："策試賢良方正能直言極諫秘書丞王彰、材識兼茂明于體用明州觀察推官夏噩。彰所對不入等，噩入第四等，授光禄寺丞。噩磨勘自當改著作佐郎，宰相富弼以親嫌而裁之。"故啓曰"察推"，"策足盛時，收名異等"。公嘉祐二年五月離京，本年初還京，時噩或尚在京待闕，得以造訪。[④]嘉祐六年，夏噩知長洲縣，因坐私

---

① 《（嘉靖）常德府志》卷十六，《天一閣藏明代方志選刊》第 56 册，第 715 頁。

② 《詩注》卷四十五《送陳靖中舍歸武陵》庚寅增注引《續桃花源記》："（陳靖嘉祐）七年十二月十二日平旦，謂其子曰：'吾數盡矣，後事一託張秘丞主之。'言訖而殁。時張秘丞頡將赴官益陽，前一日，與靖别。翊日，得其訃，亟爲辦喪事。"第 1225 頁。

③ 《蘇軾詩集》卷二十四《王中甫哀辭》，第 1280 頁。

④ 《（同治）蘇州府志》卷五十三："夏噩，嘉祐二年任。"《中國地方志集成·江蘇府縣志輯》第 8 册，江蘇古籍出版社 1991 年版，第 502 頁。恐非。夏噩嘉祐六年七月勒停，其知長洲當於嘉祐四年左右。

貸民錢削職，①坐廢十年。

與劉敞辯性、情之旨

劉敞《公是先生弟子記》卷四："王安石曰：'性者，太極
也；情者，五行也。五行生於太極，而後有利害，利害非所以
言太極也。情生於性，而後有善惡，善惡非所以言性也。謂
性善惡者，妄也。'劉子曰：'王子之言，其謂人無性焉可已。
夫太極者，氣之先而無物之物者也。人之性，亦無物之物
乎？聖人之言人性也，固以有之爲言，豈無之爲言乎？是亂
名者也。'王子曰：'人之性無善惡之稱。彼善不善者，情之
成名也。'然則聖人無所言性可矣。《易》曰：'乾道變化，各
正性命。'夫不以物爲無性，性爲無善，而以性爲善，或不得
本者也。如物也而無性，性也而無善，則乾尚何化而化？尚
何正之有？夫言性而明其無性者，不足以明性，而固惑於有
性者也。説何以免此？王子曰：'情生於性，而有善惡焉，善
惡乃非性也。'往應之曰：'雛生於卵，而有雌雄，然則雌雄生
於卵之前乎？生於雛之後乎？雌雄生於卵，卵雖無雌雄之
辨，不可謂卵無雌雄也。善生於性，性雖未有善之動，豈可
謂性無善哉？彼卵而無雌雄，性乃可以無善矣。'"

按，二人所辯，涉性、情關係及性之善惡。公以太極、五
行之關係比擬性、情，謂善惡僅指情而言，性則無善無惡，隱

---

① 《續資治通鑑長編》卷一百九十四，第 4687 頁。《（正德）姑蘇志》卷四十
一："夏竦字公酉，池州人。以試光禄寺丞知長洲，性卞急，遇事輒發，出語
無隱情，人多憚之。提刑陳道古惡其輕傲，掯以私貸民錢，按罪勒停，坐廢
十年。文彦博爲白於朝，詔還其官。"

斥韓愈之"性三品"説。而劉敞雖曰"豈可謂無善哉"，其實所持乃"性九品"説，敷衍發揮中唐韓愈之"性三品"説，即：人之性善，惟分九品，各自對應聖、賢、君子、常人，彼此界限分明，不可逾越，孟子所謂"人皆可爲堯、舜"言過其實。《公是弟子記》卷一："孟子曰'人之性善'，'人之性皆可以爲堯、舜'，孟子可謂言過其實矣。人之性善，且有上、有中、有下。于上也又有上焉，于中也又有中焉，于下也又有下焉，九品也。故上者聖，中者君子，下者有常。不及乎聖而爲仁，不及乎君子而爲善，不及乎有常而爲齊民。故性不同也而善均，善不同也而性均。故人不可以爲堯、舜，猶堯、舜不可爲人也。壽莫如召公，不能至乎聖而止；夭莫如顔子，亦不能至乎聖而止。使召公而夭，使顔子而壽，其材亦若是而止矣。此性之不可過也，人何可爲堯、舜哉！故開難到之期者，人不能信也。人不能信者，學不能益也。"公之論點，又見《文集》卷六十八《原性》："或曰：'孟、荀、揚、韓四子者，皆古之有道仁人，而性者，有生之大本也。以古之有道仁人，而言有生之大本，其爲言也宜無惑，何其説之相戾也？吾願聞子之所安。'曰：'吾所安者，孔子之言而已。夫太極者，五行之所由生，而五行非太極也。性者，五常之太極也，而五常不可以謂之性。此吾所以異於韓子。且韓子以仁、義、禮、智、信五者謂之性，而曰天下之性惡焉而已矣。五者之謂性而惡焉者，豈五者之謂哉？孟子言人之性善，荀子言人之性惡。夫太極生五行，然後利害生焉，而太極不可以利害言也。性生乎情，有情然後善惡形焉，而性不可以善惡言也。此吾所以異於二子。孟子以惻隱之心人皆有之，因以謂人之性無不仁。就所謂性者如其説，必也怨毒忿戾之心人皆無之，然後可以言人之性無不善。而人果皆無之乎？孟子以惻隱之心爲性者，以其在内也。夫惻隱之心與怨毒忿戾之心，其有感於外而後出乎中者，有不同乎？荀子曰：其爲善者僞也。就所謂性者如其説，必也惻隱之心人皆無之，然後可以言善者僞也。而人果皆無之乎？荀子曰：陶人化土而爲埴，埴豈土之性也哉。夫陶人不以木爲埴者，惟土有埴之性焉，烏在其爲僞也？且諸子之所言，皆吾所謂情也，習也，非性也。揚子之言爲似矣，猶未出乎以習而言性也。古者有不謂喜、怒、愛、惡、慾、情者乎？喜、怒、愛、惡、慾而善，然後從而命之曰仁也、義也；喜、怒、愛、惡、慾而不善，然後從而命之曰不仁也，不義也。故曰：有情然後善惡形焉。然則善惡者，情之成名而已矣。孔子曰：性相近也，習相遠也。吾之言如此。'

'然則上智與下愚不移，有説乎？'曰：'此之謂智愚。吾所云者，性與善惡也。惡者之於善也，爲之則是；愚者之於智也，或不可强而有也。伏羲作《易》，而後世聖人之言也，非天下之至精至神，其孰能與於此？孔子作《春秋》，則游、夏不能措一辭。蓋伏羲之智，非至精至神不能與，惟孔子之智，雖游、夏不可强而能也，況所謂下愚者哉？其不移明矣。

或曰：'四子之云爾，其皆有意於教乎？'曰：'是説也，吾不知也，聖人之教，正名而已。'"

按，至和、嘉祐間，公與劉敞多有學術辯論，彼此影響，自不待言。然晁公武《郡齋讀書志》卷四著録劉敞《七經小傳》："右皇朝劉敞原甫撰。其所謂'七經'者，《毛詩》、《尚書》、《公羊》、《周禮》、《儀禮》、《禮記》、《論語》也。元祐史官謂：'慶曆前學者尚文辭，多守章句注疏之學，至敞始異諸儒之説。後王安石修《經義》，蓋本於敞。'公武觀原甫説'伊尹相湯伐桀，升自陑'之類，《經義》多剿取之。史官之言，良不誣也。"吴曾《能改齋漫録》卷二"注疏之學"："國史云：'慶曆以前，學者尚文辭，多守章句注疏之學。至劉原父爲《七經小傳》，始異諸儒之説。王荆公修《經義》，蓋本於原甫。'"晁、吴所言，出自元祐史官，以公之經學，剽自劉敞，頗涉誣枉。①

　　又，嘉祐年間，周（惇頤）、程（顥、頤）諸儒仕宦不顯，名聲未振，而文壇領袖歐陽修則頗爲反感談心論性之高遠玄談。公於此時與劉敞辨論性情善惡，在孟子、荀子、揚雄、韓愈之外别出新解，遂引領一時風尚，於宋代學術思想之演進，厥功甚偉，故特此表出。

---

① 楊韶蓉據程元敏所輯《三經新義》，與《七經小傳》一一比勘，辨駁甚確。可見《對"王安石修經義蓋本於敞"的考查》，《儒家典籍與思想研究》第八輯，北京大學出版社 2016 年 3 月版。

嘉祐五年庚子（1060），四十歲

正月，撰趙師旦墓誌銘

《文集》卷九十四《贈光禄少卿趙君墓誌銘》："儂智高反廣南，攻破諸州，州將之以義死者二人，而康州趙君，余嘗知其爲賢者也……而君弟以嘉祐五年正月十六日，葬君山陽上鄉仁和之原。於是夫人王氏亦卒矣，遂舉其喪以祔。"

得書知弟安國等附陳洙舟入京

《詩注》卷二十四《得書知二弟附陳師道舟上汴》："兒童聞太丘，邂逅兩心投。與汝今爲伴，知吾不復憂。園桃已解蕣，沙水欲驚舟。一見南飛鴈，江邊肯更留。"

按，《繫年初稿》繫於嘉祐四年，近是。陳洙字師道。陳襄《古靈先生文集》卷二十《殿中御史陳君墓誌銘》："嘉祐六年九月十五日，殿中侍御史裏行陳君卒……君諱洙，字師道，建州建陽人，贈刑部侍郎商之長子也。少以父蔭推與諸弟，力學自奮，以文行稱于時。舉進士高第，爲壽、亳、杭三州節度推官……服除，知湖州之烏程，轉太常博士，發運使薦監泗州之轉般倉。會朝廷建局，編定館閣所藏書，召入隸昭文館編校書籍，遷屯田員外郎。未幾，擢爲御史裏行。"

嘉祐四年六月，陳洙召充館閣編校。《宋會要輯稿》選舉三三："（嘉祐四年）六月七日，太常博士陳洙、太子中允王

陶、大理評事趙彦若、杭州於潛縣令孫洙並充館閣編校書
籍。編校自是始置。須供職二年，即奏取旨後，皆充館閣校
勘。"①本年五月，陳洙已任監察御史裏行，劾奏張瓌、劉瑾。
《長編》卷一百九十一嘉祐五年五月戊子朔："降户部郎中、
知制誥張瓌知黄州，秘書郎、館閣校勘劉瑾落職。初，瓌草
瑾父沆贈官告詞，言沆特鄉里豪舉，以附會至宰相。瑾上章
訴於朝，不報，乃衰服遮宰相自言，并醜詆瓌私事六七章不
已。監察御史裏行陳洙劾奏之，兩人俱坐黜責。"詩曰"園桃
已解蕚，沙水欲驚舟"，其入京當爲本年初。

爲送伴使，被敕送契丹使者歸國

《文集》卷八十四《伴送北朝人使詩序》："某被敕送北
客至塞上，語言之不通，而與之並轡十有八日，亦默默無所
用吾意。時竊詠歌，以娱愁思、當笑語。鞍馬之勞，其言有
不足取者，然比諸戲謔之善，尚宜爲君子所取，故悉録以歸，
示諸親友。"

《詩注》卷二十九《春風》："一馬春風北首燕，却疑身得
舊山川。陽浮樹外滄江水，塵漲原頭野火煙。日借嫩黄初
着柳，雨催新緑稍歸田。回頭不見辛夷樹，始覺看花是
去年。"

《顧譜》卷上："是年（皇祐二年）春，送契丹使出塞，有
《伴送北朝人使詩序》。"誤。

《繫年》："是年春，安石伴送契丹使臣至北境，二月中旬

①　《長編》卷一百八十九嘉祐四年五月己巳，所載略同，第4571頁。

返京。安石《道逢文通北使歸》云：'朱顔使者錦貂裘，笑語春風入貝州。'此詩乃安石伴送契丹使至貝州與北使歸來之沈文通相遇時作。據《長編》嘉祐四年八月乙酉載：'太常博士、集賢校理、判理欠憑由司沈遘爲契丹正旦使，供備副使高繼芳副之。'考《長編》記載，仁宗朝每年秋冬，宋廷均派遣出使契丹之正旦使或生辰使，翌年初歸，再於秋冬另遣一批新使臣。又，李注《和楊樂道韻六首》，謂嘉祐六年二月，沈遘與司馬光、裴煜、陸經爲進士初考官，而王安石與楊畋、何郯爲詳定官。即是説，沈遘不再擔任嘉祐五年出使契丹的使臣；《長編》也不再有關於沈遘出使契丹的記載。由此可以斷言，沈文通出使返京，亦即安石伴送北使之時，定在嘉祐五年春無疑。又，安石《伴送北朝人使詩序》云：'某被敕送北客至塞上，語言之不通，而與之並轡十有八日。'《陳橋》詩云：'紛紛塞路堪追惜，失却新年一半春。'據此可以肯定：是年二月中旬安石已由塞上返京，而整個送北使出塞之途程歷時一月有餘，故知是年正月上旬末伴送北使出塞也。按：安石此次使北，而正史不載，蓋緣非正式出使契丹之故。《顧譜》定於皇祐二年春安石送契丹使出塞，大謬不然，詳説見嘉祐六年《和曾子翊授舒掾之作》繫年。《沈注》以爲安石以知制誥伴送契丹使，則將伴送契丹使之事定於嘉祐七年春或八年春，然沈遘於嘉祐五年、六年、七年不再出使，何得於七年春或八年春與安石使北時相遇于莫州？"所考甚是。

按，公本年伴送契丹使至塞上，《長編》、《宋史》等不載，惟此序及諸多詩文均曾道及。《顧譜》、《沈注》繫此事於皇祐二年或知制誥時,誤甚。對此,《繫年》考證甚明,①已成學界之共識。

或以爲除本年伴送契丹使外,公又於嘉祐八年春作爲賀生辰使或國信使,正式出使契丹。② 其説甚辯,而實難成立,筆者有文詳考,③兹不贅,以下隨文駁之。

出京師北城陳橋門,至陳橋驛,諸友餞别

《詩注》卷三十三《次御河寄城北會上諸友》:"憶君載酒相追處,紅萼青跗定滿林。"

按,北宋開封府城内設都亭驛,專待遼使。李攸《宋朝事實》卷十二:"真宗景德後,契丹請盟,每使至,遣官爲接伴、館伴使副,使舍於都亭驛。"葉夢得《石林燕語》卷七:"契丹館於都亭驛,使命往來,稱國信使。"由都亭驛向北,出都城北城之東門——陳橋門,又名景陽門。如沈遘嘉祐四年奉使契丹,十一月二十二日朝辭,隨即由此出都。沈遘《西溪文集》卷三《出都》:"一朝使萬里,馹騎催早發。徘徊景陽道,瞻望未央闕。"

王明清《玉照新志》卷五:"陳橋驛,在京師陳橋、封丘二門之間,唐爲上元驛……後來以陳橋驛爲班荆館,爲虜使迎餞之所。"陳橋驛爲北宋使者使遼之第一舍,《西溪文集》卷

---

① 具體可見李德身《王安石"使北詩"考》,《南充師範學報》1981 年第 2 期。

② 可見王晉光《王安石接伴遼使及使北年代初探》,載《王安石書目與瑣探》,香港華風書局 1983 年版,第 87—96 頁。張滌雲《關於王安石使遼及使遼詩的考辨》,《文學遺産》2006 年第 1 期。

③ 可見拙文《新見史料與王安石生平行實疑難考》,《文學遺産》2017 年第 2 期。

三載沈遘奉使契丹《陳橋驛》:"國門一舍地,傳舍猶當時。"
《城北別親友》:"朝出北門道,復車何轟轟。顧皆我親友,送
我胡中行。置酒古寺堂,勸酌紛縱橫。"

公詩題曰"寄城北會上諸友",可見其伴送契丹使歸國,
亦由此始。①

至長垣,有詩

《詩注》卷二十三《長垣北》:"攬轡長垣北,貂寒不自
持。霜風急鼓吹,煙月暗旌旗。騎火流星點,牆桑亞戟枝。
柴荊掩春夢,誰見我行時。"

李注:"畿邑長垣,在京師東北一百五里。"

《繫年》:"故治在今河南省長垣縣北,當是使北經長垣
後作。"是。

按,長垣屬京畿,處陳橋驛北,爲北宋使者使遼之第二
驛。《溫國文正公文集》卷十一載司馬光奉使契丹《長垣道
中作》:"極目王畿四坦然,方輿如地蓋如天。始知恃險不如
德,去殺勝殘已百年。"《鄱陽先生文集》卷十二載彭汝礪奉
使契丹《長垣路中寄同官》:"七千餘里未百里,一百二程今
兩程。更遠此身須會到,長垣明日是危城。"②

至澶州,有詩

《詩注》卷七《澶州》:"去都二百五十里,河流中間兩城

---

① 宋遼交聘使者往返之交通路線,王文楚考證甚明,兹據之,兼與公奉使詩相
發明。王文楚《宋東京至遼南京驛路考》,《古代交通地理叢考》,中華書局
1996年版。

② "寄",原作"記",據四庫本改。

峙……歡盟從此至今日,丞相萊公功第一。"

《詩注》卷二十《澶州》:"津津河北流,崿崿兩城峙……歡盟自此數,日月行人至。馳迎傳馬單,走送牛車弊。征求事供給,厮養猶珍麗。戈甲久已銷,澶人益憔悴。能將大事小,自合文王意。"

李注:"《九域志》:'澶州,南至東京二百五十里。'"

按,澶州爲黃河南北之間交通樞紐,内有信武殿,奉真宗御容。强至《祠部集》卷三十四《龍圖閣直學士朝散大夫給事中充同群牧使兼知審官東院權發遣開封府事上柱國隴西郡開國侯食邑一千二百户食實封四百户賜紫金魚袋李公行狀》:"澶當北使往來之道,乃城庫不壯。"《西溪文集》卷三載沈遘奉使契丹《信武殿》:"於今五十載,北塞維鹽耕。黎民亦何知,但見原廟成。下臣方奉使,過謁慄若驚。"《蘇魏公文集》卷十三載蘇頌奉使契丹《和國信張宗益少卿過潭州朝拜信武殿》,"潭","澶"之訛。《西溪文集》卷三又載沈遘奉使契丹歸《至澶州遇吳長文謁告歸奉贈》:"萬里風霜一病身,歸來初喜渡河津。舉頭已近長安日,洗眼先逢玉署人。"

澶州南北二城,隔黃河對峙,上置浮橋,以通南北。故公詩曰"去都二百五十里,河流中間兩城峙"。"津津河北流,崿崿兩城峙"。

至大名府王村,有詩

《詩注》卷三十三《王村》,曰:"晻靄王村路,春風北使旗。塵催輕騎走,寒咽短簫吹。"

按,《(正德)大名府志》卷二:"王村堤,在(南樂)縣西北三十里,南入清豐,北入大名。"大名府,魏郡,慶曆二年,建爲北京,又稱北都,郭下元城、大名二縣,亦宋、遼使者所經。王君玉《國老談苑》卷二:"寇準鎮大名府,北使路由之。"王闢之《澠水燕談錄》卷二:"韓魏公元勳舊德,夷夏具瞻。熙寧中留守北都,遼使每過境,必先戒其下。"

入大名府,與知録柳瑾有詩唱酬

《詩注》卷三十四《呈柳子玉同年》:"三年不上鄴王臺,鴻鴈歸時又北來。水底舊波吹歲換,柳梢新葉卷春回。塵沙漠漠凋雙鬢,簫鼓忽忽把一杯。勞事欲歌無與和,衰顏思見故人開。"

《詩注》卷三十三《次韻酬子玉同年》:"盛德無心漠北窺,蕃胡亦恐勢方贏。塞垣高壘深溝地,幕府輕裘緩帶時。趙將時皆思李牧,楚音聲自感鍾儀。憖君許我論邊鎖,俎豆平生却少知。"

自注:"子玉詩云:'過盡金湯知帝策,見求貔虎識軍儀。男兒本有四方志,秖在蓬瀛恐不知。'"

按,柳瑾字子玉,丹徒人,慶曆二年進士,公同年。嘉祐四年,柳瑾爲大名知録,梅堯臣有詩送之。① 公詩曰:"三年不上鄴王臺,鴻鴈歸時又北來。"鄴王臺,即銅雀臺,在相州鄴縣(今河北臨漳縣)。《苕溪漁隱叢話後集》卷三十五引《幕府燕閑録》云:"韓魏公初罷相,出鎮長安,或獻詩云:

---

① 《梅堯臣集編年校注》卷二十九《送柳秘丞大名知録瑾》,第1115頁。

'是非莫問門前客，得失須憑塞上翁。引取碧油紅旆去，鄴王臺畔醉春風。'公以爲然，即請守相州。"《山谷詩集注》卷一《次韻劉景文登鄴王臺見思五首》，任注"鄴王臺"："《鄴中記》：魏武於銅雀園立三臺。""《寰宇記》：故鄴城在相州鄴縣東，魏武帝受封於此，呼爲北都。""《寰宇記》：沙麓在魏州元城縣東，即《漢書・元后傳》王翁孺徙居之地，今爲北京，與相州相接。"大名府名魏郡，而古鄴城曾爲魏郡首府，與大名府同爲戰國魏地，故公詩中稱引"鄴王臺"："三年不上鄴王臺，鴻鴈歸時又北來。"蓋嘉祐元年春，公曾以群牧判官巡視相州、洺州、大名府等諸馬監，至此奉使伴送已隔三年有餘。

發館陶，永濟道中有詩寄諸弟

《詩注》卷二十三《發館陶》："促轡數殘更，似聞雞一鳴。春風馬上夢，沙路月中行。笳鼓遠多思，衣裘寒始輕。稍知田父隱，燈火閉柴荆。"

《詩注》卷二十九《永濟道中寄諸弟》："燈火忽忽出館陶，回看永濟日初高。似聞空舍烏鳶樂，更覺荒陂人馬勞。客路光陰真棄置，春風邊塞秖蕭騷。辛夷樹下烏塘尾，把手何時得汝曹？"

李注："館陶屬北京大名府。""館陶、永濟，皆魏郡屬邑，今大名府北京。"

按，永濟縣，即今館陶縣東北之東館陶，北宋遼使往來要道。劉敞《公是集》卷五十三《朝散大夫殿中丞知汝州葉縣騎都尉陳君墓誌銘》："及爲永濟縣，當契丹使往來道。自先帝與戎約和結兄弟，歲時聘問，一以敵國禮待之。使者入境，天子使中貴人候迓饋勞，冠蓋相屬。其有求市，令所司調與之，以見中國廣大，厚其歡心，而少從旁縣賦取。蹴迫令長，稽緩不如意，輒劾以違制。文移倉猝，百姓騷擾，歲歲苦之，略比軍興。而縣吏鄉典亦利得其勢，侵漁細民，其敝蓋久。”

次御河，有詩寄京師諸友

《詩注》卷二十三《次御河寄城北會上諸友》：“客路花時秖攪心，行逢御水半晴陰。背城野色雲邊盡，隔屋春聲樹外深。香草已堪回步履，午風聊復散衣襟。憶君載酒相追處，紅蓴青跗定滿林。”

《沈注》：“案介甫使北，其所次御河，蓋在臨清、永濟二縣界也。”《明一統志》卷二十四：“衞河，在館陶縣西二里。漢名屯氏河，隋疏爲永濟渠，亦曰御河。源自河南衞輝府輝縣，東北流至臨清，與會通河合流入海。”臨清縣即今臨西縣，設驛，《長編》卷二百一十熙寧三年四月丁卯：“國信所言：‘賀同天節遼使至臨清驛。’”王闢之《澠水燕談錄》卷七：“北都臨清縣北王舍城僧寺東一古殿，皆吳生畫佛像，旁有題記，類褚河南筆法。國朝已來，奉使大遼者道出寺下，例往觀之，題名粉板，或剔取一二像，今且盡。”

過宗城，感餘寒猶在，有詩思鄉

《詩注》卷四十六《宋城道中》：“都城花木久知春，北路餘寒尚中人。宿草連雲青未得，東風無賴只驚塵。”

《詩注》卷十六《餘寒》：“餘寒駕春風，入我征衣裳……把酒謝高翰，我知思故鄉漢。”

李注：“宋城，屬南京應天府。此詩所指，恐非此宋城也。蓋詩云‘都城花木’，次以‘北路餘寒’，則是已過汴京，踰河而北矣。”是。

按，“宋”應爲“宗”之訛。宗城屬大名府，《太平寰宇記》卷五十四：“天祐三年，割貝州之夏津、臨清、永濟、宗城、經城，相州内黄、成安、洹水，博州清平，來屬，從魏府之所請。後唐同光元年，升爲東京興唐府。三年，改爲鄴都。晉天福初，改爲廣晉府。漢乾祐元年，改爲大名府。周顯德元年，依舊爲天雄軍節度。其名府額，仍列在京兆之下。皇朝因之。”此詩應爲本年伴送北使過宗城之作。

過貝州，逢沈遘使北歸，寄詩唱酬

《詩注》卷二十九《道逢文通北使歸》：“朱顏使者錦貂裘，笑語春風入貝州。欲報京都近消息，傳聲車馬少淹留。行人盡道還家樂，騎士能吹出塞愁。回首此時空羨慕，驚塵一段向南流。”

李注：“文通，沈遘也。使燕時年甚少，故云‘朱顏使者’。”“故事：使人相遇，不許相見。”“貝州，屬河北。”“向南流，謂入京師。沈和云：‘風沙弊盡舊狐裘，走馬歸來過冀州。聞報故人當邂逅，便臨近館爲遲留。不容傾蓋論時事，空寄新詩寫客愁。却望後車塵已合，簫聲清斷去如流。’”

《長編》卷一百九十嘉祐四年八月乙酉：“太常博士、集賢校理、判理欠憑由司沈遘爲契丹正旦使，供備副使高績芳副之。"沈遘《西溪文集》卷三《過冀州聞介甫送虜使當相遇繼得移文以故事請避諸路又以詩見寄次韻和答》即李注所引之什。又《至澶州遇吳長文謁告歸奉贈》:"萬里風霜一病身,歸來初喜渡河津。舉頭已近長安日,洗眼先逢玉署人。平昔每嫌疏館舍,今茲暫許接車塵。延英對後應多暇,東閣期誰共賞春。"貝州,慶曆八年閏正月改恩州,屬河北東路,治所清河縣。曾肇《曾公昭公集》卷三《贈蘇司空墓誌銘》:"神宗自在藩邸聞公名,及即位,公適送伴契丹使,次恩州驛。夜火,左右請與虜使出避,兵叩門欲入救,公不爲動,閉門堅臥如常,徐使守衛卒撲滅之。"

冀州治信都縣,即今冀縣,設館驛。《宋會要輯稿》職官四七:"(大中祥符六年)九月,河北安撫司言,冀州路當衝要,信使往來,先差文臣知州,今乞選刺史已上。"《華陽集》卷二載王珪奉使《冀館春夕見月》:"甚寵無如使牡行,曾同萬里聽秋聲。黃金臺下嘶宛馬,木葉山前度漢旌。"《公是集》卷二十四載劉敞奉使《冀州正月十六日飲席》:"月缺雪殘雲亂飛,千燈相照續長輝。寒欺短夜禁杯酒,春入東風試舞衣。老惜佳辰經歲得,醉驚陳迹出門非。漁陽鼓節尤悲壯,知我新從萬里歸。"

寄詩同年晁仲約,至深州,與之唱和

《詩注》卷二十四《寄深州晁同年》:"秀色歸荒隴,新聲換氄毛。日催花藥急,雲避鴈行高。駐馬旌旗暖,傳觴鼓吹豪。班春不知負,短髮爲君搔。"

《詩注》卷三十五《次韻質夫兄使君同年》:"樓堞相望

一日程，春風吹急似搖旌。莫言樂國無愁夢，賴把新詩有故情。客舍五漿非所願，私田三徑會須成。青雲自致歸公等，如我何緣得此聲。"

李注："深州爲饒陽郡，屬河北路。"

按，晁仲約字質夫，《曾鞏集》卷五十《漢武都太守漢陽阿陽李翕西狹頌》："蓋嘉祐之間，晁仲約質夫爲興州，還京師，得《郙閣頌》以遺余。"晁仲約嘉祐三年知深州。[1]本年十月，"深州言野蠶成繭，被於原野。"[2]王珪《華陽集》卷二十五有《賜知深州晁仲約爲野蠶成繭獎諭敕書》："敕仲約：饒陽之區，蒙澤豐林，野蠶成繭，布于桑郊。斷數機中，貢之王府，群化所感，以膺厥祥。"深州治靜安縣，今深縣南二十五里，爲遼使往來之地。《長編》卷二百五十八熙寧七年十二月庚寅："上批：'聞河北西路轉運司近差官批記黃河棄隄林木修城，深州武強，遼使往還通道兩旁，公然書記。"

至河間縣，有詩緬懷河間獻王

《詩注》卷七《河間》，曰："北行出河間，千歲想賢王。"
李注："河間今屬河北瀛州，防禦郡。"

按，河間縣爲瀛州治所，即今河間縣，州設驛。《宋會要輯稿》職官三六："（天聖）七年六月，審官院上言：'大理寺丞封直知瀛州河間縣，祗應契丹使往來了當。檢會大中祥符三年九月詔，應係祗應國信所驛知縣並與優差遣。'"《長

① 《梅堯臣集編年校注》卷二十八《送晁質夫太守知深州》，第1001頁。
② 《長編》卷一百九十二嘉祐五年十月，第4647頁。

編》卷九十七真宗天禧五年二月丙寅："祠部員外郎任中行言：'送伴契丹使至瀛州，見路隅有暴露骸骨，望官爲設奠埋瘞。'從之。"《西溪文集》卷三載沈遘奉使《七言將至瀛州從事張祥寄詩和答》："驛騎驅馳萬里身，錦貂渾欲變緇塵。平生未識行邊地，今日初欣遇故人。"《畫墁集》卷三載張舜民送伴契丹使《至瀛州小雪貽蔣穎叔》："梁苑瑶池醉夢闌，忽隨北客度燕山。馬頭點綴飛才密，日脚微明意尚慳。疏布久抛南海上，貂裘初襲兩河間。好留幕府陪樽俎，剛被行人不放閑。"

有詩賦飛雁，歎奉使之苦

《詩注》卷十四《飛雁》："飛雁冥冥時下泊，稻粱雖少江湖樂。人生何必慕輕肥，辛苦將身到沙漠。漢時蘇武與張騫，萬里生還但偶然。丈夫許國當如此，男子辭親亦可憐。"

李注："奉使時作。"

思親作《愛日》

《詩注》卷十六《愛日》："雁生陰沙春，冬息陽海澨。冥冥取南北，豈以食爲累。咨予愁病軀，鄙朴人所戲。無才治時難，量力當自棄。豈知塞上霜，飄然亦何事。高堂已白髮，愛日負明義。怨風吹平原，秣馬聊一憩。含懷孰與語，仰屋思嘆喟。孟母知身從，萊妻恥人制。一肉儻易謀，萬鍾非得計。"

李注："使虜時作。""《揚子》篇：'孝子愛日。'"

至莫州，逢謝景温，別後有詩寄之

《詩注》卷二十五《寄謝師直》：“湖海三年隔，相逢塞路中。黃金酌卯酒，白髮對春風。所願乖平日，何知即老翁。悠悠越溪水，好在釣魚筒。”

李注：“師直，陽夏公之子景初，師厚之弟也。范忠宣誌師厚墓云：‘師厚知越州餘杭縣，有異政。是時，荆公王介父宰明之鄞縣，知樞密院韓玉汝宰杭之錢塘，公弟師直宰越之會稽，環吳越之境，皆以此四邑爲法，處士孫侔爲文以紀之。’劉貢父載師直語云：‘王介甫之知人也，能知中人以上者。自中人以下，乃或不能知，由其性韻獨高而然乎？’觀此，則師直與介甫分皆素結也。”

《繫年》：“《沈注》云：‘案此詩蓋在介甫奉契丹時，景温通判莫州日作。’莫州故治在今河北省任丘縣北之鄚州，當爲使北經莫州作。”

按，自瀛州北行，分成東、西二路，東路北經莫州；西路西北經高陽縣。莫州治任丘縣，設驛。王珪《華陽集》卷五十七《推忠佐理功臣正奉大夫行給事中參知政事上護軍魯國郡開國公食邑二千三百户食實封四百户賜紫金魚袋贈禮部尚書謚質肅唐公墓誌銘》：“公用薦者，得遷著作佐郎，徙莫州任丘縣。自契丹約和，遣使往來歲不絕，凡誅索百出，驛吏比多破産而去。而公嘗坐驛門上，戒曰：‘自今非當所餽物，一切毋得供。有輒壞什器者，執之必以法。’繇是過公境者，無敢有所擾。”《欒城集》卷十六載蘇轍奉使契丹《次莫州通判劉涇韻二首》：“北國亦知岐有夷，何嘗烽火報驚危。擁旃絕漠聞嘉語，緩帶臨邊出好詩。約我一樽迎嗣歲，待君三館已多時。從今無事唯須飲，文字聲名人自知。"

謝師直即謝景溫，謝絳之子。《宋史》卷二百九十五《謝絳傳》："子景初、景溫、景平、景回……景溫字師直。中進士第，通判汝、莫二州，江東轉運判官。興宣城百丈圩，議者以爲罪，降通判，知漣水軍。神宗初，知諫院，邵亢直其前事，徙真州，提點江西刑獄。歷京西、淮南轉運使。景溫平生未嘗仕中朝，王安石與之善，又景溫妹嫁其弟安禮，乃驟擢爲侍御史知雜事。"謝景溫嘉祐三年通判莫州。① 又慶曆年間，謝景溫知會稽，公知鄞縣，二人曾相會。此次相逢，荆公奉送北使，而謝離任南下，翌年，任江南東路轉運判官。沈括《長興集》卷二十一《萬春圩圖記》："嘉祐六年，轉運使武陵張顒、判官南陽謝景溫復會其議，使宣州寧國縣令沈披圖視其狀。"

自莫州北上抵雄州，宋人稱瓦橋關，爲宋遼往來必經之途，邊塞之地。呂陶《淨德集》卷五《奉使契丹回上殿劄子》："臣竊見河朔州郡密接北疆，過雄州三十里，便爲境界。"王明清《揮麈後録》卷一："太祖嘗令於瓦橋一帶南北分界之所，專植榆柳，中通一徑，僅能容一騎。後至真宗朝，以爲使人每歲往來之路，歲月浸久，日益繁茂，合抱之木，交絡翳塞。"《西溪文集》卷三載沈邁奉使《七言雄州遇唐子方奉使先還奉贈》："擁節纔臨塞北垣，正逢歸騎下幽燕。昔初並命銀臺下，今獨先還赭案前。胡地風沙辭異域，漢家日月

---

① 梅堯臣相送，《梅堯臣集編年校注》卷二十八《送謝師直秘丞通判莫州兼寄張和叔》："悠悠越溪水，好在釣魚筒。"第1019頁。

望中天。邊城尊酒雖云樂,聞説腥膻更慘然。"

近塞垣,有詩寄育王山長老常坦

《詩注》卷八《寄育王山長老常坦》,曰:"塞垣春枯積雪
留,沙礫盛怒黃雲愁。五更乭馬隨鴈起,想見鄮郭花稠稠。
百年夸奪終一丘,世上滿眼真悠悠。寄身萬里心綢繆,莫道
異趣無相求。"

自注:"奉使道中寄。"李注:"鄮郭,在明州。"

按,此詩誤入歐陽修《歐陽文忠公集‧外集》卷四,題爲
《奉使道中寄坦師》。

至白溝驛,過白溝,有《白溝行》、《塞翁行》

《詩注》卷七《白溝行》:"白溝河邊蕃塞地,送迎蕃使年
年事。蕃使常來射狐兔,漢兵不道傳烽燧。萬里鉏耰接塞
垣,幽燕桑葉暗川原。棘門灞上徒兒戲,李牧廉頗莫更論。"

《詩注》卷七《塞翁行》:"塞翁少小壟上鋤,塞翁老來能
捕魚。魚長如人水滿眼,桑柘死盡生芙蕖。家家新堤廣能
築,邊人壯馬休南牧。北風卷却波浪聲,秖放田車行轣轆。"

李注:"白溝在安肅北十五里,闊纔丈餘,古亦名巨馬
河,本朝與遼人分界處。公此詩,必作於使北時也……余頃
因使燕,亦嘗過所謂白溝者,河甚淺狹,可涉,地屬涿州。"

按,白溝驛屬雄州,爲宋使使遼、遼使返國在宋境最後
一驛,亦爲遼使入宋第一驛。自白溝驛向北,渡白溝河,即
入契丹境。《長編》卷七十九真宗大中祥符五年十月己酉載
王曾使遼行程:"自雄州白溝驛渡河,四十里至新城縣,古督

亢亭之地。又七十里至涿州。"據相關記載，北宋前期，契丹
使者返國，北宋送伴使有時至此告別。《宋會要輯稿》職官
五一："（大中祥符）二年二月六日，詔：'自今契丹使有例外
贈遺接伴、館伴使者，再辭不已，則許納之，官給器幣爲答。'
初，契丹蕭智可等至白溝河，與送伴使陳知微酌酒爲別，遣
舍利以所乘馬遺知微，又以二馬至，令自擇之，知微固辭不
受。朝廷務懷遠俗，故有是命。"有學者遂以爲，北宋送伴使
送伴遼使，送至界河，決不容越過白溝進入遼境；進而由此
推論，因公《文集》中有《出塞》、《涿州》、《入塞》三詩描述遼
國境內景物，故公於此次奉使外，尚於嘉祐八年正式出使
遼國。[1]

然北宋送伴使是否可入遼境，《宋會要輯稿》、《宋史》
未見明文規定。《長編》卷三百二神宗元豐三年正月己巳：
"送伴遼使李琮等言，大行太皇太后未葬，恐使人以故事邀
過白溝，置酒作樂。詔勿過白溝橋，給樂人例物如故事。"據

---

[1] 李德身、趙克等認爲，公只作爲送伴使送至宋、遼邊境即止，此外未曾出使
契丹。王晉光、張滌雲提出，公於嘉祐五年春伴送遼使外，尚於嘉祐八年仁
宗去世後，作爲遺留國信使正式出使遼國。其《伴送北朝人使詩》中的詩
歌，也應一分爲二，一作於嘉祐五年春，一作於嘉祐八年春。二人論證極爲
相似，即：北宋送伴使伴送遼使，只至宋、遼邊境白溝；而公使北詩中有《涿
州》、《出塞》、《入塞》三篇描寫遼國境內景色。故公於送伴使外，應正式
出使遼國，推測爲嘉祐八年四月擔任遺留國信使。王晉光《王安石接伴遼
使及使北年代初探》，載《王安石書目與瑣探》。張滌雲《關於王安石使遼
及使遼詩的考辨》，《文學遺産》2006年第1期。對此，拙文《新見史料與王
安石生平行實疑難考》有所辨駁。另，本篇初稿草成於2015年6月。2015
年12底，承韓國柳塋杓教授惠寄韓文《王安石"奉使詩"爭點考》，（載韓國
《中國文學》第49輯，2006年11月版）。其中文提要，亦提及《長編》卷三
百二神宗元豐三年正月己巳條，先我著鞭。

此,則北宋送伴使伴送契丹使者歸國至白溝,契丹使者將按慣例、故事,邀請北宋送伴使越過白溝至遼境,然後置酒作樂,款待彼等。白溝以北,即契丹涿州屬地。至於邀請宋使至何處置酒,尚無從確知。

入契丹涿州境,有詩

《詩注》卷四十五《出塞》:"涿州沙上飲盤桓,看舞春風小契丹。塞雨巧催燕淚落,濛濛吹濕漢衣冠。"

《詩注》卷四十五《涿州》:"涿州沙上望桑乾,鞍馬春風特地寒。萬里如今持漢節,却尋北路使呼韓。"

李注:"桑乾,縣名,屬代郡,北虜居之,號爲索干之都。曹彰北征,入涿郡界,乘勝逐北,至於桑乾。"

《繫年》:"安石送契丹使過白溝河而入契丹境,至涿州止,旋歸。"是。"桑乾",疑爲桑乾河。

契丹使者置酒款待,有詩記之

《詩注》卷七《北客置酒》:"紫衣操鼎置客前,巾韛稻飯隨粱饘。引刀取肉割啖客,銀盤臂臑薨與鮮。慇懃勸侑邀一飽,卷牲歸舍觴更傳。山蔬野果雜飴密,獾脯豕臘加匏煎。酒酣眾吏稍欲起,小吏捽耳爭留連。爲胡止飲且少安,一杯相屬非偶然。"

《嚴評》:"結作險語,知公未嘗一日忘此虜也。"

自契丹涿州境歸,至白溝,有詩

《詩注》卷四十五《入塞》:"荒雲涼雨水悠悠,鞍馬東西鼓吹休。尚有燕人數行淚,回身却望塞南流。"

李注:"詩言燕人思中國也。"

自白溝南返,有《乘日》、《欲歸》詩

《詩注》卷二十三《乘日》:"乘日寒垣入,御風塘路歸。胡皆躍馬去,鴈却背人飛。煙水吾鄉似,家書驛使稀。忽忽照顏色,恨不洗征衣。"

《詩注》卷二十三《欲歸》:"水漾青天暖,沙吹白日陰。塞垣春錯莫,行路老侵尋。綠稍還幽草,紅應動故林。留連一盃酒,滿眼欲歸心。"

李注:"此言北虜送使人及境,復歸其國。"

《繫年》:"必爲使北南返時作。"

有詩寄弟安上

《詩注》卷二十四《寄純甫》:"塞上無花草,飄風急我歸。梢林聽澗落,卷土看雲飛。想子當紅藥,思家上翠微。江寒亦未已,好好著春衣。"

有詩寄妹婿朱明之

《詩注》卷三《寄朱昌叔》:"西安春風花幾樹,花邊飲酒今何處? 一盃塞上看黃雲,萬里寄聲無鴈去。世事紛紛洗更新,老來空得滿衣塵。青山欲買江南宅,歸去相招有此身。"

李注:"楚公有三女,皆公女弟也。次適朱明之,仕至大理少卿,昌叔,其字也。此必是公使北時所寄。"

遇雨,有詩

《詩注》卷二十三《宿雨》:"緑攬寒蕪出,紅争暖樹歸。魚吹塘水動,鴈拂塞垣飛。宿雨驚沙静,晴雲晝漏稀。却驚春夢短,燈火著征衣。"

將次洺州憩漳上,有詩

《詩注》卷二十三《將次洺州憩漳上》:"漠漠春風裏,茸茸緑未齊。平田鴉散啄,深樹馬迎嘶。地入河流曲,天隨日去低。高城已在眼,聊復解輕齎。"

《繫年》:"當爲使歸將至洺州時作。洺州故治,在今河北省永年縣。"

將次相州,有詩

《詩注》卷二十九《將次相州》:"青山如浪入漳州,銅雀臺西八九丘。螻蟻往還空壠畝,騏驎埋没幾春秋。功名蓋世知誰是,氣力迴天到此休。何必地中餘故物,魏公諸子分衣裘。"①

《詩注》卷四十六《相州古瓦硯》。

李注:"余使燕,過相州,道邊高塚纍纍,云是曹操疑塚也。操謂諸子:'汝等時時登銅雀臺,望吾西陵墓田。'"

---

① 柳瑩杓繫此二詩於嘉祐元年公以群牧判官出巡洺州、相州馬監時,可備一說,見《王安石"奉使詩"考辨》。

過韋城，歸抵陳橋，夢張奎，有詩紀行

《詩注》卷七《陳橋》："走馬黃昏渡河水，夜爭歸路春風裏。指點韋城太白高，投鞭日午陳橋市。楊柳初回陌上塵，烟脂洗出杏花勻。紛紛塞路堪追惜，失却新年一半春。"

李注："余嘗過陳橋，今改爲郭橋。""韋城，滑州屬縣。太白高，將曉也。"

《詩注》卷三十二《夢張劍州》："萬里憐君蜀道歸，相逢似喜語還悲。江淮別業依前處，日月新阡卜幾時。自説曲阿留未穩，即尋溢水去猶疑。茫然知是陳橋夢，昨日春風馬上思。"

按，張劍州即張奎，公妹婿，其赴官蜀地事，見前。《繫年》："當爲北使歸來經陳橋作，時已在二月中旬矣。"

二月中旬，使還，録使北詩，贈諸親友

《文集》卷八十四《伴送北朝人使詩序》："某被敕送北客至塞上，語言之不通，而與之並轡十有八日，亦默默無所用吾意。時竊詠歌，以娛愁思，當笑語鞍馬之勞，其言有不足取者。然比諸戲謔之善，尚宜爲君子所取，故悉録以歸，示諸親友。"

按，公使還，《繫年》據《詩注》卷七《陳橋》"紛紛塞路堪追惜，失却新年一半春"，推斷爲二月中旬，可從。《長編》卷一百七十八至和二月甲辰："先是，知諫院范鎮言：'去年……臣去年十一月八日韋城奏吳充、鞠真卿事，十二月九日衡水奏石全斌事。二十四日到京，二十五日上殿……自

是臣復送伴河北,至今月九日還京。'"公與范鎮均爲伴送契丹賀正旦使歸國,故二人還京時間,亦應大致相同。

公此次奉使往返路線爲:開封—陳橋—長垣—澶州—大名—館陶—永濟—臨清—宋城(宗城)—貝州(恩州)—冀州—深州—河間—莫州—雄州—白溝驛—涿州—白溝驛—洺州—相州—韋城——陳橋——開封。[1]

撰《擬上殿劄子》,重申當法先王之意,改易更革天下之事

《文集》卷四十一《擬上殿劄子》。文曰:"臣蒙恩奉使,歸報陛下,敢因邊事之所及,冒言天下之事,伏惟陛下詳思而擇其中。""臣幸以使事歸報,徒舉利害之一二而無補於世,非臣之所以事陛下惓惓之義也。輒不自知其駑下,而敢言國家之大體。"

按,"奉使","邊事",指本年春伴送契丹使臣出塞。此文簡明扼要撮述嘉祐四年《上仁宗皇帝言事書》,撰於使還後。

有詩寄韓維

《詩注》卷三十四《欲往浄因寄涇州韓持國》:"紫荆山下物華新,只與都城共一春。令節想君携緑酒,故情憐我踏黄塵。沺魚已悔它年事,搏虎方收末路身。欲寄微言書不

---

① 柳瑩杓以爲,洺州、相州屬河北西路,而神宗元豐四年前,北宋使遼路線皆於河北東路,故洺州、相州不應在公此次奉使途中。然考沈遘等奉使歸國路線不詳,姑備一説,待考。見《王安石"奉使詩"考辨》。

盡，試尋僧閣望西人。”

李注：“地理書，涇州無紫荆山。按《禹貢》：‘導汧及岐，至於荆山。’正在今涇、隴之間，或指此。余使燕，見虜中一文人集，有《登涇州紫荆山》詩。”“涇州，即漢安定郡，彰化節度……持國以議陳執中謚不合意，自太常禮院通判涇州，乃嘉祐五年二月，是時介父爲從官。”

按，《宋史》卷三百一十五《韓維傳》：“議陳執中謚，以爲張貴妃治喪皇儀殿、追册位號，皆執中所建，宜曰‘榮靈’。詔謚曰‘恭’，維曰：‘責難於君謂之恭，執中何以得此？’議訖不行，乞罷禮院。以秘閣校理通判涇州。”據李注，韓維通判涇州乃本年二月。“故情憐我踏黄塵”，謂本年春公伴送北使事。詩當作於本年暮春。

三月二十五日，劉敞、歐陽修上疏論改茶法不便。撰《議茶法》、《茶商十二説》駁之，力主罷東南榷茶

《文集》卷七十《議茶法》：“國家罷榷茶之法，而使民得自販，於方今實爲便，於古義實爲宜。而有非之者，蓋聚斂之臣，將盡財利於毫末之間，而不知與之爲取之過也。夫茶之爲民用，等於米鹽，不可一日以無。而今官場所出，皆麤惡不可食，故民之所食，大率皆私販者。夫奪民之所甘而使不得食，則嚴刑峻法有不能止者，故鞭扑流徒之罪未常少弛，而私販私市者亦未嘗絶於道路也。既罷榷之之法，則凡此之爲患，皆可以無矣。然則雖盡充歲入之利，亦爲國者之所當務也。況關市之入，自足侔昔日之利乎？昔桑弘羊興榷酤之議，當時以爲財用待此而給，萬世不可易者。然至霍

光不學無術之人，遂能屈其論而罷其法，蓋義之勝利久矣。今朝廷之治，方欲剗百代之弊而復堯舜之功，而其爲法度乃欲出於霍光之所羞爲者，則可乎？以今之勢，雖未能盡罷榷貨，而能緩其一，亦所以示上之人恤民之深而興治之漸也。彼區區聚斂之臣，務以求利爲功，而不知與之爲取，上之人亦當斷以義，豈可以人人合其私説然後行哉！揚雄曰：‘爲人父而榷其子，縱利，如子何？’以雄之聰明，其講天下之利害宜可信。然則今雖國用甚不足，亦不可以復易已行之法矣。是以國家之勢，苟修其法度，以使本盛而末衰，則天下之財不勝用，庸詎而必區區於此哉！”

《文集》卷七十《茶商十二説》：“臣竊以須仰巨商有十二之損，爲害甚廣，請試陳之。既仰巨商，巨商數少，相率既易，邀賤遂繁，故有場饒明減闇減，累累不已，歲數百萬，是饒減之損一也。又既仰巨商，巨商稀少，積壓等候，陳損既多，或棄或焚，或充雜用，此税既陷，正税又饒，是陷税之損二也。又既仰巨商，饒豐價薄，園民困耗，逋欠歲程。至如石橋一場，祖額一百七萬，而近歲買納，才得十萬，而虧及累年，便乞減額，是退額之損三也。又既仰巨商，須憑力禁，是以捕捉之旅，所在屯布，掩緝之衆，彌占川落。官員請俸，卒旅衣糧，擾民費財，總計不細，是力禁之損四也。又既仰巨商，須置榷務，諸郡津置，或數千里，所載綱運，率自省破，船材兵費，風波盜竊，每歲之計，不爲不甚，是遠萃之損五也。又既仰巨商，必先多備，茶體輕怯，難掌易損，架閣利燥，封角利密，而官數浩瀚，堆積敖廩，風枯雨濕，氣味失奪，俟售待給，已及陳損，是堆積之損六也。又凡物分輕則得衆，得衆則易竭。今仰巨商,本不及數千緡則不能行,是分重而不得衆也,故難竭而成積滯,分重之損七也。又凡貨利己則精心,精心則貨善,貨善則易售。今仰巨商,非己甚衆,始從小户,次輸主人,方納官場,復支商旅,是以小户偷竊,主人殽雜,姦吏容庇,皆以非己而致貨不善也,是非己之損八也。又既仰巨商,遂爲二等,新好者支算商旅,低陳者留賣南中,食用不堪,遂皆私易,故一縣大率每歲以茶被刑者往往百數,是煩刑之損九也。又既仰巨商,茶多積壞,壞不堪賣,遂轉鬻茶,俵給户民,悉不堪食,虛納所直,諸郡甚多,是剜本之損十也。又巨商悉係通商南方,盡從官賣,官賣既不堪食,多配寺院茶坊,茶多棄損,錢實虛斂,是削民之損十一也。既仰巨商,貨終難盡,諸般折給,從是生焉。雖依元價,折錢變賣,雜收什一,請實虛損,官亦虛損,是刻士之損十二也。其爲害廣也如此,不可不去也。”

《長編》卷一百九十一嘉祐五年三月甲寅:“丁巳詔書既弛茶禁,論者猶謂朝廷志於便人,欲省刑罰,其意良善。然茶户困於輸錢,而商賈利薄,販鬻者少,州縣征税日蹙,經費不充。知制誥劉敞、翰林學士歐陽修頗論其事……是時,朝廷方排衆論而行之,敞等雖言,不聽也。”

李燾:“龔鼎臣《東原録》云:‘歐陽永叔與劉原甫言新定茶法不便,乞別立法,富鄭公上前言:“近罷榷茶,改一百餘年之弊法,不能無些少未便處,須略整齊可矣。譬猶人大病方愈,須用粥食、湯藥補理,即漸平復矣。”上頷之。’修、敞論改法非便,他書並不載。君、相當時不從之説,惟鼎臣記此。”

《宋史》卷一百八十四《食貨下六》："初，所遣官既議弛禁，因以三司歲課均賦茶户，凡爲緡錢六十八萬有奇，使歲輸縣官。比輸茶時，其出幾倍。朝廷難之，爲損其半，歲輸緡錢三十三萬八千有奇，謂之租錢，與諸路本錢悉儲以待邊糴。自是唯臘茶禁如舊，餘茶肆行天下矣。論者猶謂朝廷志於恤人，欲省刑罰，其意良善；然茶户困於輸錢，而商賈利薄，販鬻者少，州縣征税日蹙，經費不充，學士劉敞、歐陽修頗論其事。敞疏大要以謂先時百姓之摘山者，受錢於官，而今也顧使之納錢於官，受納之間，利害百倍；先時百姓冒法販茶者被罰耳，今悉均賦於民，賦不時入，刑亦及之，是良民代冒法者受罪；先時大商富賈爲國懋遷，而州郡收其税，今大商富賈不行，則税額不登，且乏國用。修言新法之行，一利而有五害，大略與敞意同。時朝廷方排衆論而行之，敞等雖言不聽也。"

弟安國入京

《詩注》卷十六《平甫歸飲》，曰："叔兮歸自東，一笑堂上酌。緒餘不及客，兒女聊相酢。"自注："在館中時作。"

按，嘉祐四年，王安國落第出京，歐陽修有詩送之。本年初，安國隨陳師道舟啟程入京。

有詩答净因長老，與之唱酬

《詩注》卷二十三《送契丹使還次韻答净因長老》："老欲求吾志，時方摭我華。强將愁出塞，空得病還家。日轉山河暖，風含草木葩。勝遊思一往，不敢問三車。"

《詩注》卷四十八《和净因有作》，曰："更覺城中芳意少，不如山野早知春。"

按，"强將愁出塞，空得病還家。"即作於奉使稍後。

李注："净因，以《僧寶傳》考之，疑爲道臻禪師也。"①恐非。釋惠洪《禪林僧寶傳》卷二十六："净因臻禪師，南岳十二世。禪師名道臻，字伯祥，福州古田戴氏子也。幼不茹葷，十四歲去上生院，持頭陀行。又六年，爲大僧。閲大小經論，置不讀，曰：'此方便説耳。'即持一盔走江淮，所參知識甚多，而得旨訣於浮山遠禪師。江州承天虛席致臻，非所欲，而游丹陽，寓止因聖。一日行江上，顧舟默計曰：'當隨所往，信吾緣也。'問舟師曰：'載我船尾，可乎？'舟師笑曰：'師欲何之？我入汴船也。'臻云：'吾行遊京師。'因載之而北。謁净因大覺璉禪師，璉使首衆僧於座下。及璉歸吴，衆請以臻嗣焉。開法之日，英宗遣中使降香，賜紫方袍徽號。京師四方都會，有萬好惡，貴人達宦日門填，而臻一目之……神宗悼佛法之微，憫名相之弊，始即相國爲慧林、智海二刹。其命主僧，必自臻擇之，宿老皆從風而靡。高麗使三僧來就學，臻隨根開悟。神宗上仙，被詔至福寧殿説法。詔道臻素有德行，可賜號净照禪師。臻爲人渠渠静退，似不能言者。所居都城西隅，衲子四十餘董，頹然不出户，三十年如一日。元祐八年八月十七日殁。"

道臻至京，"謁净因大覺璉禪師，璉使首衆僧於座下。

---

① 《詩注》卷三十三《净因長老樓上玩月見懷有疑君魂夢在清都之句》，第839頁。

及璉歸吳,衆請以臻嗣焉"。據此,"浄因長老"應爲浄因大覺璉禪師。《禪林僧寶傳》卷十八:"大覺璉禪師,青原十一世。禪師名懷璉,字器之,漳州陳氏子也。初,其母禱於泗州僧伽像,求得之,故其小字泗州。幼有遠韻,聰慧絶人。長爲沙門,工翰墨,聲稱甚著。游方,愛衡嶽勝絶,館於三生藏有年,叢林號璉三生。聞南昌石門澄禪師者,五祖戒公之嫡子也,往拜謁,師事之十餘年。去游廬山圓通,又掌書記於訥禪師所。皇祐二年正月,有詔住京師十方浄因禪院。二月十九日,召對化成殿,問佛法大意,奏對稱旨,賜號大覺禪師。齋畢,傳宣,效南方禪林儀範,開堂演法……至和中,上書獻偈,乞歸老山中。偈曰:'千簇雲山萬壑流,歸心終老此峰頭。餘生願祝無疆壽,一炷清香滿石樓。'上曰:'山即如如體也,將安歸乎?'不許。修撰孫覺莘老書問宗教,璉答之書,其略曰:'妙道之意,聖人嘗寓之於《易》。至周衰,先王之法壞,禮義亡,然後奇言異術間出而亂俗。迨我釋迦入中土,醇以第一義示人,而始末設爲慈悲以化衆生,亦所以趣時也。自生民以來,淳樸未散,則三皇之教簡而素,春也。及情寶日鑿,則五帝之教詳而文,夏也。時與世異,情隨日遷,故三王之教密而嚴,秋也。昔商周之《誥》《誓》,後世學者有所難曉,彼當時人民聽之而不違,則俗與今如何也!及其弊而爲秦漢也,則無所不至,而天下有不忍願聞者。於是我佛如來一推之以性命之理,教之以慈悲之行,冬也。天有四時,循環以生成萬物,而聖人之教,迭相扶持,以化成天下,亦猶是而已矣。至其極也,皆不能無弊。弊,迹也,道則一耳。要當有聖賢者,世起而救之也。自秦漢至今,千有餘歲,風俗靡靡愈薄,聖人之教裂而鼎立,互相詆訾,不知所從。大道寥寥莫知返,良可歎也.'璉雖以出世法度人,而持律嚴甚。上嘗賜以龍腦盋盂,璉對使者焚之曰:'吾法以壞色衣,以瓦鐵食,此盋非法.'使者歸奏,上嘉歎久之。璉居處服玩可以化寶坊也,而皆不爲,獨於都城之西爲精舍,容百許人而已……治平中,璉再乞還山,堅甚,英宗皇帝留之,不可,詔許自便。璉既渡江,少留於金山、西湖,遂歸老於四明之阿育王山廣利寺。四明之人相與出力,建大閣,藏所賜詩頌,榜之曰'宸奎',命翰林學士兼侍讀、端明殿學士蘇軾爲之記。時京師始建寶文閣,詔取其副本藏焉。璉歸山二十餘年,年八十二,無疾而化。”

淨因大覺璉禪師自皇祐二年至治平間,主淨因禪院,與公遊甚款。《文集》卷八十三《漣水軍淳化院經藏記》:“若通之瑞新,閩之懷璉,皆今之爲佛而超然,吾所謂賢而與之遊者也。此二人者,既以其所學自脫於世之淫濁,而又皆有聰明辯智之才,故吾樂以其所得者間語焉,與之遊,忘日月之多也。”釋惠洪《冷齋夜話》卷六:“大覺璉禪師學外工詩,舒王少與遊。嘗以其詩示歐公,歐公曰:‘此道人作肝臟饅頭也.’舒王不悟其戲,問其意,歐公曰:‘是中無一點菜氣.’璉蒙仁廟賞識,留住東京淨因禪院甚久。”

有詩和張璪訪淨因

《詩注》卷二十四《和唐公舍人訪淨因》。題注:“張唐公。”

　　按，張唐公，張瓌，本年五月出知黃州，①詩當作於五月前。

送張令知安豐縣

　　《詩注》卷十三《送張公儀宰安豐》：“楚客來時雁爲伴，歸期想是冰未泮。雁飛南北三兩回，回首湖山空夢亂。秘書一官聊自慰，安豐百里誰復歎。揚鞭去去及芳時，壽酒千觴花爛漫。”

　　李注：“縣屬壽州。”

　　按，張令字公儀，②嘉祐四年進士登第。楊傑有詩送之：“昔年身到仁宗殿，同日鱗驚禹穴雷。”③《繫年初稿》繫此詩於嘉祐四年。然詩曰“雁飛南北三兩回”，則張令去年登第後，或於京待闕，至本年春方知安豐。

四月二十一日，同修起居注，固辭

　　《長編》卷一百九十一嘉祐五年四月己卯：“度支判官、祠部員外郎、直集賢院王安石同修起居注。安石以入館才數月，館中先進甚多，不當超處其右，固辭之。”

　　《文集》卷四十《辭同修起居注狀》其一：“臣蒙恩差臣

---

① 《長編》卷一百九十一嘉祐五年五月戊子朔：“降户部郎中、知制誥張瓌知黃州，秘書郎、館閣校勘劉瑾落職。初，瓌草瑾父沆贈官告詞，言沆特鄉里豪舉，以附會至宰相。瑾上章訴於朝，不報，乃衰服遮宰相自言，并醜詆瓌私事六七章不已。監察御史裏行陳洙劾奏之，兩人俱坐黜責。”第4621頁。

② 《四庫全書總目》卷一百五十三《金氏文集》提要：“又如《和介甫寄安豐張公儀》一首，即用《臨川集》中《安豐張令修芍陂》之韻。而據君卿詩，知張字爲公儀，爲李壁注所未引。”第1316頁。

③ 《無爲集校箋》卷六《送張令同年赴嶺南》，第179頁。

同修起居注者。聖恩深厚,非臣隕首所能報稱。然臣去年始蒙恩特除直集賢院,當是時,臣黽勉不敢久違恩指。至今就職,纔及數月,又蒙恩有此除授。臣竊觀朝廷用人,皆以資序,臣入館最爲日淺,而材何以異人。終不敢貪冒寵榮,以干朝廷公論。伏望聖慈察臣誠心,非敢飾讓,特賜追還所授。"

按,公入館才數月,遂超處同列先進同修起居注,固以德行文章已負盛名,亦或與其力主罷榷茶有關。

歐陽修答人帖評所爲文

朱弁《曲洧舊聞》卷三:"黃魯直論晁無咎、秦少游、王介甫文章。座客曰:'魯直不知前輩亦未深許介甫也。予嘗見歐公一帖,乃答人論介甫文者,言此人而能文,角而翼者也。'晁之道曰:'吾亦曾見此帖,今在孫元忠家,其子秘藏,非氣類者不出以示之。'元忠名朴,少爲樂全客。元祐間爲秘書少監。以帖中語考之,乃是介甫方辭起居注時帖也。"

按,"角而翼"出《揚子法言》卷八,意謂如虎添翼:"酷吏曰:虎哉虎哉,角而翼也,郅都、甯戚、張湯、杜周之徒……(司馬)光曰:'不仁之人而得勢位,如虎之得角翼。'"據此,則歐公乃極力揄揚公之文,而非"前輩亦未深許介甫也"。朱弁從司馬光高足晁説之遊,[1]於公偏見頗深,或有感於司馬光所注"不仁之人而得勢位"遂蓄意誣之耶? 因歐公原帖已佚,姑附此。

---

[1] 可見黃宗羲、全祖望《宋元學案》卷二十二《景迂學案》。朱弁生平,可見《曲洧舊聞》點校説明。

四月二十五日，梅堯臣卒，有詩哭之

《詩注》卷十三《哭梅聖俞》，曰："棲棲孔孟葬魯鄒，後始卓犖稱軻丘。聖賢與命相楯矛，勢欲强達誠無由。詩人況又多窮愁，李杜亦不爲公侯……飄然載喪下陰溝，粉書幅軸懸無旒。高堂萬里哀白頭，東望使我商聲謳。"

李注："歐公亦有《哭聖俞》詩，同此韻。"

按，據《歐陽修全集》卷三十三《梅聖俞墓誌銘》，梅堯臣因本年京師大疫，①四月二十五日卒。"粵六月甲申，其孤增載其柩南歸。"詩謂"飄然載喪下陰溝，粉書幅軸懸無旒"，當作於載喪南歸時。劉敞《公是集》卷十八有《同永叔哭聖俞》。

韓宗彦卒，有文祭之

《文集》卷八十五《祭韓欽聖學士文》。韓宗彦字欽聖，韓億孫、韓綱子，《宋史》卷三百一十五《韓億傳》："綱子宗彦，字欽聖。蔭補將作監主簿。舉進士甲科，累遷太常博士。以大臣薦召試，爲集賢校理。歷提點京西、京東刑獄……以尚書兵部員外郎判三司鹽鐵勾院，卒。"韓卒於梅堯臣稍後，司馬光《溫公續詩話》："梅聖俞之卒也，余與宋子才選、韓欽聖宗彦、沈文通遘，俱爲三司僚屬，共痛惜之。子才曰：'比見聖俞面光澤特甚，意爲充盛，不知乃爲不祥也。'

---

① 《長編》卷一百九十一嘉祐五年五月戊子朔："詔：'京師大疫，貧民爲庸醫所誤死者甚衆。其令翰林醫官院選名醫於散藥處參問疾狀而給之。'"第4622頁。

時欽聖面亦光澤,文通指之曰:'次及欽聖矣。'眾皆尤其暴謔。不數日,欽聖抱疾而卒。余謂文通曰:'君雖不爲咒咀,亦戲殺耳。'此雖無預時事,然以其與聖俞同時,事又相類,故附之。"

韓宗彥爲公同年,①卒時判三司鹽鐵勾院,與公同任職三司,故祭文曰"豈獨愁兮吾僚"。

有詩送吳叔開南行

《詩注》卷二十三《送吳叔開南征》。

《繫年》:"《歐陽永叔集》卷七有《送吳生南歸》詩,繫於嘉祐五年,也可佐證。"誤。

按,《歐陽修全集》卷七《送吳生南歸》之"吳生",乃吳孝宗,字子經,非吳叔開。此詩《詩注》置於《送契丹使還次韻淨因長老》後,姑繫此待考。

有詩送周延雋

《詩注》卷三十二《送周仲章使君》:"看君東下雪溪船,回首紛紛已五年。簪筆少留吾所望,剖符輕去此何緣。高麾行路穿秦樹,駿馬歸時着蜀鞭。子墨文章應滿篋,承明宣室正詳延。"

李注:"雪溪,在湖州,四水合爲一溪。"

按,周延雋字仲章,周起之子。嘉祐元年,公與梅堯臣有詩送周通判湖州。"回首紛紛已五年",詩當作於本年。

---

① 《宋詩紀事》卷十五:"欽聖,慶曆二年進士。"第 395 頁。

與包拯、司馬光等賞牡丹，終席不飲

《邵氏聞見錄》卷十："司馬温公嘗曰：'昔與王介甫同為群牧司判官，包孝肅公為使，時號清嚴。一日，群牧司牡丹盛開，包公置酒賞之；公舉酒相勸，某素不喜酒，亦強飲，介甫終席不飲，包公不能強也。某以此知其不屈。'"

按，邵氏曰"同為群牧司判官"，必誤，應為三司判官。至和元年九月至嘉祐二年四月，公任群牧判官。群牧判官二人，以京朝官充，其時公同任先後為李壽朋、吳充(詳本譜至和元年)，決非司馬光。其時司馬光正通判并州，[①]而包拯於此期間歷知廬州、池州、江寧府。[②] 嘉祐元年末，包拯方返京，歷知開封府、權御史中丞。《長編》卷一百八十四嘉祐元年十二月壬子：龍圖閣直學士、刑部郎中、知江寧府包拯為右司郎中、權知開封府。《長編》卷一百八十七嘉祐三年六月庚戌："龍圖閣直學士、左司郎中、權知開封府包拯為右諫議大夫、權御史中丞。"而此時公已離任群牧判官，出知常州，提點江東刑獄。嘉祐四年三月，包拯權三司使，[③]約春夏之交，公始返京任三司度支判官，司馬光判度支勾院。三人同官三司，同賞牡丹，應為本年。翌年四月，包拯離任三司，

----

① 顧棟高《司馬太師温國文正公年譜》卷一，中華書局 1990 年版，第 46 頁。
② 《長編》卷一百八十一至和二年十二月庚寅："降知廬州、龍圖閣直學士、刑部郎中包拯為兵部員外郎、知池州，坐失保任也。"第 4385 頁。《長編》卷一百八十三嘉祐元年八月癸丑："復龍圖閣直學士、兵部員外郎、知池州包拯為刑部郎中、知江寧府。"第 4432 頁。
③ 《長編》卷一百八十九嘉祐四年三月己未："右諫議大夫、權御史中丞包拯為樞密直學士、權三司使。"第 4554 頁。

爲樞密副使。①

與吴中復、司馬光唱和《省中畫壁》

《詩注》卷二十九《次韻吴仲庶省中畫壁》："畫史雖非顧虎頭,還能滿壁寫滄洲。九衢京洛風沙地,一片江湖草樹秋。行數魚儵賓共樂,卧看鷗鳥吏方休。知君定有扁舟意,却爲丹青肯少留。"

自注："仲庶,中復也。"

司馬光《温國文正公文集》卷十《依韻和仲庶省壁畫山水》："畫工執筆已心遊,稍稍蘅皋引杜洲。堆案煩文猶倦暑,滿軒新意忽驚秋。天生賢者非無爲,官遇明時未易休。正恐怒飛朝暮事,丹青難得久淹留。"

王珪《華陽集》卷二《留題吴仲庶省副北軒畫壁兼呈楊樂道諫院龍圖三首》,其二:"誰將畫手分平遠,幾度曾窺雁鶩洲。六月炎風方病暑,五湖烟景已迎秋。"

按,吴中復時爲户部副使,與公、司馬光同官三司。《長編》卷一百九十一嘉祐五年四月丙戌:"命權三司使包拯、右諫議大夫吕居簡、户部副使吴中復同詳定均税。"

有詩思王令

《詩注》卷三十《思王逢原三首》其一:"布衣阡陌動成群,卓犖高才獨見君。杞梓豫章蟠絶壑,騏驎騕褭跨浮雲。

---

① 《長編》卷一百九十三嘉祐六年四月辛酉:"權三司使、樞密直學士、右諫議大夫包拯爲給事中、三司使。""庚辰,樞密副使、右諫議大夫陳旭爲資政殿學士、知定州,三司使、給事中包拯爲樞密副使。"第4665、4666頁。

行藏已許終身共，生死那知半道分。便恐世間無妙質，鼻端
從此罷揮斤。"

其二："蓬蒿今日想紛披，塚上秋風又一吹。妙質不爲
平世得，微言惟有故人知。廬山南墮當書案，溢水東來入酒
巵。陳迹可憐隨手盡，欲歡無復似當時。"

其三："百年相望濟時功，歲路何知向此窮。鷹隼奮飛
凰羽短，騏驎埋没馬群空。中郎舊業無兒付，康子高才有婦
同。想見江南原上草，樹枝零落紙錢風。"

李注："逢原嘉祐四年秋卒，作此詩時，死之明年。"

七月，作《新田詩》，頌趙尚寬唐州之政

《文集》卷三十八《新田詩并序》："唐治四縣，田之入於
草莽者十九。民如寄客，雖簡其賦，緩其徭，而不可以必留。
尚書比部郎中趙君尚寬之來，問敝於民，而知其故，乃委推
官張君恂，以兵士興大渠之廢者一，大陂之廢者四，諸小渠
陂教民自爲者數十。一年，流民作而相告以歸。二年，而淮
之南、湖之北操囊耡以率其妻子者，其來如雨。三年，而唐
之土不可賤取。昔之菽粟者，多化而爲稌，環唐皆水矣，唐
獨得歲焉……循吏之無稱於世久矣，予聞趙君如此，故爲
作詩。"

按，《長編》卷一百九十二嘉祐五年秋七月辛丑："初，天
下廢田尚多……天下生齒益蕃，田野加闢，獨京西唐、鄧間
尚多曠土。唐州閑田尤多，入草莽者十八九。或請徙户實
之，或請以卒屯田，或請廢爲縣。知州事、比部員外郎趙尚
寬曰：'淮安古稱膏腴，今田獨蕪穢，此必有遺利。且土曠可

益墾闢，民稀可益招徠，何必廢郡也？'乃案圖記，得召信臣故迹，益發卒復三大陂、一大渠，皆溉田萬餘頃。又教民自爲支渠數十，轉相浸灌。而四方之民來者雲集，尚寬復請以荒地計口授之，及貸民官錢買牛。比三年，廢田盡爲膏腴，增户萬餘。監司上其狀，三司使包拯亦以爲言。丙午，詔留再任。尚寬，安仁子也。"

趙尚寬，《宋史》卷四百二十六有傳："字濟之，河南人，參知政事安仁子也……嘉祐中，以考課第一知唐州。唐素沃壤，經五代亂，田不耕，土曠民稀，賦不足以充役。議者欲廢爲邑。尚寬曰：'土曠可益墾辟，民稀可益招徠，何廢郡之有？'乃按視圖記，得漢召信臣陂渠故迹，益發卒復疏三陂一渠，溉田萬餘頃。又教民自爲支渠數十，轉相浸灌，而四方之民來者雲布。尚寬復請以荒田計口授之，及貸民官錢買耕牛。比三年，榛莽復爲膏腴，增户積萬餘。尚寬勤於農政，治有異等之效，三司使包拯與部使者交上其事，仁宗聞而嘉之，下詔褒焉，仍進秩賜金。留于唐凡五年，民像以祠，而王安石、蘇軾作《新田》、《新渠》詩以美之。"

與淨因長老有詩唱酬

《詩注》卷三十三《淨因長老樓上玩月見懷有疑君魂夢在清都之句》。詩曰："坐對高梧傾曉月，看翻清露洗新秋。"當作於本年秋。

七月二十六日，與吴奎、吴中復、王陶等相度牧馬利害

《長編》卷一百九十二嘉祐五年七月壬子："命翰林學士

吳奎、戶部副使吳中復、判度支判官王安石、右正言王陶同相度牧馬利害以聞。時國馬之政因循不舉，言者以爲當有更革也。"

《歐陽修全集》卷一百一十二《論監牧劄子嘉祐五年》："臣所領羣牧司近準宣差吳中復、王安石、王陶等同共相度監牧利害事。竊以國馬之制，置自祖宗，歲月既深，官司失守，積習成弊，匪止一時，前後因循，重於改作。今者幸蒙朝廷因言事之官有所陳述，選差臣寮，相度更改。臣以爲監牧之設，法制具存，條目既繁，弊病亦衆。若秖坐案文籍，就加增損，恐不足以深革弊源。如欲大爲更張，創立制度，則凡於利害，難以遙度，必須目見心曉，熟於其事，然後可以審詳裁制，果決不疑。"

和王陶《烘蝨》，司馬光同和

《詩注》卷十五《和王樂道烘蝨》："秋暑汗流如炙輠，敝衣濕蒸塵垢涴。施施衆蝨當此時，澤肉甘於虎狼餓。咀嚙侵膚未云已，爬搔次骨終無那。時時對客輒自捫，十百所除纔幾箇。皮毛得氣強復活，爪甲流丹真暫破。未能湯沐取一空，且以火攻令少挫。踞爐熾炭已不暇，對竈張衣誠未過。飄零乍若蛾赴燈，驚擾端如蟻旋磨。欲毆百惡死焦灼，肯貸一凶生棄播。已觀細點無所容，未放老奸終不墮。然臍郿塢患溢世，焚寶鹿臺身易貨。家中燎入化秦屍，池上燋隨遷莽坐。彼皆勢極就煙埃，況汝命輕侔涕唾。逃藏壞絮尚欲索，埋沒死灰誰復課。熏心得禍爾莫悔，爛額收功吾可賀。猶殘衆蟣恨未除，自計寧能久安臥。"

按,王陶字樂道,公同年,《宋史》卷三百二十九有傳。《名臣碑傳琬琰集》中卷二十四范鎮《王尚書陶墓誌銘》:"公諱陶,字樂道,其先京兆人……公力學博通,慶曆二年舉進士甲科,調岳州軍事判官。"詩曰:"秋暑汗流如炙輠,敝衣濕蒸塵垢涴。"王陶爲公同年,此時與公同相度牧馬利害,故有此唱和。司馬光《溫國文正公文集》卷三有《和王介甫烘虱》,係同時唱和之什。以虱入詩,始自梅堯臣《師厚云虱古未有詩邀予賦之》,而公此作後出轉精,遠超梅作。

又《嚴評》:"吾國人於潔清視爲兒女家事,以此濁穢遂成性習,昧者且自以爲高雅,不屑以之凌人,真去畜生道不遠。嗟乎! 治國亦猶此身而已,囚首垢面而談相業,吾知其無能爲也。"此評殊謬,固哉高叟! 公詩乃俳諧之作,極盡渲染、誇張之能事,以見諧趣,非真詠濁穢也。《嚴評》蓋因《辨姦論》一文橫亘胸中。

八月六日,與趙抃、鄭獬、滕甫等考試開封府舉人

《宋會要輯稿》選舉一九:"(嘉祐)五年八月六日命右司諫趙抃、直集賢院王安石、鄭獬、集賢校理滕甫考試開封府舉人,殿中侍御史陳洙、直秘閣司馬光、秘閣校理李大臨、集賢校理楊繪考試國子監舉人,左正言王陶、秘閣校理裴煜考試鏁廳舉人。"

作《試院五絶》,不滿科場以詩賦取士

《詩注》卷四十四《試院五絶句》其一:"少時操筆坐中庭,子墨文章頗自輕。聖世選才終用賦,白頭來此試諸生。"

李注：“公集《首善自京師始賦》，甚精切，有義味。今之陳腐雕刻，何足窺其藩者。然公亦姑同俗耳，而心卒薄之，故云‘頗自輕’，下又云‘終用賦’，言不當用也，意欲改之。”

與滕甫同爲試官考校，不睦

《東軒筆錄》卷十一：“王荆公爲館職，與滕甫同爲開封府試官。甫屢稱一試卷，荆公重違其言，寘在高等。及拆封，乃王觀也。觀平日與甫親善，其爲人薄於行，荆公素惡之，至是疑爲滕所賣，忿見於辭色。滕遽操俚言以自辨，且曰：‘苟有意賣公者，令甫老母下世。’荆公快然答曰：‘公何不愷悌？凡事須權輕重，豈可以太夫人爲咒也。’荆公又不喜鄭獬，至是目爲‘滕屠鄭沽’。”

按，王觀字通叟，如皋人，嘉祐二年進士。[①] 其父王惟清，《(嘉慶)重修如皋縣志》卷二十載宋居《王惟清墓誌銘》：“皇祐中，安定先生胡瑗爲太學博士。召其子觀諭之曰：‘先生天下之師也，汝往學焉。’觀承其教，越千里而往遊，不五六年，果魁冠王府多士，得名天下，繼以進士登第。”王觀嘉祐二年登第，何以預嘉祐五年開封府試而爲公所擢？考嘉祐元年七月，公以群牧判官、太常博士與集賢校理陸詵考試鑛廳舉人，或識王觀。其時未任館職，亦與滕甫無關。然滕甫與公不睦，容或有之。《名臣碑傳琬琰集》下卷十五《鄭翰林獬傳實錄》：“獬爲文有豪氣，峭整無長語，其流輩皆不及也。與滕甫相善，並嗜酒，落魄無檢操，人目之曰‘滕屠

---

① 《(嘉靖)重修如皋縣志》卷八。

鄭沽’。"

又，王銍《默記》卷上："滕元發言：杜祁公作相，夜召元
發作文字，因觀其狀貌，嘆曰：'此骨相窮寒，豈宰相之狀
也?'徐命左右秉燭，手展書卷，起而觀之，見眼有黑光徑射
紙上。元發默然曰：'杜公之貴者，此也。'後與王介甫同作
館職，同夜直。忽見介甫同展書燭下，黑光亦徑射紙上。因
爲荆公説祁公之事，言介甫他日必作相。介甫嘆曰：'子勿
相戲，安石豈願作宰相哉?'十年之間，果如元發之言。"

此謂公與滕甫同作館職，同夜直，秉書夜讀，目射黑光，
語涉不經，姑繫於此。

八月二十四日，以度支判官、祠部員外郎、直集賢院爲契丹正旦使，辭行

《長編》卷一百九十二嘉祐五年八月庚辰："度支判官、
祠部員外郎、直集賢院王安石爲契丹正旦使，西頭供奉官、
閤門祇候趙元中副之。既而安石辭行，改命户部判官、兵部
郎中、秘閣校理王繹。"

李注《送契丹使還次韻答净因長老》："公多有使北詩，
而《本傳》及年譜皆不載嘗出疆，獨温公《朔記》云云。"

李注《送吴叔開南征》又引司馬光《朔記》："嘉祐五年
九月，錢象先、閤詢、陳經、王安石使契丹。"又注《喜唐公自
契丹歸》引《朔記》："王安石以多病，不願奉使，以侍御史知
雜范師道，又辭，乃以校理王繹代之。"

按，王繹，王曾之子，其女嫁韓琦姪韓正彦。韓琦《安陽
集》卷四十八《故壽安縣君王氏墓誌銘》："余第四姪尚書比

部員外郎正彥妻王氏，故相文正公曾之孫，刑部郎中、秘閣校理繹之女也。"

與吳奎等上疏言馬政之弊，薦薛向

《文集》卷四十二《相度牧馬所舉薛向劄子》。《沈注》："八月，奎等上言云云，即此劄子所陳是也。蓋荊公屬草而奏之。"

《長編》卷一百九十二嘉祐五年八月庚辰："相度牧馬利害所吳奎等上言：'自古國馬盛衰，皆以所任得人失人而已。汧、渭之間未嘗無牧，而非子獨能蕃息於周；汧、隴之間未嘗無牧，而張萬歲獨能蕃息於唐，此前世得人之效也。然得人而不久其任，久其任而不使專其事，使得專其事而不臨以賞罰，亦不可以有功。今陝西馬價，多出解鹽，三司所支銀絹，許於陝西轉運司易錢。權轉運副使薛向既掌解鹽，復領陝西財賦，可悉委之移用，仍俾擇空地置監而孳養之。蓋得西方不失其土性，一利也；因未嘗耕墾之地，無傷於民，二利也；因向之才，使久其任而經制之，三利也。又河北有河防塘濼之患，而土多潟鹵，戎馬所屯，地利不足，諸監牧多在此路，馬又未嘗孳息。若就陝西興監牧，即河北諸監有可存者，悉以西方良馬易其惡種；有可廢者，悉以肥饒之地賦民。於地不足而馬所不宜之處，以肥饒之地賦民，收其課租，以助戎馬之費；於地有餘而馬所宜之處，以未嘗耕墾之地牧馬，而無傷於民，此又利之大者。苟用向，凡舉辟官及論改舊弊，有功則無愛賞，敗事則無憚罰，在於必行。'上可其奏。甲申，命向專領本路監牧及買馬事，仍規度於原渭州、德順軍置場。同州沙苑監、鳳翔府牧地使臣，並委向保薦以聞。"

《宋史》卷一百九十八《兵十二》："先是，詔議買馬利害。吳奎等議於秦州古渭、永寧砦及原州、德順軍各令置場，京師歲支銀四萬兩、紬絹七萬五千疋充馬直，不足，以解鹽鈔并雜支錢給之。詔行之。"

題吳奎新得顏真卿壞碑，弟安國和

《詩注》卷十三《吳長文新得顏公壞碑》，曰："堂堂魯公勇且仁，出遇世難親經綸。揮毫卓犖又驚俗，豈亦以此誇常民。但疑技巧有天得，不必强勉方通神。詩歌甘棠美召伯，愛惜蔽芾由思人。時危忠誼常恨少，寶此勿復令埋堙。"

孔延之《會稽掇英總集》卷三作《題吳長文得蘭亭康相墓顏魯公斷碑》，文同，次篇即王安國所作："魯公之忠曠世無，吾愛斯人何必書。"

李注："延陵，謂長文也。"

按，《繫年初稿》繫於本年，可從。吳奎字長文，《宋史》卷三百一十六有傳："濰州北海人。性强記，於書無所不讀。舉五經，至大理丞，監京東排岸……神宗初立，奎適終制，以故職還朝。踰月，參知政事。時已召王安石，辭不至，帝顧輔臣曰：'安石歷先帝朝召不赴，頗以爲不恭。今又不至，果病耶，有所要耶？'曾公亮曰：'安石文學器業，不敢爲欺。'奎曰：'臣嘗與安石同領群牧，見其護前自用，所爲迂闊。萬一用之，必紊亂綱紀。'乃命知江寧。"《彭城集》卷三十七《吳公墓誌銘》："兼判集賢院，尋爲翰林學士，權發遣開封府事……居三月，聲聞赫然，遷端明殿學士兼翰林侍讀學士、知成都府。公以父老苦辭,改知鄆州,凡四月,復召爲翰林學士,充群牧使兼史館修撰,遷左司郎中,復權知開封府兼畿內勸農使。嘉祐七年三月,拜左諫議大夫、樞密副使。"本年秋公與吳奎同相度牧馬利害,二人唱和,當於此期間。詩曰:"誰初妄鑿妍與醜,坐使學士勞骸筋。堂堂魯公勇且仁,出遇世難親經綸。揮毫卓犖又驚俗,豈亦以此誇常民。"似於吳之玩賞殘碑,不以爲然。

有詩送文與可倅邛州

《詩注》卷十三《送文學士倅邛州》。

李注:"文同,與可也。上世自巴徙梓之永泰,登皇祐元年高第。嘉祐四年,任館職。以親老,請通判邛州。"

按,文同是年倅邛州。① 詩曰"問君行何爲,關隴正繁霜",當作於本年秋。《宋詩紀事補遺》卷十載范鎮《送文與可通判邛州》:"半刺爲官美,臨邛自古名。何言緹軾寵,要侍版興行。仙籍新年貴,賓僚舊日榮。壺漿故父老,應在半途迎。"

作《省中二首》

《詩注》卷四十五《省中二首》:"萬事悠悠心自知,強顏於世轉參差。移床獨向秋風裏,臥看蜘蛛結網絲。"其二:"大梁春雪滿城泥,一馬常瞻落日歸。身世自知還自笑,悠悠三十九年非。"

---

① 據家誠之《石室先生年譜》,嘉祐六年文同已抵邛州。《宋人年譜叢刊》第3冊,第1614頁。

李注:"公登第慶曆初,皇祐試館職。嘉祐四年六月,除直集賢院。五年四月,修注,累辭。六年,知制誥。三十九歲爲度支判官、祠部員外郎。"

按,《繫年初稿》繫於嘉祐四年公三十九歲時,非也。省中,三司稱計省。詩當作於本年四十歲時。"三十九年非"者,用"蘧伯玉行年五十,而知四十九非"之典。

王靖擢利州路轉運判官,有詩送之

《詩注》卷三十二《送王詹叔利州路運判》。

按,《繫年初稿》繫於本年,可從。王詹叔即王靖,《宋史》卷三百二十有傳:"靖字詹叔,蚤孤,自力於學,好講切天下利害……擢利州路轉運判官、提點陝西刑獄。"《長編》卷一百九十二嘉祐五年八月乙酉:"罷諸路同提點刑獄使臣,置江南東西、荆湖南北、廣南東西、福建、成都、梓、利、夔路轉運判官。先是,同提點刑獄使臣或有竊公用銀器及樂倡首飾者,議者因言使臣多不習法令民事,不可爲監司,故罷之。十一路舊止一轉運使,至是各增置判官,以三年爲一任。第二任知州人爲判官滿一任,與提點刑獄。初任知州若第二任通判爲判官滿兩任,亦如之。"王靖或因本年八月二十九日增置十一路轉運判官,又曾出使諸路,訪求罷榷茶利害,與執政意合,故擢利州路轉運。故詩曰:"未駕朱輪辭輦轂,却分金節佐均輸。"嘉祐七年,王靖提點陝西路刑獄。①

———————————————

① 《長編》卷一百九十七嘉祐七年十一月辛未:"徙利州路轉運判官、司封員外郎王靖提點陝西路刑獄。"第4784頁。

十一月二十六日,與司馬光同修起居注。力辭,乞一州軍差遣,未許,乃受

《長編》卷一百九十二嘉祐五年十一月辛亥:"度支員外郎、直秘閣、判度支勾院司馬光,度支判官、祠部員外郎、直集賢院王安石同修起居注。光五辭而後受,安石終辭之。最後有旨,令閤門吏齎敕就三司授之,安石不受,吏隨而拜之,安石避於厠。吏置敕於案而去,安石遣人追還之,朝廷卒不能奪。"

《長編》卷一百九十三嘉祐六年六月戊寅:"度支判官、刑部員外郎、直集賢院、同修起居注王安石知制誥。初,安石辭起居注,既得請,又申命之,安石復辭至七八乃受。"

《宋史》卷三百二十七《王安石傳》:"明年,同修起居注,辭之累日。閤門吏齎敕就付之,拒不受;吏隨而拜之,則避於厠;吏置敕於案而去,又追還之。上章至八九,乃受。"

《名臣碑傳琬琰集》下卷十四《王荆公安石傳實錄》:"嘉祐五年四月,除同修起居注,固辭不拜。十一月,申前命,章又五上,不許。遂除知制誥、糾察在京刑獄,移判三班院。"

《文集》卷四十《再辭同修起居注狀》其一:"右臣今月二十六日准敕差臣同修起居注。伏念臣行能無異衆人,入館最爲日淺,向叨選擢,嘗已固辭,幸蒙聖恩,方賜聽許。今同館之士,才能資序出臣右者尚多,而又蒙誤恩,有此除授,在臣理分,固不敢當。兼臣久住京師,親老口衆,而自春至今,疾病相仍,醫藥百端,未得平愈。近已進狀,乞一知州軍差遣,伏望聖慈察臣誠懇,特賜追還所授,除一知州軍差遣,

使臣無進越冒榮之罪,而得紓私養之急。所有同修起居注敕牒,臣不敢受,謹具狀奏聞,伏候敕旨。"

得吳充書,有詩寄之

《詩注》卷十《寄吳沖卿》。

李注:"沖卿,謂吳公充。"

《繫年》繫此詩於嘉祐四年:"此詩當作於吳沖卿知陝州時,事在本年底。"不確。

按,公自提點江東刑獄召還爲三司度支判官,時吳充由開封府推官除户部判官,二人又同官三司,故詩曰:"窮年走區區,得謗大如屋。歸來污省舍,又繼故人躅。相逢祇數步,吏案當填目。"本年八、九月,吳充出知陝州,歲末寄詩,故詩曰:"切磋非無朋,阻闊嗟何速。孤危失所助,把卷常恨獨。""殷勤故人書,紙尾又見勖。君雖好德言,我自望忠告。""歲殘東風生,陝樹塵翳麴。"[1]吳充知陝,歐陽修、劉敞、宋祁等有詩相送。《居士集》卷九《西齋小飲贈別陝州沖卿學士分得黃字爲韻 嘉祐五年》:"今日胡不樂,衆賢會高堂。坐中瀛洲客,新佩太守章。"劉敞《公是集》卷十三《永叔西齋送沖卿知陝府得華字》:"我求一州牧,竟至無津涯。相看佩銅虎,似欲凌青霞。分陝本相事,憩棠成棣華。優游山河勝,肯厭多風沙。"自注:"君元兄大資政於陝有遺愛。"宋祁《景文集》卷十一《八月十四日夜東軒餞趙同州志元吳陝州沖卿徐潤州君章》:"明月不常值,中秋能暫新。誰言一堂

---

[1] 徐濤《王安石詩繫年新證》繫於翌年,《古典文獻研究》第十八輯下卷。

上，相與異州人。"

有詩寄孫侔兼呈曾鞏

《詩注》卷三十七《得孫正之詩因寄兼呈曾子固》。

按，詩曰"因思漠北離群久"，謂本年春伴送北使至塞上。又曰"一歲已闌人意倦"，當作於本年底，時曾鞏被召編校館閣書籍。①

因王回數至京師，示以《王逢原墓誌銘》

《曾鞏集》卷十六《與王深父書》："比得介甫書，知數到京師，比已還亳，即日不審動止如何……比承諭及介甫所作王令誌文，以爲揚子不過。"

所撰《王逢原墓誌銘》以揚雄比王令，曾鞏見之，以爲不然

《文集》卷九十七《王逢原墓誌銘》："士誠有常心以操聖人之説而力行之，則道雖不明乎天下，必明於己；道雖不行於天下，必行於妻子。内有以明於己，外有以行於妻子，則其言行必不孤立於天下矣。此孔子、孟子、伯夷、柳下惠、揚雄之徒所以有功於世也。"

《曾鞏集》卷十六《與王深父書》："比承諭及介甫所作王令誌文，以爲揚子不過，恐不然也。夫學者其心篤於仁，其視聽言動由於禮，則無常産而有常心，乃所履之一事耳。

---

① 可見李震《曾鞏年譜》卷二，第 198 頁。

何則？使其心篤於仁，其視聽言動由於禮，然而無常產也，則其於親也，生事之以禮，故啜菽飲水之養，與養以天下一也；死葬之以禮，故斂手足形旋葬之葬，與葬以天下一也，而況於身乎？況於妻子乎？然其心篤於仁，其視聽言動由於禮者，非盡於此也，故曰乃所履之一事耳。而孟子亦以謂無常產而有常心者，惟士爲然，則爲聖賢者不止於然也。介甫又謂士誠有常心，以操群聖人之説而力行之，此孔孟以下所以有功於世也。夫學者苟不能其心篤於仁，其視聽言動由於禮，則必不能不失其常心，此後之學者之患也。苟能其心篤於仁，其視聽言動由於禮，則必不失其常心。且既已皆中於禮矣，而復操何説而力行之哉？此學者治心修身、本末先後自然之理也，所以始乎爲士而終乎爲聖人也。顏子三月不違仁，蓋謂此也。人不堪其憂而不改其樂，蓋樂此也。凡介甫之所言，似不與孔子之所言者合，故曰以爲揚子不過，恐不然也。此吾徒所學之要義，以相去遠，故略及之，不審以爲如何？"

按，曾鞏書曰："與深甫別四年矣。""去年第二妹嫁王補之者，不幸疾不起。""劇寒，自重。"曾鞏與王回（字深甫）同登嘉祐二年進士第，至此已四年。《曾鞏集》卷四十六《江都縣主簿王君夫人曾氏墓誌銘》："試校書郎、揚州江都縣主簿王無咎妻曾氏，建昌南豐人，先君博士第二女也……年三十有三，嘉祐四年五月三日以疾卒。"故曾鞏此書當作於本年底。

歲末，大雪，與王益柔、司馬光唱和

《詩注》卷十《和王勝之雪霽借馬入省》，曰："前年臘歸

三見白，霽色嶺上班班留。杖藜此時將邑子，登眺置酒身優
游。豈如都城今日事，秖恐一蹶爲親憂。因知田里駕歆段，
昔人豈即非良謀……超然遂有江湖意，滿紙爲我書窮愁。"

《詩注》卷二十九《次韻王勝之詠雪》。《詩注》卷十《又
和雪》。

司馬光《溫國文正公文集》卷四《和勝之雪霽借馬入局
偶書》。

按，王益柔時爲鹽鐵判官，與公、司馬光同官三司，有此
唱和。《宋史》卷二百八十六《王曙傳》："益柔字勝之。爲
人伉直尚氣，喜論天下事。用蔭至殿中丞……久之，爲開封
府推官、鹽鐵判官。凡中旨所需不應法式，有司迎合以求進
者，悉論之不置。出爲兩浙、京東西轉運使。"

有詩和錢公輔《喜雪》

《詩注》卷三十九《和錢學士喜雪》。

按，錢學士爲錢公輔，時知明州(詳下)，故詩曰"坐愁窮
海瘴煙霏"，"公今早晚班春去"。

是年，撰《度支副使廳壁題名記》，以理財爲政務之急，當善法而擇吏，理天下之財

《文集》卷八十二《度支副使廳壁題名記》："三司副使，
不書前人名姓。嘉祐五年，尚書户部員外郎吕君沖之始稽
之衆史，而自李紘已上至查道得其名，自楊偕已上得其官，
自郭勸已下又得其在事之歲時，於是書石而鑱之東壁。

夫合天下之衆者財，理天下之財者法，守天下之法者吏

也。吏不良,則有法而莫守;法不善,則有財而莫理。有財而莫理,則阡陌閭巷之賤人,皆能私取予之勢,擅萬物之利,以與人主爭黔首,而放其無窮之欲,非必貴强桀大而後能。如是而天子猶爲不失其民者,蓋特號而已耳。雖欲食蔬衣敝,憔悴其身,愁思其心,以幸天下之給足而安吾政,吾知其猶不得也。然則善吾法而擇吏以守之,以理天下之財,雖上古堯舜猶不能毋以此爲先急,而況於後世之紛紛乎?"

按,吕沖之,名景初,時爲度支副使,《宋史》卷三百二有傳:"吕景初字沖之,開封酸棗人。以父蔭試秘書省校書郎,舉進士……以户部員外郎兼侍御史知雜事,判都水監,改度支副使,遷吏部員外郎,擢天章閣待制、知諫院,以病,未入謝而卒。"

居春明坊,與宋敏求相鄰,受其囑托,編《百家詩選》

《文集》卷八十四《唐百家詩選序》:"余與宋次道同爲三司判官時,次道出其家藏唐詩百餘編,委余擇其精者,次道因名曰《百家詩選》。廢日力於此,良可悔也。雖然,欲知唐詩者,觀此足矣。"

按,此書編選於本年,而刊印於哲宗元符元年。陸心源《皕宋樓藏書志》卷一百十二載楊蟠刻《唐百家詩選》序:"詩之所可樂者,人人能爲之,然匠意造語,要皆安穩愜當,流麗飄逸,其歸不失於正者,昔人之所長也。思採其長,而益己之未至,則非博窺而深討之不可。夫自古風騷之盛,無出於唐,而唐之作者不知幾家。其間篇目之多,或至數千,盡致其全編,則厚幣不足以購寫,而大車不足以容載,彼幽野之人,何力而致之哉！丞相荊國王公道德文章,天下之師,於詩尤極其工。雖嬰以萬務,而未嘗忘之。是知詩之爲道也,亦已大矣。公自歷代而下,無不考正,於唐選百家,特録其警篇,而杜、韓、李所不與,蓋有微旨焉。噫！詩繫人之好尚,於去取之際,其論猶紛紛。今一經公之手,則帖然無復以議矣。合爲二十卷,號《唐百家詩選》,得者幾希。因命工刻板,以廣其傳。細字輕帙,不過出斗酒金而直挾之於懷袖中。由是人之几上,往往皆有此詩矣。予將會友以文,共求昔人之遺意而商榷之,有觀此百家詩而得其所長,及明荊公所以去取之法者,願以見告,因相與哦於西湖之上,豈不樂哉！元符戊寅七月望日,章安楊蟠書。"晁公武《郡齋讀書志》、陳振孫《直齋書録解題》、《宋史·藝文志》等均著録爲二十卷。此書之選旨去取,向來議論不一,終無定讞。[1] 今縷列如下：

黃伯思《東觀餘論》卷下《跋百家詩選後》："王公所選,蓋就宋氏所有之集而編之,適有百餘家,非謂唐人詩盡在此也。其李、杜、韓詩可取者甚衆,故别編爲《四家詩》,而楊氏謂不與此集,妄意以爲有微旨,何陋甚歟！"

朱弁《風月堂詩話》卷下："王介甫在館閣時,僦居春明坊,與宋次道宅相鄰。次道父祖以來藏書最多,介甫借唐人詩集日閱之,過眼有會於心者,必手録之,歲久殆遍。或取其本鏤行於世,謂之《百家詩選》。既非介甫本意,而作序者曰：'公獨不選杜、李與韓退之,其意甚深。'則又厚誣介甫而

---

① 相關研究,可見查屏球《名家選本的初始化效應——王安石〈唐百家詩選〉在宋代的流傳與接受》,《安徽大學學報》(哲社版)2012年第1期。

欺世人也。不知李、杜、韓退之外,如元、白、夢得、劉長卿、李義山輩,尚有二十餘家。以予觀之,介甫固不可厚誣,而世人豈可盡欺哉!蓋自欺耳。"

徐度《却掃編》卷中:"詩人之盛莫如唐,故今唐人之詩集行於世者,無慮數百家。宋次道龍圖所藏最備,嘗以示王介甫,且俾擇其尤者。公既爲擇之,因書其後曰:'廢日力於斯,良可歎也。然欲知唐人之詩者,眂此足矣。'其後此書盛行於世,《唐百家詩選》是也。"

趙彥衛《雲麓漫鈔》卷八:"唐之舉人,先藉當世顯人,以姓名達之主司,然後以所業投獻;踰數日又投,謂之溫卷,如《幽怪録》、《傳奇》等皆是也。蓋此等文備衆體,可以見史才、詩筆、議論。至進士則多以詩爲贄,今有唐詩數百種行於世者是也,王荆公取而删爲《唐百家詩》。或云,荆公當册取時,用紙帖出付筆吏,而吏憚於巨篇,易以四韻或二韻詩,公不復再看。余嘗取諸家詩觀之,不惟大篇多不佳,餘皆一時牽課以爲贄,皆非其得意所爲,故雖富而猥弱。今人不曾考究,而妄譏刺前輩,可不謹哉!"

嚴羽《滄浪詩話》:"王荆公《百家詩選》,蓋本於唐人《英靈間氣集》,其初明皇、德宗、薛稷、劉希夷、韋述之詩,無少增損,次序亦同。孟浩然止增其數,儲光羲後,方是公自去取。前卷讀之盡佳,非其選擇之精,蓋盛唐人詩無不可觀者。至於大曆以後,其去取深不滿人意。況唐人如沈宋、王楊、盧駱、陳拾遺、張燕公、張曲江、賈至、王維、獨孤及、韋應物、孫逖、祖詠、劉眘虛、綦毋潛、劉長卿、李長吉諸公,皆大名家,李、杜、韓、柳以家有其集故不載,而此集無之。荆公當時所選，當據宋次道之所有耳。其序乃言：'觀唐詩者觀此足矣。'豈不誣哉！今人但以荊公所選，斂衽而莫敢議，可歎也。"

又，邵博《邵氏聞見後錄》卷十九："晁以道言：'王荊公與宋次道同爲群牧司判官，次道家多唐人詩集，荊公盡即其本，擇善者籤帖其上，令吏抄之。吏厭書字多，輒移荊公所取長詩籤置所不取小詩上。荊公性忽略，不復更視，唐人衆詩集以經荊公去取皆廢。今世所謂《唐百家詩選》曰荊公定者，乃群牧司吏人定也。"

葉夢得《石林詩話》卷中："後爲群牧判官，從宋次道盡假唐人詩集，博觀而約取。"

以上邵博、葉夢得皆以《唐百家詩選》成於公群牧判官任上，時與宋敏求(字次道)同僚，因假唐人詩集選之。① 此説必誤。其一，公《唐百家詩選序》明言："余與宋次道同爲三司判官。"其二，《宋史》卷一百六十四《職官四》："群牧司，制置使一人……判官二人，以京朝官充，掌內外厩牧之事，周知國馬之政而察其登耗焉。"公至和元年九月任郡牧判官，同任爲李壽朋。《(民國)萬泉縣志》卷七載趙瞻撰《大宋河中府萬泉縣移修至聖文宣王廟記》："至和元年夏六月丁巳，守令趙瞻撰并書。群牧判官、尚書祠部員外郎李壽朋篆額。"至和二年，李壽朋出知汝州，繼之者爲吳充，前後

---

① 　湯江浩："故從仕歷的角度來看，難以對王安石選編《唐百家詩選》的時間是在任群牧判官或三司判官之時，作出可信的判斷。""關於《唐百家詩選》的成書時間實有成於任群牧判官和任三司判官二説。從王安石和宋敏求相似的仕歷來看，實不能作出簡單的去取。"《北宋臨川王氏家族及文學考論》，第 365 頁。

同任群牧判官者皆非宋敏求。《宋史》卷二百九十一《李壽朋傳》："遷群牧判官,擊斷敏甚。皇城卒遮其縱游無度,出知汝州。"《長編》卷一百八十至和二年六月庚寅:"群牧判官、祠部員外郎李壽朋知汝州,坐皇城卒報其游從不檢也。""甲午,太常博士、集賢校理吳充爲群牧判官。"

是年底,周惇頤自合州歸京師,公與之語連日夜

度正《濂溪先生周元公年表》:"先生時年四十四。六月九日,先生解職東歸……先生東歸時,王荆公安石年三十九,提點江東刑獄,與先生相遇,語連日夜。安石退而精思,至忘寢食。""嘉祐六年辛丑,先生時年四十五。遂寧傅者登第,相遇京師。先生手刺云:'從表殿中丞、前合州從事周某,專謁賀新恩先輩傅弟,三月十二日手謁。'"①

此説之史源,可追溯至北宋邢恕而下啓南宋羅大經:"王荆公少年,不可一世士,獨懷刺候濂溪,三及門而三辭焉。荆公恚曰:'吾獨不可自求之六經乎!'乃不復見。""王荆公爲江東提點刑獄時,已號爲通儒。茂叔遇之,與語連日夜,公退而精思,至忘寢食。"②明儒黄道周對此不以爲然,《榕壇問業》卷八:"石星因問:'王公不可一世,嘗懷刺候濂溪,三及門而三辭焉,遂反而求之六經。濂溪知公自處太高,欲少折其鋭,不料反成其執拗。向令坐於光霽之下,成就或有不同。'某云:'是或不然。恐是濂溪門人尊其師説,

---

① 《宋人年譜叢刊》第3册,四川大學出版社2003年版,第1515頁。

② 朱熹《伊洛淵源録》卷一引北宋邢恕語,叢書集成初編本。《鶴林玉露》甲編卷五,第84頁。

或是程家門人歸咎濂溪也……然公四十時在嘉祐初，試館職不就，出知常州，爲度支判官，與濂溪知南昌時各不相值。及在潯陽濂溪葬母時，公與旅出執政，移家金陵，初無講論。明道、半山少濂溪不過三四歲，不在弟子之列，如何陶鑄得他？’”

　　黃道周以此説蓋出道學中人自張門户，頗見卓識。《蔡譜》卷八本此而加密，否定王、周曾相遇問學：“濂溪生於天禧元年，荆公生於天禧五年，以爲少年則皆少年耳……是荆公年二十四，見推於子固如此，且自言非歐公無足知我，安有求見濂溪至於三及門之煩耶？七年，子固《與介甫書》曰：‘歐公悉見足下之文，愛歎誦焉，不勝其勤。歐公甚欲一見，足下能作一來計否？’而介甫猶不一往見之……何濂溪未見其人而即知其不賢，以至於三辭之決耶……及遍閱諸人全書，曾無一人及於濂溪，即濂溪生平，亦不聞與諸人講學。竊意後來諸儒所推尊之周子，在當時猶未甚知名之周子耳……且吾由二氏之説，復以歲月考之……慶曆二年，年二十二，成進士，官淮南。而濂溪已先二年官分寧，是二人當少年時，未嘗一日相值，此則羅氏記載之妄也。嘉祐三年，介甫自常州移提點江東刑獄；四年，年三十九；五年五月，入爲三司度支判官。而濂溪於是年六月，解合州簽事歸京師，則介甫已去江東，而年亦四十矣。以爲二人相遇於江東，其年與地皆不合，此則真氏沿襲之妄也。”

　　《蔡譜》以爲，公成名甚早，而周惇頤其時默默無聞。二人年歲相當，公又謹於出處，故公懷刺三見周惇頤、執弟子禮，當出後人杜撰。且自任官履歷、行跡考察，二人亦“未嘗相值"。《蔡譜》反駁不無卓識。公與周惇頤之交往,當不乏理學傳人之刻意渲染。然若由此否認二人曾有交往,則矯枉過正。考王、周之人際交遊網絡,二人相遇相識,相互切磋,情理之中。《周濂溪集》附錄謝無逸誌潘延之墓:"荊公、子固在江南,二公議論疑而未決,必曰:'姑置是,待他日茂叔來訂之。'""茂叔",即周惇頤。潘延之,名興嗣,號清逸居士,洪州人。《曾鞏集》卷三十三《奏乞與潘興嗣子推恩狀》:"臣伏睹本州人試將作監主簿潘興嗣,五歲以父任官,二十二歲授江州德化縣尉,不行。熙寧二年,朝廷察其高,以爲筠州軍事推官,不就。"《(雍正)江西通志》卷七十:"(潘興嗣)少孤篤學,與王安石、曾鞏、王回、袁陟俱友善。"潘與周惇頤關係密切,撰有《濂溪先生墓誌銘》,故謝無逸所撰墓誌應當可信。此墓誌雖未載《溪堂集》,然元代金履祥曾目睹。《〈論孟集注〉考注·〈孟子集注〉考證》卷四:"潘興嗣字延之,號清逸,嘗從濂溪游,曾子固亦在,事見謝溪堂文集《清逸墓誌》。"謝無逸與邢恕所云,史源不同,非相互沿襲,惟二者均提及公與周惇頤之交往,應非向壁虛構。

又考二人行跡,本年六月十九日,周惇頤自合州簽判任滿回京。十月二十一日,與沈遘等會於江州東林寺。《東林寺留題》:"周惇實茂叔、余從周元禮、孫儼安禮、王深之長源、沈遘睿達、樂岳惟嶽,嘉祐庚子(五年)十月二十一日,相會東林寺。"①其返京約於年底,至翌年三月,尚住京師。故公得以與之切磋講學。惟《年表》曰"王荊公安石年三十九,

① 《周惇頤集》卷三,中華書局1990年版,第76頁。

提點江東刑獄"，則誤甚。

有詩送王愷

《詩注》卷三十五《送西京簽判王著作》："兒曹曾上洛城頭，尚記清波遶驛流。却想山川常在夢，可憐顏髮已驚秋。辟書今日看君去，著籍長年歎我留。三十六峰應好在，寄身多謝欲來遊。"

按，《繫年初稿》繫於本年，可從。王著作，名愷，司馬光《溫國文正公文集》卷十有《送王著作愷西京簽判》，爲同時送別之什。

有詩送張覲知富順監

《詩注》卷三十六《送經臣富順寺丞》。

李注："富順在蜀東。""祖宗時有入遠法，此必代其父入遠。"

按，張覲字經臣。汪森《粵西叢載》卷二："經臣張覲、執中劉彝、志康傅燮，熙寧甲寅六月八日，同尋回穴山，飯於是嵓。"司馬光《溫國文正公文集》卷七《送張寺丞覲知富順監》即同時送別之作。

與李質夫唱酬

《詩注》卷三十四《奉酬李質夫》："逸少池邊有舊山，幾年征淚染衣班。駑駘自飽方爭路，騕褭長飢不在閑。雪漲江南歸浩蕩，煙埋河朔去間關。勞歌一聽皆愁思，況我心非木石頑。"

李注:"李歸江南,公往河朔,疑奉使時作,故下有'勞歌'之句。"

按,李質夫,《詩注》卷三十有《送質夫之陝府》,《文集》卷十九題作《送李質夫之陝府》,即此人。或爲李定(字仲求)之子、李虛舟之孫。《淵鑑類函》卷四百四十:"金龜,《夢溪筆談》:'祥符中,方士王捷能作黃金,上令尚方鑄爲金龜,以賜近臣。洪州李質夫家有一枚,乃其伯祖虛己所得者。'"然《夢溪筆談》卷二十作:"洪州李簡夫家有一龜,乃其伯祖虛己所得者。"以此推測,李質夫、簡夫當同爲李虛舟孫、李虛己侄孫。余靖《武溪集》卷十九《故虞部郎中李公墓誌銘》:"公諱虛舟,字公濟……咸平中進士舉不第,以兄任補郊社齋郎,調福州閩清、洪州靖安尉,寇攘以息。遷饒州餘干令,公事去官。時兄虛己以工部侍郎分司家居,公以天倫友愛,不忍離去,遂絕仕進意……三子:其幼曰寔,秘書省正字,早夭。二女:長適進士劉好禮,次適烏程主簿張次道。孫二十五人,或爲邑長郡掾矣。"李虛舟三子,幼子李寔早夭,長子李寬字伯强,次子李定字仲求。《文集》卷九十七《廣西轉運使李君墓誌銘》:"君諱寬,字伯强,姓李氏……子男五人:長曰承勉,宣州旌德縣令,早卒;次曰亞夫,太廟齋郎;曰獻夫,試將作監主簿;曰渭夫,試秘書省校書郎;曰太平奴,方晬而夭。女二人:長適蘇州常熟縣主簿余公弼,次適大理寺丞田真卿。孫男三人。君與弟尚書司門郎中定相友愛尤篤,遺奏以司門之子簡夫聞。詔除司門知太平州,補簡夫郊社齋郎。"李簡夫、李質夫或同爲李定之子,故《夢溪筆談》有此異文。

與韓絳、呂公著、劉敞等館閣辯論

《詩注》卷四十四《讀漢書》："京房、劉向各稱忠，詔獄當時跡自窮。畢竟論心異恭顯，不妨迷國略相同。"

李注："呂晦叔、王介甫同爲館職，當時閣下皆知名士，每評論古今人物治亂，衆人之論止於介甫，介甫之論又爲晦叔止也。一日，論劉向當漢末，言天下事反復不休，以爲知忠義，或以爲不達時變。議未決，介甫來，衆問之，介甫卒然對曰：'劉向强聒人耳。'衆意未滿。晦叔至，又問之，則曰：'同姓之卿歟？'衆乃服。"

按，"同姓之卿"謂劉向。呂説誠是，然似不足以掩公之高論。弘恭、石顯爲漢元帝時宦官，干政弄權。劉向、京房爲一時名臣，屢次上書稱引災異，彈劾宦官擅權，世人皆以忠臣許之。公則以爲，京、劉據五行災異之説攻擊恭、顯，雖一心爲國，然以陰陽災異附會政事，適足誤國誤民。李注云："房、向各以言災異下詔獄。蓋漢儒《五行傳》必以某異應某事，識者多非之。公素不喜。疑所稱'誤國'，指此也。"可謂得之。《嚴評》："此意真無人道過，蓋前人只説小人誤國，而不知君子之可以迷邦也。於此等詩最覘此老識力，涑水、眉山豈能望其肩背。"

《邵氏聞見録》卷十二："呂晦叔、王介甫同爲館職，當時閣下皆知名士，每評論古今人物治亂，衆人之論必止於介甫，介甫之論又爲晦叔止也。一日，論劉向當漢末言天下事反復不休，或以爲知忠義，或以爲不達時變，議未決。介甫來，衆問之，介甫卒對曰：'劉向强聒人耳。'衆意未滿。晦叔來，又問之，則曰：'同姓之卿歟！'衆乃服。故介甫平生待晦叔甚恭……故介甫作相，薦晦叔爲中丞。晦叔迫於天下公議，反言新法不便，介甫始不悦，謂晦叔有驩兜、共工之姦矣。"

范公偁《過庭録》："韓子華爲閣長，一時名公如劉原父、王介甫之徒，皆在館職。介甫最爲子華所服，事多折衷於介甫。一日，館中會話，論及劉更生。介甫以當漢衰靡，王莽擅權，勢不復興，而更生曉曉强聒，近不知時，其中是非者相半。子華繼自外至，問曰：'諸公所談何事？'或以更生對。子華問介甫曰：'如何？'介甫具告。子華曰：'不然，更生同姓之卿，安得默默就斃哉！'一坐服子華至論。"

晁説之《嵩山文集》卷十八《題王深甫書傳後》："古有談止之士，謂衆人之談止於斯一人也。當是之時，諸公席上之談，往往止於介甫，而介甫之談則又爲原甫而止也。二人者俱於深甫，則或有不得而行者矣。"

按，以上諸家筆記，所載人物或異，而情節相似，當非純粹虛構。其中，韓絳於本年五月出知蔡州，[①]劉敞於本年十一月出知永興軍，[②]《歐陽修全集》卷八有《奉送原甫侍讀出守永興》。

---

① 《長編》卷一百九十一嘉祐五年五月戊申："降右諫議大夫、權御史中丞韓絳知蔡州。"第 4626 頁。

② 《長編》卷一百九十二嘉祐五年九月丁亥朔："起居舍人、知制誥劉敞爲翰林侍讀學士、知永興軍。"第 4644 頁。同卷十二月庚辰，李燾注："敞以九月丁亥朔除侍讀、知永興，十二月初始到任。"第 4654 頁。

題張籍詩

《詩注》卷四十五《題張司業詩》："蘇州司業詩名老，樂府皆言妙入神。看似尋常最奇崛，成如容易却艱辛。"

按，"張司業"即唐代詩人張籍，字文昌，原籍蘇州，曾任國子監司業，故稱。其詩以樂府體成就最高，語言通俗淺近而又峭煉含蓄。"看似尋常最奇崛，成如容易却艱辛"，盡得詩人創作之甘苦，爲公之論詩名句。又張籍之詩影響晚唐頗深，而公於杜甫之外，尤好晚唐詩。翌年所編之《唐百家詩選》，於晚唐詩人青睞有加。其讀張籍詩集，或在此時，故附此。

是年，與曾鞏、王回、常秩等論揚雄

《曾鞏集》卷十六《答王深甫論揚雄書》："蒙疏示鞏，謂揚雄處王莽之際，合於箕子之明夷。常夷甫以謂紂爲繼世，箕子乃同姓之臣，事與雄不同。又謂《美新》之文，恐箕子不爲也。又謂雄非有求於莽，特於義命有所未盡。鞏思之，恐皆不然。方紂之亂，微子、箕子、比干三子者，蓋皆諫而不從，則相與謀，以爲去之可也，任其難可也，各以其所守，自獻於先王，不必同也。此見於《書》三子之志也。三子之志，或去，或任其難，乃人臣不易之大義，非同姓獨然者也。於是微子去之，比干諫而死，箕子諫而不從，至辱於因奴。夫任其難者，箕子之志也。其諫而不從至辱於因奴，蓋盡其志矣，不如比干之死，所謂各以其所守自獻于先王，不必同也。當其辱於因奴而就之，乃所謂明夷也。然而不去，非懷禄也;不死,非畏死也。辱於因奴而就之,非無恥也,在我者固彼之所不能易也,故曰內難而能正其志;又曰箕子之正,明不可息也。此箕子之事,見於《書》、《易》、《論語》,其説不同而其終始可考者如此也。

雄遭王莽之際,有所不得去,又不必死,辱於仕莽而就之,固所謂明夷也。然雄之言著於書,行著於史者,可得而考。不去,非懷祿也;不死,非畏死也。辱於仕莽而就之,非無恥也,在我者亦彼之所不能易也。故吾以謂與箕子合。吾之所謂與箕子合者如此,非謂合其事紂之初也。至於《美新》之文,則非可已而不已者也。若可已而不已,則鄉里自好者不爲也,況若雄者乎?且較其輕重,辱於仕莽爲重矣。雄不得已而已,則於其輕者其得已哉?箕子者,至辱於因奴而就之,則於《美新》安知其不爲,而爲之亦豈有累哉?不曰堅乎,磨而不磷;不曰白乎,涅而不緇。顧在我者如何耳!若此者,孔子所不能免,故於南子非所欲見也,於陽虎非所欲敬也。見所不見,敬所不敬,此《法言》所謂'詘身所以伸道者也'。然則非雄所以自見者歟!孟子有言曰:'天下有道,小德役大德,小賢役大賢;天下無道,小役大,弱役強。'二者皆天也,順天者存,逆天者亡。而孔子之見南子,亦曰:'予所否者,天厭之!天厭之!'則雄于義命,豈有不盡哉?

又云:介甫以謂雄之仕,合於孔子無不可之義。夷甫以謂無不可者,聖人微妙之處,神而不可知者也。雄德不逮聖人,強學力行,而于義命有所未盡,故于仕莽之際,不能無差。又謂以《美新》考之,則投閣之事不可謂之無也。夫孔子所謂無不可者,則孟子所謂聖之時也,而孟子歷叙伯夷以降，終曰：乃所願則學孔子。雄亦爲《太玄賦》稱夷齊之徒，而亦曰：我異于是，執《太玄》兮。蕩然肆志，不拘攣兮。以二子之志足以自知，而任己者如此，則無不可者，非二子之所不可學也。在我者不及二子，則宜有可有不可，以學孔子之無可無不可，然後爲善學孔子。此言有以瘳學者，然不得施於雄也。前世之傳者，以謂伊尹以割烹要湯，孔子主癰疽瘠環，孟子皆斷以爲非伊尹、孔子之事。蓋以理考之，知其不然也。觀雄之所自立，故介甫以謂世傳其投閣者妄，豈不猶孟子之意哉！

鞏自度學每有所進，則於雄書每有所得，介甫亦以爲然。則雄之言，不幾於測之而愈深，窮之而愈遠者乎？故於雄之事有所不通，必且求其意。況若雄處莽之際，考之於經而不謬，質之於聖人而無疑，固不待議論而後明者也。爲告夷甫，或以爲未盡，願更疏示。”

按，北宋嘉祐年間，“尊揚”思潮風起雲湧，公、曾鞏、王令、王回、常秩（字夷甫）等爲此思潮之主力。[1] 以上辯論，圍繞揚雄仕莽，探討士人之出處原則。另，公詩中亦多處論及揚雄，推崇備至。《詩注》卷四十八《揚子三首》其一：“儒者陵夷此道窮，千秋止有一揚雄。當時薦口終虛語，賦擬相如却未工。”其二：“九流沈溺道真渾，獨泝頹波討得源。歲晚強顏天祿閣，秖將奇字與人言。”其三：“千古雄文造聖真，眇然幽思入無倫。他年未免投天祿，虛爲新都著劇秦。”《詩注》卷十二《揚雄三首》其一：“孔孟如日月，委蛇在蒼旻。

---

[1]　關於唐宋“尊揚”思潮，可見拙文《論唐宋“尊揚”思潮與古文運動》，《文學遺產》2011年第5期；《宋代“尊揚”思潮的興起與衰歇》，未刊稿。

光明所照耀,萬物成冬春。揚子出其後,仰攀忘賤貧。衣冠
眇塵土,文字爛星辰。歲晚天禄閣,强顏爲劇秦。趨捨迹少
遍,行藏意終鄰。壤壤外逐物,紛紛輕用身。往者或可返,
吾將與斯人。"其二:"子雲遊天禄,華藻鋭初學。覃思晚有
得,晦顯無適莫。寥寥鄒魯後,於此歸先覺。豈嘗知符命,
何苦自投閣?長安諸愚儒,操行自爲薄。謗嘲出異己,傳載
固疏略。孟子勸伐燕,伊尹干説亳。扣馬觸兵鋒,食牛要禄
爵。小知羞不爲,況彼皆卓犖。史官蔽多聞,自古喜穿鑿。"
其三:"子雲平生人不知,知者乃獨稱其辭。今尊子雲者皆
是,得子雲心亦無幾。聖賢樹立自有師,人知不知無以爲。
俗人賤今常貴古,子雲今存誰汝數?"

李注:"言此事出於愚儒以己度雄,又有嫉雄而造謗者。
史官不察,因遂實之,而雄焉有是?""曾子固言:'前世之傳
者,以謂伊尹以割烹要商湯,孔子主癰疽瘠環,孟子皆斷以
爲非伊尹、孔子之事。蓋以理考之,知其不然也。觀雄之所
樹立,故介甫以謂世傳其投閣者妄也,豈不猶孟子之
意哉?'"

有書答吴孝宗論《先志》

《文集》卷七十四《答吴孝宗論〈先志〉書》:"又示以
《先志》,而怪某尚有欲爲吾弟道者,責以一言盡之。吾弟
所爲書博矣,所欲爲吾弟道者,非可以一言盡。然吾弟自
以爲才不及子貢,而所言皆子貢所欲聞於夫子而不得者
也,則某有欲爲吾弟道者,可勿怪也。積憂,久病廢學,疲
懶,書不能逮意。知已就試國學,隆暑,自愛。他俟試罷,

見過面盡。”

　　按，吳孝宗，詳本譜卷一。是年吳孝宗赴京就試國學，並謁歐陽修，歐陽修有詩送之。①

再答吳孝宗，論文辭不足以明聖人之道

　　《文集》卷七十四《答吳孝宗書》：“前書所示，大抵不出《先志》。若子經欲以文辭高世，則世之名能文辭者，已無過矣。若欲以明道，則離聖人之經，皆不足以有明也。自秦漢已來，儒者唯揚雄爲知言，然尚恨有所未盡。今學士大夫往往不足以知雄，則其於聖人之經，宜其有所未盡。子經誠欲以文辭高世，則無爲見問矣，誠欲以明道，則所欲爲子經道者，非可以一言而盡也。”

　　按，“子貢所欲聞於夫子而不得者”，謂性與天道也。《國朝二百家名賢文粹》卷一百九王雱《答吳子經書》：“使至，蒙賜書并示以《先志》……何其文之盛也。某愚且懶，自視缺然，若天下之最不肖者。而於性命之理，自少有所得，而未嘗輒與世俗人道。”此書明確否認唐宋古文運動之核心理念“文以明道”，以爲除儒家經典外，其他文章之學皆不足以闡明聖人之道。此與道學家“爲文害道”之説，僅一步之遙。古文運動發展之深層趨向，於此可見。

以楊安國致仕，致賀啓

　　《文集》卷八十《賀致政楊侍讀啓》：“伏審得謝中楹，戒

① 《歐陽修詩編年箋注》卷十四《送吳生南歸》，第1646頁。

歸下國。孔戣致仕,議臣雖願其留;疏廣乞身,觀者固榮其去……引年去位,循禮得中,唯其養恬,有以鎮薄。某望塵非數,見器則深。竊冒上官之大知,唯所不欲;推揚後進之美意,云何敢忘。備位於兹,仰高無止。"

按,楊侍讀,似爲楊安國,《宋史》卷二百九十四有傳。《長編》卷一百九十二嘉祐五年九月辛丑:"翰林侍讀學士、給事中楊安國卒,贈禮部侍郎。安國講説,一以注疏爲主,無他發明,引論鄙俚,世或傳以爲笑。尤不喜緯書,及注書所引緯書,則尊之與經等。在經筵二十七年,上稱其行義淳質,以比先朝崔遵度。"至和元年,楊安國曾乞致仕,仁宗未允,贈錢五十萬,時爲翰林侍講學士。① 嘉祐年間,楊安國於經筵講畢《周禮》,胡宿乞仁宗面賜轉官,宣付中書施行。② 其致仕或於轉官同時,旋卒,姑附於此。

據賀啓,楊安國於公有推揚之德,此頗堪留意。仁宗一朝,經筵制度確立成熟,於宋學之發展影響漸著。君主之治國理念、知識興趣,與士林之治學取向,藉此制度可相互激

① 《長編》卷一百七十七至和元年十月辛亥:"賜翰林侍講學士楊安國錢五十萬,仍聽大寒暑毋入謁。時安國自言衰憊不任侍經席,願乞骸骨以歸,故賜及之。"第4287頁。

② 胡宿《文恭集》卷七《乞楊安國改官》:"臣竊聞侍講學士楊安國近有奏劄理會磨勘轉官事。或聞安國改官已得四年有餘,中書爲安國曾因舉官罰銅,隔住一年,至明年三月方該轉官。安國授經老臣,年近八十,桑榆暮景,光陰幾何?況久侍講筵,與其餘侍講不同。緣此月十八日講畢《周禮》,宜因此時,欲乞陛下面賜安國改轉,宣中書施行,以爲老臣授經之榮,兼彰陛下重道之美,書于記注,實光聖德。"

蕩，以成風氣。① 至和、嘉祐年間，楊安國於經筵進講《周禮》，而公此期任職京師，或不無觸發。

① 宋代經筵制度與宋學發展之關係，可見吳國武《北宋經筵講經考論》，《國學學刊》2009 年第 3 期；姜鵬《北宋經筵與宋學的興起》，上海古籍出版社 2013 年版，第 129—168 頁。

嘉祐六年辛丑（1061），四十一歲

次韻宋敏求《憶太平州宅早梅》

《詩注》卷二十九《次韻次道憶太平州宅早梅》："大梁春費寶刀催，不似湖陰有早梅。今日盤中看剪綵，當時花下就傳杯。紛紛自向江城落，杳杳難隨驛使來。知憶舊游還想見，西南枝上月徘徊。"

李注："次道，宋敏求也，參知政事綬之子，嘗爲太平州，歐公諸人皆有送行詩。"

按，歐陽修《送宋次道學士赴太平州》，作於嘉祐三年春，詩曰："古堤老柳藏春煙，桃花水下清明前。江南太守見之笑，擊鼓插旗催解船。"[1]梅堯臣亦有詩送之。[2] 司馬光《溫國文正公文集》卷九《送次道知太平州》："專城方四十，自古以爲榮。"據《名臣碑傳琬琰集》中集卷十六范鎮《宋諫議墓誌》，宋敏求元豐二年卒，年六十一。其出知太平州恰在嘉祐三年，時公提點江東刑獄。太平州屬江南東路，二人當有過從。嘉祐三年末，宋敏求自太平州回京任三司度支判官，與梅堯臣唱和。[3] 宋敏求嘉祐三年春出知太平州，歲末還京，故《墓誌》曰："凡三臨州，率不滿歲召還。"蘇頌《蘇

---

① 《歐陽修詩編年箋注》卷十三，1442 頁。
② 《梅堯臣集編年校注》卷二十八《送次道學士知太平州因寄曾子固》，繫於嘉祐三年，第 998 頁。
③ 《梅堯臣集編年校注》卷二十八《和次道省中初直》，作於嘉祐三年末，第 1044 頁。

魏公文集》卷五十一《龍圖閣直學士修國史宋公神道碑》：
"稍遷集賢校理，歷通判西京、知太平州。入爲群牧判官、開封府推官、三司度支判官。墜馬傷足，出知亳州。"

詩中描繪早春之景，而嘉祐四年初公尚在臨川，嘉祐五年正月、二月奉送北使，故繫於本年。

與呂惠卿論經義多合，遂定交

《宋史》卷四百七十一《呂惠卿傳》："父璹習吏事，爲漳浦令……惠卿起進士，爲真州推官。秩滿入都，見王安石，論經義意多合，遂定交。"

按，嘉祐二年，呂惠卿進士及第，赴任真州軍事推官。時王安石初知常州，歐陽修有書薦之(見本譜嘉祐二年)。然則呂惠卿真州推官"秩滿入都"，當於嘉祐五年秋冬。嘉祐六年，呂仍居京師待選，歐陽修薦充館職，[①]王、呂遂得以討論經義定交。

三月，爲御試進士詳定官

劉昌詩《蘆浦筆記》卷五載趙抃《充御試官日記》："二月二十六日。宣赴崇政殿後水閣，同直孺内翰、貫之雜端充編排官。御前劄子三道下編排所。二十七日晴。上御崇政殿，試進士、明經、諸科舉人。《王者通天地人賦》。《天德清明詩》。《水幾於道論》出老子《道經》。聖駕幸後苑，往來迎

---

① 《歐陽修全集》卷一百一十三《舉劉攽呂惠卿充館職劄子》："前真州軍事推官呂惠卿，材識明敏，文藝優通，好古飭躬，可謂端雅之士。並宜置之館閣，以副聖朝養育賢材之選。"注："嘉祐六年。"第1715頁。

駕。御藥院公文二道，傳宣精加考校。內臣二人傳宣賜食并酒。編排三四五等第一百二十七等。二十八日晴。內臣傳宣賜文儒二字。聖駕卯刻幸考校所。編排經生。特奏《毛詩》十一人，特奏《尚書》九人，特奏明法四人。傳宣賜食，二酒一茶。二十九日陰，旬休。傳宣賜酒食七寶茶。初考經學官：王惟熙、祝諮、夏璋。覆考經學官：王彭、張兌、朱從道。詳定官：賈壽、吳中復。封彌官：傅求、王陶。出義官：王逢、傅卞、盧士宗。三月一日微寒，風。聖駕幸考校所，起居四拜。編排諸科卷子。宣賜酒食果子。二日晴。聖駕幸覆考所，起居。考到諸科卷子。三日晴，上巳日。聖駕幸覆考所，起居。賜上巳酒各二，果子一。四日微雨，春寒。聖駕幸覆考所，起居。賜酒食果子。五日陰，寒。駕幸覆考所，起居。宣賜酒食果子。第一謂學識優長，辭理精純，出衆特異，無與比倫。第二謂才學該通，文理周密，於群萃中堪爲高等。第三謂藝業可采，文理俱通須合得及第者。第四等謂藝業稍次，文理粗通，於此等中仍分優劣，優即爲第四等上。第五等須必然合落者謂文理疏淺，退落無疑。不考，謂犯不考式。紕繆，謂所試文字并皆荒惡。六日陰，寒。駕幸詳定所，起居。點檢官：孫坦、鄭穆。進士初考官：沈遘、司馬光、裴煜、陸經。進士覆考官：祖無擇、鄭獬、李綖、王瓘。點檢官：孫洙一作淵、王廣淵。詳定官：楊畋、何郯、王安石。對讀官：胡稷臣、蘇袞、傅堯俞、張次立、宋迪、周孟陽。特奏名進士三十八人。《作樂薦上帝詩》。《謹用五事以明天道論》。編排特奏名進士卷子。賜酒、果、寒食節食。七日晴。駕幸詳定所，起居。賜寒食節上酒各二壺，果子一合。又酒、果、冷食。編排進士卷子共一百號，特奏名一號。
八日晴。駕幸編排所，起居訖。進呈進士卷子二道。御藥
院錄白中書劄子進士以下等第云云。編排進士諸科等卷
子。賜食酒果。九日清明，雨。奏乞送焟字號卷重詳定。
封彌關詳定五號，奏取旨。御藥院關奉。聖旨看詳定奪鞨、
䄄、䑰、䐑、虰五號等第。賜酒食果子。”

三月，於崇政殿詳定進士試卷。以初、覆考所定第一人皆未允，遂與楊畋各以己意進稟狀首

　　沈括《夢溪筆談》卷一：“嘉祐中，進士奏名訖，未御試，
京師妄傳王俊民爲狀元，不知言之所起，人亦莫知俊民爲何
人。及御試，王荆公時爲知制誥，與天章閣待制楊樂道二人
爲詳定官。舊制：御試舉人，設初考官，先定等第，復彌之，
以送覆考官。再定等第，乃付詳定官，發初考官所定等，以
對覆考之等，如同即已；不同，則詳其程文，當從初考，或從
覆考爲定，即不得別立等。是時，王荆公以初覆考所定第一
人皆未允當，於行間別取一人爲狀首，楊樂道守法以爲不
可。議論未決，太常少卿朱從道時爲封彌官，聞之，謂同舍
曰：’二公何用力爭？從道十日前已聞王俊民爲狀元，事必
前定，二公恨自苦耳。’既而二人各以己意進稟，而詔從荆公
之請。及發封，乃王俊民也。詳定官得別立等自此始，遂爲
定制。”

　　《宋會要輯稿》選舉八：“（高宗紹興五年）八月九日，翰
林學士、知制誥孫近言：‘祖宗廷試進士，差官初考、覆考、詳
定，蓋欲參用衆見，以求實材。初考既定等第，乃加封印，以

送覆考,復定等第。而詳定所或初考,或從覆考,不許別自立等。至嘉祐間,因王安石充詳定官,始乞不用初、覆考兩處等第,別自立等,至今循襲爲法。如此則高下升黜,盡出於詳定官,而初考、覆考殆爲虛設。欲望復用祖宗舊制,如初、覆考皆未當,即具失當因依奏稟,方許別立等第。'從之。"

詳定期間,與楊畋、何郯詩歌唱酬甚歡

《詩注》卷二十九《和楊樂道韻六首》之《後殿朝次偶題》、《御溝》、《幕次憶漢上舊居》、《後苑詳定書懷》、《上巳聞苑中樂聲》、《用樂道舍人韻書十日事呈樂道舍人聖從待制》、《詳定幕次呈聖從樂道》、《崇政殿詳定幕次偶題》、《奉酬楊樂道》、《奉酬聖從待制》,《詩注》卷四十五《崇政殿後春晴即事》,《詩注》卷三十四《春寒》。

李注:"何郯字聖從。""嘉祐六年,御試進士、明經諸科舉人……詳定:楊畋、何郯、王安石……介甫以初、覆考所定第一人皆未允當,欲於行間別取一人爲狀首。樂道守舊法,以爲不可……今公所次樂道韻六首,皆紀當時事。""再第其高下,故言覆,謂詳定也。"

按,楊畋字樂道,《宋史》卷三百有傳:"嘉祐中,進龍圖閣直學士,復知諫院。"何郯字聖從,《宋史》卷三百二十二有傳:"本陵州人,徙成都。第進士,由太常博士爲監察御史,轉殿中侍御史,言事無所避。"公與楊、何同詳定試卷,所酬詩篇之用揚雄、何遜典,亦關合二人之姓:"殿閣掄材覆等差,從臣今日擅文華。揚雄識字無人敵,何遜能詩有世家。

舊德醉心如美酒，新篇清目勝真茶。一觴一詠相從樂，傳説
猶堪異日誇。"

作《詳定試卷二首》，抨擊詩賦取士

《詩注》卷二十九《詳定試卷二首》："簾垂咫尺斷經過，
把卷空聞笑語多。論衆勢難專可否，法嚴人更謹誰何。文
章直使看無類，勳業安能保不磨？疑有高鴻在寥廓，未應回
首顧張羅。"

其二："童子常誇作賦工，暮年羞悔有揚雄。當時賜帛
倡優等，今日論才將相中。細甚客卿因筆墨，卑於爾雅注魚
蟲。漢家故事真當改，新詠知君勝弱翁。"

李注："詩言奇傑之士不必盡由科舉進，宜廣求才之
路也。"

按，詩謂"漢家故事真當改"，則熙寧科舉改革，乃荆公
素願。

三月十日，弟安禮和甫進士及第，授莘縣主簿

《長編》卷一百九十三嘉祐六年三月癸巳："賜進士王俊
民等一百三十九人及第，五十四人同出身，諸科一百二人及
第并同出身，特奏名進士、諸科四十三人同出身及諸州文
學、長史。"

《詩注》卷三十七《聞和甫補池掾》，李注："和甫嘉祐六
年登第，爲莘縣簿。魏國喪除，調池州司户參軍。"

弟平甫落第

王銍《默記》卷中："王景彝以御史中丞知貢舉,而王平甫被黜。平甫對客云:'就試前,夢御街上騎驢而墜地,今果爲驢子所落。'景彝聞而大銜之。其後,平甫試大科,景彝彈其士檢不修,罷之。"

按,王疇字景彝,《宋史》卷二百九十一有傳:"以父蔭補將作監主簿。中進士第,累遷太常博士……歷三司度支判官、修起居注、知制誥、權判吏部流內銓,以右諫議大夫權御史中丞。"《宋會要輯稿》選舉一:"(嘉祐)六年正月八日,以翰林學士王珪權知貢舉,翰林學士范鎮、御史中丞王疇並權同知貢舉。合格奏名進士江衍已下二百人。"

三月二十五日,預賞花釣魚宴,賦《和御製賞花釣魚詩》

《長編》卷一百九十三嘉祐六年三月戊申:"幸後苑賞花釣魚,遂宴太清樓。出御製詩一章,命從臣屬和以進。"

司馬光《溫公續詩話》:"先朝春月,多召兩府、兩制、三館于後苑賞花、釣魚、賦詩。自趙元昊背誕,西陲用兵,廢缺甚久。嘉祐末,仁宗始復修故事,群臣和御製詩。"

《詩注》卷二十八《和御製賞花釣魚詩二首》其一:"蔭幄晴雲拂曉開,傳呼仙仗九天來。披香殿上留朱輦,太液池邊送玉杯。宿藻暖含風浩蕩,戲鱗清映日徘徊。宸章獨與春爭麗,恩許賡歌豈易陪。"

李注引《國史》:"賜宴在嘉祐六年三月。御製詩云:'晴旭暉暉苑籥開，氤氳花氣好風來。游絲冒絮縈行仗，墮蘂飄香入酒杯。魚躍文波時撥刺，鸎留深樹久徘徊。青春朝野方無事，故許觀游近侍陪。'按：《韓忠獻公集》有《和御製詩》，序引云：'奉聖旨次韻。'故介甫詩云'恩許賡歌'，蓋紀實也。"

賞花釣魚會始自太宗雍熙元年，[①]此次賞花釣魚宴，爲仁宗景祐以來二十六年之首次，洵爲盛會。韓琦、歐陽修、司馬光等皆有和作。《歐陽修全集》卷一百四十五《與吳正肅公長文嘉祐六年》："前日賞花釣魚，獲侍清宴。自景祐三年逮今二十六年，獲見盛事，獨恨長文不在爾。"《歐陽修全集》卷一百四十六《與王懿恪公君貺嘉祐六年》："前日太清賞花，省自入館，惟景祐之會以選人獨不與，殆今二十五年，始遇茲盛事。"

李注引《西清詩話》："仁廟嘉祐中，開賞花釣魚燕，介甫以知制誥預末坐。帝出詩，群臣次第屬和，傳至介甫，日將夕矣，亟欲奏御，得披香殿字，未有對。時鄭毅夫獬接席，顧介甫曰：'宜對太液池。'翌日，都下盛傳王舍人竊柳詞'太液波翻，披香簾捲'，介甫頗銜之。"至於李注引《西清詩話》，謂公詩有竊柳詞，亦未必然。蔡正孫《詩林廣記》後集卷二引《復齋漫録》云："余讀唐上官儀《初春》詩云：'步輦出披香，清歌臨太液。'乃知荊公取儀詩，豈謂柳詞耶？"

《邵氏聞見録》卷二："仁宗皇帝朝，王安石爲知制誥。

---

① 《長編》卷二十五太宗雍熙元年三月己丑："召宰相近臣賞花於後苑，上曰：'春風暄和，萬物暢茂，四方無事，朕以天下之樂爲樂，宜令侍從詞臣各賦詩。'賞花賦詩自此始。"李燾："明年四月賞花、釣魚，又賦詩，此但賞花。《會要》以爲曲宴自明年始，今兩存之。"第 575 頁。

一日,賞花釣魚宴,内侍各以金楪盛釣餌藥置几上,安石食之盡。明日,帝謂宰輔曰:'王安石詐人也。使誤食釣餌,一粒則止矣;食之盡,不情也。'帝不樂之。"

按,《宋史》卷一百十三《禮十六》:"暮春後苑賞花、釣魚,則三館、秘閣皆預。"《長編》卷一百三仁宗天聖三年三月己卯:"幸後苑,賞花釣魚,遂燕太清樓,輔臣、宗室、兩制、雜學士、待制、三司使副、知雜御史、三司判官、開封府推官、館閣官、節度使至刺史皆預焉。"本年賞花釣魚宴,公猶爲三司判官、直集賢院,未爲知制誥,以上所載不確。而邵氏所載尤爲誣衊,《蔡譜》辨之甚詳,不贅。①

另,《詩注》卷二十五又有《擬和御製賞花釣魚》,或爲擬和仁宗景祐三年賞花釣魚詩,詩曰:"雲暖蓬萊日,風酣太液春。水光承步輦,花氣入鈎陳。伏檻留清蹕,傳觴屬從臣。霏香連釣餌,落蘂亂游鱗。鎬飲恩知厚,衢樽賜願均。更看追夏諺,先此詠逢辰。"其時,宋祁、夏竦、范仲淹等均賦詩唱和,如范仲淹《范文正公文集》卷四《應制賞花釣魚》、宋祁《景文集》卷八《後苑賞花釣魚應制佚存本卷二八題前有奉和御製四字》、夏竦《文莊集》卷三十三《賞花釣魚應制》等。

有詩次韻楊畋送花

《詩注》卷三十一《次韻樂道送花》。

---

① 顧宏義亦辨邵氏之誤,見《〈邵氏聞見録〉有關王安石若干史料辨誤》,《河北大學學報》1998年第3期。關於北宋賞花釣魚會之興衰,可見諸葛憶兵《北宋宮廷"賞花釣魚之會"與賦詩活動》,《文學遺產》2006年第1期。

詩曰："曾和郢中歌白雪，亦陪天上飲流霞。春風已得同心賞，更擬携詩載酒誇。"當作於本年春詳定試卷後。

以曾宰之官舒州貽詩，次其韻

《詩注》卷二十九《次韻曾子翊赴舒州官見貽》："皖城終歲静如山，官府應從到日閑。一水碧羅裁繚繞，萬峰蒼玉刻孱顔。舊游筆墨苔今老，浪走塵沙鬢已斑。攬轡羨君橋北路，春風枝上鳥關關。"

李注："子翊，名宰。予居撫州，訪遺文於其孫極，止得其寄公詩，云：'官居隱几望灊山，不似茅簷舊日閑。顧我塵沙添白髮，憐君道路失朱顔。江涵秋潦鱸魚美，岸入春風荻笋班。此味縱佳吾不樂，惟思一馬返鄉關。'"

按，《繫年初稿》繫於本年，是。曾宰字子翊，曾鞏弟。曾鞏《曾鞏集》卷四十六《亡弟湘潭縣主簿子翊墓誌銘》："子翊嘉祐六年進士及第，歷舒州司户參軍。"詩曰"攬轡羨君橋北路，春風枝上鳥關關"，當作於是年春曾宰赴任初。

有詩寄吳充

《詩注》卷三十三《寄吳沖卿》其二："塞垣花氣欲飛浮，眼底紛紛緑漸抽。悠遠山川嗟我老，急難兄弟想君愁。舊知白日諸曹滿，試問紅燈幾客留。時節只應無意思，亦如行路判春休。"

《繫年》："詩云：'塞垣花氣欲飛浮，眼底紛紛緑漸抽。悠遠山川嗟我老，急難兄弟想君愁。'當爲使北歸來時作。”誤。

公自注:“時兄晉州方得罪。”李注:“《詩》:‘脊令在原,兄弟急難。’案:沖卿,育之弟。又,育二弟京、方與育同時登科,皆以文名。此云‘兄晉州得罪’,不知指誰。此詩與前首不相連,必别爲寄者。”

按,《繫年初稿》繫於嘉祐五年,不確。“兄晉州”爲吴京,曾知晉州,嘉祐五年因贓追官編管壽州。《長編》卷一百九十二嘉祐五年七月丁酉:“知晉州、都官員外郎吴京追三官,壽州編管;前提點河東刑獄、祠部郎中龐汝弼特勒停;同提點刑獄、西京左藏庫副使寇利一,前同提點刑獄、禮賓副使段隱各衝替。先是,京犯自盜贓,而汝弼嘗多取寄厨生餼;又,利一數與京聚會,亦嘗受公用銀紗羅,故並坐之。京,育弟也。”詩曰“急難兄弟想君愁”、“亦如行路判春休”,當作於吴京事發之次年春,時吴充知陝州,詩當作於本年春末。

由祠部員外郎轉刑部員外郎

沈遘《西溪文集》卷六《三司度支判官祠部員外郎直集賢院同修起居注王安石可刑部員外郎餘如故》:“敕某:左右史以記言動,以立書法,以觀後嗣,其任莫重焉。故朕選于衆,以爾安石爲之。惟爾安石,經明行修,秉君子之節,材劇志大,通聖人之方,信其可以任重而致遠,簡在乎朕心者矣。今遷爾郎位一等,蓋有司之常法,亦非朕所以畜爾之意也。爾其往服,待我之用。可。”

鄞縣父老思之，願立生祠圖像，知州錢公輔遂立於明州

《（乾道）四明圖經》卷二：“皇朝故丞相荆國王文公安石祠堂二所，一在縣之經綸閣，一在縣東育王山廣利寺。按寺中《祠堂記》云：‘介甫之爲鄞也，勸農務業，區別善惡，習俗丕變。鄉民父老思之，願立生祠圖像，以順鄞人之心焉。’蓋嘉祐六年郡守錢公輔立，從事胡宗愈之文也。”

《（寶慶）四明志》卷九徐度《重建經綸閣記》：“故相國荆文王公，慶曆中嘗以廷尉評事來爲鄞令。于時年甚少，氣甚銳，而學甚富，其志意之所存遠矣，蕞爾一邑，固區區者，宜若無足以爲。而公初無不屑之心，日夜惟以爲民興利除害爲事，距今蓋一百九年矣，而其所興造之蹟，尚班班可考。遺民子孫，常相與傳誦其事，指其蹟而懷思之，是非真知學夫聖人之爲，安能及此？宜邑人思之愈久而愈不忘也。初，公既没，當元祐中，爲令者嘗因邑人之思，即治所公昔燕休之地作爲重屋，肖公之像而祠之，名曰經綸閣。中遭兵火，久廢弗復。紹興二十有四年，公之弟校理府君諱安國之曾孫、右通直郎燁來蒞兹邑，自以獲踵其先世故治爲榮，規規焉推前人之心，以施於治，不敢少自怠弛……紹興二十五年二月旦日。”

《（寶慶）四明志》卷十二：“經綸閣，舊在聽事之西偏。元祐中，宰邑者以前宰王安石登相位而建，立祠於閣之下。建炎四年燬於兵，紹興二十五年令王燁重建，左朝散郎、主管台州崇道觀維揚徐度記。乾道四年，令楊布移王荆公祠

於閣之上，後與閣俱廢。淳熙四年，令姚祐徙建於宅堂之北。紹熙五年，令吳泰初重建。嘉定十七年，令張公弼又重建，荆公祠移於閣北之西偏，閣之舊扁不存。寶慶二年，令薛師武立。"

按，《（寶慶）四明志》謂元祐中鄞令建，或爲重建，初立者爲本年知明州錢公輔。

六月，召試知制誥，撰《節度使加宣徽使制》、《翰林學士除三司使制》、《誡勵諸道轉運使經畫財利寬恤民力制》

《文集》卷四十九"外制"，自注："召試三道。"[1]

《沈注》："此下三篇，皆召試知制誥時作。《歸田録》：'有國以來百年，不試而命者纔三人：陳堯佐、楊億，及修忝預其一耳。'……《選舉志》：'景德後，惟將命爲知制誥者，乃試制誥三道，每道百五十字。'《石林燕語》：'職掌官差除，皆除目先下。惟中書舍人，宰相得旨，朝退，遣直省官召詣都堂，面傳旨召試。被命者致辭，丞相謝之。直省官徑引入中書省。前期，侍郎廳設幕次几案于中，就坐少頃，本省吏房主首持丞相封題目來，即就試。中書具食罷，侍郎致茶果。是日，宰相住省，俟納試卷，始上馬。翌日進呈，除命方下，蓋召試之制也。有思遲不即就者，往往過期，或爲留内門，然已不稱職矣。嘉祐間，有試而不除者，改天章閣待制者。又近例，凡自起居舍人除中書舍人者，皆不試。蓋起居

---

[1] 或以爲公不試而授，非也。如陳元鋒："王安石亦屬不試而徑遷知制誥。"《北宋館閣翰苑與詩壇研究》第九章，中華書局 2005 年版，第 138 頁。

舍人遇中書舍人闕，或在告，則多權行詞，而已試之矣，故不再試，遂爲故事。'又《避暑録話》：'本朝既重學士之選，率自知制誥遷，故不試，而知制誥始亦循唐制不試。雍熙初，太宗以李文正公沆及宋湜、王化基爲之，化基上章辭不能，乃始中書並召試制誥二首，遂爲故事。其後梁周翰、薛映、梁鼎，亦或不試而用。歐陽文忠公記唯公與楊文公、陳文惠三人者，誤也。"

《石林燕語》卷六："國初知制誥，必召試而後除，唐故事也。歐陽文忠記不試而除者惟三人：陳文惠、楊文公與文忠，此乃異禮。自是繼之者，惟元祐間蘇子瞻一人而已。"

《宋會要輯稿》職官三："故事，入西閣皆中書召試制誥三篇，二篇各二百字，一篇百字。"

六月二十七日，以知制誥糾察在京刑獄

《長編》卷一百九十三嘉祐六年六月戊寅："度支判官、刑部員外郎、直集賢院、同修起居注王安石知制誥。初，安石辭起居注，既得請，又申命之，安石復辭至七八乃受。於是徑遷知制誥，安石遂不復辭官矣。"

《宋史》卷三百二十七《王安石傳》："遂知制誥，糾察在京刑獄。"

《詩注》卷二十七《送陳和叔》，公自序云："嘉祐末，和叔以集賢校理判登聞鼓院……某以直集賢院爲三司度支判官，以知制誥糾察在京刑獄，同管勾三班院……如此三歲，而和叔遭太夫人憂。未幾，某亦喪親以去。"

按，糾察在京刑獄置於真宗大中祥符二年七月，"七月

四日,詔曰……先是,真宗謂宰臣曰:'如聞京師刑獄多失平允,去年六月,開封府勘進士廖符,械繫庭中,暴裂其背,而鞫之無狀。炎暑之時,罪未見情,橫罹虐罰,良可嗟惻。'故命特置官局以糾按之。"①《宋史》卷二百一《刑法三》:"凡内外所上刑獄,刑部、審刑院、大理寺參主之,又有糾察在京刑獄司,以相審覆。官制既行,罷審刑、糾察,歸其職於刑部。"

舉呂公著自代

《文集》卷四十《舉呂公著自代狀》:"具某官呂公著,沖深而能謀,寬博而有制。其器可以大受,而退然似不能言,故衆人知之有所不盡。如蒙選用,得試其才,必有績效,不孤聖世。臣實不如,今舉自代。"

按,舉官自代,《宋史》卷一百六十《選舉六》:"咸平間,秘書丞陳彭年請用唐故事舉官自代。詔秘書直學士馮拯、陳堯叟參詳之。拯等上言:'往制,常參官及節度、觀察、防禦、刺史、少尹、畿赤令并七品以上清望官,授訖三日内,於四方館上表讓一人以自代。其表付中書門下,每官闕,以見舉多者量而授之。今官品制度沿革不同,請令兩省、御史臺、尚書省六品以上,諸司四品以上,授訖,具表讓一人自代,於閤門投下,方得入謝。在外者,授訖三月内,具表附驛以聞。'遂著爲令。"朱弁《曲洧舊聞》卷四:"唐制,常參官自建中以後,視事之三日,令舉一人以自代,所以廣得人之路

也。本朝沿襲，惟兩制以上乃得舉自代，而常參官不預也。祖宗以來，從官多舉已仕官而名級尚微者。韓子華在翰苑日，乃以布衣常秩充選，而莫有繼之者。”翌年，吕公著召試知制誥，辭不就。①

七月，上知制誥謝表

《文集》卷五十六《謝知制誥表》：“臣某言：今月初二日，伏蒙聖恩賜臣誥敕除臣知制誥者……蓋君之視臣，不使同犬馬之賤；則下之報上，亦欲致岡陵之崇。況臣少習藝文，粗知名教，遭逢一旦，度越衆人。唯當盡節於明時，豈敢尚懷於私計。”

有啓謝執政及同列

《文集》卷八十《謝知制誥啓》：“據非其稱，慚甚於榮。竊以通朝會之籍於禁中，出誥命之書於天下，自昔必求乎良士，方今尤謂之美官。非夫能道先王之言，又通當世之務，文章足以潤色，知術足以討論，一有誤居，必乖衆論……此蓋伏遇某官以忠純翼戴，以寬大甄收。謂其引分而無求，倘或負能而有待。因加獎借，使得超踰。蓋大公之賜所加，惟至誠之報爲稱。敢不内盡致身之德，庶以上同許國之心。”②

---

① 《長編》卷一百九十六嘉祐七年三月庚申：“刑部郎中、天章閣侍講、崇文院檢討吕公著爲天章閣待制兼侍講。公著初召試中書，將除知制誥，三辭不就，故有是命。”第4744頁。
② 《聖宋名賢五百家播芳大全文粹》卷二十八作《除知制誥謝執政啓》。

魏齊賢、葉棻《聖宋名賢五百家播芳大全文粹》卷二十八《除辭披謝同列啓》："叨膺宸命,進直披垣。竊以右文之朝,尤重代言之職。辭章誇兩漢之盛,册書近三代之隆。必得時才,方稱邦選;豈兹庸瑣,獲預兼收?此蓋伏遇某官賢以下人,虚而待物,素篤相先之意,彌推樂與之誠。裁謝未遑,流音首及。深味眷存之厚,詎殫愧諷之忱。"①

按,葉夢得《石林燕語》卷三:"館職初除,故事,皆行啓遍謝内外從官以上。從官惟中書舍人初除,亦行啓遍謝内外。蓋惟此兩職,試而後除,與直拜命者異,故其禮亦殊。近年,中書舍人行啓,但及見任執政而不及外,館職雖在内,從官亦有不及者矣。"

母吴氏可封郡太君,不言,故不及封

《曾鞏集》卷四十五《仁壽縣太君吴氏墓誌銘》:"其子爲知制誥,故事,其母得封郡太君。夫人不許言,故卒不及封。此夫人之德見於行事之迹,而余以通家故熟於耳目者也。"

上疏論時政,以爲非大明法度、衆建賢才,不足以維持天下

《文集》卷三十九《上時政疏》:"蓋夫天下至大器也,非大明法度不足以維持,非衆建賢才不足以保守。苟無至誠惻怛憂天下之心,則不能詢考賢才,講求法度。賢才不用,

---

① 此據四庫本。宋鈔本題作《除中書舍人謝同列啓》,疑非,"中書舍人"或爲編者擅改。《宋集珍本叢刊》第95册,第404頁。

法度不修，偷假歲月，則幸或可以無他，曠日持久，則未嘗不終於大亂……夫因循苟且，逸豫而無爲，可以徼倖一時，而不可以曠日持久。”

按，疏曰“臣既蒙陛下採擢，使備從官”，當作於除知制誥初。①

訪蔡襄，襄贊真率

《墨客揮犀》卷四：“王荆公爲小學士時，嘗訪君謨，君謨聞公至，喜甚，自取絕品茶，親滌器烹點以待公，冀公稱賞。公於夾袋中，取消風散一撮，投茶甌中併食之。君謨失色。公徐曰：‘大好茶味。’君謨大笑，且歎公之真率也。”

按，本年四月二十八日，蔡襄授翰林學士、權三司使。《蔡襄集》卷二十四《辭權三司使表》：“四月二十八日，蒙恩授臣翰林學士、權三司使者。”“小學士”，即知制誥，公本月以三司度支判官知制誥，蔡襄適權三司使，故謁之。

又，公簡率樸素，不事修飾，不奢奉養，士林共知。吕希哲《吕氏雜記》卷下：“入内都知張留後茂則，凡上樽酒、大官膳、團茶，皆不食；食之而美，不終食，命徹去。或曰：‘子不法王介甫乎？介甫之於飲食精粗，交進而無所擇。’曰：‘安敢望介甫？介甫無心於飲食者也，故若是。如予者，朝食珍則暮不能糲食，是於飲食未能無心也。將以予之不可，學介甫之可。’”

朱弁《曲洧舊聞》卷十：“王荆公性簡率，不事修飾奉養，

---

① 賈三强《王安石文繫年考》：“此文之作，必於嘉祐六年六月戊寅之後，不晚於八年二月癸未仁宗不豫。”

衣服垢污，飲食粗惡，一無所擇，自少時則然……然少喜與呂惠穆、韓獻蕭兄弟游。爲館職時，玉汝常率與同浴於僧寺，潛備新衣一襲，易其敝衣，俟其浴出，俾其從者舉以衣之，而不以告。荆公服之如固有，初不以爲異也。及爲執政，或言其喜食獐脯者，其夫人聞而疑之，曰：‘公平日未嘗有擇於飲食，何忽獨嗜此？’因令問左右執事者，曰：‘何以知公之嗜獐脯耶？’曰：‘每食不顧他物，而獐脯獨盡，是以知之。’復問：‘食時置獐脯何所？’曰：‘在近匕箸處。’夫人曰：‘明日姑易他物近匕箸。’既而果食他物盡，而獐脯固在。而後人知其特以其近故食之，而初非有所嗜也。人見其太甚，或者多疑其僞云。”

趙善璙《自警編》甲引《胡氏傳録》：“王介甫在政事堂，只喫魚羹飯。因薦兩人不行，下殿便乞去，云：‘世間何處無魚羹飯！’爲他緣累輕，便去住自在。”

曾敏行《獨醒雜志》卷二：“王荆公在相位，子婦之親蕭氏子至京師，因謁公，公約之飯。翌日，蕭氏子盛服而往，意謂公必盛饌。日過午，覺飢甚而不敢去。又久之，方命坐，果蔬皆不具，其人已心怪之。酒三行，初供胡餅兩枚，次供豬臠數四，頃即供飯，傍置菜羹而已。蕭氏子頗驕縱，不復下箸，惟啖胡餅中間少許，留其四傍。公顧取自食之，其人愧甚而退。人言公在相位，自奉類不過如此。”

葉夢得《石林燕語》卷十：“王荆公性不善緣飾，經歲不洗沐，衣服雖弊，亦不浣濯……出浴見新衣，輒服之，亦不問所從來也。”

《朱子語類》卷一百三十：“然荆公氣習，自是一箇要遺形骸、離世俗底模樣，喫物不知飢飽……近世吕伯恭亦然，面垢身汙，似所不恤，飲食亦不知多寡。要之，即此便是放心。《辨姦》以此等爲姦，恐不然也。”

以上雖爲佚聞趣事，亦可窺公自奉之簡約，即所謂“視名利如脱屣，甘澹薄如頭陀”。①

七月七日，録昭憲皇太后等家子孫進秩授官者十有九人，撰制詞

《長編》卷一百九十四嘉祐六年七月戊子：“録昭憲皇太后、孝明孝惠孝章淑德皇后家子孫，進秩授官者十有九人。先是，集賢校理、同修起居注江休復言，朝廷初行祫享之禮，而昭憲太后躬育祖宗，其後裔多流落民間，宜思所以推恩者。於是并四后家子孫皆録之。尋復賜昭憲太后家信陵坊第一區。”

制詞見《文集》卷五十一。

因草責降蕭注制詞，上劄子争舍人院職分，忤執政

《宋史》卷三百二十《王安石傳》：“時有詔舍人院無得申請除改文字，安石争之曰：‘審如是，則舍人不得復行其職，而一聽大臣所爲。自非大臣欲傾側而爲私，則立法不當如此。今大臣之弱者不敢爲陛下守法，而彊者則挾上旨以造令，諫官、御史無敢逆其意者，臣實懼焉。’語皆侵執政，由是益與之忤。”

---

① 釋惠洪《禪林僧寶傳》卷二十七，四庫本。

《長編》卷一百九十三嘉祐六年四月庚申:"提點廣南西路刑獄、屯田員外郎李師中權本路轉運使。初,師中劾知邕州蕭注:'治邕八年,有峒兵十餘萬,不能撫而用之。乃入溪峒貿易,掊斂以失衆心,卒致將卒覆敗。經略使蕭固措置乖謬,與轉運使宋咸黨附。'注既責荆南,師中復言:'注黷貨阻威,誘略儂智高所閹民羅寨五輩爲奴,又擅發溪峒丁壯采黄金,無簿籍可鈎考,爲國生事,案法當斬。今就橫行降一官,自都監作鈐轄,不知此何名也?'詔遣中使李若愚鞫實,注竟坐此責爲泰州團練副使安置,固及咸皆追官勒停。"

李燾注:"按《李師中傳》注泰州安置,固、咸皆追官勒停。《注傳》亦云爲泰州團練副使安置,與《師中傳》合。《實録》乃於七月十七日書:蕭固追三官,責授檢校水部員外郎、泰州團練副使;宋咸追一官勒停。《會要》並同《實録》,獨不見蕭注有何罪罰,疑《實録》、《會要》所載'蕭固追三官'下必有脱字。所載授檢校水部員外郎、泰州團練使,則蕭注事也。《王安石集》有責蕭注制辭,所載官位實與師中傳及注傳同。今從師中傳及注傳,先附見注罪罰并固、咸追停於師中權漕之後。其固、咸所坐,仍就七月十七日書之,更俟考詳。"

李燾所疑甚是,蕭注當於是年七月十日與蕭固、宋咸同責降,制詞係公所草。《文集》卷五十五《蕭注責授團練副使制》:"敕某:爾以州縣尺寸之功,未閱數期,而官顯禄厚,遂事一州之寄。當思勉力,以稱所待遇。乃公爲姦汙,不忌邊禁。以至擅發丁壯,采金蠻夷,侵騷邊人,廢業失職。無鈎考之檢,有盜攘之嫌。朕惟遠方羈縻之義,不欲重爲煩擾,故寧失爾罪惡，而不卒究窮。副于團練之軍，實諸安閑之地，其思自訟，以服寬宥之恩焉。可。”

《王文公文集》卷三十一《論舍人院條制劄子》：“準月日中書劄子，奉聖旨指揮，今後舍人院不得申請除改文字者。竊以爲舍人者，陛下近臣，以典掌誥命，爲職司所當參審。若詞頭所批，事情不盡，而不得申請，則是舍人不復行其職事，而事無可否，聽執政所爲。自非執政大臣欲傾側而爲私，則立法不當如此……臣等竊觀陛下自近歲已來，舉天下之事，屬之七八大臣。天下之初亦翕然幸其所能爲，救一切之弊，然方今大臣之弱者，則不敢爲陛下守法，以忤諫官御史，而專爲持禄保位之謀。大臣之彊者，則挾聖旨、造法令，恣改所欲，不擇義之是非，而諫官、御史亦無敢忤其意者。陛下方且深拱淵默，兩聽其所爲而無所問，安有朝廷如此，而能曠日持久而無亂者乎？自古亂之所生，不必君臣爲大惡，但無至誠惻怛求治之心，擇利害不審，辦是非不早，以小失爲無傷而不改，以小善而爲無補而不爲，以阿諛順己爲悅而其説用，以直諒逆己爲諱而其言廢，積事之不當，而失人心者衆矣，乃所以爲亂也。”

《長編》卷一百九十三嘉祐六年六月戊寅，李燾注：“魏泰《東軒雜記》云：王安石素與韓琦議論不合。嘉祐末，琦爲相，安石知制誥，因論蕭注降官詞頭，遂上疏争舍人院職分，其言頗侵執政。泰所稱疏必指此也。此載於安石集，而注責官已附四月庚申，因安石知制誥，并附此疏。”

蕭注，《宋史》卷三百三十四有傳：“字嚴夫，臨江新喻人。磊落有大志，尤喜言兵。常言：‘四方有事，吾將兵數萬,鼓行其間,戰必勝,攻必取,豈不快哉!'舉進士,攝廣州番禺令……諫官論注不法致寇,罷爲荆南鈐轄。提點刑獄李師中又劾其沮威嗜利,略智高閭民爲奴,發洞丁采黄金無帳籍可考。中使按驗頗有實,貶泰州團練副使。"

有詩寄題明州衆樂亭

《詩注》卷十六《明州錢君倚衆樂亭》。

李注:"君倚,名公輔。仁宗時,自三司户部判官出知明州,有善政。自明召入,爲修注。公嘗舉以自代。"

按,《繫年初稿》繫於本年,可從。《宋史》卷三百二十一《錢公輔傳》:"錢公輔字君倚,常州武進人。少從胡翼之學,有名吴中。第進士甲科,通判越州,爲集賢校理、同判吏部南曹。歷開封府推官、户部判官、知明州……同修起居注,進知制誥。"據《長編》卷一百九十一嘉祐五年二月乙亥:"户部判官、太常博士、集賢校理錢公輔知明州。"本年七月,錢公輔召入同修起居注,衆樂亭建於本年春明州任上。邵亢《衆樂亭記》:"嘉祐六年七月壬寅,詔以四明太守錢君入直左右。使至之日,抵書其友丹陽邵亢曰:'我雖治明之日淺,然於明人爲無恨矣。歲和穀穰,愁歎息而驩豫行,我樂與衆人之樂而申之,爲之亭於城西南偏之湖中,而以衆樂名焉。吾友爲我紀之。'既辭,不獲命矣。"[1]錢公輔返京後抵書邵亢請記,且約王安石、司馬光、吴充、吴中復、鄭獬等多人賦詩寄題。鄭獬《鄖溪集》卷二十五《寄題明州太守錢君

---

[1] 《(乾道)四明圖經》卷九,第4941頁。

倚眾樂亭》："使君何所樂，樂在南湖濱……使君今作螭頭
臣，遊人依舊歲時新。空餘華榜照湖水，更作佳篇誇北人。"
《潛研堂金石文跋尾續》卷五："右眾樂亭詩石刻，在寧波府
賀秘監祠下……詩爲錢公輔首唱，而王安石、司馬光、鄭獬、
邵必、吳中復、吳充、馮浩和之。最下有益柔二字可辨，當是
王益柔也。君倚作詩在知明州日，其後被召同知起居注，乃
邀諸公同作。"

　　《詩注》卷十八又有《眾樂亭》詩，爲孫覺而作，見本譜
嘉祐三年。

八月十七日，與吳奎、楊畋等就秘閣考試制科

　　《宋會要輯稿》選舉一一："(嘉祐)六年八月十七日，
命翰林學士吳奎、龍圖閣直學士楊畋、權史中丞王疇、知制
誥王安石，就秘閣考試制科。奎等上王介、蘇軾、蘇轍論各
六首。二十五日，帝御崇政殿試賢良方正能直言極諫著作
佐郎王介、河南府福昌縣主簿蘇軾、河南府澠池縣主簿
蘇轍。"

八月十九日，於試院中夢吳充，有詩紀之

　　《詩注》卷十六《八月十九日試院夢沖卿》："空庭得秋
長漫漫，寒露入幕愁衣單。喧喧人語已成市，白日未到扶桑
間。永懷所好却成夢，玉色髯髯開心顏。逆知後應不復隔，
談笑明月相與閑。"

蘇軾入制科第三等，蘇轍入第四等。爲蘇軾撰制詞，拒爲蘇轍撰

《文集》卷五十一《應才識兼茂明於體用科守河南府福昌縣主簿蘇軾大理評事制》。

《長編》卷一百九十四嘉祐六年八月乙亥："御崇政殿，策試賢良方正能直言極諫著作佐郎王介、福昌縣主簿蘇軾、澠池縣主簿蘇轍。軾所對入第三等，介第四等，轍第四等次。以軾爲大理評事、簽書鳳翔府判官事，介爲秘書丞、知靜海縣，轍爲商州軍事推官。時轍對語最切直，其略曰：'自西方解兵，陛下棄置憂懼小心二十年矣。'又曰：'陛下無謂好色於內，不害外事也。'又曰：'宮中賜予無藝，所欲則給，大臣不敢諫，司會不敢爭。國家內有養士、養兵之費，外有北狄、西戎之奉，海內窮困，陛下又自爲一阱，以耗其遺餘。'諫官司馬光考其策，入三等，翰林學士范鎮難之，欲降其等。蔡襄曰：'吾三司使，司會之名，吾媿之而不敢怨。'惟胡宿以爲策不對所問，而引唐穆宗、恭宗以況盛世，非所宜言，力請黜之。光言是於同科三人中，獨有愛君憂國之心，不可不收。而執政亦以爲當黜，上不許，曰：'求直言而以直棄之，天下其謂我何！'乃收入第四等次。及除官，知制誥王安石疑轍右宰相，專攻人主，比之谷永，不肯爲詞。韓琦笑曰：'彼策謂宰相不足用，欲得婁師德、郝處俊而用之，尚以谷永疑之乎！'改命沈遘，遘亦考官也，乃爲之辭。已而諫官楊畋見上曰：'蘇轍，臣所薦也。陛下赦其狂直而收之，此盛德事，乞宣付史館。'上悅，從之。"

蘇轍《欒城後集》卷二十《潁濱遺老傳》上："策入，轍自謂必見黜。然考官司馬君實第以三等，范景仁難之。蔡君謨曰：'吾三司使也，司會之言，吾愧之而不敢怨。'惟胡武平以爲不遜，力請黜之。上不許，曰：'以直言召人，而以直棄之，天下謂我何？'宰相不得已，寘之下第，除商州軍事推官。知制誥王介甫意其右宰相專攻人主，比之谷永，不肯撰詞。宰相韓魏公哂曰：'此人策語，謂宰相不足用，欲得婁師德、郝處俊而用之，尚以谷永疑之乎？'知制誥沈文通亦考官也，知其不然，故文通當制有愛君之言。諫官楊樂道見上曰：'蘇轍，臣所薦也。陛下赦其狂直而收之，盛德之事也，乞宣付史館。'上悦，從之。是時先君被命修《禮書》，而兄子瞻出簽書鳳翔判官，傍無侍子，轍乃奏乞養親。"[1]

《邵氏聞見後録》卷十四："東坡中制科，王荆公問吕申公：'見蘇軾制策否？'申公稱之。荆公曰：'全類戰國文章，若安石爲考官，必黜之。'故荆公後修《英宗實録》，謂蘇明允有戰國縱横之學云。"

八月二十八日，有詔令監司保薦知州軍監等再任。上劄論之

《長編》卷一百九十四嘉祐六年八月戊寅："詔曰：'朕觀古者欲治之世，牧民之吏多稱其官，而百姓得安業。今吏多失職，不稱所以爲民之意，殆以不得久於其官故也。蓋智能才力之士，雖有興利除害、禁姦勸善之意，非假以歲月，則

---

[1]　《蘇轍集》，中華書局1990年版，第1015頁。

其吏民亦且諭而不爲之用，欲終厥功，其路無由。自今知州軍監、知縣、縣令有清白不擾而實惠及民者，令本路監司保薦再任，政迹尤異，當加獎擢。"

《文集》卷四十二《論許舉留守令敕劄子》："臣伏奉今月二十九日中書降到敕語……令臣撰敕辭者。"

閏八月八日，司馬光上劄乞分十二等進退群臣。奉旨詳定奏聞，以爲不足爲

司馬光《傳家集》卷二十一《乞分十二等以進退群臣上殿劄子》，題注："嘉祐六年閏八月八日上。"

《文集》卷六十二《詳定十二事議》："起居舍人司馬光起請：'舊官九品之外，別分職任差遣爲十二等，以進退群臣。十二等之制：宰相第一，兩府第二，兩制以上第三，三司副使、知雜御史第四，三司判官、轉運使第五，提點刑獄第六，知州第七，通判第八，知縣第九，幕職第十，令錄第十一，判、司、簿、尉第十二。其餘文武職任差遣，並以此比類爲十二等。若上等有闕，則於次之中擇才以補之。'奉聖旨兩制詳定聞奏。王珪等詳定司馬光起請難盡施行……臣愚以謂司馬光十二等之說，王珪等既以爲難行，而珪等所議知州三年爲一任，知縣六年方入通判，亦無補於官人失得之數。朝廷必欲大修法度，甄序人材，則以至誠惻怛求治之心，博延天下論議之士，而與之反復，必有至當之論，可施於當世。凡區區變更而終無補於事實者，臣愚竊恐皆不足爲。"

閏八月九日，辭使契丹，張瓌代往

《詩注》卷二十九《次韻平甫喜唐公自契丹歸》，自注：
"予辭北使，而唐公代往。"

《長編》卷一九十五嘉祐六年閏八月己丑："戶部郎中、
知制誥張瓌爲契丹國母生辰使，如京使朱克明副之。"

閏八月二十日，韓琦加昭文館大學士、監修國史。上啓賀之

《長編》卷一百九十五嘉祐六年閏八月庚子："工部尚
書、平章事、集賢殿大學士韓琦加昭文館大學士、監修
國史。"

《文集》卷七十九《賀韓史館相公啓》。

閏八月二十六日，皇第十三女薨，贈楚國公主。撰制詞

《長編》卷一百九十五嘉祐六年閏八月丙午："皇第十三
女薨，贈楚國公主，其生才六十一日云。"

《文集》卷五十四《皇故第十三女追封楚國公主制》。

與歐陽修、范鎮等賦詩餞別何郯出爲河東都轉運使

《詩注》卷三十四《送何聖從龍圖名郯》："射策曾稱蜀郡
雄，朝廷重得漢司空。應留賜席丹塗地，誤責飛芻紫塞功。
三徑欲歸無舊業，百城先至有清風。潞山直與天爲黨，回首
孫高想見公。"

李注："何武，蜀郡郫縣人，武帝時爲大司空。聖從，成

都人,故用武事。景祐元年甲科及第。”“潞州屬河東,爲上黨郡,有上黨關………號天下險絶處。”

《宋史》卷三百二十二《何郯傳》:“故相梁適帥太原,病不能事,内臣蘇安静鈐轄兵馬,怙寵不法,皆劾奏之。歷知永興、河南。治平末,再知梓州。”

按,《繫年初稿》繫於本年,是。《文集》卷四十九有《何郯知永興軍制》。《歐陽修全集》卷一百四十八《與劉侍讀書嘉祐六年》:“前日餞聖從,與景仁、介甫清坐終日,奉思之外,惟以鮮歡,相顧屢歎而已。恐知其近況,故輒及之。”王珪《華陽集》卷三《送何聖從龍圖將漕河東》:“平明捧詔未央宫,全晉山河九曲東。官着繡衣驚曼倩,文傳錦里壓揚雄。紅旆照日鄰天上,玉劍横秋入塞中。每下銀臺南畔路,風塵那復舊時同。”

有詩題沈邁廳事

《詩注》卷四十五《省中沈文通廳事》:“竹上秋風吹網絲,角門常閉吏人稀。蕭蕭一榻卷書坐,直到日斜騎馬歸。”

《繫年》:“安石於是年六月以三司度支判官知制誥,與沈邁同僚,當作於是年。”可從。

十月十三日,宗實起復爲泰州防禦使、知宗正寺。撰制詞

《文集》卷三十九《皇姪右衛大將軍岳州團練使宗實可起復舊官泰州防禦使知宗正寺制》。

《長編》卷一百九十五嘉祐六年十月壬辰:“起復前右衛

大將軍、岳州團練使宗實爲泰州防禦使、知宗正寺……時宗實猶居父喪，乃議起復泰州防禦使、知宗正寺。”

《宋史》卷十三《英宗》：“諱曙，濮安懿王允讓第十三子……景祐三年，賜名宗實，授左監門衛率府副率，累遷右羽林軍大將軍、宜州刺史。皇祐二年，爲右衛大將軍、岳州團練使。嘉祐中，宰相韓琦等請建儲，仁宗曰：‘宗子已有賢知可付者，卿等其勿憂。’時帝方服濮王喪。六年十月辛卯，起爲秦州防禦使、知宗正寺。帝以終喪辭，奏四上，乃聽。喪終，復授前命，又辭。七年八月，許罷宗正，復爲岳州團練使。戊寅，立爲皇子。癸未，改今名。帝聞詔稱疾，益堅辭。詔同判大宗正事安國公從古等往喻旨，即卧内起帝以入。甲辰，見清居殿。”

熊本等遷著作佐郎，撰制詞

《文集》卷五十一《熊本高旦孫思恭並著作佐郎制三道》。

按，彭汝礪《宋故中大夫充龍圖閣待制新知洪州軍州兼管内勸農使江南西路兵馬鈐轄柱國江陵縣開國伯食邑九百户賜紫金魚袋熊公墓誌銘并序》：“公熊氏，諱本，字伯通，其上世豫章人，後徙鄱陽……既冠，舉進士，中其科，爲撫州軍事判官……改秘書省著作佐郎，知開封府兵曹參軍。英宗登極，遷秘書丞，知池州建德縣。”①

熊本嘉祐八年遷秘書丞，《全宋文》卷一千四十八收熊

---

① 　陳柏泉《江西出土墓誌選編》，第59頁。

本《安靜閣記》:"嘉祐八年八月十五日,朝奉郎、守秘書丞、知開封府兵曹事熊本記。"其改著作佐郎,約爲本年,姑繫此。

弟平甫離京,與沈遘同行

《文集》卷九十三《内翰沈公墓誌銘》:"及爲制誥,遂以文學稱天下。金部君坐免歸,求知越州,又移知杭州。"

《(嘉泰)會稽志》卷二:"沈遘:嘉祐六年十二月,以右正言、知制誥知。七年七月,轉起居舍人,依前知制誥移揚州。"沈遘《西溪文集》卷三《贈王平甫》:"輕舟喜出大梁城,更得高才共載行。海内相知君與操,從容尊酒論平生。"《和平甫寄介甫羨會稽之行》:"君家兄弟古人期,入直西垣已恨遲。莫羨迂疏乞州去,朝廷多事待論思。"

十一月,撰李興神道碑

《文集》卷八十九《故贈左屯衛大將軍李公神道碑銘并序》,墓主李興,字仲舉,卒於咸平二年。其子李樞,"以嘉祐六年十一月十一日,(以母)與公合葬"。蘇頌《蘇魏公文集》卷五十三《皇城使李公神道碑銘》:"先是,衛將軍殁後六十三年,嘉祐六年某月,公舉其柩暨母夫人永安縣太君朱氏葬河中,得故相王荆公文載於碑。"即謂此也。

是年,爲司馬光伯父撰墓表

胡聘之《山右石刻叢編》卷十三《宋故贈尚書都官郎中司馬君墓表》。文曰:"君姓司馬氏,諱沂,陝州夏縣涑水鄉高堠里人……夫人封永壽縣太君，年八十三，以嘉祐五年九月甲寅終于京師，其年十一月壬寅，合葬于君之墓。而君之從父弟子起居舍人光序其事如此，以來請曰：‘願有述也，以表之墓上。’”墓表署名結銜爲：“朝奉郎、尚書刑部員外郎、知制誥、權修起居注、糾察在京刑獄、上騎都尉、賜紫金魚袋王安石撰。”墓主司馬沂，司馬池之從兄。本年七月，司馬光遷起居舍人、同知諫院，[①]故此表當作於之後。此墓表“後荆公集不載此篇，乃蔡京、蔡卞、馮澥之徒删之故也。”

繳還邵雍除試將作監主簿不理選限辭頭

《邵氏聞見録》卷十八：“康節先公與富文忠公早相知……文忠公終不相忘，乃因明堂祫享，敕詔天下舉遺逸，公意謂河南府必以康節應詔。時文潞公尹洛，以兩府禮召見康節，康節不屈，遂以福建黄景應詔……文忠奏天下尚有遺材，乞再令舉。詔從之。王拱辰尚書尹洛，乃以康節應詔。潁川薦常秩，皆先除試將作監主簿，不理選限。文忠招康節而不欲私，故以天下爲請。知制誥王介甫不識康節，繳還辭頭曰：‘使邵某常民，一試銜亦不可與；果賢者，不當止與試銜，宜召試然後官之。’上不納，下知制誥祖無擇，除去‘不理選限’行詞。然康節與常秩皆不起。是時富公已丁太夫人憂去位矣。”

　　按，《聞見録》曰：“是時富公已丁太夫人憂去位矣。”

---

① 《司馬太師溫國文正公年譜》卷二，第53頁。關於此墓表，可見鄔國義《王安石〈宋贈尚書都官郎中司馬君墓表〉一文》，《華東師範大學學報》(哲社版)2001年第1期。

《長編》卷一百九十三嘉祐六年三月己亥:"宰臣富弼以母喪去位。"本年六月,公方知制誥,其繳還辭頭當於此後。邵伯溫《聞見録》於公多有誣衊,幾近謗書,然此事涉及其先人,容或有之。

有詩送李宣叔通判漳州

《詩注》卷十《送李宣叔倅漳州》。

按,宣叔,或爲李之翰,嘉祐間通判漳州,與梅堯臣有唱酬。① 《(弘治)八閩通志》卷三十三"通判(漳州)軍州事":"劉勳、李之翰,俱嘉祐間任。"詩曰:"太守好觴詠,嘉賓應在幕。想即有新詩,流傳至京洛。"太守,當爲葛閎,嘉祐六年至八年知漳州,②工詩。《蘇魏公文集》卷五十七《光禄卿葛公墓誌銘》:"公諱閎,字子容,少年以名家子挾藝文,一上擢天聖五年甲科……遷太常少卿、光禄卿,連知漳、台二州……所爲文章,温粹辨博。尤長於詩什,舉進士詩賦御題《南風之薰》,其警句曰:'氣生唐殿爽,聲泛舜絃來。'初在優等,爲覆考誤降抑之,猶不失上第。後預編入仁宗《群玉集》中,尚方字扇亦有題此句者。嘗進《治安策》二十五篇、《續策》數十篇、《忠言》十卷,請塞詔舉,不報。其精心致思蓋亦勤矣,終不以時不見用而廢翰墨,此可見其所存也。"

---

① 《梅堯臣集編年校注》卷二十六《徒步訪李宣叔宣叔有詩依韻答》,第864頁。
② 李之亮《宋福建路郡守年表》,第157頁。

撰《漣水軍淳化院經藏記》。以爲佛與老、莊，皆有見
於無思無爲退藏於密寂然不動者，亦得聖人大體之一

　　《文集》卷八十三：“道之不一久矣。人善其所見，以爲
教於天下，而傳之後世。後世學者，或徇乎身之所然，或誘
乎世之所趨，或得乎心之所好，於是聖人之大體，分裂而爲
八九。博聞該見有志之士，補苴調琱，冀以就完，而力不足，
又無可爲之地，故終不得。蓋有見於無思無爲、退藏於密、
寂然不動者，中國之老莊，西域之佛也。既以此爲教於天下
而傳後世，故爲其徒者多寬平而不忮，質静而無求。不忮似
仁，無求似義。當士之夸漫盗奪有己而無物者多於世，則超
然高蹈其爲有似乎吾之仁義者，豈非所謂賢於彼而可與言
者邪？若通之瑞新，閩之懷璉，皆今之爲佛而超然，吾所謂
賢而與之遊者也。”

　　按，此篇應懷璉之請而撰：“璉嘗謂余曰……能爲我强
記之乎？”故附本年。由此篇可見公之“道統”，於公之學術、
思想關係甚大，故略作詮釋。自中唐韓愈首倡儒家“道統”
以來，北宋前期古文家如柳開、石介等，大致沿襲，而間有修
訂。[①] 公之“道統”則與韓愈迥然有別。其一，韓愈所謂
“道”即儒家之仁義，爲世俗之倫理。其《原道》曰：“博愛之
謂仁，行而宜之之謂義，由是而之焉之謂道，足乎己無待於
外之謂德。仁與義爲定名，道與德爲虚位。故道有君子有
小人，而德有凶有吉……斯吾所謂道也，非向所謂老與佛之

────────
① 可見拙文《9—12世紀初的道統“前史”考述》，《史學月刊》2013年第12
期。

道也。堯以是傳之舜，舜以是傳之禹，禹以是傳之湯，湯以是傳之文、武、周公。文、武、周公傳之孔子，孔子傳之孟軻，軻之死不得其傳焉。荀與揚也擇焉而不精，語焉而不詳。"①公之"道"則爲"道之全"，"無不在"、"無不爲"，"（萬物）莫不由是而之焉"，乃宇宙之本原、本體。②《文集》卷七十二《答韓求仁書》："語道之全，則無不在也，無不爲也，學者所不能據也，而不可以不心存焉。道之在我者爲德，德可據也。以德愛者爲仁，仁譬則左也，義譬則右也。德以仁爲主，故君子在仁義之間所當依者，仁而已……韓文公知'道有君子有小人，德有凶有吉'，而不知仁義之無以異于道德，此爲不知道者也。"《文集》卷六十七《九變而賞罰可言》："萬物待是而後存者，天也。莫不由是而之焉者，道也。道之在我者，德也。以德愛者，仁也。愛而宜者，義也。"

其次，關於道之傳承。《文集》卷六十七《夫子賢於堯舜》曰："昔者道發乎伏羲，而成乎堯、舜，繼而大之于禹、湯、文、武。此數人者，皆居天子之位，而使天下之道浸明浸備者也。而又有在下而繼之者焉，伊尹、伯夷、柳下惠、孔子是也。"此看似出自韓愈，其實不同。蓋韓愈以爲孟子之後，此道傳承無人，故釋、老橫行。公則以爲，自孟子之下，"道之

---

① 《韓昌黎文集校注》卷一，第18頁。

② 此可見《莊子·天下》之影響："天下大亂，賢聖不明，道德不一，天下多得一察焉以自好。譬如耳、目、鼻、口，皆有所明，不能相通。猶百家衆技也，皆有所長，時有所用。雖然，不該不遍，一曲之士也。判天地之美，析萬物之理，察古人之全，寡能備於天地之美，稱神明之容。是故內聖外王之道，暗而不明，鬱而不發，天下之人各爲其所欲焉以自爲方。悲夫！百家往而不返，必不合矣。後世之學者，不幸不見天地之純，古人之大體，道術將爲天下裂。"王先謙《莊子集解》卷八，中華書局1987年版，第288頁。

大全"分裂,不復爲一:"道之不一久矣。人善其所見,以爲教於天下,而傳之後世。後世學者,或循乎身之所然,或誘乎世之所趨,或得乎心之所好,於是聖人大體,分裂而爲八九。"諸子百家,包括釋、老,各得一隅:"楊、墨之道,得聖人之一而廢其百者是也。聖人之道,兼楊、墨而無可無不可者是也。"①"莊生之書,其通性命之分而不以死生禍福累其心,此其近聖人也"。"莊、墨皆學聖人而失其源者也。"②"蓋有見於無思無爲退藏於密寂然不動者,中國之老、莊,西域之佛也"。由此,公於楊、墨、老、釋諸家,兼容並蓄,而不同於韓愈"人其人,火其書,廬其居"。惟百家各得聖人之一隅,故欲復"道之大全",須泛濫百家,出入釋、老,方能有所去取。《文集》卷七十三《答曾子固書》:"然世之不見全經久矣,讀經而已,則不足以知全經。故某自百家諸子之書,至於《難經》、《素問》、《本草》諸小説無所不讀,農夫、女工無所不問,然後於經爲能知其大體而無疑。蓋後世學者,與先王之時異矣,不如是,不足以盡聖人故也。"公之爲學,即以儒爲主,融貫百家爲一整體。

撰許平墓誌銘

《文集》卷九十五《泰州海陵縣主簿許君墓誌銘》。墓主許平,字秉之,許元弟。文曰:"君年五十九,以嘉祐某年某月某甲子,葬真州之揚子縣甘露鄉某所之原。"姑繫於此。

---

① 《文集》卷六十八《楊墨》。
② 《文集》卷七十七《答陳柅書》。

撰《揚孟》、《對難》,闡述性命之理

《文集》卷六十四《揚孟》:"賢之所以賢,不肖之所以不肖,莫非性也。賢而尊榮壽考,不肖而厄窮死喪,莫非命也。論者曰:'人之性善,不肖之所以不肖者,豈性也哉?'此學乎孟子之言性,而不知孟子之指也。又曰:'人爲不爲,命也,不肖而厄窮死喪,豈命也哉?'此學乎揚子之言命,而不知揚子之指也。孟子之言性曰'性善',揚子之言性曰'善惡混';孟子之言命曰'莫非命也',揚子之言命曰'人爲不爲命也'。孟、揚之道未嘗不同,二子之説非有異也,此孔子所謂'言豈一端而已,各有所當'者也。孟子之所謂性者,正性也;揚子之所謂性者,兼性之不正者言之也。揚子之所謂命者,正命也;孟子之所謂命者,兼命之不正者言之也。夫人之生,莫不有羞惡之性。有人於此,羞善行之不修,惡善名之不立,盡力乎善,以充其羞惡之性,則其爲賢也孰禦哉?此得乎性之正者,而孟子之所謂性也。有人於此,羞利之不厚,惡利之不多,盡力乎利,以充羞惡之性,則其爲不肖也孰禦哉?此得乎性之不正,而揚子之兼所謂性者也。有人於此,才可以賤而賤,罪可以死而死,是人之所自爲也,此得乎命之不正者,而孟子之所兼謂命者也。有人於此,才可以貴而賤,德可以生而死,是非人之所爲也,此得乎命之正者,而揚子之所謂命也。今夫羞利之不厚,惡利之不多,盡力乎利而至乎不肖,則揚子豈以謂人之性而不以罪其人哉?亦必惡其失性之正也。才可以賤而賤,罪可以死而死,則孟子豈以謂人之命而不以罪其人哉?亦必惡其失命之正也。孟子

曰：'口之於味也,目之於色也,耳之於聲也,鼻之於臭也,四支之於安逸也,性也,有命焉,君子不謂性也。仁之於父子也,義之於君臣也,禮之於賓主也,知之於賢者也,聖人之於天道也,命也,有性焉,君子不謂命也。'然則孟、揚之説,果何異乎？今學者是孟子則非揚子,是揚子則非孟子,蓋知讀其文而不知求其指耳,而曰'我知性命之理',誣哉！"

《文集》卷六十八《對難》："予爲《揚孟論》,以辨言性命者之失,而有難予者曰：'子之言性則誠然矣,至於言命,則予以爲未也。今有人於此,其才當處於天下之至賤,而反處於天下之至貴;其行當得天下之大禍,而反得天下之大福;其才當處於天下之至貴,而反處於天下之至賤;其行當得天下之至福,而反得天下之至禍。此則悖於人之所取,而非人力之所及者矣。於是君子曰：爲之者天也,所謂命者,蓋以謂命之於天云耳。昔舜之王天下也,進九官,誅四凶;成王之王天下也,尊二伯,誅二叔。若九官之進也,以其皆聖賢也;四凶之誅者,以其皆不肖也。二伯之尊者,亦以其皆聖賢也;二叔之誅者,亦以其皆不肖也。是則人之所爲矣。使舜爲不明,進四凶而誅九官;成王爲不明,尊二叔而誅二伯,則所謂非人力之所及,而天之所命者也。彼人之所爲,可强以爲之命哉！'

曰：'聖賢之所以尊進,命也;不肖之所以誅,命也。昔孔子懷九官、二伯之德,困於亂世,脱身於干戈者,屢矣。遑遑於天下之諸侯,求有所用,而卒死於旅人也。然則九官、二伯雖曰聖賢,其尊進者亦命也。盜跖之罪,浮於四凶、二叔,竟以壽死。然則四凶、二叔雖曰不肖,其誅者亦命也。

是以聖人不言命,教人以盡乎人事而已。嗚呼,又豈唯貴賤禍福哉!凡人之聖賢不肖,莫非命矣。'

曰:'貴賤禍福,皆自外至者,子以謂聖賢之貴而福,不肖之賤而禍,皆有命,則吾既聞之矣。若夫聖賢、不肖之所以爲聖賢、不肖,則在我者也,何以謂之命哉?'

曰:'是誠君子志也。古之好學者之言,未有不若此者也。然孟子曰:仁之於父子也,義之於君臣也,禮之於賓主也,知之於賢者也,聖人之於天道也,命也,有性焉,君子不謂命也。由此而言之,則聖賢之所以爲聖賢,君子雖不謂之命,而孟子固曰命也已。不肖之所以爲不肖,何以異於此哉!'"

按,孟子持"性善"論,而揚雄則以爲性善惡混。公則揭櫫"正性"、"性之不正者","命之正者"、"命之不正者"兩組概念,欲調和會通孟、揚之説。此與之前公所服膺之"性相近"及"性不可以善惡言",已頗爲不同。《文集》卷六十四《命解》以論題相近,姑附此。

撰《諫官論》

《文集》卷六十三《諫官論》:"唐太宗之時,所謂諫官者,與丞弼俱進於前。故一言之謬,一事之失,可救之於將然,不使其命已布於天下,然後從而爭之也。君不失其所以爲君,臣不失其所以爲臣,其亦庶乎其近古也。今也上之所欲爲,丞弼所以言於上,皆不得而知也。及其命之已出,然後從而爭之。上聽之而改,則是士制命而君聽也;不聽而遂行,則是臣不得其言而君恥過也。臣不得其言,士制命而君聽，二者上下所以相悖而否亂之勢也，然且爲之，其亦不知其道矣。及其諄諄而不用，然後知道之不行，其亦辨之晚矣。或曰：‘《周官》之師氏、保氏、司徒之屬，而大夫之秩也。’曰：‘嘗聞周公爲師，而召公爲保矣，《周官》則未之學也。’”

按，朱熹《三朝名臣言行後録》卷六：“王荆公在臺閣侍從時，每爲人言：‘唐太宗令諫官隨宰相入閣，最切於政道，後世所當行也。’及入司政事，而孫莘老、李公擇在諫職，二人者熟荆公此論，遂列奏請舉行之。荆公不可，曰：‘是又益兩參知政事也。’《吕氏家塾記》。”“臺閣侍從”，謂知制誥也，姑附此。又文曰“《周官》則未之學也”，公留意《周禮》，或在此前後。

嘉祐七年壬寅（1062），四十二歲

正月十四日，從仁宗宣德門觀燈

《長編》卷一百九十六嘉祐七年正月壬戌："御宣德門觀燈，顧從臣曰：'此因歲時與萬姓同樂爾，非朕獨肆游觀也。'先是，諫官楊畋、司馬光等以去年水災，乞罷上元觀燈，故特宣諭之。"

按，翌年公有《癸卯追感正月十五事》詩追憶，詳本譜嘉祐八年。

因張瓌自契丹歸，有詩次韻弟安國《喜唐公自契丹歸》

《詩注》卷二十九《次韻平甫喜唐公自契丹歸》，詩曰："奉使由來須陸賈，離親何必強曾參。""萬里春風歸正好，亦逢佳客想揮金。"

公自注："予辭北使，而唐公代往。"公嘉祐六年辭北使。

議南郊三聖並侑頗違經禮，撰《議南郊三聖並侑劄子》

《長編》卷一百九十六嘉祐七年正月乙亥："詔太常禮院，自今南郊以太祖皇帝定配，改溫成皇后廟爲祠殿，歲時令宮臣以常饌致祭。

初，諫官楊畋上言：'《洪範五行傳》曰：簡宗廟則水不潤下。又曰：聽之不聰，厥罰常水。去年夏秋之交，久雨傷稼，澶州河決，東南數路大水爲災。陛下臨御以來，容受直諫，非聽之不聰也；以孝事親，非簡於宗廟也。然而灾異數見，臣愚殆以爲萬幾之聽，必有失於當者；七廟之享，必有失於順者。惟陛下精思而矯正之。’於是詔太常禮院檢詳郊廟未順之事。乃言：‘按《孝經》曰：郊祀后稷以配天。《春秋》曰：自外至者，無主不止。然則天地之理，必有所配者，皆侑神作主之意也。且祖一而已，始受命也；宗無豫數，待有德也。自宗而下，功德顯著，自可崇廟祐之制，百世不遷，垂之無窮。至於對越天地，則神無二主，所以奉上帝之尊，示不敢瀆。唐垂拱中，始用三祖同配，至開元十一年，明堂親享遂罷之。皇祐五年詔書：今南郊且奉三聖並侑，後復迭配如舊禮。未幾，復降詔：三聖並侑爲定制。雖出孝思，然其事頗違經禮。又溫成皇后立廟城南，四時祭奠，以待制、舍人攝事，玉帛祼獻，登歌設樂，並同太廟之禮，蓋當時有司失於講求。昔高宗遭變，飾己思咎，祖己訓以祀無豐於暱，而況以嬖寵列於秩禮，非所以享天心，奉祖宗之意也。’復下兩制議，而翰林學士王珪等議曰：‘追尊尊以享帝，義之至；推親親以享親，仁之極。尊尊不可以瀆，故郊無二主；親親不可以僭，故廟止其先。今三后並侑，欲以致孝也，而適所以瀆乎享帝；後宮有廟，欲以廣恩也，而適所以瀆乎饗親。請如禮官所議。’故降是詔。”

《宋史》卷九十九《禮二》：“皇祐五年，郊，詔：‘自今圜丘三聖並侑。’嘉祐六年，諫官楊畋論水災繇郊廟未順。禮院亦言對越天地，神無二主，唐始用三祖同配。後遂罷之。”

按，王珪等議，即公所撰劄子，見《文集》卷四十二。《宋會要輯稿》禮二五、《宋史》卷三百《楊畋傳》所載略同。

三月，有詩抒故園之思

《詩注》卷三十一《季春上旬苑中即事》："輦路行看斗柄東，簾垂殿閣轉春風。樹林隱翳燈含霧，河漢欹斜月墜空。新藥謾知紅蔌蔌，舊山常夢直叢叢。賞心樂事須年少，老去應無日再中。"

《繫年》："詩云：'輦路行看斗柄東，簾垂殿閣轉春風。'當為知制誥時作。詩又云：'舊山常夢直叢叢。'乃指思鍾山事。安石於嘉祐六年六月知制誥，出入禁中，而此云'季春上旬'，與之不合。又嘉祐八年三月，仁宗崩，詩未涉及。或為是年季春上旬作。"可從。

四月一日，司馬光由起居舍人、知制誥兼侍講改命為天章閣待制。撰制詞

《文集》卷四十九《起居舍人直秘閣同修起居注司馬光知制誥制》、《起居舍人直秘閣同修起居注司馬光改天章閣待制制》。

《宋史》卷三百三十六《司馬光傳》："進知制誥，固辭，改天章閣待制兼侍講、知諫院。"

《長編》卷一百九十六嘉祐七年四月壬申："改命起居舍人、知制誥兼侍講司馬光為天章閣待制。先是，光與呂公著並召試中書，光已試而公著終辭。及除知制誥，光乃自言：'拙於文辭，本當辭召，初疑朝廷不許，故黽勉從命。繼聞公著終辭得請，臣始悔恨向者之不辭，而妄意朝廷決不許也。'章九上，卒改他官。"

四月二十六日，楊畋卒。爲其文集作序

《文集》卷八十四《新秦集序》：“《新秦集》者，故龍圖閣直學士、尚書禮部郎中、知諫院虢略楊公之文。公以嘉祐七年四月某日甲子卒官，而外婣開封府推官、尚書度支員外郎中山李壽朋廷老治其藁爲二十卷。”

《長編》卷一百九十六嘉祐七年五月己酉：“龍圖閣直學士、吏部員外郎兼侍講、知諫院楊畋卒，贈右諫議大夫。畋素謹畏，每奏事，必發封數四而後上之。及卒，家無餘資。特賜黃金二百兩。及端午賜講讀官御飛白書扇，亦遣使特賜，置其柩所。”

按，楊畋字樂道，《宋史》卷三百有傳：“保靜軍節度使重勛之曾孫。進士及第，授秘書省校書郎、并州録事參軍。”《歐陽修全集》卷一百四十六《與王懿敏公書》：“某衰病，漸不能支。更見楊樂道長往，同甲勾落太半矣。深思一作繭處，未有去端爾。”據此，楊畋與歐陽修同齡。王陶《宋故龍圖閣直學士朝奉郎尚書吏部員外郎兼侍讀知諫院兼提舉萬壽觀公事輕車都尉賜紫金魚袋贈右諫議大夫楊公墓誌銘并序》曰：“（嘉祐）五年，除知制誥，改龍圖閣直學士、知諫院。數月，公病矣，然章疏迭迭，持正不阿，風節益厲。嘉祐七年四月二十六日卒，享年五十六。娶陶氏，繼室曾氏，封安定郡君。一男曰祖仁，生八月矣，女適郊社齋郎蘇覿。覿奉公喪，以七月二十六日葬河南洛陽杜澤源，祔陶夫人之墓……公之文章，尤工於詩，集其稿得二十卷，藏於家。其卒之三日，上遣中人持金二百兩，賻其家屬。端午賜侍臣御書飛白

扇,又特使置於靈座,明日,制贈右諫議大夫。"①

五月,有詩送程師孟出知洪州

《詩注》卷八《送程公闢之豫章》:"怪君三年滯瞿塘,又驅傳馬登太行。纓旄脫盡歸大梁,飄然出走天南疆。九江左投貢與章,揚瀾吹漂浩無旁。"

李注:"師孟字公闢,本傳:'吳郡人。'故稱吳郡郎。""公闢先爲夔州路提點刑獄,夷數犯渝州邊,公闢自夔乞徙治渝州,大賑民饑。旋徙節河東路,入爲三司判官、刑部郎中,出知洪州,時嘉祐七年五月。"

按,《繫年初稿》繫於本年,可從。程師孟出知洪州,京師多人賦詩送行,王珪《華陽集》卷四《送程公闢刑部出守南昌》、強至《祠部集》卷八《送程公闢郎中知洪州二首》、《蔡襄集》卷八《送程刑部出守洪州》等。

奉詔置局經度國計,尋罷

《宋史》卷三百三十三《李參傳》:"歷知興元府、淮南京西陝西轉運使。部多戍兵,苦食求,參審訂其闕,令民自隱度麥粟之贏,先貸以錢,俟穀熟還之,官號'青苗錢'。經數年,廩有羨糧。熙寧青苗法,蓋萌於此……嘉祐七年,召爲三司使。參知政事孫抃曰:'參爲主計,外臺將承風刻剝天下,天下之民困矣。'乃改群牧使。詔王安石、王陶置局經度

① 轉引自何冠環《楊家將研究的新史料:讀楊畋〈楊畋妻陶氏墓誌〉及王陶〈楊畋墓誌銘〉》,2007年首屆全國楊家將歷史文化研討會會議論文。此文於楊畋登科年月無考。

國計。參言：‘官各有職，臣若不任事，當從廢黜；不然，乞罷此局。’從之。”

按，《長編》卷一百九十六嘉祐七年五月己未：“知荊南府、工部侍郎李參爲群牧使。執政初議欲用參爲三司使，孫抃獨不可，曰：‘此人若主計，外臺承風刻削，則天下益困敝矣。’乃不果用。”此即孫抃所言。故附此。

七月十九日，趙抃爲禮部員外郎兼侍御史知雜事。撰制詞

《長編》卷一百九十七嘉祐七年七月甲子：“右司諫、知虔州趙抃爲禮部員外郎兼侍御史知雜事。”

《文集》卷四十九《右司諫趙抃禮部員外郎兼侍御史知雜事制》。

與祖無擇唱和

《詩注》卷二十九《和祖擇之登紫微閣二首》，曰：“漠漠秋陰護掖垣，青雲只在兩楹間。”“潤色平生知地禁，登臨此日愧身閑。”

《繫年》：“《邵氏聞見録》載，‘祖無擇字擇之，蔡州人。嘉祐中，與王安石同爲知制誥’……其二有‘忽憶初來秋尚早’之句，乃是對初爲知制誥之回憶，則當爲是年知制誥作。”可從。詩曰“漠漠秋陰護掖垣”，當作於本年秋。

八月二日，宗實辭泰州防禦使、知宗正寺，復爲岳州團練使。撰制詞

《長編》卷一百九十七嘉祐七年八月丙子："右衞大將軍、岳州團練使宗實辭泰州防禦使、知宗正寺，許之。"

《宋史》卷十三《英宗》："七年八月，許罷宗正，復爲岳州團練使。"

《文集》卷四十九《皇姪知宗正寺宗實可岳州刺史充本州團練使制》。

八月十日，沈遘知杭州、施昌言知渭州、李兑知鄧州。撰制詞

《（乾道）臨安志》卷三："嘉祐五年七月甲辰，以知鄧州樞密直學士給事中施昌言爲尚書刑部侍郎、知杭州。七年八月甲申，除龍圖閣學士、涇原路經略安撫使。嘉祐七年八月甲申，以起居舍人、知制誥沈遘爲尚書禮部郎中、知杭州。"

《宋史》卷二百九十九《施昌言傳》："字正臣，通州静海人。舉進士高第……又知杭州，加龍圖閣學士，復知滑州。以老求罷，乃以知越州。至京師，卒。""渭"、"滑"形近而訛。

《文集》卷四十九《施昌言知渭州沈遘知杭州李兑知鄧州制三道》。

九月八日,仁宗追贈故充媛董氏婉儀。撰制詞

《長編》卷一百九十七嘉祐七年九月辛亥:"初,帝享明堂,方宿齋,而充媛董氏疾革,使白皇后曰:'妾不幸即死,願勿遽聞以恩上精意。'后泫然從之。壬子,帝臨奠悽惻,追贈婉儀。"

《文集》卷五十四《故充媛董氏贈婉儀制》。

九月十五日,內外官並明堂赦書加恩。撰制詞

《長編》卷一百九十七嘉祐七年九月辛亥:"大饗明堂,大赦。文武升朝官父母妻並與官封;轉朝官在今年冬至已前者,父母亦特推恩;臣僚合該奏薦,赦後奏至,舊例即不行,自今特展限一月。""己未,內外官並以明堂赦書加恩。"

《文集》卷四十九《余靖司馬光張瓌加恩制三道》、五十一《明堂宗室加恩制》等。

撰沈士龍復官制詞

《文集》卷五十五《追官人著作佐郎沈士龍秘書丞制》:"敕某:爾嘗棄其官守而坐廢于家。今宗祀之恩,吏之免者多復用矣,況如爾之得罪,特以有志於善乎!其就故官,以須器使。可。"

王銍《默記》卷下:"潁人沈士龍字景通,高節獨行,過于古今,尤工於詩。慶曆登科,既改官,以秘書丞爲益州司録。會宋子京爲帥,惟事宴飲,沉湎日夜,衙前陪費多自經。景通上書子京,力言差役之害,請減飲宴。子京不聽。又於本

路轉運使趙抃閱道，不行。乞解官尋醫，又不許，遂挂衣冠置本廳，載其母去官。子京遣人追之，不回。過關無以爲驗，景通言其情於關吏，憐而義之，聽其過關。坐是勒停，關吏亦得罪。久之，御史中丞韓絳言其非辜，復官。王荆公行復官詞，略曰：‘況爾之去官，志于善乎！’後居潁，元豐中卒。”

按，沈之生平，《（民國）安徽通志稿·金石古物考三》載王固撰《奉議郎致仕沈公墓誌銘》：“諱士龍字景之……舉進士，至殿試下。年二十三，以同出身調潁州潁上縣尉……丁上高尉憂，服除，爲江寧府觀察推官。居職清簡，臨事不□侵奪，知者交章薦□。□相韓□安撫江東，嘉□□，爲言之朝廷，□終改秩，拜著作佐郎、簽書鄆州防禦判官公事。以祖考未葬，□監潁州清酒。葬畢，不願赴任，請以本資入□。嘉祐元年，轉□書丞，□通宜縣，差知益州□事。參軍府之公帑輸發貢幣綱籠違法，前守以求□悦人，得綱者常過其數，附益私畜，至於什物常用皆實籠中。□次不得休息，遞卒勞□，力不能勝，自經者或相望於道，衙前吏破蕩其產。公惻然歎曰：‘安有居其職而坐視其□，使人無告乃如此乎？’乞罷綱籠官，以高下量制其數。復□□通□□□之州院稅案，用興國年例，苗錢三百折絹一疋。公以是年時估證，以一絹乃□□爾，今市所直則又數倍也，乞依天聖所令，以納月上旬量用市□準折。具狀其事，言之府中。府將怒，乃以便宜所行凡十數事牓公局中。公曰：‘吾奉詔條，豈敢違法害民，反以從便宜耶？收其牓繳還府中，乞以前狀附遞□□。府將益不悦，與二監司更相沮之，竟匿其狀。公傍徨不安，一日白其母王夫人曰：‘不得其官，奈何？’母夫人曰：
‘民不可下，職不可廢，汝欲去，吾從汝。’明日，封□□□以
□□置廳案上，奉母夫人，挈其妻奴，棄官而歸。始至劍門，
守吏以益州牒留之，使不得度。公曰：‘奪我職事，使我不得
其守，□又留我關下，寧有不□□死爾？’母夫人泣見關使，
關使曰：‘夫人有賢子如此，寧忍使之失其所耶？關禁雖嚴，
苟獲罪，不吾愧也。’縱之，得入關去。朝廷治公以止坐擅離
任，奪□書丞，停其官，又劾私度關，聽以銅贖其罪。時天下
聞者竦然爭爲公雪，至有推讓己官欲以贖公過者。其後三
司□包拯、御史中丞□□、知雜唐介奏，□□公起請特下寬
恤民力，議之，不報。嘉祐五年，翰林學士歐陽修、知制誥劉
敞、天章閣待制何郯同論奏者九人，謂公非罪，不宜久廢。
朝廷除以著作佐郎、監陳州鹽稅，公以母疾辭之。嘉祐七
年，用明堂恩復祕書丞。治平二年，授太常博士，加騎都尉。
熙寧四年，再復祕書丞，□皆還其誥敕，辭以母老，□□□不
授官以□侍養。……在成都時，尚書宋□爲郡太守，□以嚴
明御下。一日，出米南倉中，亡失交子萬紙，主者以聞。太
守駭之，立捕本倉吏卒并攝事者幾及百人，付公推劾。公
曰：‘賊豈在此？□欲以無罪□□之。’因以白太守，曰：‘宜
緩此獄，必非倉中人也，緝之期以一月可獲。’太守怒，移送
他司，急治其事。被繫者誣服，將具案，果以一月獲賊，倉中
方得釋。□□□□曰：‘微公之明，幾爲誤死囚耳。’公之東
歸也，蜀人愛戀其德，皆相視涕泣，往往綵絡爲像，藏之其家
以奉祀焉。”

糾察在京刑獄，駁開封府當鬥鶉少年償死，而審刑院、大理寺皆以開封府斷爲是；詔放罪詣閣門謝，不肯

《宋史》卷三百二十七《王安石傳》："遂知制誥，糾察在京刑獄，自是不復辭官矣。有少年得鬥鶉，其儕求之不與，恃與之昵輒持去，少年追殺之。開封當此人死。安石駁曰：'按律，公取、竊取皆爲盜。此不與而彼攜以去，是盜也；追而殺之，是捕盜也，雖死，當勿論。'遂劾府司失入。府官不伏，事下審刑、大理，皆以府斷爲是。詔放安石罪，當詣閣門謝。安石言：'我無罪。'不肯謝。御史舉奏之，置不問。"

《長編》卷一百九十七嘉祐七年十月甲午："先是，安石糾察在京刑獄。有少年得鬥鶉，其同儕借觀之，因就乞之，鶉主不許。借者恃與之狎暱，遂攜去，鶉主追及之，踢其脅下，立死。開封府按其人罪當償死，安石駁之曰：'按律，公取、竊取皆爲盜，此不與而彼乃强攜以去，乃盜也。此追而毆之，乃捕盜也。雖死，當勿論。府司失入平人爲死罪。'府官不伏，事下審刑、大理詳定，以府斷爲是。有詔安石放罪。舊制，放罪者皆詣殿門謝。安石自言'我無罪'，不謝，御史臺及閣門累移牒趣之，終不肯謝。臺司因劾奏之，執政以其名重，釋不問，但徙安石他官。"

《宋史》卷四百二十六《韓晉卿傳》："字伯修，密州安丘人。爲童子時，日誦書數千言，長以《五經》中第……晉卿自仁宗朝已典訟臬，時朝廷有疑議，輒下公卿雜議。開封民爭鶉殺人，王安石以爲盜拒捕鬥而死，殺之無罪。晉卿曰：'是

鬥殺也。'登州婦人謀殺夫，郡守許遵執爲按問，安石復主之，晉卿曰：'當死。'事久不決，爭論盈庭，終持之不肯變，用是知名。元豐置大理獄，多内庭所付，晉卿持平考核，無所上下。"

按，糾察在京刑獄司置於真宗大中祥符二年七月，審覆内外所上刑獄。《長編》卷七十二大中祥符二年七月丁巳："特置糾察在京刑獄司，命金部員外郎知制誥周起、侍御史趙湘領之。應御史臺、開封府及在京凡有刑禁處，徒以上罪，即時具收禁移報，内未盡理及淹延者，取款詞駁奏。若曠於舉職，致有枉濫，因事彰露，則重罰之。"《宋史》卷二百一《刑法三》："凡内外所上刑獄，刑部、審刑院、大理寺參主之，又有糾察在京刑獄司以相審覆。"①

撰孔道輔墓誌銘

《文集》卷九十一《給事中贈尚書工部侍郎孔公墓誌銘》。墓主孔道輔，字原魯，寶元二年十二月卒，"嘉祐七年十月壬寅，葬公孔子墓之西南百步。"

撰馬知節神道碑

《文集》卷八十七《檢校太尉贈侍中正惠馬公神道碑》。馬知節字子元，天禧三年八月卒，同年十月葬開封。"至嘉祐七年，公孫慶崇始來請銘，以作公碑。"

---

① 可見柳立言《一條律文各自解讀：宋代"爭鶉案"的爭議》，《歷史語言研究所集刊》第73本第1分。

十月二十四日,徙同勾當三班院

《長編》卷一百九十七嘉祐七年十月甲午:"知制誥王安石同勾當三班院。"

十一月二十六日,李瑋改安州觀察使。撰制詞

《長編》卷一百九十七嘉祐七年十一月己巳:"進封沂國公主爲岐國公主;建州觀察使、知衛州李瑋改安州觀察使,復爲駙馬都尉。"

《文集》卷五十五《建州管内觀察使李瑋安州管内觀察使制》。

有詩送元絳出知福州

《詩注》卷十三《送元厚之待制知福州》。

李注:"絳工於文詞,爲流輩所推。神宗遇絳甚厚,其卒也,詔其家集平生之文章上之。絳在中書,蕃夷書詔多出其手……居外,所至有盛名,然傷於急暴。""絳自鹽鐵副使出知福州,擢天章閣待制,始班侍從,故云'改新步'。""厚之到閩,有詩謝京師故人,曰:'丹荔黄甘北苑茶,勞君誘我向天涯。争如太液樓邊看,池北池南總是花。'"

蘇頌《蘇魏公文集》卷五十二《太子少保元章簡公神道碑》:"歷兩浙、河北轉運,三司鹽鐵副使,擢天章閣待制、知福州。治平初,拜右諫議大夫,以給事中知應天府。"

《宋史》卷三百四十三《元絳傳》:"歷兩浙、河北轉運使,召拜鹽鐵副使,擢天章閣待制、知福州。"

《（乾隆）福州府志》卷三十一：“元絳，（嘉祐）七年十一月，以兵部郎中、天章閣待制知。”

按，司馬光《溫國文正公文集》卷十《送元待制絳字厚之出牧福唐》、王珪《華陽集》卷四《送元厚之待制出守福唐》、鄭獬《郎溪集》卷二十三《送元待制知福州》等，即同時送別之作。

十二月，爲陳世範之父撰神道碑

《文集》卷八十八《司農卿分司南京陳公神道碑》，文曰：“司農卿、分司南京陳公既以嘉祐七年九月某甲子葬開封府之祥符縣西韓村皇考魏公之塋，至十二月，公子世範等乃來求銘，以作公碑。蓋公昆弟皆從先人游，而某又嘗得識公父子，故爲序其實而繫以銘。”

撰章友直墓誌銘

《文集》卷九十一《建安章君墓誌銘》。墓主章友直，“嘉祐七年十一月甲子，以疾卒于京師，年五十七。”文或作於本年。

十二月二十三日，赴天章閣觀御書

《長編》卷一百九十八嘉祐七年十二月丙申：“（帝）幸龍圖、天章閣，召輔臣、近侍、三司副使、臺諫官、皇子、宗室、駙馬都尉、主兵官觀祖宗御書。又幸寶文閣，爲飛白書，分賜從臣，下逮館閣。作《觀書》詩，韓琦等屬和。遂宴群玉殿,傳詔學士王珪撰詩序,刊石于閣。"

十二月二十七日,於天章閣觀瑞物,復入宴群玉殿

《長編》卷一百九十八嘉祐七年十二月庚子:"再會于天章閣觀瑞物,復宴群玉殿。帝曰:'天下久無事,今日之樂,與卿等共之,宜盡醉勿辭。'賜禁中花、金盤、香藥,又召韓琦至御榻前,別賜酒一巵。從臣霑醉,至暮而罷。"

范鎮《東齋記事》卷一:"嘉祐七年十二月二十三日,召近臣天章閣下觀書,閱瑞物。上親作飛白書,令左右揭笏以觀,又令禹玉跋尾,人賜一紙。既而置酒群玉殿,上謂群臣曰:'今天下無事,故與卿等樂飲。'中坐賜詩,群臣皆和。又賜太宗時斑竹管筆、李廷珪墨、陳遠握墨、陳朗麝圍墨,再就坐。終宴,更大盞,取鹿頭酒視封,遣內侍滿斟遍勸。韓魏公琦一舉而盡,又勸一盃。盧公彥平生不飲,亦釂一巨盃。又分上前香藥,增諸釦中,各令持歸。至二十六日,溫州進柑子,復置會,自臺諫、三館臣僚悉預,因宣諭:'前日太草草,故再爲此會。'其禮數一如前,但不賦詩矣。"

契嵩游京師,與之遊

《宋會要輯稿》道釋一:"仁宗嘉祐七年十二月,杭州靈隱沙門契嵩上《傳法正宗記》,詔入藏教,仍賜號明教大師。"

陳舜俞《都官集》卷八《明教大師行業記》:"仲靈復念幸生天子大臣護道達法之年,乃抱其書以游京師,府尹龍圖王仲儀果奏上之。仁宗覽之,詔付傳法院編次,以示褒寵,仍賜明教之號。仲靈再表辭,不許。朝中自韓丞相而下,莫

不延見而尊重之。”

釋文瑩《湘山野録》卷下：“吾友契嵩師，熙寧四年没於
餘杭靈隱山翠微堂。入葬訖，不壞者五物：睛、舌、鼻及耳毫
數珠。時恐厚誣，以烈火重鍛，鍛之愈堅。嵩之文僅參韓、
柳間，治平中，以所著書曰《輔教編》，携詣闕下。大學者若
今首揆王相、歐陽諸巨公，皆低簪以禮焉。王仲儀公素爲京
尹，特上殿以其編進呈，許附教藏，賜號‘明教大師’。嵩童
體完潔，至死無犯，火訖根器不壞，此節可高天下之士。”

按，“若今首揆王相”，即公，熙寧四年爲首相。“治平
中”，誤。王素字仲儀，《宋史》卷三百二十七有傳，嘉祐六年
八月至七年正月知開封府。①

是年，辭制誥潤筆不受

《宋史》卷三百三十一《祖無擇傳》：“初，詞臣作誥命，
許受潤筆物。王安石與無擇同知制誥，安石辭一家所饋不
獲，義不欲取，置諸院梁上。安石憂去，無擇用爲公費，安石
聞而惡之。”

《邵氏聞見録》卷十六：“祖無擇字擇之，蔡州人，少從穆
伯長爲古文，後登甲科。嘉祐中，與王介甫同爲知制誥，擇
之爲先進。時詞臣許受潤筆物，介甫因辭一人之饋不獲，義
不受，以其物置舍人院梁上。”②

---

① 李之亮《北宋京師及東西路大郡守考》，巴蜀書社 2001 年版，第 19 頁。
② 詞臣許受潤筆，沈括《夢溪筆談》卷二：“内、外制凡草制除官，自給、諫、待
　制以上，皆有潤筆物。太宗時，立潤筆錢數，降詔刻石於舍人院。每除官，
　則移文督之。在院官下至吏人院驅，皆分霑。元豐中，改立官制，内、外制
　皆有添給，罷潤筆之物。”第 102 頁。

范純仁撰《宋故中大夫充集賢院學士知信陽軍兼管内勸農使柱國鄴郡開國公食邑三千三百户食實封四百户賜紫金魚袋祖公墓誌銘并序》："命使契丹。還，遂請補外，遷工部員外郎、知陝州。召還，修起居注，兼三司户部判官，拜知制誥，賜三品服，兼修玉牒，判三班院。"[1]

按，嘉祐六年，祖無擇已拜知制誥。《長編》卷一百九十三嘉祐六年正月辛亥："龍圖閣直學士傅永、知制誥祖無擇同詳定寬恤民力事。"

官浸顯，俸禄入門，任諸弟取去，盡不問。吴夫人爲買妾，拒之

《邵氏聞見録》卷十一："王荆公知制誥，吴夫人爲買一妾，荆公見之，曰：'何物也？'女子曰：'夫人令執事左右。'安石曰：'汝誰氏？'曰：'妾之夫爲軍大將，部米運失舟，家資盡没猶不足，又賣妾以償。'公愀然曰：'夫人用錢幾何得汝？'曰：'九十萬。'公呼其夫，令爲夫婦如初，盡以錢賜之……荆公官浸顯，俸禄入門，任諸弟取去，盡不問。"

按，買妾一事，後輾轉流傳。張四維《名公書判清明集》卷九《女已受定而復雇當責還其夫》："昔荆國王文公捐錢九十萬買妾，聞其夫因運米失舟，賣妻以償，亟呼還之，使爲夫婦。此豈非吾黨所當共慕？"

---

[1]　郭茂育、劉繼保編著《宋代墓誌輯釋》，第301頁。

與司馬光、韓維、呂公著友善，常相過從，時人目爲"嘉祐四友"

徐度《却掃編》卷中："王荆公、司馬温公、呂申公、黄門韓公維，仁宗朝同在從班，特相友善。暇日多會於僧坊，往往談燕終日，他人罕得而預。時目爲'嘉祐四友'。"

王明清《揮塵後録》卷六："韓持國既以忠憲任爲將作監主簿，少年清修，不復以軒冕爲意。將四十矣，猶未出仕……嘉祐中，與司馬文正、呂正獻、王荆公號爲四友。"

是年，與開封府推官張洞唱酬

《詩注》卷二十九《次韻酬府推仲通學士雪中見寄》。《詩注》卷四十八《次韻張仲通水軒》。

按，《繫年初稿》繫於本年，可從。張洞字仲通，開封祥符人，《宋史》卷二百九十九有傳："舉進士中第，調漣水軍判官……轉太常博士，判登聞鼓院。仁宗方嚮儒術，洞在館閣久，數有建明，仁宗以爲知經。會覆考進士崇政殿，因賜飛白'善經'字寵之。洞獻詩謝，復賜詔獎諭。出知棣州，轉尚書祠部員外郎……召權開封府推官。英宗即位，轉度支員外郎……轉司封員外郎、權三司度支判官。對便殿稱旨，英宗遂欲進用，大臣忌之，出爲江西轉運使……移淮南轉運使，轉工部郎中。淮南地不宜麥，民艱於所輸，洞復命輸錢，官爲糴麥，不踰時而足……未幾卒，年四十九。"嘉祐六年秋，張洞以秘閣校理出知棣州，歐陽修《答張仲通》："某衰病，待罪西府，……秋寒多愛，某再知郡學士足下。八月十二日。"題注:"時任秘閣校理出知棣州,嘉祐六年。"①周必大《文忠集》卷四十六《跋歐陽文忠公與張洞書》:"右歐陽文忠公與張洞書五幅。洞字仲通,開封人,晁無咎《鷄肋集》有傳。任潁州推官,文忠實爲守,甚重之……嘉祐六年,文忠在樞府,而洞以秘閣校理出守棣州,答第五書,次序皆可考。其後入爲三司度支判官,歷江西、淮南轉運使,官至工部郎中,治平四年卒。"張洞任開封府推官,約嘉祐六、七年間,《文集》卷四十九有《太常博士充秘閣校理張洞開封府推官制》。二人唱和,當於本年。

是年,與吳中復唱酬

《詩注》卷二十九《和仲庶池州齊山畫圖》、《詩注》卷三十四《酬吳仲庶小園之句》。

李注:"知制誥時作。"

與韓縝比鄰而居,兩家子弟唱和相屬

《詩注》卷三十四《始與韓玉汝相近居遂相與遊今日復相近而兩家子唱和詩相屬因有此作》:"羈旅兒童得近鄰,相知邂近即情親。當時豈意兩家子,此地更爲同社人。勳業彈冠知白首,文章投筆讓青春。萬金雖愧若多產,比我淵明亦未貧。"

李注:"事同見《送別韓虞部》注。"

按,韓縝字玉汝,慶曆二年登進士第,《宋史》卷三百一

---

① 東英壽《新見九十六篇歐陽修散佚書簡輯存稿》。

十五有傳：“劉沆薦其才，命編修三班敕。前此，武臣不執親
喪。縝建言：‘三年之服，古今通制；晉襄衰墨從戎，事出一
時。’遂著令，自崇班以上聽持服。爲殿中侍御史……遷侍
御史、度支判官，出爲兩浙、淮南轉運使，移河北。”《名臣碑
傳琬琰集》下卷二十《韓太保縝傳》：“縝字玉汝，潁昌人。
父億，事仁宗爲參知政事。以父任補將作監主簿。慶曆初，
擢進士第，知廬州合肥、杭州錢塘縣，改光禄寺丞、簽書南京
留守判官，遷太常博士，編三班院敕。前此武臣不親執喪，
縝建言：‘三年之服，古今通制；晉襄墨衰，事出一時。’遂著
令，自崇班已上聽持服。知洋州，代還，除殿中侍御史……
遷侍御史。英宗即位，進司封員外郎，權三司度支判官，除
兩浙轉運使，知陳州，徙河中府。”

　　嘉祐三年，韓縝修三班院編敕，[①]次年，縝出知洋州。[②]
嘉祐六年十一月，韓縝已還朝任殿中侍御史，《長編》卷一百
九十五嘉祐六年十一月庚申：“左驍騎使、嘉州防禦使、入内
都知史志聰落都知，提點集禧觀。志聰市後苑枯木，私役親
從官，木仆，折足而死。殿中侍御史韓縝言：‘親從布列宿
衛，所以奉至尊、戒不虞也。使主者爲私役，則禁衛之嚴弛
矣。’事下開封府。”公與其再毗鄰而居，當於本年。

---

① 《長編》卷一百八十七嘉祐三年二月丙午：“太常博士韓縝修三班院編敕。
　　縝，億子，從孫抃奏請也。”第4503頁。
② 《梅堯臣集編年校注》卷二十九《送韓玉汝太傅知洋州》，繫於嘉祐四年，夏
　　敬觀注：“太傅當爲太博之訛。”第1070頁。沈遘《西溪集》卷一《送韓玉汝
　　知洋州》、蘇頌《蘇魏公文集》卷七《送韓玉汝太博出守洋州》、韓琦《安陽
　　集》卷九《韓縝太傅之任洋州》等，爲同時送別之作。

是年，有詩挽王向

《詩注》卷五十《王子直挽辭》。

王向字子直，王回之弟，嘉祐二年進士及第。《宋史》卷四百四十二《王回向傳》："退居潁州久之，不肯仕，在廷多薦者。治平中，以爲忠武軍節度推官、知南頓縣，命下而卒。回在潁川，與處士常秩友善。熙寧中，秩上其文集，補回子汾爲郊社齋郎……弟向。向字子直，爲文長於序事，戲作《公默先生傳》。"

王向卒年，史傳未載。蘇頌《蘇魏公文集》卷七十一《祭王秘校》："嗚呼！予與子直，世篤朋契。越在稚年，游從講誼。兩家情親，各有兄弟。輦寺同館，秋闈並試……子罷陝官，予方忝靡。承以疾苦，相見無期。既來汝陰，子以喪歸。不見神鋒，乃見裳帷。興言愴慟，涕洟交頤。念昔相從，情彌眷眷。二十餘年，流離憂患。同輩幾何，會而復散。今乃與子，生死間斷……日月有期，吉在仲商。幼子未立，母兄治喪。交友來弔，撫事悲傷。肴醴奠之，詞以侑觴。"

按，祭文曰"既來汝陰，子以喪歸。不見神鋒，乃見裳帷……日月有期，吉在仲商"。考蘇頌嘉祐六年三月五日赴任潁州，[①]"守潁將二年，忽被召遷府界提點。"[②]然則王向當

---

① 《蘇魏公文集》卷三十七《潁州謝上表》："臣某言：昨奉敕差知潁州軍州，即以三月五日到本任赴上訖者。"顏中其《蘇頌年表》，《宋人年譜叢刊》第4冊，第2124頁。
② 可見《蘇魏公文集》卷五《累年告老恩旨未俞詔領祠宮遂還鄉閑燕閒無事追省平生因成感事述懷詩五言一百韻示兒孫輩使知遭遇終始之意以代家訓故言多不文》自注。

葬於嘉祐六年或七年八月，年三十三，卒於銅陽。强至《祠部集》卷六《王子直挽詞二首》：“王氏仍淮水，賢人減潁川。風流今盡矣，天理舊茫然。親涕霑封篋，交情動絶絃。公卿誰不到，偏夭賈生年。”

有詩送劉攽之官秦州清水

《詩注》卷三十六《送劉貢父赴秦州清水》：“劉郎高論坐噓枯，幕府調胹用緒餘。筆下能當萬人敵，腹中嘗記五車書。聞多望士登天禄，知有名臣薦子虛。且復弦歌窮塞上，秪應非晚召相如。”

李注：“貢父，名攽，嘉祐末，召爲國子直講。治平末，趙槩薦攽可充文館。作邑清水，當在此前。”

按，《宋史》卷三百一十九《劉攽傳》不載其之官清水，然劉攽《彭城集》卷四有《將之官清水李廷老來會探韻得光字》：“四十身無聞，忝官省中郎。未嘗學治民，繆假銅墨章……天弧射狼星，旄頭爛垂光。分我一漢節，繫取穹廬王。”

詩曰“四十身無聞”，劉攽生於天聖元年，本年四十，其之官清水當於本年。又公詩曰“名臣薦子虛”，謂昨年歐陽修薦攽館職也。《歐陽修全集》卷一百一十三《舉劉攽吕惠卿充館職劄子》，題注：“嘉祐六年。”

識林積，誌其能

黄裳《演山先生文集》卷三十三《中散大夫林公墓誌銘》：“公諱積，字功濟……慶曆六年，公舉進士，中乙科。尤溪未常有仕進者，自公倡之後遂有人。始爲循州軍事判官……知真州六合縣,爲橋梁以濟人,新孔子廟以延學者,開陂塘三十六以興潴洩灌溉之利。有以權勢來求田者,公執而不與,抱恨而去。自是見知于王荆公,常誌其能。改太常博士,赴闕。荆公是時方知制誥,相遇于道,從者告言:‘太博避馬于道側。’荆公揖曰:‘豈非爲六合太博乎?’公曰:‘然。’荆公喜揖之曰:‘誌公之能久矣,請訪于私舍。’公卒不及往,然而荆公常稱之。用覃恩,改屯田員外郎,繼改都官員外郎。”

撰孔旼墓誌銘

《文集》卷九十八《孔處士墓誌銘》:“先生諱旼,字寧極,睦州桐廬縣尉諱詢之曾孫,贈國子博士諱延滔之孫,尚書都官員外郎諱昭亮之子。自都官而上,至孔子四十五世……而(嘉祐五年)六月某日,先生終於家,年六十七。大臣有爲之請命者,乃特贈太常丞。至七年月日,弟暘葬先生於堯山都官之兆,而以夫人李氏祔。”

按,孔旼,《宋史》卷四百五十七有傳。韓維《南陽集》卷二十八《孔處士文集序》:“先生之行,丞相王荆公介甫既以銘其墓矣,無容贅略。”

王伯起至京從學

《(弘治)八閩通志》卷六十三:“王伯起,仁縝玄孫也。少遊京師,授經於王安石,學文於曾鞏。”

《(正德)姑蘇志》卷五十四:“王蘋字信伯,其先福清人。唐水部郎榮,時號‘人瑞’,有《麟角集》。八世孫伯虎,字炳之，嘉祐進士。爲潛江令，築隄去水害。歷太子中允、太常博士、尚書户部員外郎，與蘇、黄倡和，有《進册》三卷，及《過庭集》《松陵集》《西府録》。從弟仲舉，字聖俞，剛介厲學，不徇時好。徙家吴之震澤，卒，贈奉議郎。生蘋，出爲世父伯起後。伯起字聖時，受經王安石，游曾宣靖公亮父子間，學文於子固。題所居曰‘酉室’，有詩曰《唱道野集》，卒贈右宣教郎。”

《吴都文粹續集》卷十八載楊琰《王伯起〈唱道野集〉序》：“伯起授經於王臨川，學於曾南豐，遊於曾宣靖公父子間，諸公皆推挽之。年未及衰，一旦棄去，卜居吴門，獨處一廛，扁曰‘酉室’，日焚香燕坐於其中。其所爲詩若干卷，號《唱道野集》。”

按，王伯起爲胡瑗之婿。①“父綸爲太常博士，伯起當以恩得官，遜其弟。舉進士不中，歎曰：‘士不自重，與千百人旅進，坐軒廡下，獻小藝規合有司，可恥也。與其冒恥以得禄，寧貧賤而肆志焉。’於是閑門静處逾三十年，鄉人多不識面。”②“樞密曾孝寬聞其賢，延館之，奏授將仕郎，試國子監簿，以假承務郎授嚴州教授，力辭不就，解官歸。”③“卜居吴門，獨處一室，匾曰‘酉室’，日焚香燕坐於其中。”④卒贈右宣教郎。王覿《王伯起墓誌銘》：“先生不有其道，而道信於友朋；不尸其名，而名聞於朝廷。與夫懷印安綬乘肥衣輕，

① 《蔡襄集》卷三十七《太常博士致仕胡君墓誌》：“長女婚大理寺丞滕希魯，次進士王伯起。”第 675 頁。
② 陸心源《宋史翼》卷三十六，浙江古籍出版社 2016 年版，第 941 頁。
③ 李清馥《閩中理學淵源考》卷十七。
④ 錢毅《吴都文粹續集》卷十八《酉室記》，四庫本。

自以爲得意，而死之日民無稱焉，異矣。"①王伯起與陳瓘、江公望等人交遊頗密，許景衡《橫堂集》卷二、卷四有《次韻民表寄王聖時六首》、《寄新詩王聖時蒙示五詩》等。其從兄王伯虎，嘉祐四年進士，亦曾從公請益(詳本譜嘉祐四年)。其過繼子王蘋，則從程頤遊，爲程門高足。

撰《讀孟嘗君傳》

《文集》卷七十一，文曰："世皆稱孟嘗君能得士，士以故歸之，而卒賴其力以脫於虎豹之秦。嗟乎！孟嘗君特雞鳴狗盜之雄耳，豈足以言得士？不然，擅齊之强，得一士焉，宜可以南面而制秦，尚何取雞鳴狗盜之力哉？夫雞鳴狗盜之出其門，此士之所以不至也。"

按，此爲公代表作之一，峭折勁厲、嚴峻犀利，必作於執政前，故暫附於此。後人評曰："此文乃短篇中之極則，雄邁英爽，跌宕變化，故能尺幅中具有萬里波濤之勢。"②

蓋公以爲理想之士，當"通古今，習禮法，天文人事，政教更張，然後施之職事，則以詳平政體；有大議論，使以古今參之是也"；或者"習典禮，明制度，臣主威儀，時政沿襲，然後施之職事，則以緣飾治道。有大議論，則以經術斷之是也。"③其"學之成者，以爲卿大夫。其次雖未成而不害其能至者，以爲士，此舜所謂庸之者也。"④至於士之精英，則精通

---

① 《宋史翼》卷三十六，第 941 頁。
② 《唐宋文舉要》甲編卷七引吳北江評，第 862 頁。
③ 《文集》卷六十九《進説》。
④ 《文集》卷八十二《虔州學記》。

萬物之理,①具備高尚道德,合聖、神、大三者於一體,"仁濟萬物而不窮,用通萬世而不倦",②可與天子迭爲賓主:"若夫道隆而德駿者,又不止此,雖天子北面而問焉,而與之迭爲賓主。此舜所謂承之者也。"③

以此種理想之士爲標準,公遂得以評騭歷代之人物,懸斷千年之是非,翻陳案,出新意。此所以公謂孟嘗君"特雞鳴狗盜之雄耳,豈足以言得士?"不然,擅齊之强,得一士焉,宜可以南面而制秦,尚何取雞鳴狗盜之力哉?"又《文集》卷六十三《伯夷》力辨伯夷未諫武王伐紂:"且武王倡大義于天下,太公相而成之,而獨以爲非,豈伯夷乎? 天下之道二,仁與不仁也。紂之爲君,不仁也;武王之爲君,仁也。伯夷固不事不仁之紂,以待仁而後出。武王之仁焉,又不事之,則伯夷何處乎……嗚呼! 使伯夷之不死,以及武王之時,其烈豈獨太公哉!"《文集》卷六十四《子貢》批評孔子高足子貢不知命,跡似戰國縱橫之士:"一來齊境助奸臣,去誤驕王亦苦辛。魯國存亡宜有命,區區翻覆亦何人?"④蓋因"所謂儒者,用於君則憂君之憂,食於民則患民之患,在下而不用,則修身而已。""苟不義而能釋君之憂、除民之患,賢者亦不爲矣。"

①　《文集》卷六十六《致一論》。

②　《文集》卷六十六《大人論》。

③　《文集》卷八十二《虔州學記》。

④　《詩注》卷四十八《子貢》,第1338頁。

嘉祐八年癸卯（1063），四十三歲

正月七日，與范鎮、司馬光同知貢舉

《宋會要輯稿》選舉一：“（嘉祐）八年正月七日，以翰林學士范鎮權知貢舉，知制誥王安石、天章閣待制司馬光並權同知貢舉。”

二月，撰程琳妻墓誌銘

《文集》卷九十九《楚國太夫人陳氏墓誌銘》：“夫人陳氏，故鎮安軍節度使、檢校太師、同中書門下平章事、贈太師、中書令、兼尚書令、定國文簡程公諱琳之妻也……當嘉祐七年，夫人年七十一，以十一月戊午薨于開封武成坊之第室。至明年二月甲申，而公子以夫人祔于河南伊闕縣神陰鄉定公之墓。”

二月十三日，田況卒。草《太子少傅致仕田況遺表男守秘校至安太常寺太祝制》，爲撰墓誌銘

《長編》卷一百九十八嘉祐八年二月乙酉：“太子少傅致仕田況卒，贈太子太保，謚宣簡。”

《文集》卷五十二《太子少傅致仕田況遺表男守秘校至安太常寺太祝制》。

《文集》卷九十一《太子太傅致仕田公墓誌銘》：“以太子少傅致仕，致仕凡五年，疾遂篤，以八年二月乙酉薨于第，

享年五十九。”

葛蘊呈《巫山高》。愛其飄逸，因作兩篇，並屬司馬光和之

　　《詩注》卷九《葛蘊作巫山高愛其飄逸因亦作兩篇》：“巫山高，十二峰，上有往來飄忽之猿猱，下有出没瀺灂之蛟龍，中有倚薄縹緲之神宫。神人處子冰雪容，吸風飲露虚無中。千歲寂寞無人逢，邂逅乃與襄王通。丹崖碧嶂深重重，白月如日明房櫳。象牀玉几來自從，錦屏翠縵金芙蓉。陽臺美人多楚語，秪有纖腰能楚舞，争吹鳳管鳴鼉鼓。那知襄王夢時事，但見朝朝暮暮長雲雨。”二：“巫山高，偃薄江水之滔滔。水於天下實至險，山亦起伏爲波濤。其巔冥冥不可見，崖岸斗絶悲猿猱。赤楓青櫟生滿谷，山鬼白日樵人遭。窈窕陽臺彼神女，朝朝暮暮能雲雨。以雲爲衣月爲裯，乘光服暗無留阻。崑崙曾城道可取，方丈蓬萊多伴侶。塊獨守此嗟何求，況乃低回夢中語。”

　　司馬光《温國文正公文集》卷四《介甫作巫山高命光屬和勉率成篇真不知量》。

　　按，葛蘊字叔忱，①葛興祖子，嘉祐八年進士及第。《文集》卷九十二《葛興祖墓誌銘》：“興祖三男子，縈、蘊皆有文學。縈，許州臨潁縣主簿。蘊，鄧州穰縣主簿。蘋，尚幼也。四女子皆未嫁云。”《（至順）鎮江志》卷十八：“蘊，良嗣子，縈弟。嘉祐八年，登進士第丙科。”

---

① 董更《書録》中篇，知不足齋叢書本。

與范鎮、司馬光試院唱酬

《詩注》卷二十九《夜讀試卷呈君實待制景仁內翰》："籜燈時見語驚人,更覺揮毫捷有神。學問比來多可喜,文章非特巧爭新。蕉中得鹿初疑夢,牖下窺龍稍眩真。邂逅兩賢時所服,坐令孤朽得相因。"《詩注》卷二十四《次韻景仁雪霽》、《詩注》卷二十四《次韻景仁二月五日夜風雪》。

《溫國文正公文集》卷十《又和雪霽》、《又和二月五日夜風雪》。

得葛書思《孔子事道論》,稱之,擢置異等

慕容彥逢《摛文堂集》卷十五《朝奉郎致仕武騎尉賜緋魚袋葛公墓誌銘》："嘉祐中,試開封府。王文公爲考官,得公《事道論》,稱之。再試,爲陳公襄所知,擢第三。一時群進士歆慕,誦公之文,自以得所矜式。諸公要人,交口贊譽,聲問籍籍傳四方。中熙寧六年進士,調睦州建德縣主簿。"

葛勝仲《丹陽集》卷十五《朝奉郎累贈少師特諡清孝葛公行狀》："公諱書思,字進叔……已而莆陽蔡公襄、丹陽邵公亢交口譽歎之,頭角嶄然群進士中矣,三薦開封。嘉祐八年,王文公較試,讀其所爲《孔子事道論》,大加嘆賞,因擢寘異等。次舉爲陳公襄、蔣公之奇所知,于數千人中以第三人薦之。學者誦其文辭,以爲軌式。熙寧中,初以經義取士,公中六年進士第。"

按,《行狀》中"八年"或爲"五年"訛。嘉祐八年,公同權知貢舉(詳下),而非考試開封府舉人。英宗治平三年,蔣

之奇、陳襄考試開封府舉人，即所謂"次舉"。《宋會要輯稿》選舉十九："(治平)三年八月七日，命監察御史蔣之奇、秘閣校理陳襄、竇卞、曾鞏，國子監直講劉攽考試開封府舉人，修起居注滕甫、直集賢院章衡、集賢校理鄭穆考試國子監舉人，殿中侍御史吳申、集賢校理孫覺考試鎖廳舉人。"

三月六日，龐籍卒。撰《故贈司空兼侍中龐籍遺表男太常博士元英可屯田員外郎制》

《長編》卷一百九十八嘉祐八年三月戊申："太子太保致仕龐籍卒。時上不豫，廢朝、臨奠皆不果，第遣其使弔賻其家，贈司空兼侍中。"

《文集》卷五十二《故贈司空兼侍中龐籍遺表男太常博士元英可屯田員外郎制》等四道。

爲陳見素夫人撰墓誌銘

《文集》卷九十九《寧國縣太君樂氏墓誌銘》，墓主乃陳見素夫人，文曰："尚書屯田員外郎、通判河南府西京留守司事陳君諱見素之夫人樂氏，太常博士諱黃裳之子……年七十五，以嘉祐八年二月辛巳卒于京師，卜以三月丙寅祔葬河南唐興鄉屯田君之墓……先人與屯田君皆祥符八年進士，昆弟又與夫人子爲同年友，故其葬來屬以銘。"

三月二十日，皇城使、巴州刺史宋安道等降官。撰制詞

《長編》卷一百九十八三月壬戌："孫兆爲殿中丞，單驤爲中都令，仍令校正醫書。封神應侯扁鵲爲神應公。皇城

使、巴州刺史宋安道等皆降官。"

《文集》卷五十五《皇城使巴州刺史宋安道落巴州刺史制》。

三月二十九日,仁宗崩。有詩挽之

《長編》卷一百九十八三月辛未晦:"上暴崩於福寧殿。是日,上飲食起居尚平寧,甲夜,忽起,索藥甚急,且召皇后。皇后至,上指心不能言。召醫官診視,投藥、灼艾,已無及。丙夜,遂崩。左右欲開宮門召輔臣,皇后曰:'此際宮門豈可夜開!且密諭輔臣黎明入禁中。'又取粥於御厨。醫官既出,復召入,使人禁守之。"

《文集》卷三十五《仁宗皇帝挽辭四首》其一:"去序三朝聖,行崩萬國天。憂勤無曠古,治洽最長年。仁育齊高厚,哀思罄幅員。欲知千載美,道德冠遺編。"

有詩追憶去年上元觀燈

《詩注》卷二十四《癸卯追感正月十五事嘉祐八年》:"正月端門夜,金輿縹緲中。傳觴三鼓罷,縱觀萬人同。警蹕聲如在,嬉游事已空。但令千載後,追詠太平功。"

李注:"此言仁宗御樓觀燈,宴臣鄰也。""事在七年,次年升遐,故云'如在'。"

《繫年》:"癸卯乃嘉祐八年歲次。仁宗嘗於嘉祐七年元宵節御樓觀燈,宴群臣。八年三月,仁宗卒,故有'警蹕聲如在,嬉遊事已空'之句。此詩當作於是年三月後。"可從。

撰王逢墓誌銘

《文集》卷九十三《王會之墓誌銘》："君諱逢，字會之，姓王氏，太平州當塗縣人也。嘗舉進士不中，去以所學教授，於是蘇州士人從轉運使乞君主其學，學者常致數千百人，君所獎養成就者多矣。乃始以進士起家，權南雄州軍事判官……以嘉祐八年正月六日不起，年五十九……以嘉祐八年四月二日，葬君蘇州吳縣三玄鄉陸公原，以前夫人蘇氏祔焉。"

撰楊忱墓誌銘

《文集》卷九十三《大理寺丞楊君墓誌銘》。墓主楊忱，"字明叔，華陰楊氏子。少卓犖，以文章稱天下。治《春秋》不守先儒傳注，資他經以佐其説，其説超屬踔越，世儒莫能及也……以嘉祐七年四月辛巳，卒於河南，享年三十九。顧言曰：'焚吾所爲書，無留也，以柩從先人葬。'八年四月辛卯，從其父葬河南府洛陽縣平樂鄉張封村……父諱偕，翰林侍讀學士，以尚書工部侍郎致仕，特贈尚書兵部侍郎。"

有詩送楊驥下第歸鄱陽

《詩注》卷三十四《送楊驥秀才歸鄱陽》："客舍風塵弊綵衣，悲吟重見鴈南飛。荆山和氏方三獻，太學何生且一歸。曠野已寒諳獨宿，長年多難惜分違。巾箱所得皆幽懿，亦見鄉人爲發揮。"

按，楊驥，詳本譜治平三年。

四月一日，英宗即位。撰百官覃恩轉官制詞

《長編》卷一百九十八嘉祐八年四月壬申朔："英宗即皇帝位，見百官於東楹。""癸酉，大赦。除常赦所不原者，百官進官一等，服緋紫及十五年者，與改服色。優賞諸軍如乾興故事，所費無慮一千一百萬貫、匹、兩，在京費四百萬。"

《文集》卷四十九《翰林學士知制誥賈黯轉官加勳邑制》、《翰林學士知制誥權三司使蔡襄轉官加食邑制》、《翰林學士兼侍讀學士知制誥充史館修撰王珪轉官加食邑制》、《翰林學士知制誥充史館修撰范鎮轉官加勳邑制》、《翰林學士知制誥權知開封府馮京轉官加勳邑制》、《集賢院學士余靖轉官加勳邑制》等，《文集》卷五十二《英宗即位覃恩轉官龍圖閣學士至龍圖閣直學士制》、《發運轉運提刑判官等制》、《卿監館職制》、《京官館職制》、《分司致仕正郎以下京官等制》、《諸司使副至崇班內常侍帶遙郡不帶遙郡制》等。詞曰"朕初即位"、"朕祇若先帝之初，大賚以勞天下"、"朕初即位，群臣朝者，皆增位一等。"

張燾等轉官，撰制詞

《文集》卷五十《三司鹽鐵副使陳述古朝奉大夫司封郎中三司度支副使趙抃戶部員外郎加上輕車都尉權三司戶部副使張燾朝散大夫刑部郎中制》："敕某人等：朕初嗣位，奉行先帝故事，不敢有廢也。具官某等行義稱於世，才能見於朝。佐國大計，爲功多矣。序遷位等，其往欽哉。可。"

《文集》卷五十《三司戶部副使張燾兵部郎中制》："敕某：考績三歲，進官一等，先帝所以勵群臣也。具官某秉哲迪義，有聲于時。能勵厥修，以宜官政。序功增位，其往欽承。可。"

按，張燾字景元，《宋史》卷三百三十三有傳："樞密直學士奎之子也。舉進士，通判單州……爲鹽鐵判官、淮南轉運使、江淮發運副使。泗州水城且壞，燾悉力營護。詔寵其勞，入爲戶部副使。"《長編》卷二百英宗治平元年三月丁酉朔："命入內都知任守忠、權戶部副使張燾、提舉三司修造案勾當公事張徽作仁宗神御殿於景靈宮西園。"前制當因英宗即位轉官而撰，後制當因張燾磨勘轉官而撰。後制又見於劉攽《彭城集》卷二十《王安石可三司戶部副使張燾可兵部郎中制》："考績三歲，進官一等，先帝所以勵群臣也。具官某秉哲迪義，有聲于時。能勵厥修，以宜官政。序功增位，其善厥承。"此必《彭城集》誤收。蓋劉攽哲宗元祐元年十二月十六日方除中書舍人，可草外制。《長編》卷三百九十三哲宗元祐元年十二月庚子："朝議大夫、直龍圖閣劉攽爲中書舍人，仍免試。"然張燾神宗元豐五年已致仕退居洛陽。《邵氏聞見錄》卷十："元豐五年，文潞公以太尉留守西都……乃集洛中公卿大夫年德高者爲耆英會……太中大夫張問、龍圖閣直學士張燾皆年七十。"

四月十一日，新進士釋褐授官。撰許將制詞

《文集》卷五十一《前鄉貢進士許將大理評事簽書昭慶軍節度判官廳公事制》。

《宋會要輯稿》選舉二：“八年四月十一日，以新及第進士第一人許將爲大理評事、僉書奉國軍節度判官廳公事，第二人陳軒、第三人左仲通爲兩使幕職官，第四人范祖禹、第五人龔原試校書郎、知縣，餘進士、明經、諸科及第人皆以爲判司簿尉，出身人皆守選。”

有詩送吳中復出守潭州

《詩注》卷八《和仲庶出守潭州》：“吳公治河南，名出漢庭右。高才有公孫，相望千載後。平明省門開，吏接堂上肘。指撝談笑間，静若在林藪。連牆畫山水，隱几詩千首。浩然江湖思，果得東南守。傳鼓上清湘，旌旗蔽牛斗。方今河南治，復在荆人口。自古楚有材，酃淥多美酒。不知尊前客，更得賈生否。”

李注：“仲庶自三司户部副使以天章待制知潭。三司事劇，吏猥衆，故曰接肘。”

《北宋經撫年表》卷五：“嘉祐八年，户部副使吳中復知潭州。”

《文集》卷三十八《潭州新學詩并序》：“治平元年，天章閣待制興國吳公治潭州之明年正月，改築廟學于城東南。”

按，《宋史》卷三百二十二《吳中復傳》：“擢天章閣待制，知澤州。”“澤”應爲“潭”之訛。吳中復出知潭州，京師多人賦詩送行，如《蔡襄集》卷八《送仲庶待制知澤州》、王珪《華陽集》卷四《送吳仲庶待制出守長沙》等。

有詩寄曹琰

《詩注》卷三十四《寄袁州曹伯玉使君》。

按，曹琰嘉祐七年知袁州，《（正德）袁州府志》卷六：“曹琰，由尚書駕部員外郎，嘉祐七年任。”詩曰“冥冥江雨熟楊梅”，當作於本年四、五月間。

五月九日，王陶充皇子伴讀。撰制詞

《長編》卷一百九十八嘉祐八年五月庚戌：“右司諫王陶爲戶部員外郎、直史館，充皇子位伴讀。”

《文集》卷四十九《左司諫王陶皇子伴讀制》。

九日，撰《皇后三代制十道》、《皇太后三代制九道》

《宋會要輯稿》儀制一二：“（嘉祐）八年五月九日，贈皇后曾祖故忠武軍節度使追封韓國公高瓊太師，曾祖母故潘原縣太君李氏滕國太夫人，隴西郡夫人李氏舒國太夫人；祖建雄軍節度使繼勳兼尚書令，祖母會稽縣君康氏祁國太夫人，太原郡夫人郭氏郿國太夫人，金城縣太君王氏成國太夫人；父北作坊副使遵甫檢校太傅、保信軍節度使，母鉅鹿郡君曹氏沂國太夫人，樂壽郡君李氏均國太夫人。”

制詞見《文集》卷五十三。

撰宰臣封贈三代制詞

制詞見《文集》卷五十四《宰相富弼三代制六道》、《參知政事歐陽修三代制六道》、《樞密使張昇封贈三代制八道》、《樞密副使胡宿封贈三代制六道》、《樞密副使吳奎封贈制二道》。

六月,爲李寬之父李虛舟撰神道碑

《文集》卷八十八《虞部郎中贈衛尉卿李公神道碑》,墓主李虛舟。文曰:"以嘉祐四年七月某甲子,卒於豫章之第室,年八十九。夫人長壽縣君趙氏,先公卒八年,既葬矣。五年某月某甲子,以公葬於夫人之墓左曰雷岡,在新建縣之桃花鄉新里……子三人:寬、定、寔,寔守秘書省正字,早世。於公之葬也,寬爲尚書司勳員外郎,定爲尚書庫部員外郎。"

奉祠西太一宮,有詩題壁

《詩注》卷四十《題西太一宮壁二首》:"柳葉鳴蜩綠暗,荷花落日紅酣。三十六陂春水,白頭想見江南。"其二:"三十年前此地,父兄持我東西。今日重來白首,欲尋陳迹都迷。"

《西太一宮樓》:"草際芙蕖零落,水邊楊柳欹斜。日暮炊煙孤起,不知魚網誰家。"

李注:"三十六陂在揚州天長縣,故云'想見江南'。""神宗元豐二年,導洛通汴,引古索河爲源,注房家、黃家、孟王陂及三十六陂高仰處,瀦水爲塘,以備洛水,不足,則決以入河。據此,則京師亦有三十六陂,未知公所指在何處。"①

　　按,西太一宫建於京城西南八角鎮。《長編》卷一百六仁宗天聖六年三月壬戌:"詔於順天門外八角鎮建西太一宫。司天言五福太一在黄室宫吳、越分,凡四十五年,今當自黄室宫趨黄庭宫梁、蜀分故也。"九月辛丑,"西太一宫成。"十一月丁巳,"奉安太一神像於西太一宫,宰相張士遜爲奉安使。"范鎮《東齋記事》卷一:"太平興國六年,司天言:'五福太一,自甲申年入黄室巽宫,在吳分。'仍於京城東南蘇村作東太一宫。至天聖六年,又言:'戊辰自黄室趨蜀分。'乃於八角鎮築西太一宫。春、夏、秋、冬四立日,更遣知制誥、舍人率祠官往祠之。"詩曰:"三十年前此地,父兄持我東西。"公景祐三年隨父入京,至此已二十八年,爲知制誥。詩言"三十",以成數也。②

　　洪邁《容齋四筆》卷七:"'楊柳鳴蜩綠暗,荷花落日紅酣。三十六陂春水,白頭想見江南。'荆公《題西太一宫》六言首篇也。今臨川刻本以'楊柳'爲'柳葉',其意欲與荷花爲切對,而語句遂不佳。此猶未足問,至改'三十六陂春水'爲'三十六宫煙水',則極可笑。公本意以在京華中,故想見江南景物,何預於宫禁哉! 不學者妄意塗竄,殊爲害也。彼

---

① 《長編》卷二百六十熙寧八年二月丙戌:"同管勾外都水監丞程昉等言:'嘗乞以京西三十六陂爲塘,瀦水入汴通運。其陂内民田,欲先差官量頃畝,依數撥還,或給價錢。'"第6347頁。陳思《兩宋名賢小集》卷三百六張良臣《雪窗小稿》之《感舊》:"三十六陂春水綠,四十九年人事非。揚子江頭永嘉後,吳儂蕩漿北人稀。"詳公詩意,當爲揚州之三十六陂,故起故園之思。
② 《繫年》等將此繫於熙寧元年,兹不取。

蓋以太一宮爲禁廷離宮爾。”

此兩首爲歷代六言詩之絶唱，雖才高如蘇軾亦傾慕不已。《若溪漁隱叢話》前集卷三十五：“二公相誚或如此，然勝處未嘗不相傾慕。元祐間，東坡奉祠西太一宮，見公舊詩云：‘楊柳鳴蜩緑暗，荷花落日紅酣。三十六陂春水，白頭想見江南。’注目久之，曰：‘此老野狐精也。’”

以孫覺等遷著作佐郎，撰制詞

《文集》卷五十一《王廣廉孫覺姚闢游烈張公庠高膚敏崇大年潘及甫阮逸並著作佐郎馬好賢大理寺丞制八道》之《奏舉人編校昭文館書籍孫覺著作佐郎制》：“先帝置校讎之官，所取皆天下望士。爾惇行力學，爲時俊傑，治民有紀，稱者衆多。會課進遷，往共厥服。可。”

按，嘉祐四年，公薦孫覺編校昭文館書籍。制詞稱“先帝”，當作於仁宗崩後、公丁憂之前。

弟安國舉茂才異等，獻所著《序言》，有司考校第一

《文集》卷九十一《王平甫墓誌》：“然數舉進士不售，舉茂材異等，有司考其所獻《序言》第一，又以母喪不試。”

《宋史》卷三百二十八《王安國傳》：“數舉進士，又舉茂材異等，有司考其所獻《序言》爲第一，以母喪不試。”

《宋史》卷二百八《藝文七》著録王安國《序言》八卷。

《長編》卷一百九十八嘉祐八年六月丁亥：“詔：‘今歲制科舉人著作佐郎趙商等十七人權罷，將來判場，便赴秘閣就試。’”

《宋會要輯稿》選舉一一："（嘉祐八年）六月十七日，英宗即位，未改元。詔：'今歲應制科舉人趙卨等十七人權罷，將來科場，便赴秘閣就試。'英宗治平元年八月二十一日，命天章閣待制司馬光、直史館邵亢、直集賢院韓維、秘閣校理錢藻，就秘閣考試制科。光等上范百祿、李清臣論各六首……九月十二日，帝御崇政殿試賢良方正能直言極諫秘書省著作佐郎范百祿、晉州和州縣令李清臣制策。"

按，《宋史》卷一百五十六《選舉二》："又置高蹈丘園科，沉淪草澤科，茂材異等科，以待布衣之被舉者。其法先上藝業于有司，有司較之，然後試秘閣。中格，然後天子親策之。"據此，王安國以布衣之身，嘉祐八年應茂才異等，有司考其所獻《序言》第一。然是年六月，權罷制科。翌年，秘閣考校制科，王安國又以母喪未赴。

八月十二日，母吳氏卒於京師，享年六十有六

《曾鞏集》卷四十五《仁壽縣太君吳氏墓誌銘》："仁壽縣太君撫州金谿吳氏，尚書都官員外郎、贈尚書刑部侍郎撫州臨川王公諱益之夫人，衛尉寺丞諱用之之婦，年六十有六，嘉祐八年八月辛巳，卒於京師。十月乙酉，葬於江寧府之蔣山。……七子者，曰安仁、安道、安石、安國、安世、安禮、安上。安仁宣州司户參軍，安石尚書工部郎中、知制誥；安世太平州當塗縣主簿，安禮大名府莘縣主簿，餘未仕也。"

士大夫皆來弔母喪，《辨姦論》之訟肇焉

《張方平集》卷三十九《文安先生墓表》："嘉祐初，王安

石名始盛,黨友傾一時。其命相制曰:'生民以來,數人而已。'造作言語,至以爲幾於聖人。歐陽修亦善之,勸先生與之遊,而安石亦願交於先生。先生曰:'吾知其人矣,是不近人情者,鮮不爲天下患。'安石之母死,士大夫皆弔之,先生獨不往,作《辨姦論》一篇……當時見者多不謂然,曰:'嘻,其甚矣!'先生既没三年,而安石用事,其言乃信。"①"文安先生",即蘇洵,字明允。

《蘇軾文集》卷四十九《謝張太保撰先人墓碣書》:"軾頓首再拜。伏蒙再示先人《墓表》,特載《辨姦》一篇,恭覽涕泗,不知所云。竊惟先人早歲汨没,晚乃有聞。雖當時學者知師尊之,然於其言語文章,猶不能盡,而況其中之不可形者乎?所謂知之盡而信其然者,舉世惟公一人。雖若不幸,然知我者希,正老氏之所貴。《辨姦》之始作也,自軾與舍弟皆有'嘻其甚矣'之諫,不論他人。獨明公一見,以爲與我意合。公固已論之先朝,載之史册,今雖容有不知,後世決不可没。而先人之言,非公表而出之,則人未必信。信不信何足深計,然使斯人用區區小數以欺天下,天下莫覺莫知,恐後世必有秦無人之嘆。此《墓表》之所以作,而軾之所以流涕再拜而謝也。黄叔度澹然無作,郭林宗一言,至今以爲顔子。林宗於人材小大畢取,所賢非一人,而叔度之賢,無一見於外者,而後世猶信,徒以林宗之重也。今公之重不

---

① 邵伯温則以《辨姦論》成於嘉祐初,《邵氏聞見録》卷十二:"眉山蘇明允先生,嘉祐初遊京師,時王荆公名始盛,黨與傾一時,歐陽文忠公亦善之。先生,文忠客也,文忠勸先生見荆公,荆公亦願交於先生,先生曰:'吾知其人矣,是不近人情者,鮮不爲天下患。'作《辨姦論》一篇,爲荆公發也。"第130頁。

減林宗，所賢惟先人，而其心迹粗若可見，其信於後世必矣。多言何足爲謝，聊發一二。”

葉夢得《避暑録話》卷上：“蘇明允本好言兵，見元昊叛，西方用事久無功，天下事有當改作，因挾其所著書，嘉祐初來京師，一時推其文章。王荆公爲知制誥，方談經術，獨不喜之，屢詆於衆，以故明允惡荆公甚於仇讐。會張安道亦爲荆公所排，二人素相善。明允作《辨姦》一篇密獻安道，以荆公比王衍、盧杞，而不以示歐文忠。荆公後微聞之，因不樂子瞻兄弟，兩家之隙遂不可解。《辨姦》久不出，元豐間，子由從安道辟南京，請爲明允墓表，特全載之，蘇氏亦不入石。比年，少傳於世。荆公性固簡率，不緣飾，然而謂之食狗彘之食、囚首喪面者，亦不至是也。”

方勺《泊宅編》卷上：“温公在翰苑時，嘗飯客，客去，獨老蘇少留，謂公曰：‘適坐有囚首喪面者何人？’公曰：‘王介甫也，文行之士，子不聞之乎？’洵曰：‘以某觀之，此人異時必亂天下。使其得志立朝，雖聰明之主亦將爲其誑惑。内翰何爲與之遊乎？’洵退，於是作《辨姦論》行於世。是時介甫方作館職，而明允猶布衣也。”

陳善《捫蝨新話》卷六：“《辨姦論》、《王司空贈官制》，皆蘇氏宿憾之言也。予聞老蘇初來京師，以所著《權書》、《衡論》投歐陽公，一時推其文章。王荆公時已爲知制誥，獨不善之，以其文縱横有戰國氣習，屢詆於衆，故明允惡荆公甚於仇讐。會張安道亦爲荆公所排，明允遂作《辨姦論》一篇，以荆公比王衍、盧杞，密獻安道，而不敢示歐公。荆公後微聞之，因不樂子瞻兄弟。然當時此論不出。元豐間，子由從安道辟于南京,請爲明允墓表,遂全載之。而蘇氏亦不敢上石,諒有愧于其言哉?《贈官制》,當元祐初,方盡廢新法,蘇子由作《神宗御集序》,尚以曹操比之,何有于荆公? 以此知王、蘇之憾,固不獨論新法也。然後學至今,莫不黨元祐而薄王氏,寧不可笑?”

按,《辨姦論》爲文學史上一大公案,迄無定讞。以上所引諸家所載,頗多訛誤,如謂蘇洵“嘉祐初來京師,一時推其文章。王荆公爲知制誥”;“是時介甫方作館職,而明允猶布衣也”;“予聞老蘇初來京師,以所著《權書》、《衡論》投歐陽公,一時推其文章。王荆公時已爲知制誥”等等,考公嘉祐間之歷官行治,頗有齟齬。關於此文之真偽,論辯兩方於宋代文獻旁徵博引,爬羅剔抉,雄辯滔滔,已臻考證之能事,然仍乏一槌定音之鐵證。具體而言,持作偽說者,難以同時確證《辨姦論》及《文安先生墓表》、《謝張太保撰先人墓碣書》三者均爲偽作。而力主蘇洵所作者,又難以合理解釋《文安先生墓表》中“嘉祐初,王安石名始盛,黨友傾一時。其命相制曰:‘生民以來,數人而已’”等數語。蓋公之拜相在熙寧三年,不應嘉祐年間便有命相制。今暫附於此,以俟詳考。①

丁母憂,解官歸江寧

《詩注》卷十六《送董伯懿歸吉州》,李注:“公嘉祐八年八月丁母憂,時爲知制誥。”

---

① 關於《辨姦論》研究狀況,可見王昊《近五十年來〈辨姦論〉真偽問題研究述評》,《社會科學戰線》2002年第1期。《〈辨姦論〉真偽考信編》,吉林人民出版社2001年版。

《繫年》："按：顧譜謂安石是年四十五歲，乃承其對安石生年早訂兩年之誤，無庸贅述；而王銍《默記》卷下謂：'王荊公知制誥，丁母憂，已五十矣。'尤誤。"

作《秣陵道中口占二首》

《詩注》卷四十《秣陵道中口占二首》："經世才難就，田園路欲迷。慇懃將白髮，下馬照清溪。"其二："歲熟田家樂，秋風客自悲。茫茫曲城路，歸馬日斜時。"

宋庠發使弔問，顧恤尤厚

《文集》卷七十六《上宋相公書》："某愚戇淺薄，動多觸罪。初叨一命，則在幕府，當此之時，尤爲無知。自去吏屬之籍，以至今日，雖嘗獲侍燕語，然不能自同衆人之數也。閣下撫接顧待，久而加親。及以罪逆扶喪歸葬，閣下發使弔問，特在諸公之先，而所以顧恤之尤厚。"

富弼致書拊慰，並賜物助喪

《文集》卷七十六《上富相公書》："及以不孝得罪天地，扶喪南歸，閣下以上宰之重，親屈手筆，拊循慰勉，過於朝夕出入墻屏之人，又加賜物，以助其喪祭。"

張昇致書弔慰

《文集》卷七十六《上張樞密書》："在京師時，自以備數有司，而閣下方斷國論，故非公事，未嘗敢以先人之故，私請左右，修子姪之禮。及以罪逆扶喪歸葬，閣下方以醫藥自

輔,哀疢迷謬,闕於赴告。凡此皆宜得疏絕之罪者也。然閣
下拊循顧待,既久而加親,追賜手筆,哀憐備厚。當是時,某
方纍然在喪服之中,無以冀於全存,故不能有所獻,以謝恩
禮之厚。"

　　按,《宋史》卷三百一十八《張昇傳》:"字杲卿,韓城
人。舉進士,爲楚丘主簿……嘉祐三年,擢樞密副使,遷參
知政事、樞密使。"吳處厚《青箱雜記》卷八:"樞相張公昇
字杲卿,陽翟人,大中祥符八年蔡齊下及第。"張昇爲公父
王益同年,故書謂:"未嘗敢以先人之故,私請左右,修子姪
之禮。"

十月十八日,葬母於江寧府之蔣山,曾鞏撰銘

　　《曾鞏集》卷四十五《仁壽縣太君吳氏墓誌銘》:"仁壽
縣太君撫州金谿吳氏,尚書都官員外郎、贈尚書刑部侍郎撫
州臨川王公諱益之夫人,衛尉寺丞諱用之之婦,年六十有
六,嘉祐八年八月辛巳,卒於京師。十月乙酉,葬於江寧府
之蔣山。"

撰謝景回墓誌銘

　　《文集》卷九十八《謝景回墓誌銘》:"君姓謝氏,諱景
回,字師復……以嘉祐四年十二月丙子棄世於漢東,人莫不
爲謝氏哀之。諸兄以八年十月乙酉,葬君鄧州穰縣五壠原
之兆,而臨川王某爲銘。"

　　按,墓主乃謝絳少子。

郭祥正致書存問，並寄詩篇。有書答之，贊其詩豪邁精絕，出於天才

《文集》卷七十四《與郭祥正太博書》其二："罪逆餘生，奄經時序，咫尺無由自訴。伏承存錄，既以詩書，不勝區區哀感。詩已經傳聞兩篇，餘皆所未見。豪邁精絕，固出於天才，此非力學者所能逮也。雖在哀疚，把翫不能自休，謹輒藏之巾匭，永以爲好也。"

其三："承示新句，但知嘆愧。子固之言，未知所謂，豈以謂足下天才卓越，更當約以古詩之法乎？哀荒未能劇論，當俟異時爾。聞有殤子之戚，想能以理自釋情累也。某罪逆荼毒，奄忽時序，諸非面訴無以盡。"

按，書曰"罪逆餘生"、"雖在哀疚"、"罪逆荼毒，奄忽時序"等，當作於本年丁憂期間，時郭祥正退居當塗。[1]

是年，與胡舜元相逢，有詩

《詩注》卷十七《有感》："憶昨與胡子，戲語西城幽。放斥僕與馬，獨身步田疇。牛豎歌我旁，聽之爲久留。一接田父語，欺之勝王侯。追逐恨不恣，暮歸輒懷愁。顧常輕千乘，秖願足一丘。子時怪我少，好此寂寞游。笙簧不入耳，又不甘醪羞。那知抱孤傷，罷頓不能遒。世味已鮮久，但餘野心稠。乖離今十年，斑髮滿我頭。昔興亦略盡，食眠常百憂。每逢佳山水，欲往輒復休。方壯遂如此，況乃高春秋。"

---

[1]　周興濤《郭祥正傳》，祝尚書主編《宋才子傳箋證·北宋前期卷》，鳳凰出版社 2011 年版，第 854 頁。

　　按，胡子，當爲胡舜元，字叔才，《文集》卷八十四《送胡叔才序》："叔才，銅陵大宗，世以貲名。子弟豪者，馳騁漁弋爲己事，謹者務多闢田以殖其家。先時，邑之豪子弟有命儒者，耗其千金之産，卒無就。邑豪以爲諺，莫肯命儒者，遇儒冠者，皆指目遠去，若將浼己然，雖胡氏亦然。獨叔才之父母不然，於叔才之幼，捐重幣，逆良先生教之。既壯可以遊，資而遣之，無所靳。居數年，朋試於有司，不合而歸。邑人之訾者半，竊笑者半。其父母愈篤不悔，復資而遣之。"公通判舒州，曾與胡舜元同硯席讀書。詩曰"乖離今十年，斑髮滿我頭"，自至和元年公入京，至此恰十年，故詩當作於本年。又，胡舜元嘉祐四年進士，①然公嘉祐四年春夏之交方入京，未必相逢。

自嘉祐四年入京，居開封五年，名動士林，負天下之望，而謗亦隨之；弟安國、安禮亦聲名鵲起

　　《默記》卷中："嘉祐中，士大夫之語曰：'王介甫家，小底不如大底；南陽謝師宰家，大底不如小底。'謂王安石、安禮、安國、安上，謝景初、景溫、景平、景回也。"

　　司馬光《溫國文正公文集》卷六十《與王介甫書》："竊見介甫獨負天下大名三十餘年，才高而學富，難進而易退。遠近之士，識與不識，咸謂介甫不起則已，起則太平可立致，生民咸被其澤矣。"

　　《詩注》卷六《酬王詹叔奉使江東訪茶法利害見寄》：

---

① 《(嘉靖)池州府志》卷七，《天一閣藏明代方志選刊》第32册，第409頁。

"區區欲救弊，萬謗不容口。天下大安危，誰當執其咎。勞心適有罪，養譽終天醜。"

《詩注》卷十《寄吳沖卿》："當官拙自計，易用忤流俗。窮年走區區，得謗大如屋。"

《詩注》卷三十三《次韻張唐公馬上》："膏澤未施空謗怒，瘡痍猶在豈謳吟。黃昏信馬江城路，欲訪何人話此心。"

《宋史》卷三百三十二《李師中傳》："師中始仕州縣，邸狀報包拯參知政事，或云朝廷自此多事矣。師中曰：'包公何能爲，今鄞縣王安石者，眼多白，甚似王敦。他日亂天下，必斯人也。'後二十年，言乃信。"

《邵氏聞見録》卷十三："承之在仁宗朝官州縣，因邸吏報包拯拜參政，或曰：'朝廷自此多事矣。'承之正色曰：'包公無能爲。今知鄞縣王安石者，眼多白，甚似王敦。他日亂天下者，此人也。'後荆公相神宗，以天命不足畏、祖宗不足法、人言不足恤爲術，承之深詆之。"

趙與泌《(寶祐)仙溪志》卷四："余象，父積，守職方員外郎致仕。公擢慶曆六年進士第，歷官光禄寺丞。首奏王安石議論詭辨，名寶眩耀，雖爲一時之文人，終爲異時之巨蠹。上怒，安石亦憾之，因與左右傾公，出通判宜州。到任上疏，又奏安石小人，終累大事，若果亟用，必至有紛更之失。一時出安石之門者皆惡之，得蔡襄、余靖力辨獲免。上亦知公之直，就加秘書丞，尋除太常博士。英宗即位召見，特授屯田員外郎，謂近臣曰：'余某敢言，不憚左右，朕常畏之，卿等宜自謹，勿使之有言也。'名動朝廷，憸黨側目，出通判宣州。州與民無擾，州民至登門檢鼓院，乞公領州事。上以問司馬光、呂公著,對曰:'余象乃陛下之汲黯,内則面折廷爭,外則卧治社稷臣也。'即授都官員外郎、知宣州。神宗即位,就授職方員外郎,尋除屯田郎中,通判南劍州。十一月,除禮部尚書郎中,造朝入對,薦胡安定門人錢藻、孫覺、錢公輔、范純仁,遂求致仕。公耽書,好爲詩……呂公著薦其書於朝。上欲大用,而公卒,范純仁狀其行。"

按,李師中之言,顯屬誣衊。包拯嘉祐六年爲樞密副使,卒於位,[1]平生未嘗拜參政。其時,公爲度支判官、同修起居注,所謂"今知鄞縣王安石"者,真臆語也。或因李師中與公平素不協,故有此誹謗。《默記》卷中:"李師中與王介甫同年進士,自幼負材氣。一日,廣坐中稱其少年豪傑。介甫方識之,見衆人稱舉其豪傑,乃云:'唐太宗十八歲起義兵,方是豪傑,渠是何豪傑?'衆不敢以對。"

《淮南雜說》行世,天下推尊,以比孟子

《諸儒鳴道》卷四十九馬永卿《元城先生語》卷上:"先生曰:'金陵在侍從時,與老先生極相好。當時《淮南雜說》行乎時,天下推尊之,以比孟子。其時又有老蘇,人以比荀子。但後來爲執政,與老先生論議不合耳。'"

程顥、程頤《河南程氏外書》卷十二:"王介甫爲舍人時,有《雜說》行於時。其粹處有曰:'莫大之惡,成於斯須不忍。'又曰:'道義重,不輕王公;志意足,不驕富貴。'有何不可?伊川嘗曰:'若使介甫只做到給事中,誰看得破?'"

---

[1] 《長編》卷一百九十三嘉祐六年四月庚辰:"三司使、給事中包拯爲樞密副使。"第4666頁。

按，“金陵在侍從時”、“王介甫爲舍人時”，即指公自嘉祐六年知制誥至本年丁憂期間。《淮南雜説》撰於公通判舒州任上，嘉祐後期以單行本行世。

《淮南雜説》，一名《王氏雜説》，晁公武《郡齋讀書志》卷十二著録爲十卷：“蔡京（應爲‘卞’）爲安石傳，其略曰：‘自先王澤竭，國異家殊，由漢迄唐，源流浸深。宋興，文物盛矣，然不知道德性命之理。安石奮乎百世之下，追堯、舜、三代，通乎晝夜陰陽所不能測而入於神。初著《雜説》數萬言，世謂其言與孟軻相上下。於是天下之士，始原道德之意，窺性命之端云。’”其書失傳，或謂《文集》卷六十五至七十即《雜説》，①頗有見地。

一，北宋後期，《淮南雜説》與《洪範傳》均以單行本行世，並隱然已成士林經典。陸佃《陶山集》卷十五《傅府君墓誌》：“及得荆公《淮南雜説》與其《洪範傳》，心獨謂然，于是願掃臨川先生之門。”劉弇《龍雲集》卷二十一《上知府曾內翰》：“如歐陽公之《本論》，王文公之《雜説》，閣下《秘閣十序》，皆班班播在人口，雖不言可知，又知而不必言也。”然南渡後，此書除晁公武《郡齋讀書志》外，諸家書目已絶少著録或徵引。考公之文集編於北宋徽宗朝，②今《洪範傳》已載《文集》卷六十五，則《淮南雜説》至少當有部分篇章於北宋後期已編入文集各卷。

二，《淮南雜説》問世後，“天下推尊之，以比孟子”：“初著《雜説》數萬言，世謂其言與孟軻相上下。於是天下之士，

---

① 侯外廬等《中國思想通史》第四卷上册，第446頁。

② 可見本譜譜餘。

始原道德之意,窺性命之端云。"今《文集》卷六十五至七十等有多篇,或論題出自《孟子》,或模擬《孟子》語句。再納以《文集》之《性説》、《性論》、《性情》、《命解》等篇,則其言庶幾近乎"與孟軻相上下"、"原道德之意,窺性命之端"也。

三,《淮南雜説》編入文集時,應有删節,所删者當包含某些頗具"異端"之言論。①《宋朝諸臣奏議》卷八十三載熙寧四年御史中丞楊繪《論王安石之文有異志奏》曰:"王安石《雜説》曰:'魯之郊也,可乎? 曰:有伊尹之志,則放其君可也。有湯之仁,則紲其君可也。有周公之功,則用郊不亦可乎?'王安石《雜説》曰:'周公用天子禮樂可乎? 周公之功,人臣所不能爲。天子禮樂,人臣所不得用。有人臣所不能爲之功,而報之以人臣所不得用之禮樂,此之謂稱。'王安石《雜説》曰:'有伊尹之志,而放君可也。有周公之功,而代兄可也。有周之后妃之賢,而求賢審官可也。夫以后妃之賢,而佐王以有天下,其功豈小補哉! 與夫婦人女子從夫子者,可同日語乎?'臣竊謂孟子勸齊王無毀明堂者,蓋當時天下無定主,故敢爾。若言之於一統之世,則孟子豈不爲罪人? 今王安石於君尊臣卑、重熙累盛之朝,而顯然再三丁寧於伊尹放君,周公用天子禮樂之事,臣願陛下詳其文而防其志。"《二程遺書》卷十九:"魯得用天子禮樂,使周公在,必不肯受,故孔子曰:'周公之衰乎!'孔子以此爲周公之衰,是成王之失也。介甫謂周公有人臣不能爲之功,故得用人臣所不得用之禮,非也。臣子身上,没分外過當底事,凡言舜、言曾

---

① 相關研究,可見金生楊《論王安石〈淮南雜説〉中的"異志"思想》,《四川大學學報》(社科版)2002 年第 6 期。拙著《荆公新學研究》第 11—16 頁。

子爲孝，不可謂曾子、舜過於孝也。"同書卷二十二上："介甫
不知事君道理。觀他意思，只是要樂子之無知。如上表言：
'秋水既至，因知海若之無窮；大明既升，豈宜爝火之不熄？'
皆是意思，常要己在人主上。自古主聖臣賢，乃常理，何至
如此？又觀其說魯用天子禮樂云：'周公有人臣所不能爲之
功，故得用人臣所不得用之禮樂。'此乃大段不知事君。"《河
南程氏外書》卷十二："王介甫爲舍人時，有《雜說》行於時。
其粹處有曰：'莫大之惡，成於斯須不忍。'又曰：'道義重，不
輕王公；志意足，不驕富貴。'"①

　　又按，唐代以前，周(公)、孔並稱，孟子僅爲諸子之一。
唐代以後，則孟子漸漸亞聖，《孟子》自子部升爲"四書"之
一。此即所謂"孟子升格運動"，爲唐宋學術思想史一大轉
捩，而公於其間居功至偉。蓋此運動肇始於中唐韓愈。至
北宋前期，柳開、石介等古文諸家，亦步亦趨。彼等皆置孟
子於道統譜系，以彰顯其排斥異端衛道之功。公早年以古
文起家，其推崇孟子，亦緊步韓愈後塵。《文集》卷八十四
《送孫正之序》："時乎楊、墨，己不然者，孟軻氏而已；時乎
釋、老，己不然者，韓愈氏而已。如孟、韓者，可謂術素修而
志素定也，不以時勝道也。惜也不得志於君，使真儒之效不
白於當世。"(作年見本譜慶曆二年)然稍後公即改弦易轍，
不再以釋、老爲敵，亦不以孟子之排斥異端爲然。"荆公曰：
'人有樂孟子之距楊、墨而以斥佛、老爲己功，嗚呼！莊子所
謂夏蟲者，其斯人之謂乎！道，歲也；聖人，時也。執一時而

---

① 此兩條佚文，一與《孟子·梁惠王章句上》"不忍"之心相關；一爲《荀子·
　修身篇》"志意修則驕富貴矣，道義重則輕王公矣，內省則外物輕矣"翻版。

疑歲者,終不聞道矣.'"①公之有取於孟子者,一爲孟子之
文;二爲孟子之出處哲學;三爲孟子之性命論;四爲孟子之
大有爲精神。公嘗親注《孟子》,其門人弟子亦紛紛效之。
神宗熙寧四年科舉改制,公升《孟子》爲兼經,與《論語》相
並。神宗元豐七年,以公之請,孟子入祀孔廟,配食孔子。
《長編》卷三百四十五元豐七年(1084)五月壬戌:"(詔)自
今春秋釋奠,以鄒國公孟軻配食文宣王,設位於兗國公之
次。荀況、揚雄、韓愈以世次從祀於二十一賢之間,並封伯
爵。"《朱子語類》卷九十:"孟子配享,乃荆公請之。"由此,
中唐以來古文家所宣導之"孟子升格運動",遂正式納入朝
廷禮制及意識形態建構中。故公堪爲宋代"孟子升格運動"
之第一功臣,不負"以比孟子"之譽也。

《易解》行世

　　《易解》,陳振孫《直齋書録解題》卷一、《宋史》卷二百
二《藝文一》著録爲十四卷,晁公武《郡齋讀書志》卷一題爲
《易義》,二十卷。尤袤《遂初堂書目》著録爲《王文公易
傳》。《答韓求仁書》所謂"往往已爲不知者所傳"之書,即
此也。

　　《文集》卷七十二《答韓求仁書》:"求仁所問於《易》者,
尚非《易》之蘊也。能盡於《詩》、《書》、《論語》之言,則此皆
不問而可知。某嘗學《易》矣,讀而思之,自以爲如此,則書
之,以待知《易》者質其義。當是時,未可以學《易》也,唯無

---

① 《永樂大典》第十七册,上海辭書出版社 2003 年版,第 618 頁。

師友之故，不得其序，以過於進取，乃今而後知昔之爲可悔，而其書往往已爲不知者所傳，追思之未嘗不媿也。”

《洪範傳》行世

陸佃《陶山集》卷十五《傅府君墓誌》：“高郵傅明孺諱常，攝揚州助教瓊之第二子。嘉祐、治平間，與予同硯席，共敝衣服無憾也。是時，明孺尚未冠，予亦年少耳。淮之南，學士大夫宗安定先生之學，予獨疑焉。及得荆公《淮南雜說》與其《洪範傳》，心獨謂然，于是願掃臨川先生之門。”

《洪範傳》，一卷。《郡齋讀書志》卷一著録：“安石以劉向、董仲舒、伏生明災異爲蔽，而思別著此《傳》……大意言天人不相干，雖有變異，不足畏也。”今存。①

書《洪範傳》後

《文集》卷七十一《書洪範傳後》，文曰：“王某曰：古之學者雖問以口，而其傳以心；雖聽以耳，而其受以意。故爲師者不煩，而學者有得也。孔子曰：‘不憤不啓，不悱不發，舉一隅不以三隅反，則不復也。’夫孔子豈敢愛其道，驚天下之學者，而不使其盡有知乎？以謂其問之不切，則其聽之不專；其思之不深，則其取之不固。不專不固而可以入者，口耳而已矣，吾所以教者，非將善其口耳也。

孔子没，道日以衰熄，浸淫至於漢，而傳注之家作。爲師則有講而無應，爲弟子則有讀而無問。非不欲問也，以經

①　以上著述成書、流傳、存佚，見本譜附録。

之意爲盡於此矣,吾可無問而得也。豈特無問,又將無思。非不欲思也,以經之意爲盡於此矣,吾可以無思而得也。夫如此,使其傳注者皆已善矣,固足以善學者之口耳,不足善其心,況其有不善乎?宜其歷年以千數,而聖人之經卒於不明,而學者莫能資其言以施於世也。予悲夫《洪範》者,武王之所以虛心而問,與箕子之所以悉意而言,爲傳注者汩之,以至於今,冥冥也。於是爲作傳,以通其意。嗚呼!學者不知古之所以教,而蔽於傳注之學也久矣。當其時,欲其思之深,問之切,而後復焉,則吾將孰待而言邪?孔子曰:'予欲無言。'然未嘗無言也,其言也,蓋有不得已焉。孟子則天下固以爲好辯。蓋邪説暴行作,而孔子之道幾於熄焉,孟子者不如是,不足與有明也。故孟子曰:'予豈好辯哉?予不得已也。'夫予豈樂反古之所以教而重爲此譊譊哉,其亦不得已焉者也。"

按,《洪範傳》初稿成於嘉祐、治平間,詳此文意,當作於《洪範傳》成後,故繫於此。

以王回撰《續列女傳》,譴之

《皕宋樓藏書志》卷二十七載《古列女傳》王回序曰:"余讀向書,每愛其文,嘉其志,而惜其所序散亡脱繆於千歲之間,幸存而完者,此一書耳……故又自周郊婦至東漢梁嫕等,以時次之,别爲一篇,號《續列女傳》。余友介甫嘗譴余曰:'子政述諸狂女而成書證其君,迂哉其所學也!子何區區喜治之耶?'予以謂先王之俗既熄,學士大夫誦詩書、修仁義,進取當路之功,有卓犖顯赫若不可攀者,試窮其跡,其不槩於聖人多矣。然聖人之道，亦未嘗廢狂狷也，況女子哉！且其所列，其惡者固足以垂家國之戒，狂者雖未中禮義，而一志於善行，成房闈。使其皆遭先王之俗，追琢其質而充其美，自家形國，則雖列於賢妃治臣，著之詩書可也。余是以閔其不幸，而與向之舉於其君，固有直諒多聞之益也。竊明而存之，以告後世君子，何尤焉？嘉祐八年九月二十八日，長樂王回序并撰。"

宋英宗治平元年甲辰（1064），四十四歲

居喪江寧，哀毀過甚

王銍《默記》卷下：“王荊公知制誥丁母憂，已五十矣。哀毀過甚，不宿於家，以藁秸爲薦，就廳上寢于地。是時，潘夙公所善，方知荊南，遣人下書金陵。急足至，升廳，見一人席地坐，露頭瘦損，愕以爲老兵也，呼院子令送書入宅。公遽取書，就鋪上拆以讀。急足怒曰：‘舍人書而院子自拆可乎！’喧呼怒叫。左右曰：‘此即舍人也。’急足皇恐趨出，且曰：‘好舍人！好舍人！’”

按，《默記》所載，不無舛訛。如謂“王公知制誥丁母憂，已五十矣”，誤也。又，潘夙字伯恭，《宋史》卷三百三十三有傳：“鄭王美從孫也。天聖中，上書論時政，授仁壽主簿，久之，知韶州，擢江西轉運判官，提點廣西、湖北刑獄……章惇察訪荊湖，討南、北江蠻徭，陳夙憂邊狀，以知潭州。再遷光禄卿，知荊南、鄂州，卒，年七十。”潘夙知荊南，在熙寧年間。①

弟安國常在母墓側，出血和墨，書佛經甚衆

《文集》卷九十一《王平甫墓誌銘》：“舉茂材異等，有司考其所獻《序言》第一，又以母喪不試。君孝友，養母盡力。

---

① 《長編》卷二百五十七熙寧七年十月壬申：“知荊南潘夙罰銅八斤。”第6273頁。

喪三年，常在墓側，出血和墨，書佛經甚衆。州上其行義，不報。"

舉族貧病，陳景初醫之；有詩送景初離江寧

《文集》卷二十六《送陳景初》："舉族貧兼病，煩君藥石功。長安何日到，一一問歸鴻。"自注："金陵持服，舉族貧病，煩君藥石之功。"

《詩注》卷四十七《送陳景初》："慘淡淮山水墨秋，行人不飲奈離愁。藥囊直入長安市，誰識柴車載伯休？"李注："陳善醫，公嘗有五言詩贈之。"

《詩注》卷八《贈陳君景初_{景初本末注見別篇}》："吾嘗奇華佗，腸胃真割剖。神膏既傅之，頃刻活殘朽。昔聞今則信，絶技世常有。堂堂潁川士，察脉極淵藪。珍丸起病瘠，鱠蟲隨泄嘔。攣足四五年，下針使之走。一言儻不合，萬金莫可誘。又復能賦詩，往往吹瓊玖。卷紙誇速成，語怪若神授。名聲動京洛，蹤跡晦莨莠。相逢但長笑，遇飲輒掩口。獨醒竟何如，無乃寡俗偶。顧非避世翁，疑是壁中叟。安得斯人術，付之經國手。"

顧譜："英宗治平元年甲辰……公在金陵守制，舉家貧病。陳景初饋藥石，公有詩謝之，見集中。陳善醫。"

按，魏之琇《續名醫類案》卷三十二："元豐中，淮南陳景初，名醫也，獨有方論治妊婦子腫病。其方初謂之'香附散'，李伯時易名曰'天仙藤散'。王荊公居金陵，舉家病，以詩贈景初曰：'舉族貧兼病，煩君藥石功。到家何所有？一一問征鴻。'因此見方得于李伯時家。"又，李注"長安"："長

安君也,其女弟也。"誤也。"長安",代指京師。

讀《禮》,欲有所論著

《曾鞏集》卷十六《與王介甫第三書》:"所云'讀《禮》,因欲有所論著',頃嘗爲介甫言,亦有此意,顧不能自強,又無所考質,故莫能就。今介甫既意及於此,願遂成之;就令未可爲書,亦可因得商榷矣。"

按,公所讀之《禮》,應包括《周禮》。此前公撰《諫官論》,尚曰"《周官》則未之學也"(詳本譜嘉祐六年)。至此留意此書《文集》卷七十八有《與徐賢良書》,揣文意當作於治平三年(詳下)。書曰"罪逆苟活,向蒙賢者不以無狀,遠賜存省","自別後,不復治《禮》",亦可見公丁憂期間研治《禮》學。此或與曾鞏、王補之切磋交流不無關係。曾鞏《講周禮疏》:"《周禮》之書於漢最晚出,劉歆以爲聖人之跡,世亦皆以爲然。然其有難合者,則自漢之學士往往疑之。餘觀其大法,成天下之務者,不能改也,非出於聖人,豈能如是哉……南城王君補之,於此書深考而精通者也。今歲之冬,可以群居,余欲共過此,而與州之君子者相從聽其口講,觀其指畫,以釋所未寤。"[1]關於此書考證及王補之赴江寧從學,詳下。

讀經山中,與贊元遊,嘗問祖師意旨

《文集》卷八十六《祭北山元長老文》:"自我壯強,與公

---

[1] 《曾鞏集》附錄,第736頁。

周旋。”

釋惠洪《禪林僧寶傳》卷二十七：“禪師名贊元，字萬宗，婺州義烏人，雙林傅大士之遠孫也……兄事蔣山心禪師，心歿，以元繼其席。舒王初丁太夫人憂，讀經山中，與元遊如昆弟。問祖師意旨，元不答。王益扣之，元曰：‘公般若有障三，有近道之質一，更一兩生來恐純熟。’王曰：‘願聞其説。’元曰：‘公受氣剛大，世緣深，以剛大氣遭深世緣，必以身任天下之重。懷經濟之志，用舍不能必，則心未平。以未平之心，持經世之志，何時能一念萬年哉？又多怒，而學問尚理，於道爲所知愚。此其三也。特視名利如脱屣，甘澹薄如頭陀，此爲近道。且當以教乘滋茂之，可也。’王再拜受教。”

按，《文集》卷三十六《蔣山覺海元公真賛》：“賢哉人也，行屬而容寂，知言而能默。譽榮弗喜，辱毁弗戚。弗矜弗克，人自稱德。有緇有白，自南自北。弗句弗逆，弗抗弗抑。弗觀汝華，惟食己寔。孰其嗣之，我有遺則。”姑附此。

與龔原書，論王回之賢如揚雄

《文集》卷七十二《答龔深父書》：“所示王深父事甚曉。然不爲小廉曲謹，以投衆人耳目，而趣舍必度於仁義，是乃深父所以合於古人，而衆人所以不識深父者也，言之於深父何病？揚雄亦用心於內，不求於外，不修廉隅，以徼名當世，故某以謂深父於爲雄，幾可以無悔。揚雄者，自孟軻以來未有及之者，但後世士大夫多不能深考之爾。孟軻，聖人也。賢人則其行不皆合於聖人，特其智足以知聖人而已。故某以謂深父其知能知軻，其於爲雄幾可以無悔。揚雄之仕，合於孔子無不可之義,奈何欲非之乎? 若以深父不仕爲過於雄,則自雄以來能不仕者多矣,豈皆能過於雄乎? 若以深父之不仕爲與雄異,則孟子稱禹、稷、顔回同道。深父之於爲雄,其以强學力行之所至,仕不仕特其所遭義命之不同,未可以議於此。深父吾友也,言其美尤不敢略,亦不敢誣,所以致忠信於吾友。"

《繫年》:"作此書時,安石尚爲母服喪,故有'久廢學'之説。又據書意,王深父必猶健在,而深父卒於治平二年七月,故此書當爲元年作。"可從。

按,龔原,嘉祐八年第進士第五名,調潁州司法參軍,而王回居潁州,故書中述及。

六月,撰《潭州新學詩并序》,頌美吳中復潭州興學

《文集》卷三十八《潭州新學詩并序》:"治平元年,天章閣待制興國吳公治潭州之明年正月,改築廟學于城東南。越五月,告成孔子用幣。潭人曰:'公爲善政以德我,又不勤我,而爲此學以嘉我,士子誰能詩乎,以誦我公於無窮。'皆辭不敢,乃使來請,詩曰:'有嘉新學,潭守所作。守者誰歟,仲庶氏吳。'"

按,"仲庶氏吳"即吳中復,字仲庶,嘉祐八年五月,以天章閣待制出守潭州。本年十二月,自潭徙瀛。[①]

秋,彭汝礪溯江來訪,有詩贈之

《詩注》卷三《贈彭器資》,曰:"鄱水滔天竟東注,氣澤

---

① 《長編》卷二百三十八熙寧五年九月丁卯,李燾注,第5800頁。

所鍾賢可慕。文章浩渺足波瀾，行義迢迢有歸處。中江秋浸兩崖間，遡洄與我相往還。我挹其清久未竭，復得縱觀於波瀾。”

李注：“器資名汝礪，饒州鄱陽人。治平二年進士第一，公早所厚。晚立朝風節彌邵，無所左右。贈詩時，器資未入朝，後以公薦而用。”

《繫年》：“當爲治平元年安石居江寧服喪，器資由鄱陽至金陵訪安石時所作，翌年器資即赴京應進士試也。”

按，彭汝礪字器資，《宋史》卷三百四十六有傳：“治平二年，舉進士第一。歷保信軍推官、武安軍掌書記、潭州軍事推官。王安石見其《詩義》，補國子直講，改大理寺丞，擢太子中允。”《名臣碑傳琬琰集》中卷三十一曾肇《彭待制汝礪墓誌銘》：“按彭氏世家金陵，後徙饒州，今爲鄱陽人。公諱汝礪，字器資，自讀書爲文，已有志於其大者。言動取舍，必度於義，朋友畏之。治平二年，以進士試禮部，擢第一。故事，進士第一人無入吏部選者。公釋褐，歷保信軍節度推官、武安軍節度掌書記。丁外艱，服除，復授潭州軍事推官。在選十年，人以爲淹，而公處之澹如也。丞相王文公得公《詩義》，善之，留爲國子監直講，改大理寺丞。”

十二月，以知虔州元積中徙建虔州州學，遣使求記，撰《虔州學記》

《文集》卷八十二《虔州學記》：“慶曆中，嘗詔立學州縣，虔亦應詔，而卑陋褊迫，不足爲美觀。州人欲合私財遷而大之久矣，然吏常力屈於聽獄，而不暇顧此，凡二十一年，而後改築於州所治之東南，以從州人之願。蓋經始於治平元年二月提點刑獄宋城蔡侯行州事之時，而考之以十月者，知州事錢塘元侯也……於是州人相與樂二侯之適己，而來請文以記其成。

余聞之也，先王所謂道德者，性命之理而已。其度數在乎俎豆、鐘鼓、管絃之間，而常患乎難知，故爲之官師，爲之學，以聚天下之士，期命辯說，誦歌絃舞，使之深知其意。夫士，牧民者也。牧知地之所在，則彼不知者驅之爾。然士學而不知，知而不行，行而不至，則奈何？先王於是乎有政矣。夫政非爲勸沮而已也，然亦所以爲勸沮。故舉其學之成者，以爲卿大夫；其次雖未成而不害其能至者，以爲士。此舜所謂庸之者也。若夫道隆而德駿者，又不止此，雖天子北面而問焉，而與之迭爲賓主，此舜所謂承之者也。蔽陷畔逃，不可與有言，則撻之以誨其過，書之以識其惡，待之以歲月之久而終不化，則放棄殺戮之刑隨其後。此舜所謂威之者也。蓋其教法，德則異之以智、仁、聖、義、忠、和，行則同之以孝、友、睦、婣、任、恤，藝則盡之以禮、樂、射、御、書、數。淫言詖行詭怪之術，不足以輔世，則無所容乎其時。而諸侯之所以教，一皆聽於天子。天子命之矣，然後興學。命之曆數，所以時其遲速；命之權量，所以節其豐殺。命不在是，則上之人不以教，而爲學者不道也。士之奔走、揖讓、酬酢、笑語、升降、出入乎此，則無非教者。高可以至於命，其下亦不失爲人用。其流及乎既衰矣，尚可以鼓舞群衆，使有以異於後世之人。故當是時，婦人之所能言，童子之所可知，有後世老師宿儒之所惑而不悟者也；武夫之所道，鄙人之所守，有後世豪傑名士之所憚而愧之者也。堯、舜、三代，從容無爲，同四海於一堂之上，而流風餘俗詠歎之不息，凡以此也。

周道微，不幸而有秦。君臣莫知屈己以學，而樂於自用，其所建立悖矣。而惡夫非之者，乃燒詩書，殺學士，掃除天下之庠序，然後非之者愈多，而終於不勝。何哉？先王之道德，出於性命之理，而性命之理出於人心。《詩》《書》能循而達之，非能奪其所有而予之以其所無也。經雖亡，出於人心者猶在，則亦安能使人舍己之昭昭，而從我於聾昏哉？然是心非特秦也，當孔子時，既有欲毀鄉校者矣。蓋上失其政，人自爲義，不務出至善以勝之，而患乎有爲之難，則是心非特秦也。墨子區區，不知失者在此，而發尚同之論。彼其爲愚，亦獨何異於秦？

嗚呼！道之不一久矣。揚子曰：‘如將復駕其所説，莫若使諸儒金口而木舌。’蓋有意乎辟雍學校之事。善乎其言！雖孔子出，必從之矣。今天子以盛德新即位，庶幾能及此乎。今之守吏，實古之諸侯，其異於古者，不在乎設施之不專，而在乎所受於朝廷未有先王之法度；不在乎無所於教，而在乎所以教未有以成士大夫仁義之材……故余爲書二侯之績，因道古今之變，及所望乎上者，使歸而刻石焉。”

按，“提點刑獄宋城蔡侯”爲蔡挺，《宋史》卷三百二十八有傳：“降知滁州。言者以爲輕，乃貶秩停官。越數歲，稍起，知南安軍，提點江西刑獄，提舉虔州鹽。”《宋會要輯稿》食貨二四：“英宗治平元年四月，江西提點刑獄、專置虔汀漳州賊盜、提舉虔州賣鹽蔡挺理轉運使資序，以久在江西，方委以置鹽故也。""元侯"爲元積中,字子發,①《輿地紀勝》卷三十二:"蔡挺:治平中權守,四賢堂所祠。元積中:治平中知郡,興學校,王文公爲之記。"《(雍正)江西通志》卷十八:"(贛州府儒學)初在澄清坊,宋慶曆中建。治平間,提刑蔡挺、州守元積中徙建於豐樂寺,王安石記。"

此乃公之名作,亦堪稱宋代政治文化史上劃時代之篇章,"爲'士以天下爲己任'和'與士大夫共天下'提供了理論的根據"。② 文中在記述建學外,又系統闡述儒家興學之理想,及道德性命之理,強調官學合一,一道德而同風俗,並暗寓以道統制約君權之帝師意識。其中所曰"先王所謂道德者,性命之理而已",被視爲公學術思想之精義,北宋後期"國是"之淵源所兆。③ 因立意高遠,議論卓絶,此後政爭中遂授人以柄,成衆矢之的。而有宋一代政治文化之變遷軌跡,亦可從中略窺焉。陳瓘《四明尊堯集序》曰:"臣聞先王所謂道德者,性命之理而已矣。此王安石之精義也。有《三經》焉,有《字説》焉,有《日録》焉,皆性命之理也。蔡卞、蹇序辰、鄧洵武等用心純一,主行其教,其所謂大有爲者,性命之理而已矣。其所謂繼述者,亦性命之理而已矣。其所謂一道德者,亦以性命之理而一之也。其所謂同風俗者,亦以性命之理而同之也。不習性命之理者謂之曲學,不隨性命

---

① 李之儀《姑溪居士文集》卷四十一《跋慎伯筠書》:"治平中,錢塘元積中子發守山陽,樂士喜談笑。山陽介東南舟車之衝,以故客至殆不容館穀。"

② 余英時《朱熹的歷史世界》上篇第三章,第307頁。

③ 關於北宋後期"國是"研究,可見余英時《朱熹的歷史世界》上篇第五章《國是考》。李華瑞《宋神宗與王安石共定"國是"考辨》,《文史哲》2008年第1期。

之理者謂之流俗……臣伏見治平中,安石唱道之言曰:'道隆而德駿者,雖天子北面而問焉,而與之迭爲賓主。'自安石唱此説以來,幾五十年矣,國是之淵源,蓋兆於此矣。臣聞天尊地卑,乾坤定矣,定則不可改也。天子南面,公侯北面,其可改乎? 今安石性命之理,迺有天子北面之禮焉。夫天子北面以事其臣,則人臣何面以當其禮? 臣於性命之理,安得而不疑也!"同書卷一:"又況臨川之所學,不以《春秋》爲可行,謂天子有北面之儀,謂君臣有迭賓之禮。禮儀如彼,名分若何? 此乃衰世侮君之非,豈是先王訪道之法? 贛州舊學記刊於四紀之前,辟水新廳像成於一婿之手,唱如聲召,應若響隨。"及至宋室南渡,"北面而問焉"又被附會爲公背經悖理之罪狀。《建炎以來繫年要録》卷一百七十三:"(紹興二十六年九月乙卯)詔:故贈右諫議大夫陳瓘特賜諡'忠肅'。先是,上謂輔臣曰:'近覽瓘所著《尊堯集》,無非明君臣之大分,深有足嘉。《易》首乾、坤,孔子作《繫辭》,亦首言天尊地卑。《春秋》之法,無非尊王。王安石號通經術,而其言乃謂"道隆德駿者,天子當北面而問焉",其背經悖理甚矣。瓘宜賜諡以表之。'事下太常,至是用博士劉嶸擬定行下。"

朱氏妹遽卒

《曾鞏集》卷十六《與王介甫第三書》:"子進弟奄喪已易三時矣,悲苦何可以堪! 二姪年可教者,近已隨老親到此。二尤小者,六舍弟尚且留在懷仁,視此痛割,何可以言! 承介甫有女弟之悲,亦已屢更時序,竊計哀戚,何以自勝。"

　　按，曾鞏所謂"女弟"，當爲朱明之妻。《長編》卷二百二十六熙寧四年八月己卯："前旌德縣尉王雱爲太子中允、崇政殿説書。"《林希野史・政府客篇》："朱明之，介之妹壻，妹卒，又娶其姪，以固姻好。上問：'明之如何人?'安石退曰：'臣妹壻，請問京。'"湯江浩謂："（林希）載明之初娶安石之妹，妹卒又娶其侄，以固姻好，亦甚可疑，王安石兄弟諸文皆不載其次妹早卒。"①然據曾鞏書，林希所云不妄。王晉光推測："朱氏妹大約卒於治平元年末或二年初。"②可從。

是年，韓求仁問學，有書答之

　　《文集》卷七十二《答韓求仁書》："比承手筆，問以所疑，哀荒久不爲報。勤勤之意，不可以虛辱，故略以所聞致左右，不自知其中否也，唯求仁所擇爾。

　　蓋序《詩》者不知何人，然非達先王之法言者，不能爲也。故其言約而明，肆而深，要當精思而熟講之爾，不當疑其有失也……所謂《小雅》《大雅》者，《詩》之序固曰：政有小大，故有小雅焉，有大雅焉。然所謂大雅者，積衆小而爲大，故小雅之末，有疑於大雅者，此不可不知也。又作詩者，其志各有所主，其言及於大而志之所主者小，其言及於小而志之所主者大，此又不可不知也……語道之全，則無不在也，無不爲也，學者所不能據也，而不可以不心存焉。道之在我者爲德，德可據也。以德愛者爲仁，仁譬則左也，義譬則右也。德以仁爲主，故君子在仁義之間，所當依者仁而

①　湯江浩《北宋臨川王氏家族及文學考論》，第 213 頁。
②　王晉光《王安石的前半生》，第 131 頁。

已。孔子之去魯也，知者以爲無禮也，乃孔子則欲以微罪行也。以微罪行也者，依於仁而已。禮，體此者也；智，知此者也；信，信此者也。孔子曰：志於道，據於德，依於仁。而不及乎義禮智信者，其説蓋如此也。揚子曰：道以道之，德以得之，仁以人之，義以宜之，禮以體之，天也。合則渾，離則散，一人而兼統四體者，其身全乎！老子曰：失道而後德，失德而後仁，失仁而後義，失義而後禮。揚子言其合，老子言其離，此其所以異也。韓文公知道有君子有小人，德有凶有吉，而不知仁義之無以異於道德，此爲不知道德也。管仲九合諸侯，一匡天下，此孟子所謂天之大任者也；不能如大人正己而物正，此孔子所謂小器者也。言各有所當，非相違也。

昔之論人者，或謂之聖人，或謂之賢人，或謂之君子，或謂之仁人，或謂之善人，或謂之士。《微子》一篇，記古之人出處去就，蓋略有次序。其終所記八士者，其行特可謂之士而已矣。當記此時，此八人之行，蓋猶有所見，今亡矣，其行不可得而考也。無君子小人，至於五世則流澤盡，澤盡則服盡，而尊親之禮息。萬世莫不尊親者，孔子也，故孟子曰：予未得爲孔子徒也，予私淑諸人也。

孟子所謂市廛而不征，法而不廛者，先儒以國中之地謂之廛，以《周官》考之，此説是也。廛而不征者，賦其市地之廛，而不征其貨；法而不廛者，治之以市官之法，而不賦其廛。或廛而不征，或法而不廛，蓋制商賈者惡其盛，盛則人去本者衆；又惡其衰，衰則貨不通，故制法以權之。稍盛則廛而不征，已衰則法而不廛。文王之時，關譏而不征；及周公制禮,則凶荒札喪,然後無征,蓋所以權之也。貢者,夏后氏之法,而孟子以爲不善者。不善,非夏后氏之罪也,時而已矣。

責難於君者,吾聞之矣;責善於友者,吾聞之矣。雖然,其於君也,曰以道事之,不可則止;其於友也,曰忠告而善道之,不可則止。王驩於孟子,非君也,非友也。彼未嘗謀於孟子,則孟子未嘗與之言,不亦宜乎?

求仁所問於《易》者,尚非《易》之蘊也。能盡於《詩》、《書》、《論語》之言,則此皆不問而可知。某嘗學《易》矣,讀而思之,自以爲如此,則書之,以待知《易》者質其義。當是時,未可以學《易》也,唯無師友之故,不得其序,以過於進取,乃今而後知昔之爲可悔,而其書往往已爲不知者所傳,追思之未嘗不媿也。以某之媿悔,故亦欲求仁慎之。蓋以求仁之才能,而好問如此,某所以告於左右者,不敢不盡,冀有以亮之而已。至於《春秋》,三傳既不足信,故於諸經尤爲難知。"

按,《蔡譜》卷十一:"書言'哀荒,久不爲報',似猶在憂服之中,故錄於治平初年。《詩》、《易》、《春秋》、《論語》、《孟子》,亦祇因所問而隨答之耳,即所問有答有不答,於《易》與《春秋》,尤見其矜重詳密,而虛懷常若不及也。"

韓宗恕字求仁,韓縝長子。《名臣碑傳琬琰集》下卷二十李清臣《韓太保縝傳》:"縝字玉汝,潁昌人,父億事仁宗爲參知政事。以父任補將作監主簿。慶曆初,擢進士第……縝外事莊重,所至以嚴稱。雖出入將相,而寂無功烈。厚自奉養，清議貶之。子宗恕、宗武、宗魯、宗矩。”晁説之《嵩山文集》卷二十一《宋太令人陳氏墓誌銘》載韓宗恕問學事：“惟莊敏公（韓縝）震耀天下，其家事治於官府，諸子耳目習焉無難，實難乎其婦也。莊敏公長子宗恕求仁之配曰陳氏，文惠公之孫、秘閣校勘博古之女。陳，韓匹也……求仁少年登詩賦進士第，獨恨經術淺薄。時有近臣養譽鍾山，以經自鳴者，求仁謹移書焉。夫人勉之曰：‘仕宦以無文爲恥，我婦人不知何謂文，而其無怠。’彼來自鍾山當國，一旦亟暴寵靈以急士，求仁獨不得調。”“養譽鍾山”、“來自鍾山當國”之近臣，即公。

又此書論《詩》、《禮》可相解，《春秋》三傳不足信；能盡《詩》、《書》、《論語》之言，則《易》等不問而可知。

書曰：“至於《春秋》，三傳既不足信，故於諸經尤爲難知。”陸佃《陶山集》卷十二《答崔子方秀才書》：“若夫荆公不爲《春秋》，蓋嘗聞之矣。公曰三經所以造士，《春秋》非造士之書也。學者求經，當自近者始，學得《詩》，然後學《書》；學得《書》，然後學《禮》。三者備，《春秋》其通矣。故《詩》、《書》執禮，子所雅言，《春秋》罕言以此。由是觀之，承學之士驟而語《禮》，不知其本也；驟而語《春秋》，不知其始也。”二者相參，可辨公詆《春秋》爲斷爛朝報之誣。林希逸《鬳齋續集》卷二十八：“和靖曰：‘介甫未嘗廢《春秋》，廢《春秋》以爲斷爛朝報，皆後來無忌憚者，託介甫之言也。’和靖又謂韓玉汝之子宗文，字求仁，嘗上王介甫書，請六經之旨。介甫皆答之，獨於《春秋》曰此經比它經尤難，蓋《三傳》皆不足信也。故有介甫大段識好惡之語。且曰：‘介甫亦有《易解》,其辭甚簡,疑處即缺文。後來有印行者,名曰《易傳》,非介甫之書。'和靖去介甫未遠,其言如此,甚公。今人皆以斷爛朝報之語爲荆公之罪,亦冤甚矣。"惟以韓求仁爲韓宗文,誤也。[①]

故吏周之道知江寧縣

汪藻《浮溪集》卷二十六《尚書刑部侍郎贈通議大夫周公墓誌銘》:"年十三,以文謁安定先生胡瑗,瑗奇之,因留受業。擢皇祐五年進士第,調主杭州錢塘簿……移歙州祁門令,有政蹟。改著作佐郎、知江寧府江寧縣。縣素劇,更數令不能治,公視訟牒如流,庭無留事。守知其敏,雖府事亦以委公。于是田苦下潦與江通,公築圩數千丈,民賴其護,至今以公名其圩。秩滿,知遂州錄事參軍,改通判戎州。初,王文公安石奉使江東,祁門其屬邑也,熟知公治狀。已而寓居金陵,得公尤詳。居無何,文公當國,絳亦預政,皆言公可用。召對,擢知開封府司錄參軍。"

按,墓主周之道,嘉祐三年移歙州祁門令,時公提點江東刑獄,爲公屬吏,見本譜嘉祐三年。

十二月二十九日,謝景平卒。爲撰墓誌銘

《文集》卷九十六《秘書丞謝師宰墓誌銘》:"君姓謝氏,諱景平,字師宰,尚書兵部員外郎、知制誥、陽夏公、贈禮部

尚書諱絳之子……年三十三，以治平元年十二月庚申卒。妻尹氏，生男女四人，皆前死。其兄以某年某月某日，葬君鄧州穰縣五隴山南。"

治平二年乙巳（1065），四十五歲

二月，爲刁湜之子撰墓誌銘

《文集》卷九十三《虞部郎中刁君墓誌銘》，文曰："刁氏於江南爲顯姓。當李氏時，君曾祖諱某甚貴寵，嘗節度昭信軍，卒，葬昭信城南。皇祖諱某，亦嘗仕李氏，歸朝廷，以尚書兵部郎中、直秘閣……尚書屯田員外郎諱某者，葬丹徒，於君爲皇考，故君爲丹徒人。君諱某，字某，嘗舉進士不中，遂用皇祖蔭仕州縣，以尚書虞部郎中知廣德軍。歸，卒于京師，年六十一。後卒之若干日，治平二年二月十五日，葬丹徒樂亭村。"

按，墓主當爲刁湜之子，刁衎之孫。《宋史》卷四百四十一《刁衎傳》："刁衎字元賓，昇州人。父彥能，仕南唐爲昭武軍節度。衎用蔭爲秘書郎、集賢校理，衣五品服，以文翰入侍，甚被親昵。李煜嘗令直清輝殿，閱中外章奏。金陵平，從煜歸宋，太祖賜緋魚，授太常寺太祝……子湛、湜、渭，皆登進士第。湛，刑部郎中；湜，屯田員外郎；渭，太常博士。湛子繹、約，天聖中並進士及第。"

爲狄遵之父狄棐撰神道碑

《文集》卷八十九《尚書工部侍郎樞密直學士狄公神道碑》，文曰："公，梁公之十四世孫也，諱棐，字輔之……少孤力學，中咸平三年進士甲科……其知揚州，則不及赴而卒于京師，慶曆三年二月十七日也，享年六十七公……生六男子：遵道、遵度、遵禮、遵愨、遵路、遵彝。遵度當天聖初，善爲古文，志義甚高，嘗爲襄州襄陽縣主簿，不幸早死，君子莫不傷之……狄氏當五代之亂，占潭之湘潭，至公始葬武城君於許州陽翟縣張澗里，故以公合葬，葬以慶曆五年。既葬二十年，而遵禮來求銘文，刻之墓碑。”

按，墓主慶曆三年知揚州，不及赴而卒於京師，其時公簽署揚州判官廳公事。其子狄遵禮嘗知鄞縣。黃庭堅《豫章黃先生文集》卷二十二《朝議大夫致仕狄公墓誌銘》：“公諱遵禮，字子安……父棐，樞密直學士、工部侍郎，亦贈工部尚書……少以父任試秘書省校書郎，三遷爲大理評事，知湖州安吉縣、明州鄞縣，稍有能聲，以大理寺丞通判成德軍……在安吉時，馬尋守湖州，少公，恐不任事……在鄞縣，縣中號無訟，乃築亭觀，延閩人章望之表民與講學，士子頗歸之。表民集中有與狄子論事，則公也……昔余舅氏户部尚書李公擇，元規婿也，數爲余道子安之爲人。今子安後歿，不得公擇銘其墓銘，非余其誰銘？”考馬尋慶曆五年至七年守湖州，《（嘉泰）吳興志》卷十四“郡守題名”：“馬尋，金部郎中，慶曆五年四月到，七年四月罷。”以此而推，則狄遵禮知鄞縣，必於公皇祐二年離鄞之後。

江東轉運判官范純仁有詩呈弟安國，與之厚善

《范忠宣公文集》卷三《和吳君平遊蔣山兼呈王安國二首》。

按，治平元年至二年，范純仁爲江東轉運判官。《長編》卷二百三治平元年十一月己卯："屯田員外郎、知襄邑縣范純仁爲江東轉運判官。"《宋會要輯稿》職官一七："英宗治平二年六月三日，命江東轉運判官、屯田員外郎范純仁爲殿中侍御史。"皇祐二年，公兄弟於杭州謁范仲淹，識范純仁，善之。① 故詩曰："錢塘山色飽相從，復此登臨景物同。"又，皇祐四年范仲淹卒後，范純仁方出仕爲官，《名臣碑傳琬琰集》上卷十一《范忠宣公純仁世濟忠直之碑》："皇祐元年進士起家，歷知常州武進、許州長葛二縣，皆不赴。文正公薨，乃出仕，以秘書省著作佐郎知汝州襄城縣。"自皇祐五年至此十二年，詩約成數而言，故曰"十年游宦阻朋從，尊酒俄欣二友同"。

三月二十一日，葛良嗣卒。有詩挽之

《詩注》卷五十《葛興祖挽詞》。

李注："名良嗣，年四十餘，始以進士出仕州縣。餘十年，窮於無所遇以死，公嘗銘其墓云。""興祖當天聖、嘉祐間，兄弟皆以文有聲赫然，屢試進士，角出其上。""興祖卒於許州長社簿。""介甫誌興祖墓，追悼甚切。"

《文集》卷九十二《葛興祖墓誌銘》："許州長社縣主簿葛君諱良嗣，字興祖……其卒年五十三，實治平二年三月辛巳。"

---

① 曾肇《曾文昭公集》卷三《范忠宣墓誌銘》："公雅與荆公善。"

七月二十八日,王回卒。有文祭之

《文集》卷八十六《祭王回深甫文》:"嗟嗟深甫! 真棄我而先乎……嗚呼天乎! 既喪吾母,又奪吾友。"

《文集》卷九十三《王深甫墓誌銘》:"其卒以治平二年七月二十八日,年四十三。"

八月,母大祥;又撰王回墓誌銘,寄示曾鞏

《文集》卷九十三《王深父墓誌銘》:"深父諱回,本河南王氏……嘗以進士補亳州衛真縣主簿,歲餘,自免去,有勸之仕者,輒辭以養母。其卒以治平二年七月二十八日,年四十三。於是朝廷用薦者,以爲某軍節度推官、知陳州南頓縣事,書下而深父死矣。夫人曾氏,先若干日卒。子男一人,某,女二人,皆尚幼。諸弟以某年某月某日葬深父某縣某鄉某里,以曾氏祔。"

按,《曾鞏集》卷十六《與王介甫第三書》:"鞏啓:八月中承大夫人大祥,於郵中寓書奉慰。十月,梅厚秀才行,又寓書,不審皆到否……深父殂背,痛毒同之,前書已具道矣。示及誌銘,反復不能去手。"

九月,登冶城有詩

《詩注》卷十四《乙巳九月登冶城作》:"欲望鍾山岑,因知冶城路。躋攀隱木杪,稍記曾遊處。紅沉渚上日,蒼起榛中霧。即事有哀傷,山川自如故。"

董儔遷謫江寧，與之遊，多有唱酬

《詩注》卷三十《示董伯懿》、《詩注》卷三十五《次韻董伯懿松聲》、《詩注》卷七《董伯懿示裴晉公平淮右題名碑詩用其韻和酬》；《王文公文集》卷六十三《與伯懿至臺城三首》。

《詩注》卷十六《送董伯懿歸吉州》："我來以喪歸，君至以謫徙。蒼黃憂患中，邂逅遇於此。去年服初除，聽赦相助喜。看君數歸月，但屈兩三指。"

李注："公嘉祐八年八月丁母憂，時爲知制誥。觀詩意，董由遷謫來金陵，嘗從公遊。此詩送其歸鄉，蓋赦後一年乃得歸。"

按，董儔字伯懿，江西永豐人，慶曆二年進士。[①] 據清《（同治）永豐縣志》卷二十四，董歷任穰、懷、彭澤、北海等縣縣令。嘉祐二年正月，充點檢試卷官，時公考試鏁廳舉人。[②] 其父董淳，《（雍正）江西通志》卷四十九載其登大中祥符八年進士第，爲公父王益同年。

泛舟青溪，入水門，登高齋，有詩呈孫昌齡

《詩注》卷三十五《泛舟青溪入水門登高齋奉呈叔康》。

李注："按《建康志》：'青溪，吳大帝赤烏四年鑿東渠，名青溪，通城北塹潮溝，闊五丈，深八尺，以洩玄武湖水。發源鍾山，西南流，東出於青溪閘口，接於秦淮。及楊溥城金

①　《（雍正）江西通志》卷四十九。
②　《宋會要輯稿》選舉一九，第5627頁。

陵，青溪始分爲二，在城外者自城濠合於淮，在城内者湮塞僅存。齊高帝先有宅在青溪，武帝即位，以宅爲青溪舊宫。”

“孫叔康，名昌齡，屯田員外郎、簽書江寧節度判官。”

撰張瑗墓誌銘

《文集》卷九十一《尚書祠部員外郎秘閣校理張君墓誌銘》。墓主張瑗，“字君玉……年五十五，以嘉祐五年四月壬申卒京師……治平二年九月甲申，葬君全椒善政鄉修仁里，於是伯孫主邵武軍光澤縣簿。君與余善，其能貧而不爲利，余所畏。”

按，張瑗，慶曆六年進士。①

以江南東路轉運使王皙贈池紙并詩，有詩酬之

《詩注》卷十六《次韻酬微之贈池紙并詩》，曰：“微之出守秋浦時，椎冰看擣萬穀皮。波工龜手咤今樣，魚網肯數荆州池。霜紈奪色價不售，虹玉喪氣山無輝。方船穩載獻天子，善價徐取供吾私。十年零落尚百一，持以贈我隨清詩……篇終有意責趙璧，窮國恐誤連城歸。傾囊倒篋聊一報，安敢坐以秦爲雌。”

按，王皙字微之，治平二年、三年爲江南東路轉運使，②遷刑部郎中。③ 嘉祐三年，王皙知池州，即詩曰“微之出守秋

---

① 《（咸淳）毗陵志》卷十一，第3046頁。

② 李之亮《宋代路分長官通考》，第583頁。

③ 韓維《南陽集》卷十七《江南東路轉運使尚書祠部郎中充集賢校理王皙可尚書刑部郎中制》。

浦時”,公提點江南刑獄,巡檄至池,與之唱和(詳本譜嘉祐三年)。自嘉祐三年至本年八年,詩曰“十年零落尚百一,持以贈我隨清詩”者,以成數言也。

十月十一日,服除,復爲工部郎中、知制誥,召赴闕

《長編》卷二百六治平二年十月甲午:“復以王安石爲工部郎中、知制誥,母喪除故也。”

韓維《南陽集》卷十六《工部郎中知制誥王安石可舊官服闋制》:“敕:三年之喪,禄之於家,而不敢煩以事,此朝廷所以待近臣而申孝子之情也。若夫既除而從政,則下之所當勉也。具官某學通經術,行應法義,銜哀服禮,内外竭盡,可謂邦之俊良,民之表儀者矣。朕臨政願治久矣,想聞生之奇論,以佐不逮。其悉朕意,亟復於位。可。”

按,北宋官員“三年之喪,止以二十七月爲滿”,丁憂期通常爲二十七月。自嘉祐八年八月公丁憂解官,至本年十月首尾恰二十七月,故詔赴闕。

十九日,知江寧府彭思永赴闕,有詩相送

《詩注》卷三十九《送江寧彭給事赴闕》。

李注:“彭思永自右諫議大夫知瀛州,以病請便郡,徙知江寧府,召爲御史中丞,論斥濮議最力。公時在江寧,作此詩送之。”

《宋史》卷三百二十《彭思永傳》:“尋爲户部副使,擢天章閣待制、河北都轉運使、知瀛州……徙知江寧府。治平中,召爲御史中丞。”

《（景定）建康志》卷十三：“治平元年四月十六日，給事中、天章閣待制彭思永知府事。二年十月十九日，思永赴闕，爲御史中丞……”

按，彭思永娶晏殊姪，而公妻堂妹嫁晏殊姪晏脩睦（昭素）。《河南程氏文集》卷四程顥《故户部侍郎致仕彭公行狀》：“公諱思永，字季長。其先京兆人，唐之中世有爲吉州刺史者，因家焉，今爲廬陵人……公娶晏氏，故相元憲公之姪，而刑部侍郎諱容之子也，封延安郡君，有賢行，爲宗黨所尊。”

二十七日，上狀辭赴闕，乞一分司官於江寧居住

《文集》卷四十《辭赴闕狀》其一：“右臣准中書劄子，伏奉聖恩，以臣喪服既除，特授故官，召令赴闕……臣抱病日久，未任跋涉，見服藥調理，乞候稍瘥，即時赴闕。”

其二：“右臣伏准中書劄子，奉聖旨令體認朝廷累降指揮，疾速發來赴闕。臣愚無狀，屢蒙聖恩逮及，自非抱疢不任職事，豈敢故爲逋慢？臣近已奏陳，乞一分司官於江寧府居住。伏望聖慈特賜矜許，所冀便於將理，終獲有瘥，則臣雖自知無補於聖時，猶當乞備官使，仰副朝廷眷録之意。”

按，《辭赴闕狀》題注：“治平二年七月二十七日。”“七”應爲“十”之訛，蓋因七月猶未除喪。[1] 蔡上翔《王公年譜考略》卷十二：“是年七月，公方服除，而英廟即趣召赴闕，至於

<hr>

[1] 壽涌《〈臨川先生文集〉年月與階官疑誤十一則》，《古籍整理研究學刊》2009年第3期。

再三。公既皆以疾辭,猶自乞分司,稍獲有瘳,即時赴闕。其於君臣恩義並隆矣。備録於此,以證他日呂誨訐奏之妄。"恐非。又《詩注》卷四十《被召作》:"榮禄嗟何及,明恩愧未酬。欲尋西掖路,更上北山頭。"李注:"此詩意兼君親言之。"可見公此時心境。

弟安國如通州,有詩寄之

《詩注》卷四十五《平甫如通州寄之》:"北山搖落水峥嶸,想見揚帆出廣陵。平世自無憂國事,求田應不忤陳登。"

按,通州,今江蘇南通市。翌年,王安國至常州教授州學,詳本譜治平三年。

十一月,撰葛良嗣墓誌銘

《文集》卷九十二《葛興祖墓誌銘》:"許州長社縣主簿葛君諱良嗣,字興祖……其卒年五十三,實治平二年三月辛巳。其葬以胡氏祔,在丹徒之長樂鄉顯揚村,即其年十一月某甲子也。"

《詩注》卷五十《葛興祖挽詞》,李注:"興祖名良嗣……當天聖、嘉祐間,兄弟皆以文有聲赫然,屢試進士,角出其上……介甫誌興祖墓,追悼甚切。"

弟安禮如京師,王皙置酒送行

《詩注》卷十四《和甫如京師微之置酒》:"季子將北征,貂裘解亭皋。使君擁鳴騶,出餞載酒醪。作詩寵行色,坐客多賢豪。信知大夫才,能賦在登高。陟屺憂未已,强歌反哀號。問言歸何時，逮此冬風饕。川塗良阻修，篁簹慎所操。黃屋初啓聖，萬靈歸一陶。詢謀及疏賤，拔取皆時髦。往矣果有合，可辭州縣勞。”

李注：“王皙字微之，時知江寧。”“時介父新免母喪，餘哀未忘。”“黃屋，謂英廟即位初也。”

《沈注》：“王微之，名皙。李注云‘時知江寧府’，而《建康志》不載王皙，於嘉祐七年云：‘以諫議大夫王贄知府事。’則皙乃贄之譌也。贄知江寧歷二年，至英宗治平元年始遷，與詩中‘黃屋初啓聖’語合。”

《繫年》：“李注云‘王皙字微之，時知江寧’，皙乃贄之譌，前已述之。此詩有‘黃屋初啓聖’之語，乃指英宗初即位事……按古例父母之喪，須閉戶讀禮，謝絕人事，居官者一律解職，以二十七月爲滿（不計閏），謂之守制，言守三年喪之制度也。安石以嘉祐八年八月解官返江寧居喪，至治平二年十月除喪。據此，則此詩當作於治平二年末，時和甫如京師而微之尚未遷官。”

按，《繫年》謂“此詩當作於治平二年末，時和甫如京師而微之尚未遷官”，是也。然《沈注》、《繫年》均以王皙乃王贄之譌，則誤。據《張方平集》卷三十九《朝散大夫守尚書戶部侍郎致仕上柱國太原郡開國公食邑二千九百戶食實封五百戶賜紫金魚袋王公墓誌銘》，王贄“字至之，廬陵太和人”，本年，“龍圖閣學士、給事中、知陳州王公年七十，請致君事，以尚書禮部侍郎得謝歸鄉里。”此與王皙字微之者，判然二人。《（景定）建康志》卷十三：“（嘉祐七年）十月十三日，申錫改禮部郎中，移知滄州。左諫議大夫王贄知府事。治平元年四月十六日,給事中、天章閣待制彭思永知府事。二年十月十九日,思永赴闕。"據此,則王贄于治平元年初已離任江寧,其時王安禮仍持服,不得赴京。

微之,即王皙,李注得之,見本譜嘉祐三年。王皙於治平二年、三年間爲江南東路轉運使,治所江寧,故得以與公酬酢往還。① 此詩當作於治平二年十月公除母喪後,和甫赴選京師,爲其餞別。

高師雄見訪,與之同遊

《文集》卷八十五《祭高師雄主簿文》:"去歲憂除,追尋陳迹。淮水之上,冶城之側。握手笑語,有如一昔。屈指數日,待君歸舲。"

十一月,撰楊公適墓誌銘

《文集》卷九十七《朝奉郎守殿中丞前知興元府成固縣楊君墓誌銘》。墓主楊公適,公叔祖王觀之婿。"治平元年歸,得疾於楚州,二月二十一日卒,年六十五。夫人王氏,即興元府君、尚書主客郎中諱某之女……諸子孫以二年十一月四日,葬君江都東興鄉之北原。以某嘗得侍君,而君知之於少時者也,故屬以銘。"

上書富弼,謝其助喪撫恤之德

《文集》卷七十六《上富相公書》:"近聞以旄纛出撫近

---

① 公與王皙唱酬頗夥,《繫年》、《繫年初稿》均繫於治平二年、三年。

鎮，而尚以衰麻故，不得參問動止。卷卷之情，何可以勝。
日月不處，既除喪矣，而繼以疾病，又念之曲折造次，不足以
自達，故曠日引久而闕然，不即敘感，實冀寬大仁明有以容
而察之而已。”

　　按，“以旌纛出撫近鎮”，謂富弼出判揚州，揚州與江寧
相鄰，故云。《長編》卷二百五治平二年七月壬戌：“樞密使、
戶部尚書、同平章事富弼累上章以疾求罷，至二十餘。上固
欲留之，不可，癸亥，罷爲鎮海節度使、同平章事、判河陽。”
注曰：“案《宋史》稱‘判揚州，進封鄭國公’，亦即此時。”

　　又，治平二年七月癸亥富弼出判揚州，時公“尚以衰麻
故，不得參問動止。”由此可證公《辭赴闕狀》題注“七月”應
爲“十月”之訛無疑矣。

上書宋庠，謝其弔問顧恤之德

　　《文集》卷七十六《上宋相公書》：“當閣下以三公歸第，
四方奔走賀慶之時，而某尚以衰麻之故，不能有一言自獻，
以贊左右之喜。歲時不居，奄及喪除，可以有獻矣，然所能
進於左右，乃不過如此。”

　　《繫年》：“宋相公，宋庠也……此乃喪除後所書，當在治
平二年，明年宋庠卒。”是。

　　按，《長編》卷二百八治平三年四月辛丑：“司空致仕鄭
國公宋庠卒。帝方以災異避正殿，有司誤奏毋臨喪，乃爲挽
辭二篇賜之。贈太尉兼侍中，謚元憲。”

上書張昇，謝母喪時其附循之德

《文集》卷七十六《上張樞密書》："今既除喪，可以叙感矣，然所能致於左右者不過如此。蓋拳拳之心，書不能言，實冀寬大仁明有以容而亮之而已。伏惟閣下以正直相天下，翊堯戴舜，功不世有。辭寵去寄，而退託一州，所以承下風而望餘澤，非特門牆小人而已。"

按，吳處厚《青箱雜記》卷八："樞相張公昇，字杲卿，陽翟人，大中祥符八年蔡齊下及第。"張昇與公父王益爲同年，本年七月罷樞密，①此書當作於本年十月公服除後。

十二月，撰李問墓誌銘

《文集》卷九十七《國子博士致仕李君墓誌銘》，文曰："廣陵李君者，諱問，字某，以數舉進士，賜同學究出身……會今上即位，遷博士，至明年而卒。又明年十二月二十五日，葬廣陵某鄉某里……卒時治平元年十一月十一日也……君娶開封浩氏，有兩男子：察，山南東道節度推官，蚤卒。定，集慶軍節度推官……定有文行，從余遊，故與爲銘。"

按，墓主李問，乃李定之父。此李定字資深，公之高足，烏臺詩案之始作俑者。《宋史》卷三百二十九《李定傳》："李定字資深，揚州人。少受學於王安石。登進士第，爲定遠尉、秀州判官。"

---

① 《長編》卷二百五治平二年七月庚辰："樞密使、吏部侍郎張昇罷爲彰信節度使、同平章事、判許州。"第4979頁。

曾鞏致書，商榷《王深甫墓誌銘》，問何時赴京

《曾鞏集》卷十六《與王介甫第三書》："鞏啟：八月中，承太夫人大祥，於郵中寓書奉慰。十月，梅厚秀才行，又寓書，不審皆到否？昨日忽被來問，良慰積日之思。深甫殂背，痛毒同之，前書已具道矣。示及誌銘，反復不能去手。所云'令深父而有合乎彼，則不能同乎此矣'。是道也，過千歲以來，至於吾徒，其智始能及之，欲相與守之，然今天下同志者，不過三數人爾，則於深父之歿尤可爲痛。而介甫於此獨能發明其志，讀之滿足人心，可謂能言人之所不能言者矣。顧猶見使商榷所未安，觀介甫此作，大抵哀斯人之不壽，不得成其材，使或可以澤今，或可以覺後，是介甫之意也。而其首則云'深甫書足以致其言'，是乃稱深甫以未成之材而著書，與夫本意違矣，願更詳之。《孟子》之書，韓愈以謂非軻自作，理恐當然。則所云'幸能著書'者，亦惟更詳之也。如何？幸復見諭……示諭溲血，比良已否？即日不審寢食如何？上奏當稱前某官，十數日前，見劉琮言已報去，承見問，故更此及之爾。今介甫果以何時此來乎？不惜見諭。"

歲末，與王皙同賦梅花

《詩注》卷三十一《與微之同賦梅花得香字三首》。

是年，因居喪哀毀過甚，溲血

《曾鞏集》卷十六《與王介甫第三書》："示諭溲血，比良

已否？即日不審寢食如何？”

居喪間與李士寧有交遊,贈之詩

《詩注》卷三十八《贈李士寧道人》:“季主逡巡居卜肆,彌明邂逅作詩翁。曾令宋賈歎車上,更使劉侯驚坐中。杳杳人傳多異事,冥冥誰識此高風。行歌過我非無謂,惟恨貧家酒盞空。”

李注:“士寧,蜀之蓬州人也。”“季主、彌明皆以比士寧。《蓬山仙傳》稱士寧目不知書,善吟詩,不學陰陽,能推休咎。嘗獻陳恭公詩曰:‘春宵一刻值千金,花有清香竹有陰。歌筦樓臺風細細,鞦韆院落月深深。’公遷左揆。後王文恭公作參政,先生又以此詩爲獻,亦登左揆。”

李注“行歌過我非無謂,惟恨貧家酒盞空”:“久之,除知制誥。丁母憂,歸金陵。先生游南海,因過公,留連數月,以詩即之,即此詩也。先生將行,謂公曰:‘俟執政時相見。’泊公拜相,召先生至,益加敬焉。”

《邵氏聞見錄》卷九:“士寧者,蓬州人,有道術。荆公居喪金陵,與之同處數年。”

按,數“年”,恐數“月”之誤。

又《詩注》卷四《擬寒山拾得二十首》其十二:“李生坦蕩蕩,所見實奇哉。問渠前世事,答我燒炭來。炭成能然火,火過却成灰。灰成即是土,隨意立根栽。”李注:“李生,指士寧也。”

晏防從學，問修心之要，手書佛偈遺之

謝逸《溪堂集》卷九《故通仕郎晏宗武墓誌銘》：“大丞相元獻公，宗武叔祖也，歐陽文忠公嘗爲墓碑。宗武太夫人長樂郡君吳氏，荆國王文公夫人之妹也。文公嘗命宗武名，又字而序之。欲知宗武世次遷徙，考文忠所作墓碑可也；欲知宗武行已趨操，考文公所作字序可也。余是以知後世之人決知宗武無疑也。宗武，撫之臨川人，姓晏諱防，宗武字也。曾祖諱郜，累贈開府儀同三司太師中書令兼尚書令。祖諱融，任殿中丞，贈金紫光禄大夫。考諱昭素，任中散大夫。宗武以中散恩補將仕郎，試將作主簿，江州德安縣尉……客死京師，享年四十有八，大觀四年二月二十日也……幼從文公學，嘗問修心之要，文公笑曰：‘吾子亦能問及此耶？’手書七佛偈以遺之。”

是年，爲王無咎之父撰墓表

《文集》卷九十《建昌王君墓表》。墓主爲王無咎之父，文曰：“葬久矣，無咎始求予文，以表君墓。當時無咎棄台州天台縣令，教授於常州，其學彌勤，其行彌厲，其志蓋非有求於兹世而止，能使君顯聞於後世，庶其在此。”

按，王無咎字補之，本年前後教授於常州，詳本譜治平三年。墓誌當撰於本年。

楊驥至江寧從學。因驥識鄭俠，收置門下

鄭俠《西塘先生文集》附録《鄭俠傳》：“先生諱俠，字介

夫,其先光州固始人。唐末隨王氏入閩,家于永福,曾祖遷於福清縣。父暈,同五經出身,終通直郎。先生少有志操,學識閎遠,流輩推服,未弱冠知名。父監江寧府稅,時先生下第歸,因就清凉寺讀書,不交人事,惟正旦、至日一歸省親。時荆公以舍人居憂,聞而奇之。有楊驥者,自鄱陽來學於荆公,公使依先生學。一夕大雪,先生讀書過半夜,寒甚,呼驥起,飲酒酣,登閣觀雪賦詩,氣宇浩然……他日,驥謁荆公,語次誦先生詩,公嘆賞曰:‘真好學也。’累誦其‘漏隨書卷盡,春逐酒瓶開’之句。先生將應舉,因賷所業謁荆公,公益稱獎。既而登進士甲科,時年二十四,釋褐,授將仕郎、秘書省校書郎,調光州司法參軍。”

《西塘先生文集》附錄《鄭俠墓誌》:“公諱俠,字介夫……公少年器識不凡,常隨通直官江寧,閉門讀書,人希識其面。荆公爲中書舍人丁家艱,聞之,每見通直及對客語,必及公好學,屢加獎激。迨赴鄉舉,通直令袖所業見之,荆公一見其文曰:‘平生少許可,君往,必高薦。’赴禮部,再見之曰:‘君往,必高第。’皆如其言。初調光州司法參軍,熙寧元年十二月到官。越明年,荆公秉大政,有疑獄四五事不決,所司議法,殊不與人情相通。公於本條中自敕令式律散行條法,反覆推究得其情,具案以聞,皆如公所請。荆公器重之。”

《西塘先生文集》卷九《瑞像閣同楊驥雪夜飲酒》:“濃雪暴寒齋,寒齋豈怕哉。書隨更漏盡,春遂酒瓶開。一酌留孔孟,再酌招賜回。酌酌入詩句,同上玉樓臺。”

《宋史》卷三百二十一《鄭俠傳》:“鄭俠字介夫,福州福清人。治平中，隨父官江寧，閉戶苦學。王安石知其名，邀與相見，稱獎之。"

　　楊驥字德逢，號湖陰先生。張邦基《墨莊漫錄》卷一："陳輔輔之，丹陽人，能詩，公深愛之。嘗訪建康楊驥德逢，留詩壁間。"《王直方詩話》亦載此，惟"楊驥德逢"作"湖陰先生"："丹陽陳輔，每歲清明，過金陵上冢，事畢則過蔣山，謁湖陰先生，歲率爲常。"①楊驥通《易》學，②神宗元豐年間與公交遊密切，爲新學重要傳人。程振《宋朝請大夫程公墓誌銘》："公姓程氏，諱祈，字忠彦……公之高祖，始家於饒之浮梁縣……熙寧、元豐間，神宗皇帝既罷詞賦之科，而欲士皆通經學古，命故相舒王訓釋經義，以警後學。里人楊驥嘗從王遊，傳其旨意以歸。"今《詩注》有《元豐行示德逢》、《陶縝菜示德逢》、《過楊德逢莊》、《示德逢》、《書湖陰先生壁》、《遊城東示深之德逢二首》、《楊德逢送米與法雲二老作此詩》等多篇唱酬之什。陸佃《陶山集》卷十一《書公游鍾山圖後》："公退居金陵，多騎驢游鍾山。每令一人提經，一僕抱《字説》前導，一人負木虎子隨之。元祐四年六月六日，伯時見訪，坐小室，乘興爲予圖之。其立松下者，進士楊驥、僧法秀也。"

是年，與王皙、范純仁有詩詠籌思亭

　　《詩注》卷三十一《籌思亭》。自注："在江東轉運司

---

① 《苕溪漁隱叢話前集》卷五十四引，人民文學出版社1993年版，第384頁。
② 晁補之《雞肋集》卷六十六《夔州錄事參軍江君墓誌銘》："鄱陽楊驥通《易》。"

南廳。"

《(至大)金陵新志》卷十二下:"籌思亭詩碑,王安石、范純仁、王皙作。"

《上江金石志》:"治平初,籌思亭詩碑,王安石、范純仁、王皙撰,在轉運司圃內。"

和王皙《登高齋》

《詩注》卷九《和微之登高齋》:"六朝人物隨煙淡,金輿玉几安在哉!鍾山石城已寂寞,秖見江水雲端來。百年故老有存者,尚憶世宗初伐淮。魏王兵馬接踵出,旗纛千里相搪挨。當時謀臣非不衆,上國拔取多陪臺。龍飛九天跨四海,一水欲阻真堪咍。降王北歸樓殿拆,棄屋尚鎖黃金堆。神靈變化自真主,將帥何力求公台。山川清明草木靜,天地不復屯雲雷。使君登高一訪古,傷此陳迹聊持盃。因留佳客坐披寫,醨醁笑語傾如簁。酒酣重惜功業晚,老矣萬卷徒兼該。攢峰列壑剩歸興,憂端落筆何崔嵬。餘年無懽易感激,亦愧莊叟能安排。青燈明滅照不寐,但把君詩闔且開。"

《詩注》卷三十《次韻登微之高齋有感》:"臺殿荒墟辱井堙,豪華不復見臨春。北山漠漠雲垂地,南埭悠悠水映人。馳道蔽虧松半死,射場埋没雉多馴。登高一曲悲亡國,想繞紅梁落暗塵。"

李注:"王文公兄弟在金陵,和王微之皙《登高齋》詩,押簁字韻。"

《西清詩話》卷中:"王文公兄弟在金陵,和王微之皙《登高齋》詩,押'簁'字。平甫曰:'當時徐氏擅筆墨,夜圍夢墮空中筵。'此事奇譎，而盤屈就强韻中，可謂縛虎手矣。"

　　按，治平三年，王安國已赴常州教授州學，詩當作於本年秋。又《詩注》卷九《和王微之登高齋二首》、《詩注》卷三十《和微之重感南唐事》，約同時作。

撰《禮樂論》

　　《文集》卷六十六《禮樂論》："氣之所稟命者，心也。視之能必見，聽之能必聞，行之能必至，思之能必得，是誠之所至也。不聽而聰，不視而明，不思而得，不行而至，是性之所固有，而神之所自生也，盡心盡誠者之所至也。故誠之所以能不測者，性也。賢者，盡誠以立性者也；聖人，盡性以至誠者也。神生於性，性生於誠，誠生於心，心生於氣，氣生於形。形者，有生之本。故養生在於保形，充形在於育氣，養氣在於寧心，寧心在於致誠，養誠在於盡性，不盡性不足以養生。能盡性者，至誠者也；能至誠者，寧心者也；能寧心者，養氣者也；能養氣者，保形者也；能保形者，養生者也，不養生不足以盡性也。生與性之相因循，志之與氣相爲表裏也。生渾則蔽性，性渾則蔽生，猶志一則動氣，氣一則動志也。先王知其然，是故體天下之性而爲之禮，和天下之性而爲之樂。禮者，天下之中經；樂者，天下之中和。禮樂者，先王所以養人之神，正人氣而歸正性也……世俗之言曰：養生非君子之事。是未知先王建禮樂之意也。養生以爲仁，保氣以爲義，去情却欲以盡天下之性，修神致明以趨聖人之域……嗚呼！禮樂之意不傳久矣。天下之言養生修性者，歸於浮屠、老子而已。浮屠、老子之説行，而天下爲禮樂者，獨以順流俗而已。夫使天下之人驅禮樂之文，以順流俗爲事，欲成治其國家者，此梁晉之君所以取敗之禍也。然而世非知之也者，何耶？特禮樂之意大而難知，老子之言近而易輕。聖人之道得諸己，從容人事之間，而不離其類焉。浮屠直空虛窮苦，絕山林之間，然後足以善其身而已。由是觀之，聖人之與釋老，其遠近難易可知也……是故君子之學，始如愚人焉，如童蒙焉。及其至也，天地不足大，人物不足多，鬼神不足爲隱，諸子之支離不足惑也。是故天之高也，日月星辰陰陽之氣，可端策而數也；地至大也，山川丘陵萬物之形、人之常産，可指籍而定也。是故星曆之數，天地之法，人物之所，皆前世致精好學聖人者之所建也。"

按，文曰："是以《書》言天人之道，莫大於《洪範》，《洪範》之言天人之道，莫大於貌、言、視、聽、思。"當作於《洪範傳》稍後。另，翌年，公設帳講學，所撰《策問》六亦涉以禮樂澤世："問：述《詩》、《書》、傳記、百家之文，二帝三王之所以基太平而澤後世，必曰禮樂云。若政與刑，乃其助爾。禮節之，樂和之，人已大治之後，其所謂助者幾不用矣。下三王而王者，亦有議禮樂之情者乎？其所謂禮樂如何也？儒衣冠而言制作者，文采聲音云而已。基太平而澤後世，儻在此邪？宋之爲宋久矣，禮樂不接於民之耳目，何也？抑猶未可以制作邪？董仲舒、王吉以爲王者未制作，用先王之禮樂宜於世者。如欲用先王之禮樂，則何者宜於世邪？"故附此。

又此文論述儒家之養生、盡性，而禮樂制度，則爲養生盡性之具："禮者，天下之中經；樂者，天下之中和。禮樂者，先王所以養人之神，正人氣而歸正性也。""先王建禮樂之意也。養生以爲仁，保氣以爲義，去情却欲以盡天下之性，修神致明以趨聖人之域。"由此儒者可以從容於世間人事，不離其類。換言之，儒家之養生修性蓋爲治國平天下，與釋、老"空虛窮苦"、"絕山林之間"之獨善其身，判然有別。禮樂既有助於養生修性，則制禮作樂自屬朝廷之重要舉措。此文又曰："神生於性，性生於誠，誠生於心，心生於氣，氣生於形。形者，有生之本。故養生在於保形，充形在於育氣，養氣在於寧心，寧心在於致誠，養誠在於盡性，不盡性不足以養生。能盡性者，至誠者也；能至誠者，寧心者也；能寧心者，養氣者也；能養氣者，保形者也；能保形者，養生者也，不養生不足以盡性也。"據此，成就聖賢之途徑爲養生－保形－養氣－寧心－至誠－盡性。"賢者，盡誠以立性者也；聖人，盡性以至誠者也。"雖養生修性之終極目標爲儒家聖賢，然其所由之途徑，似仍未脱道家之軌轍。故黄震《黄氏日抄》卷六十四評曰："《禮樂論》以道家修養法，釋先王立禮樂之意，則公溺於異端之見也。"

撰《致一論》

《文集》卷六十六《致一論》："萬物莫不有至理焉，能精其理，則聖人也。精其理之道，在乎致其一而已。致其一，則天下之物可以不思而得也。《易》曰：'一致而百慮。'言百慮之歸乎一也。苟能致一以精天下之理，則可以入神矣。既入於神，則道之至也。夫如是，則無思無爲寂然不動之時也。雖然，天下之事固有可思可爲者，則豈可以不通其故哉？此聖人之所以又貴乎能致用者也。致用之效，始見乎安身。蓋天下之物，莫親乎吾之身，能利其用以安吾之身，則無所往而不濟也。無所往而不濟，則德其有不崇哉？故《易》曰：'精義入神以致用，利用安身以崇德。'此道之序也。孔子既已語道之序矣，患乎學者之未明也，於是又取於爻以喻焉。非其所困而困，非其所據而據，不恥不仁，不畏不義，以小善爲無益，以小惡爲無傷，凡此皆非所以安身崇德也。苟欲安其身崇其德，莫若藏器於身，待時而後動也。故君子舉是兩端，以明夫安身崇德之道。蓋身之安不安，德之崇不崇，莫不由此兩端而已。身既安，德既崇，則可以致用於天下之時也。致用於天下者，莫善乎治不忘亂，安不忘危；莫不善乎德薄而位尊，智小而謀大。孔子之舉此兩端，又以明夫致用之道也。蓋用有利不利者，亦莫不由此兩端而已。夫身安德崇而又能致用於天下，則其事業可謂備也。事業備而神有未窮者，則又當學以窮神焉。能窮神，則知微知彰，知柔知剛。夫於微彰剛柔之際，皆有以知之，則道何以復加哉？聖人之道，至於是而已也。且以顏子之賢而未足以及之，則豈非道之至乎？聖人之學至於此，則其視天下之理，皆致乎一矣。天下之理皆致乎一，則莫能以惑其心也。故孔子取《損》之辭，以明致一之道曰：'三人行，則損一人；一人行，則得其友也。'夫危以動，懼以語者，豈有他哉？不能致一以精天下之理故也。故孔子舉《益》之辭以戒曰：'立心勿恒凶。'勿恒者，蓋不一也。嗚呼！語道之序，則先精義而後崇德，及喻人以修之之道，則先崇德而後精義。蓋道之序則自精而至粗，學之之道則自粗而至精，此不易之理也。夫不能精天下之義，則不能入神矣；不能入神，則天下之義亦不可得而精也。猶之人身之於崇德也，身不安則不能崇德矣，不能崇德則身豈能安乎？凡此宜若一而必兩言之者，語其序而已也。"

按，以上皆公學術思想之核心文字，然作年皆無從確考，姑附此。

治平三年丙午（1066），四十六歲

歲初，酬王皙《即事書懷》

《詩注》卷九《用王微之韻和酬即事書懷》。詩曰："冬風不改綠，忽見新陽浮。""淮洲奏鐘磬，雅刺德不猶。文墨有真趣，荒淫何足收。來篇若淑女，窈窕衆所求。茲理儻可詣，華簪爲君抽。"當作於本年初。

按，《詩注》卷三十《次韻微之即席》、詩注卷三十《即席次韻微之泛舟》均同時唱酬之什。

三辭赴闕，乞分司

《文集》卷四十《辭赴闕狀》其三："當大行皇帝亮陰之際，始以親喪解職，久尸榮禄，無補聖時。今陛下以仁孝之資，紹承聖緒，臣於私養既無所及，唯當追先帝之遇，致身於陛下之時。若自度力用，堪任職事，何敢遆慢朝廷詔令，至於經涉歲時？緣臣自春以來，抱疢有加，心力稍有所營，即所苦滋劇。所以昧冒奏陳，乞且分司，實冀稍可支持，即乞復備官使。"

按，公治平二年十月服除，兩辭赴闕，此狀曰"經涉歲時"、"自春以來"等，故繫於是年春。

以王益柔有書相約，作詩答之

《詩注》卷三十七《寄勝之運使》："蕭然生事委江皋，壯志何嘗似釣鼇。千里得書來見約，一朝乘興去忘勞。已將流景休談笑，聊爲知音破鬱陶。正是東風將欲發，湖山春色助揮毫。”

李注：“勝之，必是王益柔，字勝之。治平三年，自浙漕徙京東及徙京西。觀‘湖山’之句，恐是浙漕時。下有《杭州呈勝之》詩，必浙漕無疑。”

按，李注“觀‘湖山’之句，恐是浙漕時”，不確。考王益柔嘉祐八年春出爲兩浙轉運使，歐陽修《送王學士赴兩浙轉運》詩曰“春寒欲盡黃梅雨”可證。① 治平二年春，王益柔由浙漕徙京東，韓縝繼之。《歐陽修全集》卷一百四十八《與王龍圖書七　治平二年》：“辱書，感慰，兼審經寒，動履清勝。京東物俗，比二浙殊絕，必稍爲便。然久淹于外，此在位者之責，而朋友蔽善之罪，其何敢逃！某竊位于此，已六七年……自春首已來，得淋渴疾，癉瘠昏耗，僅不自支。他人視之，若不堪處。”《曾鞏集》卷五《送韓玉汝》，自注：“春日，城東送韓玉汝赴兩浙轉運，以‘池塘生春草，園柳變鳴禽’爲韻，得‘生’字。”《長編》卷二百五治平二年六月甲寅：“刑部郎中張師顏同提舉在京諸司庫務。初，兩浙轉運使韓縝上言。”公此詩當作於本年春，時王益柔已徙京東轉運使，而公母喪已除，朝廷召復知制誥，王益柔以書來約，故詩曰“千里得書來見約”、“正是東風將欲發，湖山春色助揮毫”。

《詩注》卷三十七《杭州呈勝之》李注：“公嘗從王勝之招，見上注。”誤也，此詩非公作。方回《瀛奎律髓》卷四：

---

① 此詩他本作《送王勝之兩浙轉運使》，其編年可見《歐陽修詩編年箋注》卷十四，第1702頁。

"此王安國詩,今《王校理集》行於世,誤入其兄荆公集中。"是也,時王益柔出爲兩浙轉運使。

弟安禮補池州司户参軍。有詩寄之,頗爲不平

《詩注》卷三十七《聞和甫補池掾》:"遭時何必問功名,自古難將力命争。萬户侯多歸世胄,五車書獨負家聲。才華汝尚爲丞掾,老懶吾今合釣耕。外物悠悠無得喪,春郊終日待相迎。"

李注:"和甫嘉祐六年登第,爲莘縣簿。魏國喪除,調池州司户参軍。"是也。然《詩注》卷四十六《寄和甫》,李注:"和甫調池掾,未赴。"恐非。《宋文鑑》卷八十一王安國《清溪亭記》:"清溪亭臨池州之溪上,隸軍府事判官之廨。而京兆杜君之爲判官也,築於治平三年某月某甲子,而成於某月某甲子……余未嘗遊於君,而吾弟和甫方爲之僚,乃因和甫請記而爲之,記者臨川王安國。"

有詩答韓維

《詩注》卷四十五《答韓持國》:"知公尚憶洛城中,醉裹穿花滿袖風。花亦有知還有恨,今爲紅藥主人翁。"

李注:"持國治平三年自司注知制誥,故用紅藥事,贈詩必在此時。"可從。

按,韓維《南陽集》卷二十三《乞詢問講讀臣僚狀治平二年七月》:"臣幸得以史官侍左右記言動,竊見每開邇英閣召近臣講讀經史,陛下未嘗一發德音,有所詢問。"《長編》卷二百六治平二年八月:"知制誥宋敏求、韓維同修《仁宗實

錄》。"據此，則韓維由起居注遷知制誥，當於治平二年七、八月間。

赴丹陽，行句容道中，有詩

《詩注》卷四十七《句容道中》："荒煙寒雨暮山重，草木冥冥但有風。二十四年三往返，一身長在百憂中。"

李注："句容，江寧屬縣。"

按，《繫年》謂公本年春赴丹陽，甚是。詩曰"二十四年三往返"，自慶曆二年公進士登第，至此恰二十四年。

遊茅山，有詩

《詩注》卷四十七《中茅峰石上徐鍇篆字題名》、《詩注》卷三十八《登大茅山頂》、《登中茅山》、《登小茅峰》。

李注引《建康志》："茅山初名勾曲山，像其形也。茅君得道，更名茅山。在縣東南四十五里，周迴一百五十里。三十六洞天第八曰金壇華陽之天，即此山也。《山記》云：'漢時，有三茅君來居山上，故因名大茅、中茅、小茅三峰。'""中茅峰在積金山北，其側有泉，色赤而有味。《真誥》云：'飲之延年。'山下之民，率皆眉壽而寡疾。山頂舊有石案、石香爐存焉。'""小茅峰在中茅峰背。新室地皇三年七月，遣使者齎黃金百鎰。後漢光武建武七年三月，遣使者齎黃金五十斤，獻於三君，並埋在小茅山上獨高處。"

道中有詩懷古

《詩注》卷三十九《自金陵至丹陽道中有感》："數百年

來王氣消,難將往事問漁樵。苑方秦地皆蕪没,山借揚州更寂寥。荒埭暗雞催月曉,空場老雉挾春驕。豪華只有諸陵在,往往黃金出市朝。"

將至丹陽,有詩先寄章望之

《詩注》卷三十七《將至丹陽寄表民》:"曉馬駸駸路阻修,春風漠漠上衣裘。三年銜恤空餘息,一日忘形得舊遊。末路悲歡隨俯仰,此生身世信沉浮。寄聲德操家人道,炊黍吾今且暫休。"

按,詩曰"三年銜恤"、"春風漠漠",當作於本年春。表民爲章望之,《宋史》卷四百四十三有傳:"章望之字表民,建州浦城人⋯⋯翰林學士歐陽修韓絳、知制誥吳奎劉敞范鎮同薦其才,宰相欲稍用之,除簽書建康軍節度判官,不赴。又除知烏程縣,趣令受命,固辭,遂以光禄寺丞致仕,卒⋯⋯嘗北游齊、趙,南汎湖、湘,西至沔、隴,東極吳會,山水勝處無所不歷。"章望之爲建州浦城人,曾居丹陽講學。蘇頌《蘇魏公文集》《光禄卿葛公墓誌銘(葛閎)》:"以治最選知潤州⋯⋯遷太常少卿、光禄卿,連知漳、台二州⋯⋯其爲郡亦崇尚儒學之士,在丹陽尊禮章望之、江陰劉泊、新定倪天隱。或親聽其講解,或表薦其履行,學者以此翕然稱譽之。"公丹陽之行,或應章望之約。翌年,章望之即南遊羅浮山。《(道光)廣東通志》卷二百六載其《重修南海廟碑》:"望之引避朝命,南遊羅浮山,因公之寬裕宜人,知公之虔恪宜神,因道廟下,稽首海德,作詩遺南人歌之⋯⋯治平四年十月一日立。劉玉刊。屯田員外郎、前知番禺縣鄧中立重修。屯田員外郎、前知番禺縣王師元，屯田員外郎、知番禺縣事謝伯初。"

於江寧設帳講學，士子奔赴

陸佃《陶山集》卷一《依韻和李知剛黃安見示》："蔣山鱗鬣蒼嵯峨，參伐可捫斗可摩。建康開府占形勝，千檣萬舳來江艖。憶昨司空駐千騎，與人傾蓋腸無他。有時偃蹇枕書臥，忽地起走仍吟哦。諸生橫經飽餘論，宛若茂草生陵阿。發揮形聲解奇字，豈但晚學池中鵝。余初聞風裹糧走，願就秦扁醫沈疴。登堂一見便稱許，暴之秋陽濯江沱。夜深歸來學舍冷，鼓吹有蛙更聞鼉。曾參捉襟肘屢見，回也簞食傾瓢蠡。誰云寒儒偶遭遇，馳道馬疾搖鳴珂。"

《陶山集》卷十五《傅府君墓誌》："高郵傅明孺諱常，攝揚州助教瓊之第二子。嘉祐、治平間，與予同硯席，共敝衣服無憾也。是時，明孺尚未冠，予亦年少耳。淮之南學士大夫宗安定先生之學，予獨疑焉。及得荊公《淮南雜說》與其《洪範傳》，心獨謂然，于是願掃臨川先生之門。後余見公，亦驟見稱獎，語器言道，朝虛而往，暮實而歸，覺平日就師十年，不如從公之一日也。"

《陶山集》卷十六《沈君墓表》："治平三年，今大丞相王公守金陵，以緒餘成學者，而某也實並群英之遊。"

陸佃、龔原、沈憑、王據、蔡淵、徐君平等至江寧從學

陸佃。《宋史》卷三百四十三《陸佃傳》："字農師，越州山陰人。居貧苦學，夜無燈，映月光讀書。躡屩從師，不遠

千里。過金陵,受經於王安石。"《陶山集》卷十三《除中書舍人謝丞相荆公啓》:"某學初爲己,才不逮人。偶多在于門墙,遂少窺于閫奧。雨而無蓋,護商也之非;風乎舞雩,嘉點爾之志。具蒙善誘,深被樂成。是致甄收,不遺蕪陋。"

《陶山集》卷十三《江寧府到任祭丞相荆公墓文》:"某始以諸生,得依門墙。一見如素,許以升堂。春風濯我,暴之秋陽。"

龔原。《宋史》卷三百五十三《龔原傳》:"字深之,處州遂昌人。少與陸佃同師王安石。"[1]

王據。吕南公《灌園集》卷二十《臨川王君墓誌銘》:"臨川處士王君棄世,即小祥,其孤擇、據、持、援、擬以狀來言,將葬先人……制誥王舍人辭召卧金陵,天台王令棄官從之游,日講文義,士子歸赴如市,處士命據往焉。既而舍人入翰林,遂預大政,更新學校,持一道德、同風俗之論,學者響集京師以數千。據在其中,淬濯磋磨,器業大成。"

沈憑。《陶山集》卷十六《沈君墓表》:"治平三年,今大丞相王公守金陵,以緒餘成學者,而某也實並群英之遊。方是時,初識憑面,愛其平粹無礙,與之交,淡然已成,故固已卜知居士矣。其後遂爲同年之友。"

丘秀才。《王文公文集》卷三十六《送丘秀才序》:"南丘子學於金陵,以親之命歸逆婦,吾望其能然,以是諗之。"

---

[1] 按,"深之",當爲"深父(甫)"之訛。南京新出土《宋故朝奉大夫京西路計度轉運副使兼勸農使護軍賜緋魚袋借紫徐君墓誌銘》,曰:"括蒼龔原字深甫撰。"可證。《新中國出土墓誌·江蘇·南京》下册,文物出版社2014年版,第33頁。此承魏峰兄賜示,謹此致謝。

蔡淵。《京口耆舊傳》卷四：“蔡淵字子雍，丹陽人。爲人峭直，剌口論天下事是是非非，聞人有過，面折無所隱。家故饒於財，兄弟以奢豪相尚，淵獨擔簦以游四方，若寒士窶人……遂從王安石學於金陵。時門人皆專經，惟淵聽講不倦，得兼通諸經。擢熙寧六年進士第。”

楊訓。《（嘉靖）建寧府志》卷十五：“元豐五年壬戌黃裳榜：楊訓字公發，浦城人。歷川、陝茶幹，調山陽、東陽二縣令。問學精博，嘗著《禮記解》二十卷。初，訓受業王安石之門，時蔡京同學。後京當國，余深備道京欲見訓之意。訓曰：‘某三十勤力學問，今老矣，榮除非所望。他日躓足，豈能僕僕與諸公爲嶺嶠之行耶？’故卒老常調，人咸高之。子公度，字元宏，政和中登第，歷福建提舉常平司，主管趙鼎常薦其才。秦檜弟與公度同年，稱公度學問於檜，或勸使往見，公度誦其父言，謝之。”①

蔡京。《宋史》卷四百七十二《蔡京傳》：“字元長，興化仙游人。登熙寧三年進士第，調錢塘尉、舒州推官，累遷起居郎。使遼還，拜中書舍人。”

按，蔡京從學之事，《宋史》、《東都事略》均不載，姑附楊訓後。

---

① 北宋末年又有一太學進士楊訓，潭州湘潭縣人，初事新學，後入胡安國門下。胡寅《斐然集》卷二十六《英氏墓誌銘》：“予先君子歲在己酉，航洞庭而南，小憩碧泉之上，老於衡岳之陽。登門求益久而愈恭者，太學進士楊訓其一也。訓嘗問孝之道，先君曰：‘謹行而慎言，一言之尤，一行之悔，是謂不孝。’訓退而思曰：‘二十年從新義之教，爭能否於筆舌間，豈曰躬之云乎？’更始誦《語》、《孟》、經史，稼穡致養，不汲汲於利祿。”中華書局1993年版，第582頁。

徐君平字安道,①英宗治平四年登進士第。龔原《宋故朝奉大夫京西路計度轉運副使兼勸農使護軍賜緋魚袋借紫徐君墓誌銘》:"君姓徐氏,諱君平,字安道。其先著籍潤州金壇,自高大父仕南唐,始徙金陵,故今爲上元人……治平三年,應進士舉,佔鄉貢第一。明年,中甲科……最嗜書,書無所不讀,而爲文辯麗,有氣格。嘗作《韓退之別傳》,王文公尤稱之。文公《詩》《書》《周禮義》行,學者頗苦文約,或不識所自,且音切多隨義改,君作《三經音辨》行於世。所著《論語》《孟子》《揚子義》六十八卷,《池陽雜著》三十卷,表章雜文一百卷。"②葛勝仲《丹陽集》卷十四《徐太令人葛氏墓誌銘》:"太令人常州江陰葛氏,贈吏部尚書諱某之孫,承議郎贈太中大夫諱某之女。葛氏族大且顯,凡女子許氏,必求天下名士。令人年既笄,辯慧婉嬺,太中與其兄工部尚書某皆愛奇之,爲訪佳對。而金陵徐君安道受經舒王,以才識爲高第,中治平某年進士甲科,隱然有雋傑之稱,遂以歸之。其後入御史府爲監察,入中臺爲郎,奉使諸道,風節端亮,名譽尊顯,卒官中大夫、京西轉運副使。"范祖禹《范太史集》卷五十五《手記》:"徐君平久從荆公學,當國時不隨,子由稱其文字似龔原。"③《苕溪漁隱叢話後集》卷十引《復齋漫録》

① 按,徐君平,或作"徐尹平"。此因徽宗曾兩度下詔,禁中外士人不許以"君"、"天"等爲名,故"君"缺筆爲"尹"。洪邁《容齋續筆》卷四:"政和中,禁中外不許以龍、天、君、玉、帝、上、聖、皇等爲名字……宣和七年七月,手詔以昨臣僚建請,士庶名字有犯天、玉、君、聖及主字者悉禁。"第 269 頁。
② 《新中國出土墓誌·江蘇·南京》下册,第 33—34 頁。
③ "似龔原",據《長編》卷四百四十九哲宗元祐五年十月己酉條李燾注補,第 10794 頁。

曰：“近世所傳《退之別傳》，載公與大顛往復之語，深詆退之，其言多近世經義之説。又於其末作永叔跋云：‘使退之復生，不能自解免。’吾友吳源明云：‘徐君平見介甫不喜退之，故作此文耳。’”據此，則引後世紛紜聚訟之《韓退之別傳》，即徐君平揣摩公意而作。

徐君平本年應鄉貢第一，翌年登進士高第，親炙公頗久，後爲《三經新義》注音。姚寬《西溪叢語》卷下：“王介甫云：‘俟我於城隅，言静女之俟我以禮也。其美外發，其和中出，其節不可亂者，彤管也。貽我彤管，言静女之貽我以樂也。’徐安道《注音》辯云：‘彤，赤漆也；管，謂笙簫之屬。’”高宗建炎二年五月，科舉復詩賦，《三經新義》、《注音》遂與諸儒注疏並行，《宋會要輯稿》選舉四：“同日（五月三日），中書省言：‘……詩賦、經義兩科，欲注疏、《三經義》許從使用，取文理通者。音義如不同，聽通用。徐尹平《音義》同。餘依格。’從之。”

王無咎自常州赴江寧從學

《文集》卷九十一《王補之墓誌銘》：“初補江都縣尉，丁父憂，服除，調衛真縣主簿，嘗棄天台縣令，以與予共學。久之，無以衣食其妻子，乃去，補南康縣主簿。”

《文集》卷九十《建昌王君墓表》：“葬久矣，無咎始求予文，以表君墓。當時，無咎棄台州天台縣令，教授於常州，其學彌勤，其行彌厲。”

按，王無咎棄天台縣令後，赴常州州學任教，繼而至江寧從學公。據《(嘉定)赤城志》,王補之治平元年爲天台縣令。① 之後,教授常州州學二年,《(咸淳)毗陵志》卷十九:"王無咎字補之,建昌人。治平中來遊,著《許氏園墮星記》。"《宋朝諸臣奏議》卷一百九劉述《論王安石專權謀利及引薛向領均輸非便奏 熙寧二年十月》:"又安石舉親情王無咎充國子監直講。無咎昨自亳州衛真主簿,移台州天台縣令,次遠,不赴任,尋醫,却於常州掌學二年。"

三月八日,簽書江寧節度判官事孫昌齡赴京任殿中侍御史。有詩送之

《詩注》卷十七《送孫叔康赴御史府》。《詩注》卷三十六《送叔康侍御》,曰:"詔取名郎入憲臺,此時方急濟時才。聖聰應已虛心待,姦黨寧無側目猜。白筆豈知權可畏,皂囊還請上親開。佇聞讜論能醫國,飛報頻隨驛騎來。"

李注:"謂孫叔康也。"

按,宋本《王荆文公詩李壁注》卷十七卷尾補注此詩曰:"孫康叔,名昌齡,按治平三年三月以屯田員外郎、江寧府簽判召爲殿中侍御史。是年,介甫憂制在江寧,必與之相好,故詩云'念非吾忘形',又云'天書下江南'。此爲昌齡無疑。"②孫叔康,名昌齡,③慶曆六年進士及第。④ 本年三月,爲殿中侍御史。《長編》卷二百七治平三年三月壬戌:"屯田

---

① 《(嘉定)赤城志》,第 736 頁。

② 轉引自鞏本棟《論王荆公詩李壁注》,《文學遺產》2009 年第 1 期,第 75 頁。

③ 《湖北金石志》卷九《閩清令蒲遠猷自撰墓誌》:"移閩清令。到官踰年,病腳氣,尋醫歸至舒州……孫叔康昌齡在蕲州,以舟來迎,至則寓浮屠舍。"

④ 《(咸淳)毗陵志》卷十一,第 3046 頁。

員外郎、簽書江寧節度判官事孫昌齡爲殿中侍御史。"《(景定)建康志》卷十三："治平三年丙午，召簽書江寧節度判官孫昌齡爲殿中侍御史。"

孫昌齡得爲殿中侍御史，或出公之薦。《宋史》卷三百二十一《錢顗傳》："錢顗字安道，常州無錫人……治平末，以金部員外郎爲殿中侍御史裏行。許遵議謀殺案問刑名，未定而入判大理，顗以爲：'一人偏詞，不可以汨天下之法，遵所見迂執，不可以當刑法之任。'不從。二年而貶，將出臺，於衆中責同列孫昌齡曰：'平日士大夫未嘗知君名，徒以昔官金陵，媚事王安石，宛轉薦君，得爲御史。亦當少思報國，奈何專欲附會以求美官？'"

至於《詩注》卷十七《送孫叔康赴御史府》，李注："梅宛陵有《送孫屯田召爲御史》詩：'薦牘交車府，恩書下建章。'又云：'祖酌方滋桂，行威欲犯霜。鳳毛仍襲慶，雞舌更含香。'即康叔也。"恐誤，蓋梅堯臣已歿於嘉祐五年矣。

又，孫錫字昌齡，真州(今江蘇儀徵)人，仁宗天聖二年進士，見《文集》卷九十七《尚書司封郎中孫公墓誌銘》。

弟安國赴常州，教授州學

鄒浩《道鄉先生鄒忠公文集》卷三十五《中大夫直龍圖閣知青州軍州事王公墓誌銘》："公王氏，諱說，字岩夫……知衛州、常州、臨江軍、晉州、徐州……建中靖國元年十六日，終于青州治所，享年七十有四……常州士喜學，公爲延致名儒臨川王安國平甫教授。平甫時雖布衣，義甚高，非賢有禮弗就。既從公遊，士人慕嚮，自遠而至。"

《張耒集》卷六十一《晁无咎墓誌銘》："公諱補之，字无咎。幼豪邁，英爽不群，七歲能屬文，日誦千言。年十三，從王安國于常州學官。安國名重天下，于後進少許可，一見公，大奇之。"

按，王安國教授常州州學，《王平甫墓誌》及《宋史》卷三百二十七《王安國傳》皆失載，今人亦無考。據鄒浩、張耒所載，可補史傳之闕。晁補之生於皇祐五年，"年十三，從王安國于常州學宮"，恰爲本年。次年，王安國仍於常州教授，並撰《常州學記》："嘉祐六年，長樂陳侯襄以尚書司封員外郎、秘閣校理來治常州。既居數月，一新其學……治平四年，尚書職方員外郎、知州河南陸侯與其佐尚書駕部員外郎、鄱陽黃侯本，始以諉安國。"①之前教授常州州學者，爲王補之。張守《毗陵集》卷十一《詹抃墓誌銘》："公諱抃，成老其字也……至公曾祖避亂，始居於常，遂爲常州人……公幼警悟，與兄揚俱稱鄉里，號二詹。王補之、王平甫相繼主鄉校，皆賞異之。"王補之教授常州州學二年，本年赴江寧從學公，王安國遂承其教席。《道鄉先生鄒忠公文集》卷二十七《送王元均序》："治平中，先學士教授鄉里，余方童幼，不及聯二三子之列。比長，因得元均之名於昔嘗親炙先學士而後爲善士者，中心藏之，爲日已久。""先學士"，即王安國也。時知常州者，先後爲知州河南陸侯與王説。"②

---

① 《國朝二百家名賢文粹》卷一百十八。
② 《(咸淳)毗陵志》卷八："王説，治平四年，尚書職方員外郎。"第3018頁。陸侯，不詳。

四月,孫沔卒。有詩挽之

《詩注》卷五十《孫威敏公挽詞》。

按,《繫年初稿》繫於本年,是。《長編》卷二百八治平三年四月甲申朔:"觀文殿學士、户部侍郎孫沔自環慶改帥鄜延,未至,卒於道。贈兵部尚書,謚曰威敏。沔居官以才力聞,强直少所憚。然喜燕遊、女色,故中間坐廢。"《名臣碑傳琬琰集》上卷二十三畢仲游《孫威敏沔神道碑》:"孫公既葬之十有二年,其子之文欲爲公墓隧之碑,乃抵高平范純禮,泣血再拜而言曰:'願銘我公之碑'……故相國王珪嘗誌其墓,凡公之行事與三代封爵贈謚、所娶所生之子,皆誌之矣,故今專序公出處進退之本末。有略之者,以其見於誌也。其異於誌者:子之文,今爲承議郎、管勾杭州洞霄宮。幼女,適朝散郎、司勳郎中莊公岳。"

有詩酬王皙《梅暑新句》

《詩注》卷三十五《酬微之梅暑新句》:"江梅落盡雨昏昏,去馬來牛漫不分。當此沉陰無白日,豈知炎旱有彤雲。琴絃欲緩何妨促,書蠹微生故可熏。回首涼秋知未遠,會須重曝阮郎裩。"

江西轉運使程師孟過江寧見訪,有詩相送

《詩注》卷三十《送程公闢轉運江西》:"江西一節鑄黃金,最慰漳濱父老心。長孺重來真强予,次公今不異重臨。餘風尚有歡謡在,陳迹非無勝事尋。豫想新詩能寄我,十年

華省故情深。"

李注:"公鬮於嘉祐間嘗爲洪州。至治平三年,爲江西路轉運副使,故公詩有'不異重臨'、'最慰漳濱'之句。"

《繫年》:"此詩當爲程公鬮爲江西路轉運副使、過江寧訪安石時作。"是。

按,《宋史》卷三百三十一《程師孟傳》:"爲度支判官,知洪州……判三司都磨勘司,接伴契丹使……出爲江西轉運使……加直昭文館、知福州。"嘉祐七年五月,程出知洪州,公有詩相送,故此詩曰"長孺重來"、"不異重臨"。本年,程徙江西轉運使,①曾鞏等有詩送之。②

有詩留題王晢官廨清輝閣

《詩注》卷三十五《留題微之廨中清輝閣》:"故人名字在瀛洲,邂逅低回向此留。鷗鳥一雙隨坐嘯,荷花十丈對冥搜。水含樽俎清如洗,山染衣巾翠欲流。宣室應疑鬼神事,知君能復幾來遊。"

按,南康軍等處皆有清輝閣,然疑此乃江東轉運使官廨之清輝閣。范純仁《范忠宣公文集》卷二《清輝閣》:"使寄東南重,提封舊國雄。江山歸漢節,棟宇壓吳宮。隱几群峰近,穿梧一徑通。竹陰搖檻翠,橋影落溪紅。響遊荷心雨,涼生水面風。澄清多暇日,尊酒喜時同。"所詠即公留題之清輝閣,時范純仁爲江東轉運判官。

---

① 李之亮《宋代路分長官通考》,第 642 頁。
② 《曾鞏集》卷五《送程公鬮使江西》,第 65 頁。

七月十三日,周濤卒。有文祭之,並爲撰墓誌銘

《文集》卷八十五《祭周幾道文》。

《文集》卷九十六《尚書屯田員外郎周君墓誌銘》:"君周姓,諱濤,字幾道,中慶曆六年進士甲科……治平三年六月,在京師,授簽書梓州判官事,七月十三日以官卒,年四十有四……父諱彥先,終右侍禁,贈右監門衛將軍。妻曰昭德縣君錢氏。子男五人:釋、樨、秩、穆、稌,以其年十月十六日,葬君揚州江都縣同軌南鄉東武里。"

按,墓主乃周彥先子,公之表親。《文集》卷九十六《右侍禁周君墓誌銘》:"君周氏,諱彥先,字師古……君先夫人盛氏,尚書工部侍郎諱京之子,後夫人王氏,尚書主客郎中諱貫之之子,皆有賢行。五子:濤、洵、洧、渥、灡,皆爲進士……而濤今爲著作佐郎、知汝州梁縣。"

有詩酬王晳

《詩注》卷四十八《酬王微之》:"一雨迴飆助蓐收,炎曦不復畏金流。君家咫尺堪乘興,想岸烏巾對弈秋。"

有詩送董伯懿歸吉州

《詩注》卷十六《送董伯懿歸吉州》:"我來以喪歸,君至以謫徙。蒼黃憂患中,邂逅遇於此。去年服初除,聽赦相助喜。看君數歸月,但屈兩三指。茫然冬更秋,一笑非願始。籃輿楊柳下,明月芙蕖水。僮飢屢窺門,客罷方隱几。是非評衆詩,成敗斷前史。時時對弈石,漫浪爭生死。送迎皆幅

巾,設食但陳米。亦曾戲篇章,揮翰疾蒿矢。君豪才有餘,
我老儻先止。東城景陽陌,南望長干紫。欲屬三畝蔬,於焉
寄殘齒。經過許後日,唱和猶在耳。新恩忽捨我,欣悵生彼
己。江湖北風帆,捩柂即千里。相逢知何時,莫惜縑與紙。"

李注:"公嘉祐八年八月丁母憂,時爲知制誥。觀詩意,
董由遷謫來金陵,嘗從公游。此詩送其歸鄉,蓋赦後一年乃
得歸。"

《繫年》:"安石於治平二年服除,則此詩作於治平三年
無疑。"

九月,弟安禮辟爲并州總管司管勾機宜文字,有詩寄之

《詩注》卷四十六《寄和甫》:"水村悲喜圻書看,聞道并
州九月寒。憶得此時花更好,舉家憐汝不同盤。"

李注:"和甫調池掾,未赴。唐公介爲并州,辟爲總管司
管勾機宜文字。"

按,據前引王安國《清溪亭記》,則王安禮實曾赴池州
掾,惟爲期甚短即應唐介之辟:"王安禮自治平三年春夏間
入唐介幕,掌管機宜文字,至熙寧四年底任滿代還,首尾共
計六年。"①

有詩送譚必赴惠州

《詩注》卷十六《送子思兄參惠州軍》:"沄沄曲江水,天
借九秋色。樓臺飛半空,秀色盤韶石。載酒填里閭,吹花換

---

① 湯江浩《北宋臨川王氏家族及文學考論》,第152頁。

朝夕。笙簫震河漢，錦繡爛冠幘。地靈瘴癘絕，人物傾南極。先朝有名臣，臥理訟隨息。稍稍延諸生，談笑顧賓客。子來適妙年，謁入交履舃。寂寥九齡後，此獨望一國曲江公，韶州人，言子思可繼之。虞翻禮丁覽，韓愈俟趙德。孤岸鎮頹波，俗流未易識。我方文葆中，旋逐旌旗蹟。去思今豈忘，耳目熟遺迹。吏含殷勤言，俛仰問乖隔。當時府中兒，侵尋鬢邊白。下帷雖著書，不救寒餓迫。謂宜門闌士，宦路久烜赫。奈何猶差池，更捧丞掾檄。驥摧千里蹄，鵬墮九霄翮。人生無巧愚，天運有通塞。試觀馳騁人，意氣宇宙窄。榮華去路塵，謗辱與山積。優遊祿仕間，較計誰失得。送君強成歌，陟岵翻感激。”

李注：“介父父楚公嘗爲韶州。此言‘名臣’，謂楚公。”

按，詩曰“先朝有名臣”，則詩當作於治平年間；又曰“下帷雖著書”，指江寧講學，詩當作於本年。《沈注》以子思爲黃子思，誤甚。子思爲譚必，字子思，公總角之交。《輿地紀勝》卷九十：“譚必字子思。天聖間，王益守韶州，必應童子舉，日誦萬言，京師引試稱旨。調邕州推官，交趾破邕，沒於王事。”《宋會要輯稿》選舉九引《韶州府曲江志》：“宋譚必字子思，伍汪市人，六歲通九經。天聖間，殿中丞王益出守韶州，時嶺表自五季兵革之後，文風凋喪，人未有知童子舉。王荆公(父)喜其聰慧，日誦萬言，遂狀其事以聞。必至京師，引試稱旨，特免文解，厚賜銀帛，以賙路費。”譚必幼應童子科，係出公父王益之薦，慶曆六年，登進士第。《(同治)韶州府志》卷七：“譚必，樂昌人。天聖間應童子科，四十再舉，

中選,調邕州推官。"皇祐四年,必爲康州司理參軍。① 熙寧
九年,歿於邕州。《長編》卷二百七十三熙寧九年三月壬戌:
"是日,上諭輔臣曰:'邕州死事之臣,非可與欽、廉州比也。
自爲賊圍,堅壁月餘,竭力捍禦,而外援不至。賊以火攻,城
中水竭,守死一節,忠義不衰,録其子孫,宜加死事者一等,
士卒倍賻其家。'贈通判州事、著作佐郎唐子正爲司農少卿,
觀察推官譚必爲職方郎中。"

十月,劉洙至江寧爲父求銘,爲撰墓誌銘

《文集》卷九十七《荆湖北路轉運判官尚書屯田郎中劉
君墓誌銘并序》,文曰:"治平元年五月六日,荆湖北路轉運
判官、尚書屯田郎中劉君,年五十四以官卒。三年,卜十月
某日,葬真州揚子縣蜀岡,而子洙以武寧章望之狀來求銘。
噫! 余故人也,爲序而銘焉。序曰:君諱劉牧,字先之,其先
杭州臨安縣人。君曾大父諱彦琛,爲吴越王將,有功刺衢
州,葬西安,於是劉氏又爲西安人……君娶江氏,生五男二
女。男曰洙、沂、汶,爲進士,洙以君故,試將作監主簿,餘尚
幼。初,君爲范富二公所知,一時士大夫爭譽其才,君亦慨
然自以當得意。已而屯邅流落,抑没於庸人之中。幾老矣,
乃稍出爲世用。若將有以爲也,而既死。此愛君者所爲恨
惜,然士之赫赫爲世所願者可睹矣。以君始終得喪相除,亦
何負彼之有哉?"

---

① 《文集》卷九十四《贈光禄少卿趙君墓誌銘》:"君死之後二日,而州司理譚
必始爲之棺斂,又百日,而君弟至遂護其喪歸葬。"第790頁。

按，墓主劉牧，字先之。北宋另有一彭城劉牧，長於《周易》。① 晁説之《嵩山文集》卷十六《傳易堂記》："至有宋，華山希夷先生陳摶圖南以《易》授終南种征君放明逸……有廬江范諤昌者，亦嘗受《易》於种征君，諤昌授彭城劉牧，而聲隅先生黄晞及陳純臣之徒，皆由范氏知名者也。"

王洙諸子爲母求銘，爲撰墓誌銘

《文集》卷一百《高陽郡君齊氏墓誌銘》，墓主爲王洙妻："夫人故翰林侍讀學士、贈開府儀同三司王公諱洙之妻，故光禄寺丞力臣、今太常寺太祝欽臣、秘書省著作佐郎陟臣、秘書省正字曾臣之繼母也。齊氏好讀書，能文章，有高節美行。治平二年，年五十五，以五月初三日終于亳州其子之官舍。治平三年十月初八日，祔葬於南京虞城縣孟諸鄉田邱里……夫人既善撫諸子，而諸子亦多賢，能致孝，於葬來求銘。"

十一月，撰王逢妻墓誌銘

《文集》卷一百《永嘉縣君陳氏墓誌銘》，墓主爲王逢妻："夫人者，太子中允諱之武之子，某官贈太常卿諱郁之孫，左贊善大夫諱質之曾孫，而太常博士王君諱逢之妻也……其卒於蘇州，以治平二年十一月九日，年三十八。其

---

① 關於北宋二劉牧的考辨，可見李裕民《四庫提要訂誤》，中華書局 2005 年版，第 1—2 頁。郭彧《北宋兩劉牧再考》，《周易研究》2006 年第 1 期。李科《北宋二劉牧生平補考及其詩文歸屬考辨》，《新國學》第十卷，四川大學出版社 2014 年版，第 166—185 頁。

葬以三年十一月某日,從博士於閶門之西原。"

十二月,撰沈扶妻墓誌銘

《文集》卷一百《樂安郡君翟氏墓誌銘并序》,墓主沈扶妻,沈遘母:"尚書主客員外郎錢塘沈君名扶之夫人翟氏者……乃以治平三年九月十日卒于京師,享年五十七……十二月某日,葬夫人杭州錢塘縣龍居山舅姑之兆闕。"

子雱入京赴省試,於京覓宅

王銍《默記》卷下:"先公言:與閻二丈洵仁同赴省試,遇少年風骨竦秀於相國寺。及下馬去毛衫,乃王元澤也。是時盛冬,因相與於一小院中擁火。洵仁問荆公出處,曰:'舍人何久召不赴?'答曰:'大人久病,非有他也。近以朝廷恩數至重,不晚且來。雱不惟赴省試,蓋大人先遣來京尋宅子爾。'洵仁云:'舍人既來,誰不願賃宅,何必預尋?'元澤答曰:'大人之意不然,須與司馬君實相近者。每在家中云:"擇鄰必須司馬十二,此人居家事事可法,欲令兒曹有所觀效焉。"'"

按,閻令字洵仁,善四六,王銍《四六話》卷上:"閻令洵仁善四六,而一字不肯妄下,必求警策以過人。""先公",即王銍之父王莘。

又,周煇《清波雜志》卷十一:"煇嘗見父友許志康宣論太素脈,謂可卜人之休咎。因及治平中,京師醫僧智緣爲王荆公診脈,言當有子登科甲之喜。時王禹玉在坐,深不然之。明年,雱果登第。緣自矜語驗,詣公乞文以爲寵,公爲書曰:妙應大師智緣,診父之脈,而知其子有成名之喜。翰林王承旨疑古無此,緣曰:'昔秦醫和診晉侯之脈,知其良臣將死。夫良臣之命,尚於晉侯脈息見之,因父知子,又何怪乎?'所書大略如此。許云:'此非荆公之文,特其徒假公重名矜衒,以售其術爾。'智緣嘗從王韶經理洮河邊事,亦嘗召對診御脈,命以官,不就。"

按,智緣爲公診脈,容或有之,然必非於本年京師。本年,公尚居江寧。

歲末,有詩送熊本

《詩注》卷三十八《送熊伯通》:"歲暮欣逢蓋共傾,川塗南北豈忘情。事經宦路心應折,地入家山眼更明。江上月華空自照,梅邊春信恰相迎。關河不鎖真消息,野客猶能聽治聲。"

李注:"伯通,乃熊本也,鄱陽人。《傳》稱本有文詞,少爲范公希文所知,所至爲吏不苟。神宗時以邊功擢侍從。""據《傳》,本嘗爲池州建德縣。池、饒接壤,故云'地近家山'。此詩必送本知建德,蓋英宗末年,公未趨召時也。"

《繫年》:"安石於治平四年閏三月即知江寧府,不得稱'野客',此詩云'歲暮',必爲治平三年冬所作。"

按,《宋史》卷三百三十四《熊本傳》:"熊本字伯通,番陽人。兒時知學,郡守范仲淹異其文。進士上第,爲撫州軍事判官,稍遷秘書丞、知建德縣。縣令頃包魚池爲圭田,本弛以與民。熙寧初,上書言:'陛下師用賢傑,改修法度,得稷、卨、皋、夔之佐。'由是提舉淮南常平、檢正中書禮房事。"

彭汝礪《熊公墓誌銘并序》：“熊氏，諱本，字伯通，其上世豫章人，後徙鄱陽……既冠，舉進士，中其科，爲撫州軍事判官……英宗登極，遷秘書丞，知池州建德縣。縣占漁池爲圭田，公悉棄予貧民。知遂州録事參軍，遷太常博士。神宗登極，遷尚書屯田員外郎，賜緋衣銀魚。”①

是年，吳瑛致仕，有詩寄之

《詩注》卷三十四《寄致政吳虞部》。

按，吳虞部爲吳瑛。《張耒集》卷五十九《吳大夫墓誌銘》：“公吳氏，諱某，字德仁，龍圖閣學士贈太尉諱遵路之子也。太尉爲時名臣，公少以父任補太廟齋郎。年四十六，以虞部員外郎知郴州。罷官歸京師，即上書請致仕。方是時，上自執政大臣，下至搢紳士大夫，凡知公者相與出力挽留之，不聽。蓋始聞而驚，已而皆歎服，以爲不可及，相率賦詩飲餞于都門。公既謝仕，歸蘄春，有薄田，僅給伏臘。公臨溪築室，種花釀酒，家事付子弟，一不問。賓客有至者，不問賢愚貴賤，與之飲酒必盡醉。公或醉卧花間，客去亦不問也。客有臧否人物，公不酬一語，促左右行酒，客不得卒語。人皆愛其樂易而敬其高，凡見公者皆欣然忘其鄙吝焉。”《宋史》卷四百五十八有傳：“吳瑛字德仁……通判池州、黃州，知郴州，至虞部員外郎。治平三年，官滿如京師，年四十六，即上書請致仕。公卿大夫知之者相與出力挽留之，不聽，皆歎服以爲不可及，相率賦詩飲餞于都門，遂歸。”司馬光《温

---

① 陳柏泉《江西出土墓誌選編》，第59頁。

國文正公文集》卷十一《和吳仲庶寄吳瑛比部安道之子壯年致政歸隱蘄春》、鄭獬《郧溪集》卷二十七《吳比部瑛致仕歸蘄陽》等，即同時餞行之什。

是年，高師雄卒，有文祭之

《文集》卷八十五《祭高師雄主簿文》，文曰："去歲憂除，冶城之側。握手笑語，有如一昔。屈指數日，待君歸艎。安知彌年，乃見哭庭。"故繫此。

是年，撰李寬墓誌銘

《文集》卷九十七《廣西轉運使李君墓誌銘并序》。墓主李寬，李虛舟子，李定之兄："君諱寬，字伯強，姓李氏。其先隴西人，後移光山，至君六世祖又移建安。今爲南昌人者，以君大皇考爲鼻祖。君皇考諱某，以太子洗馬致仕，終尚書虞部郎中，其贈官至衛尉卿……君即出，道遇瘴，歸卒，年六十，治平二年九月二十三日也……以明年二月歸殯于洪州，某月某日葬新建縣桃花鄉曹山，去先墓五里，君所自爲壽藏也。"

是年，王令《孟子講義》行世，跋之

《文集》卷七十一《題王逢原講孟子後》："逢原在常江陰時，學者有問以《孟子》，而逢原爲之論說，是以如是其詳也。未幾，而逢原卒，故其書纔終於一篇，而考之時不同，蓋其志猶未就也。雖然，觀其說亦足以概見之矣。若逢原，所謂見其進未見其止也，其卒時年二十八。嗚呼，惜哉！逢原卒於嘉祐己亥六月,後七年,《講義》方行。"

居江寧,精研《詩經》,撰《周南詩次解》、《國風解》

《文集》卷六十七、《王文公文集》卷三十。

陸游《家世舊聞》卷上:"楚公尤愛《毛詩》,注字皆能暗誦。見門生或輕注疏,歎曰:'吾治平中至金陵,見王介甫有《詩正義》一部,在案上,揭處悉已漫壞穿穴,蓋繙閱頻所致。介甫觀書,一過目盡能,然猶如此。'"

按,楚公,即陸佃。

遺書方惟深,譽其詩精詣警絶

程俱《北山小集》卷三十三《莆陽方子通墓誌銘》:"公諱惟深,字子通,世爲莆陽人。考諱龜年,終尚書屯田員外郎,葬吳,因留家不去。公生挺特,幼爲文,見稱鄉長者,長則端敏,涵養滋大。鄉貢爲第一,試禮部不第,即棄去。吳下有田一廛,公與其弟躬出入耕穫,凡衣食之具,一毫必自己力,間則讀書,非苟誦其言而已也……及其論議古今道理,窮覈至到,確然莫能移。然常以雅道自娛,一篇出,人傳誦以熟。舒王以知制誥卧鍾山,得其詩,以謂精詣警絶,元白、皮陸有不到處。"

龔明之《中吳紀聞》卷三:"方惟深,字子通。本莆田人,其父屯田公葬長洲縣,因家焉。最長於詩,嘗過黯淡灘,題一絶云:'溪流怪石礙通津,一一操舟若有神。自是世間無妙手,古來何事不由人。'王荆公見之,大喜,欲收致門下。蓋荆公欲行新法,沮之者多,子通之詩,適有契於心,故爲其所喜也。後子通以詩集呈荆公，侑以詩云：‘年來身計欲何爲？跌宕無成一軸詩。懶把行藏問詹尹，願將生死遇秦醫。丹青效虎留心拙，斤匠良工入手遲。此日知音堪屬意，枯桐正在半焦時。’凡有所作，荆公讀之，必稱善，謂深得唐人句法。嘗遺以書曰：‘君詩精淳警絶，雖元白、皮陸有不可及。’子通遊王氏之門，極蒙愛重，初無一毫迎合意。後以特奏名授興化軍助教，隱城東故廬，與樂圃先生皆爲一時所高。”

以張洞寄詩，酬之

《詩注》卷四十八《和張仲通見寄三絶句》、《詩注》卷四十四《和張仲通憶鍾陵絶句二首》：“一夢章江已十年，故人重見想皤然。只應兩岸當時柳，能到春來尚可憐。”二：“逸少池邊有一丘，西山南浦慣曾遊。殘年歸去終無樂，聞説章江即淚流。”①

李注：“鍾陵，謂豫章，昔之洪州，今之隆興也。”“章貢水，已見上注。自贛州至洪，通謂之章江。”“右軍墨池在撫州州學，距公居切近。”“西山、南浦，指洪州，見王勃《滕王閣記》。”

按，張洞生平，見本譜嘉祐七年。詩曰“一夢章江已十年”，自嘉祐三年十月公自江東提點刑獄召入爲三司度支判官，至此爲九年，約成數而言。本年，張洞自江南西路轉運

---

① 《王文公文集》卷五十二題作《和張仲通憶鍾陵絶句四首》，第591頁。另兩首爲《詩注》卷四十七之《汀沙》、《西山》，第1276頁。徐濤《王安石詩繫年新證》繫於治平四年。

使,移淮南轉運使。①

有詩寄題程師孟物華樓

《詩注》卷二十八《寄題程公闢物華樓》:"千里名城楚
上游,江山多在物華樓。遥知玉節臨樽俎,獨卧柴門隔獻
醻。想有新詩傳素壁,怪無餘墨到滄洲。偶陪南望重重緑,
章水還能向此流。"

李注:"此公闢爲江西轉運時,故有'玉節'之語。物華
樓,在其臺治。"

《(雍正)江西通志》卷三十八:"物華樓,《林志》:在府
學右洗馬池上。宋嘉祐中,知洪州程師孟創,取王勃序中
'天寶物華'語。後圮,乾道中,劉珙重建,浚池并架橋焉。"

郟亶遣子僑從學,有詩贅見。酬之

《詩注》卷三十七《謝郟亶秘校見訪於鍾山之廬》:"誤
有聲名只自慙,煩君跋馬過茅簷。已知原憲貧非病,更許莊
周知養恬。世事何時逢坦蕩,人情隨分值猜嫌。誰能胸臆
無塵滓,使我相從久未厭。"

《中吳紀聞》卷三:"郟亶字正夫,太倉人。起於農家,自
幼知讀書,識度不類凡子。年甫冠,登嘉祐二年進士第。崑
山自國朝以來,無登第者,正夫獨破天荒。後住金陵,遣其
子僑就學於王荆公,嘗有贅見詩云:'十里松陰蔣子山,暮煙
收盡梵宮寬。夜深更向紫微宿,坐久始知凡骨寒。一派石

---

① 可見李之亮《宋代路分長官通考》,第 641 頁。

泉流汛瀄，數庭霜竹顫琅玕。大鵬汎有搏風便，還許鷦鷯短羽翰。’荆公一見奇之。今集中有《謝郟亶秘校見訪於鍾山》詩，云：‘誤有聲名只自慙，煩君跋馬過茅簷。已知原憲貧非病，更許莊周智養恬。世事何時逢坦蕩，人情隨分就猜嫌。誰能胸臆無塵滓，使我相從久未厭。’自此聲價頗重。”

　　按，郟亶，嘉祐二年進士，時爲試秘書省校書郎，故詩稱“秘校”。①

作《金陵懷古四首》

　　《詩注》卷三十五：“霸祖孤身取二江，子孫多以百城降。豪華盡出成功後，逸樂安知與禍雙。東府舊基留佛刹，後庭餘唱落船窗。黍離麥秀從來事，且置興亡共酒缸。”其二：“天兵南下此橋江，敵國當時指顧降。山水雄豪空復在，君王神武自難雙。留連落日頻回首，想像餘墟獨倚窗。却怪夏陽纔一葦，漢家何事費罷缸。”其三：“地勢東回萬里江，雲間天闕古來雙。兵纏四海英雄得，聖出中原次第降。山水寂寥埋王氣，風煙蕭颯滿僧窗。廢陵壞冢空冠劍，誰復沾纓酹一缸。”其四：“憶昨天兵下蜀江，將軍談笑士爭降。黃旗已盡年三百，紫氣空收劍一雙。破堞自生新草木，廢宮誰識舊軒窗。不須搔首尋遺事，且倒花前白玉缸。”

　　李注：“《劉貢父集》有和公此詩，如稱王師破金陵，兵自水總入，史所不載。貢父洽聞，必有所據。今附貢父詩於此：‘虎踞群山帶繞江，爲誰興國爲誰降？高臺麋鹿看無數，

① 徐度《却掃編》卷上：“舊制，進士登科人，初官多授試秘書省校書郎，故至今新擢第人，猶稱‘秘校’。”上海古籍出版社 2012 年版，第 123 頁。

廢沼鳧鷺去自雙。萬事朝雲隨逝水,百年西日過虚窗。白門酒美東風快,笑數英雄盡一缸。'"

作《桂枝香·金陵懷古》、《南鄉子·自古帝王州》等詞

《文集》卷三十七《桂枝香》:"登臨送目,正故國晚秋,天氣初肅。千里澄江似練,翠峰如簇。歸帆去棹殘陽裏,背西風、酒旗斜矗。綵舟雲淡,星河鷺起,畫圖難足。

念往昔、繁華競逐。歎門外樓頭,悲恨相續。千古憑高,對此謾嗟榮辱。六朝舊事隨流水,但寒煙、芳草凝緑。至今商女,時時猶歌,後庭遺曲。"

《南鄉子》:"自古帝王州,鬱鬱葱葱佳氣浮。四百年來成一夢,堪愁。晉代衣冠成古丘。繞水恣行遊,上盡層城更上樓。往事悠悠君莫問,回頭。檻外長江空自流。"

按,以上兩詞均爲懷古之作,與《和王微之登高齋》、《金陵懷古》等相類,故附於此。公不甚作小詞,偶爾技庠,所作即"瘦削雅素,一洗五代舊習"。① 《(景定)建康志》卷三十七引《古今詞話》云:"金陵懷古,寄詞於《桂枝香》凡三十餘首,獨介甫最爲絶唱。"

作《浪淘沙令·伊吕兩衰翁》

《浪淘沙令》:"伊吕兩衰翁,歷遍窮通。一爲釣叟一耕傭。若使當時身不遇,老了英雄。湯武偶相逢,風虎雲龍,

---

① 劉熙載《藝概》卷四,上海古籍出版社 1987 年版,第 107 頁。

興王衹在笑談中。直至如今千載後,誰與爭功。"

按,丁紹儀《聽秋聲館詞話》卷一:"至王荆公《浪淘沙》云'伊吕兩衰翁……誰與爭功',則隱然欲與爭雄矣。乃新法一行,卒蒙世詬,何哉?"詳詞意,當作於熙寧元年入京前。

有書答李定論待物之方

《文集》卷七十三《答李資深書》:"雖然,天下之變故多矣,而古之君子辭受取舍之方不一。彼皆内得於己,有以待物,而非有待乎物者也。非有待乎物,故其迹時若可疑;有以待物,故其心未嘗有悔也。若是者,豈以夫世之毁譽者概其心哉!"

按,公居江寧,屢召不赴,故頗惹非議,即"世之毁譽者"也,故附此。

撰《策問》

《文集》卷七十《策問》十一。公是年講學,或撰此以問諸生。其五曰:"問:聖人之爲道也,人情而已矣。考之以事而不合,隱之以義而不通,非道也。《洪範》之陳五事,合於事而通於義者也。如其休咎之效,則予疑焉。人君承天以從事,天不得其所當然,則戒吾所以承之之事可也。必如《傳》云人君行然,天則順之以然,其固然邪?'僭常暘若','狂常雨若',使狂且僭,則天如何其順之也? 堯湯水旱,奚尤以取之邪? 意者微言深法,非淺者之所能造,敢以質於二三子。"當作於《洪範傳》後。

時君卿數稱道於潁王前

王明清《揮麈後錄》卷六:"治平中,有時君卿者,鄭州人,與王才叔廣淵爲中表,遊學郡庠,坐法被笞,以善筆札,去爲潁邸書史。裕陵以其有士風,每與之言。時王荆公賢譽翕然,君卿數稱道於上前,宸心繇是注意。踐祚之後,驟加信任。然初非荆公結之,而才叔是時亦光顯矣。君卿後至正任團練使,卒於元祐間,《哲宗實錄》有傳存焉。"

按,《宋史》卷十四《神宗一》:"治平元年六月,進封潁王……四年正月丁巳,英廟崩,帝即皇帝位。"

有書答徐賢良

《文集》卷七十八《與徐賢良書》:"某叩首:罪逆苟活,向蒙賢者不以無狀,遠賜存省,區區哀感,所不可言。自後日欲修問,而乃重煩手教,先加撫慰,重以愧惻也。從是北征,計在旬月,過潤去此甚近。以几筵之故,無由一至京口奉候,瞻向之情,可以意知也。自別後,不復治《禮》,亦時時體中疾病。諸非面見,何可言也。"

按,徐賢良,不詳。然既曰"罪逆苟活,向蒙賢者不以無狀,遠賜存省","以几筵之故,無由一至京口奉候",則必作於公服除後、入京前,故附此。書又曰"自別後,不復治《禮》",可見公于丁憂期間措意《禮》學。

治平四年丁未（1067），四十七歲

正月初八，英宗崩。作挽詞

《詩注》卷四十九《英宗皇帝挽詞二首》其二："玉册上鴻名，猶殘警蹕聲。忽辭千歲祝，虛卜五年征。"

李注："按，治平四年正月庚戌朔，宰臣韓琦等上尊號曰'體乾膺曆文武聖孝皇帝'。至初八日上仙，故名'猶殘警蹕聲'，蓋紀事實也。"

《長編》卷二百九治平四年正月丁巳："帝崩於福寧殿。神宗即位，時年二十。百官入福寧殿，發哀，聽遺制，見上於東楹，皆如嘉祐之儀。惟入垂拱殿後門乃哭，爲異。"

何正臣至江寧爲岳父求銘，爲撰墓誌銘，並有詩送之

《文集》卷九十四《尚書祠部郎中集賢殿修撰蕭君墓誌銘》，墓主蕭固，文曰："君諱固，字幹臣。初以進士選桂陽監判官、楚州團練推官，用舉者二十三人，改大理寺丞，知開封府陽武、永康軍青城兩縣，通判虔州……治平三年，年六十五，以九月十七日卒於家……女三人，嫁江州湖口縣主簿何正臣、龔州司户參軍歐陽成，其季尚幼也……四年九月二十二日，葬君新喻安和鄉長宣里佛子岡。"

《詩注》卷四十四《雨未止正臣欲行以詩留之》、《詩注》卷三十三《送何正臣主簿》："何郎冰雪照青春，應敵皆言筆

有神。魯國儒人何獨少，元君畫史故應真。百年冠蓋風雲會，萬里山川日月新。可但諸公能品藻，會須天子擢平津。"

李注："日月新，必裕陵初。"

按，何正臣，治平四年進士登第，①《宋史》卷三百二十九有傳："字君表，臨江新淦人。九歲舉童子，賜出身，復中進士第。元豐中，用蔡確薦，爲御史裏行。遂與李定、舒亶論蘇軾，得五品服，領三班院。"何正臣至江寧，當爲其岳父蕭固求銘，旋赴省試，故公有詩相送，曰："可但諸公能品藻，會須天子擢平津"。蕭固之子洶，爲王雱岳父，詳本譜卷一。

三月，子雱進士及第，釋褐授旌德尉，不赴

《宋史》卷三百二十七《王雱傳》："舉進士，調旌德尉。雱氣豪，睥睨一世，不能作小官。"

《長編》卷二百二十六熙寧四年八月己卯："治平四年，雱舉進士，授旌德尉，不赴，作策三十餘篇，極論天下事，皆安石輔政所施行者。"

按，釋文瑩《玉壺清話》卷五："元澤病中，友人魏道輔泰謁於寢，對榻一巨屏，大書曰，'宋故王先生墓誌：先生名雱，字元澤，登第於治平四年，釋褐授星子尉。起身事熙寧天子，裁六年，拜天章閣待制，以病廢於家'云。後尚有數十言，掛衣於屏角，覆之不能盡見。此亦得謂之達歟？"據此，則王雱進士及第，釋褐授星子尉，與《宋史》、《長編》異。

---

① 《(隆慶)臨江府志》卷十，《天一閣藏明代方志選刊》，第433頁。

屢召不赴。或以爲要君，或以爲自慊，或以爲韓琦沮抑，不肯入朝

《宋史》卷三百四十四《鮮于侁傳》：“鮮于侁字子駿，閬州人……初，王安石居金陵，有重名，士大夫期以爲相。侁惡其沽激要君，語人曰：‘是人若用，必壞亂天下。’”

《長編》卷二百九治平四年閏三月庚子：“工部郎中、知制誥王安石既除喪，詔安石赴闕，安石屢引疾乞分司。上語輔臣曰：‘安石歷先帝一朝召不起，或爲不恭。今召又不起，果病，即有要耶？’曾公亮對曰：‘安石文學器業，時之全德，宜膺大用。累召不起，必以疾病，不敢欺罔。’吳奎曰：‘安石向任糾察刑獄，爭刑名不當，有旨釋罪，不肯入謝，意曰爲韓琦沮抑己，故不肯入朝。’公亮曰：‘安石真輔相之才，奎所言熒惑聖聽。’奎曰：‘臣嘗與安石同領群牧，備見其臨事迂闊，且護前非，萬一用之，必紊亂綱紀。公亮熒惑聖聽，非臣熒惑聖聽也。’上未審，奎重言之。”

《名臣碑傳琬琰集》中卷二十四范鎮《鮮于諫議侁墓誌銘》：“英宗初爲皇嗣，公乞選經術士以爲翼衛，遷都官員外郎、通判保安軍。何聖從知永興軍，辟公簽書判官廳公事，再遷屯田郎中、蔡河撥發。神宗初詔中外直言，公應詔言十六事，皆人君謹始者。及王荆公用事，又上疏言‘可爲憂患者一，可爲太息者二’，怫其意。某時爲翰林學士，薦公，詔除利州路轉運判官，荆公沮議。”

《邵氏聞見錄》卷三：“王安石居金陵，初除母喪，英宗屢召不至。安石在仁宗時，論立英宗爲皇子，與韓魏公不合，

故不敢入朝。"同書卷九："熙寧二年，韓魏公自永興軍移判北京，過闕上殿。王荆公方用事，神宗問曰：'卿與王安石議論不同，何也？'魏公曰：'仁宗立先帝爲皇嗣時，安石有異議，與臣不同故也。'帝以魏公之語問荆公，公曰：'方仁宗欲立先帝爲皇子時，春秋未高，萬一有子，措先帝於何地？臣之論所以與韓琦異也'……然荆公終英宗之世，屢召不至，實自慊也。"①

《名臣碑傳琬琰集》下卷十四《王荆公安石實錄》："服除，三召，終琦在相位不至。"

按，公《辭赴闕狀》曰："臣抱病日久，未任跋涉，見服藥調理，乞候稍瘳，即時赴闕。""臣自春以來，抱疢有加，心力稍有所營，即所苦滋劇。"公因居喪哀毀過甚，治平二年染溲血症。《曾鞏集》卷十六《與王介甫第三書》："示諭溲血，比良已否？即日不審寢食如何？"《詩注》卷二十六《送陳景初》："舉族貧兼病，煩君藥石功。"自注："金陵持服，舉族貧病，煩君藥石之功。"則公因丁憂抱病，被召不赴，未必如邵氏所云。另，英宗待兩制詞臣頗峻，且多親閱制誥，動輒改之，以文字加罪詞臣。公不赴，亦或與此相關。如治平元年十二月，知制誥錢公輔以封還王疇樞密副使詞頭遭重黜，知

---

① 按，"仁宗立先帝爲皇嗣時，安石有異議"，亦見於吳开《漫堂隨筆》："王荆公安石自參大政，每日進對，與上及諸臣辯論，皆書之日記……神宗嘗問安石："人言卿不欲立先帝，是否？"安石言："君薨而世子生，世子不失爲君。當是時，仁宗後宮有二人就館。它日，若不危先帝，則危仁宗之子。"如此者甚衆，安石所以欲焚之也。卞等不能及此，若引其書以自助，使安石得罪於後世。"錢塘丁氏正修堂抄本。

制誥祖無擇坐乞薄責錢公輔罰銅。① 本年正月,知制誥范鎮以草韓琦遷官制稱引周公、霍光,出知陳州。②

閏三月二十日,詔知江寧府。韓維等數譽於神宗

《長編》卷二百九治平四年閏三月:"癸卯,詔安石知江寧府。眾謂安石必辭,及詔到,即詣府視事。或曰:'公亮力薦安石,蓋欲以傾韓琦也。'龍圖閣直學士韓維言:'臣今日聞除王安石知江寧府,然未知事之信否? 若誠然者,臣竊以爲非所以致安石也。何則? 安石知道守正,不爲利動,其於出處大節,料已素定於心,必不妄發。安石久病不朝,今若才除大郡,即起視事,則是安石僥塞君命,以要自便,臣固知安石之不肯爲也。又其精神可以爲一大郡,而反不能奉朝

---

① 《長編》卷二百三治平元年十二月丙午:"翰林學士、禮部侍郎王疇爲樞密副使……知制誥錢公輔封還詞頭,言疇望輕資淺,在臺素餐,不可大用,又頗薦引近臣可爲輔弼者。上以初政除兩府,而公輔沮格制命不行,丁未,責授滁州團練副使,不簽書本州事。知制誥祖無擇乞薄責公輔,且不即草詔。上欲并責無擇,中書救之。戊申,坐罰銅三十斤。"第4924頁。

② 《長編》卷二百七治平三年正月壬申:"翰林學士、給事中、知制誥范鎮爲翰林侍讀學士、集賢殿修撰、知陳州。初,鎮草韓琦遷官制,稱引周公、霍光,諫官呂誨駁之。於是琦表求去位,鎮批答曰:'周公不之魯,欲天下之一乎周。'上以鎮不當引聖人比宰相,其意謂琦去位,則謳歌獄訟不歸京師,欲罷鎮內職。報政因諭鎮令自請外,而有是命。或曰鎮與歐陽修雅相善,及議濮王追崇事,首忤修意,修乘間爲上言:'鎮以周公待琦,則是以孺子待陛下也。'鎮坐此出。上於制誥多親閱,有不中理,必使改之。嘗謂執政曰:'此人君謨訓,豈可褒貶失實也?'先是,知制誥韓維奏事便殿,嘗言:'人君好惡,當明見賞刑,以示天下,使人知所避就,則風俗可移。'又言:'聖賢思慮,不能全無過差,假如陛下誤有處分,改之則足以彰納善從諫之美。'及鎮補外,維言:'鎮誠有罪,自可明正典刑,若其所失止在文字,當函容以全近臣體貌。陛下前黜錢公輔,中外以爲太重,今又出鎮,而眾莫知其所謂。臣恐自此各懷疑懼,莫敢爲陛下盡忠者矣!'"第5020—5021頁。

請,從容侍從之地,豈是人情? 臣又知安石之不肯爲也。所可致者,惟有一事,即陛下向所宣諭,臣向所開陳者是也。若人君始初踐阼,慨然想見賢哲,與圖天下之治,孰不願效其忠,伸其道哉? 使安石甚病而愚則已,若不至此,必幡然而來矣。臣竊恐議者以爲安石可以漸致,而不可以猝召,若如此,是誘之也,是不知安石者之言也。惟賢者可以義動而不可以計取,陛下稽古講道,必於此理粲然不惑,唯在斷而行之,毋以前議爲疑,則天下幸甚!"

《宋史》卷十四《神宗一》:"(閏三月)癸卯,王安石出知江寧府。"

《石林燕語》卷七:"神宗初即位,猶未見群臣,王樂道、韓持國維等以宮僚先入,慰於殿西廊。既退,獨留維,問王安石今在甚處? 維對在金陵。上曰:'朕召之,肯來乎?' 維言:'安石蓋有志經世,非甘老於山林者。若陛下以禮致之,安得不來?' 上曰:'卿可先作書與安石,道朕此意,行即召矣。' 維曰:'若是,則安石必不來。' 上問何故,曰:'安石平日每欲以道進退,若陛下始欲用之,而先使人以私書道意,安肯遽就? 然安石子雱見在京師,數來臣家,臣當自以陛下意語之,彼必能達。' 上曰:'善。' 於是荊公始知上待遇眷屬之意。"

《宋史》卷三百十六《吳奎傳》:"神宗初立,奎適終制,以故職還朝。踰月,參知政事。時已召王安石,辭不至,帝顧輔臣曰:'安石歷先帝朝,召不赴,頗以爲不恭。今又不至,果病耶,有所要耶?' 曾公亮曰:'安石文學器業,不敢爲欺。' 奎曰:'臣嘗與安石同領群牧,見其護前自用,所爲迂閟。萬一用之，必紊亂綱紀。'乃命知江寧。"①

四月四日，丁寶臣卒於常州。發哭弔其孤，有文祭之

《文集》卷八十五《祭丁元珍學士文》。

《文集》卷九十一《司封員外郎秘閣校理丁君墓誌銘》："朝奉郎、尚書司封員外郎、充秘閣校理、新差通判永州軍州兼管內勸農事、上輕車都尉、賜緋魚袋晉陵丁君卒。王某曰：'噫！吾僚也。方吾少時，輔我以仁義者。'乃發哭弔其孤，祭焉而許以銘……君諱寶臣，字元珍……君以治平三年待闕於常州，於是再遷尚書司封員外郎，以四年四月四日卒，年五十八。"

上狀辭知江寧府，乞除留臺、宮觀差遣

《文集》卷四十《辭知江寧府狀》："右臣今月十九日進奏院遞到敕牒，蒙恩差知江寧軍府事……然臣所抱疾病，迄今無損，若輒冒恩，黽勉典當，領路大藩，恐力用無以上副朝廷寄任，伏望陛下察臣如此。儻以臣逮侍先帝，未許分司，則乞除臣一留臺、宮觀差遣，冀便將理，終獲有瘳，誓當捐軀，少報聖德。所有敕牒，臣未敢祗受，已送江寧府收管。"

按，《長編》二百九治平四年閏三月癸卯："詔安石知江寧府。衆謂安石必辭，及詔到，即詣府視事。"不確，公固嘗辭之，乞除一留臺、宮觀差遣。

---

① 《三朝名臣言行錄》卷三："韓魏公嘗云：吳長文有識。方天下盛推王安石，以爲必可致太平，唯長文獨語所知曰：'安石心強性狠，不可大用。'其後果如所言。"

辭知江寧府不獲，遂詣府視事，上謝表

《文集》卷五十六《知制誥知江寧府謝上表》："如臣者逮侍先朝，叨官外制。惓惓許國，雖有愚忠；役役隨人，但尸榮祿。銜哀去位，嬰疢彌年。望絕寵光，分投冗散。伏遇皇帝陛下紹膺尊極，俯燭幽微。延之以三節之嚴，付之以十城之重。比緣禋祀，特有褒封，申命曲加，因郵併賜。唯是土風之美，素無犴獄之煩。久寄托於丘墳，粗諳知其閭里。念雖閉閣，殆弗廢於承流；以比造朝，或未妨於養疾。知恩勤之已迫，且遜避之不容。敢不少嘗體力之所任，祗奉詔條而爲治。冀逃大戾，仰稱殊私。臣無任。"

《(景定)建康志》卷十三："(治平)四年二月十六日，(龔)鼎臣改戶部郎中，五月二十八日赴闕，尚書工部郎中、知制誥王安石知府事。十月二十三日，安石赴闕，孫思恭知府事。"

欲辟彭衛置幕府，衛辭謝

游酢《游定夫先生集》卷六《朝奉郎彭公墓誌銘》："君諱衛，字明微，其先吉州廬陵人……父諱思永，爲御史中丞，以鯁亮稱天下，贈左光祿大夫。母普寧郡太君晏氏，元獻公弟尚書戶部侍郎融之女也。奉普寧溫清，未嘗一宿離左右，有不安節，則日夜侍醫藥，雖祁寒酷暑不解帶，而普寧非君操藥亦不嘗也……王荊公屏居金陵，習聞而賢之，逮守金陵，欲辟置幕府，君謝不願也。"

陸琮知上元縣，頗任之事

　　《陶山集》卷十四《朝奉大夫陸公墓誌銘》："佃之皇祖吏部郎公，諱軫，越人也。逮真宗、仁宗，在館閣最久……公諱琮，字寶之，吏部再從子也。幼孤，吏部自教養之。公亦感憤，爲學甚力，能如吏部意。乃任公爲郊社齋郎，爲吉州龍泉縣主簿、南康軍星子縣尉、壽州壽春縣令，知虔州石城、虔化兩縣，又知江寧府上元縣，知連州，通判潤州，又知處州。最後根括兩浙路鹽錢。官八遷，至朝奉大夫；勳四轉，至上輕車都尉。公爲虔化令，少保趙公抃辟也……公在上元時，今王荊公爲州，多任之事。"

　　按，公先後於本年、熙寧七年、九年三知江寧府。墓誌謂陸琮"知虔州石城、虔化兩縣，又知江寧府上元縣"，蓋於治平年間。考《宋史》卷三百一十六《趙抃傳》："陳升之副樞密，抃與唐介、呂誨、范師道言升之姦邪，交結宦官，進不以道。章二十餘上，升之去位。抃與言者亦罷，出知虔州。虔素難治，抃御之嚴而不苛，召戒諸縣令，使人自爲治。令皆喜爭盡力，獄以屢空。"趙抃嘉祐六年知虔州，①嘉祐七年還朝。② 墓誌既曰："公爲虔化令，少保趙公抃辟也。"則陸琮應趙抃之辟，當爲仁宗嘉祐七年，其後知上元縣當於英宗治平間。公本年知江寧府，爲陸之上司，故多任之事。而陸

----

① 　《長編》卷一百九十三嘉祐六年四月庚辰："右司諫趙抃知虔州。"第4666頁。《趙清獻公集》卷十四《知虔州到任謝上表嘉祐六年十一月十三日》："臣某言：伏奉敕差知虔州軍州事，已於今月十三日到任訖。"

② 　《長編》卷一百九十七嘉祐七年七月甲子："右司諫、知虔州趙抃爲禮部員外郎兼侍御史知雜事。"第4769頁。

琮從子陸佃，其時從公問學。

殿中侍御史裏行張唐英上疏神宗，請召回侍從之列

《名臣碑傳琬琰集》中集卷十四張商英《張御史唐英墓誌銘》："神宗即位，轉屯田員外郎……特除殿中侍御史裏行。賜封，因問曰：'卿何尚衣緑耶？'對曰：'前此回授與父。'上曰：'孝也。'以五品服賜之。時神宗方講求治道，慨然上嘉三代，而下陋漢唐，左右公卿，未有以中上心者。公以疏言知江寧府王安石，經術道德，宜在陛下左右。又言皇親員多禄侈，宜以服紀隆殺差降。及言天下苦於力役，不至有碎崖流離，宜講求可以寬民力、代民勞者。其後施行，多如次功言。"

《太平治跡統類》卷十二："（治平四年五月）甲辰，屯田員外郎張唐英爲殿中侍御史裏行。唐英，雙流人，從翰林王珪、范鎮之薦也。英宗初立，唐英上《謹始書》，言爲人後者爲之子，恐他日有引定陶故事眩惑聖德者，願杜其漸。既而臺諫官相次斥逐，珪、鎮謂唐英有先見之明，故薦之。"

《宋史》卷三百五十一《張唐英傳》："神宗即位，知其人，擢殿中侍御史……帝方屬精圖治，急於用人，唐英言：'知江寧府王安石經術道德，宜在陛下左右。'又論宗室禄多費鉅，宜以服爲差殺；天下苦差役不均，盍思所以寬民力、代民勞者。其後略施行。"

有詩題南澗樓

《詩注》卷四十四《南澗樓》："撲撲煙嵐遶四阿，物華終

恨未能多。故應斗起三千丈，始奈重山複嶺何。”

自注：“在江寧尉司。”

《繫年》：“按安石於是年閏三月除知江寧府，一辭，旋起視事。詩必作於是年。”

七月，胡宗愈至江寧爲岳父丁寶臣求銘文，爲撰之

《文集》卷九十一《司封員外郎秘閣校理丁君墓誌銘》，文曰：“朝奉郎、尚書司封員外郎、充秘閣校理、新差通判永州軍州兼管內勸農事、上輕車都尉、賜緋魚袋晉陵丁君卒。王某曰：‘噫！吾僚也。方吾少時，輔我以仁義者。’乃發哭弔其孤，祭焉而許以銘。越三月，君壻以狀至，乃叙銘赴其葬……女嫁秘書省著作佐郎、集賢校理同縣胡宗愈。”

薦呂惠卿於曾公亮

《長編紀事本末》卷六十一：“治平四年七月乙未，著作佐郎、三司檢法官呂惠卿編校集賢院書籍。惠卿，南安人，與王安石雅相好。安石薦其才于曾公亮，公亮遂舉惠卿館職。”

八月，英宗山陵禮畢，上表慰神宗、太皇太后、皇太后

《文集》卷六十一《英宗山陵禮畢慰皇帝表》、《慰太皇太后表》、《慰皇太后表》。

《宋史》卷十四《神宗一》：“（治平四年八月）癸酉，葬英宗於永厚陵。”

《繫年》:"據《宋史·神宗紀》,英宗治平四年正月崩,皇太后命韓琦爲山陵使,八月癸酉葬永厚陵,九月乙酉祔英宗皇主於太廟,民役山陵者蠲其賦。此表所謂'山陵禮畢',當在八月。時安石猶在江寧,故謝表有'臣限分鎮守,阻豫班朝'之句。"

有詩送王補之離江寧

《詩注》卷四十《送王補之行風忽作因題四句於舟中》:"淮口西風急,君行定幾時。"

《詩注》卷二十六《次韻酬朱昌叔其二》,李注"淮口":"《丹陽記》:建康有淮,源出華山,流入江,在丹陽、姑孰之界,西北流經建康、秣陵二縣之間,縈紆京邑之內,至于石頭入江,綿亘三百許里。"

《文集》卷九十一《王補之墓誌銘》:"初補江都縣尉,丁父憂。服除,調衛真縣主簿,嘗棄天台縣令,以與予共學。久之,無以衣食其妻子,乃去,補南康縣主簿。"

九月,因李定新建太平州學,爲撰《太平州興學記》

《文集》卷八十二《太平州新學記》:"太平新學在子城東南。治平三年,司農少卿建安李侯定仲求所作……既成矣,而侯罷去。州人善侯無窮也,乃來求文以識其時功……蓋繼道莫如善,守善莫如仁。仁之施自父子始,積善而充之,以至於聖而不可知之謂神。推仁而上之,以至於聖人之於天道,此學者之所當以爲事也。昔之造書者,實告之矣。

有聞於上，無聞於下；有見於初，無見於終，此道之所以散，百家之所以成，學者之所以訟也。學乎學，將以一天下之學者，至於無訟而止。遊於斯，餔於斯，而余說之不知，則是美食逸居而已者也。李侯之爲是也，豈爲士之美食逸居而已者哉？治平四年九月四日臨川王某記。”

　　按，“司農少卿建安李侯定仲求”，《王文公文集》作“李侯某仲卿”。卿者，昵稱，後世乃相沿成訛，如《太平州志》治平三年知州題名訛爲“李仲卿”。李仲卿乃李晉卿之弟，山東人，決非此“建安李侯”。此李定字仲求，祖籍福建建安，後遷江西，乃晏殊之甥、李虚舟之侄，《文集》卷九十七《廣西轉運使李君墓誌銘》述之甚詳。余靖《武溪集》卷五《湧泉亭記》：“既罷郡歸闕，且半歲，某與後太守潘伯恭、南康倅李仲求共陟泉亭，一飯一啜，不同於俗……挺之名且，伯恭名夙，仲求名定。慶曆七年五月日記。”又，北宋有三李定。《揮塵前録》卷四：“李定字仲求，洪州人，晏元獻公之甥。文亦奇，欲預賽神會，而蘇子美以其任子距之，致興大獄，梅聖俞謂‘一客不得食，覆鼎傷衆賓’者也。其孫即商老彭，以詩名列江西派中。又李定字資深，元豐御史中丞，其孫方叔正民兄弟，皆顯名一時，揚州人。又李定，嘉祐、治平以來，以風采聞，嘗遍歷天下諸路計度轉運使。官制未行，老于正卿，乃敦老如岡之祖，蓋濟南人也。同姓名者凡三人，世亦多指而爲一，不可不辯。”

九月十日，以英宗附廟禮畢，上表慰神宗、太皇太后、皇太后

《文集》卷六十一《英宗祔廟禮畢慰皇帝表》、《慰太皇太后表》、《慰皇太后表》。

《宋史》卷十四《神宗一》：“（治平四年九月）乙酉，附英宗神主于太廟。”

九月二十三日，除翰林學士

《宋史》卷十四《神宗一》：“九月戊戌，以王安石爲翰林學士。”

《宋史》卷三百二十七《王安石傳》：“（神宗）甫即位，命知江寧府。數月，召爲翰林學士兼侍講。”

《長編拾補》卷二治平四年九月戊戌：“知制誥、知江寧府王安石爲翰林學士。”

鄭獬《鄖溪集》卷一《工部郎中知制誥王安石可翰林學士制》：“文王有四友。孔子曰：‘自吾得回，門人益親。’亦有四友焉。維予之翰林先生，文章議論，以輔不逮者，蓋爲先後左右之臣矣。具官某學爲世師，行爲人表，廉於自進，優處於東藩。兹有僉言，宜還中禁，俾夫左右先後，以道義輔於予，豈特專文墨視草而已哉！可。”

舉錢公輔自代

《文集》卷四十《舉錢公輔自代狀》：“伏覩尚書兵部員外郎、知制誥錢公輔，忠信篤實，富於文學，職事所及，不爲

苟且。以臣鄙薄，實爲不如。寔之禁林，必有補助。今舉
自代。”

上謝表

《文集》卷五十六《除翰林學士謝表》：“學士職親地要，
而以討論諷議爲官。非夫遠足以知先王，近足以見當世，忠
厚篤實廉恥之操足以咨諏而不疑，草創潤色文章之才足以
付託而無負，則在此位，爲無以稱……臣於此時，實被收召，
所以許國，義當如何。敢不磨礪淬濯已衰之心，紬繹溫尋久
廢之學，上以備顧問之所及，下以供職司之所守。”

九月二十六日，韓琦罷相出判相州。上賀啓

《長編拾補》卷二治平四年九月：“韓琦數因入對求罷
相，上察琦不可留。辛丑，特授琦守司空兼侍中、鎮安武勝
軍節度使、判相州。”①

《文集》卷七十九《賀韓魏公啓》：“四海以公之用捨，一
時爲國之安危。越執鴻樞，遂躋元輔。以人才未用爲大恥，
以國本不建爲深憂。言衆人之所未嘗，任大臣之所不敢。
及臻變故，果有成功。英宗以哀疚荒迷，慈聖以謙沖退託。
内揆百官之衆，外當萬事之微，國無危疑，人以静一。周勃、
霍光之於漢，能定策而終以致疑；姚崇、宋璟之於唐，善政理
而未嘗遭變。記在舊史，號爲元功。未有獨運廟堂，再安社
稷，弼亮三世，敉寧四方，崛然在諸公之先，焕乎如今日

---

① 《宋會要輯稿》職官七八作“十月七日”，恐誤。第5200頁。

之懿。”

王巖叟《忠獻韓魏王家傳》卷六：“初除公鎮安、武勝兩軍節度使。公以兩鎮之命，本朝以來未嘗有此除授，力辭不敢當……王安石爲知制誥、知江寧府，亦親作啓賀公曰：‘伏審辭寵上宰，榮歸故鄉，兼兩鎮之節旄，備三公之典册。’”

《名臣碑傳琬琰集》中卷四十八《韓忠獻公琦行狀》：“今僕射王丞相素負天下重名，少許可，嘗遺公書，謂過周勃、霍光、姚崇、宋璟。又曰：‘爲古人所未嘗，任大臣所不敢。’天下以爲名言。”

二十八日，宰臣欲以補御史中丞，張方平、趙抃沮之

王鞏《文定張公樂全先生行狀》：“九月，英宗神主入廟，忽夜召公入，以宰臣韓琦罷，議除拜恩典，因命公參知政事……翼日（二十七日）制出，公在告，宣入，即時中使召赴延和殿告謝……至政府之次日，宰臣議以王安石補御史中丞，公曰：‘御史中丞秉國憲度，安石以經術爲名，自處高，難居繩檢之地。’趙公抃亦以爲然，竟止。”

按，《長編》卷二百二十六神宗熙寧四年八月戊寅：“觀文殿學士、户部尚書、知陳州張方平判南京御史臺，從所乞也。”李燾引《司馬光日記》：“九月初四日，張觀文判南京留臺。安道素與介甫不善，上初即位，人薦介甫之賢者甚衆，上訪於安道，安道曰：‘是人有虛名，而無實用，晉之王夷甫。若果用之，恐敗天下風俗。’介甫聞而銜之。故安道以參知政事丁父憂，服除而不復舊位，知陳州，内不自安，故稱疾而去。”以王衍擬公，《辨姦論》外，此爲首見。

沈遘卒。有文祭之,爲撰墓誌銘

《文集》卷八十五《祭沈文通文》。

《文集》卷九十三《内翰沈公墓誌銘》:"公姓沈氏,諱遘,字文通,世爲杭州錢塘人……除翰林學士、知制誥,充群牧使,兼權判吏部流内銓、判尚書禮部。公雖去開封,然皆以爲朝夕且大用矣,而遭母夫人喪以去。英宗聞公去,尤悼惜,時遣使者追賜黄金,而以金部君知蘇州。公居喪致哀,寢食如禮,以某年某月得疾杭州之墓次,某日至蘇州,而以某日卒,年四十有三……某年某月某日,葬公杭州某鄉某里銘。"

《繫年》:"《宋史》本傳與《東都事略》均謂沈遘存年四十,沈括《夢溪筆談》卷二十亦謂遘爲翰林學士,丁母憂,年三十九,明年秋卒,壽四十歲。據《宋學士年表》云:'沈遘,治平三年九月拜學士,尋丁母憂。'可知遘卒於治平四年。然《臨川集》所載《内翰沈公墓誌銘》謂'以某日卒,年四十有三,三男子',則緣下文'三男子'而衍一'三'字。文當讀爲'以某日卒,年四十。有三男子、六女。'此文即作於治平四年無疑。"可從。

按,《長編》卷二百五治平二年七月辛巳:"知制誥沈遘爲龍圖閣直學士、權知開封府……逾月,加龍圖閣學士,逾年,遷翰林學士。尋以母喪去位,遽卒。"李燾注:"遘遷翰林學士,在三年九月,卒在四年九月。"

十月二十三日，離江寧歸臨川

《（景定）建康志》卷十三："（治平）四年二月十六日，（龔）鼎臣改户部郎中，五月二十八日赴闕，尚書工部郎中、知制誥王安石知府事。十月二十三日，安石赴闕，孫思恭知府事。"

十一月，神宗詔令內外文武官各舉有才德行能者，弟安國獲王珪薦

王珪《華陽集》卷七《舉王安國奏狀》："右臣竊觀漢之取士非一路，每詔郡國舉茂材孝廉與夫文學之高第，又令丞相、御史採質樸敦厚謙遜有行者而舉之。間有災異，又博采賢良方正直言極諫之人。漢所以同風三代者無異術，特以得人爲盛爾。伏見應茂材異等科王安國，翰林學士安石之弟，行義純茂，而學足以明先王之道。其少已自高，恥與天下士出入場屋間，況肯晚同門蔭子弟，以苟一時之進哉！今年將四十，身不得厠皂衣之列，行與陛下之民老於太平無所爲，士大夫咸爲惜之。夫三歲一詔貢舉，而實學者未必盡得。制科所得，又不過一二人。豈若博取而廣收之？若安國者，儻得間有所收，不亦爲明朝得人之慶乎？伏望特許如王回、孫侔、黃君俞等例除一恩命，且令於國子監講解，以試其長。或不如所舉，臣當坐冒聞朝廷之罪。"

彭百川《太平治跡統類》卷十三："安國，安石弟也。於書無所不讀，數舉進士，試禮部輒不中。又舉茂材異等，有司考其策第一，召試秘閣，母喪罷。上即位，翰林承旨王珪

首薦之，樞密副使韓絳、邵亢又同以安國所著《序言》十卷進，上於是出手詔稱美，令召試。"

按，《宋史》卷十四《神宗一》："(治平四年十一月)乙未，詔令內外文武官各舉有才德行能者。"《宋會要輯稿》選舉二八："(治平四年十一月)二十一日，手詔：'孔子曰："修廢官，舉逸民，則四方之政行焉。"朕以天之靈，獲守大器，永惟興治之本，必待賢而後成。方今中外群才，輻湊並進，不爲不多矣。尚慮藏器抱道之士，沉於下潦，鬱而未伸。宜令內外兩府、兩制、文臣三司副使、武臣正任已上，下至臺諫官并逐路提刑、轉運使，於京朝官、使臣、幕職、州縣官、選人內，各舉所知者二人，見任兩府三人。或恥於自媒，久淹下位，或偶因微累，遂廢周行者，咸以名聞，以佐吾顯側陋、振淹滯之意。仍各明言其人臨事已彰實狀，堪何任使，朕將量才而用之。其所舉須實負才業淹廢之人，即不得舉懷奸養譽、闊於事情、陰趣進用者及權要族屬，可共昭至公之道焉。'"王珪爲公同年，其薦安國，當應治平四年之詔。

十二月，撰吳興宗墓誌銘

《文集》卷九十四《臨川吳子善墓誌銘》："臨川吳氏有子興宗，字子善……某謂其父爲諸舅，甚知其所爲，故於其弟子經孝宗之求誌以葬也，爲道而不辭。子善嘗應進士舉，後專於耕養，遂不復應。其死以治平四年八月九日，而十二月十二日，與其母黃氏共葬於靈源村父墓之域中。"

按，公當於臨川撰此銘。

妻弟吳顯道追送至撫州，因其請，與子雱同賦詩

《詩注》卷十八《試茗泉得月字》、《躍馬泉》。

李注："此泉在撫州之金谿翠雲院，石本尚存。詩序云：'治平丁未，臨川王公自江寧召還翰林，金谿吳顯道追送至撫州，因語及金谿令君政事餘暇，多得山水之樂，近以五題求詩於人。乃定韻各賦一詩，獨王公爲二，仍使其子同賦。'此泉詩與躍馬泉詩是也。雱所賦乃翠雲院詩，亦佳。"

《繫年》："李壁距安石年代不遠，所見石本必可靠。然而，安石從未在詩文中提及是年末一返臨川事，疑'金谿吳顯道追送至撫州'之'至'字，乃'自'字之誤，即自撫州至江寧送行兼求詩也。此詩當作於是年末，時在江寧。"

按，《繫年》所説無據，不取。《輿地紀勝》卷第二十九："翠雲山：在金谿縣，有瀑布。治平中，儒士胡采發榛荆而出之，有躍馬泉、試茗泉、鳴王亭，皆見於王文公詩詠。綠雲橋：在臨川縣六里。"熙寧元年四月，公方抵闕，越次入對，詳下。《(景定)建康志》曰"十月二十三日，安石赴闕"，不確，蓋本月公解府事先歸臨川，故誤也。或公本月赴闕，先歸臨川，然不知何故，又返江寧，翌年春方自江寧抵闕。①

又，《名臣碑傳琬琰集》下卷十四《王荆公安石傳實録》："嘉祐末，韓琦作相，安石糾察在京刑獄，爭刑名不當。有旨釋罪，安石堅不入謝，意琦抑之，會以憂去職。服除，三召，終琦在相位不至……初除安石爲翰林學士，命下數日，琦罷

---

① 王晉光《王安石的前半生》："十月到翌年四月的時間到了哪里去呢？原來安石到臨川故鄉走了一趟。"第 139 頁。

相，安石始造朝。"此種敘述，蓋蓄意凸顯公與韓琦之矛盾。

是年，撰金君卿母墓誌銘

《文集》卷一百《仁壽縣太君徐氏墓誌銘》，文曰："夫人徐氏……夫曰尚書屯田郎中金君，諱某，同縣人也。生子十一人，男四人，君著、君佐、君卿、君祐，皆進士。君卿今爲尚書職方員外郎……後郎中之没九年，享年七十七，卒於池州官舍，實治平三年八月十三日。以四年某月某日，藏柩于某鄉某里，祔郎中之葬。"

按，墓主爲金君卿之母，君卿慶曆二年進士及第，①公同年。

是年，蕭渤爲母求銘，爲撰之

《文集》卷一百《壽安縣太君李氏墓誌銘》："新喻蕭渤狀其母，授息緫，使來求銘以葬。惟夫人姓李氏……年十有五而嫁，是爲鼎州團練推官蕭君諱賁之妻。年二十有二，生渤、淇、澈三男，一女子而寡，執節不嫁……治平三年，渤用尚書駕部員外郎選主廣濟河漕，而夫人年六十有八，以九月八日卒于東都之私寢。越明年，某月十有一日，合葬新喻某鄉某里。"

按，蕭渤之父蕭賁，大中祥符八年進士，公父之同年。②

---

① 《（雍正）江西通志》卷四十九："慶曆二年壬午楊寘榜，金君卿，浮梁人，太常博士。"
② 《（隆慶）臨江府志》卷十，第429頁。

有詩題孫錫歸來亭

《詩注》卷三十《題致政孫學士歸來亭》。

按，《文集》卷十九作《題儀真致政孫學士歸來亭》。孫學士，即孫錫，字昌齡，真州人。《文集》卷九十七《宋尚書司封郎中孫公墓誌銘》：“公諱錫，字昌齡……以天聖二年進士起家和州歷陽、無爲巢二縣主簿。部使者及兩制以御札舉者十餘人，改鎮江軍節度推官，知杭州仁和縣……提點淮南路刑獄。在淮南二年，所活大辟十三人，考課爲天下第一。所舉多善士，未嘗聽人請屬。還爲三司户部判官，求知宣州，許之，特詔秩禄視轉運使……又知舒州，發常平廣惠倉以活陳、許、潁、蔡流人……於是官至尚書度支郎中，散官至朝奉郎，勳至上柱國。今上即位，遷司封，賜金紫。以熙寧元年正月十二日卒，年七十八。”

孫錫皇祐三年提點淮南路刑獄，五年，降知太平州，①“在淮南二年”，其時公通判舒州。治平三年，孫錫致仕，建歸來亭。“熙寧元年正月十二日卒，年七十八。”劉攽《彭城集》卷六《題孫昌齡歸來亭》：“丈人髮如漆，筋力不知老。七十置官歸，時人以爲早。”《國朝二百家名賢文粹》卷一百三十三《歸來亭記》：“晉義熙中，陶潛爲彭澤令，非其好也，賦《歸去來》，解官以歸。宋治平三年，富春昌齡君縣舒城守

---

① 《宋會要輯稿》職官六五：“（皇祐五年）閏七月二十三日，降翰林院侍讀學士、刑部郎中吕公綽爲龍圖閣學士、知徐州，侍御史吴秘知濠州，提點淮南路刑獄公事、度支員外郎、集賢校理孫錫知太平州，度支員外郎王礦知信州。”第4803頁。

得謝於朝，建亭北園，名曰‘歸來’，又取潛文以鑱於石。蓋知慕潛之放適，而不知過潛爲遠甚也。始，君天聖中舉進士，名聲滿天下。後官太學，職秘館，出入中外，踐揚要劇，陳力者四十五年而後歸……治平丁未八月丙申，成都范鎮記。”

黃龍惠南禪師致書

　　《禪林寶訓》卷一引黃龍《答荊公書》：“黃龍曰：‘夫人語默舉措，自謂上不欺天，外不欺人，内不欺心，誠可謂之得矣。然猶戒謹乎獨居隱微之間，果無纖毫所欺，斯可謂之得矣。’”

　　按，黃龍，即黃龍惠南禪師，南岳十二世。《禪林僧寶傳》卷二十二“黃龍南禪師南岳十二世”：“禪師章氏，諱惠南，其先信州玉山人也……以佛手、驢脚、生緣三語問學者，莫能契其旨，天下叢林目爲三關……住黃龍，法席之盛，追媲泐潭馬祖、百丈大智。熙寧二年三月十七日……跏趺寢室前，大衆環擁，良久而化……大觀四年春，敕諡普覺。”黃龍熙寧二年卒，其與公之交往當在此前，姑附此待考。另《禪林寶訓》卷一引《章江集》：“黃龍謂荊公曰：‘凡操心所爲之事，常要面前路徑開闊，使一切人行得，始是大人用心。若也險隘不通，不獨使他人不能行，兼自家亦無措足之地矣。’”

卷　四

宋神宗熙寧元年戊申（1068），
四十八歲

春，將赴京，以王介寄詩相謔，作《松間》

《詩注》卷四十四《松間》："偶向松間覓舊題，野人休誦《北山移》。丈夫出處非無意，猿鶴從來自不知。"

自注："被召將行作。"

王明清《玉照新志》卷一："章聖朝，种明逸抗疏辭歸終南舊隱，上命設燕禁中，令廷臣賦詩，以寵其行。獨翰林學士杜鎬辭以素不習詩，誦《北山移文》一遍。明逸不懌，云：'野人焉知大丈夫之出處哉！'熙寧中，王荆公進用，時有王介中甫者，以詩詆之云：'草廬三顧動幽蟄，蕙帳一空生曉寒。'荆公不以爲忤，但賦絕句云：'莫向空山覓舊題，野人休誦《北山移》。丈夫出處非無意，猿鶴從來自不知。'蓋取於此。"

葉夢得《石林詩話》卷下："王介字中甫，衢州人，博學善譏謔。嘗舉制科不中，與王荆公遊，甚款曲，然未嘗降意少相下。熙寧初，荆公以翰林學士被召，前此屢召不起,至是始受命。介以詩寄云:'草廬三顧動幽蟄,蕙帳一空生曉寒。'有蕙帳事,蓋有所諷。公得之大笑。他日作詩,有'丈夫出處非無意,猿鶴從來自不知'之句,蓋爲介發也。"

再題南澗樓

《詩注》卷四十《再題南澗樓》:"北山雲漠漠,南澗水悠悠去。去此非吾願,臨分更上樓。"

李注:"《建康志》:'南澗樓,在城南八里。'"《沈注》:"《輿地紀勝》:'舊江寧尉衙。'"

晁端仁來江寧爲父乞銘,爲其撰之

《文集》卷九十六《虞部郎中晁君墓誌銘》。墓主晁仲參,"以治平四年五月九日卒於通判舒州事,其子以熙寧二年正月二十九日卜濟州任城縣諫議鄉呂村之原以葬,狀君之行來乞銘,掇其語爲銘。""其子",謂墓主長子晁端仁。晁補之《雞肋集》卷六十七《朝請大夫致仕晁公墓誌銘》:"(端仁)丁銀青憂。銀青精吏道,恤民隱,初通判舒州,上書言馬當山羅刹石之險,請鑿秋口浦、樅陽渠以避之,報可而没。公護喪浮江,會王荆公在金陵,遂往請銘。荆公一見而知之。又荆公嘗佐舒,其事蓋昔所欲興而不果者也,爲作銘特詳,銀青因益顯。"

按,治平四年,王安國教授常州州學,晁端仁時爲常州司理參軍,"以掾兼廩食事"。其父晁仲參通判舒州時,曾上書言馬當山羅刹石之險,請鑿秋口浦、樅陽渠以避之,此爲公當年所欲興而不果者。《墓誌銘》謂晁端仁"護喪浮江，會王荆公在金陵，遽往請銘"，則公之誌文當撰於本年入京前。

二月，上狀薦劉彝

《文集》卷四十《舉屯田員外郎劉彝狀》："屯田員外郎、溫州通判劉彝，聰明敏達，有濟務之材，堪充升擢繁難任使。"

按，《宋會要輯稿》選舉二八："神宗熙寧元年二月十一日，詔：'翰林承旨以下、知雜御史以上，各於内外文官歷一任通判以上人内，同罪保舉一員，堪充刑獄、錢穀繁難任使。'翰林承旨王珪等奏舉虞部員外郎張諷等二十員，詔見在京及得替到闕者，並令上殿。"公薦劉彝，當於此時。彝字執中，《宋史》卷三百三十四有傳："從胡瑗學，瑗稱其善治水，凡所立綱紀規式，彝力居多。第進士，爲邵武尉，調高郵簿，移朐山令。治簿書，恤孤寡，作陂池，教種藝，平賦役，抑姦猾，凡所以惠民者無不至。邑人紀其事，目曰'治範'。熙寧初，爲制置三司條例官屬。"劉彝雖屬新黨，然恪守師學："安定先生在湖學時，福唐劉彝執中往從之，學者數百人，彝爲高第。凡綱紀於學者，彝之力爲多。熙寧二年召對，上問：'從學何人？'對曰：'臣少從學於安定先生胡瑗。'上曰：'其人文章與王安石孰優？'彝曰：'胡瑗以道德仁義教東南諸生時，王安石方在場屋，修進士業。臣聞聖人之道，有體、有用、有文。君臣父子，仁義禮樂，歷世不可變者，其體也。《詩》、《書》、史傳、子、集，垂法後世者，文也。舉而措之天

下，能潤澤其民，歸于皇極者，其用也。國家累朝取士，不以
體用爲本，而尚其聲律浮華之詞，是以風俗偷薄。臣師瑗當
寶元、明道之間，尤病其失，遂明體用之學，以授諸生，夙夜
勤瘁，二十餘年，專切學校，始自蘇、湖，終於太學，出其門
者，無慮二千餘人。故今學者明夫聖人體用，以爲政教之
本，皆臣師之功也。'上曰：'其門人今在朝爲誰？'對曰：'若
錢藻之淵篤，孫覺之純明，范純仁之直溫，錢公輔之簡諒，皆
陛下之所知也。其在外明體適用，教於民者迨數十輩。其
餘政事文學，粗出於人者，不可勝數。此天下四方之所共
知，而歎美之不足者也。'上悦。"①

三月十五日後，離江寧赴闕，泊船瓜洲，有詩

《詩注》卷四十三《泊船瓜洲》："京口瓜洲一水間，鍾山
祇隔數重山。春風自綠江南岸，明月何時照我還。"

李注："京口，已見別注。瓜洲，在丹徒之對。"

《詩注》卷四十二《與寶覺宿龍華院三絕》其二："世間
投老斷攀緣，忽憶東遊已十年。但有當時京口月，與公隨我
故依然。"李注引《鎮江志》："孫權自吳徙丹徒，謂之京城，
亦曰京口。晉桓溫以京口兵勁，不欲郗愔居北府，故有'京
口酒可飲，兵可用'之言，即指此也。今尚有京口鎮，去城最
近，與瓜洲相對，土人但呼爲'江口鎮'云。"

按，公本年四月初已抵京越次入對。自江寧至開封水

①　朱熹《五朝名臣言行録》卷十引李廌書。

路行程，一般官舟所需時日通常爲 14 日左右。① 以此推算，則公當於本月望日稍後離江寧赴闕。

又，《泊船瓜洲》作年，向有二説。一爲本年公自江寧被召赴京，一爲熙寧八年公復相時。然熙寧八年三月一日，公自江寧赴京（十四日抵京，詳見本譜熙寧八年），至瓜洲僅一、二日之程，不應有明月當空之景。且公《與寶覺宿龍華院三絶》（熙寧九年）"忽憶東遊已十年"之東遊，即指本年赴京，故詩當作於本年。繫年既定，則此詩"春風自緑江南岸"或又作"春風又緑江南岸"，恐非。②

另，《長編拾補》卷三引薛應旂《通鑑》："夏四月乙巳，王安石始至京師，時受翰林學士之命，已七越月矣。"此或沿襲陳桱《通鑑續編》卷八："安石受命歷七月，始至京師。"《宋史紀事本末》卷八亦曰："神宗熙寧元年夏四月乙巳，王

---

① 鄧廣銘指出："江寧與開封相距，依當時交通常例，共爲二十二程。將詔令遞送江寧與王安石應召赴開封所需要之日合計，即使中間無稍遲誤，亦須一個半月。"《北宋政治改革家王安石》，第 257 頁。恐不須。如熙寧八年三月一日，公自江寧赴京，十四日抵京，詳見本譜熙寧八年。又如，仁宗景祐三年，歐陽修貶夷陵，五月二十八日發東水門，沿汴絶淮，七月二十六日至江寧，共 61 日。其間又滯留泗州、楚州、高郵、揚州、真州等共 47 日，水上行舟計 14 日。《歐陽修全集》卷一百二十五《于役志》，第 1897—1900 頁。劉德清《歐陽修紀年録》，上海古籍出版社 2006 年版，第 81—83 頁。

② 關於此詩作年，可見李德身《讀〈泊船瓜洲〉的作年、主題和藝術價值》，《文學遺産》1991 年第 3 期。趙齊平《宋詩臆説》，北京大學出版社 1993 年版，第 126 頁。朱明倫《王安石〈泊船瓜洲〉考辨二則》，《遼寧大學學報》1991年第 6 期。另，《宋詩鑑賞辭典》："這首詩作於熙寧八年二月……神宗下詔恢復王安石的相位……詩人感到欣喜。他希望憑藉這股溫暖的春風驅散政治上的寒流，開創變法的新局面。"上海辭書出版社 1987 年版，第 207—208 頁。前二者持熙寧元年説，後二者持熙寧八年説。具體考辨，可見拙文《新見史料與王安石生平行實疑難考》，《文學遺産》2017 年第 1 期。

安石始至京師。時受翰林學士之命,已七越月矣。"皆誤。
公三月中旬離江寧赴闕,月底抵京。自治平四年九月二十
三日除翰林學士至此,恰半年。

過潤州金山寺,與釋寶覺相會並宿寺中一夜

《文集》卷三十六《贈寶覺并序》:"予始與寶覺相識於
京師,因與俱東。後以翰林學士召,會宿金山一昔。"

《詩注》卷二十二《宿定林示寶覺》,題注:"寶覺即無
外,名務周。"沈括《長興集》卷二十二《潤州金山二使君祠
堂記》:"寶覺,南漳道人務周也。"

有詩寄弟平甫,勉其不必急於仕進

《詩注》卷三十七《離北山寄平父》:"日月沄沄與水爭,
披襟照見髮華驚。少年憂患傷豪氣,老去經綸誤半生。休
向朝廷論一鶚,只知田里守三荊。清溪幾曲春風好,已約歸
時載酒行。"

李注:"詩意似勉平父不必急於進。然平父後卒爲諸公
所薦,賜進士及第,得館職。"

按,詩當作於本年初離江寧,時王安國或仍教授常州
州學。

道逢王無咎,有詩寄之

《詩注》卷二十五《寄王補之》:"平居相值少,況復道塗
留。今我思揮麈,逢君爲艤舟。人情方慕貴,吾道合歸休。
吏責真難塞,聊爲泮水遊。"

李注："補之嘉祐二年進士，嘗從公學。時方以經術造士，公言：'君可教國子。'命且下，而補之死。事見《墓誌》。此詩疑公再入相時，道逢補之，許以泮水之遊而實未到官也。死於熙寧二年冬。"

王晉光《繫年初稿》："此詩應爲荊公奉詔越次入對途中與王無咎相遇後作，入京即薦無咎爲國子教授，命且下而無咎已死。"可從。

四月四日，越次入對，言爲治以擇術爲先，勉神宗當法堯、舜

《長編紀事本末》卷五十九："熙寧元年四月乙巳，詔新除翰林學士王安石越次入對。上謂安石曰：'朕久聞卿道術德義，有忠言嘉謀，當不惜告朕。方今治，當何先?'對曰：'以擇術爲始。'上問：'唐太宗何如主?'對曰：'陛下每事當以堯、舜爲法。唐太宗所知不遠，所爲不盡合法度，但乘隋極亂之後，子孫又皆昏惡，所以獨見稱於後世。道有升降，處今之世，恐須每事以堯、舜爲法。堯、舜所爲，至簡而不煩，至要而不迂，至易而不難，但末世學士大夫不能通知聖人之道，故常以堯、舜爲高而不可及，不知聖人經世立法，常以中人爲制也。'上曰：'卿可謂責難於君矣。然朕自視眇然，恐無以副卿此意。卿可悉意輔朕，庶幾同濟此道。'上問安石：'祖宗守天下能百年無大變，粗致太平，以何道也?'安石退而奏書。"

《宋史》卷三百二十七《王安石傳》、《東都事略》卷七十九《王安石傳》、《宋史全文》卷十一所載略同。彭百川《太

平治跡統類》卷十三作"熙寧元年四月壬寅日",然《宋史》卷十四《神宗一》亦載:"(熙寧元年)四月乙巳,詔翰林學士王安石越次入對。"

又《宋會要輯稿》職官六十載治平四年十一月四日神宗轉對詔曰:"朕惟眇德,初踐夷圖,欲躋方夏於已安,浩若巨川之未濟。聰明所及,固不能燭萬事之幾;夙夜雖勞,將何以救群元之失。煢然在疚,殆此淹年。顧善化以寖微,懼皇猷之弗嗣。遂緣象類之發,欽承譴告之仁。氣焰感通,陰陽愆繆,星文屢變,地震不寧……播告中外,咸體至誠。宜令御史臺每起居日,令百僚轉對。"

按,公初入對,以唐太宗爲不足法,勉神宗取法堯、舜,清儒王夫之譏爲大言不慚。《宋論》卷六:"王安石之入對,首以大言震神宗。帝曰:'唐太宗何如?'則對曰:'陛下當法堯、舜,何以太宗爲哉!'又曰:'陛下誠能爲堯、舜,則必有皋、夔、稷、契,彼魏徵、諸葛亮者,何足道哉!'……故學者之言學,治者之言治,奉堯、舜以爲鎮壓人心之標的,我察其情,與緇黃之流推高其祖以樹宗風者無以異。"[1]然此固一時之潮流,余英時所謂北宋士人"超越漢唐、回歸三代之理想",[2]非公一家之私言。如本年右正言孫覺上奏:"人主之學,苟不深造於道德性命之際,則無以應萬務之變,知群下之情……然臣獨以爲未者,竊觀朝廷之政,未盡得先王之意,而先後之序,未盡合聖人之道也……陛下增益其所未至,勉強其所不能,救其所偏,解其所蔽,則臣將見陛下之

---

① 王夫之《宋論》,中華書局1964年版,第114—115頁。
② 余英時《朱熹的歷史世界》,三聯書店2011年版。

治，度越漢、唐，而比隆於三代矣。"①熙寧二年，監察御史裏行程顥上奏："漢、唐之君，有可稱者，論其人則非先王之學，考其時則皆駁雜之政，乃以一曲之見，幸致小康，其創法立統非可繼於後世者，皆不足爲也。"②"夫義理不先盡，則多聽而易惑；志意不先定，則守善而或移。惟在以聖人之訓爲必當，從先王之治爲必可法，不爲後世駁雜之政所牽滯，不爲流俗因循之論所遷惑，信道極於篤，自知極於明，任賢勿貳，去邪勿疑，必期致世如三代之隆而後已也。"③熙寧二年四月，陳襄自知明州召還修起居注，上劄子曰："爲國而不修先王之法度，是猶輪之不以規矩正方圓，而曠之不以六律治五音也……唐太宗，有爲之主也，而房、杜之徒不足以言禮樂，此其所以不王也。伏惟陛下饗國以來，孜孜庶政，二帝、三王之事，必欲舉而行之。臣居斯時，不以堯、舜之道陳於陛下之前，則不恭之罪莫大焉。"④

另，《文集》卷六十一《謝翰林學士笏記》："含哀去國，扶憊造朝。黼坐禁嚴，許之燕見；玉堂閎麗，賜以叨居。申飭使人，就傳德意。事雖有故，寵實非常。莫知報稱之謂何，徒荷眷求之如此。"所謂"笏記"，《文章緣起》曰："宋人又有笏記，書詞於笏以便宣奏，蓋當時面表之詞也。表文書於牘，則其詞稍繁。笏記宣於廷，則其詞務簡。"據此，此篇

---

① 《宋朝諸臣奏議》卷五《上神宗論人主有高世之資求治之意在成之以學》，上海古籍出版社 1999 年版，第 44 頁。
② 《宋朝諸臣奏議》卷二《上神宗論王霸之辨在審其初》，第 17 頁。
③ 《宋朝諸臣奏議》卷五《上神宗論君道之大在稽古正學》，第 45 頁。
④ 《宋朝諸臣奏議》卷二《上神宗論人君在知道得賢務修法度》，第 16 頁。

當撰於越次入對時。

以神宗問本朝享國百年天下無事之故,退而奏上《本朝百年無事劄子》,勉神宗大有爲

《文集》卷四十一《本朝百年無事劄子》:"臣前蒙陛下問及本朝所以享國百年天下無事之故。臣以淺陋,誤承聖問,迫於日晷,不敢久留,語不及悉,遂辭而退。竊惟念聖問及此,天下之福,而臣遂無一言之獻,非近臣所以事君之義,故敢昧冒而粗有所陳……然本朝累世因循末俗之弊,而無親友群臣之議。人君朝夕與處,不過宦官女子,出而視事,又不過有司之細故,未嘗如古大有爲之君,與學士大夫討論先王之法,以措之天下也。一切因任自然之理勢,而精神之運有所不加,名實之間,有所不察。君子非不見貴,然小人亦得厠其間。正論非不見容,然邪說亦有時而用。以詩賦記誦求天下之士,而無學校養成之法。以科名資歷叙朝廷之位,而無官司課試之方。監司無檢察之人,守將非選擇之吏,轉徙之亟,既難於考績,而游談之衆,因得以亂真。交私養望者多得顯官,獨立營職者或見排沮。故上下偷惰,取容而已。雖有能者在職,亦無以異於庸人。農民壞於繇役,而未嘗特見救恤,又不爲之設官,以修其水土之利。兵士雜於疲老,而未嘗申敕訓練,又不爲之擇將,而久其疆場之權。宿衛則聚卒伍無賴之人,而未有以變五代姑息羈縻之俗。宗室則無教訓選舉之實,而未有以合先王親疏隆殺之宜。其於理財,大抵無法,故雖儉約而民不富,雖憂勤而國不强。賴非强敵昌熾之

時，又無堯湯水旱之變，故天下無事過於百年。雖曰人事，亦天助也。蓋累聖相繼，仰畏天、俯畏人，寬仁恭儉，忠恕誠愨，此其所以獲天助也。伏惟陛下躬上聖之質，承無窮之緒，知天助之不可常恃，知人事之不可怠終，則大有爲之時，正在今日。”

《長編紀事本末》卷五十九：“熙寧元年四月乙巳，詔新除翰林學士王安石越次入對……上問安石：‘祖宗守天下能百年無大變，粗致太平，以何道也？’安石退而奏書，其略曰……”《太平治跡統類》等載略同。

按，《本朝百年無事劄子》堪稱公變革之綱領。呂中《類編皇朝大事記講義》卷十五評曰“譏其理財無人也”，“譏其恤民無政”，“譏其未能盡去小人”，“譏其未能盡用君子也”；“此褒仁宗而實貶之，然仁宗大德，安石自不能掩也”；“譏其不任大臣”，“譏其講學具文”，“譏其親細務”，“譏其不復古制”，“譏其循弊法”，“用人者取新進，自此發之”；“分遣使，置提舉，自此發之”；“故有國是之論”，“此慶曆、治平諸公所以逐也”；“此免役法、農田令之始”；“故遣使修水利”，“并營自此始”，“置將官自此始”，“置保甲自此始”，“宗室補外官自此始”。“至於理財大抵無法。此一句安石變法之大意也，然特見于其後。安石之深謀有在矣，故上再三詰之而終不對也。其後紛更政事皆本于此。”又曰：“安石‘祖宗不足法’之論始于此……安石所謂‘祖宗不足法’者，大抵指仁宗而言，而猶欲法太祖之剛斷也……夫祖宗之法既行久，不能無弊。學校貢舉也，科名資歷也，監司郡縣也，考績課試也，農之貧，兵之冗，財之匱,官吏之貪者,慶曆諸事之所欲變而不遂也者,至今以爲恨。況其後世又數十年,其弊當益甚。議者以爲當變,安石之變法不可謂非其時,而論本朝之弊亦可謂當其情也。以其躁率任意而不能熟講精思,故其所變之法,但纖悉于節目,而尤注意于理財之一事,此其所以禍天下也。然安石布置施設,亦有素定之規模,隨用而隨施之,此其所以能誤聖明而欺君子也。"呂中於新法雖不無偏見,叙事間頗有貶諷,然此處分析則鞭辟入理。

四月五日,爲神宗略陳設施之方,勸先以講學爲事,神宗大喜

《長編紀事本末》卷五十九:"熙寧元年四月乙巳,詔新除翰林學士王安石越次入對⋯⋯明日,上謂安石曰:'昨閱卿所奏書至數遍,可謂精盡計,治道無以出此。所條衆失,卿必已一一經畫,試爲朕詳見設施之方。'對曰:'遽數之,不可盡,願陛下以講學爲事。講學既明,則設施之方,不言而自喻。'上曰:'雖然,試爲朕言之。'於是爲上略陳設施之方。上大喜,曰:'此皆朕所未嘗聞,他人所學,固不及此。能與朕一一爲書條奏否?'對曰:'臣已嘗論奏,陛下以講學爲事,則諸如此類,皆不言而自喻。若陛下擇術未明,寔未敢條奏。'上曰:'卿今所言已多,朕恐有遺忘,試録今日所對以進。'安石唯唯而退,訖不復録所對以進。"

鄭獬宣召入院,賜對衣、金帶、鞍馬,上謝表

鄭獬《鄖溪集》卷十《召翰林學士王安石入院口宣》:

“有敕：卿賢具素優，德名絶出。行潔而才茂，學深而志通。嘗奮高文，入司雅誥，適佩符於藩府，宜促駕於鋒車。更宜禁林，發潤天藻，攄忠嘉之閎論，補密勿之沈謀。副我虛懷，服兹優數。今差某官召卿入院充學士。”

《文集》卷五十六《賜衣帶等謝表》：“出大庭之顯服，束以精鏐；引内廄之名駒，傅之錯采。隆恩所逮，朽質知榮。竊念臣弱力淺聞，久憂積疢。中與從官之選，外分守將之權，僅免譴訶，更蒙收召。論思潤色，曾莫效於微勞；衣被服乘，乃前叨於異數。”

按，洪遵《翰苑群書》卷八引蘇易簡《續翰林志下》述翰林學士入院：“學士拜命，先閤門受制書於常朝殿門之階上，舊體，召入院後，差中使賜。拜伏跪受訖，於便殿對敡，陳述寵用遭值之由，謂之告謝。上必從容賜坐，錫以茶藥而退，選日謝恩。前一日，待詔一人就宅宣召，預於庭設裀褥，堂設酒醴，待詔稱有敕，望皇居拜伏聽命，其辭皆獎飾嚴召之意於本院舊學士處請本。又舞蹈訖，升堂飲饌，以謝恩奏狀拜伏跪授之。來日待詔迎於待漏院，與新學士偕行，引至閤門而退，閤門舍人始引入中謝，賜對衣、金帶、金塗鞍勒馬。”

又王曾《王文正筆録》：“舊制，文武群臣由一命而上，自外至京，必先詣正衙見訖，乃得入見，辭謝亦如之。太祖皇帝御極之初，親總庶務，常驛召一邊臣入對，將授以方略，訝其到闕已數日而未見。左右或奏以未過正衙，太祖意不平之，乃令自今皆先入見辭謝畢，方得詣正衙。遂爲定制。”據此，則公抵京後先越次入對，再入學士院。

得韓琦回書

強至《祠部集》卷三十二《代回王介甫内翰書》："入相三朝,坐彌一紀。以有限之才,而應無窮之務,豈惟精力之已疲;以嘗試之身,而妨未用之賢,抑亦寵榮之太久。懇陳軒陛,得守鄉邦。功名弗居,惟慚往哲之趣;進退粗得,偶合至賢之心。喜素節之獲全,枉盛辭而溢美。適來總帥,遂緩布書。旋承違樂職之高懷,屬演綸之大手。前席論議,密簡聖人之衷;本朝文章,行追典誥之體。春暄未過,福履自持。"

按,治平四年九月,韓琦出判相州,公上賀啓,至此琦方復書。"前席論議,密簡聖人之衷",當指越次入對,上契聖心。

四月八日,劉敞卒,蘇軾借祭文以諷

朱弁《曲洧舊聞》卷二:"介甫經術,實文元發之,而世莫有知者。當時在館閣談經術,雖王公大人莫敢與爭鋒,惟劉原父兄弟不肯少屈。東坡祭原父文特載其事,有'大言滔滔,詭論滅世'之語。祭文宣和以來,始得傳於世。"

劉攽《彭城集》卷三十五《故朝散大夫給事中集賢院學士權判南京留司御史臺劉公行狀》:"(治平)四年正月,今上嗣位,改給事中。明年四月八日,薨於位,享年五十。"

按,蘇軾祭文"宣和以來,始傳於世",其流傳頗類《辨姦論》,今載《蘇軾文集》卷六十三。

四月十日，赴錫慶院御筵，上謝表

《文集》卷五十六《敕設謝表》：“職與論思，恩加膏飫，禮雖有舊，寵實難當。伏念臣本乏才稱，中緣疾廢，適從孤遠，獲侍清光。已汙禁林之廬，重叨大官之賜。蓋飲食有文王之雅，實始憂勤；顧來歸無吉甫之勞，徒多燕喜。敢忘自竭，粗稱所蒙。”

按，公所赴御筵，當爲同天節賜筵。神宗四月十日生，是日爲同天節，按例賜筵於錫慶院。① 《宋會要輯稿》禮四五：“（熙寧元年）四月十三日，御史中丞滕甫言：‘臣聞君召不俟駕而行，此臣子所以恭其上也。君設宴以召臣，臣托故而不至，甚非恭上之節也。近覩錫慶院御筵，臣僚凡八十餘員請假不赴，雖稱各有事故疾病，然一日之內何其多邪？竊恐錫慶院賜宴，依前畏避暑熱，請告者益多，則宴座稀疏，何以觀示遠人？今後凡遇宴設，文武官非大故及實有疾病，不得投牒請假。如妄託故，仰御史臺覺察。’從之。”蘇頌《蘇魏公文集》卷三十六《同天節謝錫慶院齋筵》：“竊以瑶光貫斗，欣逢震育之辰；湛露晞陽，載荷燕私之禮。旅星肴之豐旨，醨玉醴之清醇。百辟盈庭，共識惠慈之渥；萬年獻壽，咸傾愛戴之誠。伏惟皇帝陛下德盛離明，道躋乾健。一中和於夷夏，躬勤儉於邦家。臨御再期，動植畢沾於仁澤；誕彌嘉節，遐邇悉播於頌聲。臣等生偶盛期，職塵近任，祝聖方輸於懇欵，推恩遍被於眷懷。詠太平既醉之詩，

① 直至熙寧五年，改賜於尚書省。《長編》卷二百二十九熙寧五年春正月：“甲午，詔自今賜同天節齋筵於尚書省。”第5568頁。

已陶至化；念王臣匪躬之故，益屬丹誠。臣無任。"文曰
"臨御再期"，神宗治平四年即位，至此爲"再期"，蘇頌謝
表亦上於此時。

四月十八日，入學士院後，翰林學士鄭獬乞令立班其 上，固辭不獲

《宋會要輯稿》儀制三："（四月）十八日，翰林學士鄭獬
言：'新授學士王安石入院，舊制以先後供職爲資次。緣安
石與臣同知制誥，名在臣上。及除學士，臣草其制，臣後方
爲學士。安石緣江寧赴召，入院在後，望令立班在上。'
從之。"

釋文瑩《湘山野録》卷中："鄭毅夫公入翰林爲學士，後
數月，今左揆王相國繼入。其玉堂故事，以先入者班列居
上。鄭公奏曰：'臣德業學術及天下士論，皆在王某之下。
今班列翻居其上，臣所不遑，欲乞在下。'主上面諭之，揆相
固辭曰：'豈可徇鄭某謙抑，而變祖宗典故耶？'又數日，鄭公
乞罷禁林以避之，主上特傳聖語：'王某班列在鄭某之上，不
得爲永例。'後揆相爲鄭父紓誌其墓，語筆優重，至挽詞有
'欲知陰德事，看取玉堂人'之句，佳其謙也。"

按，"左揆王相國"即公。"揆相爲鄭父紓"所誌之墓，
《文集》不載，然《文集》卷一百有《鄭公夫人李氏墓誌銘》，
撰於本年八月。"鄭公"即鄭獬之父鄭紓，文瑩或偶誤。

據此，則公與鄭獬亦非泛泛之交。"鄭沽"之目（詳
下），或爲戲謔之語。

四月十九日，與呂公著請復講官坐講，神宗詔太常禮院詳定以聞；議不同，事遂已

彭百川《太平治跡統類》卷二十六：“熙寧元年四月庚申，翰林學士兼侍講呂公著、王安石等言：‘切尋故事，侍講者皆賜坐。自乾興以後，講者始立，而侍者皆坐聽。臣等竊以爲侍者可使立，而講者當賜坐。乞付禮官考議。’詔太常禮院詳定以聞。後韓維、刁約、胡宗愈等言：‘臣侍君側，古今之常，或賜之坐，蓋出優禮。祖宗以來多賜坐者，以其敷暢經義，所以明先王之道。道之所在，禮則加異。太祖開寶中，李穆薦王昭素于朝，召對便殿賜坐，令講《易·乾卦》……令列侍之臣，回還列坐，執經而講者顧使獨立于前，則事體輕重，誠爲未安。臣等以爲宜如天禧舊制，以彰陛下稽古重道之意。’判太常寺龔鼎臣、蘇頌、周孟陽，同知太常禮院王汾、劉攽、韓忠彥言：‘臣等竊謂侍從之官，見于天子，若賜之坐，有所顧問，猶當避席立語。況執經人主之前，本欲便于指陳，則立講爲宜。若謂傳道近于爲師，則今侍講解說，舊儒章句之學耳，非有師之實，豈可專席安坐以自取重也！今朝廷班制，以侍講居侍讀之下，祖宗命官之本意，重輕可知矣。今若使侍講輒坐，其侍讀當從之。若亦許之坐，則侍從之臣每有進說，皆當坐矣。且乾興以來，侍臣立講，歷仁宗、英宗兩朝，行之且十五年，豈可以一旦爲有司之失，而輕議變更？今人主之待侍臣，繇始見以及畢講，皆賜之坐，其尊德重道固已厚于三公矣，尚何加焉？其講官侍立，伏請仍舊。’

初,孫奭坐講,仁宗尚幼,跂案以聽之,奭因請立,講論者不以爲是。王安石兼侍講,請復乾興以前故事,使預聽者亦立,坐之日少而侍立之日多,于是公著等遂同建明。已而衆議不同,上以問曾公亮,公亮但稱:'臣侍仁宗書筵亦立。'後安石因講賜留,上面諭曰:'卿當講日可坐。'安石不敢坐,遂已。"

《長編紀事本末》卷五十三《講筵》所載同。

按,蘇頌《蘇魏公文集》卷十六《駁坐講議》:"翰林學士兼侍講呂公著、王安石,起居舍人兼侍講、同知諫院吳充等劄子請坐講……奉聖旨,送太常、禮院詳定聞奏。"同卷載《判寺韓維刁約禮官胡宗愈等議》、《判太常寺蘇某龔鼎臣周孟陽禮官王汾劉攽韓忠彥等議》,所載稍詳。畢仲游《西臺集》卷十五《丞相儀國韓公行狀》:"神宗皇帝即位,遷秘書丞。魏公辭位去國,以故事召試,除秘閣校理、同知太常禮院……會召故荊公介甫爲翰林學士,與學士呂公著同侍講邇英,二人奏言:'故事,講者坐而侍者立。自乾興以來,講者立而侍者坐,請復故事。'下禮官。公議以謂:'故事,侍臣與講者皆坐,或侍者坐而講者立,或講與進讀者立而侍臣皆坐,此人主之恩出一時者也,顧皆無所輕重。即人主不命而自請之,則非禮。孔子之時,人臣或拜君于上,孔子曰:'拜,下禮也,雖違衆,吾從下。'今侍臣講于上前而立,五十年矣,以孔子拜下之義觀之,姑用乾興以來故事可也,何必改?'詔是公議。"

據此,則講官坐講,乃公、呂公著、吳充共倡,禮官韓維、刁約、胡宗愈和之，①而蘇頌、龔鼎臣、周孟陽、王汾、劉攽、韓忠彥則駁之，請仍舊施行。除蘇頌外，韓維《南陽集》卷二十五《議講者當賜坐狀》、劉攽《彭城集》卷二十七《與韓持國論侍講不合稱師》，亦備載此事原委及兩方分歧。儒者議禮如訟，本屬平常。公治平元年所撰《虔州學記》曰：“若夫道隆而德駿者，又不止此，雖天子北面而問焉，而與之迭爲賓主，此舜所謂承之者也。”（詳本譜治平四年）可見，乞講官坐講，亦爲公師道理想之體現。然次年六月呂誨上《論王安石姦詐十事狀》，則徑以此爲公罪狀，誣枉殊甚：“人主延對經術之士，講解先王之道，設侍講、侍讀常一員。執經在前，乃進說，非傳道也。安石居是職，遂請坐而講說，將屈萬乘之重，自取師氏之尊。真不識上下之儀，君臣之分，況明道德以輔益聰明者乎？但要君取名而已，其事三也。”其後，《宋史》等以此事專屬公。②《宋史》卷三百四十七《龔鼎臣傳》：“神宗即位，判吏部流內銓、太常寺。選人得官，待班謝辭，率皆留滯。鼎臣奏易爲門謝辭，甚便之。明堂議侑帝，或云以真宗，或云以仁宗，鼎臣曰：‘嚴父莫大於配天，未聞以祖也。’乃奉英宗配。王安石侍講，欲賜坐。事下禮官，鼎臣言不可，安石不悦。求補外，知兗州。”《宋史》卷三百一十九《劉攽傳》：“王安石在經筵，乞講者坐。攽曰：‘侍臣講論於前，不可安坐，避席立語，乃古今常禮。君使之坐，所以示人主

---

① 《京口耆舊傳》卷一：“熙寧初，（刁約）判太常寺。議講讀官當賜坐，與呂公著等合。後雖不行，識者是之。”第29頁。

② 《宋史》卷三百三十六《呂公著傳》、卷三百十二《吳充傳》、《東都事略》卷八十八《呂公著傳》、卷六十三《吳充傳》、《名臣碑傳琬琰集》下卷十《呂正獻公公著傳》、中卷二十七《吳正憲公充墓誌銘》均不載二人請坐講事。

尊德樂道也;若不命而請,則異矣。'禮官皆同其議。"

曾鞏撰《講官議》以諷

《曾鞏集》卷九,文曰:"《禮》無往教而有待問,則師之道,有問而告之者爾。世之挾書而講者,終日言,而非有問之者也,乃不自知其强聒而欲以師自任,何其妄也……世之挾書而講於禁中者,官以侍爲名,則其任故可知矣。乃自以謂吾師道也,宜坐而講,以爲請於上,其爲説曰:'必如是,然後合於古之所謂坐而論道者也。'夫坐而論道,謂之王公;作而行之,謂之卿大夫。語其任之無爲與有爲,非以是爲尊師之道也。且禮於朝,王及群臣皆立,無獨坐者;於燕皆坐,無獨立者,故坐未嘗以爲尊師之禮也。昔晉平公之於亥唐,坐云則坐。曾子之侍仲尼,子曰參復坐。則坐云者,蓋師之所以命學者,未有果師道也。顧僕僕然以坐自請者也,則世之爲此者非妄歟? 故爲此議以解其惑。"

按,何焯《義門讀書記》卷二:"此議似亦爲介甫發。"姚範《援鶉堂筆記》卷四十七:"王安石在經筵乞坐講,劉攽曰……余向以曾子固《講官議》疑出於貢父。按,此與子固議不同……南豐《講官議》,茅順甫以爲爲伊川爭講坐而發,不知伊川之爭在元祐,子固不及見也。方望溪云:'前此無爭坐講者。'此亦不考也。此蓋介甫所爭當坐而講,劉貢父、龔輔之以爲不可者也。子固《公族議》、孫永《宜城長渠》等記,皆爲諷介甫而作。"

與吳充同差修《英宗實錄》，上劄乞免，不允

《文集》卷四十二《乞免修實錄劄子》：“臣准閤門報，敕差臣與吳充同修《英宗皇帝實錄》。竊緣臣於吳充爲正親家，慮有共事之嫌。今來實錄院止闕呂公著一人，臣於討論綴緝，不如吳充精密，若止差吳充一人以代公著，自足辦事。伏望聖恩詳酌指揮。所有敕牒，臣未敢受。取進止。”

《沈注》：“按此劄子，則介甫初不與修，豈嘗辭而不得已歟？”是也。

按，《宋史》卷十四《神宗一》：“熙寧元年春正月……丁酉，詔修《英宗實錄》。”陳振孫《直齋書錄解題》卷四：“晁氏《讀書志》云：‘熙寧元年正月，詔曾公亮提舉，呂公著、韓維修撰，孫覺、曾鞏檢討。三月，又以錢藻檢討。四月，又以王安石、吳充爲修撰。二年七月，書成，上之。’”王明清《揮麈三錄》卷一：“《英宗實錄》，熙寧元年曾宣靖提舉。王荆公時已入翰林，請自爲之，兼實錄修撰，不置官屬。成書三十卷，出於一手。東坡先生嘗語劉壯輿義仲云：‘此書詞簡而事備，文古而意明，爲國朝諸史之冠。”邵博《邵氏聞見後錄》卷十四：“《英宗實錄》：‘蘇洵卒，其子軾辭所賜銀絹，求贈官，故贈洵光禄寺丞。’與歐陽公之誌‘天子聞而哀之，特賜光禄寺丞’不同。或云《實錄》，王荆公書也。又書洵機論衡策文甚美，然大抵兵謀權利機變之言也。蓋明允時，荆公名已盛，明允獨不取，作《辨姦》以刺之，故荆公不樂云。”

以上皆以公預編修。① 又，吕希哲《吕氏雜記》卷下：
"王荆公在翰林兼修《實録》，一日，以詩題實録院壁云：'御
柳新黄染舊條，宫溝薄凍未全消。不知人世春多少，先看天
邊北斗杓。'不數日，遂參知政事。"

吕希哲，吕公著之子，《宋史》卷三百三十六有傳："希哲
字原明，少從焦千之、孫復、石介、胡瑗學，復從程顥、程頤、
張載游，聞見由是益廣。以蔭入官，父友王安石勸其勿事科
舉，以僥倖利禄，遂絶意進取。安石爲政，將寘其子雱於講
官，以希哲有賢名，欲先用之。希哲辭曰：'辱公相知久，萬
一從仕，將不免異同，則疇昔相與之意盡矣。'安石乃止。"吕
希哲嘗問學於公，其父曾參預《實録》編修，所言相當可信。
又陳瓛《四明尊堯集》卷八引荆公《日録》："余曰：'臣修《實
録》，見趙禼《日録》一册，乃知趙禼非長者也。'上問歐陽
修，余稱其性質甚好。問：'何如邵亢？'余曰：'非亢比也。'
又問：'何如趙抃？'余以爲勝抃。上曰：'人言先帝服藥時，
修見太皇太后決事，喜曰：官家病妨甚，自有聖明天子。'余
曰：'語非士大夫之語，必非修出。若太皇太后決事，有稱歎
之言，容或有之，亦是人之常情。但如陛下所聞，必非修
語。'上曰：'語出於趙禼。'余曰：'臣修《實録》，見趙禼所進
《日録》一册，如韓琦言語即無一句，豈是韓琦都不語？如歐
陽修言語，於傳布爲不便者，所録甚多，漏中書語人，以此怨
歐陽修，但謂其淳直，不能匿事。及見禼所進《日録》，乃知

---

① 陳振孫《直齋書録解題》卷四："《英宗實録》三十卷。學士壽春吕公著晦
叔、長社韓維持國、知制誥浦城吴充沖卿撰。熙寧元年正月奉詔，二年七月
宰臣提舉曾公亮上之。"則以公未預編修。第 129 頁。

槩非長者也。’”公既曰“臣修《實録》”，可爲確證。

有詩題翰苑石榴花

《苕溪漁隱叢話前集》卷三十四：“《邇齋閒覽》云：‘唐人詩：“濃緑萬枝紅一點，動人春色不須多。”不記作者名氏。鄧元孚曾見介甫親書此兩句於所持扇上，或以爲介甫自作，非也。’王直方《詩話》云：‘荆公作内相時，翰苑中有石榴一叢，枝葉甚茂，但只發一花，故荆公題此詩，余每以不見全篇爲恨。’二説未知孰是。”

葉夢得則以此詩屬公，惟作於嘉祐之前。《石林詩話》卷中：“王荆公少以意氣自許，故詩語惟其所向，不復更爲涵蓄，如‘天下蒼生待霖雨，不知龍向此中蟠’，又‘濃緑萬枝紅一點，動人春色不須多’，‘平治險穢非無力，潤澤焦枯是有才’之類，皆直道其胸中事。後爲群牧判官，從宋次道盡假唐人詩集，博觀而約取，晚年始盡深婉不迫之趣。”[1]

有詩送黄慶基歸金谿

《詩注》卷四十三《送黄吉父將赴南康官歸金谿三首》其一：“柘岡西路白雲深，想子東歸得重尋。亦見舊時紅躑躅，爲言春至每傷心。”

按，黄慶基字吉甫，撫州金谿（今江西金谿）人，公表弟，

---

[1]　趙令畤亦以此詩作於公少時，《侯鯖録》卷三，中華書局2002年版，第89頁。

嘉祐六年進士。① 是年赴知信豐縣,信豐屬江南西路虔州南
康郡,故詩題曰“將赴南康官歸金谿”。熙寧三年,黃慶基猶
知信豐。《(乾隆)贛州府志》卷十三《重修儲君廟記熙寧三
年》:“然廟不葺且久,觀察徐公行部過之,嗟其隳壞,亟圖修
復。乃移檄於州守周公,命梓度材……工既訖功,信豐縣令
黃慶基適以邑事走府下,太守顧語,而使書其歲月焉。”“州
守周公”爲周延雋,《(嘉靖)贛州府志》卷七:“周延雋、曾
阜、劉瑾,俱熙寧中任。”《宋會要輯稿》職官五九:“(熙寧二
年)九月二十九日,考課院言:前知溫州職方郎中周延雋,前
知渝州、太常少卿江中行,課績連上優等。詔延雋以見知虔
州,賜絹二百匹。”

歐陽修屢上表、劄乞致仕,草詔不允

《文集》卷四十七《賜歐陽修上表乞致仕不允詔三道》。

按,自本年春迄夏秋之交,歐陽修屢上表劄乞致仕,其
《亳州乞致仕第一表》,題注:“熙寧元年春。”至《第四劄子》
曰:“自今年春夏以來,日更增加,其勢未止,惟恐年歲之間,
遂成廢疾。”《第五表》曰:“固當上體至仁,勉安厥位,而夏
秋交際,痼疹日增。”②

送沈起出使湖南

《詩注》卷二十九《送沈興宗察院出湖南》。

---

① 《(弘治)撫州府志》卷十八:“嘉祐六年辛丑王俊民榜:黃慶基,金谿人。”
　《天一閣藏明代方志叢刊續編》第48冊,第274頁。
② 嚴傑《歐陽修年譜》,南京出版社1993年版,第271頁。

《沈注》："此詩蓋在熙寧初，荊公爲翰林學士時作。"可從。

按，沈起字興宗，沈括《長興集》卷三十《故天章閣待制沈興宗墓誌銘》："公諱起，字興宗，少篤學，有聞州閭。州舉進士第一人，復以高第調滁州軍事推官……齊魯間歲饑，盜數發，州縣不能禁，以公提點京東路刑獄公事，督捕盜賊……移廣南西路轉運使，進司封員外郎，改工部郎中、開封府判官，出爲荊湖南路轉運使，賜三品……召爲三司鹽鐵副使兼直舍人院。熙寧三年，出師寧夏，韓康公以宰相宣撫陝西五路，首制軍食，亟薦公可以倚辦。除集賢殿修撰、陝西路都轉運使。"《(嘉慶)臨桂縣志》卷四"隱山題名"："轉運使沈起、提點刑獄章峴，治平丁未仲冬十有二日同遊隱山，因訪武陵遺事，遂題於石。"治平四年，沈起爲廣西轉運使，其出使湖南猶在其後，故繫於本年。

送吳中復出知江寧

《詩注》卷三十《送吳龍圖知江寧》，曰："東望泫然知有寄，但疑公豈久分襟？"

李注："吳中復也。""介父居第及先壠皆在江寧，故云'泫然知有寄'。末句又言其不久於外，行召歸也。"

按，《宋史》卷三百二十二《吳中復傳》："遷御史知雜事、户部副使，擢天章閣待制，知潭州、瀛州，移河東都轉運使，進龍圖閣直學士、知江寧府。"《(景定)建康志》卷十三："熙寧元年四月二十八日，以龍圖閣直學士、左諫議大夫吳中復知建康府事。"司馬光有同題之作，《溫國文正公文集》

卷十一《送吳仲庶知江寧》：“江南佳麗地，人物自風流。青骨靈祠在，黃旗王氣收。衣冠餘舊俗，歌頌樂賢侯。正恐還朝速，江山未徧遊。”

神宗手詔令舍人院召試弟安國

《宋會要輯稿》選舉三一：“神宗熙寧元年七月七日，詔布衣王安國賜進士及第，仍注初等職官。先是，手詔：‘安國，翰林學士安石之弟。久聞其行義、學術爲士人推尚。近閱所著《序言》十卷，文辭優贍，理道該明，可令舍人院召試。’試入第三等下，故命之也。”

《文集》卷九十一《王平甫墓誌》：“今上即位，近臣共薦君材行卓越，宜特見招選，爲繕書其《序言》以獻，大臣亦多稱之。手詔褒異，召試，賜進士及第，除武昌軍節度推官，教授西京國子。”

按，《墓誌》謂薦安國“材行卓越”之近臣，爲王珪、韓絳、邵亢。魏泰《東軒筆録》卷五：“王安國著《序言》五十篇，上初即位，韓絳、邵亢爲樞密副使，同以《序言》進，上御批稱美，令召試學士院，將不次進用。而大臣有不喜者，止得兩使職官，從辟爲西京國子監教授。”

《太平治跡統類》卷十三：“丁丑，賜布衣王安國進士及第，注初等職官。安國，安石弟也，於書無所不讀，數舉進士，試禮部輒不中。又舉茂材異等，有司考其策第一，召試秘閣，母喪罷。上即位，翰林承旨王珪首薦之，樞密副使韓絳、邵亢又同以安國所著《序言》十卷進，上於是出手詔稱美，令召試。”

《名臣碑傳琬琰集》上卷十一《韓獻肅公絳忠弼之碑》：
"嘗舉布衣王安國能辭章，程頤有經行。士大夫出其門，多
知名天下。"

有詩和弟安國《金山會宿》

《詩注》卷三十四《次韻平甫金山會宿寄親友》："天末
海門橫北固，煙中沙岸似西興。已無船舫猶聞笛，遠有樓臺
秖見燈。山月入松金破碎，江風吹水雪崩騰。飄然欲作乘
桴計，一到扶桑恨未能。"

王安國《王校理集》之《金山同正之吉甫會宿作寄城中
二三子》："寺壓蒼厓勢欲傾，歡然西度為誰興。雲隨草樹縈
群岫，江浸樓臺點萬燈。坐久不知身寂寞，夢回猶覺氣軒
騰。思君城郭塵埃滿，相逐尋閑亦未能。"

按，李注引《遯齋閑覽》："唐人題西山寺詩云：'終古礙
新月，半江無夕陽。'人謂冠絕古今，以其盡得西山之景趣
也。金山寺留題者亦多，而絕少佳句，惟'寺影中流見，鐘聲
兩岸聞'，又'天多剩得月，地少不生塵'，最為人傳誦，要亦
未為至工。若用之於落星寺，有何不可？熙寧中，荊公有
'北固'、'西興'之句，始為中的。"則此詩當為王安國奉召
入京試舍人院，過金山所作。正之，為孫侔。吉甫，或為黃
慶基。

以神宗問郊祀、宗祀之別，撰議繳進

《文集》卷六十二《郊宗議伏奉聖問撰議繳進》："問：郊祀
后稷以配天，宗祀文王於明堂以配上帝，二者皆配天也，或

於郊之圓丘，或於國之明堂，或以冬之日至，或以季秋之月，或以祖，或以禰，或曰配天，或曰配上帝，其義何也？

對曰：天道升降於四時。其降也與人道交，其升也與人道辨。冬日，上天與人道辨之時也，先王於是乎以天道事之；秋則猶未辨乎人也，先王於是乎以人道事之。以天道事之，則宜遠人，宜以自然，故於郊於圓丘；以人道事之，則宜近人，宜以人爲，故於國，於明堂。始而生之者，天道也；成而終之者，人道也。冬之日至，始而生之之時也；季秋之月，成而終之之時也。故以天道事之，則以冬之日至；以人道事之，則以季秋之月。遠而尊者，天道也；邇而親者，人道也。祖遠而尊，故以天道事之，則配以祖；禰邇而親，故以人道事之，則配以禰。郊天，祀之大者也，徧於天之群神，故曰以配天；明堂則弗徧也，故曰以配上帝而已。

按，是年南郊，故神宗於講筵問之，而公以天道、人道之別作答。

六月六日，撰《天貺節皇帝謝內中露香表》

《文集》卷四十五。

按，《宋史》卷一百一十二《禮十五》："諸慶節，古無是也，真宗以後始有之。大中祥符元年，詔以正月三日天書降日爲天慶節，休假五日……又以六月六日爲天貺節，京師斷屠宰，百官行香上清宮。又以七月一日聖祖降日爲先天節，十月二十四日降延恩殿日爲降聖節。"

六月十四日,撰《賜天章閣待制知渭州蔡挺獎諭詔》

《文集》卷四十七《賜天章閣待制知渭州蔡挺獎諭詔》。

《宋會要輯稿》禮六二:"神宗熙寧元年六月十四日,涇原路經略使蔡挺賜詔書獎諭,以其建議築熙寧寨工畢。副都總管張玉特賜對衣、金帶、鞍轡馬,以典護寨役故也。"

六月十五日,撰《賜知唐州光禄卿高賦獎諭詔》

《文集》卷四十七《賜知唐州光禄卿高賦獎諭詔》。

按,《長編紀事本末》卷七十三:"熙寧元年六月辛亥……中書言:'諸州縣古蹟陂塘,異時皆畜水溉田,民利數倍,近歲所在湮廢。'詔:'諸路監司訪尋州縣可興復水利,如能設法勸誘興修塘堰、圩埠,功利有實,當議旌寵。'"[1]《宋會要輯稿》食貨一:"熙寧元年六月十五日,京西提刑徐億言:'知唐州、光禄卿高賦招兩河流民及本州客戶開墾荒田,招到外州軍及本州人戶請過逃田,又興修過陂堰,望加恩獎。'有詔褒諭。"《宋史》卷四百二十六《高賦傳》:"字正臣,中山人。以父任爲右班殿直,復舉進士,改奉禮郎……徙唐州。州田經百年曠不耕,前守趙尚寬菑墾不遺力,而榛莽者尚多。賦繼其後,益募兩河流民,計口給田使耕,作陂堰四十四。再滿再留,比其去,田增闢三萬一千三百餘頃,戶增萬一千三百八十,歲益稅二萬二千二百五十七。璽書褒諭,宣布治狀以勸天下。"

---

[1] "訪",原文作"詔",據《宋史全文》改。此承顧宏義教授賜示,謹此致謝!

七月，與司馬光同定謀殺刑名，而所見不同，奏以許遵爲是；又與齊恢、王師元、蔡冠卿等法官集議，反覆論難

《宋史》卷十四《神宗一》："（熙寧元年）秋七月癸酉，詔：'謀殺已傷，案問欲舉自首者，從謀殺減二等。'"

《宋史》卷二百一《刑法三》："天下疑獄，讞有不能決，則下兩制與大臣若臺諫雜議，視其事之大小，無常法，而有司建請論駁者，亦時有焉……熙寧元年七月，詔：'謀殺已傷，按問欲舉，自首，從謀殺減二等論。'初，登州奏有婦阿云，母服中聘於韋，惡韋醜陋，謀殺不死。按問欲舉，自首。審刑院、大理寺論死，用違律爲婚奏裁，敕貸其死。知登州許遵奏，引律'因犯殺傷而自首，得免所因之罪，仍從故殺傷法'，以謀爲所因，當用按問欲舉條減二等。刑部定如審刑、大理。時遵方召判大理，御史臺劾遵，而遵不伏，請下兩制議。乃令翰林學士司馬光、王安石同議，二人議不同，遂各爲奏。光議是刑部，安石議是遵，詔從安石所議。而御史中丞滕甫猶請再選官定議，御史錢顗請罷遵大理，詔送翰林學士呂公著韓維、知制誥錢公輔重定。公著等議如安石，制曰'可'。於是法官齊恢、王師元、蔡冠卿等皆論奏公著等所議爲不當。又詔安石與法官集議，反覆論難。"[1]

《宋史》卷三百三十《許遵傳》："字仲塗，泗州人。第進士，又中明法，擢大理寺詳斷官，知長興縣……爲審刑院詳議官，知宿州、登州。遵累典刑獄，强敏明恕。及爲登州，執

---

[1] 《宋會要輯稿》瑞異二："（熙寧元年正月）二十二日，以尚書職方郎中、知登州許遵權判大理寺。"第 2632 頁。

政許以判大理，遵欲立奇以自鬻。會婦人阿云獄起。初，云許嫁未行，嫌壻陋，伺其寢田舍，懷刀斫之，十餘創，不能殺，斷其一指。吏求盜弗得，疑云所爲，執而詰之，欲加訊掠，乃吐實。遵按云納采之日，母服未除，應以凡人論。讞於朝，有司當爲謀殺已傷。遵駁言：‘云被問即承，應爲按問。審刑、大理當絞刑，非是。’事下刑部，以遵爲妄，詔以贖論。未幾，果判大理。恥用議法坐劾，復言：‘刑部定議非直，云合免所因之罪。今棄敕不用，但引斷例，一切按而殺之，塞其自守之路，殆非罪疑惟輕之義。’詔司馬光、王安石議。光以爲不可，安石主遵。御史中丞滕甫、侍御史錢顗皆言遵所爭戾法意，自是廷論紛然。安石既執政，悉罪異己者，遂從遵議。雖累問不承者，亦得爲按問。或兩人同爲盜劫，吏先問左，則按問在左；先問右，則按問在右。獄之生死，在問之先後，而非盜之情，天下益厭其説。”

《文獻通考》卷一百七十：“神宗熙寧元年，詔：‘謀殺已傷，按問欲舉，自首，從謀殺減二等論。’初，登州言：有婦阿云於母服嫁韋，惡韋寢陋，謀殺不死，按問欲舉，自首。審刑、大理論死，用違律爲婚，奏裁，貸之。知州許遵言當減謀殺罪二等，請論如敕律。乃送刑部，刑部斷如審刑、大理。遵不服，請下兩制議。詔翰林學士司馬光、王安石同議，二人不同，遂各爲奏……御史中丞滕甫猶請再選官定議，詔送翰林學士呂公著、韓維、知制誥錢公輔。於是公著等言：‘安石、光所論，敕律悉已明備，所爭者惟謀爲傷因、不爲傷因而已……臣等以爲宜如安石所議便。’制曰：‘可。’大理寺、審刑、刑部法官皆釋罪。於是法官齊恢、王師元、蔡冠卿等皆以公著等所議爲不當。又詔安石與法官集議，安石與師元、冠卿反覆論難，師元等益堅其説。”

韓維《南陽集》卷二十六《議謀殺法狀》：“右謹具如前。臣等看詳王安石、司馬光所論阿云案，内情節敕律，悉已明備，所爭者惟因字而已。以光之説，則謀不得爲傷之因，謀殺已傷，傷不得首，合從絞罪。以安石之説，則謀得爲傷之因，謀殺已傷，傷不得首，所因得首，合從原減……臣等以爲宜如王安石所議便。”

《金石萃編》卷一百四十一王森《宋故左中散大夫知涇州軍州事兼管内勸農使上柱國清源縣開國男食邑三百户賜紫金魚袋王公（公儀）神道碑銘》：“中慶曆六年詞科……英宗皇帝入繼大統，舊勞於外作，其即位庶政勵精，遂用公爲御史推直官，委決留獄，多稱明允。加屯田、都官，皆外郎也。神廟登極，再加職方員外郎，遷屯田郎中。謀殺從按問自阿云謀夫始，會公首當詳定，則曰：‘法無許從之文。’”

按，阿云之獄，公以許遵爲是，而吕公著、韓維、錢公輔皆同，固非公一人之獨見。

七月一日，撰《先天節皇帝謝内中露香表》、《先天節奏告仁宗皇帝表》

《文集》卷四十五。

按，《宋史》卷一百一十二《禮十五》：“諸慶節，古無是也，真宗以後始有之。大中祥符元年，詔以正月三日天書降日爲天慶節，休假五日……又以六月六日爲天貺節，京師斷屠宰，百官行香上清宫。又以七月一日聖祖降日爲先天節，十月二十四日降延恩殿日爲降聖節。”

論祖宗成憲不可事事因循

《太平治跡統類》卷十三：“七月，詔司馬光、王安石同定
登州謀殺刑。光與安石異議，安石不曉法好議法，論者不以
爲是。時知諫院吳申上疏論事，輔臣以申疏進呈《（謹奉）祖
宗成憲不違朝廷衆論》。上笑曰：‘衆論何可不違？刑名末
事尚不違，況遠大者乎？’學士王安石曰：‘先王但稽於衆，非
一一從也。’又曰：‘且如謹奉成憲，不知申意欲何如謹奉？
若事事因循弊法，不敢一有所改，謂之謹奉成憲，恐非是。’
上由是不聽申言，罷申諫職。”

　　按，吳申，《宋史》無傳，《福建通志》卷四十七：“吳申字
景山，甌寧人。皇祐元年進士，南京國子監教授。英宗初，
論宗室與講官賓主坐序，大宗正不能決，申疏奏英宗，是之，
講官正席自申始。尋知諫院。司馬光與呂惠卿在講筵議坐
倉糶米事，申曰：‘光言至當也。’後罷諫職，出知舒州，卒。”
其罷諫職，蓋因欲謹奉成憲，與神宗、公變革思路不合。《類
編皇朝大事記講義》卷十六：“熙寧元年，知諫院吳申奏：‘祖
宗法不可變。’安石詆之，罷諫職。安石入朝之初，即勸人主
逐諫臣，其本意如此。”“熙寧二年，錢公輔營救滕甫，遂罷諫
院。公輔乃安石所薦也，上問罷之如何，安石曰：‘吳申亦直
罷。’古臺諫未有直罷者，自安石始。上罷吳申，復以吳申例
罷公輔。自是人不附己者，始擠之矣。”同書卷十五：“未幾，
讀吳申謹奏成憲之疏，于是謂成憲不足道，流俗不足聽，勞
民非所恤，嚴刑非所緩。人主當示人以好惡，當與人以不

測,且謂勞民重刑,三代亦然。而安石施設之蘊,理財之法,變法之心盡露矣!"

七月七日,弟安國賜進士及第、注初等職官,上謝表

《文集》卷九十一《王平甫墓誌》:"召試,賜進士及第,除武昌軍節度推官,教授西京國子。"

《文集》卷五十六《賜弟安國及第謝表》。

《宋史》卷十四《神宗一》:"(熙寧元年七月)丁丑,賜布衣王安國進士及第。"

《宋會要輯稿》選舉三一:"神宗熙寧元年七月七日,詔布衣王安國賜進士及第,仍注初等職官。先是,手詔:'安國,翰林學士安石之弟。久聞其行義、學術爲士人推尚。近閱所著《序言》十卷,文辭優贍,理道該明,可令舍人院召試。'試入第三等下,故命之也。"

有詩次韻弟安國《遊金山思大覺》

《詩注》卷三十五《平甫遊金山同大覺見寄相見後次韻二首》其一:"名參時宰道人琳,氣蓋諸公弟季心。勝踐肯論山在險,冥搜欲與海爭深。搖搖北下隨帆影,踽踽東來想足音。握手更知禪伯遠,隔雲靈鷲碧千尋。"

其二:"漳南開士好叢林,慧劍何年出水心。獨往便應諸漏盡,相逢未免故情深。檻窺山鳥有真意,窗聽海潮非世音。一笑上方人事外,不知衰境兩侵尋。"①

---

① 《文集》卷二十三題作《平甫與寶覺遊金山思大覺并見寄及相見得詩次韻二首》,第 277 頁。

　　王安國《王校理集》載原作《同器之過金山奉寄兼呈潛道》：“憶同支遁宿巖崟，不負平生壯觀心。北固山隨三楚盡，中泠水入九江深。紛紛落月搖牕影，杳杳歸舟送梵音。東去何時來蠟屐，天邊爽氣夢相尋。”

　　按，大覺，即淨因大覺懷璉禪師，字器之。《禪林僧寶傳》卷十八：“大覺璉禪師，青原十一世。禪師名懷璉，字器之，漳州陳氏子也……至和中，上書獻偈，乞歸老山中……治平中，璉再乞還山，堅甚。英宗皇帝留之，不可，詔許自便。璉既渡江，少留於金山、西湖，遂歸老於四明之阿育王山廣利寺。”釋志磐《佛祖統紀》卷四十五：“（治平）三年，淨因璉禪師乞歸四明阿育王山，上賜手詔曰：‘天下寺院，任性住持。’師遂建宸奎開，以奉先朝聖製仁宗詩頌，凡十七篇。”大覺懷璉禪師治平三年乞歸四明，中途“少留於金山”，適安國入京過金，故得同遊。“潛道”，當爲圓通懷賢，字潛道，初從瑞新禪師，時主金山寺。《淮海集箋注》卷三十六《圓通禪師行狀》：“師諱懷賢，字潛道，俗姓何氏，溫州永嘉人也……初，師從瑞新禪師遊十有二年，具知宗門承襲賓主之事，自謂無以復加矣……會達觀示寂，潤州之衣冠緇素因以狀詣郡守，請止師繼焉。而龍游主者，故事當稟於朝廷，郡守以白部使者，上之，報可。龍游自火災之後，棟宇灰燼，瑞新禪師實中興之，功未既而卒。師至，修新公故事，大興土木，積八年，殿堂廊廡皆具。今宮室之盛冠絕淮海者，蓋始於新而成於師。然其地當孔道，客至無虛日，師頗厭之。熙寧元年，遂謝去，隱於金牛山，去丹陽縣數十里，人迹罕至。”

九日,撰《批答文武百寮曾公亮已下上尊號第一表不允詔》、《批答文武百寮曾公亮已下上尊號第二表不允詔》

《文集》卷四十八。

《宋會要輯稿》禮四九:"神宗熙寧元年七月九日,宰臣曾公亮等上表,請加尊號曰'奉元憲道文武仁孝',表三上,詔答不允。"

按,《宋史》卷一百一十《禮十三》:"尊號之典,唐始載於禮官。宋每大祀,群臣詣東上閤門,拜表請上尊號,或三上,或五上,多謙抑弗許。如允所請,即奏命大臣撰冊文及書冊寶。其受冊多用祀禮畢日,御正殿行禮,禮畢,有司以冊寶詣閤門奉進入內。建隆四年,群臣三上表上尊號,詔俟郊畢受冊。前三日,遣官奏告天地、宗廟、社稷,遂爲定制……熙寧元年,宰臣曾公亮等上表請加尊號,詔不允。先是翰林學士司馬光言:'尊號起唐武后、中宗之世,遂爲故事。先帝治平二年辭尊號不受,天下莫不稱頌聖德。其後佞臣建言,國家與契丹常有往來書,彼有尊號而中國獨無,足爲深恥。於是群臣復以非時上尊號,論者甚爲朝廷惜之。今群臣以故事上尊號,臣愚以爲陛下聰明睿智,雖宜享有鴻名,然踐阼未久,又在亮陰之中,考之事體,似未宜受。陛下誠能斷以聖意,推而不居,仍令更不得上表請,則頌歎之聲將洋溢四海矣。'詔賜光曰:'覽卿來奏,深諒忠誠。朕方以頻日淫雨,甲申地震,天威彰著,日虞傾禍,被此鴻名,有慚面目,況在亮陰,亦難當是盛典。今已批降指揮,可善爲答辭,使中外知朕至誠惄懼,非欺衆邀名。'其後，宰臣數上表請，終不允。"

七月十五日，撰《中元節三陵起居諸后表》、《中元節起居外州諸宮觀諸帝神御殿表》、《中元節起居諸陵表》

《文集》卷四十五。

以韓琦乞知相州，草《賜韓琦乞相州不允詔三道》；琦懇訴之，復草《賜韓琦依所乞詔》、《賜允韓琦乞相州詔三道》

《文集》卷四十七。

《忠獻韓魏王家傳》卷七："熙寧元年七月，公以凡處置多爲執政沮難，不得如志；又邊事向寧，乃以疾求罷。因奏曰：'陛辭之日，親奉德音，候西事稍寧，即令臣却知相州，願全舊恩，使均勞佚。'章六七上，不許，乃召忠彦上殿，令馳驛往彼慰諭，及詢訪邊事。忠彦回，又附表懇訴之，乃詔復知相州，仍令赴闕朝覲。"

甚得神宗倚畀；適韓琦自永興過關，神宗問可否以國相屬，琦答以"爲翰林學士則有餘，處輔弼之地則不可"

《宋史》卷三百一十二《韓琦傳》："及守相，陛辭，神宗曰：'卿去，誰可屬國者，王安石何如？'琦曰：'安石爲翰林學士則有餘，處輔弼之地則不可。'上不答。"

王稱《東都事略》卷六十九《韓琦傳》載略同。

《忠獻韓魏王家傳》卷七："熙寧元年七月……公時冒大暑至都。上見公形顔鬙瘁，驚歎久之，乃曰：'不知侍中實曾不安,始疑託以爲辭,自此須且速就安養。'公退而喜曰:'相州始可必矣。'陛辭之日,上從容訪問政事,公因條陳用人當辨邪正,爲治之本莫先於此。上又謂:'卿去,誰可屬國者?'公引元老一二人,凡所以裨聖德者甚多。上曰:'侍中,國之龜鑑,朕敢不從。'"

按,《邵氏聞見録》卷九:"公自永興過闕,神宗問曰:'卿與王安石議論不同,何也?'魏公曰:'仁宗立先帝爲皇嗣時,安石有異議,與臣不同故也。'帝以魏公之語問荆公,公曰:'方仁宗欲立先帝爲皇子時,春秋未高,萬一有子,措先帝於何地? 臣之論所以與韓琦異也。'荆公强辯類如此。當魏公請册英宗爲皇嗣時,仁宗曰:'少俟,後宮有就閤者。'公曰:'後宮生子,所立嗣退居舊邸可也。'蓋魏公有以處之矣。然荆公終英宗之世,屢召不至,實自慊也。"①

《聞見録》多涉誣罔,此以公反對嘉祐中仁宗立英宗爲嗣,意圖不善,未必然也。

撰《景靈宮修蓋英宗皇帝神御殿上樑文》

《文集》卷三十八。

按,《宋會要輯稿》禮一三:"景靈宮英德殿。奉英宗神御。治平四年十月十二日,詔移景靈宮道院向西修建,直南置殿門。熙寧元年七月,以内降殿名,將奉安英宗神御。殿後小殿曰靈豫,改爲預真。二年正月二十四日,奉英宗御容赴殿奉安。是日,上親行酌獻,退御迎釐殿,宣從臣賜茶。"

---

① "公自永興過闕",此據《宋名臣言行録·後集》卷一所引,原文作"熙寧二年,韓魏公自永興軍移判北京,過闕上殿。"第95頁。

上劄子論孫覺但令吏人書寫章疏，不當加以譴怒

《宋名臣奏議》卷五十二《論孫覺令吏人寫章疏劄子》，題注："熙寧元年七月上，時爲翰林學士。"《文集》不載，文曰："臣今日蒙宣諭召，以孫覺令吏人寫論列大臣章疏。臣初亦怪其不能謹密，但疑此朋友所當誨責，非人主所當譴怒。繼又反復思惟，陛下以覺爲可聽信，故擢在諫官，進賢退不肖，自其職分，所當論列。雖揚言於朝，以迪上心，於義未爲失也。但令吏人書寫章疏，誠不足加以譴怒。凡人臣當謹密者，以君子小人消長之勢未分，言有漏泄，或能致禍，如其不密，則害於其身。若遭值明主，危言正論，無所忌憚，亦何謹密之有乎？惟有姦邪小人，以枉爲直，懼爲公論之所不容，則惟恐其言之不密。若得此輩在位，陛下何所利乎？若陛下疑覺有交黨之私、招權之姦，則恐盛德之世，不宜如此。魏鄭公以爲上下各存形跡，則國之廢興，或未可知。若陛下不考察邪正是非，而每事如此猜防，則恐善人君子，各顧形跡，不敢盡其忠讜之言，而姦邪小人，得伺人主之疑，行讒慝也。若陛下恐陳升之聞此，或不自安，臣亦以爲不然。漢高祖，雄猜之主也。然鄂千秋論相國蕭何功次，而高祖不疑，乃更加賞，亦不聞蕭何以此爲嫌。陛下聖明高遠，自漢以來，令德之祖，皆未有能企及陛下者，每事當以堯、舜、三代爲法，奈何心存末世褊吝之事乎？《書》曰：'任賢勿貳，去邪勿疑。'不明知其賢，而任之以爲賢；不明見其邪，而疑之以爲邪，非堯、舜、三代之道也。陛下以臣爲可信，故聖問及之，臣敢不盡愚？今日口對，未能詳悉，故謹具劄子以聞。"

按，《宋史》卷三百四十四《孫覺傳》："邵亢在樞府，無所建明，神宗語覺，欲出之，用陳升之以代。覺退，即奏疏如所言。神宗以爲希旨，奪官兩級。執政曰：'諫官有出外，無降官之理。'神宗曰：'但降官，自不能住。'覺連章丐去云：'去歲有罰金御史，今茲有貶秩諫官，未聞罰金貶秩，而猶可居位者。'乃通判越州。"

《宋會要輯稿》職官六五："（熙寧元年）七月十二日，右正言、直集賢院、同知諫院孫覺降太子中允，依前供職。坐上言指名黜兩府大臣故也。八月三日，太子中允、直集賢院、同知諫院孫覺通判越州。以言事失實故也。"

《宋名臣奏議》卷五十二載孫覺《上神宗論諫官貶秩不當再舉其職》，題注："熙寧元年七月上。先是，陳升之登對，上許擢置樞密。覺相繼登對，言錢明遠不可治長安。上因與言升之宜居宥密，邵亢不才，向欲使守長安，而執政以爲無過。覺曰：'韓琦自宰相守長安，今以代琦，不薄，特執政自爲地，不欲亢去爾。'時升之已有成命，而覺不知，退而上言：'宜使亢知永興，升之爲樞密使。'上以覺爲希旨收恩，且區處大臣非小臣所宜，又怪覺令書吏寫奏，故責授太子中允，仍知諫院。八月，出通判越州。"文曰："臣近准敕命降授前件官同知諫院。臣已祇受訖，於二十二日正衙、二十三日門謝並畢。臣竊以告臣之辭云：'薦引公卿，措置職任，此而輕肆，宜有懲責。'"

公與孫覺素善。本年，孫覺任職諫院，屢次上疏，以爲不當但守祖宗成法，而應取法三代，以革積弊。《類編皇朝大事記講義》卷十六："熙寧二（元）年，知諫院孫覺論邵亢不才，因言陳升之宜爲樞密。詔不當引大臣，命降官，王安石以覺爲無罪。當時王安石未變法之時，猶有正論也。然覺嘗言積弊不可不革，安石意助之，故力爲覺請。"此言得之。如本年五月，孫覺上《論所急者近效所勤者小數奏》："今天下承平百年，紀綱法度有所未備，顧但守祖宗一切之法而不知變，則何以異於膠柱鼓瑟、刻舟求劍哉！"①六月，上《論取士之弊宜有改更奏》："人主苟能貫乎聖人之道，通乎天下之理，則言出而知其所指，事至而要其所歸，譬之權衡不可欺以輕重，法度不可欺以長短。苟爲不學，而燭理不明，物來則眩矣，尚何人之能知哉？"②其《論任賢使能之異》曰："故道德之士，常擇君而後起，豈以人主之取舍輕重移其心哉！故人主之得此士也，大則師之，其次友之，則天下治矣。謂之能也，則奔走役使之人耳。"③此與公《虔州學記》"夫道隆而德駿者，又不止此，雖天子北面而問焉，而與之迭爲賓主，此舜所謂承之者也"桴鼓相應。又其《論人主有高世之資求治之意在成之以學奏》，亦以三代之治勸勉神宗問學稽古，深造性命道德之學："（人主）聰明睿智博達而疏通者，高世之資也，然或矜其才，以天下之萬事爲不足爲，若此者必無成。蚤朝晏罷，選用群臣，孜孜而不懈者，求治之意也。然或蔽於一曲而不見聖人之全，因陋就寡而不本先王之意，若此者雖安易危，雖强易弱，可以偷安於一時而不可傳之後世。人主欲無此患，其惟學乎！夫學非篤好而審問，

① 《宋朝諸臣奏議》卷八，第 67 頁。
② 《宋朝諸臣奏議》卷八十，第 868 頁。
③ 《宋朝諸臣奏議》卷十四，第 131 頁。

謹思而力行,則不足以攬道德之粹精,極性命之微妙。人主之學,苟不深造於道德性命之際,則無以應萬務之變,知群下之情。以堯舜之聖,而稱之曰若稽古。夫古者,人主之所當若,又當稽也。以孔子之聖,而孟子稱之曰:'學不厭。誨不倦。'夫已誨人矣,然猶不忘於學,學可以已耶?陛下以高世之資,求治甚力,好學而不倦,可謂不世出之主矣。然臣獨以爲未者,竊觀朝廷之政,未盡得先王之意,而先後之序未盡合聖人之道也。"①凡此種種,與公勸戒神宗之言,所去不遠。

八月一日,撰《八月一日永昭陵旦表》

《文集》卷四十五。

撰梅詢神道碑

《文集》卷八十八《翰林侍讀學士知許州軍州事梅公神道碑》:"宋翰林侍讀學士、正奉大夫、行給事中、知許州軍州事兼管内堤堰橋道勸農事、上柱國、南昌郡開國公、食邑二千三百户、食實封六百户、賜紫金魚袋梅公之墓,在宣州宣城縣長安鄉西山里。公有五子,鼎臣、德臣、寶臣、輔臣、清臣。清臣今獨在,爲尚書司門郎中,以公行狀及樂安歐陽公之銘來請文,以刻墓碑,時熙寧元年八月四日也。"

八月九日,以歐陽修辭知青州,草詔不允

《文集》卷四十七《賜觀文殿學士兵部尚書歐陽修辭知

---

① 《宋朝諸臣奏議》卷五,第44頁。

青州不允詔二道》其一。

歐陽修《辭免青州第一劄子》,題注:"熙寧元年八月九日。"①

八月十三日,與司馬光於延和殿辯宰臣辭郊賚事,草《賜宰臣曾公亮已下辭南郊賜賚不允詔》

《文集》卷四十七《賜宰相曾公亮已下辭南郊賜賚不允詔》:"敕公亮等:朕初嗣服,於祖宗之制,未有所改也。卿等選於黎獻,位冠百工,或受或辭,人用觀政。朝廷予奪,所以馭臣,貴賤有差,勢如堂陛。惟先王之制國用,視時民數之多寡。方今生齒既蕃,而賦入又爲不少,理財之義,殆有可思。此之不圖,而姑務自損,祗傷國體,未協朕心。方與勳賢慮其大者,區區一賜,何足以言。"

《長編紀事本末》卷五十七:"熙寧元年八月癸丑,宰臣曾公亮等言:'伏見故事,南郊禮畢,陪祀官並蒙賜。方今河朔災沴,調用繁冗,所宜自內裁節。凡二府祿廩豐厚,頒賚頻仍,更於此時,尚循舊式,寔非臣等所安。欲望特從誠請,大禮畢,兩府臣僚罷賜銀絹。'詔送學士院取旨。司馬光奏曰……安石曰:'此非善理財者也。善理財者,民不加賦而國用饒。'光曰:'此乃桑弘羊欺漢武帝之言,司馬遷書之,以譏武帝之不明耳。天地所生貨財百物,止有此數,不在民間,則在公家。桑弘羊能致國用之饒,不取於民,將焉取之?果如所言,武帝末年安得群盜蠭起,遣繡衣使者追捕之乎?

① 《歐陽修全集》卷九十四,第1398頁。

非民疲極而爲盜耶？此言豈可據以爲實？'安石曰：'太祖時，趙普等爲相，賞賚或以萬數。今郊賚匹兩不過三千，豈足爲多？'光曰：'普等運籌帷幄，平定諸國，賞以萬數，不亦宜乎？今兩府助祭，不過奏中嚴外，辦沃盥，奉帨巾，有何功勤而得比普等乎？'與安石爭論久之。王珪曰：'司馬光言省費自貴近始，光言是也。王安石言所費不多，恐傷國體，安石言亦是也。惟陛下裁之。'上曰：'朕亦與司馬光同，今且以不允答之可也。'是日，適會安石當制，遂以上前所言意草批答，曰：'朕初嗣服，於祖宗之制未有所改也。卿等選於黎獻，位冠百工，或辭或受，人用觀政。朝廷予奪，所以馭臣，貴賤有等，勢如堂陛。惟先王之制國用，視時民數之多寡。方今生齒既繁，而賦入又爲不少，理財之義，殆有可思。此不之圖，而姑務自損，祇傷國體，未協朕心。方與勳賢慮其大者，區區一賜，何足以言？所乞宜不允。'公亮等遂不敢復辭。"

《溫國文正公文集》卷三十九："（熙寧元年）八月十一日，邇英進讀已，召對，問以河北災變何以救之……上又問：'兩府辭郊賚劄子，何不呈？'對以同僚有假故。上問：'茲事何如？'對曰：'臣已有奏狀，臣所見止如此，更乞博訪近臣，裁以聖意。'上曰：'誰不同？'對曰：'獨臣有此愚見，他人皆不以爲然。'上曰：'朕意亦與卿同，聽其辭賞，乃所以成其美，非薄之也。然減半無益，大臣懇辭，不若盡聽之。'對曰：'今郊賚下至卒伍皆有之，而公卿更無，恐於體未順。'上曰：'已有帶、馬矣。'對曰：'求盡納者，人臣之志；賜其半者，人主之恩也。'

　　後數日，光與禹玉、介甫同進呈《郊賚劄子》於延和殿。光言：'方今國用不足，災害荐臻，節省冗費，當自貴近爲始。宜聽兩府辭賞爲便。'介甫曰：'國家富有四海，大臣郊賚所費無幾，而惜不之與，未足富國，徒傷大體。昔常袞辭賜饌，時議以爲袞自知不能，當辭祿。今兩府辭郊賚，正與此同耳。且國用不足，非方今之急務也。'光曰：'常袞辭祿，猶知廉恥，與夫固位且貪祿者，不猶愈乎？國家自眞廟之末，用度不足，近歲尤甚，何得言非急務邪？'介甫曰：'國用不足，由未得善理財之人故也。'光曰：'善理財之人，不過頭會箕斂，以盡民財。如此則百姓困窮，流離爲盜，豈國家之利耶？'介甫曰：'此非善理財者也。善理財者，民不加賦而國用饒。'光曰：'此乃桑羊欺漢武帝之言，司馬遷書之，以譏武帝之不明耳。天地所生貨財百物，止有此數，不在民間，則在公家。桑羊能致國用之饒，不取於民，將焉取之？果如所言，武帝末年安得群盜蠡起，遣繡衣使者逐捕之乎？非民疲極而爲盜邪？此言豈可據以爲實？'介甫曰：'太祖時趙普等爲相，賞賚或以萬數。今郊賚匹兩不過三千，豈足爲多？'光曰：'普等運籌幃幄，平定諸國，賞以萬數，不亦宜乎？今兩府助祭，不過奏中嚴外，辦沃盥，奉帨巾，有何功勤，而得比普等乎？'與介甫爭論久之。禹玉曰：'司馬光言省費自貴近始，光言是也；王安石言所費不多，恐傷國體，安石言亦是也。惟陛下裁之。'上曰：'朕亦與司馬光同，今且以不允答之可也。'是日適會介甫當制，遂以上前所言意草批答，引常袞事以責兩府，兩府亦不復辭。明日，邇英講讀罷，上獨留介甫與語，兩府不敢先出以俟之，至晡後乃出。"

《宋史》卷三百三十六《司馬光傳》等所載略同。

八月十四日，邇英閣侍講畢獨留

《長編紀事本末》卷五十九八月甲寅："邇英講讀罷，上獨留王安石與語。兩府不敢先出以俟之，至晡後乃出。"

八月十五日，草《批答宰臣曾公亮已下賀壽星見》、《批答樞密使文彥博等賀壽星見》

《文集》卷四十八。

按，《文獻通考》卷二百九十四："神宗朝老人星見：治平四年二月癸巳，八月戊申。熙寧元年正月乙未，八月己卯。""己卯"疑爲"乙卯"。

八月二十日，賈昌朝葬。有詩挽之

《詩注》卷四十九《賈魏公挽詞二首》。

李注："昌朝字子明，諡文元。""文元天禧元年以文章召試，賜同進士出身，以經術大顯於仁宗時。卒於英宗治平二年七月，故云三朝。"

按，《長編》卷二百五治平二年七月戊寅："尚書左丞賈昌朝卒。"王珪《華陽集》卷五十六《賈昌朝墓誌銘》："治平二年七月戊寅，觀文殿大學士、尚書左僕射魏公薨於京師……熙寧元年八月庚申，葬于許州陽翟縣大儒鄉元老里之原。"詩曰："銘旌蕭颯九秋風，薤露悲歌落月中"，當作於葬時。

八月二十三日，邇英閣侍講畢，神宗獨留並賜坐

《長編紀事本末》卷五十九：“（熙寧元年八月）癸亥，邇英講讀罷，上又獨留王安石賜坐。”

八月二十八日，歐陽修再辭免知青州。草詔不允

《文集》卷四十七《賜觀文殿學士兵部尚書歐陽修辭知青州不允詔二道》其二。

歐陽修《辭免青州第二劄子》，題注：“熙寧元年八月二十八日。”①

是月，爲鄭獬母撰墓誌銘

《文集》卷一百《鄭公夫人李氏墓誌銘》。墓主乃鄭獬之母，銘曰：“尚書祠部郎中、贈户部侍郎安陸鄭公諱紓之夫人追封汝南郡太君李氏者……至天聖九年，年三十二，以八月壬辰卒於其夫爲安州應城縣主簿之時。後三十七年，爲熙寧元年八月庚申，祔於其夫安陸太平鄉進賢里之墓。於是夫人兩子：獱，爲秘書丞、知潭州攸縣；獬，爲翰林學士、尚書兵部員外郎、知制誥。一女子，嫁郊社齋郎張蒙山。”

九月，撰孫錫墓誌銘

《文集》卷九十七《宋尚書司封郎中孫公墓誌銘》：“公

① 《歐陽修全集》卷九十四，第1399頁。

諱錫，字昌齡……今上即位，遷司封，賜金紫，以熙寧元年正月十二日卒，年七十八……九月十六日，葬公揚子縣懷民鄉北原。"

本月，上劄乞朝仁宗、英宗陵

《文集》卷四十二《乞朝陵劄子》："臣當仁宗皇帝、英宗皇帝遷坐之時，方以遭喪疾病在外。今蒙召還，復備從官，伏見朝廷將命官朝拜諸陵，臣欲備使，冀得少紓螻蟻區區感慕之情。伏望聖慈，特賜矜許。取進止。"

按，《宋會要輯稿》禮三九："（熙寧九年五月）十四日，同知太常禮院林希言：'伏見故事，遣官朝拜諸陵，宣祖、太祖、太宗三陵共遣官一員。真宗及章獻、章懿、章惠三后陵共遣官一員，并以太常、宗正卿充。孝明皇后已下九陵，別遣郎中或清望官二員分拜。太常、宗正卿或闕，即以尚書省四品、兩省五品以上或大卿監。又闕，即差以次官。仁宗時，獨永定陵輪差宗正寺及太常禮院官一員，春秋朝享，仍令點檢祠事，以陵臺令陪位。若非時祭告，即止差朝臣。自永昭、永厚二陵復土之後，審官院依諸陵例增差朝臣二員而已。又凡陵宮陳設執事之人，並隸宗正寺及太常寺、禮院，逐時所差朝臣暫令統攝，例多惰慢，諸陵祭器、祭服多已損敝，因循久不修繕。臣以謂方今永厚陵宜如先朝奉永定陵故事，輪差宗正寺及太常禮院官，遍至諸陵點閱祠事，有不如法，按舉施行。行事日，仍以陵臺令陪位。若遇非時祭告，則自如舊例，差朝臣以往。'從之。"

離京赴鄞縣，過中牟，有詩

《詩注》卷四十四《中牟》：“頹城百雉擁高秋，驅馬臨風想聖丘。此道門人多未悟，爾來千載判悠悠。”

李注：“屬東京開封府，在京城西七十里，即古中牟故城，後漢魯恭嘗爲之宰。”

《繫年初稿》繫於本年：“昭陵爲仁宗陵墓，疑安石回朝祭後所作。”

宿滎陽驛

《詩注》卷九《書任村馬鋪》：“兒童繫馬黃河曲，近岸河流如可掬。任村炊米朝食魚，日暮滎陽驛中宿。投老經過身獨在，當時洲渚今平陸。”

李注：“滎陽屬鄭州。”

過汜水關，有詩寄弟安禮，題詩汜水關寺壁

《詩注》卷三十《汜水寄和父》：“虎牢關下水透迤，想汝飄然過此時。洒血只添波浪起，脫身難借羽翰追。留連厚祿非朝隱，乖隔殘年更土思。已卜冶城三畝地，寄聲知我有歸期。”

李注：“鄭州，唐有汜水縣，本朝《九域志》無之。”“《寰宇志》：‘鄭地，漢屬河南。宋武帝立司州，理虎牢。東魏分滎陽，置成皋郡，理今之汜水’。”

《詩注》卷四十五《書汜水關寺壁》：“汜水鴻溝楚漢間，跳兵走馬百重山。如何咫尺商於地，便有園公綺季閑？”

李注："氾水,按《漢書》,在成皋者。音凡,又音似,即氾縣之氾水也。"《繫年初稿》:"上述二詩疑祭陵後作。"可從。

有詩書鞏縣任村馬鋪

《詩注》卷九《書任村馬鋪》:"兒童繫馬黃河曲,近岸河流如可掬。任村炊米朝食魚,日暮滎陽驛中宿。投老經過身獨在,當時洲渚今平陸。秫黍冥冥十數家,仰視荒蹊但喬木。冰盤鱠美客自知,起看白水還東馳。爾來百口皆年少,歸與何人共此悲。"

出鞏縣,至永昭陵

《詩注》卷九《出鞏縣》:"昭陵落月煙霧昏,籬火度谷行山根。投鞭委轡涉數村,癉出鞏縣城東門。向來宮闕不可見,但有洛水流渾渾。"

李注："昭陵,仁宗陵也。按林希《朝陵記》:'自滎陽過洪溝,食武牢關,憩任村鋪,始見洛水入黃河。循洛而行,過鞏五里,入昭陵路,即下視昭、厚二陵,宮闕森然,不覺想慕。行人指昭陵以相告曰:"此四十一年官家陵也。"涕泗潛然。'"[1]

有詩題永昭陵

《詩注》卷四十《題永昭陵》:"神闕淡朝輝,蒼蒼露未晞。龍車不可望,投老涕沾衣。"

---

[1]　自開封至鞏縣驛程,可見王文楚《北宋東西兩京驛路考》,《中華文史論叢》第 92 輯。成尋撰,王麗萍點校:《新校參天台五臺山記》,第 360—365 頁。

《宋會要輯稿》帝系一:"嘉祐八年三月二十九日,崩于福寧殿,年五十四。十月二十七日,葬永昭陵,在河南府永安縣。謐曰神文聖武明孝,廟號仁宗。"同書禮三七:"英宗皇帝……崩于丁未,蓋治平四年之正月八日;葬于永厚陵,蓋其年之八月二十七日。永厚陵南至永定陵七里,一百三十一步,東至永昭陵九十步。"

王在晉《歷代山陵考》卷上:"太祖永昌陵、太宗永熙陵、真宗永定陵、仁宗永昭陵、英宗永厚陵、神宗永裕陵、哲宗永泰陵,八陵俱鞏縣西南。"

李注:"公作《永昭陵齋文》云:'歲陰逝矣,陵闕超然。'《永昭陵旦表》有云:'想龍駕於空衢,莫知所稅;瞻鳥耘於新壠,但有至懷。'亦公作也。"①

十月一日,撰《十月一日永昭陵奏告仁宗皇帝旦表》、《十月一日起居永安陵等處諸陵表》、《十月一日起居永安陵等處諸后陵表》、《十月一日起居揚州諸帝神御殿表》

《文集》卷四十五。

經筵講《禮記》"曾子易簀",爲神宗開陳姑息之弊

朱弁《曲洧舊聞》卷九:"熙寧元年冬,介甫初侍經筵,未嘗講說。上欲令介甫講《禮記》,至曾子易簀事,介甫於倉卒間進說曰:'聖人以義制禮,其詳至於牀第之際;君子以仁循

---

① 此出自《文集》卷四十五《八月一日永昭陵旦表》,第476頁。

禮,其勤見於將死之時。'上稱善。安石遂言:'《禮記》多駁雜,不如講《尚書》帝王之制,人主所宜急聞也。'於是罷《禮記》。"

陸游《老學庵筆記》卷九:"王荆公熙寧初召還翰苑。初侍經筵之日,講《禮記》'曾參易簀'一節,曰:'聖人以義制禮,其詳見於牀第之間;君子以仁行禮,其勤至於垂死之際。姑息者,且止之辭也,天下之害,未有不由於且止者也。'此説不見於文字,予得之於從伯父彦遠。"

經筵侍講,數難《禮記》之非,請罷之,講《尚書》

《長編紀事本末》卷:"(熙寧元年)十月壬寅,詔講筵權罷講《禮記》,自今令講《尚書》。先是,王安石講《禮記》,數難記者之是非,上以爲然,曰:'《禮記》既不皆法言,擇其有補者講之,如何?'安石對曰:'陛下必欲聞法言,宜改它經。'故有是詔。"

十月三日,講筵後留坐,勉神宗法堯、舜,辨四凶,去小人

《宋史》卷三百二十七《王安石傳》:"一日講席,群臣退,帝留安石坐,曰:'有欲與卿從容論議者。'因言:'唐太宗必得魏徵,劉備必得諸葛亮,然後可以有爲,二子誠不世出之人也。'安石曰:'陛下誠能爲堯、舜,則必有皋、夔、稷、卨;誠能爲高宗,則必有傅説。彼二子皆有道者所羞,何足道哉?以天下之大,人民之衆,百年承平,學者不爲不多。然常患無人可以助治者,以陛下擇術未明,推誠未至,雖有皋、

夔、稷、卨、傅說之賢，亦將爲小人所蔽，卷懷而去爾。'帝曰：
'何世無小人？雖堯、舜之時，不能無四凶。'安石曰：'惟能
辨四凶而誅之，此其所以爲堯、舜也。若使四凶得肆其讒
慝，則皋、夔、稷、卨亦安肯苟食其祿以終身乎？'"

《宋史全文》卷十一："（熙寧元年）冬十月壬寅，詔講筵
權罷講《禮記》。先是，王安石講《禮記》，數難記者之非是，
上以爲然。是日，上因留安石坐，曰：'且欲得卿議論。'上
曰：'唐太宗必得魏鄭公，劉備必得諸葛亮，然後可以有爲。'
安石對曰：'陛下誠能爲堯、舜，則必有皋、夔、稷、契；陛下誠
能爲高宗，則必有傅說。魏鄭公、諸葛亮皆有道者所羞，何
足道哉！'"

十月十五日，撰《南郊下元節更不於景靈宮朝拜奏告聖祖大帝表》

《文集》卷四十五。

十月二十四日，撰《降聖節皇帝謝內中露香表》

《文集》卷四十五。

按，《宋史》卷一百一十二《禮十五》："諸慶節，古無是
也，真宗以後始有之。大中祥符元年，詔以正月三日天書降
日爲天慶節，休假五日……又以六月六日爲天貺節，京師斷
屠宰，百官行香上清宮。又以七月一日聖祖降日爲先天節，
十月二十四日降延恩殿日爲降聖節。"

撰李陟神道碑

《文集》卷八十九《尚書屯田員外郎贈刑部尚書李公神道碑》："朝奉郎、尚書屯田員外郎、通判杭州軍州兼管內勸農事、上輕車都尉、賜緋魚袋、贈刑部尚書李公，諱陟，字元昇……公二男、四女，男曰中庸，守大理寺丞致仕；曰中師，給事中、天章閣待制、西京留守……嘉祐七年十一月二十三日，葬于衛州新鄉縣貴德鄉戒海里。至熙寧元年十月，乃始作銘刻之墓碑。"

十一月，奏乞追還陳習，以昭示信令，神宗從之

《宋朝諸臣奏議》卷二十二《乞追還陳習誤罰昭示信令奏》，題注："熙寧元年十一月上，時爲翰林學士。上批：'陳習可特召還，與依舊差遣'。"文曰："臣竊聞轉對官陳習坐言人罪惡，被黜監當。習之爲人忠邪愿姦，臣所不知，然陛下施罰如此，有未安者二。上下之所以相遇者，詔令也；詔令所以行於天下者，信也。詔令不信，則人主之權廢矣。故孔子以爲兵與食皆可去，而不可以無信。今陛下命群臣，使斥言有位之阿私、朋比、尸素，有一人言之，則不考問其虛實而絀之，則甚害陛下之信。此未安者一也。人主之聽天下不可以偏，偏則有弊。偏於惡言人罪，則其弊至於姦不上聞。真宗但惡人潛行交結，陰有中傷，故詔言事者不得留中，此未有大失也。然在位者遂以爲人主厭惡言人之惡者，其俗之弊，乃至大臣奸邪贓污，而真宗終不得聞。蓋言人之惡者既眾，人所不喜而人主又厭惡之，則其弊必至於此。今有一

人爲陛下斥言人臣之罪，未知其虛實，而陛下遂以爲大惡，則今孰敢爲陛下言人之奸者乎？奸不上聞，則雖大臣復有贓污狼藉者，陛下亦無由知之，而天下之政壞矣。此未安者二也。臣聞人主之聽天下，務在公聽並觀，而考之以實，斷之以義，是非善惡，皆所欲聞。所不欲聞者，誣罔欺誕之言而已。即不欲聞人之惡，則‘象恭滔天’、‘方命圮族’，非堯之所得知也。堯所以能知共工及鯀之惡，而又知舜之善者，蓋以能公聽並觀，不蔽於左右親習之人，而考之以實，斷之以義，一切斥絕，拒塞誣罔欺誕無義之言而已。故《書》之稱堯者，以其能疾讒説、畏巧言，非以其惡言人之惡也。人主所以爲賞罰者，以善惡也，欲知善而不欲知惡，則是欲有賞而無罰也。有賞而無罰，有春而無秋，非天地之道、陰陽之理也。臣愚以爲陛下此舉過矣。其作始則小，其弊成於後則大，不可不察也。改過不吝者，成湯之所以聖也，伏惟陛下不吝改此，則天下幸甚。”

《宋會輯稿》職官六五：“（熙寧元年）十月二十八日，屯田郎中陳習監齊州新係鎮酒税。坐於轉對狀内將不干己事夾帶論述，指人過惡以逞私憾故也。”

《太平治跡統類》卷十二：“（熙寧元年十一月甲午）先是，屯田郎中陳習坐因轉對指人過惡，以逞私怨，責監新孫鎮酒税。知諫院吳充對，上問貶習事，充言：‘陛下既降詔書，令百官轉對，其略本斥有位之阿私，糾在庭之過失。張壽、榮禋、霍交等即是有位，而習次當轉對，是應詔指陳，非越職言事。以此罪之，恐示天下以詔書不信。’御史孫昌齡、龍圖直學士韓維與翰林學士王安石亦皆以爲言，安石所言尤切……上乃批：‘陳習今已經思，可特召還，與依舊差遣。’安石劄子乃朝廷所共見，竟敢斥真宗終不得聞大臣之奸邪佞巧，其言豈尤切哉！即此已見安石謂祖宗不足法之兆端矣。”

按，與公同時上言者，有孫昌齡、韓維。韓維《南陽集》卷二十五有《乞追改陳習降黜劄子》：“陳習所言，臣雖不盡知，然聞其大略詆人過失耳。使其所言而是，乃所以副上詢求之意；若其非也，猶當涵忍，以勸不言。今所言之事未察虛實，而言事之人已加斥逐，是違明詔之本意，而失大信於初政，未獲其當，乃更有害。此者臣愚所未諭也……伏望聖慈特賜指揮，追還誤罰，昭示大信。”

又，陳習字傳正，公之同年，《宋史》無傳。呂陶《淨德集》卷二十三《朝散大夫致仕陳公墓誌銘》：“諱習，字傳正……少鞠於外氏，能抗志從學，爲辭章，舉進士，聲名赫然。中慶曆二年甲科，調武昌軍節度推官，掌永興軍書記，改著作佐郎、勾當開封府檢校庫，轉秘書丞……神宗初即位，詔百官轉對，公以十事聞，其大者謂：‘裴度有大勳德，爲李逢吉、元積輩毀沮，得韋處厚論奏，時君警悟。今宰相韓琦於嘉祐中乞立先帝爲皇嗣，定策兩朝，功施社稷，不可置散地。願陛下一閱《裴度傳》，乃見情僞是非。’又謂：‘自陶穀失對，參知政事遂下宰相一等，不敢當筆可否事，非朝廷任用輔弼意。願陛下諭趙抃、唐介，政有未便，宜指陳得失。’又謂：‘自古人君昵信宦官，盜弄威柄，多致敗亂，始東漢距唐，簡策歷歷可鑑，願陛下深以爲戒’。”

十一月冬至，撰《冬至節皇帝謝内中露香表》、《冬至節上諸陵表》、《冬至節上諸皇后陵表》、《冬至節上南京鴻慶宮等諸帝表》

《文集》卷四十五。

或言郊祀不當入廟，神宗令詳議，遂上《議入廟劄子》非之；以爲神宗尚在諒陰，不宜遽變更、自制禮

《文集》卷四十一《議入廟劄子》："臣今日曾公亮傳聖旨，以臣寮上言郊祀不當入廟，令臣詳議。臣愚以爲制天下之事，當令本末終始相稱。今既奉先帝遺詔，外行以日易月之禮，又諸所以崇事祖宗，皆循本朝制度，獨於入廟則欲變先帝故事，而遠從三代之禮，臣恐於事之本末終始不爲相稱。必欲盡除近世之制度，一以三代爲法則，今陛下尚在諒陰之中，非可以制禮之時。且言者以爲'喪三年，不祭於廟，禮也'，而今乃欲令公卿代告，此何禮也？臣竊以爲今之禮不合於三代者多矣，言者不以爲非，而專疑不當入廟者，蓋於所習見則安，於所罕見則怪，恐不足留聖聽也。臣學術淺陋，誤蒙訪逮，敢不盡愚。取進止。"

按，"臣寮上言郊祀不當入廟"，或爲陳舜俞。《都官集》卷四《上神宗皇帝言天變書》："臣比者伏讀七月御札，將以仲冬迎至之日，躬享南郊。夫郊，吉禮也。陛下稽古總攬，留神威柄，勉節孺慕，躬親萬幾，然猶在先帝諒陰之中。蓋禮官、博士引漢唐駁雜之議，苟爲傅會，非二帝三王之禮也。夫'三載四海遏密八音'，記于《堯典》；喪事未

畢,魯禘莊公,譏於《春秋》。此聖人之法所可用者,陛下
何近慕于漢唐哉?且陛下以是月甲戌誕降丕號,欲有事於
就陽,越十日甲申而太陰爲變,似天意有所未合。惟陛下
昭然遠寤,引咎自責,降恐懼之詔,停親享之禮,申命有司,
如歲四郊,褒加節文,以大臣攝行終事。陛下又或抑損徽
稱,止四方駿奔之豆籩,賜諸侯貢賀之玉帛,以給朔方支調
營繕。"謝景初亦以河北大水,乞緩郊禮,與公相忤。范純
仁《范仲宣公集》卷十三《朝散大夫謝公墓誌銘》:"公諱景
初,字師厚……熙寧初,河北大水,公上疏言災異之所致,
且緩郊禮,大忤建議者。"

《名臣碑傳琬琰集上》卷八李清臣《王文恭公珪神道
碑》:"熙寧元年,當郊,上疑於諒闇。公與兩制合奏:'《王
制》三年不祭,唯天地社稷越紼而行事,不以卑廢尊也。自
漢文帝以來,即位而謁廟。至唐德宗以後,踰年而不行郊。
真宗居明德太后喪,明年,亦祀圜丘,享太廟。今宜如故事,
其冕服、車輅、儀物、音樂緣神事者,皆不可廢。'其年遂行
大禮。"

十一月十七日,以神宗朝饗太廟,撰《朝享聖祖大帝仁宗英宗皇帝册文三道》

《宋史》卷十四《神宗一》:"(熙寧元年)十一月癸酉,太
白晝見。癸未,命宰臣禱雪。丙戌,朝饗太廟,遂齋于郊宮。
廢青城後苑。"

十一月十八日，以神宗祀祭天地於圜丘、大赦，撰《郊祀昊天上帝皇地祇太祖皇帝册文三道》等

《宋史》卷十四《神宗一》："（熙寧元年十一月）丁亥，祀天地于圜丘，大赦，群臣進秩有差。"

《宋會要輯稿》禮一："神宗熙寧元年十一月十八日昧爽，合祭天地於圓丘。帝至壝門，却御蓋，登壇，撤黄道褥，不御小次。命侍祠官勿回班，以罄寅恭報本之意。"

《宋史》卷一百五十四《輿服六》："册制。用珉玉，簡長一尺二寸，闊一寸二分；簡數從字之多少。聯以金繩，首尾結帶。前後褾首四枚，二枚畫神，二枚刻龍鏤金，若奉護之狀。藉以錦褥，覆以緋羅泥金夾帊。册匣長廣取容册，塗以朱漆，金鏤百花凸起行龍，金鏁、紛錯。覆以紅羅繡盤龍蹙金帊，承以金裝長竿床，金龍首，金魚鈎，又以紅絲爲絛縈匣。册案塗朱漆，以銷金紅羅覆之。"

此次南郊，公所撰制文有：《郊祀昊天上帝皇地祇太祖皇帝册文三道》、《朝享聖祖大帝仁宗英宗皇帝册文三道》、《南郊青城皇帝問太皇太后皇太后聖體表》、《太皇太后皇太后回答皇帝問聖體書二道》、《南郊禮畢皇帝謝內中功德表》、《南郊禮畢奏謝英宗皇帝表》、《馮翊郡君連氏等賀南郊禮畢表》、《德妃苗氏上賀南郊禮畢表》、《賜梁適張昇特赴闕南郊陪位詔》、《賜允梁適陳乞不赴南郊陪位詔》、《賜允張昇不赴南郊陪位詔》、《賜王拱辰乞南郊赴闕不允詔》、《賜富弼辭免南郊禮畢支賜詔》、《賜溪洞知蔣州田元宗等進奉助南郊并賀冬賀正敕書》、《韓琦加恩制》、《李璋加恩

制》、《皇伯祖承亮加恩制》、《李日尊加恩制》、《批答文武百
僚稱賀南郊禮畢》、《宣答樞密使以下賀南郊禮畢》等,載
《文集》卷四十五至四十九。

以富弼辭免南郊禮畢支賜,草詔不允

《文集》卷四十七《賜判汝州富弼辭免南郊禮畢支賜
詔》:"敕富弼:省所奏免南郊支賜。受釐于神,賚及蠻貊。
卿勳德兼茂,中外具瞻。恩典所加,當先群辟。區區一賜,
何足以辭? 當體眷懷,其膺貺施。"

仲伯達爲父求銘,爲撰墓誌銘

《文集》卷九十四《尚書屯田員外郎仲君墓誌銘》。墓
主仲訥,字樸翁,文曰:"君景祐元年進士,起家莫州防禦推
官……而以皇祐五年十二月二十一日卒,年五十五……三
男子:伯達爲太常博士,次伯适、伯同,爲進士。三女子,嫁
殿中丞任庚、并州交城縣尉崔絳、興元府戶曹參軍任膺。博
士以熙寧元年十一月二十一日,葬君於定陶之閔丘鄉,而以
余之聞君也來求銘。"

十二月,乞令張師溫參選注官

《宋會要輯稿》職官七七:"(熙寧元年)十二月,特詔殿
中丞致仕張師溫與舊官參選。先是,翰林學士王安石等言:
'師溫前任光州定城縣令,因弟死鄉里,而母病伏枕,即宜乞
休致。今齒髮方壯,累有臣僚奏舉,使之爲吏,足以長民,望
令參選注官。'故有是命。"

十二月二十一日，草詔趣富弼赴闕

《宋史》卷十四《神宗一》：“（熙寧元年十二月）庚申，以判汝州富弼爲集禧觀使，詔乘驛赴闕。”

《文集》卷四十七《賜判汝州富弼赴闕詔二道》。

甚得神宗寵信，欲用爲參知政事，而唐介以泥古迂闊、必多變更而非之

《宋史》卷三百十六《唐介傳》：“熙寧元年，拜參知政事……帝欲用王安石，公亮因薦之，介言其難大任。帝曰：‘文學不可任耶？吏事不可任耶？經術不可任耶？’對曰：‘安石好學而泥古，故論議迂闊，若使爲政，必多所變更。’退謂公亮曰：‘安石果用，天下必困擾，諸公當自知之。’中書嘗進除目，數日不決，帝曰：‘當問王安石。’介曰：‘陛下以安石可大用，即用之，豈可使中書政事決於翰林學士？臣近每聞宣諭某事問安石，可即行之，不可不行，如此則執政何所用？恐非信任大臣之體也。必以臣爲不才，願先罷免。’”

《太平治跡統類》卷二十三：“上欲用王安石參知政事，以問輔臣曾公亮，因薦之。唐介曰：‘恐難大任。’上曰：‘卿謂文學不可任也？’介曰：‘泥古而議論迂闊，後使爲政，恐多所變更，必擾天下。’介退至中書，謂公亮等曰：‘異日安石果用，天下必困擾，諸公自知之。’時執政進除目，上久之不決，既數日，乃曰：‘朕問安石，以爲然，可即施行。’介曰：‘陛下如此，使大臣何以自安？且陛下以安石爲可大用，宜即用

之,豈可使中書政事決可否於翰林學士?必以臣爲不才,當先罷免。此語傳之天下,恐非示信之體也。'介雖言,然上意益向安石矣,曰:'唐太宗必得魏鄭公,劉備必得諸葛亮,然後可以有爲。'"

按,《詩注》卷四十六《孟子》:"沉魄浮魂不可招,遺編一讀想風標。何妨舉世嫌迂闊,故有斯人慰寂寥。"此詩作年不詳,或因唐介之言而發,故附此。

是年,經筵侍講;神宗問周公用天子禮樂事,答之

楊時《龜山先生全集》卷六《神宗日録辨》:"上問:'周公用天子禮樂,有之乎?'對曰:'於傳有之。''然則人臣固可僭天子?'曰:'周公之功,衆人之所不能爲;天子禮樂,衆人所不得用。若衆人不能爲之功,報之衆人所不得用之禮樂,此所以爲稱也。然周用騂而祭,周公以白牡,雖用天子禮樂,亦不嫌於無別。'"

按,此爲公經筵講《禮記》與神宗問答之詞,其意亦見於公之《淮南雜説》。

神宗問《尚書·益稷》君臣賡歌事,答之

《文集》卷六十二《答聖問賡歌事》:"伏惟天錫陛下以堯、舜之材,自秦、漢以來欲治之主,固未有能髣髴者。然百工未熙,庶事未康者,殆所謂近其人論先王之道以自明者,尚有所缺,而非可以他求也。臣昨日蒙德音喻及《尚書》賡歌之事,而愚憧倉卒,言不及究,故敢復具所聞以獻。伏惟聖心加察,幸甚!"

按，是年公爲翰林學士侍講，請罷《禮記》而講《尚書》，此即神宗講筵所問，而公之所答也。

是年，撰張襧墓誌銘

《文集》卷九十八《朝奉郎尚書司封員外郎張君墓誌銘》：“朝奉郎、尚書司封員外郎、知安州軍州兼管內勸農事、騎都尉、賜緋魚袋借紫張君，年五十六，以皇祐二年十二月十一日卒，以熙寧元年某月某日葬。君諱襧，字聖休，餘杭人。”

是年，撰王贄夫人墓誌銘

《文集》卷一百《同安郡君劉氏墓誌銘》。墓主爲王贄夫人，文曰：“尚書戶部侍郎致仕廬陵王公贄之夫人，同縣劉氏女也……治平四年十一月七日，終於廬陵宣化坊之私第……明年某月某日，葬某縣某鄉某里。”

是年，有詩詠學士院燕侍郎山水圖

《詩注》卷四十四《學士院燕侍郎畫屏》。

李注：“玉堂有董羽畫水，吳僧巨然畫山水，皆有遠思，一時絕筆也，見《金坡遺事》。又，京師學士院有燕侍郎山水圖，荊公有一絕，云‘六幅生綃四五峰’云云。後張天覺有詩，云：‘相君開卷憶江東，髣髴鍾山與此同。今日還爲一居士，翛然身在畫圖中。’此詩話所載。但學士院不聞有燕畫，恐只指巨然爾。”

按，詩曰“去年今日長干里，遙望鍾山與此同”，當作於本年任翰林學士時。

是年，韋驤上書干謁

　　韋驤《錢塘韋先生文集》卷十四《上王內翰書》："具位某謹齋沐裁書有獻提舉內翰閣下。某聞道之難行也，唯德可以行之；道之難明也，唯文可以明之。以德而不以文，其傳也不足以遠；以文而不以德，又可傳乎哉？二者相須而成，以爲斯道之主者，必有命世者當之。孔子没，異端起，邪說誣民。孟、荀、楊相繼於曠代，而以是爲己任，使聖人之道復振於頽圮墜絕之間，而後之人不陷溺其良心者，皆其力也。久而陵夷，至於有唐，獨韓氏奮起，排非救失，其功不後三子。降及五代，彫敝尤甚。我朝之興，剗革衰亂，雖百有餘年，而教化已被。然而世之士類，未能向本。學以組繡爲得，而不知有經術之用；行以智巧相高，而不知有仁義之守。鉅人間出，往往橫身肆力，圖所以矯變之趣。若其德足以行，文足以明，堅厚醇粹，傑然而不可儗者，唯公一人而已⋯⋯公之文自六經而明之者也，公之德安中庸而行之者也，其所以育天下之材者，以此也。夫唯如是，則公之功又不後於韓氏也。"

　　按，皇祐元年，韋驤以《借箸賦》謁公於錢塘（詳本譜皇祐元年），即書所曰："當在幼少，固已知公之誼可爲依歸，迺致誠款，請聞名於將命。而公從容降接，不以不肖視之，諄諄導諭。"書又曰："既而冒取禄仕，澳澀塵土，不邇輝光者，逾一紀焉。"韋驤皇祐五年進士及第，至此已十五年，已"逾一紀"。本年，韋驤入京赴銓選，故先後上書公、滕甫以求援引。《錢塘韋先生文集》卷十《利州路轉運判官謝上表》其一："伏念臣智非應變，學粗知方。篆刻文章，竊儒科於皇祐之末；間關州縣，脫選調於熙寧之初。"同書卷十四《上滕舍人書》："某江湖野人，幼喜讀書。二十來京師求祿仕，同時進取之流，素不識面者，往往或道名而指背，究其所緣，皆執事譽飾之致也。未幾，附風雲之末，僅竊科第，一落塵土，間關無狀。雖自信之心愈於前時，而蹤跡洇澀，去門闌日以疏也。因循歲時，幾十五年。今日赴銓衡，會執事有典制之拜。"書曰"提舉內翰"者，蓋公以翰林學士提舉編修英宗實錄也。

是年，曾鞏過訪，頗有不諧

《曾鞏集》卷四《過介甫》："日暮驅馬去，停鑣叩君門。頗諳肺腑盡，不聞可否言。淡爾非外樂，恬然忘世喧。況值秋節應，清風蕩歊煩。徘徊望星漢，更復坐前軒。"

《過介甫歸偶成》："結交謂無嫌，忠告期有補。直道詎非難，盡言竟多迕。知者尚復然，悠悠誰可語？"

《朱子語類》卷第一百三十："曾子固初與介甫極厚善，入館後，出倅會稽。今集中有詩云：'知者尚復言，悠悠誰可語？'必是曾諫介甫來，介甫不樂，故其當國不曾引用。後介甫罷相，子固方召入，又却專一進諛辭，歸美神宗更新法度。"

《宋史》卷三百一十九《曾鞏傳》："及安石得志，遂與之異。"

葉適《習學記言序目》卷五十："鞏不附王安石，流落外補,汲汲自納於人主,其詞皆諂而哀。"

錢大昕《十駕齋養新録》卷十六:"安石與子固交最厚,及居相位,未嘗引居要職,知其晚年異趣矣。"

《詩注》卷十七《寄曾子固》,李注:"可見其相愛也,至晚年方相違爾。"

按,"與之異"、"異趣"、"相違"等語,用以描述公、曾鞏熙寧初年之關係,堪稱平允。蔡上翔力駁之,似無謂也。[①]然曾鞏罷史官外補,非盡因與公異趣,亦因知諫院楊繪之彈擊。《宋史》卷三百二十二《楊繪傳》:"曾公亮請以其子判登聞鼓院,用所厚曾鞏爲史官,繪爭曰:'公亮持國,名器視如己物。向者公亮官越,占民田,爲郡守繩治。時鞏父易占亦官越,深庇之。用鞏,私也。'帝爲寢其命。繪亦解諫職,改兼侍讀。"范祖禹《范太史集》卷三十九《天章閣待制楊公墓誌銘》:"公諱繪,字元素……宰相有乘時旱歉多買民田,及用所厚善者爲修《實録》檢討官,又乞其子判鼓院。公累疏論列,上爲罷檢討鼓院,又重進退大臣,乃罷公諫職,除兼侍讀。"

是年,員安輿遊門下

員興宗《九華集》卷二十《跋王荆公字帖》:"右一紙荆國王文公筆也。其體簡遠殊甚,某得之於先翁通儒,通儒得

① 《蔡譜》卷十二:"吾不知世傳兩人始合而終睽者,顧在何年也?又元豐三年,子固《移滄州過闕上殿疏》所稱道吾君、吾相之美,相與有成,詳矣。吾相非介甫乎?設子固果有大不悅於介甫,即不直斥其過可矣,亦何至稱道其美若是?則吾不知世傳兩人始合而終睽者,又因何事也。"第401頁。

之於伯祖文饒。公在翰苑時，文饒故爲賓客者也，家是以有此帖。"

按，員興宗字顯道，號九華，陵州（今四川仁壽）人，高宗紹興二十七年進士。其《九華集》卷九《蘇氏王氏程氏三家之學是非策》力主調合蘇、程、王三家之學，各取其長，頗見卓識："昔者國家右文之盛，蜀學如蘇氏，洛學如程氏，臨川如王氏，皆以所長經緯吾道，務鳴其善鳴者也。程師友于康節邵公，蘇師友于參政歐陽公，王同志于南豐曾公，考其淵源，皆有所長，不可廢也。然學者好惡入乎彼則出乎此，入者附之，出者汙之，此好惡所以萌其心者。蘇學長于經濟，洛學長于性理，臨川學長于名數，誠能通三而貫一，明性理以辨名數，充爲經濟，則孔氏之道滿門矣，豈不休哉！惟聖天子深知其蔽，是以破學者好惡之心，而盡除其禁，使惟是之從，惟道之明，學者之幸也……今蘇、程、王之學未必盡善，未必盡非，執一而廢一，是以壞易壞。宜合三家之長，以出一道，使歸于大公至正，即楚人合二第之義也。"

員安輿爲其曾伯祖，字文饒，與蘇洵、文同定交。《九華集》卷二十一《左奉議郎致仕員公墓誌銘》："曾伯祖諱安輿，次諱安宇，皆以學自力，登進士第。而安輿者，字文饒，詞最高偉，大儒蘇洵明允、文同與可皆與之定交……官終屯田員外郎。"《夫人員氏墓誌銘》："至予曾伯祖安輿、安宇，聯第進士，而三嶼之員滋大。安輿者，字文饒，才茂異常，與西州處士蘇洵明允、張愈少愚通書，周旋文誼。當是時，巴蜀學士深心翰墨者，莫不共高此三人。安輿後纔爲屯田員外郎喪官下，隆山長老共戚之，謚曰文質先生，至今人猶以爲文也。"

是年，見王韶所上《平戎策》三篇，力主其議，薦之

《宋史》卷三百二十八《王韶傳》："字子純，江州德安人。第進士，調新安主簿、建昌軍司理參軍。試制科不中，客游陜西，訪采邊事。熙寧元年，詣闕上《平戎策》三篇，其略以爲：'西夏可取。欲取西夏，當先復河、湟，則夏人有腹背受敵之憂。'"

《宋史》卷三百二十七《王安石傳》："雱字元澤……性敏甚，未冠，已著書數萬言。年十三，得秦卒言洮河事，歎曰：'此可撫而有也。使西夏得之，則吾敵彊而邊患博矣。'其後王韶開熙河，安石力主其議，蓋兆於此。"

《朱子語類》卷一百三十三："（朱熹）又曰：'神宗初即位，富韓公爲相，問爲治之要，富公曰：'須是二十年不説著用兵二字。'此一句便與神宗意不合。已而擢用王介甫，首以用兵等説稱上旨，君臣相得甚懽。時建昌軍司户王韶上《平戎策》，介甫力薦之。'"

按，《宋史》所載，源自周煇《清波雜志》卷七："元澤年十三，得秦州卒言洮河事，嘆曰：'此可撫而有也。使夏人得之，則吾敵强而邊受患博矣。'其後王韶開熙河，蓋取諸此。"煇之曾祖與公爲中表親，所言宜信。公與王韶本係舊交，可見本譜嘉祐三年。

另，自英宗治平二年，宋夏戰事又起，《宋史》卷四百八十五《夏國上》："（治平二年）秋，夏人出兵秦鳳、涇原，抄熟户，擾邊塞弓箭手，殺掠人畜以萬計。程戡、王素、孫長卿諭

安諸族首領，防誘脅散叛。遣文思副使王無忌齎詔問之，諒
祚遷延弗受，已而因賀正使茘茂先獻表，歸罪宋邊吏。三
年，遂大舉攻大順城，分兵圍柔遠砦，燒屈乞村，柵段木嶺，
州兵、熟戶、蕃官趙明合擊退之。遣西京左藏庫副使何次公
詰之。三月，乃獻方物謝罪，賜絹五百匹、銀五百兩。"神宗
即位，銳焉有爲，頗有經略西夏之大志。治平四年九月，神
宗密諭种諤取綏州，①史稱西方用兵始於此。《宋史》卷三
百四十一《孫固傳》："治平中，神宗爲潁王，以固侍講；及爲
皇太子，又爲侍讀。至即位，擢工部郎中、天章閣待制、知通
進銀臺司。种諤取綏州，固知神宗志欲經略西夏，欲先事以
戒。"《宋史》卷三百三十四："論曰：宋太宗既厭兵，一意安
邊息民，海內大治。真宗、仁宗深仁厚澤，涵煦生民，然仁文
有餘，義武不足，蓋是時中國之人，不見兵革之日久矣。於
是契丹、西夏起爲邊患，乃不吝繒帛以成和好。神宗撫承平
之運，銳焉有爲，積財練兵，志在刷恥。故一時材智之士，各
得暴其所長，以興立事功。"《宋史》卷三百二十八："論曰：
神宗奮英特之資，乘財力之富，銳然欲復河、湟，平靈、夏。"
《宋史》卷三百三十六《司馬光傳》："西戎部將嵬名山欲以
橫山之衆，取諒祚以降，詔邊臣招納其衆。光上疏極論……

①　關於种諤城綏州，相關研究可見江天健《宋夏戰爭中對於橫山之爭奪》，
《宋史研究集刊》第 24 輯，第 177—214 頁。李蔚《宋夏橫山之爭述論》，《民
族研究》1987 年第 6 期。曹松年《熙寧初年對夏戰爭述評》，《中日宋史研
討會中方論文選編》，河北大學出版社 1991 年版，第 287—289 頁。湯開建
《熙豐時期宋夏橫山之爭的三份重要文獻》，《寧夏社會科學》2003 年第 3
期。李華瑞《宋夏關係史》，河北人民出版社 1998 年版，第 72—74 頁，第
176—177 頁。曾瑞龍《北宋种氏將門之形成》，香港中華書局 2010 年版。
等等。

上不聽,遣將种諤發兵迎之,取綏州,費六十萬。西方用兵,蓋自此始矣。"至此,宋於西夏之戰略,逐漸由被動防禦,轉向主動進攻。① 歐陽修《上英宗論西邊可攻四事》可視爲此戰略性轉折之宣言:"臣伏見諒祚狂僭,釁隙已多,不越歲必爲邊患。臣本庸愚,不達時機,輒以外料敵情,内量事勢,鑑往年已驗之失,思今日可用之謀。雖兵不先言,俟見形而應變,然坐而制勝,亦大計之可圖。謹具條陳,庶裨萬一。臣所謂外料敵情者,諒祚世有夏州……雖曰狂童,然而習見其家世所爲,蓋繼遷一叛而復王封,元昊再叛而爲國主,今若又叛,其志可知,是其欲自比契丹,抗衡中國,以爲鼎峙之勢爾。此臣切料敵情在此也。夫所謂内量事勢者,蓋以慶曆用兵之時,視方今邊備,較彼我之虛實强弱,以見勝敗之形也……天下已困,所以屈意忍恥,復與之和,此慶曆之事爾。今則不然……蓋往年以不知邊事之謀臣,馭不識干戈之將,用驕兵,執朽器,以當桀黠新興之虜,此所以敗也。方今謀臣武將,城壁器械,不類往年,而諒祚狂童,不及元昊遠甚。往年忽而不思,今又已先覺,可以早爲之備。苟其不叛則已,若其果叛,未必不爲中國利也。臣謂可因此時雪前恥,收後功,但顧人謀如何爾! 若上憑陛下神威睿算,繫纍諒祚君臣獻于廟社,此其上也;其次逐狂虜于黄河之北,以復朔方故地,最下盡取山界,奪其險而我守之,以永絕邊患。此臣内量事勢,謂或如此……蓋往年之失在守,方今之利在

---

① 李華瑞:"宋神宗繼位是宋夏關係史上的一個轉捩點,即宋對西夏政策開始由防禦向戰略進攻轉化。"甚是。《宋夏關係史》,第 66 頁。方震華《從和戌到拓邊——北宋中期對外政策的轉折》,《新史學》第 24 卷第 2 期。

攻……臣願陛下遣一重臣，出而巡撫，徧見諸將，與熟圖之，以定大計。凡山川道路，蕃漢步騎出入所宜可先知者，悉圖上方略。其餘不可先言，付之將帥，使其見形應變，因敵制勝。至於諒祚之所爲，宜先屈意含容而曲就之。既以驕其心，亦少緩其事，以待吾之爲備。而且嚴戒五路，訓兵選將，利器甲，蓄資糧，常具軍行之計。待其反書朝奏，則王師暮出，以駭其心而奪其氣，使其枝梧不暇，則勝勢在我矣。往年議者亦欲招輯橫山蕃部，謀取山界之地。然臣謂必欲招之，亦須先藉勝捷之威，使其知中國之強，則方肯來附也。由是言之，亦以出攻爲利矣。治平二年正月上，時爲參知政事。"①

公與神宗之千載遇合，應置此戰略性轉折中予以審視。曾肇《曾文昭公集》卷三《范忠宣墓誌銘》："神宗初即位，慨然有追迹先王，内修政事、外攘夷狄之志，得王荆公任之，多所更張。"《宋史》卷十六《神宗三》："贊曰：（帝）厲精圖治，將大有爲。未幾，王安石入相。安石爲人，悻悻自信，知祖宗志吞幽薊、靈武，而數敗兵，帝奮然將雪數世之恥，未有所當，遂以偏見曲學起而乘之。"除却"悻悻自信"、"偏見曲學"等誣衊語，此贊可謂深中窾會。惟開拓熙河，與搶占橫山，②雖戰術有别，其致一也。然於此戰略性轉折，士大夫群體並未達成共識，③熙寧變法中新舊兩黨之角力，亦與此種

---

① 《歐陽修全集》卷一百十四，第 1720—1724 頁。
② 謀取橫山政策之形成，可見李華瑞《宋夏關係史》，第 57—61 頁。
③ 可見《宋朝諸臣奏議》卷一百三十六、一百三十七所載司馬光、呂誨、鄭獬、劉述等反對种諤城綏州之奏章。

分歧不無關涉。

　　然《邵氏聞見録》卷五：“熙寧初，韓魏公罷政，富公再相，神宗首問邊事，公曰：‘陛下即位之初，當布德行惠，願二十年不言用兵二字。’蓋是時王荆公已有寵，勸帝用兵，以威四夷……今乘輿播越，中原之地盡失，天下之人死於兵者十之八九，悲夫！一王安石勸人主用兵，章惇、蔡京、王黼祖其説，禍至於此。”誣巇殊甚。

是年，在翰苑偶見《大梵王問佛決疑經》

　　釋志磐《佛祖統紀》卷五引《梅溪集》：“荆公謂佛慧泉禪師曰：‘世尊拈花，出自何典？’泉云：‘藏經所不載。’公曰：‘頃在翰苑，偶見《大梵王問佛決疑經》三卷，有云：梵王在靈山會上，以金色波羅花獻佛，請佛説法。世尊登座，拈花示衆，人天百萬，悉皆罔措，獨迦葉破顏微笑。世尊曰：“吾有正法眼藏，涅槃妙心，分付迦葉。”’”